“十二五”国家重点图书出版规划项目

世界科学家大辞典

Dictionary of World ’s Scientific Biography

学术顾问 席泽宗 路甬祥
杨 槱 雷啸霖
总 主 编 李啸虎 宣焕灿

内容提要

本辞典是由著名科学史家、中国科学院院士席泽宗教授生前策划的选题，撰稿人共380多位，均为专家、学者。本辞典680余万字，入编古今中外科学家、技术家传主8400余人，包括至2000年为止的中国科学院和中国工程院院士，涵盖数、理、化、天、地、生、农、医、工、自然哲学及其他等十大领域，人像插图2200余幅。附录收入了历届诺贝尔自然科学奖获得者（截止2016年）的全部名录及其科学贡献介绍。全书各卷人物以出生年月日先后排序。以时间为轴串起各卷人物，由此可看出各学科发展史的轨迹。

图书在版编目(CIP)数据

世界科学家大辞典 / 李啸虎，宣焕灿主编. — 上海：上海交通大学出版社，2017

ISBN 978-7-313-15858-1

Ⅰ. ①世... Ⅱ. ①李... ②宣... Ⅲ. ①科学家—世界—词典

Ⅳ. ①K816.1-61

中国版本图书馆CIP数据核字(2016)第225327号

世界科学家大辞典(全2册)

主　　编：李啸虎　宣焕灿

出版发行：上海交通大学出版社　　地　　址：上海市番禺路951号

邮政编码：200030　　电　　话：021-64071208

出 版 人：郑益慧

印　　制：山东临沂新华印刷物流集团有限责任公司　　经　　销：全国新华书店

开　　本：787mm×1092mm　1/16　　总 印 张：164.25

总 字 数：6161千字

版　　次：2017年1月第1版　　印　　次：2017年1月第1次印刷

书　　号：ISBN 978-7-313-15858-1/K

定　　价(全2册)：780.00元

《世界科学家大辞典》学术委员会

《世界科学家大辞典》编纂委员会

总 顾 问 席泽宗 路甬祥 杨 槱 雷啸霖

总 主 编 李啸虎 宣焕灿

数 学 卷 主编：张镜清 卫瑞霞

物 理 学 卷 主编：马文蔚 沙振舜

化学与化工卷 主编：朱啸宇 温敬铨

天 文 学 卷 主编：徐振韬 刘 炎

地 学 卷 主编：李文达

生物学与农学卷 主编：袁传宓

医 学 卷 主编：朱思明 張慰丰

工程技术学卷 主编：李啸虎 戴成勋

自然哲学及其他卷 主编：苏诚基 林德宏

主要审稿人

（按学科分卷排序）

数学卷：韩正之　物理学卷：张沁源　化学与化工卷：盛根玉

天文学卷：何妙福　地学卷：朱新轩　生物学与农学卷：濮紫兰

医学卷：郭天玲　工程技术学卷：宋永明　自然哲学及其他卷：濮紫兰

宣焕灿（负责数学卷、物理学卷、天文学卷、地学卷和自然哲学及其他卷的统稿）

李啸虎（负责化学与化工卷、医学卷、生物学与农学卷和工程技术学卷的统稿）

责任编辑 吴 东

制 图 人 王 斐 李啸虎 岑奕梦

序　一

席泽宗[①]

上海交通大学出版社组织编纂出版《世界科学家大辞典》，要我说几句话，写篇序言，我认为这是个光荣的任务，还是有些话可以说的。

先说说什么是科学家？“科学家”(Scientist)一词是1833年才由英国剑桥大学的休厄尔(W. Whewell，1794—1866)教授提出，但不能说在此以前世界上就没有科学家，正如“人”的概念没有出现以前就有人一样。按照马克思主义的观点，科学家的出现是一种历史现象，在脑力劳动和体力劳动分工以后，就有一小部分人从事科学活动，例如古希腊的阿基米德，就可以称为科学家。不过，古代科学家和近现代科学家有很大的不同，古时是个体劳动，而且许多人是业余爱好。今天的科学家几乎完全和普通的公务员或企业行政人员一样是拿工资的人员，接受社会各方面的委托在做科研工作。休厄尔正是体会到产业革命(1770—1830)以后科学地位的变化和科学家职业的变化，才提出“科学家”这个名词的。的确，从那时以来，科学发展越来越迅速，科学家的队伍越来越大，今天，单我们国家的科技大军就在千万人以上。

对于这样浩浩荡荡的大军，要编《世界科学家大辞典》，不能简单地把人名一一列上，得采取一些限制条件，比如说，按职称或得到的各种奖励和荣誉来取舍。但是这样做也不一定完全恰当。主编16卷本《科学家传记词典》(Dictionary of Scientific Biography，

① 席泽宗(1927.6～2008.12)：已故中国科学院院士，享有国际盛誉的天文学家和自然科学史家。

1970—1980)的吉利斯皮(C. G. Gillispe),在对1663年5月20日英国皇家学会公布的115名会员进行研究后发现,其中有相当一部分人不但算不上是科学家,甚至连从事科学工作的能力都没有。吉利斯皮的要求可以说相当严格,他的《科学家传记辞典》可以说是对所有时期、所有国家已故科学家工作的权威性解释。但是,它也有不足之处:第一,它是一部研究性著作,作为工具书,则部头太大,内容太专。第二,人物取舍上也有不全面之处,例如,关于中国古代科学家只有9人,他们是:刘徽、祖冲之、沈括、李冶、秦九韶、杨辉、朱世杰、李时珍和王锡阐,失之太少。而在萨顿(G. Sarton)的《科学史导论》(Introduction to the History of Science, 1948)中,对于公元1400年以前的中国古代科学家,列出标题单独叙述的就有200多人。

收录科学家人数最多的是德布斯(A. G. Debus)主编的《科学界名人录》(World Who's Who in Science, 1968),提供了3万名科学家的简介,其中大多数人健在。

以上所说都是在美国出版的英文书。1992年翻译成中文的《科学家传记百科全书》,原书也出版于美国,它收入了科学家1970人,时间跨度从古希腊到20世纪70年代,其中有美籍华裔学者5人:杨振宁、李政道、吴健雄、丁肇中和张明慎(口服避孕药的发明人之一),中国古代科学家7人:周公、张衡、葛洪、张遂(一行)、苏颂、沈括和朱世杰,太不全面,连祖冲之都没有。

中国人写自己的科学家,改革开放以来出了不少的书,科学出版社2卷本的《中国古代科学家传记》(1992,1993)和6卷本的《中国现代科学家传记》(1991—1994)都是上乘之作。但是,由中国人自己动手编写一部像样的具有世界规模的科学家传记工具书,按我所知,多个出版社都曾做过努力,但至今尚未真正成功。现在,奉献给读者的这部《世界科学家大辞典》,可以说是一次尝试,值得庆贺。

这部书辞条多，篇幅大。此书共收科学家 8 400 多人，是《科学家传记百科全书》的三倍，16 卷本《科学家传记辞典》和 3 卷本《近代科学家和工程师》(Modern Scientists and Engineers)中的所有人物几乎全收了，而且还增加了中国科学院和中国工程院院士，具有鲜明的中国特色。

这部书的另一特色是列入了在科学史、科学哲学、科学社会学和科普工作方面有突出贡献的人物，诸如库恩(T. S. Kuhn, 1922—1996)、波普尔(K. R. Popper, 1902—1994)和阿西莫夫(I. Asimov, 1920—1992)等，使人读这本书不但能得到科学知识和历史知识，还能对科学精神、科学思想和科学方法等有所了解。

第三，本书分九大学科，在每一学科中按科学家的出生年月排序。如果读者按顺序浏览某一学科的辞条，特别是其中著名科学家辞条，在某种意义上，也就相当于该学科的发展史。但工具书毕竟不是简史，还要便于检索，本书又有中英文检索系统可供利用，实属方便。

当然，再好再全的一本书也不能解决所有问题。例如，本书在字数安排上已经不是平均使用力量，对一般科学家只用几百字叙述其简历和学术贡献，对于大科学家，诸如牛顿、爱因斯坦，则可以多到 4 000—5 000 字。但是，就是这样，许多人读了也许还不能满足其愿望。如果能对每位科学家提供一本或一篇可供进一步阅读的传记文献，也许更有意义些。对于许多科学家的名著，如哥白尼的《天体运行论》和牛顿的《自然哲学数学原理》，若能一一注出其中文译本，也会给读者提供很大的方便。在有限的篇幅内，提供更多的信息，是对一本工具书的起码要求，希望本书在再版时能有所改进。

万事开头难，总的来说，这本书在国内是一个创举，编著者们花了大量的劳动，使我们有了用中文了解世界科学家的一个窗口，故愿意推荐给广大读者，并希望提出改进意见。

廖泽宗

2000 年 1 月 14 日

序　二

杨　槱[1]

"爆竹声中一岁除，春风送暖入屠苏"。身处改革开放风云际会时代，值此斗转星移辞旧迎新之际，欣闻《世界科学家大辞典》几经曲折终于审定付梓，冠石落定。吾人大喜之余，亦为之感慨：由上海交通大学出版社统领组织的这一恢宏科学文化工程，洋洋大观九大卷，云集学人三百余，甘坐冷凳十数载，冗繁琐细，难以言表；数易其稿，不计功本。足见编著者、审校者和出版者们热血满怀，心志执著，义无反顾。"千淘万漉虽辛苦，吹尽狂沙始到金"。

从某种意义上说，科技实力决定着世界政治经济力量的变化，也决定着各国各民族的前途命运。科技创新，就像撬动地球的杠杆，总能创造令人意想不到的奇迹，而人才是科技创新最关键的因素。出版因应时代要求，突出民族特色，严谨与创意并举，雅俗共赏、耳目一新的世界科技人物传记大辞典，有利于在全社会大力弘扬科学精神，学习科学知识，传播科学思想，倡导科学方法，对推进中国社会主义新文化和国家软实力建设，提升全民族的科学文化素质，促进学术研究和繁荣，进而提高中国综合国力和国际竞争力，具有重要而实在的意义。

长期以来，介绍古今中外科学家传略的书籍和辞典，其量多若牛毛，然珍者少如麟角。综观《世界科学家大辞典》全书，与其他所有同类中文辞书相比较，实属有不少创新之举，具有自己的鲜明特

① 杨槱(1917.10～)：中国科学院院士，上海交通大学船舶海洋与建筑工程学院教授。著名造船专家、船舶史家、教育家和社会活动家。

色。工程浩大,队伍专业,国家重视;编排创意,态度严谨,内容壮观。有道是:“接天莲叶无穷碧,映日荷花别样红。”

本辞典有八大亮点,现略陈如下:

(1) **学科齐全,信息海量**。正文有九大分卷,全面涵盖数学、物理学、化学、天文学、地学、生物学、农学、医学、工程技术学、自然哲学及其他等十大领域;全书篇幅巨大,字数超过 680 万字;入选古今中外科学家传主 8 400 余人;人物时间跨度上下数千年,收录诺贝尔自然科学奖得主至 2016 年,资料新而全。条目和传主数量与份量,都堪称创下至今国内同类辞书之最。

(2) **资料可靠,信源权威**。为确保工具书的权威性,编撰者经多渠道信息源核对整理,使之成为一部内容详实、考证有据的精细之作。据悉,凡涉及国外人物,他们一律参考各类多语种原版辞书和权威网站,其中有源自美国著名科学史家吉利斯皮(C. G. Gillispe)主编的英文版 16 卷《科学家传记辞典》,国际权威机构如英国皇家学会、美国国家科学院、美国国家工程院、法国科学院、俄罗斯科学院和瑞典皇家科学院等,以及国际名校组办的有关科技史网站等;凡涉及国内人物,一律以《中国科学院院士自述》、《中国工程院院士自述》等、以及其人供职机构的介绍资料为准,并广泛蒐集散见于各种严肃报刊的零星重要信息。一旦发现关于传主生平的不同文献记载有重大差别出入,则反复考证、戕误和取舍,据悉甚至不惜向中国两院院士传主本人、家属或单位咨询排疑。

(3) **构思独特,编排新颖**。每位传主生卒尽可能精确标示具体月日和地点;人物主要成果基本按十大学科分类,有的同时指明所属二、三级学科或其他学科领域;据“长幼有序”原则,每一学科条目按传主出生年月日先后时序排列,以时轴为红线串起各个人物,一反按人物姓氏汉字笔划或英文字母、汉语拼音等排序的传统方式。如果读者按学科分类沿时轴方向浏览翻阅,定能大致可见传主的思想沿革脉络和各学科历史发展轨迹。以上三者，可谓开中文人物辞书编排之先河，使人顿然耳目一新。

(4) **厚今薄古、轻重分级**。笔墨不落均匀用力、字数划一和简历式表述的惯常窠臼。相比之下，当代人物较古代人物，重量级人物较次重级人物，中国人物较外国人物，一般都以较大篇幅详细介绍。

(5) **直面世界，关注本土**。虽言近代自然科学发祥于西方，且现代中国科技水平与西方发达国家相比差距不小，但是毕竟古代中国有过长期辉煌灿烂的文化，而且当代中国科技实力和综合国力正在急行军追赶世界。因而本书在广泛介绍古今国外科学家的同时，十分注重中国人对世界科技发展的贡献。这是在伟大的中华民族复兴运动中重树民族自信心、重振民族自豪感的应有之举。据统计，该书收入中国古代科技人物 300 多人，当代科技专家1 800多人，国内人物约占总辞条 28%，堪称是目前所有同类辞书中最全者。因篇幅限制，当代中国两院院士收录至公元 2000 年止；历届诺贝尔自然科学奖获得者收录至 2016 年止。这是本辞典的一大亮点之一。

(6) **图文并茂，检索简便**。本辞典拥有手绘钢笔画人像插图计2 200余幅，图文互为交相辉映，令人读来赏心悦目，一扫中外人物辞书惯有的沉闷气息。这些插图系不可多得之宝贵资料，亦是精美之艺术作品。

在检索方面，该典遵循“统一、简洁、节约、效用”之原则，将传主姓名标注一律拉丁拼音化(例如俄、英文双注，不另列俄文索引表等)；仅备有按学科分类、以出生年月日为序、中英文对照的“三位一体”总索引，不另列通常中文人物辞典按汉语笔划或汉语拼音的索引。窃以为，编者之意在于强调“去繁从简”，正好印证了“简单的才是美的”(Simple is beautiful.)这一著名西谚箴言；此外，附录备有“历届诺贝尔自然科学奖得主一览表”，也十分便于查鉴相关信息。

(7) **队伍专业，行家把关**。这部巨著的杀青付梓，从文稿作者到编辑出版部门，都花费了大量的辛勤劳动。这是一支战力非凡、意气风发、阵容浩荡的专业队伍，他们为我国科学史界和社会各界做了一件很有意义的事。据悉，仅撰稿人就有380多位，其中80%以上具有高级学术职称；两位总主编，系从事多年科技史教学与科研的教授、高级专家，且有不少著述成果；另有审稿人百余位（其中分卷责任审稿人8位），都是各相关专业行家里手。第一总策划人席泽宗先生，生前系中国科学院科学史学科的唯一院士，据我所知，他在世时热心指导和关心这部大辞典的编写出版，提出了不少宝贵意见和建议。

(8) **国家重视，社会翘首**。经上海交通大学出版社选送，上海市新闻出版局批报，国家新闻出版广电总局等权威机构的层层筛选和严格审定，这部大辞典先后列为国家“十一五”和“十二五”重点图书之一。显然，它已引起国家主管部门的相当重视，社会各界正在翘首以待。

诚然，金无足赤，墨难十全。若论精益求精，尚有值得改进之处。但是，作为科技人物类工具书，当下能做到综上所述八大亮点者，业已相当难能可贵了。

杨恒

2015年1月28日

前　言

科学是人类文化宝库中的瑰宝，与人文和艺术共同构成人类精神文明"真、善、美"的三大支柱。近代以来，"弘扬科学，反对迷信"的理念一直是指引人类文明不断前进的一面大旗，但斗争永未有穷期。"讲科学、爱科学、学科学、用科学"的热潮，正在神州大地一浪高于一浪，逐步蔚然成风。

科学精神是科学灵魂之所在。有人说，它就是科学的"哲人石"。

那么，什么是科学精神呢？在英国皇家学会会员胸徽背后镌刻着的一行箴言，可以看作是对此一个言简意赅的回答：

"不崇拜权威，不人云亦云。"

科学精神是求实的精神。一位伟人说过："不唯上，不唯书，只唯实。"科学不是神话、演义、戏说和胡说，崇尚实证、实事求是，乃为科学的首要特征，由此要求现象的可观察性、实验的可重复性和假说的可检验性。科学家很像安徒生童话《皇帝的新衣》中的那个八岁男孩，往往"科言无忌"乃至"石破天惊"，常被讥为"恶毒的舌头"。经长期观测，他敢于说月亮上没有琼楼和玉兔，只有死寂的地貌和险峻的环形山；经反复考证，他也敢于说，历代中国皇帝每年在天坛祈天之前所喝的"瑶池玉露"，原来是园中那棵千年古树上无数蚜虫在朝露中分泌出来的甜尿。一切扮神弄鬼、弄虚作假、文过饰非的言行，统统都为科学所不齿。

科学精神是求真的精神。古希腊大学者亚里士多德有言："吾爱吾师，但吾更爱真理。”科学要超越感觉和常识、教条和传统，十分小心不致在错觉和假象面前“雾失楼台、月迷津渡”，从而透过表面现象看清事物真相即内在的本质和规律。19 世纪美国思想家、诗人爱默生(R. W. Emerson)说：“上帝为每一个灵魂提供了选择机会：或是拥有真理，或是得到安宁。你可以任选其一，但不能兼而有之。”历史上不乏追求真理而“不识事务”之人，中国古代传说中的杞人，就是其中的一个典型。多少年来，他被世人视为庸人自忧的总代表，压根儿白痴一个，连大诗圣李白都要嘲笑他“杞国无事忧天倾”。其实，他可是个旷世奇才。质疑是求真的前提和开始，而大质疑者往往需要大勇气。多少年来，当普天下人一直不敢超越古老的宇宙模型“盖天说”之“雷池”一步时，正是他第一个敢于首先从逻辑上怀疑这种“完美”理论并非天衣无缝：如果照盖天说所言，“天是个有裂缝的固态水晶盖子”，那不是会塌下来把人压成肉饼了吗？杞人忧天不打紧，让天下人笑掉大牙的同时，也惊动了一些天文学家，经过一番认真的观测考证，结果竟然是：“天者，气也”，于是才有更新的宇宙理论——“宣夜说”。

科学精神是求新的精神。科学的想像力，绝不逊色于神话和艺术。创造性、新颖性是科学研究的生命和真谛，它体现了科学的价值和意义。有人问爱因斯坦：“什么是天才？”他回答说，当绝大多数发明家决定开会讨论发明规则以约定“什么是不能干”的时候，有人没有接到与会通知，还是傻乎乎地去干了大家认为“不能干”的事，而且干成功了，这就是天才。华夏文化历来有推陈出新、革故鼎新，强调“天行健，君子以自强不息”的优良传统，也有“枪打出头鸟”、“出头的椽子先烂”、“识事务者为俊杰”的平庸思潮。我们要在全社会大力提倡敢为人先、敢冒风险的精神，大力倡导敢于创新、勇于竞争和宽容失败的风气。

科学精神是求变的精神。求变就是锐意变革、不断探索，就是学无止境、不断进取。公元前五世纪古希腊埃利亚学派的数学家、智者芝诺(Zeno of Elea)，可能是最早发现知识本身存在逻辑悖论(paradox)的人。他说，如果用圆面积代表人类业已取得的有限知识，圆圈外为无限的无知世界，随着圆面积不断扩大，圆周长也不断伸展，则它所接触到的无知部分即人们面对的问题也越多。崇尚归纳主义的弗兰西斯·培根(F. Bacon)，把科学比喻为一只"不断发酵中的越来越大的酒桶"。自诩"批判理性主义"的波普尔(K. R. Popper)，却认为科学更像是一台"探照灯"，不断把耀眼的光柱投向黑暗的未知王国的不尽边域。培根与波普尔的科学研究纲领截然不同，求变精神却是殊途同归。科学的探索精神，激励着科学家"上穷碧落下黄泉"在所不辞，以致"生命不息，求索不止"。正如当年的牛顿，尽管发现了伟大的运动三定律和万有引力关系式，仍然自觉是在"科海"边上玩耍的一介顽童，只是在徜徉之中偶尔找到了一块光滑晶莹的鹅卵石，或一枚美丽可爱的贝壳而已，而最后不得不仰天叹息道："真理的海洋，我还没有发现……"。

"路漫漫其修远兮，吾将上下而求索"。读者诸君，谁能告诉我们：科学精神的家园在哪里？能够打开它的大门钥匙又在哪里？……

实际上，科学精神绝不是什么虚无飘渺、不可捉摸的东西。君不见，它正是通过古往今来一个个科技家的点点滴滴作为和贡献，得以活生生地不断展示于世人面前。远在天边，近在眼底。它就在您的手边，这部《世界科学家大辞典》收集的8 400余位有影响的中外科技家，就是科学精神在人类漫漫历史长河中幻化的一朵朵浪花，一个个闪光点……

智慧女神雅典娜肩上的猫头鹰趁黄昏时起飞，它要寻找一把能够打开宇宙圣殿大门的金钥匙。走近和了解历代科学家，正是打开科学精神家园大门的一把金钥匙。喏，它就在这里！用它登堂入室吧，还等什么呢？……

凡　例

一、本辞典条目规模

总辞目数计 8400 多条，包括至 2000 年为止的中国科学院和中国工程院院士，总字数 680 余万字。附录有 1901～2016 年历届诺贝尔自然科学奖获得者的全部名录及其科学贡献介绍。

二、总体编排框架

1. 本辞典由序言、前言、凡例、正文、附录、主要参考文献、中英文对照索引等构成。

2. 入编传主按主要学科贡献归类分卷编排。正文有九大卷，涉及领域基本上以自然科学六大基础学科(数学、物理学、化学、天文学、地学、生物学)、三大综合应用学科(农学、医学、工程技术学)，以及与科学技术关系密切的人文学科分支(自然哲学及其他)先后排序。同时，亦考虑到某些学科之间的十分紧密关系，故将“工程技术学”中的“化学工程”(即“化工”)部分与“化学”合并为“化学与化工”卷；将综合应用学科的“农学”与“生物学”合并为“生物学与农学”卷；与科学技术关系密切的相关人文学科分支，包括自然哲学、科学哲学、心理学、科技史学等领域，以最后的“自然哲学及其他”卷归类。

3. 为了大致可见传主思想沿革脉络和学科历史发展轨迹，各学科卷中的辞目按传主出生日期(或大致年代)先后为序排列；家族条目则以该条第一个子条目所示传主的出生日期为准，决定其整个家族条目在前后条目之间的排列位置。

三、辞目与辞条

1. 本辞典在通常情况下，一位传主设立一个辞目(辞条的黑体条头标题)；少数以一个著名家族为一个辞目，家族中的入编各传主作为子辞目列出。

2. 外国传主的辞目一般为姓氏，其名字用缩写字母表示；中国人和东亚诸国人用姓名作为辞目。为简便与统一起见，外文原名姓一般在随后的括号内一律以拉丁化英文标出；俄罗斯(俄国或苏联)人同时附注俄语和英语；中国人加注汉语拼音(外籍华人附注英文姓名)。

3. 传主译名，一般兼顾“名从主人”和“约定俗成”双重原则处理；少数场合，按通用的译音表确定译名；有不同译名并存通行者，尽量列出异译名以备查。

4. 辞条文字篇幅，采取“厚今薄古、轻重分级”原则，不求平均用墨和篇幅划一。

四、释文

1. 除对少数重量级或经历复杂的传主采用铺陈式编年详述释文外，一般入编传主辞条释文的内容结构大致为：第一部分为标签：人名辞目(黑体标题)；括号标注英文(或汉语拼音)原姓名；异译或别名；国籍(或民族)；出生日期(或年代)和出生地；去世日期(或年代)和去世地；专长学科领域(多学科者按主次列出)。第二部分为简历：包括家庭背景、本人学历、主要经历与职位等。第三部分为学术上主要活动、观点与贡献。第四部分为主要著作、学界评价及荣誉奖励和对后世影响等。

2. 对传主的学术见解，力求客观地、公正地、历史地加以介绍。凡已有定论者，按学界主流评价加以介绍；若有争议者，则采取诸说并存，兼及其他。

3. 辞条释文中出现的地名和国名，一般按历史地理原名处理(或加注当今名称)。释文中第一次提及的人物，若未收入本辞典，一般加注外文。地名、国名、书名、刊名、学校和组织机构等专有名称，一律不附原文，但在本辞典中严格统一译法。

五、插图

本辞典配有人物头像插图 2 200 余幅，基本上系手绘铅笔画。

目　录

世界科学家大辞典

Dictionary of World' s Scientific Biography

数学卷

毕达哥拉斯（Pythagoras of Samos）　古希腊人，约公元前 569 年生于希腊萨摩斯岛，约公元前 495 年卒于梅塔蓬图姆（今属意大利）。数论、几何学、天文学、自然哲学。

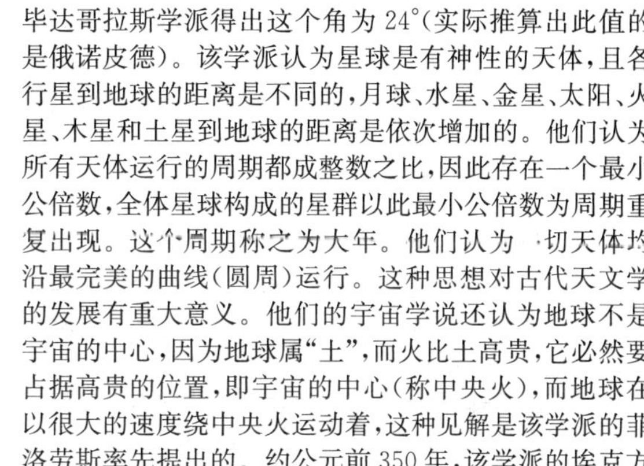

年轻时游历了埃及和巴比伦，结识了许多数学家。约公元前 530 年，因反对暴君波利卡尔科（Polycartco）而离开萨摩斯岛，定居于古希腊移民在今意大利南部所建的城邦克罗托内，在该地建立了一个混杂有宗教、科学和哲学色彩的秘密社团。该团体等级森严，会员分为“听者”和“学者”，前者没有发言权，要经过长期训练才能升为后者，后者可以提问和发表意见。这种等级观念被当地贵族用来反对日益高涨的民主思潮。后来发生了激烈的民主革命，他遭到了强烈的反对，被迫离开克罗托内，迁居梅塔蓬图姆，最后因追兵围困而饿死在该地文艺女神缪斯的神庙中。

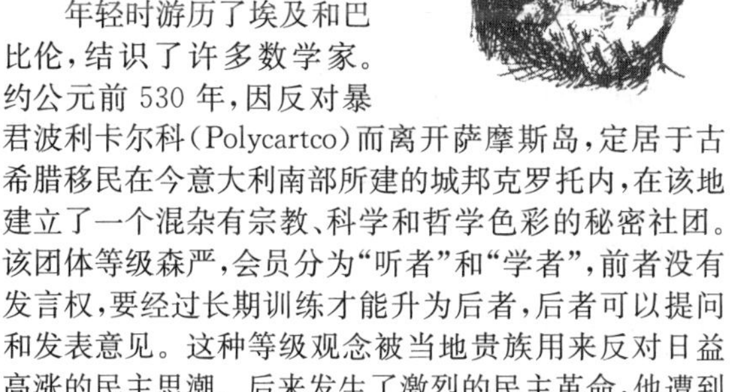

他的数论源于三个方面：一是音乐中和声的数学关系；二是三边之比为 3∶4∶5 的三角形是直角三角形；三是天体运动的确定数值关系。他认为万物的本原是数，提出了两类完全数：一类只有唯一一个数 10，它在十进制中恰等于前 4 个自然数之和，因而以 10 代表宇宙，并称 1、2、3、4 为四象；另一类是数值等于其因子之和的数，如 $6=1+2+3$，$28=1+2+4+7+14$ 等，后来欧几里得给出了完全数的一般公式：若 2^n-1 是素数，则 $(2^n-1)2^{n-1}$ 是完全数。他还提出亲和数的概念，即指彼此等于另一个数的因子之和的两个数。他仅发现了 284 和 220 这一对亲和数。还发现了如下公式：$n^2+[(n^2-1)/2]^2=\{[(n^2-1)/2]+1\}^2$，其中 n 为奇数，用以寻找满足公式 $a^2+b^2=c^2$ 的整数。图形数在他的算术中有特殊意义，包括三角形数、正方形数、长方形数、棱锥数、立方数、祭坛数等，这些数都用点来表示，如·，∴，∴，…表示三角形数 1，3，6…；·，∷，⁞⁞⁞，等表示正方形数 1，4，9…。得到了有关图形数的各种公式。他还研究了算术平均值、几何平均值与调和平均值。在几何方面，他是西方最早提出勾股定理（西文称为毕达哥拉斯定理）的人。该定理可能是他在巴比伦游历时得到的，但该定理的证明是他完成的，还是去世后由他的门徒完成的，至今尚不清楚。正五边形是被毕达哥拉斯学派信奉的一种图形，以正五角星作为识别派友的标志。他本人被认为能作正四面体、正六面体和正十二面体这 3 种正多面体。毕达哥拉斯学派在数学上的最大发现是“不可公度”，它是无理数产生的前奏。传说发现者是希帕苏斯（Hippasus of Metapontum），用间接证法证明了正方形的边与其对角线不可公度。这一发现推翻了毕达哥拉斯学派赖以存在的信条：万物皆归结为整数或整数之比，因此他们把希帕苏斯视为叛徒而将他投入海中。

他在天文学方面的论述，似乎吸收了巴比伦人的观测和理论成果。巴比伦人已经知道日食、月食发生的周期，行星以及行星运动所在平面和赤道平面间的倾角，毕达哥拉斯学派得出这个角为 24°（实际推算出此值的是俄诺皮德）。该学派认为星球是有神性的天体，且各行星到地球的距离是不同的，月球、水星、金星、太阳、火星、木星和土星到地球的距离是依次增加的。他们认为所有天体运行的周期都成整数之比，因此存在一个最小公倍数，全体星球构成的星群以此最小公倍数为周期重复出现。这个周期称之为大年。他们认为一切天体均沿最完美的曲线（圆周）运行。这种思想对古代天文学的发展有重大意义。他们的宇宙学说还认为地球不是宇宙的中心，因为地球属“土”，而火比土高贵，它必然要占据高贵的位置，即宇宙的中心（称中央火），而地球在以很大的速度绕中央火运动着，这种见解是该学派的菲洛劳斯率先提出的。约公元前 350 年，该学派的埃克方杜斯（Ecphantus）还提出了地球绕轴自转的学说。

他研究了弦与管的音乐特性，发现两端固定的弦的振动发出的音调与弦的长度有关，并认为长度为简单整数比的多根弦的振动可以形成音乐的和声。他还把这种见解扩大到整个宇宙，认为天体在进行有节奏的运动，在发出天体的和声，这是宇宙和谐思想的发端。宇宙和谐的思想对后来天文学的发展有深远的影响。

（高岳兴　王起发）

安提丰（Antiphon）　古希腊人，约公元前 480 年生于希腊雅典，约公元前 411 年卒于同地。几何学、宇宙学、政治学。

苏格拉底的同时代人，著名诡辩学派代表人物之一。演说家、占卜学家和教师。他研究过化圆为方问题，认为圆内接正多边形的边数不断增加，直到多边形的边与圆弧重叠时，正多边形面积便等于圆的面积。约公元前 430 年，他提出了这种穷竭法，这是欧几里得的穷竭法和阿基米德的逼近法的先导。他还讨论过宇宙的构成和天体的性质，把太阳的升落归结为地球大气的变化；认为月光来自月球自身。其中《论真理》一书是部著名的政治学著作，首次提出人的“自然权利”的理念，天性和习俗对立，但也主张维护社会法律的权威，提倡自我克制。主要著作有《论真理》、《论和谐》和《释梦》等，这些著作都未能完整地保存下来。（高岳兴）

希波克拉底〔希俄斯的〕（Hippocrates of Chios）　古希腊人，约公元前 470 年生于希腊希俄斯岛，约公元前 410 年卒。几何学、天文学。

原是个商人，因遇海盗，财产尽失。后在雅典从教，成了当时著名的数学家。最富有成果的年华是在雅典度过的。曾对当时数学家们感兴趣的三大问题（倍立方、化圆为方和三等分角）作过深入的探讨。最先将倍立方问题化归为在线段 a 和 $2a$ 之间插入两个等比中项的问题。企图把前人的几何知识与研究成果整理在严密的逻辑系统之中，在其著作《几何原理》中，按定理证明所需的依据来编排其内容，许多命题后来被欧几里得收入《几何原本》内。该著作是《几何原本》的先驱和雏形。在天文学方面，提出了一种对彗星本质的看法，认为彗星的尾巴是它遨游太空时落在太阳附近的水气偏

转光线形成的。（沈 铁）

狄奥多鲁（Theodorus of Cyrene） 古希腊人，约公元前465年生于昔兰尼（今利比亚的舍哈特），公元前398年卒于同地。数论。

是西方人文主义始祖普罗塔哥拉（Protagoras）的学生，柏拉图和狄艾泰德斯的数学教师，也是昔兰尼党派的主要哲学家之一。以精通无理数的早期理论而闻名于世。最先证明了$\sqrt{3}$，$\sqrt{5}$，…，$\sqrt{17}$是无理数。因所用方法的限制，在讨论$\sqrt{19}$时出现了困难而没有继续讨论下去。他的无理数理论经狄艾泰德斯的扩充和发展，成为欧几里得《几何原本》第10篇的基本内容。

（卫瑞霞 徐平五）

希比亚斯（Hippias of Elis） 古希腊人，约公元前460年生于希腊伯罗尼撒半岛埃利斯，约公元前400年卒。几何学、数学史学。

苏格拉底的同时代人。因其才能与学识出众，曾作为外交使者派往斯巴达。是雅典诡辩派较著名的代表人物之一，但被柏拉图形容为是一个非常自负和傲慢的人。精通算术、几何学和天文学，还擅长诗学、文法、历史学、政治学。在数学上，是最早试图解决三大几何名题的学者之一。他在尝试三等分角时，约公元前420年发明了“割圆曲线”，运用它亦能解决化圆为方的问题，可惜该曲线本身不能用尺规作出。据说还写过一本几何学史，这比古希腊学者欧德谟所写的几何学史要早25年，是该领域研究的第一本著作。（沈 铁）

布赖森（Bryson of Heraclea） 古希腊人，约公元前450年生于古希腊的赫拉克里（今意大利塔兰托）。几何学、哲学。

因亚里士多德的著作中多次提到“诡辩家布赖森”，又有人指控柏拉图有剽窃布赖森的《辩论》的行为，故为数学史家们所重视，进而查证了他是古希腊诡辩学派的成员之一。在化圆为方术中，他有一个著名的诡辩：对圆作其外切与内接正多边形序列，因每个多边形都可以化为正方形，故得到两个正方形序列，这两个序列中的正方形面积都趋于圆面积，因而这两个正方形序列有公共的极限正方形，此即为所求之正方形，故化圆为方问题可解。（吴茂庆）

阿基塔斯（Archytas of Tarentum） 古希腊人，约公元前428年生于意大利的他林敦（现塔兰托），约公元前350年卒。算术、几何学、声学。

菲洛劳斯的学生，属毕达哥拉斯学派。在联合希腊城邦反对非希腊部落和权势的过程中起过领导作用。对算术、几何和音乐理论作出过重要贡献。认为数学是最基本的学科，也是天文学的基础。在数学上最著名的成就是解决3倍立方体边长的问题。早他一个世纪前，希俄斯的希波克拉底证明：如果a就是立方体的边，而且$a:x=x:y=y:2a$，那么x就是两倍立方体的边。而阿基塔斯却用几何方法求得x这个线段。其主要贡献是中项和比例理论。他区别出3个基本中项：$a-b=b-c$的等差中项；$a:b=b:c$的等比中项；$(a-b):(b-c)=a:c$的调和中项。欧几里得《几何原本》第8卷中的大部分命题和证明，也是他和他的合作者补加的。他还把中项理论作为音乐理论的基础，在音程的基础上建立了3种音阶：等音阶、半音阶、全音阶。还详尽地阐述了声音产生的物理原理，并指出运动越快、声音越高。然而却错误地认为声音越高，到达听者的耳朵也越快。他还被认为是能飞的“木鸽”的发明者。（高楚明）

狄艾泰德斯（Theaetetus） 古希腊人，约公元前417年生于希腊雅典，公元前369年卒于同地。数论。

狄奥多鲁的学生，柏拉图学派的成员，被柏拉图认为是除自已的老师苏格拉底之外最值得尊敬的人。他对希腊数学的发展有不可磨灭的功绩。首次提出了“不尽方根”数的概念。在其师昔兰尼的狄奥多鲁的工作基础上，考察了无理数$\sqrt{a}=\sqrt{a^2+b^2}$，并将其分类。欧几里得的《几何原本》第10篇——不可公度量的分类，就是以此内容为基础而写成的。他引入了“算术中项”、“比例中项”和“调和中项”等概念。最先提出了5种正多面体，即正四面体、立方体、正八面体、正十二面体及正二十面体，并对它们的结构进行了系统的讨论。还建立了可以用来测量可公度与不可公度量的比例的理论。

（卫瑞霞 黄绍南）

狄诺斯特拉斯（Dinostratus） 古希腊人，约公元前390年生于希腊，约公元前320年卒于雅典。几何学。

天文学家和数学家欧多克斯（Eudoxus）的学生，柏拉图的同事。据普罗克洛在《欧几里得几何原本第一卷的评注》中记载，他与弟弟梅内克缪斯以及柏拉图的助手阿米克拉斯（Amyclas of Heraclea）三人对古希腊早期几何学的发展有重要影响。其研究工作涉及几何学的许多课题，但大多未能留传下来。仅存的一项成就是应用希比亚斯的割圆曲线来解决化圆为方的问题，被认为是第一个作出面积等于已知圆面积的正方形的人。

（卫瑞霞 周丽芬）

利奥达马斯（Leodamas of Thasos） 古希腊人，生于希腊萨索斯岛，鼎盛期约公元前380年生活于雅典。几何学。

由于曾在雅典研究院内工作多年，并与当时大数学家阿基塔斯、狄艾泰德斯有较密切的联系，因而他本人也可能是一位著名的数学家，公元5世纪普罗克洛在其名著《欧几里得几何原本第一卷的评注》中多次提及。根据史载，柏拉图曾向利奥达马斯介绍过一种推理方法，即现在的直接证法中的分析法，据说他按照此法，在

几何上发现了很多新结论，并把几何学归纳为更符合科学性的新系统。（吴茂庆）

梅内克缪斯（Menaechmus） 古希腊人，约公元前380年生于小亚细亚阿洛柏康纳塞斯（今属土耳其），约有320年卒。几何学、仪器研制。

狄诺斯特拉斯的兄弟。古希腊杰出的数学家欧多克斯的学生，柏拉图的助手。在数学、哲学、技术以及天文学方面都有贡献，但最重要的贡献是发现了圆锥曲线。德谟克利特及其他一些几何学家都曾考察过用平面截圆锥所得的截线，而他最先把这种截线与具有确定性质的平面曲线等同起来。还知道等轴双曲线的渐近线的性质，而阿波罗尼在一个世纪后才引进渐近线。法国著名数学史家蒙塔克拉赞扬说：在梅内克缪斯之前没有任何事实可以说明对圆锥曲线已有什么知识，而由于他，这方面的知识就突然地“鲜花盛开”了。希俄斯的希波克拉底曾指出，求解倍立方体问题可以归结为在两线段中间找两个比例中项的问题。而梅内克缪斯证明了：这两个比例中项可以由一条抛物线和一条双曲线相交而得到。他还试制机械装置来画这种曲线，这种尝试为几个世纪后的“圆锥曲线规”的发明打下了基础。（张镜清）

利奥（Leo） 古希腊人，约公元前4世纪前半叶活动于雅典一带。几何学。

柏拉图学派成员，著作已失传。公元5世纪，评论家普罗克洛在对欧几里得《几何原本》的评注中说他是利奥达马斯的学生，并说“他对前辈们的工作成果作了很多补充”，还说他创造了对一个问题可解与否的检验法。后一说法似乎不可靠，实际上这种检验法在很早以前就已知道，例如，只有两线段之和大于第三线段，这三条线段才可能构成三角形。尽管如此，想必利奥在该领域有显著地位和贡献，致使普罗克洛才特别提到他。（吴茂庆）

西底斯（Theudius of Magnesia） 古希腊人，公元前4世纪生于希腊马格尼西亚，生卒年不详。几何学。

柏拉图学派的早期成员。普罗克洛在对欧几里得几何原本的评注中提到他，并说：“他以数学上和哲学上的优异成就而闻名，并且扩充了许多有限性的定理。在数学史上的地位介于欧多克斯与菲力普斯（Philippus of Medma）之间。”曾著《几何原理》，企图把几何知识整理在严格的逻辑系统中。亚里士多德在讨论初等几何时所引证的一些命题都来自这本著作。该书后被欧几里得的《几何原本》所取代。（卫瑞霞）

阿里斯泰厄斯（Aristaeus） 约公元前370年生于希腊，约公元前300年卒。几何学。

生于梅内克缪斯之后，欧几里得之前，有关其工作的史料很少。据记载，他曾写过5卷本的《圆锥曲线述要》，书中把圆锥曲线作为轨迹问题来处理，并引进了“锐角圆锥曲线、直角圆锥曲线、钝角圆锥曲线”等术语。此外，还讨论了三线与四线轨迹、双曲线三等分角，圆锥曲线的焦点、准线性质等。据推测，欧几里得所说的“曲面轨迹”概念起源于他。其工作在发展由梅内克缪斯首创的圆锥曲线方面，起过重要作用。（徐平五）

欧几里得（Euclid of Alexandria） 古希腊人，约公元前325年生，约公元前265年卒于亚历山大（今属埃及）。几何学，光学。

早年在雅典受过教育，熟悉柏拉图学派的几何学。公元前300年左右，应托勒密王的邀请，到亚历山大城执教。是一位温良敦厚的教育家，反对急功近利的狭隘实用观点。据希腊作家斯托比亚斯（Stobaeus）记述，说有一位青年学生，才开始学第一个命题，就问他学了几何学之后有什么用？他随即吩咐仆人：“给他三个钱币，因为他想在学习中获取实利。”

他写过不少数学和物理著作，最著名的是巨著《几何原本》（以下简称《原本》）。自公元前7世纪以来，希腊的几何学集中了丰富的材料，特别是欧多克斯的比例论、狄艾泰德斯的无理数论及柏拉图学派的正多面体论，被誉为希腊的三大发明。希俄斯的希波克拉底和西底斯都著有《几何原理》，企图以严密的逻辑系统把前人的几何学知识和研究成果整理出来。但当他的巨著问世后，这些著作都相形见绌，湮没无闻了。

《原本》共13卷，是世界上最早的公理化数学著作。把前人的几何学内容综合起来加以系统化，把公认的一些事实列成定义和公理，通过逻辑推理，给定理以演绎的证明并展开几何学的讨论。《原本》对数学推理引入了新的严格标准，标志着数学几何化的决定性步骤，为近代公理化方法的兴起奠定了基础。书中还包含有整数论的许多成果。《原本》所展开的几何称为欧几里得几何，被译成各种文字出版，流传二千多年，对数学发展的影响超过其他任何著作。因此，直到20世纪以前，欧几里得与几何学几乎成了同义语。

《原本》第1～4卷讨论了直线形与圆的基本性质。第1卷一开始就给出了5个公设，其中第五公设即著名的平行公设是他的杰作，用“不相交”来刻划平行。这种不依赖距离与方向的性质，才是几何本身内蕴的性质。近代的几何基础与非欧几何中的有关公理，均以此为基础。由于第五公设实际上必须以直线可无限延伸为前提，因而它的独立存在性一直受到怀疑。从古希腊到18世纪末，有许多著名数学家都试图用更明了的命题来代替它，或从其他公设和公理推出它，但这些尝试都没有成功。19世纪30年代非欧几何学诞生后，才最终确定第五公设是不可证明的，它反映了一类空间的特征。

《原本》第5卷是比例的一般理论，把比例论推广到不可公度的量，但避免了无理数，这是他的杰出成就，深受数学家们的赞赏。《原本》第6卷运用比例论研究相似形，命题 27～29 是后来阿波罗尼发展圆锥曲线理论的基础，而抛物线、椭圆、双曲线等英文名词正是出自该书的"适用"、"不足"与"超过"等希腊术语。《原本》第 7～9 卷是整数论，第 10 卷讨论不可公度量。讨论了素数和最大公约数的问题，导出了数论中的基本定理：一个数分解为素数因子的方法是唯一的。建立了求两整数的最大公约数的"辗转相除法"。《原本》第 11～13 卷讨论立体几何与穷竭法。例如，通过作边数不断增多的圆内接正多边形可"穷竭"圆的面积。采用这种方法证明了两圆面积之比等于它们的直径平方之比。

仅次于《原本》的另一重要著作是 4 卷本的《圆锥曲线》，但已佚失。阿波罗尼的 8 卷本名著《圆锥曲线》很可能是在此书的基础上加以完善、扩充而写成的。他所著的《现象》一书是一本天文学教科书，但其中有关于球面几何的 18 个命题以及善于匀速转球的若干命题。《光学》和《镜面反射》是最早的系统性的光学著作。还著有《数据》、《论图形的剖分》、《辩伪术》、《衍论》和《曲面-轨迹》等书，有些已失传。（沈　铁）

帕修斯（Perseus）　约生活于公元前 3 世纪。几何学。

从普罗克洛的著作中看到他的名字与"螺旋线"的研究相联系，其中提到他为自己的发现所写的短诗："在 5 个截面上找到了 3 条曲线，帕修斯对上帝作了贡献。" 1912 年 P. 汤内里在法国的《科学论文汇列》上发表的文章中，详细地讨论了用平面截螺旋面时所产生的螺旋线，并研究了他的短诗，认为他的发现就是用 5 种不同位置的平面去割螺旋面后所得到的三条螺旋线。

（张镜清）

多西泰乌斯（Dositheus）　古希腊人，公元前 3 世纪下半叶生活于亚历山大。几何学、天文历法。

是阿基米德的好朋友科农的学生。科农死后，为帮助阿基米德撰写科农的传记。曾对一些特殊几何定理的证明做过大量的工作，然而本人并没有什么数学著作。在天文学方面，写过一部经典的历书，最初刻在石头及树木上，后来以手抄本的形式流传于世。在杰米努斯的著作《序言》中，其历法曾 4 次提及。在托勒玫的著作《恒星之象》中，讨论气候的预测时约有 40 处引用了该历书中的内容。（卫瑞霞　田　雁）

迪奥尼索多斯（Dionysodorus）　约于公元前 3～前 2 世纪生活在小亚细亚的考努斯(今属土耳其)，约公元前 190 年卒。几何学、代数学、仪器研制。

据 6 世纪欧托西斯书中的记载，他利用抛物线和双曲线相交来解三次方程。在欧托西斯对阿基米德的《球和圆柱》评论中，具体叙述了他的解三次方程方法。很可能他就是古罗马希罗(Hero)提到的《论环体》一书的作者，该书给出了环体体积公式，其中有一个例子可以看作是古尔丁定理的最早例子。他还发明了一个圆锥形的日晷。（卫瑞霞　徐平五）

阿基米德（Archimedes）　古希腊人，约公元前 287 年生于西西里岛的叙拉古(今意大利锡拉库萨)，公元前 212 年卒于同地。几何学、力学、机械技术。

父亲菲迪阿斯(Phidias)是天文学家。可能受父亲影响，酷爱数学、力学和天文学。青年时期曾去亚历山大受教育，与欧几里得的继承者共同学习和研究，对欧几里得数学的进一步发展起了重大作用。才智超人，兴趣广泛，对数学尤其入迷，经常研究数学专心致志达到废寝忘食的程度。公元前 212 年，罗马士兵攻破叙拉古，杀入家门，他仍埋头在沙盘中研究几何图形而遭杀害。罗马军队统帅为他建墓立碑以纪念他的功绩，并根据他生前的计算和愿望，在墓碑上刻了一个圆柱体外切于一个球，标明其体积之比为 3∶2。

后人把他与牛顿、高斯并列为历史上三位最伟大的数学家。写了大量的数学论文，对古代数学的发展作出了卓越的贡献。代表作有《论球和圆柱》、《论劈锥体与球体》、《论圆的度量》、《论螺线》、《论方法》和《抛物线的求积》等。导出了正圆柱的表面积、外切于球的圆柱与该球之间的面积和体积的关系、球缺表面积、等腰锥面的侧面积等著名结果。建立了阿基米德公理和著名的穷竭法。阿基米德公理断言：若 a、b 分别为两不等线段(或面积、体积)之度量，则较小者自身不断相加必可超过较大者。穷竭法可能起源于欧多克斯，欧几里得在《几何原本》中也曾应用过。但阿基米德对穷竭法的应用有较大的发展。将穷竭法分为压缩法和逼近法两种主要类型，其中应用较广的压缩法又有差与比两种形式。差的形式基于外切图形和内接图形的面积(或体积)之差不断减小。用此方法证明了任一圆的面积等于两直角边分别为圆的半径和周长的直角三角形的面积。比的形式基于外切图形和内接图形的面积(或体积)之比不断减小。用此方法证明了等腰锥面的侧面积等于一个圆的面积，这个圆的半径是锥面母线与底圆半径的比例中项。至于穷竭法中的逼近方法，在《抛物线求积》中曾用它求得抛物线弓形的面积等于一个与抛物线弓形等底等高的三角形面积的 4/3。证明这个命题之前，还证明了数列求和公式 $1+\frac{1}{4}+(\frac{1}{4})^2+\cdots+(\frac{1}{4})^{n-1}+\frac{1}{3}(\frac{1}{4})^{n-1}=\frac{4}{3}$。在《论螺线》中，用扇形代替多边形，求得阿基米德螺线第一圈与初始线所围面积等于第一个圆的 1/3。还用静力理论来证明定理和求解几何问题，例如应用杠杆原理和重心知识给出了抛物线弓形面积公式的另一种证明方法。在《论方法》一书中，不仅应用力学知识，而且把平面图形看成线元素之和、立体图形看成面元素之和，这是一种崭新的思想。对数值计算也颇有研究，得到的重要结果之一是有关圆周率 π 的值为：$3\frac{10}{71}<\pi<3\frac{1}{7}$。关于级数 $\sum_{k=1}^{n}k^2$ 的求和法，是系统地

处理高阶等差数列的最早的例子。发现了13种半正多面体。给出了正七边形的作法。发明了三分角法和三分角仪器。还引出了公式 $K=(s-a)(s-c)$ 与 $K=s(s-b)$，其中 K 是直角三角形的面积，s 是周长之半，a、c 为直角边，而 b 为弦。把这两个公式相乘，就得到 $K^2=s(s-a)(s-b)(s-c)$，这与后来得到的一般三角形的海伦—秦九韶公式完全一致。

在力学方面主要著作有《论平板的平衡》、《论浮体》、《论杠杆》和《论重心》等，后两部已失传。成功地将几何学应用于静力学和水力学。在《论平板的平衡》第一卷中，用纯几何方法证明了杠杆定律；第二卷讨论抛物弓形的重心。《论浮体》一书奠定了流体静力学的基础，书中研究了静止液体的液压，其中一个著名的命题被称为阿基米德原理：物体在液体中所受到的浮力等于它所排出液体的重量。据罗马建筑师波利奥(Marcus Vrtrurius Pollio)在其著作《建筑学》中记载：叙拉古国王定做了一顶金皇冠，做成后怀疑工匠掺了白银，请阿基米德测定，但不许损坏金皇冠。国王的这一难题使他百思不得其解。一天去浴室洗澡，发现自己的身体被水浮起，突然悟出了解此难题的方法。就是应用这个原理，在皇冠完好无损的情况下测出了皇冠中掺进了多少白银。《论浮体》第二卷中，研究了旋转抛物体的一个正截段，当截面向上浮在液体表面时的各种倾斜位置，并发现只要截面未触及液体时，它总要回复到旋转轴垂直于液面的位置。这是一项在数学、物理学上极其复杂的与船舶稳定性有关的研究。

在机械设计和制造方面具有非凡的天才和技巧。许多发明创造远远超过了同时代的技术水平，在民间广为流传。他发明了一种螺旋形的机械，可用来从河中提水灌溉，称为阿基米德提水器；发明的螺旋桨可推动船舶航行；发明的组合滑轮能帮助人们移动重物；制造的弩炮是抵御罗马人入侵的强大武器。据说，他还设计了一种点火镜，把阳光聚焦以烧毁罗马人攻城的船舶；还建造了一座行星运行仪，用来展示太阳、月球和行星的运动。

他的伟大成就和丰硕的科学成果，对近代科学的早期发展产生了巨大而持久的影响，直到18世纪末才完全被欧洲科学家所吸收。 （高岳兴）

尼可米兹（Nicomedes）

古希腊人，约公元前280年生，约公元前210年卒。几何学、代数学。

生平不详。曾对厄拉多塞的倍立方问题的解法提出批评。他以《论蚌线》一书而闻名于世，用现在的表达法，该曲线的极坐标方程是 $r=a\sec\theta\pm1$。描述了该曲线的一个机械作图法，现在称之为尼可米兹引理。运用此法解决了倍立方等问题。直至16世纪末期，这种曲线重新引起数学家们的兴趣，许多新的应用和性质被发现。韦达应用“引理”求解那些可化为三次和四次方程的问题，包括作正七边形。莫尔特(J. Molther)用“引理”求解在两线段中间找两个比例中项问题。笛卡尔、费尔马、惠更斯及牛顿等第一流数学家都曾讨论过该曲线，特别是帕斯卡推广了它，产生了帕斯卡蜗线。

（汤正谊 张镜清）

阿波罗尼（Apollonius of Perga）

一译阿波罗尼奥斯。古希腊人，约公元前262年生于小亚细焉潘菲利亚的佩尔格，于公元前190年卒于亚历山大(今属埃及)。几何学、天文学、光学。

年轻时在亚力山大师从欧几里得的门人学习数学。后在那里的大学执教。《圆锥曲线论》是使他蜚声古今的名著。该书原有8卷共含487个命题。现存的1～4卷是希腊原文版本，而5～7卷是阿拉伯译文版本，第8卷失传，内容可以从帕普斯的研究材料中有所了解。1～4卷系统地叙述了圆锥曲线的基本原理，大部分是前人的工作，第3卷中部分定理和第4卷的大部分是新内容；5～7卷是开创性的。第5卷中把法线看作从圆锥曲线内给定点引向曲线的最短和最长的直线(不依赖于相切性质)；讨论了从给定的点出发能作多少条法线，并用作图法求出了它们同曲线的交点；还给出了确定任一点处曲率中心的命题，由此便能立即导出圆锥曲线的渐屈线的笛卡尔方程。

采用新的方法，用双斜圆锥面得到圆锥曲线，引进了抛物线(齐曲线)、椭圆(亏曲线)和双曲线(盈曲线)这三个名词。如以 p 代表曲线的参数，a 代表相应的“直径”，且曲线以直径和直径一端的切线作轴，则用代数式表示：

抛物线 $y^2=px$

双曲线 $y^2=px+\dfrac{px^2}{a}$

椭圆 $y^2=px-\dfrac{px^2}{a}$

对平面轨迹、无理数理论及数值计算亦颇有研究，此外著有《截比》、《截面》、《定割》、《论相切》、《倾角》、《平面轨迹》、《柱面螺线》、《球内切十二面体与二十面体之比》、《无序有理数》及《快速投球法》等著作。《论相切》一书中含有下述一般问题：给定三个几何图形(或点，或直线，或圆)，求作一个圆使与它们都相切(称为阿波罗尼问题)。《无序有理数》推广了欧几里得的无理数理论。在《快速投球法》中，计算圆周率 π 的近似值比阿基米德的 $3\frac{1}{7}$ 和 $3\frac{10}{71}$ 更精确。

在天文学方面，提出行星本身在一圆周(本轮)上作匀速圆周运动，而圆周的中心又在另一个圆周(均轮)上作匀速运动。如认为地球位于均轮中心，这两种运动的结合便可解释行星的亮度变化和它们在天球上复杂的视运动。这就是著名的本轮均轮说。这一学说后被著名天文学家托勒玫所因袭和发展，成为托勒玫地心说中的重要内容。

还写了两本光学著作《论取火镜》、《给反光学的作者》。前者证明投射到球面镜的平行光线并不像早先相信的那样集中反射到球心。还讨论了抛物线的焦点性质。（徐平五）

张苍（Zhang Cang） 中国汉代阳武（今河南原阳）人，战国末年（公元前256年）生，汉景帝孝景五年（公元前152年）卒。算术、代数学、天文历法。

汉历算家，精通数学、天文、历法。秦时为柱下史，掌握天下图书计籍。从刘邦，有战功，高祖六年（公元前202年）封为北平侯。因善算改任计相，后改名主计，负责典校郡国簿书，校正历法，确定律令，为百工规定程式。公元前180年为御史大夫。文帝四年（公元前176年）为丞相。后元二年（公元前162年）称病免相。

司马迁说："汉家言律历者，本之张苍。"刘徽说他和耿寿昌都"以善算名世"，曾先后在先秦遗文的基础上增订、删补《九章算术》。《九章算术》是中国古代最重要的数学典籍，分方田、粟米、衰分、少广、商功、均输、盈不足、方程和勾股九章。包括上百个公式和一般解法，246个应用题。集先秦以来数学知识之大成，在分数四则运算、比例和比例分配算法、开平方和开立方法、盈不足算法、方程术即联立一次方程式、组解法、正负数加减法则、以及解勾股形等许多方面取得了具有世界意义的重大成就。它确定了中国古代数学的基本框架、数学方法挈领应用题的基本形式以及以计算为中心的特点。它的成书对东方数学影响极大。此后，中国数学著述或以《九章算术》为楷模编纂新的算经，或为《九章算术》作注，这两方面都取得重要成就。（郭书春）

迪奥克莱（Diocles of Carystus） 古希腊人，约公元前240年生于希腊卡立斯多斯（今希腊埃维尔省），约公元前180年卒。几何学、光学。

生平不详，但肯定出生于阿基米德之后，是阿波罗尼的同时代人。东罗马帝国数学家欧托西斯在关于阿基米德的《球面和柱面》的评注中摘抄了他的著作《论取火镜》中的部分内容。此书的阿拉伯文译本直到近代才发现。书中包含一个引言和16个命题，讨论了使太阳光反射到圆形的四周或一点的镜面的特征，推证了抛物线的焦点性质，叙述了由给定焦距作抛物镜面的问题，也解决了分球面为定比的问题。尤为突出的是应用蔓叶线解决了倍立方问题。（卫瑞霞）

齐诺多拉斯（Zenodorus） 古希腊人，生于希腊雅典，约公元前200年生于希腊雅典，约公元前140年卒。几何学、天文学。

在泰奥恩关于托勒玫的《天文学大成》的注译、帕普斯的《文集》及佚名的《天文学大成导论》中，都提到他写过《论等周问题》的著作，但后两本书的资料可能是录自第一本书。他论述的等周问题共有14个命题，最著名的有在等周长的正多角形中角数最大者面积最大、在表面积相等的球与正多面体中球体积为大、在等周长的圆和多边形中圆面积为大、等周长同边数的多边形中正多边形的面积最大等。其中某些结论直到19世纪末才得到严格的证明。在梵蒂冈保存的天文学家名单中，也有他的姓名。（吴茂庆）

希普西克尔斯（Hypsicles of Alexandria） 古希腊人，约公元前190年生于亚历山大（今属埃及），约公元前120年卒。几何学、天文学。

其父也是亚历山大城的数学家。许多原稿表明他是欧几里得《几何原本》第14卷的作者。《几何原本》第14卷讨论球的内接正多面体问题，其中一些成果源于阿波罗尼，但进而尝试改正后者的某些处理的不足之处。证明在同一圆内能作内接于同一球的正十二面体的五边形面和正二十面体的三角形面。阿拉伯的一些学者甚至认为《几何原本》第15卷也出其手。在另一残存著作《论恒星的升起》中，将黄道分成360°，这很可能是从巴比伦借用过来的，这一工作为依巴谷创立三角术打下了基础。（沈　铁）

狄奥多希（Theodosius of Bithynia） 约公元前2世纪下半叶生于安纳托利亚岛比提尼亚（今属土耳其），约公元前90年卒。球面几何学、天文学。

著有《球面学》一书，该书是关于球面几何及天文学的教本。书中收集了当时球面几何的知识，还证明了球面三角形中相当于公式 $\tan a=\sin b\cdot\tan A$ 的结果。其第一版拉丁文本译自阿拉伯文，于1518年在威尼斯出版，以后又多次再版。此外，还著有《阿基米德方法注释》、《关于住处》与《昼与夜》等，后两本是研究地球旋转所产生的现象和太阳在每天度过的黄道弧的著作。（卫瑞霞　徐平五）

耿寿昌（Geng Shouchang） 中国西汉人，生卒年月、籍贯不详。计算数学、天文学。

因长于数学，善计算工程、税赋等，为汉宣帝（公元前73～前48年在位）所器重，任大司农中丞。公元前48年宣帝卒，他主持修建杜陵，赐关内侯。公元前54年，为节省漕运，他提出设常平仓，令边郡谷贱时加价而籴，谷贵时降价而粜，以调节米价，保证供应，节省了漕运。据记载，西汉甘露二年（公元前52年），他"铸铜为像"，制成了有史可查的最早的一台浑象。与此同时，在天文学方面，还撰有《月行帛图》232卷，《月行度》2卷，皆已失传。刘徽说他"以善算名世"。在张苍之后，编定《九章算术》。现传本《九章算术》即在此时定稿。（郭书春）

梅内劳斯（Menelaus of Alexandria） 古希腊人，约公元70年生于亚历山大（今属埃及），约公元130年卒。几何学、球面三角学、天文学。

生平不详。第一个把三角学从球面几何和数理天文学中分离出来，使之成为一门独立的学科，被公认为是球面三角学的创始人。他写过关于球面命题、不同物体的重量及其分布、几何学初步和三角的书籍。最主要的著作是三卷本《球面学》。第1卷从球面三角形的定义出发，证明了球面三角形类似于平面三角形中的一些命题，并导出了一些平面三角形所不能类比的结果，例如球面三角形的三个角之和大于两个直角、三个角彼此对应相等则两三角形相等等。第2卷是对狄奥多希球面学的推广和在天文学中的应用。第3卷从著名的梅内劳斯定理出发，展开了球面三角的讨论。讨论时用到了关于大圆弧的反调和比的性质，在平面中的相应性质后来成为射影几何的重要基础。

在天文学上，据古希腊天文学家托勒玫的记载，公元98年梅内劳斯在罗马进行了两次重要的天体观测。观测结果使托勒玫得到结论：恒星在391年中已向东移动了3°55′，从而证实了依巴谷所发现的二分点岁差。

（朱 烈 张镜清）

尼可马休斯（Nicomachus of Gerasa） 约公元一世纪生活于古罗马帝国叙利亚的杰拉什（今属约旦）。算术、音乐、历史学。

生平不详。从他仅存的两本著作《算术导论》和《乐音指南》中可以知道，他是毕达哥拉斯学派的杰出人物。《算术导论》共2卷，主要内容有数的定义的陈述、本质上的数、相对数、平面和立体数、比例的讨论、偶数与奇数的分类、数的基本关系、乘方、立方和多角形数的详细讨论。他把质数作为奇数的一类，认为1与2不是真实的数，并描述了判定质数的厄拉多塞筛法。对整数相比的算术作了系统的、完全不依赖于几何的叙述。由于内容丰富，条理分明，该书在以后的一千年间成为一本标准课本，而他则被誉为使算术成为一门独立学科的创始人之一。

在《乐音指南》中，他对全音阶、半音阶和等音阶等类型的不变系统作了研究，讨论了音符、音程、总谱表和音类，特别对音调和音程指定了拍子和数字比，还讨论了建立在伸展弦基础上的音调原理，用测量弦的长度来说明音乐定理的有效性，对后人的研究有很大的影响。

据多种历史文献表明，他是一位多产学者。失传的著作还有：《计算艺术》、《几何学导论》、《算术神学》、《毕达哥拉斯生平》、《教义集》和《埃及的节日》等。

（汤正谊 张镜清）

泰奥恩〔士麦那的〕（Theon of Smyrna） 约公元70年生，约公元135年卒。算术、几何学、天文学、音乐。

在哲学和数学上深受毕达哥拉斯学派的思想影响。他因写过一本关于柏拉图数学和哲学的著作而闻名于世。该书名为《有助于柏拉图理解的数学》，流传至今书中论述了算术、几何学、音乐、天文学以及它们之间的关系。在算术部分，根据毕达哥拉斯的方法讨论了素数、几何数（即平方数）、“边”和“直径”数以及级数等不同类型的数；在音乐部分，把音乐分成数学的音乐、“乐器的音乐”和“天体的音乐”三类；在天文学部分，认为地球是球体，是宇宙的中心；叙述了对天体顺序的各种不同观点；解释了太阳、月球和行星的黄纬的偏差，估计了天球上从太阳到水星、金星的最大角距分别为20°和50°。他撰写过数部关于古希腊罗马哲学家和数学家著作的评注，大多已失传。

（卫瑞霞 田 雁）

刘徽（Liu Hui） 中国魏晋时人，约公元225年生，约公元295年卒。淄乡（今山东省邹平县）。算术、代数学、几何学。

生平不详。出身平民，终身未仕。幼年学习过《九章算术》，成年后又作了深入探讨，在深刻理解数学的原理和根源的基础上，于魏景元四年（263年）写出杰作《九章算术注》。原书10卷，第10卷名“重差”，后来改称《海岛算经》单独刊行，与《九章算术》并列为《算经十书》中的两部。还著有《九章重差图》，已佚。

在当时辩难之风的影响下，“析理以辞，解体用图”，提出了若干数学定义和原理，全面论证了《九章算术》的公式和解法，在很大程度上克服了《九章算术》没有数学定义和证明的缺陷，使该书的水平达到新的理论高度。其中，对《九章算术》等著作中早已使用的“率”下了严格定义：“凡数相与者谓之率”，阐述了有率关系的数组的性质，提出了乘、约、齐同三种关于率的等量变换，指出这是运算的纲纪。用率论证了《九章算术》的大多数公式、解法和问题，例如今有术、分数运算、重今有术、衰分术、均输术、盈不足术等。将率概念推广到线性方程组解法中，创造了互乘相消法和方程新术。指出“五家共井”问题是不定问题，在中国数学史上第一次明确提出了不定方程组问题。还把率用于体积问题。提出了“勾股相与之势不失本率”这一相似勾股形的性质。用率证明了勾股容方、勾股容圆、若干一次测望问题，很可能还有重差问题。特别是在《海岛算经》中，提出了解决可望而不可及的测望问题的重差术，往往是要进行二次、三次甚至四次测望的复杂问题。

把无穷小分割的思想引入了数学。为了证明《九章算术》提出的“半周半径相乘得积步”（$S=\frac{1}{2}Lr$，S、L、r分别为圆的面积、周长和半径）公式，先用圆内接正多边形序列逼近圆，引入两个极限过程，证明其极限都是圆，然后把这一与圆完全重合的极限状态的正多边形分割成无穷多个小三角形，求其和，从而证明了上述公式。

在使用无限分割的方法解决锥体体积时提出一个重要原理，将一个堑堵(用一平面沿长方体相对两棱切割而得的楔形立体)分成一个阳马(直角四棱锥)与一个鳖臑(四面均为直角三角形的四面体)，则“阳马居一，鳖臑居二，不易之率也”，即两者的体积比恒有 $V_{阳}:V_{鳖}=2:1$，现称刘徽原理。且进一步指出了没有鳖臑就不能解决阳马的体积，没有鳖臑和阳马，就不能解决方锥、方亭等多面体的体积。这一把解决四面体体积看成解决多面体体积的关键的思想，完全符合现代数学的体积理论。为了解决圆锥、圆台和球的体积，提出了它们分别与其外切方锥、方台和牟合方盖(两个相等的圆柱体正交所得的公共部分)的体积之比为 $\pi:4$，指出了《九章算术》蕴涵的球体积公式的错误。这些思想为后来的祖暅原理的最后完成作了准备，为祖冲之父子圆满解决球体积问题指出了正确途径。

他还把无穷小分割思想应用于近似计算，在中国首创了求圆周率的科学方法。求出了 π 值为 $\frac{157}{50}$ 和 $\frac{3927}{1250}$ 两个值。用前者修正了《九章算术》有关的公式。这一方法奠定了中国圆周率计算在世界上长期领先的基础。指出《九章算术》弧田(弓形)面积公式不准确，提出了精确计算方法。在开方不尽时，提出了继续开方求微数即十进分数的思想，这不仅对圆周率的计算十分必要，也是后来十进小数的先河。

为人谦虚，实事求是。尊重前人但不迷信古人，多次修正《九章算术》和前人的失误。对自己不能解决的问题，决不装懂，表示“以俟能言者”，具有相信后学的远大胸怀。博古通今，在《九章算术注》中多次引用先秦以来的经典，为自己的数学创造服务。所用的证明方法主要是演绎逻辑，体现了很高的逻辑水平。认为数学各分支像一颗大树一样形成了一个完整的体系。《九章算术注》的出现标志着中国古代数学理论体系的完成。

(郭书春)

赵爽(Zhao Shuang) 又名婴，字君卿。东汉末至三国时吴人，活动于公元 3 世纪。算术、几何学。

生平不详。公元 222 年起，曾注《周髀算经》。这是一部西汉初年或更早时期以“盖天说”宇宙结构学说为基础的天文学著作，包括了分数四则运算、开平方法，以及勾股定理、重差法等数学知识。他的《周髀算经注》逐段解释《算经》经文，其中以位于卷首的“勾股圆方图”说最为精彩。勾股圆方图说仅存勾股图说，500 余字，附图 6 张已佚，用出入相补原理证明了勾股定理和相关勾股恒等式，总结了后汉时期勾股算术的成就，是一篇有价值的文献。赵爽证明勾股定理的“弦图”，充分显示了数学的简洁之美，被第 24 届国际数学家大会(北京)定为会标。

(周 英)

丢番图(Diophantus of Alexandria) 约公元 200 年生，约 284 年卒。算术、代数学。

生平不详。约 4 世纪在一本希腊的诗文选集上收录有他的墓志铭短诗，可从中列出一元一次方程，推知他 33 岁结婚，38 岁生子，80 岁丧子，卒年 84 岁。被后人誉为“代数学之父”。曾系统地研究过整系数不定方程的整数解的问题，习惯上称为“丢番图方程”。著有《算术》和《多角数》。《算术》成书于公元 250 年前后，原有 13 卷，现存 6 卷，在伊朗还发现了《算术》的另外 4 卷阿拉伯文译本。该书的重要性不亚于欧几里得的《几何原本》。书中收集了 130 个问题，讨论了一次、二次和三次方程，以及大量的不定方程，论述了求解实际问题中卓越的算术技巧，显示了他是不定方程分析方面的权威；介绍了幂次的符号及其运算法则，但缺乏商的概念。另一重要贡献是用字母表示未知数和运算，是符号代数的开端。

他所著的《多角数》一书，现在仅存一些残篇，从中可以看到他使用了几何证法；书中还把多角数定义为 $P_a^n=\frac{[(a-2)(2n-1)+2]^2-(a-4)^2}{8(a-2)}$，式中 a 表示多角形的顶点数，n 表示边数，并给出了从 P_a^n 及 a 求 n 的逆公式。

最先提出了多级几何学的术语。他的著作成为许多数学家如费尔马、欧拉及高斯等进行数论研究的出发点。数论中的两大部分——方程理论和近似理论是以他的名字命名的。

(卫瑞霞 卢钦和)

阿纳托里乌斯(Anatolius of Alexandria) 生于亚历山大(今属埃及)，卒于劳迪塞亚(今属土耳其)。鼎盛期在 269 年。数论、算术、天文历法。

当过基督教的大主教。精通算术、几何、天文及其他自然科学。在修辞学方面也造诣不浅。当时亚历山大城的人们都把他视为该地亚里士多德学派的领袖。著有《算术引论》，共 10 卷，其中对自然数 1，2，…，10，逐个进行了研究。还用天文知识为宗教服务，写过关于复活节的历法论文。历史学家欧塞比乌斯(Eusebius)把该文定名为“阿纳托里乌斯复活节的教规”，对该文及作者十分称颂。

(徐平五)

斯波鲁斯(Sporus of Nicaea) 约 240 年生于比锡尼亚(今属土耳其)，约 300 年卒。几何学、天文学。

据帕普斯的著作及欧托西斯等评注家的评注所述，其研究涉及两个数学问题，即化圆为方及倍立方问题，知道仅用直尺圆规不能解这两个问题。由于对这两个问题的研究，使他对逼近问题发生兴趣。据说他曾批评阿基米德关于 π 近似值的计算。主要贡献是对上述问题的解答的建设性评论。其著作成为帕普斯等后人的丰富的知识泉源。此外，还探讨过有关极圈、太阳大小、彗星等天文问题。

(卫瑞霞)

帕普斯(Pappus of Alexandria) 约 290 年生于亚历山大(今属埃及)，约 350 年卒。几何学、天文学、力学。

博学多才的几何学家，约公元 325 年完成论著《数学汇编》，共 8 卷，是仅次于托勒玫的《天文学大成》的重要著作，涉及古希腊的整个几何领域和希腊数学史。第 1 卷已遗失；第 2 卷的残存部分是关于算术方面的内容；第 3、第 4 卷主要讨论平面图形的性质、求圆面积及三等分角问题；第 5 卷讨论了等周和等积问题；第 6 卷是关于天文学方面的内容，介绍了托勒玫的《天文学大成》，回顾了狄奥多希、欧托利古斯和欧几里得的著作，并作了修正；第 7 卷是全书最吸引人的部分，对近代数学有一定影响；第 8 卷主要讲力学。在第 7 卷的“解析宝库”中，它引用了欧几里得的《数据》及阿波罗尼的《比率的分割》、《面积分割》、《相切》、《倾斜》、《平面轨迹》和《圆锥曲线》等著作中的材料。在该卷中，证明了对含点的交比不变的重要结果，并建立了著名的帕普斯定理，还建立了旋转体体积与重心关系的著名定理，后来古尔丁独立地发现了这一定理，现在称为古尔丁(即古鲁金)定理。此外，还在地理学、流体静力学、音乐及炼金术方面写过不少著作。 （王翼勋　张镜清）

塞里纳斯（Serenus）　约公元 300 年生于埃及安蒂诺波利斯，约 360 年卒。几何学。

著有《关于柱面的截线》、《关于锥面的截线》和对阿波罗尼的《圆锥曲线》的评注，后者已失传。《关于柱面的截线》包含引言、8 个定义和 33 个命题。文中不同意柱面的斜截线、圆锥面的斜截线和椭圆线是相同的流行说法。《关于锥面的截线》包含引言及 69 个命题，主要讨论过顶点的平面截出的正的或非正的圆截三角形的面积，并给出了某种类型的三角形的面积为最大的条件，以及同一类中两三角形面积相等的条件，等等。

（卫瑞霞　田　雁）

泰奥恩〔亚历山大的〕（Theon of Alexandria）　约公元 335 年生于亚历山大(今属埃及)，约 405 年卒。几何学、天文学、光学。

生活在狄奥多希统治的时期，是一个异教徒，在亚历山大城的大学教数学和天文学。许多研究工作来源于他的教育活动，其女许帕提娅也是位著名的数学家。重要贡献之一是，在前人的基础上对托勒玫的《天文学大成》的注释作了改进，并补进了一些困难而重要的证明过程。发表过关于托勒玫汉迪表的注释，为表的结构和运算的依据提供了几何说明，该注释本成为同类书中佼佼者。还编写了欧几里得《几何原本》的修订本，改动了《几何原本》中的若干部分，现今的拉丁文及阿拉伯文译本可能就是从该修订本译出的。由于他编辑出版了许多前人的名著，特别是欧几里得《几何原本》，名声蜚传。

在天文学上，他在亚历山大城观测并记录了公元 364 年 6 月 16 日日食、同年 11 月 25 日的月食。还写了反射光学和关于“小型观象仪”的论文。

（卫瑞霞　黄绍南）

许帕提娅〔亚历山大的〕（Hypatia of Alexandria）　约 370 年生于亚历山大(今属埃及)，415 年卒于同地。数学、自然哲学。

是亚历山大的数学家泰奥恩的女儿和学生。泰奥恩在系统地校订和评注欧几里得的《几何原本》及托勒玫的《天文学大成》时，得到了她的帮助。据记载，她写了关于丢番图的《算术》和阿波罗尼的《圆锥曲线》的评注，是历史上第一个对数学作出重要贡献的女数学家。约公元 400 年左右，她在哲学上成了亚历山大新柏拉图学派的领袖人物。她的哲学信仰触犯了当时亚历山大的基督教社会，结果被狂热的暴徒杀害。她的悲壮身世成为后来一些文艺作品的主题。

（沈　铁）

祖冲之（Zu Chongzhi）　字文远。中国南北朝时期范阳郡遒县(今河北涞源县)人，南朝宋文帝元嘉六年(429 年)生于建康(今南京)，卒于南朝萧齐永元二年(500 年)。计算数学、天文历法、工程技术。

出身于熟悉工程技术的官宦世家。自幼聪敏好学，受到良好的家庭教育。青年时代进入专门研究学术的华林学省钻研学问，为一生的成就奠定了坚实的基础。在南朝宋和齐代，先后任南徐州(今镇江)从事史、公府参军、娄县(今昆山东北)令、谒者仆射、长水校尉等官职。

在数学方面，推算出圆周率的不足近似值为 3.141 592 6，过剩近似值为3.141 592 7，准确到小数第七位，这在当时是世界上最先进的数学成果。还确定圆周率 π 的两个分数形式的近似值：约率 22/7($\approx$3.14)和密率 355/113($\approx$3.141 592 9)。首创的密率比德国数学家 V. 奥托(Valentinus Otto)重新得到这个 π 值要早1000多年，还和儿子祖暅共同解决了球体积的计算问题，并提出了“幂势既同，则积不容异”(即两立体如果在等高处截面的面积始终相等，则它们的体积也必定相等)的原理。这与1000年后意大利数学家卡瓦里利发现的原理完全一致。

在天文历法方面，他最大的功绩是创制了《大明历》。这是第一部考虑了岁差、区分了回归年与恒星年的历法。在中国历法史上是一个重大进步。还采用了 391 年中设 144 个闰月的新闰周，突破了沿袭已久的 19 年 7 闰的传统方法。《大明历》中采用的其他数据，如回归年日数为365.242 82日，交点月日数为27.212 23日，以及木星公转周期和五大行星会合周期等，都是根据长期实测的结果获得的，大多相当精确。还发明了用圭表测量冬至前后若干天的正午太阳影长以定冬至时刻的方法。该法为后世长期采用。刘宋孝武帝大明六年(462 年)上书朝廷请求颁行《大明历》，因遭皇帝宠臣戴法兴的阻挠而未能颁行。齐武帝时，文惠太子曾见到这部历法并奏请颁行，却又因文惠太子过早去世而作罢。直到梁朝，其子祖暅三次上书力主改用《大明历》，这部优秀的历法终于在梁武帝天监九年(510 年)得以颁行，但这已是身后 10 年的事情了。

他不仅是成就卓著的科学家，也是兴趣广泛和多才多艺的发明家。曾经设计制造过利用水力加工粮食的水碓磨、铜制机件传动的指南车、日行百里的“千里船”、以及仿效木牛流马的陆上运输工具。还设计制造过漏壶和巧妙的欹器。也精通音律，做过校核度量衡的工作。

毕生著述很多。主要数学著作《缀术》曾被隋唐国子监用作算学课本，并曾流传到日本和朝鲜，惜已失传。《隋书・经籍志》记载有《长水校尉祖冲之集》51 卷，也已失传。甚至还写过小说《述异记》10 卷。现在所能见到的仅有《大明历》、《上大明历表》、《驳戴法兴奏章》等有限的几篇及散见于各种史籍的一些片断。

为纪念这位伟大的中国古代科学家，月球背面命名有“祖冲之环形山”，第 1888 号小行星被命名为“祖冲之小行星”。 (何绍庚)

张丘建 (Zhang Qiujian) 中国北魏清河(今山东省临清市附近或河北省邢台市清河县)人。5 世纪在世。算术。

生平不详。因感到学算者“患通分之为难”，而《夏侯阴算经》《孙子算经》等“皆未得其妙。故更造新术，推尽其理”，故编撰《张丘建算经》3 卷，现代本有 92 问。卷上提出了求最大公约数和最小公倍数的方法；卷上、中、下分别提出了已知等差级数的项数及首、末项或首项、公差求总和的问题，已知首项、项数、总和求公差的问题及已知首项、公差、各项平均数求项数等方法；卷下提出了著名的百鸡问题，是中国数学史上首例解不定方程问题。这些都是《九章算术》等著作中所没有的新内容。 (郭书春)

多姆尼斯 (Domninus of Larissa) 约公元 420 年生于叙利亚的拉里萨(今属希腊)，约 480 年卒。算术、几何学。

入犹太教，曾去雅典柏拉图研究院学习。由于他的数学著作，叙利亚人对他有相当高的评价。两卷数学手稿直到 1832 年才被发现，其中包含对于数、数与数之间关系的理论、平均值、比例论及用图形表示数的理论等研究。摒弃了尼可马休斯的 7 种平均数，遵循欧几里得关于数的分类，仅承认算术、几何的调和平均数。这标志着他在数学方面的工作又回到欧几里得的正确原理上面来了。对自然科学也感兴趣，认为彗星是由一种干燥的犹如烟雾的蒸汽构成，彗星的物质被太阳光点燃，而它反过来又点燃地球等。 (卫瑞霞 卫瑞中)

阿耶波多第一 (Āryabhaṭa Ⅰ) 印度人，约 476 年生于恒河南岸库萨马普勒(今印度巴特那附近)，约 550 年卒。算术、代数学、三角学、天文学。

是最早的印度数学家之一。他写过两本书，一本天算书已失传，另一本是著名的《阿耶波多历数书》(成书于公元 499 年)。全书分三部分和一篇简短的序，包含“参数的引入”(10 节)、“数学”(33 节)、“时间的计量与行星模型”(25 节)及“论天球以及日月食”(50 节)等。书中有常用算术运算的种种规则，包括乘方与开方。还有一些简单的二次方程、代数恒等式和等差级数知识。特别是书中用连分数处理了不定方程的问题，与今天所用的方法实质是相同的。该书展现了公元 5 世纪时印度数学界的繁盛景象，表明数学活动的中心从罗马转到了东方。该书多次被评注过，已知的有婆什迦罗等 12 人的评注本。他对三角学的贡献很大。制作的正弦表给出了第一象限内每隔 3°45′的正弦长。他借助猎人的弓弦的意思，引入了半弦的概念，这是“正弦”一词的来源。他默认曲线与直线可用同一单位来度量，蕴含了弧度制的精髓。此外，他算出圆周率为3.141 6，这在当时的印度是很突出的成果。

为纪念他，1975 年 4 月 19 日印度发射的第一颗人造卫星命名为“阿耶波多号”。 (徐平五)

波伊提乌，A. M. S. (Boethius，Anicius Manlius Severinus) 一译博伊西斯，约 480 年生于拜占庭帝国的罗马(今属意大利)，524 年卒于意大利帕维亚(今属意大利)。数学著作翻译。

出身罗马贵族，执政官。522 年被控叛国受监禁，不久被处死。古罗马著名学者，主要功绩是把古希腊的亚里士多德、欧几里得等人的哲学、逻辑学和数学著作译成拉丁文并加以评注，介绍给欧洲大陆。他的一些著作的基本内容与古代相应的著作相似而较少创见，但由于改编得当，对 8～13 世纪欧洲学术的发展影响颇大。翻译尼可马休斯的《算术导论》，介绍了算术中许多理论、概念、拉丁文算术基本术语，几乎沿用了1000年之久。可与此书媲美的还有译自欧几里得的《几何》，其中补充了算盘的知识。在译注中创造了“四大科”这个词来统一表示算术(数本身)、几何(无运动的数)、音乐(应用于他物的数)和天文(运动中的量)。 (吴茂庆)

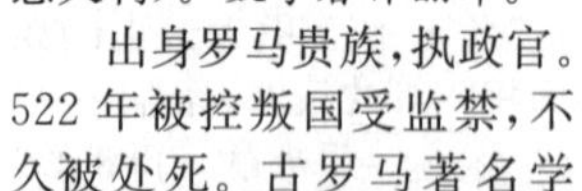

欧托西斯 (Eutocius of Ascalon) 约 480 年生于巴勒斯坦阿斯加隆(今阿什凯隆)。几何学。

是阿基米德名著《论圆的度量》、《论平板的平衡》、《论球和圆柱》，以及阿波罗尼的《圆锥曲线论》前 4 卷的评注者。在《论圆的度量》评注中，提供了希腊人当时已掌握长乘法算法的证据，还保持了希腊几何学家对数学问题的解法，使后人从中了解希腊几何学家求两已知线段的两个比例中项的方法。在《论球和圆柱》的评注中，指出该书中“给定一圆锥或圆柱求与此圆锥或圆柱相等的球”这个问题可化为求两个比例中项的问题。发现并保存了许多有名数学家关于此问题的有价值的研究。

评注中还补充了阿基米德的某些结果的算术证明。这些评注对数学史家极为重要。 （卫瑞霞 徐平五）

祖暅（Zu Geng） 亦称祖暅之，字景烁。中国南朝齐梁时人，祖籍范阳，生活在5世纪下半叶至6世纪上半叶。几何学、大地测量学、天文学。

祖冲之之子。自幼博学多才，受到良好的家庭教育。于数学、天文学专心致志之时，雷霆不能入。曾任员外散骑常侍、太府卿等职。514年主持浮山堰工程，被陷入狱。525年在豫章王幕府，不久被北魏捕获，魏宗室之延明以礼相待，使他有机会向信都芳等北朝数学家传授数学知识，对北方数学发展作出了贡献。

撰《缀术》6卷（一说5卷），包括其父和本人的数学成就，至唐初“学官莫能究其深奥，是故废而不理”，遂失传。唯关于开立圆术的研究，保存在李淳风等撰《九章算术注释》中。刘徽用底径和高均等于球直径的两个圆柱正交，其公共部分叫牟合方盖，并正确地指出球与外切牟合方盖的体积之比为 $\pi:4$。但刘徽未能求出牟合方盖的体积，表示“以俟能言者”。他和父亲在刘徽的基础上继续研究。他们不是考虑牟合方盖本身而是取图形的一个卦限（八分之一），考虑一个正方体截取牟合方盖后所得的外三棊，发现这外三棊每一层截面积之和都等于一个倒立的同底等高的阳马的每一层面积，接着提出“缘幂势既同，则积不容异”的原理，从而证明了外三棊体积之和等于该阳马的体积。牟合方盖的体积为正方体的$\frac{2}{3}$，即$\frac{2}{3}D^3$，D为球直径。若取 $\pi=3$，则球体积为$\frac{1}{2}D^3$。上述原理今称祖暅原理，比17世纪意大利人卡瓦列里（F. B. Cavalieri）提出的类似原理早1100多年。

6世纪初组织了著名的嵩山观测，得出北极星与北天极相差1°有余的结论，打破了历来把北极星看成天球北极的错误观点。继续对其父祖冲之《大明历》进行研究，三次向梁朝廷推荐，终于在510年颁行，施行近80年。还著有《天文经》30卷和《漏刻经》，可惜均失传。

（郭书春 周 英）

王孝通（Wang Xiaotong） 中国唐代人。生卒年不详。算术、代数学、几何学、天文学。

唐武德六年（623年）任算历博士，开德九年（626年）任通直郎太史丞（国家天文台官员）。著有《缉古算经》一卷（约630年），后收入《算经十书》，全书共20题。第1题是计算月亮方位的天文历法方面的问题，第2～5题是修筑台、堤、河道等问题，第6～14题是各种粮仓、粮窖的修筑问题，第15～20题都是勾股问题。在现传本中，第17～20题已残缺不全。最重要的内容是关于修筑两端宽狭不等、高低不等的堤坝之类的问题。书中多次求解三次方程。祖冲之《缀术》失传后，该书是我国最早涉及三次方程的算经。该书还将形如 $x^4+bx^2=A(b,A>0)$ 的四次方程，化为二次方程求解。通晓算历，武德六年（623年）和九年（626年）曾两次对傅仁均的《戊寅元历》（618年）提出批评，并纠正了其中的一些错误。但认为天文计算中不该有岁差，这在天文学上是守旧的观点。

（周 英）

希拉卡特斯，A.（Shirakatsī，Anania） 亚美尼亚人，约620年生于亚美尼亚希拉卡万（今阿尼），685年卒。初等数学、天文学、自然哲学。

曾在希腊学者泰奇卡斯（Tychicus）所办学校内学习数学、天文、地理、历史及其他科学。8年后返回家乡，在自办的一所学校内边教学边科研，论著遍及天文、数学、地理、历史等学科。撰写了《天文几何学》一书，试图确定地球到太阳、月亮及各行星间的距离和太阳的大小，并正确地解释了日食和月食，算出了它们发生的时间表。编制的月亮的周期表十分接近于近代所给出的数据。还编制了乘法表、算术和几何级数表，写过算术教科书。认为世界是由土、气、水和火组成，万物都是动和变的，地球是卵形的，等等。其宇宙观引起了官方的注意，曾是7世纪亚美尼亚进步学者的代表人物之一，受到世俗和教会的迫害。

（卫瑞霞）

花拉子米（al-Khwarizmi） 阿拉伯人，约783年生于巴格达（今属伊拉克），约850年卒。代数学、天文学、地理学。

据说其祖先来自花拉子模（现乌兹别克斯坦境内），曾在哈里发（国王）马蒙（Caliph al-Ma'mūn）宫廷里供职。是巴格达“智慧宫”的主要成员。

他吸收了希腊、印度和希伯来的数学成就，于820年左右完成《代数学》，约1140年罗伯特把它译成拉丁文，原名是《还原与对消的科学》，阿拉伯语“还原”（al-jabr）后来转变成“algebra”，即拉丁文中的“代数学”。该书是一部实用的初等数学书，共分三部分：第一部分是按现代观点称为代数的内容，第二部分讨论实用测量术，第三部分讨论遗产分配问题。书中论述了一次、二次方程的解法，并给出二次方程根的公式，是历史上关于方程解法的最早论述。书中把未知数叫作“根”，它可以指一个方程的解，也可以指一个数的方根，一直沿用至今。该书的一大缺点是未用代数符号而用文字叙述。这与古代印度代数的表达方式相同而与古代希腊代数相异。《代数学》传入欧洲后产生了巨大的影响。所撰《算术》，首次将印度数字（即误称的“阿拉伯数字”）及印度的十进制介绍给伊斯兰世界。

在天文学上，根据770年后不久传入巴格达的婆罗门笈多撰写的《婆罗门历数书》，编制出一部著名的天文表。其中包含太阳和月亮及五大行星的平均运行表和时差表、计算日月食表、各种三角函数表以及表格的使用方法等。这是现存最早、较全面系统的阿拉伯天文著作。此外，编撰有《犹太历》以及两部关于星盘的著作。

在地学上，他的《地球景象书》是中世纪阿拉伯世界第一部地理学专著。该书把地球上的居民区分为7个“气候带”，附有4张地图，修正了的有关数据。还写过

《地理学》。 （王翼勋 张镜清）

利奥（Leo the mathematician） 其名直译应为数学家利奥，又被称为哲学家利奥（Leo the Philosopher）。约790年生于君士坦丁堡，869年之后卒于同地。初等数学、天文学、科学传播。

从820年起在君士坦丁堡当私人教师。831年去巴格达，负责四十殉道者教堂的公众教育，不久升任大主教。843年被免职，后返回故里重操旧业。855年任罗马帝国哲学院院长，教授算术、几何学、天文学、语法、哲学等。一生中抄录并编辑了大量古希腊著作的原文，如柏拉图的《四面体》部分，阿基米德全集的大部分（包括他本人关于分式加、减法的工作），托勒玫的《天文学大成》，阿波罗尼的《圆锥曲线论》及奇里纳斯（Cyrinus）的《力学》等，对古籍保存和古希腊科学文化的传播作出了贡献。 （吴茂庆）

摩诃毗罗（Mahavira） 一译马哈维拉。印度人，约公元800年生于印度南部迈索尔，约870年卒于印度。算术。

耆那教徒。200～1200年印度数学鼎盛期间的数学家之一。所著《计算精华》（850年）是印度第一本初具近代形式的数学教科书，共九章：① 术语；② 算术运算；③ 分数的运算；④ 各种运算；⑤ 含3的规则的运算；⑥ 混合运算；⑦ 计算面积的运算；⑧ 关于挖掘的计算；⑨ 影阴的计算。符号"0"是印度人的卓越的发明。《计算精华》中记载了关于零的算法："一个数乘零得零，一个数加零或减零，该数不变。"他还给出除以分数的法则：把分数颠倒相乘。 （张镜清）

乔哈尼（al-Jawharī） 阿拉伯人，约800年生于巴格达（今属伊拉克），约860年卒于同地。几何学、天文学。

数学上主要研究几何学，较著名的著作有《关于欧几里得几何原本的评注》、《增加到欧几里得几何原本第Ⅰ卷中的一些命题》。在评注中，他增加了约50个定理。并试图以欧多克斯-阿基米德公理为前提，从6个命题出发证明欧几里得的平行公设，这是现有阿拉伯文著作中对平行公设最早的证明。此外，他对欧几里得《几何原本》第Ⅴ卷作了补充。在伊斯坦布尔尚留存他的三个几何命题的小部分手稿。

在天文学上，曾在巴格达、大马士革等地参加过几次天文观测，负责制造天文仪器。还写了一本天文表用于观测。 （陈必胜）

班努·穆萨三兄弟（Banūā Mūsa three brothers） 阿拉伯人，9世纪初生于伊拉克巴格达，卒于同地。几何学、天文学、科学传播。

三人都曾供职于帝国"智慧宫"（相当于现代的研究院），并在巴格达进行过天文观测。把许多希腊文的科学原著译成阿拉伯语，是首批研究希腊数学名著并创立了阿拉伯数学学派的科学家。阿基米德用内接、外切正九十六边形算得π值在$3\frac{1}{7}$与$3\frac{10}{71}$之间，而他们在论文"关于平面和球面图形的测量"中指出：用上述方法可得$\pi=\lim P_n$（P_n为内切或外接正多边形周长）。又用不同于阿基米德的方法证明了"球的表面积等于大圆面积的4倍"。还探讨过三个古希腊难题，并发现了球的体积公式、应用算术运算来确定几何图形的体积。后者对扩充数系使之包含整数、有理数及无理数是一个重要的步骤。 （高岳兴 刘韵）

马哈尼（alMahani） 阿拉伯人，约820年生于波斯克尔曼省（今属伊朗），约880年卒于巴格达（今属伊拉克）。代数学、天文学。

主要成就在数学方面。他把阿基米德问题——用平面分球为两个体积成已知比例的部分——化归三次方程$x^3+a=cx^2$，是历史上第一个试图用代数方法求解该问题的数学家。他对欧几里得《几何原本》第1卷、第5卷、第10卷和第13卷写了评注。还改写了梅内劳斯的《球面论》，给出了有趣的说明与附注。此外，对天体的交会与日月食进行了观测，并用星盘计算月食，在天文方面作出了贡献。 （张镜清）

塔比·伊本·库拉（Thābit Ibn Qurra） 阿拉伯人，836年生于美索不达米亚的哈兰（今属土耳其），901年2月18日卒于巴格达（今属伊拉克）。科学著作翻译、几何学、天文学、力学、医学。

早年曾是哈兰有名的富商，后在一位数学家的指导下，对数学的各个方面都进行了研究。精通希腊语和阿拉伯语，曾把包括阿基米德、欧几里得、托勒玫在内的许多希腊学者的著作译成阿拉伯文。著有《数论》、《亲和数的确定》、《论合比》、《抛物线的测量》、《求解几何问题的方法》等，为实数理论、解析几何、球面三角、微积分及非欧几何等新分支的出现开拓了道路。

是杰出的物理学家、静力学的创始人之一，发表过关于重力和杠杆的平衡方面的定义。在天文方面，撰写过关于太阳、月亮的运动及新月的能见度等方面的论文。还是一位中世纪著名的医生，有《医药指南》、《论天花和痧子》等著作。其哲学论文对柏拉图和亚里士多德的绝对静止的观点进行了批评。 （卫瑞霞 徐汀荣）

阿布·卡密尔（Abū Kāmil） 埃及人，约850年生于埃及，930年卒。代数学、几何学。

是继代数学家花拉子米以后的著名伊斯兰代数学家。讨论了有无理数解的不定方程；第一个随意使用高于二次的幂；擅长于用代数方法处理几何问题。在《关于五边形和十边形》的著作中，将圆内接正五边形的周长表达为有理系数的根式，讨论了四次方程和无理系数的二次方程的解法，其成果超出花拉子米的工作。他把古美索不达米亚的实践与希腊的理论，以及繁杂的代数与精巧的几何融合在一起，推动了代数学的发展。斐波那契的《实用几何》中采纳了他的许多方法。他是一个多产学者，著述大多失传，但留传至今的尚有《代数学》、《计算术珍闻》和《测量和几何学》 （徐平五）

内伊里兹（al-Nayrizi） 阿拉伯人，约 865 年生于伊朗内伊里兹，922 年卒于巴格达（今属伊拉克）。几何学、大地测量学、天文学。

原籍伊朗，后在巴格达哈里发宫廷供职。因撰写欧几里得《几何原本》的注释而蜚声数学界。书中大量援引了希腊数学家希罗和辛普利休斯关于《几何原本》所作的注释（后两本注释的希腊原本已失传），引起了伊斯兰数学家对方法论的极大兴趣。他在书中还介绍了根据平行线间距离相等的特征，运用欧多克斯-阿基米德公理，对欧几里得第五公设所作的详尽证明。此外，还著文讨论了测量仪器及测量两物体间的距离、山谷和井的深度、河流宽度的方法。所写论测距仪和论气象的文章亦流传至今。他的论星盘构造和用法的著作，是当时阿拉伯人关于这一领域最详尽的论述。

（张镜清　王翼勋）

阿赫马德·伊本·尤塞夫（Aḥmed Ibn Yūsuf） 阿拉伯人，生于巴格达（今属伊拉克），912 年卒于埃及开罗。几何学、算术。

阿拉伯学者之子。原住巴格达，4 岁时随父移居大马士革。后迁居开罗。他最有影响的著作是一篇关于比和比例的论文，该文是对欧几里得《几何原本》第五卷评注的扩充，其中推广了欧几里得关于比和比例的定义，分 18 种情形详细讨论了从成比例的已知量求未知量的方法，并给出了几何解释。该文后被译成拉丁文，广为流传，抄本至今保存在英国、西班牙、奥地利、法国及意大利图书馆。此外，他还写有关于相似弧和星盘的著作。 （徐平五）

斯利特哈拉（Śrīdhara） 印度人，约 870 年生于印度孟加拉，约 930 年卒于印度。算术、代数学、几何学。

生平不详。写过两本算术书及一本代数书，后者现已失传。他第一本算术书分两部分：第一部分讨论了度量衡学的定义，四则运算、求平方、立方、平方根及立方根，分数和比例等；第二部分讨论了级数、平面图形、体积、影像和零等问题，并给出了一些混合问题的解。此书的唯一手抄本现保存在克什米尔。而第二本算术书则包含了第一本书中许多内容的摘要。以上著作似乎参考了 9 世纪一些数学家的观点，并被 10 世纪和 11 世纪印度数学家所引用。 （卫瑞霞）

易卜拉欣·伊本·西拿（Ibrahīm Ibn Sinan） 阿拉伯人，908 年生于巴格达（今属伊拉克），946 年卒于同地。几何学、天文学。

祖父是哲学家及天文学家塔比·伊本·库拉，父亲是天文学家及数学家。他一生短暂的科学生涯里做了许多杰出的工作，包括圆的切线、一般几何学、太阳的视运动、阴影的光学研究、星盘等天文仪器。最重要的贡献是关于抛物线弓形面积的计算，以及分析法与综合法间关系的讨论。关于前者直接继承了祖父的不同于阿基米德的处理方法，首先证明在仿射变换下面积的比例不变。考虑由 2^n-1 个三角形组成的抛物线弓形的内接多边形 a_n，如果 a_n、a'_n 是两个内接于面积分别为 a 及 a' 的抛物线弓形内的多边形，则 $\frac{a_n}{a'_n}=\frac{a_1}{a'_1}$。这个结果实际上相当于 $\frac{a}{a'}=lim\frac{a_n}{a'_n}=\frac{a_1}{a'_1}$，从而可得 $a=\frac{4}{3}a_1$。对于后者阐明了在各类问题中分析法与综合法的作用和地位，使阿波罗尼的分析和综合方法重新被几何学家所重视。 （张镜清）

阿耶波多第二（Āryabhaṭa Ⅱ） 印度人，约 920 年生于印度，约 1000 年卒于同地。算术、几何学、天文学。

曾写过一本内容涉及数学和天文学的重要著作，该书共分 18 章。1～3 章讨论行星的平黄经和真黄经；第 4 章论述关于周日视运动的三个问题，第 5～7 章讨论日食、月食、峨嵋月等问题；第 8～9 章论述行星的偕日升和偕日落，第 10～11 章讨论行星与行星的合以及行星与恒星的合；第 12 章讨论太阳与月亮的运行路径；第 13 章讨论算术、几何问题与行星的平黄经；第 14～15 章讨论算术与几何学问题；第 17 章论述求行星平黄经的捷径，第 18 章论述代数问题。 （徐平五）

乌克利迪斯（al-Uqlīdīsī） 阿拉伯人，约 920 年生于叙利亚大马士革，约 980 年卒于同地。算术、初等数学。

除他的唯一的算术著作外，未见其他历史资料。该著作写于 952～953 年间，包含四个部分，第一部分引进了印度的数字，阐明了位值概念，描述了包括开平方在内的算术运算；第二部分在更高的水平上处理了第一部分的相应内容，包括去 9 法；第三部分给出第一、二部分中的一些概念和步骤的剖析；最后一部分，指出希腊文字可以代替 9 个印度数字，上方带点的印度数可以形成新的阿拉伯字母，可用计算骰子代替算盘，并能为盲人设计计算板。书中还详细地讨论了用公式 $\sqrt{a}=\frac{\sqrt{ak^2}}{K}$ 与 $\sqrt[3]{a}=\frac{\sqrt[3]{ak^3}}{K}$（$K$ 是 10 的倍数）计算平方根和立方根。该书是现存的阿拉伯算术教科书中最重要的一本，亦是包含十进小数的处理和介绍依赖于算盘的印度算术的最早著作。 （卫瑞霞　田　雁）

阿布-瓦法（Abā[1]-Wafā；或 Abu′l-Wafa，Al-buzdschani） 阿拉伯人，940 年 6 月 10 日生于布兹扬（今属伊朗），998 年 7 月 15 日卒于巴格达。三角学、天文学。

是 9 世纪初兴起的阿拉伯数学天文学派的最后一个代表人物。负责指导巴格达天文台的观测工作。对

改进天文表和解决球面三角问题，作出过贡献。最先利用正弦定理和正切定理去解斜三角形和球面正三角形。第一个用定跨圆规作图。为制作新余弦表，算得 $\sin 30'=0.008\ 726\ 537\ 3$。还制作了正切表和余切表。主要著作有《法律家和商贾必备算术》(961～976 年)、《手艺人的几何作图》(990 年)及巨著《天文全书》。《天文全书》中所记录的许多天文观测数据是后来的天文学者的珍贵资料。为纪念他，月球上的一座环形山以他的名字命名。（徐平五）

库希（al-Qūhi） 阿拉伯人，约 940 年生于波斯塔巴雷斯坦(今属伊朗)，约 1000 年卒。几何学、天文学。

主要研究几何学，解决过一些可以归结为高于二次方程的几何问题。曾发明二次曲线规，并讨论了它的用法和原理。在天文学方面，先后参加过 969～970 年伊朗设拉子处对冬至日和夏至日的观测，以及 988 年太阳进入巨蟹宫及天秤宫的观测，并写过关于星盘研究的文章和天文学方面的著作。（华大熊）

库詹迪（al-Khujandi） 阿拉伯人，约 940 年生于塔吉克斯坦的库詹迪，1000 年卒于波斯拉伊(今伊朗德黑兰)。几何学、天文学、仪器研制。

蒙古贵族后裔，主要科研工作是在拉伊(今德黑兰)进行的，曾受到伊朗布瓦希德王室的器重。他建立了球面正弦定理，用以取代梅内劳斯定理。证明了两个立方数之和不可能是一个立方数。他在拉伊郊区建造了一架测量黄赤交角的大六分仪。1261 年图西在马拉盖天文台安装的大六分仪，1420 年乌鲁伯格在撒马尔罕天文台安装的大六分仪，均与他的大六分仪明显相似。他精确地测得夏至和冬至时太阳的子午线高度，由此推算出黄赤交角为 23°32′19″，拉伊的纬度为 35°34′38″45，发现前者不是一个常量。他还编制过一部天文表，制造出一种用以观测行星的浑仪、一种用以代替星盘和象限仪的天文仪器。（汤正谊　张镜清）

锡贾齐（al-Sijzi） 约 945 年生于波斯锡贾斯坦(今属伊朗)，约于 1020 年卒。几何学、天文学、星占学。

主要学术活动在占星学方面。其占星学著作中介绍了三种古代的观象仪的结构。数学论文虽不多，但比其占星学著作更有意义，其中有关于球和圆锥曲线，圆锥曲线规的制作，以及用圆和等轴双曲线的交点三等分一个角的论文。另有关于横截图形中比例的论文等，对天文学特别有用。还构造过正七边形，写过关于细分线段的论文，以及有关欧几里得和阿基米德著作的问题的几封书信。被誉为伊朗的几何学权威。（卫瑞霞）

热尔贝（Gerbert） 法国人，约 945 年生于法国阿基坦，1003 年 5 月 12 日卒于意大利罗马。计算数学、天文学、仪器研制。

早年在修道院受初等教育。967 年随加泰罗尼亚的大主教学习数学，主要内容是波伊提乌和卡西奥多鲁斯的著作。970 年被派往兰斯大主教处工作，并重组大教堂的附属学校。由于对基督教和异教学者的著作同样重视，又努力办好图书馆，教学质量很高，因此学生从各地涌来。

999 年被选为教皇，即西尔维斯特二世(Sylvester Ⅱ)。在教学中，设计制作了浑仪；发明了一种算盘，用条表示位，用筹码表示数字，可进行四则运算。算得 π 为 $\frac{22}{7}$，$\sqrt{3}$ 为 $\frac{26}{15}$，$\sqrt{2}$ 为 $\frac{17}{12}$。著作仅有《测星仪》被保存下来。（高岳兴）

卡拉基（al-Karaji） 阿拉伯人，953 年 4 月 13 日生于巴格达(今属伊拉克)，约 1029 年卒。代数学。

生平不详，甚至连他的名字也未必正确，仅知道 10 世纪末与 11 世纪初住在巴格达，并完成了他的大部分著作。后来离开巴格达，从事工程技术工作。其著作在数学史上有重要地位。系统地研究了代数指数；讨论了多项式与指数的算术运算；给出了求多项式平方根的第一个一般解法；还研究根式运算，并根据构造规则 $C_n^m=C_{n-1}^{m-1}+C_{n-1}^m$ 给出二项式系数表，以及二项展开式 $(a+b)^n=\sum_{n=0}^{n}C_n^m a^{n-m}\cdot b^m$。后来，他的一位学生在此基础上给出了指数性质的一般形式 $x^m\cdot x^n=x^{m+n}$ 及 $(ab)^n=a^n\cdot b^n$。此外，卡拉基还证明了求和公式 $\sum_{i=1}^{n}i=\frac{n(n+1)}{2}$ 及 $\sum_{i=1}^{n}i^2=(\frac{2n}{3}+\frac{1}{3})\cdot\sum_{i=1}^{n}i$。研究了使代数式等于平方数或立方数的许多方程及方程组的解法，该解法有一般性且适用于各种情形。他的代数著作被认为是阿拉伯人中最完全的有关代数计算理论的著作。（陈必胜）

阿巴·纳瑟·曼苏（Abu Nasr Mansur） 约 970 年生于花拉子模(今乌兹别克斯坦境内)，1036 年卒于加兹纳(今阿富汗加兹尼)。几何学、三角学、天文学。

贵族出身。阿拉伯著名数学家阿布·瓦法的学生，著名天文学家比鲁尼的老师。一生中大部分时间在阿巴斯·马蒙宫廷中供职。在数学上的造诣极深，被认为最可能是发现正弦定理的人。曾将希腊数学家梅内劳斯的《球面学》译成阿拉伯语。997～1020 年间，比鲁尼用伊本·萨巴(Ibn al-Ṣabbāh)的新法测算，得黄赤交角为 23°25′19″，较一般公认的值小 10′19″，乃向他请教。他指出这种偏差是由于伊本·萨巴错误地假定太阳在黄道上匀速运动造成的。写过 22 部数学和天文学等学科的著作，现存 17 部，其中发表过的有 16 部。

（王翼勋　张镜清）

巴格达迪（al-Baghdadi） 约 980 年生于巴格达(今属伊拉克)，1037 年卒。算术、计算数学。

家庭富有。曾在伊朗东北部的尼沙布尔设置奖学金资助学者，并在伊斯兰寺院的法学院讲学多年而不收任何报酬。写过两本算术书。一本是有关长度、面积和体积测量的小册子。另一本较系统地阐明了常见的算术体系，把算术分为 7 个部分，包含以下内容：整数和分数的印度算术，印度的数字表示和六十分制，手指计数包含有限级数求和，无理数的算术和数的性质，商业算术等。他指出：算术计算属于印度-阿拉伯系统，而阿拉伯数字计算则属于更老的系统。从而解决了中世纪数学史家遇到的一个难题，即算盘计算家与阿拉伯数字计算家的确切含义。（卫瑞霞 田 雁）

迦牙尼（al-Jayyanī） 西班牙人，989 年生于西班牙科尔多瓦，1079 年以后可能卒于安达露西亚的哈恩（今属西班牙）。几何学、球面三角学、天文学。

其生平后人所知甚少。1012～1017 年曾在埃及开罗居住。是一位古兰经学者，知晓阿拉伯语言学、继承法和算术。曾写过一篇关于 1079 年 7 月 1 日在哈恩发生日食报告，故可以断定他卒于 1079 年后。是欧几里得理论的衷心维护者。在《论比例》的专著中，他定义了几何学中常用的五种量，即：数、线、面、角和体，并尝试说明《几何原本》第 5 卷中那些不够清楚而使人们不满意的地方。还写过其他一些数学和天文学方面的论著，如《球面上的未知弧》，是历史上第一部球面三角学专著，提出若干公式和证明。天文学著作有《日全食》和《晨昏蒙影》等。（陈必胜）

贾宪（Jia Xian） 中国北宋人，生卒年不详，活动在 11 世纪上半叶。算术、代数学。

生平不详，是天算学家楚衍的弟子。曾任左班殿直（皇帝侍从官）。是宋元数学高潮的主要推动者之一。著有《黄帝九章算经细草》（九卷）、《算法古集》（二卷）和《释锁算书》等数学著作。后两部已失传。前者约成书于 1050 年左右，原书佚失，但主要内容转录保存在杨辉《详解九章算法》（1261 年）中，目前尚存卷 3（下）、卷 4、卷 5（部分）、卷 6～卷 9。它以刘徽、李淳风等注释的《九章算术》为底本，提出了比《九章算术》更加抽象的方法和细草，包括若干新的成就，把中国古代数学的算法理论推进到一个新的阶段。

一大贡献是创造“开方作法本源”，今称“贾宪三角”（或称“杨辉三角”）。实际上是一个排成三角形的整指数二项式 $(a+b)^n(n=0,1,2,3,\cdots)$ 的系数展开表，即自上而下是 1；1，1；1，2，1；1，3，3，1；1，4，6，4，1；……。17 世纪法国数学家帕斯卡创造了同样的表，故西方称之为“帕斯卡三角”。“贾宪三角”是从开方法中抽象出来的，又用之于开方，它比帕斯卡三角早 600 年。后来，“贾宪三角”成为朱世杰解决高阶等差级数求和问题的有力工具。

还完善了《九章算术》中的开方法，在《释锁算书》中提出了“立成释锁开方法”，利用“贾宪三角”中的系数，可以开任意高次方。明至清中叶，中国数学家一直使用这种方法。

最大贡献是创造“增乘开方法”，即求高次幂的正根法。提出了开平方、开立方和开四次方的完整的增乘程序，在中国数学著作中第一次出现关于开四次方的记载。增乘开方法采用随乘随加来代替一次使用“贾宪三角”的系数，其程序与现今初等代数中的综合除法一致，整齐、简捷、更加程序化，与“立成释锁法”异曲同工却事半功倍，对开高次方优越性尤为明显。这种方法经刘益到秦九韶、李冶、朱世杰，发展为求高次方程正根的完备程序，稍加改进即可用于电子计算机。后来阿拉伯数学界也创造了同样的方法。1819 年，英国数学家霍纳提出了同样的程序，西方称为“霍纳法”，迟于贾宪 770 年。（郭书春 周 英）

那沙威（al-Nasawī） 约 1010 年可能生于波斯库勒逊地区的那沙（今属伊朗），约 1075 年可能卒于巴格达（今属伊拉克）。算术、几何学。

生平不详。1029～1044 年活跃于巴格达。曾运用六十进位制介绍了整数和分数的印度算术，但他没有理解减法中的借位原理。他用近似公式 $\sqrt[3]{n}=\frac{r}{3p^2+1}$ 求立方根。对塔比·伊本·库拉翻译的欧几里得《几何原本》阿拉伯译本进行了修订。还写过一本欧几里得《几何原本》的“摘要”，既作为《几何原本》的导引，又为希望了解托勒玫的《天文学大成》提供了足够的几何知识。（张镜清）

海亚米（al-Khayyamī） 又名奥马·海亚姆（Omar Khayyam）。阿拉伯人，1048 年 5 月 18 日生于波斯内沙布尔（今属伊朗），1131 年 12 月 4 日卒于同地。代数学、几何学、天文学、哲学。

生平不详。曾在伊斯法罕主持天文台工作，编制天文表并从事历法的改革工作。主要贡献在代数、几何和天文方面。约 1070 年，他在撒马尔罕写了关于三次方程的著名论文。用求圆周与等轴双曲线的交点的方法解三次方程，得到了误差小于 0.01 的近似解。指出此类方程不能用尺规方法求解，这在现存的数学史料中可能是第一人。试图把正系数代数方程分类，得到可能有正系数的全部 25 个一次、二次和三次方程。提供了一种关于三次方程根的分布的几何理论。这是穆斯林学者中最成功的理论之一，亦是他最有成就的工作。

1077 年，他完成了关于欧几里得的平行线理论和比的理论的评注。与其他穆斯林学者一样，试图从与欧几里得第五公设不同的基础出发来建立平行线理论。以亚里士多德的原理“两条会聚的直线相交，且两条会聚的直线不可能在它们会聚的方向分岔”为出发点，首先证明了一条直线的两条垂直线不可能相交，亦不可能分岔，然后依次推出了 8 个命题。其中第 8 个命题证明了欧几里得第五公设。他的做法避免了其他穆斯林学者所存在的错误。在比的理论方面的贡献是，建立了欧几里得的比的理论与由泽森（Zenthen）和贝克尔（Becker）发现的理论之间的等价性。还首先证明第四比例项的存在定理。比的理论和平行线理论极大地影响了后来的穆斯林学者的工作，并影响了17～18世纪欧洲数学界。

在天文学方面，曾参加编制玛利克国王天文表、包括黄道坐标表和100个最亮恒星的星等表。设想的新历法以33年为一个周期，其中第4、8、12、16、20、24、28、33年为闰年。一年的平均长度为365.242 4天，其精度相当高。

哲学著作有《三个问题的回答》、《论生存的普遍性》、《真理照耀着一般科学》与《存在论》等。他还是个有名的诗人，擅长写作富有哲理的四行诗，广为流传。

（陈必胜）

阿伯拉罕·巴尔·西亚·哈那希（Abraham Bar Ḥiyya Ha-Nasi） 又拉丁名萨瓦索达（Savasorda）。西班牙人，1070年生于巴塞罗那（今属西班牙），1136年卒于法国普罗旺斯。代数学、几何学、天文学。

犹太裔。在他那个时代，其人名中的Ha-Nasi是“首领”、“头儿”之意。其最有影响的工作是用希伯莱语写的《测量与计算》，是一部关于实用几何学的专著，也是欧洲最早出现的关于阿拉伯代数和几何的评注，1145年被意大利蒂沃利的普拉托译成拉丁文。书中关于二次方程 $x^2-ax+b=0$ 的解是欧洲第一次得到的完全解。所著《数学百科全书》不仅包括实际计算，还有数的理论和几何定义，可能是欧洲最早的算法著作。曾参与把伊姆拉尼（al-Imrānī）的《选时》、耶特（al-Khayyāt）的《生时》和阿尔曼索利（Almansori）的《命题判断》译成拉丁文；曾与人合译过托勒玫的《四分术》、狄奥多希的《天球》和巴塔尼的《行星运动》等。还和鲁道夫（Rudolf of Bruges）合写了《星盘》。

（徐平五）

伊本·埃兹拉（Ibn Ezra；全称 Abraham Ben Meir Ibn Ezra） 西班牙人，1092年生于西班牙托莱多，1167年卒于西班牙卡拉奥拉。算术运算、天文学。

犹太裔。是希伯来语的文法家、占星学家、诗人和科学家。1140年前曾游历北非，可能到过埃及。1140～1160年遍游欧洲各地，先后定居于意大利罗马和卢卡，后回西班牙。写过50多篇占星学方面的文章，通俗易懂，译成多种文字。在数学方面曾研究从1到9的数字理论、算术运算及排列组合。有《单位》、《数》、《数的基础》及《世界》等著作。译作“评花拉子米的表”提供了有意义的信息：早在8世纪，印度的数学和天文学已传入阿拉伯。他的天文学论著有《三个年代学问题》、《闰年》及《星盘》等。

（卫瑞霞　徐平五）

普拉托［蒂沃利的］（Plato of Tivoli） 生卒年月不详，约12世纪上半叶活跃于巴塞罗那（今属西班牙）。数学传播。

是伊比利亚半岛的第一流科学家，除撰有两部数学著作和两部天文学著作外，更以阿拉伯文和希伯来语的翻译家而闻名于意大利。所译著作中最著名的有狄奥多希的《球面学》、巴塔尼的《历数书》、阿伯拉罕·巴尔·西亚的《几何学》等。《几何学》译本是引导古罗马人对二次方程解法进行数学研究的第一本著作，亦是斐波那契的《几何实习》的前身和依据。《历数书》的译著为德朗布尔在这方面的进一步研究奠定了良好的基础。

（华大熊）

萨马瓦尔（al-Samawal） 约1130年生于巴格达（今属伊拉克），约1180年卒于波斯马拉盖（今属伊朗）。代数学、算术、医药学。

13岁学习医生和精密科学，同时学习印度计算方法、天文表、算术、测量技术、代数和几何。19岁时，撰写《昡惑》，有四部分。第一部分关于有理系数的一元多项式的运算；第二部分包含二次方程、不定分析和求和法；第三部分讨论无理量；最后介绍了代数原理在一些问题上的应用。该书大大发展了前人的工作。亦是一位有成就的医师，配制了不少新药，包括奇特的解毒药。他的药书《侣伴散步在恋爱园中》是讨论阳痿和子宫病症及疗法的很严谨的专著。

（卫瑞霞　徐平五）

斐波那契，L. P.（Fibonacci，Pisano Leonardo） 意大利人，约1170年生于意大利比萨，1250年卒于同地。数论、算术、几何学、三角学。

其父是比萨共和国的官员，曾随父到埃及、叙利亚、希腊、西西里和普罗旺斯等地游历，受教育于非洲。以掌握历代和当代的所有数学知识而闻名。最重要的成就在不定分析和数论方面。所写的《算经》（1202年初版，1228年再版）是一部划时代的著作，流传很久，该书介绍了印度人用整数、分数、平方根、立方根进行计算的方法，引入了著名的斐波那契数列。在《实用几何学》（1220年）及《四艺经》（1225年）著作中，讨论了不定方程和三次方程，复述了欧几里得《几何原本》及希腊三角术的大部分内容，改进了罗马人进行测量的方法。

（沈　铁）

李冶（Li Ye） 原名李治，字仁卿，号敬斋。中国金代真定府栾城（今河北栾城）人，金明昌三年（1192年）生于大兴（今北京大兴），元始祖至元十六年（1279年）卒于河北元氏。几何学、代数学。

父亲李遹是金朝进士，博学多才，能诗善画，为人刚直不阿。自幼受到良好的家庭教育，喜欢读书，尤其擅长数学，随父亲的宦迹游遍中国北方，青年时代已有文名。1230年在洛阳中词赋科进士，任高陵（今陕西省）主簿。因元军南下改任钧州（今河南省禹县）代理知事。1232年因钧州被元军攻陷，退隐。1251年回到少年求学的元氏县，主持封龙山书院，与张德辉、元好问等学者交往甚密，人称“龙山三老”。1257年受忽必烈召见时，力主忽必烈“有法度”，进君子退小人，劝戒“省刑罚”，不要滥杀无辜，并不愿任官以老病还山。1260 年元朝建立，翌年又再次召见，授翰林学士，但他仍不愿作御用文人，次年即辞职隐居，直至终年。

虽然经济拮据，却不惜购置大量书典，潜心数学和文史方面的研究。1248 年在洞渊九研究容即圆与勾股形的 9 种关系的基础上加以演绎，写出名著《测圆海镜》12 卷。书中讨论了 15 个勾股形与圆的关系，提出了 170 个问题。卷 1 列出圆城图式、各种勾股形名称、名词定义，并给出“识别杂记”692 条，阐明各种勾股形的线段及其和、差、积的关系。每一条都相当于一条几何命题，概括了当时中国关于勾股容圆方面的几何知识，除个别疏漏外都是正确的，成为全书的纲纪。其中的“诸杂名目”，尤其是最后 10 个公式，是“识别杂记”的理论基础。卷 2～卷 12 中的 170 问，大部分要用二次或二次以上的高次方程求解，借助天元术列出这些方程：先设某某为天元一，即未知数；然后根据问题给定的条件列出两个等价的天元多项式，使其如积相消，便得到一个开方式，即一个高次方程；再用增乘开方法求其正根。对天元术记法，一改以前人们用若干文字表示未知数的不同幂次的方法，他用一个“太”字记在常数项旁，或用一个“元”字记在未知数的一次幂旁，采用位置制表示未知数的各次幂。《测圆海镜》采用低次幂在下、高次幂在上的表示方法。后来在《益古演段》中又颠倒过来，与传统开方式取同一形式。由于以前的天元术著作均失传，《测圆海镜》便成为现传最早使用天元术的最重要著作。

1259 年将一般人读不懂的蒋周《益古集》用天元术重新阐释，撰成《益古演段》3 卷，是一部优秀的普及天元术的著作。讨论了方田与圆的各种关系，共 64 问，其中 21 题有蒋周的“旧术”，是可贵的资料。

他是中国宋元时代北方数学主要成就天元术的代表人物。认为数学难以研究，但并非不能研究，批驳了理学家轻视数学，视一切实学为玩物丧志的错误看法。还有大量文史著作，传世的有《敬斋古今黈》12 卷，阐发了对历代人物、一些文史问题的独到见解，同时也表现了他的高尚情操。 （郭书春）

秦九韶（Qin Jiushao）
字道古。中国南宋人，南宋嘉泰二年（1202 年）生于普州安岳（今四川安岳），景定二年（1261 年）卒于梅州（今广东梅县）。算术、代数学、应用数学。

祖籍鲁郡（今山东省兖州一带），父秦季槱，南宋进士，曾任巴州、潼川等地太守、知府等地方官及秘书少监等中央政府官员。他在 1224 年左右随父在任，有机会在杭州向太史学习过数学、天文。当过县尉。13 世纪 30 年代因避元军入川，便沿江东下，先后任蕲州（今湖北省蕲春县）通判、和州（今安徽省和县）太守，1244 年任建康府（今江苏南京）通判。1254 年改任建康沿江制置司参议，不久去职家居。后进谒贾似道，1258 年任琼州太守。翌年追随吴潜，任司农寺丞。1260 年贾似道当权，罢黜抗战派吴潜，他遭株连贬至梅州，翌年卒于任所。

贾似道门人周密在其《癸辛杂识》中虽对他诋毁有加，但对他的博学多才则不得不承认。周密称他“性极机巧，星象、音律、算术以至营造等事，无不精究”，又能作诗填词“游戏、毬、马、弓、剑，莫不能知”。

1247 年写出名著《数书九章》（又称《数术大略》或《数学大略》或《数学九章》）18 卷，共 81 个应用题，分为 9 类，每类 9 题。大衍类：大衍求一术，即一次同余式组解法；天时类：有关天文、历法和雨雪测量等问题；田域类：有关田地面积问题；测望类：勾股、重差及其他测量问题；赋役类：田赋、户税问题；钱谷类：征购米粮和仓库问题；营建类：建筑施工问题；军旅类：兵营布置和军需供应问题；市易类：产品交易和利息问题。每题答案之后有“术”说明解题方法，有“草”说明演算步骤，必要时绘图说明，其中“计作清台”的图是现存最早的天文台图。《数书九章》继承《九章算术》密切联系实际的传统，问题设问之复杂、解题方法之高超均在以往算注之上。其中大衍求一术与正负开方术是有世界意义的两项重要贡献。

大衍求一术源于制定历法中的上元积年计算问题。也就是一次同余式组的解法问题，即求出满足同余式组 $N\equiv R_i(\mathrm{mod}\,a_i)$（$i=1,2,\cdots,n$，诸 a_i 互素）的正整数 N。这种解法思路用现代数学语言表述如下：如能找到诸 k_i（$i=1,2,\cdots,n$）使 $k_ia_1\cdots a_{i-1}a_{i+1}\cdots a_n\equiv1(\mathrm{mod}\,a_i)$，$i=1,2,\cdots,n$，则 $N\equiv\sum_{i=1}^{n}R_ik_ia_1\cdots a_{i-1}a_{i+1}\cdots a_n(\mathrm{mod}\prod_{j=1}^{n}a_j)$。因此核心是求出诸乘率，即在 a、G 互素时满足 $kG\equiv1(\mathrm{mod}\,a)$ 的 k。若 $G>a$，$G\equiv g(\mathrm{mod}\,a)$，$0<g<a$，则同余式 $kg\equiv1(\mathrm{mod}\,a)$ 与 $kG\equiv1(\mathrm{mod}\,a)$ 等价，于是问题变成求满足前者的 k。为此使 g（称为奇数）与 a（称为定数）辗转相除，使奇数到 1 为止，根据一定的规则，便可求出 k。因需计算到奇数为 1，故称大衍求一术。对诸 a_i 不是两两互素的情形也区别情况提出了不同的处理方法。后来欧拉、高斯建立了同样的理论。

正负开方术是以贾宪创造的增乘开方法为先导的求高次方程正根的方法。秦九韶在书中应用它，解决了 21 个问题，26 个方程，包括二次方程 20 个、三次方程 1 个、四次方程 4 个以及 1 个用勾股差率列出的十次方程。规定常数项永远为负，这相当于把常数项移到方程的左端，可以把随乘随加进行到底；至于方程其他项的系数或正或负、或分数、或小数均可，没有任何限制；对开方过程中常数项变号或绝对值增大的情形亦分别提出了处理方法。发扬开方不尽求微数的思想，以十进小数表示无理根的近似值。把高次方程求正根的方法发展到十分完备的程度。

《数书九章》卷 5 的“三斜求积”题，由三角形三边 a、b 和 c 求其面积 A 的方程 $A^2-\frac{1}{4}\left[a^2b^2-\left(\frac{a^2+b^2-c^2}{2}\right)^2\right]=0$，与古希腊的海伦公式异曲同工；在解多元一次方程组时，采用并改进了刘徽的互乘相消法，完全废止了《九章算术》的直除法，等等，都是杰出的贡献。

虽然他接受河图洛书揭开了数学奥秘的错误思想，但是通过数学研究承认自己对数学通神明的认识很肤浅，而把主要精力用在“经世务”的数学问题上，关心国计民生和抗击元军入侵的战争。《数书九章》的问题都能联系经济、战争以及日常生活的实际需要，比正史更加翔实地反映了当时的社会经济情况。不过，《数书九章》在一些简单计算中常出现错误是其美中不足之处。

（郭书春）

坎帕努斯（Campanus of Novara） 又名约翰尼斯·坎帕努斯(Johannes Campanus)。意大利人，1220年生于意大利诺瓦拉，1296年9月13日卒于维泰博。几何学、天文学、科学传播。

R. 培根于1267年说他是当时四大数学家之一。还是一位星占学家。曾任法国、英国和西班牙大教堂的神甫。使他成名的工作是，1260年左右完成的欧几里得《几何原本》的拉丁文编译本，全书共15册。该译本是16世纪前几何学教材的范本，重印达13次之多。

他在天文学方面最有影响的著作，是1261～1264年间完成的《行星理论》。该书描述了宇宙的结构，首次在欧洲介绍了赤道仪的构造。此外，关于时、日、星期、月和年等历法概念、计算的著作，以及论述测量太阳高度的仪器和球极平面射影技巧的两篇论文也很重要。这些工作，可使人们了解中世纪末和文艺复兴初期的天文观测技术。

（沈　铁）

杰拉尔德〔布鲁塞尔的〕（Gerard of Brussels） 比利时人，生活于13世纪上半叶。几何学、静力学。

在几何图形的度量和静力学的发展方面有一定贡献。所著论述旋转图形的教科书《论运动》，约写于1187～1260年间，分三卷，共13个命题，分别讨论了旋转的线、面和体。其讨论方法是将两图形的线元进行比较，这是阿基米德方法的灵巧应用，并把欧几里得和阿基米德的成果普及化。该书对T. 布雷德沃丁等人建立牛津默顿静力学学派有较大影响。此外，奥雷斯姆受此书启发，写过一部图影求积的著作。

（高岳兴）

马格里比（al-Maghribi） 西班牙人，约1220年生于西班牙，约1283年卒于伊朗马拉盖。三角学、天文学。

早期在叙利亚大马士革从事数学和天文学研究。1258～1274在伊朗马拉盖的蒙古天文台工作至去世。曾写过许多数学和天文学的著作。在三角学方面，著有《关于梅内劳斯定理》、《正弦计算》等。给出了关于球面上直角三角形的正弦定理的两个证明，用两种方法计算了 $\sin 1^\circ$ 的近似值，并计算了圆周长与其直径的比值。还确定了两直线段间的两个比例中项即立方倍积。编写过一些希腊经典著作的评注本，如欧几里得的《几何原本》、阿波罗尼的《圆锥曲线论》、狄奥多希的及梅内劳斯的《球面三角学》等。在天文学方面著有《天文学大成集萃》、《恒星运动导论》等。此外，还写过6本关于星占学的著作和一篇关于年表的研究论文。

（陈必胜）

杨辉（Yang Hui） 字谦光。中国南宋钱塘(今杭州市)人，生卒年不详，13世纪下半叶活动在杭州、台州、苏州一带。算术、代数学、应用数学。

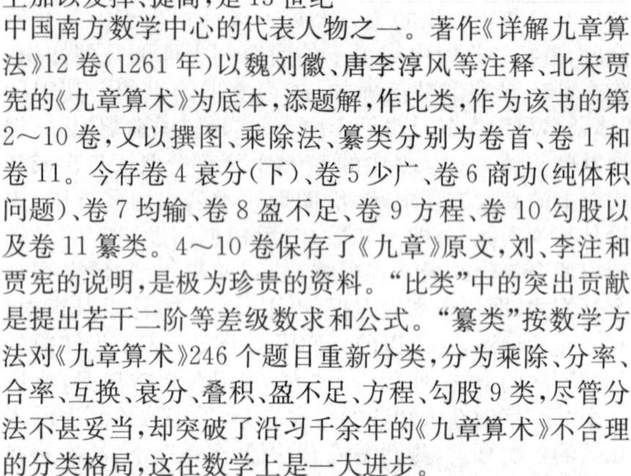

曾任地方行政官员。著述甚丰，多在前人著作基础上加以发挥、提高，是13世纪中国南方数学中心的代表人物之一。著作《详解九章算法》12卷(1261年)以魏刘徽、唐李淳风等注释、北宋贾宪的《九章算术》为底本，添题解，作比类，作为该书的第2～10卷，又以撰图、乘除法、纂类分别为卷首、卷1和卷11。今存卷4衰分(下)、卷5少广、卷6商功(纯体积问题)、卷7均输、卷8盈不足、卷9方程、卷10勾股以及卷11纂类。4～10卷保存了《九章》原文，刘、李注和贾宪的说明，是极为珍贵的资料。“比类”中的突出贡献是提出若干二阶等差级数求和公式。“纂类”按数学方法对《九章算术》246个题目重新分类，分为乘除、分率、合率、互换、衰分、叠积、盈不足、方程、勾股9类，尽管分法不甚妥当，却突破了沿习千余年的《九章算术》不合理的分类格局，这在数学上是一大进步。

所撰《日用算法》(2卷，1262年，大部分失传)、《乘除通变本末》(原书名为《乘除通变算宝》，共3卷，1274年)总结了大量化斤为两、化多位乘法为个位乘法、化乘除为加减、把乘(除)数化为首数为1的求一法以及解决1到9的一位除法的“九归”等筹算捷算歌诀，促进了筹算向珠算的过渡。《乘除通变本末》卷上的“习算纲目”是包括学习内容、要点、顺序以及学习时间、复习时间在内的数学教学计划，体现了由浅入深循序渐进的思想。

《田亩比类乘除捷法》(2卷，1275年)引用了12世纪数学家刘益《益古根源》的22问，不仅保存了若干可贵的数学史资料，而且发展了田亩算法，同时批评了《五曹算经》等著作中不合理的方法。《续古摘奇算法》(2卷，1275年)是摘编的一部著作，其中列出的4～10行的纵横图构造法尤为可贵。后三部著作通常合称为《杨辉算法》。

（郭书春　周　英）

伊本·巴纳（Ibn al-Banna） 摩洛哥人，1256年12月29日生于摩洛哥马拉喀什，1321年卒于同地。算术、代数学、天文学。

曾教过算术、代数、几何和天文，研究过医学和文学。共写过80多篇(部)论著，其中最重要著作是《算术运算概要》，内容包括现在所称的连续递增分数、求平方根的近似法、立方和与平方和公式等，首次在伊斯兰世界引入关于数学的若干新概会和代数运算符号系统。撰写的天文与气象年鉴被认为是最早的年鉴之一。

（高岳兴）

朱世杰（Zhu Shijie） 字汉卿，号松庭。中国元代燕山(今北京市)人，生活在元统一中国后的13世纪下半叶至14世纪初。算术、代数学。

一生工作集其前中国南北两个数学中心数学知识之大成，是宋元时期数学最杰出的代表。生平不详。曾以数学名家周游各地 20 余年，最后寓居扬州，“踵门而学者云集。”1299 年和 1303 年在扬州刊刻名著《算学启蒙》和《四元玉鉴》。《算学启蒙》共 3 卷，分 20 门，含 259 个应用题，包括乘除法运算、比例算法、盈不足术、方程术(即线性方程组解法)、开方术(高次方程正根求法)和天元术等当时数学各方面的知识，是一部由浅入深具有完整体系的启蒙读物。《四元玉鉴》共 3 卷分 24 门，含 288 个应用题，包括了最杰出的创造四元术。其中一元方程 232 题，二元高次方程组 36 题，三元高次方程组 13 题，四元高次方程组 7 题，分别用天元术、二元术、三元术和四元术求解。书前有莫若序，简介了四元消法；祖颐又作后序，概述了天元术和四元术的发展历程。天元术是当时北方数学的主要成就。天元术诞生后，人们将其与方程术结合起来，形成多元高次方程组解法。李德载《两仪群英集》引入“地元”，是为二元高次方程组；刘大鉴《乾坤括囊》书末有两问引入“人元”，是为三元高次方程组；朱世杰则又引入“物元”，是为含天、地、人、物四元的高次方程组。四元高次方程组的表示法是取常数项居中，记为“太”，天、地、人、物四元分别居于下、左、右、上，以位置制表示幂次。《四元玉鉴》卷首列出了一元、二元、三元、四元问题的四个例题，作为解题的楷模。消去未知数的方法称为四元消法，其基本程序是将四元消去一元成为三元，再化成二元，最后化成一元高次方程，用增乘开方法求解。欧洲直到 18 世纪法国数学家贝祖的著作中才出现消元法的系统叙述。

《算学启蒙》、《四元玉鉴》中许多问题是垛积问题，要用天元术列出高次方程，必须首先求出若干高阶等差级数之和。沈括、杨辉、郭守敬都研究过这类问题，他则将其提高到相当完备的地步。实际上已经掌握了高阶等差级数前 n 项和的一般公式 $\sum_{r=1}^{n}\frac{1}{p!}r(r+1)(r+2)\cdots(r+p-1)=\frac{1}{(p+1)!}n(n+1)\cdots(n+p)$，$p=1,2,3,\cdots$，并认识到前一个的前 r 项之和恰恰是后一个的第 r 项，且可以由贾宪三角推得。他的另一杰出贡献，是在世界数学史上第一次提出四次招差公式 $f(n)=n\Delta+\frac{1}{2!}n(n-1)\Delta^2+\frac{1}{3!}n(n-1)(n-2)\Delta^3+\frac{1}{4!}n(n-1)(n-2)(n-3)\Delta^4$。指出上述公式中各项系数恰好依次是各三角垛的“积”。可见已掌握了任意高次的招差公式。在欧洲直到 17 世纪下半叶格雷戈里、牛顿才解决了这类问题。

还注意收集、整理乘除捷算法歌诀，有些歌诀与现今珠算口诀基本一致，为中国由筹算向珠算的过渡准备了算法条件。 (郭书春　周　英)

彼得·菲洛米纳 (Peter Philomena of Dacia) 又名“彼得·奈廷格尔”(Peter Nightingale)。丹麦人，生卒年不详，鼎盛期约在 1290～1300 年。*算术、代数学、天文学。*

原是丹麦罗斯基勒地方教堂的神甫。1291～1292 年在意大利博洛尼亚大学教授天文学与数学。1292～1303 年在法国巴黎任圣职，并从事写作。后返回丹麦罗斯基勒任神甫。写过许多有关数学和天文方面的著作，现存的约有 200 多篇手稿。其中有提出了求立方根的较完善的新方法的《关于撒克罗包斯考的算术教本的评注》，专供天文学使用的《六分制的乘法表》、《日、月平均交会表》、《日食与月食专论》、《太阳的高度与日长的对应表》，附有校正方法的“历书”等。该历书不仅给出了月亮盈亏的更精确的时间，且每日附录太阳的高度与日长，延用了 150 年。此外，还论述了某些天文测量仪器的结构与用法。 (王翼勋　张镜清)

莱维·本·热松 (Levi Ben Gerson) 又名拉尔·巴格(Ral Bag)、热松尼(Gersoni)、热松尼德(Gersonides)等。法国人，1288 年生于法国普罗旺斯的加尔巴尼奥勒，1344 年 4 月 20 日卒于法国阿维尼翁。*初等数学、天文学、哲学。*

学者之子。生平不详。曾居住在法国奥朗日和阿维尼翁。主要的数学著作有《计算艺术》(1321 年)、《正弦、弦与弧》(1343 年)，对欧几里得《几何原本》的评注及专论《几何科学》。介绍了算术和代数的一般原理、计算方法及其应用，如级数求和、排列与组合等(但没有二项式定理的叙述)。解释了数位概念与六十进制分数，制作了精度很高的正弦表，给出了正弦定理。

1328 年完成的 6 卷《基督之战》是其最重要的哲学与天文学著作，第 5 卷涉及天文学，由 3 篇专论组成，第一篇完成于 1328 年，修订于 1340 年，在 14 世纪被译成拉丁文。该篇内容包括天文表、测角仪雅各比标尺的结构、使用说明及对托勒玫的《天文学大成》中的行星体系的批判，并提出自己的体系。他假定存在 48 个天球层，有的以地球为中心，有的不以地球为中心。在该体系中，宇宙的尺度已比托勒玫体系的宇宙尺度大为扩充。在天文学与数学方面的工作在欧洲产生的影响，一直延续到 18 世纪。 (吴茂庆)

德谬里斯 J. (de Muris, Johannes) 法国人，约 1290 年生于法国诺曼底地区利雪，约 1355 年卒。*初等数学、天文学。*

贵族出身。1321 年获法国索邦学院(巴黎大学前身)。文学硕士学位。留校任教。大部分著作写于该校。1338～1342 年任国王查理五世的秘书。1344 年被教皇召到阿维尼翁。一生中写了许多数学、天文学和音乐著作。最早制作了一张用六十进位记数法表示的 1～60数的乘积表。约 1344 年撰写的《度量术》共 12 章，前 4 章及第 5 章的开始部分涉及天文学所必需的数学知识；第 8 章插入了化圆为方的内容。1343 年出版了一部颇为有名的数学著作，该书共分 4 卷，在第 3 卷中应用十进小数开平方根，在第 4 卷中论述算术的一些应用。还写过涉及正弦表的构造和关于化圆为方问题的著作。在天文学方面也有很多贡献。1333 年，和利涅尔的约翰等人合作将著名的《阿尔方索天文表》引进到当时的法国天文界。编制了天文表，以便推算行星的合和冲等天文现象。1345年提出了历法改革的两个方案。
（陈必胜）

理查德〔沃林福德的〕(Richard of Wallingford)
英国人，约于1292年生于英国伯克郡沃林福德（今属牛津郡），1336年5月23日卒于赫特福德郡圣奥尔本斯。三角学、天文学、仪器研制。

铁匠之子。1318年进牛津大学攻读哲学和神学。1327年任圣奥尔本斯修道院院长。科学兴趣十分广泛，特别爱好数学和天文学。第一部专著是介绍各种数学用表的用法。名作《四分术》讨论了球面天文学所需的三角学知识，是中世纪欧洲第一部有关三角学的综合性专著。还写过星占气象学的论著。设计过一种用于推算行星位置等的赤道仪。任修道院院长期间，设计了一台巨大而复杂的天文钟，此钟在他死后20年才全部完工。
（高岳兴）

布雷德沃丁，T. (Bradwardine, Thomas) 英国人，约1295年生于英国英格兰奇切斯特，1349年8月26日卒于伦敦。几何学、物理学、自然哲学。

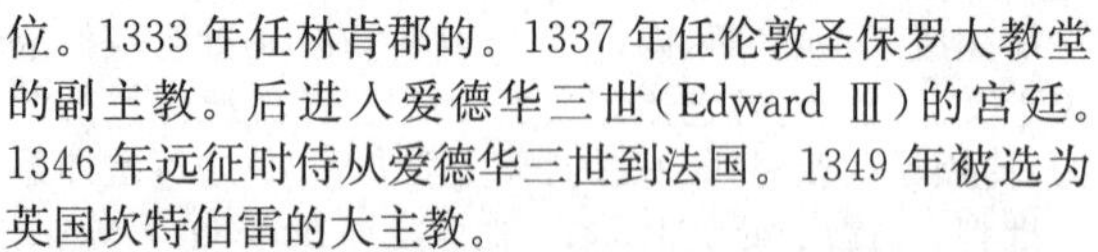

1321～1348年在牛津大学先后取得文学学士、硕士、神学学士和神学博士等学位。1333年任林肯郡的。1337年任伦敦圣保罗大教堂的副主教。后进入爱德华三世(Edward Ⅲ)的宫廷。1346年远征时侍从爱德华三世到法国。1349年被选为英国坎特伯雷的大主教。

早期在逻辑学方面有两篇论文，其中有一篇涉及自然哲学。1328年所著《运动中的速度比》是评论亚里士多德物理学和著作，建立了他在科学史中的地位。另一著作《连续论》按欧几里得《几何原本》的模式，提出24个定义、10个假设、151个结论或命题，是一本批评“不可分论”的著作。还著有《几何思考》和《算术思考》，给出了正方形对角线的“不可公度性”与“无穷大的不等性”。
（卫瑞霞　黄绍楠）

布雷登，S. (Bredon, Simon) 英国人，约1300年生于英国温什科姆，约1372年卒。算术、几何学、天文学、医学。

曾获牛津大学女科硕士、医学博士学位。留校任教。先在该校巴利奥学院任职。1330年起转教于该校默顿学院，1337年起任默顿学院学监。1348年转任教区神甫等神职。所写的《算术》实际上是波伊提乌的《算术导论》的译注和改编，但在第二部分论述了几何图形。在天文学方面，约1340年研制过星盘，遗物至今由该校科学史博物馆收藏，还写了一篇关于星盘用途的论文，其中载有求太阳高度、角度和赤纬以及求某地区纬度、日月食食分等的详细说明。评注翻译了一些托勒玫的著作，编算了太阳的赤纬和十二宫上升时刻表。医道高明，经常为达官贵人乃至皇后看病，医学著作有《三叶草》，可惜该书绝大部分已失传。
（吴茂庆）

奥雷斯姆，N. (Oresme, Nicole) 法国人，1323年生于法国卡昂附近，1382年7月11日卒于法国利雪。代数几何、物理学、经济学、天文学、自然哲学。

祖先是诺曼底人。1348年获巴黎大学纳瓦拉学院神学学士学位，1355年获神学硕士学位。留校任教，1356年任纳瓦拉学院院长。1362年任鲁昂大教堂神甫1364年任主教。同年任国王查理五世(Charlas V)神甫和顾问。1377年被任命为诺曼底利雪教区主教。是沙脱尔学派之后的巴黎学派领导人。在自然哲学方面基本上继承了亚里士多德的观点，但常提出微妙的修正，将其多部著作由拉丁文译成法文。在“比的比”论文中用数学的方法发展了天体运动中的无理性的观念。指出任意两个分别表示天体运动、时间或距离的未知比例的比可能是无理比。在《比例算法》论著中，首次引入了分指数的独创性算法与记法。在笛卡尔之前，首创解析几何的雏形，在《论均匀与非均匀的强度》与《论图线》中，提出了图线原理，把物理的运动速度变化用一个平面图形（直角三角形或矩形）来表示。特别指出，表示匀加速运动的直角三角形等于以加速运动中间时刻的速度所作匀速运动的矩形。300年后被伽利略应用于著名的研究工作中。在小册子《欧几里得几何问题》中证明了调和级数是发散的，所用的方法一直沿用至今。

他的宇宙观反对巫术和占星学。1377年，在《天空与世界》中反对亚里士多德提出的地球静止的学说，认为地球是动的，但未提及绕日的观点。这方面著作还有《占卜书》和《球论》等。

他曾从事财务管理和造币工作，写成《货币制度》（约1360年成稿，1484年出版），被称为欧洲中世纪最著名的经济学家。
（王翼勋　张镜清）

多米尼库斯 (Dominicus de Clavasio，或 Dominicus de Clavagio，或 Dominicus Parisiensis，或 Dominic de Chivasso) 生卒年月不详，约生活于14世纪中期，生于意大利都灵附近，约1357～1362年间卒于法国巴黎。几何学、星占学、自然哲学。

1349年任巴黎君士坦丁堡学院院长。1350年获文学硕士学位，1356年获医学博士学位。后在巴黎医学院供职法国国王约翰二世(John Ⅱ)的宫廷占星家。1346年撰写的《实用几何》是14世纪中期一本流行的著作，共3卷。引言部分包括算术规则及一个仪器的说明；第一卷讨论测量问题；第二卷包含平面图形的几何作法；第三卷涉及三维图形。在1357年前，写过两部评注亚里士多德自然哲学的著作。还写过一本关于透视问题的著作和一本天文学著作。
（卫瑞霞　周丽芬）

卡迪·扎达 (Qādī, Zāda al-Rūmī) 土耳其人，约1364年生于土耳其布尔萨，约1436年卒于乌兹别克斯坦撒马尔罕。算术、几何学、天文学。

读完中学后，在神学家和百科全书学家法纳里(al-

Fanārī)指导下学习几何学和天文学。后赴特拉索希亚那深造。曾做过医生。1421 年任撒马尔罕大学校长和数理天文学教授。1429 年任撒马尔罕天文台第一任台长。1424 年写成《圆周论》,得到当时最精确的圆周率 $\pi=3.14159265358979325$,精确至小数点后第 17 位,打破了祖冲之保持了 900 多年的世界纪录,直至 1596 年才被柯伦(L. V. Ceulen)再打破。1427 年写过一本初等数学百科全书《算术之钥》,共有 5 卷。在《论弦与正弦》一书中,用几何方法求得 $\sin 1^{\circ}$ 的值为 0.017 452 406 437283510,精度达 10^{-16}。

他在天文历法方面的著作有《天的阶梯》(1407 年)、《观象仪器》(1416 年)、《修正的伊儿汗历》等;还发明一种"天象盘"仪器。　(华大熊)

乌马威(al-Umawī)　西班牙人。约 1400 年生于西班牙安达露西亚,1489 年卒于叙利亚大马士革。算术、代数学。

流传至今有两部书:《算术规则与步骤》和《求积术》。前一部仅 18 页,书中介绍了欧洲中世纪在算术方面的成果,包括计算算术级数与几何级数之和,特别是自然数、所有偶数和、奇数和及几何级数之和 $\sum_{r=0}^{n}2^{r}$、多角数以及棱锥数的序列及级数 $\sum_{r=1}^{n}r^{3}$ 及 $\sum_{r=1}^{n}r(r+1)$ 等。书中还给出了求平方根与立方根的近似法则,这些法则是当时其他课本所没有的。其著作促进了数论的早期发展。　(卫瑞霞)

尼古拉[库萨的](Nicholas of Cusa;或 Cusa, Nikolaus von;或 Cusanus, Nicolaus)　约 1401 年生于德国特里尔地区的库萨,1464 年 8 月 11 日卒于意大利翁布里亚。算术、几何学、天文学、哲学。

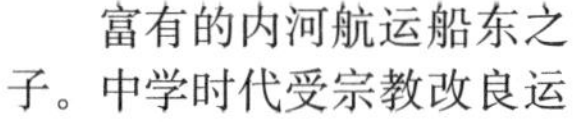

富有的内河航运船东之子。中学时代受宗教改良运动的影响。1416 年入德国海德堡大学学习文科和哲学。1417 年入意大利帕多瓦大学后,即学习宗教法典,1423 年获法典学博士学位。1425 年入德国科隆大学学习神学。1430 年晋升为司铎,1446 年擢升为红衣主教。

其哲学思想源于尼奥普拉托(Neoplatone),与亚里士多德的观点相悖。不同意地心不动说,提出地球也在运动;猜测恒星是无限宇宙空间中遥远的太阳。主要哲学著作有《无知的哲理》、《推测》及《地球形状》等。他研究数学是为其哲学理论服务的。曾尝试过圆的求积法。是他首先指出:内切于正多边形的一系列圆的半径之差与这些内切圆和正多边形之间的面积之差成比例。他获得圆周与直径之比的非常准确的数值。提出了无穷大的概念,认为半径无限大的圆周就是直线,但这靠有限范围的近似是达不到的。主要数学著作有《几何变换》(1445 年)、《算术大全》、《数学大全》(1453)、《圆的求积》(1450 年)等。　(徐平五)

卡拉沙迪(al-Qalaṣādī;或 al-kalasadi)　西班牙人,1412 年生于安特路西亚的巴斯塔(今西班牙巴萨),1486 年 12 月卒于突尼斯巴杰。算术、代数学。

信奉伊斯兰教。早期在家乡受教育,学习法律、数学和自然科学。后游学北非一些穆斯林国家,还去过埃及。其主要贡献在算术和代数学方面。第一个用逐次逼近法求不完全平方数的平方根;在代数方程中使用符号 wa, iuā, fī, ‘alā 分别表示加、减、乘、除,并用字母 j、m、k 和 l 表示根、平方、立方和相等。这些工作表明阿拉伯的算术和代数已合成一体。编写的两本算术书《算术的秘诀》和《印度数字的使用方法》,曾被北非一些学校使用了多年。　(华大熊)

吴敬(Wu Jing)　字信民,号主一翁。中国明代杭州府仁和(今杭州市)人,生卒年月不详,生活于 15 世纪。算术、应用数学。

曾任浙江布政使司的幕府,掌管全省田赋和税收的会计工作,以善算而闻名当地。爱好和擅长数学,搜集到抄本《九章算术》及其他资料,加以整理研究,花费了十多年功夫,于景泰元年(1450 年)撰成《九章算法比类大全》10 卷,由他人编撰成册。卷 1 前有首卷,列举大数和小数记法、度量衡、四则运算法则及乘除算法中用字解释。卷 1～9 以《九章算术》九卷命名,有1 000多个应用题,分古问和比类两种。古问多引自《九章算术》、刘徽《海岛算经》、杨辉《详解九章算法》、王孝通《缉古算经》等书。比类为结合当时人们生活实践的应用题,反映了商业算术的发展。又单独列出开方问题,编成第 10 卷,介绍了立成释锁开方法。他对程大位编撰《算法统宗》,及至明代中叶以后的中国数学发展,有重大影响。　(郭书春)

许克,N.(Chuquet, Nicolas)　法国人,1445 年生于法国巴黎,1488 年卒于里昂。代数学、几何学。

生平不详,据他自称,曾在巴黎人学获医学学士学位。以著作《数的科学三部曲》而闻名,该书在 1484 年写于里昂,是最早的一部用法文写作的代数著作。全书分为三部分:第一部分为有理数,其中采用新的十进制记数法则,并引进了词"billion"(10^{12})、"trillion"(10^{18})和"Quadrillion"(10^{24})等,还利用分数求平方根与立方根的近似值;第二部分讨论了根和复合数;第三部分最具有创造性,讨论了所谓"最佳法则",其中用 12^{3}、10^{5}、70^{0} 及 $\overline{m}R^{3}\,12^{3}$ 分别表示 $12x^{3}$、$10x^{5}$、$72x^{0}$ 及 $-\sqrt[3]{12x^{3}}$,等等。并讨论了二项方程的解。这是一本抽象的代数著作,其中扩充了零和负数的概念,包括了根和根的结合,出现了新颖的记号,如 $x^{0}=1$ 等,预示着邦贝利记号的产生。《数的科学三部曲》和 156 个练习题,长期未予出版,只以手抄本传播,因而影响不是最大,直至分别在 1880 年和 1881 年相继出版。此外,还讨论了三角形和正五边形的外接圆直径的计算、几何级数、复利及遗产继承等问题,可惜这些手稿也没有发表。　(沈　铁)

帕乔里，L. （Pacioli，Luca；或 Paciuolo，Luca di） 意大利人，1445年生于意大利圣塞波尔克罗，1517年卒于同地。初等数学。

是意大利天主教方济各会修道士，先后在佩鲁贾大学、那不勒斯大学、罗马大学、比萨大学和博洛尼亚大学教数学。1504年当选为罗马涅地区行政署官员，次年成为佛罗伦萨修道院成员，曾在许多地方一边布道一边讲授数学。1514年去罗马，后任命为阿西西省教长，不久去世。

写过两本很有价值的著作：《总论算术、几何、比例与比例性》（1494年）及《神圣比例》（1497年）。前者与P. 德拉弗朗西斯卡（Piero della Francesca）的《论规则形体》、A. 度勒的《专论用圆规、直尺在直线、平面和整个立体上的测量法》一起，重新激起了人们对立体几何学的兴趣，进入到开普勒的繁荣时期；后者是一本意大利文的百科全书，把数学和很多实际应用联系起来，是当时的代表作，为16世纪代数学科的发展作出了贡献。1509年在威尼斯出版欧几里得《几何原本》的拉丁文译本。代数学家邦贝利赞扬他是斐波那契以来的第一位数学家。 （汤正谊 张镜清）

科贝尔，J. （Köbel，Jacob） 德国人，1460年或1465年生于德国海德堡，1533年1月31日卒于德国奥彭海姆。算术、几何学、应用数学、法学。

毕业于海德堡大学。曾担任奥彭海姆市的事务官、测量员及市营酒店经理，同时研究法律，并于1491年获法学学士学位。还学习数学与天文，写过许多著作。1515～1520年间写过三本算术书，介绍了算盘及其运算法则、阿拉伯数字、新的印度数码和算法、商业上的重要量度和许多外国货币等内容。1532年所著《星盘规则》及1535年出版的《几何学》曾多次再版。还写过关于继承权案件和法庭规则方面的书籍。1499～1532年间，他经营出版了96种著作，其中包括自己的一些著作，不少版本流传至17世纪初期，为传播数学、法律和天文知识起了很大作用。 （王翼勋 张镜清）

维德曼，J. （Widman，Johannes） 德国人，1462年生于波希米亚埃格尔（今捷克切博），1498年卒于德国莱比锡。代数学、应用数学。

曾在莱比锡大学学习，1482年获学士学位，1485年获硕士学位。留校任教算术、几何和代数。1486年所写的《代数讲义》是德国现存最早的代数资料之一，其中讨论了24类方程，把无理数计算及多项式归为代数课题的一部分，并把分式和比例作为预备知识论述。成名作是1489年出版的《商业事务中的快速计算》。它是德国最早出版的算术书籍之一，书中例题的广度和数量均胜过了以前同类书籍，这也是第一本出现了加、减号的正式出版物。该书先后于1508年、1519年、1526年在多个地区再版，深受欢迎。他很可能也是1489年在莱比锡出版的未具名小册子《线性运算规则》一书的作者，该书是德国最早一部善于使用算盘结构与运算的书籍。 （吴茂庆）

德尔费罗，S. （dal Ferro，Scipione） 意大利人，1465年2月6日生于意大利博洛尼亚，1526年11月5日卒于同地。代数学。

1496年任意大利博洛尼亚大学的算术和几何学讲师，后任讲座教授。晚期兼职人事商业活动。1500年左右，首先解出了$x^3+mx=n$型的三次方程，但没有发表，而把它传给菲奥雷（A. M. Fior）和他的女婿德拉纳瓦（A. della Nave）。卡尔达诺（Cardano）于1545年第一个发表了这个方法，即卡尔达诺公式。费罗对代数的另一个贡献是第一个解决了分式$\frac{1}{\sqrt[3]{a}+\sqrt[3]{b}+\sqrt[3]{c}}$的分母有理化的问题。 （沈 铁）

德拉罗什，E. （de La Roche，Estienne） 法国人，经1470年生于法国里昂，约1530年卒于法国。算术、应用数学。

在故乡法国里昂教了近25年的算术，被称为“计算大师”。1520年出版了《算术》，把意大利算术知识及乘幂、根式记号引入法国，此书直到19世纪末仍在法国保持较高的声誉。他自称此书是集当时算术技巧专家、各种流派大师的精华，并增补了本人的商业实践知识而成。该书确实反映了当时算术中的计算技巧及算术在商业中的应用，但可惜未编入当时更先进的代数知识。 （吴茂庆）

西鲁埃洛，P. （Ciruelo，Pedro；或 Ciruelo，Pedro Sánchez） 西班牙人，1470年生于西班牙萨拉戈萨地区达罗卡，1554年卒于萨拉曼卡（?）。初等数学、逻辑学、自然哲学。

15世纪下半叶，在西班牙萨拉曼卡大学学习逻辑和艺术。1502年获巴黎大学神学博士学位。接着在巴黎大学索邦学院教数学。1515年回西班牙到新建的阿尔卡拉大学教神学，但仍不放弃对数学和哲学的研究。1495年出版《实用算术》的专著，曾多次印行。同年又出版了由他修订的布德沃丁的《算术理论和几何理论》，以后还修订了撒克罗包斯考的著作《天球论》。1516年后出版了有关数学、天文学、逻辑学、以及力学方面的著作，还发表过两篇自认为有缺陷的化圆为方的短文。 （沈 铁）

度勒，A. （Dürer，Albrecht） 德国人，1471年5月21日生于德国纽伦堡，1528年4月6日卒于同地。几何学、美术。

金匠之子。中学时期从父学习金银首饰加工技术，15岁学习绘画。1490～1494年，去法国上莱茵省和瑞士的巴塞尔等地过着“手艺人的流浪生活”，欣赏意大利美术家的作品，深信新的美术必须建立在科学的基础上，尤其需要数学的基础。从此开始研究数学和美术理论。研究了比例和“形式”的问题，提出了三种形式，即纯粹的数学形式、美丽的成比例的形式及适用于实际的混合形式。1525年，出版著作《专论用圆规、直尺对直线、平面和整个立体的测量法》，共4卷，其中包括了平面曲线的构造，特别给出了构造“度勒叶”的方法；还给出了棱锥、圆柱等的俯视图和正视图；提出了球面的近似展开和透视法理论等。该书颇有影响。因此他被誉为文艺复兴时期艺术家中最好的数学家。 （卫瑞霞）

滕斯托尔，C.（Tunstall, Cuthbert） 英国人，1474年生于英国约克郡哈克福斯，1559年12月18日卒于伦敦。初等数学。

约1491年进牛津大学，1496年入剑桥大学。1499年去意大利帕多瓦大学，在那里6年，并成为教会法和罗马法的博士。1508年起在英国多个教区任主教，其中1522年在伦敦任主教，1530年在达勒姆任主教，后因政治斗争坐过牢，1552年被免职，翌年复职。其杰作《推算的技巧》写于1522年，恰好发表在他就任伦敦主教之前，是一本非宗教性的数学书，该书虽无创见，但内容丰富，浅显易懂，在欧洲大陆极受欢迎。 （卫瑞霞）

德奥尔特加，J.（De Ortega, Juan） 西班牙人，1480年生于西班牙帕伦西亚，1568年卒。算术、几何学、应用数学。

是一位传教士。曾在西班牙和意大利教授算术和几何。因受波伊提乌的算术的启示，研究算术与几何在商业中的应用。1512年出版《商业中的算术与几何》，包含了许多商业算术和几何的实用规则，以及当时在西班牙各地使用的各种货币换算表。在该书的修订本中，介绍了借助佩尔方程 $x^2-Ay^2=1$ 计算平方根的近似值，精确程度使当时的数学家们感到十分惊讶。该书驰名全欧洲，先后在里昂、罗马、墨西拿、坎布雷等地出版，其中里昂版是法国的第一部商业算术著作。 （张镜清）

拉克斯，G.（Lax, Gaspar） 西班牙人，1487年生于西班牙阿拉贡地区沙林纳那。1560年2月23日卒于萨拉戈萨。初等数学、逻辑学、自然哲学。

在西班牙萨拉戈萨大学学习文艺和神学后，1507～1508年到有小索邦学院之称的巴黎卡尔维学院任教，后在该校及蒙太古学院等处从事哲学和逻辑学的研究。1524年被逐回国，在萨拉戈萨大学总学院教哲学直到终年。在巴黎留居时有“诡辩巨头”之称，撰写了多种逻辑学和哲学的论著。在数学方面出版过《算术思索》（1515年）与《比例》（1515年）两本专著。前者系统地论述了古典算术；后者是关于比例问题的论述，虽未涉及运动速度等问题，但因有异于16世纪时大部分同类教材的内容而显得颇有特色。 （吴茂庆）

施蒂费尔，M.（Stifel, Michael） 德国人，1487年生于德国埃斯林根，1567年4月19日卒于耶拿。代数学、算术、几何学。

1523年在曼斯费尔德教堂当牧师，因预言世界的末日是1533年10月18日8点钟而被革职。1535年后决心献身数学，到维滕贝格大学学习，并取得了硕士学位。1551年在柯尼斯堡大学教神学与数学。1559年起任教于耶拿大学，教授算术和几何学。同时整理再版了鲁道夫的《求根术》，对每章都写了详注，从而改变了传统解方程的24条规则，提出一种新的求解方程的途径。计算根式的方法及多项式的除法都超过了前人，所提供的计算对数的方法至今还有价值。是首创代数符号的开拓者之一。用 A、B、C、x 等表示数，用 $\sqrt{\ }$ 表示平方根，等等。讨论了分指数运算，引入负指数以及形如 $\sqrt[n]{a+\sqrt[m]{b}}$ 的无理数。在所著《整数算术》（1544年）中，论述了欧几里得《几何原本》中的无理数，讨论了用十进小数表达无理数的问题。被誉为16世纪伟大的代数学家。 （卫瑞霞　黄绍楠）

德梅略，F.（De Mello, Francisco） 葡萄牙人，1490年生于葡萄牙里斯本，1536年4月27日卒于埃武拉。几何学、力学。

葡萄牙国王曼努埃尔一世（Manuel Ⅰ）的义子，被国王送到巴黎学习神学和数学，学成回国后，任国王子女的宫廷教师。同时悉心研究数学，写过许多数学著作，其中较著名的有关于欧几里得的光学著作和阿基米德的流体静力学著作的评注及《几何纲要》。是一位相当有名的科学家，可惜许多著作被1755年里斯本地震后的大火所焚毁。 （张镜清）

里斯，A.（Ries, Adam） 德国人，1492年生于德国上弗兰克地区斯达夫斯坦，1559年3月30日卒于萨克森公园安娜贝格-布赫霍尔茨。算术、代数学。

早年在德国茨维考受基础教育，后移居安娜贝格，虽从未进过大学，但与大学的学者有诸多联系。1518年定居于爱尔福特，出版过两本代数学教材。1525年后在安娜贝格采矿局任工程师和督查，公务之余办了一所学校，自教算术，并重编代数教材。1539年任萨克森公园宫廷数学家。出版的普及版算术教材吸取了著名数学家的新成就，增加了大量例子和练习，方法详尽，叙述清晰，前后呼应，由浅入深，超过了所有其他教材，尤其是首次在德国详尽介绍除法的一系列方法的规则，使一些大学数学教授都感到吃惊，这是他从东方算盘运算中获得的启发。1518～1656年间，该书在各地重印了100版以上，对算术的传播起了很大作用。在德国他的名字

竟成了算术的同义词。 （高岳兴）

比特奥，J.（Buteo，Johannes） 法国人，约1492年生于法国多菲内省沙尔佩，约1564～1572年卒于多菲内省伊泽尔河畔罗芒。几何学、代数学、逻辑学。

埃斯佩内尔的封建君王的儿子。16岁入圣安东尼修道院，曾任2年院长。是西方第一个用不同的字母表示不同未知数的学者，直到60岁后才发表了自己的著作。以两本传世之作而闻名。第一本是包含15篇不同专题论文的《几何论》，其中有一篇文章驳斥了 $x^3=2$ 有精确解的说法，并给出了它的近似解；另一篇批判了某些化圆为方问题的求解者，提到了古代东西方计算 π 所得的两个近似值：$\sqrt{10}$与 $3\frac{17}{120}$。有一篇对完成欧几里得的《几何原本》中的证明者进行了考证，指出并非当时流传的泰奥恩而是欧几里得本人。第二本是《逻辑学》，共5卷，论述了算术、代数的基础，并提出了许多问题。

（吴茂庆）

毛罗利科，F.（Maurolico，Francesco） 意大利人，1494年9月16日生于意大利墨西拿，1575年7月22日卒于墨西拿附近。几何学、大地测量学、天文学、光学。

早年随父学习希腊语及天文学。1521年成为神父。除了短期在罗马和那不勒斯逗留外，一生大多住在西西里，在该地为总督的儿子教授数学。1569年任墨西拿大学数学教授。写过不少数学著作，并翻译、评论、改编了大量古代数学家如狄奥多希、梅内劳斯、欧几里得、阿波罗尼、阿基米德等人的著作。在《几何问题》一书中主要研究三角和立体几何，继哥白尼之后，给出三角学的正切表。也涉及测地学，在《宇宙志》一书中提出了测量地球的一种新方法，该方法后来被法国天文学家J.波卡特所发展用来测量子午线。在数论方面的研究，特别是关于多边形数的讨论，比丢番图的方法更完整。是第一位明确提出数学归纳法，并用它证明 $1+3+\cdots+(2n-1)=n^2$ 的人。在天文方面，最著名的工作是对1572年仙后座中出现新见星的观测，比丹麦天文学家第谷·布拉赫著名的观测还早5天。在光学方面，其论文与著作讨论了视觉理论、透镜的效应、曲光学与反射光学的主要现象、光度学等，被誉为16世纪优秀的光学著作。此外，在力学、磁学、地理学及气象学、音乐方面都有一定的贡献。 （朱 烈 张镜清）

鲁道夫，C.（Rudolff，Christoff） 德国人，1499年生于西里西亚的亚沃尔（现属波兰），1545年卒于奥地利维也纳。代数学、计量学。

1517～1521年在奥地利维也纳大学学习数学。留在该地以做家教为生。1525年出版的著作《代数》，是第一部德文版代数学专著，因而一举成名。该书涉及有理多项式和无理多项式的计算，指出了方程 $ax^2+b=cx$ 有两个根，给出一次不定方程的全部解。在分数的表示方法和数学记号的改进方面，也颇有建树，如规定零次幂为1等。对指数运算和对数概念有启示作用。对数学和数筹的计算技巧亦有所贡献。1530年出版《实例》，包含293个问题及许多提示，各种度量表及计量标准化符号，对当时的商业与生产非常有用。像斐波那契对于意大利一样，他对德国数学的发展起了启蒙作用。

（高岳兴）

塔尔塔利亚，N.（Tartaglia，Nicolo；或 Tartalea；或 Niccolò Fontana）

意大利人，1500年生于威尼斯共和国（今属意大利）布雷西亚，1557年12月13日卒于威尼斯。代数学、弹道学、工程学。

生于贫困邮递员家庭，7岁丧父。本名丰塔纳，13岁因法军攻陷布雷西亚时头部和上、下颚受了重伤，病愈后说话口吃，故有塔尔塔利亚（口吃者）的绰号，他本人也以此为姓发表文章，沿用至今。是自学成才的数学家，1534年在威尼斯大学任数学教授。最重要的贡献是三次方程 $x^3+ax^2=b$ 的一般解法。曾用边长计算四面体体积。并在《数量概论》中介绍了"塔尔塔利亚三角形"，即二项系数组成的三角形。他还编写出版通俗的算术教程。是欧几里得《几何原本》第一部意大利译本（1543年）的译者和出版者。亦是弹道学的先驱者之一，曾得到著名的结论：弹道是曲线，对于任何初速以45°角发射的弹丸有最大射程。还制造了发射表。在著作《新科学》（1537年）中，设计了两个仪器以确定抛射体接近的高度和距离。还出版《塔尔塔利亚各种发明与探索集》（1546年），其中涉及打捞沉船，制作潜水衣，天气预报及比重测定等问题。 （卫瑞霞 徐平五）

努涅斯·萨拉西恩赛，P.（Nuñez Salaciense，Pedro） 葡萄牙人，1502年生于葡萄牙萨尔堡，1578年8月11日卒于科英布拉。几何学、天文学、航海学、仪器研制。

葡萄牙杰出的数学家、地理学家、物理学家和天文学家。1525年获葡萄牙里斯本大学医学博士学位。留校任教，1529年任道德哲学教授，1530年任逻辑学教授，1532年任形而上学教授。1537年任科英布拉大学数学教授。1547年任首席皇家宇宙学家至去世。在几何学方面出版《球论》，独创性地解答了球面三角问题，指出了法国天文学兼数学家O.菲纳在解三大尺规作图问题时所犯的错误。在天文仪器设计方面，重要贡献是提出了"游标"概念，制造了能测量小于1°的角度的仪器，沿用至今。在航海学中，1546年出版《航海志》开创性地提出了沿恒向线航行与沿大圆航行两者并不等价的见解。 （王翼勋 张镜清）

科曼迪诺，F.（Commandino，Federico） 意大利人，1509年生于意大利乌尔比诺，1575年9月3日卒于同地。几何学、数学著作翻译。

贵族的后裔。幼年攻读拉丁文和希腊文，并学习数学。曾任教皇克莱门特七世（Clement Ⅶ）的秘书。1534年到帕多瓦大学研究哲学和医学达10年之久。后在弗拉拉大学获医学博士学位。毕业后被选派为乌尔比诺君主的宫廷教师和医学顾问。在数学方面，由于从事编辑、翻译和评注古希腊数学家的经典著作的成就而颇负盛名。将阿基米德的《圆的测量》、《论螺线》、《抛物线的求积》等5本著作译成拉丁文，并加了评注；注释托勒玫的《论球极平面》，并于1558年在威尼斯出版；将阿波罗尼的《圆锥曲线论》译成拉丁文，其中增补了欧托西斯的评注、帕普斯和塞里纳斯的有关讨论以及他自己的评论；还将欧几里得的《几何原本》译成拉丁文和意大利文，并加了大量的评注。此外，他还出版了迪伊所译的欧几里得的《论图形的割分》的拉丁文本，其中增加了他自己的一篇短文，对某些问题作了引伸和推广。所有这些工作，对16世纪西方数学的复兴起了促进作用。

（沈 铁）

雷科德，R.（Recorde，Robert） 1510年生于英国威尔士彭布罗克郡邓比，1558年卒于伦敦。*初等数学、测量学、医学。*

1531年获牛津大学学士学位。同年留校任教，后来又当选为该校评议员。1545年获剑桥大学医学硕士学位。同年去伦敦开业行医。1549年任布里斯托尔铸币厂审计官。1551年任爱尔兰矿业与货币总督察。是16世纪中期英国的著名学者，英国数学写作者学派的创始人。写过许多数学教材，是自学成材者的良师益友。主要著作有流传很广的算术书《工艺的基础》（1552年）、论述欧几里得几何的《知识的小径》（1551年）、关于测量学的《知识的城堡》（1556年），以及讨论二次方程的《智力磨刀石》（1557年）等。另有医学著作《生理之尿》（1547年）等。（高岳兴）

拉姆斯，P.（Ramus，Peter） 法国人，1515年生于法国韦尔芒杜瓦，1572年8月26日卒于巴黎。*初等数学、逻辑学、应用数学。*

出身破落贵族家庭。1527年进巴黎大学半工半读。后留校教授哲学、修辞学、数学。1545年任巴黎大学普雷斯莱学院院长。1561年改信卡尔文教。由于批判天主教会及其所曲解的亚里士多德学说，1572年在巴塞洛缪日宗教教派大屠杀中遇害身亡。

他认为经院哲学只是纠缠于逻辑的细节，而忽视了逻辑的目的，主张寻求论据以及寻求能够使听众信服的表述方式。数学应以讲述实例为基础，让学生自然和容易地引出一般原理。1569年撰成《数学讲义》一书。书中指出数学既是自然哲学的基础，又是天文学和力学的工具；经院自然哲学由于忽视数学而变得枯竭，欧几里得的几何学则与实用脱节，解决的方法是让数学回到实践中去，用算术来解决市场和法庭上的计算问题，用几何来解决测量距离、面积、体积、角度以及力学上的问题。全书贯穿着理论与实用相结合的精神。书中建议把代数和几何统一起来，日后笛卡儿将这一概念发展成为解析几何学。此外，他撰文极力推崇古巴比伦人、古埃及人的观察天文学。（郑毓信 李文华）

迪格斯，L.（Digges，Leonard） 英国人，1520年生，1559年卒。*应用数学、航海学、地学。*

生平不详。1554年因参加怀亚特的叛乱而被判处死刑，后来可能由于亲属的努力才获赦免。对应用数学颇有研究，尤其是在测量学、航行学和射击学方面作出了不少贡献。他的成年历和《预兆》（1553年）一书，对航海者提供了很多有用的天文、水文和气象资料，1555年修订再版，后由其子增订重印多次。于1556年出版的初等测量手册和关于地质构造的著作，在16世纪中多次再版。特别是测量手册在很长时期内一直被作为教科书。还发表了射击学方面的论文。这些论文和晚年所写的《应用几何学》在去世后才出版。

（卫瑞霞 徐 璎）

费拉里，L.（Ferrari，Lodovico） 意大利人，1522年2月2日生于意大利博洛尼亚，1565年10月5日卒于同地。*代数学。*

出身贫寒，未受过正规教育。在其叔父的帮助下，15岁时跟随米兰大学的G.卡尔达诺学习拉丁文、希腊文和数学。在卡尔达诺推荐下，1540年任米兰大学的数学讲师。后任米兰的估税官和教学神甫。1565年退休回家乡，同年任博洛尼亚大学数学教授，不久去世。曾和卡尔达诺合作，研究了三次和四次方程，并为卡尔达诺求解 $x^3+ax=bx^2+c$ 和 $x^3+ax^2=b$ 的公式找到了一个几何证明。同时，他还成功地解出了形如 $x^4+ax^2+b=cx$ 的四次方程。这里 a、b、c 是正数。并于1545年发表在卡尔达诺的《大技艺》中。在当时发生的关于谁先解出三次方程的争论中，他因战胜塔尔塔利亚而名声大振。其解法，在韦达创用文字系数之后，被叙述成如今代数课本中的形式，流传至今。（沈 铁）

邦贝利，R.（Bombelli，Rafael） 意大利人，1526年1月生于意大利博洛尼亚，1572年卒于意大利罗马。*代数学、几何学。*

木材商之子。早年拜一位土木建筑师为师，学习数学和工程技术，未进过大学。意大利文艺复兴时期最后一位代数学家，也是有名的水利工程师。当时意大利注重研究代数之风气促使他在从事水利工程之余钻研代数。在所著一部数学著作的前3卷中首次引进了复数概念，并规定了类似现代形式的四则运算法则，从而扩大了三次方程可解范围；还首次用连分式来逼近平方根。他采用的零次幂、未知量的幂以及多重根式等的记号，在代数记号发展史中占有重要的地位。书中有大量的例题选自丢番图的《算术》，因此实际上是首先在西方普及了丢番图的工作。在从算术向代数发展的过程中，该书堪称历史名著，因此被莱布尼茨誉为“分析艺术的杰出大师”。

（吴茂庆）

迪伊，J.（Dee，John） 英国人，1527年7月13日生于英国伦敦，1609年3月26日卒于同地。*几何学、航*

海学。

御用裁缝之子。1546 年毕业于剑桥大学圣约翰学院，获文学士学位。同年任圣约翰学院和三一学院的评议员。1548 年获文学硕士学位。1548～1551 年游学于欧洲大陆，在巴黎大学做过关于欧几里得《几何原本》讲座，但谢绝了数学教授之职。1554 年任牛津大学数学讲师。1555 年起，曾任英国探险航行的顾问达 25 年之久。撰写过关于航海和航海仪器的论文，但手稿大部分已遗失。他为比林斯利(Billingsley)翻译的欧几里得的《几何原本》(1570 年)进行编辑并写了前言，其中包含许多他的注释和附加定理，特别是他所写的前言在数学工作者中博得好名声。最后的科学论文是关于日历改革的理论。

(卫瑞霞　周丽芬)

达西波迪乌斯，C. (Dasypodius, Cunradus)　瑞士人，约 1530 年生于瑞士图尔高州弗劳恩费尔德，1600 年 4 月 20 日卒于法国斯特拉斯堡。*初等数学、科学传播、仪器研制。*

毕业于法国斯特拉斯堡大学约翰尼斯·斯特姆学院。留校任教，1558 年任该院数学教授。他的许多数学著作，如《问题的形成与解答》等，被用作教科书。1566 年，和老师 C. 赫里努斯合写的《分析几何》，包含欧几里得《几何原本》前 6 卷的证明，用以训练学生演绎推理的能力，促进数学学习。考虑到当时的欧洲数学水平远低于古希腊人，他苦心翻译和出版了欧几里得、希罗、狄奥多希、欧托利古斯、巴拉莫(Barlaamo)等人的著作。此外，他为斯特拉斯堡大教堂设计的天文钟创意独特、走时准确，于 1571～1574 年间安装完毕。

(沈　铁)

贝内代蒂，G. B. (Benedetti, Giovanni Battista)　意大利人，1530 年 8 月 14 日生于意大利威尼斯，1590 年 1 月 20 日卒于都灵。*几何学、物理学。*

出身名门望族，医生之子。未受过正规教育，由其父和家庭教师授课，N. 塔尔塔利亚曾教过他数学。因为家境富裕，他的一生并无正当职业，只出任过贵族的家庭教师或宫廷数学家。他的创造性和数学才能，在 22 岁发表的第一本书《变形》(1553 年)中已明显地表现出来，书中涉及欧几里得《几何原本》中所有问题的一般解法，以及其他几何问题。1585 年出版了主要论著《思索集》，收录了就数学及科学论题进行通信讨论的专题文章和书信。在物理学方面，下落物体的运动理论有许多地方与伽利略的阐述完全相同。1554 年就提出阻力与下落物体的体积成比例，以及同质而不同重量的物体在真空中下落速度相同的观点。还首先宣布自由落体的快速圆周运动，促成了物体本质上的直线及正切运动，那是解释旋转运动和螺旋减速的一个重要的基本概念。

(刘　韵　高岳兴)

程大位 (Cheng Dawei)　字汝思，号宾渠。中国明代休宁(今安徽黄山屯溪)人，嘉靖十二年四月初十(1533 年 5 月 3 日)生，万历三十四年(1606 年)卒。*数学、珠算。*

自幼博览群书，对文字学、书法与数学尤感兴趣。时人称誉“书擅八分，算穷九九”。20 岁后在长江中下游一带经商，并遍访名师，留心收集古代和当代数学名著。约 40 岁时回乡专心探究，参会诸家著书立说。万历壬辰年(1592 年)，60 岁时完成杰作《直指算法统宗》17 卷，于同年刊刻。1598 年，又删繁就简，揭其要领，编成《算法纂要》4 卷刊行。《直指算法统宗》是一部比较完备的算术应用书，共 595 个问题，以珠算算盘为主要计算工具。开头 2 卷介绍数学名词、进位制、度量衡单位、珠算口诀及在珠算盘上的应用等基础知识；第 3～12 卷按《九章算术》的章名命名，为应用问题解法汇编，其中卷 3 载有自己创造的“丈量步车”(即被今人称为“世界第一卷尺”的尺)；第 6～7 卷载有开平方、开立方的珠算方法；第 13～16 卷是所谓“难题”汇编，题目虽不难，但均用诗歌表达；卷 17 为 26 种杂法。最后附录“算法源流”，著录北宋元丰七年(1084 年)以来的 51 种刻本数学书籍，除 15 种外余均失传。《直指算法统宗》是珠算的代表作，不仅在中国民间流传十分广泛，而且自明末始，传入日本、朝鲜、东南亚和欧洲。

(周　英　郭书春)

巴罗休斯，F. (Barocius, Franciscus)　意大利人，1537 年 8 月 9 日生于希腊克利特岛干地亚(今伊拉克利翁)，1604 年 11 月 23 日卒于意大利威尼斯。*几何学、天文学。*

出身威尼斯贵族家庭。曾在帕多瓦大学学习，精通希腊语和拉丁语。1559 年审校任教。22 岁时就翻译了普罗克洛所作的欧几里得《几何原本》的注释，这是一本很有价值的译著。1572 年用拉丁文写过一篇有关在平面内用多种方法作两条平行线的论文。还写过包括有气象及自然地理等内容的著作《宇宙学》(1585 年)。1587 年因赞同哥白尼的学说，受到宗教法庭的审判。

(刘　韵　高岳兴)

克拉维斯，C. (Clavius, Christoph)　德国人，1538 年 3 月 25 日生于德国班贝格，1612 年 2 月 2 日卒于意大利罗马。*几何学、三角学、天文学。*

1555 年加入耶稣会。葡萄牙科英布拉大学基督学院学习，并观测了 1560 年 8 月 21 日的日食。1565 年在意大利罗马诺学院教数学，后任数学教授。1574 年出版了他编辑的欧几里得《几何原本》，书中收集了前人的大量注解和他自己的评注，因而被称为 16 世纪的欧几里得。该书共 15 卷，1607 年和 1857 年两次译成中文，是中国最早的《几何原本》的译本。在代数方面，最先把德国的

"+"、"−"符号引入意大利,也是最早使用括号者之一。在三角学方面,提出了和差化积公式,并在球极平面射影的基础上给出了球面三角学图解法。作为一个天文学家,支持托勒玫的系统,反对哥白尼,但肯定了伽利略的天文发现,还改进了儒略历。主要著作还有《星盘》(1593年)、《实用几何》(1604年)《代数学》(1608年)及《球面三角》(1611年)等。 (沈 铁)

韦达,F. (Viète,François) 一译维埃特。法国人,1540年生于法国普瓦图地区(今旺代省)丰特奈-勒孔特,1603年12月13日卒于巴黎。代数学、三角学。

律师、公证人的儿子。早年入法国普瓦提埃大学学法律,1560年获法学学士学位。1573年任布列塔尼议会议员,6年后任皇家枢密顾问官。1584年底至1589年4月被政敌逐出宫廷。当亨利三世(Henry Ⅲ)迁都图尔时又被起用,任国会议员。法兰西战争时期,为亨利四世(Henry Ⅳ)破译敌方密码。1602年12月被亨利四世解职。

作为数学的业余爱好者所取得的成就,使他成为16世纪最伟大的数学家之一。由于其著作文字深奥难懂,当时未能得到应有的传播,直到去世后,由法国数学家斯库顿(F. van Souten)等加以整理出版,才被人们所认识。

数学上的主要功绩在代数学方面,因其奠基工作而被誉为"代数之父"。第一个有意识有系统地在代数中使用字母代替数字。在1591年所写的《分析术引论》中,用辅音字母表示未知量,元音字母表示已知量(包括乘幂、系数等),这是数学史上的一大进步,划清了代数与算术的界线。把符号性代数称作"类的筹算术"(即代数),以区别于"数的筹算术"(即算术),使代数成为研究一般的代数式和方程的学科而从算术中分离出来。还给出了方程的定义及其初等运算律。在1615年出版的遗作《论方程的整理与修正》中,证明了著名的韦达定理。在二次项系数为1的二次方程中,若一次项的系数是两数之和的负值,而常数项是这两数之积,则此两数是此方程的根。然而只考虑了正根的情况,因而对根与系数间的关系的认识是不完整的。文中还提出了解三次、四次以上方程的一般方法,至今仍被广泛地应用。第一个在代数中引入方括号、花括号等表示运算次序的记号,并用"↓"表示根号"$\sqrt{\ }$"。对符号的改进,为笛卡尔创立解析几何奠定了基础。

在三角学方面也有很大的贡献。1579年出版的《标准数学》,是他的第一本三角学著作。书中列出了按分计算的三角函数函数值表,内接正三、四、六、十和十五边形的边长(用圆的半径表示);以及三角函数之间的关系。收集了解直角三角形和斜三角形的公式,发现正切定律 $\frac{a-b}{a+b}=\tan\frac{A-B}{2}\Big/\tan\frac{A+B}{2}$。还将球面三角进一步系统化,对球面直角三角形给出了用两已知元素计算另一元素所需的一套完整的公式,以及用来记住这套公式的耐普尔法则;对球面钝角三角形建立了余弦定律。首次把代数变换的思想应用于三角学,补充了由托勒玫提出的三角恒等式,建立了诸如 $\sin A-\sin B=2\cos\frac{A+B}{2}\cdot\sin\frac{A-B}{2}$ 之类的恒等式。在《论方程的整理与修正》中,还导出了倍角公式,进而给出用 $\sin x$、$\cos x$ 表示 $\sin 2x$、$\cos 2x$、$\sin 3x$、$\cos 3x$、$\cos 4x$、$\sin 4x$、$\sin 5x$、$\cos 5x$ 的公式。另一方面,又把三角恒等式应用于解代数方程。1593年比利时数学家罗曼努斯(A. Romanus)作为向法国挑战,提出了一个实质上是求解45次方程的问题。他在接受亨利四世的指令后第二天,即用 $\sin\theta$ 表示 $\sin 45\theta$ 的公式,将该问题化为一个5次方程和两个三次方程问题,随即解得其根,可惜仅给出了23个正根而忽略了负根。在求解该问题时还解决了著名的阿波罗尼相切问题。

努力使代数学摆脱几何思想的束缚,并用代数方法来解决几何问题。在1593年出版的著作《分析五篇》、《各种各样的解答》等著作中,很多几何问题都是用代数方法求解的,如用二次方程求解已知面积及两边之比的矩形的边长问题、应用代数方法求比例中项问题等。尤其在《各种各样的解答》中应用内接正多边形逼近圆的思想,通过求单位圆面积得以把 π 表示为运算公式 $\frac{\pi}{2}=1\Big/\sqrt{\frac{1}{2}}\cdot\sqrt{\frac{1}{2}+\frac{1}{2}\sqrt{\frac{1}{2}}}\cdot\sqrt{\frac{1}{2}+\frac{1}{2}\sqrt{\frac{1}{2}+\frac{1}{2}\sqrt{\frac{1}{2}\cdots}}}$。

在对古代数学家成就的发掘整理过程中,注意加以发展补充。如亚里士多德仅认为公比小于1的几何级数有和,而在《各种各样的解答》中进一步给出了现代使用的求和公式。 (吴茂庆)

里奇,O. (Ricci,Ostilio) 意大利人,1540年生于意大利费尔莫,1603年1月15日卒于佛罗伦萨。实用几何学、应用数学、军事工程、水利与航运工程。

毕业于意大利布雷西亚大学,著名数学家N.塔尔利亚的学生。是意大利佛罗伦萨美术研究院(成立于1560年)教授,也是该地弗朗西斯科大公(Grand Duke Francesco)的宫廷数学家,是伽利略的老师。1580年,当伽利略在比萨大学学医时,听过他上的数学课。指导过伽利略学习欧几里得和阿基米德的著作,使伽利略从学医转向数学和物理学。讲授透视学,把阿尔贝蒂的透视法传授给伽利略。他还熟悉工程学,勘测过河道航线,指导过防御工事的建筑,担任过军事工程师。有《实用几何学问题》等著作。 (高岳兴)

范策伊伦,L. (Van Ceulen,Ludolph) 德国人,1540年1月28日生于德国希尔德斯海姆,1610年12月31日卒于荷兰莱顿。算术、几何学、数值计算。

商人之子。荷兰代尔夫特地方的击剑师和数学讲师。1600年任莱顿大学工程学院算术、测量学和筑城学教师,直到去世。擅长于数值计算,1596年在关于圆的度量的著作中,他按阿基米德的方法,计算正 15×2^{31} 边形的边长,得 π 的近似值至小数20位。1615年由其妻出版他的遗著《算术和几何的基础》，其中计算 π 值至小数 33 位，并且指出了 π 终位于一个上限和下限之间。为了纪念他的功绩，有时把 π 用他的名字罗道福(Ludolph)命名，称罗道福数。此外，还计算和编制了正弦表和利率表。（沈　铁）

迪格斯，T.（Digges，Thomas）　英国人，1546 年生于英国肯特郡沃顿，1595 年 8 月 24 日卒于伦敦。几何学、天文学、应用数学。

是数学家 L. 迪格斯之子。1572 年、1584 年两次当选国会议员。1571 年出版专著，详细讨论了他父亲的一本著作中提到的柏拉图多面体和 5 种阿基米德多面体。在父亲的笔记及实验结果的基础上，1579 年出版，书中介绍了战士必备的算术与代数知识，并首次在英国讨论关于弹道学问题。1576 年，为其父的《预兆》一书增补了重要部分《天体轨道的完美描述》，其中包含哥白尼《天体运行论》中部分内容的译文和自己的科学观点，被誉为英国日心说的领袖。认为无数恒星处于无限空间之中，它们离我们的距离各不相同。为了验证哥白尼理论的正确性，还观测了丹麦天文学家第谷·布拉赫在 1572 年所发现的超新星，其精确程度仅次于第谷·布拉赫。还写了关于航海学、筑城学和炮术学方面的著作。（卫瑞霞　田　雁）

维蒂希，P.（Wittich，Paul）　波兰人，1546 年生于西里西亚布雷斯劳(今波兰弗罗茨瓦夫)，1586 年 1 月 9 日卒于奥地利维也纳。三角学、天文学、仪器研制。

1563 年录取德国莱比锡大学。1566 年转学维腾贝格大学。1576 年又进法兰克福大学深造。1582～1584 年在布雷斯劳大学教过数学。1584 年到卡塞尔威廉天文台研制天文仪器。1580 年与第谷·布拉赫合作，建立和重新发现了三角函数积化和差的方法。此法最早由 J. 纳尔纳创始，但不完整。首先完整地发表该方法的是乌尔苏斯(N. R. Ursus)，但他实际上是占有了维蒂希的成果。（吴茂庆）

施泰文，S.（Stevin，Simon）　一译斯蒂文。荷兰人，1548 年生于荷兰布鲁日(今属比利时)，1620 年 3 月卒于海牙。代数学、力学、工程学。

商人家庭出身。早年曾在安特卫普银行、商业界、税务局任会计。1571～1577 年游学波兰、普鲁士和挪威。1583 年(35 岁)入莱顿大学学习。1592 年在代尔夫特负责管理港口航道。1600 年奉命在莱顿大学成立工程学院。1604 年任荷兰政府的总军需官，兼任奥林奇(Orange)王子的宫廷教师。

对科学的兴趣十分广泛，发表的著作涉及数学、机械工程、宇宙学、航海学及军事科学等方面。制作过被银行广泛应用的速算《利息表》(1582 年)。给出了二、三、四次方程的简单而统一的解法，以及方程的近似解法。发现了关于斜面运动的施泰文定理。1586 年发布了一项重要的实验成果：两个重量相差 10 倍的铅球同时从高处自由落下，结果同时到达地面。用事实驳倒了亚里士多德提出的、长期占统治地位的重物比轻物下落得更快的传统见解。《平衡术》(1586 年)是其力学方面代表作，主要处理求物体重心问题，奠定了他的力学家基础，被认为是阿基米德到伽利略之间最伟大的力学家。此外写过系统介绍液体静力学及哥白尼学说的专著。还研究过潮汐理论、决定航船经度的方法和风动排水站。在其理论指导下，比利时许多低洼地区建立起风动排水站。此外还写过一些军事工程方面如《要塞的设立》(1594 年)等著作。其工作反映了 16 世纪比利时和意大利北部工商业的繁荣和文艺的复兴，被誉为文艺复兴时代继承和发展阿基米德学说的权威。（卫瑞霞　黄绍楠）

耐普尔，J.（Napier，John）　一译纳皮尔。英国人，1550 年生于英国苏格兰爱丁堡，1617 年 4 月 4 日卒于同地。对数、计算数学、军械技术。

出身贵族。13 岁去圣安德鲁斯大学圣萨尔瓦托学院学习神学。后出国留学，1571 年回苏格兰。后致力于管理家庭庄园土块。为了保卫祖国，曾发明了大炮、装甲车、反射镜等御敌武器。16 世纪后期和 17 世纪初期的西欧，为适应天文、航海、测量及绘制地图的需要，急需制作愈来愈精确的三角函数表，为此迫切要求改进数学计算的方法。约从 1590 年起他开始编算对数表，经过 20 多年的努力，终于在 1614 年和 1619 年先后出版了两本拉丁文著作《奇妙的对数规律的描述》和《奇妙的对数规则的结构》。前者给出了对数表及其性质和使用的说明；后者阐明了表的构造原理及方法。用现代的术语解释：设 AZ 是定长的线段，$A'L$ 是从 A' 点出发的射线，点 A 朝 Z 运动，其速度正比于到 Z 点的距离；点 A' 以与点 A 相等的初速度向 L 作等速运动。当点 A 到达点 $B,C,D,E,\cdots$ 时，A' 相应的运动至点 $B',C',D',E',\cdots$。此时，距离 $AZ,BZ,CZ,\cdots$ 构成一个递减几何数列，而距离 $A'B',A'C',A'D',\cdots$ 形成递增的算术数列，他把数 $A'B'$、$A'C'$、$A'D'$ 等分别称为数 BZ、CZ、DZ 等的对数或“比的数”，记为 Nap LogBZ、Nap logCZ 等。在指数概念尚未建立、更谈不上指数符号及“底”为何物的情形下，对数的出现确是历史上的重大事件。大数学家拉普拉斯说：“对数用缩短计算的时间使天文学家的寿命加倍”。恩格斯也曾给予高度评价，把对数与笛卡尔的解析几何、牛顿-莱布尼茨的微积分并列为三个最重要的数学方法。

对数字计算也颇有研究。球面三角中的“耐普尔比拟式”、“耐普尔圆部法则”及作乘除用的“耐普尔算筹”

都很著名。特别是“算筹”的运用，被认为是计算器发明的前奏。（朱 烈 张镜清）

瓦莱里奥，L. (Valerio 或 Valeri, Luca) 意大利人，1552 年生于意大利那不勒斯，1618 年 1 月 17 日卒于罗马。几何学、力学。

父亲是意大利人，母亲有希腊血统，他从小生长在希腊科孚岛，而在意大利罗马接受教育。获罗马诺学院哲学与神学博士学位。但其主要兴趣在于数学。一生中的大部分时间在罗马格雷科学院，沙比思扎大学等当教师，多年在梵蒂冈图书馆当希腊文校对员。1609～1616 年，同伽利略通信密切。对计算体积、面积的阿基米德方法颇有研究。在所著《物体的重心》(1603 年)中，介绍了使用阿基米德方法决定旋转体的体积和重心的方法，其中叙述了十分有趣的引理：若 $\lim x=a, \lim y=b$，且 $\frac{x}{y}=$ 常数 $=c$，则 $\frac{a}{b}=\frac{\lim x}{\lim y}=\lim\frac{x}{y}=c$，这基本上与牛顿和卡瓦利里的原理相同。在另一本书《二次抛物线》(1606 年)中，用已知半球的重心来确定抛物线的重心，并进而计算这段抛物线所围的曲边梯形的面积，其方法仍渊于阿基米德，但隐含着极限过程。伽利略称他是“最伟大的几何学家，我们时代的新阿基米德”。

（卫瑞霞 卫瑞中）

比尔基，J. (Bürgi, Joost 或 Jost) 瑞士人，1552 年 2 月 28 日生于瑞士圣加伦州列支敦士登，1632 年 1 月 31 日卒于德国卡塞尔。对数、计算数学、仪器研制。

学徒出身，自学成才。1579 年起任公爵宫廷钟表师。当鲁道夫二世(Rudolf Ⅱ)于 1603 年在布拉格建立了科学中心后，翌年他应邀去那里仍任钟表师，并成为开普勒的助手和计算员。是小数记数法的最早使用者之一。编制了较精确的正弦值表。1620 年出版了《进数表》，即对数表，该对数相当于现在的自然对数，但实际列出的却是反对数表，因此当时在应用与传播上更为困难。由于布拉格科学中心在 1620 年后不解自散，故论著大多散失，致使他这一重大发现对科学进展影响不大。他还改进了一些天文和几何仪器。（吴茂庆）

卡塔尔迪，P. A. (Cataldi, Pietro Antonio) 意大利人，1552 年 4 月 15 日生于意大利博洛尼亚，1626 年 2 月 11 日卒于同地。数论、代数学。

1569～1570 年在意大利佛罗伦萨设计院工作。后去佩鲁贾大学和佩鲁贾设计院教数学。1584 年起在博洛尼亚大学任数学讲师，直到去世。他在 1597 年完成、1613 年出版的《快速求解平方根》著作中，用无穷级数和无穷连分数求数的平方根，对无穷算法的发展作出了显著的贡献。1607 年，指出 2^n-1 当 n 为复合数时是复合数，并验证了 2^n-1 在 $n=13$、17 及 19 时是质数。还曾企图证明欧几里得的第五公设，但在证明中将到一直线等距离的点的轨迹认定为一条直线，这实质上已引进了第五公设。（沈 铁）

克里斯特曼，J. (Christmann, Jacob) 德国人，1554 年 11 月生于德国莱茵高地区约翰尼斯堡，1613 年 6 月 16 日卒于海德堡。三角学、天文学、语言学。

1578 年前皈依基督教的犹太裔。在德国海德堡大学学习东方学。后跟随导师先后在巴塞尔、布雷斯劳、维也纳和布拉格等地大学研究东方学和数学、东方学。1585 年任该校希伯来语教授，1602 年任校长。1608 年任阿拉伯语教授，成为欧洲该学科的第一个教授。通晓希腊语、拉丁语、法语、意大利语和西班牙语。在对数发明以前，他就利用公式 $2\sin\alpha\sin\beta=\cos(\alpha-\beta)-\cos(\alpha+\beta)$，给出一个计算三角函数表的方法。是一位有能力的天文理论家，也是率先使用望远镜和六分仪的学者之一。1604 年根据天文观测的资料，向开普勒提议修改他们研究的结果。（沈 铁）

马吉尼，G. A. (Magini, Giovanni Antonio) 意大利人，1555 年 6 月 13 日生于意大利帕多瓦，1617 年 2 月 11 日卒于博洛尼亚。三角学、地理学、制图学。

1579 年获意大利博洛尼亚大学哲学博士学位。留校任教，1588 年任该校数学教授，讲演欧几里得几何及天文学。写过一些天文学和占星学的著作。数学方面比较注重实际，1606 年编制和发表了四位数的平方表、极精确的三角函数表。引入了现在称为余弦、余切及余割的术语。尤其值得一提的工作，是 1596 年出版关于托勒玫的地理书的评注，以及绘制意大利当时最完整的地图册。故通常认为他是一位地理学家和地图工作者。（张镜清）

哈里奥特，T. (Harriot, Thomas) 英国人，1560 年生于英国英格兰牛津，1621 年 7 月 2 日卒于伦敦。天文学、物理学。

1580 年毕业于牛津大学。后去伦敦，1583 年供职于探险家雷利(W. Raleigh)的办事处，1585～1586 年，曾航行至雷利在美洲弗吉尼亚经营的殖民地，在海上观测过日食。1589 年，又派往雷利在澳洲利斯莫尔的土地进行勘查。后又服务于诺森伯兰郡公爵 H. 珀西(Henry Percy)写了10 000多页科学论文手稿，涉及许多领域的实验和理论计算。以方程的综合理论丰富了代数内容；提出简明的符号系统，首创符号＞和＜；证明了球极射影的保角性，将球面的恒向线变换为平面上的对数螺线。1603 年算出了球面三角形的面积。1631 年出版了《实用分析术》，比以前任何一本代数书更解析化，并在系统运用符号方面向前迈出了一大步。是最早接受无理数的数学家之一。还研究过光的反射和折射问题;测得天体的北极和北极星之间的角为 2°56′;证明了子弹的弹道曲线是抛物线等。 (沈 铁)

芬克,T. (Fincke,Thomas) 丹麦人,1561 年 1 月 6 日生于丹麦弗伦斯堡(现属德国),1656 年 4 月 24 日卒于哥本哈根。几何学、三角学。

1577~1582 年在斯特拉斯堡大学学习时,自学了拉姆斯的《几何学》,以后就读于几所大学。1587 年在瑞士巴塞尔大学获医学博士学位。1591 年起先后任哥本哈根大学数学教授、修辞学教授和医学教授。同第谷·布拉赫和开普勒有联系。22 岁时,出版了名著《旋转几何学》(1583 年),该书分 14 卷,前 4 卷是圆的初等理论,接着是三角,最后 3 卷是球面三角。书中有测角表,引进了正切、正割概念及正切公式。兰斯伯根(Lansbergen)、克拉维斯、耐普尔和彼提克斯等数学家都推荐该书为教材,并从中选用大量材料。他对星占学、天文学亦很有研究。 (沈 铁)

布里格斯,H. (Briggs,Henry) 英国人。1561 年 2 月生于英国约克郡沃莱伍德,1630 年 1 月 26 日卒于牛津。对数、航海学、几何学。

约 1577 年入剑桥大学圣约翰学院,1581 年获文学学士学位,1585 年获硕士学位,1589 年留校任该院评议员,1592 年任数学讲师。1596 年任伦敦格雷沙姆学院第一位几何学教授。1620 年任牛津大学默顿学院几何学教授。改革了耐普尔的双曲线对数的尺度,创立了常用对数。1624 年在他出版的《算术对数》著作中,包括有常用对数的性质和使用方法,及从 1~20 000,90 000~100 000间的30 000个对数值。对于20 000~90 000中间的数的对数计算,他提出了用差分内插法编制对数的原理。这也是内插理论的先导工作。翻译了欧几里得的《几何原本》6 卷。此外,还出版有《发现地极纬度的数表:磁倾角》(1602 年)、《航海改进数表》(1610 年)等。 (吴茂庆)

彼提克斯,B. (Pitiscus,Bartholomeo) 波兰人。1561 年 8 月 24 日生于西里西亚的格林贝格(今波兰绿山城),1613 年 7 月 2 日卒于德国海德堡。三角学。

出身贫困家庭。先后在扎伯斯特、海德堡等地学加尔文新教神学。曾任布雷劳斯的宫庭牧师。但专长是数学,特别是三角学。1603 年任海德堡大学数学教授。有两个重要贡献:一是 1613 年写的《宝库》,修正并发表了雷蒂库斯的函数表;另一是撰写了杰出的教科书《三角学》丛书,共三个系列。书中叙述了 6 个三角函数的定义、三角函数表的构造法和基本三角恒等式。"三角学"一词是他首先提出的。1614 年《三角学》被译成英文本,同时还发表了以半径为 10^5 单位的圆测量得到的正弦、正切与正割表,至此三角函数表已被精密地算出,直到 18 世纪中叶,三角学没有发生根本性的变化。 (华大熊)

范兰斯贝日,P. (Van Lansberge,Philip) 荷兰人,1561 年 8 月 25 日生于荷兰根特(今属比利时),1632 年 12 月 8 日卒于荷兰米德尔堡。几何学、三角学、天文学。

出身贵族家庭。1566 年起其家庭先后移居法国和英国。在法国和英国学习数学和神学。1579 年赴欧洲大陆任佛兰德斯领地新教教堂牧师。1585 年入荷兰莱顿大学学神学。1586~1613 年在荷兰高尔斯教学供职,后在米德尔堡教堂任牧师于去世。1591 年在名著《三角几何》(4 卷)中,论述了三角函数定义、三角函数表的构造方法、正弦定理与余弦定理的证明以及球面三角内容。该书内容虽无创新,但在定义和命题的安排上却更简洁系统。在另一本 1616 年著作中,研究了古老的圆周率问题,用三角方法计算 π 到 28 位小数。1619~1629 年间,撰写的一些天文学著作支持哥白尼学说,虽仍限于本轮学说而没有接受开普勒的行星轨道,但书中的一些计算表却得到了广泛的应用。 (吴茂庆)

范罗门,A. (Van Roomen,Adriaan) 比利时人,1561 年 9 月 29 日生于比利时卢万,1615 年 5 月 4 日卒于德国美因茨。几何学、三角学、天文历法。

曾在德国科隆大学基督学院学习数学和哲学。后到比利时卢万大学学医。留校任教,1585 年后任数学教授和医学教授。1592 年任德国维尔茨堡大学医学教授。1598 年在布拉格任宫廷医生。1610 年应邀去波兰任家庭数学教师。在数学方面的工作主要是三角学和圆面积的计算。曾计算正九边形和正十八边形的边长达 108 位小数。为了计算正三十边形的边长,把有关的平方根计算到 300 位小数。还用边数倍增的方法计算了正 15×2^{60} 边形的边长。1593 年计算 π 达 16 位小数。在他的三角学著作中,系统地提出了三角学记号,并用双曲线相交的方法求解阿波罗尼问题。还是维尔茨堡牧师会的数学家,负责编撰每年的历书。 (高岳兴)

赖特,E. (Wright,Edward) 英国人,1561 年 10 月 8 日生于英国诺福克郡格韦斯顿,1615 年 11 月卒于伦敦。三角学、地图学、航海学。

1576 年入剑桥大学凯厄斯学院,1584 年获硕士学位。留校任教,1587 年成为研评议员。1589 年后参加乔治伯爵组织的亚速尔群岛远征队达 10 年之久,返航后 1599 年出版了名著《航海中的某些差误》(1610 年第 2 版)。该书既沿用了墨卡托地图投影法,又通过数学计算予以改进和发展,给出了绘制世界地图、海图的新方法。应用此法,在另一著作《亚速尔探险记》中,标出了探险路线。在航海方面的著作,为当时英国取得航海技术的领先地位奠定了理论基础。此外,他还翻译了耐普尔的对数表,编制了适用于航海需要的三角函数表。 (吴茂庆)

李之藻（Li Zhizao） 字振之，又字我存，号凉庵居士。中国明代仁和（今杭州）人。嘉靖四十四年（1565年）生，崇祯三年（1630年）卒于南京。算术、数学传播、天文历法。

明万历二十六年（198年），30岁左右中进士。历授平禄寺少卿、开州（今河北濮阳）、知州、太仆寺卿、南京工部员外郎。“晓畅兵法，精于秦西之学”。万历二十几年（160年），追随传教士利玛窦学习西洋历算，积极主张西法，共同译成《浑盖通宪图说》（2卷），于1607年刊印发行。1608年译成《圜容较义》1卷。1613年，根据1585年克拉维斯的《实用算术概论》和1592年程大位的《算法统宗》编译成《同文算指》，分前编2卷、通编8卷、别编1卷，是中国介绍欧洲笔算的第一部著作，对后来算术的影响甚大。曾以南京太仆少卿向万历皇帝介绍西方天文学发展中的14件大事，并请开设学馆系统学习翻译西法。还翻译了亚里士多德《寰有铨》6卷和逻辑学著作《名理探》10卷。1629年奉令与徐光启同修历法《崇祯历书》，翌年去世。自辑有《天学初函》52卷。 （郭书春）

格塔尔迪，M.（Ghetaldi，Marino） 克罗地亚人，1566年生于拉古萨（现为克罗地亚的杜布罗夫尼克），1626年4月11日卒于同地。代数学、几何学。

曾在拉古萨大学学习，后去罗马和欧洲各地游学，受到克拉维斯和韦达等人的影响。1600年曾在意大利帕多瓦大学听过伽利略的数学、力学和天文学课程。1604年在家乡任法官。研究圆锥曲线，1607年出版了《阿波罗尼著作的现代阐释》，该书将代数方法应用于几何问题的研究。同时还用代数方法解决过42个几何问题。最重要的著作《数学的分析与综合》在其身后出版，其中详尽地叙述了几何问题的代数方法，是解析几何的先驱者之一。 （高岳兴）

奥特雷德，W.（Oughtred，William） 英国人，1574年3月5日生于英国白金汉郡伊顿，1660年6月30日卒于萨里郡奥尔伯里。三角学、数学教育、仪器研制。

1596年获剑桥大学国王学院，文学士学位。1600年获文学硕士学位，1603年被任命为萨里郡吉尔福特大教堂的牧师。1608年成为奥尔伯里的教区长直至去世。业余研究数学。1631年出版了名著《数学导论》，仅有100页，包含了当时算术和代数方面的几乎所有内容，曾风靡英国和欧洲大陆，波义耳和牛顿都给予很高的评价。他的学生J.沃利斯对该书也赞不绝口。1657年出版的《三角学》，采用了一系列简化的符号，给后来以深刻的影响。他还是计算尺的发明者。 （张镜清）

古尔丁，P.（Guldin，Paul） 1577年6月12日生于瑞士圣加尔，1643年11月3日卒于奥地利格拉茨。几何学、天文学。

生于犹太血统的新教家庭。早年学金匠手艺。1609年入意大利罗马诺学院学习数学。后在罗马基督学院教数学。1617年到德国格拉茨基督学院教数学，数年后因伊朗不佳而辞职。1623年任维也纳大学数学教授。1637年返回格拉茨大学。1622年发表过论述地球运动的论文。1635～1641年，主要著作《重心》（4卷）在维也纳出版，内容主要涉及图形的重心，以及锥、柱、球和回转体的体积与性质等。其中求旋转体体积的定理：“任何平面图形绕平面上一轴旋转所得回转体的体积等于平面图形的面积与平面图形重心所经路程的乘积。”现称为古尔丁定理。 （高岳兴）

斯内尔，W. van R.（Snell，Willebrord van Royen） 荷兰人，1580年生于荷兰莱顿，1626年10月30日卒于同地。三角学、大地测量学、光学、天文学。

莱顿大学数学教授的儿子。他原在该校学法律，由于其父的影响，对数学有兴趣，并于1600年在该校教数学，1607年获法学硕士学位。1613年任莱顿大学数学教授。整理出版过阿波罗尼关于平面轨迹的两本书及拉姆斯的《算术》，并为后者写了评注。著有平面三角、球面三角方面的书，提出过计算π的简捷方法，建立了不等式$\frac{3\sin\varphi}{2+\cos\varphi}<\varphi<\tan\frac{\varphi}{3}+2\sin\frac{\varphi}{3}$。他还发现了正弦定理。1617年出版介绍古希腊埃拉托希尼大地测量的书籍，在书中提出自己的三角测量法，从而奠定了测地术的基础。还测量过子午线的长度，得到了很好的结果，被誉为“三角测量之父”。曾发表天体观测报告。1624年出版航海用书，书中研究了由他命名的斜航线。在1621年发现光线的折射定理，后被命名为斯内尔定律。该定理当时未发表，直至1703年惠更斯在著作中才首次提及其发现。 （卫瑞霞）

埃里戈纳，P.（Hérigone，Pierre） 真名为C.德曼金（do Mangin，Cyriague）法国人，1580年生于法国，约1643年卒于巴黎。初等数学、数学基础。

巴斯克人血统。生平不详。一生主要在巴黎当数学教授。是17世纪前半期的法国数学学会会员，担任过仲裁数学问题的官方委员会委员。1634年受命判定J.-B.莫兰建议的从月球运动确定经度方案的实用性，是其中最著名的一次。重要著作《数学教程》6卷，1634～1642年是用法文和拉丁文写成的初等数学概论。书中系统而完整地引入了数学符号和逻辑符号，反映了他的广博知识和对当时数学的理解力。 （沈 铁）

昂里翁，D.（Henrion，Denis 或 Didier） 法国人，约1580年生于法国，约1640年卒于法国巴黎。初等数学、数学传播、仪器研制。

1607年之前，在军队中任工程师。做过家庭老师后任巴黎大学数学教授。也有人认为，“昂里翁”是数学家德曼金(Cyriague de Mangin)的假名，另一假名是P.埃里戈纳。在数学方面的工作，主要是将拉丁文数学教材译成法文。翻译的著作有欧几里得的《几何原本》和狄奥多希的《球面三角学》等。1626年编写出版《初等数学教程》和《对数》，在第一本书中，包含有140个著名的几何问题。此外，对数学仪器很有研究，发明了比例除法器，介绍了计算尺。他的工作在法国特别在当时的巴黎是属于开创性的。（沈 铁）

福尔哈贝尔，J. (Faulhaber，Johann) 德国人，1580年5月5日生于德国乌尔姆，1635年卒于同地。对数、代数学、工程技术。

早年为织工，自学成才。后在乌尔姆教数学和从事大地测量，被誉为“乌尔姆城的数学家。”1600年在乌尔姆创办了一所土木建筑学校，开设筑城术专业，培养测量员和防御工事建筑师，大受欢迎，并使它逐渐成为高等数学的教育学院，影响很大。是最早研究高次方程的人之一，被誉为当时最有名的代数学家之一。解释和传播了对数计算方法，给出了1～10 000的7位对数和6个基本测角函数的10位函数值。在《代数学》一书中，还给出了自然数的直到17次幂的求和公式，研究了圆内接七边形和毕达哥拉斯定理在立体几何中的类似定理。1614年出版的算术教材，是当时极好的教科书，广为采用。在代数方面的著作，包含有级数理论、魔方理论和自然数的性质等内容，但由于符号繁琐而很难阅读。他研制数学和测量仪器，特别是军事需要的仪器，还研制水轮等动力装置。（沈 铁）

巴歇·德梅齐里亚，C.-G. (Bachet de Méziriac，Claude-Gaspar) 法国人，1581年10月9日生于法国布雷斯地区布尔格，1638年2月26日卒于同地。数论、数学教育。

祖父是法国君主亨利二世(king Henry Ⅱ)的顾问；父亲是萨沃尔公爵(Duke of Savoy)的顾问。他在年轻时曾去意大利帕多瓦大学、罗马大学和法国巴黎大学学习。1635年入选法兰西学院院士。数学方面的主要贡献是关于数论的研究。1621年，第一个把丢番图的希腊文《算术》译成拉丁文本。对方程$ax+v^2=u^2$，$cx+d=w^2$的求解有独特的见解。还解决了诸如基督与穆斯林教徒过河等趣味代数难题，并于1612年出版了《数字娱乐及趣味难题》，成为趣味数学的最早开拓者之一。除研究数学外，对诗词、历史和评论等方面也颇有创见。曾用拉丁语、法语及意大利语写过许多诗歌，并发表过《法兰西诗选》。（刘 韵 高岳兴）

圣文森特，G. (Saint-Vincent，Gregorius) 比利时人，1584年9月8日生于比利时布鲁日，1667年1月27日卒于根特。几何学、力学、天文学。

1601年起先后在法车杜埃大学、罗马大学等校学习物理、数学、哲学和神学。1613年起先后在布鲁塞尔大学、卢万大学和安特卫普大学等校教授数学和神学。1619～1620年，分别在卢万与安特卫普出版《彗星》及《力学》的专著。在阿基米德、阿波罗尼和帕普斯等人工作的基础上，1621年详尽地阐述了圆锥曲线理论，还发展了无穷小方法，被誉为“卢万的数学家”。1647年出版的《圆与圆锥曲线的求积》，共10卷，1250页，是其代表作。书中包含几何级数求和、关于圆维曲线的度量与射影性质。第7卷讨论了自己的求积方法，相当于近代积分$\int y(x)z(x)\mathrm{d}x$求法的几何解释，第10卷专论圆的求积，被公认为无穷小分析的开拓者之一。（卫瑞霞）

米道奇，C. (Mydorge，Claude) 法国人，1585年生于法国巴黎，1647年7月卒于同地。几何学、光学。

父亲是法国巴黎议会议员和法官，母亲出身名门望族。他原是律师，业余研究数学。曾任地方议员和亚眠地区司库。系“梅尔塞尼学院”的成员、笛卡尔的最忠诚的朋友和著名的几何学家、光学家。为帮助笛卡尔关于幻象解释的研究，他制作了抛物形、双曲形、卵形和椭圆形透镜。擅长圆锥曲线研究，1639～1644年出版《论圆锥曲线》的著作共4卷，继承和扩充了阿波罗尼的工作。提出并解决了置一已知圆锥曲线于一给定圆锥上的问题；讨论了经过变形获得相似圆锥曲线的方法；创造了图形变形法；对近似作图法亦颇有研究；首先引入了圆锥曲线的“参数”这一术语。（王翼勋 张镜清）

布罗切克，J. (Brożek或 Broscius，Jan) 波兰人，1585年11月生于波兰谢拉兹附近，1652年11月21日卒于克拉科夫。几何学、数学传播。

1605年毕业于波兰克拉科夫大学。1610年获该校文科硕士和哲学博士学位。留校任教。1625年获意大利帕多瓦大学医学博士和学位。1650年获神学博士学位。历任克拉科夫大学米努斯学院的教授、图书馆馆长、数学系主任和院长。是圣安娜教堂册封的圣徒。写了许多数学著作，是波兰最著名的数学家之一。把当时先进的数学知识引进波兰并予以传播，例如把新发现的对数作为学校的教学内容。1637年对星形多角形作了最早的研究。还导出了关于完全数、和数的一些新结果，其中包含一个初等数论的基本定理，即30年后发表的著名的费尔马定理。在天文学上，他是哥白尼学说的坚定拥护者，积极宣传这一学说。（吴茂庆）

容吉乌斯，J. (Jungius，Joachim) 德国人，1587年10月22日生于德国吕贝克，1657年9月23日卒于汉堡。代数学、几何学。

中学老师之子。1606年入德国罗斯托克大学文学院学习哲学，但喜欢数学和逻辑学。1608年转学到吉森大学。同年12月获该校文科硕士学位。1609年任该校数学等学科教授。1616年又入罗斯托克大学学习医学，1619年初在意大利帕多瓦大学获医学博士学位。

曾行医并担任过赫尔姆施泰特大学医学教授。1624～1625年和1626～1628年，先后两次担任罗斯托克大学数学教授，后任汉堡大学预科部主任和自然科学教授，直至去世。十分注意解决代数、几何中的一些悬而未决的问题，首次证明了伽利略关于“悬链线不是抛物线”的假设；还首先用指数来表示幂。对逻辑学、化学、生物学和医学也很有研究。生前不愿发表著作，遗稿的三分之二毁于1691年的大火。 （陈必胜）

布拉梅，B.（Bramer，Benjamin） 德国人，1588年2月15日生于德国费尔斯贝格，1652年3月17日卒于齐根海因。三角学、应用数学、土木工程、仪器研制。

3岁丧父，由姐抚养并受业于姐夫。1612年任马尔堡宫廷的监造人。1625年起历任一些城堡要塞的监造人、管理人或顾问。1617年出版过一本关于正弦函数计算方法的小册子。1618年完成德国中央教堂最早的设计图。1617年出版小册子介绍所设计研制的附有半圆规的三角测量仪器，可同时测定目标点的倾角。1630年，经他发展的一种用仪器作中心透视的方法，使画出的几何透视图十分逼真。 （吴茂庆）

帕斯卡，É.（Pascal，Étienne） 法国人，1588年5月2日生于法国克莱蒙特（今克莱蒙费朗），1651年9月24日卒于巴黎。几何学、代数学。

法国财政大臣M.帕斯卡之子。1610年被选为下奥弗涅省的议员。1625年任法国救济委员会会长。1634年被任命为检定J.-B.莫兰关于确定经度发明权的仲裁委员会委员。1635年起常去梅尔塞尼学院与科学家米道奇、罗伯瓦尔及笛沙格等一起进行学术讨论。约1637年导出了一条特殊的曲线——关于圆上一点的蚌线，即帕斯卡蜗牛线，并把它用于三等分角的问题。1638年初，当费尔马遭到笛卡尔抨击时，他和罗伯瓦尔一起为费尔马的极值问题辩护。他常带儿子B.帕斯卡到梅尔塞尼学院参加学术讨论。1646年率其子并和物理学家P.佩蒂特合作，重做了托里拆利的实验。在他悉心培育下，其子后来成长为一位杰出的数学家。 （张镜清）

诺伍德，R.（Norwood，Richard） 英国人，1590年10月生于英国赫特福德郡斯蒂夫尼奇，1675年卒于百慕大群岛。三角学、大地测量学、航海学、地图学。

乡绅之子。从小喜爱航海，成年后1613年始，曾多次到地中海和百慕大群岛附近进行航行与测量，同时自学了许多经典数学著作和文献。1637年携妻子和4个孩子定居百慕大群岛，任中学校长，后自办学校。写过一些数学和航海方面的著作，其中有《三角学》和《航海家实践》（1637年）等。在《三角学》中，解释了常用对数、三角函数、球面三角以及它们在航海上的应用，并且第一个用缩写符号s表示正弦sine，t表示正切tangent，sc表示余弦，tc表示余切，sec表示正割。《航海家实践》主要总结了在航海测量方面的成果。1635年沿着伦敦到约克郡之间的子午线，用简陋的工具测得1°所对的弧长为367 176英尺（111.915千米），当时能得到如此精确的结果，使科学界惊叹不止。测绘的百慕大群岛地图也是一经典版本。 （张镜清）

勒雷雄，J.（Leurechon，Jean） 法国人，约1591年生于法国巴勒迪克，1670年1月17日卒于蓬塔穆松。数学传播、游戏数学。

1624年任法国耶稣会神甫。早年写过一些天文和几何方面的文章。后来收集并编辑出版游戏性的数学材料，因其内容大多取自巴歇·德梅齐里亚等人著作中的一些简单问题，故被贬为“贫乏的琐碎的杂烩”。然而由于当时人们对数学游戏的爱好，他于1624年出版的《趣味数学》到1700年至少30版，还被译成多种文字流行于国外，这为游戏数学的发展打下了基础。（吴茂庆）

笛沙格，G.（Desargues，Girard） 一译德扎格。法国人，1591年2月21日生于法国里昂，1661年9月初卒于同地。射影几何学、透视画法、工程技术。

出生于世代法学家家族。和巴黎数学界关系密切。在几何著作中导入了无穷远点、无穷远线、极点与极线、投影变换等射影几何的主要概念；引入了焦点的一般定义；用投影法统一讨论了圆锥曲线，奠定了射影几何的基础。发现的“笛沙格透视定理”是射影几何的基本定理。在作图技术方面不仅改进了当时所用的方法，而且注意了统一性、严格性及普遍性。最著名的著作是1639年在巴黎出版的《处理圆锥与平面相交情况初稿》。由于偏爱综合法，拒绝运用笛卡尔的符号，致使该书深奥难懂，未被同代人重视，直到19世纪才重被发现，并得到了几何学家们的充分赞扬。还是一位精巧的建筑设计师和有名的工程师，曾以参加设计抬高塞纳河水位的大功率机器而闻名。 （卫瑞霞 徐汀荣）

博格朗，J.（Beaugrand，Jean） 法国人，约1595年生于法国巴黎，1640年12月22日卒于同地。代数学、数学传播。

数学家F.韦达的学生。1634年参加了审查J.-B.莫兰的经度确定法。1635年任国王秘书。注释和摘要过韦达的著作《分析术引论》。在论著《地压》中，提出了体重随地心引力变化而改变的重要论点。曾先后与费尔马、M.默森和G.笛沙格等数学家或哲学家交往，及时地把各种研究成果非常详尽地转达给他们，对当时数学的发展起了重要作用。 （刘 韵 高岳兴）

笛卡尔，R.（Descartes，René du Perron） 旧译笛卡儿。法国人，1596年3月31日生于法国图赖讷地区拉艾，1650年2月11日卒于瑞典斯德哥尔摩。解析几何学、物理学、天文学、哲学。

出身贵族家庭，父亲是富裕的律师，布列塔尼议会

议员；母亲生下他不久便因病去世。8 岁时到当时欧洲最有名的一所教会学校读书。校长很喜欢他，因他体弱，允许每天睡到想去教室的时候。尊敬老师，勤奋学习，1612 年以模范生毕业。同年去普瓦提埃大学攻读法律。1616 年以最好的成绩在该校毕业并获法学博士学位。毕业后到巴黎当律师，与 M. 默森和 C. 米道奇结为密友，共同研究数学。在巴黎期间对与数学有关的赌博很感兴趣，据说料事如神，多次使庄家破产。1617 年 5 月到荷兰，在军队中服役。在以后的几年中，有时在军队，有时外出游历，到过丹麦、瑞士及意大利等地，但从未中断过数学研究。某日余暇在荷兰布雷达的街上散步，被一招贴所吸引。这是当时数学家的一种挑战书，列有难题，广征答案。他却在数小时内就求得解答，从此更自信有数学才能而致力于数学研究。1621 年离开军队。1625 年回巴黎。为望远镜的威力所激动而闭门钻研光学仪器的构造和理论。1628 年起移居荷兰达 20 年之久，写下了许多著名的著作。1649 年赴任瑞典克里斯蒂娜(Christina)女皇的教师。数月后不幸患肺炎而病逝。教会控制下的学术界对他的死不予理睬，送葬的也只有几个友人。1663 年教会宣布他的书为禁书。

在数学上的最大贡献是创立了解析几何学。分析了几何学和代数学的缺陷后找出了把两者结合起来的方法，这就是解析几何学。基本思想是在平面上建立点的坐标，一条曲线即可由一含两个变数的代数方程来表示。从而把一个几何问题归结为代数方程。反之，用代数方法研究这方程的性质后，再译成几何语言，即得几何问题的解。他用此法研究具有两个变数的二次方程后指出，这类方程一般表示椭圆、双曲线或者抛物线。据记载，该方法是在 1619 年 11 月 10 日晚上梦里首先想到的。那时他整天沉思默想，考虑哲学和数学问题。是夜，思想斗争更为激烈，久久不能平静，故而连续做梦，梦中想到了一种把代数应用于几何的方法。次日即确定了这种方法的基本构思。这一天后来被视为解析几何的诞生日。由于解析几何学的建立，使变数进入了数学，引起了数学的深刻革命，解决了生产和科学技术中的许多重大问题。恩格斯对此给予高度评价："数学中的转折点是笛卡尔的变数。有了变数，运动进入了数学，有了变数，辩证法进入了数学，有了变数，微分和积分也就立刻成为必要的了。"名著《方法论》于 1637 年在莱顿出版，是一部文学和哲学的经典著作，包括三个著名的附著：《屈光学》、《大气现象》、《几何学》。《几何学》包括了解析几何的思想，是唯一的数学著作。此书分 3 卷，第 1 卷讨论尺规作图，用代数解决古典几何作图问题。第 2 卷论曲线的性质，认为几何曲线可用一个唯一的含 x 和 y 的有限次代数方程表示。考虑了曲线的分类，含 x 和 y 的一次和二次的曲线属第一类，三次和四次的曲线属第二类，余类推。第 3 卷是立体与"超立体"的作图，不仅说明了某些立体问题怎样借助代数和圆锥曲线知识求解，还注意了问题的分类。认为所有三次的问题都可以化为三等分角和倍立方的问题；若不用比圆更复杂的曲线，则三次问题是不能解决的；如果方程的次数高于 4，作图时就需要用比圆锥曲线更为复杂的曲线。此卷实际讨论的是代数问题，探究方程根的性质，讨论方程系数的符号和正负根个数的关系，此即方程论中的"笛卡尔正负号规则"。

在物理学和天文学方面，1633 年撰写的《论世界》(1664 年出版)及《哲学原理》(1644 年)等著作中，提出了动量守恒定律和太阳系起源的旋涡理论。前者对物理学的发展起了重要的推动作用，后者成为 17 世纪最有影响的太阳系起源说。

在哲学上，反对经院哲学，主张"系统的怀疑"方法，即认为不应盲目迷信，而应将现有的一切认识和观念诉诸于"理性的权威"，以判定它们是否为真理。从"我思故我在"的原则出发，强调不能怀疑以"思维"为其属性的、独立的"精神实体"的存在，同时又确认以"广延"为属性的、独立的"物质实体"的存在，因而在本体论上是一个典型的二元论者。在认识论上主张唯理论，认为"理性"才是知识的源泉和真理的最正确的评判者。把数学看成是一切科学的典范，力图把数学的演绎方法应用到哲学上，认为真理的标准只能是概念的清晰性和明确性，真理的认识则只能依靠直觉和演绎，并进而提出了"天赋观念论"的唯心主义学说。他的物理学在总体上表现出机械唯物主义的思想，认为一切自然现象包括人体的作用，都可归结为遵守力学定律的运动，并试图用力学、生理学等原理来说明心理现象。但其中也包含很多合理的成分及辩证法因素，如主张物质不灭、运动守恒等。其科学思想在很大程度上支配着 17 世纪的科学界，在非科学界中也很流行，只有教会持否定态度。

强调把科学成果付之应用。对他来说数学不是思维的训练，而是一门建设性的有用科学。一生中还有许多其他重大科学成就，例如，发现了光的折射基本定律；首次提出了神经传导和反射机能理论；还做了许多力学、水静力学、光学和生物学方面的实验；研究了器官的构造和胚胎的发育。1650 年发表了《音乐概要》，对 18 世纪音乐家拉摩(J.-P. Rameau)的影响甚大。其他主要著作还有《形而上学的沉思》(1641 年)、《论光》(1664 年)等。

(卫瑞霞　郑毓信)

德拉费利，C. (De La Faille，Jean-Charles)　比利时人，1597 年 3 月 1 日生于比利时安特卫普，1652 年 11 月 4 日卒于西班牙巴塞罗那。几何学、力学。

出生于经商的耶稣会贵族家族。几何学家格雷戈里的学生。1620 年曾在法国多勒学院学习神学和教授数学。1626 年在耶稣会卢万学院任教。1629 年任西班牙马德里帝国学院教授。1644 年西班牙国王腓力四世(Philip Ⅳ)委任他为王子唐・胡安(Don Juan)的教师，曾随唐・胡安远征意大利的那不勒斯、西西里以及比利时的加泰罗尼亚，于唐・胡安夺取巴塞罗那一个月后去世。1632 年在安特卫普出版《圆与椭圆局部的重心的定理》一书，首次确定了圆扇形的重心，指出如果半径为 R 的扇形的圆心角为 A，则重心位于该角平分线上，且它到扇形顶点的距离 $d=\frac{2}{3}\cdot R\frac{\text{弦}A}{\text{弧}A}$。这本著作使他在学术界获得了声望。另有著作《力学问题》(1625年)等。 (张镜清)

卡瓦利里，B. F. (Cavalieri，Bonaventura Francesco) 意大利人，约1598年生于意大利米兰，1647年11月30日卒于博洛尼亚。几何学。

18岁开始学习几何，显示出非凡的才能。是意大利比萨大教堂的神甫，1621年任米兰修道院执事和主教助理。1623年任洛迪圣彼得修道院副院长。1626年任帕尔马修道院院长。经伽利略推荐，1629年被委任为博洛尼亚大学首席数学教授直到去世。同时被委任为博洛尼亚修道院院长。他在《几何学》(1635年)一书中，把伽利略等人的不可分量法思想发展为几何方法，把面积看作是由无数个等距平行线段构成，把体积看成无数个平行的平面片构成，并分别把这些元素称为面积和体积的不可分量。著名的卡瓦利里原理编入立体几何教本中，至今通用。运用这个原理，得到公式(按现在的记法) $\int_0^a x^n\mathrm{d}x=\frac{a^{n+1}}{n+1}$。此外，还导出了中值公式 $\frac{f(b)-f(a)}{b-a}=f'(\xi)$ 的几何形式。在不可分量方面的代表著作有《用新方法推进连续体的不可分量的几何学》(1635年)、《一百道杂题》(1639年)和《六道几何练习题》(1647年)等。被誉为“自阿基米德以来，对几何学研究如此深广的少有学者”。卡瓦利里的不可分量，对微积分的发展起着重大的作用。 (沈 铁)

阿尔迪，C. (Hardy，Claude) 法国人，约1598年生于法国勒芒，1678年4月5日卒于巴黎。几何学、数学传播。

税务之子。生平不详，曾任律师和法律顾问。作为米道奇的朋友，经常参加每周一次的“梅尔塞尼学院”的例会，参与关于倍立方问题的争论。所写的《研究》(1630年)和《驳斥》(1638年)中，指出了伊冯(Yvon)关于倍立方问题所作断言中的谬误，引起了其他学者的注意。由于阿拉伯语和其他外国语的知识，特别由于将欧几里得的《数据》的希腊原本第一次译成拉丁文(1625年出版)而享有很大声誉。1630年还将韦达的拉丁文本《代数学》译成法文。 (沈 铁)

弗拉克，A. (Vlack，Adriaan) 荷兰人，1600年生于荷兰豪达，1667年卒于海牙。对数、计算数学。

原系教师和测量员，后参加J. 耐普尔、布里格斯对数表的荷兰文编译出版工作，此后他致力于各种对数表的计算并自行出版。1632年移居英国伦敦，经营图书出版和销售业务。1642年因英国内战，转向法国巴黎开展业务。1648年回荷兰海牙。曾补算了布里格斯对数表中所缺的20 001～89 999的常用对数。1628年出版了《算术对数》，这是第一本完整的10位对数表，后来成为传世之版。1633年在伦敦出版了分别为10等分角度、60等分角度(精确到10秒)的三角对数表；1636年他把这些表改为7位小数后，出版了较为实用的小型版本，该表被多次重版，并被译为法文、德文，广为流传。 (吴茂庆)

德拉梅因，R. (Delamain，Richard) 英国人，1600年生于英国伦敦，1644年卒。初等数学、仪器研制。

原是一个细木工，曾在伦敦格雷沙姆学院学习数学。学成后在伦敦教授应用数学，并任国王查理一世(Charles Ⅰ)的宫庭教师。为了帮助国王学习数学，制作了一些数学仪器。主要著作《度量衡器》(1630年)，或称《数学环》，是一本32页的小册子，其中描述了圆盘形计算尺。该书的手稿于1629年呈交国王，并在1630年予以发表。这比奥特雷德对计算尺的发明早了2年多，因此得到了工程师的职位。1637年国王在格林尼治接见了他，并批准他制作数学仪器。是一位具有实践才能的数学家。 (卫瑞霞)

卡尔卡维，P. de (Carcavi，Pierre de) 法国人，1600年生于法国里昂，1684年4月卒于巴黎。数学传播。

银行家之子。1632年曾任法国图卢兹地方的议员。管理过皇家图书馆。1666年法国科学院在该馆召开的第一次会议上，由他宣布国王保护科学院的决定。同惠更斯、费尔马和帕斯卡等人交往甚密，经常通信，交换科学情报，和伽利略、托里拆利和笛卡尔也有联系，对数学的发展起了重要作用。他曾批驳佩尔在化圆为方问题上的断言，并与惠更斯等一起否定了奈斯特(R. de Neystt)的测定海岸长度的方法。此外，在帕斯卡以旋轮线问题挑起的有奖竞赛中担任仲裁人。 (沈 铁)

拉卢韦尔，A. de (Lalouvére，Antoine de) 法国人，1600年8月24日生于法国上加龙省里旺斯，1664年9月2日卒于图卢兹。几何学。

贵族出身。20岁时加入了图卢兹大学的耶稣会，该会会长即近代求积计算的先驱P. 古尔丁。后来任该大学的人文科学、修辞学、希伯来语、神学和数学教授。在数学方面的主要工作是“圆的求积”，引伸了古尔丁等人的工作。1651年出版主要著作《圆的求积术》采用了阿基米德求面积和的方法，计算了旋转体、圆柱体、劈锥体的体积与重心。这样，就可以逆用古尔丁规则，即当确定了旋转体的体积及其横断面的重心以后，只要用简单除法就可以求出横断面的面积。1658年，与帕斯卡在摆线问题上产生公开争论，虽不分胜负，但其才能和求积方法却因此闻名于世。 (张镜清)

费尔马，P. de (Fermat，Pierre de) 又译费马。

法国人,1601 年 8 月 17 日生于法国博蒙-德洛马涅,1665 年 1 月 12 日卒于卡斯特尔。解析几何,数论、物理学。

是曾任博蒙-德洛马涅副县长的皮革富商的儿子。中学毕业后入图卢兹大学学习。1631 年获奥尔良大学民法学学士学位。以律师为业。后任图卢兹地方议会议员。1642 年后先后进入国会最高评议会、刑事法院和大理院,还担任过法院院长。精通法语、意大利语、西班牙语、拉丁语和希腊语。

17 世纪 20 年代后期,钻研了 F. 韦达、丢番图及欧几里得等人的著作,悉心从事数学研究,在创建解析几何以及把数论发展为一个独立的数学分支方面作出了重大贡献。在 1636 年出版的《平面与空间轨迹》中,建立了解析几何的一个系统,该系统与笛卡尔在 1637 年《几何学》中所给出的系统基本相同,故和笛卡尔一起被公认为解析几何的创始人。在《求最大值和最小值的方法》(1637 年)中,创立了求极值的新方法。蕴含着微分学思想,比笛卡尔的纯代数方法更优越,适用于任意多项式,并被用来求曲线的切线及几何图形的重心。在数论方面,研究过欧几里得的"完全数"问题,得到了著名的费尔马小定理:若 p 为素数且 a 与 p 互质,则 a^p-a 能为 p 整除。这是同余理论中重要的基本定理。还提出了著名的费尔马大定理:对于 $n>2$,方程 $x^n+y^n=z^n$ 不可能有整数解(于 1993 年由英国的怀尔斯解决)。其成果成为现代数论的基础。在求积计算和概率论方面亦做出了不少贡献。

在物理学方面,主要贡献是建立了光学中著名的费尔马原理。早在 1626 年法国几何学家斯内尔发现了光的折射定律 $\frac{\sin i}{\sin r}=\frac{v_1}{v_2}$。1637 年笛卡尔给出了同样的定律及其证明,可惜证明是错误的。1657 年,费尔马确立了最小时间原理,后称费尔马原理:光线永远取花时最少的路程行进。1661 年运用这原理导出了光的折射定律。费尔马原理不仅为发展光学理论奠定了基础,同时也是物理学中最小作用原理的雏形,是变分学得以进展的直接推动力。 (沈 铁)

德波纳,F. (Debeaune 或 de Beaune, Florimond) 法国人,1601 年 10 月 7 日生于法国布卢瓦,1652 年 8 月 18 日卒于同地。几何学、数学传播。

贵族出身。在巴黎大学学过法学。系古利乌斯庄园主,建有私人天文台和图书馆,享有良好的声誉。1649 年,他为笛卡尔《几何学》拉丁文第一版写了评不,并于同一年出版。当时笛卡尔的《几何学》颇难理解,而他的评注澄清和解释了书中某些困难之处,对笛卡尔数学的传播起了一定的作用。为了证明带子振动和摆的摆动的等时性与振幅无关,提出了从已知曲线的切线求此曲线的问题,即后来称为"切线的逆问题"和微分方程的几何描述。这个思想领先于科学界约 50 年。他还研究过力学和光学,但身前从未公开发表。 (沈 铁)

博斯,A. (Bosse, Abraham) 法国人,约 1602 年生于法国图尔,1676 年 2 月 14 日卒于巴黎。几何学、制图学、美术。

德国移民后裔裁缝的儿子。射影几何创始人笛沙格的密友。从事雕刻、绘图工作,擅长蚀刻版画和水彩画。绘图技术得助于笛沙格的透视法。当欧洲美术界分裂为两个对立派别,笛沙格的工作遭到一些人攻击时,他热忱地宣传、讲解笛沙格的方法。著作《笛沙格透视法解释》中,不仅增添了应用透视法于曲面的论述,还载有许多笛沙格未发表的原文,包括关于透视三角形的著名定理(即笛沙格透视定理),使这些重要结论得以传世。这种立场最终导致他被逐出法国皇家雕塑绘画研究院。但正是由于他的努力,才使透视法广为传播,从而造就了 17 世纪一批美术家,同时也使他留下了一批珍贵的科学著作的插图。 (吴茂庆)

比利,J. de (Billy, Jacques de) 法国人,1602 年 3 月 18 日生于法国贡比涅,1679 年 1 月 14 日卒于第戎。数论、代数学、几何学、天文学。

先后任法国耶稣会兰斯学院、蓬塔芧森学院和第戎学院等校神学与数学教授。许多论著起源于与费尔马的通信交流。《论分析学的新创造》一书,使他成为闻名的数论理论家。该书是对费尔马所用的不定分析技巧的精心研究,而这种技巧正是费尔马形成微积分的基础。在天文学方面,曾发表了可用于当时 3 种重要天文理论的数值表;坚决拒绝占星术在科学中的作用,反对种种迷信。主要数学著作有《抽象代数学要义》(1637 年)、《新代数学与新几何学》(1643 年)、《和谐比例》(1658 年)和《屈光几何学中的算术与几何问题》(1660 年)等。 (吴茂庆)

罗伯瓦尔,G. P. de (Roberval, Gilles Personne de) 法国人,1602 年 8 月 10 日生于法国桑利斯附近,1675 年 10 月 27 日卒于巴黎。微分几何学、力学、物理学。

1628 年去巴黎,与 M. 默森周围的科学家 C. 米道奇、C. 哈代、B. 帕斯卡等人交往,得益很大。1632 年成为巴黎热尔韦学院哲学教授。1634 年任巴黎皇家学院数学教授。1666 年为法国科学院院士。是微分几何的先驱者,静力几何学的奠基人之一。把曲线弧看成是动点的轨迹,确定了 切线、曲线弧长的概念和求法以及极值问题的解法。在力学方面,研究了平衡和合力,写了一部力学巨著,共 8 卷,可惜该书未能保存下来。在物理方面,设计了一种摆轮,至今仍以他的名字命名。对真空的研究和实验也很有名。 (高岳兴)

弗雷尼克·德贝西,B. (Frenicle de Bessy, Bernard) 法国人,约 1605 年生于法国巴黎,1675 年 1 月 17 日卒于同地。初等教学、物理学。

曾任巴黎货币局顾问,是一位有造诣的业余数学家。1666年被推选为法国科学院院士。常与许多著名数学家如笛卡尔、弗尔马、惠更斯和梅尔塞尼等人通信讨论数学问题。1657年1月3日,费尔马向欧洲大陆和英国的数学家们提出两个数论问题:① 求一立方数,当其加上整除部分之和时为一平方数;② 求一平方数,当其加上整除部分之和时为一立方数。他很快就给出了解答,当日就对第一题提出4种解法,次日又对第二题提出另外6种解法,并于当年出版专著加以总结。此后费尔马又向他提出了一些问题,他在解答中使用了割线变换,这比拉格朗日为早。他曾做过测量重力加速度的实验,但结果并不精确。 (高岳兴)

卡拉米尔-洛夫科威茨,J. (Caramuely Lobkowitz,Juan) 西班牙人,1606年5月23日生于西班牙马德里,1682年9月7日卒于意大利米兰。对数、几何学、三角学、天文学。

工程师之子。早年入读西班牙著名的阿尔卡拉大学和萨拉曼卡大学,获文科硕士学位。1638年获卢万大学神学博士学位。曾任坎帕尼亚的主教。在数学方面大约写了70篇(部)论著,涉及到许多课题,在某些数学领域中作出了开创性的贡献。解释了基为n的数系的一般原理,提出了三等分角的一个近似方法和以10^9为底的对数体系,以避免在三角计算中出现负首数,预示着余对数的产生。此外,曾企图将力学公式应用到天文学,还进行过气象观察、天体物理性质的研究以及建立在空中航行可能性的理论。 (沈 铁)

法布里,H. (Fabri,Honoré) 1607年4月5日生于法国多菲内省,1688年3月8日卒于意大利罗马。几何学、天文学、自然哲学。

1628~1636年在法国里昂大学三一学院学哲学和神学。1635年任牧师。留校任教,1636年任阿尔茨学院的逻辑学教授,1640年在三一学院任逻辑学和数学教授且兼任院长,其后6年中教授形而上学、天文学、数学和自然哲学。1646年成为宗教裁判所成员,后升任大裁判官。曾就地动说发表了不满教会的言论而被教皇囚禁了50天。最卓越的成就是关于无穷小方法和连续问题的讨论。著有《几何学》及《几何要略》。书中引入了流数,这接近于牛顿的相应概念,还给出了各种求积法和求形心法。对太阳中心论、土星环、潮汐理论、磁学、光学、运动学和数学都颇有研究。曾企图用月球的作用阐明潮汐现象,用色散原理阐明天空的蓝色。

(卫瑞霞)

托里拆利,E. (Torricelli,Evangelista) 意大利人,1608年10月15日生于意大利法恩扎,1647年10月25日卒于佛罗伦萨。几何学、微积分学、物理学。

父亲是纺织工匠,他是长子。从小聪明过人,才能出众,到叔父那里进入法恩扎的耶稣学校学习数学和哲学。在学习中表现突出,叔父送他到罗马一所由自己的朋友、天文学家兼水利工程师卡斯泰利主持的学校深造。1641年他写了一篇关于抛射运动原理的扩充方面的出色论文,受到卡斯泰利的赏识并推荐给自己的老师伽利略。他被召去佛罗伦萨大学当伽利略助手,进行研究工作,直至去世。

1644年,他的《几何演算》问世后,很快传遍意大利和欧洲而一举成名,赢得了几何学家的声誉。他和卡瓦利里、格雷戈里、帕斯卡、费尔马、巴罗等人一起被称为创建微积分的先驱。他运用穷竭法、不可分量法及运动合成法取得了许多成果,其中包括求曲线弧长的最早结果以及有关求面积、切线的一些定理。所阐述的关于切线的概念对牛顿的流数法很有启发。还从特殊的例子中发现了求切线问题就是求面积的逆问题,即变化率问题实质上是面积问题的反问题,然而未能将这一问题一般化。将微元法作了许多出色的应用,如用于求图形的重心、计算双曲线绕坐标轴旋转所得旋转体的体积等。还解决了许多求极大值和极小值的问题,例如,若$x+y$为常量,则乘积$x^m y^n$当$\frac{x}{m}=\frac{y}{n}$时取最大值;在平面三角形中求一点,使这点到各顶点距离之和为最小的一般方法等。主要数学著作还有《关于抛物线的维数》(1640年左右)、《关于双曲线的无限性》(1646年)等。

在物理学方面,他研究了物体碰撞时能量的转换及所产生的冲力;提出了由于温差和各地空气密度的差别而生成风的新解释;还通过测量大气压的实验获得了"真空",证明了大气压力的存在。这个著名的实验后来被称为托里拆利实验。此外还制作了当时最好的望远镜透镜。 (卫瑞霞 黄绍楠)

勒唐纳尔,J.-A. (Le Tenneur,Jacques-Alexandre) 法国人,1610年生于法国巴黎,1660年卒。代数学、几何学、物理学。

生平不详。从他的一部著作的封面上得知是巴黎的贵族。在数学上坚持保守的观点,在笛卡尔创建解析几何后,于1640年出版《不可公度论》仍企图把算术和几何分开。但该书准确地探讨了代数学基础问题:单位能否可分问题。1649年出版名著《关于自由落体加速度》。在物理学上支持伽利略的自由落体理论,反对当时流行的分段匀速论。还亲自做实验,精确测定了落体速度的变化,得出与伽利略结果相同的重力加速度常数(当时伽利略对该常数是保密的),为伽利略理论提供了有力的佐证。 (吴茂庆)

德扬·斯坦皮奥昂,J.J. (de Jonge Stampioen,Jan Jansz) 荷兰人,1610年生于荷兰鹿特丹,1690年卒于海牙。球面三角学、代数学、大地测量学。

1632年出版欧拉的正弦表,其中附有他自编的球面三角学的内容。1633年在鹿特丹当数学教师。曾对笛卡尔的四次问题(包括具有内接图形的三角形)的解法提出意见,认为该解是不完全的。1638年被推荐为王子的宫廷教师,从而迁居海牙,并在当地开办一所印刷厂。1639年出版自编的《代数新方法》一书,其中着重讨论了确定形如 $a+\sqrt{b}$ 的表达式的三次方根的新方法,及其在求解三次方程中的应用。此外,还发表过一张地形图,参加过确定海洋经度方法的试验工作。

(卫瑞霞)

佩尔,J.(Pell,John) 英国人,1611年3月1日生于英国苏塞克斯郡绍斯威克,1685年12月12日卒于伦敦。*代数学。*

6岁成为孤儿。1624年入英国剑桥大学三一学院学习,1628年获文学士学位,1630年获文科硕士学位。后在多所中学任教。1638年在伦敦教数学。1643年在荷兰阿姆斯特丹任数学教授。1646年任荷兰布雷达大学数学教授。1654～1658年担任英国政府在瑞士苏黎世的代办。1662年任埃塞克斯郡福宾教区牧师。1663年被选为英国皇家学会会员,1675年任副会长。撰写的《数学意识》(1638年)获得了国内外的好评,由此而取得在阿姆斯特丹的任职。其著作《对圆的度量的辩论》(1644年)更受到了罗伯瓦尔、霍布斯、卡瓦利里及笛卡尔等数学家的赞赏。方程 $x^2=1+Ay^2$ 以他的姓氏命名而蜚声于数学界。他是符号(特别是符号÷)的革新者和当之无愧的代数学家。

(张镜清)

阿尔诺,A.(Arnauld,Antoine) 法国人,1612年2月6日生于法国巴黎,1694年8月6日卒于比利时布鲁塞尔。*几何学、逻辑学、数学教育。*

1635年获巴黎索邦神学院1641年获神学博士学位。同年任牧师,1643年留校任教。其许多非神学著作表现出他是波特-罗亚尔(Port-Royal)派。他与P.尼科尔(Pierre Nicole)合写的《波特-罗亚尔逻辑》(1662年)是从笛卡尔的《规则》发展而来的。该书首次阐明了帕斯卡的“方法论”,作为教材,它直到近代都很有影响。其《几何原理》(1667年)一书从当代数学和帕斯卡观点着眼,对欧几里得的定理重新作了加工和编排。作为数学教本,它具有当代数学的写作技巧及清晰的表达形式,符合教育法。所写著作之多笛卡尔或莱布尼茨。

(徐平五)

塔克,A.(Tacquet,Andreas) 比利时人,1612年6月23日生于比利时安特卫普,1660年12月22日卒于同地。*几何学、初等数学、天文学。*

17世纪耶稣教科学家的典型代表。出生于富商家庭,幼年丧父。1631年起在耶稣会卢万学院学习逻辑学、物理学和数学。1644年起先后在安特卫普学院和卢万学院教授数学。1646年兼任牧师。精通数学、天文学和物理学,教过希腊语,具有较深的文学造诣,但主要成就在数学方面。撰有大量初等数学方面的著作,生前主要有《圆柱体和环状体》(1651年)和《初等几何》(1654年)。后者是当时最流行的大众教材之一,在17～18世纪曾多次再版。此外,所著的《天文学》亦很有名,但他反对地球运动的学说,相信地球不动论。身后出版有《数学运算》(1669年)等。

(卫瑞霞)

范斯库顿,F.(Van Schooten,Frans) 荷兰人,1615年5月15日生于荷兰莱顿,1660年5月29日卒于同地。*初等数学、数学教育。*

莱顿大学工程学院教师的儿子。1635年毕业于莱顿大学。留校任教。后曾到法国、英国及爱尔兰游学。他阅读了韦达和费尔马的数学手稿,学习了笛卡尔的数学,并尽力普及笛卡尔数学,获得了相当的成功。曾将笛卡尔的《几何学》译成拉丁文,并添加了注释和插图,补充了费尔马的切线方法与极限问题以及计算抛物线弓形重心的特殊方法等新内容,深受广大读者的欢迎。所著《数学练习》(6卷,1657年),每卷100页以上,包含初等算术与几何问题、阿波罗尼平面轨迹的重建和用运动观点生成圆锥曲线等有趣的内容。

(卫瑞霞)

沃利斯,J.(Wallis,John) 英国人,1616年12月3日生于英国肯特郡阿什福德,1703年11月8日卒于牛津。*代数学、几何学、微积分学、科学史、科学管理。*

出身牧师家庭。6岁丧父。16岁入剑桥大学埃马诺尔学院学习神学和数学。1640获英国文学硕士学位,并授予牧师之职。1642年英国爆发内战时,在韦斯特明斯特的神学者议会任秘书,后因破译密码有功,于1649年任牛津大学几何学教授直至去世。1657～1658年当选为该大学档案馆馆长。后被授予皇家牧师称号。任几何学教授之后20年是最有建树的时期,誉为17世纪仅次于牛顿的英国数学家。一生中以善于公开辩论而著称,多次卷入狂烈的争辩。

1655年的论文“圆锥截线”舍弃了传统的综合法,视圆锥截线为平面曲线,应用笛卡尔的解析法导出了它们的方程,使圆锥截线的研究进入了一个新阶段。文中还应用了B.卡瓦利里和E.托里拆利意义下的无穷小概念,引入了无穷大记号∞,并用1/∞表示无穷小。1656年出版他最著名的著作《无穷的算术》,用列表法表示函数,是一种以分析方法定义函数的尝试;还用插值法得到了著名的沃利斯公式:$\frac{4}{\pi}=\frac{3}{2}\cdot\frac{3}{4}\cdot\frac{5}{4}\cdot\frac{5}{6}\cdot\frac{7}{6}\cdot\frac{7}{8}\cdot\frac{9}{8}\cdot\cdots$;研究积分 $I(k,n)=\int_0^1(1-x^{1/k})^n\mathrm{d}x$,从中导出了β函数;进而用积分法导出了椭圆弧长公式即椭圆积分,并把其他一些积分问题化为椭圆积分。1669～1671年间发表巨著《力学,或关于运动的几何学》。1685年出版的另一本名著《代数及其历史和现实》,不仅包括了历史上所有重要的代数文献的内容,而且也介绍了牛顿在无穷级数方面取得的最新成果;对当时争论不休的无理数是否是一个数的问题,作了明确的解答,宣称无理数是一个数;还尝试用几何方法表示复数。

在伦敦时，经常邀请一些专家名流在格里沙姆学院等处聚会，商讨交流学术问题。聚会每周一次，这就是英国皇家学会的前身。1662年英王查理二世(Charles Ⅱ)颁发了正式特许证，把该团体定名为“增进自然知识的伦敦皇家学会”，英国皇家学会就此正式诞生。他作为奠基人和首批成员之一，在该会的创立与发展中起到重要作用。(吴茂庆)

穆东，G. (Mouton，Gabriel) 法国人，1618年生于法国里昂，1694年9月28日卒于同地。几何学、三角学、计量学、天文学。

在法国里昂大学获得神学博士学位。1646年成为里昂圣保罗教堂的终身神甫。利用空闲时间研究数学与天文，很快就在当地成名。是研究实用量度单位的先驱者之一。最先建议把一段子午线的长作为长度的通用单位。选取1度角的1/60作为“分”，将所对应的弧长称为密尔(mille)，并用十进小数把密尔再分为更小的单位。取几何尺为子午线的1度的1/600 000。其设想是18世纪人们把经过巴黎的地理经圈的1/40 000 000作为米的标准单位的基础。此外，还制作了间隔为1秒的正弦与正切对数表；测定了太阳在远地点处的视直径；设计制造了一台天文摆，其精确程度和多种节奏的变化为同时代人所赞叹。1670年发表《太阳和月亮视直径的观测》，是多年来天文观测和计算方法的汇编，其中包含了基于摆钟的普遍量度标准的设计与插值法。(张镜清)

迈隆，C. (Mylon，Claude) 法国人，1618年生于法国巴黎，1660年卒于同地。数学传播、科学管理。

出身贵族家庭，父亲是法王路易十三(Louis XIII)的顾问、法国总审计官。他本人是位律师，但对数学很感兴趣。1645年起研究了笛卡尔数学问题和一些著名的数学问题。曾任法国科学院首任秘书长。1650～1660年间，促进了很多学者的学术交流，与著名数学家帕斯卡、默森、罗伯瓦尔、斯库顿及佩尔勒(Pailleur)等保持着真诚的友谊，并为促进他们之间的通信交流作出了很大的努力。1654年佩尔勒去世后，他从处理死者遗产中得到的一些重要论文手稿，如费尔马问题、帕斯卡问题及博奕问题的解等，他将此事告知斯库顿，斯库顿又转告惠更斯。还把数论中的费尔马及弗雷尼克问题转送荷兰。1656年惠更斯倡议科学家之间进行学术交流，并充分肯定了他在数学发展史上的作用与地位。(张镜清)

里奇，M. (Ricci，Michelangelo) 意大利人，1619年1月30日生于意大利罗马，1682年5月12日卒于同地。几何学。

在罗马学的神学和法学。伽利略派的成员。1681年被教皇委任为红衣主教。托里拆利作为他的同学和密友，对他的几何研究有很大影响和帮助。仅存的数学著作是1666年于罗马出版的一本小册子《几何练习》，虽然仅19页，该书广受欢迎，曾多次被收为其他著作的附录。其中主要内容是求$x^m(a-x)^n$的极值和确定$y^m=kx^n$的切线。还研究过螺线(1644年)、摆线(1674年)，1668年指出切线问题是面积计算的逆问题。他和欧洲许多著名数学家有通信联系。一件憾事是他拒绝编辑托里拆利遗稿的工作，使托里拆利全集直到20世纪才问世。(高岳兴)

梅尔卡托，N. (Mercator，Nicolaus) 原名考夫曼(N. Kauffman)。丹麦人，1620年生于丹麦石勒苏益格-荷尔斯泰因州尤廷(现属德国)，1687年1月14日卒于法国巴黎。对数、天文学。

中学教员之子。1641年毕业于德国罗斯托克大学。1642年在该校哲学系任教。1648年起在哥本哈根大学教数学。由于发明了航海用的天文钟，1666年被选为英国皇家学会外籍会员。1664年所著《天文学新假说》导入开普勒椭圆轨道和自己的一些新观点。和1676年写的《天文学基本原理》这两本书，为当时天文学重要的理论基础，亦是牛顿建立运动定律的知识源泉之一。在其最著名的著作《对数技术》(1668年)中，独立于J.赫德和牛顿建立了级数展开式：$\ln(1+x)=\int_0^x\frac{1}{1+\alpha}\mathrm{d}\alpha=x-\frac{x^2}{2}+\frac{x^3}{3}-\frac{x^4}{4}+\cdots$，此外，还编写了一些三角、天文和地理学方面的大学教材，其中有《球面三角学和对数》(1651年)、《天文学》(1651年)和《宇宙志》(1651年)等。(朱烈 张镜清)

布龙克尔，W. (Brouncker，William) 英国人，1620年生于爱尔兰卡塞尔里昂，1684年4月5日卒于伦敦。代数学、计算数学。

出身贵族家庭，1645年承袭爵位。1636年入牛津大学，1647年获医学博士学位。1664～1667年任伦敦格里沙姆学院院长。1664年兼任海军部专员。后任医院院长及国会议员。由国王提名担任了英国皇家学会第一任会长。主要成就在数学方面。1655年他用连分式形式来表示$\frac{4}{\pi}$的值，从而可以求出π的精确值。1657～1658年间，给出了丢番图方程$ax^2+1=y^2$的一般解，即一组以r(r为整数)表示的x,y的表达式。在解决等轴双曲线求面积问题时，1668年还导出了相当于$\int_0^1\frac{\mathrm{d}x}{1+x}=\frac{1}{1\cdot2}+\frac{1}{3\cdot4}+\frac{1}{5\cdot6}+\cdots$的公式，计算其值为0.693 147 09…，并预言这个数是与ln2成比例的。(吴茂庆)

格朗特，J. (Graunt，John) 英国人，1620年4月24日生于英国伦敦，1674年4月18日卒于同地。统计学、人口学。

16 岁当学徒。主要职业是服装商。与地理学兼统计学家 W. 佩蒂为友，在数学上得到佩蒂的许多帮助。1662 年经英王查理二世(Charles Ⅱ)提议当选为英国皇家学会会员。晚年贫病缠身，死时年仅 53 岁。近代第一批人口统计学家之一。撰写的名著《对人寿统计表的自然和政治的观测》(1662 年)是统计学和人口统计学的奠基性著作，前后出版过 5 次，并被译为德文。通过研究获得许多统计规律，如出生的男孩略多于女孩，妇女寿命高于男子，性别比几乎相等，婴儿死亡率高，等等。还引进了统计样本的概念，并指出人口统计方法可用来对过去人口或未来人口进行估计或预测。 (高岳兴)

德夏尔，C. F. M. (Dechales, Claude François Milliet) 法国人，1621 年生于法国尚贝里，1678 年 3 月 28 日卒于意大利都灵。应用数学、航海学、土木工程。

15 岁加入耶稣会。在耶稣会学校受教育。先后执教于法国巴黎巴莱门特学院、里昂学院和尚贝里学院。后去马赛大学任皇家水文学教授，讲授航海技术、军事工程和应用数学。最后在意大利都灵大学任数学教授。在 1674 年出版的著作《数学教程》中，论述了算术、三角、对数、实用几何，以及力学、地理学、磁学、土木工程、军事建筑、流体力学、光学、音乐、天文学等精密科学中的数学应用，描绘了 17 世纪直至 18 世纪数学的一幅合理的图画，是一本深受大众喜爱的名著。此外，1678 年他在瑞士洛桑编辑出版的欧几里得的《几何原本》第 1～6 卷及第 11 卷和第 12 卷，长期流行于法国及欧洲大陆。另有著作《筑城术》(1677 年)、《航海术》(1677 年)等。 (沈 铁)

维维亚尼，V. (Viviani, Vincenzo) 意大利人，1622 年 4 月 5 日生于意大利佛罗伦萨，1703 年 9 月 22 日卒于同地。代数学、几何学、科学史。

出身贵族家庭。青年时代与托里拆利同为伽利略的手。伽利略去世后，他立志继承和发展伽利略在数学上的事业，并写出伽利略传记，后因教会的反对未能如愿及时出版(《伽利略生平》一书在维维亚尼身后于 1717 年才问世。)，遂愤而转向古籍的发掘整理，但对伽利略仍然矢志不渝。1649 年任佛罗伦萨君主梅第奇家族宫廷数学家。1656 年参与组织意大利最早的科研团体——实验研究会。1696 年成为英国皇家学会外籍会员。1699 年又当选为法国科学院 8 名外籍院士之一。但对来自罗马教皇、波兰大主教对其高级科学地位的封赏却一概拒绝。

较著名的著作有：1659 年出版的《论极大与极小》，内容与阿波罗尼的《圆锥曲线论》第 5 卷较为近似。在 1674 年出版意大利译本的欧几里得《几何原本》附录中，有他所解决的用圆柱螺旋线或摆线方法三等分已知角，用圆锥曲线或曲线 $xy^2=k$ 解倍立方等著名问题。最著名的工作是提出所谓“佛罗伦萨之谜”：在一半球面上挖去四个相同的部分，使留下部分可化为正方形，并用 4 个直圆柱与球相贯的几何方法解答了这个谜。这种圆柱与球面的截线即为著名的维维亚尼线。这个问题曾吸引了莱布尼茨等著名数学家，莱布尼茨也正是在求解此问题时给出了第一个用积分计算曲面面积的例子。

在发掘和整理数学古籍方面，较著名的是修订了古希腊阿里斯泰尼斯的《圆锥截面》5 卷。这是第一本系统地解释梅内克缪斯所发现的曲线的几何著作，但因原文已散失，很难估计它与原著的近似程度。还发现了阿波罗尼的《圆锥曲线论》第 5 卷手稿，并于 1661 年加以整理翻译出版，使此名著得以完整传世。1690 年出版的欧几里得《几何原本》意大利译本，此书直到 1867 年还在重版。为纪念他，月球上有以他命名的陨石坑。

(吴茂庆)

帕斯卡，B. (Pascal, Blaise) 旧译巴斯噶。法国人，1623 年 6 月 19 日生于法国克莱蒙费朗，1662 年 8 月 19 日卒于巴黎。代数学、几何学、微积分学、概率论、物理学、工程技术。

早年丧母，由父亲、数学家 É. 帕斯卡教养成人。12 岁就能阅读《几何原本》。16 岁起经常随父参加巴黎梅尔塞尼学院(1666 年改组为法国科学院)的学术讨论会。当时就以笛沙格的圆锥曲线新观点为基础，用投射法建立了著名的“帕斯卡六边形定理”。1640 年 2 月发表小册子《论圆锥曲线》，列出了准备撰写的论圆锥曲线的巨著的提纲。从自己的定理导出了 400 多个命题，其中包含了阿波罗尼的《圆锥曲线》中的大部分内容。1648 年从纯几何的观点得到了著名的帕普斯问题的一般解。巨著完成后没有发表，据莱布尼茨介绍，该书内容包括圆锥曲线的投影生成法、帕斯卡六边形定理及其应用、极点与配极的射影理论、圆锥曲线的经典定义及性质、用五个元素构造圆锥曲线、帕普斯问题。他的工作使圆锥曲线论的研究自阿波罗尼以来有了重大的进展。他的成功说明在此领域内射影方法与笛卡尔的解析方法同样有效，从而把射影几何推进到新的阶段。

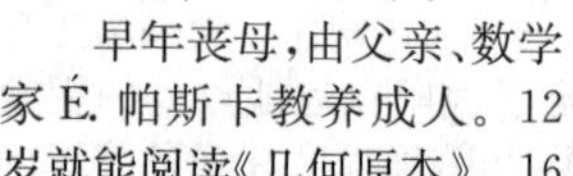

是微积分创立的先驱者之一。曾注意到数的乘幂的和可用于解决某些求积问题，例如用现代符号来表示，曾得到 $\int_0^a x^n \mathrm{d}x = \frac{a^{n+1}}{n+1}$。1656 年发现了关于摆线的一些无穷小问题的解，计算了曲面的表面积、体积、曲线长度和重心的位置，所用方法即“微元法”。还发现了广义摆线和椭圆曲率的相等性。最大贡献是含蓄地运用特征三角形，这对莱布尼茨建立微积分起了重要的作用。与费尔马共同奠定了概率论与组合论的基础。他在 1654 年的著作《论算术三角形》中，提出了“帕斯卡三角形”及构造原理，把它应用于组合分析和赌金分份等问题，发现了数学归纳法对概率计算的作用，该工作对后来的决策论与博弈论的发展亦有重要的意义。

在物理学方面，研究了流体静力学与真空问题，设计了著名的“真空内的真空”的实验，推出了表面真空的存在。还发现了流体力学中的"帕斯卡定律"。1654年的《空气重量和液体平衡的原理》是物理研究的代表作，誉为17世纪最优秀的科学著作之一。在工程技术方面，发明了一种抽气制作真空的器械，1642年设计了世界上第一台能进行加法与减法的计算器(又称加法器)，1645年获得生产和销售这种计算器的专利权。

晚年转向神学，从怀疑论出发，认为感性和理性知识皆不可靠，信仰高于一切，强调"微妙的精神(直觉)优于几何的精神(演绎)，通过直觉才能洞察宇宙的真相"。还是一位法文散文大师，撰写的《思绪》和《致外省人书》是经典文学作品。 (张镜清)

安杰利，S. D. (Angeli，Stefano Degli) 意大利人，1623年9月21日生于意大利威尼斯，1697年10月11日卒于同地。几何学、物理学。

早年在意大利博洛尼亚大学学数学和神学。1644年起在弗拉拉学院任教文学、哲学和神学。1645年回母校，在卡瓦利里指导下研究和教授数学。1647～1652年任耶稣会罗马教区长。后任威尼斯修道院院长。1663年被授予帕多瓦大学数学教授直到去世，该头衔原来一直是属于伽利略的。他发展了解决无穷小、面积、体积、重心等有关问题的不可除方法；推广了阿基米德螺线，定义了一种他称为螺旋体的立体，并证明了它的体积等于一旋转体体积。著有《抛物线》(1654年)、《空间螺线度量》(1660年)、《螺旋体体积与重心》(1661年)。在物理学方面，曾做过大量实验，包括流体静力学和毛细管现象；研究过物体向自转地球降落的运动轨迹。《论气体和液体重量》(1671年)等。 (徐平五)

门戈利，P. (Mengoli，Pietro) 意大利人，1625年生于意大利博洛尼亚，1686年卒于同地。级数论、对数、计算数学。

1648年毕业于博洛尼亚大学。留校任教数学，后任数学教授。1650年获哲学博士学位，1653年获民法与宗教法博士学位。1650年，第一个求出非几何无穷级数的和，并证明其一般项趋于零不是级数收敛的充分条件；给出了极限与定积分概念的逻辑次序；引入了无穷小、无穷大及极限的确切定义；证明了极限运算的四则性质；导出了平面图形面积的存在性。其工作比牛顿的《自然哲学的数学原理》约早30年问世。此外他早于沃利斯计算了具有正整数指数的二项微分型的积分，还提出了对数的纯算术理论，并对对数级数做了有意义的工作。比N. 梅尔卡托发表《对数技术》也早13年。

(王翼勋 张镜清)

柯林斯，J. (Collins，John) 英国人，1625年3月5日生于英国英格兰牛津附近的伍德伊顿，1683年11月10日卒于伦敦。代数学、应用数学、科学传播。

牧师的儿子，13岁丧父。为谋生当过学徒、差役、水手、数学教师、会计师、英国皇家学会图书馆管理员等，业余始终不间断地刻苦学习和深入研究数学。1667年当选为英国皇家学会会员。他著有《商业计算入门》(1652年)、《扇形面》(1658年)、《日晷制作的几何方法》(1659年)、《海员简明比例尺》(1659年)和《十进制算术》(1664年)等。对科学的重要贡献是在传播数学信息，促进科学研究和实际应用。此外，他存有许多书刊，内有2 000多本完整无缺的书，和牛顿、巴罗和哈雷等人的许多经典著作的原始手稿，是现在科学史家极其重要的历史文献。 (沈 铁)

巴托林，E. (Bartholin，Erasmus) 丹麦人，1625年8月13日生于丹麦罗斯基勒，1698年11月4日卒于哥本哈根。几何学、光学、天文学、医学。

数学家T. 芬克的外孙。1646年入荷兰莱顿大学研究数学。1654年在意大利帕多瓦大学获得医学博士学位。1656年任哥本哈根大学数学教授，1671年任医学教授。还担任过哥本哈根大学医学院院长、图书馆馆长以及大学的校长，并被任命为皇家医师和宫廷顾问。在数学方面的论著极多，1664年后的十几年里，几乎每年发行一本论述几何问题的著作。观测过彗星的运行。整理出版了第谷·布拉赫的观测记录原稿。1669年，在发现冰洲石双重折射现象的基础上，他证明了这种双重折射能够解释笛卡尔的光学理论。在医学上，以研究奎宁治疗疾病而著称。 (刘 韵)

德威特，J. (de Witt，Jan) 荷兰人，1625年9月24日生于荷兰多德雷赫特，1672年8月20日卒于海牙。代数学、几何学。

1641年入莱顿大学学法律。1645年和长史游学法国、意大利、瑞典和英国。1645年在法国安格斯大学获法学博士学位。是二次英荷战争时期荷兰联邦的摄政者。虽身居要职，公务繁忙，却仍热衷于将数学研究为国家利益服务。最重要的著作是1649年完成的《直线、曲线纲要》(1659～1661年)。几乎与沃利斯同时把圆锥曲线从圆锥上解脱出来而考虑为平面曲线。用直线旋转法、焦点法、准线法等导出了圆锥曲线的标准方程，证明了绝大部分二次方程通过平移、旋转后即可化为圆锥曲线的标准方程，从而基本上明确了二次曲线与圆锥曲线之间的关系。他的方法与沃利斯的方法完全不同。

(吴茂庆)

赫德，J. van W. (Hudde，Johann van Waveren) 荷兰人，1628年4月23日生于荷兰阿姆斯特丹，1704年4月15日卒于同地。代数学、几何学、仪器研制。

1648年入荷兰莱顿大学学法律，同时在F. 范斯库顿的指导下钻研数学。1654年起先后在莱顿大学、法国索米尔新教大学任教数学、1663年起，曾担任市议会议员、陪审员、司法官及阿姆斯特丹市市长。1680年由于在民政方面的功绩被封为贵族。其著作大多已失传，从现存的数学论著《方程的简化》(1656年)和《极大与极小》(1659年)，可知对数学有两个主要贡献：一是借助于一个规则系统来解较高次的方程，从而改进了笛卡尔的代数方法；二是关于求代数曲线的切线和极大、极

小的法则，完成了费尔马方法的算法过程。此外，对物理学和天文学也很感兴趣，曾用球形透镜制成显微镜和望远镜。（沈　铁）

巴罗，I.（Barrow，Isaac）　英国人，1630 年 10 月生于英国伦敦。1677 年 5 月 4 日卒于同地。几何学、光学。

出身富有的布商家庭。1643 年入剑桥大学三一学院，1648 年获文学士学位，1652 年获文科硕士学位。留校任古希腊讲师和学监。1655 年离英遍游欧洲大陆达 4 年之久。1660 年回到伦敦，正值查理二世（Charles Ⅱ）恢复王位，获得圣职并任命为教授。1662 年兼任伦敦大学格里沙姆学院几何学教授。1663 年任剑桥大学卢卡斯数学讲座教授。1669 年因对禁止在其他大学兼职的规定日益不满，辞职去伦敦大学任皇家牧师。1673 年被英王任命为三一学院院长。1675 年任剑桥大学名誉副校长。1663 年当选为英国皇家学会会员，是首批创始会员之一。他曾是 I. 牛顿的老师，对牛顿的成长有过重要的影响。

主要贡献在几何与光学方面。在几何方面，既掌握了笛卡尔的几何又研究了欧几里得的几何原理。1654 年初出版《欧几里得原理》(15 卷)。1657 年再版中增加了"欧几里得的数据"一章。在书中重点放在欧几里得几何的演绎法结构，而不在它的几何内容。1675 年他翻译编辑出版了阿基米德的文集。1664～1666 年，在《数学论文集》中，从古希腊的观点论述了数学的基础，详细地研究了本体的形式、公理推论的性质、连续与离散空间中的大小与数量、无穷大与无穷小以及比例与不可公约性等论题。还致力于高等几何的技术研究。在光学方面，最突出的成果是提出在平面分界面内确定折射点的方法，以及在球面分界面内反焦散点的作法。这些方法很快就被牛顿用于几何光学的研究之中。巴罗的许多讲演原不准备出版，J. 柯林斯编辑出版了他的多种讲演录，其中有《光学选读》(1669 年)、《几何选读》(1670 年)和《数学选读》(1683 年)等。（刘　韵）

梅文鼎（Mei Wending）　字定九，号勿菴。中国清代安徽宣城人，生于明崇祯六年(1633 年)，卒于清康熙六十年(1721 年)。几何学、三角学、代数学、天文学。

自幼从父梅士昌及塾师罗王宾仰观星象，知其大概。1659 年师从倪观湖学习明《大统历》。1662 年写成《历学骈技》5 卷。1675 年在苏州购得《崇祯历书》，并着手研究西洋历算。1679 年在臬台金长真幕下当教席。1689 年到北京教书，曾参于修订《明史・历志》。1694 年返回家乡继续从事天文和数学研究，直至去世。

融会中西历算，是中国最早提出用几何方法解释求日、月食时刻的学者。系统介绍了西方球面三角学方法，指出《授时历》的某些算法已接近球面三角；引入黄道坐标以确定天体位置，系统介绍了《崇祯历书》、《历学会通》中的星表以及太阳、月亮和五星的计算方法。系统研究了中国传统数学中的多元一次方程组解法和勾股算法，介绍并发展了西方的笔算、耐普尔算筹、对数及若干几何知识，并多有发明。认为中国传统的勾股算术与欧几里得《几何原本》形式不同，而其理论却可以会通，故撰《几何通解》，以勾股算术证明《几何原本》的若干命题。被誉为"国朝天算第一"，其工作对清代数学、天文学的发展有着重大影响。

毕生著述甚丰。晚年手定《勿菴历算书目》载有天文著作 62 种，数学著作 26 种，包括《方程论》(6 卷，1672 年)、《筹算》(2 卷，1678 年)、《平三角举要》(5 卷)、《弧三角举要》(5 卷，1684 年)、《勾股举偶》、《几何通解》、《几何补编》(4 卷，1692 年)、《少广拾遗》(1692 年)、《笔算》(5 卷，1693 年)、《环中黍尺》(5 卷，1700 年)、《堑堵测量》(2 卷)、《方圆幂积说》(1710 年)、《度算释例》(2 卷，1717 年)。1762 年，在其孙梅瑴成编辑的《梅氏丛书辑要》中，共收入 23 种 60 卷，其中数学著作 13 种 40 卷，天文著作 10 种 20 卷，包括《历学骈技》(5 卷)、《历学疑问》(3 卷)、《疑问补》(2 卷)、《交食》(4 卷)以及《七政》、《五星管见》、《揆日纪要》、《恒星纪要》、《历学问答》和《杂著》各 1 卷。（郭书春　周　英）

范休拉特，H.（van Heuraet，Hendrik）　荷兰人，1634 年 9 月 8 日生于荷兰哈勒姆，约 1660 年卒于莱顿。几何学。

德国移民后裔，布商之子。1653 年入荷兰莱顿大学学医，并随范斯库顿学习数学。和惠更斯、赫德、斯吕兹一起建立了确定切线和代数曲线面积的方法。在惠更斯计算抛物线弧长的方法的启发下，得到了曲线求长的一般方法，1659 年发表在斯库顿所译的笛卡尔《几何学》拉丁文本附录上。这是公开发表的曲线求长一般方法的第一篇著作。该方法和现在的积分公式 $l=\int\sqrt{1+y^2}\,dx$ 大体相同，从而改变了直到 1650 年公认曲线与直线的长度不能比较的状况，引起了广泛的注意。还进一步将该方法应用于半立方抛物线、抛物线和二次旋转曲面。1660 年费尔马虽也独立地发表了一般曲线求长的方法，但比他却迟了一年。（沈　铁）

格雷戈里，J.（Gregory，James）　英国人，1638 年 11 月生于英国苏格兰阿伯丁附近德鲁莫克，1675 年 10 月卒于苏格兰爱丁堡。几何学、光学、仪器研制。

牧师的儿子，13 岁丧父。幼年因体弱在家接受启蒙教育，由母亲教授几何学初步知识。于阿伯丁的马雷舍尔学院毕业后，在哥哥的鼓励下钻研数学、光学和天文学。1662 年赴伦敦结识了英国皇家学会临时会长 R. 莫里。1664 年去意大利帕多瓦大学，在 E. 托里拆利的学生门下学习几何、力学和天文学。1668 年返回伦敦，由于英国皇家学会秘书长 J. 柯林斯之助，当选为英国皇家学会会员。同年在圣安德鲁斯大学教数学。此后几年主要从事教学工作，并通过其密友柯林斯，用通信形式交流科研成果。1674 年任爱丁堡大学数学教授。在指导学生进行天文观测时，突发中风，数天后去世。

在数学方面，1667 年的著作《论圆和双曲线求积》很有创新。指出求积问题是一种不同于四则运算的又一种运算，即极限运算，最早使用了收敛和发散的术语。1668 年的著作《几何通用部分》给出了计算曲线长度的方法，指出切线问题是求积问题的逆问题，还指出椭圆和双曲线的长度不能用已知函数表示。知道方程各根之和等于 x^{n-1} 项的系数取负值，导出了 $\tan x$ 和 $\sec x$ 的级数展开式。给出的一个差分公式现称为格雷戈里-牛顿公式。独立发现了一般的二项式展开公式，还给出了开普勒问题的级数解。他的工作直到 1939 年后才被科学界广泛了解，并认识到无论在数学上还是在自然科学上都对牛顿有相当大的影响。

1663 年的光学著作《光学的进展》以新奇的技巧而闻名，由于不知笛卡尔的折光正弦定律，书中用相似方法证明了对于一个适当的离心率、平行于有心圆锥曲线主轴的入射光线折射到它的一个焦点。把这个定理推广到圆锥曲线透镜系，并发展了圆锥曲线形镜中反射的类似性质。该书的后记中记述了如何设计一个缺陷较小的反射望远镜，它的主镜是旋转抛物面，副镜是旋转椭球面，这种望远镜现称格雷戈里望远镜。（高岳兴）

奥扎南，J.（Ozanam，Jacques） 法国人，1640 年生于法国布雷斯地区布利涅，1717 年 4 月 3 日卒于巴黎。三角学、应用数学、数学教育。

出身皈依天主教的犹太家庭。原学习神学，但更喜欢化学和力学，父亲死后便致力于数学，并获得了相当的成功。先后在里昂大学、巴黎大学教数学。1701 年当选为法国科学院院士。写过许多通俗实用的数学著作。1670 年，在里昂大学任教时，曾出版《正弦、正切与正割三角函数表》，比前人更为精确。较重要的成果包括《数学辞典》（1691 年）、《数学教程》（5 卷，1693 年）和《趣味物理学与数学》（1694 年）等，多次再版。后者是娱乐数学方面的先驱，经 J. É. 蒙塔克拉修改扩充后于 1803 年由 C. 赫顿译成英文广为流传。（张镜清）

莫尔，G.（Mohr，Georg） 丹麦人。1640 年 4 月 1 日生于丹麦哥本哈根，1697 年 1 月 26 日卒于德国格尔利茨附近。几何学。

商人之子。从小喜爱数学。早年由双亲授课完成基础教育。从 1662 年起，先后去荷兰、英国和法国深造。1672 年出版了一本有价值的著作。该书分两部分：第一部分由欧几里得《几何原本》的前 6 卷中的那些作图方法组成；第二部分包含了各种各样的作图法。书中还指出：凡能用圆规和直尺作的图也可只用一个圆规来完成。这比 L. 马谢罗尼在 1797 年重新得出这一结论早 125 年。1673 年在《奇妙的欧氏纲要》中讨论了用直尺和开口固定的圆规来解欧几里得《几何原本》前 5 卷的所有作图题问题，最终解决了约 100 年前由意大利数学家 G. B. 贝内代蒂所提出的问题。（张镜清）

拉米，B.（Lamy，Bernard） 法国人，1640 年 6 月 15 日生于法国勒芒，1715 年 1 月 29 日卒于鲁昂。几何学、力学、教育学、历史学。

在家中完成早期教育。1659 年在法国索米尔皇家学院学习哲学。1661 年在旺多姆耶稣会凯撒学院任古典学教授和哲学教授。由于讲授笛卡尔学说和发表反君主的意见，1676 年初被放逐至多菲内。放逐期间，在当地主教的支持下，没有停止教学和研究工作，出版《几何原理》（1685 年）、《力学》等主要著作。1687 年在《力学》再版的附录中，叙述了力的平行四边形法则。1683 年出版《谈学问》，介绍学习方法，讲解世俗和宗教的教学法，是一部有关教育、方法论和自学指南的优秀著作。1690 年后，在鲁昂研究历史及基督圣经，直至去世。（张镜清）

关孝和（Seki，Takakazu） 又名关新助，字子豹，号自由亭。日本人，1642 年 3 月生于日本江户（今东京）小石川（一说 1637 年生于上野国藤冈），1708 年 10 月 24 日卒于江户。代数学、几何学、天文历法。

出生于武士家庭。自小过继给一关姓审计官当养子。幼时擅长计算，人称“神童”。曾做过甲府宰相德川纲重及其子的审计官，后任幕府直属武士，官至御纳户组头（专司后勤供应的总务官）。据说他对数学的研究受中国的影响很大，特别是朱世杰所编的《算术启蒙》。研究代数方程的一般理论，发现了求方程近似解的方法（实质上与霍纳方法相同）。还引进了判别式的概念。为了解决消去法问题，引入了行列式，并给出了对角线表示法。一个重要贡献是关于 $s_p=1^p+2^p+\cdots+n^p$ 的计算，计算了 $s_1, s_2, \cdots, s_{10}$。这些式子中的系数都是贝努利数。撰写的《圆的原理》是另一个重要贡献，其中求出了圆周长、圆弧长和球体积，得到了 π 的近似值 $\frac{355}{113}$。在求由一圆缺绕同一平面上的与圆没有公共点的一直线旋转而得到的立体体积（即圆环体）时，得到了本质上与帕普斯-古尔丁的结果一样的定理。生前撰写著作近 20 部，但仅出版一部《发微算法》（1674 年）。身后由学生荒木村英整理遗稿出版《括要算法》（1712 年）。后人为了纪念他对日本数学的贡献，整理出版了《关孝和学派数学》（7 卷）。他的研究成果奠定了和算的基础，被日本人尊称为“算圣”。而他的天文历算工作，现存有 7 种著作，代表了日本传统历算的最高水平（卫瑞霞 徐平五）

莱布尼茨，G.W.（Leibniz，Gottfried Wilhelm） 德国人，1646 年 7 月 1 日生于德国莱比锡，1716 年 11 月 14

日卒于汉诺威。微积分学、函数论、数理逻辑、物理学、哲学。

父亲 F. 莱布尼茨(Friedrich Leibniz)是莱比锡大学伦理学教授，在他 6 岁时去世；母亲 S. 卡特玛(Schmuck Kathema)出身学者家庭。他 15 岁进入莱比锡大学学习，1663 年获学士学位。后转入耶拿大学学习欧几里得几何，1664 年获哲学硕士学位。不久赴阿尔特多夫(现位于瑞士境内)大学继续深造，1667 年获法学博士学位。1667 年出访荷兰美因茨，投身于冯·舍恩博恩(Philipp von Schönborn)选帝侯门下从事法律工作。1671～1672 年随外交使团去巴黎谈判埃及问题，结识了对他后来从事数学研究有重大影响的物理学家惠更斯。1673 年为调解英荷间纠纷去伦敦，结识了英国皇家学会第一任秘书长 H. 奥尔登堡。经申请被接纳为英国皇家学会外籍会员。1676 年去汉诺威，任不伦瑞克公爵 J. 弗里德里希(John Friedrich)的参事。1679 年约翰去世，其弟 E. 奥古斯特(Erust August)袭位，仍留任参事，并奉命修撰公爵家谱，为此去欧洲各地游历。1700 年应奥古斯特之女的邀请赴柏林，在他的建议下成立了柏林科学院，并出任首任院长直至终年。同年被选为法国科学院外籍院士。1712 年、1713 年俄国沙皇、奥地利国王先后任命他为枢密院顾问，1714 年返回汉诺威。后谋求伦敦宫廷史官之职未成，在汉诺威孤独地度过了余年，终身未娶。由于他平时从不进教堂，又有“什么也不信的人”(Lovenix)的绰号，弥留之际只有一个大夫和他的秘书在身边，去世时无人前来吊唁。直至 1793 年，当局才在汉诺威为他建立了纪念碑。

1672 年之前对数学了解不多，后在惠更斯的鼓励和指导下，才从数列求和问题开始，逐渐地熟悉了牛顿等关于无穷小数学的一些结果，并在繁忙的公务之余潜心钻研，终于建立了微积分学说，成为当时最伟大的数学家之一。微积分学的某些结论虽然来自牛顿，但是他的论证方法及处理手段是独立于牛顿而自成体系的。例如，牛顿的论证侧重于几何，而他却直接从有限差、嬗变三角形、微分入手，侧重于分析的处理。因此，尽管从 1685 年起直到 1713 年，由 J. 沃利斯、切恩(G. Cheyne)、J. 凯尔等三次发难，攻击他剽窃了牛顿的成果(牛顿本人也参与其事)，英国皇家学会为此还成立了专门委员会作出反对他的判决，但每次都遭到他坚定有力的反击。从去世后留下的大量手稿中，人们最终坚定地确认：他与牛顿同是微积分学的创始人。历史上这场争论延续了 140 年之久，产生的后果是消极的，它使欧洲大陆数学家与英国数学家之间产生了隔阂，停止了思想交流。由于英国数学家排斥他所创立的分析方法，因而严重地阻碍了英国数学的发展。相反，欧洲大陆继承了他的分析方法，人才辈出，数学得到了迅速巨大的发展。

他最先引进了术语“函数”，用级数研究函数是他的研究工作中一个重要部分，主要成果是关于交错级数收敛性的著名判别法，即莱布尼茨判别法。把微分理解为“相对的零”，以微分之商定义导数，并说明了导数的几何意义。导出了和、差、积、商的微分公式与对数函数、指数函数、幂函数、形如 x^x 的幂指函数的微分公式，以及弧微分公式。还初步确立了复合函数微分的链锁法则，定义了高阶微分，并引进了微分与高阶微分的记号，因此实际上建立了系统的微分理论。与此同时也意识到积分是微分的逆运算，阐明了积分的几何意义，解决了一大批困难的求面积问题，给出了一些常见函数的积分表和用积分表示的一般旋转体的体积公式。还讨论了有理函数积分仍是代数函数的条件，对积分变换与分部积分也做了初步工作。对用积分表示函数以及用级数表示函数的逐项积分也有过建树。首次引入现今通用的积分记号$\int$。总之，他所创建的积分学已初具规模。准确地把求解微分方程问题归结为积分问题。他首先引入了分离变量法，将一阶线性方程、一阶齐次方程通过变量代换化为可分离变量的方程来解。提出并解决了历史上著名的一些微分方程或变分问题，如引力场中匀速降线问题、匀速转动问题、悬链线问题、最速降线问题等。这些问题的解决，极大地促进了微分方程和变分法的发展。特别是在解决由自己提出的正交轨线问题时，采用消去参数的方法，实际上已达到一般地解决这类问题的地步。微积分理论大部分未发表。由于一些基本概念没有严格的定义，特别是当时缺乏极限理论，因而他的微积分学还处于原始形式。

还是著名的物理学家。提出用公理结构建立力学的基础，强调物体除了惯性之外还有其他的影响运动的两个性质：顽性及活性。特别是引入了动量、动能等概念，把整个力学过程分解为无穷小时间段然后再累加的观点，对物理学的发展有重大意义。

在逻辑学上把概念分为原始的和派生的，用质数表示原始概念，企图通过如同代数那样的运算，得出全部概念及它们之间的关系。引入的逻辑运算思想与一套运算符号，开辟了数理逻辑发展的方向。1671～1672 年间，改进了帕斯卡的加法器，设计制造了一种可进行四则运算及开方的手摇计算机。1672～1676 年间提出了他认为是和中国“先天八卦”相吻合的二进位制，不仅完整解决了二进位制表示法，而且给出了正确的二进位制加法与乘法规则，对后代计算技术的发展有重要影响。逻辑学代表作是《哲学的艺术》。

在哲学方面，是近代客观唯心论的代表人物之一，具有丰富的辩证法思想。主张神正论，认为宇宙是上帝按一定的数学模式安排的，因而必定是完美的；人们在数学上的发现，不过是对上帝安排的一种进一步的认识。还提出了单子论，认为宇宙万物皆由有知觉的单子构成，这种单子按不同属性组合就构成知觉水平不等的实体，上帝具有最完全的知觉，人有有限的知觉，没有生命的石头等仅有极低水平的知觉。但他仍然承认客观存在，承认物质与运动的不可分割性。哲学代表作是《单子论》、《人类理智新论》等。 (吴茂庆)

切瓦，G. (Ceva，Giovanni)　意大利人，1647 年 12 月 7 日生于意大利米兰，1734 年 6 月 15 日卒于曼图亚。几何学、力学、数理经济学。

诗人和数学家T.切瓦之兄。先后就读于意大利耶稣会米兰学院、比萨大学。后任比萨大学任教。1686年至去世,任曼图亚大学教学教授。最重要的数学著作有《直线论》(1678年)、《数学论文选集》(1682年)等。书中运用几何和力学相结合的方法,证明了梅内劳斯定理和以他命名的切瓦定理;讨论了圆柱体的截线、三角形中的椭圆、圆锥曲线及其切线、曲面和立体的重心等。关于几何图形的运动本质的著作《运动几何学》(1692年)是极有影响的名著,书中讨论了复合运动,并在某种程度上预示了无穷小计算及其原理。1711年出版《再论货币》,是第一批数理经济学著作之一,尝试解决象曼图亚政府那样的货币平衡问题。他还担承水利工程的官方职位,出版有《流体静力学文集》(1728年)。

(沈 铁)

切瓦,T.(Ceva,Tomaso) 意大利人,1648年12月20日生于意大利米兰,1737年2月3日卒于同地。算术、几何学、物理学。

数学家G.切瓦之弟。15岁加入耶稣会,曾获米兰学院神学博士学位。米兰布雷拉学院的数学与修辞学教授,任该职40余年。1718年当选意大利阿卡狄亚文学院院士。第一部科学著作是《重量的本质》(1669年),书中论述了重力、质量、引力、自由落体和摆等物理问题。数学研究成果汇集于《数学论文集》(1699年),该书是他的数学工作的积累和总结,涉及重力、算术、几何、旋轮线、角的分法、高阶圆锥曲线等。还是一位著名的诗人,所作宗教诗被译成几国语言而闻名于世。

(沈 铁)

契尔恩豪斯,E. W. von(Tschirnhaus,Ehrenfried Walther von) 德国人,1651年4月10日生于德国格尔列茨附近基斯宁斯伐尔特(今波兰斯劳尼科维茨),1708年10月11日卒于德累斯顿。代数学、仪器研制、工艺学。

出生于庄园主家庭。6岁丧母。1668年入荷兰莱顿大学学习哲学、数学和医学。1682年被选为法国科学院院士。1674～1675年及后,多次游学欧洲大陆和英国,与科学界交往密切。其中3次访问巴黎,在那里做家教。是优秀的代数学家,提供了解方程的有效方法。1683年撰写论文,提出三次方程一般解法。后人将一种正弦曲线以其命名。与莱布尼茨交往甚密,经常把收集到的情况及有意义的发现告诉莱布尼茨。17世纪80年代,曾制作过圆形和抛物面形的镜子,把太阳光聚焦获得了高温。1694年,他还重新发现了制造瓷器的工艺。

(卫瑞霞)

罗尔,M.(Rolle,Michel) 法国人,1652年4月21日生于法国下奥弗涅的昂贝尔,1719年11月8日卒于巴黎。数论、代数学。

出身于店主家庭,仅受过初等教育。早年做过誊写工作,后在家乡做过律师助理。1675年赴巴黎,以抄写员和家教数学谋生。由于早婚而家庭负担重,生活穷困,但仍坚持自学和研究高等数学。1682年,他解答了数学家J.奥扎南提出的一个难题:求出四个数,使任两数之差以及前三数之和都是完全平方数。奥扎南估计这四个数中最小者至少是50位数,而他所给解答中每个最小的数都是7位数。从此他名声大振,并得到了奖金,跻身于数学家的行列。1685年当选法国科学院院士。科学院改组后,1699年他成为按常规领薪的几何研究员。1708年患中风症,1719年再次中风而去世。

虽然他以熟悉丢番图分析而闻名,但其主要研究领域是代数方程。1690年出版名著《代数教程》,书中采用符号$\sqrt[n]{a}$表示a的n次根。他应用欧几里得算法,分析丢番图线性方程,寻求两多项式的最大公因式。1691年,他已能从两个方程中消去一个变量。另一个重要发现是:具有同向凸性的两个代数曲线的弧,可以有大量的公共点。特别值得提出的是微积分中的罗尔定理。在《代数教程》中,他应用"级联"方法,将代数方程的根分离开来。1691年,他作出了证明:若a,b是方程$p(x)=0$的根,则有$p'(b)=(b-a)Q(b)$,其中Q是一个多项式,$p'(x)$是从$p(x)$导出的一个多项式,被他称为$p(x)$的第一级联,实际上是$p(x)$的导数。进而证明了$p(x)$的相邻两根之间,$p'(x)$存在一个根,这就是著名的罗尔定理的雏形。曾竭力反对无穷小分析,力求证明它缺乏严格的基础并会导致错误,但最后于1706年纠正了自己的偏见,并完全承认无穷小分析的价值。

(高岳兴)

瓦里尼翁,P.(Varignon,Pierre) 法国人,1654年生于法国卡昂,1722年12月23日卒于巴黎。微积分学、力学。

出生于以石匠为业的天主教徒家庭。早年在耶稣会卡昂学院学生神学和哲学,1676年任圣职。后又进入卡昂大学学习,1682年获文科硕士学位。1686年去巴黎任教,和数学界和自然科学界交往甚密。1687年出版著作《新的力学设计》,采用莱布尼茨微分学研究合力学问题。同年当选法国科学院院士。1688年任科学院的几何学家和马扎里恩学院数学教授。1704年兼任巴黎皇家学院数学教授,1713年当选为柏林科学院外籍院士。1718年当选为英国皇家学会外籍会员。其学术贡献首先在于对重力和落体运动的研究。由于求作为加速度的二次导数遇到困难而去研究微积分运算,并取得了一些新的结果。主要著作有:《关于重力猜测的报告》(1690年)、《无穷小分析的阐明》(1725年)和《数学原理》(1731年)等。后两本书是以他在马扎里恩学院讲课的内容为基础,在他去世后出版的。

(卫瑞霞)

纽文提,B.(Nieuwentijt,Bernard) 荷兰人,1654年8月10日生于荷兰北部的西格拉夫特代克,1718年5月30日卒于皮尔默伦德。微积分学、自然哲学。

1675 年入荷兰利登大学学医。次年在乌得勒支大学学法律。同年成为皮尔默伦德市的医生。1684 年任该市市长。1714 年和 1720 年先后发表了两本成名之作。一本包含无穷小分析,但不承认高阶无穷小,且拒绝莱布尼茨的分析。另一本则属于哲学范畴。书中用自然科学详细说明万物在世界中的奇妙的配置。这对传播科学有一定的意义。反对用偶然与必然作为解释自然的原理,注重经验主义轻视唯理主义,是当时杰出的科学方法论的研究者。(卫瑞霞)

贝努利家族(Bernoulli family) 又译伯努利家族。17～18 世纪瑞士巴塞尔的数学和自然科学家的大家族,祖孙三代,出过十多位数学家。其主要成员的世系如下:

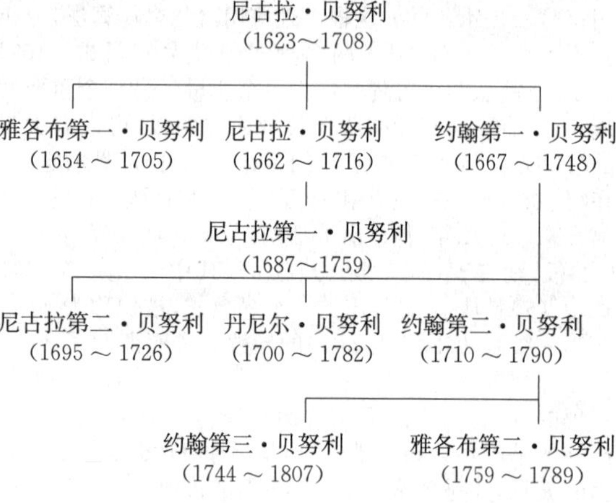

雅各布第一・贝努利(Bernoulli, Jakob(或 Jacques)Ⅰ) 瑞士人,1654 年 12 月 27 日生于瑞士巴塞尔,1705 年 8 月 16 日卒于同地。*微积分学、代数学、力学、天文学。*

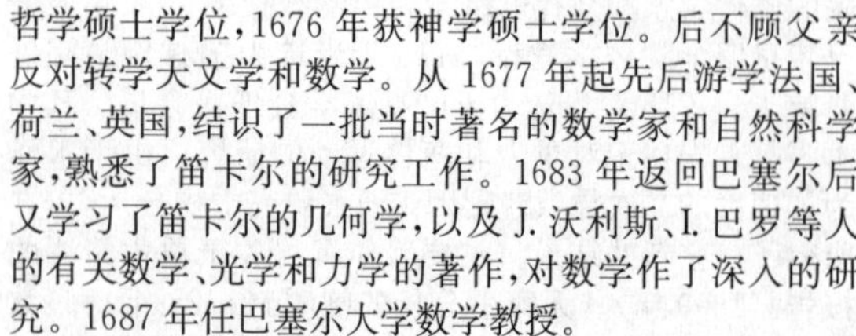

出身商贾世家,父亲是富有的药商、县议会议员、县长。1671 年获巴塞尔大学哲学硕士学位,1676 年获神学硕士学位。后不顾父亲反对转学天文学和数学。从 1677 年起先后游学法国、荷兰、英国,结识了一批当时著名的数学家和自然科学家,熟悉了笛卡尔的研究工作。1683 年返回巴塞尔后又学习了笛卡尔的几何学,以及 J. 沃利斯、I. 巴罗等人的有关数学、光学和力学的著作,对数学作了深入的研究。1687 年任巴塞尔大学数学教授。

17 世纪中期到 18 世纪后期百余年间贝努利家族中 11 位数学家中的第一位。与弟弟约翰第一・贝努利一起在数学上作出了杰出的贡献,成为继牛顿、莱布尼茨之后微积分学最重要的奠基者之一。在微积分方面,1687 年首次按现今的含义应用了积分的名称。1691 年在求抛物螺旋线的弧长时,引出了椭圆积分。1692 年给出并确定了渐屈线的一般过程,该过程与生成曲率圆的包络线的代数曲线有关。1692～1693 年,与弟弟约翰第一・贝努利一起研究了对数螺线、抛物线、外摆线的渐屈线和散焦曲面。1694 年又给出曲率半径的公式为 $\left(\frac{\mathrm{d}s}{\mathrm{d}x}\right)^3:\left(\frac{\mathrm{d}^2y}{\mathrm{d}x^2}\right)$,且称之为"黄金定理"。所有这些问题都是当时微积分学的基本课题。

在常微分方程及其解法方面颇多建树。1690～1691 年提出的定时问题、悬链线问题、具有弹性的变密度悬链线问题、追线问题等都是著名的求解微分方程的例子。特别是 1695 年首次给出解法的方程 $y'=p(x)y+q(x)y^n$,被命名为贝努利方程。在解决风帆在风力作用下的形状问题时,还得到了一个二阶微分方程。也是变分问题的最早创始人之一。1697 年牛顿、莱布尼茨、洛必达和他们兄弟同时解决了著名的最速降线问题,他的解法与莱布尼茨的解法同样着重于几何学,因而具有一般意义。1698 年解决的旋转曲面上的测地线问题,实质上也是原始形式的微分几何问题。1701 年还证明了两点间均匀无弹性的悬链线是具有最低重心的曲线。其弟和莱布尼茨都曾企图证明这个问题而未能成功。这些成果及探讨的方法对变分法的形成起了重大的作用。同年还提出了一个相当复杂的等周问题——具有变端点的最速降线问题,并给出了正确的解答,使变分技巧又有了新的发展。

在级数方面也作了大量的工作。1682～1704 年发表了 5 篇关于级数理论的论文,包含有连续编号的 60 个课题。其中有著名的贝努利不等式 $(1+x)^n>1+nx$、比较判别法的思想、待定系数法、插值法及分指数的二项式等。特别是 1704 年发表的第 5 篇论文"无穷级数及其有限和的算术应用",是公认的级数论方面的名著。

在 1713 年由其侄儿整理出版的《猜度术》中,还提出了概率论中极为有用的贝努利数及其递推公式。书中包括有组合理论、用贝努利数导出指数级数、各种对局的赢利期望、概率论的哲学思想、局部情况下的大数定理(贝努利定理)的证明等。因此是概率论方面的一本重要著作。其中阐述的一些思想对后来概率论的发展起了决定性的作用。

在天文学和力学方面也卓有成就。1682 年提出的彗星理论和重力场理论当时受到了高度评价。在物理学上研究了弹性体变形问题、两个同时移动的物体的重心问题、在若干离散力作用下悬挂着的粗绳的形状问题、中心加速问题、力的作用线及脉冲作用叠加等问题。特别是解决的斜拉挤问题,为钟表发条的制作提供了理论依据。但这些成就往往由于突出的数学成就而被人忽视。

约翰第一・贝努利(Bernoulli, Johann(或 Jean)Ⅰ) 瑞士人,1667 年 8 月 6 日生于瑞士巴塞尔,1748 年 1 月 1 日卒于同地。*微积分学、力学。*

1683 年入巴塞尔大学,1685 年获文科硕士学位。同年遵父命学医,在其兄雅各布第一・贝努利影响下也自学数学。1691 年赴巴黎、日内瓦进修数学并教授微分学。1694 年回瑞士后,获巴塞尔大学博士学位。1695 年因与其兄不和,赴荷兰任格罗宁根大学数学教

授。1705 年接替其兄任巴塞尔大学数学教授。是圣彼得堡科学院、英国皇家学会、法国科学院、柏林科学院的成员。

是继牛顿、莱布尼茨之后微积分学的奠基人之一。1727 年牛顿去世之后是欧洲最优秀的数学家之一。主要成就在微积分、微分方程、变分法、力学等方面。1691 年由于与其兄共同发现了曲率半径计算公式(即黄金定理)而跻身于数学名流之列。1694 年重复应用分部积分法得到了贝努利级数 $\int_0^x y\mathrm{d}x = xy - \frac{x^2}{2!}y' + \frac{x^3}{3!}y'' - \cdots$。对 $\frac{0}{0}$ 型的极限建立了一个求极限法则,由学生洛必达于 1696 年发表,故称洛必达法则。1697 年导出了幂指函数 x^y 的微分公式 $\mathrm{d}(x^y) = x^y\ln x\mathrm{d}y + yx^{y-1}\mathrm{d}x$。在积分方面,用部分分式分解法系统地处理了有理函数的积分,由此断言,任何有理函数的积分无需涉及除三角函数与对数函数以外的其他超越函数。在应用部分分式求积分时,还得到了公式 $2i\arctan x = \lg\frac{x-i}{x+i}$,首次建立了反三角函数与对数函数之间的关系。1742 年出版的名著《微分学教程》,首次对微积分作了系统的阐述,是历史上第一本微分学的教科书。

在微分方程和变分法方面也做了大量工作。是悬链线问题的最早解决者之一。后与其兄合作又解决了具有弹性的非均匀悬链线问题,对贝努利方程也提出了独特的解法。1694 年提出了等交曲线族问题,导出了某些特殊曲线族的正交轨线的微分方程。对二阶常微分方程、弦振动方程也做过一些早期的工作。1696 年提出了最速降线问题,把此力学问题化为光学问题,然后用费尔马的最小时间原理求得其解,这是变分法诞生的信号,可惜未能及时认识该问题与通常函数极值问题之间的本质区别。1718 年对等周问题提出了一个精确的解法,文中所提出的概念已包含了现代变分法的精华,对变分法发展有重大影响。

在几何方面,引入了空间坐标系,研究了多种特殊的平面曲线。特别是 1698 年从凸曲面上测地线的变分问题中发现了测地线的特性,即三个相邻点确定曲面的一个法平面,这是曲面理论研究的起点。

在力学方面也有很大贡献,研究了阻力与速度的任何整数次方成正比的运动物体的方程及其解法,明确了力与动能的区别,首次用分析形式表示虚速原理。应用动能方程于逆二体问题,把中心力问题表示为现今的形式。关于动量传递、行星在远日点的运动和黄道面形成的原因等的研究还得到过奖金。

在工作中与其他科学家(主要是莱布尼茨)经常保持通信联系,特别是与洛必达的大量通信,造就后者成为法国著名的数学家。思维敏捷、技巧精湛,但好与人争论,甚至在兄弟之间也互不相让争吵不已。这导致了与其兄雅各布第一·贝努利之间严重的对立。

尼古拉第一·贝努利(Bernoulli, Nikolaus I) 瑞士人,1687 年 10 月 21 日生于瑞士巴塞尔,1759 年 11 月 29 日卒于同地。级数论、概率论、高等教育管理。

在伯父雅各布第一·贝努利的指导下,17 岁时就获得瑞士巴塞尔大学数学硕士学位,1709 年获法学博士学位。1712 年起访问荷兰、英国和法国等地。1716 年任意大利帕多瓦大学数学教授。1722 年起在巴塞尔大学历任逻辑学、法学教授,并 4 次出任校长。是柏林科学院、英国皇家学会及意大利博洛尼亚科学院成员。富有才华,但因忙于大学管理事务,故论著较少。在与莱布尼茨、欧拉等人的通信中,证明了 $(1+x)^n$ 的展开式当 $x>1$ 时发散及 $\sum_{n=1}^{\infty}\frac{1}{n^2} = \frac{1}{6}\pi^2$。还明确指出:发散级数求和无意义。这一见解使欧拉等人开始重视级数的敛散问题。在与 P. R. de 蒙莫的通信中,还首次陈述了称为圣彼得堡问题的概率论问题。编纂出版了伯父雅各布第一·贝努利未发表的研究成果。

尼古拉第二·贝努利(Bernoulli, Nikolaus Ⅱ) 瑞士人,1695 年 2 月 6 日生于瑞士巴塞尔,1726 年 7 月 31 日卒于俄国圣彼得堡。数学物理。

约翰第一·贝努利的长子。13 岁入巴塞尔大学,16 岁获学士学位,20 岁成为法学硕士。毕业后留校任父亲的助手。后同弟弟丹尼尔游学法国和意大利。1726 年受圣彼得堡科学院邀请,与弟丹尼尔赴俄国工作,同年不幸病死于客地。曾提供 3 篇重要论文帮助父亲研究弹道问题。对其父提出的等交轨线问题,他在 1716 年所取得的重大进展为翌年最终解决该问题创造了条件。

丹尼尔·贝努利(Bernoulli, Daniel) 瑞士人,1700 年 2 月 8 日生于荷兰格罗宁根,1782 年 3 月 17 日卒于瑞士巴塞尔。数学分析、概率统计、物理学、医学。

约翰第一·贝努利的次子。1718 年起先后在巴塞尔、海德堡、威尼斯等地大学学医,1721 年获巴塞尔大学医学博士学位。同年获该校解剖学及植物学教授职位。1725 年同哥哥尼古拉第二·贝努利赴俄国圣彼得堡大学作者,与欧拉共事 8 年。1732 年返故里,任巴塞尔大学解剖学、植物学教授,1752 年又任物理学教授。是圣彼得堡、柏林、巴黎、伦敦、波恩、苏黎世等地的科学院院士或学会的成员。

1724 年出版论文集《数学演习》,集中了数学分析方面的主要成就。其中重要的有:论述了一类递归数列应用于求代数方程根的近似方法;讨论了形如 $ax^n\mathrm{d}x + u^2\mathrm{d}x = bu$ 的黎卡提方程,证明了对所有整数 c,当 $n = -\frac{4c}{2c\pm1}$ 时是可积的;作为对欧拉由 $\frac{1}{1+x} = 1-x+x-x^2+\cdots$ 导出的谬论 $1-1+1-1+\cdots = \frac{1}{2}$ 的讨论,在连续三篇论文中研究了发散级数问题,指出发散级数的部分和可取许多不同的值，对发散级数 $\sum_{n=1}^{+\infty}\cos nx=-\frac{1}{2}$ 求积可得出收敛级数 $\sum_{n=1}^{\infty}\frac{1}{n}\sin\frac{x}{n}=\frac{1}{2}(\pi-x)$ 等。

在概率统计方面，1727 年发表论文“奇异的分类算法”，文中以微分方法讨论了类似于现代风险保险问题，导出了其数学期望值的近似算法。其余六七篇论文也用类似的思想，导出不同年龄组天花患者的死亡率的预测方法及最佳结婚年龄的期望公式等。这些是概率统计方面的首批论著，对 18 世纪概率统计发展有较大影响。

一生发表的 80 余篇论文中，大部分是数学物理方面的。在物理学上的成就十分突出。在经典力学方面，把牛顿的工作推进了一步。例如，牛顿曾力图导出力的平行四边形原理，而他则提出这一原理应作为一个纯粹的逻辑推理；在刚体运动中，对物体旋转作了探讨，导出了瞬时旋转中心的计算方法。特别是在讨论阻尼运动的 5 篇论文中，纠正了牛顿坚持的阻力正比于速度的意见，提出了阻力应正比于速度的某次幂。这种研究促使了分析力学的形成。物理学上最有影响的是 1738 年出版的《流体动力学》，它推动了用分析方法去讨论流体运动，并得到了从容器侧面小孔中喷出水流的速度、压强、反作用力等计算公式，确定了流管中流体能量的转换方法等重要结论。尤其对弹性流体运动和性质的论述及由此得出的压强与高度关系、稳定流的贝努利方程等，为气体动力学奠定了基础。他当时已预言的气体状态方程，直到百余年之后才得到发展。还与欧拉紧密合作从事弹性力学的研究。他的经典之作《弹性弦横向振动理论》及随后发表的数篇论文，系统地研究了弦振动问题，导出了振动方程，得到了用三角级数 $\sum_{n=1}^{\infty}A_n\sin\frac{n\pi x}{a}\cdot\cos\frac{cn\pi t}{a}$ 表示的一般形式的解，揭示了这种形式的振动可以用无限个谐振动合成的本质。与此同时，对非均匀弦的振动问题、风琴管内气体振动问题也进行了卓有成效的研究。这些研究，在牛顿的思想和莱布尼茨的计算之间架起了桥梁，对物理学的发展起了巨大作用。

在医学方面有关的论著，实质上是以医学生物学为对象的物理数学论文。例如，博士论文即以呼吸机制为内容，其后还用力学方法分析了肌肉的收缩运动，用数学方法给出了确定眼神经进入眼球的位置及形态方法，等等。突出的成果是改进了心脏作功的计算方法，提出了人具有的最大能量的计算方法。

才华横溢、兴趣广泛、想象力丰富，在当时许多科学领域中都有贡献。在内容广泛的、由法国科学院命题的有奖论文竞赛中，他在 1725～1757 年 30 年间曾 10 次获奖，所写论文还涉及工程技术、航海学、海洋学、天文学、地学等许多学科，其中某些成果极富实用价值。例如，他提出的在航行中为克服船体晃动的建议，流行了近一个世纪。如此广泛的兴趣，当然也使他难以实现某些目标，最大的损失是没有能把力学上的一些研究从数学上提炼成为系统的如数学物理方程的理论。尽管如此，一生中在各领域中所取得的丰硕成果，仍使他在科学史上占有突出的地位。

约翰第二·贝努利（Bernoulli，Johann（或 Jean）Ⅱ） 瑞士人，1710 年 5 月 28 日生于瑞士巴塞尔，1790 年 7 月 17 日卒于同地。数学传播、物理学。

约翰第一·贝努利 3 个儿子中的幼子。1727 年 17 岁获瑞士巴塞尔大学法学博士学位。留校任父亲的助手，1748 年接替其父任巴塞尔大学数学系主任。曾 4 次获得巴黎科学院奖金，但实际上发表的论文很少且无重大成果。与英国和欧洲大陆的学术界有广泛的通信联系（约留有 900 余封信）。延续并代表了 18 世纪下半叶贝努利家族对数学的研究，主要贡献是编纂出版了他父亲的 4 卷《文献全集》。在物理学上，主要研究了光和热。

约翰第三·贝努利（Bernoulli，Johann（或 Jean）Ⅲ） 瑞士人，1744 年 11 月 4 日生于瑞士巴塞尔，1807 年 7 月 13 日卒于德国柏林。数学传播、天文学。

约翰第二·贝努利的长子。14 岁获瑞士巴塞尔大学法学硕士学位。19 岁供职于柏林科学院。20 岁奉德皇之命重组柏林科学院天文台并留在该台工作直到终年。由于身体虚弱，爱好广泛，使其科学活动大受妨碍。1776～1789 年，与欣登堡一起编辑《莱比锡纯粹与应用数学》杂志。在柏林科学院发表过一些数学、天文观测和天文方面的论文和文章，并出版过几本天文学计算方面的著作。其最大功绩在于以大量通信的方式（写了 2800 余封信），保存并延续了贝努利家族的数学财富。

雅各布第二·贝努利（Bernoulli，Jacob（Jacqes 或 Jemes）Ⅱ） 瑞士人，1759 年 10 月 17 日生于瑞士巴塞尔，1789 年 8 月 15 日卒于俄国圣彼得堡。数学物理。

约翰第二·贝努利的幼子，约翰第三·贝努利的弟弟。原在巴塞尔大学攻读法学，1778 年毕业后即从事数学和物理方面的研究。1782 年，竞选其伯父丹尼尔·贝努利去世后空缺的巴塞尔大学数学系主任之职，失败后即以王国公使名义去意大利都灵、威尼斯等地游学。同年应邀访问俄国圣彼得堡大学，与欧拉孙女成婚后即留居俄国。1789 年在涅瓦河游泳时不幸溺毙。在圣彼得堡期间，发表过若干论文，其内容多涉及流体静力学、理论力学，也对欧拉的研究工作作过一些评注。

（吴茂庆）

雷诺，C. R.（Reyneau，Charles René） 法国人，1656 年 6 月 11 日生于法国曼恩-卢瓦尔省布里萨克，1728 年 2 月 24 日卒于巴黎。数学分析、数学教育。

外科医生之子。早年就读于法国昂热的奥兰托林学院。1676 年入巴黎马伊松研究院。1679 年任教于士伦学院，1681 年兼任该校神甫。1682 年任昂热大学数学教授。1705 年因严重耳聋而被迫放弃教学工作。后去巴黎任圣职。1716 年当选为法国科学院院士。1698 年编写了一部全新的教材《解析证明》（2 卷，1708 年），以适应笛卡尔数学发展的需要。这是一本经典的教材，著名数学家达兰贝尔曾学过它的第二版，从而掌握了分析学的基础。他还编辑普雷斯特的几何遗稿；另出版了一本数学教学法的著作。 （高岳兴）

格雷戈里，D.（Gregory，David） 英国人，1659年6月3日生于英国苏格兰阿伯丁，1708年10月10日卒于英格兰伯克郡。代数几何、微分方程、天文学。

医师之子。是著名数学家J.格雷戈里的侄儿。于阿伯丁大学马雷舍尔学院毕业后，1679～1681年游学欧洲大陆各国。回国后，去爱丁堡大学工作，1683年时年24岁任数学教授。1691年在牛顿推荐下入选为牛津大学贝利尔学院天文学教授。1692年被选为英国皇家学会会员。1707年在牛顿推荐下任苏格兰铸币厂厂长。主要研究成果是用二项式求平方根的级数展开式、各种曲线的长度和面积的计算。出版《关于曲线度量的几何演习》(1684年)，发展了叔父J.格雷戈里的无穷级数成果。另有《反射与折射光学基础》(1695年)，以及《天文学的物理学和几何学基础》(1702年)等，几何学和天文学的教科书，后者是对牛顿理论的通俗解释，拉丁文本附有牛顿所写序言，1715年又出版了英文本；论文涉及微分方程和卡西尼卵线等。对科学界的另一个重要贡献是，保存了其叔父和牛顿的一些重要通信和论文。 （高岳兴）

索兰，J.（Saurin，Joseph） 法国人，1659年9月1日生于法国沃克吕兹省科泽茨昂，1737年12月29日卒于巴黎。代数学、动力学、微积分学。

由于家庭影响，原信加尔文教，曾在厄尔当牧师，后改信罗马天主教，并转向研究数学。1707年当选为法国科学院院士。对无穷小计算颇有研究。在洛必达定理的基础上解释了不定式$\frac{0}{0}$的性质和处理方法。在1709年所发表的两篇关于最速下降曲线的论文中，给出了贝努利问题的一个解。结合动力学，给出了单摆的无穷小路线必须用摆线弧逼近的解释，从而维护了惠更斯的单摆理论。1703年，又给出了惠更斯关于离心力和摆线路程的物理定律的代数证明。 （卫瑞霞）

德拉尼，T.F.（de Lagny，Thomas Fantet） 法国人，1660年11月7日生于法国里昂，1734年4月11日卒于巴黎。三角函数、计算数学。

皇室官员之子。先后在耶稣会里昂学院和图卢兹大学法学院学习。数学上自学成才。1686年去巴黎任贵族家教，并发表数学论文。1695年当选为法国科学院院士。1697年任罗切福特学院水道测量学教授，晚年享受法国科学院颁发的年金。具有非凡的计算才能，曾和洛必达合作研究数学。在1690～1691年间，发表过关于无理数的近似计算的文章；运用级数计算π的近似值至小数第120位；在级数的计算中认识到超越数是存在的。还研究了两个角的和与差的三角函数的级数展开式及自然对数的性质，1703年编制出版三角函数表。在测角术的讨论中，亦做过很有价值的工作。 （张镜清）

洛必达，G.-F.-A. de（L'Hospital，Guillaume-François-Antoine de） 法国人，1661年生于法国巴黎，1704年2月2日卒于同地。微积分学。

出生于名门望族，准将之子。少年时就数学才能出众，传说15岁就能解决帕斯卡提出的一个摆线问题。曾任骑兵军官，后因近视退役，从此去巴黎，致力于数学研究。1691年起师从约翰第一·贝努利学习微积分。1692年起解决了导师提出的一些著名问题，其中包括最速降线问题。1699年当选为法国科学院院士。与莱布尼茨、雅各布第一·贝努利等人一起，被认为是欧洲大陆上发展微积分的主要人物。

1696年出版的名著《无穷小分析》是世界上第一本微分学教科书，从而蜚声数学界。书中除了给出变量、常量微分等一些概念外，还建立了两条公理：当两个量相差一个无穷小量时，其中的一个量可用另一个代换；曲线为由无限条边长为无穷小的边所构成的折线，该折线相邻边的夹角确定曲线的曲率。在此基础上导出了微分学的基本法则。在第二章中，用这些法则确定曲线在一点处的切线；在第三章中处理了极值问题，并附有大量力学、地理学方面的例子，还讨论了拐点和歧点，为此引入了高阶微分的概念。在第九章中，有一个当分子、分母同时趋于零时求该分式极限的法则，该法则据说是约翰第一·贝努利建立的，但因在他的著作中首次出现，故现在仍以他的名字命名。其他几章中，还论述了渐屈线和散焦曲线等，这些内容概括了当时微积分学的基本内容。 （吴茂庆）

克雷格，J.（Craig，John） 英国人，1663年生于英国苏格兰邓弗里斯，1731年10月11日卒于伦敦。几何学、微积分学。

牧师之子。爱丁堡大学数学教授D.格雷戈里的学生，1687年获文科硕士学位。1689年移居伦敦任副牧师，后兼做贵族子弟家教。1708年任索尔兹伯里大教堂牧师。是牛顿的朋友。1711年当选为英国皇家学会会员。是当时英国热心于微积分发展的数学家之一。数学著作涉及领域较广，最主要的著作有《以曲线与直线为边的图形的求积法》(1685年)、《关于曲线图形求积的数学论文选集》(1693年)及《流量计算》(1718年)。书中引用莱布尼茨的记号dx、dy代替牛顿的$\dot{x}$、$\dot{y}$，这在英国是最早的；书中还出现了积分符号$\int$。此外，还写过许多论文，重要的有“对数曲线的求积”、“最速下降曲线”、“阻力最小的立体”、“求图形面积的一般方法”、“贝努利曲率问题的解”及“曲线的长”等。 （沈 铁）

阿巴思诺特，J.（Arbuthnot，John） 英国人，1667年4月29日生于英国金卡丁郡，1735年2月27日卒于伦敦。概率论、数理统计。

牧师之子。1696年获圣安德鲁斯大学医学博士学位。1704年被选为英国皇家学会会员，也是英国皇家医学会会员。1705年任安妮女王(Queen Anne)的御用医师。对概率论颇有研究，1692年曾在惠更斯的荷兰文著《论赌博决策》基础上结合各种游戏博弈案例的英文版《机遇之律》问世，这是关于概率论的第一部英文著作，他以匿名出版。1710年，他在皇家学会《哲学学报》上发表的“论生男生女不变规律性的天意”，是第一个数理统计推理的范例，被看作近代统计学的开端。著名数学家丹尼尔·贝努利、J.米歇尔和拉普拉斯都在此基础上得到了重要的结果。 （徐平五）

棣莫弗，A. (De Moivre, Abraham) 法国人，1667年5月26日生于法国香槟地区维特里-勒弗朗索瓦，1754年11月27日卒于英国伦敦。*概率论、级数论、复数论。*

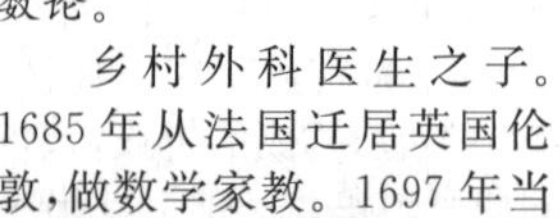

乡村外科医生之子。1685年从法国迁居英国伦敦，做数学家教。1697年当选为英国皇家学会外籍会员。1735年被选为柏林科学院院士。1754年成为法国科学院院士，同年年底死于嗜眠症。

曾自学过惠更斯的关于机遇游戏方面的数学作品，后又阅读了许多经典著作，特别是系统地学习了牛顿的《自然哲学的数学原理》。1695年由天文学家哈雷推荐，在英国皇家学会上发表了关于牛顿流数法的论文。最杰出的工作是关于二项概率分布的逼近的讨论。该逼近与高斯分布一起成为后两个世纪里概率论和数理统计中最有效的工具。在讨论二项式展开时，得到了$n!$的近似公式$n!\approx\sqrt{2\pi}\,n^{n+\frac{1}{2}}\mathrm{e}^{-n}$，计算了二项展开式中自任意一项至中项的各项之和。这种求和法相当于现代的正规逼近，实际上就是正规概率积分。甚至发现了现称标准差的参数σ，并在一系列例子中得到了相当于积分$\int\frac{1}{\sigma\sqrt{2\pi}}\mathrm{e}^{-\frac{1}{2}\left(\frac{x}{\sigma}\right)^2\mathrm{d}x}$的式子。1718年出版的《机遇说》是概率论方面的杰作，增订本相继于1718年、1738年和1756年出版，影响很大。

另一杰作《关于级数与求积的综合分析》出版于1730年，书中包含了关于级数的重要知识和循环级数的研究成果，建立了排列、组合的理论，引进了正态分布曲线，广泛地使用了虚数，并建立了棣莫弗公式$(\cos\varphi+\mathrm{i}\sin\varphi)^n=\cos n\varphi+\mathrm{i}\sin n\varphi$，是复数论早期发展最重要的一步。对人口统计的分析和年金理论的基础亦很有研究，代表作有《人寿年金论》(1725年)。 （汤正谊　张镜清）

萨凯里，G.G. (Saccheri, Giovanni Girolamo) 意大利人，1667年9月5日生于意大利圣雷莫，1733年10月25日卒于米兰。*几何学、静力学。*

法学家之子。1687年毕业于意大利热耶亚大学。同年留校任教，并继续攻读哲学和神学。1690年任教于米兰耶稣会布雷拉学院。1694年任科莫教区神甫。次年任教于都灵学院。1697年任帕维亚大学哲学教授，因受其身为数学家的哥哥的影响，开始研究数学，很快取得成就。特别是关于欧几里得第五公设的讨论，使他成为非欧几何产生的先驱。临死前发表的著作《欧几里得无懈可击》(1733年)中，从“萨凯里四边形”的第三种假设(即锐角假设)出发，推得：三角形三角之和小于两直角；在过已知直线b外一点A的直线束中，有两条直线p与q，它们把直线分为两部分，第一部分直线都与已知直线b相交，第二部分直线将与已知直线b在b上某处有公垂线，而直线p、q渐近于b；以及其他结果。他认为这些结果太不合情理，以为“锐角假设”导致矛盾，从而认为欧几里得几何无懈可击。主要著作还有《几何难题》(1693年)、《逻辑的证明》(1697年)和《新编静力学》(1708年)等。 （卫瑞霞　田　雁）

马格尼茨基，Л.Ф. (Магничкий, Леонтий Филиппович; Magnitsky, Leonty Filippovich) 俄国人，1669年6月9日生于俄国奥斯塔什科夫，1739年10月30日卒于莫斯科。*应用数学、数学教育。*

农家子弟。早年在东正教修道院、莫斯科语言学院学习。后在莫斯科一些贵族家庭做家教。知识渊博，懂得多种外语，1702年应彼得大帝(Peter Ⅰ the Great)之聘，在莫斯科航海与数学学校任教，1715年至去世任该校校长。1703年完成了俄国第一本数学入门著作《算术》，该书第一部分给出了一些已知数学问题的详细解释；第二部分几乎是当时有关自然科学的百科全书，包含许多代数知识及其几何应用，正弦、正切及正割的三角函数表，以及在天文学、大地测量与航海方面的知识，还有磁偏角表、日月升落点的纬度表等。该书成功地把17世纪俄国数学文献的传统与西欧数学学派的传统结合起来，成为一本数学的基础教材，在俄国风行达半个世纪之久。俄罗斯科学的奠基者罗蒙诺索夫曾称赞这本教材和另一本文法书《学习》同为学习知识的两扇大门。此外，他亦参加了把弗拉克对数表译成俄文版的工作。 （张镜清）

格兰迪，L.G. (Grandi, Luigi Guido) 意大利人，1671年10月1日生于意大利克雷莫纳，1742年7月4日卒于比萨。*几何学、微积分学。*

早年在多个耶稣会修道院在受教育。1694年在佛罗伦萨修道院当数学教师时，钻研牛顿的《自然哲学的数学原理》一书。1700年任比萨大学哲学教授，1714年任数学教授。1709年被选为英国皇家学会外籍会员。主要研究几何学。在《几何学精萃》(1728年)一书中，给出了箕舌线的定义和方程；研究过环索线和玫瑰线；发现了蔓叶线和蚌线的新性质；提出了维维尼问题的一个新解法；证明了惠更斯提出的关于对数曲线的几个定理。另一主要著作《圆和双曲线求积》把莱布尼茨的微积分引入意大利。 （高岳兴）

琼斯,W.(Jones,William) 英国人,1675年生于英国威尔士安格尔西郡伦菲汉格尔,1749年7月1日卒于伦敦。对数函数、微分学、航海学。

出生于贫困家庭,早年在贫民学校受教育。后从事过商务会计、水手、水兵、航海学与数学教师、贵族家庭教师等职业。1711年当选为英国皇家学会会员,曾任该学会副会长。是历史上第一个采用记号π作为圆周长与直径之比的人,也是首先系统地介绍对数函数的数学家。在英国皇家学会会刊《哲学学报》上发表过多篇论文,大多具有实用性质。与著名科学家牛顿友谊深厚,是能够接触牛顿手稿的少数几个人之一。对牛顿发明的流数法进行了宣传和研究。主要著作有《新编航海术全书纲要》(1702年)、《简明数学纲要》(1706年)、《流量的分析》(1711年初版,1723年再版)和《自然哲学基本原理的发现》(1731年)等。死后留下15000余本藏书(内中有大量重要价值的数学著作),还有许多牛顿手稿的抄本、他与牛顿以及英国皇家学会的通信,都是极为宝贵的历史资料,直到当代才被整理发表出来。

(张镜清)

黎卡提,J. F.(Riccati,Jacopo Francesco) 意大利人,1676年5月28日生于意大利威尼斯,1754年4月15日卒于特雷维索。数学分析、微分方程、水利工程。

出身贵族家庭。早年在意大利布雷西亚一所贵族中学求学,后进帕多瓦大学学法律,1696年取得学位。因受友人鼓动才学习数学,对当代数学分析进行了详细研究。1710年解决了一个数学难题,嗣后又发表了一系列数学论文,博得了很大声誉。帕多瓦大学聘他当教授,彼得大帝(Peter I the Great)邀请他去俄国任圣彼得堡科学院院长,还被邀请到维也纳担任皇家顾问,但是他谢绝了这些邀请,宁愿留在威尼斯共和国从事水力等研究和水利工程工作。在数学方面主要工作在数学分析和微分方程领域,在方程的降阶和分离变量方面的成果很著名。提出了许多微分方程的积分方法,其中“半分离变量法”受到莱布尼茨的很高评价。1712年研究由已知曲率性质求解平面曲线的问题,所用方法导致求二阶方程$f(y,y',y'')=0$的解,其结果广为其他数学家所采用。1724年发展论文率先研究微分方程$x^m\mathrm{d}x=\mathrm{d}y+\frac{y^2\mathrm{d}x}{x^n}$的解法,这种方程现称黎卡提方程。对微分几何、水力学、重力等也有所研究。在筑堤工程上,威尼斯参议院常与他商议。还广泛地与全欧洲的数学家通信交流。在去世4年后他的著作全集得以出版。

(高岳兴)

赫尔曼,J.(Hermann,Jakob) 瑞士人,1678年7月16日生于瑞士巴塞尔,1733年7月11日卒于同地。代数几何、运动学。

欧拉的远亲。早在巴塞尔大学学习神学时,就在雅各布第一·贝努利指导下钻研数学,1695年获学位。由于才能出众,被吸收入当时最著名的数学家组成的小组。由于莱布尼茨的推荐,1701年成为柏林科学院外籍院士。1707年起,先后任帕多瓦大学、博洛尼亚大学数学教授、巴塞尔大学的自然法教授。期间,1724～1730年任圣彼得堡科学院高级数学家,还是圣彼得堡科学院外籍院士,并且作为欧拉的前辈,为该院的发展与繁荣作出了贡献。由于他的科学贡献,去世前不久,1733年被选为法国科学院外籍院士。在数学上,发表过轨道问题、代数二次曲线及引力方面的论文。主要著作《运动学》(1716年)得到了莱布尼茨的好评,被认为是很重要的著作。他的著作被放在贝努利全集中。

(沈 铁)

蒙莫,P. R. de(Montmort,Pierre Rémond de) 法国人,1678年10月27日生于法国巴黎,1719年10月7日卒于同地。概率论。

贵族出身。早年曾学习法律与哲学。18～21岁,遍游英国和欧洲大陆底地国家。后酷爱数学,是数学家F. 尼科尔、B. 泰勒及尼古拉第一·贝努利等人的好友。因对古典概率的贡献,1715年被选为英国皇家学会外籍会员,翌年成为法国科学院院士。1708年所著《关于机遇游戏的分析研究》,是继惠更斯的《论赌博决策》之后又一陈述机遇游戏的数学理论著作,其最大价值在于系统地讨论了赌博竞赛问题。该书的发表激励尼古拉第一·贝努利整理发表了其伯父雅各布第一·贝努利的遗著《猜度术》,从而为古典概率论的数学理论的发展打下了坚实的基础。

(张镜清)

科茨,R.(Cotes,Roger) 英国人,1682年7月10日生于英国莱斯特郡伯尔贝格,1716年6月5日卒于剑桥。微积分学、天文学。

教区长之子。12岁时就显示出数学才能。1699年入剑桥大学三一学院,1702年获文学士学位,1706年获硕士学位。同年23岁任剑桥大学天文学和实验哲学教授。1711年成为英国皇家学会会员。在数学方面的主要贡献:包括积分方法的系统研究以及在求面积、弧长、重力、密度等问题上的应用;计算出自然对数的底为2.718 281 8;导出了一个求定积分的近似公式,现称牛顿-科茨公式;其计算一组观测值的最可能结果的方法,十分接近最小二乘法,比高斯和勒让德的发现都早。最著名的发现是在求旋转椭球体表面积时,证明了该问题可由两种方法求解,一种方法导致对数,另一种方法则得到反正弦。所有这些均由其表弟史密斯汇编成《协调的求积法》,于1722年出版。

为三一学院建立天文台做了不少工作。重新计算了弗拉姆斯蒂德和卡西姆(Cassim)的太阳和行星表,并观察了1715年4月22日的日全蚀,注意到3个黑子的掩食情况。从1709年起和牛顿紧密合作,历时3年半完成了牛顿的巨著《自然哲学的数学原理》的再版工作。

(沈 铁)

法尼亚诺·德托斯基,G.C.(Fagnano dei Toschi,Giulio Carlo) 意大利人,1682年12月6日生于意大利锡尼加格里亚,1766年9月26日卒于同地。代数学、几何学、三角学。

出生于名门望族。自学成才者。1723年任锡尼加格里亚行政长官。同年当选为英国皇家学会外籍会员。是柏林科学院外籍院士。1721年法国国王路易十五(Louis ⅩⅤ)授予他伯爵爵位。1745年罗马教皇授予他侯爵爵位。临终时才被提名为法国科学院外籍院士。在代数、几何及三角等方面都作出了贡献。提出了二次、三次和四次方程的新解法。把数学中四个重要的数e,π,i,1结合在一起,建立了著名的公式:$\frac{\pi}{2}=\left[\ln\left(\frac{1-i}{1+i}\right)\right]^{1/2}$。还建立了几何比例的一般理论,解决了在三角形或四边形内找一点P,使该点至各顶点的距离平方之和达最小的问题,被誉为三角形几何的创造者。还首先给出术语"椭圆积分",是发展椭圆函数论的先驱。他的工作受到欧拉等人的赞赏。拉格朗日也曾向他求教过。 (卫瑞霞 田 雁)

波莱尼,G.(Poleni,Giovanni) 意大利人,1683年8月23日生于意大利威尼斯,1761年11月15日卒于帕多瓦。应用数学、工程学。

早年学哲学和神学。后在担任司法工作时,业余研究数学和物理学。1709年26岁任帕多瓦大学天文学教授,1715年任物理学教授,1719年任数学教授。曾应威尼斯参议院的邀请,调查伦巴第的水利灌溉问题,因此精通了该领域,成为当时国家之间河流交界争端公认的仲裁者。1733年后,因计算船舶航行距离及船锚的研究成果,三次获法国科学院的奖金,并成为该院的外籍院士。还对古庙宇、古戏院和比赛场、奥古斯坦的方塔塔尖等古建筑颇有研究,并写过有关论文。(华大熊)

泰勒,B.(Taylor,Brook) 英国人,1685年8月18日生于英国英格兰埃德蒙顿,1731年12月29日卒于伦敦。级数论、有限差分法、哲学。

出身富裕家庭。1709年获剑桥大学圣约翰学院法学学士学位。1712年当选为英国皇家学会会员。1714年获法学博士学位。同年任英国皇家学会秘书长。1718年10月以健康为由辞职。和哈雷、牛顿是亲密朋友。

最著名的建树是在展开函数为无穷级数的理论和方法方面。1712年独立地推出了函数展开成级数的一般公式,于1715年发表,称泰勒公式,用近代记号表示为$f(x+h)=f(x)+\frac{f'(x)}{1}h+\frac{f''(x)}{2!}h^2+\cdots+\frac{f^{(n)}(x)}{n!}h^n+\cdots$。实际上约翰第一·贝努利在1694年获得过类似的结果,但未引起人们注意。当然,泰勒公式并不是从贝努利公式推出的。泰勒公式中当$x=0$的情况是由C.麦克劳林注意到的,故常称为麦克劳林公式。

1714～1719年是他在数学上多产的年代,两个较重要的科学贡献是关于透视画和弦振动。将几何方法应用于透视画,1715年出版了《直线透视》,1719年又出版了《直线透视新原理》等著作,其中包括投影点(即透视画中平行线条的会聚点)的原理。1714年导出了一根伸张的振动弦的基频表达式。

1715年发表的《正的和反的增量方法》是建筑在有限差分的基础上的著作,还包括一些附加的内容,如微分方程的奇异解的识别和确定;一个函数的导数与其反函数的导数之间的变化关系;振动中心的确定和振动曲率等振动中的问题等等,认为曲率半径是通过曲线上三点的极限圆的半径。在此期间还发表了13篇论文,其中许多发表于英国皇家学会《哲学学报》上,这些论文包括关于微管现象、磁学和温度计的实验报告等。

还是有限差分法的创建人之一,并将此法应用于插值法、级数求和及弦的横振动问题。还研究光线折射问题,确定了光线通过非均匀介质的光程微分方程;推导出大气压力的变化为高度的对数函数;写过关于气压计的发展史。

由于受父亲爱好音乐和艺术的影响,他也是一位有才华的音乐家和绘画家,在圣约翰学院中还保存着未出版的《音乐论》的手稿。晚年转向研究宗教与哲学,遗作《孔德哲学》由其孙子在1793年出版。 (卫瑞霞)

西姆森,R.(Simson,Robert) 英国人,1687年10月14日生于英国苏格兰艾尔郡西基尔伯莱特,1768年10月1日卒于苏格兰格拉斯哥。几何学、文献学。

1702年14岁就读于格拉斯哥大学,先后学习了拉丁语、希腊语、闪族语、逻辑学、自然哲学和神学。当时该校未开数学,他自学了欧几里得的《几何原本》,很快转向几何的研究,有业余数学家之称。1711年11月被正式任命为格拉斯哥大学的数学教授,并亲自讲授笛卡尔的几何、代数和对数理论及牛顿的流数理论、力学和几何光学等课程。1728～1761年任英国上院第一个专职秘书。1746年圣安德鲁斯大学授予他荣誉医学博士学位。毕生致力于恢复和整理希腊几何学家失传的著作。1756年整理出版了欧几里得《几何原本》的新版本,直到20世纪初该版本始终是《几何原本》的其他版本的基础。还出版了关于圆锥曲线的论著。临终时将其全部数学书送给格拉斯哥大学。 (卫瑞霞)

哥德巴赫,C.(Goldbach,Christian) 德国人,1690年3月18日生于普鲁士柯尼斯堡(今俄罗斯加里宁格勒),1764年11月20日卒于俄国莫斯科。数论、代数学、微分方程、科学管理。

牧师之子。曾在柯尼斯堡大学学习法学、医学和数学。1710年后去欧洲各国游学,结识了莱布尼茨、尼古拉第一·贝努利等许多著名科学家。1725年任德国圣彼得堡帝国科学院(圣彼得堡科学院前身)数学教授,

1732 年又任常务秘书，负责科学院的管理工作。也曾在俄国外交部任职。

主要研究级数、方程的有理根和微分方程。关于黎卡提方程的两篇论文，受到丹尼尔·贝努利的赞扬。1742 年在给欧拉的信中，提出一个猜想：任何偶数都能表示为两个素数之和(必要时以 1 为素数)。欧拉同意这个论断，但未能给出证明。这个问题至今没有被否定，也没有被彻底证明，称为哥德巴赫猜想。还提出每个奇数(≥7)是三个素数之和，这也是尚未证明的猜想。

(高岳兴)

明安图（Ming Antu） 字静菴，中国清代蒙古族正白旗人，约生于清康熙三十一年(1692 年)，卒年晚于乾隆二十八年(1763 年)。三角学、大地测量学、地图学。

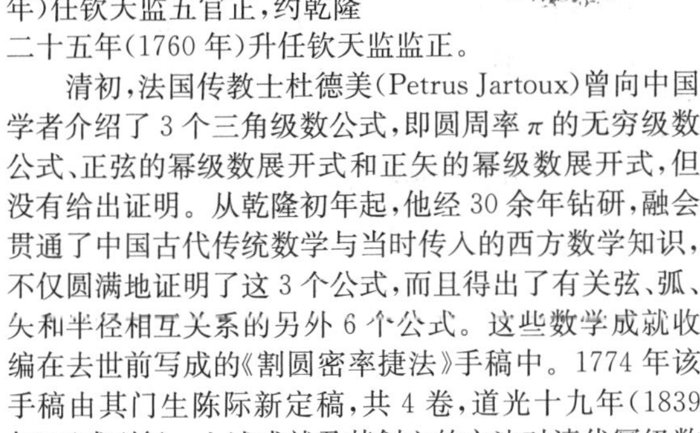

康熙五十一年(1712 年)入钦天监，学习天文、历法、数学。约雍正元年(1723 年)任钦天监五官正，约乾隆二十五年(1760 年)升任钦天监监正。

清初，法国传教士杜德美(Petrus Jartoux)曾向中国学者介绍了 3 个三角级数公式，即圆周率 π 的无穷级数公式、正弦的幂级数展开式和正矢的幂级数展开式，但没有给出证明。从乾隆初年起，他经 30 余年钻研，融会贯通了中国古代传统数学与当时传入的西方数学知识，不仅圆满地证明了这 3 个公式，而且得出了有关弦、弧、矢和半径相互关系的另外 6 个公式。这些数学成就收编在去世前写成的《割圆密率捷法》手稿中。1774 年该手稿由其门生陈际新定稿，共 4 卷，道光十九年(1839 年)正式刊行。上述成就及其创立的方法对清代幂级数的研究有重大影响。

在天文学方面，参加了当时 3 部重要天文学著作的编著工作。在《历象考成》中任考测工作；乾隆二年至七年(1737～1742 年)，在《历象考成后编》(10 卷)中任副总编，并是主要作者之一；乾隆九年至十七年(1744～1752 年)，在《仪象考成》中任推算工作。乾隆二十一年(1756 年)和乾隆二十四年(1759 年)，两次去新疆测绘地图。在测量中，使用了测太阳午正高弧决定地理纬度以及观测月食决定地理经度的方法，并配以三角测量。在此基础上编成了《康熙皇舆全图》和《乾隆内府舆图》。

(周 英)

斯特林，J.（Stirling，James） 英国人，1692 年生于英国苏格兰斯特林郡加登，1770 年 12 月 5 日卒于苏格兰爱丁堡。代数学、微积分学、矿冶学。

1711 年就读于牛津大学巴利奥尔学院，由于拒绝为继续获奖学金所必需的宗教宣誓，后于 1716 年辍学而离开牛津到威尼斯。1724 年回苏格兰，几个月后定居于伦敦，最后迁居爱丁堡。与牛顿、麦克劳林等许多著名数学家通过信。由牛顿推荐，1726 年成为英国皇家学会会员。1748 年被选为普鲁士柏林科学院外籍院士。在威尼斯期间，曾学过制造玻璃和采矿技术，以致在 1735 年后，其大部分精力化在采矿事业上，组织了苏格兰煤矿公司，成为一位出色的管理者。在格拉斯哥，被选为地方议员，担任过簿记及航海学、地理学、应用数学和法语教师。晚年，行动不便，变得很脆弱，最后在赴爱丁堡医疗途中去世。

其科学成就有：1717 年出版第一部著作《牛顿的三次曲线》，书中把 x 和 y 的一般二次方程化为几种标准型；在牛顿识别的 72 种三次曲线外，又补充了 4 种；证明了 n 次代数曲线由 $\frac{n(n+3)}{2}$ 个点所确定；断言任两平行线切割一条给定的曲线，它们的交点(实的或虚的)个数相同；证明了延伸到无穷远的曲线的分支个数是偶数。1718 年通过牛顿发表了论文“微分法的牛顿例证”。1719 年发表论文“差分法”，该文给出了著名的牛顿-斯特林中心差分公式。1730 年主要著作《微分法》出版，该书引进了求和法及插值法。书中称 $\frac{1}{x\quad a}=\frac{1}{x}+\frac{a}{x(x+1)}+\cdots$ 为斯特林级数；对于级数求和，给出计算公式的例子 $\frac{\pi}{4}=1-\frac{1}{3}+\frac{1}{5}-\frac{1}{7}+\cdots$，并建立斯特林公式，用近代记号表示，它可以写为 $n!=(\frac{n}{e})^n\sqrt{2\pi n}\exp\left[\frac{B_2}{1\cdot 2}\cdot\frac{1}{n}+\cdots+\frac{B_{2k}}{(2k-1)(2k)}\frac{1}{n^{2k-1}}+\cdots\right]$；对于级数插值，作为例子，取 Γ 级数 $\Gamma_{n+1}=n\Gamma_n$，其中 $\Gamma_1=1$，并求出 $\Gamma_{3/2}$，这结果现代记为 $\sqrt{\pi}=\Gamma(\frac{1}{2})$；讨论了任意成等差的自变量的对数的和，得出等价于斯特林公式 $n!\sim n^{\frac{n+1}{2}}e^{-n}$ 的对数的结果。

在 1717 年 6 月离开伦敦之前，他还写过一篇关于地球物理学的论文“地球的外形和在其表面的引力变化”，交给英国皇家学会。1727 年出版了著作《机械的和经验主义的哲学》，其中包含了有关机械学、静力学、光学和天文学的内容。由于他从事采矿业，使他没有机会在数学领域里有更深的发展，其有意义的著作都发表在 1720 年到 1730 年间。

(卫瑞霞 田 雁)

麦克劳林，C.（Maclaurin，Colin） 英国人，1698 年 2 月生于英国苏格兰基尔莫丹，1746 年 6 月 14 日卒于苏格兰爱丁堡。代数学、微积分学、力学。

牧师的儿子。6 岁丧父，15 岁丧母，由叔父抚养成人。1709 年入格拉斯哥大学学神学，后受教师影响转学数学。1717 年任马利查尔学院数学教授。1719 年访问伦敦，结识牛顿并建立了通信关系。同年被选入英国皇家学会。1720 年离苏格兰任波尔沃思侯爵之子的宫廷教师。1724 年在牛顿推荐下任爱丁堡大学代理数学教授，次年成为正式教授。

早期论著多数与力学、几何学有关。1720年出版的第一本著作《有机的几何学》,讨论了圆锥曲线和高次平面曲线的性质;给出了许多重要定理的证明,例如用传统的几何方法指明了三次、四次曲线可以用两个角绕各自顶点的旋转来描述;还给出了高次曲线二重点的最多个数;引进代数曲线的“亏格”概念,为代数曲线开创了一个新的研究方向。

受到牛顿的强烈影响,成为牛顿流数理论的积极拥护者和保卫者。作为对贝克莱(G. Berkeley)大主教攻击牛顿的反驳,于1742年发表了最著名的著作《流数论》,这是系统地逻辑地介绍牛顿方法的最早著作,包含他的许多研究成果,如乘积微分公式、无穷级数的积分判别法和著名的麦克劳林级数等,还包含许多几何、静力学和引力理论问题的解法。该书在英国广为流传,被奉为微积分学的经典著作达80年之久。很注重微积分的实际应用,1724年因“论物体的碰撞”一文获法国科学院奖金;又因对潮汐问题的研究,曾与欧拉、丹尼尔·贝努利分享法国科学院的奖金。 (吴茂庆)

莫帕图伊,P.-L. M. de (Maupertuis, Pierre-Louis Moreau de) 一译莫佩蒂。法国人,1698年9月28日生于法国圣马洛,1759年7月27日卒于瑞士巴塞尔。*大地测量学、人类学、物理学。*

父亲是法国议会议员。他本人16岁赴巴黎拉马基学院学习哲学,不久在尼科尔指导下改学数学。连续发表多篇数学论文,1726年论无穷大与无穷小,1727年论摆线,1727~1729年发表3篇论曲线的文章。同时对生物学感兴趣,为博物学家当秘书。1723年被选入法国科学院时年仅25岁。1728年访问英国伦敦,同年当选为英国皇家学会外籍会员。1729年入瑞士巴塞尔大学,师从著名数学家约翰·贝努利,次年回巴黎。1743年入选法兰西学院院士。1746~1754年应弗里德里希(Friedrich)大帝邀请任德国柏林科学院院长。是牛顿运动学说在法国的主要倡导者。为证实牛顿关于地球向两极变平的推断,1736年5月带领考察队去北极拉普兰地区测量子午线1°的长度。回巴黎后,于1737年8月20日在科学院报告会上总结了各地测量所得的结果证实了牛顿的推断,被伏尔泰称为“两极的压平者”。1744年在研究光的理论时,提出了著名的最小作用原理。该原理后经欧拉、哈密顿和拉格朗日发展成数学物理的主导原理,也是变分法产生和发展的主要源泉。1748年发表了关于性格分类的文章,对双亲遗传的性质作了理论的推导,超前一个世纪发现了胎儿的形成和遗传性质的理论。还提出了度量愉快或痛苦的公式,认为愉快或痛苦的总计等于强度与持续时间的乘积。该公式类似于他的最小作用原理,说明他已把自然科学推广到人生哲学。

(张镜清 朱 烈)

卡米,C.-É.-L. (Camus, Charles-Étienne-Louis) 法国人,1699年8月25日生于法国巴黎附近克雷西昂布里,1768年5月4日卒于巴黎。*应用数学、大地测量学、科学管理。*

外科医生之子。早年就显示了数学和力学的才能,后入巴黎大学纳瓦勒学院学习。1727年参加法国科学院的船桅安装最佳方案有奖竞赛论文获奖,并在科学院发表,以后一直担任科学院管理员达40年之久。1750年、1761年先后任法国科学院理事。最重要的贡献是1736年随法国科学院远征队赴北极拉普兰测定地球的形状和经圈子午线1度弧长。还参加了法兰西地图的绘制,该地图于1744~1787年由科学院陆续出版。所著《数学教程》由算术、几何、力学和水力学四部分组成,1749~1751年出版了前3部分,第4部分水力学在生前未出版,留有遗稿。该书是供工科学生用的一本很好教材。 (沈 铁)

布赖肯雷,W. (Braikenridge, William) 英国人,约生于1700年,1762年7月30日卒于伦敦。*几何学、概率论、人口统计。*

是英国圣公会牧师,著名神学家,曾任伦敦某教区长。1752年当选为英国皇家学会会员。主要工作在几何曲线方面,代表作是1733年出版的《几何练习》。最突出的成就是建立了布赖肯-麦克劳林定理:如果一个多角形的各边通过一些定点,且除去一个顶点外其余顶点位于一些给定的直线上,则自由顶点描出圆锥曲线或直线。在皇家学会会刊上发表许多论文,其中包括曲线描绘方法和人口统计、人寿概率统计等成果。(吴茂庆)

罗宁,J. (Rowning, John) 英国人,约1701年生于英国林肯郡阿什比,1771年11月卒于伦敦。*微积分学、物理学、仪器研制。*

1721年入剑桥大学马格达伦学院,1724年获文学士学位,1728年获文科硕士学位。留校任评议员。不久任该校于林肯郡安达比学院院长。他的一位兄弟是有名的机械师和钟表匠。受其影响,1733年发表论文,介绍自己发明的新型气压计。1756年出版《流数法初论》的教科书。1770年发表过图解方程组的模拟机的论文。撰写的《自然哲学简明体系》是18世纪最流行的一本经典物理学教材之一。该书分为4个部分,抵制牛顿把力解释为上帝对事物的持续作用的以太学说,1735~1772年间再版了7次。 (高岳兴)

贝叶斯,T. (Bayes, Thomas) 英国人,1702年生于英国伦敦,1761年4月17日卒于肯特郡坦布里奇韦尔斯。*微积分学、概率论。*

1719年入读爱丁堡大学。1733年成为不信奉英国国教的长老会牧师。长期在家乡的教堂任职。1742年被接纳为英国皇家学会会员。一生中仅出版过两部论著:《神的仁慈》(1731年)和《流数法原理导引》(1736年)。对贝克莱(B. Berkeley)主教反对微积分学的《分析学者》给予有力而正确的反驳。在概率论领域,最重要论文有“机会理论的问题试解”，其中，建立了著名的贝叶斯定理：$\int_f^b x^p(1-x)^q \mathrm{d}x \Big/ \int_0^1 x^p(1-x)^q \mathrm{d}x$ 及后验概率 $P(H_i \mid E) = P(H_i)P(E \mid H_i) \Big/ \sum_{j=1}^{n} P(H_j)P(E \mid H_j)$，其中 $P(H_i)$ 为先验概率。（刘 韵 高岳兴）

德帕西厄，A.（Deparcieux, Antoine） 法国人，1703 年 10 月 28 日生于法国克洛特德塞苏，1768 年 9 月 2 日卒于巴黎。三角函数、概率论、统计学、仪器研制。

贫穷农家子弟。12 岁时就失去双亲，由哥哥抚养。15 岁到耶稣会阿莱斯学校读书。1730 年去巴黎学数学，成为日规（日晷仪）等科学仪器的制造者。1746 年当选为法国科学院院士。1741 年，在著作《平面和球面三角学的新成果》中，给出了精确到七位小数的正弦、正切、正割表，以及计算到八位小数的正弦和正切的对数表。使用过比例式 $\sin s : \sin(s-c) = \sin(s-b)\sin(s-a) : x^2$ 和 $\sin(s-a) : r = x : \tan\dfrac{A}{2}$，并给出 $\tan\dfrac{a}{2}$ 的公式。他的《论人类寿命的概率》（1746 年）是一本早期的统计专著，包含年金、死亡率和终身年金等方面的论文。对水力学有很大兴趣和研究，曾设想引伊维特河水到巴黎，但这一设想在他死后才实现。（卫瑞霞）

卡斯蒂隆，J.（Castillon, Johann） 意大利人，1704 年 1 月 15 日生于意大利托斯卡纳，1791 年 10 月 11 日卒于德国柏林。代数几何、天文学、科学传播。

出生于名门望族。在意大利比萨大学学习数学和法律，1729 年获法学博士学位。1736 年去瑞士任沃韦人文学校校长。后在洛桑大学、伯尔尼大学任教。1751 年在荷兰乌得勒支大学讲授数学和天文学，1754 年在该校获哲学博士学位，1755 年升为哲学与数学教授，1758 年任校长。1765 年任柏林天文台的皇家天文学家。1787 年接替拉格朗日任柏林科学院数学学部主任，任职到去世。是英国皇家学会外籍会员、德国格丁根科学院外籍院士及柏林科学院的外籍终身院士。1741 年起，他研究和发表有关心脏线、圆锥曲线、三次方程和大炮问题。1744 年在瑞士主编出版 3 卷牛顿著作；1748 年编辑出版了欧拉著作。1761 年出版了对牛顿著作《算术通论》的评注，并将洛克的《自然哲学基础》译成法文。（沈 铁）

克莱姆，G.（Cramer, Gabriel） 瑞士人，1704 年 7 月 31 日生于瑞士日内瓦，1752 年 1 月 4 日卒于法国塞兹河畔巴尼奥勒。代数学、几何学。

医师之子。入读日内瓦大学加尔文学院，18 岁时通过声学方面的论文答辩，获博士学位。留校工作。1734 年任数学教授，1750 年为哲学教授。曾两次出国访问学习，在他一生中起了重大作用。特别是同丹尼尔·贝努利的友谊，对后来的编辑工作很有帮助。是英国皇家学会外籍会员，以及柏林、里昂和蒙彼利埃等科学院外籍院士。

在代数曲线的讨论中作出过很大的贡献。1750 年出版的《代数曲线的解析引论》中，引入了正则、超越、机械和无理曲线的概念，并讨论了一些作图技巧；对代数曲线进行了分类，导出了 v 次曲线由 $\dfrac{v(v+3)}{2}$ 个点决定的结论。在该书的附录中，叙述了解线性方程组的一般方法，即著名的克莱姆法则。还研究了涉及两条曲线的交点个数的悖论，作出了合理的解释。另一个创新工作是引入了与数学期望有关的“效应”概念，是联结数学经济学与概率论之间的环节。（沈 铁）

方丹，A.（Fontaine, Alexis） 法国人，1704 年 8 月 13 日生于法国德龙省克拉范逊，1771 年 8 月 21 日卒于索恩-卢瓦尔省奎瑟厄克斯。微积分学、代数学、几何学、力学。

皇家公证员之子。曾在图尔农学院求学，后赴巴黎大学学数学。因发表多篇数学论文，1733 年当选为法国科学院院士，被委任为副技师，1739 年升为几何学家。因性情怪僻，很少参加科学院的工作。

在偏导数理论、微分方程和方程理论方面都有贡献。引入了偏导数符号，使由牛顿、莱布尼茨创立的微积分的符号体系更完善实用，是偏导数理论的创立者之一。1734 年在一篇研究报告中，把介质的阻力假设为速度的二次函数，解决了等时下降轨迹问题，其解法比惠更斯、牛顿、欧拉和约翰第一·贝努利等人的方法更简便。曾在求解 n 阶常微分方程时提出了一些想法，预示了奇解的理论，研究了高次代数方程的因式分解问题，虽叙述难以理解，但对三、四次方程很有效。（高楚明 张镜清）

泽格纳，J.-A.（Segner, János-András） 匈牙利人，1704 年 10 月 9 日生于匈牙利普雷斯堡（现斯洛伐克的布拉迪斯拉发），1777 年 10 月 5 日卒于德国哈雷。代数学、几何学、力学、工程技术。

1725 年入德国耶拿大学学习医学、物理学和数学，1729 年获医学博士学位。毕业后，在匈牙利的德布勒森任医师。18 个月后回母校，1733 年任数学教授。1735 年任格丁根大学的数学和物理学教授。后任哈雷大学教授和柏林科学院、圣彼得堡科学院的外籍院士。在数学和物理方面作出了很多贡献。给出了关于代数方程根的笛卡尔符号法则的证明，发展了代数方程的根的图解法，给出了著名的欧拉问题——用不交叉的对角线分 n 边形为三角形的可能分法数——的解答。1750 年又发明了“反动水力涡轮”，现称为泽格纳轮子。引入了固体的三条旋转主轴，并首先讨论了刚体绕三主轴旋转的问题，为欧拉建立刚体运动的基本方程打下了基础。还撰写过许多颇受欢迎的数学手册和物理学著作。（卫瑞霞）

罗宾斯，B.（Robins，Benjamin） 英国人，1707年生于英国巴斯，1751年7月20日卒于印度马德拉斯。微积分学、力学、军械工程。

裁缝之子。在家乡中学毕业后，到伦敦学数学，师承物理学家、数学家H.彭伯顿。1727年证明了牛顿求积著作中的第11个命题。同年当选为英国皇家学会会员。撰写的名著《射击新原理》于1742年出版，1745年被欧拉译为德文。以发明冲击摆而闻名于世。冲击摆可用来测定子弹出膛时的速度，现在用于显示动量守恒定律。研究了高速物体在流动介质中的阻力、炮管内炮弹所受的压力，还研制过军事信号火箭。1747年获英国皇家学会科普利奖章。（高岳兴）

黎卡提，V.（Riccati，Vincenzo） 意大利人，1707年1月11日生于意大利特雷维索附近的卡斯特弗朗哥，1775年1月17日卒于特雷维索。代数学、微积分学。

著名数学家J. F.黎卡提之子。1739年起继承父业，在博洛尼亚大学教数学长达30年。研究微分方程、讨论两曲线长度之间的关系、圆锥曲线求长和椭圆积分等课题；提出了用三角线表示圆函数的想法以及无穷小替换原理；导出了 $\text{ch}w=\dfrac{e^{w}+e^{-w}}{2}$，$\text{sh}w=\dfrac{e^{w}-e^{-w}}{2}$，$\text{ch}^2w-\text{sh}^2w=1$ 等公式；介绍过应用双曲函数求方程根的方法。和G.萨拉迪尼（Girolamo Saladini）合著《解析研究》（3卷，1765～1767年），是欧拉以前在积分论方面最广博的著作。还研究了曳物线的切线、四叶玫瑰线和圆面的反射等问题，改进了惠更斯的解法。（高岳兴）

欧拉，L.（Euler，Leonhard） 瑞士人，1707年4月15日生于瑞士巴塞尔，1783年9月18日卒于俄国圣彼得堡。复变函数论、拓扑学、力学、天文学、变分学。

父亲是基督教牧师，但对数学十分喜爱。在父亲的教育和影响下，数学才能得到了充分发展。1720年秋，不满14岁就考入巴塞尔大学，1722年获学士学位，1723年获哲学硕士学位。18岁开始独立从事数学研究，相继发表了“代数逆轨线”等两篇论文。由于当时的瑞士极不重视数学，1726年应邀到刚成立不久的圣彼得堡科学院任生理学助理研究员。此后虽没有再回国，但一直保留着瑞士国籍。1731年升任圣彼得堡科学院物理教授，1733年任数学教授。1741年应普鲁士国王邀请，赴柏林为公主讲授数学、天文学、物理学及哲学等课程，同时研究解决了普鲁士的保险以及运河、水工等工程问题。1766年经俄国沙皇多次邀请重返圣彼得堡工作直至去世。是圣彼得堡科学院、柏林科学院及巴黎科学院的外籍院士，又是英国皇家学会外籍会员。

才华出众，有惊人的记忆力和毅力，经常在13个子女的哭闹声中坚持工作，有时甚至一边抱着孩子给他们做科学游戏，一边构思或撰写论文。30岁左右即一目失明，64岁时双目失明，此前不久一场大火又烧掉了除手稿外的全部房产和藏书。但在一系列打击下，并未减少科学研究工作，而是更顽强地以自己非凡的记忆力和心算能力，口述了400余篇论文和几本著作，经他儿子和学生们整理后出版。一生约写了800多篇论文及多部巨著，是科学史上罕见的多产科学家。

是复变函数论的先驱者和变分学的奠基人。借助代数、无穷级数和无穷乘积等工具发展了初等函数。1743年导出了著名的欧拉公式 $e^{\pm xi}=\cos x\pm i\sin x$，把数学中5个最重要的数1、0、π、e和i联系了起来。发现复数域对一切代数运算和超越运算是封闭的。证明了解析函数 $u(x,y)+iv(x,y)$ 的实部和虚部满足方程 $\dfrac{\partial u}{\partial x}=\dfrac{\partial v}{\partial y}$，$\dfrac{\partial u}{\partial y}=-\dfrac{\partial v}{\partial x}$，得到重要结果 $\int_0^{\infty}\dfrac{\sin x}{x}\mathrm{d}x=\dfrac{\pi}{2}$。

在变分学方面，建立了变分学的基本原理，解决了约翰第一·贝努利提出的著名的“最速降落线”问题，即“在垂直平面内有任意两点，一质点在重力作用下，由较高点运动到较低点，若质点无初速且不计摩擦力，问质点沿什么路线所需时间最短?”解得最速降落线曲线是悬链线。对这类问题的普遍解法的研究就是变分学的主要课题。

还是拓扑学的创始人。给出了著名的柯尼斯堡7桥问题的解。柯尼斯堡（现俄罗斯加里宁格勒）位于两条河流的交汇处，河上有7座桥，能否步行游览整个柯尼斯堡而只通过每座桥一次？这在当时是一个难题，他猜想不存在这种走法。1736年证明了这个猜想，从而在理论上解决了这样的一类问题，即图论数学中的“一笔画”问题。

他的研究工作涉及数学的许多领域，并都留下了永恒的标志，许多重要的常数、公式和定理以他的名字命名。例如，常数 $E=\lim\limits_{n\to\infty}(1+\dfrac{1}{2}+\dfrac{1}{3}+\cdots+\dfrac{1}{n}-\ln n)=0.577\,215\,66\cdots$，椭圆积分中的加法定理，代数学基本定理等。又利用代数和分析的方法研究几何，用两种方法对球面三角作了解析的阐述。对曲面上的测地线的研究是发展微分几何的重要标志。而在常微分方程和偏微分方程方面的研究成果则对力学研究起了很大作用。引进了许多数学符号、记号，如自然对数的底e、用 f 和括号表示函数，如 $f([x/a]+c)$、三角函数记号、有限差分记号 Δy、$\Delta^2 y$ 等，用 f_n 表示数 n 的所有因子的和，用 $\sum$ 表示和，用字母 i 表示 $\sqrt{-1}$，等等。

他用数学方法研究物理学；开辟了物理学的新领域。系统地研究了力学，摒弃了传统的几何法，成功地采用分析方法，从而使问题的解更直接、清晰。1736年写了著名的《力学，或运动学分析》一书。用偏微分方程研究流体力学，第一个得到流体静力学和流体动力学的许多基本原理。应用数学方法发展了刚体运动和固体弹性稳定性理论，《刚体运动理论》（1765年）使他成为刚体力学的创始人之一。研究了光通过各种介质时的现象，提出了复杂的物镜原理。论述了折射望远镜、反射望远镜及显微镜的最佳计算规则，解决了映像的最大亮度、最大视野、最大放大率等计算问题。还研究过潮汐理论、船舶航行与设计，写了著名的《航海学》(2卷，1749年)，对船的平衡、船型、船的摇晃、风力的影响与驾驶等问题作了详尽的论述。1759年曾以"论船舶的左右及前后摇晃"一文获法国科学院的奖金。他的航海学理论对沙俄的海军建设起了一定指导作用，有利于沙俄开始成为海上一强。

在天文学方面也有重要建树。1748～1752年，研究土星和木星互相摄动对它们的轨道根数的变化，首创根数变易法，为天体力学中的摄动理论作了奠基性的工作。1753年建立了第一个科学的月球运动理论，J. T. 迈耶正是运用了这一理论才在1755年编制了相当精确的月球运行表，对航海起了重要的作用。还假定地球是一个旋转椭球形的刚体，推出若地球自转轴稍微偏离惯性主轴，则前者将以10个月的周期绕后者作自由摆动，现称为欧拉周期。这是对后来发现的地球极移的最早预言。

发表的重要著作还有：《求最大值和最小值的曲线方法，或等周问题的解答》(1741年)、《行星和彗星的运动理论》(1744年)、《变分学》(1744年)、《轨道计算基础》(1745年)、《火炮与弹道理论》(1745年)、《无穷小分析引论》(1748年)、《造船学与航运》(1749年)、《月球运动理论》(1753年)、《微分学原理》(1755年)、《积分学原理》(1768～1770年)、《船舶航海的科学理论》(1773年)等。1738～1772年间，共获得法国科学院12次奖金。

(卫瑞霞　徐平五)

辛普森，T. (Simpson, Thomas)　英国人，1710年8月20日生于英国莱斯特郡马凯特博斯沃思，1761年5月14日卒于同地。数学分析、概率论、应用数学、数学教育。

早年随父从事织布业，自学成才，15岁起在乡镇小学教数学。亦是家乡有名的算命者。1736年到伦敦进修和研究数学。1743年《数学论文集》出版后，经英国皇家学会会长的推荐，到皇家军事学院执教。2年后成为英国皇家学会会员。是当时英国最有才能的分析学家和两本最佳微积分论著之一的作者。1754年起任《妇女日志》、《绅士日志》和《数学珍品》等期刊的主编。1758年当选瑞士皇家科学院外籍院士。

1737年发表的"关于流数法的新论点"论文中，引入了实际上是现代的微分的概念。他于1750年出版的2卷本《流数法原理与应用》，被许多人认为是18世纪出版的关于牛顿微积分学版本的最佳表述。将他建立的近似计算曲边梯形面积的公式命名为辛普森公式，是人们对他的最好纪念。曾企图改革英国的数学分析，但由于过度的工作和早衰，愿望未能实现。在谢世50年后，罗伯特与他的学生继承了他的事业，在剑桥大学改革数学分析，使英国的数学重新进入了欧洲的前列。

1740年的《论机会的性质和规律》是当时重要的概率论著作。在年金和人寿保险方面做了许多工作。1742年发表了论文"年金与人寿保险金等"，1752年又发表了关于终身年金的补充论文，其中包含了常被引用的大量例证以及按伦敦死亡表所作出的生命估值表，此表被后人常引用。

他是个富有进取心的数学教师，出版了3本畅销的教科书。《代数学》于1745～1826年间在英国出版10次，在美国和德国有翻译版；《几何学》于1747～1821年间在伦敦出版6次，在巴黎出版5次，在阿姆斯特丹出版1次；《三角学》于1748～1799年间在伦敦出版5次，在美国和法国有翻译版。

(卫瑞霞　田　雁)

加代马尔维，J. P. de (Gua de Malves, Jean Paul de)　法国人，约1712年生于法国卡尔卡松附近，1786年6月2日卒于巴黎。解析几何、代数学、矿物学、科学传播。

早年曾去意大利学习科技知识，数年后成为知识丰富的学者。1741年作为几何学家当选法国科学院院士。1742～1748年任法兰西学院古希腊语与拉丁语教授。1745年起离开科学院去研究博物学与矿物学。1785年科学院改组时重返那里。主要工作是发展了平面曲线的理论。1740年出版的关于解析几何的著作《笛卡尔发现的解析方法的应用》中，运用笛卡尔的方法和标记讨论了平面曲线的性质，研究了切线、渐近线和各种奇点，引进了两种新型的三次曲线；讨论了代数方程的根，证明了负根个数最多等于方程$f(-x)=0$的负数变号的次数。1747年负责主编著名的《E. 钱伯斯百科全书》法国版。翻译过贝克莱等人的哲学和政治经济学著作。1764年出版了矿物学著作。

(高岳兴)

柯尼希，J. S. (Köenig, Johann Samuel)　德国人，1712年7月31日生于德国比丁根，1757年8月21日卒于荷兰阿默龙恩附近南兰斯坦。数学基础、数学物理学、物理学。

父亲是瑞士伯尔尼大学东方学教授，神学家、语言学家和数学家。最初在家接受父亲的科学教育。在瑞士洛桑大学和伯尔尼大学学习后，1730年赴瑞士巴塞尔大学学习，得到约翰第一·贝努利和丹尼尔·贝努利父子的指导，和克莱洛、莫帕图伊一起学习数学，还研究了牛顿的《自然哲学的数学原理》。1737年起，先后去伯尔尼大学和巴黎大学任教数学。1744年任荷兰弗莱克大学的哲学和数学教授。1749年任荷兰海牙大学图书馆馆长。是普鲁士柏林科学院院士。1751年发表了关于最小作用原理的文章，反对莫帕图伊，引起了一场争论。所著关于蜂房结构的论文使他当选为法国科学院外籍院士。1751年出版重要著作，建立了质点系重心运动的动能定律，该定律以他的名字命名。

(汤正谊　张镜清)

克莱洛，A. -C. (Clairaut, Alexis-Claude)　法国人，1713年5月7日生于法国巴黎，1765年5月17日卒于

同地。微分方程、天体力学、大地测量学、光学。

巴黎大学数学教授、柏林科学院外籍院士之子。童年就显示了非凡的数学天才。在父亲的指导下，9岁开始学习数学；10岁钻研洛必达的著作。因数学成就，1731年18岁当选为法国科学院院士。还是英国皇家学会外籍会员，柏林、圣彼得堡、博洛尼亚、乌普萨拉等科学院的外籍院士。

12岁写出了关于研究四阶代数曲线的论文；16岁起研究双曲率曲线；18岁发表"关于双重曲率曲线的研究"(1731年)的论文，论述了曲面和空间曲线的解析性，创立了空间曲线的理论；1734年研究了后来命名的克莱洛方程，特别对奇解作了较完善的讨论；1739年和1740年的论文还引入了一阶微分方程的通解、特解、恰当方程及积分因子等概念。撰写的《几何基础》(1741年)和《代数基础》(1749年)的教科书，通俗易懂，是很好的教材，对数学教学方法的发展有很大影响。

1736年4月20日至1737年8月20日，参加以只莫帕图伊为首的北极远征队，赴拉普兰测定子午圈上1度的弧长。1743年出版著作《基于流体静力学的地球形状理论》，提出了位势理论，建立了克莱洛大地测量基本定律，导出了将地心引力表示成纬度函数的克莱洛公式。在天体力学方面，1745年开始研究三体问题，特别涉及对月球的运动、哈雷彗星的运动和太阳摄动等问题，所著《月球的运动理论》(1752年)和《月球表》把三体问题的近似解提高到很高的精度。另两本著作《彗星的运动理论》和《彗星运动的研究》(1762年)获圣彼得堡科学院的奖金。对光的像差、光学粒子理论中的折射问题也都作出了贡献。与欧拉都是关于运动的动力理论的创始者。1745～1756年间，参与把牛顿的《自然哲学的数学原理》一书译成法文，并作了注解。（沈　铁）

法尼亚诺·德托斯基，G.F.（Fagnano dei Toschi，Giovanni Francesco）　意大利人，1715年1月31日生于意大利锡尼加格里亚，1797年5月14日卒于同地。几何学、三角学。

数学家和锡尼加格里亚行政长官G.C.法尼亚诺·德托斯基的独生子。1752年被任命为锡尼加格里亚大教堂的牧师，3年后被任命为主教。在其父影响和鼓励下，业余研究数学。在三角形几何方面作出了贡献，特别是导出了定理：以三角形的三垂足为顶点的三角形分别以这些垂线为三个角的平分线。还写过一些关于分析方面的文章，其中最重要的是关于积分 $S_n=\int x^n \sin x\mathrm{d}x$ 和 $C_n=\int x^n \cos x\mathrm{d}x$ 的递推公式：$S_n=nC_{n-1}-x^n\cos x$ 和 $C_n=x^n\sin x-nS_{n-1}$ 及积分公式 $\int \tan x\mathrm{d}x=-\ln\cos x$、$\int \cot x\mathrm{d}x=\ln\sin x$。

（卫瑞霞）

斯图尔特，M.（Stewart，Matthew）　英国人，1717年1月15日生于英国苏格兰比特岛，1785年1月23日卒于苏格兰艾尔郡卡特里恩。几何学、天文学。

牧师之子。1734年入英国格拉斯哥大学学习数学。1741年到爱丁堡大学，在麦克劳林指导下研究微积分和高次平面曲线。1745年任罗斯尼茨教区牧师。1746年麦克劳林去世后，1747年9月他被推选为爱丁堡大学数学教授。此后，兴趣转至天文学和自然哲学。1756年，撰写以几何方法研究开普勒行星运动第二定律的论文。同年获格拉斯哥大学荣誉博士学位。在1763年发表的论文中，计算出太阳到地球的距离的近似值为29 875地球半径，此值比实际的日地距离约大四分之一，虽然还不太准确，但所采用的纯几何的方法却是一种创新。1764年当选为英国皇家学会会员。

（卫瑞霞）

阿涅西，M.G.（Agnesi，Maria Gaëtana）　一译艾格尼丝。意大利人，1718年5月16日生于意大利米兰，1799年1月9日卒于同地。数学分析、数学物理学。

出生于缫丝业富商家族。父亲有3个妻子，21个孩子，阿涅西是家中长女。从小受到良好的家庭教育，表现出数学才能，掌握拉丁语、古希腊语和古希伯来语等多种语言。1750年任博洛尼亚大学数学和自然哲学教授。1752年她父亲去世后，献身于慈善事业。1771年任米兰一贫残慈善救济院院长直到去世。

是近代西方第一个女数学家。14岁就解决了解析几何和弹道学中的一些困难问题。17岁对洛必达的《圆锥曲线》写过评注。其论文课题很广，有逻辑学、力学、流体力学、弹性力学、天体力学、万有引力、化学、植物学、动物学、矿物学等，其中的191篇曾以《哲学命题》(1738年)为书名出版。1748年所著《分析原理》问世(2卷，1000多页)，对18世纪中期的代数和分析作了易于接受的综合处理，涉及内容很广，从初等代数到方程的经典理论，从坐标几何到微积分，从无穷级数直到微分方程的解。1749年6月，教皇本尼狄克十四世(Pope Benedict ⅩⅣ)授以金质奖章和镶有宝石的金杯。

（徐平五）

兰登，J.（Landen，John）　英国人，1719年1月23日生于英国彼得伯勒附近皮柯克，1790年1月15日卒于彼得伯勒附近米尔顿。代数学、对数。

是自学成才的数学家。1740～1762年任彼得伯勒地区的土地测量员。后任地产经济人。1754年在英国皇家学会会刊《哲学学报》上发表他的首篇数学论文。1755年出版《数学论文集》。1764年出版《剩余分析》，书中首次试图用纯代数的基础去平息"无穷小"引起的争论，此法类似于拉格朗日后来的"代数的"方法。1766

年，被选为英国皇家学会会员。1775 年在《哲学学报》上发表的文章中，论述了用两个椭圆弧之长表示双曲弧段之长的问题，引入了著名的兰登变换。1760 年起，还研究和讨论了“双重对数”及“三重对数”，后者发表于《数学回忆录》(1780 年初版，1790 年第 2 版)中。

1771 年，他纠正了 M. 斯图尔特关于日地距离的计算错误。 (张镜清)

克斯特纳，A. G. (Kästner，Abraham，Gotthelf) 德国人，1719 年 9 月 27 日生于德国莱比锡，1800 年 6 月 20 日卒于格丁根。非欧几何、科学史学。

法学教授之子。1739 年在莱比锡大学通过教师资格考试，在该校讲授数学、逻辑学和自然法，1746 年任编外教授，1756 年被任命为格丁根大学的数学和物理学正式教授，并成为那里的数学和自然科学研究中很有影响的人物。他对于平行公设证明的研究，激起了人们对欧几里得平行理论之基础的研究兴趣，亦促进了兰伯特在平行理论上的重要研究，19 世纪初独立地创建非欧几何的三位数学家都直接或间接地受到过他的影响。高斯、J. 鲍耶的父亲及罗巴切夫斯基的老师都是他的学生。此外，在数学方面数以百计的短文和专题报告也是非常杰出的，著作中以《数学导论》(4 卷)和《数学史》(4 卷，1796～1800 年)最为著名，也以德国文学作品著称。 (张镜清)

勒普瓦弗尔，J.-F. (Le Poivre，Jacques-François) 法国人，18 世纪早期生活于法国。几何学。

唯一的数学成就是 1704 年发表的短文“圆柱和圆锥截交线在平面上投影理论及其简单解释”。该文前半部分用圆的平行投影法及反投影法讨论椭圆，使有关共轭轴的几个定理的证明大为简化；后半部分阐述了他创立的圆锥曲线的圆的中心投影构造法，并用该法论证了圆锥曲线的性质。此法乃是阿波罗尼构造法的推广。由于论述没有涉及焦点性质，一度被认为并未超出拉伊尔的工作，直到 1837 年才被确认是一种新方法。

(吴茂庆)

克拉夫特，J. (Kraft，Jens) 丹麦人，1720 年 10 月 2 日生于挪威腓特烈斯塔，1765 年 3 月 18 日卒于丹麦索勒。代数学、物理学、人学。

自幼失去双亲，在叔父家接受家庭教育。后赴德国和法国学习哲学和数学物理学。深受 C. 沃尔夫、丹尼尔·贝努利、克莱洛及达兰贝尔等人的影响。1746 年成为丹麦皇家科学院院士。翌年任索勒贵族学院的第一位数学和哲学教授。

在数学方面的研究主要是关于方程的根的讨论。1741～1742 年写的两篇论文借助笛卡尔的“截割”方法讨论方程的解，显示了渊博的数学知识和技巧。在 1751～1754 年写的两篇短文中，论证了在数学和物理学中不存在绝对的无穷大和无穷小，它们只能想象为一种相对的量。最著名的著作是一部关于理论力学和应用力学的教科书(2 卷，1763～1764 年)。该书使理论物理在丹麦成为大学课程，其中关于机械的部分还促进了工业的发展。该书被译成拉丁文和德文，深受国外学者的欢迎。此外，还写过多种关于逻辑学、宇宙学、本体论及心理学等方面的教科书，其中关于原始人类生活及风俗习惯一书，被认为是社会人类学的最早的一部经典著作。 (张镜清)

埃皮努斯，F. U. T. (Aepinus，Franz Ulrich Theodosius) 德国人，1724 年 12 月 13 日生于德国罗斯托克，1802 年 8 月 10 日卒于俄国多尔帕特(今爱沙尼亚塔尔图)。代数学、偏微分方程、电磁学。

神学教授之子。1747 年获罗斯托克大学文科硕士学位。留校任教数学，相继发表了关于代数方程的性质、偏微分方程的积分、负数概念等论文。1755 年春，任柏林天文台台长和柏林科学院院士。这期间，专心研究一种称为“电气石”(即碧玺宝石)的硅酸岩，设想电和磁在本质上是相似的。1756 年在欧拉的推荐下，任圣彼得堡科学院天文台台长和物理学教授，1798 年退休。1759 年，其著作《电磁实验理论》问世，书中首次用“超距作用”解释电现象。对电流感应的讨论与后来的静电理论很接近。 (徐平五)

蒙塔克拉，J. É. (Montucla，Jean Étienne) 法国人，1725 年 9 月 5 日生于法国里昂，1799 年 12 月 19 日卒于凡尔赛。数学史。

商人之子。少年时在里昂的耶稣会学校受到了良好的数学与古典语言的教育。1745 年到图卢兹大学学习法律，后又赴巴黎大学深造，不久即开始研究数学史。1754 年因在求圆面积方面的工作被选为柏林科学院的外籍院士。曾任法国皇家建筑的监察员和皇家监察官。于 1758 年出版的《数学史》是一本内容丰富的叙述从古代至当代学术成就的数学史书，其中确切地叙述了许多国家的力学、光学、天文学和音乐的学科发展与数学应用的关系。该书共 4 卷，第一卷从古希腊到 17 世纪阶段；第二卷涉及 17～18 世纪；第三卷包括纯数学、光学与力学；第四卷包含了天文学、应用数学、地理学及航海学。其中第三、四卷直到他死后 3 年才由童年时的朋友拉兰德等人编辑出版。书中的大量殷实史料，至今仍有参考价值。 (张镜清)

弗里西，P. (Frisi，Paolo) 意大利人，1728 年 4 月 13 日生于意大利米兰，1784 年 11 月 22 日卒于同地。代数学、水力学、天文学。

1764 年进米兰圣巴拿巴修道院学习，后获圣职。1753 年任米兰阿里斯桑德罗学院哲学教授。1756 年任比萨大学哲学教授，1764 年任米兰柏勒泰恩学院数学教授。1753 年当选为法国科学院外籍院士。1757 年当选为英国皇家学会外籍会员。也是圣彼得堡、柏林科学院外籍院士。

其数学研究包括运动学和等周问题。对水力学也有研究，曾应聘参加意大利北部河道工程，负责米兰到帕维亚的运河工程的设计工作。在物理学方面,为解释光和电引进了一些新概念。在天文学方面,研究了地球的自转、黄赤交角、月球运动、地心引力和子午仪等,曾获柏林科学院的奖金。主要著作有《代数和几何的分析》(1782年)、《力学》(1783年)和《宇宙志》(1785年),后者曾被译为英文和法文。还为伽利略、卡瓦利里、牛顿和达朗贝尔的著作写过评注,被认为是意大利当时的科学权威。 (高岳兴)

朗伯特,J. H. (Lambert, Johann Heinrich) 又译朗白尔或兰伯特。德国人,1728年8月26日生于法国阿尔萨斯省米卢斯,1777年9月25日卒于德国柏林。无理数、画法几何、光度学、宇宙学、哲学。

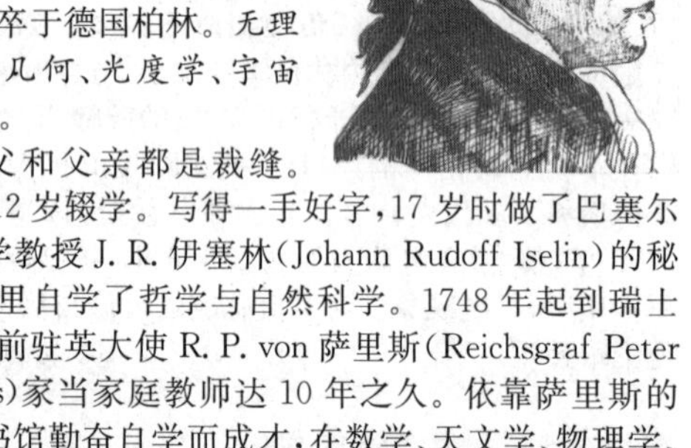

祖父和父亲都是裁缝。因家贫12岁辍学。写得一手好字,17岁时做了巴塞尔大学法学教授J. R. 伊塞林(Johann Rudoff Iselin)的秘书,在那里自学了哲学与自然科学。1748年起到瑞士库尔,在前驻英大使R. P. von 萨里斯(Reichsgraf Peter von Salis)家当家庭教师达10年之久。依靠萨里斯的家庭图书馆勤奋自学而成才,在数学、天文学、物理学、哲学等方面均有建树。曾在瑞士苏黎士进行天文观测。参与过慕尼黑的巴伐利亚科学院创建。1762年当选为圣彼得堡科学院外籍院士。1765年当选为柏林科学院院士。1771年当选为巴伐利亚科学院院士。

在数学方面,最著名的成果是关于e和π的无理性的讨论。1761年用连分数证明了:对非零有理数x,函数e^x与$\tan x$都不取有理值,从而推得e与π为无理数。这两个连分数因此以他名字命名。另一个重要贡献是关于欧几里得平行公理的讨论。1766年完成了著作《平行线论》(在去世9年之后才出版),考虑一个有3个直角的四边形,并假设第四个角依次为直角、钝角和锐角,指出直角假设等价于欧几里得平行公理,钝角的假设符合球面几何,于是猜想锐角的假设可能在虚球上实现。可贵的是认识到任何一组假设如果不导致矛盾的话,一定存在一种新的几何,换句话说,存在着非欧几何。他是把画法几何发展为一门独立学科的创始人之一。对制地图理论也有过贡献,地图投影法至今仍是测地投影现代理论的基础。研究过三角学和测角术,为了减少三角问题中的计算量,系统地研究过双曲函数,著名的朗伯特级数是又一个重要贡献。但直到1928年,N. 维纳运用该级数证明了有名的质数定理才充分显示其重要性。另有《数学的应用》等著作。

在天文学方面,最大的贡献是提出了关于宇宙结构的多级系统的大胆猜想。1761年出版《宇宙论书简》,对自己的猜想作了描绘:在广袤的宇宙空间中存在着无数级阶梯式的天体系统,围绕太阳转动的行星是第一级,太阳与其周围其他恒星的系统绕其中心转动是第二级,许多这样的系统的集合又构成第三级……这种宇宙图像远远超出了当时天文学家的视野,他的观点给后人以深远的影响。该书是天文学名著之一,先后被译成法文、俄文、英文等多种文字。

在物理学方面,重要贡献集中于测光法、温度测定和高温测定。1760年出版《光度学》。其中光束通过均匀透明的吸收介质的指数衰减规律被称为朗伯特吸收定律;关于漫射的规律被称为朗伯特余弦定律;首次引入"反照率"术语。

在哲学方面,主要贡献在于逻辑分析和构造法。试图像数学一样给形而上学以明确的定理与证明,创造一种逻辑或概念的算法。对基本概念、公理和相互关系的讨论是哲学中批判时期的预兆,其组合算法的逻辑分析促进了数理逻辑的发展。有《新工具论》等著作。

(张镜清)

贝祖,É. (Bézout, Étienne), 法国人,1730年3月31日生于法国内穆尔,1783年9月27日卒于法国枫丹白露附近的巴塞-洛格。代数学、应用数学。

其祖父及父亲均为内穆尔镇的行政长官,曾希望他继承父业,但他却酷爱数学。1758年任法国科学院助理机械师,同年任皇家监察官。1763年任海军部公务员招考的数学考考官。1768年又增加了给炮兵部队作同样的工作。同年成为法国科学院院士。

科学成就主要是对方程理论方面的研究。1758～1760年最早发表的两篇论文研究积分,从1762年左右起致力于代数的研究。在他的文章中,常用"简化解释的方法",即对一般问题的特殊情况进行证明,此法是他的第一篇关于代数的论文"几类方程"(1762年)的中心。这篇文章提供了解某些n次方程的一个方法,其中应用了消元的思想,例如把方程$x^n+mx^{n-1}+px^{n-2}+\cdots+M=0$作为$y^n+h=0$和$y=\dfrac{x+a}{x+b}$消元而来的。1764年,在"关于消去未知数的结果方程的次数"一文中讨论了欧拉的方法,定出由两个二元方程经消元而得出的结果方程的次数的上界。同年末的一篇文章中又给出了结果方程次数的下界。1779年出版关于消元理论的重要著作《代数方程的理论》。其中主要叙述并论证了贝祖定理:"由任何多个相同未知数的完全方程所得到的方程的次数,等于这些方程的次数的积。"这里他按欧拉的方法定义完全多项式为包含所有未知数的不超过多项式次数的所有可能的组合。还讨论了一系列不完全方程得到的方程,其次数低于它们的次数积的情况。他的理论促进了对代数几何中流形的交集的研究。

撰写的许多著作产生于给学生讲课的教材,因为他教学的目的并非是培养数学专门人才,而是为训练学生在航海及弹道等问题中所需的数学及机械基础知识,所以教材很注重实际应用,由于这一特色使他的课本在法国被广泛采用。19世纪初又多次被译成英语而用于美国的学校。这些课本因接近实际和浅显的解释,使它们在美国特别受欢迎,对美国19世纪数学教育的形成和内容颇有影响。 (卫瑞中)

博絮,C. (Bossut, Charles) 法国人,1730年8月11日生于法国罗讷-卢瓦尔省塔塔勒斯,1814年1月14

日卒于巴黎。应用数学、力学、工程学。

出生 6 个月丧父，由叔伯扶养成人，终身未娶。14 岁入耶稣会里昂学院学习神学和数学。1752 年任法国第一所军事工程学校梅齐埃尔工程学院数学教授。翌年当选为法国科学院通讯院士。是圣彼得堡科学院、意大利都灵科学院和博洛尼亚科学院外籍院士。

由于对欧洲科学教育作出杰出的贡献而在科学史上占有重要地位，撰写的数学、物理学和力学教科书成为 18 世纪标准化、严格化的教材，在法国和国外被广泛地使用了近半个世纪。参加了达兰贝尔等人所作的关于流体阻力的一系列著名的实验，还发表过不少有关工程学方面的论著。和达兰贝尔合作，为狄德罗主编的《大百科全书》撰写有关数学的部分。另出版有《普通力学》(1792 年)、《数学通史》(2 卷，1802 年)等。多次获法国科学院奖励。 （吴茂庆）

马尔法蒂，G. F. (Malfatti，Gian Francesco) 意大利人，1731 年生于意大利特伦托地区的埃拉，1807 年 10 月 9 日卒于费拉拉。几何学、代数学、微积分学。

在意大利博洛尼亚大学完成学业后，于 1754 年到费拉拉创办一所学校，他教数学与物理学。1771 年费拉拉大学重建后，被任命为数学教授，讲授从欧几里得几何到微积分的各种数学课程达 30 年之久。在几何和代数等方面也做了很多出色的工作。例如，在 1770 年对给定的五次方程构造了一个六次的预解式，即著名的马尔法蒂预解式。在 1802 年解决了在任意三角形中求作三个互切圆使它们与三角形的两边相切的问题。因为是第一个给出这个问题解法的人，故后人把这个问题称为马尔法蒂问题。此外，还研究了双纽线的性质和给出了求圆面积的极方程。 （张镜清）

安岛直圆 (Naonobu，Ajima 或 Chokuyen，Ajima) 日本人，约 1732 年生于日本江户(今东京)，1798 年 11 月 14 日卒于同地。微积分学、计算数学。

先从中西派的昌正衣里(Masatada Irie)学数学，后从山路主住(Nushizumi Yamaji)学数学和天文学。写过不少天文学和数学方面的著作。其中《福佑算法》一书意在校勘藤田贞资(Sadasuke Fujita)的《三阳算法》，后被用作普及教本。他为计算圆弧长，推广了前人的方法，创造了类似于欧洲定积分的方法。利用二重积分求得相交圆柱体公共部分的体积。改进过从中国传入的对数表，使之可查到十二位。还著有《马尔法蒂问题》和《圆柱术》等。他被誉为关氏学派的第四代大师。 （徐平五）

旺德蒙德，A. -T. (Vandermonde，Alexandre-Théophile) 一译范德蒙。法国人，1735 年 2 月 28 日生于巴黎，1796 年 1 月 1 日卒于同地。代数学、音乐、美学。

内科医生之子，曾在父亲的指导下从事音乐。当与数学家方丹结识之后转而研究数学。1771 年当选为法国科学院院士。1771～1772 年间，发表了 4 篇数学论文，并写了数篇美学和声学方面的文章，因此被誉为音乐界的数学家和数学界的音乐家。是第一个系统、逻辑地讨论行列式理论的学者，行列式理论的奠基人。行列式

$$\begin{vmatrix} a_1 & a_1^2 & \cdots & a_1^{n-1} \\ \vdots & \vdots & & \vdots \\ a_n & a_n^2 & \cdots & a_n^{n-1} \end{vmatrix} = \prod_{i>j} (a_i - a_j)$$

被命名为旺德蒙德行列式。此外，在用开根解方程方面亦作出了很大的贡献，可以与拉格朗日的工作相媲美。可是作为一个积极的法国大革命的参加者，他的热情很快就转移到了政治方面。 （卫瑞霞）

韦林，E. (Waring，Edward) 英国人，1736 年生于英国萨罗普郡什鲁斯伯里附近的老赫斯，1798 年 8 月 15 日卒于萨罗普郡彭蒂斯伯里。数学分析、数论。

农家子弟。1753 年入剑桥大学马格达伦学院，1760 年获硕士学位。留校任教，后被选为第六任卢卡斯数学讲座教授。1763 年被选入英国皇家学会。还是不少欧洲科学学会会员。1767 年获医学博士学位，但仅短期在伦敦各(医院)实习。

在他生活的年代，恰逢英国数学处在低潮时期，为改变这种状况，撰写了名著《分析学杂录》(1762 年初版，1776 年再版，1785 年第 3 版)，《代数沉思录》(1770 年初版，1782 年再版)等，其中给出了一些著名的数学结果，如数论中的韦林定理、韦林猜想、p 级数 $\sum_{n=1}^{\infty}\frac{1}{n^p}$ 的敛散准则，和以柯西命名的级数收敛的比值判别法等。1784 年获英国皇家学会科普利奖章。 （吴茂庆）

拉格朗日，J. -L. (Lagrange，Joseph -Louis) 法国人，1736 年 1 月 25 日生于意大利都灵，1813 年 4 月 10 日卒于法国巴黎。数学分析、函数论、天体力学、分析力学。

分析力学、天体力学奠基人之一，为 19 世纪的数学发展起了开创作用。都灵司库之子。一生可分为三个时期：1766 年前在都灵；1766～1787 年在柏林；1787 年以后在巴黎。主要研究成果是在前两个时期获得的，巴黎时期主要是总结以前的成果。

在都灵大学学习物理学和数学时，已显示杰出的才能，常同当时著名学者 J. 达朗贝尔和 L. 欧拉等人通信讨论学术问题。1754 年发表的第一项研究是极大极小问题，后同欧拉一起奠定了变分法基础。1755 年年仅 19 岁就被任命为都灵皇家炮兵学校教授。1766 年欧拉离开柏林去圣彼得堡后，应邀去柏林科学院接替欧拉当数学部主任。

1787 年离开柏林去巴黎，正逢法国大革命时期，担任了多种职务。1793 年任刚成立的科学院计量委员会

主席。后又任1795年成立的国家经度局委员、新建的高等师范和高等工业学校教授。1795年任国立研究院第一学部(分管物理学和数学)主任。1799年任拿破仑(Napoleon)设立的上议院议员。

1756年开始把变分原理应用于力学,还把欧拉的一个有心力场的结果推广到一般动力学问题。经欧拉推荐为柏林科学院外籍院士。1757年在都灵的青年科学家组织了一个科学协会(都灵科学院的前身),并用法语和拉丁语出版刊物《都灵综合论丛》,前3卷主要刊登他的论文;第4卷在他离开都灵之后出版,但也有4篇论文。这些论文内容涉及极大极小、有限差分法、声音的本质和传播、常微分方程的一些解法、线性常微分方程组、线性变换的特征值、土星和木星的运动等。其中重大成果是变分法在力学上的应用以及"最小作用原理"的提出,为分析力学的创立奠定了基础。这一时期还完成了法国科学院1764年和1766年度的征奖竞赛课题,即"关于月球的天平动"和"木星的伽利略卫星运动偏差的解释",为天体力学发展起了重要作用。

在柏林的21年间,除领导数学活动外,还编辑科学院报告(月刊)。在此刊上发表了63篇论文,还在其他刊物上发表了几十篇论文。

天体力学方面的工作,有获法国科学院1772年和1780年度竞赛奖的课题"三体问题的讨论"和"彗星受大行星摄动的理论研究",还有"月球长期加速度研究"、"行星轨道根数的长期变化"等。其间提出了著名的三体问题的"平动解"(后称拉格朗日特解)以及行星轨道根数变化的微分方程(以后叫做拉格朗日行星运动方程)。这些重要成果使他成为天体力学奠基者之一。在力学方面提出了分析力学中的拉格朗日运动方程,加上以前提出的最小作用原理,使他成为分析动力学的创始人之一。还研究了流体力学和椭球吸引等课题。这一时期在数学上的成果十分丰硕。数论方面,有不定方程的整数解。例如,对费尔马方程 $x^2-\alpha y^2=1$,证明了当 α 不是平方数时,有 x、y 的整数解存在($y\neq 0$);还证明了任何自然数都可表示为4个整数的平方和;对任何质数 n 而言,$(n-1)!+1$ 能被 n 整除。在代数学方面,提出了各种数值系数和文字系数方程的解法,以及代数方程的根与系数关系;提出了在天文学中得到广泛应用的著名的拉格朗日公式;还第一次提出了变换群(该名词是后来伽罗华提出的)的概念。在数学分析方面,提出了函数论的某些概念、椭圆函数概念及著名的中值定理;提出了一阶偏微分方程的奇积分和特积分,证明了一阶齐次偏微分方程同一个线性常微分方程组的积分等价;还讨论了一阶非线性偏微分方程和概率计算方法。

出版主要著作有:《分析力学论述》(1788年),为分析力学奠基性著作;《数学基本教程》(1795年),提出了著名的拉格朗日内插法;《函数的微积分教程》(1801年)和《函数论》(1806年),为19世纪数学的发展起了开创作用。后人把他的著作整理成《拉格朗日文集》(1867~1892年),已出版14卷,是科学史上的重要财富。1813年获大十字勋章。 (易照华)

布林,E. S.(Bring, Erland Samuel) 瑞典人,1736年8月19日生于瑞典克里斯蒂安斯塔德省奥瑟斯,1798年5月20日卒于隆德。代数学。

原学法学,1757年毕业于瑞典隆德大学。留校工作,1762年任讲师,1779年任法学教授。但爱好数学,撰写的他最有名著作《数学》(8卷)于1786年出版。其中最杰出的成就,是提出了一个把一般五次方程简化为三项式 $x^5+px+q=0$ 的变换公式,其中变换系数可由不高于三次的方程确定。可惜这一非凡的结果当时并未引起重视,半个世纪后才又由杰拉德重新导得。1858年埃尔米特进一步发现了应用这种变换可把五次式化为4个不同的五次三项式中的任何一个,然后借助于椭圆模函数求五次方程之解,建立了用超越函数来求解高次方程的新方法,从而肯定了这个变换在高阶方程研究中的重要作用。然而布林的功绩在隆德大学数学教授希尔(C. J. D. Hill)的不断努力下,直到1861年始被认可。 (吴茂庆)

赫顿,C.(Hutton, Charles) 英国人,1737年8月14日生于英国上泰恩河畔纽卡斯尔,1823年1月27日卒于伦敦。数学物理、工程技术、科学传播。

矿区主管之子。是一位自学成才的数学家。只上过正规的初等教育和夜校数学,1760年在家乡开办一所数学实习学校,同时在该地一所中学任教数学。1764年出版他的第一部教材《教师指南:实用算术大全》。接着出版《求职法》教程。后又出版了多部教学教材。1772年出版《桥梁学原理》。1773年任伍尔维奇皇家军事学院的数学教授,长达34年。同年任《淑女日志》主编直至1818年卸任,在任长达45年。1774年被选入英国皇家学会,1779~1783年担任外事秘书。写了许多物理学和力学方面的论文,其中于1778年发表的关于黑色火药爆炸力和炮弹速度的文章,获得英国皇家学会的科普利奖章。1795年出版了名著《数学和哲学词典》(2卷),是数学史家的一部有价值的资料。此外,1781年起为经度局,编纂过几本数学用表,翻译了奥扎南的《数学与自然哲学中的游戏》。 (沈 铁)

克吕格尔,G. S.(Klügel, Georg Simon) 德国人,1739年8月19日生于德国汉堡,1812年8月4日卒于德国哈雷。三角函数、球面三角、物理学。

商人之子。1760年入德国格丁根大学学习神学,1763年在A. G. 克斯特纳的指导下转攻数学,1766年获博士学位。同年开始主编了两年《汉诺威》杂志。1767年在黑尔姆施泰特大学任数学教授。1788年任哈雷大学物理学和数学教授。1803年被选为柏林科学院院士。

在数学、物理学方面写过许多论文、教科书和手册。

最重要的贡献在三角学方面。所著的《解析三角》把已有的孤立的三角公式用分析方法统一起来,并把三角函数定义为直角三角形的边之比。证明了正弦和及余弦和的定理,并把六个基本公式扩充至正球面三角形。撰写出版的《数学辞典》(3 卷,1803～1808 年)流行整个 19 世纪。另出版有《常识百科全书》(3 卷,1782～1806 年)、《算术初阶》(1793 年初版,1819 年第 6 版)等。

(张镜清)

勒克塞尔,A. J. (Lexell, Anders Johan) 瑞典人,1740 年 12 月 24 日生于瑞典奥布(今芬兰图尔库),1784 年 12 月 11 日卒于俄国圣彼得堡。*微分方程、几何学、天文学。*

1760 年在瑞典奥布大学获学士学位。1766 年任乌帕萨拉航海学院数学教授。1768 年去圣彼得堡科学院工作,任天文学教授并成为欧拉最亲密的合作者之一。因成就突出,瑞典政府准许他留在俄国工作,并授与奥布大学教授衔。1780～1782 年游历西欧各国,通过通信为欧拉提供了英、法、德各国极有价值的科学资料。1783 年欧拉去世,他接任欧拉为圣彼得堡科学院数学教授。翌年不幸夭亡。是斯德哥尔摩科学院院士、乌帕萨拉科学学会会员和法国科学院外籍院士。

在数学方面,继欧拉作出了高阶微分方程的积分因子法;给出了常系数二阶线性方程组的一个解法;提出了椭圆积分的分类;首次构造了多角形学的一般系统,推广了四角形的三角解;对球面几何和球面三角也充实了大量的新内容,建立了著名的关于同底等积的球面三角形顶点轨迹的勒克塞尔定理。

在天文学方面,1769 年用欧拉方法计算得到太阳视差为 8″.68(现代数值为 8″.80)。翌年算出新发现的一颗彗星的周期为 5 年半,这是最早知道的短周期彗星。还首次断言彗星的质量不大。1781 年又以数学方法证明该年 3 月 13 日威廉・赫歇尔发现的星体不是彗星而是一颗新的行星(即天王星),并算出了它与太阳的距离。通过该行星轨道摄动的分析,还假设应该有一颗更远的行星,这颗行星(海王星)终于在 1846 年被发现。在圣彼得堡科学院工作的 16 年中,发表了 66 篇论文,是最多产的学者之一。

(吴茂庆)

欣登堡,C. F. (Hindenburg, Carl Friedrich) 德国人,1741 年 7 月 13 日生于德国德累斯顿,1808 年 3 月 17 日卒于莱比锡。*组合学、科学传播。*

1757 年入莱比锡大学学习医学、哲学、古典语言、物理学、数学和美学。留校任教,1781 年任该校哲学教授,1786 年又任物理学教授。对数学的主要贡献在组合学方面。1778 年后,发表了组合学方面的一系列文章,成为德国组合学学派的奠基人。和该学派中的其他学者,系统地发展了组合学,使组合学在概率计算、级数展开、级数反演和高阶微分公式展开中都得到了应用。创办了德国第一批数学与有关科学的专业性杂志,如《莱比锡自然科学》杂志、《数学与经济学》及《莱比锡应用和纯数学》杂志等。

(沈 铁)

威尔逊,J. (Wilson, John) 英国人,1741 年 8 月 6 日生于英国威斯特摩兰郡阿普尔斯韦特,1793 年 10 月 18 日卒于威斯特摩兰郡肯德尔。*数论。*

1761 年毕业于剑桥大学彼得豪斯学院。留校深造,1764 年入选评议员,留校教数学。1766 年起从事法律工作,曾任地方法院的法官。1792 年任宫廷大印鉴委员会委员。1782 年成为英国皇家学会会员。1786 年封爵。有一以他姓氏命名的著名定理:若 p 是素数,则 $1+(p-1)!$ 可被 p 整除。该定理首次出现于 E. 韦林的《代数沉思录》(1770 年)中,但未给出证明。直到 1773 年拉格朗日才证明了它,并证明其逆定理也成立。

(吴茂庆)

马尔凯・德孔多塞,M.-J.-A.-N. de C. (Marquis de Condorcet, Marie-Jean-Antoine-Nicolas de Caritat) 法国人,1743 年 9 月 17 日生于法国埃纳省里布蒙,1794 年 3 月 27 日卒于雷纳堡。*微积分学、统计学、应用数学、社会科学。*

1765 年毕业于巴黎纳瓦勒学院,并获该院哲学学位。留校任教。1777 年任巴黎铸币厂总监,1791 年退休。1769 年入选法国科学院院士,1776 年任常务秘书,1782 年为法兰西科学院院士。是瑞典、德国、俄国和美国的科学院外籍院士。

1765 年出版了首部著作《积分计算》,其后又发表了多种数学论文。1784 年与拉兰德、博絮合作出版了《数学百科全书》,被认为是法国启蒙教育方面有影响的人物。18 世纪 70 年代,在崭新的社会数学领域内进行了富有成果的工作。1785 年,在社会的统计描述、政治经济学理论、智力过程的组合理论,特别是关于投票过程的数学理论等方面,做了大量的工作。这些工作被认为是大规模地应用数学于人类社会的先驱。此外,在微分方程和概率计算等方面亦做了一些很有意义的工作。

(沈 铁)

达库尼亚,J. A. (Da Cunha, José Anastácio) 葡萄牙人,1744 年生于葡萄牙里斯本,1787 年 1 月 1 日卒于同地。*数学教育、几何学。*

出身画家家庭。在里斯本的奥拉托利教会学校学习语法、修辞学和逻辑学,并自学数学和物理学。1773 年,任科英布拉大学数学学院的几何学教授。1777 年由于发生政变,他以支持异教徒的罪名而被捕。1781 年被释放以后,在一位高级官员的保护下,任圣卢卡斯大学的数学教授,重新开始科学研究。然而由于身体虚弱,不满 44 岁就去世了。他以一个进步思想家、有才华的诗人及弹道学的奠基者而出名。主要著作《数学原理》被指定为教科书。该书简明扼要,包含 21 个部分,有几何、算术、微分方程和变分学等,是一部数学百科全书。也是 19 世纪上半叶重新引入无穷小分析基础的先驱者。

(卫瑞霞)

阿脱武德,G. (Atwood, George) 英国人,1745 年 10 月生于英国伦敦,1807 年 7 月 11 日卒于同地。几

何学、应用数学、土木工程。

1764年入剑桥大学三一学院，1772年获文科硕士学位。留校为教师和评议员。1775年被选为英国皇家学会会员。1784年被提拔到英国财政部专利局工作。1784年出版《直线运动与刚体旋转》的著名著作中，出现了进行简单的加速度测试实验的“阿脱武德机”。他的关于几何命题的构造与分析及船舶稳定性方面的专著，推广了欧拉和布杰尔等人的工作。其中前一项工作使他获得英国皇家学会的科普利奖章。此外，还著有《论拱桥的构造与性质》(1801年)，文中附有关于设计泰晤士河新伦敦桥的阿脱武德问题。为纪念他，月球上有一环形山以他的名字命名。（徐平五）

蒙日，G. （Monge，Gaspard） 法国人，1746年5月9日生于法国博讷，1818年7月28日卒于巴黎。画法几何、偏微分方程、化学、物理学。

磨刀匠的儿子，法国博讷中学的高材生。1762～1764年在里昂大学三一学院学习，毕业后留校教物理学。一年后，任梅济埃尔皇家军事学院绘图员和技术员。第二年，由于在设计堡垒时所显示出的数学才能而任命为数学助教，1775年任数学与物理学教授。1794年负责创办中央工程学院(后称巴黎综合工科学校)，1797年任院长。是法国科学院通讯院士。在法国大革命期间加入雅各宾俱乐部，并在法国科学院工作。1792年共和国成立时任海军部长，8个月后辞职。1798年7月随拿破仑(Napoleon)远征埃及，曾筹建埃及研究院并任院长。拿破仑上台后被任命为元老院终身议员、议长等职，授予功勋高级军官及佩鲁斯伯爵等称号。君主政体恢复后，被路易十八(Louis ⅩⅧ)剥夺了全部荣誉，遭到种种磨难。

在数学、力学、机械原理及化学等方面均有建树，最重要的是创立了“画法几何”。吸取度勒等人的思想方法，把三维物体正交投影到水平的和垂直的平面上，并从这两个平面投影去推断该物体的形状、位置及几何性质。系统地研究了这种“画法”的基本原理，使它成为一门独立的学科。1799年出版的《画法几何学》是一本经典著作。

笛卡尔的解析几何问世后，在很长一段时间内纯粹几何发展缓慢。他系统地运用圆柱投影尤其是娴熟地使用中心投影的方法，使纯粹几何的应用与研究得以复兴，为创立投影几何与近世几何开辟了道路。另一方面，系统地引进由一次方程所定义的元素——直线与平面，特别是研究了坐标变换和二次曲面理论。欧拉、克莱洛和他的工作使相对落后的解析几何迎头赶上，重新成为独立的充满活力的数学分支。在开创空间无穷小几何方面的贡献超过欧拉。1774年完成了由欧拉讨论过的可展曲面理论的研究，指出直纹面与可展曲面之间的区别，给出判定曲面可展的简单准则，用画法几何方法去确定通过三条给定的空间曲线的直纹面。在1776年的“关于开挖和回填的理论”的文章中，引入了直线的合同、曲率线和焦曲面等概念。这篇文章成为马吕斯研究几何光学和迪潘研究曲面论的出发点。在1807年出版的巨著《分析在几何中的应用》中，把曲面论看作偏微分方程论的几何解释，由生成的方法定义曲面族，将20篇关于由其生成样式定义的曲面文章汇集成专论。在他的影响下，大批几何学家成长起来并继承其工作，其中有卡诺、杜邦、傅立叶、布利安松和彭色列等，形成了以他为首的近代几何学派。

1773年后发表了7篇关于偏微分方程方面的重要论文，主要工作是解决了由拉格朗日提出的一阶偏微分方程的积分曲面的分解问题；借助其特征理论给参数变易法一种几何解释；创立了二阶偏微分方程中“蒙日方程”的理论，得出了最小曲面方程的解，比波发夫早20多年阐明了不满足可积性条件的全微分方程的几何意义以及引入接触变换等重要概念。

化学方面的最重要的成就是关于水的合成。参加了第一次液化一种气体——二氧化硫的实验。与旺德蒙德等一起研究了冶金术的原理及铁、铸铁和钢的合成。在物理学方面，主要贡献涉及热学、声学、静电学和光学等领域。所著《静力学基础教程》(1788年)包含了当时的最新内容，例如力偶理论和力系简化为相互垂直的力等，是一本流行的教科书。（吴利生 张镜清）

安秋间 (Aida，Yasuaki 或 Aida，Ammei) 日本人，1747年2月10日生于日本山形，1817年10月26日卒于江户(今东京)。经典数学、计算数学。

15岁时从师安秋冈崎(Yasuyuki Okazaki)学数学，决心成为日本最好的数学家。20岁到江户，成为滕田定助(Sadasuke Fujita)的高足。工作勤奋，意志坚强，每年写五六十篇(本)领域广泛的作品，保存下来的约有2000篇(本)，其中最重要的有《解政算法》(1781年)和《算法指南》(1788年)等。改进了椭圆、球面、圆和正多边形等的计算公式和从中国传入的对数表；用连分数解释近似分数；从展开 $x_1^2+x_2^2+\cdots+x_n^2=y^2$ 求出 $x_1^2+k_2x_2^2+\cdots+k_nx_n^2=y^2$ 的整数解。被誉为经典数学的普及者和大师。（徐平五）

普莱费尔，J. (Playfair，John) 英国人，1748年3月10日生于英国苏格兰邓迪附近，1819年7月20日卒于苏格兰爱丁堡。几何学、地学、科学传播。

14岁入圣安德鲁斯大学。1785年任爱丁堡大学数学教授，1805年任自然哲学教授。1785年后，多年主编《爱丁堡皇家学会会报》，在该刊物上曾发表多篇关于数学、物理学和传记方面的论文。撰写的《几何原本》于1795年出版，对欧几里得《几何原本》前6卷进行全面介绍，并作了较大的修改和补充。其名著《关于赫顿的地球理论的说明》于1802年出版，这是英国地质学发展中重要的里程碑之一。该书是对J.赫顿的《地球理论》的分析、澄清和扩充，书中还首创了许多近代地质学上的术语，如“地质周期”等。（华大熊）

坦索·达蒙当，C. de（Tinseau D'amondans, Charles de） 法国人，1748年4月19日生于法国贝桑松，1822年3月21日卒于蒙彼利埃。*微分几何、代数几何。*

1769年入法国梅齐埃尔皇家军官学院，毕业后成为工程兵部队的军官和军事工程师。受数学老师蒙日的影响而研究数学。1792年曾向科学院提交了2篇关于微分几何及天文学的论文，还讨论了有二重曲率的曲面和曲线理论中的一些问题。例如外切圆锥或圆柱的接触曲线，求直纹面的面积和某些特殊直纹面的性质等。还用画法几何的方法确定两空间直线的公垂线，把毕达哥拉斯定理推广到空间。（卫瑞霞）

吕利埃，S.-A.-J.（L'Huillier, Simon-Antoine-Jean） 瑞士人，1750年4月24日生于瑞士日内瓦，1840年3月28日卒于同地。*解析几何、概率论。*

自小酷爱数学，宁愿放弃遗产而不愿改学神学。1775年去华沙大学为波兰编写数学教科书期间，因工作出色而受到国王赞扬和奖励。1795年任瑞士日内瓦高等专科学校数学教授，不久升任校长。是柏林、格丁根、圣彼得堡等科学院的外籍院士和英国皇家学会外籍会员，莱顿大学的名誉教授。1786年参加了柏林科学院关于数学的无穷理论的辩论且以论文得奖。1796年得到了推广的帕普斯问题的代数解。但更突出的成就是与另一人合写的关于概率论方面的4篇论文，文中确立了类似于全概率公式的结论。最著名的著作是写于1809年的《解析几何和分析代数基础》。（吴茂庆）

马谢罗尼，L.（Mascheroni, Lorenzo） 意大利人，1750年5月13日生于意大利伦巴第的贝加莫附近，1800年7月14日卒于法国巴黎。*几何学、计算数学。*

出身于富有庄园主家庭。17岁任神甫。1778年起在意大利贝加莫神学院教物理学和数学。1786年任帕维亚大学数学教授，并两度担任该校校长。是帕多瓦学会、曼图亚皇家学会和意大利科学协会的会员。1790年，在"关于欧拉积分计算的几点附注"中，计算欧拉常数到32位小数，该常数有时称为欧拉-马谢罗尼常数。最著名的著作是《圆规几何》(1797年)，书中指出：凡用尺规作图的平面图形均可只用圆规来作出。和丹麦数学家莫尔是仅用圆规完成欧几里得作图的先驱。

（王翼勋 张镜清）

勒让德，A.-M.（Legendre, Adrien-Marie） 法国人，1752年9月18日生于法国巴黎，1833年1月9日卒于同地。*数论、几何学、函数论、计算数学。*

出身富裕家庭。1770年毕业于巴黎马扎兰学院。1775～1780年在巴黎军事学院执教，是拉普拉斯的同事。1783年当选为法国科学院副研究员，1785年升为院士。1787年在巴黎天文台和格林尼治天文台合作的大地测量项目中，被法国科学院任命为测地计算工作的负责人之一，并成为英国皇家学会外籍会员。1791年成为法国科学院主管天文计算和大三角测量的三位委员之一。1794年被巴黎公共教育委员会任命为马拉专科学校纯数学教授，接着又任命为国家公共教育执行委员会科学和文学部主任。1795年任全国数学学会驻会会员。1808年晋封为法兰西帝国骑士。1813年接替去世的拉格朗日在经度局的职位。死后其遗物遗稿由于妻子的精心保管得以完整地留存下来。

在数论、初等几何和椭圆函数三方面最有建树。既重视理论研究也重视实际计算。1782年由于关于弹道问题的出色工作获柏林科学院奖金。1794年建立了逐次求正弦差的公式，使科学院能顺利地完成高精度正弦表的编制任务。在初等数学方面，以1794年出版的《初等几何》而闻名。该书统治法国几何教学近一个世纪。书中用连分数方法证明了π及其平方是一个无理数，提出了π是否为代数数的疑问。该疑问导致19世纪对无理数分类的大量研究。

在数论方面，1808年出版的《数论》(第二版)中，证明了整数积满足交换律，以及方程$x^2-Ay^2=1$总有整数解等结果，还改进了方程$x^5+y^5=z^5$不存在整数解的证明，尤其突出的是证明了二次剩余的相互定律。是解析数论的创始人之一。早在1798年就给出了素数分布律的轮廓，到1808年应用归纳法给出了素数分布律更正确的公式：小于x的素数个数y等于$x/(\lg x-1.083\ 66)$，但没有给出证明。

还是椭圆函数理论的创始人之一。1811年出版的《积分练习》概括了在椭圆函数论研究中的主要成果。把椭圆函数归结为用三角函数表示的三种类型，常用$E(\varphi)$、$F(\varphi)$、$\Pi(\varphi)$来表示，从而任一椭圆积分必可表为这3种类型之和，尤其可贵的是完成了艰巨的椭圆积分表的计算。

建立了球面三角学的勒让德定理；引入并研究了著名的勒让德多项式；尤其是用纯分析方法导出了二次变分取极值的必要条件，成功地把最小作用原理应用于动力学研究，为近代变分法的发展奠定了基础。（吴茂庆）

穆斯尼尔·德拉普赖斯，J.-B.-M.-C.（Meusnier de la Place, Jean-Baptiste-Marie-Charles） 法国人，1754年6月19日生于法国图尔，1793年6月17日卒于德国美因茨。*曲面理论、化学、工程学。*

毕业于法国梅济耶尔军事学院。因在科学上的贡献，他21岁时就成为法国科学院的通讯院士，1784年成为院士。1787～1790年间先后任陆军大尉、少校和中校。1792年升任陆军上校和大将。1793年在卡塞尔要塞保卫战中牺牲。图尔人民于1888年塑造了一个半身铜像安放在墓上，纪念他的伟大功绩。

曾在蒙日指导下研究曲面理论，建立了著名的穆斯尼尔定理，发现悬链面和正螺旋面是拉格朗日最小曲面微分方程的特殊解。此外，在流体静力学和化学方面也颇有建树。1784 年 4 月 21 日，与拉瓦锡合作发表了关于水的合成的报告。由于发明了雕刻文书的机器，使伪造的可能性大为减少。（朱 烈 张镜清）

富斯，N.（Fuss，Nicolaus） 瑞士人，1755 年 1 月 30 日生于瑞士巴塞尔，1826 年 1 月 4 日卒于俄国圣彼得堡。几何学、微分方程、天文学。

其数学才能早就引起丹尼尔·贝努利等著名数学家的注意。17 岁时，贝努利把他推荐给欧拉，4 年后被选为圣彼得堡科学院助理，1783 年升为研究员，1800 年后任科学院常务秘书。期间 1790 年任圣彼得堡海军士官学院数学教授。是柏林、瑞典、丹麦等科学院的名誉院士，曾获法国科学院和丹麦科学协会的奖金。从 1774 年起共写过 100 多篇论文，内容涉及球面几何、三角学、级数理论、曲线几何和微分方程等数学分支以及力学、天文学和大地测量等内容。给出了球面三角三个新问题的解答，还提出了阿波罗尼问题和克莱姆问题的新解法。19 世纪初，积极参加俄国的教育改革，编写了许多教科书，如《三角、几何和微积分的基础》及《纯粹数学基础》等。（高岳兴）

帕斯瓦尔〔舍纳的〕，M.-A.（Parseval des Chênes，Marc-Antoine） 法国人，1755 年 4 月 27 日生于法国罗西埃尔-萨林，1836 年 8 月 16 日卒于巴黎。微分方程。

生平不详。作为一个保皇党（可能是侍卫官）在 1792 年被拘留。后又因写诗攻击政体，当拿破仑（Napoleon）命令逮捕他时，就逃离了法国。曾 5 次被提名推选进法国科学院，最有希望的一次是在 1799 年，仅比拉克鲁瓦少 3 票而落选。1801 年在送给法国科学院的一篇论文中，给出了著名的帕斯瓦尔定理，并用该定理求解拉格朗日与德朗布尔所提出的一些微分方程。在这定理中所涉及的帕斯瓦尔等式，在更抽象的分析中，被用以定义为一种特征性质。（张镜清）

阿博加斯特，L. F. A.（Arbogast，Louis François Antoine） 法国人，1759 年 10 月 4 日生于法国阿尔萨斯，1803 年 4 月 18 日卒于斯特拉斯堡。微积分学、科学史。

曾任法兰西学院物理学教授、院长和斯特拉斯堡大学校长。1792 年被选为法国科学院通讯院士，几年后任数学研究所研究员。他对数学史很感兴趣，曾把 M. 梅尔塞尼的遗稿进行分类，将费尔马、笛卡尔、P. 瓦里尼翁、洛必达等数学家的论文及通信原文誊写成集，为费尔马、笛卡尔和默森等人的著作的定稿提供了极有价值的资料。他提出了现代数学的新概念（如间断函数的分析、运算符号的微积分等）及“微分学新原理”，并把运算符号当作一种“量”进行运算，再与函数结合起来，这是科学上的一种新思想。（徐平五）

比丹·德布瓦罗朗，F. F. D.（Budan de Boislaurent，Ferdinand François Désiré） 海地裔人，1761 年 9 月 28 日生于法属殖民地圣多明戈（今海地）的利蒙纳达，1840 年 10 月 6 日卒于法国巴黎。代数学。

双亲都是海地人，家境富裕。8 岁时被送到法国巴黎附近朱利学院做寄宿生。1775～1777 年就读于朱利皇家学院。其时他的双亲皆去世。1778 年入读巴黎梅森学院。1779～1787 年在圣克慕门特学院任教逻辑和物理等课，同时在南特大学文学院兼课。1803 年在巴黎大学获医学博士毕业。保皇党人，同年起任巴黎大学总监达 32 年之久，1835 年退休。

是个业余数学家。先后发表 10 篇（部）数学论著。1803 年在法兰西学院宣读了论文“判断根的个数的新方法”，提出了多项式方程 $P(x)=0$ 有 n 个根在 0、p 之间的必要条件：把 $P(x)$ 按 $(x-p)$ 幂展开成 $G(x-p)$ 后，$G(x-p)$ 符号变动个数至少比 $P(x)$ 的符号变动个数少 n 个。1811 年给出了证明。因缺乏严格的数学训练，证明中有漏洞，但结论是正确的。30 年后，傅立叶独立地用导数方法也得到了同样的结论，该结论后以比丹-傅立叶法则闻名。此外，对法学、医学和诗学都有所贡献。1814 年被授予荣誉军团勋位。（吴茂庆）

艾弗来，J.（Ivory，James） 英国人，1765 年 2 月 17 日生于英国苏格兰邓迪，1842 年 9 月 21 日卒于伦敦。数学物理、应用数学。

1779 年起，先后入英国圣安得鲁斯大学和爱丁堡大学学习，1783 年获文科硕士学位。后一度研究神学。1786 年到新建的邓迪专科学校教数学和自然哲学。1804 年后任皇家军事学院数学教授。1815 年被选为英国皇家学会会员。是法国科学院、普鲁士柏林科学院等外籍院士。1839 年获圣安得鲁斯大学荣誉法学博士学位。1819 年因病提前退休后致力研究数学，写出了许多很有价值的文章。兴趣主要在数学对物理问题的应用，主要贡献可概括为：关于均匀椭球面对球内点或球外点的引力问题，包括著名的艾弗来定理；彗星运行轨道的研究；大气折射；流体的平衡；在雅各比和刘维尔定理基础上关于三轴不等长的均匀椭球绕轴旋转时的平衡问题。他的工作激发了英国人对分析数学应用于物理问题的兴趣。1814 年获英国皇家学会科普利奖章，1826 年和 1839 年两次获得皇家奖章。（张镜清）

拉克鲁瓦，S. F.（Lacroix，Sylvestre François） 法国人，1765 年 4 月 28 日生于法国巴黎，1843 年 5 月 24 日卒于同地。微积分、天文学。

早在 14 岁时就对行星的运行作了大量的计算。在巴黎大学马扎林学院受教育。1782 年由蒙日推荐到罗什福尔海防学校任教，时年仅 17 岁。1787 年由于对航海保险理论的研究而获得“科学奖”。1787 年后相继任巴黎军事学校、皇家炮兵学院、巴黎综合工科学校、巴黎大学的数学教授、物理学教授、化学教授，法兰西学院数学系主任及巴黎大学理学院院长。1799 年被选为法国科学院院士。

1797～1798 年出版名著《微积分学》（3 卷），该书刻划出数学分析的清晰面貌，综合了欧拉、拉格朗日、拉普拉斯、蒙日、勒让德、高斯和柯西等人成果，是一部流传甚久的著作。由巴贝奇、皮科克和约翰·赫歇尔组成的英国学派从该书吸取了不少新精神，采用了莱布尼茨的记号。这意味着因微积分发明权的争论而中断的英国和欧洲大陆数学家之间的思想交流开始恢复。撰写的《初等微积分学》、《几何要义》、《画法几何要义》、《论教育法》等都是名作。“解析几何”和“微分代数”等名称也是他提出的。（汤正谊　张镜清）

鲁菲尼，P.（Ruffini，Paolo）　意大利人，1765年9月22日生于意大利瓦朗塔诺，1822年5月10日卒于摩德纳。代数学、群论、医学、哲学。

医学博士之子。1788年在意大利摩德纳大学获哲学和医学学位。留校深造，1791年任该校数学教授、医学教授，同年获开业医生许可证。1814年任该校校长。期间有7年时间在摩德纳军事学院教授应用数学。著名的阿贝尔-鲁菲尼定理（高于四次的一般代数方程不能用根式的有理运算求解）首先出现于1799年他的著作《方程的一般理论》中，1813年又作了精炼和改进，直到1824年才由阿贝尔独立而完整地予以证明。还在置换群中引进了传递性和本原性的概念，证明了在一个n阶的群中，对所有的k，不存在k阶子群。提出多项式除法求商和余式法则以及用连分数表示方程根的近似值的方法。在医学方面，1820年曾发表文章，论述斑疹伤寒的症状和治疗方法。在哲学方面，认为“定理”具有知识的本能，因而是非物质的，人的意识和物理世界都是可变的，物质存在和知识具有不同的性质。（高岳兴）

普法夫，J.F.（Pfaff，Johann Friedrich）　德国人，1765年12月22日生于德国斯图加特，1825年4月21日卒于哈雷。偏微分方程。

父亲是维滕堡公国的首席财政顾问。他在家中7个孩子中排行第二。1785年起在格丁根大学学数学和物理，1787年起在柏林大学学习天文学。1788～1810年任德国赫尔姆施泰特大学数学教授。后任哈雷大学数学教授，1812年任该校天文台台长。是著名数学家高斯的良师益友。

在数学方面的最重要的成就是建立了普法夫形式的理论。欧拉和拉格朗日早就认识到把一个偏微分方程简化为普法夫方程的意义，但是，由于缺乏普法夫形式的积分理论，未能深入研究。1815年5月11日，普法夫向柏林科学院呈交论文，宣告了该理论的建立，在很大程度上填补了这个空白，并为偏微分方程的积分理论奠定了基础。经雅各比、李及其他数学家的努力，该理论现已发展为现代的嘉当外微分形式的微积分。此外，对二次曲线束、超几何常微分方程及超几何级数都颇有研究。（王翼勋　张镜清）

塞尔瓦，F.-J.（Servois，François-Joseph）　法国人，1767年7月19日生于法国杜省蒙特德拉瓦尔，1847年4月17日卒于同地。微积分学、数学物理、天体力学。

原是贝桑松的牧师，1793年弃圣职参军，翌年在马恩河畔沙隆炮兵学校任尉官参谋。业余致力于数学研究。1801年任贝桑松炮兵学校数学教授，后又在马恩河畔沙隆和拉弗尔炮兵学校任教授。1816年被任命为巴黎炮兵博物馆馆长，1827年退休。后归故乡度晚年。

是法国符号代数学派的先驱者之一，对数学的不同分支作出过不少贡献。发表了关于虚速度原理的文章。用射影方法解决了一些作图问题，并引进了“极点”概念。主要著作是《微分原理和函数的级数展开》、《动力学原理》及《彗星与行星轨道的测定》。（卫瑞霞）

汪莱（Wang Lai）　字孝婴，号衡斋。中国清代安徽人，乾隆三十三年（1768年）生于安徽歙县，嘉庆十八年（1813年）卒于安徽石埭（今石台）。代数学、球面三角、天文学、音乐。

早年就读于江苏吴县葑门外，经、史、历、算无所不能。1807年考取八旗官学教习，纂修《清史》中的天文志、时宪志。1809年任安徽石埭县训导，4年后卒于官任上，归葬故乡之梅岭。数学著作由学生夏燮在10年间整理成《衡斋算学》7册。嘉庆初回乡家居，1796年撰成第一册论球面三角。1798年撰成第二册论勾股形。第三册论已知一弧所对的弦求五分之一弧所对的弦。1799年撰成第四册，论球面三角只有一解的条件。嘉庆六年（1801年）至扬州，研究秦九韶、李冶的正负开方术，撰成第五册讨论二次、三次方程根的个数与方程系数的关系。与李锐审核时，又由李锐将其推广到高次方程，汇成三条意见。于是将这三条及自己的意见合撰于第六册中。1805年的第七册中进一步研究方程论，阐明高次方程如可分解为几个一次方程，则这些一次方程的正根就是高次方程的正根，并给出了三项高次方程有正根的条件。

在天文学上，乾隆五十七年（1792年），在故乡撰成《覆载通几》一书，以几何定理来说明第谷体系的行星与日月运行，创立天算结合的研究模式；同年还制成浑天仪、简平仪等仪器。

在音乐方面，在任石埭训导时，考制乐舞等器17宗，计158件，挽救、整理了宝贵的音乐遗产。（郭书春）

傅立叶，J.B.J.（Fourier，Jean Baptiste Joseph）　又译傅里叶或富里哀。法国人，1768年3月21日生于法国奥塞尔，1830年5月16日卒于巴黎。偏微分方程、方程论、数学物理、热力学。

裁缝之子。9岁时父母双亡，由教区收养。就读于

地方军事学校,1789 年后在母校任教。1794 年进入刚建立的法国高等师范学院。翌年转入刚成立的巴黎综合工科学校,不久成为蒙日的助手。作为一名军官,是拿破仑(Napoleon)的狂热追随者,1798 年随拿破仑军队远征埃及,曾任埃及研究院院长秘书。1801 年返回法国后,被拿破仑委任为伊泽尔地方行政长官。1809 年晋封为男爵。1814 年拿破仑失败后他回巴黎。1815 年在校友帮助下谋得塞纳统计局局长之职。当时已在数学物理方面成绩斐然,但因曾追随拿破仑而遭路易十八(Louis ⅩⅧ)冷遇。直至 1817 年才被选入法国科学院,协助拉普拉斯工作。1822 年任科学院终身秘书。1827 年选入法兰西学院院士。是英国皇家学会外籍会员。

终身致力于数学物理研究。1807 年向科学院提交了首篇关于热传导理论的论文"热的传播",讨论了离散体和一些特殊形状的导体的热传导,得出热传导方程 $\frac{\partial^2 u}{\partial x^2}+\frac{\partial^2 u}{\partial y^2}+\frac{\partial^2 u}{\partial z^2}=k\frac{\partial u}{\partial t}$,并提出了任一函数可展为三角级数的著名论断。当时该论文被拉格朗日以缺乏证明为由而遭否定。1811 年提出了论文的修改稿,应用极为繁琐的无穷方程求解方法,甚至部分地借助于几何直观,对上述论断作了证明,勉强得到了承认。翌年获科学院奖,但仍未能发表。在该稿中研究了无限长导体的热传导问题,并给出了以积分 $F[f(x)]=\int_{-\infty}^{\infty}f(t)\mathrm{d}t\int_0^{\infty}\cos q(x-t)\mathrm{d}q$ 表示初始函数,此即为傅立叶积分变换。1822 年出版经典著作《热的解析理论》,收入了该论文修改稿,对傅立叶级数、傅立叶变换作了系统的分析,宣告傅立叶分析的创立。

傅立叶级数、傅立叶变换及其分析方法的引入和确立,极大地影响了 19 世纪及以后的数学、数学物理和偏微分方程的发展。他成功地把数学物理研究领域延伸到牛顿经典力学范围之外,创造了一些解决问题的技巧。又由于傅立叶级数的和可以是一个分段函数,打破了此前普遍持有的一个函数只能有一个表达式的观念,迫使人们修改函数概念,导致 1837 年狄利克雷在研究傅立叶级数的论著中最终完善了函数概念,并延用至今;黎曼则于 1854 年在探讨傅立叶展开的基本论文中建立了定积分的正确定义;魏尔斯特拉斯于 1861 年构造的一个三角级数的和函数,成为处处连续又处处不可微函数的首例。在对环内热传导问题的研究中,早于贝塞尔若干年导出了函数的贝尔函数系展开,并揭示了函数普遍地可展开为贝尔函数、勒让德多项式及三角级数等的事实和方法;在偏微分方程的解法方面,建立了后来以柳维尔-斯图姆命名的方法。

另一个潜心钻研的数学课题是方程论。16 岁时就给出了判定方程正负实根个数上限的笛卡尔法则的新证明,现已被所有教科书所采用。1798 年又推广笛卡尔法则,用以估计一般函数 $f(x)$ 在区间 $[a,b]$ 上零点个数,得出了函数列 $f(x),f'(x),f''(x),\cdots,f^{(m)}(x)$ 的变号法则,后以斯图姆定理闻名于世。该成果收编在他死后出版的《方程判定之分析》(1831 年)一书中。

(吴茂庆 高岳兴)

弗朗塞,F. J. (Français, François Joseph) 法国人,1768 年 4 月 7 日生于法国下莱因省萨瓦尔内,1810 年 10 月 30 日卒于德国美因茨。偏微分方程、数学物理。

杂货店主之子。数学家 J. F. 弗朗塞的哥哥。1789 年入神学院学习。1791 年任科尔马学院教授。1792 年任斯特拉斯堡学院数学教授。1797 年起,先后任科尔马的上莱因省中心学院、拉费内炮兵学院等校数学教授。1797 年向法国科学院提交一篇论述偏微分方程的积分的论文,被 S. F. 拉克鲁瓦称之为一个重要贡献;1804 年,另一篇分析抛射物体在有阻力介质中运动的论文呈交法国科学院,受到拉格朗日、勒让德等人的赞扬。还研究过多边形、多面体和曳物线,编写过微积分教材。可惜以上两篇重要论文身前没有发表,后由其弟出版了他的大部分论著。 (高岳兴)

阿尔冈,J.-R. (Argand, Jean Robert) 瑞士人,1768 年 7 月 18 日生于瑞士日内瓦,1822 年 8 月 13 日卒于法国巴黎。复数论、三角学。

生平不详,只知他在巴黎当会计师,业余爱好钻研数学。对数学的贡献是建立了复数的几何表示及其运算,撰写的著作自费出版,且不具名,故开始未被数学界承认,直到 1813 年,当原文在《数学年鉴》上摘要发表后,才被公认。利用复数证明了代数基本定理,且断言当系数是复数时,基本定理仍成立。还导出很多三角不等式,证明了托勒玫定理,创造了组合符号 (m,n) 及 $Z(m,n)$。他的工作在数学史上有一定地位。 (徐平五)

华莱士,W. (Wallace, William) 英国人,1768 年 9 月 23 日生于英国苏格兰迪萨特,1843 年 4 月 28 日卒于爱丁堡。几何学。

皮匠之子。童年做过书籍装订学徒工,未受过正规教育。后来靠自学当上了家庭教学教师,同时在爱丁堡大学旁听数学。1794 年在珀斯研究院任数学教师。1803 年在英国皇家军事学院任教。1819 年起任爱丁堡大学教授,直到 1838 年因健康原因而退休。

主要成就在初等数学方面。1796 年在爱丁堡皇家学会会刊上发表他的第一篇数学论文。1801 年起为大英百科全书撰写几何学条目。平面几何中久负盛名的西姆森线实际上是他首先发现的。还独立证明:抛物线外切三角形的外接圆必定过抛物线的焦点;由抛物线焦点向其外切三角形各边引垂线所得的垂足都位于抛物线顶点处的切线上。1804 年又证明了四条两两相交的直线依次略去其中一条后所得的四个三角形的外接圆共点。这个结果后来被推广至一般情形,成为平面几何中一个著名的定理。退休后出版过两部著作:《圆锥截面求积》(1838 年)和《几何定理和分析法》(1839 年)。

(吴茂庆)

李锐 (Li Rui) 字尚之,号四香。中国清代江苏元和(今苏州)人,生于乾隆三十三年十二月八日(1769 年 1 月 15 日),卒于嘉定二十二年(1817 年)。算术、代数学。

自幼勤奋好学，私塾中学习过程大位的《算法统宗》。嘉庆初获得秦九韶、李冶的数学著作，对其进行研究、校勘和注释。曾在阮元(浙江学政，后为巡抚)幕府参加纂修《畴人传》46 卷。1803 年为扬州知府张敦仁幕宾，算校由张撰写的《缉古算经细草》(3 卷)、《求一算术》(3 卷)、《开方补记》(8 卷)及《画论》(1 卷)。他前期著有《勾股算术细草》、《弧矢算术》、《方程新术草》各 1 卷，后者是为刘徽《九章算术注》中的"方程新术"所作校勘和细草。与焦绯、汪莱过从甚密，被称为谈天三友。在汪莱《衡系算学》第 5 册、第 7 册基础上研究方程论。《开方说》(3 卷)是其精心杰作，上卷讨论方程正根的个数与各项系数符号变化个数之间的关系，指出凡符号变化一次的方程必有一个正根，变化两次的方程必有两个正根，变化三次的方程有三个正根或一个正根等。此可与著名的笛卡尔符号法则相媲美。上卷其他部分较详尽地叙述解数字高次方程的增乘开方法。中卷讨论求高次方程的负根问题，较详细地介绍了降阶法求根方法。卷下涉及方程重根问题，并补充了很多命题，使方程论形成一门比较完整的学科。《开方说》最后一卷未能定稿即病故，后由其弟子黎应南续成。　　(周　英)

热尔岗，J. D. (Gergonne, Joseph Diaz)　法国人，1771 年 6 月 19 日生于法国南锡，1859 年 5 月 4 日卒于蒙彼利埃。*几何学、科学传播。*

建筑师兼画家之子。12 岁丧父。在教会学校南锡学院受教育。毕业后任家庭教师。1795 年在法国南部城市尼姆新建的中央学院任数学教授。1816 年任蒙彼利埃大学天文学教授，1830 年任校长，1844 年退休。

最大的贡献是创办了《纯粹与应用数学年鉴》。这是世界上第一本纯数学杂志，被称为热尔岗杂志，它为许多青年数学家提供了发表论文的园地。蓬斯莱、普吕克、迪潘、拉梅、夏斯勒和伽罗华等著名数学家都是该杂志的撰稿者，他也发表了 200 多篇文章。该杂志对近代射影几何与代数几何的创立起了重大作用，一些术语如"极"、"极线"、"反极"和"对偶"等，都是该杂志首先启用。他把对偶方法概括为对偶原理，区别了曲线的"次"与"阶"，还建立了关于两个 m 次平面曲线交点的定理，包含了著名的帕斯卡定理。　　(高岳兴)

伍德豪斯，R. (Woodhouse, Robert)　英国人，1773 年 4 月 28 日生于英国英格兰诺里奇，1827 年 12 月 28 日卒于剑桥。*数学分析、三角学、天文学。*

服装商之子。1794 年毕业于剑桥大学凯厄斯学院，1798 年获硕士学位。留校任教，为评议员后相继被任命为该校的数学教授、天文学和哲学教授，以及剑桥首任天文台台长至去世。1802 年成为英国皇家学会会员。

深感英国数学发展滞缓，强烈希望改革现状，把欧洲大陆的方法引入英国，并对微积分的理论基础、几何及解析方法等方面作了深入的探讨。首先运用形式的永恒性原理为使用发散级数辩护，《解析计算原理》(1803 年)是其代表作。还通过变分学史等著作，在英国传播欧洲大陆的研究成果。此外，在所写的三角学教材《平面与球面三角学》(1809 年)中，全面地采用了解析方法及微分符号，是数学改革中的一大创举。此外，还出版有《变分法和等周问题》(1810 年)、《天文学》(1812 年)和《重力》(1818 年)等。　　(吴茂庆)

格雷戈里，O. G. (Gregory, Olinthus Gilbert)　英国人，1774 年 1 月 29 日生于英国英格兰亚克斯利，1841 年 2 月 2 日卒于伦敦附近伍利奇。*应用数学、工程力学、天文学、科学教育。*

是位自学成才的数学家。在韦斯顿寄宿学校受基础教育逾 10 年。19 岁时出版《青少年专用天文学与哲学课程》教材。1803 年任伍利奇皇家军事学院讲师，1821 年任教授，1838 年退休。期间，1802～1819 年任《绅士日报》主编，1818 年起任《淑女日报》主编，是英国皇家天文学会发起人之一，1829～1830 年任副会长。主要著作有《力学教程》(2 卷)和《实用数学》(1825 年)等。前者自 1806 年起 4 次再版，是当时英国的纯粹和应用力学著作中内容最完整的书，后成为工程力学教材的范本。还进行过测量声速的实验。是英国第一所非教会大学——伦敦大学的筹建者之一。　　(高岳兴)

鲍耶，F. W. (Bolyai, Farkas Wolfgang)　匈牙利人，1775 年 2 月 9 日生于匈牙利特兰西瓦尼亚地区的鲍耶(今属罗马尼亚)，1856 年 11 月 20 日卒于同地区毛罗什瓦萨尔海伊。*几何学。*

出身贵族。在德国格丁根大学学习期间，与高斯邂逅并结为终身密友。1804 年起任毛罗什瓦萨尔海伊的加尔文斯教学院的数学、物理学、化学教授。以与高斯通信的方式企图证明欧几里得平行公理，一直未能成功。研究工作集中反映在留下的手稿《平行线理论》和 1832～1833 年出版的《为好学青年的数学入门》中。其子 J. 鲍耶在他的影响和要求下，也从事这方面的研究，后成为非欧几何的创始人之一。虽然不同意儿子的观点，但仍在《为好学青年的数学入门》的附录中发表了儿子的论文，使 J. 鲍耶的成果得以留传于世。　　(吴茂庆)

弗朗塞，J. F. (Français, Jacques Frédéric)　法国人，1775 年 6 月 20 日生于法国下莱因省萨瓦尔内，1833 年 3 月 9 日卒于法国梅斯。*偏微分方程、解析几何。*

数学家 F. J. 弗朗塞的弟弟。1793 年从军。1797 年起先后入巴黎综合工程学校、工程学院学习。后在拿破仑军队服务，到过埃及 1802 年任工兵团副总指挥。1811 年任梅斯应用技术学院军事学教授。1800 年起，写过关于一阶偏微分方程和解析几何方面的论著；研究过斜坐标系下的变换；提出多变量函数极值理论的例子；1813 年出版关于复数的几何表示方法的著作；还解决了与四球面相切的球面问题。　　(高岳兴)

阿特林，R. (Adrain, Robert)　美国人，1775 年 9 月 30 日生于爱尔兰卡里克弗格斯，1843 年 8 月 10 日卒

于美国新泽西州新不伦瑞克。丢番图代数、地球物理学。

爱尔兰裔。教师长子。早期受到良好教育。15岁时父母双亡,不得不以做小学教师和家教来养活自己和弟妹。参加1798年的爱尔兰起义失败后,同年负伤逃往美国。先后在宾夕法尼亚州的约克郡专科学校、雷丁专科学院任校长。1807年接任《数学通讯》主编。1809年任新不伦瑞克女王学院数学教授。1813年任纽约哥伦比亚学院教授。1828年任费城宾夕法尼亚大学副校长,1834年退休。是美国哲学会会员。

被誉为美国第一个有创见的数学家。他对丢番图代数颇有研究,曾在美国《数学通讯》和其1808年创办的杂志《分析家》上发表过一些文章。研究观测误差并证明了两个正态法则,这比高斯的相应结果早1年左右。此外,还发表过关于地球形状和平均直径的论文,求得地球的扁率为$\frac{1}{319}$,比其导师拉普拉斯的结果$\frac{1}{336}$更接近于现代的数值$\frac{1}{297}$。 (徐平五)

热尔曼,M.-S. (Germain, Marie-Sophie) 法国人,1776年4月1日生于法国巴黎,1831年6月27日卒于同地。数论、数学物理。

是法国近代最有名望的女数学家之一。父亲是成功的丝绸商、法兰西银行的董事,凭藉父亲的图书馆,与学者名流的通信,以及从巴黎综合工科学校获得的关于许多课程的讲义,完成了数学、文学、哲学和生物学方面的高等教育。18岁时用化名写了一篇分析的论文,送交拉格朗日批阅,论文的创造性使人震惊。拉格朗日找到了她,并做了她的教父和导师。她研究费尔马大定理后,证明了当x、y、z互质,且与n也互质时,$x^n+y^n=z^n$没有正整数解,其中n是小于100的质数。现在这个上界已被扩大到41 000 000。还将数学用于声学和弹性学的研究。1811年法国科学院征求弹性曲面的优秀论文,1816年她的论文赢得大奖。在此文基础上,把一般振动弹性曲面的规律,用四阶偏微分方程表示。还提出过曲面的平均曲率的概念。 (高岳兴)

巴罗,P. (Barlow, Peter) 英国人,1776年10月15日生于英国英格兰诺里奇,1862年3月1日卒于肯特郡。初等数学、数论、物理学、工程技术。

自学成才的数学家。1801年任伍尔维茨皇家军事学院数学教师。由于其杰出贡献,先后被选为民政设计协会的名誉会员和英国皇学会会员。编撰的新数学表,即"巴罗表",列出了从1至10^4的商、平方、立方、平方根、立方根、倒数及双曲对数的所有数值,精确、实用,多次再版。还是一位卓越的物理学家和工程师。曾和特尔福德(T. Telford)一起改造了旧伦敦桥。设计了斯特雷特吊桥。改革的望远镜被称为"巴罗镜"。著作有《数论初探》(1811年)、《数学和哲学新词典》(1814年)、《木结构强度和应力试验》和《磁力试验》等。1825年获英国皇家学会科普利奖章。 (刘韵 高岳兴)

普安索,L. (Poinsot, Louis) 法国人,1777年1月3日生于法国巴黎,1859年12月5日卒于同地。几何学、数论、力学。

1794年、1797年先后入学巴黎综合工科学校、道路与桥梁学院。1804～1809年任巴黎博纳帕蒂中学数学教师。后任帝国大学的监察主任。1809年任巴黎综合工科学校分析和力学副教授。1816年该院重组,失去原职称,但仍任主教官。1813年5月31日继承拉格朗日成为科学院数学部院士。1839年至去世,任法国经度局委员。主要研究领域是力学、几何学和数论。在数论方面,对原根、丢番图方程和两平方差的表示式等颇有研究。在力学方面,在所著的《静力学基础》(1803年)中,把几何方法用于力学研究,并引进了力偶概念,但最主要的力学著作是《物体旋转的新学说》(1834年)。 (华大熊)

高斯,C.F. (Gauss, Carl Friedrich) 德国人,1777年4月30日生于德国不伦瑞克,1855年2月23日卒于格丁根。数学、天文学、物理学、大地测量学。

出生平民家庭,父亲曾当过园丁、水道工程的工头及小额保险基金的司库,母亲是农家女,舅舅是才能出众的纺织技术工人,对他幼年的智力发展影响很大。自幼才智过人,传说3岁时就能纠正父亲在计算工资时的错误,8岁上小学时就能巧妙算出前100个自然数之和。这种非凡的数学天才使数学教师比特纳(Büttner)及其助手巴特尔斯(J. M. Bartels)非常赏识。1788年,因家庭经济困难濒临辍学,在巴特尔斯尽力劝说下,父亲才同意让他入大学预科班。1792年经不伦瑞克卡罗里蒙学院一位教授推荐,获得一位公爵的资助,才得入该学院就读,靠定期生活津贴上学,学习非常勤奋。常常在学习一些定理和定律之前,就已经独立地发现或论证了这些结论,例如,关于行星距离的波得定则、有理指数的二项式定理以及有关算术-几何中项的结论等。1795年转入格丁根大学深造。1798年转入黑尔姆施泰特大学。翌年因给出代数基本定理——每个复系数代数方程必有复根——的第一个证明,获博士学位。1807年任格丁根大学天文学教授和天文台台长,此后一直在该校任教,曾几度任教务长。是英国皇家学会外籍会员,圣彼得堡科学院和法国科学院的外籍院士。

与阿基米德、牛顿并列为历史上最伟大的数学家,而且在天文学和物理学等方面也都作出了重要贡献。在数学方面,偏重于整理与解决一些古老问题,然而其成果为数论、微分几何、统计学等许多学科的发展奠定了基础。1796 年仅 19 岁就求得了正多边形可用尺规作图的条件，发现了正十七边形的尺规作图法，解决了自欧几里得以来2 000多年悬而未决的一个难题。为了纪念这一重大发现，在他去世后，格丁根大学建立了一个以十七边形棱柱为底座的纪念像。在 1801 年的著作《算术研究》中，系统地总结了前人在数论方面的孤立成果，解决了 一些有名的历史难题，引入了同余数与代数数概念，给出了二次互反律的第一个严格的证明。该定律是同余式中的一个基本结果，被誉为算术中的宝石。还发展了二次型合成理论，讨论了现代数论中带有方向性的一些课题。这部著作的出版意味着数论进入了现代数论的新纪元，使 24 岁的他一举成为世界闻名的数学家。1813 年发表《无穷级数的一般研究》，对级数作了严密的论述，并引入了超几何函数。1816 年在积分近似计算的论著中，创立了高斯近似积分公式，提高了计算的精度。同年发表的统计估计频率分析的论著，确立了统计学在数学中的地位。证明概率可用变差的正态曲线(现称高斯误差曲线)表示，这在许多需要处理观测数据的学科中有广泛的应用。一生中对欧几里得平行公理的讨论始终十分关注，是非欧几何的创始人之一。在看到许多关于平行公理的谬误证明后指出，平行公理是不可证明的。1813 年起致力于发展否定平行公理的新几何，虽获得一些结果，但不敢发表，并且对别人在这方面所取得的进展也保持沉默。因是数学界的权威，这样做无疑阻滞了非欧几何的发展。1816 年起在大地测量和地图绘制方面做了大量工作，并对微分几何学发生了兴趣。1818 年起陆续发表了许多关于曲面理论的论著，其中 1822 年发表的关于求任一曲面保角变换到任何另一曲面上的解析条件问题的文章，曾获丹麦皇家科学院的奖金。1828 年的著名论文“关于曲面的一般研究”给出了三维空间中曲面微分几何的基本结果，被誉为数学的里程碑。把一曲面看成一个空间的想法，对后来黎曼几何的诞生起了推动作用。

在天文学方面，1801 年创立了用三次观测决定天体轨道的计算方法。这年 9 月运用这一方法推算出同年 1 月 1 日发现但又一度失踪的小行星“谷神星”的轨道，预报了它的位置。当年 12 月，天文学家终于找到了这颗小行星。后来总结了这种方法，并应用最小二乘法进一步加以发展，提出了用多次观测决定天体轨道的方法。1809 年出版《天体绕日作圆锥曲线运动的理论》一书，全面介绍了自己提出的这些方法，至今在天文学中还很有用。他创立的多星等高法至今仍是天体测量学中测时、测纬工作的重要方法。

在物理学方面，1829 年的《一个新的力学原理》中提出的“最小约束原理”，是对力学的杰出贡献。1830 年发表了关于毛细现象的论文，文中首次解决了包含重积分、边界条件和可变极限的变分问题，是变分法的重要文献。与物理学家 W. 韦伯合作，在地磁测量和研究方面取得了重要成果，在电磁学、静力学、热学等方面也作出了很多贡献。1832 年最先系统地提出以长度、质量和时间为基本量的绝对单位制，并用它度量非力学量。在他的影响下，韦伯在电学中也采用了绝对单位制。1833 年与韦伯共同发明了电磁式电报机；1834 年组织了磁学学会，创办了会刊，并联合世界各地地磁观测站组成观测网，进行全球性的地磁研究。1839 年发表了这方面的代表作《地磁理论》。《光的折射研究》(1843 年)是他一生中最后一项重大的科学成果——关于透镜系统的光线路径的分析以及归化为单透镜系统的讨论。所发明的由不同质地的凸透镜与凹透镜组合即高斯目镜在光学仪器中有广泛的应用。

还是一位教育家，精心培育了戴德金、黎曼等著名数学家。晚年心脏病加重，但仍为科学事业的发展而努力工作。一生发表了 323 项科学论著，有《高斯全集》12 卷。因敏锐的洞察力和巨大的科学贡献被誉为“数学王子”。但思想较保守，很多成果未发表，在他的 404 个新的数学见解中仅发表了 178 个。高斯的大脑有深而多的脑回，作为解剖标本收藏于格丁根大学。 (高岳兴)

黑希特，D. F. (Hecht，Daniel Friedrich) 德国人，1777 年 7 月 8 日生于德国萨克森公国艾本施托克附近苏莎，1833 年 3 月 13 日卒于弗赖堡。应用数学、力学。

毕业于弗赖堡矿业学院。1816 年任该校的第二数学教授，讲授纯粹数学、应用数学和采矿概论等课程，1826 年升任第一数学教授。他最有名的著作是于 1819 年出版的《力学原理》(1843 年，第 2 版)，将数学和物理学、工程学结合起来，引伸出力学问题的讨论。在期刊上发表的科研成果，已广泛应用于高校有关数学、几何测地术等教材中。其所编教材《算术与几何教程》(2 卷，1812～1814 年；1826 年第 2 版)在当时被广为采用。

(沈 铁)

冈珀茨，B. (Gompertz，Benjamin) 英国人，1779 年 3 月 5 日生于英国伦敦，1865 年 7 月 14 日卒于同地。统计学、应用数学、天文学。

父亲是犹太珠宝商，由荷兰移居英国。因当时犹太人不能进入英国大学学习，自学了牛顿、C. 马克劳林和埃默森(W. Emerson)的数学著作。1819 年被选为英国皇家学会会员。也是伦敦数学学会特别会员。1824 年任联盟保险公司精算师和首席办事员。他的论文讨论天文学的微分六分仪和光行差等课题。1820 年应用流数法研究各种人身意外事故，1825 年发表一个定律，现称为冈珀茨死亡率定律，是保险统计学的先驱。

(高岳兴)

法勒，J. (Farrar，John) 美国人，1779 年 7 月 1 日生于美国马萨诸塞州林肯，1853 年 5 月 8 日卒于马萨诸塞州坎布里奇。微积分学、教育学、科学传播。

毕业于哈佛大学。曾任该校数学与自然哲学教授。因负责母校的科学和数学课程的现代化计划而闻名。

他引进了法国等一些欧洲国家的最优秀数学教科书和自然科学著作,还翻译了1818～1829 年的许多法国著作,汇编了有关剑桥数学和剑桥自然哲学两种丛书。从牛顿的微分表示转到莱布尼茨的微积分的算法的工作大部分是由他完成的,其改革对全美国的大学数学教学都有影响。此外,还发表过天文、气象和仪器制造方面的论文。 (卫瑞霞)

施魏卡特,F.K. (Schweikart,Ferdinand Karl) 德国人,1780 年 2 月 28 日生于德国埃尔巴赫,1859 年 8 月 17 日卒于柯尼斯堡(今俄罗斯加里宁格勒)。非欧几何、法学。

1796～1798 年德国在马尔堡大学学法律。1798 年获耶拿大学法学博士学位。后在皇室成员家任宫廷教师。1809 年任吉森大学法学教授。1812 年任俄国哈尔科夫大学教授。1816 年回国,在母校马尔堡大学任教授,1819 年任校长。1821 年后在柯尼斯堡大学获哲学博士学位,并任法学教授。1827 年出任普鲁士特别法庭法官,兼任柯尼斯堡大学法学教授。

是非欧几何创始人之一。早在马尔堡大学学习时,就对欧几里得第五公设感兴趣。自学了萨凯里、兰贝特等人的研究资料,深受启发。1807 年任耶拿和莱比锡同时出版他唯一的一部数学论著《滑除平行定理的另类几何学》,1818 年以备忘录寄给高斯。其中明确区分了欧氏几何与三角形三内角之和不等于 180°的几何,并把后者称为"星空几何"。正是在他的鼓励和支持下,其外甥 F. A. 陶里努斯对非欧几何作了深入研究。此外,还写了许多法律方面的著作。 (卫瑞霞)

布雷,J. J. (Bret,Jean Jacques) 法国人,1781 年 9 月 25 日生于法国德龙省梅库里奥尔,1819 年 1 月 29 日卒于格勒诺布尔。解析几何、代数学。

1800 年入巴黎综合工科学校,因健康原因曾中途休学,但仍参加考试直到 1803 年底离校。1804 年起先后担任格勒诺布尔大学的预科及理学院抽象数学教授,1812 年获理学博士学位。

短暂的一生中共发表 20 余篇论文,多数涉及平面及空间解析几何。导出了确定有心二次曲面的轴的长度的一个三次方程。对空间点到定点距离平方的研究,因方法简单且具有一般意义而引人注目。还研究了代数方程特别是实根的理论,建立了关于多项式结式次数的贝佐定理。 (吴茂庆)

波尔察诺,B. (Bolzano,Bernard) 捷克人,1781 年 10 月 5 日生于波西米亚布拉格(今属捷克),1848 年 12 月 18 日卒于同地。函数论、集合论、逻辑学、伦理学。

父亲是意大利移民,博览群书、思想开通,生有 12 个孩子。他排行第四,从小身体虚弱,性格文静。1796 年进入布拉格大学学习哲学、物理学和数学,对数学哲学兴趣尤浓,1800 年又进神学院学习神学,1804 年以关于几何学的神学论文获博士学位,同时任罗马天主教神甫。1807 年担任布拉格大学宗教哲学教师,1818 年任该校哲学系主任,翌年因倾向启蒙运动而被免职,并遭软禁,著作一度也被禁止发行,但始终没有放弃自己的观点。1815 年入选波希米亚皇家科学协会会员,1842～1843 年任会长。

在数学分析的基础研究中作出了重要贡献。在 1817 年出版的《纯粹分析证明》一书中,第一个给出了关于连续函数的不涉及无穷小量的定义,并对函数的左右连续性作了区分;在一个定理的证明中使用了一个辅助定理,日后被证明是实数理论的基石;该书还给出了称作柯西发散条件的重要定理。在 1830 年的《函数论》中,给出了关于实函数的一个相当完善的理论,其中还包括所谓的"波尔察诺函数"。这是一个连续而不可微分的函数。1832～1835 年完成了作为函数理论基础的实数理论。但这些著作直到 1962 年才出版,因此未能发挥应有的作用。在 1850 年《无穷的悖论》中,给出了关于集合论的一些有趣的论述(后被称为"波尔察诺疑义"),后来 G. 康托尔即以此为基础给出了无限集合的定义,建立了朴素的集合论。

所受的哲学教育使他认识到构成清晰概念及实行可靠推理的重要性。1837 年出版 4 卷本《逻辑学》,前两卷涉及逻辑哲学的观点,第 3 卷阐明科学发现的理论。最后卷表述编写教科书的方法论。其核心是抽象真理的存在、人类判断力的正确、概念、命题、演绎推理、思维法则、科学分类法则和科学阐述法则。这在当时也没有引起人们的注意,直到 20 世纪 30 年代,塔斯基(A. Tarski)才发现这些概念与现代逻辑类似,可看成是现代逻辑的先驱。

此外,一生关心社会学、伦理学和宗教学,对哲学、科学方法论也很感兴趣。将宗教与伦理的观念相互调和,提出如果对于某种教义的信仰能带来道德上的好处,这种教义就是正当的;正是基于这一立场,天主教才被他看成是一种完美的宗教。 (郑毓信)

普拉纳,G. A. A. (Plana,Giovanni Antonio Amedeo) 意大利人,1781 年 11 月 6 日生于意大利沃盖拉,1864 年 1 月 20 日卒于都灵。数学分析、数学物理、天文学。

1800 年入巴黎综合工科学校,是拉格朗日的高足。1803 年任意大利皮德蒙特炮兵学校数学教师。1811 年,由拉格朗日推荐,任都灵大学的天文学教授。1827 年初被委任为皇家天文学家。1844 年成为世袭男爵。1860 年近 80 岁时成为法国科学院的外籍院士。

是意大利著名科学家之一。在数学分析(欧拉积分、椭圆函数)、数学物理、大地测量和天文学等方面都颇有研究。特别是花了 20 多年时间,仅以万有引力为基础编写出相当精确的月球表,出版了 3 卷《月球运动理论》(1832 年),对天文学作出了重要贡献。 (华大熊)

布里昂雄，C. -J.（Brianchon，Charles-Julien） 法国人，1783 年 12 月 19 日生于法国赛夫尔，1864 年 4 月 29 日卒于凡尔赛。几何学。

1804 年入巴黎综合工科学校。1808 年毕业后，成为拿破仑军队中的炮兵中尉。1813 年因健康退役，任教于皇家警卫军炮兵学校，1818 年升任教授。

是几何学家蒙日的学生，复兴纯粹几何学的一位主将。发表过“斜截理论的应用”、“二次、三次曲面曲线”等 10 余篇几何论文，其中首次提出了九点圆的名称，并第一个给出了九点圆定理的完善的证明。还用射影几何的配极关系证明了如果圆锥曲线的六条切线形成一个外切六边形，那么联结相对顶点的三条对角线必过同一点。此即圆锥曲线理论中著名的布里昂雄定理。

（吴茂庆）

迪潘，P. -C. -F.（Dupin，Pierre-Charles-François） 法国人，1784 年 10 月 6 日生于法国瓦尔齐，1873 年 1 月 18 日卒于巴黎。几何学、应用力学。

1803 年毕业于巴黎综合工科学校。后成为海军工程师，长年在法国、比利时和意大利的法国海军基地值勤。1813 年入选法兰西学院院士。1818 年入选改组后的法国科学院院士。1819 年任巴黎艺术音乐戏剧学院的力学教授，1854 年退休。1824 年被授予男爵爵位。1834 年任海军部驻外公使。1838 年被册封为贵族。1852 年任元老院议员。1801 年在导师蒙日的指导下发现了四次圆纹面（又称迪潘圆纹面）。1807 年，在希腊的科孚岛负责重建被破坏的海军兵工厂，同时研究了物质的耐力与曲面的微分几何。1813 年在所著《几何学的发展》中讨论了迪潘指标线，给出了三族正交曲面相互交截于每个曲面的曲率线的著名定理。1822 年发表著作《几何学和力学的应用》，推广了蒙日关于线汇的结果。还著有《艺术、手艺和雅致艺术的几何学和力学》，在直线叠合几何方面也作出了贡献。（卫瑞霞 田 雁）

霍纳，W. G.（Horner，William George） 英国人，1786 年生于英国英格兰布里斯托尔，1837 年 9 月 22 日卒于巴斯。代数学、计算数学、科学传播。

就读于家乡布里斯托尔的金斯伍德学校，14 岁时成为该校的助理教师，4 年后被提升为校长。1809 年到巴斯的格罗夫诺建立了一所学校，亲自管理，直到患心脏病去世。写过许多数学论文，但对数学的唯一贡献，是 1819 年发表于英国皇家学会会刊《哲学学报》上的论文“连续逼近法解任意阶数值方程”，文中建立了解代数方程的著名的霍纳方法。整个 19 世纪和 20 世纪初，霍纳方法在英国和美国的方程理论教材中占有突出的地位。随着计算方法的发展，其重要性虽已下降，但某些技巧仍被编入数值分析课本中。另出版有《自然魔术》（1832 年）一书。

（沈 铁）

蓬斯莱，J. -V.（Poncelet，Jean-Victor） 一译彭赛列或庞斯列。法国人，1788 年 7 月 1 日生于法国梅斯，1867 年 12 月 22 日卒于巴黎。射影几何学、应用力学、工程技术。

1807 年入巴黎综合工科学校学习。1812 年以工程兵中尉身份赴俄国参战被俘，囚禁中继续钻研数学，1814 年获释回国。1824 年任梅斯炮兵工程学院机械力学教授。1830 年任梅斯市议会议员和莫泽尔总议会秘书长。1834 年入选法国科学院院士，并移居巴黎。1848 年法国革命后被提升为准将，并任巴黎综合工科学校校长至 1850 年退休。1851 年成为圣彼得堡科学院外籍院士。他在 54 岁才结婚。退休后当过伦敦、巴黎的国际博览会机械与工具部主席。

数学上的重要贡献在射影几何方面。1822 年的《论图形的射影性质》是第一部全面论述射影几何的著作，研究了射影几何的一般问题，讨论了几何图形在投影与截影下保持不变的性质。系统地采用了无穷远元素和虚元素，并对几何语言和概念加以推广，为复射影几何的发展开辟了道路。退休后写的《分析和几何应用》亦是一部极为重要的著作，把射影几何与度量几何区分开来，预示了现代结构概念的诞生。

在力学和工程方面，1826 年首次提出“力作功”概念，把位移与力的投影之积称为“功”，以千克力·米为单位；因设计一高效水轮而获法国科学院的力学奖金；1838 年制成内向流涡轮机。还设计过一种新型吊桥；编写过多种工程力学教程。（华大熊）

项明达（Xing Mingda） 原名万准，字步来，号梅侣。中国清代仁和（今杭州市）人。乾隆五十四年（1789 年）生，道光三十年（1850 年）卒。三角函数、几何学。

清嘉庆二十一年（1816 年）中举人，选任国子监学正，道光六年（1826 年）成进士，改任知县，不就职，退而专攻算学。著有《勾股六术》（1825 年）、《三角和较术》（1843 年）和《开诸乘方捷术》（1845 年）各一卷，合为《下学庵算学三种》刻印出版。又著《象数一原》6 卷，对三角函数的幂级数展开式有深入研究，因年迈多病未能定稿，嘱由友人戴煦补成。他认为，全弧分为 n 份，不论 n 是奇数还是偶数，它所对的弦总可以展开为分弧所对的弦的幂级数，董方立四术可以概括为二术，提出 $\sin n^{\circ}$ 和 $\operatorname{vers} n^{\circ}$ 的幂级数。又撰《椭圆求周术》，附于《象数一原》之后，提出了椭圆周长的正确求法，并附有“圆周求径”公式。

（郭书春）

柯西，A. -L.（Cauchy，Augustin-Louis） 法国人，1789 年 8 月 21 日生于法国巴黎，1857 年 5 月 22 日卒于巴黎附近的索镇。数学分析、复变函数论、微分方程、弹性力学。

父亲是参议院秘书长。幼年在父亲指导下学习。1793 年举家迁至阿尔克伊避难，恰与拉普拉斯为邻，得以自小认识许多著名科学家。1805 年入巴黎综合工科学校，2 年后转入道路与桥梁工程学校。1810年毕业后任工程师。1816年起任巴黎综合工科学校教授，并当选为法国科学院院士。1830年因拒绝效忠于篡位的路易-菲力普(Louis-Philippe)政权，辞去原职赴意大利都灵大学任教。1833年又被召至布拉格协助教育王子，并被册封为男爵。1838年返回法国，恢复了在法国科学院的活动。1848年起任职于巴黎大学理学院数学天文学教授直至终年，并参与创办天主教学院。晚年热心于慈善事业，乐于接济穷人。

青年时期就表现出对数学、力学的浓厚兴趣，悉心钻研拉格朗日、拉普拉斯等人的力学、数学专著。因出色地解答了拉格朗日提出的凸多面体的角能否由面确定的问题而初露才华。1816年以关于流体表面波传播问题的论文获法兰西学院竞赛奖。1822年又因建立弹性理论而跻身于大科学家行列。毕生从事数学、力学研究，成就巨大。

数学方面，在数学分析、复变函数论和微分方程等分支上有突出贡献，也是行列式理论和群论的先驱者。数学分析的严密理论即是始于他和波尔察诺、阿贝尔、狄利克雷等人的工作。他首先引入了无穷小量的概念和极限符号，用极限理论严密地建立起了微分的概念。用积分和的极限给出了定积分的恰当定义，进而引入了反常积分及主值概念。用极限观点使级数概念严密化，发现并论证了级数收敛准则，讨论了收敛级数、绝对收敛级数性质，建立了级数运算中著名的柯西定理。首先清楚地叙述了"半收敛级数"的意义和应用，举出著名反例 $\exp(-x^{-2})$ 提醒人们在应用泰勒级数时应持谨慎态度。这些工作和魏尔斯特拉斯等人的工作，使数学分析的严密理论得以发展和完善。

自1821年起耗费了近25年的精力致力于发展复变函数理论，使他和黎曼共同成为复变函数论的奠基人。早在1814年的论文"关于定积分理论的报告"和1825年的论文"关于积分限为虚数的定积分的报告"中，他已系统地介绍了复数理论，详述了著名的柯西积分定理，导出了关于极点的残数定理，并熟练地应用它解决了许多数学难题，其中最重要的结果是证明了把 $f(z)=\frac{g(z)}{h(z)}$ 沿实轴的积分 $\int_{-\infty}^{+\infty} f(z)\mathrm{d}z$ 表示为上半平面上简单极点 $a+ib$ 处函数值 $\frac{2\pi \mathrm{i} g(a+\mathrm{i}b)}{\mathrm{h}(a+\mathrm{i}b)}$ 之和。1827年，在讨论天体力学中拉格朗日级数收敛性问题时，他又提出了幂级数展开问题；之后建立了著名的柯西公式 $f(z)=\frac{1}{2\pi \mathrm{i}}\oint_C \frac{f(s)}{z-s}ds$ 和 $\oint_C f(z)dz=2\pi i E[f]$，其中 $E[f]$ 表示极点处残数之和。上述这些工作最终使复变函数从作为流体力学、空气动力学的有用工具这样的地位中解放出来，成为数学的一个新的、独立的分支。

他把微分方程从单纯求解引向理论分析，奠定了微分方程理论的基础。最早考虑了微分方程解的存在唯一性问题，指出必须由适当给定的初值或边值才能确定解的唯一性，归结出了求解微分方程的柯西问题。对一阶线性偏微分方程创立了特征线方法，并论证了解析解的存在定理，之后又推广成著名的柯西-柯瓦列夫斯卡娅定理。还把残数计算应用于微分方程求解，为微分方程的讨论提供了新的工具。

但他作为保皇党人，对主张共和主义的数学后起之秀如阿贝尔、庞斯列和伽罗瓦等人甚为反感。1829年5月，伽罗瓦把关于代数方程解的两篇论文交给科学院。6月1日科学院会议决定由柯西审查，但他没有作过任何结论，反把这两份珍贵手稿丢失了。

在力学方面，是现代弹性力学的奠基人之一。早在19世纪20年代初，已熟知了弹性力学中基本概念，掌握了求平衡和运动方程的原理及主应力、主应变必定适合胡克定律的观点。以此为基础，不仅研究了各向同性介质的弹性理论，还得到了各向异性介质的15参数理论，并把它应用于梁、板及薄壳的弹性形变问题。这些工作形成了现代弹性力学的基本内容，它宣告了现代弹性理论的诞生。

一生撰写论文800余篇，全集的近代版已达26卷，内容几乎涉及当时数学的所有分支和物理学的许多分支。在误差理论、代数几何、光学、力学、天体力学等方面均有许多成果。数学中以他的名字命名的概念、定理不胜枚举。

（沈　铁）

麦比乌斯，A. F. (Möbius, August Ferdinand)　德国人，1790年11月17日生于德国萨克森的瑙姆堡附近，1868年9月26日卒于莱比锡。几何学、计算数学、天体力学、静力学。

舞蹈教师的独子，3岁丧父。1809年入莱比锡大学学习法律、数学、物理学和天文学。为了继续深造，1813年去格丁根大学从高斯学习天文学，后又到哈雷大学从J. F. 普法夫学习数学，1815年获博士学位。1816年任莱比锡大学天文学编外教授，同时在天文台工作；1844年升任天文学和高等力学教授。1829年成为柏林科学院的通讯院士。1848年任莱比锡天文台台长。

在数学和天文学方面都作出过重要贡献。从著名的力学定律出发引入了重心坐标，1827年发表了优秀论文"重心计算"。发展了射影几何与亲和几何的重要结果，首先意识到"对偶原理"，并给交叉比以完全的论述。还给出了现称为麦比乌斯网的构造。于1843年出版的《天体力学原理》中，完全用初等数学讨论天体力学，用向量的加减表示力与速度，有效地说明了一种古典计算方法——周转圆。1815年关于掩星现象的博士论文是一篇很有创见的文章。1865年在论文"一些多面体体积的计算"中，提出了现被称为麦比乌斯带的二维单侧曲面，是一项重要贡献。在同一论文中还证明了没有体积的多面体的存在性。对几何、数论、光学及静力学都颇有研究，一些以他的名字命名的变换、函数和四面体都是他引入的。在1837年的《静力学》中将单力与力偶结合起来，并引入了零系的概念。

（张镜清）

皮科克,G.(Peacock,George) 英国人,1791 年 4 月 9 日生于英国达勒姆郡登顿,1858 年 11 月 8 日卒于伊利。代数学、微积分学。

17 岁前在家由父亲辅导教育。1809 年入剑桥大学三一学院学习。毕业留校任教,1836 年任剑桥大学几何学与天文学教授。1839 年获神学博士学位,并被任命为伊利的教区长。还是剑桥哲学学会、英国皇家天文学会、伦敦地质学会以及英国科学促进协会会员。1818 年被选为英国皇家学会会员。

在英国分析学会委托下,1816 年和巴贝奇、赫谢尔翻译出版了拉克鲁瓦的《微积分学》。1820 年出版了一本微积分例题集。1830 年出版的《代数论》是非常有名的著作,书中试图建立负数和复数理论的坚实的逻辑基础,他的讨论对于抽象代数概念的演进是有意义的。1833 年写过一篇关于分析学问题概观的著作。所有这些工作使得莱布尼茨的符号和丰富的分析内容替代了牛顿的流数记号和几何方法,并在英国流行,且为当时分析中的一系列重要问题的观点提供了十分宝贵的资料。在剑桥大学的数学教学改革中发挥了重要的作用。

(张镜清)

罗巴切夫斯基,Н. И.(Лобачевский,Николай Иванович;Lobachevsky,Nikolai Ivanovich) 俄国人,1792 年 12 月 1 日生于俄国下诺夫哥罗德(今高尔基城),1856 年 2 月 24 日卒于俄国喀山。非欧几何、数学基础。

土地测量员的儿子。1807 年入喀山大学,1811 年获物理数学硕士学位。后留校任教,1822 年升为常任教授,1820～1825 年两次任物理数学系主任,1825～1835 年任图书馆馆长,1827～1846 年任大学校长,卸任后被任命为喀山学区的督学助理。1837 年被沙皇封为世袭贵族。晚年双目失明。

从 18 世纪 20 年代起的一个世纪内,不少数学家努力证明欧几里得几何中的第五公设(即平行公理),但都失败了。他早年也是这些失败者之一,后来洞察到除平行公理外由欧几里得的其他公理所产生的几何是无矛盾的,并创立了另一种没有欧几里得平行公理的几何。他的第一部著作为《几何学》(1823 年),书中把全部几何命题按是否依赖于平行公设分为两部分,不靠平行公设得到证明的命题总体现通称为“绝对几何学”,但遭到科学院的尖锐批评而未能及时付印。1826 年 2 月 23 日,在喀山大学物理数学系作“几何学原理简述”的报告,公开披露了去掉第五公设建立一种新几何的想法,后人把这一天看作非欧几何的诞生日。1830 年发表文章“论几何基础”,进一步指出,在去掉第五公设后建立起来的几何学内,三角形三内角之和小于 π,并确信这种结论在宇宙内可得到验证。1835 年发表论文“虚几何学”等系列论文,开始具体地建立了一种新几何学。在这种几何中,三角形面积公式与有虚半径的球面三角形面积公式相等。1840 年出版德文本《平行线理论几何研究》,较完整地阐述了新几何思想与理论,从此罗巴切夫斯基几何正式问世。1855 年双目失明后,还口授了最后一本著作《泛几何学》。

他的工作当时并不为人们所理解,圣彼得堡科学院著名数学家奥斯特洛格拉斯基就曾撰文对“论几何基础”作过抨击:“数学大师高斯曾鼓励俄国数学家去读一下罗巴切夫斯基的论著,但并未明确地肯定他的工作。”直到 1860～1865 年高斯部分遗作发表后,人们才发现高斯早在 1813 年就有了非欧几何思想,并且已独立地导出了罗巴切夫斯基的某些结果,但他过于小心谨慎,怕引起“蠢人的叫喊”,生前不敢公开发表有关论著。从此以后非欧几何才真正地引起了人们的重视。

此外,匈牙利数学家鲍耶在 1826 年撰写的“绝对空间的科学”一文的内容,与他的工作也十分相似。因此,他们三人同被认为是非欧几何的创始人。再往前追溯到 18 世纪,也已有克吕格尔等数人认识到平行公理是不可证明的,可用其他与之相矛盾的公理来取代而形成其他形式的几何(例如三角形内角之和不是二个直角的几何)。这些人应该认为是非欧几何的首批拓荒者。非欧几何的诞生是希腊时代以来数学中一个重大的创新,它宣告数学发展进入了一个新世纪。虽然现在一般为非欧几何是由三位学者彼此独立地发现的,但就发表时间之早、论证的完整系统而言,首推罗巴切夫斯基。由于他的特殊贡献,被称为“几何中的哥白尼”。1893 年,喀山大学为他塑造了纪念像,以纪念他在创建非欧几何方面的功绩。

(吴茂庆)

巴贝奇,C.(Babbage,Charles) 英国人,1792 年 12 月 26 日生于英国德文郡廷茅斯,1871 年 10 月 18 日卒于伦敦。概率论、统计学、计算机技术。

银行家的儿子。1810 年入剑桥大学学习。曾同皮科克、约翰·赫歇尔合译拉克鲁瓦的《微积分学》,把莱布尼茨的微分概念引进英国。1816 年当选为英国皇家学会会员。1827 年当选为剑桥大学卢卡斯讲座教授。还协助建立了英国皇家天文学会、英国科学促进协会和伦敦统计学会。有广泛的科学兴趣,包括隐分析、概率论、地球物理学、天文学、测高学、统计语言学,气象学和保险统计学等。他用差分方法编制的八位对数表是当时最好的数学用表之一,1812 年开始研究差分机。1822 年研制成一台可自动运算的小型加法机样机。他设计的这种机器中含有逻辑型的判断部件,引人注目。可惜这种机器的制造远远超出了当时工程技术的能力,但为现代电子计算机的产生打下了基础。演示模型“差分机 1 号”作为展品现保存于伦敦科学博物馆。

(高岳兴)

格林,G. (Green,George) 英国人,1793 年 7 月生于英国诺丁汉郡斯内顿,1841 年 5 月 31 日卒于同地。数学分析、偏微分方程、物理学。

面包师之子。从小受诺丁汉小学校长罗伯特(G. Robert)影响,对数学产生浓厚兴趣。早年失学,在父亲的面包房工作。1823 年父亲在斯内顿买下一座磨坊,举家迁往该地,父子二人惨淡经营。利用当地一家收费图书馆阅读了大量数学和物理学书籍,特别是读了拉普拉斯的《天体力学》顿受启发,开始将数学用于电磁理论。1828 年发表第一篇论文后,皇家学会会员布罗姆黑德(E. F. Bromhead)劝他报考剑桥大学凯厄斯学院,但因父亲去世,直到 40 岁时才成为该院的一名自费生,翌年获奖学金继续求学。1837 年毕业并获文学士学位。留校任教,1839 年当选为学院评议员。1840 年因病回乡,次年去世。

是数学、物理学领域的剑桥学派创建者之一。1828 年在朋友帮助下自费出版了第一本著作《关于数学分析在电磁学理论中的应用》,引入了位势概念,并根据所发现的面积分与重积分之间的关系(即格林公式)发展了电磁理论。首先研究了与解数学物理边值问题的解析概念有关的特殊函数,后被黎曼称为格林函数,已成为偏微分方程的一个基本概念。由于此书的重大科学价值,1850 年在他去世 9 年后又重新刊登在《数学》杂志上。1832 年 12 月在剑桥哲学学会上宣读论文"流体类似于电流的均衡定理"。1833 年又着手研究变密度椭球体的引力位势问题。同年 12 月在爱丁堡皇家学会上报告题为"摆在流体介质中振动的研究"。1835 年获得现称为超球面函数的重要结果,是拉普拉斯球面调和函数的推广。还发展了能量守恒定律,将它运用于变形弹性体得出弹性理论的基本方程。1837～1839 年间发表了多篇有关声、光和水波传播方面的论文。他是历史上最早试图从数学上描述孤立波现象的数学家。在他身后出版的《格林数学文集》(1871 年),受到科学界越来越多的重视。 (卫瑞霞 卢钦和)

夏斯勒,M. (Chasles,Michel) 又译沙勒或夏莱。法国人,1793 年 11 月 15 日生于法国埃佩尔农,1880 年 12 月 18 日卒于巴黎。几何学、科学史学。

木材商、商会会长之子。1812 年就读于巴黎综合工科学校。毕业后放弃工兵团工程师职位,在巴黎做股票经纪人。后钻研历史和数学。1837 年出版其第一部著作《几何方法的起源和发展的历史概述》,成为有声望的几何学家和数学史家。1846 年任巴黎大学的高等几何教授。1839 年被选为法国科学院通讯院士,1851 年成为正式院士。1854 年当选为英国皇家学会外籍会员。还是许多国家科学院的外籍院士。

主要贡献是在射影几何方面。引入了非调和比、单应和对射等新的术语,导出了圆锥曲线上任意点与四固定点联线的交比不变的定理,以及与斯坦纳的在线圆锥曲线定义下论证的由交比判定切线定理相等价的结果。他讨论几何的方法称为"混合法"。还是一位手稿和图表的收藏家。著有《高等几何学》(1852 年)、《圆锥曲线论》(1865 年)、《算术史》及《衍论》等。由于独创性的成果,1865 年英国皇家学会授予他最高奖科普利奖章。为纪念他,巴黎第 12 区有条夏斯勒路。 (沈 铁)

当德兰,G. P. (Dandelin,Germinal Pierre) 比利时人,1794 年 4 月 12 日生于法国布尔格,1847 年 2 月 15 日卒于比利时布鲁塞尔。代数学、几何学、军事工程。

法国行政官员之子。1813 年就读于巴黎综合工科学校。同年加入拿破伦军队。拿破仑下台后,当德兰到比利时避难,并于 1817 年加入荷兰籍。在比利时当军事工程师。1825 年被选入布鲁塞尔皇家科学院。1825～1830 年任列日大学矿业工程教授。1835 年回比利时军队,在那慕尔、列日和布鲁塞尔等地从事军事要塞工程工作。

在几何、代数、概率论、静力学和其他方面都有研究。以他命名的关于圆锥与圆锥曲线的定理在画法几何中有很大的用处。发现圆锥曲线用它上面的点为极点的反演为有理环形三次曲线。还提出了以他和 K. H. 格雷菲命名的代数方程近似求根法,比罗巴切夫斯基的同样发现早 11 年。 (沈 铁)

陶里努斯,F. A. (Taurinus,Franz Adolph) 德国人,1794 年 11 月 15 日生于德国奥登林山,1874 年 2 月 13 日卒于科隆。非欧几何。

曾在吉森大学、格丁根大学等处学习法律。舅父施魏卡特是柯尼斯堡大学的法学教授。在舅父的影响和鼓励下研究平行公理,是非欧几何的创始人之一。1825 年在科隆出版了《平行线理论》一书。1826 年又出版了《几何要素》。文中推得一些结果,明确指出欧几里得几何对物质空间是正确的,而星空几何是逻辑相容的。还证明了虚半径球面上成立的公式恰好是星空几何上的公式,称这种几何为"对数球面几何",并发展了相应的三角学。 (卫瑞霞)

霍姆博,B. M. (Holmboe,Bernt Michael) 挪威人,1795 年 3 月 23 日生于挪威旺市,1850 年 3 月 28 日卒于克里斯蒂安尼亚(现奥斯陆)。微积分学、数学教育。

早年系克里斯蒂安尼亚军事学院的讲师。曾在克里斯蒂安尼亚大学讲授天文学,1834 年被任命为该大学的纯数学教授。写过一些初等数学和微积分的教科书。最大贡献是发现和培养了数学家阿贝尔,并在阿贝尔去世后,受政府的委托编辑出版了阿贝尔的著作。 (沈 铁)

里夏尔,L. É. Ē. (Richard,Louis Paul Émile) 法国人,1795 年 3 月 31 日生于法国雷恩,1849 年 3 月 11 日卒于巴黎。数学教育。

炮兵中校之子。家中 4 个孩子中老大。因少时发生事故留下残疾,无法继承父业,决定从教。1814 年在杜埃高级中学任数学教师。1815 年任位于布列塔尼半岛的蓬蒂韦学院预科数学教授。1820 年去巴黎,不久任巴黎著名的大路易斯学院大学预科教授，为准备升入大学的高中高年级提高班学生进行数学强化教育。当时法国中学的数学教学为升入大学作准备，分预备级、初等级和特别级三级。他教授特别级（提高班）的数学，风格与众不同，经常用当代数学的新进展，如蓬斯莱的新几何来更新教学内容，提出的练习也能吸引学生精心思考和探讨。毕生虽少有论著，但却培养出许多著名科学家，如E. 伽罗华、埃尔米特、勒威耶和J. A. 塞尔等。

（高岳兴）

拉梅，G.（Lamé，Gabriel） 法国人，1795年7月22日生于法国图尔，1870年5月1日卒于巴黎。几何学、数论。

1813～1817年就读于巴黎综合工科学校。毕业后进入矿冶学院继续深造，1820年毕业。翌年去俄国任圣彼得堡交通道路学院教授。1832年回国任巴黎综合工科学校物理学教授。1836年被任命为矿冶总工程师。1843年当选为法国科学院院士。1851年任巴黎大学数学物理与概率论教授。是圣彼得堡科学院外籍院士和许多学会会员。

还是学生时，勒让德的几何教科书引起了他攻读数学的志趣。处女作"线与曲面相交"完成于1817年。翌年出版的《解几何问题各种方法的研究》受到几何学家蓬斯莱和沙尔（Schasles）的高度评价。在数学方面的最大贡献是引入了曲线坐标并应用于纯粹数学与应用数学。该坐标可想象为共焦二次曲面族的交，据此把拉普拉斯方程变为椭球坐标系下的形式，从而使方程可分离变量。运用曲线坐标研究了球形弹性膜在已知负荷分布下的稳定性问题及椭球的温度分布问题。利用曲线坐标系研究了费尔马大定理，1840年和1851年分别得到了方程 $x^7+y^7=z^7$ 无整数解和 $A^n+B^n+C^n=0$ 在复数域内的完全解等重要结果。著名的拉梅常数和拉梅函数都是与曲线坐标系的应用相关联的。他的曲线坐标法已成为沿用至今的求解偏微分方程的一种程序与技术。关于曲线坐标的研究还包含了局部范围的微分不变量的讨论，它们是微分形式的不变量的研究的基础，而后者促进了张量分析的产生。 （张镜清）

凯特里，L.-A.-J.（Quetelet，Lambert-Adolphe-Jacques） 比利时人，1796年2月22日生于比利时根特，1874年2月17日卒于布鲁塞尔。数学教育、统计学、天文学。

7岁丧父。为谋生，1813年17岁便在一所学校任数学教师。1815年任根特学院数学教师。1819年因圆锥截面论文获新建的根特大学的第一个博士学位。同年在布鲁塞尔任数学教授。1820年被选为布鲁塞尔皇家科学院院士。1823年后多次去巴黎、伦敦，荷兰和德国的天文台参观、进修和研究。1832年任布鲁塞尔皇家天文台台长。曾组织天文学、气象学、地球物理学和统计学的国际协作。是许多学会的名誉会员，其中1839年入选英国皇家学会外籍会员。并获得多枚勋章。1826年出版概率论和天文学的普及读物。1835年起写过多篇社会统计学的论文，其中一本统计学著作闻名欧洲。是第一个提出正态分布的学者。1853年，他组织了第一次国际统计学会议，影响很大。 （华大熊）

斯坦纳，J.（Steiner，Jakob） 一译施泰纳。德国人，1796年3月18日生于瑞士伯尔尼的乌岑斯多夫，1863年4月1日卒于德国柏林。射影几何学。

出身于农民家庭，家中8个孩子中最幼者。小时候没有受过正规的教育。18岁后离开家乡半工半读，以做家庭教师为生，先后在海德堡大学及柏林大学学习数学。1825年起成为柏林技术学校助理教师。1833年，柯尼斯堡大学授予他荣誉博士学位。翌年成为普鲁士柏林科学院院士和柏林大学教授。1855年当选为法国科学院外籍院士。

数学上的主要成就在射影几何的综合发展方面。1832年出版他的首部著作《几何形的相互依赖性的系统发展》是其代表作。运用射影的概念从简单的结构建造出更复杂的结构；使用对偶原理，用射影方法定义和讨论了圆锥曲线，并类似地讨论了一次曲面；通过图形的分类而系统地发展了射影几何学。对"尺规作图"和"几何极值"问题也颇有研究。1844年提出三类四阶曲面，后来称为罗马曲面或斯坦纳曲面。还发展了质点组的重心的一般理论。著有《用直尺和一定圆进行的几何作图》（1833年）等书。终身未娶，身后留下约90 000瑞士法朗，把其中的1/3献给柏林科学院以设立以他命名的奖金。身后留有大量手稿，先后被汇编成《综合几何讲义》（1867年）、《斯坦纳文集》（1881～1882年）、《关于圆和球的相切和相交的一般理论》（1931年）等。

（卫瑞霞　黄绍楠）

布拉什曼，H. Д.（Брашман，Никалай Дмитриевич；Brashman，Nikolai Dmitrievich） 俄国人，1796年6月14日生于捷克布尔诺附近的拉斯诺瓦，1866年5月13日卒于俄国莫斯科。解析几何、力学。

捷克裔。出自贫困家庭，靠做家教来维持在大学深造，先后就读于维也纳大学和维也纳理工学院。1824年任俄国喀山大学数学物理副教授。1834年任莫斯科大学应用数学教授。创建了莫斯科数学学会，创办了学会学报《数学汇编》。1855年被选为圣彼得堡科学院院士。是一位出色的教育工作者。著作《解析几何教程》和《固体与液体的平衡理论》，先后获得圣彼得堡科学院的1836年、1837年德米多夫奖。力学方面在最小作用原理及其应用的研究上有较大成就。用数学方法探讨了当火车在铁道上行驶或河水流动时，地球自转对铁轨、河岸的力学影响。 （吴茂庆）

比安内梅，I.-J.（Bienaymé，Irénée-Jules） 法国人，1796年8月28日生于法国巴黎，1878年10月19

日卒于同地。概率论、数理统计、人口统计学。

1814 年在保卫巴黎的参谋部工作。1818 年任军事学院数学讲师。1820 年进入法国政府,1834 年任监察长。1848 年退职后,任巴黎大学索邦学院概率学教授。是法国数学学会的创建人之一,1875 年任学会会长和终身会员。还是圣彼得堡科学院的外籍院士、比利时中央统计学会、意大利那不勒斯化学联合会的名誉会员。

早期著作涉及人口统计学。研究了当时法国广泛应用的人口统计和生命统计表,并作出死亡率的预报。主要贡献在概率与数理统计方面,如统计试验的稳定理论和离差理论、线性最小二乘方问题等。与车比雪夫各自独立地建立了比安内梅-车比雪夫不等式。1874 年论述了区间数并研究观察序列极值的趋向,即近代的非参数试验和极限定理。 (卫瑞霞)

杜阿梅尔,J.-M.-C. (Duhamel, Jean-Marie-Constant) 法国人,1797 年 2 月 5 日生于法国圣马洛,1872 年 4 月 29 日卒于巴黎。微积分学、数学物理、力学、科学哲学。

毕业于巴黎综合工科学校。曾自行开办学校。1830 年起在母校教书达 38 年之久,1834 年获博士学位。同年任分析学和力学教授。还在巴黎高等师范学校和巴黎大学索邦学院任教,是出色的教师。1840 年当选为法国科学院院士。最先研究热传导数学理论。在傅立叶和泊松的工作基础上,讨论了各向异性固体的热传导问题,最后得出著名的杜阿梅尔原理。还运用数学物理的技巧,研究了弦振动、柱和圆锥形导管中空气振动及谐波等问题,并发现一个复杂的声音可以作为同时发生的声音的群。主要著作有:《理工学院分析教程》(2 卷,1840～1841 年)、《力学教程》(2 卷,1845～1846 年),1856 年将此 4 卷合编为《微积分学基础》出版;另有《科学推理的方法》(5 卷,1866～1872 年)等。 (卫瑞霞)

冯·施陶特,K.G.C. (von Staudt, Karl Georg Christian) 德国人,1798 年 1 月 24 日生于德国罗滕堡,1867 年 6 月 1 日卒于埃朗根。几何学、天文学。

1818～1822 年因仰慕高斯之名入格丁根大学学习,向高斯学习数论和天文学。1822 年获埃朗根大学博士学位。留校任教,1835 年 10 月到去世,一直任埃朗根大学数学教授。1863 年入选巴伐利亚科学院通讯院士,1867 年为正式院士。

在数学上致力研究投影几何和贝努利数。最重要的著作是《位置几何》(1847 年)及补充著作《位置几何讲义》(3 卷,1856～1860 年),构造了二维及三维实投影几何,引入了一、二、三维复投影空间,对综合投影几何作出了重要贡献。另一成就是在贝努利数理论中的冯·施陶特—克劳森定理。定理首次给出了它们的形成规律的有意义的揭示。1845 年用拉丁文出版关于贝努利数理论的较详尽的著作。

早在 1820 年就观察并计算火星和诸彗星的星历表。最著名的工作是确定由尼科勒特(J. Nicollet)和庞斯在 1821 年所发现的彗星的轨道,计算的精度很高,受到了高斯的称赞。 (卫瑞霞 徐平五)

古德曼,C. (Gudermann, Christoph) 德国人,1798 年 3 月 25 日生于德国希尔德斯海姆附近,1852 年 9 月 25 日卒于明斯特。球面几何、函数论。

教师之子。毕业于德国格丁根大学。1823 年任克莱夫一所中学数学教师。1832 年在明斯特神学与哲学学院任编外教授,1839 年任正式教授。主要研究课题是球面几何和特殊函数论。1830 年出版的《解析球面概论》,在某些地方已相当接近非欧几何,但未明确讨论该问题。1830 年开始,他给《克雷尔》杂志写了一系列有关特殊函数的论文,后于 1833 年、1844 年汇编成两部书出版。1840 年魏尔斯特拉斯从波恩来到明斯特,听他讲授椭圆函数理论,并写出了重要论文。是最早发现魏尔斯特拉斯的前辈之一。 (高岳兴)

博比利埃,É. (Bobillier, Étienne) 法国人,1798 年 4 月 17 日生于法国隆勒索涅,1840 年 3 月 22 日卒于马恩河畔沙隆。几何学、静力学。

出身商人家庭。原对数学并无兴趣,后因其兄考入巴黎综合工科学校才发奋自学。1817 年考入该校,第一年成绩优秀,但苦于经济拮据而于 1818 年辍学,到沙隆工艺学校任教。1829 年任昂热学校的督导。1830 年革命期间,在国民卫队服役。1832 年回沙隆工艺学校任教授。1836 年患重病,4 年后去世,终年仅 42 岁。

深入探讨了曲线和代数曲面的逐次配极理论,得到了许多极有价值的结论。引入的几何图形的一套节略记法,如以坐标的线性函数 $A=0$ 表示直线,则表示三角形三边的延长线为 $ABC=0$,从而外接于此三角形的二次曲线的一般方程成为 $aAB+bAC+cAB=0$,颇为后人所赞赏。在静力学方面,特别是对与悬链线有关的力学问题亦颇有研究。一生工作勤奋,即使卧床不起也不停止工作,晚年还在几何运动学方面做了很多的工作。 (吴茂庆)

格雷菲,K.H. (Gräffe, Karl Heinrich) 德国人,1799 年 11 月 7 日生于德国不伦瑞克,1873 年 12 月 2 日卒于瑞士苏黎世。代数学。

珠宝商之子。1813～1816 年在一位金匠处当学徒,1824 年入读德国格丁根大学,师从高斯。毕业论文获奖。1828 年任瑞士苏黎世理工学院讲师。1833 年任奥伯恩工业学校教授。同年任新成立的苏黎世大学无薪教授,1860 年任该校编外数学教授。

主要贡献在代数方程的数值解。对于柏林科学院设奖求解的问题:"设方程 $x^n+a_1x^{n-1}+\cdots+a_n=0$ 有相异

实根 $\alpha_1,\alpha_2,\cdots,\alpha_n$ 且 $|\alpha_1|>|\alpha_2|>\cdots>|\alpha_n|$，求以 $\alpha_1^m,\cdots,\alpha_n^m$ 为根的方程。”他先找出 $m=2$ 时的解答，然后设法求出 $m=2^k$ 时的解答。此法还能推广到等根与负根的情形，在近代的数值计算中有重要用处。此法后被称为当德兰-格雷菲方法，因由两位学者独立完成。比罗巴切夫斯基的发现早 11 年。（卫瑞霞）

费尔巴哈，K. W.（Feuerbach, Karl Wilhelm） 德国人，1800 年 5 月 30 日生于德国耶拿，1834 年 3 月 12 日卒于埃朗根。几何学。

法学教授之子。是德国古典哲学著名唯物主义哲学家 L. A. 费尔巴哈的哥哥。1817 年入埃朗根大学。1820 年转学弗赖堡大学。1822 年 22 岁获博士学位。同年任埃朗根大学预科的数学教授。因受到政治迫害遭囚禁，精神深受刺激，严重损害了健康。翻译后精神错乱，28 岁时退休，隐居于埃朗根乡间，度过暂短余生，英年早逝。其科学生涯很短暂，著有《直角三角形一些特殊点的性质》等 3 本书，书中有他最重要的贡献——费尔巴哈定理：过三角形三个垂足的圆与三角形的内切圆和三个旁切圆相切。书中还叙述了三角形的其他一些结论和许多恒等式。此外，和麦比乌斯互相独立地创立了空间点和齐次坐标理论。（沈 铁）

克劳森，T.（Clausen, Thomas） 丹麦人，1801 年 1 月 16 日生于丹麦斯诺厄拜克，1885 年 5 月 23 日卒于俄国多尔帕特（今爱沙尼亚塔尔图）。数论、应用数学、天文学。

出身贫困农家，是家中 8 个孩子中老大。12 岁开始为当地一位牧师放牧牲口，同时向他学习拉丁文、希腊文、数学、天文学和自然科学达 7 年之久，还自学法、英、意等语言。1824 年在德国阿尔托纳天文台当助手。1828 年底到慕尼黑大学致力数学和天文学的计算和出版工作，深受高斯等人的赏识。1866 年任爱沙尼亚多尔帕特天文台台长和多尔帕特大学天文学教授。是格丁根科学院、圣彼得堡科学院的外籍院士。发表了约 150 篇论著，涉及纯数学和应用数学、天文学、物理学和地球物理学等方面。在数论领域内造诣较深。1854 年分解出费尔马数 $F(6)=2^{2^6}+1$，从而证明了 $F(6)$ 不是质数，否定了费尔马关于 $F(n)=2^{2^n}+1$ 为质数的假定。撰写论文“1770 年彗星轨道的确定”获哥本哈根科学院奖金。（沈 铁）

普吕克，J.（Plücker, Julius） 德国人，1801 年 6 月 16 日生于德国埃尔伯费尔德，1868 年 5 月 22 日卒于波恩。几何学、物理学。

商人家庭出身。先后在波恩、海德堡、柏林和巴黎等地大学念书。1824 年在马尔堡大学获博士学位。次年在波恩大学任讲师，1828 年升为教授。1833 年任柏林大学教授。1834 年任哈雷大学教授。1836 年后任波恩大学数学和物理学教授。是著名数学家 F. 克莱因的老师，并与 F. 克莱因共事多年。1867 年被选为法国科学院院士。

对几何学的造诣很深，在很大程度上发展了解析几何学。建立了广义等同坐标和正切坐标，纠正了欧拉在渐近线问题上的错误；并与德国几何学家麦比乌斯同时创立了射影几何学的新方法，引入了所谓三线坐标中任何曲线的齐次方程。其主要著作有《解析几何的发展》（1828 年）、《解析几何的体系》（1835 年）、《代数曲线论》（1839 年）和《空间的新几何学》（1846 年）等。

在物理学方面写过 59 篇论文，研究了抗磁性、磁场对电的效应、稀薄气体中的放电现象、晶体的光学和气体的光谱等问题。（华大熊 张镜清）

库尔诺，A. -A.（Cournot, Antoine-Augustin） 法国人，1801 年 8 月 28 日生于法国格雷，1877 年 3 月 31 日卒于巴黎。应用数学、概率论、科学哲学。

中学毕业后，自学了拉普拉斯的《宇宙体系论》和莱布尼茨与克拉克的通信，对数学产生了兴趣。1821 年后，先后在巴黎高等师范学校和巴黎大学学习，从师拉克鲁瓦和阿歇特，同学中有狄利克雷。1829 年获理学博士学位。1834 年任里昂大学理学院教授。1835 年任格勒诺布尔大学校长兼理学院数学教授。曾任国民教育总监和大、中学校数学教师学衔考试评定委员会主席。

数学著作不多，声誉来自成功地将数学应用于尚未探索过的领域的新颖而精确的设想。1838 年出版的《财富理论数学原理的研究》，表明他是数学经济学的真正的奠基者。其机遇理论方面的工作，在概率论的发展史上起着重要作用。关于科学知识的观点比他的数学成就更为著名，他把“科学”定义为逻辑地组织起来的知识，包含对象的分类和命题的有序连结两部分。在科学和史学之间的联系方面也有较精确的论述。（沈 铁）

奥斯特罗格拉茨基，M. B.（Остроградский, Михаил Васильевич; Ostrogradsky, Mikhail Vasilievich） 俄国人，1801 年 9 月 24 日生于俄国帕申纳雅，1862 年 1 月 1 日卒于波尔塔瓦。数学分析、应用数学、力学。

出身庄园主家庭。1816 年入哈尔科夫大学数学物理系学习，受到良好的数学教育，1820 年通过学位考试，因持反宗教的观点，未获毕业文凭。1822 年赴巴黎大学深造。1824～1827 年先后向法国科学院提交了几篇论文，其中有他在数学物理及积分学中的重要发现，得到了年长的法国数学家傅立叶、泊松、柯西等的赏识和敬佩。1828 年春返回圣彼得堡，先后在海军学院、通信学院、师范学院、理工学院和炮兵学院任教。1832 年当选为圣彼得堡科学院院士。1834 年起，被选为美国文理科学院、都灵科学院、利马科学院及法国科学院外籍院士。

是一位杰出的数学分析学家，对分离变量法的发展作出过重要贡献。不仅推广了傅立叶和泊松的解边值问题的方法,还在常系数线性偏微分方程中建立了特征函数系的正交性。导出了 n 重积分的极值的必要条件,推广了泊松的结果。发展了重积分理论,给出了 n 重积分的变量代换公式。1836 年又首创用几何方法导出二重积分的变量代换公式。发现了解非线性常微分方程的小参数法。证明了对数函数和反正切函数的超越性。1844 年提出了一种有理函数积分法。在概率论和代数方面亦有许多成就。

又是一位著名的应用数学家。早在巴黎留学期间,就发表过“柱形容器中波的理论”的论文;首先研究了周围介质具有恒定温度的固体中的热传导问题;找到了气体中声音振动方程和弹性薄片振动方程的解法;推广了力学基本原理和方法。1850 年发表的“关于等周问题的微分方程”中,证明了由变分问题产生的任何方程都能化为传统的哈密顿方程;拓广了虚位移原理的应用范围,严格地证明了非静止约束情形下表示虚位移原理的公式,把该原理应用于非弹性碰撞的情形,导出了碰撞的分析理论的基本公式。还研究了重心的运动及重心和形心不重合的弹丸的转动。这些课题对当时的火炮学的研究非常重要。

完成了 80 余篇数学力学方面的论文,对科学事业作出了重要贡献。还是一位优秀的教育家,许多教育观点在当时是很先进的。写过不少几何、代数、数论及天体力学等方面的教科书;制定过 7～12 岁儿童的教学大纲。
(严大康　张镜清)

阿贝尔,N. H. (Abel, Niels Henrik)　挪威人,1802 年 8 月 5 日生于挪威斯塔万格附近的芬岛,1829 年 4 月 6 日卒于弗鲁兰。代数学、椭圆函数论。

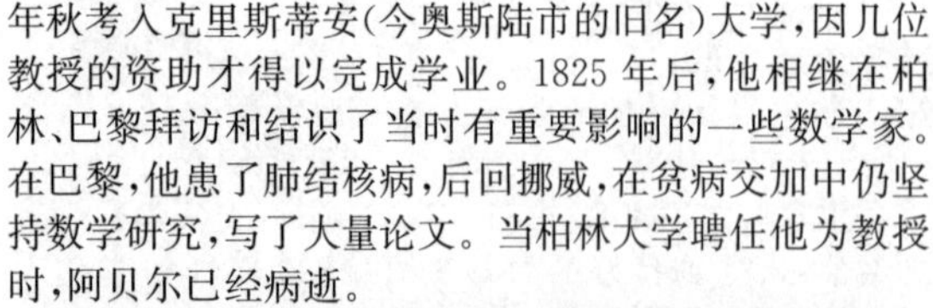

出身于穷牧师家庭。从小喜爱数学,在中学时代已熟悉不少数学文献,对代数方程理论尤感兴趣。1821 年秋考入克里斯蒂安(今奥斯陆市的旧名)大学,因几位教授的资助才得以完成学业。1825 年后,他相继在柏林、巴黎拜访和结识了当时有重要影响的一些数学家。在巴黎,他患了肺结核病,后回挪威,在贫病交加中仍坚持数学研究,写了大量论文。当柏林大学聘任他为教授时,阿贝尔已经病逝。

大学时代就开始研究椭圆函数及可用积分求解的一些问题。1823 年发表第一篇论文“用定积分求解一些问题”,包含了第一个积分方程的解,在数学史上有重要意义。后深入研究高次方程可解性问题,1824 年他寄给德国数学家高斯一篇论文,但没有受到重视;1826 年发表此论文,首次证明了五次或更高次的代数方程的解一般不能用根式表示,成功地解决了当时著名的数学难题,由此引入了可交换群(即阿贝尔群)的概念。

与雅各比共同奠定了椭圆函数论的基础,从反函数着手把椭圆积分理论转变成椭圆函数理论,得到了“加法定理”、双周期性等重要结果;讨论了无穷级数和无穷乘积的展开,引入了研究椭圆积分的关键的“反演”概念。从 1825 年起先后写了“椭圆函数研究”、“关于一类超越函数的一个一般性质”等一系列论文。但是,当时阿贝尔将论文送到法国科学院后一直没有回音,在他死后的 1841 年才予以发表。

他在二项式定理的推广、二项级数求和、幂级数及二次根式的积分等方面也有许多成就,一些定理和法则以他的名字命名。他的才智和贡献得到了著名数学家勒让德和埃尔米特的赞赏。埃尔米特说:“阿贝尔留下的思想,可供数学家们工作 150 年。”为了纪念他对数学的杰出贡献,1830 年 6 月 28 日法国科学院追授大奖。
(徐平五)

鲍耶,J. J. (Bolyai, János Johann)　一译波尔约。匈牙利人,1802 年 12 月 15 日生于匈牙利特兰西瓦尼亚地区科罗日瓦(今罗马尼亚克卢日),1860 年 1 月 27 日卒于毛罗什-瓦萨尔海伊(今罗马尼亚特尔古穆列什)。非欧几何。

是著名数学家 F. 鲍耶的儿子。1822 年毕业于维也纳帝国工程学院。后成为匈牙利陆军准尉,1832 年擢升为中尉,1833 年因遭车祸致残退伍,与其父一起生活。因两人常有冲突,最后迁至偏辟的多马尔德地区过着隐居式生活。晚年专心于文学创作。

受父亲影响,对平行公理的证明曾作过努力。失败后就尝试构造一种无需平行公理的几何。1823 年写成“绝对空间的科学”一文,把这种几何学称为“绝对几何学”。精辟地分析了绝对几何学的公理体系的逻辑关系,建立了一系列深刻的定理,所证绝对几何正弦定律堪称一绝。在讨论的空间中,过平面上直线 l 外一点 P,存在与 l 不相交的直线束。其父虽不同意他的观点,却仍将该文寄给密友高斯,以后又将该文收集在自己的著作《为好学青年的数学入门》的附录中。高斯在复信中写道:“这篇文章中的全部内容,采用的方法及导出的结果,几乎处处与我本人的想法一致……因此我极为惊讶。”但高斯却没有勇气公开承认他的工作的正确性。

1840 年罗巴切夫斯基的非欧几何著作出版后,鲍耶的论文受到冷遇,因而十分愤怒,怀疑别人剽窃了自己的成果。以致后来他虽然仍在绝对几何、绝对三角学与球面三角学之间的关系以及绝对空间中四面体体积等方面做出了出色的工作,却始终没有发表或出版。1867 年巴尔策(R. Baltzer)在《数学原理》中讨论他与罗巴切夫斯基的成就时,对他的工作给予了肯定,1871 年又得到了克莱因等人完全的认可,才被确认为是非欧几何的创始人之一。1905 年匈牙利科学院颁发以他命名的国际数学奖。
(吴茂庆)

斯特姆，J. C. -F. （Sturm，Jacques Charles-François） 法国人，1803 年 9 月 29 日生于瑞士日内瓦，1855 年 12 月 18 日卒于法国巴黎。*数学分析、代数学、物理学。*

瑞士裔。数学教师之子，16 岁丧父。1821 年入日内瓦学院学数学和物理。1823 年离校，以做家教为生。同年发表了关于追线问题的论文。1829 年被任命为《科学与技术通报》杂志的主编。1833 年加入法国籍。同年入选法国科学院院士。1838 年任教于巴黎综合工科学校，1840 年任分析与力学教授。同年获英国皇家学会的科普利奖章，并成为该学会会员。还是柏林科学院和圣彼得堡科学院外籍院士。

学术成就是多方面的。曾建立了确定方程 $f(x)=0$ 的根的斯特姆定理；讨论了旋转体最小表面积问题；得到了回转面子午线的微分方程；研究了带有边界条件的二阶常微分方程一般问题，由此建立了著名的斯特姆-刘维尔理论。在物理实验方面，测定了各种液体的压缩系数及在突然加压下的热辐射量等。1826 年和科拉东（Colladon）一起测出了水中声速为1 435米/秒，与泊松公式给出的数值1 432. 8米/秒非常接近。所著《分析教程》（2 卷，1857～1863 年）、《力学教程》（2 卷，1861 年），被广泛使用达半个世纪。 （卫瑞霞）

贝拉维蒂斯，G. （Bellavitis，Giusto） 意大利人，1803 年 11 月 22 日生于意大利维琴察地区的巴萨诺，1880 年 11 月 6 日卒于巴萨诺附近的泰日。*几何学、代数、应用数学。*

巴萨诺政府会计师之子。早期未受过正规学校教育，由父亲进行家教。1822 年 18 岁在市政厅任会计师，1832 年前有整整 10 年无偿劳动。1843 年任维琴察大学数学与力学教授。1845 年任帕多瓦大学画法几何学教授，1846 年又被授予哲学和数学荣誉博士学位，1867 年任代数和解析几何教授。1866 年由国王提名为参议员。1879 年成为意大利林赛研究院院士。

1834 年始，发表一系列重要论文，同年给出多种多边形面积公式。8 年后，冯·施陶特也独立发现。主要贡献是提出了在几何演算中的相等法。在代数几何方面，提出了新的曲线分类法，在已知的 76 种曲线以外又增加了 6 种曲线。还为复数理论提供了几何基础。用初等方法解决了许多力学问题，其中有哈密顿的四元数问题。 （刘 韵 高岳兴）

杰拉德，G. B. （Jerrard，George Birch） 英国人，1804 年生于英国康沃尔，1863 年 11 月 23 日卒于诺福克郡朗斯特拉顿。*代数学。*

少将之子。1821 年入读都柏林三一学院数学系，1827 年毕业。他的一位弟弟毕业于剑桥大学三一学院数学专业，留校任高级研究员。1786 年，瑞典的 E. S. 布林，已证明可把一个一般的五次方程化为仅有三项的形式：$x^5+px+q=0$。1827 年，杰拉德亦独立地获得这个结果，且更一般地把任一 n 次方程化为 x^{n-1}、x^{n-2}、x^{n-3} 的系数为 0 的方程。椭圆函数论的奠基人之一、巴黎大学教授埃尔米特赞扬杰拉德定理是从阿贝尔证明一般五次方程的根不可能通过其函数的根式表示以来，五次方程的代数理论的发展中最重要的一步，他的名字也因此而被人们铭记。他最重要著作是关于方程论的多卷本《数学研究》（1832～1835 年）。 （张镜清）

维鲁尔斯，P. -F. （Verhulst，Pierre-François） 比利时人，1804 年 10 月 28 日生于比利时布鲁塞尔，1849 年 2 月 15 日卒于同地。*统计学、概率论、社会学。*

1822 年入比利时根特大学，1825 年获博士学位。同年到布鲁塞尔大学任教，研究教论和社会统计学。1829 年翻译出版了 J. 赫歇耳《光的理论》。1835 年任比利时布鲁塞尔自由大学数学教授。1840 年任比利时皇家军事学校教授。1841 年被选为比利时皇家科学院院士，1848 年任院长。是研究人口增长规律的先驱者之一。在社会统计学方面颇有建树。马尔萨斯认为，人口增长的趋势符合几何级数，凯特里认为对抗人口无限增长的阻力总和依照人口增长率的平方而增加，而他在 1846 年证明了阻力正比于过剩人口与全体人口之比，并算出比利时人口的上限为 940 万人。（卫瑞霞 卫瑞中）

雅各比，C. G. J. （Jacobi，Carl Gustav Jacob） 一译雅可比。德国人，1804 年 12 月 10 日生于德国波茨坦，1851 年 2 月 18 日卒于柏林。*椭圆函数论、数学物理。*

犹太银行家的儿子。哥哥莫里茨（Moritz）是著名物理学家。自幼聪明好学，入中学后几个月就跳入最高年级。1821 年毕业于波茨坦大学。在校时不仅自学了欧拉的《无穷小分析引论》，还试解一般的五次代数方程。1821 年入柏林大学学习，1825 年获理学博士学位。留校任教解析理论课程。1826 年任柯尼斯堡大学编外教授，1832 年升为教授。1826 年当选为柏林科学院院士。1844 年任柏林大学教授，且成为英国皇家学会外籍会员。还是圣彼得堡科学院、维也纳科学院、法国科学院、马德里科学院及其他一些科学院的外籍院士。

是椭圆函数论的创始人之一。逆函数的观念使他和阿贝尔在超越函数的艰难领域中前进了一大步，导出了大量的椭圆函数的公式，得到了双重周期、零值、无限值及在半周期内值的变化等特性，还认识到椭圆函数理论与其他领域（例如数论）间的关系。1829 年 4 月出版经典之作《椭圆函数理论的新基础》。1832 年指出了可借助多于一个变数的函数，从超椭圆积分反转得到椭圆函数，于是 p 个变数的阿贝尔函数论随之产生了，成为 19 世纪数学的一个重要组成部分。将椭圆函数理论用于研究分析力学，以哈密顿对运动微分方程的研究为出发点，寻求最一般的代换，使经典的微分方程变为运动微分方程，并发展了积分这些方程的新理论。在数学物理方面，研究了椭球的引力，发现了旋转流体的状态理论。发展了麦克劳林、达兰贝尔、拉普拉斯及拉格朗日等人的研究结果。

1841年发表了著名论文“论行列式的形成与性质”，系统地介绍了行列式的形成与发展，引入“函数行列式”，并讨论了它在反函数和重积分变换中的作用，使行列式论成为数学家们手中的有效工具。西尔威斯特将此函数行列式命名为雅各比行列式。

在数论、线性代数、积分理论等方面也有重要的发现，现代数学中的许多概念、符号、公式及定理等都与他的名字相联系。他的数学思想和治学方法形成了一个学派，和贝塞尔、诺伊曼成为当时德国大学数学更新的核心。著名数学家勒让德在1828年2月9日的信中，对他在椭圆函数方面的杰出贡献给予高度评价：“由于这些工作，你已进入了本世纪最佳分析学家的行列。”身后编有7卷《雅各比全集》和增补卷。 （张镜清）

布尼亚科夫斯基，В.Я. （Буняковский，Виктор Яковлевич；Bunyakovsky，Viktor Yakovlevich） 俄国人，1804年12月16日生于俄国波多利斯克州，1889年12月12日卒于圣彼得堡。概率论、数论、数学分析。

1820～1825年留学欧洲，在巴黎大学听过著名学者拉普拉斯、傅立叶、泊松、柯西、勒让德、安培等讲学，并获数学博士学位。回国后先后在第一武备学校、海军学校、交通道路学院和圣彼得堡大学任教授。1858年后任政府统计和保险问题的总顾问。1830年当选为圣彼得堡科学院院士，1864～1889年任副院长。

著作《概率的数学理论基础》(1848年)论述了该学科产生与发展的历史及在保险、人口学方面的应用，颇有独创性。后又发表了关于人口统计学、观测误差的计算及造船问题等方面的许多论文，促进了俄国概率论的发展。1859年他建立了不等式 $\left[\int_a^b f(x)g(x)\mathrm{d}x\right]^2 \leqslant \int_a^b f^2(x)\mathrm{d}x \cdot \int_a^b g^2(x)\mathrm{d}x$。该不等式因1884年H. A. 施瓦兹重新发现并发表而被命名为施瓦兹不等式。在平行线理论、机械学和静力学方面都做了一些有意义的工作。

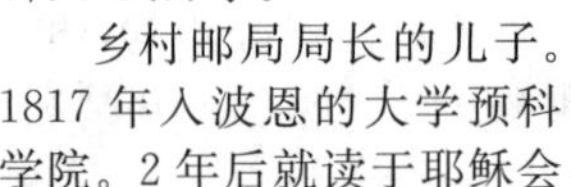

发表过包括数论、概率论、数学分析、几何及代数等方面的论文168篇。对叠合、相关性二次定律的研究，在俄国科学界产生过较大的影响。此外为提高俄国高等学校数学教学的科学水平作出了贡献。编纂的《纯数学与应用数学辞典》对数学教学和术语定名起了重要的作用。还编写了一些供中等学校采用的教科书，如《算术》、《算术大纲和提要》等。在纪念他科研与教学工作50周年时，圣彼得堡科学院给他颁发了勋章，并建立了以他名字命名的优秀数学著作奖金。 （卫瑞霞）

戴煦 (Dai Xu) 初名邦棣，字鄂士，号鹤墅，又号仲乙。中国清代钱塘(今杭州)人。嘉庆十年(1805年)生，咸丰十年(1860年)卒。三角学、对数。

出身钱塘名门望族。他是家中老三。其兄戴熙官至兵部右侍郎。而戴煦本人淡于功名，绝意仕途，终生以研究数学和工笔画为乐。1845年，英国教士艾约瑟(J. Edkins)慕名求见，戴煦以“中外殊俗异礼”托故辞之。1860年，太平军攻克杭州，随兄自尽。

早年著《重差图说》、《勾股和较集成》、《四元玉鉴细草》等，未刻印出版。曾与项名达共同研究三角级数的幂级数展开式和椭圆求周术，为项名达校补遗著《象数一原》6卷，并为其《椭圆求周术》补《图解》1卷。道光二十五年(1845年)至咸丰二年(1852年)，研究对数造表法、三角函数的对数造表法等，编撰成《对数简法》(2卷，1845年)、《续对数简法》(1846年)、《外切密率》(4卷，1852年)、《假数测圆》(2卷，1852年)，后来这4部书合刻成《求表捷术》一书。 （郭书春）

狄利克雷，J. P. G. L. (Dirichlet，Johann Peter Gustav Lejeune) 德国人，1805年2月13日生于法国迪伦(今属德国)，1859年5月5日卒于格丁根。解析数论、力学。

乡村邮局局长的儿子。1817年入波恩的大学预科学院。2年后就读于耶稣会科隆学院，受教于物理学家欧姆，打下了理论物理学的坚实基础，16岁毕业。1822年5月赴巴黎，在法兰西学院和巴黎理学院攻读。1823年夏受聘为拿破仑时代的英雄费伊将军(Maximilien Fay)的家庭教师，并被视为家庭成员，因此得以结识许多法国知识界著名人士。特别崇敬傅立叶，参加了以傅立叶为首的青年数学家小组。1825年向法国科学院提交他的第一篇数学论文“某些五次不定方程的不可解”。1826年回国接受科隆大学荣誉博士学位，并任客座教授。1828年迁居柏林，就任任教于柏林军事学院教授和柏林大学客座教授，后改任常任教授，历时长达27年。1831年当选为柏林科学院院士，同年与哲学家门德尔松(M. Mendelssohn)的孙女门德尔松-巴塞迪(R. Mendelssohn-Bartholdy)结婚。1855年高斯去世后，任格丁根大学教授。1858年在瑞士蒙特勒开会期间心脏病突发，勉强返回格丁根的家中，又遇夫人中风身亡的打击，病情加重，翌年去世。

是解析数论的创始人。1837年7月在柏林科学院的一次会议上，提交了关于解析数论的第一篇论文。文中证明了以他名字命名的基本定理：任意整数算术级数 $an+b, n=0,1,2,\cdots$，如果 a 和 b 互素，则必包含着无穷多个素数。此结论长期以来只是作为一个猜想，勒让德曾作了相当努力也仅证实了少数几个特定情况。在数论上的主要成就是创建了关于二次型的类数的公式。为此引进了解析函数，后被称为狄利克雷函数。还研究了二次型、二次和双二次互反律以及二次无理性领域的数论，包括对高斯整数 $a+ib$($i=\sqrt{-1}$，a 和 b 为整数)的广泛讨论。创立了代数数域中单位元素的一般理论，还建立了“抽屉原理”(如在 n 个抽屉里分放数目大于 n 的物件，则至少有一个抽屉里的物件数大于1)，在现代数论的许多论证中起着重要的作用。撰写的《数论讲义》身后由他的学生戴德金于1863年出版。在数学分析方面首次准确地解释了级数条件收敛的概念，严谨地证明了分段连续单调函数展成傅立叶级数的可能性。近代函数概念也是由他引入的。

1839年开始研究普通力学。同年发表的3篇论文中，用被称为不连续因子的方法求重积分的值，特别适用于决定椭球对球外或球内的任意质点的吸引力。1850年写的"推断一个无限薄的球壳密度的一项新计算"这一重要论文中，讨论了边值问题，即现在称为狄利克雷问题：确定一位势函数满足拉普拉斯方程，并在给定表面上有已知值。在力学和数学物理特别是位势理论方面颇有研究。晚年主要研究理论力学，特别是研究刚体在不可压缩流体介质中的运动，包括首创的流体力学方程的恰当积分。去世后，由戴德金在1857年编辑发表的最后一篇论文就是"流体力学中一个问题的探索"。 （卫瑞霞 卢钦和）

哈密顿，W. R.（Hamilton，William Rowan） 英国人，1805年8月4日生于爱尔兰都柏林，1865年9月2日卒于都柏林附近邓辛克天文台。微分方程、泛函分析、代数学、物理学。

律师之子。从小聪明过人，5岁就学会了拉丁文、希腊文和希伯来文，14岁前能读意大利文、法文、阿拉伯文、梵文和波斯文。少年时期就爱好数学，12岁读了拉丁文的欧几里得《几何原本》，15岁读牛顿的《自然哲学的数学原理》。1822年研究拉普拉斯的《天体力学》时发现了其中的一个错误。1823年考入都柏林大学三一学院。1827年还是未取得学位的学生时，就被任命为三一学院的天文学教授和邓辛克天文台台长。1832年成为爱尔兰皇家科学院院士。1835年被选为英国科学促进协会主席。同年封爵。1837～1845年任爱尔兰皇家科学院院长。1863年人选新成立的美国科学院外籍院士。

数学上的成就主要在微分方程理论、泛函分析和四元数代数方面，其中哈密顿算符、哈密顿-奥斯特罗格拉茨基-雅各比方程等比较有名。还研究了波形曲面理论，充实了伽罗华理论，引入了结合律等。特别是致力于四元数的研究达22年。1843年在爱尔兰皇家科学院会议上宣告了四元数的发现，其最后形式载于《四元数讲义》(1853年)和两卷本著作《四元数基础》中。

在物理学方面，1824年和1827年，向爱尔兰科学院提交关于散焦曲线和著名的"射线系理论"的论文，创立了近代几何光学。后又发展了分析力学。1834年建立的"哈密顿原理"，各种动力学定律都可从一个变分式推出，使人们看到了力学和几何光学的相似之点。后来发现这一原理的适用范围可推广到物理学的许多领域。把广义坐标和广义动量作为独立变量来建立动力学方程。这种形式的方程称为"哈密顿正则方程"。建立了一个与能量有密切联系的"哈密顿函数"。这些成果在现代物理学中得到了广泛的应用。还解释了锥形折射现象。对现代矢量分析方法的建立也有贡献。因在光学方面的成就，1836年英国皇家学会授予他皇家勋章。 （沈 铁）

闵丁，E. F. A.（Minding，Ernst Ferdinand Adolf） 俄国人，1806年1月23日生于俄国卡利什(今属波兰)，1885年5月13日卒于俄国杜帕特(今爱沙尼亚塔尔图)。微分几何、代数学。

波兰裔。中学毕业后到德国哈雷大学和柏林大学学习语言学、哲学与物理学，并自学数学。1827年毕业于柏林大学。后在中学教数学。1829年获哈雷大学博士学位。1831年任柏林大学数学讲师。1843年任杜帕特大学教授，1851年被选为数学物理学院院长。1864年加入俄国籍。同年被选为圣彼得堡科学院外籍院士，1879年成为名誉院士。

最重要的贡献是发展了高斯于1828年关于曲面微分几何的研究成果。与O.邦尼特独立地引入了测地曲率，并证明了在曲面的弯曲下测地线的不变性。1839年，证明了相等常全曲率的曲面可以等距地相互贴合，还研究了变曲率情形的相应问题。今天，以闵丁命名的定理在任一本微分几何书中都能找到。1840年，发现当用双曲函数代替三角函数时，对于有正常曲率的曲面上的测地三角形，球面三角中的三角公式变为负常曲率曲面上的双曲公式，从而可把二维双曲几何解释为有负常曲率曲面上的测地几何。此外，因微分方程 $M(x,y)\mathrm{d}x+N(x,y)\mathrm{d}y=0$ 的积分因子解法，1861年获圣彼得堡科学院的奖金。还发表过关于代数(消去法)、连分式理论、代数函数理论和分析力学等方面的著作。

（王翼勋 张镜清）

柯克曼，T. P.（Kirkman，Thomas Penyngton） 英国人，1806年3月31日生于英国博尔顿，1895年2月3日卒于沃灵顿附近的克罗夫特。组合论、数学基础。

14岁辍学到父亲的事务所任助手，历时9年。1833年获都柏林大学文学士学位。1835年起在英国国教中任圣职，这一终身职业并没有妨碍他去研究数学。1857年，被选为英国皇家学会会员。在拓扑、群论、超复数、组合理论及扭结等当时尚处于发展阶段的领域都作出了贡献。尤其是在组合理论中，15个女生问题及其变异是十分著名的，许多类似的问题都是由他首先阐明和解决的。发表60余篇数学论文。此外，1848年出版过一本关于烦难公式记忆术的书。 （张镜清）

德·摩根，A.（De Morgan，Augustus） 英国人，1806年6月生于印度马杜赖，1871年3月18日卒于英国伦敦。代数学、数理逻辑、科学史学。

少年时就对数学有强烈兴趣。17岁入剑桥大学三一学院，1827年毕业。翌年成为英国天文学会会员，两度任秘书长。长期任伦敦大学学院教授。1865年参与创办伦敦数学学会，并任第一任会长。是英国皇家学会会员。

是一个多产的数学家，对 19 世纪的数学发展产生了很大影响。从 1826 年起在小型百科全书上发表了 850 多篇文章，而这个数字仅占全部作品的 1/6。经常为 15 个以上的刊物写稿，并著有关于算术、代数、三角学、微积分、复数、概率和逻辑学的教科书。这些书既阐明了基本原理，又富有逻辑性。主要贡献在分析和逻辑领域内。引入了术语“数学归纳法”；分清了复数和复函数的概念；建立了确定级数敛散性的新颖规则，即德·摩根法则。在《微分与积分计算》(1842 年)中，给出了极限的定义。这或许是柯西的较直观的概念的第一个正确的分析陈述。1844 年还发表了论文“发散级数”，促进了发散级数的理论与应用的进展。

在逻辑学方面，认为应用亚里士多德学派的演绎法的传统论证法对于有关数量的推理是不适当的。介绍了一种方法，是较古的方法与布尔的分析形式间的桥梁。在 1847 年的著作《逻辑学的数学分析》中，用各种记号来描述简单的命题，得出了著名的德·摩根公式，用布尔代数符号表示为$(A\cap B)'=A'\cup B'$、$(A\cup B)'=A'\cap B'$。还开创了关系逻辑的研究。推进了代数理论作为符号及其组合法则的科学。撰写的《三角学和双重代数》给出了复数性质的几何解释，提出了四元数的概念。

还致力于科学史和数学史的研究，撰写了牛顿及哈雷的传记，并且编写了 17 世纪科学家们的通信索引。坚决支持十进币制。测算编写了公元前 2000 到公元 2000 年的新月日期的历书。撰写过有关保险的著作。

（卫瑞霞）

刘维尔，J.（Liouville, Joseph） 法国人，1809 年 3 月 24 日生于法国加来海峡省圣沃梅尔，1882 年 9 月 8 日卒于巴黎。数学分析、常微分方程、代数学、科学传播。

陆军上尉的儿子。1825 年就读于巴黎综合工科学校，1831 年获学士学位，

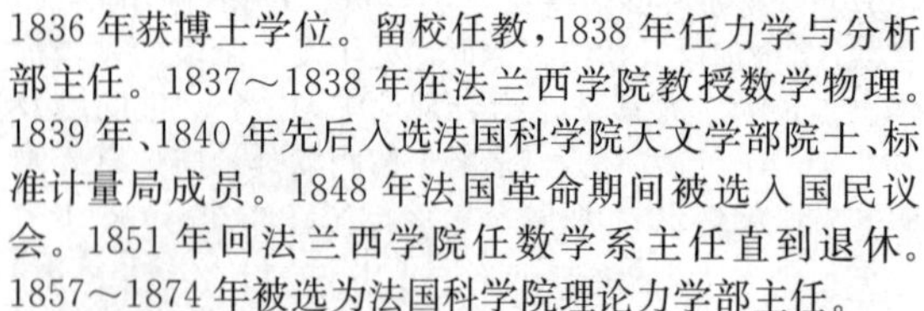

1836 年获博士学位。留校任教，1838 年任力学与分析部主任。1837～1838 年在法兰西学院教授数学物理。1839 年、1840 年先后入选法国科学院天文学部院士、标准计量局成员。1848 年法国革命期间被选入国民议会。1851 年回法兰西学院任数学系主任直到退休。1857～1874 年被选为法国科学院理论力学部主任。

共发表 400 余份论著，涉及纯粹数学和应用数学等各个领域，较突出的是数学分析、常微分方程和代数等方面的工作。

在数学分析方面，研究了椭圆函数理论和欧拉函数理论；讨论了代数函数和最简单的超越函数的分类；探索了推广微分、积分概念的可能性，首次建立了任意阶

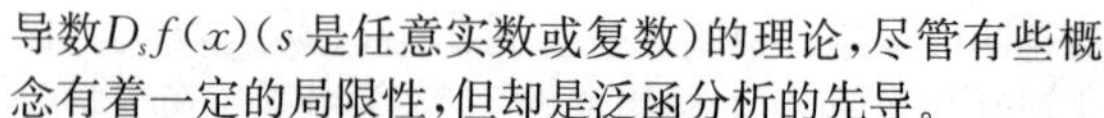

导数$D_s f(x)$(s 是任意实数或复数)的理论，尽管有些概念有着一定的局限性，但却是泛函分析的先导。

在常微分方程方面，首次提出了求常微分方程的解的逐次逼近法，即后来由毕卡推广、完善的“毕卡逐次逼近法”；1836～1837 年与斯特姆一起建立了关于常微分方程边值问题的斯特姆-刘维尔理论，内容包括特征值、特征函数系、特征函数系的正交性及函数按特征函数系展开等，为 19 世纪数学物理方程的发展奠定了基础。

在代数方面，1840 年给出了代数基本定理的一种新的证明方法；翌年推广线性方程消元法原理使之适用于高价方程组；1846 年提出了分解有理方程的新方法；有重大意义的工作是在 1844 年证明了一切形如 $\frac{a_1}{10}+\frac{a_2}{10^{2!}}+\frac{a_3}{10^{3!}}+\cdots$($a_i$ 是 0 到 9 之间任意整数)的数都是超越数。这是从 19 世纪初把实数分为代数数和超越数以来第一次得到的超越数，从而证明了超越数的存在性。

在数论、几何、天体力学等方面也有重要建树。例如，给出了确定任意椭球面的测地线的新方法，论述了反演变换的特性，确定了其展开由两个共焦二次曲面组成的曲面等。为适应数学发展的需要，1836 年创办了法国第一份大型数学专业期刊《纯数学与应用数学学报》，后被称为《刘维尔学报》。在他主办的 40 年间，共发行了 39 卷，忠实地反映了 19 世纪这 40 年间数学的发展情况，记录了整个一个时代中伟大数学家(如雅各比、狄利克雷、斯特姆等)的大部分重要成果，成为重要的数学历史文献。特别地出于对伽罗华理论意义的理解，毅然在该杂志 1846 年 10 月、11 月号上发表了已故伽罗华的大量论文，并在“编者按”中表明了对伽罗华成就的尊敬和赞赏，使这位年轻数学家的遗作在 15 年之后得以重见于世，从而引起了代数学的革命性变革。

（吴茂庆）

皮尔斯，B.（Peirce, Benjamin） 美国人，1809 年 4 月 4 日生于美国马萨诸塞州塞勒姆，1880 年 10 月 6 日卒于马萨诸塞州坎布里奇。三角学、数论、动力系统、大地测量学、天体力学。

1825 年就读于哈佛大学，1833 年获硕士学位。期间 1829～1831 年在中学任教。1833～1880 年先后在哈佛大学任自然哲学、数学和天文学教授。1849 年任《美国星历表和天文年鉴》天文学顾问。1867～1874 年任美国海岸测量机构负责人。1842 年为美国哲学学会会员。1852 年入选英国皇家学会。1863 年被选为新成立的美国国家科学院院士。

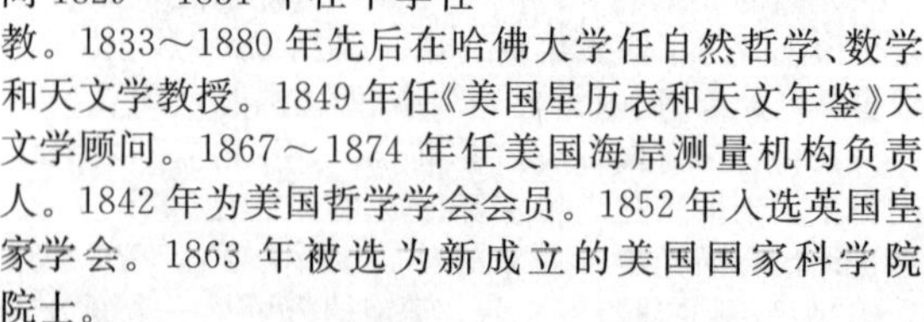

被誉为当时“美国最有影响的科学家”和“美国纯数学之父”。在天文学上，早在学生时代就参与了拉普拉斯《天体力学》英译本的校阅工作。1847 年发表了著名的彗星轨道表；确定了海王星(1846 年发现)的轨道，并

计算出天王星对它的摄动；还发表了几篇论土星光环构成的论文。

在数学上，1832 年证明不存在质因子少于 4 的完全数。1842 年任 10 卷本《美国年鉴和实用知识汇编》数学部分主编。学术生涯前期出版有一系列数学教材，其中有《平面三角基础》(1835 年)、《球面三角基础》(1836 年)、《代数学基础》(1837 年)、《平面与立体几何基础》(1837 年)、《平面与球面三角基础》(1840 年)、《曲线、函数和力》(2 卷，1841～1846 年)等。

1855 年在"分析力学系统"一文中，提出从位势概念发展出来的处理力学问题的原理和方法，被认为是 1904 年惠特克(Whittaker)分析动力学发表之前，英语国家同类著作中水平最高的数学论文。1870 年出版著作《线性结合代数》，论述多元代数的可能系统，被誉为 19 世纪美国数学领域中少有的杰出成就。

在大地测量方面，测量了纬度 39 度的弧长，把大西洋三角测量体系和太平洋三角测量体系联系起来。1852 年发表"关于舍弃有疑问观测数据的标准"一文，被称为"皮尔斯标准"，公认为是一个重要贡献。

(王翼勋　张镜清)

格拉斯曼，H. G. (Grassmann, Hermann Günther)　德国人，1809 年 4 月 15 日生于德国波美拉尼亚地区斯德丁(今波兰什切青)，1877 年 9 月 26 日卒于同地。几何学、代数学、语言学。

大学教授之子。家中有 12 个兄弟姐妹，他排行第三。1827 年入柏林大学学神学、古典文学和语言学。1830 年秋回斯德丁自学数学和物理学。先后在斯德丁、柏林等地中学任教。1840 年起专攻数学。1852 年接替父亲在斯德丁大学预科任教。1871 年 12 月被选为格丁根科学院的通讯院士。53 岁后逐渐离开数学而研究梵文，成为梵文权威，并于临终前一年，成为美国东方学会会员。

1843 年底完成了主要著作《线性扩张论》第一卷的手稿，涉及几何与分析，是解析几何和综合几何的边缘学科，由于叙述抽象而晦涩，未被同代人掌握，但该著作已隐含了近世代数、矩阵、向量分析和张量分析等新分支，对这些学科的研究与发展起了重要作用。死后其成就才逐渐获得专家们的认定，在他百岁诞辰时后人为他出版了全集。

(卫瑞霞)

普拉特，J. H. (Pratt, John Henry)　英国人，1809 年 6 月 4 日生于英国伦敦，1871 年 12 月 28 日卒于印度加济布尔。地球物理学、数学物理。

1836 年在剑桥大学冈维尔与凯乌斯学院获文科硕士学位。1844 年任印度加尔各答地区的牧师，1850 年升任副主教。1866 年被选为英国皇家学会会员。唯一的专著《力学和数学原理》于 1836 年发表，主要讨论了拉普拉斯函数和地球的形状，并算得赤道半径与极半径之差为 26.9 千米。该数据与现代测量的结果相当接近，有力地证实了地球是一个扁球的论点，也证实了牛顿从流体力学角度出发的解释是正确的。

(华大熊)

库默尔，E. E. (Kummer, Ernst Eduard)　德国人，1810 年 1 月 29 日生于德国索拉乌(今波兰扎雷)，1893 年 5 月 14 日卒于德国柏林。代数学、几何学。

幼年丧父。1828 年入哈雷大学学习数论、代数学、几何学，1831 年获博士学位。毕业后在索拉乌预科学校任教。1842 年任布雷斯劳大学教授。1855 年入选柏林科学院院士。同年任柏林大学教授直到 1883 年退休，曾任该校教务长和校长。是法国科学院外籍院士，也是英国皇家学会外籍会员。

第一个计算了超几何级数的单值群的置换，他的研究胜过了高斯，引入了"理想数"，形成了理想质因子理论。1857 年因论文"理想的素分解论"获得法国科学院颁发的数学大奖。探讨过费尔马大定理。提出了正规素数概念，对于所有的正规素数 p，给出了 $x^p+y^p\neq z^p$ 的一般证明。他的关于由单位根形成的代数数研究和高斯的复整数成为戴德金创立现代代数数理论的基础。在几何方面，发现著名的库默尔四阶曲面，它有 16 个圆锥形的二重孤立点和 16 个奇异切面。在数学中有许多概念和方法和他的名字相联，故被誉为 19 世纪数学的先驱者。

由于他的提议，克罗内克到柏林大学任教、魏尔斯特拉斯任命为柏林大学编外教授。1861 年在柏林创建了德国第一个纯数学讨论班，吸引了世界各地有才华的青年数学家，成为培养数学家的基地。学生中有杜布瓦·雷蒙、P. 戈丹、H. A. 施瓦茨和康托尔等著名数学家。

(汤正谊　张镜清)

李善兰 (Li Shanlan)　原名心兰，字竞芳，号秋纫，别号壬叔。中国清代浙江人。嘉庆十五年十二月八日(1811 年 1 月 2 日)生于浙江海宁县硖石镇，光绪八年十月二十九日(1882 年 12 月 9 日)卒于北京。数学基础、组合数学、天文学、科学传播。

出身书香门第。自幼爱好数学，10 岁学完《九章算术》，15 岁学完《几何原本》前 6 卷，还积极搜集、研读各种数学名著，如李冶的《测圆海镜》、戴震的《勾股割圆记》等。1845 年前后在嘉兴设馆授徒。1852 年以后在上海墨海书馆从事翻译西方科学著作。1860 年任江苏巡抚徐有壬的幕宾。1862 年起在曾国藩军中任职。后在南京忙于出书。1868 年直至去世任北京同文馆天文算学总教习，期间朝廷授予官职从七品升到三品。

在数学上的成就主要反映在尖锥术、垛积术和素数论三方面。1845 年前后，在解析几何和微积分学尚未传入中国的情况下，他在中国传统数学垛积术和极限方法的基础上发明了尖锥术，不仅创立了二次平方根的幂级数展开式、三角函数、反三角函数和对数函数的展开式，而且还提出了一些重要积分公式的雏形。尖锥术理论主要见于《方圆阐幽》、《弧矢启秘》、《对数探源》三种著作中。垛积术理论主要反映在 1859～1867 年间从事研究中国传统的垛积问题中，其中取得了一些相当于现代组合数学中的成果，并且得到了驰名中外的“李善兰恒等式” $\sum_{i=0}^{p}\binom{p}{i}^2\binom{r+2p-i}{2p}=\binom{r+p}{p}^2$。素数论主要反映在1872年刊布的《考数根法》中，是中国素数论方面的最早著作。虽晚于费尔马但却独立地证明了费尔马素数定理。

在天文学方面，《椭圆正术解》、《椭圆新术》和《椭圆拾遗》三种著作中，对天体椭圆轨道运动的解算法进行了深入的研究，尤为可贵的是在中国首次使用无穷级数来解开普勒方程问题。在《麟德术解》中，深入研究了唐代李淳风所著的《麟德历》以及它对元代《授时历》的影响；在《天算或问》中，改进了恒星子午观测定纬度的方法和计算公式。

1867年在南京出版了《则古昔斋算学》共13种24卷，汇集了20多年中在数学、天文学、弹道学等方面的著作。其中计有《方圆阐幽》、《弧矢启秘》、《对数探源》、《垛积比类》、《四元解》、《麟德术解》、《椭圆正术解》、《椭圆新术》、《椭圆拾遗》、《火器真诀》、《对数尖锥变法释》、《级数回求》和《天算或问》等。还发表过《考数根法》、《粟布演草》、《测圆海镜解》、《九容图表》等数学著作。

与外国传教士伟烈亚力、艾约瑟等人合作翻译了很多数学、天文学和其他科技著作，如《几何原本》的后9卷、《代数学》、《代微积拾级》、《谈天》、《重学》、《圆锥曲线说》、《植物学》等。是把微积分、近代天文学、牛顿引力理论以及近代生物学引进到中国的开创者之一。在翻译过程中创造了许多科学名词与术语，如“代数”、“函数”、“方程式”、“微分”、“积分”、“植物”、“细胞”等，其中许多沿用至今。 （周　英）

赫西，L. O.（Hesse，Ludwig Otto）　德国人，1811年4月22日生于德国柯尼斯堡（今俄罗斯加里宁格勒），1874年8月4日卒于慕尼黑。*代数函数论、不变量理论、解析几何。*

啤酒制造商之子。1832年入柯尼斯堡大学攻读数学和自然科学。1837年毕业后，在中学教理科。1840年获柯尼斯堡大学博士学位，同年任该校讲师，1845年任编外教授，进行教学和科研达16年之久。1855年任哈雷大学教授。1856年任海德堡大学教授。1868年任慕尼黑理工大学教授。1868年当选为巴伐利亚科学院院士。

主要贡献在代数函数理论和不变量理论方面。由齐次函数 $f(x_1,x_2,x_3)$ 的二阶偏导数组成的函数行列式称为赫西行列式，它在代数、几何中有许多应用。证明了 n 阶曲线 C_n 的拐点一般是 C_n 与一条 $3(n-2)$ 阶曲线的交点，这些曲线可用 C_n 的赫西行列式来描述。普吕克曾证明平面曲线 C_3 含有9个拐点，它们3个一组地位于12条直线上。赫西进一步证明这12条直线分成4组，每组包含所有的9个点。此外，撰写的《空间解析几何》（1861年）和《直线的解析几何》（1865年）是深受欢迎的教材，书中出现的特殊形式的直线方程和平面方程，被称为赫西法式，一直沿用至今。 （沈　铁）

伽罗华，E.（Galois，Evariste）　法国人，1811年10月25日生于法国巴黎附近的拉赖因堡，1832年5月31日卒于巴黎。*代数学、群论。*

其父在1815年拿破仑发动“百日政变”期间当过拉赖因堡市市长，后自杀身亡。他早在中学时就研究方程论、数论及椭圆函数理论。17岁发表了关于五次方程的代数解问题的论文。中学毕业后，1829年考入巴黎高等师范学校。1830年12月，他因坚持共和主义被校方开除，其后因政治活动两次被捕。1832年5月30日，因爱情纠纷在决斗时中弹受致命伤，次日去世。现有档案资料显示，这是巴黎警方借刀杀人的阴谋。

挪威数学家阿贝尔在1824年曾证明五次以上的方程一般不存在代数解法，高斯也仅指出对特殊类型的高次方程可用代数求解。1828～1831年，伽罗华引入了置换群，建立了解代数方程的一般理论，从而彻底解决了代数方程的可解性问题。该理论后被称为“伽罗华理论”。曾3次把论文呈交法国科学院审查，但泊松、柯西和傅立叶等科学院负责人都未予重视，并两次丢失了这些论文。1830年4月和6月，他的3篇论文“关于方程代数解法论文的分析”、“关于数位方程解法的注记”和“数的理论”发表于《数学科学通报》，与柯西、泊松等人的文章一起发表，为他赢得了声誉。决斗前夕，他将其一生的数学研究心得扼要地记述在信上，附以论文手稿寄给朋友谢瓦利埃（A. Cheralier）。谢瓦利埃按其遗愿，把信件发表在《百科评论》（1832年）上，而主要论文“论方程的根式可解性条件”则在1846年才刊于《纯粹与应用数学》杂志。该论文总共不超过100页，却彻底解决了数百年间悬而未决的问题，并开辟了代数学的新领域——群论，使他成为近世代数的创始人之一。

（方福娟　卫瑞霞）

香克斯，W.（Shanks，William）　英国人，1812年1月25日生于英国诺森伯兰郡科森赛特，1882年卒于达勒姆郡霞夫顿-勒斯普林。*计算数学。*

1847年移居达勒姆附近煤矿区的一个小镇，开办了一所寄宿学校，业余时间都用来研究数学。特别是计算圆周率 π。

主要研究数的近似计算，最有名的是圆周率 π 的计算。1853年与他人合作，先后将 π 计算至530位和607位小数，这是当时科学界的最佳结果。1873年用梅钦公式计算 π 至707位小数，这个结果与近代更精确的结果相比较，精确到小数528位。还计算了2、3、5及10的自然对数到137位小数，并计算了当 $n=13,25,37,\cdots,721$ 时 2^n 的值。还计算e和欧拉常数 γ 的值至多位小数，并给出一张多达60 000的素数表。1854～1874年，他关于这方面的成果在英国皇家学会《公报》上公布39份数学备忘录。

（卫瑞霞）

戈佩尔，G. A. (Göpel，Gustav Adolph) 德国人，1812年9月29日生于德国罗斯托克，1847年6月7日卒于柏林。代数学。

舅父是英国驻法国科西嘉岛领事。他本人在10岁起就跟着游历意大利，13岁进比萨大学上数学和物理学课。1829年入柏林大学学数学，1835年获博士学位。毕业后，先后在沃德尔中学、皇家专科学校、柏林洪堡大学皇家图书馆工作。博士论文讨论了从整数根的周期连分式中导出二次型表示的问题。最著名的工作是1847年发表在《纯粹和应用数学》杂志上的论文，解决了亏格 $p=2$ 时的雅各比问题，文中还出现了著名的戈佩尔关系式——把4个以上的二次项联结起来的四次齐次式。 (高岳兴)

格雷戈里，D. F. (Gregory，Duncan Farquharson) 英国人，1813年4月13日生于英国爱丁堡，1844年2月23日卒于同地。微积分学、微分方程。

是著名数学家J. 格雷戈里的后裔。爱丁堡大学医学教授之子。1828年就读于爱丁堡大学，开始学习高等数学。1833年入剑桥大学三一学院，当年获文学士学位，1837年获文科硕士学位。留校任教，1840年当选为评议员。1841年，由于健康不佳，他谢绝了加拿大多伦多大学的邀请。回到爱丁堡大学，竞聘教授未果，不久病逝于其父的寓所，年仅30岁。

1838年和他人共同创办了《剑桥数学》杂志，任第一任主编。应用算子运算研究微分方程和差分方程；并给代数下了一个近代的定义：处理运算组合的科学，这些运算不是由它们的性质确定，而由它们所服从的组合法则来确定。还写过《微积分题解》和《分析法在立体几何中的应用》两本书。 (高岳兴)

洛朗，P. A. (Laurent，Pierre Alphonse) 法国人，1813年7月18日生于法国巴黎，1854年9月2日卒于同地。复变函数、军事工程、光学。

1832年以第一名优等生毕业于巴黎综合工科学校。同年在工兵团任少尉。后任教于梅斯应用技术学校。曾奉命赴埃及执行军事任务。约于1840年回法国，负责扩建英吉利海峡的勒阿弗尔港口，使之成为法国的重要港口。因重病去世，年仅41岁，留下了3个孩子。

在数学、光学上都有一些著名成果。1843年，在论文"关于函数的升幂级数展式的柯西收敛定理的推广"中，证明了复变函数在复平面上的一个环内可以表示为一个升幂级数与一个降幂级数之和，后称这种级数为洛朗级数。在光波理论研究中，认为当时对光偏振理论的研究仍停留在菲涅尔的陈旧观点上，批评柯西对偏振现象的解释方法，反对用质点运动确定光的运动方程，提出质点系和球波动的组合形成光的传播的观点。这些成就虽然由当时的法国科学院院长柯西的几次推荐，却仍未能发表，直到1863年才由他的遗孀整理出版。 (吴茂庆)

施勒夫利，L. (Schläfli，Ludwig) 瑞士人，1814年1月15日生于瑞士伯尔尼，1895年3月20日卒于同地。代数学、几何学、函数论。

1836年毕业于瑞士伯尔尼神学院。因不愿从事教会工作，去图恩当了10年中学数学教师。自学高等数学，曾求教于斯坦纳、雅各比和狄利克雷等人。1848年任伯尔尼大学无薪教师，1853年任编外教授，1868年任正式数学教授。1863年获伯尔尼大学荣誉博士学位。是意大利米兰科学院、德国格丁根科学院等外籍院士。

主要成就有：① 消去法理论：发展了关于代数流形的次数和分类的基本理论；② n 维几何学：建立了研究正多面体的符号，后称施勒夫利符号；③ 函数论：用积分与线积分分别表示贝塞尔函数与 Γ 函数。1870年出版关于椭圆模函数的名著。把斯坦纳的两本书和雅各比的两本书翻译成意大利文。此外，还是一位植物学家和语言学家。1870年获雅各比-斯坦纳奖金。(卫瑞霞)

西尔威斯特，J. J. (Sylvester，James Joseph) 英国人，1814年9月3日生于英国伦敦，1897年3月15日卒于同地。代数学、科学传播、文学。

出身犹太家庭。幼年丧父。1829年在利物浦皇家专科学校求学，由于解决了一个排列问题而获数学一等奖。1831年起先后在剑桥大学圣约翰学院、都柏林大学三一学院学习。1838年受聘为伦敦大学学院自然哲学教授。1839年当选为英国皇家学会会员。1841年获硕士学位，后到美国弗吉尼亚大学任教。1843年回国，在一家保险公司当统计员，业余做家庭教师。1850年取得律师资格。1854年起先后任伍尔维奇皇家军事学院数学教授、伦敦格雷厄姆学院几何学教授。1863年成为法国科学院外籍院士。1866年被选为伦敦数学学会会长。1876年任美国约翰斯·霍普金斯大学数学教授，开创了美国纯数学研究。1878年在巴尔的摩创办《美国数学》杂志，系美国历史上第一份数学刊物，他为之写了30篇论文。1883年，他70岁时还被任命为牛津大学萨维尔几何学讲座教授。还是英国《理论和应用数学》季刊、《剑桥和都柏林数学》杂志的主编。获得多所大学荣誉博士学位。

主要成就在代数方面，在方程求根及五次方程根的讨论中给出了重要结果。建立了关于二次型化为标准型时正、负项个数不变的西尔威斯特定理。发展了行列式和矩阵以及不变量理论。对菲涅耳的晶体光学性质、刚体运动和流体运动亦有研究。一生共发表300多篇论文。身后出有数学论文集4卷。为数学(特别是纯粹数学)的发展作出了重要贡献。获英国皇家学会皇家勋章(1861年)和科普利奖章(1880年)。此外，他还是一位诗人，出版有《诗体法则》(1870年)一书。

(卫瑞霞 黄绍楠)

索莫夫，О. И. (Сомов，Осип Иванович；Somov，Osip Ivanovich) 俄国人，1815年6月1日生于俄国莫斯科，1876年4月26日卒于圣彼得堡。数学物理、力学。

1835年毕业于莫斯科大学数学物理系。1839年任教于莫斯科商学院。1841年在圣彼得堡大学讲授数学和力学,执教达25年之久。在此期间,先后获博士学位及应用数学教授的职位。1857年被选为圣彼得堡科学院通讯院士,1862年升任院士。

因将分析力学中得到的结果应用于特殊的几何问题,而成为19世纪后半叶俄国理论力学的几何理论的创始人。把椭圆函数应用于力学,解决了刚体绕定点旋转的问题。亦研究过质点围绕平衡位置的微小振动。在运动学方面的重要工作是关于质点和质点组的高阶加速度理论的讨论,是第一个发表这方面著作的俄国学者。 (卫瑞霞)

魏尔斯特拉斯,K. T. W. (Weierstrass, Karl Theodor Wilhelm) 德国人,1815年10月31日生于德国威斯特伐利亚的奥斯滕费尔德,1897年2月19日卒于柏林。数学基础、函数论、代数几何。

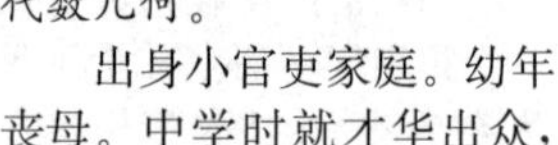

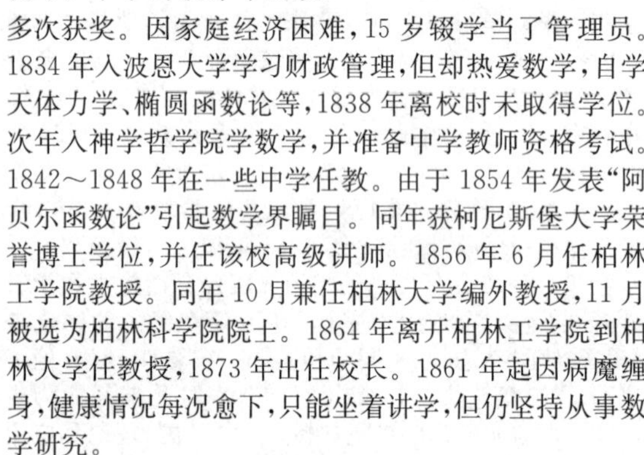

出身小官吏家庭。幼年丧母。中学时就才华出众,多次获奖。因家庭经济困难,15岁辍学当了管理员。1834年入波恩大学学习财政管理,但却热爱数学,自学天体力学、椭圆函数论等,1838年离校时未取得学位。次年入神学哲学院学数学,并准备中学教师资格考试。1842~1848年在一些中学任教。由于1854年发表"阿贝尔函数论"引起数学界瞩目。同年获柯尼斯堡大学荣誉博士学位,并任该校高级讲师。1856年6月任柏林工学院教授。同年10月兼任柏林大学编外教授,11月被选为柏林科学院院士。1864年离开柏林工学院到柏林大学任教授,1873年出任校长。1861年起因病魔缠身,健康情况每况愈下,只能坐着讲学,但仍坚持从事数学研究。

被誉为19世纪继高斯和黎曼之后最著名的德国数学家。全部数学成就总结于1890年起整理出版的11卷全集中,其中包含分析基础、变分法、复变函数、椭圆函数理论、代数和代数几何等。特别致力于数学的严密化,首先意识到并断言:严密的分析理论必须建立在实数连续性的基础上,只要承认了有理数就可以建立实数系而无须其他公理。首次提出极限的ε-δ形式的严格定义。建立了一个处处连续但处处不可微函数的例子(后被命名为魏尔斯特拉斯函数),表明连续与可微的本质区别,纠正了历史上认为连续函数几乎处处可微的错误。最早提出了级数一致收敛的概念,使级数逐项微分、逐项积分和逐项求极限建立在一个可靠的基础上;还证明了任一闭区间上连续函数必可表为区间上绝对一致收敛的级数。在复函数论方面,是解析函数论的创始人之一,建立了解析开拓的概念和方法,初步探讨了奇点问题。还对椭圆函数作了分类,讨论了椭圆函数的导数及其在力学、几何学上的应用。在变分法方面,批判了以前的极值观点的局限性,在更广的基础上给出了弱变分极值的必要条件和充分条件,同时在引入场的概念之后,也给出了强变分极值的必要条件,使变分理论有了更为坚实的基础。 (吴茂庆)

布尔,G. (Boole, George) 英国人,1815年11月2日生于英国林肯,1864年12月8日卒于爱尔兰科克。代数学、数理逻辑。

父亲是补鞋匠,爱好数学和光学仪器制作。他在小学毕业后进入一所商业学校学习,不久因贫寒被迫辍学。但在其父的鼓励下自学数学、希腊文、法文和德文,并在别人的帮助下学习了拉丁文。14岁即在地方报纸上发表诗文译作。15岁开始从事教学工作,1835年在林肯市创办一所私立中学。一边教学,一边自习高等数学。1834年成立林肯力学学会时任该会图书馆管理员,为自学创造了更好的条件。从此利用业余时间刻苦自学牛顿的《自然哲学的数学原理》、拉格朗日的《分析力学论》等名著。19岁时受邀向学会作关于牛顿的报告。1840年开始向新创办的《剑桥数学学报》和英国皇家学会投寄论文。1844年关于算子的一篇论文获得了皇家学会奖章。虽从未进入高等学校求学,却在1849年分获牛津大学、都柏林大学荣誉博士学位,同年被爱尔兰科克皇后学院任命为数学教授。1857年被选入英国皇家学会。由于长期紧张的工作使身体很快衰竭,1864年一病不起,与世长逝。他的第四个女儿露西(Lucy)是英国历史上第一个女性化学教授,最小女儿E.莉莲(Lillian)是著名小说《牛虻》的作者E. L.伏尼契(Voynich)。

在算子理论、代数不变量及差分方程等方面都有建树,特别在数理逻辑方面作出了重要贡献。很早就有人想把亚里士多德的逻辑代数化。他的同代人德·摩根创建了德·摩根法则,发展了形式逻辑。确信语言逻辑的符号化、代数化必定会促使逻辑更严密化。于是着重于类的逻辑,创立了一整套逻辑符号及其运算法则,形成了一种独特的代数,称为逻辑代数或布尔代数。1847年的《逻辑的数学分析》和1845年的《思维规律的研究》是其代表作。在书中提出了使用符号算子的两个必要条件:同一推理过程中的符号含义只能由同一个定义所确定;过程中所用的定律应建立于所用符号的上述固定意义上。用U(后简化为1)定义全集,x, y,…表示子集,同时也表示一种子集的选择算子,使xU成为一特定子集。定义了逻辑"乘"及逻辑"加",并由"加"、"乘"的逆运算引入了逻辑"减"及逻辑"除"。还研究了符号函数的展开,把亚里士多德命题和三段论证法用符号运算表示出来。他的逻辑运算原理类似于实值二值代数的规则,也可用以解释全部集合运算,但等式$x(1-x)=0$却是例外。这种二值代数的思想,正是现代数理逻辑及电路逻辑设计的基础。经杰文斯、维恩、施罗德等人的改进,最终形成了逻辑代数体系,称为布尔-施罗德代数。到20世纪初，布尔代数结构被精确地以公理系统表示，成为一门独立发展的学科，并被直接推广而发展了近代的“格”论。布尔代数在自动化系统和计算机科学中已得到广泛应用。一生共发表近50篇论文、出版两本教科书和两卷数理逻辑专著。（吴茂庆）

弗雷内，J.-F.（Frenet，Jean-Frédéric） 法国人，1816年2月7日生于法国佩里格，1900年6月12日卒于同地。空间曲线论、数学分析。

父亲是假发制作匠。他本人于1840年入巴黎高等师范学校，后进入图卢兹大学，1847年以两篇论文“任何球状物体引力函数的确定”、“具有双重曲率的曲线的某些性质”获博士学位。后任该大学教授。1848年又任里昂大学数学教授，还是天文台台长。1868年以名誉教授衔退休，是受尊敬的第一流学者。其最突出的成果是他的第二篇博士论文，在其中叙述了空间曲线论中的弗雷内-塞尔公式。1856年出版了《无穷小分析习题集》，书中含有详细的解答和注释，该书流行了半个世纪以上。（张镜清）

罗森海因，J.G.（Rosenhain，Johann Georg） 德国人，1816年6月10日生于德国柯尼斯堡（今俄罗斯加里宁格勒），1887年5月14日卒于同地。代数学、几何学。

犹太裔。就读于柯尼斯堡大学，获该校博士学位。1844年任布雷斯劳大学无薪数学教师。1851年赴奥地利维也纳大学从教。1857年回母校柯尼斯堡大学任编外教授，在该校从教至1886年。与雅各比交往甚密，曾编辑过雅各比的讲稿。1846年法国科学院设奖征求雅各比问题（阿贝尔定理的逆问题）的解答，他于1851年证明了16个θ函数的商的平方可表示为$p=2$的一个超椭圆函数的积分，进而解决了雅各比问题，获法国科学院奖。（高岳兴）

博尔夏特，C.W.（Borchardt，Carl Wilhelm） 德国人，1817年2月22日生于德国柏林，1880年6月27日卒于柏林附近吕德斯多夫。数学分析、计算数学。

出身富裕的犹太商人家庭。1836年、1839年先后在柏林大学、柯尼斯堡大学学习数学，1843年获博士学位。1848年任柏林大学无薪教师，后任编外教授和正式教程。1856～1880年兼任著名的《克莱尔杂志》主编，由于他的出色的工作使该杂志后来被称为“博尔夏特杂志”。1885年被选入柏林科学院。

1846年因推广有关行星在长期干扰下的库默尔方程而一举成名。在这项工作中，应用行列式理论证明了斯特姆函数可表为一个平方和，因而全部特征根是实数。还把行列式理论应用于对称函数、消去法理论和插值法等方面，取得了很多成果。在对算术-几何平均值的研究中，还导出了完全第一类椭圆积分的微分方程。身后出版有全集（1888年），收集有25篇数学论文。（吴茂庆）

布里奥，C.A.（Briot，Charles Auguste） 法国人，1817年7月19日生于法国圣伊波利特，1882年9月20日卒于阿吕堡。函数论、数学物理。

1838年入巴黎高等师范学校，1841年以第一名毕业，翌年获博士学位。一臂残废之后从事教育工作，先后任巴黎大学、高等师范学校等多所院校的教授。是刚体绕定点旋转问题的第一位研究者。在承认有以太作用的前提下，从数学方面探讨了热学、光学、电学。虽然这些研究的物理结论已过时，但在数学上却发展了椭圆函数和阿贝尔函数理论，简化了积分方法，为此被德国格丁根科学院聘为外籍院士。还与布凯合作写了大量基础教材，为提高法国数学教学水平作出了贡献，因此获法国科学院颁发的奖金。（吴茂庆）

约阿希姆施塔尔，F.（Joachimsthal，Ferdinand） 德国人，1818年3月9日生于德国哥尔德贝格（今波兰兹汉托雷亚），1861年4月5日卒于布雷斯劳（今波兰弗罗茨瓦夫）。解析几何、曲面理论。

在著名数学家库墨尔、雅各比和贝塞尔的授业下受到了良好的数学训练，1840年获哈雷大学哲学博士学位。后任哈雷大学和布雷斯劳大学数学教授。和魏尔斯特拉斯都是当时柏林最受欢迎的数学教师。

著作《平面解析几何》与关于无穷小分析在曲面和双曲率线上应用的讲稿多次重印，使用了30多年。在曲面理论的研究中取得了一些杰出的成果，具有一族位于平面束内的平面曲率线的曲面以他名字命名。还建立了以他名字命名的关于两个曲面沿公共曲率线相交的定理，以及关于椭圆内一点引4条法线的定理。（王翼勋　张镜清）

阿隆霍德，S.H.（Aronhold，Siegfried Heinrich） 德国人，1819年7月16日生于德国安格堡（今波兰文戈热沃），1884年3月13日卒于柏林。不变性理论、代数学、数学分析。

犹太商人之子。1841～1845年在德国柯尼斯堡大学学习数学和自然科学。后在奥地利维也纳做家庭教师。1851年由于撰写的论文“新代数原理”与其他成就，取得柯尼斯堡大学博士学位。同年任教于柏林皇家建筑学院，1863年任教授。1867年任《数学年鉴》主编。1869年被选为格丁根科学院通讯院士。1880年7月任新成立的柏林技术大学副校长。

是第一位研究不变性理论的德国数学家，在论文“不变性理论基础”（1863年）中，提出了一个特别有效的方法，并得到了著名的阿隆霍德微分方程。此外，还建立了四阶平面曲线定理，并解决了普吕克的“拐折九点”问题。（徐平五）

塞尔，J.A.（Serret，Joseph Alfred） 法国人，1819年8月30日生于法国巴黎，1885年3月2日卒于凡尔赛。微分几何、微积分学、科学传播。

1840年毕业于巴黎综合工科学校。留校任教，1848年任入学检查官。1860年当选为法国科学院院士。1861年任法兰西学院的天体力学教授。1863年在巴黎大学任微积分学教授,1871年退休。1873年当选为法国经度局委员。

在数论、微积分、微分几何、力学和天文学方面都颇有研究。特别在微分几何中修正了空间曲线理论的基本公式,得到著名的弗雷内-塞尔公式。还写过几本流行的教科书,如《高等代数教程》(1849年)和《微分和积分教程》(1867年)等。他主编了14卷本的拉格朗日著作集(1867~1892年出版);1850年,主编出版蒙日的名著《画法几何》第5版。(卫瑞霞)

布凯,J.-C. (Bouquet,Jean-Claude) 法国人,1819年9月7日生于法国杜省莫尔托,1885年9月9日卒于巴黎。函数论、微分方程。

1839年毕业于法国巴黎高等师范学校,1842年获博士学位。同年任里昂大学理学院教授。后又在多所高校任教。1874年在巴黎大学主讲微积分。翌年选为法国科学院院士。

与布里奥长期合作取得了很大成就。他们引进了全纯函数和亚纯函数概念;精确地建立了一个函数能展为整级数的必要条件;完善了柯西所建立的微分方程解的存在定理,对解的优函数法作了简化,使之成为目前应用的标准方法。1856年他们关于一阶线性方程在奇点领域内的解的研究是微分方程奇点理论的起始点。他们还合作写了许多教材,多次重印,在数学教学上共享美名。他的关于正交曲面的论文为该领域的研究奠定了基础。(吴茂庆)

萨蒙,G. (Salmon,George) 爱尔兰人,1819年9月25日生于爱尔兰科克郡,1904年1月22日卒于都柏林。综合几何学。

1833年入都柏林大学三一学院学习古典文学和数学。毕业后留校,当了25年讲师和私人教师。这期间在各种数学期刊上约发表40篇论文,并写了4本重要的教科书。后转向研究神学。1866年被提升为该校神学教授及神学院院长。1888年任三一学院数学学院院长。

偏爱综合几何学,并对代数不变量和协变量理论在曲线和曲面几何上的应用方面作出了重大贡献,在计算双六次不变量、三次曲面上27条直线的发现、由一直线相交于三给定准曲线所生成的直纹面的奇异性的研究及空间代数曲线的分类等方面亦作出了贡献。1848~1862年还写了一系列教科书,博得了杰出数学家的名声。(卫瑞霞)

博内,P.-O. (Bonnet,Pierre-Ossian) 法国人,1819年12月22日生于法国蒙彼利埃,1892年6月22日卒于巴黎。微分几何。

1838年入巴黎综合工科学校,毕业后转攻数学,先后在母校、巴黎高等师范学校、巴黎大学(即索邦学院)等校任教授、系主任。是法国科学院院士。

论著涉及微分几何、测地学、制图学、级数的收敛准则、代数、理论力学、数学物理等,给出了实变函数的极限定义。最有成就的领域是曲线与曲面的微分几何。1844年,在给法国科学院关于曲面一般理论的论文中,引入了测地线曲率和挠率的概念,证明了关于它们的一系列性质,其中包括测地线曲率沿曲面上闭曲线的积分公式,即著名的高斯—博内定理。在求已给线元的所有曲面问题、曲面上的特殊坐标系的应用、特殊曲线及极小曲面等方面亦有很多研究成果。(吴茂庆)

皮瑟,V. (Puiseux,Victor) 法国人,1820年4月16日生于法国瓦勒德瓦兹,1883年9月9日卒于汝拉。微分几何、数学分析、天体力学。

毕业于巴黎高等师范学校。先后任雷恩皇家学院和贝桑松大学理学院数学教授。1871年任法国科学院数学部院士。

主要贡献在微分几何、力学、数学分析、天体力学和天文学方面。研究了行星运行轨道的长轴的不变性和质点系运动方程的积分问题。对复变函数理论作过增补、修正和完善工作。把近代数学方法应用于天文学,进而指导并改进了关于月球的观测和子午线的观测工作。(华大熊)

戎基埃尔,E. J. P. F. de (Jonquières,Ernest Jean Philippe Fauque de) 法国人,1820年7月3日生于法国卡庞特拉,1901年8月12日卒于法国格拉斯附近的穆桑-萨尔托。综合几何学。

1835年入法国布雷斯特海军学院学习,后参加法国海军,1879年升为海军中将,1885年退役。1884年成为法兰西学院院士。1850年学习了J.V.蓬斯莱和夏斯勒的几何著作,开始研究综合几何学。还研究当时流行的平面曲线的一般理论以及曲线束、代数曲线和曲面的理论。推广了曲线的射影,试图从较低阶的射影曲线来得出较高阶的曲线。1859~1860年提出了双有理变换。1862年关于四阶平面曲线理论的著作获得法国科学院大奖。(张镜清)

托德亨特,I. (Todhunter,Isaac) 英国人,1820年11月23日生于英国英格兰萨塞克斯郡雷伊,1884年3月1日卒于剑桥。代数学、三角学、数学物理、科学史学。

牧师之子,6岁丧父,母亲携家人移居黑斯廷斯开办一所幼女学校。他本人自中学毕业后在一所学校任助理教师,业余在伦敦大学学院的夜校学习,1842年获数学文学士学位,1844年获文科硕士学位及金质奖章。同年入剑桥大学圣约翰学院,1848年毕业时获史密斯奖金。翌年留校被选为评议员,1864年辞职,1874年当选该学校荣誉评议员。1862年被选为英国皇家学会会员。1865年成为伦敦数学学会的创始人之一,是19世纪欧洲数学教育界最有影响的人物之一。著有《解析静力学》(1853 年)、《代数学》(1858 年)、《三角学》(1859 年)、《方程论》(1861 年)、《力学》(1867 年)和《求积法》(1869 年)等许多数学教材,由于这些教科书内容丰富、完整,教师都乐于采用。最重要的成果是一些数学史方面的专著,其中有《19 世纪变分学的发展史》(1861 年)、《欧几里得》(1862 年)、《从牛顿到拉普拉斯时期关于地球形状和引力的数学理论史》(1863 年)、《从帕斯卡到拉普拉斯的数学概率论历史》(1865 年初版,1965 年再版)、《引力的数学理论史》(1873 年)、《弹性理论史》(此书在他去世后才出版)等。1871 年因撰写的《变分法的研究》著作,获英国皇家学会的亚当斯奖。 (卫瑞霞)

海涅,H.E. (Heine, Heinrich Eduard) 德国人,1821 年 3 月 16 日生于德国柏林,1881 年 10 月 21 日卒于哈雷。*函数论。*

银行家之子。家中 9 个孩子中排行第八。1838 年起在柏林大学和格丁根大学学习数学和天文学,1842 年获柏林大学哲学博士学位。后在柯尼斯堡大学、波恩大学进修和任无薪教师。1848 年任哈雷大学编外教授,1836 年任正式教授。是普鲁士柏林科学院的通讯院士。

主要研究球函数、拉梅函数、贝塞尔函数及有关课题。讨论过旋转椭球体外部的位势问题和同心旋转椭球面之间的壳体的位势问题,引入了第二类球面调和函数。由于著名的海涅-鲍莱尔覆盖定理而使他蜚声数学界。1872 年,他运用覆盖定理证明了一致连续性定理,通常称后者为海涅定理。重要著作《球函数手册》于 1861 年出版,1878 年再版,是一本经典著作,常被引用,发表过 50 篇论文。。1877 年获高斯奖章。 (沈 铁)

邦孔帕尼,B. (Boncompagni, Baldassarre) 意大利人,1821 年 5 月 10 日生于意大利罗马,1894 年 4 月 13 日卒于同地。*数学史、科学史学。*

出身罗马显赫的贵族。早年就致力于学习研究数学和天文学,尤其是 16～17 世纪意大利数学史、物理学史,及有关古希腊柏拉图等人著作的研究。1847 年由教皇派厄斯九世(Pope Pius Ⅸ)任命为林赛研究院院士。主要功绩是考查了鲜为人知的斐波那契的工作,确立了这位数学家在数学史上的重要地位。为了研究工作的需要,自费筹办了印刷厂。1868 年还创办了《数学与物理科学史》,是意大利第一次专门介绍数学史和自然科学史的刊物,使科学史上不少珍贵资料如拉格朗日与高斯之间的通信、费拉里和塔尔塔利亚之间的数学辩论等,得以出版和保存。 (吴茂庆)

车比雪夫,П.Л. (Чебышев, Пафнутий Львович; Chebyshev, Pafnuty Lvovich) 又译切比雪夫。俄国人,1821 年 5 月 16 日生于俄国卡卢加,1894 年 12 月 8 日卒于圣彼得堡。*数论、概率论、函数论、机械学。*

出身名门望族。1837 年考入莫斯科大学物理数学系学习,莫斯科数学学会创办人和第一任会长布拉赫曼对他的成长起了很大作用。1841 年获学士学位,留校任教。1846 年夏以论文“概率理论的初步分析”获硕士学位,同年任圣彼得堡大学助教,1847 年 9 月起任副教授,讲授数论、概率论等课程,并负责欧拉数论全集新版的主编工作。1849 年以专著《同余理论》获博士学位及圣彼得堡科学院的最高数学荣誉奖。1850 年任数学编外教授,1860 年升任教授。是圣彼得堡科学院院士,柏林科学院通讯院士,法国科学院、意大利科学院及瑞典科学院外籍院士,还是莫斯科数学学会首批会员,英国皇家学会的外籍会员,国内许多大学的名誉教授。获俄国和法国的多种勋位。1882 年退休后,继续在科学院培养年轻科学家。

在数论、概率论、机械理论和函数逼近等方面均有建树。早在学生时代,写的论文“方程根的计算”,提出了求方程 $f(x)=0$ 的实根近似值的新方法,并给出误差的估值,推广了著名的牛顿迭代法。1850 年后在链杆传动装置的研究中,发现从该装置不可能严格地获得直线运动,提出使运动轨迹与直线有最小偏差的问题。目标不仅是局部的逼近而是整个区间上的最佳一致逼近,即在一切 n 次多项式中寻求这样的多项式 $P_n(x)$,使 $|F(x)-P_n(x)|$ 在区间上的最大值为最小,导致了著名的车比雪夫多项式的发现。在该项研究中还得到了有关插值理论,特别是最小二乘法插值、正交多项式理论、积分近似计算和矩理论等方面的许多重要结果。其中“矩理论”是他首先提出的。数论方面,1849 年改进了关于素数分布的勒让德公式;1852 年又发表了一篇关键性的论文“论素数”,证明了不超过 x 的素数的个数 $\pi(x)$ 满足 $\frac{0.921\,29x}{\ln x}<\pi(x)<\frac{1.105\,55x}{\ln x}$,使这一古老问题的研究前进了一大步;还证明了伯特兰猜想:对 $n>3$,在 n 和 $2n-2$ 之间至少存在一个素数;撰写的论文“关于一个算术问题”,已成为丢番图逼近理论中线性异次问题研究的起点。概率论方面,推广了泊松和雅各布第一·贝努利的大数定律以及棣莫弗和拉普拉斯的中心极限定理,开创了概率论发展的新阶段。

在代数函数积分、椭圆积分理论、曲面理论以及理论力学等方面,也都做出了贡献。还善于指导青年进行创造性的工作,从而逐步形成了一个强大的圣彼得堡数学学派,即 19 世纪后半叶到 20 世纪初举世闻名的车比雪夫学派。

有众多重要著述,先后发表了 70 多篇论文,60 岁以后还完成了 15 篇,最后一篇论文是于去世前几个月提交的。此外设计制造了 40 多种新式机械,改造了 80 多种机械,其中一些曾在 1878 年巴黎博览会和 1893 年芝加哥博览会上展出。19 世纪 70 年代,还发明了能做四则运算的计算器。 (沈 铁)

凯利,A. (Cayley, Arthur) 英国人,1821 年 8 月

16日生于英国萨里郡里士满，1895年1月26日卒于剑桥。代数学、天文学。

出身商人家庭，在俄国度过童年。1829年全家回英国定居。1842年毕业于剑桥大学三一学院，并获史密斯奖。同年留校，被选为该学院最年轻的评议员。3年后入林肯法学院学习法律，1849年取得律师资格，从事律师工作达14年。在此期间致力于数学研究，写出了近300篇论文，并结识了当律师的数学家J.J.西尔威斯特，经常合作研究。1863年起任剑桥大学纯粹数学教授，直至去世。1883年任英国科学促进协会主席。

主要研究数学、理论力学和天文学。最突出的贡献在不变量的代数理论方面，被誉为该领域的创始人。计算了n阶形式的不变量，引入了"协变"的概念，最先用一般术语叙述代数不变量问题。1854～1878年发表的10篇关于代数形式的论文是该理论中卓有影响的部分。第6篇论文最著名，给出了图形变量性质的新意义，并以任意假定的圆锥曲线为"绝对形"，把一切变量几何作为射影几何的特例来讨论。这一观点的重要意义直到1871年才被学者们赏识，其时克莱因证明了他的度量几何的广义理论与非欧几何是一致的。通过这种新观念，几何学家才得以用统一的观点处理他们的课题。引入了矩阵、矩阵的和与积、逆矩阵及转置矩阵等基本概念，创立了矩阵理论。在n维解析几何、有理变换和一般有理对应理论、群论、椭圆函数、组合拓扑学及线性微分算子理论等方面也都有重要贡献。

还对天文学颇有研究，特别是关于月球和行星理论中的摄动函数，找到了一个求离心率变异的简单方法。

生前他仅出版一部专著《椭圆函数论》，但发表了论文近千篇，《凯利数学论文集》(1889～1898年)有四开本13大卷。在校还长期参与行政工作。由于他的不懈努力，剑桥大学才首次允许女性注册入学。一生中获得许多荣誉，包括英国皇家学会授予的皇家奖章和科普利奖章等。剑桥大学三一学院至今仍保存着他的肖像和半身雕像，以纪念他对科学的贡献。 (沈 铁)

贝特朗，J. L. F. (Bertrand, Joseph Louis François) 法国人，1822年3月11日生于法国巴黎，1900年4月5日卒于同地。代数学、概率论、数学物理、应用数学。

科普作家之子。9岁丧父，由姨父、著名数学家杜阿梅尔抚养、指导。童年就显示数学才能，11岁起即在姨父所在的巴黎综合工科学校听课，1839年17岁以热力学论文获博士学位，并开始发表论文。留校任教和深造。1841年任教矿业学校。同年任圣路易斯学院基础数学教授。参加过1848年法国革命。1844年任教巴黎综合工科学校，1856～1895年任教授。1862年兼任法兰西学院教授，直到去世。1856年当选为法国科学院院士。还是法兰西学院院士，1874年被选为终身秘书长。

是著名数学家达布的导师。写过许多教科书，如《微分和积分》(2卷，1864～1870年)、《热力学》(1887年)、《概率论》(1888年)和《电学的数学理论》(1890年)等。还发表过群论、微分几何、微分方程、概率论及误差理论、理论物理、毛细现象、声学、电学、流体力学等许多领域的论著，其中尤以代数中的贝特朗问题、几何中的贝特朗曲线、概率论中的贝特朗奇论等闻名于世。

(吴茂庆)

埃尔米特，C. (Hermite, Charles) 法国人，1822年12月24日生于法国洛林地区的迪约兹，1901年1月14日卒于巴黎。函数论、数学分析。

父亲曾在盐矿工作，后又经商。他天生右腿残疾，终身不得不拄杖而行。于1840～1841年入巴黎亨利四世学院、路易大帝学院学习。1842年秋考入巴黎综合工科学校，1847年获学士学位。1848年任该校入学考试委员，1869年起任该校数学教授，并在巴黎大学理学院任数学教授至1897年退休。1856年被选为法国科学院院士。还是许多国外科学院外籍院士和学会名誉会员。

对纯粹数学和应用数学都进行了认真研究。按照科研活动重点的转变大致可分述如下：1843～1847年，阿贝尔函数和椭圆函数的分类和变换；1847～1851年，二次型的算术理论和连续变量的应用；1854～1864年，不变量理论；1855年，阿贝尔函数变换中数论和δ函数的联系；1858～1864年，五次方程、模方程和类数关系；1873年，函数逼近和e的超越性；1877～1884年，椭圆函数的应用和拉密方程。主要成就是关于椭圆函数论及其应用的研究。早在1843年，就把关于椭圆函数自变量分类的阿贝尔定理推广到超椭圆函数的情形。在椭圆函数应用上，一项杰出贡献是借助椭圆函数建立了五次方程的解。创建γ埃尔米特多项式和埃尔米特型，讨论了γ不定二次型的类数有限性定理。关于e的超越性的证明和拉密方程求解是最著名的成果。在巴黎工学院任教时所写的分析教科书驰名国内外，成为一本经典著作。数学上有一些概念、定理、矩阵、算符、张量、空间及簇等是以他的名字命名的。鉴于对数学的杰出贡献，在70寿辰时，整个欧洲科学界向他祝贺表示敬意，这是极少数数学家能够获得的崇高荣誉。发表过200多篇(部)论文和著作。身后出版的《埃尔米特著作集》(4卷，1905～1917年)收集了他的主要论著。获得过许多奖章。 (沈 铁)

乌埃尔，G.-J. (Hoüel, Guillaume-Jules) 法国人，1823年4月7日生于法国卡尔瓦多斯省萨旺，1886

年6月14日卒于卡昂附近。复数论、计算数学、天体力学。

1843年就读于巴黎高等师范学校。毕业后在波尔多等多地中学任教。1855年由于在天体力学方面的研究成果,巴黎大学授予博士学位。谢绝巴黎天文台的聘任,4年在家闭门潜心研究数学。1859年起任波尔多理学院的纯粹数学教授,直至去世。是《数学及天文学报》的主编。

由于经常评述和翻译外国重要的数学论著而获得良好的声誉。介绍了哈密顿、格拉斯曼、贝拉维蒂斯和黎曼等人在复数理论方面的研究成果;正确评价了非欧几何的重要性,翻译出版了鲍耶、贝尔特拉米、亥姆霍兹和黎曼等人在这方面的经典著作;汇编了对数表;研究了行星的摄动理论。主要著作有《复数的初等理论》、《无穷小计算教程》等。 (沈 铁)

艾森斯坦,F. G. M. (Eisenstein, Ferdinand Gotthold Max) 德国人,1823年4月16日生于德国柏林,1852年10月11日卒于同地。代数学、函数论。

双亲是犹太裔新教徒。他是家中孩子中老大,自幼爱好数学,中学阶段就自学了欧拉、拉格朗日与高斯等人的著作。1843年入柏林大学学习。1845年被授予布雷斯劳大学的荣誉哲学博士学位。1847年到柏林大学任讲师。在高斯推荐下,1851年被选为格丁根科学院通讯院士。翌年又被选为柏林科学院院士。因肺结核病而早逝。

主要贡献在三次型和椭圆函数方面。1844年在克雷尔的杂志《纯数学和应用数学》上发表了25篇文章,讨论了二次和三次型、二次剩余的互逆定理、双二次剩余的基本定理及关于椭圆函数和阿贝尔函数的注记等,引起学术界瞩目。最著名的工作是关于双二次特征互反性定理和三次反转定律的证明,发现了二元三次型的最简二次协变量是它的黑塞行列式。1846～1847年还写过许多关于椭圆函数的论文,高斯对此评价很高,并为他在1847年出版的论文选集作序。今人出有《艾森斯坦数学著作集》(1975年)。 (卫瑞霞)

贝蒂,E. (Betti, Enrico) 意大利人,1823年10月21日生于意大利皮斯托亚附近,1892年8月11日卒于比萨。代数学、函数论、数学物理。

幼年丧父,由母亲抚育成人。1846年毕业于意大利比萨大学,获数学学士学位。留校任教。1849年回故乡一所中学教数学。1854年到佛罗伦萨一所中学任教。1857年任比萨大学高等代数教授,1859年任分析学与高等几何学教授,1864年任数学物理教授,1870年任天体力学教授。1826年先后任参议员、内阁成员,曾任教育部次长,但主要从事科学研究。1865年起任比萨大学、比萨师范学院校长。是黎曼的密友,狄尼和沃尔泰拉的导师。

主要成就在代数方面。在置换理论基础上,借助于有理根式运算,导出了任一代数方程可解的充要条件,这不但解释了当时难以理解的伽罗华理论,而且促使代数从古典形式向抽象形式发展。在魏尔斯特拉斯之前就建立了椭圆函数理论。几何中簇的连通数,也因他在这方面的早期研究而被称为贝蒂数。在数学物理方面,建立了著名的关于弹性理论中交互定律的贝蒂定律。 (吴茂庆)

克罗内克,L. (Kronecker, Leopold) 德国人,1823年12月7日生于德国利格尼茨(今波兰的莱格尼察),1891年12月29日卒于柏林。代数学、数论、数学基础。

生于一个富有的犹太家庭。中学时是库默尔的得意门生,10多年后两人在柏林成为同事,并成了终身好友。1841年入柏林大学,1845年9月获博士学位。此后8年在家乡经营舅父留下的大宗产业。1855年重返柏林定居。1861年当选为柏林科学院院士,并在柏林大学义务开设了一系列讲座。1883年接替库默尔任柏林大学教授和数学系主任。1884年被选为英国皇家学会外籍会员。还是法国科学院和圣彼得堡科学院的外籍院士。

在统一算术、代数和分析方面作出了杰出的贡献。利用椭圆函数取得了数论以及包括丢番图分析中的一系列新成果,如克罗内克原理、克罗内克定理等。在椭圆函数的研究中,他的边界公式特别引人注目,因为它揭示了算术和椭圆函数间最深刻的关系,为后来E.赫克的分析算术奠定了基础。还引入了关于秩理论方面的定理:所有相关于阿贝尔及伽罗华群(在有理数域上)的代数数都是单位根的有理组合。最重要的工作是关于复可逆元素的讨论,设法给出代数数域中整个可逆元素系,曾成功地构造了一个公理系,借以规定有限阿贝尔群,他的工作为近世代数的发展指明了方向。在线性方程组、二次型理论、交换环理论及代数值的算术理论等方面的研究都是比较深入的。

他在数学哲学思想上是直觉主义者,著名格言是"上帝创造了自然数,其他一切都是人为的"。为了坚持这种观点,曾与魏尔斯特拉斯函数论学派、康托尔集合论学派进行了长期的论战。

1861年库默尔和魏尔斯特拉斯创建了德国第一个数学研究班,克罗内克是研究班的指导者之一,亲自培养了著名数学家海涅、黎曼、西尔威斯特、克莱伯施、戴德金、贝蒂、埃尔米特和克列蒙拿等人。

(汤正谊 张镜清)

科达齐,D. (Codazzi, Delfino) 意大利人,1824年3月7日生于意大利洛迪,1873年7月21日卒于帕维亚。代数几何、数学物理。

1865年任意大利帕维亚大学的代数、解析几何和理论测地学教授。撰写的最有名的关于曲面可贴性的论文，是参加1859年由法国科学院主办的有奖竞赛中最有价值的三篇论文之一，其中包含著名的马伊纳尔迪-科达齐公式。博内运用这个公式，改进了曲面理论中的存在性定理，还发表了等距离线、测地三角形、保积映射和浮动物体的稳定性等论文。（沈 铁）

布廖斯基，F.（Brioschi，Francesco） 意大利人，1824年12月22日生于意大利米兰，1897年12月14日卒于同地。*代数学、水力学。*

1845年毕业于意大利帕维亚大学。留校任教，1852年任该大学应用数学教授。曾任教育部秘书长、执行委员会委员、参议员等职。参与组建了米兰理工学院，任该校数学及水力学教授。在数学上，1854年出版了《行列式理论》，首次对行列式及其应用作了深入论述，发展了行列式理论。还应用代数方法推导了二元型的判别式及二个二元型的结式的偏导数的方程，发展了二元型及多元型理论。继埃尔米特之后，他应用椭圆模函数求解了五次方程，进而应用超椭圆函数求解了六次方程。在力学方面，应用分析方法证明了莫比乌斯的结果，应用雅各比方法处理了动力学方程的积分。对意大利的科学技术史研究和中等教育也作出过许多贡献。（吴茂庆）

比杰尼斯，C.A.（Bjerknes，Carl Anton） 挪威人，1825年10月24日生于挪威克里斯蒂安尼亚（今奥斯陆），1903年3月20日卒于同地。*数学物理、流体力学、应用数学。*

兽医之子，12岁丧父。1848年获克里斯蒂安尼亚（今奥斯陆）大学采矿工程学位。后4年在挪威东西部康斯堡银矿区子弟中学教数学。1856～1857年获奖学金先后在格丁根大学和巴黎大学进修数学。1861年回母校任应用数学讲师。1866年任应用数学教授，3年后转为纯数学教授。

他的研究工作与物理学、特别与流体力学密切相关。在流体动力学基础上，发展了流体体元之间的作用力对体元运动的影响的一般理论。通过对变积球在无阻尼流体中运动现象的研究，得出了有历史意义的结论：在无阻尼流体中运动物体间的作用力与电动力学的现象是相似的。由此他想仿照电学中的麦克斯韦理论在流体力学中建立起类似的理论。虽未获成功，但对流体现象却作了更为透彻的分析，对流体力学的发展有很大影响。（吴茂庆）

韦普克，F.（Woepcke，Franz） 德国人。1826年5月6日生于德国德绍，1864年3月25日卒于法国巴黎。*科学史学、文献学。*

1843年入柏林大学学习数学和物理学，1847年获博士学位。1848年去波恩大学学习阿拉伯语。不久后放弃教学工作，专门研究阿拉伯和印度数学，致力于阿拉伯、印度学者在数学方面的成就及其对西方影响的研究。辗转于英、法、德等国，广泛搜集古手稿遗作，从事艰苦的校核、翻译、整理工作，发表了近30篇论文，使东方学者在数学上的贡献被世人所了解。（吴茂庆）

黎曼，G.F.B.（Riemann，Georg Friedrich Bernhard） 德国人，1826年9月17日生于德国汉诺威丹嫩贝格附近的布列斯伦茨，1866年7月20日卒于意大利塞那斯加。*复变函数论、非欧几何学、数学物理。*

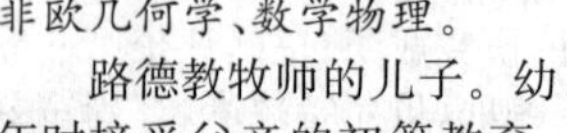

路德教牧师的儿子。幼年时接受父亲的初等教育。中学期间是优秀生，对数学有浓厚的兴趣。遵照父亲的愿望，于1846年入格丁根大学学习神学与语言学，但为该校数学中心的讲演所吸引，不久便专攻数学。1847年入柏林大学，在著名数学家雅各比和狄利克雷指导下继续深造。1849年返回格丁根大学学习物理、哲学和教育学，并参加研究班。在高斯指导下，1851年以论文“单复变函数论的基础”获博士学位。留校任教。1859年接替狄利克雷任格丁根大学数学教授。1862年结婚，同年患上肺结核，第三次去意大利休养时病死客地。是柏林科学院院士，法国科学院外籍院士，英国皇家学会外籍会员。

复变函数论创始人之一。曾接受柯西的解析函数的定义，用两个偏导数关系式（今称柯西-黎曼方程）表达了解析函数的特征。引入“黎曼曲面”的重要概念，奠定了复变函数几何理论的基础。应用“狄利克雷原理”证明了著名的保形映射定理，即黎曼映射定理。他用拓扑学方法分析黎曼曲面，引入了单连通和多连通曲面，并用格林定理证明了单连通曲面上的连续可微函数是单值函数。在著作中甚至显示出高维同调的观念，对近代拓扑学的发展影响很大。

追随并发展了高斯沿微分几何的途径来研究内蕴几何学空间。最先给流形以确切的定义，以 $ds^2=\sum g_{ij}\,dx^i dy^j$ 来描述度量，引入了黎曼空间，创立了黎曼几何学。爱因斯坦在广义相对论中利用黎曼几何学来描述引力场。他是第一个研究曲面拓扑的人。

对阿贝尔积分反演作了出色的研究。由他提出而由G.罗赫（Gustav Roch）在1864年完成的黎曼-罗赫定理是代数函数论中的重要结果，对该分支后来的发展有深远影响。他扩充了柯西的多重积分公式，定义了非整数阶的导数。1851年给出了函数能表示为傅立叶级数的条件与准则，引入了黎曼积分。这是历史上第一种适用于不连续函数的积分，半个世纪后才被勒贝格积分所代替。1859年发表的“在给定大小之下的素数个数”论文中，引入了现今称为黎曼函数的函数 $\zeta(s)=\sum_{n=1}^{\infty}\frac{1}{n^s}$，并试图证明素数定理。提出了著名的假设：$\xi$ 在带形区域 $0\leqslant x\leqslant 1$ 中的一切零点都位于直线 $x=\frac{1}{2}$ 上。这个猜想后来成为希尔伯特第8问题，至今还未被证明。这些工作促进了解析数论的发展。

在物理和数学物理方面也有贡献。教过数学物理课，自编的教材获得物理学家的高度评价，直至 1938 年还在再版。研究过听觉过程、电磁的相互作用、位势理论、在重力作用下流体在椭球面内的运动以及热理论等。最重要的工作是关于声波的研究，1860 年发表的文章中提出了冲击波形成理论，成为现代气体动力学的重要内容。该文在数学上也有重要建树：首创双曲型微分方程的一般理论，引进伴随方程、黎曼函数及求解波动方程的方法，促进了微分方程的发展。

由于英年早逝，黎曼生前公开发表的论文中，除了博士论文之外只有 10 篇。1990 年出版了《黎曼全集》最新版本。 （高岳兴）

史密斯，H. J. S.（Smith，Henry John Stephen） 英国人，1826 年 11 月 2 日生于爱尔兰都柏林，1883 年 2 月 9 日卒于英国牛津。代数学、函数论。

父亲是高级律师，1828 年去世。1838 年之前他完全由母亲教育。1844 年获奖学金进牛津大学巴利奥尔学院读书，1849 年毕业留校任评议员，1860 年为几何学教授。1861 年为英国皇家学会会员。1874 年起任牛津大学博物馆馆长。1874～1876 年任英国伦敦数学学会第 6 任会长。1877 年为伦敦气象学业会第一任会长、牛津大学理事。终身未娶。

在数学方面的贡献，主要是关于线性不定方程和同余式理论。1868 年，他写的关于曲线的"某些三次方和四次方问题"，获柏林科学院斯坦纳奖。建立了 n 元二次式的一般理论，由此得到定理：任一正整数可表示为 5 个或 7 个整数的平方和，因此 1883 年去世当年获法国科学院追授的奖金。还把高斯关于实二次型的许多定理推广到复二次型，引进了增广矩阵和非增广矩阵的术语，给出了在黎曼意义下不可积函数的第一个例子。在椭圆函数方面的工作特别出色，去世前基本完成的《关于 θ 函数和 Ω 函数的报告》是一部内容丰富的著作，还附有 θ 函数表，后被收集进《史密斯文集》的第 2 卷中。此外，致力于大力发展教育的行政管理和改革事业。 （卫瑞霞 田 雁）

威纳，L. C.（Wiener，Ludwig Christian） 德国人，1826 年 12 月 7 日生于德国达姆施塔特，1896 年 7 月 31 日卒于卡尔斯鲁厄。画法几何、物理学。

法官之子。1843～1847 年在吉森大学学习工程和建筑学。1848 年在达姆施塔特工业大学讲授物理学、力学、水力学和画法几何。2 年后获吉森大学哲学博士学位。1852 年任卡尔斯鲁厄工业大学的画法几何教授，曾先后三次任该校校长。

以两卷《画法几何讲义》而闻名，并擅长图解法和制作数学模型。在物理方面，着重研究物体的照明条件、不同纬度地区和不同昼长时的光照量及地球光照的气候效应等问题，为气象学提供了一些最基本的数据。 （吴茂庆）

彼得松，K. M.（Петерсон，Карл Михайлович；Peterson，Karl Mikhailovich） 俄国人，1828 年 5 月 25 日生于俄国里加（今属拉脱维亚），1881 年 4 月 19 日卒于莫斯科。曲面微分几何。

1847 年在里加的大学预科毕业后，进入多尔帕特大学学习，1853 年获数学学士学位。毕业后一直在莫斯科的几所中学教数学。1879 年，由于对偏微分方程特征线理论的研究，敖得萨的诺沃罗西斯克大学授予与他纯数学荣誉博士学位。主要贡献在曲面微分几何方面。引入了曲面上共轭曲线汇的"弯曲"概念，建立了许多共轭曲线汇的一般性质，并深入地研究了二阶曲面、旋转曲面及极小曲面的共轭曲线汇的弯曲问题。彼得松曲面即是由这些曲面和其他一些曲面组成的一类曲面。在曲面弯曲的研究上，他发展了高斯和闵丁的工作。 （张镜清）

施勒特尔，H. E.（Schröter，Heinrich Eduard） 德国人，1829 年 1 月 8 日生于德国柯尼斯堡（今俄罗斯加里宁格勒），1892 年 1 月 3 日卒于布雷斯劳（今波兰弗罗茨瓦夫）。综合几何学。

父亲当过柯尼斯堡大学商学院院长。他本人于 1854 年在柯尼斯堡大学获博士学位。1855 年任教于布雷斯劳大学，1858 年任编外教授，1861 年任教授。1881 年入选柏林科学院院长。1882 年入选格丁根科学院通讯院士。

在导师斯坦纳的影响下，几乎用全部精力研究综合几何。由于与斯坦纳合作并编写了斯坦纳的综合几何讲义的第二部分而闻名。1880 年发表的论文"由投影产生的二次曲面与三次空间曲线的理论"，就是斯坦纳工作的继续。1888 年和 1890 年，他以综合几何的观点分别写了两部著作，有关三次平面曲线理论和一类四次空间曲线的纯几何理论。此外，还用纯初等逼近的方法研究过各种平面和空间结构。1876 年获柏林科学院斯坦纳奖。 （卫瑞霞）

康托尔，M. B.（Cantor，Moritz Benedikt） 德国人，1829 年 8 月 23 日生于德国曼海姆，1920 年 4 月 9 日卒于海德堡。数学史、科学史。

1848 年入德国海德堡大学学习。毕业后曾去格丁根大学，在高斯和斯坦纳的手下工作。1851 年在海德堡大学取得博士学位。1852 年赴柏林大学继续深造。1863 年任海德堡大学教授，1913 年退休为荣誉教授。主编过多种杂志，写过许多纯粹数学和科学史方面的文章。1875 年起写了大量数学家的传略，是德国 19 世纪末 20 世纪初的第一流数学史专家。他出版的第一部重要著作，是《数学对人们文化生活的贡献》（1863 年）。撰写出版的专著《数学史讲义》（4 卷，1880～1908 年），在内容和范围上堪称杰作，受到高度赞扬。 （沈 铁）

克里斯托费尔，E. B.（Christoffel，Elwin Bruno） 德国人，1829年11月10日生于德国亚琛附近，1900年3月15日卒于法国斯特拉斯堡。代数学、微分几何。

出生于布商家庭。1856年获柏林大学博士学位，论文是关于均匀物体中电的运动。1859年任柏林大学讲师。1862年起先后在苏黎世工业大学、柏林工业大学和法国斯特拉斯堡大学任教授。

是狄利克雷和黎曼的追随者。研究过单连通区域的共形映射，用代数方法证明了黎曼曲面上线性无关的第一型积分的个数等于亏格 P。1877年所写的关于具有不连续面的介质中平面波传播的论文，是冲击波理论的早期文献。1882年给出了几个变量阶数为 P 的两个代数形等价的充要条件。在其最出名的论文"二次齐次微分式的变换"中，引入了克里斯托费尔符号和归约定理。在曲面微分几何方面，也提出了有一定价值的任意曲面上的三角学。（沈 铁）

克列蒙拿，A. L. G. G.（Cremona，Antonio Luigi Gaudenzio Giuseppe） 意大利人，1830年12月7日生于意大利帕维亚，1903年6月10日卒于罗马。射影几何、静力学。

11岁丧父。毕业于帕维亚大学土木工程系，1853年获土木工程和建筑学博士学位。由于曾参军反对奥地利统治，毕业后无法在教育界得到正式工作，只能当家庭教师和代课教师，并开始研究数学，发表了一系列具有独创性的论文。1860年后，先后被皇家委任为博洛尼亚大学、米兰工业大学和罗马大学教授，以及罗马工程技术学校校长。1879年起先后当选意大利国会议员、政府公共教育大臣、参议院副议长等职。1871年当选英国伦敦数学学会名誉会员。1879年当选英国皇家学会外籍会员。

主要工作领域是双有理变换、图解静力学和射影几何。1854年引入了双有理变换（被称为克列蒙拿变换），并应用它研究有理曲面、分解平面曲线和空间曲线的奇异点，研究椭圆积分和黎曼曲面。此外，在三次挠线、可展曲面、圆锥曲线及三次、四次曲面方面都有所建树。其著作《射影几何原理》和《图解静力学》被誉为优秀教材，分别在1890年和1893年译成英文。（沈 铁）

马海姆，V. M. A.（Mannheim，Victor Mayer Amédée） 法国人，1831年7月17日生于法国巴黎，1906年12月11日卒于巴黎。射影几何学、仪器研究。

1848年考入巴黎综合工科学校，2年后转学梅斯应用技术学校。毕业在法国炮兵部队当几年军官后，1859年回巴黎任母校辅导教师，1863年任考试委员，1864年任画法几何教授。1890年以上校军衔从工兵团退役。继续在巴黎综合工科学校任职至1901年70岁第二次退休。

蓬斯莱和夏斯勒的几何传统的继承者，主要研究射影几何，并把研究结果应用于运动几何学中。关于菲涅耳的波纹曲面理论的研究，对曲面理论作出了重要的贡献，撰写出版的《理工科大学的画法几何》（1880年）和《运动几何学的原理和发展》（1899年）中，都有他的许多研究成果。由于对几何学的贡献，1872年获法国科学院蓬斯莱奖金。此外，早在学生时代，就发明了一种计算尺，以后通用的计算尺即由该尺演变而来。

（张镜清）

戴德金，R.（Dedekind，(Julius Wilhelm) Richard） 德国人，1831年10月6日生于德国不伦瑞克，1916年2月12日卒于同地。代数学、数学基础。

法学教授的儿子，家中4个孩子中最小者。1848年入卡罗林姆学院学习解析几何、代数几何、微积分和力学等基础学科。1850年入格丁根大学，是该校数学和物理研究班的首届成员。一年后黎曼也参加了研究班，不久他们就成了密友。1853年在高斯的指导下完成关于欧拉积分基本理论的论文而获博士学位。1854～1858年任格丁根大学副教授。1858～1862年任瑞士苏黎世综合工业学院教授。1862～1916年任不伦瑞克高等技术学校教授。是柏林科学院院士，法国科学院、意大利科学院的外籍院士。获奥斯陆大学、苏黎世大学的荣誉博士学位。他终生未婚。

主要成就在代数理论方面。研究了任意域、环、群、结构及模等问题，特别是引入了环与单位的概念，并给理想子环下了一般定义。在研究理想子环理论过程中，将序集的概念用比较普通的形式表示出来，比G. 康托尔的公式简单得多。对整数理论也有贡献，1876～1877年用法文发表《代数整数论》。1888年提出了算术公理的完整系统，其中包括完全数学归纳法原理的准确表达方式。还处理了对序数的理论非常重要的递推定义。研究了结构理论的基础，使之成为现代代数的重要分支之一。

也是最早对实数理论提出许多论据的数学家之一。1858年已经注意到微积分中缺少算术的真正科学基础。同年10月引进了关于连续本质的纯算术定义，并确切地表述了无理数概念。1872年出版了《连续性与无理数》一书，用有理数的"分割"来定义无理数，现在称之为戴德金分割。因此和魏尔斯特拉斯、G. 康托尔等人一起成为基础数学研究新时代的领军者。由于把映射的许多概念用最一般的形式引入数学，故使许多数学命题和术语，如环、链、类、域、结构、整函数、截面、互换原理等都与他的名字联系在一起。

主要著作有《连续性与无理数》（1872年）、《数是什么？数应当是什么？》（1888年）、《整代数的理论》、《数学论文集》等。还编辑出版了高斯的关于数论的手稿和狄利克雷的《数论讲义》，和韦伯一起出版了黎曼全集。此外，他还具有音乐天才，是熟练的钢琴和大提琴演奏家。

（卫瑞霞 周丽芬）

杜布瓦-雷蒙，P. D. G. (Du Bois-Reymond，Paul David Gustav) 德国人，1831 年 12 月 2 日生于德国柏林，1889 年 4 月 7 日卒于弗赖堡。*微分方程、实变函数论。*

瑞典裔教师之子。电生理学家 E. H. 杜布瓦-雷蒙之弟。早年学医，后在 F. 诺伊曼的影响下转攻数学和物理。1853 年在柏林大学获博士学位。毕业后在柏林的中学任教数学和物理。1865 年后，先后任海德堡大学、蒂宾根大学和柏林技术学院的教授。

主要贡献在微分方程和实变函数论。最突出的成就是关于傅立叶级数的收敛性与可积性问题的讨论。1873 年给出著名的杜布瓦-雷蒙反例，纠正了人们延续约 50 年的认为在$(-\pi,\pi)$上的连续函数都可展开为傅立叶级数的错误想法。1883 年证明任一黎曼可积函数的傅立叶级数即使不一致收敛，也可逐项积分。在微分方程方面，用特征线法把最一般的齐次二阶线性偏微分方程分为椭圆型、双曲型和抛物型，从而奠定了现在的标准分类法。他的关于双曲方程的解的存在唯一性定理和共轭微分方程的广义格林定理亦十分著名。1887 年写的《函数的一般理论》是其代表作。 （卫瑞霞）

道奇森，C. L. (Dodgson，Charles Lutwidge) 英国人，1832 年 1 月 27 日生于英国英格兰柴郡达雷斯伯内，1898 年 1 月 14 日卒于萨里郡高尔福特。*代数几何、博弈论、逻辑学、文学。*

牧师之子。家中 3 个孩子中排行老三。以笔名“刘易斯·卡罗尔”(“Lewis Carroll”)而闻名。毕业于牛津大学基督学院，留院任图书馆员，1855～1881 年任教数学。1865 年发表了儿童文学杰作《爱丽丝奇遇记》蜚声文坛。翌年获文科硕士学位。被誉为 19 世纪英国杰出的科学散文作家。但其主要学术成就在数学和逻辑学方面。写了许多专著和小册子，著名的有《平面代数几何概要》(1860 年)、《行列式初论》(1867 年)及《欧几里得和他的现代竞争者》(1879 年)等。在关于竞赛与选举理论的博弈论著作中，运用了矩阵，这在处理多重决策问题的历史上还是第一次。在逻辑学方面，描述了三段论法的各种形式的特色，是逻辑与悖论中一些趣味问题的多产作者。 （卫瑞霞）

诺伊曼，C. G. (Neumann，Carl Gottfried) 德国人，1832 年 5 月 7 日生于德国柯尼斯堡，1925 年 3 月 27 日卒于莱比锡。*对数、位势理论。*

物理学和矿物学教授的儿子。少年在柯尼斯堡接受中等教育，后入柯尼斯堡大学，1855 年获博士学位。先后在瑞士巴塞尔大学和德国蒂宾根大学任教。1868 年秋任莱比锡大学教授直至 1911 年退休。他积极参加创办和主编杂志《数学年鉴》。是柏林科学院院士，格丁根、莱比锡和慕尼黑数学学会的会员。是一位优秀的大学教师和有成就的研究工作者。在位势理论方面作出了杰出的贡献。1870 年开始研究边界值问题的解的算术平均值法，给出了三维狄利克雷问题的解的存在性的新证法。引入了术语“对数位势”。位势理论的第二边值问题至今仍以他的名字命名。 （张镜清）

李普希茨，R. O. S. (Lipschitz，Rudolf Otto Sigismund) 德国人，1832 年 5 月 14 日生于德国柯尼斯堡(今俄罗斯加里宁格勒)，1903 年 10 月 7 日卒于波恩。*非欧几何、数学分析、数论。*

庄园主的儿子。15 岁入柯尼斯堡大学。后转入柏林大学，师从著名数学家狄利克雷，1853 年在柏林大学获博士学位。以后在多所中学任教。1862 年任布雷斯劳大学编外教授。1857 年任柏林大学无薪教师。1864 年任波恩大学教授。柏林科学院、格丁根科学院院士，法国科学院、意大利科学院外籍院士。

在数学上研究范围很广，特别在分析、数论、贝塞尔函数理论、傅立叶级数理论、微分方程、微分形式等方面都富有成果。出版过 2 卷分析论，内容从有理数直到微分方程、数论。1876 年提出了著名的李普希茨条件，建立了微分方程解存在性的柯西-李普希茨定理，该条件在逼近论和函数构造论等领域中亦十分重要。在数论方面，研究了任意多个平方和的问题，得到了某些符号表示，并导出它们的计算规则，由此得到了现今称之为李普希茨代数的超复数系，高斯数域和哈密顿的四元数是其特例。

是黎曼几何的直接继承者之一。从 1869 年开始，写过大量关于 n-微分流形的专论。在这些论文中，对 n 维流形的度量法则的研究成为后来的张量分析的基础；是最先引用协变微分者之一，并给出了一个易于应用的计算方法；给出了黎曼流形成为欧几里得流形的充要条件是某一个四次曲率量为零、n 维黎曼流形 V_n 子流形 V_m 为其最小子流形的充要条件是它的平均曲率向量处处为零等重要结论。 （吴茂庆）

布尔，E. (Bour，Edmond) 法国人，1832 年 5 月 19 日生于法国上索恩省格雷，1866 年 3 月 9 日卒于巴黎。*数学分析、微分几何、分析力学、天体力学。*

出身农家。1852 年在巴黎综合工科学校以优异成绩毕业后，又入巴黎矿业学院继续学习，获采矿工程师职。1855 年任圣艾蒂安矿业学院力学与矿冶学教授。1856 年任巴黎矿业学院力学教授。1861 年任巴黎综合工科学校力学教授因患绝症而英年早逝。

短暂的一生中在数学分析、代数、微分几何、理论力学、应用力学及天体力学等领域均留下了有价值的成果。数学论文“曲面畸变理论”给出了关于直纹曲面、极小曲面的若干定理，为此获得了 1861 年法国科学院数学大奖。力学上的重要成果是关于动力微分方程和关于合成运动的论述。在天体力学方面，把某些三体问题简化为平面问题。 （吴茂庆）

西罗，P. L. M. (Sylow，Peter Ludwig Mejdell) 挪威人，1832 年 12 月 12 日生于挪威克里斯蒂安尼亚(今奥斯陆)，1918 年 9 月 7 日卒于同地。*群论。*

就读于挪威克里斯蒂安尼亚(今奥斯陆)大学，1853 年获数学竞赛奖。1858～1898 年在腓特烈雪尔特镇中学任教。期间，1861 年获奖学金去柏林大学和巴黎大学进修；1862 年在母校介绍阿贝尔、伽罗华的方程论。1898 年由于 S. 李的帮助，回母校任教。

1878～1881 年和 S. 李一起准备和斑纹阿贝尔全集的新版。1902 年发表阿贝尔的书信及椭圆函数的论文，特别是关于复乘法和群论。1872 年发表的论文包含有对柯西 1845 年研究结果的第一次扩展，这也是继柯西之后在抽象群论中第一次深刻的发现。主要定理是：①若 p^m 是 p 的最大幂可除 G 的阶数，则 G 具有阶数为 p^i 的子群($0\leqslant i\leqslant m$)，特别是阶数为 p^m 的子群 H 称为 p-西罗群，H 的正规子群的指数 $j\equiv 1(\bmod p)$；②G 的 p-西罗群是相互共轭的，以上所述 G 为任何有限群。这些定理是研究有限群的结构的基础。 （卫瑞霞）

华衡芳（Hua Heng-fang） 字若汀。中国清代江苏金匮县(今无锡市)人，道光十三年(1833 年)生，光绪二十八年(1902 年)卒。代数学、机械工程。

7 岁开始读书，摈弃科举道路。后通读程大位《算法统宗》，遂有志于数学研究。青年时代研究《数理精蕴》、《九章算术》及秦九韶、李冶、朱世杰等人的学说。游学上海时，经著名数学家李善兰介绍，学习了李善兰和英国传教士伟烈亚力合译的《代数学》和《代微积拾级》，对西方数学、近代数学反复钻研，终于有所建树，二十五六岁写出《抛物线说》。1861 年为曾国藩擢用，和同乡好友徐寿同到安庆军中，在安庆军械所参加绘制机械图。1863 年又经曾国藩保奏以县丞选用。1865 年参加了由曾国藩、李鸿章创设的江南制造局的新建工厂规划和开办工作。1868 年江南制造局设翻译馆后，和徐寿积极从事翻译工作。从 1887 年起曾在天津武备学堂和武昌两湖书院任教。1896 年任常州龙城书院院长兼江阴南菁书院院长。

先后与美国传教士玛高温等人合译《金石识别》、《地学浅释》等科学著作 5 种；与英国传教士傅兰雅合译《代数术》(25 卷，1872 年)、《微积溯源》(8 卷，1874 年)、《三角数论》(12 卷，1877 年)、《决疑数学》(10 卷，1880 年)等数学著作 7 种。在这些译著中比较详尽地叙述了西方代数学、三角学、微积分学及概率论。其中《决疑数学》是中国第一部编译的概率论著作。为在中国传播西方科学作出了重要贡献。他的数学成就主要在差分理论方面，给出的计数函数、互反公式、母函数定理和若干组合恒等式是组合论中计数理论的中心问题，对中国早期的组合论研究起了积极的作用。编有《开方别术》、《开方古义》、《数根术解》、《积较术》、《学算军谈》及《算法须知》著多种著作。

在机械工程上，1865 年参与主持制成中国第一艘木质蒸汽船"黄鹄"号。还是中国第一个氢气球制造者，曾制作过一个直径 5 尺(1.7 米)的气球，充以自行制备的氢气，演放成功。 （周　英）

克莱伯施，R. F. A.（Clebsch, Rudolf Friedrich Alfred） 德国人，1833 年 1 月 19 日生于德国柯尼斯堡(今俄罗斯加里宁格勒)，1872 年 11 月 7 日卒于格丁根。代数几何、数学物理、应用力学。

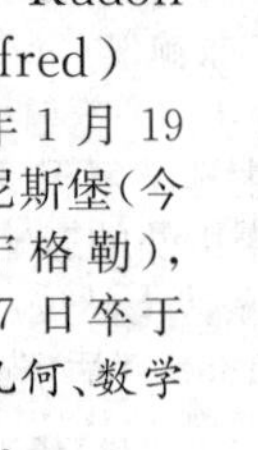

1850 年入柯尼斯堡大学数学学院，1854 年毕业。后赴柏林大学深造，1858 年任教于柏林大学，开始了他的学术生涯。同年任教卡尔斯鲁厄理工大学。1863 年去吉森大学。1868 年任教于格丁根大学。1868 年与 C. 诺伊曼创办了《数学年鉴》。因生白喉而去世。

其主要贡献在射影不变量和代数几何方面，被誉为代数几何的创始人之一。完成了由阿隆霍德创建的型和不变量的符号演算，通常称为克莱伯施-阿隆霍德符号记法；克莱伯施-戈丹定理给出了二元型的不变量与协变量的有限完备系的存在性；引入了连络的概念，第一个用曲线术语来重新叙述第一类阿贝尔积分定理；还引入了亏格的概念，对曲线进行分类，证明了一条亏格为 1 的曲线可用双有理变换变换到三次曲线；证明了有关单值化的一些美妙的结果。此外，在数值几何、变分理论、偏微分方程及数学物理方面都有所贡献。普吕克-克莱伯施原理、克莱伯施不变量都是很有名的成就。身前主要著作有《弹性学教程》(1862 年)、《阿贝尔函数论》(1866 年，与戈丹合写)等。去世后出有《几何学讲义》(2 卷，1876～1891 年)等。 （沈　铁）

富克斯，L. I.（Fuchs, Lazarus Immanuel） 德国人，1833 年 5 月 5 日生于德国波森(今波兰波兹南)附近摩斯青，1902 年 4 月 26 日卒于柏林。微分方程。

1858 年获柏林大学博士学位。后在中学、中等专科学校任教。1865 年任柏林大学无薪教师，1866 年任编外教授。1867 年任炮兵与工程学校数学教授。1869 年任格赖夫斯瓦尔德大学教授。1874 年任格丁根大学教授。1884 年回柏林大学任教授直至去世，1892 年至去世的最后 10 年中，还兼任《纯粹与应用数学》杂志主编。1882 年成为柏林科学院院士。

除有少量论文研究高等几何和数论外，主要研究领域是微分方程。证明了 n 阶线性微分方程满足初始条件的解的存在性，引进了"基础解系"的概念；证明了在任一奇点处，基础解系的存在性，这种存在性问题通常称为富克斯理论。其研究工作介于柯西、黎曼、阿贝尔和高斯等人的基础研究与庞加来、潘勒韦和皮卡尔的近代理论之间，发挥了承上启下的作用。 （高岳兴）

拉盖尔，E. N.（Laguerre, Edmond Nicolas） 法国人，1834 年 4 月 9 日生于法国巴勒迪克，1886 年 8 月 14 日卒于同地。几何学、数学分析、函数论。

1854 年毕业于巴黎综合工科学校。后在斯特拉斯堡附近的默热兵工厂任炮兵军官，服役 10 年，期间从未间断数学研究。1864 年回母校任教，1874 年任主考官，直至去世。1883 年兼任法兰西学院数学物理教授。由于健康恶化，1886 年回乡疗养，6 个月后去世。

是最先研究复投影平面的几何学家。1853 年在巴黎综合工科学校学习时就发表了“关于焦点理论”的论文。在几何方面的杰出成就使他成为巴黎科学院的研究员。在分析学方面的成就给后继者以重大影响，发现了“拉盖尔方程”、“拉盖尔多项式”及“拉盖尔函数”，它们被广泛地应用于数学物理中。还导出了一个收敛的无穷连分式，这是最早发现的收敛无穷连分式之一，特别引人注目的是它是从一发散级数发展出来的。一生共发表 140 多篇论文，有一半以上是几何方面的。

（汤正谊 张镜清）

维恩，J.（Venn，John） 英国人，1834 年 8 月 4 日生于英国赫尔，1923 年 4 月 4 日卒于剑桥。*概率论、逻辑学、文献学、科学史。*

教区长之子。1853 年入剑桥大学冈维尔与凯厄斯学院，1857 年获数学学位。留校任评议员。两年后委任为牧师职。1862 年任伦理学讲师，研究和授课逻辑学和概率论，从此一直是该学院的管理委员会成员。1883 年获剑桥大学理学博士学位。同年入选英国皇家学会会员。

对概率论和逻辑学颇有研究，著有《随机逻辑》(1866 年)、《符号逻辑》(1881 年)、《经验主义逻辑的原理》(1889 年)。对逻辑地讨论概率论的原理作了尝试。为了解释著名的彼得堡悖论，他用极限来定义概率。对逻辑学的主要贡献是发展了几何表示方法，著名的维恩图表至今广泛地被应用于培养儿童逻辑思维的初等数学中。所著关于概率论与逻辑学的教科书，在 19 世纪后期至 20 世纪初期受到了高度的评价。

此外，还对历史记载作了研究，1897 年出版学院史，1904 年出版家史《教士之家编年史》。亲自筹备的《剑桥校友》，在他有生之年共出了两卷。 （卫瑞霞）

马蒂厄，É.L.（Mathieu，Émile Léonard） 法国人，1835 年 5 月 15 日生于法国梅斯，1890 年 10 月 19 日卒于南希。*函数论、数学物理、应用数学。*

十几岁时就显示了在拉丁语、希腊语和数学方面的才能。在巴黎综合工科学校读书时，仅用 18 个月的时间就通过了所有课程的考试，1859 年获理学博士学位。后任家庭教师，同时研究数学，1866 年得重病在家疗养。1869 年任贝桑松大学数学教授。1874 年任南希大学教授。

早期研究纯数学，后来则主要研究应用数学。1868 年使用曲线坐标经变量分离求解椭圆薄膜振动问题，其中引入了椭圆柱函数，即马蒂厄函数。该解法成为大家采用的标准方法，这是他最著名的成就。此外，在光的色散特征，力作用于各向异性弹性体的非无穷小形变，沉浸于液体中的物体的表面张力，木星、土星的摄动计算等方面，都作出了贡献。主持编写的 8 卷《数学物理学论文集》，是法国传统数学物理学文集的续篇。

（张镜清）

梅莱，H.C.R.（Méray，Hugues Charles Robert） 法国人，1835 年 11 月 12 日生于法国索恩河畔沙隆，1911 年 2 月 2 日卒于第戎。*数学基础、复变函数论、数学分析。*

1857 年毕业于巴黎高等师范学校。毕业后在圣昆炬预科学校任教两年。又以 7 年时间在故乡的小村庄闭门研究数学。1866 年重执教鞭，任里昂大学讲师。1867 年任第戎大学数学教授，直至去世。

作为数学分析算术化的先驱，被誉为可与魏尔斯特拉斯相提并论的法国数学家。1869 年发表论文，在关于变量极限定义的评注中，给出了无理数的一个定义。这是数学界公开发表无理数算术理论的第一篇文章(魏尔斯特拉斯在 1859 年的讲演中给出了一种无理数的理论，但未公开发表；戴德金也早已建立了无理数理论，亦始终未发表，直到 1872 年在康托尔发表的文章中才被提及)。1872 年出版《新的精确的无穷小分析》一书，再一次概括了他的无理数理论，且在幂级数的基础上发展了复变函数理论。该书中更注意论述问题的严格性，而正是这种一丝不苟的严格精神和独有的想法，使他取得了上述成就。 （张镜清）

贝尔特拉米，E.（Beltrami，Eugenio） 意大利人，1835 年 11 月 16 日生于意大利克雷莫纳，1899 年 6 月 4 日卒于罗马。*微分几何、非欧几何、数学物理。*

出身于艺术之家。1853～1856 年在意大利帕维亚大学学习数学。毕业后任铁道工程师助理，业余研究数学。1862 年正式执教于博洛尼亚大学，同时任公共教育代理人及评议员。同年写出了他的第一篇论文，是关于曲线的微分几何方面的研究成果。1864 年转教于比萨大学，任测地学教授。1866 年返回博洛尼亚大学，任理论力学教授。1873～1876 年任新扩建的罗马大学理论力学教授。同年当选为国家科学院院士。1876 年又回母校帕维亚大学任数学物理学教授。1891 年再去罗马大学执教。1898 年任意大利科学院院长。翌年成为国会参议员。

在数学上最杰出的成就是关于常曲率曲面的研究。独立于黎曼而认识到常曲率的曲面是非欧几何空间；在曲面上给出双曲几何的有限表示法，证明了一块罗巴切夫斯基平面可以在负常曲率曲面上实现。1868 年在三维空间中找到了“虚球面”——喇叭面(由曳物线绕定直线旋转而成的曲面)，称为伪曲面。至此罗巴切夫斯基几何才真正被人接受。还把非欧几何的表示法扩充至 $n>2$ 维流形的情形。是微分不变量研究的开创人之一。运用雅各比的方法成功地把拉梅不变量推广至 n 维黎曼流形。

在弹性理论、势理论、波动理论、热力学及光学等方面也做出了不少贡献。他在应用数学的分析中引进几何方法。他仅研究位势理论的论著就有近 50 种之多，其中包括弹性理论、流体动力学、静电学与电动力学、磁学与电磁学等，此外还研究了热力学、光学、热传导与机械问题。意大利科学院在他身后编有《数学文集》(4 卷，1902～1920 年)。 (张镜清)

魏因加滕，J. (Weingarten，Julius) 德国人，1836 年 3 月 2 日生于德国柏林，1910 年 6 月 16 日卒于弗赖堡。代数几何。

职工之子，波兰移民的后裔。1852 年入柏林大学，主科学习数学和物理学，也学化学。1858～1864 年在柏林任中学教师。1864 年在哈雷大学取得博士学位。同年起到柏林建筑学院任教。1871 年任柏林理工大学教授。1902 年起在弗赖堡大学任荣誉教授，直到 1908 年退休。

在曲面理论方面有突出贡献，首先在已知曲面的等距曲面问题上取得了突破性进展。1863 年给出了与一已知旋转曲面等距的曲面类——魏因加滕曲面。1864 年发表论文"论曲面的变形"，通过对曲面无穷小变分的分析，又把求任一已给曲面的等距曲面问题化为确定一个蒙日-安培型偏微分方程的全部解问题。1894 年获法国科学院颁发的大奖。 (吴茂庆)

麦克科尔，H. (MacColl，Hugh) 法国人，1837 年 1 月 11 日生于英国苏格兰的斯特朗中，1909 年 12 月 27 日卒于法国滨海布洛涅。代数学、数理逻辑、文学。

英国裔。农家子弟，家中 6 个孩子中最幼者。3 岁丧父。在做教师兼牧师的长兄支持下，受完基础教育。由于长兄的圣职被主教撤销，经济开始拮据，无法帮助弟弟实现进牛津大学学习数学的愿望。于是他于 1858 年起在英格兰的多所学校任教谋生。1865 年移居法国，在布洛涅公立学校教数学和英语，1870 年辞职做家庭教师。1873 年入学伦敦大学，1876 年获文学士学位。他在当地开办了一所寄宿学校，1908 年退休。

G. 布尔的《思维规律研究》于 1854 年发表之后，人们发现命题的逻辑运算与类的运算很相似，前者中的"含义"对应于后者中的"包含"，然而实际上它们之间的对偶性是不完全的，具有多义性。这造成了运算上的问题：究竟哪个算法是更基本的？麦克科尔在 1880～1900 年间的多篇论文澄清了这个问题。其观点是："含义"和命题比"包含"和类具有更基本的特征，因此一个命题函数可以赋予非确定的值。这种观点是多值逻辑产生的前奏和基础。1880～1906 年，在杂志上发表关于符号逻辑、符号推理的一系列文章，约有 17 篇。他的首部著作是《代数练习与用椭圆方法解题》(1870 年)；他的最有名著作是《符号逻辑及其应用》(1906 年)。在数学和逻辑学之外，他还写了 5 部小说，2 部在世时出版了。 (吴茂庆)

戈丹，P. A. (Gordan，Paul Albert) 德国人，1837 年 4 月 27 日生于德国布雷斯劳(今波兰弗罗茨瓦夫)，1912 年 12 月 21 日卒于埃朗根。函数论、代数几何。

读过商校，曾在银行工作。由于喜爱数学，进柏林大学、布雷斯劳大学和柯尼斯堡大学攻读数学。1862 年以球体测地线论文获布雷斯劳大学博士学位。后在吉森大学任教。1874 年任埃朗根大学教授。

关于球的测地线的论文曾获布雷斯劳大学的奖金。与克莱伯施合著的《阿贝尔函数论》是一部名著。在不变量理论方面，提出了许多表示和生成代数型及其不变量的技巧，且用构造法证明了二元型系统的不变量具有一个有限基底，即著名的戈丹有限基底定理；简化了希尔伯特的关于任意元型系统的不变量具有有限基底定理的证明，为许多教科书所采用；还尝试把不变量理论用于化学中的化合价。在代数方程和置换群方面，与克莱因合作研究五次方程和二十面体群的关系。此外，还简化了 e 和 π 的超越性的证明。他的学生 A. E. 纳脱是德国第一位女博士、世界著名的女数学家。 (高岳兴)

巴赫曼，P. G. H. (Bachmann，Paul Gustav Heinrich) 德国人，1837 年 6 月 22 日生于德国柏林，1920 年 3 月 31 日卒于魏玛。数论、群论。

路德教牧师之子。1856 年起，先后在柏林大学和格丁根大学学习，是狄利克雷的学生，也是戴德金的同学和密友。1862 年，在库默尔指导下获柏林大学博士学位。先后任布雷斯劳大学、蒙斯特大学教授，1890 年退休。主要研究数论和群论。主要著作《数论》(5 卷，1892～1923 年)概述了数论发展的状况，既有已知成果的回顾，还有各种证明方法的评价。 (高岳兴)

库尔特策，E. L. W. M. (Curtze，Ernst Ludwig William Maximilian) 德国人，1837 年 8 月 4 日生于德国巴伦施泰特，1903 年 1 月 3 日卒于托伦(今波兰托伦)。数学史、文献学。

就读格赖夫斯瓦尔德大学，1861 年获硕士学位。后长期在托伦高级中学的大学预科执教。十分熟悉当代的数学文献并具有语言天才，曾将许多有价值的数学著作由意大利文译成德文，如将西亚帕雷利的名著《哥白尼的古代先驱》译成德文译本(1876 年)。负责编辑珍藏在托伦图书馆的中世纪手稿；为数学期刊和科学史期刊写了许多文章；是当时研究中世纪数学教科书的杰出专家。 (沈 铁)

德蒂伊，J. -M. (de Tilly，Joseph-Maria) 比利时人，1837 年 8 月 16 日生于比利时伊普尔，1906 年 8 月 4 日卒于德国慕尼黑。非欧几何学、力学、科学史学。

原是军人，曾任炮兵中尉。1858 年在炮兵学院任数学教官。后任安特卫普军事学院院长兼兵工厂厂长，1870 年被选为比利时皇家科学院通讯院士，1878 年成为正式院士，1887 年任院长。学生中有人投诉他过分追求科学素质，由于国防部长和军事学院督学的偏见，

1899 年底被撤去校长等职务，翌年 8 月被迫退休。

比利时近代最渊博的数学家之一。对科学的贡献主要在几何学和力学方面。1860 年发表论文“几何学业原理的探讨”，批评了欧几里得第五公设，独立地得到了罗巴切夫斯基发表的结果，1866 年才知悉后者关于非欧几何的著作。最先研究非欧几里得力学。从两点间距离的概念的基础上建立了黎曼、罗巴切夫斯基和欧几里得几何，主要著作有《抽象力学的研究》(1870 年)及《关于几何与力学的基本原理》(1878 年)、《普通解析几何》(1892 年)等。还写过关于军事科学与比利时数学史、以及关于比利时皇家科学院百年历史的著作。

(卫瑞霞)

柯尼希斯贝格，L. (Königsberger, Leo)　德国人，1837 年 10 月 15 日生于德国波森(今波兰波兹南)，1921 年 12 月 15 日卒于海德堡。*数学分析、分析力学、科学史。*

出生于犹太富商家庭，是家中 12 个孩子中老大。1857 年入柏林大学学习数学与物理，1860 年获博士学位，1861 年到柏林士官学校执教。1864 年任格来福华大学编外教授。1869 年任海德堡大学教授。1875 年后，先后在德累斯顿理工学院和维也纳大学任教。1884 年回海德堡大学任教授，1914 年退休。

是同辈人中最著名的数学家之一。最卓著的贡献在数学分析和分析力学方面。其主要的著作有《椭圆函数讲演》(1874 年)、《超椭圆积分理论的讲演》(1878 年)与《微分方程论》(1889 年)等教材。此外，于 1902 年和 1904 年撰写的物理学家亥姆霍兹传记、数学家雅各比传记也是名著。于 1917 年出版的《魏尔斯特拉斯关于椭圆函数的第一次讲演》已成为珍贵的历史文献。

(张镜清)

约当，M. E. C. (Jordan, Marie Ennemond Camille)　一译若尔当。法国人，1838 年 1 月 5 日生于法国里昂，1922 年 1 月 22 日卒于巴黎。*群论、数学分析、拓扑学。*

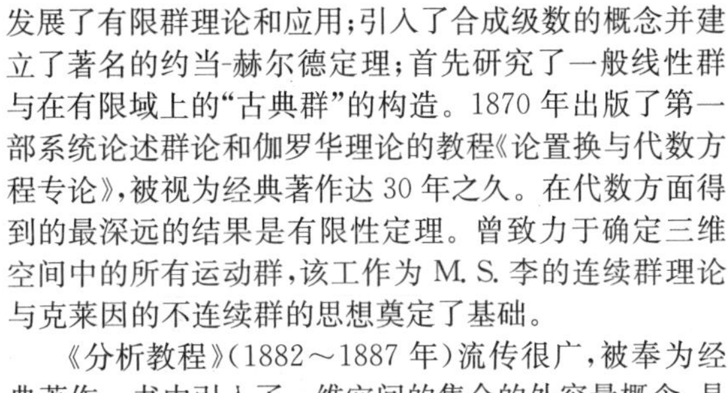

出身名门望族，工程师的儿子。17 岁考入巴黎综合工科学校，1861 年获博士学位。曾长期任工程师，但将大量时间用于数学研究。1885 年辞去工程师之职，专事数学教学与科学研究。1873～1912 年，同时在巴黎综合工科学校与法兰西学院任教。1881 年当选为法国科学院院士。1895 年被选为圣彼得堡科学院外籍院士。1885～1921 年任法国《纯粹与应用数学》杂志主编及发行人。

被誉为全能的数学家。生前共发表 120 篇论文、两部巨著《置换与代数方程专论》(1870 年)和《分析教程》(1882～1887 年)，内容涉及当时的主要数学分支。30 岁时已是一位很有名气的代数学家，40 岁时成为公认的群论专家。第一个沿着伽罗华所开辟的道路系统地发展了有限群理论和应用；引入了合成级数的概念并建立了著名的约当-赫尔德定理；首先研究了一般线性群与在有限域上的“古典群”的构造。1870 年出版了第一部系统论述群论和伽罗华理论的教程《论置换与代数方程专论》，被视为经典著作达 30 年之久。在代数方面得到的最深远的结果是有限性定理。曾致力于确定三维空间中的所有运动群，该工作为 M. S. 李的连续群理论与克莱因的不连续群的思想奠定了基础。

《分析教程》(1882～1887 年)流传很广，被奉为经典著作。书中引入了 n 维空间的集合的外容量概念，是 19 世纪测度理论中最先进的工作；引进了有界变差函数的概念，证明了该函数是两个增函数之差，藉此扩充了曲线长度的定义和推广了傅立叶级数的收敛准则。最著名的工作在拓扑学方面，从单纯组合的观点去研究多面体的对称性，使位置分析(即组合扑拓)的研究进入了新的境地。还引进了约当曲线，证明了简单闭曲线把平面分为内、外部的定理(称约当定理)。

(张镜清)

雷耶，T. (Reye, Theodor)　德国人，1838 年 6 月 20 日生于德国库克斯港附近的里策比特尔，1919 年 7 月 2 日卒于维尔茨堡。*几何学、代数几何。*

曾在汉诺威、苏黎世和格丁根等大学学习机械工程和数学物理。1861 年以气体动力学的论文获格丁根大学博士学位。1863 年任瑞典苏黎世大学数学物理讲师。1870 年任教于亚琛大学。1872 年起在斯特拉斯堡大学任几何学教授，1909 年退休。

是当时优秀的几何学家之一。所著《位置几何》(2 卷，1866～1868 年)于 1923 年出了第五版。研究了圆锥曲线和二次曲面以及它们的线性系统。引进了二次曲面的轴向线丛与从配极性概念，推广了代数曲线、曲面的配极理论，是点列几何的奠基人。在 P_3 中有以他名字命名的一个重要图形。还研究过射影平面束、共线丛的流形、二次线汇等。

(高岳兴)

汉克尔，H. (Hankel, Hermann)　德国人，1839 年 2 月 14 日生于德国哈雷，1873 年 8 月 29 日卒于蒂宾根附近斯兰堡。*复数论、函数论、数学史。*

物理学教授之子。早在中学时就开始研究古代数学。1857 年入莱比锡大学学习。1860 年赴格丁根大学深造，1862 年获博士学位。1863 年教莱比锡大学任编外教授。翌年成为埃朗根大学教授。1869 年任蒂宾根大学教授。

在复数、函数论及数学史等方面都有贡献，《复数系理论》(1867 年)是他最重要的著作。从点集测度论及函数的四重分类法入手，修改了黎曼的可积性条件。构造了在无限个点上不可微的连续函数，给出了第三类贝塞尔函数——汉克尔函数。《近百年来数学的发展》(1869 年)和《古代和中世纪数学史》(1875 年)也是他的两本名著。

(卫瑞霞)

迈尔，C. G. A. (Mayer, Christian Gustav Adolph） 1839年2月15日生于德国莱比锡，1908年4月11日卒于奥地利博岑山口格里斯(今意大利博尔扎诺)。微分方程、变分法、理论力学。

银行家之子。1857～1865年先后在莱比锡大学、格丁根大学、海德堡大学等处学习，期间主要在柯尼斯堡大学师从F.诺伊曼学习数学与物理学。1861年于海德堡大学获博士学位。1862年任教于柯尼斯堡大学。1865年辞职回家闭门写作数学论文。1867年任教于莱比锡大学，1871年成为编外教授，1890年为教授。

杰出的成就在微分方程、变分法及理论力学等学科，获得了关于偏微分方程的积分理论和变分问题中的最大、最小准则方面的重要而独特的结果。后期的工作为M.S.李较快地获得突出的成就打下了基础。

(张镜清)

泽森，H.G. (Zeuthen，Hieronymus Georg) 丹麦人，1839年2月15日生于丹麦西日德兰，1920年1月6日卒于哥本哈根。数值几何、力学、科学史。

牧师之子。1862年毕业于哥本哈根大学，获硕士学位。曾赴巴黎大学留学。1865年获哥本哈根大学数学博士学位。留校任教，1871年任编外教授，1886年任正教授，1896年起两次任校长。曾任丹麦皇家科学院秘书长，达39年。任数学杂志主编18年。

主要研究数值几何。博士论文“确定圆锥系特征的新方法”提出了圆锥曲线系特征的新观点。证明了曲面的几何亏格是双有理变换下的不变式。两部数学史巨著揭示了阿波罗尼在推导圆锥曲线的性质时使用了斜角坐标系；找到了由两族射线作圆锥曲线的射影方法；论述了希腊传统对中世纪数学发展的影响途径。还写过一些力学教材。 (吴茂庆)

巴比埃，J.-É. (Barbier，Joseph-Émile) 法国人，1839年3月18日生于法国加来海峡省圣海拉勒尔-科蒂斯，1889年1月28日卒于卢瓦尔省捷思斯特。几何学、天文学、仪器研制。

军人之子。1860年毕业于巴黎高等师范学校。同年任教于南锡一所大学预科学校。曾任巴黎天文台助理。1865年患上忧郁症而离开天文台，参加了一个宗教团体，同亲朋好友断绝一切来往。15年后，数学家J.L.贝特朗在一家精神病院偶然发现了他。贝特朗当时担任法国科学院秘书长，给他以经济上的接济，并鼓励他在养病同时继续钻研数学，使他晚年得以善终。

是19世纪后期杰出的非专业数学家之一。在数学与天文方面，写过30多篇论文和报告，内容涉及初等几何、球面几何、球面三角、微积分、数论和概率论等方面。还设计制作了新型温度计。在1882～1887年，他还抱病写了10多篇数学论文，主要涉及多面体、微积分和数论。 (刘 韵 高岳兴)

彼得森，J.P.C. (Petersen，Julius Peter Christian) 丹麦人，1839年6月16日生于丹麦索勒，1910年8月5日卒于哥本哈根。代数几何、数学分析。

染工之子。中学时喜欢求解数学难题。17岁入哥本哈根大学工程技术学院，后转入哥本哈根大学，1866年毕业，1871年获博士学位。同年任教于哥本哈根工程技术学院。1877年任哥本哈根大学教授。1881～1887年在士官学院兼任教授。1887年任教育部视察团成员。研究领域十分广泛，包括代数、数论、分析、几何与力学等方面。最大贡献是关于正则图形的理论。许多著作文字精炼优美，誉满丹麦数学教育界。所著《解几何结构问题的理论和方法》(1866年)被译成英文、德文、法文、意大利文和俄文。另有《平面和球面三角》(1863年)、《代数方程论》(1877年)等著作。 (张镜清)

诺伊贝格，J.J.B. (Neuberg，Joseph Jean Baptiste) 比利时人，1840年10月30日生于卢森堡卢森堡市，1926年3月22日卒于比利时列日。几何学。

卢森堡裔。1862年毕业于根特大学理学院。同年任教于尼弗勒师范学校。后任教于布鲁日师范学校等校。1884年任列日大学编外教授，1887年任正式教授，1910年退休。1866年加入比利时国籍。同年当选为比利时皇家科学院院士，1911年任院长。

还是比利时《数学通信》和《数学》杂志的创刊人之一。三角形的近代几何理论的奠基者之一。有关这方面的论文分散在许多杂志上。受麦比乌斯的影响颇深，对数学的贡献主要是发现某些新的处理方法。

(张镜清)

勒穆瓦纳，É.M.H. (Lemoine，Émile Michel Hyacinthe) 法国人，1840年11月22日生于法国坎佩尔，1912年12月21日卒于巴黎。几何学、制图学。

1860年在巴黎综合工科学校毕业。留校任教。1866年因健康原因辞职，成为一名土木工程师。1886～1896年担任巴黎煤气供应部的总检查官。1894年创办数学杂志并任首任主编。

业余爱好数学和音乐。通过1873年、1888年两次在法国科学协进会上宣读数学论文而赢得声誉。在前一次会议上，系统地陈述了三角形拟重心、拟中线及其性质，并通过拟重心作多边的平行线或逆平行线得到两个圆，现称即勒穆瓦纳圆，进而讨论了这两个圆的许多性质。在第二次会议上提出了简化几何作图的问题，从而发展了他称为几何作图学的作图理论。 (吴茂庆)

施图尔姆，F.O.R. (Sturm，Friedrich Otto Rudolf) 德国人，1841年1月6日生于德国布雷斯劳(今属波兰)，1919年4月12日卒于同地。综合几何。

商人之子。1863年获布雷斯劳大学哲学博士学位。留校任教。1866年在比得哥熙一所中学任教理科。1872年任达姆斯塔特技术学院画法几何和图解静力学助理教授。1878年任明斯特大学教授。1892年回母校布雷斯劳大学任教授，直至去世。

主要贡献在综合几何方面。研究了在各种投影表示中三次曲面的理论，并在博士论文中证明了斯坦纳描述而未证明的这些表示的性质。1864年曾与A.L.克列蒙拿分享柏林科学院颁发的斯坦纳奖金。在1908～1909年出版了4卷本《仿射几何理论》，是一本远远超出射影几何的著作。它包括代数几何的内容，并在“几何关系”中包括克列蒙拿变换及最简有理曲面的平面投影等。还著有《图形几何学原理》(1874年)、《在初等几何中的极大与极小》(1901年)及关于《线性几何》的三部教科书，后者是当时这一专题的最广博的著作。

(卫瑞霞)

洛朗，M. P. H. (Laurent，Matthieu Paul Hermann) 法国人，1841年9月2日生于卢森堡埃希特纳赫，1908年2月19日卒于法国巴黎。复变函数、代数学、统计学。

化学教授之子。12岁丧父，曾就读于巴黎综合工科学校、梅斯应用技术学院。后从军，1865年以军官衔退伍。同年以论文“复变函数的连续性”在南锡大学获理学博士学位。1866年任教于巴黎综合工科学校。1870～1871年参加普法战争。后回校任教。1889年任巴黎农学院教授。

研究工作涉及分析、方程论、微分方程、解析几何及曲线论等领域，特别在应用代入法及消去法的技巧求方程解的方面作出了较大的贡献。是法国统计学会创始人之一，主编过大百科全书的数学部分。《纯数学与应用数学》杂志及《新数学年鉴》的主编。编写过30本专著和教材，发表过大量论文。其中《级数论》(1862年)、《算术论》(1895年)及7卷本的《分析论》(1885～1891年)等著作，以内容丰富而闻名。1905年获法国荣誉军团勋位。

(吴茂庆)

施罗德，F. W. K. E. (Schröder，Friedrich Wilhelm Karl Ernst) 德国人，1841年11月25日生于德国曼海姆，1902年6月16日卒于卡尔斯鲁厄。组合分析、实变函数论、数理逻辑。

1860年入海德堡大学，在O. 赫西和G. 基尔霍夫指导下学习数理科目，2年后通过博士学位考试和论文。后赴柯尼斯堡大学，跟随诺伊曼和里奇洛特进修数学和物理学。1864年在中学任教。1865年任教于瑞士苏黎世理工学院。1869年回德国，通过国家教师资格考试，在巴登-巴登专科学校任数学与自然科学教授。1874年出版《绝对代数的基本原理》，从而被任命为达姆施塔特理工学院的教授。1876年任卡尔斯鲁厄理工学院教授，1890年任该院院长。

在组合分析、实变函数论和数理逻辑等方面发表了40多篇论文。还写过关于理论代数和符号逻辑方面的著作。为19世纪下半叶数理逻辑发展成为一门独立的学科作出了贡献，并为20世纪数理逻辑的发展作了必要的准备。主要著作有《逻辑运算》(1877年)、《逻辑代数》(1890～1905年)与《逻辑代数纲要》(1909年)等。

(卫瑞霞)

索科茨基，Y.-K. V. (Sokhotsky，Yulian-Karl Vasilievich) 波兰人，1842年2月5日生于波兰华沙，1927年12月14日卒于苏联列宁格勒(今俄罗斯圣彼得堡)。解析函数论、积分方程。

职员之子。毕业于圣彼得堡大学数学系，1868年获硕士学位，1873年以关于雅各比多项式和拉梅函数等特殊函数的研究获博士学位。留校任教。1883年成为教授，1892年当选为数学学会会长。

在解析函数论方面作出过重要贡献。建立了残数理论的基础，发现并证明了解析函数论中的一个主要的定理。根据该定理，单值解析函数在它的本性奇点的任一领域中取遍一切复数值。是奇异积分方程的开拓者之一，研究了柯西型积分的重要边界性质，实质上得到了所谓普莱梅尔公式。还写过关于椭圆函数与θ函数的几篇论文，对佐洛塔雷夫的代数数可除性理论作了出色的描述。

(卫瑞霞)

吕卡，F.-É.-A. (Lucas，François-Édouard-Anatole) 法国人，1842年4月4日生于法国亚眠，1891年10月3日卒于巴黎。数论、游戏数学。

毕业于亚眠教育学院，后在巴黎天文台供职。普法战争(1870～1871年)时任炮兵军官。战后在巴黎圣路易中学及沙勒曼中学任数学教授。

证明了默森数$M_p=2^p-1$(其中p为质数)是质数的充要条件是S_{p-1}可被M_p整除，其中$S_1=4$，$S_p=S_{p-1}^2-2$。进而于1876年证明了$2^{127}-1$是质数，这是历史上不借助电子计算机所得到的最大质数，并且是一个多世纪以来第一个新发现的梅尔塞尼质数。还设计了大容量二进制的计算机，但未能实现。此外，在椭圆函数、斐波那契数列算术化等方面也有创见。还著有闻名的4卷《游戏数学》(1882～1894年)。

(吴茂庆)

韦伯，H. M. (Weber，Heinrich Martin) 德国人，1842年5月5日生于德国海德堡，1913年5月17日卒于斯特拉斯堡(今属法国)。代数学、数论、数学分析、数学物理。

1860年入海德堡大学学习数学和物理学，1863年获物理学博士学位。1869年起，先后任海德堡大学、苏黎世联邦理工大学、柯尼斯堡大学、夏洛滕堡工业大学、格丁根大学、马尔堡大学及斯特拉斯堡大学的数学教授。曾担任柯尼斯堡、马尔堡及斯特拉斯堡大学的校长。是德国和国外许多学会的会员，还是德意志数学学会的创建人和《数学年鉴》编辑部成员。

研究领域涉及代数、数论、分析及数学物理应用等方面。最杰出的成就是证明了著名的克罗内克定理：绝对阿贝尔域是割圆的。引入了抛物柱函数，今称韦伯函数。1895～1896年出版的2卷本《代数教程》，系统地总结了20世纪以前该学科的成果，是一部对数学教学和科研有重要参考价值的著作。撰写的《数学物理中的偏微分方程》改编和发展了哈滕多夫(K. Hattendorff)根据黎曼的讲稿而编写的同名书,在20世纪前半叶是一本解决力学和物理问题常用的参考书。

是一位优秀的教师,闵科夫斯基和希尔伯特是他的学生。与韦尔施泰因(J. Wellstein)合编的《初等数学百科全书》(3卷)是当时的优秀参考书。 (张镜清)

斯托尔茨,O.(Stolz,Otto) 奥地利人,1842年7月3日生于奥地利哈尔,1905年10月25日卒于因斯布鲁克。数学分析。

著名内科医师之子。先后在奥地利因斯布鲁克大学、维也纳大学学习数学和自然科学。1864年获维也纳大学哲学博士学位。留校任无薪教师。1869～1871年在柏林大学和格丁根大学深造,师从魏尔斯特拉斯、库默尔和克莱因。1872年任因斯布鲁克大学编外教授,1876年升任教授。

主要成就在实分析方面。最先把柯西收敛的充要条件推广至二重级数,并推广了幂级数求极限的阿贝尔定理。证明了每个无理数可唯一地表达成无穷不循环小数。还发表了代数几何、球面三角及数学史方面的文章。著有《普通算术教程》(2卷,1885～1886年)、《算术理论》(2卷,1900～1902年)等教科书。 (卫瑞霞)

达布,J.-G.(Darboux,Jean-Gaston) 法国人,1842年8月14日生于法国尼姆,1917年2月23日卒于巴黎。微分几何、微分方程。

幼年丧父,家境贫寒。1861年以第一名的成绩同时考取了巴黎综合工科学校和巴黎高等师范学校,求读于后者。求学时就发表了一篇关于正交曲面的论文,后在1866年的博士论文中又作了更详尽的论述。1864年毕业后,先后在巴黎高等师范学校、法兰西学院、巴黎大学索邦学院任教。1872年复聘母校,1880年任教授,1889～1903年任理科部主任。1884年当选为法国科学院院士。1895年成为圣彼得堡科学院外籍院士。是许多科学、行政和教育委员会的成员,英国皇家学会和百余个科学院及学会的名誉成员,去世时身为法国科学院常务秘书。

他的科学研究涉及数学和物理学的许多领域,但主要成就在微分几何和微分方程方面。在曲面理论和曲线坐标方面取得了许多重要结果,特别是引入了所谓四圆坐标和五球坐标。在著作《曲面通论教程》(1896年)和《正交系和曲线坐标教程》(1898年)中,介绍了在四次圆纹曲面、阿贝尔代数积分定理在n维正交系和其他新正交系上的应用中所取得的成果,还系统地介绍了18～19世纪近百年来在曲线、曲面微分几何学方面的成就。在微分方程方面,对用于非线性偏微分方程的蒙日方法作了较精确的阐明,建立了著名的达布方程。在积分理论方面,引入了达布上和及下和,导出了黎曼可积的充要条件,把黎曼积分阐述得更加严谨。在函数论、代数、运动学和动力学等方面都取得了不少重要结果,许多物理学上的概念,如矢量、张量、线、面、束等都与他的名字分不开。1870年他还创办了《数学科学通报》,对学术交流作出重要贡献。 (沈 铁)

罗沙尼斯,J.(Rosanes,Jakob) 乌克兰人,1842年8月16日生于奥匈帝国布罗迪(今属乌克兰),1922年1月6日卒于德国布雷斯劳(今属波兰)。代数几何、不变量理论。

犹太裔。1865年获德国布雷斯劳大学博士学位。同年到柏林大学深造。1870年任母校布雷斯劳大学无薪教师,1873年任编外教授,1876年任正式教授,1903～1904年任该校校长。

数学研究集中在代数几何和不变量理论方面。研究过边缘位置处的圆锥曲线问题。和M.纳脱分别独立地证明了重要的定理:一个平面的克列蒙拿变换,可以分解为二次变换之积。证明了所有平面上的一对一代数变换,必然是克列蒙拿变换。还给出了一个型表示为其他型的幂和的条件。 (高岳兴)

布里尔,A. W. von(Brill,Alexander Wilhelm von) 德国人,1842年9月20日生于德国达姆施塔特,1935年6月8日卒于蒂宾根。代数函数、代数几何。

是数学家L. C.威纳的外甥。1864年毕业于吉森大学。1867年获该校博士学位,同年留校任教。1869年任慕尼黑理工学院数学教授。1884年任蒂宾根大学数学教授,1918年退休,但继续留校研究数学。

是代数几何创始人克莱伯施的学生。在代数函数与代数几何方面做了很多工作。用代数方法证明了许多由黎曼和克莱伯施用超越方法导出的结果,如黎曼-罗赫定理、曲线交点定理等。与M.纳脱合著的《代数函数理论的发展》,系统地研究了代数函数在双有理变换下不变的性质,对数学史的研究很有价值。还导出了三维代数曲线和伪球面空间的一些性质。在行列式理论、消元法理论、椭圆函数、特殊曲线和曲面以及平面与空间代数曲线的奇点等方面也有不少论著。在教学法上是使用几何模型的倡导者。 (吴茂庆)

李,M. S.(Lie,Marius Sophus) 挪威人,1842年12月17日生于挪威努尔菲尤尔埃德,1899年2月18日卒于挪威克里斯蒂安尼亚(今奥斯陆)。李群、李代数。

出身路德教牧师家庭,家中6个孩子中最幼者。1859年入克里斯蒂安尼亚大学学数学和自然科学,1865年毕业。1870年去柏林大学留学。同年与C. F.克莱因共赴法国,结识了C.约当和J. G.达布,受到法国学派的巨大影响。当年普法战争爆发,因间谍嫌疑被关押,后在达布的斡旋下获释。1871年返挪威,翌年获克里斯蒂安尼亚大学哲学博士学位。留校任教,并参与对阿贝尔遗著的编辑工作。1886年起在莱比锡大学任教授。1889年因受新闻界对其生活琐事的非议,受刺激而近乎神经失常,以后性格变得怪癖多疑。1898年回国,在母校任教授。1899年死于恶性贫血症。

创立了李群理论，在量子力学等领域中有广泛应用。引入了切触变换，即保持全微分不变的变换。研究了该变换的不变量，进而转入对变换群的研究。该变换群含有有限个参数，称为有限连续李群。接着又应用切触变换及纤维化思想于全微分形式的不变性，创立了由微分方程定义的无限连续李群。经克莱因的学生 F. 恩格尔的协助，有关变换群方面的综合性学术著作编为文集问世，1888～1893 年分 3 卷出版。可惜由于研究中堆砌了冗长的公式，不易为人们所理解。直到 19 世纪末，在新一代数学家和量子物理学家的努力下，他的理论才得以进一步完善和发展，形成了有广泛应用的李群和李代数理论。 （吴茂庆）

施瓦茨，H. A.（Schwarz，Hermann Amandus） 德国人，1843 年 1 月 25 日生于西里西亚的黑姆斯多夫（今属波兰），1921 年 11 月 30 日卒于柏林。代数几何、微分方程。

1860 年入柏林工学院，开始学化学，但在库默尔和魏尔斯特拉斯的影响下转学数学，1864 年毕业并获哲学博士学位。1869 年任瑞士苏黎世联邦理工学院任教授。1875 年任格丁根大学教授。1892～1917 年任柏林大学教授，是普鲁士柏林科学院和巴伐利亚科学院的院士。

是继克罗内克、库默尔、魏尔斯特拉斯之后柏林的主要数学家。最重要的贡献在保形映射方面。黎曼曾给出定理"平面上任一单连通域能保形映射为圆"，但缺少严格的证明。施瓦茨先对简单的几何图形如三角形和正方形，然后再对一般多角形加以解决，从而用多角形逼近法对较广泛的区域类给出了正确的证明，弥补了黎曼的不足。继而讨论了多面形到球面上的保形映射。在这些工作中应用了"反射原理"、"交错方法"及"施瓦茨引理"等。为向魏尔斯特拉斯 70 寿辰献礼，完成了课题"一个给定的极小曲面是否真正产生一个极小面积"的解答，还首次研究了重积分的第二变分问题。

首先给出关于混合偏导数相等和有最小周长的内接正三角形的皮亚诺定理的证明。还严格证明了球面具有比任何同体积的其他立体更小的曲面面积。给出了泊松积分的严格理论。提出的施瓦茨函数和施瓦茨反例分别对微分方程解析理论和曲面面积的定义起了重要作用。

在微分方程理论方面，通过逐次逼近法构造了一个函数，并由此得到微分方程存在定理的证明。在证明某一微分方程存在最小特征值的过程中，引进了重要的施瓦茨积分不等式，成为近代分析中的重要工具（后来他的学生 E. 施密特将此法应用于积分方程的特征值的存在性证明中）。1885 年证明了二维狄利克雷问题 $\Delta V=0$ 的解的存在性。

在代数方面，最主要的贡献是解答了在什么情形下高斯的超几何级数代表一个代数函数。为找到解答，提出了一套想法。不久，克莱因和庞加来据此发展了自同构函数理论。 （卫瑞霞）

盖泽，K. F.（Geiser，Karl Friedrich） 瑞士人，1843 年 2 月 26 日生于瑞士伯尔尼，1934 年 5 月 7 日卒于苏黎世。代数几何。

屠夫兼乡村客栈老板之子。大伯 J. 斯坦纳是著名数学家。就读于瑞士苏黎世联邦理工学院和柏林大学，1863 年毕业于柏林大学，1866 年获该校博士学位。后任教于苏黎世联邦理工学院，1869 年任编外教授，1873 年任正式教授直到退休。期间 1881～1887 年、1891～1895 年两度任校长。1897 年，在苏黎世举行的第一次国际数学家大会上担任主席。科研领域主要是代数几何。阐述了平面二次曲线的 28 条二重切线同三次曲面的 27 条直线的关系。发现被称为盖泽对合的一种对合。还编辑了斯坦纳未发表的讲稿和教材。在任职期间，曾为学校引进许多第一流的教师，并指导代数几何、微分几何和不变量理论的教学工作，对瑞士高等教育事业作出了重要贡献。主要著作有《综合几何导引》（1869 年）和《纪念斯坦纳》（1874 年）。 （高岳兴）

帕斯，M.（Pasch，Moritz） 德国人，1843 年 11 月 8 日生于德国布雷斯劳（今波兰弗罗茨瓦夫），1930 年 9 月 20 日卒于巴特洪堡。数学基础、几何学。

商人之子。1865 年获布雷斯劳大学数学博士学位。后到柏林大学深造。1870 年任教吉森大学，1873 年任编外教授，1875 年任教授，1885～1886 年任哲学系主任，1893～1894 年任校长，1911 年退休。在他 80 岁诞辰时，法兰克福大学和弗赖堡大学授予他荣誉博士学位。

是第一个对几何基础作出较大贡献的人。其《新几何学讲义》（1882 年）是一本开辟新方向的著作，书中阐述了几何的公理化思想，指出："未定义的概念是由公理含蓄地定义着"，"公理决不是不证自明的真理，而只是企图用以建立特殊的几何学的定理的一些假定"。给出了射影几何的一些公理，其中的一些公理对公理化的欧氏几何和非欧几何也是同等重要的。第一个建立了直线上点的顺序的公理集。他的声誉经常与著名的帕斯公理联系在一起。 （卫瑞霞 田 雁）

吕罗特，J.（Lueroth（或 Lüroth），Jakob） 德国人，1844 年 2 月 18 日生于德国曼海姆，1910 年 9 月 14 日卒于慕尼黑。代数几何、数值计算、力学。

1863～1866 年在德国的海德堡大学、柏林大学和吉森大学学习，1865 年 21 岁获博士学位。毕业后先后在海德堡大学、慕尼黑理工学院和弗赖堡大学等校任教。1867 年 23 岁升为卡尔斯鲁厄理工学院教授。1883 年至退休，在弗赖堡大学任教授。先对天文学有兴趣，后因视力太差而改学数学。代数几何是其专长。1869 年，他导出了四次多元型协变式可以表为 5 个线性型的四次幂之和的条件。这种四次型被称为吕罗特四次型。并证明了亏格为零的曲线可用双有理变换变为直线的吕罗特定理。著名的克莱伯施-吕罗特方法给出了复平面上一已知代数曲线的黎曼曲面的构造方法。还著有《数值计算研究》及《力学概论》(1881 年),在第二本书中首次运用了向量分析。 (吴茂庆)

曼辛,P. (Mansion,Paul) 比利时人,1844 年 6 月 3 日生于比利时于伊附近马尔钦,1919 年 4 月 16 日卒于根特。*数学史、科学史学。*

1862 年入比利时根特理科师范学院,1867 年毕业留校任教高等数学,后任数学教授,1910 年退休。比利时皇家学会会员。1874 年和卡塔兰(E.-C. Catalan)、J. 诺依贝一起创办了《新数学通讯》周刊。经他与诺依贝的努力,该周刊在 1881 年改名《数学》。他们兴趣十分广泛,曾把黎曼、普吕克、克莱伯施、丹特(Dante)以及曼宁(C. Manning)的一些论著译成法文,还教授和撰写数学史和物理科学史,其中包括有关希腊天文学家以及哥白尼、伽利略和开普勒等人的传记。是个多产学者,在他去世时,讣告上列出他已发表 349 篇(部)论文与著作。 (张镜清)

纳脱,M. (Noether,Max) 德国人,1844 年 9 月 24 日生于德国巴登的曼海姆,1921 年 12 月 13 日卒于埃朗根。*代数几何、函数论。*

犹太裔。1865 年入德国海德堡大学,1868 年获天文学博士学位。留校任教,1874 年任编外教授,1888 年任正式教授,1919 年退休任名誉教授。有 4 个子女,其中 3 个成为科学家,大女儿 A. E. 纳脱是著名数学家。

19 世纪代数几何方面的著名数学家,对双有理变换、代数曲线族和代数函数理论都作出了很大贡献。1871 年证明了一般双有理变换理论中的一个基本定理:平面的克列蒙拿变换可由一系列二次变换和线性变换构成。1873 年导出了现在称为纳脱条件的最著名的结果。1874 年和布里尔用代数方法证明了关于代数函数 $F(w,z)$ 中常量个数的黎曼-罗赫定理,取代了黎曼对在已知点变为无穷的最一般的代数函数的确定法。他关于平面代数曲线的奇点的研究,在简化代数曲线方法的应用上也起了重要作用。 (张镜清)

阿尔方,G.-H. (Halphen,Georges-Henri) 法国人,1844 年 10 月 30 日生于法国鲁昂,1889 年 5 月 23 日卒于凡尔赛。*微分方程、代数几何。*

4 岁丧父。母亲携子移居巴黎。1862 年入读巴黎高等综合工科学校,毕业后成为一名炮兵军官。业余钻研数学。1871 年普法战争中法国战败后离开军队,次年结婚,育有三女四子。同年回母校任教数学,1884 年任主考官。1878 年获该校数学博士学位。1886 年被选为法国科学院院士。

对数学的主要贡献在微分不变量、微分方程及代数几何等方面。1873 年,由于解决了夏斯勒的猜测,引起了数学界的注意。在他的博士论文"微分不变量"中,对于那些在射影变换下保持不变的微分方程,导出了一些能表示这些方程的特征及结论。由于应用这些结论于线性微分方程的积分问题,大大扩充了这类可解方程的种类,因而 1880 年获得法国科学院的数学大奖。最重要的工作是关于直到 20 次的空间代数曲线的完整分类,为此获 1882 年柏林科学院斯坦纳奖。在平面曲线的奇点、计算无穷远点与多重点的重数、椭圆函数的理论等方面,都作出过很重要的贡献。曾获法国荣誉军团十字勋章。 (沈 铁)

汪格林,F. H. A. (Wangerin,Frierich Heinrich Albert) 德国人,1844 年 11 月 18 日生于德国波美拉尼亚地区格赖芬贝格,1933 年 10 月 25 日卒于哈雷。*函数论、数学物理。*

管子工之子。1862～1866 年在哈雷大学、柯尼斯堡大学学习数学和物理学,1866 年获博士学位。后在柏林多所中学教数学。1876 年任柏林大学编外教授。1882 年任哈雷大学教授直至 1919 年退休,期间 1910～1911 年任校长。还担任过《数学进展》杂志主编(1869～1921 年)、哈雷大学德语学院院长。1883 年当选德国利奥波德科学院院士。1907 年获瑞典乌普萨拉大学荣誉博士学位。

在位势理论、球函数及与此有关的数学物理问题方面有不少成果。计算了卵形面和旋转面的位势,著有关于球函数,特别是贝塞尔函数、拉梅函数的专论。还编辑了高斯、欧拉、兰伯特和拉格朗日等人的论文集。主要著作有《旋转体位势方程化简》(1875 年)、《位势理论与球面函数》(2 卷,1909～1921 年)等。 (吴茂庆)

康托尔,G. F. L. P. (Cantor, Georg Ferdinand Ludwig Philipp) 德国人,1845 年 3 月 3 日生于俄国圣彼得堡,1918 年 1 月 6 日卒于德国萨克森的哈雷。*数学基础、集合论、函数论。*

商人的儿子。1862 年起先后在苏黎世大学、格丁根大学、法兰克福大学和柏林大学学习。1867 年获柏林大学数学博士学位。1869 年到哈雷大学任教,1879 年任教授。曾任柏林数学学会会长。1890 年创建了德国数学家协会并任第一任会长。曾积极参加组织国际数学家会议,促使第一次会议于 1897 年在苏黎世召开。1901 年成为伦敦数学学会名誉会员。1902 年和 1911 年先后获克里斯蒂安尼亚大学和圣安德鲁斯大学的荣誉博士学位。他的工作大致分三个时期:早期关注数论和经典三分集等方面;中期创立了超穷集合论;晚年较多从事哲学和神学研究。由于过度的劳累以及受到压制,健康状况日益恶化,精神沮丧,1884 年起屡发抑郁症。

在分析方面引入了基本数列(现称基本序列或柯西序列),然后用基本数列的等价类定义实数,建立实数理论。该理论几乎可直接断定实数系的完备性,并成为后来抽象完备空间的基础。早在1870年，在寻找函数的三角级数表示的唯一性的判别准则时，就引入了极限点、导集等无穷点集的基本概念。1873年揭示了有理数集的可数性(即与自然数集一一对应)。同年11月写信给戴德金，提出实数集能否与正整数集一一对应的问题。12月7日自己证明了实数集是不可数的，从而回答了这个问题。它标志了集合论的诞生。这一天被看作集合论的生日。从1874年起，有关超穷集合理论的文章分别载于《数学年鉴》与《克雷尔数学》杂志上，内容几乎包含了朴素集合论的所有方面：集合的定义、闭包、稠密性、完全集及著名的康托尔完全集、集的并与交，等等。主要讨论直线上的点集，并把它们推广到n维欧氏空间上去。不仅引入了"势"与可数集，还给出了连续统的第一个满意的定义。借助于一一对应指出了区别无穷大的可能性。发现了对于每个集合总存在一个势更高的集合，由此引入了"超限数"(基数与序数)，并发展了关于超限数的算术。提出了著名的连续统假设，还证明了任意两个良序集总可以比较基数的大小。所有这些成果为一般集合论的近代发展奠定了良好的基础。他最著名的著作是二卷本《超穷数理论基础》(1895～1897年)。希尔伯特称康托尔的超穷数理论是"数学思想最惊人的产物，在纯粹理性的范畴中人类活动的最美的表现之一"。

从1874年在《克雷尔数学》杂志上发表第一篇关于超穷集合理论的历史性文章起，一直为该项开创性工作奋斗了整整24年，解决了许多久未解决的难题，成为集合论的创造者。可是他的一些基本思想，尤其是关于超限序数和基数的思想，与传统的想法相悖，因而遭到一些数学大师如克莱因、庞加来和魏尔等的抵制，特别引起了当时在柏林大学有无比权威的他的导师克罗内克的敌视。他们对他粗暴地攻击达10年之久，并无理阻挠他进入柏林大学从教的一切尝试。　(沈　铁)

克利福德，W. K. (Clifford，William Kingdon)　英国人，1845年5月4日生于英国德文郡埃克塞特，1879年3月3日卒于葡萄牙马德拉群岛。射影几何、非欧几何、数学物理。

15岁入伦敦大学国王学院。1863年获奖学金去剑桥大学三一学院学数学。1868年留校任评议员。1871年任伦敦大学学院数学与力学教授。期间1870年参加远征队赴意大利观察日食，在西西里海域遇海难获救。1874年成为英国皇家学会会员。1876年起患重病，1878年离英国赴葡萄牙疗养，不久病故他乡，英年早逝。

是著名的数学和物理科普作家，作品大多属于射影几何。但著名的成果却在非欧几何方面。把黎曼和其他非欧几何学者的思想介绍到英国，并取得了显著的成绩。发现了不共面的平行线仅在黎曼空间中存在，揭示了三条平行线如何确定一个二阶直纹曲面，并且在一定条件下，此曲面上的几何是欧氏几何。此外，在广义凯利方法的几何推论、空间一般刚体运动的四元数表示法及应用高维几何的技巧于概率论等的研究中，亦有不少贡献。临终前一年，还建立了黎曼曲面的几个重要拓扑等价关系。他的早逝是数学界的一大损失。他的大多数著作于去世后出版，其中两卷本《动力学原理》第一卷于1878年出版，第二卷在身后出版；此外有《所见所思的讲演与论文》(1879年)、《精确科学的常识》(1885年)等。　(沈　铁)

布罗卡尔，P. R. J. -B. H. (Brocard，Pierre René Jean-Baptiste Henri)　法国人，1845年5月12日生于法国维尼奥，1922年1月16日卒于巴勒迪克。几何学、气象学。

1865年入综合工科学校，1867年未毕业即应召入伍在工兵团服役。1874～1884年在北非工作过，是阿尔及利亚气象学院的创建者之一。1884年重返巴黎综合工科学校，同年正式毕业。同年在蒙彼利埃气象委员会工作。后继续在军队服役，1910年退伍。曾在政府多个委员会供职。是法国数学学会、气象学会、科学促进协会成员。在名著《几何曲线览要》(2卷，1897～1899年)中，罗列了1 000余条命名曲线的索引，被认为是曲线大典。在1881年发表的论文中，提出了著名的三角形布罗卡尔点和布罗卡尔圆，并论证了布罗卡尔圆的很多性质，另有《引人注目的几何曲线》(2卷，1920～1967年)等。　(吴茂庆)

狄尼，U. (Dini，Ulisse)　意大利人，1845年11月14日生于意大利比萨，1918年10月28日卒于同地。数学分析、实变函数论。

入比萨大学高等师范学校。19岁通过关于可贴曲面的论文答辩。后赴巴黎大学，在C. 埃尔米特等人指导下学习了一年，并发表了7篇关于曲面理论的论文。1866年回母校任教，1871年任分析和高等几何教授，1888～1890年任该校校长。1908～1918年任比萨大学高等师范学院院长。是比萨大学应用工程学院的创始人之一。

科学成就主要在分析方面。发现了级数展开的性质，建立了关于一致收敛的狄尼定理。在积分方程方面有许多独创的见解。还建立了关于代数方程的根的模的上、下界的定理。主要著作有《实变函数论基础》(1878年)、《傅立叶级数》(1880年)、《无穷小分析》(2卷，1907～1915年)等。　(卫瑞霞　周丽芬)

里博库，A. (Ribaucour，Albert)　法国人，1845年11月28日生于法国里尔，1893年9月13日卒于阿尔及利亚菲利普维尔。微分几何、工程学。

1865年入巴黎高等综合工科学校。1867年入道路与桥梁学院。1870年后在罗什福尔海军基地任工程师，还在阿尔及利亚担任过建造铁路和港口的总工程师。在数学方面，研究的主要领域是微分几何。在极小曲面、球的包络、三正交系统、四次圆纹曲面和常曲率曲面等方面取得许多重要成果，曾两次获法国科学院的奖金。设计的桥梁以材料省、强度高而闻名。因建造迪朗斯运河的高超技术，获得金质奖章。　(高岳兴)

施考特，P.H.（Schoute，Pieter Hendrik） 荷兰人，1846年1月21日生于荷兰沃尔默费尔，1913年4月18日卒于格罗宁根。几何学、数学刊物出版。

实业家之子。1867年毕业于荷兰代尔夫特综合工科学校，获土木工程师资格。后在莱顿大学改学数学，1870年以论文"单应性在二次曲面的理论中的应用"获哲学博士学位。后在多所中学任教数学。从1881年起任格罗宁根大学数学教授直到去世。1886年成为荷兰皇家科学院院士。1893年参与创办《数学出版物摘要总览》，并任主编直至去世。

是知名的几何学者。早期研究二次曲面、代数曲线、复合体和全同。1891年后转攻高维欧几里得空间的几何学，研究多胞形，发表30多篇论文；还出版过两本关于宇宙学的教科书。 （卫瑞霞）

米塔-莱夫勒，M.G.（Mittag-Leffler，Magnus Gustaf） 一译米塔-列夫勒。瑞典人，1846年3月16日生于瑞典的斯德哥尔摩，1927年7月7日卒于同地。亚纯函数、解析函数。

1865年入瑞典乌普萨拉大学，1872年获博士学位。翌年赴巴黎、格丁根、柏林等地游学，曾在魏尔斯特拉斯指导下研究数学。1877年任赫尔辛基大学数学教授。1881年回家乡，任斯德哥尔摩大学数学教授，并两度担任该校校长。是极有影响的瑞典的《数学学报》的奠基者和总编辑。第一届国际数学会议的组织者之一。还是博洛尼亚、牛津、剑桥、克里斯蒂安尼亚（奥斯陆）、阿伯丁以及圣安德鲁斯等大学的荣誉博士。

其最主要贡献是建立了亚纯函数的表示式，即著名的米塔-莱夫勒定理。开拓的另一个领域是解析函数在给定点处的幂级数的收敛圆外的表示法问题，其中所涉及的星形区域和无限矩阵，后被称为米塔-莱夫勒"星"及米塔-莱夫勒矩阵。十分注意收集当代数学史料，包括许多著名数学家之间往来的书信。写过魏尔斯特拉斯与柯瓦列夫斯卡娅之间的友谊发展的详细介绍。

（张镜清）

波列茨基，П.С.（Порецкий，Платон Сергеевич；Poretsky，Platon Sergeevich） 俄国人，1846年10月15日生于俄国基洛沃格勒，1907年8月22日卒于俄国切尔尼戈夫。布尔代数、数理逻辑、天文学。

1870年毕业于俄国哈尔科夫大学数学物理专业。后在当地和喀山等多个天文台工作。1886年获喀山大学天文学博士学位。1882～1888年，任喀山自然科学学会物理数学部的秘书长和会计员，主管《会讯》的出版工作。是俄国数理逻辑方面第一个杰出的学者。对布尔逻辑代数作过详细研究，解决了许多分类逻辑和命题逻辑的问题，提出了最早的逻辑演算公理系统，并把逻辑演算应用到概率理论。 （华大熊）

贝尔蒂尼，E.（Bertini，Eugenio） 意大利人，1846年11月8日生于意大利弗利，1933年2月24日卒于比萨。代数几何。

1863年入意大利博洛尼亚大学攻读工程学，后转米兰大学改读数学。1870年毕业后，在米兰、罗马等地中学任教。曾在罗马大学任几何学讲师。1875年任比萨大学几何学教授。1880～1892年任帕维亚大学数学教授。后回比萨大学，75岁退休。参加过第三次意大利独立战争。

主要研究代数几何。对克列蒙拿变换下不变的几何性质的研究，成功地把平面对合变换分为若干彼此独立的类，并用克列蒙拿变换简化了这些类的对合变换。通过研究，他把这种变换的思想表达得十分清晰，同时也发展了克列蒙拿学派的研究工作。 （吴茂庆）

苏特，H.（Suter，Heinrich） 瑞士人，1848年1月4日生于瑞士苏黎世州哈丁根，1922年3月17日卒于多尔纳赫。数学史、科学史学、文献学。

乡村驿站长之子。先后攻读于联邦理工学院和苏黎世大学，后去柏林大学受教于克罗内克、库默尔和魏尔斯特拉斯。1871年以数学史论文获苏黎世大学博士学位。先后在阿尔高州立学校、苏黎世州立学校教数学和物理。去世前不久，苏黎世大学授予他荣誉哲学博士学位。精通阿拉伯文，是当时研究穆斯林数学的杰出专家。主要论著都发表在《图书馆数学》（1899～1912年）中，关于阿拉伯世界的数学与天文学的论著是他的代表作。 （卫瑞霞）

京特，A.W.S.（Guenther，Adam Wilhelm Siegmund） 德国人，1848年2月6日生于德国纽伦堡，1923年2月3日卒于慕尼黑。数学、数学史、科学史。

1865年起先后在德国埃朗根大学等处学习数学和物理。1872年在埃朗根大学获博士学位。后在中学任教，1886～1920年任慕尼黑理工学院地理学教授，1911～1914年做过校长。第一次世界大战中，曾领导巴伐利亚飞行气象中心。论著很多，内容遍及数学、数学史、物理学、地球物理学、气象学、天文学等。数学上的主要著作有《纯粹数学：判定理论》（1875年）、《双曲线函数》（1881年）和《抛物对数和抛物三角学》（1882年）等。

（高岳兴）

塔纳雷，J.（Tannery，Jules） 法国人，1848年3月24日生于法国塞纳河上芒特，1910年11月11日卒于巴黎。线性微分方程、数学普及。

铁路工程师之子。1869年毕业于巴黎高等师范学校。后在雷恩、卡昂等地预科学校任教。1872年回母校任数学辅导教师，在埃尔米特的鼓励下开始研究线性微分方程。1874年以论文"变系数线性微分方程的解的性质"获该校博士学位。2年后任《数学通报》主编。先后在圣路易斯学校、巴黎大学索邦学院、巴黎高等师范学校任教。1903年任巴黎大学微积分学教授。1907年被选为法国科学院院士。

对20世纪初法国的数学改革起了重要作用，培养出的学生中有科学家德拉克和鲍莱尔等。所著《一元函数导论》给青年数学家以极大的影响，鲍莱尔曾给予很高的评价。所著《数学概念》于1909年译成德文版。还出版过伽罗华未发表的手稿及刘维尔和狄利克雷之间的通信。此外，曾为《数学通报》写过几百篇书评。

（卫瑞霞）

科特维，D. J.（Korteweg，Diederik Johannes） 荷兰人，1848年3月31日生于荷兰黑尔托根博斯，1941年5月10日卒于荷兰阿姆斯特丹。应用数学、科学史。

法官之子。从荷兰代尔夫特综合工科学校毕业后，曾在蒂尔堡和布雷达的中学任教。后入阿姆斯特丹大学深造，1878年以论文"在弹性管中波的传播速度"获博士学位。1881年任阿姆斯特丹大学数学教授，直至退休。

为把荷兰的数学水平提高到近代水平做了许多工作。主要研究理论力学、热力学和流体动力学等方面的应用数学课题。1886年建立了一个关于在中心力作用下质点运动轨道的稳定性的准则。1895年又发现一类在矩形管道中前进的驻波。此外，还编辑了《惠更斯文集》，特别是其中的第11～15卷，对17世纪的数学史研究作出了贡献。

（张镜清）

舒伯特，H. C. H.（Schubert，Hermann Cäsar Hannibal） 德国人，1848年5月22日生于德国波茨坦，1911年7月20日卒于汉堡。计算几何、趣味数学。

旅店主之子。1867年入柏林大学学数学及物理学。1870年获哈雷大学博士学位。后在多所中学任教数学，因健康不佳，于1908年60岁退休。是法国数学学会外籍会员，荷兰皇家科学院外籍院士。

主要贡献在计算几何方面。博士论文"特征理论"及两篇关于与4个已知球相切的16个球系的文章是其成名之作。1874年因解决了扩充特征理论至空间曲线的问题，获丹麦皇家科学院的金质奖章。其成就是把蓬斯莱的步骤——个数守恒原理与夏斯勒的对应原理相合并而建立了一种演算的原理，系统地求解了许多问题。所编写的由一组算术代数方面的教科书组成的《舒伯特文丛》，在第一次世界大战前曾被广泛采用。此外，还著有趣味数学《闲暇时的数学》（3卷，1897～1900年），时至1967年出了13版。

（高岳兴 卫瑞霞）

内托，E. D. E.（Netto，Eugen Otto Erwin） 德国人，1848年6月30日生于德国哈雷，1919年5月13日卒于吉森。群论、组合数学。

行政官员之子。早年就读于柏林大学，在克罗内克、库默尔及魏尔斯特拉斯的教导下，于1870年以优异的成绩毕业。后在柏林一所中学任教9年。1879年任斯特拉斯堡大学编外教授。1882年由魏尔斯特拉斯推荐而被任命为柏林大学编外教授。1888年任吉森大学的教授直至1913年退休。

是一位优秀的数学教师和杰出的群论专家。所著《置换群论及其对代数的应用》（1882年），是抽象群理论发展中的一个里程碑，把置换群理论和数论中的隐群理论统一起来，开始了一般的抽象的讨论。在组合数学和曲线理论方面也都有贡献，著作《行列式论》于1911年被译成俄文。

（张镜清）

格莱谢尔，J. W. L.（Glaisher，James Whitbread Lee） 英国人，1848年11月5日生于英国肯特郡刘易斯海姆，1928年12月7日卒于剑桥。特殊函数、天文学、数学史。

英国皇家天文学家之子。1871年毕业于剑桥大学三一学院。留校任教至退休，毕生奉献给该校的教学工作。曾获剑桥大学、都柏林三一学院和曼彻斯特维多利亚大学的荣誉博士学位。是英国皇家学会和伦敦数学学会会员，还是爱丁堡皇家学会、曼彻斯特文学和哲学学会及英国国家研究院等组织的名誉成员。曾任英国科学促进协会主席。1886～1888年、1901～1903年，两度任英国皇家天文学会会长。研究领域是特殊函数、数学用表和数学史。第一篇论文讨论了正弦、余弦和指数函数的积分，第一篇天文学论文是关于最小二乘法和观测误差理论。共发表过400篇论文和注记，还主编了史密斯数学论文集的数学用表第8卷和第9卷，以及《数学通信》（1871～1928年）、《数学季刊》（1878～1928年）等杂志。1908年获伦敦数学学会德·摩根奖章。1913年获英国皇家学会西尔威斯特奖章。

（高岳兴）

弗雷格，F. L. G.（Frege，Friedrich Ludwig Gottlob） 德国人，1848年11月8日生于德国维斯马，1925年7月26日卒于巴特克莱茵。数学基础、逻辑学。

出生于一个信奉路德教的中产阶级家庭。1869～1871年在耶拿大学学习，后赴格丁根大学深造，1873年获博士学位。曾任耶拿大学和伊恩大学的数学教授。

是20世纪初数学基础研究中的逻辑学派的领袖之一。撰写的重要著作有《概念演算》（1879年）、《算术基础》（1884年）和《算术的基本法则》（1893～1903年）。他扩展了变量、量词和命题函数的运用，给出了逻辑的公理基础，还引进"实性蕴含"的概念，研究了关系逻辑，并把算术概念表达为逻辑概念，用逻辑方法叙述了算术的原理。其著作还有《函数与概念》（1891年）、《概念与对象》（1892年）和《逻辑学分析》等。他的成就直到死后才得到公认。

（方福娟）

索宁，Н. Я.（Сонин，Николай Яковлевич；Sonin，Nikolay Yakovlevich） 俄国人，1849年2月22日生于俄国图拉，1915年2月27日卒于彼得格勒（今俄罗斯圣彼得堡）。函数论。

毕业于莫斯科大学数学物理系，1871年获硕士学位，1874年获博士学位。留校任教，1877年升为教授，在该校工作了20多年，曾两度出任数学物理系主任。是俄国自然科学学会的创始人，圣彼得堡科学院院士。还是彼得格勒女子大学的教授、俄国教育部科学委员会主席。

主要贡献在特殊函数的理论方面，特别是在圆柱函数理论中的发现，用一般原理和许多特殊的定理及公式丰富了该理论。他还写过关于贝努利多项式的著作，并对正交多项式一般理论、定积分的近似计算及各种积分不等式均有研究。关于欧拉-麦克劳林和的公式及相邻问题的著作也令人注目。 （卫瑞霞）

克莱因，C. F. （Klein，Christian Felix） 德国人，1849年4月25日生于德国杜塞尔多夫，1925年6月22日卒于格丁根。几何学、函数论、力学、科学史。

他的祖父是位铁匠、父亲是州长的私人秘书。1865年入波恩大学学习数学和物理，1868年获博士学位。1869年起赴格丁根大学、柏林大学和巴黎大学等校深造。1872年任埃朗根大学数学教授。1875～1880年任慕尼黑理工学院教授。1880年任莱比锡大学教授。1886年后任格丁根大学教授直至去世。曾发起和主持《数学百科全书》和高斯遗著的编辑刊行工作。他的广泛活动使格丁根大学成为德国的主要科学研究活动中心。1896年被授予枢密顾问官职务。1908年在罗马召开的国际数学家会议上，当选为国际数学家协会教育委员会主席。

卓越的数学家，几乎在数学的所有分支中都有贡献，而在几何方面尤为突出。是第一个认识到无需用曲面来获得非欧几何模型的人，把圆的内部看成双曲几何平面，在欧几里得平面内实现了全部双曲几何，从而断言：如欧几里得几何相容，则双曲几何亦是相容的。采纳了A.凯利的以一般射影关系来决定度量的思想，成功地把各种度量几何归纳为射影几何。1872年用变换群的不变量的观点，把当时的各种几何（包括欧几里得几何与非欧几何）统一起来考察，发表了著名的演说“近代几何研究的比较评述”，提出了著名的埃朗根纲要。该纲要中使用的方法支配着以后数十年几何学的研究，使群论在数学上以头等重要的角色出现。函数论方面的研究是他数学研究工作的顶峰。发展了黎曼的思想，把它与不变量理论、数论、代数、群论、多维几何、微分方程，特别是椭圆模函数与自守函数密切地联系起来。考虑了黎曼曲面与三维空间的关系，使黎曼曲面成为函数论不可缺少的部分。还研究五次方程的解，虽然克罗内克等人用超越方法已解决了此问题，但他从二十面体的研究入手，进一步得到了五次方程的完全理论。

19世纪90年代，与A.索末菲合作写了四卷《陀螺理论》（1892～1910年）教科书，这是力学方面的经典著作。对应用数学的关心促使他对格丁根大学的数学、物理学的教育制度与教育计划进行了很大的改革，并发起建立航空和水力研究所。1900年以后竭力提倡德国中小学数学教学的现代化，1905年建议在中等学校讲授微积分基础和函数概念，这一主张很快得到英国的佩里和美国的穆尔等数学家的响应，后又扩展至日本。他还是一位数学史家，著有《19世纪数学史讲义》及《古今数学思想》（2卷，1926～1927年）等。 （汤正谊　张镜清）

弗罗贝尼乌斯，F. G. （Frobenius，Ferdinand George） 德国人，1849年10月26日生于德国柏林，1917年8月3日卒于柏林州夏洛滕堡。群论、微分方程。

牧师的儿子。1867年进格丁根大学哲学学院学数学（当时德国尚无数学系），1870年获柏林大学博士学位。同年任教于母校约阿希姆斯塔尔文科中学，次年转入一所中等专科学校执教。1874年聘为柏林大学副教授。1875年起任瑞士苏黎世高等综合技术学校教授。1892年重返柏林大学任数学教授。1892年当选为柏林普鲁士科学院院士。

主要数学成果在群论方面，对抽象群概念形成及其表示论、特征论作出了奠基性贡献。19世纪70年代开始，研究抽象群理论，被认为是抽象群表示论的初创者之一。1874年研究任意次齐次线性微分方程，给出了一种有正则奇点的无穷级数解，后被称为“弗罗贝尼乌斯方法”；1879年在抽象群中首次引入矩阵秩的概念；首次指出抽象群概念应包含同余、高斯二次型组合以及伽罗瓦置换群；以新的视角整理了不变因子和初等因子理论，对发展线性微分方程理论有重要意义。80年代，1880年提出发散级数的一种可和性定义，后被人推广为(H,r)求和法；1887年证明了有限抽象群的叙洛夫(Sylow)定理；发现阶（即它包含的元素个数）不能被一个素数的平方整除的群全都是可解的。19世纪末20世纪初，和他的一名学生舒尔(I. Schur)共同创立和发展了群论中的有限群表示理论，即用矩阵群来描述群的理论。1896年发表“可交换矩阵”、“群特征标”和“群行列式的素因子”等文章，建立了有限群特征论的基础，解决了非阿贝尔群的群行列式分解问题。1896～1907年，发表20多篇论文，从各方面扩展了特征论和表示论，专门论述了对称群、变换群的特征问题。以后，有限群表示论推广到无限群、特别是局部紧拓扑群而成为近代分析的一个主要领域，甚至在理论物理和量子力学中都有奇妙而重要的应用。在世时没有专著出版。1968年后人整理出版他的论文集3卷。 （高岳兴　李啸虎）

柯尼格，J. （Koenig，Julius） 匈牙利人，1849年12月16日生于匈牙利杰尔，1914年4月8日卒于布达佩斯。偏微分方程、代数学。

1868～1870年在德国海德堡大学学习医学，研究神经的电刺激理论，后决心献身于数学研究，1870年以椭圆函数方面的研究成果获哲学博士学位。1874年被聘为布达佩斯技术大学教授。晚年作为教育部的官员参与数学、物理教学的改革工作。曾任匈牙利皇家科学院秘书长。

刊于《数学年鉴》上的文章“二阶偏微分方程理论”，曾获匈牙利皇家科学院奖励。最重要著作是用德文和匈牙利文出版的巨著《普通代数学理论导引》(1903年)，该书发展了克罗内克的多项式理想的理论，并提出了关于“型的判别式”、“消去法理论”及“丢番图问题”等的一些新结果。遗著《逻辑新基础、算术与混合法》出版于1914年，该书企图把数学建立在逻辑基础上，以避免集合论中的一些悖论。（张镜清）

柯瓦列夫斯卡娅，C. B.（Ковалевская，Софья Васильевна；Kovalevskaya，Sofya Vasilyevna） 俄国人，1850年1月15日生于俄国莫斯科，1891年2月10日卒于瑞典斯德哥尔摩。偏微分方程、文学。

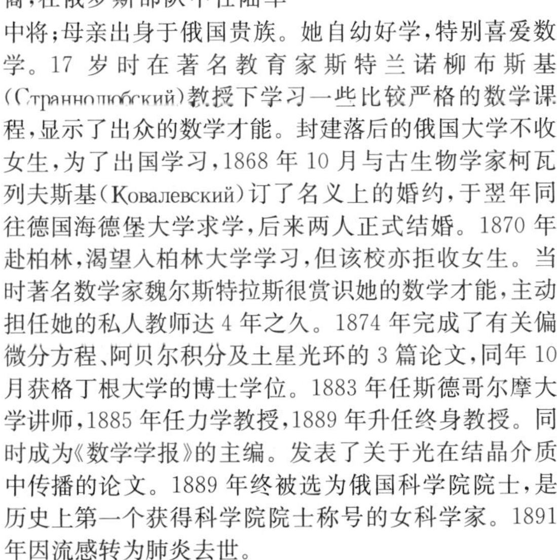

父亲是匈牙利皇室后裔，在俄罗斯部队中任陆军中将；母亲出身于俄国贵族。她自幼好学，特别喜爱数学。17岁时在著名教育家斯特兰诺柳布斯基(Страннолюбский)教授下学习一些比较严格的数学课程，显示了出众的数学才能。封建落后的俄国大学不收女生，为了出国学习，1868年10月与古生物学家柯瓦列夫斯基(Ковалевский)订了名义上的婚约，于翌年同往德国海德堡大学求学，后来两人正式结婚。1870年赴柏林，渴望入柏林大学学习，但该校亦拒收女生。当时著名数学家魏尔斯特拉斯很赏识她的数学才能，主动担任她的私人教师达4年之久。1874年完成了有关偏微分方程、阿贝尔积分及土星光环的3篇论文，同年10月获格丁根大学的博士学位。1883年任斯德哥尔摩大学讲师，1885年任力学教授，1889年升任终身教授。同时成为《数学学报》的主编。发表了关于光在结晶介质中传播的论文。1889年终被选为俄国科学院院士，是历史上第一个获得科学院院士称号的女科学家。1891年因流感转为肺炎去世。

20世纪前最杰出的女数学家。数学方面最杰出的成就，一是偏微分方程理论中的解的存在和唯一性定理(柯西-柯瓦列夫斯卡娅定理)；二是刚体绕定点旋转运动的讨论。1842年柯西给出了几种线性偏微分方程解析解存在的条件。1874年，她把该结果推广到包含r阶导数的r阶方程组的情形，指出方程组的一般解包含个数等于方程阶数的任意函数。这是前所未有的优美而更一般的结果，庞加来说她极大地简化了证明并给出了定理的最终形式。刚体绕定点运动的方程是欧拉在1750年提出的，欧拉、泊松和拉格朗日等人仅考虑刚体在对称时的两种简单情形。1888年她借助超椭圆积分解决了不对称体的问题，所得的解是如此一般以至在当时已经没有什么新情形再需要研究了。1888年12月，论文“刚体绕定点旋转”获法国科学院颁发的博尔丹奖金，翌年又获瑞典科学院的奖金。1874年在关于土星光环的论文中。改进了拉普拉斯的结果。

她还从事文学创作，写过许多小说和剧本，有《一个女虚无主义者》(1844年)等小说，《童年的回忆》(1890年)等自传，《为幸福而斗争》(1877年)等剧本传世。1886年，英国代数学家西尔威斯特写过一首短诗，称颂她是天上的“缪斯”神(司文艺美术的九女神之一)。1948年，苏联科学院出版了她的科学著作全集。

（张镜清）

普林斯海姆，A. I.（Pringsheim，Alfred Israel） 德国人，1850年9月2日生于德国下西里西亚地区沃劳(今波兰奥拉瓦)，1941年6月25日卒于瑞士苏黎世。代数学、函数论。

犹太建筑商之子。1868～1869年在柏林大学和海德堡大学学习，1872年获海德堡大学博士学位。1877年任教于慕尼黑大学，1886年任编外教授，1901年任正式教授，1922年退休。纳粹政权上台后，他的房子和大部分财产被没收，但允许他全家移居瑞士。巴伐利亚科学院院士，1939年被剥夺院士资格。主要研究实变函数和复变函数，最著名的成果，是发现具有正系数的幂级数的收敛圆和正轴的交点是奇点。对整超越函数理论作过详尽的阐述；并对柯西积分定理给出了极为简单的证明，该证明现已被普遍采用。主要著作有《数与函数讲义》(5卷，1916～1932年)等。（华大熊）

迪克斯坦，S.（Dickstein，Samuel） 波兰人，1851年5月12日生于华沙，1939年9月29日卒于同地。代数学、科学史学、科学传播。

1876年获华沙的俄国大学纯数学硕士学位。后在中学任教，利用业余时间专心研究数学。1880年、1888年和1897年，先后参与创办和主编数学杂志《波兰数学界》、《数学与物理论文》和《数学新闻》。是波兰大学科学课程研究团体的第一任领导，华沙科学学会的创始人之一。曾帮助建立波兰数学学会，并任国际数学学会的副会长。1919年成为复兴后的华沙大学数学教授。1939年死于纳粹德国轰炸华沙的战火中。数学研究主要在代数方面，对数学史亦有极大兴趣。出版过许多有关波兰数学家的著作。科学论文和著作超过200篇(部)。1884年，在华沙创建了数学-物理图书馆，馆中藏书对波兰科学的发展产生了很大的影响。（卫瑞霞）

朔特基，F. H.（Schottky，Friedrich Hermann） 德国人，1851年7月24日生于德国布雷斯劳(今波兰弗罗茨瓦夫)，1935年8月12日卒于柏林。代数学、函数论。

1870～1874年在布雷斯劳大学学习物理和数学。后赴柏林大学，在魏尔斯特拉斯及亥姆霍兹指导下继续学习，1875 年获哲学博士学位。1882 年后，先后任苏黎世大学、马尔堡大学及柏林大学教授。1902 年被选为普鲁士柏林科学院院士。还是格丁根科学院的通讯院士。

主要成就在函数理论方面。发表过 55 篇论文，大部分著作涉及椭圆函数、阿贝尔函数和 θ 函数。他的关于多连通平面区域保形映射的研究，是由三个不相交的圆围成的区域的著名映射的源泉。关于定义于 $|z|<1$（除了 0 与 1）内的函数 $f(z)$ 的绝对估计值 $C(f(0),|z|)$ 的定理称为朔特基定理。此外，还研究了单位圆内的正则函数在边界上的振荡问题。他的函数理论被誉为是黎曼的创造精神和魏尔斯特拉斯的严格作风的结合。

（卫瑞霞）

勒佩日，C.（Le Paige，Constantin） 比利时人，1852 年 3 月 9 日生于比利时列日，1929 年 1 月 26 日卒于同地。代数几何、科学史学。

1875 年从比利时列日大学毕业后留校任教。1885 年升为教授，1922 年退休。被选为比利时皇家科学院院士，也是波希米亚皇家科学学会、里斯本皇家科学院、阿姆斯特丹数学学会的名誉会员或院士。

主要研究代数曲线与曲面的几何学及不变式理论。最著名的成就是过 19 个点构造三次曲面的方法，堪称几何一绝。在构造平面曲线方面，过 9 点作三次曲线的的方法也颇负盛名。对数学史也素有研究，特别是关于运算符号起始的考证颇有学术价值。（吴茂庆）

林德曼，C.L.F.（Lindemann，Carl Louis Ferdinand） 德国人，1852 年 4 月 12 日生于德国汉诺威，1939 年 3 月 6 日卒于慕尼黑。几何学、数学物理、数学教育。

1870～1873 年，先后在格丁根大学、埃朗根大学和慕尼黑大学学习，1873 年获博士学位。1879 年在弗赖堡大学升为教授。1893 年任慕尼黑大学教授。1895 年当选为巴伐利亚科学院院士。

最著名的成就是在 1882 年证明了 π 为超越数。这是在超越数问题上继埃尔米特于 1873 年证明 e 是超越数后又一重大突破。这使2 000多年来著名的三大几何难题中最后一个悬而未决的问题得到了明确的结论：用尺规不可能化圆为方。此外，在数学、理论力学、频谱理论等许多分支上，也有许多论著。还是德国现代教育体系的开创者之一，培养了包括著名数学家 D. 希尔伯特在内的 60 余名博士级学生，可谓桃李满天下。

（吴茂庆）

伯恩塞德，W.（Burnside，William） 英国人，1852 年 7 月 2 日生于英国伦敦，1927 年 8 月 21 日卒于肯特郡西威克姆。复变函数论、群论、数学物理。

商人之子，6 岁成为孤儿在慈善机构的教会寄宿学校长大和受教育。1871 年入剑桥大学圣约翰学院，1873 年转学到布罗克学院，1875 年毕业，留校任评议员，同年获该校第一届史密斯奖。后在该校任讲师。1885 年任皇家海军学院数学教授。1893 年因数学物理、复变函数理论两方面的成就而被选入英国皇家学会。1899 年入选伦敦数学学会理事，1906～1908 年任会长。

最著名的工作是在有限群方面，很多结论成为现代群论及群表示论的重要组成部分。是以现代抽象群观点处理置换群的第一个学者。1904 年又推广前人结果，证明了任何一个 p^aq^b（p,q 是质数）阶群是可解的；给出了一个含 n 个变量的线性变换群可约时其系数所应满足的充要条件。还发现了奇阶群不能有非平凡的实不可约表示，然后提出是否任一奇阶群都可解的问题。这一著名的难题在 50 年之后才得到解决。1911 年出版了代表作《群论》，系统地讨论了群表示理论，是一部公认的经典著作。一生发表论文 150 余篇，其中三分之一是关于群论的。1899 年获英国伦敦数学学会德摩根奖章。1904 年获英国皇家学会皇家奖章。

（吴茂庆）

里奇-库尔巴斯特罗，G.（Ricci-Curbastro，Gregorio） 意大利人，1853 年 1 月 12 日生于意大利卢戈，1925 年 8 月 6 日卒于博洛尼亚。微积分学、微分几何、数学物理。

出生于名门望族，工程师之子。1869 年入罗马大学学习哲学和数学。1872 年入博洛尼亚大学。后又转入比萨高等师范学校，1875 年获数学和物理学博士学位。留校任教。后获奖学金留学德国，其中去过慕尼黑理工学院，1879 年回国。1880 年至去世，任帕多瓦大学数学物理教授，期间曾任维尼多研究院院长。还是都灵、博洛尼亚、庞蒂菲希、帕多瓦和意大利等科学院的院士。

最著名的成果是发明了绝对微分学，于 1892 年给出了第一个系统的报告，论述了绝对微分学及其在微分几何与物理中的应用。1901 年与人合写了“绝对微分法及其应用”，给出了更明确的阐述。爱因斯坦正是用了绝对微分法这个工具，才写出了引力方程。在微分几何方面，引进了张量、协变张量和反变张量等概念以及协变微分运算。曲率张量中著名的里奇张量，就是以他的名字命名的。他在代数、无穷小分析和实数理论方面也有许多论著。（高岳兴）

平凯莱，S.（Pincherle，Salvatore） 意大利人，1853 年 3 月 11 日生于奥地利的里雅斯特（今属意大利），1936 年 7 月 10 日卒于意大利博洛尼亚。泛函分析、科学管理。

出身于犹太商人家庭。1869 年入比萨大学，在贝蒂和狄尼的影响下钻研数学。毕业后获出国奖学金，于 1877～1878 年去柏林大学留学，遇到魏尔斯特拉斯，这极大地影响了他后来的工作。1880 年任巴勒莫大学教授，同年任博洛尼亚大学教授，直至1928年退休。1922年，创建了意大利数学学会并担任第一任会长。1928年在博洛尼亚举行的第三次国际数学家会议上担任大会主席，使在第一次世界大战后被排斥在外的许多数学家（包括德国数学家）都重新参加了大会，恢复了会议的真正的国际性质。

主要贡献在泛函分析方面，他和沃尔泰拉同是该学科的奠基人。此外，还写过许多中学数学教材。由于对数学的重要贡献，1934年在他80岁生日时，意大利科学院和德国的柏林科学院不顾纳粹主义者的反对，致电热情祝贺。 （张镜清）

舍恩弗利斯，A. M. （Schoenflies，Arthur Moritz） 德国人，1853年4月17日生于德国兰茨贝格（今波兰戈茹夫），1928年5月27日卒于美因河畔法兰克福。拓扑学、集合论、数学物理、晶体学。

毕业于柏林大学，1877年获哲学博士学位。后在柏林等地多所中学任教。1884年任教格丁根大学，1892年任应用数学教授。1899年任柯尼斯堡大学教授。还是法兰克福的社会和商业科学学院、法兰克福大学教授，1920～1921年任法兰克福大学校长。1896年入选德国利宾波德科学院院士。1918年被选为普鲁士科学院院士。

在数学方面写了约90篇（部）论著。1886年发表有关传统几何和运动学的著作，后被译成法文。同年，又研究欧几里得运动群和正则空间的分类。得到230种晶体群，并写了一本晶体学的教科书。1890年转而研究拓扑学和集合论，证明了正方形维数的拓扑不变性，建立了有关平面简单闭曲线的特征概念和有关的定理。此外，为《百科全书》写过关于集合论、运动学、晶体学和投影几何的文章。还编写了画法几何和解析几何的教科书，并与人合编了一本微积分教材，该书刊行11版，并被译成俄文。 （卫瑞霞）

霍尔斯特德，G. B. （Halsted，George Bruce） 美国人，1853年11月23日生于美国新泽西州纽瓦克，1922年3月16日卒于纽约。数理逻辑、科学史学。

律师之子。1875年毕业于普林斯顿大学，后又获该校文科硕士学位。1879年获约翰斯·霍普金斯大学哲学博士学位。同年任教于普林斯顿大学。1884～1903年任得克萨斯大学纯数学和应用数学教授。此后在圣约翰学院、凯尼恩学院、科罗拉多州教育学院继续他的教学和研究工作。是美、英、意、法、德、俄等国的数学学会会员或外籍会员。在美国《数学月刊》上发表过50多篇文章，其中包括20篇传记文章。主要研究、译注罗巴切夫斯基、鲍耶、萨凯里、庞加来的著作。主要论著有《超空间和非欧几何的文献目录》、《二元逻辑基础》及《变量几何》等。 （沈 铁）

布劳恩米尔，A. von （Braunmühl，Anton von） 德国人，1853年12月12日生于俄国第比利斯，1908年3月7日卒于德国慕尼黑。数学史。

出身巴伐利亚贵族世家，父亲是名建筑师。1873年入慕尼黑大学，后又入慕尼黑理工大学，在克莱因指导下继续学习和研究。留校任教，1888年任该校数学教授。

是德国数学史权威，特别关于三角学史，在对原始资料的透彻研究、对前人著作的完整反映、对专门细节的精确描述以及批评估价等方面，都超出当时的许多同行。在慕尼黑理工大学讲授的数学史课吸引并造就了一批著名数学史家。 （吴茂庆）

皮尔斯第二，B. O. （Peirce Ⅱ，Benjamin Osgood） 美国人，1854年2月11日生于美国马萨诸塞州贝弗利，1914年1月14日卒于马萨诸塞州坎布里奇。微积分、物理学。

父亲是默塞尔大学的化学和自然哲学教授。在父亲的教导下学会了拉丁文。1872年考入哈佛大学，1876年获理学士学位，后又成为物理学家J. 特罗布里奇的第一个研究生。1879年在德国莱比锡大学获哲学博士学位。1881年任教哈佛大学，1888年任数学和自然哲学教授。是许多美国和外国科学团体的成员。1906年当选为美国国家科学院院士。1913年任美国物理学会会长和数学学会副会长。1891年发表了题为“与线积分、面积分有关的几个定理”的论文，显示了数学天才。1889年出版的积分表成为自然科学家和数学家必不可少的工具书。是首先用光谱代替旋转圆盘研究视网膜感觉能力的科学家之一。 （王翼勋）

庞加来，J. H. （Poincaré，Jules Henri） 又译彭加勒。法国人，1854年4月29日生于法国南锡，1912年7月17日卒于巴黎。代数学、函数论、拓扑学、数学物理、天体力学、科学哲学。

父亲是南锡大学医学教授；堂兄弟R. 庞加来（Raymond Poincaré）曾几度出任总理，第一次世界大战期间曾任法国总统。他幼年多病，身体虚弱。在中学时曾获全国中学生数学竞赛一等奖。1873年入巴黎综合工科学校。1875年到国立高等矿业学校学习，毕业获工程师学位，1879年获数学博士学位。不久去卡昂大学执教。1881年任巴黎大学理学院教授。1886年任巴黎大学教授直至去世。1887年（33岁）当选法国科学院院士。1908年选入法兰西学院院士。

他是一位敏捷、多才而不知疲倦的科学家。以可贵的首创精神与高超的技巧在纯数学与应用数学的几乎所有领域都作出了贡献，并开拓了一些新领域。

在数学方面的主要成就，是创立了单复变自守函数理论，这一重要发现使他一举成名。率先研究整函数类与其泰勒展开式的系数间的连接，此结果与毕卡定理一起导致整函数与半纯函数的现代理论。1883年应用自守函数理论中的“代数曲线参数化”定理得到了一般的“一致化定理”。还是多复变解析函数理论的开创者。率先把保形映射与残数概念推广至多复变量函数，证明了双复变半纯函数是两个全纯函数之商，研究了多复变调和函数并用之于阿贝尔函数理论。这些工作是现代解析流形和解析空间理论的萌芽。在代数方面首创了左、右理想的概念，第一次定义了李代数的包络代数，给出了关于包络代数的基底的定理，为李代数的现代理论奠定了基础。

代数拓扑的奠基人，1895 年出版的《位置分析》被认为是现代代数拓扑学发展的里程碑。推广了欧拉多面体定理，发现了关于流形同调的著名对偶定理，引进了挠率概念，定义了流形的基本群——一阶同调群。

在天体力学的研究中，创立了渐近展开理论，引导了人们对发散级数的兴趣；研究了轨道的稳定性问题，开创了非线性微分方程的定性理论。1892～1899 年出版的 3 卷本专著《天体力学的新方法》，被誉为近代天体力学的代表作。在关于天体演化的著名研究中，研究了在引力作用下凝聚的旋转流体的平衡外形，发现了旋转流体起初非常接近球形然后变成椭球以至梨状的现象。20 世纪中期，地球物理学家借助人造地球卫星发现地球本身也略呈梨形。他的思想引起了人们新的兴趣。在对周期性轨道的研究中奠定了拓扑动力学的基础。1912 年猜测以下定理成立：若有一一连续变换把两同心圆之间的环变为自身，使面积不变，并使内圆上的点按顺时针方向移动，外圆上的点按逆时针方向移动，则至少有两点保持不变。该定理对古典的约束三体问题的周期解的存在性问题有重要意义。

数学物理方面最突出的贡献在电动力学方面。1906 年发表的著名论文中，首先发现洛伦兹变换构成一个群，提出了求解狄利克雷问题的新方法——扫除法。独立于爱因斯坦依据电磁学得到了狭义相对论的某些结果。

还是一位著名的科学哲学家、第一流的法文散文大师。著作有《科学与假设》(1903 年)、《科学的价值》(1904 年)、《科学与方法》(1908 年)与《最后的一些想法》(1913 年)等，文理清晰、风趣深刻，引人入胜，给读者很深的启示。

在 34 年学术生涯中，发表了 30 多卷数学物理与天体力学方面的专著、6 卷科普著作，以及近 500 篇科学论文，荣获国内外多种奖金与荣誉称号。他的座右铭是“人生就是持续的斗争。” (高岳兴)

韦罗内塞，G. (Veronese, Giuseppe) 意大利人，1854 年 5 月 7 日生于意大利基奥贾，1917 年 7 月 17 日卒于帕多瓦。几何学。

是当时意大利最著名的数学家之一。自幼家境贫困，在他人资助下，先后在瑞士苏黎世理工大学和意大利罗马大学学习。1880 年在莱比锡大学当研究生。从 1881 年起一直任帕多瓦大学几何学教授。是基奥贾议会和帕多瓦市政会成员，后来成为参议员。

被认为是 n 维超空间射影几何的主要创立者。著名的韦罗内塞曲面是一个可用简单的参数方程表示的 5 维空间的 2 维曲面。他也是首先研究非欧几何的学者之一。此外，对欧几里得几何的基础也颇有研究，著有《几何基础》(1891 年)。发表了约 30 篇论文，某些论文在几何史上的地位十分重要。 (卫瑞霞)

麦克马洪，P. A. (MacMahon, Percy Alexander) 英国人，1854 年 9 月 26 日生于马耳他，1929 年 12 月 25 日卒于英国博格诺里吉斯。偏微分方程、组合分析。

准将之子。1871 年入伍，就学于伍尔维茨皇家军事学院，次年分为陆军中尉。1873 年派驻印度服役 6 年。1881 年长为上尉。1882 年直到 1898 年退伍之前，历任皇家军事学院数学讲师、皇家炮兵学院物理学教授。1890 年成为英国皇家学会会员。曾任伦敦数学学会、英国皇家天文学会会长。

系经典代数大师。注意到半不变式的偏微分方程和一般对称函数的偏微分方程本质上是相同的，因而建立起生成函数、微分算子的哈蒙德算符与对称函数之间的联系。对分划拉丁方也颇有兴趣，所著《组合分析》(2 卷，1915～1916 年)一书，是组合数学领域内的经典著作。 (吴茂庆)

儒尔，S. C. (Juel, Sophus Christian) 丹麦人，1855 年 1 月 25 日生于丹麦兰讷斯，1935 年 1 月 24 日卒于哥本哈根。射影几何、曲线曲面理论。

16 岁入哥本哈根理工大学。后因对自然科学更有兴趣，于 1876 年考入哥本哈根大学。1885 年获博士学位。1907 年任巴黎综合工科学院教授。是法国数学学会的名誉会员。获奥斯陆大学荣誉博士学位。

主要贡献在射影几何及曲线曲面理论。他的关于射影几何的著作虽与施陶特的相仿，但更易理解，并在平面到自身的直射变换的处理上优于施陶特。1914 年给出了初等曲线的概念：它是由无限个凸弧光滑地连接而成。还引入了初等曲线的阶的概念，并建立了对应原理和拐点理论。他在有限等多面体理论、循环曲线及卵形曲面等方面亦有不少成果。 (张镜清)

勒恩，K. (Rohn, Karl) 德国人，1855 年 1 月 28 日生于德国黑森州施万海姆，1920 年 8 月 4 日卒于莱比锡。代数几何。

先后就读于莱比锡大学和慕尼黑大学，1878 年获慕尼黑大学博士学位。1887 年任德累斯顿理工学院教授。1904 年任莱比锡大学教授。

在博士论文中，就开始研究库默尔曲面和超椭圆函数的关系，以后成为实 P_2 和 P_3 的代数几何大师。率先解决了下述难题：对于一个六阶平面曲线的实分支，求它所具有的最多 11 个卵形线的位置。希尔伯特对这个问题极感兴趣，但未能解答。 (高岳兴)

阿佩尔，P. É.（Appell，Paul Émile） 法国人，1855年9月27日生于法国斯特拉斯堡，1930年10月24日卒于巴黎。代数学、射影几何、微分方程、理论力学。

1876年毕业于法国高等师范巴黎学院，并获博士学位。1885年任巴黎大学索邦学院力学系教授兼系主任。1892年被选进法国科学院。1903～1920年任巴黎大学理学院院长，1920～1925年任巴黎大学校长。

在影几何、代数函数、微分方程和复分析等方面均有贡献。曾把许多经典结果(如椭圆函数理论和超几何数)推广到二元或多元情形。1880年写过关于函数序列(现叫阿佩尔多项式)的论文。1885年解决了蒙日的“割补”问题而获博尔丹奖。1889年，他在解决瑞典国王奥斯卡二世(Oscar Ⅱ)的问题的竞赛中仅次于庞加来而居第二。1893年其名著《理论力学》第一卷问世，第五卷(1921年)包括了相对论所需要的数学以及他的许多新贡献，如适用于完全与非完全系的运动方程等。

（徐平五）

古恰，G. B.（Guccia，Giovanni Battista） 意大利人，1855年10月21日生于意大利巴勒莫，1914年10月29日卒于同地。几何学。

就读于罗马大学，是克列蒙拿的得意门生，1880年获数学博士学位。学生时期的一篇有关有理曲面的论文曾受到西尔威斯特的赞扬。1884年他在巴勒莫创立了数学学会，并出了会刊，该学会后发展成国际性的学术组织。1889年任巴勒莫大学高等几何教授。

研究工作集中在克列蒙拿平面变换、平面曲线系分类、曲线和代数曲面的奇异性问题以及某些能导出曲线曲面射影性质的几何轨迹等方面。证明了克列蒙拿变换是有限 p 二次变换之积。此外，对射影对合的研究为恩里克斯等人的工作创造了条件。

（高岳兴）

比安基，L.（Bianchi，Luigi） 意大利人，1856年1月18日生于意大利帕尔马，1928年6月6日卒于比萨。微分几何学、函数论、非欧几何。

毕业于意大利比萨大学。后到德国格丁根大学等校深造。1881年起先后任比萨教育学院、比萨大学的几何教授。1918年起任比萨教育学院院长。是意大利议会参议员。也是本国和国外许多研究院的成员。

“微分几何”这个名称由他在1894年首次提出而沿用至今。研究方向主要在度量微分几何方面。发现了适用于连续运动群的全部黎曼几何，这在爱因斯坦的相对论研究中极为有用。还研究了非欧几何，并用非欧几何方法导出一些在欧几里得几何中需用很复杂的方法才能得到的结果。在复变函数、椭圆函数及连续变换群方面，亦有许多著作。

（吴茂庆）

马尔可夫，A. A.（Марков，Андрей Андреевич；Markov，Andrei Andreevich） 一译马尔科夫。苏联人，1856年6月14日生于俄国梁赞，1922年7月20日卒于彼得格勒(今圣彼得堡)。概率论。

幼年时腿部患有骨结核而留有后遗症。高中时已写出关于线性微分方程的积分的论文，显示了出众的数学才能。1874年入圣彼得堡大学数学系，并参加了优等生研究班，是当时的系主任车比雪夫的得意门生。1878年毕业时以论文“以连分数求解微分方程”获金质奖章，1880年获硕士学位，1884年获博士学位。留校任教，1893年任教授。1896年当选为圣彼得堡科学院院士。1905年退职，被授予名誉教授称号，但仍以院士资格在大学讲授概率论。1921年健康严重恶化，连站立都十分困难，但仍坚持工作，直至去世。

最重要的贡献在概率论方面。发展了车比雪夫的矩方法，证明了车比雪夫中心极限定理，发现满足该定理的新现象，扩展了大数定律与中心极限定理的应用。1900年出版了名著《概率演算》，对概率论的现代化起了重要作用，被视为经典著作。在相关变量序列的系统研究中引入了著名的马尔可夫链，在物理、化学、生物和公用事业等方面有广泛的应用。在数论、函数论、微分方程和差分理论等方面都有不少新结果。所有这些工作都与他系统地应用和改进车比雪夫的连分数方法有关。

（朱　烈　张镜清）

皮卡，C. É.（Picard，Charles Émile） 法国人，1856年7月24日生于法国巴黎，1941年12月11日卒于同地。微分方程、解析函数论、代数几何。

从小勤奋好学，有惊人的记忆力。中学毕业后入巴黎高等师范学校学习数学，1877年获博士学位。1879年任图卢兹大学教授。1885年任巴黎大学索邦学院教授。1889年当选为法国科学院院士，并长期担任该院的秘书长。1909年成为英国皇家学会外籍会员。曾获5所外国大学荣誉博士学位，还是37个研究机构和学术团体的成员。

与庞加来一起被誉为当时法国最著名的数学家。主要贡献在微分方程、解析函数论及代数几何等方面。23岁第一次发表著名定理：不恒等于常数的整函数不能取到的有穷值至多为1个。他发现的第二个著名定理是对魏尔斯特拉斯定理的扩充，可叙述为：在本性奇点的某一邻域内解析的函数，在该邻域内至多有两个例外值。1890年用逐次逼近法证明了微分方程和积分方程解的存在性。还把庞加来的自守函数的研究推广至二元复变函数。将伽罗华理论用于线性微分方程，得到了现在称为皮卡群的变换群。把分析方法应用于弹性理论、热学与电学，特别在电脉冲沿电缆传播问题中，获得了优美的结果。

主要著作有《分析专论》、《函数方程》、《二元代数函数论》(与赛马脱合著)等。1886年和1888年先后获蓬斯莱奖和数学大奖。

杰出的教师，为培养青年一代作出过重要贡献。1894～1937年在中央工艺制造学院培育了10 000多名工程师。死后，法国科学院为了纪念他，设立了以他的名字命名的奖章，以奖励优秀的数学研究工作者。

（王翼勋 张镜清）

鲁迪奥，F.（Rudio，Ferdinand） 德国人，1856年8月2日生于德国威斯巴登，1929年6月21日卒于瑞士苏黎世。代数学、几何学、科学史学。

1880年获柏林大学博士学位。1889年任苏黎世理工大学数学教授。对代数和几何学都有研究，写过大量的数学史论文和同时代数学家的传记。最重大的贡献是提议并参与主编了《欧拉全集》，共30卷。（高岳兴）

龙格，C.D.T.（Runge，Carl David Tolmé） 德国人，1856年8月30日生于德国不来梅，1927年1月3日卒于格丁根。计算数学、物理学。

1876年入慕尼黑大学学习数学和物理。1877年去柏林大学学习，深受魏尔斯特拉斯的赏识。1904年在克莱因的促成下，出任格丁根大学应用数学教授。1920年任格丁根大学物理学评论委员会主席。他提出的一个代数方程求解方法比牛顿、贝努利和格雷菲的三个解法更具一般性。创立的微分方程数值解法称为龙格-库塔方法，至今仍被采用。在物理方面，他研究了元素谱线波长的公式；与他人合作证明了氧的谱线系不止一个；发现了磁分裂是谱系的特征。（高岳兴）

迈尔，W.F.（Meyer，Wilhelm Franz） 德国人，1856年9月2日生于德国马格德堡，1934年6月11日卒于柯尼斯堡（今俄罗斯加里宁格勒）。代数几何、不变量理论、科学传播。

先后入读莱比锡大学和柏林大学。22岁时获慕尼黑大学博士学位，24岁任蒂宾根大学讲师，32岁任柏卡学院教授。后来在柯尼斯堡大学任教授，直至退休。

既是一位杰出的教师，又是一位多才多艺、知识渊博的数学家，所写论文涉及136个课题。他最感兴趣的是几何学，特别是代数几何与不变量理论。1892年所作的关于不变量理论的综合报告被译成法文、意大利文和波兰文传遍各国。是《数学百科全书》的创刊人之一，从20世纪初至30年代出版了20卷包括了所有的数学领域及其应用。还写过关于位势理论、不变量理论、三、四阶和更高阶曲面以及三角形的新几何等方面的文章。

（张镜清）

霍布森，E.W.（Hobson，Ernest William） 英国人，1856年10月27日生于英国英格兰德比，1933年4月19日卒于剑桥。三角学、函数论。

1878年毕业于剑桥大学基督学院。留校任教，是剑桥大学第一批大学讲师，1910年任纯数学教授。1893年当选为英国皇家学会会员。被公认为在哈代和利特尔伍德之前的英国数学界的领袖之一。他所著的《三角学》（1891年）及克里斯塔尔的《代数学》是英国最早的两本数学分析的教材。他的《实变函数论》（1907年）与W.H.杨的《点集理论》把波雷尔-勒贝格测度与积分介绍给英国读者；1896年发表的关于一般球面调和函数的文章是其成名作。此外，对一般收敛定理和正交函数级数的收敛性亦颇有研究。（沈 铁）

迪克，W.F.A.von（Dyck，Walther Franz Anton von） 德国人，1856年12月6日生于德国慕尼黑，1934年11月5日卒于同地。群论、函数论、数学分析、拓扑学。

先后在慕尼黑大学、柏林大学和莱比锡大学学习数学。1882年任莱比锡大学讲师，并成为克莱因的助手。1884年任慕尼黑工学教授，1900年任校长后，将该校改建成理工大学，并多次任校长。是《数学科学百科全书》的创办人之一。1903年受聘参加筹建德国博物馆，1906年起任该馆副馆长。1924年成为柏林科学院的终身院士。

在数学上的贡献涉及函数论、群论、拓扑学、位势论和微分方程的积分曲线的构成等方面。在1882～1883年发表的文章中，引入了一个群的生成子的概念，以及用生成子和生成子之间的关系去定义群的抽象观点，把抽象群理论应用于置换群、有限旋转群、数论中出现的群以及变换群，把群论的三个主要来源——方程论、数论和无限变换群——都纳入抽象群之中。（卫瑞霞）

斯蒂尔吉斯，T.J.（Stieltjes，Thomas Jan） 荷兰人，1856年12月29日生于荷兰兹沃勒，1894年12月31日卒于法国图卢兹。数学分析。

父亲是有名的土木工程师。他毕业于荷兰代尔夫特综合工科学校。1877年到莱顿天文台边工作边研究数学。1883年任格罗宁根大学数学教授。1884年获莱顿大学授予的荣誉博士学位。1885年当选为阿姆斯特丹皇家科学院院士。1886年在巴黎大学获理学博士学位。同年被任命为法国图卢兹大学教授。

是位多才的数学家，发表的论文几乎包括分析学的所有方面，如常微分方程与偏微分方程理论、Γ函数与椭圆函数、插值理论及渐近级数等，特别是研究一些特殊积分的估值。还是连分式解析理论的创始人，从研究发散级数入手，发现发散级数可以借助连分式与某些定积分发生联系。关于连分式的第一篇论文发表于1884年，利用z的降幂级数证明了一个连分式在除去区间$(-1,1)$的切开的复Z平面上是收敛的，且局部一致的。它的确立有赖于变换分式为定积分。1886年的论文是研究在函数表示和计算中有用的那些发散级数。1894年继续研究发散级数的连分式展开，写了两篇关于这个课题的著名文章。这是连分式解析理论的开端。结论表明发散级数至少分二类，一类是存在适当的单个等价函数，以这级数为它的展开式；另一类则至少存在两个等价函数，以这级数为它的展开式。在其中一篇论文"连分式的研究"中引进了一类积分，此类积分就称为斯蒂尔吉斯积分。这是通常黎曼积分的推广，在物理中具有广泛应用。他的名声常与这类积分联系在一起。随后又建立了斯蒂尔吉斯积分的分部积分公式，定义了反常积分、建立了这类反常积分的许多性质。还考察了在正实轴上的递增实值函数 $\varphi(x)$，证明 φ 在 x 连续，当且仅当 $\varphi^{+}(x)=\varphi^{-}(x)$。还给出一类相当好的不连续函数。这一切研究结果都写在"连分式的研究"一文中。该论文被誉为数学发展史中的一个里程碑。1893 年以连分式方面的成果获奥莫伊奖。 （卫瑞霞）

皮尔逊，K.（Pearson, Karl） 英国人，1857 年 3 月 27 日生于英国伦敦，1936 年 4 月 27 日卒于萨里郡。统计学、应用数学、生物学、科学哲学。

出身律师家庭。1879 年获剑桥大学国王学院文学士学位，并在数学竞赛中获第三名。后赴德留学。1882 年在剑桥大学获文科硕士学位。1884 年任伦敦大学应用数学和力学教授，1911 年成为该校第一位优生学教授。1896 年当选为英国皇家学会理事。《生物统计学》是世界上刊载统计学理论与实践的文章的主要刊物，从该杂志创刊起他一直任主编直至去世。

1884～1890 年，负责编辑出版 W. K. 克利福德《正确科学的常识》和 I. 托德亨特《弹性理论的历史》的手稿，赢得应用数学家的声誉。20 世纪初发表了许多关于统计理论和应用的论文，运用相对斜率的方法得到有名的皮尔逊频率曲线族，并最先提出用矩法去估计分布函数的参数，用统计量 $x^2=\sum\frac{(f_i-F_i)^2}{F_i}$ 作为检验经验分布和理论分布间的拟合程度。1893 年研究了二元正态分布的相关系数，用"最大似然法"建立了以下的命题：双变量正态分布的"相关系数的最佳值"(p)是由样本积矩相关系数 γ 给出的，γ 称为皮尔逊相关系数。几乎完成了多变量正态相关理论，并研究了非对称相关和非线性回归的理论。1893～1906 年完成了 100 多篇论文，主要研究遗传和进化问题，使统计学成为一门独立的学科。

在他指导下，《优生学年鉴》花了几十年编辑出版了《不完全 β 函数表》。1892 年发表的《科学的语法》，是一本影响了一代人的科学思想的名著，给科学思想带来了革命性的变化，许多地方蕴含了爱因斯坦的狭义相对论思想。1898 年获英国皇家学会达尔文勋章。还获得过国内外许多人类学和医学组织的荣誉奖章。

（王翼勋 杜午初）

博尔查，O.（Bolza, Oskar） 德国人，1857 年 5 月 12 日生于德国贝格察伯恩，1942 年 7 月 5 日卒于弗赖堡。函数论、变分法、微积分学。

原攻语言学和物理学。1878 年起在柏林大学、格丁根大学转读纯数学，1886 年获博士学位。两年后赴美任教，1894 年在芝加哥大学升为教授。1910 年回德国，任弗赖堡大学名誉教授。第一次世界大战起逐步转向宗教心理学与梵语的研究，10 年后才重返数学讲台。

主要研究课题是化超椭圆积分为椭圆积分、椭圆函数及超椭圆函数、变分法三个方面。最重要的贡献是把拉格朗日与迈尔问题统一于更一般的博尔查问题——关于出现最小值的第五个经典的必要条件问题。在代表作《变分法讲义》(1904 年)中，提供了前人在此领域中的主要成果，并给予注释，还增补了平面问题理论及固定端点的拉格朗日问题，推广了隐函数存在定理和微分方程解的存在定理。 （吴茂庆）

李亚普诺夫，A. M.（Ляпунов, Александр Михайлович; Lyapunov, Aleksandr Mikhailovich） 苏联人，1857 年 6 月 6 日生于俄国雅罗斯拉夫尔，1918 年 11 月 3 日卒于苏联敖德萨。微分方程、概率论、动力系统、力学。

父亲是天文学家；弟弟是著名哲学家、苏联科学院院士。他于 1876 年入圣彼得堡大学数理学院，1880 年毕业后留校，1885 年获硕士学位。1892 年在莫斯科大学获博士学位。翌年升任哈尔科夫大学教授，讲授力学和数学。1891～1902 年任哈尔科夫数学学会副会长、会长。1901 年初被选为圣彼得堡科学院通讯院士，同年末升任车比雪夫去世后空缺达 7 年的应用数学院士。1908 年出席在罗马召开的第四届国际数学家代表大会，参加了《欧拉全集》的编纂工作。还被选为圣彼得堡大学、喀山大学的名誉教授。是法国科学院、意大利科学院的外籍院士及许多其他科学协会的会员。1917 年偕妻赴敖德萨讲学，翌年其妻病故，他当即用手枪自杀。

与马尔可夫同为车比雪夫的高足，是圣彼得堡学派的杰出代表。主要成就在稳定性理论和概率论方面。稳定性理论方面的代表作是 1892 年发表的博士论文"论运动稳定性的一般问题"，准确地提出了运动稳定性问题的数学形式，通过对具有有限个自由度系统本身及大量常微分方程的分析，给出了稳定性的概念，创立了解决稳定性问题的两个方法；在处理方式上，亦独树一帜，不同于庞加来主要运用大量几何和拓扑方面的概念，而是仅用纯分析方法。他和庞加来的工作，对微分方程稳定性理论起了奠基作用。

从 1893 年起致力于研究均匀旋转流体平衡图形问题，接连发表不少论文论证了除麦克劳林提出的旋转椭圆面、雅各比提出的三轴椭球面能作为平衡图形外，对于非均匀流体还存在着球面、"分叉椭球面"等形状的平衡图形，同时还讨论了平衡图形的稳定性问题，首次给出了关于连续介质的稳定性概念。在此过程中，对数学本身也作出了贡献，提出了非线性积分方程、积分微分方程的保证收敛性的近似解法，推广了积分概念，提出了球函数的若干新定理。

在概率论方面，主要功绩是在独立随机变量求和的应用上，实质上推广了拉普拉斯极限定理。在比马尔可夫提出的条件弱得多的情况下，用特征函数方法证明了基本的中心极限定理，成为概率论很多研究课题的

起点。（吴茂庆）

柯尼格，G.（Koenigs, Gabriel） 法国人，1858 年 1 月 17 日生于法国图卢兹，1931 年 10 月 29 日卒于巴黎。微分几何、应用力学。

1879 年考入巴黎高等师范学校，1882 年获博士学位。1895 年任巴黎大学物理和实验力学教授。是法国科学院院士。潜心研究无穷小几何，特别对直纹曲面和直线汇、丛等作了研究。还把几何分支中的近代进展用于研究运动学，在连杆系统的研究中作出了特殊的贡献。关于等时曲线和相伴曲线方面的论文是分析力学中的重要著作。创建了理论物理和实验力学实验室，对各种热机进行了研究，其成果在第一次世界大战中得到了应用。多次获法国科学院奖金。（张镜清）

古萨，É. J.-B.（Goursat, Édouard Jean-Baptiste） 法国人，1858 年 5 月 21 日生于法国洛特省，1936 年 11 月 25 日卒于巴黎。数学分析。

1876 年入巴黎高等师范学校，1881 年获理学博士学位。后任巴黎大学、巴黎高等师范学校等校教授。是法国数学学会会长，法国科学院院士。研究领域主要是线性微分方程组及其有理变换、超几何级数、库默尔方程和阿贝尔积分的约化等。在积分方程中首先引进了正交核和半正交的概念，仅用函数连续且存在导数的条件就证明了柯西积分定理，现称柯西-古萨定理。热心教育事业，撰写的名著《数学分析教程》两卷本，长期以来是法国大学的经典教材；教学作风严谨，深受学生好评。1936 年，在他执教 50 周年之际，《纯粹和应用数学》杂志特发专刊以资纪念。曾获数学大奖和蓬斯莱奖。（高岳兴）

福赛思，A. R.（Forsyth, Andrew Russell） 英国人，1858 年 6 月 18 日生于英国苏格兰格拉斯哥，1942 年 6 月 2 日卒于伦敦。复变函数论、微分方程。

1877 年入剑桥大学三一学院，1881 年任该院研究员。1882 年任利物浦大学数学教授。1886 年被选为英国皇家学会会员。1895 年在剑桥大学继凯利成为纯数学教授。1913 年任伦敦大学帝国学院首席数学教授。

为改变剑桥学派对欧洲大陆的数学几乎一无所知的局面，他在 1893 年建立了自己的函数理论，其工作在许多年内支配着剑桥的数学界，是继牛顿之后对英国的数学发展影响较大的一位学者。主要论著有《论微分方程》、《微分方程理论》、《复变函数理论》、《变分法》及《四维几何》等。（方福娟）

米约，G.（Milhaud, Gaston） 法国人，1858 年 8 月 10 日生于法国尼姆，1918 年 10 月 1 日卒于巴黎。数学教育、科学史学、科学哲学。

1881 年毕业于巴黎高等师范学校。后在勒阿弗尔教了 10 年中学数学。1891 年在蒙彼利埃大学任数学教授。1894 年在巴黎大学获哲学博士学位，翌年任蒙彼利埃大学文学院哲学教授。1909 年任巴黎大学的科学哲学史教授，直至去世。

在科学史方面作出了重要贡献，如关于希腊科学的研究和有相当参考价值的芝诺悖论的研究。还精心搜集笛卡尔的史料。曾翻译德国数学家杜布瓦-雷蒙的《函数论》，并为《科学》杂志、《希腊研究评论》及《法国与外国哲学评论》等杂志撰稿。从事科学史的研究中，遵循他本人的格言：“科学的进程与我们的无偏见的探求成比例。”被誉为是对科学和哲学作出了权威性贡献的人物。（张镜清）

皮亚诺，G.（Peano, Giuseppe） 意大利人，1858 年 8 月 27 日生于意大利库内奥附近的斯皮内塔村，1932 年 4 月 20 日卒于都灵。数学基础、数学分析、逻辑学、语言学。

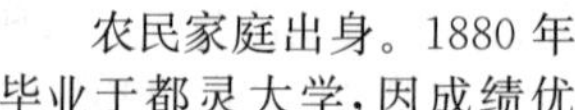

农民家庭出身。1880 年毕业于都灵大学，因成绩优异留校任助教直至 1889 年。1890 年任都灵大学微积分学编外教授，1895 年升为教授。期间 1891 年创办《数学》杂志。1908 年出任国际世界语研究会会长。1931 年成为国际科学联合会成员。翌年因心脏病发作而去世，去世的前一天还在讲课。

主要贡献在数学基础与逻辑学方面。被誉为符号逻辑和公理化运动先驱。1889 年出版著作《算术原理新方法》，其中有著名的皮亚诺公理；引进了“∈”、“⊂”等新符号，促进了符号逻辑的发展。同年，在著作《几何原理》中，给出了欧几里得几何的一个公理集，用点、线段和运动作为不定义的概念，以弥补欧几里得公理体系中的不足。1897 年在苏黎世召开的第一届国际数学会上系统地介绍了自己在数理逻辑方面的工作。1900 年在巴黎哲学会议上和合作者主宰了会议的讨论。会后著名哲学家 B. 罗素曾说：“这个会议在我的理智生活中是一个转折点，因在那时遇见了皮亚诺。”5 卷《数学公式汇编》（1895～1908 年）是他用数理逻辑去建立整个数学体系的尝试。

在分析方面亦作出过重要贡献。1890 年构造了一条能填满一个正方形的曲线——皮亚诺曲线。1887 年出版的《无穷小计算的几何应用》中，给出了求积公式余项的一些新形式、曲线弧长及曲面面积的新定义、图形切于曲线的概念及变动图形的极限等。他的有关向量方法的普及工作，在几何上很重要，对向量分析的意大利学派是一个巨大的促进。最先证明了一阶微分方程 $y'=f(x,y)$ 当 $f(x,y)$ 连续时是可解的。1890 年又把此结果推广到方程组，其中出现了选择公理的最早的明确陈述。著作《微积分学原理》和《无穷小分析教程》（1893 年）在数学百科全书中被列入欧拉和柯西时代以来 19 部最重要微积分教材之中。

在数学史的研究中，明确指出了许多数学术语的起源，查明了一些符号与定理初次出现的时日。还是一位世界语专家，在他的努力下，国际世界语研究会在世界语方面做了不少开创性工作。曾获意大利王冠勋章。

（严大康 张镜清）

范，H. B.（Fine，Henry Burchard） 美国人，1858年9月14日生于美国宾夕法尼亚州钱伯斯堡，1928年12月22日卒于新泽西州普林斯顿。代数学、高等教育管理。

出身牧师家庭。就学于普林斯顿大学，该校年轻讲师G. 霍尔斯特德激起了他对数学的兴趣。1884年后赴德国深造，先后在莱比锡大学与柏林大学师从克莱因和克罗内克攻读数学。学成后回普林斯顿大学任教。1903年起先后任该校教务长、代理校长和科学系主任等职。1891年参与创立美国数学学会，1911～1912年任会长。

他的数学论文中最重要的是关于牛顿逼近法和对克罗内克关于数值方程定理的注释的文章。在代数几何与微分方程方面亦颇有研究。还著有几本大学教材，流传甚广，其中尤以《范氏代数》被推崇为经典代数课本，影响深远。对科学的主要贡献是对普林斯顿大学的数学和科学事业的支持。在任教务长期间不仅提升了数学家L. 艾森哈特，同时还聘请了O. 维布伦、G. A. 布利斯、G. 伯克霍夫和J. 韦德伯恩等学者名流来校工作。为了纪念他的功绩，普林斯顿大学的一个数学教授职位和一座教学大楼都以他的名字命名。（沈 铁）

亨伯，M.-G.（Humbert，Marie-Georges） 法国人，1859年1月7日生于法国巴黎，1921年1月22日卒于同地。代数几何、数论。

1877年入巴黎综合工科学校，毕业后又入矿业学院，1885年获博士学位。1893年被选为法国数学学会会长。1895年任母校教授。1901年被选为法国科学院院士。

主要贡献在代数几何与数论方面，写过约150篇文章。在博士论文中，提供了一个判定坐标为单变数椭圆函数的曲线是否属于第一型的方法，从而完成了克莱伯施的工作。发展了阿贝尔关于代数微分系统的有理和的结果，并给出了优美的几何应用。所写的关于阿贝尔函数在几何中的应用的文章获得法国科学院的奖励。给出了关于超椭圆函数变换和它的复数求法两大问题的完全解，并指出曲面到自身的变换群的存在是曲面几何与曲线几何的本质差别。还写过两本教学法著作，书中算术、几何与分析得到了高度的融合，充分说明了广泛的数学教学有助于发现，其数学发现在19世纪末处于领先地位，故被誉为法国数学学派的杰出代表。

（沈 铁）

切萨罗，E.（Cesàro，Ernesto） 意大利人，1859年3月12日生于意大利那不勒斯，1906年9月12日卒于托雷安农齐亚塔。几何学、数学分析、数论、概率论。

入法国列日矿业学院，师从E. 卡塔兰（Eugene Catalam）学习数学。1883年发表论文"各种算术问题"，引起数学界的注意。1884年获奖学金入罗马大学学习纯粹数学，2年内写出了关于无限算术、等压线问题、正则函数、概率论、内蕴几何等80篇文章。1887年获罗马大学荣誉博士学位。1886年任巴勒莫大学高等代数教授。1891年起任那不勒斯大学数学分析教授。

在初等几何、数学分析、数论、符号代数、概率论、微分几何等方面都有显著成果。杰出的贡献是关于发散级数求和问题的内蕴几何方面。他定义的(C, r)求和法，已成为现在的标准的定义。在专著《内蕴几何学讲义》中，系统详细地阐述了他的方法和应用，并介绍了一类以他名字命名的曲线。发表论文260篇左右。编写的教材相当精练，在当时颇有影响。（沈 铁）

沙图诺夫斯基，С. О.（Шатуновский，Самуил Осилович；Shatunovsky，Samuil Osipovich） 苏联人，1859年3月25日生于俄国兹纳缅卡，1929年3月27日卒于敖德萨。数学基础、几何学。

1877年毕业于俄国赫尔松高等工科学校。曾在圣彼得堡大学旁听车比雪夫的讲课，后到瑞士进修高等数学。1897年当选为敖德萨自然科学协会数学分会会员，1898年任秘书。1905年获敖德萨大学硕士学位，1920年升为该校教授。

主要研究数学基础。1897年独立于希尔伯特作出了直线图形面积测量的公理化理论。1898～1902年间发展了测量多面体体积的理论。还提出了极限概念的一般化定义。1917年发表重要论文，文中包含伽罗华理论的一个新结构——其中不预设代数方程根的存在性。

（卫瑞霞）

赫维茨，A.（Hurwitz，Adolf） 德国人，1859年3月26日生于德国希尔德斯海姆，1919年11月18日卒于瑞士苏黎世。代数学、复变函数论。

中学毕业前，和数学教师舒伯特合作发表了关于夏斯勒定理的论文。1877年春，入慕尼黑理工大学。1881年在莱比锡大学以模函数方面的论文获博士学位。1882～1891年先后在格丁根大学和柯尼斯堡大学任教。1892年任瑞士苏黎世理工大学教授，直到去世。虽有多种严重疾病，但仍顽强地坚持数学研究。

与克莱因合作对黎曼曲面上最一般的对应，特别是夏斯勒对应原理和椭圆σ积分及其在周期变换下的性质，进行了著名的研究。对于狄利克雷级数，导出了类似ξ函数的变换。还研究了亏格大于1的代数黎曼曲面的自同构群，建立了赫维茨公式。在复变函数理论和代数数理论方面也有重大的研究成果。1898年，证明了实数、复数、实四元数和克利福德拟四元数是仅有的满足乘法定律的线性结合代数，这是一个很有价值的结果。（沈 铁）

琴生，J. L. W. V.（Jensen，Johan Ludvig

William Valdemar) 丹麦人,1859年5月8日生于丹麦纳克斯考,1925年3月5日卒于哥本哈根。全纯函数、不等式、通信技术。

1876年中学毕业后,入技术学院学习。因生活所迫,1881年到哥本哈根国际贝尔电话公司就业,成为电话技术的专家,1890年任命为公司技术部主任,直至去世。

利用业余时间研究数学。1899年在《数学学报》上发表了以他名字命名的定理:全纯函数在圆周上的绝对值的对数平均值可用中心处的值和中心到零点的距离来表示。另一个著名的工作,是证明了大量的古典不等式都可以从凸函数的一般不等式导出,即著名的琴生不等式。对无穷级数理论亦很有研究。 (张镜清)

赫尔德,O.L. (Hölder,Otto Ludwig) 德国人,1859年12月22日生于德国斯图加特,1937年8月29日卒于莱比锡。解析函数论、傅立叶级数、群论、数论。

斯图加特理工学院法语教授的儿子。1876年入父亲所在学校学工程学。1877年转学柏林大学攻读数学,得到著名数学家魏尔斯特拉斯、克罗内克等人的指导。后在蒂宾根大学、柯尼斯堡大学、格丁根大学和莱比锡大学任教。1882年获蒂宾根大学博士学位。同年到莱比锡大学任教。1884年任格丁根大学数学讲师。1889年回蒂宾根大学任教,次年任教授。1927年起成为巴伐利亚科学院通讯院士。

在解析函数理论、傅立叶级数、群论及数论等方面都颇有贡献。早在1882年的学位论文中,就提出了以他的名字命名的体积密度的连续性条件。第一个完全地证明了魏尔斯特拉斯定理——解析函数在本性奇点邻域内可趋于任一指定的值,给出了解析函数在其收敛圆上发散点处的极限的计算方法。1884年研究了一个没有连续假设的有界函数的傅立叶级数的收敛性,首先将该函数的傅立叶系数表示为广义积分形式。把施瓦茨不等式推广到一般指数的情形,得到了著名的赫尔德不等式,而琴生不等式只是它的特例。在群论方面,引入“自然”无理数的概念,将J.约当的“合成级数”指标唯一性定理推广到商群上,这项工作是现代群论的基础。还论述了阶数为p^3、pq^2、pqv、p^4(p、q、v是质数)和n(n为无平方因子)的合成群的结构以及由已知商群及正规子群去构造群的方法。还发表过关于射影几何、数学基础及数论的著作。 (沈 铁)

勒奇,M. (Lerch,Mathias) 捷克人,1860年2月20日生于波希米亚(今属捷克)米里诺夫,1922年8月3日卒于捷克斯洛伐克苏希采(今属捷克)。数学分析、数论、计算数学。

1884年前在布拉格大学学习,后去柏林大学留学。1896年受聘为瑞士弗里堡大学教授。1906年回国,先后任捷克工学院和马萨里克大学数学教授。

研究广泛涉及分析、数论、几何及数值方法等领域,尤以分析方面的广义函数、无穷级数、特殊函数、椭圆函数等见长,其中关于亚纯函数的引入辅助参数原理和最速收敛原理的方法更引人注目。最著名的成果是方程$J(a)=\int_0^a \exp(-ax)\varphi(x)\mathrm{d}x$存在唯一解$\varphi$的勒奇定理,以及$\log\Gamma(v)$的库默尔三角展开式的导数的勒奇公式。一生中发表238篇论著。曾获法国科学院大奖。

(吴茂庆)

沃尔泰拉,V. (Volterra,Vito) 意大利人,1860年5月3日生于意大利安科纳,1940年10月11日卒于罗马。泛函分析、数学物理、物理学。

出身布商家庭。两岁丧父,随母投奔舅父。童年即显出奇才。11岁开始学习勒让德的《几何原理》等著作。13岁钻研弹道问题,并讨论在月球和地球引力作用下炮弹的轨道问题(实际上是三体问题)。数学才能被一位有数学博士衔的远亲(后成为他的岳父)发现,便说服其舅父放弃要他经商的打算,让他从事科学研究。1878年入佛罗伦萨大学自然科学系。2年后转入比萨大学,1882年毕业并获博士学位。翌年任力学教授,后又任数学物理教授。1892年任都灵大学力学教授。1900年任罗马大学数学物理教授。不久被选入意大利科学院,后任院长。卓越的成就使他成为几乎所有著名科学院的成员和许多著名大学的荣誉博士。1921年得到英国的封爵。从1905年起是意大利帝国参议员。因积极反对法西斯主义,1931年被罗马大学解职,并被意大利一切学术组织除名。从此只能长期到国外讲学,直到1938年才因病重返意大利继续科研工作。

科学贡献主要在数学、物理方面。在变分学中建立了函数空间概念,奠定了泛函分析理论的基础,创立了积分方程的一般理论;给出了一类具有变限的积分方程——现名为沃尔泰拉积分方程——的解法;他还用数学观点研究了生物遗传现象,导出了生物波动定律,创建了人口统计动力学的原理。在早期的弹道研究中,他应用的以不变力代表力的观点,也被应用于其他一些数学领域中。在物理方面,对双折射介质光学作了研究;探讨了地球磁极运动规律;分析了多连体的弹性错位等。

在第一次世界大战时,他任陆军工程队官员,建立了意大利武器研究所,研制了能携带枪炮的新型飞船,因而获得了十字勋章。1922年10月当法西斯在意大利抬头时,他积极与之斗争;在议会中率先反对墨索里尼的国家安全法;以科学院领导人身份首先在“知识界宣言”上签名反对法西斯;拒绝在效忠法西斯政府的宣誓上签字。 (吴茂庆)

皮耶里,M. (Pieri,Mario) 意大利人,1860年6月22日生于意大利卢卡,1913年3月1日卒于同地附近。射影几何、数学基础。

1880年入博洛尼亚大学。1881年转入比萨高等师范学校，1884 年毕业。1891 年获都灵大学博士学位。先后在比萨技术学校、都灵军事学院、都灵大学、卡塔尼亚大学任射影几何和画法几何的教授。

致力于研究符号逻辑和皮亚诺的公理系统。1895 年从三个未定义的术语“点”、“线”与“线段”出发构造了普通的射影几何。1897 年又指出位置几何的所有内容可以建立在仅有两个未被定义的术语“射影点”和“两个射影点的联接”之上。1898 年，用上述两个未被定义的术语及一个基于 19 条相互独立的公理的演绎逻辑系统构成射影几何。著名哲学家罗素称赞他使射影几何学最后除去每一个度量痕迹的工作是当时的最佳工作。在构作欧几里得几何的公理系统方面，继帕斯(Pasch)、皮亚诺之后，他把未定义的术语减少至两个。在 1906～1907 年发表的两篇关于算术基础的著名短文中，引入了两个原始概念“数”及“数的后继”，并用一系列公理来表示它们的特征，简化了皮亚诺的理论。 （张镜清）

怀特海，A. N. （Whitehead，Alfred North） 英国人，1861 年 2 月 15 日生于英国肯特郡拉姆斯盖特，1947 年 12 月 30 日卒于美国马萨诸塞州坎布里奇。*数理逻辑、泛代数论、自然哲学、理论物理学。*

牧师的儿子。1880 年入读剑桥大学三一学院数学系，1884 年、1887 年和 1905 年先后获学士、硕士和博士学位。1885～1910 年留校三一学院任讲师、高级讲师。1911～1924 年在伦敦大学帝国理工学院任教，1914 年起任数学教授、数学首席教授。1924 年任美国哈佛大学哲学教授，1937 年退休为荣誉教授。期间，1903 年入选英国皇家学会会员；1915～1916 年任英国数学学会会长；1920 年起先后获英国曼彻斯特大学、圣安德鲁斯大学，美国哈佛大学、威斯康辛大学、耶鲁大学，加拿大麦吉尔大学等校荣誉博士学位；1931 年当选为英国研究院院士。

英国著名数学家、数学逻辑主义学派代表人物、过程哲学创始人。

在剑桥大学时期，主要从事数学和逻辑研究。出版了第一部数学名著《泛代数论》(1898 年)，尝试突破传统代数某些限制，并对哈密顿四元数进行了推广；他和 B. 罗素合撰的《数学原理》(3 卷，1910～1913 年)，是第一本关于数理逻辑的系统导论，也是数学逻辑主义学派的创始经典，企图把纯数学归结为逻辑学，认为纯数学定理是由逻辑公理推出，数学概念可由逻辑术语说明，在书中他和罗素创制了数理逻辑的大部分记号法。

在伦敦大学时期，主要从事理论物理学研究，撰有《关于自然知识原理的研究》(1919 年)、《自然的概念》(1920 年)等，其中《相对论原理》(1922 年)从运动对称性出发批评了爱因斯坦理论，创立了另一种相对论，并在哲学上开始走向自然神秘主义。

在哈佛大学时期，主要从事宇宙形而上学研究，试图在近代物理学和数学基础上创立“过程哲学”(又称“有机体哲学”)。他提出以“机体论”代替当时流行的“还原论”和“活力论”，认为：“实在”的本质就是“变化的机体”；机体根本特征是活动，活动表现为过程；过程则是机体各个因子之间有内在联系的持续创造与进化；自然界最终元素是“事件”(events)，正是它构成了呈现于人类知性中的大自然。

哲学代表作有《科学与近代世界》(1925 年)、《过程与实在》(1929 年)、《观念的历险》(1933 年)、《思维模式》(1938 年)等。他早年是新实在论者，后深受 H. 柏格森直觉主义影响，其过程哲学虽有神秘主义和唯心论的倾向，但也有力批判了当时占统治地位的机械唯物论自然观，成为 20 世纪系统论直接思想渊源。重要论文汇编于《科学与哲学论文集》(1948 年)。

曾获 1922 年爱丁堡皇家学会斯科特奖、1925 年英国皇家学会西尔维斯特奖章、1930 年纽约哥伦比亚大学巴特勒奖章、1945 年英国功绩勋章等。 （吴茂庆）

马修斯，G. B. （Mathews，George Ballard） 英国人，1861 年 2 月 23 日生于英国伦敦，1922 年 3 月 19 日卒于利物浦。*经典数论、射影几何学、语言学。*

曾在伦敦大学学院、剑桥大学圣约翰学院学习。1883 年以优异成绩毕业于剑桥大学。1884 年入选圣约翰学院评议员。同年任新建的北威尔士大学学院数学教授。期间 1896～1911 年回剑桥大学执教。1897 年被选为英国皇家学会会员。

主要贡献在经典数论方面。所著《数论》(2 卷，1892 年)书中，包括二次型的高斯理论以及当时在英国很少有人了解的黎曼关于质数的论著。1907 年所写的关于代数方程的论文清晰地解释了伽罗华理论。和物理学教授 A. 格雷(Andrew Gray)合写的关于贝塞尔函数的著作，是当时英国这方面最早的一本教科书。直至 1922 年沃森的标准著作发表之后，该书仍有它的价值。此外，关于射影几何学的著作和高等算术的研究当时在英国也很有价值。

是一位造诣很深的学者。除了拉丁语和希腊语以外，还精通希伯莱语、梵语和阿拉伯语。 （张镜清）

布拉利-福尔蒂，C. （Burali-Forti，Cesare） 意大利人，1861 年 8 月 13 日生于意大利阿雷佐，1931 年 1 月 21 日卒于都灵。*数学基础、向量分析。*

1884 年毕业于比萨大学。同年到中学任教。1887 年起在都灵军事学院任解析投影几何学教授，直至去世。

1897 年提出了超限序数理论的著名悖论，证明了所有序数的序列是良序的，因而有最大序数。这一结论对集合论的发展及其在拓扑中的应用起了重大作用。另一重要工作是对向量分析、线性变换及其应用所作的研究。对向量提出了统一的记法，并引进了向量关于点的导数的概念，从而极大地简化和统一了向量分析基础。还用简单线性变换对已有的洛伦兹变换、梯度、旋度等算子的处理方法作了改进。 （吴茂庆）

莫林，Ф. Э.（Молин，Фёдор Эдуардович；Molin，Fedor Eduardovich） 苏联人，1861年9月10日生于俄国里加，1941年12月25日卒于托木斯克。代数学。

在里加的大学预科毕业后，入塔尔图大学的物理数学系，在克莱因和C.诺伊曼的指导下，1885年以论文"椭圆函数的线性变换"获塔尔图大学硕士学位，1892年获博士学位。1918年任托木斯克大学教授。

在博士论文中证明了在复数域C上的简单代数同构于完全的矩阵环。还引入了根式的概念，并证明了任一代数的结构可化为这种情况：其中由一根式得出的因子代数可分解为简单代数的直和。1907年韦德伯恩把该结果推广到任意域上的代数，使代数理论的研究进入广义线性结合代数的领域。他引入了一个群环，并证明它是一个半单代数，且可分解为s个简单代数的直和，其中s是中心的阶。还证明了每个不可约表示包含在正则表示中。还证明在等价范围内，群的表现取决于它们的迹。 （张镜清）

科尔，F.N.（Cole，Frank Nelson） 美国人，1861年9月20日生于美国马萨诸塞州阿什兰，1926年5月26日卒于纽约。数论、群论。

1882年毕业于哈佛大学。后去德国师从克莱因，1886年以论文"一般三次方程的理论"获莱比锡大学哲学博士学位。先后任密歇根大学、哥伦比亚大学及哈佛大学的教授。任美国数学学会秘书长和会刊《美国数学学会通报》主编达25年之久。热心教学工作，为哈佛大学的研究生指导工作开创了新局面。其研究工作主要在数论和群论方面。1903年，首次证明$2^{67}-1$为合数。为了感谢他对学会所作出的重大贡献，美国数学会向他颁发了奖金，并把1921年《美国数学会通报》作为纪念他的专辑，而他却把该奖金以及他的部分退休金捐赠数学学会，设立了以他的姓氏命名的代数奖。他去世后，数学会又增设了科尔数论奖。这两种数学奖每5年颁发一次，奖给这5年中在代数和数论方面作出贡献的学会会员。科尔代数奖和数论奖与博歇纪念奖、维而伦几何奖、维纳应用数学奖等一起，成为由美国数学学会颁发的几种重要奖项。 （沈 铁）

希思，T.L.（Heath，Thomas Little） 英国人，1861年10月5日生于英国林肯郡，1940年3月16日卒于萨里郡。欧氏几何学、科学史学。

中学毕业后，以奖学金进入剑桥大学三一学院，毕业后留任该院的评议员。由于学术成绩卓著，1912年被选为英国皇家学会会员，并担任学会顾问。牛津大学授予他荣誉博士学位，并取得皇家爵士勋位。还是英国研究院的研究员和数学学会会长。是一位数学史家。所写的《希腊数学史》与《欧几里得几何原本十三篇》都是名著，使当时被认为难以理解的《几何原本》变得广泛应用，特别是对第五篇的处理是一杰作，不愧被誉为研究古代数学的权威。 （沈 铁）

恩格尔，F.（Engel，Friedrich） 德国人，1861年12月26日生于德国开姆尼茨（今卡尔·马克思城）附近，1941年9月29日卒于吉森。群论、偏微分方程。

1883年在德国莱比锡大学获博士学位。1884～1885年在奥斯陆大学研究数学。1899年在莱比锡大学任数学编外教授。1904年在格赖夫斯瓦尔德大学任教授。是萨克森、普鲁士柏林科学院院士，俄国圣彼得堡科学院、挪威皇家科学院外籍院士。是奥斯陆大学的荣誉博士。是M.S.李的得意门生与助手。

主要成就在连续群与偏微分方程方面。与M.S.李合作完成了《变换群论》（共3卷，1888～1893年）。还写了《偏微分方程的李理论》讲义以及《切变换》、《李的元素集》、《高阶微商》等著作。1922～1937年主持出版了M.S.李的论文选集，共6卷，并增加了他的注释，其篇幅几乎与原著一样长；编辑了格拉斯曼著作集；并将罗巴切夫斯基的主要著作译成德文。因对科学的贡献，获得罗巴切夫斯基金质奖章、挪威圣奥拉夫勋章。 （卫瑞霞）

亨泽尔，K.（Hensel，Kurt） 德国人，1861年12月29日生于德国柯尼斯堡（今俄罗斯加里宁格勒），1941年6月1日卒于马尔堡。代数学、函数理论、数论。

曾在波恩大学和柏林大学学习数学，在L.克罗内克指导下，1884年获柏林大学博士学位。留校任教，1886年任该校教授。1901年任马尔堡大学教授。是著名的数学期刊《纯数学与应用数学》的主编。由于在退休后继续进行教学和指导工作，奥斯陆大学授予他荣誉博士学位。

对数学的主要贡献在代数函数理论和数论方面。著名的克罗内克-亨泽尔方法是代数函数域的算术理论基础。最重要的贡献是引入了P进位数，并系统地发展了它的理论。他的学生哈塞（H. Hasse）进一步将该理论发展为著名的"局部-整体原理"，在二次型理论和数域上的代数理论中极为有用。著有《代数函数理论》、《代数理论》和《数论》等。 （沈 铁）

希尔伯特，D.（Hilbert，David） 德国人，1862年1月23日生于德国柯尼斯堡（今俄罗斯加里宁格勒），1943年2月14日卒于格丁根。代数学、数学基础、数论、数学物理。

出身于法官世家。毕业于德国柯尼斯堡大学，1885年获哲学博士学位。留校任

教,1893年任教授。1895年起被聘为格丁根大学教授,直至1930年退休。1902年至去世,一直担任法国《数学年鉴》主编。德国政府授予他"枢密顾问"称号。1913年当选为柏林科学院通讯院士,1942年成为名誉院士。他是许多国家科学院荣誉院士。

科学研究大致可分为6个阶段:1893年前,代数结构,主要是不变式理论;1894~1899年,代数数论;1899~1903年,几何基础;1904~1909年,数学分析,如狄利克雷原理、变分法、积分方程、韦林问题;1912~1914年,数学物理;1918年后,数学基础。曾在1885年博士论文的基础上,对不变量理论进行了深入的研究,证明了多项式环中任何理想的基的有限性,即希尔伯特基定理;还建立了零点定理与不可约定理等重要结果;把模、环、域的抽象理论摆到了显著的地位,使不变量理论成为20世纪抽象代数发展的基础。1897年发表的著名报告"代数数域的理论",被认为是杰出的代数数论文献。1899年出版《几何基础》,提出公理系统三大基本要求:相容性、独立性和完备性,并将提出的20条公理分为五类:关联公理、顺序公理、合同公理、平行公理和连续公理,从而克服了欧几里得《几何原本》中公理体系的缺点,把欧几里得几何重新整理成一组新公理出发的演绎系统,成为近代公理化思想的代表作。晚年,致力于数学基础的研究,把公理系统的无矛盾性看成数学可靠性的标准。成功地证明了欧几里得平行公理不能从其他公理推出,即非欧几何是可能的。

他丰富了古典变分法理论,证明了狄利克雷原理。在分析领域最重要的贡献在积分方程方面。用一个正交赋范连续函数基使函数空间坐标化,并引入平方和收敛的函数空间,即著名的希尔伯特空间。藉助斯蒂尔吉斯积分创立了"连续谱"的概念。1904~1905年,把微分方程的斯特姆-刘维尔边值问题化为积分方程,使后者成为解微分方程的重要工具。

1900年在国际数学学会上提出23个数学问题,即著名的希尔伯特问题,对20世纪的数学研究产生了重大影响。同时他还是一个杰出的教师,经他直接指导毕业的博士生就有69位,其中不少人后来成为卓有贡献的数学家。由于他对数学研究的卓越贡献,使格丁根大学成为20世纪30年代全世界数学研究活动的中心之一。 (沈 铁)

穆尔,E.H.(Moore,Eliakim Hastings) 美国人,1862年1月26日生于美国俄亥俄州玛丽埃塔,1932年12月30日卒于伊利诺伊州芝加哥。代数学、群论、函数论、数论、数学分析。

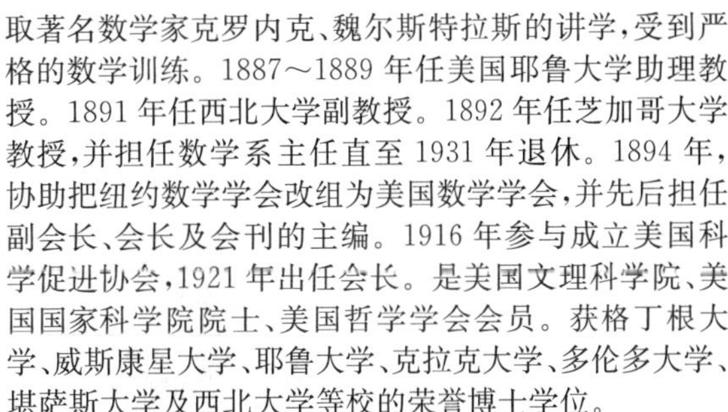

高中时受辛辛那提天文台台长O.斯通(Ormoud Stone)的影响,激发了对数学的兴趣。毕业后考入耶鲁大学,1885年获哲学博士学位。同年在导师H.A.牛顿的资助下到德国格丁根大学和柏林大学学习德文,并听取著名数学家克罗内克、魏尔斯特拉斯的讲学,受到严格的数学训练。1887~1889年任美国耶鲁大学助理教授。1891年任西北大学副教授。1892年任芝加哥大学教授,并担任数学系主任直至1931年退休。1894年,协助把纽约数学学会改组为美国数学学会,并先后担任副会长、会长及会刊的主编。1916年参与成立美国科学促进协会,1921年出任会长。是美国文理科学院、美国国家科学院院士、美国哲学学会会员。获格丁根大学、威斯康星大学、耶鲁大学、克拉克大学、多伦多大学、堪萨斯大学及西北大学等校的荣誉博士学位。

是促使美国数学在20世纪飞速发展的杰出数学家之一。

主要研究领域有几何、代数、群和数论、函数论、积分方程和一般分析。在抽象群的研究中,第一个叙述并证明了重要定理——每个有限域都是伽罗华域。发现每个关于n个变量的线性变换的有限群都有埃尔米特不变式。在函数论方面给出了抽象超越函数的论述,在没有连续导数的假设下证明了古萨对柯西积分定理的推广。在积分方程和一般分析方面的工作尤为突出。在勒贝格积分出现前,把广义积分的研究推到了顶峰,发明了一套分析系统的新符号,出版了著作《数学记号的历史》(2卷,1929年)。

在美国大学数学教学改革方面,曾作出过重要贡献。在"实验课程"中,把教本抛在一边,强调基本原理及它们的几何解释,注重能力的培养,给学生以充分思考和研究的余地,因而培养出一批优秀学者,如L.E.迪克森、O.维布伦和G.D.伯克霍夫等。这种教学法后被称为穆尔教学法。 (张镜清)

麦考利,F.S.(Macaulay,Francis Sowerby) 英国人,1862年2月11日生于英国威特尼,1937年2月9日卒于剑桥。代数几何、初等数学、数学教育。

卫理公会教堂主教之子。1882年毕业于剑桥大学圣约翰学院。1883年任教于巴斯的金斯伍德中学。1885~1911年在伦敦圣保罗中学。由于教学成就和研究成果,1928获得了中学教师极少得到的荣誉——被选为英国皇家学会会员。平时教学任务繁重,但仍致力于数学研究,主要成就在代数几何方面。发表过多项式和模系的代数理论方面的论文多篇,对代数几何的发展有重大影响。此外,还写过一些几何课本。为准备升大学的高年级学生上课,常指导并鼓励学生自学,激励学生研究数学。教学方法极其成功,培养出不少杰出的人材,其中有著名的数学家G.N.沃森和J.E.利特尔伍德。 (吴茂庆)

克内泽尔,A.(Kneser,Adolf) 德国人,1862年3月19日生于德国格吕索,1930年1月24日卒于布雷斯劳(今波兰弗罗茨瓦夫)。数学分析、变分法。

新教牧师之子,一岁丧父。1884年(22岁)获柏林大学数学博士学位。后以马尔堡大学、布雷斯劳大学任教。1889年任俄国多帕特大学(今爱沙尼亚塔尔图大学)副教授,次年任应用数学教授。1900年任柏林矿业研究院数学教授。5年后又回到布雷斯劳大学,直至退休。27岁成为大学教授。布雷斯劳理工大学荣誉博士。是普鲁士柏林科学院俄国圣彼得堡科学院外籍院士。其子是蒂宾根大学教授,孙子是格丁根大学教授。

被誉为20世纪初德国最著名的数学家之一。是一位数学分析的名家和变分法的大师。在二阶变分理论,特别是在分解曲线族和它们的包络理论方面导出了一些重要的结果,对迈尔问题的解作出了决定性的贡献。其变分法教科书对后来的研究影响很大。极值曲线、场(极值曲线族)、强极小(大)与弱极小(大)等迄今仍然使用的名称都是他引入的。此外,在曲线理论、椭圆函数、线性微分方程及积分方程等方面都有不少成果。1912年建立了曲线论中十分重要的四顶点定理。他的关于把任意函数展为斯特姆-刘维尔方程的特征函数的级数的结果,可与狄利克雷在傅立叶级数中的杰出成就相媲美。（张镜清）

施图迪,E. (Study,Eduard) 德国人,1862年3月23日生于德国科堡,1930年1月6日卒于波恩。几何学、三角学。

教师之子。从1880年始先后在耶拿大学、斯特拉斯堡大学、莱比锡大学、慕尼黑大学学习数学和自然科学,1884年获慕尼黑大学博士学位。1885年任莱比锡大学数学讲师。1888年任教马尔登大学。1893年去美国多所大学讲学。1894年在格丁根大学任编外教授。1897年在格赖夫斯瓦尔德大学任教授。1904年起在波恩大学任教授,直至1927年退休。

在几何的许多领域均有贡献。掌握M.S.李的连续群理论和不变量理论,特别在用代数方法解几何问题方面有高超的技巧。曾企图用理论的同一性证明几何的定理不依赖于坐标。还从新的观点导出了球面三角的公式,联结了三角学及其他数学分支。也是复几何学的先驱者之一,系统地构造了复欧几里得空间的解析几何,并和富比尼一起,第一次对这些空间引进了度量。在复微分几何方面,也是最先系统地研究各向同性曲线并引进各向同性参数的学者。著有《球面三角学,正交变换和椭圆函数》(1893年)、《运动几何学》(1930年)等书。（卫瑞霞）

多卡涅,P.M. (D'Ocagne,Philbert Maurice) 法国人,1862年3月26日生于法国巴黎,1938年9月23日卒于勒阿弗尔。几何学、地图学、数学史学。

出身于诺曼底名门望族,父亲以研究法国高等教育史而知名。他于1880年入读巴黎综合工科学校。在校期间,已在法国数学学会合刊上发表6篇论文。1885年毕业后加入工兵团,在法国西北部港高瑟堡从事水工建筑,业余仍研究数学。1893年回母校任讲师。次年任国立路桥学院教授。1901年任法国政府地图编绘署主管。1912年任母校几何学教授。1920年任法国路桥总监。1922年入选法国科学院院士。

是一位优秀的教师和科研工作者。他的名字经常与诺模图联系在一起。1899年出版的论著《诺模图原理与应用》被译成14种语言传布世界各国。所著《数学简史》于1955年在巴黎出版。曾于1892年、1894年获法国科学院大奖。（张镜清）

洛里亚,G.B. (Loria,Gino Benedetto) 意大利人,1862年5月19日生于意大利曼图亚,1954年1月30日卒于热那亚。代数几何、数学史学。

出身于富有的犹太族裔。一个哥哥是政治经济学教授。1883年毕业于意大利都灵大学,获数学博士学位。1891年起在热那亚大学任高等几何教授,1935年退休任荣誉教授。入选意大利林赛研究院院士。

关于特殊代数曲线与超越曲线的两篇论文,由于能从特殊情况的研究导出一般结果而吸引了不少数学家。但最有影响的工作是在数学史方面。1883～1902年连续发表了关于古希腊数学研究的短评,这是现今古希腊数学资料的丰富源泉。在《数学家历史研究指南》著作中,收集了著名数学大师们的众多资料。还写了牛顿、阿基米德等人的传记,编辑了托里拆利大批未发表的著作。主编有多种堪称为经典之作的大学数学教科书,1907年、1922年两次获法兰西学院科学史学方面资金。（吴茂庆）

理查德,J.A. (Richard,Jules Antoine) 法国人,1862年8月12日生于法国谢尔省布莱特,1956年10月14日卒于安德尔省沙托鲁。数学基础、几何学、数理逻辑。

曾在法国图尔斯、第戎、沙托鲁等地中学任教。1901年获巴黎大学理学院理学博士学位,其论文讨论了菲涅尔波的曲面。

经常给《数学教育》撰稿,发表过关于射影几何的论文。对公理体系问题颇有研究,认为公理是一些命题,其任务是对两个对象的相等这个概念作出精确的描述。在几何学方面,应用自反空间变换群和保持球不变的子群,得到有趣的结论:对一实球,子群为罗巴切夫斯基的;对一点球,子群为欧几里得的;对一虚球,子群为黎曼的。此外,数理逻辑上的一个著名悖论——理查德悖论,就是由他提出,后经罗素加以简化发表。（高岳兴）

施特克尔,P.G. (Stäckel,Paul Gustav) 德国人,1862年8月20日生于德国柏林,1919年12月12日卒于海德堡。解析函数论、数论、数学物理、科学史。

女子初级中学校长之子。幼年丧母。1885年以"穿越表面的粒子运动"论文获柏林大学哲学博士学位。次年通过国家教师资格考试,并完成两年兵役期和教学实习。1891年任哈雷大学讲师。1895年任柯尼斯堡大学副教授。1897年任基尔大学教授。1905年任汉诺威大学数学系主任。1908年任卡尔斯鲁厄大学数学系主任,1910～1911年任校长。1912年任海德堡大学教授。

曾任德国数学家协会主席。因患脑瘤去世。

受魏尔斯特拉斯的影响研究分析力学，把拉格朗日的理论用于力场中质点的运动。还研究解析函数的性质及线性微分方程解的存在定理。晚年，研究素数问题，写过关于数学教育问题的著作。在数学史方面，其兴趣集中于18世纪和19世纪初期，出版了欧拉、兰伯特、鲍耶、高斯和雅各比的著作、手稿和通信。关于函数论及非欧几何的历史也写过一些解释性的著作。他通晓多种语言。 (卫瑞霞)

图埃，A.（Thue，Axel） 挪威人，1863年2月19日生于挪威滕斯贝格，1922年3月7日卒于奥斯陆。*代数学、数论、数学物理。*

1883年入奥斯陆大学，1889年毕业。后在莱比锡大学、柏林大学进修数学，1890～1891年，在M.S.李的指导下学习数学。1891～1894年获奥斯陆大学的数学奖学金。后任挪威中部特隆赫姆技术学院讲师。1903～1922年任奥斯陆大学的应用数学教授。

1909年发表著名论文"代数数的近似值"，证明了：当x,y是整数时方程$y^3-2x^3=1$不可能有无穷多个解(x,y)。这个定理被誉为基础数论中的最重要的发现之一。此外，"有效速度的原理"是他的另一篇应用数学方面的重要论文。 (卫瑞霞)

菲尔兹，J.C.（Fields，John Charles） 加拿大人，1863年5月14日生于加拿大安大略省哈密尔顿，1932年8月9日卒于多伦多。*代数学、教育学。*

1880年入多伦多大学，1884年以数学金质奖获学士学位。1887年获约翰斯·霍普金斯大学哲学博士学位。留校任研究员。1889年任美国阿勒格尼学院数学教授。1892年辞职去巴黎大学、柏林大学和格丁根大学等校继续深造研究。1923年任多伦多大学教授。曾任加拿大皇家学会会长。担任过英国和美国科学促进协会的各种职务。是俄国圣彼得堡科学院、葡萄牙科学院的外籍院士。1924年在多伦多召开的国际数学会议上任主席。

毕生的兴趣是代数函数，处理方法全是代数的，不借助几何直观，结构整齐，技巧简单，内容协调。他用代数方法证明了黎曼-罗赫定理等，以及伴随性条件的独立性。1932年，在苏黎世国际数学家大会上，国际数学联盟采纳了他的建议，设立由他提供基金的国际数学荣誉奖。该奖每隔4年，从全世界第一流的40岁以下数学家中选出2～4名，由国际数学联盟在国际数学家大会召开时颁发，从1936年奥斯陆国际数学家大会起开始实行。该奖被誉为数学界的诺贝尔奖。 (沈 铁)

米勒，G.A.（Miller，George Abram） 美国人，1863年7月31日生于美国宾夕法尼亚州，1951年2月10日卒于伊利诺伊州。*群论、数学史。*

因家境贫困，17岁时只能一边教书一边到米伦伯格学院求学，1887年获学士学位，并受到嘉奖。1888～1893年任尤里卡学院数学教授。1892年获田纳西州坎伯兰大学博士学位。先后担任过康奈尔大学助理教授，斯坦福大学副教授，伊利诺伊大学副教授、教授和名誉教授。1921年入选美国国家科学院院士，并成为美国文理科学院院士。还是伦敦数学学会、法国数学学会、德国数学学会的会员和印度数学学会终生名誉会员。

主要贡献在有限群与数学史方面。探讨了非阿贝尔群，研究了换位子和换位子子群，并证明了群G的元素有序对全体的所有换位子集合生成G的不变子群；撰写的论有限群历史的文章是十分有价值的史料。此外，曾在20多种杂志上发表过800多篇论文。死后将生前积蓄的近百万美元全部捐赠给伊利诺伊大学。为了纪念他的数学成就和贡献，伊利诺伊大学汇编出版了他的论文集。 (王翼勋 张镜清)

克雷洛夫，A.H.（Крылов，Алексей Николаевич；Krylov，Aleksei Nikolaevich） 苏联人，1863年8月15日生于俄国辛比尔斯克州（今俄罗斯乌里扬诺夫斯克州）维夏格，1945年10月26日卒于列宁格勒（今俄罗斯圣彼得堡）。*计算数学、数学物理、海运工程学、科学史。*

圣彼得堡海运学院造船系的优秀生，在车比雪夫的得意门生科尔金的指导下，接受了严格的数学训练。1890年毕业后，经科尔金推荐留校教数学，还教授各种工程科学近50年，培养了大批造船工程师和科学家。1908～1910年以将军衔任造船总督及海运工程委员会主席。1914年获莫斯科大学应用数学博士学位。1916年成为全俄科学院院士。1927～1932年任苏联科学院数学物理研究所所长。1929年在组织苏联科学院工程科学研究所中发挥了重要作用。

在数学上主要研究近似计算方法及其应用，将之系统化和理论化，代表作有《近似计算》(1916年)等。在关于固定枢轴的强迫振动的研究中，创造性地发展了傅立叶的解边值问题方法，提出了加快傅立叶级数收敛速度的实用方法。提出了确定机械系统中微小振动频率方程的新解法，比拉格朗日、拉普拉斯、雅各比和勒韦里埃等人的方法简捷得多。此外，对科学史研究深有造诣，撰写出版了有关牛顿、拉格朗日、高斯、车比雪夫的生平事迹的一系列论著，还将牛顿的《自然哲学的数学原理》译成俄文本出版。

在海运工程学上，主要研究如浮力理论、稳定性理论、纵横摇动理论、振动理论、操作理论及罗盘理论等。还提出了计算船舶的结构要素的新方法。设计的航海表很快为全世界所接受。由于在科学和工程上的重要贡献，1939年获苏联荣誉科学家和工程师的称号，1943年获国家奖。 (张镜清 王翼勋)

塞格雷，C.（Segre，Corrado） 意大利人，1863年

8月20日生于意大利萨卢佐，1924年5月18日卒于都灵。代数几何、微分几何。

1883年获意大利都灵大学博士学位。同年留校任代数与解析几何助理教授，两年后任画法几何助理教授，1885～1888年任射影几何教授，1888年任高等几何教授直至去世。是都灵科学院院士。曾长期在《纯粹与应用数学年鉴》编辑部工作。

主要贡献在代数几何与微分几何方面。以巧妙的方式证实了著名的库默尔曲面——有62个二重点的四阶曲面，还研究了在双有理变换下代数曲线和直纹曲面的性质。引入了塞格雷种类 V_{2n}，建立了代数实体的新理论基础。在 S_n 中研究了用二阶线性偏微分方程定义的一类曲面，还特别研究了那些导至拉普拉斯方程的曲面。（卫瑞霞）

格拉韦，П. А.（Граве，Дмитрий Александрович；Grave，Dmitry Aleksandrovich） 苏联人，1863年9月6日生于俄国诺夫哥罗德州，1939年12月19日卒于基辅(今属乌克兰)。代数学、数论。

1881年入圣彼得堡大学数学系学习，受教于车比雪夫、科尔金、佐洛塔廖夫和马尔可夫，1896年获博士学位。1899年任哈尔科夫大学教授。1920年当选为乌克兰科学院院士。1929年当选为苏联科学院荣誉院士。

在硕士论文和博士论文中，分别解决了三体问题和球面在平面上的等效投影问题。主要研究代数和数论，建立了一个著名的代数学派。还写过几本代数和数论的著作和教科书，如《高等代数教程》、《有限群理论》和《初等数论教程》等。（高岳兴）

杨 W. H.（Young，William Henry） 英国人，1863年10月20日生于英国伦敦，1942年7月7日卒于瑞士洛桑。数学分析。

1881年入剑桥大学彼得豪斯学院学习，因参加数学竞赛失败愤而转学神学。毕业后任家庭教师。1896年与有国际声望的女数学家埃米利(C. Emily)结婚，不久移居瑞士，从此在妻子影响下从事数学研究。曾任瑞士、德国多所高校的数学教授、数学系主任。1929～1936年任国际数学学会会长。获多所高校荣誉博士学位。

比勒贝格早2年创建了"勒贝格"积分，由于他后来也称之为勒贝格积分，故其首创权反被忽视了。他最著名的工作还有：建立了傅立叶系数的 p 次幂之和与函数的 q 次幂之间的关系(p,q 为共轭数，且 p 是偶数)；给出了现在被广泛采用的多元函数基本微分运算的处理方法。1900～1924年间发表200余篇论文。得过英国皇家学会的西尔维斯特奖章。（吴茂庆）

潘勒韦，P.（Painlevé，Paul） 法国人，1863年12月5日生于法国巴黎，1933年10月29日卒于同地。代数微分方程。

曾在巴黎高等师范学校学习。1887年到德国格丁根大学，在施瓦茨和克莱因的指导下进行研究工作，并完成了博士论文。同年在里尔大学成为教授。1900年被选为法国科学院几何组院士。还是航空学院的教授和航空协会的会长。1910年起转入政界，先后担任过各种要职，在保卫国家安全的事业中作出过重要的贡献。

作为一个数学家，他引入了关于代数曲线与曲面的双一致变换，成功地研究了代数微分方程的奇点，对高于一阶的微分方程定义了一些新的超越奇点，断言每个二阶线性方程的临界点都是不动点，并指出求解方程 $y''=f(x,y,y')$ 需引入新的超越函数，即现今的潘勒韦函数。此外，在力学上还推广了著名的 n 体问题，修正了某些摩擦问题的结果；研究当力函数不取其极大值时的某些平衡条件。1890年起，先后获法国科学院数学大奖、博丁奖及蓬斯莱奖。（张镜清）

斯捷克洛夫，B. A.（Стеклов，Владимир Андреевич；Steklov，Vladimir Andreevich） 苏联人，1864年1月9日生于俄罗斯下诺夫哥罗德，1926年5月30日卒于克里米亚(今乌克兰克里木)。特征函数、数学物理、科学史。

神学院教士之子。1884年入莫斯科大学。一年后转学哈尔科夫大学数学物理系，1887年毕业。留校任教，1891年任力学讲师，1893年获该校硕士学位。1896年任该校编外力学教授，1902年通过博士论文。同年任该校应用数学系教授兼系主任。1906年任圣彼得堡大学数学教授，成为该校数理学院的奠基者。1910年被选为圣彼得堡科学院院士，1919年任副院长。1921年至去世任数学与物理研究所所长。1934年该所分为两个研究所，其中之一为斯捷克洛夫数学研究所。

主要工作领域在数学、物理学以及有关的分析问题。用特征函数表示了狄利克雷和诺伊曼边值问题的解，对特征函数论作了有价值的贡献。在将函数展成特征函数的收敛级数的讨论中，推广了帕斯瓦尔等式，建立了封闭性条件，创造了"封闭性理论"。此外，还写过伽利略和牛顿的传记。一生的出版物有154篇(部)。（卫瑞霞）

奥斯古德，W. F.（Osgood，William Fogg） 美国人，1864年3月10日生于美国马萨诸塞州波士顿，1943年7月22日卒于马萨诸塞州贝尔蒙特。函数论、微分方程。

在波士顿的大主教学校修完大学预科后，入哈佛大学学习。毕业后入该校的研究生院学习数学，1887年获文科硕士学位，1890年以论文"第一、二、三类阿贝尔积分的研究"获哲学博士学位。留校任教，在哈佛大学数学系工作达43年之久。1933年到中国北京大学讲学2年。

毕生致力于函数论的研究。主要论文是关于连续函数序列的收敛性、微分方程的解、关于单连通区域的映射的黎曼定理、变分法及填满空间的曲线等。这些论题都是经典的,但结果却是重要的和深刻的。著作《函数论讲义》、《解析几何》、《微积分》和《高等微积分》成为大学标准教材而广被采用。 (张镜清)

屈夏克,J.(Kürschák,József) 匈牙利人,1864年3月14日生于匈牙利布达(今属布达佩斯),1933年3月26日卒于布达佩斯。*赋值理论、抽象域论。*

中学时代就显示出数学天才,毕业后入匈牙利布达佩斯工业大学,1890年获哲学博士学位。后留校任教,1900年升为教授。1914年成为匈牙利科学院院士。

是一位多产的数学家。主要成就是建立了赋值理论,从而在抽象域论中能引入收敛、基本序列、距离以及极限等概念。证明了对于任一个赋值域,总可通过添加新元素使之成为"完全"(即闭且自密)域,且在代数意义下是封闭的。他的赋值论和方法后来发展为一种十分重要的协调的域的算术理论。此外,在几何、变分法、线性代数以及代数几何等方面都作出过一定的贡献。在第一次世界大战前后的20年间,布达佩斯大学曾是培养科学家的重要基地。他培养了许多卓越的数学家和物理学家,其中最杰出的是冯·诺依曼。 (张镜清)

闵科夫斯基,H.(Minkowski,Hermann) 一译闵可夫斯基。德国人,1864年6月22日生于俄国阿列索达斯(今属立陶宛),1909年1月12日卒于德国格丁根。*代数几何、张量代数、数论。*

出生在一个犹太血统的商人家庭,父母都是德国人。8岁时全家从俄国迁回德国,定居柯尼斯堡,在那里接受高等教育,与同学希尔伯特和青年教师赫维茨结为终生挚友。1885年在柯尼斯堡大学获博士学位。先后在波恩大学、格丁根大学、柯尼斯堡大学、瑞士苏黎世联邦理工大学等大学任教。1902年由希尔伯特推荐,任格丁根大学教授,直至因急性阑尾炎发作而去世。

型的理论是19世纪初期数论中的主要课题,高斯曾作出了杰出的贡献,但主要研究二元的和三元的二次型,并提出一个有趣的几何模拟,开始了"数的几何理论"的讨论。而闵科夫斯基毕生致力于n元二次型的研究,最重要的贡献是通过型的三个不变量来刻划在有理系数线性变换下,有理系数二次型等价的特征;完成实系数正定n元二次型的简化理论。1882年用"类"的概念,独立地构造了整系数n元二次型的理论,从而解答了"一个整数表为五个整数平方之和的数目"问题。因此于1883年与H.J.史密斯一起获法国科学院颁发的数学大奖。1896年发表了"数的几何",数的几何理论才取得了显著的地位。文中引用了凸性概念,系统地研究了n维空间中凸集的几何性质。远在发现距离空间之前就在n维空间中的对称凸体上引入了"距离"的概念。这一思想为1920年赋范空间的发现铺平了道路,奠定了近代泛函分析的基础。对凸体体积的估算,引入了几个凸体的混合积的概念,且得到了非常新颖的结果,即几个凸体的混合积间的不等式。设K_1、K_2、K_3为空间中三个凸体,则$V^2(K_1,K_2,K_3)\geqslant V(K_1,K_1,K_3)\cdot V(K_2,K_2,K_3)$。

1905年爱因斯坦提出狭义相对论之后,他于1908年第一个提出四维"空-时连续统"来代替空间和时间的概念,并给出"空-时"的明确定义及数学上的研究。这成为相对论进一步发展的基础,并为爱因斯坦提出广义相对论准备了条件。一生共发表29种论著,其中关于二次型理论7种,关于数的几何11种,关于几何学6种,关于数学物理5种。1911年由希尔伯特主编出版了全集。 (严大康 张镜清)

兰茨贝格,G.(Landsberg,Georg) 德国人,1865年1月30日生于德国布雷斯劳(今波兰弗罗茨瓦夫),1912年9月14日卒于基尔。*代数函数论。*

1883~1889年就读于布雷斯劳大学和莱比锡大学,1890年获布雷斯劳大学数学博士学位。1897年任海德堡大学编外教授。1911年任基尔大学教授,直至去世。

最重要的数学成就是发展了一元代数函数理论。研究的方法除黎曼的函数论方法外,还有意大利数学家偏爱的几何方法及魏尔斯特拉斯的算术方法,而算术方法的较完整的叙述,出现在他与K.亨泽尔合写的教科书《单变量代数函数论》(1902年)中。还研究了黎曼-罗赫定理,使该定理建立在算术理论基础之上,从而导致代数函数近代抽象理论的发展。此外,在高维流形的曲线理论、θ函数及高斯和等方面也做了不少有益的工作。 (张镜清)

韦西奥,E.(Vessiot,Ernest) 法国人,1865年3月8日生于法国马赛,1952年10月17日卒于萨瓦省勒包奇。*群论、微分方程、数学物理。*

就读于巴黎高等师范学校,1892年获博士学位。先后任里尔大学、图卢兹大学及巴黎大学等校的教授。后任巴黎高等师范学校校长,直至1935年退休。1943年被选为法国科学院院士。

主要贡献是将连续群用于微分方程。证明了作用于微分方程的n个独立解系上的常系数线性置换群的存在性;发展了关于线性有理变换群的工作;完善了沃尔泰拉对弗雷德霍姆积分的研究,并扩充至偏微分方程,得到了天体力学中摄动理论及不连续波的传播中的

原始结果和一般关系；还修正了弹道学的某些经验公式。此外，他为巴黎高等师范学校建造新实验室也作出了贡献。（卫瑞霞）

卡斯泰尔诺沃，G.（Castelnuovo，Guido） 意大利人，1865年8月14日生于意大利威尼斯，1952年4月27日卒于罗马。代数几何、科学史。

著名小说家埃利科·卡斯林尔诺沃（Enrico Castelnuovo）之子。1886年从意大利帕多瓦大学毕业后，在罗马大学读过一年研究生。后任教于郡灵大学。1891～1935年任罗马大学数学教授，承教射影几何、解析几何、高等几何和概率论。晚年任意大利科学院院长，直至去世。1949年12月被任命为意大利共和国终身议员。

他的数学贡献主要在代数几何方面，在意大利几何学派中占有重要地位，代表作有《解析几何与投影几何》（1903年）等；在代数曲面及其基理论的研究上取得一定成果；证明了著名的克罗内克-卡斯泰尔诺沃定理，并进一步推得：每一个具有平面截线是椭圆的不规则的不可约的代数曲面是有理的。还完善了证明由M.纳脱和罗沙尼斯独立发现的结果：一个平面克列蒙拿变换可由一系列二次的及线性的变换构成。在概率论、相对论和数学史方面亦做了不少工作。代表作有《概率演算》（1919年）、《相对论教程》（1923年）；所写的《关于无穷小计算的起源》（1938年）著作，包含了从文艺复兴时期到牛顿、莱布尼茨时代的无穷小方法的发展的十分简明的总结，是很有价值的数学史料。（沈　铁）

科捷利尼科夫，А.П.（Котельников，Алексаняр Петрович；Kotelnikov，Aleksandr Petrovich） 苏联人，1865年10月20日生于俄国喀山，1944年3月6日卒于苏联莫斯科。向量微积分、非欧几何学、数学物理、理论力学。

父亲是罗巴切夫斯基的同事。1884年毕业于喀山大学，1893年在该校力学系任教。1896年以论文"叉积计算及其在几何与力学中的某些应用"获硕士学位；1899年又以论文"向量的投影理论"获数学博士学位。1899年后，先后任基辅大学和喀山大学的教授兼数学系主任。1915年任基辅理工学院理论力学系主任。1924年至去世，工作于莫斯科鲍曼技术学院。

所从事的研究工作中，特别值得提及的是关于物理与几何间联系的几部著作：《相对论原理与罗巴切夫斯基几何》（1927年）、《向量理论和复数》和《罗巴切夫斯基几何在力学和物理中的某些应用》。他的向量投影理论是罗巴切夫斯基和黎曼的非欧几里得空间中向量微积分的进一步推广。此外，关于复数在几何、物理上的应用和四元数理论的论文亦具有很重要的意义。还主编并注释了茹可夫斯基全集、罗巴切夫斯基全集。1934年被授予俄罗斯共和国的功勋科学家称号，1943年获苏联国家奖金。（张镜清）

博尔，P.（Bohl，Piers） 拉脱维亚人，1865年10月23日生于立窝尼亚地区（今拉脱维亚）瓦尔卡，1921年12月25日卒于拉脱维亚里加。函数论、拓扑学、数论。

商人之子。1887年在德国多尔帕特大学数学学士学位，并获金质奖章；1893年获该校硕士学位；1900年获该校博士学位。1895年任教里加理工学院，1900年任教授。1919年任拉脱维亚大学教授。两年后死于心脏病。

是首先研究概周期函数概念的学者。这个概念在10年后由法国数学家埃斯克朗贡命名为概周期函数。1900年在用拓扑方法对一阶微分方程组的研究中，又论证了n维点集在连续映射下不动点存在性问题，虽然由他的结论很易推得布劳威尔不动点存在定理，但却未受到当时数学界的重视。在研究长周期扰动理论问题时，又讨论了某些函数的分数部分的一致分布问题。该理论以后发展成为数论的重要部分。（吴茂庆）

尼尔森，N.（Nielsen，Niels） 丹麦人，1865年12月2日生于丹麦厄斯莱乌，1931年9月16日卒于哥本哈根。特殊函数、数论、数学史学。

贫困农场工之子。1885年入哥本哈根大学，1891年毕业，1895年获该校博士学位。期间1887年开始在中学兼教数学课谋生。1900年任教哥本哈根理工学院预科课程，1903～1906年任中学系统的大学督学。1905年任哥本哈根大学教师。1909年任该校数学教授。

主要成就是编写了许多特殊函数的教科书，其中关于柱面函数和γ函数的著作被广泛采用。对γ函数和阶乘级数的理论作出了较大的贡献。1917年起带病坚持研究，并把注意力转向数论（贝努利数和费尔马方程）和数学史方面。写过丹麦数学家和法国数学家的传记著作各两部。（张镜清）

阿达玛，J. S.（Hadamard，Jacques Salomon） 法国人，1865年12月8日生于法国凡尔赛，1963年10月17日卒于巴黎。数论、解析函数、偏微分方程、微分几何、变分法。

父亲是拉丁文教师，母亲是有名的音乐教师。他毕业于巴黎高等师范学校，

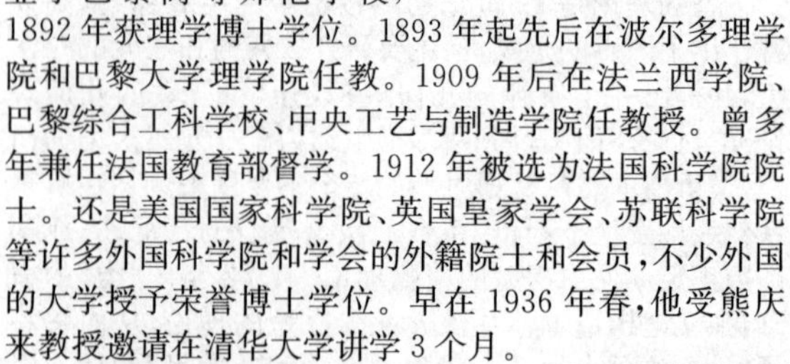

1892年获理学博士学位。1893年起先后在波尔多理学院和巴黎大学理学院任教。1909年后在法兰西学院、巴黎综合工科学校、中央工艺与制造学院任教授。曾多年兼任法国教育部督学。1912年被选为法国科学院院士。还是美国国家科学院、英国皇家学会、苏联科学院等许多外国科学院和学会的外籍院士和会员，不少外国的大学授予荣誉博士学位。早在1936年春，他受熊庆来教授邀请在清华大学讲学3个月。

创造性的工作几乎影响到所有的数学分支，被誉为现代法国最著名的数学家之一。在解析函数、数论、偏

微分方程、微分几何及变分法等方面都颇有研究。根据幂级数的系数的性质建立了确定该级数收敛半径的著名的柯西-阿达玛公式。导出了整数的泰勒级数的系数的模的递减与函数的类型间的关系，据此证明了著名的素数定理，即 $\lim\limits_{x\to\infty}\frac{\pi(x)}{x/\log x}=1$，其中 $\pi(x)$ 表示小于 x 的素数的个数。引入了在现代分析中起着重要作用的拟解析概念。运用拓扑学把特征理论推广到任意阶偏微分方程的情形，提出了数学物理问题的适定性概念。研究有有限个可延伸至无穷的叶的负曲率曲面，提出了变分公式与阿达玛定理。最先引入“泛函”的名称，开创了泛函的研究。

对教学法也颇有兴趣，写了许多关于初等数学的文章，1901 年出版的《初等几何教程》至今仍为中学数学教师和优秀学生爱读的教学参考书。

主要著作有《泰勒级数及其解析延拓》(1926 年，与他人合著)、《线性双曲型偏微分方程的柯西问题》(1922 年)、《数学领域中发明的心理学研究》(1959 年)、《偏微分方程论》(1964 年)等。出有《阿达玛全集》(1968 年)。多次获法国科学院资金。在 90 岁高龄时获法国荣誉军团十字勋章。 (沈 铁)

科瑟拉，E. M. P. (Cosserat, Eugène Maurice Pierre) 法国人，1866 年 3 月 4 日生于法国亚眠，1931 年 5 月 31 日卒于图卢兹。*几何学、力学、天文学*。

17 岁入巴黎高等师范学校。1886 年毕业到图卢兹天文台工作。1889 年任教于图卢兹大学理学院，1896 年任微分学教授。1908 年任图卢兹天文台台长，直至去世。1919 年当选为法国科学院院士。1923 年当选为法国经度局委员。

1888 年发表的博士论文，扩展了普吕克的线坐标的概念，研究了由圆产生的空间的无穷小性质。后又致力于线汇和线丛的研究。还以弹性理论和连续介质为基础研究了表面变形。结合拉格朗日极值定理和李的位移群的不变性的思想研究了理论物理。此外，为了系统地测定恒星的自行，他组织了对子午圈的观测、拍照和位置的计算等重要工作。 (沈 铁)

博尔托洛蒂，E. (Bortolotti, Ettore) 意大利人，1866 年 3 月 6 日生于意大利博洛尼亚，1947 年 2 月 17 日卒于同地。*拓扑学、差分法、数学史*。

1889 年毕业于意大利博洛尼亚大学。留校任教。1892 年去巴黎大学研究生院深造。翌年到罗马大学任教。1900 年任摩德纳大学教授，1913～1919 年任该校理学院院长。后任博洛尼亚大学几何学教授，1936 年退休。

早期对拓扑学与差分法作过一些研究。20 世纪后，集中搞数学史。第一篇数学史论文确认了鲁菲尼在求解代数方程问题中的深远影响；以后又透彻地研究了 17 世纪微积分学发展史，揭示了托里拆利无穷小分析成果的重要性，论证了卡塔尔迪对连分式的发明权。还研究了费拉里、邦贝利等早期数学家的工作，发现并整理出版了后者所著的《代数学》第 4、第 5 卷的手稿。 (吴茂庆)

弗雷德霍姆，E. I. (Fredholm, Erik Ivar) 瑞典人，1866 年 4 月 7 日生于瑞典斯德哥尔摩，1927 年 8 月 17 日卒于同地。*数学分析、应用数学*。

灯具商之子。先后在斯德哥尔摩皇家理工学院、乌普萨拉大学学习，在后一学校 1888 年获理学硕士学位，1893 年获哲学博士学位，1898 年获理学博士学位。同年任斯德哥尔摩大学数学物理学讲师，1906 年任教授。1909～1910 年任理学院副院长，后任院长。瑞典科学院院士和法国科学院外籍院士。1909 年获德国莱比锡大学荣誉博士学位。

早年研究微分方程，博士论文是关于偏微分方程的讨论。但最重大的成果是解决了一类积分方程的求解问题，该问题悬而未决达一个世纪，而他只用了 5 年时间就完全解决了这个问题。这一类积分方程现称为弗雷德霍姆方程。该成果间接地推动了希尔伯特空间理论及函数空间理论的发展。为此，1908 年获得法国科学院的奖金。此外，还建立了著名的弗雷德霍姆定理，该定理对算子理论有重要作用。 (高岳兴)

瓦莱-普森，C.-J.-G.-N. (Vallée-Poussin, Charles-Jean-Gustave-Nicolas de la) 比利时人，1866 年 8 月 14 日生于比利时卢万，1962 年 3 月 2 日卒于同地。*数论、函数论*。

卢万大学矿物学与地质学教授之子。早年就读于比利时耶稣会蒙斯学校。1891 年毕业后入卢万大学，在 L.-P. 吉尔伯特(Louis-Philippe Gilbert)的指导下钻研纯数学。1892 年吉尔伯特去世，他年仅 26 岁就接替了导师在卢万大学的教授职位。1909 年被选为比利时皇家科学院院士。1943 年由于在卢万大学执教 50 年，比利时国王授予他男爵爵位。还是法国科学院、美国国家科学院外籍院士，国际数学家联盟的名誉主席。

早期研究微积分，1892 年由于微分方程的论文而获比利时皇家学会的嘉奖。后来转入研究素数的分布。1896 年独立于阿达玛证明了素数定理。1916 年撰写的两篇关于 θ 函数的论文是后人发展数论的基础。在函数论方面，研究了鲍莱尔-勒贝格理论。在 1908 年后的 10 年内，用代数多项式和三角多项式逼近连续函数的理论获得了根本性进展。1925 年后，转而研究位势理论和保角映射等问题。主要著作有《分析学教程》(2 卷，1903～1906 年)、《对数位势理论》(1949 年)等。获法国荣誉军团勋位。 (卫瑞中)

特罗普克，J. (Tropfke, Johannes) 德国人，1866 年 10 月 14 日生于德国柏林，1939 年 11 月 10 日卒于同地。*初等数学、数学史、数学教育*。

在柏林大学学习时，对数学、物理、哲学、动植物学、拉丁语和希腊语均感兴趣。但学位论文讨论的是函数论中的课题。1912～1932 年，任基施纳高级中学的首任校长。从研究数学史出发，提出了改革中学数学课程的计划。撰写的巨著《初等数学体系的历史》(7卷,1921~1924年),内容全面而丰富,对当时数学教学的改革产生了决定性的影响。1939年获普鲁士科学院莱布尼茨银质奖章。该书对研究数学史有重要价值,20世纪80年代还出版了修订本。（卫瑞霞）

陶贝尔,A. (Tauber,Alfred) 斯洛伐克人。1866年11月5日生于斯洛伐克普雷斯堡(今斯洛伐克的布拉迪斯拉发),1942年卒于德国塞雷辛斯泰特(今捷克泰雷津)。函数论、位势论、应用数学、保险学。

1884年入维也纳大学,1888年以论文"群论的几个命题"获博士学位。留校从事博士后研究。1891年任该校无薪教师。1892年任维也纳人寿保险公司的数学部主任。1895年在大学开讲保险业数学,1899年在维也纳理工大学讲授同一学科。1908年任维也纳大学副教授,1919年升任教授。还是商业部的保险顾问、维也纳商业法庭的法律顾问。1942年6月28日,他因政治异见被纳粹政权送往集中营,并在当年死于该处,具体日期不详。

数学上的成就在函数论和位势论、Γ函数及保险数学方面。最重要的论文是"关于无穷排列理论中的命题",文中建立了关于幂级数的极限的阿贝尔定理的逆定理,即著名的陶贝尔定理。此外,在《关于抵押保险》和《专家对第六次国际保险学会议的意见》中,用公式表示了他的保险率方程。（卫瑞霞）

舍费尔斯,G. W. (Scheffers,Georg Wilhelm) 德国人,1866年11月21日生于德国霍尔茨明登附近阿尔顿杜尔夫,1945年8月12日卒于柏林。微分几何学。

莱比锡大学艺术研究院教授之子。攻读于莱比锡大学,1890年获该校博士学位。留校任教。1896年任达姆施塔特技术学院助理教授,4年后升为教授。1907年任柏林-夏洛滕堡理工学院教授,直至退休。

是M. S. 李的学生,受李的影响极大,其博士论文题目就是听从李的建议而选取的。他热衷于研究几何学,特别是直观空间的微分几何学。发现了特殊曲线和特殊曲面的许多性质和它们的表示。所著《微分和积分在几何上的应用》(2卷,1901~1902年)是一部流行甚广的微分几何教科书。最重要的工作是在1903年所写的关于阿贝尔定理和平移曲面的论文。（卫瑞霞）

韦尔·埃克,P. (Ver Eecke,Paul) 比利时人,1867年2月13日生于比利时梅嫩,1959年10月14日卒于贝尔赫姆。科学史、文献学。

1891年毕业于比利时列日大学。1894~1932年在比利时政府工程管理局工作。比利时数学学会、国际科学史学会会员和比利时科学史委员会的委员。

青年时代就对古希腊的数学深感兴趣。1921年把阿基米德的全部著作都译成法文。还把斐波那契所著的《四艺经》拉丁版译成法文,并在译文的序言中介绍了作者的历史背景,在脚注中用近代记号作了相应的讨论,对古代的思想、著作的历史地位及科学价值作了正确的反映。此外,还翻译了阿波罗尼、丢番图及帕普斯等人的著作,并写了题为"用历史观点考察古尔丁的理论"的文章。（卫瑞霞）

博彻,M. (Bôcher,Maxime) 美国人,1867年8月28日生于美国马萨诸塞州波士顿,1918年9月12日卒于马萨诸塞州坎布里奇。微分方程。

父亲是语言学教授。1883年入哈佛大学。1888年毕业后又去德国格丁根大学深造,1891年获数学专业博士学位。同年返哈佛大学任教,1904年升为教授。1909~1910年任美国数学学会会长,《数学年鉴》主编,美国数学学会学报首任主编。1909年入选美国国家科学院院士,数学工作委员会主席等职。

主要论著涉及微分方程理论及与此有关的一些问题,包括一阶线性微分方程组,斯特姆在代数和微分方程方面工作的注释,边界问题,线性微分和差分方程的格林函数,斯特姆-克莱因的振动定理,椭圆型偏微分方程解的奇点等。发表论文百余篇;代表作有《高等代数导论》(1907年)等。（吴茂庆）

沃罗诺伊,Г. Ф. (Вороной, Георгий Феодосьевич; Voronoy, Georgy Fedoseevich) 俄国人,1868年4月28日生于俄国波尔塔瓦州佐尔勒夫卡(今属乌克兰),1908年11月20日卒于波兰华沙。数论。

中学校长之子。1885年入圣彼得堡大学数理学院学习,1894年获硕士学位,同年任华沙大学纯数学教授。1897年获博士学位。

主攻数论,在数的代数理论、几何理论及解析理论三方面都有独特的创见。他不仅给出了一般三次式基本单位根的最佳算法,还首次把连续埃尔米特参数原理用于恒定或非恒定二次型的算术理论,解决了n变量判别式的正二次型的下确界的求法,解决了确定双曲线$xy=n$下面全部正整数点个数的狄利克雷问题,确定了用恒等的相邻凸平行六面体填满n维欧氏空间的一切可能方法。此外,他引入了沃罗诺伊图形(即"沃罗诺伊棋盘花纹"),如今广泛用于空间分布式数据的分析,成为地球物理学和气象学的重要分析工具之一。同年任圣彼得堡大学数学教授。其硕士和博士论文都获得圣彼得堡科学院布尼雅科夫斯基奖。（吴茂庆）

博尔特克维奇,L. J. (Bortkiewicz, Ladislaus Josephowitsch) 德国人,1868年8月7日生于俄国圣彼得堡,1931年7月15日卒于德国柏林。数理统计、统计学、经济学、应用数学。

出身波兰裔血统的家族，炮兵士官学校数学教官之子。1890年毕业于圣彼得堡大学法学院。曾赴德国格丁根大学等多校留学，1893年获博士学位。1895年任斯特拉斯堡大学无薪教师，讲授统计学和保险业计算科学。1897年起先后任铁路局办事员、中学教师。1901年任柏林大学统计学编外教授，1920年任统计学与政治经济学教授。是瑞典皇家科学院外籍院士，英国皇家统计学会、美国统计学会、国际统计学会荣誉成员。

首先倡仪把一般统计与概率论、数理统计联系起来，也是有序统计学的先驱者。在数理统计及其应用上，是“大陆方向”的主要代表者。他的工作以观点独特、推演严密、资料丰富而著称。发表论著百余篇(部)，其中一些论文篇幅很长。 （吴茂庆）

帕多阿，A.（Padoa，Alessandro） 意大利人，1868年10月14日生于意大利威尼斯，1937年11月25日卒于热那亚。数理逻辑。

犹太裔。中学毕业后，1885年起先后就读于威尼斯保罗·沙比技术学院、帕多瓦大学工学院及都灵大学，1895年获都灵大学数学博士学位。1896年获国家教师资格证书。后为多个高级中学、技术学校、航海学校任教，1935年从热那亚一所中学退休。期间在热那亚大学等多所高校任兼职讲师开设数理逻辑、画法几何等课程。

主要研究数理逻辑，是皮亚诺学派的杰出成员。在1900年的巴黎国际哲学会议上，引入了“关于未证明命题的系统不可约的未定义符号系统”的新概念。第一个设计出关于一个理论的原始词项不能在这系统内由其他原始词项来定义的证明方法，并给出了“不可缩简”的充要条件。虽然在模型论建立后才显示出该方法在定义理论时的重要性，但他对它的意义深信不疑。代表作有《演绎逻辑的近阶段发展》(1912年)、《数学直觉主义》(1923年)等。获1934年意大利林赛研究院数学奖，1935年意大利皇家科学院奖金。 （张镜清）

豪斯道夫，F.（Hausdorff，Felix） 德国人，1868年11月8日生于德国布雷斯劳(今波兰弗拉茨瓦夫)，1942年1月26日卒于波恩。数学基础、拓扑学、集合论。

父亲是富有的犹太商人。他先后在莱比锡大学、弗赖堡大学和柏林大学学习数学和天文学。1891年毕业于莱比锡大学，并取得博士学位。1910～1913年先后任莱比锡大学和波恩大学副教授、格赖夫斯瓦尔德大学教授。1921年回波恩大学任教授，尽管他在许多大学任教，并对数学作出了重要贡献，然而由于是一个犹太人，1935年被迫退休，1941年被列入送拘留营名单，1942年和妻子、妻妹一起服毒自杀于波恩。

主要贡献是建立了公理学和拓扑空间(称为豪斯道夫空间)理论。撰写的《集合论基础》(1914年)，对以集合论为基础的所有数学分支的发展起了一定的影响。建立的多维空间中的度量理论，被称为豪斯道夫度量。还研究了有序集理论，特别是首次证明了所谓佐恩引理。对函数论和代数都有很大贡献。还发表过4篇天文学和光学方面的论文，出版过诗歌、格言和哲学方面的著作。 （沈　铁）

卡甘，Б. Ф.（Каган，Бениамин Федорович；Kagan，Benjamin Fedorovich） 苏联人，1869年3月10日生于俄国科夫诺地区萨夫里(今立陶宛考那斯)，1953年5月8日卒于苏联莫斯科。几何学、非欧几何学史。

职员之子。1887年在敖德萨大学因参与学生运动被开除学籍，并被流放到叶卡捷琳诺斯拉夫(今第聂伯罗彼得罗夫斯克)。1892年获基辅大学学士学位。1895年在圣彼得堡大学获硕士学位。1897年被聘为诺沃罗西斯克大学讲师，1917年升为该校教授。1922年成为莫斯科大学微分几何系教授兼首任系主任。首任《苏联大百科全书》编委会数学与自然科学部主任。

在1927年组织向量与张量分析研究班基础上，1934年在莫斯科创立了一个几何学派，对当代几何思想的发展具有一定的影响。研究的主题是次射影空间，这是常曲率黎曼空间的推广。此外，关于多面体的德恩定理的新证明，以及由他提出的不同于希尔伯特系统的欧几里得几何的公理系统，都是很著名的工作。对非欧几何的历史亦颇有研究，出版过罗巴切夫斯基的详细传记；并任《罗巴切夫斯基全集》(5卷，1946～1951年)的总编辑。1926年获俄罗斯联邦政府荣誉科学家称号，1943年获苏联国家奖金。 （张镜清）

嘉当，É.（Cartan，Élie） 法国人，1869年4月9日生于法国多洛米约，1951年5月6日卒于巴黎。李群、偏微分方程、微分几何学。

铁匠的儿子。家境贫困。自小勤奋好学，智慧过人。读小学时在教育督察员迪博斯特(A. Dubost)帮助下争取到助学金，才得以进入里昂公立中学，1888年又进入巴黎高等师范学校继续学习。毕业后在蒙彼利埃大学、里昂大学、南锡大学及巴黎大学任教。1912年起任巴黎大学教授，直至1940年退休。1931年当选为法国科学院院士。晚年又获得许多荣誉学位，并被选为许多国家科学学会的外籍会员，还获罗巴切夫斯基国际奖和法国科学院的奖金。

20世纪最卓越的数学家之一。最突出的贡献是发展了微分流形上的分析学，把李群、偏微分系统与微分几何紧密交织成为统一的有力的数学工具。研究李群达30年之久，以基林(W. Killing)的工作为基础，证明了特殊的单复李代数的存在性。又以崭新的方法，明晰地解决了单实李代数的分类和用“表示的权”的概念确定了单李代数的所有既约线性表示这两个基本问题，从而完成了“局部理论”。还利用魏尔在紧群上的结果证明了连通李群是欧几里得空间与紧空间的乘积，并发现对紧李群每个基础流形的可能的基本群能从群的李代数结构中得到。完全地解决了确定紧李群的贝蒂数的方法。

在微分系统理论方面造诣很深,他扬弃传统方法,给出了任意微分系统的"一般解"的第一个精确定义,提出了确定所有"奇异解"的"延长法"。所谓"延长法"包含着在给定的系统中加入新未知量和新方程,使原系统的奇异解成为新系统的一般解。给出了不少例子,但未能证明这方法对任何系统的有效性。

在微分几何方面,建立了近代数学中最重要的理论之一——纤维丛理论,形成了"联络"的定义;1917 年创立了一种比黎曼模型更一般的、能更好地按一般相对论的思想来描述宇宙的几何。发现和研究了对称黎曼空间,该空间在自守函数与解析数论中起重要作用。在确定正交群的线性表示过程中提出了"旋量",在量子力学中十分有用。一生写过 9 本书,186 篇论文。主要著作有《活动标架方法、连续群论与广义空间》、《李群几何学与对称空间》、《旋量理论》及《积分不变量》等。

(沈　铁)

叶戈洛夫,Д. Ф. (Егоров, Дмитрий Фёдорович; Egorov, Dimitrii Fedorovich) 苏联人,1869 年 12 月 22 日生于俄国莫斯科,1931 年 9 月 10 日卒于苏联喀山。实变函数论、微分几何学。

1887 年入莫斯科大学攻读数学和物理学,1892 年毕业留校深造,1894 年起任该校数学教师,1901 年以论文"关于一类正交系"获该校博士学位。后在国外进修一年。1903 年应聘为莫斯科大学数学物理系教授,1923 年任力学与数学研究所所长。1917 年任莫斯科数学学会秘书长,1921 年当选副会长,1922 年当选会长,1929 年在苏联"肃反"运动中被撤职,后逮捕下狱。是法国数学学会和柏林数学学会外籍荣誉会员。从 1922 年起任莫斯科数学学会会长,直至去世。还是《数学论丛》的主编。

在直交系和等势面上的研究,对微分几何的发展作出了很大贡献。关于几乎处处收敛的可测函数列的一致收敛性的论断被称为叶戈洛夫定理,在实变函数论中有广泛应用。并促使创立了实变函数论的莫斯科学派,其中有著名苏联数学家鲁金、斯捷潘诺夫等。还写了关于数论、变分法、微分几何等高校教材。 (卫瑞霞)

科赫,N. F. H. von (Koch, Niels Fabian Helge von) 瑞典人,1870 年 1 月 25 日生于瑞典斯德哥尔摩,1924 年 3 月 11 日卒于同地。矩阵理论、泛函分析。

军人之子。1887 年入斯德哥尔摩大学,1892 年获数学博士学位。留校任副教授。1905 年任斯德哥尔摩 2 皇家理工学院纯数学教授。1911 年回斯德哥尔摩大学任教授。

主要研究无穷线性方程组的理论和由此导出的矩阵理论。历史上虽有人在微分方程和几何中讨论过具有无穷个未知数的线性方程组,但严格的研究从 1884～1885 年才开始,庞加来发表了一些特殊情形的结果。1891～1892 年,科赫为了研究富克斯方程而较系统地研究了无穷矩阵,并引入了无穷矩阵和无穷行列式的概念及算法,证明了有限行列式的拉普拉斯展开式可推广至无限情形。他还对于齐次线性方程组 $\sum\limits_{k=-\infty}^{\infty} A_{ik}x_k=0$ ($i=0,\pm1,\pm2,\cdots,\pm\infty$, A_{ik} 是标准型)的解系,建立了类似于有限情形的结论。其结果被弗雷德霍姆用于求解积分方程 $\varphi(x)+\int_0^1 f(x,y)\varphi(y)\mathrm{d}y=\psi(x)$,成为求解积分方程的一把钥匙,因此被认为是最终导致泛函分析的一个重要因素。此外,1906 年他首先作出了一条连续但不可微、周长为无穷大但围住一块有限面积的曲线,即所谓"科赫曲线",从而促进了后来的拓扑学的产生和发展,1938 年退休。 (王翼勋　张镜清)

林德罗夫,E. L. (Lindelöf, Ernst Leonard) 芬兰人,1870 年 3 月 7 日生于俄国赫尔辛福斯(今芬兰赫尔辛基),1946 年 6 月 4 日卒于芬兰赫尔辛基。解析函数论。

数学教授之子。1887 年入赫尔辛福斯大学、巴黎大学、格丁根大学等处留学。留母校任教,1903 年任数学教授。获乌普萨拉大学、奥斯陆大学、斯德哥尔摩大学的荣誉博士学位,也是不少学术团体和学会的成员。

主攻函数论,解决了解析函数论中一些基本问题,分析了解析函数在奇点邻域内的性态,研究了函数增长性态与其泰勒展式系数之间的关系。用求和公式讨论解析开拓,并考察了残数理论在函数论中的作用,给出了有关斯特林级数与解析开拓的新结果。还独特地用逐次修正法对泰勒公式所确定的渐近性作了讨论。出版了近 40 本教材与专著,都以叙述清晰和内容广博而闻名。其中,名著《残数计算》(1905 年)被译成多种文字,广为流传;优秀教材《微分与积分计算及其应用》(4 卷,1920～1946 年)、《函数论导论》(1936 年)等。此外,他竭力倡导研究芬兰数学史,起重要作用。 (吴茂庆)

巴歇利埃,L. (Bachelier, Louis) 法国人,1870 年 3 月 11 日生于法国勒阿弗尔,1946 年 4 月 28 日卒于伊勒-维莱讷省。概率论、金融数学、应用数学。

在读初中时不幸失去双亲成为孤儿,不得不辍学从事家庭商务。1892 年(22 岁)入巴黎大学索邦学院攻读数学,1898 年获理学士学位,1900 年以"预测理论"论文获博士学位。1900～1914 年间主要职业不详,只知他获得奖学金继续在多个大学进修和研究数学,1909～1914 年在母校索邦学院任无薪教授,开设概率论等课程。第一次世界大战中从军。1919 年在贝桑松大学担任讲师,1927 年任教授,直至 1937 年退休。

被誉为"金融数学之父"。在博弈理论中,引进了概率中的连续性,以时间为变量,考察了或然运动和概率链,然后把它们应用于市场价格的涨落、光的传播及辐射等方面。1900 年,第一个企图建立随机的布朗运动的数学理论,比爱因斯坦独立研究的相关论文早 5 年,而著名的爱因斯坦—维纳理论在 1928 年才建立;还以科尔莫戈洛夫的理论为依据,第一个考证了马尔可夫型的随机过程。

其他主要著作有《概率计算》(1912 年)、《风险变化》(1914 年)等。为纪念他,世界各国的金融数学学会皆冠以他的姓氏;2000 年,巴歇利埃学会在巴黎举行首届国际大会。以纪念他的博士论文撰写一百周年。

(刘 韵)

恩里克斯,F. (Enriques,Federigo) 意大利人,1871 年 1 月 5 日生于意大利托斯卡纳区来亨(今里窝那),1946 年 6 月 14 日卒于罗马。*代数几何、科学哲学。*

犹太裔。1891 年毕业于比萨大学师范学院。后相继在母校、罗马大学和都灵大学深造。1896 年任博洛尼亚大学投影几何学和画法几何学教授。1923 年任罗马大学高等几何教授,1938~1944 年在法西斯政权压力下不得不辞职。创立了全国科学史研究会和有关学科的学院。1907～1913 年任意大利哲学学会会长。1937 年被选为法国科学院外籍院士。被选为意大利全国大学教授协会会长,并主编《数学》杂志达 20 年之久。获圣安德鲁大学的荣誉博士学位。

在代数曲面和超空间微分几何方面都作出了贡献。1907 年由于在超椭圆曲面方面的工作获法国科学院的博尔丹奖。在力学方面,比爱因斯坦更早知道相对论的某些基础。有《科学与问题》(1906 年)、《逻辑史》等哲学著作。还写过许多对意大利的教学产生很大影响的教科书。

(卫瑞霞 徐平五)

法诺,G. (Fano,Gino) 意大利人,1871 年 1 月 5 日生于意大利曼图亚,1952 年 11 月 8 日卒于维罗纳。*几何学。*

富家子弟。1888～1892 年就读于意大利都灵大学,在卡斯泰尔诺沃指导下研究几何学。1893～1894 年在德国格丁根大学时遇见 F. 克莱因,受到极大的影响。1894 年到罗马大学任 G. 卡斯泰尔诺沃的助手。1901 年任都灵大学教授,1838 年被法西斯当局开除。后到瑞士在国际难民营从教。1946 年后,在美国和意大利讲学。

是一位有限几何的开拓者。主要成就在于空间 S_n 中的投影和代数几何,特别是关于三次曲面和有克雷莫纳变换的连续群的流形的研究。证明了在 S_3 中无理对合的存在性。在双有理切变换、非欧几何和非阿基米德几何等领域中亦有所建树。编写出版过多部教材,其中优秀的几何学用书有《画法几何教程》(1914 年)、《解析几何和投影几何教程》(1930 年)等,广为采用。

(卫瑞霞)

鲍莱尔,É. (Borel,Émile) 一译波莱尔。法国人,1871 年 1 月 7 日生于法国阿韦龙省圣阿夫里克,1956 年 2 月 3 日卒于巴黎。*数学基础、函数论、概率论。*

乡村新教牧师的儿子。幼年即以神童闻名。1889 年考入巴黎高等师范学校,1893 年毕业。后在利尔大学任教,并获得该校博士学位。1897 年受聘回巴黎高等师范学校任教。1909 年任巴黎大学函数论教授,并开始参加大学评议会达 32 年之久。翌年任巴黎,高等师范学校副校长。第一次世界大战后,回巴黎大学任数学教授。1921 年被选入法国科学院,1934 年任科学院院长。也是其他一些国家科学院外籍院士。1924～1936 年间,曾任国家海军部长、圣阿夫里克市市长、阿韦龙地区参议员等要职。

在实变函数论、测度论、发散级数、非解析延拓、可数概率、丢番图逼近和解析函数值的分布理论等现代基础理论方面都作出了开创性工作。主要成就是在分析和概率论两个方面。1894 年的论文“函数论几点注记”被称为是“一个重要的数学事件”。文中包含了两个最著名的结果:有限覆盖定理和可数集测度为零。1896 年给出的皮卡尔定理的“初等”证明也轰动了数学界。证明方法和提出的问题成为一代人在复变函数论领域内学习和研究的主题。1898 年出版的《函数论讲义》是最有影响的著作,书中引进了鲍莱尔测度理论,为一般测度理论奠定了坚实的基础。在 1899 年发表的关于发散级数的论著中,引入了绝对可和的概念,填平了收敛级数与发散级数之间的鸿沟,为后人的研究开辟了道路,为此获得了科学院的最高奖金。数学中的许多概念和定理,如代数中的子群、数论中的标准数、函数论中的变换、拓扑学中的准则、同构、集环、集域等都与他的名字联系在一起。此外有《发散级数讲义》(1901 年)、《复变数单值单演函数讲义》(1917 年)、《函数论专辑》(1898～1952 年)等专著。

在概率论方面,早在 1905 年就注意到利用概率的语言有利于点集测度的讨论。在 1909 年出版的《基于算术的概率》中,首次引入了在可数事件上的概率,填补了传统的有限概率和连续概率之间的空隙,同时就一种特殊情况证明了强大数定律。是对策论的创始者。在 1921～1927 年发表的关于博弈论方面的论文中,第一个定义了策略竞赛,考察了最佳策略、混合策略、对称竞赛、无限竞赛及其在经济和战争中的应用,证明了三选手对局的极值定理,并猜想此定理于五、七选手对局也是正确的。一年后冯・诺伊曼证实了该猜想。出有《概率论及其应用专集》(1937～1952 年)等。

除了数学论著外,还写过不少通俗读物和丛书,并经常外出旅行和讲学,参加各种社会活动。第一次世界大战后,曾到中国讲学 5 个月。在从政期间,发起过重要的科学立法和建立法国科学中心的活动。在这些活动中,其夫人——小说家 P. A. 玛格丽特(Paul Appell,Marguerite)给予很多帮助。第二次世界大战中,虽年已花甲仍积极参加抵抗运动,被纳粹短期囚禁过。曾获 1918 年战争十字勋章、1945 年抵抗运动勋章、1950 年荣誉军人大十字勋章、1955 年国家科学研究中心第一枚金质勋章等。

(吴茂庆)

德拉克,J. J. (Drach,Jules Joseph) 法国人,

1871年3月13日生于法国科尔马附近,1949年3月8日卒于瓦尔省卡瓦莱厄。群论、数学物理。

出身农家。1889年入巴黎高等师范学校,1898年获理学博士学位。曾在克莱蒙费朗、普瓦捷、里尔、图卢兹及巴黎等大学教授分析力学和高等分析。1929年入选法国科学院院士。还是一些科学委员会的成员。

统一了伽罗华的代数理论,并将它扩展为一般情形下的微分方程的研究。断言群论离不开研究积分计算的超越量,反对把超越量归结为验证满足有理系统的解的传统方法。大胆引进了"有理群"的概念,预示着后来的公理结构的发展。还研究了弹道方程和曲面几何中曲面簇的确定。(卫瑞霞)

施泰尼茨,E. (Steinitz, Ernst) 德国人,1871年6月13日生于德国西里西亚地区劳拉许特(今波兰胡塔劳拉),1928年9月29日卒于基尔。代数几何。

1894年获德国布雷斯劳大学哲学博士学位。1897年任柏林-夏洛滕堡理工学院无薪教师。1910年任布雷斯劳理工学院教授。1920年任基尔大学教授,直至因心脏病去世。

最重要的著作是《域的代数理论》(1910年),书中给出了抽象域的一般定义,讨论了域的一切可能类型,并确定了它们的关系。引进了素域、可分元素、完全域和一个扩充的超越次数等概念。对近代的代数几何所作的重要贡献是在特殊情况下引进的导数和微分的一般概念。最重要的成就是证明了对于每个基域 K 存在扩张域 L,在 L 中一切系数在 K 中的多项式都可分解为线性因子,且满足这样条件的最小可能域在同构意义下是确定的。由于这样的最小域没有真正的代数扩张,故他称之为代数封闭的,并用选择公理证明了它的存在性。还写了关于多面体的论文,处理了凸多面体及其拓扑类型。(卫瑞霞)

策梅罗,E. F. F. (Zermelo, Ernst Friedrich Ferdinand) 德国人,1871年7月27日生于德国柏林,1953年5月21日卒于布赖斯高地区弗赖堡。集合论、变分学。

大学教授的儿子。1889年起先后在柏林、哈雷、弗赖堡等大学学习数学、物理和哲学。1894年获柏林大学博士学位。后到格丁根大学任教,1905年任教授。1910年受聘赴瑞士任苏黎世大学教授。1916年因健康欠佳而辞职,定居黑林山疗养。1926年为弗赖堡大学名誉教授。1935年因不满希特勒统治与该校断绝关系,1946年复职。

对集合论有两大历史性建树。其一是1905年首先提出了选择公理,并用以证明了康托尔良序性定理。该原理在数学界引起了广泛的争论,迄今尚无定论。其二是1908年建立了康托尔集合论的一个公理系统,由7条公理组成,其中最有独创性的是策梅罗选择公理。为了避免B.罗素悖论,在1930年又对该公理系统作了修改,使它不再基于选择公理。这两大贡献对此后的数学发展产生了重大影响。在数学的其他领域内也有不少成就,尤其在变分学方面,把魏尔斯特拉斯方法推广至被积函数依赖于任意高阶导数的情况,并给出了曲线空间中邻域的定义。还对物理学有着强烈兴趣,并注意把数学应用于实际问题。(吴茂庆)

罗素,B. A. W. (Russell, Bertrand Arthur William) 英国人,1872年5月18日生于英国威尔士蒙茅斯郡特里莱赫,1970年2月2日卒于威尔士普拉斯彭林。数学基础、数论、数理逻辑、哲学。

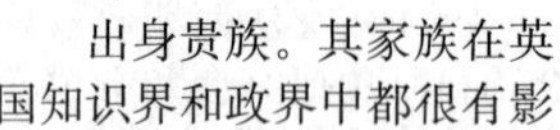

出身贵族。其家族在英国知识界和政界中都很有影响,祖父约翰·罗素是辉格自由党领袖,曾两次出任自由党政府的首相。幼年父母双亡,由祖父母扶养成人。祖母具有强烈的道德信念和宗教信仰,在政治上很激进,对他的影响极大。从小就对数学发生兴趣。在11岁时,向哥哥学习了欧几里得的著作,从此与数学结下了不解之缘。1890年考入剑桥大学三一学院学习,曾获数学和伦理学竞赛的优等奖。1895～1916年任三一学院评议员。1907～1923年三次竞选下院议员失败。1908年选为英国皇家学会会员。1910年任剑桥大学三一学院逻辑学和数学哲学的特聘讲师。1911年选为亚里士多德学会会长。在第一次世界大战中,由于和平主张两次被囚禁,第二次被判刑6个月,并于1916年被开除出三一学院。20年代末至30年代初,和第二任妻子开办了一所实验学校。1931年因哥哥去世,他成为罗素伯爵三世。1938年迁往美国,先后在芝加哥大学、加利福尼亚州大学任教。1941～1943年在费城讲学。1944年返回剑桥大学三一学院任评议员,直到去世。1949年成为英国研究院荣誉院士。一生曾4次结婚,有3个孩子。

数学中的主要贡献在数理逻辑和数学基础方面。1897年正式发表"关于几何基础"论文修改稿,开始致力于数学原理的研究。企图引入形式理论,以消除集合论与数理逻辑的悖论。1900年7月和老师怀特海共赴巴黎参加国际哲学会议,与皮亚诺相识,并很快掌握了皮亚诺数理逻辑学和符号语言。1910～1913年与怀特海合著《数学原理》,共3卷。他用少量的基本概念和基本原理的逻辑推断,以及适当扩充和系统化的皮亚诺符号建立了整个数学学说。此书被认为是数学基础研究中的逻辑主义的代表作。第一卷讨论了皮亚诺的符号逻辑、数、量、无穷大和连续、空间以及物质和运动等。第二卷是完全用符号叙述数学与逻辑之同化。此外,书中引入了等价类的概念,给出了实数的定义,为了克服戴德金分割的困难,用有理数的下类定义实数。这本书极大地促进了数理逻辑的发展,并且和希尔伯特及勃拉乌一起奠定了数学基础这门新学科的基础。在囚禁期间撰写的《数学哲学导论》于1919年出版,书中从正整数入手,研究了有理数、实数、复数直至无穷基数和无穷序数，最后6章涉及了推导理论和数学的一般逻辑基础。此书成了年轻学生们学习数理逻辑的入门书。一些阐述关于数学逻辑基础的论文收集在《神秘主义和逻辑学》(1918年)之中，特别是"数学和形而上学家"一文，写得极富文采，提出了一系列悖论，特别是关于集合论方面的悖论，被后人称为"罗素悖论"，对20世纪初的集合理论和数学基础的研究产生过重大影响。还写了一些科普著作，也很重视数学的应用，如《几何基础》等等。

是20世纪西方最著名的哲学家之一。分析哲学学派的奠基人。他原是康德主义者和黑格尔派的客观唯心主义者，20世纪初转变为主观唯心主义者。之后在数理逻辑的基础上建立了逻辑原子主义和新实在论。逻辑原子主义要求相当于逻辑上从原始命题和原始材料出发一样，从一些基本元素出发来构造整个世界。他因逻辑原子主义而被视为分析哲学的创始人之一。他的《哲学问题》是新实证主义的代表作。书中用贝克莱和马赫的主观唯心主义的经验论去补充柏拉图的客观唯心主义。还著有《心的分析》(1921年)、《物的分析》(1927年)、《意义和真理研究》(1940年)、《人类知识：它的范围和限度》(1948年)、《哲学大纲》、《西方哲学史》和《教育与美好生活》等等。

杰出的社会政治活动家、著名的和平主义者。1907年左右为争取妇女选举权运动进行了不懈的斗争。还号召人们反对非正义、暴力及战争。第二次世界大战后，长期从事废除核武器、争取世界和平运动，1955年动员许多科学家签定了有名的《罗素-爱因斯坦宣言》。1964年他建立了罗素和平基金会。1967年与存在主义者J.-P.萨特(Sartne)建立了一个国际战犯审判法庭，谴责美国发动越南战争，并传讯美国总统约翰逊(L. Johnson)。1920年他到中国访问和讲学一年多，1954年再次访问了中国。1949年获英国功勋奖章。1950年获诺贝尔文学奖金。 (卫瑞中 卫瑞霞)

利希费尔特，H. F. (Blichfeldt, Hans Frederick) 美国人，1873年1月9日生于丹麦伊拉尔，1945年11月16日卒于美国加利福尼亚州帕罗阿尔托。*数论、群论。*

丹麦裔，农家子弟。15岁随家移居美国，因家境清寒，靠当农业工、锯木工及测量员谋生，直到1894年入斯坦福大学。后又借钱去德国莱比锡大学师从M. S.李学习，1898年获博士学位。同年任斯坦福大学讲师，1913年起，先后任教授、数学系主任，1938年退休任名誉教授。1920年起先后被选为美国国家科学院院士、美国数学学会副会长、国家研究理事会成员。1938年退休后被丹麦国王授予爵位。

毕生从事数论与群论的研究。在丢番图逼近、线性齐次群的阶、数的几何理论、线性方程组的整数近似解、有限直射变换群及特征根等方面都很有成就，特别是对群论的研究成果，至今仍有重要价值。代表作有《有限直射变换群》、《有限群的理论与应用》(与他人合著)等。 (吴茂庆)

莱维-奇维塔，T. (Levi-Civita, Tullio) 一译列维-齐维塔。意大利人，1873年3月29日生于意大利帕多瓦，1941年12月29日卒于罗马。*微积分学、数学物理、理论力学。*

犹太裔。父亲是一名律师和参议员。他于1890年入意大利帕多瓦大学学习数学。1894年毕业后留校任教，1898年任理论力学教授，1918年后任罗马大学数学和理论力学教授。1938年法西斯政权通过种族法，加重对犹太人的迫害，被开除教授职。1930年当选英国皇家学会外籍会员。

研究涉及数学、分析力学、天体力学、流体力学、弹性力学和原子物理等领域，最杰出的工作是在绝对微分及其应用方面。1900年与其宗师G.里奇-库尔巴斯特罗合写《绝对微分法及其应用》，完美地解释了绝对微分，并明确地阐述了这种运算方法，提出了协变微分的概念。1917年引入了复曲空间中莱维平行性的概念，促进了张量分析的长足的进步。此外有《经典力学和相对论力学问题》(1924年)、《绝对微分学讲义》(1925年)和《理论力学》(1926年，与人合著)等著作。1922的获英国皇家学会西尔威斯特奖章。 (吴茂庆)

勒维，A. (Loewy, Alfred) 德国人，1873年6月20日生于德国拉维奇(今属波兰)，1935年1月25日卒于弗赖堡。*线性群、微分方程、数理统计。*

1891～1895年先后在慕尼黑大学、柏林大学、格丁根大学等校求学，1894年获慕尼黑大学博士学位。1897年起在弗赖堡大学任教，1919年升为教授。因是犹太人，1933年纳粹政权上台并通过反犹法令，他被迫退休。晚年双目失明。

在线性群、微分方程的代数理论及数理统计等方面写了许多著作，并把阿贝尔、傅立叶、斯特姆等人的著作译为德文介绍给德国读者。发表论文70余篇；出版多部教材与专著，其中最著名的有《代数学教程》(1915年)、《关于货币和支付的数学》(1920年)等。 (吴茂庆)

卡拉西奥多里，C. (Carathéodory, Constantin) 希腊人，1873年9月13日生于德国柏林，1950年2月2日卒于慕尼黑。*变分学、实变函数论。*

土耳其帝国外交人员之子。中学曾获数学奖。1891年入比利时军事学校，1895年毕业后任助理工程师。1900年去柏林大学学习数学，1904年获格丁根大学博士学位。留校任教。1908年任教波恩大学。1909年任汉诺威技术大学高等数学教授。1910年任布雷斯劳技术大学数学教授。1913年任格丁根大学教授。1918年转教柏林大学。1920年被希腊政府召回，到士麦那筹建大学，1922年在希腊雅典大学任教。1924年应邀去慕尼黑大学任教授，直到去世。曾担任《数学》杂志主编，是许多国家的科学院和科学学会的外籍成员。

是著名的希腊数学家，在变分学、曲线的极值理论、毕卡定理、幂级数展开问题、多变量函数理论、实变函数理论、点集测度和积分理论等方面都有重要贡献。特别是给出了单位圆上单连通区域的保角表示定理的第一个简捷的证明和有界对应理论。著述颇丰。在所著的《实变函数论》(第1卷,1939年)中,包括了勒贝格和鲍莱尔自1900年以来的成果和近代公理化方法,是一本经典著作;该书第2卷在1973年盟军轰炸莱比锡时被毁于印刷厂。此外主要著作有《实变函数论讲义》(1918年)、《保角表示法》(1932年)、《变分法与偏微分方程》(1935年)、《几何光学》(1937年)等。 (沈 铁)

库利奇,J. L. (Coolidge, Julian Lowell) 美国人,1873年9月28日生于美国马萨诸塞州波士顿的布鲁克莱恩,1954年3月5日卒于马萨诸塞州坎布里奇。非欧几何、代数几何、概率论、数学史学。

律师之子。1895年、1897年先后获哈佛大学文学士、牛津大学理学士学位。回国后在中学任教。1899年任哈佛大学讲师。1902～1904年赴意大利都灵大学和德国波恩大学深造,在波恩大学获哲学博士学位。回哈佛大学任教数学,1908年任副教授,1918年任教授,1927年任数学系主任。第一次世界大战时参加美军出征欧洲,1918～1919年,任对法国总参谋部的联络官。自1929年起至1940年退休,一直是哈佛大学洛厄尔住宅区的主管。1918年任美国数学学会副会长,1924年任美国数学家协会副主席。

其主要著作有《非欧几何基础》(1909年)、《圆和球》(1916年)、《复数域几何学》(1924年)、《代数平面曲线》(1931年)和第一本英文版概率论教材《概率引论》(1925年)。退休后转向数学史研究,其著作有《几何方法的历史》(1940年)、《圆锥曲线和二次曲面的历史》(1943年)和《业余爱好者的数学》(1949年)。(沈 铁)

惠特克,E. T. (Whittaker, Edmund Taylor) 英国人,1873年10月24日生于英国兰开夏郡绍斯波特,1956年3月24日卒于爱丁堡。微分几何学、数学物理、科学史。

毕业于剑桥大学三一学院,1896年成为该院评议员。1906年任都柏林大学天文学教授,并被授予爱尔兰皇家天文学家称号。1912年任爱丁堡大学教授。1946年退休。1905年当选为英国皇家学会会员,1901～1907年任秘书长,1933～1935年任副会长。1936年当选梵蒂冈教皇科学院院士。1920～1921年任英国数学联合会会长。二战期间任爱丁堡皇家学会会长。1945年封爵。1945年被授予爵士。1949年任剑桥大学三一学院名誉教授。

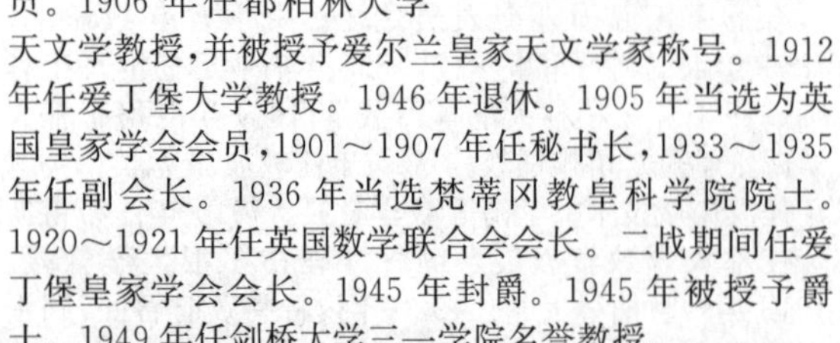

主要贡献在数学物理方面,关于三维调和方程与波动方程的研究尤为突出,给出了这两类方程在原点解析的通解公式。还研究了有两个奇点的超几何微分方程,引进了惠特克函数 $W_{k,m}(Z)$。在物理学方面,也发表过10篇有关相对论的论文,定义了弯曲的时-空空间内的距离,把电磁学中的著名公式推广到相对论中去,给出了高斯定理的相对论陈述。最有影响的著作是《粒子与刚体的分析动力学》和《现代分析教程》(1902年)。科学史名著有《电学和以太论的历史》(1910年初版,1953年修订版)。是罗马天主教的虔诚信徒,也写过一些有关自然神学的文章。获1929年爱丁堡皇家学会冈宁奖,英国皇家学会1931年西尔威斯特奖章、1954年科普利奖章,1935年伦敦数学会德摩根奖章,1935年罗马教皇十字勋章等。 (吴茂庆)

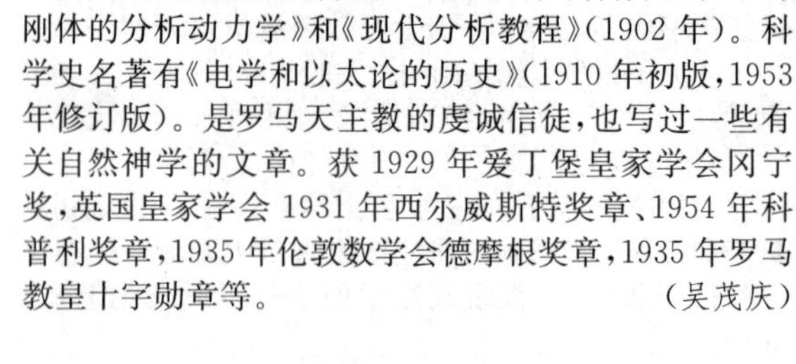

贝尔,R.-L. (Baire, René-Louis) 法国人,1874年1月21日生于法国巴黎,1932年7月5日卒于尚贝里。实变函数论、数学分析。

中学时多次在数学竞赛中获胜。1891年入亨利四世公立中学专攻数学。1892年同时考取工科学校和巴黎高等师范学校,选择了后者。1899年通过了博士论文答辩。在法兰西学院进修一年。在中学短期任教后,1901年任教于蒙彼利埃大学。1905年到第戎大学理学院,1907年任分析学教授,1925年退休,1922年入选法国科学院院士。同年获法国荣誉军团勋位。

博士论文解答了连续函数序列的极限函数的特征性质的一般问题,即它可以在任一完全集上按点不连续;还引进了半连续函数,为实变函数理论的研究开拓了一条新的途径。1907～1908年,撰写重要论著《分析论教程》,恢复了数学分析教学的生机。最有价值的工作是将函数分为以他的名字命名的函数类,并研究了各类函数的共性。这方面的工作得到了数学界,特别是波莱尔和勒贝格的高度评价,在国内外产生了重要影响。代表作有《关于无理数、极限和连续性的理论》(1905年)、《普通分析理论》(2卷,1907～1908年)等。

(高岳兴 刘 韵)

迪克森,L. E. (Dickson, Leonard Eugene) 美国人,1874年1月22日生于美国艾奥瓦州独立城,1954年1月17日卒于得克萨斯州哈灵根。线性代数、数论、群论。

就读于得克萨斯大学,1893年获理学士学位,1894年获理学硕士学位。以研究员的身分去新建的芝加哥大学,1896年在该校获数学博士学位。1899年任得克萨斯大学副教授。1907年任芝加哥大学副教授,1910～1939年任教授。

在有限线性群方面的成果,比伽罗华、约当和塞尔等人的结果更进一步。在线性代数中应用算术概念给出了域的独立的公理系统,证明了任何有限域必须是交换的。作出一串新交换和非交换的可除环。他也研究不变量的理论和数论之间的关系。是一位多产的数学家,著有258篇论文和17本书。其中有《以伽罗瓦场论展示的线性群》(1901年)、《数论史》(3卷,1919～1923年)等。指导了至少有55人的博士学位论文。

(卫瑞霞 田 雁)

亨廷顿,E. V. (Huntington, Edward Vermilye) 美国人,1874年4月26日生于美国纽约州克林顿,

1952年11月25日卒于马萨诸塞州坎布里奇。*数学基础。*

早年就读于哈佛大学，1895年获文学士学位，留校任教。1896年获文科硕士学位。同年离开哈佛任威廉斯学院数学讲师。1901年获斯特拉斯堡大学哲学博士学位。同年回哈佛大学，1905年任助理教授，1915年任副教授，1919年任力学教授，1941年退休。1913年当选为美国文理科学院院士。1933年当选为美国哲学学会成员。1919年任美国数学联合会主席。1924年任美国数学学会副会长。1941年任美国科学促进会副会长。

科研工作主要在数学基础方面。构造了实数系、域、抽象群、欧几里得几何等许多数学分支的公理系统，发展了证明公理系统独立性和完备性的技巧，还首先清楚地叙述并使用了"范畴性"概念。所著《连续统》(1917年初版，1955年再版)被看作是点集理论和超限数理论的标准的导引。他提出的国会代表分配的数学理论，即所谓等比例方法，于1941年为国会所采用。是一位热情而富有创新精神的教师。 （沈 铁）

维勒特纳，H. (Wieleitner，Heinrich) 德国人，1874年10月31日生于德国莱茵河畔瓦瑟堡，1931年12月27日卒于慕尼黑。*代数几何、数学思想史。*

1897年毕业于慕尼黑大学，1900年获博士学位。1909年在皮尔马森斯任大学预科教授。1926年返慕尼黑大学，后任预科主任，1930年退休任荣誉教授。1929年成为国际科学史学会会员。

一生中写了150篇(部)论文、著作及2 500篇书评。其中最著名的是《代数曲线》2卷，书中符号简单，叙理直截了当，表现了高超的数学水平。撰写数学史著作着重于数学思想的发展与演变，较少注意个人传记，因而实为数学思想史，典型的著作是2卷《数学史》。

（吴茂庆）

舒尔，I. (Schur，Issai) 1875年1月10日生于俄国莫吉廖夫，1941年1月10日卒于巴勒斯坦特拉维夫(今属以色列)。*群论、数论、函数论。*

犹太裔。13岁随父母移居拉脱维亚。1894年入柏林大学学习数学和物理，1901年获博士学位。留校任教，1903年任讲师。1911年在波恩大学任副教授。1916年回柏林大学。1919年任数学教授。1922年当选为普鲁士柏林科学院院士。1935年被纳粹当局逼迫退职，并开除出科学院。1939年移居到巴勒斯坦，2年后因心脏病而去世。

是20世纪40年代前活跃于德国的最卓越的犹太数学家之一。主要成就在群的表示理论。1901年所写的学位论文是一般线性群表示理论的基础。1905年以"舒尔引理"为工具重建群的特征函数理论。1904年和1907年出版的2部著作中，讨论了用线性分式变换表示群的问题。在1925年出版的著作中，进一步讨论了一般线性群的有理表示和连续表示。此外，还写了群论、矩阵、代数方程、对称的伽罗华群、数论、发散级数、积分方程及函数论等方面的文章。 （卫瑞霞）

布拉米奇，T. J. I. (Bromwich，Thomas John I'Anson) 英国人，1875年2月8日生于英国伍尔弗汉普顿，1929年8月26日卒于北汉普顿。*无穷级数、应用数学。*

毛织品商之子。1888年跟随双亲移居南非德班，读完高中于1892年回英国入读剑桥大学圣约翰学院，1895年毕业，1897年成为该院评议员。1902年任戈尔韦的女王学院数学教授。1907年回剑桥大学圣约翰学院任教至去世，因患忧郁症而自杀身亡。1906年被选为英国皇家学会会员。1909年获剑桥博士学位。1911年任伦敦数学学会秘书长，1919年任副会长。

1908年出版了《无穷级数导论》，以内容丰富、例题充实而著称。另一重要成果是发展了二次型、双线性型理论。擅长用数学工具处理实际问题，又把实际中的数学技巧和方法总结为纯数学问题，故哈代把他称为剑桥"应用数学家中最优秀的纯数学家，纯数学家中最优秀的应用数学家"。 （吴茂庆）

高木贞治 (Takagi，Teiji) 日本人，1875年4月21日生于日本国岐阜县大野郡，1960年2月28日卒于东京。*代数学、古典类域论。*

父亲丧妻续弦，生母生下他后再未返夫家。高木从母姓，母子相依为命。养父毕生无出，视他同己出。他从小性格内向，是一个孤独的"神童"。1897年毕业于东京帝国大学数学科，同年进入研究生院学习一年。1898年被派往德国留学，先后进柏林大学、格丁根大学学数学。1901年回国，任教于东京帝国大学理学部，1903年获该校博士学位；1904年任数学教授，1936年退休。1923年当选为日本帝国学术研究会议议员；1925年当选为日本帝国学士院院士，这是日本最高的终生荣誉学衔。1929年获瑞典奥斯陆大学荣誉博士学位。1932年任苏黎世世界数学家大会副主席，并被推选为菲尔兹奖评审委员。1955年被推举为代数数论国际会议(日本)名誉主席。1960年因脑出血及并发症去世。

1898年编撰高标准教科书《新撰算术》和《新撰代数学》。1903年发表博士论文"关于有理系数复数域上的阿贝尔域"，部分解决了克罗内克于1880年提出的猜想：虚二次域 K 的阿贝尔扩张，都可由具有 K 中元素复数乘法的椭圆函数的变换方程来确定。1914年开始研究希尔伯特引入的类域论，发表成名作"关于相对阿贝尔域的理论"(1920年)，拓展了类域概念，证明了它的主定理：代数数域 k 的任何阿贝尔扩张 K 均可表示成 k 上的类域。他把克罗内克猜想问题作为高木类域论领域一个特例加以解决。1927年青年数学家阿廷(E. Artin)受高木论文的启发，提出了更一般的互反法则并证明了若干特例。以后数学界合称之为高木-阿廷类域论(又称古典类域论)。1900年，希尔伯特提出23个问题中的第9问题："任意数域中最一般的互反律的证明"，被高木和阿廷两人以更为拓展的形式得到了明快解决。此外，高木为日本培养了不少后起之秀。其他著述有：《解析概论》(1938年)、《代数的整数论》(1948年)、《高

木贞治论文集(西文部分)》(1973年)等。 (李 晔)

勒贝格,H.L. (Lebesgue,Henri Léon) 法国人,1875年6月28日生于法国博韦,1941年7月26日卒于巴黎。微积分学、级数论、点集理论、测试论。

父亲是印刷厂职工。他于1894～1897年就读于巴黎高等师范学校。留校在图书馆工作两年。1899～1902年在南锡一所中学任教。1902年在巴黎大学获博士学位。1902～1910年先后在雷恩大学、巴黎大学、普瓦蒂埃大学工作。1910～1919年任巴黎大学文理学院分析室主任,后任教授。1921年任法兰西学院教授。翌年被选为法国科学院院士。许多国家和地区的科学院都聘他为外籍院士,许多大学授予他荣誉博士学位。

在点集理论、测度论、三角级数理论,特别是积分理论方面有重要贡献。1902年在博士论文"积分、长度和面积"中完善了波莱尔的测度论,引入了勒贝格测度,推广了黎曼积分,创立了勒贝格积分并研究了它的性质。新的积分克服了黎曼积分中的许多缺陷,导出了一系列美妙的结果。例如,给出了函数黎曼可积的充要条件——不连续点的测度为零;弱化了级数逐项积分的条件;推广了三角级数中的黎曼引理;建立了著名的黎曼-勒贝格引理,进而给出了傅立叶级数收敛的充要条件——函数勒贝格可积等。发现了有界变差函数,指出有界变差连续函数几乎处处有导数,从而解决了争论一个世纪之久的难题:单调连续函数是否处处可微? 还研究了多重积分与累次积分的等同问题,扩大了能用累次积分计算多重积分的函数类,为G.富比尼定理的证明提供了基础。1910年他在"关于不连续函数的积分"一文中,把微积分理论推广到n维空间,引入了可数可加集函数,指出这类函数在取有限值的集合上是有界变差的,实质上这是在n维空间引入了不定积分的概念。这给J.拉东以启示而进一步发展了被称为勒贝格-斯蒂尔吉斯积分的理论,这种更普遍的积分在概率论、谱理论、各态历遍理论及调和分析中有广泛的应用。主要著作有《原函数研究与积分法教程》(1944年)、《三角级数教程》(1906年)、《关于科学工作的笔记》(1922年)等。

(吴茂庆)

维塔利,G. (Vitali,Giuseppe) 意大利人,1875年8月26日生于意大利拉韦纳,1932年2月29日卒于博洛尼亚。实变函数论。

1899年毕业于意大利比萨高等师范学校。同年留校任U.狄尼的助手。两年后为增加收入到中学任教。1904～1923年一直在热那亚的哥伦布中学任数学教师。期间卷入了政治,作为社会主义政党代表任博洛尼亚市参议员和市长。1922年法西斯在意大利的兴起,促使他离开政界而回归数学研究,翌年任摩德纳大学教授。1924年任帕多瓦大学数学教授。1930年迁至博洛尼亚大学执教。在1928年后短短4年内,先后被选为都灵科学院、博洛尼亚科学院和意大利国家科学院的通讯院士。

在实变函数论方面成就突出。建立了关于集合覆盖问题的维塔利定理;定义了绝对连续概念,并对此类函数性质作了深入研究;建立了关于等度有界解析函数序列极限的解析性定理及正交函数系闭包的判定准则。他的工作为H.L.勒贝格的革命性工作铺平了道路,因此被公认为是勒贝格积分的前驱者之一。他的成就中有半数以上是在他身患重病难以写作的情况下完成的。代表作有身后出版的《现代实变函数论》(1935年)等。

(吴茂庆)

施密特,E. (Schmidt,Erhard) 德国人,1876年1月13日生于俄国爱沙尼亚的杜帕特(今爱沙尼亚塔尔图),1959年12月6日卒于柏林。微积分方程、代数几何。

医学生物学家A.施密特(Alexander Schmidt)之子。曾先后在杜帕特大学、柏林大学学习。1905年在格丁根大学以研究积分方程的论文获博士学位。接着在波恩、苏黎世、厄兰根和布雷斯劳等大学任编外教授。1917年到柏林大学当教授,1920年任应用数学研究所首任所长。期间1921～1922年任理学院院长,1929～1930年任副校长。1946～1958年任德国科学院数学研究所第一任所长。1948年任《数学信息》首任主编。

在数学上最重要的贡献是积分方程及希尔伯特空间理论。他推广和简化了希尔伯特在积分方程理论中的结果,1907年所发表的论文分为两部分,首先是简化了希尔伯特关于对称核的定理的证明;其次,他考虑了非对称核的情况,并研究了特征值和特征函数。1908年,他发表了关于具有无限个未知数的无限个线性方程解的研究论文。最重要的工作在于1905年左右形成了希尔伯特空间的概念及此空间的几何,所谓施密特空间的元素是复数平方可和序列的全体,在此空间中定义了内积的概念,并证明了任何互相正交的向量集是线性无关的,从而对线性无关集发展了格拉姆-施密特正规正交化过程,并导出了一集合成为线性无关的充要条件。他还在空间引进强收敛、强闭子空间等概念,证明了投影定理。他在希尔伯特空间中的工作为走向近代数学跨出了一大步,因而是最早将通常欧几里得概念有意义地推广到更复杂更抽象的数学结构中去的数学家之一。

(卫瑞霞)

艾森哈特,L.P. (Eisenhart,Luther Pfahler) 美国人,1876年1月13日生于美国宾夕法尼亚州约克,1965年10月28日卒于新泽西州普林斯顿。微分几何学、非欧几何学。

父亲是爱迪生电灯公司、纽约电话公司的创建者之一。他是家中6个儿子中的老二。1892年入葛底斯堡学院学习数学,1896年获文学士学位。在母校附属预科中学工作一年后,到约翰斯·霍普金斯大学当研究生,1900年以论文"曲面的无穷小变形"获博士学位。留校任教。1909年任教授,1945年退休。期间1925~1933年任研究生院院长,1928年至退休一直任数学系主任。1914年任美国数学学会副会长、1931~1932年任会长,1911~1925年任该学会《数学年鉴》主编,1917~1923年任该会学报主编。1930年任美国大学联合会主席。1945~1949年任美国国家科学院副院长、美国科学促进会主席。获美国7所大学荣誉博士学位。1937年受封比利时荣誉勋位。

第一阶段,在多年数学基础上出版《曲线和曲线的微分几何》(1909年);第二阶段,在爱因斯坦广义相对论的促进下研究非欧几何学,代表作有《黎曼几何》(1926年)和给出了曲面变形和曲面系统理论中的"统一原理":一曲面的变形定义了连接一点与它的像的直线的合同;另一篇著名论文是"曲面的第一形式和第二形式分别为另一曲面的第二形式和第一形式",并证明了单位球面是具有这种特性的唯一曲面,推广了黎曼几何;在"一阶协变导数为0的二阶对称张量"一文中的艾森哈特定理,是整体微分几何的一个重要工具。《非黎曼几何》(1927年),在退休后继续研究广义相对论、现代宇宙学、电磁学问题与非欧几何的关系,1951~1963年间连续发表21篇论文。所撰"道路几何中的平行向量场"、"黎曼几何的平行向量场",开创了回归场和调和空间的新课题。还写了许多教科书,如《变换连续群》(1933年)、《坐标几何》等。 (卫瑞霞 徐平五)

布利斯,G. A. (Bliss, Gilbert Ames) 美国人,1876年5月9日生于美国伊利诺伊州芝加哥,1951年5月8日卒于伊利诺伊州哈维。变分法。

父亲曾任芝加哥爱迪生公司董事长。1897年获芝加哥大学理学士学位,1900年以论文"圆环面上的测地线"获博士学位。先后在明尼苏达大学、芝加哥大学、密苏里大学、普林斯顿大学任教数学。期间1902~1903年留学德国格丁根大学。1908年回芝加哥大学任副教授。后任教授、1927年任数学系主任至1941年退休。美国国家科学院院士。1921~1922年任美国数学学会会长。

对现代变分法的发展作出了重要贡献。在代表作《变分法讲义》(1946年)中,集中了过去10年来数学家们的分散结论,建立了变分法的坚实的理论基础;提出了无边界条件变分理论。身兼数个重要社会职务,在美国数学界发挥了重要作用。从他开始改变了以往依靠欧洲训练美国数学家的做法,从而标志着美国数学进入了成年期。另有主要著作《代数函数》(1933年初版,1963年再版)等。 (吴茂庆)

维尔辛斯基,E. J. (Wilczynski, Ernest Julius) 美国人,1876年11月13日生于德国汉堡,1932年9月14日卒于美国科罗拉多州丹佛。射影微分几何学。

德国移民后裔。在汉堡读过2年小学。年轻时住在芝加哥,后到德国柏林大学求学,1897年(21岁)获博士学位。回美国后,1898年在伯克利加利福尼亚大学任讲师。1906年任副教授。1907年任伊利诺伊大学副教授。1910年在芝加哥大学任副教授,1914年升任教授。曾任美国数学学会副会长,美国数学学会会报副主编。1919年被选为美国国家科学院院士。

射影微分几何学的创始人之一。早年研究过数理天文学。1906年发表了论文"曲线和直纹曲面的射影微分几何",提出了新的方法,深化了曲线理论,并把它推广到曲面上去,从而给出了现在的形式,并确立了射影微分几何的地位。1919年获比利时皇家科学院奖金。 (吴茂庆)

哈代,G. H. (Hardy, Godfrey Harold) 英国人,1877年2月7日生于英国萨里郡克兰利,1947年12月1日卒于剑桥。数论、函数论。

出身教师家庭。自幼聪明好学,尤爱数学。13岁考入当时有名的培养数学家的学校——曼彻斯特学院。1896年入剑桥大学三一学院学习,1900年为该校评议员,翌年获史密斯奖金。留校任教。1919年任牛津大学几何学教授。1928~1929年任美国普林斯顿大学教授。1931年回剑桥大学任纯粹数学教授,直至1942年退休。1910年当选为英国皇家学会会员。1947年成为法国科学院外籍院士。他还担任过全国科学工作者协会主席。1926~1928年、1939~1941年两度任伦敦数学学会主席。他和妹妹都终生未婚。

是当时公认的英国纯粹数学家的领袖。主要贡献在数论和函数论方面。在1913年后的35年中,与J. E. 利特尔伍德合作写了近百篇论文,包括丢番图近似法、黎曼ζ函数的加法和乘法理论、不等式以及三角级数等,其中对黎曼留下的关于ζ函数的零点问题的研究前进了一大步。他发现和培养了印度有才华的青年数学家拉米金,并与之合作在数的剖分问题上取得了惊人的成就。例如,以$p(n)$表示把n写成正整数之和的方法的数目,则$p(5)=7$,当n增加时,$p(n)$急剧增加,$p(200)$就是一个13位数,而他们建立的$p(n)$的渐近公式,只需用五项就给出了$p(200)$之值。

一生著述颇丰,计论文350篇、专著8部。其中1908年出版的著作《纯数学教程》是英国第一本严格地解释数、函数、极限等内容的名著。还著有《傅立叶级数》和《发散级数》。擅长写英语散文,有自传《一个数学家的自白》(1940年)。曾获许多大学和学院的奖金或奖章。1920年获英国皇家学会皇家勋章,1929年获德·摩根奖章,1940年获西尔威斯特奖章,1947年获皇家学会最高奖章科普利奖章。 (沈 铁)

朗道，E. G. H.（Landau，Edmund Georg Hermann） 德国人，1877 年 2 月 14 日生于德国柏林，1938 年 2 月 19 日卒于同地。*解析数论、复变函数。*

犹太裔。妇科医师之子。16 岁中学毕业进柏林大学攻读数学，1899 年以研究数论的论文获博士学位。留校任教。1909 年任格丁根大学编外教授，与希尔伯特和克莱因共事。由于 1933 年纳粹努力上台，1934 年被迫退休和停止一切讲课，期间曾到英国和荷兰讲学。次年因心脏病发作去世。1939 年，当局停发他的遗孀的养老金，只得移民美国。是德国科学院院士，圣彼得堡科学院、罗马科学院等外籍院士，还是伦敦数学学会名誉会员。

大学时代就乐于钻研数学难题，在取得博士学位之前就已出版两部关于国际象棋的数学问题研究成果。时至 1909 年（32 岁）已发表近 70 篇数学论文。主要贡献在解析数论方面，特别是关于素数的分布。高斯 1796 年作出推测："当 x 无限增加时，$\pi(x)$ 与 $x/\log x$ 之比趋向于 1。"1896 年阿达玛和瓦莱-普森各自作出了证明。1903 年朗道则给出了一个更简单的新证明。该证明还能应用于代数数域中理想素数的分布。1909 年出版了 2 卷关于素数分布的书，首次对解析数论进行了系统的叙述，成为当时数学工作者必读的参考书。另外的 3 卷著作，全面地叙述了数论各分支的纲要和过去的研究情况。这些著作和 250 篇论文对数论的发展产生了重要影响。还写过一本关于单复变函数理论的书，包含由他发现的定理以及其他定理的简单证法。从自然数的皮亚诺公理出发，建立了整数、有理数、无理数及复数的算术的《分析论》。他编写的微积分教材亦是非常重要的著作。 （张镜清）

伯恩斯坦，F.（Bernstein，Felix） 美国人，1878 年 2 月 24 日生于德国哈雷，1956 年 12 月 3 日卒于瑞士苏黎世。*数学基础、集合论、生物统计学。*

德国犹太裔。学术世家。曾在哈雷大学学习。父亲是哈雷大学生理学教授，母亲是钢琴作曲家。他于 1901 年获德国格丁根大学数学博士学位。同年回哈雷大学任教，1911 年任编外教授。1921 年任格丁根大学教授。并创建了德国数理统计学会，任该学会会长直到 1934 年赴美。1940 年入美国籍。先后在哥伦比亚大学、纽约大学等校任教。

早在 1897 年学生时代，就证明了集合论的基本定理——集合等价性定理，由此确立了基数的概念。后期又在等周问题、凸函数、拉普拉斯变换、数论、集合论及其应用等方面作了很多研究。1920 年起用数学模型研究遗传学，得到了关于血型遗传的一些统计结果。继而又考察了人类近交程度的度量、劣势遗传的确定、遗传比例的确定等问题，促进了生物统计学的发展。 （吴茂庆）

法图，P. J. L.（Fatou，Pierre Joseph Louis） 法国人，1878 年 2 月 28 日生于法国洛里昂，1929 年 8 月 10 日卒于法国波尔尼谢。*复变函数、数学物理、天文学。*

1898～1901 年在巴黎高等师范学校学习，毕业后到巴黎天文台工作，直至去世。1907 年获博士学位。1928 年被任命为名誉天文学家。

主要从事数学和实用天文学方面的研究。在天文学方面，借助于微分方程解的存在性定理，研究了在趋于零的周期外力作用下，物质系统的运动，以阐明高斯关于行星摄动的计算工作。还研究了行星在有阻尼的介质中的运动、某些卫星的来源以及双星的测量等。在数学方面，在泰勒级数、勒贝格积分理论及复变有理函数的复合上得到了一些重要的结果，勒贝格积分理论中的著名的法图引理就是其中一例。在 1906 年发表的文章"三角级数与泰勒级数"中，推广了著名的帕斯瓦尔恒等式，证明了 $\frac{1}{n}\int_{-\pi}^{\pi} f(x)g(x)dx = 2a_0\alpha_0 + \sum_{1}^{\infty}(a_n\alpha_n + b_n\beta_n)$。此外，还阐明了系数 a_n 的符号影响到泰勒级数的奇异点的特征和数目。 （张镜清）

格罗斯曼，M.（Grossmann，Marcel） 匈牙利人，1878 年 4 月 9 日生于匈牙利布达佩斯，1936 年 9 月 7 日卒于瑞士苏黎世。*几何学、数学物理、相对论。*

15 岁随双亲移居瑞士巴塞尔。商人的儿子。1896 年入瑞士联邦苏黎世理工学院学习数学，1902 年获博士学位。后在中学业任教。1907 年任苏黎世理工学院画法几何教授。1910 年参与创立瑞士数学学会，1916～1917 年任会长。

是爱因斯坦的同学。当爱因斯坦试图用数学来叙述广义相对论的思想时，曾求助于他，克服了数学上的困难，建立了引力的度规场理论。作为这一工作的总结，1913 年，他们共同发表了著名论文"广义相对论纲要和引力论"，文中第一部分（物理学部分）由爱因斯坦执笔，而第二部分（数学部分）则由他执笔。这一论文对广义相对论的最终创立（1915 年）起了重要作用。此外，他编写的几何教材，深受学生的欢迎。 （高岳兴）

卡尔平斯基，L. C.（Karpinski，Louis Charles） 美国人，1878 年 8 月 5 日生于美国纽约州罗彻斯特，1956 年 1 月 25 日卒于佛罗里达州。*数学、数学史。*

波兰移民后裔。1897 年在纽约州奥斯威戈师范学院获教师证书。1901 年获康奈尔大学文学士学位。1903 年到奥斯威戈师范学院讲授物理和化学。1904 年任密歇根大学数学讲师，1919 年升任数学教授，1948 年退休为荣誉教授。1928 年被选为国际科学史学会理事。1937 年作为美国代表到巴黎参加笛卡尔逝世 300 周年纪念大会。1943 年被选为美国数学学会会长，并任《数学文献》副主编。

写过论文的篇数与著作的本数合计近 200 左右。与史密斯（D. E. Smith）合写的《印度-阿拉伯数字》一书，于 1911 年在波士顿出版。拍摄过有关美国历史的地图原稿，现仍保存在法国、西班牙和葡萄牙的档案室内；1931 年还收集出版了密歇根州印制地图的目录和历史地图册，以及其他地图和地图册，为许多美国的图书馆、耶鲁大学的地图和地理文献收藏所、密歇根历史委员会提供了丰富的史料。另有主要著作《一元化的数学》(1918年初版,1922年再版,与他人合著)、《算术史》(1925年)等。 (卫瑞霞)

弗雷歇,M.-R.(Frechét,Maurice-René) 法国人,1878年9月2日生于法国约讷省马利尼,1973年6月4日卒于巴黎。*抽象空间理论、泛函分析、拓扑学。*

父亲是新教孤儿院院长。家中6个子女中排行第四。中学毕业后从军。1900年入读巴黎高等师范学校,1906年获博士学位。后在多个中学任预科教授。1910年任普瓦捷大学力学教授。1920年任斯特拉斯堡大学数学教授。1928～1948年在巴黎大学执教,先后教授微积分、普通数学和概率论。1929年当选为波兰科学院外籍院士。1950年当选为荷兰科学院外籍院士。1956年当选为法国科学院院士。

对数学的最重要贡献是创立抽象空间理论,为泛函分析和点集拓扑学奠定了基础。1906年在论文"关于泛函演算若干问题"中定义了抽象的距离空间,采用G.康托尔的集合论思想,把"空间"看成是具有某种结构的集合。1907年给出了平方可积函数空间$L^2[a,b]$,同时指出$L^2[a,b]$和序列的希尔伯特空间l^2的类似性。1909年又提出了维数的简明定义。1914年给出了距离空间上泛函数的可微性定义,把古典分析中微分概念推广到距离空间,1925年又把它推广到赋范线性空间上的算子。他引进的可微性概念已经成为现代非线性泛函理论的基本概念之一。1926～1928年吸取巴拿赫等人的成果,进一步提出了一种线性距离空间,明确地把线性运算和距离结构协调起来,这种空间现在称为弗雷歇空间。在点集拓扑方面,把有限维空间的极限概念推广到了抽象空间中,并进而研究了空间的完备性,紧致性和可分性,这些后来成为点集拓扑学的基本内容。对数学分析和概率论也有所建树,例如关于连续曲线长度的研究,关于非独立非互斥复合事件的概率公式,以及30年代对"马尔可夫链"的理论的研究。著作很多,较著名的有《抽象空间》(1928年)、《现代概率论理论研究》(2卷,1937～1938年)和《数学与具体》(1955年)等。 (卫瑞霞)

德恩,M.W.(Dehn,Max Wilhelm) 德国人,1878年11月13日生于德国汉堡,1952年6月27日卒于美国北卡罗来纳州黑山。*几何学、拓扑学。*

德国裔。毕业于德国格丁根大学。曾在希尔伯特指导下学习,1900年获该校博士学位。1921～1935年任法兰克福大学纯数学和应用数学教授。1940年侨居美国,先后执教于爱达荷大学、伊利诺伊理工学院、圣约翰大学及北卡罗来纳州黑山学院。是挪威科学院外籍院士和印度数学学会会员。

是一位直觉几何学家。在希尔伯特关于几何公理化的影响下,大胆略去欧几里得第五公设而获得许多有趣的定理。例如,存在一种几何,在其中三个角之和等于二直角;相似的三角形不迭合;过一已知点可以画出无穷多条直线平行于一条已知直线等。解决了希尔伯特23个问题中的第三个问题。发表了关于拓扑、代数拓扑的专题论文和许多基本群的文章。1910年证明了关于拓扑流形的一个重要定理,即德恩定理。(卫瑞霞)

卢卡锡维奇,J.(Lukasiewicz,Jan) 波兰人,1878年12月21日生于奥地利加利西亚州利沃夫(今属乌克兰),1956年2月13日卒于爱尔兰都柏林。*数理逻辑、科学史。*

军人之子。毕业于奥地利利沃夫大学,1902年获该校博士学位。留校任教,1911年任编外教授。第一次世界大战后,1919年任波兰教育部长。1920～1939年任华沙大学教授、两度出任校长。第二次世界大战期间流亡比利时。1946年受聘为都柏林爱尔兰皇家科学院教授,直到终年。

是世界闻名的华沙逻辑学派的创始人之一,在多值逻辑研究上有突出成就。把非亚里士多德逻辑作为可能表示事物的新方式,用形式语句、概率语句予以解释。在双值命题逻辑方面,创立了"卢卡锡系统"。命题运算的本性逻辑在语句和词义上的完备性理论,也来自他及其学派的工作。他还用现代形式技巧重建了古代和中世纪的逻辑学,使人们改变了对逻辑史的看法。

(吴茂庆)

富比尼,G.(Fubini,Guido) 意大利人,1879年1月19日生于意大利威尼斯,1943年6月6日卒于美国纽约。*微分射影几何、数学分析。*

数学教师之子。17岁时以优异成绩考入意大利比萨高等师范学校,U.狄尼和L.比安基是他的老师,1900年获博士学位。后在卡塔尼亚、热那亚和都灵等大学任数学教授。1928年任《纯粹和应用数学年鉴》主编。1938年法西斯当局强迫他退休后,应普林斯顿高级研究院邀请赴美,并在纽约大学执教。1943年因心脏病去世。

他是意大利最多产的数学家之一,主要研究的领域是微分射影几何。其成果为分析学、几何学和数学物理提供了许多新方法。定义了李群两簇的局部贴合,引进了"射影线性元"作为两共变微分形式的商,导出了射影贴合的充要条件。还定义了"射影法线"、"射影测地线"等。主要著作有《微分射影几何》和《曲面微分射影几何引论》。在分析学方面,主要研究线性微分方程、偏微分方程、多复变解析函数和单调函数。在离散解方面,研究过线性群和黎曼簇上的运动群。应用累次积分计算多重积分的著名定理就是以他的名字命名的。1919年获意大利科学院皇家奖金。 (高岳兴)

塞韦里,F.(Severi,Francesco) 意大利人,1879年4月13日生于意大利阿雷佐,1961年12月8日卒于罗马。代数几何、射影几何。

毕业于意大利都灵大学,在C.塞格雷指导下研究代数几何和高维空间射影几何,1900年获博士学位。后相继任教于都灵大学、比萨大学。1904年任帕尔马大学射影与画法几何学教授。1905年任帕多瓦大学教授。第一次世界大战中,在炮兵部队服役。1922年起在罗马大学任教。

最重要的贡献在代数几何方面,完成了代数曲面的双有理不变量理论,并对任意维的代数类建立了相似的但更复杂的理论,这项工作足足花了50年时间。发现了"数的守恒"原理成立的条件。把皮卡尔在曲面上积分的三种类型化为标准形式,并对曲面上的某些线性微分方程找出了可积条件。还研究了代数类的理论,特别是阿贝尔与拟阿贝尔类。建立了不正则性理论,并对高维投影空间中的曲线的连续系统作了重要研究。从1898年直到去世,共发表了400多篇有关数学、科学史、教育和哲学的论文。 (卫瑞霞　田　雁)

威尔逊,E. B. (Wilson, Edwin Bidwell) 美国人,1879年4月25日生于美国康涅狄格州哈特福德,1964年12月28日卒于马萨诸塞州布鲁克林。几何学、概率统计、空气动力学、应用数学。

中学教师的儿子。1899年毕业于哈佛大学,获文学士学位。1900年任耶鲁大学讲师,1901年获该校博士学位。1902～1903年在巴黎大学等校留学数学。后回耶鲁大学任教,1907年、1911年先后任副教授、教授。1917年任马萨诸塞理工学院物理系主任。1922年任哈佛大学公共卫生学院人口统计学教授,1945年退休。1927～1931年任美国文理科学院院长。1929年被选为美国统计学会会长。任《美国国家科学院学报》主编达半个世纪之久。1948年出任美国海军调研办公室顾问。他是美国国家科学院院士,1949～1953年兼任副院长。

主要兴趣在投影几何学、微分几何学,在导师、物理学家吉布斯在耶鲁大学的讲稿基础上,编写出版了一本出色的教科书《向量分析》(1901年),对向量分析的记号和用法影响深远,当时才22岁。1912年出版了美国第一本现代数学分析教材。由于第一次世界大战爆发,他开始研究空气动力学,其中还研究了狂风对飞行的影响,并出版了一本《航空学》(1920年)的著作。首次把参数的可靠区间估计的含义精确化,为以后的应用统计学研究打下了基础。在生物统计学、误差理论与定量生物学的关系、传染病学、社会学和经济学等方面也有所创见。 (吴茂庆)

杨,J. W. (Young, John Wesley) 美国人,1879年11月17日生于美国俄亥俄州哥伦布,1932年2月17日卒于新罕布什尔州汉诺威。射影几何学、教育学。

1899年在美国俄亥俄大学毕业,1904年获博士学位。先后在普林斯顿大学和芝加哥大学任教。曾任堪萨斯大学数学系主任1911年起在达特默斯学院任教直到终年。曾任美国数学学会理事、副会长和会长。

1908年与O.维布伦合作,创建了射影几何的完全独立的公理系。在此基础上,他出版了经典著作《射影几何》。在教育学方面,作为数学必修课委员会主席,在长篇报告"中等数学教学改革"中,提出了有深远影响的改革设想和实施方法,主张概念一般化、观点初等化、教学通俗化。1911年写的《关于代数与几何的基本概念讲演录》,就是贯彻这种精神的代表作,至今仍令人赞赏。 (吴茂庆)

萨默维尔,D. M. Y. (Sommerville, Duncan McLaren Young) 新西兰人,1879年11月24日生于印度拉贾斯坦邦,1934年1月31日卒于新西兰惠灵顿。几何学、非欧几何、数学物理。

1902年在英格兰圣安德鲁斯大学获学位后,即任该校讲师。1915年任新西兰惠灵顿的维多利亚学院数学教授。1911年当选为英国爱丁堡数学学会会长。参与建立新西兰皇家天文学会,并任秘书长。

他是公认的20世纪新西兰的杰出的几何学家。对欧几里得空间和非欧几里得空间的棋盘形镶嵌法颇有研究,指出在欧几里得平面上仅有3种有规则的镶嵌方式,在椭圆平面上有5种用同类全等规则多边形来镶嵌的方式,而在双曲平面上这种方式有无限多种。还指出半正则网格和正则网格的镶嵌方式是拓扑等价的。在几何方面写了30多篇论文,如"绝对几何的平面网络"、"绝对几何的平面半正则网络"、"正多面体的旋转群和置换群之间的关系"等。著有《非欧几何的基础》(1914年)、《解析圆锥曲线》(1924年)、《n维空间几何学导论》(1929年)、《三维几何学》(1934年)等教科书。这些书以说理清楚、通俗易学著称。此外,还对天文学、解剖学、化学和晶体学有研究。1928年新西兰皇家学会授予他赫克托奖章。 (卫瑞霞　黄绍楠)

克雷洛夫,H. M. (Крылов, Николай Митрофанович; Krylov, Nikolai Mitrofanovich) 苏联人,1879年11月29日生于俄国圣彼得堡,1955年5月11日卒于苏联莫斯科。数学分析、数学物理、非线性力学。

1902年毕业于圣彼得堡矿业学院。留校任教,并在矿区兼职,1912～1922年,先后任该学院和克里米亚大学教授。1922年成为乌克兰科学院院士,任数学物理部主任。1929年被选为苏联科学院院士。

主要贡献在于插值理论、微分方程近似积分及其在数学物理中的应用和非线性力学等方面。在近似积分方面,提出了估计误差的非常有效的公式。在此以前,许多数学家仅限于证明近似方法的存在或近似方法的收敛性。他利用里茨方法,借助无穷阶行列式理论,研究了一般情形,给出一种证明存在性的构造性方法。1932年和学生博戈留博夫开始研究非线性振动过程的一些现实问题,奠定了非线性力学的基础。在微分方程理论方面,克雷洛夫-博戈留博夫平均法在科学、技术的许多领域得到了广泛的应用。

在数学分析和数学物理方面所发表的论文达200多篇。1961年出版论文选集3卷。1939年获乌克兰共和国功勋科学工作者称号。还获得1枚列宁勋章和2

枚劳动红旗勋章。乌克兰科学院设立了克雷洛夫奖金，以奖励优秀的数学家。（王翼勋　张镜清）

里斯，F.（Riesz，Frigyes 或 Frédéric）　匈牙利人，1880 年 1 月 22 日生于匈牙利杰尔；1956 年 2 月 28 日卒于布达佩斯。泛函分析。

医生的儿子，弟弟是数学家。曾就读于匈牙利布达佩斯大学和德国格丁根大学，1902 年在布达佩斯大学获博士学位。后在中学任教两年，又在巴黎大学、格丁根大学等处从事博士后研究。1911 年在克卢日大学任教。1920 年该大学迁往塞格德，在那里与 A. 哈尔合作，同年创办了鲍耶数学研究所及《数学科学学报》。1946 年回布达佩斯大学任教。1936 年当选匈牙利科学院院士。是法国科学院外籍院士和其他许多科学协会的会员。

泛函分析的奠基人之一。数学著作收集在1 600页的全集之中，其中最有名的定理之一称为里斯-费希尔定理，是受希尔伯特积分方程研究工作的激励而发现的定理：令 $\{\varphi_i(x)\}$ 是 $[a,b]$ 上的一个正交系，其中每一个函数 $\varphi_i(x)$ 是 L 可和且 L^2 可和，对每一个 φ_i 结合一实数 a_i，于是 $\sum_{i=1}^{\infty} a_i^2$ 收敛的充要条件是存在一函数 f 使 $a_i = \int_a^b f(x)\varphi_i(x)\mathrm{d}x, i=1,2,\cdots$。它蕴含着 a_i 为 $f(x)$ 关于 $\{\varphi_i(x)\}$ 的傅立叶系数，而 $f \in L^2$。受弗雷歇在函数空间的研究的影响下，研究了 L^p 函数空间，为巴拿赫空间作了许多基础性工作，并将泛函分析应用于各态历经理论。另一著名成果称为里斯表示定理：设 A 是把定义于 $[0,1]$ 上的实连续函数 f 映射为实数的线性泛函，则 A 有界且 $A(f)=\int_0^1 f(x)\mathrm{d}\alpha(x)$，其中 α 是有界变差函数。这条定理是他在泛函数分析中建立起的一座丰碑，具有广泛的应用价值。1913 年把无穷矩阵的已有成果加以系统化，整理成一整套理论，并用于双线性和二次型、三角级数和某些微分方程及积分方程。首创了次调和函数，利用次调和性的判别准则建立了一整套理论，将它应用于函数论和位势理论。1920 年不依赖于测度理论重建了勒贝格积分理论。只用零测度集的概念，由简单函数（阶梯函数）至更一般函数构造了积分。重证了许多勒贝格积分的基本定理。还引进了伴随算子的概念并首先应用范数概念来研究抽象空间。对射影几何、点集拓扑、复变函数和逼近理论都有所研究。1952 年与学生塞克夫纳尔维-纳吉（B. Szökefnalvy-Nagy）合作出版法文版《泛函分析讲义》，是一部经典著作，被译为多种文字。1949 年和 1953 年曾两次获科舒特奖。（高岳兴）

费耶，L.（Fejér，Lipót）　匈牙利人，1880 年 2 月 9 日生于匈牙利佩奇，1959 年 10 月 15 日卒于布达佩斯。调和分析、函数论。

中学时就爱好数学，1897 在数学竞赛中获奖。1897～1902 年入布达佩斯大学和柏林大学攻读数学和物理学。1911 年起任布达佩斯大学教授。1908 年被选入匈牙利科学院，还是几个外国科学院和科学学会的成员，鲍耶数学学会的荣誉会长，美国布朗大学的荣誉博士。

是富有成果的匈牙利分析学派的带头人。他对数学的主要贡献在调和分析方面。1900 年末，在法国科学院报告了后来以他的名字命名的基本求和定理。其可求和的古典定理不仅为正交展开理论指出了新方向，且成为发散级数和奇异积分近代理论的出发点。在逼近论和函数构造论方面他也有重要贡献。1918 年解决了对一个任意若当曲线的复拉格朗日插值的龙格问题。在复分析方面，1907 年与 C. 卡拉西奥多里合写的论文，极大地影响了整函数理论的发展；1922 年他与 F. 里斯一起又发现了一个关于保角映射基本定理的新的标准的证明。（沈　铁）

洛特卡，A. J.（Lotka，Alfred James）　美国人，1880 年 3 月 2 日生于奥匈帝国伦贝格（今乌克兰利沃夫），1949 年 12 月 5 日卒于美国新泽西州。统计学、人口学。

双亲都是美国人。他于 1901 年获英国伯明翰大学理学士学位。1901～1902 年在德国莱比锡大学进修。回美国后供职于通用化学公司。1909 年获美国康泰尔大学文科硕士学位。1912 年获英国伯明翰大学理学博士学位。先后在通用化学公司、美国专利局、国家标准局等处任职。1924 年到纽约大都市人寿保险公司统计处工作，直到终年。1938～1939 年任美国人口学会。1942 年任美国统计学会会长。

原学物理，却有兴趣于人口动态，从化学催化剂和有机体增殖之间的相似性出发，发展了人口的分析理论，给出了更符合实际的出生率函数、死亡率函数和不同年龄的分布函数。对于两种竞争的人口的增长规律，用两个联立微分方程来描述。撰写的《物理生物学基础》（1925 年），从数学、物理学角度来处理生物世界，在人口动态学方面颇有影响。

主要著作有：《关于生物共生的解析理论》（2 卷，1934～1939 年）、《一个人的金钱价值》（1930 年，与他人合著）、《寿命之长》（1936 年，与他人合著）、《25 年来的健康进展》（1937 年，与他人合著）。（吴茂庆）

伯恩斯坦，C. H.（Бернштейн，Сергей Натанович；Bernstein，Sergey Natanovich）苏联人，1880 年 3 月 5 日生于俄国敖德萨（今属乌克兰），1968 年 10 月 26 日卒于苏联莫斯科。偏微分方程、函数论、概率论。

大学教授的儿子。先后在法国的巴黎大学、巴黎电机工程学院及德国的格丁根大学学习，1904 年获巴黎大学索邦学院博士学位。1905 年回国，在哈尔科夫大学先后获硕士和博士学位，1917 年成为数学教授。1907～1941 年先后在哈尔科夫大学、列宁格勒大学及列宁格勒理工学院任教。1935 年起加盟共和国在苏联科学院数学研究所从事研究工作，并经常出国讲学和作学术报告。1925 年当选为乌克兰加盟共和国科学院院士。1929 年成为苏联科学院院士。1930 年在哈尔科夫组织了第一届全苏数学会议。1940 年当选为莫斯科数学学会名誉会员。1944 年和 1945 年相继获阿尔及尔大学、巴黎大学的荣誉博士学位。1955 年被选为法国科学院的外籍院士。1966 年成为列宁格勒数学学会名誉会员。

主要贡献在偏微分方程理论、函数逼近论和概率论等方面。在研究中糅合了车比雪夫的彼得堡学派与西欧数学家(如法国的皮卡尔、瓦莱-普森和德国的魏尔斯特拉斯及希尔伯特等人)的数学思想。证明了若二阶解析椭圆型微分方程的解有直到三阶连续导数，则此解是解析的。对一大类非线性椭圆型方程，证明了狄利克雷问题有解析解，从而解决了希尔伯特提出的著名的 23 个问题中的第 19 和 20 两个问题。还发展了曲面理论，特别是极小曲面理论。在函数逼近方面主要探讨最佳逼近问题，即求 n 次多项式 $g_n(x)$ 使 $E_n[f(x)] = \max\limits_{x\in(a,b)} |f(x) - g_n(x)|$ 最小；对各种不同类型的 $f(x)$ 建立了 $E_n[f(x)]$ 的递减律与 $f(x)$ 的解析性和微分性质，同时解决了有关插值理论、机械求积及在无限区间上的最佳逼近等问题。1917 年提出了概率论的第一个公理系统，研究了大数定律的推广、中心极限定理、马尔可夫链及随机过程的理论等。还讨论了随机微分方程及概率论在物理学和统计学上的应用，对现代概率论的发展起了重大作用。因在数学方面的杰出贡献，1911 年和 1920 年分别获比利时科学院和法国科学院的奖金。

(卫瑞霞)

斯卢茨基，E. E. (Слуцкий，Евгений Евгеньевич；Slutsky，Evgeny Evgenievich) 苏联人，1880 年 4 月 19 日生于俄国雅罗斯拉夫尔州诺瓦尔，1948 年 3 月 10 日卒于苏联莫斯科。*随机函数论、统计学。*

教师之子。1899 年入基辅大学数学系；后因对政治经济学感兴趣而转读该校法学院，因参与学潮而受审查，1911 年时因博士论文高质量而获金质奖章。1913 年任教于基辅商业学院，1920 年任教授。1926 年起在莫斯科政府统计局任职。1934 年开始在莫斯科大学任教。1938 年在苏联科学院所属数学研究所工作。

属皮尔逊及其学派影响下发展起来的一代苏联统计学家，是随机函数理论的开拓者之一。引进了极限、导数和积分的随机概念，给出了随机函数可测的条件。曾证明对独立随机变量列连续的取变动平均值所生成的级数是殆周期的。此外，还在谷粒的价格、分划日用品价格变化的效率、人口平均密度、太阳活动的周期性及染色体的统计研究等方面作出过贡献。 (卫瑞霞)

维布伦，O. (Veblen，Oswald) 美国人，1880 年 6 月 24 日生于美国艾奥瓦州，1960 年 8 月 10 日卒于缅因州布鲁克林。*数学基础、微分几何学、拓扑学。*

挪威移民后裔。一位叔叔是著名经济学家与社会评议家。其父是艾奥瓦大学数学与物理学教授。他本人于 1898 年、1890 年先后在艾奥瓦大学和哈佛大学两次获文学士学位。1903 年获芝加哥大学哲学博士学位，师承 E. H. 穆尔教授。1905～1932 年在普林斯顿大学工作，1910 年任数学教授；1932～1950 年在普林斯顿高等研究院工作。第一次世界大战时在国防部军需司弹道研究办公室任少校军官，后任弹道试验署主管。1915 年任美国数学学会副会长、1923～1824 年任会员。当选为美国哲学学会会员、美国国家科学院院士。是丹麦、法国、波兰、爱尔兰、意大利和秘鲁等国国家科学院外籍院士。英国爱丁堡皇家学会外籍会员。此外，1929 年获牛津大学、挪威奥斯陆大学荣誉理学博士学位。

他的兴趣在几何基础和有限射影几何方面，1904 年发表于美国数学学会学报上的博士论文“几何的公程体系”很有影响。把“点”和“序”作为不定义的概念给欧几里得几何一个精细的公理体系，其中每条公理都互相独立。与 J. W. 扬合著的《射影几何》(2 卷，1910～1918 年)，书中给出了一个完全独立的公理集。他最大的贡献在于拓扑学，1922 年出版的名著《拓扑学》是当时仅有的一本系统阐述庞加来思想的著作。他对促进拓扑学发展、形成有广泛国际影响的美国拓扑学派具有很大的作用。在微分几何方面、特别在道路的几何(今称之为仿射关系)、射影相关性及二次微分形式的不变量等方面都做了大量的工作。1933 年他与自己的学生 H. 怀特海合著出版的《微分几何基础》，首次给出整体可微流形的定义，为现代的标准定义奠定了基础。另有《有限射影几何》(1906 年，与他人合著)、《有限射影几何中的同射变换》(1907 年)、《非笛沙格几何和非帕斯卡几何》(1908 年)、《二次微分不变式》(1927 年，与 H. 怀特海合著)等。

(卫瑞霞)

菲特，K. R. (Fueter，Karl Rudolf) 瑞士人，1880 年 6 月 30 日生于瑞士巴塞尔，1950 年 8 月 9 日卒于瑞士布伦嫩。*数论、复变函数论。*

建筑师之子。1889 年入德国格丁根大学学习数学，毕业后在 D. 希尔伯特指导下从事二次数域理论的研究工作，1903 年获博士学位。后在多个欧洲国家大学游学和讲学。1907 年任马尔堡大学讲师。1908 年任瑞士巴塞尔大学数学教授。1913 年任德国卡尔斯鲁厄技术大学数学教授。1916 年任苏黎世大学数学教授，1920～1922 年出任校长。1910 年任瑞士数学学会首任会长。是瑞士自然科学协会欧拉全集编辑出版委员会主任、总编。第二次世界大战中，供职于瑞士政府出版与新闻广播部，政治上因反对纳粹而闻名。

主要成果是导出了虚二次基域上阿贝尔数域的整群的类公式，建立了四元数变量函数论的学术流派。主要著作有《综合数论》(1917 年初版，1950 年第 3 版)、

《奇异模和多复变椭圆函数》(2卷,1924～1927年)、《化学家、生物学家和统计员的数学工具》(1921年初版,1947年第3版)等。 (高岳兴)

布特鲁,P. L. (Boutroux, Pierre Léon) 法国人,1880年12月6日生于法国巴黎,1922年8月15日卒于同地。微积分学、科学史、科学哲学。

父亲是法国著名科学哲学家E. 布特鲁;舅舅是数学家J. H. 庞加来。他攻读于巴黎高等师范学校,同时受舅舅指导。毕业获教师资格证书。后任蒙彼利埃大学数学讲师。1908年起在普瓦蒂埃大学任微积分学教授。后赴美国兼任普林斯顿大学高等数学教授和高等研究院数学部主任。第一次世界大战时返法参加军队。1920年任法兰西学院科学史首席教授。

在数学上的主要贡献是完善和发展了P. 潘勒韦在新超越函数方面的工作,发展了庞加来和C. 皮卡尔在微分方程解析理论中的研究。他的科学史学和科学哲学著作综合了20世纪头20年数学思想的发展过程,认为分析是经验论和唯理论这两个对立体的组合与调和的基础,断言笛卡尔代数学是介于古希腊的审美、直觉与当代数学家的探索、独立的研究之间的一种状态。他强调科学史应包括对各学科之间的联系和相互作用的研究;并对数个重要数学家的科学思想进行专论。代表作有毕业论文《卡迪尔数学与想像力》、《数学分析原理》(2卷,1914～1919年)、《古今数学的科学思想》等。

(吴茂庆)

布劳威尔,L. E. J. (Brouwer, Luitzen Egbertus Jan) 荷兰人,1881年2月27日生于荷兰奥弗希(今鹿特丹郊区),1966年12月2日卒于荷兰布拉里克姆。集合论、拓扑学、科学哲学。

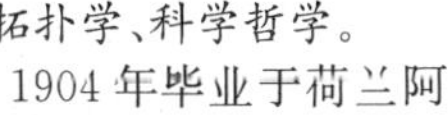

1904年毕业于荷兰阿姆斯特丹大学,1907年以“论数学基础”获博士学位。留校任教,1912年任数学教授至1951年退休。退休后到南非、美国和加拿大等国讲学。1912年被选入荷兰皇家科学院院士。还是法国科学院和格丁根科学院的外籍院士,英国皇家学会和美国哲学学会的外籍会员。获奥斯陆大学和剑桥大学的荣誉博士学位。因车祸去世。

在集合论及拓扑学方面有重要贡献,建立的很多结论已成为这两个领域中的基本结果。第一个建立了平面变换定理和映射二维球面到自身的不动点定理,即布劳威尔第一不动点定理。后来他把该定理推广到高维球面及 R^n 上去,1930年肖德尔(J. Schauder)又把它进一步推广,建立了数值数学中极为重要的定理。在代数中的布劳威尔群、泛函分析中的布劳威尔原理,以及拓扑学中的布劳威尔簇等都比较著名。在数学基础方面,是以构造性程序为数学思维特征的近代直观主义派的代表人物。与形式主义派代表希尔伯特之间的论战,极大地推进了数学基础的讨论与发展。

主要著作有《生命、艺术和神秘主义》(1905年)、《建立独立于排中律的集合论》(1918年)、《直觉集合论》(1920年)、《函数定义域》(1927年),以及论文“逻辑原理的非可靠性”(1908年)等。 (吴茂庆)

特普利茨,O. (Toeplitz, Otto) 德国人,1881年8月1日生于德国布雷斯劳(今波兰弗罗茨瓦夫),1940年2月15日卒于当时英国托管的耶路撒冷。代数学、函数论、数学史。

犹太裔。数学教师世家。毕业于德国布雷斯劳大学,1905年获哲学博士学位。1913年任基尔大学编外教授,1920年任教授。1928年任波恩大学教授,1933年纳粹上台时被迫辞职,在犹太人社区建立一所小学。1938年离开德国,在耶路撒冷的希伯来大学当行政顾问。

主要贡献在于无限维线性函数、双线性函数、二次型的理论以及无限矩阵。他将希尔伯特的关于 n 维空间中线性函数、双线性函数和二次型的经典理论推广到无限维的情形,并将该结果应用于积分方程理论、傅立叶级数和复变函数论。还引进了正规双线性型概念。1930年和G. 科特合作致力于发展无限维坐标空间的一般理论,并建立了比赋范空间更一般的局部凸空间理论。此外,著名的“特普利茨条件”对发散级数理论的研究十分重要。他还研究数学史,特别研究希腊数学与希腊哲学之间的关系。另著有《微积分的元方法》(1949年初版,1963年再版),通俗读物《趣味数学》等。

(卫瑞霞)

韦德伯恩,J. H. M. (Wedderburn, Joseph Henry Maclagen) 美国和英国双重国籍,1882年2月2日生于英国苏格兰安格斯郡福弗尔,1948年10月9日卒于美国新泽西州普林斯顿。矩阵论、抽象代数。

苏格兰裔,医生之子,家中14个孩子中排行第十。1898年人英国爱丁堡大学,1903年获一级荣誉数学硕士学位,1908年获博士学位。1903～1905年在德国莱比锡大学留学。1909年去美国普林斯顿大学任高级讲师,除第一次世界大战期间应召返欧洲外,一直在该校任职,1920年任助理教授,1921年任副教授,期间1912～1928年任《数学年鉴》主编,1928年开始患有精神病,1945年按其要求提早退休养病。主要成就是继嘉当之后修改了半单代数的概念,给出了在任何范畴内半单代数的结构,证明了以他的名字命名的单代数结构定理,以及定理:由有限个元素的域关于乘法运算必定是可交换的,因而必定是一个域,从而给出了一切有限半单代数的完全分类。以上结果为研究抽象代数开辟了一条全新的途径,促进了抽象代数的发展。发表了38篇论文和一本教科书《矩阵论》(1934年)。获1921年爱丁堡皇家学会麦克桂格尔-布里斯班金质奖章和奖金。1933年当选为英国皇家学会会员。 (吴茂庆)

西埃潘斯基,W. (Sierpiński, Wacaw) 波兰人,

1882年3月14日生于波兰华沙，1969年10月21日卒于同地。数论、集合论。

名医的儿子。从小就聪明过人，读中小学时多次跳级。1899年入华沙大学数学和物理系，杰出的数论专家沃罗诺伊(G. Voronoi)对他影响很大。1903年获华沙大学的数学金质奖章。1904年毕业后在华沙一所女子中学教数学。后进克拉科夫大学深造数学和天文学，1908年获博士学位。同年至1914年在利沃夫大学任教。第一次世界大战爆发时正好全家人在俄国，受到拘留，后经俄国多名数学家担保，大战期间在莫斯科大学从事数学研究。1818年回利沃夫大学任教授。1919年任华沙大学教授，1921年任数学系主任，1960年退休。1921年当选波兰科学院院士。1928年任华沙科学学会副会长。同年任波兰数学学会会长。1949年被选为波兰科学院副院长，并获一级科学奖金。他还创办了期刊《基础数学》，1958年任《算术学报》的主编。是12个科学院的外籍院士。还是巴黎、莫斯科及阿姆斯特丹等10所大学的荣誉博士学位。

他继承和发展了哈代与魏尔等人的工作，对数论作出了重要贡献。最重要的成就在集合论方面。约1920年和S. 马祖尔基耶维奇等一起创建了一个专门研究基础集合理论和应用的学派。撰写724篇论文和50部著作。“连续统的假设”(1934年)和“基数和序数”(1958年)是其代表作。

(卫瑞霞)

纳脱，A. E. (Noether, Amalie Emmy) 一译诺特。美国人，1882年3月23日生于德国埃朗根，1935年4月14日卒于美国宾夕法尼亚州布林马尔。代数学。

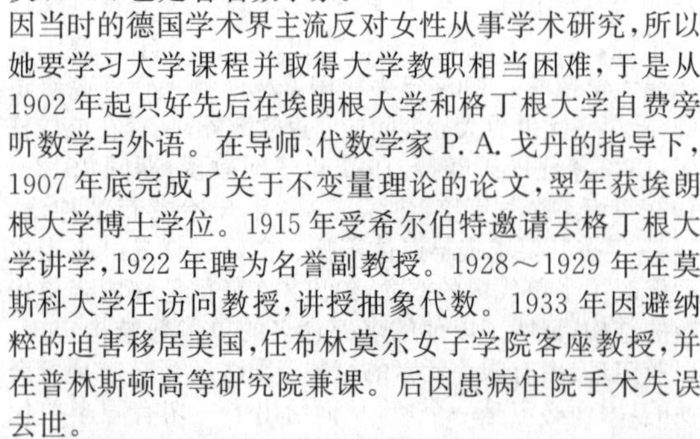

德国裔。是犹太数学家M. 纳脱之女。弟弟弗里茨(Fritz)也是著名数学家。因当时的德国学术界主流反对女性从事学术研究，所以她要学习大学课程并取得大学教职相当困难，于是从1902年起只好先后在埃朗根大学和格丁根大学自费旁听数学与外语。在导师、代数学家P. A. 戈丹的指导下，1907年底完成了关于不变量理论的论文，翌年获埃朗根大学博士学位。1915年受希尔伯特邀请去格丁根大学讲学，1922年聘为名誉副教授。1928～1929年在莫斯科大学任访问教授，讲授抽象代数。1933年因避纳粹的迫害移居美国，任布林莫尔女子学院客座教授，并在普林斯顿高等研究院兼课。后因患病住院手术失误去世。

在不变量理论、表示理论及非交换代数等方面都作出过重要的贡献。19世纪下半叶，在不变量理论中比较重要的论题是关于完备系的存在性。1868年戈丹首先证明了著名的克莱伯施-戈丹定理。她在博士论文“三元双二次型的不变量完备系”中扩充了该定理，还给出了三元四次型的协变量的一个完备系，共331个元素。1910年又把戈丹的结果推广至n个变量的情形。1920～1926年发展了“理想”的理论，证明了“在有单位元的交换环中满足上升链条件”与“每个理想都有有限基”或“环中任何理想的非空集必有最大理想”是等价的。她还应用多项式理想，推广了代数几何中的概念与方法，并给以现代的纯数学的形式。1932年与别人合写了论文“代数理论中的一些基本定理的证明”，她证明了任一个在代数数域上的单代数是循环的。著名数学家魏尔称颂该结果是代数史上高水平的标志。曾建议从群论的角度去讨论拓扑学中的“链”的理论，从而产生了同调群的理论。

爱因斯坦曾在《纽约时报》上发表悼念文章，高度评价她“是自妇女开始受到高等教育以来有过的最杰出的富有创造性的数学天才”。在她100周年诞辰纪念日，埃朗根大学建立了纪念碑。

(张镜清)

克诺普，K. H. T. (Knopp, Konrad Hermann Theodor) 德国人，1882年7月22日生于德国柏林，1957年4月20日卒于法国阿讷西。发散级数、科学传播。

制造商之子。1906年在德国柏林大学通过了教师资格的考试，翌年获哲学博士学位。1908年到日本长崎商业大学任教。1910年移居中国青岛，并在中国德语学院任教。1911年回国，在柏林大学、军事技术学院及军事学院任教。1915年，任柯尼斯堡大学编外教授，1919年成为教授。第一次世界大战时任军官并受伤。1926年任蒂宾根大学数学教授直至1950年退休。此外，还是德国《数学》杂志的创办人之一，1934～1952年一直担任该杂志的主编。

19世纪末，由于延拓幂级数表示范围的尝试，促使弗罗伯尼、赫尔德及塞萨罗等人研究了发散级数的可和性问题，并分别给出了“和”的正式定义及求和法。他也是这方面的专家，1907年证明了赫尔德可和蕴含塞萨罗可和。主要著作有《无穷级数的理论和应用》(1922年)、《复数解析基础》(1936年；1933年英文版)等。

(张镜清)

贝尔，E. T. (Bell, Eric Temple) 美国人，1883年2月7日生于英国苏格兰阿伯丁郡彼得海德，1960年12月21日卒于美国加利福尼亚州沃森维尔。解析数论、函数论。

果农之子。一岁时随父母移居美国，父亲去世后，1896年随母亲回英国。在贝德福德现代中学学习时，就对椭圆函数和数论产生了浓厚的兴趣。1902年重回美国。1908年获华盛顿大学文科硕士学位。1912年在哥伦比亚大学获哲学博士学位。同年回华盛顿大学任教，1926年升任教授。同年任加利福尼亚理工学院数学教授，1959年退休。1931～1933年任美国数学联合会会长。

从1912年起，在数值函数、解析数论、多重周期函数和丢番图分析等方面写了大约250多篇数学论文和多部学术专著。1921年出版的《算术释义》获得了博歇奖。

主要著作有《代数算法》(1927 年)、《数学进展》(1940 年);另有《数学之人》(1937 年)、《数学、科学的女王和仆人》(1951 年)等。此外,他以约翰・泰纳(John Taine)的笔名出版过 16 部科幻小说,另出有数卷诗集。

(刘 韵 高岳兴)

米泽斯,R. von (Mises,Richard von) 美国人,1883 年 4 月 19 日生于奥地利伦贝格(今乌克兰利沃夫),1953 年 7 月 14 日卒于美国马萨诸塞州波士顿。*概率论、应用数学、空气动力学、航空工程。*

奥地利裔,铁路技术专家之子。1907 年在维也纳理工学院获博士学位。次年在捷克布鲁恩(今布尔诺)大学任教。1909～1918 年任斯特拉斯堡大学应用数学教授。第一次世界大战中,成为世界上第一批飞行员。战后任德累斯顿理工学院力学教授。1919 年任柏林大学应用数学研究所所长。由于 1933 年纳粹上台,不久他便赴土耳其伊斯坦布尔大学任教。1931 年去美国,1944 年任哈佛大学空气动力学和应用数学教授。1921 年创办著名杂志《应用数学和力学》并作主编。在概率论的频率理论研究中勇于开拓,发展了维恩的频率极限和随机事件序列的概念,创建了极限频率理论。所著《概率、统计和真理》分别在德国和英国出版,他的统计学工作有历史性价值。在弹性力学、塑性学和湍流理论方面亦作过贡献。

1913 年首次在大学开设关于动力飞行的课程。是研究机翼理论的专家。第一次世界大战期间,领导设计制造了一架 600 马力的巨型军用飞机。第二次世界大战后期与他人合作写了关于飞行理论的著作。

(王翼勋)

凯恩斯,J. M. (Keynes,John Maynard) 英国人,1883 年 6 月 5 日生于英国剑桥,1946 年 4 月 21 日卒于萨塞克斯郡。*概率论、应用数学、经济学。*

1902 年入剑桥大学国王学院攻读数学,毕业后到印度事务部供职。期间用大部分时间研究概率论。1912～1945 年担任《经济学》杂志的主编。1915 年任英国财政部外贸管理局局长。1919 年以英财政部首席代表和大法官的代理的身份出席巴黎和会。1929～1931 年成为英国政府调查金融和产业的麦克米伦委员会委员。1942 年当选为上议院议员,并成为英国皇家学会会员。1946 年作为英国代表出席成立国际货币基金组织和国际开发银行的讨论会。不久去世。

1911 年完成的《概率论》,由于第一次世界大战,直到 1921 年才出版。该书包含了许多研究成果和大量的参考文献,是用现代的符号叙述概率论的里程碑。在经济学方面,先后发表过许多著作,如《印度的货币和财政》、《和平的经济结果》、《条约的一个修正》、《职业、利息和货币的一般理论》等。第二次世界大战期间,在他的影响下,英国内阁首先编制了国家财政收入统计资料。他的关于政府必须加强对经济的宏观调控的思想,对罗斯福新政有指导作用。第二次世界大战后,凯恩斯主义在西方有重大影响。

(陈必胜)

斯考顿,J. A. (Schouten,Jan Arnoldus) 荷兰人,1883 年 8 月 28 日生于荷兰尼沃阿姆斯特尔(今属阿姆斯特丹),1971 年 1 月 20 日卒于埃珀。*微分几何,数学分析。*

1901 年入代尔夫特理工学院。先学电气工程,后改学数学,1914 年以张量分析基础方面的论文获博士学位。同年成为代尔夫特技术大学的教授。期间 1838～1839 年任校长。1948 年任阿姆斯特丹大学教授。1946 年创立阿姆斯特丹大学数学中心并任主任 5 年。是荷兰皇家科学院院士。数度任荷兰数学学会会长。1954 年主持在阿姆斯特丹召开的国际数学家大会。

研究领域广泛,内容涉及张量分析、微分几何、李群、相对论、体论及微分方程等。1919 年发现黎曼流形中的联络,比卡勒(Kahler)早 2 年发现卡勒流形的基本性质。因受克莱因的影响,把各种几何视为一个特殊群的不变量,使之对几何问题的处理,比当时的其他微分几何学家更优越,影响远达俄国与日本。先后发表过约 180 篇论文和 6 本著作。曾获荷兰皇家科学院皇家勋章。

(卫瑞霞)

黑林格,E. D. (Hellinger,Ernst David) 美国人,1883 年 9 月 30 日生于德国斯特里高(今属波兰),1950 年 3 月 28 日卒于美国芝加哥。*微积分方程。*

德国犹太裔。先后在德国海德堡大学、布雷斯劳大学和格丁根大学学习,1907 年获格丁根大学数学博士学位。留校任教。1909 年到马尔堡大学任无薪教师。1914 年任法兰克福大学教授。第一次世界大战后任柏林大学教授。由于是犹太人,1936 年被迫辞职,1938 年被纳粹政府囚禁于集中营,1939 年到美国避难,在西北大学执教。1944 年入美国籍。

在关于无限变量二次型正交不变量的学位论文中,引进了新型的积分——黑林格积分,希尔伯特-黑林格型的理论对数学家的影响很大。1907～1909 年在格丁根大学当助教,编辑了希尔伯特演讲笔记和克莱因的《用高等数学的观点讨论初等数学》。1907 年和特普利茨合写的巨著《有无限个未知数的方程和积分方程》,是一本论述积分方程和无穷多未知数的方程的经典著作。

(沈 铁)

鲁津,H. H. (Лузин,Николай Николаевич; Luzin,Nikolai Nikolaievich) 一译卢津、鲁金。苏联人,1883 年 12 月 9 日生于俄国托木斯克,1950 年 2 月 28 日卒于莫斯科。*实变函数论、数学分析。*

高级商务职员家庭出身。1906 年毕业于莫斯科大学数学物理系。曾赴巴黎大学听鲍莱尔、庞加莱、阿达玛和达布等著名数学家的讲课。毕业后留母校任教,

1910 年获硕士学位。后选送到德国格丁根大学和法国巴黎大学留学。1914 年回国,在莫斯科大学讲授实变函数论等课程。1915 年由于论文"积分与三角级数"获该校纯数学博士学位。1917 年成为莫斯科大学教授。1927 年当选为苏联科学院通讯院士,2 年后成为院士。

先后工作于苏联科学院数学研究所(1929～1936 年;1941～1950 年)、自动化和遥控研究所(1936～1950 年)和地震研究所(1944～1950 年)。1928 年在博洛尼亚国际数学家代表大会上被选为副主席。还是波兰克拉科夫科学院外籍院士,印度加尔各答数学学会、布鲁塞尔比利时数学学会的名誉会员。

1914～1924 年成为函数论莫斯科学派的核心人物,极大地影响了函数论的发展。在实变函数的度量性及描述性理论方面作出了杰出的贡献。在级数收敛问题上提出了不少著名的例子;证明了可测函数的 C 性质,即著名的鲁津定理;定义了完备集上函数的全变差概念。引入了 A 集和 B 集的新定义及筛过程,证明了一个区间可表为两两不相交的 B 集之和,是当时集合论中最强的结果。还创立了"投影集"理论。"描述函数论"是由他和学生苏斯林、亚历山大罗夫等人创立的一个数学新分支。和一批杰出的学生的工作对苏联及世界各国的数学发展影响很大。名著《解析集及其应用讲义》(1930 年),总结了他们的研究成果,是函数论方面的重要著作。还编写过数学分析和实变函数论方面的深受欢迎的教科书。(吴茂庆)

伯克霍夫,G. D. (Birkhoff, George David) 美国人,1884 年 3 月 21 日生于美国密歇根州上艾瑟,1944 年 11 月 12 日卒于马萨诸塞州坎布里奇。*微分方程、动力系统、数学物理。*

内科医生之子。他先后求学于伊利诺伊理工学院、芝加哥大学、哈佛大学,1907 年获芝加哥大学博士学位。同年任教威斯康星大学(麦迪逊)。1909 年到普林斯顿大学任教,1911 年任普林斯顿大学,1912 年任哈佛大学数学教授。1936～1939 年任哈佛大学文理学院院长。1919 年任美国数学学会副会长,1925～1926 年任会长。美国科学促进协会主席。是美国国家科学院院士、美国文理科学院院士。是多个国家科学院外籍院士。

建立了一般非共轭线性微分算子的渐近展开问题与经典的斯特姆-刘维尔问题之间的联系。在论文"奇异微分方程的解析理论"中,提出了广义黎曼问题的概念,对于具有非正则奇点的系统定义了规范系统和奇点等价性。这是现代函数空间理论的源泉之一。1913 年给出了庞加来几何定理的第一个证明,是轰动当时数学界的事件之一。在动力系统问题中,1917 年建立了广义平衡点处稳定性的伯克霍夫定理、极值原理和曲面变换不动点定理,促进了拓扑学和大范围分析的发展。还在平均历遍定理的基础上,1931～1932 年提出了点态历遍定理。另著有《相对论和现代物理》(1923 年)、《动力系统》(1928 年)、《作为流体的电》(1938 年)、《基础几何学》等。获美国数学学会博彻纪念奖等。(吴茂庆)

莱夫谢茨,S. (Lefschetz, Solomon) 美国人,1884 年 9 月 3 日生于俄国莫斯科,1972 年 10 月 5 日卒于美国普林斯顿。*代数几何、代数拓扑学。*

出身于土耳其裔犹太商人家庭,生于俄国,在巴黎长大。1905 年获巴黎中央工艺与制造学院工程师学位。同年赴美国,1907～1910 年供职于匹茨堡威斯汀豪斯电气公司。期间 1907 年 11 月在实验中因变压器爆炸而失去双臂。1911 年获克拉克大学数学博士学位。1912 年加入美国籍 1953 年任普林斯顿大学教授、数学系主任。1925 年当选为美国国家科学院院士。1961 年当选为英国皇家学会外籍会员。获国内外多所大学荣誉博士学位。

主要贡献在拓扑学方面。把黎曼曲面推广到有拓扑结构的多维情形,填补了黎曼和皮尔卡工作的空白。发展和推广了代数拓扑,建立了满羽交理论,奠定了现代代数拓扑理论的基础。主要著作有《位置分析与代数几何》(1924 年)、《代数拓扑》(1942 年)、《微分方程:几何理论》(1958 年)、《非线性控制系统稳定理论》(1965 年)等。主要论文收集于《莱夫谢茨文选》(1971 年)。获 1919 年法国科学院博登奖,美国数学学会 1923 年博彻奖、1970 年斯蒂尔奖。1964 年国家科学奖章。(徐平五)

利特尔伍德,J. E. (Littlewood, John Edensor) 英国人,1885 年 6 月 9 日生于英国肯特郡罗切斯特,1977 年 9 月 6 日卒于剑桥。*实函数论、非线性微分方程。*

因父亲在南非维恩堡一所新建中学任校长,全家于 1892 年移居该地。他先在开普敦大学学习,1900 年转入英格兰圣保罗学院,1903 年考入剑桥大学三一学院,1907 年毕业。同年到曼彻斯特大学任教。1908 年成为剑桥大学评议员,1910 年重返三一学院任教。1914～1918 年在皇家炮兵部队服役。期间 1916 年入选英国皇家学会会员。1927 年任剑桥大学教授,直至 1950 年退休,仍留校讲授非线性微分方程和函数论 4 年。其后 10 年间在美国多所大学任访问教授。1941～1943 年任伦敦数学学会会长。1957 年入选法国科学院外籍院士。

从 1912 年起与哈代合作达 35 年,合写论文近百篇,被人们称作"哈代-利特尔伍德数学"。其成果约有以下几方面:丢番图近似;陶贝尔定理;傅立叶级数与有关的函数理论;ζ 函数;可加数论问题;不等式。1918 年发表的关于 $\pi(x)$ 的论文曾轰动一时。1952 年在一篇关于天体力学的论文里又宣布了一个惊人的结果:太阳系(理想化)甚至"俘获"不住一粒灰尘。代表作有《实函数论》(1926 年)、《不等式》(1934 年、与哈代合作)等。一生获有大量荣誉。曾获英国皇家学会皇家奖章(1929 年)、德、摩根奖章(1938 年)和西维尔斯特奖章(1943

年)等。 (徐平五)

布拉施克,W. J. E. (Blaschke, Wilhelm Johann Eugen) 德国人,1885年9月13日生于奥地利格拉茨,1962年3月17日卒于德国汉堡。拓扑学、微分几何学、动力系统。

出身数学家家庭。1908年在维也纳大学获博士学位。后游学欧洲,遍访当时闻名的几何学权威。1910年任教波罗大学。1913年任布拉格理工学院编外数学教授。1917年任柯尼斯堡数学教授。1919年起任汉堡大学教授,直至退休。1934年任德国数学学会会长,次年在当局压力下被迫辞职。是欧洲多个科学院的外籍院士或荣誉院士。获多个大学荣誉博士学位。

主要研究微分几何、积分几何和运动学。撰写的3卷专著《关于微分几何的研究》(1921～1929年)实现了克莱因的厄兰根纲要。作出了等距平面运动群与三维空间之间的一个运动映射,成为运动学的重要工具。还发展了仿射微分几何,研究了圆和球的微分几何。深入探讨了微分映射的不变量,创立了拓扑微分几何学。1935年起发表的关于积分几何方面的一系列论文也极有价值。这些成就使他成为国际几何界的领导人物之一,汉堡大学也随之成为世界数学活动中心之一。他还有专著《织物几何学》(1938年)、《蜂巢几何学》(1955年)等出版。 (吴茂庆)

哈尔,A. (Haar, Alfréd) 匈牙利人,1885年10月11日生于匈牙利布达佩斯,1933年3月16日卒于匈牙利塞格德。代数学、拓扑学、数学物理。

青少年时就表现出非凡的数学才能,1903年中学毕业时获数学竞赛一等奖。1904年入德国格丁根大学,师从希尔伯特,1909年获博士学位。留校任教。1912年回匈牙利任克劳森堡大学教授,1917年起成为终身教授。1920年与里斯两人 创办《数学科学学报》。1931年成为匈牙利科学院通讯院士。

在其他正交系下推广了傅立叶系的发散、可和及振动的概念,特别是刘维尔-斯特姆问题的解。发现一个奇特的正交系,使每一个连续函数都可以展开成处处收敛的级数,并研究了正交系的乘法关系,建立了它们的乘法表。以上工作引导他研究了可换群的特征理论,使其成为邦特亚金对偶理论的先驱。1907年又研究了方程 $\Delta u=0$,进而把它应用于弹性理论。还建立了变分学中的哈尔引理和群上的哈尔测度,并利用直接法证明了每个局部紧群具有不变测度。该定理现已成为代数与拓扑学中的基石之一。 (王起发)

诺伦德,N. E. (Nørlund, Niels Erik) 丹麦人,1885年10月26日生于丹麦斯劳厄尔瑟,1981年7月4日卒于哥本哈根。偏微分方程、大地测量学、天文学。

小镇药店主之子,家中3个孩子中排行老大。著名物理学家N. 玻尔后来成了他的妹夫;弟弟后来成为著名考古学家、哥本哈根国家博物馆馆长。1903年入哥本哈根大学,1910年同时获天文学硕士、数学的哲学博士学位。同年供职于该校天文台。1923～1956年任哥本哈根大学数学教授。1916年当选为丹麦科学院院士。1923～1955年任丹麦皇家大地测量学会会长。1934～1937年任国际科学联盟主席。1935年被选为英国皇家学会外籍会员。

主要研究有限差分演算,还研究类似 γ 函数的亚纯解的基础解系。1905年发表了双星大熊座Xi的新轨道,指出测微器的测量显示出该双星轨道以1.8年为周期,并有很小的摄动,从而断定这是一个有着暗藏伴星的三星组,后来这一假定得到验证。1923年后指导丹麦的大地测量观察,创立了一种新的覆盖全国的三角剖分。主要数学著作有《差分法》(1924年)、《有限差分方程》(1929年)等。获1916年法国科学院格兰特奖,1954年罗默奖,1958年白令奖等。 (徐平五)

魏尔,H. K. H. (Weyl, Hermann Klaus Hugo) 一译外尔。美国人,1885年11月9日生于德国汉堡附近的埃尔姆斯霍恩,1955年12月9日卒于瑞士苏黎世。李群、解析函数论、数学物理。

德国裔。父亲是个银行家。1903年考入德国格丁根大学,1908年获该校数学博士学位。后留校任教。1913年任瑞士苏黎世联邦理工大学教授。1915年曾上前线参战一年。1930年接替希尔伯特任格丁根大学数学教授。1933年赴美国任普林斯顿高等研究院教授,直到1951年退休。

希尔伯特的高足。早期受导师影响研究谱论和调和分析,不久即开拓研究领域:李群、解析函数论等方面,因而成为当时最有才华的数学家之一。1908年证明了奇异积分方程具有连续谱。接着又把具有正则边界条件的二阶线性常微分方程的刘维尔-斯特姆问题推广到半无界情况及复特征值情况。1911年对希尔伯特空间中自共轭紧算子的特征值的渐近性作了研究,提出了直接计算第 n 个特征值的“最大最小”法,后被运用于许多泛函分析问题上。在调和分析方面,1916年出版了关于等分布同余1的名著,建立了关于等分布的判定准则,应用它证明了序列 $\{p(n)\}$ 的等分布性,其中 p 是一个首项系数为无理数的任意次多项式。这是最突出的成果之一。在几何方面,运用希尔伯特的公理系统定义邻域的思想,严格定义了一维复流形,完整地论述了该流形的定向、同调理论及基本群。这项工作是微分流形和复流形理论发展的源泉。

在苏黎世大学时与爱因斯坦同事,对相对论的数学框架发生了兴趣,在研究中引入了现称为线性连接的概念,推广了黎曼几何,得到了仿射联络几何。进而又对李群的线性表示问题作了研究,得到了关于李代数表示的一个关键性结论:特征为零的一个代数封闭域上的半单代数的任何表示都是完全可约的。在这方面的一些论文,对20世纪纯数学的研究产生了很大影响。

出版专著《群论和量子力学》(1923年)、《不变量理论基础》(1935年)、《典型群》(1939年)、《代数数论》(1940年)、《亚纯函数和解析曲线》(1943年,与儿子J.魏尔合著)、《数学哲学和自然科学》(1949年)、《对称》(1952年)、《黎曼曲面的概念》(1955年)等10余部,《魏尔论文全集》(1968年)收集有166篇论文。(吴茂庆)

沃森,G.N.(Watson,George Neville) 英国人,1886年1月31日生于英国英格兰德文郡威斯特沃尔特,1965年2月2日卒于沃里克郡利明顿。*复变函数论、微分方程。*

教师之子。1904年入剑桥大学,1907年毕业,留校任教,1909年获史密斯奖,1910年当选三一学院评议员。1915年任伦敦大学学院讲师。1918年起任伯明翰大学纯数学教授,直到1951年退休。1919年入选英国皇家学会会员。1919～1933年任伦敦数学学会秘书长,1933～1935年任会长。

研究的主要方向是复变函数论,此外还涉及差分与微分方程理论、级数、特殊函数、渐近展开等方面。其代表作《现代分析教程》(1915年)与《贝塞尔函数论》(1922年)至今在应用数学家、理论物理家之中还有广泛影响。1929年与威尔逊应邀赴印度马德拉斯大学,对印度数学家S.A.拉马努金的遗作进行整理并加以发展,从而提出了著名的沃森变换。1946年获英国皇家学会西尔威尔斯奖。(吴茂庆)

列斯尼乌斯基,S.(Leśniewski,Stanislaw) 波兰人,1886年3月30日生于俄国谢尔普霍夫,1939年5月13日卒于波兰华沙。*数学基础、逻辑学、科学哲学。*

铁路工程师之子。曾在德国慕尼黑大学等多所高校学习哲学和数学。1912年获波兰利沃夫大学博士学位。同年到华沙一所中学任教。1914～1918年在俄国莫斯科一所波兰高级中学任教。从1919年起直到去世任华沙大学数学哲学教授,并任华沙大学逻辑学院院长。

1927年出版他的第一部关于数学基础的重要著作。在1927～1939年间发表的12篇论文中,建立了一种独创的数学基础的逻辑体系。它由原论、本体论和单逻辑的三个理论构成。原论部分包括推理三原则、原论定义法则和原论延伸法则三个内容,是最广泛的命题逻辑;本体论部分包含传统逻辑以及语句运算、分类运算、关系运算等相似的内容;把适用于本体论的单逻辑公理与本体论相结合即成为单逻辑论,是部分-总体关系的理论。本体论产生了算术的基础,单逻辑是几何基础的基石。(吴茂庆)

玻尔,H.A.(Bohr,Harald August) 丹麦人,1887年4月22日生于丹麦哥本哈根,1951年1月22日卒于同地。*函数论、级数论、数学分析。*

著名物理学家N.玻尔的弟弟。外祖父是有名的政治家;父亲是生理学教授。他自幼热爱科学。17岁起在格丁根大学、哥本哈根大学等求学,1910年获博士学位。后在哥本哈根大学任教。1915～1930年任该校理工学院数学教授,1930年起任该校数理学院院长。第二次世界大战时,因援助遭纳粹迫害的科学家而被流放。

是当时国际上分析方面的领导者之一,在国际数学界和本国学术界中发挥了特殊的作用。他综合算术、几何、函数论方法,把切萨罗可加性应用于狄利克雷级数,研究其和函数值的分布,建立了黎曼-ζ函数的玻尔—朗道定理,考察了该函数在临界线右半平面上的函数值分布,完成了最杰出的工作——殆周期函数理论,为这个分支的进一步研究奠定了基础。(吴茂庆)

埃文斯,G.C.(Evans,Griffith Conrad) 美国人,1887年5月11日生于美国波士顿,1973年12月8日卒于加利福尼亚州伯克利。*函数论、数学分析、应用数学、经济学。*

数学教师之子。1903年毕业哈佛大学,1907年获文学士学位。1908年获硕士学位,1910年获博士学位。留校任教。1910～1912年在欧洲各国大学游学,其中运过罗马大学和柏林大学。回国后任教于休斯顿的赖斯学院,1916年任教授。第一次世界大战中任陆军通信兵上尉。1921～1928年在伯克利加利福尼亚大学兼教暑期课程,1934年正式任该校数学系主任直至1944年,1955年退休,为荣誉教授。第二次世界大战中任国防研究委员会应用数学组成员,武器开发署顾问等职,获美国陆军部杰出协作奖和总统嘉奖证书。1924～1926年任美国数学学会副会长,1939～1940年任会长。1933年入选美国国家科学院院士。

研究领域是积分方程、函数方程、调和函数和位势论。1916年把二阶偏微分表达式换成可变域上的积分表达式,导出相应的格林定理。1919年和布雷(H.E.Bray)给出了与圆和球面上的泊松积分相应的推广形式的充要条件。1929年又和迈尔斯(E.R.C.Miles)解决了光滑曲面上的新型的狄利克雷和诺伊曼边界值问题。1927年出版《对数位势》,1935年写过大量关于正质量位势的论文。1940年证明在以给定的简单闭曲线s(本身的容量是零)为界的曲面中具有一个最小容量的S。从1924年起和自己的学生创立了动态经济理论。1930年出版《经济学的数学引论》一书。(徐平五 李孙演)

斯科伦,T.A.(Skolem,Thoralf Albert) 挪威人,1887年5月23日生于挪威桑斯瓦尔,1963年3月23日卒于奥斯陆。*数学基础、集合论。*

1905年在奥斯陆大学学习数学和自然科学,1913年在国家考试中获优异成绩。1926年获该校博士学位。1930～1938年在卑尔根的基督教米歇尔森学院独立进行研究。1938年任奥斯陆大学教授,1950年退休。多次在美国任客座教授。1918年入选挪威文理科学院院士。多年任挪威数学学会会长。1954年封爵。是多种数学刊物的主编和一些学会的会员。

研究的主要领域是数学基础,但在代数、数论、集合论、代数拓扑、群论、格论和狄利克雷级数等方面亦有贡献。其集合论不受康托的定义的限制。1923年给出关于单代数的自同构特征的斯科伦-纳脱定理。审查各种理论的形式上的可行性,并致力于发现已知定理的较简单和更有构造性的证明。发表过175篇论文和多部著作。1962年在特隆赫姆接受冈纳鲁斯奖章。(卫瑞霞)

安德森,O. J. V.(Anderson,Oskar Johann Viktor) 1887年8月2日生于俄国明斯克,1960年2月12日卒于德国慕尼黑。变分法、统计学。

喀山大学语言学教授之子。曾在喀山大学数学系、圣彼得堡理工学院经济系学习。1912年毕业后在圣彼得堡一所商业学校任教。1917年到基辅科学院人口统计研究所工作。1920年离开俄国,在欧洲各地流亡,期间失去了2个孩子(一女一子);后在第二次世界大战中又失去第二个儿子。1921年在匈牙利布达佩斯任教中学。1924～1933年任保加利亚瓦尔纳商学院教授。1933～1935年获奖学金在英国和德国大学任访问学者。同年任保加利亚索菲亚大学教授,后在多个政府部门兼任咨询专家;1940年被派往德国研究战时配给制。1942年任德国基尔大学统计学教授。1947年起任慕尼黑大学经济系统计学教授,直至终年。是国际统计学会名誉会员。

他发展了变分法;第一个用抽样方法研究土耳其斯坦的农业;从统计学观点研究货币的数量及指数理论;提倡在经济中应用统计数学,认为建立在大数定理和随机偏差分类理论上的统计学可以代替试验;还创造了非参数法及原因分析的先决条件。对欧洲统计学和经济学界有较大影响。(徐平五 李孙演)

赫克,E.(Hecke,Erich) 德国人,1887年9月20日生于德国波森(今波兰波兹南),1947年2月13日卒于丹麦哥本哈根。解析数论、函数论。

建筑师之子。1905～1910年先后德国在布雷斯劳大学、柏林大学和格丁根大学学习,1910年在格丁根大学获哲学博士学位。留校任希尔伯特和克莱因的助手。1915年起先后任巴塞尔大学、格丁根大学和汉堡大学教授,担任几个著名学会的数学期刊的主编。

主要贡献在解析数论方面。研究了复数乘法的类域和数域的狄利克雷质数法则的模拟,导出了复数乘法的类域的判别式的因子分解法则。对于代数数域定义了广义的狄利克雷L-级数,建立和研究了赫克L-级数,这对解析数论的发展提供了重要的基础。还研究了椭圆模函数;确定了阿贝尔积分的周期;发现了素数与解析函数之间的一种新的联系;用偶数个变量的正整数的二次型来表示自然数的新规则等。(沈 铁)

波利亚,G.(Polya,George) 美国人,1887年12月13日生于匈牙利布达佩斯,1985年9月7日卒于美国加利福尼亚州帕洛阿尔托。概率论、解析数论、数学物理、教育学。

原国籍匈牙利。律师的儿子。1905年入布达佩斯大学学习,两年后获语言文学教师资格证书,又转学哲学和数学,1912年获该校哲学博士学位。后在格丁根大学、巴黎大学从事博士后研究。1914年去瑞士苏黎世的联邦理工大学任教,1928年任教授。1933年去美国普林斯顿大学、斯坦福大学访问。1940年移居美国,先在布朗大学任客座教授两年,后任斯坦福大学教授至1953年退休。93岁高龄仍在一些师范院校教书。

是法国科学院、美国文理科学院、匈牙利科学院、美国国家科学院的外籍院士。

他的数学研究领域十分广泛,建树颇多。20世纪20年代,在概率论特征函数中,提出可用来描述蔓延现象的"波利亚分布"模型;1914年合作引进波利亚-舒尔函数;1915年发表的一篇论文引发了后人提出波利亚频率函数;1921年率先探讨概率论中的随机游动问题并证明相应定理;1937年发表"关于群、图与化学化合物的组合计算方法"百页长文,给出了普遍适用的一般计数方法,即波利亚计数定理;20世纪40年代末至1960年,撰写了一系列有关等周问题、振动模以及特征值等的微分方程、数学物理论文;1957年提出函数幂的波利亚-舍恩伯格猜想,15年后由他人获得证明。数论上的贡献主要集中在解析数论领域、各种渐近公式、k幂剩余以及非剩余问题等。

波利亚还是当代数学方法论、解题研究与启发式教学的先驱者,在国际上有重大影响。所撰《怎样解题》(1944年)迄今已销售100万册以上,被译成至少17种语言,1959年提出"合情推理"概念及其模式,1962年提出将生物发生律用于数学教学与智力开发;1963年提出数学教学心理"主动学习、最佳动机、阶段循序"三原则。

他能用6种语言写作,发表论文250多篇,有四卷本论文集(1974～1984年)。代表作有:《数学分析中的问题和定理》(2卷,1925年,与他人合著)、《数学与合情推理》(2卷,1954年)、《数学的发现》(2卷,1962～1965年)、《科学中的数学方法》(1963年)、《斯坦福数学问题集》(1974年,与他人合著)、《复变量函数论》(1974年)、《组合学导引的札记》(1984年)等,大都有多种译本。获奖甚多,其中有:1963年美国数学学会数学杰出贡献奖、1968年美国教育影片图书馆协会蓝绶最高奖等。美国工业与应用数学学会设立波利亚奖,美国数学学会设立波利亚写作奖等。斯坦福大学建有"波利亚楼"。20世纪70～80年代,在中国掀起过一股"波利亚热"。(李啸虎)

拉登,J.(Radon,Johann) 捷克人,1887年12月16日生于波希米亚(今属捷克)杰钦,1956年5月25日卒于奥地利维也纳。变分法、微分几何学。

银行职员之子。1905年入维也纳大学学习数学和物理,1910年获博士学位。1919年起在汉堡、布雷斯劳和维也纳等大学任教授。1939年当选为奥地利科学院通讯院士,1947年为院士。1952～1956年任该院数学物理部主任。1948～1950 年任奥地利数学学会会长。

主要研究领域是变分法。1927 年发表的重要论文对拉格朗日问题的发展有重大影响。把变分法用于微分几何，发现了拉登曲线，这在数论中也有应用。他把勒贝格和斯蒂尔吉斯的积分理论连贯起来，建立了拉登积分，具有广泛的应用价值。他的一个定理被尼科迪姆所推广，现称拉登-尼科迪姆定理，可用于对数位势狄利克雷问题的研究。还建立了拉登变换，研究了相对论的数学问题。此外，对仿射微分几何、共形微分几何和黎曼几何都有所研究。（高岳兴）

拉马努金，S. A.（Ramanujan，Srinivasa Aiyangar） 印度人，1887 年 12 月 22 日生于印度泰米尔纳德邦埃罗德，1920 年 4 月 26 日卒于印度泰米尔的德邦贡伯戈讷姆。*解析数论。*

贫寒的小职员家庭出身。7 岁进中学，10 岁获全区考试第一名。对数学的爱好始于 1903 年，他偶然借到一本英文课本《纯粹数学概要》，从此自学成才。1914 年受哈代邀请赴英国，到剑桥大学进修和研究数学。1918 年被选为英国皇家学会会员、剑桥大学三一学院评议员。1919 年重病回印度，任马德拉斯大学教授。去世前还在进行数学研究。在去英国深造之前，利用工作之余写了许多数学论文，发表在《印度数学》期刊上，内容有贝努利数的某些性质、级数、无穷乘积和 π 的几何逼近等。在朋友鼓动下，1913 年 1 月给世界著名解析数论专家 G. H. 哈代写信，叙述自己在素数分布以及其他方面研究所得的 120 条定理。在哈代指导下，在英国继续研究工作，5 年间发表 21 篇论文，有些是与哈代合作的。其中以 π 的逼近、素因子的平均值以及 $p(n)$ 的近似表达式等文章较为有名。（高岳兴）

库朗，R.（Courant，Richard） 美国人，1888 年 1 月 8 日生于德国卢布里尼茨（今波兰卢布林），1972 年 1 月 27 日卒于美国纽约州新罗谢尔。*变分法、数学物理。*

波兰裔，犹太商人之子。就读于德国格丁根大学，是希尔伯特的高足，1910 年获博士学位。同年服兵役。1912 年任格丁根大学数学讲师。第一次世界大战中参战负伤。1920 年春任明特大学数学教授。数月后，在希尔伯特安排下回格丁根任教授。1922 年创建该校数学学院。1933 年随着纳粹上台，他被开除教职。同年赴美国，1936 年任纽约大学教授。在纽约大学成立以他的姓氏命名的数学研究所，并任所长。美国国家科学院院士和美国哲学会会员，荷兰、丹麦、德国和苏联等国家的科研机构都授予他荣誉博士学位。

主要贡献在数学物理方法方面。在希尔伯特指导下，1910 年建立了关于高亏格的多连通黎曼曲面的保形映射的一般定理。与 K. O. 弗里德里希等人一起做了许多系统性的工作，把应用数学补充到传统的数学研究中去。他运用变分法解决了著名的洛伦兹的振动体频率分布问题；研究了用极限法把有限差方程转化为微分方程的问题，对求偏微分方程的数值解有很大作用；成功地解决了一些较困难的经典问题，如极小曲面问题等。写了许多著作与教材，主要有《微积分》（2 卷，1936～1937 年）、《超音速流动与冲击波》（1948 年）、《狄利克雷原理、保形映射与极小曲面》（1950 年）及《数学物理方法》（2 卷，1953～1956 年）。1965 年获美国数学学会功勋奖。（徐平五）

莫德尔，L. J.（Mordell，Louis Joel） 英国人，1888 年 1 月 28 日生于美国费城，1972 年 3 月 12 日卒于英国剑桥。*数论。*

犹太裔。1881 年随父亲移民美国。1906 年他在美国高中毕业后，考入英国剑桥大学圣约翰学院，毕业后留校工作。1913 年任伦敦大学伯克贝克学院数学讲师。第一次世界大战中任军参部门统计员。1920 年任教曼彻斯特理工学院。1922 年到曼彻斯特大学任讲师，1923 年任纯数学教授。1929 年加入英国籍。1945 年任剑桥大学数学教授，1953 年退休。

主要贡献在数论方面。发现了在立方曲线 $f(x,y)=0$ 上的有理点的有限基定理；第一个证明了对一切 r 值，利用模函数可直接求得 $x_1^2+x_2^2+\cdots+x_r^2=n$ 的整数解的个数 $N(n)$；还给“高斯和”以最简单的解析证明。在二次型的研究中，推广了经典的迈耶定理。此外，对求齐次函数 $|f(x,y)|$ 在整点 $(x,y)\neq(0,0)$ 处的极小值问题，于 1940 年获最佳结果。由于对科学的贡献，1949 年获英国皇家学会西尔威斯特奖章；此外 1924 年当选英国皇家学会会员。1943～1945 年任伦敦数学学会会长。伦敦数学学会的 1941 年德·摩根奖章、1946 年资深贝里克奖。（徐平五）

贝里克，W. E. H.（Berwick，William Edward Hodgson） 英国人，1888 年 3 月 11 日生于英国布拉德福附近达德利希尔，1944 年 5 月 13 日卒于威尔士班戈。*数论、方程论、数值计算。*

毛织品经销商之子。1906 年获奖学金入剑桥大学克莱尔学院学习数学，期间获史密斯奖。1911 年任教于布里斯托尔大学。1913 年任威尔士班戈大学学院任教。第一次世界大战中，在国防军需研发署从事开发防空技术。1921 年任利兹大学讲师。同年当选剑桥大学评议员。1925 年获剑桥大学理学博士学位。1926 年任班戈大学数学教授，直至去世。1929 年任伦敦数学学会副会长。

主要研究数论和方程论，对数值计算也十分爱好。大部分工作与下述问题有关：在给出一个有理域的简单代数拓展后，建立计算其代数整数的方法及理想的公式。最杰出的贡献是发展了构造代数整数的整数基的方法，并首次给出了能适用于一般情况的计算简单代数拓展的整数基的具体程序。1915 年建立了一般五次代数方程的解可用其系数的根式表示的充要条件。

为纪念他，伦敦数学学会设有资源贝里克奖和青年贝里克奖。（吴茂庆）

贾尼斯切夫斯基，Z.（Janiszewski，Zygmunt） 波兰人，1888年6月12日生于波兰华沙，1920年1月3日卒于利沃夫(今属乌克兰)。拓扑学。

金融家之子。1911年获法国巴黎大学博士学位。1913年任教于利沃夫大学。1918年任华沙大学数学教授。著名刊物《基础数学》的创办人之一。

是当代波兰数学学派创始人之一。主要贡献在拓扑学方面。1910～1912年首次给出了弧、曲线和曲面的精确定义，并举出了第一个没有弧的曲线的例子。他建立了三个以其名字命名的拓扑学定理，特别是第三个定理：两个非所在平面的切割的连续统的和为平面的切割的充要条件是它们的公共部分不连通。该定理大大简化了约当曲线定理的证明，构成了平面的拓扑特征的最基本部分。第二个定理给出了弧的拓扑特征。还写过许多哲学及数学论文，它们对波兰数学的发展起了巨大作用。他具有伟大的献身精神，把科学奖金及父亲留下的遗产全部捐献给波兰的公共教育事业，立下遗嘱将自己的遗体赠作医学研究。（王翼勋）

雷伊·波斯托尔，J.（Rey Pastor，Julio） 西班牙人，1888年8月16日生于西班牙洛格罗尼奥，1962年2月21日卒于阿根廷布宜诺斯艾利斯。综合几何学、科学史学。

早年就读于西班牙萨拉戈萨大学。1911年任奥维多大学教授。1915年任马德里大学教授。1917年后在阿根廷布宜诺斯艾利斯大学讲学，并指导高级研究工作。

曾发表两本专著，论述n维空间的综合几何，引进了非常一般的曲线概念。在共形映射的数学中，曾发展了H. A. 施瓦茨的工作。出版过西班牙制图学史的著作。（高岳兴）

马祖尔基耶维奇，S.（Mazurkiewicz，Stefan）

波兰人，1888年9月25日生于波兰华沙，1945年6月19日卒于华沙附近马佐夫舍地区格罗济斯克。数学基础、拓扑学、概率论。

律师之子。1913年获波兰利沃夫大学哲学博士学位。1915年任华沙大学数学教授，曾多次当选为该校数学和自然科学院院长，1937年任该校代理校长。是波兰科学院院士。1935年当选为华沙科学和人文学会秘书长。1933～1935年任波兰数学学会会长。1920年任《数学基础》主编。

是现代波兰数学学派创始人之一。主要贡献在拓扑学和概率论方面。早在1913年，从连续统在一点处的振幅及相对距离的概念出发，以直线段的连续像表示拓扑的特性，并建立了关于连续统的弧连通的著名定理，即马祖尔基耶维奇-穆尔定理。还引入了紧集的维数的定义，比门格尔(K. Menger)和乌利松(P. Uryson)的相应定义早7年多。解决了西埃潘斯基、门格尔、乌利松及亚历山德洛夫(P. Alexandroff)等人提出的一些基本问题，对拓扑学的发展作出了巨大贡献。在概率论方面独立于坎特利(F. Cantelli)表达并证明了强大数定理，还建立了这个理论的几个公理系统，构造了随机变量的泛可分空间。德国占领波兰期间，撰写的关于概率理论的手稿，于1944年德军撤退时被焚毁，后重写的部分内容在死后11年出版。（王翼勋 张镜清）

拉兹马泽，A. M.（Размадзе，Андрей Михайлович；Razmadze，Andrei Mikhailovich） 苏联人，1889年8月11日生于俄国契克尼西(今格鲁吉亚沙姆特里地亚)，1929年10月2日卒于苏联第比利斯。变分法、微积分方程。

铁路员工之子。1910年毕业于莫斯科大学数学系。同年在中学任教。1917年获母校硕士学位。同年留校任讲师。同年回格鲁吉亚，参与建立第比利斯大学成为当地高等教育和科学研究的组织者之一。1925年获巴黎大学的博士学位。是第比利斯大学物理与数学系首任系主任。

贡献主要在变分法方面。给出了积分$\int_{t_1}^{t_2} F(x,y,\frac{dx}{dt},\frac{dy}{dt})dt$取到极小值的充要条件，其中平面曲线$x=x(t)$，$y=y(t)$有一自由端；大大推广了变分法的基本引理，所得结果使欧拉的微分方程大为简化。最著名的成果是发展了用有限个有穷跃变的曲线表示解的综合理论，1924年在多伦多国际数学家大会上报告了这项成果。用格鲁吉亚语编写了微积分和分析引论等教材，设计了格鲁吉亚语的数学术语，为格鲁吉亚高等教育作出了贡献。主要著作还有《微分学导论》(1923年，俄文版)等。（高岳兴）

斯捷潘诺夫，B. B.（Степанов，Вячеслав Васильевич；Stepanov，Vyacheslaw Vassilievich）

苏联人，1889年9月4日生于俄国斯摩棱斯克，1950年7月22日卒于苏联莫斯科。实变函数论、微分方程。

中学教师之子。1908年入莫斯科大学数学物理系学习，D. F. 叶果洛夫是其导师。1912年毕业后赴德国格丁根大学师从希尔伯特。1915年任莫斯科大学讲师，1928年任教授，1939年直至去世任该校数学与力学研究院院长。还是莫斯科数学学会最有影响的领导人之一。1946年被选为苏联科学院通讯院士。

主要科学成就在实变函数论方面。在1923～1925

年所发表的著述中，建立了定义于测度有限且大于零的可测平面集上的二元函数几乎处处有全微分的充要条件。还研究了概周期函数的理论，构造并研究了广义概周期函数的新类型。1932 年主办了微分方程理论的定性方法的研究班，对该领域内苏联学派的形成有巨大作用。主要著作有《全微分》(1923 年)、《概周期函数的推广》(1925 年)、《微分方程教程》(1936 年)、《微分方程定性理论》(1947 年初版，1989 年第 3 版，与涅梅茨基合编)等。 (卫瑞霞)

希尔，L. S. (Hill，Lester Sanders) 美国人，1890 年 1 月 19 日生于美国纽约，1961 年 1 月 9 日卒于同地。*矩阵论、密码学。*

以优异成绩毕业于哥伦比亚大学，1911 年获文学士学位，1913 年获文科硕士学位。1926 年以论文"某些集合函数的性质"获耶鲁大学哲学博士学位。1916 年前，先后在蒙大拿大学和普林斯顿大学任教。第一次世界大战中，参加海军预备队。战后先后在缅因和耶鲁等大学，1927 年至退休，在纽约大学亨特学院教授数学。期间 1945～1946 年在法国比亚里茨的美国陆军大学教书。

以密码学和密码分析而知名。将矩阵与线性变换的理论和方法用于密码的构造，称为希尔系统。在他去世后，美国政府才披露在第二次世界大战期间及战后他为陆军、海军和国务院的编码系统所做的工作。

(沈 铁)

姜立夫 (Jiang Lifu) 原名姜蒋佐。中国浙江省人，1890 年 7 月 4 日生于浙江平阳，1978 年 2 月 3 日卒于广东广州。*非欧几何学、数学教育。*

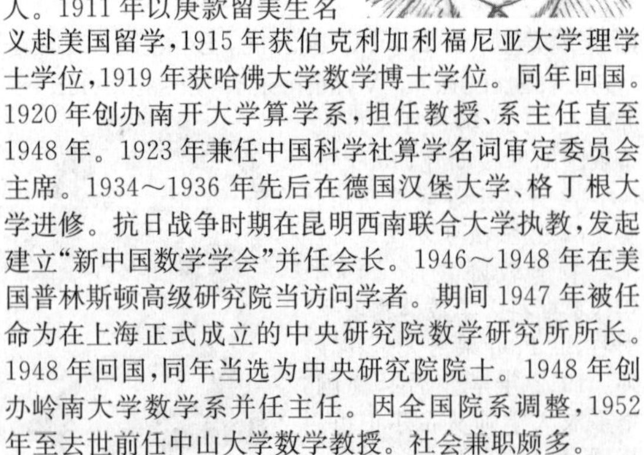

出身耕读世家，6 岁丧父，10 岁丧母，由兄嫂抚养成人。1911 年以庚款留美生名义赴美国留学，1915 年获伯克利加利福尼亚大学理学士学位，1919 年获哈佛大学数学博士学位。同年回国。1920 年创办南开大学算学系，担任教授、系主任直至 1948 年。1923 年兼任中国科学社算学名词审定委员会主席。1934～1936 年先后在德国汉堡大学、格丁根大学进修。抗日战争时期在昆明西南联合大学执教，发起建立"新中国数学学会"并任会长。1946～1948 年在美国普林斯顿高级研究院当访问学者。期间 1947 年被任命为在上海正式成立的中央研究院数学研究所所长。1948 年回国，同年当选为中央研究院院士。1948 年创办岭南大学数学系并任主任。因全国院系调整，1952 年至去世前任中山大学数学教授。社会兼职颇多。

中国现代高等数学教育的开创者之一。长期致力于几何学领域的研究与教学，在中国率先开展非欧几何研究。早在美国留学期间，研究非欧几里得空间直线球面变换法；1945 年发表论文"圆素和球素几何的矩阵理论"，首次采用二阶对称方阵、埃尔米特方阵代表有向圆和球，研究对应于射影群、仿射群及度量群的辛阵群及其子群下的几何学，创造性地用矩阵方法发展了圆素和球素微分几何学，获得了阶段性成果，并提出了系统研究的纲领性思路。为统一数学译名，1931 年提出算学名词审定草案，后相继主持出版、审定《算学名词汇编》(1938 年)、《数学名词》(1945 年)，他提出的命名原则和审定的数学译名奠定了中国现行数学名词的基础。

作为南开大学等校数学系创办者和主持者，在他培养的学生中有不少后来成为优秀的数学家，如刘晋年、江泽涵、申又枨、吴大任、孙本旺等人，而其中最杰出代表当推陈省身。在数学学科建设中，他始终重视引进国外教材和权威外文刊物，重视专业人才的"派出去，请进来"，加强学术的国际交流。苏步青对姜立夫在中国现代数学史上的贡献给予高度评价，认为他在数学教育、组织规划等基本建设上功劳至大、影响至深，必须"大书特书"。为纪念他，南开大学设有姜立夫奖学金，并于 1989 年姜立夫百岁诞辰纪念日竖起了他的铜像。

(李啸虎)

法伊格，G. (Feigl，Georg) 德国人，1890 年 10 月 13 日生于德国汉堡，1945 年 4 月 25 日卒于德国萨克森的韦克瑟尔堡。*拓扑学、数学教育。*

商人之子。1909 年入耶拿大学学习数学物理，严重胃病使他几次辍学，1919 年以保角映射的论文获数学博士学位。同年到柏林大学数学研究所任 E. 施密特的助手，1933 年任编外教授。1935 年任布雷斯劳大学教授兼数学系主任。1928～1935 年柏林普鲁士科学院任命他为《数学进展》(年刊)的主编。1941 年任德国数学学会教育委员会主任。

其研究领域是几何和拓扑基础。疾病使他放弃科学研究而献身于数学教学的改革。把克莱因和希尔伯特的新的基础概念，以及以公理系统为基础的近代数学思想引入德国大学和高中的教科书中。在相当长的时期内，柏林大学以他的著作《高等数学引论》为教材。

(沈 铁)

佩雷，J. J. C. (Pérès，Joseph Jean Camille) 法国人，1890 年 10 月 31 日生于法国克莱蒙费朗，1962 年 2 月 12 日卒于巴黎。*微积分学、数学物理、流体力学。*

著名哲学家之子，1908 年进入巴黎高等师范学校学习数学，1915 年获博士学位。同年任教斯特拉斯堡大学。1921～1932 年任马赛大学理论力学和应用力学教授，期间 1930 年创建流体力学研究所。1932 年任教巴黎大学索邦学院，1954～1961 年任巴黎大学理学院院长。1942 年被选为法国科学院院士。还是一些国际科学协会的会员。

发展了沃尔泰拉的积分方程，导出了关于可换函数与已知函数的合成积的著名结果。该结果与其符号微积分理论现都为经典理论。此外，有两项以他的姓氏命名的成果：一项涉及莱维-奇维塔平行，推进了张量分析的研究；另一项是关于有摩擦的碰撞问题，这是他在理论力学方面的主要成果。在流体力学方面，对有粘性流体动力学、涡旋理论和湍流运动等颇有研究。数学上的代表作有《泛函演算的一般理论》(1936 年)等。1932 年、1938 年和 1940 年三次获法国科学院奖金。

(张镜清)

别西科维奇,A. S. (Besicovitch, Abram Samoilovitch) 英国人,1891 年 1 月 24 日生于俄国别尔江斯克,1970 年 11 月 2 日卒于英国剑桥。实变函数论。

俄国裔。珠宝商之子。1912 年获圣彼得堡大学学位。同年发表他的第一篇论文涉及概率论。1917 年彼尔姆大学从圣彼得堡大学独立出来,他任该校数学教授。1914 年回原校(已改为彼得格勒大学)任教。1924 年离开俄国,任教丹麦哥本哈根大学。次年任教英国牛津大学。1926 年移教剑桥大学。1950～1958 年任剑桥大学数学教授。1934 年当选英国皇家学会会员。

早年,曾构造了一个在各个方向上线段长度大于 1 而约当外平面测度为 0 的平面线段集,解决了 20 世纪 20 年代前后 10 年中吸引了许多数学家所注目的卡克亚问题。对积分 $\int_0^{\pi}\frac{f(x+t)-f(x-t)}{t}\mathrm{d}t$ 在柯西-勒贝格意义下存在性的研究,揭示了实函数特别是线性点集上的实函数的深刻的结构性质。还构造了第一个处处没有单、双侧导数的连续函数例子,完备了魏尔斯特拉斯问题。对殆周期函数及其延拓作了许多推广,给出了使复变量殆周期函数在除去有界条形之外成立帕斯瓦尔定理的条件。引入了正则集和非正则集,证明了给定外围道的具有极小面积的曲面的存在性。著有《殆周期函数》(1932 年)等。1930 年获剑桥大学亚当斯奖。1950 年获剑桥大学德·摩根奖章。1952 年获英国皇家学会的西尔威斯特奖章。

(徐平五)

普里瓦洛夫,И. И. (Привалов, Иван Иванович; Privalov, Ivan Ivanovich) 苏联人,1891 年 2 月 11 日生于俄国奔萨州下洛莫夫,1941 年 7 月 13 日卒于莫斯科。复变函数论、解析函数。

铸造厂主之子。1913 年毕业于莫斯科大学的数学物理系。留校任教。1917 年任萨拉托夫大学教授。1922 年回莫斯科大学任教数学与力学研究所函数论研究室主任。期间在空军学院等校兼教高等数学。1935 年获数学物理博士学位。1936 年起任莫斯科数学学会副会长。1939 年当选为苏联科学院通讯院士。

从 1914 年起研究正交系和积分方程,后转向研究傅立叶级数的性质和解析函数的边界性质。1934 年研究了亚调和函数,提出了关于柯西型积分的思想。共发表 79 篇论著。关于复变函数论的教材和供工科学院用的解析几何教材已被广泛使用。

主要著作有《次调和函数》(1937 年)、《单值解析函数的边界性度》(1941 年)等。重要教材有《平面解析几何》(1918 年)、《数学分析基础》(1924 年)、《复变函数论导论》(1927 年)、《解析几何》(1927 年初版,1966 年第 3 版)、《积分方程》(1935 年)、《椭圆函数论》(1939 年)等。

(华大熊)

弗伦克尔,A. A. (Fraenkel, Adolf Abraham) 以色列人,1891 年 2 月 17 日生于德国慕尼黑,1965 年 10 月 15 日卒于以色列耶路撒冷。数学基础、集合论。

德国犹太裔。就读于慕尼黑、马尔堡、柏林、布雷斯劳等大学。1916 年任马尔堡大学讲师,1922 年任教授。1928 年任教基尔大学。1929 年起至退休,任中东耶路撒冷希伯来大学教授,曾任数学学院院长、校长。

研究的主要领域是数学理论的公理基础。1919 年出版的《集论导引》多次再版,书中提出了策梅罗公理体系的独立性证明。此后的一系列论文,建立和发展了 ZF 集合论,特别是序和良序理论。1953 年的《抽象集合论》和 1958 年的《集合论基础》是他的两本名著。早期还研究过代数、环论和亨泽尔的 p 进数的公理化问题。对数学史亦感兴趣,出版有《犹太族的数学和天文学》(1960 年)等。

(高岳兴)

亨伯,P. (Humbert, Pierre) 法国人,1891 年 6 月 13 日生于法国巴黎,1953 年 11 月 17 日卒于蒙彼利埃。函数论、微积分学、科学史学。

数学家 M.-G. 亨伯之子。就读于巴黎综合工科学校。1913～1914 年为英国爱丁堡大学的研究生,1918 年获数学博士学位。曾任蒙彼利埃大学理学院教授。

数学方面的贡献主要在特殊函数和符号微积分方面。代表作有专著《椭圆函数导引》(1922 年),以及著名论文"拉梅函数和马丢函数"(1926 年)、"符号微积分及其在物理中的应用"(1947 年)等。研究了 17 世纪的数学与天文学史,出版有《数学、力学和天文学的历史》和《加森迪的天文工作》等著作。撰写的介绍普罗旺斯学派的文章,至今还保存在艾克斯、迪涅等地的档案馆中。

(沈 铁)

维诺格拉多夫,И. М. (Виноградов, Иван Матвеевич; Vinogradov, Ivan Matveevich) 苏联人,1891 年 9 月 14 日生于俄国普斯科夫省大卢基县的米洛留勃村,1983 年 3 月 20 日卒于莫斯科。数学基础、解析数论。

父亲是牧师,母亲是教师。1914 年、1915 年先后获圣彼得堡大学物理数学系学士、硕士学位。1918～1920 年先后在彼尔姆大学、莫洛托夫大学任教,晋升至教授。1920 年底起,先后任彼得格勒理工学院教授、彼得格勒大学副教授。1925 年任列宁格勒大学教授、数论与概率论教研室主任。1929 年入选苏联科学院院士。1930～1932 年先后任该院物理-数学研究所数学部主任、人口统计研究所所长。1934 年任斯捷克洛夫数学研究所首任所长直至去世。1950 年任《苏联科学院通报》数学组主编。1958 年起任全苏数学家委员会主席、全苏中学数学改革委员会主席。一生中获 20 多个国外科学院和科学协会外籍院士、名誉会员等称号,其中 1942 年入选英国皇家学会外籍会员。

毕生致力于完善和发展各种三角和的估计方法，在解析数论上有重要贡献。1917 年，他给出了算术函数渐近表示中余项估计的更简单方法。1770 年，E. 华林(Edward Waring)发表如下猜想：每个自然数皆可表为 4 个整数的平方和，或 9 个正整数的立方和，或 19 个整数的四次方之和等。1909 年，D. 希尔伯特首次用多重积分证明了华林猜想的存在性。1924 年，维诺格拉多夫给出一个相当初等的新证明，只用到傅里叶级数和 H. 魏尔估计三角和的方法。1937 年，他引进了线性素变数三角和，并得到了它的非显然上界估计，从而证明了存在正数 C，使得每个大于 C 的奇数是 3 个奇素数之和，这一结果通常称为哥德巴赫-维诺格拉多夫定理(即三素数定理)。

一生发表论文百余篇，出版选集 2 部、专著 4 部。其中，《数论基础》(1936 年)至今仍是数论入门宝笈，使初学者也能对近代解析数论的一些问题与方法有所了解。《数论中的三角和方法》(1947 年初版，1954 年英文版)是维诺格拉多夫方法的代表作，介绍了他本人自 1934 年以来所创立的三角和方法的要旨、应用及历史。《三角和方法的特殊变体》(1976 年)讨论其方法的较为简单的变体、以及某种初等形式所涉及的一些应用。维诺格拉多夫方法已成为解析数论的有力工具，广泛应用于分析学、概率论、近似计算和数学物理等领域。他对中国及世界数学界有重大影响。华罗庚《堆垒素数论》(1946 年俄文版)一书就是对维诺格拉多夫方法的研究成果，得到维诺格拉多夫本人的赞赏和支持。当选为社会主义劳动英雄 2 次，获列宁勋章 5 枚，锤子与镰刀勋章 2 枚，十月革命勋章和苏联科学院最高奖罗蒙诺索夫金质奖章各 1 枚，以及斯大林奖金、列宁奖金等。

(李孙演)

莫尔斯，H. M. (Morse，Harold Marston) 美国人，1892 年 3 月 24 日生于美国缅因州沃特维尔，1977 年 6 月 22 日卒于新泽西州普林斯顿。*复变函数、拓扑学。*

农场主兼房产经济商之子。1914 年获科尔比学院文学士学位。同年进哈佛大学学数学，1915 年获硕士学位。1917 年获博士学位。留校任教不久，到欧洲法国战场参加救护队，获法国银星十字军功奖章。战后回哈佛大学，1926 年任助理教授，1928 年任副教授，1929～1935 年任教授。期间 1919～1924 年兼在海岸炮兵后备队当少尉；1925～1926 年任教布朗大学。1935 年任普林斯顿高等研究院数学教授，1962 年退休。1932 年当选为美国国家科学院院士。1933～1934 年任美国数学学会副会长、1941～1042 年任会长。获国内外 20 个大学荣誉博士学位。

在研究三体问题时，用一种新的方法把拓扑和分析结合起来。开创了称为大变分理论的新数学分支，建立了一个重要的定理：每个三次可微函数是非退化的或可用非退化函数任意逼近。还证明了在有限三体问题的庞加来表示式中，对每个参数 μ 的值有一个逆周期轨道；认为在他的理论的意义下，量子力学的拓扑理论是可能的。其主要著作有《大变分法》(1934 年)、《函数拓扑学和抽象复变记》(1938 年)、《复变函数论中的拓扑方法》(1947 年)、《大分析讲义》(1947 年)和《整体变分分析；黎曼流形上的魏尔斯特拉斯积分》(1976 年)等。获 1947 年美国总统功勋证书；1964 年美国国家科学奖章；此外获 1933 年美国数学学会博彻奖等。(徐平五)

巴拿赫，S. (Banach，Stefan) 波兰人，1892 年 3 月 30 日生于奥匈帝国克拉科夫(今属波兰)，1945 年 8 月 31 日卒于苏联乌克兰利沃夫(今属乌克兰)。*泛函分析。*

父亲是税务员，在他出世 4 天后突然失踪。幼年由一洗衣妇抚养，故随养母姓。15 岁时就自谋生计当家庭教师。1910 年入利沃夫工学院学习，1916 年在斯坦豪斯(H. Steinhaus)的影响下研究数学，1917 年写出第一篇关于傅立叶级数收敛性的论文，1919 年在利沃夫工学院获博士学位，博士论文标志着泛函分析的诞生。1927 年任利沃夫工学院教授。1929 年创办《数学研究》杂志，至今在国际上享有盛誉。1939～1941 年任利沃夫大学理学院院长。1924 年当选为波兰科学院院士和乌克兰科学院的通讯院士。1939 年当选波兰数学学会会长。1941 年夏，利沃夫被德军占领，身受法西斯迫害，身体衰弱。1944 年秋，苏联红军解放了利沃夫，他回校工作，次年因胃癌与世长辞。

利沃夫数学学派的创始人之一，对现代泛函分析的研究取得了重要成就。1922 年引入了赋范线性空间并加以研究，特别着眼于“完备性”的设想。完备赋范线性空间现称巴拿赫空间。证明了三个著名的基本定理，即连续线性泛函延拓的哈恩-巴拿赫定理、有界映射族的巴拿赫-斯坦豪斯定理、巴拿赫空间连续线性映射的定理。还给出了关于赋范线性空间中一些定理的很多应用，为当时的泛函分析提供了重要的基础，亦为现代线性空间理论的发展创造了良好的条件，提出了连续加法算子和伴随算子的概念，为现代算子理论的发展作出了重要贡献。对常微分方程论(巴拿赫平均数)、复变函数论也有研究。诸如巴拿赫局部贫乏集定理、巴拿赫不动点原理、巴拿赫代数、巴拿赫点阵(结构)等都很有名，成为数学中经典的理论。

主要科研成果包括 50 多篇论文和一本专著《线性算子论》。该书 1931 年用波兰文出版，1933 年译成法文，1948 年译成乌克兰文。身后出版有《巴拿赫全集》(1967 年)。因在数学方面作出重大贡献，1939 年波兰科学院授予科学大奖，利沃夫市将一条街道取名为巴拿赫街。1972 年华沙成立了巴拿赫国际数学中心。

(刘　韵)

拉得马赫尔，H. (Rademacher，Hans) 德国人，1892 年 4 月 3 日生于德国石勒苏益格一荷尔斯泰因州，1969 年 2 月 7 日卒于美国宾夕法尼亚州黑弗福特。

解析数论。

小商业主之子。1911年德国格丁根大学求学，是C.卡拉西奥多里的学生。第一次世界大战中从军参战。1917年获母校博士学位。同年到私立中学任教。1919年任教柏林大学。1922年任汉堡大学编外教授因受黑克的影响而专攻数论。1925年任布雷斯劳大学教授，1934年因纳粹当局施压，被迫辞职去美国。任教于宾夕法尼亚大学，1962年退休。主要工作在解析数论方面，特别是堆垒问题。悉心研究函数 $\eta(\tau)$ 关于模代数的对数性质；利用模函数和狄利克雷级数的关系，对一些结果给出了新的证明。最重大的贡献是指出了函数 $p(n)$ 的增长渐近公式的一个简单近似表达式，用它计算 $p(599)$ 时与24位数的真值误差仅为0.5。编写的教材主要有《解析数论讲义》(1955年)、《基础数论讲义》(1964年)。（高岳兴）

钱宝琮（Qian Baocong） 字琢如。中国浙江省人。1892年5月29日生于浙江嘉兴，1974年1月5日卒于江苏苏州。数学史学、科学史学、文献学。

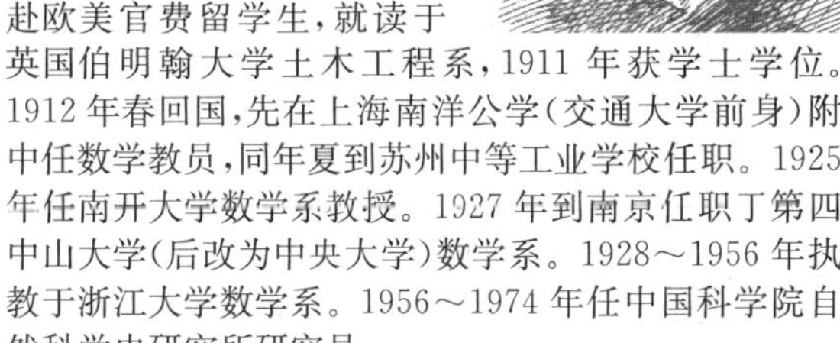

1907年入苏州江苏铁路学堂建筑班学习。翌年考取赴欧美官费留学生，就读于英国伯明翰大学土木工程系，1911年获学士学位。1912年春回国，先在上海南洋公学(交通大学前身)附中任数学教员，同年夏到苏州中等工业学校任职。1925年任南开大学数学系教授。1927年到南京任职于第四中山大学(后改为中央大学)数学系。1928～1956年执教于浙江大学数学系。1956～1974年任中国科学院自然科学史研究所研究员。

中国数学史研究的奠基者之一。20世纪20年代起撰写的数学史论文，在1935年由中华学艺社汇刊为《古算考源》一书，内容为《九章算术》研究、百鸡术、大衍术、垛积术等的源流考释，在国内外有广泛的影响。1932年出版《中国算学史》(上册)，是国内中国数学史研究的较早专著之一。30年代还从事天文历法史的研究，对汉代月行研究、唐书历志、宋律志、甘石星经等文献，都提出了自己的独到见解。编写出版《浙江畴人著述记》，对浙江历代天文学家、数学家进行了传记综述。20世纪50～60年代，是他的研究工作高峰期。1964年主编出版的《中国数学史》，至今仍是这一领域内的一部佳作，该书于1989年由川原秀城译成日文出版。1966年主编出版《宋元数学史论文集》，至今仍是宋元数学史领域的权威性著作。1960年发表的“从春秋到明末的历法沿革”一文，对中国历法史进行了开创性的研究，至今还有重要价值。发表论文过百篇，专著10部。毕生著述的科学史论文，经门生整理后，于1998年出版了10卷本《李俨钱宝琮科学史全集》，获第四届国家图书奖。（杜石然）

李俨（Li Yan） 字乐知(原字禄骥)。中国福建省人，1892年8月22日生于福建福州，1963年1月14日卒于北京。数学史学、文献学、铁路工程。

父亲中过举人，曾在江苏吴县长期作候补知县。他早年在福州高等学堂读书，1912年考入唐山路矿学堂(唐山铁道学院、西南交通大学的前身)学土木工程。翌年因父亡停学，进陇秦豫海铁路局(陇海铁路局前身)任工务员，从此在陇海铁路持续工作40余年，1921年起历任工程段总段长、副总工程师。1955年到中国科学院历史研究所从事中国数学史研究，1957年转入自然科学史研究室任职。被选为中国科学院社会科学哲学部学部委员。

为陇海铁路的建设，辛勤工作40余年，特别是对洛阳以西路段的建设，从测量选线，直至土方、隧洞、桥梁、铺轨等各方面均有许多贡献。

中国数学史研究主要奠基人。他以现代数学知识为基础来进行中国古代数学史的整理研究，开创了数学史研究的新方法；同时又继承乾嘉学派以来汉学家的严格考据的学风和方法，有言必徵，无徵不信，论著总是以资料详实可靠而著称。20世纪10年代初起，开始业余研究中国数学史。1917年发表“中国算学史余录”一文，是他公开发表的关于中国数学史第一篇论文，也是中国现代中算史研究方面较早论文之一。20～30年代对中国数学史研究取得很大成果，曾将自己的论文汇编成《中算史论丛》(4集)，50年代又加以增补，成为《中算史论丛》(5集，1954～1955年)。第1集为中国数学家各项成就的集录，包括分数论、勾股定理研究、平方零约术、大衍求一术、纵横图、帕斯卡三角(贾宪三角)研究、方程论、级数论各篇；第2集对中国历代数学书籍加以集录和研究，并论述了30年来中国算学史新史料的发现、明代算书志、清代中算著述记等；第3集为明清传入的西算及中算家对于对数、三角术、割圆术、圆锥曲线等方面的研究，最后附有梅文鼎年谱；第4集是对筹算和珠算制度的考订、对历代数学教育史绩的论述、元代李冶所著《测圆海镜》的译述，最后附李善兰、华蘅芳两人的年谱；第5集为上古和唐代中国算学史的综述、中算与印度、阿拉伯、朝鲜、日本的相互交流、中国数学史的研究史、清代数学论文著作目录、37年来中国算学史研究论文目录等。

代表作还有专著《中国数学大纲》(1931年上册，1958年上下册出齐)、《中国算学史》(1937年)这两部书都是断代体的中国算学史著作，尤其是后一部，影响更大，40年代曾被译成日文出版。毕生著述的科学史论文，经后人整理后，于1998年出版10卷本《李俨钱宝琮科学史全集》，获第四届国家图书奖。毕生搜集中国古代数学典籍，藏书中有不少罕见珍本。去世后全部藏书由家属捐赠中国科学院自然科学史研究所。（杜石然）

洛纳，C.（Loewner，Charles（Karl）） 美国人，

1893年5月29日生于波希米亚(今属捷克)的拉涅，1968年1月8日卒于美国加利福尼亚州斯坦福。李群、李代数、函数论、数学物理。

犹太族捷克裔。乡村小店主之子。毕业于布拉格查尔斯大学德语学院，1917年获博士学位。同年任教布拉格德语技术大学。1922年任柏林大学教授。1928年任科隆大学教授。1930年任布拉格查尔斯大学教授。1939年纳粹德国占领捷克斯洛伐克时赴美国，曾在美国不少大学任教，1951年起至退休任斯坦福大学教授。

把李群理论应用于半群，又把半群应用于意想不到的数学分支。1923年对单叶函数的比贝尔巴赫猜想作出的第一个有意义的贡献，即证明了当$n=3$时成立，曾经轰动一时，使用的方法也为该问题的进展开辟了道路。此外，他的关于n阶实单调函数、无穷阶单调函数的定义以及李群的最小半群推广等的讨论也极有价值。在物理学上，他的希尔伯特空间中的非欧测度也是一个惊人的创造。 (吴茂庆)

塞希，E. (Čech，Eduard) 捷克人，1893年6月29日生于波希米亚(今属捷克)斯特拉科夫，1960年3月15日卒于捷克斯洛伐克布拉格(今属捷克)。*微分射影几何、代数拓扑学。*

警官之子。1912年入布拉格查尔斯大学，因第一次世界大战中断学业，1918年获数学学士学位，1920年获博士学位。1921年去意大利都灵大学留学。1922年回国任布拉格查尔斯大学编外数学教授。1923年任新建的马沙星克大学编外教授，1928年任教授。1947年任捷克科学院数学研究所所长。1950年任中央数学研究院院长。1952年任捷克研究院院长。同年回原校，1956年任新建数学研究所所长。

开始研究几何图形的微分射影性质。后获奖学金而去意大利都灵大学和G. 富比尼一起研究，并合写了《微分射影几何》(1926年)和《曲面微分射影几何导引》(1927年)两本著作。在拓扑学方面有重要贡献。其论文“关于双致密空间”确切地阐明了利用一种新型拓扑空间的可能性，该空间即著名的塞希双致密包络，是研究一般拓扑学和泛函分析某些分支的重要工具。还研究了一般空间的同调理论、簇论及对偶定理等内容，为把点集拓扑和代数拓扑融合起来作出了贡献，被誉为代数拓扑的第一流专家。第二次世界大战后，在他指导下编写过一套中学数学教材。在筹建捷克科学院数学研究所和查尔斯大学研究所的工作中也发挥了一定的作用。 (沈 铁)

默纳汉，F. D. (Murnaghan，Francis Dominic) 美国人，1893年8月4日生于爱尔兰蒂龙郡奥马，1976年3月24日卒于美国马里兰州巴尔的摩。*群论、应用数学。*

爱尔兰裔，农场主之子。1913年毕业于都柏林大学学院，1914年获硕士学位。同年去美国，1916年获美国约翰斯·霍普金斯大学哲学博士学位。同年任教休斯敦的赖斯学院数学讲师。1918年回约翰斯·霍普金斯大学任副教授。1928年加入美国籍。1928年任该校数学系教授兼系主任，直至1948年退休。1948年去巴西圣堡罗，任航空理工学院第一个数学教授，1959年第二次退休。回美国后，担任美国海军部舰艇与航空器设计顾问。1942年当选为美国国家科学院院士。

主要贡献在应用数学方面，尤其是弹性体的大形变理论及群论。证明了在大形变的情况下，胡克定律的结论不再正确，并给出了应该成立的公式。在群论方面，研究了对称群与一般线性群的表示，给出了简化计算任意多符号的对称群的不可约表示的特征标的公式，提出了对称群不可约表示的克罗内克积的不可约分支的分析方法。还分析了一般线性群、$2n$维对称群，$2n$维辛群的不可约表示的克罗内克积。主要著作有《向量分析和相对论》(1922年)、《弹性体的有限形变》(1951年)、《群表示理论》(1938年)等。 (徐平五)

里特，J. F. (Ritt，Joseph Fels) 美国人，1893年8月23日生于美国纽约，1951年1月5日卒于同地。*代数学、微分方程。*

1908年入读纽约城市学院，1910年二年制毕业，期间每年因数学才能而获该校贝尔登数学奖。毕业供职于华盛顿特区海军天文台。1913年获乔治·华盛顿大学文学士学位。1917年以常系数线性齐次微分算子的论文获哥伦比亚大学哲学博士学位。第一次世界大战期间在美国国防部军需署从事计算工作。战后回哥伦比亚大学，1921年任助理教授，1927年任副教授，1931年任教授，1945年任戴维斯数学教授，1942～1945年任数学系主任。1938～1940年任美国数学学会副会长。是美国国家科学院院士。

早期曾研究代数函数和周期函数，后研究微分方程理论的代数特征。主要成果有：每一微分形式的无限系统有一个有限基底；由形式系统生成的完全微分理想等于对应既约分量的素理想的交。他的许多学生对代数微分方程和代数差分方程进行的研究，为微分代数的早期发展作出了贡献。主要著作有《从代数立场看微分方程》(1932年)、《微分代数学》(1950年)。 (高岳兴)

陈建功 (Chen Jiangong) 字业成，别号念台。中国浙江省人，1893年9月8日生于浙江绍兴，1971年4月11日卒于杭州。*函数论、三角级数。*

1910年考入杭州高级师范学校，成绩优异，酷爱数学。1913年毕业后被派公费留学日本，就读于东京高等工业学校染织科，并进东京物理学校(夜校)兼攻数理。1916年同时在两校毕业。回国后在杭州高等工业学校染织科执教。1918年再次东渡，考入日本东北帝国大学数学系，1921年毕业。回国后，在武昌高等师范学堂任教。1926年冬第三次东渡日本，师从东北帝国大学藤原松三郎，1929年获理学博士学位。同年秋回国，历任浙江大学数学系主任、中央研究院数学研究所研究员等。1947年应邀去美国普林斯顿高等研究院任客座研究员。1949年后，历任浙江大学教授、复旦大学教授、杭州大学副校长等职。曾兼任浙江省科学技术协会主席、中国数学会副理事长等职。1955年选聘为中国科学院学部委员(院士)。

中国函数论学科开创人。研究领域涉及三角级数、直交函数、复变函数及函数逼近论等分支。尤其在三角级数方面，论证了改变级数的项的次序后仍几乎处处收敛(即无条件几乎处处收敛)的判别定理。这一结果被数学家 A. И. 马尔库舍维奇收入了1961年出版的《复变函数论近代问题的研究》一书中。1928年与 G. H. 哈代、J. E. 李特尔伍德同时独立证明：一个三角级数在全区间上绝对收敛的充分必要条件是它为某一杨(W. H. Young)卷积函数的傅立叶级数，即知名的哈代-李特尔伍德定理。对著名的可积函数的傅立叶级数一定几乎处处收敛的 H. H. 卢津猜测，早在1928年他的第一篇关于正交函数级数的论文中已经涉及，并成为他尔后对三角级数理论研究的核心问题，实际上在1965年瑞典数学家卡尔森(L. Carlson)发表正式证明之前，他已着手作了证明。在复变函数论方面，围绕单叶函数的 L. 比贝尔巴赫猜想问题，也有许多重要成果。

一生发表论文60余篇；主要著作有《直交函数级数的和》(1954年)、《实变函数论》(1958年)、《三角级数论》(1964年上册；1979年下册)等，后者为中国最早在国外出版的数学专著；1981年出版《陈建功文集》。毕生从事教育事业，为中国培养了一大批数学人才。

(程民德)

克拉默，C. H. (Cramér, Carl Harald) 瑞典人，1893年9月25日生于瑞典斯德哥尔摩，1985年10月5日卒于同地。*概率论、数理统计*。

1921年入斯德哥尔摩大学，1917年获数学专业哲学博士学位。留校任教，1919年任助理教授，1929年任教授。期间在人寿保险公司兼职，促使他同时也研究统计学。1950～1961年任斯德哥尔摩大学校长。是许多科学院包括美国文理科学院外籍院士。获哥本哈根、普林斯顿和斯德哥尔摩大学的荣誉博士学位。

主要贡献在概率论和数理统计方面。1937年给出一条关于“大变差问题”的基本定理，并证明了一条由莱维猜测的定理。撰写的《统计学的数学方法》(1945年)一书中，以严格的概率论为依据，提出了统计推理方法，其中有不少新成果。此外，在解析数论方面也作出了一些贡献。主要论文汇集于《克拉默文集》(2卷，1994年)；主要著作有《随机变量和概率分布》(1937年)、《统计学的数学方法》(1945年初版，1999年再版)、《概率论初步》(1955年)、《平衡与相关随机过程》(1967年，与他人合著)、《一类随机过程的结构和统计问题》(1971年)等。

(徐平五)

赖德迈斯特，K. W. F. (Reidemeister, Kurt Werner Friedrich) 德国人，1893年10月13日生于德国不伦瑞克，1971年7月8日卒于格丁根。*几何学、拓扑学、群论*。

1921年在汉堡大学以代数数论的论文获博士学位。1923年任奥地利维也纳大学几何学副教授。1927年任柯尼斯堡大学教授，因反对德国纳粹政权，1933年被迫离开柯尼斯堡。1934年任马尔堡大学教授。

研究领域是几何基础和组合拓扑。撰写的《纽结理论》于1932年出版，几十年来一直被认为是经典著作。同年出版重要著作《综合拓扑学导论》(1932年)。曾协助 W. 布拉施克编辑《仿射微分几何》一书，并按照克莱因的埃朗根纲领，编写了新的几何教程。

(高岳兴)

熊庆来 (Xiong Qinglai)

字迪之。中国云南省人，1893年10月20日生于云南弥勒，1969年2月3日卒于北京。*复变函数论*。

父亲熊国栋在清末曾任云南巧家县、赵州府主管教育的学官。他早年就读于云南高等学堂及英法文专修科。1913年、1933年两次赴法国，在格伦诺布尔大学、巴黎大学、蒙彼利埃大学及马赛大学等攻读数学，1933年获法国国家理学博士学位。在国内期间，历任云南工业学校、路政学校教员，东南大学、清华大学数学系教授、系主任，云南大学校长。1949年第三次赴法国，在出席联合国科教文会议后留下从事研究工作。1957年回国后，任中国科学院数学研究所研究员、函数论研究室主任等职。

主要研究方向在复变函数论的无穷级整函数和亚纯函数方面。首先证明了奈望林纳(Nevanlinna)引入的$T(r)$的逐段解析性，进而逐步建立了无穷级亚纯函数的一般理论。给出了无穷级亚纯函数的恰当定义。这一理论包括了所有无穷级亚纯函数和无穷级整函数，推广了波莱尔相应的理论而优于布卢门达尔(L. O. Blumenthal)，被国际上誉为熊氏无穷级。证明并推广了代数体函数第二基本定理，并得到函数结合其导数或原函数的一些基本不等式，进而解决了亏量与唯一性的问题。在孟德尔(Montel)正规族理论方面，简化了米伦达(Miranda)定理的证明，进而确立了新的正规性定则。此外对单位圆内的全纯函数和亚纯函数方面也有出色的成就。

一生中发表论文50余篇，著作10余种。他最早把近代数学引进中国，在东南大学、清华大学创办数学系，培养了诸如华罗庚、严济慈、许宝禄、钱三强、陈省身等一大批著名学者。一生勤奋刻苦，晚年因脑溢血致残后，仍夜以继日忘我工作，坚持以左手写作，其论著中近半数是在病残后完成的。

(庄圻泰)

奈曼，J. (Neyman, Jerzy) 美国人，1894年4月16日生于俄国比萨拉比亚宾杰里(今属摩尔多瓦)，

1981 年 8 月 5 日卒于美国加利福尼亚州奥克兰。统计学、概率论。

波兰裔。律师之子。1912 年入哈尔科夫大学攻读数学和物理。第一次世界大战时因严重弱视而免去兵役,1915 年完成一篇关于积分学的论文后来获金质奖章。1917 年毕业后留校继续深造。1919 年因肺结核病去克里米亚疗养。1922 年供职于华沙国家气象学院。同时在华沙农业学院兼课。1925～1927 年获奖学金去英国和法国大学留学。1924 年获波兰华沙大学哲学博士学位。先后在华沙大学、克拉科夫大学、伦敦大学学院任教。1938 年到美国伯克利加利福尼亚大学工作。1963 年当选为美国国家科学院院士。1979 年当选为英国皇家学会外籍会员。

建立了品性统计学,提出了在偶然性条件下作出决策的方法。其特点:①在任何特殊情况下,不可能预计该方法会得到正确或不正确的决策;②连贯地使用该方法得到的正确决策的频数是可计算的,且可根据经验加以验证;③提供了确定最优决策方法的手段。自 1930 年产生以来,品性统计学已在天文学、物理学、生物学、医学及一切希望减小误差频数的领域得到利用。著有《概率与统计初步》(1950 年)等。获 1966 年英国皇家统计学会盖伊奖章,1969 年美国国家科学奖章等。

(徐平五)

切博塔廖夫,Н. Г. (Чеботарёв, Николай Григорьевич; Chebotaryov, Nikolai Grigorievich) 苏联人,1894 年 6 月 15 日生于卡缅涅茨-波多利斯克(今属乌克兰),1947 年 7 月 2 日卒于莫斯科。代数学。

中学时以论文"罗巴切夫斯基几何学公式"表现出其数学才能。1912 年入基辅大学,1916 年毕业,1918 年获硕士学位。后在中学任教。1927 年获乌克兰科学院物理数学博士学位。1928 年任喀山大学教授,在那里创建了自己的代数学派。1929 年当选为苏联科学院通讯院士。

在代数领域中成就卓著。1923 年建立了弗罗本尼斯(Frobenius)问题的完备解,推广了狄利克雷著名的定理,此后又给出了平面上方程根的分布问题;1934 年应用伽罗华理论和 P-进级数法,推进了古希腊"月牙形"问题;特别是 1931 年在预解式理论问题上作出了很大贡献,为此获国家奖金。著有《基础伽罗瓦理论》(2 卷,1934～1937 年)、《李群理论》(1940 年)。被评为俄罗斯功勋科学工作者。苏联科学院设立切博塔廖夫奖金,以纪念他的功绩和奖掖后起之秀。(沈 铁)

希尔,E. C. (Hille, Einar Carl) 原姓休曼,C. E. (Heuman, Carl Einar)。美国人,1894 年 6 月 28 日生于美国纽约,1980 年 2 月 12 日卒于加利福尼亚州拉乔勒。泛函分析、实变函数。

土木工程师之子。1911 年入瑞典斯德哥尔摩大学,先学化学后学数学,1913 年获数学学士学位,1914 年获理硕士学位,1918 年获哲学博士学位。留校任教,在瑞典民政部门兼职 2 年,1920 年重返美国,他在哈佛大学任教。1923 年任普林斯顿大学助理教授,1927 年任副教授。1933～1962 年任耶鲁大学数学教授。1937～1938 年任美国数学学会会长。1929～1933 年任《数学年鉴》主编,1937～1943 年任《美国数学学会学报》主编。1953 年被选入美国国家科学院。是瑞典皇家科学院外籍院士。

主要贡献在泛函分析与半群方面。从 1941 年开始,花了近 10 年时间写成专著《泛函分析和半群》(1948 年),发展了半群的解析理论。一些主要结果在 1948 年也被一位姓"义田"的日本人导出过,故这一理论的主要结果之一被称为希尔-义田定理。还用依赖参数的各种变换研究了实函数的逼近问题,考察了希尔伯特空间内的变换半群。

发表论文 175 篇,著作 12 部。其中还有《解析函数论》(2 卷,1959～1964 年)、《分析学》(2 卷,1964～1966 年)、《常微分方程讲义》(1969 年)、《古典方法和泛函分析》(1972 年)和《复数域常微分方程》(1976 年)等。曾获瑞典北极星勋章。(徐平五)

辛钦,А. Я. (Хинчин, Александр Яковлевич; Khinchin, Aleksandr Yakovlevich) 苏联人,1894 年 7 月 19 日生于俄国卡卢加州孔德罗沃,1959 年 11 月 18 日卒于莫斯科。概率论、数学分析。

工程师之子。1916 年毕业于莫斯科大学数学物理系。留校任教,1927 年任莫斯科大学教授。1939 年当选为苏联科学院副研究员。1944 年成为俄罗斯教育科学院院士。

是概率论莫斯科学派的奠基人之一,对大数定律的改进、随机变量序列的收敛性、平稳随机过程的一般理论及离散的马尔可夫链等问题都作出了显著的成绩。引入了渐近导数,概括了当儒瓦积分的概念,建立了辛钦积分。在函数的度量理论、统计物理、数论和信息论方面亦有不少成果。

发表过 150 多篇关于数学和数学史的论文。著作还有《连分数》(1936 年初版,1949 年再版)、《关于数学分析的八篇讲义》(1943 年,多次再版)、《统计力学的数学原理》(1943 年初版,1951 年再版)、《信息论的数学基础》(1957 年)等。对改进大学和中学的数学教育也做出了显著的成绩。1940 年获苏联国家奖金。(张镜清)

霍普夫,H. (Hopf, Heinz) 瑞士人,1894 年 11 月 19 日生于德国布雷斯劳(今波兰弗罗茨瓦夫),1971 年 6 月 3 日卒于瑞士泽利康。拓扑学、微分几何学。

德国犹太裔,酿酒厂主之子。1913 年入德国布雷斯劳大学学数学,第一次世界大战期间,应征入伍而中断学业。1917 年夏休假时毅然返校听 E. 施密特教授的集合论课程，从此开始了他的数学生涯。1920 年随施密特到柏林大学研究拓扑学，1925 年获哲学博士学位。留校任教。到格丁根大学进修一年。1927～1928 年到美国普林斯顿大学访问。1931 年任瑞士苏黎世理工大学教授。1943 年加入瑞士国籍。1955～1958 年任国际数学联合会主席。获 6 个国家高校荣誉博士学位。

在代数拓扑和向量场的研究上作出了重要的贡献。证明了布劳威尔的映射度对等维球面的映射是一个充分的同伦不变量，进而研究了不动点和向量场的奇异性。借助 n 维多胞形到 n 维球的（下）同调变换讨论了完全的同伦分类。对拓扑学的另一个伟绩，是在 1931 年发现了 5^3 到 5^2 的同伦类有无限多，并把这些映射称为霍普夫不变式。1941 年运用（下）同调证明了一个著名的定理，H-流形有一个多项式上同调环，它具有所有奇维的生成元。写过不少关于上同伦方面的论文，为以后的同调群和同调代数的发展奠定了基础。还写过平面闭曲线的切线和平面连续曲线的弦长方面的杰出论义。一生发表近 70 篇论文，出版《拓扑学》（1935 年，与人合著）、《整体微分几何》（1983 年）等。 （沈 铁）

维纳，N.（Wiener，Norbert） 美国人，1894 年 11 月 26 日生于美国密苏里州哥伦比亚，1964 年 3 月 18 日卒于瑞典斯德哥尔摩。调和分析、自动控制、控制论。

父亲是俄裔犹太人，哈佛大学语言学教授。他幼时聪慧过人，被称为“神童”。9 岁读高中，11 岁上塔夫学院学习，14 岁毕业于数学系。15 岁入哈佛大学研究院学习动物学。不久转入康奈尔大学攻读哲学和数学，1913 年获哲学博士学位。同年赴欧洲留学，在英国剑桥大学师从 B. 罗素等名师。因罗素去美国讲学，他转到德国格丁根大学，师从希尔伯特。1915 年到纽约哥伦比亚大学师从杜威研究哲学。第一次世界大战中，参加“哈佛军团”后备军官训练组织。1919 年到马萨诸塞理工学院数学系任教，1929 年任副教授，1932 年升教授直到退休。1933 年入选美国国家科学院院士。1934 年当选美国数学学会副会长。1935～1936 年应邀到中国清华大学讲学一年。

1921 年以对布朗运动的研究成果一举成名。引用概率概念，以爱因斯坦-斯莫卢霍夫斯基公式作为测度，证明了几乎所有轨线都是不可微的但满足次数小于 1/2 的李普希茨条件。以后又转向调和分析，1930 年发表了关于广义调和分析的长篇论文，以比概周期函数含义更广的一类函数来替代 L^2 空间，应用傅立叶变换得到了目前称为谱分布的 S，证明了 L^1 类函数的傅立叶变换关于除法是封闭的。这方面的工作成为 S. 巴拿赫代数理论的起源。提出的维纳问题，极大地影响了现代调和分析。还深入研究了维纳-霍普夫方程，扩充了 H. 霍普夫对放射平衡研究的成果。

1940 年后，由于防空火力控制、雷达噪声过滤等技术问题的需要，突出地研究了通信理论，创立了线性过滤方法。1948 年出版了名著《控制论（或动物与机器间的控制与通讯）》，对于普及通信理论术语，如反馈、信息、控制、输入、输出、稳定性、回归、预报、过滤等作出了贡献；所研究的一些概念、方法和理论成为现代通信论的基本内容。他借用古希腊的“操舵术”（Cyberneties）作为“控制论”一词就是他创造的，是公认的现代控制论的创始人。在控制力学及其在反馈、稳定性应用等问题上，引进了一种算子理论，这种思想和理论对现代的通信、自动化技术等有重大影响。其他著作尚有《维纳选集》（1964 年）、《人有人的用处——控制论与社会》（1978 年）、《数学论文集》（1977 年）等 1963 年获美国国家科学奖章。 （吴茂庆 徐平五）

沃尔什，J. L.（Walsh，Joseph Leonard） 美国人，1895 年 9 月 21 日生于美国华盛顿，1973 年 12 月 6 日卒于马里兰州学院园。实变函数论、代数几何。

卫理公会牧师之子。1908 年入巴尔的摩技术学院。1912 年进哥伦比亚大学。次年转学哈佛大学，1916 年获理学士学位，1920 年获哲学博士学位。留校任教，1930 年任副教授，1935 年任教授，1937～1942 年任数学系主任，1946 年任帕金斯数学教授，1966 年退休。第二次世界大战中，任海军指挥官，战后 1946～1955 年任海军预备役上校。1936 年当选为美国国家科学院院士。1937 年任美国数学学会副会长，1949～1950 年任会长。

主要成就在复变函数的逼近和插值问题方面。1924 年发表一篇重要文章，论述了在一个由解析单闭曲线围成的区域上的多项式逼近问题。1926 年又把上述问题推广至任意单闭曲线为边界的区域的情形。发展了关于实变函数的逼近度方面的工作，证明了关于最佳逼近多项式的收敛度的重要定理，把前人的许多有关结果统一了起来。曾与多人合作，建立了逼近度与逼近函数的有界性之间的关系。在各类多项式零点的几何理论方面亦作出了贡献。1922 年，给出了一个由方形波组成的正规正交函数的封闭系，它们有类似于三角函数的性质，今称沃尔什函数，开创了逼近论的新天地。主要著作有《多项式逼近》（1935 年）、《插值和近似法》（1935 年）、《解析调和函数的临界区域》（1950 年）、《有界解析函数逼近》（1960 年）等。 （徐平五）

内范林纳，R. H.（Nevanlinna，Rolf Herman） 一译奈望林纳。芬兰人，1895 年 10 月 22 日生于芬兰约恩苏，1980 年 5 月 28 日卒于赫尔辛基。函数论、计算机科学与技术。

知识分子家族出身，原名内奥维斯（Neovius），1906 年改为现名。1913 年进赫尔辛基大学，1919 年获数学博士学位。做过中学教员、保险公司职员。1922年任赫尔辛基大学讲师,1926年升任教授。他同欧洲数学界有广泛联系,其中1924年、1936～1937年两次受邀任德国格丁根大学客座教授,1926年访问了巴黎大学。1941～1945年任赫尔辛基大学校长。1948年芬兰科学院成立,他是12位院士中的一位。自此至1963年,一直在曲里希大学作客座教授。1959～1962年担任国际数学家协会主席。获欧洲国家多所大学荣誉博士学位,德国、法国、瑞典、丹麦和匈牙利等国科学院外籍院士。

主要学术贡献在数学上的函数论,尤其在全纯函数、亚纯函数的数值分布理论方面享有国际声誉。他在1919年的博士论文及其后继研究中,完全解决了关于在圆$|z|<1$内满足条件$|f(z)|<1$的全纯函数$f(z)$的插值问题。1921年,他得到关于星形单叶函数的精确系数估计。但他在国际上的崇高声誉主要来自亚纯函数值分布理论。他将有关整函数的定理推广到复平面上的亚纯函数,建立了内范林纳理论。在他的理论中,整函数被看做是复平面上的亚纯函数的一个特例,而复平面亚纯函数的一些定理隐含着整函数的相应定理。他进一步对单位圆$|z|<1$内的亚纯函数,以及在角域的亚纯函数也建立了相应理论。从他开始,亚纯函数的数值分布研究有了巨大发展。此外,在引入调和测度概念、黎曼曲面研究方面也有重要成果。第二次世界大战后,他为芬兰引进了第一台电子计算机,并在大学里参与创建芬兰第一批计算机科学与技术专业。发表论文近200篇。曾获国际数学界的维厄利奖、斯蒂芬奖等。

(李孙演　李啸虎)

亚历山德罗夫,П. С.(Александров, Павел Сергеевич; Aleksandrov, Pavel Sergeevich)　苏联人。1896年5月7日生于俄国博戈罗茨克(今诺金斯克),1982年11月16日卒于莫斯科。*数论、拓扑学。*

父亲是著名外科专家。幼年在家由母亲辅导完成早期教育。1917年毕业于莫斯科大学物理-数学系。留校任教。1918年离职任剧团编导。1920年在斯摩棱斯克大学任教。1921年任莫斯科大学编外教授,1929年晋升教授。期间兼任苏联科学院斯捷克洛夫数学研究所普通拓扑学研究室主任。1923～1932年定期到格丁根大学进行学术交流;1927年到美国普林斯顿高等研究院当访问学者。1929年人选苏联科学院通讯院士,1953年成为正式院士。1932年起任莫斯科数学学会33年,1964年任名誉会长。1958～1962年任国际数学学会副会长。是苏联《数学科学成就》主编。是柏林科学院、美国国家科学院等多国科学院外籍院士。

点集拓扑学的主要奠基人之一,莫斯科拓扑学派的创立者和领军人物。1922年后,和乌雷松(П. С. Урысон)一起创立和发展了紧空间与列紧空间理论,在1923年共同建立了第一个拓扑空间度量化准则,并建立了几个特殊空间类度量化准则。1925年前后,他独立建立了局部紧空间理论。1928～1932年创立本质映射定理和同调维数论,开辟了同调论研究新途径。与他人合著的专著《拓扑学Ⅰ》(1935年;原定3卷,因二战爆发仅完成一卷),是集合论方法与组合拓扑学方法有机结合的经典之作。1942年出版《复形和闭集分布的同调性质》,次年获苏联国家奖金。20世纪40年代末到50年代初,率先得到欧几里得空间中开集的一般对偶性规律及一系列定理,并出版了《关于n维空间中开集的对偶性的基本定理》(1943年)。1954年后着重研究一般连续映射理论,建立了现在通用的拓扑空间公理系统的最终形式。1960年他引进了点正则基的概念,并得出新的度量化准则。此外率先提出并研究了诸如H闭空间、完全聚点、二进空间、覆盖网、闭映射、局部有限族、商空间、逆向序列的极限等许多重要基本概念与领域。

一生发表论文150多篇;重要著作还有《组合拓扑学》(1947年)、《集与函数的泛论初阶》(1948年)、《非欧几何是什么》(1950年)、《群论导引》(1951年)、《拓扑对偶定理,第一部分:闭集》(1959年)、《关于列紧空间的研究报告》(1971年,与他人合著)等。还是一位杰出的教育家,为莫斯科大学培养了好几代数学家,并形成以他为核心的世界著名的莫斯科拓扑学派。获1969年社会主义劳动英雄称号,还获得其他多种奖励和荣誉称号。

(李孙演　李啸虎)

怀尔德,R. L.(Wilder, Raymond Louis)　美国人,1896年11月3日生于美国马萨诸塞州帕默,1982年7月7日卒于加利福尼亚州圣巴巴拉。*拓扑学、数学基础。*

印刷工之子。1914年入布朗大学,第一次世界大战爆发中断学业,在海军中任少尉。1919年回原校续读,1920年毕业,1921年获数学硕士学位。同年任教得克萨斯大学,1923年获哲学博士学位。先后在布朗大学、得克萨斯大学、俄亥俄大学和任教。1926年任教密歇根大学,1929年任副教授,1935年任教授,1947年任研究教授,1967年退休。1963年当选为美国国家科学院院士。1965～1966年任美国数学联合会会长。获多个美国大学荣誉博士学位。

1928年,把当时处于分离状态的集论拓扑和代数拓扑结合起来,从而解决了约当曲线定理的逆定理及其推广问题。1932年,论证了集论拓扑与代数拓扑的一致化,对拓扑学的发展有很大影响。主要著作有《流形拓扑》(1949年)、《数学基础引论》(1952年)等。1973年获美国数学联合会杰出服务奖。　(徐平五)

西格尔,C. L.(Siegel, Carl Ludwig)　德国人,1896年12月31日生于德国柏林,1981年4月4日卒于格丁根。*数论、函数论、天体力学。*

邮局职员的独生子。1915年考入柏林大学,由于厌恶欧洲大战,选读与世事最不相干的天文学,后改学数论。1917年辍学应征入伍,5周后因不适应军队生活

而退役，当了家庭教师。1919年夏季进格丁根大学数学系当研究生，在E.朗道指导下研究代数数逼近，1920年获博士学位。先后在汉堡大学、格丁根大学任教。1922年任法兰克福大学教授。1938年任格丁根大学教授。1939年到美国任普林斯顿高等研究院研究员，1945年起任终身研究员。1946年回德国任格丁根大学教授，1959年提前退休，授课至1967年。是格丁根科学院院士。期间4次去印度孟买塔塔研究院讲学。1968年当选为美国国家科学院外籍院士；此外还是法国、瑞典、丹麦等国科学院外籍院士。获瑞士苏黎世联邦理工大学荣誉博士。终生未娶。

一生主要致力于数论、函数论、二次型理论和天体力学等相关领域的研究，颇有建树。研究丢番图逼近有重要突破，这是一类研究无理数被有理数逼近问题；1929年证明了丢番图方程中的重要定理：在n维空间中，当亏格$g>0$时，代数曲线上只有有限多个整点；提出系统构造大批超越数(即非代数数的数)的方法，以及证明代数无关性的方法；提出E函数理论，这是一种满足以x的有理函数为系数的线性齐次微分方程的函数；首先将平方和问题推广到代数数域；发展了代数数域的渐近结果，证明了有关ζ函数、L函数的一些重要定理，建立黎曼-西格尔公式，并得出对称性函数方程；发展了二次型理论；提出多元模函数数论，并用以研究多复变函数论；得出有关辛群不连续群的一系列重要结果。此外，在天文学上讨论了n体、三体作用等极其复杂问题。发表论文逾100篇；出版专著《辛几何》(1962年)、《不连续数群》、《天体力学讲义》(1971年，与他人合著)等5部。主要著述收集于《西格尔全集》(4卷，1975～1979年)。获得许多荣誉，特别是1978年首届沃尔夫数学奖。(李孙演　李啸虎)

波斯特，E.L.(Post，Emil Leon)　波兰人，1897年2月11日生于俄国奥古斯图夫(今属波兰)，1954年4月21日卒于美国纽约。*数理逻辑、数论函数。*

犹太裔。从小酷爱天文学，12岁时因事故失去左手而改攻数学。1917年获纽约市立大学理学士学位。1918年获哥伦比亚大学文科硕士学位，1920年以数理逻辑论文获博士学位。同年起先后去普林斯顿大学、哥伦比亚大学、康奈尔大学任教。1927年从教于纽约市一所高中。1932年任教纽约市立大学，直至去世。期间受尽间发性精神病的折磨，去世时年仅57岁。是美国数学会会员和符号逻辑学会会员。

1920年在博士论文中证明了怀特海和罗素在《数学原理》(3卷，1910～1913年)中提出的命题演算的完整性和一致性，从而标志了现代证明理论的开端，并推进了递归函数理论的进一步发展。(华大熊)

哈特里，D.R.(Hartree，Douglas Rayner)　英国人，1897年3月27日生于英国剑桥，1958年2月12日卒于同地。*数值分析、应用数学、计算机科学与工程。*

父亲在剑桥大学教工程学，母亲曾任剑桥市长。他1915年入剑桥大学圣约翰学院，因第一次世界大战爆发而中断学业，1921年因继读而毕业。战时参与防空技术研发。留校任评议员和当研究生，1926年获哲学博士。1929年任曼彻斯特大学应用数学教授，1937年任理论物理学教授。第二次世界大战中，供职于军需署。1946年任剑桥大学数学物理教授。1932年被选为英国皇家学会会员。

主要贡献是发展了数值分析方法，并应用于弹道学、大气物理学、流体动力学等方面。为化学流程的控制也作出了有价值的贡献。设计建造了英国第一台微分分析机，是英国数字计算机的引入和运用的先驱。代表作有《数值分析》(1952年)等。(沈　铁)

道格拉斯，J.(Douglas，Jesse)　美国人，1897年7月3日生于美国纽约，1965年10月7日卒于同地。*微分几何学、变分法。*

在纽约财经学院读一年级时，就因数学成绩优秀而获贝尔登奖。1916年纽约市立学院毕业。1920年获哥伦比亚大学博士学位。1920～1926年，在哥伦比亚大学任教并从事研究。1926～1930年，是普林斯顿、哈佛、芝加哥、巴黎和格丁根等地多所大学研究机构成员。1930～1942年先后在马萨诸塞理工学院、哥伦比亚大学任教。1942～1955年，先后在布鲁克林学院、哥伦比亚大学任教。1955年后回母校纽约市立学院任数学教授。

因解决普拉多极小曲线问题，1917～1920年参加了卡斯纳的微分几何讨论会，首次遇到了普拉多问题，即求解空间内以给定闭曲线为边界的极小曲面问题(俗称肥皂泡问题)。1936年在奥斯陆国际数学家大会上被授予菲尔兹奖金。1943年又因研究普拉多问题获美国数学学会颁发的博彻奖。还研究三维空间变分法的逆问题的解，并发表了5篇关于几何和分析的论文。在有限群的表示方面的工作也很有意义。1951年研究由二个生成元A和B确定的一切有限群，宣布每个这样的群的元素能表示为形式A^rB^s，这里r和s是整数。(卫瑞霞　徐　璎)

萨克斯，S.(Saks，Stanislaw)　波兰人，1897年12月30日生于俄国卡利什(今属波兰)，1942年11月23日卒于华沙。*泛函分析、拓扑学、实变函数论。*

毕业于波兰华沙大学，1922年获数学博士学位。1921～1939年任华沙理工大学助理教授，1926年起在华沙大学兼课。期间1931～1932年在美国布朗大学任访问学者。第二次世界大战中参加波兰军队，撤退至利沃夫时，在利沃夫大学当了两年教授。1941年在华沙被纳粹当局逮捕，次年遭杀害。

是第二次世界大战时达鼎盛期的波兰数学学派的成员。主要贡献在实变函数理论方面，研究工作也涉及拓扑学与泛函分析等，著有《积分论》(1933 年)，其英文版于 1937 年出版。书中从可数可加集函数的观点出发，系统地发展了微积分理论，至今仍被视为经典著作。1938 年和 A. S. 济格蒙德合写《数学专论丛书》第 8 卷的《解析函数》，获当年波兰科学院的奖金，1952 年由济格蒙德出版了英文版，是复分析方面的标准参考书。

(卫瑞霞)

乌利松，П. С. (Урысон, Павел Самуилович; Uryson, Pavel Samuilovich) 苏联人，1898 年 2 月 3 日生于俄国敖得萨(今属乌克兰)，1924 年 8 月 17 日卒于法国巴茨。*拓扑学*。

是敖得萨著名金融家的儿子。1915 年入莫斯科大学学习物理，后受 Д. Ф. 叶果洛夫、Н. Н. 鲁津的影响转而研究数学。1919 年毕业留校任教。先研究积分方程和分析问题，从 1921 年夏天起转攻拓扑学。同年在莫斯科大学提升为助理教授，讲授拓扑学。1923～1924 年讲授相对论的数学理论。还担任第二莫斯科大学(今莫斯科师范学院)的教授。1924 年于度假中溺死于法国布列塔尼滨海，时年仅 26 岁。

主要贡献在拓扑空间(抽象拓扑)和维数理论方面。引入了正规空间类，建立了经典的乌利松引理及度量化定理，为正规空间的最新研究奠定了基础。1921～1922 年，独立于奥地利数学家门格尔创立了维数理论，即乌利松-门格尔理论。还创立了一维连续统的理论。1923 年在格丁根数学学会中所作的有关拓扑学的报告吸引了希尔伯特的注意。1924 年夏周游德国、荷兰和法国时，遇见了 F. 豪斯道夫等著名学者，都高度称赞他的著作。科研工作虽仅仅持续了 5 年，但却极大地影响了拓扑学的发展，并为建立苏联的拓扑学学派奠定了基础。

(卫瑞霞)

阿廷，E. (Artin, Emil) 奥地利人，1898 年 3 月 3 日生于奥地利维也纳，1962 年 12 月 20 日卒于德国汉堡。*几何代数、代数学、群论*。

艺术品经销商之子。曾在维也纳大学和莱比锡大学学习，1921 年获莱比锡大学哲学博士学位。后任教格丁根大学。1923 年任教汉堡大学，1925 年任编外教授，1926 年任教授。随着纳粹在德国上台，由于他的妻子是犹太人，他被迫辞职。1937 年侨居美国，1938～1946 年任教印第安娜大学，1846～1958 年在普林斯顿大学任教。1962 年获法国克莱蒙费朗大学荣誉博士学位。

他在发展类域理论方面做出了杰出的贡献，成果见之于与 J. T. 塔特(John T. Tate)合写的《类域论》(1961 年)。1926 年他和 O. 施赖埃尔(Otto Schreier)合作，用抽象方式成功地处理实代数，在抽象代数方面有很大突破。他证明了函数的希尔伯特问题(1927 年)；推广了环代数理论(1927 年)；提出了新概念“阿廷环”(1944 年)；在拓扑学上建立了辫子理论(1947 年)。此外，在运用条理论于三维空间的节理论方面作出了贡献。《阿廷文集》(1965 年)收集有他的主要论文；主要著作有《伽罗瓦理论》(1942 年)、《极小条件下的环力》(1948 年，与他人合著)、《几何代数》(1957 年)、《类域论》(1961 年)。获美国数学学会科尔奖。

(徐平五)

柯莱克亚托，B. (Kerékjártó, Béla) 匈牙利人，1898 年 10 月 1 日生于匈牙利布达佩斯，1946 年 6 月 26 日卒于匈牙利珍珠市。*拓扑学*。

1920 年获布达佩斯大学数学专业博士学位。1925 年起先后任塞格德大学、布达佩斯大学和格丁根大学数学教授。1934 年当选为匈牙利科学院通讯院士，1945 年成为院士。

其主要贡献在拓扑学方面，主要工作是继续和发展了布劳威尔和希尔伯特在曲面上的映射和拓扑群方面的工作。继 M. 德恩和希加尔德(P. Heegaard)的工作，于 1907 年发表了著名论文“位置分析”之后，他和莱夫谢茨 (S. Lefschetz)的“位置分析与代数几何”是接着出现的三篇关于拓扑学的文章之一。1940 年，发表的关于拓扑群早期问题的论文，产生了一定的影响。其最大成就可能是对曲面的局部等度连续映射群的讨论，在这方面的最佳结果，直到近半个世纪后才被法里(I. Fary)所得到。此外，他曾用匈牙利文写过《几何基础》(2 卷，1937 年)的著作，1955 年被译成法文。

(张镜清)

托马斯，T. Y. (Thomas, Tracy Yerkes) 美国人，1899 年 1 月 8 日生于美国伊利诺伊州，1983 年 3 月 23 日卒。*仿射几何学、数学物理、应用力学*。

1923 年获普林斯顿大学博士学位。1923～1926 年，先后在芝加哥大学、苏黎世大学、哈佛大学、普林斯顿大学从事研究工作，历任数学教授、数学系主任、数学与力学研究生院院长。1941 年被选为美国国家科学院院士。

早期研究纯数学，课题广泛，如路线仿射几何、路线射影几何，相对二次微分形式的微分不变量；利用微分不变量确定仿射和度量空间；边界值问题的空间结构；李群基础理论；连通仿射空间的度量表示；常平均曲率的大闭空间的平行向量场；大黎曼空间的分解；边界值问题的平坦黎曼空间的特征化等；还证明如何将 n 维流形的射影理论化为有关的高一维流形的仿射理论，从而可用通常的利氏方法直接处理射影几何。他发展了连续介质中力学的动曲面跃变可比性条件理论。研究过冲击波、断裂、立方晶体以及晶体中的位错速度。还运用广义相对论探讨现代宇宙学问题。主要著作有《广义空间的微分不变性》(1934 年)、《数学中的恒定性概念》(1944 年)、《张量分析和微分几何概念》(1961 年)、《固体中的弹性流变和断裂》(1961 年)等。1976 年获赖斯大学阿龙努斯奖。

(徐平五)

扎里斯基,O. (Zariski,Oscar) 美国人,1899年4月24日生于俄国科布林,1986年7月4日卒于美国马萨诸塞州布鲁克林。*代数几何、拓扑学。*

俄国犹太裔。先后在基辅大学与罗马大学学习,在罗马大学读了3年研究生。1927～1945年在约翰斯·霍普金斯大学任教。1946年后相继在伊利诺伊大学和哈佛大学任教授和荣誉教授。1944年入选美国国家科学院院士。1948年入选美国文理科学院院士。1951年入选美国哲学学会会员。

主要贡献在代数几何的拓扑问题方面。1940年最先证明了任意维(特征值 $p=0$)代数簇的局部单值化的存在性,给出了三维代数簇奇异性的第一个归纳的证明,在此基础上引进了两个迄今尚对代数簇理论起奠基作用的概念——正规簇与簇的正规化。1949～1951年建立了簇 V 上的全纯函数半整体理论及这些函数沿 V 的代数子簇的解析延拓;还建立了簇 V 上的等价奇异性理论与所谓浸润理论。主要著作有《扎里斯基论文选集》(4卷,1972～1979年)与《代数曲面理论导引》(1969年)等。获美国数学学会1944年科尔奖、1981年斯蒂尔奖。1965年获美国国家科学奖章。 (徐平五)

蒂奇马什,E.C. (Titchmarsh,Edward Charles) 英国人,1899年6月1日生于英国纽伯里,1963年1月18日卒于牛津。*函数论、泛函分析。*

1917年入牛津大学,因从军参战而中断学业,1922年毕业。1923年任伦敦大学学院高级讲师。同年兼任牛津大学评议员。1929年任利物浦大学纯数学教授。2年后仍回牛津大学任几何学教授,直至退休。1931年当选为英国皇家学会会员。1945～1947年任英国伦敦数学学会会长。

对傅立叶级数和积分、积分方程、全纯函数、黎曼函数及二阶微分方程的特征函数等分析学的各分支均有研究。1930年所著关于 θ 函数的小册子后来扩充为巨著《黎曼 θ 函数的理论》,于1951年出版。撰写的名著《函数论》(1932年)成为一代数学家学习解析函数论和勒贝格积分必读教科书。出版的另一本重要著作是《傅立叶积分导引》(1937年)。获1953年伦敦数学学会德·摩根奖章,1955年英国皇家学会西尔威斯特奖章。 (卫瑞霞)

博赫纳,S. (Bochner,Salomon) 美国人,1899年8月20日生于波兰克拉科夫附近,1982年5月2日卒于美国休斯敦。*概率论、复变函数论。*

波兰裔。犹太族小商之子。1918年高中毕业后入柏林大学学习数学,1921年获哲学博士学位。后游学丹麦哥根哈根大学、英国牛津大学和剑桥大学。1924～1933年任教德国慕尼黑大学。由于纳粹上台反犹,1933年受聘于美国普林斯顿大学数学系,1951年成为教授。1968年任赖斯大学教授,并任数学系主任多年。1950年当选为美国国家科学院院士。1957～1958年任美国数学学会副会长。

在概率论、调和分析、殆周期函数及傅立叶分析方面都作出过贡献。1924年和费耶一起改进了H.玻尔的关于殆周期展式求和的方法,即博赫纳一费耶法。后来还引入了比玻尔函数更一般的殆自守函数。关于正定函数的博赫纳定理对概率论和导出希尔伯特空间自伴算子的谱表示都很有用处。该定理后来又被推广并应用于拓扑群空间的函数上。在概率论方面构造和导入了随机过程的极一般的傅立叶变换,将加性集合函数随机化,不仅得到了维纳微分空间,还得到了其他的齐次过程。在多复变函数方面的“博赫纳-马蒂内利核”、“博赫纳方法”、“博赫纳-蒙哥马利定理”等都是十分著名的结果。以巴拿赫空间的元素为被积函数的勒贝格积分通常亦称“博赫纳积分”。早在1926年他就发表著名的选择公理——佐恩引理(1933年),并加以应用。

主要著作有《傅立叶变换》(1949年)、《多复变量》(1948年,与W.T.马丁合写)、《调和分析与概率论》(1956年)及《傅立叶积分》(1959年)等。1979年获美国数学学会的斯蒂尔奖金。 (徐平五 张镜清)

尤登,W.J. (Youden,William John) 美国人,1900年4月12日生于澳大利亚汤斯维尔,1971年3月31日卒于美国华盛顿。*数理统计、运筹学。*

祖籍英国。工程师之子。2岁时随双亲返回英国,7岁移民美国。1917年高中毕业从军。1921年获纽约罗彻斯特大学理学士学位。1923年获哥伦比亚大学获化学硕士学位,1924年获化学博士学位。同年在汤普森植物研究所工作。第二次世界大战中,在军方任运筹学分析师,曾随军在英国、中国、印度、马里亚纳群岛等地执行军务。1948年入国家标准局,曾任组长、顾问等职。是英国皇家统计学会名誉会员。

对试验设计中的对称平衡、非完备块设计、连结块、连锁块设计及双单元试验设计等方面很有创见,其中非完备块设计的矩形方案:即所谓“尤登方”,广泛应用在生物、医学研究上。1960年初创造了有鉴别和估计系统误差来源效应的选择试验设计。在统计技术上至少创造了三个新方法,特别是双样本图表(1959年),经国际会议批准为在仪器工具校准中系统误差校正的标准方法。身后出版的代表作有《风险、选择和预测》(1973年)。多次获奖。 (吴茂庆)

济格蒙德,A.S. (Zygmund,Antoni Szczepan) 美国人,1900年12月25日生于波兰华沙,1992年5月30日卒于美国芝加哥。*数学分析。*

波兰裔。农家子弟。1919年入华沙大学,1923年以研究黎曼三角级数论的论文获该校哲学博士学位。1922年任教华沙综合技术学校数学系。1929～1930年在牛津大学进修。1930～1939年任波兰维尔纽斯大学数学教授。1940年到美国,先后任芒特霍利奥克学院、宾夕法尼亚大学及芝加哥大学教授。1961年被选为美国国家科学院院士。是波兰、阿根廷及西班牙等国科学院外籍院士。

主要贡献在经典分析方面。最重要的成就是证明了有正测度的唯一性集的存在性、阐明了分析中 $L\log^{+}L$ 类函数的重要性,以及关于有缺项的三角级数和幂级数的性质。对奇异积分和偏微分方程理论亦颇有研究。主要著作有《三角级数》(2卷,1935～1959年初版,2002年第3版)、《解析函数》(1966年,与S.萨克斯合作)及《测度与积分》(1977年,与他人合作)等。曾获波兰科学院的奖金。1972年美国数学学会斯蒂尔奖。1986年获美国国家科学奖章。（徐平五）

彼得罗夫斯基,И. Г. (Петровский, Иван Георгиевич; Petrovsky, Ivan Georgievich) 苏联人,1901年1月18日生于俄国奥尔洛夫州塞夫斯克,1973年1月15日卒于莫斯科。*偏微分方程、拓扑学、概率论、群论、数学物理。*

1927年毕业于莫斯科大学数学物理系,留校攻读叶果洛夫的研究生。留校任教,1929年任副教授,1933年任教授。1935年获数学物理博士学位。第二次世界大战期间,任数学和力学学院院长。1951年起任校长兼微分方程系主任。被选为苏联科学院院士及科学院主席团成员。

研究工作主要在偏微分方程、代数几何、拓扑学和概率论方面。区分偏微分方程为椭圆型、双曲型和抛物型,证明了非线性双曲型微分方程的柯西问题是适定的;讨论了抛物型方程解的解析性问题。对于椭圆型方程,证明对于解析函数,一切适度平滑的解是解析的,从而给出了希尔伯特第19个问题的更完全的解。1946年以偏微分方程论方面的杰出成果获苏联国家奖金。还研究了有关弹性理论、波传播、热传导以及扩散等方面的许多具体问题。关于热方程的第一边值问题的可解性结果,广泛地应用于概率理论。在随机过程理论方面的工作,尤其是所谓上和与下和的方法,成为这个领域中的基本分析方法。证明了希尔伯特假设:12个彼此在外部的卵形线不能构成一条六阶曲线。他的证明方法可以用来解射影平面中嵌入任意阶代数曲线分支的一般问题。1949年又把某些结果推广至n维空间中的代数曲面上。对大学数学教学亦有重要贡献,曾编写多种大学教材。《积分方程论讲义》(1948年)和《偏微分方程讲义》(1950年)曾获1952年苏联国家奖金。曾获苏联社会主义劳动英雄称号。获得过多种奖章,其中列宁勋章5次,劳动红旗勋章3次。为纪念他,莫斯科的一条街道以他的姓氏命名。（王翼勋　张镜清）

布劳尔,R. D. (Brauer, Richard Dagobert) 美国人,1901年2月10日生于德国柏林,1977年4月17日卒于美国马萨诸塞州贝尔蒙。*群论。*

德国裔。犹太商人之子。1926年获柏林大学哲学博士学位。1925年任教柯尼斯堡大学。1933年移居美国,先后任教于肯塔基大学、加拿大多伦多大学、威斯康星大学。1948年任密歇根大学教授。1952年任哈佛大学教授直到1971年退休。1954年入选美国文理科学院院士。1952年入选美国国家科学院。1959～1960年任美国数学学会会长。曾任多份数学刊物的主编。被授予芝加哥、滑铁卢等多所大学的荣誉博士学位。

主要贡献在群表示理论和代数结构方面。和E.纳脱揭示了单代数的可分域与极大子域之间的紧密联系;引进了今天的所谓布劳尔域群$B(F)$;利用布劳尔因子集来研究$B(F)$及它和F的扩域K上的群$B(K)$的关系,可得到很多F上的可除有心代数的结构情况。1931年和哈塞(H. Hasse)、E.纳脱一起证明了“迪克森猜想”,即代数数域上的可除有心单代数是循环的。1955年和福勒(K. A. Fowler)发表了关于偶阶群的论文,对偶阶有限单群理论的发展起着关键作用。他用对合的中心化子的结构对单群进行分类的方法,今称为布劳尔程序。1949年获美国数学学会科尔奖。1971年获美国国家科学奖章。（徐平五）

弗里德里希,K. O. (Friedrichs, Kurt Otto) 美国人,1901年9月28日生于德国基尔,1982年12月31日卒于美国纽约州新罗谢尔。*偏微分方程、数学物理。*

德国裔。律师之子。1925年获格丁根大学哲学博士学位。先后在亚琛大学、格丁根大学任教。1931年任不伦瑞克理工学院数学教授。1937年到美国纽约大学,曾任该校教授、库朗研究所所长。1959年入选美国国家科学院。是美国文理科学院院士。获德国、瑞典和美国多所大学荣誉博士学位。

主要研究偏微分方程,特别是表示物理和工程科学定律的方程。第一个把希尔伯特空间算子的几何理论应用于偏微分算子。1937年移居美国后继续用算子理论研究一类对称的双曲线性微分方程。1947年他与R.库朗合写了《超频流与冲击波》一书。早年在格丁根大学发表的5篇论述域的量子理论的论文,均收集在《域的量子理论的数学》(1953年)一书中。另有《希尔伯特空间的光谱紊乱》(1965年)、《从毕达哥拉斯到爱因斯坦》(1965年)等数学物理著作。1972年获应用数学和数值分析奖,1976年获美国国家科学奖章。（徐平五）

柴朗基耶维奇,K. (Zarankiewicz, Kazimierz) 波兰人,1902年5月2日生于波兰琴斯托霍瓦,1959年9月5日卒于英国伦敦。*拓扑学、复变函数。*

1919年入华沙大学学习数学,1923年获博士学位。留校任教。期间1930～1931年先后在维也纳大学,柏林大学做访问学者。1931年起在华沙理工学院任教,同时在华沙农学院兼课。因秘密地为地下组织学生教学,1944年被关入德国强制劳动营。翌年返原校任教,1948年升为教授。1948～1951年任波兰数学学会华沙分会会长。是国际宇航协会副会长。

在拓扑方面,主要研究了使连续统不连通的点集的结构及局部连通连续统的特性,并在数值上作了描述。在图论方面建立了最高可能阶完备子图存在性的判定法则,并研究了某些类图的交集问题。在复变函数方面主要研究了正交解析完备系的核及其应用,得到的结果对核的理论的发展有重要作用。（吴茂庆）

苏步青（Su Buqing） 中国浙江省人，1902年9月23日生于浙江平阳，2003年3月17日卒于上海。微分几何学、计算几何学。

出生于农民家庭。中学时就酷爱数学，几年里做了几万道数学题，为日后从事数学研究打下了坚实的基础。1919年中学毕业后，东渡日本求学，开始了12年之久的留学生活。先入东京高等工业学校电机科学习，1924年毕业获学士学位。后考入日本东北帝国大学数学系，1927年毕业。后进入该校研究院，1931年1月获理学博士学位。同年3月，应陈建功教授之约，回国受聘于浙江大学数学系，任副教授，翌年任教授和数学系主任。1935年参与发起成立中国数学学会，被推为《中国数学会学报》的主编。1950年任浙江大学教务长。主持过中国科学院数学研究所的筹建工作。1952年后，到上海复旦大学任教，历任复旦大学教授、教务长、数学研究所所长、研究生部主任、副校长、校长和名誉校长等职。1955年选聘为中国科学院学部委员（院士）。曾任中国数学会副理事长、名誉理事长。1980年创办《数学年刊》并任主编。

中国微分几何学派的代表人物。早期从事仿射微分几何学和射影微分几何学的研究。在攻读博士学位期间，就已在仿射微分几何领域做出了重要贡献，以《仿射空间曲面论》为题，在《日本数学辑报》上连续发表12篇论文，此外还有多篇论文讨论这方面的问题，使仿射微分几何获得了重大进展。其主要成就之一是引进了仿射铸曲面和仿射旋转曲面。对射影曲线论的贡献在于，用富有几何意味的构图来建立一般射影曲线的基本理论。对射影曲面的研究也非常深入，不仅发展了一般理论，而且深入研究了许多重要类型的曲面和共轭网，得出非常有意义的几何构图。20世纪40～50年代开始研究一般空间微分几何学，其中关于“K展空间”的研究成果，于1956年获国家科学奖金。60年代又研究高维空间共轭网理论，应用外微分形式法于高维射影空间的共轭网理论，得到系统而深入的成果。70年代后，致力于计算几何的研究，把代数曲线论中的仿射不变量方法首创性地引入计算几何学科，并解决造船工业等产业的一些实际问题。他关于计算几何研究的成果，获1978年全国科学大会奖。

著名的教育活动家，为中国的数学教育做出重要贡献。和陈建功教授一起把浙江大学和复旦大学的数学系建成高水平的教学和科研基地，为国家培养了一批优秀的数学人才，如熊全治、谷超豪、胡和生等，都是他的学生。

发表论文近200篇；出版专著多种。其中主要有《微分几何学》（1946年）、《射影曲线概论》（1954年）、《一般空间微分几何学》（1958年）、《射影曲面概论》（1964年）、《射影共轭网概论》（1978年）、《微分几何五讲》（1979年）、《计算几何》（1981年，与刘鼎元合著）；并有多种译著。 （杜小杨）

江泽涵（Jiang Zehan） 中国安徽省人，1902年10月6日生于安徽旌德，1994年3月29日卒于北京。拓扑学。

父亲早年经商后务农。他出生在皖南的一个偏僻山村。1926年毕业于南开大学数学系。后到厦门大学任教一年。1927年公费赴美入哈佛大学攻读数学，1930年获博士学位。1931年回国后，曾任北京大学数学系教授、系主任；1946年起任北京大学理学院代理院长。抗战时期兼任过西南联合大学数学系主任。1947年赴瑞士苏黎世联邦理工学院做研究工作，1949年回国。1935年中国数学学会成立后任副理事长，1983年任名誉理事长。1955年选聘为中国科学院学部委员（院士）。1986年退休。

是把拓扑学引进中国的第一人，长期从事拓扑学研究、教学和传播。早年主要研究临界点理论，把莫尔斯理论直接应用到分析学中，得到关于调和函数的许多重要结果。撰写的“格林函数临界点的存在”等论文是中国最早的拓扑学论文。抗日战争期间到20世纪50年代，主要工作在覆叠空间和纤维丛方面，对不动点理论的研究颇有影响。60年代初，他和研究组从尼尔森(Nielson)数的估计开始，打破了不动点类理论多年停滞不前的局面，取得了突破性的进展，受到国内外数学界的重视，国外学者称他们是拓扑学的一个“新的中国学派”。与学生姜伯驹、石根华一起，以不动点理论方面的研究成果，获1978年全国科学大会奖。撰写的专著《不动点类理论》（1974年中文版，1989年英文版）总结了这方面的工作，该书着重几何直观，从特例出发引出一般理论，由浅入深地展现出不动点类理论的核心问题，它推动了中国不动点理论的研究，也引起国际上的广泛注意。在国内首次开设拓扑班，并译出多种拓扑学入门书作为教材。培养的许多学生已成为中国拓扑学界的核心力量。撰写出版大学教科书《拓扑学引论》（1978年）等，并有多种译著。 （杜小杨）

沃尔德，A.（Wald, Abraham） 美国人，1902年10月31日生于匈牙利科洛兹瓦尔（今罗马尼亚克卢日），1950年12月13日卒于印度特拉梵科尔。数理统计、决策论、微分几何学。

匈牙利犹太裔。1927年入维也纳大学学习数学，1931年获博士学位。留校任教。1938年纳粹侵占奥地利时，家中8个成员遇害，只身移居美国。1939年任教于哥伦比亚大学，直至去世。携妻子一起去印度讲学，因建筑塌陷而双双遇难。

最杰出的贡献是把数理统计建立在严密的理论基础上。创立了数理统计中的序贯分析方法及其期望理论，1947年出版的《序贯分析》是代表作。该书内容几乎全是他的研究成果，这在教科书中极为罕见。创立的决策函数理论，以能对多于两种以上（甚至允许无限个）情况作假设检验而著称，他的工作几乎支配了这门学科的发展。还开创了应用数理统计方法于经济问题的研究。在纯数学方面，最佳成果属于微分几何。从凸紧度量空间每点有沃尔德曲率的假设出发，把其他体系中作为公理的一些性质，化为可证明的定理，从而发展了微

分几何。（吴茂庆）

拉姆齐，F. P.（Ramsey，Frank Plumpton） 英国人，1903年2月22日生于英国剑桥，1930年1月19日卒于伦敦。*数学基础、数理逻辑、经济学、哲学。*

剑桥大学数学教授兼院长之子。1920年入剑桥大学和三一学院学习数学。1923年毕业后到维也纳大学短期进修。回国后留校任国王学院评议员。1926年任讲师，后任数学研究室主任。因黄疸病进医院开刀，死于手术事故。年仅27岁。

1925年出版他的第一部著作《数学基础》，对罗素和怀特海为避免悖论所建立的可归化公理予以修正，指出该公理"不自明"、"未必正确"，重新阐述了命题函数的概念，从而排除了对可归化公理的需要。1926年在《数学公报》上发表"数学逻辑"一文，对逻辑悖论和不能用逻辑术语表示的悖论加以区别。1928年12月13日，在伦敦数学学会年会上宣读论文"论形式逻辑的一个问题"（1930年发表于该会会刊上），用组合学的定理讨论了判定问题，被誉为"拉姆齐理论"。他还批评希尔伯特，说他的形式主义将数学变成纸上无意义的游戏。还写过经济学数学理论的文章，对剑桥经济学家影响很大。

在哲学上有一系列著述：《万有》（1925年）、《事实和命题》（1927年）、《一个事实和普适法则》（1928年）、《知识》（1929年）、《理论》（1929年）和《一般命题和因果关系》（1929年）。（高岳兴　李孙演）

斯通，M. H.（Stone，Marshall Harvey） 美国人，1903年4月8日生于美国纽约，1989年1月9日卒于印度马德拉斯。*数学分析、几何学、逻辑学。*

父亲是著名法学家，哥伦比亚大学法学院院长。他本人1919年入哈佛大学学法律，1922年毕业后转读数学，1926年获哲学博士学位。1925年任哥伦比亚大学数学教师。1928年任哈佛大学副教授。1931年任耶鲁大学数学副教授。1933年回哈佛，1937年任教授。第二次世界大战中，先后服务于海军战时运筹署、陆军总参谋部。1946年离开哈佛，任芝加哥大学数学系主任，1952年辞去行政职务，1968年退休。1938年当选为美国国家科学院院士。1943～1944年任美国数学学会会长。1952～1954年被选为国际数学联合会主席。1961～1967年任国际数学教育委员会主席。

主要研究经典分析、几何和逻辑问题的数学结构。突出成就是建立了四条著名的定理，即单参数酉群的斯通表示定理、布尔代数的斯通表示定理、塞克-斯通紧化定理及斯通-魏尔斯特拉斯逼近定理。它们不仅在现代分析、逻辑学、拓扑学和理论物理中有重要应用，而且是很多数学结构和理论的精华。他还热心于中学数学教学的改革，在许多国际数学教育会议上起过领导作用。代表作有662页巨著《希尔伯特空间的线性变换及其应用》（1932年初版，1990年再版）等。（徐平五）

温特纳，A. F.（Wintner，Aurel Friedrich） 美国人。1903年4月8日生于匈牙利布达佩斯，1958年1月15日卒于美国马里兰州。*泛函分析、概率论、应用力学。*

匈牙利裔。商人之子。1920年入布达佩斯大学学习数学和自然科学。1924年退学在家闭门研究学问，至1927年已发表20篇关于数学和天文学的论文。1927年入德国莱比锡大学，1929年获博士学位。1929～1930年访问罗马大学和哥本哈根大学。1930年到美国约翰斯·霍普金斯大学任教。1946年任教授，直到终年。1936年任《美国数学》期刊副主编，1944年任主编。因心脏病发作过早去世。

早期的研究工作在力学的分析基础方面。例如，从数学上严格论证了含有无限多个未知量的希尔方法的收敛性；给出了轨道周期自然终止原理的理论基础。1941年出版的《天体力学分析基础》是其代表作。他所证明的希尔伯特空间的一些基本事实，乃是量子力学理论的数学基础。此外，在古典分析的很多领域都有贡献，较为突出的是与维纳合作的随机过程方面的论著，其中所提出的问题发展成现代概率论的一些新分支。

一生发表437篇论文，9部专著。移居美国后出版《关于渐近分布和无限卷绕的讲演》（1938年）、《算术半群中的度量理论》（1944年）、《概率分布的傅立叶变换》（1947年）等6部。（吴茂庆）

柯尔莫哥洛夫，A. H.（Колмогоров，Андрей Николаевич；Kolmogorov，Andrei Nikolaevich） 苏联人，1903年4月25日生于俄国顿巴夫，1987年10月20日卒于苏联莫斯科。*概率论、代数拓扑、数理逻辑、应用力学。*

父亲是农艺师兼作家，十月革命后曾主持苏维埃政府农业人民委员部教育处，1919年死于南方战线。母亲出身贵族，生下他10天后去世。他从母姓，由两个姨妈抚育成人。1925年莫斯科大学物理数学系毕业，1929年该校研究生毕业。留校任数学研究所助理研究员，1931年任教授。1933～1939年、1951～1953年两度出任莫斯科大学数学力学研究所所长。1934年苏联首建学位制，翌年他被补授数学物理学博士学位。1939年当选为苏联科学院院士、主席团成员，兼任科学院斯捷克洛夫数学研究所所长、地球物理研究所大气湍流实验室主任等职。1949年兼任《苏联大百科全书》数学部主任。1954～1958年任莫斯科大学数学力学系主任。长期任期刊《数学科学的进展》、《概率论及其应用》主编。获巴黎大学等多个大学荣誉博士学位。是美国国家科学院、法国科学院、伦敦皇家科学院等外籍院士。

苏联最有影响的数学家之一。他的研究领域十分广泛，皆有建树。其活动分三阶段：①1921～1931年。1924年得到有关随机变量级数收敛的柯尔莫哥洛夫三级数定理，开创了概率论研究新方法；1926年率先构造了处处发散的一个傅里叶级数；构造直观演算系统；1929年得到分布随机变量列的重对数律，首次给出了测度论基础的概率论公理结构；1930年建立马尔科夫过程一般模型。②1932年至20世纪50年代中期：1933年定义了度量经验分布与理论分布最大偏差的统计量，并推导其分布函数；同年提出概率论的可逆马尔科夫过程新模型，并给出刻画其随机特征的充要条件；早于维纳得到了预测与内插的公式；1935年首次给出巴拿赫空间上概率测度的特征泛函概念，指出它在量子论中的意义；1936年独立构造上同调群，发展了代数拓扑学核心概念；1937年以开映射概念建立局部紧空间闭集的对偶律；1938年证明了拓扑空间同胚一性与连续函数环间代数同构性的等价性；发现迷向湍流的"柯尔莫哥洛夫2/3次律"，至今仍被公认为最逼真模型，并在科学院创建了大气湍流实验室。③50年代中期直至去世。研究经典力学中的太阳系稳定性问题，开创了哈密顿系统的微扰理论；1957年解决了多变量函数基本结构的希尔伯特第13问题；在理论上解决了不对称刚体统定点高速旋转的稳定性、托卡马克型系统中磁面的稳定性等问题，后发展为著名的KAM理论；把信息论用于系统的遍历性质，给出熵的严格数学定义，并推广到动力系统；60年代他开创了演算信息论、演算概率论两分支；引入"语言熵"概念，开创了语言统计学新领域；晚年致力于编制教学大纲和编写教科书。

一生发表论文488篇、科普文章57篇；著有《概率计算的基本概念》(1934年)、《独立随机变量和的极限分布》(1949年，与他人合著)等；《柯尔莫哥洛夫选集》已出《数学与力学》、《概率论与数理统计》、《信息论与算法论》等多卷。在本国的获奖有：1941年苏联国家奖金，1944～1975年共获7枚列宁勋章，1963年获苏维埃劳动英雄称号，1965年获列宁奖金，1986年获罗巴切夫斯基奖等；在国际上，1963年获国际巴尔桑奖、美国气象学会奖章，1976年获民主德国科学院赫姆霍兹奖章，1980年获沃尔夫数学奖等。 （李孙演）

霍奇，W. V. D. (Hodge, Sir William Vallance Dauglas) 英国人，1903年6月17日生于英国苏格兰爱丁堡，1975年7月7日卒于英格兰剑桥。*微积分学、代数几何。*

糖果商之子。1923年以优异成绩毕业于爱丁堡大学数学专业。同年入剑桥大学圣约翰学院，1925年获该校史密斯奖，1926年离开剑桥。同年任教于布里斯托尔大学。1932年回剑桥，次年任讲师，1935年当选该校彭布罗克学院评议员，1936年任天文学与几何学教授，1970年退休。1938年当选进英国皇家学会会员。1959年当选为美国国家科学院外籍院士。1954～1958年任国际数学联合会副主席。获英国7个大学荣誉博士学位。1959年封爵。

主要研究复数域上的代数簇的积分理论。把经典的双线性等式和黎曼不等式推广到任意多重非奇异有限积分上，并引进调和积分概念。主要结果是：在任何闭的可定向的黎曼流形上有且仅有一个调和p形式，它在该流形的p维同调群(实系数)的基的环上的积分有任意指定的周期；在复结构上引进可对p维的调和积分进行详细分类的某种尺度，得到了代数簇的代数性质与拓扑性质之间许多意想不到的关系。主要著作有《调和积分的理论和应用》(1941年)、《代数几何方法》(3卷本，1947～1954年与他人合著)。获1937年剑桥大学亚当斯奖，1959年伦敦数学学会德·摩根奖，英国皇家学会1957年皇家奖、1974年科普利奖章。 （徐平五）

冯·诺依曼，J. (Von Neumann, Johann) 美国人，1903年12月28日生于匈牙利布达佩斯，1957年2月8日卒于美国华盛顿。*泛函分析、博弈论、数学物理、计算机科学与工程。*

匈牙利裔。富有的犹太银行家的儿子。1914年(刚满10岁)就被送入大学预科学习，数学天才就为教师所赞赏，因而提前接受大学教授的指导。19岁时已成为公认的数学专家。1921年正式入布达佩斯大学数学系，同时在柏林大学和瑞士苏黎世联邦理工大学攻读化学，1925年获苏黎世大学的化学工程学位，1926年获布达佩斯大学数学博士学位。1927年起先后在柏林大学、汉堡大学任教。1930年到美国普林斯顿大学数学系任教，3年后受聘该校新成立的高等研究院数学物理终身教授，成为当时最年轻的成员。1937年加入美国籍。第二次世界大战期间，应召参加各项有关战争的科研工作，1940年任阿伯丁弹道实验研究所科学顾问，1941年任海军兵工局顾问。1943年起担任研制第一颗原子弹的顾问。战后担任普林斯顿高等研究院计算机研究所所长，同时仍在政府的许多局和委员会中任职。1951～1953年任美国数学学会会长。1954年成为美国原子能委员会委员。因患有骨癌去世。

在纯数学和应用数学方面均有杰出贡献，研究范围之广仅次于同代人D. 希尔伯特和H. 魏尔。把类和集合加以区别，给出了一个不同于E. 策梅罗和弗伦克尔(Fraenkel)系统的集合公理系统及序数的新定义。证明了存在一个实轴上有界可测函数代数，该代数构成几乎处处相等的有界可测函数类代表的一个完全系。这个定理被推广后成为测度"分化"过程的关键。最出色的工作是关于希尔伯特空间中算子的抽象理论的研究。提出了希尔伯特空间和该空间中算子的公理化定义，并建立了一套较完整的理论，导致对特征值及谱论的研究。还是希尔伯特空间中无界算子的最早研究者，建立了现在称为冯·诺依曼代数的算子环理论。该理论目前在量子力学中得到了广泛的应用，有关著作被誉为20世纪分析方面的杰作。

在应用数学方面与高斯、柯西、庞加来齐名。最著名的工作是把量子力学公理化，这是非相对量子理论的基础。在《量子力学的数学基础》(1932年)一书中，他推出了著名的弱遍历定理。在量子统计和量子热力学的基础和度量问题上也取得了巨大成就。

还是第一台电子计算机 ENIAC 的设计者之一。在电子计算机的逻辑设计、程序编码等方面，引入了许多新内容，使计算机能适应高速处理多变量的要求，特别是适用于核武器设计和气象预报需要。1951 年发表"自动机的一般逻辑理论"，开辟了计算机科学的新领域，并为以后人工智能研究奠定了基础。

他是现代博弈论的创始人，1928 年发表"关于伙伴游戏理论"，提出极小极大定理，后又列入了"战略"的一般概念，从理论上证明了有两方参加的对局的所谓最佳战略定理，并把这种对策理论应用于经济领域。该工作为现代对策论的发展奠定了基础。

公开发表学术论文 150 余篇，收录于《冯诺伊曼文集》(1961 年)；其中纯数学 60 篇，应用数学 60 篇，物理学 20 篇，其他 10 篇。一生获奖甚多，其中有美国数学学会博歇奖(1937 年)、美国国家科学奖章(1947 年)、爱因斯坦纪念奖和美国原子能委员会费米奖(1956 年)等。 (吴茂庆 徐平五)

怀伯恩，G. T. (Whyburn, Gordon Thomas) 美国人，1904 年 1 月 7 日生于美国得克萨斯州刘易斯维尔，1969 年 9 月 8 日卒于弗吉尼亚州夏洛特维尔。拓扑学。

哥哥曾任洛杉矶加利福尼亚大学数学系主任。他于 1925 年获得克萨斯大学化学专业文学士学位，1926 年获硕士学位，1927 年获数学博士学位。留校任教学副教授。1929～1930 年访问欧洲，到过维也纳大学、华沙大学，建立了数学研究上的联系。回国后任约翰斯·霍普金斯大学副教授。1934 年任弗吉尼亚大学数学教授，次年任数学系主任，1966 年因心脏病发作而提早退休。1951 年当选美国国家科学院院士。

主要贡献在拓扑学方面。讨论了几何拓扑中连续统的静态结构理论，考察了连续统的结构类型问题，研究了一个集经过开映射后的结构不变性和演变情形，并提出了极大原理。主要著作有《分析拓扑学》(1942 年)和《拓扑分析学》(1958 年)、《行动学的拓扑学》(1979 年)等。 (徐平五)

霍尔，P. (Hall, Philip) 英国人，1904 年 4 月 11 日生于英国伦敦，1982 年 12 月 30 日卒于剑桥。群论。

母亲是裁缝。父亲在他出生后不久不别而去。在 7 岁前一直在外婆家生活。在教会慈善学校接受免费的基础教育。1922 年靠奖学金入剑桥大学国王学院，1925 年获文学士学位，1927 年当选该校评议员。同年任教于伦敦大学学院。1933 年任剑桥大学讲师，1944 年任高级讲师，1953 年任纯数学教授。第二次世界大战中，在军方的情报学校从事数码数学研究。1942 年当选为英国皇家学会会员。1955～1957 年任伦敦数学学会会长。

1928 年改进了挪威数学家西罗于 1872 年发现的一条定理，从而建立了有限可解群的一般结构理论。1933 年作出了对素数幂群的研究中最重要的贡献，即建立了正则 p 群理论。1956 年与希格曼合作，对更广的一类 p 可解群进行了更深入的研究。在研究单群方面，他取得了三项建设性的成就：① 定义了泛可列局部有限群(1959 年)；② 建立了非严格单群类(1963 年)；③ 证明了每个可数群可嵌入一个无限生成单群作为它的子群(1974 年)。1961 年获英国皇家学会西尔威斯特奖章。1965 年获伦敦数学学会的德·摩根奖章。 (徐平五)

麦克沙恩，E. J. (McShane, Edward James) 美国人，1904 年 5 月 10 日生于美国路易斯安那州新奥尔良，1989 年 6 月 1 日卒于弗吉尼亚州夏洛特维尔。数学分析、弹道学、应用数学。

医生之子。1925 年获美国图兰大学理学与工学双学士学位。1927 年获该校数学硕士学位。1930 年获芝加哥大学哲学博士学位。先后在德国格丁根大学、美国普林斯顿大学任教。1935 年任弗吉尼亚大学数学教授，直至退休。1942～1945 年在阿伯丁试验场弹道研究实验室研究外弹道学。1953～1954 年任美国数学联合会主席。1959～1960 年任美国数学学会会长。1948 年当选为美国国家科学院院士。

曾研究变分学，采取迂回的方法处理变分学中的拉格朗日问题，把 N. 维纳在 1923 年开拓的新的积分理论推广到更一般的情形。还证明了系数是随机函数的微分方程，其解在随机过程的适当的(弱)收敛意义下，连续地依赖于随机系数。这种随机微分方程理论，可以用于受随机噪音干扰的最优控制系统。主要著作有《积分学》(1944 年)、《外弹道学》(1953 年)、《随机微积分与随机模型》(1974 年)等。1964 年获美国数学学会杰出服务奖。 (徐平五)

享利·嘉当，H. P. (Cartan, Henri Paul) 法国人，1904 年 7 月 8 日生于法国南锡。拓扑学、复变函数、微积分学。

著名数学家埃利·嘉当的长子。1909 年随父到巴黎定居。1923～1926 年毕业于巴黎高等师范学校数学系，并获教师资格；1928 年获该校数学博士学位。1929～1931 年在里尔大学理学院任教。1931 年转教于斯特拉斯堡大学，1936 年晋升教授。1940 年 5 月纳粹德国人侵法国后，他和布尔巴基主要成员在法国中部克勒蒙费朗继续从事研究，并在巴黎大学理学院兼课。1945～1947 年回到斯特拉斯堡大学任教。1947 年重返巴黎大学理学院，1949 年任教授；兼任巴黎高等师范学校教授至 1965 年。1969 年任奥塞理学院教授，后转任南巴黎大学教授，1975 年退休。1965 年当选为法国科学院通讯院士，1974 年为院士。1967～1970 年任国际数学联合会主席。曾任法国数学学会会长。1971 年当选英国皇家学会外籍会员。1972 年当选美国国家科学院外籍院士。

法国布尔巴基学派代表人物之一，其研究涉及现代数学许多分支，尤其在代数拓扑、复变函数、同调代数、微分学等领域有独到建树。1928 年在博士论文“有孔线性簇上的全纯函数系”中，证明了布洛赫(A. Bloch)猜想不等式并加以推广。1930 年证明解析映射的唯一性定理；1932 年证明了著名的嘉当-图仑定理，推出“全纯域是伪凸域”的重要结论；1935 年他和 A. 韦伊、J. 迪厄多内等人结成布尔巴基学派。在拓扑学中引进了“滤系”、“超滤系”等概念，后成为数理逻辑中模型论最重要的构造法之一。第二次世界大战期间，在位势理论中引入“能量”、“精细拓扑”等概念，为公理位势论奠定基础；证明了古典位势论的若干定理。20 世纪 50 年代，是多复变函数论由古典转向现代的主要推进者之一；1950 年在多复变函数论中率先引进莱雷(Leray)“层”概念；和 J.-P. 塞尔共同得出施坦因(Stein)流形基本定理 A 和 B；1953 年正式引入“环式空间”定义正规解析空间；与他人合著《同调代数学》(1956 年)，把同调代数系统化，标志了一门新学科的正式诞生；1958 年证明正规解析空间的嵌入定理等。中国数学家吴文俊曾是他的学生。发表论文百余篇，出版《解析函数论》等专著 5 部。1980 年获沃尔夫数学奖。 (李孙演 李啸虎)

怀特海，J. H. C. (Whitehead, John Henry Constantine) 英国人，1904 年 11 月 11 日生于印度马德拉斯，1960 年 5 月 8 日卒于美国新泽西州普林斯顿。*微分几何学、拓扑学。*

主教之子。是著名数学家 A. N. 怀特海之侄。1927 年毕业于英国牛津大学贝利奥尔学院。1929 年去美国普林斯顿大学攻读数学，1932 年获博士学位。后返回牛津大学，1933 年任该校贝利奥尔学院评议员，1947 年任纯数学教授。第二次世界大战中，先后在贸易部、海军部和外交部工作。1944 年被选为英国皇家学会会员。1953～1955 年任伦敦数学学会会长。

以公理系统建立了微分流形的第一个精确定义，并证明了公理的独立性。在 1935 年发表的论文“论过一点的测地线覆盖一个完备空间”中，他研究了解析流形内各种完备概念间的关系，这是大范围微分几何研究的一个转折点。后期从事代数拓扑、几何拓扑的研究，用允许的变换的严格组合方法来解决同伦等价理论的问题。主要著作有博士论文《微分方程基础》(1932 年)、《由这一点的测地线所布满的全部空间》(1935 年)等。 (吴茂庆)

施尼雷尔曼，Л. Г. (Шнирельман, Лев Генрихович; Shnirelman, Lev Genrikhovich) 苏联人，1905 年 1 月 2 日生于俄国戈梅利，1938 年 9 月 24 日卒于苏联莫斯科。*数学分析、拓扑学。*

教师之子。1921 年(16 岁)入莫斯科大学学数学，并在研究院进一步学习。1929 年任诺沃切尔卡综合工艺学院的教授和数学系主任。1930 年回莫斯科大学。1931 年到德国格丁根大学进修，同年回校。1934 年工作于苏联科学院数学研究所。去世时年仅 34 岁。1933 年被选为苏联科学院通讯院士。

1927～1929 年和柳斯捷尔尼克(Л. А. Люстерник)在变分学的定性(拓扑的)方法上作出了重要贡献，首次完全地解决了庞加来的三条测地线问题，推得在每个单连通曲面上存在着三条闭测地线，且应用“驻点原理”于几何问题，给出了新的拓扑不变量和点集的范畴等结果。1930 年他引进了自然数序列的 α 紧性概念，并证明任何自然数 n 可表为有限个(不依赖于 n)具有 $\alpha>0$ 的序列的元素之和，特别地，任何自然数是有限个素数之和。这是哥德巴赫猜想的不严格形式。还推广了算术中的韦林定理。 (卫瑞霞)

斯托克，J. J. (Stoker, James Johnston) 美国人，1905 年 3 月 2 日生于美国宾夕法尼亚州匹兹堡，1992 年 10 月 19 日卒于纽约。*微分几何学、数学物理、应用数学、工程技术。*

1936 年获瑞士苏黎世联邦理工大学力学专业哲学博士学位。1937 年回国任纽约大学数学教授，1958 年任该校库朗数学研究所所长，1966 年退休。1962 年被选进美国国家科学院。

在应用数学的许多方面做了大量工作，如把数学应用于数学物理问题和工程学，特别是弹性问题、线性振动、流体动力学、河渠流动与结构设计等。一个典型例子是溢流波的计算以及江河和大水库中的流动问题，曾对美国俄亥俄河和密西西比谷地作过有效的试验。

主要著作有《机械和电气系统中的非线性振动》(1950 年)、《非线性弹性》(1968 年)和《微分几何》(1969 年)等。因论著《水波：数学理论及其应用》1957 年获美国物理学会的海涅曼奖。1970 年获美国机械工程师协会铁梓柯奖。 (徐平五)

阿尔贝特，A. A. (Albert, Abraham Adrian) 美国人，1905 年 11 月 9 日生于美国芝加哥，1972 年 6 月 6 日卒于同地。*代数学。*

俄国移民之子，零售商之子。1926 年获芝加哥大学理学士学位，1927 年获理学硕士学位，1928 年以论述代数学论文获哲学博士学位。同年任国家研究理事会研究员，并在普林斯顿大学从事博士后研究。1929 年任教哥伦比亚大学。1931 年回芝加哥大学任助理教授，1937 年任副教授，1941 年成为教授，1958～1962 年任数学系主任。1962～1971 年任该校理学院院长。第二次世界大战中，任西北大学应用数学组副组长，为军方研究开发密码术。1943 年当选为美国国家科学院院士。1943 年、1952 年先后当选巴西、阿根廷科学院外籍院士。1958～1961 年任美国国家研究理事会数学部主席。1965～1966 年任美国数学学会会长。

在 1928 年的博士论文中，证明了四阶可除代数都是叉积代数；1932 年又证明了存在四阶非循环代数。

曾参与发展可结合单代数的直积理论的工作,并利用这些结果及循环域与 p 进域上可结合代数的一些性质,证明了以代数数域为中心的可除代数是循环代数。1934年建立了纯黎曼矩阵的乘法代数的精确结构,证明了存在一个纯黎曼矩阵,它的乘法代数是任一个这样的代数,其元素是所有的代数数,因此于1939年获美国数学学会的科尔奖金。1941年开始研究非结合代数的结构,得到约当代数的一般结构理论,后来又建立了特殊的约当可除代数和一类主要的有限非结合可除代数。

主要著作有:《代数结构》(1939年)、《有限投影面引论》(1968年,与他人合著)、《四元代数的张量积》(1972年)等。1939年获美国数学学会科尔奖。

(徐平五)

哥德尔,K. F.(Gödel, Kurt Friedrich) 美国人,1906年4月28日生于奥匈帝国的布尔诺(今属捷克),1978年1月14日卒于美国新泽西州普林斯顿。数理逻辑、哲学。

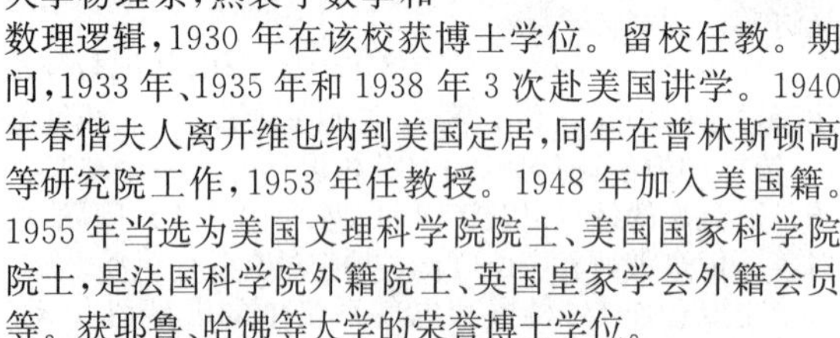

捷克裔。父亲是纺织厂厂长。他1924年进维也纳大学物理系,热衷于数学和数理逻辑,1930年在该校获博士学位。留校任教。期间,1933年、1935年和1938年3次赴美国讲学。1940年春偕夫人离开维也纳到美国定居,同年在普林斯顿高等研究院工作,1953年任教授。1948年加入美国籍。1955年当选为美国文理科学院院士、美国国家科学院院士,是法国科学院外籍院士、英国皇家学会外籍会员等。获耶鲁、哈佛等大学的荣誉博士学位。

主要贡献在数学基础和数理逻辑方面。以简捷的方式解决了D.希尔伯特1928年在波隆那国际数学家会议上提出的4个数学基础方面的核心问题:分析的相容性;把这种相容性的证明扩展到实变量的函数或更高类型(其中特别又提到选择公理的相容性问题);数论和分析系统的完备性;一阶逻辑的完备性。1929年在博士学位论文中证明了一阶逻辑的完备性,对第四问题作出正解。1930年夏得出著名的不完备性定理中的第一定理:任何数论、分析或集合论的形式系统,如果是相容的,就是不完备的,从而使第三问题得到负解。1930年秋,又得出关于不完备性的第二定理:如果一个以数论为模型的形式系统是相容的,关于其相容性的命题就可以用系统中的命题予以表述,但却不能在系统中得到证明,这样第一和第二问题也得到了负解。因为希尔伯特原来不仅认为这两种情况下的相容性证明是可能的,而且认为这种证明具有初等的性质,从而可以在所要证明其相容性的系统中予以实施。而他的第二定理却表明了这种满足"初等性"的相容性证明是不可能的。1935年和1938年又分别解决了第二问题中所提到的选择公理问题和证明了连续统假设的(相对)相容性。其研究实际上超越了上述问题的范围,他所建立的不完备性定理被命名为哥德尔定理而载入数理逻辑史册,亦是模型论与非标准分析发展的基础。

获1951年首届爱因斯坦奖、1975年美国国家科学奖章。

(郑毓信)

韦伊,A.(Weil, André) 法国人。1906年5月6日生于法国巴黎,1998年8月6日卒于美国新泽西州普林斯顿。代数几何学、拓扑学、数学史学。

出身犹太裔医生家庭。1925年在巴黎高等师范学校获数学学士学位。毕业后到意大利游学,结识许多有名数学家。1926年获洛克菲勒奖学金赴德国留学,1928年获格丁根大学数学博士学位。服一年兵役之后,1930~1932年任印度穆斯林阿里加尔大学数学教授。回国后在马赛大学当讲师。1933~1939年在斯特拉斯堡任讲师、教授。1939年在芬兰被当成苏联间谍判死刑,由于芬兰数学家的救援幸免于难。1940年初回国后又被关入监狱,同年因逃避兵役被军事法庭判处5年徒刑。随着德国军队的推进,他逃到英国,后又回国。1941年春赴美国,在哈佛大学伏德学院执教一年。后在伯利恒理工学院、巴西圣保罗大学任教。1947~1958年任芝加哥大学数学系教授。1958年至1976年退休前,任普林斯顿高等研究院教授。1982年被选为法国科学院院士。是美国国家科学院的外籍院士。

现代抽象代数几何的奠基者,同时在数论、李群及其不连续子群、拓扑学、微分几何学及复分析、数学史学等领域皆有重要贡献。

在数论上,1926年在博士论文中将莫德尔定理推广到所有亏格 $g \geqslant 2$ 的代数曲线上;1940年对任何亏格 $g \geqslant 2$ 证明黎曼猜想及解数估计,在《论代数曲线及其导出的簇》(1948年)中全面阐述了自己的理论,并在次年将之推广到一般代数簇;得出类域论若干基本定理;提出所有椭圆曲线均为可用模函数参数化的曲线(即模曲线)的著名猜想,后被证明。

在代数几何上,所著《阿贝尔簇和代数曲线》(1948年)一书正式提出阿贝尔簇理论,率先把定义域从复数域推广到任意代数闭域 k,把原有的解析理论发展为代数理论,证明了一系列基本定理并应用于数论;首次用几何方法定义代数簇,并将之推广到任意域,其专著《代数几何学基础》(1946年初版、1962年再版)完全避用古典分析的方法和语言,建立了严格的交截重数理论和循环理论。

在拓扑学上,1937年引入一致性结构、一致性空间等概念;所著《拓扑群的积分及其应用》(1940年)率先引进了拓扑群的积分理论。

1972年后,主要从事数学史研究。他是布尔巴基学派《数学原理》丛书大部分历史注记的执笔者;研究并编辑《库默尔全集》(1975年);在1978年国际数学家大会上作关于数学史的全会报告;还撰有《数论,历史的论述》(1984年)等著作。

一生发表数学论文百余篇,其中数学史论文 20 余篇;专著 10 余种。1979 年分享第二届沃尔夫数学奖。

(李孙演)

威尔克斯,S. S. (Wilks, Samuel Stanley) 美国人,1906 年 6 月 17 日生于美国得克萨斯州利特尔埃姆,1964 年 3 月 7 日卒于新泽西州普林斯顿。*数理统计。*

1926 年毕业于北得克萨斯师范学院,获建筑学文学士学位。1928 年获得克萨斯大学数学系文科硕士学位。1931 年获艾奥瓦大学数学专业博士学位。后在哥伦比亚大学从事博士后研究。1932 年去英国,先后在伦敦大学学院、剑桥大学做访问学者。1933 年回国后任普林斯顿大学数学教师,1944 年任数理统计教授直至退休。曾在农业部、国防部等政府部门任顾问和研究员。是美国统计学会奠基人之一,1938~1949 年任《数理统计年鉴》主编。也是国际统计学会等学术团体的会员及美国科学促进协会成员。

在数理统计的多元分析方面有突出的成就。定义了广义方差,把相关比、相关系数概念推广到多元情形,并构造了零假设检验的似然准则——威尔克斯 Λ 准则;确定了不完整样本二元正态分布参数估计的样本分布的偏差,讨论了正态分布变量的 k 个集合的独立性,建立了置信区间的理论基础。他的大量理论工作,使多元分析在理论上达到系统化、严格化。1937 年出版的《统计推断讲义》是第一本优秀的大学数理统计教材。1947 年由于在反潜战等方面有贡献而获总统授予的功勋证书。

(吴茂庆)

迪厄多内,J. A. E. (Dieudonné, Jean Alexandre Eugène) 法国人,1906 年 7 月 1 日生于法国里尔,1992 年 11 月 29 日卒于巴黎。*数学基础、群论、拓扑学、代数学。*

实业家之子。就读于巴黎高等师范学校,1927 年获学士学位,1931 年以单复变量全纯函数的论文获博士学位。1933 年任雷恩大学理学院数学讲师。1937~1946 年任南锡大学理学院高级讲师。1946~1947 年任巴西圣保罗大学数学教授。1948~1952 年任教授。期间一年在美国密歇根大学任数学教授。1953~1959 年在美国西北大学任教。回国后任法国高等科学研究院数学教授。1964~1970 年任教南锡大学理学院。1968 年被选入法国科学院。获法国荣誉军团勋位。

在拓扑与代数方面有过不少著述。1937 年与 S. 博赫纳各自独立地引进了单位的连续划分概念。参加了 1939 年编辑出版布尔巴基的《数学基础》工作。1944 年引入并研究了一类新的拓扑空间,称为“仿紧空间”。开创了关于局部凸空间中的对偶性的一般研究。发表过许多经典群论方面的文章。1952 年后主要研究形式李群理论,即经典李群理论的代数化。至 20 世纪 70 年代末,已出版 18 部书,其中包括 9 卷本的《分析学教程》(1978 年)等。

(徐平五)

费勒,W. (Feller, William) 美国人,1906 年 7 月 7 日生于南斯拉夫萨格勒布(今属克罗地亚),1970 年 1 月 14 日卒于美国纽约。*概率论、数理统计学。*

克罗地亚裔。化工专家之子。1925 年毕业于南斯拉夫萨格勒布大学。1926 年获德国格丁根大学哲学博士学位。留校从事博士后研究两年。后任基尔大学应用数学实验室主任,1933 年纳粹上台后被迫辞职。同年起先后在丹麦哥本哈根大学瑞典斯德哥尔摩大学任教。1939 年赴美国,任位于罗得岛首府的布朗大学数学副教授,同时兼任任新创刊的《数学评论》杂志主编。1944 年加入美国籍。1945 年到康奈尔大学,1950 年到普林斯顿大学任数学教授。曾任美国数理统计学会会长。是美国文理科学院院士。1960 年被选进美国国家科学院。

主要以研究概率论而闻名,为概率论建立了一个适当的分析框架。其成就表现在三个方面:①开拓了刻划机会起落的极限定理的适用范围,阐明了无限期望的作用,对中心极限定理的早期工作有较重要的影响;②引进了伴随半群概念,并应用到马尔可夫过程的一般理论上,阐述了与这种过程有关的各种算子的性质;③竭力改进方法,并使之一致起来。此外,还在《概率论及其应用引论》(1950 年)第 1 卷中引进了重复事件概念,举了大量例子和问题说明概率论的新应用。获 1969 年的美国国家科学奖章。

(徐平五)

格尔方德, A. O. (Гельфонд, Александр Оси пович; Gelfond, Alexandr Osipovich) 苏联人,1906 年 10 月 24 日生于俄国圣彼得堡,1968 年 11 月 7 日卒于莫斯科。*解析数论、复变函数论、计算数学。*

医师之子。1927 年毕业于莫斯科大学数学物理系数学专业。后入该校研究生班,在 A. 辛钦和 V. 斯捷潘诺夫指导下学习,1930 年获数学专业博士学位。1929 年任教莫斯科理工学院数学系。1930 年去德国柏林大学进修。1931 年回国后在莫斯科大学任分析学、理论与数学史学教授,直至去世。从 1933 年起同时在苏联科学院数学研究所工作。1935 年成为数学物理博士。1939 年选为苏联科学院通讯院士。1968 年成为国际科学史研究院的通讯院士。

最重要的科学研究是解析数论、复变函数的插值理论和逼近理论。建立了数论中的一个新分支,即超越数理论。1934 年解决了希尔伯特第 7 问题,从而得出了代数对数的超越性定理。由该定理可直接得出所有自然数 $N\neq 10^k$(k 为整数)的十进位对数都是超越数。这是继埃尔米特 1873 年关于 e 的超越性的证明及林德曼 1882 年关于 π 的超越性的论证之后,在超越数理论中的最重要的贡献。他还研究了数论的概率方法。在复变函数方面研究了依赖于插值基点集合的稠密性和被逼近的函数的性质的插值过程的收敛性问题、函数系的完备化问题、积分方程特征值的渐近性状等。以他为首创建的苏联学派，极大地影响着超越数理论和复变函数插值与逼进理论的发展。

最主要的著作有《超越数与代数》(1952 年)、《解析数论中的基本方法》(1962 年，与林尼克合著)、《残数及其应用》(1966 年)、《有限差分的计算》(1967 年)等。1973 年由林尼克主编出版了他的选集。 (张镜清)

惠特尼，H. (Whitney, Hassler) 美国人，1907 年 3 月 23 日生于美国纽约，1989 年 5 月 10 日卒于瑞士布兰奇的芒特登茨。*微分拓扑学、数学教育。*

1928 年、1929 年先后获耶鲁大学物理学、音乐学学士学位。一生热爱音乐，会奏各种乐器，曾任普林斯顿交响乐团首席小提琴手。1932 年获哈佛大学数学博士学位。留校任教，1946 年升为教授。期间 1931～1933 年兼任美国国家研究理事会研究员。第二次世界大战期间，参与战时研究，在美国政府科学研究发展局国防研究委员会应用数学组工作。1944～1954 年先后任《美国数学》、《数学评论》杂志主编。1948～1950 年任美国数学学会副会长。1952 年任普林斯顿高等研究院教授，1977 年退休。期间曾任美国国家科学基金会数学组首任主席。1979～1982 年任国际数学教育委员会主席。1945 年当选为美国国家科学院院士。是法国科学院外籍院士。

微分拓扑学的奠基人之一，并在图论、代数拓扑，微分几何等学科多有建树。1932 年博士论文给出四色问题的等价命题，并研究其可约性；在图论中得出两图同胚的条件，定义图的连通度；组合证明了不可嵌入平面图定理；在组合论上引进通用性的拟阵理论；1932～1942 年将连续映射推广到可微情形，奠定了微分拓扑学基础；1935 年首次定义真正的"纤维空间"，(当时称为"球空间"、"球丛")，开始将纤维丛理论作为拓扑学的有力工具；同年独立地引入上同调概念；1936 年给出了微分流形的内蕴定义，证明了嵌入及浸入定理等基本定理，奠定了微分流形理论基础；1937 年得出球丛分类空间，即格拉斯曼流形；1938 年将阿贝尔群的张量积概念引进代数拓扑学和同调代数；1942 年研究 n 维欧几里得空间的微分映射奇点问题，开创了奇点理论；1948 年"论可微函数的理想"一文开辟了奇点研究新方向；1955 年对平面微分映射的奇点类型分类，并得出标准型；1957～1965 年引进层化概念，层化分解代数簇和解析簇；1959 年对四维复形的定向球丛进行分类；建立了施蒂费尔(Stiefe)-惠特尼示性类理论基础。1967 年以后转向数学教育，是多个国家的数学教学顾问。

一生发表论文近 80 篇；有《几何积分论》(1957 年)、《复解析簇》(1972 年)和《数学活动》(1974 年) 等专著。获 1976 年美国国家科学奖章、1982 年沃尔夫数学奖、1985 年美国数学学会斯蒂尔奖等。 (徐平五)

阿尔福斯，L. V. (Ahlfors, Lars Valerian) 美国人，1907 年 4 月 18 日生于芬兰赫尔辛基，1996 年 10 月 11 日卒于美国马萨诸塞州皮茨菲尔德。*复变函数论。*

芬兰裔。1928 年毕业于芬兰赫尔辛基大学，1930 年获该校博士学位。留校任教，1932 年任该校副教授。1936 年赴美国任哈佛大学副教授。1938 年返回芬兰任母校教授，1944～1946 任瑞士苏黎世大学教授。1946 年再赴美国任哈佛大学教授。1952 年入美国籍，翌年当选美国国家科学院院士。是芬兰科学院外籍院士。

20 世纪杰出的复变函数理论家，在半个多世纪的研究生涯中，在亚纯曲线、值分布理论、黎曼曲面、共轭几何、极值长度、拟共形映射和克莱因群等方面都作出了重要贡献。1907 年，法国数学家当茹瓦(A. Denjoy)提出一个猜想：整函数的不同有限渐进值的个数不大于整函数的阶的 2 倍。此后当茹瓦猜想一直没有得到证明。1929 年，年仅 22 岁的阿尔福斯在其博士论文中出色地证明了这一猜想。1935 年，又建立了复盖面理论。由于这两项成就，他成了 1936 年首届菲尔兹奖的两位获奖者之一。1981 年，因在几何函数论有效新方法的创立和所作出的发现获沃尔夫数学奖，成为既获菲尔兹奖，又获沃尔夫数学奖这两项世界数学最高奖的少数几位现代数学家之一。有关所获得的前一奖项，还发生过一件轶事：第二次世界大战末期，他一度处于贫困之中，数量不多的 1500 美元菲尔兹奖金也早已花完了。这时，正好他获准可以离开芬兰前往瑞典探望妻子，但发现自己已无法凑足路费。于是不得不将菲尔兹奖的那枚金质奖章送到当铺中当了一笔钱作为路费，这才回到妻子身边。这枚他后来又赎回来的奖章，也许是世界上唯一的一枚在当铺中停留过的菲尔兹奖章了。代表作有《复分析》(1973 年)、《黎曼曲面》(1960 年，与他人合著)、《拟保角映射教程》(1966 年)和《保形不变式》(1973 年)等专著。1982 年出版论文集。 (宣焕灿)

小莫里，C. B. (Morrey, Charles Bradfield, Jr.) 美国人，1907 年 7 月 23 日生于美国俄亥俄州哥伦布，1984 年 4 月 29 日卒于加利福尼亚伯克利。*数学分析。*

父亲是大学教授，母亲是音乐学校校长。他曾在俄亥俄州立大学专攻数学，1927 年获文学士，1928 年获文科硕士学位。1931 年获哈佛大学哲学博士学位。1933 年任伯克利加利福尼亚大学数学教授，1977 年退休。第二次世界大战期间，是阿伯丁试验场的弹道研究实验室的教授。1962 年被选进美国国家科学院。1967～1968 年任美国数学学会会长。

主要成就在于二重积分 $\iint_G f[x,y,Z(x,y),Z'x,Z'y]\mathrm{d}x\mathrm{d}y$ 的研究。推广了托内利(L. Tonelli)的存在定理,证明了两个独立变量和任意多个相关变量的上述积分的最小函数有二阶连续导数,并研究了积分的可微性。著有《变分法中的多重积分》(1966 年)等。 (徐平五)

赫布兰德,J. (Herbrand, Jacques) 法国人,1908 年 2 月 12 日生于法国巴黎,1931 年 7 月 27 日卒于伊泽尔。代数学、数理逻辑。

青少年时代就颇有数学天才。17 岁入巴黎高等师范学校,在班上名列第一,1929 年获博士学位。在法国军队服役一年后,到柏林、汉堡和格丁根等大学继续深造。假期内到阿尔卑斯度假,不幸被杀,年仅 23 岁。

主要贡献在数理逻辑和近世代数方面。在博士论文中,建立了著名的赫布兰德定理,这是量词理论中最基本的结果,也是量词理论与命题逻辑之间的桥梁,可以用来判定和简化问题,还可用来证明相容性。在类域理论方面,在 1930～1931 年间写了 10 篇文章,简化了前人的证明,推广了一些定理并发现了一些重要的新结果,对类域理论作出了重要贡献。 (沈 铁)

乌拉姆,S. M. (Ulam, Stanislaw Marcin) 美国人,1909 年 4 月 3 日生于波兰利沃夫(今属乌克兰),1984 年 5 月 13 日卒于美国新墨西哥州圣达菲。集合论、拓扑学、核武器工程。

波兰裔。1932 年和 1933 年分别获利沃夫理工学院文科硕士和理学博士学位。1935 年受邀访问美国,先后到过普林斯顿高等研究院和哈佛大学等校。1940 年任威斯康星大学助理教授,后任副教授。1943 年加入美国籍。1946 年任南加利福尼亚大学教授。期间参加了洛斯阿拉莫斯国家实验室研发氢弹的秘密计划实施,直至 1965 年。同年任科罗拉多大学数学系教授兼系主任。在美国许多科学和政府部门任过职,是总统科学顾问委员会委员。还是美国文理科学院、美国国家科学院院士。曾获得新墨西哥大学、匹兹堡大学和威斯康星大学的荣誉博士学位。

在抽象测度问题、对称积问题和投影代数等方面都有不少贡献。建立了一种仅取 0 和 1 两个值的测度;证明了不可列集的所有子集不是完全可加的。和博苏克合作研究了对称积的问题,证明了对跖定理和连续变形下的某些拓扑性质的不变性;还和奥克斯托拜一起证明连续保测度流形上的"大多数"变换具有遍历性。他所建立的求近似解的"蒙特卡罗方法"很快被用于原子物理及其他领域中去。此外,太空运载工具的原子推进的"猎户座计划"就是他和小埃弗雷(J. C. Everett Jr.)共同提出的。主要著作有《数学问题集》(1960 年)、《集合论和宇宙万物》(1974 年)等;自传《一个数学家的历险》(1976 年)等。获 1966 年米伦尼乌奖,1978 年谢尔平斯基奖。 (徐平五)

麦克莱恩,S. (MacLane, Saunders) 美国人,1909 年 8 月 4 日生于美国康涅狄格州塔夫脱维尔,2005 年 4 月 14 日卒于加利福尼亚州旧金山。拓扑学、代数学。

公理会牧师之子。15 岁丧父。1930 年毕业于耶鲁大学。同年任教芝加哥大学。1933 年获德国格丁根大学哲学博士学位。回国后,先后任教于耶鲁、康奈尔的哈佛大学。第二次世界大战时,在哥伦比亚大学应用数学组工作,为军方秘密研发军事技术。1947 年任芝加哥大学数学教授,1952 年任数学系主任。1973～1974 年任美国数学学会会长。1949 年被选进美国国家科学院,1963 年任副院长。

主要研究同调代数及几何学各领域中的代数概念。他建立了关于可分超越基的麦克莱恩定理。他和爱伦贝格(S. Eilenberg)合作讨论了群扩张和同调,阐明了如何构造 Ext(A,B)去解决拓扑学中的系数问题,为同调代数的发展打下了基础。此外,还引入了麦克莱恩空间、麦克莱恩上同调、范畴和交换范畴等概念,促进了同调代数和范畴的迅速发展。

主要著作有《近世代数概观》(1942 年,与伯克霍夫合著)、《同调》(1963 年)、《代数学》(1967 年,与伯克霍夫合撰)及《数学家的范畴》(1973 年)等。获 1941 年美国数学联合会沙文纳特奖,1987 年美国数学学会斯蒂尔奖等。 (徐平五)

根岑,G. (Gentzen, Gerhard) 德国人,1909 年 11 月 24 日生于德国格赖夫斯瓦尔德,1945 年 8 月 4 日卒于捷克斯洛伐克布拉格。数学基础、逻辑学。

律师之子。早在少年时代就立志献身于数学研究。1933 年(23 岁)获格丁根大学博士学位。留校任教,1934 年成为希尔伯特的助手,直至 1943 年。期间 1939～1941 年役于德军通信部队,因健康恶化而退伍。后在布拉格德语大学数学研究所供职,1945 年被占领该地的苏军拘留,由于营养不良 3 个月后去世。

是希尔伯特学派成员,对经典逻辑与数学基础作出了贡献。发明了"自然演绎法",给出一个较 F-R-H 系统更切合实际的数学推理的谓词逻辑。成功地构造了经典的逻辑,作为直观主义逻辑的简单扩充。阐明了基本定理、并建立了著名的赫布兰德-根岑定理。放宽了希尔伯特数学中对证明方法的限制,设法用超限归纳法去确定数论和分析的一些受限制部分的相容性,给出了第一个令人信服的相容性证明,这是对希尔伯特计划的一个最杰出的贡献。 (张镜清)

马尔采夫,А. И. (Малвцев, Анатолий Иванович; Malcev, Anatoly Ivanovich) 苏联人,1909 年 11 月 27 日生于俄国莫斯科附近米舍隆斯基,1967 年 7 月 7 日卒于新西伯利亚市。代数学、群论、数理逻辑。

吹玻璃工之子。1931 年毕业于莫斯科大学数学系。是科尔莫戈罗夫的学生。1941 年获苏联科学院斯捷克洛夫研究所理学博士学位。1932 年任教于莫斯科附近的伊凡诺夫师范学院,1944 年任教授。1958 年当选为苏联科学院院士。曾任科学院西伯利亚分院数学研究所代数研究室主任，新西伯利亚大学代数和数理逻辑首席教授。1963年当选为西伯利亚数学学会会长。

最主要的研究工作在代数学和数理逻辑方面。在数理逻辑中，建立了适用于许多类型的模型的局部性定理，为20世纪60年代罗宾逊(A. Robinson)创立非标准分析奠定了基础。在代数方面最重要的工作是关于李群理论的讨论。建立了关于可解线性群的马尔采夫－科尔金定理，构造了马尔采夫代数；推广了拓扑群，建立了自由拓扑代数的一般理论。主要著作有《李群半单纯子群》(1944年)、《自由拓扑代数》(1957年)等。1946年以群论研究的成果获苏联国家奖金。1964年由于把数理逻辑应用于代数和在代数系统理论中的工作而获列宁勋章。对大学数学教学亦有贡献，曾编写过《线性代数基础》(1948年初版，1962年英文版)等大学教材。

(王翼勋)

杜布，J.L. (Doob，Joseph Leo) 美国人，1910年2月27日生于美国俄亥俄州辛辛那提，2004年10月10日卒于美国伊利诺伊州厄巴纳。*概率论、应用数学。*

入读哈佛大学，1930年获文学士学位，1931年获硕士学位，1932年以论文"分析函数的边界值"获哲学博士学位。后在哥伦比亚大学任卡内基研究员两年。1935年任伊利诺伊大学副教授，1945年任教授，1978年退休。第二次世界大战中，在华盛顿为海军部研发水雷。1957年当选为美国国家科学院院士。1965年当选为美国文理科学院院士。1975年当选为法国科学院外籍院士。1950年任美国数理统计学会会长。1963～1964年任美国数学学会会长。

1935年起，发表了一系列论文，论述了概率论的各个方面，从样本函数的连续性到对策概念的数学表示，既得到数学的结果又显示了测度论在概率论中必不可少的作用。发展了赌注递增赌博理论的许多基本概念，在纯数学(求导、遍历性理论、位势论、马尔可夫过程理论)和应用数学(信息论、统计学)上有广泛应用。著有《随机过程》(1953年)、《经典位势论及其概率配对》(1984年初版，2001年再版)、《测量理论》(1994年)等。获1979年美国国家科学奖章，1984年美国数学学会斯蒂尔奖等。

(徐平五)

柯召 (Ke Zhao) 中国浙江省人，1910年4月12日生于浙江温岭，2002年11月8日卒于北京。*数论、代数学、组合数学。*

出身店员家庭。1933年清华大学算学系毕业。同年任南开大学数学系助教。1935年赴英国留学，1937年获曼彻斯特大学博士学位。翌年回国，先后任四川大学和重庆大学教授。1953年以后，历任四川大学(今四川联合大学)教授、数学研究所所长、副校长、校长、名誉校长。曾兼任中国数学学会副理事长、名誉理事长，四川省科学技术协会副主席、名誉主席等职。1955年选聘为中国科学院学部委员(院士)。

在数论方面，20世纪30年代后期在曼彻斯特大学攻读博士学位期间，他在表二次型为线性型平方和的研究上取得重要成果；1940年对爱尔多斯(P. Erdōs)猜想进行了深入探讨，指出不定方程 $x^x y^y = z^z$ 在一定条件下无解，而在另一种条件下有无穷多组解。在代数学方面，1962年证明了不存在3个连续数都是正整数的乘幂，还证明了方程 $x^2 - 1 = y^n$，在 $n > 3$ 时无 $xy \neq 0$ 的正整数解，后一结果被国际数学界命名为"柯氏定理"。在组合数学方面，1961年，他与爱尔多斯、拉多(R. Rado)合作，得到一个关于有限集组相交的"爱尔多斯-柯-拉多定理"，这是组合数学中的一个重要结果，它开辟了集值极论迅速发展的道路。

发表论文100多篇；与他人合作出版《谈谈不定方程》、《组合论》(上册)、《数论讲义》等著作；译著有《高等代数教程》、《线性代数基础》、《矩阵论》等。从教60年，为国家培养了许多数学人才，其中有不少人成为中国数学界和教育界的骨干。1999年获何梁何利科学与技术进步奖。

(宣焕灿)

约翰，F. (John，Fritz) 美国人，1910年6月14日生于德国柏林，1994年2月10日卒于美国纽约。*偏微分方程、计算数学、应用数学。*

德国裔。1933年毕业于德国格丁根大学，1934年获该校哲学博士学位。任肯塔基大学助理教授，1942年任副教授。1941年加入美国籍。第二次世界大战期间，在美军阿伯丁武器试验场弹道研究实验室任数学家。1946年任纽约大学副教授，1951年任教授。期间1950～1951年任美国国家标准局设于该校的数值分析研究所研究主任，辊入了康朗研究团队，参与组建康朗数学科学研究所，1978年任所长。1981年退休。1935年到美国，同年到英国剑桥大学圣约翰学院任访问学者。是美国国家科学院院士。

主要研究所谓"非正常问题"，如由在流形上的积分确定函数本身的问题、从固体的不同位置上的效应求力场的问题及偏微分方程解的繁增问题等。证明了在许多情形下这些似乎不易控制的问题完全可以改变其特性，并找到数值解；特别是随着高速计算机的出现，求"非正常问题"的可靠数值解已成为可能。在数学分析、几何、应用数学特别是偏微分方程的一般理论、流体力学、弹性数学理论、不等式及数值分析等方面都很有成就。主要著作有《平面波与球面均值对偏微分方程的应用》(1955年)、《高等数值分析》(1967年)等。获美国数学学会1973年应用数学比克霍夫奖、1984年斯蒂尔奖等。

(徐平五)

许宝騄 (Xu Baolu) 字闲若。中国浙江省人，1910年9月1日生于北京，1970年12月18日卒于同地。*数理统计、概率论。*

出身杭州名门世家。1928年考入燕京大学学习化学，1930年入清华大学改学数学。毕业后在北京大学数学系任教。1936年赴英国留学，先后求学于伦敦大学、剑桥大学，1938年获哲学博士学位，1940年又取得理学博士学位。同年离英回国，在昆明西南联合大学执教。1945年起先后在美国哥伦比亚大学、伯克利加利福尼亚大学、北卡罗莱纳大学任教。1947年回国后，一直在北京大学任教，为一级教授。1948年当选为中央研究院院士。1955年当选为中国科学院学部委员(院士)。

在多元分析、极限分布论、统计推断和线性模型、试验设计等方面得到一系列世界领先的成果。尤其是在多元分析方面的贡献，起了奠基性的作用。1938～1945年他在多元统计分析与统计推断领域发表了一系列出色的论文；发展了矩阵变换的技巧，推进了矩阵论在统计理论中的应用，并证明了矩阵论中的一些新定理；对高斯-马尔可夫模型中方差的最优估计的研究，是后来许多相关研究的起点；揭示的线性假设的似然比检验的第一个优良性质，推动了人们对所有相似检验进行研究。在概率论方面得到了样本方差分布的渐近展开，以及中心极限定理中误差大小的阶的精确估计。逝世前一个多月，完成了关于试验设计与代数编码理论间联系的论文。

为培养中国年轻一代数理统计工作者也作出了很大贡献。亲自执教，主持了极限定理、马尔可夫过程、实验设计、次序统计量等讨论班，带领青年人开展科学研究，为中国的数理统计学科培养了一支重要力量，为改变中国在这一领域几乎空白的状况起了重要作用。

生前发表重要论著40余篇(部)；身后出版《许宝騄全集》(1981年)，《许宝騄论文选集》(1983年，英文版)。1984年，一些世界著名的数理统计学家如钟开莱等，发起设立“许宝騄统计数学奖”，由中外学者组成评审委员会，每年评奖一次，奖励35岁以下的从事概率论与数理统计研究的青年数学工作者。 (杜小杨)

雅各布森，N. (Jacobson, Nathan) 美国人，1910年9月8日生于波兰华沙，1999年12月5日卒于美国康涅狄格州哈姆登。代数学、代数几何。

波兰犹太裔。5岁移居美国。父亲在美国开小杂货店。1930年获阿拉巴马大学文学士学位。1934年获普林斯顿大学哲学博士学位。先后在芝加哥、哥伦比亚、北卡罗来纳及约翰斯·霍普金斯等大学任教。1947年去耶鲁大学，1949年任教授，1981年退休。1954年当选为美国国家科学院院士。是美国文理科学院院士。1971～1973年任美国数学学会会长。1972～1974年任国际数学联合会副主席。

在结合环、李代数和约当代数等方面都作出了贡献。发展了环的一般结构理论，给出这一理论的一些重要应用；引入了环根基的一般定义和半单概念；用本原环对半单环进行部分分析，并建立了本原环的结构理论；还建立了李代数的理论，特别对特征值为0的任意域上的单李代数进行了分类，发展了素特征值的李代数的结构理论。主要著作有《环论》(1943年)、《抽象代数讲义》(3卷，1951～1964年)、《环结构》(1956年)、《李代数》(1962年)、《超常李代数》(1971年)、《基础代数》(2卷，1974～1980年)和《PI代数导论》(1975年)等。1998年获美国数学学会斯蒂尔终身成就奖。 (徐平五)

华罗庚 (Hua Lougeng) 中国江苏省人，1910年11月12日生于江苏金坛，1985年6月12日卒于日本东京。数论、代数几何、复分析、应用数学。

父亲经营小杂货铺。1924年他从金坛县立中学初中毕业，入上海中华职业学校学习。不到一年因家贫辍学，帮助父亲经营杂货铺，刻苦自修数学。1928年就职于金坛中学，任庶务会计。1930年在《科学》杂志上发表文章“苏家驹之代数的五次方程式解法不能成立的理由”，受到熊庆来的重视，于1931年推荐他到清华大学工作，先任数学系助理，1933年被聘为助教。1934年任中华文化教育基金会研究员，1935年提升为教员。1936年作为访问学者到英国剑桥大学进修和工作。1938年回国，受聘为西南联合大学数学系教授。1946年到苏联、美国等地访问讲学。在美国期间，曾任普林斯顿高等研究院研究员、伊利诺伊大学教授。1950年2月回国，先后任清华大学教授，中国科学院数学研究所所长，中国科学技术大学数学系主任、副校长，中国科学院应用数学研究所所长，中国科学院副院长等职。还担任过多届中国数学学会理事长。1955年选聘为中国科学院学部委员(院士)，曾任数学物理学部副主任。1982年当选为美国国家科学院外籍院士、第三世界科学院院士、联邦德国巴伐利亚科学院外籍院士。获法国南锡大学、香港中文大学、美国伊利诺伊大学荣誉博士学位。1985年6月12日在日本东京做学术报告时，因心脏病突发而去世。

在国际学术界享有盛誉。在解析数论、矩阵几何学、典型群、自守函数论、多复变函数论、偏微分方程、高维数值积分等许多领域中都有卓越贡献。在数论方面，解决了高斯完整三角和的估计这一难题，对韦林(Waring)问题、塔里(Tarry)问题的结果做了重大改进。专著《堆垒素数论》系统地总结、发展与改进了圆法与三角和估计法，主要成果长期居世界领先地位，被译成多种文字，成为20世纪经典数论著作之一。《数论导引》一书由浅入深地阐明了各种数论方法以及数论与其他数学分支的关系，该书的英文版多次再版。《数论在近似分析中的应用》(与王元合作)中，定出高维单位立方体的一致分布点列并得出其偏差估计，国际数学界称之为“华-王方法”，该书获得1979～1981年度全国优秀科技图书一等奖，还被译为日文、英文出版。在代数方面，证明了历史上长久遗留的一维射影几何的基本定理，还对体的每一个真正规子体均包含在它的中心之中这一结果给出了简单而直接的证明。这个结果被称为"嘉当-布饶尔-华氏定理"。在复分析方面，给出典型域的完整正交系，得到柯西与泊松核的表达式，在调和分析、复分析、微分方程等领域中有广泛影响，该成果1956年获中国自然科学奖一等奖。这些工作总结在专著《多复变函数论中的典型域的调和分析》一书中，此书还译为俄文与英文出版，有深远影响。发表专著及论文200多种。专著还有《指数和的估计及其在数论中的应用》(1963年)、《典型群》(1963年，与万哲先合作)、《从单位圆谈起》(1977年)、《二阶两个自变数两个未知函数的常系数线性偏微分方程组》(1979年，与林伟、吴兹潜合作)等。1983年，西德施普林格出版社出版了《华罗庚论文选集》。

对中国应用数学方法的普及也有重要贡献。他身体力行，把数学方法创造性地应用于国民经济领域，曾到上千个工矿企业普及应用运筹学等数学方法，取得了显著的经济效益。撰写的《统筹方法平话》、《优选法平话》在国内有广泛的读者和影响。也热心中学数学教育，是在中国开展中学生数学竞赛的创始人和组织者。撰写的一系列数学科普文章，收集在《华罗庚科普著作选集》(1984年)一书中。还注意发现和推荐脱颖而出的优秀年轻人才，在他的指导和影响下，中国数学界后继有人。 (杜小杨)

李国平(Li Guoping) 中国广东省人，1910年11月15日生于广东丰顺，1996年2月8日卒于湖北武汉。*函数论、数学物理、应用数学。*

出身农民家庭。1933年毕业于中山大学数学天文系。后任广西大学数理系讲师。1934～1936年在日本东京帝国大学理学部数学科当研究生。1937年任中华教育文化基金会研究员。同年派赴法国巴黎大学庞加来研究所工作。1939年回国，任四川大学数学系教授。1940年以后，历任武汉大学数学系教授、系主任、副校长兼该校数学研究所所长。期间1956～1968年任中国科学院数学计算技术研究所所长，该院武汉数学物理研究所所长、名誉所长。曾兼任湖北省科学技术协会副主席、中国系统工程学会副理事长、湖北省暨武汉市数学学业会理事长、《数学物理学报》主编等职。1955年选聘为中国科学院学部委员(院士)。

20世纪30年代发表一批论文，其中提出半纯函数(有限级与无限级)的波莱尔(Borel)方向与填充圆的统一理论等，受到德国数学家瓦利隆(G. Valiron)逐篇转载评介。40～50年代，在唯一性问题、有理函数表写、整函数论及其应用、解析函数逼近、准解析函数类等方面作了创造性研究；研究复变量的闵可夫斯基-当儒瓦函数问题。60年代后，转向数学实际应用和边缘研究，其中主要有：建立电磁流体力学波的工程理论；探索地震弹性波传播的工程理论；提出纤维丛微积分概念以探讨基本粒子内、外运动，大胆猜想光子的反光子并不是它自身；提出了岩石统计力学理论框架；建立半导体各向异性能带理论；研究了牛顿天体力学中n体问题的相对论修正案，获得了二体问题相对论修正案行星运动的确解。

发表论文百余篇；独自撰写或与他人合撰《半纯函数的聚值域理论》(1958年)、《自守函数与闵可夫斯基函数》(1979年)、《电磁风暴说》、《数理地震学》、《导体与半导体》、《一般相对论性量子场论》、《亚培尔函数论》、《算子函数论》以及《数学模型与工业自动控制》(3卷)等18部专著。另有《李国平诗词选》一部。

(沈文辉　李孙演)

周炜良(Chow，Wei-Liang) 华裔美国人。1911年10月1日生于中国上海，1995年8月10日卒于美国。*代数几何。*

清末至民国初年著名数学家、集邮家周达之子。幼年在上海度过，由家庭教师讲授课程，从未上学。1924年赴美国留学，先后在肯塔基大学、芝加哥大学主修经济学。1932年10月由美国去德国留学，先在格丁根大学，1933年夏转到莱比锡大学研究代数几何，1936年获博士学位。同年和犹太裔姑娘M.维克特(Margot Victor)结婚。不久回国，在南京的中央大学任数学教授。一年后，抗日战争爆发，同时其岳父因受纳粹种族迫害也流亡上海，为养家活口，只得边经商边研究数学。1946年在上海的同济大学短期任教后，于1947年春到美国普林斯顿高等研究院做访问学者。次年任约翰斯·霍普金斯大学副教授，1950年任教授，1955～1966年任数学系主任，1977年退休为荣誉教授。1959年当选为中国台湾"中央研究院"院士。

1937年，他在德国《数学年鉴》上发表两篇论文，其中一篇是博士论文，将A.凯利和J.普吕克的工作推广到n维射影空间P^n上的代数簇，提出的周炜良坐标现已成为代数几何学基本工具之一。1939年发表"关于一阶线性偏微分方程组"，将卡拉西奥多里(C. Carathodory)的一项工作推广到一般的高维流形，但当时并未引人注意。30余年之后，该文成为非线性连续时间系统可控性数学理论的基石之一，被称为卡拉西奥多里-周定理。1947年，他首先阐明É.嘉当意义下的对称齐次空间可以表示为代数簇，受到国际数学界瞩目。1949年发表"关于紧复解析簇"一文，提出和证明了后来所称的周炜良定理，广受重视。1952年在和小平邦彦合作的论文中，把复解析流形和代数簇相结合，得出的结论后被称为周-小平(Chow-Kodaira)定理。在射影簇方面最著名成果是提出周(炜良)环(Chow Ring)。1956年发表"关于代数簇上闭链的等价类"，提出了射影代数簇上代数闭链的有理等价性的系统理论。1957年发表关于阿贝尔簇的论文，反复被人引用。1970年在奥斯陆国际代数几何会议上，正式提出所谓周炜良运动定理："若Y，Z是非奇异拟射影簇X中的两闭链，则必存在与Z有理等价的闭链Z'，使Y和Z'具有相交性质"。1986年75岁高龄，仍发表了论文"齐次空间上的形式函数"。而以其名命名的数学名词，仅在日本《岩波数学词典》里就收有7个。 (李　烨)

陈省身(Chern，Shiing-Shen) 华裔美国人，1911

年10月26日生于中国浙江嘉兴，2004年12月3日卒于天津。微分几何学。

1930年毕业于南开大学。1934年获清华大学、北京大学的理学硕士学位。1936年获德国汉堡大学理学博士学位。1937～1943年任西南联合大学数学教授。1943～1945年任美国普林斯顿高等研究院研究员。1946～1948年任南京中央研究院数学研究所代理所长。1948年入选中央研究院院士。1948年底第二次赴美国，1949年任芝加哥大学数学教授。1960年任伯克利加利福尼亚大学数学教授。1979年退休后，受聘任伯克利数学研究所所长，3年后改任名誉所长。1961年当选为美国国家科学院院士。同年入美国籍。1984年兼任南开大学数学研究所所长，每年定期来华主持工作。2000年受聘任天津科学技术馆名誉馆长。是英国皇家学会外籍会员，意大利、法国和巴西等国科学院的外籍院士。1994年当选为中国科学院外籍院士。

主要从事整体微分几何的研究，即研究局部性(属于某邻域内的性质)和作为整体的流形的性质(如拓扑性质)之间的相互联系和相互作用。1944年他用内蕴方法证明广义高维的高斯-博内公式，从而弄清了曲率的代数结构和纤维空间的代数拓扑性质，开辟了进一步研究曲率和示性类之间关系的新途径。著名的陈省身示性类是代数簇的最重要的不变量，且是联接一般拓扑空间的 K 上同调理论与上同调理论之间的重要环节。还有以下方面的著述：卡莱利 G 结构的调和形式上的分解定理；欧几里得空间闭子流形的全曲率；满足几何条件的子流形的唯一性定理；积分几何的运动学公式等诸多领域有开拓性贡献。获1975年美国国家科学奖章，获1983年美国数学学会终身成就奖，1984年沃尔夫数学奖(是第一位获此荣誉的华裔人士)。 (徐平五)

胡世华 (Hu Shihua) 中国浙江省人，1912年1月28日生于上海，1998年4月11日卒于北京。数学基础、数理逻辑、计算机科学与工程。

原籍浙江吴兴。1935年北京大学哲学系毕业。1936年赴欧洲，在奥地利维也纳大学等校学习数理逻辑和数学基础，1940年获德国西威廉敏思特大学数学系博士学位。次年回国，先后任中山大学数学天文系副教授、重庆中央大学哲学系教授、北京大学哲学系教授。1950年后，历任北京大学哲学系教授，中国科学院数学研究所研究员、数理逻辑研究室主任，中国科学院计算技术研究所研究员、第九研究室主任，中国科学院软件研究所研究员。曾兼任中国科学技术大学应用数学系工程逻辑教研室主任，北京计算机学院院长等职。1980年当选为中国科学院学部委员(院士)。

长期致力于将逻辑研究与数学、计算机设计相结合。20世纪30年代，建立拓扑空间中“非完整点”概念和理论，已具有60年代开始发展的非标准分析空间“非标准点”概念的雏形。40～50年代，建立了一些多值逻辑系统，并考虑了多值逻辑在数学其他分支中的应用；深入研究递归函数理论，论文“一种递归式的原始递归性”受到国际上重视；发表文章阐述了数理逻辑中能行性研究和电子计算机发展的密切关系。60年代，与他人合作出版《数理逻辑基础》(2卷)，获国家教委高等学校优秀教材奖二等奖；在国际上率先建立直接在字上定义的可计算函数(即符号表达式)——递归函数和递归算法理论，并给出字上递归函数用核函数表示的范式，为计算机软件应用创造了条件。70年代研究算法语言。80～90年代，在递归算法基础上研究了字上可计算函数在证明论中的应用；在数学哲学上写过一些有影响的文章。 (李 烨 沈文辉)

斯潘塞，D. C. (Spencer, Donald Clayton) 美国人，1912年4月25日生于美国科罗拉多州博尔特，2001年12月23日卒于该州杜兰戈。微分流形、李代数。

1934年获美国科罗拉多大学文学士学位。1936年获马萨诸塞理工学院航空工程学理学士学位。1939年获剑桥大学数学专业哲学博士学位。同年回美国，任教于马萨诸塞理工学院。1942年任斯坦福大学副教授，1946年任教授期间。1944～1945年在纽约大学参与康朗主持的应用数学团队，为军方战时研发技术。1950年任普林斯顿大学副教授，1953年任教授，1978年退休任名誉教授。期间1963～1968年在斯坦福大学任教授。1961年当选为美国国家科学院院士。1967年当选为美国文理科学院院士。

和柯代拉(K. Kodaira)发展了高维紧(闭)复分析流形的复结构变形的系统理论，后由他把这一理论推广到任意可递连续伪群(在嘉当意义下)定义的(紧)流形结构上去。还和戈尔德施米特(H. Goldschmidt)证明了：实可递李代数 L 的闭可换理想 I 的非线性上同调 $H'/(L,I)$ 的消失等价于对应于 I 的线性解析偏微分算子的局部可解性；并推得：如果 L 存在基本子代数 L^0 和可换子代数 A，使 $L=L^0\oplus A$，则从 L 的约当-赫尔德序列得到的任意可换商 I_j/I_{j+1}，可用带常系数的线性偏微分算子定义。主要著作有《希尔伯特函数的系数域》(1950年，与他人合著)、《有限黎曼曲面的泛函》(1954年，他人合著)、《李方程，卷1：一般理论》(1972年，与他人合著)等。获1948年美国数学学会博彻纪念奖，1989年美国国家科学奖章。 (徐平五 李孙演)

格尔凡德，И. М. (Гельфанд, Израиль Моисеевич; Gelfand, Izrail Moiseevic) 一译盖尔范德。乌克兰人，1913年9月2日生于俄国乌克兰敖德萨的红奥克内，2009年10月5日卒于美国新泽西州新不伦瑞

克。微分几何学、拓扑学、生物学。

犹太裔。1930年(16岁)中学未毕业就来到莫斯科,做过列宁图书馆的门卫等各种工作,晚上在各种夜校进修和兼课。在莫斯科大学旁听过数学,1932年成了该校柯尔摩哥洛夫的研究生,1938年获数学专业理学博士学位。1935年起在苏联科学院任教数学。1941年任莫斯科州立大学教授,后任该校生物学数学方法实验室主任。1967年创办并主编《泛函分析及其应用》杂志。1989年赴美国,1990年起在拉特格斯大学离散数学与计算机科学研究所任客座教授。1990年起在国外组织教学讨论组。1968～1970年任莫斯科数学学会会长。还是美国国家科学院、法国科学院、瑞典皇家科学院等许多国家科学院的外籍院士。先后获牛津大学、哈佛大学、巴黎大学和乌普萨拉大学的荣誉博士学位。获包括牛津大学等多所高校荣誉博士学位。

在数学的许多领域都作出了贡献。发展了交换赋范环理论;引入了极大理想;证明了任一带乘方的非交换赋范环可看作希尔伯特空间内的线性算子环。对经典群的无限维表示和非紧群的调和分析的研究被物理学家广泛应用于基本粒子的对称性理论中。还发展了广义函数理论,研究了它们在微分方程理论中的应用,为积分变换的发展打下了基础。1960年又开创了积分几何的研究,并与D. B. 富克斯成功地计算出形式光滑向量域上的李代数的上同调,这对微分几何和代数拓扑均有重要作用。1958年后,对神经生理学、细胞生理学和运动控制问题等十分感兴趣,且都有建树。与人合著有《广义函数论》(6卷,1958～1966年)等著作。《格尔凡德文选》(1978～1989年)三卷共收有167篇论文。获奖甚多,其中获1978年首届沃尔夫数学奖,2005年美国数学学会斯蒂尔终身成就奖。在国内曾获3次列宁奖、两次苏联国家奖金。(徐平五)

段学复(Duan Xuefu) 中国陕西省人,1914年7月29日生于陕西华县,2005年2月6日卒于北京。代数学。

原籍陕西华县。出身书香门第。1936年清华大学算学系毕业。留校任教。1938年赴昆明西南联合大学任教。1940年赴加拿大留学,翌年获多伦多大学数学系硕士学位。转赴美国求学,1943年获普林斯顿大学博士学位,留该校作博士后研究2年。此后在普林斯顿高等研究院从事客座研究一年。1946年回国后,历任清华大学数学系教授、代系主任、系主任。1952～1981年任北京大学数学力学系教授兼系主任,后改任数学系学术委员会主任、数学研究所学术委员会主任等职。曾先后兼任《数学进展》主编等。1955年选聘为中国科学院学部委员(院士)。

20世纪40年代在美国普林斯顿大学,他在有限群的模表示论对于单群和线性群的研究方面取得重要成果。与人合作证明了3个重要引理,即布劳尔-段-斯坦顿(Stanton)原则、布劳尔-段的指标块分离原则和布劳尔-段定理。在代数李代数和代数李群方面,1945年他与谢瓦莱(C. Chevalley)共同证明:"每个代数李群的李代数是代数的李代数,而每个复数域上的代数李代数必是某个代数李群的李代数。"该定理是1955年线性代数群的一般理论诞生的前奏。他还对p群的某些计数定理有深入的研究。70年代,开始有限群对一类组合问题的应用研究,曾以解决某项实际问题、提高计算时效而获奖。1959年因患直肠癌住院进行切除手术后,一直以乐观主义的态度与疾病作斗争,坚持教学与科学研究工作。长期工作在数学教育岗位上。出版有《对称》(1956年)等专著,《李群论》(1964年)等译著。

(宣焕灿)

卡克,M.(Kac, Mark) 美国人,1914年8月3日生于波兰克热梅内克,1984年10月26日卒于美国加利福尼亚州。概率论、控制论。

波兰犹太裔。学者之子。此处的生日根据出生证,当时当地处于俄国统治下,采用不同的日历,他声称实际生日应是8月16日。入读利沃夫大学,1937年获数学哲学博士学位。1939年去美国,1943年加入美国籍。任教于康奈尔大学,1943年任助理教授,1947年任教授。1961年任洛克菲勒大学教授。1981年任南加利福尼亚大学教授,直至去世。1965年当选为美国国家科学院院士。

主要贡献在概率论及其应用方面。开始研究带有维纳测度的连续函数空间上的泛函分布,讨论了如何利用函数空间上的维纳测度和积分理论去研究广泛的一类算子的特征值的渐近性质,并得到了新的位势论公式;后又研究逆问题,即从算子谱确定算子本身。与西盖特(A. J. F. Siegert)合作对带平方律滤波器的接收机的输出给出完全统计性的刻划。此外,他证明了平均值为零的正态分布的独立随机变量为系数的n次多项式的实根数的平均值为$\frac{2}{\pi}\lg n$。为了得到这结果,他推得了随机函数的实根平均个数的一般公式,即赖斯-卡克公式。由于他对科学的贡献,多次获得美国数学学会颁发的奖励,其中有1968年沙文纳特奖,1978年比克霍夫奖等。(徐平五)

樊畿(Fan, Ky) 华裔美国人。1914年9月19日生于中国浙江杭州,2010年3月22日卒于美国加利福尼亚州圣巴巴拉。非线性泛涵分析、算子理论。

父亲樊琦曾在地方法院任职。1936年北京大学数学系毕业。留校任教。1939年初去法国巴黎大学公费留学,1941年获法国国家博士(数学)学位。毕业后在法国国家科学研究中心、庞加来数学研究所从事数学研究。1945年到美国普林斯顿高等研究院工作。1947～1960年执教于圣母大学,历任助理教授、副教授、教授。1960年起先后任韦恩大学、西北大学数学教授。1965年任圣巴巴拉加利福尼亚大学数学教授,1985年退休。后继续担任多种国际数学杂志编委。1964年入选中国台湾"中央研究院"院士,1978～1984年连任两届该院数学研究所所长、研究员。1990年获巴黎第11大学荣誉博士学位。1989年、1993年回祖国访问和讲学,聘为北京大学、北京师范大学名誉教授。

最杰出的华裔数学家之一。研究涉及非线性分析、不动点理论，凸分析、集值分析、数理经济学、对策论、曲线算子理论和矩阵论等广泛领域，学术成就拥有国际声誉。在非线性分析教科书和著作中，都能找到以樊命名的定理、引理、不等式，如樊优势定理、樊乘积、樊 k 范数等。20 世纪 30 年代大学就读期间，出版译著《解析几何与代数》(1935 年初版，1960 年第 7 版)、《理想数论初步》，并合著《数论》。40 年代，在法国研究抽象空间的分析学理论，并推广用于概率论；和导师普雷歇(M. R. Prechet)合著《组合拓扑学引论》(1946 年法文初版，后有英文、西班牙文版)；推广了冯·诺依曼等人的奇异值研究，成为特征值理论、奇异值变分特征化的重要基础，是算子谱论主要贡献者之一。50 年代，将 n 维欧氏空间集值映射的不动点定理推广到局部凸空间情形，并得出冯·诺依曼-樊-塞恩定理；证明了第一个不涉及线性结构的极大极小定理，在许多数学分支得以应用；得到一些新的对映点定理。60 年代，运用不动点定理，得到不定度规空间上线性算子的存在性定理，由此可得出庞特里亚金-约赫维道夫-克莱因定理；对无限维空间的超平面分离凸集问题作重大改进，创立"樊条件"等概念，成为线性规划论一块基石。70 年代，讨论局部紧交换群的局部连通性，并用对偶群加以刻画，推广了庞特里雅金关于紧交换群局部连通性的定理；发表论文"一个极大极小不等式及其应用"(1972 年)，发展了非线性分析的若干基本原理，成了有效处理对策论、数理经济学的通用工具之一；和霍夫曼(A. J. Hoffman)等人合作，完成了凸分析和非线性分析的一个基本定理。80 年代，讨论线性算子值的解析函数及其迭代性质、幅角导数等，将复分析中的经典定理推广到线性算子值，现已形成一个研究方向，研究和推广组合定理及其应用。他所提出的"配对过程"、"一门进，一门出"方法被广泛采用。发表论文 120 余篇。美国数学学会设有"樊氏中国交流计划基金"奖学金。 (李 烨)

丹齐克，G. B. (Dantzig, George Bernard) 美国人，1914 年 11 月 8 日生于美国俄勒冈州波特兰，2005 年 5 月 13 日卒于加利福尼亚州帕洛阿尔托。*运筹学、统计学、计算机科学与工程。*

俄国移民后裔。中学数学教师之子。1936 年毕业于马里兰大学数学系。1937 年获密歇根大学数学专业文科硕士学位。1946 年获伯克利加利福尼亚大学数学系博士学位。获以色列技术学院、瑞典林雪平大学、美国马里兰大学和耶鲁大学的荣誉博士学位。1937～1939 年供职于华盛顿美国劳工统计局。第二次世界大战中，1941～1946 年参加空军部队，任战时分析署署长。1944 年获美国战争部杰出公务员服务奖章。1946 年任美国国防部数学顾问。1952 年任兰德咨询公司研究数学家。1960 年任伯克利加利福尼亚大学教授运筹学中心主任。1966 年任斯坦福大学运筹学与计算机科学教授。曾是美国运筹学会会长、国际运筹学会联合会主席、美国数学规划学会的创始人之一。1971 年入选美国国家科学院院士。

1974 年建立了线性规划作为资料分配的模型，创造了单纯形法，对数学规划的发展起了关键作用。对运筹学也作出过贡献，特别对二次规划、凸规划、整数规划、随机规划、动态规划与对策论等都有极大的影响。著有《线性规划及其范围》(1963 年)以及百余篇关于数学规划及其应用的论文。多次获奖，其中有 1975 年冯·诺伊曼运筹学研究理论奖，1976 年美国国家科学奖章等。 (徐平五)

施瓦兹，L. (Schwartz, Laurent) 法国人，1915 年 3 月 5 日生于法国巴黎，2002 年 7 月 4 日卒。*泛函分析、广义函数论。*

犹太族裔。外科医生之子。1937 年巴黎高等师范学校毕业。后到斯特拉斯堡大学攻读博士学位。因第二次世界大战爆发，不久应征入伍。1940 年退役后回斯特拉斯堡大学继续学习，1943 年获博士学位。此后相继在格伦堡理学院、南锡大学理学院任教授。1953 年任巴黎大学教授。1959～1980 年任巴黎理工学院教授。此后又在巴黎大学工作 3 年后退休。期间于 1974 年当选为法国科学院院士。

20 世纪 20 年代后期至 30 年代前期，著名物理学家 P. 狄拉克引入了奇怪函数 $\delta(x)$，即它具有如下性质：$x\neq 0$ 时，$\delta(x)=0$；$x=0$ 时，$\delta(x)=\infty$；而$\int_{-\infty}^{\infty}\delta(x)dx=1$。这是第一个被引入的广义函数。该函数似乎在经典函数论定义下很难理解，但物理学上一切"点"量，如点质量、点电荷等物理量用这种函数描述十分方便。30 年代中期，有人把 $\delta(x)$ 函数及其导数 $\delta'(x)$ 视为某个函数空间上的线性泛函。40 年代中期，施瓦兹在综合、归纳前人工作的基础上，用泛函分析观点为广义函数建立了一套严格而统一完整的理论，使得在经典函数意义下难以理解的奇怪函数得到了自然的解释。此后，他所创立的广义函数论在泛函分析和整个现代数学中得到广泛应用和发展。由于这一重要贡献，他于 1950 年荣获菲尔兹奖。此外，他在泛函分析、偏微分方程、概率论等方面也有所贡献。代表作有专著《广义函数论》(2 卷，1950～1951 年)等。 (宣焕灿)

小平邦彦 (Kunihiko, Kodaira) 日本人，1915 年 3 月 16 日生于日本东京，1997 年 7 月 26 日卒于日本甲府。*代数几何学、拓扑学。*

1938 年毕业于东京帝国大学理学院数学系后，又在该校物理系学习 3 年，1941 年再次毕业后任东京文理科大学副教授。1944 年任东京大学副教授。1949 年获理学博士学位后赴美国普林斯顿高等研究院工作。1955～1967 年相继在美国普林斯顿大学、哈佛大学、约翰斯·霍普金斯大学、斯坦福大学任教授。1967 年回日本任东京大学教授，1975 年退休后任学士院大学教授。是美国国家科学院和德国格丁根科学院的外籍院士。

20 世纪 40 年代末至 50 年代初期，他用调和积分理论将代数几何学的黎曼-罗赫定理由曲线推广至曲面；还证明了狭义凯勒流形是代数流形，得到后来被命名为的小平邦彦消灭定理，因此于 1954 年获菲尔兹奖。50 年代中期以后，与他人合作把黎曼的模数理论推广到高维复结构的变形理论，最后建立了一套对代数几何、复解析几何等都很有意义的复结构变形理论；还用一个后来被命名为“小平维数”的不变量把紧复解析曲面分为有理曲面、椭圆曲面、K_3 曲面等，并且每类都建立了一个极小模型，有力地推动了代数几何和复解析几何学的发展。

出版专著《现代数学引论》(1961 年)、论文集《小平邦彦全集》(3 卷，1975 年)等。由于他对复流形、代数几何和拓扑学方面所作出的贡献，1985 年获沃尔夫数学奖。是既获菲尔兹奖又获沃尔夫数学奖这两项世界数学最高奖的少数几位数学家之一。 (宣焕灿)

王湘浩 (Wang Xianghao) 中国河北省人，1915 年 5 月 5 日生于河北安平，1993 年 5 月 4 日卒于辽宁大连。代数学、计算机科学与工程、人工智能。

1937 年北京大学数学系毕业。翌年赴昆明西南联合大学任教，后又兼读研究生，1941 年研究生毕业并留校任讲师。1946 年赴美国，1949 年获普林斯顿大学博士学位。同年回国，先后任北京大学数学系副教授、教授。1952 年任东北人民大学(今吉林大学)教授、数学系主任。1976 年以后任吉林大学计算机系主任、副校长。曾兼任中国计算机学会副理事长、中国人工智能学会副理事长、吉林省计算机学会理事长、长春市数学学会理事长等职。1955 年选聘为中国科学院学部委员(院士)。

早年主要从事代数学研究。20 世纪 40 年代后期，提出类域论重要定理格伦瓦尔定理存在的错误，否定了德国数学家哈塞(H. Hasse)运用此定理对近世代数学中重要命题“迪克森猜想”所作的证明。在其博士论文“论格伦瓦尔定理”中，指出了该定理存在的问题，给出了该定理成立的充要条件，在此基础上重新推广和证明了迪克森猜想。50 年代，他证明了代数数域上单纯代数交换子群与其么模子群相等；获得了柯特(Kōthe)半单循环的亚直接和表示，并讨论了与此相关的拟赋值环问题。60 年代，指导其学生解决了多值逻辑中重要的函数完备性问题。50 年代末以后，他把研究的重点逐步转移到电子计算机和人工智能的研究方面。1971 年与吉林大学的同事们共同研制出一台台式电子计算机。70 年代后期，从事人工智能的研究，是中国人工智能研究领域的早期开拓者之一。出版有《高等代数》、《近世代数》、《离散数学》等著作和教材。 (宣焕灿)

程民德 (Cheng Minde) 中国江苏省人，1917 年 1 月 24 日生于江苏吴县，1998 年 11 月 26 日卒于北京。函数论、图象识别。

著名章回小说家程瞻庐的儿子。1940 年获浙江大学数学系学士学位，1942 年获该校理学硕士学位。毕业后任重庆电厂课长一年。1943～1947 年在浙江大学、北京大学数学系任讲师。1947 年赴美国留学，1949 年获普林斯顿大学数学系博士学位，并继续博士后研究。1950 年回国，先后任清华大学副教授、教授。1952 年到北京大学数学力学系任教，历任数学分析与函数论教研室主任、数学系副主任、数学研究所首任所长、信息科学中心学术委员会主任等职。曾兼任中国数学会副理事长、中国图象图形学会理事长、北京市数学会理事长、中国科学院系统科学研究所“数学机械化中心”学术委员会主任、《逼近论及其应用》(英文版)杂志主编等职。1980 年当选为中国科学院学部委员(院士)。

主要研究多元调和分析、多元三角逼近论、模式识别与图象处理等数学分发领域。20 世纪 40 年代，研究单元傅里叶级数各种求和法以及求和因子等问题，后从多重三角级数唯一性理论开始，获得了重要成果。50～60 年代，在继续研究多元调和分析同时，开创了中国多元三角逼近的研究方向；在国际上较早把周期函数分数次积分概念与多元三角逼近理论联系起来，得到了丰富结果。70 年代，从高维沃尔什变换及其在图象频带压缩中应用着手，开始研究模式识别与图象处理；与他人合作解决了临界阶以上的博赫纳-里斯平均的逼近问题。80～90 年代，与沈燮君等人合作出版中国第一本模式识别专著《图象识别导论》(1983 年)；奠定了有限沃尔什变换理论基础，并成功运用于图象处理；建立信息数学专业，组织队伍系统进行指纹识别、地理信息库以及视觉模拟等前沿研究；开发出新一代高功能指纹自动鉴定实用系统，1990 年进入国际市场；领导的科研集体在哈代空间、贝索夫空间、奇异积分算子、汉克尔算子方面均有优秀成果，受到国际同行好评。还撰有《实分析》等专著；主编《现代数学基础丛书》、《北京大学数学丛书》等。 (李烨 蒋睿)

卡普兰斯基，I. (Kaplansky，Irving) 加拿大人，1917 年 3 月 22 日生于加拿大安大略省多伦多，2006 年 6 月 25 日卒于美国加利福尼亚州洛杉矶。代数学。

波兰移民后裔。入读多伦多大学，1938 年获文学士学位，1940 年获文科硕士学位。后在哈佛大学当 S. 麦克莱恩的研究生，1941 年获哲学博士学位。同年入美国籍。在该校任教至 1944 年。1944～1945 年在哥伦比亚大学参加国防委员会应用数学组项目研究。1945 年任教芝加哥大学，后任教授，1962 年任数学系主任，1969 年评为杰出教授。1984 年退休。同年任柏克利加利福尼亚州大学数学科学研究所所长。1966 年当选为美国国家科学院院士。是美国文理科学院院士。1975 年任美国数学学会副会长，1985～1986 年任会长。

主要贡献在代数方面。研究了无穷维二次型理论和 C^* 代数(一致闭自伴代数)，首先发现平行的纯代数定理，并应用于所谓 π-正则环。还研究了交换环、HOPF 代数、非结合的可除代数及李超代数。著有《无穷可交换群》(1954 年)、《微分代数引论》(1957 年)及

《交换环》(1970 年)等。1989 年获美国数学学会斯蒂尔奖。(徐平五)

塞尔贝格,A. (Selberg, Atle) 美国人,1917 年 6 月 14 日生于挪威朗厄松,2007 年 8 月 6 日卒于美国新泽西州普林斯顿。数论、代数学。

挪威裔。数学教授的儿子。受家庭熏陶自幼喜爱数学。早年就读于挪威奥斯陆大学,1943 年获博士学位。留校任研究员。1947 年移居美国,后又加入美国籍。曾任美国锡拉丘兹大学副教授、普林斯顿高等研究院研究员,1951 年任普林斯顿高等研究院教授。是挪威科学院、丹麦皇家科学院外籍院士,美国文理科学院院士。

当代著名的数论学家。19 世纪初,C. F. 高斯和 A. -M. 勒让德提出一个猜想,当 $n\to\infty$时,小于正整数 n 的素数的个数 $\pi(n)$ 与 n/ln$n$ 之比等于 1,即$\lim\limits_{N\to\infty}\frac{\pi(n)}{n/\ln n}$,这被称为素数定理。1896 年,法国数学家阿达马和比利时数学家瓦莱-普森各自独立地运用高深的复变函数方法证明了该定理。1921 年,英国数学家 G. H. 哈代断言,用初等方法证明素数定理大概是不可能的。但到了 1949 年,塞尔贝格和爱尔特希(P. Erdös)各自独立地给出了素数定理的初等证明,除了极限、log$x$ 和 e^x 的性质之外,不需要高深的分析知识,此事轰动了世界数论界。为此,塞尔贝格荣获 1950 年的菲尔兹奖。

在代数学特别是其中的群论等领域也有重要贡献。从事数学研究 60 多年来成果卓著,在世界数学史中留下了不少以他的名字命名的数学名词,例如塞尔贝格不等式、塞尔贝格等式、塞尔贝格渐近公式、塞尔贝格筛法、塞尔贝格 ζ 函数、塞尔贝格猜想等。由于他在数论、群论等许多领域作出的重要贡献,1986 年还荣获沃尔夫数学奖,成为既获菲尔兹奖又获沃尔夫数学奖这两项世界数学最高奖的少数几位数学家之一。

1998 年夏曾在中国北京大学进行学术访问,并在该校作出"素数定理过去一百年来的综述"等学术报告。(宣焕灿)

严志达 (Yan Zhida) 中国江苏省人,1917 年 11 月 1 日生于江苏南通,1999 年 4 月 30 日卒于天津。微分几何、李群、拓扑学。

小学校长的儿子。1936 年考入清华大学物理系,后转入数学系,1941 年西南联合大学数学系毕业。1941~1946 年在云南大学任教。1947 年公费留学法国斯特拉斯堡大学,1949 年获理学博士学位。同年任法国国家科学研究中心数学助理研究员。1952 年回国至去世前,先后在南开大学数学系、数学研究所任教授。1993 年当选为中国科学院学部委员(院士)。

1939 年,与陈省身合作建立高维欧氏空间积分几何运动公式(即陈-严公式),该公式已成为积分几何经典理论之一,沿用迄今。20 世纪 40 年代末起,致力于特殊李群拓扑研究,决定了特殊单李群的贝蒂(Betti)数,率先解决了当时数学界关注的重大课题,引起国际反响和高度评价;在实李代数结构中引进"角图"(后称为扩充根系的概念);简化了分类研究,得到多方面应用。50~60 年代,研究对称空间理论,运用关于实单李代数分类新方法成功给出了仿射对称空间的完全分类法;对李群一类重要的微分算子的谱理论进行了系统的研究;1954~1965 年在南开大学主持"李群与微分几何"讨论班,推动了中国在该领域的学术发展。70 年代后,主要从事微分几何在齿轮啮合理论中的应用,给出了该理论的数学基础,明确了许多重要概念,导出欧拉-萨瓦里(Euler-Savary)公式的推广,即诱导法曲率公式,对中国齿轮工业发展有重要促进作用。

发表论文百余篇;主要著作有《李群与微分几何》(1960 年)、《半单纯李代数表示论》(1963 年)、《李群及其李代数》(1985 年)等。(兰必丰)

关肇直 (Guan Zhaozhi) 中国广东省人,1919 年 2 月 13 日生于天津,1982 年 11 月 12 日卒于北京。泛函分析、控制理论。

原籍广东南海。出身书香门第。1941 年毕业于燕京大学数学系。先后在燕京大学、北京大学等校任教。1947 年赴法国巴黎大学庞加来研究所攻读博士学位,1949 年未获学位提前回国,参与组建中国科学院的工作。曾任该院编审局编审、图书馆主任。1952~1979 年历任中国科学院数学研究所副研究员、研究员、控制理论研究室主任、副所长。1979 年任中国科学院系统科学研究所所长。曾兼任北京师范大学教授、中国科学技术大学教授、中国自动化学会副理事长、中国系统工程学会理事长、《系统科学与数学》杂志主编等职。1980 年当选为中国科学院学部委员(院士)。

前期主要从事泛函分析的研究。20 世纪 50 年代,发起和支持在北京大学数学力学系开设中国第一个泛函分析专业;出版中国第一部泛函分析教材《泛函分析讲义》(1958 年);提出了非线性泛函分析中单调算子的思想,对相关领域作了开创性的工作。1963 年完成论文"关于中子迁移理论中出现的一类本征值问题",率先就平板几何情形得到了中子迁移算子本征广义函数组完整性的结果,而国外类似的工作比他要晚近 10 年之久,但可惜该文未及时发表,直到他去世后才在 1984 年发表。一生中后 20 年主要从事现代控制理论研究。70 年代,利用线性算子紧扰动方法解决弹性振动系统能控性和反馈镇定,作出了开创性的工作。主持和参与完成"现代控制理论在武器系统中的应用"、"我国第一颗人造卫星的轨道计算和轨道选择"、"飞行器弹性控制理论研究""'尖兵 1 号'返回型卫星和'东方红 1 号'"等国家重大课题。他的著作还有《拓扑空间概论》(1958 年)、

《高等数学教程》(2卷,1959～1960年)、《极值控制与极大值原理》(1980年,与他人合著)等。获1978年全国科学大会奖、1982年国家自然科学奖二等奖、1985年国家科学技术进步奖特等奖。中国自动化学会设有关肇直奖。（宣焕灿）

吴文俊（Wu Wenjun） 中国上海市人,1919年5月12日生于上海。*拓扑学、几何学、科学史学。*

生于知识分子家庭。1936年入交通大学数学系,1940年毕业。后在中学教书,业余刻苦自修。1946年入中央研究院数学研究所工作,在陈省身指导下研究拓扑学。1947年赴法国斯特拉斯堡大学学习,1949年获法国国家科学博士学位,留在巴黎法国国家科学研究中心工作。1951年回国,任北京大学数学系教授。1952年到中国科学院数学研究所任研究员。1957年当选为中国科学院学部委员(院士)。1979年与关肇直、许国志等人筹建中国科学院系统科学研究所,1980年正式成立时任副所长兼基础数学研究室主任、学术委员会主任,1983年任名誉所长。1985～1987年任中国数学学会理事长。1991年任国家科委攀登项目"机器证明及其应用"首席科学家。同年当选为第三世界科学院院士。1992～1994年任中国科学院数理学部主任。

主要工作在拓扑学和机器证明等方面。早年研究纤维丛及示性类理论,对施蒂费尔-惠特尼示性类的平方运算及其流形都给出了明显表达式,两者都通称为"吴公式",被国际拓扑学界广泛引用,对拓扑学的发展起着重要作用。还对庞特里亚金示性类进行了研究,得出了一系列引人注目的结果。其后,工作重点转向示嵌类的研究,用统一的方法,系统地改进以往用不同的方法所得到的零散结果。由于在拓扑学示性类及示嵌类方面的出色工作,1956年获中国科学院自然科学奖一等奖。1958年后进行对策论研究。20世纪60年代初,对奇点理论及代数几何进行了研究。60年代后期,把拓扑学成果用于解决电子器件中的布线问题,取得了良好的效果。70年代初期开始研究中国古代数学史,阐述了中国古代数学思想在于重应用、重计算,不同于西方数学传统的重逻辑关系、重推理。

20世纪70年代后期,致力于数学机械化特别是计算机证明的研究。从初等几何入手,1977年在平面几何定理的计算机证明方面首先取得成功。1978年对微分几何的定理给出有效的计算机证明方法,这项工作为数学研究开辟了一个新的领域,并产生很大的国际影响,1978年获全国科学大会重大科技成果奖,并获中国科学院科技成果奖一等奖。80年代,建立了数学机械化证明的基础,并扩张成广泛的数学机械化纲领,解决一系列理论及实际问题。1990年8月,以他为首的"数学机械化中心"正式成立,以旺盛的精力从事创造性的工作。他在数学教学、人才培养及数学传播方面也有很多贡献,培养的许多学生皆学有所成。

主要著作有《可剖形在欧氏空间中的实现问题》(1978年)、《几何定理机器证明的基本原理》(1984年)等10余部。获1989年第三世界科学院奖、1993年陈嘉庚数理科学奖、1994年香港求是科技基金会杰出科学家奖、2000年度首届国家最高科学技术奖等。（杜小杨）

廖山涛（Liao Shantao） 中国湖南省人,1920年1月4日生于湖南衡山,1997年6月6日卒于北京。*代数拓扑、微分动力系统。*

1942年西南联合大学数学系毕业。留校执教。曾任北京大学数学系助教,中央研究院数学研究所助理员、助理研究员。1950年赴美国留学,1955年获芝加哥大学数学系博士学位。毕业后在普林斯顿高等研究院、普林斯顿大学从事数学研究。1956年回国,以后一直在北京大学数学系和数学研究所任教授。1986年当选为第三世界科学院院士。1991年当选为中国科学院学部委员(院士)。

20世纪60年代初起,率先在中国开始崭新数学分支微分动力系统基础研究,先后提出与众不同的"典范方程组"和"阻碍集"两大基本理论,创立了中国学派的研究体系,取得了一系列堪称世界一流的重要成果。例如,首先注意并研究了后来成为热门的李亚普诺夫指数的重要概念,首次证明了C^1封闭引理,以及某类常微系统族收缩周期轨道有限性等数学难题;并用阻碍集理论在C^1稳定性猜测上取得了突破性进展。在代数拓扑方面,60年代首次引进了特异上同调群间的一种乘法运算,探索了周期变换空间与不动点集间的内在联系;研讨了运用对称化消灭同伦群以估计球丛第二阶段障碍类等重要问题。

撰有"典范方程组"、"一个推广的C^1封闭引理"等有国际影响的论文多篇;出版《同伦论基础》(1980年,与他人合著)、《微分动力系统的定性理论》(1992年)等多部专著。多次获国家和省部级奖项,其中微分动力系统研究成果获1982年国家自然科学奖二等奖,微分动力系统稳定性研究获1987年国家自然科学奖一等奖,球上周期变换与动力系统的定性理论获1985年第三世界科学院数学奖等。1995年获何梁何利科学与技术进步奖。（李　烨）

巴切勒,G.K.（Batchelor,George Keith） 英国人,1920年3月8日生于澳大利亚墨尔本,2000年3月30日卒于英国剑桥。*应用数学、流体力学。*

在澳大利亚接受基础教育。1937年入墨尔本大学攻读数学和物理学,1940年获学士学位,1941年获硕士学位。同年工作于澳大利亚航空研究实验室。1945年到英国剑桥大学当研究生,在G.泰勒(Geoffrey Taylor)指导下研究湍流问题。1959年被选进英国皇家学会。

同年筹建剑桥大学应用数学和理论物理系,并任系主任,5年后又成为应用数学教授。是美国文理科学院、波兰科学院、法国科学院等外籍院士。获国内外6个大学荣誉博士学位。

20世纪40～50年代,从事飞机设计和使用的研究,开始对流体的湍流问题产生兴趣。推广了泰勒和A. H. 柯尔莫哥洛夫的理论,讨论了湍流中流体的非均匀性的扩散问题,1946年在巴黎第六届国际应用力学大会上专题作了介绍。60年代初转向研究"两组元混合"力学,把爱因斯坦关于坚硬球形小质点的稀释悬浮中的有效粘度的计算,推广到较大质点及平行的条状质点的情形,对化学、力学及胶体学都很有意义。为了把各种分析、实验及应用方面的论文汇总起来,于1956年创办了《流体力学》杂志。主要著作有《均匀湍流理论》(1953年)及《流体动力学引论》(1967年)等。多次获奖,其中有1986年意大利国家科学院阿戈斯蒂纳利奖,1988年英国皇家学会皇家奖章,1988年美国机械工程师协会铁梓柯奖章,英国工程科学学会泰勒奖章等。

(徐平五)

贝尔曼,R. E. (Bellman,Richard Ernest) 美国人,1920年8月26日生于美国纽约,1984年3月19日卒于洛杉矶。运筹学、变分学、控制论。

犹太人的后裔。1946年获普林斯顿大学博士学位。先后任普林斯顿大学助理教授和斯坦福大学副教授。1965年后在南加利福尼亚大学任数学、电机工程及医学教授。是美国国家工程院院士、美国文理科学院院士,美国国家科学院院士。还任过两种杂志的主编。

主要贡献在控制论、动态规划与变分学方面。对多级决策过程的研究推动了动态规划理论的发展,为研究确定性过程(如变分学)提供了新的方法,并为随机过程(如马尔可夫决策过程和适应过程)的研究打下了基础。利用变分法和动态规划研究产生了系统控制的问题,这方面的专著在1958年被译成俄文,在苏联产生了一定影响。在数学物理和数学分析的许多方面使用了不变量嵌入的创新方法,把两点边界值问题化为初始值问题。从1950年起,一方面研究数字计算和模拟,另一方面致力于人工智能研究,广泛应用到商业、医学,甚至社会科学中去。

著有近30本教材、专著与通俗读物600多篇论文。获1970年美国数学学会应用数学维纳奖,1976年美国管理科学学会和运筹学学会冯·诺伊曼理论奖等。

(徐平五)

冯康 (Feng Kang) 中国浙江省人,1920年9月9日生于江苏南京,1993年8月17日卒于北京。广义函数论、计算数学、计算机科学与工程。

原籍浙江绍兴。出身文职职员家庭,少年时家居江苏苏州。中国科学院院士、固体物理学家冯端的哥哥。1944年重庆中央大学物理系毕业。1945～1951年,先后在复旦大学数理系、清华大学物理系和数学系任教。1951～1957年在中国科学院数学研究所工作;期间1951～1953年在苏联斯捷克洛夫数学研究所进修。1957年到中国科学院计算技术研究所工作,先后任副研究员、研究员。1978～1993年相继任中国科学院计算中心主任、名誉主任。曾兼任中国计算机学会副主任委员,中国计算数学学会理事长、名誉理事长,《计算机学报》主编。1980年当选为中国科学院学部委员(院士)。

1957年以前从事纯数学研究。20世纪50年代初期,解决了极小殆周期拓扑群研究中的线性李群的表征问题;50年代中期则建立了广义函数空间的对偶定理和广义梅林变换,1955年发表的长篇论文"广义函数论"被国际同行视为经典文献。1957年以后,从事计算数学的研究,是中国计算数学的奠基人之一。60年代中期,对物理学中的稳态平衡态问题,即数学上可表为椭圆型方程的问题,提出一种他命名的"基于变分原理的差分法"的计算方法,实际上是独立于西方学者创立的一种"有限元计算方法",他是该方法在世界上最早的提出者之一。此后,作为有限元计算方法的重要组成部分,又独立提出一种对微分方程作边界归划的方法——"自然归化法",该方法后来成为国际上边界归划的边界元方法中三大流派之一。80年代提出了基于辛几何计算哈密顿体系的方法,开创了哈密顿体系计算方法的新领域。代表作有专著《弹性结构的数学理论》(1981年,与石钟慈合撰)等。先后获1978年全国科学大会重大成果奖、国家自然科学奖二等奖、国家科学技术进步奖二等奖、中国科学院自然科学奖一等奖等。 (宣焕灿)

周毓麟 (Zhou Yulin) 中国浙江省人。1923年2月12日生于上海。偏微分方程、计算数学、数学物理、计算机科学与工程。

原籍浙江宁波。1945年毕业于上海大同大学数学系。次年任中央研究院数学研究所助理员。1949年起,在清华大学数学系、北京大学数学力学系历任助教、讲师、教研室主任。1954～1957年在苏联莫斯科大学数学力学系学习,获副博士学位。归国后,1960年调国家核工业部工作。后任北京应用物理与计算数学研究所研究员、副所长,中国工程物理研究院研究员等职。1991年当选为中国科学院学部委员(院士)。

多年来在拓扑学、偏微分方程、计算力学、计算数学和计算机应用等方面深有造诣。20世纪40年代后期开始从事拓扑学研究,获得多种研究成果;很早就采用拓扑方法不动点原理框架来进行偏微分方程整体解研究。50年代中期后,致力于研究非线性抛物型、非线性椭圆型方程,以及具孤子解的非线性发散方程(组)等各类问题，取得了重要贡献；其中，合作完成的渗流方程被国际数学界视为经典，数十年后仍被不断引用。60年代初，主管核武器理论的数值模拟计算与流体力学研究，给出了一批具有实际使用价值的计算方法，为中国第一颗原子弹试验成功、氢弹原理突破、战略武器理论设计作出了重要贡献，同时组建了一支相当规模的计算数学队伍。80年代后，系统研究了一系列极具物理意义的非线性发展方程整体解的存在性、唯一性、稳定性和渐近性等，特别是关于铁磁链型强退化非线性抛物组的各种问题整体解研究成果，受到中外同行重视；研究了各种类型非线性发展偏微分方程问题的差分格式，使有限差分法理论形成新系统，完整地建立起离散泛函分析基本理论，并将偏微分方程中的内插不等式等应用于有限差分理论中。此外，在长期从事大规模计算基础上，对电子计算机舍入误差、速度、字长与内存等匹配关系等作了理论分析，推动了中国计算机事业的发展。

至2002年，发表论文百余篇，出版《一维非定常流体力学》(1990年)、《周毓麟文集》等著作4种。获1982年国家自然科学奖一等奖、1985年国家科学技术进步奖特等奖、1987年国家自然科学奖三等奖、华罗庚数学奖等。（傅西光）

托姆，R.（Thom，René）

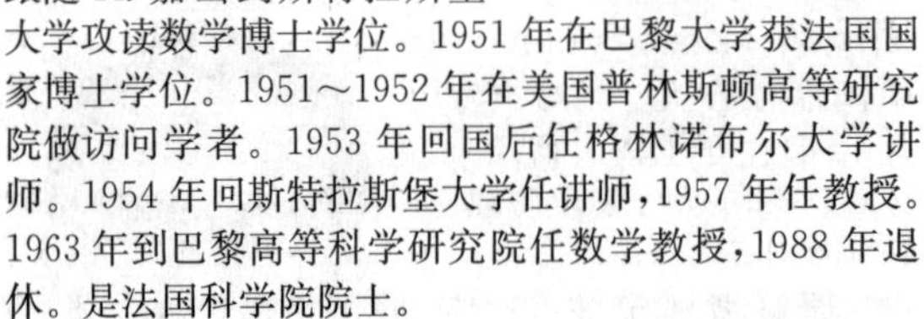

法国人，1923年9月2日生于法国蒙特利埃，2002年10月25日卒于法国布列瑟伊夫特。*拓扑学、突变论、科学哲学、数学教育。*

店主的儿子。1946年毕业于巴黎高等师范学校。后跟随H.嘉当到斯特拉斯堡大学攻读数学博士学位。1951年在巴黎大学获法国国家博士学位。1951～1952年在美国普林斯顿高等研究院做访问学者。1953年回国后任格林诺布尔大学讲师。1954年回斯特拉斯堡大学任讲师，1957年任教授。1963年到巴黎高等科学研究院任数学教授，1988年退休。是法国科学院院士。

拓扑学的配边理论和奇点理论、系统科学中的突变理论的创立者。他在博士论文“球丛空间及斯廷罗德平方”(1951年)中，给出了著名的托姆变形和托姆同构，并由此证明了微分流形的施蒂费尔-惠特尼示性类的拓扑不变性；其后他深入研究了一般流形(即“弯空间”)的拓扑分类问题，解决了同调类能否用子流形(即流形边界)来实现的问题；1954年正式给出微分流形系统的配边理论，为此获1958年菲尔兹奖。配边是两个流形间的一个等价关系，流形按配边关系划分成等价类，这些等价类构成一个阿贝尔群Nn，而各维的群构成一个分次环N，托姆的功绩在于完全给出N的结构并确定其生成元。在论文“微分流形的某些整体性质”(1954年)中，他证明了一般代数簇的黎曼-洛赫定理，以及七维球面上存在不等价的微分结构。他还把配边理论推广到定向流形，从而大大推进了代数拓扑学和微分拓扑学。在有关奇点理论方面，他从1949年起研究了微分流形之间映射的奇点理论，后提出了“奇点开拆”概念，1954年证明了横截性定理，1956年开始研究流形特别是欧氏空间之间函数(芽)的奇点分类问题，得出了一系列基本结果。1966年后，还对叶状结构的奇点理论进行了研究。

他把关于奇点理论的数学研究成果进一步用来说明自然界的突变现象，1966～1967年完成了突变理论的基本体系，提出了余维数不大于4的奇点意义下突变的7种基本类型，1968年在理论生物学的国际会议上系统地阐述了自己的观点，在1969年的《拓扑学》杂志上发表突变理论的数学基础。1972年出版的名著《结构稳定性与形态发生学》标志着突变论正式诞生，引起了国际性轰动。如今，突变论已和耗散结构论、协同学并称为系统科学的“新三论”，获得越来越多的应用成果。他还提出在一般动力系统中非常重要的“吸引子”概念，后被推广到混沌理论中去。

后来他的兴趣转向生物学、语言学和哲学，并建立了“语义物理学”，在《语义物理学概要》(1989年)中提出了他的一套科学哲学体系。他还是20世纪70～80年代在西方“新数学教育”论战中的一个学派的代表，其教育思想是重基础、重思想、重理解和重启发。

（李啸虎）

卡尔林，S.（Karlin，Samuel） 美国人，1924年6月8日生于波兰约诺瓦，2007年12月18日卒于美国加利福尼亚州帕洛阿尔托。*泛函分析、运筹学、应用数学。*

波兰移民后裔。生下来2个月大就随双亲移民美国，9岁就已在一家店里当雇工。毕业于伊利诺伊技术学院。1947年获普林斯顿大学数学专业哲学博士学位。1956年任斯坦福大学数学与统计教授。1948年任教加利福尼亚理工学院。1972年当选为美国国家科学院院士。1978～1979年任国际数理统计学会会长。

在纯粹数学的许多领域，如实分析、泛函分析、逼近论、不等式理论和凸性理论中，都颇有成就。最重要的贡献在于发展了全正性理论及其分支：积分算子，微分算子，概率，数理统计和几类重要的随机过程。在应用数学方面，如对策论、存储理论、管理科学、一般运筹学，也都取得过有意义的成果。1962年后，又对理论人口遗传学作出过巨大贡献。

1960～1970年发表了近70篇关于人口遗传、生态学、数学生物学方面的论文。主要著作有《决策、规划和经济中的数学方法和理论》(1959年)、《随机过程初等教程》(1968年初版；1975年再版)等，后者被译成5种文字。获1973年美国国家科学院终身成就奖。1987年冯·诺伊曼理论奖，1989年美国国家科学奖章。

（徐平五）

罗斯，K.F.（Roth，Klaus Friedrich） 英国人，1925年10月29日生于德国布雷斯劳(今波兰弗罗茨瓦夫)。*数论、代数几何。*

德国裔。9岁随家人移居英国苏格兰。1945年获剑桥大学彼得豪斯学院数学学士学位。毕业后在苏格兰的高当斯腾中学任教一年。1946年在伦敦大学研究生院攻读数学，1948 年获硕士学位，同年兼任该校助教，1950 年获博士学位，1961 年升任该院教授。1966 年出任伦敦大学帝国学院纯粹数学系教授兼系主任，1988 年退休任荣誉教授。1996 年回到苏格兰北部定居。1960 年当选为英国皇家学会会员。1993 年当选为爱丁堡皇家学会会员。

主要科学贡献在数论领域，尤其在“数的几何”分支，即对无理数的有理数逼近问题上有重大突破。他精细地改进和发展了 A. 图埃和西格尔等人对丢番图不定方程的探索成果，重点研究了整系数多项式实根的情况。提出了以他的姓氏命名的罗斯定理，该定理指出：设 θ 是任一实代数数(实为代数无理数)，则对任一 $\mu(\theta)>2$，$|\theta-y/x|<1/x^{\mu}$ 仅有有限多对整数解；当 $\mu\leqslant 2$ 时，存在无穷多对整数解；则求得 $\mu(\theta)=2$ 是该方程 θ 的上确界，从而彻底解决了持续一个多世纪的数论难题。这一成果立即激活并推进了数论中若干方向的深入研究，催生了数学界同仁的一系列研究新成果。数学界评价说，罗斯定理澄清了一个具有基础理论深刻性与极端困难性的问题，将作为数学史上的一个里程碑而永存。此外，1952 年在证明埃尔德什-图兰猜测时，得到的结果保持了长时间的领先地位。1966 年与哈尔贝斯塔姆(H. Halberstam)共同出版一部介绍解析数论初等方法的专著，其中关于组合数学和筛选法的阐述至今仍属经典。获奖甚多，其中有：1958 年菲尔兹奖，1983 年伦敦数学学会德摩根奖，1991 年英国皇家学会塞尔维斯特奖等。

(李 烨)

谷超豪 (Gu Chaohao) 中国浙江省人，1926 年 5 月 15 日生于浙江温州，2012 年 6 月 24 日卒于上海。微分几何、偏微分方程、数学物理、高等教育管理。

1948 年浙江大学理学院数学系毕业。留校任教。1953 年起一直任教于复旦大学。1957～1959 年在苏联莫斯科大学数学力学系进修，获物理数学科学博士学位。1960 年在复旦大学晋升为教授，历任数学系主任、副校长、数学研究所所长。1980 年当选为中国科学院学部委员(院士)。1988～1993 年出任中国科学技术大学校长。兼任中国数学学会副理事长、上海数学学会理事长等职。1994 年当选为国际高等学校科学院院士。夫人胡和生也是中国科学院院士、数学家。

中国基础性研究关键项目“非线性科学”首席科学家。主要从事偏微分方程、微分几何、数学物理等方面的研究和教学，又担承大学行政领导工作，均有重要成就。他的研究领域广泛，在一般空间微分几何学、齐性黎曼空间、无限维变换拟群、双曲型和混合型偏微分方程、规范场理论、调和映照和孤立子理论等方面，都取得了重要研究成果。尤其是首次提出了高维、高阶混合型方程的系统理论，在超音速绕流的数学问题、规范场的数学结构、波映照和高维时空的孤立子研究中，有一系列重要突破，受到国际数学界重视和高度评价。从事教学工作数十年，培养出一批优秀人才。发表数学论文百余篇；出版《数学物理方程》等专著 3 部、教材 3 部。获 1978 年全国科学大会奖，1982 年国家自然科学奖二、三等奖，1985 年、1986 年国家教委科学技术进步奖一等奖，1987 年全国高等学校教材优秀奖、2005 年何梁何利科学与技术成就奖等多项奖励。获 2009 年度中国国家最高科学技术奖。

(蒋 睿)

塞尔，J.-P. (Serre, Jean-Pierre) 法国人，1926 年 9 月 15 日生于法国巴热斯。代数拓扑学、代数几何、多复变函数论、数论。

1948 年巴黎高等师范学校毕业，1950 年获巴黎大学博士学位。在纳西大学任教数年后，1956 年起长期在法兰西学院任代数和几何学教授。1977 年当选为法国科学院院士。1979 年当选为美国国家科学院外籍院士，曾任国际数学联合会副主席。

20 世纪 40 年代后期，在著名数学家 H. 嘉当指导下研究代数拓扑学。50 年代初期，他对代数拓扑学两大支柱同伦论和同调论都作了深入的研究。改进了苏联数学家 Л. С. 庞德里雅金对同伦群的计算，使该分支出现了新面貌；发展了纤维丛的理论，对纤维空间引入了普序列这种代数方法；对同调论的建立和发展也作了大量出色的工作，对同伦和同调关系的深入研究还促进了同调代数的迅速发展。由于他对代数拓扑学，特别是对同伦论、同调代数的杰出贡献，获 1954 年菲尔兹奖。1955 年，他提出了有关代数函数环上投影结构的一个重要猜想——塞尔猜想：多项式环上每个射影模必定是自由模。该猜想于 1976 年被美国数学家、1978 年菲尔兹奖得主 D. G. 奎伦所证实。60 年代以后，他把研究领域扩展到数论、多复变函数论、复解析几何学、代数几何、群论等十分广泛的数学领域。

1984 年以前发表的大部分数学论文，被收入 3 卷集的《塞尔文集》(1986 年)中，该文集长达 2064 页，内容涉及到数学中的广泛领域。由于对数学的诸多领域都作出了重要贡献，2000 年获沃尔夫数学奖，成为同获菲尔兹奖和沃尔夫数学奖这两项世界数学界最高奖的少数几位数学家之一。

(宣焕灿)

陆启铿 (Lu Qikeng) 中国广东省人，1927 年 5 月 17 日生于广东佛山。多复变函数论、数学物理。

幼时因病双腿致残，柱着双拐刻苦求学。1950 年中山大学数学系毕业。留校任教。由华罗庚教授推荐，1951 年起一直在中国科学院数学研究所工作，研究员，曾任副所长。期间 1970～1975 年在中国科学院物理研究所 13 室工作。1980 年当选为中国科学院学部委员(院士)。

20 世纪 50 年代，发表论文“Schwarz 引理及解析不变量”，在国际上较早讨论多变函数施瓦兹(Schwarz)引理，引入了施瓦兹解析不变量的概念；与华罗庚合作发表“典型域的调和函数论”一文，建立了典型域上调和函数的系统理论。60 年代，阐述了常曲率的有界域解析等价于单位超球的论点；发表“关于常曲率的 Kahler 流形”(1966 年)一文，提出了国际上称为“陆启铿猜想”的问题，使研究者的热情至今不减。70 年代，发表论文“规范场与主纤维丛上的联络”(1973 年)，确认了物理学的规范场的势是数学的一种主纤维丛上的联络；证明杨振宁的规范场积分定义等价于沿一曲线的平行移动；在有界域解析映照的固有微分的估值研究方面取得重要成果。80 年代后，提出一种系统方法具体地构造非紧对称空间的热核；在近代数学物理的一些问题上进行了深入研究。

发表学术论文百余篇；出版《多复变函数引论》(1961 年)、《典型流形与典型域》(1963 年)、《微分几何学及其在物理学中的应用》(1982 年)等多部专著。多次获奖，其中有 1992 年首届华罗庚数学奖、2001 年何梁何利科学与技术进步奖等。他曾说：“我是一个残疾人，……我不是天才，做出一些工作完全是下苦功夫的结果。”

(沈文辉　李啸虎)

万哲先（Wan Zhexian）

中国湖北省人，1927 年 11 月 7 日生于山东淄川。*代数学、组合数学、有限几何、密码学。*

原籍湖北沔阳。铁路工程师的儿子。1948 年获清华大学数学系理学士学位。留校任教。1950 年转中国科学院数学研究所，一直工作了 30 余年，1978 年晋升研究员。1984 年起，一直任中国科学院系统科学研究所研究员。1980 年后，先后兼任美国普林斯顿高等研究所客座研究员，美国拉特格斯大学、瑞典伦德大学等校客座教授。兼任南开大学组合数学研究中心学术委员会主任等职。1991 年当选为中国科学院学部委员(院士)。

20 世纪 60 年代，主持中国第 4 期典型群讨论班，首次解决了典型群结构、低维线性群的自同构和同构等系列难题；与华罗庚合著《典型群》(1963 年)，被美国同行列为“中国数学 5 项重要成就之一”，获 1978 年全国科学大会重大科研成果奖；在英国再版《李代数》(1964 年)；用矩阵方法对有限域上典型群几何学背景进行了系统研究，与他人合著《有限几何与不完全区组设计的一些研究》(1966 年)。70 年代，将有限几何用于构造验证码，出版《代数和编码》(1975 年)，合著《非线性移位寄存器》(1978 年)获中国科学院科学技术进步奖一等奖；主持完成“图上作业法及其应用”课题，获 1978 年全国科学大会重大科学技术成果奖、1986 年中国科学院科学技术进步奖一等奖。1986 年和学生一起解决了典型群同构理论，获 1987 年全国自然科学奖三等奖。90 年代，证明了对称矩阵几何及哈密尔顿矩阵几何的基本定理，对华罗庚开创研究的矩阵几何有重要贡献。

发表 150 多篇论文，出版逾 20 部专著，包括 10 多部用英文撰写的著作，其中如：在新加坡出版《Kac-Moody 代数导论》(1991 年，英文版)；在瑞典出版《抽象代数与线性代数导论》(1992 年)；在瑞典出版《有限域上典型群的几何学及其应用》(1993 年)。获 1997 年中国科学院自然科学奖一等奖。1995 年第二届华罗庚数学奖，光华科学技术奖一等奖。

(蒋　军)

戴维斯，M. D.（Davis，Martin David）　美国人，1928 年 3 月 8 日生于美国纽约。*泛函分析、数理逻辑、计算机科学与工程。*

波兰移民后裔，在美国纽约市北区布朗克斯长大。1948 年获纽约市文学院理学士学位。1940 年获普林斯顿大学文科硕士学位，1950 年获数学博士学位。后相继在伊利诺伊大学、加利福尼亚大学、俄亥俄大学、纽约大学等任教。1965 年任纽约大学库朗数学研究所教授，1969 年参与创建该校计算机科学系并任教授，1988 年退休。

1958 年出版的《可计算性和不可解性》是计算机科学理论方面的第一部著作，译成多种文字。曾参加研究高级计算机，得到了第一个逻辑决策程序。与逻辑学家普特南(H. Putnam)合作研究符号逻辑用于自动数字演算的可能性，建立了“戴维斯—普特南程序”。他们因解决希尔伯特第十问题所得到的成功而名震一时。主要著作有《现代数学讲义》(1967 年)、《泛函分析初步》(1967 年)和《应用非标准分析》(1977 年)等。曾获美国数学学会斯蒂尔奖、数学联合会查维内特和福特奖。

(徐平五)

格罗腾迪克，A.（Grothendieck，Alexander）　法国人，1928 年 3 月 28 日生于德国柏林。*代数几何、泛函分析、同调代数。*

父亲是俄国人，在移居地德国被纳粹分子杀害；母亲是德国人。他于 1941 年跟随母亲从德国移居法国，在难民营里长大。1948 年毕业于蒙泰佩利耶大学。后在巴黎高等师范学校进修一年。1949 年到南锡大学任教，成为布尔巴基学派成员，1953 年获该校数学博士学位。在法国科学院资助下，同年起先后在巴西圣保罗大学、美国哈佛大学和马萨诸塞理工学院、英国剑桥大学和美国堪萨斯大学进行客座研究。1956 年回到法国，1959～1970 年任新成立的法国高等科学研究院教授，因抗议该校接受北约组织资助而离职回家务农。后相继在法兰西学院、奥赛大学任客座教授。1973 年接受蒙泰佩利耶大学终身教授职位，1988 年退休；期间 1984～1988 年在法国科学院从事研究。

法国布尔巴基学派重要成员，在现代代数几何、泛涵分析、同调代数等领域有杰出贡献。1953 年，在泛涵分析中创造性地引入了核空间、拓扑张量积等概念，并完成博士论文"核空间的拓扑张量积"。核空间是数学分析中重要的拓扑线性空间，其定理可以解释广义函数论中的许多现象。20 世纪 50 年代中期，在代数簇的"层"概念基础上提出概型理论，创立了一整套现代代数几何抽象理论体系，使代数几何研究进入一个崭新阶段，并极大地影响了其他数学领域的进程。"概型"概念是对代数簇的推广，它允许点的坐标在任意有单位元的交换环中选取，并允许结构层中存在幂零元，它使代数几何中大量概念、方法和结果可移用于代数数论，使两者具有共同语言。概型理论现已广泛应用于微分拓扑与代数拓扑、多复变函数论、奇点理论、偏微分方程等多种学科，解决了不少经典问题。此外他还对黎曼-罗赫定理给出了代数证明，对曲线的基本群给出了代数定义。1959～1970 年是其数学生涯的黄金时期，在他的带领下，法国高等科学研究院成为世界数学界的代数几何研究中心；这一时期，他独撰或与他人合撰的数学著作不下 30 本之多。但是奇怪的是，他的声望在 20 世纪 70 年代中期达到顶点之后，再也没有发表过一篇论文。

代表作有《张量积和核空间》(1955 年)、《代数几何基础》(1960 年，与 J. 迪厄多内合作)、《拓扑向量空间》(1973 年)等。有自传《播种和收获》(1985 年)。为庆祝他的 60 岁生日，人们为他编辑出版了三卷本论文集。1966 年获菲尔兹奖。1988 年获瑞典皇家科学院克拉福德奖。 (李 烨)

利翁，J.-L. (Lions, Jacques-Louis) 法国人，1928 年 5 月 2 日生于法国滨海阿尔卑斯省格拉斯，2001 年 5 月 17 日卒于巴黎。*数学分析、计算数学、应用数学。*

法国南部盛产香水的格拉斯镇镇长的儿子。15 岁时，参加反纳粹德国占领的抵抗运动。1950 年法国高等师范大学数学系毕业。1954 年获法国国家科学博士学位。1954 年执教于法国南锡大学。1962 年任巴黎大学教授。1973～1998 年任法兰西学院教授。期间 1966～1986 年任法国综合工科学校兼职教授。1980～1984 年任法国国立信息与自动化研究所所长。1984～1992 年任法国国家空间研究中心主席。1991 年任国际数学联盟主席。1995～1998 年先后任法国科学院副院长、院长。1973 年当选为法国科学院院士。是 20 余个国家和地区科学院或学术团体的外籍院士、荣誉成员；获 20 余个著名大学荣誉博士学位。1998 年当选为中国科学院外籍院士。他的儿子 P.-L. 利翁是获 1994 年菲尔兹奖的著名数学家。

他是当代法国应用数学学派的首领，具有广泛而深远的国际影响。他毕生从事数学及其应用研究，紧密联系物理、力学和工程技术中的重大课题，在函数空间的插值理论、偏微分方程的非齐次边值问题、变分不等式、分布参数系统最优控制、渐近分析等广泛领域中，创立了独特的研究方法，开创性地建立和发展了诸多的系统理论。发表学术论文约 600 篇，大部收集于 1984 ～ 1985 年出版的 9 卷本约 4000 页的数学论文集；出版专著 20 部。多次获国际性大奖，其中包括 1986 年冯·诺伊曼奖，1991 年哈维奖、希腊戴达朗金质奖章，1998 年泰国艾达利里德奖等。 (李啸虎)

丁夏畦 (Ding Xiaqi) 中国湖南省人，1928 年 5 月 25 日生于湖南益阳。*偏微分方程、函数空间。*

1951 年武汉大学数学系毕业。后到中国科学院数学研究所工作，1978 年晋升为研究员。后历任中国科学院系统科学研究所研究室主任、武汉数学物理研究所所长，应用数学研究所研究员。兼任中国系统工程学会系统理论专业委员会主任，湖北省数学学会副理事长，《数学物理学报》、《应用数学学报》、《经济数学》主编等职。1991 年当选为中国科学院数学物理学部委员(院士)。

研究领域广泛，尤在偏微分方程和函数空间方面深有造诣，有关混合型方程、椭圆组和间断解研究在国际数学界影响颇大。长期研究函数空间及其嵌入定理，找出和纠正了国外经典著作中的错误，解决了强非线性变分问题、强非线性抛物型方程初边值问题；建立了 Ba 空间理论；合作完成"补偿列紧原理与等熵气体动力学方程组"项目，解决了等熵气流整体解研究中的著名数学难题，在国际数学界受到高度评价。应用勒贝格-斯提捷尔斯积分加上引进的势函数给出了广义解新定义，为双曲型守恒律研究中新出现的 δ 波现象提供了一个合理的数学基础；指导研究生解决了运输方程组的存在唯一性问题，同时获得了二维黎曼问题的新结果；还对华罗庚引进的广义函数论作出了新发展、新应用。

发表论文百余篇；主编撰写《可微函数与偏微分方程》(1983 年)、《Ba 空间理论与应用》(英文，与他人合著)等专著及论文集 4 种；另有科普读物 3 种。多次获奖，如 1978 年全国科学大会奖两项，1980 年中国科学院重大成果奖二等奖，1988 年中国科学院科学技术进步奖一等奖，1989 年国家自然科学奖二等奖、1999 年华罗庚数学奖，2000 年何梁何利科学与技术进步奖等。 (兰必丰)

小纳什，J. F. (Nash Jr., John Forbes) 美国人。1928 年 6 月 13 日生于美国西弗吉尼亚州布卢菲尔德镇。*博弈论、代数几何、经济学。*

电气工程师的儿子。从小性格孤僻内向。1948 年卡内基理工学院(今卡内基-梅隆大学)数学系毕业。1950 年获普林斯顿大学数学博士学位。1950～1954 年就职于兰德研究所；此期间先后在普林斯顿大学、马萨诸塞理工学院任教。1959 年患精神病，1960 年返回普林斯顿大学至今，90年代初身体开始好转，再度研究数学。是美国文理科学院院士、美国国家科学院院士。

被学术界公认为是继冯·诺伊曼之后最著名的博弈论大师之一。早在20世纪50年代末，已是闻名世界的数学家。正当事业如日中天之时，他得了严重的妄想型精神分裂症，一病就是30个春秋。痛苦不堪，年华虚度，多次被关进精神病院，在许多人的眼中，他成了普林斯顿校园中游荡的幽灵。期间多亏前妻A.拉德(Alicia Larde)的爱心呵护，普林斯顿大学诸多同事朋友无私帮助，才没有使他流落街头。2001年根据同名传记改编的电影《美丽心灵》在美国公演，艺术地重现了他的天才、疯狂、觉醒的传奇人生，以及感人肺腑的爱心呵护天才的传奇故事，最终捧得奥斯卡金像奖。

他的主要学术贡献，首先体现于1950年、1951年两篇论文中。其中一篇是27页的博士论文“非合作博弈”，1950年11月刊登在美国国家科学院每月公报上，立即引起轰动。这两篇关于非合作博弈论的重要论文，彻底改变了人们对竞争和市场的看法。他证明了非合作博弈及其均衡解，并证明了均衡解的存在性，即著名的“纳什均衡”，从而揭示了博弈均衡与经济均衡的内在联系。他的研究奠定了现代非合作博弈论的基石，为博弈论广泛应用于经济学、管理学、社会学、政治学和军事科学等领域奠定了坚实的理论基础。2002年8月，应邀赴中国参加2002年国际数学家大会，在“对策论及应用”卫星分会上作了专题报告；8月21日，他在北京总会场作了题为“通过代理来研究博弈中的合作”的公众报告。

在纯数学方面也有很深造诣，1952年他发表了“实代数流形”，这篇文章奠定了他在美国纯数学界的地位。1956年发表“黎曼流形的嵌入问题”，提出著名的深隐函数定理。

曾获冯·诺伊曼奖；由于与另外两位数学家在非合作博弈的均衡分析理论上的开创性贡献，3人同获1994年诺贝尔经济学奖。（朱浩瑾）

胡和生(Hu Hesheng) 中国江苏省人，1928年6月20日生于上海。微分几何、数学物理。

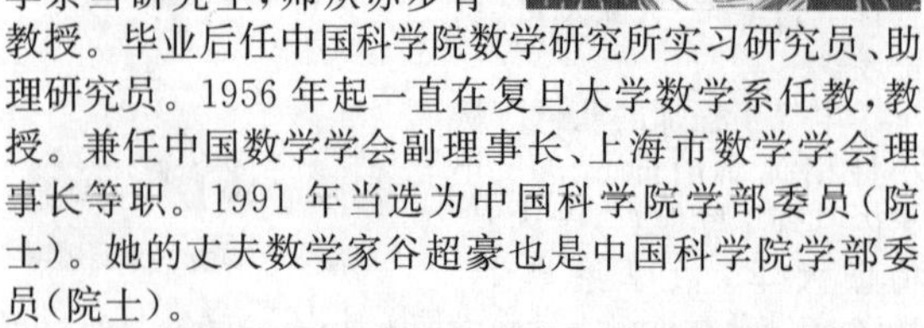

原籍江苏南京。1950年毕业于上海的大夏大学(后并为华东师范大学)数理系。1950～1952年在浙江大学数学系当研究生，师从苏步青教授。毕业后任中国科学院数学研究所实习研究员、助理研究员。1956年起一直在复旦大学数学系任教，教授。兼任中国数学学会副理事长、上海市数学学会理事长等职。1991年当选为中国科学院学部委员(院士)。她的丈夫数学家谷超豪也是中国科学院学部委员(院士)。

中国当代著名女数学家。长期从事微分几何及其在数学物理中应用的研究，作出一系列重要贡献。早期研究超曲面的变形理论、常曲率空间的特征等问题，发展和改进了著名数学家E.嘉当等人的工作。在黎曼空间运动群领域，给出了确定黎曼空间运动群空隙性的一般方法，解决了数学界持续了60多年悬而未决的重要问题。在数学物理方面，对有质量规范场的存在性问题、团块现象、球对称规范势的决定、微分几何中的可积系统等高难度问题，都取得高水平的重要成果。在调和映照和曲面论的研究中，发展了孤立子的几何理论。

主要论文有“规范场理论的若干问题”(1974年，与谷超豪、杨振宁合作)等；主要专著有《微分几何学》(1979年)、《孤立子理论与应用》(1995年，与谷超豪等合作)等多部；此外，与谷超豪、李大潜共同主编《苏步青数学论文全集》(2001年)。多次获奖，其中1982年因“经典规范场的研究”获国家自然科学奖三等奖。（张　希）

阿蒂亚，M.F.(Atiyah, Michael Francis) 英国人，1929年4月22日生于英国伦敦。偏微分方程、代数拓扑。

父亲是黎巴嫩人，母亲是苏格兰人。1955年获剑桥大学三一学院哲学博士学位。同年到美国普林斯顿高等研究院从事博士后研究。1957年回国，任剑桥大学讲师，1958年任教于彭布罗克学院。1961年任教于牛津大学圣凯瑟琳学院，1963年任几何学教授。1969～1972年任美国普林斯顿高等研究院数学教授。1973年任英国牛津大学数学教授。1962年当选为英国皇家学会会员。1974～1976年任伦敦数学学会会长。1983年封爵，1992年授予勋爵。1990～1995年任英国皇家学会会长。是美国、瑞典、德国、法国、爱尔兰、印度、澳大利亚、中国、俄罗斯和乌克兰等国科学院外籍院士。

主要成就是创立了K理论，并在几何和分析中发现其重要应用。1959年，他和希策布鲁赫(Hirzebruch)对每个紧拓扑空间X用几何方法定义了一个环$K(X)$，由$K(X)$出发构造了异常上同调理论，并应用到代数拓扑及其他领域中去，很快就显示出其重要性，如证明了微分流形的黎曼-罗赫定理，以及投影空间的非浸入和非嵌入定理。1963年，他和辛格(I. Singer)证明的阿蒂亚—辛格指标定理，使在数学的偏微分方程和代数拓扑两大领域之间架起了一座桥梁。后来他们又把指数定理推广到作用在流形、向量束上的紧李群和适当的椭圆算子上。主要著作有《K理论》(1967年初版，1989年再版)、《椭圆算子和紧群》(1974年)、《交换代数引论》(1969年，与他人合著)等。获1966年菲尔兹奖，1968年英国皇家学会皇家奖章，2004年亚伯奖等。（徐平五）

王梓坤(Wang Zikun) 中国江西省人，1929年4月30日生于湖南零陵。概率论、随机泛函分析。

原籍江西吉安。出身贫苦农民家庭，少年丧父。1952年武汉大学数学系毕业。1952～1984年在南开大学数学系先后任助教、讲师、教授，曾任数学系副主任。期间1955年去苏联留学，1958年获莫斯科大学数学力学系副博士学位。1984年后，曾任北京师范大学校长、汕头大学数学研究所所长。期间1988年获澳大利亚麦克里大学名誉理学博士学位。兼任中国自然辩证法研究会副理事长、《数学教育学报》主编等职。1991年当选为中国科学院学部委员(院士)。

20世纪50～60年代，首创极限过渡的概率构造法，彻底解决了生灭过程的构造问题；将差分方法应用于生灭过程泛函研究，得到一系列深刻结论，居当时国际先进水平；获得了马尔科夫过程的遍历性、常返性、零一律、马丁边界成立条件等重要成果；在中国最早开展随机泛函分析研究，得到广义函数空间中随机元的极限定理。70年代后，研究布朗运动与位势论关系，求得高维布朗运动及对称稳定过程的若干精确分布。80年代后，在国际上最先引进多参量的奥恩斯坦—乌伦贝克过程，获系统性成果；主持研究测度值马尔可夫过程(超过程)，获国际同行赞赏；提出地震随机迁移的多种统计预报方法等。此外，1984年率先建议设立教师节，次年获全国人大决议通过。

著有《随机过程论》(1965年)、《概率论基础及其应用》(1976年)、《生灭过程与马尔科夫链》(1979年)、《随机过程通论》(2卷，1996年)等专著9部；有《科学发现纵横谈》等著名科普著作。多次获奖，其中有1978年全国科学大会奖、1982年国家自然科学奖、1997年全国优秀科技图书奖一等奖等。1990年获“建国以来成绩突出的科普作家”称号。 (蒋　睿)

王元 (Wang Yuan) 中国江苏省人，1930年4月30日生于浙江兰溪。数论、近似计算。

原籍江苏镇江。1952年浙江大学数学系毕业。后到中国科学院数学研究所工作，1978年晋升研究员，曾任该所数论研究室主任、所长。兼任中国数学学会理事长、《数学学报》主编。1980年当选为中国科学院学部委员(院士)。

1742年，C.哥德巴赫提出了一个猜想：一个充分大的偶数均可表为两个素数之和。这便是著名的哥德巴赫猜想，此后两个多世纪中一直未被证实或否定。到1954年为止，获得的最好结果是$\{a,b\}(a+b\leqslant 6)$。其含义是任何偶数都是两个分别不超过a个素数的乘积加上b个素数的乘积之和，a与b之和不大于6。此后的进展是需要减少a与b的数值，到a和b均为1时，哥德巴赫猜想便得到证明。1956年和1957年，王元分别证明了命题$\{3,4\}\{3,3\}$和$\{2,3\}$；20世纪60年代前期，他进一步证明了$\{1,4\}$和$\{1,3\}$。与此同时，潘承洞证明了$\{1,4\}$，而陈景润则在1965年证明了$\{1,2\}$。他们三人的工作在该领域中跃居世界领先地位。1982年，因这项研究，他们三人共同荣获国家自然科学奖一等奖。在用数论方法处理多重积分近似计算方面，他与华罗庚抓住了该方法的理论基础——数论中的一致分布论。以便按照事先选定的一致分布点贯上的函数值所构成的单和来逼近多重积分。1973年，他们两人合作，共同证明了用分圆域的独立单位系构造高维单位立方体的一致分布点贯的一般定理。他们的这一方法被国际数学界誉为“华-王方法”。1978年，他们两人合作出版了《数论在近似分析中的应用》，1990年该项研究获陈嘉庚技术科学奖。20世纪80年代，在堆垒数论方面，他将施密特定理推广到任何代数领域，在丢番图不等式组等方面也取得出色的研究成果，这一领域的研究成果后来总结在其国外出版的专著《代数数域上的丢番图方程与不等式》之中。此外，他还是一位著名科普作家，已发表近百篇科普文章；出版《华罗庚》(1994年)一书，在国际上已被译成英、日等文字，并获2002年吴大猷科普著作金签奖。 (宣焕灿)

卡尔曼，R.E. (Kalman，Rudolf Emil) 美国人，1930年5月19日生于匈牙利布达佩斯。控制理论、电气与电子工程、应用数学。

匈牙利裔。1953年获美国马萨诸塞理工学院电气工程专业理学士学位，1954年获该校理学硕士学位。1958年在哥伦比亚大学获理学博士学位。1955年到哥伦比亚大学任教控制论，1957年任副教授。1958～1964年在马里兰州巴尔的摩高等研究院洲际弹道导弹实验室工作，研究大系统计算机控制的应用数学问题。1964年任斯坦福大学教授。1971年任佛罗里达大学数学系统理论中心主任。是美国国家科学院院士、美国文理科学院院士；是匈牙利、法国和苏联的科学院外籍院士。

主要工作在控制理论、计算机、信息系统等方面。1960年，在莫斯科召开的第一届世界自动控制联盟大会，首次提出控制系统的能控性与能观性概念。这项工作以后被认为是现代控制理论的开端。1962年证明了能观性与状态估计的关系，提出了卡尔曼滤波器设计方法。1963年美国的一个由卡尔曼滤波器控制的探测器在月球成功着陆，充分显示了抽象方法的作用。卡尔曼滤波器在时间系列分析、验证动态系统、水利学、流体动力学，甚至在经济学方面都有重要的应用。他证明了他的滤波理论是最优控制论在严格数学意义下的对偶。由于这一贡献，他获得美国电气与电子工程师协会霍诺尔奖章。与他人合作出版《数学系统理论中的论题》(1968年)等书。 (徐平五)

斯莫尔，S. (Smale，Stephen) 美国人，1930年7月15日生于美国密歇根州弗林特。拓扑学、微分方程。

入密歇根大学攻读化学，1952年、1953年先后获理学士、理硕士学位，1956年获数学专业博士学位。后相继在芝加哥大学、普林斯顿高等研究院工作。1961年任哥伦比亚大学教授。1994年后长期任伯克利加利福尼亚大学教授，1995年退休。1970年当选美国国家科学院院士。获国内外7个大学荣誉博士学位。

在欧几里得球面的“浸入”定理、流形结构与微分方程方面都有很多贡献。证明了在三维欧几里得空间内的二维球面的浸入总可以变形地浸入到通常的三维球面。后来又将二维结果推广到任意高维情形。在流形结构方面，解决了高维的庞加来猜想。在微分方程方面，从拓扑学观点建立了“整体分析”方法，并把常微分方程看作流形上的单参数群，围绕结构稳定性，讨论了一大类方程通解的一些本质性质。运用莫尔斯变分理论，抽象化至无穷维流形得到了一类非线性椭圆型偏微分方程解的存在定理。

获奖甚丰，获1966年美国数学学会维布伦奖，同年荣获菲尔兹奖。1974年电气与电子工程师协会荣誉奖章，1985年日本京都高技术奖，1986年美国数学学会斯蒂尔奖，1997年贝尔曼控制论奖，2008年美国国家工程院德雷珀奖，2009年在美国国家科学奖章等。

（徐平五）

夏道行（Xia Daoxing） 中国江苏省人，1930年10月20日生于江苏泰州。*泛函分析、算子谱理论。*

出身教师家庭。1950年山东大学数学系本科毕业。1952年浙江大学数学系研究生毕业。后到复旦大学数学系任教，1956年任副教授，1977年晋升教授。1982～1984年先后在美国普林斯顿高等研究院、艾奥瓦大学、俄亥俄大学、纽约州立大学任客座教授。1984年后，长期在美国田纳西州范德比尔特大学任数学教授。曾兼任上海市数学学会理事长。1980年当选为中国科学院学部委员（院士）。

1952年在其论文“单叶函数论的面积原理”中提出了一个重要的不等式，被称为“夏（道行）不等式”。后来在单叶函数研究中经常引用的菲兹杰拉德（Fitzegerald）不等式，实际上只是夏（道行）不等式的一个特例。1957年发表两篇论文，证明了苏联函数论专家戈鲁辛（Г. М. Голузин）的两个猜想。1959年对复变函数论中的拟似共形映照进行了研究，建立了拟似共形映照的参数表示法。20世纪60年代，发表了一系列有关无限维空间上测度与积分的论文，其主要成果后来归纳在其1965年出版的专著《无限维空间上的测度和积分》中，该书在1972年被译成英文在美国出版。70年代末以后，他发展了亚正规算子理论，其主要成果反映在他的专著《线性算子谱理论（Ⅰ）》（1983年）、《次正规算子谱理论》（1983年，英文版）和《线性算子谱理论（Ⅱ）》（1987年，与严绍宗合著）。与他人合编的大学教材《实变函数与泛函分析》获1988年全国优秀教材奖。80年代中期以后，在美国范德比尔特大学继续从事算子理论等方面的研究，成为该研究领域中的领航人之一。（宣焕灿）

费特，W.（Feit，Walter） 美国人，1930年10月26日生于奥地利维也纳，2004年7月29日卒于美国康涅狄格州布兰福特。*群论。*

犹太裔移民，1939年（8岁）时随父母逃离奥地利去英国避难，在那里受的基础教育。1946年又随父母移民美国，在迈阿密高中毕业后，1947年入芝加哥大学，1951年获学士和硕士双学位。1955年以论文“群特征标理论”获密歇根大学哲学博士学位。从1953年起，先后在康奈尔大学、芝加哥大学、普林斯顿大学、哈佛大学和耶鲁大学执教，2003年退休。1977年当选为美国国家科学院院士。

在有限单群的构造、特征标理论及模表示理论等方面都作出过贡献。从特征标的凝聚集的思想出发，证得：若G是扎森豪斯群且不是弗罗伯尼群，则$n-1=p^k$，p是某一质数。1963年又和J. G. 汤普森一起证明了著名的伯恩赛德猜想，即每个奇数阶群都是可解的。因此，他们获美国数学学会的科尔奖金。发表论文百余篇，有专著多部。（徐平五）

赫尔曼德尔，L. V.（Hörmander，Lars Valter） 瑞典人，1931年1月24日生于瑞典隆德，2012年11月25日卒于隆德。*偏微分方程。*

小学教师之子。1948年进瑞典隆德大学学习，1955年获博士学位。1957年任斯德哥尔摩大学教授。1963年任美国斯坦福大学教授。1964年任美国普林斯顿高等研究院教授。1968年后，相继任瑞典隆德大学教授、斯德哥尔摩大学数学教授。是瑞典皇家科学院院士，美国文理科学院外籍院士、丹麦科学院外籍院士。

在1955年的博士论文“偏微分算子的一般理论”中，他系统地总结了常系数线性偏微分算子理论，得到了一般偏微分方程解无穷可微的一个简单条件，即次椭圆条件。20世纪50年代末，通过对变系数线性偏微分方程的深入研究，成功地给出了它的存在性条件以及唯一性及正则性的条件，从而得到了判断变系数线性偏微分方程有解的标准。由于这项线性偏微分方程理论中的卓越成就，他荣获1962年菲尔兹奖。60年代中期，他独立地得到了伪微分算子，并使伪微分算子的理论和应用成为近几十年来偏微分方程理论的热门。70年代，又把伪微分算子推广到傅立叶积分算子，还和杜斯特曼特（J. J. Duistermaat）合作，共同构造了傅立叶积分算子的局部以及整体理论，使傅立叶积分算子成为线性偏微分方程理论中一个强有力的工具。由于他对伪微分算子，傅立叶积分算子以及偏微分方程作出的重要贡献，获1988年沃尔夫数学奖，成为既获菲尔兹奖又获沃尔夫数学奖这两项世界数学最高奖的少数几位现代著名数学家之一。代表作有《线性偏微分算子》（1963年）、《积分论》（1970年，与他人合著）、《线性偏微分算子分析》（4卷，1983年）、《多复变函数论导引》等。

（宣焕灿）

米尔诺，J. W. (Milnor, John Willard) 美国人，1931 年 2 月 20 日生于美国新泽西州奥兰治。拓扑学、微分几何、代数数论。

1951 年普林斯顿大学本科毕业，1954 年又获博士学位。留校任教，1956 年升任教授，1963～1966 年任数学系主任。1968 年任马萨诸塞理工学院数学教授。1970 年任普林斯顿高等研究院教授。1989 年起任纽约州立大学石溪分校数学研究所所长。曾任美国数学学会副会长。是美国国家科学院院士。

1956 年，他证明了七维球面上有多种微分结构，这激发了许多数学家的想象力，使微分在拓扑学中起到一种冲击波的作用。以此为发端，微分拓扑学正式成为一个数学分支。不久，他运用同伦论进一步证明七维球面有而且只有 28 种不同的微分结构。1958 年，他利用拓扑学的结果来解决代数和几何学中的经典问题，并取得了许多成果。1959 年，他发展了配边理论，特别是复配边和自旋配边的理论。1961 年，对拓扑学中的一个重要问题庞加来猜想的主猜想举出了反例，从而否定了这个猜想。由于以上这些重要成果，1962 年获菲尔兹奖。20 世纪 60 年代前期，他对微分拓扑学的一个重要分支莫尔斯理论作了提炼和升华。此后，把研究领域从微分拓扑学扩展到数学的许多方面，特别是在微分几何和代数数论等领域作出了重要贡献。代表作有《微分拓扑学》、《莫尔斯理论》(1963 年)、《从微分观点看拓扑》(1965 年)、《h 配边定理》、《代数 K 理论导引》等。1966 年获美国国家科学奖章。此外获 1989 年沃尔夫数学奖，成为既获菲尔兹奖又获沃尔夫数学奖这两项世界数学最高奖的少数几位现代著名数学家之一。

(宣焕灿)

广中平祐 (Heisuke, Hironaka) 日本人，1931 年 4 月 9 日生于日本山口县。代数几何。

1954 年、1957 年先后获日本京都大学理学士、理学硕士学位。1960 年获美国哈佛大学数学博士学位。1964 年和 1968 年分别任哥伦比亚大学和哈佛大学教授。1976 年回日本后，任京都大学教授、山口大学校长等职。是美国文理科学院外籍院士。1976 年当选为日本学士院院士。

主要成就在代数曲面的奇点消解方面。1963 年用多步归的法给出了任何维代数簇当特征值为 0 时的奇点的消解，即广中定理。奇异点集化解问题是代数几何与复几何的大问题，其证明是数学史上最困难的且有重要意义的证明之一。1960 年，柯代拉(K. Kodaira)和 D. C. 斯潘塞证明了紧卡勒流形的“小”变形仍是卡勒流形。1962 年他举例说明紧卡勒流形的“大”变形不再是卡勒流形。获 1970 年菲尔兹奖、日本学士院奖，1975 年日本帝国文化勋章。

(徐平五)

彭罗斯，R. (Penrose, Roger) 英国人。1931 年 8 月 8 日生于英格兰艾塞克斯郡科尔切斯特。微分拓朴学、数学物理、科学哲学。

伦敦大学学院人类遗传学教授之子。在伦敦大学学院获理学士学位。1957 年以关于代数几何的论文获剑桥大学哲学博士学位。留校任圣约翰学院研究员。后任教于伦敦大学国王学院。1959～1961 年、1963～1964 年两度留学美国。1964 年任伦敦大学伯克贝克学院高级讲师，1966 年任应用数学教授，1998 年退休。1973 年任牛津大学数学教授。1972 年选入英国皇家学会。是美国国家科学院外籍院士。2000 年封爵。获国内外 10 余个大学荣誉博士学位。

早在大学学习时就发现了一条关于平面上 8 条两两双重相切的二次曲线的定理，而著名的笛卡尔定理、巴斯噶定理及彭色列定理都是它的特例。博士论文重新建立并发展了穆尔的广义矩阵逆理论，即穆尔-彭罗斯逆定理。还建立了自旋网络理论，研究了挠曲理论。1988 年，和霍金共同证明了著名的奇性定理，两人同获沃尔夫物理学奖。著作有《相对论中的微分拓扑方法》(7 卷，1972 年)、《旋量和空时》(2 卷，1984～1986 年)、《皇帝新智：计算机、心智和物理定律》(1989 年)、《心智的阴影》(1994 年)、《空间和时间的本质》(1996 年)等。1966 年获剑桥大学亚当斯奖。1975 年与 S. W. 霍金分享英国皇家天文学会爱丁顿奖。此外获英国皇家学会皇家奖、科普利奖等多种奖项。

(徐平五)

布朗，M. (Brown, Morton) 美国人，1931 年 8 月 12 日生于美国纽约。微分拓扑学、几何拓扑学。

1958 年获威斯康星大学数学博士学位。先后在威斯康星大学、俄亥俄州立大学、密歇根大学等处任教。1958 年任海军研究室研究员。1960～1963 年先后在国家科学基金会、斯隆基金会工作。先后在英国剑桥大学、美国加利福尼亚大学、英国沃里克大学任客座教授。

在发展拓扑流形的现代理论方面起了重要作用，他不但推广了舍恩弗利斯定理和环猜想，并于 1960 年通过引进格的概念，成功地证明了前一个定理。因此 1966 年与他人共同获得美国数学学会维布伦几何奖。和 H. 格卢克(Gluck)证明了纽结环猜想等价于在一切有向流形上存在稳定结构，后者又等价于欧几里得空间的每个保向同胚是稳定的这一推测；并证明了若圆环猜想不成立，则存在不可三角剖分的流形。加上其他人的工作，使环猜想对维数 $n\neq 4$ 都得到了证明。 (徐平五)

汤普森，J. G. (Thompson, John Griggs) 美国人，1932 年 10 月 13 日生于美国堪萨斯州奥塔瓦。群论。

1955 年获耶鲁大学文学士学位。1959 年获芝加哥大学数学系博士学位。在哈佛大学从事 2 年博士后研究，后回母校任教，1962 年任教授。1968 年到英国做客座教授，1970 年成为剑桥大学数学教授。1971 年当选美国国家科学院院士。

在有限群论方面有较重要的贡献。在博士论文中证明了一个久未解决的猜想：有着素阶自由固定点自同构的有限群是幂零的。1963 年和 W. 费特证明了伯恩赛德猜想。1966 年的论文中，确定了真子群可解的有限单群(最小单群)，从而解决了一个一般的问题，即确定了这样的有限单群，其局部子群可解且是素幂阶大于 1 的子群的正规化子。1964 年和费特一起获美国数学学会的科尔奖金。1970 年获菲尔兹奖。1992 年获沃尔夫数学奖。成为既获菲尔兹奖，又获沃尔夫数学奖这两项世界数学最高奖的少数几位现代著名数学家之一。2000 年获美国国家科学奖章。2008 年获挪威文理科学院亚伯奖(与人分享)。 (徐平五)

陈景润(Chen Jingrun) 中国福建省人，1933 年 5 月 22 日生于福州，1996 年 3 月 19 日卒于北京。解析数论。

出身邮局职员家庭。中学时受数学教师影响。对数论产生浓厚兴趣。1950 年考入厦门大学数学系。1953 年因成绩优异提前毕业，分配到北京第四中学任教。1954 年调回厦门大学在图书馆工作。在此期间刻苦钻研数论，写出了有关塔利(Tarry)问题的论文，受到华罗庚的重视。经华罗庚推荐调到中国科学院数学研究所工作，先任实习研究员，1962 年任助理研究员，1977 年提升为研究员，1988 年升为一级研究员。1980 年当选为中国科学院学部委员(院士)，曾任《数学季刊》主编，并受聘担任一些大学的兼职教授。

在数论方面有杰出的贡献，是世界著名的解析数论学家之一。20 世纪 50 年代，就对圆内格点问题、球内格点问题、塔利问题、韦林(Waring)问题的已有结果作了重要改进。60 年代，又对筛法及有关问题进行了深入研究。以坚韧不拔的毅力，刻苦钻研哥德巴赫猜想问题。1966 年证明了“每个大偶数都是一个素数及一个不超过两个素数的乘积之和”，这命题简记作{1，2}，在哥德巴赫猜想的研究方面处于世界领先地位，其中的有关定理在国际上誉为“陈氏定理”，受到广泛征引。由于哥德巴赫问题的研究成果，与王元、潘承洞在 1982 年共同获得中国自然科学奖一等奖。1978～1979 年应美国普林斯顿高等研究院等的邀请，先后去美国、法国及英国讲学。著作有《初等数论》等 4 部及论文近百篇。

(杜小杨)

石钟慈(Shi Zhongci) 中国浙江省人，1933 年 12 月 5 日生于浙江鄞县。计算数学、数学物理、应用数学。

1955 年复旦大学数学系毕业。后到中国科学院数学研究所工作。1956～1960 年在苏联科学院斯捷克洛夫数学研究所攻读计算数学，获副博士学位。回国后，在中国科学院计算技术研究所工作。1965～1986 年在中国科学技术大学执教，任数学系主任和计算中心主任。1987 年后，历任中国科学院计算中心主任、计算数学与科学工程计算所所长、“科学与工程计算”国家重点实验室学术委员会主任。1997 年受聘担任上海交通大学理学院院长。兼任中国数学学会副理事长、中国计算数学学会理事长、南京大学等校兼职教授。1991 年当选为中国科学院学部委员(院士)。

中国国家攀登项目“大规模科学与工程计算”首席科学家。专长于微分方程数值解，尤其在有限元理论与应用领域有重要成果。20 世纪 50～60 年代，将变分原理和摄动理论相结合形成一种新算法，并算出氦原子最低能态的良好近似值；研究矩阵特征值定位问题，得到精度很高的上下界估计公式。70 年代中期后，从事有限元方法研究：首创样条有限元方法，在实际计算中得到广泛应用；研究非协调元收敛性，指出一种国际流行的检验方法的缺陷，提出了新的判别准则；首次发现非协调元有一系列奇特的错向收敛性质；证明多种非协调元的收敛性，奠定了它们的理论基础。

重要论著有《弹性结构的数学理论》(1981 年，与冯康合著)、《第三种科学方法：计算机时代的科学计算》(2000 年)等。多次获奖，其中有中国科学院自然科学奖一、二等奖，1989 年国家自然科学奖三等奖，2000 年何梁何利科学与技术进步奖等。 (张希 李烨)

陈希孺(Chen Xiru) 中国湖南省人，1934 年 2 月 11 日生于湖南望城，2005 年 8 月 8 日卒于北京。数理统计学。

1956 年武汉大学数学系毕业。同年到中国科学院数学研究所工作。1961～1986 年在中国科学技术大学数学系执教，任教授、数学研究所副所长。1986 年直至去世，任中国科学院研究生院教授。1986～1988 年在美国匹兹堡大学、加拿大曼尼托巴大学任访问学者。曾任中国数学学会概率统计学分会理事长、中国现场统计研究会理事长、中国统计学会副会长、《中国科学院研究生院学报》主编、《应用概率统计》主编等职。1997 年当选为中国科学院院士。

长期从事数理统计学研究和教学，尤其在线性模型、参数估计、非参数统计、贝叶斯统计等分支，解决了当代国际统计学界关注的一些难题，取得多项重要成果。深入系统地研究线性统计模型，相当好地解决了一般损失函数下 M 估计的强、弱相合问题，其成果在美国科学院院士拉奥(C. R. Rao)的专著中被列为 6 条定理；在非参数计量领域，首次获得 U 统计量分布的非一致收敛速度，被国际上数本专著和美国《统计科学大百科全书》所引述；在参数估计领域，给出了正态分布两参数在一般损失下的序贯极小化极大值估计，否定了关于某种区间估计存在条件的一个公开猜测，并提出了正确解等；在非参数回归、密度估计与判别领域，定出了错判概率的指数界限、常用的密度估计和回归估计类最佳收敛速度等；此外，主持制定和审定过多项国家统计标准。

发表论文 130 余篇；出版《线性模型参数的估计理论》(1985 年)、《机会的数学》(2000 年)等专著教材和科普读物 10 余部。多次获国家和省部级奖励，其中有：中国科学院 1984 年重大科学技术成果奖一等奖、1990 年自然科学奖二等奖、1998 年自然科学奖一等奖、1996 年教学成果奖一等奖,1991 年国家自然科学奖三等奖等。

（李 烨）

法捷耶夫,Л. Д.（Фаддеев,Людвиг Дмитриевич;Faddeev,Ludwig Dmitrievitch） 俄罗斯人,1934 年 3 月 23 日生于苏联列宁格勒(今俄罗斯圣彼得堡)。*泛函分析、数学物理。*

数学家的儿子。1956 年毕业于列宁格勒大学。1969 年任该校教授。1976 年任苏联科学院列宁格勒分院斯捷克洛夫数学研究所副所长。同年当选为苏联科学院院士。

深受圣彼得堡-列宁格勒数学学派的影响,兴趣在应用物理和数学的具体问题上。对量子力学的中心课题——散射理论颇有研究,1963 年发表的论文“三粒子系统量子散射的数学问题”中发展了三粒子系统的多沟散射的完全理论。1967 年又把量子散射理论的数学方法用到自守函数的谱理论上去,给塞尔贝格(A. Selberg)理论带来了新的前景。在量子化问题和量子域理论方面也作出了不少贡献,和学生波波夫建立了正则域的相容微扰理论,是第一个赞成基本粒子物理一致性的几何思想的人。对逆散射方法亦颇有研究,在和扎哈罗夫(V. E. Zakharov)合写的论文中,首先证明了用这种方法处理的无穷维系统在哈密顿动力学意义上是完全可能的。运用泛函数积分法发展了孤立子理论,并在求解关于经典系统和完全可积的量子系统之间关联的方程中,和学生一起建立了逆方法的自协调量子学说。1971 年获苏联国家奖金。1975 年获美国物理学会数学物理学海涅曼奖。

（徐平五）

科恩,P. J.（Cohen,Paul Joseph） 美国人,1934 年 4 月 2 日生于新泽西州朗布兰奇,卒于 2007 年 3 月 23 日。*数学分析、集合论。*

1953 年毕业于纽约的布鲁克林学院。1954 年获芝加哥大学硕士学位,1958 年获该校博士学位。期间 1957～1958 年在罗切斯特大学兼课。取得博士学位后,在马萨诸塞理工学院任教一年。1959～1961 在普林斯顿高等研究院从事研究工作。后到斯坦福大学任教,1964 年升任教授。1967 年入选美国国家科学院院士。

调和分析论和集合论的国际权威之一。在调和分析论领域,1958 年的博士论文探讨了有关三角级数的唯一性问题;在论文“论李特尔伍德猜想与幂等测度”(1960 年)中,完全解决了局部紧阿贝尔群上的幂等测度,首次证明了关于傅里叶级数的 L_1 范数下界估计的李特尔伍德猜想,获美国数学学会颁发的分析方面最高奖——博谢奖;提出了后以他的名字命名的科恩定理。但是最具传奇色彩的是,他的生平的最大成就是在作为非本专业的集合论领域作出的。德国的 G. 康托尔最早提出连续统假设,他猜测实数集的一切无穷子集或与自然数集等势(即等基数),或者与连续统等势。通常把直线上点的集合(即实数集)称为连续统。为了克服康托尔朴素集合论的不完备,以及集合论中出现的悖论,德国数学家 E. F. 策梅罗和 A. A. 弗伦克尔共同形成 ZF 公理系统,由 9 个公理构成,其中的“选择公理”定义为:对于一个子集族构成的集合,存在这样的子集,它由每一子集中选一个且仅选一个元素构成。1963 年,科恩用“力迫法”首次证明了一系列让集合论专业者都深感意外的新成果,其中主要有:①选择公理独立于其他 8 个公理;②K. 哥德尔的“可构造公理”独立于选择公理和连续统假设;③选择公理与连续统假设相互独立;④〔0,1〕上所有实函数的线性排序问题仅在包含选择公理的 ZF 公理系统中才可能得到。数学界评论说,科恩解决了连该专业的专家都未能解决的问题。著有《集论与连续统假设》(1966 年)等书。他因此于 1966 年获得国际数学界最高荣誉之一——菲尔兹奖。他还获 1964 年美国数学学会博克纳纪念奖,1967 年美国国家科学奖、美国原子能学会特别奖。

（徐平五）

潘承洞（Pan Chengdong） 中国江苏省人,1934 年 5 月 26 日生于江苏苏州,1997 年 12 月 27 日卒于山东济南。*解析数论。*

1956 年北京大学数学力学系毕业。留校任教,并于 1961 年该校研究生毕业。同年到山东大学数学系工作,1978 年晋升教授,1979 年后历任数学系主任、副校长、校长兼数学研究所所长。曾兼任中国数学学会副理事长、山东省科学技术协会主席等职。1991 年当选为中国科学院学部委员(院士)。

20 世纪 50 年代,在国际上率先获得算术数列中最小素数的上界定量估计,这一工作被国际数论大师哈斯(H. Hasse)作为一条定理收入其名著《数论讲义》中。60 年代起从事著名的哥德巴赫猜想的研究。哥德巴赫猜想是德国数学家哥德巴赫于 1742 年提出的命题:任何不小于 6 的偶数都可表述为两个素数之和,即{1,1},也简记为“1+1”。数学家采用方法之一是确定命题{1,C}中 C 的具体数值,其中 C 即 C 个素数乘积,当 C 减至 1 时,哥德巴赫猜想便被证明。1962 年,潘承洞证明了命题{1,5};同年又和王元合作证明了{1,4}成立,为后来的命题{1,3}和{1,2}的证明打下了基础。70 年代,在简化陈景润的陈氏定理{1,2}时,提出并证明了一条新的均值定理,发展和推广了邦别里定理。80 年代后,为了最终解决哥德巴赫猜想,提出了完全有异于经典“圆法”的新方法,其中的误差项比“圆法”简明而易于处理;提出了处理小区间上素变数指数和估计的新分析方法,使表大奇数为 3 个几乎相等的素数之和能得到更精确的结果。

发表论文 50 余篇;出版《哥德巴赫猜想》(1981 年,与潘承彪合著)、《大偶数理论》等专著、教材 8 部。多次获奖,其中有:1978 年获全国科学大会奖,同时获全国科技先进工作者称号;因哥德巴赫猜想研究,与陈景润、王元共同获得 1982 年国家自然科学奖一等奖;1995 年

获何梁何利科学与技术进步奖。 （蒋　睿）

林群（Lin Qun） 中国福建省人，1935年7月15日生于福建连江。泛函分析、计算数学、应用数学。

1956年厦门大学数学系毕业。同年到中国科学院数学研究所泛函分析研究室工作。1980年到中国科学院系统科学研究所工作，1983年升任研究员，1991年起任该所副所长、学术委员会主任等职。兼任中国数学学会副理事长、天津大学等校兼职教授。1993年当选为中国科学院学部委员（院士）。1999年当选为第三世界科学院院士。

在有限元计算中，揭示了随意“剖分”和通常的“形函数”表示会造成计算结果的数量级差异，首次提出“最优剖分”和“最优形函数表示”原则；首次发现工程计算中的“超收敛”不是个别点，而是整体现象，还证明了在流体计算中也有超收敛现象，有力推进了工程计算理论的基础研究；他与合作者开创性地建立了包括算子迭代、校正和外推在内的高精度算法的系统理论，一改过去以复杂算法换取高精度的技术路线，在国际上被称为“林群迭代”、“林方法”而受到广泛引用，其中“有限元外推技术”获1989年中国科学院自然科学奖一等奖；在偏微分方程、积分方程和本征值问题的求解方法上，建立加速理论，对许多本来收敛慢、甚至不收敛的解法进行加工以达到快收敛，被学术界评为“当今最有希望的三种加速理论之一”；通过微观分辨技术，优化计算方法内部结构，推出一批新算法，使计算结果的误差降到极小，并将新算法应用于核电站及堆石坝等工程计算中，诱发了国际同行的后继工作。

出版有《高效有限元构造与分析》（1996年，与他人合著）等专著，《微积分连环画》等科普著作。2001年获捷克科学院“数学科学成就”荣誉奖章。 （兰必丰）

张恭庆（Zhang Gongqing） 中国上海市人，1936年5月29日生于上海。非线性泛函分析、偏微分方程。

1959年北京大学数学力学系毕业。留校任教。1983年任北京大学数学系教授，先后任数学研究所所长、数字与应用数学重点实验室主任。兼任世界数学家联盟发展与交流委员会委员、中国数学学会理事长、中国高校数学研究与人才培养中心主任、国家教育部科技委员会数理学部主任、香港科学技术大学等校兼职教授等职。1991年当选为中国科学院学部委员（院士）。1994年当选为第三世界科学院院士。

建立和发展了孤立临界点无穷维莫尔斯理论，把几种不同的临界点定理纳入了一个新的统一的理论框架；发现多个新的重要的临界定理；发展了集值映射拓扑度和不可微泛函的临界点理论；解决了一类非线性偏微分方程的自由边界问题。主要著作有《临界点理论及其应用》（1986年）、《线性泛函分析讲义》（上册1987年，下册1990年）等。多次获国家和部委级科技奖，其中有1982年国家自然科学奖三等奖，1986年陈省身数学奖，1987年 国家自然科学奖二等奖，1993年第三世界科学院数学奖，1995年何梁何利科学与技术进步奖等。

（官新保）

张景中（Zhang Jingzhong） 中国河南省人，1936年12月30日生于河南汝南。微分动力系统、应用数学、几何算法、计算机科学与工程。

1959年北京大学数学力学系毕业。先后任中国科学技术大学数学系讲师、副教授，中国科学院成都分院数理科学中心研究室主任、副研究员，中国科学院成都计算机应用研究所所长、名誉所长，广州大学计算机教育软件研究所所长、教授。曾在意大利国际理论物理中心、美国维哥塔大学等院校做客座教授。兼任中国数学学会常务理事、首都师范大学现代教育技术中心特聘教授等职。1995年当选为中国科学院院士。

20世纪70年代末后，在数学领域特别是离散微分动力系统、计算几何等算法方面，取得一系列有国际水平的成果，并用于解决国民经济建设中的实际问题。应用数学方法发展了非线性振动技术，研制成功“安全节能低噪声木工电磁振动切削工艺”；1985年后将几何新方法用于机器证明，与合作者创建了几何定理可读证明自动生成的原理和方法，可在微机上快速进行几何证明、计算和发明新定理；发展了几何算法研究，解决了初等图形在欧氏空间嵌入等问题；开拓教育数学研究，提出以面积为中心的几何教材新体系新方法；建立极限概念的非e语言和连续归纳法；将自动推理方法用于开发新型智能理科教育软件。

发表学术论文近200篇；科普文章百余篇；出版《几何定理机器证明理论与算法新进展》等专著多部；以及科普著作20余部。获1982年国家发明奖二等奖、1997年国家自然科学奖二等奖、1995年中国图书奖一等奖、中国科学院自然科学奖一等奖等。 （赵　骞　李　烨）

芒福德，D.B.（Mumford，David Bryant） 美国人，1937年6月11日生于英国萨塞克斯郡沃斯。代数学、射影几何学。

1961年获哈佛大学博士学位。留校任教，1967年任数学教授，1981～1984年任数学系主任。1975年当选为美国国家科学院院士。1995～1999年任国际数学家联合会主席。

主要研究模理论，讨论模簇的存在性与结构问题。用经典的不变性理论构造模簇，循着希尔伯特的方法建立了模问题中“稳定”对象的概念，从而得到一系列结果。1966～1967年发展了ζ函数的代数理论；对代数曲面理论作出过重要贡献；证明了费尔马大定理的解在某种意义上是稀疏的。还研究过簇的p进单值化、特征行列式的朔特基及差分算子的等谱变形问题。主要著作有《几何不变式论》（1965年）、《阿贝尔簇》（1970年）、《投影簇的稳定性》（1977年）等。1974年获国际数学家大会的菲尔兹奖。此外获美国数学学会2006年肖氏奖、2007年斯蒂尔奖，2008年沃尔夫奖。 （徐平五）

姜伯驹（Jiang Boju） 中国浙江省人，1937年9月4日生于天津。*拓扑学*。

原籍浙江平阳。1957年北京大学数学力学系毕业。一直留校任教，后任教授，曾任该校数学科学学院院长。1979年后，曾在美国普林斯顿高等研究院、德国海德堡大学等多所国际名校和研究机构任客座教授。兼任南开大学数学研究所副所长等职。1980年当选为中国科学院学部委员（院士）。1985年当选为第三世界科学院院士。

20世纪60年代起，他在关于方程解个数一般理论即不动点类理论研究上获突破性进展，解决了自20年代尼尔森理论创立以来的最大疑难，打破了该理论停滞数十年的局面。1964年首创迹群和有限覆迭方法，有效地计算了一类较为广泛空间的尼尔森数，迅速引起国际关注，此后"姜子群"、"姜空间"成了不动点理论常用术语。1978年后，将不动点理论应用于低维拓扑学，发现对于曲面自同胚，尼尔森数一定等于最少不动点数，而对于曲面自映射，尼尔森数可以小于最少不动点数。此外，1995年起由他牵头、14个院校参加的"面向21世纪数学类专业教学内容与课程体系改革"国家项目取得了突出成绩；曾主持北京大学数学教改工作。

主要著作有《尼尔森不动点理论讲座》（1983年，英文版）、与他人合著教材《解析几何》、合译教材《同调论》等；优秀普及读物《一笔画与邮递路线问题》、《绳圈的数学》（1991年）等深受读者欢迎。多次获奖，其中有1982年、1987年国家自然科学奖三等奖、二等奖，1988年陈省身数学奖，1991年中国数学学会数学传播奖，1996年何梁何利科学与技术进步奖，2001年华罗庚数学奖、国家级教学成果特等奖等。 （沈文辉 李孙演）

李大潜（Li Daqian） 中国江苏省人，1937年11月20日生于江苏南通。*数学基础、数学物理、应用数学*。

1957年复旦大学数学系毕业。留校任教。1966年该校在职研究生毕业。1980年晋升复旦大学教授，曾任副校长、研究生院院长。期间曾在法国巴黎法兰西学院、美国洛杉矶加利福尼亚大学等校任访问学者。兼任国家教委高等学校数学研究与高等人才培养中心主任、中法应用数学研究所所长、中国数学学会副理事长、中国工业与应用数学学会理事长、上海市科学技术协会副主席、上海市数学学会理事长、上海市工业与应用数学学会理事长、《数学年刊》主编等职。1995年当选为中国科学院院士。1997年当选为第三世界科学院院士。2006年受聘为法国科学院外籍院士。2008年获法国巴黎第十二大学荣誉博士学位。

以空气动力学为背景，研究了偏微分方程中的新兴领域——非线性双曲型方向组理论，特别是它的自由边界和间断解问题，建立了目前世界上最完整的局部解理论，并获得有关整体解的阶段成果；解决了非线性波动方程经典解的整体存在唯一性、及其生命跨度的精确估计问题；将偏微分方程的等值面边值问题解法应用于生产实际，为电阻率测井提供了一套具有国际先进水平的完整数学模型和方法，据此研制的测井仪器已成功用于大庆等10多个油田，为国家节约了大量外汇。发表论文近200篇；撰有《数学物理方程》、《优先元素法在电法测井中的应用》等专著教材10多部，其中4部在美国、英国和法国出版。获国家自然科学奖二等奖、国家自然科学奖三等奖、教育部科学技术进步奖一等奖、上海市科学技术进步奖一等奖和全国高等学校教材国家优秀奖等多种奖励。 （杨 鹏）

诺维科夫，С. П.（Новиков，Сергей Петрович；Novikov，Sergey Petrovich） 俄罗斯人，1938年3月20日生于俄罗斯高尔基城（今罗夫哥诺德市）。*拓扑学、动力系统、数学物理*。

父母都是杰出数学家。1960年获莫斯科大学数学力学系学士学位。1964年、1965年先后获苏联科学院数学研究所副博士、博士学位。毕业后回莫斯科大学执教，升任数学教授。1971年调任苏联科学院理论物理研究所朗道数学研究室主任。1992年后定期去美国马里兰大学任教。1966年当选为苏联科学院通讯院士，1981年当选院士。1985～1996年任莫斯科数学学会会长。1993年当选为欧洲科学院院士。1994年当选为美国国家科学院外籍院士。

1970年菲尔兹奖得主。他的重要数学贡献主要在拓扑学、动力系统领域。研究生涯始于拓扑学：一是贯通同调论、同伦论和配边论等不同分支进行等价类研究。同调论属代数拓扑学，研究n维空间多面体中的单纯形、复形与顶点间各种关系；同伦论用"同伦"方法进行拓扑分类并研究其性质和应用；配边论属微分拓扑学，用"配边"方式判定拓扑类并研究其性质和应用。他用同伦论和配边论相互解决对方的问题，并把配边论变为广义上同调论研究其性质，得出许多新发现，有力推动了同伦论发展，也使配边理论成为现代拓扑学重要工具之一。二是探讨不变性。"等价类"本质上也是"不变性"的一种描述，其首要问题是"示性类理论"研究，它要回答微分流形M上任一点x处是否都有k个线性独立的切向量场。1965年，他在高维流形分类问题上提出著名的诺维科夫猜想：在基本群产生的流形上，庞特里亚金示性类的某类多项式具有同伦不变性。1966年他证明了组合流形的有理庞特里亚金示性类的拓扑不变性，于1970年荣获菲尔兹奖，时年32岁。

在数理科学与动力系统方面：他在分析齐性宇宙学模型动力系统时，和自己学生一起解析地刻画出一类奇异吸引子；发展了经典数学对微分方程求解的可积性研究，发现不仅在经典力学、量子力学和统计力学中，而且在量子场论、超弦理论和孤子理论等物理学前沿领域，都广泛存在可积模型；20世纪70年代后，关注孤子理论研究，并由此引伸到可积系统、共形场理论及量子群理论的研究；与物理学家合作，在规范场理论、多值泛函理论方面取得开创性成果；近年来将物理直观与拓扑技巧结合，与其学生一起在弦论中取得许多重要结果。除弗尔茨奖外，还获苏联1967年列宁奖金，1981年苏联科学院罗巴切夫斯基奖，2005年沃尔夫数学奖等。

（李 烨 李啸虎）

贝克，A. (Baker, Alan)

英国人，1939年8月19日生于英国伦敦。数论、代数学。

在伦敦大学学院获理学士学位。在剑桥大学获文科硕士学位。1964年获剑桥大学三一学院博士学位。留校工作。1974年升任剑桥大学纯数学教授。1973年被选为英国皇家学会会员。

对超越数的研究作出过重要贡献。特别在1966年获得的关于代数数对数的线性形式的结果，为解决一大类丢番图问题提供了正确途径，因此荣获1970年国际数学家大会的菲尔兹奖。1970年，和科茨(J. Coates)合作给出确定亏格I的任意代数曲线上的所有整点的算法，导出丢番图指数方程的一系列全新结果。他的理论可用来解决高斯的《算术研究》一书中提出的一些经典问题，改进刘维尔在1844年给出的一个不等式、是解决某些p进数论问题的工具、在椭圆函数和阿贝尔函数方面开辟了新的研究领域。主要著作有《超越数论》(1975年)、《超越理论》(1977年)、《数论简介》(1984年)、《对数形式和多番图几何》(2007年，与他人合著)和《超越数论的新进展》(1988年)等。

（徐平五）

杨乐 (Yang Le)

中国江苏省人，1939年11月10日生于江苏南通。函数论。

1962年北京大学数学力学系毕业。同年到中国科学院数学研究所做熊庆来的研究生。后来留所工作。1977年和1979年先后任副研究员和研究员。1982年和1987年先后出任该所副所长、所长。1998年任中国科学院数学与系统科学研究院院长。兼任《数学学报》主编、中国数学学会理事长。1980年当选为中国科学院学部委员(院士)。

对于整函数与亚纯函数$f(z)$，讨论方程$f(z)=a$是否有根以及根的多少与分布，这方面的研究形成了"函数值分布理论"的数学分支领域。杨乐单独或者与他人合作，在函数值分布理论的研究方面取得了具有世界水平的独创性成果。特别是在20世纪70年代中期，他与张广厚合作，开创性地发现了有关整函数与亚纯函数的亏值数目与奇异方向数目之间的联系，提出整函数的亏值数目不超过奇异方向数目一半，而极大多数亚纯函数(有穷正级)的亏值数目不超过奇异方向数目。这一定理或不等式被国际数学界称为"杨-张定理"或"杨-张不等式"。1982年，他与海曼(W. K. Hayman)合作，解决了半个多世纪悬而未决的利特尔伍德猜想。还在亚纯函数的亏函数、亚纯函数奇异方向的分布规律、全纯与亚纯函数的正规族理论的研究等方面取得许多出色成果。1982年出版了专著《值分布论及其新研究》，该书现已成为国际上函数值分布理论领域的权威性文献。获1978年全国科学大会奖、1982年国家自然科学奖二等奖、1983年全国优秀科技图书奖一等奖、1994年中国图书奖等各种奖励。

（宣焕灿）

奎伦，D. G. (Quillen, Daniel Grey) 美国人，1940年6月27日生于美国新泽西州奥兰治，2011年4月30日卒于佛罗里达州盖思斯维尔。拓扑学、同伦代数学。

物理教师之子。入哈佛大学攻读，1961年获文学士学位，1964年获数学专业哲学博士学位。同年任教马萨诸塞理工学院，1971年任该校教授。1984～2006年任牛津大学玛格达伦学院纯数学教授。是美国国家科学院院士。

在拓扑和代数，特别是代数K理论方面作出过重要贡献。在研究中充分使用了范畴理论、函子理论和同调代数中的技巧。1970年用一种与基于有限群的模表示理论完全不同的方法证明了亚当斯猜想。同年又给出了高K群的自然而简单的定义。1976年证明了J. P. 塞尔在1955年提出的关于多项式环上的射影模的重要猜想。主要著作有《同伦代数》(1967年)等。1974年获美国数学学会的科尔奖。1978年获菲尔兹奖。

（徐平五）

刘应明 (Liu Yingming) 中国福建省人，1940年10月8日生于福建福州。拓扑学，模糊数学。

1963年北京大学数学力学系毕业。一直在四川大学工作，后任教授、副校长兼研究生院院长。兼任中国数学学会副理事长、模糊数学与模糊系统学会副理事长、国际模糊系统学会副理事、四川省科学技术协会副主席、四川川大智胜软件股份有限公司董事长等职。1995年当选为中国科学院院士。

主要从事拓扑学与不确定性(主要是模糊性)数学处理等领域的研究，取得有国际影响的成果。与他人合作研究一般拓扑及不分明拓扑，引进了重域概念，解决了不分明点概念及其邻近构造和收敛这两个基本问题，在积空间和商空间问题上有所突破；解决了经典拓扑中有名的CW复形的怀特海问题；与合作者解决了有关多曼(Domain)拓扑结构的劳森-米斯洛夫(Lawson-Mislove)问题；在格上拓扑研究的模糊性邻近构造上有深入发现，奠定了格上拓扑有点化流派基础；在嵌入理论、紧化理论、哈恩-迪尤多恩(Hahn-Dieudonne)插入定理格值化等难题上都实现了突破，把数学家埃雷斯曼(Ehresmann)倡导的格上拓扑推向了新阶段；在多元函数的简单逼近问题上，与合作者给出了一类函数的经典科尔摩哥洛夫(Kolmogorov)表示的简捷逼近式，实现了真正的降维处理，引起了国际上多值逻辑与人工智能专家的关注。此外，圆满完成了与模糊信息处理有关的国家 863 重大项目，推动了中国模糊技术产业化。发表论文逾百篇；译有《拓扑结构与代数结构》(2000 年)等。获国家和省部级奖励 10 余种。（杨 鹏）

邦别里，E.（Bombieri，Enrico） 意大利人，1940 年 11 月 26 日生于意大利米兰。数论、多复变函数、偏微分方程。

1963 年获米兰大学数学博士学位。1966 年任比萨大学教授。1977 年任普林斯顿高等研究院数学教授。1984 年成为法国科学院外籍院士。1996 年当选意大利科学院院士。

在数论、单叶函数、多复变函数、偏微分方程和代数几何等方面都取得过重要成果。改进了林尼克(J. V. Linnik)和伦伊(A. Renyi)创立的大筛法，把它应用到算术级数中的素数分布问题上，得到了现今的邦别里中值定理，解决了不少以前要用到复杂技巧和推广的黎曼假设才能处理的问题。研究了极小曲面的奇异点的存在性。1969 年和德乔治(De Giorgi)、E. 吉乌斯蒂(E. Giusti)在 R^8 中构造了一个 7 维极小曲面，它有本性奇异点；进一步证明了在 R^{n+1} 上的 n 维极小曲面，当 $n\leqslant 7$ 时这种奇异性都存在。1970 年还证明了复变量半纯函数的代数值定理。1967 年又把比伯巴赫猜想的局部正确性推广到一切整数 n 的情形。1974 年获国际数学家大会菲尔兹奖。1976 年获意大利科学院费尔特里内利奖。（徐平五）

严加安（Yan Jiaan） 中国江苏省人，1941 年 12 月 6 日生于江苏邗江。概率论、随机分析、应用数学。

1964 年中国科学技术大学应用数学系毕业。先后在中国科学院数学研究所、应用数学研究所工作，1986 年起任研究员，中国科学院数学与系统科学研究院学术委员会副主任。期间 1973～1975 年在法国斯特拉斯堡大学数学系、1980～1982 年在联邦德国海德堡大学数学系当访问学者。兼任中国数学学会概率统计学分会理事长等职。1999 年当选为中国科学院院士。

在中国率先开展金融数学研究。在鞅论研究中，提出了局部鞅分解引理，被国际上称为“严引理”和“局部鞅基本定理”；给出了半鞅随机积分的“初等”定义，为研究随机积分性质提供了简易途径；用简单的统一方法获得了指数鞅一致可积性准则，改进了诺维科夫(Novikov)和卡扎马奇(Kazamaki)准则及其某些结果。在白噪声分析中，用傅立叶变换的严格定义，引进了重正化算子；与迈耶(P. A. Meyer)教授合作，首次对广义泛函定义了威克(Wick)乘积，并系统研究了白噪声分析的框架，其成果被国际上称为“迈耶-严空间”，并载入权威的《数学百科全书》。在金融数学领域，他给出了一类凸集的刻画，近年来成为金融研究中“资产定价基本定理”的重要数学工具，有关的一个结果被称为克雷普斯-严(Kreps-Yan)定理。此外推广了无穷维分析中著名的格罗斯(Gross)定理和米洛斯(Minlos)定理。

发表论文逾百篇；已出版《半鞅与随机分析》(与他人合著)等专著 9 部(其中外文 3 部)。获国家自然科学奖二等奖，中国科学院科学技术进步奖二等奖和自然科学奖一等奖等多种奖励。（廖天明）

德利尼，P. R.（Deligne，Pierre René） 比利时人，1944 年 10 月 3 日生于比利时布鲁塞尔。代数几何、数论。

1962～1966 年先后就读于布鲁塞尔自由大学和巴黎高等师范学校，获数学专业的文学士学位。1968 年获布鲁塞尔自由大学博士学位。1970 年任欧洲高等研究院终身教授。1994 年成为比利时皇家科学院院士。是法国科学院、美国文理科学院外籍院士。

主要贡献在代数几何和数论方面。1968 年证明了韦尔(A. Well)于 1949 年提出的由 n 个未知数的多项式组成的方程组的复数解，构成连续统或流形的猜想，隐含着拉马努金猜想。1973 年运用上同调理论进一步证明了该猜想。该证明可用来进一步推得代数几何与数论中的一些重要结果。1974 年获比利时皇家科学院德吕兹奖，法国科学院庞加来金质奖章。1978 年获菲尔兹奖。（徐平五）

丁伟岳（Ding Weiyue） 中国上海市人，1945 年 4 月 26 日生于上海。偏微分方程、非线性分析、几何分析。

1967 年北京大学数学力学系毕业。1981 年与 1986 年先后获中国科学院数学研究所硕士、博士学位。先后任中国科学院数学研究所研究员，北京大学数学研究所所长、教授。兼任中国数学学会副理事长等职。1997 年当选为中国科学院院士。

他对著名的庞加来-伯克霍夫定理进行推广和应用，尤其在用于解决常微分方程周期解存在性等问题上取得重要进展；在关于具有高斯曲率的共形形变方面，世界著名数学家尼伦伯格(Nirenbeg)在 1973 年找到了假设 R 为偶函数时的答案，1987 年丁伟岳进而将之广义化，在没有任何假设条件下取得了一系列突破性进展，首次证明了该问题有解的充分条件，发展了具共形不变性的半线性椭圆方程的理论，在国际数学界获得好评；1988 年参加国家科学基金重大项目“现代数学中若干基本问题的研究”的“非线性分析”课题，在调和映射的存在性问题、IR^n 上的雅马贝(Yamabe)热流方程和方法、卡布勒(Kabler)-爱因斯坦度量存在性等交叉学科领域，取得有国际影响的创新成果，受到国际同行关注和赞赏；近期指导一个几何分析青年研究中心，集中了一批该领域的优秀青年数学家，取得了一系列成果。多次获奖，其中有国家自然科学奖二等奖、陈省身数学奖、求是杰出青年奖等。（李啸虎）

文兰（Wen Lan） 中国安徽省人，1946 年 3 月 14 日

生于甘肃兰州。数学力学、微分动力系统。

原籍安徽泾县。1964 年考入北京大学数学力学系，1970 年毕业。1978 年考取北京大学数学系廖山涛院士的研究生，1981 年获硕士学位。1982 年赴美国纽约州立大学留学；两年后转至美国西北大学数学系，1986 年获博士学位。1988 年回国，在北京大学博士后流动站工作。1990 年出站留校执教，北京大学数学系教授，曾任北京大学数学科学学院院长等职。兼任中国数学学会理事长等职。1999 年当选为中国科学院院士。

20 世纪 80 年代，在美国西北大学通过的博士论文，解决了微分动力系统中重要的非扩张双曲吸引子的约化问题；回国后，在廖山涛院士指导下，解决了微分动力系统中一个非常重要而又十分困难的基本问题：不可逆系统的 C^r 封闭引理。90 年代后，钻研微分动力系统的中心问题——稳定性猜测，在一定附加条件下证明了非扩张双曲吸引子的威廉斯(Williams)猜想；将可逆系统的 C^r 封闭引理扩充到不一定可逆系统，解决了由可逆到不可逆所产生的实质性困难；建立了流的遍历封闭引理；与他人合作证明了一个一般的 C^r 衔接引理，并由此解决了若干轨道衔接问题难题；以 C^r 衔接引理作为新的强有力的扰动工具，得以和国外某数学家分别独立解决了流的 C^r 稳定性猜测；随后又与夏志宏合作建立了更为广泛的 C^r 衔接引理；近年来钻研廖山涛院士的阻碍集理论，首次以一种简化形式对廖的理论作了系统阐述；研究当今微分动力系统的主猜测——C^r 稠密性猜测，已取得一系列重要成果。他的工作为动力系统不可逆系统理论的发展奠定了基础，在国际上反响强烈。多次获奖，其中有 1992 年国家教委科学技术进步奖二等奖、1996 年陈省身数学奖、1997 年求是杰出青年学者奖等。 （李 烨 李啸虎）

马尔古利斯，Г. А.（Маргулис, Григорий Александрович; Margulis, Grgori Aleksandrovich） 俄罗斯人，1946 年 2 月 24 日生于莫斯科。代数学、数学分析、数论。

少年时已是优秀棋手。1967 年、1970 年先后获莫斯科大学数学系学士、数理科学副博士学位。期间 1968 年获莫斯科数学学会“年轻数学家”称号。毕业后到苏联科学院莫斯科信息与通信问题研究所工作，很快升至研究员，1986 年任学科组组长。1988～1991 年先后应邀到德国马克斯·普朗克研究所、法兰西学院、哈佛大学和普林斯顿高等研究院等处作客座研究。1990 年入选美国文理科学院外籍院士。1991 年起任美国耶鲁大学客座教授。1996 年聘为印度塔塔基础理论研究所荣誉研究员。

1978 年菲尔兹奖得主。1960 年 A. 塞尔贝格等人提出了著名的“塞尔贝格猜想”：除了一些例外，一般的格子群都是算术群。1966 年苏联的皮亚捷斯基-沙皮罗(I. Piatetski-Shapiro)又明确将这一猜想归纳为：“对于大多数半单李群，其格子群都是其算术子群”。在数学界，有人认为这个问题就像一堵光滑岩壁，让人无从着手攀登。1968 年，马尔古利斯对非紧致(开集)情形的塞尔贝格猜想做了突破性研究，很快引起关注；他接着奋战六年，于 1974 年完全论证了塞尔贝格猜想，整个数学界为之震动。1974～1976 年，他利用代数几何和遍历理论的最新进展，进一步证明该猜想对没有紧因子和实秩 $r \geqslant 2$ 的半单李群也是成立的，并得到紧致情形时的结果。美国菲尔兹奖得主 D. B. 芒福德誉之为“惊心动魄”；法国沃尔夫奖得主蒂茨(J. L. Tits)说：“在我主持马尔古利斯论文研讨班的一年中，我所学到的数学比我以前所有学过的数学都要多。”由此可见其最终成果影响之大。他因完全解决了关于李群的离散子群的塞尔贝格猜想，于 1978 年荣获菲尔兹奖，年仅 32 岁。鉴于种种原因，1978 年他未获准去赫尔辛基领取菲尔兹奖，只得委托蒂茨代为宣读发言。次年他获准出国访问，并接受了国际数学家大会执委会补发的菲尔兹奖。

1986 年，他还完全解决了代数几何中的“奥本海默猜想”。1929 年奥本海默 (A. Oppenheim)提出“关于在整点上的无理系数二次型的不确定值问题”。1940～1946 年间，一些数学家相继证明了该猜想一些特殊情形为真。马尔古利斯综合运用解析数论、李群理论、代数群论、遍历理论、表示论、归纳论和数论等不同方法，以高超技巧彻底解决了此一问题。著有《李群离散半群的四则运算推理》等书。除了菲尔兹奖外，还获 1990 年法兰西学院勋章、1995 年德国汉堡奖、1996 年罗巴切夫斯基奖等。 （李 烨）

瑟斯顿，W. P（Thurston, William Paul） 美国人，1946 年 10 月 30 日生于美国华盛顿，卒于 2012 年 8 月 21 日。代数几何、微分几何、拓扑学、计算机图形学。

1967 年获美国佛罗里达州萨拉苏塔新学院数学学士学位。1972 年获伯克利加利福尼亚大学数学博士学位。毕业后在普林斯顿高等研究院从事博士后研究一年。1973 年任马萨诸塞理工学院助理教授。1974～1992 年任普林斯顿大学教授。1992～1997 年出任伯克利加利福尼亚大学数学科学研究所所长。1997 年后任戴维斯加利福尼亚大学教授。1982 年入选美国国家科学院院士。

1982 年菲尔兹奖得主。在叶状结构理论、克莱因群、三维流形理论、双曲几何学、复动力系统、组合论和计算机图形学等诸多领域都有先驱性研究，并推动了相关学科发展。主要贡献在三维闭流形拓扑分类方面。1904 年代数拓扑学奠基人 J.-H. 庞加来提出了一个猜想：单连通的三维闭流形必与 S^3 同胚；据此后人又提出 n 维的庞加莱猜想：当维数 $n \geqslant 4$ 时，单连通的闭流形若与 S^n 有相同的同调群，亦必与 S^n 同胚。这个猜想是拓扑学最大难题之一。1960 年 S. 斯梅尔证明了维数 $n \geqslant 5$ 的庞加莱猜想，1981 年 M. 弗里德曼证明了四维情形，但庞加莱原来的三维猜想则长期未能解决。瑟斯顿采用几何化方法，从二维推广到三维流形拓扑，通过某些李群齐性空间引进 8 种典型几何结构，并猜想任何维流形内部是一些子流形并集，其中每个子流形都归属这 8 种几何结构之一。虽然他最终未能证明三维庞加来猜想，但对于许多类流形证明了自己的猜想，其中包括“哈肯流形”。1978 年他证明了哈肯流形双曲结构存在定理，其超众思维被数学界戏称为神通广大的“妖怪”，并因此获 1979 年沃特曼大奖。在这一研究过程中，他还证明了长期悬而未决的史密斯猜想。瑟斯顿三维流形几何化理论与复分析、数论和动力系统密切相关，代表作《三维流形的几何与拓扑》对数学界有重要影响。尤其是，他利用计算机图形学编程技术处理双曲几何和流形分类问题，被认为是继计算机证明四色猜想之后的又一典范。因三维闭流形拓扑分类的杰出贡献而获 1982 年菲尔兹奖。

此外，他在流形叶状结构理论上有重要成果。其早期研究解决了微分流形叶状结构的存在性问题，并得到一系列新成果，其中有：构造出不可数无穷多的叶状结构具有不可数无穷多的戈德比伦-维伊不变量；把黑利夫格尔叶状结构理论推广到闭流形、计算分类空间的同调等多个领域；推得 n 维紧致流形上存在一个光滑 $n-1$ 维叶状结构的充要条件是，该流形的欧拉示性数等于零。因此获 1976 年美国数学学会五年一度的维布伦几何奖。

（李孙演　李啸虎）

孔涅，A.（Connes，Alain） 法国人，1947 年 4 月 1 日生于法国德拉吉尼昂。*泛函分析、算子代数。*

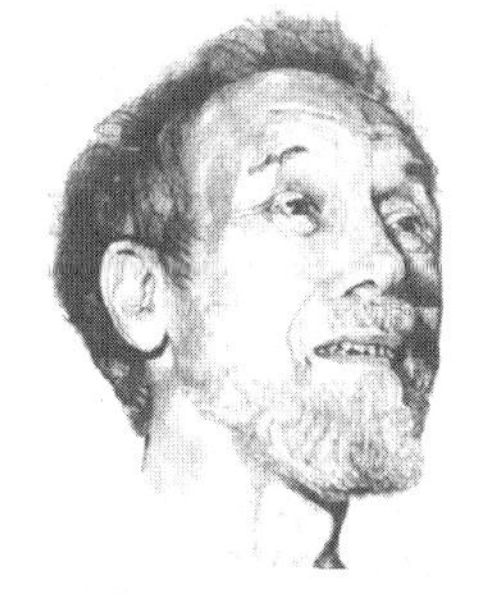

1970 年毕业于巴黎高等师范学校数学系。同年在法国国家科学研究中心从事数学研究，1973 年获法国国家博士学位。1974 年在加拿大安大略女王大学做访问学者。1975 年任巴黎大学第六分校数学教授。1978～1979 年出访普林斯顿高等研究院。1980 年任法国高等科学研究院教授。1983 年当选为法国科学院院士，是该院当时最年轻的院士。1984 年兼任法兰西学院教授。同时是丹麦科学院、美国文理科学院、挪威科学院、加拿大皇家科学院、美国国家科学院等外籍院士。

他的数学研究领域十分广泛，最主要贡献在算子代数方面。算子代数由匈牙利数学家冯·诺伊曼于 20 世纪 30 年代初所创立，其重要领域是因子理论（即维数理论），它来源于量子力学中的交换关系。1973 年，孔涅在其博士论文“Ⅲ型因子的分类”中引入了 S 不变量，首次完成对Ⅲ型因子的分类，同时解决了冯·诺伊曼提出的因子论领域一系列问题，并发现了该理论的许多新应用。后又转向对算子代数、叶状结构和指标定理之间关系的研究。他系统研究了非交换微分几何，做出了杰出工作，其研究成果在物理学中得到了重要应用。在拓扑学上，与别人一道证明了用量子积分可以给出拓扑庞特里亚金类的局部公式。在数论上，对黎曼 ζ 函数的零点给出了谱解释。这一黎曼猜想被人称为 21 世纪数学中的重中之重，1966 年菲尔兹奖得主 M. F. 阿蒂亚高度评价说：“孔涅用 20 世纪数学的整个机器重建了黎曼猜想”。学术界确信孔涅有关非交换几何的思想与方法将有助于黎曼猜想的最终解决。1974 年、1978 年和 1986 年，他在国际数学家大会上作特邀报告。

发表论文百余篇；出版《非交换几何学》（1990 年法文本、1994 年英文本）等专著。获 1982 年菲尔兹奖，此外获 1975 年爱梅·贝尔特奖、1976 年皮科－魏蒙奖、1977 年法国科学研究中心银质奖章、1980 年安培奖、1981 年法兰西电学奖、2001 年瑞典皇家科学院克雷福德奖等。

（李啸虎）

马志明（Ma Zhiming） 中国四川省人，1948 年 1 月 25 日生于四川成都。*概率论、随机分析。*

1978 年重庆师范学院数学系毕业。1981 年获中国科学技术大学数学硕士学位。1984 年获中国科学院应用数学研究所博士学位。1981 年起，任中国科学院数学与系统科学研究院学术委员会主任，应用数学研究所所长、研究员。1995 年当选为中国科学院院士。1998 年当选为第三世界科学院院士。兼任国际数学联盟执行委员会委员，中国数学学会副理事长、理事长，《应用概率统计》杂志主编，在北京召开的 2002 年国际数学家大会地方组织委员会主席等职。2004 年获英国拉夫伯勒大学荣誉博士学位。

中国国家重点基础项目“核心数学的前沿问题”首席科学家。主要从事概率论、随机分析及其相关领域基础研究与应用研究，尤其在狄氏型与马氏过程、维纳空间容度理论、费曼-卡克（Feynman-Kac）半群、薛定锷方程、随机线性泛函、无处拉登光滑测度环空间等国际数学前沿中，获多项重要成果。狄利克雷型理论源于经典位势论，迄今已成为解析位势与随机分析有机结合的交叉分支学科，应用于量子场论等许多领域。马志明首次突破“局部紧”和“正则”两大限制，解决了该领域 20 年悬而未决的难题，创立了拟正则狄氏型与右连续马尔可夫过程一一对应的新数学框架，为研究奇异问题和无穷维问题提供了有力的新思路、新方法；在路径空间分析上，特别是马利亚文（Malliavin）算法研究中，他与人合作首次证明维纳空间的容度与所选取的可测范数无关；与人合作得到黎曼紧流环空间上带位势项的索博列夫对数（log-Sobolev）不等式，这是目前国际上最好的结果。他的研究成果经常被国际数学界引用，并应邀在 1994 年国际数学家大会作专题报告。获多种大奖，其中有 1992 年德国普朗克研究奖，中国科学院自然科学一等奖，1993 年国家自然科学奖二等奖，中国国家自然科学基金奖，1995 年陈省身数学奖，1996 年求是杰出青年学者奖等。

（李孙演　李啸虎）

丘成桐（Yau，Shing-Tung） 华裔美国人，1949 年 4 月 4 日生于中国广东汕头。*微分几何、偏微分方程。*

1969 年毕业于香港中文大学数学系。1971 年获伯克利加利福尼亚大学数学博士学位。1971～1972 年任普林斯顿高等研究院研究员。1972 年转任纽约州立大

学数学副教授。1973年在斯坦福大学任教，1976年升为教授。1980年获香港中文大学理学博士学位。后任哈佛大学教授、普林斯顿高等研究院终身教授。1993年当选为美国国家科学院院士。1994年成为中国科学院外籍院士。

主要成就在微分几何及偏微分方程方面，解决了许多停滞多年的数学问题。1977年发表了"卡拉比猜想与代数几何中的某些新结果"，文中证明了一个高度非线性的椭圆型方程的解的存在性，并由此证明了紧寇勒流形上具有给定体积形式的卡勒度量的存在性。这实质上就是渊源于代数几何的卡拉比(E. Calabi)猜想。1979年他与舍恩(R. Sehoen)应用非线性偏微分方程和变分法的新方法，在一般情形下解决了广义相对论中长期悬而未决的正质量猜测问题，从数学上论证了孤立系统的局部质量密度非负，则总质量非负。他在高维闵可夫斯基问题、三维拓扑学及极小曲面等方面也作出了杰出的贡献。在研究工作中能像前人应用测地线那样自如的应用极小曲面，这通常要涉及到一些极端困难的有高度技巧的拓扑问题及分析问题，由此充分反映了高超的技巧和渊博的学识，也体现出非凡的毅力和胆识。1981年获美国数学学会维布伦几何奖及美国国家科学院卡蒂奖。1982年获国际数学家大会颁发的菲尔兹奖，是获得此奖的第一个华裔数学家。1995年获美国国家科学奖章。

(张镜清)

费弗曼，C. L. (Fefferman, Charles Louis) 美国人，1949年4月18日生于美国华盛顿。*偏微分方程、多复变函数论。*

14岁入马里兰大学，17岁该校本科毕业。1969年获普林斯顿大学博士学位。1970年到芝加哥大学任教，翌年成为美国大学中最年轻的教授。1973年回普林斯顿大学任教授，1999～2002年任数学系主任。1972年当选为美国文理科学院院士。1979年当选为美国国家科学院院士。

主要研究傅立叶分析、偏微分方程和多复变函数论。导出了二元周期函数的傅立叶级数的一些收敛性质；和比尔斯一起得到了非退化线性偏微分方程的局部解的决定性结果；1974年，证明了一个双正则映射把边界光滑的严格伪凸区域映成直到边界都光滑的区域。此外，还研究了有界平均振荡函数和哈代空间 H^p。1971年获巴黎大学塞勒姆奖金，1976年获美国科学基金会沃特曼奖，1978年获国际数学家大会的菲尔兹奖，1992年获伯格曼奖。2008年博彻奖。

(徐平五)

森重文 (Shigefumi, Mori) 日本人，1951年2月23日生于日本名古屋。*代数几何、多复变函数。*

1973年、1975年先后获日本京都大学理学部理学学士、理学硕士学位。留校任教，1978年以论文"某些阿贝尔簇的自同态环"获该校数学博士学位。1980年到名古屋大学任讲师，1982年任助理教授，1988年升为教授。1990年起任京都大学数理解析研究所教授。期间自1977年始，先后在哈佛大学(1977～1980年)、普林斯顿高等研究院(1981～1982年)、德国马克斯・普朗克学会数学研究所、哥伦比亚大学(1985～1987年)、犹他州立大学(1987～1989年、1991～1992年)等处作客座研究。

1990年菲尔兹奖得主。他的主要研究属于代数几何领域，尤其在高维代数簇方面有重大贡献。代数曲线，亦即紧黎曼曲面，早在19世纪已是数学家熟知的概念。但在森重文的先驱性工作之前，一般认为三维代数簇研究极其复杂以致无法解决。1978年他在研究代数簇时找到了一种全新方法，能产生到复射影直线的非平凡映射，并意识到它是推广到任意维簇曲线以及曲面分类理论的核心技巧。1979年他因此解决了关于射影流形的哈茨霍姆猜想，同时创立了射影线收缩映射理论，并与人合作完成了第二贝蒂数大于1的法诺流形的分类。1988年他开始解决三维代数簇问题，在研究极小莫德尔理论时证明了三维极小模型(即处处扭曲的图形)的存在性。时至今日，如何将森重文理论与方法推广到解决三维以上的代数簇问题仍被称为"森重文纲领"，是目前数学界相当热门的领域。1990年他因这一杰出成就而荣获菲尔兹奖。此外，他还获得1983年日本数学学会矢永奖、1984年中日文化奖、1988年日本数学学会奖；1989年井上奖，1990年除菲尔兹奖外，还同时获日本学士院奖、美国数学学会科尔代数奖。

(李　烨)

弗里德曼，M. (Freedman, Michael Hartley) 美国人，1951年4月21日生于美国加利福尼亚州洛杉矶。*拓扑学、数学物理、计算机科学与工程。*

1968年进入伯克利加利福尼亚大学学习；1969年转入普林斯顿大学，1973年获数学博士学位。1973～1975年在伯克利加利福尼亚大学任讲师。后到普林斯顿高等研究院从事研究工作一年。1976年任圣迭戈加利福尼亚大学数学系助理教授，1979年任副教授，1982年升任教授。期间1980～1981年再度到普林斯顿高等研究院从事研究。1998年出任美国微软公司研究院任理论研究室主任。1984年当选为美国国家科学院院士，1985年当选为美国文理科学院院士。1998年当选菲尔兹奖评选委员会委员。

1986年菲尔兹奖得主。对拓扑学有杰出贡献，特别是证明了四维流形拓扑的庞加来猜想。1904年代数拓扑学奠基人庞加来提出：单连通的三维闭流形必与三维球面 S^3 同胚。在此基础上后人又提出：当 $n\geqslant4$ 时，若 n 维单连通的闭流形 M 与 S^n 有相同的同调群，则 M 必与 S^n 同胚。这统称为庞加来猜想，是现代最著名数学问题之一，许多顶尖数学家的工作与之有关。早在

1952 年,弗里德曼在罗林(V. I. Rohlin)工作基础上构造了两个怪异流形,一是类似复射影平面的不可微流形,一是相交为正定的、秩为 8 的偶形式的唯一流形。他将其方法推广到非紧四维流形,证明了 $S^3 \times R$ 上有怪异微分结构,包含一个光滑嵌入的庞加莱同调三维球面;进而用于研究许多非单连通流形。1960 年 S. 斯梅尔证明了 $n \geqslant 5$ 时的广义庞加来猜想正确,获 1966 年菲尔兹奖。1982 年弗里德曼发表"四维流形的拓扑"一文,不仅证明了四维庞加来猜想,而且提出了对更一般四维流形的分类定理,给出了紧单连通拓扑四维流形的完全分类,发现了已知流形之间前所未知的同胚映射关系。他因此获 1986 年菲尔兹奖。

此后他转向拓扑学在物理学、计算机领域中的应用研究:用拓扑学方法研究了等离子体物理学、磁流体力学问题,其中成功测算了磁场能量扩散;提出了理论计算机科学中的"量子保形场计算"新模型,寻求通过纽结理论与保形场理论的联系解决传统算法无效问题,并在 1998 年国际数学家大会上应邀在专业组作有关报告。

除发表许多论文外,他还出版有《二余维子流形割补术》(1977 年)、《四维空间分类》(1982 年)、《几何学在低维拓扑学中的选择性应用》(1989 年,与人合著)、《四维拓扑学》(1990 年,与人合著)等专著。除菲尔兹奖外,他还获得 1984 年"加利福尼亚科学家"称号,1986 年美国数学学会维布伦几何奖,1987 年美国国家科学奖章等。

(李孙演　李啸虎)

威腾,E.(Witten, Edward) 美国人,1951 年 8 月 26 日生于美国马里兰州巴尔的摩。*拓扑学、数学物理、量子力学、超弦理论。*

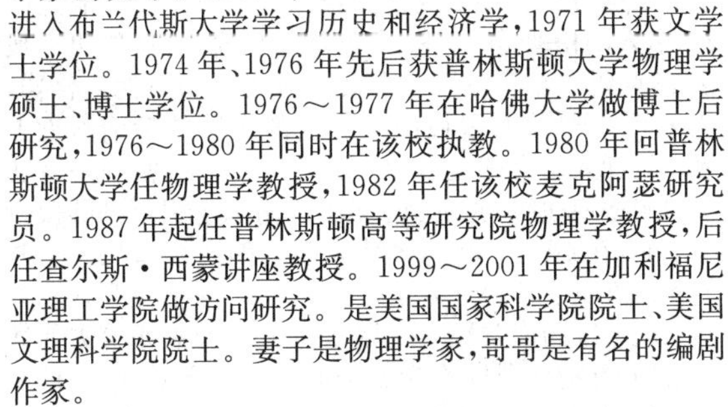

犹太裔,理论物理学家的儿子。1967 年进入布兰代斯大学学习历史和经济学,1971 年获文学士学位。1974 年、1976 年先后获普林斯顿大学物理学硕士、博士学位。1976～1977 年在哈佛大学做博士后研究,1976～1980 年同时在该校执教。1980 年回普林斯顿大学任物理学教授,1982 年任该校麦克阿瑟研究员。1987 年起任普林斯顿高等研究院物理学教授,后任查尔斯·西蒙讲座教授。1999～2001 年在加利福尼亚理工学院做访问研究。是美国国家科学院院士、美国文理科学院院士。妻子是物理学家,哥哥是有名的编剧作家。

1990 年菲尔兹奖得主。他的研究工作横跨物理学和数学的多个前沿领域,最主要建树是以独特数学方法建立超弦理论的数学模型,在探索统一相对论和量子力学的数学处理上作出了杰出贡献。20 世纪 70 年代,超弦理论提出一维弦是物质组成最基本单元,所有基本粒子如电子、光子、中微子和夸克都是弦的不同振动激发态。他为了克服这一学说的理论困难,提出了对应于波粒二象性的对偶(共轭)概念来简化超弦的数学模型。1981 年他与西贝格(N. Seiberg)合作,在深入描述微观粒子"夸克"的高层次空间特征时提出"超对称"概念,以崭新角度重新证明了爱因斯坦方程正能量定理(两年前已由丘成桐等人证明)。正是在"超对称"概念影响下,很快形成了以研究四维数学为特征的量子几何。不久,他用无限维流形上的霍奇－德拉姆定理成功解释了超对称量子场论;广泛深入探讨了量子物理学中守恒律破缺的整体异常问题;研究了紧流形上的狄拉克算子的指标定理;证明了陈－西蒙斯理论在所有情况下的状态空间是二维的。1987 年,他在超弦理论中给出了一系列具有刚性解空间的微分方程。1988 年后,他用费恩曼路径积分方法证明和推广了阿蒂亚－辛格指标定理;着手发展拓扑量子场理论,将一类拓扑不变量与纽结理论中的琼斯多项式联系起来,并解释为三维规范场理论的费恩曼积分。1998 年提出威腾－塞尔贝格方程,已成为物理学中的基本方程。据认为,超弦理论第一次将作为 20 世纪物理学两大基石的广义相对论、量子力学结合到一个自洽数学框架里,预示了引力场与量子场的"大统一"前景,有可能解决如黑洞本质、宇宙起源等等长期困扰物理学家的种种难题。虽然超弦理论至今尚未为实验所证实而受到一些人质疑,但它已推动数学和物理学多个分支的发展。

发表论文 200 多篇;出版有《通用代数与奇异性》(1985 年)、《超弦理论》(1987 年,与人合著)等专著。除菲尔茨奖外,获 1985 年瑞士爱因斯坦奖章、国际理论物理中心狄拉克奖章,1986 年美国国家科学基金会沃特曼奖,1992 年普林斯顿大学麦迪逊奖章,2004 年美国国家科学奖章等。入选《时代》周刊 2004 年世界最有影响 100 位名人榜。

(李孙演　李啸虎)

琼斯,V. F. R.(Jones, Vaughan Frederick Randal) 新西兰人,1952 年 12 月 31 日生于新西兰的吉斯伯恩。*拓扑几何学、算子代数。*

1972 年、1973 年先后获新西兰奥克兰大学理学学士、理学硕士学位。留校任教。1974 年进入日内瓦大学数学学院攻读研究生,1979 年获数学博士学位。1980 年到美国,任洛杉矶加利福尼亚大学助理教授。1981 年转任宾夕法尼亚大学客座讲师,1984 年任副教授。1985 年任伯克利加利福尼亚大学教授。1990 年当选为英国皇家学会外籍会员。1992 年获奥克兰大学荣誉博士学位。1993 年当选为美国文理科学院外籍院士。

1990 年菲尔兹奖得主。主要贡献:在拓扑学纽结理论中引入了多项式不变量,揭示了拓扑几何学与算子代数理论之间的深刻关系。纽结理论是研究绳结、链环等几何构形的拓扑学分支。纽结在数学上定义为三维空间中不与自己相交的封闭曲线,是与圆周同胚的图形。1833 年,C. F. 高斯在研究电动力学时首次引入闭曲线之间的环绕数,成了纽结理论基本工具之一;1910

年德恩(M. W. Dehn)引进纽结群概念;1928 年亚历山大(J. W. Alexander)引进了纽结多项式这个更易处理的不变量。1983 年,琼斯在证明关于 II_1 型冯·诺伊曼代数的指标定理时,得到了一个全新的纽结不变量多项式,不仅开拓了冯·诺伊曼代数全新发展方向,且对纽结理论有重大影响。考夫曼(L. Kauffman)以统计力学思路构造琼斯多项式的"状态"模型,而琼斯对其进行推广,在某些条件下将杨一巴克斯特方程解用于构造链环的不变量。此外,他详细阐明了从 A 型赫克代数产生辫群的表示;系统讨论了连通和、反转定向与镜像等重要课题,给出了双变量多项式、琼斯多项式的透彻分析;琼斯多项式在量子统计力学、量力群、单子代数表示理论等似乎相互独立的研究领域之间建立起了强有力联系。除论文外,出版有《超有限域 II_1 型因子中的有限群作用》(1980 年)、《代数学的考克斯特曲线与塔型》(1989 年,与他人合著)、《子因子与纽结》(1991 年)等专著。除获得菲尔兹奖外,还获得许多其他荣誉,其中包括 1991 年新西兰政府科学奖。 (李孙演 李啸虎)

怀尔斯,A. (Wiles, Andrew) 英国人,1953 年 4 月 11 日生于英国剑桥。数论。

1974 年获牛津大学默顿学院学士学位。1977 年获剑桥大学克莱尔学院博士学位。此后历任该学院初级研究员、美国哈佛大学助理教授、德国玻恩大学理论数学客座教授、美国普林斯顿高等研究院研究员、普林斯顿大学教授、牛津大学研究教授。1994 年起任普林斯顿大学希金斯讲座教授。1989 年当选为英国皇家学会会员。1996 年当选为美国国家科学院外籍院士。

最大的贡献是解决了长达三个半世纪以来数论中悬而未决的大难题——费尔马猜想。早在公元前 1100 年左右,中国古人就知道直角三角形两直角边边长各自平方之和等于斜边边长的平方,并提出"勾三股四弦五",即已认识到不定方程 $X^2+Y^2=Z^2$ 至少有一组正整数解 $X=3, Y=4, Z=5$。公元 3 世纪时,希腊数学家丢番图得到了该不定方程的普遍解,$X=2mn$, $Y=m^2-n^2$, $Z=m^2+n^2$,其中 m, n 为任意正整数且 $m>n$。1637 年法国数学家 P. de 费尔马在研究丢番图的上述结论时指出,不定方程 $X^n+Y^n=Z^n$ 在整数 n 取为 2 时,X, Y, Z 有正整数解只是一个特例;当整数 $n \geqslant 3$ 时,该方程均不可能有正整数解。这一见解后来便称为数论中著名的费尔马猜想。费尔马在数论领域还提出了其他许多引人注目的问题。到了 19 世纪中叶,除上述猜想之外,他提出的所有其他问题都被各国数学家所解决,于是人们又把上述猜想称为费尔马最后定理或费尔马大定理。费尔马猜想虽然长期得不到证明,但一代又一代数学家们在试图解决它的过程中也触发了许多灵感,可以说近代数论的许多内容都是基于试图证明费尔马猜想而创建的。正因为如此,20 世纪著名数学家 D. 希尔伯特曾风趣地说:"费尔马猜想是一只会下金蛋的老母鸡"。

怀尔斯对费尔马猜想进行了长期的研究,他在许多前人工作的基础上,使用了模形式与表示论,特别是利用费尔马猜想与椭圆曲线理论之间的联系,终于在 1993 年证明了这一猜想。这是 20 世纪最伟大的数学成就之一。由于这一重大贡献,他于 1996 年获沃尔夫数学奖,1998 年获菲尔兹特别贡献奖,成为既获菲尔兹奖又获沃尔夫数学奖这两项世界数学最高奖的少数几位现代著名数学家之一。 (宣焕灿)

德里费尔德,В. Г. (Дринфельд, Владимир Гершонович; Drinfeld, Vladimir Gershonovich) 乌克兰人,1954 年 2 月 14 日生于苏联哈尔科夫(今属乌克兰)。代数几何、数论、数学物理。

数学教授的儿子。1974 年毕业于莫斯科大学数学系,留校攻读研究生,1978 年获数学博士学位。1988 年获莫斯科斯捷克洛夫研究所理学博士学位。期间 1978～1980 年任巴什基尔大学助理教授。1980～1981 年任哈尔科夫大学助理教授。1981 年在哈尔科夫乌克兰科学院低温物理技术研究所数学物理学研究室任初级研究员,1985 年升任高级研究员。1992 年当选为乌克兰科学院院士。

1990 年菲尔兹奖得主。活跃于多个数学前沿领域,尤其在朗兰兹纲领、量子群方面有突破性成果,推动了一系列研究的进展。早在中学时代已发表自己的第一篇数学论文。主要贡献有:①1975 年在研究有限域中的函数类时,证明了模曲线上尖点的零次闭链可生成一个雅可比的挠子群,后被学术界称为德里费尔德群,该群现已成了该领域主要研究工具之一。②1978 年与导师马宁(Y. Manin)等人合作完成瞬子结构分类,并首次获得有关自对偶杨-米尔斯场方程解的表示。③1981 年与他人合作,提出完全可积系统的约化理论,并把典型群的余伴随轨道量子化方法用于李代数,获得关于二维孤立子方程的系统结果。④1982 年与他人合作,引入泊松-李群、泊松-李作用等概念,首次给出经典杨-巴克斯特方程解的单李代数分类。⑤与他人合作,定义了在 P^{2n} 阶有限域曲线上点的个数的精确渐近上界。⑥深入研究朗兰兹(Langlands)纲领,特别是将德里费尔德模曲线、德里费尔德开关等概念引进椭圆模参模空间,在 GL_2 上的函数域证明了朗兰兹猜想。⑦开创和建立量子群理论体系。他在 1986 年伯克利国际数学家大会上指出,量子可积系统本质上具有霍普夫代数的结构,并把该结构称为量子群。自此之后,量子群及与其紧密相关的杨-巴克斯特方程成为国际热门课题,至今已有数千篇量子群论文发表。他也因对量子群和数论的杰出贡献而获菲尔兹奖。 (李孙演)

布尔甘,J. (Bourgain, Jean) 比利时人,1954 年 2 月 28 日生于比利时的奥斯坦德。数学分析、数学物理。

1977 年获比利时布鲁塞尔自由大学数学博士学位。留校任教并做博士后研究,1981 年升任教授。

1985 年赴任法国高等科学研究院教授(任职至 1995 年),同年兼任美国伊利诺伊大学数学教授。1988 年兼任耶路撒冷希伯来大学教授。1991 年兼任美国加利福尼亚理工学院教授。1994 年任普林斯顿高等研究院研究员。获得欧洲多个大学的荣誉博士学位。

1994 年菲尔兹奖得主。他的研究工作几乎涵盖了数学分析学全部方面,在其各个核心领域都有重要贡献,其中包括巴拿赫空间的几何学、有限维凸性、调和分析、遍历理论、复分析、解析数论,以及来自数学物理学的非线性偏微分方程等。解决了许多长期悬而未决的著名难题,其中有:以解析数论和调和分析为工具,建立起算术序列上的遍历理论;采用概率论与分析学相结合方法,解答了巴拿赫空间理论和调和分析中的 $L(p)$ 著名难题;解决了关于在平面内某些分形集合存在性的开问题;在 R^n 内调和分析的偏微分方程中,在 $n\geqslant 3$ 维条件下,首次解决了关于博赫纳-里斯乘子的有界性、某些子流形(如球面)傅立叶变换限制的有界性,以及振荡积分估计等问题,并获得了卡克亚类型集合的某些新的构造性结果;在奇异边界条件下,证明了对于非线性薛定谔方程和 KdV 方程的适定性,并给出了关于给定数据所需光滑性的最小量,也得到了在非周期情形下对于非光滑初始数据的新的适定性结果;对于非线性薛定谔方程,在吉布斯度量的支集上构造了一个流动,并证明这一流动的不变性;证明了关于单位球体积的桑塔洛不等式。他的许多方法和结果已对其他数学家的研究工作产生了显著影响,并在数论和计算机理论等领域中获得一系列重要应用。实际上,他的解析方法的许多方面还未被数学界完全理解,随着时间推移一定会强烈地影响未来的分析学研究。

除菲尔兹奖外,还获 1983 年比利时自然科学基金会昂潘奖和塞勒姆奖,1985 年比利时最高科学荣誉——当里-德利欧-布尔拉特奖,1985 年法国科学院朗之万奖,1990 年法国科学院最高奖嘉当奖,1991 年瑞士奥斯特罗夫斯基奖等。 (李孙演)

法尔廷斯,G. (Faltings,Gerd) 德国人,1954 年 7 月 28 日生于德国盖尔森基兴—布尔市。代数几何、数论。

1972 年进德国明斯特大学学习数学和物理,1978 年获数学博士学位。1978～1979 年在美国哈佛大学做博士后研究,任客座研究员。1979 年回国后在伍珀塔尔大学任助理教授,1982～1984 年任教授。1983 年参加马克斯·普朗克学会数学研究所在波恩组织的研讨班。1985～1994 年任美国普林斯顿大学教授。1995 年回国,任马克斯·普朗克学会数学研究所所长。

1986 年菲尔兹奖得主。在代数几何学、数论领域作出了杰出贡献。代数几何学起源于对平面代数曲线的探求,确立于 19 世纪前期关于三次及更高次平面曲线的系统研究。1922 年英国数学家莫德尔(L. J. Mordell)提出猜想:若 K 为任何数域,X 为 K 上定义的亏格大于 l 的任何曲线,则 X 仅有有限多个 K 有理点。20 世纪 20～30 年代,韦伊(A. Weil)和西格尔(C. L. Siegel)先后求证这一猜想都未能如愿,但为后人留下了宝贵启迪。在其后 30 年间,这一工作长期停滞不前。60～70 年代,代数学、代数几何学和数论领域出现不少新进展,在此背景下,法尔廷斯对莫德尔猜想发起了锐不可挡的总攻,1983 年以严谨而全面的论证最终成功证明了莫德尔猜想,时年不足 30 岁。在研究过程中,他巧妙地综合运用了 A. 罗腾迪克、J. P. 塞尔、D. B. 芒福德等人成果和方法,尤其是改进了韦伊 1928 年创立的“高度理论”,以及塔特(J. Tate)等人的“P 可除群理论”,从而在前人止步之处出色完成了“临门最后一脚”。他运用一套自成体系的解题思路和方法,在攻克莫德尔猜想时还连带证明了另外两个久悬未决的重要猜想,即有关阿贝尔簇的沙法列维奇猜想和塔特猜想,可谓“一石三鸟”。值得指出的是,他对代数几何学的巨大贡献也促进了数论新发展。1983 年在求证莫德尔猜想时,他的一个推论是费马方程 $x^n+y^n=z^n$ 在 $n\geqslant 4$ 时最多只有有限多个非零有理解,这是费马猜想研究中的一个重大突破。当 1995 年 5 月英国数学家 A. 怀尔斯最终解决费马猜想的论文正式发表之前,其预印本在前一年是经法尔廷斯等人审查认可后才公诸于世。1986 年在美国伯克利举行的国际数学家大会上,他获得了菲尔兹奖,并应邀作了“算术代数几何的最近进展”报告。

除论文外,还著有《变性阿贝耳簇》(1990 年)、《关于算术曲面中的黎曼－罗赫定理的演讲》(1992 年)、《有理点》(1992 年)等书。此外获 1983 年格丁根科学院海涅曼奖、1996 年德国最高学术奖莱布尼茨奖等。

(李孙演)

利翁斯,P.-L. (Lions,Pierre-Louis) 法国人,1956 年 8 月 11 日生于法国阿尔卑斯滨海省格拉斯。非线性偏微分方程、应用数学。

父母都是数学家,父亲 J.-L. 利翁斯曾任法国科学院院长、中国科学院外籍院士。他于 1975 年考入巴黎高等师范学院数学系,1979 年获理学博士学位。毕业后 1979～1981 年供职于巴黎的国家科学研究中心。1981 年起任巴黎－多菲内大学教授。1992 年兼任巴黎综合理工学院应用数学教授,1995 年起兼任国家科学研究中心研究主任。是法国科学院、欧洲科学院院士,意大利科学院外籍院士。获英国赫瑞－瓦特大学荣誉博士学位。

1994 年菲尔兹奖获得者。其贡献涵盖了从概率论到偏微分方程,并在应用数学的广阔领域有独特建树。1983 年他和克兰德尔(M. G. Crandall)提出了哈密顿－雅可比方程“粘性解”理论,是非线性一阶偏微分方程领域重大突破,粘性解由在解的图形被一光滑检验函数触及的任何位置上亦成立的某些不等式所定义,相应于光滑的次解或超解满足比较准则,是最大值原理在强非线性中的成功应用,其粘性法变形已广泛用于各种方程;发现了微分控制和对策问题中的最优条件,蕴涵关于合适的贝尔曼或伊萨克斯偏微分方程粘性解的定义不等式;1989 年同迪佩尔纳(R. J. DiPerna)合作,首次严格证明了对碰撞硬球面密度的玻耳兹曼方程解的存在性；近年和珀塞姆(B. Perthame)等人合作，揭示了其他类型非线性偏微分方程的双曲守恒律、纳维一斯托克斯方程的新的紧性现象，对涉及微观模型和相应宏观行为的重大理论问题有重要贡献；近期研究数学物理领域能量集中作用的变分问题，发展了“集中紧性”概念，发明了利用泛函的群不变量储存紧性的方式；和考夫曼(R. Coifman)等人一起，发现了从偏微分方程理论引出的各种自然表达放入哈代空间的简单准则。此外，提出关于噪声干扰控制的动态规划非线性偏微分方程较完整解，发展了随机控制理论；严格分析了偏微分方程各种数值算法，特别是研究了图像处理，改进了曲线移动算法。

除获菲尔兹奖之外，他还获1986年法国科学院多伊斯托一布卢泰特基金奖、1992年安培奖，1987年美国国际商用机器公司(IBM)奖，1991年法国菲利普·莫里斯奖等。法国政府授予他“荣誉军团骑士”称号。《美国数学会通告》杂志评论：“在非线性偏微分方程及相关课题方面，利翁斯是世界最伟大研究者之一。”(李　烨)

约科，J.-C. (Yoccoz, Jean-Christophe)　一译约柯。法国人，1957年5月29日生于法国巴黎。常微分方程、动力系统、混沌学。

1975年以第一名考入巴黎高等师范学校，1977年以并列第一名成绩通过毕业考试暨数学教师资格考试。1979年进入法国国家科学研究中心工作，任数学家赫尔曼(M. Hermann)的助手。期间1981～1983年服兵役，派往巴西执行任务。在赫尔曼指导下，1985年获巴黎综合理工学院数学博士学位。1988年起任巴黎第十一大学数学教授。兼任巴西里约热内卢纯数学与应用数学研究所研究员；是法国大学联合研究院成员、法国国家科学研究中心拓扑学与动力学联合研究会成员。

1994年菲尔兹奖得主，数学中的动力系统研究领域最杰出人物之一。动力系统理论是经典常微分方程理论的一种发展，着重对自然界中随时间而演变的各种体系(如行星系、流体运动、物种延续等等)进行抽象的定性研究，整体性地建立一族轨线间的相互关系。动力系统理论的研究，可追溯到18世纪末拉普拉斯对太阳系稳定性的天体力学探讨；作为数学分支的建立，则始于19世纪末庞加来对同一课题的研究，1881年始他对周期性、周期轨道存在性及回归性等问题上作常微分方程定性理论探讨。和许多数学家一样，约科也研究了有关动力系统演化长期性质的一般理论，描述了复多项式迭代的情形，利用计算机生成各种各样美丽的分形几何图形。但他的重大贡献在于：他以敏锐的几何直觉，深厚的分析功底，透彻的组合感觉，先进的电子计算机辅助，建立了独特的“约科方法”，首次将复动力系统的拟周期动力学和双曲动力学加以复合，对更一般的复动力系统的性状和分类给出了更深刻的结果，成功地确定了一些稳定性定理的精确有效界限。此外，早在1985年博士论文中，就以更简洁的证明方式改进了动力系统中的赫尔曼定理；用组合论工具研究了朱利亚集、芒德布罗特集等分维集合。

除论文外，出版有《一维中的小分形》(1995年)等专著。约科与他人共同奠定了混纯学的数学基础，受到同行高度评价。除1994年菲尔兹奖外，还获1984年法国国家科学研究中心铜奖、1985年美国国际商用机器公司(IBM)奖、1988年塞勒姆奖、1991年法兰西科学院雅费奖等。(李孙演　李啸虎)

唐纳森，S.K. (Donaldson, Simon Kirwan)　英国人，1957年8月20日生于英国剑桥。代数几何、微分拓扑学、数学物理。

1979年获剑桥大学彭布罗克学院学士学位。1980年进牛津大学伍斯特学院数学系做研究生，1983年获博士学位。留校任教于万灵学院。期间1983～1984年在普林斯顿高级研究院，1985年在哈佛大学做访问学者。1985年任牛津大学数学系教授。1999年任伦敦大学帝国理工学院数学系教授。1986年当选为英国皇家学会会员。

1986年菲尔兹奖得主。1854年G. F. B. 黎曼最早提出流形概念，指的是一类特殊的连通豪斯多夫仿紧的拓扑空间，在此空间每一点邻近都有一个坐标系，使得任何两个(局部)坐标系间的坐标变换都是连续的。若坐标变换连续可微，称为微分流形；若两流形M和N间一对一映射，称为同胚映射；若M和N同胚但不微分同胚，称为怪异微分结构。1983年，他发表“自对偶联络与光滑四维拓扑”博士论文，一时“惊倒数学界”。后来他又证明，若一光滑紧致单连通四维流形的相交型正定，则可以在环Z对角化。这一结果结合M. 弗里德曼已有研究，便可得出四维空间是唯一存在怪异结构的维数，即存在与标准欧氏空间R^4拓扑同胚但不微分同胚的微分流形。唐纳森以“瞬子”(在欧氏空间中是给出的极小值的解)参数构成的非线性空间作为几何工具，发现了全新现象，并确证了电磁理论中的杨-米尔斯方程(麦克斯韦方程非线性推广)可用以研究四维拓扑结构。他还发现，一个瞬子序列的极限可为狄拉克δ函数，使原被人讨厌的奇点δ函数成了联系四维流形与瞬子参数空间的关键。数学界、物理学界长期深感困惑：四维欧氏空间的所有瞬子是什么？唐纳森将此问题同复射影平面上的代数向量丛相类比，从而解决了这一问题。他还用类似思路探索理论物理中的磁单极子假说，证明了磁荷K的单极子构成的参量空间可与k次单复变量的有理函数组成的空间等同。由于他对难度极大的低维拓扑学作出了重要贡献，特别是证明了四维流形存在怪异结构，在29岁那年获得菲尔兹奖。

除论文外，出版有《四维流形几何学》(1990年，与人合著)、《杨-米尔斯理论中的流形同调群》(2002年)等专著。除1986年菲尔兹奖外，还得过许多大奖，其中有1985年伦敦数学会怀特海奖，1991年剑桥哲学会霍普金斯奖，1992年英国皇家学会皇家奖，1994年瑞典皇家科学院克雷福德奖等。(李孙演　李啸虎)

麦克马伦，C. T.（McMullen，Curtis Tracy） 美国人，1958 年 5 月 21 日生于美国加利福尼亚州伯克利。计算理论、双曲几何、复动力系统。

1980 年毕业于美国马萨诸塞州的威廉斯学院。后在英国剑桥大学、法国巴黎大学进修一年多。1985 年获哈佛大学数学博士学位。1985 年任马萨诸塞理工学院讲师。1987 年任普林斯顿大学助理教授。1990 年任伯克利加利福尼亚大学教授。1998 年起任哈佛大学数学系教授。1998 年当选为美国文理科学院院士。

1998 年菲尔兹奖得主之一。数学研究生涯起始于计算机编程，工作涉及数学许多分支，尤其在计算理论、双曲几何、复动力系统和三维流形等领域有重要贡献。在数值算法理论方面，牛顿方法对几乎所有二次多项式和几乎所有初始点是收敛的，但对三次及高次方程多项式则不适用。E. 伽罗瓦曾证明用求根方法不可能求解五次代数方程。麦克马伦在 1985 年博士论文中引入动力系统的方法，解决了次数大于等于 3 的多项式的零点是否一般存在收敛算法的问题。他找到了对于三次多项式的算法，证明了对四次或更高次的多项式此算法不存在，而且证明了当且仅当其次数小于或等于 5 时，多项式根可用一个有限次算法的塔来计算得到。在研究有穷面积的双曲黎曼曲面上的有理迭代和克莱因群之间关系时，1991 年证明了贝尔斯猜想，即：作为简单闭曲线收缩成点的理想极限的尖点集合在边界上处处稠密。在动力系统领域有诸多研究，其中解决了测度大于零的朱利亚集的存在性问题；证明了一维动力学中一个中心猜想：d 度双曲映射在 d 度映射中是稠密的。1982 年菲尔兹奖得主 W. 瑟斯顿提出了三维流形的几何化和重正化的纲领，麦克马伦对此给出一系列新概念、新思路和若干证明。他还证明了与实轴相交非空的芒德布罗集的内部均是双曲的，得到了实二次映射双曲猜想的部分结果。除大量论文外，出版有《VLSI 合成中的逻辑性最小化运算法则》（1984 年，与人合著）、《复杂动力学和重正化》（1994 年）、《重正化和圆周上纤维丛构成的三维流形》（1996 年）等专著。获得 10 余个奖项，其中除菲尔兹奖外，1991 年还获得分析学领域著名的塞勒姆奖。

（李孙演　李啸虎）

博彻兹，R. E.（Borcherds，Richard Ewen） 英国人，1959 年 11 月 29 日生于南非的开普顿。代数学、几何学、群论。

1981 年毕业于英国剑桥大学三一学院，1983 年获该校数学博士学位。留校任三一学院评议员。1988～1992 年先后任剑桥大学的皇家学会研究员、助理教授。1993～1996 年任美国伯克利加利福尼亚大学教授。1996 起任剑桥大学纯粹数学与数理统计系的皇家学会研究教授。是英国皇家学会会员。2000 年当选为美国文理科学院外籍院士。

1998 年菲尔兹奖得主之一。他在代数学和几何学中有杰出贡献，尤其是证明了所谓的“魔群月光猜想”，并在魔李代数、镜面对称和超弦理论之间建立了意想不到的关系。群是描述由同样元素组成的、具有对称性、满足一定算术规则的集合的数学分支。他研究的所谓“魔群”最早由费歇尔（B. Fischer）等人发现，属于有限单群的零散单群类中最大一个奇异数，15 个素数可整除有限单“魔群”的阶。这个数展开时有 55 位阶数，比宇宙基本粒子数还要大，故被戏称为“魔”（monster）。20 世纪 70 年代，奥格（A. Ogg）等人注意到两个看似互不相干的模函数和有限单群有联系，后诺顿（S. Norton）等人提出魔群可用模函数表示的康韦-诺顿猜想，但都被人讥为妄想，自此“魔群月光”即指梦幻之境中的魔群，引得人们胡思乱想。80 年代中期后，博彻兹利用物理学超弦理论来研究魔群，引进了“顶点代数”这一公理化概念，注意到月光模也可赋予顶点代数结构，1989 年给出了数学描述；他利用子代数同调对魔李代数给出了“扭转分母公式”，论证了在初始条件下所有麦凯—汤普森级数完全与康韦-诺顿级数一致，特别是满足零亏格性质，从而证明康韦—诺顿梦幻猜想成立。在李代数中，他提出了“外尔-卡茨-博彻兹特征”和“分母公式”等理论，发现了一簇根的重数恰为某些自守形式的系数，建立了广义卡茨-穆迪代数理论，即博彻兹代数。他还发现在经典模函数和算术子群中的亚纯模形式之间有深刻联系，得到的无穷乘积展开在模空间上可以推出一系列惊人新结果。后来他又对月光理论提出十大问题，大大促进该领域深入研究。

获得许多奖项：早在学生时代，1977、1978 年两次代表英国参加国际数学奥林匹克竞赛，获银牌和金牌；除 1998 年菲尔兹奖外，获 1992 年第一届欧洲数学家大会欧洲数学学会奖，后又获英国伦敦数学学会怀特海奖。

（李孙演　李啸虎）

高尔斯，W. T.（Gowers，William Timothy） 英国人，1963 年 11 月 20 日生于英格兰威尔特郡莫尔伯勒。泛函分析、组合数学、数论。

作曲家的儿子。1982～1990 年在剑桥大学学习数学专业，先后获学士、硕士和博士学位。1991～1995 年任伦敦大学学院讲师。1995 年回到剑桥大学，在纯粹数学与数理统计系任教，1998 年升任数学教授。1989 年起同时在剑桥大学三一学院兼任研究员。1999 年当选为英国皇家学会会员。

1998 年菲尔兹奖得主之一。在泛函分析和组合数学、数论领域作出了杰出贡献。他将泛函分析和组合理论这两个貌似全然不同领域联系起来，特别是解决了著名波兰数学家、泛函分析奠基人 S. 巴拿赫于 20 世纪 30 年代提出的一系列著名难题。巴拿赫空间是完备的线性赋范空间，是关于函数和算子之类复杂数学对象的集合，但有可能像数字那样进行运算。近几十年来，对无穷维巴拿赫空间结构的认识进展缓慢，许多由巴拿赫提出的重要问题都没有得到解决，这个僵局最终被高尔斯打破。除1998年菲尔兹奖外，还获1995年英国伦敦数学学会怀特海奖、1996年欧洲数学学会奖金等。

（李孙演　李啸虎）

孔采维奇，M.（Концевич，Максим；Kontsevich，Maxim）　俄罗斯人，1964年8月25日生于莫斯科市郊奇美基。拓扑学、代数几何、数学物理学。

出生于知识分子家庭，父亲是历史学家和语言学家，母亲是机械工程师。他于1985年莫斯科大学数学系毕业后，进入莫斯科信息问题与处理研究所从事研究工作。1990～1993年在德国马克斯·普朗克学会数学研究所进修和从事研究。期间1992年获德国波恩大学数学博士学位。后曾访问和短期执教于哈佛大学、普林斯顿大学、伯克利加利福尼亚大学、波恩大学等。现是法国高等科学研究院数学教授。

1998年菲尔兹奖得主之一。对数学物理、拓扑学和代数几何有杰出贡献，尤其在扭结理论、量子化和镜像对称领域证明了几个重要猜想。他最先引起数学界瞩目的成果是1992年博士学位论文，初步证明了1990年菲尔兹奖得主E.威腾提出的一个猜想：代数曲线上的模空间相交数的生成函数满足科尔泰韦赫-德夫里斯方程(KdV)。后又发表"曲线的模空间上的相交理论和矩阵艾里函数"著名论文，完整证明了威腾猜想。他获菲尔兹奖时年仅34岁，此外还获得1992年欧洲数学学会奖等奖项，

（李孙演）

弗沃特斯基，B.（Воеводский，Владимир；Voevodsky，Vladimir）　俄罗斯人，1966年6月4日生于苏联俄罗斯加盟共和国。代数几何、拓扑学。

1989年获莫斯科大学数学学士学位。1992年获美国哈佛大学数学博士学位。先后在美国普林斯顿高等研究院、哈佛大学和德国马克斯·普朗克学会数学研究所任访问学者。1996年到美国西北大学任教。2002年出任普林斯顿高等研究院数学学院终身教授。

2002年菲尔兹奖得主之一。他发展了代数几何中的代数簇上同调理论，成为几十年来该领域中重大进展之一。他的研究受到1966年菲尔兹奖得主A.格罗腾迪克工作的激励与启发。上同调概念最初来源于拓扑学，提供了一种方法将拓扑对象分割成一些比较容易研究的片，上同调群则包含了如何将这些基本片装配成原来对象的信息。但是拓扑学的上同调论并不适用于代数几何中的代数簇(即可用几何对象来表示的多项式方程的公共解集)。1966年菲尔兹奖获得者M.F.阿蒂亚发展起来的拓扑k理论，是一种最重要的广义上同调论。弗沃特斯基工作的一个主要成果，是解决了30多年来悬而未决的k理论中最著名问题——米尔诺猜想，进而引发了伽罗瓦上同调、二次型和复代数簇的上同调论等诸多领域的重要进展。数学界认为，由于他把拓扑学中的强有力工具成功移植应用于代数簇研究，这对数学进展可能会产生巨大影响。他的工作特点，是能够简洁灵活地处理高度抽象的概念，并将这些概念用于解决相当具体的数学问题。为表彰他的贡献，在中国北京召开的第24届国际数学家大会上获得2002年菲尔兹奖。

（李　烨）

拉法格，L.（Lafforgue，Laurent）　法国人，1966年11月6日生于法国安东尼。代数几何、数论、数学分析。

1986年获巴黎高等师范学院数学学士学位。1994年获巴黎大学数学博士学位。1990年任职于法国国家科学研究中心，2000年出任该中心数学系主任。1990年起兼职于南巴黎大学，参加算术与代数几何研究小组。2002年兼任法国高等科学研究院终身数学教授。

2002年菲尔兹奖得主之一。在朗兰兹纲领(Langlands Program)研究方面取得了重大进展。他证明了与函数域相应的整体朗兰兹纲领，从而在数论与分析两大领域之间建立了新的联系。20世纪90年代初开始，拉法格专攻朗兰兹纲领的证明，经过7年的努力，终于在1999年6月发表长达数百页的论文，将自己对朗兰兹猜想的严密论证公诸于世，其用词准确精美，可算是一部真正的著作，一举震撼了国际数学界。他所证明的相应的整体朗兰兹纲领，对于任意给定的函数域建立了伽罗瓦群表示和与该域相伴的自守型之间的精确联系，对更抽象的函数域而非通常的数域情形提供了一种完全的理解，可以将函数域设想为由多项式的商组成的集合，对这些多项式商可以像有理数那样进行加、减、乘、除；在这一工作的过程中，还发现了一种将来可能被证明是十分重要的新的几何构造。在一片赞同声中，他却在一年后重新审视了自己的论文，发现其中有一个步骤出现了错误，幸在及时补救后，并未影响到最终结果，这使他和数学界同仁都庆幸不已。2002年8月在中国北京举办的第24届国际数学家大会上，他作了长篇报告；为表彰其贡献，他与V.弗沃特斯基同获菲尔兹奖。

数学界认为，拉法格的成果正在影响整个数学，但朗兰兹纲领的全面论证远未完成，它仍是21世纪最大的难题之一，也是未来最有潜力的研究领域之一。除2002年菲尔兹奖外，还获1996年法兰西学院皮卡特奖、2000年克莱研究奖、2001年法国科学院赫伯伦数学奖等。

（李　烨）

世界科学家大辞典

Dictionary of World' s Scientific Biography

物理学卷

德谟克利特（Democritus）

古希腊人，伊壁鸠鲁等人认为他的生卒年为公元前500～前404年；而大多数学者认为，他在约公元前460～前370年生活于色雷斯的阿夫李拉。*物理学、天文学、数学、自然哲学。*

从童年起，就从一些有学问的波斯术士和迦勒底星相家那里学到神学和天文学方面的知识。后来就学于古希腊唯物主义哲学家、古原子论的创始人留基伯，接受和发展了古原子论的思想。一生从事过多方面的研究，著作涉及哲学、天文学、数学、物理学、生物学、医学、伦理学、教育学、逻辑学、艺术、技术、军事等方面，但几乎全部失传，现仅存极少片断。

他代表了古代世界物质结构思想的最高成就，用原子在虚空中的运动观点来说明各种自然现象乃至精神现象。认为一切事物的运动和变化，其原因不在于外力的推动，而在于事物本身的内因，即原子在虚空中永恒运动的必然性，一切皆由必然性而产生。轻而软的物体比重而坚的物体具有更多的虚空。

在物理学上，认为铁比铅轻，是由于铁比铅的虚空多，但由于铁内虚空不是均匀分布的，具有某些密集的特殊点，所以比铅坚硬；是第一个用原子运动的观点解释了磁石吸铁的现象；把声、色、味都归因于原子的结合和排列的不同。

在天文学上，认为星辰是石头构成的，太阳是白热的铁或一块燃烧的石头；银河由无数小星星组成；月亮上的光是太阳光的反射，月亮上的影子是它表面隆起形成的，月亮上有山脉和山谷；太阳和月亮都是由光滑的和圆形原子所构成。在地学上，认为地震是暴雨引起的地球的振动。

在数学上，提出原子也是几何点，原子组成线，线组成面，面组成体，原子是几何学的基石。首次提出圆锥体的体积等于同底同高圆柱体体积的三分之一的定理。在生物学上，认为最初人不是被神创造出来的，而是从地里出来的，人是一个小世界。在医学上，很重视解剖和医理，曾进行过动物尸体解剖。

在认识论上，认为人们所认识的唯一对象就是由原子和虚空所构成的物质世界。感觉是认识的来源，它只能认识事物的表面现象，只有理性（思想）才能认识事物的本质，即原子和虚空。在逻辑学上，是归纳逻辑的奠基人。在教育学上，认为“教育很可以改变一个人”，提倡探索。（薛　豪）

墨子（Mozi）　姓墨名翟，中国先秦时代鲁国（滕州）人，约生于周敬王四十二年（公元前478年），约卒于周安王十年（公元前392年）。*力学、光学、数学、逻辑学、哲学。*

出身下层，做过造车工，技艺精巧，据说制造的守城器械比鲁班的攻城器械还要高明。喜读书，积极参与社会政治活动，曾为宋国大夫，又周游卫、齐、楚、越诸国，四处讲学，形成了以他为领袖的民间结社，成为儒家的反对派。其成员多为能工巧匠，以勤劳节俭、纪律严明著称，以“兴天下之利，除天下之害”为己任，从事哲学与自然科学研究。《墨子》一书汉时存71篇，宋时存63篇，宋以后仅存53篇。其中《墨经》大概为墨子所作，《经说》上下卷是弟子的解释。墨家有出色的科学贡献，但现在难以区分哪些是墨子本人的贡献，哪些是他弟子的贡献。

在力学方面，论及了平动、转动、滚动等机械运动形式，对力的概念作了定义：“力，形之所以奋也”，即力是使物体发生变化的手段；分析了杠杆平衡问题，指出杠杆平衡不但取决于加在两端的重量，还与“本”（重臂）、“标”（力臂）的长短有关，明确叙述了杠杆原理。还研究了浮力的问题。

在光学方面，提出“照若射”，即光作直线传播，第一次作了小孔成像实验并给出科学的解释，研究了平面镜、凹面镜与凸面镜的成像规律，解释了物体影子的动与静的关系。

在几何学方面，对一些概念作了严格的定义，如“平，同高也”；“直，相参也”；“同长，以正相尽也”；“圆，一中同长也”等。墨家还认为“端，体之无厚而最前者也”。认为“端”是一种没有体积的点，物体可分，但“端”不可分。

在逻辑学方面，墨家建立了称为“辩”的逻辑，其任务是“别同异，明是非”；研究了概念、判断和推理，涉及形式逻辑的一些基本定理。（林德宏）

阿里斯多克西努（Aristoxenus）　古希腊人，约公元前375～前360年生于意大利南部希腊城邦他林敦，卒年卒地不详。*声学。*

是古希腊的音乐理论家。曾师从亚里士多德。其音乐理论与毕达哥拉斯不同，不认为音程可以仅用数字比例来表达，而认为耳朵是音乐现象的唯一判别标准，它可以把似乎连续的音调分成许多简单的因素。如一个音阶可以分成6个音，每个音又可以分成半音或1/4音，第4度可以分成2个音和1个半音等。旋律音程可以由训练有素的耳朵根据经验作出判定。有的研究家说他是十二平均律的倡导者，但近年认为这纯粹是对其音乐理论的误解。

著作流传至今的有《谐音基本原理》3卷。其他著作除被别人引用的片段外，全部失传。也写过传记、教育、政治理论及有关毕达哥拉斯学说的论文，还写过杂集和各种备忘录。（马见慈）

菲洛（Philo of Byzantium）　约公元前280年生于希腊。*力学、工程技术、数学。*

人们对他的生活经历几乎一无所知。他是一位工匠，曾去亚历山大等地学习弹射器的制造。曾用希腊语写过一部力学课本《力学概要》。该书主要论述建筑技术，同时也涉及战争武器、策略和筑城学。通过对现存的一些片断的研究推测，整部著作可分为9册：数学引论；一般机械；关于海港的建造；弹射器；气动或水压装置；机械玩具及其娱乐；关于要塞的建造；关于围城和守城；关于计谋。第4册中还用几何方法解决了“立方加倍”问题，即讨论了当弹射体的重量（或直径的立方）加倍时，直径的“放大”问题。（马见慈）

荀勖（Xun Xu） 字公曾，中国西晋颍川颍阴（今河南许昌）人。生年不详，卒于西晋太康十年（289年）。声学。

初仕魏。入晋后拜中书监，进光禄大夫，掌管乐事，官终尚书令。曾考定律吕，所作管口校正法即所谓“荀勖笛律”。西晋泰始十年（274年），太乐郎刘秀等与笛工根据他的设计制作了笛律。其笛相当于现在直吹的洞箫，全套12支，应十二律，分别名为黄钟之笛、大吕之笛……它们都是口径相同的圆柱形管，其上开6个按孔，5个在前，1个在后，共发7个音，以合于音阶的各音。每支笛都可吹奏出“三宫二十一变”。“三宫”指古音阶的三种调式即“正声调”、“下征调”和“清角调”。“二十一变”指每支笛均能吹出上述三种七声调式所需各音。他提出的某笛的管口校正数，就是一个律管的长度与比它高四律的律管长度的差数。例如，黄钟笛的管口校正数等于黄钟律长减去比黄钟高四律的姑洗律长，大吕笛的管口校正数等于大吕律长减去比大吕高四律的仲吕律长，等等。尽管这种带有经验性质的校正法只适用于他所设计的笛，不适用于中间不开孔的律管，但能在当时用以制造达到这样精确程度的管乐器，又能得出管口校正的数据与规律，在律学史上是一项重要发现，是中国古代声学研究方面的一项重要成就。

（王允红）

阿尔哈增（Alhazen） 伊拉克人，965年生于伊拉克巴士拉，约1040年卒于埃及开罗。光学、几何学。

在伊拉克曾升到大臣的职位。一位哈里发（相当于国王）听说他有一个治理尼罗河的计划，就派他去埃及。但当他仔细观察河床之后，就放弃了原计划，再加上其他失误而失宠。直到这位哈里发去世之前，他一直佯装精神错乱以避祸。后来他以复制稿本、写作和教书为生。

被认为是“最杰出的穆斯林物理学家”。主要工作是在光学方面。收集了他所知道的全部光学资料，加上自己的研究成果，写了一本重要的著作，阿拉伯文稿本名为《光学》，未印行。在12世纪末或13世纪初出现了该书的拉丁文译稿，译者不明，有人以为系维塔罗（Witelo）所译，1572年出版，书名为《光学宝鉴》，又名《光学集锦》，共7卷。这是关于光学的“头一本严谨的科学性的论著，所有中世纪的光学都以此为基础。这部书虽经过改进，但直至17世纪都没有能超过它的。”（J. D. 贝尔纳语）他的著作通过英国哲学家R. 培根和德国天文学家开普勒的介绍，对欧洲科学的发展有很大影响。

是详细叙述人眼结构的第一个物理学家。据认为由于开罗地区多见眼疾，医生在治眼病过程中积累起有关眼睛的解剖学资料。他就把眼球的有关知识写入自己的书中。关于眼睛一些部位的名称，例如“网膜”、“角膜”等术语，就来源于他著作中的拉丁文译名。

从欧几里得那里学到了反射角等于入射角的定律，他加上了这两个角都在同一平面上的法则，从而完善了光的反射定律。用铜制仪器测量了平面镜、球面镜、柱面镜和圆锥面镜（凹的和凸的）的反射。他发现，从球面上各点反射的光线是落在一个与轴垂直的圆面积内。制成了一面由几个不同球环组成的镜子，如果适当选定每个球环的半径和中心，就可使所有球环反射的光线都准确地集中到同一点上。这就是说，他已发现了反射镜的球面像差，并找到了一种校正球差的方法。

他在书中讨论了著名的“阿尔哈增问题”：从任何形式反射镜之外的给定点发出的光线要反射到另一给定点（眼睛），求反射镜上反光点的位置。在托勒玫的《光学》中已提出这个问题，阿尔哈曾对它作了详尽的讨论，传到欧洲后引起很大反响，他因此也成了有名的数学家。他说过，把物体放在一块较大的玻璃球冠下面，看起来物体被放大了。因此人们认为他发明了第一块透镜。还写过一些篇幅较短的光学著作和一些有关天文学方面的著作。（唐玄之）

皮凯姆，J.（Pecham，John） 英国人，大约1230～1235年生于英国萨塞克斯郡，1292年12月8日卒于萨里郡。几何光学、数学。

在刘易斯小修道院中受初级教育。在13世纪40年代后期或50年代初，成为方济各会修道士。1257～1259年间被送往巴黎研究神学，1269年获神学博士学位。1271年（或1272年）回到牛津。1279年为坎特伯雷的大主教，任职直至去世。

主要著作是在1277～1279年间写成的《普通光学》，分3卷。第一卷讨论光的传播和颜色，讨论眼的解剖学结构以及视觉。他基本上赞成视觉是由于物体发出光线进入眼睛引起的，而不赞成是眼睛发出的光线达到物体上的见解。第二卷讨论光的反射及像的形成。第三卷则讨论折射、虹和银河。这本书有60种以上的抄本，印了12版，从14世纪初到16世纪末广泛流行，被包括达·芬奇、开普勒在内的许多学者所引用。至今仍有一定参考价值。（唐玄之）

维特罗（Witelo，或 Vitello） 波兰人，约1231年或1235年生于波兰，1275年以后去世。光学、视觉生理学。

生平不详。1253年是巴黎大学的肄业生，1262年或1265年出现于意大利的帕多瓦，学习教会法规，因此有些人认为他是意大利人。约在13世纪中后期出现了一本近500页对开本的光学巨著，据推测此书为他所著。该书共分10卷。第一卷是预备知识（如定义、数学等）。第二卷讨论光的直进所产生的现象,如针孔成像等。第三卷讨论生理学、心理学以及单眼和双眼视觉。第四卷是有关感觉方面的知识,如物体的大小和形状等,也谈到误差。第五卷是光的反射和平面镜。第六卷关于凸球面镜。第七卷是凸的圆柱面镜和圆锥面镜。第八卷是凹球面镜。第九卷是凹的柱面镜和凹圆锥面镜。第十卷是平面界面的折射和球面折射,也研究了虹和其他人气现象。他认为虹霓是小水滴对日光的反射和折射作用造成的。用空气的运动来解释星光的闪烁现象。此书对中世纪欧洲的光学所产生的深远影响,一直延续到 W. 斯内耳、笛卡尔和 F. M. 格里马迪等。根据该书中点滴透露,他是波兰人。

(唐玄之)

屈特巴丁·希拉齐(Quṭb al-Dīn al-Shīrāzī) 波斯人,1236 年 10 月生于波斯设拉子附近的卡泽伦,1311 年卒于波斯大不里士。光学、医学、哲学。

父亲是教师和著名医生,对他从小进行医学的早期教育。14 岁丧父,继承父职当了 10 年内科和眼科医生。24 岁时离职向名家求学。由于找不到满意的老师,于是出外游历。大约在 1262 年开始研究天文学和哲学,后又研究宗教并当过法官。由于波斯王子的赏识,他出任驻埃及大使。后来隐居 14 年从事写作,著作很多,但正式出版仅 2 种,其中一种仅有印度文版。他是著名的波斯学者,人们尊称他为“阿拉马”(Al-lāma)。历史学家阿布尔·菲达(Abul-Fidā)称他为“多门科学大师”。

(陆伟良)

吉莱斯〔罗马的〕(Giles of Rome) 1247 年前生于意大利罗马,1316 年 12 月 22 日卒于法国阿维尼翁。运动学、天文学、自然哲学。

常称他为吉莱斯·科隆纳,大概是弄错了。年轻时就成了奥古斯丁教派的隐士,并赴巴黎从事神学和哲学研究。1277 年 3 月巴黎,主教宣告亚里士多德等学派有罪,他的学说和著作也受到谴责,被迫离开巴黎。1285 年,他表示收回部分论点。1285～1291 年教授神学。1292 年 1 月,被奥古斯丁教派的隐士们选为头目。1295 年 4 月 25 日,被教皇任命为法国布尔日大主教。

常论述自然哲学方面的问题,其中特别重要的是有关“量”的论文。文中承认自然界“最小量”的存在,实际上隐含着物质的原子理论;研究了真空的性质;还论述了自由落体的速率问题。晚年发展了自己的宇宙观点,但由于受到 1277 年教会谴责的影响,承认世界多元的可能性,并放弃了亚里士多德的同心球理论,赞成托勒玫的宇宙理论。

(马见慈)

赵友钦(Zhao Youqin) 号缘督,人称缘督先生。中国宋末元初江西鄱阳人,约生于 13 世纪中叶,约 14 世纪初卒于游龙(今浙江衢县内)。光学、天文学、几何学。

系宋王朝后裔。南宋灭亡后,为逃避元朝政权的迫害,隐遁为“道家”,流迹于赣、浙间,著书立说。

著作颇丰,但大多已佚,现存只有《革象新书》5 卷。明初王祎删为两卷本。两种版本均流传至今。全书共分 32 篇,每篇标题均以四字表示,如“小罅光景”、“天道左旋”、“闰定四时”等。其内容以天文学方面的居多,也有关于光学和数学方面的。其中“小罅光景”篇记载了他进行的针孔成像实验:分别在两个相邻房间的地面下,挖掘两个深度不同的圆阱,两阱内各备有1000多支蜡烛作为光源,两阱的阱盖均可换置具有大小、形状不同的中心孔的木板。然后相继改变光源的强度(点燃蜡烛的支数)、两阱盖上孔的大小和形状、像距、物距,使两室其他条件相同,只有一个条件不同,以进行对比实验。这是中国古代记录最详、规模最大的一个物理实验。他还用光线直进原理对小孔成像的各种因素之间的关系进行了理论上的探讨。

在“日月薄食”篇中指出:太阳实际上大于月亮,但月亮离地球比太阳近,所以月亮的视大小可大于太阳;当月亮从观测者与太阳之间经过时,它挡住了太阳,便发生日食。正确地阐明了日月真大小与视大小的关系以及日食形成的原理。在“经星定躔”篇中,发明了一种仪器专门观测经过子午圈的恒星,并由此可测出两恒星间的恒星时差和赤经差。在“横度去极”篇中,设计一种仪器可以直接测出恒星的天顶距,构思巧妙。

在数学方面也列有专篇,探讨了用平面割圆术推求精密的圆周率的问题。

(唐玄之　徐振韬)

迪特里希·冯·弗赖贝格(Dietrich von Freiberg) 德国人,约 1250 年生于德国弗赖贝格,约 1310 年卒。光学、自然哲学。

约 1275～1277 年在巴黎大学学习。1293 年被任命为条顿教区大主教。1304 年以后开始撰写,并于 1314 年出版了　本论述虹的著作。在这部著作中,把虹解释为光通过小水滴时发生两次折射和一次全反射所致,而把霓(二次虹)解释为小水滴对光的两次折射和两次全反射所致。这些解释与近代科学的解释是一致的。由于这一著作而成名。

(唐玄之)

彼得·佩尔格里努斯

(Peter Peregrinus) 即皮埃尔·德马里古尔(Pierre de Maricourt)。法国人,可能生于法国波卡迪地区的马里科特,生活在 1269 年前后。磁学。

有关生平资料非常缺乏。1268～1269 年,可能作为军事工程师,参与对意大利鲁彻拉的包围战。对磁学的贡献集中体现在 1269 年写的有关磁石性质和应用的专题论著《关于磁性的信》中。该著作共 13 章,汇集了当时与磁力现象有关的所有知识。认为像天体有北极和南极一样,每一个磁石也有北极和南极。系统地提出了确定磁极的法则,利用这一法则阐明了吸引力和排斥力的规律。排除了认为北方地区的磁石矿是导致磁石南北取向的原因的流行观点,但并没有意识到地球本身就是一个巨大的磁体,转而相信磁石的极直接从天体的极点处得到它们吸引和排斥的能力。在著作中还详细叙述了两种磁罗盘的构造，显示出高超的实验技能和对仪器构造的极大兴趣。正确指出北极星并不位于磁北极，但错认为指南针指向天极。因该著作将磁力现象归纳成为一门科学，所以被列为中世纪最令人佩服的科学论著之一。迄今发现了这一著作的 31 部手抄本，足以说明该著作在当时流传之广和对后来影响之大。

（谷新扬）

约尔达尼斯（Jordanus de Nemore） 约生活于 13 世纪。力学、数学。

生平不详。据说写过许多静力学专论和一本题为《重学》的静力学著作，但是迄今只有一篇论证重量的著作（《计重原理》）可以肯定是他的原著。不完全正确地提出“位置重量”的概念；用功的原理来论证杠杆原理，虽然在当时功还只是一个模糊的概念；曾证明重物沿不同斜面降落的力与其自由下落的重力的关系；把抛射运动的力分解为向下作用的自然重力和水平抛射的“激发”力，这一思想为近代科学初期的许多人所接受；把亚里士多德哲学的运动概念、阿基米德力学的数学模式和欧几里得的几何学结合在一起，作出了近代力学开创性的工作。

他的数学著作曾出版了几个版本，其中有 4 卷几何、4 卷代数和 10 卷算术。有人认为它们代表了中世纪数学的最高水平。数学命题中包含了一般形式法则：命题的规范原则、证明和数学表述。以希腊字母表示数字，以 $a, b, c, \cdots$ 代表未知数，对建立阿拉伯数字体系也有贡献。但是由于缺乏对他评判性的评价，所以在中世纪和近代初期数学史上的地位尚未完全确定。

（马见慈）

卡马尔·丁（Kamāl al-Dīn） 波斯人，1267 年生于波斯的大不里士，约 1320 年 10 月卒于同他。光学、数学。

写过一些书，特别是代数和几何学方面的书，主要贡献是光学。读过阿尔哈增的《光学宝鉴》，后者只把虹作为反射的问题来讨论，也没有进行实验。在伊本·西拿的学说影响下，先进行几何学的理论研究，然后设计实验来验证。最主要的工作是在暗房中放一透明的球，让太阳光通过暗房的小孔照射到透明球上，观察所产生的结果。认为虹和霓的发生是由于水滴对太阳光线在两次折射之间包含一次或两次的反射而形成的。他的结果不仅与同时代人迪特里希·冯·弗赖贝格的结果相同，也符合几何光学原理。一般认为，他们两人虽都是阿尔哈增的信徒，但他们的工作是各自独立进行的。

（唐玄之）

斯怀因谢德，R.（Swineshead，Richard） 英国人，鼎盛期约为 1340～1355 年。力学、光学、数学、自然哲学。

1340 年任牛津大学默顿学院研究员。《计算书》的著者。时人称之为“计算家”。该书是一本论述逻辑和数学技术的名著，全书共分 14 章，提供了计算物理变量值的方法，以及实际计算这些变量变化所需的方法。例如，怎样用数学方法测算物体的密度、物体所受的作用力和阻力、光源的强度、照度在光介质中的分布等，而各种物理量的测算，都应以零点为基点。该书还讨论了物体在均匀场加阻力情况下的运动，以及导致速度改变的各种原因。前几章中，引进了“阶梯计算法”，即以一系列长度递减的矩形来覆盖三角形面积，并以求前者总和来代表后者面积，是微积分的先驱思想者。第 9、10 章讨论了收敛和不收敛的级数、极大和极小等问题。在描述物理量按几何级数增加或减少时，使用了无穷收敛数列和无穷发散数列的概念。发现作用于物体上的合力，并不等于各分力之和，无论对作用力或阻力来说都是如此。第 11 章讨论了自由落体，研究了地心附近一个自由降落圆杆的运动情况，通过数学计算，证明该圆杆的中心永远不会与地球中心重合。第 12、13 章讨论光学，在研究光线的传播时，指出光强度随距离增加而减少的速率一方面取决于光源本身的性质，另一方面还取决于光介质的密度。当光源不变时，光线在密度较大的介质里传播，比在密度较小的介质里传播时强度的减小要快得多。第 14 章讨论有关物体的一般运动。

文艺复兴时期，意大利学者 P. 彭波那齐批评《计算书》似乎要创立一门介于数学与物理之间的学科，因为它在论述自然哲学时使用了过多的代数和几何。其实，正是由于这个缘故才促进了物理学的发展。对此莱布尼茨曾给予高度评价。为了能阅读到这部著作，莱布尼茨曾请人将 1520 年威尼斯出版的《计算书》全部抄录下来。他的传世之作除《计算书》外，还有《关于天的讨论》残篇，是对亚里士多德的《论天》一文的注释和评论。

（李文华　李士土）

海特斯伯里，W.（Heytesbury，William） 英国人，约 1335 年左右活跃于牛津。运动学、逻辑学。

是 14 世纪 30 年代后期牛津大学默顿学院的著名学者之一。1348 年获神学博士学位。1371 年为牛津大学名誉校长。

重要著作有《诡辩术》和《法则》，主要内容涉及逻辑法和诡辩法，也论及运动学。这些著作成为中世纪后期讨论质量、运动和力随时间空间变化的传统计算的基础。他和默顿学派所奠定的“计算法”在 14 世纪后半叶传到了欧洲大陆，成为 15 世纪意大利、巴黎以及 16 世纪最初 30 年西班牙大学里的时髦理论，但是这种理论很快就失势了。对后来科学发展有影响的是默顿学派的运动学，尤其是所谓的平均速率定理对物理学极为重要。由于这定理是默顿学派提出的，故又称默顿定理，它对伽利略建立运动学提供了重要的理论准备。

（宋玉亭）

阿尔伯特〔萨克森的〕（Albert of Saxony） 德国人，约 1316 年生于德国下萨克森，1390 年 7 月 8 日卒于萨克森。经典力学。

1351 年在巴黎大学获文科硕士学位。后来在巴黎的一个艺术学院教学，很快赢得名声，1353 年成为大学的校长。对维也纳大学的建立起过重要的作用。1356 年 6 月维也纳大学成立，他担任第一任校长。1366 年底被任命为哈尔伯施塔特教区的主教，从而结束了学术生涯。担任主教24年，直至去世。

他对抛体运动进行过讨论。撰写的关于亚里士多德物理论述中的问题，曾在各地印行了许多版，成为后来从达·芬奇到伽利略等意大利科学家了解14世纪北方经院哲学家对力学科学的贡献的主要资料。（唐玄之）

亨利〔赫塞的〕（Henry of Hesse） 德国人，1325年生于德国海因布赫的赫塞，1397年2月11日卒于奥地利维也纳。*光学、天文学。*

早期经历不详。1363年在巴黎大学获硕士学位。约在1376年曾获神学博士学位。对重建维也纳大学作出过很大贡献。

研究过光学和透射几何。将虹的色彩分为42种，并提出白色和黑色为原色，其他颜色由它们组成，只是两者的比例不同。在天文学上，曾对纬度给出数学表述。研究过1368年彗星，并著文否定人世间存在“来自彗星的征兆”。1373年3月土星和火星会合，占星学预测一时非常活跃，而他否定人间祸福与天体运行存在必然的关系。在生物学上，提出已存在的物种可能变化以及产生新物种。（夏元复）

布拉西乌斯（Blasius of Parma） 意大利人，约1345年生于意大利帕尔马，1416年卒于同地。*物理学、自然哲学。*

1377年在意大利帕维亚大学获博士学位。后在博洛尼亚、帕多瓦、佛罗伦萨、帕维亚等大学教授哲学、自然哲学、逻辑学、天文学等课程。

他写的论文涉及数学、物理学、逻辑学、心理学、神学、占星学和天文学等广泛领域。其中最有名的是对亚里士多德著作和当时学者的评论。他的一些新思想受到一些学者的抨击。在《论重量》一书中，采用了位置引力的概念，并用此概念证明了杠杆原理。还将物体行进的距离 s 的公式 $s=v_0t+\frac{1}{2}at^2$ 从英国和法国引入意大利，式中 v_0 为物体的初速度，a 为其加速度，t 为物体行进的时间。反对灵魂和躯体可以分开和灵魂永恒的观点，主张物质世界是永恒的。在其大量科学论述中至今只有光学和静力学方面的著作得到较仔细的研究。主张以视觉作为知识和确定性的基础，从而使传统的几何光学与认识论的问题发生了联系。在意大利传播了巴黎学派的新思想。（郑毓信）

马利亚尼，G.（Marliani，Giovanni） 意大利人，15世纪初生于意大利米兰，1483年卒于同地。*热学、力学、医学。*

出身贵族家庭。可能在帕维亚大学学过艺术和医学。1440年进米兰的医学院学习，1442年前获博士学位。1441～1447年在帕维亚大学讲授自然哲学、占星学等。1447～1450年在米兰大学讲授医学。后来回帕维亚大学任医学讲师，1469年任医学理论讲座教授。大约在1472年被任命为宫廷医生。

虽被誉为那个时期的数学家，但唯一现存的数学著作是关于普通分数的，且很少独创性。论述热的3本著作中，区分了热的强度和热的广度，实际上是温度和热量概念的起源；还用自己的数字温标来表示热的强度，但受亚里士多德错误的运动定律的影响；还讨论了水的冷热平衡问题及人的体温与外界条件的关系。力学著作集中讨论了经院物理学的两个主要问题。其中一本清晰地论述了加速运动的平均速度定律；另一本企图解决亚里士多德运动定律中的佯谬。（马见慈）

托马斯，A.（Thomaz，Alvaro） 葡萄牙人，15世纪下半叶生于里斯本，卒于何时何地不详。*运动学、经典力学、初等数学。*

是16世纪初期杰出的计算家，有关生平资料不多，只知在1509年2月任巴黎一个学院的院长。

他因1509年在巴黎出版《论具有附加比例的第三种运动，对物理计算的解释》一书而著名。该书可以分为3部分：第一、第二部分对比率和比例分别作了简要说明。第三部分是依次讨论局部运动（振动）、增广运动（非往复运动）和变速运动。也很擅长于级数求和的计算，对于收敛级数总可以给出精确值或收敛区间。曾帮助多明戈·德索托（Domingo de Soto）首次将“平均速度定理”应用于落体运动。（陆伟良）

博罗，G.（Borro，Girolamo） 意大利人，1512年生于意大利阿雷佐，1592年8月26日卒于佩鲁贾。*力学、自然哲学。*

早期经历不详。约1537年起以神学学者身份供职16年。1553年开始在比萨大学讲授自然哲学6年。1575年回比萨大学再次讲授自然哲学。1586年回佩鲁贾大学讲授哲学直至去世。1561年发表《论海洋的潮汐》。发表《重体与轻体的运动》和《论亚里士多德学派的教学法》。在哲学上，是保守的逍遥派。拒绝用数学方法研究自然哲学，而强调用实验方法研究自然哲学。在比萨大学时，伽利略是该校学生，可能听过他的课。他关于论自由落体与潮汐的著作，曾多次被伽利略所引用。在伽利略作比萨斜塔实验前几年，他就曾与学生进行过铅球与木球的自由落体实验，获得了与伽利略相同的结论。（李士土）

伽利莱，V.（Galilei，Vincenzio） 意大利人，约1520年生于意大利圣玛丽亚蒙特，1591年约7月卒于佛罗伦萨。*声学、音乐理论。*

著名物理学家、天文学家伽利略的父亲。1540年在佛罗伦萨开始学音乐，约于1561～1562年间到威尼斯跟当时第一流音乐理论家G.扎尔利诺（Gioseffo Zarlino）学习。后来他们发生争论，以致他的重要理论著作在威尼斯不能出版，后在佛罗伦萨刊行。扎尔利诺在1588年发表的著作中着重攻击他，第二年他撰写著作勇敢地给予回敬。在书中阐述了一个规律，即在类似的弦中的一个确定的音程，或是由不同长度的弦所产生，或是在与弦长度平方成反比的张力下所产生。例如，五度音程(或五度和音)就是由3∶2长度的弦所产生，也可由等长的弦下悬挂4∶9的重量来产生。这可能是由系统实验得出的第一个物理学的数学定律。为反驳错误的音乐理论而不断做实验，坚持以实验去检验真理，而非一味仰仗权威。曾发表《关于古代音乐与现代音乐的对话》(1581年)等著作。（周永平）

佩雷拉，B. (Pereira或Pererius, Benedictus) 西班牙人，1535年生于西班牙巴伦西亚附近的鲁扎法，1610年3月6日卒于意大利罗马。经典力学、自然哲学。

早年经历不详。1552年参加耶稣会，不久由教会派往西西里、罗马等地。在罗马讲授艺术和其他各种科目，并留下了几本评注。最重要的著作是关于自然哲学方面的题为《关于一切自然物的共性》，1562年在罗马首次出版。后来又有许多欧洲国家的版本，并成了耶稣会学校的哲学教科书。在伽利略的著作中也引用了它的有关内容。第16卷有关动力学的章节纯属亚里士多德学派的思想，但它抵制了巴黎学派的原动力理论。在文艺复兴时期关于数学法则的争论中常被引用。1591年又发表了另一部著作，全面抨击了炼金术、占星术等秘术，指出这些是十分荒谬的。（马见慈）

朱载堉 (Zhu Zaiyu) 字伯勤，号句曲山人。青年时自号狂生、山阳酒狂仙客。中国明代河南怀庆府(今河南省沁阳县)人，明嘉靖十五年(1536年)生于河南怀庆府，万历三十九年(1611年)卒于同地。声学、音律学、数学、天文历算、乐器制造。

明仁宗朱高炽的第六代孙，明宗室郑恭王朱厚烷之子。因皇族内部的争斗，嘉靖二十九年(1550年)其父直谏触怒嘉靖皇帝，被削爵并锢于凤阳。他搬出王宫，筑土屋于宫门外，席藁独居19年。其间专心研读乐律、数学、历学、艺术等。父卒后，拒受封爵，自称"道人"，在怀庆以著述终身。卒谥端清。

著作甚丰，有《历学新说》(《律历融通》、《圣寿万年律》、《万年历备考》三部书的统称)、《律学新说》、《算学新说》、《乐学新说》、《律吕精义》以及乐谱和舞谱。大多成书于1567～1581年间，后被收入14部48卷的《乐律全书》之中。1610年还出版了《律吕正论》、《律吕质疑辨惑》、《嘉量算经》等书。上述著作内容涉及音律学、音乐学、历法、数学、珠算、物理学、计量学、乐器制造、乐谱和舞谱等方面。

以多年之潜心研究，在1581年之前创建了"新法密率"——十二平均律。在音乐史上最早用等比数列(公比为$\sqrt[12]{2}$)将一个八度平均划分为12个半音。这比比利时数学和力学家S. 施泰文取得同一成果约早20年。为探讨十二平均律问题，朱载堉解决了应用等比数列的首项、末项和项数求解其他各项的问题。还提出了不同进位制的小数换算方法；最早运用珠算进行开方计算；研究了历代度量衡制的变迁；提出了一个系统的管口校正法及其计算公式；测定了水银的密度；研究并实验了完全八度和纯五度的和声问题；研究了天文历法并推算了回归年长度的精确值，测量了北京的地理纬度和地磁偏角；谱写了大量乐谱，撰写了大量歌词；制造了许多乐器；研究了音乐史、乐器史，描绘和探讨了中国历史上最详尽的舞图和舞谱。

"王子载堉"——中国明代这位百科全书式的学者，早在百余年前已誉满欧洲，受到德国科学家H. 亥姆霍兹、比利时声学家马容(V. C. Mahillon)、英国科学史家李约瑟等人的高度评价。（王允红　唐玄之）

弗莱舍尔，J. (Fleischer, Johannes) 德国人，1539年3月29日生于布雷斯劳(今波兰的弗罗茨瓦夫)，1593年3月4日卒于同地。大气光学。

早年在戈尔德贝格中学受教育，1557年考入维滕贝格大学。1589年获神学博士学位。唯一的科学著作是1571年出版的关于虹的著作。书中关于虹的概念主要引自维特罗的著作，但在虹形成的机制上则更加明确。（唐玄之）

吉尔伯特，W. (Gilbert, William) 一译吉伯。英国人，1544年5月24日生于英国埃塞克斯郡科尔切斯特，1603年11月30日卒于伦敦。磁学、地学。

出身中产阶级家庭。1558年5月入剑桥大学圣约翰学院，1561年获文学士学位，1564年获硕士学位，1569年获医学博士学位。7个月后当选为学院高级研究员。70年代中叶定居伦敦，不久成为当地名医。1600年任命为英国皇家医学院院长及伊丽莎白一世(Elizabeth Ⅰ)和詹姆士一世(James Ⅰ)的御医。终生未婚。其寓所就是实验室，也是当时学术交流中心。可能因鼠疫而死。死后书籍、仪器、矿石等全部交皇家医师学会图书馆，可惜1666年毁于伦敦大火。

离开剑桥后曾研究磁学。撰写的名著《论磁石、磁体和地球大磁场》共6卷，1600年出版，并在1628年及1633年再版。该书结合自己的学说及实验，总结了当时磁学理论，深得当时科学界的重视与赞扬。第一卷回顾磁学的历史，提出地球为一巨大天然磁体的假设。第二卷讨论吸引体与被吸引体互相作用，即存在磁场。第三卷论述磁针指向地磁南北极。第四卷说明磁针取向随经度的变化，即磁偏角。第五卷分析磁针取向随纬度的变化，即磁倾角。第六卷叙述地球自转，认为地球24小时绕轴旋转一周。

另一著作《宇宙》由他的异母弟弟收集整理。第一部分提出天体结构模型。认为恒星与太阳为发光体，地球与行星为反光体。第二部分讨论彗星、银河、云、风、虹、泉水及河流的起源与潮汐等现象。最早用磁性引力作用来解释月球绕地球或行星绕太阳的运行，这一假说对后来的天文学家开普勒有相当大的影响。

（朱逸农）

吉多鲍多侯爵，M.（Guidobaldo，Marchese del Monte） 意大利人，1545 年 1 月 11 日生于意大利佩萨罗，1607 年 1 月 6 日卒于蒙特巴罗科。力学、数学、天文学。

出生于乌尔比诺一个贵族家庭。1564 年进帕多瓦大学学习数学，后来参加了反土耳其战役。不久回到靠近乌尔比诺的蒙特巴罗科，在那里从事科学研究直至去世。

1577 年出版了他的第一本著作《力学指南》，当时被认为是自古希腊以来最伟大的静力学著作。其中最有成果的部分是把滑轮简化为杠杆的分析，后来为伽利略所采用。此外，他还撰有《阿基米德原理注释：平板的平衡》（1588 年）和《论螺旋》（1615 年）两部力学著作。是伽利略的赞助人和朋友，除了在静力学方面对伽利略提过建议外，他们还讨论了抛射体运动，据说他们还一起做过炮弹的弹射实验。他的非力学著作有：1579 年的 3 本论述比例和欧几里得的手抄本论文集；1609 年的 2 本天文学著作；1600 年的 1 本文艺复兴时期最好的有关透视的研究著作。他和一些数学家的通信成了该时期数学史上的重要史料。还改进了比例规、椭圆规等仪器。

（马见慈）

达格隆，F.（D'Aguilon，François） 比利时人，1546 年生于比利时布鲁塞尔，1617 年卒于安特卫普。光学。

是菲利普二世（Philip Ⅱ）的秘书。1586 年成为耶稣会教士。教过文法、逻辑学、神学。后被任命在全国范围内组织精密科学的教学。这个计划促使他编写一本权威的光学书。这本书原计划综合从欧几里得以来诸名家的光学著作，拟分三部分出版。1613 年出版了他写的一部分，分 6 卷，其他部分由于他的去世而未能出版。

（唐玄之）

萨尔皮，P.（Sarpi，Paolo） 意大利人，1552 年 8 月 14 日生于意大利威尼斯，1623 年 1 月 15 日卒于同地。光学、数学。

早年师从卡佩拉（G. Capella）。14 岁入天主教塞维特修会。1570 年任宫廷神学家和神学教授。1606 年任威尼斯国家神学家兼元老院顾问。

1582～1585 年，第一个发现血液循环（后哈维用实验证实），并正确解释了静脉瓣的功用。支持哥白尼的日心说。1608 年 11 月，在国内最先获悉荷兰眼镜制作者 H. 里帕席发明了望远镜。元老院就购买荷兰望远镜事征求其意见时，他建议让伽利略来制作。1609 年 8 月，伽利略制好望远镜交给威尼斯政府，为此帕多瓦大学授予伽利略终身教授职位。他的数学才能受到伽利略、G. 波尔塔等人的称赞。后人于 1761 年将他的笔记汇编成《萨尔皮文集》，内容包括光的粒子性、光在真空中的传播、光学相对性、圆锥曲线的性质、光在曲面镜上的反射、物体在水中的重量、自由落体、抛射体运动等。其中谈到物体下落并非由于本性如此，而是由于受到地球的吸力，“正像铁受到磁铁的吸力一样”。

（方福娟　李文华）

德格鲁特，J. C.（De Groot，Jan Cornets） 荷兰人，1554 年 3 月 8 日生于荷兰代尔夫特附近，1640 年 5 月 3 日卒于代尔夫特。力学、数学。

出身贵族。1575 年入莱顿大学学习。1591～1595 年当选为市长。1594～1617 年担任莱顿大学的学监。1596 年获该校法学博士学位。

是一位自由主义艺术家、哲学家和业余科学家。与 S. 史蒂文一起通过实验发现，不同重量的铅球下落到一块木板上，在相同的时间内通过的距离相等。这个反亚里士多德理论的实验结果发表在 S. 史蒂文编著的《静力学》（1586 年）一书中，它比传说中的比萨斜塔实验要早几年。他还帮助范·策伊伦把阿基米德的圆周测量法从希腊文译成荷兰文，得出了 π 值到第 20 位小数的近似值。同时代的科学家 A. 范罗门赞扬他是当时最出色的数学家之一。

（宋玉亭）

多米尼斯，M. A.（Dominis，Marko Antonije） 南斯拉夫人，1560 年生于南斯拉夫拉布，1626 年 9 月 8 日卒于意大利罗马。光学。

青年时代曾在意大利帕多瓦大学求学。学成后在维罗纳、帕多瓦和布雷西亚等大学教授数学、逻辑学和哲学，直到 1596 年。后来任主教、大主教。晚年主要致力于神学研究，极力主张基督教各教会成员之间的团结。为此被宗教法庭判为犯了异端罪，最终死在关押的城堡塔楼内，尸体被烧毁。

在帕多瓦大学教数学时写过两部有关物理学方面的著作。第一部的内容关于透镜、望远镜和彩虹，描述了光的折射现象；认为彩虹是雨点对光线的折射和反射的结果。由于采用亚里士多德的黑暗与明亮混合的理论，因此无法解释彩虹颜色的顺序。第二部著作的内容是有关潮汐的，认为这是月亮和太阳对海水影响的结果。还论及地球的形状，提出地球是球形的见解。

（宋玉亭）

伽利略（Galilei，Galileo） 习惯上常不用其姓伽利莱而仅用其名伽利略称呼。意大利人，1564 年 2 月 15 日生于意大利比萨，1642 年 1 月 8 日卒于阿切特里。实验物理学、望远镜天文学、望远镜研制。

出生于破落贵族家庭，

父亲V. 伽利莱是通晓乐理、擅长数学的羊毛商，曾发表过《关于古代音乐与现代音乐的对话》（1581年）等著作，提倡在追求真理的过程中允许自由探讨，反对一味仰仗权威的荒唐作法，这对伽利略的性格和作风产生深刻影响；母亲叫G. 安曼娜蒂（Giulia Ammannati）。他是家中7个子女中的长子。从小聪慧过人，活泼好奇，喜爱制作新奇玩具，表现出很强的观察和创造能力。10岁时全家迁居佛罗伦萨。1575年11岁进佛罗伦萨近郊瓦隆布罗萨的圣玛丽亚修道院学习，1587年成为见习修道士。1581年遵父命入比萨大学习医，但毫无兴趣。1583年参加了托斯卡纳大公（Tuscany）宫廷数学教授、他父亲的挚友O. 里奇（Ostilio Ricci）在比萨大学的的演讲会，从此对数学产生了极大的兴趣。在里奇的指导下，阅读许多数学著作，特别是阿基米德和欧几里得的著作。由于父亲反对他弃医学习数学，又因家境困窘，1585年他未获得学位却带着具有非凡数学才能的盛名离开了比萨大学，回家助父经商。从他在比萨期间写的手稿中可以看出，他对亚里士多德物理学的某些结论产生疑问，对哥白尼天文学某些见解也持反对观点，但尚未提出任何独到见解和数学论证，也未达到同公认的自然哲学原理论战的地步。

1585～1589年，他在佛罗伦萨和锡亚纳做过数学家庭教师。1586年发表第一篇论文“小秤”，提出一种能够准确方便地测出金属比重的比重秤。其原理是基于阿基米德的杠杆原理和浮力原理，是理论和实践相结合的产物。他在科学上的才能受到佛罗伦萨上层人物的赏识，赢得了声誉。在颇有科学才华的吉多鲍多侯爵推荐下，于1589年获得任期为3年的比萨大学数学讲座教授的席位。在这期间对加速运动进行了研究，写成“论运动”的论文，但未发表。文中抨击了亚里士多德的物理学，如落体运动法则等论断。但他对物体在真空中运动的论述是有缺陷的，物体在斜面上运动速度的结论与实际经验不符，表明这是一篇不成熟的论文。

相传在比萨任教期间，于1591年在比萨斜塔上作过著名的落体实验，此说出自于他晚年的门生维维亚尼之口，但其可靠性颇有争议。在比萨期间，由于他年少气盛、锋芒毕露、好胜善辩，得罪了权贵和亚里士多德的追随者，期满未获续聘。

1592年离开比萨，前往学术气氛较自由的帕多瓦大学任教，开始了科学生涯中最富成果的黄金时期。在帕多瓦期间，结识了威尼斯姑娘M. 甘芭（Marina Gamba），不久一起生活，生有二女一男；当1610年伽利略回佛罗伦萨时，他们分手了，她仍留在帕多瓦。在帕多瓦大学，伽利略任数学、力学和天文学教授，主要讲授欧几里得、托勒玫和亚里士多德的著作，业余对来帕多瓦求学的外国贵族子弟讲授军事工程学、筑城学、测量学、力学等课程。1593年写出力学和筑城学课程大纲。1597年设计和制造出具有军事用途的比例规和罗盘，并设厂生产和销售。还发明了空气温度计。1602年末在给吉多鲍多侯爵的信中，第一次提出摆的等时性规律，对下落运动中的加速度的重要性和运动的连续性产生兴趣，并试图把落体运动与物体沿圆弧和斜面的运动联系起来。这是导致他获得正确的落体定律的重要途径。1604年设计了一个斜面实验，从小球在斜面上由静止下滚的过程中，测出距离随所用时间的平方成正比。但这正确结论没能帮他立刻找到一个能证明落体定律的正确假设。同年10月在给友人的信中说他找到一个证明，即用速度与距离成正比的假设来证明他得到的落体定律。他花了几年的时间才认识这假设是错的，直到1609年前后，在他的笔记中提出正确的速度与时间成正比的假设。1638年出版的《两种新科学的对话》中，第一次正确阐述了正确的落体定律。

1609年7月获悉荷兰人H. 里帕席发明了望远镜，他把注意力从力学引向数学和天文学。同年8月底，独自研制出一架放大倍数为8的望远镜，献给威尼斯大公，为此获得加倍工资和帕多瓦大学终身教授的荣誉。同年底他制成放大倍数为30的望远镜。比这更重要的是他把望远镜对准夜晚的星空，开创了望远镜天文学。他发现了月球表面高低不平，确认月球表面不发光。1610年1月7日，他发现木星有3颗卫星，几天后又发现第四颗。在此前后，他还发现银河是由无数恒星组成。这些对哥白尼学说是巨大支持，同年3月，他把上述发现写成《星际使者》，随即在威尼斯出版，在欧洲引起极大震动。在开普勒努力下，此书在德国的法兰克福重印。

1610年9月，伽利略离开帕多瓦大学回到佛罗伦萨，任托斯卡纳大公的宫庭数学和哲学教授，兼任比萨大学的名誉教授。回佛罗伦萨后他继续观察天空，发现金星的盈亏现象，说明金星和水星不是绕地球运行，而是在地球与太阳之间绕太阳运行，从而打破了亚里士多德和托勒玫地心说对天体的人为安排。1611年2月，他访问罗马，受到教皇的接见，被邀参加由一位侯爵创办的林赛研究院（即猞猁研究院），这是由当时第一流科学家组成的学术团体。1612年他发现太阳黑子的运动和形状变化，推测太阳自转周期约为25天，写成《关于太阳黑子的书信》一书，由林赛研究院于1613年在罗马出版。书中第一次也是唯一的一次在出版作品中明确表示支持哥白尼学说。这招致亚里士多德追随者的攻击。1616年2月26日，宗教法庭正式宣布哥白尼学说的书为禁书，同时警告他不准用语言或文字维护哥白尼学说。1623年10月，为回击格拉西（O. Grassi）教士对他的恶意中伤，由林赛研究院出版了他的著作《分析者》，并把它献给刚当选为教皇乌尔班八世（Urban Ⅷ）的M. 巴贝里尼（Maffeo Barberini）主教。接着他花5年功夫用意大利文写成一部商讨哥白尼学说的书《关于托勒玫和哥白尼两大世界体系的对话》。几经周折，于1632年3月在佛罗伦萨出版。该书产生的巨大影响，引起宗教当局的恐慌。同年8月下令停止发行，10月发出传票，令他立即赴罗马受审。1633年2月他身患重病到达罗马，4月开庭。经3个月的严酷刑讯，在教会的淫威胁迫下，6月22日他在悔罪书上签字，并宣誓从此不以任何方式宣扬地动说。他被判处终身软禁。1634年初被转移到佛罗伦萨近郊的阿切特里家中。1635 年 6 月，写成一部总结他一生力学研究成果的巨著《关于两种新科学的对话》，1637 年由友人秘密带到荷兰，翌年 7 月在莱顿出版。当他拿到该书时，双目已完全失明。晚年生活由维维亚尼照料，维维亚尼还成为他科学研究的助手。1641 年起，E. 托里拆利也参与一起工作。这一年的冬天他患寒热病，翌年 1 月 8 日凌晨 4 时，这位受尽教会屈辱的近代自然科学奠基者与世长辞。在世界科学界近百名科学家的联名吁请下，1979 年 11 月 11 日罗马教皇公开为伽利略恢复名誉。1980 年教皇任命的一个委员会承认，天主教会压制伽利略是错误的。

他的一生是为科学真理同教会扭曲了的亚里士多德自然哲学斗争的一生。他在科学研究中，注重观察和实验，强调实验与数学相结合，归纳与演绎相结合。在科学研究方法上为近代自然科学的发展开辟了道路，成为实验科学的创始人和经典力学的奠基者。他对科学的贡献是多方面的。除在天文学上有一系列重大发现外，更重要的是他在物理学特别是力学上的伟大贡献。他最富创造性的工作是对落体运动的研究。通过著名的斜面实验，他证明下落速度与时间成正比，并得出下落距离与时间平方成正比的结论，建立了正确的自由落体定律。在对斜面和单摆运动研究的基础上，论证了惯性运动，指出维持运动并不需要外力。但他所指的惯性运动仅涉及地球上水平面的运动现象，尚未概括普遍的自然规律。通过对抛射体运动的研究，提出运动合成的概念，明确指出平抛运动是相互独立的水平方向上匀速运动与竖直方向上自由落体运动的合成，其轨迹是一抛物线，用数学方法证明仰角为 45° 时射程最远。通过对风平浪静海上船舱内所发生的力学现象的讨论，指出无法判定此船是静止还是在作匀速直线运动，提出了相对性原理思想，此思想后来经爱因斯坦发展，成为狭义相对论两条基本假设之一。正如爱因斯坦所说："伽利略的发展以及他所应用的科学推理方法，是人类思想史上最伟大的成就之一，标志着物理学的真正开端。" （薛　豪）

诺埃尔，É.（Nël，Étienne）　法国人，1581 年 9 月 29 日生于法国上马恩省，1659 年 10 月 16 日卒于拉弗莱什。实验物理学、自然哲学。

18 岁加入天主教耶稣会。后在拉弗莱什等几所学院任教，曾是笛卡尔年轻时的哲学辅导教师。1645～1646 年任耶稣会的副大主教。对笛卡尔十分敬重，1646 年末任巴黎大学克莱蒙特学院院长时，将最初的两篇代表作"物理格言"与"地光"寄给笛卡尔，撰文表示信奉亚里士多德宇宙观，但也接受一些新思想。在自然界是否存在真空的问题上，与帕斯卡发生了争论，他断定托里拆利气压计上部的空间被空气填满，这些空气是通过玻璃孔隙进入的，这符合笛卡尔的"自然界厌恶真空"的观点。 （谈漱梅）

巴利亚尼，G. B.（Baliani，Giovanni Battista）　意大利人，1582 年生于意大利热那亚，1666 年卒于同地。经典物理学、大气力学、传染病学、人口学。

是意大利热那亚贵族。一生中大部分时间担任政府公职，是业余科学家。29 岁时对科学产生浓厚的兴趣，当时任萨沃纳城堡的官员。注意到重量极不相同的炮弹，落地时的速度却是相同的。发明了一套利用锅底摩擦生热的煮饭设备。1613 年经人介绍与伽利略建立了通信联系，2 年后他们在佛罗伦萨相会。1630 年写信告诉伽利略，预期能把水抽到 60 英尺（约 18.3 米）高的虹吸实验失败了，从而认识到抽水机的作用来自大气压力。1638 年出版了《论重物的自然运动》一书，对真空中自由落体运动进行正确解释，说明已意识到物体的质量与重力成正比的关系，对质量和加速度概念的理解迈出了重要的一步。把惯性定律从地球表面上的水平运动推广到一般情况，认为它有普遍的意义。

1647 年发表了有关鼠疫的论文，提出了对鼠疫本质和传播特征的解释。还提出人口过快增长将导致饥荒，被认为是马尔萨斯人口论的鼻祖。

生前未发表的著作于 1666 年出版，内容包括哲学对话、光的论述、超距作用、真空的存在和在真空中的运动以及几个棱镜实验等。在天文学方面倾向于第谷·布拉赫的学说，而不喜欢哥白尼的学说。

（宋玉亭）

马尼，V.（Magni，Valeriano）　意大利人，1586 年 10 月 15 日生于意大利米兰，1661 年 7 月 29 日卒于奥地利萨尔茨堡。经典物理学、大气物理学。

起初在布拉格、林茨和维也纳做传教士和教员。赢得声望后，于 1613 年任奥地利维也纳大学的哲学教授。3 年后应波兰国王之请去波兰从事天主教方济各会的工作。热心于教会与社会活动，来往于巴黎、林茨、布拉格、波希米亚、哈普斯堡等城市之间。1655 年末因与天主教耶稣会的长期不和，被谴责为异教徒而被捕，由于皇帝的干预，于翌年 2 月释放。此后去萨尔茨堡，直至去世。

在哲学上反对亚里士多德，是伽利略和笛卡尔的支持者。所作证明真空存在的实验与托里拆利在 1643～1644 年测定气压的实验相同，因此两人发生了优先权的争论。这种争论帮助了测定气压实验的广泛传播。后来他承认托里拆利的优先权，但强调自己的实验是受了伽利略关于虹吸管论文的启发而独立进行的。

（谈漱梅）

比克曼，I.（Beeckman，Isaac）　荷兰人，1588 年 12 月 10 日生于荷兰泽兰省，1637 年 5 月 19 日卒于多德雷赫特。经典力学、气象学、地球物理学。

年轻时曾学过文学、哲学和神学，自学过数学、自然科学和希伯来文。在父亲经管的工厂里劳动时，学习过制造蜡烛和水管的技术，接触了有关燃烧、抽水等设备。还学过医学，1618 年获医学博士学位。此后担任过拉丁文学校的校长助理，这期间曾与数学家兼天文学家 P. 范兰斯贝日进行过天文观测，与笛卡尔进行过力学方面的共同研究。不久在鹿特丹创立力学学会。1627年任多德雷赫特的拉丁文学校的校长，使该校成为荷兰最出色的学校之一。

1628年，他创建了欧洲第一个气象站，进行风速、降雨量和气温等观测。对物理学的贡献：1615年发现水的流速定律；指出抽水机中水流上升是由于大气压的作用；1618年发现了真空中落体作匀加速运动的规律，得出下落距离与时间平方成正比。1627年获悉伽利略的工作后，他发现不少方面与自己研究的结果一致。认为地球的运动是惯性运动，反对“内磁力”是地球运动动力的观点。认为潮汐是地球自转的证据；光速是有限的；热是一种运动。

倡导数学与物理结合，善于科学推理，同时又强调实验对验证理论的重要性。有保留地接受哥白尼的学说，提出宇宙、原子、空间是无限的观点。是血液循环学说的早期信徒。他素有把观测研究和思考的结果写入日记的习惯，可惜从未出版，因此在自然科学史上没有获得应有的地位。（宋玉亭）

佩蒂特，P.（Petit，Pierre） 法国人，1594年12月8日生于法国蒙吕松，1677年8月20日卒于马恩河畔拉尼。大气物理学、地磁学、天文学。

是一位小职员的儿子。1633年到巴黎，任命为外省炮兵总监。1649年成为防御工程总务长。作为宫廷智囊人物，强调在验证科学理论时精确的实验观察的重要性，与笛卡尔的数学理性倾向形成鲜明的对比。主张成立法国皇家天文台。收藏有当时巴黎最好的望远镜和天文观察仪器，其中也包括许多自己的发明。1646年在鲁昂与B. 帕斯卡合作，重做了托里拆利的大气压实验。1665年发表的论文“彗星性质论述”，就其观察的精确性与讨论的完整性而在英国及欧洲大陆受到赞扬。在磁偏角方面的研究同样受到好评。还积极主张欧洲大陆与英国之间开展学术思想交流，建立正式的科学机构。虽然1666年在法国科学院创立时出人意外的没有被选为院士，但在1667年4月却被英国皇家学会选为第一个外籍会员。（陆伟良）

马西，J. M.（Marci of Kronland，Johannes Marcus） 捷克人，1595年6月13日生于波希米亚（今属捷克）兰什克龙，1667年4月10日卒于布拉格。光学、机械力学、医学。

早期学习哲学和神学，后来学医。1625年获医学博士学位。1620～1660年任布拉格大学医学院教授。成名后成为波希米亚王国的御医和两代皇帝的私人随从。1662年任大学校长。因积极参与政治活动于1654年封为爵士。因为教廷问题，于1639年去意大利进行外交旅行，有机会接触外国科学家，了解国外科学动态。

研究工作多半受其哲学思想支配，偏重于现象的描绘和解释。其中重要的有对物体碰撞，特别是弹性碰撞的定性说明；阐述摆的长度与摆动周期的关系，并建议利用摆来计时；为解释彩虹使用棱镜分解白光，发现当光线通过另一棱镜再次折射时其颜色不变。在医学上，从纯粹医学的角度研究癫痫，断定癫痫是神经方面的疾病。（谈漱梅）

马焦蒂，R.（Magiotti，Raffaello） 意大利人，1597年生于意大利蒙特瓦尔基，1656年卒于罗马。流体力学。

在佛罗伦萨大学受教育，后成为教士。1630年去罗马，是罗马在数学、法律、医学、神学和文学方面的著名学者。1636年任梵蒂冈图书馆学术顾问。

在罗马与别人合作，做了类似后来托里拆利气压计的实验，并把此消息告诉了托里拆利，还建议用比水重的海水进行这一实验。测定从容器底部出口流出的液体的流速，证明它正比于水头压强的平方根，从实验上证实了托里拆利的理论。在自己著作中报告了在恒定温度下水的近似不可压缩性，以及水与空气随温度改变而膨胀和收缩的现象。还对“浮沉子”作了详尽的描述。（谈漱梅）

贝尔蒂，G.（Berti，Gasparo） 意大利人，约1600年生于意大利曼图亚，1643年卒于罗马。大气物理学、实测天文学、仪器研制。

既是卓越的数学家和仪器制作能手，又是有成就的天文学家，曾出色地观测过月食，通过天文观测测定罗马的确切纬度。其主要贡献在物理学方面。1640～1643年，用自己建造的实验装置证明了用抽水机不能把水提升到高于18库比特（1库比特＝45.7厘米）的高度。因此促使E. 托里拆利在测定大气压力的实验中采用水银而不是水。因对伽利略的学说非常精通，所以1642年伽利略去世后能以数学教授的身份被任命为伽利略的继承人。但不久就去世了。（宋玉亭）

梅格南，E.（Maignan，Emanuel） 法国人，1601年7月17日生于法国图卢兹，1676年10月29日卒于同地。光学、自然哲学、仪器研制。

他原先跟一个亚里士多德学派的人学习哲学，但很快就转而反对逍遥学派的体系，而对数学研究表现出强烈兴趣和才能。1636～1650年在罗马的一个女修道院里讲授哲学和神学。1650年回到图卢兹，在图卢兹大学继续从事实验工作，但却受命把他大部精力用于行政和宗教事务。1653年他出版的《哲学进程》中有五分之四是关于自然哲学的。他在光学、仪器的制作与设计和物理学其他部分的工作，值得重新予以评价。在1648年出版的《透视时间表》一书中，他详细地研究了日晷，也涉及其他一些光学题目。（唐玄之）

朔特，G.（Schott，Gaspar） 德国人，1608年2月5日生于德国维尔茨堡附近的柯尼斯霍芬，1666年5月22日卒于奥格斯堡。经典物理学、科学传播。

1627年入耶稣会奥格斯堡学院学习神学、哲学和数学。1631年瑞典入侵德国，他被迫移居意大利西西里避难，一度到罗马求学，后在巴勒莫学院完成了学业。留校任神学和数学教授。1655年夏返回德国，在奥格斯堡学院教数学和物理，并从事写作。和当时各国科学界的领军人物有着广泛联系，其中尤和德国物理学家、做过马德堡市市长的O. von盖利克交情甚笃。

他是一个多产作家，写过一系列有关数学、物理和魔术的论著，影响颇广。在生命的最后8年中，发表了涉及11个论题的研究成果。其中在最负盛名的4卷本《魔幻世界的技艺与本质》（1657～1659年）中，收集了大量数学题目和物理实验，特别是有关光学和声学方面的实验。他在《气压-水力机械》（1657年）一书中，首次介绍了盖利克发明的抽气筒，把英国化学家波义耳关于抽气筒的原理解释引进德国，还把法国物理化学家盖-吕萨克进行真空实验的资料收为附录。在这方面，他自己也做过大量的实验和研究。此外撰写和出版了《物理奇观》（1662年）、《技术奇观》和《数学奇观》（多次再版）等书籍，整理编辑出版当时德国科学界一些名人的著作，受到人们的欢迎。他为唤醒德国人对自然科学的兴趣所做的许多工作，受到当时德国天主教徒和新教徒的一致尊敬。（卫瑞霞）

巴托利，D.（Bartoli，Daniello）　意大利人，1608年2月12日生于意大利费拉拉，1685年1月12日卒于罗马。经典物理学、科学传播。

是天主教徒，对神学颇有研究，通晓天主教的历史。教过修辞学。1671～1673年任罗马诺大学（今格雷戈勒纳大学）校长。

除撰写历史、文学、伦理学方面的著作外，发表了很多科普作品，将同期的物理学家（如伽利略、P. 伽桑迪、M. 梅尔塞尼等人）的研究，特别是气压计的实验、大气压强的概念、声音分析和凝固现象等介绍给读者。著作通俗易懂，哲理性强，富有趣味，有较强的吸引力。所著的《学者的答辩与改革》一书被译成英文介绍到国外，在激发意大利和国外读者对17世纪发展中的物理学的兴趣方面起过积极作用。

（谈漱梅）

方以智（Fang Yizhi）　字密之，号曼公。中国明末清初安徽桐城人，生于明万历三十九年（1611年），卒于清康熙十年（1671年）。物理学、自然科学。

少时随父宦游至四川、福建、河北、京师（今北京）等地。崇祯十三年（1640年）中进士，官任翰林院检讨，并任永王（崇祯第四子）讲官。1644年李自成攻陷北京，他弃家南逃至南京。改换姓名流离岭表、广州。后隐居于平乐。清兵入平乐，变服为僧，居梧州云盖寺。改名大智，字无可，别号弘智、浮山愚者、愚者大师、极丸老人等。后归家省视老父。父死后入吉安，主持青原山道场，授徒讲学。晚年被人中伤再陷图圄，押赴岭南舟次万安时卒。

科学著作有《通雅》、《物理小识》、《医学会通》等；哲学著作有《东西均》、《药地炮庄》、《愚者智禅师语录》等，文学著作有《博依集》、《浮山集》等。

在自然科学方面，《物理小识》是他最重要的著作。原附在《通雅》后面，他的儿子方中通将它分开独立成书。该书约编写于1631～1652年期间，它的内容丰富，全书共分天、历、风雷雨旸、地、占候、人身、医要、医药、饮食、衣服、金石、器用、草木、鸟兽、鬼神方术、异事等十大类。记录了包括天文、历算、物理、矿物、植物、动物和医药等方面的自然科学知识近一千条，反映了中国人民在当时对自然认识的丰硕成果。书中物理学的内容占的比重很小，但在力、声、热、光、磁等方面都有所记述和阐述。其中有些记载是颇有意义的，例如，"冰在暑时，以厚絮裹之虽置日不化"。他还认为时空是统一的，即所谓"宇中有宙，宙中有宇"。

他重视用实验方法来探求物理问题。他创立的"质测之学"，就是"物有其故，实考究之"之意。这大致相当于现今的科学实验或实际检验等。尽管他的一些实验结果还没有定量，但这种治学精神是可取的。

他博学多才，工诗画，善画篆。忧患流离之中，著述不辍。平生著述百余种，书画题跋亦甚多。

（唐玄之）

尼塞隆，J.-F.（Niceron，Jean-François）　1613年生于法国巴黎，1646年9月22日卒于法国普罗旺斯地区艾克斯。几何光学。

1639年被任命为罗马大学的数学教授。1640年回到巴黎。在意大利期间，他测量了罗马和佛罗伦萨等地罗盘上的磁偏角。主要工作是透视光学和几何光学。1638年他出版了《有趣的透视》一书，共4卷。第一卷是基本原理和透视方法。第二卷是关于在不规则表面上绘画时的透视方法。第三卷则是讨论从柱面镜、圆锥面镜反射时的变形问题，如何在平面上画变形图而用柱形镜反射时则是正确的画面。第四卷讨论折射所产生的变形。他赞成当时仍在流行的自然魔法，因此比较倾向于把光学看成为光的艺术而不看成为光的科学。

（唐玄之）

马略特，E.（Mariotte，Edme）　法国人，约1620年生于法国第戎，1684年5月12日卒于法国巴黎。实验物理学、力学、植物生理学、气象学。

1666年前经历不明，很多资料说他1620年左右生于法国第戎，但无确切考证。至今有据可查的仅是1666年后的科学活动。自1666年法国科学院成立后不久即当选为院士，直至1684年去世，是当时法国科学界的一个中心人物。

是法国实验物理学的先驱。最重要的贡献是在实验基础上建立的今天所称的波义耳-马略特定律：在一定温度下，气体压强与体积的乘积为常数。这定律发表于1676年，此前1662年英国人波义耳发表了同样的结果，但未指出“在一定温度下”这一限制条件，因而法国人至今仍称之为马略特定律。

在实验科学上具有多方面的才能。对当时实验物理的很多方面都进行了广泛的研究：1667～1668年研究了摆的运动和落体问题；1669～1670年研究光学，讨论景物在眼中的成像问题。1669年研究了重量产生的原因以及液体凝结的本质，1682年左右研究了落体在各种介质中的运动。17世纪70年代还进行了两项比较重要的研究：一是研究了碰撞问题，正确区分了弹性碰撞和非弹性碰撞，得出“马略特经验定律”，而后又对斜碰作了研究。二是进行了气体力学实验，研究气体的重量，指出空气有重量；研究空气“弹性”，指出可以膨胀和收缩；研究了空气在水中的可溶性；利用气压计作为气象研究的工具，研究气压与风及气候的关系，首次估计了不同高度大气层中的气压等。此外，曾研究植物生理学，进行植物解剖，建立关于植物生长的理论，研究植物内液汁的压力。他的研究常通过数学进行定量分析，从而使工作有一定深度，为人们所重视。在牛顿的《自然哲学的数学原理》一书中也引用了他的一些工作。 （夏元复）

德尔博诺，P.（Del Buono，Paolo） 意大利人，1625年10月26日生于意大利佛罗伦萨，1659年卒于波兰。水力学、实测天文学、仪器研制。

他是天主教修道院的教士，是F. 米什里尼的学生，学识渊博，生性古怪。1649年在比萨大学获得博士学位。6年后去德国，在国王费迪南德三世（Ferdinand Ⅲ）的行政部门工作。国王许诺，如能设计出一种从矿井中吸水的装置，将任命他为造币厂厂长，并给予荣誉和重赏。为此他在1657年和1658年多次参观了位于喀尔巴阡山的特大矿井，实地考察。后来由于国王去世和政治动乱，中断了研究并被迫去波兰。翌年卒于波兰。

在研制吸水装置的过程中，他制成了一台证明水的不可压缩性的仪器；提出密封在玻璃瓶中的水产生的蒸汽取决于外界温度的观点。虽然当时A. 博雷利和V. 维维亚尼提出异议，但是1657年在佛罗伦萨的齐曼托（Cimento）学社进一步研究证明德尔博诺的观点是对的。他对天文学也有研究，对当时出现的彗星进行过观测。 （宋玉亭）

汤利，R.（Towneley，Richard） 英国人，1629年生于英国伯恩利附近，1707年1月22日卒于约克。力学、天文学、气象学、仪器研制。

出身著名的罗马天主教家庭。对科学的兴趣来自叔父。建立了一个科技著作图书馆，吸引了包括鲍尔和J. 弗拉姆斯蒂德在内的合作者。和鲍尔一起，进行了空气压力试验。1661年发表气体的压力—体积定律。这一发现因1662年R. 波义耳《新物理—力学实验》出版后方广为人知，故被称为波义耳定律。波义耳对他成功的归纳深表谢意。他将空气压力的研究扩展到用气压计测量高度、研究毛细现象和气象方面，并测量了1677～1704年的降水量。最重要的成就是根据W. 加斯科因的原理，制造出一个用于天文观测的测微计。从1670年起，和弗拉姆斯蒂德一起进行天文观测。在自然哲学观上，笃信机械论，是彻底的笛卡尔信徒。 （李士土）

惠更斯，C.（Huygens，Christiaan；或 Huyghens，Christian） 荷兰人，1629年4月14日生于荷兰海牙，1695年7月8日卒于同地。经典力学、光学、数学、天文学、技术发明。

出身荷兰一个显赫的家族。父亲康斯坦丁（Contantijn）是王子秘书。他16岁前在家中受父亲和家庭教师的教育。1645～1647年在莱顿大学学习法律和数学，深受笛卡尔学术思想的影响。1647～1649年在布雷达新成立的奥兰治学院学习法律。毕业后没有选择外交工作，一心研究自然科学。1666年前除了三次去巴黎和伦敦旅行并会见许多著名科学家外，一直住在家中，这一时期他的建树最多。1663年在伦敦逗留期间，被选为新成立的英国皇家学会的外籍会员。1655年获安格斯大学荣誉法学博士学位。1666年被选为刚成立的法国科学院外籍院士。此后应法国国王路易十四（Louis ⅩⅣ）的邀请，在巴黎从事研究工作。1681年因病返回祖国。终身未娶。

起初把精力集中在数学方面，研究面积与体积的计算，以及帕普斯著作中出现的代数问题。1654年，发表了关于双曲线、椭圆和圆的面积计算的论文，文中批驳了格雷戈里关于求圆面积的著名方法中的关键性错误。1654年以后的几年里，又发表了一些论文，主要研究抛物线弧长与旋转抛物面的表面积的求法。对各种曲线，诸如蔓叶线、摆线、对数螺线等的切线和面积求法亦颇有研究。1657年他发表的关于骰子游戏与博弈对策的论文，是概率论方面的早期论文之一，对概率论的创建和发展有较大影响。

应用伽利略发现的摆的等时性，于1657年发明了摆钟。1658年以后对摆钟作了很多理论的研究。为了探讨等时性，他研究旋轮线、复摆和复摆的振动中心。在1673年的专著《摆动的时钟》中，探讨了平面曲线的渐曲线、渐伸线以及一般的谐振动。还用弹簧代替了摆钟，发明了带发条的时钟。

他根据静力学和流体力学所遵循的基本原理——力学系统的平衡只有当其重心在约束容许条件下处于最低位置时才能实现，于1650年也导出了阿基米德原理，并进而导出浮体稳定平衡的条件。1652～1656年研究碰撞问题，最大成果是得到$\sum mv^2$（m和v分别是各个弹性碰撞体的质量和速度）守恒的结论。这实际上是机械能守恒的一种表达形式。他对圆周运动的分析得到的结论是，离心自然倾向正比于速度平方而反比于半径。1659年用自己的时钟测量自由下落物体第一秒下落的距离，从而测得重力加速度。1668～

1669 年，对物体在阻力介质中的运动进行了实验和理论的研究。

1652 年开始研究几何光学并应用于天文学和生物学观察。1655 年同弟弟一起磨制折射望远镜的物镜。1655 年，他们用自制的望远镜发现了土星的一颗卫星，后被命名为土卫六。1656 年他发现了土星光环，并公布了有关这一发现的著名字谜。后通过反复观测，于 1659 年揭开字谜，正式宣布这一重要发现。测定过火星的周期，还观察过猎户座星云。为测量行星的角直径，发明了测微计。他发明的目镜至今仍在生物显微镜中广泛使用。1665 年起，研究透镜的球面象差以及望远镜中球差的校正。约在 1677 年开始研究显微镜，并用研制的显微镜观察纤毛虫等微生物等。1685 年开始研究色差。

1678 年，把自己在 1676～1677 年发展起来的光的波动学说写成专著《论光》（1690 年）出版。光的波动说的创立是他的一项杰出成就。认为“以太”是由许多很小的弹性粒子紧密压缩而成，光是在“以太”中以很大的而又有限的速度传播的波动。光的传播不是实际的物质，而是“运动的趋势”的传播。根据这种波动理论，他提出了一个说明波面在媒质中传播规律的基本原理，即“惠更斯原理”。运用这一原理，1676 年他成功地解释光的反射和双折射现象，并导出反射和折射定律。1660 年丹麦数学家巴托林努斯（D. E. Bartholinus）发现了冰晶石中的双折射现象后，1677 年他用自己的波动理论成功地解释了晶体中的双折射现象。

他在物理学、数学、天文学等方面都作出了巨大的贡献。但由于过分谨慎，他的理论常常发表滞后。基本上是一个比较孤独的学者，不能吸引很多人在他周围一起进行研究。他的工作在当时和 18 世纪并未得到合理的评价，后来这种情况才逐渐改变。1882 年荷兰科学院组织了出版《惠更斯全集》的工作。经过 60 多年（1888～1950 年）的努力，该全集才出齐，共 22 卷。其中前 10 卷是书信集，最后一卷是沃格拉夫（J. A. Vollgraff）写的惠更斯传记。该全集在当时被认为是科学家全集中编辑得最好的一套。（唐玄之）

胡克，R.（Hooke，Robert）

英国人，1635 年 7 月 18 日生于英国怀特岛弗雷什沃特，1703 年 3 月 3 日卒于伦敦。经典力学、显微术、天文学、仪器研制。

出身于牧师家庭。幼年体弱多病，没有接受系统的正规教育。1648 年其父去世后，只身前往伦敦求学。先是学画，由于他的聪明和才华受到威斯敏斯特学校校长的赏识，帮助他学完中等教育的主要课程。1653 年进入牛津大学学习，没有获得学士学位，直到 1663 年牛津大学才授予文科硕士学位。他原是 T. 威利斯的助手，后由威利斯介绍给 R. 波义耳当助手，此后开始独立从事科学活动，并与波义耳结下了深厚的友谊。1662 年底受聘为英国皇家学会评议员兼实验负责人，1677 年升任学会秘书长，5 年后辞职；任职期间为学会的期刊出版工作尽了最大努力。1665 年在格雷厄姆学院任教几何学。

1666 年伦敦发生大火灾，这给他提供了一个发挥多方面才能的机会。火灾的次月来到现场，重新规划了伦敦城的建设蓝图。他的规划得到市议会的赞同，卓越才华为人们所赏识，市议会命他重新确定城市建筑红线，监督城市的重建工作。工作中与 C. 雷恩爵士结下了深厚的友情。此后经济状况有了很大好转，建筑设计艺术才能也得到了很好的发挥。既会测量又会设计，当时一些颇有名气的建筑物都是他的杰作。

第一本著作是 1661 年出版的关于毛细管作用的小册子。最重要的著作是 1665 年发表的《显微术》。这是一部对显微镜观测具有重大贡献的书，它的作用和效果可以与半个世纪前伽利略以望远镜观测天体运动为主要内容的《星际使者》相比，是 17 世纪杰出的科学著作之一。书中附有大量亲自绘制的精彩插图，这在当时的科学著作中是少见的。通过对软木塞结构的观察，发现了细胞壁。“细胞”一词就是他定名的。开创了昆虫解剖的研究，把显微镜应用到生物学的研究之中。书中对矿石和化石也有相当的描述，可见地质学也是他感兴趣的一个学科。他把各种不同的“带有图案的石头”分成两类：具有生物特征图案的石头和具有实物特征图案的石头。把后者看作是原始结晶体，并在显微镜下观察到多面形晶体的结构和形式。

关于光的理论，反对牛顿的光的微粒说，赞成光波动说；对肥皂膜和压在一起的玻璃片之间显现出来的色环作出了正确的解释。注意到燃烧和生物呼吸之间的相似性，并在英国皇家学会的会议上用实验证明：不断地供应新鲜空气对生命和燃烧是同等重要的。在建立氧化理论的过程中起了重要作用。

1679 年通过实验发现了加在弹性物体上的力与物体的形变成正比的关系，即著名的胡克定律。在引力的研究上也作出了重要的贡献。察觉到引力和地球上物体所受的重力有同样的本质。1662 年和 1666 年曾在山顶和矿井下用测单摆周期的方法，探求重力随离地心距离而变化的关系。但没有得出结论。1664 年与雷恩讨论当年彗星轨道时，指出靠近太阳时轨道弯曲，说明太阳对彗星有吸引力。1674 年提出宇宙体系在一般力学规律上有许多共同之外，它取决于三个假设：①一切天体都具有倾向中心的吸引力，它不仅吸引其本身各部分，并且还吸引其作用范围内的其他天体；②天体未受其他使其倾斜的作用力作用之前，保持直线运动状态不变；③离吸引中心越近，吸引力越大。1679 年与雷恩、哈雷一起根据开普勒第三定律和惠更斯向心力公式，从圆轨道得出作用于行星的引力与它们到太阳的距离平方成反比。但这种与距离平方成反比的力为什么会使行星轨道成椭圆形，他们感到束手无策。1680 年 1 月 6 日，他就此事写信给牛顿，并提出太阳和行星体积很大，在理论上能否当作质点看待。这些观点有些同牛顿不谋而合，有的可能启发了牛顿。

但牛顿宣称，早在20年前，他已经发现了万有引力，只是等待进一步检验而已。结果两人关系搞得很紧张。

他对科学事业的另一重要贡献是科学仪器的制作。在担任波义耳助手期间，于1658年制成了一台精致的抽气泵，帮助波义耳用这台抽气泵进行了大量实验，积累了不少关于空气特性的知识，致使波义耳于1662年发现了著名的波义耳定律。1658年把带有弹簧的摆轮应用到航海经纬仪中，这对钟表制作原理是个重要贡献。1675年与制钟工人合作制成一只带有螺旋形弹簧摆轮的钟，刻上他们的名字，献给英皇。为望远镜按上十字叉丝和可变光阑。与惠更斯一起确立了温度计上的两个定点：冰的熔点和水的沸点。发明了旋转气压计；设计了能同时测气压、温度、降雨量、湿度和风速的综合气象测量仪器。由于对气象观测所作的贡献，被称为科学气象学的缔造者。（宋玉亭）

帕迪，I. G.（Pardies，Ignace Gaston） 法国人，1636年9月5日生于法国波城，1673年4月21日卒于巴黎。光学、经典力学。

1654～1656年在法国图卢兹大学学完全部哲学课程。1656～1660年在波尔多大学教授人文科学。1663年任命为牧师。1666～1668年在拉罗谢尔、1668～1670年在波尔多、1670～1673年在巴黎大学克莱蒙学院任教。

在物理学史中，因参与了牛顿和惠更斯学说的争论而获得一定的地位。通过英国皇家学会《哲学学报》直接获得英国最新科学发展的信息，同时密切注视巴黎新成立的法国科学院的工作，特别是惠更斯的工作，并和惠更斯保持个人接触。反对牛顿的颜色理论和“判决实验”，促使牛顿澄清某些难点。1652年前出版的第一部著作《两只奇妙的钟》是一部光学著作。1673年的一篇论文中更详细地讨论了这一论题。还有《论局部运动》（1670年）、《几何要素》（1671年）等著作，以及未发表的包括振动和波动理论的手稿（1682年发现它的一些片段），它们对物理学发展起了重要作用。（马见慈）

牛顿，I.（Newton，Isaac） 英国人，1643年1月4日（按当时英国采用的儒略历为1642年12月25日）生于英格兰林肯郡沃尔斯索普村，1727年3月20日卒于伦敦。力学、光学、天文学、数学、自然哲学。

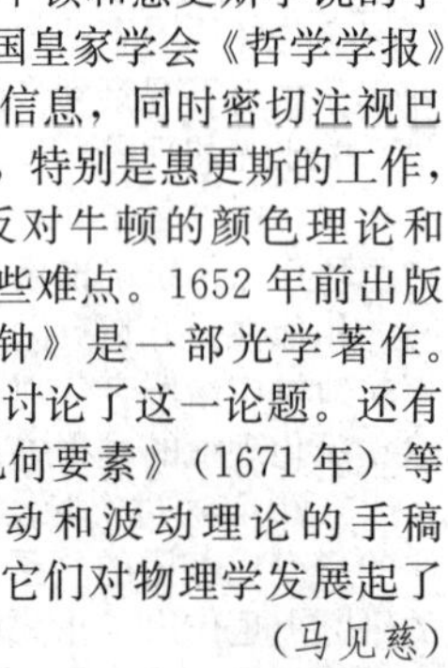

在他出生前2个月，父亲去世，留下一个小小的农庄。2岁多时，母亲汉娜（Hannah）又嫁给乡村牧师B. 史密斯（Barnabas Smith）。他就由外祖母艾斯库（Ayscough）和舅舅詹姆斯（James）抚养。幼年在乡村学校求学，12岁时进格兰瑟姆文法中学，读了4年。少年时代腼腆、孤僻、沉默寡言，喜欢制作一些机械模型，如风车、水钟、日晷、风筝等，并爱好绘画。1656年他的后父去世后，母亲带着同母异父的一弟二妹返回沃尔斯索普的家里。她曾一度让他辍学务农，但在中学校长斯托克斯（J. Stokes）和当牧师的舅舅W. 艾斯库（William Ayscough）的劝说下，以及他好学精神的感动下，她才让他继续求学。1661年以自费生进入剑桥大学的三一学院学习。在升入三年级时，刚刚设立的“卢卡斯数学讲座”第一任教授I. 巴罗成为他的老师，把他引向自然科学，特别是数学和光学的研究。1665年获得了学士学位后留校工作。但是，就在这一年流行于伦敦地区的大瘟疫迫使剑桥大学暂时停课，他也回到了家乡。在大约18个月的时间里，作出了在力学、天文学、光学和数学方面伟大的基础研究工作。1667年返回剑桥大学三一学院当研究生，次年获硕士学位，并成为该校教师。1669年巴罗辞去教授职位并推荐他接替此职，他任此职一直到1701年。1672年11月被接纳为英国皇家学会会员。1699年成为法国科学院外籍院士。1689年和1701年两次以剑桥大学代表的身份被选入议会。1696年任英国皇家造币厂监督，从剑桥迁居伦敦，负责新币的铸造工作，1699年升任造币厂厂长。1703年起任英国皇家学会会长，直至去世。

由于他的科学成就和在币制改革中的功绩，1705年册封为爵士，这是历史上第一个获这种荣誉的自然科学家。终身未娶。迁居伦敦后由机敏、美丽的外甥女C. 巴顿（Catherine Barton）为他管理家务。1722年患了风湿病、膀胱病和胆石症，1727年3月20日因病情恶化而去世，终年84岁。在威斯敏斯特教堂为他举行了隆重葬礼，安葬在英国国王墓地附近，是第一个获得国葬的自然科学家。

在天文学上，他的主要贡献是发现了万有引力定律。1666年在家乡时曾深入思考过引力问题。把重力推广到月球上，形成了地球和月球是互相吸引的想法，并且近似地计算出了月球运动的向心力。结合开普勒行星运动第三定律，即关于行星运动周期的平方与其轨道半径的立方成正比的定律，他推得行星轨道运动所受的引力必与它们到旋转中心距离的平方成反比。对月球轨道运动的向心加速度和地面物体的重力加速度作了比较，发现它们与平方反比关系“差不多密合”。不过没有立即发表他的发现，这可能是因为：①当时所知道的地球半径的数据不够精确，所以进行的“月—地检验”尚有较大的偏离；②他的初步计算是以天体的轨道是圆形为前提的，尚未证明椭圆轨道运动所受的引力也遵从平方反比关系；③天体是有一定大小的实体，如何来计算由天体的每一部分所产生的吸引力的联合作用，当时还是个困难的问题。因此，他把这一发现搁置了近20年之久。

在他之前，特别是在开普勒得出了行星运动的三定律之后，不少人已经想到了天体之间相互吸引的概念。1645年，法国天文学家比利阿第斯（I. Bulliadus）最先提出了开普勒力的减弱和离太阳距离的平方成反比的假设。1679年，英国天文学家哈雷、数学家雷恩、物理学家胡克也求得了这种平方反比关系。1684年，在他们的一次聚会中，又讨论了这个问题，提出能否从平方反比关系得到行星沿椭圆轨道运动的问题，但未作出证明。1684 年 8 月，哈雷到剑桥大学向牛顿请教，得知他已经通过计算得出了肯定的结果。3个月后，他把重新计算的结果寄给了哈雷，哈雷立即认识到它的重要性。在哈雷的热情劝说与鼓动下，他答应把自己的这项研究成果整理成书。这就是 1687 年夏由哈雷资助出版的《自然哲学的数学原理》（以下简称《原理》）。

在力学上，他在《原理》一书的开头，首先定义了诸如质量、动量、惯性、力和向心力等一系列奠定动力学基础的重要概念。然后在附注中阐述了对时间和空间的基本观点，即后人所谓牛顿的绝对时空观。这一时空观是经典力学体系的思想基础。接着，又阐述了机械运动的 3 个基本定律，后被命名为牛顿运动三定律。根据这 3 个定律，还给出了 6 个推论，其中包括力的合成和分解、运动叠加原理、动量守恒定律和相对性原理。所有这些，构成了牛顿的经典力学的体系。

在《原理》第一编中，他由开普勒三定律和惠更斯的向心力公式得出了引力平方反比关系，严格地证明了在与距离的平方成反比的力的作用下物体是沿着圆锥曲线运动的。在讨论有心运动问题时，给出了引力的大小与中心物体的质量成正比的结论，从而获得了万有引力定律。指出宇宙间的一切天体和物体之间都按照这个定律互相吸引。还进一步证明，均匀球体对球内质点的吸引力正比于该质点到球心的距离，而整个球体对球外一质点的作用如同球体的全部质量集中在球心一样。

而在《原理》的第二编中，还研究了流体静力学和流体动力学问题，研究了介质对物体运动的影响。在《原理》第三编中，他用自己所得出的万有引力定律说明了潮汐现象，揭示了潮汐的大小与月球引力以及太阳引力的关系；还从理论上推测出地球的赤道半径大于极半径。并据此解释了岁差是由于月球对赤道隆起部分的摄动造成的。《原理》的出版导致了天体力学的诞生。

在光学上，他的研究工作是从日光色散的发现开始的。1672 年 2 月在送交英国皇家学会的论文“关于光和颜色的新理论”中，谈到他在 1666 年所作的实验：让一束阳光从百叶窗的小孔射入漆黑的屋内，通过一个三棱镜射到对面的墙上，结果白色光束被分解成由红、橙、黄、绿、蓝、靛、紫各种色光组成的谱带。比较了入射光束和各种色带的位置关系，发现各种颜色的光都向棱镜较厚的方向偏折，但不同颜色的光偏折程度不同，紫色光偏折最大，红色光偏折最小。还利用第二个棱镜使各种单色光束再被折射一次，结果发现各种单色光虽然受到更大偏折，但却不再分解为不同的颜色。于是他得出结论：各种色光都有不同的折射率；而白光是由各种颜色的光组成的。不过，当他运用这一发现去解释折射望远镜观测到的星像总是模糊不清时，错误地断定这种仪器的色差是无法消除的，这促使他想到用一个金属凹面镜去代替玻璃透镜。1668 年他设计并制造出第一架反射望远镜。1671 年又做了一架反射望远镜送给英国皇家学会，获得了热烈的赞赏，因此被接纳为英国皇家学会会员。

在考察胡克所描述过的薄膜色彩时，他发现了现在所说的“牛顿环”现象。他将一个玻璃体的平面压紧在双凸透镜的曲面上，便出现一系列同心的色环；在单色光的照射下，则出现交替的亮环和暗环。通过精密的测量发现，不同的亮环和暗环，其半径的平方分别呈现为由奇数和偶数构成的算术级数。这个结果启迪他认识到光现象的周期性。他的测量十分精密，后来 T. 杨利用他的测量数据计算了可见光谱中几种主要色光的波长，所得结果竟与近代的测量密切吻合。关于光的本性，他更多的倾向于微粒说，并且以光微粒在垂直于传播方向的不同方向上的差异，对惠更斯从双折射光束中所发现的光的偏振现象提出了解释。不过，他同时还认为波动的概念对于解释光的现象也是重要的和有用的。他的《光学》于 1704 年出版，立即引起了巨大的影响，多次再版。

在代数学方面，他确立了二项式定理，提出了不少方程式理论，而且开始使用字母符号求解一元和多元方程。为了在数学上处理变速运动的问题，他和德国数学家莱布尼茨各自独立地几乎同时建立了微积分方法。但他们采用的表达形式不同。1665 年他已经从关于变速运动中距离和速度之间关系的研究中孕育了这一新思想。在 1669 年成稿、1711 年出版的“用无穷多项方程的分析学”一文中，研究了级数展开，并用来确定面积或求解方程。他不仅给出了求一个变量对另一个变量的瞬时变化率的方法，而且证明了面积可以由求变化率的逆过程得出。写于 1671 年而直到 1736 年才出版的《流数法和无穷级数》一书，提出了一个严谨的微积分学体系。把和时间有关的因变量叫做流量，把变量随时间的变化率叫做流数，把流量 x 和 y 的流数记为 $\dot{x}$ 和 $\dot{y}$，$\dot{x}$ 的流数为 $\ddot{x}$，等等。他明确地陈述了微积分学的基本问题：已知两个流量之间的关系，求它们的流数之间的关系以及它的逆问题。在 1676 年写成并于 1704 年作为《光学》的附录出版的“求曲边形的面积”，运用流数法对求曲线下的面积问题作了进一步的论述。他和莱布尼茨所发明的微积分方法，为现代数学的发展开辟了道路。他正是利用这一新的数学方法对他的力学理论作出了严格的数学论证。但在《原理》中却采用了几何的证明方法，原因之一是为了更易被同时代人理解。

在 1701 年发表的一篇关于热的论文中，他提出了冷却定律：单位时间内从物体的单位面积上散失的热同该物体与周围环境之间的温度差成正比。还进行过多年关于炼金术和化学的研究。

在自然观方面，作为一个有卓越创见的科学家，他具有自发的唯物主义和某些辩证法思想。承认物质、时间、空间的客观存在和世界的物质统一性，承认自然界各种事物之间的联系和物质运动的规律性。牛顿力学体系的建立，极大地加强了唯物主义的思想阵地，成为机械唯物主义自然观的重要自然科学基础，它对人类思想和文明的发展产生了深远的影响。但是，形而上学机械论的思想，使他不能彻底克服自然科学中神学思想的影响，错误地提出了关于神的“第一次推动”的假设并一度沉浸于神学的钻研中。

他继续并完成了文艺复兴以来开始的科学革命，实现了物理学发展中的首次大综合，在自然科学史上占据一个独特的地位。但是，他却清醒地看到科学探索的征途远没有结束。在弥留之际，以下面的话总结了他一生的工作：“我不知道世人对我是怎样看法，但是在我看来，我不过像一个在海滨玩耍的孩子，为时而发现的一块光滑的石子或一个美丽的贝壳而感到高兴；但是那浩瀚的真理的海洋，却还在我的前面未曾被我发现呢！”

（申先甲）

约布洛，L.（Joblot，Louis） 法国人，1645 年 8 月 9 日生于法国默兹，1723 年 4 月 27 日卒于巴黎。光学、磁学、显微镜学。

35 岁以前的经历不详。1680 年任巴黎国立美术学院编外的数学助理教授，讲授几何学和透视学，1699 年任数学教授。1678 年夏，惠更斯向法国科学院展示了从荷兰带来的显微镜，并让大家观看了纤毛虫。此事鼓舞他开始研究显微镜。1702 年夏，他向科学院作了一系列关于光学和眼的解剖学的演讲。1718 年出版了《新复式显微镜的描述和使用》一书，从而成了法国的第一位显微镜学家。该书的第一部分描写了几种显微镜的构造以及他作的一些改进；第二部分讨论了自己的显微镜观察。还对物理学特别是磁学有兴趣。1701 年他第一个用磁化了的铁片制成人造磁铁。

（唐玄之）

索弗尔，J.（Sauveur，Joseph） 法国人，1653 年 3 月 24 日生于法国拉弗莱什，1716 年 7 月 9 日卒于巴黎。声学。

因患先天性的发音缺陷，直到 7 岁才能说话，但后来居然还成为著名的教师。1686 年成为法兰西学院数学教授。1696 年成为法国科学院院士。虽双耳音感很差却醉心于音乐与音律研究，并且建议发展一门他命名为“声学”的新学科。声学论文大都发表于 1700～1703 年间的《科学院纪要》中。1700 年向法国科学院递交了第一篇关于测定绝对频率的振动物理学论著，首次利用“拍”来确定绝对频率。因此可能是第一个对声音叠加现象有所了解的人。1701 年在法国科学院一次会议上解释了谐音的基本特性。翌年首先明确指出谐音是由各种乐声构成的，它们影响声调的音色。1713 年从理论上提出测定弦的频率的方法。通过他和法国科学院的努力，在 18 世纪初“谐音”成为众所周知的概念。他首创使用的“谐音”、“波节”等术语一直沿用到今天。

（马见慈）

哈特索克，N.（Hartsoeker，Nicolaas） 荷兰人，1656 年 3 月 26 日生于荷兰豪达，1725 年 12 月 10 日卒于乌得勒支。光学、经典物理学、仪器研制。

父亲是加尔文教牧师，希望子承父业，而他从小热衷于钻研数学，爱好研磨透镜。1678 年和著名荷兰学者 C. 惠更斯同去巴黎，在巴黎天文台工作过一段时间。后回荷兰结了婚，先后在鹿特丹做仪器匠和葡萄酒商，但后来几近破产。于是又携妻重返巴黎，一边继续深研物理学，一边靠研磨透镜和制作显微镜和望远镜为生，其中为巴黎天文台制造了一些天文望远镜。1696 年回到荷兰首都阿姆斯特丹。后在鹿特丹天文台专为来访的俄国年轻沙皇彼得大帝讲授物理学，但拒绝了他任圣彼得堡大学数学教授的邀请。1699 年入选法国科学院外籍院士。1704～1716 年，在德国杜塞尔多夫大学任数学与哲学教授。后回荷兰任乌得勒支大学教授，并为该校天文台研制了 3 台望远镜。

1694 年出版第一部著作《屈光学随笔》，在光学史上有一定地位。在书中，他首次用图文详细介绍了自己独创的由多节螺旋筒组合的便携式显微镜，其技术很快传播到英国等地；此外，他在书中首次宣布用显微镜发现了人类精子的存在，并坚信胎儿“预成说”，认为精子里预先已经隐藏着微型的人，引起了人们极大兴趣，而这一发现甚至是在列文虎克发现软木细胞壁之前。1696 年在巴黎出版《物理学原理》一书。他的著作在法国比在荷兰更受人赞识。他长期与 C. 惠更斯通信讨论科学问题，有关信件大都被后人收录入《惠更斯全集》。

（夏元复 李啸虎）

阿蒙东，G.（Amontons，Guillaume） 法国人，1663 年 8 月 31 日生于巴黎，1705 年 10 月 11 日卒于同地。热学、仪器研制。

出身律师家庭。虽然少年时耳聋，但始终没有消沉，反而专心致志从事科学研究。研制永动机失败后，尽管遭到家庭反对，仍坚持自然科学和数学的研究。1687 年制成一种新的湿度计。1688 年制成不用水银的小型气压计。1688～1695 年期间曾向王室表演光通信机实验，它由一系列配有小型望远镜的观测站组成，可以快速传递信号。1695 年改进漏壶，用作船上计时，可以确定船在海上的经度；同时提出带有 U 型管的测温装置，这是对伽利略空气温度计的改进。1699 年观察到空气从冰的温度上升到水沸腾温度时，空气体积增加约三分之一；同年还确定摩擦力与彼此接触物体之间的压力成正比的定律。1702 年观察到水在沸腾时温度不再升高，提议用水的沸点作为温标的定点；还观察到，不管气体原来的压强怎样，温度的升高总是与压强的增加成正比。次年提出普通酒精温度计的实际分度方法，由于他当时不知道水的沸点与大气压有关，故确定的温度不可能有较高的准确度。他的这些成果，就是后来以查理和盖-吕萨克名字命名的气体定律的实验基础。他还第一次提出绝对零度（现称热力学温度零度）概念。

（宋玉亭）

豪克斯比，F.（Hauksbee，Francis） 英国人，1666 年左右可能生于科尔切斯特，1713 年 4 月卒于伦敦。经典力学、电学。

早年经历不明，1678～1687 年在他兄长的商行中当学徒。1703 年 12 月出席英国皇家学会学术会议，当时会议由牛顿主持。他的主要贡献为：1703～1713年间在电光、静电和毛细现象等方面的实验工作。他的著作《各种题目的物理学—力学实验》自1709年在伦敦出版后，被译成意大利文、德文和法文，是18世纪广泛流传的经典著作。（夏元复）

帕朗，A.（Parent，Antoine） 法国人，1666年9月16日生于法国巴黎，1716年9月26日卒于同地。力学、自然哲学。

3岁时就由外叔公收养。完成法律方面的学业后，又选修自己喜欢的数学。终生未娶。1699年被科学院一位院士收为“门生”，从此开始科学研究生涯。研究兴趣很广，先后写过有关天文学、制图学、化学、生物学、音乐、数学，以及各种力学现象，特别是关于材料强度及摩擦对运动的影响等方面的论文，还常评论别人的著作。曾向科学院宣读过许多论文，但几乎从未发表在该院《纪要》中。1705年创办了《数学和物理学的评论和研究》，以刊载自己的论文。其中1713年的3卷续集保存了最闻名的、内容广泛的文选。其中有一篇论述了承载梁的应力条件。首先认识到剪应力的存在。还抨击了笛卡尔《哲学原理》中关于元素、彗星等方面的观点。由于科学院中大多数院士都支持笛卡尔学说，所以他的观点长期得不到重视和支持。（马见慈）

格雷，S.（Gray，Stephen） 英国人，1666年12月26日生于英国肯特郡坎特伯雷，1736年2月7日卒于伦敦。电学、实测天文学。

出身于木匠和染工家庭，幼年随父亲（后随大哥）在外作染布生意，但主要兴趣在自然科学，特别是天文学。上过一些小学课程，主要靠自学成才，喜欢研磨透镜和制作天文望远镜。1696年发表第一篇论文，介绍将小水滴注入铜板小孔构成显微镜的原理，引起英国皇家学会的注意。1703～1716年致力于日月食、太阳黑子、木星卫星等观察，有过许多小发现。当英国皇家学会发表他的有关太阳黑子观察报告后，受到格林尼治天文台首任台长J. 弗拉姆斯蒂特的注目，应邀做他的义务助手。当时弗氏为了解决海上测量经度问题，正在编制新的恒星表，格雷帮他作了许多观测和计算。接着在剑桥大学天文台短期工作，后因该台管理不善濒临倒闭，他回乡重操染坊旧业。

由于染布有损健康，他不久又回伦敦，当了当时知名度很大的英国皇家学会会员J. 德萨格利尔斯（John Desaguliers）的助手。为了节约开支，他在友人帮助下寄居于卡尔特修道院，并在那里开始了静电实验和研究。他首次成功采用摩擦方法作静电传导实验，在建筑上架起的丝线足有244米长。1720年，他宣布发现了一系列摩擦产生静电感应的新现象，其中有软木塞、头发、丝线、丝绸、玻璃管、皮革等材料。1728～1729年他又用各种材料做了多次电传导实验，首次发现物质有导体和绝缘体（这些术语系德萨格利尔斯首用）之分，电荷有两种极性（即后来确定的正、负电荷），并对金属摩擦不能带电现象进行了解释，还在实验中直觉到闪电和“电荷力”（electric virtue）现象是一回事（比富兰克林风筝实验后提出的理论早许多年）。他的发现与假说很快被富兰克林等人所接受，推动了电学的发展。

英国皇家学会会长牛顿去世后，他的电学贡献才得到迟来的承认。个中的原因，一是因为派性的门户之见，一是因为电学实验发展迅速，让人目不暇接。鉴于他对导体和绝缘体的研究，1731年获英国皇家学会首次颁发的最高奖科普利奖章。1732年又因电感应实验和电传输机理研究再次获科普利奖章，同年被选为英国皇家学会会员。但好景不长，4年后他在贫病交加中溘然去世，死时不少人还以为他是一位寄宿在卡尔特修道院的乞丐头。没有人为他竖过纪念碑，据认为是被葬在伦敦一处旧公墓。（屈大壮）

玻利尼尔，P.（Polinière，Pierre） 法国人，1671年9月8日生于法国诺曼底，1734年2月9日卒于库隆思。经典物理学、自然哲学。

曾在法国卡昂大学学习人文科学，后去巴黎大学学习哲学和数学。曾获医学学位，但主要贡献在实证自然哲学领域。他受到人们的普遍尊重，但对荣誉漠然置之，乐于在书本和仪器中得到满足。是法国首先就实证自然哲学作公共演讲的人物之一。作为实证自然哲学大众化的推广者，在当时颇享盛名。他的讲课受到普遍欢迎和赞扬，专著有《物理实验》一书，除涉及空气重量和弹性外，还包含化学、流体静力学、声学、磁学、光学和生理学等问题。电致发光是其中的重要内容。他还是欧洲大陆最早提倡牛顿的颜色理论的人。（柳　涛）

凯尔，J.（Keill，John） 一译约翰·凯尔。英国人，1671年12月1日生于英国爱丁堡，1721年8月31日卒于牛津。力学、自然哲学。

在爱丁堡大学受教育，是文科硕士、天文学教授、医学博士和英国皇家学会会员。担任过王后的译码员。是牛顿的主要门徒、牛顿哲学的宣传者。主要著作《自然哲学介绍》是根据在牛津大学作的一系列关于牛顿的自然哲学讲演而整理汇编的一本书，只有一点与牛顿观点不同，提出了“物质的无限可分性”。书中的附录给出了关于离心力的证明。后又发表了一篇关于万有引力定律的文章，论述小粒子之间的引力是短程力，并对牛顿定律作了详细说明，而这一点牛顿自己是不会做的。还写过关于宇宙起源的哲学论文，认为是自然规律起主要作用，而不是上帝的意志，甚至批评了牛顿的“世界创造者”（造物主）的神学观点。其弟詹姆斯·凯尔是医学家。（谈漱梅）

克拉克，S.（Clarke，Samuel） 英国人，1675年10月11日生于英国诺里奇，1729年5月17日卒于伦敦。经典力学、科学传播。

曾任英国德雷顿等教区的教区长。1709年获牛津大学神学博士学位。主要兴趣在物理学和神学。在宗教哲学方面，引用牛顿的观点反对笛卡尔的意见，并为自然神教辩护。在物理学方面，坚决维护牛顿的“力等于质量与加速度之乘积”的学说。十分精通牛顿的《自然哲学的数学原理》。当时，在剑桥以笛卡尔的追随者J. 罗奥编写的《物理学》的译本作为标准的物理教科书，他用拉丁文重译了该教材，并把自己的关于牛顿物理学的笔记附在该译本中，致使这个译本成为传播牛顿定律的工具。该书于1723年被译成英文，流传很广。此外，受牛顿的委托把牛顿的《光学》译成拉丁文，使该书广为流传。（张镜清）

普里瓦·德莫里埃，J.（Privat de molières，Joseph） 法国人，1677年生于法国罗纳河口塔拉斯孔，1742年5月12日卒于巴黎。经典力学、宇宙学。

先后在法国艾克斯、马赛、阿尔勒、昂热等地的天主教会学校受过良好的教育，后来任教于索米尔等地的牧师学院。1704～1715年在巴黎研究数学和形而上学。1721年入选法国科学院作为助理院士。1723年接任法兰西学院哲学讲座。1729年升任法国科学院院士，同年成为英国皇家学会外籍会员。在宇宙学上是笛卡尔漩涡说的信徒，终生为恢复和改进笛卡尔漩涡说而努力。企图寻找弥补行星漩涡说与开普勒定律不相容这一缺陷的方法，以回答牛顿在《自然哲学的数学原理》第2编命题7和命题8对漩涡说的批驳。但通过论战，他终究接受了牛顿学说的主要论点。（马见慈）

梅朗，J. J. de（Mairan，Jean Jacques d'ortous de） 法国人，1678年11月26日生于法国贝济耶，1771年2月20日卒于巴黎。经典力学、热学。

在巴黎大学学习物理和数学，后回到出生地。1715～1717年发表的首批论文获波尔多研究院的奖励。是法国科学院院士，曾任科学院秘书，1746年退休。还是英国皇家学会及爱丁堡、瑞典乌普萨拉皇家学会、意大利波伦亚协会的成员。积极参与物理学各种课题的讨论，但思想体系基本上属于笛卡尔学派，是当时科学界重要的和引起争议的人物。他的热理论基本属于唯动说。在光学方面赞同牛顿的微粒说。在力学上主张“物体的力”依赖于它的速度而不是速度的平方。认为速度应看作矢量。在地学上，认为地球在两极是拉长的；地球上的引力是变化的，与两个主曲率半径的乘积成反比等。对中国文化极有兴趣。（谈漱梅）

斯格雷夫桑德，W. J.（Sgravesande，Willem Jacob） 荷兰人，1688年9月26日生于荷兰斯海尔托亨博斯，1742年2月28日卒于莱顿。经典力学。

出身于当地曾是相当显赫的家族。1704～1707年在莱顿大学学习法律，后从事法律工作。1713年与人合办了一份在科学史上有重要意义的《海牙文学》杂志。1715年作为荷兰驻英大使的秘书去英国祝贺乔治一世（George Ⅰ）继承王位，在任职的一年中与英国知识界进行了广泛的交往，结识了牛顿和英国皇家学会的其他成员。1717年在莱顿大学任数学和天文学教授，1734年又任哲学教授。是欧洲大陆最早的、有影响的牛顿哲学的解释者，其著作在荷兰、法国、德国和英国有广泛的读者。也是牛顿科学和实验方法的解释者，在这方面最有影响的著作是《物理学的数学要素》（1720年，1721年莱顿版），是一本论证性较强、具有哲理性的著作，也是当时把英国经验主义介绍到欧洲大陆的十分重要的媒介。（马见慈）

卡斯特尔，L.-B.（Castel，Louis-Bertrand） 法国人，1688年11月15日生于法国蒙彼利埃，1757年1月11日卒于巴黎。力学、自然哲学。

医生的儿子。少年时就读于图卢兹教会学校。他交游甚广，特别是与当时著名的政治哲学家孟德斯鸠交往密切，曾任其子的导师。1730入选英国皇家学会外籍会员。1746年进入波尔多研究院，1748年被选入鲁昂和里昂研究院。在法国18世纪科学史上以极力反对牛顿学说而著称。1724年发表了对牛顿怀有敌意的文章《论重力》，引起人们的极大注意。他认为物理学必须建立在理性而不是观察的基础上，提出宗教信徒应该怀疑牛顿的世界体系，因为它带有唯物主义的味道。他认为牛顿对他们的民族英雄笛卡尔的声誉是个威胁，对其宗教思想也是个威胁。尽管他发表了反牛顿学说的文章和著作，延迟了法国对牛顿思想的接受，但是声望日增的牛顿学说还是逐渐在法国站稳脚跟。在这方面，伏尔泰起了重要作用。此外，卡斯特尔对音乐也有贡献，曾发明拨弦古钢琴，并亲自演奏示范。（宋玉亭）

史密斯，R.（Smith，Robert） 英国人，1689年生于英国英格兰盖恩斯伯勒附近，1768年2月2日卒于剑桥。光学、几何学。

1708年进入剑桥大学三一学院，1711年毕业。1715年获文科硕士学位。1714年选为学院的评议员，1716年为教授，直至1760年退休。1718年当选为英国皇家学会会员。1723年获法学博士学位。1739年获神学博士学位。1742年被任命为三一学院院长。1742～1743年为剑桥大学副校长。他为数学和自然哲学的优秀学生设立了两个史密斯奖。

1738年他出版了体系完备的4卷本《光学》。该书于1753年用荷兰文、1755年用德文、1767年用法文（两种译本）出版。1778年出版了该书的英文版节译本。该书的普及，促进了18世纪光的微粒说的建立。在这本书的“数学篇”中，为了计算透镜和反射镜所组成的系统的焦点、像的位置、放大率、像的亮度以及像差等，他发展了一组十分复杂的几何命题。创造了用一条不折射的中心光线和一条平行于主轴而折射后过焦点的光线来作成像图的方法。还导出了现今叫做史密斯—亥姆霍兹方程（或拉格朗日定理）的一个特例。他利用一个透镜中物与像的位置和放大率的关系式，证明了在任何透镜系统中存在同样的关系式。该书的内容丰富而准确，大概是18世纪影响最大的一本光学教科书。（唐玄之）

穆欣布洛克，P. van（Van Musschenbroek，Petrusvan） 荷兰人，1692年3月14日生于荷兰莱顿，1761年9月19日卒于同地。静电学、经典力学、仪器研制。

出身于著名的黄铜铸工兼仪器制造商的家庭。祖父制作灯具，也担任度量衡校验，伯父和父亲继承祖父的手艺，还制作气泵、显微镜、望远镜等科学仪器。早年他继承父业，工作于仪器作坊，并学习物理学。以后进莱顿大学学习，1715年获医学博士学位。随后去伦敦大学研读，1719年获哲学博士学位。任数学和哲学教授，1721年兼任医学教授，1732年又兼授天文学。

撰写的杰出教材由拉丁语译为荷兰语、英语、法语、德语等，其中包括刚体力学、大气压力、热学、内聚力、毛细现象、荧光、磁性和电学等方面实验。很多内容成为当时的实验典范。1745年著名的莱顿瓶的发明应主要归功于他。这项发明对静电学的早期发展起了十分重要的作用。他是英国皇家学会外籍会员、法国科学院外籍院士、圣彼得堡科学院外籍院士。（夏元复）

彭伯顿，H.（Pemberton，Henry） 英国人，1694年生于伦敦，1771年3月9日卒于同地。经典力学、医药学、数学。

曾到荷兰莱顿大学学医，到巴黎大学学习解剖学。约于1715年回到伦敦并在医院工作。1719年在莱顿大学获得医学博士学位。同年写了一篇关于眼睛对不同距离处物体的适应机制问题的论文，是一生中最重要的独立完成的论著。通过牛顿的医生把一篇驳斥莱布尼茨关于运动物体力的测量的文章交给牛顿。这篇文章充满了对“伟大爵士牛顿”的崇敬，因而博得了牛顿的欢心，从此结识了这位大师。1723年底开始担任牛顿《自然哲学的数学原理》第三版的编辑，在2年半的时间内致力于这一工作。正是这本书的第三版使他的名字流传至今。1728年开始剑桥大学在格雷厄姆学院任物理学教授，并开设化学和生理学课程。同年完成《牛顿爵士的哲学观点》一书，并宣称经牛顿本人审阅且表示赞同。1739～1746年，参加修订和译解《皇家医学院药典》。晚年在英国皇家学会《哲学学报》上发表了4篇有关数学的论文。（马见慈）

克林根斯蒂纳，S.（Klingenstierna，Samuel） 瑞典人，1698年8月18日生于瑞典林雪平，1765年10月26日卒于斯德哥尔摩。几何光学。

毕业于瑞典乌普萨拉大学。曾游学德国、瑞士、法国、英国等国。1731年回国后，担任乌普萨拉大学几何学教授。1750年任新设置的物理学教授席位。1754年被任命为瑞典王储（后来的古斯塔夫斯三世）的宫廷教师，直至他去世的前一年为止。

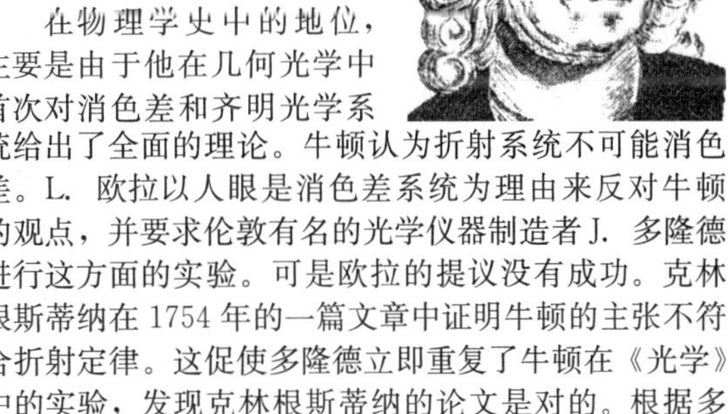

在物理学史中的地位，主要是由于他在几何光学中首次对消色差和齐明光学系统给出了全面的理论。牛顿认为折射系统不可能消色差。L. 欧拉以人眼是消色差系统为理由来反对牛顿的观点，并要求伦敦有名的光学仪器制造者J. 多隆德进行这方面的实验。可是欧拉的提议没有成功。克林根斯蒂纳在1754年的一篇文章中证明牛顿的主张不符合折射定律。这促使多隆德立即重复了牛顿在《光学》中的实验，发现克林根斯蒂纳的论文是对的。根据多隆德的文章，克林根斯蒂纳在1760年发表了完整的理论，该论文被认为是几何光学中的重要著作。（唐玄之）

迪费，C. -F.（Dufay，Charles-François de Cisternai） 法国人，1698年9月14日生于巴黎，1739年7月16日卒于同地。电学、光学、园艺学。

出身军人世家。1712年从军，1721年脱离军队投身科学研究。1724年成为法国科学院助理化学家，1733～1738年担任法国科学院理事。终身未娶。其父是珍贵图书收藏家，常与有学问的朋友交往，这对他在科学事业上所表现出来的广泛兴趣和博学多才有很大影响。

早年从事磷光的研究，发明过灭火机；观察过日晕上的光轮和宝石的色彩。对染料工业的生产也作出一定贡献。在磁现象和电现象的观察和研究上所作的努力和取得的成就最大，特别是对电现象的研究。1731年英国电学家葛雷（S. Gray）公布了自己的大量实验结果。这引起了他的注意，从1732年起在葛雷实验的基础上做了许多实验。实验结果大大出乎意料，发现所有物体都可以通过摩擦而带电。从而证明吉尔伯特把物体分成通过摩擦能带电的和不能带电的两大类的观点是没有根据的。他重做葛雷的人体导电实验。用丝绳把自己吊在空中并带上电，当助手接近他时，迪费感到浑身刺痛，同时发出“噼啪”的响声。在晚上做这实验时，黑暗中看到人体放电的火花。为了解释摩擦带电和电的传递，提出电的“二元论”，认为电有两种：玻璃电和树脂电；摩擦能使两者分开，接触能使两者中和。这是电磁学发展史上关于电现象的最早理论之一。他不仅对化学、光学、电磁学感兴趣，而且对植物学也有相当的研究和贡献。曾是法国皇家植物园的总管，在他管理的7年中，把皇家植物园建成欧洲最美丽的花园。（薛　豪）

克莱斯特，E. G. von（Kleist，Ewald Georg von） 德国人，约1700年生于普鲁士波美拉尼亚地区，1748年12月11日卒于波美拉尼亚克斯林（现波兰科沙林)。电学。

普鲁士贵族地方行政官吏的儿子。先进荷兰莱顿大学学习。后来当上卡明大教堂的副主教和高等法院的法官。对自然科学也很感兴趣。据记载,他在18世纪40年代中期开始研究电火花。1745年年末到1746年初进行对瓶子充电的实验。他的一只手拿着装有一铁钉的小玻璃瓶,并使铁钉与起电机相连。当另一只手接触铁钉时,手臂和肩膀感到强烈的打击。1746年其他科学家在莱顿地方也发现了同样现象。后来称之为莱顿瓶(或克莱斯特小瓶)放电。 (马文蔚)

诺莱,J.-A. (Nollet, Jean-Antoine) 法国人,1700年11月19日生于法国努瓦永附近。1770年4月24日卒于巴黎。电学、仪器研制。

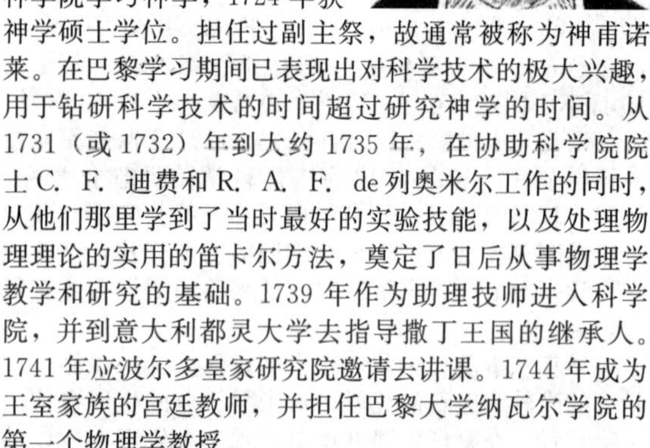

出身半文盲的农民家庭。早年曾在巴黎大学索拜神学院学习神学,1724年获神学硕士学位。担任过副主祭,故通常被称为神甫诺莱。在巴黎学习期间已表现出对科学技术的极大兴趣,用于钻研科学技术的时间超过研究神学的时间。从1731(或1732)年到大约1735年,在协助科学院院士C. F. 迪费和R. A. F. de列奥米尔工作的同时,从他们那里学到了当时最好的实验技能,以及处理物理理论的实用的笛卡尔方法,奠定了日后从事物理学教学和研究的基础。1739年作为助理技师进入科学院,并到意大利都灵大学去指导撒丁王国的继承人。1741年应波尔多皇家研究院邀请去讲课。1744年成为王室家族的宫廷教师,并担任巴黎大学纳瓦尔学院的第一个物理学教授。

他研究的主要领域是电学。像以前大多数电学家一样,相信电起源于运动着的特殊物质的作用,这样的电物质存在于一切物体中。1745年提出了解释电现象的“两种电流质”理论,认为这两种流质仅仅是方向不同,没有本质上的差别。把带电体对附近的轻小物体的吸引与排斥归结为运动中的电物质的直接碰撞。认为“力学的解释是唯一能够推动实验物理学前进的解释”。因这些理论,使他成为当时欧洲电学家的领军人物。用列奥米尔的话来说:“简直不必指望能够找到(有关电现象的)更加确切、更加自然的解释了。”但是他的理论在解释莱顿瓶实验时遇到了困难。1752年前后随着富兰克林提出的“电的单一流质”理论在解释莱顿瓶实验方面所取得的成功,再加上闪电实验给富兰克林带来的巨大声望,上述理论逐渐被人们遗忘。1748年他还发现渗透压并作了明确的解释。

他教的物理课可以说是最受欢迎的展览会,有大约350台不同的仪器进行构思精巧的示范表演。这些仪器大部分是由他设计和主持制造的。他于1743~1748年出版6卷本《实验物理学教程》,1770年出版3卷本《实验技术》。这些著作内容广泛、叙述生动、观点新颖,注重仪器的选择、结构和使用,详细说明了怎样产生待研究的效应,附有所需设备的精美插图。 (谷新扬)

达利巴德,T. F. (Dalibard, Thomas-François) 法国人,1703年生于法国克拉纳斯,1779年卒于巴黎。电学。

长期在法国皇家骑兵队服役。在1749年撰写的《巴黎地区植物志》一书,在法国第一个采用了林耐分类法。为此林耐将一种加拿大黑莓灌木丛命名为达利巴德。他翻译了富兰克林的《电学实验与观察》,并写了前言和富兰克林以前的电学发展简史,于1752年出版。在第二版中加了一篇附录,叙述自己重做富兰克林实验所取得的结果(已上报法国科学院)。有两个实验最引人注目。第一个是1752年5月10日在马尔利村做的,在雷雨天,用12米长的铁杆代替风筝做实验,出现电火花,从而证实了富兰克林关于雷和闪电两种现象是同源的论点。第二个实验涉及电磁学的早期历史。在给P. 柯林森的信中,富兰克林介绍了用电来磁化金属针并改变其极性的实验,但富兰克林并不认为磁化物质和带电物质是等同的。达利巴德在重复这个实验时,错误地认为发现了证实这种同一性的电磁关系。 (苏诚基)

富兰克林,B. (Franklin, Benjamin) 美国人,1706年1月17日生于美国马萨诸塞州波士顿,1790年4月17日卒于宾夕法尼亚州费城。电学、海洋学、政治学。

父亲乔赛亚(Josiah)出身英国工匠家庭,1683年10月移居美国波士顿;母亲A. 福尔杰(Abiah Folger)是父亲第二任妻子。他是家中17个孩子中第15个,也是10个男孩中最小者。他因家贫只上了2年小学,10岁时便辍学帮助父亲劳动。12岁到印刷厂当学徒,工余酷爱读书。18岁前后到纽约和费城谋生。1724年去伦敦,当了2年排字印刷工。1726年回美国经营书店,并与人合办《宾夕法尼亚报》。1737~1753年任费城邮政局局长。1751年任州议员及费城参议员,同年创办费城学院(宾夕法尼亚大学的前身)。1753~1774年任英国驻北美代理邮政总长。1785年后,相继任宾夕法尼亚州州长和美国制宪会议委员。1743年参与成立美国哲学学会,是主要创始人。1756年成为英国皇家学会外籍会员。此外,1753年获耶鲁大学、哈佛大学荣誉博士学位,1762年获英国牛津大学、爱丁堡大学荣誉博士学位。

他是电学研究中获得国际声誉的杰出的美国科学家。主要成就是:提出静电感应、电荷守恒、正负电量相等、电荷同性相斥异性相吸等电学基本原理。其著作在美、英、法等国多次再版。1743~1744年两次考察了斯潘塞(A. Spancer)在波士顿与费城的电学实验,听其讲学。此后与霍普金森(T. Hopkinson)等4人共同进行研究,发现了带电体的尖端效应、摩擦可以集中电荷、正负电荷往往等量地产生等现象。1749年4月29日提出云的带电、闪电是与电火花一样的放电现象。同年11月7日指出塔尖、树梢等尖端也会引起放电。1750年提出在建筑物屋顶设置尖头金属杆，并用导线相连一直引到地面，这样能保护建筑物免遭雷击。这一思想的实践使他发明了避雷针。1753年获英国皇家学会的科普利金质奖章。1751年发表重要论文“在费城进行的电气实验与观测”，文中指出电气物质由极稀薄的分子组成，它与一般分子不同，互相排斥，且构成弹性的流体，还解释了电荷分布不均匀与感应起电的过程。由这些研究总结出的“电荷守恒原理”今天仍被广泛应用。1752年夏进行了著名的风筝实验：在一雷电交加之日，他放了一只用丝织品做成的风筝，线的末端绑了一把钥匙。他勇敢地用手触摸钥匙，受到强烈的电震，因此证实了云中充满了电的结论。

在科学技术领域的其他方面还有许多贡献。在8次横渡大西洋的航行中研究海洋现象、航海术、船舶设计；绘制了墨西哥湾暖流对航行影响的海图；1785年设计了测量海面下30米处水温的仪器。研究了云的成因，观测了风暴与大气对流。设计了热传导实验，发明了著名的富兰克林炉。研究了医学，发明双焦距眼镜，写过有关铅中毒、睡眠生理、耳聋、夜盲、幼儿死亡率等方面的论著。

他还是一位杰出的政治家。特别是在1775～1783年美国独立战争时期，曾与杰斐逊（Thomas Jefferson）、亚当斯（John Adams）共同起草了美国《独立宣言》。1776年赴法国谈判，争取法国对英国作战，作为美方代表在《联盟条约》上签字。1778年9月就任美国方面全权大使，1781年参与同英国谈判最终和约。这一时期所作的国务和外交活动与贡献，使他在美国人民心目中享有很高的威望。撰有《自传》（1791年）等书。（朱逸农）

沙特莱侯爵夫人（Châtelet，Gabrielle-Émilie Le Tonnelier de Breteuil，Marquise du） 又名埃米利（Émilie）。法国人，1706年12月17日生于法国巴黎，1749年9月10日卒于默尔特—摩泽尔省吕内维尔。科学史。

曾受过文学、科学方面的良好教育，与伏尔泰、莫帕图伊来往甚密。1734年伏尔泰曾因受当局迫害而隐居于她的一所庄园中。1737年起，她开始系统地研究牛顿的著作。后在约翰第一·贝努利和莫帕图伊的影响下转而研究莱布尼茨的著作，于1740年出版《物理学的创立》。在克莱洛的帮助下，她与伏尔泰合作，第一个把牛顿的《自然哲学的数学原理》译成法文，并作了注疏，甚至在临产前还竭尽全力完成了定稿工作，不久死于产褥热。死前把该书的译稿和注疏稿托交巴黎的一位图书管理员，于1759年出版。（张相轮）

玻色，G．M．（Bose，Georg Matthias） 德国人，1710年9月22日生于德国莱比锡，1761年9月卒于马格德堡。电学。

出身商人家庭。在莱比锡大学学习哲学、数学和语言学，1727年获文科硕士学位。以数学和物理初级讲师的身份加入哲学学会。1738年在维滕贝格大学当自然哲学教授，直至1760年被普鲁士作为战争人质带走才离开维滕贝格。

在莱比锡大学写过有关日食、月食和声学等方面的文章。主要工作是研究电学，曾改进起电机，提高起电机的起电效果。1742～1745年在德国有力地促进对电的深入研究，由于他的努力，间接地促使电容器的发现（这是早期电学史的重大事件）。对天文学也很有研究，撰写的日食、月食方面的一些论文触怒了维滕贝格的神学家，他们怒不可遏，于1750年要求删节玻色的这些文章，闹了一场风波。（周永平）

博斯科维奇，R．J．（Bošković，Rudjer J．） 南斯拉夫人，1711年5月18日生于南斯拉夫杜布罗夫尼克，1787年2月13日卒于意大利米兰。力学、光学。

富有的批发商的儿子。起初在耶稣会学院学习，后赴罗马学院深造。1735年研读了牛顿的著作。1740年成为罗马学院数学教授。1759年出国旅行，在巴黎被推荐为法国科学院外籍院士。在伦敦会见了富兰克林，听取了这位电学家的实验介绍，并访问了牛津大学与剑桥大学。1761年被选为英国皇家学会外籍会员。1763年任帕维亚大学教授，并领导米兰附近耶稣会天文台的筹建工作。1782年在意大利巴萨诺定居，精力衰退使他难以继续研究工作。1787年患肺病去世。

在理论上的重要贡献是提出了动力原子说，这一理论来源于莱布尼茨的单子论与牛顿的力的理论。认为物质是由具有惯性和相互作用但没有广延性的动力点构成的。认为绝对不可分的、没有广延性的、散布在无限空间中的点，是物质的第一性元素。这些第一性元素就是力的中心。自然界的力都可以归结为不能再分的原子的力，而原子就是动力中心。在各个力的中心之间，存在着力的作用。距离较远时，引力占优势；随着距离的接近，引力便转化为斥力。动力中心四周的引力与斥力交替作用，所以这些动力中心既不会溶为一体，也不会相距很远，而是处于力的平衡状态。有的平衡是稳定的，有的则是不稳定的。用这种理论解释了物体的凝聚力，不可入性，广延性和许多物理、化学属性，包括光的发射。尽管否认原子的广延性，但却认为原子是客观存在的。还清醒地看到欧几里得几何（特别是平行线公设）的假设-演绎性质，并猜测可能还有其他性质的空间。主要著作有《自然哲学理论》（1758年）、《光学与天文学有关成果》（5卷，1785年）。

在自然哲学上，位于牛顿-莱布尼茨和法拉第的场理论之间。由于历史的局限未能沟通两者的关系。把牛顿的具有广延性的微粒修改为“非物质”的力的中心，预言了19世纪关于物质与场的理论并促进了这一重大理论的发展。作为18世纪的科学家，他远远地走在同时代人的前面。（林德宏）

里奇曼，G. W.（Richmann，Georg Wilhelm） 俄国人，1711年7月11日生于爱沙尼亚珀瑙，1753年7月26日卒于俄国圣彼得堡。热学、电学。

是德国侨民的遗腹子。在德国哈雷大学和耶拿大学学习数学和物理学。毕业后在圣彼得堡当家庭教师。1741年任圣彼得堡科学院物理学特约教授，1745年任教授和物理实验室主任。1752年得知富兰克林的闪电实验后，冒着极大的危险和顽强的意志，用自己的“指示器”重复富兰克林的实验。1753年7月26日圣彼得堡打雷，从科学院跑回家专心观察“指示器”，不幸被雷电击中而献身。

他通过实验认定：华氏温度计的线性关系是近似的；水的比热是常数；温度为T_1、质量为m_1的水与温度为T_2、质量为m_2的水混合后的温度应为$T=(m_1T_1+m_2T_2)/(m_1+m_2)$。还通过实验证实了牛顿冷却定律；热量增加或损失的速率与物体的密度、弹性及硬度无明显的关系。还用自制的“指示器”研究电，发现被绝缘起来的导体的漏电与温度有关，而其电容不仅跟导体的质量有关，也跟它的形状有关。

（谈漱梅）

巴茜，L. M. C.（Bassi，Laura Maria Caterina） 意大利人，1711年10月31日生于帕波尔公国（今属意大利）的博洛尼亚，1778年2月20日卒于同地。力学、电学、实验物理学。

有贵族血统的律师的女儿。5岁起跟表兄学习拉丁文，13～20岁向家庭医生学习博物学、哲学、数学、解剖学和多种语言，并在家中举行过不少学术研讨会，在当地文人圈中崭露头角。1732年20岁时，通过49篇自然哲学论文答辩，才获得博洛尼亚大学博士学位，同时博洛尼亚市政当局授予一枚奖章和一枚戒指。同年，在12篇论文基础上进行她的第一次公开课，获博洛尼亚大学讲师资格，并被任命为博洛尼亚科学院院士。但由于她是女性，按规定不得讲授常规课，只能一年一度在狂欢节上演示解剖学的公开课。1734年举行她的解剖学第一次公开演讲。1738年结婚后不久，丈夫开始在波伦亚大学教授博洛尼亚，她成了丈夫的助手和合作者。两人生育有12个孩子。

由于受丈夫影响，她的研究开始从亚里士多德物理学转向牛顿，并开展力学和电学实验。1745年当选为罗马著名的贝内代蒂纳科学院院士。1749年起，当局准予她在家中开课讲授实验物理学。由于可以自行决定教学内容和教学方法，她便大力传播牛顿力学和实验物理学的基本原理，支持B. 富兰克林关于电学的理论和有关避雷针的观点，还研究和总结了有关光和火的一些原理。1766年，任蒙塔尔托大学实验物理学系学生的指导教师。1776年任博洛尼亚大学科学研究院实验物理学教授，获得公开讲授常规课的资格，校方指派她的丈夫做她的助手。在她去世后，她的这个特殊教授职位一直空缺着。她的一生首次证明了妇女也能胜任大学的科学教学和研究活动。重要论文有“论水和其他所有始基元素之间的自然关系”（1732年）、“论压缩空气”（1745年）、“论水测量中的特定问题”（1757年）、“论力学中的特定问题”（1757年）以及“论自由流体中所见的气泡”（1791年）等。

（李啸虎）

德拉·托尔，G. M.（Della Torre，Giovanni Maria） 意大利人，1713年6月12日生于意大利罗马，1782年3月9日卒于那不勒斯。力学、地学、显微学、百科全书学。

出身热那亚的贵族世家。在那不勒斯接受教会教育。1738年在原圣公教会堂任教自然科学。1743年任皇家图书馆和皇家印刷出版社社长。

致力于哲学史、光学及显微镜的研究，曾用自制的精密显微镜做了新的组织学鉴定。亲临观察和记录了维苏威火山的爆发。主要贡献是1748～1749年出版的2卷本《德拉自然科学》。该书是早于法国百科全书派的作品。根据伽利略和牛顿的物理学理论解释自然现象。第一卷包括静力学、流体静力学、动力学、流体动力学，引用了波义耳等人的成果，介绍了一些如温度计等科学仪器；第二卷涉及矿物、火山、地震、声、光、电、动植物和人体解剖，并附有61幅精美插图（静电装置、光的折射、高压空气枪等）。该书提供了关于当时科学所取得的成果的一幅完整而层次分明的图画，对18世纪意大利科学气氛的形成有很大影响。

（郑毓信）

库尔蒂夫隆，G.（Courtivron，Gaspard le Compasseur de Créquy-Montfort，Marquis de） 法国人，1715年2月28日生于法国科多尔省，1785年10月5日卒于同地。力学、光学、冶金技术。

出身武士贵族家庭。1730年参加舅父的军团而中断了正规教育。为了能在军事上有所施展，1735年开始学习自然科学，并产生浓厚兴趣。1743年负伤退出军界，专心从事科学研究。1744年因早期力学研究的成果而被选为法国科学院院士。1765年因脑部旧伤复发而回到自己的庄园。

在力学方面，认真研究了法国最早接受和发展牛顿学说的克莱洛著作，试图统一静力学和动力学，提出刚体系的活力（mv^2）具有极大值时处于静态平衡的见解，综合了莱布尼茨的“活力”概念，约翰第一·贝努利的虚速度（虚功）原理和达兰贝尔的加速力原理，包含了功等于动能变化的思想。在光学方面，支持牛顿的微粒说，但不盲从。认为颜色是由于光微粒的速度不同而产生的，而不是由于光微粒的重量上差异。还利用费尔马最小时间原理，确立了光微粒在光密媒质中速度将减慢的结论。在冶金方面，对炼铁炉的研究和对铁的性质的解释，为19世纪冶金技术的发展提供了指导性的见解。

（宋玉亭）

贝卡里亚，G.（Beccaria，Giambattista；或Beccaria，Giovanni Battista） 意大利人，1716年10月3日生于意大利莫多维，1781年5月27日卒于都灵。电学、气象学。

大学物理学教授之子。早年在意大利的罗马大学、纳尔尼学院学神学和自然科学。1737 年起，先后任教于纳尔尼学院、乌尔比诺学院、巴勒莫学院和罗马大学。1748 年继承父新的职位，任都灵大学实验物理学教授 20 余年。入选都灵科学院院士。

因在 18 世纪的意大利传播新的电学理论，竭力主张富兰克林的科学思想而知名。他对电学现象进行了系统的研究，在关于电流本质的争议中，坚定地为富兰克林的"单一流体说"辩护，反对教会的神学解释。其最初的重要研究成果是著作《人工与自然的电气》(1753 年)，其中引用富克林的实验和理论，用以解释气象等各种地球物理的电气现象，获得科学界广泛好评，深得富兰克林的赞赏，认为是电学的"最佳杰作之一"。至 18 世纪 60 年代初，不仅和富兰克林定期通信，还和英国皇家学会的 J. 班克斯（Joseph Banks)、J. 普利斯特利（Joseph Priestley）等重要人物建立联系，其关系遍及意大利、法国、瑞士和其他欧洲国家。他的创新研究和大量出版物，为其确立了 18 世纪意大利电学研究的领军地位。他的《关于电学和通信》(1758 年)、《人工电气》(1772 年）和《晴天大气电现象》(1775 年）等著述，其中涉及用电学新理论广泛解释包括雷暴和北极光等各种大气电现象，还尝试解释地震、台风乃至太阳黑子等自然现象，很受欢迎，发行过多个版本，被翻译为多种文字，在国际电学界享有盛誉。他的后继者 A. 伏打的第一部著作，扉页上恭敬地注明是献给贝卡里亚先生的。

（朱逸农　李啸虎）

达兰贝尔，J. le R.（d'Alembert, Jean le Rond）　法国人，1717 年 11 月 17 日生于法国巴黎，1783 年 10 月 29 日卒于同地。动力学、数学分析、天体力学。

高级骑兵军官的私生子，刚出世就被母亲抛弃在教堂的石阶上，后来父亲将他寄养在一位地位低下的手工工人家里。曾在耶稣教冉森学院学习经典著作、修辞学及数学。虽身在教徒学院，却致力于法律和医学研究，并加入反宗教的行列。1750 年就任以 D. 狄德罗为主编的《百科全书》的科学编辑。1754 年当选为法国科学院院士。1764 年谢绝去波茨坦出任普鲁士科学院院长之聘，而推荐欧拉担任此职，此举减少了与欧拉的隔阂。1772 年当选为法国科学院终身秘书长，是科学院里最有影响的院士之一。终生未娶，晚年性情孤僻，生活也不幸福。

是一位博学家，对级数、偏微分方程、力学、流体力学、天体力学的岁差和章动以及哲学都颇有研究。一生著作很多，但为了与克莱洛争优先权，有的出版得比较仓促。1740 年向科学院递交了 5 篇关于微分方程积分方法及物体在有阻力的媒质中运动问题的论文。1743 年出版了著名科学论著《动力学》，主要论述了后来以他的名字命名的力学基本原理：作用在一力学组中每个质点上的主动力、约束反作用力和惯性力，形成一平衡力系。这样，该原理就将动力学问题化成了静力学的平衡问题，给动力学问题一个一般的解法。它在分析力学中占有重要的地位。书中还讨论了由莱布尼茨提出的运动量的量度问题。这个问题曾吸引许多著名科学家参加争论，笛卡尔认为运动物体的运动量正比于速度，而莱布尼茨则认为正比于速度的平方，争论持续了半个多世纪。直到他在《动力学》序言中指出这纯粹是字面之争，两者的观点都是对的，才结束了这场论战。1747 年首次把偏微分方程应用于数学物理中，开创了偏微分方程论，并因此而获得普鲁士科学院奖。1749 年出版了一部题为《对地球岁差和章动的探讨》的论著，从而建立了岁差和章动理论。由 D. 狄德罗主编的《百科全书》，是在 1751～1777 年间发行的巨著，共有 22 卷。达兰贝尔在其中担任科学编辑，他的工作并不只限于纯自然科学方面，其中特别突出的是编写百科全书"引言"，被认为是 18 世纪欧洲启蒙运动基本文件。1761～1780 年写了 8 本数学文集，其中的第 5 本发表了对级数收敛的一种判别法，叫做达兰贝尔定理，至今仍被人们采用。在哲学上，主张知识来源于感觉，反对"虚构的实在"或天赋观念说，但又认为精神不依赖于物质，上帝是创世主。

（马见慈）

坎顿，J.（Canton, John）　英国人，1718 年 7 月 31 日生于英国斯特劳德，1772 年 3 月 22 日卒于伦敦。电学、磁学、分子物理学。

早年刻苦自学。1743 年成为英国皇家学会成员。被誉为 18 世纪中叶英国物理学界的代表人物和自学成才的典范。1739～1740 年计算月食时间。1747～1748 年发明制造人工强力磁铁的新方法。18 世纪 50 年代，发现云既可带正电也可带负电。后又进行了静电感应实验，研究了摩擦生电。1754 年制作木髓球静电计研究起电。这些工作使他在电学发展史上占有一定位置。还研究了海水发光及其起因，并于 1768 年发明了强磷光化合物"坎顿磷光体"。证明了水的可压缩性，被认为是"18 世纪物理学的著名成就"。　（夏元复）

西戈涅，P.（Sigorgne, Pierre）　法国人，1719 年 10 月 24 日生于法国兰贝库-奥克斯—波兹，1809 年 11 月 10 日卒于马孔。力学、科学传播。

法官的儿子。曾获神学学位。1740 年在巴黎大学任哲学教授，并从事科学普及工作。1749 年由于写讽刺诗涉及路易十五（Louis ⅩⅤ）而被流放到马孔，在那里度过余生。流放期间继续从事科学工作。1778 年、1803 年分别当选为法国科学院、法兰西学院通讯院士。是马孔学会的奠基人之一。

最主要的成就是积极推广牛顿学说。在巴黎大学任教期间，牛顿学说已引介到了法国，虽然笛卡尔思想的影响仍根深蒂固，但在教学中都对牛顿万有引力定律进行了详细具体的论述，并把系统的教学知识引入到哲学课程中，这对微积分的推广起了一定的作用。在1747年出版的著作中清楚地介绍了牛顿的数学和物理原理。1748年出版该书的拉丁语摘要被认为是在西欧牛顿学说的权威教科书。还成功地用牛顿万有引力定律解释了毛细现象，因此在1748年获鲁昂学会奖。

（马见慈）

勒鲁瓦，J.-B.（Le Roy，Jean-Baptiste） 法国人，1720年8月15日生于法国巴黎，1800年1月21日卒于同地。电学、仪器研制。

是著名钟表制造商J. 勒鲁瓦（Julien Le Roy）的4个儿子之一，其他3人也都是科学家，兄弟4人在法国科学发展的启蒙运动中均有贡献。他对法国18世纪后半叶的科学行政管理和科学技术的发展起了积极作用。1773年成为法国科学院院士，并任法国科学院院长直至1778年。

主要致力于电学研究。17世纪中期电学在欧洲分成不同学派，其中争论最激烈的是A. 诺莱学派和B. 富兰克林学派。他支持富兰克林的单流说观点，并提出了主要的实验依据。在传播富兰克林的观点特别在强调其实际应用方面起了重要的作用。发表了很多论述科学仪器（包括钟表、望远镜、静电计等）的文章，促进了避雷针在法国的应用。（陆伟良）

威尔逊，B.（Wilson，Benjamin） 英国人，1721年生于英国利兹，1788年6月6日卒于伦敦。电学、绘画。

一生中有两个经久不衰的兴趣，一是绘画，完成以英国历史事件为题材的著名漫画《在印花税法案废除的时候》；二是电学。1746年借用三一学院的实验室进行实验，完成其第一篇论文“试论从牛顿的以太推导出电现象”。1750年完成了第二篇论文“论电”。因这篇论文他于1751年当选为英国皇家学会会员。后又和物理学家霍德利（B. Hoadly）共同完成论文“电学实验的一系列观测”，1760年获英国皇家学会科普利奖。在威尔逊的科学活动中，最引人注目的是和富兰克林关于避雷器究竟是圆头的还是尖头的公开辩论。由于他顽固坚持避雷器应是圆头的，以致与英国皇家学会、富兰克林、卡文迪许等闹成了僵局。

（王子光）

勒萨日，G.-L.（Lesage，George-Louis） 瑞士人，1724年6月13日生于瑞士日内瓦，1803年11月9日卒于同地。经典力学。

父亲是优秀的数理教师，又是哲学家和神学家。从小受到良好的家庭教育。曾在日内瓦一所大学预科学习物理和数学。遵父命放弃哲学家的志向勉强地进了巴塞尔大学医学院。毕业后短期旅居巴黎。回日内瓦后本想从医，未获当局批准，只得放弃医学而成为数学教师。一生唯一的重要著作出版于1758年，该书用机械论的观点解释牛顿的万有引力定律。但这种解释未被同时代的学者广泛接受。1761年当选为法国科学院通讯院士。（马见慈）

达西，P.（D'Arcy或D'Arci，Patrick） 英国人，1725年9月27日生于爱尔兰戈尔韦，1779年10月18日卒于法国巴黎。动力学、几何学、军械技术。

出身贵族，颇有数学天才。14岁时被送至巴黎由叔父照料。家庭教师、数学家克莱洛使他受到了良好的教育。17岁时，向法国科学院提交过两篇动力学方面的论文。1749年进入科学院任助理机械师，尔后成为几何学家。曾两次参军，由上尉、大校一直升到上将。在力学、军事技术和物理方面都有一定贡献。1747年所写的论文中，提出了面积守恒原理，后又推广为动量矩守恒原理。为了测定一种大炮的反冲力和功率，他发明了冲击摆。（沈　铁）

奈恩，E.（Nairne，Edward） 英国人，1726年生于英国桑威奇，1806年9月1日卒于伦敦。空气动力学、电学、仪器研制。

物理学和数学方面的科学研究往往和他自己创造发明的科学仪器密切有关。1771年，他把关于光学、空气动力学和电学方面的许多实验工作论文献给英国皇家学会《哲学学报》。1776年被选为英国皇家学会会员。1772年用圆柱形玻璃容器作为发电器改进了静电机，很快被英国和欧洲大陆各国采用。还设计和制造了湿度表、真空泵、水银气压计、显微镜、望远镜和测量仪器等，并借助这些仪器测得海水的比重和在凝固点的状态。（张镜清）

科尔蒂，B.（Corti，Bonaventura） 意大利人，1729年2月26日生于意大利斯坎迪亚诺，1813年1月30日卒于雷焦艾米利亚。电学、植物学。

幼年就显示出具有科学才能。曾就读于勒佐大学毕业后留校任教，1754年任教授，时年仅25岁。1783～1804年在摩德纳任诺此里学院督学。1804年退休。1804～1809年任教于摩德纳大学。1769年因著作《物理学原理研究》而一举成名。在该书中提前公布了伽伐尼和伏打的电学发现，因而引起轰动。在生物学上主要贡献是1774年首次观察到轮藻植物细胞中原生质的环流运动。（夏元复）

希戈德拉丰，J.-A.（Sigaud de Lafond，Joseph-Aignan） 法国人，1730年1月5日生于法国布尔日，1810年1月26日卒于同地。电学、无机化学、医学。

制钟技师之子。早年就读医学，受导师影响对实验科学发生兴趣。1770年成为外科学教授。1782年回家乡。1786年后任物理学教授，1795年任物理学和化学教授。

在物理学上主要研究电学和气体。1776年，与麦奎尔一起通过在大气中燃烧一定数量的氢气，首次实现了水的合成。在近代医学上首次成功地进行剖腹产手术。（夏元复）

维尔克，J. C.（Wilcke，Johan Carl） 瑞典人，1732年9月6日生于德国维斯马，1796年4月18日卒于瑞典斯德哥尔摩。电学、热学、磁学、仪器研制。

出身教士家庭。中学毕业后，先后在瑞典乌普萨拉大学、德国格丁根大学求学。1757年任瑞典皇家科学院实验物理讲师，1770年任教授，由于工资微薄不得不去兼任家庭教师。1784年任科学院的秘书长直至去世。

科学贡献是多方面的。在电学方面发明了空气电容器和发现了感应起电现象。在热学方面，发现了潜热；找到了用混合法测定物质比热容的方法，并测定了10余种物质的比热容。在磁学方面，设计了磁倾仪，绘制了等磁倾曲线；还发现软铁针可以放在地磁子午圈上而自然磁化，或放在强磁石附近而人工磁化，当莱顿瓶放电时磁化更加容易。改进了许多标准仪器，例如磁针、抽气机、测微计、气压计和气体燃化计等。（谈漱梅）

博尔达，J.-C.（Borda，Jean-Charles） 法国人，1733年5月4日生于法国达克斯，1799年2月19日卒于巴黎。流体力学、计量学、大地测量学。

出身贵族家庭。早年曾在巴黎索邦神学院学习，但藐视神学。是一位军人，在法国舰队历史上是有影响的人物，曾获海军上校衔。参与多次科学考察航行和美国独立战争。终身未娶。1756年当选为法国科学院院士。1767年当选为波尔多皇家研究院成员。1769年当选为海洋科学院院士。

最主要的贡献是在流体力学方面，研究了流体流动施于大炮、轮船和水泵上的反作用和阻力，证实了阻力正比于流速的平方和入射角的正弦。计算了流体通过小孔时的压缩系数。参与度量衡标准化工作，设计铂标准原器和标准秒摆等，对法国成功地测量地球子午线的长度作出贡献。能在科学上作出多方面的贡献是把数学计算和实验观察相结合的结果。（宋玉亭）

库仑，C. A.（Coulomb，Charles Augustin） 法国人，1736年6月14日生于法国昂古莱姆，1806年8月23日卒于巴黎。电学、磁学、力学、工程技术。

父亲亨利（Henry）是军官转业的税收官，母亲C.巴热（Catherine Bajet）出身富有家庭。他青少年时期全家迁居巴黎，在法兰西学院等校读书。后来随父亲到蒙彼利埃。1757年加入当地科学协会，阅读了一些天文学和数学方面的论著。1758年秋返回巴黎，考进在梅济耶尔的兵工学校。1761年毕业后取得工程兵陆军中尉军衔。1764年2月被调到法属西印度群岛中的马提尼克岛，监督要塞的建造和修复。这期间做了很多关于建筑方面的实验，为后来力学方面的研究打下了基础。由于健康状况很差，1772年6月离开部队回到法国，在布尚当工程师，同时专心于力学研究。在瑟堡研究磁罗盘，得到1777年的法国科学院金质奖章。这项研究对他的科学事业很有影响，奠定了后来主要从事物理学研究的基础。1779年在罗什福尔的造船厂从事有关摩擦的一系列实验，由于这些研究成果，1781年再一次得到法国科学院双重一等奖，并入选科学院院士。1781年是库仑在生活上和事业上富有成果的一年。在巴黎定居下来并结了婚。1784年被任命担任皇家水域和泉水的主管。1787年被派往伦敦考察医院。法国大革命后，1791年辞去皇家工程兵部队陆军中校职务。1801年任法兰西学院院长。1802年任命为国家公共教育监察总长。

早年在力学领域的研究也很广泛，包括结构力学、梁和桥柱的断裂、土壤力学、摩擦理论和人类环境工程学。由于这些工作而被公认为18世纪欧洲最重要的工程师之一。是最早把微积分应用到工程实际中去的几个人之一。1773年发表有关建筑材料强度的论文。1779年发表关于摩擦的论文。在应用阿蒙东定律时（即摩擦力正比于作用在接触面上的正压力），注意到这个定律在实际上是不严格的，摩擦系数应随所研究的材料而改变。认为摩擦是两物体间切向接触的结果，并设想粘滞是产生摩擦效应的主要原因。对光滑表面间的静摩擦和动摩擦、绳索与滑轮之间的摩擦都进行了研究。指出摩擦一般是一个综合效应，它与负载、材料、放置时间、润滑油、速度以及其他许多因素有关。在20世纪摩擦的分子理论建立以前的将近一个半世纪里，他的摩擦理论和实验研究方法作为标准被普遍采用。在简单机械方面的理论研究也受到人们的赞赏。提出的土力学理论直到今天仍在工程中得到应用。

1781年成为法国科学院院士后，从应用力学研究转向物理学，特别是电学与磁学的研究。1785～1791年在电学和磁学方面共发表7篇著名论文。在1777年研究的基础上发展了细丝的扭转理论，提出了一种精确测量微小作用力的方法。指出在给定的范围内，细丝的扭转振动可视为简谐振动。还分析了扭转角与悬挂细丝的长度、直径以及材料的弹性之间的关系。证明在简谐振动范围内，扭力与扭转角成正比。应用这个原理测量磁力和其他一些微小的力，精度可达9×10^{-4}达因。在此基础上他发明了扭秤。1784年9月9日在题为“关于金属丝的扭力和弹性的理论和实验研究”的重要论文，概括了自己的研究成果。1785年利用自己的扭秤发现2个带有相反电荷的物体间的吸引力遵守力的平方反比定律，即现在所称的库仑定律。1787年在另一篇论文里又进一步证明电之间和磁之间的吸引力或排斥力都同样遵守平方反比定律。还证明了带电体之间作用力跟它们电量的乘积成正比。1787～

1790年做了一系列导体上电荷分布的实验，指出电荷仅分布在导体表面上。是电的双流论的拥护者，支持电的超距作用观点。为纪念他的贡献，在国际单位制里电荷的单位以库仑命名。

1781～1806年，除了在电学、磁学、转矩和扭秤应用等物理方面宣读25篇论文外，还参与撰写约310篇提交给科学院的报告，这些报告涉及机械、仪器设备、道路、工程和城市建筑等方面。（马文蔚）

罗比森，J.（Robison，John） 英国人，1739年生于英国苏格兰斯特灵郡，1805年1月30日卒于苏格兰爱丁堡。*电学、结构力学。*

出身富商家庭。17岁获格拉斯哥大学文科硕士学位。1759～1773年断续地在诺尔斯（A. C. Knowles）将军门下任家庭教师、秘书及海军军职。1762年前后恢复格拉斯哥大学学业，成为J. 布莱克和J. 瓦特的朋友和学生。1766～1770年留校任化学讲师。1773年任爱丁堡大学自然哲学教授，后一直在该校工作至去世。是爱丁堡皇家学会奠基人之一，1783年当选为第一干事长。1798年获新泽西学院（即现在的普林斯顿大学）法学博士学位。

早年在《爱丁堡皇家学会学报》上发表过文章，后来曾是《英国百科全书》第三版的主要撰稿人。1793～1801年写了一系列优秀论文，其中影响最大的是有关应用结构力学方面的论文，如“材料强度”等。1769年使用自己设计的静电计发现静电斥力反比于距离的2. 06次幂，其吸力反比于距离的幂稍小于2。但直到1801年才发表这一结果。（马见慈）

贝托隆，P.（Bertholon，Pierre） 法国人，1741年10月28日生于法国里昂，1800年4月21日卒于同地。*电学、火山学、地震学。*

他应邀移居美国的蒙彼利埃以前，长期居于法国里昂、巴黎等地。他在美国蒙彼利埃讲授了当时自然科学领域中几乎全部课题。1784年蒙彼利埃皇家科学学院专门为他设立物理学教授席位。美国独立战争之后，他返回法国，先后在里昂大学等校教授物理学。

他的科学研究领域是很广泛的，涉及城市的公共卫生、农艺学、气体静力学和燃烧学。特别是在电学方面的工作最著名。他研究大气中的电现象，在他的朋友富兰克林的影响下，在法国南部安装了避雷针，并将金属导体的末端埋入地下。他还论述了电对植物生长的作用。大气电现象、火山和地震 的研究，使他获得了名声。（马文蔚）

利希滕伯，G. C.（Lichtenberg，Georg Christoph） 德国人，1742年7月1日生于德国达姆施塔特附近，1799年2月24日卒于格丁根。*电学、金属合金学。*

新教牧师的儿子。从小就患永久性脊椎畸形病，少年时只好跟随父亲学习数学和自然科学。在格丁根大学学习期间酷爱文学、自然科学等课程。1769年任格丁根大学编外教授，1775年成为教授。1788年获英国皇家宫廷顾问职位。1793年当选为英国皇家学会外籍会员。1795年成为圣彼得堡科学院外籍院士。

是德国大学里第一个实验物理讲座教授。制作了一个巨大的起电盘，1777年用它做实验时发现了静电复制的基本方法。在静电复制中至今仍沿用“利希滕伯图”这个词。研制成功含50%铋、30%铅、20%锡且具有91.6℃熔点的低熔性金属，称为利希滕伯合金。说话幽默，撰写的《哥白尼传》等著作以优雅与明晰的文体著称，许多格言是留给后人的宝贵遗产。（马见慈）

阿维，R. -J.（Haüy，René-Just） 法国人，1743年2月28日生于法国瓦兹省圣乔斯特，1822年6月3日卒于巴黎。*晶体学、矿物学、电磁学。*

一个贫苦织工的儿子。因少年早慧和虔诚，被当地教会荐送巴黎，成为大教堂唱诗队歌手。后被保送到纳瓦拉学院深造神学，毕业后留校任教。几年后，被任命为牧师兼卡迪纳尔·莱蒙纳学院教授，后又当选法国科学院院士。在法国大革命初期，担任神职的阿维拒绝向革命派宣誓效忠，一时受到了监禁。1794年雅各宾党专政，阿维的一位以前学生成了政府要员，他时来运转，被任命为巴黎矿物陈列馆馆长、巴黎师范学校物理学教授，后又兼任巴黎自然历史博物馆矿物学委员会主席等职。在拿破仑执政时期，他的渊博学识和科学发现获得了拿破仑皇帝本人的赞赏，被授予巴黎圣母院荣誉教士、第一个“古罗马军团荣誉成员”称号等嘉奖。波旁王朝复辟后，他又被解除了一切职务。晚年生活潦倒，但仍坚持不懈地进行科学研究，笔耕不辍。

早期先后研究过文学和植物学，后来的兴趣转向矿物学和晶体学，并终生乐此不疲。主要贡献是：研究了矿物的晶体结构及其数学理论，并用于矿物分类学研究；在物理学领域中，研究了晶体的双折射、晶体的热电效应以及铁电性。1784年出版《晶体结构理论评述》，提出晶体由无数等同的分子组成单元平行地重复堆垛而成，当它们在晶体表层以不同方式有规则进行删减排列时，即可形成不同晶形的晶面。1801年提出结晶学整数定律（又称有理指数定律或阿维定律），指出晶体上任两晶面在三个结晶轴上的截距比值之比必为整数比。他还将晶体理论应用于矿物分类，修订了矿物分类法。他的发现的科学价值首先受到了拉普拉斯等人的重视，推荐他向法国科学院作成果介绍，并入选院士。他有不少重要著作，其中有：《晶体结构理论》（1784年）、《电学与磁学的理论诠释与推论》（1787年）、《矿物学论文集》（4卷，1801年）、《物理学基础》（1803年）、《晶体学论文集》（1817年）《结晶学》（2卷，1822年）等。后人以他的姓氏命名了一种蓝方石（haüynite）。（夏元复）

伏打，A. G. A. A.（Volta，Alessandro Giuseppe Antonio Anastasio） 意大利人，1745年2月18日生于意大利米兰公国的科莫，1827年3月5日卒于同

地。电学、电化学、技术发明。

祖先原住在伦巴第，后册封为科莫地方的贵族。到了他出生的时候，家道已很衰败。父亲菲利普（Filippo）11岁就到各地传播耶稣教。他是7个孩子中年龄最小的，直至4岁才开口说话。7岁时父亲去世，当牧师的叔父承担对他的教育。1757年被送到地方耶稣学院学习。1775年起任科莫皇家学院实验物理学教授5年。自1778年起又在帕维亚大学担任近25年的讲座教授。以后游遍欧洲大陆。1804年后在科学院工作一段时间。1806年获得伯爵爵位，并被任命为伦巴第地区参议员。1815年被奥地利皇帝任命为帕多瓦大学哲学系系主任。1791年当选为英国皇家学会外籍会员。3年以后得到该学会的最高奖——科普利奖。1786年入选柏林科学院通讯院士。1801年拿破仑占领意大利北部以后，伏打被召到巴黎。1801年10月6日在有拿破仑参加的学术会议上，表演了自己的电堆，从而获得一枚特制的金质奖章和一笔数目很大的奖金。1803年成为法国科学院外籍院士。

最主要的贡献是创立了电的接触理论。1791年L. 伽伐尼发表有名的蛙腿肌肉收缩的实验后，起初他是伽伐尼动物电的拥护者。后来从实验发现，不同金属的接触是使蛙腿肌肉产生颤动的主要原因。如果只用一种金属，且温度相同，蛙腿肌肉颤动几乎觉察不出来。认为伽伐尼把动物的神经作为电源或者相当于莱顿瓶的说法是不对的。1793年完全否定动物电的存在。在给《最新物理通讯》的编辑的信中指出：干导体（或称第一类导体）与湿导体（或称第二类导体）相接触时，将产生电流流动，或者产生一定的电脉冲。信中说："我不能回答为什么是这样，但这至少是一条原理，是一条普遍的原理。"还发现无论是第二类导体放在两种第一类导体之间，或者是第一类导体放在两种第二类导体之间，只要电路是闭合的，都有电流。科学界对他的接触理论极为重视，有支持的也有反对的。他还指出伽伐尼所发现的肌肉颤动是电流通过的结果。1793年发现著名的伏打序列。在这个序列中两种金属相距越远，肌肉颤动越显著。为了说明接触理论，纠正动物电的错误说法，1795年用电容式验电器测量接触电势。这给自己的接触理论以有力的论证。从实验中发现两种不同金属相互接触时，它们分别带正电和负电。

他还发明了著名的伏打电堆。在1800年3月20日给英国皇家学会会长J. 班克斯的信中，详细地描述了所发明的伏打电堆。如在锌板和铜板接触处放上一层水，或者导电性能更好的盐水，或者插入一层湿润的法兰绒或吸水纸，然后再接上另一对同样的锌与铜，依此下去，堆置成30对、40对或者更多一些，就可以得到像莱顿瓶所贮存的那样多的电，而且这种电是随用随产生的。W. 尼科尔森和A. 卡莱尔从班克斯那里看到他的信。1800年4月30日，也就是写信后的50天，他们在英国制成了伏打电堆。同年5月2日用这个电堆实现了水的分解。尼科尔森把实验结果发表在自己办的《尼科尔森通讯》上，于是伏打电堆就广泛地传播开了。 （马文蔚）

范斯温登，J. H.（Van Swinden，Jan Hendrik） 荷兰人，1746年6月8日生于荷兰海牙，1823年3月9日卒于阿姆斯特丹。电学、磁学、气象学、计量学。

父亲是著名的律师，原希望他继承父业学法律，故于1763年送入莱顿大学攻读法律。但他从小就对数学和力学有极大兴趣，很快就改学数学和自然哲学。深受牛顿《自然哲学的数学原理》一书的影响，1766年的博士论文是以"论引力"为题的。1767年任哲学逻辑学和形而上学教授。1785年任阿姆斯特丹大学的哲学、自然哲学、数学和天文学教授。1795年后主要从事科学会议的工作。1808年任荷兰皇家学会（现为荷兰皇家文理科学院）第一任会长。

1772年论述了磁的数学理论，为此1777年与C. A. 库仑共同取得法国科学院的金质奖章。最知名的工作是于1784年出版的《电与磁相似性的论文报告》，为此巴伐利亚科学院授予金质奖章。1785年，和他人合作用一台很大的静电起电机作了放电方向对铁棒磁性影响的实验。和学生们一道用了近10年的时间观察地磁场及其日变化。把13年所记录的气压、温度和湿度数据整理成18篇论文发表在欧洲各个气象杂志上。1798年代表荷兰出席巴黎讨论米制的会议，会上提出以地球子午圈的40 000 000分之一为1米。 （马文蔚）

波利，G. S.（Poli，Giuseppe Saverio） 意大利人，1746年10月28日生于意大利莫尔费塔，1825年4月7日卒于那不勒斯。电学、地震学、军事史。

在莫尔费塔受早期教育，后入帕多瓦大学学习医学和自然科学。后来弃医致力于自然科学。1776年在那不勒斯定居，主持皇家军事学院物理学讲座。被派往英国、法国、德国等考察教育法和购买设备。他是包括英国皇家学会在内的欧洲和意大利一些主要学会的会员。1772年研究雷电的起因与所产生的效应。兴趣很广泛，收藏的钱币和奖章是很知名的，还写了一系列地震方面以及军事史文集的著作，对海洋生物也有些研究。 （马文蔚）

查理，J. A. -C.（Charles，Jacques Alexandre-César） 法国人，1746年11月12日生于法国博让西，1823年4月7日卒于巴黎。空气动力学、航空工程。

从小未受系统的教育，先在巴黎财政局任小职员，因政府裁员被解雇。因受1779年访问法国的富兰克林的影响，开始物理现象的实验研究。1781年在仅仅钻研18个月之后，就大胆地将研究结果作公开讲演，由于其语言生动和表演实验丰富多彩，博得很多著名人士的赞赏。1795年11月20日，被任命为法兰西学院的常驻院士。后又任巴黎艺术和应用技术学院的实验物理教授、学院的图书馆馆长。1816年任法国科学院物理实验室主任。

因改进热气球和作为一个勇敢的空中飞行员而具有很高的声望。在蒙哥菲尔兄弟著名的气球实验后不久，他建议用氢气代替热空气来灌注气球，还改进了气球的充气装置、吊篮方法等。在机械师罗伯特(Robert)的帮助下，1783年从巴黎的练兵场升起了第一个充氢气球。不久和罗伯特一起乘氢气球作空中飞行，降落在巴黎附近的一个小村庄。

大约在1787年，在实验中发现气体的压强和体积均随温度的升高而增大，但没有发表。盖-吕萨克偶然知道后，将之公布于世（道尔顿也几乎同时公布）。后来，人们将气体压强随温度升高而增大的定律称为查理定律。

此外，还发明了低倍放大镜；改进了比重计；发明了测量晶体角度的测角计等。（谈漱梅）

卡瓦洛，T. (Cavallo，Tiberius) 英国人，1749年3月30日生于意大利那不勒斯，1809年12月21日卒于英国伦敦。电学、大气物理学、磁学。

意大利裔，医生之子。1771年在英国定居。1775～1776年，用富兰克林风筝和自己发明的探测器考察了大气电。虽然这个研究没有多大的结果，但写了一本有价值的书，即1777年出版的《电在理论和实用上的专题论文集》。1779年被选为英国皇家学会会员。后转而研究大气物理学。1781年写了《空气和其他永久弹性流体的性质》一书。对磁学也给予关注，1787年出版了《磁学的理论和实用上》。他还是小提琴的业余爱好者，对音乐物理也有研究。（马文蔚）

普雷沃斯特，P. (Prevost，Pierre) 瑞士人，1751年3月3日生于瑞士日内瓦，1839年4月8日卒于同地。热力学、人文科学。

先后学习语言文学、神学、法律和自然科学。1773年获博士学位。尔后在荷兰、里昂和巴黎任教师和家庭教师。1780年应邀去柏林科学院。1784年返回日内瓦，任文科教授1年。1793年在日内瓦任哲学和普通物理学教授，直至1823年退休。是爱丁堡皇家学会、英国皇家学会的外籍会员。

对物理学的主要贡献是1791年发表的“交换说”。根据热质说的观点认为一切物体都不断发射热辐射，并从周围物体吸收这种辐射，若所有物体温度都相同，则接收的热等于发射的热。还从事希腊古典文学和其他方面著作的翻译，写过关于伦理学、政治经济学、心理学和公共教育学等方面的论文，还是个诗人。

（谈漱梅）

皮克特，M.-A. (Pictet，Marc-Auguste) 瑞士人，1752年7月23日生于瑞士日内瓦，1825年4月19日卒于同地。热学、实验物理学、地学。

起初学习法律，后来兴趣转向物理学与气象学。著名的社会活动家、爱国者、编辑、教授和科学家。当过护民官、帝国大学的监察员、日内瓦专科学校的哲学教授。是法兰西学院的外籍院士、英国皇家学会和爱丁堡皇家学会的外籍会员，是日内瓦技术协会、博物学和物理学会、瑞士自然科学协会的领导人。还是《日内瓦》杂志和《不列颠丛书》的创始人与主编。

在物理学方面，主要进行一系列关于热量和湿度测定的实验，记载在1790年的论文“关于火的实验”中。此文被广为流传并译成英文和德文，在理论上偏向于热质说，支持化学家拉瓦锡的观点。他的研究还涉及地质学、大地测量学、天文学和气象学。

（谈漱梅）

汤普森，B. (Thompson，Benjamin) 封爵为朗福德伯爵（Count Rumford）。美国人，1753年3月26日生于美国马萨诸塞州沃本，1814年8月21日卒于法国欧特伊。热学、光学、技术发明。

美国新英格兰一个小农场主的儿子。只受过短期的正规教育，后靠朋友和牧师的帮助自学。19岁到新罕布什尔州康科德教书，并跟比他大14岁的寡妇S. W. 罗尔夫结婚，生一女萨拉。独立战争爆发时倾向于保守党，因被人怀疑为敌对分子遭逮捕和监禁，但没有发现确凿的证据。22岁只身逃往伦敦，成为负责殖民地的副国务大臣，参与在美国南卡罗来纳和纽约长岛的战斗。31岁退出英国军队去为巴伐利亚选帝侯服务。1793年被巴伐利亚君主封为神圣罗马帝国的伯爵，取名朗福德伯爵。大约于1800年回到伦敦。3年后移居巴黎，跟化学家A. 拉瓦锡的遗孀结婚，不久又离婚。退休后居住在巴黎附近的欧特伊。是许多科学机构的成员，包括英国皇家学会、法兰西学院、美国哲学学会、美国科学促进协会、德国巴伐利亚科学院等。

1777年通过研究不同物质的内聚强度开始了实验科学家的生涯。最著名的是1798年发表的关于摩擦生热的实验。在慕尼黑兵工厂进行炮膛钻孔时，发现产生很多热。为了探索热是从哪里来的，热的本质是什么，用钝的钻头钻炮膛，用水来吸收钻头所生的热量，水竟沸腾了。由此认为，热是来源于摩擦，而摩擦生热是可以取之不尽的。从这一点来看热不是物质而是一种运动。当时科学界普遍认为热是一种物质，所以他是第一个用实验事实来驳斥热质说的人。

他还进行过关于火药、热传递方式、生产廉价和有营养的食品、改进火炉和烟囱管道的研究。也研究过照明的效率，发明带有他的名字的比影光度计；引进标准烛光的概念，设计了被称为朗福德灯的油灯。

在1796年，用自己的财产设立了两年一次的朗福德奖，由波士顿美国科学促进协会和英国皇家学会负责评选，授予在热和光的研究上取得杰出成果的科学家。剩余的财产在美国哈佛大学设立了至今仍然存在的朗福德教授职位。还为普及与推广科学和技术，在伦敦建立了大英帝国皇家研究院；为帮助穷苦群众解决贫穷和失业问题，在慕尼黑创办了军事教养所。

（谈溦梅）

卡诺，L.-N.-M.（Carnot，Lazare-Nicolas-Marguerite） 法国人，1753年5月13日生于法国科多尔省诺莱，1823年8月2日卒于德国马格德堡。力学、数学分析、几何学、工程学。

是建立热力学的卡诺循环及卡诺定理的著名物理学家N. L. S. 卡诺的父亲。1773年毕业于梅济耶尔军事工程学院。曾在阿拉斯服役，后进入政界成为共和主义者。1795年成为法兰西共和国五人执政内阁的成员。1797年政变后，到瑞士和德国避难。拿破仑（Napoléon I）夺取政权后不久，于1800年回国，先后两次任拿破仑的大臣。1815年10月，流亡到德国马格德堡。在从事政治活动的同时坚持科学研究，1796年成为法兰西学院院士。

确立了活力和机械功之间的关系，用重物与升高的高度的乘积来评价机器的作用，并把这个乘积称为作用矩，从而对功和能概念的发展作出了贡献。力学著作有《论通用机械》（1783年）和《运动平衡的基本原理》（1803年）。此外，在城防守卫和军事战略方面也有研究和著作。

数学上的贡献主要在数学分析和几何学两个方面。1797年出版了《关于无穷小分析的沉思》，试图论证无穷小计算结果的正确性。该书被翻译成葡萄牙语、德语、英语、意大利语和俄语。在几何学中复兴了射影几何。著有《几何图形的相互关系》（1801年）、《位置几何学》（1803年）和《横截线论》（1806年）。探讨了完全四边形和完全四角形的性质，分析了四个点和四条直线的交比及其射影不变性。（谈溦梅）

克拉尼，E. F. F.（Chladni，Ernst Florenz Friedrich） 德国人，1756年11月30日生于德国维滕贝格，1827年4月3日卒于布雷斯劳（今属波兰）。声学、力学、音乐。

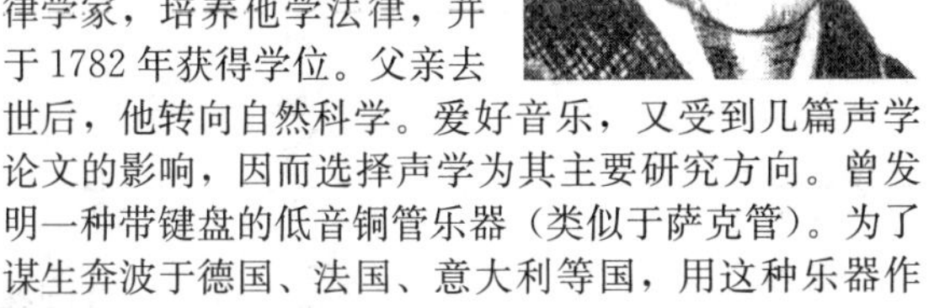

祖籍匈牙利。父亲是法律学家，培养他学法律，并于1782年获得学位。父亲去世后，他转向自然科学。爱好音乐，又受到几篇声学论文的影响，因而选择声学为其主要研究方向。曾发明一种带键盘的低音铜管乐器（类似于萨克管）。为了谋生奔波于德国、法国、意大利等国，用这种乐器作艺术演奏并作科学讲演。

除了发表少量有关陨石的文章外，主要贡献是在声学和振动学方面。最重要的工作是用自己发明的沙图技术对表面振动进行演示。他用实验方法研究了弦、棒和板的振动，分析聚集在各种振动板的波节线上的沙子形成的“克拉尼图”，从中找出图案和振动与声的关系。这种图形使法国的拉普拉斯等科学名流深感兴趣，拿破仑也请他作专场表演，并资助他将其《声学》著作译成法文。他还发现弦、棒的纵向振动，并用于测定固体中的声速。首次研究了棒的扭振。还测定了除空气以外的其他气体中的声速。他的研究带动了19世纪声学的研究，使声学走上实验物理研究的道路。有人曾誉他为“声学之父”。（周永平）

克拉姆，C.（Kramp，Chrétien 或 Christian） 法国人，1760年7月8日生于法国斯特拉斯堡，1826年5月13日卒于同地。大气物理学、天文学、数学。

曾学医并开业。后在大学教数学、化学和实验物理学。1809年当数学教授和斯特拉斯堡自然科学院院长。1812年选为柏林科学院外籍院士。1817年当选为法国科学院院士。

1783年蒙哥菲尔兄弟制造第一个气球上天，他出版《空气静力学》一书对此作出解释，书中涉及历史、物理和数学课题。1793年发表一篇晶体学的研究论文和双折射的专题报告。还写过医学著作，曾发表论文，用代数分析血液循环现象。与德国的贝塞尔在天文研究方面进行通信联系，在1820年前作了许多日月蚀的计算。1798年发表了最重要的天文著作《天文和地球的折射分析》，试图从简化的假定解决折射问题，并引进了“克拉姆超越函数”数值表。这是一个应用广泛的重要数值表。写过许多纯粹数学的论文和专题报告。是对德国数学起过重要作用的组合学派的代表人物之一，在某些方面，和贝塞尔和高斯等人齐名。

（周永平）

阿尔迪尼，G.（Aldini，Giovanni） 通常用其名，而不用姓，译为伽伐尼。意大利人，1762年4月10日生于意大利博洛尼亚，1834年1月17日卒于米兰。电学、生物电学。

是L. 伽伐尼的侄子。在L. 伽伐尼的“生物电”和A. 伏打的“伽伐尼电流”的论战以及生物电的真实性所引起的长期争论中，是伽伐尼思想的积极支持者。1804年出版了《伽伐尼电的理论和实验论义》，并把它奉献给拿破仑。还先后在巴黎和英国讲演伽伐尼的生物电，并作示范表演。在解剖牛、羊和雏鸡时，也观察到它们肌肉收缩。1794年被任命为博洛尼亚大学物理学教授。因在生物电方面的贡献，获得奥地利国王授予的爵位。（马文蔚）

莱斯利，J.（Leslie，John） 英国人，1766年4月16日生于英国苏格兰拉戈，1832年11月3日卒于苏格兰法夫郡哥特斯。热力学、低温物理学、仪器研制。

出身于贫苦的家具匠家庭。13岁进圣安德鲁斯大学学数学，1785年去爱丁堡大学深造。毕业留校任教。1805年任爱丁堡大学数学教授，1819年任自然哲学系主任。1820年成为法国科学院外籍院士。1832年被封为爵士。

他强调系统解释的必要，反对“英国式的经验主义”。1804年出版重要著作《关于热的本性和传播的实验研究》，书中提出了几条关于热辐射的基本定律：平面上的发射率等于其吸收率；辐射的发射率随反射率的减少而增加；表面辐射的热强度与射线入射角的正弦成比例。还建立了一个电学上的公式：导体上单位时间里传导的电流量与电流强度、电导率及导体横截面积成正比，与导体长度成反比。他还分析了不同导体对带电物体的静电泄漏。1800年发明了干湿球湿度计，同年在杂志上发表论文，阐明了它的工作原理。1802年第一个解释了毛细现象。1810年发现在置有干燥剂的抽空容器里使水蒸发可以得到很低的温度，后来导致了制冷机的发明。此外还出版有《基于空气与热、湿关系的一些实验和仪器》（1813年）、《算术原理》（1817年）等专著。（张之沧）

德拉里夫，C.-G.（De La Rive，Charles-Gaspard） 瑞士人，1770年3月14日生于瑞士日内瓦，1834年3月18日卒于同地。电磁学、科学传播、药物化学。

出身贵族。在日内瓦受早期教育。后到英国爱丁堡大学学医学，1797年获博士学位。1802年为日内瓦学院编外药物化学教授。建立了一个设备良好的私人实验室。经常接待像英国的H. 戴维、法国的D. F. 阿喇戈和A.-M. 安培这样一些科学上有名望的人。1823～1826年任日内瓦学院院长。

主要贡献是对物理学、化学和药物学方面的论文进行评述、翻译、摘录和注释。是第一个在欧洲大陆阐述H. 戴维的电化学、J. 道尔顿的原子论和J. J. 柏济力阿斯的定比理论的人。谦虚精神在科学界备受称赞。例如，从“电漂移”这一设想出发，认为安培的磁学理论是没有道理的。但认识到自己的错误后，就在安培理论的译文中作了自我批评。（马文蔚）

塞贝克，T.（Seebeck，Thomas） 爱沙尼亚人，1770年4月9日生于爱沙尼亚塔林，1831年12月10日卒于德国柏林。光学、温差电流。

出身富商家庭。1802年获德国格丁根大学医学博士学位。在学生时代对自然科学的兴趣就超过对医学的爱好。19世纪初，在耶拿大学围绕着哲学家F. 谢林和G. 黑格尔、科学家J. W. 里特和L. 奥肯、诗人兼生物学家哥德等形成了一个重要的知识圈子。他向往这一文化中心并到了那里，经常参加这个圈子组织的哲学、自然哲学和美学的讨论。

1806年开始光学研究，是19世纪初期有名的实验物理学家之一。其目的是研究太阳光谱中不同颜色的光的热效应和化学效应。在1800年威廉·赫歇尔发现在可见光的红外区域有热效应后，他不仅证实赫歇尔的发现，而且发现在紫外区域温度也稍有升高。还

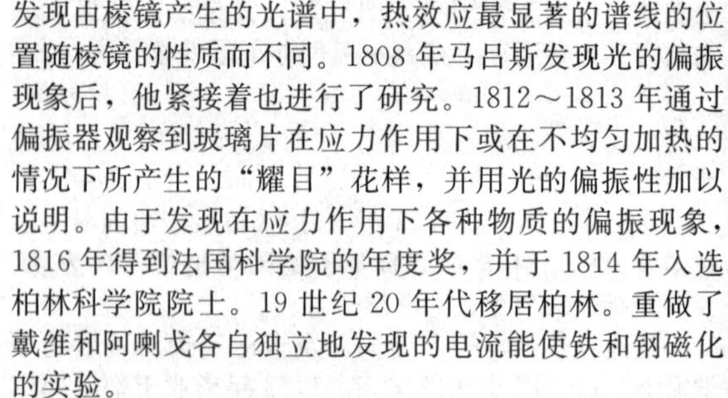

发现由棱镜产生的光谱中，热效应最显著的谱线的位置随棱镜的性质而不同。1808年马吕斯发现光的偏振现象后，他紧接着也进行了研究。1812～1813年通过偏振器观察到玻璃片在应力作用下或在不均匀加热的情况下所产生的“耀目”花样，并用光的偏振性加以说明。由于发现在应力作用下各种物质的偏振现象，1816年得到法国科学院的年度奖，并于1814年入选柏林科学院院士。19世纪20年代移居柏林。重做了戴维和阿喇戈各自独立地发现的电流能使铁和钢磁化的实验。

最重大的贡献是在1822年发现的热电现象，他称作热磁现象。当研究伽伐尼电路受到热的影响时，他想到由两种不同金属组成的闭合电路中，在它们的结合处加热可能会产生磁。把一块半圆形的铋片和另一块半圆形的铜片联接起来组成一个回路，当加热其中任意一个结点时，放在附近的磁针就受到作用，正像此闭合电路有电流通过时一样。用不同的成对金属和其他导体重复做了许多实验，发现这个效应的大小随组成回路的金属而改变，而且两结点的温差愈大效应就愈显著。然而他不相信在两金属中能产生电流，所以反对用“温差电”这个术语，而用“温差磁流”来描述这个现象。（马文蔚）

蒙克，G. W.（Muncke，Georg Wilhelm） 德国人，1772年11月28日生于德国哈默尔恩附近，1847年10月17日卒于大克梅伦。实验物理学。

1810～1817年任马尔堡大学物理教授。1817年起任海德堡大学教授直至去世。

对当时科学理论的态度与康德的物质动力学理论相反，是物质原子理论的拥护者，这种观点清楚地反映在1809年的《原子物理系统》和1829～1830年的《自然手册》著作中。获得了一些不很重要的物理实验结果，例如，发表了一系列有关水的膨胀和沸腾的观察结果，1816年他测定了水、酒精和乙醚的密度。认为布朗运动是光和热的射线经液态媒质的迁移。（马见慈）

杨，T.（Young，Thomas） 一译托马斯·杨。英国人，1773年6月13日生于英国萨默塞特郡米尔弗顿，1829年5月10日卒于伦敦。光学、生理光学、力学、医学、考古学。

纺织商人兼银行家之子。自幼天资聪颖。6岁时已能通读圣经。青年时期学会十几种语言，包括希腊语、拉丁语、法语、意大利语、希伯来语、阿拉伯语、波斯语等。还学习数学、自然哲学和博物学。1792～1799年，先后在伦敦大学、爱丁堡大学和格丁根大学学习医学。1800年就读于剑桥大学以马利学院，1803年获该校医学学士学位，1808年获医学博士学位。

1801年起任皇家学院自然哲学教授、杂志主编和督学。从1804年起任英国皇家学会的涉外秘书。1806年进入英国皇家学会理事会。1811年获终身职业——圣乔治医院医师。1827年被选为法国科学院外籍院士。

他是著名的医生、物理学家，在光学、材料力学、生理光学等方面都有重要的贡献。还是一位语言学家和考古学家。

在光学方面，反对牛顿学派的微粒说，用实验支持了惠更斯的波动说。1801～1802年，他让太阳光通过相邻两小孔，分成两束投射到屏上，发现明暗相间的条纹。这就是著名的杨氏实验。后又把小孔改成缝，做了双缝实验（后称杨氏干涉实验）。还阐明了光波的叠加原理。他引入干涉概念，论证了波动说，又用波动说解释薄膜的色彩和牛顿环的成因。还是第一个近似地测定了7种颜色光的波长的人。1817年在给D. F. 阿喇戈的信中指出光是横波。

在生理光学方面，1791～1801年经研究，他提出眼睛观察不同距离的物体是靠改变眼球晶状体的曲度来调节的；还对人眼的色感问题进行研究，提出人们对颜色的辨别是由于视网膜上有几种不同结构，分别感受红、绿、蓝光线而引起的，以此说明色盲的成因；建立了三原色理论，即一切色彩都是由红、绿、蓝三种原色按不同比例混合而成的。后来由H. von 亥姆霍兹等人加以发展，成为杨-亥姆霍兹三色理论，这已成为现代颜色理论的基础。

在第一部著作《自然哲学和力学讲义》中阐述了他的许多力学发现和见解。1807年首创用“能量”这个词代表物体的一种性质，以代替别人所用的“活力”或“运动之量”。在力学方面，在材料力学方面，他最早给出弹性模量（后来称作杨氏模量）的明确定义。还认为“剪应变”也是一种弹性形变，对固体物理的弹性理论作出了重要贡献。还发展了潮汐理论。

在语言学和考古学方面的突出贡献，是从1814年起他经过几年研究破译了古埃及的罗达石碑文，认为这种碑文来自埃及的象形文字，为古埃及文字的译解作出重大贡献。他的最后的一部著作《恩乔利埃及词典》于1830年出版。

自1791年后写了大量关于自然哲学、医学、力学、光学、化学和农业的论文与著作，如《医学文献介绍及实用疾病分类学》、《拉普拉斯天体力学原理阐明》等。（张之沧　沙振舜）

毕奥，J. -B.（Biot, Jean-Baptiste）　法国人，1774年4月21日生于法国巴黎，1862年2月3日卒于同地。光学、电学、热学、天文学、地球物理学。

父亲在法国财政部任职。早年在巴黎大学求学，成绩优异。1791年前后离校自学数学。1792年9月自愿参军当炮手，和英国人打仗。1794年入巴黎综合工科学校，1797年毕业。在中央高等工业学校任数学教授。1799年任巴黎综合工科学校入学主考人。次年任法兰西学院数学物理教授。1806年由拉普拉斯引荐任经度局助理天文学家。1808～1849年任法兰西学院的巴黎理学院天文学教授，期间1816～1826年兼授物理课程。1835年任法国科学院副院长。1840～1849年任巴黎理学院院长，1849年退休。

在光学领域，做了下列工作：重复了1811年D. F. 阿喇戈发现的通过某种晶体的反射偏振白光会分列为两束不同颜色光束的实验，给出了晶体厚度与所产生的颜色之间的关系；1812年发现云母的双折射；1815年首次发现酒石酸、樟脑、糖等溶液具有旋光现象，并发现溶液的旋光现象也和晶体一样有左旋和右旋之分；还给出了偏振面转过的角度与溶液浓度及盛溶液管长之间的正比关系——旋光定律，把它应用于物质的分析；设计了第一台偏光计；在1818年9月22日的论文中，宣布了旋光色散的毕奥定律，它给出了旋光本领与光波波长的关系。由于他对光的偏振的研究成就，1840年获英国皇家学会朗福德奖。

在电学和热学方面，1801年研究了伏打电池的化学机理；1804年对金属棒的导热系数进行了实验和数学研究；1808年测定了声音在铸铁中的速度，指出其值是空气中声速值的10.5倍，这个值长期被认为是可靠的；1815年检查了牛顿冷却定律，并提出自己的冷却公式和饱和蒸汽压公式；在1820年10月30日的论文中和F. 萨伐尔发表了由实验得出的电流的磁场公式，后来称为毕奥-萨伐尔定律。

在地球物理学和天文学上，对1803年4月降落在法国莱格勒附近的一场大陨石雨进行研究，向巴黎科学院作了汇报，使一些院士不得不放弃对陨石的否定态度；为了测量高空的地磁力并弄清高层大气情况，1804年8月24日，与M. 盖-吕萨克乘气球对1 980～3 960米高空进行了实验研究，结论是一直到3 960米处地磁强度没有变化。1806～1825年通过对不同地点的多次重力测量，得出必须修正地球是简单的椭球体的结论；1815年得出太阳辐射强度跟大气厚度关系的公式；1816年出版了《物理学》，此外还有许多物理学和数学论著。科学研究成绩卓著，仅在英国皇家学会科学杂志目录中所列出的论文就有300篇左右，与人合作的论文有15篇。（马见慈）

安培，A. -M.（Ampère, André-Marie）　法国人，1775年1月22日生于法国里昂，1836年6月10日卒于马赛。电磁学、数学、化学。

父亲是富商，为他遴选童年住址并建立专用图书馆（现已辟为国际博物馆），在

这里受到丰富的藏书（包括《爱弥尔》《自然史》《大百科全书》等）的启迪和熏陶，铸成了他对科学的酷爱性格。自幼有惊人的记忆力，少年时代已显示出数学方面的非凡天赋。当激进的雅各宾派上台时，当过小法官的父亲被处死，财产大多被没收。青年时期靠为私人补习数学所得菲薄收入来维持生活。1803 年任里昂中学数学老师。1802 年在里昂的布尔让-布雷斯中央学校任教物理学和化学。1809 年到巴黎综合工科学校教数学，同年被任命为大学联合组织的总督学。1819 年受聘巴黎大学，1820 年任天文学副教授。1824 年担任法兰西学院实验物理讲座教授。1814 年被选为法国科学院院士。1827 年成为英国皇家学会外籍会员。还是柏林科学院的外籍院士。

主要贡献在电磁学方面。1820 年 9 月 4 日，D. F. 阿喇戈向法国科学院报告了奥斯特的电流磁效应的实验，这引起他的注意。同年 9 月 18 日、9 月 25 日、10 月 9 日向法国科学院报告了自己的发现：通电的螺旋线圈的磁性同磁铁的磁性相似，并把这种线圈称作螺线管，建立了表示电流磁场方向的右手定则；两根载流导线存在相互作用，同方向平行电流相吸，反方向电流相斥，进而概括出两电流元之间相互作用的精确公式，即著名的安培定律的数学表达式。1821～1822 年证明了两个圆电流的转动效应。他首先使用了“电动力学”这个名词。1823 年提出了著名的分子电流假说，并用这种观点说明地磁的成因和物质的磁性。1827 年把自己关于电磁现象的研究成果汇编成《电动力学现象的数学理论》一书。为纪念他的功绩，后人把电流强度的单位定名为“安培”。

在化学方面，他和 H. 戴维几乎在同一时间发现了氯和碘两种元素，只是在发表上戴维占了先。他还独立地推导出阿伏加德罗定律，故在法国称为阿伏加德罗-安培定律。

在数学方面，发展了概率论、偏微分方程等理论。1814 年发表了关于偏微分方程求解的论文。提出了通解的定义，给出构造二阶偏微分方程解的方法。这使他在 1820 年获得数学家称号。

他在许多方面都有自己的独到建树，在哲学和分类学上也有独到的见解。著有《电动力学观察文集》、《电动力学现象的基本原理》、《人类知识自然分类的分析说明》等。

（王子光　沙振舜）

马吕斯，É. L.（Malus，Étienne Louis）　法国人，1775 年 7 月 23 日生于法国巴黎，1812 年 2 月 24 日卒于同地。光学、军事工程。

少年时接受私人教育，主要学习希腊文、拉丁文和数学。父亲是国家的司库，在法国大革命时期受到牵连。因此，1793 年他进入梅齐埃尔的军事工程学校后受怀疑而被迫退学，作为普通士兵在军队服役。1794 年入巴黎综合工科学校，1796 年成为海军中尉衔工程师，同年升为上尉。1798～1801 年参加了拿破仑去埃及和叙利亚的远征队，在一次传染病中幸存下来。1801 年后在各地从事军事工程工作，1808 年调回巴黎。1810 年任少校工程师。从 1805 年起是巴黎综合工科学校几何学和分析学的主考人，1806 年起又是物理学的主考人。这个岗位使他有机会长期留在巴黎并与其他物理学家接触。1810 年当选为法国科学院院士。

丹麦数学家 E. 巴托林在 1669 年第一个由冰洲石观察到双折射现象，并把两支折射光分别叫做寻常光（o 光）和非常光（e 光）。1808 年 1 月 4 日，法国科学院悬奖征求对双折射现象的实验和理论的解释。马吕斯在研究双折射现象时，一个傍晚清闲时，他通过冰洲石来观看巴黎的卢浮宫的窗玻璃所反射的夕阳，发现了光线在反射时所产生的偏振现象。于 1808 年 12 月初完成了实验研究，并采用拉普拉斯的最小作用原理写成论文“双折射理论”，1808 年 12 月 12 日向科学院报告了这一发现及其理论诠释。因此于 1810 年获奖。

用微粒说加以解释。首先使用了 Polarization（“偏振”，又译“极化”）这一名词。通过大量研究工作，来测量反射起偏振时特征角的大小以及反射偏振光的强度。1810 年发现了几何光学中有名的马吕斯定律：即平面偏振光入射到偏振片时，$I=I_0\mathrm{Cos}^2\theta$，式中 I 透射光强度，$I_0$ 为入射光强度，θ 为入射光偏振面与透射光偏振面之间的夹角。还发现双折射中的 e 光和 o 光是互相垂直偏振的。他发现不仅在透明或不透明介质的表面反射时能起偏振，而且在金属的表面反射时也会产生偏振现象。但是金属反射起偏振的理论是 D. 布鲁斯特提出的。直到 1821 年菲涅耳用横波理论才使偏振现象得到圆满的解释。

（唐玄之）

阿伏伽德罗，A.

（Avogadro，Amedeo）　意大利人，1776 年 6 月 9 日生于意大利都灵，1856 年 7 月 9 日卒于同地。分子物理学、物理化学。

其父是律师，曾任参议员和议长。他在都灵中学毕业后，进都灵大学学习法律，1792 年成为法学学士，1796 年获博士学位。后当律师，1801 年任埃里达诺地方长官的秘书。懂法语、英语和德语。因对自然科学有兴趣，1800 年起开始独自研究数学和物理学。1806 年任都灵科学院附属学校的示范表演者。1809 年任维尔切利学院的自然哲学教授。1820 年任都灵大学的意大利第一个数学物理讲座教授；1822 年因政治变革，讲座停办而失掉这个职位，作为补偿于次年获荣誉教授称号；1834 年重新任此职位，直至 1850 年退休。1804 年选为都灵科学院的通讯院士，1819 年任院士。还是政府统计委员会委员，度量衡委员会主任，负责在皮德蒙特引进米制。

在物理学上，研究过电学、物质的比热等，但主要贡献是于1811年发表著名的阿伏伽德罗假说：即在相同的温度和压强下，在相同的体积内所有气体包含相同数目的分子。由此可以推论分子量正比于它们的密度。还将分子与原子加以区别，认为氮、氧、氢这些分子是由2个原子组成的，从而可以正确求得原子量，弥补了道尔顿原子论的不足。虽然他的假说提供了解决19世纪遇到的化学问题所必需的钥匙，但谦虚地表示该假说是以道尔顿原子论为基础的，是盖-吕萨克定律的推广。尽管1811～1821年不断地发表论文论述自己的假说，但是由于阐述得不十分清楚，所以不易被人们所理解，又缺乏必要的实验数据，因此在假说发表后的最初半个世纪内，一直未被大多数化学家所接受。直到1858年意大利化学家S. 坎尼扎罗通过对气体密度的测量，才了解到该假说的重要意义。1860年在德国一个原子量测定会议上，重申阿伏伽德罗半个世纪以前的假说，至此该假说才获得普遍承认，并用来解决化学中的许多重要问题，特别是决定原子量的问题。

在化学方面，1811年在H. 戴维、J. J. 柏济力阿斯等人实验的基础上，利用自己的假说对水蒸气、一氧化氮、一氧化二氮、氨、一氧化碳和氯化氢等给出以文字表达的分子式。1814年对某些碳化物和硫化物，包括二氧化碳、二硫化碳、二氧化硫和硫化氢，给出正确的分子式；通过与二氧化碳 CO_2 的比较，认识到硅石就是 SiO_2；通过对元素的化合物的分析，利用现代符号给出近20种元素（主要是金属）的各种化合物的分子量。1821年对包括磷化物和氮氧化物在内的一些化合物给出正确的分子式，然后转到有机化合物，得出松节油的分子式是 $C_{10}H_{16}$，酒精是 C_2H_6O，乙醚是 $C_4H_{10}O$。 （谈漱梅）

卡尼亚德拉图，C. (Cagniard de la Tour, Charles) 法国人，1777年3月31日生于法国巴黎，1859年7月5日卒于同地。物理化学、声学、机械工程、微生物学。

在巴黎综合工科学校和地理工程学校毕业后成为工程师。曾任巴黎内政部的专员、巴黎城市规划主任等职。获荣誉军团勋章和圣・米歇尔爵士称号。对科学兴趣广泛，成果颇多。

在物理化学方面，1822年第一个观察到乙醚、酒精和水在气化过程中存在临界状态；在对声学和发声机理的研究中，成功地用汽笛使水发生声振，并改进了汽笛的结构以便确定振动频率。在技术发明方面，从改进热机开始，相继创造了新型的水力发动机、新型空气泵、水平安装的水车等机械。最有经济价值的是他对酒精发酵的研究，发现了微生物学中有生命的酵母菌。 （谈漱梅）

奥斯特，H. C. (Oersted, Hans Christian) 丹麦人，1777年8月14日生于丹麦朗厄兰岛鲁兹克宾，1851年3月9日卒于哥本哈根。电磁学、物理化学、自然哲学。

药剂师的儿子。8岁时充当父亲配制药剂的助手，学到了一些化学基础知识。1794年，和弟弟一起考入哥本哈根大学。弟弟后来成为律师。他则从事自然科学的研究，1797年毕业取得药剂师资格，1799年获自然哲学博士学位。1801～1804年访问德国和法国。1805年任哥本哈根大学无薪金教职，1806年聘任编外物理学教授，1817年升为正式物理学教授。1824年参与创立丹麦自然科学促进会。1829年任哥本哈根综合技术学院首任院长，直到去世。

撰写的博士论文，说明他已深刻理解康德的哲学思想对自然哲学的重要性。康德的批判哲学对他一生的科学事业有十分重要的影响，是康德主义的忠实信徒。应用康德的自然界的基本力和各种形式的力可以相互转化的哲学思想，研究电、磁现象的统一以及对气体和液体可压缩性的研究。

1800年伏打发明伏打电堆，在科学界引起很大的震动。奥斯特也渴望知道有关电流的信息以及电流跟化学间的关系。大学毕业后，在药店停留一段时期。1801年起先后访问了柏林、格丁根和魏玛，搜集了一些有关伏打电池的资料，1804年回到丹麦。1806年任哥本哈根大学物理教授。从此开始积极从事科学研究。从传统的观点来看，电力的定律跟磁力的定律虽具有相同的数学形式，但它们有本质上的差别，电与磁之间是不可以相互转化。而他从康德的哲学思想出发，认为电与磁之间的转化并非不可能，只是需要一定的条件。当时已经知道，电流流经细导线时，导线会产生热量，再减小导线的直径，可以发出光来。他认为如果进一步减小导线的直径，那么电流流经导线时应当有磁力产生。这个想法是在1813年“关于化学力和电性力的统一性的研究”一文中提出来的，预言电流有磁效应是正确的，但产生磁效应的条件设想却是错误的。由于这个错误的想法，加上1813年后的几年里繁忙的教学工作，妨碍他把预言变成现实。

1819年末到1820年初，他在一个讲授电学和磁学的讲座上设计了一个实验：在讲台上放置一个用玻璃罩盖着的磁针，从伽伐尼电池接出一根通电的细铂金丝放在磁针上面。通电以后，起初导线与磁针相垂直，磁针一动也不动；无意间，他把导线跟磁针平行放置，终于发现在导线下面平行放置的小磁针发生了摆动。在导线与磁针之间先后放置玻璃、金属、木头、水、陶瓷、树脂等介质，都发现有电流作用在磁针上。1820年7月21日他把研究成果综合起来，用拉丁文写了“作用在磁针上的电流碰撞实验”的论文，自费印刷寄给欧洲许多有影响的科学杂志。电流磁效应的发现开创了物理学史上的一个新纪元，1922年获英国皇家学会科普利奖章。

他的另一个主要研究领域，涉及气体和液体的可压缩性。对许多流体进行了压缩性实验，虽然成果不大，但其实验装置为后来进行这方面的实验打下了基础。

在化学上也有贡献，首先析出有机化合物哌啶；制取氯化铝和金属铝。

也是热心的科学普及工作者，写了许多科普文章，有些文章编入《自然的精华》一书。晚年他又回到早年所喜爱的哲学研究上来。在《自然的精华》一书中有许多是讨论美学与科学间关系的文章。这本书是他最后的、未完成的著作。（马文蔚）

卡明，J.（Cumming，James） 英国人，1777年10月24日生于英国伦敦，1861年11月10日卒于诺福克郡。热力学、仪器研制。

1797年进剑桥大学三一学院，1801年以优等生毕业。留校任教，1815年任化学教授直到去世之前一年。积极参与剑桥哲学学会的创立，1824～1826年为该会的第四任会长。

在奥斯特电流磁效应实验的影响下，独立地发明了电流计。1822年在《哲学年鉴》上简短地报道了T. 塞贝克所发现的热电现象。次年，在同一杂志上对这一发现作了进一步叙述。但T. 塞贝克的详细论文直到1825年还没有发表出来。还记录到热电现象的逆效应。这个异常的性质后来由W. 汤姆孙用热力学理论给予说明。（马文蔚）

施韦格，J. S. C.（Schweigger，Johann Salomo Christoph） 德国人，1779年4月8日生于巴伐利亚埃朗根，1857年9月6日卒于普鲁士哈雷。电介质物理学、电学、电化学。

早年得到任神学教授和教区副主教的父亲及其朋友在希伯来语和哲学方面的教育。1800年取得哲学博士学位。他还学习数学和物理学。从1811年起先后在纽伦堡、埃朗根及哈雷大学任物理和化学教授。

最著名的工作是创办了《化学和物理学》杂志，1811～1828年编辑了54卷。该杂志虽没有《物理年鉴》那样的权威性，但经常发表一些有创见的原始的论文，不少科学家（如W. E. 韦伯、G. T. 费希纳等）第一篇论文就发表在这份杂志上。

他在研究伏打的电接触理论后认为，在电池中液体导体的作用比金属间的接触更重要。1817年发现，在化学电池中，由于化学作用使锌为负极性，铜为正极性。但没有深入改进自己的实验，以致没能成为电池化学理论的主要人物。与J. C. 波根多夫一道为创制第一只简单的电流计而共同享有声誉。1820年9月16日和11月4日，他在哈雷自然科学工作者协会上演示了电流计，当时他称之为倍加器。电流计的名称是波根多夫提出的。这时距奥斯特发表电流磁效应的论文还不到2个月。（马文蔚）

郑复光（Zheng Fuguang） 字元甫，又字浣香。中国清代安徽歙县人，清乾隆四十五年（1780年）生，大约卒于咸丰三年（1853年）之后的几年。光学、仪器研制。

他一生专心科学研究，在光学、代数学和几何学方面，特别是在光学仪器制造方面造诣很深。1842年写的《费隐与知录》一书，把当时认为奇怪的各种现象归纳成200余条，用物理学的原理加以解释。他广交当时通晓科技的名士，又博览群书，并到许多省份去考察民间光学器具。汇集当时西方的光学与中国原有的光学知识写成《镜镜詅痴》一书，道光二十六年（1846年）印行。这是当时中国一部较为完整的光学著作。

《镜镜詅痴》共5卷计238条，约14万字。全书分为三部分，书末附火轮图说。第一部分即第1卷，称为《明原》，是关于光学基本原理、眼睛和光学仪器的基本性能，其中有光的颜色、反射、折射、镜子分类、制镜材料等。第二部分包括第2卷和第3卷，称为《释圆》，主要讲球面镜、透镜以及望远镜和显微镜等。第三部分包括第4卷和第5卷，称为《述作》，主要是讲光学仪器的制作工艺，其中列出望远镜、放大镜等17种光学仪器的制作方法、调节和应用原理。他制作的幻灯机，也可以在白天放映，而且用颜料作成彩色幻灯片放映。解释了万花筒的原理并加以应用。

1819年他还亲自成功地验证了早在一千多年前的《博物志》中提到的削冰造镜取火的实验（即所谓“冰透镜”）。

1840年鸦片战争爆发，英舰上装有望远镜以窥探中方虚实。有人推荐他去军中以对抗英舰。由于当局昏聩，却未让他制作望远镜。（唐玄之）

萨默维尔，M. F. G.（Somerville，Mary Fairfax Greig） 英国人，1780年12月26日生于英国罗克斯堡郡杰迪堡，1872年11月29日卒于意大利那不勒斯。经典物理学、地学、天文学。

英国海军中将的女儿。由于父亲经常远航在外，全靠母亲聘请家庭教师在家指导女儿完成基础教育。幼年即对数学发生兴趣，但终身只上过一年正规学校，基本靠自学成才。1804年同一位当俄罗斯水手的表兄成亲，3年后丈夫病逝，留下2个孩子和一笔遗产。此时她对天文学十分感兴趣，不顾父母和许多朋友的反对，潜心研究起牛顿的《自然哲学的数学原理》。在一位数学家的忠告下，她为自己配备了一个私人小图书馆，在那里钻研数学和自然科学。1812年和另一位在英国海军中当外科医生的表兄成婚，丈夫很支持她在科学上的抱负，又生有4个孩子。1816年迁居伦敦，结识许多知名科学家。次年到欧洲旅行，在法国，因有毕奥、阿喇戈的推荐而受到拉普拉斯、盖-吕萨克等科学家的盛情欢迎。1930年因丈夫健康原因移居意大利，直至去世。

19世纪世界著名女科学家。她的真正科学研究始于1825年的磁学实验。有关太阳光谱紫外线的论文，次年发表于英国皇家学会会刊《哲学学报》上。继W. 赫歇耳的妹妹卡罗琳之后，她是历史上第二个在皇家学会宣读论文的女性。1827～1830年，她将拉普拉斯的《天体力学》首次译成英文，作为大学教材在英国用了一个世纪。为此，英国皇家学会大厅挂有她的画像。1834 年出版《物理科学的相互联系》，全面阐述了牛顿力学作为经典物理学各分支的学科基础。J. C. 亚当斯说，该书使他萌发出存在海王星的想法。1835 年，和卡罗琳·赫歇耳一起当选为英国皇家天文学会第一批女会员。1848 年出版《物理地理学》一书，这是她最成功的一部著作，在半个多世纪中一直是欧美各国学校的教科书或必读参考书，因此屡获欧美各学术团体的奖章和荣誉会员称号。在 89 岁高龄时，还出版 2 卷本《分子和显微科学》（1869 年），系统论述物质和植物结构，对当时化学和物理学的基本进展作了总结。她在临终前还在为人审阅一篇数学论文。

（方福娟）

泊松，S. -D.（Poisson, Simeon-Denis） 法国人，1781 年 6 月 21 日生于法国卢瓦雷，1840 年 4 月 25 日卒于巴黎。经典力学、天文学、数学物理方法、数学。

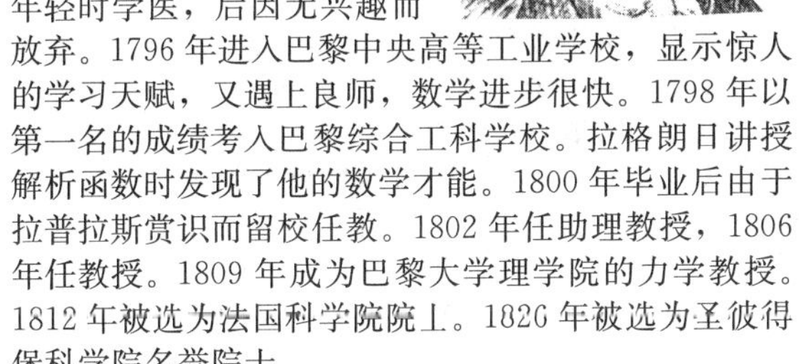

出身平民家庭。幼年身体赢弱，靠护士照顾长大。年轻时学医，后因无兴趣而放弃。1796 年进入巴黎中央高等工业学校，显示惊人的学习天赋，又遇上良师，数学进步很快。1798 年以第一名的成绩考入巴黎综合工科学校。拉格朗日讲授解析函数时发现了他的数学才能。1800 年毕业后由于拉普拉斯赏识而留校任教。1802 年任助理教授，1806 年任教授。1809 年成为巴黎大学理学院的力学教授。1812 年被选为法国科学院院士。1826 年被选为圣彼得堡科学院名誉院士。

他对数学和物理学都作出重要贡献。特别是把数学应用于物理问题的研究方面，许多研究成果对现代科学理论影响很大。

对物理学的研究，涉及力学、热学、声学、电学、材料弹性、毛细管理论等方面。他的数学物理方法在物理学中有重要地位。在弹性力学研究中得出弹性体横向和纵向应变之间的比例关系，其比值称为泊松比。在研究球体引力和引力方程的论文中，导出了著名的偏微分方程，后称为泊松方程。在电磁学中，泊松方程得到了广泛应用。在研究热传导问题时，使用了三角级数、拉格朗日多项式、拉普拉斯曲面调和函数。其专著《热的数学理论》总结了这一领域的研究成果。他首先使用冲量分量形式描述分析力学、建立了分析力学的主要定理——泊松定理，成为解正则方程的重要方法。运用了后来称为泊松括号的运算符号。1814～1827 年和拉普拉斯合作，研究许多课题，其中包括气体中的声速。在天体力学等方面，研究了月球和行星理论，以及太阳系的稳定性问题、引力论问题，发展了拉格朗日和拉普拉斯的研究工作。他著的《力学专论》长期被视为标准教科书。还著有《毛细管作用新理论》、《克莱洛的地球形状原理》等。

在数学方面，对有限差分方程、偏微分方程、概率论、变分法、定积分、级数理论等都有研究。特别是在概率论的研究中，1837 年发表论文“关于判断的概率之研究”，提出了描述随机现象的一种概率分布，现称为泊松分布（或泊松大数定律），已成为分析辐射现象、输运和一般分布问题的基础。在一般方程论中，使用了自己独创的消元法；提出了发散级数求和的理论；与 F. W. 贝塞尔彼此独立地发现了后来所称的贝塞尔函数，并应用于发散级数中。

（陆伟良 沙振舜）

布鲁斯特，D.（Brewster, David） 英国人，1781 年 12 月 11 日生于苏格兰罗克斯巴勒郡的杰德堡，1868 年 2 月 10 日卒于苏格兰梅尔罗斯的阿勒比。光学、光谱学、科学史。

中学校长的儿子。1794 年进入爱丁堡大学，修完了规定的课程，但未取得学位。儿时自学父亲从阿伯丁大学弄来的物理学讲义。1798 年开始光学的实验研究，并对牛顿学派的光的微粒说深信不疑。当过家庭教师。编辑过《爱丁堡哲学》、《爱丁堡科学》、《哲学》等杂志。1807～1830 年任《爱丁堡百科全书》主编。1821 年参与创办爱丁堡艺术学校、苏格兰皇家艺术学会。1838 年任联合学院院长。1859 年任爱丁堡大学校长。还是圣安德鲁斯学院的物理学教授。1831 年参与创立英国科学促进会，1851 年任会长。1832 年被册封为爵士。1808 年入选爱丁堡皇家学会会员，1815 年入选英国皇家学会会员。获阿伯丁大学荣誉法学博士学位、牛津大学民法学荣誉博士学位、法国科学院外籍院士。1864 年当选爱丁堡皇家学会会长。

他对光的波动说表示怀疑，拥护牛顿学派的微粒说，并对之进行理论上的修改。他获得荣誉的大多数论文，都是直接或间接地建立在牛顿理论的基础上的。

1808 年当他知道马吕斯发现反射光也能起偏振之后，就把注意力从仪器制作转移到光学理论上来。为了探求马吕斯实验的结果，他从 4 个方面进行深入研究：第一，用玻璃片堆研究折射起偏振的规律性。第二，研究反射光起偏振的规律，1811 年发现了现今所称的布鲁斯特定律。1816 年发明万花筒并因此出了名。1817 年发现在玻璃板之间的多次反射而形成的条纹（布鲁斯特条纹）。第三，研究金属表面的反射现象。发现从金属表面反射的光是椭圆偏振的。从这些结果导出一些定律，它们不仅准确地指明了起偏角，而且也是其他人研究金属反射的理论基础。第四，开创了光学矿物学和光弹性这两个新的领域。1813 年在研究黄玉的消偏振作用时发现了两个椭圆干涉图样。认为这是由于黄玉是双轴双折射晶体所致，这是一个新的发现。1816 年意外地发现加热和加压能够使晶体、非晶体和有机物体产生或改变双折射结构，这是光测弹性学的开始。

还研究过有色玻璃的吸收光谱。为了改进带颜色的眼镜和显微镜术，1821 年开始深入研究吸收光谱学。为建立光学的化学分析技术，详细研究植物汁液、气体、大气等对光谱的作用。他不仅用特征暗线来确定物质的存在，同时还在夫琅和费的获得的太阳光谱354条暗线之外又发现了大约1 600条暗线。

出版有《论新哲学工具》（1813年）、《万花筒》（1819年）、《牛顿爵士的生平》（1831年）、《论光学》（1831年）、《论磁学》（1837年）、《回忆艾萨克·牛顿的生平、著述与发现》（1855年）等著作。编写多种科普书籍和文章。为大英百科全书写过许多条目。1815年获英国皇家学会最高奖科普利奖章。（唐玄之）

斯特金，W.（Sturgeon，William） 英国人，1783年5月22日生于英国兰开夏郡，1850年12月4日卒于曼彻斯特。电磁学。

修鞋匠的儿子。1796年跟鞋匠当学徒。1804年应征入皇家炮兵部队，利用晚上时间自学自然科学，偶而做一些电学实验，这些实验吸引着他。1820年从部队退伍，以制靴为职业。1840年来到曼彻斯特。主要成就在电磁学方面。把软铁棒放在一个疏绕的螺线管中，大大地增强了螺线管的磁效应。这个装置可提起9磅（约4.1千克）的重物，约为装置本身重的20倍。为此获工艺学会于1825年授予的一枚银质奖章。1830年还改进了伏打电堆所产生电流的稳定性。1836年创办了《电学杂志》月刊。1843年年底创办另一杂志《哲学发现，科学和技术进展月报》，这时《电学杂志》发行了10卷就停刊了。是曼彻斯特皇家维多利亚实用陈列馆主管人。后为曼彻斯特文学和哲学会会员。晚年以巡回演讲的收入和私人的馈赠为生。（马文蔚）

诺比利，L.（Nobili，Leopoldo） 意大利人，1784年生于意大利特拉西利科，1835年8月5日卒于佛罗伦萨。电学、热学、红外辐射。

大学毕业后，当了一年炮兵指挥官。后来到佛罗伦萨大学任物理教授，从事实验和理论物理工作。1828年发表的早期论文试图说明电流的性质。反对伏打电池的接触理论以及水分解理论。为了研究热辐射，与M. 梅洛尼一起设计制造出测量温度的温差电堆。梅洛尼利用它测出不同固体和液体的透热性。还与梅洛尼、兰利（L. D. Langley）等人研究了太阳光谱红外区的辐射热。（马文蔚）

克里斯蒂，S. H.（Christie，Samuel Hunter） 英国人，1784年3月22日生于英国伦敦，1865年1月24日卒于同地。电磁学、地磁学。

1800年进入剑桥大学三一学院，1805年毕业。留校任教，1838年任数学教授，1854年退休。1826年当选为英国皇家学会会员，1837～1854年为学会秘书长。还是英国皇家天文学会副会长、格林尼治天文台巡视员。研究论文几乎都是电磁学和地磁学方面的。在1833年的论文“电磁感应定律的实验测定”中，指出导线传导电流的导电本领跟导线直径的平方成正比、跟长度成反比。还指出伏打电、热电和磁电都遵守相同的定律。在同一篇论文里，提出测量电阻的一种方法，这导致后来惠斯通电桥的发明。在一篇论文里，提出一种把温度效应从地磁的日变化中分离出来的方法。还直接观察到地磁场的磁倾角和水平磁场强度对极光的影响。（马文蔚）

珀耳帖，J. C. A.（Peltier，Jean Charles Athanase） 法国人，1785年2月22日生于法国哈姆，1845年10月27日卒于巴黎。大气电学、显微术、解剖学、仪器研制。

出身贫苦鞋匠家庭。他从小聪明坚毅。在故乡接受早期教育。15岁时到圣康坦跟一位德国修表匠学艺，不但禁止学习还常受虐待。2年后父亲让他转到巴黎，先后在钟表匠梅特拉和布莱克处学习和工作。1806年自己开了一间钟表店，并结了婚。1815年岳母去世后留下一笔数目不大的遗产，但能维持生活，于是放弃本行而专心学习各门学问，并开始编写一本拉丁文文法。36岁时为了获得更多的脑构造方面的知识，勤奋地学习解剖学。参加了F. 马让迪组织的对活动物解剖的示范实验。在解剖中用电来刺激神经。这类实验促使他用一生中最后20年的时间从事电学方面的研究。

在L. 诺比利工作的促进下，制成了一台灵敏度较高的电流计，用以量度锑和铋的电导率。利用非塑性形变材料制成的热电验温器来测量热电偶电路上各点的温度分布。发现电流流过两种不同金属组成的回路时，在一个结点上有致冷效应，而另一个结点则生热。如果回路中电流方向改变，则致冷与生热结点也互换。这就是珀耳帖效应。对于锑铜构成的回路，观测到电流由锑流到铜时，连结点上的温度升高10℃，而电流反向流过时，则降低5℃。

还在显微镜学和气象学方面做了不少工作。他的显微术主要是观察各种微生物。在气象学方面测量了大气中的电荷，并用电荷分布概念说明云和暴雨的形成。1842年为了测量大气中的电荷而到野外旅行，因风寒使原本衰弱的身体一直没有恢复过来，终于在60岁时去世。（马文蔚）

利斯特，J. J.（Lister，Joseph Jackson） 英国人，1786年1月11日生于英国伦敦，1869年10月24日卒于埃塞克斯郡。光学、显微学、仪器研制。

14岁起和父亲一起到一家酒厂工作，后来成为该厂的合股者。从小就对光学有兴趣，特别喜爱显微镜。1824年看到有名的光学仪器商图勒（W. Tulley）制造的消色差透镜时，产生了改进显微镜物镜的念头。1830年1月21日，他在英国皇家学会上宣读了一篇题为“论显微镜的改进”的论文。文中指出，由火石玻璃负透镜和冕牌玻璃正透镜组成的消色差透镜组存在一对齐明点，在齐明点上像点的球面像差被消除了。由此他用两组这种消色差透镜设计并自己动手制造出一种低倍率显微镜物镜，这种物镜第一次校正了色像差和球面像差，也减少了彗形像差。这种形式的物镜现在还在使用，叫做“利斯特物镜”。由于这篇论文，

1832年当选为英国皇家学会会员。

1840年，在他的指导下制造出了一个焦距为1/4英寸（1英寸=2.54厘米）的物镜，是当时最先进的。以后，显微镜物镜的制造便从反复试制的传统方法提高到科学设计的方法，并且能从商业上保证显微镜的质量。这是显微镜发展史上一个重要的转折点，使显微镜从“科学的玩具”成为真正的科学仪器，并促使其迅速发展。

他身兼“酒商、业余物理学家和显微镜学家”三重身份。一生都对显微观察保持浓厚的兴趣，发表过一些文章。1827年与别人共同发表了关于红血球的文章，绘出了红血球的形状和大小。还研究过人眼的分辨率和显微镜的分辨率。文章手稿混入其次子的文稿中，其子去世后才发现，并于1913年发表。（唐玄之）

阿喇戈，D. F. J.（Arago，Dominique François Jean） 法国人，1786年2月26日生于法国埃斯塔吉尔，1853年10月2日卒于巴黎。光学、电磁学、大气物理学、天文学、仪器研制。

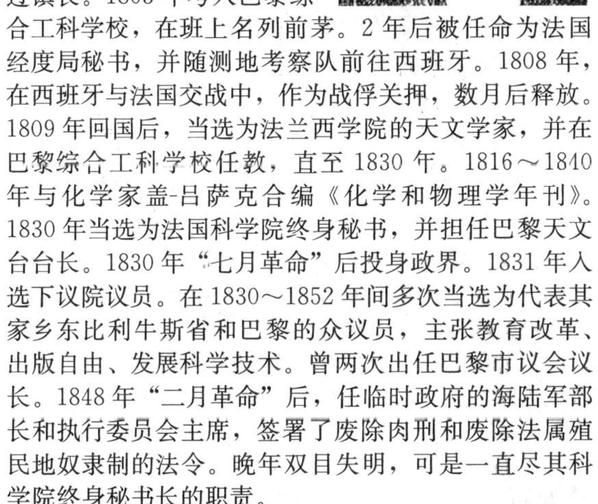

其父是铸币厂出纳，做过镇长。1803年考入巴黎综合工科学校，在班上名列前茅。2年后被任命为法国经度局秘书，并随测地考察队前往西班牙。1808年，在西班牙与法国交战中，作为战俘关押，数月后释放。1809年回国后，当选为法兰西学院的天文学家，并在巴黎综合工科学校任教，直至1830年。1816～1840年与化学家盖-吕萨克合编《化学和物理学年刊》。1830年当选为法国科学院终身秘书，并担任巴黎天文台台长。1830年“七月革命”后投身政界。1831年人选下议院议员。在1830～1852年间多次当选为代表其家乡东比利牛斯省和巴黎的众议员，主张教育改革、出版自由、发展科学技术。曾两次出任巴黎市议会议长。1848年“二月革命”后，任临时政府的海陆军部长和执行委员会主席，签署了废除肉刑和废除法属殖民地奴隶制的法令。晚年双目失明，可是一直尽其科学院终身秘书长的职责。

他的科学研究领域主要是光学，还有电学、磁学。1805～1806年和他人共同研究大气折射，用实验证明大气温度和压力的重要影响，修正了拉普拉斯所给的公式。在偏振光的研究方面做了一系列实验。研究偏振光以不同的入射角通过各种气体和晶体后的偏振性，从而验证了光的波动理论。他积极支持光的波动说，与著名光学家A. J. 菲涅耳一起发表了一系列宣传这一学说的文章，他设计了比较光在水中和空气中的传播速度以证实光的波动性的实验。J. B. 傅科做了这个实验，维护了波动说的地位。在光学仪器方面，他在1811年发明了测光的偏振度的偏振光镜，并提交了论文。它在光学、天文学和气象研究上有广泛用途。1815年建造了一台天蓝计，可用于测定大气蓝度和海洋深度。他还撰写关于气象学和自然地理学的通俗文章。

在天文学方面，他作了大量观测和重要的理论工作，如用干涉现象解释恒星的闪烁。他鼓励U. J. 勒威耶从事天王星受未知天体摄动的研究，最终导致海王星的发现。1833年设计了测定恒星光相对强度的光度计。他还改进了用以测定微角的目镜测微计。

在电磁学方面，他在1820年发现了通过电流使软铁暂时磁化的现象。这启发了A. -M. 安培关于磁“流”性质的理论，并为电报提供了技术基础。他与安培一起做了螺旋状导线通电产生磁场的首次实验。1822年他与A. von 洪堡一起测量一个山丘的磁场强度时，发现了金属物对磁针摆动的阻尼作用。由此他揭示了旋转的非磁金属物质会对磁针产生磁效应。这个发现称为“阿喇戈盘”。法拉第利用阿喇戈的发现发展了这种电磁感应思想，这是电动机产生的基础。由于这个发现1825年获英国皇家学会科普利金质奖章。

（萧耐园 葛京坪）

阿米奇，G. B.（Amici，Giovan Battista） 意大利人，1786年3月25日生于意大利的摩德纳，1863年4月10日卒于佛罗伦萨。光学工程、仪器研制、实测天文学、显微学。

父亲是政府高级官员，母亲出身富有家庭。1807年他从博洛尼亚大学以建筑工程师毕业。任数学教员。1831年起任萨大学天文学教授，兼任佛罗伦萨天文台、台长、皇家物理—自然历史博物馆馆长。直到73岁改任博物馆显微研究的负责人。

他从小就喜爱光学仪器，对显微镜尤其爱好。1837年他在显微镜方面取得重大成果。他原先制作的显微镜物镜有6块透镜，3块用冕牌玻璃，3块用火石玻璃。这种物镜是消色差的。后来发现，最下面的一组透镜太大，不能制成短焦距和大口径，要用一个半球形的透明物来代替最下面的透镜，半球形透镜所产生的像差则由上面两组透镜来消除。为此需要一种色散力很强的火石玻璃。后来，从M. 法拉第那里得到了这种玻璃。他发明的这种具有半球形前透镜的物镜在现代显微镜中还常使用，叫阿米奇物镜。当时使用此种物镜的显微镜，可放大到600倍，分辨到1微米。通过长期实践，他坚信物镜孔径的大小是决定显微镜分辨力的理论因素。因此尽量增大他的显微镜的孔径，为此发明了浸没显微术。起初用水浸没镜头，后来用橄榄油，最后用黄樟油。他的显微镜一般可达到1 000倍左右的放大率。他还意识到盖玻片的厚度会对显微镜成像的质量有所影响。

1860年发明了广泛使用并以他的姓氏命名的棱镜。重新研究过当时已被遗忘的直视棱镜，还制造凹面镜及天文上用的透镜。曾制成一枚285毫米的透镜供天文上使用。他发明新的测微计以改进天文测量。还发明新型测距望远镜。

他不仅是知名的光学家，还是知名的显微生物学家。1818年研制成一种折反射显微镜（物镜中带有反射元件，这是一种无色差的元件），利用这个显微镜，对于轮藻细胞中原生质循环的研究取得了明显的进展。

他在显微术方面的研究成果吸引了当时世界上生物学家的注意。除了研究原生质循环外，还在生物科学（包括动物）的许多分支学科中进行了大量工作。发现了叶子的栅状薄壁组织、显花植物的受精过程。特别是在1821年发现了花粉管通过雌蕊的运动。这个发现曾引起了一些世界闻名的植物学家的反对，经过30年的争论，他终于以其更精密的显微观察而说服了对手。

（唐玄之）

夫琅和费，J.（Fraunhofer, Joseph 或 Joseph von） 一译方和斐。德国人，1787年3月6日生于德国巴伐利亚地区的施特劳宾，1826年6月7日卒于慕尼黑。光学、天体光谱学、仪器研制。

父亲F. X. 夫琅和费（Franz Xaver Fraunhofer）是贫穷的玻璃装配工，母亲叫M. A. 弗勒利希（Maria Anna Frohlich）。他是11个孩子中最小的一个，只读了几年书，就到父亲的作坊工作。后因父母亡故，12岁到慕尼黑跟一位制镜和划玻璃的师傅当学徒。学徒满师后，在社会上从业3年多。1804年回到师傅的工场。1806年到慕尼黑科学仪器公司的光学车间工作。在光学师傅J. 尼格尔（Josef Niggl）及天文学家U. 席格（Ulrich Schiegg）的影响下，掌握了光学制作工艺，并进一步学习数学和光学理论。1806年是雇工，1809年为车间主任和合伙人之一。1818年任慕尼黑附近的光学研究所所长。1823年任科学院物理博物馆馆长，并被授予巴伐利亚皇家教授的荣誉头衔。1825年后期，这个终身未娶的单身汉得了肺病，始终未痊愈。在一生的最后几年，被英国工艺协会等外国的学会选为会员，接受了丹麦和故乡巴伐利亚的国家荣誉。埃朗根大学还授与他荣誉哲学博士学位。

1806年前后欧洲光学行业的中心在伦敦。当时由于缺乏大块的、均匀的、无条痕的火石玻璃和冕牌玻璃的坯件，加上测定光学常数的方法粗糙，限制了透镜的大小和质量。他加盟的慕尼黑公司在制造精密光学仪器方面在德国居领先地位，后来又逐渐超过伦敦。起初，公司采用瑞士人P. L. 吉南德（Pierre Louis Guinand）的技术改进了光学玻璃。稍后，他与吉南德合伙炼制。吉南德不公开炼制光学玻璃的技术，开炉时用围屏把现场屏蔽起来，炼好后又将设备全部拆掉。他们在1809～1813年的合作期间，改进了光学玻璃的均匀性，增加了优质坯件的大小，这样就为磨制大尺寸的透镜准备了条件。

为寻求用更精密的方法来测定光学玻璃的色散和折射率，他于1814年制成了第一架分光镜，并第一个用钠火焰光谱中的黄线作为单色光源。此后提出了现今普遍使用的最小偏向角测折射率的方法（即夫琅和费法）。他将火焰光谱和太阳光谱进行比较，发现太阳光谱中有许多暗线（其中有几条暗线为W. H. 沃拉斯顿于1802年发现并作过报道）。他把主要谱线用字母A，B，C，D，…，I加以标记，并在红端B线到紫端H线之间观察到574条暗线。人们把这些暗线叫做夫琅和费线。稍后他发现有些暗线与许多火焰光谱中的双线相对应。并进一步发现，太阳及行星的光谱模式是相同的，而太阳、天狼星和其他发光的恒星的光谱模式则彼此不同。而这种观测激起了科学界的兴趣和思索，最终导致G. R. 基尔霍夫和R. W. 本生在1859年对发射光谱和吸收光谱的经典解释。由于分光镜一出现就用来进行天文学上的观测，因此有人把分光镜的出现视为“天体分光学”的诞生，他被认为是天体分光学的开创者。

利用分光镜的测试手段，又有冕牌玻璃和火石玻璃，于是他设计制造出由两种不同玻璃制成而密切粘合的双胶合透镜，现今广泛使用于各种光学系统中。

在1821年的论文中，他研究了单缝的衍射，并找到不同光谱级中色散角与缝宽的定量关系。进而，把观察扩展到多缝的衍射现象，用260条平行金属丝制成了第一个光栅。虽然T. 杨等人以前也注意到一些粗糙光栅的效应，而他则是制作光栅和定量研究光栅衍射现象的第一人。利用太阳光谱中的暗线作标志，发现他的光栅的色散大于棱镜的色散。稍后他又制成反射光栅。在1823年的论文中，描述了所制造的刻线更多的光栅。并通过关于斜光束的研究，发现了基于波动概念的公式，对于大多数谱线算出了修正波长。这是定量的光谱学的开端。还根据光的波动理论导出光栅的普遍方程式。

其他论文集中于设计新的仪器。也有一篇论文探讨了大气的光学现象。他最有名的仪器有9.5英寸（1英寸＝2.54厘米）的折射望远镜和6.25英寸的量日仪。1824年创制配有转仪钟装置的赤道式望远镜。

他代表了手艺人和理论家的高度统一。学会磨透镜、设计透镜和制造光学玻璃后，又想到不仅要造出市场上最好的透镜，而且要设计和生产近于光学理想的透镜。出于这种追求，进一步学习光学理论。当这种学习与他的实践经验和天才的领悟相结合时，就使他成为欧洲光学理论的权威，在科学上做出了许多不朽的贡献。

（唐玄之）

菲涅耳，A. -J.（Fresnel, Augustin-Jean） 法国人，1788年5月10日生于法国诺曼底的布罗利耶，1827年7月14日卒于维尔德的阿夫赖城。光学、光学仪器研制、工程技术。

建筑师和建筑承包商的儿子。1794年随家人迁到法国卡昂北部的马蒂厄，他在此度过童年。12岁进入卡昂的中央高等工业学校学习。1806年毕业于巴黎综合工科学校。接着1809年毕业于道路与桥梁学院。后任市政土木工程师。国家桥梁与公路工程局首先委派他去旺代工作，大约在1812年调往尼翁。工作之余抓紧时间进行有关哲学、技术和科学方面的研究。1814年夏天，他转向光学并开始考虑光的波动假设。后因参加反对拿破仑（Napoléon I）复辟回朝，被停职和受到监视。于是，他回到故乡，仍致力于光学研究，进行光的衍射实验。这些实验使他更加坚定光是波动的信念。1815年底恢复工作，被派往雷恩担负繁重的工程任务。1818年春调往巴黎，参加灯塔委员会工作。1823年当选为法国科学院院士。1825年成为英国皇家学会外籍会员。他的本职是土木工程，任务十分繁重，科学研究工作只能利用业余时间及自己的经费来进行，这样他的健康受到了损害，肺病在他整个生活中都投下了阴影，1824年以后研究工作不得不放慢了。长期受疾病的折磨，使他企图从宗教信仰中寻求安慰。为了振作精神与病痛和疲劳作斗争，常把自己投入到最困难的任务中去。这种恶性循环很快就耗尽了他生命的能量。

他在光学中取得了许多重要成就。在1814～1816年期间设计出现在广为引用的菲涅耳双透镜和菲涅耳双棱镜。由这两种装置所演示的干涉现象，使杨氏的干涉实验为人们所接受。1817年，他由偏振问题的研究转为研究衍射现象，因为法国科学院宣布1819年的竞赛项目是光的衍射。他于1818年如期交出论文。在论文中综合了惠更斯的波动描述和干涉原理这两个概念，提出了新形式下的惠更斯原理，即现今的惠更斯-菲涅耳原理。从这个原理出发，他建立了完整的衍射理论，并用精确的实验证明了它，结果赢得竞赛。他所研究的衍射现象现在叫做菲涅耳衍射。在论文的评审过程中，发生了一件戏剧性的意外收获，至今传为美谈。评审委员泊松从菲涅耳的数学公式中看出一个重要结果：作为衍射物的小圆盘的阴影中心将出现亮点。但是当时从未见过这种现象。后来进行实验，结果完全证实了泊松的论断。在上述得奖论文中，也陈述了他所研究的一系列的干涉现象，其中也包括双棱镜实验。

1808年，马吕斯发现了光的偏振现象，这位微粒说的拥护者想出“极化”这个词来解释自己的发现。菲涅耳于1821年用实验研究了偏振光的干涉。这时他才认识到光只能是横波而不是纵波。在1821年的论文中，用以太的横振动来解释光的偏振现象。阐明了晶片的颜色问题，从而澄清了毕奥建立在微粒观点上的不正确理论。他发现了圆偏振光和椭圆偏振光，并且从波动观点阐明了这些现象。1822年他用圆偏振光的双折射解释1811年阿喇戈和毕奥分别发现的旋光现象，直接用实验证明了这种解释。1823年他确立了关于反射和折射时的振幅关系式（菲涅耳公式），从而解释了马吕斯发现的现象。发现和解释了内部全反射时的椭圆偏振现象，并且由此构成现今所谓的菲涅耳菱体，用以产生圆偏振光。

此外，他有关地球运动对光学现象影响的研究，后来成为洛伦兹运动媒质电动力学的基础，在狭义相对论中得到了解释。在灯塔委员会里，他还把自己所发明的螺纹透镜（现在叫菲涅耳透镜），以安装到各灯塔中去。曾获得英国皇家学会的朗福德奖。有时把光波频率的10^{12}赫叫做1菲涅耳，此单位大约在1930年开始使用，但从未广泛流行。（唐玄之）

欧姆，G. S.（Ohm, Georg Simon） 德国人，1789年3月16日生于德国巴伐利亚的埃朗根，1854年7月6日卒于慕尼黑。电磁学、电工学。

父亲是独自经营的锁匠，依靠自学对各门学问都有一定研究；母亲是裁缝店主的女儿。他们有7个孩子，但只有2个儿子和1个女儿活下来，他是长子。1805年就读于德国埃朗根大学。由于过分迷恋跳舞和滑冰等娱乐活动，在校2个学期后，父亲罚其休学并到瑞士乡村当了2年半的家庭教师。期满后又多教了2年，直到1810年复活节才回校复学。1811年大学毕业，后获哲学博士学位。1813～1825年先后在班贝格、科隆等地教授数学和物理学。当时科隆大学的图书比柏林大学少得多，为了撰写《动电电路的数学研究》一书，1826年8月请假1年到柏林大学继续工作，这一年只领取半薪。1827年9月假满后不愿回科隆任教。这是因为出版的这本书不仅没有给他带来热切盼望的提升为教授的任命，反而遭到一些人的非难。直到1828年3月才先后在柏林的几所学校中找到一些临时性的工作，这样在柏林住了6年。普鲁士较高级科学机构的大门对他一直是关闭着的，他希望在巴伐利亚得到较好的待遇也未能如愿。直到1833年任纽伦堡综合技术学校物理学教授。1849年任慕尼黑大学教授。后来，由于他的成就逐渐为人们所认识才受到应有的重视和尊敬。德国的波根多夫、俄国的楞次、美国的J. 亨利、英国的C. 惠斯通都对他的工作大为钦佩。1839年柏林科学院、1841年都灵科学院分别授予他通讯院士衔。1845年当选为巴伐利亚科学院正式院士。

是一位独立的研究工作者，跟当时许多有成就的科学家之间没有个人接触。在研究工作中缺少仪器和资料，用于研究的时间也很少，但幼年从锁匠父亲那里学到不少机械技能，这对后来创造和改进一些实验仪器起了一定的作用。在教学之余学习了不少法国著名人物的经典著作，其中有拉格朗日、拉普拉斯、泊松、傅立叶和菲涅耳等人的著作。还特别关注1820年H. C. 奥斯特发现电流磁现象以后法国在电磁学实验方面的工作。1825年5月发表了第一篇科学论文，论述了载流导线所产生的电磁力与导线长度之间的关系。在实验中开始用的伏打电池所提供的电流很不稳定，后接受J. C. 波根多夫的建议改用温差电池，解决了电流不稳定的问题。把铋—铜热电偶的一个接合端放在冷水中，另一端放在沸水中，直接量出电磁力跟连接导线长度的关系。1826年又发表了2篇论文。在分析了大量实验数据后，提出通过导线的电流强度跟导线的长度成反比、跟导线两端的电势差成正比。电流强度、电动势和电阻都是他最先引入的。1827年他在

《动电电路的数学研究》一书中，又从理论上导出与上述实验相一致的结果，即现在所称的欧姆定律。还从实验中发现温差电动势跟热电偶两端的温度差成正比。1841 年获英国皇家学会科普利奖。为纪念他，电阻的单位以欧姆命名。（马文蔚）

普依莱，C. -S. -M.（Pouillet，Claude-Servais-Mathias） 法国人，1790 年 2 月 16 日生于法国杜省柯生斯，1868 年 6 月 13 日卒于巴黎。电学、热学、光学、电工技术。

1819～1829 年在波旁皇家学院等处任教。1826 年成为巴黎综合技术学院物理学助理教授。后入巴黎大学，1838 年升为教授直至 1852 年退休。

早期研究光学领域的衍射和干涉，后又研究电现象和热现象。从实验上实现了气体的膨胀和压缩；改进了测量高温的方法；测量了大气对太阳热量的吸收。还通过引进正切电流计和正弦电流计改进了弱电流测量技术，从而在 1839 年能以极高的精度证实 G. S. 欧姆在 1827 年发现的欧姆定律。晚年还研究了大气中的带电性、地磁场，以及建造避雷针。（夏元复）

赫拉帕斯，J.（Herapath，John） 英国人，1790 年 5 月 30 日生于英国布里斯托尔，1868 年 2 月 24 日卒于刘易舍姆。分子运动论、铁路工程、数学物理学。

啤酒制造商的儿子。通过自学了解了 18 世纪和 19 世纪早期的一些杰出的数学和物理学著作，成为业余科学家。1814 年 5 月提出热是物体"内部运动"的观点，推导出一个联系气体压强 p、体积 V 和粒子质量 m、速度 v 的关系式：$pV=\frac{1}{3}Nmv^2$，式中 N 为粒子数。1829 年对蒸汽驱动马车的发明感兴趣，不久转向研究当时新兴的铁道工程。在《铁道》杂志上发表了这方面的第一批论文，其中一篇是空气中声速的计算。该文在 1832 年召开的美国科学促进协会上提出，文中第一次公开运用气体分子运动论计算分子速度。后收入在 1847 年出版的主要著作《数学物理学》第三卷中。这一理论得到焦耳的赞同，焦耳把自己的计算建立在它的基础上。麦克斯韦认为他是研究分子运动论的先驱。（宋玉亭）

莫索蒂，O. F.（Mossotti，Ottaviano Fabrizio） 意大利人，1791 年 4 月 18 日生于意大利诺瓦拉，1863 年 3 月 20 日卒于比萨。电介质、物理学、电学。

出身中产阶级家庭。曾在米兰大学读书。先后到过英国和阿根廷，没有谋到合适的职业。几年后回欧洲，到希腊的科孚任伊奥尼亚大学数学教授。1841 年回意大利任比萨大学数学、理论天文学和大地测量学教授，直到去世。

从电流质的观点出发，应用泊松所发展的数学方法导出了外电场作用在电介质上的力，进一步就得到克劳修斯-莫索蒂公式。跟法拉第在学术观点上的分歧很深，其焦点是支持还是反对电流质。一直到 1840 年他仍坚持泊松的电流质观点。保持欧洲大陆超距作用的传统，拒绝采用法拉第力线的新思想。他的工作在理论上现在已没有多大的意义，但仍不失为一个重要的发展阶段。在 1840～1850 年这段时期内，电流质的观点逐渐被人们抛弃。（马文蔚）

萨伐尔，F.（Savart，Félix） 法国人，1791 年 6 月 30 日生于法国梅济耶尔，1841 年 3 月 16 日卒于巴黎。声学、电磁学。

梅斯军事学校一位工程师的儿子。他起初在梅斯的军事医院里学医，后来到斯特拉斯堡大学深造。于 1816 年获医学博士学位。在此期间，对提琴的物理学问题发生兴趣，1817 年他造了个实验仪器，1819 年写了一篇关于这方面的论文交给法国科学院。毕奥对他的工作很感兴趣，协助他在巴黎大学找了个教物理的职位。1827 年当选为法国科学院院士。1828 年任法兰西学院的实验物理教授，教声学。

主要的研究成果是关于振动与声，以及电流的磁场公式这两个方面。1820 年 H. C. 奥斯特发现电流产生磁场。几个月后，他和 J. -B. 毕奥就采用观测小磁棒悬挂在离长直电流不同位置上发生回摆的比率，消除地磁影响而测出电流的磁场的相对程度。他们发现载电流长直导线在空间某点产生的磁场强度与该点和载流直导线的距离成反比关系。

在研究振动时，为说明振动如何在弦中传播并通过弦马使琴箱木板振动，他用克拉尼沙图技术去观察振动面的节线，还获得了振动方式和物质弹性的许多资料。认为有规则和对称形的琴将发出最好的音调，于是制作一架有矩形音箱的梯形小提琴，在科学院表演时获得好评。他做了许多声学实验，研究了耦合系统的振动，推广了克拉尼沙图技术，还直接找出振动空气柱中波节的位置。根据观察振动模的经验进而探索物质结构，对振动与物质弹性作了中肯分析。1826 年证明声波在水中的传播方式与固体中一样。还测定人耳可闻度的极限。（周永平）

珀替，A. T.（Petit，Alexis Thérèse） 法国人，1791 年 10 月 2 日生于法国沃苏勒，1820 年 6 月 21 日卒于巴黎。分子运动论、热学、光的波动论。

他在少年时就聪颖过人，11 岁即达到巴黎综合工科学校的入学水平，16 岁时以最小的入学年龄、第一名的成绩进入该校，1809 年毕业。因成绩优异留校任教。1810 年到巴黎波拿巴学校任物理学教授。1811 年以关于毛细作用（用拉普拉斯的方法论述）的论文获博士学位。1815 年回巴黎综合工科学校任物理学教授。1818 年成为科学普及协会的会员。但不幸和疾病接踵而来，在年轻的妻子死后不久，1817 年自己又得了肺结核，3 年后去世。

主要工作都是与好友 P. L. 杜隆合作进行的。从 1815 年开始，首先通过实验确定气体的膨胀系数是恒定的，又仔细地将水银温度计与空气温度计作了比较，认定气体温度计是唯一可以作为标准的温度计；用实验验证牛顿冷却定律只在小范围内才是正确的，为此于 1818 年获奖。接着他们致力于固体比热的测量，发现固态单元素物质的克原子热容都近似等于常数（6卡/度），现在称为杜隆-珀替定律（又称原子热容定律）。但在预定的1819年4月12日去科学院宣布之前仅一个星期，发现其结论是不充分的。后来他为了解释这一矛盾，毅然放弃光的微粒说和热质说，成为光的波动理论和化学反应原子论的最早支持者之一。除实验外还精通数学。（谈澈梅）

科里奥利，G. G. de（Coriolis，Gaspard Gustave de） 法国人，1792年5月21日生于法国巴黎，1843年9月17日卒于同地。力学、地球动力学。

出身古老的普罗斯旺贵族家庭。1808年入巴黎综合工科学校学习，成绩优良。毕业后在陆军道路与桥梁工程学校工兵部队服役。因健康状况不佳和父亲去世，于1816年离开军队。由柯西推荐任巴黎综合工科学校指导教师。1829年在该校新创办的高等工艺制造中心任力学教授。1830年，当力学系主任柯西因政治斗争被流放后，他拒绝了校方要求接任的系主任职。1832年在桥梁与道路学校协助纳维进行应用力学的研究，1836年接替纳维任力学系主任。同年入选法国科学院院士。1838年任巴黎综合工科学校教务长，并担任指导研究生的工作。终身未娶。

1829年出版了第一部著作《论机器效率的计算方法》，对一些术语作了明确的改变，放弃那些模棱两可的“机械功”、“作用量”和“动力效应”等术语，明确地采用“力-位移”的术语。同年法国工程师J. 蓬斯莱在《应用力学导论》一书中第一次明确引进了“功”这一术语。在1844年出版的科里奥利遗作《论刚体力学及机器效率的计算》中，明确地把作用力和受力点沿力方向可能位移的乘积叫做“运动的功”。虚位移原理从此就称为“虚功原理”。还进一步提出用1 000千克米作为功的单位。用$\frac{1}{2}mv^2$来代替当时流行的活力mv^2。这就是一直沿用至今的物体动能的表达式。把活力原理解释为“功的传输原理”。与J. V. 蓬斯莱一起提倡改革理论力学的讲课。还研究了物质系统中内力的功、相对运动中功的传输。发现了在转动系统中出现的一种惯性力——科里奥利力。当物体在转动参照系中运动时，只要不沿着转轴方向运动，都将受到此力的作用。这一发现很好地解释了北半球由南向北流的河流对东岸的冲刷作用。他去世前发表的最后一篇论文是“将物体的各种机械原理应用于解释分子结合的方法”（1836年）。去世第二年，出版《固体力学》（1844年）一书。（薛 豪）

巴俾涅，J.（Babinet，Jacques） 法国人，1794年3月5日生于法国吕西尼昂，1872年10月21日卒于巴黎。光学、大气光学、计量学。

父亲是吕西尼昂市市长，母亲是陆军中将的女儿。父母本希望他能成为地方行政长官，故着重于人文方面的教育。但他却喜爱科学，1812年进入巴黎综合工科学校，毕业后先后在韦特奈-勒孔特学院和普瓦捷学院取得教授头衔。1820年在巴黎大学路易斯-勒格兰德学院当物理学教授。1840年入选法国科学院院士。次年被任命为经度局图书馆馆长。

他在光的衍射理论、大气光学和光学仪器制造方面都作过一些重要工作。1829年发表了第一篇科学论文“论光栅的颜色”，是关于夫琅和费新发现的光栅衍射现象的。指出衍射实验能够改进波长的测量，还提供了有关波长的一个新数据表。通过研究认识到，光栅只不过是能产生衍射现象的一种，他把工作扩展到产生衍射现象的其他系统，从而得出了巴俾涅原理。若两个光栅（广义地说，两个衍射屏）之一的透明区正好与另一个的不透明区相对应，则称它们是互补的。巴俾涅原理指出，平行光垂直照射到互补光栅上产生的衍射现象完全相同。

通过偏振光的研究，他发明了一种广泛使用的巴俾涅补偿器，用它能够产生和分析平面偏振光、椭圆偏振光和圆偏振光。1828（或1829）年他提出，可以用某一特定谱线的波长作为长度基准。直到1960年正式用氪橙线的波长来定义“米”，其间经过了130多年。还改进了马吕斯用来测定折射角的量角器。

还研究气象学，特别是大气光学占了他一生中大部分时间。在大气光学中，起初研究虹和日华或月华（在一定条件下产生的围绕太阳或月亮的色环）。后来改进了大气折光理论，并研究天空的光的偏振现象。

在科学普及方面也获得相当的成功。他常作公开演讲，向人们解释自然现象，并为科普杂志撰写文章，涉及天文学、地质学、地理学、气象学等广泛的题材。（唐玄之）

黄履（Huang Lü） 生活于清代中叶约1796～1820年间。浙江杭州人。光学仪器研制、文学、音乐。

从小好学，在父亲黄超的教导下，学习天文、数学和物理等知识。她喜欢做实验，曾制成寒暑表和千里镜（望远镜）。千里镜是她的重要创作。据清代陈文述写的《西泠闺咏》中记载：“千里镜于方匣上布镜器，就日中照之，能摄数里之外之影，平列其上，历历如绘。”实际上这是现时的“远程取景器”。在欧洲，照相术发明于19世纪的二三十年代，而天体摄影则是法国人亨利兄弟于1884年得以完善的。所以她的千里镜实在是一件表现出高度技术的创造。当时人称她为“绝世聪明绝世姝，玉台灵宪古今无”。并尊称她的闺房为“天镜阁”。可惜，封建社会的女子，比男子承受更大的束缚，使她的才能没有得到发挥。她的事迹也只零星散见于笔记小说、诗话、诗抄中。

多才多艺，是当时杭州有名的女诗人。又懂音乐。

著有《诗词稿》和《琴谱》，可惜都已散佚。（唐玄之）

卡诺，N. L. S.（Carnot，Nicolas Léonard Sadi） 法国人，1796年6月1日生于法国巴黎，1832年8月24日卒于同地。热力学、热机工程。

父亲L. 卡诺是法国拿破仑时军队的杰出将领和高级政府官员、科学家、工程师，一度退出政界，在家为他及弟弟H. 卡诺（Hippolte Carnot）讲授数学、物理、语言和音乐，对他的一生颇有影响。16岁时以最低入学年龄考入巴黎综合工科学校。1813年法国受到侵略，他上书拿破仑要求让学生参军卫国，1814年3月与同学们一起英勇作战，但不幸失败。同年去梅斯工程学校学习军事工程，1816年末毕业。在梅斯的军队中任工程师和军官。1819年请假返回巴黎。在巴黎大学、法兰西学院、矿业学校和巴黎国立工艺博物馆学习物理学和政治经济学，并从事蒸汽机的设计和热理论的研究。1827年返回军队任职，不到1年辞职回到巴黎，再次集中精力研究蒸汽机和热学理论。1832年6月患猩红热，随后又患脑膜炎，不久死于霍乱。按通常对霍乱死者遗物的处理，几乎所有研究资料都被烧毁了。

主要工作是1824年出版的名著《论火的动力和能发动这种动力的机器》，认为热机必须工作在高温热源和低温热源之间。是当时流行的热质说的拥护者。将热机跟水车进行类比，像水车的动力依赖于水位差和水量一样，热机的动力依赖于温度差和转移的热质。撇开一切次要因素，描述了一种理想的热机循环。该热机由汽缸、活塞、高温热源及低温热源组成，工作物质为理想气体。热机的循环由两个等温和两个绝热过程组成。这就是著名的卡诺循环。如果按相反的顺序操作，循环是可逆的。根据热质守恒思想和永动机不可能原理断定，没有任何热机能产生比这个理想可逆热机更多的动力。理想可逆热机的动力仅由两个热源的温度差所决定，与使用的工作物质无关。该结论后来称为卡诺定理，为提高热机效率指明方向。

上述著作发表时未引起当时科学界的足够重视。20余年后，克劳修斯和W. 汤姆孙摒弃了热质说，将他的正确结论明确表述为热力学第二定律。

他性格内向，朋友不多。关于他的生平均来自其弟H. 卡诺1878年所写的回忆录。从H. 卡诺保存的哥哥的笔记本的少数残页说明他后来已否定热质说，转向热的动力学理论，并概述了测定热功当量的实验，其中有些实验和将近20年后焦耳进行的实验几乎相同。（谈漱梅）

鲍威尔，B.（Powell，Baden） 英国人，1796年8月22日生于英国斯坦福希尔，1860年6月11日卒于伦敦。光学、热学。

1814年进牛津大学，以优异数学成绩毕业。后任副牧师和代理主教。1824年当选为英国皇家学会会员。1827年任牛津大学几何学教授，直至1854年退休。

科学研究工作大多是在19世纪20年代和30年代进行的，主要研究光学和辐射热。最著名的实验是研究太阳光谱红外部分的热效应，将热效应与发光度联系起来。还研究光的色散，用以支持A. L. 柯西的波动理论。后期卷入宗教事端之中，直至去世。

（夏元复）

波根多夫，J. C.（Poggendorff，Johann Christian） 德国人，1796年12月29日生于德国汉堡，1877年1月24日卒于柏林。科学传播、电工技术、科学史。

幼年在汉堡上学。15岁时成为汉堡一家药店的学徒，后成为药剂师的助手，顽强地自学化学和物理。1820年到柏林大学学习自然科学，受教于化学家F. F. 龙格。

1824年起任著名的《物理与化学年鉴》主编，负责该刊编辑达半个世纪多，共出版160卷。1834年起为柏林大学教授，1839年起为普鲁士柏林科学院院士。进行过许多实验工作。1820～1826年独立创制一种灵敏电流计，这装置后为高斯用于磁性观测。改进和开发了多种测量设备和测量方法。还致力于物理学史研究，做了开创性的科学传记和文献学的工作。

（夏元复）

加西沃特，J. P.（Gassiot，John Peter） 英国人，1797年4月2日生于英国伦敦，1877年8月15日卒于怀特岛的赖德。电学、电化学、光学工程。

早年就读于英国皇家海军士官学校。1822年，和西班牙人合伙成立马丁-加西沃特烟酒贸易公司。业余积极从事科学实验和研究，慷慨资助科学机构和团体。1837年，和斯特金（W. Sturgeon）、沃克（C. V. Walker）共同发起成立伦敦电学学会。1841年当选为英国皇家学会会员。1845年参与成立英国化学学会。任英国皇家基尤天文台董事会主席多年。

业余科学家，尤对电学饶有兴趣。在科学上最重要贡献是，首次否定了伏打电的接触理论。1840年开始，进行了一系列电学试验。发现增加伏打电池组之间的绝缘性可防止漏电，并提出电池电压和元素化学亲合力有关，这些见解有助于W. 法拉第电化学理论的创建。1844年，用100个相互绝缘的格罗夫电池构成电池组，发现在导线接着尚未接触前也会引起电火花。发展了格罗夫的狭缝放电研究，用实验表明在真空中这种放电无法继续，后查明这是低压气体放电现象。进而研究低压气体放电产生的条状辉纹，发现强力电磁铁会使辉纹分成两条清晰光柱；辉纹只在很窄的气压和温度范围内才会产生，气压太低则放电停止；变动电路电阻可改变放电；放电是间歇进行的；放电时负极金属有损坏现象。1858年，在演讲中报告发现稀薄气体放电有偏离现象，认为这些磁性和静电有关。这是阴极射线现象的最早观察之一。由于研究伏打电池和气体放电，获1863年英国皇家学会皇家奖章。

此外，和皇家学会的格罗夫（W. R. Grove）合作研究光学仪器及其原理，发展了摄影术；改进分光计，交与英国皇家基尤天文台使用使用。他在家中建立了设备充裕的实验室，还向其他研究者开放，其中有著名电磁学家J. C. 麦克斯韦，19世纪60年代，后者在那里进行过大量的电阻实验。热心发展公共科学事业，出资建立伦敦电学学会的大众电学演示展览馆，长期资助英国皇家基尤天文台等科学机构和团体。19世纪40年代，由于他的加入，促进了英国皇家学会的改革进程。（朱逸农）

圣韦南，A. J. C. B. de（Saint-Venant，Adhémar Jean Claude Barré de） 法国人，1797年8月23日生于法国塞纳-马恩省福尔图瓦索，1886年1月6日卒于卢瓦尔-谢尔省圣旺。工程力学、材料力学、几何学、路桥工程。

1813年入巴黎综合工科学校，毕业后从事硝化火药的生产。1823年起从事路桥工程达20年。最后从事科学研究和教学。1868年当选为法国科学院力学部主任。研究工作主要在固体力学、弹性、流体静力学和流体动力学等方面。

研究工作与工程密切相关，成果经常直接应用于道路和桥梁建造、气流控制与农业等方面。他在对棱柱体和圆柱体的扭力、弹性横梁的平衡等方面工作的基础上，1844年向法国科学院递交了一篇论述挠曲线的论文，引进“副法线”概念。在1845年的论文中提出一种与H. G. 格拉斯曼理论甚为类似的矢量计算方法，两年后宣称这一思想早在1832年就有了。他的矢量计算方法为法国学校普遍采用。（马见慈）

亨利，J.（Henry，Joseph） 美国人，1797年12月17日生于美国纽约奥尔巴尼，1878年5月13日卒于华盛顿。电磁学、科学管理。

生于一个苏格兰血统的贫穷人家。14岁时父亲去世，独立谋生，做了多年的钟表和银器店的学徒。直到有机会读到G. 格雷戈里（George Gregory）的《实验哲学、天文学、化学通俗读本》，才对科学研究有浓厚兴趣。1819年考进奥尔巴尼专科学校，此后的3年中，除当了1年农村教师外，还完成了微积分、化学和自然哲学的学业，赢得了校长的信赖，被聘为该校的化学助教。不久任该校的数学和自然哲学教授。1832年受聘为新泽西学院（今普林斯顿大学）的教授。1846年任史密森学会秘书长。

在奥尔巴尼执教的10年中，特别是利用了他作为兼职图书管理员的机会，涉猎了著名期刊和专著，并于1824年宣读了自己的第一篇论文“蒸汽文献评论”。1827年着手研究电磁学。1832年他报道了自己的研究进展和独立发现的电磁感应和自感问题。1832～1837年的欧洲之行，应法拉第邀请在英国皇家学会演讲电磁学中数学理论。科学界一般认为，发现电磁感应的优先权属于法拉第（于1831年），而发现自感的优先权则归于他。

他在电磁学研究中最早的课题是富兰克林的静电和电流的关系，与众不同之处，是用波的概念来解释它。在直线电流、圆电流、螺旋管电流磁性研究中和F. 萨伐尔的工作不谋而合。1838年他的高阶连续电流感应曾轰动一时，1840年发表了长篇动电感应论文。1842年研究了莱顿瓶放电问题，并提出了放电的反复振荡性，同时报道了一个电火花在4×10^5英尺（1英尺＝0.304 8米）远处的传输效应，较早地把波的概念和电磁现象联系在一起。他对电磁的一般规律探讨，独树一帜，结论是：“静电是在一定距离处的瞬时作用，依赖于以太密度的凝聚和疏散所产生的干扰；动电则是以太密度在一段时间间隔的传输”。

在任史密森学会秘书长期间。在履行职务过程中获得了许多对后世有影响的成就。第一，在他周围形成了由训练有素的人组成的小组，他们经常举行国际会议，进行积极而和谐的讨论，毫无拘束的交流观点、思想和成果。第二，亨利为了发展科学家之间的合作、扶持推广科研成果、繁荣科学刊物，他最早建立了一个国际机构来交流国际科技刊物。此机构几经变迁，变成了皇家科技论文编目学会。第三，他博才多能，一直活跃在气象学和地球物理学上，特别是利用秘书长的威望去赞助美国早期人类学和人种学的发展，积极支持和参与博物学的研究。第四，亨利对应用科学和纯科学作过明确的诠释。他对纯科学作过肯定的断言：通过特殊实验结果抽象出普遍规律的“枯燥”科学研究是极有意义的。1893年在芝加哥召开的国际电学会议上将电感单位定名为亨利，以纪念他。

（王子光）

梅洛尼，M.（Melloni，Macedonio） 意大利人，1798年4月11日生于意大利帕尔马，1854年8月11日卒于波蒂奇。热学、红外物理学。

1824～1831年在帕尔马大学任教授。主要贡献是关于辐射热（当时叫做卡辐射）性质的研究。早期相信热辐射与光同是以太中的波动，但却是不同类的扰动。1830年开始用热电堆进行了关于热射线的反射、折射、吸收等许多实验，此后认为热射线和光线有完全相同的本性，而光射线是只能刺激视网膜的一种热射线而已。当时许多实验者却认为光线与热辐射线有完全不同的本性。那时所谓的热射线就是红外线。

（唐玄之）

诺伊曼，F. E.（Neumann，Franz Ernst） 德国人，1798年9月11日生于德国乔基姆斯塔尔（今捷克的亚希莫夫），1895年5月23日卒于德国柯尼斯堡（今俄罗斯加里宁格勒）。热力学、晶体学、数学物理学、矿物学。

母亲原是一位离异的伯爵夫人，父亲F. 诺伊曼是她的管家（后做房地产经纪人），因外祖父母坚决反对他们的亲事，F. E. 诺伊曼从小寄养在祖父母家中，直至10岁后才见到生母。1814年普法战争爆发，16岁辍学当兵。战后到柏林大学、耶拿大学学习，对晶体学和矿物学深感兴趣。1822年父亲去世，他停学一年为母亲看管农场，但仍在1823年发表他的第一篇有关晶体学论文。同年回柏林大学任矿物收藏馆馆长，1825年获该校博士学位。1826年执教柯尼斯堡大学，1829年任矿物学与物理学系主任。1833年和该校数学教授C. G. 雅各比共同创办诺伊曼-雅各比数学物理研讨班，引导学员掌握研究方法论，使柯尼斯堡大学成了当时欧洲数学物理研究中心，培养了不少人才，例如后来成了著名物理学家、天文学家的G. R. 基尔霍夫，就是研讨班1843～1846年届学生。1847年诺伊曼第二任妻子（病故的第一任妻子的表妹）得到大笔遗产，使他有钱在住家隔壁修建一个私人物理实验室，以供他和学生做实验。他多年来一直力劝校方建立一个理学院，但直至退休后才如愿。

早期研究工作主要在晶体学领域，1823～1830年发表过一些论文。为纠正测量仪器的误差，他引入过一种球面投影法和最小二乘法，用以提高精确度。在F. W. 贝塞尔和雅各比等人影响下，他才转向数学物理学研究。1831年，提出有关分子热的诺伊曼定律，即一种化合物的分子热等于构成它的各种原子的原子热容量之和。同年又发表第二篇论文，讨论为何热水和冷水混合后的水温不是两者水温的平均值，正确指出水的比热随温度上升而增大，但可惜未能了解这一规律只在一定温度范围内才成立。1832年，他开始钻研光的波动说，得到了同法国数学家A. -L. 柯西和法国光学家A. J. 菲涅耳获得过的类似结论。1845年出版有关电流感应的著作（包括两篇长文，1847年再版），提出描述感生电流的数学公式，被认为是德国电动力学学派的奠基人。还发现后来以其姓氏命名的矿物的“诺伊曼线”现象，即若将有些铁陨石切开并将其裸露面磨光和腐蚀，就会显现出细而直的抓痕状条纹，一般认为这种线状结构是由某种剧烈应变造成的。此外在球谐波、毛细管现象等方面也有不少贡献。

他生前公开发表的仅是全部成果一小部分。儿子C. G. 诺伊曼也是有名的理论物理学家、数学家，曾将父亲于1850年前在校讲稿赠给柯尼斯堡大学保存，以表明在1850年克劳修斯出版热力学论文集之前，父亲的发现具有优先权，也是热力学理论的奠基者之一。他收集了父亲的讲稿准备于1895年出版，不知何故未见付梓。（李啸虎）

劳埃德，H.（Lloyd，Humphrey） 一译洛埃。爱尔兰人，1800年4月16日生于爱尔兰的都柏林，1881年1月17日卒于同地。光学、地磁学。

父亲是都柏林三一学院的数学、自然哲学、希腊语和神学教授、院长，兼任爱尔兰皇家科学院院长。他幼年就表现出有才能。在都柏林三一学院入学考试中荣获第一名，1819年毕业时成绩优秀获得金牌。1831年为三一学院自然科学和实验科学教授，1862年为该院副院长，1867年任院长。在这期间取得文科硕士和神学博士的学位。1846～1851年间任爱尔兰皇家科学院院长。是英国皇家学会和爱丁堡皇家学会会员、英国科学促进协会会员。40岁时才和一个牧师的女儿结婚。

光学是他最重要的研究领域。1832年W. R. 哈密顿从双轴晶体中双折射的菲涅耳方程得出：在一定条件下晶体中的一条光线将会分裂为无数条光线而形成圆锥曲面。哈密顿邀请他对此“圆锥形折射”进行实验研究。他于1833年用文石成功地对此现象进行演示，而且找出了形成此圆锥面的光线的偏振方向。这一成就支持了光的波动理论，并使他取得了光学专家的声誉。1834年在研究菲涅耳双镜干涉的经典实验时，发现用单个反射面也可取得同样的效果。这就是现今教科书中广泛引用的劳埃德镜。由这个装置得到反射光的两个重要特性：第一，如菲涅耳所预计的那样，当以近90°的角反射时，反射光与入射光强度相等；第二，从光密介质反射时将有“半波损失”发生。

1831～1832年英国科学促进协会提议在联合王国的不同区域对地磁强度进行系统的观察，成立了一个委员会来划定地区，他是成员之一。不久他和别人合作在爱尔兰进行了地磁观察。他在这一领域中积极工作终其一生，成功地指出地壳内存在着电流，还算出它对于地磁场日变化的影响。（唐玄之）

弗兰肯海姆，M. L.（Frankenheim，Moritz Ludwig） 德国人，1801年6月29日生于德国不伦瑞克，1869年1月14日卒于德累斯顿。晶体学、显微学。

1820年在柏林上大学，初攻哲学，后改数学和物理学，1823年获博士学位。1827～1866年在布雷斯劳大学执教，1850年升任物理学教授。

率先研究晶格的几何对称性，提出过15个“结点”的结构类型（1856年修正为14个）。1829年指出晶体的硬度在同一结晶方向上一样，方向不同则有差异。首次用实验观察晶体对籽晶定向衍生的影响。1836年他在云母上定向长出碘化钾的实验，至今仍用作示范。在观察硝酸钠和硝酸钾以及方解石和霰石之后，提出类质二像的概念。早在1860年，他就使用了偏光显微镜。（戴成勋）

普拉托，J. A. F.（Plateau，Joseph Antoine Ferdinand） 比利时人，1801年10月14日生于比利时布鲁塞尔，1883年9月15日卒于根特。表面物理学、光学、仪器研制。

父亲是工匠，他14岁时成为孤儿，和两个妹妹在舅父抚养教育下成人，后靠做数学家教来维持大学费用。在比利时列日大学就读，起先学法律，继又学物理与数学，1829年获理学博士学位。尔后相继在布鲁塞尔大学和根特大学任实验物理学教授，直至1872年退休。是比利时皇家科学院院士，柏林、阿姆斯特丹和法国科学院外籍院士，英国皇家学会外籍会员。

1832年发明最早的一种频闪观察仪，会使上面的画面产生动感，最终导致电影的产生。19世纪40年代，进行了一系列毛细管现象和液体表面薄膜的实验，确认液体有将表面积缩减为最小的趋势，从而引进表面张力的概念。由于从事生理光学方面的实验，眼睛受到太阳灼伤，于1843年失明。但仍以顽强的毅力坚持科学研究。指出像在视网膜上从形成到消失的时间约为三分之一秒。眼睛对短暂出现的颜色的感受正比于光的强度和出现的时间，现称为塔尔博特-普拉托定律。因“视觉的主观感受”一文而赢得“生理心理学的先驱者”的称号。两次获比利时皇家科学院的物理和数学奖。（谈漱梅）

惠斯通，C.（Wheatstone，Charles） 英国人，1802年2月6日生于英国格洛斯特，1875年10月19日卒于法国巴黎。电学、声学、光学、电报学。

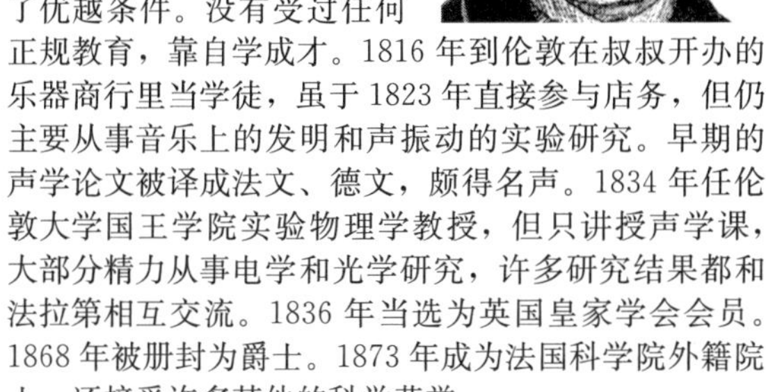

出身乐器制造商家庭，这对他早期的声学研究提供了优越条件。没有受过任何正规教育，靠自学成才。1816年到伦敦在叔叔开办的乐器商行里当学徒，虽于1823年直接参与店务，但仍主要从事音乐上的发明和声振动的实验研究。早期的声学论文被译成法文、德文，颇得名声。1834年任伦敦大学国王学院实验物理学教授，但只讲授声学课，大部分精力从事电学和光学研究，许多研究结果都和法拉第相互交流。1836年当选为英国皇家学会会员。1868年被册封为爵士。1873年成为法国科学院外籍院士。还接受许多其他的科学荣誉。

他是一位著名实验家和发明家。研究工作涉及声学、光学、电学和电报学。15岁时研究声音的机械传播、振动的演示和振动空气柱的特性。19岁时公开展出一把“迷人的七弦琴”。利用视觉住留演示振动模复杂的曲线特性。1833年利用克拉尼沙图技术，用方板的沙图去演示振动模的叠加。1832年演示了开口管中的驻波。在电学方面，最早和最重要的著作是关于电在导线中传递速度的测量，利用旋转镜技术去观察电火花放电，测出电流速度约为光速的一半。1838年阿喇戈建议采用他的旋转镜技术比较空气中的和水中的光速，1850年由J. 傅科和A. 斐索做出实验。1885年以后，这种技术也被J. A. 利萨如用于对声振动的研究。1843年他在英国发表欧姆定律的实验证明文章，提出测电阻和电流的新方法，发明了变阻器，推广了S. 克里斯蒂（Samuel Christie）发明的电桥，由于对这种电桥的使用使他出了名，因而称惠斯通电桥。还研究电火花光谱和直流发电机等。

他在早期的声学实验中探索远距离传声的可能性。19世纪30年代起开始从事电报实验。1837年和库克（W. F. Cooke）获得电报机专利，这是一种“五磁针”仪器。接着他把电报机改进成一种实用设备。他后来展出的拨号盘电话机、自动传递和接收系统都是特别重要的发明。1844年首次进行了海底电报机的实验。一直对视觉和光学感兴趣，发明了体视镜。1848年发明极钟（Polar Clock），用以确定太阳的位置。他厌恶在公众场合讲话，以致他的一些重要的研究结果都由法拉第在皇家学院代为宣读。（周永平）

多普勒，J. C.（Doppler，Johann Christian） 奥地利人。1803年11月29日生于奥地利萨尔茨堡，1853年3月17日卒于意大利威尼斯。声学、天体光谱学。

出身于萨尔茨堡著名的石匠世家。1822～1825年在维也纳理工学院学习数学。毕业后曾短期执教于萨尔茨堡吕克昂学院。后进维也纳大学深造数学、力学和天文学。1829年毕业留校任数学教授助手，1833年解聘。因向多所学校求职未果，一度在一家棉纺厂当簿记员，并想变卖家产移居美国谋生。1835年春起，受聘于布拉格技术学院，1841～1847年任该校数学教授。其间1843年入选波希米亚科学院院士，1847年起任代理秘书长。1848年入选维也纳帝国科学院院士；同年获布拉格技术学院荣誉博士学位。1850～1852年任维也纳大学实验物理学教授兼该校物理研究所所长。因长期积劳成疾，肺病严重，不得不请病假去意大利威尼斯疗养，不愈而终。育有三子二女。

毕生最大的贡献是发现了多普勒效应。1842年发表“论双星的色光”一文，提出与观测者作相对运动的声源，所发出的声音的波长（或频率）将会发生变化：接近观测者时，波长变短，频率变高；远离观测者时，波长变长，频率变低。他还导出了引起这一变化的数学公式，并预言星光颜色也应随该天体相对地球的运动而变化。翌年，荷兰人巴洛（C. B. Ballot）设计了一个实验证实了他的发现。巴洛让火车头拉着一节平板货车以不同速度来回跑动，平板车上有数位号手吹奏着各种预定的音调，由地面上的资深乐师们记下列车驶近时和远去时的音高，结果发现他们的实验结论完全与多普勒导出的公式相吻合。于是，多普勒的这一发现便被命名为多普勒效应。1848年，法国物理学家A. 斐索对光波的多普勒效应作了进一步分析。他指出天体的运动速度与光速相比实在微不足道，所以很难发现天体因远离或接近观测者而产生的颜色变化，他建议应该观测天体光谱的谱线因多普勒效应引起的位移。因此，后人又将天体相对于观测者运动所引起的谱线位移效应命名为多普勒-斐索效应。应用这一效应，英国天文学家W. 哈金斯率先在1868年测得了天狼星在视线方向上的运动速度（即视向速度）。天体视向速度的成功测定，带来了分光双星、超新星爆发、天体和天体系统的自转、河外星系的普遍红移和可观测宇宙的膨胀等重要发现。现今，多普勒效应的应用更为广泛，例如利用人造卫星对地面目标进行定位和导航，就是应用了这一效应。（宣焕灿）

楞次，Э. Х.（Ленц，Эм илий Христианович；Lenz，Emil Khristianovich） 俄国人，1804年2月24日生

于俄国多尔帕特（今爱沙尼亚塔尔图），1865 年 2 月 10 日卒于意大利罗马。电学、电工学、地球物理学、地理探险。

一位地方行政官的儿子。1820 年，他从中学毕业以后进入多尔巴特大学。19 岁参加环球科学考察。1828 年进圣彼得堡科学院当初级科学助理。1830 年当选为科学院通讯院士，1834 年当选为院士。1835～1865 年曾在圣彼得堡大学等校任教。1840～1863 年任该校数理系主任，1863 年当选为该校第一任校长。是俄国许多大学的名誉教授，也是美因河畔法兰克福物理学会和柏林地理学会会员、都灵科学院通讯院士。

1831 年春开始研究电磁学，一直延续到 1858 年。主要成果是发现两条物理基本定律，建立了许多电磁之间、电热之间和电化之间的定量关系，提出某些精确测量的方法、精密的仪器和标准，以及一些电气工程理论的研究论文，因这些贡献而在物理学史上赢得了应有的地位。在研究工作中应用了欧姆定律、高斯的最小二乘法以及各种定律的图示法，因此比同时代的一些科学论文更具有特色。1833 年 11 月，在圣彼得堡宣读了关于感生电流方向著名的楞次定律的论文。在此基础上，F. E. 诺伊曼（Franz Ernst Neumann）于 1846 年推导出了感应电动势的数学表达式，1847 年亥姆霍兹证明了电磁现象中能量守恒定律。这个定律还包含了电动机与发电机的可逆性原理。

1842～1843 年，他与焦耳（在 1840 年）各自独立地提出电流的热效应定律，现称焦耳-楞次定律。1838 年，利用通过电流时水在铋锑层上结冰的现象，决定性地证明了珀耳帖的发现。1832 年在感应电流的瞬时性和冲击效应这一概念的基础上，作出了理论与实践相一致的测定电磁量的冲击法。提出线圈中的感应电动势是每一圈中的感应电动势的总和，它与线圈的直径、导线的粗细及导线的材料无关。还定量地比较了不同金属导线的电阻率，确定了电阻率和温度之间的关系；导出了磁化电流和电磁铁之间吸引力的平方变化规律；画出了线圈内有限长铁心的磁化强度的分布图线。1844 年导出支路电流定律，比基尔霍夫发表的较为普遍的定律要早 1～2 年。在电化学方面最重要的研究，是 1844～1846 年跟萨韦利耶夫（A. И. Савельев）一起导出伽伐尼电池的电极电势的可加性，发现如同伏打系列一样，金属与电解质的分界处也存在电极电势系列。

对俄国地球物理方面的研究也很关心。19 岁时作为一名地球物理观测人员随舰队参加第二次（1823～1826 年）环球科学考察。1829～1830 年到南俄罗斯参加攀登高加索厄尔布鲁士山的活动，并测量山的高度。根据美国人亨博尔特（Humboldt）的模拟图测量了尼古拉耶夫的地磁场。第一次测出了黑海水位的正确变化，并取得了石油和天然气的样品。在他的赞助下 1845 年成立了俄国地球物理学会。他还发现并正确解释了太平洋、大西洋和印度洋的海水中含盐量有多有少的问题，发现某几个一定纬度处的海水较它上面的空气为暖。

撰写的论文主要发表在圣彼得堡科学院的论文集和通报上，也有刊登在波根多夫的《物理化学年鉴》中。有些论文也在英国、法国和瑞士发表。1865 年编写的中学物理教科书先后印刷了 13 版。得到过许多勋章。（马文蔚）

韦伯，W. E.（Weber, Wilhelm Eduard） 德国人，1804 年 10 月 24 日生于德国维滕贝格，1891 年 6 月 23 日卒于格丁根。声学、电磁学、电工技术。

维滕贝格大学（后并入哈雷大学）神学教授 M. 韦伯（Michael Weber）的儿子。他与哥哥恩斯特·海因里希（Ernst Heinrich）、弟弟爱德华·韦伯（Eduard Weber）一起致力于科学和医学，曾密切合作。他于 1822 年进哈雷大学学习，获博士学位。毕业后在该校任讲师，1828 年任副教授。1831 年任格丁根大学物理学教授，成为高斯的合作者与密友，他们共同建立了格丁根磁学学会。1837 年因在反对废除自由宪法的抗议声明上签名而被国王解职。1843 年任莱比锡大学物理学教授（恩斯特·海因里希与爱德华分别在该校任生理学教授和解剖学教授）。1848 年重返格丁根大学任教授，并担任天文台台长，直至 19 世纪 70 年代退休。曾任政府“枢密顾问”。终身未娶。

早期的研究工作集中于声学。1825 年，与哥哥恩斯特·海因里希合写了有关液体表面波以及声波、光波实验的文章。1826 年他撰写的博士论文和以后的几篇论文论述了簧风琴管中簧片与空气腔的声学耦合，以及利用这种耦合来保持管乐器的音调在不同的吹气强度下的稳定性。这方面的工作引起了洪堡和高斯的注意。

1836～1841 年，他的部分工作与电磁仪器的研制有关，包括便携式磁强计、靠电磁感应工作的磁强计及直流发电机。从而进一步研究磁化强度与温度的关系，并引发了对有关单极感应和弹性变形的研究，还发现了生丝纤维的弹性弛豫现象。1833 年和高斯一起研制了供实验室使用的电磁式电报机。1836 年和弟弟爱德华·韦伯合写了论及人体运动力的生理学和物理学的文章。1840 年利用正切电流计中磁针的偏转角定义了电流的绝对电磁单位。

1846 年，从电流是由两种数量相等的电荷沿相反方向流动而形成的基本假设出发，推导出一个描述电荷间相互作用的电动力公式，认为运动电荷之间的作用力与它们之间的相对速度和相对加速度有关。该公式能够解释安培力和感应现象，在当时颇有影响。同年设计了一种力测电流计，用来确定电流的电动力单位。这种单位是电磁单位的$\sqrt{2}$倍。1857 年，与 R. 科尔劳施（Rudolph Kohlrausch）合作，测量出了电荷的电动力单位与静电单位之间的比值。1870 年，亥姆霍兹指出韦伯电动力公式会导致物理上不允许的运动状态的出现。为此他及其支持者跟亥姆霍兹论战了多年。导致韦伯力公式最终被抛弃的决定性原因是麦克斯韦电磁场理论的成功，特别是 1888 年赫兹从实验上证实了电磁辐射。

从 1848 年起，他的注意力转向抗磁性问题。巧妙设计并仔细进行了铋的抗磁性的实验。认为抗磁物质中不存在永久的分子电流，但其分子处在变化的外磁场中时将会感应出分子电流，从而使物质呈现出抗磁性。

后期着重致力于电动力学和物质的电结构方面的工作。早在 1852 年，提出了一种电阻标准的定义，同时电阻的起因设想为两种电的流体的粒子反复合并与分开的结果。在 1875 年的文章以及最后未发表的论文中，多次试图导出以分子参数表示的电导率公式。关于绝缘体中的热传导，认为是通过弥漫于物质中的以太的辐射来分布的（1862 年和 1875 年的文章）。还提出分子发射光的频率应当与分子电流中带电粒子的运动频率相同。1871 年，把安培的分子电流想象为一种符号的电荷固定在大分子上，而带相反电荷的粒子则按照他的力的规律沿轨道绕前者旋转——这幅图像在 40 年后又出现在卢瑟福-玻尔的原子模型中。

不仅因其电动力公式在他的同时代人中享有盛名，而且关于电荷的原子论的思想及其论述物质的电性质、磁性质、热性质时所表现出来的想象力和远见都对物理理论产生了持久的影响。除了死后出版一部手稿外，在理论上最主要的贡献均包括在 1846～1878 年间出版的《电动力的测定》一书中。曾得到过德国、法国和英国的许多荣誉，包括英国皇家学会的科普利奖。1935 年，“韦伯”一词被正式用作磁通量的实用单位。

（谷新扬）

马松，A. -P.（Masson，Antoine-Philibert） 法国人，1806 年 8 月 22（或 23）日生于法国欧克索纳，1860 年 12 月 1 日卒于巴黎。电学、热学。

先在法国南锡大学获文学士学位，接着在巴黎高等师范学校获理学士学位。1831 年到卡昂皇家大学教物理学直至 1839 年。1836 年通过博士论文，尔后回到巴黎。从 1841 年起在中学和巴黎中央工艺学校教物理学。是卡昂文理科学院的院士，法国科学院院士。

1834 年，在不知道 J. 亨利的发现的情况下，独立观察到伏打电路中的自感现象。曾用齿轮断续器演示自感电流，还制成最早的感应线圈。1844～1854 年，为搞清热、光和电的关系，对电火花作了透彻的研究；研究辐射热和光被不同物质的吸收，证实了 M. 梅洛尼的结论。还研究电报、声学、固体的弹性、感应线圈通过部分真空的放电，以及有关的化学和物理问题。

（周永平）

塞纳蒙，H. H. de（Sénarmont，Henri Hureau de） 法国人，1808 年 9 月 6 日生于法国厄尔—卢瓦尔省布鲁埃。1862 年 6 月 30 日卒于巴黎。晶体学、矿物学、地质学。

庄园主的儿子。1829 年毕业于巴黎综合工科学校。后在省立矿业管理局工作，1835 年成为二级矿业工程师，1841 年提升为一级矿业工程师，1848 年为副总工程师。1840～1847 年在塞纳矿区检修蒸汽机。1847 年任矿业学校地质部主任。1852 年成为科学院矿物部院士，1858 年任副主任，翌年任主任。自 1854 年直至去世是《物理和化学年鉴》的主编。1856～1862 年任巴黎综合工科学校物理系主任。

主要工作是验证了晶体物理性质的定向性关系，以及相应于自然条件下人工合成矿物试验。观察到垂直光照入方解石表面后，射出的偏振光平面的旋转，并发现辉锑矿也有类似现象；完成了相当数量的晶相数据测定；描述了许多类质同晶的化合物和确定光弹性轴的特性；提供测量两光轴间夹角的方法，研究了晶体的双折射现象以及确定折射系数等；认为由各种成分形成矿物时需处于高温高压条件下，并作了相应的试验。

此外，1835～1836 年绘制奥布和塞纳-瓦兹的地质图。1843 年出版塞纳-瓦兹和塞纳-马恩矿区地质图。

（陈民生）

迪普雷，A. L. V.（Dupré，Athanase Louis Victoire） 法国人，1808 年 12 月 28 日生于法国瑟里谢，1869 年 8 月 10 日卒于雷恩。热力学、数学。

是虔诚的天主教徒。1826 年进巴黎高等师范学校就读。1829 年通过考试，在雷恩皇家学院教数学和物理学。1847 年任巴黎理学院的数学教授，1866 年任理学院院长。

撰写的关于勒让德理论的数学论文，在 1858 年法国科学院组织的数学竞赛中获胜。最后 10 年转向研究热的动力说，热心于将热力学的最新理论介绍到法国。1866 年获法国科学院的博尔丹奖金。撰写的教科书《热的动力说》于 1869 年出版。

（谈淑梅）

麦卡拉，J.（MacCullagh，James） 爱尔兰人，1809 年生于爱尔兰蒂龙郡，1847 年 10 月 24 日卒于都柏林。光学、晶体学、数学物理学。

贫苦农民的儿子，但他继承富有的祖父的部分财产，设法进入都柏林三一学院求学。1833 年在三一学院任数学教授，1842 年任自然哲学教授。1833 年成为爱尔兰皇家学会会员。此后成为英国皇家学会会员。他一生未婚。因议会竞选失败和过度操劳而患精神病，38 岁时自杀。

曾给菲涅耳波动光学以严密的证明。1837 年发表晶体的反射和折射定律的唯象理论。W. R. 哈密顿将他的方法称为“数学归纳法”，并称赞这个方法优于

"动力学演绎法"。1839年发表的"关于晶体反射和折射的力学理论"中提出"力学推论"方法。这篇论文堪称英国19世纪后半期卓有成效的数学物理学的典范。在几何学方面的论文以深入有趣、风格典雅著称。有关二阶曲线的论文颇有独创性。1838年获爱尔兰皇家学会第一枚金质奖章。并获英国皇家学会科普利奖章。（陆伟良）

米勒，J.（Müller，Johann（Heinrich Jacob））　德国人，1809年4月30日生于德国卡塞尔，1875年10月3日卒于布赖斯高地区弗赖堡。光学、磁学、热学。

童年是在法兰克福等地度过的。1829年入波恩大学学习数学和物理学。1832年入吉森大学学习化学、物理学和数学，1833年获哲学博士学位。1837年在吉森当中学教师。1844年任弗赖堡大学的物理学和工艺学教授。

在光学、磁学、光辐射和热辐射等方面进行过一些研究工作。最有意义的工作是他编写的《物理学和气象学教程》。这本书原是在普依莱教科书的基础上改编供非物理系学生用的。1842年第一版为2卷本。1856年米勒把自己的观察扩充为本书的第3卷《宇宙物理学教程》，同年A. E. 菲克为此书撰写一个补编。米勒还写过许多概论之类的著作。（唐玄之）

约利，P. J. G. von（Jolly，Phillipp Johann Gustav von）　德国人，1809年9月26日生于德国曼海姆，1884年12月24日卒于慕尼黑。实验物理学、仪器研制、地球物理学。

1829～1834年在海德堡大学和维也纳大学学习工艺学和力学。后又在柏林大学专攻数学和物理学。1834年在海德堡大学获数学、物理和工艺学博士学位，1839年任数学教授，1846年任物理学教授。1854年起在慕尼黑大学任教直至退休。是巴伐利亚科学院院士，长期任慕尼黑地理学会会长。

他以仪器和测量方法的研究而著称，成为知名的实验物理学家。建造和改进了许多测量装置，包括弹簧秤、测定气体膨胀系数的空气温度计、气体燃化计及汞气泵。大大提高了天平的精度，据此测定了地球引力。还测定了空气中氧含量的变化，这对气象学是重要的。（夏元复）

科尔劳施，R. H. A.（Kohlrausch，Rudolph Herrmann Arndt）　德国人，1809年11月6日生于德国格丁根，1858年3月9日卒于埃朗根。电学。

他在许多学校教授过数学和物理学。1853年任马尔堡大学教授。1857年任埃朗根大学教授。是化学家兼物理学家F. W. G. 科尔劳施的父亲。

1848年证实了电路中的欧姆定律。1849～1853年测量了各种电池的电动势。1856年与韦伯一起用韦伯改进的正切电流计测定了莱顿瓶放电时放电电流的值（电磁单位），把这个值与放电以前所测出的莱顿瓶的电量（静电单位）相比较，发现静电单位电量跟电磁单位电量的比值等于3.107×10^{10}厘米·秒$^{-1}$。这与当时测出的光速的值相接近。基尔霍夫1857年利用这个比值与光速相吻合的结果，说明电荷沿导体的分布也是以光速进行的。（马文蔚）

勒尼奥，H. V.（Regnault，Henri Victor）　法国人，1810年7月21日生于法国艾克斯拉沙佩勒（今德国亚琛），1878年1月19日卒于巴黎。凝聚态物理学、物理计量学、有机化学。

早年父母双亡使他成为孤儿。先后在巴黎综合工科学校和巴黎矿业学校读书。1836年在巴黎综合工科学校作M. 盖-吕萨克的助手，1840年接任化学教授。同年被选为法国科学院院士。1841年任法兰西学院物理学教授。1854年任著名的塞夫尔瓷器厂厂长。晚年由于所有设备、书籍与重要研究成果均被普鲁士士兵毁坏，儿子在普法战争中阵亡和自身的伤病而境遇凄惨。

在物理学方面，以惊人的毅力和技巧广泛精确地测定了固体和液体的比热容、气体的膨胀系数，以及涉及蒸汽机设计和运转在内的所有物理常数。用实验数据证明杜隆-珀替定律与波义耳定律仅是近似正确的。在化学上的贡献是发现了氯乙烯、二氯乙烯、三氯乙烯和四氯化碳。曾获英国皇家学会的朗福德和科普利奖。

（谈漱梅）

沃特顿，J. J.（Waterston，John James）　1811年生于苏格兰爱丁堡，1883年6月18日卒于爱丁堡附近。分子运动论、物理化学、天文学。

受教育于爱丁堡大学。毕业后任土木工程师，仍继续在大学听课。21岁去伦敦，在英国铁路、土木工程和水文部门任职。1839年去孟买的东印度公司工作，1857年回苏格兰。

在1843年的一篇论文中论述了气体分子运动论的一些基本原理，但在当时未引起注意。1845年向英国皇家学会的《哲学学报》提出一篇题为"由自由运动的弹性分子组成的介质物理学"的论文，更加系统的阐述了自己的气体理论，但未能发表，仅在1846年的学报上刊登了简短的提要，而文中关于能量均分定理的首次叙述刊登在1851年英联邦会议的文摘上。去世后8年人们才从学会的档案室发现该文的底稿。如果及时发表，气体分子运动论能够提前10年或15年建立。还发表过关于太阳辐射、天文学和物理化学的论文。在1858年的一篇化学论文中估计水分子的直径约为10^{-8}厘米，比洛喜密脱早7年。（谈漱梅）

布拉维，A.（Bravais，Auguste）　一译布喇菲。法国人，1811年8月23日生于法国安诺内，1863年3月30日卒于巴黎附近勒谢奈。晶体学、地球科学、植物学。

一位法国医生的第九个儿子。1829年进入巴黎大学斯坦尼斯拉斯学院学习。不久转学于巴黎综合工科学校，1833年毕业。1837年获里昂大学哲学博士学位。在大学最后阶段开始在海军中服役，1857年退役。1840～1845年在里昂大学理学院讲授天文学和应用数学。1845年任巴黎综合工科学校物理学教授，1856年任物理学系主任。1844年当选为里昂皇家科学、文学与艺术学会会员。1854年当选为法国科学院院士。

主要科学贡献在于晶体结构几何理论方面的研究。1848年发表论文，提出一切可能的不同空间晶格型式仅有14种，修正了3年前德国学者弗兰克海姆（M. L. Frankheim）关于晶体内部空间格子排列型式有15种的说法，以后被科学界称为“布拉维晶格”。1851年进一步指出了实际晶体的晶形和内部结构之间的关系，后被实验研究基本证实。首创选用4个结晶轴对六方晶系晶体、三方晶系晶体进行定向的方法。这种定向后被称为布拉维定向，而相应的晶面指数则称为布拉维-米勒（Bravais-Miller）指数。主要著作有《晶体学论文集》（1847年）、《结晶学研究》（1866年）等。

对地质学、水文学、地磁学、气象学、天文学、植物地理学等领域都有过广泛研究。1832年曾考察法国非尼斯泰尔地区地质、法国最长河流卢瓦尔河；数次乘海军军舰到地中海勘测北非海域、阿尔及利亚等地沿海，到挪威拉普兰进行天文和气象、地磁等地球物理考察；1841年登上阿尔卑斯山福尔峰观测天象；1844年到阿尔卑斯山地区勘查当地植物地理学概况，登上勃朗峰和福尔峰；1854年参与组建法国气象学会。

（李啸虎　秦　嘉）

威廉密，L. F.（Wilhelmy，Ludwig Ferdinand）　波兰人，1812年12月25日生于波美拉尼亚（现属波兰），1864年2月18日卒于德国柏林。分子运动论、物理化学。

起先在柏林大学学习药学。尔后在柏林、吉森和海德堡等大学研究化学和物理学，1846年获博士学位。1849年在海德堡任编外教授。5年以后移居柏林。终身未娶。

在物理方面，于1846年假定分子之间有热力和内聚力相互作用，并利用气体膨胀的勒尼奥系数去计算内聚力。1851年企图推导几种化合物的物理性质之间的关系。例如，认为有同样比重和同样沸点的同分异构化合物有相同的膨胀系数，假如沸点不同，膨胀系数跟它成反比。

在化学方面，因第一个测量均质化学反应速度而著名。1850年发现甘蔗糖跟酸反应的速度与糖的浓度 Z 及酸的浓度 S（假定 S 在整个反应中是不变的）成正比，即 $-\frac{dz}{dt}=MZS$，M 称为反应速度常数。

（谈漱梅）

汉克尔，W. G.（Hankel，Wilhelm Gottlieb）　德国人，1814年5月17日生于德国哈茨山脉埃斯莱本，1899年2月17日卒于莱比锡。晶体学、电学。

就读于哈雷大学。1835年当物理实验室助理。1839年获博士学位，论文题为“晶体的热电性”。1840年主持哈雷大学化学讲座。1847年任该校物理教授。1849～1887年在莱比锡大学任物理学教授。

是研究晶体的热电现象和压电现象的一位先驱者。1850年创制了一种高灵敏度的静电计，使之与显微镜联合使用。发现晶体的热电性跟光的偏振面旋转有关。试图从晶体的结构出发来说明晶体的一些奇特的性质。还研究金属与无机物之间的热电流。较精确地测定伽伐尼电动势的序列。也进行过大气电方面的研究。

（马文蔚）

迈耶，J. R.（Mayer，Julius Robert）　德国人，1814年11月25日生于德国符腾堡地区（今巴登-符腾堡州）的海尔布隆，1878年3月30日卒于同地。热力学、能量守恒律。

父亲是药店商人，母亲是装订工的女儿。他少年时在海尔布隆进大学预科学习。1829年转入教会学校神学研究班，当时的学习成绩一般。1832年高中毕业后进蒂宾根大学学医。1837年因参加秘密学生组织被捕后被开除，但第二年又通过国家考试取得医学博士学位。1839～1841年随荷兰商船出国游访，在船上当内科医生。1848年因政治上的挫折，加上与哥哥弗里茨（Fritz）长久疏远及科学研究没有成就所带来的沮丧，使他在1850年企图自杀。19世纪50年代因精神错乱病多次发作几次被收容所拘留。直到1860年以后他的学术成就才逐渐得到国际承认。1870年被选为法国科学院外籍院士，并获蓬莱奖金。1878年因肺结核去世。

在雅加达、爪哇通过生理观察发现运动和热在自然界中可以相互转换的现象，从此开始了毕生对能量守恒原理的研究，成为能量守恒原理的奠基人。生前后期虽受到科学界尊重，但由于他很少与科学团体联系，限制了他利用有影响的期刊、杂志和出版商。一些著名的刊物，如波根多夫编辑的《物理与化学年鉴》拒绝发表他的文章。这就阻碍了对他的学术思想的承认。他是有创造性的思想家，能大胆提出假定和具有综合别人成果的能力，还具有深刻的洞察力。他在物理学上建立的能量守恒定律就是生活中观察总结得出的。1842年在“关于无生命自然力的评论”一文中提出了能量可以转换的明确观点。他所得出的能量守恒定律起源于生理学。1845年在“和新陈代谢有关的有机运动”一文中，把能的守恒概念推广到磁能、电能和化学能等。然而他几乎没进行任何实验，在他的论文中又没有使用数学分析，把科学研究仅停留在业余爱好的阶段。他的论文在19世纪60年代，大都已有英译本流传国外。1871年获英国皇家学会的科普利奖。

（陆伟良）

勒康特，J.（Leconte，John）　美国人，1818年12月4日生于美国佐治亚州萨凡纳，1891年4月29日卒于加利福尼亚州伯克利。声学、医学。

是佐治亚州大农场主、业余植物学家 L. 勒康特 (Louis Leconte) 之子，博物学家约瑟夫·勒康特之兄。1835 年进佐治亚大学富兰克林学院，1838 年毕业。1841 年获纽约内外科医学院医学博士学位。4 年后被任命为富兰克林学院的化学和博物学教授。1856 年任南卡罗来纳学院的物理学和化学教授。国内战争期间在南部联邦政府工作。1869～1891 年任新创办的加利福尼亚大学教授，并两度担任代理校长，1876～1881 年任校长兼物理系主任，直到去世。

科学兴趣十分广泛，发表的著作涉及医学、物理学、生理学、植物学、天文学和地球物理学。早年研究过鳄鱼的神经系统，发展了医学研究中的定量方法——统计医学。1858 年设计出显示声波效应的装置，并对声波在水中的造影进行过研究。1858 年发表论文，探讨音乐旋律对煤气喷口火焰的影响。1864 年在《哲学》杂志上发表论文，用拉普拉斯理论解释空气中声速观测值与理论计算值不一致的原因。

（张之沧）

焦耳，J. P. (Joule, James Prescott) 英国人，1818 年 12 月 24 日生于英国兰开夏郡曼彻斯特附近索尔福德，1889 年 10 月 11 日卒于英格兰柴郡的塞尔。热学、电学。

祖先是德比郡的自耕农。自他祖父起就在索尔福德开设酿酒厂。在家中 5 个孩子里，他排行第二。幼年与哥哥一道在家里受启蒙教育。1834～1837 年由 J. 道尔顿教他俩基础数学、自然哲学和化学。1847 年结婚。1850 年被选入英国皇家学会会员。1854 年妻子去世，留下 2 个孩子。晚年由于酿酒业的失败而失去了财力来源，后来从科学团体那里得到一些赞助才完成了最后的重要研究。1878 年在朋友的帮助下，从政府领取养老金生活。这时记忆力也开始衰退，晚年长期受到病痛的折磨。

由于对能量守恒和测定热的机械当量的贡献得到科学界的肯定。19 岁时在自学成才的 W. 斯特金的影响下开始独立地从事研究。开创性的研究工作是设在家中啤酒厂的实验室取得的，不久从业余的科学爱好者转变为一个严肃认真的科学研究者。1937 年发表他的第一篇科学论文，内容是关于电动机，认为它的功率要比当时流行的蒸汽机大得多，但电池配件比用煤做燃料贵得多。不久又研究了电流产生热量的定量定律。把一浸漆线圈放在充满水的试管中，改变电流和电阻可以量出水温的不同变化。1840 年 12 月，得出产生的热量与电流强度的平方成正比、与电阻成正比的定律。1841 年，他在英国皇家学会会刊《哲学学报》上发表了关于电池和热效应的研究成果。1842～1843 年，俄国的楞次也独立提出了传导电流将电能转换为热能的定律。于是此定律被命名为焦耳定律，或焦耳-楞次定律。1842 年开始对电流热效应进行综合研究。1843 年 1 月，明确地认为化学反应所产生的热跟电流流过导体所产生的热是等效的。后来把电动机的旋转电枢放在一封闭的贮水量已知的圆柱器内，电枢转动后水温有所提高。在这实验中热来自机械动力。计算电流所产生的热量与对电动机所作的功，建立了热功之间的严格的等效性，并第一次测出了这个等效系数。1845～1847 年，又做了一系列热的机械当量的实验，测量了空气在膨胀或压缩过程中吸收或放出的热量，以及用桨状叶轮搅拌水或其他液体时所产生的热量。

1847 年 4 月在曼彻斯特作了一次通俗演讲。这篇演讲发表在 1847 年 5 月《曼彻斯特信使报》上，题为“论物质，活力和热”。这篇文章详尽地描述了富有创造性的测量方法，极其生动地描绘“活力”转变为功和热的图像，以及提出了热的本性的运动观点和物质的微粒性结构。1847 年 6 月在英国协会牛津会议上宣读关于能量守恒观点的论文。起初没有受到会议主持人的重视。讲演结束后即将转入其他议题时，年仅 22 岁的 W. 汤姆孙（后来称开尔文勋爵）认识到这个课题的重要性，积极支持和倡议会议就他的论文重新进行讨论。从此，他的观点才受到科学界的重视。从事热的机械当量实验，前后约有 40 年之久。由于仪器的逐步改进、方法臻于完善，所测的当量值也趋于精确。

1852 年发现非理想气体通过多孔塞缓慢膨胀时可使气体冷凝的效应。W. 汤姆孙也同时研究这个问题，他们开展了合作，用实验证实了后来被称为焦耳-汤姆孙制冷效应。他在科学上的最后一个贡献，是在电流热效应的基础上，采用高精度的热的机械当量实验，确定了电阻的标准，1878 年完成了这个实验。出版有《焦耳科学论文集》(2 卷，1884～1887 年)。

（马文蔚）

邹伯奇 (Zou Boqi) 字一鹗，又字特夫。中国清代广东省南海县人，嘉庆二十四年（1819 年）生，同治八年（1869 年）卒。光学、仪器研制、摄影术。

他既重视中国数千年来的科学技术遗产，也注意吸收外国的先进科学技术。从事天文观测，也参加过广东省地图测绘的工作。在数学、光学、测量学、地理学、天文学等学科研究中也取得不少成果。

他的光学论文有“格术补”和“摄影之器记”。“格术补”是一篇比较完整的几何光学著述。文中他用“光复”或“复光”（即邻近光斑互相重叠）来解释大孔成的像边缘不清楚的问题。对光的折射也做过实验研究。在物体和观测者之间分别放置平板玻璃、三棱镜和单凸透镜，来观察光线被折射的情况。还对凸透镜、凹透镜、凸面镜和凹面镜进行实验，观察它们的焦点。望远镜早于明末传入中国，也有人制造过。他用三个、四个或五个透镜分别组成透镜组来制作望远镜。发现这样比两个透镜的效果好。这实际上是在摸索消除望远镜的色差，并取得了一些成绩。他还制成了两种反射望远镜，叫做“回光铁镜”。又制作了一架便于俯视的折射型的天文望远镜，叫做“观象仪”。还研究过显微镜。

在光学方面的重要成就是开创了中国最早的照相术。1844年他制成了一种“摄影器”。这是在木制暗箱前安装一个筒，筒内装一凸透镜，筒可进退，使在暗箱的白纸（或乳白色玻璃）上出现所需要的图画。他曾用此仪器来测绘地图。他为自己照的相片及其手稿仍保存至今。手稿中从照相过程到洗相和药料配方都作了叙述，是中国有关照相术的最早文献。在他的照相药水的配方中，有些药料就是本地所产，并指出其产地，这是很可贵的。他对照相术的研究接近于当时的国际水平。

他的著作生前没有出版，遗稿的一部分以《邹徵君遗书》于同治十二年（1873年）刊印出版，还有《测量备要》等著作却未能问世。另著有《甲寅恒星表》、《赤道星图黄道星图》等。有的已散失。

（唐玄之）

斯托克斯，G. G.（Stokes，George Gabriel）

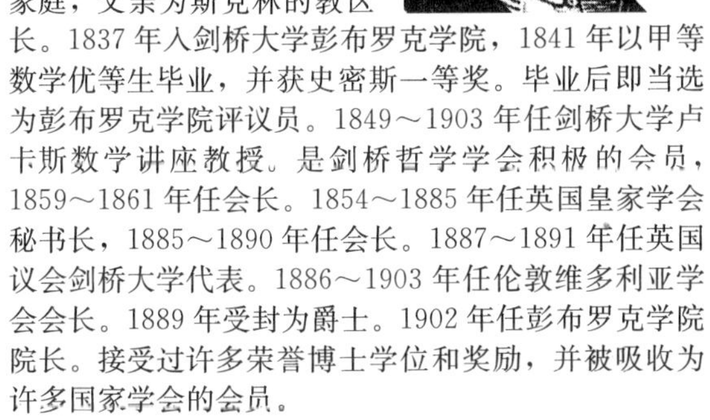

英国人，1819年8月13日生于爱尔兰斯莱戈郡斯克林，1903年2月1日卒于英国剑桥。流体动力学、固体物理学、光学。

出身盎格鲁-爱尔兰人的家庭，父亲为斯克林的教区长。1837年入剑桥大学彭布罗克学院，1841年以甲等数学优等生毕业，并获史密斯一等奖。毕业后即当选为彭布罗克学院评议员。1849～1903年任剑桥大学卢卡斯数学讲座教授。是剑桥哲学学会积极的会员，1859～1861年任会长。1854～1885年任英国皇家学会秘书长，1885～1890年任会长。1887～1891年任英国议会剑桥大学代表。1886～1903年任伦敦维多利亚学会会长。1889年受封为爵士。1902年任彭布罗克学院院长。接受过许多荣誉博士学位和奖励，并被吸收为许多国家学会的会员。

理论和实验研究涉及自然科学的许多领域。系统地研究了流体动力学、固体的弹性及波在弹性固体中的行为（包括光的衍射），并结合解决物理学重大问题进行有关的数学分析。还研究电与磁、光、重力、声、热、气象学、太阳物理和化学中的问题。

1845年推导出关于粘滞流体所受阻力的斯托克斯定律。很早就研究以太性质。1845年假定接近地球表面的以太完全被地球拖曳，越往高层被拖曳得越少。认为以太与空气的关系正像稀浆糊与水的关系一样。根据其理论将会产生以太湍动，这对解释光行差和垂直光线的直线路径并不成功。1850年把自己的流体内摩擦理论应用于摆。由于对摆的理论分析和实验观察，加上对地球表面重力的研究，成了当时英国第一流的研究大地测量学原理的学者。

1851年设计并亲自制作了分析椭圆偏振光的仪器。1852年发表的论文中用来表征偏振光的4个参数被称为斯托克斯参数。由于对荧光所作的研究，1852年获英国皇家学会朗福德奖。这一研究指出，发光物质因吸收电磁辐射（X射线、紫外光、可见光等）而发射荧光时，荧光的波长总是较所吸收辐射的波长为长，或者至少同它一样。这被称为斯托克斯定则。1860年首先提醒化学家在分析有机物质时注意和利用光学性质——吸收和颜色反应。是把光谱分析和化学反应结合起来研究血的倡导者。自1854年任英国皇家学会秘书长后，论文大为减少。1893年获英国皇家学会科普利奖。

在数学上，1848年发现函数极限的一个重要概念——一致收敛，但未能严格表述。1850年计算了$\int_0^\infty \cos\frac{\pi}{2}(x^3-mx)\mathrm{d}x$的值。1857年得出了$\frac{\mathrm{d}^2w}{\mathrm{d}z^2}-9zw^2=0$方程的解。

（马见慈）

傅科，J. B. L.（Foucault，Jean Bernard Léon）

法国人，1819年9月19日生于法国巴黎，1868年2月11日卒于同地。光学、实验物理学、技术发明。

书商的儿子。幼年因健康不佳而在家中受教育。原习医学，后对实验物理感兴趣，在家中建起实验室。1845年任《争鸣》杂志记者，经常报道科学界最新进展。1855年任巴黎天文台物理学家。1864年入选英国皇家学会会员。1865年当选为法国科学院院士。还是德、俄等国科学院的外籍院士。

被认为是19世纪中叶最伟大的实验物理学家之一，研究面极广，硕果累累。1851年在巴黎设计“傅科摆”，证明地球绕轴自转，摆长67米，悬于神殿圆顶中央。同年因这项工作得奖。另一重大贡献是改进了测光速的斐索法。用旋转镜面代替齿轮，证实光在各种介质中速度与介质折射率成反比。1850年和1862年两次测定真空中光速，并比较了空气中和水中的光速。以后迈克耳孙等人又对此方法逐步改进，作了一系列光速测定。首次观察到电学涡流（后人称之为“傅科电流”）；发明了傅科起偏振镜。是现代天文照相术的先驱者之一。1843年研制出弧光灯调节器并用于显微镜；1845年用“达盖尔银版法”拍下太阳表面最早的照片之一；1848年演示大脑如何将进入两眼的两种单色结合成为一个图像；1855年设计了光度计；1856年发明了断续器，以改进鲁门霍夫感应圈的性能；1857年研制玻璃镀银法，改进了双折射棱镜和望远镜的反光镜；同年发明了反射显微镜用的镀银椭球镜面；1858年精确测定和校正了镜面和透镜所得的图像；1860年发明天文学上跟踪观察仪器定日镜和定星镜等等，这些发明都有重要的科学意义。1894年还和本生、基尔霍夫一起通过光谱观察，揭示了钠蒸气D线的结构。1844～1847年和斐索合作进行了6项研究，发展了杨氏实验；1847年研究太阳来的热线的干涉，表明辐射热也具有波状结构。这些工作都对光的波动理论的发展起了重要作用。

因在实验物理学上的杰出贡献获得很多荣誉。由于摆和陀螺仪方面的成就，1855年获英国皇家学会科普利勋章。 （夏元复）

斐索，A. -H. -L.（Fizeau，Armand-Hippolyte-Louis） 一译费佐。法国人，1819年9月23日生于法国巴黎，1896年9月18日卒于茹阿尔附近文特尤。光学、天文光学、天体物理学。

父亲是巴黎医科大学病理学教授。早期追随父亲学医，但因健康不佳中断了学习。以后进法兰西学院改学物理，同时在巴黎天文台学习天文学。1860年成为法国科学院院士，1877年为物理学部副主任，1878年任主任。

77岁生日前5天，死于口腔癌。早期工作常与J. 傅科合作。1845年他们开辟了天文学的一个新领域，首次清晰摄出太阳表面的照片。后又研究了太阳光谱中的红外光，并用实验证明红外光和可见光一样会产生干涉环，对光的波动本质的认识作出了贡献。1848年描述了运动对恒星放射出的光的影响。曾对多普勒效应作出正确解释，建议将多普勒-斐索效应用于测定星球对地球的速度。1868年英国天文学家W. 哈金斯首次完成了这样的测量，彼此它成为天文学的有力工具。早在1849年，他就用非天文学方法首次测定了光速，还从实验上证明了光在各种介质中的速度是不同的。研究过测量以太对物质的相对运动。1851年测量光通过运动表面（如水面）时的频率变化。1864年研究用薄膜产生的干涉现象来测量微小晶体的热膨胀。1856年获法兰西学院特里尼安奖。1866年获英国皇家学会朗福德奖。 （夏元复）

贝克勒尔，A. -E. （Becquerel，Alexandre-Edmond） 法国人，1820年3月24日生于法国巴黎，1891年5月11日卒于同地。电磁学、光学、电化学。

贝克勒尔家族是一个为物理学作出重大贡献的家族，儿子A. -H. 贝克勒尔因发现天然放射性而于1903年获诺贝尔物理学奖，父亲A. -C. 贝克勒尔主要从事电化学的研究。A. -E. 贝克勒尔早年就追随父亲，并常与父亲合作。1840年获巴黎大学理学博士学位。1852年任巴黎大学物理学教授，1860～1863年任教化学。1878年父亲去世后接任自然历史博物馆馆长兼教授。1863年当选为法国科学院院士。

主要研究领域是电磁学和光学。1843年证明当电流通过液体时和通过固体时同样引起焦耳热。以后又在电化学领域作了很多研究，例如，修正了法拉第电化学定律；发现有些光致化学反应会产生电流，从而发明利用光化学反应引起的电流强度来测量光强的“感光计”。在光学上主要研究发光现象，发明“磷光计”以鉴别磷光物质及研究磷光体发出的光谱。在磁学方面主要从事研究抗磁性，对气体的抗磁性作了实际测定。 （夏元复）

丁铎尔，J. （Tyndall，John） 英国人，1820年8月2日生于爱尔兰卡洛郡利林布里奇，1893年12月4日卒于英国萨里郡欣德黑德。光学、磁学、热力学。

19岁前曾在卡洛国立中学上学。1841年在曼彻斯特从事地形勘测工作，1844年毕业于普雷斯顿机械学院。1847年在昆伍德学院任教。1848～1850年在德国马德堡大学深造，获博士学位。1853年任伦敦皇家研究院自然哲学教授，1867～1887年继法拉第之后担任该院院长。1852年入选英国皇家学会会员。

研究兴趣广泛，在晶体磁性、声学、热力学、微生物学以及地质学方面都有所贡献。1850年提出磁场中晶体受力形变是因受磁力和抗磁力双重作用引起的。1854年发现有机物质中热传输的某些特征。在研究光的微粒散射作用时，发现了著名的“丁铎尔效应”，即当一条很强的光线通过含有微小粒子的浑浊介质时，在入射光线的方向上能够见到一道很清楚的光径。1869年最先研究大气分子对太阳光的散射效应，首次说明了天空为什么是蔚蓝色的原因。思想活跃，由晶体压缩效应，联想到板岩解理和冰川运动；由尘埃对阳光的反射，联想到生物自然发生说的谬误，以及用高温来杀死空气里的微生物。证实了干空气对热射线吸收甚少，而水蒸气具有很强的吸收和辐射能力；测量了不同气体和液体对热量的吸收和透射，研究了不同声波在大气里的传播情况。提出了“不连续加热”消毒技术。这些开创性的工作在气象学、微生物学和工程技术中有着很大的实用价值。

擅长写通俗文章，对科学普及有颇大贡献。曾为公众作过多次科学讲演，受到听众好评。主要著作有《热是运动的一种形式》（1863年）、《论声音》（1867年）、《抗磁性与磁晶态作用的研究》（1870年）、《辐射热领域的分子物理学》（1872年）、《关于光学的六次讲演》（1873年）、《电学讲义》（1885年）、《阿尔卑斯山冰川》等。 （李士土）

洛喜密脱，J. J. （Loschmidt，Johann Joseph） 奥地利人，1821年3月15日生于波希米亚（今属捷克）卡尔斯巴德附近的普钦，1895年7月8日卒于奥地利维也纳。热力学、分子运动论、有机化学。

出身贫苦农民家庭。在教会帮助下进学校读书。1837年入布拉格大学人文学院预科。1839年在布拉格的德国大学学习古典文学和哲学。1843年毕业后未能实现当教师的愿望而转向工业。在A. 施勒特尔实验室工作到1846年底。这时他企图成为实业家，在屡遭失败并于1854年破产后，决心从事科学事业。1856年9月通过考试在维也纳获得一个教师职位，教授化学、物理和代数，同时利用业余时间进行科学研究。获得维也纳大学物理研究所主任J. 斯忒藩从实验设备和图书资料上所提供的帮助。1868年在维也纳大学任物理化学副教授，几个月以后获荣誉博士学位，后又任理化实验室主任，1877～

1878 年任理学院院长，1878～1879 年为代理院长，1890 年退休，获三等荣誉勋章。1867 年提名为维也纳帝国科学院的通讯院士，1870 年为正式院士。1869 年和 J. 斯忒藩共创化学物理学会。

在物理学方面，第一个准确计算了空气分子的大小。1865 年，从克劳修斯和麦克斯韦的气体分子运动论中关于平均自由程的讨论，算出分子直径为 0.5×10^{-7} 厘米。与后来用其他方法测定的结果基本一致。在 0℃和 1 标准大气压下每立方厘米的气体分子数为 2.7×10^{19}，此数现在称为洛喜密脱数。由该数再乘上 22.4 升即得 1 摩尔物质有 6.03×10^{23} 个分子，现在称为阿伏伽德罗常数。实际上阿伏伽德罗从未进行过相应的计算。还利用麦克斯韦速度分布律重新计算平均自由程，得出 $l=\frac{1}{\sqrt{2}\pi\sigma^2 n}$，式中 l 为平均自由程，σ 为分子直径，n 为分子数密度。这个结果比克劳修斯的计算更加精确。

在化学方面，第一个用连接线来表示多价原子的键；第一个将甘蔗糖看作醚类化合物；第一个预计到苯中碳原子的环形链结构式；第一个指出酒精是具有几个 OH 基，每个碳原子仅能与一个 OH 基结合；还正确地识别了甲苯，将甲酚与苯甲醇解释成同分异构现象；认为臭氧是由 3 个氧原子组成的；假定元素可以有多种价，例如，硫可以有 2、4 或 6 价等合作，发现硝酸钠转变为硝酸钾的过程，并将它用来制造火药。在理论方面，还第一个将热力学第二定律应用到化学的合成与分解；在考虑重力对分子分布的影响后，对麦克斯韦速度分布定律作了修正。他还进行过气体扩散的实验和研究。（谈漱梅）

克劳修斯，R.（Clausius，Rudolf） 德国人，1822 年 1 月 2 日生于普鲁士克斯林（现在波兰科沙林），1888 年 8 月 24 日卒于德国波恩。*热力学、分子运动论、电介质物理学。*

是一位牧师和小学校长的儿子，18 个孩子中的第六个。少年时期在父亲主持的学校读书，毕业后入斯德丁大学预科。1840 年进柏林大学学习数学和物理学，1844 年获任教资格证书。同年在韦尔德高级中学任物理学教师，同时攻读博士课程。1847 年获哈雷大学物理学博士学位。1850 年在柏林皇家炮兵技术学校任教。1855 年任瑞士苏黎世工业大学数学物理教授。1867 年任维尔茨堡大学教授。2 年后转到波恩大学，晚年任该校校长。主要研究工作是在去波恩之前进行的。1870 年普法战争期间，领导一个由波恩学生组成的救护队时受了伤。1875 年妻子生产时不幸去世，这双重打击影响了后期对科学的贡献。是多个科学协会的荣誉会员。

对热力学和气体分子运动论都有重要贡献。1850 年在“论热的动力”一文中，改进了克拉珀龙对卡诺循环的研究，摒弃了热质说；在热力学第一定律的基础上，从热的动力说研究卡诺循环，证明了卡诺定理；把热力学第二定律表述为“热不能自动地从较冷的物体传到较热的物体”。在该文中还首次引进状态函数 U，一年后开耳文把 U 称为内能。后来他把热力学第一定律表述为典型的微分表达形式 $\mathrm{d}Q=\mathrm{d}U+\mathrm{d}W$。这一公式的意义是，系统所吸收的外界热量 $\mathrm{d}Q$，在数值上等于它内能的增量 $\mathrm{d}U$ 与它对外界作功 $\mathrm{d}W$ 的总和。1854 年首次引进热力学函数“熵”的概念。1865 年把热力学第二定律表述为“在一切自动发生的过程中，熵单方向的增加”。最后把热力学的两个定律概括为著名的两句话：“宇宙的能量恒定不变，宇宙的熵趋于一个极大值。”但把热力学第二定律不恰当地引用到宇宙范围，提出了热寂说，认为宇宙的最后归宿是热平衡。

在 1857 年“论热运动类型”一文中正确地给出了理想气体的定义。又认为分子不仅有平动，还有转动与振动。平动能量 K 与总能量 H 的比值为 $\frac{K}{H}=\frac{3}{2}(\frac{C_p}{C_V}-1)$，式中 C_p 与 C_V 分别是定压热容及定容热容。对单原子气体，算出 $C_p/C_V=1.42$。由此第一次将热力学和分子动力论联系了起来。认为气体对器壁产生压强是气体分子对器壁碰撞的结果，从而导出了气体的压强公式。利用这一公式导出了波义耳定律和盖—吕萨克定律。还用压强公式从物理上论证了阿伏伽德罗的假说。论文还从分子运动的角度正确地解释了液体的蒸发。后来又推导出物质的蒸气压力同潜热之间关系的修正表示式，即克劳修斯-克拉珀龙方程。对气体分子运动论的另一贡献，是在 1858 年发表的“关于气体分子的平均自由程”的论文。该文引进了自由程概念，找出了平均自由程与分子大小之间的关系。当时一些人对气体分子运动论提出责难，为什么分子运动速度很大，而扩散却很慢呢？他指出这是由于分子之间频繁的碰撞所致。

1857 年为解释电解质溶液的电解提出部分离解的见解。认为在电解质溶液中有部分的分子以正、负离子的形式存在；在电动势作用下，这些正、负离子分别被阴极和阳极吸引而形成电流。后来被阿列尼乌斯证实。还研究了固体电介质，提出了描述分子极性同电介质常数之间关系的方程。1870 年第一个推导了维里（Virial）方程，但没有研究它的应用。对理论的最后一个贡献是根据二氧化碳的实验数据，对范德瓦尔斯状态方程式进行修正，得到克劳修斯方程式。接受过多种奖励，其中最著名的是 1879 年英国皇家学会的科普利奖。（谈漱梅）

利萨如，J. A.（Lissajous，Jules Antoine） 法国人，1822 年 3 月 4 日生于法国凡尔赛，1880 年 6 月 24 日卒于普隆比耶尔。*声学、机械振动、光学。*

1841 年进巴黎高等师范学校。1847 年取得中学高年级教师资格，成为巴黎圣路易公立中学的物理学教授。1874 年成为尚贝里学院的院长，次年为贝桑松学院院长。是法国科学院物理学部 1873 年候选人，但直到1879年才被选为通讯院士。

他喜欢演示振动现象，大部分实验都将振动放大成看得见的现象。关于杆的振动，他利用克拉尼的沙图法以决定节点的位置。还研究音叉在水面上所产生的波动。最为重要的研究，是于1855年用光的振动反射到屏幕上的方法来研究声振动。他指出，虽然声振动太快不能直接观察，但能够通过演示得到精确的调谐。1855年他建议为调谐乐器定义一个标准频率。

他得到两类振动曲线。第一类曲线，光线从音叉上小镜反射后再经过一个快速转动的大反射镜，反射到屏幕上，于是振动位移便以三角函数曲线的形式在屏幕上展示出来。第二类曲线就是现今广泛应用的所谓的“利萨如图形”。光线是相继从两个互相垂直振动的音叉上的镜子反射出来，由于“视觉暂留”的作用，就会在屏幕上显示出不同形状的曲线来。这种曲线的形式决定于两个音叉的相对频率、振幅和初位相。他喜欢用这种合成曲线来测定振动的参数以及分析更复杂的声学问题。如果一个是标准音叉，则曲线的形状可用来估计另一音叉的参数。对于声学中的“拍”的现象，利萨如图形一直是一个重要的研究方法。1873年因为对于振动的光学观察而获得拉卡兹奖。

（唐玄之）

克勒尼希，A. K.（Krönig，August Karl） 德国人，1822年9月20日生于德国威斯特伐利亚，1879年6月5日卒于柏林。分子运动论。

先后在波恩大学和柏林大学就读，1845年获博士学位。尔后任柏林大学帝国理学院教授。是1848年柏林物理讨论会的秘书。1855～1859年任《物理学进展》杂志主编。1861年因健康不佳而退休。晚年因眼盲和瘫痪丧失生活自理能力。

1851年编辑了3卷关于物理和物理化学的杂志，介绍国外重要的科学论著。因撰写1856年的论文“气体分子运动论”而被认为是气体分子运动论的创始人。假设原子自由地在容器壁之间运动；容器中的原子各有三分之一沿直角坐标系的每一坐标轴方向运动；断定在同样温度和压力下的相同体积内不同气体应包含相同数目的原子；认为如果温度是分子“活力”（即mv^2，其中m为分子质量，v为分子速度）的量度，则较轻的气体应该扩散得快些；同时解释了为什么压缩气体会使气体的温度升高。

（谈漱梅）

达维多夫，A. Ю.（Давыдов，Август Юльевич；Davidov，August Yulevich） 俄国人，1823年12月15日生于俄国利巴夫，1885年12月22日卒于莫斯科。流体静力学、分子运动论、应用数学。

出身医生家庭。1841年考入莫斯科大学，1845年毕业后留校工作，终身从事教育事业，1851年为教授。是莫斯科数学学会的创始人和首任会长（1866～1885年）。

1848年以题为“沉浸在液体内物体的平衡理论”的论文获硕士学位。第一个把综合分析的方法用于确定浮体的平衡位置，并用几何作图法进行分析。还研究了浮体平衡的稳定性问题。1851年通过了题为“毛细现象理论”的博士论文答辩。两篇论文均获得圣彼得堡科学院颁发的德米多夫奖。在数学方面也有许多贡献，如椭圆函数的偏微分方程和统计学概率原理的应用。还为中学编写大量优秀数学教材。在莫斯科大学教授数学和力学等课程达35年之久，培养了两代科学工作者。

（宋玉亭）

基尔霍夫，G. R.（Kirchhoff，Gustav Robert） 德国人，1824年3月12日生于普鲁士柯尼斯堡（今俄罗斯加里宁格勒），1887年10月17日卒于柏林。电学、光谱分析术、统计物理学。

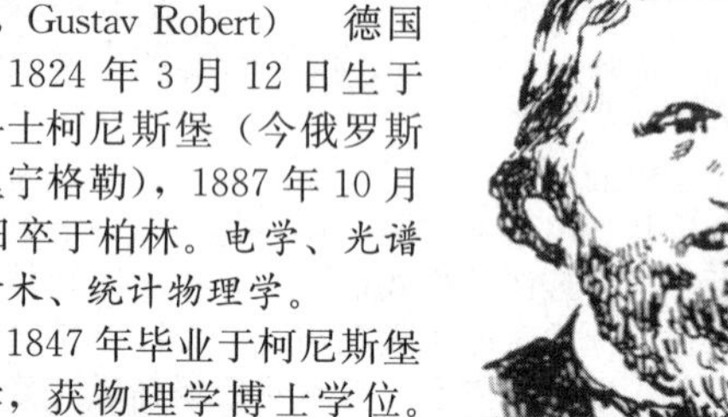

1847年毕业于柯尼斯堡大学，获物理学博士学位。同年与在科学事业上情投意合的C. 里歇洛特（Clara Richelot）结婚。1948年任柏林大学讲师。1850年任布雷斯劳大学编外教授。比他大13岁的化学家R. W. E. 本生于1851年来到该校，次年去海德堡大学，两人建立了深厚的友谊。1854年在本生的建议下，他也到海德堡大学，当了20年常任物理学教授，直至1874年。与本生合作的过程中，在科学上取得重大成就。1869年妻子去世，1872年跟L. 布罗梅尔（Luise Brommel）结婚。1875年因健康状况不好，妨碍他继续从事科学实验，于是到柏林大学担任理论物理讲座教授。1886年因患重病不得不停止教学。一年后去世。1875年当选为英国皇家学会外籍会员。

在物理学上的成就是多方面的。早在故乡柯尼斯堡大学读书时，就涉猎于新的电磁学领域。1845～1846年提出稳恒电流的经典理论，把线性导体网络中的电势和电流强度分布所遵从的定律用公式表达出来。这就是电工学网络分析中极为重要的一个定律——基尔霍夫回路定律。这些定律虽是在欧姆定律的基础上得出的，但比欧姆定律更有普遍性。这时他只是21岁的青年学生。1857年着手研究导体中电的运动理论。在发表的2篇论文中指出：在一纯导体线路中，振荡电流的传播速度跟导体的材料无关，其值等于光速，并得到著名的电报方程。

在严格实验的基础上，和本生共同提出光谱分析的方法。本生发明一种煤气灯，它可以产生具有很高温度和低发光度的火焰。在这火焰里，纯度很高的化学物质将被蒸发，从而能发射出非常窄的谱线。他们用特殊装备的光谱仪精确测出光谱线的位置。他们还测量各种混合物的光谱，发现每一种金属都有特定的谱线（应用这种光谱分析方法，1860年本生发现2种新的金属铯和铷）。他发现太阳大气中存在有钠、镁、铜、锌、钡、镍等元素。还正确地解释了夫琅和费线。1859～1860年和B. 斯图尔特独立地从实验中发现，某一波长的发射本领与吸收系数的比值，跟材料的性质无关，它只是温度和波长的函数。1862年引入“绝对黑体”概念；指出在给定温度下任何物体的发射本领与吸收系数的比值都是相同的，而且都等于该温度下“绝对黑体”的发射本领。这就是基尔霍夫定律。还提出黑体辐射的能量分布问题，这是整个辐射热力学的关键，对普朗克量子理论的建立起了促进作用。

（马文蔚）

韦尔德，M. É.（Verdet，Marcel Émile）　法国人，1824年3月13日生于法国尼姆，1866年6月3日卒于同地。电磁学。

出身法国南部的新教徒家庭。是19世纪中叶法国杰出的物理教师之一，曾在一些学院、学校和科学院担任教授。1862年后任巴黎法国科学院数学物理部主任。

主要科学工作是研究法拉第效应（M. 法拉第于1845年发现），即在磁场中的透明固体或液体引起的光的偏振面旋转效应。研究了法拉第效应与磁场强度、光所通过的介质以及光波波长的关系，发现磁旋光本领正比于磁场强度，反比于光波波长的平方，并与介质的折射率有关。磁旋光本领的一个计量单位后人称为“韦尔德常数”，它定义为在单位磁场强度中光通过介质中单位路程引起的偏振面旋转角。

当时法国对国外物理学研究了解甚少，他为此作了媒介，例如，焦耳、克劳修斯等的热力学就是由他引进法国的。

（夏元复）

汤姆孙，W.（Thomson，William）　封爵为开尔文勋爵（Lord Kelvin）。英国人，1824年6月26日生于爱尔兰的贝尔法斯特，1907年12月17日卒于苏格兰埃尔郡拉各斯附近内瑟哈尔。热学、电学、工程技术。

是格拉斯哥大学的工程学、数学教授J. 汤姆孙（James Thomson）的儿子。1841年入剑桥大学彼得豪斯学院，1845年以第二名甲等数学优等生毕业，并获史密斯一等奖。毕业后去巴黎大学，曾在雷瑙尔特（Regnault）的实验室从事实验工作一年。1846年受聘为苏格兰的格拉斯哥大学自然哲学讲座教授，任该职达53年之久。大约自1850年兼任铺设第一条横越大西洋的电报电缆公司理事，领导完成了这一电缆的安装工作。1851年当选为英国皇家学会会员，1890～1895年任会长。1866年受封爵士。1877年当选为法国科学院外籍院士。1866年封为爵士。1892年受封为开尔文勋爵。1899年退休后住在内瑟哈尔的庄园里，继续从事科学研究直至临终。

早年在数学、物理学方面深受J. B. J. 傅立叶和其他法国数学家的影响。例如，傅立叶关于热流在固体中传输的数学研究，为他研究导线中信号传递问题打下了基础。他也支持和影响了一些科学家，例如，卡诺在1824年发表的有关热的动力理论，直到20年后由于得到他的支持才受到普遍的承认；1847年他对焦耳的有关热功转换论文给以很大的支持；1856年他用分子的动力学性质解释了法拉第效应；他提出的电磁作用的传递跟固体中弹性位移的传播也许在形式上有某种类似的思想，对年轻的麦克斯韦产生了积极的影响，促使麦克斯韦在1857～1862年间为电磁场塑造出一种以以太为介质的场的模型，从而建立起电磁场方程组。

他的研究领域很广，主要涉及热学、电学以及它们的应用，对太阳能的来源、原子模型等也有所研究。1848年他在卡诺的热的动力理论的基础上建立了热力学绝对温标。这种温标与测温物质的具体性质无关，比其他任何温标都要优越。1851年发表有关“热的动力学理论”的论文，其中包括所谓严格的热力学第二定律的证明。1852年提出了热力学第二定律的另一表述。1853年计算了莱顿瓶放电的振荡特性。1854年发明海底电缆电报，并提出其信号传递的衰减理论。1852年起，与焦耳一起在盖-吕萨克和焦耳气体自由膨胀实验的基础上，实现了气体通过多孔塞膨胀所引起的冷却效应，称为焦耳—汤姆孙效应。

他设计和改进了许多高精度的测量仪器，如镜像电流计、静电计、双臂电桥（又称开尔文电桥）波纹收报机、声波探测仪等。藉助于他的镜像电流计，使海底电缆拍发电报速度从每分钟2～3个字提高到22～25个字。还获得一种著名罗盘的专利。开发了高质量传输电缆。在任格拉斯哥大学讲座教授后不久，就筹办了英国第一个供学生实验和研究用的教学实验室，并热诚指导学生进行创造性的研究。这个实验室也为他发展高精度的测量仪器提供了方便。

1867年提出“涡旋原子”的理论，认为物质粒子实质上就是介质中存在的涡旋管所形成的一种闭合、稳定的环。1901年又采用了富兰克林的电的单流体说，认为物质原子是由带正电的均匀球体以及它里面的带负电的分立的电子所组成的。这一原子模型与后来J. J. 汤姆孙提出的汤姆孙模型基本上是一致的。

认为太阳能的来源是由于陨星落进了太阳而将机械能转变成热的缘故。后来他和亥姆霍兹又提出了太阳收缩理论来说明太阳能的来源，并用它来估计太阳和地球的年龄。但他的估计与地质学家不一致。1896年放射现象的发现提供了一些估计地球年龄的新方法，证实地质学家的估计是正确的。

1900年4月27日在英国皇家学会上，他在题为“遮盖在热和光的动力理论上空的19世纪的乌云”的演说中说：“动力学理论断言热和光都是运动的方式，现在这种理论的优美性和明晰性被两朵乌云遮盖得黯然失色了。第一朵乌云是随着光的波动论而开始出现的。菲涅耳和T. 杨研究过这个理论，它包括这样一个问题：地球如何能够通过本质上是光以太这样的弹性固体而运动呢？第二朵乌云是麦克斯韦-玻耳兹曼关于能量均分的学说。”他还对当时物理学界大论战的前景作了精辟的科学预言，指出这两朵乌云注定会在未来卷起漫天的风暴。

一生共发表论文 300 多篇。出版有《静电学和磁学论文重印集》（1872 年）、《数学和物理学论文集》（6 卷本，1882～1911 年）、《大众演讲与通信》（3 卷，1889～1894 年）。（马见慈）

克尔，J.（Kerr，John） 英国人，1824 年 12 月 17 日生于英国艾尔郡阿德罗森，1907 年 8 月 18 日卒于格拉斯哥。*电介质物理学、磁学、光电子学。*

在乡村学校受初等教育。1841 年进格拉斯哥大学。1849 年以物理科学的最高成绩获得文科硕士学位。1845～1846 年先后在汤姆孙（D. Thomson）和开尔文指导下学习自然科学。是在开尔文由酒窖改建而成的实验室中工作的首批学生之一。1857 年任格拉斯哥的独立教会师范学院的数学讲师，不久升任教授，在这岗位上工作 44 年。1868 年从格拉斯哥大学取得法学博士学位。1890 年被选入英国皇家学会。

他有两个重要的发现。一是在 1875 年的论文“电和光之间的新的关系：电介质的双折射”中宣布，玻璃在强电场中呈现出双折射性质。在以后的论文中，指出其他许多物质，包括许多有机液体，也有这样的效应。还发现这个效应与电场强度的平方成正比。二是发现一束平面偏振光从一个磨光的电磁铁的磁极上反射后变为椭圆偏振光。这是在 1876 年一个会议上宣布的，有关论文“从磁极上反射后偏振面的旋转”于 1877 年发表。通常把第一个发现叫做电光克尔效应，简称克尔效应。而第二个发现叫做磁光克尔效应。由于当时的研究设备比较有限，因此他发表的论文数量不多，但质量却相当高。1898 年获英国皇家学会的皇家奖章。（唐玄之）

巴耳末，J. J.（Balmer，Johann Jakob） 瑞士人，1825 年 5 月 1 日生于瑞士劳森，1898 年 3 月 12 日卒于巴塞尔。*光谱学、几何学。*

中学毕业后赴，德国卡尔斯鲁厄大学和柏林大学学习数学。1849 年在瑞士巴塞尔瑞士以关于摆线研究的论文获博士学位。1858 年起在巴塞尔女子中学执教近 40 年，其间 1865～1890 年兼任巴塞尔大学讲师。

前半生侧重于研究几何学，后半生主要研究光谱系。1885 年发表论文“关于谱线的注解”，提出用公式 $\lambda=hm^2/(m^2-n^2)$ 计算氢原子光谱线的波长 λ，式中 $h=3645.6\times10^{-8}$ 厘米，$n=2$，$m=3，4，5，\cdots$ 整数，这就是著名的巴耳末公式。这一谱线系称为巴耳末线系。他还推测：如果给 n 赋于不等于 2 的整数值，可得到氢原子的其他谱线系列，它们存在于氢原子光谱的紫外区或红外区。该预言为以后的实验所证实。1897 年发表的另一篇论文“光谱线的一个新公式”中介绍了他对其他一些元素的光谱的研究。（高岳兴）

斯托尼，G. J.（Stoney，George Johnstone） 爱尔兰人，1826 年 2 月 15 日生于爱尔兰都柏林，1911 年 7 月 5 日卒于英国伦敦。*光谱历析、电学、天文学。*

弟弟、儿子和侄子都对科学技术作出重要贡献，都是英国皇家学会会员。1848 年在都柏林的三一学院毕业，在帕森斯城（今伯尔）天文台任罗斯（L. Rosse）的助手。以后当上戈尔韦女王学院的自然哲学教授。1857 年任都柏林女王大学校长。是爱尔兰皇家学会会员，也是都柏林皇家学会会员，当了 20 年的秘书长。1861 年被选入英国皇家学会。1898 年任学会理事会委员兼副会长。

对各个科学领域都感兴趣，对光谱分析尤甚。1868 年认为光谱线是由于原子内部的周期运动而引起的。1891 年根据轨道电子的拱动和进动去解释光谱中的双线和三线。1874 年在“关于物理学的自然单位”论文中，根据实验数据提出氢离子所带电量是基本自然单位之一。1891 年他首创电的基本单位叫做“电子”。后来 J. J. 汤姆孙所发现的带电“微粒”就以电子命名，一直沿用至今。

此外，写过许多天文学的论文，1897 年还根据动力理论论述月球上不存在大气。（周永平）

维德曼，G. H.（Wiedmann，Gustav Heinrich） 德国人，1826 年 10 月 2 日生于德国柏林，1899 年 3 月 23 日卒于莱比锡。*热学、分子运动学、科学传播。*

出身商人家庭，因父母早丧，5 岁后随祖父母生活。1844 年入柏林大学学习自然科学，1847 年毕业并获博士学位。与亥姆霍兹为同学结为终生挚友。1850 年任柏林大学讲师。1854 年受聘为瑞士巴塞尔大学教授。1863 年回国，任不伦瑞克综合技术学院物理学教授。1866 年转任卡尔斯鲁厄综合技术学院物理学教授。1871 年因物理化学方面的贡献，莱比锡大学提议他任新创设的物理化学讲座教授，但因其接受了该校物理学教授一职而作罢。1877 年接任《物理学-化学年鉴》主编。

曾与弗朗茨（R. Franz）合作，于 1853 年发现维德曼-弗朗茨定律，即在一定温度下，许多金属的热导率和电导率的比值为常数。在不伦瑞克期间，发现了化合物磁性可加定律；证明了含结晶水盐类的饱和蒸汽压仅与温度有关。由于他的主笔和组织工作，《物理学-化学年鉴》成为最著名的物理杂志之一，被誉为《维德曼年鉴》。（王长青）

斯图尔特，B.（Stewart，Balfour） 英国人，1828 年 11 月 1 日生于英国爱丁堡，1887 年 12 月 19 日卒于爱尔兰德罗赫达。*红外辐射学、气象学、地磁学。*

茶叶商的儿子。受教育于圣安德鲁斯大学和爱丁堡大学。后从事商业。10 年后由商业转向科学研究，先在伦敦郊外基尤天文台任助理，后在爱丁堡大学任教。1859 年任基尤天文台台长，致力于气象学、太阳

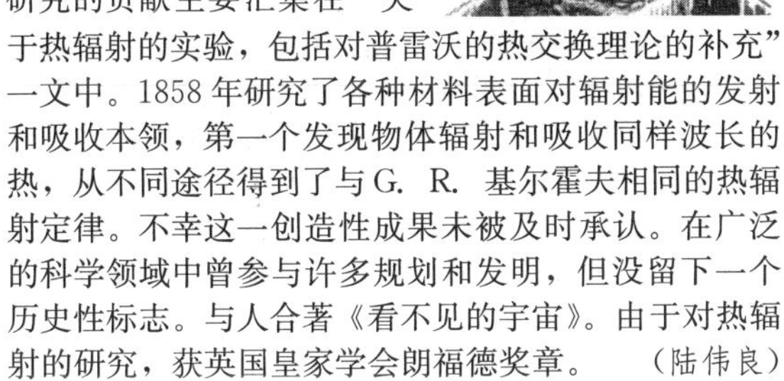

物理学和地磁学的研究，并被选为英国皇家学会会员。1870年任曼彻斯特大学欧文斯学院自然哲学教授。以后任曼彻斯特大学文学、哲学、物理学和心理学等学会会长。

对热辐射（红外辐射）研究的贡献主要汇集在“关于热辐射的实验，包括对普雷沃的热交换理论的补充”一文中。1858年研究了各种材料表面对辐射能的发射和吸收本领，第一个发现物体辐射和吸收同样波长的热，从不同途径得到了与G. R. 基尔霍夫相同的热辐射定律。不幸这一创造性成果未被及时承认。在广泛的科学领域中曾参与许多规划和发明，但没留下一个历史性标志。与人合著《看不见的宇宙》。由于对热辐射的研究，获英国皇家学会朗福德奖章。（陆伟良）

洛伦茨，L. V.（Lorenz，Ludwig Valentin） 丹麦人，1829年1月18日生于丹麦的埃尔西诺，1891年6月9日卒于哥本哈根。*光学、热学、电磁学。*

是一位土木工程师，从哥本哈根的丹麦工业大学毕业，在丹麦军事研究院和教师培训学院教书。

在物理学方面主要研究光学、热学和金属导电性等方面。1863年他与爱尔兰物理学家J. 麦卡拉各自独立地证明了关于光矢量的微分方程，正确地给出了光矢量在两个介质界面处的边界条件。他还从自己的方程导出双折射理论，这种理论现在重新得到应用。又从波动方程导出折射常数R的公式。几个月之后，荷兰的H. A. 洛伦兹从电磁理论也独立地导出这一公式，故常叫做洛伦茨-洛伦兹公式。在麦克斯韦电磁理论的论文发表后2年，洛伦茨以完全不同的方式独立地导出光的电磁场理论。弗朗茨（R. Franz）和维德曼证明，金属的热导率与其电导率之比，在温度相同时对所有金属为相同的常数。而洛伦茨通过在0℃和100℃的精密实验证明了热导率与电导率之比正比于绝对温度（热力学温度）这一结论。这个比例常数有时叫做洛伦茨数。

1890年，他用丹麦文发表一篇关于平面波被透明介质球所衍射的论文，其中包含第一次对给定容器中空气分子数的测定，并第一次正确估计出阿伏加德罗常数的数量级。通常把这一点归功于瑞利勋爵，其实瑞利是在9年之后才独立地发表了有关论文的。

在他的一篇未发表的文章中，发展了关于电话传输线中电流的一种理论，传输线中电流的衰减可以用增加单位长度上的电感来部分消除。因此他提议电缆用软铁包裹。后来亥维赛也独立提过此类建议。这项技术已经得到了应用。

当时的哥本哈根科学界都认为他是一位杰出的科学家，但由于他的理论的概念表述和数学运算都比较难懂，一些重要论文又是用丹麦文发表，所以他的许多成就没有能为同时代人所了解。（唐玄之）

鲁德，O. N.（Rood，Ogden Nicholas） 美国人，1831年2月3日生于美国康涅狄格州，1902年11月12日卒于纽约。*电学、生理光学。*

1852年从新泽西学院毕业。1852～1858年在耶鲁、慕尼黑、柏林等大学作研究工作。1863年任哥伦比亚大学的物理学教授，直至去世。1865年被选为美国国家科学院院士。

作为一个有才能和富有成果的实验物理学家，他测量过莱顿瓶放电的持续时间和介质的高电阻。获得并测量过10^{-9}大气压的高真空。他对科学最有意义的贡献是为比较不同颜色的亮度而发展起来的闪光光度技术。对生理光学和颜色理论特别有兴趣。1879年出版《近代颜色学》，这是一本对物理学家和艺术家都适用的通适读物。这本书被欧美画家广泛阅读，并被当作“印象主义者的圣经”，但他却不喜欢印象主义画家。（唐玄之）

泰特，P. G.（Tait，Peter Guthrie） 英国人，1831年4月28日生于英国苏格兰达尔基斯，1901年7月4日卒于爱丁堡。*热学、分子运动论。*

早年丧父，由叔伯扶养长大。相继在爱丁堡大学、剑桥大学求学，1852年获甲等数学优秀生第一名和史密斯奖而毕业。曾任大学的评议员、贝尔法斯特女王学院的数学教授。1860年任爱丁堡大学自然哲学教授直至去世前不久。

以关于自然科学的论文而著名，曾参与多种有关问题的争论，例如在热学方面偏袒本国的W. 开尔文和焦耳，贬低J. R. 迈耶和克劳修斯。与他人合作做过多种课题的实验，例如，设计一个研究涡旋烟环的装置；向爱丁堡皇家学会提出温差电的第一个示意图。在他写的关于气体分子运动论的论文中，第一个对沃特顿—麦克斯韦能量均分定理作出证明。（谈漱梅）

麦克斯韦，J. C.（Maxwell，James Clerk） 英国人，1831年6月13日生于英国爱丁堡，1879年11月5日卒于剑桥。*电磁学、气体分子动力论、天文学、理论物理学。*

出身于名门望族，父亲J. C. 麦克斯韦（John Clerk Maxwell）是律师，但十分爱好科学。是一位业余工程师，还是爱丁堡皇家学会的会员；母亲F. 凯（Frances Cay）是诺森伯兰郡议员的女儿。他8岁时母亲因肺结核病去世，幼小的心灵受到创伤，性格变得孤僻、内向。自小就受到父亲科学思想的熏陶，喜欢提出各式各样的问题。1847年进爱丁堡大学攻读数学和物理。1850年入剑桥大学，先在彼得豪斯学院，不久转入三一学院。1854年以甲等优秀生第二名的成绩完成数学学位考试。毕业后留校工作。1856年父亲去世。次年应聘到苏格兰阿伯丁的马里斯卡尔学院讲授自然哲学。1858 年跟院长的女儿凯瑟琳（M. D. Katherine）结婚。凯瑟琳不仅是一位温存的妻子，还支持和帮助丈夫进行科学研究。1860 年由于色彩视觉的研究获得英国皇家学会金质奖章时，他把奖章别在妻子胸前以示感谢。他们没有孩子。1860 年夏，经法拉第的推荐，他到伦敦大学国王学院任物理学与天文学教授。1865 年夏天辞去职务，回到出生地格伦莱庄园，专门从事电磁理论方面的研究，撰写论文。1867 年春他们夫妇到欧洲大陆旅行，目的是与大陆科学家进行学术交流，开阔学术视野。他们参观了各大学和研究机构的实验室，1868 年秋返回格伦莱庄园。1871 年受聘于剑桥大学，成为第一任实验物理学教授，并负责筹建卡文迪许实验室。在其具体指导下，1874 年卡文迪许实验室建成。5 年后他因腹部患癌症（一说患他母亲同样的肺结核病）去世。

他是一位杰出的理论物理学家。在电磁学、气体动力论、天文学、力学等方面都作出了重大的贡献。

在学生时代就显露出异常的天赋和探索精神。1845 年的一天，在爱丁堡皇家学会看到艺术家海伊(Hay）用一根绳子在画布上画出大小不等的椭圆曲线，对此很感兴趣。回家后也画起来并找到新的方法。不久，又找到了画卵形曲线的方法。进一步发现了卵形曲线所遵循的数学公式。还把这个公式跟光的曲面折射公式相对比，发现它们之间的相似性。利用寒假写了一篇关于卵形曲线绘制的论文。父亲把论文送给爱丁堡大学几位教授，查找了许多经典著作，终于在 200 年前的笛卡尔著作中找到了有卵形曲线的记载，但论文中的方法要简单得多，是一种新的方法。他们确信这是独立研究的成果。由于只是 14 岁的少年，所以在爱丁堡皇家学会会议上由福布斯代读这篇论文。他因此获得一枚金质奖章。该论文后来发表在爱丁堡皇家学会学报上。在爱丁堡大学学习期间，还发表“滚动曲线理论”的论文。这篇论文比卵形曲线的论文具有更高的学术水平。还对化学电池、光的特性和固体弹性等问题进行了探索。他于 1850 年 9 月来到剑桥大学，在最有名望的地质学家、数学家 W. 霍普金斯的指导下学习。完成了“论弹性固体的平衡”的论文，发明了所谓的鱼眼透镜。1850～1870 年研究颜色视觉问题，从实验中证实全部颜色可由红、黄、蓝三种基本颜色混合而得到。对人眼和动物眼睛做了大量观察，证明色盲是由于一个或几个视觉感受器失效而引起的。还拍摄了第一张彩色照片。

对土星环的研究也很有名。1855 年剑桥大学圣约翰学院悬奖征集关于土星光环的运动和稳定性的研究论文。2 年后他提出一篇题为“土星的光环”的论文。这篇论文指出，土星光环是由一群离散的小物体所构成，环中各层的速率是不相同的。1859 年由于这项研究成果获得亚当斯奖。直到 1895 年才有天文学家用摄谱仪发现光环各层具有不同的转动，从而证实了上述论点的正确性。

气体分子动力论是他做出重大贡献的领域之一，研究时间是 1859～1878 年。在研究土星光环时曾注意到大量运动物体之间的碰撞问题。1859 年 4 月完成土星光环论文后，看到 R. 克劳修斯的“论热运动的类型”和“气体分子的平均自由程”2 篇论文，文中把气体分子当作弹性小球并假设所有分子都以同一速率运动。他继承了克劳修斯气体分子运动论的核心，对分子具有相同速率这一假设作了修正。认为即使气体处于相同的条件下各分子的速率也是不相同的。1860 年首次利用概率概念导出在给定压强下气体分子速率分布的公式，即麦克斯韦分子速率分布定律。还利用这个定律讨论了气体的扩散、热传导和内摩擦等现象，给出了迁移系数与分子平均自由程的关系。由于当时的实验条件还不能证实麦克斯韦分子速率分布定律，加上这个定律应用于气体内摩擦现象所得的结果与液体、固体有所不同，不仅别人怀疑麦克斯韦分子速率分布定律的正确性，就连他本人也有所怀疑。直到后来实验证实了这些结果，麦克斯韦分子速率分布定律才为人们所接受。

最重大的贡献是在法拉第等人工作基础上创造性地提出系统的电磁场理论，并预言电磁波的存在。研究时间是 1854～1879 年。1854 年完成了颜色视觉的论文后，读了刚出版的法拉第的名著《电学实验研究》。对法拉第学说中的力线概念和电磁作用是通过媒质传递的见解非常佩服，并受到很大启发。但又深感这一学说的不足，在《电学实验研究》中竟没有一条数学公式。从理论物理学家的角度来看，法拉第学说缺乏理论上的严谨和高度的概括。和开尔文交换意见后，他决心用严密的数学理论来弥补法拉第学说的缺陷。经过一年努力，于 1855 年发表了电磁理论方面的第一篇论文“法拉第的力线”，论文中第一次用数学方程来表达法拉第力线的物理内容。这使得法拉第的学说第一次有了定量的表达式。法拉第给他的信中，对这篇论文作了如下评述：“当我看到给这个课题加上如此精深的数学时，起初几乎把我吓了一跳，后来我却惊异地发现，这个数学加得很妙。”

1861 年 10 月，又开始一度停顿的电磁理论研究。1862 年在《哲学学报》发表了第二篇论文“物理的力线”，在论文中，从电磁以太媒质的力学模型出发引入位移电流新概念。这样突破了第一篇论文只用数学方程表述法拉第学说的局限。导出了 2 个电磁场方程，指出变化的电场要引起磁场，变化的磁场也要引起电场。此外，在导出的方程中，电学量用静电单位，磁学量用电磁单位，于是在方程中出现比例系数 c。早先韦伯和基尔霍夫求得 c 值为 3.1×10^{10} 厘米/秒。这个值跟 1847 年斐索利用齿轮法测得的光速（3.15×10^{10} 厘米/秒）吻合得很好。这对启迪他提出光是一种电磁波起了很大作用。还首次提出了量纲分析方法。

1865 年秋在第三篇论文“电磁场的动力学理论”中完全抛弃了力学模型，以场的观点重新推导出电磁场的方程组。由这个方程组可以导出库仑定律、高斯定律、欧姆定律、安培定律、法拉第电磁感应定律等。这个方程组是电磁理论的高度概括，是已知各电磁规律的总结，同时又远远超过已有的实践，第一次预言了电磁波的存在以及光是一种电磁波。论文很快在英国皇家学会学报上发表，引起了整个科学界的重视。

之后专心致力于撰写电磁学理论。

经过多年的辛勤写作，1873年《电磁学通论》(2卷)问世了。这是一本具有划时代意义的、揭示了电磁现象内在规律的巨著，是人类探索电磁现象的总结。然而尽管这一理论具有内在的完美性，又和已有经验相符，但还是被一些物理学家所怀疑，怀疑电磁波是否真实存在。直到1888年赫兹从实验中证实了电磁波的存在以及光是一种电磁波后，电磁场理论才为人们所接受。这时他已去世9年，没能亲眼看到自己理论的辉煌胜利。他生前出版著作还有《热的理论》(1871年)、《物质与运动》(1876年)，身后出有2卷本《麦克斯韦科学论文集》。（马文蔚）

费德森，B. W. (Feddersen，Berend Wilhelm) 德国人，1832年3月26日生于德国石勒苏益格，1918年7月1日卒于莱比锡。*电学、电气工程、通信工程。*

早年经历不详。1858年因研究火花放电的性质得到博士学位。同年迁往莱比锡，直到去世。主要贡献是研究莱顿瓶放电引起的一系列阻尼振荡，用所谓“费德森照相术”进行记录。这项研究对长距离信号传输、无线电报等领域起了开创性作用。

（夏元复）

凯泰，L. P. (Cailletet，Louis Paul) 法国人，1832年9月21日生于法国科多尔省，1913年1月5日卒于巴黎。*低温物理学、大气物理学、仪器研制。*

机器制造商的儿子。在完成学业后管理父亲经营的工厂。曾任法国航空俱乐部主任。1877年当选为法国科学院通讯院士，1884年成为院士。

因研究气体的压缩和液化而著名。当时认为氧、氮、氢、二氧化氮、一氧化碳和乙炔这6种气体是“永久气体”，不能液化。1877年末和1878年初，用多级膨胀的方法使这6种气体全部液化，证实了1869年安德鲁斯的预言，为此于1883年获法国科学院的拉卡兹奖。其他贡献还有：在巴黎艾菲尔铁塔上建造的300米流体压力计装置；对物体下落时空气阻力的研究；制作类似自动照相机和空气样品收集器的仪器；用探空气球研究高层大气；为登山而设计的液氧呼吸器等。（谈漱梅）

罗塞蒂，F. (Rossetti，Francesco) 意大利人，1833年9月14日生于意大利特伦托，1885年4月20日卒于帕多瓦。*热学、太阳物理学。*

在维也纳大学攻读物理学，取得博士学位。24岁时到威尼斯大学教授物理学和数学。几年后到巴黎大学勒尼奥的实验室中工作。回到意大利后成为帕多瓦大学物理学教授。

由于在电弧温度方面的研究工作，促使他对太阳温度感兴趣。是使用热电偶测量太阳常数的先驱者。曾测得太阳表面温度为10 238K (今测值约6 000C)。这一工作曾获得特别奖，论文发表于1879年。

（马文蔚）

昆克，G. H. (Quincke，Georg Hermann) 德国人，1834年11月19日生于德国奥得河畔法兰克福，1924年1月13日卒于海德堡。*分子运动学、物理计量学。*

18岁进入柏林大学攻读物理学，学习期间还在本生实验室工作，1858年以汞的毛细常数的研究取得博士学位。1865年为柏林大学编外教授。1872年任维尔茨堡大学教授。1875年接替G. R. 基尔霍夫担任海德堡大学讲座教授。在许多大学教过书。是格丁根和柏林等科学院院士，英国皇家学会外籍会员。获牛津、剑桥等校授予的荣誉博士学位。

擅长测定和收集材料的特性和常数的数据。经常研究毛细现象。把测量表面张力的毛细管法和接触角法推广到测定溶液、熔化液以及两液体表面间的张力，取得许多成绩。还发展了一种测量方法，用来测定气体和液体的抗磁磁化率和顺磁磁化率，最后几年的主要工作是关于泡沫及其结构的研究。（马文蔚）

斯忒藩，J. (Stefan，Josef) 奥地利人，1835年3月24日生于奥地利克拉根福附近的彼得，1893年1月7日卒于维也纳。*热学、分子运动论、声学、电磁学。*

父母是南斯拉夫人。他于1853年进维也纳大学。4年后当中学教师，同时在C. 路德维希实验室里研究管中水的流动问题。1858年任维也纳大学讲师，1863年任数学和物理学教授，3年后担任实验物理研究所所长，这个研究所是多普勒于1850年创立的。1860年成为维也纳帝国科学院通讯院士，1865年为院士。1875年任科学院数学科学部主任，从1885年起担任副院长直至去世。1883年他主持维也纳国际电器展览科学委员会，2年后主持关于音乐定调的维也纳国际会议。当选为许多国外科学院的外籍院士，还获得国内外许多荣誉称号。

最重大的科学成就是1879年关于热辐射的研究。他根据自己的实验并总结他人的工作，指出辐射的热量与绝对温度的4次方成正比，并指出这个公式在整个温度范围内都与实验结果一致。1884年L. 玻耳兹曼从理论上导出这个公式，但指出这个公式只适用于完全黑体。这个公式被称为斯忒藩-玻耳兹曼定律。以后，斯忒藩根据别人对日光辐射的观察，运用自己的公式，算出太阳表面的温度约为6 000℃。

在其他方面的重要研究工作是关于气体中的热传导。为解决测量上的困难，他设计一种“导热计”。他的测量结果和根据气体动力论计算的结果很一致，对于空气和氢气尤其准确。1871～1872年研究气体的扩散，从理论上计算扩散系数和摩擦系数都与绝对温度有关，其计算值与麦克斯韦、T. 格雷厄姆和J. J. 洛喜密脱所得的结果一致。1874年他还论证两块玻璃板表面的粘着是一种流体动力学现象。

发表了许多关于热运动理论的实验和理论论文，

例如，关于蒸发、流体中的热传导、冰的形成、溶解、流体中的扩散、表面张力和蒸发的关系，包括“斯忒藩数”和“斯忒藩定律”。还发表许多声学的文章。对两个载流回路相互间磁效应的理论也有所研究，他和亥姆霍兹当时是法拉第—麦克斯韦连续作用理论在欧洲大陆上的仅有支持者。他在交流电理论中，特别是对线圈的感应系数作了重要的计算。他的许多实验和理论工作涉及物理学中微妙的难题。 （周永平）

维拉里，E.（Villari，Emilio） 意大利人，1836 年 9 月 25 日生于意大利那不勒斯，1904 年 8 月 20 日卒于同地。*金属物理学、电磁学。*

毕业于比萨大学。1860 年为该大学的数学和医学教授。1860～1871 年先后在柏林、佛罗伦萨等地生活和工作，后来到博洛尼亚大学任实验物理学教授。1900 年回到那不勒斯大学任教直到去世。

1873 年和一些人注意到金属通过交流电时所辐射的热比通过直流电时要大。开尔文和麦克斯韦从场的观点出发，用自感概念解释了这个现象。而他则认为所有金属都由磁分子组成，从超距观点出发，假定电流跟磁分子间系直接作用，用法拉第电磁感应定律也解释了这个现象。他的理论没有什么深远影响，但其实验结果被广泛地利用。 （马文蔚）

迈耶，A. M.（Mayer，Alfred Marshall） 美国人，1836 年 11 月 13 日生于美国马里兰州巴尔的摩，1897 年 7 月 13 日卒于新泽西州霍博肯。*声学、磁学、仪器研制。*

16 岁当机械工人。最初在巴尔的摩圣玛丽大学学习。这位自学成才的分析化学家 19 岁时发表第一篇论文，引起 J. 亨利的注意，并帮助他在马里兰大学当上物理学和化学助理教授，这时才 20 岁。1859 年任威斯敏斯特大学物理学教授。1863～1865 年在巴黎大学学习高等物理学、数学和生理学，回国后在宾夕法尼亚大学任自然科学教授。1866 年成为该校名誉哲学博士。1867 年任利哈伊大学物理和天文学教授。1871 年在史蒂文斯工学院筹建物理系。是美国国家科学院、美国文理科学院院士。

从事声、热、光和引力的研究，设计了一些科学测量仪器；还指挥拍摄 1869 年 8 月 7 日的日食照片。主要科学研究工作是声学，迈耶定律给出音调和听觉残留时间的定量关系。发明小磁针在磁场中漂浮的实验方法，以此作为 20 世纪以前探索原子结构的钥匙。他的实验得到开尔文的高度赞赏，后来为 J. J. 汤姆孙所引用。著作有 54 篇论文和 3 部科学专著。

（周永平）

马斯卡，É. É. N.（Mascart，Élenuthère Élie Nicolas） 法国人，1837 年 2 月 20 日生于法国夸鲁布尔，1908 年 8 月 26 日卒于巴黎。*光学、光谱学、地磁学。*

1858 年进入巴黎高等师范学校，1864 年获博士学位。1864～1866 年在梅斯教书。1868 年当选为法兰西学院院士，1872 年任该院物理学教授直至去世。1884 年入选法国科学院院士，任常务秘书，1904 年任院长。1892 年当选为英国皇家学会外籍会员。1900 年当选为英国电气工程师协会的副主席，这是第一次由非英国公民担任该职务。

研究的第一个问题是用照相法对太阳光谱的紫外区进行系统和精确的测定，同时对 10 种选定的金属的主要光谱的相对波长进行测定。这些数据和柯西色散方程符合得很好，因此获得 1866 年博尔丹奖。1866 年出版了第一本著作《力学基础》。他进行了几年实验，都不能用光学方法探测出地球相对于以太的运动，因此，1874 年被科学院授予大奖。1874 年前后，写成三卷本的《光学》。同时把自己的电磁学研究成果写进教科书中。1900 年写成一本关于地磁的书。是一位写教科书的多产作者。 （唐玄之）

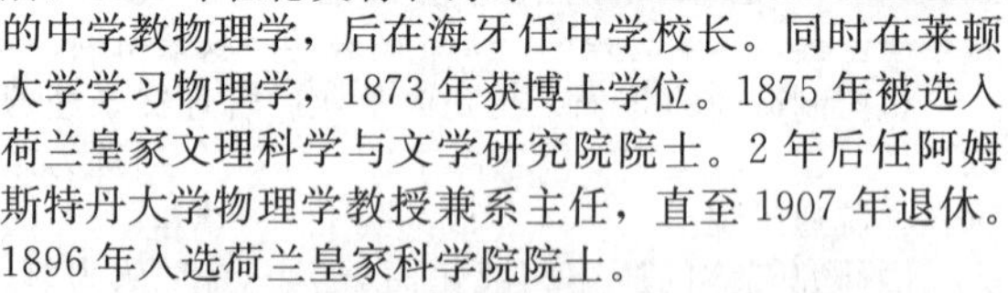

范德瓦尔斯，J. D.（Van der Waals，Johannes Diderik） 荷兰人，1837 年 11 月 23 日生于荷兰莱顿，1923 年 3 月 8 卒于阿姆斯特丹。*分子运动论、热力学、流体力学。*

木匠的儿子。起初在小学任教。接受中学教师培训后，1862 年在德文特和海牙的中学教物理学，后在海牙任中学校长。同时在莱顿大学学习物理学，1873 年获博士学位。1875 年被选入荷兰皇家文理科学与文学研究院院士。2 年后任阿姆斯特丹大学物理学教授兼系主任，直至 1907 年退休。1896 年入选荷兰皇家科学院院士。

受克劳修斯 1857 年发表的关于热运动的论文的启发，1873 年发表题为“论气体和液体状态的连续性”的论文，因此获博士学位。该文经麦克斯韦审阅，不久相继被译成德文、英文和法文。在该文中提出物质的气态和液态之间没有本质的差别，因此在确定气体的压强时，除考虑分子的运动外，还必须考虑气体分子间的引力和斥力（即分子本身的体积）。这样把理想气体状态方程 $pV=RT$ 修改为 $(p+\frac{a}{V^2})(V-b)=RT$，称为范德瓦尔斯方程。式中 V 为气体体积，p 为压强，T 为绝对温度（热力学温度），R 为摩尔气体常数，a 和 b 分别为考虑分子间的引力和分子本身的体积的修正量，对不同的气体有不同的数值，可由实验测定。从范德瓦尔斯方程可以导出对应态定理，并指导“永久气体”的液化。因为气体只有温度降低到临界温度以下才能液化，而从范德瓦尔斯方程可以算出临界温度，故该方程得到广泛的应用。出版《热力学教程》（1908 年）。由于对气体和液体状态方程研究的卓越贡献，获 1910 年诺贝尔物理学奖。 （谈漱梅）

马赫，E.（Mach，Ernst） 奥地利人，1838 年 2 月 18 日生于摩拉维亚（今属捷克）布尔诺附近的切尔利斯—图拉斯，1916 年 2 月 19 日卒于德国哈尔附近瓦特斯蒂坦。光学、声学、生理学、心理学、科学哲学。

在奥匈帝国度过一生。父亲 J. 马赫（Johann Mach）受过良好的人文科学教育，毕生精力用于养蚕、果园管理、阅读古典著作以及当家庭教师等方面；母亲是个性格温柔并具有艺术气质的妇女。他 14 岁以前在家直接接受父亲的教育，每天上午学习大学预科规定的科目并在住宅、花园和森林里进行观察和实验，下午参加父亲的果园劳动或学做木工。15 岁进入在克热姆热的公立皮亚里斯特大学预科六年级学习。讨厌宗教训练，但对论述自然科学的方法非常热爱。1855～1860 年就读于维也纳大学，学数学、物理学和哲学，1860 年以有关放电和感应的论文获博士学位。留校任物理学讲师。1864 年受聘为格拉茨大学数学教授，1866 年又任物理学教授。翌年在布拉格任查尔斯大学实验物理学教授，1882～1884 年任校长。1895 年返回维也纳大学，任历史和归纳科学理论教授，并讲授哲学课程。1897 年因患病半身瘫痪。1901 年辞去教授职位，在奥地利议会供职。去世时，爱因斯坦为他写了讣告。

作为一个著名自然科学家，在力学、声学、光学、热学等方面都有很多成就。是个训练有素的物理学家和实验家。1860～1864 年在老师 A. von 爱丁肖申（Andreas von Ettingshausen）的实验室工作，努力为多普勒效应寻找理论根据。撰写了一些论文，用分子振动的观点去说明气体的波谱，用“分子间的作用”去解释机械振动系统里的共振现象、流体的流动与密度、粘滞性与毛细现象的关系以及液体表面的曲率半径。他在物理学科内进行的研究中，包括各种与反射、干扰、偏振和紫外线相关的视觉实验，研究与力、电和光的现象相关的波的运动，并清楚地阐明由于玻璃棒与水晶棒的伸展和收缩而产生的纵向波的特性曲线。还研究在固体内及其表面放出火花所产生的力学效应。和他人合作，一起设计和改善光学的和摄影的技术，用来研究声波和声传播以及抛物体、陨星、爆炸和气流的气体动力学。和索尔彻（P. Salcher）合作撰写的著名的 1887 年的超声波论文中，指出了推进气体外围的冲击波和它的运动方向形成的锥角是与声速（υ）和抛射体速度（ω）有关。这个角叫马赫角。比值 ω/υ 就是后来于 1929 年阿克里特（J. Ackeret）提议采用的“马赫数”。马赫数在研究高速抛射体的空气动力学中是极为重要的参数。早在 1865～1868 年间他发现了现在所谓的马赫频带，这是由于立体散布的光刺激视力感觉而产生的生理效应的一种现象。1868 年之后在心理物理学研究中又把动觉感觉和平衡的变化同物理运动加速度及人体方位的变化联系起来研究，并执着地从事马赫频带、单眼透镜、听觉感觉器官的功能与解剖以及听觉的调节等实验。在布拉格、维也纳和莱比锡也都使用马赫实验室设计的规范仪器。

他平生大部分时间从事生理学、心理学、科学史和科学哲学等问题的研究。在《力学及其发展的历史批判概论》中，对经典物理学提出了许多根本性的质疑和批判，向牛顿的时空观和运动观提出挑战。关于惯性质量的见解以及对牛顿用以证明绝对运动的“水桶实验”所进行的批判，不仅冲破了经典物理学的坚实堡垒，而且还给爱因斯坦创立广义相对论以思想启发。

在哲学上，是经验批判主义的创始人之一。前期不承认原子的存在，不承认原子论，否认客观世界的存在，认为没有主体（意识、感觉）就没有客体（世界），把时空物质等客观事物看作是“感觉的复合”。把科学的概念、原理和理论纳入他的“思维经济原则”之中，宣称构成世界的是色、声、味、温度、压力、空间和时间等“要素”，而“要素”即感觉。还把要素说成是既不属于心理的也不属于物理的所谓“中立的东西”。由此标榜自己的哲学超于唯物主义和唯心主义之上。他对经典物理学中的物质、运动和时空观的批判，是建立在唯有感觉才是实在的信念之上的，他拒不承认相对论，断然拒绝爱因斯坦给他的“相对论先驱”的荣誉。1926 年爱因斯坦指出：“马赫多少有点忽略了这样的事实，这个世界实际上是存在的，他们的感觉印象是以客观事物为基础的。”

一生发表论文 100 多篇，重要的科学专著 10 多部。他和奥德斯特里（J. Odströil）合作出版《中学低年级物理大纲》。1887～1913 年间连续出版了约 20 版，经修改后在德国和奥地利使用了数十年。主要著作还有：《能量守恒原理的历史和根源》（1872 年）、《热学原理》（1896 年）、《医用物理学纲要》（1863 年）、《物理光学原理》（1921 年）、《生理学、心理学和物理学所探讨的空间与几何学》（1906 年）、《感觉的分析》（1886 年）、《认识和谬误》（1905 年）等。

（戴念祖　李士土）

吉布斯，J. W.（Gibbs，Josiah Willard）　美国人，1839 年 2 月 11 日生于美国康涅狄格州纽黑文，1903 年 4 月 28 日卒于同地。物理化学、化学热力学、机械工程。

与父亲同名。父亲是耶鲁大学文学教授，著名的语言学家；他有 4 个姐姐；在纽黑文长大。1858 年毕业于耶鲁大学，在拉丁语和数学方面得过数种奖，又在耶鲁的一所新的研究生院学习工程学，1863 年成为美国首批授予的工学博士学位。后在耶鲁大学作了 3 年助教，辅导拉丁语和自然哲学。这时父母和两个小姐姐都去世了，与两个大姐姐一起去欧洲旅行。在巴黎、柏林和海德堡的大学各逗留 1 年，学习数学和物理学，为以后的学术贡献奠定了坚实的基础。1869 年 6 月回到美国。1871 年起在耶鲁大学任数学物理学偏外教授，前 9 年没有薪水，靠继承遗产生活，对热力学作出重大贡献的论文就是在这个时期内写成的。1873 年曾谢绝鲍登大学的支付薪水的聘任，也未为1880年约翰斯·霍普金斯大学的高薪职位所吸引，仍然留在耶鲁大学教书。由于同事据理力争，学校才于1880年支付薪水，但只及约翰斯·霍普金斯大学薪水的三分之二。因潜心于科学事业，终身未娶。

由于对热力学，特别是化学热力学的贡献而被誉为“现代物理化学之父”。在19世纪70年代初期，热力学在一定程度上已经成熟，热力学的两个定律开始被用来解决各种物理问题，但是“熵”的重要性还不十分清楚。他在1873年发表的第一篇论文“图解方法在流体热力学中的应用”中，假设熵是与能量、温度、压强和体积一样的热力学系统的态函数，把热力学的两个定律写成基本方程 $dU=TdS-PdV$；用温-熵图、体-熵图以及后来又扩展到体积、熵和能量的三维图来研究热力学过程，从而得到麦克斯韦的赞赏。在1873年发表的第二篇论文中，提出“自由能”的概念，用以描述在常温和常压下维持的一个系统的平衡状态。他证明了对于固定温度和压力下的一个系统，其平衡条件是自由能G处于极小值。1878年发表的“论多相物质的平衡”一文，把注意力放在描写单元系统平衡态的特性上，概括热力学平衡的准则：“对任何孤立系统的平衡，其充分和必要的条件是在所有可能的变化中，系统的能量不变而熵变小或趋于零；或者系统的熵不变而能量增加。”利用这一判据来解释平衡态的稳定性，从而导出稳定性的条件：定容热容大于零，等温压缩系数小于零。同时发现临界态稳定性的幂指数小于任何非临界态。另外，对于包含几个独立化学成分的多元系统，1878年引入“化学势”概念，将之定义为取得化学平衡条件的一种手段。对于由若干个单相组成的复相系统，基本的平衡条件是温度、压强和每个独立化学成分的化学势在整个系统内相同，由此导出著名的平衡态下系统的相律。还把热力学推广应用到化学、弹性、表面、电磁和单元系的电化学现象。

1902年在耶鲁大学200周年纪念辑上，他把讲课笔记整理成《统计力学基本原理》一书，将麦克斯韦-玻尔兹曼的统计思想发展到更完善、更普遍、更严密的境地，创立了吉布斯系综统计法，从而奠定了统计物理学的基础。系综概念起初由麦克斯韦提出，在该系综中能量是相等的。他将系综概念应用到能量和粒子数皆可变的系统，按照严密的逻辑程序推出了热力学的全部结论。温度、熵、自由能等热力学量也都找到了相应的统计表达式。从而把热力学和统计力学结合为“统计热力学”。书中还提出涨落现象的一般理论。遗憾的是由于著作发表一年内即去世，从而没有亲眼见到统计力学的实际成果。

还研究过光学，特别是麦克斯韦的光的电磁理论，发表了几篇论文。也写过关于矢量分析的小册子，对后来矢量分析的发展起了一定作用。早年曾改进火车制动器的设计，于1866年获得专利；在简单的瓦特调速器上安放两对重球而设计了一种新的蒸汽机调速器。

1881年获美国科学促进会朗福德奖，1901年获英国皇家学会的科普利奖。1950年纽约的名人堂里安放着他的半身像。 （谈濑梅）

斯托列托夫，А. Г. （Столетов，Александр Григорьевич；Stoletov，Aleksandr Grigorievich） 俄国人，1839年8月10日生于俄国弗拉基米尔，1896年5月27日卒于莫斯科。磁学、光电子学、分子物理学。

出身商人家庭，小学时就学习法语、英语和德语。1856年进莫斯科大学物理数学系学习。1860年毕业后留在物理系深造。1862年出国学习，在德国度过3年半时间，曾在H. G. 马格纳斯的实验室里工作。1865年末在莫斯科大学当物理教师，4年后获硕士学位。1871年完成博士论文，论文内容涉及铁的磁性实验研究。由于当时莫斯科没有这方面的实验室，再度出国，翌年回莫斯科参加论文答辩。以后当上特约教授，在实验室做研究工作，还承担讲课任务和做科学普及工作。在他的长期努力下，1887年莫斯科大学建立了物理研究所。

早期的研究工作涉及铁的磁化和外磁场强度之间的关系。首次发现铁磁体的磁导率随磁场的增强而增大，并且达到一个最大值后才减小下来。

最杰出的科研成就是1889年关于光电的研究。通过实验确定了外光电效应的基本定律和稀薄气体中放电的某些基本规律。首次提出一种研究光电效应的实验方法，即在电容器、电流计和电池串联的回路中，一旦用紫外光照射电容器负极板，就在电路中形成电流，发现这电流强度和入射光的强度以及光照的极板面积大小成比例。1888～1889年他首次发现，利用光电仪器在不加外部电池的情况下，可以把光能转变为电能，从而起到电源的作用。这实际上是首次获得光电池，但没有争取发明专利权。1890年德国物理学家埃尔斯特和盖特尔独立地发现这一现象，取得专利并找到许多方面应用。研究光电流和外加电压的关系，发现存在饱和电流。在各种不同稀薄程度的空气中，进一步对这一现象做实验研究，发现了一个重要规律，即 $p_m l/V$=常数，式中 p_m 为电流达到最大值时的气体压力，l 为电极间的距离，V 为电极间的电压。1910年汤森德对这一现象作出理论解释，建议把这个常数叫做斯托列托夫常数。

在1881～1894年撰写的“关于物体的临界态”4篇重要论文中，他详尽地分析了实验数据和各家学说的观点后对临界态作出透彻的论述，并证实了T. 安德鲁斯和范德瓦尔斯观点的正确性。 （周永平）

孔特，A. A. （Kundt，August Adolph） 德国人，1839年11月18日生于德国什未林，1894年5月21日卒于吕贝克附近。光学、声学、分子运动论。

在柏林大学学习，1864年获博士学位。1868年任瑞士苏黎世高等工业学校教授。1869年任德国维尔茨堡大学教授。1872年开始担任斯特拉斯堡大学教授职务。1888年在柏林大学继任亥姆霍兹职位。

是19世纪第一流的实验物理学家。主要从事光学、声学和气体理论的研究工作。利用“孔特管”内产生驻波的方法测定气体中的声速，并与固体中的声速相比较。因发明这种方法而闻名。曾和E. G. 瓦尔堡合作研究气体中的摩擦和热传导。1876年他们对单原子气体比热的比率提出著名的论证。他是流体中和薄金属层中的反常色散问题的专家。还论证了气体中光偏振面的磁致旋光的法拉第效应。对闪光光谱等也有研究。 （周永平）

阿贝，E. (Abbe，Ernst) 德国人，1840年1月23日生于德国爱森纳赫，1905年1月14日卒于耶拿。光学、光学工程。

父亲是研磨机工人，没有能力让他接受中学和大学教育。1857年他在家乡中学毕业后，先后在耶拿大学和格丁根大学学习物理学，1861年在格丁根大学获博士学位。毕业后靠当教师和私人教师以维持生活。1863年获耶拿大学讲师职务，讲授数学、物理学和天文学，1870年成为副教授，1878年成为耶拿大学天文台和气象台台长。

改进和设计过许多光学仪器，但最主要的成就是在显微镜方面。他对C. 蔡司光学公司的发展起过十分重要的作用。1846年，耶拿大学机械系的30岁技工C. 蔡司看到显微镜在科学研究中的作用与日俱增，就离开耶拿大学，集资在莱比锡的西南开设了一个制造显微镜的小厂。为提高显微镜的性能，蔡司深感自己的基础不够，就多方寻求帮助，1866年开始与阿贝合作。经过10年努力，规模很小的蔡司厂发展成为国际上有名的企业，他也成为公司的合伙人，同时保持着大学教授的职务。

1873年，他和亥姆霍兹各自独立发现光学正弦条件。他检查了当时凭经验制造出来的显微镜物镜之后，发现质量好的物镜都符合正弦条件。这样他就揭露了制造优良物镜的秘密：能把物镜的球差和彗差校正得几乎不存在。他在1873年关于显微镜成像的理论中首次引入了频谱概念和二次成像概念。在长达56页的论文中，既无图解又无公式，却把问题解决得如此完善，以致他的理论思想成了后来应用光学某些方面发展的基础。例如，F. 塞尔尼克从他的理论思想制成了相衬显微镜，因而获得了1953年诺贝尔物理学奖；布施(H. Busch)却从他的思想中预见到发展电子显微镜的可能性。他的成像理论已为现代光学中蓬勃兴起的空间滤波和信息处理的概念奠定了基础。他从自己的成像理论导出了众所周知的关于显微镜分辨距离的公式。也正是他认识到分辨距离与光的波长成正比，与显微镜的数值孔径成反比。数值孔径这个名词是由他首先引用的。1878年设计成功浸没物镜，使光学显微镜的分辨能力大大提高。

制玻璃的化学家O. 肖特 (Otto Schott) 与蔡司和阿贝联合，于1884年在肖特的耶拿玻璃厂内精炼出一批新牌号高质量的光学玻璃。阿贝利用这些玻璃并首次使用萤石于1886年设计成复消色差物镜。这种物镜能消除二级光谱，是当时光学仪器上的一个巨大进步。 （唐玄之）

阿马加，É. (Amagat，Émile) 法国人，1841年1月2日生于法国谢尔省，1915年2月15日卒于同地。流体力学、仪器研制。

1872年在巴黎大学获理学博士学位。尔后任里昂理学院物理学教授，巴黎综合工科学校的主考人。是法国科学院的通讯院士、院士。一生主要从事气体及液体各种数据的测定，为别人进行有关的研究提供重要的实验资料。例如，测试了流体在各种情况下的压缩系数和膨胀系数，液体的饱和蒸汽压、比热等。还从实验得出压强高达400大气压、温度在0℃到100℃间多种气体的等温线。发现在压强低到万分之一大气压时，空气、氢气和二氧化碳遵守波义耳-马略特定律。导出了流体静力学的实验定律。对范德瓦尔斯的对应态定理进行了验证。制造了在粘滞性液体内有一个可以自由移动活塞的流体压力计，用它可测量3 000大气压以上的压强。还建造了用糖浆或蓖麻油这样的粘滞液体密封的反馈水压机，这种装置可用在武器上。1893年获法国科学院的拉卡兹物理奖。 （谈漱梅）

考纽，M. A. (Cornu，Marie Alfred) 法国人，1841年3月6日生于法国奥尔良，1902年4月12日卒于罗玛丹。光学、光谱学。

1860年进入巴黎综合工科学校，1862年以班上第二名的成绩毕业，并考入高等矿业学校。1864年任巴黎综合工科学校的补课教师，1867年任物理学教授。同年以一篇关于晶体反射的论文获博士学位。1878年成为法国科学院院士。也是英国皇家学会和美国国家科学院等许多外国学术团体的成员。

当他还是高等矿业学校的见习生时，就被比雷(F. Billet) 的光学论著中关于实验光学的详尽研究所吸引。从1871年起，他用业余时间重复了论著中的所有实验。用斐索方法重新测定光速，为此于1878年获得法国科学院的拉卡兹奖和英国皇家学会的朗福德奖。

在光谱分析方面也作出了许多重要的贡献。精密测定了氢光谱中某些谱线的波长；发明了紫外光谱分析用的考纽棱镜；观察太阳光盘的边缘，并应用多普勒-斐索原理，找出了把太阳上的和地球上的光谱加以区分的方法；对于地球上的光谱，又能将水气的影响和大气的影响加以区分。在塞曼效应发现后，他指出在正常磁场下的钠D线分裂为4条而不是3条。这样就迫使洛伦兹修改关于塞曼效应的理论。

在光学研究中，他的工作还包括干涉现象中的消色差的条件、对透镜曲率的测量。用光栅的线条之间距离的微小偏差来解释衍射光栅的某些异常特性。还从事声学方面的研究，同贝尔（Baille）一起用卡文迪许方法重新测定了引力常数。在决定柱面波衍射现象中的强度时，构思出一种对菲涅耳积分的几何作图法，即所谓考纽螺线。考纽螺线可对菲涅耳直边衍射条纹的光强度作定量分析。（唐玄之）

维奥尔，J. L. G. （Violle，Jules Louis Gabriel）法国人，1841年11月16日生于法国朗格勒，1923年9月12日卒于菲克桑。热学、光学、太阳物理学。

就读于巴黎高等师范学校，1870年获理学博士学位。其后相继在格勒诺布尔、里昂的大学和巴黎高等师范学校任教。1892年任巴黎国立工艺博物馆物理学教授。1897年入选法国科学院院士。

主要研究高温测量有关问题，测量在高温下的铂、钯和铱的比热，推测比热与温度的关系，确定它们的熔点；测量铂在各种温度下发射的热辐射等。他建议用液态铂发射的光作为光度的标准，这一建议被1884年关于电学单位和标准的国际会议采纳。还和别人合作研究与声音传播有关的问题。

早期研究的主要课题是测量太阳常数和推断太阳的温度，后者是当时科学界普遍关心的问题。利用自己设计的感光计，在考虑大气吸收以后断定太阳常数为2.54卡/（厘米^2·分），其数据为几年以后S. P. 兰利更精确的测量提供了参考。（谈漱梅）

布森尼斯克，J. V. （Boussinesq，Joseph Valentin）法国人，1842年3月15日生于法国埃罗省，1929年2月19日卒于巴黎。热学、流体力学。

在蒙彼利埃神学院获学士学位后，在一所私立学校任校长助理。先后在勒维冈和加普等学院任教。1867年发表“热扩散”论文，获理学博士学位。1873年成为里尔理学院教授。后被任命为巴黎物理和实验力学学会会长。1866年被选为法国科学院院士，后来任科学院院长。

1865年向科学院提出“关于毛细现象”的报告。坚持经典力学的观点，反对相对论；坚信以太是确实存在的，并把以太理论的研究与实验流体力学的研究结合起来。采用合理的近似计算方法，大大简化了关于涡流、液体波动、流体流动、脆性力学、流体对固体的阻力和液体流动的冷却作用等复杂计算。（宋玉亭）

斯特拉特，J. W. （Strutt，John William） 即瑞利勋爵（Lord Rayleigh）或瑞利男爵三世（Third Baron Rayleigh）。英国人，1842年11月12日生于英国埃塞克斯郡莫尔登附近，1919年6月30日卒于埃塞克斯郡威特姆。声学、光学、电磁学、流体力学、化学。

出身名门。20岁入剑桥大学三一学院学习，是数学家劳思（E. J. Routh）的学生，受著名物理学家和数学家G. G. 斯托克斯的影响也很大。1865年毕业。翌年在母校任教。后访问美国，1868年返回英国。1873年当选为英国皇家学会会员，同年继任父亲爵位成为瑞利男爵三世。1879年麦克斯韦去世后，他继任剑桥大学卡文迪许实验室实验物理学教授兼任该实验室主任，直至1884年。1887～1905年任皇家学院教授。1908年直至去世任剑桥大学校长。1905～1908年当选为英国皇家学会会长。

他被誉为“19世纪末20世纪初英国自然科学界中最大的明星”。自大学毕业后，几乎一生都在进行科学研究工作，研究范围遍及声学、光学、电磁学、流体力学、黑体辐射等，均作出重大贡献。

早年主要从事光学、声学研究。他解决了天空为什么是蓝的这个光学领域中长期以来的谜。1871年，导出了光被极小颗粒的微粒散射的著名公式，这一公式后称瑞利散射定律。还首次明确定义“光学设备的分辨率”，证明了平面透射光栅的分辨率等于光谱级与光栅中总线数的乘积，发明了光学波带片，研究了它的聚光性能。他对声学中共振理论的研究推广了亥姆霍兹的工作，1877～1878年写就的两卷《声学理论》，为近代声学奠定了基础。1885年，他指出声波在弹性固体中传播时存在着一种能量集中于表面附近的弹性波，称声表面波，后人称其为瑞利波。发明了用于测定声波媒介粒子速度的“瑞利盘”。

1879～1884年任卡文迪许实验室主任的5年间，他大大扩充和发展了这一实验室，使之成为有影响的高级研究中心。还致力于建立电学物理量标准，特别是重新确定欧姆、安培和伏特三个物理量的工作。

还进行精确测定气体的密度。1892年，发现空气中的氮重于化学反应中产生的氮，这很可能是空气中有未知的较重气体混入才造成的，由于它几乎不与任何元素称为氩（Argon），其含义是不活泼。后来进一步的研究证明了这一点。因这项发现，他荣获1904年的诺贝尔物理学奖。

他还研究黑体辐射光谱中的能量分布。1900年发表了著名的瑞利-金斯定律。这一定律对长波区域的黑体辐射，同实验符合得很好，但对波长较短的辐射，与实验结果完全不符。这一定律为黑体辐射的普朗克公式的问世和量子论的诞生准备了条件。

他一心献身于科学事业，在物理学领域中从事研究工作55年之久。发表430篇论文。晚年在声学、冲击波、人的听觉等方面不断取得研究成果。直至临终还有3篇已完成的论文未来得及发表。把所得的诺贝尔奖金全部捐赠给卡文迪许实验室和剑桥大学图书馆。也是一个谦逊的人，平生得过13个荣誉学位和15次以上各种学术奖，但他在一次得奖讲演上说：“我个人只有一点值得说的：我乐于我的研究工作，而在我的研究中已经得到的任何成果都来自于以下事实：我乐于成为一个物理学家。”（夏元复）

特罗布里奇，J. （Trowbridge，John） 美国人，1843年8月5日生于美国马萨诸塞州波士顿，1923年2月18日卒于该州坎布里奇。光谱学、仪器研制。

1870年起任哈佛大学物理学教授历40年。是19世纪后期在美国提倡“严格的科学实验”的倡导者，强调实验室实践应是自然科学教育中不可缺少的部分。研究领域主要是电现象。1871年发明余弦电流计，用以测量强电流。早在1890年就认为导线中电流的荷载者是不同于原子的某种物质。1894年起研究高频振荡的磁效应，是远距离信号传输研究的先驱者之一。1895年与W. 杜安一起测定了电磁波的传播速度。1897年与T. W. 理查兹合作研究了氩和其他气体的光谱。 （夏元复）

克里斯坦森，C. （Christiansen，Christian） 丹麦人，1843年10月9日生于丹麦伦堡日德兰，1917年11月28日卒于哥本哈根。晶体学、理论物理学。

1866年在哥本哈根大学获理学硕士学位。随后几年在哥本哈根工业学院和农业学院任自然科学助教。1886年受聘为哥本哈根大学和工业学院的物理学教授。

1870年发现了品红颜料溶液中光的反常色散现象。1872年制成产生低压的射流泵。还研究过晶体的光学性质、热传导和热辐射的性质、气流通过狭缝的运动、摩擦起电等。是一位杰出的教师，对学生，特别是对M. H. C. 努森和N. 玻尔产生过极大的影响。在L. 洛伦茨的强烈影响下，为哥本哈根大学的理论物理研究奠定了基础。所著理论物理方面的教科书被译成德文、英文和俄文等版本。 （宋玉亭）

玻耳兹曼，L. （Boltzmann，Ludwig） 一译玻尔茨曼。奥地利人，1844年2月20日生于奥地利维也纳，1906年9月5日卒于意大利里雅斯特附近杜伊诺。分子运动论、统计物理学、热力学。

父亲是公务员。1867年在维也纳大学获物理学博士学位。后在欧洲各著名大学任教，如格拉茨大学（1869～1873年，1876～1890年）、维也纳大学（1873～1876年，1895～1900年，1902～1906年）、慕尼黑大学（1890～1895年）和莱比锡大学（1900～1902年）。1876年结婚，有4个孩子。1906年自杀，原因不明，可能是因一生的研究成果未得到公认而引起的绝望。

是气体分子运动论的奠基人之一。在热力学和统计物理学方面都有很大成就，与麦克斯韦共同建立了麦克斯韦-玻耳兹曼经典统计力学。在麦克斯韦将概率应用于物理学建立理想气体分子速度分布律后，于1868年将麦克斯韦分布律推广到具有势函数$V(x)$的外场中，得到玻耳兹曼分布律。这是现代统计力学中计算系统平衡的基本公式。1872年仍从麦克斯韦理论出发，考虑两个分子的碰撞，利用两个相碰分子的速度统计独立性的假设，得到一般的输运方程——玻耳兹曼微分积分方程。从该方程可以求得气体的扩散系数、粘滞系数和导热系数。目前该方程的应用已大大超过气体分子运动论的范围，在流体、等离子体和中子输运等方面都被广泛使用。接着提出著名的H定理，从H定理出发，证明麦克斯韦分子速度分布律是平衡态时的唯一分布。从理论上指出了麦克斯韦速度分布律的正确性。从H定理的H值随时间减小说明系统从非平衡态向平衡态的过渡是不可逆过程。这与热力学的熵增加是相当的。进而找出它们之间的关系为$S=-kH+C$。1868年提出等概率假设，即对于处于平衡态的孤立系，系统各个可能的微观状态出现的概率都是相等的。1877年根据该假设提出著名的玻耳兹曼关系式$S=k\ln W$。把热力学函数熵S跟热力学概率W联系起来。这个关系式还扩大了熵的范围。在热力学中只有在平衡态时才能确定熵，而由此关系式即使在非平衡态熵时也有意义。这个公式后来被刻在维也纳中心公墓他的墓碑上。H定理及玻耳兹曼关系式的建立，把力学过程的可逆性与热力学过程的不可逆性辩证地统一了起来。

H定理提出后，遭到J. 洛喜密脱和H. 庞加来等人的反对。他们认为个别分子的运动是可逆的，若一切分子速度突然反转，则H函数势必增加；若考虑到分子的速度和位置的不断改变，经过长时间以后，原先出发的第一态应当被重复。他指出H函数的减小或熵函数的增加是对应于由概率较小的态趋于概率较大的态，H函数的增加或概率较小的态的重复出现并非没有可能，只是概率非常小而已。这种涨落是可能出现的。他还将涨落理论应用到宇宙问题，提出宇宙涨落的假设，否定了当时流行的宇宙热寂说。然而他把宇宙看成一个巨大的孤立系统，认为热力学第二定律仍然适用，这一见解是错误的。

19世纪末分子运动论受到E. 马赫和W. 奥斯特瓦尔德等唯能论者的攻击。他们认为一切现象都表现为能量过程，否认分子和原子的客观存在。他跟他们进行了系统的斗争，起了主要捍卫者的作用。1883年以热力学第二定律和麦克斯韦电磁理论为基础，推导出黑体辐射总能量跟绝对温度（热力学温度）的4次方成正比。与斯忒藩从实验得到的结果完全一致。现在称为斯忒藩-玻耳兹曼定律。他还在抗磁现象的实验研究中提出新的弹性后效理论，认为材料在给定时刻的应力跟以前的形变历史有关。 （谈漱梅）

贝努瓦，J. -M. R. （Benoit，Justin-Mirande René） 法国人，1844年11月28日生于法国蒙彼利埃，1922年5月5日卒于第戎。物理计量学。

医生的儿子。早期遵父嘱学医，1869年获医学博士学位。后对物理发生兴趣，因对金属中电阻与温度关系的研究，1873年获理学博士学位。随后在国际计量局任助理主任。1889～1915年任国际计量局主任。1915年因健康及眼力不佳退休，任国际计量局名誉主

任。曾任法国物理学会名誉会长、伦敦物理学会名誉会员。他在长度、温度和电阻的单位标准化方面作出了重要贡献。 （夏元复）

伦琴，W. C. （Röntgen 或 Roentgen，Wilhelm Conrad） 德国人，1845 年 3 月 27 日生于德国莱茵州伦内普（今雷姆塞德），1923 年 2 月 10 日卒于慕尼黑。X 射线物理学、晶体学。

父亲 F. C. 伦琴（Friedrich Conrdd Röntgen）是商人和呢绒厂主；母亲叫 C. C. 弗罗温（Charlotte Constanze Frowein）原籍荷兰。他是独子。3 岁时全家迁往荷兰。16 岁到乌得勒支一所技术学校学习。中学时代曾因嬉戏被开除，以致后来因缺中学文凭而难以进入高校，幸亏中学自然科学学科评语很好，才得进苏黎士高等工业学校，在机械系学习 3 年，1868 年毕业。克劳修斯是他的物理老师。毕业后，在 A. A. 孔特指点下学实验物理，1869 年获哲学博士学位。1871 年随孔特到维尔茨堡大学当助手。翌年他和 A. B. 路德维希（Anna Berthe Ludwig）结婚，因无子女后来他们收路德维希的侄女为养女。1875 年任霍恩海姆高等农业学校数学和物理学教授。1876 年任斯特拉斯堡大学副教授。1879～1888 年在黑森的吉森大学任物理学教授。1888 年出任维尔茨堡大学新建物理学院物理学教授兼首任院长，1894 年当维尔茨堡大学校长。相继接受维尔茨堡的名誉医学博士学位、柏林科学院和慕尼黑科学院院士。1900 年到慕尼黑大学当物理学教授和物理研究所所长，1920 年退休。第一次世界大战给他带来痛苦和穷困，暮年生活阴郁孤单，夫人于 1919 年病逝，4 年后他死于癌症。

写过 58 篇论文（包括与人合作），其中有关于气体比热比、晶体热导率和气体中光偏振面的旋转以及关于光和电的关系。一生爱好晶体，研究过晶体热电和压电现象。他自制精密空气温度计，用以研究水蒸气中热吸收，还研究液体和固体的压缩性。1878 年 H. A. 罗兰声称，已探测到静电电荷的运动会产生磁效应，然而别人都无法重复这个实验。1888 年伦琴发表论文提出论证，证实这一效应是存在的。后来洛伦兹称这种效应为“伦琴电流”，它为洛伦兹电子论提供极重要的前提，是现代电学理论的基础。

他于 1895 年发现 X 射线以后名扬天下，德国人喜欢称这种射线为“伦琴射线”。这是一种波长介于 0.01×10^{-10} 米至 50×10^{-10} 米的电磁波。这一发现的过程颇为有趣：他在探索阴极射线性质时，曾使用勒纳德管做赫兹和 P. 勒纳德的实验，为保证实验精确性，他设法不使放电管受外界影响，因而用锡箔和硬纸板包住放电管。当接通电流并把涂有亚铂氰化钡的荧光屏移近勒纳德管的铝膜窗口时，他发现荧光屏上出现荧光，实验确证阴极射线可穿透空气几厘米远。然后他改用克鲁克斯管做实验，也发现荧光，不过莹光显得模糊不清，于是继续实验。1895 年 11 月 8 日星期五晚，他关闭实验室不使漏光，并检查克鲁克斯管是否用黑纸板包封严密。当他要着手实验而接通高压电源时，突然发现了奇异现象：在实验台上处在克鲁克斯管附近的小荧光晶体闪烁着荧光，涂有亚铂氰化钡的纸屏也闪耀着浅绿色的光。他惊讶极了，于是急切重复实验。把荧光屏移开 2 米多远，仍然看到荧光，他意识到这不可能是阴极射线，因此用他的话说，他开始探索“看不见的射线”。从此，他废寝忘食在实验室连续干了 6 个星期，全神贯注探索这种奇异射线的性质。他不声张也不急于宣扬这种发现，直到他确认这是一种闻所未闻的新射线时，才于 1895 年 12 月 28 日在维尔茨堡物理医学协会上第一次报告自己的发现，论文题为“一种新的射线（初步报告）”。

他当时发现，这种新射线沿直线传播，不会折射或反射，磁铁不能使它偏转，而且在空气中具有近 2 米的射程。还发现这种射线有很强的穿透本领，能穿透千页书、2～3 厘米厚的木板、几厘米厚的硬橡皮、15 毫米厚的铝板。发现这种射线来自克鲁克斯管的对阴极，即接受阴极射线束的那个电极。由于他当时不了解这种射线的本质，故取名为 X 射线。同年 12 月 22 日，他把夫人带进实验室，用 X 射线拍摄一张夫人左手照片，照片骨肉分明，连结婚戒指也清晰可认。还拍摄罗盘仪、木盒砝码等许多 X 光照片。当他的发现公诸于世时，立即轰动世界，他成为最负盛名的科学家，在国内外可谓出现了真正的“X 射线热”。德皇宣他进宫演示 X 射线贯穿本领，并因此授予他二级普鲁士勋章。国会、学校和社会团体争先请他讲演。应运而生的 X 光医疗器械相继出现，因滥用 X 光而受伤害的事件更是时有发生。滑稽笑话也是处处可闻。例如，商行登广告，说他们的内衣可防护 X 射线；美国一个州的参议院还专门提出一项法案，要求禁止在观剧用的望远镜中使用 X 射线。

对科学研究极端严谨认真，不急于声张自己的发现。曾指责过许多人，首先是青年科学家的“投机性的和广告式的狂热”。甚至“不喜欢预言”，但总是无私地把自己的研究成果及时告知同行和朋友，和世界各国著名学者联系频繁。高斯的座右铭“少而精”也是他的口号，故他只发表了三篇关于 X 射线的论文：1895 年 12 月报道 X 射线的发现；1896 年 3 月报道 X 射线使气体具有导电能力；1897 年 3 月报道他对 X 射线在空气中散射所作的观察。这三篇论文中详述了发现的一切要点。他是在接受诺贝尔奖金时不作报告的第一个科学家，也是依照遗嘱全部烧光他的手稿的物理学家。对当时外界一片喧嚣置若罔闻，记者问他，当晶体屏幕闪光时他想些什么，他说“我是在研究，而不是在想”。在他发现 X 射线时，克鲁克斯以及勒纳德等人实际上早就在自己实验中得到过 X 射线，但他们都不曾意识到这是一种新射线，而忽略了这种“莫名其妙的次要现象的特征”。他对于 X 射线的本质以及它在晶体学、医学上的应用未予深究，但 X 射线的发现对科学研究的推动是人所共知的。

爱好非常广泛，划船、登山、滑雪、打猎和旅游无所不好，但莫过于自己动手制作仪器和独自在实验室工作到深夜。乐意使用简单的仪器工作，有非常熟练的手艺，自己制造过精密测量仪器，将做手工看作心满意足的消遣，觉得这样容易看到自己的成果。喜欢一人在实验室工作，从来不要助手，不喜欢让人知道他在干什么。除非得出确切结论，否则他几乎从不详谈他的工作情况。正因他不详叙自己的研究过程，所以有关发现X射线的真实经过，人们只好作出带有猜测成分的报道。他的研究工作的最大特点之一是与法拉第很相近，是以直观形式提出理论物理的问题。A. 索末菲形容他不需要“数学的拐杖”。

获英国皇家学会、哥伦比亚大学授予的奖章，1896年德国威廉二世皇帝授予的王冠勋章等。因1895年发现X射线而获首届诺贝尔物理学奖（1901年）。他把奖金全用于维尔茨堡大学科学研究。（周永平）

巴洛，W.（Barlow，William） 英国人，1845年8月8日生于英国伦敦，1934年2月28日卒于米德尔塞克斯郡。晶体学。

自学成才，是业余科学爱好者成功的典范。30岁时获父亲遗产，有了充裕的条件，才开始学习和研究晶体学。1908年被选入英国皇家学会。1915～1918年任英国矿物学会会长。

马洛建立了原子紧密堆积的晶体特性理论。认为原子可以占据空间的不同位置，但不会改变其个性。把原子作为单个球体，堆积成他认为最对称的5种排列。这就是今天所知道的体心立方体、简单立方体、面心立方体、体心六面体和一种双六面体（非最紧密堆积），但最后一种结构并不符合围绕每一球体应是均匀对称的定义。最初认为体心立方体和简单立方体结构中，容许有两种等大球体的堆积。直到1897年在达布林皇家学会宣读的论文中才明确提出构成这两种相应尺寸球体有变异的可能。这对碱的卤化物是正确的。1913年由W. L. 布拉格用X射线衍射测定证实了这一点。

他认识到数学对晶体研究的重要性，并用数学方法建立了晶体结构模型。1891年费奥多罗夫发表了230个空间群的全部推导，格丁根大学的应用数学教授舍恩弗利斯也于1891年独立公布了230个空间群的方案。巴洛直到1894年才把自己的230个空间群的推导公诸于世。1897年他的第二篇关于晶体结构的论文中引入了空间群的概念。

19世纪末至20世纪初期，他与合作者搜集反映原子尺寸变化的固体溶液代换和晶形轴率变化方面的资料。他推断离子的体积与原子价成正比。这些著作发表在1906～1910年的《化学学会会刊》上。几年之后，用X射线衍射的结果，才证明了离子的体积原来与负电荷有关。他的学术活动正好经历晶体学发展的关键时刻，在晶体学发展史上占有一定地位。

（戴成勋）

李普曼，G. J.（Lippmann，Gabriel Jonas） 法国人，1845年8月16日生于卢森堡国霍尔里奇，1921年7月12日卒于大西洋轮船上。光学、彩色照相术、天文学、仪器研制。

幼年在巴黎度过。早年从事出版工作时对电学研究感兴趣。1875年在巴黎大学文理学院获博士学位。留校任教，1883年任该校数学物理教授，1886年任实验物理学教授、研究实验室主任。当选为法国科学院院士。1908年被选为英国皇家学会外籍会员。1921年参加法国政府代表团访问加拿大，回程时不幸在“法兰西号”轮船上去世。

主要贡献在于：发明毛细管静电计，灵敏度可达千分之一伏特，为此得博士学位；研究在电学体系中应用热力学原理；发明了定天镜并改进了定星镜，使望远镜能自动跟踪被摄区域；1891年发明彩色照相术，并用它首次摄出太阳的彩色光谱图，为此获得1908年诺贝尔物理学奖；在第一次世界大战期间设计发展了潜艇探测器。（夏元复）

弗鲁布列夫斯基，Z. F. von（Wróblewski，Zygmunt Florenty von） 波兰人，1845年10月28日生于立陶宛格罗德诺，1888年4月19日卒于波兰克拉科夫。低温物理学、电学。

出身律师家庭。1862年入基辅大学学习，但因参加波兰一月革命而于1863年被放逐到西伯利亚。1869年获大赦后去柏林大学，在那里开始学习自然科学，随后去海德堡大学和慕尼黑大学继续学习。1874年在慕尼黑大学获得博士学位，留校任教，1882年任物理学教授。

主要成就是和K. S. 奥利舍夫斯基一起进行气体的液化工作。在真空中用乙烯作为制冷剂，首次使空气液化，以后又首次获得液氧、液氮和液态一氧化碳。后来也液化了氢气。他还研究了低温下的电现象，发现低温下铜的电导率异常，并注意到这一现象的重大意义。但也就是因这项工作失火烧伤而死。（夏元复）

亨里希森，S.（Henrichsen，Sophus） 挪威人，1845年11月11日生于挪威克拉格勒，1928年12月21日卒于奥斯陆。电介质物理学、热学、磁学。

1873年毕业于克里斯蒂亚（今奥斯陆）大学物理系。1890～1920年在克里斯蒂亚技术学校任教。

对自然科学各个分支都感兴趣。主要的科学成就是量度一些物理量如何随温度变化。最先测量硫酸溶液的电导率与温度之间的关系。19世纪末许多科学家都从事水的比热与温度关系的测量，测量结果有很大差异。1877～1878年在逗留于莱比锡的G. 维德曼研究所期间，对量热器作了一些改进，得到的实验结果在当时被认为是比较可靠的。与同事得到某些有机溶液的磁性与其化学结构和温度之间关系的普遍结论。由于这些研究成果，1887年获克里斯蒂亚大学颁发的

皇太子金质奖章。 (马文蔚)

里克，E.(Riecke，Eduard) 德国人，1845年12月1日生于德国斯图加特，1915年6月11日卒于格丁根。实验物理学、物理化学。

1866年入德国蒂宾根大学学习数学，1869年毕业。1870年初获国家奖学金进格丁根大学深造，学习数学和实验物理学。1871年5月，在W. E. 韦伯指导下完成关于在弱磁场中某些铸铁磁化问题的博士论文。1873年任格丁根大学编外教授，1881年成为正式教授，并接管韦伯的实验室和研究所，1883年调到新成立的物理学院。1899年兼任《物理》杂志第一主编，此后一直与它保持密切联系。

主要从事物理和物理化学的实验和理论研究，最重要最有影响的研究成果是在金属导电理论和金属性质的颗粒理论方面。主要论文发表于1898年。他的理论曾经获得短时期的成功，后来被索末菲理论所取代。对盖斯勒管进行过研究；对电气石和石英的热电、压电现象的分子理论也作出了重要贡献。1896年出版教科书《物理学讲义》。 (马见慈)

奥利舍夫斯基，K. S. (Olszewski，Karol Stanisaw) 波兰人，1846年1月29日生于波兰布罗尼佐夫，1915年3月24日卒于克拉科夫。物理化学、低温工程。

早期在波兰克拉科夫大学和德国海德堡大学学习自然科学，1872年获博士学位。后来在克拉科夫的加吉洛南大学任教，1891年任教授。是克拉科夫学院的成员。

是研究低温现象领域的先驱者和气体液化专家。早期曾试验二氧化碳的液化。1883年与Z. F. von弗鲁布列夫斯基进行了空气、氧气、氮气和一氧化碳的液化。还独立研究了氩气、氟气的液化。当时对氢气液化开始只能在氢气处于动态时进行液化，在逸出的氢气中出现云雾，经他改进使氢气在静态状态进行液化。当时气体的冷却是应用J. 杜瓦的方法，即逆流原理，借助于它们内能效率。后来他改进了杜瓦的方法应用于实验室。还曾研究氦气的液化，因氦气的临界温度低而未能成功。氦的液化是在1908年由H. 卡默林-翁纳斯完成。他在液化空气和氢气的装置研究方面很有成就，受到重视，并在以后投入了生产。

(高中兴)

瓦尔堡，E. G. (Warburg，Emil Gabriel) 德国人，1846年3月9日生于德国汉堡附近阿尔托纳，1931年7月28日卒于拜罗伊特附近格鲁瑙。实验物理学、光化学。

出身于富裕家庭。1863年进海德堡大学攻读自然科学，受教于基尔霍夫。4个学期后转入柏林大学，得到博士学位。留校任教，1872年和A. 孔特去斯特拉斯堡大学任教授，W. 伦琴随他去该校并任助教。1876～1895年任弗赖堡大学教授。1897年任柏林物理学会会长。1899～1905年任德国物理学会会长。1905年离开柏林大学去赖希桑施达特，在那里开展光化学研究，1922年退休。获得教授职位。

早期主要研究振荡问题和滑移问题。后与孔特合作对气体分子运动论进行了两项著名研究。一是1875年确认只要分子平均自由程和容器大小相比可以忽略，气体的内摩擦和热传导与压力无关，从而证实了由麦克斯韦理论所得到的推论；二是1876年证明在常压和等容条件下，单原子气体的比热正如理论所预期的那样为5/3。这项工作被爱因斯坦认为是根据分子热运动理论得出的重要结果。1881年发现铁磁材料的磁滞，并作了理论解释。在电导研究及稀薄气体放电研究中取得了不少新发现。他的教学工作被称为是“德国最杰出的物理学讲座”。在任柏林大学物理研究所所长的10年期间是教学生涯中的顶峰，很多学生称之为是实验物理学的“瓦尔堡学校”，为本世纪早期德国实验物理学的兴旺培养了一大批人才。J. 夫兰克曾估计，在1930年前后德国大学和学院中的实验物理教授有约五分之一曾受教于他。是光化学定量研究的奠基者之一。毕生发表了约150篇论文，对以后物理学的发展产生深刻的影响。 (夏元复)

皮克特，R. -P. (Pictet，Raoul-Pierre) 瑞士人，1846年4月4日生于瑞士日内瓦，1929年7月27日卒于法国巴黎。低温物理学、低温工程。

是日内瓦著名家族的后裔。1868～1870年在日内瓦大学和巴黎大学攻读物理学和化学。1879年他在日内瓦大学被誉为“工业物理学”教授。1886年离开学院去柏林建立工业研究实验室。

致力于低温物理实验。1877年利用有三级循环的级联过程实现“永久气体”氧的液化，第一级利用二氧化硫，第二级用二氧化碳，最后一级用氧，它们的临界温度依次降底，上一级液化的气体充当下一级液化的冷却剂，从而发明制冷剂——皮克特液体（二氧化硫加二氧化碳）。在他之前几个星期，L. P. 凯泰独立地用完全不同的方法使氧液化获得成功。

(谈漱梅)

肯尼迪，A. B. W. (Kennedy，Alexander Blackie William) 英国人，1847年3月17日生于英国伦敦斯特普尼，1928年11月1日卒于伦敦。机械力学、电机工程。

出身教徒家庭。16岁前入伦敦商业学校和矿务学校。后来做过学徒、绘图员等，曾参与蒸汽机的初级阶段设计和制造达10年之久。1874～1889年任伦敦大学附属学院工程学教授。1887年当选为英国皇家学会会员。曾任英国机械工程学会、土木工程学会会长，英国科学促进协会工程部主任。1905年受封为爵士。1894～1913年先后接受格拉斯哥大学、伯明翰大学和利物浦大学的荣誉博士学位。

1878年创建了第一个供大学研究生用的机械测量实验室，还翻译并出版了法国勒洛（F.-P. Leroux）的《理论运动学》。接着又编了一本有关运动学的教科书，书中发表了肯尼迪三心定律，它是应用瞬时中心进行运动学分析的基础。从1889年开始转入电机工程，担任顾问工程师，负责英国一些城市电力系统的设计，很快就成为电机的设计和制造，以及民用和铁道部门的配电系统的权威。（马见慈）

厄缶，B. von（Eötvös，Roland，Baron von） 匈牙利人，1848年7月27日生于匈牙利布达佩斯，1919年4月8日卒于同地。分子运动论、经典力学。

他的父亲是作家和政治哲学家，曾任公共教育和宗教事务大臣。他相继在布达佩斯、海德堡和柯尼斯堡大学学习法律、数学、物理学和化学。1870年在海德大学堡获博士学位。后任布达佩斯大学教授，兼任1年该校校长。一度短期任公共教育和宗教事务大臣，任期内创建了以他父亲名字命名的高等师范学校。是匈牙利科学院的通讯院士、院士，并连任院长16年。与别人一起创建了数学学会、数学和物理学会，是后者的第一任会长。

早年通过对毛细作用的研究，导出纯液体表面张力与温度关系的厄缶定律。研究的主要课题与万有引力有关。改进了测试引力用的库仑扭秤，提高了它的灵敏度，用它证明引力质量与惯性质量是等价的，后来成为爱因斯坦广义相对论的一条重要原理。他还用它进行地球物理勘探。喜爱爬山，是欧洲著名的登山家。（谈漱梅）

罗兰，H. A.（Rowland，Henry Augustus） 美国人，1848年11月27日生于美国宾夕法尼亚州洪斯代尔，1901年4月16日卒于马里兰州巴尔的摩。磁学、热学、光学工程、天体物理学。

父亲和祖父都进过耶鲁大学，是新教牧师；母亲是纽约一商人的女儿；1865年寡母叫他到安多弗城菲利普斯学院学习，作为进耶鲁大学和当牧师的阶梯。但他从小喜爱化学和电学实验，决心学习工程技术。1865年秋进伦塞勒综合技术学院，1870年毕业于该院土木工程系。当了1年铁路测量员，后到俄亥俄州伍斯特学院教书。1872年回到伦塞勒学院任物理学讲师。1875年接受新创办的约翰斯·霍普金斯大学的邀请就任物理学教授。是英国皇家学会外籍会员、法国科学院外籍院士。入选美国国家科学院院士。又是美国物理学会的创始人，并任该会第一任会长。曾代表美国政府出席国际电学单位会议。

他从事的第一个主要研究课题是关于铁、钢和镍的磁导率，为了测定磁导率。将这3种金属各做成一个环形变压器，用断开或改变初级线圈中的电流来测量流过次级电路中的电量，从而画出3种金属的磁导率与磁感应强度的曲线。由此找到一个普适的数学函数，它能够同时满足这3条曲线。但从铁磁性的近代理论来评价这一公式，它在当时是没有物理意义的。他从实验和理论上论证了磁导率随磁场强度而改变，这与当时文献中一般所作的假定恰恰相反。在关于磁性的论文中所反映的新思想在当时未被一些人接受，论文一再被退回。后把论文寄给英国的麦克斯韦，受到高度赞扬，并把论文发表在1873年8月出版的《哲学学报》上，从此建立起了年轻的实验物理学家的声誉。赴欧洲考察各个著名的实验室和购买设备期间，他跟许多欧洲著名的物理学家讨论了各个领域中的物理问题，其中有成为挚友的麦克斯韦。

1870年末，他精确地测定了电阻的值。1875年，他在亥姆霍兹的实验室逗留了4个月，作了静止在运动圆盘上的电荷的磁效应实验，结果发现随圆盘转动着的电荷对磁针发生影响，就如同电流对磁针的影响一样。1880年初，用比焦耳更精确的方法测定了热功当量，并发现了水的比热随温度而改变，指出水温在30℃时其比热容达到最小值。1889年和1900年又两次重复了运动着的带电体产生的磁效应的演示实验。

在光学上，发明了凹面光栅，这个光栅是用自己设计制造的刻线机刻画出来的，每英寸（1英寸＝2.54厘米）可刻43 000条，其尺寸可达25平方英寸。该光栅在准确度和分辨本领方面曾长期地处于领先地位，为此取得很大声誉。1888年完成了全长超过35英尺（1英尺＝0.304 8米）的“太阳光谱图”。在1890年巴黎博览会上，他的光栅和太阳光谱图得到了金质奖和大奖。还绘出太阳光谱的波长表。此表发表在1895～1897年《天体物理学》杂志上。它是那一时期的波长标准。获得朗福德奖和德雷珀奖。

（马文蔚）

布隆德洛，R.-P.（Blondlot，René-Prosper） 法国人，1849年7月3日生于法国南锡，1930年11月24日卒于同地。电磁学。

是一位有名的生理学家和化学家的儿子。一生几乎都在南锡度过，也在南锡大学教物理学。1894年当选为法国科学院普通物理组的通讯院士。利用旋转反射镜技术测得导体中电的传递速率几乎与光速相同。科学院3次授予最重要的奖赏，奖励他对麦克斯韦电磁场理论结果的实验测定。在研究刚发现不久的X射线的过程中，1903年声称自己发现一种新型的看不见的辐射，并把这种辐射称为N射线，以纪念南锡（Nancy）城。由于不能重复这一实验，许多科学家开始怀疑这种新射线的存在。1904年，《科学评论》杂志的编者裁定，他的实验结果不过是一种自我暗示的幻觉的产物。可能是由于这件事的影响，他的余生变得黯淡无光。（周永平）

里纪，A.（Righi，Augusto） 意大利人，1850年8

月27日生于意大利博洛尼亚，1920年6月8日卒于同地。电磁学、光电子学、通信工程。

1861～1867年在博洛尼亚技术学校学习。接着又在博洛尼亚大学工程学院学习4年数学，1872年以物理学方面的论文毕业。1873～1880年任技术学校的物理学教师。1880年11月主持巴勒莫大学新建立的实验物理学讲座。1885年11月任帕多瓦大学物理学教授。1889年返回故乡任博洛尼亚大学物理学教授，直到去世。

改进了赫兹的振荡器，在电振荡的基础理论和应用研究方面处于领先地位，对发展无线电报作出了贡献。1872年所撰写的毕业论文是关于感应静电计的发明。他使用这仪器进行了弱电现象以及伏打效应的实验。这种仪器不仅可以量测微量电荷，而且还可做感应起电机，它是1933年R. J. 范德格喇夫创制的加速器的雏形。还注意用数学方法来分析实验结果。1873年对J. A. 利萨如在几个月前提出的振动合成作了数学分析。在博洛尼亚大学，利用导电粉末制成的送话器和拾音器取得了专利。

在巴勒莫大学工作期间，他的主要工作集中在霍耳效应和克尔效应方面。发现铋中的霍耳效应要比金的高数千倍，铋中的磁场还导致电阻和热阻的改变。在帕多瓦大学除继续这方面的研究外，还开始研究赫兹于1887年发现的光电效应。于1888年指出当二极板受到有紫外光成分的光线照射时，它们的作用和伏打电池相似。他称这个现象为光电效应。还发现硒的光电效应最为显著。1892年演示了赫兹关于电磁波的实验。他企图用电磁波来证实古典光学中的定律。为了不用非常大的镜子、棱镜与透镜来进行实验，1894年将所有电磁波的波长减小到26毫米。于是用实验证明了电磁波不仅可以相互干涉，折射和反射，而且也能如可见光那样被物体衍射和吸收。实验结果发表在至今仍被作为经典著作的《电振荡光学》一书中。还开创了微波这门新学科。20世纪初，他以对X射线和塞曼效应的研究而使其科学活动达到了顶点。

（马文蔚）

福格特，W. （Voigt，Woldemar） 德国人，1850年9月2日生于德国莱比锡，1919年12月13日卒于格丁根。晶体学、音乐理论。

1868年进莱比锡大学。1870年因普法战争参军。1871年在柯尼斯堡大学复学。对音乐有很大的兴趣和较高的素养，但最后还是决定学习物理学。在柯尼斯堡大学，受教于德国物理学家兼矿物学家诺伊曼（F. E. Neumann），深受其研究方法和风格的影响。1874年获得学位后回莱比锡大学任教。1875年在柯尼斯堡大学任物理学教授。1883年任格丁根大学理论物理学教授，以后集中研究塞曼效应和电子论。

对晶体物理学所作出的杰出贡献是与诺伊曼的影响分不开的。确定了很多晶体的弹性常数；建立了一组后来被称为“洛伦兹变换”的变换方程；1898年在物理学中首先引入“张量”的概念，并认为晶体的弹性、热性质和电磁性质有标量、矢量、张量三种形式；1902年发现“福格特效应”，即光通过在横向磁场作用下的蒸汽会产生双折射，这时蒸汽好似单轴晶体，其轴平行于场方向。

除了物理学研究外，还致力于音乐研究，被认为是研究巴赫（Bach）作品的专家，在1911年出版了一本关于巴赫宗教合唱曲研究的书籍。

（夏元复）

于戈尼奥，P. H. （Hugoniot，Pierre Henri） 法国人，1851年6月5日生于法国杜省阿伦儒瓦伊，1887年2月卒于南特。空气动力学、应用力学。

机械工程师的儿子。1868年入巴黎综合工科学校学军事工程。1872年毕业后到海军炮兵部队工作，后在洛里昂任海军炮兵部队学校教师。1884年成为海军军官，委派到巴黎综合工科学校任力学辅导教师。

1882年与塞贝特（Hsebert）合作研究炸药气体对枪膛作用问题。在数学分析方面也作过一些研究。1884年与塞贝特合写了一部有关气体力学的书。1885年发展了不连续流动理论。这个理论首次明显地应用了能量守恒原理。把自己在空气动力学方面的工作应用于冲击波中，发现了所谓“于戈尼奥绝热曲线”，这是现代冲击波理论的基础之一。还对气体中冲击波的传播进行数学研究，预见到当代超声气体动力学的分析方法。

（马见慈）

洛奇，O. J. （Lodge，Oliver Joseph） 英国人，1851年6月12日生于英国斯塔福德郡佩克哈尔，1940年8月22日卒于索尔兹伯里附近莱克。电磁学、电动力学、通信工程。

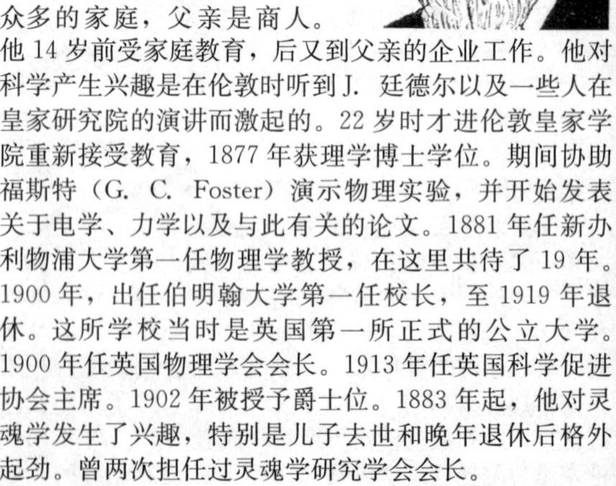

出身于富于活力与子女众多的家庭，父亲是商人。他14岁前受家庭教育，后又到父亲的企业工作。他对科学产生兴趣是在伦敦时听到J. 廷德尔以及一些人在皇家研究院的演讲而激起的。22岁时才进伦敦皇家学院重新接受教育，1877年获理学博士学位。期间协助福斯特（G. C. Foster）演示物理实验，并开始发表关于电学、力学以及与此有关的论文。1881年任新办利物浦大学第一任物理学教授，在这里共待了19年。1900年，出任伯明翰大学第一任校长，至1919年退休。这所学校当时是英国第一所正式的公立大学。1900年任英国物理学会会长。1913年任英国科学促进协会主席。1902年被授予爵士位。1883年起，他对灵魂学发生了兴趣，特别是儿子去世和晚年退休后格外起劲。曾两次担任过灵魂学研究学会会长。

主要贡献是在以太理论和电磁波传播两个方面。1893年设计了一个巧妙的实验，证明以太没有随着物质而运动，这与1887年由迈克耳孙-莫雷实验的零结果所推想的以太随物质而运动的结论发生矛盾。就是这个矛盾否定了以太理论，并为相对论揭开序幕。参与了早期的无线电报的研究。1887～1888年，发现莱顿瓶放电时，随着电振荡沿导线产生波动和驻波，并根据麦克斯韦电磁理论的预言，量度了电磁波的波长以及其他一些特性。同年 H. R. 赫兹得到了比他更为辉煌的成就。赫兹在发表结果后，才知道这位英国同行也在做同样的工作。对此，赫兹说："……英国同行和我致力于同一目标，做了很好的工作……如果我们没有领先于他的话，他也会观测到电波在空中传播的。"洛奇还改进了检测电磁波的方法。跟巴黎天主教学院的布兰利（E. Branly）各自独立地发明金属屑检波器，这是最早的也是最精巧的无线电检波器。

1894 年 6 月 1 日，在皇家研究院纪念赫兹逝世的会议上，他发表题为"赫兹的贡献"的演说，强调了谐振方面的实验工作，这篇演说对无线电报的发展具有很深远的影响。许多国家相继进行了许多鼓舞人心的实验。和助手米尔黑德（A. Muirhead）还组织了一个企业联合组织来实现自己的设想——谐振天线电路，并取得一些重要的专利权。曾获得许多荣誉，包括英国皇家学会的朗福德奖、英国电气工程学会的法拉第奖等。（马文蔚）

汤普森，S. P. （Thompson，Silvanus Phillips） 英国人，1851 年 6 月 19 日生于英国约克，1916 年 6 月 12 日卒于伦敦。电磁学、电气工程。

1869 年获伦敦大学文学士学位，之后继续学习自然科学，1878 年获理学博士学位。1878 年任新成立的布里斯托尔大学的第一位物理学教授。1885 年任伦敦大学芬斯伯里技术学院院长，直到 1916 年去世。

写了不少普及读物及电学方面的教科书，如《电学和磁学基本教程》（1881 年）和《多相电流和多相电动机》（1895 年）等。这些教科书使他出了名。还写了法拉第、开尔文等人的传记，翻译了吉尔伯特的《论磁》。（马文蔚）

斐兹杰惹，G. F. （FitzGerald，George Francis） 爱尔兰人，1851 年 8 月 3 日生于爱尔兰都柏林，1901 年 2 月 21 日卒于同地。电磁学、电动力学。

一生都跟都柏林三一学院密切联系在一起，在这里读书，也在这里当教师，1881 年任物理学教授，把毕生精力贡献给三一学院的教学和科研事业。

麦克斯韦电磁理论发表以后，包括他以及亥维赛、赫兹、洛伦兹在内的一些人，都对这个理论进行了深入研究，并探讨它的伟大意义。但只有少数几个人取得成果。他是第一个应用麦克斯韦理论的人。在洛伦兹的推动下，完成了题为"光的反射和折射的电磁理论"的论文。用运动物体在运动方向上的长度发生收缩的假说，说明了迈克耳孙-莫雷实验，因此获得了声望。这一想法发表在 1889 年《科学》杂志上。只是在他去世后，英国物理学家才开始注意到他的贡献。这反映在 1900 年出版的亚当斯奖的论文集《以太和物质》一书中，J. 拉莫尔在论及迈克耳孙-莫雷实验和长度收缩效应时，仅提到洛伦兹。只是 2 年后，拉莫尔介绍斐兹杰惹的论文时，才提到收缩效应是他先提出的，E. T. 惠特克在《以太和电学理论发展史》一书中，也指出洛伦兹的收缩假说是从斐兹杰惹那里得到的，但洛伦兹进一步发展了它。（马文蔚）

舒斯特，A. （Schuster，Arthur） 英国人，1851 年 9 月 12 日生于德国法兰克福，1934 年 10 月 14 日卒于英国伯克郡特怀福德附近。电磁学、地磁学、仪器研制。

德国裔。1871 年到英国曼彻斯特大学欧文斯学院学习物理学和光谱分析。在基尔霍夫指导下 1873 年在德国海德堡大学取得博士学位。同年留在欧文斯学院工作。1875 年在英国剑桥大学卡文迪许实验室与 J. C. 麦克斯韦共事 5 年，以后又与瑞利勋爵共事进行电阻单位欧姆的绝对测定。1881 年任欧文斯学院应用数学教授。1888 年在曼彻斯特任物理系教授。是英国皇家学会理事。1920 年受封为爵士。

在气体中的放电以及光谱学方面做了一系列开创性工作。1897 年独立地发现了同一物质中不同光谱线系收敛频率之间的关系，以后被称为里德伯-舒斯特定律。还首次用磁偏转法确定阴极射线的荷质比，这个方法以后导致电子的发现。研制成舒斯特-史密斯磁强计，至今仍用于地磁场水平分量的测定。对地磁场和上层大气的电离，做了不少开创性研究。（夏元复）

坡印廷，J. H. （Poynting，John Henry） 英国人，1852 年 9 月 9 日生于英国曼彻斯特附近，1914 年 3 月 30 日卒于伯明翰。电磁学、光学、地球物理学。

1867～1872 年先后在他父亲的学校及曼彻斯特大学欧文斯学院学习，1872 年获伦敦大学理学士学位。同年到剑桥大学三一学院学习，1876 年在数学荣誉学位考试中得第三名。然后回到欧文斯学院，在 B. 斯图尔特手下从事物理演示实验工作。1878 年任剑桥大学三一学院评议员，在麦克斯韦的领导下在卡文迪许实验室做研究工作。1880 年被伯明翰的梅森学院任命为物理学教授。1887 年剑桥大学授予理学博士学位。翌年当选为英国皇家学会会员。1900 年梅森学院归并伯明翰大学后，任理学院院长达 12 年之久。1905 年任英国物理学会会长。1910～1911 年任英国皇家学会副会长。

在卡文迪许实验室里，他不辞辛劳地测量地球的平均密度和万有引力常数。用一种所谓的光束天平替代已使用了一个世纪的扭秤。在 1891 年获得的最佳测量结果与现在公认的结果只相差千分之四。

1884 年他从麦克斯韦电磁场理论出发，导出了坡印廷通量公式。利用它求得在载流导线、放电电容器和伏打电池附近以及电磁波中能量的传输。在电学领域里，他还设计了一些电气装置。1904 年测量了光斜射到物体表面上所产生的辐射压力，П. Н. 列别捷夫等人也证明了辐射压力是确实存在的。还利用黑体辐射定律来推算恒星的温度。关于液体与固体间的相变以及气体渗透压等理论问题，他也作出了一些贡献。1893 年因"地球的平均密度"论文获剑桥亚当斯奖。1905 年获英国皇家学会的奖章。（马文蔚）

贝克勒尔，A. -H. （Becquerel，Antoine-Henri） 法

国人，1852年12月15日生于法国巴黎，1908年8月25日卒于布列塔尼的勒克鲁瓦西克。光学、晶体学、放射化学。

祖父A. -C. 贝克勒尔和父亲A. -E. 贝克勒尔都是著名的物理学家，都从事电化学等研究，都是法国科学院院士、国家自然博物馆物理学教授。他出生在这样的教授家庭中，自幼与科学结下不解之缘。1874～1877年就读于法国道路与桥梁学院。取得工程师资格后，逐渐兴趣转向应用物理。1874年与一位教授的女儿结婚。1878年1月祖父去世，同年3月妻子去世。1888年获巴黎大学理学博士学位。1889年入选法国科学院院士。1891年父亲去世后，接任其物理学教授职位。1894年任道路与桥梁学院总工程师。1906年当选为法国科学院副院长，1908年任正院长。

早年研究主要在光学领域。1875～1882年间进行的第一项研究，是磁场引起平面偏振光的旋转。随之转向研究红外光谱，1883年用红外光照射某些磷光晶体，对释放的光进行肉眼观察；1886～1888年研究了光在晶体中的吸收，特别是这种吸收与入射光偏振面及入射光穿过晶体的方向间的关系。

主要贡献是发现了天然放射性。1896年因这项发现而被标志为原子核物理学的开端。他偶然发现密封的铀盐会自发发射出辐射，使照相底片感光，并使空气电离。这种射线当时称为“贝克勒尔”射线，实际上即是由α、β和γ射线所组成。这一发现证明铀存在天然放射性。居里夫妇继续这项研究，探索是否其他元素也存在天然放射性，从而发现了镭和钋这两种新的放射性元素。因此，他的三人分享1903年诺贝尔物理学奖，他获得其中一半的奖金。（夏元复）

迈克耳孙，A. A.（Michelson，Albert Abraham）美国人，1852年12月19日生于普鲁士斯特雷尔诺（今属波兰），1931年5月9日卒于美国加利福尼亚州帕萨迪纳。物理计量学、光学、仪器研制。

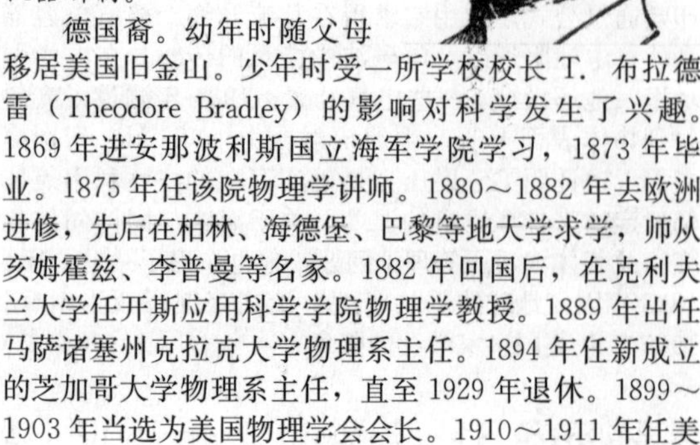

德国裔。幼年时随父母移居美国旧金山。少年时受一所学校校长T. 布拉德雷（Theodore Bradley）的影响对科学发生了兴趣。1869年进安那波利斯国立海军学院学习，1873年毕业。1875年任该院物理学讲师。1880～1882年去欧洲进修，先后在柏林、海德堡、巴黎等地大学求学，师从亥姆霍兹、李普曼等名家。1882年回国后，在克利夫兰大学任开斯应用科学学院物理学教授。1889年出任马萨诸塞州克拉克大学物理系主任。1894年任新成立的芝加哥大学物理系主任，直至1929年退休。1899～1903年当选为美国物理学会会长。1910～1911年任美国科学促进协会主席。1923～1927年任美国国家科学院院长。曾被25个以上的学会选为名誉会员，获得过11个荣誉博士学位。

从事光速测定50年之久。早在海军学院任教时，就对用傅科旋镜法测光速的实验发生了兴趣。1878年用岳父赠送的2 000美元来改进旋镜装置，并获得了首批测量结果。接着又与天文学家S. 纽康合作从事光速的测定。1924～1926年，他在南加利福尼亚的两个山头之间进行实验，测得光速值299 796±4千米/秒。其后一直是光速测定的国际中心人物。

最出色的一项工作是“以太漂移实验”。1880年在亥姆霍兹实验室工作期间，他设计出迈克耳孙干涉仪。按照经典物理学理论，光有赖于绝对静止的“以太”进行传播。当地球以30千米/秒的速度绕太阳运行时，应该有一种“以太风”存在。19世纪80年代初，他用迈克耳孙干涉仪在柏林和波茨坦进行测定，均未测到地球相对于以太的运动。1885年，他与E. W. 莫雷合作，改进了迈克耳孙干涉仪，提高了它的测量精度，接着进行了有名的迈克耳孙-莫雷实验。1887年7月通过5天的实验表明，地球与以太不存在任何运动。这实际上是一个重大的否定性实验，它动摇了经典物理学的基础。直到1905年爱因斯坦提出狭义相对论后，这一实验的“零结果”才得到科学的解释。

1892～1893年运用迈克耳孙干涉仪，他测得巴黎米尺原器等于镉红线的1 553 163.5个波长。这项工作引起国际学术界的注目。1927年第七届计量大会上决定推荐镉红线波长作为光波波长的基准。在芝加哥大学物理系工作期间，他花了近10年时间完善刻制衍射光栅的机器。1898年发明了阶梯光栅。1920年他研制出恒星干涉仪，并与他人合作测得了猎户座α星的角直径为0″.047，从此开创了恒星大小的直接测定。

出版《光波及其应用》（1903年）、《光学研究》（1927年）等著作。因研制精密光学仪器以及在光谱学和计量学中的应用，获1907年诺贝尔物理学奖。同年获英国皇家学会科普利奖章。先后共获17枚奖章。（唐玄之）

戈尔德施米特，V.（Goldschmidt，Victor） 1853年2月10日生于德国美因茨，1933年5月8日卒于奥地利萨尔茨堡。晶体学、矿物学、声学。

出身富有家庭。在德国美因茨大学上预科。后进弗赖堡矿业学院。毕业后又到慕尼黑大学、布拉格大学和海德堡大学继续求学兼做研究工作，1880年获海德堡大学哲学博士学位。是当时著名岩石学家H. 罗森布施的学生。曾在维也纳大学以及海德堡大学、罗森布施的研究所工作。1888年结婚，在海德堡安家，妻子带来一份可观的财产，资助了他的研究工作。1893年他被聘为副教授，后任教授，先后讲授晶体测量、晶体计算和矿物学等课程40多年，直到75岁高龄。

是现代晶体学的奠基人之一。提出“晶体学的主要目的是探索固体物质的分子结构，确定分子力的强度和作用形式”。对晶体形态作了完整的测量记录并求出晶体指数，把晶体的外部特征和成分、形成时的物理化学变化联系起来，完成了大部分晶体图形。首先引入心射极平投影法，用位置角 φ 和 δ 来表示晶形。把双晶、表面对称、邻接面、歪面、多重双晶等异轴增生现象与晶体出溶现象联系起来。改进了晶体测量仪器，其中最重要的是双圈测角仪。他在晶体学方面的研究成果，为X射线衍射现象的发现和晶体化学的形成开辟了道路。还发现晶体的谐波系列与音乐中的和声一致。 （邱凤昌）

凯泽尔，H. J. G. （Kayser，Heinrich Johannes Gustav） 德国人，1853年3月16日生于德国宾根，1940年10月14日卒于波恩。光谱学、天体物理学。

1873～1879年，先后到斯特拉斯堡大学、慕尼黑大学和柏林大学学习，1879年获哲学博士学位。当过H. R. 赫兹及亥姆霍兹的助手。1885年任汉诺威工业大学物理教授。1894年他继赫兹之后任波恩大学教授，任期内波恩物理学院变成光谱研究中心。是英国皇家科学院外籍院士。1912年接受圣安德鲁斯大学荣誉法学博士学位。

和C. 龙格一道从事光谱学的研究。他们的研究工作与里德伯的工作差不多同时进行。在他们用罗兰凹面光栅精确测定的光谱中，发现许多元素的光谱具有规则结构，光谱中有线系。他是实验家，C. 龙格是理论家，而里德伯更富于思考，在描写光谱式方面比较成功，因而被命名为里德伯常数。退休前写了8卷《光谱学手册》。在天体物理方面，研究过彗星与变光星光谱，并与星球温度联系起来。 （周永平）

洛伦兹，H. A. （Lorentz，Hendrik Antoon） 荷兰人，1853年7月18日生于荷兰阿纳姆，1928年2月4日卒于哈勒姆。电动力学、电磁学、光谱学。

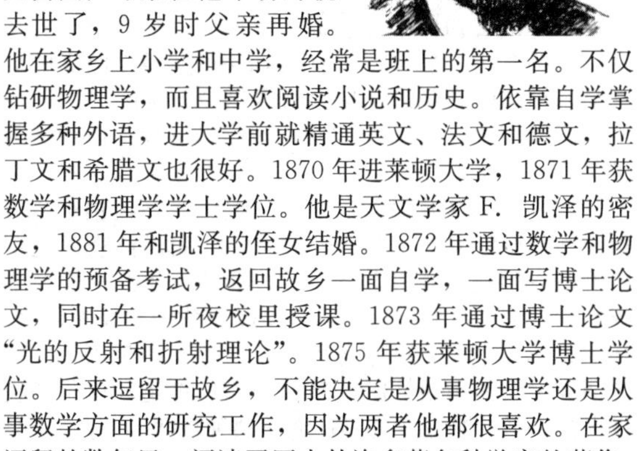

父亲是园艺家，拥有一处苗圃；母亲在他年幼时就去世了，9岁时父亲再婚。他在家乡上小学和中学，经常是班上的第一名。不仅钻研物理学，而且喜欢阅读小说和历史。依靠自学掌握多种外语，进大学前就精通英文、法文和德文，拉丁文和希腊文也很好。1870年进莱顿大学，1871年获数学和物理学学士学位。他是天文学家F. 凯泽的密友，1881年和凯泽的侄女结婚。1872年通过数学和物理学的预备考试，返回故乡一面自学，一面写博士论文，同时在一所夜校里授课。1873年通过博士论文“光的反射和折射理论”。1875年获莱顿大学博士学位。后来逗留于故乡，不能决定是从事物理学还是从事数学方面的研究工作，因为两者他都很喜欢。在家逗留的数年里，阅读了国内外许多著名科学家的著作。他的论文的重要性和本人的才能不久得到学术界的承认。1877年任乌特勒支大学数学教授。同时任莱顿大学理论物理讲座教授（这个职务原先是为J. D. 范德瓦尔斯设立的）。莱顿的理论物理讲座当时在欧洲和荷兰都属第一流，在莱顿的35年间，讲授了理论物理学的所有方面，直到1912年才因年迈辞去该职务，改任名誉教授。此后移居哈勒姆，任该地的泰勒自然博物馆馆长。博物馆把一间实验室按照英国皇家学会的样式加以改造，交给他使用，从此有了自己的实验室。还以名誉教授的身份跟莱顿大学保持联系，在著名的星期一早晨讲座里，选讲当代物理学中的重要问题。1909～1921年当选为荷兰皇家文理科学院物理部主任。1919～1926年在政府教育部门工作，协助改革大学的考试制度，负责各大学讲座教授的分配。1921年荷兰政府任高等教育部部长。1923年调往国际联盟文化协作委员会工作。巴黎大学和剑桥大学授予他荣誉博士学位。又是德国物理学会和英国皇家学会的外籍会员。他积极开展国际性物理学术活动，其中最重要的是在1911～1927年间担任索尔维国际物理学会议主席。

1875年在博士论文中，他客观地评价了光的弹性波理论和麦克斯韦的光的电磁波理论；重新推导亥姆霍兹偏振光传播的波动方程，运用这个方程成功地导出在各向同性介质中光的反射和折射定律、晶体光学和光跟金属间的作用。指出麦克斯韦的光的电磁理论比固体弹性理论既简单合理又全面。还预见到电磁理论跟物质分子理论结合之后，在物理学内蕴藏着的巨大潜力。1878年他提出物质的折射率与其密度的关系，由于丹麦物理学家L. V. 洛伦茨比他早几个月导出了类似的关系式，故称洛伦茨-洛伦兹公式。

1890年转向研究电子理论。他的电子论是以电的微粒观点、分子运动论和静以太观念为基础的。认为在不同物质的分子中，存在性质相同而数量不等的电子；若物体有了多余的电子物体就带电，导体中的电流是因电子定向流动形成的，电子能产生电磁场，这个电磁场处于静以太中，还确定了磁场作用在运动电荷上的力，即洛伦兹力。反对超距作用的观点，指出电扰动需要有一定的时间并以一定的速度通过介质以太而传播开来。1896年他的本国同行塞曼观察到钠光通过两磁极间的强磁场时，其谱线变宽，即所谓正常塞曼效应。他研究了塞曼的实验记录和资料，用电子论对此效应作出理论说明。为此他和塞曼共获1902年诺贝尔物理学奖。

1892年为了解释迈克耳孙-莫雷实验的零结果，他和斐兹杰惹各自独立地提出著名的长度收缩假设。他们指出，在地球相对以太运动的方向上，物体的长度将收缩。这个假设可以解释迈克耳孙-莫雷的实验结果。1904年他发表了著名的洛伦兹变换式。这个变换式在以太学说的基础上，给出运动参照系与静止参照系之间的时空变换关系。1905年爱因斯坦提出狭义相对论时重新导出这个关系式，并赋予它在本质上全新的意义。

在理论物理方面的影响，通过他的著作和个人交往而广为传播。非常关心自己的学生和青年物理学家的工作。总是针对他们感到兴趣的方面进行指导。爱因斯坦和其他一些青年物理学家都非常尊敬他，常常去莱顿拜访他。倾听对他们的理论工作的看法。爱因斯坦曾说过，洛伦兹对他的一生有着非常重大的影响。洛伦兹善于接受和传播新思想。这是他良好品德的另一侧面。他一再虚心地向比他年轻的爱因斯坦、薛定谔以及其他理论物理学家请教，希望他们对自己的见解提出看法和批评。这表明他具有虚怀若谷的高尚品质。

1928 年，74 岁高龄的洛伦兹去世时，他的祖国为了表彰他的功绩，给了他应得的荣誉。在为他举行葬礼的那一天，荷兰全国的电报和电话停止使用三分钟以示哀悼。爱因斯坦代表普鲁士科学院在墓地发表演说，称颂洛伦兹是“我们时代最伟大最杰出的人物”。荷兰政府还决定从 1945 年起把洛伦兹的诞辰 7 月 18 日定为“洛伦兹节”。他在身前除获诺贝尔物理学奖外，还获英国皇家学会朗福德奖和科普利奖。

（马文蔚）

卡默林-翁纳斯，H.（Kamerlingh-Onnes，Heike） 荷兰人，1853 年 9 月 21 日生于荷兰格罗宁根，1926 年 2 月 21 日卒于莱顿。低温物理学、超导理论、流体力学、低温工程。

出身砖瓦厂主家庭。从小受到良好的家庭教育。1870 年中学毕业后入格罗宁根大学攻读物理学与数学，得过银质奖章。1871 年，在乌得勒支大学主办的比赛中，以关于蒸汽密度的论文获金质奖章。1871～1873 年在德国海德堡大学受教于 R. 本生和 G. R. 基尔霍夫，被允许到基尔霍夫私人实验室工作。1873 年返回格罗宁根大学继续学习，1879 年以优秀论文“地球自转的新证明”获博士学位。1878 年任代尔夫特工艺学校（后来的工业大学）的校长助理。1882 年开始任莱顿大学物理学教授和实验室主任达 42 年，将实验室建设成了世界低温研究的中心。1883 年选为荷兰皇家科学院院士。1901 年创立荷兰仪器制作者培训促进会。

研究工作是从企图在大的温度范围内验证范德瓦尔斯的对应态定理开始的，由于需将测量范围扩大到可能达到的最低温度，从而展开了对低温的研究。1892 年利用阶梯式气体液化装置和“串联方法”，较容易地液化了氧和空气中的氮（沸点分别为－183℃和－193℃）。1906 年使氢液化（沸点－252.7℃，即 20.4K）。1908 年 7 月 10 日，第一次液化了当时唯一尚未被液化的气体氦（沸点－268.9℃，即 4.2K），打开了通向极低温的道路。1923 年用真空下蒸发液氦的方法达到－272.33℃（即 0.82K）。1924 年用实验证明氦在2. 2k左右密度最大，且有特异现象（即后来所称的超流性）。

1901 年他建立了气体的实验定律

$$pV=A(1+\frac{B}{V}+\frac{C}{V^2}+\frac{D}{V^4}+\frac{E}{V^6}+\frac{F}{V^8})$$

式中，p 为压强，V 为体积，$A=RT$（对于 1 摩尔气体），B、C、D、E、F 称为维里系数，是温度的函数，与气体的性质有关，可从实验确定。此方程适应性强，在实际计算中被广泛地使用。

1911 年发现当温度降低到某一转变点，汞、锡及铅等金属的电阻会突然降低到零，他称为超导电性。不同的金属有不同的转变点，但都是极低的温度。其后曾试图利用超导电性来获得强磁场，但发现一定的磁场或电流将破坏自身的超导电性，其临界磁场及临界电流都与温度有关。由于对低温下物质性质的研究以及使氦的液化得以实现，获得 1913 年诺贝尔物理学奖。

（谈漱梅）

勒科尔尼，L.（Lecornu，Léon François Alfred） 法国人，1854 年 1 月 13 日生于法国卡昂，1940 年 11 月 13 日卒于卡尔瓦多斯。力学、机械工程。

曾获中学优等生会考荣誉奖。1872 年入巴黎综合工科学校。两年后入高等矿业学校，1880 年获理学博士学位。1881 年任卡昂学院副教授。1893 年任法国西部地区铁路技术管理总工程师。1896～1904 年在巴黎综合工科学校和科尔矿业学校任教。1904～1927 年任巴黎综合工科学校力学教授。1910 年当选为法国科学院院士。1927～1934 年在国立高等航空学校任教，并于 1930 年任法国科学院力学部主任。

他在力学方面的研究重点是把经典方法应用于各种工程问题，如建立应力与形变表面几何特征间的关系，研究齿轮啮合的动力学等。撰写过许多关于力学和机械工程方面的教科书，出版了《力学应用全书》（1924 年）多卷。著作具有通俗易懂的特点。先后获蓬斯莱奖（1900 年）、蒙蒂翁奖（1909 年）。（马见慈）

古伊，L. -G.（Gouy，Louis-Georges） 法国人，1854 年 2 月 19 日生于法国阿尔代什省，1926 年 1 月 27 日卒于同地。光学、磁学、分子运动论。

法国里昂大学理学院的教授。1901 年当选为法国科学院通讯院士，1913 年为正式院士。

1880 年发表了第一篇较重要的论文，用数学证明在色散介质中光有两种速度。后来瑞利勋爵独立地研究过这个问题，并把两种光速分别叫做“群速度”和“相速度”。1890 年他从理论和实验上证明，共心光锥通过凹面镜的焦点时，除轴向光线外，其余光线都要发生 180°的位相异常。在研究盐类的火焰光谱时，发明了一种方法（古伊法），把被研究的溶液以喷雾的形式喷入火焰中以保持样品的稳定供应。发明过一种灵敏的磁秤（古伊磁秤），可用来测定顺磁性物质和抗磁性物质的磁化率。

1905 年他提出分散双电层的概念。在液相中“分散层”的厚度大于一个分子的直径，而固体表面电荷的静电作用吸引液相中带异号电荷的离子。这样就在界面附近形成分散双电层，其厚度比分子直径大得多。还对自然界中由无序运动所引起的现象产生兴趣。详细研究过布朗运动，1888 年他指出这种运动虽是随机的，但是具有独立于外界环境的某种规律性。

（唐玄之）

里德伯，J. R.（Rydberg，Johannes Robert） 一译黎德堡。瑞典人，1854年11月8日生于瑞典哈尔姆斯塔德，1919年12月28日卒于隆德。*光谱学、数学物理学、物理化学。*

1873年入瑞典隆德大学，1875年获哲学学士学位。1879年通过学位论文“圆锥曲线的构造”，获数学博士学位。翌年任隆德大学物理学讲师，1901年升任隆德大学物理学教授。1919年当选为英国皇家学会外籍会员。

主要科学贡献在光谱学方面，是第一位制定了具有普适意义的光谱经验公式，以用于周期表元素光谱波长的科学家。代表作是1890年发表的论文“化学元素发射光谱组成的研究”。1885年，巴耳末已导出了推算氢原子光谱线波长的公式，即著名的巴耳末公式。他在不知道巴耳末所得结果的情况下，也提出了一个公式。在该式中，对欲求的特定谱线使用波数 n 来代替其波长，$n=n_0-[N_0/(m+\mu)^2]$，此式被称为里德伯方程。式中 n_0 和 μ 为特定常数，它们随原子的谱线系的不同而异，m 为正整数。$N_0=109\,721.6$，是一个对所有元素的原子和所有的线系都恒定的常数，后来被命名为里德伯常数。里德伯方程比巴耳末公式更具有普遍性，巴耳末公式实际上只是该方程的一个特例，但两者都是经验公式。他们两人都没有去探求其所以然。后来N. 玻尔用量子力学理论解决了这个问题。此外，1906年第一次陈述周期表的头三个周期拥有2、8、8个元素的规则，1913年又将周期表规则扩大到稀土元素。（卫瑞霞　徐平五）

布里渊，M. L.（Brillouin，Marcel Louis） 法国人，1854年12月19日生于法国德塞夫勒省梅勒，1948年6月16日卒于巴黎。*流体力学、热力学。*

1878年毕业于法国高等师范学校。1881年同时获得数学博士和物理学博士学位。1900年起直到退休，在法兰西学院任数学物理学教授。1921年被选为法国科学院院士。

在数学上引进了方程的变动边界条件问题和球面调和变换问题。物理学方面的成就更突出，主要写过关于流体力学、热力学、量子物理等领域内很多论文和著作。特别是金属椭球面振动问题的计算，对以后超短波理论至关重要。研制的布里渊平衡器在石油勘探方面很有用。还解释了原子物理中玻尔条件，并得到了某几类量子数的稳定性条件。（吴茂庆）

埃尔斯特，J. P. L. J.（Elster，Johann Philipp Ludwig Julius） 德国人，1854年12月24日生于德国巴特布兰肯堡，1920年4月6日卒于德国萨克松州巴特哈尔茨堡。*光电子学、电子技术、仪器研制。*

1875～1878年先后在海德堡大学、柏林大学学习物理学和数学。1878年回读海德堡大学，1879年获哲学博士学位。1881年起长期在不伦瑞克的沃尔芬比特尔中学任教物理学和数学。1884～1920年与H. 盖特尔长期合作进行科学研究。

光电子学和大气电学研究先驱、第一个现代光电管发明者之一。H. 盖特尔是他的终身挚友和科学研究长期合作者。他们是儿时伙伴、海德堡大学同学，又是中学教师同事。他们在埃尔斯特家地下室共同建立一间实验室，而且几乎所有论文均由两人合作发表。早期，他们带着自制便携式测电器到欧洲各地游历，探测雷暴天气中的雨水和地面的带电性，绘制地面电场分布图。1881年合作发表第一篇论文，讨论火焰中的气体电性问题。1882年两人研制了第一个热离子管。通过大气电学现场考察，他们进而研究了光电效应和放射现象。1884～1885年在实验中首次发现选择性光电效应，即光电效应会随着光束偏振而发生变化的现象。1894年发现可见光也会产生光电效应。而在此前，科学界多数人认为只有紫外光才能产生这种效应。1911年发现如果选用具有最高正电价的金属，甚至红外线也能产生光电效应。

他们是研究天然放射现象的最早一批人。在土壤、空气和水中都找到放射现象的证据。认为放射能量来自原子内部，证明是放电现象引起了大气导电，推测地热由地球内部放射性造成。1903年观察到受放电照射的矿物有闪光现象。这一发现后来成了亚原子计数的一个重要方法。1905～1907年找到普通铅中有放射性物质，这对同位素理论有重要意义。

1893年，他们研制成功第一个实用型光电管并取得专利；经多次改进，1903年第一个现代光电管又获专利。这种早期光电管，是在真空玻璃容器内侧部分镀上一层光感物质，由光照射激发它时，会在闭合电路上产生电流。光电管的出现，为科学上精确测定光现象和微观粒子计数提供了物质条件。天文学家很快用它来测定星光，导致了变星的一系列重要发现；光电管促进了光电子学的迅速崛起，预示了电子时代即将到来。（夏元复）

勒曼，O.（Lehmann，Otto） 德国人，1855年1月13日生于德国康斯坦茨，1922年6月17日卒于卡尔斯鲁厄。*液晶理论、显微学。*

数学和自然科学教授的儿子。1876年在斯特拉斯堡大学获博士学位。1876～1883年在中学任教。1885年任亚琛技术学院物理副教授。1888年任德累斯顿技术学院副教授。1889年接替H. 赫兹任卡尔斯鲁厄技术学院物理学教授，直至去世。

早期从事过稀薄气体放电研究，但很快转向用显微镜研究物质的精细结构。主要贡献是在1889年首次发现液晶。这些材料的力学性质类似于液体，但是光学性质类似于晶体，因此他将它们定名为“液晶”。1922年G. 弗里德尔提出将他的液晶以及其他介乎非晶态和晶态之间的中间态物质统称为“介晶态”。但液晶这一名称仍然一直使用至今。在今日世界上液晶得到越来越广泛的应用。（夏元复）

波伊斯，C. V. （Boys，Charles Vernon） 英国人，1855 年 3 月 15 日生于英国拉特兰郡，1944 年 3 月 30 日卒于汉普郡。热学、应用光学、仪器研制。

教区长的儿子。1917～1918 年任伦敦物理学会会长。

1887 年制成辐射微热计，用一个热电偶结合可动线圈电流计测量辐射能量，从而探测红外辐射，其灵敏度远超过以前的红外探测器。再加一个直径 1 英寸（2.54 厘米）的聚光透镜，它可以测出 1 530 英尺（1 英尺＝0.304 8米）外一根蜡烛发出的热能，也可以探测月球表面的热辐射。仪器中首次用石英纤维作为悬丝，这是一个重大革新，此后熔融石英丝成了实验物理中一种常用材料。1890～1895 年据此改进了卡文迪许在 1798 年的实验，简化了仪器，同时提高了引力常数的测定精度，给出引力常数为（6.657 6±0.000 2）$\times 10^{-11}$牛·米^2/千克^2。

他是一个卓越的应用物理学家。1881～1934 年共获 87 项专利，涉及力学、电学、光学、测量学、气体计量学等广泛范围，其中煤气的热值测量仪尤为突出。还发明了一种测量透镜玻璃折射率的方法（被称为波伊斯方法），至今仍被采用。1900 年发明了用于闪光照相的旋转透镜照相机，改进了闪光照相术，摄出飞行中的子弹，重现激波的图像。 （夏元复）

尤因，J. A. （Ewing，James Alfred） 英国人，1855 年 3 月 27 日生于英国苏格兰邓迪，1935 年 1 月 7 日卒于英格兰剑桥。磁学、应用力学、密码学。

苏格兰自由教会教长的儿子。就读于爱丁堡大学，在 P. 泰特和 F. 詹金的影响下成为一名优等生。早年曾跟随 H. C. 詹金研究元音声波的谐波分析。1878 年经詹金的推荐到日本，任东京大学机械工程教授。教学之余还从事地震测量并开始磁学方面的实验研究。1883 年回到英国，主持邓迪大学工程教育方面的工作，并继续磁学研究。1890 年任剑桥大学力学和应用力学教授。1887 年成为英国皇家学会会员。1903～1916 年从事对海军指挥人员的教育。1911 年被封为爵士。1916～1929 年为爱丁堡大学副校长。1932 年取得英国机械工程学会名誉会员称号。

1881 年发现在应力作用下热电效应有滞后现象。1882 年观察到磁滞回线的面积正比于磁化一个完整周期所作的功。1885 年以这个课题向英国皇家学会宣读了一篇重要的论文。第一次世界大战间曾破译德国密码。由于在磁学方面的研究成果而获奖章。 （马文蔚）

盖特尔，H. F. K. （Geitel，Hans Friedrich Karl） 德国人，1855 年 7 月 16 日生于德国不伦瑞克，1923 年 8 月 15 日卒于德国沃尔芬布登尔。光电子学、电子技术、放射化学。

1875～1878 年先后在海德堡大学、柏林大学学习物理学和数学，获理学士学位。回乡在不伦瑞克中学当教师一年。1880～1920 年一直在沃尔芬布登尔中学任教。其间，被选为国际镭学委员会德国代表，1896 年被聘为格丁根大学大学兼职教授。1899 年获格丁根大学理学荣誉博士学位。1915 年获不伦瑞克大学工学荣誉博士学位。

光电子学和大气电学研究的先驱者、第一个现代光电管的发明者之一。他的儿时伙伴 J. 埃尔斯特成了他的科学事业长期合作者和终身挚友。他们在埃尔斯特家的地下室建立了一间实验室，几乎所有论文均由两人合作发表。早期，他们制作了便携式测电器到欧洲各地游历，探测雷暴天气中的雨水与地面的带电性，并绘制了地面的电场分布图。1881 年合作发表第一篇论文，讨论关于火焰中的气体电性问题。1882 年两人制造了第一个热离子管。通过大气电学的现场考察，他们进而研究光电效应和放射现象。1884～1885 年在实验中首次发现选择性光电效应，即光电效应会随着光束的偏振而发生变化。1894 年发现可见光也会产生光电效应。而在此前，科学界多数人认为只有紫外光才能产生这种效应。1911 年他们又发现，如果选用具有最高正电价的金属，甚至红外线也能产生光电效应。

他们是最早研究天然放射现象的一批人。在土壤、空气和水中都找到放射现象的证据。认为放射能量来自原子内部，证明是放电现象引起了大气导电，推测地热由地球内部放射性造成。1903 年观察到受放电照射的矿物有闪光现象。这一发现后来成了亚原子计数的一个重要方法。1905～1907 年找到普通铅中有放射性物质，这对同位素理论有重要意义。

1893 年，他们研制成功第一个实用型光电管并取得专利；经多次改进，1903 年第一个现代光电管又获专利。这种早期光电管，是在真空玻璃容器内侧部分镀上一层光感物质，由光照射激发它时，会在闭合电路上产生电流。光电管的出现，为科学上精确测定光现象和微观粒子计数提供了物质条件。天文学家很快用它来测定星光，导致了变星的一系列重要发现；光电管促进了光电子学的迅速崛起，预示了电子时代即将到来。 （夏元复）

霍耳，E. H. （Hall，Edwin Herbert） 美国人，1855 年 11 月 7 日生于美国缅因州大瀑布村（今北戈勒姆），1938 年 11 月 20 日卒于马萨诸塞州坎面里奇。电磁学、电介质物理学。

1875 年进约翰斯·霍普金斯大学，是 H. A. 罗兰的物理学研究生。1879 年他发现以其名字命名的霍耳效应，并于 1880 年获哲学博士学位。1881 年到欧洲，在亥姆霍兹实验室工作一段时间，完成霍耳效应的某些测量。这一年秋天，到哈佛大学任讲师，1888 年任副教授，1895 年任教授，1914 年为朗福德讲座教授。1921 年退休为名誉教授。1911 年当选为美国国家科学院院士。

在罗兰的鼓励下，对麦克斯韦的《电学和磁学》中一个说法——放在磁场中的导体，其所受的作用力是直接作用在导体上，而不是作用在电流上——进行了探索性研究。经过坚持不懈的实验，发现当电流流过处于磁场中的一金箔条时，在金箔上产生垂直于电流和磁场方向的电势差，这就是霍耳效应。开尔文对霍耳效应的发现给与很高的评价，认为这个效应的发现可以跟法拉第关于电磁感应的发现相媲美。随后在这个领域里激起了广泛的研究热情，其余3个横向效应被埃廷豪森（A. von Etting-Shausen）、W. 能斯脱以及A. 里纪和勒迪克（S. Leduc）所发现。

1911年他开始致力于在同样的样品上精确地测量四个横向效应，直到去世前仍在做此工作。还在导电理论方面做过一些工作。1914年后对热电效应感兴趣，并从实验上测得了温差电效应中的汤姆孙和珀耳帖效应系数。（马文蔚）

福尔克曼，P. O. E. （Volkmann，Paul Oskar Eduard） 德国人，1856年1月12日生于海利根海尔附近布拉迪奥，1938年4月20日卒于柯尼斯堡（今俄罗斯加里宁格勒）。原子论、科学哲学、科学史。

1875年在普鲁士柯尼斯堡大学学习数学和物理学，H. 韦伯和W. 福格是他的老师，1880年获博士学位。留校任教，1882年任讲师，1886年继福格任理论物理学的助理教授，1894年成为教授。

早期著作着重论述理论和实验物理，后期著作着重论述认识论、科学史和教育学。1897年在玻尔兹曼的论文启迪下，发表了“关于自然科学中的原子论”，为现代原子论的确立作出了贡献。1894年在“物理学有公理吗?”一文中否定了公理物理学观点，并且比D. 希尔伯特早5年认识到这个问题的重要性。1896～1924年，在科学史研究中撰文充分论述了牛顿，以及19世纪物理学和F. E. 诺伊曼等物理学家。1887年，他与林德曼（F. Lindemann）合作发表了“对于纯数学和应用数学的建议”。他的《理论物理学研究导论》也是对物理学的一个贡献。1912年编写的《关于学校物理课程的问题》一书中提出了实物教学的原则。由于沉默寡言和谨小慎微的治学态度，甚至与学生如希尔伯特、A. 索末菲等人也很少通信，因此他的影响较小。（陆伟良）

巴勒斯，C. （Barus，Carl） 美国人，1856年2月19日生于美国俄亥俄州，1935年9月20日卒于罗德岛。热学、高压物理学。

德国移民的儿子。1879年获哲学博士学位。其后相继在美国地质勘测部、气象局和史密森研究会工作。1895年任布朗大学物理学教授，1903年起兼任该校研究院院长直到1926年退休。1892年入选美国国家科学院院士。1899年创建美国物理学会，1905～1906年任会长。

曾与地质学家C. 金合作，从事高温高压下岩石和矿物的实验分析。主要成就是用热电偶测量变化范围超过1 000℃的温度，而成为国际上测定高温的权威。一度进行水蒸气在凝结核上的凝结以及X射线和放射性在云室中的径迹的研究。因错误认为电离因素及杂质对凝结的影响是不重要的，又未听取别人的忠告，致使研究工作半途而废。1900年获美国文理科学院的朗福德奖。（谈漱梅）

汤姆孙，J. J. （Thomson，Joseph John） 英国人，1856年12月18日生于英国曼彻斯特附近奇特姆山，1940年8月30日卒于剑桥。粒子物理学、原子物理学、电子学、科学管理。

书商兼出版商的儿子。14岁时他到曼彻斯特大学欧文斯学院学习，学了3年工程科目，后转学物理学，许多杰出的科学家例如O. 雷诺、H. 罗斯科、B. 斯图尔特和巴克（T. Barker）等，都对他有很大影响。1876年进入剑桥大学三一学院，因父亲去世只得靠奖学金维持学业，1880年获学士学位。留校任教，

在剑桥大学卡文迪许实验室工作，在瑞利勋爵的指导下研究电磁理论。1884年当选为瑞利勋爵的接班人，成为卡文迪许实验室第三任主任兼实验物理学教授。1905～1918年是伦敦大学帝国学院的自然哲学教授。1915年担任英国皇家学会会长。1918年任剑桥大学三一学院院长。1919年他的卡文迪许教授职位由卢瑟福继任，他保留名誉教授称号。第一次世界大战期间在政府许多部门当顾问，还是发明和研究局的成员。1908年册封为爵士。

他的数理修养很高，最早的论文有“论涡旋环的运动”和“论动力学在物理学和化学中的应用”等。1881年曾对克鲁克斯的阴极射线作了数学计算。1882年因关于气体中原子运动的论文获剑桥大学亚当斯奖金。最重要的贡献是发现电子并测定其荷质比。19世纪末，物理学界对于阴极射线的本质争论不已，一时成为中心议题。早在1871年哥尔德斯坦就发现“阴极射线”与阴极材料、表面等无关，认为这是一种以太扰动。1879年克鲁克斯发现这种射线能够传递能量和动量，认为这是带电“分子流”。1883年H. R. 赫兹认为它是电磁波。1890年前后，汤姆孙重复赫兹和麦克斯韦所做的实验，测量电脉冲沿导体的传播速度以及电脉冲在低压真空管中的传播速度。实验结果使他怀疑这种传播是电磁辐射的说法。1893年，P. 勒纳德因阴极射线被引出薄金属窗进入空气，从而认定阴极射线不可能是粒子流。1895年，佩林用法拉第筒收集阴极射线，得到了电荷，因而认定它是带电粒子流。

汤姆孙始终抓住有关阴极射线本质的研究。他改进了佩林的实验，把法拉第筒从正对面改到侧面，用外磁场使阴极射线偏转并进入接受圆筒。同时，在技术高超的工艺师的协助下，制造了一台真空仪器，藉助电偏的方法，使阴极射线细束在高真空度的玻璃仪器中偏转。阴极射线在静电场中的偏转实验无疑证实它是带电的粒子流而不是什么“以太流”或电磁波。他利用阴极射线在电场和磁场中的偏转测出这种带电“微粒”的速度和荷质比 e/m（他当时导出的公式是质

量电荷比 m/e），发现这个比值 m/e 不仅与气体的性质无关，而且其值约为 10^{-7} 克/静电制电量，它比电解质中氢离子质量电荷比 M/Q（约 10^{-4} 克/静电制电量）小了 3 个数量级。因此认为这种“微粒”不可能是氢原子。他说：“m/e 值之所以这么小，可能是因为 m 小或 e 大，或两者兼有。我想，阴极射线的载荷子要比普通的分子小。”认为 P. 勒纳德实验正好说明了这一点。在此几个月前，塞曼也得出 m/e 值约为 10^{-7} 克/静电制电量。这恰恰是对此论点的一个有力旁证。1897 年 4 月 30 日在英国皇家学会的星期五晚会上，他作了题为“阴极射线”的报告，公开宣布测出阴极射线的荷质比（当时他用两种方法测出 e/m 约为 0.77×10^7 及 1.17×10^7 静电制电量/克），并断言：阴极射线是由比氢原子小得多的带负电的粒子组成的。同年 10 月在《哲学学报》上发表长篇论文，详尽介绍实验和所得结论。后来，他所说的这种“微粒”被称为“电子”，并沿用至今。“电子”这个名称是 G. J. 斯托尼于 1891 年用来作为电的基本单位而创造出来的术语。后来一系列实验都充分证实了电子普遍存在。他因对电荷通过气体的理论和实验研究，获得 1906 年的诺贝尔物理学奖。

他进而探索原子的结构，提出所谓“汤姆孙原子模型”。1904 年他发展开尔文的原子模型，认为原子是一个带正电的球，电子在这个球内到处运动着。他假定原子的性质取决于电子数，取决于电子在它们同心壳轨道上的分布和这个体系的稳定性。他的原子模型后来被卢瑟福核型原子模型所取代。此外，还于 1913 年完成了气态氖的部分分离，研究了光学、电磁学、放射性、光电现象和热离子，他的理论研究促使“热离子管”的发明。还研究 X 射线散射，算出一个原子中的电子数。

是一位杰出的教师和行政管理员。在他领导下，卡文迪许实验室成为举世瞩目的物理实验中心。显示出非凡的组织才干，不断更新实验室设备，引进新的实验手段和技术，设立研究院，培养了一批杰出的物理学家，如卢瑟福、C. 威尔逊、O. W. 理查逊、F. 阿斯顿、汤森德和巴克拉等。在他任剑桥大学三一学院院长期间，培养出一大批杰出的科学家，其中 55 人成为教授，7 人获得诺贝尔奖。一生获得许多荣誉，除获 1906 年诺贝尔物理学奖外，1923 年获弗兰克林奖章、斯科特奖章等。

（周永平）

赫兹，H. R.（Hertz, Heinrich Rudolf）　德国人，1857 年 2 月 22 日生于德国汉堡，1894 年 1 月 1 日卒于波恩。电磁学、无线电物理学。

6 岁进私立学校学习。自幼就爱好实验，有工作台和一些木工工具，还有一台车床。制造过光谱仪和其他一些仪器。15 岁进约翰诺因中学，学习希腊语，同时还自学阿拉伯语。1875 年中学毕业后到法兰克福建设局工作。1876～1877 年在柏林的军队中服役。1877 年到慕尼黑准备上高等工程学院。在这期间对学习物理还是学习工程犹豫不决，因对两者都极感兴趣，最后在父亲赞同下决定学习物理学。1877 年被慕尼黑大学录取，第一学期就阅读了拉格朗日、拉普拉斯和泊松等人的著作，学习数学和力学的历史发展。还以极大精力从事实验，同时在 P. 约利的实验室和贝茨（F. W. von Beetz）的实验室里学习。这一年的理论和实验方面的学习，对其一生的事业有着重大影响。一年后转学到柏林大学，从而有机会跟当时最著名的科学家亥姆霍兹在一起。这是一个重要的决定，对今后的事业具有深远的影响。在柏林看到一则柏林哲学学会求解关于电惯性的实验问题的悬奖通告，虽然只在大学学习了一年，但仍着手研究这个问题。亥姆霍兹对这个问题也很感兴趣，建议他研究这个课题，并在自己的研究所里提供一个房间，引导他了解跟这课题有关的资料，还经常检查研究的进展。1879 年他的研究取得成果，得到柏林哲学学会的奖章，论文发表在 1880 年《物理年鉴》上。之后，亥姆霍兹特地为这个有天才的学生设计了另一项水平更高的柏林科学院悬奖课题，这就是从实验上证明麦克斯韦电磁理论。但当时因他正从事其他研究而没有进行。1880 年 1 月以优异成绩获博士学位。博士论文是关于转动导体的电磁感应的研究。这是一个纯理论问题，只用了 3 个月时间就完成了。

1880 年正式成为亥姆霍兹在柏林的物理研究所中实际工作上的助手，在这里工作了 3 年。对事务性的管理工作感到十分乏味，但仍抓紧时间发表了 15 篇论文，并取得一定的声望。但由于工作范围太广，头绪太多，研究工作变得很困难，主要研究电学，还涉及到电惯性和电磁感应、电介质中的剩余电荷以及阴极射线等。在 1883 年的 2 篇论文里，断言阴极射线不是由带电的颗粒构成的。在其他论文里，提出了改进的安培计和湿度计。把早期对物理和工程两方面的兴趣，反映在对弹性固体的研究中。还研究了液体的蒸发，在这领域中充分显示了他的热力学和气体动力论的知识水平。这期间德国物理学会常在亥姆霍兹的研究所聚会，他也常在学会上宣读论文。作为亥姆霍兹的助手，他们的关系十分亲密。有时也为亥姆霍兹的言辞冗长而厌烦，但毫不怀疑亥姆霍兹是德国最伟大的物理学家。

1883 年应基尔霍夫的邀请到基尔大学任物理学讲师。这个学校没有物理实验室，所以他在基尔的 2 年里没有进行深入的实验研究，发表了 3 篇纯理论的论文。其中一篇深入地研究了麦克斯韦在电动力学方面的工作。1885 年拒绝基尔大学给予他的副教授头衔，应聘到卡尔斯鲁厄高等技术学校任物理学教授。1886 年 7 月，与在一起工作的 E. 波尔（Elisabeth Poll）结婚。1886 年 11 月开始进行使他一举成为世界著名人物的实验研究。在卡尔斯鲁厄的物理陈列室里，他见到一些感应圈，从而启迪他着手去解决 1879 年亥姆霍兹向他提出的用实验来验证麦克斯韦所预言的电磁波问题。1888年把两根铜线弯成两个矩形开路，开路两端各有一个金属小球，球间距离可以调整。当其中一个矩形开路与工作着的感应线圈相连接时，两球间的空气隙发生火花。这时，放在附近的另一个矩形开路也有微弱的火花发生。这个实验首次证实了麦克斯韦所预言的电磁波确实存在。

1888年，他在把电波和光波相类比的基础上，进行了一系列定量测定电波速度的实验，其速度与当时所测得的光速相等。从实验还发现电波如同光波一样也遵守折射和反射定律，也具有衍射、偏振和干涉现象。这些实验表明，电波是以有限速度传播的，最直接地驳斥了电动力学中的超距作用观点，他的实验以及其他一些实验，使欧洲一些原先持有超距作用观点的物理学家迅速转变为电波传播是在介质中进行的麦克斯韦观点。1892年撰写的著作《电力传播的研究》在莱比锡出版。在书中写道："这些实验的目的是要检验法拉第-麦克斯韦理论的基本假说，而实验结果证实了这个假说。"1893年这本书由英国人琼斯（D. E. Jones）以《电波》为名译成英文本。开尔文为该译本写了序言，序言中首次出现了磁波（Magnetic Wave）这个名词。

在电波方面的研究成果受到国际上普遍赞赏。自1888年起，先后获意大利科学院的马泰乌奇奖，1889年法国科学院的拉卡兹奖、维也纳科学院鲍姆格特纳奖，1890年英国皇家学会的朗福德奖，1891年都灵皇家学会的布雷萨奖等。还被选入一些著名科学团体，如柏林科学院、曼彻斯特天文和哲学学会、剑桥哲学学会等。

1888年吉森大学本想聘请他，但普鲁士教育部却要他去柏林大学接替基尔霍夫。他认为自己太年轻（仅31岁），且不是理论物理学家。于是在1888年12月接受波恩大学物理学教授职务，并于1889年全家迁居波恩，主持波恩物理研究所。这时在他周围有一些非常有才华的学生帮助他从事电磁学领域里的研究，其中有闵可夫斯基、P. 勒纳德等。1892年夏，他的声带坏了，咽喉病重，秋天不得不停止工作。1893年秋，又开始讲课，同年写成《力学原理》。1893年12月3日将手稿寄给出版社。同年12月7日作了最后一次讲课。1894年元旦因血液中毒病逝，年仅36岁。

（马文蔚）

拉莫尔，J.（Larmor，Joseph） 爱尔兰人，1857年7月11日生于爱尔兰安特里姆郡，1942年5月19日卒于霍利伍德。电动力学、电磁学、光谱学。

贝尔法斯特地方零售商的儿子。孩提时体弱，怕羞与早慧。1877年入英国剑桥大学圣约翰学院，1880年在数学荣誉考试中以第一名获得史密斯奖。接着到爱尔兰的戈尔韦任女王学院自然哲学教授5年。1885年任圣约翰学院讲师。1903年接任剑桥大学三一学院卢卡斯数学讲座教授，一直到1932年退休。1892年当选为英国皇家学会会员，1901～1912年任秘书长。1887～1912年被选入伦敦数学学会理事会，1914～1915年任会长。还是多种科学团体的会员。1909年获得爵士称号。晚年因健康衰退，返回故乡。终身未娶。

科学工作集中在电磁理论、光学、分析力学和地球动力学等方面。他的电子理论融合了电磁学和光学的概念。1883年的第一篇关于电磁学的论文涉及导电薄片和固体中的电磁感应。1893年向英国科学促进协会报告磁对光的作用，并在理论上论证了光谱线在磁场中的分裂。还讨论了爱尔兰物理学家麦卡拉（J. Macullagh）1830年提出的波动光学的动力理论。1894年、1896年和1898年，以"电和发光介质的动力理论"为题连续发表3篇论文。在这些论文里，把麦卡拉的以太模型和电磁场理论结合起来，讨论了电子微观理论跟电流以及其他电学宏观量之间的关系，利用洛伦兹收缩论述了迈克耳孙-莫雷实验的零结果；论述了光的色散和电的应力。上述研究成果都写在1900年出版的《以太和物质》一书中，这本书也许是第一次详尽地讲述了真空中电磁场的洛伦兹时空变换，为此获得亚当斯奖。

对电动力学有两方面的贡献，一是拉莫尔进动，它是电荷在磁场作用下的轨道进动。这是1897年他在讨论塞曼效应时提出的。二是论述了电荷加速运动时的电磁辐射，得到辐射强度正比于加速度与电荷电量两者乘积的平方这一非相对论性公式。

自1896年开始注意地球动力学，和希尔斯（E. H. Hills）一道分析了地轴不规则变化的可能原因，以及地球转动的不规则性和天文时间的定义等。

他的讲演和文章没有详尽的数学演证，只是把思想概略性地介绍出来，故一般人难以理解，但其思想很有启发性和独创性。是建造经典物理大厦的许多伟人之一。跟洛伦兹一样，研究工作主要是在电子理论方面，但又跟洛伦兹不同，没有参与量子论和相对论这些最新物理学的发展。比较保守，对新思想不易接受。先后得到包括英国皇家学会授予的皇家奖、科普利奖在内的许多奖励。

（马文蔚）

库尔鲍姆，F.（Kurlbaum，Ferdinand） 德国人，1857年10月4日生于德国马格德堡附近，1927年7月29日卒于柏林。热学、光学、仪器研制。

1891年进柏林大学国家物理技术研究所，首先在O. R. 陆末领导的光学实验室工作。1894年被任命为研究所的助理。1899年10月任教授。1901年担任研究所的高电压实验室主任。

1893年他改进了测辐射热计，从而能对辐射强度进行绝对测量。1898年陆末和他联名发表了著名文章"电热绝对黑体及其温度测量"，其中描写了空腔辐射体。同年，他提供了绝对黑体热辐射的绝对测量。它相当于在误差5%的精度内测定斯忒藩-玻耳兹曼常数。

他接受H. 鲁本斯的邀请，参加了绝对黑体的甚长波辐射强度的测定。他们的实验数据对普朗克量子论的建立有一定的作用。同L. 霍尔本一起制成了灯丝型高温计，它可以方便地以很高的精度测量任意高温。

（唐玄之）

普朗克，M. （Planck，Max Karl Ernst Ludwig）德国人，1858年4月23日生于德国基尔，1947年10月4日卒于格丁根。统计物理学、热力学、量子论、自然哲学。

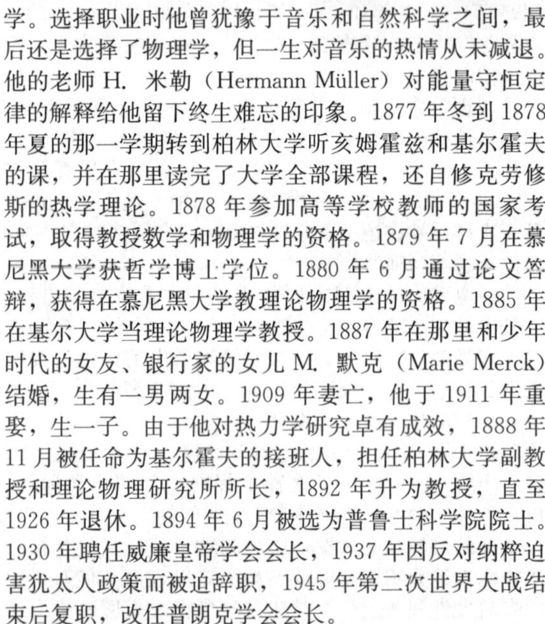

1874年中学毕业，在慕尼黑大学学习数学和物理学。选择职业时他曾犹豫于音乐和自然科学之间，最后还是选择了物理学，但一生对音乐的热情从未减退。他的老师H. 米勒（Hermann Müller）对能量守恒定律的解释给他留下终生难忘的印象。1877年冬到1878年夏的那一学期转到柏林大学听亥姆霍兹和基尔霍夫的课，并在那里读完了大学全部课程，还自修克劳修斯的热学理论。1878年参加高等学校教师的国家考试，取得教授数学和物理学的资格。1879年7月在慕尼黑大学获哲学博士学位。1880年6月通过论文答辩，获得在慕尼黑大学教理论物理学的资格。1885年在基尔大学当理论物理学教授。1887年在那里和少年时代的女友、银行家的女儿M. 默克（Marie Merck）结婚，生有一男两女。1909年妻亡，他于1911年重娶，生一子。由于他对热力学研究卓有成效，1888年11月被任命为基尔霍夫的接班人，担任柏林大学副教授和理论物理研究所所长，1892年升为教授，直至1926年退休。1894年6月被选为普鲁士科学院院士。1930年聘任威廉皇帝学会会长，1937年因反对纳粹迫害犹太人政策而被迫辞职，1945年第二次世界大战结束后复职，改任普朗克学会会长。

他堪称20世纪德国首屈一指的理论物理学家。因提出基本作用量子，创立量子论，获1918年的诺贝尔物理学奖。他的科学研究工作大致可分为四个方面：热力学、辐射理论、相对论和自然哲学。

热力学　这是他最早研究的课题。在博士论文“论热力学理论的第二原理”中，已研究了导热过程的不可逆性，提出表达熵定律的一般公式，指出“任何方法也不能使导热过程成为完全可逆的”。1880年6月在慕尼黑大学提出“各向同性体在各种温度下的平衡状态”的论文，文中运用熵的概念进一步论述热的机械论。1897年放弃认为热是由粒子的某几种运动所构成的观点。1895年专心研究不可逆过程，尤其是电动力学中的不可逆过程，并把熵作为研究的中心课题。他把早期关于热力学不可逆性和光的麦克斯韦电磁理论联系在一起，把克劳修斯唯像的方法和基尔霍夫关于平衡热辐射与物质无关的定理结合起来，再加上统计方法，就为他1900年提出用能量子解释热辐射定律作好准备。

辐射理论　1896年开始着重研究热辐射。这一年，W. 维恩曾试图按照经典理论解释热辐射的规律，所取得的成果可以看成是“把物理学引到量子物理的门前”。普朗克的工作可以说是把物理学引进了这个大门。他根据基尔霍夫辐射定律和维恩辐射定律进一步研究平衡热辐射的能量分布规律，发现用经典理论无法导出正确的热辐射定律。1900年10月，F. 库尔鲍姆在德国物理学会上报告了H. 鲁本斯和他最新的实验结果，指出维恩的理论只适用于短波和低温。普朗克事先得知鲁本斯和库尔鲍姆的实验结果，在这次会上提出了自己的新的辐射公式，后以“论维恩光谱方程的完善”为题发表在《德国物理学会通报》上，明确指出这个新公式在长波和高温情况下与鲁宾斯和库尔鲍姆实验数据相符，而在短波和低温情况下可简化为维恩公式。鲁宾斯当晚就做实验来核验，证明普朗克的新辐射定律同实验完全相符。普朗克公式开始是根据实验事实归纳出来的，他本人把这个公式看成是“成功推测的中间公式”。为从理论上阐明这个公式的内涵的物理意义，紧张地工作了2个月，经历了他“一生中最繁重的工作”，终于发现：要对这一公式作出合理的解释，必须放弃经典物理的传统概念，而认为辐射过程中能量是不连续的，发射和吸收能量的方式是一份一份的“量子”（称为“能量子”）。以某种频率辐射的能量ε是一些最小能量ε_0的整数倍。他假设这种最小能量的数值为$\varepsilon_0=h\nu$，式中ν是辐射振子的振荡频率，h是一个崭新的恒量，他把它称为“基本作用量子”或“作用单元”，现在称为“普朗克常量”。在这种能量子的假设下，他根据玻耳兹曼的原子论观点和热统计理论，导出了表达更严密的普朗克公式。1900年12月14日，在亥姆霍兹研究所召开的德国物理学会会议上，他报告了“正常光谱中能量分布律的理论”的论文，宣布了这一划时代的发现。这一天被认为是量子论的生日，是现代物理学乃至自然科学新纪元的开端，他也被看成是量子论鼻祖。在普朗克理论中，不但得出基本作用量子h的数值，而且还第一次得出玻耳兹曼常数k。他的理论提出后，庞加来等人持反对态度，A. 索末菲等人保持中立，唯独年轻的爱因斯坦满腔热情地接受它并使之进一步发展。爱因斯坦把这一发现看成是“20世纪整个物理学研究的基础”。这一发现破坏了牛顿时代以来的自然观所遵循的基本准则——“自然不作跃变”，从而为新物理学和新自然观的建立和发展打开崭新的一页。尽管他作出划时代的量子假设，为量子论的创立破土奠基，但10年后他还主张“尽可能谨慎地”在理论中利用作用量子，试图“无论如何要在经典物理体系中建立起作用量子”，以便维护一种“统一协调”的物理世界观，这反映了他深受传统观念的束缚。

相对论　他是最早承认和捍卫爱因斯坦相对论的物理学家之一。撰写的著作《相对性原理和基本力学方程》对相对论力学的创立作出了贡献。对爱因斯坦的时空观念作出高度的评价。

自然哲学　他在1895年坚决维护热力学第二定律的克劳修斯形式，反对W. 奥斯特瓦尔德等人宣扬的

“新唯能论”。这种理论认为能量的概念可以取代物质的概念，可以从能量定律引出自然界的一切定律。后来他又激烈抨击以E. 马赫为代表的实证论认识论，坚决反对马赫把“思维经济原则”置于科学理论中心的错误主张。在认识论上，强调要充分收集事实，要采用归纳法，否定用“纯思考”引出的物理定律的内涵。

他早期的政治立场，几乎完全站在狭隘的德国民族主义者一边。1916年长子死于凡尔登战场，他依然支持战争。第二次世界大战期间，他次子遭政治迫害，1944年被希特勒处决。法西斯的种种暴行终于使他醒悟。他对自己没能在德国法西斯疯狂排犹时保护爱因斯坦而深感内疚。暮年为防止原子战争而大声疾呼。

交友广泛，为人谦逊。当人们誉他为“帝国的科学首相”时，他反对这种提法，说“我不是亥姆霍兹”。他没有参与量子论的发展工作，也没有组成学派，但写过约215篇论文和7本书，其中《理论物理学概论》、《能量守恒定律》、《热力学讲义》、《热辐射理论》等都是蜚声世界的名著。爱因斯坦说他的全部著作是有“简明的、真正艺术的风格”。他的讲学严谨、生动、富于启发性。平时坚持长时间散步，而且长期从事登山活动，84岁时还登上3 000米高山。长寿为他科学上的丰产提供了条件。（周永平）

浦耳弗里许，C.（Pulfrich，Carl） 德国人，1858年9月24日生于德国索林根，1927年8月12日卒于蒂门多弗施特兰附近的波罗的海。光学工程、照相术、仪器研制。

位中学教师的儿子。他在鲁尔附近的米尔海姆上中学。在波恩大学学习物理学、数学和矿物学，1881年通过考试获得中学教师的资格，1882年在克劳修斯指导下获得博士学位。1883～1889年为克劳修斯的助教，克劳修斯去世后为H. R. 赫兹的助教。1891年与赫兹的妻妹结婚。1890年与在耶拿的蔡司公司供职的阿贝相识。同年接受蔡司公司的聘请，在阿贝的指导下担任公司光学测量仪器部门的领导。

他是E. 阿贝所创立的物理学派的突出代表，是光度术和折射测量术领域内有名的专家。被认为是立体照相测量术之父。在波恩时，他研究光在晶体中、玻璃中和液体中的折射，并制成全反射型的反射计和折射计。改进阿贝所设计的一部分仪器，如测微计、膨胀计、阿贝折射计等。1895年，他为化学家设计了一种改进型的折射计，现今叫作浦耳弗里许折射计。同沃尔尼（R. Wollny）合作制成了乳脂折射计。还为肖特玻璃厂发展防热玻璃作过贡献。1899年在慕尼黑的一次科学会议上，提出带有交错标度的立体测距仪原型。接着全心致力于立体照相测量术。1925年设计出一种适合人眼感觉范围的光度计。这种光度计也可用作色度计和浊度计，有时叫做浦耳弗里许光度计。一生写了大约100种论文和书籍。（唐玄之）

布雷斯，D. W. B.（Brace，De Witt Bristol） 美国人，1859年1月5日生于美国纽约，1905年10月2日卒于内布拉斯加州。光学、仪器研制。

1881年获波士顿大学学士学位后，继续在马萨诸塞理工学院和约翰斯·霍普金斯大学学习。出于对G. R. 基尔霍夫和亥姆霍兹的敬佩，1883年来到柏林大学，在那里撰写了磁光效应的博士论文。1888年回美国不久，成了内布拉斯加大学的物理学教授。1896年后开始进行一系列的实验来研究光通过透明介质时所受外部因素（如磁场、压强、应变等）的影响。在这些研究过程中，发明了好几种新的仪器，例如，现今以他名字命名的分光光度计和分光偏光镜等。1902年瑞利勋爵提出，如果洛伦兹-斐兹杰惹收缩确实存在的话，则在运动的透明介质中将产生可以观察到的双折射现象。布雷斯于1904年进行了这种实验，而且明确指出，透明介质通过以太运动时没有产生双折射。他于1905年再度对洛伦兹-斐兹杰惹收缩感到兴趣，并进行了更精密的实验，可惜他去世时没能看到爱因斯坦在狭义相对论中是如何解决这个问题的。（唐玄之）

居里，P.（Curie，Pierre） 一译皮埃尔·居里。法国人，1859年5月15日生于法国巴黎，1906年4月19日卒于同地。原子物理学、放射化学、晶体学、磁学。

祖父和父亲都是医生。父亲E. 居里（Eugène Curie）1854年与S.-C. 德波莉（Sophie-Claire Depoully）结婚，生有两个儿子，他是次子，哥哥雅克（Jacques-Paul）比他大4岁。由于父亲热心于科学，他们从小就被带进科学园地，观察父亲的实验，搜集动植物标本，尝到了实验研究的乐趣。他的幼年受的是家庭教育，14岁时有位数学教授任他的家庭教师。1875年11月通过考试获巴黎大学理学士学位，1877年获物理学硕士学位。1878～1882年任巴黎大学物理实验室助理研究员。1882年任巴黎物理和化学学校实验室主任，1894年任物理学教授。1895年3月获巴黎大学博士学位。同年7月与玛丽娅（即居里夫人）结婚。有两个女儿，长女伊伦娜生于1897年，婚后叫I. 约里奥-居里，也是著名的物理学家和化学家；小女儿爱芙（Eve）生于1904年，喜爱艺术。1904年任巴黎大学物理学教授。1905年当选法国科学院院士。1906年4月19日下午，在出席会议后回家的路上，由于没有注意到一辆满载的马车正在驶来，惨死于巴黎街头的马车轮下。

科学生涯大致可以分为三个阶段：1877～1883年为第一阶段，主要与其兄雅克合作在晶体物理领域取得丰硕成果；1883～1895年为第二阶段，他独自在磁学领域中从事研究工作；1896～1906年为第三阶段，与其夫人合作在放射性领域取得了重大成就。

1877年，与当时任索邦矿业实验室助理研究员的哥哥雅克合作研究晶体物理，1880年共同发现晶体的压电现象。这种压电技术在第一次世界大战期间曾被用于探寻潜水艇并导致现代声纳的发明与应用。接着，他们又共同发明了根据压电原理制成的静电计，用以测量极其微弱的电流。该仪器对居里的辐射研究极为宝贵，并至今广泛应用于物理实验中。这两项发现和发明使他们得到当时法国科学领域的最高国家荣誉奖即朴朗太奖。1883年以后，他独自对晶体的形态学和对称性进行研究。1885年提出关于晶体对称性的“居里理论”，接着推广到研究自然界的其他对称现象。1894年发表了叙述物理现象对称性的“居里对称性定律”。

1890～1895年，对各种温度下物质的磁性作了广泛深入的研究，这些工作奠定了现代磁学理论的基础。在磁学领域中的主要贡献是：发现“居里定律”：顺磁性材料的磁化强度与材料所在处磁感应强度的有效值成正比，而与温度成反比；发现“居里温度”：即在此温度以上，自发磁化消失；发现“居里-韦斯定律”：在居里点以上的顺磁区域中，磁化率随温度而变化；发明“居里天平”，能迅速准确地称出微量物质的重量。

1896年贝克勒尔发现了著名的“贝克勒尔现象”，这一研究深深地吸引了新婚不久的居里夫妇。他们认为除了铀以外很可能还存在其他元素有此现象，并且认为“贝克勒尔射线”的实质需要弄清，决定合作研究。1898年7月，他们共同发现新的放射性元素钋(Po)，同年12月又发现镭（Ra），并且通过研究，弄清“贝可勒尔现象”就是天然放射性现象。由于这些重要发现，1903年11月他们共同获得英国皇家学会戴维奖章。同年12月12日又共同获得诺贝尔物理学奖的一半（另一半由贝克勒尔获得）。在这段研究过程中，他们还创造了放射化学研究方法，迄今仍被人们沿用；他与德平纳（Debierne）澄清了卢瑟福提出的“镭射气”的性质；发展了放射性年代测量方法，开创了放射性地质和放射性考古领域的现代研究；居里还与他的学生拉波德（A. Laborde）发现了镭盐的释热现象。 （夏元复）

霍耳维奇斯，W. L. F. （Hallwachs，Wilhelm Ludwig Franz） 德国人，1859年7月9日生于德国达姆施塔特，1922年6月20日卒于德累斯顿。光电子学、仪器研制。

1883年在A. A. 孔特指导下获博士学位。1893年任德累斯顿技术学院电气工程教授，1900年为物理学教授。

是一位实验物理学家。设计了一些电气设备和测量仪表，其中有象限静电计和高精度的双折射仪。1888年在H. 赫兹研究的基础上研究光电现象，确定了紫外线照射在不带电的金属板上时可使金属板带正电，照射在带负电的板上，能使它放电。这称为光电效应，或称霍耳维奇斯效应。1890年开始与岳父F. 科尔劳施研究电化学。1904年后重又研究光电效应。测量了光电效应的功函数和光电疲劳等，成为这个领域的学术权威。1914年把在光电效应方面的研究成果综合成题为“光电效应”的专题论文。他是近代物理的先驱者之一。 （马文蔚）

普林斯海姆，E. （Pringsheim，Ernst） 德国人，1859年7月11日生于德国布雷斯劳（现为波兰弗罗茨瓦夫），1917年6月28日卒于同地。统计物理学、热力学、辐射理论。

商人和庄园主的儿子。1878～1879年先后在布雷斯劳大学和柏林大学学习数学和物理学，1882年在亥姆霍兹指导下获柏林大学哲学博士学位。1886年任柏林大学物理学讲师，1896年任教授。1905年任布雷斯劳大学理论物理学教授。

最初讲授机械热学理论和气体动力论，后又研究电过程热力学。1889～1905年几乎每年都要讲关于太阳物理的实验课。1910年出版一本关于这个课题的书。虽然身为布雷斯劳理论物理学教授，但他的科学成就大多是实验方面的。1896年起在柏林大学期间，就和O. R. 陆末进行实验合作。他的博士论文和研究方向为热和光辐射。1881年他用衍射光栅精确地测出红外光波长，首次把辐射计用作测量红外辐射的一种实用仪器。研究过盐酸气体的光化学效应。19世纪90年代初，他论证基尔霍夫定律只适用于纯粹温度辐射，不适用于盖斯管中的辐射或火焰辐射。为此，他和F. 帕邢有过争论。在19世纪末，他和陆末用实验确定各种气体的比热比率。1896年他们转而研究热辐射，继续维恩所做的研究工作。他协助陆末完善基尔霍夫的黑体概念，进而去检验关于总辐射能量和温度关系的斯忒藩-玻耳兹曼定律。随后他们就柱形黑体测出辐射能量的谱分布。1900年9月他们指出了维恩-普朗克能谱公式不成立之处。这一工作对于普朗克发现新的辐射公式起了重要的促进作用。他们还提出了用维恩定律的高温部分来测量高温的方法。1903年陆末和他又定义了一种“辐射理论温标”，它是辐射理论中的一种绝对温标（热力学温标）。 （周永平）

梅谢尔斯基，И. В. （Мещерский，Иван Всеволодович；Meshchersky，Ivan Vsevolodovich） 苏联人，1859年8月10日生于俄国阿尔汉格尔斯克，1935年1月7日卒于列宁格勒（今圣彼得堡）。动力学、应用数学、力学教育。

1878年入圣彼得堡大学学数学和力学，1882年毕业留校任教。1889年获应用数学硕士学位。1891～1919年任圣彼得堡女子学院力学教授。1897年以题为“变质量质点动力学”的论文获应用数学博士学位。1902年兼任新创办的圣彼得堡理工学院应用数学系主任直至1935年。

最大贡献是在博士论文基础上建立的变质量物体运动方程，即梅谢尔斯基方程。它也是火箭动力学及其技术的基础。1904年和1914年分别出版了《在一般情况下变质量质点的运动方程》和《理论力学习题汇编》的著作。还通过对有心力作用下变质量质点运动的深入研究，开拓了理论力学的新领域。从事高等教育达58年，是一位认真的和富有创新精神的教育家。 （马见慈）

陆末，O. R. （Lummer，Otto Richard） 德国人，1860年7月17日生于德国格拉，1925年7月5日卒

于布雷斯劳（现为波兰的弗罗茨瓦夫）。光学、仪器研制、统计物理学。

1884年完成论文后成了亥姆霍兹的助手。1887年随亥姆霍兹到柏林大学新建立的国家物理技术研究所，1889年成为该所的领导成员，1894年任教授。1904年任布雷斯劳大学教授。

早在1849年，W. 海丁格尔就宣布过云母片有不同于牛顿环的干涉条纹，这条纹是由于光线在云母片的平行表面多次反射后产生的。1884年，陆末在亥姆霍兹实验室中发现了这些条纹。于是被叫做“陆末纹”。亥姆霍兹由于眼睛近视没有能观察到这个现象，开始不愿意承认这种干涉现象的存在，但是很快就信服了，并把他的论文称为“异乎寻常的好论文”。

因为“陆末纹”是由具有不同光程的各种波长的光线所产生的，他在1901年就产生了把平行平板发展为具有最高分辨率的分光镜的想法。这种仪器比C. 法布里和A. 珀罗在1897年制成的干涉仪具有更高的分辨率。在有适当尺寸的两面完全平行的玻璃（或石英）板上，一束光线以近乎90°的入射角投射到板的一端的表面上，经过光在板内的多次反射和折射，在板的两侧各有一组相干光，叠加后分别形成黑暗背景上的清晰的干涉条纹。为了减少掠角入射的光能损失，1902年该研究所的盖尔克（E. Gehrcke）教授将一个小反射棱镜用加拿大树胶粘在板的一端上，光束经过棱镜后再以适当角度进入陆末板，以使光线在板内的入射角皆接近于临界角而略小，使射出光线与板的交角全近于掠角。陆末将此装置称为陆末-盖尔克板，现在有时也简称为陆末板。这种干涉仪的分辨率虽然很高，但由于高精度的陆末板很难制造，故不如法布里-珀罗干涉仪应用广泛。

1889年，他和布洛洪（E. Brodhun）制成了一个精密的光度计，即现今所谓的陆末—布洛洪光度计。这个新仪器的性能比以前用的油斑光度计更优越。1892年他和F. 库尔鲍姆制成了一个表面测辐射热计，比以前用的其他型式的测辐射计都好。1894年他与普林斯海姆设计出用灵敏的测辐射热计来测定气体定压热容与定容热容之比（γ）的方法。

在黑体辐射方面，他也取得重大的成就。1898年和1899年与库尔鲍姆、E. 普林斯海姆实现了绝对黑体的模型，即现今常见的用不透明材料制成的空心容器上的小孔。利用这个模型，他同普林斯海姆测定了不同温度下辐射能按波长的分布。这些能量分布曲线现在常常被引用。他们的测量结果验证了已发表的斯忒藩定律，也验证了维恩位移定律和维恩辐射定律。

（唐玄之）

维拉尔，P. （Villard，Paul） 法国人，1860年9月28日生于法国里昂，1934年1月13日卒于巴约纳。粒子物理学、放射化学、地球物理学。

早年在中学任教，后在大学化学实验室工作。1908年被选入法国科学院，为基础物理部院士。

早年攻读物理化学，曾研究甲烷、乙炔等的水合物以及有关的相变。主要贡献是自1897年到1907年左右在阴极射线、X射线和放射性方面的实验研究工作。在这些领域中，仍常常从化学观点来分析和理解问题。首先观察到贯穿辐射，继卢瑟福定名α和β射线以后，他将这种贯穿辐射命名为γ辐射。1906年还模仿阴极射线在磁场中的情况对极光进行实验研究，断定极光来源于地球，而不是天外。

（夏元复）

霍尔本，L. C. F. （Holborn，Ludwig Christian Friedrich） 德国人，1860年9月29日生于德国格丁根，1926年9月19日卒于柏林。热学、热力学、仪器研制。

1879～1884年在格丁根大学读书，1887年获博士学位。期间1884～1889年在格丁根大学地磁观测所作专家助手。1890年转到柏林大学物理技术研究所，在亥姆霍兹指导下工作，1898年成为研究所的正式人员，1914年任热力学实验室主任，1918年任研究所所长。

主要进行与高温及低温测量有关的研究。例如，检测了气体温度计的各个固定点，比较了各种温标，对1924年德国引进热力学温标作出重要贡献；对温差电偶温度计的精度进行鉴定；制造可调整亮度的光测高温计；测定气体和水蒸气的热学参数和气体的压缩系数；绘制在100℃以上的单原子气体的等温线。

（谈漱梅）

比杰尼斯，V. F. K. （Bjerknes；Vilhelm Frimann Koren） 挪威人，1862年3月14日生于挪威克里斯蒂安尼亚（今奥斯陆），1951年4月9日卒于奥斯陆。电磁学、旋涡动力学、地球物理学。

年轻时就对其父关于流体动力学的研究发生强烈的兴趣。1880年入克里斯蒂安尼亚大学（今奥斯陆大学），1888年获理学硕士学位。曾去波恩大学做H. R. 赫兹的助手。1893～1912年先后在斯德哥尔摩（今奥斯陆大学）、克里斯蒂安尼亚（今奥斯陆大学）任讲师、应用物理和数学物理教授。约于1912年任莱比锡大学地球物理学教授，在那里组织了地球物理学会，并任会长。1917～1926年任卑尔根大学教授。1926年任奥斯陆大学应用力学和数学物理教授。

与赫兹合作进行了有关振荡电路共振的研究，并由他得出实验共振曲线。一项有关大气的研究获得美国卡内基基金会的资助。1921年出版了有关旋涡动力学理论的论著，还与人合著了《动力气象学和水文学》。

（马见慈）

勒纳德，P. （Lenard，Philipp） 德国人，1862年6月7日生于奥匈帝国普雷斯堡（今斯洛伐克的布拉迪斯拉发），1947年5月20日卒于德国梅塞豪森。气体放电、粒子物理学、光电子学。

富裕酒商的儿子。早年进教区学校求学，但热衷自学数学、物理学、化学等。拒绝父亲要他做葡萄酒商的要求，经长期争论，进维也纳和布达佩斯的技术学校学习。1883 年夏以自己一年做工所得去德国旅行，受化学家 R. 本生的启发而转向自然科学。在海德堡大学学习 4 学期物理学。在柏林大学上学 3 学期。1885 年夏开始在柏林工作。后去海德堡大学任 3 年助教，接着又去英国进修。1891 年 4 月到波恩大学做 H. R. 赫兹的助手，毕生对赫兹极为崇敬。1896 年任海德堡大学理论物理学教授，1907 年又任该校实验物理学教授，同年任海德堡大学物理学和放射学实验室主任。政治上崇拜法西斯主义，甚至追随纳粹迫害犹太人，竭力反对爱因斯坦。第二次世界大战后，被勒令离开海德堡大学，住到梅塞豪森的一个乡村中，直至去世。

主要贡献是首先研究了克鲁克斯管发出的阴极射线射入空气时的性质。这些穿过克鲁克斯管上的金属箔窗口进入空气的阴极射线被称为“勒纳德射线”。1892 年首先建成能使快电子穿出放电管的金属箔窗口，被称为“勒纳德窗”。证明了阴极射线不是负离子组成的，而是电子流。研究了它的吸收情况，建立“勒纳德质量吸收定律”。这些工作是 1910～1911 年卢瑟福建立原子模型的重要基础。1905 年因对阴极射线的研究而获诺贝尔物理学奖。

在 1900～1902 年，还对光电效应研究作出重要贡献，发现发射出来的粒子在磁场中发生偏转，它的荷质比与阴极射线所测得的相同。还观察到最大饱和电流和入射光强度成正比，并具有遏止电势；电子速度不受光强影响，只与光波波长有关。这些结果后来成为爱因斯坦光量子理论的重要依据。对荧光理论也作出过贡献。

（夏元复）

布拉格，W. H. （Bragg，William Henry） 英国人，1862 年 7 月 2 日生于英国坎伯兰，1942 年 3 月 12 日卒于伦敦。X 射线晶体学、仪器研制。

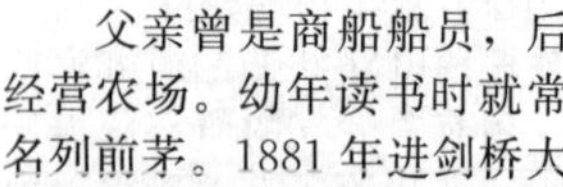

父亲曾是商船船员，后经营农场。幼年读书时就常名列前茅。1881 年进剑桥大学，1885 年底毕业。次年任阿德莱德大学数学和物理学教授，共 18 年。1907 年成为英国皇家学会会员。1908 年任利兹大学物理学教授。后又任伦敦大学教授、皇家研究院化学教授、戴维—法拉第研究实验室主任等。获得 16 个名誉博士学位。1935～1940 年任英国皇家学会会长。还是法国、美国、丹麦、荷兰等很多个国家科学院的外籍院士。

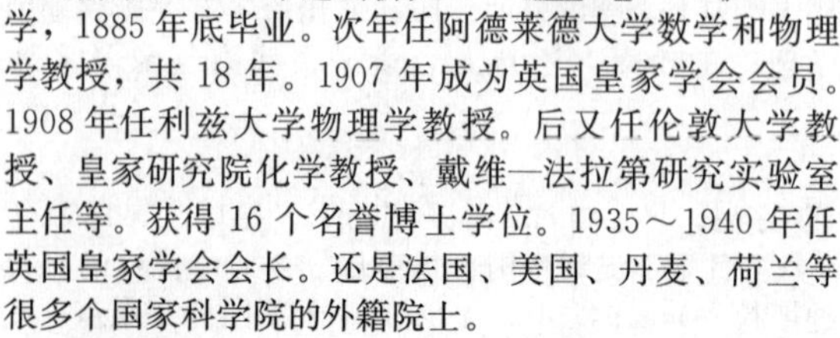

主要贡献是与儿子 W. L. 布拉格合作，以 X 射线研究晶体结构取得的重大成就。他们发明 X 射线分光计，成功地研究晶体中的原子排列。W. L. 布拉格在 1912 年提出，可以认为晶体内原子排列成一层层平行的平面（称为布拉格平面），只要满足相长干涉条件（称为布拉格条件），散射 X 射线就加强。因此，他们设计制造了 X 射线分光计。如果入射线（或反射线）与晶面形成夹角 θ（称为布拉格角），相邻布拉格平面间距为 d，那么利用布拉格条件，就能测定 X 射线的光谱，得到晶体结构的信息。而如果波长 λ 已知，就可以求得晶格常数 d。这项研究使他们共同获得 1915 年诺贝尔物理学奖。

（夏元复）

维纳，O. （Wiener，Otto） 德国人，1862 年 7 月 15 日生于德国卡尔斯鲁厄，1927 年 1 月 18 日卒于莱比锡。光学、光电子学。

大学教授的儿子。1887 年在斯特拉斯堡大学获博士学位。1895 年任教授。

主要从事光驻波的实验研究。1888 年赫兹证实了电磁波的存在，所用波长约 8 米。1898 年，维纳用光波完成类似的实验。以后，测定了在极薄的透明金属片中光的吸收，他是这一重要研究领域的先驱者，发现当光垂直入射时反射光位相倒转。还发现只有电磁波的电场部分才能使光敏层中的氯化银变黑。维纳的光驻波工作很快被 G. 李普曼应用于彩色照相术中。

（夏元复）

卡伦达，H. L. （Callendar，Hugh Longbourne） 英国人，1863 年 4 月 18 日生于英国格洛斯特郡，1930 年 1 月 21 日卒于伊灵。热学、热力学、仪器研制。

在剑桥大学三一学院接受古典教育和学习数学，1885 年毕业，1886 年起在该校任职。1883～1893 年任霍洛韦皇家学院物理学教授。1893 年任加拿大麦吉尔大学教授。1898 年任伦敦大学物理学教授。1902 年任皇家科学院教授直至去世。是英国皇家学会会员。

毕生研究热学和热力学。1886 年在计温学中将铂电阻温度计引入精密测量，为此于 1898 年设计了自动记录电桥。1899 年英国电学标准委员会接受他的提议，取基于铂温度计的测量为标准温标。1902 年与巴恩（H. T. Barne）合作发明连续流体量热器，用于测定液体比热随温度的变化以及测定热功当量。1915 年导出确定水蒸气热力学状态的卡伦达状态方程。1911 年与莫斯（H. Moss）合作测定了水银的膨胀，发明测定液体绝对膨胀系数的卡伦达-莫斯法。还发明一种测量辐射强度的量热计装置——卡伦达辐射天平，至今还用于核科学研究中。一生得到很多荣誉和奖励。

（夏元复）

伍尔夫，Г. （Вулфф，Георг；Wulff，Georg） 苏联人，1863 年 6 月 10 日生于俄国涅任，1925 年 12 月 25 日卒于莫斯科。晶体学、光学、矿物学。

早年在波兰华沙大学求学时，对晶体学的才华已崭露头角，对石英物理性质的研究曾获得大学的金质奖章。1892年在华沙大学答辩了硕士学位论文后，成为矿物系的讲师。4年后在俄国敖德萨大学答辩了博士学位论文后，成为喀山大学矿物系教授。1898年任华沙大学矿物系主任。1908年应邀担任莫斯科大学教学工作，讲授晶体学、晶体化学、晶体光学课程。1911年调任沙尼亚夫斯基大学晶体实验室主任。1916年成为莫斯科大学矿物及晶体系主任。从1918年至去世一直是莫斯科大学教授。1921年当选为苏联科学院院士。

在晶体学方面卓有成就。1916年在P. 居里的鼓励下，把有关晶体表面能用居里-伍尔夫原理概括成公式表示；还提出了球的立体投射的伍尔夫净法；他的角度计的研究证明了理想模型和真实的晶体之间的实际误差。他的研究成果一直在光学、X射线和晶体学中获得广泛应用。在俄国建立了第一个X射线实验室，并将X射线衍射研究用到晶体结构上。（朱啸宇）

布歇雷尔，A. H. （Bucherer，Alfred Heinrich） 德国人，1863年7月9日生于德国科隆，1927年4月16日卒于波恩。*电动力学、无线电技术，矿冶工程。*

不仅在数学和物理学方面，而且在语言学方面都表现出非凡的才能，还对化学和工艺学感兴趣。在汉诺威工业大学学习过。1884年到美国约翰斯·霍普金斯大学继续学习工程技术，同时又学习语言学。1895年在德国斯特拉斯堡大学完成正规教育。1899年在波恩大学当讲师，1912年任物理学教授，1923年成为名誉教授。

1904年在关于电子论的专题论文中，提出一种运动电子的理论，与亚伯拉罕理论及H. 洛伦兹理论相抗衡。认为电子在运动方向上收缩，但其体积不变。按照这个理论，运动电子为椭球状，其三轴各为$as^{1/3}$、$as^{-1/6}$及$as^{-1/6}$，此处a为静止电子的球半径，$s=(1-v^2/c^2)$，v为电子速度，c为光速。由此得出的运动电子的横向质量介于亚伯拉罕和洛伦兹理论值之间，而爱因斯坦狭义相对论的结果却与洛伦兹理论一致。

此外，他还得到从硫化物中提取铝专利，以及关于无线电图像传输的专利。（周永平）

德鲁德，P. K. L. （Drude，Paul Karl Ludwig） 德国人，1863年7月12日生于德国不伦瑞克，1906年7月5日卒于柏林。*晶体学、金属物理学。*

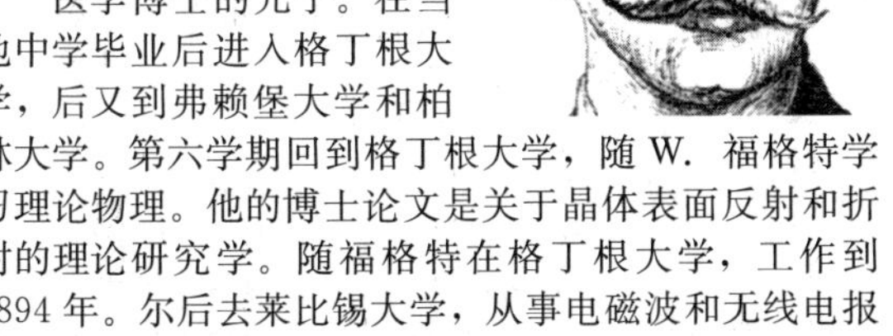

医学博士的儿子。在当地中学毕业后进入格丁根大学，后又到弗赖堡大学和柏林大学。第六学期回到格丁根大学，随W. 福格特学习理论物理。他的博士论文是关于晶体表面反射和折射的理论研究学。随福格特在格丁根大学，工作到1894年。尔后去莱比锡大学，从事电磁波和无线电报的理论和实际应用的研究，同时继续在物理光学方面的研究。1889年维德曼去世后，他接任《物理学年鉴》的主编，这是一本最有权威的杂志。1901年他出版《光学教科书》之后，去吉森大学，担任物理研究所所长，继续研究光学和电子论。1905年接受柏林大学的邀请任物理研究所所长。

前期工作集中于寻求晶体的物理性质和光学特征之间的关系；后期工作主要是接受麦克斯韦光的电磁场理论。之后，力图使物理光学现象与光的电磁理论相结合。麦克斯韦于1873年就发表了有关光的电磁场理论的著作，但他直到1892年才从机械的观点转到电磁场的观点，用麦克斯韦的电磁场方程来解释J. 克尔的磁光效应。1894年出版了《以太物理学》。同年到达莱比锡大学之后不久，用70～80厘米的电磁波研究溶液的吸收系数，并同它们的电导率相比较，指出对75厘米电磁波的选择吸收与物质中的羟基（-OH）有关，这样，他为化学家提供了一种新的分析方法。

还是最早测定铅、锡、铝、镉、镁、锑等六种常用块状金属的光学常数的实验物理学家，且与理论符合得很好。发现晶体的折射率和反射系数都随着晶体劈开后的时间而变化。精确地测定了吸收物质的光学常数。用洛伦兹的电子论去研究金属的热学、光学和电学的性质。认为金属中有大量带负电的自由电子，像气体分子一样，在电场作用下电子获得平均的定向速率。由此导出了金属电导率σ与绝对温度T的关系式、金属热导率κ的公式。他得出结论：在温度给定时对所有金属热导率与电导率之比均相同。（唐玄之）

布隆德尔，A. E. （Blondel，André Eugène） 法国人，1863年8月28日生于法国肖蒙，1938年11月15日卒于巴黎。*光学、电子学、仪器研制。*

出身于法国勃艮第地方行政官家庭，9岁丧母，父亲将他培育成人。1883年入巴黎综合工科学校，后来进道路和桥梁学院。1888～1889年在巴黎综合工科学校科尔尼研究室工作。1893年应聘为矿业学校及道路和桥梁学院电子技术教授。19世纪末两腿瘫痪，但仍坚持在勒瓦卢瓦自己的研究室从事科学研究。

主要贡献是示波仪的设计和光度学单位制的建立。示波仪研制设计于1893年，20世纪30年代阴极射线示波器发明前，一直被广泛地应用于各种电气现象的研究中。1894年他引进光通量和照度的概念，并建立一整套光度学单位制，被1896年在日内瓦召开的国际电气科学会议所采纳，并被收入1960年第十一届国际度量衡会议所确定的国际单位制中。（马见慈）

珀罗，J. -B. G. G. A. （Pérot，Jean-Baptiste Gaspard Gustav Alfred） 法国人，1863年11月3日生于法国梅斯，1925年11月28日卒于巴黎。*电介质物理学、光谱学、光学工程。*

在南锡上中学，后进入巴黎综合工科学校。1884年在南锡大学物理实验室工作。由于他测定了饱和蒸汽的比容，以及用克拉珀龙方程间接测定了热功当量，于1888年获理学博士学位。同年任马赛大学讲师。研究电介质的特性和电磁波，被认为是有关新出现的电学工业方面的专家。1894 年大学为他设置一个工业电学的特别教授职位。1901 年受聘到工艺学院的实验室担任很繁重的行政职务。1908 年到默东天文台从事研究工作，并在巴黎综合工科学校讲课。

当C. 法布里要他帮助测量金属表面约 1 微米左右的间距时，激起了他发展干涉量度学的兴趣。法布里设想利用两表面之间光的多次反射后的干涉达到测距目的，于是他们研究怎样产生精细干涉条纹。这一工作导致他们研制成“法布里-珀罗干涉仪”。在这项合作中，他们相互配合得很好，法布里较多地侧重于理论方面，而他则构思仪器的装置以保证技术的成功。后来，他们用镀银膜的干涉计作为光谱仪中的分光元件去测量太阳光谱中暗线的波长，这样就可以校正罗兰波长表中的微小误差。在对太阳光谱的分析中，他作了一些有意义的研究。波长的微小变化往往是由许多原因造成的，例如，压力效应、对流效应、转动的多普勒效应等，他能巧妙地把它们部分地加以区分。1920～1921 年，他曾想尝试验证爱因斯坦广义相对论中的引力红移。 （唐玄之）

艾兴瓦尔德，A. A.，（Эйхенвальд, Александр Александрович; Eichenwald, Aleksandr Aleksandrovich） 苏联人，1864 年 1 月 4 日生于俄国圣彼得堡，1944 年卒于意大利米兰。电动力学、电介质物理学、光学、工程学。

1888 年毕业于圣彼得堡铁道学院，后任工程师。7 年后去法国斯特拉斯堡大学进修物理学，1897 年获哲学博士学位。1897～1921 年在莫斯科工程学院（今莫斯科铁道工程学院）任职，并在莫斯科大学等校兼课。1905～1908 年任铁道工程学院院长。担任过莫斯科物理学会会长。因患癌症动两次手术，此后迁到意大利米兰。

他的主要贡献是通过实验证明带电物体运动时要产生磁场，运流电流和传导电流是等价的；第一个根据直接测量证明了位移电流磁场的存在。还测量了电介质在非均匀电场中运动产生的电流；研究光在媒质中的传播和反射，用麦克斯韦光的电磁理论加以解释；从事电磁波和声波的传播的研究，写过关于电学和理论物理学的教科书。 （谈漱梅）

维恩，W.（Wien, Wilhelm Carl Werner Otto Fritz Franz） 德国人，1864 年 1 月 13 日生于东普鲁士菲什豪森附近加夫肯（今俄罗斯普里莫尔斯克），1928 年 8 月 30 日卒于德国慕尼黑。光谱学、热学、统计物理学。

2 岁时，全家迁往德拉琴斯坦，在那里度过童年。自幼受到母亲丰富的历史和文学知识的熏陶，使他一生对这些学科兴致不衰。1882 年到格丁根大学学习数学和自然科学。入学才一学期就离开大学外出游历。以后又到柏林大学学习数学和物理学。1883～1884 年冬到柏林大学亥姆霍兹实验室，在亥姆霍兹指导下于 1886 年获博士学位，论文是关于光栅的衍射。毕业后回家帮助父母管理农场。1890 年他的父亲因干旱欠收而卖掉农场。1890 年到夏洛滕堡新成立的国立物理技术研究所，当亥姆霍兹的助手。1892 年受聘于柏林大学，研究能量定域问题。1896 年到亚琛高等技术学校任特聘教授，认识了梅勒（L. Mehler），于 1898 年结婚，有 4 个孩子。1899 年在吉森大学任教授。半年后到维尔茨堡大学任教授，1900～1920 年一直在这里工作，成为伦琴的接班人。1906～1928 年和普朗克主编《物理学年鉴》。1920 年以后，在慕尼黑大学接替伦琴的职位，直至去世，期间 1925～1926 年任慕尼黑大学校长。

1894～1897 年，在亥姆霍兹的建议下，研究流体力学，着重研究海水波理论和气旋理论。在亚琛他继续研究伦琴射线和阴极辐射，主要从事真空辐射的研究。

最主要的科学功绩是发现“维恩位移定律”。1893 年他发现光谱中辐射能的分布将随温度的变化而改变。和O. R. 陆末设计了第一个实用的黑体或空腔辐射体，用以提供他们实验中所需要的“全（波）辐射”。他发现，在辐射能分布中，最大辐射能量所对应的波长 λ_{max} 随辐射体绝对温度 T 的上升而向短波方面移动，且 $\lambda_{max}T$ 恒量，这就是著名的维恩热辐射位移定律。

他进而研究黑体辐射中能量按波长分布的规律。提出一种假设，认为热辐射的能量分布规律遵循麦克斯韦速度分布律。在这种经典物理学的框架内，于 1896 年夏提出能量分布公式 $E_\lambda = C_1\lambda^{-5}\exp\left(\frac{C_2}{\lambda T}\right)$，式中 E_λ 是单位波长间隔中（辐射）能量，C_1 和 C_2 均为常数。这一公式在短波部分与实验数据符合，在长波部分则不符合，即当 λT 值较大时，理论值略小于实验值。1900 年由普朗克按能量子概念导出的理论公式在整个波长范围内与实验完全吻合，而维恩公式可看成是普朗克辐射定律在高频情况下的近似。1911 年因对热辐射有关定律的发现获诺贝尔物理学奖。

在实验物理学和理论物理学两个方面都有杰出的才能。早在博士论文课题中就研究过光通过金属箔的衍射，指出必须考虑光和分子的相互作用。在关于气体电导的研究中，指出 H. 戈德斯坦发现的极隧射线是带正电的原子。他的致偏仪是质谱仪的基础。1905～1906 年他首次对 X 射线作能量测量，获得较好的结果。还和哈姆斯（F. Harms）一起撰写《实验物理学手册》。是一位好教师和优秀的演说家，为人热情，富有独创精神，深得学生尊敬和爱戴。对文学、历史和美术等都有浓厚的兴趣。 （周永平）

纳坦森，W.（Natanson, Wladyslaw） 波兰人，1864 年 6 月 18 日生于波兰华沙，1937 年 2 月 26 日卒于克拉科夫。流体动力学、热力学、光学。

出身著名文学和科学世家，父亲是医生。1882 年在圣彼得堡大学学习数学和物理学，1886 年毕业。后去英国剑桥大学，在J. J. 汤姆孙指导下在卡文迪许实验室工作了一段时间，1887年获硕士学位，1888年获博士学位。1891～1935年在克拉科夫大学当理论物理学教授。1922年任该校校长。1930年获该校荣誉哲学博士学位。是伦敦、柏林和巴黎的物理学会外籍会员，波兰物理学会创始人和第一任会长，波兰科学院院士。1925年任理论和应用物理国际联合会副主席。

在大学期间，曾和哥哥做四氧化氮分解实验，以后研究气体动力论。1891年以后发表许多热力学论文，被认为是不可逆过程热力学的倡导者。后来从事粘滞流体动力学的研究；还发表许多关于物质光学性质的论文，提出科顿现象的理论及其遵从的法则。1929～1933年，研究与波动力学有关的费尔马原理。出版5卷讲义和发表了许多论文，参加大学、中学教科书的编写工作。（周永平）

艾姆斯，J. S.（Ames，Joseph Sweetman） 美国人，1864年7月3日生于美国佛蒙特州，1943年6月24日卒于马里兰州。*原子光谱学、高等教育管理。*

1886年从美国约翰斯·霍普金斯大学毕业。后到柏林大学的亥姆霍兹实验室留学。2年后回到母校，在凹面光栅发明人H. A. 罗兰的指导下于1890年获博士学位。尔后即在母校工作，1901～1926年为物理实验室主任，1926～1929年为大学的教务长，1929～1935年任校长。1919年当选为美国物理学会会长。1927～1939年任美国国家航空咨询委员会主席。

他主要研究光谱学。在巴尔末发现氢原子光谱的公式后，他精密地测定了复杂原子线光谱的波长，企图从实验找出它们的波数之间的关系。在1913年玻尔原子理论建立之后，他放弃这项研究转到行政工作。他具有特殊的管理才能。不论与国家标准局合作的道路上有多少棘手问题，总是鼓励约翰斯·霍普金斯大学同事到标准局讲课，还鼓励毕业生到设备较好的标准局实验室里去做实验。这种方法很有现实意义。因工作出色，1935年史密森学会授予他兰利金质奖章。1939年一个新的试验场地命名为艾姆斯航空实验室。（唐玄之）

帕邢，L. C. H. F.（Paschen，Louis Carl Heinrich Friedrich） 德国人，1865年1月22日生于德国什未林，1947年2月25日卒于波茨坦。*电学、原子物理学、光谱学、仪器研制。*

祖父H. 帕邢是天文学家，叔父C. 帕邢是水文学家。他于1884年入大学，1888年获博士学位。1901年任蒂宾根大学物理学教授。是柏林大学名誉教授，柏林科学院院士。1943年11月，他的家庭和一切财物均毁于炸弹袭击的火焰之中，遂迁往波茨坦。1947年初死于肺炎。

在博士论文中建立了后来命名的“帕邢定律”：气体中电极间放电的击穿电压是气压与电极间距乘积的函数。由此可以预测发生击穿的最小电压。这是该领域中最重要的定律之一。1888～1891年研究电解液，在2年中就电解电位的研究发表7篇论文，充分证明了卓越的科学研究能力。

主要贡献在两个方面：一是继巴尔末线系后发现氢原子的另一个线系——帕邢线系，为玻尔理论的重要实验基础；二是发现帕邢-巴克效应，即强磁场对谱线影响的规律。1908年将研究方向集中于原子光谱，试图寻找新的线系。在W. 里兹的建议下，终于找到帕邢线系。1899年开始研究磁场对谱线的影响。1905年做好实验准备以继续这项工作。1912年和学生E. 巴克在足够强的磁场中，也就是说场强强到足以使得磁分裂超过精细结构分裂时，观察到所有分裂图像都变成正常塞曼分裂，称为帕邢-巴克效应。这效应和塞曼效应一起，证实了法拉第曾经预言的在外磁场中原子光谱的分裂现象，揭示了原子结构和谱线的发射机制。他还对黑体辐射研究等作出过贡献，并发明“帕邢空心阴极放电管”。被称为“当时最伟大的实验光谱学家”。在光谱测定方面享有极高的声誉。（夏元复）

外斯，P.（Weiss，Pierre） 法国人，1865年3月25日生于法国米卢斯，1940年10月24日卒于里昂。*磁学、金属物理学。*

杂货店主的儿子。在法国米卢斯上完中学后，到瑞士苏黎世综合技术学院学习，1887年以第一名的成绩毕业，获机械工程师证书。1888年考入巴黎高等师范学校。1893年留校任教直至1895年。以后几年中，先后在雷恩大学和里昂大学工作。1896年通过博士论文答辩，题目是“晶状磁铁及铁、锑元素的某些合金的磁化”。1902年任苏黎世综合技术学院教授，一直到1918年。这期间与爱因斯坦和P. 德拜等人一起建立了一个研究磁学的大实验室。他们培养和吸引了很多有名的物理学家。1919年回到原籍，在斯特拉斯堡大学创建并领导物理学院，他的实验室很快超过了苏黎世的实验室，成为磁学研究的中心。1926年入选法国科学院院士。1936年退休。

科学研究工作大部分是关于磁学方面的。在大量实验结果的基础上，创立和发展了铁磁学的表象理论。1894～1896年研究磁铁。后在研究六角柱形的磁黄铁矿石的基础上，提出了重要的分子场假设并得出铁磁学的一个基本公式——外斯公式。根据他的理论，在温度低于称作居里点的临界温度时，铁磁体由一些叫做磁畴的小区域组成。无外磁场存在时，各磁畴的自发磁化强度取向是任意的，铁磁体的净磁化强度通常为零。如果有外场作用，则显示出磁性。当温度上升到居里点以后，自发磁化强度变为零，铁磁质转变为顺磁质。这时外磁场产生的磁化强度可根据居里-外斯定律获得。1908 年把热力学原理应用于铁磁质，指出自发磁化的存在会使铁磁质的比热增加，所增加的磁化热正比于自发磁化强度平方对温度的导数，它随温度上升而增加，到达居里点时突然消失。1918 年又发现了磁热效应，根据热力学原理去计算在绝热变化的磁场中磁性物质温度的变化。（郭建宇）

鲁本斯，H. H. L.（Rubens，Heinrich（Henri Leopold））　德国人，1865 年 3 月 30 日生于德国威斯巴登，1922 年 7 月 17 日卒于柏林。*红外物理学、光谱学。*

1885 年冬入柏林大学攻读物理学，1889 年获哲学博士学位。1896 年任夏洛滕堡综合技术学编外教授，并任物理实验室主任，1900 年为正式教授。1906 年任柏林大学实验物理教授。1908 年入选普鲁士皇家科学院院士。

毕生从事远红外范围波长的研究与测量。在物理学其他领域，如无线电报、放射性、声学和光电效应等方面也有研究。1894 年他已能测出短到 8.95 微米的波长。1897 年用一台由他和 H. 杜布瓦（Henri Du Bois）共同改进的较灵敏的铂热辐射计，他和 E. F. 尼科尔斯成功地探测到他所提出的剩余射线，首次测得石英的0.008 8毫米波长的射线和氟石的0.024 4毫米波长射线。1898 年他与阿希基纳斯（E. Aschkinass）一道得到岩盐的剩余射线为0.051 2毫米波长。这个波长仅为最短的赫兹波长的 1/100。这样从几千米的赫兹波到比0.000 2毫米还短的紫外线，几乎每一波长的单色辐射都清楚了。1898 年指导贝克曼（H. Beckmann），测量了维恩能量分布定律中的指数常数。这个实验对普朗克辐射定律的建立起了一定作用。1911 年和贝耶尔（Baeyer）发现石英水银灯发出的 210 微米和 324 微米波长的红外线。（马文蔚）

塞曼，P.（Zeeman，Pieter）　荷兰人，1865 年 5 月 25 日生于荷兰泽兰斯豪文岛，1943 年 10 月 9 日卒于阿姆斯特丹。*光学、光谱学、磁学、原子物理学。*

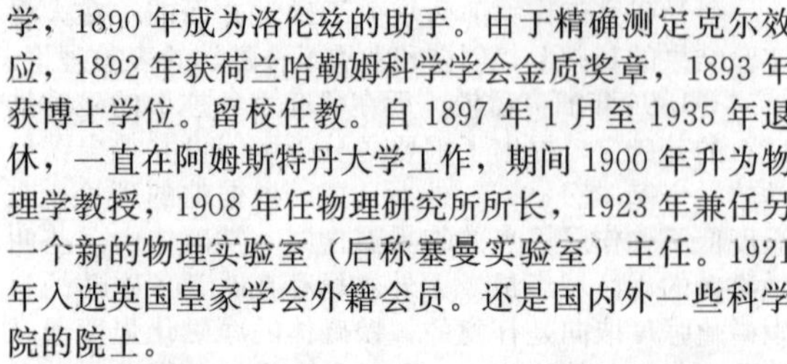

一位路德教乡村牧师的儿子。幼年在乡村接受初、中级教育。1885 年入莱顿大学，1890 年成为洛伦兹的助手。由于精确测定克尔效应，1892 年获荷兰哈勒姆科学学会金质奖章，1893 年获博士学位。留校任教。自 1897 年 1 月至 1935 年退休，一直在阿姆斯特丹大学工作，期间 1900 年升为物理学教授，1908 年任物理研究所所长，1923 年兼任另一个新的物理实验室（后称塞曼实验室）主任。1921 年入选英国皇家学会外籍会员。还是国内外一些科学院的院士。

在光谱学领域中享有盛名。1896 年发现在磁场中谱线的劈裂现象，被称为塞曼效应。H. A. 洛伦兹发展了电磁理论并解释了塞曼效应。因此，1902 年两人共获诺贝尔物理学奖。在以后 25 年的时间内，塞曼效应的发现推动了关于磁性与光相互作用的研究。应用这一效应，天文学家可测定太阳或其他星球表面的磁场强度。第一次世界大战期间，研究了在透明的运动介质中光的传播速度。测定了在各种介质中的光速，所得结果符合洛伦兹公式。获得过很多荣誉学位和科学奖，其中还有 1922 年英国皇家学会朗福德奖章。（夏元复）

长冈半太郎（Nagaoka，Hantaro）　日本人，1865 年 8 月 15 日生于日本长崎，1950 年 12 月 11 日卒于东京。*原子物理学、光谱学。*

1887 年毕业于东京大学物理系并进入研究院，从事磁致伸缩的实验研究。获博士学位。1893～1896 年在柏林大学、慕尼黑大学和维也纳大学学习。这期间，深受玻耳兹曼在慕尼黑大学的气体动力学理论课的启发。1901～1925 年任东京大学首席物理学教授。

1900 年为解释居里夫妇所提出的放射性而去研究原子结构，因 1904 年发表土星原子模型而闻名。在这种原子模型中，一些等质量的电子均匀分布于环形区域上，而在环中心有一个质量大的正电荷球，但这种模型后来被否定了。对促进日本的物理学的发展肩负过主要责任。除了研究磁致伸缩，还从事原子结构、地球物理、数学物理学、光谱学和无线电波的研究。当今日本的实验物理和理论物理的传统，几乎完全是由他和他的接班人形成的，这些人中有他的许多学生以及他的义子汤川秀树。日本政府为表彰他的成绩，于 1937 年授予国家文化奖。（周永平）

柯勒，A. K. J. V.（Köhler，August Karl Johann Valentin）　德国人，1866 年 3 月 4 日生于德国达姆施塔特，1948 年 3 月 12 日卒于耶拿。*光学、显微镜学。*

是赫西（Hesse）大公的会计 J. 柯勒的儿子。在达姆施塔特上中学和工业大学，后在海德堡大学和吉森大学学习。学过动物学、植物学、矿物学、物理学和化学。1888 年通过国家考试取得教师资格，在达姆施塔特和宾根的中学任教。1891 年被任命为吉森大学比较解剖研究所的助理。1893 年他设计的显微镜照明系统，引起了耶拿的蔡司公司的注意。1900 年加盟蔡司公司，在耶拿度过了后半生。1922 年成为耶拿大学显微光度学教授，一直工作到 1945 年。1934 年获耶拿大学和爱丁堡大学授予的荣誉博士学位。

成名的论文则是 1895 年的“显微照相用的一种新的照明方法”。这种新的照明方法是为改善显微照相而设计的。他用一块集光透镜使光源成像于聚光镜的孔径光阑平面上，改变孔径光阑的大小就可改变照明光锥的大小。这就是著名的“柯勒照明原理”。1922 年，他用负霍玛尔目镜校正了复消色差物镜所产生的像场弯曲，使显微照片上边缘与中心同样清晰。

阿贝提出了显微镜分辨距离的公式，并用油浸法使显微镜物镜的数值孔径 NA 增加到差不多是极限的数值，从而使光学显微镜的分辨力几乎达到了它的极限。为进一步提高分辨力，柯勒和他的同事于1900年开始研制紫外光显微镜，1902年取得初步成功。但仅适用于汞灯。两年后，又制成适用于镉灯的显微镜。柯勒和罗尔（M. von Rohr）及其同事克服了许多困难，又制成熔融石英透镜。但紫外显微镜始终引不起人们的兴趣。直到30年后，卡斯佩森（T. Caspersssen）详细地研究了细胞中诸成分的紫外光吸收光谱之后，紫外光显微镜才逐渐普及开来。（唐玄之）

列别捷夫，П. Н.（Лебедев，Пётр Николаевич；Lebedev，Petr Nikolaevich） 俄国人，1866年3月8日生于俄国莫斯科，1912年4月1日卒于同地。电磁学、光学。

父亲是一个富裕商人，希望儿子走经商道路。但他1884年中学毕业后进入莫斯科高等技术学校。1887年又进入西欧物理学最好的斯特拉斯堡大学，在A. A. 孔特指导下工作。1891年秋回到莫斯科，接受莫斯科大学物理系主任A. Г. 斯托列托夫的邀请当了教员。1900年他的论文"波对共振器的有质动力的实验研究"通过答辩，获物理学和数学博士学位，成为莫斯科大学的物理学教授。

在学位论文中，提出研究光波对最简单形式的分子的作用问题。由于不可能研究光对单个分子的效应，他用具有固定振动周期的扭丝悬挂一个共振器，观察电磁波对它的影响。成功地制成了非常小的共振器，从而能得到波长4～6毫米的电磁波。这是H. R. 赫兹所用的波长的1/100，为A. 里纪所用的波长的1/10。约30年之后才被他人超过。他的仪器的尺寸很小，因此能研究电磁波在天然晶体中的双折射现象。1895年，发表了"关于电力线的双折射"一文。

早在1891年就对光压问题产生强烈的兴趣。大约在1898年开始了光压的实验研究。首先研究光对固体的压力。由于光压本身很小，又存在许多侧面效应，因此实验存在很大的困难。用非常巧妙的方法成功地消除了这些侧面效应，不仅探测到光的压力，同时还定量地证明了麦克斯韦关于光压理论的正确性。1899年向巴黎的国际物理学家代表大会宣读了论文"光压的实验研究"，并于1901年发表。1902年在对气体过程的研究中，他第一次考虑到用真空热电偶研究辐射能的优越性。接着开始了光压研究的第二阶段，研究光对气体的压力，于1910年完成。别的科学家企图重复他的实验，但直到20世纪20年代新的真空技术发展起来之后才获得成功。

还是一位杰出的组织者，将许多学者组织在一起，形成一个俄国物理学派，培养出许多人才，他们在苏联物理学的发展中起了很重要的作用。（唐玄之）

米勒，D. C.（Miller，Dayton Clarence） 美国人，1866年3月13日生于美国俄亥俄州斯特朗斯维尔，1941年2月22日卒于该州克利夫兰。声学、仪器研制。

1886年大学毕业。1890年获普林斯顿大学理学博士学位。后在克利夫兰的一所应用科学学院教数学，1893年转到物理系。在去世前一直担任物理学教授。1914年入选美国文理科学院院士。1919年入选美国哲学学会会员。1921年入选美国国家科学院院士。1918～1941年在美国物理学会任多种职务（包括任主席）。1927～1930年任国家科学研究委员会物理分会。1913～1933年任美国声学学会会长。

研究声学起源于小学时代对音乐的爱好，对乐音物理学特别感兴趣。1908年发明了一种声波显示器，这是一种用照相记录声音图像的机械装置。第一次世界大战期间，这种装置加以改进后曾用以确定敌火炮的方位。战后成为建筑声学专家。他和莫雷制造一种高灵敏度的干涉仪，于1902～1904年间在克利夫兰做实验，目的是想查明斐兹杰惹收缩是否因不同物质而异，观察表明没有差别。他认为必须重做迈克耳孙—莫雷实验，1921～1926年将仪器搬上加利福尼亚州的威尔逊山天文台，观测到一种似乎是地球相对于以太产生的漂移效应，发现地球相对于以太以约10千米/秒的速率明显地相对运动（虽然这一速度比他的预期值小70%）。他抓住这一效应去反驳爱因斯坦相对论，然而这一实验结果已经为许多人更为细致的观测结果所否定。他得到的所谓"正效应"，系实验误差所致。（周永平）

库南，J. P.（Kuenen，Johannes Petrus） 荷兰人，1866年10月11日生于荷兰莱顿，1922年9月25日卒于同地。分子运动论、科学史。

1884年入莱顿大学读书。1889年做H. 卡默林-翁纳斯的助手，1892年获博士学位，博士论文得金质奖章。1893～1895年在母校物理实验室任职。1895年去英国，先后在伦敦大学和邓迪大学工作，在邓迪大学被任命为物理学教授。1906年12月回到莱顿大学任物理学教授直至去世。

因相平衡方面的工作而著名。擅长实验。为范德瓦尔斯从事的两种成分混合系统的相平衡理论研究提供实验数据。设计了许多研究相平衡的设备。还发现了"反缩合"现象，即两种蒸汽的混合系统的成分正好处于临界点和所谓赝临界点所对应的成分之间时，在体积减小开始凝结后，如果体积进一步减少，凝结反会消失。这个现象可以用来从气井中回收汽油。还编写出版了荷兰物理学史。（谈漱梅）

居伊，C.-E.（Guye，Charles-Eugène） 瑞士人，1866年10月15日生于瑞士圣克里斯托弗，1942年卒于日内瓦。电学、相对论性电子学、仪器研制。

1889年获日内瓦大学博士学位。1894年为苏黎世工业大学教授。1900年回到日内瓦大学任实验物理学终身教授，直到1930年退休。1910～1914年任瑞士科学院院长。1915～1931年为瑞士政府计量委员会成员。1925～1934年为布鲁塞尔大学索尔韦协会会员。1927年为法国科学院外籍院士。

在苏黎世期间，对交流电路、交流电机和磁滞现象等进行了多方面研究。20世纪的头20年在日内瓦的实验室非常活跃，从事电弧、感应系数和电测量技术等方面的研究，创制了一些具有较高灵敏度的仪器，测定分子的直径和对固体内部结构的研究。爱因斯坦曾是他在苏黎世工业大学时的学生。狭义相对论出现后，他从1907年起用了近10年的时间精确测定电子质量随速度的变化，1916年完成了实验，为洛仑兹公式和爱因斯坦理论提供有力的证据。1921年重做了这方面实验，为此获得很高的声誉，成为世界上有才能的实验物理学家之一。 （马文蔚）

法布里，C. （Fabry, Charles） 法国人，1867年6月11日生于法国马赛，1945年12月11日卒于巴黎。光学、天体物理学、仪器研制。

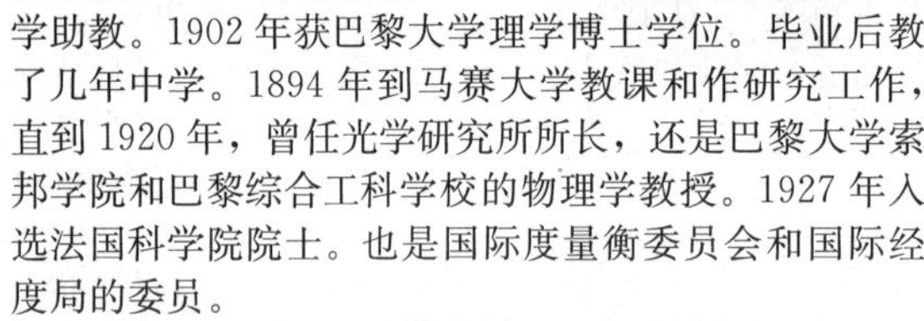

毕业于巴黎综合工科学校。1889年为物理学助教。1902年获巴黎大学理学博士学位。毕业后教了几年中学。1894年到马赛大学教课和作研究工作，直到1920年，曾任光学研究所所长，还是巴黎大学索邦学院和巴黎综合工科学校的物理学教授。1927年人选法国科学院院士。也是国际度量衡委员会和国际经度局的委员。

他的工作主要是对光的干涉效应的精密测量。1896年和A. 珀罗设计成法布里-珀罗干涉仪，它比迈克耳孙干涉仪所形成的干涉图样要清晰得多，从而有更高的鉴别率。这个仪器用于光谱学比衍射光栅更好而且价廉。同珀罗合作了约10年，他们把仪器应用到光谱学和计量学，例如用来测定了一系列的标准光波的波长。

从1906年起与布伊松（H. Buisson）进行了类似的合作。1912年，他们证明了氦（He）、氖（Ne）、氪（Kr）的发射光谱线的多普勒展宽完全与气体分子运动论所预言的一样，迈克耳孙曾对金属蒸汽在低气压下作过同样的证明。1914年他们设计的一种简单方法，可以在实验室中验证光的多普勒效应。这种验证以前是用天空的恒星作光源的。他们采用一个绕垂直轴转动的白色圆盘，在圆盘直径两端的反射镜将以大小相等方向相反的速率运动，同一光源的光波从两反射镜反射后相叠加而探测这两束光所形成的干涉条纹位置的变化。这一结果于1919年发表。

在学生时代，同兄弟一起进行的天文观测使他对天文学发生了兴趣。他用干涉仪研究太阳和恒星的光谱，也对测量夜空亮度的光度学作技术上的改进。在研究工作中发现，大气层中的臭氧层吸收大量紫外线，使地球上的生命体免受太阳紫外线的损害。获得过英国皇家学会、富兰克林研究院和美国国家科学院的奖章。

对科普工作也有兴趣，作过电工技术方面的大量科普演讲，写过一些科普著作。 （唐玄之）

白金汉，E. （Buckingham, Edgar） 美国人，1867年7月8日生于美国宾夕法尼亚州费城，1940年4月29日卒于华盛顿。热力学、工程热力学。

1887年毕业于哈佛大学。1893年在德国莱比锡大学获哲学博士学位。1891～1901年在哈佛大学布林莫尔学院和威斯康星大学教授物理学。1902年进美国国家农业部土壤局工作。1905年在美国国家标准局任职直到1937年退休。期间，1911～1912年在安纳波利斯海军研究院讲授工程热力学；第一次世界大战期间担任国防委员会的技术顾问；1918～1919年在美国驻罗马大使馆任副科学随员。

因早期的热力学论著和其后的量纲理论而著名。1900年所著《热力学纲要》一书，从最简单的温度测量系统阐述到非均匀系统的平衡。其量纲理论对于既不能用抽象的计算又不能求助实验的问题特别有吸引力。首先提出用量纲分析来简化问题。还发表过土壤物理学、气体性质、黑体辐射、声学和流体力学等方面的论文50多篇。 （谈漱梅）

科洛索夫，Г. В. （Колосов, Гури Василиевич; Kolosov, Gury Vasilievich） 苏联人，1867年8月25日生于俄国诺夫哥罗德，1936年11月7日卒于列宁格勒（今圣彼得堡）。固体力学、弹性理论。

1889年在圣彼得堡大学物理和数学系毕业。留校任教，1893年获硕士学位并被任命为大学力学实验室主任、圣彼得堡大学通讯工程学院理论力学教师。1902～1913年在塔尔图大学任教。1913年返回圣彼得堡大学，先后于1913年及1916年当电工学院院长和理论力学系主任，直至去世。1931年当选为苏联科学院通讯院士。

研究工作主要是理论力学中的固体力学和弹性理论。在固体力学方面，发现陀螺在光滑表面运动的一种新的情况和固体绕定点旋转有关。在弹性理论方面，建立了用两个复变函数来表述应力张量分量以及位移矢量分量的公式，该公式至今仍为弹性理论界所采用。有60多篇力学和数学论文在德、英、法、意大利等国科学杂志上发表。 （周永平）

居里夫人， （Curie, Marie） 一译M. 居里。婚前名玛丽娅·斯可罗多夫斯卡（Maria Sklodowska）。波兰人，1867年11月7日生于波兰华沙，1934年7月4日卒于法国萨兰奇附近桑塞莱莫兹。原子物理学、放射化学。

父亲W. 斯可罗多夫斯卡（Wladyslaw Sklodowska）曾以优异成绩毕业于圣彼得堡大学，后在本地中学教数学和物理学；母亲B. 博古斯卡（Bronislawa Boguska）曾主办一所寄宿学校。当时的波兰处在战乱之中，俄国占领者不准波兰人使用波兰文，而且查禁书籍，波兰人民深受压迫。她6岁时上小学，成绩优异，但俄国督学的凶恶面目和民族所受的残酷压迫深深印在她心里，1876年大姐索菲娅（Sophia）死于斑疹伤寒。1878年母亲也去世了，父亲被俄国人解雇，生活更为穷困。她16岁时以卓越的成绩在中学毕业，然后去乡下叔叔家过了一年。回华沙后，和姐姐布罗尼娅（Bronia）商量寻找继续上学的办法。当时俄国禁止波兰女性上高等学校，要求学必须去国外。玛丽娅主动提出，由她先去做家庭教师挣钱，支援姐姐去国外学习。在这期间，她参加了反俄地下组织。

1886年元旦她去华沙附近的富户家做家庭教师。在那里读了很多书，为深造作准备，还义务给农村孩子上课。1886年夏天，富户家长子、华沙大学数学系学生卡西米尔·佐拉夫斯基（Casimir Zorawski）回乡度假，与她产生爱情，后准备订婚，但因门第关系，遭卡西米尔父母竭力反对，而卡西米尔本人又不敢违抗父母，使她很受刺激。1889年合同期满离开佐拉夫斯基家。回华沙后，仍当家庭教师，自学化学，在其表兄（以前曾是门捷列夫的助手）主持的秘密实验室中进行实验。

不久，姐姐成为医学博士，并与医生C. 德累斯基（Casimir Dluski）结婚，不再需要她资助。并来信要求她去巴黎和他们住在一起。1891年9月，她勉强积够了钱，买了最廉价的四等车票，离别父亲，坐在木板凳上经三天三夜到了巴黎。同年进入巴黎大学理学院物理系。在艰苦的生活条件下专心学习，1893年终于以第一名的成绩通过物理硕士学位考试，1894年又以第二名成绩通过数学硕士学位考试。

1894年4月，她在波兰物理学家科瓦尔斯基（Kowalski）家认识比埃尔·居里，由科瓦尔斯基介绍居里帮助她进行研究工作，双方都决心把毕生献给科学事业。居里的才华深深吸引着她，但当居里向她求婚时，她想到这将意味着长期住在巴黎，有些犹豫。她返回华沙，征得父亲的同意后，答应了居里的求婚。1895年7月26日在巴黎举行了极其简朴的婚礼，1897年9月12日长女伊伦娜诞生。1900年任教于巴黎西南的赛福尔女子高等师范学校，讲授物理学。1903年6月，她因放射性方面研究获得了巴黎大学物理学博士学位。1904年12月生次女爱芙（Eve）。1905年比埃尔·居里当选法国科学院院士。1906年4月19日下午，P. 居里惨死在巴黎街头的马车轮下。同年，她接任丈夫去世前在巴黎大学物理学教务，成为该校第一位执教的女性，1908年晋升教授。1911年1月，法国科学院选举院士，但只因为她是女性，竟以一票之差未能当选。不久，她终于当选为法国科学院院士。1918年创立巴黎镭研究所并任第一任所长。1911年接受祖国的召唤，回到波兰创建放射性实验室。1932年5月通过募捐在波兰建成镭研究所。第一次世界大战期间，她将诺贝尔奖金捐献给法国政府，并将便携式X光机装上救护车，和女儿伊伦娜一起参加战地服务。晚年因长期受放射性照射过甚，身体极为虚弱，又患白内障，1934年因白血病引起恶性贫血而去世。

她对伦琴和H. 贝可勒尔的发现深感兴趣，并开始探讨是否还有别的元素也能发出射线。她对当时已知的80多种元素逐个测试，发现钍（Po）元素也能发出射线。为此，她首创了“放射性”和“放射性元素”这两个词。她又注意到，有些矿物的放射性比纯铀或纯钍更强。因而推断一定存在“新的未知元素，它们具有更强的放射性”。1898年5月，比埃尔·居里决定中止对晶体物理的研究，与她合作进行放射性的研究。他们进行了艰苦的工作，从沥青矿中分离出放射性组分。1898年7月终于发现钋（Polonium，这是居里夫人以她祖国波兰名字命名的元素）。同年12月，又发现镭（Ra）。

为求出这两种元素的原子量及其物理和化学性质，他们通过维也纳科学院，得到奥地利政府馈赠，从捷克运来沥青铀矿渣一吨，在极其简陋的条件下进行艰难的提取。居里夫妇发明了一整套测定放射性的方法。通过整整4年手工劳动，终于在1902年从8吨沥青矿中提炼出0.1克纯镭盐，并测定了原子量为225（1907年获精确量226），进而研究它的物理、化学性质。当时已经知道镭可以治疗癌症，还有很多其他用处。镭的问世轰动了世界，许多研究单位纷纷以高价要求买镭。居里夫妇没有去申请提炼镭的专利，不久他们向全世界公开了研究成果，尽管这项专利肯定会给他们带来亿万财富。1903年11月，居里夫妇共同获得英国皇家学会戴维奖章。同年12月12日，居里夫妇与A. -H. 贝克勒尔三人共同获得诺贝尔物理学奖。她将这笔钱的一部分寄往波兰，支援波兰抗俄地下运动。1911年，她又获诺贝尔化学奖，成为历史上第一位两次获得诺贝尔奖的科学家。

1907年，居里夫人首次提炼成功金属镭。接着又研究钋，并掌握了利用钋衰变制取氦的方法。

她得到过非常多的荣誉学位、奖章和奖金，但她只是致力于研究工作，而把名誉地位置之度外。出版有《论放射性》（2卷，1910年）、《比埃尔·居里传》（1923年）、《放射性》（2卷，1935年）、《玛丽娅·居里论文集》（1954年）等。（夏元复）

密立根，R. A.（Millikan, Robert Andrews） 美国人，1868年3月22日生于美国伊利诺伊州莫里森，1953年12月19日卒于加利福尼亚州帕萨迪纳。电学、物理计量学、光电子学、宇宙线物理学、科学管理。

父亲为传教士；母亲毕业于奥伯林学院，曾为密歇根州一个学院的院长。他于1886年进奥伯林学院预科，1887年进入该学院，

1891年毕业。1893年进入哥伦比亚大学当研究生，1895年获博士学位。接着去欧洲，在柏林大学、巴黎大学、格丁根大学等当时最好的研究所从事研究。1896年回国在芝加哥大学任教，1910年升任教授。1915年入选美国国家科学院院士。1916年出任美国物理学会会长。1917年任美国国家研究委员会副主任。1921年任加利福尼亚理工学院布里奇研究所所长并主持学院行政委员会，1946年退休。1922～1932年任驻国际联盟知识合作委员会美国代表。是英国皇家学会、法兰西学院等21个外国学术机构的名誉成员。

卓越成就使他成为当时世界最著名的物理学家之一。主要贡献是用油滴法精确测定电子电荷、1916年由光电效应测定普朗克常量以及对宇宙射线的研究。由于前两项工作获1923年诺贝尔物理学奖。

虽然当时已有不少人致力于测定电子电荷，但是精确的测定却是从他开始的。1909～1913年用各种不同放射性剂量照射过的油滴进行了几千次测量，在同事们协助下不断改进装置，终于证明了电荷是量子化的。他定义了“基本电荷”，于1913年宣布测得基本电荷 $e=(4.774\pm0.009)\times10^{-10}$ 静电单位，指出电荷总是以基本电荷单位 e 的整数倍出现的。后来又修正了计算所用的粘滞系数，由此得出准确结果 $(4.800\pm0.009)\times10^{-10}$ 静电单位。这个数字与其他的测定结果一致。

在光电效应研究方面作出过卓越的贡献。早年进行过这方面探索，1912年起又继续这方面的研究，寻求入射光频率与遏制电势之间的关系，注意到当入射光频率低于某个截止频率时决不会发生光电效应。通过十分精细和谨慎的实验，得到遏制电势与入射光频率之间呈线性关系，斜率为 h/e，其中 h 是普朗克常量，e 是电子电荷。这一实验结果十分明确地证实了1905年发表的爱因斯坦光电效应方程，阐明了它的微观实质，并由此测定了普朗克常量 h。

在布里奇研究所期间，领导一批物理学家研究宇宙射线，其中C. 安德逊在他领导下发现正电子。他主要研究宇宙射线的组分、起源和纬度效应，并于1937年与安德逊等人在宇宙射线中共同发现第一个质量介于电子与质子间的粒子——μ子。敏锐的洞察力和卓越的实验技巧还使他在光谱学、电子管发展等一些方面作出贡献。 （夏元复）

伍德，R. W.（Wood，Robert Williams） 美国人，1868年5月2日生于美国马萨诸塞州，1955年8月11日卒于纽约州。光学、原子光谱学、光学工程。

1891年毕业于哈佛大学。原研究化学，以后兴趣转向物理学。1897年后在威斯康星大学讲授物理学。1901年在约翰斯·霍普金斯大学任实验物理学教授，直至1938年退休。是美国国家科学院院士、英国皇家学会外籍会员，获得许多荣誉称号、科学奖以及6个荣誉博士学位。

主要学术成就在物理光学特别是光谱学方面，是当时该领域的权威。精确测定了很多气体原子光谱，这些测定又直接推动了20世纪初原子模型的研究。还研究了声波照相术、超声发射的性质、彩色照相术、分子物理、高精度衍射光栅研制、荧光现象和刑事侦察。 （夏元复）

汤森德，J. S. E.（Townsend，John Sealy Edward） 英国人，1868年6月7日生于爱尔兰戈尔韦，1957年2月16日卒于英国牛津。电学、金属物理学、电介质物理学。

都柏林三一学院教授的儿子。1890年取得学位后，留校教了5年数学。1895年进J. J. 汤姆孙领导下的卡文迪许实验室当研究生。1900年任牛津大学物理学教授。1903年被选入英国皇家学会。1941年受封为爵士。

1897年用原始方法直接测定电荷的绝对单位。1898年2月发表基本电荷为 5×10^{-10} 静电单位。1900年8月发表了电离碰撞理论，指出碰撞电离主要是“负离子”所引起的。提出在紫外光的照射下金属电导率不规则增加的理论，被斯托列托夫的实验所证实。导出一个公式，用两个电离系数来表示达到阳极上的电子数，由此公式可以解释气体放电现象中的中等电流密度时的现象。现常把这一区域叫做汤森德放电。1920年初，与C. 拉姆绍尔各自独立地发现一个新的物理效应，他指出单原子气体特别是氩和氦对低能量电子似乎是透明的，因此电子在这种气体媒质中运动时察觉不到媒质的存在。几年以后相似的结果由G. P. 汤姆孙和C. J. 戴维孙各自独立地从固体靶子中得到。这对认识电子的波动性起了重要作用。 （马文蔚）

赛宾，W. C. W.（Sabine，Wallace Clement Ware） 美国人，1868年6月13日生于美国俄亥俄州，1919年1月10日卒于马萨诸塞州。声学。

1886年进入哈佛大学，1888年获物理学文科硕士学位。1900年结婚。1905年当教授，1906～1915年任哈佛大学应用科学研究生院院长。1918年担任美国飞机制造局技术情报署署长。同年9月被总统任命为航空方面的国家顾问委员会委员。是美国物理学会会员，美国国家科学院院士，美国文理科学院院士、美国科学促进协会成员。

1895年开始研究建筑声学。采用吸声材料减少混响时间的办法改进了哈佛大学演讲大厅的声学质量。发现混响时间与墙壁、室内设备及吸声材料的总吸收本领的乘积等于某一恒量，这个恒量与房间体积成正比。这一规律得到进一步证实，并在建筑设计上起指导作用。在1900年的论文中，阐述建筑物声学质量的三条标准：足够的响度、极微小的声畸变和最大的声音清晰度。表征声吸收本领的单位就叫做“赛(宾)”。 （周永平）

米耶，G.（Mie，Gustav） 德国人，1868年9月29日生于德国罗斯托克，1957年2月13日卒于联邦德国弗赖堡。分子运动论，X射线晶体学、自然哲学。

牧师的儿子。在海德堡大学学习数学和物理学，1891年获博士学位。后来他的兴趣从数学转到物理学。曾在卡尔斯鲁厄大学当讲师。1902年任格赖夫斯瓦尔德大学教授、物理研究所所长。1917年任哈雷大学实验物理学教授。1924任弗赖堡大学物理研究所所长直至1935年退职。

学术成就主要在两个方面：一是提出米耶效应，它对溶液中分子团的测定和星际物质的研究很重要；二是对有机化合物晶体的X射线分析，确定分子点阵。对物理学最大的贡献是提出统一的物质理论。1912～1913年间他曾试图创立20世纪关于物质的一种完整理论，目的是要克服"场"和"物质"之间的传统的对立，因而力图寻求"物理世界观的一致性"。曾以三条假设为理论基础，可是所提出的理论困难重重，未能如愿。著有《电学与磁学》教科书。

（周永平）

索末菲，A.（Sommerfeld，Arnold（Johannes Wilhelm）） 德国人，1868年12月5日生于普鲁士的柯尼斯堡（今俄罗斯加里宁格勒），1951年4月26日卒于德国慕尼黑。原子物理学、光谱学、量子论。

父亲是个内科医生。1886年中学毕业后进柯尼斯堡大学学习，选学数学，还听了哲学、政治经济学及自然科学课程，1891年获博士学位。1892年秋服兵役。1893～1894年在格丁根大学矿物研究所任助理。随后2年当F. 克莱因的助手，学术上得到许多指教。1895年在格丁根大学当无薪数学讲师。1897年在克劳斯塔尔矿物专科学校当教授。1900年任亚琛工业大学工艺机械学教授。1906年成为慕尼黑大学理论物理学研究所所长。1935～1940年，纳粹科学家一直迫使他辞去所长职务，1940年退休。1948年，在他80岁时重新当上理论物理研究所所长。1951年4月，在陪孙子散步时，不幸被汽车撞倒，几星期后去世。早年研究金属线中电磁波的传播和楔形缝对X射线的衍射。和克莱因于1897～1910年合著《陀螺理论》（4卷），并承担了《数学科学百科全书》的物理部分的编辑工作。主要从事工程力学的教学和研究工作，把数学用于诸如桥梁振动中的共振现象以及船舶类似的现象，还研究火车头结构问题，但最主要的是研究粘滞液体的流体力学。1903年他着重研究电子动力论，特别对超光速运动感兴趣。这一时期，他已成为和L. 玻尔兹曼、洛伦兹、W. 维恩等人齐名的最著名理论物理学家。

1912年他的实验助手W. 弗里德里希发现X射线的晶体衍射。作为一名理论物理教授，他深感必须加强对现代物理各重要问题的研究。1907年他率先为爱因斯坦相对论辩护，随后普朗克也积极维护这一新生理论。索末菲把相对论用于许多问题中，其中最引人注目的应用就是预言韧致辐射能量分布曲线的前向移动和变窄。1909年在萨尔茨堡首次和爱因斯坦相会，彼此觉得是极好的同行。1910～1912年，即玻尔理论发表之前，他试图在经典的麦克斯韦-洛伦兹理论中加上一些假设去解释原子与电磁辐射之间的相互作用。假设在相互作用的整个持续时间内，能量积分这个"作用量"总是等于普朗克常量$h/2\pi$。以此解释韧致辐射和光电效应的产生。1913年N. 玻尔发表"论原子和分子的结构"论文后，他认真阅读，非常赞赏，他想用玻尔模型去解释塞曼效应。后来，他和玻尔都发现似乎无法直接应用这个模型，于是他不得不把量子化条件推广到一个自由度以上的力学系统。1914～1915年，在讲课中讲到这一研究的初步成果：氢光谱线和重元素的X射线光谱线的精细结构的量子理论。认为这种精细结构是由于电子质量的相对论性增加所导致的结果。直到1916年春才得出他的量子化规律的最终公式，解释了正常塞曼效应。

同一时期，他的学生爱泼斯坦（P. S. Epstein）正着手研究斯塔克效应（即在电场中发射的光谱线的分裂现象）。在这一研究课题上，他和实验光谱学家，特别和F. 帕邢一直保持非常密切的联系，他用相对论解释原子光谱的精细结构是非常成功的。他指出，由于轨道电子速度变化引起质量变化，还由于近核点移动使轨道失去闭合特性，所以当电子从一个轨道跃迁到另一轨道时，将产生相近的谱线，即形成光谱的精细结构。他所预言的原子磁矩及空间量子化于1921年被斯特恩-盖拉赫实验（1921年）所证实。

他在丰富和发展玻尔理论的过程中作出很大贡献。提出椭圆轨道概念和推广量子化条件，从而使玻尔理论迅速流传和为人们所接受。1919年他的名著《原子结构和光谱线》出版，成了原子物理学的经典著作之一。1919～1926年，着重研究多电子的原子光谱结构，和学生在X射线、原子和分子光谱等方面取得了成就，但以后为原子结构的量子力学理论所取代。1929年他出版一本关于波动力学的教科书。20世纪30年代对波动力学的应用和费米统计对金属中电子行为的描述特别感兴趣。在其学生的协助下，他改进了金属电子论。

在慕尼黑大学执教25年，使该校成为理论物理学的研究中心。所培养的优秀学生最多，博士论文也最多。曾得到许多奖励，获得许多国外科学院外籍院士、荣誉博士学位等荣誉。素不参与种族主义活动，对希特勒统治的德国深感失望。第二次世界大战期间，一直为出版他的理论物理讲义作准备，1943～1952年出版6卷本。

（周永平）

威尔逊，C. T. R.（Wilson，Charles Thomson Rees） 英国人，1869年2月14日生于英国中洛锡安郡格兰考斯附近，1959年11月15日卒于皮布尔斯郡卡洛普斯。原子物理学、仪器研制、技术发明。

父亲J. 威尔逊（John Wilson）因牧羊技术著称

于苏格兰，在他 4 岁时父亲去世，母亲改嫁去曼彻斯特。在异父兄弟帮助下，15 岁时进曼彻斯特大学欧文斯学院学医，3 年后获学士学位。后进入剑桥大学转向学物理，因经济困难，边在中学任教边在大学进行实验研究。与当时在卡文迪许实验室作研究生的卢瑟福、汤森德等来往甚密，常在一起讨论问题。1896 年从麦克斯韦为师，攻读研究生 3 年。1900 年任剑桥大学萨赛克斯学院讲师。同年当选为英国皇家学会会员。1925～1934 年在剑桥大学任教授。

1894 年，在高原气象站度假时，对云的形成发生了兴趣。自 1895 年 3 月起开始研制云室，这是可观察电离粒子轨迹的装置。同年 8 月，得出在清洁条件下形成液滴的临界体积比。在伦琴发现 X 射线后不久，1896 年 2 月就用原始的 X 射线管照射云室，产生浓密的雾，由此解释其凝聚中心为离子。以后又经多次改进，1912 年获得完全成功。当高速带电粒子进入云室中时，沿其路径所生离子使水汽凝结成水滴，呈现径迹，可用照相机拍摄或用肉眼观察。云室的发现对原子物理学与核物理学的发展影响极大，得到卢瑟福等的高度评价，认为在当时云室是“核物理发现的最终判定者”。因“发明通过蒸汽凝结而使带电粒子径迹可见的方法”，与 A. H. 康普顿共获 1927 年诺贝尔物理学奖。

对大气中的电荷进行了研究，用气球测定了不同高度上的电场强度，改进了金箔验电器，测定了地球的电场以及地空电流。还提出了雷雨云中的电结构理论，虽然这理论并不完备，但对这个至今尚未完全解决的问题作出了重要贡献。1900 年用性能优良的验电器研究空气的导电性。1911 年 V. F. 赫斯用这方法研究了不同高度下空气的导电性，提出存在宇宙射线的假设，开创了宇宙射线物理研究的新纪元。

（夏元复）

尼科尔斯，E. F.（Nichols，Ernest Fox） 美国人，1869 年 6 月 1 日生于美国堪萨斯州莱文沃思，1924 年 4 月 29 日卒于华盛顿。光电子学、光电技术。

幼年成为孤儿，由舅父母抚养成人。1888 年毕业于堪萨斯州立农学院。1892～1896 年在科尔盖特大学任副教授。1897 年获康奈尔大学理学博士学位。1898～1909 年先后任达特茅斯学院和哥伦比亚大学物理学教授。1909～1916 年任达特茅斯学院院长。1920 年当过几个月的马萨诸塞理工学院院长。从 1921 年起到去世前，在俄亥俄州克利夫兰的国家电气光源协会的实验室中，指导纯理论方面的研究工作。1913～1916 年为《物理评论》主编。入选美国国家科学院、美国文理科学院院士。

在柏林期间，曾在普林斯海姆（E. Pringsheim）帮助下制成了一种很灵敏的辐射计。1900 年他同 A. W. 赫尔利用这个仪器独立地测定了光压，定量地验证了麦克斯韦所预言的光压，比列别捷夫略晚。他利用这个仪器还探测了红外线的反射和透射，测量了恒星的相对热量。1904 年获朗福德奖。（唐玄之）

萨格纳，G. M. M.（Sagnac，Georges M. M.） 法国人，1869 年 10 月 14 日生于法国佩里格，1928 年 2 月 26 日卒于默东。X 射线物理学、光学、仪器研制。

出身一个古老的实业家家族，父亲是律师。1894 年毕业于巴黎大学，并任该校物理学助教。1900 年获得理学博士学位，成为里尔大学物理学教授。1911 年任巴黎大学物理学教授。

早期研究 X 射线引起的辐射。观察到当 X 射线打在重金属上时，会引起二次辐射。指出这辐射包括二次 X 射线和带负电荷的射线。以后又研究在可动系统中光的传播以及干涉光学，首先设计和使用了转动干涉仪，所用的方法是经典的。将星体颜色变化的实验结果解释为以太风，从而否定爱因斯坦的相对论，于是对这个实验结果曾引起一场争论，可是结果的澄清恰恰促进了相对论的发展。转动干涉仪本身至今仍为有用的仪器。

（夏元复）

本多光太郎（Honda，Kotaro） 日本人，1870 年 3 月 24 日生于日本爱知县，1954 年 2 月 12 日卒于东京。金属物理学、磁学、冶金工程。

出身农民家庭。1897 年毕业于东京帝国大学理学院物理系，并进大学研究院深造。1901 年在母校当讲师。1907～1911 年到德国格丁根大学和柏林大学学习。回国后在东北帝国大学理学院当教授，1919 年任该校钢铁学院院长，1931～1940 年出任东北帝国大学校长，1949～1953 年任东京理工大学校长。

1907 年以前，他除了从事地球物理的研究外，主要是研究磁性物质以及钢铁冶金学。1907 年以后，还研究磁致伸缩以及铁、镍、钴的磁化和磁致伸缩从液态空气到1 200℃温度范围内的变化。对 43 种不同元素从室温至1 000℃温度内作测量，发现磁性系数与元素周期律有密切关系。还探讨过铁磁理论。1917 年发明 KS 磁钢，在 1920 年，他观察到三氧化二铁（Fe_2O_3）的磁性转化温度。在 1926 年，他测定铁、钴、镍单晶体的磁化曲线并发现了磁各向异性。1934 年发明新 KS 磁钢，对日本钢铁工业的发展作出重要贡献。1916 年，由于对铁的研究成绩突出而获得帝国科学院奖金。1931 年由于发明生产 KS 磁钢的方法而获得日本天皇的嘉奖。（周永平）

佩林，J. -B.（Perrin，Jean -Baptiste） 一译佩兰。法国人，1870 年 9 月 30 日生于法国里尔，1942 年 4 月 17 日卒于美国纽约。分子物理学、分子运动论。

军官的儿子。在里昂和巴黎接受中等教育，后服兵役。1891 年进巴黎高等师范学校，1897 年获博士学位。1894～1897 年当物理教师。不久和杜波塔尔（H. Duportal）结婚。以后在巴黎大学当物理化学讲师，

1910年起在巴黎大学文理学院当教授达30年之久。1911年受邀出席第一届索尔维国际物理会议。1914～1918年在军队中服务。1923年入选法国科学院院士，1938年任院长。1939参与建立巴黎国家科学研究中心。1940年由于公开反对法西斯德国入侵而被迫流亡美国。接受8个荣誉博士学位，还是国外7所科学院的外籍院士。在美国时，以自己的影响支持在国外进行抵抗运动的戴高乐政府。虽未能目睹祖国反法西斯战争的胜利，但其遗体在第二次世界大战后得以移葬法国。

最早的实验研究是确定阴极射线的本质和探索由X射线和放射性物质引起的气体导电的机理。由实验证实阴极射线是带负电的粒子束，而不是像当时欧洲许多物理学家想象的所谓辐射波。这些实验为J. J. 汤姆孙于1897年测定电子荷质比提供方便。后来他的研究重点从阴极射线、X射线等方面转为对布朗运动的研究。1908年开始一系列实验，发现液体在平衡态时，其中悬浮粒子的数目随高度增加而按指数方式减少。由此还得出阿伏伽德罗常数。事后他才从朗之万那里得知爱因斯坦1905年发表有关布朗运动的论文，认识到自己的实验和爱因斯坦的理论是一致的。他的工作得到外界的极大重视。他首次计算出原子和分子的大小。在《原子》（1913年）一书中论述分子物理学，指出原子的真实存在是不容置疑的事实，这本书在国内外大量发行。

第一次世界大战期间，他作为军官为潜水艇制造声学探测装置和其他军事设备。1918～1921年间，研究了荧光现象及光和物质的作用。同时对现代核物理问题也有研究。以后热心于法国科学公共事业的发展。

由于他对物质结构不连续性的研究，特别是在淀积平衡方面的发现，获1926年诺贝尔物理学奖。还获得过许多荣誉和奖励。（周永平）

韦内特，A. R. B.（Wehnelt, Arthur Rudolph Berthold） 德国人，1871年4月4日生于巴西里约热内卢，1944年2月15日卒于德国柏林。*电子学、电子技术。*

工程师兼工厂主的儿子。中学毕业后在柏林-夏洛滕堡工业大学学习一年自然科学。1893～1897年在柏林大学学习。以后到埃朗根大学，在G. H. 维德曼指导下于1898年获博士学位，并在埃朗根大学物理研究所工作。1906年到柏林大学任教授。1926年当大学物理研究所所长，直至1939年。

对放电管内稀薄气体中的放电过程作过仔细研究，还研究阴极射线、极隧射线和伦琴射线，对电子管、X射线管和示波管的技术作了改进，对现代电子学有重要的贡献。比较突出的成就在三个方面：首次把电解断续器用于感应线圈及短时间曝光的X射线照相；改变X射线的硬度；1903～1904年间发现“氧化物阴极”可以大大增强电流，这是他最主要的发现。还测过很软的极隧射线的速度和荷质比，发现了电子束如何很好地聚焦，并藉助“韦内特圆筒”使之成为可见，这项发现有助于证实电子质量是纯电磁量。还研究过光电效应、次级发射、质谱和金属热传导等。（周永平）

考夫曼，W.（Kaufmann, Walter或Walther） 德国人，1871年6月5日生于德国埃尔伯费尔德，1947年1月1日卒于弗赖堡。*粒子物理学、电磁学。*

在柏林大学和慕尼黑大学学习。1894年在慕尼黑大学获博士学位。1896年后在柏林大学和格丁根大学当助教、讲师。1903年在波恩大学当副教授。1908年任柯尼斯堡大学物理学院教授和院长，1935年作为名誉教授退休。以后到弗赖堡大学，不时作为客座教授，直至去世。

1896～1898年在柏林期间，研究阴极射线在磁场中的偏转，测出电子荷质比为1.865×10^7静电单位/克，当时的主要工作是测量电子的电磁质量。1899～1902年在格丁根研究贝克勒尔射线的磁电偏转。根据1901年对电子荷质比的测量断言表观质量显然大于真实质量。1902年提出电子质量与电子速度有关的证据，这是与牛顿原理相抵触的。1903年3月宣布贝克勒尔射线、阴极射线都有电磁质量，同意M. 亚伯拉罕的假设，认为电磁质量组成电子的总质量。1904年洛伦兹、A. 布歇雷尔分别提出电子在其运动方向上会因速度而收缩的理论，他为确证这些理论的真伪而做了许多测量，1906年误认洛伦兹-爱因斯坦理论有错误。M. 普朗克不赞成他的说法。1907年爱因斯坦考察了他的数据，认为与相对论是一致的。1908年布歇雷尔的精密实验结果支持了洛伦兹-爱因斯坦观点。而他对此未作进一步探究。（周永平）

卢瑟福，E.（Rutherford, Ernest） 英国人，1871年8月30日生于新西兰纳尔逊附近，1937年10月19日卒于英国剑桥。*原子核物理学、放射化学、科学管理。*

父母亲年轻时就去新西兰谋生。父亲来自苏格兰，从祖父处学得手艺，干一些诸如亚麻种植和加工、铁路枕木加工、建桥等技术活；母亲随其寡母来自英格兰。他们有12个孩子，生活清苦。他在中学时成绩优良，特别擅长数学。1889～1895年就读于新西兰坎特伯雷学院，获硕士学位。1895年去英国剑桥大学卡文迪许实验室，成为J. J. 汤姆孙的研究生。1898年秋任加拿大麦吉尔大学物理学教授。1902年入选英国皇家学会会员。1907年返回英国，任曼彻斯特大学实验物理学教授兼物理实验室主会。1914被册封为爵士。1919年J. J. 汤姆孙退休后，他继任剑桥大学卡文迪许实验室主任、实验物理学教授。1925～1930年出任英国皇家学会会长。1931年被册封为尼尔逊男爵一世。

1898年起开始研究铀的贝克勒尔射线，发现辐射穿透吸收体的能力有很大差别。一类穿透能力很弱因而很容易被吸收的射线，他命名为α射线；而另一类能穿透数毫米铝片的称β射线。接着，他与合作者共同发现，钍会放出一种气体放射性物质，1900年他将它命名为“射气”。后来有人发现镭和锕也放出“射气”，这种“射气”实际上就是惰性元素氡的同位素。1900年他还发现放射性物质发射出的贝克勒尔射线是随时间指数衰减的，而衰减情况有快有慢，很不相同。当时，被发现的放射性元素的数目与日俱增，继铀、钍、镭和它们的“射气”以及放射性的淀积物，居里夫人又发现了钋，但还不明了这些放射性物质之间的关系究竟如何。1902～1903年，他与年轻的化学家F.索迪合作研究发现，天然放射性实际上就是一种元素衰变为另一种元素的过程，这一重元素自发的放射性蜕变理论轰动了科学界。至此，人们对天然放射性的本质有了清晰的了解。1904年，他出版了《放射性》一书，此书是这一领域的第一本教科书，也是一本经典著作。同年获英国皇家学会朗福德奖章。1908年，他由于在放射性研究方面的杰出贡献而获诺贝尔化学奖。同年，他与助手盖革用实验证实α粒子就是氦原子核，并发现α粒子撞击硫化锌屏能发出荧光，后者直接导致了闪烁探测法。

一生中最杰出的成就是发现了原子核的存在，提出卢瑟福原子结构模型。当时，汤姆孙原子模型基本上已被他与盖革、马斯登等人的一系列实验所推翻。他早在麦吉尔大学时已注意α粒子在金属箔或云母片上的散射。在曼彻斯特大学物理实验室，随着盖革逐一克服实验上的困难，不久已经能够定量地研究散射α粒子。1911年，他和盖革、马斯登等人在放射源与硫化锌屏之间加上各种薄金箔，观察屏上闪烁点的分布，发现小角度方向的最多，但出人意料之外的有些散射角竟大到90°以上。这个实验中的α粒子散射是一种库仑散射，后人为纪念卢瑟福而称之为“卢瑟福散射”。他根据这一实验提出，原子的中心应为一个体积极小的带正电的原子核，它几乎拥有原子的全部质量，它的外面分布着许多带负电的电子，因此整个原子是电中性的。这就是著名的“卢瑟福原子模型”。还根据这一模型算出散射截面，所得结果与实验结果完全一致，由此还可求出原子核的大小。所推算的散射截面后来称为卢瑟福截面，而截面公式则称为卢瑟福公式。1914年，和安德雷德首次用晶体技术测量了γ射线的波长。

他在人工核反应方面做了开创性的工作。1919年，用α粒子轰击氮原子得到质子和氧的同位素，首次实现了人工核反应。为了实现更多的核反应，提出用“电气设备”加速α粒子和质子，1932年由J.科克罗夫特和E.瓦尔顿在卡文迪许建立了第一台加速器，并首次实现用人工加速粒子轰击原子核。1934年，在发现重水后不久，他与奥利芬特（M. Oliphant）及哈特克（P. Harteck）用氘核轰击重水中的氘，得到氚，这是首次实现的人工核聚变反应。

他还是一位卓越的科学研究的领导者。1907～1919年领导曼彻斯特大学物理实验室期间，该实验室硕果累累。1911年，N.玻尔在该实验室完成了建立氢原子玻尔模型的前期工作，卢瑟福在离开该实验室后不久，又提出了玻尔模型。1911～1912年，盖革和努塔尔（Nuttall）在该实验室总结出关于α衰变能与衰变常数之间的“盖革—努塔尔经验定律”。1913年，H. G. 莫斯莱在该实验室发现了莫斯莱定律，从而建立了新的元素周期表。1919年起他领导剑桥大学卡文迪许实验室期间，该实验室的成果更是举世瞩目。例如，F. W. 阿斯顿发明了质谱仪，1932年查德威克发现中子。而G.泰勒对经典物理的研究，П.卡皮察在低温和强磁场领域的研究，E. V. 阿普顿在无线电波方面的研究都是在他领导下的卡文迪许实验室取得突破性进展的。特别在核物理研究方面，他不仅自己有卓越贡献，而且带出一大批卓越的科学家，始终站在该领域的前沿。因此，被誉为“原子核科学之父”。获得了很多荣誉和名誉学位。（夏元复）

皮尔斯，G. W.（Pierce，George Washington） 美国人，1872年1月11日生于美国得克萨斯州，1956年8月25日卒于新罕布什尔州。固体物理学、声学。

出身农牧家庭。幼年有神童之称。18岁进得克萨斯大学，3年后以优异成绩毕业。1898年在哈佛大学任研究员，1900年发表无线电短波测量方面的论文而获博士学位，1917年任哈佛大学教授。1920年成为美国国家科学院院士。

1921年继E. H. 霍耳后任物理学教授。1912年与A. E. 肯内利共同研究电话接收装置特性的测量，提出了动态阻抗的概念。把压电效应和磁致伸缩效应的理论与应用结合，发明了石英晶体“皮尔斯振荡器”，用于声纳和超声技术，从而在科技发展中立下丰功。晚年对蝙蝠和虫子发声感兴趣。76岁时出版了一本关于超声波的书。1929年获美国无线电工程师协会荣誉奖章。1943年获富兰克林奖章。（陆伟良）

朗之万，P.（Langevin，Paul） 法国人，1872年1月23日生于法国巴黎，1946年12月29日卒于同地。分子物理学、磁学、仪器研制。

父亲V.朗之万（Victor Langevin）是巴黎附近一城镇的公证人，母亲是一位精神病学家的重外孙女。他是他们的次子。1892年应召服了一年兵役。1893年以第一名的成绩考入巴黎高等师范学校。1897年到英国卡文迪许实验室，在J. J. 汤姆孙的指导下研究X射线的电离作用。独立地发现在X射线照射下金属中有次级电子被释放出来。在这里还遇到J. S. 汤森德、E.卢瑟福和C. T. 威尔逊，跟他们建立了友谊。

1898年返回巴黎结婚成家，4个子女中有2个是物理学家。在比兰的实验室里继续X射线次级效应的研究。1902年完成关于气体电离方面的博士论文。同年到法兰西学院任教。1928年当选为外籍会英国皇家学会员。还是许多外国科学院的外籍院士。1934年人选法国科学院院士。1928年接替H. A. 洛伦兹任索尔维国际物理学学会会长。

1902～1913年在法兰西学院期间，继续气体、液体和电介质中电离的实验研究。从正、负离子在给定容器中的扩散和复合，找到计算正、负离子迁移率的方法。1905年在安培和韦伯的分子电流模型的基础上，发表了一篇定量描述顺磁性和抗磁性的论文。它是这方面最早和最有成效的物理理论。他假定每个分子都具有一定的磁矩，应用玻耳兹曼统计方法，导出在弱磁场中气体磁化率公式（$\kappa=m^2N/3kT$）。1895年比埃尔·居里也曾从实验中得出磁化率与温度的倒数成正比的关系式。他利用比埃尔·居里测得的比例常数算出氧的磁化率的数值。指出这个数值只需用电子以2×10^8厘米·秒$^{-1}$的速率作圆轨道运动就可以说明。后来N. 玻尔对卢瑟福原子模型进行量子化描述所采取的思路也深受他的影响。还用磁分子内电子运动轨道的附加磁矩来说明抗磁现象的存在。

不仅关心理论问题的研究，也十分注重技术应用。1914年研究弹道学。不久，应学生和朋友M. 德布罗意的请求，寻找探测敌方潜艇的方法。瑞利和理查逊提出过用超声波的设想。当时在法国的一位俄国工程师用这一设想为海军设计了一套装备，但它的强度太弱。他在不到3年的时间内成功地实现了把压电效应加以放大的方法。提出谐振器对超声波的作用相当于天线对无线电波的作用。1904年3～4月间，为海军研制出超声波深水探测器。

对物理学的贡献是多方面的。爱因斯坦对他的贡献和特点评论道："朗之万的科学思想显得明晰而有生气，在主要论点上并具备活泼和准确的直观性。因此，他所教授的课程对于不止一代的法国理论物理学家起着决定性的影响……毫无疑问，如果当时没有别人走在他的前头，他也会发现狭义相对论的，因为他对相对论的某些基本观点已具有明确的认识。"1905年在法兰西学院授课时，就跟爱因斯坦同时而又各自独立地提出质能关系。1913年3月26日曾在法国物理学会的年会上就此问题作了一个报告。曾得到许多荣誉。1915年获英国皇家学会皇家奖。

对正义事业十分关心。积极支援反法西斯受害者，揭露侵略战争的罪恶，为保卫世界和平作出努力。1933年倡议向遭受纳粹迫害的爱因斯坦致信慰问。1940年6月希特勒军队占领法国，后被德军逮捕和关押。在年轻的友人约里奥·居里等人的帮助下逃出监狱前往瑞士，在那里受到热烈欢迎。1944年10月回到巴黎，投入改进法国教育的工作。（马文蔚）

杜安，W.（Duane，William） 美国人，1872年2月17日生于美国宾夕法尼亚州费城，1935年3月7日卒于该州德文城。量子力学、X射线物理学、放射医学。

出身牧师家庭。早年在宾夕法尼亚大学学习数学，1892年毕业。1895年在哈佛大学获硕士学位。以后去柏林大学，追随普朗克学习理论物理学。1897年12月获该校博士学位，1898年回国任科罗拉多大学物理学教授。1904年冬去法国居里实验室学习放射学，得到居里夫妇的器重。1913年任亨廷顿医院物理研究员。1920年入选美国国家科学院院士。1923年任美国癌症研究会主席。

最主要的贡献是发现杜安-亨特定律：在X射线管中产生的X射线最短波长（截止波长）反比于管上的电压，比例常数为he/c，其中h是普朗克常量，c是光速，e是电子电荷。这一定律证实了量子理论，还可用于精确确定普朗克常数，也对索末菲和玻尔的原子结构研究提供了数据。早在1913年就将镭用于治疗，并研究癌症的X射线治疗。研究了射线对空气的电离作用，据此确定了X射线的剂量。上述开创性工作对后人产生了深远的影响。（夏元复）

斯莫卢霍夫斯基，M.（Smoluchowski，Marian，） 波兰人，1872年5月28日生于奥地利维也纳附近，1917年9月5日卒于波兰克拉科夫。分子运动论、热力学。

就读于维也纳大学。1895～1897年相继在法国巴黎大学、英国格拉斯哥大学和德国柏林大学当科学家的助手。1901年在格拉斯哥获法学博士学位。1899年去利沃夫大学，1900年任教授。1913年在克拉科夫贾杰罗宁大学任实验物理学教授，1917年任校长。同年死于痢疾。

他从实验上观察到当气体与容器有不同的温度时，在气体与壁之间有温度的突变，此发现有助于玻耳兹曼建立的气体分子运动论得到公认。从布朗粒子与周围分子碰撞的角度研究布朗运动，得到与爱因斯坦同样的结果。预言可以观察到悬挂在细的石英丝上的小镜子的布朗转动和丝末端的布朗运动；预言可以从胶态悬浮体观察到气体密度的涨落。这些预言后来都被证实。用密度的涨落解释了气体在临界状态的乳光及天空的蔚蓝色。还从布朗运动及涨落存在说明热力学第二定律经典公式的局限性，并进一步将玻耳兹曼提出的第二定律统计解释阐述为：越接近微观过程，可逆性越明显，虽然理论上讲宏观过程是可逆的，但由于回复到原来状态所需时间是无法想象的漫长，因而实际上是不可逆的。又指出不能指望从第二定律的统计解释来建造第二类永动机。著有论述物理学研究方法的小册子《自学入门》。（谈漱梅）

科布伦茨，W. W.（Coblentz，William Weber） 美国人，1873年11月20日生于美国俄亥俄州，1962年9月15日卒于华盛顿。辐射测量、红外光谱学。

1901年在康奈尔大学获硕士学位，1903年在该校获博士学位。

1905～1945年任美国国家标准局辐射量度学分部主任达40年之久。主要从事辐射测量，研究黑体辐射。测量了上千种分子的吸收谱，并首次准确确定了黑体辐射常数，从而证实普朗克定律。还将红外辐射测量学和光谱学推广到天体物理学和医学领域，作出了开创性的贡献。主持建立了从超紫外至远红外很大波长范围内的辐射量度学标准。（夏元复）

哈金斯，W. D.（Harkins，William Draper） 美国人，1873年12月28日生于美国宾夕法尼亚州泰特斯维尔，1951年3月7日卒于芝加哥。*原子核物理学、表面化学、物理化学。*

1900年毕业于斯坦福大学，获化学学士学位。不久在蒙大拿大学任教，后来成为该校的教授和化学系主任。1907年获斯坦福大学哲学博士学位。还担任过芝加哥大学的教授。1935年成为功勋教授。曾担任过许多私人公司、化学战争机构和国防委员会的顾问。从1932年开始，成为国际原子能委员会成员。还担任过美国科学促进协会副主席，并入选美国国家科学院院士。

一生中主要研究表面测量，使表面测量成为一门精密科学。在整个生涯中，显示出他在选择重要研究课题方面的卓越预见能力。对物理学的发展，包括核反应的基本原理、有关表面化学的一般原理、表面测量的实验方法以及许多不同的测量表面性质的方法，都作过重要贡献。在蒙大拿期间，被公认为研究污染问题的专家。在芝加哥大学研究原子核结构和核反应时，提出了偶原子 序数元素比奇原子序数的元素较为稳定的观点；预言了同位素的存在；在卢瑟福之前几个月，预言了中子的存在；从实验上证实形成激发原子核时俘获总是存在的。（柳 涛）

斯塔克，J.（Stark，Johannes） 德国人，1874年4月15日生于德国巴伐利亚的雪根霍夫，1957年6月21日卒于上巴伐利亚特劳恩施泰因。*原子物理学、光谱学。*

出身农民家庭。1894年进慕尼黑大学攻读化学、物理学、数学和晶体学，1897年获物理学博士学位。留校任教。1900年任格丁根大学助教。1904年创办《放射性与电子学年鉴》。1906年在汉诺威技术学院任讲师。1909年任亚琛技术学院正教授。1920～1922年任维尔茨堡大学物理学教授。后回故乡办瓷器厂。1930年加入纳粹党，参与反犹太人活动和发表亲希特勒著作。1933年当上德国物理技术研究所所长。希望成为德国物理学会终身会长。甚至荒谬地声明决不给非纯血统的日耳曼学生上课。这些活动理所当然地受到M. 劳厄、F. 帕邢、M. 普朗克等科学家的反对。第二次世界大战爆发前，退休回乡隐居。1947年因参与纳粹活动被盟国军事法庭判刑4年。

主要致力于气体中导电现象的研究，在阴极射线管的极隧射线中探测到多普勒效应，在1906年试图以此论证爱因斯坦的狭义相对论。在亚琛，在韧致辐射的不对称性以及在电场中谱线分裂的实验方面取得进展。早在1906年，他就开始研究静电场对原子光谱可能产生的影响。1913年10月终于发现了在外加电场下原子发射谱线有劈裂现象，研究工作是在氢原子的巴耳末线系上进行的，电场为10～30千伏/厘米，这个效应被称为斯塔克效应。1913年7月，N. 玻尔提出了原子的量子模型，用此模型可以解释经典物理无法理解的斯塔克效应。与塞曼效应一样，观察到谱线劈裂来自原子能级的劈裂。由斯塔克效应提供了原子结构的信息，表明空间量子化也发生在电场中，并能据此研究物质的微观结构。因此，1914年获格丁根科学院法尔布鲁赫奖，1919年获诺贝尔物理学奖。（夏元复）

赖曼，T.（Lyman，Theodore） 美国人，1874年11月23日生于美国马萨诸塞州波士顿，1954年10月11日卒于该州布鲁克莱恩。*原子物理学、光谱学。*

1900年在哈佛大学获哲学博士学位。留校任教，1910～1947年任哈佛大学杰斐逊物理实验室主任，1921年起任教授直至退休。1925年退休后仍任杰斐逊实验室主任。是美国国家科学院院士，美国物理学会会长（1921～1922年），美国文理科学院院长（1924～1927年）。

是紫外光谱学的先驱者。博士论文是凹面光栅测定超紫外区域中的谱线。在这区域中光线不能穿过空气，因克服很多技术问题而用去6年时间。这当中发现了光谱中的伪谱线，它们来自光栅划线时的周期性误差。1906年发表了在“赖曼区域”中的波长测定，首次精确测量了200纳米以下的波长。1914年发现氢原子在紫外波段的一个光谱系，称为赖曼线系，为玻尔的原子量子理论的主要实验基础之一。后期致力于各种材料在紫外区以外各种谱线及其光学性质的研究，在1917年可以达到下限为50纳米。曾多次获奖。（夏元复）

哈泽内尔，F.（Hasenöhrl，Friedrich） 奥地利人，1874年11月30日生于奥地利维也纳，1915年10月7日卒于南蒂罗尔。*电介质物理学、统计物理学。*

1892年进维也纳大学学习数学和物理学，1897年获哲学博士学位。后在维也纳大学任编外教授。曾到莱顿大学作卡默林—翁纳斯助手一年。是奥地利科学院的通讯院士。同年任维也纳大学副教授，1907年任教授。第一次世界大战期间投笔从戎，在战斗中阵亡。

在研究液体和固体的介电常数与温度的关系时，证实了莫索蒂—克劳修斯方程在能达到的温度范围内对各种物质都适用。获奖是因对运动空腔中辐射能作用的研究，他用经典理论证明由于空腔捕获辐射使其动能的增加量相当于空腔表观质量增加 $4h\xi_0/(3c^2)$，式中 $h\xi_0$ 是空腔的总辐射能，c 是光速。后来此关系式被爱因斯坦的质能关系所代替。曾企图修改经典统计力学，以便产生关于辐射和比热的普朗克和爱因斯坦

的定律。提出类似巴尔末光谱公式的量子论处理方法。1905 年获奥地利科学院海丁格尔奖。（谈漱梅）

亚伯拉罕，M.（Abraham，Max） 德国人，1875 年 3 月 26 日生于德国但泽（今波兰格但斯克），1922 年 11 月 16 日卒于德国慕尼黑。电磁学、电动力学。

出身富有的犹太商人家庭。1897 年完成博士论文，成为普朗克在柏林大学的助手。自 1900 年起在格丁根大学任编外大学教师达 9 年。1909 年任美国伊利诺伊大学教授。但不喜欢美国大学的气氛，一学期后回到格丁根大学。后任意大利米兰大学理论力学教授，一直到 1914 年。第一次世界大战发生后被迫返回德国。战争期间从事无线电传输理论的研究。战后任斯图加特大学技术学院物理学教授。1921 年应邀去亚琛大学任理论物理讲座教授。因患脑瘤，经半年痛苦折磨后病逝。

毕生从事麦克斯韦电磁场理论的发展工作，在掌握麦克斯韦方程方面显示出精湛的技巧。留下 2 卷本的《电学理论》（1905 年），第二卷的副标题是“辐射的电磁理论”，其中包括他的电子理论。在同时代的一些德国物理学家中，他的电动力学著作是很卓越的，对培养德国物理学家有很大影响。每一新版本不仅包括最新的实验，而且也包括最新的理论论文。即使这些理论仍有争论，他也毫不含糊地阐明自己的观点，其中包括时空观点的争论以及对电子论的不同看法等。

一生坚决反对爱因斯坦的相对论，不仅早在 1906～1910 年间就不承认相对论的假设，而且直到 1912 年还申明虽不反对爱因斯坦理论的逻辑推理，但希望天文观测能提出反驳爱因斯坦理论的论据，并为古老的绝对以太观点铺平道路。对此，玻恩和劳厄评论道：“他爱他的绝对以太、他的方程、他的刚性电子，正如青年热爱他的第一个情人那样。”当时相对论的反对者也常常利用他的理论作为反对狭义相对论的根据，但并没有阻止相对论的进一步发展。（马文蔚）

德布罗意，L.-C.-V.-M.（de Broglie，Louis-César-Victor-Maurice ） 法国人，1875 年 4 月 27 日生于法国巴黎，1960 年 7 月 14 日卒于塞纳河畔讷伊。X 射线晶体学、核物理学、无线电技术。

德布罗意家族长期为法国输送军官、外交家和最高级别的政治家。他是提出电子波动性的 L.-V. 德布罗意的哥哥。1893～1895 年在海军学校学习后派往舰队服役，为该舰队安装了法国第一台船上无线电报机。同时又在土伦学校和马赛大学继续学习，1900 年获理学士学位。对物理学特别感兴趣，当科学经验和工艺技术有了长进时，就想离任去从事物理学的工作，但遭到祖父（老公爵）的严厉训斥，最后取得妥协：在家里搞了一间房子装备一个实验室，同时返回海军。当选为法国科学院院士，是法兰西学院、法国原子能委员会和海洋学研究所成员。

在他设备精良、技术先进的私人实验室中长期做实验，曾着重研究电离作用等。1912 年后，开始研究 X 射线谱，这成为他的主要研究领域，最著名的发现都集中在这一课题上。最早的重要贡献是“旋转晶体法”的应用。1921～1922 年，和弟弟 L.-V. 德布罗意合作的研究工作对玻尔解释原子亚壳层结构提供了很有益的帮助。20 世纪 20 年代中期，他的私人实验室吸引了许多学生，并成为开拓核物理和宇宙射线研究的场所。获得过许多荣誉。（周永平）

斯特拉特，R. R. J.（Strutt，Robert（Robin）John） 即瑞利男爵四世（Fourth Baron Rayleigh）。英国人，1875 年 8 月 28 日生于英国埃塞克斯郡，1947 年 12 月 13 日卒于同地。放射性物理、大气光学、地球物理学。

他是著名物理学家 J. W. 斯特拉特（即瑞利勋爵）的长子。1894 年考入剑桥大学三一学院。1899 年在卡文迪许实验室开始研究工作。1905 年当选为英国皇家学会会员。1908～1919 年为伦敦大学帝国学院的物理学教授。1919 年成为瑞利男爵四世。

最初研究放射性，但以大气光学的研究而成名。1884 年 E. 瓦尔堡观察到放电时的余辉现象，1900 年刘易斯（E. P. Lewis）认为空气辉光的原因是氧化氮。1911 年他断定放电时的空气辉光是由于被激活的氮所造成的。研究了夜空的空气辉光，确认这个现象不是太阳光的散射。为了纪念他开创性的定量研究，1956 年提出把天空亮度的单位定名为“瑞利”，空气辉光的数量级约 10^2 瑞利，而极光现象则在 10^2～10^4 瑞利或更大。一生写过 300 多篇科学论文。（唐玄之）

罗日杰斯特文斯基，Д. С.（Рождественский，Дмитрий Сергеевич；Rozhdestvensky，Dmitry Sergeevich） 苏联人，1876 年 4 月 7 日生于俄国圣彼得堡，1940 年 6 月 25 日卒于列宁格勒（今圣彼得堡）。光学、光谱学、显微技术。

中学教师的儿子。1894 年中学毕业时获得银质奖章。同年进圣彼得堡大学，1900 年从大学的数学部毕业。1901～1903 年在德国吉森大学的物理研究所 P. 德鲁德手下工作。回国后成为圣彼得堡大学的实验室助理。1912 年成为彼得堡大学副教授。1915 年以“在碱金属频谱中的简单关系”的论文通过博士论文答辩，成为教授。1916 年为圣彼得堡大学新成立的物理系主任。1917 年后提出了筹建国家光学研究所的详细计划，研究所于 1918 年建成，他被任命为该所所长直至 1932 年。1925 年被选为苏联科学院的通讯院士，1929

年成为院士。他在科学院领导光谱委员会直到去世。

研究工作主要集中在三个方面：原子光谱中吸收谱线附近的反常色散、原子光谱理论和显微镜理论。在量子力学发展起来以前原子光谱的理论对光谱的解释起过重要作用。他选择钠蒸气吸收谱线附近的反常色散作为他的研究课题。设计了一个在苏联叫做罗日杰斯特文斯基干涉仪的仪器，后来被广泛使用。1912年获得科学院的门捷列夫奖。

在显微技术方面工作了几十年，贡献卓越。他曾说过，显微技术是光的干涉和衍射的世界。阿贝的成像理论是研究相干光照明的情况，曼杰斯达姆研究了另一个极限情形——非相干辐射自照明发光体。而他的显微镜的理论则考虑物体的实际照明条件。第一次世界大战时，他同一批科学家和工程师研制俄国军队严重缺乏的光学玻璃。

在研究所里，他创立了一个学派，培养出了一批有名望的科学家。（唐玄之）

基桑，W. H.（Keesom，Willem Hendrik） 荷兰人，1876年6月21日生于荷兰泰塞尔岛，1956年3月24日卒于乌赫斯特海斯特。*X射线物理、低温物理学。*

农民的儿子。在阿姆斯特丹大学学物理，是J. D. 范德瓦尔斯的得意门生，1904年获得博士学位。在莱顿大学是卡默林—翁纳斯的亲密合作者和助手，他们于1908年使氦液化。1918年他成为大学物理学教授。1923年到莱顿大学任实验物理学教授，作为卡默林—翁纳斯实验室主任。1924年当选为荷兰皇家学会会员。

在乌得勒支大学，发现X射线衍射图样和液体中分子间距之间的关系。在莱顿大学，继承了低温研究的传统，特别关注氦的低温研究。在1926年卡默林-翁纳斯去世后4个月，终于在高压和低温的条件下，在实验室实现了氦的凝固。在所有气体中，氦是最后一个被液化和凝固的气体。此外，对"超流动性"的发现也有一定的贡献。1942年，写了一本关于氦的权威著作。1945年退休。在国内外享有盛誉（周永平）

巴克拉，C. G.（Barkla，Charles Glover） 英国人，1877年6月27日生于英国兰开夏郡威德尼斯，1944年10月23日卒于苏格兰爱丁堡。*X射线波谱学、原子物理学。*

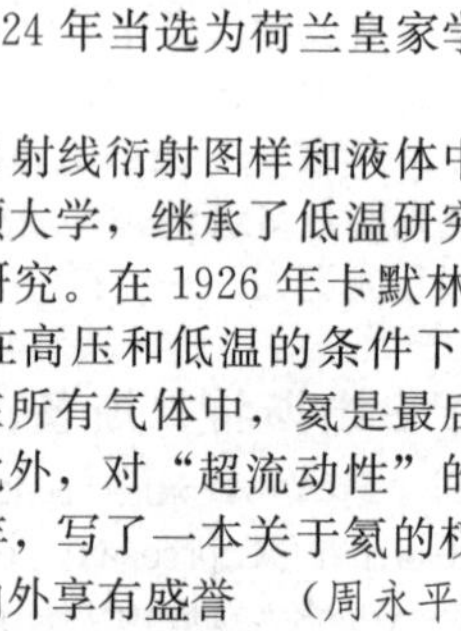

1895年进利物浦大学攻读数学和物理，1899年获硕士学位，后进剑桥大学三一学院进修，并开始在卡文迪许实验室进行研究工作。1902年回利物浦大学任教，1904年在该校获博士学位。1909年在伦敦任皇家学院物理学教授。1913年起在爱丁堡大学任教授，直至去世。1912年当选为英国皇家学会会员。

1901年起开始研究在X射线束所经过的路径上物质发射的次级X射线。10年后成为这个广泛领域在国际上的带头人，并一直致力于这个方向达40余年。发现各种元素发出的次级X射线谱随被照射元素的原子量变化。这一卓越成就为莫斯莱的研究工作奠定了基础，也是以后发展起来的X射线波谱学的基础。开创了对次级X射线极化关系的研究。所进行的物质对X射线的吸收-散射关系的研究，也是后来康普顿效应发现的基础。从近代物理学的角度来看，他的工作为揭开原子奥秘和原子物理学的发展作出了先驱性的不可磨灭的贡献。因发现元素的特征X射线谱，获1917年诺贝尔物理学奖。（夏元复）

里兹，W.（Ritz，Walter） 瑞士人，1878年2月22日生于瑞士锡永，1909年7月7日卒于德国格丁根。*原子物理学、光谱学。*

著名风景画家R. 里兹的儿子。幼年时就对自然科学和数学感兴趣。1895年在锡永的中学毕业，后到技术学校学习2年。1897年到瑞士联邦高等工业学校学习，他家也迁至苏黎世。同年9月，和朋友去爬山，不慎滑入雪中并堕下悬崖，身受重伤致疾。出于对身体健康状态的考虑，放弃原先想当工程师的念头，而和爱因斯坦等一起学习数学和物理，并着重学习理论物理学。1901年转到格丁根大学，主要向W. 福格特求教，1903年获博士学位。随即到莱顿大学参加H. A. 洛伦兹的研究班。后到波恩大学、巴黎大学从事光谱学方面的研究。1904年夏因身体很不好不得不返回苏黎世。1906年致力于光谱的研究。1908年到格丁根决心当教师，但翌年便去世了。

主要从事理论光谱学的研究以及电动力学基础的研究。认为巴尔末所描述的氢光谱线，是由两维结构的本征振动所引起的。从十阶偏微分方程得出一个期待的结果：谱线频率$\nu=N\cdot\left(\frac{1}{n^2}-\frac{1}{m^2}\right)$，式中$n$、$m$是一系列正整数。他对理论光谱学最重要的贡献是于1908年提出的"里兹并合原则"。强调指出：在里德伯光谱公式中，以及在他自己对其改进的公式中，光谱线的频率可以由两个项之差计算出来。这两个项统称为光谱项。若其中一项$T(m)$可变，而另一项$T(n)$恒定，则对应于一个光谱系。他指出："由所得的谱线（或线系）的两个频率相加或相减，可得出新的谱线（或线系）。"——这就是所谓里兹并合原则。他在红外区发现两条强的氢光谱线，得到氢光谱的帕邢系（$n=3$，$m=4$，5，6，…）。氢光谱还有其他谱系，例如，赖曼系、布喇开系，这些都符合里兹并合原则，有的谱系就是在里兹并合原则启发下相继发现的。他特别注意到经典的运动相对性原理和麦克斯韦-洛伦兹理论之间的相互抵触，但仍坚持经典的相对性原则。（周永平）

德哈斯，W. J.（De Haas，Wander Johannes） 荷兰人，1878年3月2日生于荷兰利瑟，1960年4月26日卒于荷兰比尔特霍芬。*原子物理学、低温物理学、*

晶体学。

就读于莱顿大学，1912年获博士学位。此后相继在柏林、波茨坦、哈勒姆、代尔夫特、格罗宁根等地大学工作。1924年在莱顿大学任物理学教授。是从事低温实验的卡默林-翁纳斯实验室主任。

1915年完成了爱因斯坦提出的实验，即爱因斯坦-德哈斯效应。后人由此实验推断出电子磁矩是半整数，而不像轨道磁矩是整数，从而促进了整个原子物理学的发展。用经过预冷的磁化材料绝热退磁的方法产生极低温。还从事金属晶体电阻在磁场中的反常特性（称为范·阿尔芬-德哈斯效应）的研究和关于晶体磁光现象的研究。所有研究都是与别人合作进行的。第二次世界大战期间，成功地阻止了大量铀矿运到德国。

（谈漱梅）

卡夫雷拉，B. (Cabrera, Blas)　1878年5月20日生于西班牙加那利群岛，1945年8月1日卒于墨西哥墨西哥城。*原子物理学、磁学。*

1901年获西班牙，马德里大学哲学博士学位。留校任助理教授，1905年为电磁学教授。

1910年被任命为新成立的西班牙物理研究所所长。1910～1912年和P. 外斯一起在瑞士苏黎世综合技术学校工作。1932年任国家物理和化学研究所所长。1936年在巴黎大学创建磁学实验室。1941～1945年任墨西哥大学教授。

一生的主要兴趣是研究物质的磁性。自1912年开始研究磁化学，主要是对弱磁性物质的研究。试图从实验来检证外斯的磁学理论。对范弗莱克等人分子场的建立作过贡献；还确立了原子磁矩的变化与原子序数的关系，修正了有关稀土族的居里-外斯定律，导出含有温度效应的原子磁矩方程。一生共发表150多篇论文。

（马文蔚）

维亚洛柏切斯基，C. (Biajobrzeski, Czesjaw)　波兰人，1878年8月31日生于俄国雅罗斯拉夫尔附近，1953年10月12日卒于波兰华沙。*电介质物理学、自然哲学。*

1896～1901年在俄国基辅大学学习物理学。1908～1910年在法兰西学院郎之万实验室工作。后返回俄国，1914～1919年任基辅大学物理学及地球物理学教授。1921年任华沙大学理论物理学教授，直至去世。曾任波兰物理学会会长、理论物理和应用物理国际协会副主席，是波兰科学院院士。

研究工作分为三个阶段：1900～1912年，从事流体和固体介质的电学和光学理象的实验和理论研究；自1912年起侧重于研究星球内部平衡中辐射压力所起的作用；第三阶段致力于物理学的哲学问题研究，主要是对量子理论基础的解释。第二次世界大战的战火焚毁了他的书稿《原子世界认识论的物理基础》三卷集的前两卷，战后重写此书，合为一册于1956年出版。

（周永平）

迈特纳，L. (Meitner, Lise)　奥地利人，1878年11月7日生于奥地利维也纳，1968年10月27日卒于英国剑桥。*原子核物理学、原子物理学。*

犹太族律师的女儿，家中有8个孩子，她排行第三。1906年在维也纳大学获物理学博士学位。随后去柏林大学，在那里跟随M. 普朗克，并与化学家兼核物理学家O. 哈恩开始了长达30年的合作研究。1912年作为普朗克的助手工作于柏林理论物理研究所，随后又工作于威廉皇帝化学研究所。1914～1918年第一次世界大战中，在军队担任X射线操作员。1919年任威廉皇帝研究院教授。1926年在柏林大学任特别教授。1938年流亡到瑞典，先在斯德哥尔摩的诺贝尔物理研究所，随后又到皇家原子能研究中心工作，直至1960年退休，离开瑞典到英国剑桥大学从事研究。1955年当选为英国皇家学会外籍会员。1960年当选为美国国家科学院外籍院士。终身未嫁。

是核物理诸多领域的先驱者之一，尤其在核能的释放和控制方面作出十分重要的贡献。1908年发现放射性核素铋（^{211}Bi）。1927年发现第91号元素镤(Pa)。首先用磁偏转法精确测定β能谱。首先阐明了俄歇电子的发射过程。还是将云室应用于核物理研究的先驱者，并用它观察到由γ射线引起的电子偶过程。对发展核裂变理论作出过贡献，1939年，和外甥弗里希（O. R. Frish）根据哈恩和斯特拉斯曼用中子轰击铀后发现钡的实验，首先提出核裂变的概念，并且指出核能比通常的化学能释放要大6个以上数量级，从而跨出了核能利用的关键一步。因卓越的工作而获得维也纳市科学奖，1947年获马克斯·普朗克勋章，哈恩奖等。和哈恩、斯特拉斯曼在1966年获美国原子能委员会费米奖。

（夏元复）

赛宾，P. E. (Sabine, Paul Earls)　美国人，1879年1月22日生于美国伊利诺伊州，1958年2月28日卒于科罗拉多州。*声学、建筑声学、水声学。*

牧师的儿子。1899年从麦肯德里学院毕业后去哈佛大学，堂兄W. C. 赛宾在该校物理系工作。1911年获硕士学位，1915年获物理学博士学位。1903～1916年先后在伍斯特学院、哈佛大学任教。1916～1918年在克利夫兰大学凯斯应用科学学院当助理教授。自1919年起任赛宾声学实验室主任，直至1947年退休。这期间曾在哈佛大学水声实验室工作。担任过美国声学学会会长。

跟随W. C. 赛宾做声学测量，从事建筑声学、水声学等方面的研究。他研究混响时间与收听室声质量的关系，得出混响时间和总吸收之间的经验公式。还当过美国许多著名建筑如（音乐厅、天文馆等）的建筑顾问。第二次世界大战后，拟订美国国会参众两院会议厅的改建计划，其声学设计很成功。1932年著有《声学与建筑》教科书。

（周永平）

拉姆绍尔，C. W.（Ramsauer, Carl Wilhelm） 德国人，1879年2月6日生于德国奥尔登堡，1955年12月24日卒于柏林。原子物理学、原子核物理学。

1897年中学毕业后，在慕尼黑大学等处学习数学和物理学。在短期担任中学教师后，决定致力于科学研究。1902年获博士学位。1915年起任教授。1940～1945年任德国物理学会会长。

1913年提出测定慢中子速度和能量的拉姆绍尔圆周法。1920年发现“拉姆绍尔效应”，得到国际承认，拉姆绍尔效应是指当射入惰性气体中电子能量低于某临界值时，其平均自由程出乎意料地大。根据波动力学，可以解释为由电子波的衍射引起。在研究气体对电子的散射和吸收时，第一次提出了“有效截面”的概念，迄今已为原子物理学家、核物理学家和粒子物理学家广泛采用。还为电子显微镜的发展、为爆炸力学和兵器制造理论作出了贡献。（夏元复）

爱因斯坦，A.（Einstein, Albert） 德国裔瑞士与美国双重国籍，1879年3月14日生于德国乌尔姆，1955年4月18日卒于美国新泽西州普林斯顿。狭义相对论、广义相对论、量子理论、现代宇宙学、自然哲学。

祖先是久居德国的犹太人。其父H. 爱因斯坦（Herman Einstein）从小就显露数学才华，但因家贫无奈弃学经商；母亲P. 爱因斯坦（Pauline Einstein）是富有粮商的女儿，很有音乐才能。他们的儿子恰好既有数学天赋又有音乐才能。他出生后不久，全家迁往慕尼黑，在南郊他的父亲和叔叔合办了一个小电器工厂。就在这种环境下度过他的童年和少年时代。约4岁时，父亲给他一个神奇的指南针，不管他怎么拨弄，它总是指向南方。12岁时他在学校领到一本欧几里得的《几何原本》，不等讲课就一口气读完。13岁时读了当时综述自然科学成就的书《自然科学通俗读本》（阿隆·伯恩斯坦著），其中光速问题引起他极大兴趣。这几件事深深地打动了这位未来科学巨匠的心。可是他并非“神童”，很晚才学会说话。在学校里性格孤僻，和同学不合群，教师也认为他不聪明。但他从小诚实、正直，从不掩饰自己的观点，更厌恶说话见风使舵。他酷爱音乐，6岁就开始学拉提琴，成年后外出总是随身携带提琴，还常登台表演，后来在柏林期间经常和M. 玻恩用提琴钢琴合奏。他酷爱大自然，喜欢幽居村间，也爱周游列国。一生访问过许多国家，1922年曾到中国上海作过学术演讲。

他父亲经营的小企业很不景气，后来举家迁往意大利米兰重操旧业。当时他15岁，仍留在德国求学。由于对当时德国的军训课和军国主义教育极端反感，1895年春他也到了意大利，并通过自学准备报考大学。1896年考入瑞士苏黎世工业大学，主修数学和物理学。1900年从该校毕业，可是，毕业后一直找不到工作。为便于求职，他在1901年把仅剩的积蓄作为加入瑞士国籍的入籍费，但依然求职无门。只好偶尔去当家庭教师或代课教师。他经常挨饿，体质很差。这是他一生中忧虑重重、生活潦倒的岁月。在朋友的帮助下，1902年他终于被伯尔尼瑞士专利局雇为“三级技术员”，即助理鉴定员。主要职责是为递交的专利申请书准备鉴定意见和草拟鉴定文本。在那里工作了7年，不必为生活操心，而且在上班时有时间思考物理学问题，下班后可以自由地安排学术研究，因此他称这7年为“幸福的伯尔尼年代”。那时他和哲学系大学生索洛文（M. Solovine）和苏黎世工业大学数学专业的学友哈比希特（C. Habicht）组成哲学小组，被朋友们戏称为“奥林匹亚科学院”。他们读了许多哲学、物理学名家著作。其中对他影响最为深远的是马赫的著作及其哲学观点，很赞赏马赫的毫不动摇的怀疑态度和独立思考精神。他取得革命性成就的一个基本秘诀，就是怀疑占统治地位的观点的正确性。他轻视那些以绝对正确自居的科学家和哲学家，他有一句格言：“在真理和认识方面，任何以权威自居的人，必将在上帝的戏笑中垮台！”他虽然处处抱怀疑态度，但他笃信“虽然需要一段时间，但真理终究会取胜”。

1903年，和大学同学M. 玛里奇（Mileva Maric）结婚，生两子。第一次世界大战结束后，他们离婚。1919年他和孀居的堂妹艾尔莎（Elsa）结婚。

1905年他26岁，连续发表数篇具有划时代意义的论文，被誉为科学史的“奇迹年代”。首先发表了题为“分子大小的新测定法”的学位论文，获得苏黎世大学博士学位。接着提出光的量子理论并创立狭义相对论。1909年任苏黎世大学教授。1911年任在布拉格的德意志大学教授，1912年任苏黎世工业大学教授。1914年春回柏林，任普鲁士科学院院士和威廉皇家科学促进协会物理研究所的首席教授。这使他有条件专注于理论研究。在这里，和M. 普朗克、W. 能斯脱、E. 薛定谔和M. von劳厄等有才华的同行共事，成了创造性的科学争鸣的场所，使他非常愉快地度过19个年头。1915年他创立了广义相对论。1919年爱丁顿等人利用日全食测量到星光从太阳附近通过时发生的偏折，证实了广义相对论的正确性，由此他成了举世瞩目的人物。

他总是处处留心不去滥用既得的科学声望，但也勇敢地运用他的科学声望的影响从事反战、反法西斯活动。1914年10月，打着“爱国主义”旗号实为支持军国主义战争的93人署名的德国人文科学家的宣言出笼。许多著名科学家也签了名。爱因斯坦不仅不参与，反而起草《告欧洲人民书》与之对抗。第一次世界大战刚结束，他就成为反犹极右翼分子的攻击对象。1920年，排犹分子开会攻击他和相对论，捣乱他的讲课，报纸和传单一片“杀死爱因斯坦”的叫嚣声。科学界最起劲攻击他的人是P. 勒纳德，这位诺贝尔奖金获得者后来充当了希特勒的科学顾问。当时爱因斯坦的生命受到威胁，他只得处处提防，但仍坚持留在柏林，并不时到国外讲学。1933年希特勒上台，爱因斯坦被迫永离祖国，到美国普林斯顿定居，1940年加入美国籍。1939年，在L. 齐拉德等人的请求下，他上书美国总统罗斯福（F. D. Roosevelt），要求赶在德国前面从速研究原子弹。这封信促使美国致力于核反应堆和原子弹的研制。后来，美国用原子弹轰炸日本，爱因斯坦大为震惊，多次公开谴责这一行动，反对把原子能用于战争，对自己唯一的上书行动懊悔万分。1952年以色列立国请他当第一任总统，被他拒绝。晚年，他在科学上和生活上都殊显孤单。一生获得许多荣誉。由于他对光电效应的解释等贡献，1921年获诺贝尔物理学奖。

他的科学贡献主要在五个方面——证实原子的存在，对量子论的发展，创立狭义相对论，创立广义相对论，开创现代宇宙学。其中创立狭义和广义相对论则是他毕生科学业绩的主要标志。

证实原子的存在　他的科学研究工作是从20世纪初开始的。早期的科学研究内容是分子运动论，用统计方法分析原子、分子的热运动，把概率作为热学的数学演算基础。1905年春，继学位论文“分子大小的新测定法”之后，又写了“热的分子运动论所要求的静液体中悬浮粒子的运动”一文。这两篇论文都是从分子的角度去研究布朗运动的。导出悬浮粒子的运动速度和粒子的大小及液体的粘滞系数之间的关系式，并可用实验来检验。人们把这个关系式称为“布朗运动的爱因斯坦定律”。该定律于1908年被法国物理学家J. 佩林用实验证实，佩林因此获得1926年诺贝尔物理学奖。爱因斯坦的研究明确地证实了原子的存在，他的论证是如此准确，以致连马赫和原子论的坚决反对者W. 奥斯特瓦尔德也宣布“改信原子学说”。

对量子论的发展　他也是量子理论的奠基人之一，发展了普朗克的量子假设。1905年发表著名论文“关于光的产生和转化的一个启发性的观点”。文中提出可以把光看成是一些相互无关的、不连续的能量粒子的集合，这种粒子就是光（量）子。这样，他揭示了光的波动和粒子二象性。按照他的光（量）子学说很容易解释光电效应，也可解释光致电离、荧光等现象。10年后，密立根实验证实他对光电效应的解释是完全正确的。1907年以后，他就固体比热问题提出量子论的计算。1916年发表论文“关于辐射的量子理论”，提出受激发射概念，并指出原子所发射的频率为ν的每一个量子，必定在一个确定的方向上带走$\frac{h\nu}{c}$的动量，其中h为普朗克常量，c为光速。这种思想后来为康普顿效应所证实。1917年他第一次引进量子跃迁概率的概念，并提出“受激辐射”的思想，后来成为现代脉塞和激光技术的理论基础。

1924年他收到年轻的印度物理学家S. N. 玻色的一篇论文，文中提出把辐射当成光量子气体的观点，并对普朗克辐射定律作出明确的统计计算。爱因斯坦将该文译成德文发表。并将其发展为一种量子统计法，即玻色—爱因斯坦统计法。

在他的关于光的波粒二象性的启发下，1924年德布罗意提出任一物质粒子都有一个波与之相联系，即实物粒子也具有波粒二象性。爱因斯坦对此很赞成，曾提议用多种实验去检验这种二象性。1927年索尔维会议完成了量子力学的综合（相当于量子力学正式诞生），它的关键特色是薛定谔波函数和M. 玻恩的统计解释。这种新理论的内在性质是统计性的。爱因斯坦认为这种理论是不完备的，必须提供一种真实的确定的理论，而不是概率解释。他一直与哥本哈根学派争论，直至去世。他曾对玻恩说：“上帝是不玩投骰子的。”玻恩等人对他所持的反对的观点和所选择的道路深表遗憾，而且认为爱因斯坦的选择，是他一生为寻找物理学统一基础而奋斗的自然结果。

创立狭义相对论　1905年他在《物理学年鉴》上发表著名论文“论动体的电动力学”，宣告狭义相对论的建立。同年，还在这一杂志上发表“物体的惯性同它所含能量有关吗?”一文作理论补充。狭义相对论的创立，否定了牛顿的“绝对”时空观念，并宣布“光以太”概念是多余的。以“狭义相对性原理”和“光速不变原理”这两条假设为基础的狭义相对论，给出了“同时性”的相对性以及“运动尺缩短”和“运动钟变慢”的效应。并且从洛伦兹变换式给出速度叠加公式，指出真空中的光速是物体运动的速度极限。在另一篇论文中，还揭示了质量随速度变化的关系以及质量m和能量E之间的等价关系式$E=mc^2$（式中c为光速），并预言一定的“质量亏损”必定伴随相应的能量转化，即$\Delta E=\Delta mc^2$。这个公式成为核能开发的理论基础，开创了原子能的新时代。他的老师闵可夫斯基阐明了相对论的几何意义，提出“四维时空连续统”，从而完成了相对论的数学表述。

创立广义相对论　狭义相对论创立以后，就开始致力于引力理论的研究。1907年，发表“关于相对性原理和由此得出的结论”一文，提出相对性原理是否对加速运动的参照系也应成立的问题。这一思想后来发展成为广义协变原理。还从惯性质量与引力质量相等这一事实出发，提出了加速系和引力场之间的等效性，建立了“等效原理”。根据这两个基本出发点，经过前后8年的艰苦探索，终于在1915年11月创立了广义相对论，提出了广义协变的引力方程。1916年，发表了一篇完整的总结性论文“广义相对论的基础”。广义相对论是一种新的引力理论，有人称之为引力的几何理论。这种理论认为空间是不均匀的，它由物质和场所决定，因而时空和物质运动是不可分割的。这里需要弯曲时空的概念，欧几里得几何不适合于描述这种空间，而必须运用黎曼几何。为验证广义相对论，他曾预言三个“效应”，即水星近日点的附加进动、引力场中光线的弯曲、引力红移。天文观测完全证实了这三个效应，从而验证了广义相对论的正确性。他还根据广义相对论预言了“引力波”的存在。虽然至今实验上还未直接加以验证，但在1978年，天文学家已用射电脉冲双星PSR1913+16间接而又定量地证实了引力波的存在。

开创现代宇宙学　广义相对论发表后仅一年，他又提出宇宙起源问题。1917年发表著名论文“根据广义相对论对宇宙学所作的考察”。像他多次以一篇论文开创一个领域一样，这篇论文宣告了相对论宇宙学的

诞生。他根据广义相对论建立了一个静态、有限、无边的宇宙模型。在这个模型中，宇宙就其空间广延来说，是一个闭合的而且既不膨胀又不收缩的连续区，该连续区是一个体积有限的弯曲的封闭体，因而没有边界。该模型是现代宇宙学的发端，现在已形成的标准宇宙模型就是在这基础上建立起来的。

以理论物理学家著称，但也有重要的实验方面的贡献，如爱因斯坦-德哈斯（Einstein-de Haas）效应的发现就是一项实验工作。与德哈斯首次测量了回旋磁效应。他在化学上也有重要贡献，特别在光化学方面作了开创性的工作。化学家为了纪念他，还将光化学中的一个单位（1摩尔分子物质吸收的光子能量）命名为“爱因斯坦”。

虽然著书不多，但文章却多达800余篇，仅科学论文就有近400篇，且立说全新。他对物理学与数学的关系有深刻的剖析，反复强调不要夸大数学的作用。他说过：“虽然运用数学能够证明一切，然而重要的是物理内容，而不是数学。”1950年，在给劳厄的信中写道：“的确存在着令人惊讶的情况，有人虽然把握问题的数学方面，却对事物的实质并不真正了解。”在科学上的卓越成就，使他成为继伽利略、牛顿之后的最杰出的物理学家。在科学史上，他不仅是一位作出过无与伦比的贡献的科学巨匠，而且是一位罕见的思想家。

（周永平）

曼杰斯达姆，Л. И.（Мандельцтам, Леонид Исаакович; Mandelshtam, Leonid Isaakovich） 苏联人，1879年4月22日（一说5月5日）生于俄国莫吉廖夫，1944年11月27日卒于苏联莫斯科。原子物理学、光学、无线电技术。

父亲是有名的医生，母亲懂得几国语言，是出色钢琴家。他于1897年以优异成绩从中学毕业，进敖德萨的新罗亚斯克大学数学系学习。2年后由于参加反政府的学生运动而被开除。后在德国斯特拉斯堡大学数理学院继续学习，F. 布劳恩很快把他吸引到自己实验室的科学研究中来，1902年他以最优等级通过理学博士的论文答辩，于是成为布劳恩的私人助理，1903年成为第二助理。他与巴巴列克西（Н. Д. Папалекси）的友谊与合作开始于此时。1907年他同俄国第一位女建筑师伊莎科维奇（Л. С. Исакович）结婚。1914年他们全家和巴巴列克西一道回到俄罗斯。在新罗西斯克大学作编外教师。1915年成为彼得格勒无线电报工厂的科学顾问。1917成为第比利斯工业大学物理学教授。1918～1920年是莫斯科的中央无线电实验室的科学顾问。1925年为莫斯科大学理论物理学教授。定居莫斯科后，与有名的苏联物理学家兰茨贝格开始了长期合作。1928年当选为苏联科学院的通讯院士，1929年为院士。除了在大学工作外，从1934年秋天起还积极参加科学院的列别捷夫物理研究所的工作。

1918年他提出一个想法，按照瑞利的思路，绝热涨落所引起的光的散射将会揭示出物体的精细结构。1926年布里渊提出了类似的概念。他们的想法首先由他和兰茨贝格在1930年用晶体加以证明，而格罗斯（E. F. Gross）在液体中加以证明。在这个研究中，1928年他和兰茨贝格在晶体中发现了一个新现象：在散射中光的频率发生有规律的变化。类似的现象同时由印度物理学家C. V. 喇曼和克里斯南（K. S. Krishnan）在液体中发现。印度科学家喇曼关于这个发现的初步报告比他们的报告早几个月（喇曼因此获得1930年诺贝尔物理学奖）。此效应一般叫做喇曼效应。

他对无线电物理学的研究也很有意义。最有名的成就之一是1938年与他人共同发明的精密测量中的无线电干涉法（无线电大地测量），这也是精确测量电磁波速度的方法。他也对量子力学基本问题进行理论研究。对显微镜理论也作过一些工作，详细研究了标本是发光体的显微镜理论，并从理论上和实验上证明了阿贝的一系列结论对于发光物体也是正确的。

（唐玄之）

理查逊，O. W.（Richardson, Owen Willans） 英国人，1879年4月26日生于英国约克郡迪斯伯里，1959年2月15日卒于汉普郡奥尔顿。热离子学、光电子学、通信工程。

工具推销员的儿子。少年时就显示出非凡的智慧。中学时一直是模范学生，多次在竞赛中获胜。1897年获奖学金进剑桥大学三一学院学习，在卡文迪许实验室J. J. 汤姆孙指导下进行研究工作。在剑桥大学赢得物理学、化学和植物学荣誉学位考试第一名，1900年获剑桥大学学士学位。毕业后继续在卡文迪许实验室从事热离子研究工作。1904年获伦敦大学理学博士学位。1906年去美国，任普林斯顿大学物理学教授。1914～1924年任英国伦敦大学国王学院物理学教授。1913年当选为英国皇家学会会员。还是美国哲学学会、美国物理学会外籍会员。曾任英国皇家物理学会会长。

是将物理学应用在无线电、电话、电视和X射线技术发展上起过奠基作用的杰出科学家，也是20世纪上半叶电子与量子理论的先驱者。1901年在剑桥哲学会上首次宣读两篇论文，其中一篇是关于真空中受热的铂表面单位时间发射的带电“粒子”特性的经验规律。在普林斯顿时，用实验证明钨中的电流是电子传导的，并完成了光电效应、不同材料的热离子发射等实验。1914年返回伦敦，由于第一次世界大战爆发，转入军用无线电通信秘密研究，对J. A. 弗莱明热离子管的迅速发展作出杰出贡献。这期间，与人合作出版了几本有关光谱学、玻尔原子理论的检验和爱因斯坦光电效应解释方面的书。同时研究旋磁效应，据此提出了电子存在自旋动量的预言，后为乌伦贝克（G. E. Uhlenbeck）和S. A. 古兹密特所证实。第二次世界大战爆发后，致力雷达、声纳、电子测量仪器和磁控管、速调管的研究。

是热离子学的奠基人之一。主要贡献是发现热离子学的基本定律，称为理查逊定律。该定律说明电子发射对热力学温度的依赖关系。它由理查逊-杜西曼（S. Dushman）方程式表达。这促进了无线电和电视用的电子管的研究和发展，因此获得1928年诺贝尔物理学奖。

主要著作有《物质的电子理论》（1914年）、《热物体发射》和《分子氢及其光谱》。1939年受封为爵士。获英国皇家学会休斯奖章。（陆伟良　沙振舜）

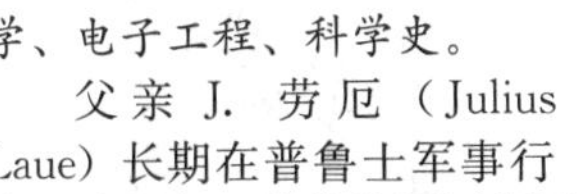

劳厄，M. von（Laue，Max von）　德国人，1879年10月9日生于德国科布伦茨附近的普法芬多夫，1960年4月24日卒于柏林。X射线晶体学、相对论、低温物理学、电子工程、科学史。

父亲J. 劳厄（Julius Laue）长期在普鲁士军事行政机关服务，曾获将军军衔及贵族爵位。他于1898年中学毕业后进斯特拉斯堡大学学物理。1899年转到格丁根大学学理论物理，著名数学家希尔伯特和F. 克莱因的讲课给他的印象最深。1902年转到柏林大学，听M. 普朗克讲授热力学、气体以及热辐射理论，对理论光学课兴趣最浓，受益匪浅。在技术物理研究所工作的实验物理学家O. 陆末在大学里讲光学理论，也给他以深远的影响。1903年在普朗克指导下获博士学位。此后返回格丁根大学进修2年，并在那里通过国家考试，获得到大学预科任教的资格。1905年秋应邀去柏林大学当普朗克的助手，在那儿工作了3年，成为普朗克的得意门生和终生朋友。1906年他完成相干射线束的熵的著作和其他6篇论文，获得教理论物理学的资格。1908年转到慕尼黑大学当讲师。1912年应聘到苏黎世大学当副教授。因2年前发现X射线在晶体中的衍射现象而获1914年诺贝尔物理学奖。同年担任法兰克福大学物理学教授。

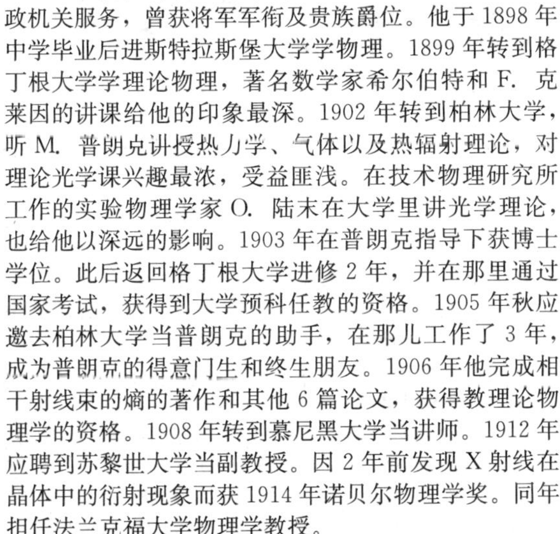

第一次世界大战期间，参与军用电子管研制工作。1919年和M. 玻恩对调工作，从法兰克福回到柏林大学和普朗克共事。1920年和M. 德根（Magdalene Degen）结婚。1921年当选为普鲁士柏林科学院院士，并领导物理研究所。德国研究协会成立后，被推为理论物理代表，并担任物理委员会主席。1932年获德国物理学会最高奖普朗克奖章。1933年反对撤销爱因斯坦在威廉皇帝物理研究所的职位。在希特勒统治期间，他没有离开祖国，在他的岗位上坚持反法西斯的正义斗争。1943年秋被迫中止在柏林大学的教授职务。第二次世界大战后，他与W. K. 海森伯等人曾因受怀疑研制原子武器而一度被英美特种部队逮捕，秘密软禁在英国剑桥郊区。1947年他发表《物理学史》一书，受到爱因斯坦高度赞扬。在这期间，他以名誉教授身份在大学里讲学。1951年迁居西柏林，并担任普朗克协会哈伯物理化学和电化学研究所所长，1959年春退休。还是国外40个科学院和科学学会的外籍院士和会员，其中包括英国皇家学会、苏联科学院、美国国家科学院、意大利科学院等，还获得国内外6个荣誉博士学位。性格乐观、谈吐风趣、乐于助人、待人诚恳。虽有色盲症，但依然乐于欣赏绘画等艺术，对音乐也很感兴趣。还爱好滑雪，尤其喜欢开汽车。不幸死于车祸，是年81岁。

在物理学上的主要研究工作是：X射线的干涉理论、相对论、超导和物理学史。

对X射线干涉现象的发现和解释是他最重大的科研成就，这一成就对原子物理学及其他学科的发展作出了卓越的贡献。这一重大发现是由他提出，并由W. 弗里德里希和P. 克尼平实验证明的。为此，他主动将1914年诺贝尔物理学奖金的三分之一分给这两位合作者。1912年2月，索末菲的一位研究生向劳厄请教一个光学难题，他虽一时难以作答，但产生一个想法，认为首先必须做一下X射线透过晶体的实验。他想，如果X射线果真是短波长的电磁波，而且晶体的原子空间点阵可以看成X射线的“光栅”，那么当X射线照射晶体时，就应得到像光线照射光栅那样的衍射图样。在他的想法的启发下，索末菲研究所的助教W. 弗里德里希利用业余时间进行实验，遇到困难时得到了克尼平的协作。弗里德里希对X射线照相术颇有经验，这次采用曝光长达数小时的照相，终于获得了X射线衍射图形。他们开始时用硫酸铜晶体，后来用闪锌矿、岩盐以及原子有序排列的其他晶体做实验，得到一些很清晰的衍射图样，人们称之为“劳厄图”。劳厄对这些衍射图形作出理论解释，并且在劳厄、弗里德里希和克尼平的合著中报道了X射线的干涉现象。这是理论和实验结合的一个范例。1912年6月14日，劳厄在德国物理学会的会议上宣布这个重大发现，展示了几张“劳厄图”。伦琴、爱因斯坦、普朗克等著名科学家见到这些照片后，个个惊叹不已。普朗克还称劳厄的发现是揭开了“原子论的新纪元”。

此后，劳厄创立X射线干涉的几何理论，最后发展为动力学理论。在数学上，他对空间光栅衍射理论作出贡献。X射线衍射实验确证X射线的本质为电磁波。从已知结构的晶体（如氯化钠等）的X射线衍射图可确定X射线的波长。反之，用已知波长的X射线做实验则可探明晶体及聚合物的结构。他的发现促进了X射线光谱学、凝聚态物质结构、探伤法、人造物质等方面的研究，在技术应用方面更是影响深远。

是爱因斯坦狭义相对论最早的捍卫者和宣传者。早在1907年就证明由爱因斯坦相对论很容易得出A. 斐索关于流动水中光速的公式，因而这是对爱因斯坦理论的一种实验证明。1910年写了一篇关于相对论的专题论文，以后他的《相对性原理》相继出版第一、二卷，且多次再版，对爱因斯坦学说的普及起了巨大的促进作用。

在柏林任教期间还专门研究了超导性，提出自己的理论，解释当超导体温度接近“突变点”时，在交流电作用下超导体电阻下降的速率比直流电作用的情况下缓慢得多。发表过20多篇超导论文和《超导理论》(1947年)一书。

他和爱因斯坦、薛定谔都坚决反对量子力学的统计解释，说这种解释是“笨拙的弥补办法”。他有许多科学专著和200多篇论文，《伦琴射线的干涉》(1941年)是其代表作。还写过许多物理大师的传记文章，所著的《物理学史》有很大影响。曾得到普朗克奖章和亥姆霍兹奖章。

他很崇拜康德的哲学思想。尽管政治观点中带有狭隘民族主义的烙印，但他依然是一位坚定地反对法西斯的德国物理学家。他激烈地反对排犹主义，对于“爱因斯坦事件”愤愤不平，而且不原谅普朗克对此事件的近乎袖手旁观态度。他曾帮助受希特勒迫害的科学家外逃。1957年春，他参与起草格丁根宣言，反对原子战争。

(周永平)

厄伦费斯特，P. (Ehrenfest，Paul)　奥地利人，1880年1月18日生于奥地利维也纳，1933年9月25日卒于荷兰阿姆斯特丹。统计物理学、量子论。

犹太裔，在维也纳大学学习理论物理，1904年获博士学位。同年结婚，妻子是俄国大学生。由于受到排犹主义者的歧视，婚后长期未找到固定工作，直到1912年才任荷兰莱顿大学理论物理学教授。1933年因精神忧郁而自杀。

对理论物理学的贡献，是当新理论尚未完备遭到非难时帮助克服难关。例如，提出厄伦费斯特模型，从概率观点解释了波耳兹曼 H 定理；说明普朗克的量子化假设合乎逻辑需要，h 是作用量子，不是任意杜撰的；量子化不仅适用于热辐射，也适用于电磁振荡。在旧量子论面临各种困难时，提出绝热原理，该原理是当时广为应用的重要方法之一。在20世纪20年代末和30年代初，强调量子力学与经典物理之间的联系，试图让量子力学为人们所理解。还证明了厄伦费斯特定理，即坐标和动量的量子力学期待值遵循经典的运动方程。精力充沛、教学有方，深受学生的爱戴与尊敬。

(谈漱梅)

坎贝尔，N. R. (Campbell，Norman Robert)　英国人，1880年生于英国苏格兰邓巴顿，1949年5月18日卒于诺丁汉。光电子学、自然哲学。

就读于剑桥大学三一学院。1904年任教于该学院。主要追随J. K. 汤姆孙进行密封容器中气体电离的研究。1913年工作于利兹的卡文迪许实验室，1934年退休。

第一次世界大战期间，在国家物理实验室为开发内燃机研究火花放电的机理。在气体放电、光电光度学、配色、光电池理论及光电池标准化、统计、热离子管和线路的“噪声”成因等方面进行过研究。还研究自然科学(主要是物理学)的哲学思想，撰写著名的物理学家的传记等。

(夏元复)

鲍尔，E. (Bauer，Edmond)　法国人，1880年10月26日生于法国巴黎，1963年10月18日卒于同地。光学、电磁学、物理化学。

出身商人家庭。毕业于巴黎大学。1912年曾跟随朗之万研究发光和黑体辐射。第一次世界大战时参军，1914年受重伤，作为战俘在德国被囚3年。战后进斯特拉斯堡大学，任P. 外斯的助手。1928年到法兰西学院朗之万实验室任主任助理。后来担任巴黎大学物理化学教授。

主要研究领域为：热辐射研究；斯蒂芬常数的精确测定；光在高层大气中的漫射；铁磁性的状态方程；群论和量子力学；水和冰的结构和氢键；气体中杂质的红外探测；电介质的色散和相变，氢键的弛豫时间和寿命；化学动力学等等。是其中许多领域研究的先驱者。

(夏元复)

约飞，A. Ф. (Иоффе，Абрам Фёдорович；Ioffe，Abram Fedorovich)　苏联人，1880年10月29日生于俄国波尔塔瓦，1960年10月14日卒于列宁格勒(今圣彼得堡)。X射线物理学、半导体技术、物理学史。

出身商人家庭。1902年毕业于圣彼得堡技术学院，获工程师称号。但对物理学有浓厚兴趣，同年又进德国慕尼黑大学，在伦琴物理研究所学习并作为伦琴的助手，1905年获博士学位。后婉言谢绝了伦琴的挽留返回俄国，任圣彼得堡工业大学物理系实验室助教，1906～1913年在该校讲授普通物理，1913年任教授。期间1908～1914年在矿业学院讲授热力学，1914年兼任圣彼得堡大学副教授。1916年在工业大学组织物理学研究班，不久成为圣彼得堡先进物理思想的中心。1918年参与创建X射线学和放射性辐射学的国家研究所，任物理学与技术学部主任。1919年创建圣彼得堡工业大学的数理学院，任院长直至1948年。期间1929～1954年任X射线物理和技术研究所所长。1918年当选为苏联科学院通讯院士，1920年为院士。是美国文理科学院外籍院士、印度国家科学院外籍院士，加利福尼亚大学、巴黎大学、布加勒斯特大学等校荣誉博士学位。研究了X射线、电子、原子核以及固体的机械性质和电磁性质。

曾发现氯化钠晶体的内光电效应。1930年起主要转向研究半导体，详细考察它们的导电性、光电性能、磁场电效应、热电现象、整流效应、阻挡层的性质以及杂质的影响。相继提出了两种导电机制：电子导电与空穴导电。发明了生产具有特殊性质半导体的工艺方法。著作颇丰。写过半导体和电介质方面的教科书以及《现代物理的基本概念》(1949年)和《半导体物理》(1957年)两部著作。在物理学史方面，有涉及固体机械性质和电性质的思想发展史，有关于爱因斯坦、普朗克、伦琴等的回忆录。还培养了不少著名的苏联物理学家，如卡皮察、库尔恰托夫等。

（夏元复）

奥恩斯坦，L. S.（Ornstein，Leonard Salomon） 荷兰人，1880年11月12日生于荷兰奈梅亨，1941年5月20日卒于荷兰乌得勒支。*原子物理学、光谱学、电气工程。*

在导师H. A. 洛伦兹指导下，1908年完成博士论文。1909～1914年任格罗宁根大学理论物理学讲师，1914年任乌得勒支大学理论物理学教授，1920年任物理研究所代理所长。

他把玻耳兹曼的概率定义推广到分子间相互作用不可忽略的系统中。1914～1917年，和F. 塞尔尼克合作研究了分子成团的形成。在莫尔（W. J. H. Moll）协助下完成了液晶实验，为分子成团说提供了一个范例。对爱因斯坦-斯莫卢霍夫斯基关于液体在其临界点时的乳光理论作出一个重要修正。1920年后转入实验工作，着重对光谱强度作精密的定量测量。把研究所里的课题都纳入对光谱强度测量技术的系统研究。他和同事们发表的关于光谱线强度之间的简单积分关系（“求和法规”），被认为是通过玻尔对应原理来寻求量子力学的唯一数据来源。1920～1930年，他们从事电弧、液晶、照明工程、喇曼效应、同位素测量等纯技术问题的研究。毕生论文多达数百篇。

（周永平）

杜诺耶·德·塞贡扎克，L. D. J. A.（Dunoyer de Segonzac，Louis Dominique Joseph Armand） 法国人，1880年11月14日生于法国凡尔赛，1963年8月27日卒于同地。*分子物理学、光学工程。*

自1921年起任光学研究所教授。1941～1945年任化学物理研究所所长。主要从事真空和分子束研究，被誉为“真空之父”。1912年开创分子束实验方法，开发了碱金属薄膜的蒸发制备法。随后致力于计量学与导航工程，发明轰炸瞄准器。20世纪20年代，改进和发展了多种扩散泵和低温测量装置；制成光电池。1935年制成第一个镀铝镜面。（夏元复）

石原淳（Ishiwara，Jun） 日本人，1881年1月15日生于日本东京，1947年1月19日卒于千叶县。*相对论、量子论、电子学。*

基督教会教士的儿子。1906年毕业于东京帝国大学理学院理论物理系，并在学院的研究院深造。1908年在陆军学校当教员。1911年任母校理学院助理教授。1912～1914年到慕尼黑大学、柏林大学和苏黎世大学学习，深受A. 索末菲和爱因斯坦的影响。1914年成为母校教授。1921年辞去学校职位。

科学研究涉及金属电子论、狭义和广义相对论和量子论。撰写了许多文章，用相对论讨论运动物体内光的传播、空腔辐射、电子动力学和电磁场的能量-动量张量。曾试图在相对论的范畴内修正光速不变概念，后来还试图发展统一引力场和电磁场的五维理论。1922～1924年编辑4卷爱因斯坦的著作日文译本，并写了许多介绍物理学最新进展的通俗书籍和文章。第二次世界大战爆发前写了许多批评政府控制科学研究的短文。1919年由于在相对论和量子论方面的研究而得到帝国学士院奖。（周永平）

兰金，A. O.（Rankine，Alexander Oliver） 英国人，1881年生于英国吉尔福德，1956年1月20日卒于米德尔塞克斯郡汉普顿。*分子物理学、地球物理学、仪器研制。*

父亲是教区长。本人也是基督徒。在伦敦大学随特劳顿接受专业教育，1910年获博士学位。留校1904～1919年任物理学助教，1919～1937年在帝国理工学院任物理学教授。在此期间曾离职担任英国—伊朗石油公司的物理学家。1919年因第一次世界大战中的贡献获“大英帝国勋章”。1934年当选为英国皇家学会会员。

主要贡献是发明了以其名字命名的测量气体内摩擦的兰金粘度计，确定了一个称为萨瑟兰的常数（此常数包含在一个粘滞性与温度关系的理论公式中）。在地球物理学方面，改进了重力仪和发明了高灵敏度的地磁仪，可用来测量弱磁场的畸变和磁化率。

（陆伟良）

里希特迈耶，F. K.（Richtmyer，Floyd Karker） 美国人，1881年10月12日生于美国纽约州科布尔斯基尔，1939年11月7日卒于该州的伊萨卡。*X射线光谱学、光学。*

1910年在康奈尔大学获哲学博士学位。留校任教，1918年当上大学教授，1931年任研究生院院长。当过美国物理学会会长、美国光学学会会长、全美教师联合会主席等许多职务。1932年成为美国国家科学院院士。

对物理教学和物理学家团体的活动特别热心。长期研究X射线光谱学，对X射线谱中的低强度伴线特别感兴趣，而且发展了研究这一课题的高精密度方法，对X射线谱线的宽度和形状以及吸收限的研究作出了贡献。发表73篇论文；1928年出版的《近代物理导论》一书对原子物理教学有较大影响。有关活动促进了美国物理学的发展。（周永平）

巴克，E.（Back，Ernst E. A.） 德国人，1881年10月21日生于德国布赖斯高地区弗赖堡，1959年7月20日卒于慕尼黑。*原子光谱学、光学。*

1902年入斯特拉斯堡大学，随后又在柏林大学和慕尼黑大学学习法律。毕业后于1906～1908年改学实验物理学，主攻原子光谱学，1913年获蒂宾根大学博士学位，留任L. 帕邢的助手，直至第一次世界大战爆发。第一次世界大战期间，服务于西线后勤部队。1918年任一个电器和X射线设备工厂物理实验室主任。1920年又回蒂宾根大学任帕邢的助手，1926年任编外教授，1936年任蒂宾根大学正式教授直至退休。

1912年与帕邢共同发现帕邢-巴克效应。在这项研究中还对光源的设计和制作加以重大技术改进。这个效应当时是原子物理中的重要课题，为原子结构提供了重要信息。1927年根据光谱学测定确认，原子序数为偶数的原子核角动量必须是约化普朗克常量 $h/(2\pi)$ 的整数倍，从而为研究原子核的组成提供了重要实验依据。 （夏元复）

戴维森，C. J. （Davisson，Clinton Joseph） 美国人，1881年10月22日生于美国伊利诺伊州布鲁明顿，1958年2月1日卒于弗吉尼亚州夏洛茨维尔。*金属物理学、电子学。*

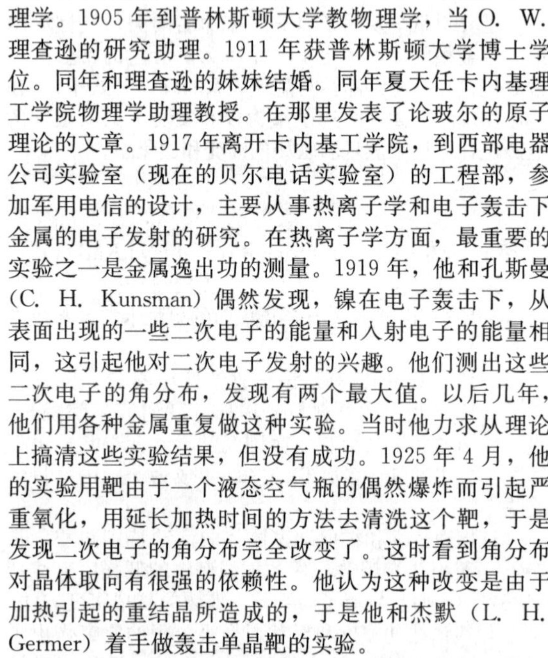

1902年进芝加哥大学就读。曾在普度大学短期教物理学。1905年到普林斯顿大学教物理学，当O. W. 理查逊的研究助理。1911年获普林斯顿大学博士学位。同年和理查逊的妹妹结婚。同年夏天任卡内基理工学院物理学助理教授。在那里发表了论玻尔的原子理论的文章。1917年离开卡内基工学院，到西部电器公司实验室（现在的贝尔电话实验室）的工程部，参加军用电信的设计，主要从事热离子学和电子轰击下金属的电子发射的研究。在热离子学方面，最重要的实验之一是金属逸出功的测量。1919年，他和孔斯曼（C. H. Kunsman）偶然发现，镍在电子轰击下，从表面出现的一些二次电子的能量和入射电子的能量相同，这引起他对二次电子发射的兴趣。他们测出这些二次电子的角分布，发现有两个最大值。以后几年，他们用各种金属重复做这种实验。当时他力求从理论上搞清这些实验结果，但没有成功。1925年4月，他的实验用靶由于一个液态空气瓶的偶然爆炸而引起严重氧化，用延长加热时间的方法去清洗这个靶，于是发现二次电子的角分布完全改变了。这时看到角分布对晶体取向有很强的依赖性。他认为这种改变是由于加热引起的重结晶所造成的，于是他和杰默（L. H. Germer）着手做轰击单晶靶的实验。

1926年夏，他出席在牛津召开的英国科学促进协会会议。当时和M. 玻恩、J. 夫兰克及其他人讨论他的电子散射研究结果，这时他第一次详细地听到关于德布罗意的假设，即电子具有波的性质。这使他想到，他的实验结果可能是由于德布罗意波的效应引起的。会后在美国和杰默开始对某种干涉波现象作系统的探索。1927年1月，观察了从单晶镍衍射出来的电子束，其结果与德布罗意的预言很一致。汤姆孙独自用不同的方法证实了电子波。由于证实了电子波，他和G. P. 汤姆孙分享了1937年诺贝尔物理学奖。

20世纪30年代，继续对电子波感兴趣，特别对电子波在晶体物理方面的应用，以及在推动电子聚焦技术发展的电子显微术方面的应用感兴趣。 （周永平）

尼科尔森，J. W. （Nicholson，John William） 英国人，1881年11月1日生于英国达灵顿，1955年10月10日卒于牛津。*原子物理学、天体物理学。*

在米德尔斯伯勒高等学校接受早期教育。曾在曼彻斯特大学和剑桥大学三一学院攻读数学和物理学，先后获得过文科硕士、理学硕士和博士学位。曾在剑桥大学卡文迪许实验室、贝尔法斯特女王大学任教。1912年任伦敦大学国王学院数学教授。为英国皇家学会会员，牛津大学巴利奥特学院数学研究会理事，并担任过伦敦物理学会副会长，伦琴学会会长。

一生发表大约75篇论文。最早发表的著作是日冕和星云光谱的原子理论，根据精确的数据解释了大部分日冕和星云线。还发现了原子的角动量是 $h/(2\pi)$ 的倍数（h 为普朗克常量）。他的理论发展了20世纪的原子物理学，对N. 玻尔探索光谱本质，提出玻尔氢原子理论起了积极的促进作用。1907年获史密斯奖。1913年和1917年两次获亚当斯奖。 （柳　涛）

雷格纳，E. R. A. （Regener，Erich Rudolph Alexander） 德国人，1881年11月12日生于德国布龙贝格（今属波兰）附近，1955年2月27日卒于斯图加特。*测量基本电荷、宇宙线研究、同温层物理。*

在柏林大学学习物理学并获博士学位。1913年任柏林大学农学院教授。1920年任斯图加特工业大学教授，直至1937年因其妻是犹太人而被解雇。1953年任同温层物理研究所所长直至去世。

主要贡献有二：一是在1909年，利用卢瑟福等人的α粒子在硫化锌屏上产生光点计数α粒子的方法，高精度地测量了基本电荷数值；二是在宇宙线研究方面，测量了自海平面30千米至康斯坦茨湖底不同高度处宇宙射线强度的分布，发现最强处在离地面20千米高处，从而推断宇宙射线存在次级效应，宇宙射线来源于恒星和河外天体。 （夏元复）

何育杰 （He Yujie） 字吟苢。中国浙江省人，1882年生于浙江慈溪，1939年1月19日卒于重庆。*物理教育、科学传播。*

早年入宁波储才学堂。1900年科举应试入第。1901年入京师大学堂师范馆格致科。1904年初毕业后被派往英国留学，是京师大学堂首批留学生中的一员。到英国后先在维多利亚大学学习英语，一年后入曼彻斯特大学，师从A. 舒斯特和E. 卢瑟福学习物理学。1907年获学士学位。1909年回国。1909～1911年先后任京师大学堂预科和师范馆教习、格致科教习。1912～1927年先后任北京大学理科物理门教授、后任该校物理系教授，期间还兼任北京师范大学物理讲师。1927～1931年任东北大学物理系主任。1931年因病归故里休养。1935～1938年担任《中国物理学报》编委，曾任中国物理学会物理学名词审查委员会委员。1937年任国民政府交通部参事，翌年辞职。

是中国近代物理学的先驱者之一。毕生数十年从事物理学教学工作，先后开设过普通物理学、数学、热力学、气体动力学、相对论、量子力学等课程，为开拓中国物理学和培养人才作出了贡献。1936年翻译出版了《自然之机构》和《物质与量子》两书。去世后，中国科学社于1940年设立“何育杰物理学纪念奖金”，以资鼓励青年人致力于物理学研究。（王允红）

布里奇曼，P. W.（Bridgman，Percy Williams） 美国人，1882年4月21日生于美国马萨诸塞州坎布里奇，1961年8月20日卒于新罕布什尔州兰道夫。*热力学、高压物理学、超高压工程。*

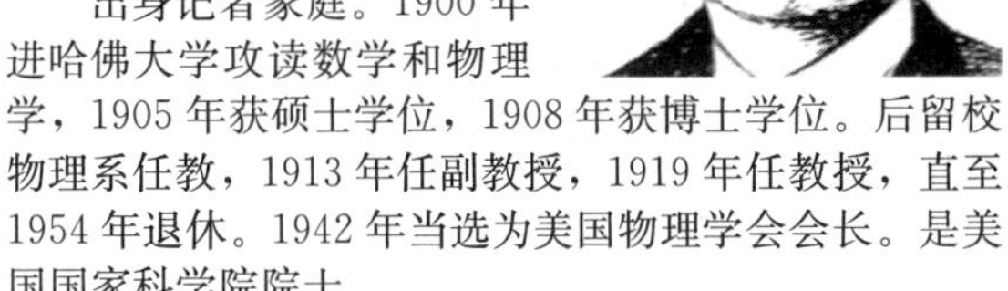

出身记者家庭。1900年进哈佛大学攻读数学和物理学，1905年获硕士学位，1908年获博士学位。后留校物理系任教，1913年任副教授，1919年任教授，直至1954年退休。1942年当选为美国物理学会会长。是美国国家科学院院士。

是高压物理学的开拓者，领导该领域达50年。1909年曾发明无支承面密封垫。由于实验中使用的传统高压仪器经常无法达到所需压力，促使他致力于设计高性能高压装置。他研制出一种巨大的支撑砧，里面用一个锥形部件取代传统的细金属活塞。20世纪40年代，他已使压力达到每平方英寸2000吨以上。时至50年代，已获得40万大气压的压力（相当于每平方英寸2500吨压力）。据此，他研究地心附近矿物的特异性与规律。1952年提出的布里奇曼压机原理沿用至今。在高压物理学方面开创性地研究了不同物质在高压下的各种特性；研究了高压矿物的形成和高温高压下岩石的特性；确定了多种压力测量方法和标准。对以后固体物理学和地球物理学的发展曾产生重大影响。1955年人们根据他的发明首次人工合成金刚石。

1931年所著《高压物理学》一书留下了大量宝贵数据，至今是该领域的一本经典著作。还发表过很多关于物理学的哲学思想的论文，提倡“操作主义”，把物理学的发展一切都归结于操作，曾在哲学界有重要影响。他的著述很多，其中还有：《现代物理的逻辑》（1927年）、《金属电气现象的热力学》（1934年初版，1961年再版）、《物理理论的本质》（1936年）、《热力学本质》（1941年）、《我们若干物理概念的本质》（1952年）、《目前状况》（1959年）等。因发明超高压装置以及在高压物理学领域中的发现，获1946年诺贝尔物理学奖。（夏元复）

贝特曼，H.（Bateman，Harry） 美国人，1882年5月29日生于英国曼彻斯特，1946年1月21日卒于美国加利福尼亚州。*电磁学、地震学、数学物理学。*

药剂师兼药商的儿子。1906年在剑桥大学获文科硕士学位。1910年去美国，在约翰斯·霍普金斯大学获博士学位。后任数学、理论物理学和航空学教授。曾是美国数学学会副会长、英国皇家学会会员、美国国家科学院院士。

他探求解偏微方程的方法，并将结果用于电学理论和电磁场。把积分方程用于地震波的传播。在1909年发表论文指出：保持系统的电磁方程和总电荷不变，而与电磁场无关的最有效的变换群是四维空间的准形图群。这是他对数学物理学的最大贡献。把拉普拉斯变换用于积分方程、解出关于放射性衰变的常微分方程、找出最重要的数学物理方程基本解的完整体系，以及推导出贝特曼展开式和贝特曼函数等。1934年为英国科学院完成一篇重要的流体动力学报告，他广泛积累资料，手稿在去世后才被整理出版。（田金仙）

拉登堡，R. W.（Ladenburg，Rudolf Walther） 美国人，1882年6月6日生于德国基尔，1952年4月3日卒于美国新泽西州普林斯顿。*光学、原子与分子物理学、流体力学。*

布雷斯劳大学化学教授的儿子。1900年进海德堡大学。1902年去慕尼黑大学，受教于伦琴，1906年获哲学博士学位。1906～1924年在布雷斯劳大学任教，1909年起任该校教授。1924年前往柏林皇家研究院任物理部主任。1931年去美国普林斯顿大学任教授，1950年退休。

最主要的贡献是1924～1931年期间作出的，研究了气体中的反常色散，并得出拉登堡吸收公式。这项研究对于色散理论甚为重要，反常吸收公式还对20世纪20年代量子理论的发展起了重要的作用。在第二次世界大战期间发明了来复枪的消光器。以后又在流体动力学研究中引进光学的干涉方法，从而能在高速流动中绘出密度分布。这是因为可压缩流体场中密度的变化必然伴随着折射率的变化，所以在实验中可以使用光学方法。这个方法后来广泛用于风洞、射击研究以及等离子体动力学中，成为气流物理学的重要研究方法。（夏元复）

艾夫斯，H. E.（Ives，Herbert Eugene） 美国人，1882年7月31日生于美国宾夕法尼亚州费城，1953年11月13日卒于纽约。*光学、摄影学、光电子工程、通信工程。*

因父亲从事与彩色摄影有关的工作，对他颇有影响。就读于宾夕法尼亚大学，先后获理学士和哲学博士学位。相继受雇于国家标准局、国家电灯公司和联合煤气经营公司，又在军队搞航空摄影1年。尔后在贝尔电话实验室任职直到1947年退休。曾任美国光学学会会长。入选美国国家科学院院士。

参与光度仪的设计，将三色色度学引进美国。在研究碱金属膜的光电效应时，认为在薄膜中形成驻波。从实验断定光电子和热离子的功函数是相同的。1927年在华盛顿与纽约之间成功地进行了电视传送。还进行了一系列横向多普勒效应的实验。但是，他反对爱因斯坦的相对论，在著作中对爱因斯坦进行过攻击。

一生获100多项发明专利，其中大多数与其对摄影、光、电、电视方面的兴趣有关。出版《航空摄影术》一书。获富兰克林学会和光学学会的奖章，美国文理科学院的朗福德奖。（谈漱梅）

夫兰克， J. （Franck，James） 美国人，1882年8月26日生于德国汉堡，1964年5月21日卒于德国格丁根。分子物理学、应用光学。

银行家的儿子。早年在海德堡大学学习。1902年在柏林大学学习，同时开始从事物理学研究，1906年获哲学博士学位。第一次世界大战爆发使他中断了科研工作，在德军中短期服役，后因病回家休养。1917年任威廉皇帝理化研究所（后来称为普朗克研究所）助理教授和分部主任。1921年在格丁根大学担任第二物理研究所实验物理教授和所长。1933年希特勒上台后，他因是犹太人而辞去教授职务。几个月后和玻恩及他们的大部分同事离开了德国。在哥本哈根住了一年后，于1935年移居美国，在巴尔的摩的约翰斯·霍普金斯大学当教授。1938年任芝加哥大学物理化学教授、光合作用实验室主任，直至1949年退职。在此期间入美国籍。是英国皇家学会等许多学会的会员。在赴德国访友时去世。

在瓦尔堡实验室从事电晕放电研究工作，发现电子和惰性气体原子的碰撞是弹性碰撞，没有动能损失。和年轻同事G. L. 赫兹一起研究弹性碰撞，后来发现了电子和原子在非弹性碰撞过程中能量的量子化转移。在夫兰克-赫兹1914年的著名实验中，他们指出仅当电子动能达4.9电子伏时，它们才能够把能量传给汞原子，使之发射253.7纳米的光线。这是第一次直接证明了能量转移的量子化本性和能量量子ΔE与发光频率ν之间的关系$\nu=\frac{\Delta E}{h}$。这个实验被看成是对玻尔提出的量子化能级真实性的证明。也许是由于战争致使科研活动中断的缘故，直到1916年他还坚持用电离作用的糊涂观点去解释他们的实验。第一次世界大战后他和赫兹才认识到这一谬误。和一些同事进一步研究电子和原子的非弹性碰撞，并测量激发电势和电离电势。和P. 克尼平等提出亚稳能级（即只在受碰撞的情况下才损失能量的一种受激态）的概念，这种概念在气体放电和其他许多现象中是很重要的。他们的实验的重要意义得到公认，1925年两人获诺贝尔物理学奖。

在格丁根大学的12年间，他和理论物理教授M. 玻恩交往密切，形成格丁根活跃的科学协作的核心。他们的中心研究课题是原子的碰撞、分子的形成和离解以及分子振动和转动。他们在两篇论文中提出利用熟知的势能曲线处理双原子系统问题，提出了准分子概念。他把这些概念用于分子光谱中的能量转移。用振动能级的外推法引出分子离解能级的测量方法，并且得出所谓夫兰克-康登原理，使分子物理学中的许多现象（如连续的分子光谱、带光谱中的强度分布、预离解、光致离解和压致谱线增宽等）得以解释。在格丁根和巴尔的摩，和同事们进一步探索双原子分子、液体、固体等的激发和光致离解以及植物的光合作用。和E. 特勒共同对激子理论和照相过程研究作出贡献。第二次世界大战期间，在芝加哥参加原子弹部件的冶金学设计。第二次世界大战后在芝加哥重新搞他的研究工作。因对光合作用的研究在实验上和理论上作出贡献，1955年获美国文理科学院的嘉奖。还获得德国物理学会的普朗克奖等。 （周永平）

盖革，H. J. W. （Geiger，Hans（Johannes）Wilhelm） 德国人，1882年9月30日生于德国莱茵兰-普法尔茨，1945年9月24日卒于波茨坦。粒子物理学、电子技术、仪器研制。

父亲是语言学教授，弟弟是慕尼黑大学的气象学教授。服兵役后，他在慕尼黑大学和埃朗根大学学习物理学。1904年开始从事研究工作。1906年获埃朗根大学物理学博士学位。1907年后跟随著名的“核物理学之父”卢瑟福在曼彻斯特进行研究工作。1912年回柏林，任柏林帝国理工大学辐射实验室主任。1925年任基尔大学物理学教授。1929年任蒂宾根大学物理学教授和物理研究所所长。1936年任柏林理工大学物理学教授。1936～1944年兼任德国《现代物理学》主编。由于战争，1945年6月被迫弃家逃往波茨坦附近，不久即去世。

主要贡献是与卢瑟福共同研究α粒子的电荷及其性质；发明记录单个α粒子的电离室技术，继而研究探测散射α粒子的记录；1908～1911年协助卢瑟福实现了著名的卢瑟福散射实验；研究α衰变能与衰变常数的关系，1911～1912年与努塔尔（J. M. Nuttall）一起建立“盖革-努塔尔经验定律”；1928年与米勒（W. Müller）一起发明盖革-米勒计数器，成为迄今辐射研究和实验核物理中应用极广的射线探测器，同时也是在辐射研究中引进现代电子装备的开端；1931年首次探测到宇宙射线的簇射，1937年与蔡勒（O. Zeiller）一起首次确定簇射的角分布。毕生获得过多项科学奖。 （夏元复）

努塞尔特，E. K. W. （Nusselt，Ernst Kraft Wilhelm） 德国人，1882年11月25日生于德国纽伦堡，1957年9月1日卒于慕尼黑。工程热力学。

先后在慕尼黑理工学院、柏林-夏洛滕堡理工学院就读，1907年获机械工程博士学位。尔后相继在德累斯顿等数个城市的大学、工厂和技术部门担任教学和技术工作。1925年在慕尼黑工程学院任理论力学教授，直至1952年退休。喜爱登山运动，在1957年的一次登山活动中丧生。

发表过两篇重要论文，一是1915年的“热传递的基本定律”，建立了关于自然对流和强迫对流的两个元量纲的函数方程，把出现在边界条件内的大量物理变量简化为无量纲的“努塞尔特数”、“雷诺数”、“普朗特数”和“格拉晓夫数”。二是1916年发表的“蒸气的雾状凝结”，对液体的雾状凝结提供了一个清晰而简单的描述。后来的工作转为研究辐射热传递、燃烧、热传递的各种应用和动力设备的热力学。1934年和1944年先后发表两卷工程热力学手册。 （谈漱梅）

玻恩，M.（Born，Max）

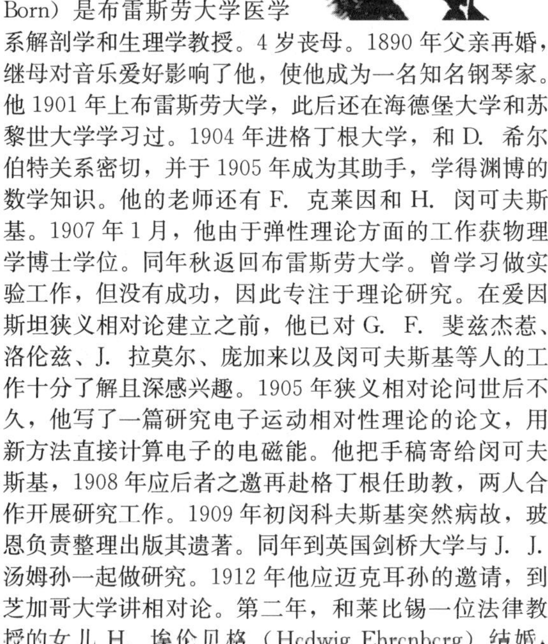

德国人，1882年12月11日生于普鲁士布雷斯劳（今波兰的弗罗茨瓦夫），1970年1月5日卒于格丁根。晶体学、原子物理学、量子力学、统计物理学。

父亲G. 玻恩（Gustav Born）是布雷斯劳大学医学系解剖学和生理学教授。4岁丧母。1890年父亲再婚，继母对音乐爱好影响了他，使他成为一名知名钢琴家。他1901年上布雷斯劳大学，此后还在海德堡大学和苏黎世大学学习过。1904年进格丁根大学，和D. 希尔伯特关系密切，并于1905年成为其助手，学得渊博的数学知识。他的老师还有F. 克莱因和H. 闵可夫斯基。1907年1月，他由于弹性理论方面的工作获物理学博士学位。同年秋返回布雷斯劳大学。曾学习做实验工作，但没有成功，因此专注于理论研究。在爱因斯坦狭义相对论建立之前，他已对G. F. 斐兹杰惹、洛伦兹、J. 拉莫尔、庞加来以及闵可夫斯基等人的工作十分了解且深感兴趣。1905年狭义相对论问世后不久，他写了一篇研究电子运动相对性理论的论文，用新方法直接计算电子的电磁能。他把手稿寄给闵可夫斯基，1908年应后者之邀再赴格丁根任助教，两人合作开展研究工作。1909年初闵科夫斯基突然病故，玻恩负责整理出版其遗著。同年到英国剑桥大学与J. J. 汤姆孙一起做研究。1912年他应迈克耳孙的邀请，到芝加哥大学讲相对论。第二年，和莱比锡一位法律教授的女儿H. 埃伦贝格（Hedwig Ehrenberg）结婚，生有两女一男。

他从美国回国之后，着手在原子论基础上建立统一的晶体学。1912年和T. von 卡门发表“关于空间晶格的振动”的论文，把爱因斯坦比热理论推进了一大步。1915年出版第一部大型著作《晶格动力学》，书中专门论述有关晶体空间点阵自振荡问题，试图从晶格的原子结构中得出晶体的弹性和电性。他的工作为固体物理学的建立奠定了基础。1915年，任柏林大学理论物理学副教授。1915～1919年，作为一名军官在柏林炮兵试验委员会工作，从事声学测量方面的研究。1919年春任法兰克福大学教授，接替M. von 劳厄领导几项实验研究。他用分子射线直接测量了气体理论中的一些物理量，如气体分子自由程等。他的助手O. 斯特恩和W. 盖拉赫（Walther Gerlach）所做的著名的分子射线实验，证实了在磁场中原子的空间量子化。1921年，到格丁根大学任物理学院院长，在这里工作了12年。他的工作获得了国际上广泛的承认，许多有才华的青年科研人员云集而来，在他领导下开展科研和教学工作。他们形成了世界性的、人数众多的理论原子物理学“研究中心”。这些人中包括E. 费米、M. G. 迈耶、W. 海森伯、J. R. 奥本海默、W. 泡利、N. 维纳和E. P. 维格纳等20多位著名科学家。

在格丁根大学，他和他的助教海森伯对量子力学的创立和发展起了主要作用。1924年他在一篇论文中第一次使用“量子力学”这个术语。薛定谔关于波动力学的著作发表后，玻恩不顾海森伯和泡利的反对，很快就接受了这种理论，并用以处理原子散射问题。1926年他详尽描述了后来称之为“玻恩近似法”的基础，这种方法在量子力学中十分重要，在近代高能物理学中也非常有用。1926年，他提出了量子力学的统计解释，认为微观粒子的状态可用波函数 ψ（x，y，z，t）来表示，而波函数振幅绝对值的平方 $|\psi(x, y, z, t)|^2$ 是 t 时刻在点（x，y，z）附近单位空间体积内遇见粒子的概率（即所谓“概率密度”）。按照这种观点，微观粒子在运动过程中究竟将会出现在何处，只能由概率的大小来判断。这根本改变了量子力学的早期观念。他的最大的科学功绩就在于他提出这种统计解释，为此与W. W. G. 博思共获1954年诺贝尔物理学奖。

只因提出一种理论解释，并非由于发现新现象就获得诺贝尔奖，可见这一解释意义非凡。他于古稀之年才获诺贝尔奖，远迟于他的学生和同事，是由于他的统计解释历28年才被物理学界所公认，可见围绕这一解释的辩论是多么持久和激烈！统计量子力学完全摒弃了直观模型的概念，认为只能用概率表述微观粒子的状态。爱因斯坦对此激烈反对，在1926年底给玻恩的信中说：“量子力学是深受尊敬的理论。但内心告诉我，这还不是所需要的东西。”“在任何情况下，我相信上帝是不掷骰子的。”爱因斯坦、薛定谔、劳厄等人和玻尔、海森伯等人为此展开了激烈争论。后来这种统计解释在物理学界还是得到了广泛承认。值得指出的是，尽管他和爱因斯坦及薛定谔等人在学术观点上争论不已，但他们的真挚友谊从未受损。他夫妇喜欢弹奏钢琴，爱因斯坦时常带着小提琴到他家作客，一起演奏乐曲。

法西斯分子当政结束了他在格丁根的科学生涯，1933年5月离开德国应邀到剑桥大学讲学。在剑桥和L. 英费尔德创立一种电动力学理论。1936年10月他在英国爱丁堡大学任教授，和他的学生共同发表了许多文章。他又重新成为一大群研究人员的领导人。1939年当选为英国皇家学会会员。1953年他从爱丁堡大学退休。翌年返回德国巴特皮尔蒙特，直至去世。晚年，他呼吁人们注意原子时代所面临的危险，曾积极参加谴责发展原子武器的签名运动。

对晶体学、矩阵力学、量子力学的统计解释和近似方法等的贡献，表明他是20世纪物理学中最有才干的物理学家之一。发表过300多篇文章，著有20多本书，如《晶格动力学》（1915年）、《物质结构》（1922年）、《光学》（1933年）及《原子物理学》（1935年）等都是名作。他与他的中国学生黄昆合作的《晶体点阵动力学理论》（1954年）以及与他的另一学生E. 沃尔夫合作的《光学原理》（1959年）也很著名。而《因果与机遇的自然哲学》、《我的一生和我的观点》两书，和论文“我这一代的物理学”则是他的哲学观点、政治观点和科学史方面的代表作。

结识玻恩的人都认为他是一位“沉着的、温和的人，性格像个音乐家”，是一位“思维清晰、学识渊博、品学兼优、全心全意忠于科学和科学进步的理论物理学家”。曾获9个荣誉博士学位，是许多国家的物理学会的会员。还获斯托克斯奖、布里斯班奖、普朗克奖和英国皇家学会的休斯奖。人们为纪念他在创建量子力学（矩阵力学）上的重大贡献，把他首次阐述的著名的矩阵关系式 $pq-qp=\frac{h}{2\pi i}$ 刻在他的墓碑上。

（周永平）

克尼平，P.（Knipping，Paul） 德国人，1883年5月20日生于莱茵河畔的新维德，1935年10月26日卒于达姆施塔特。*X射线光谱学、晶体学、原子物理学。*

开业医生之子。曾就读于海德堡大学和慕尼黑大学，师从著名物理学家伦琴教授，1913年获慕尼黑大学物理学博士学位。毕业后到柏林大学西门子实验室工作。1914年第一次世界大战爆发，他入伍服役，不久加入F. 哈伯主持的柏林威廉皇帝物理学与电化学研究所，负责开发测试技术。战后，他在那里担任J. 弗兰克（1925年诺贝尔物理学奖得主）的助手，合作或单独发表了多篇有关离子态气体如氦、氢和卤化氢的论文。1923年离开威廉皇帝研究所，到海德堡大学P. 勒纳德（1905年诺贝尔物理学奖得主）处工作一个学期。1924年任达姆施塔特理工大学讲师，1932年升任教授。他到该校不久便开设了一个X射线实验室研讨班，后来在校方和工业界大力支持下，于1933年发展为一个X射线研究所。但两年以后，他在乘机器脚踏车时不幸死于车祸。

主要研究领域是X射线光谱学，主要贡献在于同M. von劳厄和W. 弗里德里希一起发现了X射线的干涉性。1895年伦琴发现X射线之后，X射线的本质是什么？它是粒子还是波？在相当长一段时间里一直有严重争论。在当时的一般光学实验中，并没有发现它有波的衍射现象。1912年，慕尼黑大学的劳厄教授提出，产生衍射的条件是波传播过程中所遇到的障碍物尺寸应小于波长或与波长相近，X射线是一种波长非常短的电磁波，以至于一般光学实验用的光栅不足以使它产生衍射，晶体原子间的空隙间距是百万分之一毫米，足够作为有效的X射线衍射光栅。因此他建议用X射线轰击晶体，看看它能不能使射线束产生衍射。克尼平当时正在准备博士学位论文答辩，闻言放下手头工作，和弗里德里希一起精心设计了验证劳厄预言的判决性实验。1912年4月，他们把一个垂直于晶轴切割的硫酸铜平行晶片放在X射线源和照相底片之间，在照相底板上产生了有规则、强度不同的斑点群图样。随后，又用闪锌矿晶体拍出了更清晰有序的斑点相片。这些实验证明了劳厄的预言，同时也开创了X射线结构分析新领域。爱因斯坦高度评价它为“物理学最美的实验”。劳厄随后又从光的三维衍射理论出发，以几何观点完成了X射线在晶体中的衍射理论，成功解释了实验结果。劳厄因此获1914年诺贝尔物理学奖。但他深感欠了克尼平和弗里德里希一笔沉甸的人情，于是主动拿出奖金三分之一分给他们两人，成了科学史上一段佳话。

（李啸虎）

赫斯，V. F.（Hess，Victor Franz（或 Francis）） 美国人，1883年6月24日生于奥地利瓦尔德斯坦，1964年12月17日卒于美国纽约州弗农山。*宇宙线物理学、天体物理学。*

奥地利裔。守森人之子。1901～1905年在格拉茨大学攻读数学和物理学，1906年获博士学位。后到维也纳大学做博士后研究。1908年任维也纳兽医学院物理学讲师。1910年任维也纳大学新成立的镭研究院院长助理，1911年任副教授。1920年任格拉茨大学副教授。1920年去纽约任美国镭公司研究实验室主任。1923年回格拉茨大学，1925年任该校教授。1931年任因斯布鲁克大学物理学教授，兼任辐射研究所所长。1933年入选奥地利科学院院士。1938年纳粹占领奥地利后，被解除教授职务。同年又去美国，任纽约福德姆大学物理学教授，直至1956年退休。1946年获该校荣誉理学博士学位。1944年加入美国籍。此外，他还获得一些大学的荣誉博士学位。

是宇宙射线的发现者。问题是从分析不同高度处辐射本底的来源引起的。1910年，伍尔夫（T. Wulf）在艾菲尔铁塔上观察到，在γ射线源上面300米高度处大气的电离，高于水平距离300米处的相应值，从而推测可能存在地外辐射。1911年赫斯制作了气球，并上升至5 350米，测量了不同高度上的辐射分布。实验表明，在5 000米高处的辐射强度达海平面处相应值的数倍之多，并且发现在所有高度上的辐射强度都与白天或夜晚无关，从而表明“赫斯辐射”（后由密立根命名为“宇宙射线”）并非直接来自太阳，而是来自宇宙。由于发现宇宙射线，赫斯与C. D. 安德逊一起于1936年获诺贝尔物理学奖。宇宙线物理以后发展成为高能物理学的先驱和一个重要分支。正电子、μ介子和π介子的发现都来自对宇宙线的研究。宇宙线的研究也为天体物理学作出了重要贡献。但是，宇宙射线的来源至今不明。他还对大气中的尘埃污染、大气中的放电研究有很高的造诣。获1932年蔡司基金会阿贝奖，1959年奥地利文理奖章。

（夏元复）

涅克拉索夫，А. И.（Некрасов，Александр Иванович；Nekrasov，Aleksandr Ivanovich） 苏联人，1883年12月9日生于俄国莫斯科，1957年5月21日卒于同地。*流体动力学、航空工程、数学。*

1901年入莫斯科大学学习数学，1906年以优等生毕业并获得毕业论文的金质奖章。毕业后留校。1909～1911年通过天文学和力学硕士考试，1912年成为助理教授。1917年起，先后在莫斯科大学、莫斯科高等工业学校、苏联科学院等任教或指导科研。因对航空技术的贡献，在1932年、1946年先后当选为苏联科学院通讯院士、院士。

1922年因“论平稳型重液体表面波”获 H. E. 茹科夫斯基奖。还发表了“非稳流中的翼叶理论”及“平稳型重液体表面波的精密理论”等论文，为此于1951年获国家勋章。在波动理论、涡流、射流和空气动力学方面作过许多基础研究，并出版了有关著作和教科书。 （马见慈）

弗里德里希，W. (Friedrich, Walter) 德国人，1883年12月25日生于德国马德堡的萨尔伯克，1968年10月16日卒于柏林。X射线光谱学、晶体学、原子物理学、医学物理学。

1905年起先后在瑞士日内瓦大学、德国慕尼黑大学求学，1911年获慕尼黑大学博士学位。留校担任著名理论物理学教授A. 索末菲的助手。1914年起执教于弗赖堡大学，1921年任副教授。1922年起任柏林大学医学物理学教授，1923～1945年兼任该校放射医疗研究所所长。1949～1951年出任柏林洪堡大学校长。1948年任民主德国科学院柏林布赫生物医学研究院院长，1955年任董事长，1959年任名誉院长。1950～1968年任民主德国和平大会主席，1959年任世界和平大会副主席。1949年当选为民主德国科学院院士，1951～1956年任民主德国科学院院长。

主要研究领域是X射线光谱学及其医学和生物学应用，主要贡献在于参与实验发现X射线的干涉性，验证了M. von 劳厄关于X射线是电磁微波的预言。1895年伦琴发现X射线之后，X射线本质是什么？在相当一段时间里有严重争议。1912年，慕尼黑大学的劳厄教授提出，产生衍射的条件是波传播过程中遇到的障碍物尺寸应小于或接近波长，X射线是一种波长极短的电磁波，一般光学实验用的光栅不足以使它产生衍射。他在同一位博士生交谈时，产生了用X射线照射晶体以探测固体结构的想法，因为晶体原子间的空隙间距是百万分之一毫米，足以作为X射线衍射光栅。弗里德里希和伦琴的博士生克尼平闻讯，决定对劳厄的推论进行直接验证。1912年4月在伦琴实验室，他们在X射线源和照相底片之间放上一枚垂直于晶轴切割方向的硫酸铜平行晶片，发现照相底板上果然出现有规则的斑点图样。随后，又用闪锌矿晶体拍出了更清晰有序的斑点群衍射相片。这些实验完全证实了劳厄的推论和计算结果，也开创了X射线结构分析新领域。爱因斯坦高度评价它是“物理学最美的实验”。劳厄随后又从光的三维衍射理论出发，以几何观点完成了X射线在晶体中的衍射理论，成功解释了实验结果。劳厄因此获1914年诺贝尔物理学奖，但深感欠了他们两人一笔沉甸的人情，于是主动拿出三分之一奖金分给他们，成了科学史上一段佳话。弗里德里希后来致力于建立X射线治疗学，成为一名杰出的医学物理学家和社会活动家。 （李啸虎）

阿尔卡季耶夫，B. K. (Аркадьев Влодимир Константинович; Arkadiev, Vladimir Konstantinovich) 苏联人，1884年4月21日生于俄国莫斯科，1953年12月1日卒于同地。电磁学、电介质。

幼年丧父，由在图书馆工作的母亲抚养。在中学时对物理学很感兴趣。1904年进莫斯科大学物理数学系。1907年毕业后留校任教。1911年为反对沙皇的专制统治，他跟列别捷夫等许多著名教授一道离开莫斯科大学以示抗议。十月革命以后回到莫斯科大学，筹建并领导一个规模很大的电磁学研究实验室，在这个实验室一直工作到去世。1927年当选为苏联科学院通讯院士。

基本研究方向是在铁磁体方面。1907年在П. Н. 列别捷夫的指导下开始从事在厘米波长的高频场中铁磁性材料的磁性研究。1908年发现在3厘米波长的高频场中铁和镍的铁磁性消失，为此于1908年获得自然科学协会奖。1912年最早从实验中确定波长跟铁和镍混合体磁导率间的关系。1913年从经典概念出发，认为在铁磁质中可能存在基元磁矩的固有振动，从而产生共振现象。这个想法后被实验所证实。因此铁磁共振发现的荣誉应归他。1922年提出一种新型的振荡器，从而使他的夫人首次获得从几厘米到0.080毫米范围内的电磁波谱。1925年首先制造高压脉冲振荡器。1947年首次完成一块小的永磁体悬浮在超导盘上面的精致的演示实验。 （马文蔚）

恩斯科格，D. (Enskog, David) 瑞典人，1884年4月22日生于瑞典韦姆兰省，1947年6月1日卒于斯德哥尔摩。分子运动论、统计物理学。

出身传教士家庭。就读于乌普萨拉大学，于1911年和1917年分别获哲学硕士学位、哲学博士学位。后任中学和专科学校的教师。1930年在斯德哥尔摩皇家工业学院任数学和力学教授。

因解关于气体分子运动论的麦克斯韦-玻尔兹曼输运方程而著名。此方程在1872年由玻尔兹曼表示为关于速度分布函数的积分微分方程，但没有人能够求出精确的解。1917年他利用级数展开解此方程，计算出速度分布函数，且用此法可以准确地计算气体的粘滞系数、热传导系数和扩散系数。另一贡献是在考虑分子的直径后，将麦克斯韦—玻耳兹曼方程推广到高密度的气体。直到1965年这一浓密气体的理论仍是唯一得到公认的理论。用他的理论计算输运系数，其数值与近年来更精确的理论比较，误差不超过5%。 （谈漱梅）

哈斯，A. E. (Haas, Arthur Erich) 捷克人，1884年4月30日生于摩拉维亚布吕恩（今捷克布尔诺），1941年2月20日卒于美国芝加哥。原子物理学、科学史。

在维也纳大学和格丁根大学学习物理学，1906年获博士学位。1913年任莱比锡大学科学史副教授，第一次世界大战结束时返回维也纳大学，逐渐由研究物理学史转向物理学。1936年以后一直在圣母大学任物理学教授。

热心于物理学史研究。由于当时科学文献不能及时交流，1909年以为黑体辐射问题还没有解决，研究了J. J. 汤姆孙讨论原子结构的著作《电和物质》，读了 W. 维恩的有关论文，第一个把量子公式应用来解释原子结构。利用自己的量子法则正确获得了氢原子“玻尔”半径。虽然他的理论没有考虑激发态，但仍然是玻尔原子理论的先驱。1920 年导出旋转光谱同位素效应的正确公式。（陆伟良）

夏元瑮（Xia Yuanli） 字浮筠。中国浙江省人，1884 年生于浙江杭州，1944 年卒于贵州贵阳。相对论物理学、高等教育管理。

维新志士夏曾佑之子。1904 年入上海南洋公学（交通大学的前身）。1905 年夏赴美国留学，1905 年到伯克利加利福尼亚大学预习理化实验。1906 年在耶鲁大学攻读物理学。1909 年入德国柏林大学学习，师从 M. 普朗克和 H. 鲁本斯。1913 年回国，同年任北京大学理科学长，1918 年任该校物理学教授。1919 年第二次到柏林大学，继续跟随普朗克和鲁本斯学习。经普朗克介绍认识了爱因斯坦。1921 年底再次回国。1921～1927 年间在北京大学、同济大学、大夏大学、北京师范大学、辅仁大学等校任物理学教授。1928～1932 年任北平大学女子文理学院院长。1932～1935 年任北平大学代校长。1936 年任湖北省教育厅厅长。1937 年任湖南大学教务长。抗日战争爆发后，他辗转西南，先后任重庆大学教务长，大夏大学（当时在贵阳）教务长、理学院院长等职。

他是相对论在中国最早的传播者之一，翻译了爱因斯坦的名著，以“安斯坦相对论浅释”为题发表于 1921 年 4 月《改造》杂志第 3 卷第 8 期。1922 年又以《相对论浅释》为书名，由商务印书馆出版。这是中国第一本有关相对论的译著。在 20 世纪 20 年代初，他作过许多关于相对论和物理学的讲演。自 1932 年中国物理学会成立后，他在生前一直任该学会理事，热心于中国物理学的发展工作。（王允红）

斯旺，W. F. G.（Swann，William Francis Gray） 英国人，1884 年 8 月 29 日生于英国什罗普郡，1962 年 1 月 29 日卒于美国宾夕法尼亚州。宇宙线物理学、相对论、电磁学。

1910 年在伦敦大学获理学博士学位。1913 年去美国，先后在明尼苏达大学、芝加哥大学、耶鲁大学等处任教。1928 年任富兰克林研究巴多尔研究基金会主任，直至 1959 年退休。1931～1935 年任美国物理学会会长。

主要贡献是对宇宙射线的研究，对电磁理论和相对论的理论研究，以及在物理学基本原理方面的工作。他领导了世界上最大的宇宙线研究中心之一。1934 年发表的名著《宇宙的结构》生动地阐明了相对论、热力学、统计力学和量子力学的基本思想。（夏元复）

李耀邦（Li Yaobang） 中国广东省人，1884 年 12 月 9 日生于广东省番禺县，约 1940 年卒。物理计量学、电子学。

20 世纪初留学于美国芝加哥大学，曾在该校赖尔孙实验室跟随 R. A. 密立根从事电子电荷的测定工作，1914 年获博士学位。1915 年回国后，一度在大学任物理学教授。2 年后即离开物理学界，转入宗教领域，曾任基督教青年会副总干事多年。20 世纪 20 年代后期又从商，并任实业部上海商品检验局生丝检定处技师。30 年代初，将自己经商的大部分积蓄用于支持上海私立沪江大学，并任该校董事会会长。

1911～1913 年，密立根用油滴法测定了电子的绝对电荷值 $e=4.774\times10^{-10}$ 静电系电量单位，还通过改变油滴大小和压强，得出了在粘性介质中球粒降落速率的斯托克斯定律的修正项。1914 年，李耀邦发表博士论文“以密立根方法利用固体球粒测定 e 值”，这是他对 1913 年夏天开始的为期 7 个月的工作综述，所用的实验装置和计算方法与密立根的几乎完全相同，只是用虫胶球粒代替油滴。他在不同的实验条件下，观测了 58 个虫胶球粒，由观测计算得到 e 的平均值为 $e=4.764\times10^{-10}$ 静电系电量单位。只比现在公认的 e 值小 0.8%。他还得出无论对于固体球粒还是液滴，斯托克斯定律的修正项都相同，只是常数 A 对于球粒要比液滴大 20%左右。这些工作支持了密立根油滴实验的结果，对电子电荷的测定作出了贡献。（戴念祖）

玻尔，N. H. D.（Bohr，Niels Henrik David） 丹麦人，1885 年 10 月 7 日生于丹麦哥本哈根，1962 年 11 月 18 日卒于同地。玻尔原子理论、量子力学、科学哲学。

出身于书香门第。父亲 C. 玻尔（Christian Bohr）是哥本哈根大学生理学教授，母亲 E. 艾德勒（Ellen Adler）出身于教师家庭。他排行第二，弟弟 H. 玻尔（Harald Bohr）是数学家。这样的家庭为他的智力发展提供了优越的条件。中学时父亲曾亲自指导他做一些小型物理实验，多方培养他对科学的兴趣。1903 年入哥本哈根大学，第二学年就被教授选为助手。1907 年，还是学生时就做了水的表面张力的实验研究，得到丹麦皇家科学院金质奖。对人文科学也有浓厚的兴趣。1909 年获硕士学位。1911 年在哥本哈根大学获物理学博士学位。

1911～1912 年去英国，与 J. J. 汤姆孙、E. 卢瑟福一起研究。1912 年和 M. 诺伦德（Margrethe Nφrlund）结婚，生有 6 个孩子，第四个儿子 A. 玻尔也是著名物理学家。1913 年才当上讲师，是年建立玻尔原子理论。1916 年任哥本哈根大学理论物理学教授。1917 年入选丹麦皇家科学院院士，后多年任院长。1921 年 3 月建立哥本哈根大学理论物理研究所（后来称为玻尔研究所），并一直任所长直至去世。他因 1913 年建立玻尔原子理论而获 1922 年诺贝尔物理学奖，从此闻名世界，丹麦人把他看成“民族圣人”。1937 年曾访问中国。1939 年任丹麦皇家文理科学与文学院院长。1940 年春，希特勒占领丹麦，他未离开祖国，并和丹麦反法西斯抵抗运动保持密切联系。1943

年9月底，他获悉将被劫持的消息，于是在英国特工帮助下用小船偷渡到瑞典，然后经英国转至美国。在美国化名贝克（Baker），作为顾问参与原子弹的制造。当他看到希特勒无力掌握原子武器时，就竭力阻止美国使用原子弹，为此还亲自和罗斯福总统会谈过。当美国用原子弹轰炸日本时，他严辞谴责。1945年返回哥本哈根，致力于原子能的和平利用。1955年任丹麦原子能委员会主席。还有其他许多重要职位和荣誉。1922年当选为柏林科学院外籍院士，1929年当选为苏联科学院外籍院士，1932年当选为德国“利奥波尔迪纳”自然科学院院士，还获得过柏林科学院的亥姆霍兹奖章等，并接受过17个荣誉博士学位。

最主要的学术贡献是创立玻尔原子理论。是继普朗克和爱因斯坦之后的又一个量子理论奠基人。1910年他第一次接触到普朗克量子假说。翌年，他的关于电子论的博士论文对J. J. 汤姆孙和洛伦兹电子论的发展作出了贡献，但未能得到J. J. 汤姆孙的赏识。1912年到曼彻斯特大学向卢瑟福学习，深受教益。他起初研究α和β射线在物质中的穿透本领方面的理论，后来专注于原子结构的研究。返回哥本哈根后，于1913年初，根据卢瑟福原子模型，提出氢原子结构的新观点，并在《哲学学报》上发表了论文“论原子和分子的结构”。该文的发表，被看成是“现代原子理论的诞生日”。玻尔原子模型成为原子时代的象征。他的论文融合了普朗克、爱因斯坦和卢瑟福的思想，并且把光谱学和量子论结合起来，克服了卢瑟福原子模型的根本弱点，形成独具一格的玻尔原子理论。玻尔原子模型的实质是卢瑟福原子模型加量子条件，他称这个模型是一个“小型机械系统，它的一些主要特点像我们的行星系”。他沿用卢瑟福核型原子结构，并以两条基本假设为基础。第一，原子中的电子在库仑力作用下，在一些许可的轨道上运动，仅当电子的轨道角动量$L=n\frac{h}{2\pi}$（式中$n=1, 2, 3, \cdots$；h是普朗克常量），这些轨道才是许可轨道。电子在这些轨道上运动不会发射电磁波。第二，电子在这些许可轨道之间跃迁，就会发出相应的光波。他在接受诺贝尔奖时的报告中着重指出：“其实，第一条假设指出了原子的普遍稳定性，第二条假设指出了锐线光谱的存在。”由于他提出电子轨道角动量量子化，导致能量量子化，即原子的能量是一些特定的能级。他得出能级$W_n=-A/n^2$，式中$A=Rh$，$R=\pi^2e^4m/(2k^2h^3)$，R为里德伯常数。电子电量e、质量m及普朗克常量h都已知，他取$k=\frac{1}{2}$，得到的里德伯常数R与实验值基本相符。由能级公式又可直接得出原子光谱线的频率公式$\nu=(W_i-W_f)/h$,式中ν表示原子从高能级W_i向低能级W_f跃迁时所发出单色光的频率。由玻尔理论计算的氢原子各线状谱系频率（或波长）与实验结果相吻合。这种理论不仅比较圆满地解释了巴耳末经验公式、里德伯的光谱线系公式以及W. 里兹的并合原则，而且预言了其他原子光谱系的存在。玻尔原子结构理论最初是针对氢原子提出的。后来才进一步将这种理论推广到类氢原子（例如，锂、钠、钾等）；也得到基本满意的结果。这样，光谱线之谜初步被解开了。玻尔理论为光谱学的研究开创了崭新的局面。这一理论对原子稳定性、原子的电子壳层结构以及元素周期律等都能作出概括性的解释，为H. 莫斯莱的X射线谱研究和斯塔克效应等提供了理论基础。

尽管普朗克首先提出量子假说，并圆满地解释了黑体辐射定律，但他事后却千方百计使它与经典理论相调和。玻尔不受经典著作的约束，思想活跃，在科学探索中富有变革精神，因而成了原子力学的创建人和“量子理论家”的真正领袖。在玻尔理论提出后，当初并未受到物理界的普遍关注和支持，许多名家对此原子模型投以怀疑的眼光，甚至视之为“令人惊异的杂交品种”。但卢瑟福、A. 索末菲热情支持。A. 索末菲通过对氢原子谱线精细结构的研究和用相对论计算电子的可能轨道，发展了玻尔理论，后人称之为玻尔-索末菲原子理论。1914年夫兰克-赫兹实验发现，电子和水银原子碰撞过程能量变换规律符合原子能量量子化概念，从而证实玻尔所提出的原子能级的真实性。由于玻尔开创了原子物理学发展的新局面，被人们誉为现代原子论的鼻祖。

是近代物理史中重要的科学巨匠之一。还是一位思想家，和爱因斯坦一样，在哲学上都是最有争议的人物。哥本哈根学派的形成和他在认识论方面的贡献是密切相关的。在青年时代就对哲学感兴趣，读了许多哲学著作，对黑格尔的辩证法、斯宾诺莎的作品颇感兴趣。也曾认真听了形式逻辑和认识论方面的课。这为他后来成为哥本哈根学派的领袖和认识论方面的贡献准备了条件。他不善于搞教学工作，但具有激发科学思想的非凡才能，是科研人员优秀的带路人。许多年轻科学家自愿赴哥本哈根参与他的工作。他还邀请了许多科学家，这些年轻人后来都成了著名科学权威，其中有W. 海森伯、W. 泡利、G. 赫维西以及朗道等。在玻尔领导下，哥本哈根成了“原子物理学的首都”。在此期间国际上出现了理论物理的三大“学校”：哥本哈根的“玻尔学校”、格丁根的“玻恩学校”和慕尼黑的“索末菲学校”，他们对原子物理学的发展起着决定性的推动作用。

1918年他提出对应原理。这个原理指出经典力学是量子理论在量子数很大的情况下的一种近似。它把微观物理学和宏观物理学联系起来了，促进了量子物理学的发展。这一原理还对估算谱线强度很有用处。

1927年9月，在意大利科莫城召开的纪念伏打逝世一百周年的国际物理会议上，他以《量子假设和原子论的新发展》为题作了报告，正式阐述了3月提出的“并协原理”（又称互补原理），他阐述说：“微粒和波的概念是相互补充的，同时又是相互矛盾的；它们是运动过程的并协图像。”同年3月，海森伯发表“关于量子论的运动学和力学的直观内容”的论文，提出“不确定原理”（又称为“测不准原理”）。他们两人为了探明量子力学的物理涵义，由于思路不同曾夜以继日地交谈，甚至激烈争论，后来瑞典物理学家O. 克莱因（Osker Klein）统一了他们的表述方式。这两个原理成为量子力学哥本哈根解释的两大支柱。在哥本哈根学派对微观客体运动的描述中，采用了玻恩所提出的概率诠释，并认为统计解释是量子力学的最终解释。这种观点是爱因斯坦一生所反对的。劳厄、E. 薛定谔等人也坚决反对这种看法。这种认识的分歧导致爱因斯坦和玻尔以及哥本哈根学派的著名人物之间的长期争论。在 1927 年和 1930 年布鲁塞尔的两次索尔维会议上，爱因斯坦和玻尔面对面激烈地争论；20 世纪 30 年代末在普林斯顿继续争论；40 年代在杂志上还展开笔伐。在这场争论中，海森伯、P. 狄拉克和 W. 泡利都站在玻尔一边。这场持续四分之一世纪的争论是近代科学史上一次重大的思想争论，其实质涉及自然科学中认识论的根本分歧。这场争论的双方的代表人物都是量子论的奠基人、举世闻名的大科学家，这就使争论更有戏剧性。应当指出，尽管爱因斯坦和玻尔为此激烈争执，但他们都能理智客观地评论对方，并始终保持着良好的友谊。玻尔对爱因斯坦非常崇敬；爱因斯坦也早就对人夸奖玻尔“非常敏锐”，说玻尔“具有大胆和谨慎这两种品质的难得的融合，很少有人对隐秘的事物具有这样一种直觉的理解力，同时又兼有这样强有力的批判力。他不但具有细节的全部知识，而且还始终坚定地注视着基本原理”。还说：“我认为，如果没有玻尔，那么我们对原子论的了解还会是微乎其微的。”他称赞玻尔“无疑是我们时代科学领域中最伟大的发现者之一”。

1930 年以后着重研究原子核问题。1936 年提出核反应的“液滴模型”，他的“复含核”模型促进了中子物理的发展。1939 年，和惠勒建立了核裂变理论。重要著作还有《论线光谱的量子理论》（1918～1922 年）、《中子俘获与核结构》（1936 年）和《核裂变机制》（1939 年）等。

1924 年他和 H. 克拉默及 J. 斯莱特发表一篇合作论文，曾怀疑原子世界中能量守恒定律和动量守恒定律是否成立，认为原子世界的规律只有统计意义。此论点后来为康普顿效应所否定。他的《原子理论和对自然的描述》（1931 年）和《原子物理学和人类的认识》（1958 年）及后者的续编（1963 年发表）是其认识论的代表作。

对数学方法的运用，比起同行要逊色得多，他的学生大多有高深的数学造诣。曾对泡利承认：他对物理学的兴趣与其说是数学家的兴趣，不如说是手艺人和哲学家的兴趣。他不是借助数学去思考问题的，而是凭借直观和概念。也许是由于数学素质不如他的学生和助手，所以，他虽建立原子论却不能创立量子力学数学公式，这个使命是由海森伯、泡利、狄拉克、薛定谔以及玻恩等人完成的。

有广泛的爱好，对绘画、雕塑和文学很感兴趣，青年时代还是颇为出色的足球运动员，也喜欢滑雪。博览群书而且有非凡的记忆力，爱反复思考而从不拘泥于书本中的定论。性情善良，乐于助人，为人谦逊。朗道曾经问他：“你是怎么把那么多有才华的青年人团结在身边的?”，他回答说：“因为我不怕在青年人面前承认自己知识的不足，不怕承认自己是傻瓜。”

（周永平）

卡卢察，T. F. E.（Kaluza，Theodor Franz Eduard） 德国人，1885 年 11 月 9 日生于德国拉蒂博尔（今波兰拉齐布日），1954 年 1 月 19 日卒于德国格丁根。数学物理学、语言学。

中学毕业后在格丁根大学学习数学，1909 年获博士学位。后来任编外教授达 20 年。由于爱因斯坦的推荐，1929 年在基尔大学获教授职位，1935 年转到格丁根大学任教授，去世后两个月获荣誉教授称号。

爱因斯坦提出广义相对论，将引力效应归因于四维黎曼簇结构的变化，并寻求引力和电磁现象统一的规范场（即统一场）。与此同时，卡卢察引进宇宙结构的第五维来描绘电磁作用，关于这方面的主要论文发表在 1921 年。然而这一理论纯粹是一种数学形式，没有任何物理意义。与别人合写的关于高等应用数学的教科书于 1938 年出版。对语言、文学和哲学皆有兴趣，懂 15 种语言，包括希伯来语、匈牙利语、阿拉伯语和立陶宛语。

（谈漱梅）

林德曼，F. A.（Lindemann，Fredrick Alexander） 又名彻韦尔勋爵（Lord Cherwell）。1886 年 4 月 5 日生于德国巴登-巴登，1957 年 7 月 3 日卒于英国牛津。晶体学、化学、动力学、技术发明。

在苏格兰和德国受教育。1910 年和能斯脱一起获哲学博士学位。1919 年以后任牛津大学教授和实验室领导人。是 W. 丘吉尔（Winston Churchill）的朋友，曾任首相科学和经济顾问。1941 年封爵。1942 年任命为主计大臣，主要负责建立原子能主管局。1956 年退休。

共同发表能斯脱-林德曼比热理论，同时他还导出晶体熔点与其原子振动振幅之间的关系式。他的思想对物理学许多领域的进展大有启发。研究范围非常广泛，例如，林德曼静电计、能透过 X 射线的林德曼玻璃、高空大气的多布森-林德曼理论、化学动力学等。1919 年和阿斯顿分离同位素。在任主计大臣期间还用新论点证明质数理论。

（周永平）

西格巴恩，K. M. G.（Siegbahn，Karl Manne George） 瑞典人，1886 年 12 月 3 日生于瑞典厄勒布鲁，1978 年 9 月 25 日卒于斯德哥尔摩。原子核物理学、X 射线波谱学、电磁学。

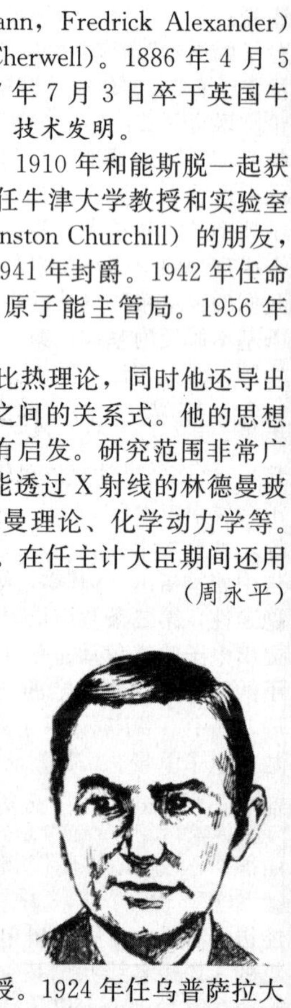

1911 年在瑞典隆德大学获科学博士学位。同年任该校物理学讲师，1920 年任教授。1924 年任乌普萨拉大学教授。1937 年任斯德哥尔摩大学教授，兼瑞典皇家科学院诺贝尔物理研究所所长，至 1964 年退休。是瑞典皇家科学院院士，英国皇家学会外籍会员，以及丹麦、挪威、苏联、芬兰等科学院外籍院士。得到过巴黎大学、奥斯陆大学等很多学校的荣誉博士学位。其子K. 西格巴恩也是一位获诺贝尔物理学奖的著名物理学家。

早年研究电磁学。1914年起研究X射线衍射，发展了获得高分辨X射线谱所必需的新方法和技术装备；测量了从钠至铀所有元素的特征X射线谱；发现了一批新谱线和新谱线系，提供了玻尔原子理论的实验依据；测量了X射线在物质中的吸收；验证了X射线是电磁波等。由于在X射线谱学领域中的上述发现和研究工作，获1924年诺贝尔物理学奖、1940年英国皇家学会朗福德奖章。1937年以后在诺贝尔物理研究所时，对研究核能级、核谱学以及核反应机制作出了重要贡献。毕生发表过600多篇论文，1923年出版了很有影响的专著《X射线波谱学》。得到过很多奖励。 （夏元复）

赫兹，G. L. （Hertz, Gustav Ludwig） 德国人，1887年7月22日生于德国汉堡，1975年10月30日卒于柏林。电磁学、原子核物理学。

一位汉堡律师的儿子。是电磁波发现者H. R. 赫兹的侄子。1906年入格丁根大学学习数学与物理。1907年转学慕尼黑上大学，跟伦琴和索末菲学习过。1908年服完兵役后，去柏林大学以普朗克和鲁木斯为师，继续自己的学业，1911年获得博士学位，论文是关于红外吸收。他遵照普朗克的意见，在柏林大学物理研究所当鲁宾斯的助手，和J. 夫兰克共事，1914年做出有名的实验。参加过第一次世界大战，1915年受过重伤。1917年回到柏林大学当编外讲师。1920～1925年在荷兰菲利普公司实验室工作，在这里开始他的重要实验，起初用氖，藉助扩散级联分离同位素，后来他将这种方法用于铀235等其他同位素分离上，在核能工程中极为重要。1925年回德国任哈雷大学教授，1928年转到柏林-夏洛滕堡高等技术学校当教授。希特勒上台后，由于他有犹太血统，于1934年失去教授职位，但仍留在德国。1935年任柏林西门子公司第二研究室主任、首席物理学家。1945年作为物理学家小组的领导人，到苏联去工作，和200名苏联及德国科学家集中在黑海之滨斯托奇的综合实验室里，从事原子能、雷达和超声的研究，与外界处于隔绝状态。1949年参与主持制造苏联第一颗原子弹。10年契约期满后回国。1955～1961年任莱比锡大学物理研究所教授和所长。是柏林科学院院士，还是苏联、捷克、匈牙利和格丁根科学院院士。1919年和E. 迪尔曼（Ellen Dihlmann）结婚，有两个孩子；1941年丧妻，1943年重娶。

最著名的成就是和J. 夫兰克从实验上发现电子和原子碰撞时的规律。1914年和夫兰克合作作出的夫兰克-赫兹实验表明原子被电子碰撞时，原子的能量变化是不连续的，并且可发射光谱线。这个实验对波尔原子理论的基本假设提供了直接的实验证明。为此和夫兰克同获1925年诺贝尔物理学奖。成名之作是于1914年和夫兰克合著的《电子与原子之间能量的定量交换》。1957年出版《核物理原理与技术》。在莱比锡大学期间编辑出版3卷《核物理教程》（1958～1962年），是核物理学方面最好的教材之一。1950年获德国科学院亥姆霍兹奖章，1951年获苏联国家奖，1955年获列宁奖金，以表彰他用电子对原子进行量子式激发的研究，同时也对稀薄气体物理学和固体物理学领域所作出的重大贡献。在国际上享有盛誉。 （周永平）

薛定谔，E. （Schrödinger, Erwin） 奥地利人，1887年8月12日生于奥地利维也纳，1961年1月4日卒于阿尔巴赫。量子力学、波动力学、统计物理学。

父亲是一个生产漆布的企业主，受过多种教育，知识渊博，常常给他摆弄显微镜和其他设备，以此激励他对科学的兴趣。从小受家庭教师教育，直到11岁才到学校读书。在中学里学习成绩名列前茅。后考入维也纳大学，第三学期（1907年）开始听理论物理学课程，该课程的教师F. 哈泽内尔是位颇有声望的理论物理学家，讲课出色，对他影响很大。1910年在维也纳大学获物理学博士学位。翌年在该校第二物理研究所当埃克斯纳（Exner）的助手。第一次世界大战爆发后，到奥地利南部方面军中服役，当过炮兵军官。1918～1921年在多个大学教书。1920年和A. 贝特尔（Annemarie Bertel）结婚。不久到耶拿大学，在实验物理研究室当W. 维恩的助手。后来任斯图加特高等技术学校教授。以后又到布雷斯劳大学任教。1921年起在苏黎世大学当了6年教授。他的波动力学就是在这里创立的。1927年应邀到柏林大学接替普朗克的职位，任理论物理学教授。1933年德国法西斯猖狂排犹，他既非犹太人也没有政治瓜葛，但出于对法西斯的痛恨，毅然自行离弃职位，返回奥地利。1936～1938年在格拉茨大学任教。希特勒并吞奥地利后，他四处逃生，经意大利和瑞士到牛津，又辗转于比利时，最后来到爱尔兰。在爱尔兰首相支持下参与建立都柏林高级研究院，在此工作了17年，从事波动力学的发展和宇宙论及统一场论等研究工作。1956年返回维也纳大学。曾出任国际原子能机构的奥地利代表。还接受许多大学的荣誉博士学位，也是许多科学机构的成员，例如，英国皇家学会会员，柏林的普鲁士科学院（后称德国科学院）、奥地利科学院等院士。

在德布罗意关于自由运动的粒子和波联系在一起的想法影响下，注意到W. R. 哈密顿把物理光学和几何光学联系起来的理论，他建立一种适合于描述力场中粒子运动的微分方程，试图在宏观力学和微观力学之间架设桥梁。他的基本出发点是一切都同时是粒子和波。1926 年春在《物理学年鉴》发表“量子化作为本征值问题”的论文，提出了著名的氢原子波函数所遵循的微分方程式。按照薛定谔方程去解释氢原子时，可以自然地得出一系列量子化条件，而不必像玻尔氢原子理论那样先提出一些假设。它解决了玻尔理论无法回答的许多问题。薛定谔的著作得到许多大物理学家（如普朗克、爱因斯坦、玻恩等人）的高度赞扬。由于创立波动力学，提出一种新的和创造性的原子理论，和 P. 狄拉克共获 1933 年诺贝尔物理学奖。

但 W. 海森伯却有自己独特的看法：波动力学的直观性有它的缺点。薛定谔突出波的概念而几乎撇开粒子的概念。认为电子只是绕原子核运动的某种带电的波，连原子核本身也是某种波。1933 年他接受诺贝尔奖金时，甚至宣布原子“实际上是在一定程度上为原子核所俘获的电子波的折射现象”，把粒子看成是“波包”或“波群”。这种观点是片面的。玻恩把波函数所描述的波解释为“概率波”，认为微观粒子的运动只具有“统计规律”。这种观点得到物理界的广泛承认，但薛定谔和爱因斯坦等人对此坚决反对。不过，经薛定谔等人证明，薛定谔的波动力学和海森伯的矩阵力学是一致的。但他们所依据的基本原理和所运用的方法不相同，而且薛定谔的波动力学是非相对论性的，也无法计入电子自旋，但薛定谔方程便于理解和应用。他的科学生涯直到生命临终，去世前几周还与玻恩在书信中激烈争论量子力学问题。

还研究固体比热容、统计热力学、原子光谱、镭、时空问题、颜色理论等。还独创地把量子物理学用于生物现象，著有《生命是什么》（1944 年）。他堪称为量子生物学的始祖。这位著名物理学家还是一位抒情诗人，曾出版过具有独特风格的《诗集》。也像爱因斯坦一样，研究宇宙论和统一场理论，想统一引力场和电磁场，但没有什么结果。他的哲学思想深受斯宾诺莎、叔本华（A. Schopenhauer）和马赫的影响，许多哲学观点和英国哲学家 B. 罗素相似。

著有《科学与人道主义：我们时代的物理学》（1951 年）、《古希腊人和自然界》（1954 年）、《心与物》（1958 年）等，其中在《我的世界观》（1961 年）一书中概述了他的认识论。他在著作和演讲中特别注重语言的准确性，文章语言优美。1957 年获奥地利艺术和科学奖章。同年 5 月接受德国普鲁士高级勋章。

（周永平）

康普顿，K. T.（Compton, Karl Taylor） 美国人，1887 年 9 月 14 日生于美国俄亥俄州伍斯特，1954 年 6 月 22 日卒于纽约。电子工程、仪器研制。

父亲是长老会牧师、哲学教授和学院院长。是诺贝尔奖金获得者 A. H. 康普顿的大哥。兄弟姐妹大多是著名科学家、教育家和经济学家。家庭条件优越促成他的科学长进。1909 年在伍斯特学院写了关于 X 射线方面的硕士论文，并因在《物理评论》上发表而闻名全校。在普林斯顿大学读研究生期间，在 O. W. 理查逊手下研究热电子发射。1912 年获博士学位。同年协助理查逊发表一篇支持爱因斯坦光电效应的论文。1912～1915 年在里德学院当教员。1915 年返回普林斯顿大学当助理教授，对电离气体中电子碰撞作了广泛研究。第一次世界大战中曾到军事部门工作。战后又在普林斯顿大学当教授，后来任物理系主任。1918～1930 年发表有关电子物理诸方面的论文达 100 篇。1930 年任马萨诸塞理工学院院长。1933 年任总统的科学顾问委员会主席，第二次世界大战时是国防委员会委员。任 14 局局长期间，研制许多电子仪器，特别是雷达。战后任国家军事体制研究和发展委员会主席直至去世。还是美国国家科学院院士，曾任美国物理学会会长、美国科学促进协会会长。

（周永平）

莫斯莱，H. G. J.（Moseley, Henry Gwyn Jeffreys） 英国人，1887 年 11 月 23 日生于英国多塞特郡韦茅斯，1915 年 8 月 10 日卒于土耳其加利波利半岛盖利博卢。X 射线晶体学、原子物理学。

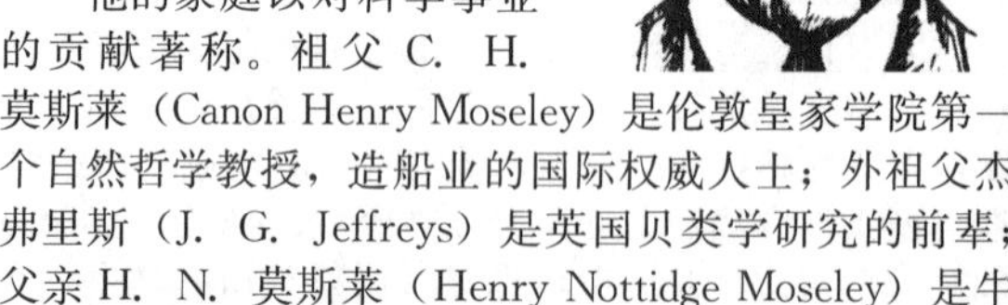

他的家庭以对科学事业的贡献著称。祖父 C. H. 莫斯莱（Canon Henry Moseley）是伦敦皇家学院第一个自然哲学教授，造船业的国际权威人士；外祖父杰弗里斯（J. G. Jeffreys）是英国贝类学研究的前辈；父亲 H. N. 莫斯莱（Henry Nottidge Moseley）是牛津一个著名的动物学学校的创办人。

1906 年进入牛津大学三一学院攻读物理学，在那里认识了卢瑟福。1910 年秋随卢瑟福到曼彻斯特大学物理系。1912 年当劳厄关于 X 射线衍射的实验传到了曼彻斯特时，决心致力于 X 射线的研究，一年后就以这项研究闻名于世。1914 年 6 月，正准备偕同母亲去澳大利亚参加一次科学讨论会，第一次世界大战爆发的消息传来，从军出征，在一次猛烈的反击战中战死，时年 28 岁。

1913 年秋开始利用布拉格父子发明的晶体光谱学方法，对 40 种不同靶元素分别测量其特征 X 射线谱的波长，发现它与该元素的原子序数有关（“原子序数”的概念是他首次提出的）。以特征 X 射线频率的平方根为纵坐标、靶元素的原子序数为横坐标，所得曲线称为莫斯莱图。由图可得谱线的频率等于 $a\ (Z-b)^2$，其中 Z 为元素原子序数，a、b 对每一类 X 谱线是常数。这个关系称为莫斯莱定律。它是玻尔理论的有力实验依据。由莫斯莱定律还可用原子序数来排列元素，得到与化学性质相符合的周期表。当时，在从铝到金之间，莫斯莱定律预言尚未发现的 $Z=43$、61、75 三种元素，以后都在预期的位置上被发现。 （夏元复）

达尔文，C. G. (Darwin，Charles Galton)　英国人，1887 年 12 月 19 日生于英国剑桥，1962 年 12 月 31 日卒于同地。*原子光谱学、光学。*

是进化论创始人 C. R. 达尔文的孙子，天文学家 G. H. 达尔文（George Howard Darwin）的长子。在剑桥大学学习，在曼彻斯特大学获得硕士和理学博士等学位。1909 年完成学业后，在曼彻斯特大学任数学和物理学助教，在卢瑟福手下工作。1914 年去军队服役。退役后，1919 年任剑桥大学克赖斯特学院讲师。1922 年当选为英国皇家学会会员。1923 年任爱丁堡大学的自然哲学教授，直到 1936 年。接着又回到克赖斯特学院。1938 年成为国家物理实验室的领导成员，一直到 1949 年退休为止。

劳厄在 1912 年关于 X 射线衍射的经典工作，促使他企图找出计算衍射线强度的理论。1913 年 7 月，他和 H. 莫斯莱发表了初步的理论。后来他又发表了几篇关于这个问题的文章，发展了一种方法可用来计算 X 射线的反射强度以及反射曲线的形状。他的理论被认为是 X 射线衍射的动力学理论。（德国人埃瓦尔特（P. Ewald）同时独立地发现此理论）完美晶体的 X 射线衍射图中强度的角分布曲线叫做达尔文曲线，因为最初是他计算的。还详细研究了实际晶体的 X 射线衍射。

另一个有意义的贡献，是他用 P. 狄拉克的电子论导出了对氢原子光谱精细结构的解释。1927 年他认为电子波具有两个成分，并导出两个波动方程。后来被证明这是狄拉克关于电子有四个波函数的近似。在经典光学、磁光学、α 粒子的散射和吸收等方面也有所贡献。晚年对优生学深感兴趣。　（唐玄之）

安德雷德，E. N. C. (Ardrade，Edward Nevilleda Costa)　英国人，1887 年 12 月 27 日生于英国伦敦，1971 年 6 月 6 日卒于同地。*凝聚态物理学、原子物理学。*

1928 年左右曾任伦敦大学教授。1950 年任大不列颠皇家协会主席、法拉第研究实验室主任。担任英国皇家学会牛顿信件出版委员会主席。1935 年被选入英国皇家学会，1950 年当选为法国科学院通讯院士。

1913 年在曼彻斯特大学与 E. 卢瑟福一起对镭放射的 γ 射线波长进行首次测量。第一次世界大战中断了他们的合作。因战争而不能继续原子方面的研究工作，改为研究固体、液体物质的力学性质。曾提出粘滞性随温度变化的关系式；提出在单一切应力的作用下研究多晶体金属流动的方法。因熟练而灵巧的实验技艺被公认为权威。在卢瑟福鼓励下于 1923 年写了《原子结构》一书。撰写的《自然的机构》被翻译成 6 种外国文字出版。还写过物理学史方面的普及读物，介绍牛顿、卢瑟福、B. 富兰克林和多普勒等人的传记和工作。曾获英国皇家学会休斯奖章。　（王明馨）

科塞尔，W. (Kossel，Walther)　德国人，1888 年 1 月 4 日生于德国柏林，1956 年 5 月 22 日卒于卡塞尔。*原子与分子物理学、晶体学、X 射线物理、光电子学。*

他的父亲 K. M. 科塞尔是海德堡大学生理学教授，1910 年获诺贝尔生理学或医学奖。他早年在海德堡大学学习物理学，受业于 P. 勒纳德。1910 年起任物理学助教，1911 年获博士学位。随后去慕尼黑大学受教于伦琴和索末菲。1920 年任基尔大学理论物理学教授兼理论物理研究所所长，1926 年任数学系主任，1929～1930 年任校长。1932 年去但泽大学任实验物理学教授兼实验物理研究所所长。1947 年任蒂宾根大学实验物理教授兼实验物理研究所所长。

主要贡献是将玻尔理论应用于 X 射线发射机理，创立“科塞尔理论”；研究化学价态和化学键与电子配置的关系；对晶体生长进行了基础研究，1935 年发现干涉效应（当时称为科塞尔效应）；对电子衍射理论的研究；在气体放电中发现连续的利希滕图；发展了测定体内伦琴射线剂量的方法等。1944 年获德国物理学家的最高奖励普朗克奖。　（夏元复）

斯特恩，O. (Stern，Otto)　美国人，1888 年 2 月 17 日生于德国上西里西亚地区索劳（今波兰若雷），1969 年 8 月 17 日卒于美国加利福尼亚州伯克利。*原子与分子物理学、物理化学。*

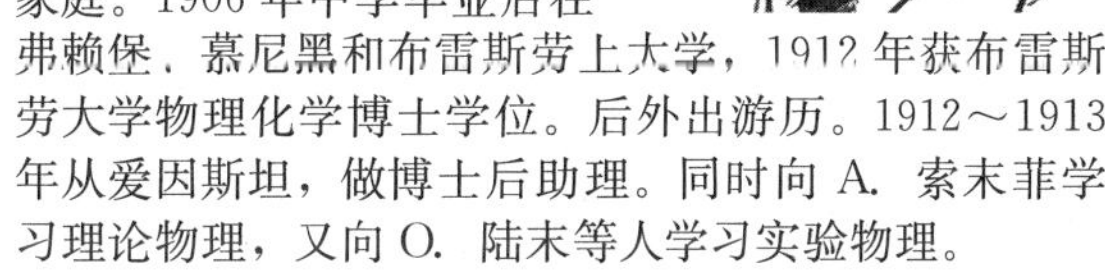

出身于富裕犹太粮商的家庭。1906 年中学毕业后在弗赖堡、慕尼黑和布雷斯劳上大学，1912 年获布雷斯劳大学物理化学博士学位。后外出游历。1912～1913 年从爱因斯坦，做博士后助理。同时向 A. 索末菲学习理论物理，又向 O. 陆末等人学习实验物理。

科学活动可分为两个不同阶段：1912～1919 年主要从事理论研究；1919～1945 年主要从事实验工作。在理论研究方面，从布雷斯劳大学毕业后就直接到布拉格大学当爱因斯坦的助手，并于 1913 年随其迁居苏黎世。1914 年他到法兰克福大学。第一次世界大战期间在德国军队中服役 4 年，最后一年，被派到柏林大学的能斯脱实验室，从事军事科研。在那里认识了杰出的实验家 J. 夫兰克和福尔默（M. Volmer），受他们的影响，从理论转向实验工作。返回法兰克福后，曾与 M. 玻恩短期共事，和 M. 玻恩共同发表了固体的表面能的论文。此后，他觉得必须对分子理论中的基本概念作出实验证明，为此提出分子束方法。他注意到，把原子或分子引入高真空室使之沿直线轨道飞行，形成像光束那样的粒子束，这对于研究自由原子的性质，是一种非常有效的手段。气体中分子速度的大小早在 1850 年左右就从理论上估计出来，可是谁也没有作出实验证实。1919 年他用银原子束做实验，在实验误差范围内证实了理论值。在此几年前索末菲曾预言原子磁矩的大小和存在空间量子化。1920 年斯特恩在法兰克福大学当讲师的时候，曾邀请一位同事一起做实验，目的是要检验索末菲理论所提出的空间量子化的真实性并测量质子的磁矩。他们认为，分子束实验能够在经典理论和量子理论之间作出抉择：如果经典理论是正确的，那么当银原子的细束通过非均匀磁场时只是变宽，如果量子论正确则银原子束将分开成两束。他们的实验证实了空间量子化的存在。他们的研究成果先后写成5篇论文，从此他们也成了名。

1921年他被聘为罗斯托夫大学理论物理学副教授。1923年被汉堡大学聘为物理化学教授，并担任大学实验室主任。使这个研究室在分子束研究方面处于领先地位。1923～1933年是他对物理学的贡献达到高峰的时期。在担任汉堡大学职务后，很快就以特殊装备组建实验室，大力开展分子束研究工作，发展新技术并作出可观的成绩；把德布罗意于1924年提出的粒子的波动性假设从电子推广到原子和分子，以实验的论证阐明微观粒子的波粒二象性；还对质子和氘核的磁矩进行测量，所测出质子磁矩的数值为狄拉克理论预期值的2～3倍。

1933年德国建立纳粹政权，他离开德国，到了美国匹兹堡，在卡内基理工学院建立起分子束实验室，并任物理学研究教授，1945年退休。1946年离开匹兹堡到伯克利加利福尼亚大学，直至去世。战后曾到德国法兰克福大学实验物理学研究所、汉堡大学从事物理实验。

由于对分子束方法的发展作出贡献以及发现质子的磁矩，获1943年诺贝尔物理学奖。1945年当选为美国国家科学院院士。还是丹麦皇家学会会员，并获加利福尼亚大学、苏黎世高等技术学校等多所著名大学荣誉博士学位。 （周永平）

梅格斯，W. F.（Meggers，William Frederick） 美国人，1888年7月13日生于美国威斯康星州，1966年11月19日卒于华盛顿。原子与分子物理学、光谱学、物理计量学。

1917年获约翰斯·霍普金斯大学博士学位。在玻尔经典著作的激励下选定光谱学为终身事业。1919～1958年任美国标准局光谱学组负责人。当了近10年的国际天文学联合会一个专业委员会的主席，该会负责推荐国际标准。

是观测和解释光谱的专家，能够从错综复杂的光谱中辨认出许多原子和离子的量子结构。记录了大约30种元素的50种光谱。他的名字总是和光的标准波长联系在一起。第一个标准（1910年开始）是以铁弧为光源发出的谱线作为波长标准的。1958年他又第一次利用一个无电极的卤化钍灯发出的谱线代替铁弧标准，使精度至少提高10倍。是光谱化学的先驱者。在许多重要委员会任职，获得过许多很高的荣誉。还是个杰出的摄影师、热心的收藏家。 （周永平）

塞尔尼克，F.（Zernike，Frits） 荷兰人，1888年7月16日生于荷兰阿姆斯特丹，1966年3月10日卒于阿姆斯特丹附近纳尔登。统计物理、光学、仪器研制。

双亲都是数学教师，父亲又是小学校长，因编写算术教科书而著名。他受父亲熏陶自幼对科学有兴趣。1905年入阿姆斯特丹大学主修化学并辅修数学和物理学，曾因对概率论等的研究获数学和物理学两项金质奖章。1913年起任格罗宁根大学助教，1915年任理论物理学讲师，1920年任理论物理学及技术物理学教授，一直在该校工作到70岁。1946年当选为荷兰皇家科学院院士。

主要研究领域是统计物理和涨落现象、光的干涉以及仪器制造三个方面。善于将数学与具体问题相结合，如在光的波动论中引入被称为“塞尔尼克多项式”的正交多项式，在分子统计中引入径向分布函数给出任意分子中心周围的分子中心数密度。这些方法至今仍为人们所重视。在仪器制造方面发明甚多，著名的如塞尔尼克电流计、电磁铁、红外及紫外分光仪等。最突出的成就是创造了波动论中的相衬法，并制成相衬显微镜。它利用光的干涉使透明物体可见于透明背景之中。其方法是通过在显微镜物镜焦平面处插入一片带槽纹玻璃片，以增加透明物体所成像的反差。为此，获1953年诺贝尔物理学奖。 （夏元复）

颜任光（Yan Renguang） 又名颜嘉禄，字耀秋。中国广东省人，1888年10月25日生于广东崖县（今属海南省），1968年6月16日卒于上海。分子物理学、电工学、仪器研制、技术管理。

父亲是前清贡生，家道中落。1912年赴美留学，1915年获美国康奈尔大学物理学硕士学位。1918年获芝加哥大学物理学博士学位。留校任物理学讲师，并在该校物理实验室从事研究。1920年秋回国，历任北京大学物理系教授兼系主任，校仪器委员会委员长。1924年到英国剑桥大学卡文迪许实验室进修一年。1925～1937年任上海大华科学仪器公司总工程师，兼任私立海南大学校长，上海光华大学物理系主任、理学院院长、副校长，交通部电政司司长、建设委员会委员、资源委员会委员等职。1938～1946年任桂林无线电器材厂厂长。1949年6月去香港任麦夔洋行技术顾问。1950年冬由港来沪，先后任上海大华科学仪器公司研究室主任工程师、华东工业部电器工业管理局电表制造指导、上海电表厂副厂长兼总工程师、一级工程师等职。曾是中国物理学会理事、上海市电子学会理事。

在学术上，20世纪10年代后期，在R. A. 密立根教授指导下，从事气体离子迁移率的研究，开创了气体粘滞系数绝对值的测定方法。离子迁移问题是当时物理学界争议热点。他对测定气体离子迁移率有独到研究，精确测定了氢气、氧气和氮气的粘滞系数绝对值，修正了当时流行的物理化学用表中的数值，同时在实验中发现了up=常数的规律（式中，u是迁移率，p是气体压强），发表有“空气、氢和氮离子的迁移率”、“气体离子的迁移率”、“氢、氮、氧粘滞系数的绝对测定”等论文。

在教育上，和丁西林一起参与建立北京大学物理系和物理实验室，开设物理实验课程，自编实验讲义，一改往日物理教学只讲课不作实验的状况；在北京大学带头宣讲爱因斯坦相对论。

在实业上，20～30年代他和丁佐成共同创办中国第一个制造现代科学仪器的大华公司，从此有了中国制造的物理仪器仪表；组织领导研制了中国早期无线电发报机产品，主持中国第一架无线电收发报机的制造；1950年后，设计和制造了中国首批交直流电表，为中国自动化仪表开发了第一代产品，其中有国家急需的开关板胀丝式电表、电子自动控制记录电表、电子电桥式自动记录周率表、远近遥测电表等系列重大新产品，其中包括LU-6电子电位差计、LC-1和LC-4记录电表等多种仪表，同时培养了大批技术人才。

（李啸虎）

喇曼，C. V.（Raman，Chandrasekhara Venkata） 印度人，1888年11月7日生于印度蒂鲁吉拉伯利，1970年11月21日卒于班加罗尔。光学、晶体学、视觉生理学。

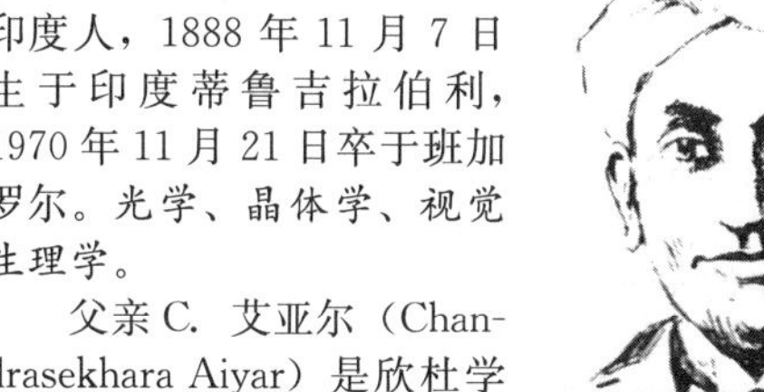

父亲C. 艾亚尔（Chandrasekhara Aiyar）是欣杜学院的数学和物理学教授，母亲名叫安玛尔（P. Ammal）。在父亲影响下，他从小对自然科学发生兴趣，并爱好音乐。早年在欣杜学院和马德拉斯大学的普勒西顿西学院学习，学习成绩名列前茅，获物理学金质奖章，16岁毕业。18岁时发表第一篇论文。19岁时获该校硕士学位。由于身体不好不能去英国深造，于是在印度财政部就业，任职10年。1907年和洛卡森达里（Lokasundari）结婚。这期间他着重研究振动与声以及乐器理论。这些工作大多是在印度科学协会的实验室里完成的。发表论文逾30篇。1917年放弃政府公职赴加尔各答大学任物理学教授，直至1932年。这期间他和M. 萨哈及S. 玻色等人合作，使该校成为科研中心。

1921年代表加尔各答大学出席在牛津召开的英帝国大学会议，并在英国皇家学会发表关于弦乐器的讲演。回国时途经地中海，河水的深蓝色使他联想起瑞利对蓝天的解释。1922年他发表论文阐明海水的颜色可由阳光被水分子散射来作解释。在研究中应用了爱因斯坦-斯莫卢霍夫斯基的涨落理论。虽然开始涉及光学，但仍然侧重声学。他的工作得到瑞利的赞赏。1924年入选英国皇家学会会员。在国内他发起组织许多学会，如印度科学联合会，任过秘书。1926年创办《印度物理学杂志》。

最重要的研究课题是光的散射，特别是光被液体的散射问题。自从1922年开始研究日光被海水散射的问题以后，1923年8月，他的助手拉马纳塞（K. R. Ramanathan）观察到在正常散射光中含有次级发射，其波长发生移动，把它归因于“荧光”，可是解释不通。他和克里斯南（K. S. Krishnan）把光滤波器分别放在入射光和散射光的光路上，仔细地观察阳光通过液体和空气微尘时的“次级辐射”现象，1928年2月在杂志上公布这个观察结果。以后喇曼用汞弧作光源，精心实验，终于在1928年2月底清楚地看到上述效应。几个月后在班加罗尔科学联合会上报告这一发现，同年在《印度物理学》杂志上发表重要论文“一种新的辐射”。这就是著名的喇曼效应。它表明当单色光被物质散射时散射光谱中除含有和入射光频率相同的光谱线外，还出现强度较弱的频率与入射光频率不同的别的谱线。量子理论对此作出恰当的解释，指出这是由于入射的可见光的光子和散射物质的分子在碰撞过程中产生能量交换而引起的一种效应。喇曼效应在分子能级的研究中很有价值。早在1923年，奥地利的A. 斯梅卡尔就曾预言入射光被散射分子吸收能量后，散射光将向长波移动，即产生次级辐射。在X射线的康普顿效应发现后，海森伯曾于1925年预言可见光也应当可以发现类似现象。在喇曼和克里斯南的发现之后不久，苏联Г. С. 兰茨贝格等人也独立地在晶体中发现同一现象。由于在光的散射方面的研究成果以及喇曼效应的发现，他获得1930年诺贝尔物理学奖。把大部分奖金用来购买实验研究用的金刚石。

1930年以后从事晶体学研究。1932年离开加尔各答大学到班加罗尔，任印度科学研究所所长。1935年创立印度科学院。这期间继续研究喇曼效应，发表不少论文，涉及液体中超声波引起光衍射等问题。1940年以后发表了许多关于晶体点阵动力学的论文。1948年印度政府在班加罗尔市郊印度科学院附近建成喇曼研究院，他当首任院长，同年被印度政府任命为国家教授。此后继续研究光学和晶体结构，还研究视觉生理学。他为国家各重要部门输送大批大学毕业生。1950～1958年他研究宝石和矿石中的光电效应，发表了许多关于荧光、发光、吸收光谱、磁化率和宝石的二阶喇曼效应的论文。20世纪50年代转而研究比热、X射线衍射、金刚石红外光谱、胶质对光的散射等。60年代研究颜色及其视觉，他也许是第一个利用分光设备研究花卉的科学家。写了许多论文，并试图创立颜色视觉的新理论。

在各国杂志上发表的论文500多篇。主要科学论著有《关于振动的实验研究》、《乐器理论》、《光的分子衍射》及《X射线的研究》、《视觉生理学》（1968年）、《喇曼科学文选》（1988年）等。也是一位高明的教师，以发现人才、培养青年为己任。是印度的科学先驱者。在印度被视为民族英雄，享有像泰戈尔、甘地和尼赫鲁一样的声誉。

（周永平）

福勒，R. H.（Fowler，Ralph Howard） 英国人，1889年1月17日生于英国埃塞克斯郡，1944年7月28日卒于剑桥。统计力学、等离子体物理学、天体物理学。

就读于剑桥大学三一学院，1911年获文学士学位。1914年当选为该学院的评议员，1919～1938年在剑桥大学任教授，1924 年获剑桥大学亚当斯奖，1932 年就任理论物理学的普卢默讲座教授职位，1938 年任国家物理实验室主任，不久因疾病而辞退。参过军，负过伤，第二次世界大战中任军械部和海军部顾问。由于为政府服务的功绩，于 1942 年被册封为爵士。

对物理学的贡献，主要是发展了统计力学，与 C. G. 达尔文一起首先利用复变数来计算量子统计中的配分函数，此后他又应用此法去论述在高温下等离子体气体的平衡态，并用其结果解释天体光谱和估计天体内部的温度与压强。1926 年提出白矮星是由极高密度的简并费米气体所组成，因而成为天体物理学现代理论的奠基者之一，为费米-狄拉克量子统计找到最早的应用。1929 年将统计力学的论文修改补充为《统计力学》一书，该书成为讲英语国家的权威著作。

（谈漱梅）

肯布尔，E. C.（Kemble，Edwin Crawford）　美国人，1889 年 1 月 28 日生于美国俄亥俄州，1984 年卒。*统计物理学、量子论、数学物理学。*

1917 年获哈佛大学博士学位。曾在卡内基技术研究院、柯蒂斯发动机公司工作。后又任哈佛大学物理系教授和系主任。1957 年退休并被授予名誉教授称号。1922 年当选为美国国家科学院、美国文理科学院院士。

研究分子带光谱统计力学、数学物理学以及量子论的更一般性问题。分子光谱方面有两篇重要论文：一是在吉布斯统计力学基础上讨论有两个转动自由度的双原子分子角速度的经典分布律；二是讨论一氧化碳在 2.34 微米处的弱吸收光谱带。为《现代物理评论》第一卷撰写了海森伯与薛定谔的新量子力学摘要。1937 年编写了适合美国研究生水平的《量子力学基本原理》，是一本比较容易学习的量子力学著作。还编有《从几何天文学到热力学理论》、《物理科学的结构和发展》，与别人合著《气体分子光谱报告》。（汪玉芝）

马斯登，E.（Marsden，Sir Ernest）　新西兰人，1889 年 2 月 19 日生于英国兰开夏郡，1970 年 12 月 15 日卒于新西兰惠灵顿。*原子核物理学、放射医学。*

先后受教育于布莱克本的伊丽莎白女王学校、曼彻斯特大学。1911～1914 年在曼彻斯特大学任教，在卢瑟福指导下工作。此后任惠灵顿维多利亚大学物理学教授，直至 1922 年。1922～1926 年任新西兰教育部副部长。1926～1946 年任政府的科学和工业研究部终身部长，直至 1954 年退休。1947 年任新西兰皇家学会会长。1946 年被选入英国皇家学会。1956 年任新西兰国防科学顾问委员会主席。

在卢瑟福指导下，和 H. 盖革一起进行了有名的观察 α 粒子散射的实验，为卢瑟福的原子模型提供了最主要的实验依据。回新西兰后，对放射性研究作出了很多贡献，如提出元素转化的实验依据，研究天然放射性的生物效应，提出它们与癌症及其他一些疾病的关系，研究烟草中的放射性等。（夏元复）

科斯特，D.（Coster，Dirk）　荷兰人，1889 年 10 月 5 日生于荷兰阿姆斯特丹，1950 年 2 月 12 日卒于格罗宁根。*X 射线晶体学、原子核物理学。*

1913～1916 年到莱顿大学学物理，和老师 P. 厄伦费斯特及同学 H. A. 克喇末建立莫逆之交。1922 年获博士学位，论文涉及 X 射线光谱学。1920～1923 年间，曾到哥本哈根大学等校工作。以后返回荷兰，在泰勒实验室当洛伦兹的助手。1924 年任格罗宁根大学实验物理学教授，直至 1949 年。晚年积劳成疾而瘫痪。

从事精密 X 射线光谱学研究，彻底揭示了 X 射线实验数据和 N. 玻尔原子结构理论及元素周期表的联系。最出色的成就是于 1923 年和匈牙利化学家 G. 赫维西共同发现元素铪（Hf）。这期间和他领导下的团队一起，在 X 射线研究中发现硫化锌晶体吸收限附近的 X 射线异常色散和散射。他在带光谱和超软 X 射线谱方面也得到重要结果，还做了一些中子和核子物理学方面的工作。对实验室领导有方，从未接受过一个模糊的图像，力求用简明术语去解释原子过程的思维图像。（周永平）

兰茨贝格，Г. С.（Ландсберг，Григорий Самуилович；Landsberg，Grigory Samuilovich）　苏联人，1890 年 1 月 22 日生于俄国沃洛格达，1957 年 2 月 2 日卒于莫斯科。*晶体学、光谱学。*

1908 年进莫斯科大学物理和数学系学习。1913 年毕业并留校当助教。后在鄂木斯克农学院当讲师。1920 年返回莫斯科大学，从此专注于光学的研究。1932 年当选为苏联科学院通讯院士。

1925 年后和 Л. И. 曼杰斯塔姆研究晶体缺陷对瑞利散射的影响，研究石英晶体散射光的光谱成分。1927 年秋他们发现晶体散射光谱中存在伴线，即所谓“组合散射”。他们于 1928 年 5 月将这一发现的论文寄出发表。与此同时，C. V. 喇曼在液体中发现了一种类似的效应（后来称为喇曼效应），并于 1930 年获诺贝尔物理学奖。C. V. 喇曼的文章只比他早几个星期报道。此后他仍然着重研究晶体中的瑞利散射并提出理论解释。以后主要从事有机物中组合散射的研究。还研究过粘滞性液体和非结晶体物质中的分子散射问题。很重视物理学教学，著有《铁磁学的近代理论》、《初等物理教程》、《光学基础教程》等书，在苏联高等学校中被广泛使用。因在光谱分析方面的成就，而获 1940 年苏联国家奖。（周永平）

布拉格，W. L.（Bragg，Sir William Lawrence）　英国人，1890 年 3 月 31 日生于澳大利亚阿德莱德，1971 年 7 月 1 日卒于英国萨福克郡伊普斯威奇。*X 射线晶体学、原子与分子物理学。*

是物理学家 W. H. 布拉格的长子，母亲 L. G. 布拉格（L. G. Bragg）是南澳大利亚一位邮政局长、天文学家的孙女。1905 年入阿德莱德大学学习数学。1909 年到剑桥大学三一学院继续学习，一年后改学物

理学。1912年参加剑桥大学自然科学荣誉学位考试，名列前茅。此后就在J. J. 汤姆孙手下做研究工作。

第一次世界大战期间，自愿服役，起先在一个骑兵炮兵连里，后来调到炮兵团任陆军少尉，当声波测距的技术顾问。战后返回三一学院当讲师。1919年继卢瑟福任曼彻斯特大学物理学教授。1921年成为英国皇家学会会员。1921年和一位医生的女儿结婚。1931年在德国慕尼黑大学索末菲研究所进修。1937年任英国国立物理实验室主任。卢瑟福去世后，他应邀到剑桥大学卡文迪许实验室当实验物理学教授（1938～1953年）。1954年以后，还到伦敦皇家科学院当化学教授和戴维-法拉第研究所所长，1966年退职。但直到去世前不久，还不断做晶体学研究和科学普及工作。

他的一生是和X射线晶体学的发展联系在一起的。与他父亲一起开创了X射线晶体学，由于和父亲用X射线确定晶体结构而获1915年诺贝尔物理学奖。1912年W. 弗里德里希、P. 克尼平和M. 劳厄观察到X射线被晶体衍射，布拉格的父亲对劳厄等人的工作很感兴趣，曾提出一种关于X射线的微粒理论。布拉格对此理论有所怀疑。在进一步研究劳厄的论文之后，才确信它是一种衍射效应，不过在应用于硫化锌晶体时，劳厄的解释不正确而且复杂化了。在解释劳厄的观察结果时认为这种效应是由于X射线从晶体平面反射的结果。他用公式 $n\lambda=2d\sin\theta$ 表示掠射角 θ（又称布拉格角）、波长 λ 和平行的原子平面间距 d 之间的关系，式中 n 是与衍射级相应的整数。这个公式就是晶体学中著名的“布拉格公式”。他对晶体衍射的劳厄分析的修改，在X射线晶体学的早期发展中显得特别重要，因为布拉格公式简化计算又便于观测。他的反射概念也可以对靠近晶体的或远离晶体的照相底板上的各种形状的劳厄斑作出解释。这样，他父亲终于放弃了X射线的微粒论，父子两人的研究工作进入了一个成果丰硕的新时期。他们观测了被晶体衍射的各级X射线的相对强度，用数学方法精确地测出了X射线的波长和晶格的尺寸。还发明了“旋转晶体法”，揭示了各种晶体（如氯化钾、溴化钾、氯化钠（食盐）等）结构之间的系统差异。“旋转晶体法”对于X射线摄谱学有奠基性的意义。1913年7月，他公布了金刚石的结构，同年又确定了黄铁矿、方解石的晶体结构。第一次世界大战后，他继续从事确定晶格结构的工作，发布了原子半径一览表（后来作了数字修正）。这一工作的目的在于对可能的原子堆砌作出限制，从而减少有许多参数的未知结构的可能解的数目。

他的第二项重要工作是和詹姆斯（James）等人测量X射线的绝对强度。他们得出了经验的 f 曲线（光被一个原子散射在不同角度上的振幅与被一个经典电子散射在不同角度上的振幅之比）。后来哈特里（Hartree）拿这条曲线与量子论导出的理论 f 曲线作过比较。此后和同事进行硅酸盐结构的测定，获得了巨大的成功，这不但彻底变革了矿物学的基础，而且还被美国化学家鲍林应用于结构化学中。虽然他主要对合金的有序-无序现象作理论研究分析，但在他的指导下，X射线衍射在金属研究中得到广泛应用。他的X射线晶体学工作还为分子生物学的发展作出了贡献。晚年在支持和参与晶体学家小组的工作中，继续赞助X射线晶体学的研究。这个小组对球状朊（蛋白质）结构进行探索，并获得惊人的成就。

著作甚多，其中有《X射线与晶体结构》（1915年，与其父合著）、《硅酸盐的结构》（1930年）、《结晶体状态》（1933年初版、1965年再版）、《电学》（1936年）、《无机物与原子结构》（1937年）、《合金的原子结构》（1938年）、《X射线分析史》（1943年）、《无机物的晶体结构》（1965年，与人合著）、《X射线分析学的开创》（1967年）等。 （周永平）

博思，W. W. G.（Bothe, Walther Wilhelm Georg） 德国人，1891年1月8日生于德国勃兰登堡的奥拉宁堡，1957年2月8日卒于海德堡。粒子物理学、原子核物理学。

钟表匠的儿子。1908～1912年间就读于柏林大学，攻读物理学、数学和化学。留校任教。1914年任物理技术研究所研究助理，在M. 普朗克指导下研究折射、反射和色散的分子理论而获博士学位。同年应征入伍，1915～1920年作为战俘被关押于俄国，仍继续研究上述课题。1920年从西伯利亚释放回德国，后随H. W. 盖革工作于放射性实验室。他说是盖革将他带进了物理学。1920年起在柏林大学任教，直至1930年任吉森大学物理系教授。1932年任海德堡大学教授，由于反对纳粹而被迫离校。由于普朗克任海德堡医学研究院院长，1934年他被任命为该院物理研究所所长，直至去世。

主要贡献：一是1924年与盖革一起首次采用符合法进行核计数，并测量极短的时间间隔；同年演示确认康普顿散射的碰撞性质。1930年发明“电子符合法”，用高灵敏度静电计提高计数率。二是1929年与柯罗斯特（W. Kolhörster）一起再用此法研究宇宙射线的成分，纠正了以往科学界误以为宇宙线即 γ 射线的说法，1932年还发现由核嬗变产生的 γ 射线。因“符合法”与M. 玻恩一起获1954年诺贝尔物理学奖。

他是在核反应中最早使用电子计数器探测质子的科学家之一，并且掌握了放射源的化学制备方法。1930年和贝克尔（H. Becker）发现用放射性钋的 α 射线轰击铍核时，会放出一种贯穿本领极强的中性射线（当时称为“铍辐射”）。这种辐射就是后来被查德威克确认的新粒子——中子。第二次世界大战期间，在铀的研究和中子输运理论研究方面作过很多工作。1943年为德国建成第一台回旋加速器。是从事纳粹德国开发核能的“铀工程计划”的主要科学家之一。虽最终未获成功，但发表了10篇论文，详细阐述热中子和裂变反应，特别是1944年报告了铀裂变生成物。20世纪50年代初，重新研究电子散射、β和γ能谱以及宇宙射线。得过马克斯·普朗克奖金。（夏元复）

瓦维洛夫，С. И.（Вавилов, Сергей Иванович; Vavilov, Sergey Ivanovich） 苏联人，1891年3月24日生于俄国莫斯科，1951年1月25日卒于同地。光学工程、科学史。

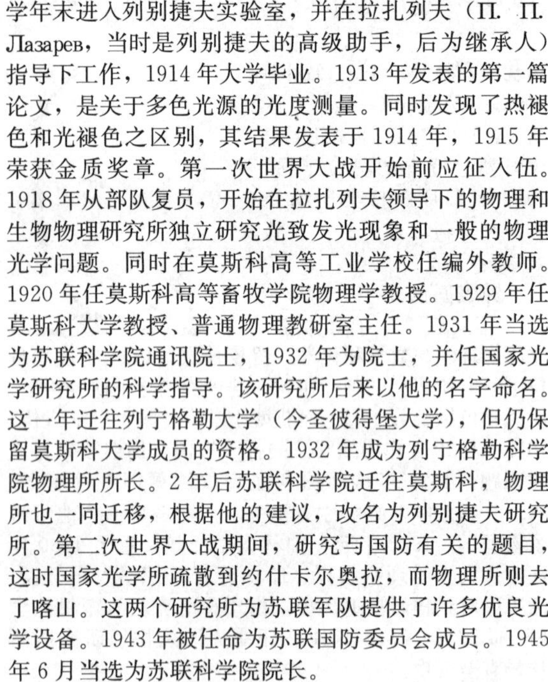

父亲是工厂主和商人，哥哥是植物学家。1909年他考入莫斯科大学数学物理系，第一学年末进入列别捷夫实验室，并在拉扎列夫（П. П. Лазарев，当时是列别捷夫的高级助手，后为继承人）指导下工作，1914年大学毕业。1913年发表的第一篇论文，是关于多色光源的光度测量。同时发现了热褪色和光褪色之区别，其结果发表于1914年，1915年荣获金质奖章。第一次世界大战开始前应征入伍。1918年从部队复员，开始在拉扎列夫领导下的物理和生物物理研究所独立研究光致发光现象和一般的物理光学问题。同时在莫斯科高等工业学校任编外教师。1920年任莫斯科高等畜牧学院物理学教授。1929年任莫斯科大学教授、普通物理教研室主任。1931年当选为苏联科学院通讯院士，1932年为院士，并任国家光学研究所的科学指导。该研究所后来以他的名字命名。这一年迁往列宁格勒大学（今圣彼得堡大学），但仍保留莫斯科大学成员的资格。1932年成为列宁格勒科学院物理所所长。2年后苏联科学院迁往莫斯科，物理所也一同迁移，根据他的建议，改名为列别捷夫研究所。第二次世界大战期间，研究与国防有关的题目，这时国家光学所疏散到约什卡尔奥拉，而物理所则去了喀山。这两个研究所为苏联军队提供了许多优良光学设备。1943年被任命为苏联国防委员会成员。1945年6月当选为苏联科学院院长。

过去认为被吸收的光中只有很少一部分用来发荧光，但在他所领导的研究中发现荧光的输出能量可达70%～80%，甚至100%。在关于荧光的偏振问题的研究中，他第一次指出偏振化程度依赖于激发光的波长。这个发现导致荧光光谱研究的创立。在他的领导下制定了发光分析的详细方法，荧光灯被发展起来。由于研制荧光灯，1951年他第三次获得国家奖。他的研究成果写入《光的微观结构》一书中。该书与《眼睛和太阳》一书使他在去世之后第四次获得国家奖。

在他指导下另一个重要的发现是切伦科夫辐射。为此，他的研究生切伦科夫与对这种辐射作出理论解释的弗兰克和塔姆3人分享1958年诺贝尔物理学奖。

在科学史方面，把牛顿的《光学》译成俄文并加注解。还把牛顿的《光学讲义》译成俄文。该书原文是拉丁文，只有一部分曾被译成英文。还写过关于牛顿的传记。1949年被任命为苏联大百科全书第二版的总编辑。主编了苏联科学院新的院史。还是科学院通俗读物出版委员会的主席。（唐玄之）

查德威克，J.（Chadwick, Sir James） 英国人，1891年10月20日生于英国曼彻斯特，1974年7月24日卒于剑桥。原子核物理学、中子物理学。

出身于小业主家庭。1908年进入曼彻斯特大学物理系，1911年毕业。1911～1913年间留校在卢瑟福指导下从事放射性研究，这期间获得理硕士学位。1913年到德国柏林-夏洛滕堡大学，在H. 盖革指导下学习放射性粒子的探测技术，并做专题研究。1914～1918年第一次世界大战期间被德国囚禁，在临时兵营里结识了工程师艾利斯（C. D. Ellis)，并使其转向科学研究。第一次世界大战结束后，他返回英国，应卢瑟福的邀请到剑桥大学卡文迪许实验室工作。1921个任剑桥大学的冈维尔-凯厄斯学院的评议员，同年获该校物理学博士学位。1923年任卡文迪许实验室的副主任。在此期间，和卢瑟福致力于核物理新课题的研究工作。1925年和斯图尔特-布朗（A. Stewart-Brown）结婚，有一对孪生女儿。1935～1948年在利物浦大学任物理学教授。1939～1940年冬做铀的分离工作。1927年当选为英国皇家学会会员。1945年被册封为爵士。还曾获得剑桥、牛津、伯明翰、都柏林、利物浦、爱丁堡等大学的荣誉博士学位。还是丹麦、布鲁塞尔、阿姆斯特丹等科学院外籍院士。

1943年他带领英国技术专家代表团到美国，参与研制原子弹的曼哈顿计划。1945年返回英国。1948～1958年任剑桥大学冈维尔-凯厄斯学院院长。主要从事三方面的工作：英国的核能开发；在大学里从事核物理和粒子物理的理论研究；在利物浦和剑桥研究某些较特殊的物质。在当院长的后期，由于在对待大学的政策上存在分歧而于1958年辞去院长职务，隐退到威尔士北边的村庄别墅。1969年和夫人迁居剑桥，以便和女儿们靠得近些。晚年生活安宁，受人尊敬。

一生最主要的工作是从事核物理的实验研究工作，最卓越的成就是发现中子，因而获1935年诺贝尔物理学奖。早在1914年，在柏林-夏洛滕堡大学期间，就第一次得到放射性物质所产生的β粒子的能谱。1920年，对α粒子的散射作绝对测量，第一次测定了原子核的电荷。与卢瑟福合作，做了许多关于原子核的人工蜕变实验研究。1930年，德国物理学家W. 博特和贝克尔（H. Becker）用强辐射源和较好的检验设备，测得快速α粒子轰击金属铍时，获得一种高能的辐射束。他们以为这是某种γ射线，但还弄不清楚它们的性质。尤其使人费解的是这种射线有很强的穿透本领。不久，约里奥·居里发现用α粒子轰击铍时，发射出一种不带电的粒子，当用它来轰击石蜡时，就逐出高能质子来。但他们认为这种不带电的粒子似乎是没有质量的光子。查德威克得悉这个报告后，当即利用卡文迪许的精良设备去重复这些实验。用铍所发出的这种射线去轰击氢、氮、氩、空气和其他物质，都能打出质子来。他认为，如果说这是某种 γ 光子，则可根据康普顿效应算出质子能量，但计算结果与实验大不相符。因而他根据对这种碰撞结果的观测，算出这种射线是由质量约为质子质量 1.005～1.008 倍的中性粒子所组成，这就是中子。这样，他终于在 1932 年发现了老师卢瑟福在 1920 年所预言的中子。中子的发现对核能开发有重要意义。由于中子不受电荷的影响，它容易穿入原子核，引起核反应。中子轰击铀等重原子核，还会引起链式反应，释放大量的能量，因此，中子的发现，为人类进入原子能时代打开了方便之门。

出版著作有：《放射性与放射物质》（1921 年）、《放射性物质的辐射》（1930 年，与卢瑟福、艾利斯合著）、《关于中子的论文集》（1932 年，与人合著）等。1950 年获英国皇家学会科普利奖章，1951 年获美国富兰克林奖章，1967 年获法拉第奖章、格思里奖章等。

（周永平）

饶毓泰（Rao Yutai） 字树人。中国江西省人，1891 年 12 月 1 日生于江西临川县，1968 年 10 月 16 日卒于北京。电介质物理学、原子与分子物理学、光谱学。

1913 年赴美国攻读物理学，1918 年获芝加哥大学学士学位。1922 年获普林斯顿大学博士学位。同年回国，任南开大学教授、物理系主任。1929～1932 年在德国莱比锡大学波茨坦天文物理实验室从事科学研究。1932 年回国，在北平研究院物理研究所任职。1933～1937 年先后担任北京大学物理系教授、系主任、校务委员会委员、理学院院长，西南联合大学物理系主任，中国物理学会常务副理事长。1944～1946 年再次去美国从事分子光谱研究。1947 年回国，任北京大学理学院院长和物理系主任。1952 年起任北京大学物理系教授。1955 年被选为中国科学院学部委员（院士）。

在气体导电和光谱学方面的研究卓有成就。1922 年首次设计了低压电弧光源，这是当时气体导电的一项新成就。在 20 世纪 30 年代初，从事铷（Rb）和铯（Cs）的原子光谱线的斯塔克效应研究，40 年代从事分子光谱的研究。1945 年研究了二氧化碳两种同位素 $^{12}C^{16}O_2$ 和 $^{13}C^{16}O_2$ 的 ω_3 的转动光谱，为研究含同位素气体分子的振动-转动光谱提供了方法和基础，并且可以获得分子内部运动的信息。此外，长期从事物理学的教学，作风踏实，治学严谨，培养了大批人才，为发展中国的物理学作出了贡献。（宋增福　沙振舜）

赫茨费尔德，K. F.（Herzfeld，Karl Ferdinand） 美国人，1892 年 2 月 24 日生于奥地利维也纳，1978 年 6 月 3 日卒于美国华盛顿。晶体学、化学热力学、超声学。

奥地利裔。1914 年于维也纳大学获博士学位。1926～1936 年在约翰斯·霍普金斯大学任教授。曾在美国天主教教会大学任物理系教授、系主任。1958 年入选美国文理科学院院士。1960 年当选为美国国家科学院院士。

研究工作涉及液体理论、晶体动力学、光学、化学反应理论及超声学。研究出了粘滞性和体粘滞性的普遍理论。和海特勒（W. Heitler）对二元溶液提出了一个近似理论。和格里姆（H. G. Grimm）计算了碱金属卤化物晶体的溶解极限，并提出可以从能量的观点计算化合物晶体是否存在。提出折射率能决定晶体是否是金属导体。计算了在非谐振及热振动的共同影响下，晶体在什么温度时变为不稳定。和 M. G. 迈耶（迈耶夫人）计算了受迫发射和磁跃迁对色散的影响。还提出双原子分子的形成、分解与三体碰撞有关。对建立有机反应中的自由基理论也有贡献。和赖斯（F. O. Rice）一起提出了声吸收和能量转移弛豫时间之间的关系式。指出高频声波的反射系数随反射器的热传导而显著下降。著有《热运动理论》、《超声波的吸收和色散》等。

（蒋澄华）

胡刚复（Hu Gangfu） 原名文生，又名光复（1909 年前曾用名）。中国江苏省人，1892 年 3 月 24 日生于江苏桃源县（今泗阳县），1966 年 3 月 26 日卒于天津。原子物理学、X 射线物理学、高等教育管理。

原籍江苏省无锡县，书香门第出身。1909 年公费赴美国哈佛大学物理系学习，1913 年获理学士学位，1914 年获理学硕士学位，1918 年获博士学位。同年回国，任东南大学（1923 年前为南京高等师范学校）教授、物理系主任。1925 年任交通大学教授。1926 年任厦门大学教授，创办理学院并任首任院长。1927 年出任国民政府高等教育处处长，参与筹建第四中山大学并任理学院院长。1928～1931 年在上海协助建立中央研究院物理研究所并任专任研究员，兼任北平研究院镭学研究所特约研究员。1931～1936 年任交通大学教授。1936～1949 年先后任浙江大学文理学院院长、理学院院长；期间 1946～1949 年带队到英国学习微波雷达技术，并考察英、美等国。1949～1960 年，先后任北洋大学、唐山交通大学、天津大学、南开大学物理系教授。1918～1950 年兼任上海大同大学教授、理学院院长、工学院院长、校长。1963 年被选为中国物理学会名誉理事。

中国近代物理学事业奠基人之一，中国第一个从事 X 射线研究的科学家。在导师 W. 杜安指导下，他的博士论文“X 射线研究”选择当时世界科学前沿课题，后分为 3 篇在美国权威杂志《物理评论》上发表。其重要学术成果有：①研究 X 射线 K 线系和化学元素原子序数之间关系，用布拉格方法精确测定原子序数自 25 至 34 的元素 K 线的临界吸收波长。②以电子速度和原子序数作图，修正了莫斯莱定律的精度。③在 X 射线频率范围内，首次测定光电子在不同方向速度分布和 X 射线散射空间分布，以及其光谱特性，确证了选择性光电效应和选择散射的存在，确定了 X 射线光电子最大发射速度。这些成果对于确定 X 射线谱项结构、揭示原子发射 X 射线机制、理解原子内层电子构造都有重要意义。此外，1918 年回国后，作为中国科学社名词审查委员会主要成员，制定了电位、熵等一大批名词的定名，以及市制度量衡单位（如时间秒、1市尺=1/3米、1市斤=1/2公斤等）的确定。

在科学宣传方面：1916年在美国参与创办中国科学社，并在社刊《科学》杂志上发表“大地电象”、“电位定名解”等数篇论文，是他提倡和宣传科学的最早努力。在教育教学方面：在南京高等师范学校创建了中国最早的物理实验室，后在东南大学开设中国高校最早的近代物理课；将浙江大学理学院办成了当时中国最出色的理学院之一，被李约瑟博士誉为“东方剑桥”；抗战中，协助竺可桢校长领导浙江大学艰苦卓绝的西迁工作；培养了一大批中国著名科学家，其中有吴有训、严济慈、赵忠尧、施汝为、钱临照等人。1988年中国物理学会设立胡刚复奖，授予实验技术方面有突出成就的物理学家。（李啸虎）

劳里森，C. C.（Lauritsen，Charles Christian） 美国人，1892年4月4日生于丹麦霍尔斯特布罗，1968年4月13日卒于美国帕萨迪纳。原子核物理、通信工程、仪器研制。

曾在丹麦学习建筑。1917年到美国后当过渔民。以后从事船—岸间的无线电工作，设计了无线电接收器。后来在R. A. 密立根影响下到加利福尼亚理工学院工作，1929年获博士学位，1935年任教授，曾建立并领导凯洛格放射研究所。1939年被选进哥本哈根皇家学会。1951年当选为美国国家科学院院士、美国物理学会会长。

发现了碳对质子的俘获伴有γ辐射。第二次世界大战中，为建立海军研究所作出贡献，参与研制了多种武器，包括原子弹、导弹。也进行过空间研究。第二次世界大战后，指导凯洛格研究所研究低能轻元素物理学、光学元件、星体内核反应等。曾设计磁谱仪。还研究过冷发射效应、医用超高压X射线管、人工产生中子等。获1931年美国放射学会金质奖章，1958年康拉德奖，1967年美国物理学会邦纳奖。（蒋澄华）

汤姆孙，G. P.（Thomson，Sir George Paget） 英国人，1892年5月3日生于英国剑桥，1975年9月10日卒于同地。粒子物理学、原子核物理学。

英国著名物理学家J. J. 汤姆孙的儿子。1913年在剑桥大学三一学院毕业后，在父亲指导下从事研究工作。1915年在英国皇家空军部队从事飞机稳定性问题的研究。1917～1918年作为英国战时使团成员到美国，一度在R. A. 密立根手下工作。1919年返回英国剑桥大学，在卡文迪许实验室工作。1922年任阿伯丁大学自然哲学教授。1930年到伦敦大学任教授。1942年任英国航空部科学顾问。1943年被册封为爵士。1952～1962年任剑桥大学基督学院院长。1958～1960年兼任英国物理研究所所长。1929年当选为英国皇家学会会员。1960年当选为英国科学促进协会会长。

1927年，在化学教授弗雷泽（C. G. Fraser）的协助下，他和里德（A. Reid）用厚度仅为3×10^{-8}米的金箔、铂箔和铝箔进行实验，首次观察到电子束通过真空中的金属薄片后产生圆环状衍射图样，这表明电子通过金属箔后产生了干涉，为德布罗意关于微观粒子的波粒二象性理论提供了有力的证据。几乎与此同时，C. J. 戴维森和杰默（L. H. Germer）观察到电子束在镍晶面上反射的干涉现象。为此，他和C. J. 戴维森同获1937年诺贝尔物理学奖。

20世纪30年代在伦敦大学工作期间，参加了该校一个研究慢中子反应小组的工作，并被任命为英国第一原子能委员会主席。该委员会致力于探讨裂变现象用于战争的可能性，并在1941年提出报告，认为可利用分离铀235 ^{235}U来制造超级炸弹。他曾作为英国科学部门在加拿大的负责人，参与研制设计美国第一颗原子弹。1946年开始注意受控热核反应问题的研究，并在伦敦大学领导了这方面的实验。他支持和平利用原子能的国际合作，1946～1947年被聘为联合国原子能委员会英国代表团成员。

著名著作有《科学的启发》（1961年）和《J. J. 汤姆孙和那时期的卡文迪许实验室》（1965年）。此外还著有《应用气体动力学》（1919年）、《通过气体的电传导》（1928～1933年）、《自由电子的波动力学》（1930年）、《电子衍射的理论和实践》（1939年）、《原子》等。获英国皇家学会休斯奖章、皇家奖章和法拉第奖章。（周永平）

德布罗意，L. -V. P. R.（de Broglie，Louis-Victor Pierre Raymond） 法国人，1892年8月15日生于法国迪埃普。1987年3月19日卒于巴黎。量子波动力学、粒子物理学、原子核物理学。

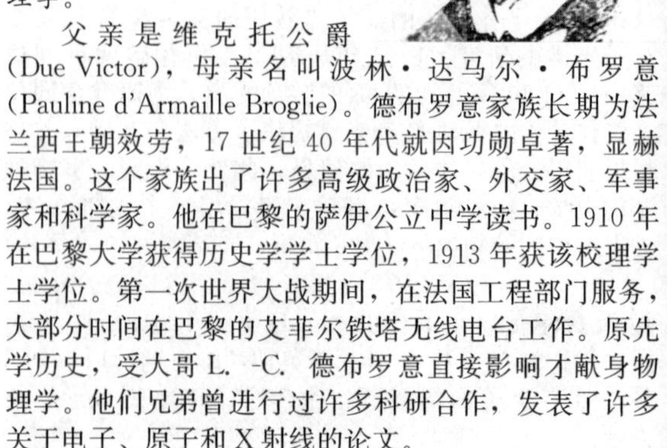

父亲是维克托公爵（Due Victor），母亲名叫波林·达马尔·布罗意（Pauline d'Armaille Broglie）。德布罗意家族长期为法兰西王朝效劳，17世纪40年代就因功勋卓著，显赫法国。这个家族出了许多高级政治家、外交家、军事家和科学家。他在巴黎的萨伊公立中学读书。1910年在巴黎大学获得历史学学士学位，1913年获该校理学士学位。第一次世界大战期间，在法国工程部门服务，大部分时间在巴黎的艾菲尔铁塔无线电台工作。原先学历史，受大哥L. -C. 德布罗意直接影响才献身物理学。他们兄弟曾进行过许多科研合作，发表了许多关于电子、原子和X射线的论文。

1924年11月27日，在J. 佩林主持下他通过了博士论文的答辩，论文题目是“关于量子理论的研究”。文中提出了著名的德布罗意假设，用数学方法描述电子等粒子的波动性。14个月后，这种物质波理论为薛定谔建立波动力学作了重要准备。为此获1929年诺贝尔物理学奖。他是第一个以学位论文获得诺贝尔奖的学者。

此后一边教学，一边研究波动力学。1928年在普安卡雷研究院工作。1932～1962年在巴黎大学任理论物理学教授。1933年成为法国科学院院士，1942年以后任法国科学院数学科学部终身秘书长。1944年任法兰西学院院士。1946年和他的长兄一起被任命为法国原子能高等委员会高级顾问，他们对于和平利用原子能深为关注，并且对于如何把科学和工业结合起来特别感兴趣。1950～1967年他还兼任法国国防科学委员会委员。他在国内外享有盛誉，至少荣获6个最令人尊敬的奖章和勋章。是6所著名大学的荣誉博士，当选为18个国家科学院外籍院士，其中1948年入选美国国家科学院外籍院士。1953年成为英国皇家学会外籍会员。1958年入选美国文理科学院外籍院士。1960年，在他大哥莫里斯去世后继任公爵和亲王。

最大的科学功绩是提出物质波的概念。所揭示的物质波粒二象性，对现代科学尤其是对量子力学影响极大。1922年他在导出维恩辐射定律时采用了爱因斯坦的光量子概念，把光子看成为粒子或"光的微粒"，具有质量 $h\nu/c^2$ 和动量 $h\nu/c$。他对光时而显现波动性时而显现粒子性这种奇特性质很感兴趣，便致力于研究波和粒子统一的理论。想去统一波粒二象性，包括像电子等这些实物粒子在内。1923年9月10日发表"波和粒子"一文，1923年9月24日发表"光量子，衍射和干涉"一文。1924年在博士论文中精心阐述了这一思想。1925年在法国《物理学年鉴》上发表长达百页的论文。爱因斯坦在朗之万建议下留心地阅读了他的博士论文，对这位法国青年科学家的思想大加赞赏，誉之为"揭开了一幅大幕的一角"。

他在博士论文中强调，不仅在光的理论中，而且在物质理论中也必须利用波动概念和粒子概念。后来他在《光和物质》一书中说得更清楚："每个粒子都伴随一定的波，而每个波都与一个或多个粒子运动相联系。"他假设，一个粒子，譬如说电子，是和一个"物质波"的系统联系在一起的，这些物质波具有略为不同的传播速度（"相速"）。在它们的传播路径上，波将合成波峰的形状（即波包），这波峰将在某一点消失而在下一时刻出现在另一点上。这波峰的速度即"群速"，与合成这峰形的波的速度（相速）往往很不相同。他认为这群速就是电子的速度，相继两波峰之间的距离就是"物质波"的德布罗意波长，它按下式作计算：$\lambda=h/(mv)$，式中 h 为普朗克常量，mv 为粒子的动量。这一公式称为德布罗意关系式。它与能量公式 $E=h\nu$ 一起，合称爱因斯坦-德布罗意关系，式中 ν 为频率。

德布罗意物质波概念的提出，震撼了老一辈物理学家。微观粒子波粒二象性概念的提出，直接促进了量子力学的建立，开创了量子理论发展的新局面。对于一颗飞行的子弹（其动量很大），其所相应的德布罗意波长小得几乎无法觉察；但如果是以1米/秒的速度运动的电子，那么其波长就约有0.07厘米。因此，利用晶体点阵就可根据波的干涉来检测德布罗意波的波长。1927年，C. J. 戴维森和杰默（L. H. Germer）用慢速电子束（约59电子伏特）去照射镍单晶表面，同年，G. P. 汤姆孙用快速电子束去透射金、铂和铝等多晶箔片，都显示出衍射图样，从而证实了电子的波动性质。实验所得出的电子相应的波长与德布罗意公式所预言的数值完全一致，因而确证了德布罗意关系式。

为了阐明他自己所提出的物质波的物理图像，作了长期反复的艰苦探索。从1924年博士论文发表到1929年，写了许多文章，形成了所谓"双重解理论"的系统性工作。这是为了避免哥本哈根解释的统计性质而提出的一种因果性理论尝试。然而，这个理论遇到了许多困难。1951年后，他又在非线性波动力学的基础上重新探讨双重解理论，但一直未得到满意的结果。

撰写发表了许多论文和著作。主要论著还有《波动力学的研究导论》（1926年）、《物质和光，近代物理与量子》（1937年）、《光的一种新理论》（1940年）、《原子核的波动力学理论》（1943年）、《物理学与微观物理学》（1947年）、《科学的肯定性与不肯定性》（1966年）、《波动力学的新解释》（1972年）、《半个世纪的研究》（1976年）等。 （周永平）

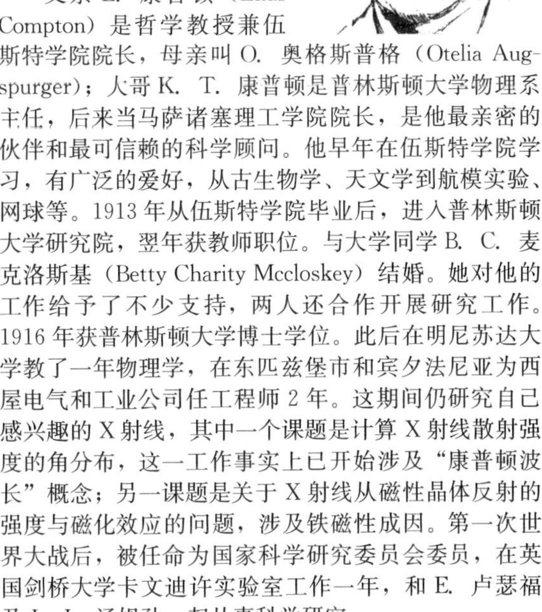

康普顿，A. H.（Compton, Arthur Holly） 美国人，1892年9月10日生于美国俄亥俄州伍斯特，1962年3月15日卒于加利福尼亚州伯克利。X射线物理学、原子核物理学、核反应堆工程。

父亲E. 康普顿（Elias Compton）是哲学教授兼伍斯特学院院长，母亲叫O. 奥格斯普格（Otelia Augspurger）；大哥K. T. 康普顿是普林斯顿大学物理系主任，后来当马萨诸塞理工学院院长，是他最亲密的伙伴和最可信赖的科学顾问。他早年在伍斯特学院学习，有广泛的爱好，从古生物学、天文学到航模实验、网球等。1913年从伍斯特学院毕业后，进入普林斯顿大学研究院，翌年获教师职位。与大学同学B. C. 麦克洛斯基（Betty Charity Mccloskey）结婚。她对他的工作给予了不少支持，两人还合作开展研究工作。1916年获普林斯顿大学博士学位。此后在明尼苏达大学教了一年物理学，在东匹兹堡市和宾夕法尼亚为西屋电气和工业公司任工程师2年。这期间仍研究自己感兴趣的X射线，其中一个课题是计算X射线散射强度的角分布，这一工作事实上已开始涉及"康普顿波长"概念；另一课题是关于X射线从磁性晶体反射的强度与磁化效应的问题，涉及铁磁性成因。第一次世界大战后，被任命为国家科学研究委员会委员，在英国剑桥大学卡文迪许实验室工作一年，和E. 卢瑟福及J. J. 汤姆孙一起从事科学研究。

在剑桥大学期间，由于没有高能X射线装置，他用γ射线做散射实验，无法对实验结果作出经典解释，但开始酝酿X射线散射实验的计划。1920年返回美国，在圣路易斯的华盛顿大学当物理系主任。藉助于布拉格晶体分光计，他精确地测量了单色X射线受靶散射时，散射X光的波长随散射角的变化。这种现象就是著名的康普顿效应。用轻元素（如石墨等）作靶，所得散射结果无法用经典电动力学解释。1922年下半年，他得出散射过程的量子理论：把这一过程看成是一个自由电子和一个具有能量$h\nu$及动量$\frac{h\nu}{c}$的X射线量子之间的简单碰撞，并且服从通常的守恒定律。这是量子理论的一大进展。此后根据光子概念导出康普顿效应的波长移动公式。这个公式和他的实验数据完全一致，并导出电子的康普顿波长h/mc。当他在美国物理学会的会议上报告这一发现时，引起了人们的极大兴趣，但也遭到一些责难，其中哈佛大学的W. 杜安极力反对，无非是因为这种理论与经典的电动力学理论相抵触，以及引用当时尚未得到普遍承认的相对论作理论解释。接着，他继续从理论和实验两方面作出努力，直到两者完全吻合，终于得到科学界的承认（中国物理学家吴有训也在这方面做了许多实验研究，对此项工作作出了贡献）。

关于“康普顿效应”正确性的最后的公开“辩论”，是在1924年夏多伦多科学促进会上作为专题进行的，他的答辩无可非议，甚至连W. 杜安后来重做实验也完全确证了“康普顿效应”，并在下一次美国物理学会上改变了自己的立场。“康普顿效应”为爱因斯坦的光子概念的正确性提供了强有力的证据。“康普顿效应”的进一步实验，有力地证实了在单个事件中量子和电子之间的相互作用是服从守恒定律的，并非像玻尔-克喇末-斯莱特理论所说的能量守恒只具有统计意义。由于“康普顿效应”的发现和理论解释，他与C. T. 威尔逊共获1927年诺贝尔物理学奖。同年他被选为美国国家科学院院士。

1923年在芝加哥大学任物理学教授，接替R. A. 密立根的职位，和A. A. 迈克耳孙共事，在芝加哥度过22年。在此期间，对X射线光谱的研究也作出贡献。1941年11月6日，他作为美国国家科学院铀研究委员会主席，提出原子能作为军用的潜在可能性的报告。这个报告是他和E. O. 劳伦斯商定的。美国的“曼哈顿计划”开始时基本上是由他们俩领导的，他们集合了许多年轻的物理学家、化学家和工程师，其中有如E. 费米这样著名的科学家。他作为负责人，直接指挥和支持第一个核反应堆的设计和实验，1942年12月2日首次实现铀核链锁反应。第二次世界大战末期，他转向大学管理工作，1945～1954年任圣路易斯的华盛顿大学校长。暮年仍四处讲学，直至去世。

重要论文大多是关于X射线散射问题。主要著作有《X射线和电子》（1926年）、《X射线的理论与实验》（1935年，与他人合著）、《人的自由》（1935年）、《科学的人文意义》（1940年）、《原子的探索》（1956年）等。 （周永平）

伯格，H. C.（Burger，Herman Carel） 荷兰人，1893年6月1日生于荷兰乌得勒支，1965年12月27日卒于同地。原子物理学、光谱学、医学物理。

是荷兰海军一位工程师的儿子。1912年在乌得勒支大学学习物理学和数学，1918年获哲学博士学位。曾在乌得勒支大学当过理论物理学助教、物理系主任助理，1927年任讲师，1950年任医学物理教授。1963年奈梅亨大学授予他荣誉博士学位。

第二次世界大战前，他的主要工作是谱线强度测量和光谱分析。和莫尔（W. Moll）改进检验辐射的设备；和范西特（Van Cittert）用高分辨率的设备研究光谱线；和L. S. 奥恩斯坦一起做强度测量工作，还做液晶实验。战后在任内科医生的弟弟的影响下，开始研究医学物理。他的兴趣主要是心电图描记器，特别是矢量心电图描记器。还研究心音、投影心搏计、心脏每分钟的脉冲速度和脉冲波的再现。经常举办，直到晚年，他还给医科学生讲授物理学在医学中的应用，医学物理学术讨论会。他的工作促进了生物物理学的发展。 （周永平）

西蒙，F. E.（Simon，Franz Eugen（Francis）） 英国人，1893年7月2日生于德国柏林，1956年10月31日卒于英国牛津。低温物理学。

德国裔。出身富商家庭。在慕尼黑大学读一年后，应征入伍。后又到柏林大学继续学习，1921年获博士学位。尔后在柏林大学任编外教授、副教授，波兰布雷斯劳工业大学物理化学教授。美国伯克利加利福尼亚大学的客座教授。希特勒上台后，与一位好友一起去英国牛津大学克拉伦登实验室，先后任热力学讲师、教授，1956年接替前任林德曼当实验室主任，几个星期后病逝。曾被选为美国科学促进协会的外籍会员、英国皇家学会会员。1955年被册封为爵士。

在牛津大学，曾用绝热去磁使温度降至比1K低好几个数量级，且研究了温度低于1K时物质的性质，首次实现了核自旋有序化。也曾采用自由膨胀法将昂贵的液化氦装置改为精巧小型的西蒙液化器，并进行低温下物质性质的研究。第二次世界大战期间参与用气体扩散法进行铀同位素分离。1948年获英国皇家学会的朗福德奖。获1950年荷兰制冷学会的卡默林-翁纳斯奖。1952年林德奖。 （谈漱梅）

戈登，W.（Gordon，Walter） 1893年8月3日生于德国阿波尔达，1940年12月卒于瑞典斯德哥尔摩。统计物理学、量子力学。

在柏林大学毕业后，于1921年获哲学博士学位。后在柏林大学任讲师。1929年在汉堡大学当副教授，1933年春因犹太血统而失去教授职务。几年后因患胃癌而过早去世。同年秋天为瑞典斯德哥尔摩大学数学物理研究所的成员。他和妻子过着贫困的生活，无固定职务，接受洛克菲勒基金会和难民救济组织援助及私人的救济。几年后因患胃癌而过早去世。

他的论文和著作不多，但都是高水平的。因有深厚的数学基础，所以能对量子论的重要问题作出精密的解答。1926年薛定谔发表波动力学的第一批论文，紧接着戈登对非相对论量子力学的相对论性推广做出了重要的贡献：标量波动方程的流密度矢量和康普顿效应的定量公式。1928年狄拉克的电子理论出现以后，戈登马上又发表了两篇论文。第一篇论文对库仑场中狄拉克方程的束缚态和连续态都作了严格处理；第二篇论文证明，狄拉克方程的流密度矢量可分为两个部分，一为如标量方程所给出的那样，另一为自旋的贡献。他在瑞典的整个时期都热衷于数学物理研究所的研究班讨论。他也讲课，主要讲群论。（周永平）

丁西林（Ding Xilin） 原名丁爕林。中国江苏省人，1893年9月29日生于江苏泰兴，1974年4月4日卒于北京。电磁学、地磁学、物理学教育。

1913年毕业于上海南洋公学（交通大学前身）。1914年留学英国，1919年获伯明翰大学理学硕士学位。同年回国，1919～1927年任北京大学物理系教授，先后兼任理预科主任、物理系主任。1928～1948年任中央研究院物理研究所所长、研究员；先后兼任中央研究院代理总干事、第一届评议会评议员、总干事等职。1948年当选为中央研究院院士。期间抗战开始后，随研究所西迁昆明；1940年到香港。1947年赴山东大学任教。1948年出任台湾大学理学院院长5个月，9月仍回山东大学执教。1949年后，历任中华全国科学技术普及协会副主席、中国科学技术协会副主席、国家文化部副部长兼北京图书馆馆长、中国对外文化联络委员会副主任、中国人民对外友好协会副主任等职。

早年在伯明翰大学时，在英国皇家学会会员O. W. 理查逊教授指导下，以热电子发射实验直接验证麦克斯韦速度分布定律，证明了这个分布律也完全适用于热发射电子；设计了一种测量重力加速度g值的新仪器可逆摆，不必测定摆的重心位置，可排除测量转动惯量的困难，大大降低了实验误差；1934年深入研究了电网络行列式一般性质，推广了干季同教授提出的求电网络行列式分子分母的新规则，并依据行列式一般性质导出这些新规则，以及基尔霍夫规则；研究了不同空气压力对摩擦起电的影响；根据声学原理改进笛等中国传统乐器制作方法；积极推动地球磁场的研究和测量工作，主持创办南京紫金山地磁台，填补了中国学术空白；1946年起持续20余年研究“地图四色问题”。

在物理学教育方面：参与建设北京大学物理实验室，亲自编写60多个实验讲义，首倡采用中文而不用英文编写讲义，并从事整理和订正物理学名词术语的中文译法，以利于国人吸收西方科学，10年间培养了不少学有专长的人才。关心物理基础教育，建立物理仪器厂为教学服务，亲自审定技术标准，仅1935～1937年就生产600套高中、3000套初中物理实验仪器，由教育部统购分发全国各地中学使用。1930年与人合写出版《初中物理实验》、《高中物理实验》两书，充实提高了中国中学物理教学水平。

业余热心从事文艺创作和翻译，成为“五四”以来有影响的喜剧作家之一。生前发表剧作10部；出版有《丁西林剧作选》（1955年）、《丁西林戏剧集》（1985年）文集。此外，创造了“汉字笔形查字法”，依此可以“见字知号，按号找字”，获国外专利权，现已收进计算机中文信息笔形编码法。（李啸虎）

玻色，S.（Bose，Satyendranath） 印度人，1894年1月1日生于印度加尔各答，1974年2月4日卒于同地。统计物理学、粒子物理学、量子力学。

父亲原是会计师，后为制药厂主。玻色于1907年进加尔各答大学的总统学院学习，1915年获理科硕士。1917年任加尔各答大学理学院物理系讲师。由于爱因斯坦对其论文的热情赞赏，他获得赴法国和德国进修深造2年的机会。在法国得到P. 朗之万的指导，和德布罗意兄弟俩来往密切。1925年他和爱因斯坦在柏林亲切会见。1926年初夏在格丁根大学听了M. 玻恩关于W. 海森伯新矩阵力学的讲演。夏末回国去达卡大学任教授和物理系主任，直至1945年。以后在加尔各答大学等校当过物理学教授、系主任、副校长。1958年当选为英国皇家学会外籍会员。1959年被印度政府任命为国家教授。

1924年7月写了一篇题为“普朗克定律和光的量子假设”的短文，并寄给爱因斯坦。爱因斯坦亲自将其译成德文，于下半年在德国《物理学》杂志上发表，并加按语：“在我看来，玻色对普朗克公式的推导意味着一种大的进展。”这一成名之作不用经典电动力学，而直接用光子概念成功地导出了普朗克黑体辐射公式。爱因斯坦把他的方法推广到静质量不等于零的粒子系统，从而成为量子统计力学中的玻色-爱因斯坦统计法。后来，狄拉克把服从这种统计的粒子叫做“玻色子”。这是两种量子统计法中最先被认识的一种。1926年由费米和狄拉克提出另一种量子统计法，即费米-狄拉克统计法。1918～1956年发表了26篇科学论文，内容涉及统计力学、电离层的电磁性质、X射线晶体学、热致发光的理论以及统一场论等。（周永平）

夫伦克耳，Я. И.（Френкель，Яков Ильич；Frenkel，Yakov Ilyich） 苏联人，1894年1月29日生于俄国罗斯托夫，1952年1月23日卒于列宁格勒（今圣彼得堡）。固体物理学、电动力学、地球物理学。

1913年进圣彼得堡大学物理和数学系，1916年以优异成绩毕业。1916～1917年参加A. Ф. 约飞领导的彼得格勒理工学院的研究班。1918年到辛菲罗波尔城一所新创办的大学任教。1921年起一直在彼得格勒由约飞领导的技术物理研究所工作。1929年当选为苏联科学院通讯院士。

在固体物理学领域中做了大量研究工作。1916年在玻尔原子模型的基础上提出金属表面的双电子层理论，第一次计算出金属表面能和它们的接触电势。1924年依据维里理论证明，在金属蒸气凝结时原子的价电子必然会以与内部原子运动速率相近的速度作巡回运动。1927年率先根据量子力学阐明金属理论，定量地解释了金属中电子具有大的平均自由程的现象。1928年解释了铁磁体中的磁畴的概念，阐明所谓交换力能够引起自发磁化的观念。1930年同多尔夫曼（Я. Г. Дорфман）共同从理论上证实了铁磁物质分裂为分立的磁畴，并预言单磁畴粒子的存在。

20世纪30年代，他研究了固体电介质和半导体对光的吸收，发展了原子和量子在晶体中运动的理论，并提出了"夫伦克耳激子"的概念。认为液体与晶体具有相似性。在晶体中原子或离子围绕平衡位置振动，而此平衡位置又在晶格之间移动。液体也有与此相类似的情况。在这种模型的基础上建立了液体的扩散和粘滞性理论。20世纪30年代末，与人合作从理论上阐明：在无畸变的晶格中，有一种特殊形式的运动，即逐渐地、协调一致地从一个平衡位置移动到另一个平衡位置，这导致成排的原子逐渐相互位移。这个理论可以解释塑性形变中的一些细节以及晶体的孪生等。1939年与人合作发展了橡胶类物质的弹性理论。1945年出版专著《液体的动力学理论》。

在电动力学、电子论和原子核理论方面，在1926年的研究工作成为电子自旋动力学中某些问题的基础。1936年，率先试图建立重核的统计理论。1939年在重核的分裂被发现后不久，独立发展了A. 玻尔和J. A. 惠勒的理论，把铀核在中子作用下的分裂比拟为带电液滴振动的结果。

还研究了气象学和地球物理学中的许多问题。1944～1946年出版了专著《覆盖地球的电场和磁场理论》，其中阐明了关于大气带电的理论，并由此建立了地磁的新理论。

论文和专著都很多。他去世后，苏联科学院在1956年编辑出版了他的论文集。他所著的《电动力学》一书曾于50～60年代在中国广泛流传。（唐玄之）

迪金森，R. G.（Dickinson，Roscoe Gilkey） 美国人，1894年6月10日生于美国缅因州，1945年7月13日卒于加利福尼亚州。X射线晶体学、物理化学。

小提琴教师兼音乐指挥的儿子。进马萨诸塞理工学院学习化学工程，1915年获理学士学位。大学毕业2年后，在加利福尼亚理工学院当讲师。1920年成为该学院第一位哲学博士。去世时是学院物理化学教授及学院研究生院代理院长。

大学毕业时，就因采用X射线衍射的方法去测定晶体结构而出名，后来继续从事这方面工作。当时资料缺乏，工作困难，但他擅长这一工作，思维极为清晰，精通逻辑推论，实验工作和数据分析细致，可靠地确定了许多晶体结构。确定了大量的无机化合物的晶体结构。第一个确定有机化合物的分子结构。在最后20年间，还和学生一起研究光化学、化学动力学、喇曼光谱学、中子的性质及放射性检测器在研究化学反应方面的应用。（周永平）

卡皮察，П. Л.（Капица，Пётр Леонидович；Kapitza，Pyotr Leonidovich） 苏联人，1894年7月9日生于俄国喀琅施塔得。1984年4月8日卒于莫斯科。粒子物理学、低温物理学。

父亲是军事工程师，母亲研究民俗学。他于1918年毕业于彼得格勒理工学院。留校任教。1921年由A. Ф. 约飞提议，他去英国剑桥大学卡文迪许实验室在E. 卢瑟福手下工作，1923年获博士学位。1924年成为该实验室磁研究主任助理。1925～1934年任剑桥大学三一学院的评议员，期间1930～1934年兼任英国皇家学会研究教授及该学会蒙德实验室主任。1934年回国探亲时护照被吊销，从此再也不能出国。当局于1936～1946年和1955年以后两度委任他为苏联科学院瓦维洛夫物理研究所所长。1939年当选为苏联科学院院士，1957年选为科学院常务委员，兼任《实验物理学和理论物理学》杂志的主编。期间1948～1955年，因拒绝与苏联原子弹计划项目合作而被指控"预谋破坏国防"，被免职且受到软禁。他在所中研究强磁场、低温物理和低温实验方法。由于他是"不同政见者"，在他70多岁时才被允许到苏联境外旅行。一生接受了11个大学荣誉博士学位，被选为许多国家科学院外籍院士。

1923年，他首次把威尔逊云室置于强磁场中以观察α粒子径迹的弯曲。1924年发展了一个能获得强磁场的方法，可在2厘米^{3}的空间获得32特斯拉的强磁场。40年代后期注意力转向一个全新的物理问题，发明了高功率的微波发生器，并发现高压等离子体在10^6K电子温度下的一种新的连续放电。

科学成就主要在低温物理的基础研究方面，被誉为"低温物理学之父"。在剑桥的最后几年，转向研究低温。对当时获得低温的方法评述分析之后，1934年他研制了一个新的氦液化器，它利用绝热原理使氦液化。这种氦液化器到1950年才被阿什米德（Ashmend）设计的仪器所代替。1937年他发现液氦的超流动现象。第二次世界大战时，他致力于用低温方法生产和使用氧气的研究。由于在低温物理学领域中的基础发明与发现，与射电天文学家A. A. 彭齐亚斯、R. W. 威尔逊分享1978年诺贝尔物理学奖。获奖时他已是84岁高龄了，这在诺贝尔奖金史上是罕见的，也是对这位科学老人高度的赞赏。

除诺贝尔奖外，还受过许多奖励。从事教学和科研的时间达60多年。在88岁高龄时还在莫斯科的瓦维洛夫物理研究所坚持工作并发表文章。（唐玄之）

卡塔兰，M. A.（Catalán，Miguel Antonio） 西班牙人，1894年10月9日生于西班牙萨拉戈萨，1957

年11月11日卒于马德里。光谱学。

14岁时就进萨拉戈萨大学学习，后在马德里大学完成学业。同年留校在物理研究所从事原子光谱学的研究，在这一领域工作了40年。1952年成为国际科学联合会理事会光谱学联合委员会的委员。1955年当选为西班牙皇家科学院外籍院士。

主要研究了镁、铬、硒、钼等较重元素的谱线，得出这些元素的特征多重线，揭示了它们的规律性。这项研究也揭示了原子结构的规律性，从而受到A. 索末菲等人的重视。根据量子力学，用电子自旋可以解释这些多重谱线。 （夏元复）

伦纳德-琼斯，J. E. （Lennard-Jones，John Edward） 英国人，1894年10月27日生于英国兰开夏郡，1954年11月1日卒于特伦特河畔斯托克。*统计物理学、量子化学。*

原名J. E. 琼斯(John Edward Jones)，1925年和K. M. 伦纳德(Kathleen Mary Lennard)结婚后，改名为伦纳德-琼斯。在曼彻斯特大学学习数学，起初研究声学理论。第一次世界大战期间在皇家飞行部队服务。后来返回曼彻斯特大学当数学讲师，对气体运动论感兴趣。1924年在剑桥大学获哲学博士学位。1932年在剑桥大学当理论化学教授，当时“理论化学”这门新学科在英国和国际上刚得到公开承认。1953年在北斯塔福德郡任一所新建大学的学院领导职位。翌年去世。

主要学术贡献在三个方面：第一，确定原子间的力和分子间的力；第二，分子结构的量子理论；第三，液体、气体和表面的统计力学。他所提出的关于原子间作用力的半经验公式很有名。由于他把量子化学介绍到英国，所以受到赞誉。 （周永平）

克喇末，H. A. （Kramers，Hendrik Anthony） 荷兰人，1894年12月17日生于荷兰鹿特丹，1952年4月24日卒于乌赫斯特海斯特。*原子物理学、量子力学。*

1912年入读莱顿大学，向P. 厄伦费斯特学习理论物理，1916年通过博士论文。不久到哥本哈根大学，成了N. 玻尔的密切合作者。1920～1926年为玻尔建议成立的理论物理学研究所的助教、讲师。1926年在乌得勒支大学当理论物理教授。1934年返回莱顿大学，接替去世的厄伦费斯特的职位，直至去世。1946年当选为联合国原子能委员会科学技术委员会主席。1946～1950年担任理论和应用物理的国际联合会主席。获得许多外国大学的荣誉博士学位，还是许多协会的会员。

在哥本哈根期间，致力于发展原子的量子理论，写了许多论文，其中1923年关于氦原子的论文对量子论的发展特别重要。1924年和玻尔及J. C. 斯莱特合作的著名论文，对热力学第一定律的有效性提出怀疑，认为这个守恒定律用于原子时只是个统计规律。他们还进一步发展“对应原理”。1924年和W. 海森伯合作的论文发展了量子跃迁的虚振子概念，虚振子是海森伯量子力学的出发点。离开哥本哈根后的论文大多涉及量子力学的数学处理，可分为四部分：W(entzel)-K(ramers)-B(rillouin)近似法；顺磁性、磁致旋光和铁磁性；气体运动论；粒子理论和辐射理论的相对论性公式。此外，他还预言了“喇曼效应”的存在。 （周永平）

塔姆，И. Е. （Тамм，Игорь Евгеньевич；Tamm，Igor Yevgenyevich） 苏联人，1895年7月8日生于俄国符拉迪沃斯托克(即海参崴)，1971年4月12日卒于莫斯科。*原子核物理学、量子理论、光学。*

土木工程师的儿子。1918年毕业于莫斯科大学物理系。1919～1921年任教于克里米亚大学。1921～1922年在敖德萨理工学院工作，在这里遇到Л. И. 曼杰斯达姆教授，对他一生的科学事业有很大的影响。1922年起在莫斯科大学工作，1927年任教授，1930～1941年期间任理论物理教授兼物理系主任。1933年在该校获物理学博士学位。1934年转到苏联科学院列别捷夫物理研究所，任理论研究室主任。1953年成为苏联科学院院士。

在曼杰斯达姆的影响下，他研究各向异性介质的电动力学、相对论中的晶体光学、顺磁质的量子理论以及非相对论性量子力学。1930年主要研究固体中光的分子散射的量子理论。提出固体中弹性波的定量关系，引出声量子概念，后来由Я. И. 夫伦克耳称之为“声子”。这个概念在现代物理学中被广泛应用。1930年他出版了两本论述狄拉克提出的电子的相对论量子力学现象的著作。他独立地提出了自由电子落到负能级的必然性，并确定了电子和“空穴”湮灭的概率。

1931～1933年，研究金属的量子理论，特别是金属的外光电效应和电子在金属表面的能级。和舒宾(С. П. Шубин)一起最先说明了外光电效应是由于在金属-真空交界处存在的电势突变。他首先指出，除了晶体内部的电子能带区外，在晶体表面上存在着类型完全不同的电子能带——塔姆表面能级。不久得到理论和实验的证实，并在半导体和晶体管方面得到应用。撰写的《电学原理》是一本著名的教科书，曾以多种文字发行了许多版次。

1934年起致力于原子核和宇宙线的研究。先后发表了“中子与质子间的变换力和费米理论”和“β放射性和核力”两篇论文。同时，和阿特休勒(S. A. Altshuler)一起发表了中子磁矩方面的研究报道。通过分析实验资料，他预言中子虽然是中性粒子，但具有磁矩，并正确测出中子的磁矩是负的。1937～1938年，和И. М. 弗兰克一起用系统的严密的数学理论对切伦科夫辐射作了解释。因此，和弗兰克、切伦科夫共获1958年诺贝尔物理学奖。

和弗兰克注意到在介质的折射率$n>1$时，进入介质的粒子的速度v能大于介质中的光速c/n(其中c为真空中的光速)，这样的粒子可在介质内激发波前。为简化起见，把所辐射的频率仅认为是单一的频率(后来指出，对连续频谱结论同样正确)，找到了θ和n间的关

系式为 $\cos\theta=1/(\beta n)$，其中 θ 是入射辐射和次级辐射间的夹角，$\beta=v/c$。并预言辐射仅仅在入射辐射达到一定能量阈值时发生，而能量阈值依赖于介质的折射率 n。这些都被以后的实验所证实。塔姆理论中最突出的是解释了光是由匀速运动的带电粒子发出的，它组成了辐射的经典场理论的重要部分。20 世纪 50 年代这公式还被用在研发高灵敏度的切伦科夫计数器上。

第二次世界大战中，他解决了许多复杂的实际问题。战后，提出了计算分子间作用的新方法。1947 年和 V. L. 京茨堡提出具有不同自旋状态的分子理论。1950 年丹科夫（П. Д. Данков）又加以发展，成为塔姆-丹科夫方法，被广泛应用于介子和核子、核子和其他粒子，特别是氘核间作用的理论研究上。他还研究了光生 π 介子被核子散射的过程以及核子间作用。1950 年研究了强磁场中气体放电理论，为这以后苏联受控热核反应的研究提供了基础。（张玥明）

斯梅卡尔，A. G. S.（Smekal, Adolf Gustav Stephan） 奥地利人，1895 年 9 月 12 日生于奥地利维也纳，1959 年卒于格拉茨。统计力学、量子统计学、光学。

自 1912～1917 年先后在维也纳工业大学、格拉茨大学学习，1917 年获博士学位。以后到柏林大学进修 2 年数学和物理学。1919 年到维也纳工业大学任教。1928 年任哈雷大学理论物理学教授。1949 年任格拉茨大学实验物理学教授，并任自己创办的研究所所长。

主要研究统计力学。最早的著作是关于量子统计学的基础。在柏林大学期间，特别注意玻尔理论和 X 射线谱问题，和 D. 科斯特及文策尔（G. Wentzel）竞相从实验资料导出 X 射线谱中原子能级间允许的跃迁等结果。1923 年 9 月因预言一种效应而成名。1928 年 C. V. 喇曼从实验中发现它，并被称为喇曼效应。这是光受原子-分子系统散射而发生频率变更的一种效应。还对理想晶体与实际晶体力学强度之间的巨大差异感兴趣，写了一些论文。1925 年后转而研究固体的结构敏感性能。1933 年后成为脆度和研末技术的国际权威。（周永平）

贝茨，L. F.（Bates, Leslie Fleetwood） 英国人，1897 年 3 月 7 日生于英国布里斯托尔，1978 年 1 月 20 日卒于诺丁汉。电介质物理学、磁学。

在布里斯托尔大学学习时就对磁学感兴趣。第一次世界大战的爆发使他未能毕业就参了军。战后重返布里斯托尔大学继续研究磁学。1922～1924 年在剑桥大学卡文迪许实验室 E. 卢瑟福领导下进行一系列放射性实验。不久返回母校重新开始磁学研究。1936 年任诺丁汉大学教授，仍从事金属的电学和磁学性能的研究。当选为英国皇家学会会员。

对锰及其合金的性质发生兴趣，特别是研究了砷化锰（MnAs）的电学、磁学和热学性质。发现了经过水银处理的铬在 40℃ 附近具有微小的磁性变化，这就是反铁磁性。发现了镍汞合金的某些特性。第二次世界大战爆发中断了研究工作。大战期间在部队研究室研究材料在磁场中电阻率的变化。出于对磁滞现象的兴趣，对材料在弱磁场和调制磁场中的热学性质进行了大量的研究，目的是为了取得磁化过程中实际产生的信息。在这些实验中温度的变化只有 10^{-6}℃。以后还藉助电子显微镜和偏光技术对粉状材料进行大量研究，获得重要结果。曾获得英国和法国物理学会奖。（蔡祺德）

吴有训（Wu Youxun） 字正之。中国江西省人，1897 年 4 月 2 日生于江西高安县，1977 年 11 月 30 日卒于北京。X 射线物理、高等教育管理、科学技术管理。

1920 年毕业于南京高等师范学校。1921 年赴美国入芝加哥大学，1926 年获该校哲学博士学位。同年秋回国后，相继在江西大学和中央大学任教。1928 年任清华大学教授。1938～1945 年任西南联合大学教授。1945～1948 年任中央大学校长。1948 年底任交通大学教授，1949 年任该校校务委员会主任。1950 年夏任中国科学院近代物理研究所所长，1950 年冬任中国科学院副院长，直至去世。1948 年当选为中央研究院院士。1955 年受聘为中国科学院学部委员（院士），曾任数学物理学部主任。曾兼任中国物理学会理事长，中国科学技术协会副主席。

在芝加哥大学学习 2 年后，1923 年成了刚来该校任教授的 A. H. 康普顿的研究生。在康普顿实验室中为康普顿效应的实验证实做了大量工作。1924 年发表论文“关于 X 射线经方解石晶体反射后的吸收测量的说明”，接着与康普顿合作，发表了论文“经轻元素散射后的钼 K_α 线的波长”。后来又独立发表了多篇论文，其中最有影响的是：1926 年的“在康普顿效应中变线与不变线的能量分布”、“在康普顿效应中变线与不变线的能量比率”。这些工作无可置疑地证实了“康普顿效应”，加速了国际物理学界对“康普顿效应”的公认。

1926 年回国后在困难条件下继续坚持研究，1930 年发表重要论文“X 射线被单原子气体散射的强度”。以后从事研究双原子气体和多原子气体的 X 射线散射和吸收，以及锗的两种同位素 ^{77}Ge 和 ^{71}Ge 的放射性等问题。毕生致力于中国的科学事业和教育事业，对建设中国科学院和培养中国科学人才作出了贡献。（郭奕玲 戴念祖）

科克罗夫特，J. D.（Cockcroft, John Douglas） 英国人，1897 年 5 月 27 日生于英国约克郡托德莫登，1967 年 9 月 18 日卒于剑桥。粒子物理学、核物理学、粒子加速器工程、核电工程。

农场主的儿子。1914 年秋进入曼彻斯特大学，在 H. 兰姆教导下学习数学，并有幸受教于卢瑟福。入学一年后，于1915年夏，因第一次世界大战而参军。1918年秋战争结束后退役，不再回到理科学习而转向学习电机工程，入曼彻斯特理工学院，1922年获电机工程学士学位。1925年8月在托德莫登与幼年女友克雷布特里(E. E. Crabtree)结婚，有4个女儿1个儿子。1928年获哲学博士学位。1946～1959年任英国哈威尔原子能研究所主任。1948年被册封为爵士。

早期与沃克(M. Walker)一起对电源的电压和电流波形进行谐波分析，研究导电体的界面效应，协助П. Л. 卡皮察建立高磁场，为卢瑟福的α射线谱学研究设计电磁铁，为β射线谱学研究设计永久磁铁，研究分子束的性质等。

主要贡献是与E. T. S. 瓦尔顿一起首次实现带电粒子的加速，1932年在剑桥大学卡文迪许实验室建立了世界上第一个粒子加速器——高压倍加器，利用它第一次用人工加速粒子实现核反应，以加速质子轰击锂原子，反应后得2个氦原子。这项工作得到了卢瑟福的大力支持，后在加利福尼亚大学由E. O. 劳伦斯和利文斯顿(M. S. Livingston)建立的回旋加速器上证实了上述核反应的发现。与瓦尔顿共获1951年诺贝尔物理学奖。

第二次世界大战期间，领导空防研究，为雷达的发展及探测潜艇和低空飞机作出贡献。战后领导自基础研究至核电站各方面的核开发，参与建立7 000兆电子伏特质子同步加速器。一生得到过很多荣誉。

（夏元复）

约里奥-居里，I. (Joliot-Curie, Irène) 婚前名伊伦娜·居里。法国人，1897年9月12日生于法国巴黎，1956年3月17日卒于同地。原子核物理学、放射化学。

是居里夫妇的长女，幼时长期由祖父居里大夫(Eugène Curie)抚养。12岁以前与P. 朗之万、J. 佩林等著名科学家的孩子一起，共同进居里夫人的私人协作学校学习。1909年进塞维宁公学，成为优秀生。1914年获塞维涅学院学士学位。第一次世界大战期间随母亲赴战地服务。1918年任法国镭研究院助教，成为居里夫人的助手。同时在巴黎大学学习数学和物理学。1921年开始进行科学研究。第一个研究项目是关于α射线射程的涨落。1925年获巴黎大学博士学位。1926年10月26日与F. 约里奥结婚。1936年担任法国科研国务次长。1937年任法国巴黎大学教授。1946年接替母亲任法国镭学研究所所长。1946～1950年被任命为法国原子能委员会负责人之一。

主要科学贡献是和丈夫一起进行人工放射性核素的研究。1934年，通过用α粒子轰击铝27(^{27}Al)产生带有β^+放射性的磷30(^{30}P)，产物半衰期为2.6分钟，通过β^+衰变而自发蜕变为硅30(^{30}Si)。这是人类发现的第一个人工放射性核素。因此1935年她和丈夫共同获得诺贝尔化学奖。后独自进行的通过中子轰击铀后对产物的研究，再次为原子核物理学和放射化学作出了重要贡献。她的先驱性工作表明在中子轰击铀以后的产物中存在着类似于镧系的核素。这一现象有助于O. 哈恩、F. 斯特拉斯曼等人在1938年底通过慢中子照射铀发现裂变现象。

是一位坚强的爱国者。在第一次世界大战中自愿担任战地护士。第二次世界大战期间仍和同事们留在法国从事研究，而她的丈夫从事法国共产党地下抗德组织领导下的抵抗运动。一直到1944年巴黎解放前几个月，为了避免德国占领军的报复，才由地下组织安排她和孩子迁居瑞士。1956年因白血病在巴黎居里医院去世，病因和她母亲一样，被认为是由于放射性损伤所致。毕生得到很多荣誉。

（夏元复）

布莱克特，P. M. S. (Blackett, Patrick Maynard Stuart) 英国人，1897年11月18日生于英国伦敦，1974年7月13日卒于同地。粒子物理学、宇宙线物理学、地球物理学。

出生于一个证券经纪人家庭。1910～1914年在奥斯本海军学校、达特茅斯皇家海军学院学习。1914～1917年在英国皇家海军服役。第一次世界大战后，进入剑桥大学马格达莱学院。1921年获物理学学士学位，1923年获硕士学位。作为伦敦大学国王学院的成员，他继续在剑桥大学卡文迪许实验室进行为期10年的研究工作。1933年任伦敦大学物理学教授。同年入选英国皇家学会会员。1937～1953年为曼彻斯特大学物理学教授兼任物理系主任。在第二次世界大战期间，领导一个小组研究雷达和反潜艇的工作。1953年为伦敦大学帝国学院物理系主任，1963年退休后仍保持教授职位。1965年当选为英国皇家学会会长。担任过许多科技机构的职务。

1919年E. 卢瑟福用α粒子轰击氮原子核得到质子和氧的同位素。这是第一次人工核反应，但用的是闪烁法，故未得到定量的结果。1925年布莱克特改进云室，每15秒可以拍一张云室照片，拍摄α粒子轰击氮原子的径迹。分析照片后他得出结论：α粒子轰击氮14(^{14}N)原子后产生氧的同位素氧17(^{17}O)和质子，这方面的工作第一次给出了核转变的照片。

后来，与奥恰利尼(G. P. S. Occhialini)合作研究宇宙射线中的高能粒子。他们在云室的上面和下面各设一个计数器，并采用符合电路，只有当粒子相继通过此两计数管时才使云室工作。这种装置可使拍得的照片中有80％含有宇宙射线的径迹。1932年，他们积累起700张宇宙射线照片。许多照片中有所谓"宇宙射线簇射"现象。在簇射中大约有一半的粒子是带正电的，其余则带负电。正电粒子的质量正好等于C. D. 安德逊在几个月前发现的正电子的质量。他们得出结论，认为正电子和电子是高能粒子在碰撞过程中产生的。后来，他和奥恰利尼、J. 查德威克等一起工作时发现，当高能光子被重原子吸收时也会产生正负电子对。由于发展了云室方法以及在核物理和宇宙射线领域中的发现，他获得了1948年诺贝尔物理学奖。

后来的岁月热心于研究岩石磁性。想通过岩石的磁性来研究地磁场的历史以及大陆板块移动的历史。这方面著作有《有关岩石磁性的讲稿》(1956年)、《大陆漂流说介绍》(1965年)等。

他还关注科技与社会的关系以及国际形势，出版有《原子能的军事与政治重要性》(1948年)、《原子武器与东西方关系》(1956年)、《战争、核子和条约研究》(1962年)、《发展中国家科学技术反思》(1970年)等。获得过许多荣誉学位和奖励。 (唐玄之)

奥布赖恩，B. (O' Brien, Brian) 美国人，1898年1月2日生于美国科罗拉多州丹佛，1992年7月1日卒。光学、光学工程、地球物理学、摄影术。

地质学家的儿子。1918年在耶鲁大学获电气工程学士学位，1922年获物理学的哲学博士学位。1922～1923年受雇于西屋研究实验室。1923～1930年在纽约大学佩里斯堡生物物理实验室工作。1930年到罗切斯特大学任生理光学教授，1938年为该校光学研究所所长，1946年为物理学和光学的研究教授。1953年加盟美国光学公司任副董事长，领导光学部门直至1974年退休为止。1951～1953年任美国光学学会会长。1953年当选为美国文理科学院院士。1954年被选为美国国家科学院院士。还担任过一些军事研究部门的职务，并受过奖励。

用自己的特殊技术测定了地球表面上太阳光谱的能量分布，一直测到290纳米波长以下。为测定大气层外太阳光谱的能量分布，测定了太阳在不同高度时大气对太阳光的吸收(主要来自大气中的臭氧)。和同事们用气球把仪器送到21.96千米和30.81千米的高空，第一次精密测定了大气中臭氧的垂直分布。

研究照相乳剂的感光性能时，他指出如果多次间歇曝光的断续频率足够大的话，则产生的效果与相同曝光量的连续曝光时相同，而过去则认为是不同的。与同事一起制成了一种高速照相机，每秒钟能拍摄1 000万张画面，时间分辨率小于10^{-7}秒。1946年用这种相机记录原子弹爆炸的情况。1940年他领导一个光学研究所，研制军工仪器，生产出一批为各军种广泛使用的仪器。

1933年，斯泰尔斯(C. W. Stiles)和克劳福德(A. Crawford)曾观察到人眼中央视网膜响应的明显方向性效应，但未获满意的解释。1946年，基于视网膜锥细胞的物理光学，他提出了一种理论，能给出与实验相符的结果。这个理论已得到公认，为此获得了1951年美国光学学会的艾夫斯奖章。 (唐玄之)

齐拉德，L. (Szilard, Leo) 美国人，1898年2月11日生于匈牙利布达佩斯，1964年5月30日卒于美国加利福尼亚州拉霍亚。X射线晶体学、核物理学、核反应工程。

匈牙利裔。出身犹太建筑工程师家庭，是三个孩子中最大的一个。幼年多病，故而早期教育主要来自母亲。第一次世界大战时参军，中断了电气工程的学习。1920年去柏林大学学习，转学物理学，1922年在该校获博士学位，论文指导教授为M. von劳厄。在这篇论文的基础上，1929年发表著名论文，在熵和信息之间建立了联系，从而预示了现代的控制论。

在柏林期间，主要从事X射线晶体学研究。还与爱因斯坦一起研究液体制冷剂用的电磁泵，得到专利。这种泵是现今反应堆中液态金属冷却剂周转的基础。

希特勒上台后，1933年离开德国去英国。在英国提出可能产生原子核的链式反应。同时鼓励和支持反法西斯的逃亡学者。1934～1935年确立齐拉德-查尔默斯反应，发现γ射线轰击铍时引起中子发射。一直到1938年到达美国时才得知O. 哈恩和F. 斯特拉斯曼在德国发现了裂变。他立刻意识到裂变是释放核能的关键。1939年为爱因斯坦起草了给罗斯福总统的信，建议制造原子弹。随后去哥伦比亚大学进行实验，证实裂变过程中释放出中子，并测定了中子数。和费米一起组织的研究工作，最终导致1942年12月2日在芝加哥实现了第一个可控的原子核链式反应。接着参加曼哈顿工程，为钚的生产作出了贡献。第一个核裂变反应堆的专利是在1945年授予费米和他两人的。在第二次世界大战后期反对将核弹用于战争，以后竭力主张核能用于和平事业。

第二次世界大战后，转向研究生物学，尤其是对细菌的突变以及各种生化机制进行基础研究。20世纪50年代后主要研究生物学的理论课题。被许多学者称为“是本世纪具有最深远最精细的思维的科学家”。主要贡献在统计力学、核物理、核能、遗传学和分子生物学方面。1958年获爱因斯坦奖。 (夏元复)

阿斯特伯里，W. T. (Astbury, William Thomas) 英国人，1898年2月25日生于英国朗顿，1961年6月4日卒于利兹。X射线晶体学、分子生物学。

1921年在剑桥大学攻读化学，在伦敦大学W. 布拉格指导下开始研究工作。1923年进入英国皇家研究院。1928年任利兹大学物理学讲师，后任生物分子结构学教授。

研究酒石酸的结构，用光度计测试衍射强度，与K. 朗斯代尔(Kathleen Lonsdale)合作编制了第一张空间群图表。1930年发现羊毛纤维在松弛和拉紧时具有不同的X射线衍射图案。1937年与F. 贝尔(Florence Bell)合作拍摄了第一张满意的胸腺核酸钠的X射线照片。关于蛋白质结构的学说虽有错误之处，但在阐明分子结构道路上迈出了第一步，把别人带进那时尚年轻的分子生物学领域。 (陆伟良)

希勒拉斯，E. A. (Hylleraas, Egil Andersen) 挪威

人，1898年5月15日生于挪威恩厄达尔，1965年10月28日卒于奥斯陆。原子物理学、晶体学。

1918年进基督教会大学学习数学和物理。1924年毕业后在奥斯陆大学当2年教师。1926～1928年到格丁根大学，在M.玻恩手下从事晶格点阵理论工作，获硕士学位。后来不时往返于奥斯陆与格丁根。1937年在奥斯陆大学任理论物理教授，直到去世。第二次世界大战后，曾在北欧理论原子物理研究所及欧洲核子中心工作。也在美国普林斯顿和威斯康星大学工作过。

早期受A.索末菲原子理论和M.玻恩的晶体动力论强烈影响。在格丁根期间在玻恩建议下，着手研究氦原子基态电离能问题。求得这电离能为24.35电子伏特。1929年进一步改进了计算方法，使计算值与实验值完全一致。氦原子基态电离能问题是对薛定谔方程的第一次实际检验。1930年论证负氢离子 H^- 理论上的稳定性。10年后，在太阳大气层中发现了 H^-。在原子、分子和晶体的量子论的其他领域也作出重要贡献。1945～1965年的工作大多涉及指导大学改革、教学和写作，写了一些相对论性电子论的论文。获得许多荣誉博士学位与奖励。　（周永平）

赫尔曼，C. H.（Hermann，Carl Heinrich）　德国人，1898年6月17日生于德国不来梅港附近，1961年9月12日卒于马尔堡。固体物理学、晶体学。

出身牧师家庭。在格丁根大学学习数学和物理学。在M.玻恩指导下于1923年获哲学博士学位。1925到柏林大学的威廉学院工作。1937年到斯图加特工业大学理论物理研究所当助教和讲师。第二次世界大战后担任马尔堡大学教授，直至去世。

20世纪30年代，不仅提出晶体结构的报道和国际性的表格，而且还提出有关非晶态和半晶态物质对称性的作用的论文。赫尔曼-摩吉安术语表对X射线晶体分析技术很有用处，得到1930年在苏黎世召开的晶体物理学家国际会议的认可。该表于1935年出版，由他撰稿和编辑。1925～1937年还和埃瓦尔德（P. P. Ewald）合写了2卷关于晶体结构方面的书。1948年在美国哈佛召开的晶体学国际会议上，曾提出四维空间群的论文。还推广P.尼格里的“晶格综合结构”概念，并试图列出晶格综合结构表。　（周永平）

哈里森，G. R.（Harrison，George Russell）　美国人，1898年7月14日生于美国加利福尼亚州圣迭戈，1979年7月27日卒于马萨诸塞州康科德。光谱学、光电子学、仪器研制。

1922年获博士学位。1930年开始从事教学工作，曾任马萨诸塞理工学院教授。培养了一大批研究生，进行大量的光谱研究工作。设计和领导了该校的光谱实验室。第二次世界大战期间，曾任野战勤务办公厅主任；从事过新武器研制工作；在国家防务研究委员会科学研究和发展部任光学部主任和物理学部主任。1942～1964年任马萨诸塞理工学院光学研究所所长，继续光谱研究工作。

在复杂光谱分析方面颇有造诣，对铀样品进行过光谱分析。曾研制出多种高精度的测量仪器和高速模拟计算机，并使用于涉仪和电子伺服装置制造出一台光控刻线机，从而刻制出高质量大尺寸的衍射光栅。著有《原子在活动》（1938年）、《实用光谱学》（1948年）、《科学家是怎样的人》（1956年）等书。美国光学学会、美国国家科学院等曾先后8次授予奖章，以表彰他对光谱学方面的贡献。　（蔡祺德）

叶企孙（Ye Qisun）　中国上海市人，1898年7月16日生于上海，1977年1月13日卒于北京。物理计量学、地球物理学、物理学教育。

出身教师家庭。1918年毕业于清华学校（清华大学前身）。同年秋到美国留学，先后在芝加哥大学和哈佛大学学习，1923年在哈佛获博士学位。1924年回国在东南大学任教。1925年后在清华学校任教，后任清华大学物理系教授、系主任。抗日战争时期随校内迁，任西南联合大学物理系教授。抗战胜利后，任清华大学理学院院长。1952年直至去世，任北京大学物理系教授、磁学教研室主任。1955年选聘为中国科学院学部委员（院士）。他是中国物理学会的创始人之一，曾任副会长、会长、理事长等职。

在美国期间，曾做过普朗克常量的测定、水压力对铁镍钴磁性的影响的实验物理工作。他测定的普朗克常量数据为一些教科书引用达16年之久。回国后，除经典物理学外，对化学、生物、地质地理、气象等以及科学史都有所研究。除广泛地讲授各种物理课程外，还讲授如大气电学、大气光学等边缘学科课程。由于他知识渊博、概念清楚，他的教学受到历届学生的广泛欢迎。

突出的贡献是对中国自然科学的教育、研究的建立和发展。对建立清华大学理科（特别是物理系）起着决定性的作用，几十年中培养了大量的优秀的学生，其中不少人已是著名物理学家、科学家。　（孙　佶）

拉比，I. I.（Rabi，Isidor Isaac）　美国人，1898年7月29日生于奥匈帝国雷马诺夫（今属波兰），1988年1月11日卒于美国纽约。原子物理学、原子核物理学、磁学。

波兰裔。毕业于美国康奈尔大学。1926年获哥伦比亚大学物理学博士学位。接着在德国、丹麦、瑞士等国的著名研究所做博士后研究2年，接触到A.索末菲、N.玻尔、W.泡利、W.海森伯等著名科学家。1929年回哥伦比亚大学从事研究工作，1937年任教授。1940年当选为美国国家科学院院士。1940～1945年任马萨诸塞理工学院辐射实验室副主任。接着任哥伦比亚大学物理系常务主任。1946～1956年当选为美国原子能委员会总顾问委员会成员，其中有4年任该委员会主席，并一度担任总统科学顾问委员会、美国科学委员会主席。1964年任哥伦比亚大学首席教授，1968年退休。

研究领域主要在和磁场直接或间接有关的现象方面。早期在"关于晶体的主磁化率"学位论文中，创造了一种新颖、简单而又高度精密地确定单块晶体的感应椭球面位置的方法。1927年在斯特恩研究所工作期间，学到O. 斯特恩创造的利用分子、原子束对分子、原子现象进行研究的方法，掌握了利用原子束的偏转精确测定原子核磁矩的技能。1929年回美国后，利用这一方法研究原子能级的超精细结构。和学生科恩(V. Cohen)用实验证明了钠原子有4个超精细能级，由此得出了钠核的自旋值。1933年斯特恩发现质子磁矩的实验值与狄拉克的理论值有较大差别。他用氘和氘进行实验，证实了斯特恩的这一重要结果，独立地测定了质子和氘核的磁矩。在此实验过程中，发明了利用共振现象引起超精细能级之间的跃迁的方法。这种方法可应用于原子钟、核磁共振、微波激射器及激光等方面。由于这一重要方法的发现，于1944年获诺贝尔物理学奖。

第二次世界大战期间，从事发展微波雷达的军事研究，后来积极从事原子能的和平利用。1945年提出原子钟的概念。1947年参与建立布鲁克黑文国家实验室。1961年制定建立欧洲核子研究中心的计划。著有自传《我成为一个物理学家的时代与生平》(1960年)，以及吁请科学与人文结合的著作《科学：文化的中心》(1970年)。 (马见慈)

英费尔德，L. (Infeld, Leopold) 波兰人，1898年8月20日生于波兰克拉科夫，1968年1月15日卒于华沙。广义相对论、宇宙学。

皮革交易商的儿子。起初进商业学校学习，但对相对论感兴趣。1920年到柏林会见爱因斯坦，并撰写关于光波的广义相对论问题的博士论文。1929年在利沃夫大学任职。1950年回华沙大学当教授，担任大学理论物理研究所所长、波兰科学院物理研究所理论组负责人。是波兰科学院院士，还是其他许多学会的成员。

1932年从事黎曼空间中旋量分析的研究，在与范德韦尔登(B. L. van der Waerden)合作的论文中，指出旋量计算可进一步用于计算引力对自旋粒子的影响。1933～1934年到剑桥大学，对非线性电动力学理论作出新的解释，并和玻恩合作提出玻恩—英费尔德理论。1936年接受爱因斯坦的建议，在普林斯顿高等研究院和爱因斯坦等人一起，根据广义相对论研究重物体的运动问题。他们还和霍夫曼(B. Hofmann)一起提出了EIH方法(爱因斯坦-英费尔德-霍夫曼方法)，其主要结论之一是物体在引力场中的运动可看作是引力场的奇点的运动，因而完全由引力场方程确定。他指出引力辐射受到爱因斯坦方程的性质的强烈抑制，并简化了对天体运动在后牛顿近似下的理论推导。这些结论收集在1960年出版的《运动与相对论》一书中。1936年在普林斯顿还和爱因斯坦合著了《物理学的进化》，这是一本通俗易懂、生动有趣的物理学史著作。

1938～1950年在多伦多大学从事微分方程、宇宙学等几个领域的研究。第二次世界大战期间在加拿大从事波导管和天线设计。战后，主要从事经典理论的研究，并紧跟物理学各领域的进展，同时鼓励波兰学生去从事核物理、高能物理和固体物理的理论工作。

(周永平)

比姆斯，J. W. (Beams, Jesse Wakefield) 美国人，1898年12月25日生于美国堪萨斯州，1977年7月23日卒于弗吉尼亚州。分子物理学、物理计量学、真空工程。

出身农民家庭。在弗吉尼亚大学获博士学位。历任奥本大学、耶鲁大学和弗吉尼亚大学的副教授、教授和系主任以及史密斯物理讲座教授。曾是美国物理学会副会长、美国哲学学会副会长、美国科学促进协会副主席。1946年入选美国国家科学院院士。1940年入选美国文理科学院院士。

改进了克尔盒，用空气驱动快速旋转镜可观察小于10^{-9}秒的现象。后来又对蛋白质的物理性质有兴趣，设计了高真空离心机(10^{-6}托)(1托＝133.3帕)。把超速离心机改进为磁性悬挂式，测定了生物、医学、化学上感兴趣的大部分物质分子质量的绝对值，包括蛋白质与病毒。还对光压、光的角动量和万有引力常数G进行测量。荣获多种奖励荣誉。 (汪玉芝)

赫茨贝格，M. (Herzberger, Max) 美国人，1899年3月7日生于德国柏林，1982年卒。光学、光学工程。

德国裔。1919～1922年在柏林大学学习数学、物理学和哲学，1923年获博士学位。1925～1928年任里兹公司的计算研究所主任。1928～1935年在蔡斯公司从事衍射几何光学的研究。1931年因政府阻挠未能去耶拿大学工作。1935年经爱因斯坦推荐，在柯达公司研究部谋得一个职位。1935～1965年在罗切斯特大学的研究实验室任高级研究助理，从事光学研究。期间，1943年离开德国去荷兰，在代尔夫特大学任教，并在荷兰各大学讲学。1965年以后在苏黎世大学等校从事教育工作。1957年当选为民主德国科学院通讯院士。1977年被选为德国光学协会名誉会员、罗切斯特光学学会名誉会员。1955年当选为美国科学促进协会会员，还是德国、美国和瑞士等国的光学和物理学协会的会员。在光学、数学场论等方面，写了大约200篇论文，著有《辐射光学》(1931年)和《现代几何光学》(1958年)等书。1945年获美国国家科学院奖，1962年获美国光学学会艾夫斯奖。 (蔡祺德)

范弗莱克，J. H. (Van Vleck, John Hasbrouck) 美国人，1899年3月13日生于美国康涅狄格州米德尔敦，1980年10月27日卒于马萨诸塞州坎布里奇。原子物理学、磁学、量子论。

祖父是天文学教授，父亲是数学教授。他在威斯康星大学获物理学学士学位。1922年获哈佛大学物理学

博士学位。留校任教。1926年任明尼苏达大学物理学副教授,1927年任教授。1928～1934年在威斯康星大学任教授。1934～1969年任哈佛大学教授,曾任物理系主任、工程与应用物理学院院长,1951年授予数学和自然哲学的霍利斯讲座教授称号。1960～1962年先后任荷兰莱顿大学、牛津大学教授。1934年入选美国文理科学院院士。1935年被选入美国哲学学会。

是现代磁学量子理论的先驱。1930年把定态量子能级展开为磁场 H 的幂级数,认为如果把二级项包含进来,则顺磁性物质磁化率的理论值能与实验很好地符合。由此得出的磁化率可以解释铁族顺磁性物质的各种磁学性质,并导出在一定条件下(能量间隔与 kT 相比很大或很小)磁化率与温度的关系,指出居里定律只是一个特例。因对磁体和无序系统的电子结构的基础研究,与P. W. 安德逊和N. F. 莫特分享了1977年度诺贝尔物理奖。

还对与磁学性质有关的化学键的性质进行研究,发展了分子键的配位场理论。撰写的《电和磁的极化率理论》(1932年)是第一本磁性量子理论方面较全面的论著。曾获迈克耳孙奖、朗缪尔奖、美国国家科学奖章、荷兰的洛伦兹奖章等。 (张玥明)

俄歇,P.V. (Auger,Pierre Victor) 法国人,1899年5月14日生于法国巴黎,1993年12月25日卒于同地。*原子物理学、粒子物理学、宇宙线物理。*

在巴黎高等师范学校和巴黎大学学习过。1926年获博士学位。后来在巴黎大学工作,1937年成为教授。在建立法国的和国际的科学组织中起过重要的作用。第二次世界大战期间,参加在加拿大蒙特利尔的原子能研究小组。1945年回到法国参加筹建原子能委员会。1952年任联合国教科文组织的科学部主任。对建立欧洲核子中心也有贡献。在建立了法国的国家空间研究中心之后,他在1960～1964年花了几年时间筹建欧洲空间研究组织,1962年成为总指导。

1922年一开始工作就对威尔逊云室很感兴趣,并用来研究X射线在气体中所产生的光电效应。设想把现象简化,企图在单一种类的原子中得到光电效应。他在云室中装满对X射线很少吸收的氢气,再放入极小量的强烈吸收X射线的重的惰性气体,如氩(Ar)、氪(Kr)、氙(Xe)等。1925年他用云室研究由氩原子所发射的光电子时,发现90%的光电子长径迹都伴有较短的径迹产生。这显示出氩原子在发射光电子的同时还发射出另一低能量的电子。认为这是由于原子的无辐射跃迁产生的。例如,氩原子吸收X射线光子后发射出K电子,这就是光电子;外层电子跃迁至K层空位时发射标识X射线;外层电子跃入内层空位时释放的能量也可以不以X射线形式放出,而是使另一轨道电子发射出去成为低能量电子,原子则再一次被电离。后一现象叫做俄歇效应,所发射的低能量电子叫俄歇电子,发射俄歇电子后增加了原子的正电荷叫做俄歇电离。佩林(N. Perrin)后来的研究表明,某些重原子能发生一系列的俄歇效应,使它最后能获得28个正电荷。

在宇宙射线方面也做了许多工作。让宇宙射线中贯穿粒子穿透半米厚铅板之前和之后用双云室来显示其径迹。这种粒子就是C. D. 安德逊在1938年所证实的介子。后来研究宇宙射线簇射中的光电子级联过程,企图找到能量非常高的粒子。在梅兹(R. Maze)的帮助下,1938年利用高分辨率(10^{-6}秒)的符合计数设备演示了巨大的大气簇射的存在,他称之为"巨束"。通常叫做广延大气簇射或广延俄歇簇射。在这巨大的簇射中包含有10^{7}个电子和光子分布在几千平方米的面积上,他从此估算出产生这一簇射的粒子的能量超过10^{15}电子伏。后来的估算数字提高至10^{20}电子伏。这样的俄歇簇射是已知的自然现象中能量最高的。 (唐玄之)

布赖特,G. (Breit,Gregory) 美国人,1899年7月14日生于俄国尼古拉耶夫,1981年9月13日卒。*核物理学、核能工程、无线电技术。*

俄国裔。早年在俄国亚历山大学校读书。1915年随父移居美国,1918年加入美国籍。1921年获约翰斯·霍普金斯大学博士学位。历任明尼苏达大学物理学助理教授,卡内基研究院、纽约大学和威斯康星大学教授。他在卡内基开始研究核物理。1947年加入耶鲁大学教师会直至退休。1939年入选美国国家科学院院士。

1925年在卡内基研究院工作时与他人合作通过发射短脉冲无线电波测定电离层高度,为现代脉冲雷达奠定了实践与理论基础。远在原子弹与核反应堆使全世界关注核物理之前,他就已从事这方面的前沿工作;参与负责美国第一座质子加速器以及战时曼哈顿计划的重要研究;对第二次世界大战期间武器的发展有重大贡献。因在核理论与核子动力学方面的先驱性工作,以及在原子物理和电离层物理方面的重要工作,获美国国家科学奖章。他提出了布赖特-维格纳核共振理论,对核理论有开拓作用。第二次世界大战期间,参加国防研究委员会,研究铀分裂。1952年应英国王室成员的要求,计算如果反应失控是否会点燃大气与海洋的问题,回答是否定的。还对无线电通信、量子电动力学等有所贡献。 (汪玉芝)

斯托纳,E.C. (Stoner,Edmund,Clifton) 英国人,1899年10月2日生于英国萨里郡东莫莱萨,1968年12月27日卒于约克郡利兹。*金属物理学、磁学。*

在剑桥大学卡文迪许实验室开始研究工作。1924年执教于利兹大学物理系,1939年受聘为新设的理论物理学教授,1940～1946年任物理系代理系主任。1951年任剑桥大学卡文迪许实验室物理学教授,并任物理系主任,1963年退休。1937年被选入英国皇家学会。

从事有关铁磁性质几乎所有基础的研究。用费米-狄拉克统计发展了金属的顺磁和铁磁理论。研究了许多金属的顺磁性质和极少数元素特有的铁磁性质之间的差别。还对高矫顽力的三元合金的发展有兴趣。1926 年出版《磁学和原子结构》。1930 年和 1934 年分别出版了《磁学》及《磁学和物质》，用最新的量子理论、电子自旋等概念阐明物质的磁学性质。这 3 本书内容丰富，多次出版，被译成多种文字。 （张玥明）

林赛，R. B.（Lindsay, Bruce） 美国人，1900 年 1 月 1 日生于美国新贝德福德，1985 年卒。*原子物理学、声学。*

1920 年在布朗大学获硕士学位。1924 年在马萨诸塞理工学院获博士学位。在大学教学 50 年，1936 年任教授，1971 年退休任名誉教授。在布朗大学历任物理系主任、超声实验室主任、校长。1931 年入选美国文理科学院院士。1957 年任美国声学学会会长。

早期用玻尔理论研究多电子原子。曾在 N. 玻尔的研究所中进行研究工作。不藉助光谱资料，直接计算了碱金属原子的能态以及对应的电子轨道，提出了自洽性概念。以后转为研究声学。对声滤波器进行了理论和实验研究。还研究了高频声散射及其在非均匀介质中的衰减，特别是由于弛豫过程引起的超声吸收。还爱好哲学。对物理学和科学的发展史也有研究。著作很多，其中有《声学》、《物理力学》、《物理基础》、《机械辐射》、《文明中科学的任务》、《声学：它的历史和哲学发展》。1963 年获美国声学学会金质奖章。 （蒋澄华）

豪斯顿，W. V.（Houston, William Vermillion） 美国人，1900 年 1 月 19 日生于美国俄亥俄州芒特吉利阿德，1968 年 8 月 22 日卒于英国爱丁堡。*光谱学、量子力学、数学物理学。*

1920 年毕业于俄亥俄州立大学，1925 年获物理学哲学博士学位后到加利福尼亚理工学院任国家研究委员会的成员，直到第二次世界大战末期。第二次世界大战期间到哥伦比亚大学，研究一种导航的反潜装置，在大西洋战场上发挥了作用。战争后期到休斯敦的一个研究所任所长及物理学教授。1943 年入选美国国家科学院院士。1962 年当选为美国物理学会会长。

1961 年索末菲将 N. 玻尔的原子理论推广到包含电子质量的相对论效应上，并预言巴尔末系及拟氦离子主线系的一种精细结构。豪斯顿看出了光谱学为新发展起来的量子理论提供实验检验的可能性。他在 1926 年关于巴尔末系光谱线的论文中，指出索末菲的理论并没有在所有方面都描述了实验观察。他和几届研究生及其他合作者对此进行研究，得出了肯定的结论：为了满意地解释实验观察，必须对理论进一步校正。他的精密光谱研究还产生了一些其他成果。例如，设计了双法布里-珀罗干涉仪；和学生们利用干涉仪和棱镜光谱仪的各种组合测出里德伯常数的精确值；在对不同元素的塞曼效应的测量时校正荷质比（e/m）。

在德国跟随索末菲和 W. 海森伯的一年中，他对于新发展起来的波动力学应用于物理学其他领域发生了兴趣。在海森伯的研究所里，他详细研究了双电子原子的光谱，并提出理论解释。在索末菲的研究所里，他提出把金属的电阻看成是电子波而不是电子粒子的散射。他利用已知的关于 X 射线的德拜公式得出电阻在高温时正比于温度；在低温时如果不计及晶格的运动则电阻正比于 T^2。次年，在计及费米-狄拉克统计后，他得到极低温度下电阻与 T^5 成正比。出版《数学物理学原理》及《量子力学原理》等著作。 （唐玄之）

伦敦，F.（London, Fritz） 美国人，1900 年 3 月 7 日生于德国布雷斯劳（今波兰弗罗茨瓦夫），1954 年 3 月 30 日卒于美国北卡罗米纳州达勒姆。*量子力学、超导理论、低温物理学。*

德国裔。早年对哲学颇感兴趣，1921 年获博士学位。1933 年离开德国，在英国工作数年后定居美国。1939 年起任美国北卡罗米纳州迪克大学理论化学教授，后为物理化学教授，直至去世。

1925～1934 年，他的兴趣集中在分光镜和新的量子力学上。1927 年和海特勒（W. Heitler）提出了用量子力学处理氢分子的方法，并获得成功。1932 年末，完成了一本关于分子理论的手稿，该手稿现保存在迪克大学图书馆内。1937 年研究苯环时，开始形成了关于长程序的概念，这成为他后来超导研究工作的中心。1935 年和弟弟 H. 伦敦联合发表了关于超导体电动力学的论文，他们把电流与磁场相联系，提出了以他的名字命名的方程。他对超导不仅写了许多论文，而且写了 2 卷《超流体》专著。他还发现，量子力学系统在绝对零度时动能并不完全消失，有残余零点能量。他所提出的长程序概念，对进一步研究生物学系统也是十分重要的。

（柳 涛）

约里奥-居里，F.（Joliot-Curie, Frédéric） 原名弗里德里克·约里奥（Frédéric Joliot），1926 年成为居里夫人的女婿后更名为 F. 约里奥-居里。法国人，1900 年 3 月 19 日生于法国巴黎，1958 年 8 月 14 日卒于同地。*核物理学、放射化学、核能工程。*

父亲 H. 约里奥（Henri Joliot）在普法战争的后期参加巴黎公社并积极参加战斗，公社失败后逃亡到比利时好几年，回国后经商很成功，后来与 E. 鲁德勒（Emilie Roederer）结婚。他是他们 6 个孩子中最小一个。5 岁上学。1910 年进拉卡纳中学求学。1918 年应征入伍，不久战争结束便退伍。1920 年进巴黎大学理化学院，该校是 P. 居里自 1882 年起工作了 22 年的地方，居里夫妇曾在这里发现放射性物质。弗里德里克·约里奥最终选择了研究物理学，1923 年以全班第一名的成绩毕业。随后服兵役 15 个月。因 P. 朗之万的推荐，1925

年春正式到巴黎大学镭学研究所,直接在居里夫人指导下工作。进一步学习现代物理化学和放射学,研究钋的电化学性质,1927年获硕士学位,1930年获博士学位。1933年任法兰西学院教授,兼物理和核化学实验室主任。进入镭学研究所时,居里夫人的长女伊伦娜已在该所致力于研究工作。在工作中彼此产生爱情,1926年他们结婚,生有一儿一女。女儿H.约里奥(Hélène Joliot;1927年生)成为核科学家,1949年与P.朗之万的孙子结婚。1932年生的儿子P.约里奥(Pierre Joliot)后来研究生物物理。

从1945~1950年担任法国原子能委员会高级专员,并于1948年领导建立了法国第一个核反应堆。1950~1958年任法国国家科学研究中心主任、法兰西学院教授。1956年出任镭学研究所居里实验室主任。是9所大学的荣誉博士和英国皇家学会、波兰科学院、苏联科学院、柏林科学院等10个科学院的外籍院士,在核科学领域中享有盛誉。

1926~1931年,他们夫妇致力于提高实验技能,改进威尔逊云室、盖革计数管探测快速α粒子的能力。1931年自建云室。1932~1935年他们合作进行紧张的研究,几乎每隔二三星期就发表一篇论文。1930年,W.博特和贝克尔(H. Becker)发现用放射性钋产生的α射线轰击很多原子核时,能使它们带有放射性,发射出未知的中性射线。他们夫妇用强的钋源重复这些实验,测量了未知射线对铅的穿透力以及在含氢材料中引起的次级辐射,同时断定次级辐射是质子。但是他们并没有认识到这种中性射线是卢瑟福早在1920年就预言可能存在的中子。对此,查德威克作出了正确的解释,从而发现了中子。

1932年他们研究了宇宙射线对原子核的影响,确认中子不是宇宙射线的主要成分。1933年最早精确测定中子的质量。1934年用α粒子轰击铅、硼时首次产生人工放射性物质,又用这些人造元素研究放射化学。由于发现人工放射性核素,他们夫妇合得1935年诺贝尔化学奖。

1937年他在法兰西学院建立起一台7兆电子伏回旋加速器,是当时欧洲第一台回旋加速器。以后他们研究裂变现象,1939年2月首次得到裂变碎片径迹的云室照片。

第二次世界大战期间应召入伍,研究核科学的前景。法国被德国占领后机智地保存了法国的核物理装备,参加抗议逮捕朗之万的反德示威。任"被占领区全国阵线委员会"委员,在反纳粹抵抗运动中艰苦斗争。1941年和1942年曾两次被捕,以后转入地下活动,全力投入消灭德国法西斯的斗争。1946年法国政府授予其十字勋章。 (夏元复)

泡利,W. (Pauli,Wolfgang) 美国和瑞士双重国籍。1900年4月25日生于奥地利维也纳,1958年12月14日卒于瑞士苏黎世。*核物理学、量子电动力学、粒子物理学、相对论。*

奥地利裔。父亲W.J.泡利(Wolfgang Joseph Pauli)是奥地利维也纳大学的物理化学教授。母亲B.舒茨(Bertha Schutz)是作家。他幼时受天主教洗礼,教父是物理学家、哲学家E.马赫。在维也纳上中学,毕业后到慕尼黑大学向索末菲学习理论物理学,1921年获博士学位。1922~1923年应玻尔邀请到哥本哈根大学。1923~1928年在汉堡大学当讲师。1928年任苏黎世联邦工业大学的理论物理教授。1935年到美国,1940~1946年任普林斯顿高等研究院客座教授。1946年加入美国籍。第二次世界大战后返回苏黎世,加入瑞士国籍。在苏黎世联邦工业大学工作直至1958年去世。

中学临毕业前,他就钻研了刚诞生不久的爱因斯坦的广义相对论。在跟随A.索末菲学理论物理学时,克莱因请索末菲为《数学大全》写一篇相对论的文章,索末菲大胆地把此事委托给年轻的泡利。他写了一本长达250页的相对论单行本。这是一本狭义和广义相对论的很好的入门书,索末菲对他的这一成绩非常高兴,写信给爱因斯坦对此大加赞扬,爱因斯坦也称赞不已。

1920年提出著名的"不相容原理",或称"泡利原理"。1922年获博士学位后进而研究反常塞曼效应。当时,许多物理学家在探讨原子的内层结构时,在电子的分布问题上遇到了困难,而泡利原理对此作出了解释。这个原理可简述为"在一个原子中,不可能有两个电子处于完全相同的量子状态"。该原理使原子中各电子壳层的可能的组态数搞清楚了。泡利原理使早期量了论迅速发展为海森伯、狄拉克和薛定谔形式的量子力学。继狄拉克之后,他和P.乔丹(Pascual Jordan)、海森伯推进量子电动力学的发展。泡利原理的文章于1926年在《物理学手册》第23卷上发表,人们称之为"旧约全书"(写于汉堡);1933年在《物理学手册》第24卷上发表"波动力学的一般原理"一文(写于苏黎世),人们称之为"新约全书"。为此获1945年诺贝尔物理学奖。

在苏黎世期间最重大的成就是提出中微子假设,以此正确地解释了连续β谱。N.玻尔曾认为,就β衰变而言能量守恒应当只具有统计意义。可是即使承认这个观点,对于自旋量子数为1/2的粒子来说,还会违背角动量守恒和统计规律。泡利对此进行探讨,1930年写信给L.迈特纳,指出:"如果认为当β衰变时,一个'中子'伴随电子而发射,那么连续β谱就不难理解。"写这封信时查德威克还没有发现中子。这里所说的"中子"实际上是后来费米命名为"中微子"的粒子。在1933年的索尔维会议上,泡利进一步阐明他的主张,并以会议报告的形式发表。1934年费米终于在中微子假设的基础上完成了β衰变理论。泡利假设的中微子已于1956年被发现。

还发表过其他方面的许多论文,比较重要的有自旋和统计的关系、气体和金属的顺磁性、把波动力学从单粒子问题推广到大数量粒子问题。*CPT*定理的证明(*C*指电荷共轭,*P*指宇称,*T*指时间反演),介子的解释和核的结合力等。

他讲课口齿不清，板书混乱，听他的课很吃力。虽然如此，他的学生还是很敬重他并受到很大激励。他的敏锐的和评论性的见识给人留下深刻印象。他的才智出众，又是个激烈的批评家。他的性格非常怪僻，有人形容说，似乎谁碰上泡利，就像上帝赐给谁灾难。但通过个别讨论和信件来往，泡利对许多物理学家的影响很大。

除诺贝尔奖外，还获 1930 年洛伦兹奖章，1952 年富兰克林奖章，1958 年普朗克奖章等。（周永平）

布罗德，R. B.（Brode, Robert Bigham） 美国人，1900 年 6 月 12 日生于美国华盛顿州沃拉沃拉，1986 年 2 月 19 日卒。宇宙线物理、分子物理学。

1921 年在惠特曼学院获学士学位。1924 年获加利福尼亚理工学院哲学博士学位。后在牛津大学做研究工作 3 年。1927 年任伯克利加利福尼亚大学助教，1930 年任副教授，1932 年任教授，1967 年退休。第二次世界大战期间，是约翰斯·霍普金斯大学应用物理实验室主任，发展了近炸信管。之后任洛斯阿拉莫斯国家实验室武器局引信组的负责人。1958～1959 年任美国国家科学基金会物理部主任、大学科学发展部成员和副指挥。曾被选为美国物理学会指导委员会、美国物理教师协会、美国科学促进协会 B 区的副主席和太平洋地区的主席。他还是总统任命的国外奖学金委员会成员，曾是科学联盟国际委员会的联合国大会的美国代表。1954～1960 年任理论物理和应用物理国际协会的副主席。1949 年当选为美国国家科学院院士。1960 年成为美国文理科学院院士。1970 年获伯克利加利福尼亚大学荣誉博士学位。

1925 年在第一篇论文中，证明氮和一氧化碳或甲烷和氩分子的外层电子排列具有相似性，因而对慢电子的碰撞具有非常相似的截面。还对碱金属原子截面进行了研究。1935 年在伦敦大学从事计算机控制云室的工作。一年后回到伯克利，发展了云室技术，测量高能宇宙线电子的电离比值和动量。1938 年与科森（D. Corson）一起证实了电离比值随 4 倍于静止质量的相对论电子的能量增加而增加的理论预言，从而可在高能下区别质子和介子。第二次世界大战后，得到 μ 介子的静止质量是电子质量的 210±5 倍。还在伯克利建立中子监测站。（欧阳容百 王广厚）

梅森，W. P.（Mason, Warren Perry） 美国人，1900 年 9 月 28 日生于美国科罗拉多州，1986 年卒。固体物理学、声学、电气工程。

1922～1928 年在哥伦比亚大学先后获硕士、博士学位。博士论文是关于声学滤波器。由于这一工作而成为美国声学学会的创始人之一。1921～1965 年一直在贝尔电话实验室工作，1935 年任压电研究室主任。

主要研究固体的压电现象、力学和声学性质。从事石英晶体和铁电体的研究，发现了酒石酸钾钠有两个居里点；将交流电压加在石英晶体上会产生声波，并了解到对于不同切割的石英晶体可产生纵波或横波。1948 年后领导一个科研组测量了许多固体和晶体的声学性能，研究了超导体内的声波被电子的衰减，还开发了许多实际应用，如长寿命无焊药连接技术等。是 14 卷《物理声学》丛书的主编。著有《机电转换器和滤波器》（1942 年）、《压电晶体及其在超声中的应用》（1950 年）、《物理声学和固体的性质》（1958 年）、《相互作用过程中的晶体物理》（1966 年）等书。获 1964 年美国仪器学会的贝克曼奖，1967 年美国电气与电子学工程师协会的拉姆奖，1971 年声学学会金质奖。（蔡祺德）

乌伦贝克，G. E.（Uhlenbeck, George Eugene） 美国人，1900 年 12 月 6 日生于印度尼西亚巴达维亚（今雅加达），1988 年 10 月 31 日卒。原子物理学、分子物理学、量子力学。

祖籍荷兰。1907 年他的家庭由印度尼西亚移居荷兰海牙，他在那里接受初等和中等教育。1918 年入代尔夫特工学院学习化工。翌年转入莱顿大学学习物理学和数学，1927 年在该校获博士学位。后移居美国，1927～1960 年在密歇根大学等校任教。1939 年在密歇根大学任理论物理学教授。1960 年迁往纽约，在纽约州立大学的洛克菲勒医学研究中心（今洛克菲勒大学）工作，一直到 1974 年退休。1943～1945 年还是马萨诸塞理工学院辐射实验室的顾问。1954～1955 年兼任国立莱顿大学教授。1963～1964 年兼任荷兰阿姆斯特丹大学教授。是美国国家科学院院士、美国物理学会和美国哲学学会会员。1959 年任美国物理学会会长。还是荷兰物理学会会员。

研究领域为原子结构理论、量子力学、统计力学、分子运动论和核物理。对物理学的主要贡献是 1925 年和 S. A. 古兹密共同提出电子自旋的假设。他们为了解释原子光谱线的多重结构，在 W. 泡利的启发下，提出电子具有自旋角动量和自旋磁矩。这个假设为大量的实验结果所证实。1964 年获普朗克奖，1970 年获洛伦兹奖。（沙振舜）

斯莱特，J. C.（Slater, John Clarke） 美国人，1900 年 12 月 22 日生于美国伊利诺伊州奥克派克，1976 年 7 月 25 日卒于佛罗里达州萨尼伯尔岛。量子力学。

1922 年获哈佛大学哲学博士学位。1923～1924 年移居欧洲——当时理论物理的活动中心。获得研究员职位后，在剑桥大学和哥本哈根大学工作了一段时间。后到哈佛大学任教，直到 1930 年去马萨诸塞理工学院任物理系主任。1940 年在马萨诸塞理工学院辐射实验室参与微波雷达的研究。1941～1945 年转往贝尔实验室工作，战后装备了一个电子学研究室。并在马萨诸塞理工学院建立了一个核科学和工程的实验室。1951 年成为该校的第一个学院教授，是一个可以免去大部分行政工作的职位。1964 年为佛罗里达大学物理和化学的研究教授，1976 年退休。1932 年入选美国国家科学院院士。

早年接受了量子力学的概念并开展了许多工作，例如，氢原子的结合能、哈特里（D. R. Hartree）自洽场理论等。最重要的是用斯莱特行列式确定多电子系统的波函数。第二次世界大战期间，用类似于自洽场的计算方法，提出了磁控管的普遍理论，成为磁控管设计的重要基础。战后继续从事分子和固体理论的研究。1951年发展并简化了哈特里-福克(В. А. Фок)自洽场方法，称 X_α 法，促进了相关能和交换能的计算。借助功能较强的计算机对双原子分子和水、氨以及甲烷的电子结构作了计算。1965年对固体的电子结构的计算得到自洽的结果。一生有许多著作，最著名的有《原子结构的量子理论》、《分子和固体的量子理论》等。1967年获美国物理学会的兰茂尔奖。1970年获美国国家科学奖章。

（张玥明）

严济慈（Yan Jici） 字慕光。中国浙江省人，1901年1月23日生于浙江省东阳县，1996年11月2日卒于北京。*光学、仪器研制、科学管理。*

出身农民家庭。少年时在家乡就读。1918年考入南京高等师范学校，1923年毕业于该校数理化部；同时毕业于东南大学，为该大学首届唯一的毕业生。同年，即以稿酬和师长亲友的资助赴法国留学。1925年获巴黎大学数理教学硕士学位，1927年获法国国家科学博士学位。此后一年中，同时在上海大同大学、中国公学、暨南大学和南京第四中山大学任教授。1928年再次去法国，在巴黎大学法布里物理实验室和法国科学院大电磁铁实验室任研究员。1931年回国后，任北平研究院物理研究所研究员、所长，兼镭学研究所所长，直至1949年。1934年，和F. 约里奥-居里一同当选为法国物理学会理事。1945～1946年作为客座教授赴美国讲学。期间还历任中国科学社理事，中国物理学会秘书长、理事长，《物理学报》主编，中央研究院院士等。1949年后，历任中华全国自然科学工作者代表大会筹备会秘书长，中国科学院办公厅主任兼应用物理研究所所长、东北分院院长，1955年选聘中国科学院学部委员（院士）、数学物理学部主任，兼技术科学部主任、副院长，中国科学技术大学教授、副校长、校长兼研究生院院长，中华全国自然科学专门学会联合会秘书长，《中国科学》和《科学通报》主编。曾任中国科学院主席团执行主席，中国科学技术大学名誉校长，中国科学技术协会副主席，中国物理学会、中国光学学会名誉理事长。

是中国现代物理学研究的开创人之一，中国光学仪器工业的奠基人之一。最早的贡献是1927年发现3 000伏以内压电畸变现象和电压成正比，这种比例关系与P. 居里从直接观测中测得的压电常数一致，从而证实了G. 李普曼理论。还对氩、氖的连续光谱，氧和臭氧的紫外吸收光谱，压力对照相乳剂感光性能的影响，水晶柱的被扭起电和振荡，电场和外加气体对钠、铯、铷吸收光谱的影响，铷分子光谱及其离解能以及有关空心水晶圆柱的各种振荡问题等都有重要成果。1927～1938年间，先后在法、美、英、德等国学术刊物上发表50多篇论文。这些成果常为中外学者所引用或加以发展，如他在1932年发表的臭氧之紫外光谱的吸收系数，为世界各国气象学家每日用来观测高空臭氧层厚度变化达30年之久。1946年因领导研制水晶振荡器、五角测距仪和1 500倍显微镜等军事通信和医疗器械而获奖。1988年获法国总统授予的军官级荣誉军团勋章。

早在1923年大学毕业前，他就编著了《初中算术》和《几何证题法》两书，一直是商务印书馆的畅销书，后又编著了《初中物理学》、《高中物理学》、《普通物理学》、《热力学第一和第二定律》等。这些书都是深受欢迎的好教材，对振兴中国基础物理、数学教学起到了重要作用。在中国科技大学兼任物理教授，亲自执教，备受广大师生欢迎，培养出了一批优秀的青年科学技术人才。

（何仁甫）

安德罗诺夫，А. А.（Андронов, Александр Александрович; Andronov, Aleksandr Aleksandrovich） 苏联人，1901年4月11日生于俄国莫斯科，1952年10月31日卒于苏联高尔基城。*微扰理论、振荡理论、自动控制论、应用数学。*

出身职员家庭。1918年中学毕业后在工厂工作。1920年考入莫斯科高等技术学校电工系。3年后转入莫斯科大学，1925年毕业于数学物理系，专业是理论物理。从1924年起在第二莫斯科大学（后写名列宁教育学院）从事力学和理论物理学教学。1926～1929年为莫斯科州立大学研究生。1931年移居高尔基城，在当地的大学度过了后半生。1946年成为苏联科学院院士。

致力于自动化和力学的研究，主要工作涉及微扰理论、振荡理论和自动控制理论。所做的研究为非线性自动系统中振荡过程的数学处理奠立了基础，把非线性振荡理论和微分方程的定量理论结合起来，进一步发展了数学方法和非线性振荡理论的物理应用。与海金（С. Э. Хайкин）在1937年合著的《振荡理论》一书，成为苏联非线性振荡微扰理论的经典著作，用作培养辐射物理学家的主要教材。

（宋玉亭）

科钦，Н. Е.（Кочин, Николай Евграфович; Kochin, Nikolai Yevgrafovich） 苏联人，1901年5月6日生于俄国圣彼得堡，1944年12月31日卒于莫斯科。*流体力学、气体动力学。*

1923年在彼得格勒大学毕业。留校任教，从事力学和数学教学工作。1934年以后到莫斯科大学直至1944年。1932～1939年兼在苏联科学院数学研究所工作。1939年当选为苏联科学院院士。1939～1944年是苏联科学院力学研究所力学组的负责人。

研究工作涉及广泛的科学领域。发表了一些气象学方面的重要论文，对气体动力学的发展作出了重要贡献。有关压缩液体中冲击波的研究对这一科学领域的发展很有价值。写过空气动力学以及数学和理论力学方面的重要论文，还写过流体力学和矢量分析的教科书。

（周永平）

贝尔纳，J. D.（Bernal, John Desmond） 一译伯纳尔。

英国人,1901年5月10日生于爱尔兰尼纳,1971年9月15日卒于英国伦敦。晶体学、分子生物学、科学史学、科学学。

1922年获剑桥大学伊曼纽尔学院物理学硕士学位。留校在戴维—法拉第实验室工作,先后任讲师、结晶学研究室副主任。1937年起至去世前,一直在伦敦大学伯克贝克学院任教。期间,1937年任物理学教授,1963年任结晶学教授,1968年退休为荣誉教授。1937年当选为英国皇家学会会员。在反法西斯德国的战争中,成为蒙巴顿勋爵的最高军事技术顾问之一。1946～1971年任世界科学工作者协会副主席。1946～1949任国际科学工作者联合会主席。1959～1960年任世界和平理事会主席。1954年起,先后当选为匈牙利、波兰、罗马尼亚、苏联、保加利亚、捷克斯洛伐克、民主德国、挪威等国科学院外籍院士。

X射线晶体学、分子生物学的开拓者之一。20世纪20年代,在W. H. 布拉格指导下用X射线研究无机晶体结构,1926年他创造了一种识别单晶X射线衍射照片的标准图解,即“贝尔纳图”。30年代,和D. C. 霍奇金等人一起研究了液晶,发展了介晶态的晶体学;1933年他和R. H. 福勒发表有关液态水和离子溶液的结构和属性的研究成果,并提出液体结构模型,可解释水从0℃到4℃时密度增加的现象;与霍奇金等人首次揭示了固醇类分子共同结构,纠正了某些化合物分子式错误;1934年首次得到蛋白质晶体(胃蛋白酶)的X射线衍射图;和M. F. 佩鲁茨、J. 肯德鲁、霍奇金等人首次拍摄到血红蛋白、肌红蛋白、胰凝乳蛋白酶、胰岛素等复杂蛋白质晶体的X射线衍射照片;1935年测定和研究了烟草花叶病病毒分子结构。50～60年代,继读从事对液体、蛋白质、病毒、磁性材料等结构方面的研究;探索生命的起源,出版《生命的物理基础》(1951年)、《生命的起源》(1967年)等专著。

他还是科学学的奠基人。他第一次把自然科学作为一个系统对象在整体上加以研究,考察其历史和现状,预测其发展趋势,分析其结构和功能,尤其关注自然科学与社会诸因素之间的互动关系,提出和强调了科学家的社会责任问题。其代表作有《科学的社会功能》(1939年)、《历史上的科学》(1954年)等,在国际上颇有影响。此外,他也是一位著名的国际社会活动家,1936年参与组织布鲁塞尔的“世界争取和平大会”;在第二次世界大战中,从事大量有关制造和投掷炸弹等物理学研究,在盟军中享有声誉;1948年参与发起和组织“世界和平理事会”等。在政治生涯中,由于他自认是马克思主义者,并坚决支持苏联共产主义试验,成为英国科学界最有争议的名人之一。获1945年英国皇家学会皇家勋章、美国自由光荣勋章,1953年列宁和平奖金,1959年休斯奖章等。

(唐玄之)

古兹密特,S. A. (Goudsmit, Samuel Abraham) 美国人,1901年7月11日生于荷兰海牙,1978年12月4日卒于美国里诺。粒子物理学、原子光谱学。

在莱顿大学研究理论物理,并以埃及学作为业余爱好,在阿姆斯特丹大学作实验,1927年获莱顿大学博士学位。后去美国密歇根大学直至1941年。1941～1943年在马萨诸塞理工学院研究雷达,1944年作为密使成员研究德国原子弹计划,为此获美国国防部自由勋章,还被升为英国皇家级荣誉官员(OBE)。1948年进入布鲁克黑文国家实验室。1947年被选为美国国家科学院院士。

早在1925年还是学生时,就同G. E. 乌伦贝克一起发现了所有的电子都有自旋。很快就发现了自旋也是质子、中子和其他基本粒子的基本性质之一。他擅长研究原子光谱的结构并发表了多篇论文。和乌伦贝克认为实验上观察到的一个原子谱线数目总是玻尔原子模型预言的2倍。并解释了原子的磁性质。他提出自旋概念的意义是深远的。这导致1928年狄拉克对量子力学数学结构作了基本改变,并把基本粒子自旋看作是相对论效应。和L. 鲍林合著《谱线结构》(1930年),和贝彻(R. F. Bacher)合著《原子能态》(1932年)。他和乌伦贝克一起在1953年获研究合作奖金,1964年获普朗克奖章、1976年又获美国国家科学奖章。

(欧阳容百　王广厚)

费米,E. (Fermi, Enrico)

美国人,1901年9月29日生于意大利罗马,1954年11月28日卒于美国芝加哥。粒子物理学、原子核物理学、中子物理学、核武器工程。

意大利裔。父亲是铁路职员,母亲是小学教师。他的童年和少年时期在罗马度过。1913～1917年自学微积分和物理学。1918年获比萨大学奖学金,1922年以研究X射线的论文获得比萨大学物理学博士学位。1923年赴德国格丁根大学成为M. 玻恩的学生。1924年回意大利,在罗马大学教数学,后到佛罗伦萨大学任讲师。1927年成为罗马大学理论物理学教授。1928年同犹太女子卡蓬(Laura Capon)结婚。1929年成为意大利皇家科学院院士。由于他的妻子是犹太人,为了逃避意大利法西斯的迫害,1939年借领诺贝尔奖金之机,携家移居美国。先后在哥伦比亚大学和芝加哥大学任物理学教授。1942年到新墨西哥州的洛斯阿拉莫斯国家实验室,1943～1946年实施研制原子弹的曼哈顿计划。1944年加入美国籍。1945年7月16日,以他为核心的科学家们,在新墨西哥州试验成功第一颗原子弹。1946年回到芝加哥大学,任该校原子核研究所教授。1952年被选为美国物理学会副会长,翌年任会长。1954年到意大利讲学,9月返美国,不久因胃癌去世。

1924～1926年发表第一篇对物理学有重要价值的论文,提出服从泡利不相容原理的粒子所遵从的统计规律,被称为费米-狄拉克量子统计,引起国际科学界的广泛注意，这类粒子被称为费米子。1927～1928年将费米-狄拉克量子统计方法运用到原子内部的近似电子气上，所得结果与英国托马斯(L. H. Thomas)的相同，后人称为托马斯-费米原子统计模型理论。1930年应邀到美国密歇根大学讲学，全面总结了他在量子辐射理论方面的工作，对辐射理论中的重要问题给出满意的解释。

1933～1934年建立了β衰变理论，这个理论有极重要的价值，使他成为现代基本粒子相互作用理论的创始人。1934年约里奥-居里夫妇用α粒子轰击铝，发现人工放射性之后，费米指出，用中子轰击原子核会更有效地产生核嬗变，用他亲手制造的盖革计数器和较强中子源，几个月内发现40多种的人工放射性同位素。开始了富有成果的中子物理学研究。被誉为中子物理学之父。接着发现中子在通过水或石蜡被减速后会增强激发放射性，从而提出慢中子效应。上面两项发现，奠定了原子核反应堆的理论基础。由于这些发现，获得1938年诺贝尔物理学奖。

1942年12月2日，在他领导下于芝加哥大学建立了世界上第一个自持链式裂变反应堆。这项发明标志着人类大规模利用核能的开始，迈入原子能时代。1944年和L.齐拉德促使爱因斯坦写给罗斯福总统一封历史性信件，信中吁请注意纳粹德国有生产原子弹的可能。因此美国组织试制原子弹(即曼哈顿工程)，费米参与领导第一个原子弹的试验，任命为临时委员会成员和关于原子弹使用和原子能政策的总统顾问。

第二次世界大战结束后，他认为核物理正在达到成熟时期，未来基本发展将在粒子物理方面。1946年后的研究主要集中在核粒子，特别是π介子的性质，提出π介子是核力的传播粒子。首次提出负介子在物质中减速时间远小于其衰变。1949年研究宇宙射线起源问题，推出带电粒子在非均匀磁场中会在垂直于磁场梯度方向上漂移。这就是费米漂移，是等离子体物理学的一个基本过程。1953年，和S.钱德拉塞卡合作研究天体磁场效应，提出星云磁场能量密度与星际物质动能密度同数量级的假定，解释了星光偏振现象，扩展维里定理。

一生在理论物理学、原子及原子核物理学、中子物理学、天体物理学等多方面都作出了重要的贡献，是一位多才的物理学家。在罗马和芝加哥等地培养了许多世界著名的物理学家，如塞格雷、皮特、布洛赫、施温格、盖尔-曼、张伯伦、李政道、杨振宁等。讲课简明易懂，概念明晰，成书出版的教本流传世界，如《分子、晶体与量子统计学》(1934年)、《热力学》(1937年)、《中子物理学》(1945年)、《核物理》(1949年)、《基本粒子》(1951年)、《量子力学》(1961年)、《回忆录》(2卷，1961～1965年)。还得到许多荣誉和奖励，主要有1945年美国科学研究和发展局及战事部授予费米奖章、1946年美国国会授予功勋奖章、1954年德国普朗克奖章和美国费米奖、1946年获美国哲学会刘易斯奖金。

(王广厚　欧阳容百)

施汝为(Shi Ruwei)　中国上海市人，1901年11月19日生于江苏崇明(今属上海市)，1983年1月8日卒于北京。金属物理学、磁学。

1925年东南大学物理系毕业后。到清华大学物理系任教。1930年赴美国伊利诺伊大学留学，1931年获硕士学位。1934年因磁学方面的研究获耶鲁大学哲学博士学位。同年回国任中央研究院物理研究所研究员。抗日战争爆发后随该所先后内迁到桂林和重庆，1947年返回南京。1952～1983年在中国科学院应用物理研究所(1958年改为物理研究所)工作，历任磁学研究室负责人、代理所长、所长、名誉所长。期间还兼任中国科学技术大学技术物理系主任。曾兼任中国物理学会副理事长。1955年选聘为中国科学院学部委员(院士)。

中国现代磁学研究和磁学教育的奠基人之一。20世纪30年代前期至中期，研究了铁-钴系和镍-钴系合金单晶体的各主晶轴磁化曲线、磁晶的各向异性问题，率先指出磁性晶体的易磁化方向不仅依赖于晶体结构，而且与晶体包含的原子种类有关。30年代中期，他在中央研究院物理研究所创建了中国第一个磁学实验室。30年代末至40年代初，研究了透磁合金晶体和磁铁矿晶体的磁畴粉纹图，率先在中国开创了磁畴的实验观测工作。50年代，率领磁学研究人员到国内多家生产应用磁性材料的工厂考察，并开展了中国工业上急需的改进吕臬古(Alnico)系永磁合金性能的研究工作，取得了显著的效果。他还领导磁学研究室开展了磁硬化机理的理论研究，以及对无线电电子技术至关重要的铁氧体磁性材料的研究工作。

(宣焕灿)

海森伯，W. K. (Heisenberg, Werner Karl)　德国人，1901年12月5日生于德国维尔茨堡，1976年2月1日卒于慕尼黑。粒子物理学、量子力学、原子核物理学。

父亲A.海森伯(August Heisenberg)是慕尼黑大学历史学教授，母亲A.韦克莱因(Annie Weeklein)是一位古语言学家的女儿。海森伯非常注重向名师求教，他说："在索末菲那里学了物理学，在玻恩那里学了数学，在玻尔那里学了哲学。"在当时理论物理学的三大中心慕尼黑大学、格丁根大学和哥本哈根大学往返取经，终于作出自己的卓越贡献。

1920年开始在慕尼黑大学跟随索末菲学习理论物理学，1923年获物理学博士学位。这时期W.泡利成了他的好友。1923年～1926年，先后在格丁根大学跟随M.玻恩，在哥本哈根大学跟随N.玻尔，当助教和讲师。返回德国后，1927～1941年在莱比锡大学当理论物理学教授。在此期间曾应邀到美国、日本和印度讲学。1939年起主持和参与核裂变研究，为战争服务。1941～1945年担任凯泽·威廉物理研究所所长，1943年任柏林大学教授。1945年战后被盟军拘留数月。1946～1958年在格丁根大学任物理学教授，兼任格丁根的普朗克物理研究所所长。1955年成为英国皇家学会会员。1958年以后在慕尼黑大学任教授兼任普朗克研究所所长，直至1970年成为荣誉所长。一生培养了许多著名科学家，当代许多著名原子物理学家是他的学生和助手。1937 年和舒马赫(E. Schumacher)结婚,生有三男四女,一家人都喜爱音乐。

是矩阵力学的创始人,近现代理论物理学奠基人之一。在理论物理学的许多方面作出了卓越的贡献。1925 创立矩阵力学,1927 年提出的“测不准原理”(即“不确定原理”)是近现代物理学上的最重大的发现之一。1928 年运用量子力学,引入交换作用成功地解释了铁磁性。1929 年和泡利提出相对论性量子场论。1932 年查德威克发现中子,随即他指出原子核是由质子和中子组成的,而不是像原先有人认为由质子和电子组成的。并且提出了同位旋等重要概念,认识到质子和中子只是同位旋第 3 分量不同而已。在高能粒子碰撞理论上,他又创立了 S 矩阵理论。在宇宙射线方面也很有研究。在自然哲学方面,是一位颇有争议的著名的自然哲学家。

矩阵力学是量子力学的一种最早建立的重要表达方式。他认为,玻尔原子理论之所以不能很好地解释实验事实,是由于这种理论建立在一些不可能直接观测的物理量的基础上。例如,电子轨道运动的图像,电子轨道半径和旋转周期等,这些量都不能直接观察到。因而他认为这种理论是靠不住的。他摒弃这些原子模型,藉助哲学原理去解决难题,用数学法则去代替推测。在玻尔、克喇末和斯莱特合写的一篇著名文章中,他们把原子看成是一组虚振子。海森伯认为这种想法是可取的。1925 年 5 月在他患枯草热病到海岛疗养期间,想到用矩阵来表述可观测的物理量,以便取代玻尔-索末菲的量子条件。他的想法得到泡利的支持。1925 年 7 月 11 日前后,他将论文“关于运动学和力学关系的量子论解释”交给玻恩。在他思想的基础上玻恩和乔丹(P. Jordan)发表了“关于量子力学”一文。狄拉克得知他的新理论后,写了许多论文,用新观点丰富了这个理论。1925～1926 年的学期开始,海森伯和玻恩、乔丹合作的“关于量子力学Ⅱ”一文发表,最终奠定了量子力学的矩阵形式。爱因斯坦得悉这个成果后,写信告诉好友厄伦费斯特,说海森伯“生了一个大量子蛋”! 1926 年春,海森伯应邀到柏林物理报告会上讲矩阵力学。在这种理论中,矩阵元素代表那些可测量的量,而且只要适当处理就可得出光谱线频率、强度和偏振。他应用矩阵力学去解释氢分子光谱中的强度变化和弱线。导出两种氢的结构式:一种是正氢,其中两个分离的氢核(质子)的自旋具有相同方向;另一种是仲氢,其中两个氢核自旋方向相反。1926 年,薛定谔发表波动力学,这是在德布罗意物质波概念上发展起来的另一种形式的量子力学。这种理论很快得到公认。受到维恩、索末菲、玻恩和玻尔等人的赞誉。可是,海森伯不以为然,对薛定谔的波动力学解释很不满意,当场与之辩论。后来,经薛定谔及诺埃曼等人证明,薛定谔的波动力学和海森伯的矩阵力学是一致的、等价的。

他在物理学和哲学上最引人注目的研究成果是发现“测不准原理”。如果接受德布罗意波包代表粒子这种观点,那么按照海森伯的看法,不可能同时准确地测定任一粒子的位置 x 和相应的动量 p_x,位置不确定量 Δx 和动量不确定量 Δp_x 的乘积总会满足“测不准关系式”:$\Delta x\Delta p_x \geqslant \frac{h}{4\pi}$,式中 h 为普朗克常量。许多人认为这个原理削弱了因果律。人们早已相信,只要每一质点在任一时刻的位置和速度为已知,那么整个自然界的历史,其过去和将来原则上都可以计算出来。然而“测不准原理”指出这种说法是不确切的。他对物理学的基本解释原则上是统计性的,爱因斯坦则认为这种说法是不可取的,他们曾为此辩论不休。他的“测不准原理”和玻尔的“并协原理”(或称“互补原理”)都是在 1927 年初提出的。当时,玻尔与他为了探明量子力学的物理解释,经常交谈、争论。他在思索如何解释云室中的电子轨迹问题时,想到了电子轨迹到底可被描述到什么程度。经一番计算,终于得出举世闻名的“测不准关系”。这一物理学上的重大发现,和玻尔在差不多同一时间里发现的“并协原理”成为量子力学的哥本哈根学派解释的两大支柱。

第二次世界大战期间,他担心美国制造原子弹,就和同事开展原子反应堆的研究和设计。由于战争的发展,德国未能制造原子弹。

发表过许多科学论文和专著,特别是关于原子物理学和量子理论的文章,对推动近代理论物理的发展起了重大作用。著作有《量子理论的物理学原理》(1930 年)、《自然科学基础的变化》(1935 年)、《关于宇宙辐射的报告》(1943 年)、《原子核物理》(1943 年)、《近代物理的性质》(1955 年)、《物理学与哲学》(1958 年)、《基本粒子统一场论导论》(1966 年)、《基本粒子在统一场论中的引入》(1967 年)、《自然规律与物质结构》(1967 年)、《部分与全部》(1969 年)等。由于他创立量子力学(矩阵力学)以及发现氢的两种结构式,获 1932 年诺贝尔物理学奖。

(周永平)

布拉坦, W. H. (Brattain, Walter Houser) 美国人,1902 年 2 月 10 日生于中国厦门,1987 年 10 月 13 日卒于美国西雅图。半导体物理学、光电子学、微波电子技术。

拓荒者的后代,在华盛顿的他父母的畜牧场度过童年。在惠特曼学院学习物理和数学,1924 年获该学院理学士学位。1926 年获俄勒冈大学文科硕士学位。1929 年获明尼苏达大学博士学位。第二次世界大战期间,进哥伦比亚大学和美国国家研究委员会,从事潜水艇磁探测研究。1929～1967 年一直在贝尔电话实验室工作。1956 年入选美国科学院院士。1959 年入选美国国家科学院院士。

与 J. 巴丁合作,在搞清半导体表面特性时,发现锗片具有放大作用,1947 年研制出世界上第一只点接触晶体管,开创电子技术新纪元。为此,和巴丁及 W. 肖克莱一起获得 1956 年诺贝尔物理学奖。他用光照在 n 型锗片上进行试验,发现在锗片及其表面附近的一个金属电极间产生了接触电位。当在金属电极和锗片间充入电解液时,则锗片表面电势将随电极与锗片间的偏置电压而发生变化(即肖克莱场效应)。和巴丁在进一步实验中发现在电解液上加一电位可控制从衬底到接触点的电流大小,实现了低频情况下放大电流的作用。以后又用在锗片上阳极氧化膜的顶部蒸金的方法取代电解液,发现了晶体管效应。在实验中发现流过金接触点的正向电流可影响其附近接点的反向电流,通过这种方式可产生放大作用。提出在基底接触情况下,空穴从正向偏置的金接点流向反向偏置的另一接点的观点。世界上第一只晶体三极管实际上就是在一小块锗片表面压入两个并排紧挨着的全接触极而制成的。

此外,与巴丁一起获富兰克林学院 S. 巴兰坦奖和 J. 斯科特奖。还获得许多荣誉学位。(陆伟良)

康登,E. U. (Condon, Edward Uhler) 美国人,1902年3月2日生于美国新墨西哥州,1974年3月26日卒于科罗拉多州。*原子核物理学、半导体物理。*

1926年在伯克利加利福尼亚大学获博士学位。1928～1937年任华盛顿大学物理系主任。1937～1945年在西屋电气公司分管研究开发工作。1945年由总统指定为第四任国家标准局局长。1951年任科宁玻璃厂的研究部主任,1954年起任顾问。1956～1963年任科罗拉多大学物理学教授。曾任《近代物理评论》杂志主编。

1926年前后,量子力学使原子、分子与核结构的研究发生革命性的变化。在这些领域他作出了如下贡献:在化学物理方面提出夫兰克—康登原理;在原子物理方面写了“原子光谱理论”的论文;在核物理方面,与格尼(R. W. Gurney)一起发展了关于用铀、镭等天然放射性元素发射α粒子的势垒泄漏或隧道模型,这是量了力学首次对核结构问题的应用。另一贡献是对质子—质子散射实验进行详细的理论分析,认识到在核与核之间强相互作用和电荷无关。在固体物理方面,发展了关于半导体中接触电势与光电阈有关的思想,这些概念激起了许多新的实验研究。与 P. M. 莫尔斯合著《量子力学》(1929年),与肖特利(G. H. Shortley)合著《原子光谱理论》(1935年)。主编和参与编写《物理学手册》(1958年)。

(王明馨)

卡斯特勒,A. (Kastler, Alfred) 法国人,1902年5月3日生于德国盖布维莱尔(今属法国阿尔萨斯-洛林地区),1984年1月7日卒。*光学、光谱学。*

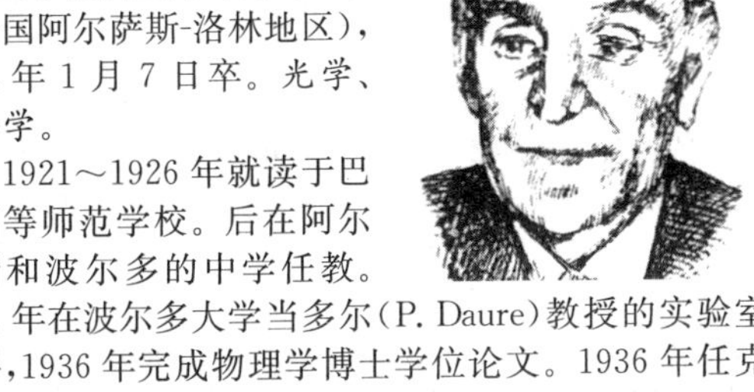

1921～1926年就读于巴黎高等师范学校。后在阿尔萨斯和波尔多的中学任教。1931年在波尔多大学当多尔(P. Daure)教授的实验室助手,1936年完成物理学博士学位论文。1936年任克莱蒙费朗大学讲师。1938年任波尔多大学教授。1941年在巴黎高等师范学校任教,1972年退休。曾获得11个荣誉博士学位。为法国、波兰物理学会和美国光学学会的荣誉会员。先后入选比利时、法国、波兰、德国、印度、匈牙利等国科学院。

学生时代受到物理学家 F. 布洛赫的引导,潜心研究光谱学。在研究汞原子的激发态时,想用合适的单色偏振光对原子进行选择性激发。对1935年伯纳德(R. Bernard)发现的薄暮时天空微光中含有钠D线的强烈辐射作出了证明,指出这种辐射是在高层大气中日光激发钠原子所产生的光学共振现象。

第二次世界大战中发展起来的射频光谱学是用射频场激发原子产生光谱。和学生布洛塞尔(J. Brossel)提出光学共振和射频共振相结合的所谓双共振法。1950年根据光与物质相互作用必须遵守角动量守恒定律,提出光泵法,完善了双共振法。

1951～1966年和布洛塞尔指导十几名研究生,取得许多重要成果,例如,在射频波段的多重量子跃迁,汞蒸气和镉蒸气内的核取向,核磁矩的精确测定,弛豫过程和碰撞过程的研究等。因发现和发展了用光学方法研究原子中光磁双共振(即光泵磁共振)而获1966年诺贝尔物理学奖,还获得若干科学奖和金质奖章。

(蔡祺德)

埃卡特,C. (Eckart, Carl) 美国人,1902年5月4日生于美国密苏里州圣路易斯,1973年10月23日卒于加利福尼亚州拉霍亚。*量子力学、热力学、水声学、流体力学。*

1923年在华盛顿大学获得硕士学位。1925年在普林斯顿大学获博士学位。同年成为美国国家研究委员会的成员。1928年进入芝加哥大学物理系。第二次世界大战期间,在加利福尼亚大学工作1946年成为教授。1953年人选美国国家科学院院士。1959年成为美国文理科学院院士。

1924～1925年研究低压电弧中某些现象与理论的差异问题,把其中的一些差异解释为电弧自身产生振荡的结果;对另一些差异,他同 K. T. 康普顿一道解释为电弧等离子体中各部分自由电子浓度不同而产生的电动势引起的。

20世纪30年代研究量子力学中的理论问题,包括用群论方法研究量子力学,从而获得了著名的维格纳-埃卡特定理。该定理将任何不可约张量的所有跃迁矩阵元对投影量子数的依赖关系分离了出来,写成明显的式子,使在复杂的物理过程中可单独明确得到系统的几何性质和对称性质,而不受过程细节的影响。1940年把经典连续介质力学与热力学综合起来研究,在“不可逆过程热力学”的标题下发表了一系列论文。

第二次世界大战中,领导一个水声学的课题,使他开始认识到大洋中的流体动力学和热力学的问题,也开始认识到三度空间声学的随机性问题。1953年发表了一些关于声学的论文。关于大气和海洋中的热分层效应的研究,总结在1960年出版的《海洋和大气热力学》一书中。此后致力于流体动力学方程的变换理论。曾获得过美国国家科学院、美国地球物理联合会的奖励。

(唐玄之)

萨德龙，C.L.（Sadron, Charles Louis） 法国人，1902年5月12日生于法国安德尔省，1995年卒。*生物物理学*。

曾在普瓦捷大学、斯特拉斯堡大学获理学学士、博士学位。1932～1933年在加利福尼亚理工学院任研究员。此后曾任斯特拉斯堡大学教授。1954年、1976年先后创办斯特拉斯堡高分子研究中心和巴黎附近的分子生物物理中心。1947年起先后任高分子研究中心主任、联合国教科文组织科学顾问、欧洲分子生物学组织执委、高分子化学物理及生物物理教授。1975年退休。在另两所大学获荣誉博士学位。

1932年完成关于铁磁合金的博士论文。曾设计出一种应用光的双折射现象（麦克斯韦效应）测定在固体表面附近流动的液体速度分布的方法。最重要的贡献是设计出一种由悬浊液的宏观性质（如内粘度等）测定形状单一的亚微观粒子大小的方法。它后来被广泛地应用于溶液中高分子结构和形态的研究。从1962年起从事生物体基元——蛋白质、核酸等高分子的研究。

（马见慈）

赵忠尧（Zhao Zhongyao） 中国浙江省人，1902年6月27日生于浙江省诸暨县，1998年5月28日卒于北京。*核物理学、粒子物理学、加速器工程*。

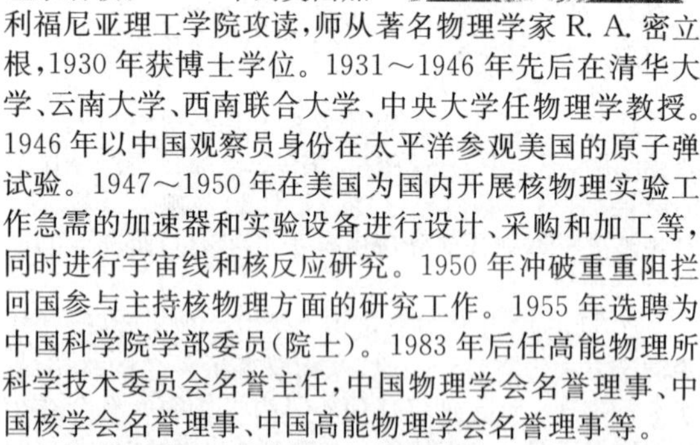

1925年毕业于南京东南大学。1925年为清华大学物理系助教。1927年到美国加利福尼亚理工学院攻读，师从著名物理学家R. A. 密立根，1930年获博士学位。1931～1946年先后在清华大学、云南大学、西南联合大学、中央大学任物理学教授。1946年以中国观察员身份在太平洋参观美国的原子弹试验。1947～1950年在美国为国内开展核物理实验工作急需的加速器和实验设备进行设计、采购和加工等，同时进行宇宙线和核反应研究。1950年冲破重重阻拦回国参与主持核物理方面的研究工作。1955年选聘为中国科学院学部委员（院士）。1983年后任高能物理所科学技术委员会名誉主任，中国物理学会名誉理事、中国核学会名誉理事、中国高能物理学会名誉理事等。

在核物理方面作出了重要贡献。1928～1930年间，发现2.6兆电子伏的γ射线在轻元素中测得的吸收系数和克莱因-仁科的理论公式符合得相当好，但在重元素中测得的吸收系数比理论公式所预言的要大得多。这显示一种反常吸收的存在。为了探索反常吸收的机制，他进一步进行硬γ射线被铅散射的实验。发现除了康普顿散射以外，铅还放出一种特殊辐射。他用铅片吸收法测定这种辐射的波长约为22.5XU（1XU＝$1.002\,08\times10^{-13}$米），它的角分布是大致各向同性的。从这些结果断定反常吸收是由原子核所引起的。他的吸收和散射两个实验的结果均在1930年发表。2年以后，C. D. 安德逊在宇宙线的云室照片中发现正电子的径迹，人们才认识上述的反常吸收是由于部分γ射线在原子核周围转化为正负电子对，而特殊辐射就是正负电子对的湮灭辐射。反常吸收和特殊辐射的发现是正电子发现的前奏，也是狄拉克电子论的实验验证中重要的一环。

1948年他用多板云室研究宇宙射线，观察到“混合簇射”。1949年用质子轰击氟研究核反应作用等。这些都是当时的前沿工作。1950年回国时带回的静电加速器部件、多板云室、电子学线路和器件等，为国内开展核物理和宇宙线研究创造了条件。在他亲自动手和领导下，1955年建成了中国第一台加速器（70万电子伏静电加速器），在1958年建成一台250万电子伏静电加速器。通过研制加速器，带动了真空技术、高电压技术、离子源技术等的发展，培养了一批科技骨干。20世纪60年代，领导开展了核物理实验，如核能级的测定、质子弹性散射、氘核削裂反应等。在中国开辟了核反应实验的研究。

（叶铭汉）

萨本栋（Sa Bendong） 中国福建省人，1902年7月24日生于福建省闽侯，1949年1月31日卒于美国旧金山。*无线电物理学、电气电子工程、高等教育管理*。

1921年毕业于北京清华学校（清华大学前身）。次年被派往美国留学，先后在斯坦福大学和伍斯德理工学院学习，1927年获理学博士学位。1928年应清华大学理学院院长叶企孙之聘到清华大学任物理系教授。1937～1945年任厦门大学校长。1945年调任中央研究院总干事（当时在重庆）。1935年和1944年两度去美国讲学。

在教学、科研和管理方面都作出重要贡献。在清华大学任物理学教授时，亲自编教材，讲授普通物理、电磁学和无线电原理。根据教材整理成《普通物理学》、《普通物理学实验》。两书在20世纪30年代由商务印书馆出版，为许多学校采用，风行一时，为中国大学编写最早、最成功的物理教科书之一。在此之前，中国大学物理教科书全用外国编写的教材。

抗战期间，正是中国遭受日寇侵略的最艰难的岁月，他保护厦门大学全校安全，使学生学习不辍。抗战胜利后，负责做了两件重要的事，一是把在后方的中央研究院和所属各所迁回南京、上海；二是在南京建立一个数理化中心。

在繁忙的教学、科研和行政管理工作之中，完成22篇科学论文。论文的课题可分为两类，一是用双矢量方法解决分析电路的方法。这课题在当时无线电学中是一个新方法；第二类是关于各种电子真空管性质与效能的研究。有英文著作两种在美国出版，一种是关于双矢量方法，另一种是属于交流电机的。除论文外，中文著作还有《交流电路》（1948年）、《交流电机原理》（1949年）等。

（钱临照）

狄拉克，P.（Dirac, Paul Adrien Maurice） 英国人，1902年8月8日生于英国格洛斯特郡布里斯托尔，1984年10月20日卒于美国佛罗里达州塔拉哈西。*量子力学、粒子物理学、统计物理学*。

父亲C. A. 狄拉克（Charles Adrien Ladislas Dirac）

是瑞士人，年轻时移居英国，在布里斯托尔贸易商业高级职业学校教法语；母亲 F. H. 狄拉克（Florence Hana Dirac）是英国人。他自幼喜爱数学。早期曾在父亲教书的学校读书，后来学电气工程。1921年在布里斯托尔大学获得电机工程学士学位，继而在该大学进修2年数学。1923年到剑桥大学圣约翰学院当数学研究生，起初研究相对论动力学。在导师 R. H. 福勒的影响下，对量子论产生很大兴趣。1925年海森伯提出矩阵力学后不久访问剑桥大学。狄拉克受其影响开始转向量子力学的研究，1926年获剑桥大学数学博士学位。接着和一位物理学家的妹妹 M. 维格纳（Margit Wigner）结婚。1927年他成为剑桥大学圣约翰学院的研究员。1930年当选为英国皇家学会会员。自1926年以来，曾到许多国外大学学习和研究，到过哥本哈根、格丁根、莱顿和美国等地大学。1929年在美国度过5个月后，就和海森伯作环球旅行，访问了日本，然后经西伯利亚返回英国。1932～1969年，他在剑桥大学当卢卡斯数学讲座教授（牛顿曾任此职）。曾到美国威斯康星、密歇根、迈阿密和普林斯顿等许多大学讲学，1934～1935年为普林斯顿高等研究所的研究员。1935年7月访问中国，在清华大学讲学。1940年兼任都柏林高级研究所教授。1971年以后任美国佛罗里达州立大学物理学教授。国外许多著名大学还授予他荣誉博士学位。

他的主要科学功绩是：在量子力学的研究工作中，丰富了量子力学的数学基础。进而把相对论引入波动力学，创立了相对论性量子力学。

不但参与海森伯矩阵力学和薛定谔波动力学这两个理论的完善和统一工作，而且还独具一格地提出量子力学新的理论表述形式，其结论和海森伯矩阵力学相一致。他于1925年11月发表第一篇论文"量子力学的基本方程"，从纯数学的角度，把量子力学的不可对易性和泊松括号联系起来，建立了所谓"q 数"力学这种数学理论。这样，量子变换和经典变换得到澄清，而海森伯的矩阵力学理论就被置于哈密顿的基础上。1926年12月，发展了普遍的变换理论，用"q 数"去阐述薛定谔方程，形成一种形式简洁完美的新量子力学，海森伯的矩阵形式和薛定谔的波动形式得到统一。这些工作推动了量子力学的发展。海森伯于1927年提出的"测不准原理"（即"不确定原理"），正是运用他的变换理论的结果。

1928年，他把量子力学和相对论结合起来，创立了相对论性量子力学。这种理论适用于高速粒子，其基本方程是相对论形式的薛定谔方程。这是一个对时间和空间坐标都是线性的微分方程，即狄拉克方程。这种方程能够精确地描述康普顿效应、塞曼效应等现象，而且能够自然地阐述电子自旋性质，得出电子自旋本征角动量为 $\hbar/2$ 和相应的磁矩。狄拉克方程的解有奇特的性质，即既有一组正能解，还有一组负能解。第一种解所描述的是电子的能态，第二种解所描述的负能态应该是和某种带正电的粒子相对应的。他把这种状态称为"空穴"，并且设想这"空穴"就是带正电的质子（当时只知道带正电的粒子是质子）。后来，奥本海默经计算指出，狄拉克所预言的这种带正电的粒子，其质量应与电子相同，它不该是质子。从狄拉克方程的负能解正式预言了正电子的存在，它是电子的反粒子。狄拉克注意到在相对论力学中，粒子的能量 W 和动量 p 用方程 $\frac{W^2}{c^2}-p^2-m^2c^2=0$ 联系起来，这个方程允许能量 W 要么大于 mc^2 的正的数值，要么小于 $-mc^2$ 的负的数值。为了赋予这些负能态以物理意义，他运用泡利不相容原理（在任一运动状态中只能有一个电子）提出一种奇妙的假设：在当今我们所知道的世界中，几乎所有的负能态都被电子所占据，而全部充满的负能态却是不可为我们所观测到的。但是，任一未被占领的负能态是可以观测的，它正是一种正电子。它具有和电子相同的质量、反号的电荷。从狄拉克理论图像中看来，人们所说的"真空"并非空无一物。他说："真空是一切负能态都被占据而正能态完全没有被占据的最低能态。"能态未被占满而留下"空穴"时，这时如果有正能量的电子落入这"空穴"，则有电磁能量辐射出来，这就是一个电子和一个正电子彼此湮没的过程。反之，也可能从电磁辐射产生出电子对（即电子和正电子）。这种预言后来都被实验证实。1930年赵忠尧在研究物质对硬 γ 射线的吸收规律时，所观测到的0.5MeV的各向同性辐射已经隐含着电子和正电子的产生和湮没。第一次明显观察到正电子是1932年安德逊从宇宙射线中发现的。狄拉克理论标志着反粒子和反物质研究的开始。在狄拉克电子理论的基础上，R. P. 费因曼、J. S. 施温格和朝永振一郎等人建立起更完善的量子电动力学。这种理论更精确地预言了电子的性质和行为，并为实验所确证。

十分注重物理学的基础研究。早在20世纪30年代就提出磁单极理论，用量子力学原理论证磁单极（即"磁荷"）的存在，并由此说明了电荷量子化。人们为了寻找"磁荷"，自1931年以来付出了巨大的努力，然而迄今未能如愿以偿。

他的科学业绩还包括早期提出的量子统计法和宇宙论的"大数"假设。1926年和 E. 费米各自独立地提出适用于自旋为半整数的粒子（如电子等）的统计方法，称为费米-狄拉克统计法。这是继1924年玻色-爱因斯坦统计法之后提出的另一种极其重要的量子统计法。这一发现有力地促进了量子统计学及固体物理、粒子物理学的发展。1937年提出"大数"假设。20世纪70年代进一步发展为一整套宇宙理论。这种理论预言引力常数将随时间的流逝而变小，以及物质将不断创生。这些说法还有待观察检验。

一贯追求反映自然规律的方程式的优美形式，但坚信一切优美的理论都必须由实验来检验。虽属哥本哈根学派一员，但对量子力学基础的理解，与爱因斯坦的看法相似。他认为量子力学并非最后形式，将来的新理论将蕴含爱因斯坦坚决主张的决定论。在数学上也有独特贡献。狄拉克矩阵、狄拉克 δ 函数以及狄拉克算符等都很出名。

他的名著《量子力学原理》于1930年出版，1970年出版《希尔伯特空间中的旋量》，该书对《量子力学原理》作高深的数学更新。还发表了其他许多论著，其中有《量子场论讲演》(1966年)、《普通相对论》(1975年)、《物理学方向》(1978年)等。由于他提出新的和富有成果的新型原子理论并预言正电子的存在，和薛定谔分享1933年诺贝尔物理学奖。并获得英国皇家学会的皇家奖章、斯科特奖金以及科普利奖章等。 (周永平)

周培源(Zhou Peiyuan) 中国江苏省人，1902年8月28日生于江苏省宜兴县，1993年11月24日卒于北京。*广义相对论、流体力学。*

1924年毕业于清华学校(清华大学前身)。后赴美国留学，1924年和1926年在芝加哥大学分别获学士和硕士学位。1928年在加利福尼亚理工学院获博士学位。1928～1929年先后在德国莱比锡大学和瑞士苏黎世工业大学从事科学研究。1929年回国后历任清华大学、西南联合大学物理系教授。1936～1937年在美国普林斯顿高等学术研究所爱因斯坦指导下从事相对论引力论和宇宙论的研究。1937年以后开始流体力学中的湍流理论方面的研究工作。1943～1946年在美国加利福尼亚理工学院、战时科学研究与发展局、海军军工试验站做研究工作。1946年在第六届国际应用力学大会上当选为理事会理事。1947～1952年任清华大学教授、教务长、校务委员会副主任。1952年后，任北京大学教授、教务长、副校长、校长。1955年选聘为中国科学院学部委员(院士)。曾任中国科学院副院长，中国科学技术协会副主席，中国物理学会理事长，中国人民外交学会副会长，中国科学技术协会主席，中国科学院主席团成员，中国物理学会名誉理事长，中国力学学会名誉理事长。也是国际理论与应用力学联合会理事。1980年获美国普林斯顿大学荣誉法学博士学位。

主要成就集中在广义相对论和湍流理论两个领域。

在广义相对论方面，对爱因斯坦的引力场方程中在各向同性条件下求得静止场不同类型的严格解；对广义相对论宇宙论的理论基础的弗里德曼宇宙，过去采用群论方法求出它的度规表达式，而他证实，在均匀性(或各向同性)条件下，引力场方程本身即可给出它的度规张量。

在湍流理论方面，对于湍流这种复杂的流体运动的基本规律是多年来一直未能解决的基础理论问题。早在20世纪30年代，他就从流体的平均运动以及湍流脉动方程组，用求关联函数和它所满足的动力学方程的方法来建立普通湍流理论，并对一些流动问题作了具体计算，结果与当时的实验比较符合。自他在40年代发表了湍流理论以来，欧洲和美国的湍流研究工作者对他的观点不断进行探讨，认为是第一代开拓性的工作，而自认他们的工作为第二、第三代。这一理论中的方程组较为复杂。近年来，由于高速电子计算机和湍流数值计算技术的进展，他的理论在国际上受到极大重视和很高评价，被誉为“现代湍流数值计算的奠基性工作”。40年代后期，从分析湍流的物理本质着手研究湍流运动。他用比较简单的涡旋——轴对称涡旋——作为湍流元的物理图像来说明均匀各向同性湍流运动。从衰变后期与衰变初期不同的相似性条件，于1975年提出“准相似性”的概念和与它相适应的条件。在国际上率先求得与实验符合的从衰变初期一直到后期的湍能衰变规律与湍流微尺度扩散规律的理论结果。之后，他和黄永念又用函数级数展开式来求解涡量方程与连续方程，理论结果和国际上30多年来已发表的多种实验数据基本符合，在国际力学界获得良好反应。由于在湍流理论方面的贡献，他于1982年获国家自然科学奖二等奖。1980年、1985年两次获加利福尼亚理工学院卓越校友奖。

(薛士莹)

维格纳，E. P. (Wigner, Eugene Paul) 美国人，1902年11月17日生于匈牙利布达佩斯，1995年1月1日卒于美国普林斯顿。*核物理学、量子力学、核能工程。*

匈牙利裔。皮革厂主之子。在匈牙利上小学和中学。1924年毕业于德国柏林高等技术学校化学工程系，1925年获该校化工工程博士学位。后在布达佩斯一家皮革厂任化学工程师。1926年回母校物理系任助教。1930年到美国普林斯顿大学任讲师，后任兼职教授，1938～1971年任该校教授。1937年入美国籍。第二次世界大战期间，1942～1945年在芝加哥大学冶金学实验室工作。1946～1949年负责橡树岭国家实验室，1971年退休。1971～1994年任路易斯安那州立大学客座教授。1945年入选美国国家科学院院士。

20世纪30年代，在对原子核束缚能研究时，发现了一个短周期规律(具有偶数质子和中子的核比有奇数中子或质子或两者都是奇数的核束缚得紧密)和一个长周期规律(中子或质子两者共同的数目为2、8、20、28、40、50、82或126时，有特别强的束缚)。提出了核子壳层结构的长周期模型。把群论应用到原子量直到50的原子核的能级计算上。短周期的工作也得到很好的结果。还指出了质子和中子间的作用力的短程性质。

1938年起兴趣转向从核裂变获取能量的研究。发展了许多关于反应堆计算方法的理论技巧，为第一座受控链式反应堆的设计打下基础。不仅是一个理论家，而且对反应堆的设计、机械工程以及技术细节等都有丰富的知识。后来又对量子力学的哲学问题产生兴趣，并就科学的未来及其与社会的关系等问题进行了讨论。

在系统地改进和推广量子力学方法以及广泛应用量子力学方面作出了出色的成绩。认识到在描述过程不变性时对称性原理的作用。第一个严密处理了宇称守恒和时间反演，提供了理解这些现象的基础和实验研究的基础。由于上述工作，他和 M. G. 迈耶(即迈耶夫人)、J. 詹森共获 1963 年诺贝尔物理学奖。

此外，获 1958 年美国原子能委员会费米奖，1960 年和平利用原子能奖，1969 年美国国家科学奖章，1972 年爱因斯坦奖等。 (张玥明)

拉特克利夫，J. A. (Ratcliffe, John Ashworth) 英国人，1902 年 12 月 12 日生于英国兰开夏郡，1988 年 6 月 29 日卒。*无线电物理学、地球物理学*。

1924 年获剑桥大学苏塞克斯学院文科硕士学位。后在卡文迪许实验室当 A. V. 阿普顿教授的研究生。1939～1945 年在电信研究公司工作。1960 年在斯劳任无线电研究站主任，1966 年退休。1951 年被选入英国皇家学会。1966～1967 年任英国电气工程师协会主席。

主要工作是用无线电波研究电离层。理论成就有两方面：一是对衍射的论述，尤其是对不规则自由媒质中衍射的论述。二是进一步论述阿普顿的永磁离子理论，并用一简单方法加以改进。该方法在很长一个时期内被公认是有效的。用超长波实验研究最低的电离层(D 层)表现出惊人的耐力，经过 11 年观察才获得满意结果。著有《磁离子理论及其在电离层中应用》(1959 年)和《高空大气物理》(1960 年)。1966 年获英国皇家学会皇家奖章，同年获英国电气工程师学会法拉第奖章，1953 年获英国物理学会霍尔韦克奖。 (陆伟良)

库尔恰托夫，И. В. (Курчатов, Игорь Васильевич; Kurchatov, Igor Vasilievich) 苏联人，1903 年 1 月 12 日生于俄国乌菲姆斯卡亚州锡姆，1960 年 2 月 7 日卒于莫斯科。*核物理学、电介质物理学、核武器工程*。

父亲是测地员，母亲婚前是小学教师。1911 年举家迁到辛比尔斯克(今乌利扬诺夫斯克)。1920 年进克里米亚大学数理系数学科，1922 年任大学物理实验室助教。1923 年大学毕业后，到巴甫洛夫斯克地磁-气象观察站任观察员，在那里完成了关于雪的放射性的第一个研究工作。1927 年结婚后迁往列宁格勒，进入主持的列宁格勒技术物理研究院。1934 年获数理博士学位。20 世纪 40 年代，被任命为苏联核能和核武器开发研究负责人。同年在莫斯科建立了苏联科学院第二实验室，以后被称为库尔恰托夫原子能研究所，任所长直至逝世。1943 年当选为苏联科学院院士，后入选主席团。А. Ф. 约飞。

1927～1929 年在约飞直接领导下进行电介质物理实验研究。以后又与柯贝柯(П. П. Коъеко)一起研究酒石酸钾钠的电特性，在这项研究中发现了“铁电性”这一新现象。

被誉为“苏联核科学之父”。1932 年转向研究原子核，领导该院的核物理系，致力于建立当时欧洲最大的加速器。1935 年与鲁希诺夫(Л. И. Русинов)一起，通过照射溴原子核，发现同质异能素。1935～1940 年研究中子物理。1939 年开始研究分裂重核以及可能获得链式反应的问题。第二次世界大战期间，致力于发展抗磁性水雷的舰船，并在实战中检验，1942 年成功地解决了这个课题，获苏联一级国家勋章。1946 年建成欧洲第一个核反应堆。1949 年成功地研制并试验了苏联第一枚原子弹。1953 年 8 月 12 日爆炸了世界上第一枚氢弹。此外，指导设计了世界上第一个原子能电站，于 1954 年投入运行。晚年致力于可控热核反应的研究。

(夏元复)

迪奇伯恩，R. W. (Ditchburn, Robert William) 英国人，1903 年 1 月 14 日生于英国兰开夏郡，1987 年 4 月 8 日卒。*原子物理学、生理光学*。

1922 年毕业于利物浦大学。在剑桥大学取得硕士和博士学位。1946～1968 年为雷丁大学物理学教授。1962 年被选为英国皇家学会会员。

1925 年起和同事们开始研究紫外辐射所导致原子或分子的光致电离现象。他们发展了真空紫外线吸收光谱技术，对许多元素和一些分子的光致电离进行了详尽的实验研究。1939～1945 年期间，他研究眼球的微小运动在视觉上所产生的效应。发现眼的这种微小运动使得眼睛所成的像在视网膜上来回往复地运动。而像的这种来回往复运动对于正常视觉的形成是必不可少的。相反地，如果设法使视网膜上的像固定不动，将会使观察者“看到”目标上并不存在的东西。主要著作有《眼运动和视觉》(1973 年)、《光学》(1976 年第三版)等。

(唐玄之)

莫尔斯，P. M. (Morse, Philip McCord) 美国人，1903 年 8 月 6 日生于美国什里夫波特，1985 年 9 月 5 日卒。*声学、金属物理学、天体物理学*。

出身于工程师家庭。1929 年获哲学博士学位。自 1931 年起在马萨诸塞理工学院任教，1939 年升为教授。领导过马萨诸塞理工学院的计算中心、运筹学中心。曾兼任《技术评论》、《今日物理》、《原子科学家公报》副主编，《物理学年鉴》主编。曾任美国物理学会、美国声学学会、美国运筹学会会长。1934 年入选美国文理科学院院士。1955 年入选美国国家科学院院士。

早在 1929 年和 E. U. 康登合著了美国第一本《量子力学》教科书。在贝尔电话实验室和 C. J. 戴维逊合作时，写了关于金属晶体中电子的量子力学论文。在 A. 索末菲领导下研究过波的散射。曾把量子力学和统计力学结合起来用于天文学，特别是计算星体内部的压力、密度、温度等。也研究过声波理论，采用新的计算技术，计算了声共振和声散射。第二次世界大战期间，研究国防声学问题；组织一个科学家小组分析水下防御战术，研究运筹学，早期发展了保卫海岸、防止潜艇袭击的搜索理论，为此获得功勋奖章。著有《振动与声》、《热物理学》、《理论声学》等书。曾获英国运筹学会银质奖章、美国声学学会金质奖章、美国运筹学会金布尔奖。

(蒋澄华)

瓦尔顿，E. T. S.（Walton, Ernest Thomas Sinton） 爱尔兰人，1903 年 10 月 6 日生于爱尔兰沃特福德郡邓加文，1995 年 6 月 25 日卒。粒子物理学、原子核物理学、加速器工程。

在都柏林大学学习物理学和数学。毕业后从事一年与流体涡流有关的实验和理论工作。1927 年获奖学金，赴剑桥大学卡文迪许实验室工作，成为卢瑟福的得力助手。1934 年到都柏林大学三一学院工作，1947～1974 年任自然与实验哲学教授和物理系主任。1952～1960 年任都柏林高级研究院宇宙物理研究部主任，1973 年任三一学院研究员，1974 年退休。是爱尔兰皇家科学院院士、英国皇家物理学会会员。

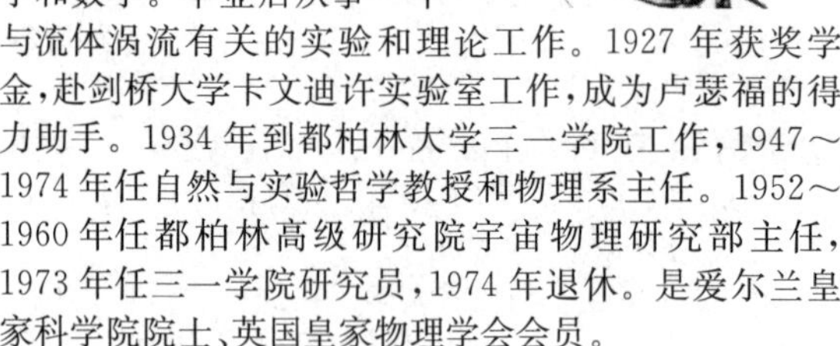

和 J. D. 科克罗夫特研究人工加速粒子轰击原子核的问题。1928 年他试图用两种方法加速粒子，由于缺乏必要的设备和技术而失败。但这两种方法经过改进，后来用在电子感应加速器和直线加速器上。1929 年他们设计制造了一台高压发生器，试用 28 万伏的电压加速质子，获得相当能量的人工加速粒子。但用这样加速的质子去轰击锂原子时，却没有成功。1930～1932 年为了研究锂原子核的人工嬗变，建造了巨大的高电压发生装置，巧妙地采用电压倍增整流电路，产生 60 万～80 万伏的电压，他们的仪器产生 100 微安的质子流。用这种高能质子轰击原子核，成功地使锂原子核嬗变为二个氦原子核（即 α 粒子）。这是第一次不用放射性物质的人工核反应。进而又对其他轻原子核（如铍、碳、氮等）进行实验，也引起了核裂变。由于在人工加速带电粒子诱发核反应方面作出的开拓性贡献，他与 J. D. 科克罗夫特共同获得 1951 年诺贝尔物理学奖。两人还于 1938 年共获英国皇家学会休斯奖章。

（张玥明 沙振舜）

鲍威尔，C. F.（Powell, Cecil Frank） 英国人，1903 年 12 月 5 日生于英国肯特郡汤布里奇，1969 年 8 月 9 日卒于意大利北部贝拉诺附近。粒子物理学、宇宙线物理、技术发明。

军械工人之子。11 岁进汤布里奇的久德学校读书。1925 年毕业于英国剑桥大学塞萨克斯学院。随后师从 C. T. R. 威尔逊和 E. 卢瑟福，为卡文迪许实验室研究生。1927 年以论文“论在威尔逊云室的操作中凝结现象的重要性”获博士学位。1928 年起任职于布里斯托尔大学威尔斯物理实验室，1948 年任该校教授，1964 年任该实验室主任。1950 年当选为英国皇家学会会员。还获得过国外一些科学院的外籍院士、几所大学的荣誉博士学位。

20 世纪 30 年代后期，开始利用照相乳胶来记录高速带电粒子的径迹，并进而设法测定产生径迹的粒子的质量、电荷和能量。1947 年和同事合作利用特种乳胶在海拔2 700米的山顶上记录宇宙射线，发现了质量是电子质量 273 倍的新带电粒子 π 介子。早在 1935 年，日本物理学家汤川秀树曾提出核力的介子场理论，认为核子与核子间的强相互作用是由于交换介子而引起的，所预言存在的介子被称为“汤川介子”。鲍威尔等人通过研究证实，π 介子就是这种“汤川介子”。他们还证明 π 介子是不稳定的，寿命大约为 2×10^{-8}秒，衰变成 μ 介子和中微子。1949 年，他们又发现了 K 介子的衰变方式。此后，他还对大气宇宙射线的簇射的发生作出解释，并将宇宙射线划分为“软组分”（电子、光子）和“硬组分”（μ 介子、中微子），从而说明在大气层中观察到的宇宙射线，不仅包括直接来自宇宙空间的初级射线，也包括它和大气中原子核反应后形成的次级射线。

因发明核乳胶记录法和发现 π 介子，他于 1950 年获诺贝尔物理学奖。1949 年和 1961 年相继获英国皇家学会的休斯奖章和皇家奖章。1967 年获苏联科学院罗蒙诺索夫金质奖章。

（夏元复 谈漱梅）

迈耶，J. E.（Mayer, Joseph Edward） 美国人，1904 年 2 月 5 日生于美国纽约，1983 年 10 月 15 日卒。统计力学。

1924 年获加利福尼亚理工学院学士学位。1927 年在加利福尼亚大学获博士学位，并从事博士后工作。1930～1946 年先后被聘任约翰斯·霍普金斯大学和哥伦比亚大学副教授。1946～1973 年先后被聘任芝加哥大学和加利福尼亚大学教授。1946 年入选美国国家科学院院士。1973 年任美国物理学会会长。他的妻子 M. G. 迈耶也是物理学家，是 1963 年诺贝尔物理学奖获得者之一。

主要贡献是在统计力学方面，简化 W. 吉布斯等人的方法，使之适用于稠密气体和液体。著有《统计力学》（1940 年初版，1970 年再版）、《固体的相变》（1951 年，与人合作）、《平衡统计力学》（1968 年）。曾获得刘易斯奖章、哥伦比亚大学钱德勒奖章、耶鲁大学柯克伍德奖章、德拜奖金、美国化学学会诺里什奖金。

（周忠勋）

伽莫夫，G.（Gamow, George） 美国人，1904 年 3 月 4 日生于俄国敖德萨（今属乌克兰），1968 年 8 月 19 日卒于美国科罗拉多州博尔德。核物理学、宇宙学、科学普及。

俄国裔。教师的儿子。少年时就喜爱天文学，用父亲在他 13 岁生日送的小望远镜观察星空，立志成为科学家而努力钻研数学、物理学和天文学。1922 年入苏联新罗亚斯基大学数理系，不到一年转到列宁格勒大学，1928 年自列宁格勒大学物理系毕业。后进入德国格丁根大学的暑期学校，用刚兴起的量子理论解释了天然放射性现象和卢瑟福关于轻元素的人工转化实验。在这基础上同年在列宁格勒大学获博士学位。1928 年 N. 玻尔建议他到哥本哈根理论物理研究所工作一年。1929 年跟卢瑟福在剑桥卡文迪许实验室工作一年。1931～1933 年任列宁格勒大学教授。当他参加在布鲁塞尔举行的国际索尔维会议时，应邀去密歇根大学讲学后就留在美国。1933～1955 年任华盛顿大学物理学教授。1956～1968 年在科罗拉多大学任教。期间曾在美国海军部所属军械局高爆部任顾问。1956 年因科普工作获联合国科教文组织卡林加奖。

主要研究核物理和宇宙学。1928 年，他提出原子核可以如同小液滴来处理的假设。由这些概念后来发展成了今天的核裂变和聚变的理论。在这期间还与霍特曼斯(F. Houtermans)和阿特金森(R. Atkinson)计算在太阳和其他星体内部热核反应中的感生核转化率。他的这些公式开始只应用于天文学，后来也成功地应用于设计氢弹和研究可控热核反应。同年，他用波动力学隧道效应解释了 E. 卢瑟福 1927 年发现的佯谬。1936 年与 E. 特勒合作研究 β 衰变理论，提出著名的伽莫夫-特勒选择定则。这期间他发展了红巨星内部结构的理论。1942 年提出红巨星的壳模型。他对勒梅特宇宙学“大爆炸”理论作了进一步详细阐述，完善了这种理论，为公众所知。20 世纪 40～50 年代，从事常规爆炸中冲击波传播的研究，并参与原子弹和氢弹爆炸试验。1948 年与阿尔弗(R. Alpher)一起发展了关于化学元素起源的理论，认为来源于中子递次俘获。

在生物学方面，1954 年提出蛋白质遗传密码设想，首创“基因”一词；研究核酸在酶的形成中起遗传密码的作用，1961 年为实验所证实。

著述很多。科普著作《汤普金斯在仙境》(1939 年)、《物理学史》等书颇具盛名。1956 年因科普工作获联合国科教文组织卡林加奖。　　（夏元复　马见慈）

奥本海默，J. R. (Oppenheimer, J. Robert)　美国人，1904 年 4 月 22 日生于美国纽约，1967 年 2 月 18 日卒于新泽西州普林斯顿。核物理学、核武器工程、科学技术管理。

德国裔。父亲 J. 奥本海默是个富商，年轻时从德国移居美国，母亲是画家，他们都爱好美术和音乐。他小时候在纽约上学，兴趣广泛，思想敏锐，学习勤奋。1922 年到哈佛大学主修化学，3 年学完 4 年的课程，1925 年毕业。毕业后旅居欧洲 4 年，深受 P. 厄伦费斯特和 W. 泡利的影响。1927 年获德国格丁根大学物理学博士学位。1929 年分别在伯克利加利福尼亚大学和加利福尼亚理工学院任教，1936 年当上教授。

1942 年任美国洛斯阿拉莫斯国家首任主任。实验室主持美国曼哈顿计划，成功研制第一颗原子弹。1945 年 10 月，他辞去洛斯阿拉莫斯实验室主任的职位，返回加利福尼亚。1946～1952 年任美国原子能委员会总顾问委员会首任主席，是美国政府的首席原子能顾问。还是美国派驻联合国原子能委员会的代表团科学顾问，曾参与联合国原子能控制巴鲁克计划问题的起草工作。1947 年 10 月，他成为普林斯顿高等研究院院长，使之成为现代物理的国际研究中心之一。晚年身患癌症，化学治疗使他头发脱落，体重不足白磅。

1926 年 5 月发表了第一篇论文，文章应用量子力学方法，阐明分子带光谱的频率和强度的关系。同年 7 月发表的第二篇论文是和氢原子有关的，提出连续光谱问题和处理方法。同年，应 M. 玻恩的邀请到格丁根，并继续研究连续光谱及 X 射线的发射。和玻恩一起提出一种在一个分子或固体中计算原子间力常数的方法，即“玻恩—奥本海默方法”。

20 世纪 30 年代，这一时期的论文集几乎可以作为当时物理学的重要手册，他的研究工作进入鼎盛时期。他专注于当时前沿的研究课题，例如，P. 狄拉克在解释负能态时提出空穴概念，把空穴看成带正电的粒子，认为它是质子。而他则认为，这空穴的质量应该与电子相同，因而关于正电子的预言实际上是由他提出的。3 年后，C. D. 安德逊从宇宙射线中发现了正电子。当宇宙射线实验和理论发生重大矛盾时，他就预感到这可能是辐射的量子论有问题；当发现对介子的解释自相矛盾时，就对新粒子的特性产生了极大的兴趣。提出了一种研究宇宙射线中电子-光子簇射的好办法。20 世纪 30 年代，他参与用回旋加速器和其他加速器开展对原子核的认真研究。

还是研究致密星的先驱者，开创了关于中子星的系统理论。1939 年，和沃尔可夫(G. Volkoff)建立第一个定量的中子星模型。他们指出中子星的质量存在一个上限，超过了它，就不可能形成稳定的中子星。这个临界质量值称为奥本海默-沃尔可夫极限(据现在改进后的理论，其值约为太阳质量的 3 倍)。

早期对政治不太感兴趣。20 世纪 30 年代希特勒法西斯猖獗，他才开始关注国际政治，并受到左派思想的影响。他是在 1940 年结婚的。在此以前，他曾有个恋人，通过她的关系，奥本海默曾在加利福尼亚会晤了几位著名的共产党员，并读了一些苏联的书籍。后来还写过政治短文，自费印刷，由反法西斯知识分子散发，其中也有共产党人。1937 年他继承父亲的巨额遗产，曾支援过左翼组织。婚后，他与共产党的同情者逐渐断绝交往。但是，这段历史后来仍作为“历史问题”受审查。

1940～1941 年他在大学里就开始研究核反应堆问题，并开始分离铀的同位素铀 235(^{235}U)。但这些研究工作都是零星分散地进行的。1941 年秋，A. H. 康普顿邀请他出席国家科学院专门委员会召开的有关商议军事利用原子能的双日会议。1942 年初康普顿要求他从事原子弹的设计工作。1942 年 7 月，他主持一个会议讨论“FF 炸弹”(即快速裂变炸弹)。E. 特勒也参加会议，并首先提出热核爆炸的可能性。这项研究工作在伯克利由奥本海默领导的一个理论小组中进行。在他的主持下成绩显著，进展神速，显示出非凡的组织才能。由于资料分散，各自实验难以协调，因而影响进程，所以他提出，把美国、英国和加拿大等地的学者集中起来，以便统一进行综合研究。康普顿建议由他担任实验室的最高领导。1942年秋，负责主管“曼哈顿计划”的格罗夫斯(L. Groves)将军接受他的建议，在新墨西哥州的洛斯阿拉莫斯建立新实验室，并任命他为这个巨大实验室的领导人。他对此工作全力以赴。经过2年的努力，1945年7月16日凌晨5时30分，第一颗原子弹在试验场试爆成功。

1945年美国成立原子能委员会，内设专家组(起名“临时委员会”)，由他和E. 费米、A. H. 康普顿、E. O. 劳伦斯四人组成。他们曾被政府请去参加讨论对日本使用原子弹的问题。1945年8月6日，美国使用原子弹轰炸日本广岛，科学界震惊不已，并强烈谴责这一战争行动。

1949年，他反对美国研制氢弹而遭到杜鲁门总统的否决。1952年7月，他拒绝继续出任美国原子能委员会总咨询委员会主席职务。艾森豪威尔政府的保安机关怀疑他是伪装的苏联间谍，1953年底他受到指控，1954年4月正式受审查。指控书对他反对发展氢弹以及过去和共产党人及其同情者的交往提出怀疑等。大约过了10年，审查他的三人安全委员会说他是“一个忠诚的公民”，才了结此案。出版的著作有《开放的心灵》(1955年)、《对科学与文化中的若干反思》(1960年)、《奥本海默书信与回忆录》(1980年)。1946年被授予梅里特国会勋章。 (周永平)

哈夫斯塔德，L. R. (Hafstad, Lawrence Randolph) 美国人，1904年6月18日生于美国明尼苏达州，1993年10月12日卒。技术发明、核武器工程、核能工程。

父亲是挪威移民。他于1926年在明尼苏达大学电力工程系毕业，获学士学位。1933年在约翰斯·霍普金斯大学获物理学博士学位。留校工作。1949年为美国原子能委员会反应堆开发部首任主任，1951年兼任科学研究开发部际委员会主任。1955年任职于曼哈顿银行原子能部。不久到通用汽车公司任负责开发研究的副董事长，并任国防部顾问、白宫科技局顾问。1962年总统指定他为原子能委员会总顾问。1969年从通用汽车公司退休。

主要科学贡献：20世纪20年代初制造加速粒子的高压真空管；参与第一次精确测定质子-质子散射；30年代用高压加速产生中子和人工放射性；参与发现铀裂变过程中的缓发中子；核爆炸监测；核动力堆开发及潜艇核动力研究。 (夏元复)

切伦科夫，П. А. (Черенков, Павел Алексеевич; Cerenkov, Pavel Alexeyevich) 苏联人，1904年7月28日生于俄国沃罗涅日州诺瓦亚契戈拉，1990年1月6日卒于莫斯科。原子物理学、光电子学。

农民的儿子。1928年毕业于沃罗涅日州立大学物理数学系。1928～1930年在沃罗涅日州立高中教书。1930年到莫斯科列别捷夫物理研究院(前身为列宁格勒物理与数学研究所)工作。1959年任苏联科学院物理研究院实验物理学教授。1959～1990年任莫斯科列别捷夫物理研究院光子-介子实验室主任。1970年被选为苏联科学院院士。

1934年发现“切伦科夫辐射”，1958年因此获诺贝尔物理学奖。所谓切伦科夫辐射是指带电粒子在透明介质中以高于光在该介质中的速度运动时粒子所发出的电磁辐射。这现象本来早为人们所知，但以为这只是一种发光现象，未予深究。他在物理研究所当研究生时，在C. И. 瓦维洛夫院士的指导下对此现象进行研究，考察这一现象的各个特性，以便找到继续进行试验的方向。他的第二组实验是关于发光现象中常见的猝灭现象。刻苦的实验使他发现，对于这种辐射，猝灭现象完全不存在。另外，一般发光现象中的光是偏振的，偏振方向与入射光的偏振方向垂直，而且偏振方向可由加热溶液来改变，但在他所研究的现象中，辐射光的偏振方向与入射的γ射线的偏振方向平行，且不受加热的影响。于是他猜想，这种新的辐射是来源于入射的γ射线按康普顿效应所产生的二次电子，而不是来源于γ射线本身。他测定了这种辐射的所有主要的性质，证明它不是一般的发光现象而是一种完全不同的新的现象，后称之为切伦科夫辐射。由于这一实验是在瓦维洛夫首倡下进行的，故有些苏联书称之为切伦科夫—瓦维洛夫辐射。他没有提供产生这种辐射的机制理论。这种理论是由И. М. 弗兰克和И. Е. 塔姆建立的，因此1958年的诺贝尔物理学奖由他们三人分享。此外，1946年三人同获斯大林奖章。

切伦科夫辐射最初没有什么应用。在灵敏光电器件发展起来之后，被用来制成切伦科夫计数器。由于它有很高的灵敏度，在实验物理中有非常重要的意义。1956年发现反质子时此计数器发挥了重要的作用。 (唐玄之)

内尔，L. -E. -F. (Néel, Louis-Eugène-Félix) 一译奈尔。法国人，1904年11月22日生于法国里昂，2000年11月14日卒。固体物理学。

母亲是艺术家、父亲是税务员。1928年毕业于巴黎高等师范学校，1932年获科学博士学位。1934年成为斯特拉斯堡大学教授，1946～1976年为格勒诺布尔大学教授。1952年任法国海军科学顾问。1954年任格勒诺布尔工业研究所所长。1956～1971年任格诺布尔核研究中心主任。1971～1976年任格勒诺布尔国立综合技术学院院长。并代表法国参加北大西洋公约组织的科学委员会。1953年被选为法国科学院院士。是苏联、荷兰、民主德国、罗马尼亚等国科学院的外籍院士，英国皇家学会外籍会员，美国文理科学院外籍院士。

1927年W. 海森伯提出，两个紧邻原子间的距离在很小时，原子磁矩之间的相互作用会使铁磁性增强。温度很低时，相邻原子的磁矩的排列相互平行。1930 年内尔指出，距离极近的两个原子间的相互作用力会使它们的磁矩成反平行，因而在低温时，晶体中的原子可以分为两个亚点阵，一种亚点阵中的原子磁矩沿某一方向，则另一种亚点阵中的原子磁矩沿反方向。当温度上升到 θ_n(称为内尔温度)时，便不再呈现磁矩的有规则取向。1947 年他提出两种亚点阵并不等价。它们的瞬时磁化强度虽沿相反方向，但并不相等。由此可解释物质为何分为铁磁体和反铁磁体。又指出，铁磁体的磁化率的倒数随温度的变化呈双曲线形，而不是依从线性的居里—外斯定律。

另一重要研究领域是铁磁质中的内部退磁场的重要作用。他提出了铁磁质可以由许多基元区域组成，这些基元区域之间有一层很薄的壁，称为内尔壁，它的结构与通常的布洛赫壁是不同的。注意到铁磁质的磁性随时间而蠕变。提出有热起伏蠕变和扩散蠕变两种形式。他研究过超细晶粒铁磁体的特殊性质，并指出像火山岩、玄武岩等都具有“磁记忆”性能。指出反铁磁质的细晶粒具有奇特的性质。这是由于是孤立磁原子的行为，因此不服从居里定律。

因对固体磁性方面的出色研究获得 1970 年诺贝尔物理学奖。此外，还获 1948 年布朗德尔奖章，1965 年国家科学研究中心金质奖章，1971 年电子学大金质奖章等许多奖励和荣誉称号。 （蔡祺德）

王守竞（Wang Shoujing） 字井然。华裔美国人。1904 年 12 月 24 日生于江苏吴县(今苏州市)，1984 年 6 月 19 日卒于美国。物理学教育、量子力学、机械工程。

出身世代书香之家，其父王季同是中国近代著名物理学家和机电学家。1921 年毕业于苏州工业专科学校。1922 年考入清华学校留美预备班。1924 年派赴美国留学，1925 年获康奈尔大学物理系硕士学位。同年秋转入哈佛大学，后获文科硕士学位。1926 年秋转入哥伦比亚大学继续攻读物理，1927 年获博士学位。留美从事研究工作。1929 年夏回国，聘任浙江大学教授、物理系主任。1931～1933 年任北京大学物理系主任。兼任中国物理学会副会长。抗日战争期间，先后参与筹建南京光学器材厂，出任昆明中央机器厂(昆明机床厂前身)首任总经理、国民政府资源委员会驻美代表。1949 年后，在美国林肯实验室工作，兼任马萨诸塞理工学院教授直至退休。1951 年入美国籍。

中国现代物理学先驱之一。1927 年在美国物理学会第 147 次年会上，宣读“论普通氢分子的问题”论文，把当时刚出现的量子力学成功用于多原子分子研究，受到国际物理学界重视；最早用变分法求二级微扰计算类氢原子间的偶极矩-偶极矩相互作用，得出范德瓦尔斯力的作用能量系数；在 1928 年《物理学评论》上发表论文，指出一个氢分子(H_2)的电子云几率分布会比单个氢原子(H)更密集；在计算类氢原子型 1s 波函数的基础上，在 H_2^+ 的波函数中引用非线性参量，使其能量计算值与实验值差异从 1.58 电子伏特下降到 0.96 电子伏特；计算过氢分子的转动谱，研究钠蒸气和汞原子碰撞的激发态，得到了多原子分子非对称转动的谱能级公式，该公式适用于大量常见的多原子分子的计算，被后人称为“王氏公式”，沿用至今。30 年代，参与组建中国物理学会。

也是中国现代机械工业拓荒者之一。20 世纪 30～40 年代，临危受命，投身国防事业，创建和管理中央机器厂。他提出“你需要什么，我就生产什么”的经营方针，生产了大量国家急需的军需民用产品，经营 6 大类 54 个品种，远销西南、西北和中南 8 个省区；武装了上述地区一大批机械工业；为国家培养出大批优秀的科技和管理人才；创造了多个“中国第一”：中国第一台机械工作母机，第一台大型发电机，第一台大型汽轮机，第一台 500 马力电动机，第一台 30～40 吨锅炉，第一座铁合金冶炼炉，第一批 4 吨汽车等。他为建立中国早期机械工业和支援抗日战争，作出了重要贡献。 （李啸虎）

赫兹伯格，G.（Herzberg, Gerhard） 加拿大人，1904 年 12 月 25 日生于德国汉堡，1999 年 3 月 4 日卒于加拿大。分子物理学、原子核物理学、物理化学。

德国犹太裔。早年就读于德国达姆施塔特理工大学，获工学博士学位。其后在格丁根大学就读 M. 玻恩和 J. 夫兰克的函授博士学位。1935 年受纳粹迫害流亡到加拿大，在萨斯喀彻温大学任物理学研究教授。1945 年赴美国芝加哥大学短期工作 3 年。后返回加拿大任国家科学研究委员会首席研究员，不久任命为理论物理学部主任，直到 1969 年。被选为英国皇家学会会员，美国国家科学院、美国文理科学院、日本学士院等的外籍院士。

在物理学、化学和天文学的许多领域中都有贡献。

在原子光谱方面主要贡献是第一个测定了氘基态的兰姆位移。这是量子电动力学对光谱解释的重要实验证明。在分子光谱方面的贡献是区分双原子分子和多原子分子，并研究了离解和预离解现象，对禁戒跃迁作出了解释。因对分子的电子结构和几何结构，特别对自由基研究的贡献，获 1971 年诺贝尔化学奖。

在核物理方面，证实了氮核服从玻色统计而不服从费米统计，(而科学界过去一直相信 1929 年的假定，即氮核服从费米统计)。1938 年对外层空间大气压下的分子氢的测定发生兴趣，认为四极振动-转动光谱可用来测定分子氢。10 年后，用长吸收管在实验室获得了这种光谱。20 年后，基斯(C. C. Kiess)及其合作者在木星光谱中观测到四极振动-转动光谱。

著有《原子光谱和原子结构》、《分子光谱和分子结构》和《分子光谱学引论》等书。获 1953 年加拿大皇家学会奖章，1963 年美国光学学会奖章，1971 年英国皇家学会皇家奖章。 （蔡祺德）

塞格雷，E. G.（Segrè, Emilio Gino） 美国人，1905 年 2 月 1 日生于意大利蒂沃利，1989 年 4 月 22 日卒于美

国加利福尼亚州拉斐特。粒子物理学、光谱学、核化学。

意大利裔。产业家的儿子，是家中最小孩子，学生时代就爱好数学。20世纪20年代后期曾参加费米创办的著名的“罗曼学校”。1922年进罗马大学攻读工程学，由于受费米影响改学理论物理学，1928年成为费米门下第一个获得博士学位的研究生。1928～1929年参军。后为罗马大学助教。1930年后追随O. 斯特恩和P. 塞曼进行研究。1932年回罗马大学任助理教授。1936年赴巴勒莫大学任物理实验室主任。1943～1946年在洛斯阿拉莫斯国家实验室领导一个研究组，研究自发裂变，参与制造原子弹的“曼哈顿”计划。1946年任伯克利加利福尼亚大学物理学教授，1974年受聘为罗马大学核物理教授，不久退休。1944年入美国籍。是美国国家科学院院士、意大利国家科学院外籍院士等。

早期的研究领域是原子光谱学。1934年在费米指导下从事中子的实验研究，用中子轰击包括铀在内的各种元素，产生超铀元素。1935年发现慢中子，这在核能利用中意义十分重大。

1937年利用回旋加速器发现新元素锝(Tc)。1938年参与发现元素砹(At)。1941年参与发现钚(Pu)239及其裂变性质。以后钚239成为一种重要的核燃料和核弹材料。

除了在光谱学和核谱学研究、制造人造元素和发现新元素上的贡献外，还在粒子物理学上有重要成就。1955年与O. 张伯伦等人发现反质子，为此两人共获1959年诺贝尔物理学奖。此外获得过很多其他荣誉称号、奖章和奖金。

出版有著作《实验核物理学》(3卷，1953～1959年)、《核子与粒子：核与亚核物理学导论》(1964年)、《物理学伟人：科学研究中的人文因素》(1969年，与他人合著)、《费米传》(1970年)、《从X射线到夸克：现代物理学家及其发现》(1980年)、《从落体到无线电波：经典物理学家及其发现》(1984年)、《塞格雷自传》(1993年)等。 (夏元复)

罗西，B. B. (Rossi, Bruno Benedetto) 美国人，1905年4月13日生于意大利威尼斯，1993年11月20日卒。宇宙线物理、天体物理学。

意大利裔。电气工程师的儿子。在帕多瓦大学和波伦亚大学学习物理，1927年获博士学位。1928起任佛罗伦萨大学助教。1932～1938年任巴地亚大学物理学教授。因意大利法西斯当局的种族法而流亡，在哥本哈根大学理论物理研究所、曼彻斯特大学和芝加哥大学短期滞留。1940年到康奈尔大学。1943～1946年在洛斯阿拉莫斯国家实验室，指导测量第一颗原子弹反应时间的实验。1946年任马萨诸塞理工学院物理学教授。1950年当选为美国国家科学院院士。

长期研究宇宙线物理学，有很多发现，如早期发现宇宙线具有很高的能量，能产生次级粒子；确定初级宇宙线所带电荷及组分；从理论上解释簇射现象(罗西簇射曲线)；首次证实了μ子的衰变并测定其寿命；首次证实μ子衰变满足狭义相对论；为发现中性π介子和奇异粒子作出贡献；开发新的探测技术和电路(如罗西符合电路)等。其中最重要的发现是证实来自太阳的等离子风的存在，以及与他人共同发现太阳系以外的强X射线源。 (夏元复)

范库琴，I. (Fankuchen, Isidor) 美国人，1905年7月19日生于美国纽约州布鲁克林，1964年6月28日卒于同地。固体物理学、晶体学。

1926年获学士学位。1933年在康奈尔大学获哲学博士学位。1934～1936年追随W. L. 布拉格在曼彻斯特大学工作。1936～1938年在剑桥大学晶体学实验室工作。1938～1939年在伦敦大学伯克贝克学院工作。1939～1941年，回国在马萨诸塞理工学院任蛋白质化学国家研究员。1942年在剑桥大学获第二个博士学位。1941～1942年在明尼苏达州任安德逊生物研究所助理主任。1946起任布鲁克林综合技术研究所应用物理部主任，直至去世。1950年起任美国晶体学会首届会长，以后又担任国家晶体学委员会主席。

在晶体学很多领域中作过杰出的贡献，广泛应用于物理学、化学、生物学、矿物学和冶金学。尤其在大分子化合物的X射线衍射研究方面有较大贡献，将X射线衍射应用于研究番茄花叶病病毒、糜蛋白酶等大分子，并证明有些病毒实际上是活的结晶物质。 (夏元复)

安德逊，C. D. (Anderson, Carl David) 美国人，1905年9月3日生于美国纽约，1991年1月11日卒于加利福尼亚州圣马利诺。宇宙线物理学、粒子物理学。

少年时在洛杉矶读书，是个跳高运动员，对网球、登山等运动一直很有兴趣，也爱好音乐。1927年毕业于加利福尼亚理工学院，获物理学和电机工程学双学士学位。1927～1930年在该校做教学和研究工作，1930年获该校物理学博士学位，并继续留在卡尔特什的学院里任教。1939年任物理学教授。1941～1945年在美国国防部研究委员会和科学研究发展部门工作，参与火箭炮的设计，并负责改进火箭使之适用于空军的各种战术需要。1946年和埃尔韦拉(L. Elvira)结婚，生有两个儿子。1962年以后，先后担任加利福尼亚理工学院的物理、数学及天文部主任，1976年退休。还是美国国家科学院院士，美国物理学会、哲学学会的会员。

一生从事教学和科研工作，发表了许多有关电子、X射线、γ射线和宇宙射线的重要论文，有力地推动了这些科学领域的发展。主要工作是研究宇宙射线，主要贡献是发现正电子和μ子。

正电子的发现，被英国皇家学会说成是20世纪“最重要的事件之一”，但他却说这是纯属偶然的发现。1928年狄拉克创立量子力学新形式，这是将量子论和相对论结合得出的结果，并进而预言正电子的存在。1930年在R. A. 密立根指导下，安德逊开始研究γ射线和宇宙射线。1932年，他果然从宇宙射线中首次发现了正电子。他所做的实验，本来是为了直接测量入射的宇宙射线所产生的次级电子的能谱，目的是想要弄清能量达到数百兆电子伏的光子束和γ射线束究竟是怎样组成的。他把C. T. 威尔逊首创的云室加以改进，设计成在强磁场中工作的云室，云室中间插入一块铅板，以探明低速粒子飞行的方向。当带电粒子进入云室而在强磁场中偏转时，照片上显示出一定的轨迹，于是可以判明粒子所带电荷的电性。从照片分析中终于发现狄拉克理论所预言的正电子，它所画出的轨迹表明，其所带电荷恰与电子等值反号。这个实验第一次证实了反物质的存在。由于发现正电子，他和宇宙线的发现者V. 赫斯分享1936年诺贝尔物理学奖。

发现μ介子不像发现正电子那么突然和意外。和尼德迈耶(C. H. Neddermeyer)花了2年时间去研究宇宙射线的粒子，从中寻找某些线索和辨明某些佯谬。1937～1938年，他们发现有一些带有单位电荷的正负粒子，它们的质量介于质子与电子之间。1935年，汤川秀树为解释核力预言原子核内的质子和中子是通过一定的媒介场而结合在一起的，即通过一种质量大约为电子质量的200～300倍的粒子而使原子核内的质子和中子结合在一起的。安德逊等人曾一度以为他们的发现已证实汤川的这种理论，然而后来弄清楚这两种粒子其实是不相同的。他所发现的是μ子，而证实汤川秀树理论的那种粒子是C. F. 鲍威尔于1947年发现的π介子。μ子是π介子的一种衰变物。μ子的发现，激发人们的研究热情，相继发现了许多“基本粒子”，从而形成物理学的一个崭新的分支——粒子物理学。第二次世界大战后，他为进一步研究宇宙射线，曾用B-29飞机将探测器带到高空作测量。除了获1936年诺贝尔物理学奖外，还获得美国国家科学院金质奖章(1935年)、富兰克林研究院克雷森奖章等许多荣誉。 (周永平)

陆学善(Lu Xueshan) 中国浙江省人，1905年9月21日生于浙江湖州，1981年5月20日卒于北京。晶体物理学、X射线晶体学。

1924～1928年，在南京东南大学(后改名中央大学)物理系就读，靠奖学金才得以完成学业。1928年在清华大学任助教，1930年成为该校吴有训教授的研究生，1933年硕士研究生毕业。1934年赴英国曼彻斯特大学，在诺贝尔物理学奖获得者W. L. 布拉格指导下从事X射线晶体学研究，1936年获博士学位。后回国，在北平研究院所属的上海镭学研究所任研究员。1950年赴北京任中国科学院应用物理研究所(今物理研究所)副所长，翌年任代理所长。后因病辞去领导职务，专注于学术研究。曾任中国物理学会秘书长。晚年任中国科学院物理研究所顾问。1955年选聘为中国科学院学部委员(院士)。

中国晶体物理学和X射线晶体学的开拓者。20世纪30年代在英国攻读博士研究生时，用X射线衍射方法对铬—铝二元素合金进行了全面深入的研究。他在测定铬—铝二元素相图时，创造了利用晶体点阵常数测定相图中固溶线的方法，该方法后来一直被广泛采用。50年代，他与章综合作，对铝、铜、镍三元合金系中τ的晶体结构变迁作出了出色的研究。60年代，他与梁敬魁等人合作，用X射线衍射方法研究了镓化铁、和镓化钒的晶体结构、铝-镍(Al-Ni)二元系中的一种新型缺陷点阵、铜—金二元系中超结构的形式等课题。70年代末至80年代初，他提出了标定X射线粉末照相指数的新图解法，并与罗绶琨合作对六角晶体系及四方晶系提出了解析计算方法，编制了相关的计算机计算程序。80年代初，与梁敬魁合作，提出了用X射线衍射强度来测定晶体的德拜特征温度的方法。以上这些工作都有力地推进了中国晶体物理学和X射线晶体学研究事业的发展。主要著作有《相图与相变》(1990年)等。

(宣焕灿)

莫特，N. E. (Mott，Sir Nevill (Francis)) 英国人，1905年9月30日生于英国利兹，1996年8月8日卒于白金汉郡米尔顿凯恩斯。固体物理学、量子力学。

1928年获剑桥大学数学学士学位后，在R. H. 福勒指导下开始从事研究工作。一度在哥本哈根大学师承N. 玻尔。曾任剑桥大学讲师。1933年任布里斯托尔大学理论物理学教授，1948年任物理系主任，兼威尔斯物理实验室主任。1953～1971年任剑桥大学卡文迪许实验室主任。1936年被选入英国皇家学会。1962年封为爵士。获得过许多大学的荣誉博士学位，也是美国国家科学院等一些外国科学院外籍院士。1950年出任国际理论和应用物理学联合会主席。

早期在卡文迪许实验室研究量了力学在核物理、粒子散射等问题上的应用。以后主持布里斯托尔大学理论物理工作，使该大学成了固体物理中心。和同事们建立了F-心理论、激子理论、肖脱基势垒理论以及金属氧化理论。1953年起领导卡文迪许研究所，在研究固体位错理论中，把G. I. 泰勒的合金加工硬化模式发展为老化模式。对研究金属-绝缘体的转变很有兴趣，提出改变固体中的电子密度可以实现金属向绝缘体的突然转变，即莫特转变。提出用掺杂的方法改变能级。此法是改变固体电子密度的一种方法。1967年预言非晶材料中有一个可移动的边界，把定域态和非定域态分离开来。还提出了可变跳跃区、金属最小电导率等概念。因为对磁体和无序系统电子结构的基础研究，与J. H. 范弗莱克、P. W. 安德逊共获1977年诺贝尔物理学奖。

著有《波动力学概要》、《金属和合金性质的理论》(和琼斯(H. Jones)合著)、《离子晶体中的电子过程》(和格尼(R. W. Gurney)合著)、《波动力学及其应用》(和斯内登(I. N. Sneddon)合著)、《波动力学原理》、《金属的原子结构和强度》、《原子碰撞理论》(和马瑟(H. S. W. Massey)合著)、《非晶材料中的电子过程》(和戴维斯(E. A. Davis)合著)、《初等量子力学》、《金属-绝缘体转变》等。1972年获英国皇家学会科普利奖章。

(蒋澄华)

布洛赫,F. (Bloch,Felix) 美国人,1905年10月23日生于瑞士苏黎世,1983年9月10日卒于同地。*原子物理学、核磁共振、磁学*。

他原想成为工程师,进入苏黎世联邦理工学院一年后,从工程学转向物理学,1927年毕业。1928年在德国莱比锡大学获物理学博士学位。后在几个欧洲国家从事博士后研究工作。1932年回莱比锡大学任讲师。由于希特勒上台,1933年离开德国,到哥本哈根大学N. 玻尔处工作。1934年去美国,在斯坦福大学任物理学教授。1939年入美国籍。第二次世界大战期间,1942～1944年参加曼哈顿工程。1944年任哈佛大学教授兼无线电研究所研究员。1945年9月回到期坦福大学,1971年退休。期间1954～1955年任日内瓦欧洲核子中心首任主席。1965年任美国物理学会会长。1948年被选为美国国家科学院院士。

对原子核磁场的研究兴趣是由O. 斯特恩的分子束实验引起的,该实验指出质子磁矩数值几乎是预期值的3倍,而且氘核中的中子也有磁矩。1939年,第一个用无线电技术精确测量中子磁矩。第二次世界大战期间,因从事雷达工作而熟悉现代电子技术。1946年发明在一般物质中研究原子核磁矩的方法,即"原子核磁感应"方法(现称为"核磁共振法")。其数学公式为"布洛赫方程"。这种方法的测量精度很高,对物理学和化学的研究很有价值,化学上可用它来确认未知物质,在天文学上可用它来确认太空物质成份(如氢云),在医学诊断上作为影像技术得以广泛应用,比X光分析更安全。与此同时,E. M. 珀塞尔也独立地发明了类似的方法。为此他俩共获1952年诺贝尔物理学奖。

研究工作还涉及固体、磁学、量子电动力学、超导和核物理。至少有5个定律和概念与他的名字联系在一起,如布洛赫波函数、布洛赫自旋波、布洛赫壁等,可见其工作的多样性和创造性。

(王明馨)

汪德昭 (Wang Dezhao) 中国江苏省人,1905年12月20日生于江苏省灌云县,1998年12月28日卒于北京。*水声学、大气电学*。

1929年毕业于北京师范大学物理系,留校担任吴有训教授的助教。1934年赴法国,入巴黎大学高等理化学院学习,在朗之万教授的指导下完成了大气电学和超声方面的一系列重要研究。1940年在巴黎大学获国家博士学位。1938～1956年,在法国国家科学研究中心先后担任专任研究员和研究指导主任等职。第二次世界大战中,他是法国国防部科研机构中唯一的外籍科学家。1947～1948年兼任法国原子能委员会顾问。是法国物理学会、法语区声学家协会会员。1956年回国后,历任中国科学院器材局局长,原子能研究所研究员、研究室主任,电子研究所副所长等职。1957年当选为中国科学院学部委员(院士)。1964～1984年任声学研究所所长。1984年起任名誉所长。曾任中国声学学会名誉理事长,全国仪器仪表学会理事长,并为联合国教科文组织知名科学家小组成员。

空气中的大、小离子相互作用十分复杂。20世纪30年代,他在困难的环境中解决了在人工可控条件下测量悬浮质点的大小和数量以及大离子迁移率等问题。他所建立的大小离子平衡态理论,不仅对电离层的现象可以充分掌握,而且对于气象学,特别是对各种云的结构和形成能加深理解,因而对电波传播、气象形成和气象预报都有真实价值。因这项创造性的研究工作获法国科学院的"虞格"奖金。他提出的这一新理论被称为朗之万-汪德昭-布里加理论。

曾协助朗之万教授解决声纳技术上一些难度较大的问题,研究成功石英和金属粘接的新工艺,获得专利。在与约里奥·居里夫妇一起工作期间,曾成功解决了1微米直径的白金丝焊接的工艺,并设计成功高灵敏度单弦静电计。

对中国海域水声学研究,结合国情,提出了"由浅入深,由近及远"的战略方针,即指先浅海后深海、先近海后远海的方针,并作了奠基性工作。这对于保卫中国的海防是有现实意义的。建立和培养了一支水声科学技术队伍,完成了一批有水平的国防科研成果,例如,浅海和深海声场的研究,其中"简正波过滤"方面的工作被称之为世界两个工作中心之一。和学生尚尔昌合作出版了《水声学》(1981年)一书,对中国的水声研究工作进行了总结。1981年法国法语区声学家协会授予他最高荣誉奖章。1983年法国巴黎市政府也授予他奖章,以表彰他在声学研究和促进中法学术交流方面所作的贡献。

(陈敖达)

朝永振一郎 (Tomonaga, Sin-Itiro) 日本人,1906年3月31日生于日本东京,1979年7月8日卒于同地。*原子物理学、量子电动力学*。

1929年获京都大学原子物理学位。留校任教。1932年到东京科学研究所工作。1937～1938年在德国莱比锡大学海森伯处进修。1939年获东京帝国大学博士学位。1941年任东京文理大学(现为东京教育大学)教授。1949年应J. 奥本海默邀请,在普林斯顿高等研究院工作一年。1963～1969年担任光学研究所所长、日本科学协会主席。

在20世纪20年代后期,狄拉克创建了早期的量子电动力学,成功地对光或X射线对电子运动的影响作了定性的解释。但问题涉及到定量方面时,理论的预言和实验(如1930年在哥伦比亚大学所完成的实验)结果之间有明显的分歧,理论面临着自洽性的困难。1941年朝永振一郎正在东京文理大学工作,对此发生了兴趣,从基本物理原理着手,发现早期量子电动力学的表达和相对论不相一致。指出在不改变早期量子电动力学的物理基础的条件下,只需对它的表述形式进行改造,即可协调理论和实验之间的矛盾。1943年他公布了研究结果——相对论协变的量子电动力学。同一时期,费因曼和施温格也各自独立地发表了他们的工作。虽然着眼点不同,但都得到了实际上相同的结果。他们的理论赋予量子电动力学和狭义相对论以完全自洽的表述形式。由于在量子电动力学方面的卓越贡献,和美国的R. P. 费因曼和J. S. 施温格共获1965年诺贝尔物理学奖。

还在理论物理的其他领域有所建树,如中子理论以及电磁学等。著有《量子力学》。获1948年日本学士院奖,1952年日本文化勋章,1964年苏联科学院主席团授予的罗蒙诺索夫奖章。（张玥明）

余瑞璜(Yu Ruihuang) 中国江西省人,1906年4月3日生于江西宜黄,1997年5月19日卒于吉林长春。*固体物理学、X射线晶体学、仪器研制。*

出身农民家庭,1岁时父亲病故,由母亲抚养成人。1929年毕业于中央大学(今南京大学)物理系。同年任清华大学物理系助教。1935年公费留学英国曼彻斯特大学物理系,跟随诺贝尔物理学奖获得者W. L. 布拉格从事X射线晶体结构的分析,1937年获博士学位。1937～1939年,先在北威尔士大学学习X射线金相学,后在伯明翰大学冶金系学习金属学与热处理。1939年回国后,执教于西南联合大学。1946年任清华大学教授。1948年赴美国,相继在马萨诸塞理工学院、加利福尼亚理工学院任客座教授。1949年回国后,仍在清华大学任教授。1952年以后,历任东北人民大学(今吉林大学)物理系教授、系主任,该校材料科学研究所研究员,校学术委员会副主任等职。1955年选聘为中国科学院学部委员(院士)。

1930年研制成中国第一台盖革计数器。1935～1937年,在导师布拉格的指导下,他用摆动晶体X射线谱仪分析了溴酸锌和硝酸镍氨的晶体结构;为使单晶体在摆动时受到均匀照射,他改进了谱仪的摆轮,这项改进后来被广泛采用。用傅里叶综合法分析了溴酸锌的晶体结构,巧妙地提出了一种在结构分析中清除鬼影(衍射环)的方法。在对硝酸镍氨进行分析时,发现了室温下硝酸根NO_3基团的反常振荡。1942年提出了一种"新综合法",改进了原先的傅里叶综合法或帕特逊综合法因鬼影而影响对原子坐标参数的测定精度。同年还提出了一种不通过实验而由相对强度资料确定绝对强度的新方法。这两项工作开辟了X射线强度统计学的新领域。20世纪50年代,研制成中国第一根医用真空X射线管,还制成了中国第一台细聚焦X射线机。1978年提出了固体与分子的经验电子理论,创立了统一的互不矛盾的一级近似经验规律,成为中外固体理论研究的新的发展方向。（宣焕灿）

迈耶夫人(Mayer, Maria Goeppert) 一译M. G. 万耶。美国人,1906年6月28日生于德国卡托维兹(今属波兰),1972年2月20日卒于美国加利福尼亚州圣迭戈。*核物理学、统计物理学、物理化学。*

在德国格丁根大学学习物理学、数学和化学,1930年获物理学博士学位。同年移民美国,与美国物理学家J. E. 迈耶结婚,有2个孩子。1931年随丈夫到约翰斯·霍普金斯大学任教。1933年入美国籍。1939年到哥伦比亚大学SAM实验室工作,分离铀的同位素。1945年去芝加哥大学新建的核研究所工作,在费米指导下从事核物理研究。1959～1972年任圣迭戈加利福尼亚大学物理学教授。1956年入选美国国家科学院院士。

原先是位物理化学家,曾计算有机分子的吸收光谱,用化学方法进行同位素分离等。和J. H. D. 詹森因为"发展了核结构的壳层模型,成功地解释了原子核的长周期性以及幻数性质"而获1963年诺贝尔物理学奖,同时获奖的还有E. P. 维格纳。她与詹森各自独立研究而得出共同的结果,于1955年共同出版《原子核壳层结构的基本理论》一书。这项研究对于了解原子核结构有着十分重要的意义,使她成为当时该领域的学术权威。是继居里夫人之后获得诺贝尔奖金的第二名女物理学家。与J. E. 迈耶合著《统计力学》(1940年)。（夏元复）

贝蒂,H. A.(Bethe, Hans Albrecht) 一译贝特。美国人,1906年7月2日生于德国斯特拉斯堡(今属法国),2005年3月6日卒于美国纽约州伊萨卡。*核物理学、量子电动力学、天体物理学。*

大学教授的儿子,犹太血统。曾在法兰克福大学学习。在A. 萨默菲尔德指导下1928年在慕尼黑大学获得物理学博士学位。其后在德国好几个大学讲授理论物理学。1930～1932年先后在英国跟E. 卢瑟福、在意大利跟E. 费米进行研究工作。1933年起在英国工作了2年。1935年到美国康奈尔大学任助理教授,1937年为教授。第二次世界大战期间,1942年在马萨诸塞理工学院放射实验室参与开发雷达。1943～1946年任美国洛斯国家阿拉莫斯实验室理论研究部主任。1944年入选美国国家科学院院士。1954任美国物理学会会长。1958年当选国际禁止核试验大会的代表。

科学研究领域很广泛,从原子核物理到量子场论等许多方面都有研究,并作出杰出的贡献。1935～1937年同两位合作者写了一本关于核物理的书,这本早期论著作为年轻核物理学家的标准教本达15年之久。他澄清了核力的理论、核的结构和核的反应理论等。在1938年发表的文章中,提出用氘(重氢)的聚变(即质子-质子反应)来解释太阳的能源与辐射的机制。质子质子反应的同时释放出巨大的核能。现阶段的太阳辐射出来的能量90%以上是上述质子-质子这类反应提供的。1939年又提出"碳氮循环"以解释大质量、高亮度的恒星的能源机制。由于对核反应理论以及关于恒星能源的理论上的贡献,荣获1967年诺贝尔物理学奖。还获得过其他许多奖励,是美国10位获奖最多的科学家之一。

是量子电动力学的先驱人物之一。在带电粒子与原子的碰撞方面也做过大量的工作。在量子电动力学建立以前,他就计算了不少电磁的量子现象问题,特别是计算了兰姆移动问题。战后致力于原子能的和平利用。后来主要关心把核力与实际核结构联系起来。

除了核物理外,对经典物理也有兴趣。在第二次世界大战时研究激波;也对弹道导弹的热防护问题作出过贡献。

1970年又回到天体物理的问题上来,他与合作者一道计算了中子星(1968年发现的一类新的恒星)中质量的分布。结果表明,中子星的最大质量大约为太阳的2倍。1978年与一些合作者研究已坍缩的巨星中物质的特性,他们发现这种恒星的中心物质密度远大于原子核中物质的密度。 (唐玄之)

马约拉纳,E.(Majorana,Ettore) 意大利人,1906年8月5日生于意大利西西里岛,1938年3月25(或26)日卒于那不勒斯附近。*原子物理学、原子核物理学、粒子物理学。*

他的父亲为意大利交通部工程师兼监察长。他于1923年秋入罗马大学理工学院,1928年初改学物理学,1929年获物理学博士学位。以后去莱比锡、哥本哈根等校访问。1933年秋回到罗马。1937年任在那不勒斯大学理论物理学教授。因身体长期不适,32岁那年自杀身亡。

1932年在核力问题中提出仅有空间坐标交换引起的交换力(称为马约拉纳力);提出带有任意内禀角动量的粒子的相对论性理论。首次试图建立任意半整数或整数自旋粒子的相对论不变性理论。1937年在弱相互作用物理中提出"马约拉纳中微子"的概念。为以后的中微子二分量理论作出贡献;发表了基于狄拉克方程的"电子和正电子对称"的理论,并发现了狄拉克矩阵的一种表示(马约拉纳表示)。主要科学论文有9篇:6篇关于原子和分子物理,3篇关于核物理或"基本"粒子的性质。他的才智给费米周围的物理学家们以深刻印象,由于对科学问题的评论具有非凡的洞察力和不屈不挠的能力,被誉为"首席审判官"。 (夏元复)

钱临照(Qian Linzhao) 中国江苏省人,1906年8月28日生于江苏省无锡县,1999年7月26日卒于安徽合肥。*金属物理学、光学、科学史。*

1929年毕业于上海大同大学物理系。1930年任沈阳东北大学物理系助教。1931年任北平研究院的物理研究所助理员。1934~1937年在伦敦大学学院作研究生,在此期间获该学院福斯特奖。1937~1947年任北平研究院物理研究所(抗战期间该院迁至昆明)研究员。从1943年起长期是《物理学报》主编。1948~1949年任中央研究院物理研究所研究员,1948年底代理中央研究院总干事。1950年任中国科学院物理研究所研究员。1960年后任中国科学技术大学教授,期间担任副校长6年。1955年选聘为中国科学院学部委员(院士)。1980~1984年任国务院第一届学位委员会物理科评议小组组长。1979~1984年为中国光学学会常务理事、副理事长。1980~1982年为中国电子显微学会第一任理事长。1980~1983年为中国科学史学会第一任理事长。

早年从事应用光学和水晶压电振荡研究。20世纪30年代中期和50年代,从事金属单晶范性形变和晶体缺陷研究。抗战期间,在昆明继续应用光学的研究,并开设小型光学车间制造出一批显微镜和水平仪。1949年后,和别人一起,在国内首先开展晶体范性形变和位错运动的研究,在国内首先将电子显微镜技术应用于上述研究之中。1978年后指导含氢硅单晶中缺陷研究。此外,对物理学史研究深有造诣。

是1932年中国物理学会成立时最早会员之一,积极参加了学会工作,特别是在抗战期间和王竹溪一起,在李珩等的帮助下,恢复了《物理学报》的出版。在中国科学技术大学任教20多年,为培养金属物理领域学术骨干作出了重要贡献。领导和组织了许多中青年基础课教师开展微结构研究,迅速提高了他们的科学研究水平。 (吴自勤)

任之恭(Jen, Chih-Kung) 华裔美国人,1906年10月2日生于中国山西沁源,1995年11月19日卒于美国。*微波物理学、微波波谱学、无线电技术。*

1926年清华学校,留美预科班毕业。同年赴美国留学,1928年获马萨诸塞理工学院电气工程学士学位。1929年获宾夕法尼亚大学无线电通信硕士学位。1931年获哈佛大学物理学博士学位。留校任教。1933年回国,任山东大学物理学教授。1934年任清华大学物理学兼无线电学教授,1937年任该校无线电研究所所长,兼西南联合大学物理学和电机工程教授。曾兼任中国物理学会会计、中国《物理学报》编辑委员会委员。1946~1950年任美国哈佛大学物理学客座教授。1952~1973年出任约翰斯·霍普金斯大学应用物理研究所基础研究中心副主任,期间1966年起兼任该校W.帕森斯化学物理学讲座教授。1955年加入美国籍。1959年当选为美国物理学会理事。1962年当选为中国台湾"中央研究院"院士。曾兼任美京华人各界联合会会长。1978年起聘任北京清华大学、中国科学技术大学等校名誉教授。

以无线电和微波物理学的研究著称。20世纪20年代末期到30年代中期,主要研究高空电离层、电子振荡器的理论与实验、氢负离子亲合性吸收光谱的量子力学理论。其中,提供了电离层存在的最早的实验证据之一；对氢原子电离能谱的理论计算，在量子力学和天体物理学的早期发展中有重要意义。抗日战争时期，在极端困难条件下，为组建清华大学无线电研究所做了大量工作，特别重视无线电为国防建设服务，该所在中国首次制成电子管等无线电器件，并发表研究论文近 10 篇。40 年代末期到 70 年代初期，主要研究微波波谱学、自由磁基共振、电子自旋磁共振、分子转动磁矩塞曼效应、生物系统的微波应用等领域。

他长期执教于清华大学和西南联合大学，在物理学、无线电、电机工程等领域为中国培养了大批人才。中美建交后，对祖国科学事业极为关心，经常回祖国访问讲学，其中 1972 年担任华裔科学家访华团团长，促进了中美两国科学、教育、文化等方面的交流。在中国出版有中文专著《微波量子物理学》(1977 年)、《一位华裔物理学家的回忆录》(1992 年)等。2005 年清华大学设立任之恭奖学金。（李啸虎）

蔡柏龄(Tsai, Belling)　中国浙江省人，1906 年 12 月 1 日生于中国浙江省绍兴县，1993 年 1 月 28 日卒于巴黎附近巴莱索。*金属物理学、磁体工程、物理化学。*

中国著名教育学家蔡元培次子。幼年起数次随父母赴欧洲，长期在德、法等国生活。1916 年蔡元培任北京大学校长，随父返国，求学于孔德学校。1923 年再随父母赴欧洲求学，1928 年毕业于比利时沙勒罗瓦专科学校机械系。1929 年毕业于法国格勒诺布尔电工学院电机系。1930 年获巴黎大学理学院物理学学士学位。1931 年到法国国家研究中心贝尔维尤强电磁体实验室工作，后任高级研究员。1955 年起供职于法国原子能委员会。同年获法国国家物理学博士学位。虽长期旅居法国、德国等国，但一直保持中国国籍。自 20 世纪 80 年代以来，多次应邀回国讲学。

长期从事磁学研究和强电磁体设计，取得许多重要成果。20 世纪 30 年代，主要研究气态和液态分子的磁性和磁光特性，尤其对气态一氧化氮(NO)、氧和氮的磁致双折射和磁致法拉第旋转，以及液态一氧化氮的磁化率进行了实验与理论研究，发表有“NO 的磁旋转”(1936 年)、“压缩的 NO 的磁双折射和 He 的磁旋转”(1937 年)等重要论文；30 年代后期及以后，致力于研究第 4 周期铁族过渡金属(如锰、铁、钴、镍、铜等)，尤其是系统揭示了它们的氧化物、卤化物、碳酸盐等多晶体、单晶体的磁化率与温度的相关性，从实验上最早发现了多种化合物的磁化率-温度曲线出现最大值的反铁磁性，并用反铁磁性理论解释这些化合物的磁性特征，发表的重要论文有“MnO 的磁化率转变点”(1938 年)、“MnF_2 的低温磁化率”(1939 年)等，对早期反铁磁性研究做出了重要贡献；1939 年采用磁位计法测量 30 千安培以上的强电流。

第二次世界大战后的 10 多年中，在法国国家研究中心参与主持设计与建造一些国家级大型强磁体工程，其中有 1947 年启动的大型永磁体工程、高梯度磁场工程等；继续研究第 4 周期铁族过渡金属天然晶体的磁化性，发表有“钛铁矿($TiFeO_3$)天然晶体的主磁化率”(1956 年)等重要论文。50 年代后期起，在法国原子能委员会参与主持回旋加速器和强电磁体设计与建造，其中有 1960 年的法国“土星”质子同步加速器工程核心配套工程的强电磁体，1963 年的大型气泡室的电磁体等项目；继续深入研究第 4 周期铁族过渡金属化合物晶体的磁化性，发表有“钴的氯化物、溴化物和碘化物的主磁化率”(1960 年)、“氯化亚铁的主磁化强度”(1967 年)等重要论文。多次获奖，其中有 1934 年法国国家研究发明局银质奖章，1947 年法国埃梅·贝尔泰奖等。

（李啸虎）

湯川秀澍(Yukawa, Hideki)　日本人，1907 年 1 月 23 日生于日本东京，1981 年 9 月 8 日卒于京都。*原子核物理学、粒子物理学、量子力学。*

其父小川琢治(Takuji Ogawa)是京都大学地质学教授。他有三个兄弟和两个姐妹，兄弟也是教授，姐妹嫁在教授之家。1932 年他和湯川纯子(Sumiko Yukawa)结婚。由于他入赘湯川玄洋家，故改姓湯川。

1929 年在京都大学获硕士学位，后留校任教，1932 年任讲师。1933 年在大阪大学任教，1936 年任助理教授。1938 年在该校获博士学位。1939 年任京都大学理论物理教授。1947 年任日本创办的英文杂志《理论物理学的进展》主编。1948～1949 年应奥本海默的邀请，到美国普林斯顿高等研究院当客座教授，加入核物理学家研究小组。1949～1951 年任哥伦比亚大学客座教授。以后回到京都，1953～1970 年任京都大学基础物理研究所所长。1970 年后为大阪大学和京都大学的退休教授。1946 年当选为日本学士院院士。还是美国国家科学院院士、英国皇家学会外籍会员、爱丁堡皇家学会荣誉会员，苏联、印度科学院外籍院士。

是传递核力的介子理论的创立者。对介子的存在的预言是他在理论上的重大贡献，可与狄拉克预言正电子的存在相媲美。1935 年，他通过与电磁作用的类比，提出原子核里的质子和中子是靠交换某种媒介粒子相结合的假设。同年，为了解释核力的短程性质(约 10^{-15} 米)，他估计出这种媒介粒子的质量应介于电子和质子之间，约为电子质量的 200～300 倍。他所设想的这种粒子后来于 1947 年被 C. F. 鲍威尔及其布里斯托的小组在研究宇宙射线时所发现，被命名为 π 介子。它的质量约为电子质量的 273 倍。1937 年，C. D. 安德逊、尼德迈耶(S. H. Neddermeyer)、斯特里特(C. Street)和斯蒂文森(E. Stevenson)从宇宙射线中曾发现一种质量介于电子与质子之间的粒子(约为电子质量的 207 倍)，当时曾以为这就是汤川所说的那种媒介粒子。后经康弗西(M. Conversi)等人的仔细研究，才断定这种粒子不可能是汤川粒子。其实，它是 π 介子衰变后所得到的一种粒子，现在称之为 μ 子(它实际上不是介子，而是性质和电子十分相似的一种轻子)。

著作有《量子力学导论》(1947 年)、《基本粒子理论导论》(1948 年)等。由于在核力理论工作的基础上预言介子的存在，获 1949 年诺贝尔物理学奖。他把奖金的一部分献给京都新建的理论物理研究所。在国内外享有很高声誉，曾获得国内外多种奖。除诺贝尔奖外，还获 1940 年日本学士院帝国奖金，1964 年苏联科学院

罗蒙诺索夫金质奖章等。 （周永平）

韦克斯勒，B. И. （Векслер, Владимир Иосифович; Veksler, Vladimir Iosifovich） 苏联人，1907年3月4日生于俄国日托米尔，1966年9月22日卒于莫斯科。*粒子物理学、加速器工程。*

工程师的儿子。毕业于莫斯科动力学院。1954年任苏联科学院电物理实验室主任。1956年任联合核子研究所高能实验室主任。1958年成为苏联科学院院士。

早期研究宇宙射线，发现了高能粒子与原子核之间的一种新型相互作用。主要贡献是提出粒子加速器理论。1944年与E. M. 麦克米伦同时创立了加速粒子的相稳定原理。这一发现是建造现代加速器的基础，也被认为是实验核物理和粒子物理发展的一个转折点。在他领导下设计和建造了苏联最大的加速器。曾获列宁奖金、美国和平利用原子能奖。 （夏元复）

王淦昌 （Wang Ganchang） 中国江苏省人，1907年5月28日生于江苏常熟，1998年12月10日卒于北京。*核物理学、粒子物理学、核武器工程。*

1929年毕业于清华大学。1934年于德国柏林大学获博士学位。回国后，历任山东大学物理系教授、浙江大学物理系教授及系主任。1950～1956年在中国科学院近代物理所任研究员，1952年起兼任副所长，主持宇宙线研究。1956～1960年在苏联杜布纳联合原子核研究所任研究员，1958～1960年兼任副所长，从事基本粒子物理研究工作。1961～1978年任国家二机部九院副院长、研究员。1978～1982年任国家核工业部副部长，并在原子能研究所任所长、研究员。1982年后任核工业部科学技术委员会副主任兼原子能研究所名誉所长。曾兼任中国科学技术协会主席团副主席、中国物理学会副理事长、中国核学会理事长等职。1955年选聘为中国科学院学部委员（院士）。

在核物理、宇宙线、粒子物理与受控核聚变等方面都做出了重要贡献。1941年提出了用铍7（^{7}Be）的K俘获观测核反冲以验证关于中微子存在的假设的实验方案。不久，美国科学家艾伦（J. S. Allen）根据这个方案在世界上第一次确切地证明了中微子的存在，这是人类认识微观世界的一个里程碑。1950～1956年间，他在近代物理研究所领导宇宙线研究室，在云南落雪山建立了宇宙线实验站，开创了中国宇宙线的研究。在联合原子核所工作期间，领导一个以中国物理学家为骨干的研究组开展基本粒子的研究，发现了反西格马负超子（$\bar{\Sigma}^-$）。因此获1982年国家自然科学奖一等奖。

1964年与别人同时独立地提出了激光惯性约束核聚变的概念，对惯性约束核聚变的工作起了开拓性的推动作用。1978年起在原子能所亲自指导一个研究室进行这方面的研究工作。

从事核物理研究和科研的组织领导工作，对中国核武器研制作出重大贡献。他参与中国研制原子弹和氢弹的原理突破，参与领导了中国第一代核武器的研制，指导解决了其中爆轰试验、射线测试、脉冲中子测试等方面的一系列关键技术问题。因此在1999年被追授“两弹一星”功勋奖章。 （叶铭汉）

佩伊尔斯，R. （Peierls, Sir Rudolf） 英国人，1907年6月5日生于德国柏林，1995年9月29日卒于英国伦敦。*电介质物理学、原子核物理学。*

德国裔。早年在柏林大学学习，以后受教于A. 索末菲、W. 海森伯、W. 泡利等人，并当过泡利的研究助手。1945年当选为英国皇家学会会员。1963年被选为美国文理科学院外籍院士。1966年封为爵士。1970年被选为美国国家科学院外籍院士。任伯明翰大学校长20余年。

曾担任牛津大学理论物理学教授。早期研究固体理论，指出有些金属霍耳系数为正号是由于满带中出现了“空穴”。曾提出非金属晶体中的热传导理论、金属抗磁性理论。对核物理也有研究，于1938年与卡勃（P. L. Kapur）合作，首次给出了核碰撞过程中共振作用的完整处理；对中子-质子系统的散射理论也作出了贡献。第二次世界大战期间，领导一个研究小组研究同位素分离理论，用精密的方法计算了链式反应及其效率。著有《固体量子理论》、《自然定律》等。曾获英国皇家学会皇家奖章、荷兰科学院洛伦兹奖章、德国物理学会普朗克奖章、伦敦大学物理研究所格思里奖章等。 （蒋澄华）

詹森，J. H. D. （Jensen, Johannes Hans Daniel） 德国人，1907年6月25日生于德国汉堡，1973年2月11日卒于海德堡。*原子核物理学、粒子物理学、晶体学。*

园艺学家的儿子。1926年起，曾先后在弗赖堡大学和汉堡大学学习，1933年在汉堡大学获理学博士学位。留校任教至1941年。后来任汉诺威理工学院的副教授。1949年受聘为海德堡大学理论物理学教授，1954～1955年任该校理论物理研究所所长。20世纪50年，还先后在美国的几个大学任客座教授。1955～1973年参与主编《物理学》杂志。

开始时他用量子力学研究离子晶格和高压下物质的性质，后来逐渐转向研究原子核结构。对物理学最大的贡献是1948年与迈耶夫人各自独立地创立了原子核壳层模型理论。1955年，他们合作出版了《核内壳层结构的基础理论》，因此他们两人与E. P. 维格纳分享1963年诺贝尔物理学奖。

20世纪30年代以来，科学家发现核结构中存在着所谓幻数（迄今已知幻数有2、8、20、28、50、82、126等），每当核子的数目等于这些幻数时核素特别稳定。当时的液滴核模型不能解释此种现象。他设想核子是在壳层结构的轨道上运动,而且有自旋,当每一个核子的自旋角动量与轨道角动量之间存在着强耦合时,就使这两种角动量矢量趋于平行。当时,汉堡的地球化学家休斯(H. E. Suess)从化学的实验事实得出了 50、82、126 等数字,于是去请教实验原子核专家霍克塞尔(O. Hoxel)。他们两人共同请求詹森给予理论解释。詹森将他们的结果与自己的观点相结合写成论文寄给《物理文摘》,将他们两人作为合作者共同署名。这就是关于壳层结构的核模型理论。

其他主要贡献有:1947 年与斯泰因韦德尔(H. Steinwedel)合作研究关于分子和晶体的核辐射的反冲分布,其意义由于穆斯堡尔效应的发现更显重要;1950 年与丹诺斯(M. Danos)、斯泰因韦德尔合作研究关于光核过程中巨型谐振的解释;1955 年与施特希(B. Stech)合作研究关于弱相互作用中的 γ_5 不变性的猜想,这是有关宇称不守恒的先驱工作。 (唐玄之)

戈特,C. J. (Gorter, Cornelis Jacobus) 荷兰人,1907 年 8 月 14 日生于荷兰乌得勒支,1980 年 3 月 30 日卒。*低温物理学、磁学、超导物理学。*

1924～1932 年在莱顿大学学习和工作。在哈勒姆大学和格罗宁根大学工作一段时间之后,于 20 世纪 40 年代继任 P. 塞曼在阿姆斯特丹大学的教授职位。1946 年回到莱顿大学,任 H. 卡默林-翁纳斯实验室主任。1973 年因病以莱顿大学物理学教授和翁纳斯实验室名誉主任名义退休。获得过 7 个大学的荣誉博士学位。被选为好几个国家科学院外籍院士。还在荷兰许多科学机关内任职,1960～1966 年任荷兰皇家科学院院长。

主要研究领域是磁学和超导,是卡默林-翁纳斯所建立的低温物理学派的成员之一。在磁学方面研究内容包括三个方面:一是研究铁族元素和稀土元素的盐类的顺磁性。但很快就遇到了离子的磁矩在外磁场中取向的机制问题。每一种机制对应于磁矩取向的一个弛豫时间。他还试图观察恒定外磁场中的核自旋和电子自旋吸收射频磁场功率所对应的频率。这个工作虽然没有成功,却是后来别的科学家发现的核磁共振和顺磁共振的先导。二是设法把有磁矩的原子核的取向排列起来以研究其各向异性的性质。三是关于固体在形成晶体的亚点阵时的反铁磁性。

H. 卡默林-翁纳斯曾经发现:当所加外磁场超过某一临界值时,超导体将转变为正常导体;在绝对零度附近这个临界值约为几百奥斯特,而当超导体达到其转变温度时这个临界值趋于零。1933 年,戈特对此现象给出了一个简单的热力学解释:由于样品表面之下有感生表面电流,其吉布斯自由能函数按外磁场的平方而升高,当此函数升高到非超导体的函数值时,样品也就恢复到正常状态了。还与合作者提出用"有序参量"描述超导电性的程度。

为了解释某些合金在比上述磁场高得多的情况下仍具有超导性的事实,他引入了混合结构概念。这个概念后来被朗道和金斯贝格(V. L. Gingsberg)发展成为比较完善的理论。此外,他还研究过量子液态氦,金属物理和光学等。 (唐玄之)

麦克米伦,E. M. (McMillan, Edwin Mattison) 美国人,1907 年 9 月 18 日生于美国加利福尼亚州雷东多比奇,1991 年 9 月 7 日卒于加利福尼亚州埃尔舍里多。*原子核物理学、物理化学、核武器工程。*

出身医生家庭。1928 年获加利福尼亚理工学院理学士学位,1929 年获硕士学位。1932 年获普林斯顿大学哲学博士学位。其后 2 年以美国国家研究理事会成员身份在伯克利加利福尼亚大学作研究,1934 年在该校劳伦斯辐射实验室工作。第二次世界大战期间,1941～1942 年在马萨诸塞理工学院进行雷达研发;1942～1945 年在洛斯阿拉莫斯国家实验室从事核武器研制工作。1946 年任伯克利加利福尼亚大学物理学教授,1954 年任该校辐射实验室副主任,1958 年任主任直至 1973 年退休。1947 年入选美国国家科学院院士。

在科学上有两大贡献,一是 1940 年与 P. H. 艾贝尔森一起发现元素镎(^{93}Np),后又很快发现核能材料钚(^{94}Pu);二是与 B. И. 韦克斯勒分别独立提出稳相理论的概念。由于第一个贡献而与 G. T. 西博格分享 1951 年诺贝尔化学奖。因第二成就与 B. И. 韦克斯勒一起于 1963 年获和平利用原子能奖。1939 年核裂变发现不久,就开始对裂变过程作更为详细的探索,在劳伦斯辐射实验室用 1.52 米的回旋加速器确定裂变产物在物质中飞行的距离。稳相理论是第二次世界大战后高能加速器的基础,由他命名的"同步加速器"就是以这原理为基础。在同步加速器上发现了反物质、新粒子的扩散,这对物质结构的思想起了革命性的变化。 (王明馨)

吴大猷(Wu Dayou) 中国广东省人,1907 年 9 月 29 日生于广东广州,2000 年 3 月 4 日卒于台湾台北。*原子物理学、统计物理学、量子力学、科学技术管理。*

祖籍广东高要。出身书香门第。4 岁丧父。1929 年南开大学物理系毕业,留校任助教。1931 年赴美国密歇根大学留学,翌年获硕士学位,1933 年获博士学位。1934 年回国后任北京大学物理学教授,1938 年任西南联合大学物理学教授。1946 年赴美国任密歇根大学客座教授。1947～1949 年任哥伦比亚大学客座教授。1948 年当选中国中央研究院院士。1949～1978 年历任加拿大国家研究院研究员,美国普林斯顿高等研究院研究员,布鲁克林理工学院物理学教授,纽约州立大学水牛城分校物理学和天文学系主任、物理学教授。1961年起兼任台湾省"中央研究院"物理研究所代所长、物理学研究中心主任、"科学发展指导委员会"主任等职。1978年从纽约州立大学退休后，先后任台湾大学、新竹清华大学等校教授。1983年直到去世，任台湾"中央研究院"院长。

在物理学的诸多领域有所贡献。①在原子和分子一般理论方面，1993年他获得了铀原子和铀离子低态能级的计算结果，指出在92号元素(铀)之后，自93号元素起的中性原子必定以5f电子为最低态，这一工作推动了对铀后元素的发现，并为迈耶夫人(1963年诺贝尔物理学奖获得者)对同类问题的计算开了先河；1940年和1944年，他对一种多重激发态类型的原子光谱进行了出色的理论计算，这种多重激发态曾被人命名为"吴(大猷)态"，1967年有人用实验证实它的存在。②在散射理论方面，1934年他研究了双重激发的氦的能态，其成果被高尔登(D. E. Golden)列为电子—原子散射研究的早期文献；1947年，还对电子激发的分子振动进行了理论研究，并与大村充(T. Ohmara)合作写出专著《散射的量子理论》(1962年，英文版)。③在统计力学方面，他把跃迁概率的概念同不可逆过程联系起来，为严密表述不可逆过程的时间方向性作出了贡献。所发表的论文"时间箭头和不可逆过程的理论"(1961年)和出版的专著《气体和等离子体运动方程》(1962年，英文版)是他这方面的代表作。

此外，他在相对论、核物理学、天文学等方面也发表了许多论文。在他80大寿之际，他的119篇论文汇编成《吴大猷论文集》(1986年)出版。他的主要著作还有《理论物理学》丛书(整套7卷本，每卷各有不同书名)、《量子力学》(2卷，1986年，英文版)、《物理学的发展史及哲学》(1988年，英文版)等。

长期从事教学工作，桃李满天下，诺贝尔物理学奖获得者李政道、杨振宁，中国科学院院士黄昆、郭永怀、马大猷等人都曾是他的学生。

1992年访问北京、南京、天津等地，同大陆科学技术界人士进行了广泛的交流，并受到了江泽民等人的接见，海峡两岸反响很大。 (宣焕灿)

克兰，H. R. (Crane，Horace Richard) 美国人，1907年11月4日生于美国加利福尼亚州特洛克，2007年4月19日卒。*粒子物理学、加速器工程。*

1930年获理学士学位，1934年获哲学博士学位。1946年成为教授。除了第二次世界大战中的短时间外，一直从事教学与科研工作，直到1978年退休。1956～1957年任美国中西部大学研究协会主席。1965年任美国物理教师协会主席。1966年入选美国国家科学院院士。1971年入选美国文理科学院院士。

早在1930年就从事核反应和人工放射性的实验工作。在进行β衰变过程中带电粒子动量矩不守恒的实验中，证实了中微子假说。发明并建造了一个改良的同步加速器原型，成为以后建造大型加速器的标准设计。还与同事们一起较精确地测出自由电子磁矩的反常。由于这项工作获1967年美国物理学会戴维森-杰默奖。另一重要贡献是在第二次世界大战期间开发了无线电近炸引信。还对生物物理学起过促进作用。1957年在密歇根大学获功勋奖。1986年获美国国家科学奖章。

(王明馨)

伦敦，H. (London，Heinz) 1907年11月7日生于德国波恩，1970年8月3日卒于英国牛津。*低温物理学、核武器工程。*

幼年虽受古典教育，但志在自然科学，特别是化学。1926～1927年在德国波恩大学攻读，后受教于F. E. 西蒙，1934年因超导研究获哲学博士学位。同年为躲避纳粹政权迫害去英国牛津，住在哥哥家2年，参加英国第一个低温研究中心的建设。1940年随西蒙参加英国原子弹工程。1946年迁至哈威尔核能中心工作，直至去世。

伦敦兄弟是一对很好的合作者。F. 伦敦侧重于理论工作，而他侧重于实验工作。主要贡献是研究超导体中的交流损失，与哥哥F. 伦敦一起研究超导状态的电动力学理论并建立伦敦方程，由此可以导出迈斯纳效应，提出"伦敦穿透深度"的概念；1939年发现通常金属的"反常趋肤效应"；与阿普尔亚德(E. T. Appleyard)、迈斯纳(A. D. Meissner)和布里斯托(J. R. Bristow)一起研究了金属薄膜的超导性，由临界场的测量实验确定穿透深度。以上这些开创性工作都为以后数以百计物理学家的研究工作开辟了道路，为超导应用在技术上作出了重要贡献。此外，通过对氦的研究建立了"二流体模型"，预言了运动超流的机械制热效应和反向喷泉效应。对液氦Ⅱ理论也进行了研究。

在最后15年的科学生涯中，主要研究三个方面：在液氦中中子的产生和中子散射实验；高磁场的超导磁铁技术；氦-氦^{3}He-^{4}He稀释制冷机。关于^{3}He-^{4}He稀释制冷的思想是1951年首先在牛津低温物理会议上提出的，几年后与门多萨(E. Mendoza)建成稀释制冷机，成为迄今获得超低温的最实用方法之一。

还为英国原子弹计划作出贡献，建立了利用离子迁移和液体热扩散来分离铀235(^{235}V)的方法。第二次世界大战后，仍在哈威尔核能中心致力于同位素分离工作，尤其是生产碳13(^{13}C)用于医学。还开发了低温蒸馏法，设计一种采用一氧化碳的分馏塔来增丰碳13和氧18(^{18}O)。这些方法都在以后成功地沿用了许多年，有的至今还在使用。 (夏元复)

谢多夫，Л. И. (Седов，Леонид Иванович；Sedov Leonid Ivanovich) 俄罗斯人，1907年11月14日生于俄国罗斯托夫，1999年9月5日卒。*流体动力学、连续介质力学。*

1938年获莫斯科大学博士学位，后为该校教授。1953年当选为苏联科学院院士。曾任国际星际航行联合会主席、国际理论和应用力学联合会委员，是美国文理科学院、法国科学院外籍院士。获5所大学的荣誉博士学位。

发展了H. E. 茹科夫斯基和C. A. 恰普雷金的研究成果，并借助复变函数研究出一种解流体动力学二维问题的新方法。还建立了一种可以解决诸如固体对水的冲击一类问题的普遍动力学理论。对可压缩介质的平面运动、物理量量纲、模拟试验及其对湍流的应用、自相似运动、非线性张量函数、张量微分、广义相对论的引力场模型、惯性导航等都提出了基础理论。著有《流体动力学和空气动力学的二维问题》(1937年)、《力学中的相似法和量纲法》(1944年)及《连续介质力学引论》(1962年)等。曾先后获共和国奖、罗蒙诺索夫奖金等。

(马见慈)

托兰斯基,S. (Tolansky, Samuel) 英国人,1907年11月17日生于英国泰恩河畔纽卡斯尔,1973年3月4日卒于伦敦。*原子物理学、晶体学、仪器研制。*

在卢瑟福学院、国王学院和伦敦帝国学院学习,获理学博士和哲学博士学位。1947年任伦敦大学皇家霍洛韦学院物理教授。曾在几届英国政府科学方面的委员会任职。多年来是伦敦大学理学士学位的考试委员会主席。1952年被选入英国皇家学会。

早期的研究工作在光谱学方面,从线光谱的超精细结构的分析获取原子核的有关数据,如核的自旋、磁矩、四极矩等。对碘、溴、氯、砷、锑、锡和铂等核的性质,以及铀235的核自旋都作了许多工作。后来发明了称为"多束干涉仪"的方法,并致力于推广和应用。此法简便而有用,广泛应用于各领域(如表面抛光、表面压痕硬度的检查、晶体生长的面貌,包括螺旋位错盘旋高度的测定等)。还对金刚石晶体特别有兴趣,是这方面的权威,每年都有论文发表。1955年出版的《金刚石表面微结构》一书是在此领域工作的结晶。1942年撰写的《原子物理导论》被用作教科书,多次重印。还著有《金属的多束干涉显微镜》、《表面和膜的多束干涉》和《干涉仪导论》等。1948年获英国物理学会的波伊斯奖。1961年获英国皇家工艺协会银质奖。

(张玥明)

周同庆(Zhou Tongqing) 中国江苏省人,1907年12月21日生于江苏昆山,1989年2月13日卒于上海。*等离子体物理学、真空电子技术、仪器研制。*

出身知识分子家庭。1929年清华大学物理系毕业。1933年获美国普林斯顿大学物理学博士学位。同年经欧洲考察后回国,任北京大学物理系教授,兼任清华大学物理系教授。1936～1943年任中央大学理学院物理系主任。1943年起任交通大学物理系教授、系主任、理学院院长。1952年全国院系调整后,任复旦大学物理系教授兼X光管研制实验室主任。曾兼任上海市物理学会理事长等职。1955年选聘为中国科学院学部委员(院士)。

中国等离子体物理学和真空电子学研究的先驱者。20世纪30年代留学美国期间,因发表有关电子放电、光谱学3篇优秀论文和成绩优异而获普林斯顿大学金钥匙奖;研制了新的低压电弧光源。40年代为探测水深和暗礁位置,确保长江水道安全航行,研制成功中国第一台水声回响仪,后又发展为磁伸缩式高频声波自动回声测深仪。50年代,筹建了复旦大学的固体发光与光谱学实验室,开创并深入研究了立体放电等离子体光谱;主持研制成功中国第一个医用封闭式X光管和高压整流管,填补了中国在这一技术领域的空白,推动了中国电真空器件的设计和制造步入新阶段;参与中国国务院"十二年科学技术发展规划"讨论,与王大珩院士一起主持了物理学中的光学规划制订,为推动中国光学学科发展做出了贡献。出版译著《原子物理学》(2卷,与他人合译)、专著《受控热核反应》(1961年,与他人合著)等。

(徐 骏)

特勒,E. (Teller, Edward) 美国人,1908年1月15日生于匈牙利布达佩斯,2003年9月9日卒于美国加利福尼亚州斯坦福。*核物理学、核武器工程。*

匈牙利裔。早期留学德国。1930年获莱比锡大学博士学位。1933年为逃脱纳粹统治而离开德国去美国,1935年任华盛顿大学物理学教授。1941年加入美国籍。第二次世界大战期间,先后在哥伦比亚大学、芝加哥大学和洛斯阿拉莫斯国家实验室工作。曾是伯克利加利福尼亚大学"全校教授"、荣誉教授和应用科学系主任。1950年任洛斯阿拉莫斯。国家实验室武器开发部副主任。1954～1975年任加利福尼亚州的劳伦斯国家实验室副主任、主任等职。期间1956年任伯克利加利福尼亚大学教授。曾任美国原子能委员会反应堆防护委员会第一任主席。1948年入选美国国家科学院院士,1954年入选美国文理科学院院士。

早期从事量子力学和物理化学方面的工作。20世纪30年代后转向核物理学,建立了β衰变新的选择定则,从而解释了某些为先前定则所禁戒的然而已观察到的跃迁。还进行中子散射、二维组态相变的计算方法等方面的工作,并用数值方法推广了德拜-许克尔的电介质理论。1942～1946年参加J. R. 奥本海默主持的"曼哈顿计划",是美国研制原子弹的核心成员之一。第二次世界大战后和戈德哈伯(M. Goldhaber)合写的解释巨共振的论文为核物理提供了新的基础。这些工作对氢弹的结构和热核聚变装置有很重要的意义。他领导氢弹的研制导致1952年世界上首颗热核聚变装置的成功试爆,因而被誉为"氢弹之父"。60年代,他倡导美国研制反弹道导弹系统。80年代影响里根总统下决心推行"星球大战"计划。90年代,他力主将冷战时期的战略防御技术用于抵御小行星和彗星对地球的入侵。发起了原子能和平利用的研究。著有《物质的结构》(1949年)、《广岛的遗物》(1962年)、《核爆炸的建设性利用》以及《核试验的未来》(1961年)等书。1962年获原子能委员会的费米奖。

(张玥明)

朗道,Л. Д. (Ландау, Лев Давидович; Landau, Lev Davidovich) 苏联人,1908年1月22日生于俄国巴库(今属阿塞拜疆),1968年4月1日卒于莫斯科。*固体物理学、原子核物理学、量子电动力学、低温物理学。*

父亲是巴库油田的工程师,母亲是医生。13岁中学毕业，对自然科学很感兴趣，双亲考虑到上大学年纪太小，让他在巴库的经济技校学习一年。14岁上巴库大学，在物理数学系和化学系学习。虽然后来没有继续攻读化学，但一直对化学很感兴趣。1924年转到列宁格勒大学物理系。1927年发表第一篇论文，首次引入密度矩阵来描述系统的量子态。1927年大学毕业并在列宁格勒理工学院当研究生。1929年访问德国、瑞士、荷兰、英国、比利时和丹麦，结识N. 玻尔、W. 泡利、P. 厄伦费斯特和W. 海森伯。1933年及1944年，他两度到哥本哈根大学进修，成为玻尔的学生。在哥本哈根的工作使他大开眼界，这对他成为理论物理学家是至关重要的。1930年研究许多量子力学问题以及金属理论，提出朗道抗磁性。1931年返回列宁格勒理工学院工作。1932年调到哈尔科夫，成为乌克兰科学院物理技术研究所理论物理部主任。1934年未经学位论文答辩就获得物理学和数学博士学位。1935年获哈尔科夫大学教授职位。1937年开始在莫斯科工作，担任苏联科学院物理课题研究所理论物理组的领导职务。同年结婚。1938～1939年在政治清洗中被诬“间谍罪”入狱。出狱后回原单位，以后一直在那里工作。1945年当选为苏联科学院院士。还是丹麦科学院、荷兰科学院、英国物理学会、英国皇家学会、美国国家科学院、美国文理科学院等外籍院士或会员。

1962年1月因车祸受重伤，6年后去世。

在哈尔科夫大学，为他创立苏联的理论物理学派奠定了基础。这一时期科学工作涉及物理学的许多领域：固体物理、原子碰撞理论、核物理、天体物理、热力学、量子电动力学、气体动力论和化学反应理论。其中，库仑作用情况的动力方程、铁磁畴结构和铁磁共振理论、反铁磁态理论、核统计理论和二级相变理论的研究成果尤其引人注目。

1937～1941年主要从事电子簇射的级联理论和超导体的居间态的研究，还研究基本粒子和核相互作用物理学。1941年致力于创立氦Ⅱ的超流动性理论。1944～1945年研究燃烧物理学和爆炸理论、质子-质子散射和媒质中快速粒子的电离损失理论。1946年提出电子等离子体振荡理论。1947～1953年的研究涉及许多电动力学问题及氦Ⅱ的粘滞性理论、超导性的新唯象理论、宇宙射线理论以及快速粒子碰撞中粒子的多重产生理论。1954～1955年的研究涉及量子场论。1956～1958年他创立所谓费米液体的一般理论，将液氦Ⅲ和金属中的电子联系起来。曾预言在超流动的氦中声音有两种速度，一种是压力波，另一种是“第二声”即温度波。在1956年李政道和杨振宁关于弱作用中宇称可能不守恒的学说的基础上，1957年他提出了一个新的普遍定律，即*CP*守恒定律。在天体物理学方面也有重要贡献。1932年，J. 查德威克发现中子后不久，他就预言可能存在中子星，即由中子组成的致密星。1967年人们发现脉冲星后，随即证明它就是中子星，终于证实他35年前的预言。

研究工作几乎遍及理论物理学的一切领域，而且都作出了重大贡献，这在物理界是极罕见的。他不但在固体物理、低温物理、原子核物理学和量子电动力学等主要领域发表过大量重要论文，而且还写了许多供高校使用的教科书。和学生E. M. 利夫希茨合著的《理论物理教程》是多卷本巨著，虽还未出齐，但已出版的几卷流传世界各国，受到好评。还著有《弹性理论》（1944年）、《普通物理教程》（1949年）、《原子核理论教程》（1955年）和《量子场论》（1956年）等。曾多次获国家奖励。1962年获诺贝尔物理学奖，表彰他在凝聚态物质（特别是液氦）理论方面所做的开拓性工作。曾获得美国的伦敦奖、德国的普朗克奖等。

创立了一个很重要的学派，在国际上颇有名声。培养了许多理论物理学的骨干和著名科学家，他们从事理论物理学的各个领域的研究工作，分布在苏联各个重要的科技部门。（周永平）

库珀，F. S.（Cooper，Franklin Seaney） 美国人，1908年4月29日生于美国伊利诺伊州，1999年2月26日卒。声学、电子工程、语言声学。

1931年在伊利诺伊大学获理学士学位。1936年在马萨诸塞理工学院研究电子束的生物学效应，并获得博士学位。1939年与哈斯金斯（C. P. Haskins）一起建立了哈斯金斯实验室，直到1975年退休前都任该实验室主要负责人。期间曾在哥伦比亚大学、康涅狄格大学任教，任纽约州大学及马萨诸塞理工学院顾问。1949年任美国政府国防和健康研究顾问。1976年耶鲁大学授予他荣誉博士学位，并入选美国国家工程院院士。

20世纪50年代初，在哈斯金斯实验室对人类语言研究取得两项成果：一是用重放图形的方法来研究如何理解语言，即由实验找出声谱中最符合语言的图形。二是采用电子摄谱法研究语言可懂度。该两项成果促进了人们对语言从描述性研究发展到更广泛的实验性科学研究。（陆伟良）

库尔蒂，N.（Kurti，Nicholas） 英国人，1908年5月14日生于匈牙利布达佩斯，1998年11月24日卒。低温物理学、核武器工程。

匈牙利裔。在布达佩斯读完中学后，1928年在巴黎大学获物理学学士学位。1931年在柏林大学获博士学位。1933年定居于英国牛津，在克拉伦登实验室与F. E. 西蒙一起工作了多年。1945～1960年在牛津大学工作，1960年为高级讲师，1967年为物理学教授，1975年退休。1956年当选为英国皇家学会会员，担任过副会长。1970年为匈牙利科学院外籍院士。

在发展甚低温技术中作出了重要贡献。1933～1939年他发展了获得低温的技术，并测量了这种低温下的各种物理性质。在10^{-6}K级的低温下研究了物质的磁性和热学性质，研究液氦的性质，应用放射性来研究固体物理学等。

第二次世界大战期间，在英国原子弹研究部门工作，主要研究扩散法分离铀同位素用的多孔膜的性质。

战后回到克拉伦登实验室，参加建立强磁场的工作。1963年达到12特(1特=10^4高斯)，最后达16.5特。

1951年后，还研究了低温强磁场条件下的放射性现象。由于核自旋的极化，γ射线的角分布应是各向异性的。测量γ射线的这种各向异性的角分布，就可了解原子核及其所在的物态性质。1956年，与鲁宾逊(F. N. Robinson)、F. E. 西蒙、斯波尔(D. A. Spohr)合作，第一次成功地用核磁冷却的方法把温度降到10^{-6}K的数量级，并研究了在此低温下核自旋系统的性质。曾获伦敦奖、英国皇家学会的休斯奖。 (唐玄之)

图西，R. (Tousey, Richard) 美国人，1908年5月18日生于美国马萨诸塞州萨默维尔，1997年4月15日卒。光谱学、空间科学、天体物理学、光学工程。

1933年获哈佛大学哲学博士学位，并继续从事教学和研究3年。后到塔夫特大学任物理学研究讲师至1941年。第二次世界大战时在海军研究实验室从事光学方面的研究，成为火箭光谱学及其有关的光学研究领域的领导人。1960年入选美国国家科学院院士。

是第一个利用火箭运送分光镜去探测太阳紫外光谱的人。1963年6月23日，和同事们获得第一张非日蚀时的日冕照片。为美国国家航空航天局的空间实验室作了两件重要工作：一是装了一台摄谱仪，性能比1964年的强100倍以上；另一是装了一台远紫外太阳分光仪，空间分辨率比1959年的一台强100倍以上。获1963年美国国家科学院的德雷珀奖，1964年获英国皇家天文学会爱丁顿奖，1974年美国国家航空航天局的卓越科学成就奖。 (张玥明)

巴丁，J. (Bardeen, John) 美国人，1908年5月23日生于美国威斯康星州麦迪逊，1991年1月30日卒于波士顿。半导体物理学、低温物理学、超导微观理论。

1928年和1929年分别获威斯康星大学电机工程学学士学位、物理学硕士学位。1936年获普林斯顿大学数学物理博士学位。以后成为哈佛大学博士后研究员。1938～1941年任明尼苏达大学物理学助理教授。第二次世界大战期间，在美国海军军械实验室和贝尔电话实验室工作。1951年为伊利诺伊大学教授，1975年退休为名誉教授。1954年入选美国国家科学院院士。

早年主要研究固体物理和低温物理理论，后来着重于半导体和超导研究。第二次世界大战末期，在贝尔实验室参加了W. 肖克莱和W. H. 布拉坦进行的半导体材料及其在电子技术中可能的应用问题的研究工作，并起了重要作用。1947年为了解释半导体的某些长期不能理解的导电整流性能，提出半导体表面态理论，并参与发现晶体管效应。与布拉坦合作于1947年研制出第一只晶体管，因此他们两人与肖克莱共获1956年诺贝尔物理学奖。

20世纪30年代中期，对超导电性发生过兴趣。第二次世界大战中因进入军事部门而中断了这项研究，1950年又继续研究。1957年和L. N. 库珀、J. R. 施里弗合作，提出超导微观理论，即BCS理论。这一理论可以解释大量的超导现象和实验事实，还用来预测新现象，大大促进了该领域的发展。为此他们共获1972年诺贝尔物理学奖。他是世界上第一个两次获诺贝尔物理学奖的科学家。20世纪80年代后期以后，其兴趣更多地在低温物理学的理论方面，如对作为超流体的氦Ⅲ的研究。获得许多荣誉。 (陆伟良 沙振舜)

阿尔文，H. O. G. (Alfvén, Hannes Olof Gösta) 瑞典人，1908年5月30日生于瑞典诺尔雪平，1995年4月2日卒。等离子体物理学、磁流体力学、天体演化学。

1934年在瑞典乌普萨拉大学获博士学位。后任斯德哥尔摩大学诺贝尔物理研究所研究员。1940年任斯德哥尔摩皇家理工学院教授。1967年任美国圣地亚哥加利福尼亚大学教授。是瑞典科学院和瑞典工程院院士，美国国家科学院以及其他一些国家科学院的外籍院士。还是瑞典科学院咨询委员会委员，担任过帕格沃什召开的科学与世界事务会议主席。

是发展磁流体力学、尤其是等离子体物理学的先驱者。曾指出，在合适的条件下磁力线可以“冻结”在等离子体中，等离子体能够传输磁流体横波。这种磁流体力学波现称阿尔文波。对使用微扰理论描述电磁场中带电粒子运动的理论有所发展，引入的磁镜概念是受控热核聚变中约束等离子体的基本方法之一。

他将等离子体物理学应用于天文学等领域，研究恒星、地磁场、行星际空间和星际空间的等离子体。20世纪40年代，最先提出用磁耦合机制来解释太阳系角动量的特殊分布问题。此后发表了一系列有关太阳系起源的论文。1954年出版《太阳系起源》一书，提出太阳系起源的电磁学说，称阿尔文学说。相继出版专著《宇宙电动力学》(1950年)和《宇宙中电动力学基本原理》(1963年)。1975年与阿亨尼斯(G. Arrhenius)一起出版了专著《太阳系的结构与演化史》。

因在磁流体力学和等离子体物理学方面的重大贡献，他与研究固体磁性的L. E. 内尔分享1970年诺贝尔物理学奖。曾获英国皇家天文学会金质奖章、苏联科学院罗蒙诺索夫金质奖章。 (汪玉芝)

刘易斯，W. B. (Lewis, W. Bennett) 加拿大人，1908年6月24日生于英国坎伯兰，1987年1月10日卒。核物理学、核反应堆工程、通信工程。

1930年从剑桥大学毕业后，由卢瑟福录用，在剑桥卡文迪许实验室研究核物理和无线电，1934年获博士学位。1946年应加拿大政府邀请，担任乔克里弗原子能研究分部科学领导。以后曾任加拿大原子能有限公司副董事长、世界银行顾问、联合国咨询委员会委员。参加国际原子能机构科学咨询委员会工作达20年，担任过主席。1973年起任女王大学特级教授。1945年当选为英国皇家学会会员。1952年当选为加拿大皇家学会会员。

早期在卡文迪许实验室负责回旋加速器的射频研究，设计了采用电子电路的新型计数系统。在研究高频通讯中，利用超再生脉冲设计过精巧的手提双向无线电话。去加拿大后，使国家研究实验反应堆和国家研究用万能反应堆成功运行；特别在研制成本较低的加拿大重水铀反应堆中，是一个核心人物，为国际原子能事业的发展作出了贡献。著有《电计数》、《核燃料再生长的国际安排》等。曾获加拿大公共服务杰出成就奖、和平利用原子能奖、加拿大物理学家协会金质奖章、英国皇家学会皇家奖章等。 （蒋澄华）

埃森，L. （Essen，Louis） 英国人，1908年9月6日生于英国诺丁汉，1997年8月24日卒。*原子物理学、物理计量学、仪器研制。*

1928年获伦敦大学物理学学士学位，1941年获博士学位，1948年获科学博士学位。1960年当选为英国皇家学会会员。1960年任英国国家物理实验室总主任。是无线电科学国际联盟成员并担任第一委员会主席。

1929年到英国国家物理实验室，与戴伊（D. W. Dye）一起研制音叉钟。1938年制造出以其名字命名的"埃森"石英钟，广泛用作天文台的时间标准。1940～1945年研制了空腔谐振波长计。1946年与戈登-史密斯（A. C. Gordon-Smith）一起测得光速值比公认值高16千米/秒。1950年改进空腔谐振器后测得光速值为299 792.5±1千米/秒。以后和弗鲁姆（K. D. Froom）共同设计的空腔谐振测量方法，测得的光速为现代大地测量普遍采用。1955年与帕里（J. Parry）建立了第一个原子铯标准。后又经过3年多，测量得出铯原子基态两个超精细能级间的跃迁频率为9 192 631 770±20赫兹，1958年该值在精密原子钟中用来定义原子时间单位。他精确测量时间和速度的实验能严密地检验爱因斯坦论文的思想实验，并详细论证了其中的内部矛盾。由于他对光速和时间测量的贡献，1957年获英国物理学会波伊斯奖，1959年获苏联波波夫金奖。 （陆伟良）

韦斯柯夫，V. F. （Weisskopf，Victor Frederick） 美国人，1908年9月19日生于奥地利维也纳，2002年4月22日卒。*核物理学、粒子物理学、量子电动力学。*

奥地利裔。1933年获德国格丁根大学哲学博士学位。1932～1934年在哥本哈根大学工作。1934年到苏黎世理工学院任教。1937年到美国罗彻斯特大学任助理教授。1943年参加曼哈顿计划。1946年到马萨诸塞理工学院。1961～1965年为欧洲核研究委员会和日内瓦大粒子加速器国际组织的负责人。1956年回马萨诸塞理工学院。1952年入选美国国家科学院院士。

研究工作涉及理论物理的三个方面：量子电动力学、核物理和基本粒子。和E. P. 维格纳一起论述了原子由一个量子能级跃迁至另一个量子能级时光量子频率的宽度，指出宽度与海森伯关系相关。他用量子电动力学的方法阐述经典电子理论中的电子电磁自能问题。1947年和弗伦奇（J. B. French）作了兰姆位移的计算。早在1934年，他就发表了有关玻色子的量子理论，当时还不知道有这样的粒子。而他预言了介子-质子、质子-质子的碰撞理论、重子（质子、中子和介子）的夸克结构，把温度和蒸发的概念引入核物理学，对许多观察到的核反应作出很好的描述。对原子核的壳层结构模型作了改进，引入所谓光学模型，认为当入射粒子的德布罗意波和原子核"碰撞"时，原子核像一个有折射和部分吸收的浑浊的晶体球。1952年和布拉特（J. M. Blatt）合著《理论核物理》。曾获普朗克奖。 （张玥明）

弗兰克，N. M. （Фраик，Илья Михаилович； Frank， Ilya Mikhailovich） 苏联人，1908年10月23日生于俄国圣彼得堡，1990年6月22日卒。*光学、原子核物理学、中子物理学。*

教授的儿子。1930年毕业于莫斯科大学物理系。1930年到列宁格勒大学光学研究所从事研究工作。1934～1944年任苏联科学院物理研究所核物理实验室主任，期间1935年获博士学位。1944年任莫斯科大学教授，兼杜布纳联合核子研究所中子实验室主任。1957年起任莫斯科大学物理实验室主任。1971年任苏联科学院原子核研究所实验室主任。1946年成为苏联科学院通信院士，1968年被选为院士。

1934年，П. А. 切伦科夫发现高速电子通过高折射率的透明流体时会发出一种淡蓝色的微弱可见光。他运用实验手段研究了这种新型微光的各种特性（如偏振特性等），但却未能作出正确的理论解释。这种辐射后来被称为切伦科夫辐射。1937年，与И. Е. 塔姆一起，对该辐射作出了系统的理论解释。他们以严密的数学运算指出，切伦科夫辐射是带电粒子在透明介质中以大于光在该介质中的速度运动时产生的电磁辐射。由于这一贡献，与切伦科夫、塔姆分享1958年诺贝尔物理学奖。

20世纪40年代初期，他建立了考虑介质折射和色散的复杂多普勒效应理论。50年代以后，研究了在高能的γ射线光子作用下，电子—正电子对的产生问题，研究了中子在铀-石墨系统中的扩大和增殖问题，还研究了轻原子核释放中子的反应和快中子与原子核的相互作用。1960年和1980年，他分别参与建成了苏联的两座中子脉冲反应堆。

主要著作有：《在辐射介质中的多普勒效应》（1942年）、《在铀-石墨系统中中子的倍增》（1955年）、《切伦科夫辐射》（1960年）和《关于中子弹位减弱的某些特性》（1964年）。1946年、1954年和1971年，三次荣获苏联国家奖金。 （宣焕灿）

威尔逊，E. B.（Wilson，Edgar Bright） 美国人，1908年12月18日生于田纳西州加拉廷，1992年7月12日卒。量子力学、分子物理学、分子光谱学、微波波谱学。

1930年获普林斯顿大学硕士学位。1933年获加利福尼亚理工学院博士学位。在与L. 鲍林继续工作一年后，去哈佛大学任教，1949年成为教授。1944年入选美国艺术与科学院院士。1947年入选美国国家科学院院士。

研究工作以量子力学为基础，从理论和实验上研究分子的光谱。在红外和拉曼光谱上，是应用群论简化量子力学处理分子振动的先驱。与霍华德（J. B. Howard）建立了第一个相当完整的多原子与分子转动-振动、以及转动与振动相互作用的数学公式，提出了计算振动频率的FG法和测定气相红外光谱强度的方法。这些研究表明应用量子力学可用简单的分子模型解释它们的光谱，进而得知分子的结构和键强度。在微波谱方面，发明了灵敏度大为改善的斯塔克效应微波谱，把振动—转动能级理论扩展到包括电场、离心变形和内旋转等。由于这些工作，从测定微波谱可以获得有关分子结构的详细信息，如原子间距离、内氢键、偶极矩、力常数和内旋转势量，也可以研究内旋转异构体。发表150余篇论文；与鲍林合著《量子力学导论》（1935年），著有《科学研究引论》（1962年）等。获美国化学学会德拜奖等奖励。（温敬铨）

阿尔齐莫维奇，Л. А.（Арцимович，Лев Андреевич；Artsimovich，Lev Andreevich） 苏联人，1909年2月25日生于俄国莫斯科，1973年3月1日卒于同地。等离子体物理学、光电子学、核能工程。

统计学教授的儿子。1928年毕业于核能工程白俄罗斯明斯克大学。以后在列宁格勒大学物理和技术研究所А. Ф. 约飞教授指导下工作。曾在莫斯科工程物理学院、莫斯科州立大学、列宁格勒大学等院校任职。是苏联科学院院士、基础物理与天文学部学术秘书、全苏物理学家协会主席。

早年曾研究X射线在薄层上的全反射、中子的性质以及快电子与物质的相互作用。在第二次世界大战期间研究电子光学，特别是电子光学系统的色差理论，以及电子-光学换能装置。1945年和波梅兰丘克（И. Я. Померанчук）一起对电子感应加速器中的辐射损失作了理论研究，通过这一研究可以算出在给定电子感应加速器中加速电子所获得的最大能量。20世纪50年代起，研究可控热核反应装置，使高温等离子体寿命大大增加，在非常短的时间内将等离子体加热至几百万度，为建立托卡马克型装置作出了贡献。1952年发现在低压氘中进行大功率脉冲放电会产生中子和硬X射线。（夏元复）

汉森，W. W.（Hansen，William Webster） 美国人，1909年5月27日生于美国加利福尼亚州弗雷斯诺，1949年5月23日卒于该州帕洛阿尔托。高能物理学、微波电子技术、加速器工程。

早年表现出在数学和电学方面的天赋。16岁时进斯坦福大学学习电气工程和物理学，1933年得博士学位。一年半后任马萨诸塞理工学院研究员。1934年回斯坦福大学任助理教授。1945年任教授，在当选为美国国家科学院院士后不久，因战争期间辛苦工作而损害了健康，年仅40而早逝。

在加速器上提出用高品质因数空腔谐振器替代通常的线圈和电容，从而减小了功率损失。这种谐振腔后来又设计成速调管用于防空及雷达。1937～1940年开辟了微波电子学领域，进行了很多先驱性工作。第二次世界大战期间，在多普勒雷达、飞机的盲目着陆系统等方面进行了开创性工作。战后，致力于大型电子直线加速器研制，这个加速器采用大功率速调管。至今斯坦福大学高能物理实验室仍以他的名字命名。（夏元复）

博戈留博夫，Н. Н.（Боголюбов，Николай Николаевич；Bogolubov，Nikolai Nikolaevich） 俄罗斯人，1909年8月21日生于俄国戈尔基，1992年卒。统计物理学、量子场论、数学物理。

在著名数学家Н. М. 克雷洛夫的指导下，14岁时以其第一篇关于变分法的论文开始了他的科学生涯。早期关于极值问题的直接解法得到广泛的承认。1928年19岁参加了意大利博洛尼亚有名的国际会议，其论文之一得到博洛尼亚科学院的奖励。1946年当选为苏联科学院通信院士，1953年为院士。1964年任杜布纳联合研究所所长。曾入选许多国家科学院外籍院士。

研究工作涉及理论物理的广泛领域。与克雷洛夫一起奠定了非线性振动的理论。他的解非线性力学方程的方法现成为经典的方法。研究了А. А. 马尔可夫的随机过程，发现有可能用马尔可夫的方法来解决大时标的问题。他对不可逆过程统计理论的发展起了决定性作用。为解决经典系统的统计力学问题，提出利用分布函数和母函数的方法，可以借助物质的分子性质计算热力学函数。他找到了根据统计力学的一般假定建立相互作用粒子系统运动学方程的一般方法，推广了他的非线性力学渐近方法，提出解这种运动学方程的方法。在解铁磁性问题时证明这种方法是很有效的。

在研究非理想气体的简并问题时，指出略微非理想的玻色气体能够处于简并状态，并导致超流动性，而理想气体则不具备这种特性。在证明这一性质时，引入了一种正则变换。后来又进一步推广，对费米子引入了不同的但类似的正则变换，从而建立了一种自洽的超流动性微观理论，也包括超导电性。认为超导电性可看成是电子气体的超流动性。这种特别的正则变换后来称为博戈留博夫变换。

20世纪50年代，发表了一系列关于量子场论的论文。严格证明了色散关系。这些关系在粒子物理学中得到广泛应用。在研究夸克模型时，对观察到的事实提出过许多简单的解释。关于核物质的本性，提出一种超流体模型，在现代核理论中有重要的意义。

以非凡的想象力并借助有力的数学工具，第一次建立起一种公理体系的核物理理论，改变了物理学家对问题的思考方法。由于对科学的广泛兴趣和深刻的思想，以及他所发展起来的强有力的数学工具，使得他在近代理论物理学中有相当重要的影响。发表约200篇论文，15种专著译成了多种文字出版。曾获得许多种国内外的奖励。（唐玄之）

巴巴，H. J.（Bhabha, Homi Jehangir） 印度人，1909年10月30日生于印度孟买，1966年1月24日卒于法国勃朗峰。*宇宙线物理学、粒子物理学。*

出身律师家庭。1930年在剑桥大学卡文迪许实验室做研究生，受到卢瑟福教授的指导。1934～1936年访问罗马大学的费米研究组、苏黎世的泡利研究组和哥本哈根大学的N.玻尔研究组，主要探讨宇宙射线的起源及其性质。1941年任宇宙线物理学教授。1948年任印度原子能委员会主席。1951年任印度国家科学会议主席。1963年被选为美国国家科学院外籍院士。终身未娶。

1935年，导出关于正电子被电子散射的截面表达式，这一散射过程被称为巴巴散射。1937年和海特勒(W. Heitler)发表了关于电子和γ射线引起的宇宙射线簇射理论，指出宇宙射线簇射中贯穿性很强的组分不会是电子。1946年这些粒子被鉴定称为μ子。还和合作者发展了矢量介子的交换模型，为介子理论作出了贡献。1938年指出，根据狭义相对论快速宇宙线粒子寿命将增长。还研究了质点在一般场中运动的经典理论，以及自旋大于$\frac{1}{2}$的粒子的相对论波动方程。（夏元复）

张文裕（Zhang Wenyu） 中国福建省人，1910年1月9日生于福建惠安，1992年11月5日卒于北京。*原子核物理学、粒子物理学、仪器研制。*

早年毕业于燕京大学，又入该校研究生院，获硕士学位。1935年到英国剑桥大学卡文迪许实验室，在卢瑟福指导下进行原子核物理研究，1938年获博士学位。回国后任四川大学、西南联大教授。1943年去美国普林斯顿大学任研究教授。1949年任普度大学教授。回国后，在中国科学院近代物理研究所和原子能研究所任研究员兼室主任。1961年任苏联杜布纳联合原子核研究所中国组组长，并负责一个主要由苏联科学家参加的研究组。1964年回国，任原子能研究所副所长。1973年参与建立中国科学院高能物理研究所并任首任所长，1984年起任名誉所长。1957年当选为中国科学院学部委员（院士）。曾是中国核学会名誉理事长、中国高能物理学会名誉理事长。曾任《中国科学》和《科学记录》副主编、主编。其妻王承书是物理学家，也是中国科学院院士。

曾在原子核物理和高能物理领域中做过许多重要工作，其中以发现μ子原子最为著称。μ子原子是由负μ子代替电子沿定态轨道绕原子核旋转所形成的新型原子。1948年他利用内部装有铝、铁或铅箔的自动控制的云室，研究宇宙线μ子的作用，发现慢负μ子在金属箔中停止时有低能电子（或电子对）产生。这些电子或电子对是指向慢负μ子停止点。由电子能谱和箔的厚度即可推出是慢负μ子在原子核外定态轨道间发生跃迁，这种跃迁发射γ射线，后者又在金属箔上转换为电子对或击出电子。他在1948年发表的"寻找宇宙线介子停止后发生的重粒子"和1949年发表的"用云室研究铝、铁、铅箔对介子的吸收"等文中，详细报道了第一次发现μ子原子的实验结果。μ子原子的发现突破了原子只由原子核和核外电子组成的观念，开拓了研究物质组成的新领域。在上述实验中还得出了宇宙线μ子不参与强作用的重要结论。在几万张云室照片中，没有发现一例宇宙线μ子停止在金属箔中而产生原子核星裂的，确认了μ子只参与弱作用和电磁作用。这对认识μ子特性具有重要意义。

在原子核物理和高能物理领域中的另一个贡献，是关于多丝火花计数器方面的研制工作。火花计数器是一种粒子探测器，即记录粒子（原子核射线或高能粒子）的仪器。他在20世纪40年代进行了火花计数器的制造及其应用的研究工作。是火花计数器的创始人之一，也是研究多丝型粒子探测器的先驱者之一。日本和英国的学者曾把他研究的火花计数器称为张氏计数器，他不同意这种叫法，认为虽然他研制和使用了这种计数器，但只提他而不提到他的合作者是不全面的。

（唐孝威）

雅基诺，P.（Jacquinot, Pierre） 法国人，1910年1月18日生于法国弗鲁瓦尔，2002年9月22日卒。*原子物理学、光谱学。*

1932年毕业于法国南锡大学。1937年在巴黎大学获博士学位。曾任克莱蒙费朗大学教授、巴黎大学教授。1951年起任法国国家科学研究中心艾姆科顿实验室主任。1962～1968年担任法国国家科学研究中心领导工作。1966年当选为法国科学院院士。

致力研究原子光谱学。早期研究塞曼效应。1939年发现一条氦线（其强度是正常氦线的万分之一），它是由仲氦和正氦结合而产生的。以后对光谱学中的光学方法进行理论和实验研究，指出了摄谱仪的分辨率和发光度之间的关系。和英国天文学家费尔盖特(D. Fellgett)各自独立地同时创立了傅里叶光谱学，受到科学界的高度评价。1973年后与同事利用调谐激光和原子束，研究了高分辨光谱学中的各种实验方法。他用联合光泵和顺磁原子束磁偏转的新方法获得了很高的分辨率，这种方法已用于研究超精细结构的同位素位移。在研究直流电场内碱金属原子的光致电离时，发现了宽度很窄的共振。获法国物理学会和伦敦物理学会1950年霍尔韦克奖。1978年获法国国家科学研究中心金质奖章。（蒋澄华）

肖克莱，W. (Shockley, William) 美国人，1910年2月13日生于英国伦敦，1989年8月12日卒于美国帕洛阿尔托。半导体物理学、微波电子技术。

采矿工程师的儿子。1932年获加利福尼亚理工学院理学士学位。1936年获哈佛大学物理学博士学位。同年进入贝尔电话实验室，一直到1955年任晶体管物理部主任。1954～1955年任军事部门武器系统评价组代理主任和研究主任。1955年任贝克曼仪器公司肖克莱半导体实验室主任。1963年任斯坦福大学工程科学教授。1951年人选美国国家科学院院士。

主要成就是在研究固体物理时发现固体半导体具有晶体管效应，能用于电子放大。这一发现奠定了晶体管的理论和技术基础。为此与W. H. 布拉坦和J. 巴丁一起获1956年诺贝尔物理学奖。

点接触型晶体管构成的固态放大器增益低、带宽窄、噪声大，而且器件与器件之间参数的差异很大。他认为缺陷的原因来自金属的点接触，于是提出了研制结型晶体管的设想。1949年提出p-n结理论，一个月后又发明了结型晶体管。这是一种没有尖导线接触的器件，晶体管的工作取决于扩散而不取决于电子管中那样的传导电流。这种新器件有电子和空穴两种载流子同时工作，所以是双极型器件。此后晶体管理论及技术得到了飞速的发展，对电子学及科学的其他领域中都有很重要的作用。著作有《半导体中的电子和空穴》(1950年)和《力学》(1966年，与戈恩(W. A. Gong)合撰)。

(陆伟良)

休恩伯格，D. (Shoenberg, David) 英国人，1911年1月4日生于俄国圣彼得堡，2004年卒。低温物理学、金属物理学。

1932年毕业于英国剑桥大学，1935年获该校博士学位。1937～1938年访问莫斯科大学。1953～1954年任联合国教科文组织低温物理学家。1962年在匹兹堡大学、1968年在马里兰大学、1974在多伦多大学、1977年在亚利桑那大学和滑铁卢大学工作，其余时间都在剑桥大学。主持英国皇家学会蒙德实验室工作。1947年任冈维尔和凯厄斯学院评议员，1952～1973年任物理学高级讲师，1973年任物理学教授，1978年退休。1953年当选为英国皇家学会会员。

主要从事低温物理的研究。早期曾研究铋的反常磁性；曾先后设计出研究德哈斯-范阿尔芬效应的多种方法；首次实验测定了金属费米面，并对碱金属费米面作了详细研究；测定磁场对超导体的穿透深度随温度的变化关系。出版专著《超导性》(1939年)和《磁学》(1949年)。1964年获F. 伦敦低温物理奖。 (马见慈)

坂田昌一(Shyoichi, Sakata) 日本人，1911年1月18日生于日本东京，1970年10月16日卒于名古屋。粒子物理学、科学哲学、科学学。

1933年毕业于京都大学物理系。1934年在大阪帝国大学理学部任教。1939年任京都大学物理系讲师。1941年以"介子自发衰变的理论研究"论文获理学博士学位。1942年任名古屋大学教授，创立并担任该校基本粒子研究室主任。曾任日本学术会议委员等社会兼职。

终身从事粒子物理学研究，在介子理论和基本粒子结构等领域有重要贡献。1942年他和井上健共同提出"两种介子"的假说，其中预言的新介子(即$\nu\mu$)和新中微子(即π)都被尔后的实验所证实。1949年，费米和杨振宁联合发表短文，否定基本粒子是个"点"的观念，提出π介子是核子-反核子束缚态的见解。1953年，美国的M. 盖尔曼和日本的西岛和彦提出强相互作用粒子的盖尔曼-西岛法则。坂田昌一发展了他们的思想，1955年提出强子的重子-介子复合模型，即坂田模型。该模型认为，所有参加强相互作用的强子并非个个都基本，"基础粒子"只是质子、中子和超子，其余的强子则是"复合粒子"，都可以由"基础粒子"及其反粒子复合出来；介子由一个基础粒子和一个反粒子构成，重子由两个基础粒子和一个反粒子构成；预言η^0粒子的存在(为以后的实验所证实)。尽管该模型比较粗糙，也无法完全解释重子，但它毕竟为基本粒子模型研究开辟了道路，对于揭示强子内部结构，推动粒子物理学发展有重要意义。1961年，M. 盖尔曼等人对板田模型作了修正，提出八重态模型，以八种基本粒子来说明全部粒子，包括许多短寿命的共振态粒子的性质。

他十分关心自然科学的哲学、社会问题，主要著述入编《物理学和方法》、《科学家和社会》两部论文集，其中"新基本粒子观的对话"一文对中国学术界有过较大影响。他也是一位社会活动家，积极参与促进世界和平的国际活动。1950年获日本学士院奖励。 (李啸虎)

库什，P. (Kusch, Polykarp) 美国人，1911年1月26日生于德国布兰肯堡，1993年3月20日卒于美国得克萨斯州达拉斯。原子与分子物理学、光谱学、化学物理。

德国裔。出身于牧师家庭。1912年随父赴美国定居。1936年获伊利诺伊大学哲学博士学位。1936～1937年在明尼苏达大学从事质谱学研究。1937～1941年和1946～1972年在哥伦比亚大学工作，集中研究如何把分子束技术开拓到光谱学和化学物理上去。1941～1946年在西屋电气公司、哥伦比亚大学和贝尔电话实验室从事极高频率发生器的研制。1969～1971年任哥伦比亚大学副校长和院长。1972年到得克萨斯大学工作。1956年人选美国国家科学院院士。

1925年乌伦贝克(G. E. Uhlenbeck)和S. A. 古兹密

特提出电子具有自旋的假设,认为电子的内禀磁矩为 $\mu_s=eh/4\pi mc=\mu_0$,式中 μ_0 称为玻尔磁子。库什曾同 I. I. 拉比在开发分子束磁共振法的早期合作过,1947 年拉比等人用这种方法进行验证乌伦贝克假设的实验,发现实验结果与理论计算值相差大于实验允许的误差范围。G. 布赖特从理论上指出,这种不符合的原因可能是电子的自旋磁矩并不等于 μ_0,1948 年库什针对布赖特的论点,利用分子束磁共振法进行判决性实验。证实了电子的内禀磁矩 $\mu_s=1.00119\mu_0$,这与 J. S. 施温格用量子电动力学导出的结果完全吻合。由于库什对电子磁矩的精密测定,他与 W. E. 小兰姆同获 1955 年诺贝尔物理学奖。 (蔡祺德)

戈德哈伯,M. (Goldhaber, Maurice) 美国人,1911 年 4 月 18 日生于奥地利伦贝格(今乌克兰利沃夫),2011 年 5 月 11 日卒于美国。*核物理学*。

早年在柏林大学和剑桥大学受教育,在剑桥大学卡文迪许实验室,在 E. 卢瑟福指导下从事核物理研究。1936 年获博士学位。1938 年到美国伊利诺伊大学任教,1945 年为教授。1950 年起成为布鲁克黑文国家实验室的高级科学家,1960 年为其物理学部主任。1973 年是大学联合体的著名科学家。1958 年入选美国国家科学院院士。

与 S. J. 查德威克合作,发现了原子核光电效应。这是第一个从放射性钍源由 γ 射线引起的氘嬗变。由此得出自由中子能通过 β 衰变自发嬗变成质子。和查德威克发展了慢中子引起轻元素锂、硼和氮等的嬗变。这些反应具有重要意义:$^{6}Li+n\rightarrow{}^{4}He+{}^{3}H$,$^{3}H$ 是 ^{3}He 的源;$^{10}B+n\rightarrow{}^{7}Li+{}^{4}He$ 是探测慢中子的标准方法;$^{14}N+n\rightarrow{}^{14}C+p$ 为自然界和人工产生 ^{14}C 最重要的源。

1940 年和科尔特曼(J. W. Coltman)发现铍(Be)对慢中子截面低,故可在反应堆中用作慢化剂。1946 年和亚罗(A. A. Yalow)发现了第一个慢中子共振。1950 年参加布鲁克黑文国家实验室,从事原子核同质异能素和基本粒子的研究。1957 年与他人一起提出中微子的自旋是左旋的,并在实验上确定了中微子的螺旋性,结束了 β 射线研究中长期有争论的问题。1954 年与 F. 莱因斯和科恩(C. L. Cowan)合作第一次测量了质子寿命的下限。1965 年发明了氖泡室。

理论工作方面,他提出嬗变的单粒子模型(1934 年),原子核中光子相互作用的戈德哈伯-泰勒模型(1948 年)(巨偶极共振),原子核中混合相互作用(1953 年),他与李政道和杨振宁研究($K^{\circ}+K^{\circ}$)系统的衰变模式。1971 年获核物理的 T. W. 邦纳奖。

(欧阳容百 王广厚)

尼尔,A. O. C. (Nier, Alfred Otto Carl) 美国人,1911 年 5 月 28 日生于美国明尼苏达州圣保罗,1994 年 5 月 16 日卒。*原子物理学、光谱学、仪器研制*。

1931 年毕业于明尼苏达大学,1933 年获该校电机硕士学位,1936 年获物理学博士学位。在哈佛大学以国家研究理事会成员身份工作 2 年,后回明尼苏达大学工作,1953 年起任物理系主任 10 余年。1950 年当选为美国国家科学院院士。1953 年当选为美国哲学学会会员。

当研究生时发现了钾的稀有同位素钾 40(^{40}K),后来又发现氩 40(^{40}Ar)是 ^{40}K 的衰变产物。在哈佛大学研制的质谱仪,其分辨率和灵敏度在当时是最高的。首次精确测量了许多元素的同位素丰度比,还发现了硫、钙和的稀有同位素 ^{36}S、^{46}Ca 和 ^{186}Os,最早精确测定铀 235(^{235}U)的衰变常数,得出了测定铀矿年龄的计算公式。在研究地球上铅的同位素时为现在公认的太阳年龄是 4.5×10^{9} 年提供了资料。曾对质谱仪中的磁铁作了改进,还研制过供医学、火箭、卫星使用的质谱仪,发明了双聚焦质谱仪。20 世纪 70 年代领导一批人研究火星的大气成分,为 1976 年遥测飞行器在火星着陆提供了资料。研究过同位素分离、陨石受宇宙射线作用而产生的稀有气体等。 (蒋澄华)

王竹溪 (Wang Zhuxi) 中国湖北省人,1911 年 6 月 7 日生于湖北公安,1983 年 1 月 30 日卒于北京。*统计物理学、热力学*。

1929 年入清华大学,1933 年毕业于该校物理系,1935 年该校研究生院毕业。1935 年 8 月赴英国,1938 年 5 月获英国剑桥大学博士学位。同年回国,1938～1946 年在昆明西南联合大学任教授。1946～1952 年任清华大学物理系教授,后任系主任。1952 年起在北京大学任物理系教授、理论物理教研室主任,后任副校长。曾兼任中国物理学会和中国计量测试学会副理事长,《中国科学》副主编、《物理学报》主编。1955 年选聘为中国科学院学部委员(院士)。

长期从事理论物理研究,特别是在有序无序变化的统计力学理论方面取得较大成就。早年在统计物理合作现象理论方面做过重要工作。后来又在湍流尾流理论、吸附统计理论、超点阵统计理论、热力学绝对温标、热力学第三定律以及基本常数方面取得研究成果。

治学严谨,一生培养了大批物理学家,为发展中国的物理学事业做出了卓越的贡献。还为统一中国的物理学名词,发展计量工作做出了重要贡献。主要著作有《热力学》、《统计物理学导论》和《特殊函数概论》(与郭敦仁合著)、《新部首字典》等。 (沙振舜)

米勒,E. W. (Mueller, Erwin Wilhelm) 美国人,1911 年 6 月 13 日生于德国柏林,1977 年 5 月 17 日卒于美国华盛顿。*原子物理学、显微技术*。

德国裔。1935 年毕业于柏林工业大学,1936 年获工程物理博士学位。1952 年起任美国宾夕法尼亚州立大学教授、研究教授。当选为德国自然科学院、美国国家工程院、美国国家科学院等科学机构的院士或荣誉院士。

毕生致力于直接观察构成晶体的单个原子、查明单个原子所属的化学元素,发明了场离子显微镜和原子探针场离子显微镜。1941年在研究固体发射体表面特性时发现了场退吸现象。当时用场发射显微镜观察晶体时,由于受费米能级上发射出的电子动能的干扰分辨率受到限制。为了提高分辨率,利用场退吸现象,1951年发明了分辨率更高的场离子显微镜。起初它还不能分辨原子,以后利用了冷却发射并采用惰性气体作为成像气体,于1956年根据离子产生在荧光屏上的图像,可以分辨出单个原子。为进一步查明单个原子所属的化学元素,把场离子显微镜和飞行时间质谱仪相结合,制成了原子探针场离子显微镜。与他人合著了《场离子显微镜:原理和应用》(1969年)、《场离子显微镜,场电离和场蒸发》(1973年)。获德国高斯奖章、美国真空学会韦尔奇金质奖章、美国物理学会戴维-杰默奖。去世后追授美国国家科学奖章。（蒋澄华）

阿尔瓦雷兹,L. W. (Alvarez,Luis Walter) 美国人,1911年6月13日生于美国加利福尼亚州旧金山,1988年9月1日卒于伯克利。*高能粒子物理学、微波电子技术。*

医生的儿子。就学于芝加哥大学,原先学化学后改学物理学,1932年取得理学士学位,1934年取得硕士学位,1936年取得物理学博士学位。1938年进入伯克利加利福尼亚大学工作,1945年成为教授,1978年退休。第二次世界大战中,他奉命参加马萨诸塞理工学院放射实验室工作,研制微波雷达,1944～1945年又参与实施曼哈顿计划。1969年任美国物理学会会长。还是美国国家科学院院士。

在第二次世界大战中,他积极研究微波雷达。在雷达领域中有12项发明专利(他在美国共拥有22项专利)。曾对原子弹内爆型的引爆装置提出过有益的建议。1945年,他乘侦察机观察在日本广岛投下的原子弹爆炸情况。

在20世纪50年代之前,他活跃在核物理和宇宙射线的研究领域。发现宇宙射线的东-西效应、氚的放射性、氦3(^{3}He)的稳定性以及K电子俘获、核分裂时长程α-粒子、一些短寿命核素;首次测定了中子的磁矩;进行了人造同位素的首次非放射性观察、汞198(^{198}Hg)的光谱的分析;研制第一个"飞行时间"中子谱仪;首次在回旋加速器中加速重离子。他关于电荷交换加速的建议直接导致范德格喇夫起电机的建造。1945～1947年领导一个小组建造了第一个质子直线加速器。

1953年,D. A. 格拉泽演示了第一个气泡室,在一个装乙醚的小玻璃泡中显示出了宇宙射线的径迹。立即就有好几组物理学家同时为高能物理而开发一种实用工具。1954年,阿尔瓦雷兹小组是第一个在液氢中观察到径迹。此后他们建造愈来愈大的气泡室,1959年初建成的72英寸(1.83米)气泡室是当时最大的。他认识到,当时用来分析云室照片的测量技术难以应付所设计的气泡室中拍出的大量照片,1955年他设计了一种半自动测量仪器。并于一年后建成。这台仪器以及其后根据此设计思想所设计的其他仪器成为近代标准测量技术的基础。新的数据分析技术中计算机程序可使人们观察到寿命小于10^{-22}秒数量级的粒子,而旧的技术则把寿命短于10^{-12}秒的粒子甩掉了。1956年同助手一道发现了没有预料到的μ介子催化聚变反应。

1960年和同事们发现了第一批三个短寿命的奇异粒子。他的小组成员后来找出了约一半的已知的短寿命粒子(即他们所说的共振态)。几乎所有新粒子都是在液氢气泡室中发现的。由于对高能物理方面的贡献,特别是通过发展液氢气泡室和数据分析技术,从而发现许多短寿命粒子,为此获1968年诺贝尔物理学奖。

1965年建议用宇宙射线来研究埃及吉萨的第二座金字塔中未知墓室。他领导一个美埃联合小组去研究,最后结论是,该金字塔完全是实心的。

1980年,他的地理学家儿子从意大利采集到一块沉积岩,他经分析发现上面粘土层含铱成份异常,于是联想到其中含有地外物质。他们在该年发表的一篇文章中首次提出,这个沉积岩是大约6500万年前一颗直径10公里的小行星撞击地球时留下的遗迹,并认为白垩纪-第三纪交界处地层发现的异常铱现象,指明了恐龙绝灭同小行星撞击地球的相关性。这一推测引发了科学界的极大关注。（唐玄之）

塞茨,F. (Seitz,Frederick) 美国人,1911年7月4日生于美国加利福尼亚州旧金山,2008年3月2日卒于纽约。*固体物理学、原子核物理学、高等教育管理。*

1934年获普林斯顿大学博士学位。1942年任卡内基理工学院物理系主任。1951年入选美国国家科学院院士。1957年任伊利诺伊大学物理系主任。1959年任北大西洋公约组织科学顾问。1961年当选为美国物理学学会会长。1962～1969年当选为美国国家科学院院长。1968年任洛克菲勒大学校长,1978年退休。

20世纪30年代起,就对物质的固态和结晶态性质感兴趣,首先用矩阵表示晶体的对称性,定量地表述了纯金属中电子的状态。30年代末期转向核物理学。1940年写出了至今仍有影响的专著《近代固体理论》。第二次世界大战期间从事军工科研,如导弹、雷达部件、核反应堆等。最大的贡献是促进了获得化学纯的纯硅,用来制造硅二极管以代替雷达上的旧部件。1946年开始从事核裂变的和平利用;创办一所学校,培训了约35名来自科学院、政府和工业组织的科学家和工程师,其中很多人以后成为美国核工业的领导。1949年后致力于发展固体物理教学事业,10年后伊利诺伊大学成了国际固体物理中心。以后又从事雷达、电子数字计算机等工作,并取得卓越成绩。1965年获富兰克林研究院富兰克林奖章。1973年获美国国家科学奖章。

（蔡祺德）

惠勒,J. A. (Wheeler,John Archibald) 美国人,1911年7月9日生于美国佛罗里达州杰克逊维尔,2008年4月13日卒于美国。*原子核物理学、核武器工程、天体物理学。*

父母都是图书管理员。其本人于 1933 年在约翰斯·霍普金斯大学获物理学博士学位。后在纽约大学跟随 G. 布赖特一年，又在哥本哈根大学跟随 N. 玻尔一年。在北卡罗来纳大学任教 3 年。1938 年到普林斯顿大学，1947 年在该校任物理学教授，1976 年退休。后去得克萨斯大学任物理学教授，并保留在普林斯顿大学的教授职位，1986 年回到普林斯顿。

曾 3 次离开普林斯顿大学从事国防工作：1942～1945 年去芝加哥大学等处参加钚工程项目，实施曼哈顿计划；1950～1953 年在洛斯阿拉莫斯国家实验室参与氢弹研制，1952 年 10 月 31 日第一个热核装置试验成功；1958 年为美国国防部执行 137 工程项目。

主要科学贡献是在核物理中引入"散射矩阵"和"共振群结构"的概念；1939 年和 N. 玻尔一起阐明裂变的机制，并预言钚可以裂变；发展了控制反应堆的一些方法，1944 年正确判定裂变副产品氙(^{135}Xe)会使反应堆"中毒"；阐明慢介子被俘获的机理，预言了一些过程和效应；据液滴模型预言存在幻数超重核。

对爱因斯坦广义相对论和引力理论进行过研究。1957 年，利用电子计算机运算确定恒星在引力坍缩中的结果，1967 年创造了"黑洞"一词。著有《引力理论和引力坍缩》(1965 年)、《爱因斯坦的想象力》(1968 年)、《黑洞引力》(1973 年)和《时间边界》(1979 年)等。1996 年获沃尔夫物理学奖。 (夏元复)

盖登，A. G. (Gaydon, Alfred Gordon) 英国人，1911 年 9 月 26 日生于英国伦敦，2004 年 4 月 16 日卒。原子与分子物理学、分子光谱学。

1932 年毕业于伦敦大学帝国学院物理系。1936 年蒸馏乙醚时，因爆炸而失去了一只眼睛。1937 年回到帝国学院开始光谱学的研究，1941 年获理学博士学位。1953 年当选为英国皇家学会会员。1961～1973 年任伦敦大学分子光谱学教授。

作为一个实验光谱学家，他把分子光谱学应用到许多领域，包括分子离解能的测定，火焰的化学和物理过程及各种火焰的结构的研究，气体温度的测定等等。他研究高温分解作用、爆炸、点火、离解速度和分子振动的弛豫。和同事们一起研发光谱线反转测温法，可用来跟踪冲击波的快速过程。 (唐玄之)

袁家骝(Yuan, Luke Chia Liu) 华裔美国人，1912 年 4 月 5 日生于中国河南安阳，2005 年 2 月 11 日卒于北京。粒子物理学、微波电子学、加速器工程。

袁世凯次子袁克文的第三子，妻子吴健雄女士素有"东方居里夫人"之称。1932 年、1934 年先后获燕京大学物理学系理学士、硕士学位。毕业后在唐山开滦煤矿工作一年。1936 年赴美国留学，1940 年获加利福尼亚理工学院物理学博士学位。留校任物理学研究员二年。1942 年在美国无线电公司实验室工作。同年与吴健雄结为伉俪。1946 年任普林斯顿大学物理研究员。1949 年起在布鲁克黑文国家实验室工作，后任高级物理研究员，1979 年退休后任顾问。退休后，受邀担任法国、苏联等多个国家和地区研究机构和大学的客座教授；1979 年聘任中国科学院高能物理研究所学术委员会委员；1983 年聘任中国台湾同步辐射研究中心董事会主席；1981 年起出任南开大学、中国科学技术大学、南京大学、东南大学等校名誉教授；1986 年获南京大学荣誉博士学位。是纽约科学院院士、中国台湾"中央研究院"院士。

研究工作主要涉及高能物理、宇宙线、高能加速器和粒子探测系统、无线电定向探测、调频雷达系统等领域。20 世纪 40 年代，在普林斯顿大学与他人合作，将中子探测器和高压装置全部充气密封起来，对宇宙线中子成分作起源研究，证明了地球上空宇宙线中子不是来自宇宙空间，而是产生于地球大气层中的次级粒子；通过测量发现，不同地磁纬度的中子强度差别明显，进一步证明了这些中子是由宇宙射线初级带电粒子在大气层中碰撞产生的。50～60 年代，1953 年布鲁克黑文国家实验室 3GeV 高能质子加速器成功运转，这是当时全世界能量最高的质子加速器，他负责设计建成其关键部件——国际上第一个特殊变频高频系统，频率能在 1 秒内增加 13 倍；与他人合作，通过高能质子束轰击靶子产生的 π 介子束来研究 π 介子与核子 p 的散射，发现了 $\pi^{\pm}$ 与质子的散射截面在高能量下呈现迅速下降，明确找出了散射截面峰值所在，首次证明了强子共振现象的存在；与此同时，发现了 Δ^{++} 和 Δ^{0} 两种新粒子；1967 年揭开了共振子物理穿越辐射的原理，发现利用穿越辐射原理，采用多薄片形成多界面，可以显著提高探测灵敏度，并初步试验成功采用低温超导微粒作为高能粒子探测器。

发表论文 80 余篇。编著有《实验物理学方法·原子核物理》(1961 年，与吴健雄合著)、《物质的本性：高能物理学的目的》(1964 年)、《粒子物理研究与科学技术的交互作用》等著作。生前和夫人吴健雄经常回祖国访问和讲学，对北京正负离子对撞机、合肥同步辐射加速器、台湾同步辐射加速器等大型物理实验工程提出了很多指导建议。还在南京大学等校设立吴健雄-袁家骝奖学金。获 1972 年美国古根海姆奖金，全美华人协会杰出成就奖，驻美中国工程师协会科学成就奖，中国台湾科学成就奖章等。 (李啸虎)

吴健雄 (Wu, Chien-Shiung) 华裔美国人，1912 年 5 月 31 日生于中国江苏省上海县刘行(今属上海市)，1997 年 2 月 16 日卒于美国纽约。原子核物理学、粒子物理学、量子力学。

祖籍江苏省太仓县浏河镇，父亲为小学校长。青少年时代，她在国内受到很好的教育。1934 年获中国中央大学物理系学士学位。1936 年赴美国留学，在伯克利加利福尼亚大学当 E. O. 劳伦斯的研究生，1940 年获哲学博士学位。曾任教于史密斯学院和普林斯顿大学。1944 年开始在哥伦比亚大学参与规划美国第一颗原子弹的研制。1952 年任哥伦比亚大学物理系副教授，1957 年任教授，1972 年任第一个 M. I. 普平物理学讲座教授。1981 年退休。1958 年被选为美国国家科学院院士。1972 年成为美国文理科学院院士。1975 年任美国物理学会会长，是该职位的第一位女性。1976 年为美国科学促进协会成员。1994 年当选为中国科学院外籍院士。1942 年与袁家骝结婚。袁家骝也是一位著名实验物理学家，是最早发现强子共振态的科学家之一。1954 年夫妇两人同时成为美国公民。

早在 1956 年以前，她已经是一位著名实验物理学家，在 β 能谱(尤其是禁戒谱)方面有精深的研究。她的最重要的科学贡献，是在 1956～1957 年与美国国家标准局的四位科学家合作，完成对李政道和杨振宁关于弱作用中宇称可能不守恒的设想所作的实验研究。她研究了冷却到 0.01K 的极化钴 60(^{60}Co)放射源的 β 射线角分布。实验显示在顺着原子核自旋方向发射的 β 粒子明显地比反方向射出的少。这是确证弱作用中宇称不守恒的第一个实验。在实验中还明确证明了弱作用中电荷共轭不变性也不成立。宇称守恒和电荷共轭不变性是物理学中的基本定律，证实弱相互作用中这两个定律不成立是物理学中的重大事件。这些发现大大促进了 β 蜕变和弱作用的理论和实验的迅速发展。

1963 年她又精密地测定了硼和氮 ^{12}B 和 ^{12}N 的 β 谱形，从而证实了 R. P. 费因曼和 M. 盖尔同位素曼于 1958 年提出的一条新定律——矢量流守恒定律。

她的实验研究工作是多方面的。研究过双 β 蜕变，给轻子数守恒律以更高精度的检验。对 μ 原子和 π 原子作过重要的研究。还用穆斯堡尔效应方法研究过生物学问题。她还对量子力学的基本问题作出过重要的实验研究。利用穆斯堡尔效应，对能量与时间的测不准关系作出了生动的验证。还利用正负电子湮灭而辐射一对光子的现象，研究这对光子的极化关联，得到了与贝尔不等式明显矛盾而与量子力学预言相一致的结果，否定了隐变量理论，支持了量子力学的正统解释。

夫妇两人合著有《核物理》(1961～1963 年)、《基本粒子》(1971 年)，此外独著有《β 衰变》(1966 年)。由于她的多方面杰出成就，获得了许多奖励，例如 1958 年研究团体奖，1964 年美国国家科学院康斯托克奖，1975 年美国国家科学奖章、T. W. 邦纳奖，1991 年普平纪念奖章等。1990 年，国际小行星中心将中国紫金山天文台发现的国际编号为 2752 号小行星正式命名为吴健雄星。

(周精玉)

王承书(Wang Chengshu)　中国湖北省人。1912 年 6 月 26 日生于上海，1994 年 6 月 18 日卒于北京。等离子体物理学、同位素分离、核能工程。

原籍湖北武昌。父亲是清末进士、民国初年内务部高级官员。她于 1930～1936 年在燕京大学物理系学习，获学士、硕士学位。留校任教。1944 年获美国密歇根大学物理学博士学位。曾任密歇根大学、普林斯顿高等研究院研究员。1956 年回国，历任中国科学院近代物理研究所理论研究室研究员，中国科学院原子能研究所热核聚变研究室副主任、铀同位素分离研究室副主任，华北 605 所副所长，核工业部(今中国核工业总公司)科学技术局总工程师。曾兼任北京大学、清华大学等校教授，同位素分离学会理事长、名誉理事长等职。1980 年当选为中国科学院学部委员(院士)。他的丈夫、物理学家张文裕也是中国科学院学部委员(院士)。

中国知名的女物理学家。早年致力于稀薄气体动力学研究，和导师合作发表过多篇当时处于世界前沿的重要论文；第一个发现求解玻耳兹曼方程的本征值理论；1951 年提出适用于多原子分子气体的推广的玻耳兹曼方程，被国际学术界称为“王承书-乌伦贝克方程”(WCU 方程)。回国以后，在中国开创受控热核聚变反应和等离子体物理等领域的研究，为其发展打下了坚实基础；开拓并领导了铀同位素分离的研究，奠定了中国在该领域的理论基础，为中国第一颗原子弹的装料工作做出了重要贡献，并培育了一支理论研究队伍；作为总设计师成功主持研制了中国第一台大型浓缩铀扩散机，期间亲自参加物理参数的选择，克服了种种困难终于成功定型；此外，主持研究铀同位素的气体离心法、激光分离法两个七五国家重点科学技术项目，进行了卓有成效的工作。多次获国家和省部级奖励，其中包括 1978 年获多项全国科学大会奖、国防科学技术委员会特别奖等。

(巴素英)

范绪筠(Fan, Hsu-Yun)　华裔美国人，1912 年 7 月 15 日生于中国江苏省上海县(今属上海市)，2000 年 10 月 5 日卒于美国印第安纳州拉斐特。半导体物理学、固体物理学。

李鸿章曾外孙。1932 年毕业于哈尔滨工业学校，同年赴美国留学，1934 年获马萨诸塞理工学院理学硕士学位，1937 年获该校理学博士学位。同年回中国，在清华大学无线电研究所任副教授。抗日战争爆发后，随该校迁至昆明西南联合大学工作，1939 年任教授。1947 年休假时，回到美国马萨诸塞理工学院从事研究。同年受邀去普度大学当访问教授两年，后留校任教，1949 年任副教授，1951 年任教授，1963 年任物理学邓肯杰出教授兼物理系主任，1978 年退休。1957 年加入美国籍。曾任美国国家研究理事会固体科学小组成员，美国国家科学基金会、美国国家科学院多种委员会和评审小组成员。1959～1961 年任美国物理学会固体物理行政委员会成员。1969～1972 年任国际理论与应用物理学联合会半导体委员会通讯会员。1959 年入选中国台湾“中央研究院”院士。

20 世纪 30～40 年代在中国期间，在极其艰难条件下研究金属与半导体性质、金属的光电与热电辐射、以及整流理论。在 1942 年《物理学评论》上，他发表了“固体间电接触的理论”、“金属间以及金属和半导体间的接触”两篇重要论文，定量研究了金属和半导体的不同特性，特别是对半导体中传导电子密度会相当大地偏离正常值的现象作进一步理论阐释，对以后固体电子学发展，尤其是战后半导体的广泛应用有重要促进作用。

50～70 年代在美国，由于当时半导体物理成了固体物理学主要研究方向，他继续从事半导体基础科学和器件技术开发研究，取得不少有影响成果，其中有：半导体元素导电带和价电子带的本质研究，通过实验 n 型和 p 型锗中的自由载流子吸收，揭示锗的价电子带的复杂本质；固体能带理论，阐释能隙对半导体温度与电压的决定性关系，并用光的性质来证明半导体能带有着禁带存在；用实验确证锗和硅等半导体元素对红外透射有着吸收限；带有自由载流子和由光决定的有效质量的边缘等离子区研究；由中子、电子和氘核辐射产生的辐射损伤缺陷，以及由电子激发和振荡激发产生的红外吸收；红外吸收和光电导性关系，以及原料物质局部化电子能级、锗接收器及其塞曼效应研究；共价键的晶格振动和离子型半导体研究；元素周期表第Ⅲ～Ⅴ族元素的振荡性光电导性和激子吸收。70 年代末退休后，仍对光学实验及其分析深感兴趣，研究 p 型半导体的法拉第效应，以及磁性氧化物、硫化物的磁振子光散射等领域。发表论文百余篇。（李啸虎）

珀塞尔，E. M.（Purcell, Edward Mills） 美国人，1912 年 8 月 30 日生于美国伊利诺伊州泰勒斯维尔，1997 年 3 月 7 日卒于马萨诸塞州坎布里奇。原子物理学、射电天文学。

1933 年毕业于普度大学电子工程系。作为国际互派生去德国卡尔斯鲁厄技术大学学习一年，后回哈佛大学学习，1935 年获硕士学位，1938 年获物理学博士学位。1941 年参加马萨诸塞理工学院辐射实验室基础研制小组，并领导这一组织直到 1945 年。1946 年任哈佛大学物理副教授，1949～1958 年任教授。1951 年入选美国国家科学院院士。

第二次世界大战时，他在马萨诸塞理工学院与 F. 布洛赫共同研究核磁共振。战后他回到哈佛大学，与 R. V. 龙德等人发明了一种观测方法，观察到核磁共振吸收信号，并用来精确测定原子核磁矩。同时 F. 布洛赫也观察到质子的核感应信号，发现了核磁共振。由于提出精确测定核磁矩的新方法及有关发现，他们共同获得 1952 年诺贝尔物理奖。

他还发现晶体或液体物质的核磁共振频率会因邻近原子核的干扰而改变，这种“化学位移”为研究晶体与有机物质内部分子结构和化学相互作用提供非常有力的工具。

在射电天文学方面也作出了卓越贡献。1951 年与他人合作发现了星际空间中中性氢原子发出的波长 21 厘米的射电辐射。揭示了当时尚未观察到的星系内部和星系之间的氢云，为射电天文学的发展奠定了基础。著有《微波电路原理》（1948 年）、《电学与磁学》（1968 年）等。获 1960 年美国国家科学奖章。（王明馨）

马仕俊（Ma Shijun） 中国北京市人，1913 年生于中国北京，1962 年 1 月 27 日卒于澳大利亚悉尼。原子核物理学、量子电动力学。

1935 年毕业于北京大学物理系。后到英国剑桥大学留学，1941 年获博士学位。回国后，任教于昆明西南联合大学物理系。1945 年去美国，在普林斯顿高级研究院工作。1947 年起，先后在爱尔兰的都柏林高等研究院、美国芝加哥大学核物理研究所、加拿大国家研究院从事研究工作。1953 年起任教于澳大利亚悉尼大学理论物理系，直至去世。

20 世纪 40 年代初，在英国剑桥大学开始从事介子理论的研究，自此对介子理论中原子核的静电偶极矩、氘核的光磁蜕变及其磁矩、质子与中子的内受激态、以矩阵法预测介子的散射、在辐射阻尼影响下带电介子的散射及其相对论公式、散射问题积分方程的近似解等等课题，都有独到研究成果。40 年代中期到 50 年代初，他致力于介子场论和量子电动力学方面的研究。1946 年在美国普林斯顿高等研究院工作时，他发现了 W. 海森伯的 S 矩阵理论的著名的多余零点；1949 年，他在爱尔兰都柏林高等学术研究院工作，指出费米处理量子电动力学方法的一个困难，从而导致一年后 G. 布洛勒方法的产生；此外，他对量子电动力学中的真空极化、S 矩阵理论、辐射场量子理论的相对论不变性、幺正算符的幂级数展开等问题都作出了重要贡献。他对核力介子场论、相互作用表象和束缚态理论也作过有意义的探讨。发表论文近 40 篇。此外，他任教于昆明西南联合大学时，后来成为世界著名物理学家的杨振宁、李政道都曾是他的学生。（李啸虎）

杨澄中（Yang Chengzhong） 中国江苏省人，1913 年 4 月 17 日生于江苏常州，1987 年 12 月 28 日卒于甘肃兰州。原子核物理学、加速器工程。

出身知识分子家庭。1937 年毕业于中央大学物理系后留系任教。同年抗日战争爆发，他跟随中央大学内迁至重庆相继任助教、讲师。1945 年赴英国，次年进利物浦大学攻读研究生并任兼职教师，1950 年获利物浦大学博士学位。1951 年回到北京，在中国科学院近代物理研究所先后任副研究员、研究员。1957 年赴兰州筹建大西北的原子能研究基地，并任中国科学院兰州物理研究室主任。1962 年后历任中国科学院近代物理研究所副所长、所长、名誉所长。曾兼任中国科学院兰州分院副院长、复旦大学兼职教授、中国核物理学会理事长等职。1980 年当选为中国科学院学部委员（院士）。

他是世界上从事轻核削裂反应研究的先驱者之一。1949～1950 年，开展了铝、镁、磷同位素^{27}Al，^{24}Mg，^{31}P 等的(d,p)和(d,α)反应，以及 d(氘)对铝同位素^{27}Al 的非弹性散射的实验研究，获得了轻核削裂反应机制的证据。20 世纪 50 年代末至 60 年代前期，领导并参与了近代物理研究所的 400 千伏和 600 千伏高压倍加器的研制，还组织力量使引进的首台 1.5 米回旋加速器投入运行。1965 年，由于中国原子弹、氢弹设计的需要，近代物理研究所承担了低能氘-氚、氘-氘反应截面和阈能至 14 兆电子伏的中子对锂同位素^{6}Li 和^{7}Li 非弹性碰撞截面等的测量，他不仅组织和领导了这一任务的进行，还解决了实验中某些关键性的理论和技术问题，使这项国家任务在 20 世纪 60 年代末得以顺利完成。

为加速中国重离子物理研究的步伐，1970 年他领导把 1.5 米回旋加速器改装成能够加速碳、氮、氧的重离子加速器。其后，他组织和领导该所进行了大量重离子核反应的研究，用^{12}C，^{14}N 和^{16}O 三种重离子束轰击 30 多种靶核，开展了各种重离子碰撞机制的系统研究。1972 年他提出在兰州建造一台大型分离扇型重离子回旋加速器的建议，获准后又参与设计和筹建工作，该设备在他去世一年后建成。这一项目后来获1991年中国科学院科学技术进步奖特等奖、1992年国家科学技术进步奖一等奖。（宣焕灿）

葛庭燧（Ge Tingsui） 中国山东省人，1913年5月3日生于山东蓬莱，2000年4月29日卒。光谱学、金属物理学。

1930年考入清华大学物理系，后因病辍学2年，1935年复学，1937年毕业于清华大学物理学系。1938年考入燕京大学物理系研究院，1940年获物理硕士学位。同年到昆明的西南联大任教。1941年与何怡贞结婚后同赴美国，进入伯克利加利福尼亚大学物理系，获研究生奖金，并被授予"研究学位"荣誉称号，1943年获该校物理学博士学位。他于1943～1945年在美国马萨诸塞理工学院光谱实验室和辐射实验室从事研究工作。1945～1949年参加美国芝加哥大学金属研究所筹建工作，任研究员。1949年11月全家回国。1950年被聘为清华大学物理系教授、中国科学院金属物理所研究员。1952年10月去沈阳，参加筹建中国科学院金属物理所，任副所长、一级研究员。1980年应聘任法国里昂国家应用科学学院客座教授，被选为法中交流学院的通讯院士。1981年10月赴欧洲讲学两年后，又去合肥筹建中国科学院固体物理研究所，后来任该所所长、一级研究员。1955年选聘为中国科学院学部委员（院士）。1989年第九届国际固体内耗与超声衰减学术会议召开时任大会主席。

1945年以前主要从事光谱学研究。第二次世界大战期间，在美国进行不可见紫外光源的光谱学研究，参加美国的曼哈顿原子弹计划，进行铀及其化合物的光谱化学分析的研究，参加过关于微波雷达的发射和接收开关的研究。1945年后主要进行金属的内耗和力学性质的研究，是中国金属内耗这个研究领域的创始人之一。在芝加哥体育馆看台下简陋的实验室里创制了研究内耗（机械振动吸收能谱）用的扭摆，即世界闻名的"葛氏扭摆"，用它发现了晶粒间界内耗峰，被命名为"葛氏峰"。他的一系列实验研究成果奠定了滞弹性内耗的基础。30多年来他把金属内耗这项研究作了重大推进，并应用于解决实际生产问题。1956年和1982年先后两次获国家自然科学奖。他首先观察到表现反常振幅效应的内耗峰，随后提出了位错气团弯结模型，对经典的滞弹性内耗理论作了重大发展。此外，在金属的疲劳、蠕变、范性形变以及无损探伤等方面也作过许多研究。发表论文120多篇；著有《声发射》、《全息照相与无损检验》和《磁粉探伤基础》等书。（沙振舜）

小兰姆，W. E.（Lamb，Willis Eugene，Jr.） 一译拉姆。美国人，1913年7月12日生于美加利福尼亚州洛杉矶，2008年卒于美国。原子物理学、激光物理、微波电子技术。

1934年获伯克利加利福尼亚大学理学士学位，1938年获物理学博士学位。1938年任哥伦比亚大学物理学讲师，1948年任教授。1951年任斯坦福大学物理学教授。1972年任耶鲁大学教授。1974年任亚利桑那大学的物理和光学教授。1954年入选美国国家科学院（院士）。

第二次世界大战期间从事微波雷达技术研究，在哥伦比亚大学辐射实验室中对氢原子中$n=2$的能级的精细结构进行了十分精确的实验。利用分子束射频共振的方法来精确确定氢原子中电子从一个能级跃迁到相邻近的另一个能级时所需要的能量。根据P. A. 狄拉克1928年的理论预言，氢原子的$2^2S_{1/2}$能级和$2^2P_{1/2}$能级具有相同的能量。他在1947年的实验结果表明，这两个能级在能量上存在差别，$2^2S_{1/2}$能级略高于$2^2P_{1/2}$，其能级的共振频率相差为1077.77±0.01兆赫/秒。这一微小差值的测得使量子理论更加精确。后来他利用这种微波技术研究了氢的其他能级和氦的精细结构。对于粒子的相互作用和辐射方面的许多新发现作出了贡献。由于在原子测量中的工作以及这种测量导致对电子和电磁辐射相互作用理论的新认识，和P. 库什共获1955年诺贝尔物理学奖。

还在微波光谱学、量子电子学、激光器和加速器技术方面做出许多贡献。与别人合著《激光物理》（1974年）。（陆伟良 沙振舜）

保罗，W.（Paul，Wolfang） 德国人，1913年8月10日生于德国萨克森州洛伦茨基希，1993年12月7日卒于波恩。粒子物理学、物理计量学。

慕尼黑大学药物化学教授的儿子。1932年进入慕尼黑理工大学学习，两年后转到柏林工业大学学习。1937年进基尔大学攻读博士学位。此后在德国格丁根大学任教。1952～1981年任波恩大学实验物理学教授。1964～1967年兼任设在日内瓦的欧洲原子核研究中心物理部主任。

20世纪50年代初，他发明了囚禁带电粒子的"保罗陷阱"，该陷阱由两边各3个电极、1个环形线圈和2个端帽组成，端帽之间发生的射频电流，维持了一个振荡的非均匀电场，从而把带电粒子囚禁在电极之间的空间中。他的这一发明，被用于铯原子钟等极高精度的计时设备中，因为它能维持铯原子钟中的铯原子基态超精细结构子能级之间跃迁频率的极高稳定性。"保罗陷阱"的发明也使粒子的储存与检测方法大为改善，以致于单个原子和电子能被分离出来并保持数月之久。它导致了空前精确的原子测量，也为粒子物理学中许多惊人成就的问世奠定了基础。由于这项贡献，他与N. F. 拉姆齐、H. 德默尔特分享了1989年诺贝尔物理学奖。（宣焕灿）

钱三强（Qian Sanqiang） 中国浙江省人，1913年10月16日生于浙江省吴兴县，1992年6月28日卒于北京。*原子核物理学、粒子物理学。*

父亲钱玄同是五四运动期间著名学者、北京大学国文系教授。他于1936年清华大学物理系毕业后，到北京研究院物理研究所任助理研究员。1937年赴法国留学，先后在I.约里奥-居里领导下的巴黎大学镭学研究所居里实验室、F.约里奥-居里领导下法兰西学院原子核化学实验室从事原子核物理研究。1940年获法国国家博士学位。1941～1942年在法国里昂大学物理研究所从事研究工作，同时指导大学生作毕业论文。1943年再次赴巴黎，先后任法国国家科学研究中心的研究员和研究导师。1946年与何泽慧结婚。1948年回国，任清华大学物理系教授、北平研究院原子能研究所所长。1949年后历任中国科学院近代物理研究所副所长、物理研究所所长、原子能研究所所长、中国科学院副院长等职。1955年选聘为中国科学院学部委员（院士）。夫人何泽慧于1980年当选为中国科学院学部委员（院士）。

是中国卓越的原子能科学家，在核物理研究方面获得许多重要成果。1938～1939年他与I.约里奥—居里合作，实验证明了铀和钍裂变后得到同样的裂变物，即镧的同位素，它们的β射线谱是一样的。这个结果对当时刚发现的裂变现象及其解释，用物理方法给了有力支持。1944年他根据贝蒂的带电粒子穿过物质时慢化的理论，首次计算出弱能量电子的（真）射程和能量的关系，获得了两者之间的关系曲线。1946年他与别人合作，用正比放大器首次测出了钋的α射线的精细结构，与电子内转变得到的γ谱线符合很好。1946～1947年他与何泽慧等合作，首次发现铀的三分裂和四分裂现象（约300个裂变中有一个三分裂，上万个裂变中有一个四分裂）。I.约里奥-居里认为，这是自第二次世界大战后3年中她的实验室里第一个重要的工作。1947～1948年他对三分裂现象提出了合理的解释，该解释经过十几年的考验得到国际公认。到20世纪50年代，用新的实验手段从第三裂片的同位素质量谱、射程、发射角度等都说明他的解释与新的实验证据以及电子计算机计算结果相符合。

还在铋分子光带和分解能、α粒子与质子的碰撞、放射性钍的γ射线、放射性锕软γ射线的强度、用照相乳胶记录带电粒子、镭D的荧光L线谱、镎的α射线的射程、钍的裂变能等方面进行过研究。1966年参与组织和领导北京基本粒子组的工作，提出了强子结构的层子模型，该模型认为所有强子都是由为数不多的几种层子构成。

1946年获法国科学院德巴微奖金。因对中国核技术研究和人才队伍建设的杰出贡献，1999年被追授国家级“两弹一星”功勋奖章。 （沙振舜）

坎特罗威茨，A.R.（Kantrowitz，Arthur Robert） 美国人，1913年10月20日生于美国纽约，2008年卒于美国。*流体力学。*

1947年获哥伦比亚大学博士学位。曾在美国国家航空委员会工作。担任过康奈尔大学、马萨诸塞理工学院教授。为美国建立科学法院作出了贡献。1976年由美国总统任命为科技顾问之一。1957年当选为美国文理科学院院士。1966年入选美国国家科学院院士。

对流体力学和实验物理的结合作了许多研究。早期研究的超声扩散器和超声压缩器普遍使用于喷气发动机。以后研究过高温氩的冲击波及其电、光现象，为重返大气层技术提供了基础。还研究了电磁场和运动气体的相互作用、磁流体发电等。提出运用快速运动的激光介质可极大提高激光器的功率，从而可能把负载发射到运行轨道上。对流体力学和医学的结合也有研究。曾参加研制内主动脉血泵。还研究了一种技术，直接在显微镜下观察人造表皮内流动的新鲜血液的初始作用。苏联第一颗人造卫星上天后，在华盛顿参加了包括科学、技术、政治、经济等方面智囊人物的讨论会，就美国如何更有效地前进发表意见。 （蒋澄华）

米歇尔，J.W.（Mitchell，John Wesley） 美国人，1913年12月3日生于新西兰克赖斯特彻奇，2001年10月16日卒。*固体物理学、晶体学、摄影术。*

在新西兰坎特伯雷大学获理学硕士学位。1935年到英国，1938年获牛津大学哲学博士学位。1959年到美国任弗吉尼亚大学教授，1979年退休后当名誉教授，仍从事研究工作。1960年获理学博士学位。1959年当选为英国皇家学会会员。

大学时代就研究锌电极电势及溴化锌溶液的电导率。第二次世界大战期间研究高速照相技术时，与英国物理学家N.F.莫特有联系。以后应邀参加莫特的固体物理研究组，研究了晶体生长的机制和晶体缺陷在机械形变中的作用。长期研究卤化银单晶的光化特性和物理特性，得出了产生完整卤化银单晶的方法，发现卤化银晶片中的位错分布可通过曝光观察。在研究照相潜像理论中，发现悬浮在照相乳胶中最敏感的晶粒仅吸收可见光3个基本色，因而节省了显影材料中银的消耗。又提出光化产生的最小斑点是4个银原子组成的带正电的离子团。这些理论促进了世界照相科学的发展。在美国弗吉尼亚大学领导了一个金属物理研究组，研究金属晶体的力学性质，得出了生长高度完整铜合金单晶的方法。曾获英国物理学会波伊斯奖。 （蒋澄华）

何泽慧（He Zehui） 中国山西省人，1914年3月5日生于江苏省苏州市，2011年6月20日卒于北京。*原子核物理学、高能粒子物理学。*

原籍山西省灵石县。1932年毕业于苏州振华女中。1936年毕业于清华大学物理系。1939年毕业于德国高等工业大学，以“一种新的精确测量子弹飞行速度的方法”的论文，获工程博士学位。1940年在德国柏林大学西门子弱电流实验室工作。1942年以后在德国海德堡大学皇家学院（现称马普学院）核物理研究所任研究员。1946年在法兰西学院原子核研究所任研究员。同年与钱三强结婚，1948年5月两人携襁褓中的女儿一起回国。她在北平研究院原子能研究所任研究员。1949年后，先后任中国科学院近代物理研究所、原子能研究所和高能研究所研究员。1964年起任原子能所副所长，1973～1984年任高能物理研究所副所长。1980年当选为中国科学院学部委员（院士）。

1945年在测量研究一种新放射性原子核的正电子能谱时，从云室中首次发现了正电子和负电子几乎全部交换能量的弹性碰撞现象，通过测量得出其规律。1946年英国《自然》杂志称之为“科学珍品”。1946～1947年与钱三强一起用核乳胶发现了裂变的三分裂现象，她还首先观察到四分裂现象，I.约里奥—居里认为这是第二次世界大战后，她的实验室里第一个重要成就。1949年后研制核乳胶。1955年利用简陋的设备，与人合作制成对质子灵敏的核乳胶，获国家自然科学奖三等奖，1957年又制成对电子灵敏的核乳胶。

在原子能研究所期间，统一指导实验物理方面工作，开展中子物理和裂变物理的实验，倡导发展固体径迹探测技术，使之在国内得到广泛应用。在高能物理研究所主管宇宙线的研究工作，倡导在西藏建立了海拔5 500米的世界上最高的高山乳胶室，对推动空间科学的研究作出了贡献。（沙振舜）

卢鹤绂（Lu Hefu） 字合夫。中国山东省人，1914年6月7日生于辽宁沈阳市，1997年2月13日卒于上海。原子物理学、原子核物理学、核能工程。

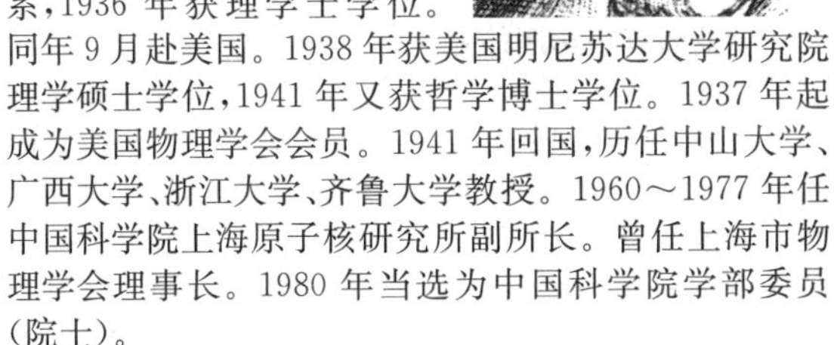

原籍山东省掖县。1932年入燕京大学理学院物理系，1936年获理学士学位。同年9月赴美国。1938年获美国明尼苏达大学研究院理学硕士学位，1941年又获哲学博士学位。1937年起成为美国物理学会会员。1941年回国，历任中山大学、广西大学、浙江大学、齐鲁大学教授。1960～1977年任中国科学院上海原子核研究所副所长。曾任上海市物理学会理事长。1980年当选为中国科学院学部委员（院士）。

在物理学上做出了多方面的创造性贡献。早年从事核物理学的研究。1937年在美国明尼苏达大学自制180°聚焦型质谱仪，进行热盐离子源的发射性能的实验研究，1938年发现了热离子发射的同位素效应，否定了前人用热离子发射在质谱仪中测量轻同位素丰度比的结果，发明了时间积分法，准确测定了锂同位素^{7}Li和^{6}Li丰度比，得到国际上承认，在国际会议上被选为同位素表上的公认准确值。1939年提出扇状磁场对入射带电粒子聚焦作用的普适原理，并设计制造了新型60°聚焦高强度质谱仪，用来分离和制备硼同位素^{10}B和^{11}B。

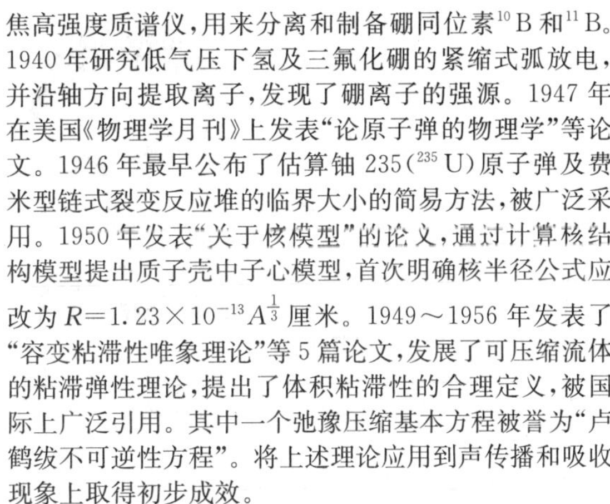

1940年研究低气压下氢及三氟化硼的紧缩式弧放电，并沿轴方向提取离子，发现了硼离子的强源。1947年在美国《物理学月刊》上发表“论原子弹的物理学”等论文。1946年最早公布了估算铀235（^{235}U）原子弹及费米型链式裂变反应堆的临界大小的简易方法，被广泛采用。1950年发表“关于核模型”的论文，通过计算核结构模型提出质子壳中子心模型，首次明确核半径公式应改为$R=1.23\times10^{-13}A^{\frac{1}{3}}$厘米。1949～1956年发表了“容变粘滞性唯象理论”等5篇论文，发展了可压缩流体的粘滞弹性理论，提出了体积粘滞性的合理定义，被国际上广泛引用。其中一个弛豫压缩基本方程被誉为“卢鹤绂不可逆性方程”。将上述理论应用到声传播和吸收现象上取得初步成效。

1949～1950年研制成用电子收集型核裂变平行板电离室和线性脉冲放大器，发明源厚度外推法，测量铀核自发裂变半衰期和铀裂块在氧化铀层中的射程。1959年用热力学原理及微观运动方程研究了片状柱型等离子体的稳定性，否定了用稳态磁场束缚控制热核反应的可能性。晚年从事微观世界基本理论发展的研究，并用夸克理论研究核子及其他强子的内部结构及运动状态。

还是优秀的教育家，为中国培养出大批优秀的核物理学家。著有《重原子核内之潜能及其利用》（1944年）；主编《受控热核反应》（1961年）、《哥本哈根学派量子论言论摘编》、《高能粒子物理漫谈》（1979年）等。

（沙振舜）

赫林，W. C.（Herring，William Conyers） 美国人，1914年11月15日生于美国纽约州，2009年7月23日卒于美国。固体物理学。

父亲是医生。14岁进堪萨斯大学，1933年获天文学学士学位。1937年获普林斯顿大学数学物理学博士学位。1937～1939年执教于马萨诸塞理工学院。1939～1945年，先后在普林斯顿大学、密苏里大学、哥伦比亚大学执教。第二次世界大战期间，从事有关水下爆炸的物理问题和水下战争的研究。1946～1978年在贝尔电话实验室工作。1978年在斯坦福大学任应用物理教授。1968年入选美国国家科学院院士。

主要贡献是在理论固体物理方面。早期工作是研究电子波的能量-动量关系的拓朴和对称性质，发展了一种比较简单和实用的正交平面波方法。该方法为许多研究人员用于很多物质的研究。1950年弄清了固体中和液体中表面张力作用方式的不同，并指出如何用公式精确表示。还阐明了许多半导体在温度降低时出现的温差电动势上升现象。研究过金属中传导电子磁性。著有《巡回电子间的交换相互作用》（1966年）。1959年获美国物理学会巴克利奖。（王明馨）

霍夫斯塔特，R.（Hofstadter，Robert） 美国人，1915年2月5日生于美国纽约，1990年11月17日卒于加利福尼亚州斯坦福。粒子物理学、电子技术。

1935 年以优异成绩在纽约市立大学获理学士学位。1938 年在普林斯顿大学获硕士与哲学博士学位。第二次世界大战期间，在国家标准局和诺顿实验有限公司工作。1950 年去斯坦福大学，1954 年为该校教授。1963 年任《核与核结构》杂志主编。1958 年入选美国国家科学院院士。

发现中子和质子是相当复杂的粒子，并不像过去所认为的是一个"点"或"基本粒子"。对这两种粒子进行了一系列的研究，对它们的大小、电荷分布及磁矩进行了测量，并把它们统称为核子，而且更精确地计算了它们的 4 个电磁形状因数。每一个粒子有一个电的形状因数，一个磁的形状因数，所以它们总共有 4 个电磁形状因数。形状因数是一个专门描写粒子与其他粒子及场的相互作用的物理量。核子形状因数的发现，促使著名理论家南部阳一郎(Y. Nambu)假设新型重介子的存在，以后发现了 ρ 介子、ω 介子、φ 介子。在核子之间的力和相互作用中，这些介子起重要作用。与此有关的成就是测量出许多核的大小和形状，从而发现原子的基本核结构系统。还研究了核的稳定性，核表面层密度分布的均匀性，在核的中心其密度近似为常量。以后又发现核半径的平均值所遵守的一个规律，即核半径正比于核的质量数的三次方根，利用这些结果，计算了诸如氘、氚、氦 3(比正常的氦少一个中子的氦的同位素)、α 粒子、碳、氧、钙等的基本核子的大小和形状。由于其在质子、中子及原子核等方面的成就，1961 年与 R. L. 穆斯堡尔共获诺贝尔物理学奖。

1948 年发明了铊激活碘化钠闪烁探测器，广泛应用于核物理实验和核医学上。写了 300 多篇科学论文。1960 年又与赫尔曼(R. Herman)合编《高能电子散射表》。1964 年与希夫(L. I. Schiff)合写《原子结构》一书。

(王明馨)

马大猷 (Ma Dayou) 中国广东省人，1915 年 3 月 1 日生于中国北京，2012 年 7 月 17 日卒于北京。*声学、声学工程。*

原籍广东省潮阳县。1936 年毕业于北京大学物理系。同年考取清华大学留美公费生。1937 年下半年赴美国，先后在洛杉矶加利福尼亚大学和哈佛大学作研究生，在韩特(F. V. Hunt)教授指导下研究建筑声学。1939 年获哈佛大学硕士学位。1940 年获博士学位。同年回国，相继在清华大学、西南联合大学、北京大学任副教授、教授，后兼任北京大学电机系主任、工学院院长等职。曾任《声学学报》、《中国声学》(英文版)杂志主编。1952 年任哈尔滨工业大学教授兼教务长。1955 年调到中国科学院，曾先后在电子学研究所、物理研究所、声学研究所任副所长、研究员，以及中国科学技术大学研究生院副院长等职。1955 年选聘为中国科学院学部委员(院士)。曾任中国科学院数学物理学部副主任。曾兼任中国电子学会、中国标准化协会、中国环境科学学会、中国计量测试学会副理事长，中国声学学会名誉理事长。

在美国留学期间，发表了"矩形室中声衰变的分析"等论文，成为房间声学中简正振动方式(简正波)理论的奠基者之一。把该理论发展到实用阶段，解决了实用中一些重要问题。该理论已广泛用于建筑声学、水声学及微波技术等方面。

1959 年设计并领导建造了中国第一个声学实验室(包括消声室、混响室和隔声室)，其中，以三面全反射和三面全吸收原则构成的卦限消声室是有独创性的设计。20 世纪 50 年代末，组织并领导了语言声学研究，提出了语音的统计分布服从瑞利分布的新看法。首先在中国提出语音识别问题，以此为中心组织了基础研究工作和实用发展工作，取得较大成绩。领导了北京人民大会堂的音质设计，取得了较好的效果。

在气流声学工作中，他的理论工作富有特色，其结果用到消声、吸声、发声等方面，收到显著成效。20 世纪 70 年代，他和研究组对喷注噪声理论及其控制进行了系统研究，提出了小孔消声器及多孔扩散消声的理论与设计，为环境科学技术的发展作出贡献。他首创微穿孔板吸声结构，找到了在高温、潮湿、有风环境中有效地吸收声音，降低噪声的新途径。对中国声学史和电磁学发展史也颇有研究。

发表过约 100 篇论文；著有《声学手册》(1982 年)、《声学名词术语》(1984 年)等书。

(柯 豪)

哈格斯特龙，H. D. (Hagstrum, Homer Dupre) 美国人，1915 年 3 月 11 日生于美国明尼苏达州圣保罗，1994 年 9 月 7 日卒。*表面物理学、微波电子工程。*

在明尼苏达大学受教育，1940 年获哲学博士学位。毕业后在贝尔实验室工作，1954～1976 年任贝尔实验室的表面物理研究部主任。1976 年入选美国国家科学院院士。

早期研究雷达用的磁控管。第二次世界大战后，致力于表面物理的研究。主要兴趣是研究当具有势能的原子或分子缓慢地接近固体表面时所发生的电子过程。这种势能是通过电离或激发而储藏于原子或分子中的。一个缓慢运动而具有较大中和能的离子，(例如 He^{+})，在金属表面上会发生一个电子的共振隧道过程，或者发生二电子俄歇发射。20 世纪 50 年代末到 60 年代初，研究离子与固体相互作用中固体表面所起的作用。这一工作促使他研究化学吸收，即单晶表面有规则阵列对外来原子的吸收。1961 起借助于表面俄歇中和，研究并发展基于离子中和的富有生命力的双电子波谱学。

(唐玄之)

温伯格，A. M. (Weinberg, Alvin Martin) 美国人。1915 年 4 月 20 日生于美国芝加哥，2006 年 10 月 18 日卒。*原子核物理学、核反应堆工程、科学技术管理。*

1939年获芝加哥大学哲学博士学位。1945年加入橡树岭国家实验室，1955年任主任，1974年退休。此后，担任美国联邦能源机构的能源研究和发展局局长。1961年入选美国国家科学院院士。1977年成为荷兰皇家文理科学院外籍院士。

起初从事数学、生物物理的研究，1942年起研究核能。曾是E.P.维格纳领导下的理论物理学家之一，在第一个核链式反应堆的设计中，和小组其他成员一起运用熟练的数学理论所作的计算，至今仍然是一种标准方法。第一个加压水反应堆就是根据他的建议制造的，目前这种反应堆还是海军核推进器的基本组成部分。还是液体燃料反应堆的倡导者。在橡树岭国家实验室工作时，曾建造了4个液体燃料反应堆：2个用铀—硫酸盐的水溶液，2个用铀—氟化物的溶液。由于在核裂变反应堆的发展及理论方面的贡献，1960年获得和平利用原子能奖和劳伦斯纪念奖。1975年获德国首届赫兹纪念奖。

作为美国国家实验室的负责人，提出了一些科学发展的战略性和政策性问题。提出的受奖科学领域的选择标准，已广泛应用在科学竞争中。有关论点发表在1967年出版的《关于大科学的见解》一书中。（张玥明）

巴斯恰尔，H.H.（Barschall，Henry Herman） 美国人，1915年4月29日生于德国柏林，卒于1997年2月4日。*原子核物理学。*

德国裔。1937年去美国，在普林斯顿大学攻读研究生，1940年获物理学博士学位。后在该校任教一年，在冈萨斯大学任教两年。1943年加入美国籍。后去洛斯阿拉莫斯国家实验室工作。1946年到威斯康星大学任职，1973年任物理系教授兼系主任。1972年任权威科学杂志《物理学评论》主编。是美国国家科学院院士。

研究核反应中初始快中子的性质，由此首先提出在中子和原子核相互作用中自旋—轨道力的重要性，从而发展了原子核的光学模型，并首次提出“核反应中预平衡过程”的思想。在裂变研究中，参与首次测量裂变中释放的总能量；首次研究用快中子轰击钍和铀引起裂变的可能性；研究快中子与氦的相互作用，为壳层模型提供实验基础；首次测定核武器产生的冲击波的强度；研究快中子共振，与现有核结构理论和核反应中的复核理论进行对照；研究快中子辐照治疗，开发合适的中子源；研究快中子剂量学和它的生物效应等。（夏元复）

张宗燧（Zhang Zongsui） 中国浙江省人，1915年6月1日生于浙江杭县（今杭州），1969年6月30日卒于北京。*统计物理学、量子场论。*

1934年毕业于清华大学物理系。1936年8月赴英国，在剑桥大学物理系随R.H.福勒教授学习统计物理，获博士学位。1938年去丹麦，在哥本哈根大学理论物理研究所随所长、量子物理的创始人N.玻尔研究量子场论。1939年春去瑞士，在著名物理学家W.泡利身边做研究工作。学成回国，1940年春在重庆中央大学物理系任教授。1945年冬以英国文化协会高级研究员身份再度去英国剑桥大学工作。1947年秋，和英国的物理学家P.A.狄拉克一起到美国普林斯顿高等研究院做研究工作。1948年春到美国费城卡内基理工学院任教。1948年秋任北京大学一级教授。1952年任北京师范大学物理系教授，理论物理教研室主任。1956年任中国科学院数学研究所一级研究员、理论物理研究室主任，并在中国科学技术大学任教。1957年当选为中国科学院学部委员（院士）。

1936～1938年从事统计物理理论方面的研究，在合作现象特别是固、溶体的统计理论等方面做出了有价值的贡献，受到国际上的重视。是中国最早从事量子场论研究的物理学家之一，从1938年起开始这方面的研究工作。在量子场论的形式体系的建立，特别是含有高阶微商相互作用和高自旋粒子的量子场论方面的研究，有许多工作达到国际先进水平。1948年出现了为避免量子场论中的发散困难的重正化理论。他积极参加这方面的研究工作，在“论维恩场论”、“包含有高次微商的量子场论”等论文中，在理论的数学形式方面做了很好的工作。在洛伦兹群的表示方面也进行了研究，发表了“相对论量子力学中一些算子的计算”等论文。

发表学术论文50余篇。他的研究工作在国内外都受到了重视，在科学专著或论文中多次被引用。出版《电动力学与狭义相对论》、《色散关系引论》（2卷）等专著。是一位热心的教育家，一生培养了很多科研工作者、大学教师和中学教师。（喀兴林）

布利尼，B.（Bleaney，Brebis） 英国人，1915年6月6日生于英国伦敦，卒于2006年11月4日。*电磁学、电介质物理学、微波电子技术。*

1937年毕业于牛津大学，1939年获该校物理学博士学位。留校任教，1957年任实验物理学教授，兼任克拉伦登实验室主任，1977年退休。同年任英国皇家学会研究员。1950年当选为英国皇家学会会员。1974年被选为法国科学院外籍院士。1978年被选为美国文理科学院外籍院士。

1940年从事厘米波的研究，研制出波长为3厘米的小型速调管后又开发出1.25厘米波长的反射速调管。1941～1942年用大约200支反射速调管组装了一座实验雷达系统。铁磁共振现象发现后，用厘米波谱仪测定了数量级为0.1cm^{-1}的顺磁盐类的能级分裂。从此电子自旋共振技术获得了迅速发展。1945～1946年与彭罗斯（R.P.Penrose）合作研制出可在14K的低温下工作的凹面谱仪。1945年以后致力于研究超精细结构。1946～1947年与彭罗斯合作设计单空腔谱仪，促进了电子自旋共振法发展。1951年首次成功进行特殊核取向实验，后被广泛采用。1953年用离子对的共振谱测定了半稀释盐类的自旋—自旋相互作用。这一方法成为以后研究交换作用的有效手段。与妻子贝蒂（B.Betty）合著《电学和磁学》，还与A.亚伯拉罕（A.

Abragam)合著《电子顺磁共振》。1952年获英国物理学会奖。1962年获英国皇家学会的休斯奖。（蔡祺德）

阿普克，L.（Apker，Leroy） 美国人，1915年6月11日生于美国纽约州，卒于2012年10月17日。*固体物理学、晶体学*。

1941年从罗切斯特大学获得物理学哲学博士学位。

同年在纽约州斯克内克塔迪的通用电气研究实验室任职。同塔夫脱（E. A. Taft）对离子型晶体进行光电发射的研究，在碘化钾晶体中发现叫做激子诱发光电发射的新现象。离子型晶体的某些负离子可能从点阵位置脱出而填上一个电子，形成色心。当用紫外线照射时，由于晶体中激子的形成而产生一个尖锐的吸收峰，这些激子以相当高的效率把能量传递给色心的电子，被激发的电子从晶体射出，这就是激子诱发的光电发射。后来知道，这是一个相当普遍的现象。因此1955年美国物理学会授予他巴克利奖。（唐玄之）

吉奥索，A.（Ghiorso，Albert） 美国人，1915年7月15日生于美国加利福尼亚州瓦列霍，2010年12月26日卒于美国。*核物理学、分析化学、加速器工程*。

1937年在伯克利加利福尼亚大学获电气工程学士学位。在那里参加回旋加速器专家公司，为辐射实验室制造了第一个商用盖革计数器系统。第二次世界大战期间，参加芝加哥大学冶金实验室，并参与了曼哈顿计划及原子弹的研究工作。1946年后一直在劳伦斯-伯克利实验室工作。1966年明尼苏达的阿道弗斯学院授予荣誉博士学位。

截至1978年参与发现12种新的化学元素。1943年起在G. J. 西博格领导下进行超铀元素的探索。1944年发现并命名了元素锔(96)和镅(95)。1946年他们在加利福尼亚大学用α粒子轰击大量镅和锔，再进行快速化学分离，得到元素锫(97)和锎(98)。他制造了48道脉冲高度分析器，能快速准确地确定这些短寿命元素。1952年和1953年和汤普森成功地发现了新的元素锿(99)和镄(100)。1955年用氦离子轰击^{253}Es发现了元素钔(101)。在重离子加速器投入运行后，和合作者用α粒子辐射仔细地表征了第102、103、104、105和106号元素。1964年和合作者研制成功相当先进的加速器——欧米特郎加速器，1971年研制成超重离子加速器，之后又研制出高能质子同步稳相加速器。还参与发现同位素图中重元素一边的大多数核素。还同合作者利用超重离子加速器确定是否存在质子数为114、中子数为184超重元素区域的假想的"稳定岛"。1973年获得美国化学学会核应用奖。（欧阳容百 王广厚）

汤斯，C.H.（Townes，Charles Hard） 美国人，1915年7月28日生于美国南卡罗来纳州格林维尔。*微波波谱学、激光物理学、射电天文学、微波电子技术*。

1935年毕业于美国富尔曼大学。1939年获加利福尼亚理工学院物理学博士学位。1937年在该校担任助教。1939～1947年在美国贝尔电话实验室，从事雷达制导投弹系统的设计。1950年任哥伦比亚大学辐射实验室主任。1952～1955年任哥伦比亚大学物理系主任。1959～1961年在华盛顿防务分析研究所主持工作，并担任政府顾问、总统顾问委员会副主席、阿波罗登月计划顾问委员会主席。1961年任马萨诸塞理工学院物理学教授和教务长。1967年任加利福尼亚大学教授。同年当选为美国物理学会会长。是美国国家科学院、美国文理科学院院士，英国皇家学会外籍会员。

多年来从事光学、微波光谱学、分子与核结构、射电天文学和量子电子学等方面的研究工作。曾与其他人试用不同的技术，设法制造能产生更短波长的振荡器。1951年一天清晨，他在公园里独自散步时意识到利用分子起放大作用，制造波长极短的相干振荡器。于是拟定了一种分子束系统，能从低能量的分子中分离出高能量分子，并使它们通过谐振腔，形成反馈及连续振荡。1954年终于和同事利用这个原理制成第一个分子振荡器，并以"脉塞"这个名称表示这种受激辐射微波放大器（微波激射器）。后又在巴黎大学提出了粒子数反转的阈值条件，并证明含微量杂质的某些顺磁晶体中可以起微波激射器的作用。1958年，他们发表了制造在红外、可见光和紫外波长的微波激射器的条件，为激光器的问世完成了基础性理论工作。由于他的先驱工作导致了激光器的诞生。1960年第一台激光器——红宝石激光器由T. H. 梅曼研制成功。由于对发展微波激射器和激光器所作的杰出贡献，他和H. Г. 巴索夫、A. M. 普罗霍罗夫三人共获1964年诺贝尔物理学奖。

在射电天文学方面，1953年他与合作者在实验中率先精确测定了羟基分子(OH)的射电跃迁频率，从而为证认星际羟基分子的射电谱线，发现星际羟基分子创造了条件，进而推动了20世纪60年代末人们对星际有机分子的重大发现。1969年发现波长1.35厘米的宇宙空间水分子的辐射。

还应用微波激射器以空前的精度检验了相对论的各个结论，并证明可用这种装置产生能击破玻璃或石英的极强超高频声波。和A. 肖洛合著《微波光谱学》（1955年），主编出版《量子电子学》（1960年）、《量子电子学和相干光》（1965年，与人合著）。

（张玥明 沙振舜）

拉姆齐，N. F.（Ramsey，Norman Foster） 美国人，1915年8月27日生于美国华盛顿。*分子物理学、核物理学、技术发明*。

将军的儿子。1935年在哥伦比亚大学获学士学位，1939年获硕士学位，1940年获博士学位。后在剑桥大学学习，分别于1937年、1940年和1954年获学士、硕士和理学博士学位。第二次世界大战期间，曾在马萨诸塞理工学院辐射实验室、洛斯阿拉莫斯国家实验室参加雷达和原子弹研制开发工作。1945～1949年任哥伦比亚大学副教授。曾任布鲁克黑文国家实验室第一任物理部主任。1947年为哈佛大学副教授，1950年任教授。1954～1955年为牛津大学教授。1966～1979年任美国大学研究协会主席。1978～1979年任美国物理学会会长。1973年在牛津大学获理学博士学位。还在其他一些学校获荣誉博士学位。1948年入选美国文理科学院院士。1952年入选美国国家科学院院士。1960～1972年为美国原子能委员会总顾问委员会成员。

科学贡献主要是对分子、原子、原子核和粒子性质的研究。曾在I.I.拉比指导下首次精确测量分子的旋转磁矩，得出它们与原子量有关；发现重氢核并非球状，这表明质子和中子间存在张量力。他最先建成3厘米磁控管及其雷达系统；开创了分子束共振法的研究和核子中电荷分布和磁性分布的研究；发明了带有两个分离振荡场的分子束共振法；发展了核磁共振中的化学能移理论；精确测定了中子反常磁矩；发展了原子氢脉塞（氢量子放大器）。由于发明分离振荡场法（1949年）并用于氢脉塞（1960年），使精确的原子时得以实现，与W.保罗和H.德默尔特共同获1989年诺贝尔物理学奖。

主要著作有《实验核物理学》（1953年）、《核矩》（1953年）、《分子束》（1956年）、《分子中的核相互作用》（1963年）等。1960年获美国原子能委员会颁发的劳伦斯奖。1974年获美国物理学会戴维森-杰默奖。

（夏元复）

沙尔，C. G.（Shull，Clifford Glenwood） 美国人，1915年9月23日生于美国宾夕法尼亚州匹兹堡，2001年3月31日卒于美国马萨诸塞州。*原子核物理学、中子物理学。*

1937年获卡内基理工学院理学士学位。1937～1941年在纽约大学任教。1941年获纽约大学博士学位。1941～1946年在得克萨斯学院任职。1946～1955年在美国橡树岭国家实验室任研究员、首席研究员。1955～1986年任马萨诸塞理工学院物理学教授，1986年退休后任该校荣誉教授。1956年被选为美国文理科学院院士，1975年成为美国国家科学院院士。

是热中子散射研究的先驱，在该领域的中子衍射和热中子非弹性散射两个主要方面都有贡献。热中子是指其动能达到室温下一般物质分子、原子平均能量（约几十毫电子伏）的中子。将热中子束射到样品上，由于热中子的波长恰好处于物质的分子到分子团的尺度（0.2～200纳米）上，它所产生的中子衍射正好适合于研究样品物质的原子结构。与X光衍射不同的是，中子衍射还可以测定物质的磁结构（磁性原子的排列和取向）。20世纪50年代，利用这一特性，他用实验证明了设想多年的“反铁磁结构”。他还进行了热中子的非弹性散射的研究，特别是测定了各种核素的热中子相干散射振幅。除他以外，加拿大物理学家B.N.布罗克豪斯也对热中子散射领域作了开创性的工作。该领域的研究经过几十年的发展，目前已涉及凝聚态物理、磁学、金属冶金、化学化工、生物医学乃至水文地质等方面的多种课题，还用于解决从判定航空发动机涡轮叶片老化过程到高分子化纤结构乃至病毒、核糖体研究等种种尖端课题，成为现代科学技术中不可或缺的研究手段。由于他和布罗克豪斯对热中子散射这一领域中所作出的开创性工作，他们两人分享了1994年诺贝尔物理学奖。还获得过1956年美国物理学会伯克利奖。（夏元复）

彭桓武（Peng Huanwu） 中国湖北省人，1915年10月6日生于吉林长春，2007年2月28日卒于北京。*粒子物理学、核物理学。*

原籍湖北麻城。1935年获清华大学物理系学士学位，接着在该校研究生院学习两年。1937年执教于云南大学物理化学系。1938年赴英国爱丁堡大学理论物理系，成为M.玻恩（1954年诺贝尔物理学奖获得者）的研究生，1940年获哲学博士学位，1945年又获该校理学博士学位。1941～1947年，两度往返于爱尔兰都柏林高等研究院和爱丁堡大学理论物理系之间，从事理论物理研究。1947年回国后，历任云南大学物理系教授，清华大学物理系教授，中国科学院近代物理研究所（1953年改名物理研究所，1957年改组为原子能研究所）研究员、副所长，国家第二机械工业部第九研究设计院副院长。1972年起历任中国科学院高能物理研究所研究员、副所长、所长、名誉所长。1948年当选为爱尔兰皇家科学院外籍院士。1955年选聘为中国科学院学部委员（院士）。

1941～1943年在都柏林高等研究院，他与海特勒（W. H. Heiter）合作，从事介子理论方面的研究，他们发展了量子跃迁几率的理论，处理核碰撞中产生介子的过程，得出能谱强度，并首次用于解释宇宙线的能量分布和空间分布。1945年，他在导师玻恩的指导下，对场的量子力学和统计力学作了探索性的研究，因而与玻恩共获英国爱丁堡皇家学会的麦克杜加尔-布里斯班奖。

回国后，研究轻原子核的理论，还注意用理论物理的知识和研究方法解决国民经济和国防建设中重大科学研究问题。20世纪50年代初，他协助鞍山钢铁公司解决了加热钢锭新工艺中钢锭安全直径的计算。此后，多次开设课程、指导研究，为中国原子能事业培养人才，还直接参与解决学术难点问题。其主要论文汇编入《彭桓武选集》（1985年）出版。由于对原子弹、氢弹设计原理中的物理学、力学和数学问题的研究中取得突出成就，1982年他领衔的团队共同获得了国家自然科学奖一等奖，1985年获国家科学技术进步奖特等奖，1999年个人获国家“两弹一星”功勋奖章。2006年中国国家天文台获准将一颗由中国发现的48798号小行星命名为“彭桓武星”。（宣焕灿）

达克沃思，H. E.（Duckworth, Henry Edmison） 加拿大人，1915年11月1日生于加拿大马尼托巴省布兰登，卒于2008年12月18日。*核物理学、仪器研制、高等教育管理。*

是加拿大联合教会一位牧师的独子。1935年在马尼托巴大学毕业获文学士学位，1936年获理学士学位。1942年获芝加哥大学物理博士学位。第二次世界大战后，在加拿大国家研究理事会工作3年。此后10年中，相继在马尼托巴大学、韦斯利安大学、麦克马斯特大学任教。1965年任马尼托巴大学副校长。1971年任温尼伯大学校长。1954年入选加拿大皇家学会会员。

1962年与助手们改进了一台分辨率超过25万分之一的质谱仪，可以精确测定原子量、原子核的结合能。从实验数据中预言了不同原子核蜕变时的能量释放，还对原子核反应与放射性衰变进行了研究。发现了铂的稀有稳定同位素。著作有《质谱仪》(1958年)、《电与磁》(1960年)和《看不见世界的小人物》(1963年)等。1964年获加拿大物理学家协会的奖章。1965年获加拿大皇家学会的托里奖章。（王明馨）

拉克斯，B.（Lax, Benjamin） 美国人，1915年12月29日生于匈牙利米什科尔茨。*磁学、等离子体物理学、激光工程。*

匈牙利裔。1926年定居美国。第二次世界大战中，任马萨诸塞理工学院辐射实验室雷达员。1941年获纽约的库伯联合学院机械工程学士学位。1949年获马萨诸塞理工学院物理学博士学位。同年任剑桥大学研究中心地球物理方面的领导，主持微波气体放电的研究。1951年进入马萨诸塞理工学院林肯实验室固态研究组，1955年任组长。同年在该校建立国家磁学实验室。1965年任教授。1968年成为美国国家科学院院士。

年轻时就对磁场中物质的特性感兴趣。1953年利用自己研究出的微波气体放电技术，发现了半导体中重要的回旋谐振现象。1957年发现锗中的磁吸收振荡效应。以后把这些技术扩展到强磁场和红外线研究，开拓了现代半导体磁学和半金属学新领域。1962年研制成功半导体激光器。1966年发现晶体对光存在磁压反射效应。70年代后，将激光应用于等离子体实验。由于对微波基本结构和半导体红外线光谱学研究的贡献，1960年获美国物理学会巴克利奖。（陆伟良）

胡宁（Hu Ning） 中国江苏省人，1916年2月11日生于江苏宿迁，1997年12月26日卒于北京。*相对论、原子物理学、量子电动力学。*

出身实业家家庭。1934年考入浙江大学物理系，翌年转学到清华大学物理系。1938年西南联合大学物理系毕业，留系任助教。1941年赴美国加利福尼亚理工学院学习，1943年获博士学位。1943～1950年，先后在美国、爱尔兰、丹麦、加拿大等国从事理论物理学的客座研究。1950年回国，此后一直任北京大学物理学教授，1983年任理论物理研究所所长。1952年兼任中国科学院近代物理研究所研究员，1980年兼任新成立的理论物理研究所研究员。1956～1959年期间，他被派往苏联，任杜布纳联合核子研究所理论研究组组长。曾任中国高能物理学会副理事长、中国相对论天体物理学会理事长。1955年选聘为中国科学院学部委员（院士）。

1943～1945年在美国普林斯顿高等研究院，跟随W.泡利(1945年诺贝尔物理学奖获得者)从事核子的介子理论的研究，1945年他们共同发表论文探讨了在强耦合近似下标量和矢量介子对理论预测的自旋相关相互作用，该文被认为是早期的核力介子理论的经典文献之一。1947年发表了“广义相对论中的辐射阻尼”一文，首次根据广义相对论计算出了双星运动的引力波辐射阻尼力，该论文是广义相对论中引力辐射阻尼理论的开创性文献。约40年后，J. H.泰勒和R. A.赫尔斯(他们两人共获1993年诺贝尔物理学奖)正是对脉冲双星PSR1913+16运动的辐射阻尼的精确测量，才获得了引力波存在的间接证据。20世纪60年代中期，和北京基本核子小组成员共同建立和发展有关强子结构的“层子模型”，他与朱洪元是该理论的主要代表人物。此外，他还对探讨微观粒子相互作用的S矩阵理论、量子电动力学等方面进行了研究。主要著作有《电动力学》(1963年)、《场的量子理论》(1964年)、《广义相对论和引力理论》(2000年)等。（宣焕灿）

迪克，R. H.（Dicke, Robert Henry） 美国人，1916年5月6日生于美国密苏里州圣路易斯，1997年3月4日卒于普林斯顿。*引力理论、原子物理学、宇宙学、微波电子技术、仪器研制。*

1939年获普林斯顿大学学士学位。1941年获罗切斯特大学博士学位。1941年在马萨诸塞理工学院辐射实验室工作。1946年起长期在普林斯顿大学任教，1957年升任教授，1975年任爱因斯坦讲座教授。1963年当选为美国文理科学院院士。1967年当选为美国国家科学院院士。

第二次世界大战期间，从事发展微波雷达的科学研究，先后获得单脉冲雷达、相干脉冲雷达、啁啾声雷达以及许多微波雷达部件发明专利，共有54项之多。战后，1946年发明微波辐射计，并用它首次测出了月球在微波波段1.25厘米处的射电辐射。

20世纪40年代后期至50年代，主要从事原子物理尤其是各种基本辐射过程的研究。1954年提出处于相干状态的原子系统具有超量辐射，这被称为迪克超辐射。1958年，他在苏联的A. M.普罗霍罗夫之后，也提出用开式谐振腔可得到红外波段的量子振荡器。50年代起对引力理论进行深入研究。1961年提出引力常数并非恒定不变，而是以每年10^{-11}的比率缓慢减少。在此基础上，他提出一种被称为“标量-张量理论”的新引力理论，其预言的一些观测结果与爱因斯坦广义相对论差别很小，往往在测量误差范围之内，所以至今仍未被实验所否定。1888年，匈牙利的厄缶证明，惯性质量与引力质量在精度5×10^{-9}范围内相等，这个结论后来成为爱因斯坦广义相对论基石之一。1964年迪克通过实验证明，在10^{-11}精度变化范围内，惯性质量与引力质量精确相等，将该实测精度提高了2～3个数量级。

在宇宙学领域也有重要贡献。1964年，他领导的研究小组指出，宇宙大爆炸后至今，整个宇宙还应有绝对温度为几K的黑体辐射，其能谱极大值在微波微段，也称微波背景辐射。正当他们研制辐射计来进行测量时，1965年美国的A. A. 彭齐亚斯和R. W. 威尔逊用射电探测技术发现，天空各个方向上都存在约3K的背景噪音。通过双方互访，迪克小组认识到，这就是他们打算寻找的大爆炸后余烬。在1965年同一期《天体物理学》杂志上，彭齐亚斯和威尔逊首次报道了重大发现；迪克小组则发表了"宇宙黑体辐射"著名论文，指出微波背景辐射正是宇宙大爆炸留至今日剩余温度。半年后，迪克小组的辐射计研制成功，也测到了这种背景辐射。彭齐亚斯和威尔逊因微波背景辐射发现而荣获1978年诺贝尔物理学奖。

主要著作有《微波电路原理》(1948年)、《量子力学导论》(1960年)和《实验相对论的理论意义》(1964年)等。获1967年朗福德奖、1971年美国国家科学奖章、1973年美国国家科学院康斯托夫奖，以及美国航空航天局杰出科学成就奖、法国科学院克雷森奖等。

(汪玉芝)

普罗霍罗夫，A. M. (Прохоров, Александр Михайлович; Prochorov, Aleksandr Mikhailovich) 俄罗斯人，1916年7月11日生于澳大利亚艾瑟顿，卒于2002年1月8日。*固体物理学、量子电子学、激光工程。*

1923年从澳大利亚返回祖国，1939年毕业于列宁格勒大学。同年进入苏联科学院列别捷夫物理研究所。在第二次世界大战中参加苏联红军。战后继续求学，1946年获博士学位。同年成为苏联科学院物理研究所高级研究员，1954年任振荡实验室主任，1968年任副所长。1959年起兼任莫斯科大学教授。1967年、1971年先后兼任德里大学、布加勒斯特大学名誉教授。1960年被选为苏联科学院通讯院士，1966年为院士。1971年被选为美国文理科学院外籍院士。

和H. Г. 巴索夫提出分子发生器和放大器的基本原理(所谓三能级法)，并于1955年制成利用氨分子束的第一个分子放大器。他们的工作导致脉塞和激光器的建成。由于在量子电子学方面的贡献，他们两人与C. H. 汤斯共获1964年诺贝尔物理奖。

1957～1958年，和同事们研制了顺磁微波激射器。提出在激光技术中使用开式谐振器的理论。1961年提出制造气体动力激光器的理论，1966年建成这种激光器。还在非线性光学和固体物理学等方面做出贡献。1959年获列宁奖金。

(陆伟良　沙振舜)

基特尔，C. (Kittel, Charles) 美国人，1916年7月18日生于美国纽约市。*固体物理学、统计物理学。*

小工厂主的儿子。曾在马萨诸塞理工学院攻读物理学。1938年获剑桥大学文学士学位。1941年获威斯康星大学博士学位。1946年起在贝尔电话实验室工作3年。1950年成为伯克利加利福尼亚大学物理学教授。1957年入选美国国家科学院院士。

在将微波共振方法应用于固体物理学，特别是在铁磁共振、反铁磁共振及半导体回旋共振等方面作出了贡献。用共振方法研究固体中的色心、顺磁有机分子及非磁性金属中过渡金属的稀释固溶体。致力于高等教育事业发展，曾建立固体物理领域的大学指导小组，担任伯克利物理学教材委员会校际小组主席，指导过美国大学物理教材的改革工作。著有《固体物理导论》(1953年)、《统计物理学基础》(1958年)、《固态量子论》(1964年)、《力学》(1965年，与人合著)、《热物理学》(1969年)。1957年获美国物理学会巴克利奖。1978年获美国物理教师协会奥斯特奖章。

(陆伟良)

魏荣爵 (Wei Rongjue) 中国湖南省人，1916年9月4日生于湖南省宝庆县(今邵阳市)2010年4月6日卒于南京。*声学、声学工程。*

1937年毕业于金陵大学物理系，获理学士学位。毕业后先后任教于南开中学、三民中学、金陵大学。1945年到美国芝加哥大学和伊利诺伊大学主攻原子核物理，获硕士学位。1947年转加利福尼亚大学攻读声学，1950年获物理博士学位，任该校研究员。1951年举家回国，应聘为南京大学、金陵大学物理系教授。1952年院系调整后，任南京大学物理系主任，直到1984年。后任信息物理系名誉系主任兼声学研究所所长。1980年当选为中国科学院学部委员(院士)。兼任中国声学学会名誉理事长，美国声学学会高级会员。

是中国声学事业创始人之一。1954年在南京大学建立了中国第一个声学专业，为中国建立了第一支声学研究队伍和声学实验室。数十年来为国家培养了大批声学工作的骨干力量。

他的科学研究成就遍及物理声学(包括大气声学、分子声学、非线性声学、低温声学、超声物理等)、建筑声学、语言声学、电声学等。在大气声学方面，早在20世纪40年代末，就提出了声波导致气液两相转换是水雾中低频声反常吸收原因的理论，并创造出了雾滴计数器。他指导的研究生后来在这方面又有新突破。在分子声学方面，50年代初，设计了用铁球内径向振动声波测量声衰减与空气湿度的关系；50年代末，利用光喇曼散射确定了乙酸乙酯类溶液中超声单弛豫峰，结束了苏联两派学者的长期争论。在语言声学方面，1948 年在美国加利福尼亚大学时即做了多次汉语清晰度试验，回国后陆续开展汉语清晰度、平均谱，混响性质、京剧戏曲语言等研究工作。1956 年与一位匈牙利声学家各自独立地同时提出了用语噪声研究汉语平均谱的方法，成为研究语言某些性质的普遍方法之一。在电声学方面，50 年代初设计了军用远射程扬声器；1964 年建立了消声性能达国际先进水平的消声室。70 年代，他主持的科研小组在国内首先开展了低温声学与声系统中倍周期分岔、混沌及孤子(属非线性声学)的研究，在国际上首次观察到了声表面波的分岔与混沌现象，同时也观察到了在空气和液氮中声系流的分岔与混沌现象，验证了他的学生吴君汝在美国发现的小水槽中产生的孤子——吴孤子。发表论文 100 余篇；出版有《魏荣爵文集》等。获 1989 年国家自然科学奖二等奖为中国建立了第一支声学研究队伍和声学实验室。（吴文虬）

京茨堡，В. Л. (Гинзбург, Виталий Лазаревич; Ginzburg, Vitaly Lazarevich)　又译金兹伯格。俄罗斯人，1916 年 10 月 4 日生于莫斯科，2009 年 11 月 8 日卒于俄罗斯。*超导理论、理论物理学、天体物理学。*

1938 年莫斯科大学物理系本科毕业，1942 年获该校物理学博士学位。1940 年起长期在苏联科学院列别捷夫物理研究所工作，1971 年任该所理论研究室主任。1945～1968 年兼任高尔基大学教授；1968 年兼任莫斯科物理技术研究所研究员。1953 年当选为苏联科学院通讯院士，1966 年当选为院士。20 世纪 90 年代后，任俄罗斯科学院顾问。

2003 年诺贝尔物理学奖得主。研究工作涉及理论物理学、天体物理学、射电天文学等诸多领域，尤其在超导理论研究上作有重大贡献。在天文学方面，早在 20 世纪 30～40 年代射电天文学诞生期就投入研究。1946 年作出关于日冕本质的一系列推断，预言日冕外部区域存在强射电辐射；1958 年提出太阳射电辐射的偶现部分的理论；1964 年研究引力坍缩过程中的恒星磁场作用；1965 年推测稀薄的星系际气体因活动星系加热而达到很高温度和电离程度；1969～1971 年研究脉冲星射电辐射及其大气；1971 年研究引力场量子涨落对广义相对论和宇宙论的重要意义；创新一系列射电天文方法，1956 年提出研究太阳附近等离子体不均匀结构的密集射电源"闪烁"观测法，宇宙射电源辐射的偏振与退偏振观测法，观测分立射电源的月球边缘衍射法等。

在理论物理学方面，1940 年提出瓦维洛夫-切连科夫效应的量子理论；1945 年建立铁电现象的热力学理论；1946 年同弗兰克一起预言了跃迁辐射现象；1950 年与 Л. Д. 朗道(1962 年诺贝尔物理学奖得主)共同建立著名的京茨堡-朗道超导理论，这一半唯象理论不仅弥补了超导体电动力学中的伦敦方程的不足，而且成了判别第一、第二类超导体的依据；1958 年合作建立超流的京茨堡—皮塔耶夫斯基理论；1960 年在第二类相变理论中得出京茨堡准则，即平均场理论适用准则。1959 年，高尔科夫(Л. П. Горьков)在京茨堡、朗道和阿布里科索夫工作基础上，建立了超导态宏观波函数应满足的方程组，由此导出两类超导体基本特性。该理论按上述 4 位创建者姓氏英文译名首字母排列，称为 GLAG 理论。因超导理论研究重大贡献，京茨堡和俄罗斯-美国双重国籍的 A. A. 阿布里科索夫，英国-美国双重国籍的 A. J. 莱格特分享 2003 年诺贝尔物理学奖。

除论文外，出版有《无线电波在电离层中的传播理论》(1949 年)、《宇宙线起源》(1963 年，与人合著)、《物理学与天体物理学新论》(1974 年)、《电动力学在物理学和天体物理学中应用》(1990 年)、《跃迁辐射与跃迁散射》(1991 年)、《超导电性》(1994 年初版、2004 年再版，与人合著)、《不稳定真空的量子电动力学》(1995 年)、《物理学生平》(2001 年，与人合著)、《关于科学、我本人和他人》(2005 年)等 20 余部著作。还获 1947 年苏联科学院曼德尔施塔姆奖、1953 年苏联国家奖金、1962 年罗蒙诺索夫奖、1966 年列宁奖金等。（宣焕灿）

马沙克，R. E. (Marshak, Robert Eugene)　美国人，1916 年 10 月 11 日生于美国纽约，1992 年 12 月 23 日卒。*核物理学、粒子物理学、天体物理学。*

1936 年获哥伦比亚大学学士学位。1939 年获康奈尔大学哲学博士学位。第二次世界大战期间，在洛斯阿拉莫斯国家实验室的理论物理部工作。1950 年任罗切斯特大学天体物理系主任，1964 年成为教授。1970 年任纽约州立大学校长。1958 年入选美国国家科学院院士。1961 年入选美国文理科学院院士。

开拓性的工作是关于星体能量的热核源。由于研究密度极大的恒星(如白矮星)内部结构及其能源的文章获 1940 年纽约科学院的 A. C. 莫里森奖。第二次世界大战期间，发展了几种解中子扩散问题的方法：球谐函数、变分法及拉普拉斯变换等。在冲击波理论方面也做过研究工作，并且发现了一种新型冲击波，有时称马沙克波。战后对介子物理发生了兴趣，曾提出两种介子的假说，其后实验证实了它们的存在。在基本粒子弱相互作用方面，与学生萨达香(E. C. G. Sudarshan)一起发展了电荷-电流弱相互作用的普适矢量-轴矢量(V-A)理论。著作有《我们的原子世界》(1946 年，与 E. C. 纳尔逊等合写)、《介子物理》(1952 年)、《基本粒子引论》(1961 年，与萨达香合写，已译成法文、德文和俄文)和《粒子物理弱相互作用理论》(1969 年，与 C. P. 瑞安等合写)。（王明馨）

李正武(Li Zhengwu)　曾用名李整武。中国浙江省人，1916 年 11 月 8 日生于浙江东阳，2013 年 7 月 30 日卒于北京。*等离子体物理学、核物理学、核能工程、加速器工程。*

1938 年西南联合大学物理学系毕业。先后任贵阳气象研究所技士，江苏医学院、复旦大学、交通大学助教、讲师、副教授。1947～1951 年在美国加利福尼亚理工学院物理系留学并获博士学位。留校任教，1948～1955 年在凯洛格核物理实验室等处任助理研究员、研究员。1955 年回国后，历任中国科学院原子能研究所研究员、室副主任，国家第二机械工业部 585 研究所研究员、副所长、所长、名誉所长，中国核工业总公司西南物理研究院名誉院长等职。兼任国际原子能机构国际核聚变研究委员会中国成员、中国核聚变与等离子体物理学会理事长、《核聚变与等离子体物理》杂志主编等职。1980 年当选为中国科学院学部委员(院士)。

中国受控磁约束核聚变奠基人之一。长期从事核物理、等离子体物理和受控核聚变等领域的研究。早期在美国主要从事核物理研究,在轻原子核反应方面完成多项精密实验及分析,解决了用核物理方法系统确定原子核质量的问题;对爱因斯坦质量-能量转换关系作出当时最精确的直接实验测定;独立发现轻原子核的库仑激发现象。回国后,主持设计研制了中国第一台高气压型质子静电加速器、第一台电子静电加速器;积极倡导在中国开展受控核聚变与等离子体物理方面的研究;组织指导研制了磁镜等一系列小型实验装置;20 世纪 70 年代,在中国率先提出了受控氘氚"点火"设想,认为实现聚变能应用可先后分为裂变 K 聚变堆、纯聚变堆二步走,被后来的国家 863 计划所采纳;80 年代初,负责研制成功受控核聚变实验装置"中国环流器一号",获国家科学技术进步奖一等奖;提出了带电粒子活化分析方法等。撰写的"我国受控核聚变的里程碑"、"中国环流器一号初步实验报告"等论文和实验报告,在中外产生了较大影响。 (葛乃成)

贝茨,D. R. (Bates, Sir David (Robert)) 英国人,1916 年 11 月 18 日生于英国北爱尔兰奥马,1994 年 1 月 5 日卒。*原子与分子物理学、天体物理学。*

曾在贝尔法斯特皇家学院、女王大学和伦敦大学受教育。1945 年为女王大学讲师,1951 年成为教授,1951 年任贝尔法斯特女王大学应用数学系主任,1952 年为皇家艾里什科学院成员,1976~1977 年为副院长。是《原子和分子物理进展》杂志主编。1955 年成为英国皇家学会会员。1978 年封爵。1974 年成为美国文理科学院外籍院士。

早在作硕士论文时,就研究电子与氧原子离子辐射复合率的计算,并把其结果应用到地球电离层。第二次世界大战后,在伦敦大学与梅西(Massey)一起研究地球电离层极高复合率提出的难题。1947 年提出离解复合,即一个电子与一个分子离子复合,给出离解的中性产物。这种过程迅速地在 E 层中进行。1950 年访问美国,得到关于离解复合率的公式。还与尼科利特(N. Nicolet)合作,就氢对氧大气光化学作用的影响进行开拓性研究。解释夜光中存在一条转动—振动的羟基带。还与小施皮策(L. Spitzer, Jr.)合作研究星际媒介中 CH 和 CH^+ 的形成和消失,得出辐射离解过程的半经典公式。

与学生达姆格(A. Damgaard)合作研究的"谱线绝对强度的计算",是天体物理学家迫切需要解决的课题。20 世纪 50 年代,成立贝尔法斯特小组研究重离子碰撞。与威廉斯(D. A. Williams)一起发现了原子系统之间的慢碰撞截面可能受到统一原子极限中简并的影响。这一发现有广泛影响,如在解释埃弗黑德(Everhead)效应中起了重要作用。1966 年与霍尔特(A. R. Holt)发展了处理非弹性碰撞的半经典近似。1978 年提出离子-分子反应中的过渡态公式。

著作有《行星地球量子理论》、《原子和分子过程》,主编《行星和空间科学》。获 1970 年获英国皇家学会休斯奖,1977 年英国皇家天文学会金质奖,1978 年骑士勋章。 (欧阳容百 王广厚)

多伊奇,M. (Deutsch, Martin) 美国人,1917 年 1 月 29 日生于奥地利维也纳,2002 年 8 月 16 日卒于美国马萨诸塞州剑桥。*粒子物理学、光电子学。*

在马萨诸塞理工学院受教育,1941 年获物理学哲学博士学位。留校工作。

1950 年,和学生们观察到当正电子通过气体被电子湮没时,湮没的速率与气体的化学性质很有关系,且可被磁场所影响。他由此得出结论,湮没必定发生在电子和正电子的系统中。电子偶素是电子和正电子的束缚系统,很有点像氢原子。在湮没之前可维持一段时间。粒子的相互作用依赖于它们自旋的相对取向。因此电子偶素在力学上最稳定的状态(基态)分裂为两个状态(精细结构)。具有相反自旋的顺电子偶素能自发转变为两个 γ 光子,两者能量相等,平均寿命为 10^{-10} 秒。具有平行自旋的正电子偶素的平均寿命比前者长 10^3 倍,并发射三个不同能量的 γ 光子。外磁场的存在或与某种分子碰撞,均能影响粒子自旋的取向,从而影响到它湮没的模式。与合作者完成了一个对正和顺两种状态的能量差的精密测量。这个测量是重要的,因为电子偶素是唯一的实际上只含有电磁相互作用的系统。在研究电子偶素之后,他第一次测定了 β 衰变中正电子自旋的取向。这个问题在 1957 年提出的 β 衰变理论中具有重要的意义。 (唐玄之)

费施巴赫,H. (Feshbach, Herman) 美国人,1917 年 2 月 2 日生于美国纽约,2000 年 12 月 22 日卒。*核物理学、数学物理方法。*

1939 年毕业于纽约城市大学,获物理世界奖。之后在马萨诸塞理工学院做研究,1941 年任讲师,1967 年任理论物理中心主任,1976 年任物理学教授,1977 年任物理系主任。并主持美国物理学会核物理部的工作,1980 年 2 月起担任一年的公共事务部主任。1969 年当选为美国国家科学院院士。

主要贡献是对核物理学和数学物理方法的研究。在数学物理方面,他研究了室内声学,发展了边界微扰理论。在核物理方面研究核力,与 J. S. 施温格一起研究氘核性质和低能两体现象、核力边界条件。还与韦斯科夫合作研究核反应,提出和推导了核反应光学模型,把它应用到原子核对中子散射的测量。光学模型基本上是核壳模型概念对散射现象的推广。发展了核反应理论,即存在瞬发的直接过程和缓发的共振过程,还解决了满足泡利不相容原理的问题,包括 γ 发射的过程。1962 年与布洛赫一起发表门口态的概念,解释原子核质量数接近115区域S-波中子增强波函数存在的异常现象。这个理论假定在复合核状态变得复杂以前，系统经过一个状态。门口态的统计模型解释了中子增强函数的特性，并且解释了截面能量关联的中间结构。著有《理论核物理学》(1974年)等。1973年获邦纳奖。

（欧阳容百 王广厚）

朱洪元(Zhu Hongyuan) 中国江苏省人，1917年2月8日生于江苏宜兴县和桥镇，1992年11月4日卒于北京。粒子物理学、高能物理学、量子场论。

父母都是工程师，且同为德国汉诺威大学的毕业生。受家庭环境的熏陶，他少年时就热爱自然科学。1939年毕业于当时内迁在昆明的同济大学工学院机械工程系。毕业后，先后任第五十六兵工厂技术员、同济大学助教、昆明无线电厂技术员等职。1945年赴英国，在曼彻斯特大学物理系攻读研究生，1948年获博士学位。后留系做研究工作。1950年回国，此后30多年中，相继在中国科学院所属的近代物理研究所、原子能研究所和高能物理研究所任研究员，期间在1959～1961年在苏联杜布纳联合核子研究所任客座研究员。1973～1984年任高能物理研究所副所长。1977年起任《高能物理及核物理》首任主编。曾兼任北京大学教授、中国科学技术大学研究生院物理部主任。1980年当选为中国科学院学部委员(院士)。

在英国攻读博士学位期间，1947年研究了宇宙射线中的高能电子在地球磁场中运动时放出的电磁辐射的物理性质，翌年在英国发表了有关论文。类似的结果由美国人J. S. 施温格(1965年诺贝尔物理奖获得者)在研究加速器中的电子辐射性质时得到，1949年在美国发表了有关论文。这种辐射后来称为同步辐射，他们两人的论文是这方面研究的基础文献。朱洪元在苏联杜布纳联合核子研究所工作期间，1960年利用色散关系对π介子之间以及π介子与核子之间的低能强相互作用进行了深入研究，发现了前人工作中的错误，并推导出不含发射积分的π—π和π—N低能散射方程。1960～1964年，他从事包括光子、电子、中子和原子核在内的高温、高密度系统的输运过程、反应过程和流体力学过程的研究，为中国这一领域的研究作了开创性的工作。1965～1966年，他与一些中国同行共同建立了探讨强子结构的“层子模型”，这一模型得到了国内外同行的好评，他与合作者因此同获国家自然科学奖二等奖。20世纪80年代，他对建设中国的高能物理实验基地，在北京建造一台正负电子对撞机计划做了大量工作。1988年10月，该对撞机实现了正负电子对撞。代表作有《量子场论》等。

（宣焕灿）

哈里斯，C. M. (Harris, Cyril Manton) 美国人，1917年6月20日生于美国明尼苏达州底特律，卒于2011年1月4日。声学、建筑声学工程。

1945年获马萨诸塞理工学院物理学博士学位。1951年任荷兰代尔夫特技术大学客座讲师。1952年任纽约哥伦比亚大学电机工程教授和建筑学教授，1960年退休。1974年任建筑设计大学建筑技术部主席。后以客座教授身份到东京大学讲学。1964～1965年任美国声学学会会长。

精通声学技术和建筑艺术，曾作为声学顾问参加设计肯尼迪表演中心、华盛顿的美国国家科学院大会堂、明尼阿波利斯的明尼苏达管弦乐演奏厅等著名建筑物。第二次世界大战期间，研制了各种由声学方法引爆的水雷。1945～1951年主要研制换能器及语言合成器。1952年在哥伦比亚大学建立了物理和建筑声学实验室，对声音在空气中的吸收率和速率与温度、湿度和压强的关系进行广泛的测量，其结果已作为声音在空气中吸收率的国际标准，用于厅堂建筑及估算飞机噪声的辐射。著有《建筑声学设计》(1957年)、《建筑和结构词典》(1975年)及《建筑史资料集》(1973年)等。1977年获美国剧院技术研究院的荣誉奖以及E. 伯利纳奖。同年获富兰克林研究院的富兰克林奖章。（陆伟良）

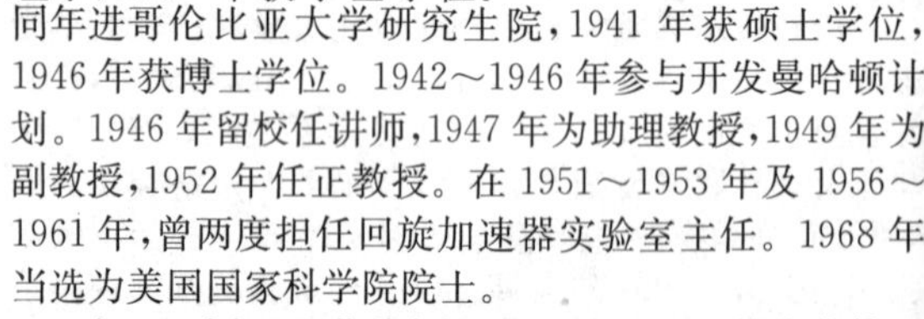

雷恩瓦特，L. J. (Rainwater, Leo James) 美国人，1917年12月9日生于美国爱达荷州康瑟尔，1986年5月31日卒于纽约州杨克斯。核物理学、高能物理学。

土木工程师的儿子。在加利福尼亚理工学院主修物理学，1939年获学士学位。同年进哥伦比亚大学研究生院，1941年获硕士学位，1946年获博士学位。1942～1946年参与开发曼哈顿计划。1946年留校任讲师，1947年为助理教授，1949年为副教授，1952年任正教授。在1951～1953年及1956～1961年，曾两度担任回旋加速器实验室主任。1968年当选为美国国家科学院院士。

与A. 玻尔、B. 莫特尔逊因为“发现原子核中集体运动和单粒子运动之间的联系，并在此基础上发展了原子核结构理论”而共同获1975年诺贝尔物理学奖。这种想法最初是他在1949年的一次学术讨论会上提出的：“原子核中未被充满的壳层上的核子将引起原子核变形，以减小其动能，保持恒定的核体积。”1950年发表了一篇重要的短文，这篇文章是他后来获得诺贝尔奖的基础。

还对中子共振谱学的研究作出了贡献。对μ子、π介子与原子核的相互作用进行了开拓性的研究，和V. 菲奇首次确定核电荷半径应为$1.2A^{\frac{1}{3}}\times10^{-15}$米(A是原子的质量数)，而不是以前所认为的$1.4A^{\frac{1}{3}}\times10^{-15}$米。这在以后为一系列实验所证实。1963年获美国原子能委员会劳伦斯奖。还得到过多种其他荣誉和奖励。

（夏元复）

弗里曼，J. M. (Freeman, Joan Maie) 英国人，1918年1月7日生于澳大利亚的西澳大利亚州。核物理学、粒子物理学。

在澳大利亚悉尼大学获理学士与硕士学位。她曾任职于澳大利亚公共卫生部科学与工业研究所放射物理实验室。后来到英国剑桥大学卡文迪许实验室,获核物理科学博士学位。1951年参加哈威尔原子能研究中心的核物理部。是英国物理学会、美国物理学会会员。

早期研究非弹性中子从轻的与中等重核的散射。后又回到哈威尔,领导串联加速器的一个小组。1960年开始研究一种特殊的β衰变,叫做超容许费米跃迁。用既细致又严格的科学态度对这些衰变进行了非常精确的测量,进一步弄清了弱相互作用,因此她与布林-斯托尔(R. J. Blin-Stoyle)分享了1976年英国物理学会卢瑟福奖。

(汪玉芝)

施温格,J. S.(Schwinger, Julian Seymour) 美国人,1918年2月12日生于美国纽约,1994年7月16日卒于洛杉矶。粒子物理学、量子电动力学。

父亲是服装设计师。1936年和1939年在哥伦比亚大学分别获理学士、物理学博士学位。1939~1940年在伯克利加利福尼亚大学成为美国科学研究委员会成员,成了J.奥本海默的研究助手。1941年任普度大学讲师。1942~1945年在马萨诸塞理工学院辐射实验室从事军用雷达开发研究。1946年在哈佛大学任物理学副教授,1947年任教授。1949年当选为美国国家科学院院士。

对辐射量子理论的发展作出了非常重要的贡献。1927年P.狄拉克创立了早期的量子电动力学,把量子理论按照相对论推广到高能领域,并找到一种物质与辐射场相互作用的协调处理方法。1947年W. E.小兰姆和雷瑟福(R. C. Retherford)发现氢原子的2S能级与狄拉克理论预言的位置有一个小的偏离。不久在精确测定电子磁矩后,进一步发现了狄拉克理论的缺陷。就在这一年,施温格为量子电动力学建立了一整套新的数学体系,解脱了狄拉克的上述困境。其思想是不能把电子由于与量子化的辐射场相互作用而经受的惯性力与电子经受的普通力学的惯性作用分开,因此可观测的惯性是总惯性,它是电子受到的力学和电学作用的总结果。认为在自能表达式中的无限大项是极其重要的,并且是为了保证完整的相对论协变理论所必需的,因而可以对它进行处理来解决困境。由于与朝永振一郎、R. P.费因曼在量子电动力学方面的基础成就,以及关于基本粒子物理学的一系列非常深刻的结果,他们3人分享了1965年诺贝尔物理学奖。

1968年与萨克森(D. S. Saxon)合著《波导的不连续性》,《粒子与源》(1969年),还著有《量子运动学与动力学》(1970年)及《粒子、源与场》(3卷,1970~1989年)等。1949年获梅耶天才名人奖,1964年获美国国家科学奖章。

(马见慈)

莱因斯,F.(Reines, Frederick) 美国人,1918年3月16日生于美国新泽西州帕特森,1998年8月26日卒于加利福尼亚州奥兰奇。高能物理学、粒子物理学、中微子物理学。

1944年在纽约大学以物理学方面的研究获哲学博士学位。同年到洛斯阿拉莫斯国家实验室工作。1959年任凯斯理理工学院物理学教授和物理系主任。1966年任欧文加利福尼亚大学物理学教授,1988年退休后为荣誉教授。是美国国家科学院院士、美国文理科学院院士,俄罗斯科学院外籍院士。

中微子是静止质量可能为零,不参与电磁作用和强作用而只参与弱作用的粒子,是最难于探测的一种轻粒子。20世纪40年代,王淦昌曾提出过一种有效的间接探测中微子的方法。50年代莱因斯和小考万(C. L. Cowan, Jr.)合作,研究了中微子的直接探测方法。他们的实验装置约重10吨,有3个大容器,每个有1 400升液体闪烁体和110个光电倍增管,另有两个较小的容器装有含镉的水夹在3个大容器的中间。入射的中微子被探测器中的质子吸收而放出一个中子和一个正电子。正电子会与探测器中的电子湮灭而转化为γ光子,中子稍后会被镉原子核俘获而后放出γ光子。他们在1956年通过探测这几乎同时出现而又稍有先后的两种γ光子而首次确认了中微子。这是人类最早探测到这个最难探测的粒子。现在人们已经知道有3种中微子,即电子中微子、μ中微子和τ中微子。莱因斯和小考万首次探测到的是电子中微子。正是这个发现使莱因斯(可惜小考万早已去世)与佩尔分享了1995年诺贝尔物理学奖。

(周精玉)

西格巴恩,K.(Siegbahn, Kai) 瑞典人,1918年4月20日生于瑞典隆德,卒于2007年。光电子学、电子光谱技术、仪器研制。

1924年获诺贝尔物理学奖的瑞典物理学家K. M.西格巴恩的儿子。毕业于瑞典斯德哥尔摩乌普萨拉大学,1944年获斯德哥尔摩大学博士学位。1954年成为乌普萨拉大学教授、物理研究所所长。是英国皇家学会外籍会员,乌普萨拉皇家科学技术研究院、瑞典皇家科学院院士、挪威科学院等国家科学院外籍院士。还是瑞典科学顾问委员会的成员。

在分子物理、核物理和电子光谱方面都有很深的造诣。电子光谱技术是利用X射线或紫外线从物质中撞击出电子,根据被撞出电子的能量分布,研究物理内部原子和分子的性能。自20世纪50年代以来,和同事在这方面的系统研究对建立电子光谱学和电子光谱技术起了很大的推动作用,得到迅速发展。他提出了双重聚焦技术,并用它制成高分辨率电子光谱仪,使电子光谱技术成为一个可靠的精确方法,各种形式的电子光谱仪应用于全世界的数百个实验室。因研制高分辨测量仪

器以及电子光谱技术方面的工作，与 N. 布洛姆伯根、A. 肖洛共享 1981 年诺贝尔物理学奖。（张庆华）

费因曼，R. P.（Feynman，Richard Phillips） 一译费曼。美国人，1918 年 5 月 11 日生于美国纽约，1988 年 2 月 15 日卒于洛杉矶。*粒子物理学、量子电动力学。*

白俄罗斯移民后代，推销员之子。1939 年获马萨诸塞理工学院理学士学位。1942 年在普林斯顿大学获物理学博士学位。第二次世界大战期间，在洛斯阿拉莫斯国家实验室参与领导原子弹的开发研究。1945 年在康奈尔大学任理论物理副教授。1952～1988 年在加利福尼亚理工学院任理论物理教授。1954 年入选美国国家科学院院士。1986 年担任航天飞机“挑战者号”失事事件多杰斯调查会委员。

主要贡献在于对量子电动力学的研究。1948 年提出了研究电子、正电子和辐射之间相互作用的新理论，这是近代量子电动力学发展中的一个转折点。为此，与 J. S. 施温格和朝永振一郎共获 1965 年诺贝尔物理学奖。

早在 20 世纪 40 年代，他就开始研究量子电动力学所遇到的“发散困难”。他的数学研究证明这些复杂的发散项可归于洛伦兹变换下不变的公式中去，并给出很容易实现的电子质量和电荷“重整化”程序，其价值在于不抛弃原来量子电动力学的理论的物理基础，而把“发散困难”从可观察量的计算中消除。还提出了“费因曼图”法。“费因曼图”是电动力学中相互作用过程的一种图像表示法，大大简化了量子电动力学问题的分析。还提出液氦Ⅱ理论的原子基础，并与 M. 盖尔曼一起发展了一套重要的、有影响的 β 衰变理论。

著有《量子电动力学》(1961 年)、《基本过程理论》、《费因曼物理学讲义》(3 卷，1963～1965 年)、《物理定律的特征》(1965 年)、《量子力学与路径积分》(与希布斯〔A. R. Hibbs〕合著)、《统计力学》等，此外出版有两部自传。还获 1954 年爱因斯坦奖，1973 年玻尔国际金奖。

（欧阳容百　王广厚）

罗森，L.（Rosen，Louis） 美国人，1918 年 6 月 10 日生于美国纽约，卒于 2009 年 8 月 15 日。*原子核物理学、核武器工程、核医学。*

在美国亚拉巴马大学主修物理并辅修数学，1939 年获学士学位，1941 年获硕士学位。1944 年在宾夕法尼亚州立大学获博士学位。1944 年在洛斯阿拉莫斯国家实验室参与曼哈顿工程，研制第一颗原子弹。第二次世界大战后继续留在该实验室，既从事核物理的基础研究又从事核武器研究。

用高度极化的强质子束进行了散射实验，由此导出自旋-轨道力的强度，以及描述核子-原子核间相互作用的唯象模型的参数。这项实验使人们进一步认识核力、核结构、核过程以及 μ 介子和 π 介子的相互作用。由于加速器技术和核实验技术的提高，对核技术应用也作出了贡献，如用 π 介子治癌，用反应堆研究辐照损伤，生产更适宜用于医学和工业的放射性同位素等。毕生写过 100 余篇科学论文。得过很多奖，其中 1963 年“因为发展了新的实验技术并应用于更好认识原子核及判断核武器特点”而获劳伦斯奖。（夏元复）

应崇福（Ying Chongfu） 中国浙江省人，1918 年 6 月 15 日生于浙江宁波，2011 年 6 月 30 日卒于北京。*超声学、超声工程。*

1940 年在云南大理获华中大学理学士学位。1940～1948 年留校任教。期间 1944 年获西南联合大学物理系硕士学位。1952 年获美国布朗大学物理系博士学位，后在该校应用数学系进行超声学博士后研究。1955 年底回国，先后任中国科学院物理研究所、电子学研究所研究员，声学研究所超声研究室主任、副所长。兼任中国声学学会理事长、名誉理事长，中国机械工程学会副理事长，《应用声学》杂志主编等职。1993 年当选为中国科学院学部委员（院士）。

中国著名声学家，尤其在超声学的多个方面有所建树。在固体中超声散射研究方面，1956 年合作发表了“各向同性弹性固体中平面纵波受球形障碍物的散射”论文，开创了国际上固体中超声散射领域的研究。20 世纪 80 年代，建立和发展了“动态光弹”显示技术，可用来目睹和记录透明固体中的超声波和它的传播过程，深化了固体中几种障碍物散射瞬态超声波的理论分析。在压电超声换能器研究方面，首次发现“声电再生”机理在厚度模换能器的换能中起重要作用；从理论和实验上证实了应电压效应的存在，并查清这个效应是换能器发射声波波形中首脉冲的起因；推导出圆形压电换能器的二维等效电路；在激光超声的指向性，压电体内、人体组织内、油井内的声波传播，功率超声应用等等，均获重要成果；曾组织推动中国超声技术的全面应用，主持完成了几项国家重大超声检测任务。

发表论文逾百篇，《应崇福论文选集》收有他在 1978～1998 年发表的主要论文；与他人合著《超声在固体中的散射》，并主编《超声学》(1990 年)等专著。已获国家奖 4 项和中国科学院奖 2 项。（邓剑琪）

布罗克豪斯，B. N.（Brockhouse，Bertram Niville） 加拿大人，1918 年 7 月 15 日生于加拿大艾伯塔省莱斯布里奇，2003 年 12 月 13 日卒于安大略省哈密尔顿。*原子核物理学、中子物理学、仪器研制。*

1948 年在加拿大多伦多大学获文科硕士学位，1950 年在该校获哲学博士学位。此后 10 多年中，在加拿大原子能研究部门工作。1962 年直至 1984 年退休，在加拿大安大略省的麦克马斯特大学物理学系任教授，期间 1967～1970 年任该系主任。

在热中子散射领域中进行了开创性的工作。热中子的动能处于通常物质分子所具有的热扰动（从绝对温度几度到几千度）的范围之内。当一束热中子射到各种样品上时，它与样品物质原子间的相互碰撞所产生的能量改变可以检测出来，并进而可侦知样品物质在原子、分子层次上的振动、旋转、扩散、跃迁等动态性能。通俗地说，热中子散射不仅是能“拍摄”微观世界静止图像的“照相机”，而且是可以获得微观世界运动图像的“摄像机”。在用热中子散射（有时称为中子谱学）研究原子、分子的运动状态方面，最出色的一项工作是对各种晶体材料“声子色散关系曲线”的测定。他率先开展中子谱学研究，并成功地测出第一个单晶声子色散关系。他还在原有的单轴和双轴中子谱仪基础上，设计和研制出三轴谱仪，从而为中子谱学提供了有效的实验工具。由于其开创性的工作，他与热中子散射领域中独立作出贡献的美国物理学家C. G. 沙尔分享了1994年诺贝尔物理学奖。（宣焕灿）

程开甲（Cheng Kaijia） 中国江苏省人，1918年8月3日生于江苏吴江盛泽镇。核物理学、超导理论、核武器工程。

出身商人家庭。1937年毕业于浙江加兴秀州中学，并考入浙江大学。1941年毕业于战时迁移贵州湄潭的浙江大学物理系。毕业后留校任教。1946年赴英国，在爱丁堡大学物理系M. 波恩（1954年诺贝尔物理学奖获得者）的指导下攻读研究生，1949年获博士学位。1950年回国，任浙江大学物理系副教授。1952年全国高等院校院系调整时，调入南京大学物理系，后任教授。1962～1982年任国防科学工业委员会第九研究院副院长，核试验基地研究所副所长、所长，1977年起又兼任该基地副司令员。1984年从该基地调回北京，任国防科学工业委员会科学技术委员会常任委员。1980年当选为中国科学院学部委员（院士）。

1946年，他在量子力学和相对论的基础上用正则运动方程推导出狄拉克方程；在这一工作的基础上，他又在20世纪80年代后期提出了轻子的八重态理论。50年代后期，他用不可逆过程热力学原理首次建立了热力学的系统内耗理论。此外，在量子力学和场论方面，他还与别人共同提出了五维空间场理论。

20世纪40年代末，他与其导师波恩共同提出解释超导现象的双能带模型，这是解释超导现象的最早模型之一；80年代末以后，当获1972年诺贝尔物理学奖的超导微观理论无法解释新发现的高临界温度的超导体时，他又多次发表论文，提出他与波恩的双能带理论可以解释不少现时超导微观理论无法解释的现象。这些研究推动了超导理论进一步向前发展。

他对中国的核武器研究和核试验事业做出了重要贡献。20多年中，他长期和生活工作在荒无人烟的新疆罗布泊试验场，负责21基地研究所，主持进行了30多次地面、地下或空中核试验；参加了核武器和核试验中关键技术的研究，例如，改进了按照托马斯-费米统计理论（简称T-F理论）所得的冷压状态方程所获得的结果，解决了原子弹化学内爆时的压力聚焦，提高了地下核爆时当量分析的精度。

著作有《固体物理学》（1959年）、《新中国国防工业与技术四十年中核试验回忆》（1989年）、《中国军事百科全书·核武器分册》（1990年，与他人合著）、《超导机理：双带理论还是成对理论》（1993年，与他人合著）等。多次获奖，其中有全国科学大会奖1项，国家科学技术进步奖特等奖1项、一等奖和二等奖各2项，国家技术发明奖二等奖1项等。1999年获国家“两弹一星”功勋奖章。2013年获国家最高科学技术奖。（宣焕灿）

小赫维茨，H.（Hurwitz, Henry, Jr.） 美国人，1918年12月25日生于纽约，卒于1992年4月14日。等离子体物理学、核反应堆工程。

在康奈尔大学学习时，由于和H. A. 贝蒂的接触，使他对科学发生兴趣，1941年获博士学位。1946年起在美国诺尔斯原子动力研究所工作，从事反应堆研究。1957年起在通用电气研究实验室领导研究高温等离子体物理学。

领导研究了一种理论，既可以解释中子俘获实验，又可以精确确定各种反应堆的中子能谱特征。这项研究工作的开展，使设计的反应堆能生产出多于消耗的核燃料。1955年领导设计了依靠液态金属冷却的美国西米尔顿大功率反应堆及类似的核潜艇反应堆。参加研究并确立了反应堆防护系统需遵循的原则，这些原则现在已应用于全世界的核电站。还研究过聚变能、激光聚变、计算机处理层析X射线照相等。因在反应堆物理中的贡献，1961年获美国原子能委员会劳伦斯纪念奖。（蒋澄华）

胡济民（Hu Jimin） 中国江苏省人，1919年1月26生于江苏如皋，1998年9月9日卒于北京。核物理学、等离子体物理学。

1942年浙江大学物理系毕业。1945年赴英国留学，1948年获伦敦大学博士学位。1949年回国后执教于浙江大学，先后任副教授、副教务长。1955年调至北京大学组建技术物理研究室并任主任，1986年前长期任技术物理系教授兼系主任。曾兼任中国核物理学会副理事长、理事长，国家教委理科核物理专业教材编审委员会主任，中国科学院原子能研究所兼职研究员等职。1980年当选为中国科学院学部委员（院士），曾任数学物理学部副主任。

长期从事理论物理，广泛涉及核力性质、等离子体理论、原子碰撞、重离子核物理及裂变物理等方面的研究与教学，取得一系列重要成果。20世纪40～50年代，在中国率先对具有非中心力成分的核力问题等作了系统的前沿研究，并取得多项重要成果。60～70年代，深入研究了荷电粒子在等离子体中的减速等受控热核反应的理论问题；从理论上探索了合成超重核的可能性，取得一系列创见性成果。80年代以后，提出了一种新的原子核宏观模型——连续介质模型，能同时给出与实验相符的核质量等数据。主编《原子核理论》两卷本，长期成为中国高校相关专业的经典教材或必读参考书，其修订版获1998年国家自然科学奖二等奖。此外，还编撰出版有《核裂变物理学》(1999年)等专著。为表彰和纪念他的杰出成就，中国科学院首届胡济民核教育、科学研究奖于2000年开颁。（邓剑琪）

杨立铭(Yang Liming) 中国江苏省人，1919年2月20日生于江苏溧水，2003年1月12日卒于北京。*核物理学。*

出生于小学教员家庭。1942年重庆中央大学机械系毕业。留校任教。1946年师从诺贝尔物理学奖获得者、英国爱丁堡大学M.玻恩教授，1948年获理论物理博士学位。留爱丁堡大学任研究助理。1951年底回国，任清华大学物理系副教授。1952年9月至去世前，一直任北京大学物理系教授。曾兼任中国核物理学会理事长等职。1991年当选为中国科学院学部委员(院士)。他的妻子、计算机专家夏培肃也是中国科学院学部委员(院士)。

长期从事原子核理论研究与教学，取得了一系列重要成果，培养了大批科学人才。20世纪50年代在英国留学期间，探讨过量子化规则、流体统计理论；和导师玻恩一起成功地对当时刚发现的原子核幻数进行了统计解释，并在英国《自然》杂志上加以发表；找到了求狄拉克矩阵乘积阵迹的简单方法。回国后集中研究原子核理论，特别是核多体理论及核集体运动，主要有布吕克纳多次散射理论、核场论、核内对关联效应、相互作用玻色子理论等领域研究成果，始终与国际核物理新发展相呼应。80年代以后，系统地进行了原子核低激发区的主要自由度及其动力学微观研究，提出算符化的波戈留波夫变换，较严格地处理了粒子关联对的结构，建立了系统的原子核集体运动的微观理论，阐明了核子关联对的结构、低激发区集体运动的近似动力学对称性，该理论不但为国际上著名的相互作用玻色子模型提供了微观基础，而且可以解决唯象理论未能适用的某些领域中的问题，取得国际同行赞赏。曾获国家教委科学技术进步奖一等奖、国家自然科学奖三等奖。（邓剑琪）

帕诺夫斯基，W. K. H. (Panofsky, Wolfgang Kurt Herman) 美国人，1919年4月24日生于德国柏林，2007年9月27日卒于美国。*高能粒子物理学、核武器工程。*

1934年迁居美国。同年进普林斯顿大学，1938年获物理学学士学位。1942年在加利福尼亚理工学院获博士学位。同年起先后到美国加利福尼亚理工学院、洛斯阿拉莫斯国家实验室从事军工研究开发。1945年在伯克利加利福尼亚大学辐射实验室工作，并任教于该校物理系。1951年任斯坦福大学教授。1952年任伯克利加利福尼亚大学高能物理实验室主任。1962年任斯坦福大学直线加速器中心主任。1960～1963年任总统科学顾问。是美国国家科学院院士。主要科学贡献是首次测定π介子的性质，以及研究它在粒子相互作用中的规律；成功地检测空间核爆炸。1961年获美国原子能委员会颁发的劳伦斯奖。（夏元复）

庞德，R. V. (Pound, Robert Vivian) 美国人，1919年5月16日生于加拿大安大略省里奇韦，卒于2010年4月12日。*核物理学、微波波谱学、磁学。*

1923年从加拿大到美国，当时其双亲已入美国籍9年。1941年在普法罗大学获学士学位。后在海下信号公司、马萨诸塞理工学院辐射实验室从事实验研究。1948年任哈佛大学物理学助理教授，1950年和1956年相继升任副教授和教授，1968～1972年任物理系主任，1975年后任物理实验室主任。1961年当选为美国国家科学院院士。

主要贡献是与哈佛大学的里布卡(G. A. Rebka)合作，利用穆斯堡尔效应，首次在实验室中证实了引力红移的存在，同时验证了1911年爱因斯坦提出的等效原理。这项实验于1959年11月开始进行，1960年3月完成。1965年与斯奈德(J. L. Snider)又提高了实验精度。在1945年与E. M.珀塞尔合作，简化了测量核磁矩的拉比法。这项工作使珀塞尔在1952年获得诺贝尔物理学奖。1947年后与珀塞尔等一起研究核磁弛豫，成为该领域的先驱者，首次用核磁共振观察到核电四极矩相互作用在固体中的效应，首次进行光磁双共振实验。（夏元复）

马赛厄斯，B. T. (Matthias, Bernd Teo) 美国人，1919年6月8日生于德国的法兰克福，1980年10月27日卒于美国。*金属物理学、低温物理学、超导工程。*

先在意大利罗马大学学习物理。后于1943年在瑞士苏黎世联邦理工学院获哲学博士学位。留校工作。1947年到美国马萨诸塞理工学院。1948年加盟贝尔电话实验室。1949～1951年在芝加哥大学任职。1961年任圣迭戈加利福尼亚大学物理学教授。1965年入选美国国家科学院院士。

1911年，荷兰物理学家H.卡默林—翁纳斯发现了超导电性转变温度是超导体的最重要的特征量。以后科学界试图解释超导电现象的理论虽有了很大进展，但还不能预言一种金属是否能成为超导体以及它的转变温度如何。马赛厄斯1950年起开始系统研究超导现象，和贝尔电话实验室的同事们用实验方法寻找经验规律，找出转变温度与材料性质的经验关系。经过几年的努力，试验了几千种金属，终于弄明白：一种金属能否成为超导体的决定因素是原子最外壳层中价电子的数目。发现只有当每个原子的平均价电子数在2～8之间时才可能变成超导体，而且价电子数在5和7附近时，转变温度更高些。据此规则，可用非超导体物质制成超导体，或用转变温度低的超导体制成转变温度高的超导体。例如，元素锝(^{43}Tc)是超导体，其价电子数为7，转变温度高达11K。周期表中位于锝的两侧的元素为钼(Mo)和钌(Ru)，它们的转变温度只有0.9K和0.5K。将此两金属作成合金，则可得到转变温度为10.6K的超导体，与锝相近。利用这个原理他制成了铌-锡化合物，可得到 18K 的超导体。

他第一个把锗化铌(Nb_3Ge)的超导转变温度从 6K 提高到 20K。现今这个化合物的转变温度已提高到 23K，属于转变温度最高的合金之列。这些工作有极高的应用价值。他还研究了超导电性与晶体结构的关系，发现 β 钨结构是最有利于超导电性出现的结构。也研究过铁电体，现今所用的铁电体大多是他发现的。

（唐玄之）

李荫远(Li Yinyuan)　中国四川省人，1919 年 6 月 20 日生于四川成都。固体物理学、晶体学、磁学、光学。

出身高级知识分子家庭。1938 年入四川大学，1941 年转入西南联合大学物理系，1943 年毕业。先后任教于四川大学、西南联合大学物理系和清华大学物理系。1947 年赴美国留学，翌年获华盛顿州立大学硕士学位。1951 年获伊利诺伊大学博士学位。毕业后留校作博士后研究。1952～1955 年在卡内基理工学院(今卡内基—梅隆大学)任研究员。1956 年回国，历任中国科学院物理研究所研究员、固体理论研究室主任、晶体学研究室主任，副所长、所长、学术委员会主任。曾兼任《物理学报》执行副主编、《中国物理快报》(英文版)主编等职。1980 年当选为中国科学院学部委员(院士)。

中国固体物理理论研究的开拓者之一。20 世纪 40 年代，杨振宁与他前后相继地拓展了二元合金理论的适用范围，率先得到了 A-B(例如 Cu-Au)型合金系统不同成分各个有序相的一级近似理论，与实验结果比较符合。这一合金有序化理论常被称为杨(振宁)-李(荫远)理论。50 年代，李荫远研究了合金和反铁磁性物质的有序-无序相变的统计理论，以及过渡族元素氧化物的磁结构与超交换作用。50 年代末至 60 年代初，研究了对电子学、计算机、微波新技术至关重要的高频磁性材料铁氧体，并与李国栋合作出版著作《铁氧体物理学》(1962 年初版，1978 年再版)。60 年代前期，他对非线性光学理论进行了研究，预言了在激光束的高强度电磁辐射场内，可观测到物质从光束吸收两个光子、放出一个光子并产生能级跃迁的高阶辐射过程赖曼效应。该理论在 1965 年被美国物理学家的实验所证实，后来称为超赖曼散射效应。70 年代，出版了中国最早的《非线性光学》(1974 年，与杨顺华合著)专著。80 年代，他对非线性光学晶体 α-碘酸锂进行了系统的实验和理论研究，意外地发现了它的两种 c 轴方向上的准一级离子导电效应，还进而作出了理论解释。获 1980 年中国科学院重大科学技术成果奖一等奖、1982 年国家自然科学奖三等奖等多项国家和部委级奖励。　（宣焕灿）

金建中(Jin Jianzhong)　中国安徽省人，1919 年 7 月 23 日生于北京，1989 年 10 月 12 日卒于同地。真空物理与真空技术、仪器研制。

原籍安徽黟县。1944 年毕业于北京大学物理系，1946 年毕业于该校研究生院。先后在天津北洋大学物理系、清华大学物理系任教。1949 年后，历任中国科学院原子能研究所副研究员，兰州物理研究所副所长、研究员、所长、名誉所长，中国空间技术研究院副院长，国家科委真空测试基地组长，航天工业部总工程师、研究员。曾兼任中国真空学会第一届理事长、甘肃省物理学会名誉理事长等职。1980 年当选为中国科学院学部委员(院士)。

中国真空科学的创始人与开拓者之一。主要从事真空物理与真空技术的研究，主持研制成功自动立体照相云室、电磁双聚焦核反应重粒子能谱仪、双向磁谱高灵敏探漏仪等多种核物理仪器，性能接近当时国际水平。研制成功中国第一台 1 兆伏质子静电加速器、第一台 2 兆伏高气压质子静电加速器的加速管和真空系统。创立了金属高真空油扩散泵和金属超高真空系统。此外，在组建与发展中国真空科学技术研究机构等方面作出了重要贡献。撰有“超灵敏氦质谱仪检漏仪”、“空间技术与真空技术”等数十篇论文，主编有《真空设计手册》等著作。他主持研制成的真空抽脂饱和蒸汽压测定仪，获 1978 年全国科学大会奖。　（朱忠亭）

黄昆(Huang Kun)　中国浙江省人，1919 年 9 月 2 日生于北京，2005 年 7 月 6 日卒于北京。固体物理学、晶格动力学、半导体工程。

原籍浙江嘉兴。1941 年毕业于燕京大学物理系。1944 年于昆明西南联合大学研究生毕业。同年考取公费赴英国留学。1945 年成为世界著名固体物理学家 N. F. 莫特指导的研究生，1947 年获布列斯托尔大学物理学博士学位。此后任利物浦大学理论物理系研究员。1951 年回国，任北京大学物理系教授。1955 年选聘为中国科学院学部委员(院士)。1977～1983 年任中国科学院半导体研究所所长，1983 年任名誉所长。1980 年被瑞典皇家科学院聘为外籍院士。1984 年当选为国际理论物理和应用物理联合会半导体委员会的 12 名委员之一，并曾担任第 16 届和 17 届半导体物理国际会议顾问委员会委员。1985 年当选为第三世界科学院院士。1987～1991 年任中国物理学会理事长。

在固体物理学方面作出了多项重要贡献。1947 年在“稀释固溶体的 X 射线漫散射”一文中，提出固体中杂质与缺陷导致 X 光漫散射的理论。该理论在 20 世纪 60 年代后期为实验所证实并加以应用。这种散射国际上称为“黄散射”。1950 年与夫人 A. 里斯(Avril Rhys，中文名李爱扶)发表“F 中心光吸收和无辐射跃迁理论”一文，提出多声子的辐射与无辐射跃迁的量子理论。苏联佩卡尔(Пекор)院士早几个月发表了与黄昆有关辐射部分相平行的理论，但未涉及无辐射跃迁。黄昆与佩卡尔的理论已成为固体中杂质与缺陷、发光、半导体中深能级与载流子复合领域的奠基性工作之一，被国际上称为“黄-佩卡尔理论”或“黄-里斯”理论。1951 年黄昆在“关于电磁场与离子晶体的相互作用”中，提出晶体中光学声子和电磁波的耦合振荡模式。1963 年为喇曼散射实验所证实，相应的元激发被命名为极化激元，被认为是固体光学方面一种基本运动形式。他当时所提出的方程国际上称为黄方程。1978年以后的几年中发表了“无辐射跃迁的绝热近似和静态耦合理论”等论文，澄清并解决了这方面理论中长期存在的根本性疑难与问题。

与诺贝尔奖获得者M.玻恩合著的《晶格动力学理论》(1954年)，这是一本国际公认的晶格动力学领域内的经典著作。与谢希德合著的《半导体物理》(1958年)以及他编著的《固体物理学》(1966年)是优秀的教研参考书。因他对物理学所作出的重要贡献，获2001年度中国国家最高科学技术奖。

他还是一位杰出的物理教学工作者。在北京大学长期担任普通物理、固体物理、半导体物理等课程的教学，先后指导了许多研究生，教学成绩卓著，为中国培养高素质物理人才作出了重要贡献。(秦国刚)

考茨，H. J. C. (Kouts, Herbert John Cecil) 美国人，1919年12月18日生于美国亚利桑那州比斯比。*无线电物理学、核物理学、核电安全工程。*

分别于1941年和1946年获路易斯安那州立大学数学学士和物理学硕士学位。1952年获普林斯顿大学物理学博士学位。第二次世界大战期间，任美国空军雷达技术官员，在英国建立并领导一个雷达维修学校；后在空军特别参谋部负责空勤人员的雷达训练工作。1950年去布鲁克黑文国家实验室。1951年在该实验室组织了一个物理学家小组，从实验上探索核反应堆的中子物理过程，用少量浓缩铀和普通水作为堆心进行核反应堆的模拟实验。由于这些研究，1963年原子能委员会授予他劳伦斯奖。此后特别对反应堆的安全设备及核燃料的防护设施感兴趣，成为原子能委员会的反应堆安全顾问。1964年任反应堆防护设备咨询委员会主席，帮助原子能委员会制定有关裂变材料防护设施的技术计划。2000年退休。(王明馨)

布洛姆伯根，N. (Bloembergen, Nicolaas) 美国人，1920年3月11日生于荷兰多德雷赫特。*光学、光谱学、仪器研制。*

荷兰裔。1941年毕业于荷兰乌得勒支大学，1943年获硕士学位。1948年获荷兰莱顿大学博士学位。1947～1949年在莱顿大学从事研究工作。1949年进入美国哈佛大学工作，1957年成为应用物理学教授。1958年入美国籍。1960年入选美国国家科学院院士。还是荷兰皇家科学院外籍院士。

在核磁共振、固体微波量子放大器、电子顺磁共振、激光光谱学和非线性光学等方面都有突出贡献。1956年发表了连续工作的固体微波激射器的构想。1957年实现了波长为21厘米的微波激射器。他提出的在多能级系统中抽运的原理成为激光器工作的基础。

被认为非线性光学理论的奠基人。激光器问世后，他用激光研究物质性质，创建了非线性光学，并对非线性光谱学、双光子吸收光谱学等作出了贡献。他和A.肖洛对激光光谱学的建立、完善和发展起了重要作用。他研究出一些非线性光谱学方法，其中最重要的是“四波混频法”，即利用三束相干光的相互作用，在另一方向上产生第四束光，以产生红外光区和紫外光区的激光。由于他对一些非线性效应的发现和对非线性光学的发展，大大扩展了激光波长的范围，使用于光谱学研究的激光波段从紫外区、可见光区一直到远红外区。因非线性光学及激光光谱学方面的贡献，他和肖洛获1981年诺贝尔物理学奖(与瑞典的K.西格巴恩分享)。

发表论文200多篇；出版有《核磁弛豫》和《非线性光学》等专著。还获得巴克利奖、利布曼奖、巴兰坦奖章以及美国国家科学奖章。(张庆华 蔡祺德)

汤定元 (Tang Dingyuan) 中国江苏省人，1920年5月12日生于江苏金坛。*半导体物理学、红外物理学、仪器研制。*

乡村私塾先生之子。1942年重庆中央大学物理系毕业。留校任教。1948年赴美国留学，先入明尼苏达大学，后转入芝加哥大学物理系，1950年获硕士学位。1951年回国，先在中国科学院应用物理研究所(后来改名物理研究所)、半导体研究所工作，后任上海技术物理研究所研究员副所长、所长，红外线物理国家重点实验室学术委员会主任等职，曾兼任中国光学学会副理事长等职。1991年当选为中国科学院学部委员(院士)。

中国半导体物理、红外物理及其技术的开拓者和奠基者之一。20世纪40年代留学美国期间，发现镧系金属铈在高压下晶体结构不变但体积缩小的新颖相变，并将之诠释为4f层电子挤入空5d层致使原子半径突然收缩；首创耐高压金刚石高压容器，成为国际高压物理研究的重要仪器。50～60年代，率先定量解释了锗光电导光谱分布的物理现象，证实半导体表面复合在光电过程中的独特效应；主持研制出性能优良的硫化铅红外探测器，并相应建立一套被国内同行推崇为样板的测试系统。70～80年代，带领科研团队对碲镉汞晶体材料、器件及物理性能进行了全面系统研究，在中国开创了窄禁带半导体分支学科，获得一系列有关数据和成果被收入国际权威科学手册。80～90年代，先后主持研制了硅太阳能电池、温差制冷器、半导体高能粒子计数器，热敏电阻、红外焦平面列阵以及硫化铅、锑化铟和碲镉汞等10余种光电和红外探测仪，有许多器件已成功用于中国空间遥感和军事探测等先进装备，为中国“两弹一星”研制作出突出贡献。发表论文百余篇；主编《光电器件概论》(1989年)等专著、译著12种。获国家和部委级奖励16项，其中获1992年国家科学技术进步奖二等奖、1993年国家自然科学奖三等奖等；2002年获何梁何利科学与技术进步奖等。(李啸虎)

张伯伦，O. (Chamberlain, Owen) 美国人，1920年7月10日生于美国旧金山，2006年2月28日卒于美国加利福尼亚州伯克利。*粒子物理学。*

放射学家的儿子。1941年在达特茅斯学院获物理学学士学位。1942～1945年中断学习参加美国曼哈顿

计划。1949年在费米指导下在芝加哥大学获博士学位。1958年在伯克利加利福尼亚大学任物理学教授。1960年入选美国国家科学院院士。

在伯克利加利福尼亚大学，和E.G.塞格雷合作用新建的高能质子同步稳相加速器进行实验，证实了反质子的存在。两人共获1959年诺贝尔物理学奖。

早在1930年，P.狄拉克就预言反质子的存在。但由于质子质量比电子大得多，需要更大的碰撞能量，在当时实验室条件下探测反质子的存在是不可能的。直到高能质子同步稳相加速器在伯克利加利福尼亚大学建成，才有可能在实验室内产生质子-反质子对。1955年和同事们用高能质子轰击稳定的中子，产生了期望的反粒子。为了鉴定这种粒子是不是反质子，需要知道它的电荷量和质量。利用正、负粒子在磁场中的偏转不同，较容易地分离出轰击产生的带负电的粒子。为了测定粒子的质量，他决定对带负电的粒子进行速度和动量的独立测量。在其实验中大约有20个粒子被鉴定为反质子。在证实反质子存在的实验以后，又和同事进行了用乳胶方法产生可见的反质子-质子的湮灭实验。

（王明馨）

萧健(Xiao Jian)　别名积健。中国湖南省人，1920年7月19日生于湖南长沙，1984年2月20日卒于北京。宇宙线物理学。

1944年西南联合大学物理系毕业。1947年赴美国留学，1950年获加利福尼亚理工学院物理学硕士学位。同年回国，历任中国科学院物理研究所、原子能研究所、高能物理研究所研究员、实验物理部副主任。1980年当选为中国科学院学部委员(院士)。

中国宇宙线粒子物理学实验的开拓者和奠基人之一。主要从事基本粒子物理实验方面的研究，在宇宙线领域获得多项重要成果。早年对中性重介子和超子作了许多有意义的研究；先后主持筹建了北京、云南落雪山等中国第一批宇宙线观测站，领导开展了对宇宙线构成、特性和强度等的系统观测和研究；主持研制了中国科学考察卫星用第一台宇宙线探测仪器，并提出了相应的观测研究课题；主持设计、建造、调试和启用了云南落雪山观测站——中国第一个强磁大云雾室系统。1972年，他带领课题组在云南落雪山观测站磁云室拍摄到一张记录有三根径迹的宇宙线，其中除证认为π一介子、质子外，还发现一个神秘的长寿命(大于0.5×10^{-9}秒)、重质量(比质子重几十倍)、相对低速度(但仍接近光速)的带电重粒子，无法在狭义相对论框架中得以说明。他主持的“大型云室组的建设和一个重质量荷电粒子事例的观测”课题报道了对其观测和研究结果，引起了国内外科学界的高度关注，该成果获1978年全国科学大会奖。一些理论物理学家曾反复对这一事例进行研究和计算，都深感困惑；何祚庥院士等人认为，唯有承认宇宙中存在着尚未知的冷暗物质，才能合理解释这一现象。萧健还撰有“人造地球卫星和宇宙线”、“高能带电粒子直接产生电子对”等重要论文。（李啸虎）

谢家麟(Xie Jialin)　中国河北省人，1920年8月8日生于黑龙江省哈尔滨市。加速器物理、加速器工程。

原籍河北武清(今属天津市)。1943年燕京大学物理系毕业。后供职于中央无线电器材厂桂林总厂。1948年获美国加利福尼亚理工学院硕士学位。1951年获斯坦福大学物理系博士学位。同年回国途中受美国当局拦截，后在奥里根大学、斯坦福大学、芝加哥麦卡瑞斯医学研究中心从事教学和研究。1955年回到中国，历任中国科学院原子能研究所(今高能物理研究所)研究员，研究室主任、加速器部副主任、副所长，北京正负电子对撞机工程经理等职。兼任中国粒子加速器学会理事长，中国高能物理学会副理事长，清华大学等校兼职教授等职。1980年当选为中国科学院学部委员(院士)。

主要从事加速器物理和技术研究，领导过数项加速器建造工程，取得一些重要成果。20世纪50年代，在美国主持建成当时世界上能量最高的医用电子直线加速器。60年代以来，先后主持建成成当时中国脉冲功率最大的速调管、30兆电子伏电子直线加速器、电子回旋加速器、电子静电加速器、中子管等，均获全国科学大会重大贡献奖。1981～1988年领导设计、研制和建造北京正负电子对撞机工程，1988年该对撞机顺利建成，获国家科学技术进步奖特等奖。90年代，领导建成北京自由电子激光器装置，成为亚洲第一台红外区自由电子激光。近半个世纪中，通过加速器领域的研究和建造，培养了一批有实践经验的人才，为中国实验物理，加速器物理及技术、电真空工业发展，起了重要推进作用。

发表研究论文数十篇；与他人合著或主编《速调管的群聚理论》、《北京正负电子对撞机和北京谱仪》等著作。多次获国家和省部级奖励，其中有中国科学院科学技术进步奖特等奖、国家科学技术进步奖二等奖等；获1995年胡刚复实验物理奖、何梁何利科学与技术进步奖；2011年获国家最高科学技术奖。（徐　骎）

皮帕德，A.B.(Pippard，Sir Alfred(Brian))　英国人，1920年9月7日生于英国伦敦，2008年9月21日卒。低温物理学、超导理论。

工程学教授的儿子。小时候他的好奇心就被低温物理所吸引。后来在剑桥大学受教育，1941年毕业。战争使他转到雷达天线的设计上来。第二次世界大战后，回到剑桥大学研究低温，1949年获硕士学位。留校任教。1956年当选为英国皇家学会会员。1960年被选为剑桥大学的普卢默讲座教授，1965年任新成立的霍尔研究生院的第一任院长。1971年接替S.N.莫特成为卡文迪许物理学教授兼实验室主任、物理系主任。1975年被封为爵士。

1951年左右，他提出关于超导体的一种非局域理论。认为超导体的电子具有一种特性，他称为相干性。在一个地点加上扰动改变其性质时就会影响到金属的某个范围。用以量度这个范围的长度叫做皮帕德相干长度。在微观理论中，这个相干长度相当于一个库珀对的大小。由此出发导出了关于电流和磁场的关系式。这是早先F.伦敦和H.伦敦所得方程的非局域性推广。在BCS超导理论发表后不久，他的关于杂质将会缩短相干长度的猜测被BCS理论所证实，并在实践中用来生产杂质超导体。这种超导体载有电流并产生很强的磁场而不会出现电阻。

在研究一般导体中微波的传导性问题时，与同事们一起阐明了另一种非局域现象——异常趋肤效应。他们发现，给定导体在低温下其表面对微波的吸收由其传导电子的费米面的形状所控制。这一发现导致了一系列的实验和理论的结果，从而解释了支配金属中电子运动的动力学定律以及不同金属中这种运动在细节上的区别。 （唐玄之）

洪朝生(Hong Chaosheng) 中国北京市人，1920年10月10日生于北京。低温物理学、低温工程。

1936年入清华大学电机工程系，1940年西南联合大学毕业。留校任教。1948年获美国马萨诸塞理工学院物理学博士学位。先后在美国普度大学、荷兰莱顿大学实验室从事研究工作。1951年回国后，历任清华大学物理学系教授、中国科学院应用物理研究所副研究员，物理研究所研究员、副所长，低温技术实验中心主任、名誉主任，理化技术研究所研究员。兼任国际制冷学会A_1/A_2委员会副主任、中国物理学会副理事长、中国制冷学会副理事长、国际低温工程委员会副主任等职。1980年当选为中国科学院学部委员(院士)。

中国低温物理与低温技术研究的开创者之一。1950年在美国普度大学研究半导体锗单晶低温输运现象的实验中，发现了杂质能级上的导电现象，并提出了半导体禁带中杂质导电的新概念，这一工作开创了研究无序系统电子输运问题的新领域，获得了学术界高度评价。20世纪50年代后，创建了中国科学院物理研究所低温物理实验室，建造了氢、氦液化系统，开始了中国的低温与超导研究，进一步开拓了低温制冷与实验技术研究；参与创办了中国科学技术大学低温物理专业；负责组建和主持了中国科学院低温技术实验中心，致力于低温工程技术与低温物理的综合研究与应用开发；积极参与中国制冷学会和国际低温工程理事会的学术组织工作，推动国内外教学、科学研究和学术交流。

发表有“氧化物阳极的热电子发射”、“锗在低温下的电阻率与霍尔系数”等重要学术论文。曾获得1978年科学大会奖和物理学会胡刚复物理奖。由于对中国与国际低温工程发展所作出的杰出贡献，2000年获国际低温工程委员会门德尔松奖，是首位获此奖项的中国科学家。 （巴素英）

南部阳一郎(Nambu, Yoichiro) 美国人，1921年1月18日生于日本东京。粒子物理学、量子色动力学、超导理论。

日本裔。教师家庭出身。1942年获东京大学理学士学位。后应征入伍，成为联络官。1950年聘任新建大阪市立大学物理学教授。1952年获东京大学物理学博士学位。同年去美国，1952～1954年在普林斯顿高等研究院工作。1956～1991年任芝加哥大学理论物理学教授。期间加入美国籍。1971年入选美国国家科学院院士、美国文理科学院院士。1984年入选日本学士院荣誉院士。

对构建物质结构的标准模型作出了重大贡献，该理论解释了基本粒子之间的相互作用。20世纪40年代，战后在朝永振一郎主持的东京研究小组中从事固体物理学、量子电动力学有关课题研究，在汤川秀树主编的《理论物理进展》(英文版)上发表了14篇论文，开始使同行瞩目。50年代，主要致力于用色散理论研究基本粒子特性。其中，在普林斯顿和另一位日本物理学家合作研究高浓缩核物质处理技术；1957年分析在斯坦福大学所做实验，预见到“矢性介子”的存在。50～60年代，参与构建物质结构标准模型。1959年发表论文解释超导性BCS理论(创立者巴丁等人获1972年诺贝尔物理学奖)中的一个矛盾，发现“自然对称破缺”的作用机理。表面看来，BCS理论违反了电磁理论的规范不变性原理(确保电荷守恒)，南部认为其实这一对称特征在许多情况下可以隐性存在，在超导状态下的金属原子会以一种新型粒子振荡的形式显现。随后，他同合作者G.乔纳-拉西尼奥(Giovanni Jona-Lasinio)继续发表“根据同超导性作类比的基本粒子动态模型”等两篇论文，成功创立介子理论。在这一动态模型中，对称破缺表现为成对的自旋基本粒子结合成3种可观察到的不旋粒子(称为π介子)。这一作用机理后被A.萨拉姆和S.格拉肖等人所用，发展为弱电统一理论而获诺贝尔物理学奖。1963年M.盖尔曼提出夸克假说。1966年南部提出色夸克理论而创立量子色动力学，认为每一夸克可分为3种类型(称为“色”)，色是8种可把夸克“胶合”起来的胶子的来源。1970年，发表论文论述纤维状物质粒子理论，后来科学界发展为超弦理论。

主要论文收入《南部文选》(1995年)，出版有《夸克》(1981年)等专著。获奖有：1970年美国物理学会海涅曼奖，1971年芝加哥大学杰出教授称号，1976年迈阿密大学奥本海默奖，1978年日本政府文化奖章，1982年美国国家科学奖章，1985年德国物理学会普朗克奖章，1986年意大利里雅斯特理论物理学国际中心狄拉克奖章，1994年沃尔夫物理学奖等。 （李啸虎）

谢希德(Xie Xide) 中国福建省人，1921年3月19日生于福建省晋江县(今属泉州市)，2000年3月4日卒于上海。固体物理学、半导体物理、高等教育管理。

父亲谢玉铭是物理学家，任厦门大学理学院院长和教务长。她从小受到良好的教育，品学兼优。1946年毕业于厦门大学数理系。后在上海沪江大学数理系任助教。1947年赴美国留学，在美国史密斯学院物理系读研究生并获硕士学位。1949年入美国马萨诸塞理工学院物理系，1951年获博士学位。1951～1952年参加

该校分子与固体理论的研究工作。1952年8月回中国，同年11月起一直在上海的复旦大学工作。1977年负责筹建复旦大学现代物理研究所，并任所长。1978年和1982年连续当选为中国物理学会副理事长，1978年任复旦大学副校长，1983年任校长。1980年当选为中国科学院学部委员(院士)。1981年起荣获美国、英国、日本、加拿大等国10余所大学授予的荣誉博士学位，并被选为美国文理科学院外籍院士。1988年当选为第三世界科学院院士。她的丈夫、生化学家曹天钦也是中国科学院院士。

20世纪50年代初在马萨诸塞理工学院工作期间，从事半导体物理的理论研究，回国后继续这方面的开拓性工作。1958年她协助筹建了上海技术物理研究所。20世纪60年代，在复旦大学筹建了固体能谱研究小组，这一时期主要从事群论方面的研究。70年代，进行与MOS器件有关的表面物理的研究，并试制成电荷耦合器件；指导半导体表面物理的理论研究工作，取得一些成果。

先后发表论文70多篇。主要著作有《氢键分子的紫外吸收》、《高压缩氢气的不透明度》、《半导体的谐振腔研究》(与他人合著)、《半导体物理学》(与黄昆合编)和《固体物理学》(2卷，与方俊鑫合编)等。 (沙振舜)

阿格纽，H. M. (Agnew, Harold Melvin) 美国人，1921年3月28日生于美国科罗拉多州丹佛，卒于2013年9月29日。*原子核物理学、核武器工程。*

1942年在丹佛大学学习化学，1948年获硕士学位。1949年在费米指导下获芝加哥大学哲学博士学位。1943～1946年在洛斯阿拉莫斯国家实验室工作。除了1961～1964年在欧洲最高联盟指挥部任科学顾问外，从1949年起一直在洛斯阿拉莫斯国家实验室工作，1970年任实验室主任。1957～1972年为美国空军科学顾问。1964～1970年任军队科学顾问委员会主席，1974～1978年任美国军队控制和裁军机构总顾问委员会主席。是美国国家工程院院士，美国物理学会、美国科学促进协会成员。

主要从事核武器研究开发。1942年在芝加哥大学参加美国军方的曼哈顿计划。1943年在洛斯阿拉莫斯测量必要的基本核截面，还参与了广岛原子弹TNT当量的测量。1949年与R. 塔什克(R. Taschek)及A. 海明迪杰(A. Hemmendinger)一起测量轻粒子反应截面，以发展热核武器。所从事的研究直接用于武器设计工作。还对核武器的存储和控制作出了贡献。1966年因对发展核武器系统的有效性和安全性作出贡献，获美国原子能委员会的劳伦斯奖。 (欧阳容百 王广厚)

肖洛，A. (Schawlow, Arthur) 美国人，1921年5月5日生于纽约州弗农山，1999年4月28日卒。*量子电子学、激光光谱学、激光工程。*

母亲原籍加拿大，父亲是拉脱维亚人。移民后裔。毕业于加拿大多伦多大学，1949年获物理学博士学位。1949～1951年在哥伦比亚大学、1951～1961年在美国贝尔电话实验室从事研究工作。1961年以后任斯坦福大学物理学教授，首任物理系主任，1992年为退休荣誉教授。1974年任美国物理学会电子和原子物理专业委员会主席。1975年成为美国光学学会会长。1977年成为马可尼国际研究员。还是美国国家科学院、美国文理科学院院士。

自20世纪50年代，和汤斯一道工作，合著《微波波谱学》(1955年)，在量子电子学方面做了许多工作，对微波激射器的出现作出贡献。自激光器问世以来，和N. 布洛姆伯根一直都在从事激光光谱学的研究。激光光谱技术是用激光束照射到物质上，物质吸收能量后会发出辐射，通过分析辐射的情况，确定物质中原子和分子的物理和化学性能。他们利用非线性光学现象，首创饱和吸收光谱和双光子光谱等方法，为发展高分辨率激光光谱作出重大贡献。1970年他用饱和光谱法首次观察到碘分子光谱的超精细结构。因激光工程和激光光谱学方面的研究，他与N. 布洛姆伯根获1981年诺贝尔物理学奖(与瑞典的K. 西格巴恩分享)。

发表过100多篇科学论文。还获得托马斯·杨奖章和奖金、巴兰坦奖章、利伯曼奖金。 (张庆华)

斯坦博格，J. (Steinberger, Jack) 英国-美国人，1921年5月25日生于德国巴特基辛根。*高能粒子物理学、中微子物理。*

父亲是犹太社团负责人，1934年全家由德国移居美国。先在伊利诺伊理工学院主修化学，后在芝加哥大学获理学士学位。1942年毕业后参军。后被派到马萨诸塞理工学院辐射实验室工作，在这里开始对物理学发生兴趣。1948年在芝加哥大学费米指导下完成论文。1948～1950年，在普林斯顿高等研究院、伯克利加利福尼亚大学做博士后研究。1950～1971年任哥伦比亚大学希金斯讲座教授。曾利用几个休假年到欧洲核子中心工作，1968年起则长期在此中心工作，1986年退休。获物理学博士学位。是美国国家科学院院士。

早在1930年泡利就预言了中微子的存在，但由于中微子只参与弱相互作用，穿透本领极强，所以实验上很难发现它的存在。1962年以前中微子只能在核反应堆中找到。1960年，斯坦博格和M. 施瓦茨、L. M. 莱德曼通过计算、分析，认为布鲁克黑文国家实验室的AGS加速器(交变梯度同步加速器)能够通过π介子的衰变产生足够数量的高能中微子。在美国原子能委员会的支持下，1961年他们与布鲁克黑文加速器部的丹拜(T.

Danby)等组成7人实验组，开始用加速器产生中微子的尝试。他们克服重重困难，到1962年6月通过快介子衰变实验，果然用加速器产生出中微子束流，并证实中微子至少有两种：电子中微子和μ子中微子。1963年欧洲核子中心的科学家用充满氟利昂的泡室，证实了他们所作的存在两种中微子的预言。他们的实验证实了粒子的二重态结构，为研究物质内部结构开创了新局面。他与施瓦茨、莱德曼由于用中微子束方法和通过发现μ子型中微子验证了轻子的二重态结构，3人共获1988年诺贝尔物理学奖。同年获美国国家科学奖章。

1968年来到欧洲核子中心，1974年由他领导世界上最大的一个高能中微子实验组，在近10年的时间内进行了多项实验，积累了大量数据，实验结果与量子色动力学的理论十分符合。（沙振舜）

哈恩，E.L.（Hahn, Erwin Louis） 美国人，1921年6月9日生于美国宾夕法尼亚州沙伦。*粒子物理学、微波波谱学。*

1943年大学毕业。1949年获伊利诺伊大学博士学位。曾在哥伦比亚大学工作。1955年在伯克利加利福尼亚大学任教，1961年升为教授。1971年入选美国文理科学院院士。1972年入选美国国家科学院院士。

1950年发现自旋回波，并持续多年对自旋回波进行理论探讨和技术改进。建立了自旋回波的基本理论。应用自旋回波技术，测量了和自旋相干有关的物理效应。还测量了液体化学环境对间接自旋交换作用的各种影响。以后研究了核电四极矩共振，和F.布洛赫最早获得核四极回波。他进行了核双共振实验，可在共振中检测原子核，并提出一种极其灵敏的核双共振方法，可以测量低浓度的原子核。研究过低温下的核弛豫效应，为研制测量1K以下温度的脉动核共振温度计提供了理论基础。还利用相干脉冲核共振预言并观测了激光光学中的自感透明现象。和达斯（T.P.Das）合著《核四极共振光谱学》。1971年获美国物理学会固体物理学巴克利奖、国际磁共振学会奖。（蒋澄华）

约克，H.F.（York, Herbert Frank） 美国人，1921年11月24日生于美国纽约州罗切斯特，卒于2009年5月19日。*粒子物理学、原子核物理学。*

1949年获伯克利加利福尼亚大学哲学博士学位。1961～1964年曾任圣迭戈加利福尼亚大学校长，并任物理学教授。在美国政府有关国家安全的许多顾问委员会和有关部门担任工作，曾是保密委员会顾问、白宫顾问。自1971年起为斯德哥尔摩国际和平研究院的顾问，1975年起为美国国际战略研究院的成员。1978年起是苏美限制战略武器会谈的美国代表团成员。1979年任日内瓦的全面禁止核试验谈判的代表团的大使级团长。也曾带领美国代表团参加联合国教科文组织的有关科技应用会议。

利用4.67米的同步回旋加速器所产生的高能量粒子，对中子-质子散射截面、π^0介子以及在核反应中产生的轻核进行研究。1950年开始转向应用核科学，协助建立了利弗莫尔实验室。在他的领导下研究和发展了核武器和热核武器。1962年获美国原子能委员会的E.O劳伦斯奖。（张玥明）

戴传曾（Dai Chuanzeng） 中国浙江省人，1921年12月21日生于浙江宁波，1990年11月18日卒于北京。*核物理学、核反应堆工程、仪器研制。*

出身教师家庭。1942年西南联合大学物理系毕业。先后在西南联合大学、昆明中山中学、清华大学任教。1947年赴英国剑桥大学卡文迪许实验室留学，1951年获利物浦大学博士学位。同年回国，历任中国科学院近代物理研究所、物理研究所、国家第二机械工业部北京401所、北京194所研究员、室主任、副所长，国家核工业部原子能研究所所长，原子能科学研究院院长、名誉院长。曾兼任国际原子能机构、国际核安全咨询顾问组首任成员，中国国家核安全专家委员会副主任，中国核动力学会常务副理事长等职。1980年当选为中国科学院学部委员（院士）。

中国著名核物理学家，主要从事实验核物理、反应堆物理、反应堆工程和核电安全研究，获重要成就。20世纪40年代在卡文迪许实验室留学，成为国际上首批从削裂反应中测得自旋宇称的学者之一。50年代，先后研制出卤素盖格计数管、强流管、防化兵用手提式检测仪、三氟化硼中子计数管等，并建立了相应生产工艺，为核物理实验和核武器试验提供了重要测试工具；研制出中国第一台中子晶体谱仪、中子衍射谱仪等多种仪器，居当时国际先进水平；建立大面积裂变中子谱屏蔽实验装置，为核潜艇设计提供可靠数据。60～70年代，组织建造大型电磁稳定同位素分离器等仪器，开展稳定同位素分离与分析，为核试验提供急需数据；研制核潜艇动力堆并完成辐照检验等多项重点项目；参加中国第一个大型材料热室设计和施工，为材料辐射试验研究开创了条件；开发单晶硅中子嬗变搀杂技术，应用于可控硅和大功率整流器生产获显著经济效益。20世纪80年代，主持研制成功微型中子源反应堆，获1987年国家科学技术进步奖一等奖；为建立中国核电安全体系作出突出贡献。多次获国家和省部级奖励。身后有《戴传曾论文选集》（1995年）出版。（徐 骎）

卡斯泰因，R.（Castaing, Raymond） 法国人，1921年12月28日生于摩纳哥，1999年卒。*电子显微学、仪器研制。*

毕业于巴黎高等师范学校。1951年任图卢兹大学讲师。1959年起任巴黎南方大学物理学教授。1968～1973年任法国航空研究局实验室的工程师。1977年入选法国科学院院士。1978年入选瑞典皇家科学院外籍院士。

主要研究电子显微镜。1951年在博士论文中发展了电子探针的微量分析原理，由于不考虑仪器参数，从而给出绝对测量。1955年和德康（J.Descamps）提出用“示踪”方法直接测量深度分布，同原子数的修正结合，使空间分辨率达1微米，探测极限优于万分之一。1958～1962年，和斯罗季昂（G.Slodzian）将离子显微镜和质谱测定结合起来，可在样品的宽面积上直接产生各种元素的分析图像。二次离子显微镜空间分辨率优于1微米，探测率优于百万分之一，深度分辨率极高(达几个原子层)。他还把磁过滤方法应用于电子显微镜成像的能量过滤中去，使得电子在穿过很薄人样品时，在逐点分析中可使空间分辨率达到十分之几纳米。

著有《电子探针微量分析》、《二次离子微量分析和能量选择电子显微镜》。他被誉为电子探针之父。1960年获富兰克林研究院J. P. 韦瑟黑尔奖。1975年获法国国家科学研究中心的金奖。还获得过一些国际奖励。

(欧阳容百　王广厚)

徐叙瑢 (Xu Xurong)　中国山东省人，1922年4月23日生于山东济南。光电子学、光电子工程。

原籍山东临沂。1945年昆明西南联合大学物理系毕业。1946年入北京大学物理系任教，兼修研究生课程。1955年获苏联科学院列别杰夫物理研究所副博士学位。回国后，历任中国科学院物理研究所副研究员，长春物理研究所研究员、所长、名誉所长，天津理工学院材料物理研究所所长，中国科学院激发态物理开放实验室主任，北方交通大学光电子技术研究所所长、教授。兼任中国物理学会副秘书长、发光学分科学会理事长、吉林省科学技术协会副主席、中国科学院长春分院副院长、《发光快报》与《发光学报》主编等职。1980年当选为中国科学院学部委员(院士)。

中国发光学的开创者和奠基人之一。20世纪50年代在苏联留学期间，首次发现不同能量的导带电子具有不同行为特征，在发光动力学研究中证明了过热电子存在，开创了过热电子研究的先河；建立了中国第一个发光学研究室，参与创建中国物理学会发光分科学会，推动了中国发光学系统研究。60～70年代，在中国率先进行了阴极射线发光、光致发光和场致发光的研究，在高激发密度、瞬态光谱、能量传递中都有新发现。80～90年代，用选择激发法研究了上千例癌血清的特异荧光，获得作为判据特征峰的定量标准，获1991年中国科学院科学技术进步奖二等奖、联合国教科文组织"科学技术之星"奖；首次在国际上提出第二代场致发光模型，为开发场致发光的全彩色显示屏奠定了理论基础；首次提出了分层优化方案以提高过热电子能量，扩大激发截面而获得蓝光；研制成功分层优化场致发光显示器并获得发明专利。

发表论文200余篇；出版《信息显示材料》、《半导体发光》、《固体发光》等著作。取得国家发明专利多项。1999年获何梁何利科学与技术进步奖。

(邓剑琪)

玻尔，A. (Bohr, Aage)　丹麦人，其人名也用Aage Niels Bohr，1922年6月19日生于丹麦哥本哈根，2009年9月8日卒于丹麦。核物理学、粒子物理学。

是N. 玻尔的第四个儿子。1940年入哥本哈根大学学习物理学，1946年在该校获硕士学位，1954年获博士学位。1944～1945年在美国洛斯阿拉莫斯国家实验室工作。1948年去美国普林斯顿高等研究院进修。1949年到哥伦比亚大学普平实验室工作一年多。1950年回哥本哈根大学，1956年任教授。1962～1970年任N. 玻尔理论物理研究所所长。1975～1981年任北欧理论核物理研究所所长。是美国文理科学院、美国国家科学院外籍院士。

大约在1950年，他在哥本哈根大学与纽约的哥伦比亚大学工作时，发现利用壳层模型去计算核的四极矩比观察值要小得多，因而他设法改良模型。在壳层模型的基础上假定，除奇数情况外，包含所有核子的核芯是球心。并提出：奇数核子会使核芯变形，这种变形对四极矩有附加贡献。还指出：由于核子的集体作用，核表面的行为像液滴表面一样，奇数核子引起的形变，将以波的形式穿过核芯散开出去，相当于表面振荡与转动。近壳层核的平衡态是球形，激发态相当于在平衡位置附近振动加上壳层模型单粒子的激发。当壳层部分填满时，核就形成永久性形变，呈椭球形。对这种变形核，低能态的激发型包含一个新转动自由度。虽然核不能像刚体那样转动，但是产生的光谱可以用以前研究分子的量子力学来处理。他与莫特尔逊对具有各种转动量子数的核模型计算了能量和其他性质，结果与实验符合得很好。

与B. R. 莫特尔逊提出核的统一图像，即把核壳层模型与以前的液滴模型结合在一起，这样既保留了壳层模型的主要形式，又带有液滴与核表面之间的相似。因此，与莫特尔逊和L. J. 雷恩瓦特分享了1975年诺贝尔物理学奖。他还获得教皇庇护十一世勋章、物理研究院卢瑟福奖、美国物理学会奖和福特基金会原子用于和平奖等。

对物理学的其他领域也有贡献，如超导与基本粒子等。他与B. R. 莫特尔逊合著《核结构的集体与个别粒子的形态》和《核结构》等书。

(汪玉芝)

戈德斯坦，H. (Goldstein, Herbert)　美国人，1922年6月26日生于美国纽约，2005年1月12日卒于美国。核物理学、核反应堆工程、核辐射防护工程。

1940年毕业于纽约市立学院。1943年在马萨诸塞理工学院获博士学位。1946年任哈佛大学物理系讲师。1950年加入核发展协会。1961年任哥伦比亚大学核科学与工程系教授。

主要贡献是发展核反应堆科学，特别是核辐射防护。核能和平利用的障碍之一是运行反应堆释放大量核辐射，所以辐射防护是非常重要的问题。但是解光子、中子穿透屏蔽物质的玻耳兹曼方程是一个相当复杂的问题。1950年，为此他使用当时刚出现的数字电子计算机进行大规模数值计算，求解玻耳兹曼方程，而不引入物理近似。与美国国家标准局合作，发展大规模程序，把矩方法应用于简单屏蔽中的光子衰减的计算。和小威尔金斯(J. E. Jr. Wilkins)合作发表"γ射线的穿透的计算报告"，提示从水到铀厚度为20个平均自由程长度各种吸收体中能量为0.25～10兆电子伏的光子穿透率。给出薄防护层的穿透机制，得到的计算结果很快推广应用于反应堆设计、放射医疗、食品和其他材料辐照消毒以及放射性沉降物遮体等领域中去。在中子方面，和合作者把矩方法应用于普通慢化剂和防护材料(例如轻水、重水、铍、石墨、锂等氧化物)的裂变中子穿透率的计算。从1956年开始，设计了中子截面的计算机系统。这个系统已成为各国科学家和政府实验室在核研究方面进行国际合作的大胆尝试。1962年获美国原子能委员会劳伦斯纪念奖。 (欧阳容百 王广厚)

莱德曼，L. M. (Lederman, Leon Max) 美国人，1922年7月15日生于美国纽约。*粒子物理学、中微子物理学。*

俄国移民后裔。1943年获纽约市立学院化学学士学位。1951年在哥伦比亚大学获博士学位。留校任教，1958年任教授，担任过尼维斯实验室主任。1979年起任费米国家加速器实验室主任。1989年任芝加哥大学物理学教授。1992年为伊利诺伊理工学院科学教授。1965年入选美国国家科学院院士。

在高能粒子性质及其相互作用的实验研究方面作出了重大贡献。1956～1957年参加一项实验，使用了国立布鲁克黑文实验室的3×10^9电子伏的宇宙线级加速器，结果发现了长寿命的中性K介子。1957年和合作者完成了推翻宇称守恒原理的两个实验之一：μ子衰变中的宇称不守恒(该实验是由李政道和杨振宁为验证弱作用下宇称不守恒的理论而提出的)。此实验还测出了μ子的磁矩，与狄拉克理论相符合。1961～1962年他与J. 斯坦博格、M. 施瓦茨等人合作，通过快介子衰变实验，用加速器产生出中微子束流，证实存在两类中微子：与电子相联系的电子中微子和与μ子相联系的μ子中微子，在该实验中还第一次测出高能中微子截面，还验证了轻子的二重态结构。由于用中微子束方法和发现μ子中微子以及验证轻子的二重态结构，并引发了物理学标准模型的设定，他和斯坦博格、施瓦茨共同获得1988年诺贝尔物理学奖。

1965年，他在实验中观测到反氘，1973年和1974年分别观测到大横动量π介子和横动量电子。1975年和1976年观测到质量约为5×10^9电子伏的电子偶和μ子偶。1977年发现Υ粒子。

出版有《中微子物理学》(1963年)、《从夸克到宇宙：工具的发现》(1989年)、《科学：前景的终结》(1991年)等著作。除诺贝尔奖外，获1965年美国国家科学勋章，1982年沃尔夫奖，此外还获纽约大学哈里斯奖章、富兰克林学院克雷森奖章。 (蒋澄华)

沃尔夫，E. (Wolf, Emil) 美国人，1922年7月30日生于捷克斯洛伐克布拉格(今属捷克)。*光学。*

捷克裔。1948年获英国布里斯托尔大学哲学博士学位。1955年获爱丁堡大学理学博士学位。1959年到美国任罗彻斯特大学光学客座副教授，1961年任该校物理学教授，后又任光学教授。1978年为美国光学学会会长。

在经典物理的框架内系统阐述了部分相干光的严格理论，为现代光学的发展作出了贡献。1955年给出了两束相干光在叠加区内的光强分布相关性(即所谓“相干函数”)的精密实验测定法。证明在自由空间相干函数服从两个波动方程。选取适当近似，由这两个波动方程可以得到所有以前已知的与部分相干有关的结果。又成功地将其理论应用于光的偏振。1959年出版的和M. 玻恩合著的《光学原理》是一本很好的教科书。1977年获美国光学学会的艾夫斯奖。 (张玥明)

科克伦，W. (Cochran, William) 英国人，1922年7月30日生于英国苏格兰牛顿米恩斯。*X射线晶体学。*

1943年毕业于爱丁堡大学，后在该校化学系当研究生。1946～1964年在剑桥大学卡文迪许实验室工作，期间曾两度离开实验室赴美国和加拿大短期工作。1964年回到爱丁堡大学任物理学教授。1962年当选英国皇家学会会员。

研究领域介于晶体学与固体物理之间的边缘科学。20世纪40年代后期，对核酸化合物的线度进行了测定，50年代初藉助X射线晶体学技术确定比较简单的分子的立体化学性质。用X射线进行晶体结构分析不只是简单地测定射线的强度，还涉及到晶体内的电子密度、相角等许多无法直接测定的量。理论上为解决这一问题作出了许多贡献。实验证明他的理论大多数是有效的。著有《晶体结构测定》和《晶体中的原子动力学》等书。1978年因对X射线晶体学和晶格动力学的贡献，获英国皇家学会授予的休斯奖章。 (蔡祺德)

威尔金森，D. H. (Wilkinson, Sir Denys (Haigh)) 英国人，1922年9月5日生于英国利兹。*原子核物理学。*

1943年获剑桥大学耶稣学院文科硕士学位。后在英国和加拿大从事原子武器的研制工作。1946年进剑桥大学卡文迪许实验室，1947年获博士学位。1957年任牛津大学教授，并任该校核物理实验室主任。1976年任萨塞克斯大学副校长。

主要贡献在核物理的理论和设备方面。1947年提出了模拟-数字转换原理，能稳定地、线性地把核实验中的电脉冲振幅转换为成比例的时间间隔，然后再由振荡器把间隔数字化。这样把电脉冲的振幅分析问题化为普通的计数和发送到存储器的问题。如今脉冲振幅分析器已渗透到整个核科学技术中。在核理论方面，1953年开始阐明光致核巨共振的机制。所有的核与γ射线共振相互作用的吸收截面是γ射线能量的函数，用一中心为15～20兆电子伏、宽为几兆电子伏的巨共振描述，并用壳层模型来描述巨共振的能量。还对同位旋量子数以及β辐射中轴向β衰变次级电流的存在可能性进行了广泛的实验。1957年获法国物理学会霍尔韦克奖。 (张玥明)

德默尔特，H. (Dehmelt, Hans) 美国人，1922年9

月9日生于德国格里茨。粒子物理学、微波波谱学。

原籍德国。从10岁起就是一个业余无线电爱好者。1940年在柏林一所中学毕业后到德军服役，曾被军队派往布雷斯劳技术大学学习物理学。1946年到格丁根大学学习，获博士学位。后在格丁根大学与杜克大学工作。1961年入美国籍，成为拥有德国-美国双重国籍的人。在华盛顿大学先后任助理教授、副教授、教授等职。1978年入选美国国家科学院院士。

在作博士论文期间，用射频谱仪研究大的离子单晶时，发现了核四极共振。以后又研究了溴、铅、硼、汞、硫和铋等许多元素的四极共振。研制单电子振荡器，监测回旋加速器中轨道半径与自旋方向，并获得了迄今为止磁矩的最精确数值。还研究触发技术，1957年提出用光学边频带冷却(即原子微粒的无线电冷却技术)来获得低温。1958年起就开始研究用磁场形成的陷阱把电子或其他带电粒子存贮在隔绝状态的实验方法。和合作者不断改进实验原理和实验装置，历经二三十年，终于在20世纪80年代取得重大成果。他设计的实验装置，可以把单个自由电子长期存贮在所谓的彭宁(Penning)阱里，让它作受迫振动，并不断从电子的运动提取有关电子特性的各种信息。他的小组测到的电子g因子，比别的方法精确几十倍。由于创造捕集原子的方法以达到能极其精确地研究一个电子或离子，因此和W.保罗以及N.F.拉姆齐共享1989年诺贝尔物理奖。此外，1970年获美国物理学学会戴维森-杰默奖。著有《储存离子的射频光谱学》等书。（汪玉芝）

小福斯特，J.S.（Foster，John Stuart，Jr.） 美国人，1922年9月18日生于美国康涅狄格州纽黑文。核物理学、核武器工程、真空技术。

1952年在伯克利加利福尼亚大学获得哲学博士学位。同年成为劳伦斯辐射实验室的工作人员，1953年起从事核武器的研究，1961年任劳伦斯辐射实验室主任。1965年任国防研究和工程主任。1976年成为TRW公司能源系统研究开发部副主任和总经理。

主要贡献是对核技术在军事上和民用能源上的应用的研究。在进行核爆炸的设计计算和实验研究中，发展了极高压力下物质性质的研究，并把核爆炸方案中的技术用于大规模水道开凿、运土工程项目以及天然气、石油和矿物资源再生新技术。首先开展了核武器系统的操作和控制研究，并为迅速地获得高真空而研究开发了第一台大规模离子泵。这一成果已应用于美国可控热核反应装置的方案中。

由于在发展核武器研究中的特殊贡献，1960年获美国原子能委员会的劳伦斯奖。1969年获美国国防部卓越功勋奖章、国防工业联合会的纪念奖。1974年获德意志联邦共和国的功勋勋章。（欧阳容百　王广厚）

杨振宁（Yang，Zhen-Ning，英文名 Chen-Ning Franklin Yang） 华裔美国人，1922年9月22日生于中国安徽合肥县(今合肥市)。粒子物理学、统计物理学、量子场论。

父亲杨武之是清华大学著名数学教授。他本人在清华园中长大。1942年在昆明西南联合大学获学士学位。接着获在昆明的清华大学研究院硕士学位。他从王竹溪和吴大猷教授处受到了演绎法方面的良好教育和训练。1945年赴美国留学，又在芝加哥大学E.费米和E.特勒教授处受到了归纳法方面的良好教育和训练，1948年获物理学博士学位。留校任教一年。1949年去普林斯顿一级研究院，1955年任物理学教授。1950年与杜致礼女士结婚。1965年入选美国国家科学院院士。同年去纽约州立大学石溪分校任A.爱因斯坦物理讲座教授兼理论物理学研究所所长。1994年当选为中国科学院外藉院士。

最重要的科学贡献是：1956年与李政道一起提出弱作用中宇称可能不守恒的学说。当时在粒子物理学研究中，出现了令人困惑的τ-θ之谜。人们发现了τ和θ两种带电介子，前者蜕变为3个π介子，后者蜕变为2个π介子。由于π介子的内禀宇称为负，宇称守恒将表明，τ应是负宇称介子，而θ应是正宇称介子。然而τ和θ的质量和寿命几乎一样。如果宇称守恒，τ和θ应是不同粒子，而具有几乎相同的质量和寿命便十分费解。如果τ和θ是同一粒子，那么在它们的蜕变过程中宇称应当不守恒。他和李政道对弱作用问题进行了详细研究，发现当时宇称守恒定律在弱作用过程中是否成立竟然还没有任何实验证据。因此，他们提出了可以用来检验宇称是否守恒的一系列实验。第一个实验检验是由吴健雄和她的合作者完成的。以后的一系列实验结果也均证明弱作用中宇称确实是不守恒的。为此，他与李政道共获1957年诺贝尔物理学奖。获奖时他们两人还持有中国护照，后来才都加入美国籍。

1954年，与米尔斯(R. L. Mills)提出了关于粒子物理的一个新理论，叫做非阿贝耳规范理论。20世纪60年代，这个理论经过希格斯(P. W. Higgs)、S.温伯格、S.格拉肖和A.萨拉姆的发展，获得了强大的生命力。普遍认为，这个理论将是建立自然界四种基本作用统一理论的基础。1983年欧洲核子中心发现的$W^{\pm}$实际上就是一种杨-米尔斯规范粒子，而同年发现的Z^0也是经过混合的这种规范粒子。

1949年，与李政道、M.罗森布拉思合作，最早提出存在普适弱作用的思想。在统计物理方面，他与李政道研究过一种相变(常称为李-杨相变)。在超导理论方面，他在60年代提出“非对角长程序”概念，还作了关于“磁通量子化”的证明等。在引力理论方面也有所发展，爱因斯坦-杨振宁场方程的建立引起了许多学者的兴趣。

还获得过许多其他奖，如1957年爱因斯坦纪念奖、朗福德奖章等。（周精玉）

戈德伯格，M. L.（Goldberger，Marvin Leonard） 美国人，1922年10月22日生于美国芝加哥。*粒子物理学、高能物理学、核反应堆工程。*

1948年获芝加哥大学博士学位。随后在加利福尼亚大学、马萨诸塞理工学院进行研究工作。1950年回芝加哥大学工作。1970～1976年任普林斯顿大学物理系主任。1978年任加利福尼亚理工学院院长。1963年入选美国国家科学院院士。1965年入选美国文理科学学院院士。

1944年参加曼哈顿原子弹工程，从而开始研究核物理。一度从事反应堆设计。也曾和F.塞茨一起研究过晶体中的中子散射理论。1948年转入研究高能物理和基本粒子物理。在E.费米指导下，曾用蒙特卡罗法发展了高能核反应理论。这是涉及到屏蔽高能加速器以及高能核反应中的重核的基础理论。几年后开始研究核子—核子散射和脉冲近似理论。1953～1961年研究色散理论。该理论是分析π介子和核子散射实验的基本理论方法，也是用来研究强相互作用和弱相互作用的基本方法。因此，色散理论已成为理论物理的基础之一。由于出色地发展了色散理论，1961年获美国物理学会海涅曼奖。著有《碰撞理论》(1964年，与W.沃森合著)等。

（蔡祺德）

巴索夫，Н. Г.（Басов，Николай Геннадиевич；Basov，Nicolai Gennediyevich） 俄罗斯人，1922年12月14日生于苏联沃罗涅日，2001年7月1日卒于莫斯科。*量子电子学、激光工程。*

教授的儿子。1941年中学毕业后服兵役。1948年任莫斯科列别捷夫理工学院实验室助理。1950年毕业于莫斯科工程物理学院，1957年获物理-数学博士学位。1963年任莫斯科工程物理学院教授。1962年被选为苏联科学院通讯院士，1966年为院士。是《自然》和《量子电子学》杂志的主编。

是发展激光技术的先驱，为脉塞的发明奠定了理论基础。和A.M.普罗霍罗夫根据爱因斯坦的受激辐射理论推论出粒子数反转是放大电磁辐射的一种实用方法。如果使气体获得高能量，在适当的外界条件下，可以造成粒子数反转，使气体处于激发态，同时产生大量的微波辐射。关键性的条件是通过某些类型的谐振电路，产生输入波的正反馈迫使电子达到高能态，并保证由高能状态到低能状态的受激跃迁得到的能量增益大于电路的损耗。1954年美国的C.H.汤斯首先用受激分子氨作为激活元素研制出一个微波量子放大器(脉塞)。1955年巴索夫和普罗霍罗夫制成氨分子束分子发生器，提出产生非平衡量子系统的三能级法，广泛用于量子发生器和射频与光学波段的放大器。1958年提出利用半导体制造激光器的想法。发展了制造各种类型半导体激光器的方法。1961年起转向在热核反应中利用激光可能性的研究。他们开创了量子电子学这门新学科，预言并实现了半导体激光器的可能性。为此，他们和汤斯共获1964年诺贝尔物理学奖。

（陆伟良　沙振舜）

菲奇，V. L.（Fitch，Val Logsdon） 美国人，1923年3月10日生于美国内布拉斯加州梅里曼。*粒子物理学。*

1943～1945年，中学毕业后应征入伍，成为特种工程兵参加了世界第一颗原子弹试验。1948年毕业于加拿大蒙特利尔的麦吉尔大学。1954年获哥伦比亚大学物理学博士学位。1953年为哥伦比亚大学讲师。1954年进入普林斯顿大学，1966年成为教授，1976年任物理系主任。是美国国家科学院、美国文理科学院院士，总统科学顾问委员会等机构的成员。

主要从事粒子物理研究。在这一领域写过许多第一流的论文。在哥伦比亚大学，把μ子的质量、轨道和能级搞清楚后，又转向K介子的研究。1956年李政道和杨振宁否定了在弱相互作用下宇称守恒，同时电荷共轭的守恒也不再成立。但认为在完成镜面反射后再将粒子换成反粒子，物理定律仍保持不变，即宇称和电荷共轭(即CP)复合对称性还是守恒的，而且曾被一些实验所证实。1964年在美国布鲁克黑文国家实验室，他和J.克罗宁等人设计实验检验CP联合反演是否守恒。根据理论分析，在弱相互作用下，如果CP联合反演守恒，K_L^0只能衰变为3个π介子而不能衰变为2个π介子。他们在实验中，从23 700起K_L^0衰变的事件中，发现有45起衰变为2个π介子的事件，CP联合反演守恒遭到微弱的破坏。这是继发现弱相互作用下宇称不守恒以来的又一次重大发现，使人们对微观世界的认识深入一步，而且可解释宇宙起源的大爆炸问题。由于在实验上发现破坏CP守恒律的实例，他和克罗宁同获1980年诺贝尔物理学奖。

（张庆华　汪玉芝）

吴式枢（Wu Shishu） 中国江西省人，1923年5月27日生于北京，2009年2月27日卒于长春。*原子核物理学、电介质物理学。*

原籍江西宜黄。1944年上海同济大学工学院机械系毕业。留校任教。1947年赴美国伊利诺伊大学研究院深造，1948年获硕士学位，1951年获博士学位。同年回国，后任大连工学院应用物理系教授。1952年起，历任吉林大学物理系教授、副系主任、系主任、名誉系主任。兼任中国核物理学会副理事长、吉林省物理学会理事长、吉林省科学技术协会副主席等职。1980年当选为中国科学院学部委员(院士)。

主要从事原子核理论特别是核多体理论方面的研究与教学。20世纪50年代，应用壳模型理论处理μ介子吸收和光核效应，被国际上称为“吴模型”。60～70年代，建立和发展了格林函数方法和非线性积分方程理论；深入探讨无规和高阶无规位相近似法，提出了“推广的组态混合法"。80～90年代,利用格林函数方法系统研究了零温和有限温的核性质和核结构,得到了有限温和相对论等效相互作用的严格表达式,"核多体理论与格林函数方法的研究"获1982年国家自然科学奖三等奖;建立了测定介电常数来判定水淹层的"相位介电测井"新方法,解决了判断油田水淹层的难题;提出非厄米单粒位阱理论,解决了学术界长期悬而未决的难题;主持研究强作用对核反应的催化效应,以及强子结构与核的相互作用等问题,发展了强作用与相对论核多体理论。获国家和省部级奖励多项,其中有1978年全国科学大会奖等。 (邓剑琪)

冯端(Feng Duan) 中国浙江省人,1923年6月11日生于江苏省苏州市。*固体物理学、金属物理学、晶体学。*

出身书香门第。中国科学院院士、数学家冯康之弟。1946年毕业于国立中央大学物理系。1946～1952年先后为国立中央大学、南京大学物理系助教。1952年为南京大学讲师,1963年为副教授,1978年起为教授。1958～1984先后任南京大学物理系金属物理、晶体物理教研室主任。1979年起任南京大学固体物理研究所所长。1984年兼任南京大学研究生院院长。1985年兼任南京大学固体微结构物理国家实验室主任,后改任名誉主任。1980年当选为中国科学院学部委员(院士)。1993年当选为第三世界科学院院士。

在固体物理学多方面获得出色成果。1962～1965年发展了显示位错空间组态的实验方法和分析位错网络的理论方法,全面地澄清了体心立方金属中的位错类型、位错组态和亚晶界的位错结构。1974～1985年,对电子显微镜的衍衬方法、X射线形貌方法,以及双折射貌相方法中的晶体缺陷成像理论和实验方法有所突破,并获得了出色的成果:首次同时获得α界面X射线的明场与暗场动力学衍衬像;基于球面波理论阐明了第一条纹的像结构;获得α界面位移矢量的确切信息。

在电子显微镜方面,首次在理论上和实验上澄清了反界面的衍衬机制;在铁电相变过程中发现了具有准二维周期的微畴结构;研究了公度相及其相变过程中的动力学行为,确定了公度畴内的原子组态,给出了公度相结构和公度错的微观模型。在双折射貌相方面,首次将双折射像方法巧妙地应用于旋光晶体;首次直接观察到单个螺型位错的应力场,并基于各向异性的弹性与光弹理论,得到了螺型位错的成像规律。

1972～1984年,系统地研究了晶体生长过程中晶体缺陷的形成和分布规律,利用这些规律成功地生长了具有周期调制结构的聚片多畴晶体;在国际上首次实现了激光倍频的准位相匹配,观察到倍频增强效应。

与合作者撰写《金属物理》(2卷,1964年)是中国金属物理领域中的权威著作。他还撰写出版《凝聚态物理学新论》(1992年)等专著。1982年和1995年先后获国家自然科学奖二等奖和三等奖。获1996年何梁何利科学与技术进步奖,2000年陈嘉庚数理科学奖。

(闵乃本)

李林(Li Lin) 中国湖北省人,1923年10月31日生于北京,2002年5月31日卒于同地。*化学物理、核反应堆工程、超导物理学、冶金工程。*

原籍湖北黄冈。1944年广西大学机械工程系毕业。1946年留学英国,1948获伯明翰大学物理冶金硕士学位,1951年获剑桥大学冶金和材料科学博士学位。同年回国,先后任中国科学院上海冶金研究所副研究员,国家第二机械工业部原子能研究所、中国科学院高能物理研究所和物理研究所研究员。1980年当选为中国科学院学部委员(院士)。她的父亲李四光、丈夫邹承鲁都是中国科学院学部委员(院士),一家三口同为院士,在中国科技界迄今为止仅此一家。

中国知名的蒙古族女物理学家。20世纪50年代,她成功地运用热处理法和加合金法改善球墨铸铁基体韧性以替代钢材使用;研制以石墨作为炉衬克服包头铁矿含氟炉渣的腐蚀;用微量硼替代低合金结构钢中的镍和铬合金成份,开发出高强度微量硼低合金钢,成为冶金部部颁标准钢。60～70年代,从事有关生产反应堆、核潜艇反应堆等的材料与元件抗辐射损伤研究,解决了国产天然铀棒的辐照肿胀、铝包壳的辐照腐蚀、铝合金工艺管的辐照腐蚀对机械性能的损害、压力壳钢的辐照脆性等一系列问题,为中国核工业和国防军工发展作出了贡献。1973年开始从事超导研究。80年代以后,1980年首次获得临界温度为23K的超导材料鎵鈮铝化合物(Al_5Nb_3Gc)薄膜,发现了新机制和成相规律,1987年后又先后用磁控溅射后热处理两步法制备出两种高温超导薄膜以及其他器件,达到当时国际水平。发表论文百余篇。多次获国家和省部级奖励,其中有1991年中国科学院科学技术进步奖一等奖、1992年国家科学技术进步奖二等奖等。 (巴素英)

吴全德(Wu Quande) 中国浙江省人,1923年12月12日生于浙江黄岩,2006年1月10日卒于北京。*光电子学、表面物理学、微米纳米技术。*

小店主家庭出身。1943年赴昆明入西南联合大学学习,1947年清华大学电机系毕业。留校任教。1952年院系调整时转到北京大学物理系任教,1978年晋升为教授。后为北京大学无线电电子学系教授,1997年起任北京大学纳米科学与技术研究中心主任。兼任国防科学工业委员会夜视专业组副组长、中国科学院真空物理实验室学术委员会副主任等职。1991年当选为中国科学院学部委员(院士)。

长期从事电子物理薄膜和表面电子学研究,有多项重要成果。1963年率先提出光电阴极固溶胶理论;1966年提出离子晶体或共价晶体中固溶胶粒的形成和生长理论。70～80年代,1979年提出银氧铯(Ag-O-Cs)阴极光电发射的物理模型,推导出长波光电发射的光电流密度和量子产额公式,计算了它的长波光谱响应理论曲线,得出对长波有贡献的平均银超微粒的直径约

3.1纳米，该理论被国际上称为“吴氏理论”；1985年与合作者提出多晶光电发射模型，以及对光谱响应有影响的两个参量，即晶粒间界处的位垒高度和光电子的界面损失率，从而对多碱光电阴极“多碱效应”作出了实质性解释；系统研究金属超微粒子—半导体薄膜材料的结构和特性，提出固体表面原子团、超微粒形成和生长理论，并推广到外延生长条件等问题，获1987年国家自然科学奖三等奖、1988年国家教委科学技术进步奖二等奖。90年代后，创立和主持纳米科学与技术研究中心，在单壁碳纳米管、超高密度信息存储、针尖化学等方面取得了创新成果；1998年起参与主持国家重大项目“纳米电子学基础研究”，主要成果达到了国际先进水平，其中超高密度信息存储成果处于当时国际领先水平。发表论文150多篇，编有《吴全德文集》；出版有《薄膜物理》、《艺术与科学的融合》等著作。（侯柏勤）

安德逊，P.W.（Anderson，Philip Warren） 美国人，1923年12月13日生于美国印第安纳州印第安纳波利斯。*超导理论、磁学。*

在哈佛大学主修电子物理，1943年以最优异的成绩获得物理学学士学位。1943～1945年在海军研究实验室工作，获海军上士军衔。后又回到哈佛大学，跟J.H.范弗莱克做关于光谱线压力加宽的博士论文，1949年获物理学博士学位。1949～1984年在贝尔电话实验室工作。期间在1967年成为剑桥大学终身客座教授，每年一半时间在此工作，直到1975年为止。1975～1984年兼任普林斯顿大学教授。1976年起在贝尔电话实验室任顾问委员会主席。1966年成为美国文理科学院院士。1967年为美国国家科学院院士。

在气体光谱中，当气体密度足够大时其光谱线会变宽。为了用分子的相互作用来解释谱线的宽度，他在洛伦兹等人简单理论的基础上发展起一种解决此问题的普遍方法，可用于从微波到红外线的整个波谱范围内。这种方法现今仍在使用。

他接着把注意力集中到绝缘磁性材料（如铁氧体）上，研究是什么原因使得原子磁矩和自旋能整齐排列起来，在已有的“超交换”概念的基础上，探索相互作用的机制，后来他解决了这方面的问题。

在解决超导领域一系列问题中也作出了贡献。例如，缺陷对超导的影响有时很小有时又很大，使人困惑难解。他的“脏超导体理论”以及有关的工作使得这个问题变得可以被理解。1962年在剑桥大学当研究生的B.D.约瑟夫森发现了隧道超导电流现象（称为约瑟夫森效应）时，许多人不相信。1963年安德逊在英国当客座教授时与罗厄尔（J.Rowell）共同做实验，结果证实了隧道超导电流的存在。

1960年与学生一起讨论了用BCS理论解释各向异性物质物理性质问题。又与布林克曼（W.F.Brinkman）运用多体理论解释了液态氦3（^{3}He）这一物相的存在及其性质。这种强烈各向异性相现在称为ABM相，其中A、B是安德逊和布林克曼两人姓氏的首字母。

和N.莫特、J.H.范弗莱克三人由于在磁体和无序体系物质的电子结构理论上的贡献，获得1977年诺贝尔物理学奖。在授奖时特别提到他在1958年的“某些无规则点阵中不存在扩散”的论文。这篇论文由于超越了当时的工作水平，直至20世纪60年代中期，才逐渐为人们所重视。除诺贝尔奖外，还获得其他许多奖励，其中包括1978年古斯利奖章，1982年美国国家科学奖章等。（唐玄之）

戴森，F.J.（Dyson，Freeman John） 英国和美国双重国籍。1923年12月15日生于英国克罗索恩。*量子电动力学、数学物理。*

曾在剑桥大学读数学。第二次世界大战期间在皇家空军轰炸指挥部从事运筹学研究。战后到美国康奈尔大学读物理，1951年在该校任教授。还在普林斯顿高等研究院工作过。1952年入选英国皇家学会会员。1958年入选美国文理科学院院士。1964年入选美国国家科学院院士。

主要贡献在量子电动力学与物质稳定性等领域。20世纪30年代，量子电动力学虽已取得不少成就，但在数学处理上还存在一些问题。他把应用于各种实验情况的计算方法用公式统一起来，并指出H.A.贝蒂、J.S.施温格、R.P.费因曼等人所用的计算方法并不矛盾。还用数学方法来证明普通物质中电子与质子间的电磁力不能释放不确定的能量。又证明当电子违背泡利不相容原理时，物质将不稳定。泡利原理是物质稳定性的充分、必要条件。对铁磁性、场论、统计力学、相变、光学望远镜等均有研究并取得成就。（汪玉芝）

斯利克特，C.P.（Slichter，Charler Pence） 美国人，1924年1月21日生于美国纽约州伊萨卡。*金属物理学、波谱学。*

1946年、1947年、1949年在哈佛大学分别获文学士、文科硕士、博士学位。1949年任伊利诺伊大学物理系讲师，1955年任教授。1965～1969年成为美国总统科学顾问委员会成员。1968年参加远景探索研究中心工作。1970年在贝尔实验室从事技术工作，并成为哈佛大学协会成员。也是美国国家科学院院士、美国哲学学会成员。

第二次世界大战期间，曾设计出研究水底爆炸的电路。1949年与E.M.珀塞尔合写了关于电子自旋共振的博士论文。当H.S.古托夫斯基等发现化合物（例如三氟化磷PF_3）中有自旋—自旋耦合后，就与他们共同研究了这一问题，建立了“相互作用必须通过耦合电子的极化”的理论。1952年A.W.奥弗豪塞发现若以足够强的交变场使金属中导电电子产生电子自旋共振，则核的极化将比仅由静磁场产生的增加成千倍。但是这一发现曾被怀疑为违反热力学第二定律。他和学生卡弗（T.Carver）证实这一发现是正确的。1970年与H.G.德里卡莫提出一种解释德里卡莫观察结果的唯象理论。还与学生首先应用核磁共振技术来研究金属的自

扩散效应。著有《磁共振原理》等书。1969 年获美国物理学会兰茂尔化学物理奖。 (马见慈)

范霍夫，L. C. P. (Van Hove, Leon Charles Prudent) 比利时人，1924 年 2 月 10 日生于比利时布鲁塞尔，卒于 1990 年 9 月 2 日。*高能物理学、粒子物理学、量子力学。*

1954 年任乌得勒支大学理论物理教授。1960 年起任日内瓦的欧洲原子核研究委员会理论研究分部主任。1971～1974 年任普朗克物理研究所、慕尼黑大学物理学和天体物理学研究所科学理事会主席。1976 年为欧洲核子中心的一个研究项目主管。

最初的研究工作在数学方面，1948 年开始转向理论物理学。1950 年从事热中子在固体、液体和气体中散射问题的研究。1953 年指出可以用在不同时间各原子位置之间的相关性来测定中子散射。提供了实验上测定相关性的可能性。1954 年在解决把中子散射理论从简谐晶体扩展到非简谐晶体的困难时，对多体系统量子力学的发展作出了贡献。从 1960 年起转向研究基本粒子物理学，对高能碰撞特别是在多重子反应领域内的唯象理论作出了贡献。由于在统计力学以及高能物理方面的工作，获 1962 年美国物理学会海涅曼奖、1974 年德国物理学会普朗克奖。 (张玥明)

布吕克纳，K. A. (Brueckner, Keith Allen) 美国人，1924 年 3 月 19 日生于美国明尼苏达州明尼阿波斯。*原子核物理学、数学物理学。*

教授的儿子。1941 年进明尼苏达大学，因战时服役于空军而中断学业，1945 年获数学学士学位。一年后进伯克利加利福尼亚大学，1950 年获哲学博士学位。1951～1955 年在印第安纳大学任助教和副教授。1956 年任宾夕法尼亚大学物理教授。1959 年任圣迭戈加利福尼亚大学物理系主任。1961～1962 年任华盛顿防务分析学会副主席和研究所副所长，并从事多体问题研究。1971～1974 年在工业部门工作。1974 年后回圣迭戈加利福尼亚大学，从事激光核聚变的实验和理论研究。1969 年入选美国国家科学院院士。

主要研究原子核结构。在研究核力性质时，提出了许多有关核结构的带普遍性的问题，特别是在核饱和现象和核壳层模型方面。认识到在多体系统的理论问题上存在特有的困难，提出解决这些问题的办法，发展了多体问题变量程模型理论，是目前数学物理方面的最重要领域之一。它不但能应用于核结构，而且还适用于统计力学、固体物理及液体和固体理论。由于以上成就，获 1963 年美国物理学会海涅曼奖。 (王明馨)

白根元 (Shirane, Gen) 美国人，1924 年 5 月 15 日生于日本西宫市，2005 年 1 月 16 日卒于布鲁克黑文。*固体物理学。*

日本裔。在东京大学学习航空工程，1944 年获应用物理学工学士学位，1947 年获该校物理学理学博士学位。后留校研究铁电晶体物理学一年。自 1948 年起在东京工学院从事研究工作。1952 年赴美国宾夕法尼亚州立大学任助理研究员，继续研究原来的铁电晶体课题。1956 年 3 月在布鲁克黑文国家实验室工作一年后，1957 年起到西屋研究实验室工作。1963 年回布鲁克黑文国家实验室物理部。被选为美国国家科学院院士。

主要科学贡献是用布鲁克黑文高通量反应堆作为热中子源，系统研究固体中的相变，通过非弹性中子散射测量给出这些相变的机制；研究一维固体，是一维导体研究的开拓者之一。发表论文 700 余篇，被引用达 3 万次以上。出版专著《铁电晶体》(1962 年)、《使用三轴光谱仪观察中子散射反应》(2002 年)等。获 1973 年美国物理学会巴克利奖、1989 年美国检晶仪协会沃伦奖。 (夏元复)

丘，G. F. (Chew, Geoffrey Foucar) 美国人，1924 年 6 月 5 日生于美国华盛顿。*粒子物理学、原子核物理学。*

1944 年在华盛顿大学获理学士学位。1948 年在费米指导下获芝加哥大学哲学博士学位。曾任伯克利加利福尼亚大学物理系主任与劳伦斯实验室主任。1962 年入选美国国家科学院院士。1965 年入选美国文理科学院院士。

1952 年发展了汤川模型，认为核子与 π 介子间的力是交换核子得来的，因而解释了被核子散射的低能 π 介子。在研究核子间短程力时，与合作者引入了“共益放大”概念。提出没有一个强子是基本元，每一个强子都是另一个强子的复合物，它们依靠彼此间的交换力结合在一起，这样放弃了点状粒子组成的概念。还引入了强子散射振幅的分析矩阵，即 S 矩阵。著有《强相互作用的 S 矩阵理论》等。曾获美国物理学会休斯奖，美国原子能委员会劳伦斯奖、华盛顿大学校友会成就奖等。 (汪玉芝)

邓稼先 (Deng Jiaxian) 中国安徽省人，1924 年 6 月 25 日生于安徽怀宁，1986 年 7 月 29 日卒于北京。*核物理学、核武器工程。*

出身书香门第。出生后不久随父母迁往北平(今北京)。1941～1945 年在西南联合大学物理系学习，1945 年在北京大学物理系任教。1948 年赴美国普度大学物理系攻读研究生，1950 年获博士学位。同年回国，后在中国科学院近代物理研究所(1953 年改名物理研究所，1957 年改组为原子能研究所)从事原子核理论研究。1954 年任中国科学院数学物理学化学部副学术秘书。1958 年奉调到国家第二机械工业部新筹建的核武器研究所任理论部主任，此后历任该所副所长、所长，国家核工业部第九研究设计院副院长、院长，核工业部科学技术委员会副主任，国防科学工业委员会科学技术委员会副主任。1980 年当选为中国科学院学部委员(院士)。他为中国的核武器研究贡献了毕生的精力,因患癌症不幸在 62 岁时去世。隐姓埋名近 30 年,其秘密经历只是在他生命最后一个月里才得以披露,"两弹元勋"的美名才开始传扬。

中国核武器理论研究的奠基者之一,也是中国研制和发展核武器在技术上的主要组织者、领导者之一。20 世纪 50 年代,分别与何祚庥、徐建铭、于敏等人合作,相继发表了"β 衰变的角关联"、"辐射损失对加速器中自由振动的影响"、"轻原子核的变形"等论文,为中国核理论研究做了开拓性的工作。1958 年调到国家第二机械工业部核武器研究所任理论部主任后,负责领导核武器的理论设计,并开展爆轰物理、流体力学、状态方程、中子输运等基础理论研究,对原子弹的物理过程进行了大量模拟计算和分析,迈开了中国独立研究核武器的第一步。1962 年底,他主持起草了中国第一颗原子弹的理论方案。为使方案更符合实际,还率领一批研究人员前往西北核武器研究基地参加现场实验。1964 年,10 月 16 日,他在新疆罗布泊参加了中国第一次原子弹爆炸试验。这以后,与周光召合写了核武器理论设计的重要文献——"我国第一颗原子弹理论研究总结",还领导科学研究人员致力于核武器的小型化、实战化的研究,并率领理论部科学技术人员研究突破氢弹原理的可能途径。1967 年 6 月 17 日,在第一颗原子弹爆炸后仅仅两年零八个月,中国第一颗氢弹便爆炸成功,这与他的研究工作以及组织领导工作是分不开的。1982 年获国家自然科学奖一等奖。1985～1989 年先后获 4 项国家科学技术进步奖特等奖。1999 年被追授"两弹一星"功勋奖章。(宣焕灿)

艾格雷,P.(Aigrain,Pierre Raoul Roger) 法国人,1924 年 9 月 28 日生于法国维纳。*光电子学、半导体物理学。*

他作为法国海军官员被送到美国匹兹堡,在卡内基理工学院学习 3 年,1948 年获理学博士学位。1950 年获巴黎大学理学博士学位。1952～1954 年在黑尔大学任教。1954 年为巴黎大学教授。1961～1965 年任法国国防研究委员会科学主任。1965～1968 年任法国高等教育总长。1961 年被选为美国文理科学院外籍院士。

J. 巴丁及其合作者已经揭示在半导体中通过 p-n 结或通过光能发射少数载流子。而研究其机理有两个方向。艾格雷证明:在某些情况下复合机理的能量是以光的形式出现的,研究这些发射谱可得到半导体中能级的信息。1958 年他在布鲁塞尔半导体会议上提出,半导体中光发射可取激射形式,为制造半导体激光器开辟了可能性。光电磁效应用于制造光探测器,还出现了与此有关的其他效应,如光磁力学效应、光顺磁效应。最后这种效应使注入载流子有异常大的扩散长度。这些效应使艾格雷认为磁场中的半导体可能出现长寿命的激发,并重新考虑霍尔效应:当电场绕磁场转动时,霍尔效应的特性像非倒易电抗。从而为圆极化电磁波传播打开了通路。这就是螺旋子,它成为研究固体的重要工具。(欧阳容百 王广厚)

黄祖洽(Huang Zuqia) 中国湖南省人,1924 年 10 月 2 日生于湖南长沙。*核物理学、核武器工程。*

1944 年考入西南联合大学物理系,两年后转入清华大学物理系,1948 年本科毕业,1950 年获该校硕士学位。同年到中国科学院近代物理研究所(1953 年改名为物理研究所,1957 年改组为原子能研究所)工作,1962 年升任研究员。1965 年调至国家第二机械工业部第九研究院任理论部副主任。1980 年到北京师范大学低能核物理研究所任教授,先后任所长、名誉所长。1983 年兼任《物理学报》主编。1980 年当选为中国科学院学部委员(院士)。

1955 年 11 月至 1956 年秋,在苏联学习核反应堆技术期间,对苏联援建中国的重水反应堆独立进行了理论计算,纠正了原设计中对反应堆临界尺寸计算的错误。回国后,对中国第一个重水反应堆的启动和运行做了大量理论研究和计算工作。20 世纪 60 年代初,他在原子能研究所领导"轻核理论"小组,负责氢弹的预研工作。1961 年底以后,"轻核理论"小组改由于敏负责,他则奉命在继续参与氢弹预研工作的同时分出一半时间参加原子弹研制中所需的"状态方程"的理论研究,并探索中子源部件结构的设计。1964 年 6 月,中国成功地试验了第一颗原子弹之后,他与于敏先后领导的"轻核理论"小组被合并到第二机械工业部第九研究院中,他们全力以赴参与研究实现氢弹的具体途径。1967 年 6 月,在中国第一颗原子弹爆炸后仅仅两年零八个月,便成功地爆炸了中国第一颗氢弹,创造了世界上从原子弹试验成功到氢弹试验成功最快的记录,他为此作出了重要贡献。

20 世纪 80 年代,他对中子输运理论以及光子、带电粒子输运理论方面作了许多基础性研究工作。90 年代,则对氢分子激发态的相互作用及强激光场中的原子离化过程做了许多研究。

公开发表论文百余篇,主要论文收入《黄祖洽文集》(1994 年)。主要著作有《核反应堆动力学基础》(1983 年,与他人合著)、《输运理论》(1987 年)等。因参与主持研究原子弹、氢弹设计原理中的物理力学数学理论问题,获 1982 年国家自然科学奖一等奖。还荣获 1991 年国家教育委员会科学技术进步奖一等奖。1996 年获何梁何利科学与技术进步奖。(宣焕灿)

埃德隆,M. C.(Edlund,Milton Carl) 美国人,1924 年 12 月 13 日生于美国纽约州。*原子核物理学、核反应堆工程。*

在密歇根大学攻读数学与物理,获得学士、硕士、核科学和工程博士学位。1948年在橡树岭国家实验室工作。曾任密歇根大学核工程系教授、弗吉尼亚理工学院核工程系主任等职。1976年入选美国国家工程院院士。

在第二次世界大战期间，参与曼哈顿计划，对各个实验进行理论分析工作。对中子扩散与核裂变的链式反应堆设计有兴趣。一面在学校任教，同时还致力于建设反应堆。在印第安纳基地设计反应堆时，用光谱位移原理来控制反应堆，因而获得了1965年美国原子能委员会的劳伦斯奖。在第一个球形压水反应堆工作时，对节省中子和功率方面作出了根本性的改进。在从事轻水反应堆工作时，设计了燃料装配系统，节约了铀燃料。与格拉斯通(S. Glasstone)合著《核反应堆理论基础》。

（汪玉芝）

朱光亚(Zhu Guangya) 中国湖北省人，1924年12月25日生于湖北宜昌，2011年2月26日卒于北京。*核物理学、核武器工程、科学技术管理。*

原籍湖北汉阳。1941年考入中央大学，1942年转学西南联合大学并于1945年毕业。后留校任教。1946～1949年在美国密歇根大学研究生院原子物理专业深造，获博士学位。1950年回国，先后任北京大学物理系副教授，朝鲜停战谈判志愿军代表团外文秘书，东北人民大学(现吉林大学)物理系教授、系副主任，北京大学物理研究室副主任。1957年起历任国家第二机械工业部401研究所第二研究室副主任、副所长，第九研究院(核武器研究院)副院长，国防科学工业委员会副主任、主任，中国科学技术协会副主席、主席、名誉主席等职。兼任国务院学位委员会副主任、中国人民解放军总装备部科学技术委员会主任、中国核学会副理事长等职。1980年当选为中国科学院学部委员(院士)；1994年选聘为中国工程院院士，后任中国工程院院长。

中国核武器研制、核能源开发、国防科技的主要组织领导者之一。20世纪50年代，参与组建中国第一个原子能专业，培养了第一批原子能专业人才；参与建造和启动苏联援建的研究性重水反应堆，完成中子物理、反应堆物理参数测定工作；主持研制成功中国第一个实验性轻水零功率装置；参与组建中国核武器研究机构。60年代，主持编写"原子弹装置科研、设计、制造与试验计划纲要及必须解决的关键问题"(1962年)等文件，为中国首次核试验成功提供了行动纲领；和邓稼先等人一起主持实施中国自行研制核武器规划，并具体承担中子点火等关键技术课题指导，终于实现"两弹"技术突破：1964年10月16日中国第一颗原子弹爆炸成功，1967年6月17日中国第一颗氢弹爆炸成功；参与组织领导中国历次原子弹、氢弹试验及其武器化、小型化进程。

20世纪70年代，在负责核技术研究同时，参与组织筹建中国第一座核电站秦山30万千瓦核电站；研究开发核燃料生产和放射性同位素应用。80年代后，参与领导中国高新科学技术研究发展计划(863)的制定与实施、国防科学技术发展战略研究等工作。

多次获奖，其中有1985年、1988年国家科学技术进步奖特等奖，1996年何梁何利科学与技术成就奖，1999年国家"两弹一星"功勋奖章等。

（李啸虎）

达里茨，R. H. (Dalitz, Richard Henry) 英国人，1925年2月28日生于澳大利亚丁布拉，卒于2006年1月13日。*粒子物理学、核能工程。*

在澳大利亚墨尔本大学苏格兰学院学习时，由于老师的引导而对数学特别有兴趣，1944年获墨尔本大学文学士学位，1945年获该校数学、物理双学士学位。在剑桥大学三一学院读理论物理研究生，1951年获哲学博士学位。1951年起先后在美国康奈尔大学、斯坦福大学、布鲁克黑文国家实验室工作。1956年到芝加哥大学费米核研究所，1959年任教授。1960年被选入英国皇家学会。1963年成为牛津大学的英国皇家学会研究教授。

从事基本粒子理论的研究。在研究τ^+介子衰变为3个介子的能量分配问题时，1953年绘制总自旋J与宇称P的两维相图，即有名的达里兹图，这对研究衰变起积极作用。又建立适合于介子-重子过程的反应矩阵，提出达里茨—段共振态，以及核子三夸克结构的激发等，这些都为实验所证实。还对Λ超核、重Λ超核和$\Lambda\Lambda$超核$\Lambda\Lambda^6He$等进行研究。著有《奇异粒子与强相互作用》等书。获1966年英国物理学会麦克斯韦奖，1975年英国皇家学会休斯奖，1980年美国奥本海默奖章。

（汪玉芝）

江崎玲於奈(Esaki, Leo) 日本人，1925年3月12日生于日本大阪。*半导体物理学、仪器研制。*

1947年毕业于东京大学物理系。1956年在东京索尼公司任职。1959年获东京大学博士学位。1960年赴美国到国际商用机器公司(IBM)的沃森研究中心工作，1965年正式成为该中心的研究员。以后转向研究人工半导体有序结构，以寻找量子力学预言的效应。是山田科学基金会委员。1974年当选为美国文理科学院外籍院士。1975年当选为日本学士院院士。1976年为美国国家科学院外籍院士。1977年为美国国家工程院外籍院士。

1957年开始从事隧道效应的研究。为了使穿透p-n结的电流易于发现，必须设法使p-n结尽可能薄，但结的宽度与杂质浓度的二分之一次方成反比，于是在半导体中进行高掺杂这一工作的第一个成就是获得了反向二极管；第二个成就是发现了大电流通过反向二极管时出现负阻效应，获得了隧道二极管。由于在半导体中发现了隧道效应，和B. D. 约瑟夫森、I. 贾埃弗获1973年诺贝尔物理学奖。研制的隧道二极管可以作为高速开关用，并在高频放大电路中得到了应用。这一研究成果在半导体的研究中开创了新的领域，而且很快在半导体和超导的研究中成为一种有用的研究手段。获得过1965年度日本科学院奖。 （蔡祺德）

叶铭汉(Ye Minghan) 中国上海市人，1925年4月2日生于上海。*核物理学、粒子探测技术。*

1949年清华大学物理系毕业；同年考入清华大学研究生院。1950年起先后在中国科学院近代物理研究所、物理研究所、原子能研究所工作。1973年起在中国科学院高能物理研究所工作，任研究员，1982年任北京正负电子对撞机工程负责人之一，1984～1988年任高能物理研究所所长。1996年任中国高等科学技术中心学术主任。兼任中国高能物理学会理事长、中国核电子学与核探测技术学会理事长等职。1995年当选为中国工程院院士。

中国当代著名的核物理学家。20世纪50～60年代，在赵忠尧教授领导下，参加研制和建成中国第一、二台带电粒子加速器(各为700千电子伏、2.5兆电子伏)；后负责质子静电加速器运行和改进，并在中国率先开展一系列低能核物理实验，做出了国际先进水平成果；研制和发展了漂移室、闪烁计数器、重粒子磁谱仪、多丝正比室等多种探测器。70年代，合作开展静电加速器质子束在固体激光器件制备方面应用研究；在中国首先实现多丝正比室计算机在线数据获取。80年代，主持48C^{48}Ca双β衰变实验，将其半衰期寿命下限比吴健雄的实验结果上推将近一个数量级，开拓了中国首次在地下进行的精确基础物理实验测量；全面负责设计建造北京正负电子对撞机上的探测装置北京谱仪，属世界先进水平，获1989年中国科学院科技术进步奖特等奖、1990年国家科学技术进步奖特等奖。90年代后，在北京谱仪运行中主持了一系列具有国际先进水平的粒子探测实验，其中包括至今最精确的τ粒子质量测量等；多次组织物理学前沿问题和环境科学的学术研讨会。发表论文百余篇；出版《静电加速器》(1966年)等专著。 （李啸虎）

舒尔茨，G. J. (Schulz, George J.) 美国人，1925年4月29日生于捷克斯洛伐克布尔诺(今属捷克)，1976年1月16日卒于美国康涅狄格州纽黑文。*原子物理学、光电子学、仪器研制。*

捷克裔。第二次世界大战在欧洲刚结束时进入大学，2年后赴美国。1954年在马萨诸塞理工学院获博士学位。1966年任耶鲁大学应用科学教授。

是第一个获得戴维森-杰默奖的人。为了定量地测定原子与电子碰撞被激发的截面，他发现了捕获电子的方法。在这一过程中还发展了高压电离计。1963年应用自己设计的双静电分析仪研究电子被氦原子的散射。由于在电子和原子物理领域中的杰出工作，1965年获美国物理学会表彰。在西屋电气公司实验室运用双静电分析仪对微弱的共振测量时，感到灵敏度不够，1966年设计出一种新仪器，发现了三电子共振。在耶鲁大学研究小组的最后几年里，曾用质谱仪证实了分子激发和离解的共振规律，指出由单原子和双原子构成的负离子的许多概念也适于多原子。 （蔡祺德）

奈曼，Y. (Ne'eman, Yuval)

以色列人，1925年5月14日生于以色列特拉维夫，卒于2006年4月26日。*粒子物理学、量子场论、广义相对论、数学物理学。*

1945年在以色列理工学院机械专业毕业。1958年任以色列驻伦敦使馆武官。1960年在伦敦大学攻读物理学，1962年获博士学位。1961年从伦敦回国后，在以色列原子能委员会担任科学领导工作。1971～1975年任以色列特拉维夫大学校长。兼任美国得克萨斯大学粒子理论中心理事。1966年入选以色列科学院院士。1970年起相继入选美国文理科学院、美国国家科学院、纽约科学院外籍院士。1972年入选法国科学院外籍院士。

20世纪60年代初，在英国留校期间，在A.萨拉姆指导下致力于高能粒子的研究，发现么正对称，提出了SU(3)的八重态理论。用么正对称理论预言了Ω^-粒子，揭示了超引力群结构。还发现存在协变群的(无限)旋量表示式。对作用于时空的群，提出了一种几何规范理论。对阶化李代数理论也有贡献。提出了存在超瓦解同质异能原子核。在广义相对论中，提出了"白洞"概念。荣获法国科学院法兰西奖章、韦兹曼奖等多种奖项。因提出具有$\frac{1}{3}$重子电荷的基本三重态场，1969年获爱因斯坦奖。 （蒋澄华）

泰勒，T. B. (Taylor, Theodore Brewster) 美国人，1925年7月11日生于墨西哥墨西哥城，卒于2004年10月28日。*原子核物理学、核反应堆工程、核武器工程。*

父亲是墨西哥基督教会的秘书。他于1945年获加利福尼亚理工学院学士学位。1946～1949年在伯克利加利福尼亚大学做研究生。1949～1956年是洛斯阿拉莫斯国家实验室理论室的研究员。1956年任美国通用动力公司原子能部的高级研究顾问和高能流体动力学部主任。1964～1967年任美国国防部原子防务总署的科学副署长。1967～1976年任国际研究和技术合作委员会主席。

在洛斯阿拉莫斯时，努力发展轻型和价格较低的核武器。后又对核能的和平利用进行研究，设计了有大的负温度系数的反应堆。这是一种安全的、高度通用性的反应堆，称TRIGA反应堆。为此，1965年获美国原子能委员会的劳伦斯奖。 （张玥明）

奥弗豪塞，A. W. (Overhauser, Albert Warner) 美国人，1925年8月17日生于美国加利福尼亚州圣迭戈，卒于2011年12月10日。*金属物理学、晶格动力*

学、量子力学。

1948年在伯克利加利福尼亚大学取得文学士学位，1951年获哲学博士学位。在伊利诺伊大学进行了2年博士后研究。以后到康奈尔大学，相继任物理学助理教授和副教授。1958为福特汽车公司的科学实验室成员，后成为物理科学实验室主任。1973转到普度大学，任斯图尔特讲座物理学教授。1976年被选为美国国家科学院院士。1977年当选为美国文理科学院院士。

金属中传导电子的意外性质，成为他几次研究的重点。1953年他预言，如果电子自旋共振被强烈激发，则核自旋的极化将会成千倍地提高。这个用他的名字命名的效应，已为卡弗(T. R. Carver)和斯利克特(C. P. Slichter)加以证实，成为核极化动力学的基础。在基本粒子散射实验中，这个技术被用来产生极化靶，也被用来解决分子化学中的结构问题。1960年，他推测金属中的电子具有一种早期稳定性，导致空间上周期性自旋或电荷调制。关于金属结构的这两个新的形式(自旋密度波和电荷密度波)被肯定了下来，因此获1975年美国物理学会的奖励。

在康奈尔大学，和迪克(B. G. Dick)提出的壳层模型，后来被广泛用之于晶格动力学的理论中。这个模型之所以取得成功是因为它考虑到了在晶格振动时每一个原子受其邻近原子的影响而产生的变形与极化。他还与吕哈特(H. Rüchardt)发展起一种光学调制谱技术，并把它应用到卤化碱晶体色心的反演对称的问题中去。

在福特汽车公司的科学实验室中，对碱金属的不寻常的特性开始了一系列的研究。试图用统一的方法来解释这些不寻常的特性。他的理论是基于这样的假设：碱金属的结构包含了其传导电子受到电荷密度波的调制，许多异常特性均可由此给出定量的计算。

在普度大学，他指出在量子干涉实验中，中子干涉计能够用来探测出重力势的影响。同科尔拉(R. Colella)、沃纳(S. A. Werner)一道成功地进行了这个实验。他们证明了中子波函数的量子力学相位确实受重力所影响。这是第一次对量子现象中的广义相对论等效原理的检验，第一次表现出普朗克常数h与引力常数G相联系的一种现象。还证明如果中子的自旋转过360°，中子波函数的相位将改变符号，这是对费米子波函数的这种特性的直接检验。

(唐玄之)

格劳伯，R. J. (Glauber, Roy Jay) 美国人，1925年9月1日生于美国纽约市。量子光学、量子电动力学。

1941年就读于哈佛大学，二年级时应征入伍，在洛斯阿拉莫斯国家实验室工作。两年后回到哈佛大学，1946年、1949年先后获物理学学士、博士学位。留校任教。后相继在普林斯顿高等研究院、瑞士苏黎世综合技术学院进行博士后研究。1976年起任哈佛大学物理系教授。1983年兼任科学与技术国际安全规划咨询委员会成员。他是欧洲粒子物理研究所、荷兰莱顿大学、哥本哈根北欧理论原子物理学研究所、巴黎法兰西学院、美国亚利桑那大学等校的客座教授、访问学者。

量子光学研究领域开创者，被誉为“量子光学之父”。早期从事高能物理和核物理研究，精通量子电动力学。20世纪40年代，大学未毕业就参与研制原子弹的曼哈顿工程，是洛斯阿拉莫斯国家实验室最年轻的学者。1952～1956年，英国天体物理学家R. 汉伯里·布朗和特威斯(R. Q. Twiss)合作，用两个间距6米的干涉镜面收集来自天狼星两个不同部分的光子数。当光学干涉仪测量相等的射来光束路径时，由光电流表征的光子数密度有一个突出峰值，即光子有成对到达趋势，即“聚束”现象。汉伯里·布朗-特威斯实验说明，来自天狼星的光子不像雨点那样随意到达地球，而是存在某种正关联性。1963年格劳伯发表两篇论文，对比研究了自然光与激光的本质差别，探讨了两者不同的量子关联性，建立起光学同调性量子理论，同时合理解释了汉伯里·布朗-特威斯实验所观测到的现象。他认为实验中一旦有一个光子被吸收，场态就会改变，含有n个光子的场态有n种状态的相关性，光学探测过程是一连串光子连续吸收过程，也是光子场态不断变化过程，必须计及所有可能状态间的相关性，即用二阶同调态量子相干性理论基本原理来描述，而经典光学只考虑一阶同调态光场。他的研究导致了一系列后续研究工作，使量子光学蓬勃发展起来，至今已成为一个充满生机的研究领域。正是在格劳伯理论的基础上，美国的J. L. 霍尔和德国的T. W. 汉什发展出以激光为主的精密光谱学研究，包含光学频率梳技术的开发。有鉴于此，格劳伯获2005年诺贝尔物理学奖金一半，另一半则由霍尔和汉什两人所分享。此外获1985年富兰克林研究院迈克尔逊奖章、1985年美国光学学会波恩奖、1989年德国洪堡奖、1996年美国物理学会海涅曼奖等。

(宣焕灿 李啸虎)

范德梅尔，S. (Van der Meer, Simon) 荷兰人，1925年11月24日生于荷兰海牙，2011年3月4日卒于瑞士日内瓦。高能物理学、粒子物理学、加速器工程。

1952年获得荷兰代尔夫特理工大学工程物理学位。同年在荷兰艾恩德霍芬-菲利普斯工程物理研究实验室工作。1956年起在欧洲核子中心工作，进行加速器物理的研究。1983年和1984年分别被日内瓦大学和阿姆斯特丹大学授予荣誉博士学位。

发明了一种所谓“随机冷却”的技术，可以使反质子受控地列队进入质子同步加速器。在加速器中，质子和反质子沿着相反方向不断被加速。当它们获得很高能量时，产生对撞。由于有很大的相对运动，使对撞时能量很高，这就是对撞机的简单原理。该机于1981年夏建成，1982年10月正式运行。

1967年，S. 温伯格和A. 萨拉姆提出电弱相互作用统一理论(称W-S模型)，根据这一理论，温伯格预言在弱作用中应存在$W^{\pm}$、Z^0三种粒子。为了寻找这三种粒子，范德梅尔参加了由该中心C. 鲁比亚领导的小组，经过欧洲和美国的11个科学研究机构、近150名物理学家和工程技术人员的努力，建造了一种大型探测装置。有了这个与对撞机配套的探测手段之后，很快就发现了$W^{\pm}$粒子和Z^0粒子。由于他们对导致发现弱相互作用的传递者场粒子$W^{\pm}$和Z^0的大型工程的决定性贡献，他和鲁比亚获得了1984年诺贝尔物理学奖。

（杨福征　沙振舜）

萨拉姆，A.（Salam，Abdus）　巴基斯坦人，1926年1月29日生于印度旁遮普的江马加纳（今属巴基斯坦），1996年11月21日卒于英国牛津。*粒子物理学、量子电动力学。*

教育部一位官员的儿子，从小受到良好的教育。14岁就读于旁遮普大学行政学院，1946年获文科硕士学位。1946年入英国剑桥大学圣约翰学院学习，1949年获数学与物理学双学士学位，1951年获得该校理论物理的博士学位。1951年回巴基斯坦，在拉合尔行政学院任数学教授。1952年兼任旁遮普大学数学系主任和教授。1954年任剑桥大学讲师。1955年和1958年在联合国担任日内瓦原子能和平利用会议的科学秘书。1957年起任伦敦大学帝国理工学院理论物理学教授。1959年起为巴基斯坦原子能委员会委员。1961～1974年任巴基斯坦总统首席科学顾问。1962年后是巴基斯坦科学委员会委员。1964年在意大利的里雅斯特创建国际理论物理中心，并担任该中心主任。同年任联合国科学技术顾问委员会委员，1971～1972年任该委员会主席。1983年担任第三世界科学院首任院长。是伦敦物理学会和美国物理学会的荣誉会员，瑞典皇家科学院、美国文理科学院外籍院士。

长期从事粒子物理和量子场论的研究。博士论文内容是关于量子电动力学的基本原理，1951年发表后赢得国际声誉。20世纪50年代初，在重正化理论方面提出了消除理论中出现的某些发散的方法。60年代在统一场论的研究中取得显著成就。1961年S. L. 格拉肖首先提出弱相互作用与电磁相互作用统一理论（称为电弱统一理论）。这一时期萨拉姆研究了规范场理论和黑格斯机制，1968年他和S. 温伯格各自独立地提出通过黑格斯机制使中间玻色子获得静止质量的电弱统一规范理论，即通常所说的温伯格-萨拉姆理论。这个理论提出后，它的一些预言不断为实验所证实。由于阐明基本粒子相互作用的性质、提出弱相互作用和电磁相互作用统一理论的贡献，特别是对弱中性流的预言，与温伯格、格拉肖共获1979年诺贝尔物理学奖。

1973年还提出统一描述夸克和轻子的帕提-萨拉姆模型，预言了质子的衰变。

去世后，人们为纪念他，将他创建的国际理论物理中心改名为萨拉姆国际理论物理中心。（沙振舜）

萨特奇勒，G.R.（Satchler，George Raymond）　英国人，1926年6月14日生于英国伦敦。*核物理学。*

1944～1948年在英国皇家空军服务。以后在牛津大学攻读物理学，1951年获硕士学位，1955年获该校理论物理学博士学位。1959年离牛津去美国，任橡树岭国家实验室高级研究员。

主要科学贡献是对直接核反应的研究。如在1952年首次指出氘核剥裂反应的主要特征、得到关于原子核性质的有用信息、探索各种核反应的机制、发展直接核反应理论等。自1952年以后，发表150篇论文。

（夏元复）

巴特勒，S.T.（Butler，Stuart Thomas）　澳大利亚人，1926年7月4日生于澳大利亚纳拉库特，卒于1982年5月15日。*核物理学、超导理论。*

1947年在澳大利亚阿得莱德大学获理学硕士学位。1949年去英国，在伯明翰大学学习核物理。1951年获得博士学位。1951年应H. A. 贝蒂邀请去康奈尔大学核研究实验室。1953年回澳大利亚国立大学。次年去悉尼大学，1959年起任理论物理学教授，直至1977年成为澳大利亚原子能委员会研究中心主任。

20世纪50年代初，为了解释在利物浦大学回旋加速器得到的氘核引起的核反应这一实验结果，提出了氘核剥裂反应理论。主要科学贡献是对核反应机制的研究。1953年在上述研究的基础上提出“直接核反应”理论。这种理论被认为是一种对核反应机制的重要认识，促使世界上很多加速器实验室努力从这种反应机制中探讨核反应的规律。1956年还提出超导理论中的“准化学平衡法”。获得过多种奖励。（夏元复）

莫特尔逊，B.R.（Mottelson，Ben Roy）　丹麦人，1926年7月9日生于美国芝加哥。*核物理学。*

美国裔。1947年在美国普度大学获学士学位。1950年获哈佛大学博士学位。1950～1953年在哥本哈根大学理论物理研究所（N. 玻尔研究所的前身）从事研究。1953～1957年在欧洲核子中心理论研究组从事研究。1957年起任丹麦斯堪的纳维亚学院教授。1973年入丹麦籍。

原子核的壳层模型虽然相当成功地用于解释了幻数附近的原子核，但对远离幻数的原子核是不成功的。早在20世纪50年代初期，他就和A. 玻尔一起发展了核结构的集体模型，这个模型以实验事实为依据，保留了壳层模型的基本概念，同时认为原子核可以发生形变，并产生振动、转动等集体运动。原子核一方面在作集体运动，另一方面原子核内核子又在各自轨道上作独立运动，两者互相影响，而集体运动的周期要比单粒子运动周期短得多。以后，随着实验物理数据的积累，他们逐步深化了认识。从BCS理论关于超导现象中的电子成对结合得到启发，1958年与A. 玻尔、派尼斯（D. Pines）一起提出原子核的超导性（对关联）的概念，从“微观”上理解核子的集体运动。集体模型能够相当好地解释和预言形变核的基态性质、转动能级和振动能级，迄今仍是对原子核较为全面和一致的描述，也是一种正在发展中的核结构模型。由于对原子核内部结构研究的卓越成就，与 A. 玻尔、L. J. 雷恩瓦特共获 1975 年诺贝尔物理学奖。（夏元复）

小拉斯马森，J. O.（Rasmussen, John Oscar, Jr.） 美国人，1926 年 8 月 8 日生于美国佛罗里达州彼得斯堡。*核物理学、核能工程。*

1948 年在加利福尼亚理工学院获化学学士学位。1952 年在伯克利加利福尼亚大学获博士学位，导师是 G. T. 西博格和 S. G. 汤普森。同年成为该校教师，并在伯克利的劳伦斯辐射实验室工作。1968 年当选为美国科学家联合会主席。1968～1972 年任教于耶鲁大学。1972 年回到伯克利。

主要科学贡献：1953 年改进了应用于变形核（蛋形核）的 α 衰变率理论；1960 年发现变形核的能级可按转动带分类，发展了 α 衰变微观理论；研究核能级图。1967 年获美国原子能委员会劳伦斯纪念奖。1975 年获美国化学学会核应用奖。（夏元复）

于敏（Yu Min） 中国河北省人，1926 年 8 月 16 日生于河北宁河（今属天津）。*核物理学、核武器工程。*

出身小职员家庭，家境贫寒。因成绩优异获天津启新洋灰公司资助才得以在 1944 年入北京大学电机系学习，1946 年转学该校物理系，1949 年毕业后，先后从师张宗燧、胡宁，留校攻读研究生，并兼任助教。1951 年到中国科学院近代物理研究所（1953 年改名为物理研究所，1957 年改组为原子能研究所）工作。1965 年调至国家第二机械工业部第九研究院，历任理论部副主任、该院某研究所副所长和所长、该院副院长，国家能源部核工业总公司科学技术委员会主任，中国工程物理研究院副院长、科学技术委员会副主任等职。1980 年当选为中国科学院学部委员（院士）。

20 世纪 50 年代，主要从事原子核的相干结构、原子核平均场的独立粒子运动等研究工作。1961 年起，奉命参加“轻核理论”小组，从事氢弹的预研工作，后来接替黄祖洽任该组组长。他和所领导的小组不断取得氢弹原理的研究成果，特别是在 1965 年 9 月，他带领一批研究人员去上海华东计算所使用 J-501 计算机，进行不同氢弹模型的数值模拟计算，摸出了规律，找到了技术途径，实现了氢弹原理的突破。由于他们和氢弹研制中许多其他研究组的紧密协作，中国在爆炸第一颗原子弹之后仅仅两年零八个月，便于 1967 年 6 月 17 日成功爆炸了第一颗氢弹，速度之快在世界上绝无仅有。这以后，他继续长期领导核武器的理论研究，主持和指导了中国多次核试验物理方案的研究设计，对核武器小型化作出重大贡献。1988 年，他与王淦昌、王大衍院士一起建议适时加速发展中国惯性约束聚变研究，并正式列入国家高技术发展计划，受到中国领导层高度重视，自此开始了中国核技术发展新阶段。1982 年获国家自然科学奖一等奖。1985 年、1987 年和 1989 年三度获国家科学技术进步奖特等奖。1992 年获光华科学技术基金特等奖。1999 年获国家“两弹一星”功勋奖章。（宣焕灿）

格拉泽，D. A.（Glaser, Donald Arthur） 美国人，1926 年 9 月 21 日生于美国俄亥俄州克利夫兰。*高能物理学、仪器研制。*

商人的儿子。1946 年在凯斯理工学院取得数学物理的理学士学位。1950 年在加利福尼亚理工学院取得哲学博士学位。1949 年开始在密歇根大学从事物理教学，1957 年成为该校核物理学教授。1959 年到伯克利加利福尼亚大学任物理学教授。1962 年当选为美国国家科学院院士。

1912 年 C. T. 威尔逊发明云室，标志着高能粒子的可见径迹研究的开始，但云室只能记录几兆电子伏的粒子。到 20 世纪 50 年代，高能加速器已能产生几十亿电子伏特的高能粒子。这种粒子用云室研究是有困难的。格拉泽在研究宇宙射线所产生的奇异粒子时，认识到需要一种高能粒子探测器，于是想到要用高密度大体积的介质来观察快速粒子的径迹。断定如果过热液体的表面张力能迅速降低而蒸汽压同时增高，则当电离粒子通过液体时，将会在粒子经过的路径上形成气泡，把粒子的行为显示出来。1952 年在密歇根大学，他开始相关实验研究。起初采用二乙醚作为试验液体，在高压下把液体加热到 140℃（正常沸点为 36℃）并用 γ 射线来照射，用手控装置使气泡室减压的同时开动高速电影摄影机，结果在底片上看到了快速粒子所形成的气泡径迹。1953 年，他在芝加哥大学制成了第一个液氢气泡室。由于这种仪器的容积大而且循环动作快，于是很快被推广开来，人们借助于它发现了许多粒子和各种共振态粒子。因发明气泡室而荣获 1960 年诺贝尔物理学奖。

1964 年以后转向研究分子生物学。研究细菌的发育、细胞生长的控制、细胞品种的自动鉴定等。

（唐玄之）

王业宁（Wang Yening） 中国安徽省人，1926 年 10 月 14 日生于安徽安庆。*晶体学、固体物理学、仪器研制。*

原籍安徽六安。1949 年中央大学理学院物理系毕业。1950 年起一直在南京大学物理系任教，后任教授。兼任中国物理学学会内耗与超声衰减专业委员会名誉主任等职。1991 年当选为中国科学院学部委员（院士）。

中国当代著名女物理学家，长期从事固体中相变和缺陷的内耗与超声研究。20 世纪 60 年代初，率先提出马氏体相变等一级相变过程的瞬态内耗规律并解释其机制；主持建成了中国第一个高频压电组合振子内耗仪,获1964年国家工业新产品三等奖;主持研制声光调Q-YAG激光器,成果获1978年全国科学大会奖。80年代后,由于主持晶体缺陷及相变内耗研究近20年,成果被列入冯端教授主持的"晶体缺陷研究"项目,于1982年获国家自然科学奖二等奖;提出界面位错的静滞后型阻尼机制,统一了两个学派关于瞬态一级相变内耗理论;定量解释了畴界引起的力学和介电性能反常行为;首次研究高温超导体中的类相变行为,测定相应的铋锶钙铜氧的弹性软模;提出伴有动态畸变云的载流子模型,并用内耗法求得了超导能隙,获1990年国家教委科学技术进步奖一等奖、1991年国家自然科学奖。后承担超导材料、形状记忆等基础研究重点基金项目多项。发表论文300余篇;参与撰写出版《晶体缺陷和金属强度》(1962年)、《金属物理学》(1974年)等专著。1993年获江苏省十佳女科技、教育工作者称号。

(邓剑琪)

李德平(Li Deping) 中国江苏省人,1926年11月4日生于中国北京。*辐射物理学、辐射防护工程。*

原籍江苏兴化。1944年考入西南联合大学物理系,1948年清华大学物理系毕业。留校任教。1957年起,先后任中国科学院近代物理研究所(后易名原子能研究所)研究室副主任、研究员,中国辐射防护研究院名誉院长。兼任联合国原子辐射效应科学委员会中国代表、国际辐射防护委员会委员、国家环保局核环境技术审查委员会副主任、中国辐射防护学会理事长、《辐射防护》杂志主编等职。1991年当选为中国科学院学部委员(院士)。

中国核工业辐射防护的主要开创者和奠基人,为建立中国辐射防护科学研究和辐射监测体系作出了重要贡献。建立了中国最早的放射性实验室之一,指导开展了系统的放射性计量科学研究;长期从事辐射探测器设计和研制,参与主持研制中国第一支卤素计数管强流管、第一支稳压管的工作;发现当时苏式堆控硼壁电离室设计参数存在的缺陷,并推导出普适的电离电流体复合损失的新公式;发展了用细束照射研究探测器性能的新方法,通过实验指出了某国际权威专家的某些结论与实际不符;较完整地改进了在核工业职业中照射危害最大的氡的测量问题;发表"球形电离室特性"一文,证明球形电离室等效中心不因反平方律而前移;积极参与和推动国际辐射防护概念、原则和法规的发展,参加国际放射防护委员会制定辐射防护基本标件ICRP1990建议书,以及参加审议国际劳动组织的职工辐射防护规定等重要国际活动;长期致力于中国核工业辐射防护研究和监测体系建立,推进与国际社会接轨的进程。撰有《辐射危害与医学监督》(1991年,与他人合著)等专著。

(邓剑琪)

李政道(Li zheng-Dao, 英文名Tsung-Dao Lee) 华裔美国人,1926年11月25日生于中国上海。*粒子物理学、量子场论、统计物理学。*

1943～1944年在浙江大学物理系学习,1944年因车祸受伤停学。1945年转入昆明西南联合大学物理系。1946年赴美国留学,在芝加哥大学E.费米教授指导下攻读物理学,1950年获博士学位。同年,与秦惠君女士结婚。曾在叶凯士天文台从事过短期天文研究。1950年去伯克利加利福尼亚大学任物理学研究助理和讲师。1951年成为普林斯顿高等研究院成员。1953年任哥伦比亚大学物理学助理教授,1955年任副教授,1956年任教授。1957年被任命为哈佛大学洛布讲座主讲。1960年回到普林斯顿高等研究院任教授。1963年又去哥伦比亚大学任教授,1964年成为费米物理学讲座教授。同年当选为美国国家科学院院士。1994年当选为中国科学院外籍院士。

最重要的科学贡献是与杨振宁一起在1956年提出弱作用中宇称可能不守恒的学说。当时粒子物理研究上出现了所谓τ-θ之谜。人们发现τ和θ两种带电介子,前者蜕变为3个π介子,后者蜕变为2个π介子。由于π介子的内禀宇称为负,宇称守恒将表明τ的宇称为负,而θ的宇称为正。但是τ和θ的质量相等,寿命也相同。如果宇称守恒,τ和θ应为不同粒子,那就难以解释质量相等和寿命相同。如果τ和θ为同一粒子,那么宇称在弱蜕变过程中将不守恒。他和杨振宁受此启发,对弱作用问题进行了详细研究,发现宇称守恒定律在弱作用过程中是否成立当时竟然还没有一个实验证据。因此,他们提出了可以用来检验宇称是否守恒的一系列实验。吴健雄和合作者所作的研究极化钴60(^{60}Co)β角分布的实验是最先完成的一个实验。这个实验以及其后一系列其他实验均确证弱作用中宇称是不守恒的,这个发现大大地促进了弱作用理论和实验的迅速发展。为此,他与杨振宁共获1957年诺贝尔物理学奖。获奖时他们两人还持有中国护照,后来才都加入美国籍。

他的科学成就是多方面的。曾研究过天体物理学问题,博士论文是"白矮星的氢含量"。早年和杨振宁合作在统计物理方面曾研究过一种相变(通常称李-杨相变)。1949年,他与M.罗森布拉思、杨振宁合作,最早提出存在普适弱作用的思想。1954年他发表了量子场论中的著名的"李模型"理论。20世纪70年代,他研究了核物质中可能出现的一种特殊相变,提出了在密度高于某个比核物质密度还高的临界密度后可能出现相变而变成一种新物态,称为反常核态。后来,他又提出了色介质概念,为强子结构的研究提供了新途径。还获得过许多其他奖励,如耶什瓦大学颁发的爱因斯坦科学奖金等。

此外,1979～1989年间,他还为中国学生留美学习创立中美联合招考研究生计划(CUSPEA),先后有近千中国年轻学子得以出国深造。

(周精玉)

肯德尔,H.W.(Kendall, Henry Way) 美国人,1926年12月9日生于美国波士顿,卒于1999年2月15日。*核物理学、高能物理、加速器工程。*

1950年在阿默斯特学院获学士学位。1955年在马萨诸塞理工学院以核物理学方面的研究获哲学博士学位。留校工作。1956年在斯坦福大学高能实验室工作。1961年在马萨诸塞理工学院任助理教授和副教授，1967年起升任该校物理学教授。是美国国家科学院院士、美国文理科学院院士。

20世纪60年代前期，当斯坦福大学兴建能量大于20吉电子伏的大型电子直线加速器时，他和J. I. 弗里德曼代表马萨诸塞理工学院的研究小组也参加了该项建设工作，并与该项目的负责人R. E. 泰勒开展了紧密协作。该加速器在1967年建成之后的几年中，他们3人共同进行了一系列电子-质子非弹性散射实验。当用20吉电子伏的入射高能电子束射向以液氢(或液氘)为材料的质子靶时，发现大角度的电子散射实验出现了意外情况。这种意外情况证明了理论物理学家所预言的原子核结构中夸克的存在。因此，他们3人共同分享了1990年诺贝尔物理学奖。 (宣焕灿)

罗森布拉思，M. N. (Rosenbluth, Marshall Nicholas) 美国人，1927年2月5日生于美国纽约州奥尔巴尼，卒于2003年9月28日。等离子体物理学、核能工程。

1945年在哈佛大学获物理学学士学位。1949年在芝加哥大学获博士学位。1949年任斯坦福大学讲师。1950～1956年在洛斯阿拉莫斯国家实验室工作。此后曾在一家公司任职。1960年任圣迭戈加利福尼亚大学物理学教授。1967年在普林斯顿高等研究院任天体物理客座教授，并在普林斯顿大学等离子物理实验室任客座高级物理研究员。1969年当选为美国国家科学院院士。

主要贡献是对释放热核能、发展等离子物理方面所作的开创性工作。早期从事高能物理，计算了电子在质子上弹性散射的微分散射截面“罗森布拉思公式”；发展了用计算机研究液态的蒙特卡罗方法。提出等离子体中最危险的一种不稳定性(流体动力学不稳定性)的处理对策。曾获美国原子能委员会劳伦斯奖，爱因斯坦奖和英国物理学会麦克斯韦奖。 (夏元复)

米勒，K. A. (Müller, Karl Alexander) 瑞士人，1927年4月20日生于瑞士巴塞尔。电介质物理、超导材料。

1952年和1958年在瑞士苏黎世联邦理工学院相继获硕士和博士学位。后在物理系任教。1959～1963年在日内瓦大学柏勒特研究所任科研项目负责人。1962年起，一直在美国商用机器公司(IBM)苏黎世研究实验室工作，1972～1985年任该实验室物理学部主任。1968～1969年任瑞士物理学会会长。1987年日内瓦大学和慕尼黑大学分别授予荣誉博士学位。

主要研究领域是电介质材料，对电子学和超导材料也有很大贡献。最重要的贡献是于1986年与G. 柏诺兹合作发现金属氧化物陶瓷材料高临界温度超导体，并因此与G. 柏诺兹共获1987年诺贝尔物理学奖，从发表研究成果到获奖仅相差一年。

1982年，他在美国国际商用机器公司开始从事超导材料研究，1983年7月起与G. 柏诺兹合作探索高临界温度超导体。他先有了一个关键性的想法，出于某些理论上的考虑，认为金属氧化物中可能会存在高临界温度的超导体。他得助于柏诺兹精通化学，又有熟练的实验技巧和制备陶瓷材料的技术，制备100多种金属氧化物样品，进行各种试验。1985年夏，柏诺兹了解到法国卡昂大学化学家C. 米歇尔(Claude Michel)等人曾制备过钡镧铜氧($BaLa_4Cu_5O$)样品，于是，米勒和柏诺兹决定制备钡镧铜氧材料及含有稀土元素的氧化物材料，并检验其超导性。1986年1月，他们测试自己制备的钡镧铜氧样品的电阻率时，发现超导临界温度(Tc)达到30K。其后又经过一系列试验，多次肯定上述结果，并写出题为“在Ba-La-Cu-O系统中高Tc超导电性的可能性”的论文。1986年4月17日，德国《物理学》杂志收到他们的论文，并在该刊9月号上发表。1986年夏秋之际，他们又对这种超导体的磁性质进行研究。由此确认他们制备的钡镧铜氧材料确实是高临界温度超导体，这一成果刊于当年《欧洲物理学通讯》10月号上。他们在这方面取得的重大突破，开创了超导材料研究的新阶段。此后，又在探索高临界温度超导材料的基础理论问题，提出用超导玻璃态理论解释这一现象。

发表200多篇论文。和柏诺兹还获德国格丁根科学院1987年海涅曼奖和1987年的伦敦奖。 (沙振舜)

佩尔，M. L. (Perl, Martin Lewis) 美国人，1927年6月24日生于美国纽约。高能物理学、粒子物理学。

父母是20世纪初移居美国的犹太人。第二次世界大战末期，他曾服兵役一年。1948年获布鲁克林理工学院学士学位。毕业后在美国通用电器公司任职。1954年进哥伦比亚大学攻读博士学位，次年以物理学方面研究获哲学博士学位。1955年任密歇根大学物理系助理教授，1958年任副教授。1963年以后一直在斯坦福大学任教授。是美国国家科学院院士、美国文理科学院院士。

20世纪60～70年代，正是新粒子不断发现的时代，作为实验物理学家的佩尔也投入了这一浪潮。开始，他领导的小组在斯坦福直线加速器中心用高能电子去轰击靶子，却没有找到新粒子，原因是本底太大，新粒子的信息难于提取出来。后来改到正负电子对撞机上做实验，这样获得的事例比较干净、丰富，效果较好。通过1974～1977年间的实验研究,他们终于找到了质量约为1 800兆电子伏的新轻子,记为τ。当时只知道电子和μ子两代轻子,τ的发现开辟了第三代轻子。由于轻子与夸克之间存在着对称性,与三代轻子相对应,夸克也应当有三代。然而,当时还只知道两代夸克。因此,τ轻子的发现也促进了第三代夸克的研究和发现,完成了三代轻子-夸克的对称性。正因为发现τ轻子,他与发现电子中微子的F.莱因斯分享了1995年的诺贝尔物理学奖。 (周精玉)

梅曼,T.H. (Maiman, Theodore Harold) 美国人,1927年7月11日生于美国洛杉矶,卒于2007年5月5日。*光电子学、激光工程、仪器研制。*

其父是富有创造性的电气工程师。曾靠修理电气设备和无线电挣得上大学的学费。1949年毕业于科罗拉多大学工程物理系,1955年获物理学博士学位。在休斯公司研究实验室从事微波激射器和激光器研究。1967年入选美国国家工程院院士。

着重于研究开发三能级系统的固态微波激射器,大胆改革,直接用红宝石晶体作微波谐振腔。此后又设计了微波激射器的平行平面腔。在A.肖洛和C.H.汤斯的建议下,进一步研制光频区的受激辐射放大器。1960年5月,将一支圆柱形红宝石的两个端面经过仔细研磨成平行平面后镀上银层,在红宝石周围放上螺旋形闪光灯,用闪光灯激励红宝石,终于获得了波长为694.3纳米的激光。这是世界上第一台红宝石激光器。获1962年富兰克林学院的巴兰坦奖,1965年美国电气与电子工程师协会奖、美国宇航学会奖,1966年美国物理学会巴克利固体物理奖,1976年美国光学学会伍德奖。

(蔡祺德)

何祚庥(He Zuoxiu) 中国上海市人,1927年8月24日生于上海。*粒子物理学、量子场论、核武器工程、科学哲学。*

1945年起先后在交通大学化学系、康华大学学习。1947～1951年就读于清华大学物理系,获学士学位。1951年任中共中央宣传部科学处干事。1956年到中国科学院原子能研究所工作,历任助理研究员、研究员;曾任中国科学院理论物理研究所副所长。1953年、1959年两次到苏联联合核子研究所合作研究近3年。1978年起任中国科学院高能物理研究所研究员。兼任中国自然辩证法研究会副理事长,中国无神论学会副理事长,北京大学科学与社会研究中心兼职教授等职。1980年当选为中国科学院学部委员(院士)。

中国当代著名的理论物理学家、科学技术哲学家,被誉为"两栖院士"。在核武器理论领域,参与中国核武器开发初期有关机理探讨;为原子弹和氢弹两个研究组的理论沟通做了大量工作;在氢弹辐射流体力学中提出一组高度非线性联立偏微分方程求解法,对氢弹提前成功爆炸作出了重要贡献。在粒子物理学领域,是中国层子模型理论研究的主持人之一;建构了量子复合场论的新理论体系;合作提出新的介子理论,合理解释了介子由层子和反层子构成束缚态,以及"打碎"束缚态后的"碎片"各自形成完整介子之因,并论证了介子是复合场和复合粒子的统一;深入研究弱相互作用尤其是μ俘获问题,发现了一系列新的选择法则;率先指出丘-曼德尔斯塔姆(Chew-Mandelstam)方程推导有严重错误;在强子结构及相互作用、微观因果律、量子力学隐参数、双β衰变理论、量子力学测量问题等进行了有价值的研究。在宇宙学领域,对暗物质、中微子质量、中微子震荡、对称粒子等问题进行了独创性探索。

此外,在科学史、物理学哲学、科学方法论、科学技术政策、哲学和政治经济学等方面均有研究。20世纪末以来,旗帜鲜明地站在中国反伪科学反邪教最前沿,捍卫了科学尊严,弘扬了科学精神,有"斗士"之称,社会影响大;从独特视角考察中国改革开放中的热点问题。发表各类论文300余篇;出版专著逾10部。曾获国家自然科学奖二等奖,以及其他多种奖励。 (李啸虎)

达尔加诺,A. (Dalgarno, Alexander) 英国人,1928年1月5日生于伦敦。*原子物理学、天体物理学、量子力学。*

1948年从数学系毕业后,对用数学解释自然现象颇感兴趣。1951年在伦敦大学获理论物理博士学位。同年任北爱尔兰贝尔法斯特女王大学教授。1967年任哈佛大学天文学教授。还在史密森天体物理台工作。1972年入选英国皇家学会会员。

从原子或分子过程阐明大气物理与天体物理中的一些现象。把量子力学方程应用于大范围内的分子与原子过程,把分子间相互作用用微扰形式来解决。为了解方程,与斯图尔特(A. L. Stewart)提出了一个既简单且有用的"交换定理"。他对气体中的输运过程、碰撞激发、自旋交换、电离、电荷传输与碰撞引起的吸收等进行研究。一些成果与论证对等离子体、行星大气层、星际介质与星云气体等都有用。曾获美国史密森学会的霍奇金奖章。 (汪玉芝)

廷卡姆,M. (Tinkham, Michael) 美国人,1928年2月23日生于美国威斯康星州。*低温物理学、超导工程。*

1951年和1954年在马萨诸塞理工学院相继获硕士和博士学位。1955年到伯克利加利福尼亚大学工作,1959年任副教授,1961年任教授。1966年任哈佛大学物理学教授,1975～1978年任物理系主任。1970年入选美国国家科学院院士、美国文理科学院院士。

1956年起,对超导体的电子受激频谱的能隙作了各种测量,为超导BCS理论提供了有力的实验证据。测量了超导薄膜上的电子隧道效应,为A.A.阿布里科索夫和高尔科夫(Л. П. Горков)在理论上预言的强磁场下超导电性趋于无隙类型提供了实验证据。1966年后,和其他人一起利用灵敏度高的超导量子干涉仪对超导体的一些基本性质进行了研究,特别是研究了临界温度Tc附近的涨落效应。主要著作有《群论和量子力学》、《超导电性》和《超导电性导论》等。1974年获巴克利奖。

(张玥明)

阿布里科索夫，A. A. (Абрикосов, Алексей Алексеевич; Abrikosov, Alexei Alexeyevich) 俄罗斯-美国人(双重国籍)，1928年6月25日生于莫斯科。*超导理论、凝聚态物理学。*

双亲都是著名内科医生。1943年进莫斯科动力工程学院，1945年转学至莫斯科大学物理系，1948年以理学副博士相当于硕士学位毕业。1948～1965年供职于苏联科学院莫斯科物理课题研究所(今卡皮查研究所)，其间成为Л. Д. 朗道的研究生，1951年获该所物理学博士学位，1955年又获该所数理博士学位。1965～1988年任苏联科学院朗道理论物理研究所凝聚态理论系主任。1988年任苏联科学院莫斯科特罗伊茨克高压物理学研究所主任。期间1950起在莫斯科大学物理系兼课，1965年任教授。1970～1972年兼任高尔基大学(今诺夫哥罗德州立大学)教授。1976～1991年兼任莫斯科钢铁与合金学院(今莫斯科理工大学)教授。1991年到美国，1999年加入美国籍，先后任伊利诺伊大学芝加哥分校、犹他州立大学副教授，伊利诺伊州国立阿尔贡实验室材料科学部研究员。1964年入选苏联科学院通讯院士，1987年入选院士。1991年入选俄罗斯科学院院士。同年入选美国文理科学院外籍院士。2000年入选美国科学院院士。2001年入选英国皇家学会外籍会员。先后获瑞士洛桑大学、法国波尔多大学荣誉博士学位。

主要贡献是发现和研究第二类超导体。早在1953年，就对B. Л. 京茨堡和Л. Д. 朗道于1950年共同建立的京茨堡-朗道超导理论进行了研究。在外磁场中，超导体内部可以同时存在超导区域和正常区域，它们的交界处便形成超导相和正常相的界面。当时京茨堡和朗道都只考虑界面能为正的情况，此时京茨堡-朗道参量必须小于$1/\sqrt{2}$。阿布里科索夫则认为也应该考虑该参量大于$1/\sqrt{2}$的情况，此时其界面能为负。后来，该参量小于$1/\sqrt{2}$，界面能为正、不允许磁场穿过的称为第一类超导体(软超导体)；该参量大于$1/\sqrt{2}$，界面能为负、允许磁场穿过的称为第二类超导体(硬超导体)。他还指出，穿入第二类超导体的磁通线将形成周期性“格子”，后来被称为阿布里科索夫磁通格子。他的上述成果直至1957年才发表。后来实验表明两类超导体确实存在，1967年首次在硒化铌($NbSe^2$)超导样品中观测到磁通格子存在。如果没有发现第二类超导体存在，今天就不会有磁共振成像技术问世。1959年，高尔科夫(Л. П. Горьков)在京茨堡、朗道和阿布里科索夫工作基础上，建立了超导态宏观波函数应满足的方程组，并由此导出两类超导体基本特性。该理论按京茨堡、朗道、阿布里科索夫和高尔科夫4人姓氏英文译名首字母排列，称GLAG理论。因在超导理论中的突出贡献，阿布里科索夫和京茨堡，A. J. 莱格特分享2003年诺贝尔物理学奖。

出版有《统计物理学中的量子场理论方法》(1961年，与人合著，有多种外文译本)、《常态金属理论导论》(1971年)、《金属理论的基本原理》(1988年)等专著。此外获1966年列宁奖金、1982年苏联国家奖金，1972年弗里茨·伦敦国际奖、1989年苏联科学院朗道奖、1991年巴丁国际奖等。

(宣焕灿)

戴元本 (Dai Yuanben) 曾用名戴助之。中国湖南省人，1928年7月10日生于湖南常德。*粒子物理学、量子场论。*

1952年南京大学物理系毕业。1952～1958年在南京工学院(今东南大学)任。1961年中国科学院数学研究所理论物理研究室研究生毕业。后留所工作，1962～1978年历任助理研究员、副研究员、研究员。1978年以后任中国科学院理论物理研究所研究员，并相继任第一研究室主任、所学术委员会主任等职。兼任中国物理学会高能物理分会理事长等职。1980年当选为中国科学院学部委员(院士)。

长期从事粒子物理理论和量子场论的研究，在弱相互作用高度奇异位势和非定域位势的雷其(Regge)极点理论、层子模型、规范场论中核子电磁形状因子的高能渐近行为、对称性动力学破缺和重夸克物理等研究领域做了大量有意义的工作，取得一些重要成果。作为主要研究人之一，在20世纪60年代后期，首次共同提出有关物质结构的层子模型，获1982年国家自然科学奖二等奖。深入研究了孤粒子、层子-轻子复合模型、量子场论中的对称性自发破缺及重强子性质等领域，取得了一系列创造性成果。

发表论文100余篇，其中“奇异位势散射振幅的雷其行为”、“强相互作用粒子的结构模型”、“非Abel规范理论中形状因子高能行为的六阶计算”等有较大影响；出版《相互作用的规范理论》(1987年)等专著。

(葛乃成)

管惟炎 (Guan Weiyan) 中国江苏省人，1928年8月18日生于江苏如东，2003年3月16日因车祸卒于台湾台中。*低温物理学、超导工程。*

1949～1953年，先后在哈尔滨工业大学、清华大学物理系和北京大学物理系学习。1953年被派往苏联留学，先后在列宁格勒大学、第比利斯大学和莫斯科大学的物理系学习。1957年本科毕业后，到苏联物理问题研究所攻读研究生。1960年学成回国，到中国科学院物理研究所工作，历任副研究员、研究员、副所长、所长。1984～1987年任中国科学技术大学校长、研究生院院长。1987年回到中国科学院物理研究所从事研究工作。1988年在德国、美国等国讲学和研究。1991年至去世，应邀任台湾清华大学教授。曾兼任北京大学教授、中国物理学会秘书长、中国制冷学会副理事长、《物理学报》副主编、《低温物理》主编等职。1980年当选为中国科学院学部委员(院士)。

长期从事低温物理学和超导方面的研究。1956年在莫斯科大学物理系毕业之前，就被派往П. Л. 卡皮察(1978年诺贝尔物理学奖得主)领导的物理问题研究所完成毕业论文。1957年，他巧妙地设计了一个新实验，发现了“反向卡皮察热阻”；后来在该所做研究生期间，又对卡皮察热阻和反向卡皮察热阻进行了系统的理论研究，发表的“对于固体和超流氦之间界面上温度不连续性的研究”一文，后来成了该课题研究中的经典文献之一。从苏联回国后，1964 年与他人合作发表论文“Pb-Sb 合金脱溶过程对超导临界特性的影响”，它是中国国内发表的首篇超导领域的重要论文。组织物理研究所、有色金属研究所以及上海冶金研究所共同协作，1965 年研制出铌-锆和铌-钛超导线材；同年他还与物理研究所同事合作利用此线材，制成中国第一个产生数万高斯强磁场的超导磁体。20 世纪 80 年代，指导博士研究生徐云辉用实验证实了正、反向卡皮察热阻的可逆性；他还通过对急冷铝-硅合金超导电性的研究，发现了“负磁阻效应”，并对它提出了一种理论解释。80 年代后期至 90 年代，主要从事高临界温度超导体的研究，例如研制出单晶硅衬底上 84K 转变温度的钇钡铜氧(YBaCuO)薄膜。（宣焕灿）

富比尼，S. P. (Fubini, Sergio Piero)　意大利人，1928 年 12 月 31 日生于意大利都灵。粒子物理学、理论物理学。

1950 年在意大利都灵大学上学。1952～1957 年任都灵大学助教。1957～1965 年任欧洲核子中心理论物理部的高级物理学家。1960～1962 年在帕多瓦大学和都灵大学任物理学教授。1968～1973 年任美国马萨诸塞理工学院教授。1973 年回到欧洲核子中心，理论物理部主任。1969 年入选美国文理科学院院士。

1961 年前就在强相互作用场论、色散关系以及光生 π 介子、电生 π 介子现象的理论方面作出不少贡献。1961 年与阿马蒂(D. Amati)等合作，研究多周缘模型和雷其极点和雷其线割。多周缘模型使理论物理学家首次能确定强相互作用振幅的标度性质，特别是证实了软强子过程的自然标度与质能中心的对数相关联。在近代代数和公理化方面，与弗兰(G. Furlan)一起提出了无限动量框架的重要工具，得到了富比尼-弗兰-罗塞蒂光产生 π 介子取和规则，以及把散射振幅同电磁和弱形状因子联系起来的达申-盖尔曼-富比尼一般取和规则。还和其合作者根据某些色散关系具有超收敛的概念开辟了研究强相互作用理论的另一途径，即在物理参数上加着强约束。这成为强相互作用物理的经典方法。另一个主要贡献是双共振模型的一般理论。研究了该模型的因子化性质，引入了合适的算子公式，从而成为双共振研究的基本工具。1967 年获美国物理学会的海涅曼数学物理奖。（欧阳容百　王广厚）

赤崎勇(Akasaki, Isamu)　日本人，1929 年 1 月 30 日生于日本九州鹿儿岛县知览町。照明工程、电子光学、半导体物理学、材料科学与工程。

1952 年京都大学理学部毕业。同年供职于神户工业有限公司(今富士通天电子有限公司)。1959～1964 年先后任名古屋大学电气系助教、讲师、副教授。1964 年获名古屋大学工学博士学位。同年任松下电器产业东京研究所研究员、第四基础研究实验室主任，1974 年任该研究所半导体部主管。1981 年任名古屋大学电气系教授，1992 年退休任荣誉教授。同年任名城大学教授，1996 年任日本文部科学省直属名城大学“氮化物半导体高科技研究中心”项目主管，2004 年任该中心主任，2010 年任终身教授。期间 1995～1996 年兼任北海道大学客座教授；2001 年起兼任名古屋大学赤崎研究中心研究员。2003～2006 年兼任日本经济产业省“基于氮化物半导体的无线设备研发战略委员会”主席。2008 年当选为美国国家工程院外籍院士。

从 1962 年开始，美国的潘可夫(J. I. Pankove)等人相继开发出低光度的红光和绿光二极管(LED)。但蓝光的研发一直受阻，主要问题是难于制备坚固的 p-n 型氮化镓(GaN)晶体；而缺少了三原色中的蓝色，就无法获得白色 LED 光源用于普通照明。早在 20 世纪 60 年代末，供职于松下公司的赤崎勇已着手研究基于氮化镓的蓝光 LED；他采用有机金属化学气相沉积法(MOVPE)作为首选的 GaN 生长方法，不断改进 GaN 晶体质量和器件结构。1985 年，他和学生天野浩以低温沉积缓冲层方法制得氮化镓晶体，但质地仍然较脆。1889 年，他们采用电子束辐照镁掺杂氮化镓，首次实现 p 型氮化镓的结晶化，为制造蓝色发光二极管奠定了基础。同年，成功制得高亮度的 p-n 结氮化镓蓝光二极管(LED)。实现氮化镓结晶化是一次重大的技术突破，可惜他们的方法并不适于大批量工业生产，而且其物理机制不很清楚。受其启发，1993 年中村修二发明双流式热退火方法(MOCVD)，才实现高品质的氮化镓晶体蓝光 LED 元件的大规模生产。

此外，1990 年赤崎勇和天野浩在室温下将氮化镓暴露于紫外线照射中，成功诱导激光放射；1995 年他们采用氮化镓/氮化镓铟(GaN/GalnN)的量子阱多重化电流注入法，又成功进行了诱导激光放射。

发光二极管(LED)是一种半导体固态光源，其突出优点是体积小、发热微、耗电省和寿命长。能耗可降至白炽灯的 1/20，耐久度却是其 100 倍，使用寿命可达 10 万小时。据统计，当今全球照明消耗了总电力近 1/4，因而 LED 的出现意义十分重大；又因它体积小、热量低，已被广泛用作各种电子显示屏的背光源。正如瑞典皇家科学院在颁奖辞中所言，“白炽灯照亮了 20 世纪，而 LED 灯将照亮 21 世纪。”

主要著作有《电气和电子材料》(1985 年)、《III-V 族化合物半导体》(1994 年)、《青色发光设备的魅力与应用》(1997 年)和《III 族氮化物半导体》(1999 年)等。因成功开发氮化镓结晶化技术，研制出世界上第一个高效的蓝光二极管，让明亮而节能的白色光源成为可能，他和中村修二、天野浩 3 人同获 2014 年诺贝尔物理学奖。1989～2014 年间，另获其他 28 项奖励和荣誉称号，其中有：日本结晶成长学会 1989 年论文奖、1994 年技术贡献奖，1991 年中日文化奖，1995 年复合半导体国际研讨会威尔克金质奖，美国电气与电子工程师协会(IEEE)1996 年激光与电子光学学会工程成就奖、1998 年莫顿奖、2011 年爱迪生奖章(系西泽润一之后第 2 位日本人)，1996 年日本紫绶褒章，2000 年朝日奖，2002 年三等旭日中绶勋章，2004 年日本“文化功劳者”称号，2009 年京都尖端技术奖，2011 年日本文化勋章，2014 年日本学士院恩赐奖等。2006 年名古屋大学设立赤崎纪念研究馆。（李啸虎）

穆斯堡尔，R. L.（Mössbauer，Rudolf Ludwig） 德国人，1929 年 1 月 31 日生于德国慕尼黑。原子物理学、γ 射线谱学。

是一位摄影师的独生子。1949 年进慕尼黑理工学院主修物理学，1953 年获学士学位。1955 年和 1958 年相继获海德堡大学硕士和博士学位。1955 年任海德堡大学普朗克医学研究所研究助理。1958～1960 年任加利福尼亚理工学院研究员，1961 年任高级研究员，同年任物理学教授。1964 年任慕尼黑理工学院教授。1965～1971 年任慕尼黑大学物理学教授。1972 年任法国劳厄-朗之万研究院院长，同时任法、德、英三国在法国格勒诺布尔所建高通量反应堆研究所所长。1977 年回到慕尼黑大学任教。1978 年当选为美国国家科学院外籍院士。

H. M. 莱伯尼茨是穆斯堡尔攻读硕士学位和博士学位的指导老师，早在 1953 年就引导他注意当时人们在核共振荧光研究方面的进展。20 世纪 40 年代末，已发现为要观测到核共振荧光，必须设法补偿因反冲引起的能移。他选择了这个课题作为博士学位论文。1955～1957 年经 3 年的努力，发现并实现了 γ 射线的无反冲发射和共振吸收，这一现象以后被人们称为穆斯堡尔效应。1958 年发表了这一结果，在物理学界引起轰动。这个效应具有极高的能量分辨率（对铁 57（^{57}Fe）核，可达 10^{-13}；对锌 67（^{67}Zn）核，可达 10^{-15}），因此成为测量两个系统的能量状态之间微小差异的最有效方法。在此后一两年中，将此方法用于物理学不同领域中，检验了爱因斯坦广义相对论关于引力红移的推论，研究了核能级的超精细结构，测定铁磁性材料中的内磁场等；以后逐渐广泛用于固体物理、化学、地质学、生物学、冶金学等自然科学领域，成为现代物质微观结构分析的重要手段。

穆斯堡尔效应可认为是一个年轻的实验物理学家传奇式的发现。在做博士论文时，偶然遇到 γ 射线计数微小反常的特殊现象。他没有放弃这种微小反常，通过实验和理论分析发现这个未知的"无反冲的"共振吸收现象。关键在于将发射和吸收 γ 射线的原子核置于晶体点阵束缚之中，接着又动手用几个星期的时间实现了无反冲共振吸收效应。不仅如此，还用量子力学观点，借用 W. E. 小兰姆关于晶体对慢中子的共振俘获理论，对穆斯堡尔效应的基本理论作出了清晰的阐明。穆斯堡尔效应的发现，不仅为核物理和固体物理之间架起了一座桥梁，而且波及到几乎所有自然科学领域而形成了一个边缘学科。由于发现穆斯堡尔效应，他与 R. 霍夫斯塔特分享 1961 年诺贝尔物理学奖。 （夏元复）

贾埃弗，I.（Giaever，Ivar） 美国人，1929 年 4 月 5 日生于挪威卑尔根。低温物理学、超导理论与技术。

挪威裔。1952 年毕业于挪威理工学院，成为一名工程师。在挪威军队中服役一年，接着任挪威专利局的专利审查员。1954 年移居加拿大，在美国通用电气公司工作，1958 年在研究实验室任职，参与冶金和陶瓷的研究。同时在伦斯勒理工学院物理系夜校学习，1964 年获得博士学位。1969 年到英国剑桥大学工作一年。后来又在通用电气公司和奥尔巴尼医学中心研究免疫学和生物物理学。1974 年当选为美国国家科学院院士。

主要贡献是发现了超导体中的隧道效应。早就对由一层绝缘薄膜隔开的两块金属之间的电子贯穿现象发生兴趣。并测量了铅-氧化铝-铅结的伏安特性。由于铅的超导临界温度为 7.2K，于是在 4K 附近薄膜之一变成超导体。发现当铅变为超导态时，若电压低于铅的能隙参数，隧道电流明显地减小；但当高于此参数时，隧道电流相对来说不受影响，此即超导隧道效应。为此与 B. D. 约瑟夫森和江崎玲於奈分享 1973 年诺贝尔物理学奖。

他的发现极大地简化了以前对能隙的复杂测量。从其电流-电压特性的精密测量中得到电子态密度的变化，证实了 J. 巴丁等人提出的一个金属从正常状态到超导状态时在电子态密度中出现能隙的超导理论（BCS 理论），导致了固体波谱技术的产生。获 1965 年美国物理学会伯克利奖，1974 年美国国家工程院兹沃金奖。

（欧阳容百 王广厚）

周光召（Zhou Guangzhao） 中国湖南省人，1929 年 5 月 15 日生于湖南长沙市。粒子物理学、核物理学、核武器工程。

1951 年清华大学物理系毕业，后到北京大学研究生院学习，1954 年毕业。留校任教。1957 年被派往苏联杜布纳联合核子研究所工作。1961 年回国，在北京大学任教。同年到国家第二机械工业部第九研究所工作。1980 年当选为中国科学院学部委员（院士）。1982 年任中国科学院理论物理研究所所长。1984 年起任中国科学院副院长，1987 年起任院长，兼任北京大学教授。1985 年被选为第三世界科学院院士。还是美国、苏联、捷克斯洛伐克、保加利亚等国科学院的外籍院士。

在理论物理的许多领域作出重要贡献。在粒子物理学方面，严格证明了 *CP*（电荷共轭变换和空间反演对称性）破坏的一个重要定理。1960 年简明地推导出赝矢量流部分守恒定理并为世界所公认，这是在强子物理研究中做出的出色成果。在散射理论中，最先提出螺旋振幅的概念和相应的数学描述。用色散关系理论对光核反应做了大量的理论研究工作。

20 世纪 60 年代，转向核武器的理论研究工作。在国家第二机械工业部九院工作期间，参加并组织领导了中国核武器的理论研究、设计和试验工作。开展了爆炸物理、辐射流体力学、高温高压物理、计算物理和中子物理等多个领域的研究，取得许多具有实际应用价值的成果，为弄清核武器的内在过程的物理规律，掌握其设计理论，为研制工作奠定了基础。此后在原子弹、氢弹和核武器理论设计和科学实验工作中做了大量科研组织和领导工作，为中国第一颗原子弹和第一颗氢弹的研制成功作出重要贡献，曾获国家自然科学奖一等奖，1999年又获国家“两弹一星”功勋奖章。

在凝聚态物理方面，他领导的小组发展了闭路格林函数方法，并应用到激光、等离子体、临界力学、随机淬火系统等方面得到富有成效的成果。他领导的一批中青年科学家对相互作用统一、*CP* 破坏、陪集规范场、非线性 σ 模型、超对称性破缺、量子场论的大范围拓扑性质及其与反常的联系等方面进行研究，其中许多结果引起学术界的普遍重视。著有“极化粒子反应的相对论理论”等论文百余篇。1996 年，国际编号为 3462 号小行星被正式命名为“周光召星”。（沙振舜）

章综（Zhang Zong） 中国江苏省人，1929 年 5 月 16 日生于江苏宜兴。晶体学、磁学。

1952 年毕业于南京大学物理系。长期在中国科学院物理研究所从事晶体和磁学研究。1959 年赴苏联列宁格勒进修，先后在苏联科学院半导体研究所、物理研究所进行软磁铁氧体合作研究。回国后任中国科学院物理研究所研究员，曾任磁学研究室主任、副所长。兼任中国科学院凝聚态物理中心学术委员会副主任、磁学国家重点实验室学术委员会主任等职。1980 年当选为中国科学院学部委员（院士），1982～1992 年先后任数学物理学部副主任、主任。

主要研究稀土-铁族化合物等磁性合金的物性和结构的关系，探索开发新型永磁材料，以及发展强流散裂中子源技术在晶体结构分析中的应用。20 世纪 50 年代，运用 X 射线粉末衍射法等技术解决了铝-铜-镍三元合金系中 τ 相晶体结构变迁的疑难问题，首次发现单相区内晶体结构可按一定规律变化，从而提出了“一个单相区内不一定只能有一种晶体结构”的观念。60～70 年代，在软磁铁氧体多晶和单晶的多项研究中获创见性成果；曾完成几项特殊用途的小型磁介质接收天线的课题。80 年代，主要从事科学技术管理工作；同时担任中法国际合作项目中方负责人，在中国建造 3 台中子散射谱仪。90 年代后，主要通过中子散射研究凝聚体、以及材料结构和磁性电性等属性。多次获国家和省部级奖励，其中包括 1978 年全国科学大会奖、中国科学院科学技术成果奖三等奖。（朱忠亭）

希格斯，P. W.（Higgs，Peter Ware） 英国人，1929 年 5 月 29 日生于英国英格兰泰恩河畔纽卡斯尔（新城）。理论物理学、粒子物理学、高能物理学、现代宇宙学。

英国广播公司录音师之子。因少时患有严重哮喘，而且父亲的工作流动性很大，由家教完成早期教育。1941 年就读于布里斯托尔的科瑟姆文法学校，深受老校友 P. 狄拉克（量子力学奠基者之一）业绩的感召。1946 年入读伦敦市立学院专攻数学。1947 年起在伦敦大学国王学院物理学系学习，1950 年、1952 年先后获理学士、理学硕士学位，1954 年以论文“分子振动理论的若干问题”获物理学博士学位。同年起在爱丁堡大学从事两年博士后研究。1956 年起先后任教于伦敦帝国理工学院、伦敦大学学院。1960 年回爱丁堡大学任泰特数学物理研究所讲师，1980 年晋升物理学与天文学学院理论物理学教授，1996 年退休任荣誉教授。1983 年当选为英国爱丁堡皇家学会会员。2008 年获英国斯旺西大学荣誉评议员称号。

他以提出电弱理论中的对称性破缺和质量起源理论，预言希格斯机制、希格斯场和希格斯玻色子的存在而闻名于世。标准模型理论是现代粒子物理学的基石，它描述了我们的宇宙由 62 种基本粒子构成；这些亚原子粒子可分为两大类：自旋为半整数、构成物质实体的费米子；自旋为整数、传递能量的玻色子。按照标准模型理论，基本粒子并没有质量，但实验却又表明除光子以外的基本粒子都有质量。物体为何具有质量？这个问题长期困扰着物理学界。从 1960 年开始，希格斯一直在思考这一质量起源问题。1964 年的一天，他自苏格兰高地露营旅行归来，突然获得灵感。他写了一篇仅有一页半的短文，当年发表在欧洲核子研究中心的《物理快报》（Physics Letters）上。文中指出戈德斯通定理存在一个明显的漏洞。言犹未尽，他又写了第二篇论文向该刊投稿，文中描述了一个崭新的理论模型（后称希格斯机制）以解释质量的起源，但是遭到退稿，理由是“和物理学显然无关”。希格斯又补写了一个段落，投给另一重要物理学报《物理评论快报》（Physical Review Letters），终于在 1964 年下半年发表。该文大胆预言：存在一种新的大质量的零自旋玻色子（即希格斯玻色子）。大约在同一时候，比利时的 F. B. 恩勒特和 R. 布罗特（Robert Brout）也独立得出了类似结论。在同年底，同主题的第三篇论文是由 G. 古拉尔尼克（Gerald Guralnik）、C. R. 哈根（Hagen）和 T. 基布尔（Tom Kibble）三人撰写的。这三篇论文不约而同地建立了相对论条件下的希格斯机制，它们被刊登在《物理评论快报》50 周年纪念文献专辑里，现被公认为里程碑式科学成果。

1960 年，日裔美国人南部阳一郎首次发现亚原子的自发对称性破缺机制，他因此获得 2008 年诺贝尔物理学奖。1961 年，英国的 J. 戈德斯通（Jeffrey Goldstone）首次引入标量场，证明标量场的势会导致自发破缺并产生无质量的标量粒子，即戈德斯通粒子。但是，他们两人都未能将自发破缺和规范理论相结合而导出希格斯机制。1962 年，美国的 J. 施温格（1965 年诺贝尔物理学奖得主）猜测有质量的矢量粒子可能和无质量的标量粒子有关,但未加以证明。1963 年,美国的 P. W. 安德森(1977 年诺贝尔物理学奖得主)在理论上发现,在非相对论条件下,无质量的标量粒子会被无质量的规范玻色子吞并而产生有质量的规范玻色子。正是这些前期工作,成了希格斯、恩勒特和布罗特等人的前进阶梯,在前人止步之处"临门一脚"。

希格斯粒子被戏称为"上帝粒子",是标准模型预言的最后一种粒子,它是自旋为零的玻色子,若其真的存在则标志着希格斯场的存在。据认为,自 138 亿年前宇宙创生之初起,大爆炸火球产生的所有粒子都处于希格斯场内,不同粒子因希格斯场的粘滞作用而产生不同质量。在希格斯机制中,希格斯场会引起自发对称性破缺,并通过希格斯粒子将质量赋予规范玻色子和费米子。从 20 世纪 90 年代开始,欧美科学界在大型强子对撞机上寻找这种粒子。2011 年底,欧洲核子研究中心的两支实验团队各自独立探测到希格斯玻色子可能出现过的迹象。2012 年 7 月 4 日,该中心宣布新发现的玻色子符合预言中的希格斯玻色子的质量和性质。2013 年 3 月 14 日,确认先前探测到的新粒子是希格斯玻色子。从假说提出到实验确证,历经 48 年。至此,标准模型所预言的所有粒子全部被实验发现了。然而在物理学家眼里,希格斯玻色子的显影仅仅是冰山之巅,底下还深藏着更大的奥秘,等待着新一轮的探索。

因发现希格斯机制和成功预测希格斯玻色子,希格斯和比利时的 F. B. 恩勒特两人共享 2013 年诺贝尔物理学奖。R. 布罗特因已去世而无缘获奖。瑞典皇家科学院的声明说:"这一获奖理论是对世界的构成进行描述的粒子物理学标准模型理论的核心部分。"此外希格斯还获多项其他重要奖励,其中有:1981 年英国皇家学会休斯奖章,英国物理学学会 1984 年卢瑟福奖章、1997 年狄拉克奖章,1997 年欧洲物理学学会高能与粒子物理学奖,2004 年沃尔夫物理学奖(与恩勒特和布罗特分享),2009 年瑞典皇家科学院克莱因纪念讲座奖章,2010 年美国物理学学会樱井理论粒子物理学奖(与恩勒特和布罗特等 6 人分享),2011 年爱丁堡市议会爱丁堡奖,2012 年英国爱丁堡皇家学会首届希格斯奖章等。2012 年,爱丁堡大学物理学与天文学学院设立希格斯理论物理中心、希格斯讲座教授职位。 (李啸虎)

经福谦(Jing Fuqian) 中国江苏省人,1929 年 6 月 7 日生于江苏南京,卒于 2012 年 4 月 20 日。*凝聚态物理学、爆炸力学*。

原籍江苏淮阴。1952 年南京大学物理系毕业。同年任教长春地质学院地球物理勘探系。1960～1989 年,历任国家第二机械工业部第九研究院实验部科研室研究员、副主任、主任,流体物理研究所副所长、所长。1989 年起一直在中国工程物理研究院工作,先后任院科学技术委员会副主任、顾问。兼任武汉理工大学理学院名誉院长、西南交通大学理学院院长、西南科学技术大学材料科学与工程学院院长、中国力学学会副理事长及爆炸力学专业委员会主任、《高压物理学报》常务副主编等职。1991 年当选为中国科学院学部委员(院士)。

中国实验内爆炸动力学和高温高压凝聚态物理学的开拓者之一,对发展中国高能量密度聚能系统设计技术、冲击波极端条件下物质性态研究作出了贡献。早期参与主持人工地震方法探测松辽平原地层构造,进行地震勘探资料综合分析,为发现和开发大庆油田作出了贡献。20 世纪 60 年代起,发展了内爆动力学半球模型实验,提出了"严重稀疏范围"和信号保护通道设计的"绝对保护"方案,加速了中国第一颗原子弹模型实验研究;主持收集利用和研究中国地下核爆炸试验数据,解决了冲击波极端条件下的超高压物态方程数据测量等关键技术,提供了大量有关核材料的高压物性和高压物态方程数据;负责建成了国内领先水平的冲击波物理与爆轰物理实验室。撰有《实验物态方程导引》(1986 年初版,1999 年再版)等专著。多次获国家和省部级奖励,其中参与高能量密度物理"人工热核反应研究"国家重大项目,获 1982 年国家自然科学奖一等奖,此外获全国科学大会奖 2 项、省部级科学技术进步奖逾 10 项。

(邓剑琪)

盖尔-曼,M. (Gell-Mann, Murray) 美国人,1929 年 9 月 15 日生于美国纽约。*粒子物理学、数学物理学*。

教授的儿子,奥匈帝国移民的后代。1948 年获美国耶鲁大学理学士学位。1951 年获马萨诸塞理工学院物理学博士学位。1952 年在芝加哥大学任讲师,1953 年任副教授。1954 年去加利福尼亚理工学院,1955 年任副教授,1956 年任教授,1967 年任理论物理学教授。1972～1975 年在总统科学咨询委员会任职。1984 年参与创建圣菲研究院,对科学与人文的各种各样问题进行理论研究。曾代表麦克阿瑟基金会担任世界环境与资源委员会主席。1960 年入选美国国家科学院院士。1964 年入选美国文理科学院院士。

主要贡献是对基本粒子分类、对基本粒子相互作用的研究和提出夸克理论。1953 年提出某些亚原子粒子具有一种不变性质,这种性质称为奇异性。它存在于强相互作用和电磁相互作用中,但不存在于弱相互作用中。第一个发表奇异守恒定律。奇异守恒概念是以后对强相互作用粒子分类的基础。指出在所有的强相互作用中奇异性都是守恒的,这为协同产生学说概念提供理论基础。还提出同位旋也有奇异性,而且可以说明如何通过电磁过程使奇异粒子避免衰变。1958 年与费因曼发表论文"费米相互作用理论",提出基本粒子相互作用的理论和 V-A 理论,对后续工作有很大影响。1961 年发表了强相互作用粒子统一分类的新方法,称为"八重法"。从此法中预言了 Ω^- 粒子的存在。并于 1964 年找到了它。1964 年提出夸克模型,认为强子是由电荷数为电子电荷数的 1/3 或 2/3 的"夸克"构成的。夸克模型(理论)的提出,是盖尔-曼学术生涯中最重要贡献之一。由于上述对基本粒子的相互作用及其分类方面的重要贡献,获 1969 年诺贝尔物理学奖。

1964年与Y.奈曼合著《八重法》,1971年与威尔逊(K. Wilson)合著《破缺标度的不变性与光锥》。还获得多种奖励。其中,因促进技术进步与环境保护之间的平衡而获1993年林德伯格奖。 (王明馨)

泰勒，R. E. (Taylor, Richard Edward) 加拿大人,1929年11月2日生于加拿大艾伯塔省梅迪辛哈特。*粒子物理学、核物理学、加速器工程。*

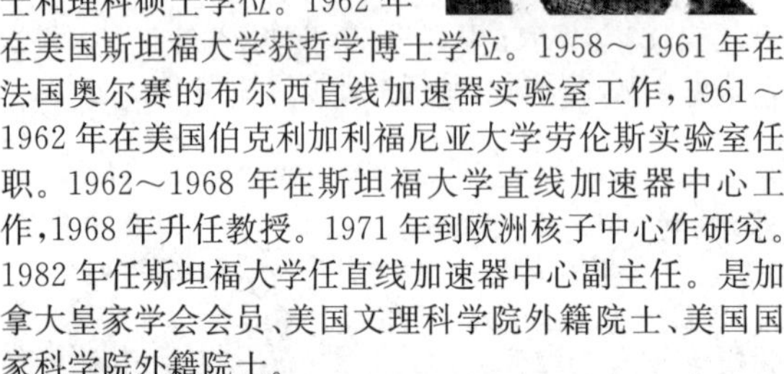

1950年和1952年在加拿大艾伯塔大学先后获理学士和理科硕士学位。1962年在美国斯坦福大学获哲学博士学位。1958～1961年在法国奥尔赛的布尔西直线加速器实验室工作,1961～1962年在美国伯克利加利福尼亚大学劳伦斯实验室任职。1962～1968年在斯坦福大学直线加速器中心工作,1968年升任教授。1971年到欧洲核子中心作研究。1982年任斯坦福大学任直线加速器中心副主任。是加拿大皇家学会会员、美国文理科学院外籍院士、美国国家科学院外籍院士。

1962年起,斯坦福大学开始兴建能量大于20吉电子伏的大型电子直线加速器,该加速器的真空管道长达3千米,用245台速调管微波振荡器提供驱动电场,使真空管中的电子束能量逐渐加大到20吉电子伏。他参与了该实验项目,后来又成了该项目的负责人。而曾经在该校任教的J.I.弗里德曼和H.W.肯德尔代表马萨诸塞理工学院的研究小组也参加了该实验项目。1967年该加速器建成后,他们3人共同协作开展了一系列电子-质子的非弹性散射过程的实验,并对实验数据进行了分析研究,结果证明了理论物理学家所预言的夸克的存在。因此,他们3人共同分享了1990年诺贝尔物理学奖。 (宣焕灿)

库珀，L. N. (Cooper, Leon North) 美国人,1930年2月28日生于美国纽约。*低温物理学、超导理论。*

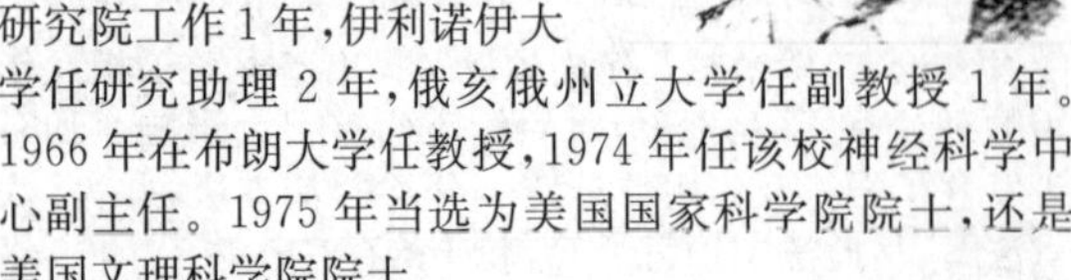

1951年、1953年和1954年相继在哥伦比亚大学获文学士、文科硕士和哲学博士学位。此后在普林斯顿高等研究院工作1年,伊利诺伊大学任研究助理2年,俄亥俄州立大学任副教授1年。1966年在布朗大学任教授,1974年任该校神经科学中心副主任。1975年当选为美国国家科学院院士,还是美国文理科学院院士。

早期工作是在场论和核物理方面。自从1911年发现超导现象后,一些很有名望的理论物理学家使用唯象理论解释了许多观察到的超导性质,但一直没有从量子理论去作详细说明。1955年库珀与J.巴丁、J.R.施里弗一起研究超导理论,1957年三人共同创立了超导的微观理论(BCS理论)。他们建立了一个涉及大量粒子的协同运动的波函数,当服从泡利不相容原理时,"库珀对"(一对被束缚在接近费米面的电子)能够自由散射。这一理论不但成功地解释了超导体所有不平常的性质,而且对超导性的进一步研究起了促进作用。因此三人共获1972年诺贝尔物理学奖。

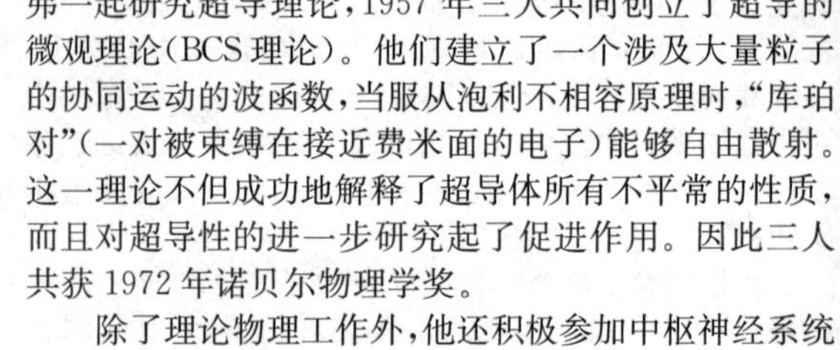

除了理论物理工作外,他还积极参加中枢神经系统理论的研究工作。1968年获美国国家科学院康斯托克奖。著有《物理学的内涵与结构导论》(1968年)、《物理学家的自然观》(1973年)等。 (王明馨)

弗里德曼，J. I. (Friedman, Jerome Isaac) 美国人,1930年3月28日生于美国芝加哥。*核物理学、粒子物理学、加速器工程。*

1950年、1953年和1956年在芝加哥大学分别获文学士、理学硕士和博士学位。1956年在芝加哥大学工作。1957年在斯坦福大学任职。1960年起在马萨诸塞理工学院任助理教授、副教授,1967年起升任物理学教授,1980年任该校核科学实验室主任,1983～1988年任物理系主任。是美国国家科学院院士、美国文理科学院院士。

20世纪60年代前期,当斯坦福大学兴建能量大于20吉电子伏的大型电子直线加速器时,他和H.W.肯德尔代表马萨诸塞理工学院的研究小组也参加了该项工作,并与该项目的负责人R.E.泰勒开始了紧密的协作。1967年该加速器建成后,他们3人共同开展了一系列电子-质子非弹性散射过程实验,即用20吉电子伏的入射高能电子束射向以液氢(或液氘)为材料的质子靶,然后相对于射束轴的给定角和给定能量的电子进行计数。他和肯德尔负责处理实验数据,并于70年代初写出总结报告。他们的实验结果表明,对于小角度和相对来说能量较低的电子散射实验与预期的分析完全一致,但对于高能电子束和大角度的电子散射实验却出现了意外情况。后来人们进一步的研究表明,这种意外情况为理论物理学家提出质子中夸克结构的存在提供了实验依据。由于这项实验核物理学的重要成果,他们3人共同分享了1990年诺贝尔物理学奖。 (宣焕灿)

蒲富恪 (Pu Fuke) 中国四川省人,1930年7月18日生于四川成都,2001年5月2日卒于北京。*磁学、凝聚态物理学。*

1952年清华大学物理系毕业。1960年获苏联科学院数学研究所副博士(相当于硕士)学位。曾任中国科学院物理研究所研究员,广州师范学院(后并入广州大学)物理系教授、凝聚态物理研究所所长。曾兼任国际理论物理中心协作成员、国际纯粹和应用物理学会委员会委员、中国物理学会磁学专门委员会主任等职。1991年当选为中国科学院学部委员(院士)。

长期从事磁体物理与凝聚态物理的研究。与合作者共同提出了描写非均匀磁体的近似非线性余弦模型，计算出磁化强度空间分布；运用量子力学方法，导出稀土金属 s-f 电子间相互作用的哈密顿量、f 电子间 f-f 间接交换作用的有效哈密顿量的一般形式，并据此讨论了稀土金属铁磁相的磁晶各向异性；建立了比流行理论更简便的天线电流一维积分方程，并在介质天线应用中求得数值解和部分解析解，获 1978 年全国科学大会奖；建立铁磁体中磁矩连续-不连续变化的统一理论，超越了前人提出的线性近似理论，获 1986 年中国科学院科技进步奖一等奖、1987 年国家自然科学三等奖；研究了具有 4 次幂交换作用的海森伯铁磁体，得到自旋波谱与自发磁化强度的依赖关系；与合作者共同发展了费米型量子反散射理论，精确求解二维量子完全可积系统的首例 DSI 模型；发展了一种新的磁性晶体自旋位形的热力学方法，并分析了钛酸盐型、二氯化铬、金红石型和二氟化物型结构的自旋位形，所得结果与中子衍射实验结果相一致；求得经典铁磁链的朗道-里弗施茨(Lifshitz)的多孤子解及其渐近行为，以及相位和质心移位的公式。发表论文百余篇。多次获奖。（张　希）

希弗，J.P.（Schiffer，John Paul）　美国人，1930 年 11 月 22 日生于匈牙利布达佩斯。*核物理学、粒子物理学。*

匈牙利裔。因在布达佩斯上中学时受教于优秀的数学和物理学教师，而诱发了对物理学的兴趣。第二次世界大战后不久离开匈牙利。1947 年到美国，进奥柏林学院，1951 年获学士学位。1954 年在耶鲁大学获博士学位。1956 年去阿尔贡国家实验室。1959～1960 年为英国哈威尔原子能研究中心访问学者。1964 年到普林斯顿大学。1967～1968 年到罗切斯特大学。1973～1974 年到慕尼黑理工学院。1968 年任芝加哥大学物理学教授。

主要科学贡献：研究核结构，尤其是通过核反应了解核结构；参与用穆斯堡尔效应来研究相对论；首次用一系列实验检测直接核反应理论的适用范围；试图寻找稳定的兮克等。（夏元复）

李，D.M.（Lee，David Morris）　美国人，1931 年 1 月 20 日生于美国纽约州拉伊。*低温物理学、低温工程。*

1952 年获哈佛大学学士学位。1955 年获康涅狄格大学理学硕士学位。1959 年在耶鲁大学以物理学方面的研究获哲学博士学位。同年到康奈尔大学工作，1960 年任该校物理学助理教授，1963～1968 年任副教授，1968 年升任物理学教授。是美国文理科学院院士、美国国家科学院院士。

长期以来，人们发现氦与别的气体不同，它需在温度降至绝对温度 4.22K 时才会变成液氦；温度再继续下降，液氦也不会变成固氦，而是出现了所谓超流性，这时所有氦原子不再作随机运动，而进入了协同运动状态，于是液氦变成了超流体。1937 年，苏联物理学家 П. Л. 卡皮察已发现液氦在 2.176K 时出现超流性。但实际上它是指氦 4，而不是指氦 3。氦 3 是氦 4 的同位素，氦 4 的原子中有 2 个质子、2 个中子，而氦 3 原子中要比氦 4 少 1 个中子。自然界的氦中，氦 3 含量极微，通常仅为氦 4 的百万分之一。提纯的同位素氦 3 不会在 2.176K 时出现超流性。20 世纪 70 年代初在康奈尔大学的低温实验室，李与 D. D. 奥谢罗夫、R. C. 理查森将氦 3 进一步降温，使它越来越接近绝对零度，发现当温度降至 0.002K 时，氦 3 终于出现了超流性。由于这一重要发现，他们 3 人分享了 1996 年诺贝尔物理学奖。（宣焕灿）

母国光（Mu Guoguang）　中国辽宁省人，1931 年 1 月 22 日生于辽宁锦西。*光学工程、图象处理技术。*

1952 年南开大学物理系毕业，一直留校任教，教授，历任物理系主任、副校长兼研究生院院长、校长(1986～1995 年)、现代光学研究所所长。期间 1980～1981 年先后在美国密歇根大学、宾夕法尼亚大学和亚拉巴马大学任访问教授。兼任国际光学学会副会长、中国科学院应用光学国家重点实验室主任、中国光学学会理事长、中国计量学会副理事长、中国仪器仪表学会副理事长、天津市科学技术协会主席等职。1991 年当选为中国科学院学部委员（院士），兼技术科学部副主任。1993 年当选为第三世界科学院院士。1986 年获日本国立命馆大学名誉理学博士学位。

中国白光光学信息处理的开拓者之一。在白光光学图象处理、光学模式识别、机器视觉、褪色胶片的彩色恢复、彩色胶片的档案存贮、编码彩色摄影和显示、菲涅尔全息和串码滤波的三维目标识别、彩色编码、光学神经网络及其识别应用、以及三维图象显示等方面，都有重要的新概念和新技术，发展了现代光学信息处理学科。特别是在 1982 年，提出了一种直接用黑白胶片拍摄彩色景物，然后用光学信息处理系统再现彩色图象的新思路，这是用光学方法实现彩色照相代替化学彩色照相的创新。经过多年的努力，1991 年研制出两种型号的编码相机和若干套相应的彩色图象解码器，终于使采用黑白胶片作彩色照相的上述思路得以实现。设计研制多种新型光学仪器和器件，如锥轴深椭球冷反光镜、大幅面航空摄影用的彩色编码相机、彩色解码器构成的光学信息处理机、彩色电视显像管涂屏用特殊光学校正镜、防空预警雷达信号的光学投影系统、军用白光彩色图象处理系统等。发表论文百余篇；主编《光学》(1964 年)获国家优秀教材一等奖；译著有《光学信息处理和全息术》、《光学仪器理论》等。获 1992 年国家发明二等奖等多项研究工作的奖励。1998 年获何梁何利科学与技术进步奖。（顾亦健）

里克特，B.（Richter，Burton）　美国人，1931 年 3 月 22 日生于美国纽约市布鲁克林区。*粒子物理学、高能核物理、加速器工程。*

1952 年获马萨诸塞理工学院理学士学位，1956 年

获该校物理学博士学位。1956 年任斯坦福大学副教授，1967 年为物理学教授。1975 年入选美国国家科学院院士。

1974 年 11 月 11 日，他与丁肇中分别独立宣布发现了具有特异性质的新粒子，因此与丁肇中一起获 1976 年诺贝尔物理学奖。他把所发现的物质的这种新性质称为“魅”，这对了解基本粒子结构很有意义。在近 20 年的工作中，他除了领导小组的实验工作外，还带领该小组设计建造了粒子加速器。早期的实验工作是验证在极小距离内量子电动力学的正确性。1956 年他用 100 兆电子伏特的 γ 射线产生电子-正电子对。在斯坦福大学高能物理实验室，用 700 兆电子伏特的直线加速器去证实小于 10^{-15} 米距离的量子电动力学的正确性。1963 年离开高能物理实验室，到斯坦福直线加速器中心，领导一个小组设计高能电子-正电子对存储环，用 2 万兆电子伏特直线加速器作为注入器。里克特小组发现的新粒子称为 ψ 粒子。丁肇中小组发现的新粒子称为 J 粒子。根据基本粒子结构的夸克模型，ψ 粒子发现以前，所有强子是由称为夸克的三种基本型式的粒子所组成。但 ψ 粒子并不适合这一点。根据最广泛的可接受的假说，ψ 粒子是具有新的性质（称为“魅”）的第四种夸克与它的反夸克一起组成，这样的结构能用来说明粒子的长寿命。魅夸克为前几年理论界所预言，他们发现的 ψ 粒子明显地支持了魅的解释。夸克-反夸克系统是由强相互作用束缚在一起的第一个魅强子。D 粒子由他的同事们于 1976 年发现，还发现它们具有预期的性质。1975 年由能量研究和发展管理局授予他劳伦斯奖章。

（王明馨）

吕敏（Lü Min） 中国江苏省人，1931 年 4 月 20 日生于江苏丹阳。*核物理学、核武器工程。*

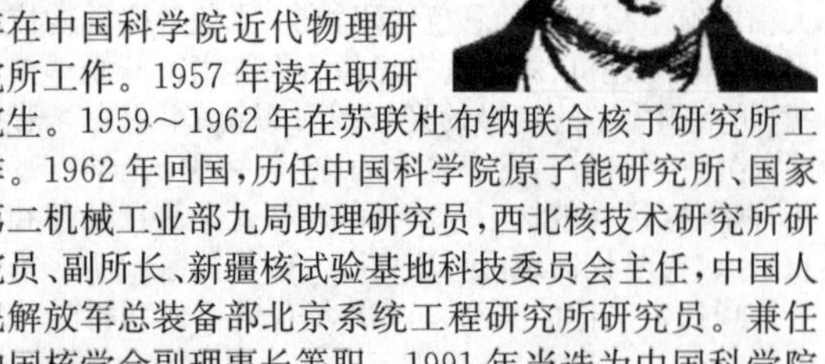

著名语言文字学家吕叔湘的儿子。1952 年毕业于浙江大学物理系。1952～1959 年在中国科学院近代物理研究所工作。1957 年读在职研究生。1959～1962 年在苏联杜布纳联合核子研究所工作。1962 年回国，历任中国科学院原子能研究所、国家第二机械工业部九局助理研究员，西北核技术研究所研究员、副所长、新疆核试验基地科技委员会主任，中国人民解放军总装备部北京系统工程研究所研究员。兼任中国核学会副理事长等职。1991 年当选为中国科学院学部委员（院士）。

长期致力于核试验物理诊断领域的研究，为建立中国特色的核诊断体系作出了重要贡献。20 世纪 50 年代，在云南落雪山高山实验室收集分析宇宙线事例，发表了若干篇有创见的研究论文，引起了国内外同行的注目。60 年代以后，长期负责中国核试验测试技术，建立了比较完整的核试验物理诊断体系，包括设立诊断项目、诊断方法和设备，培养了一支较高水平的专业队伍，为中国核武器设计提供丰富的实验数据。负责中国第一颗原子弹试验中链式反应动力学测量，在反复论证后大胆放弃原苏联专家留下的方案，提出简易新颖的测试方案，顺利完成了准备工作和测量任务；以后多次参加中国核试验，主持建立并不断改进物理诊断的技术和方法，采用光纤时空分辨和针孔照相方法测量核反应空间分布参数等重大项目的物理技术方案。80 年代后，提出并成功组织实施了竖井地下核试验中多项目测试的技术方案；1987 年起研究抗辐射加固技术和军备控制系统工程。多次获国家和省部级奖励，其中有 1987 年国家科学技术进步奖特等奖 1 项、国家科学技术进步奖二等奖 5 项、国家自然科学奖三等奖 1 项等；曾获国防科委先进科学技术工作者标兵称号。（徐 骎）

施里弗，J. R.（Schrieffer, John Robert） 美国人，1931 年 5 月 31 日生于美国伊利诺伊州奥克帕克。*低温物理学、超导理论。*

1953 年获马萨诸塞理工学院学士学位。1954 年获伊利诺伊大学硕士学位，1957 年获博士学位。在伊利诺伊大学进行超导理论工作。后在宾夕法尼亚大学任物理学教授。还曾任教于芝加哥大学。1971 年入选美国国家科学院院士。还是美国哲学学会会员和美国文理科学院院士。

1957 年，他与 J. 巴丁及 L. N. 库珀一起发表了超导微观理论（即 BCS 理论）。自从 1911 年发现超导现象后，一些理论物理学家用热力学观点和唯象理论说明了一些超导现象，但对它的基本结构还是模糊的。BCS 理论提出两个崭新的基本概念。第一，超导电性的起因是费米面附近的电子之间存在通过交换声子而发生的吸引作用；第二，由于以上这种吸引作用，费米面附近的电子两两结成对（称为库珀对）。通过超导态的超声吸收与温度关系的理论曲线与实验值进行比较，可知理论与实验基本相符。因此三人于 1972 年共获诺贝尔物理学奖。

他们的超导理论成功地解释了超导的一些基本性质，而且对进一步的理论研究和开发应用起了很大的促进作用，是目前超导理论的依据，同时也促进了 1957 年以后超导材料和超导器件的迅速发展。他们还对超导体激发光性质作了研究。

著有《超导理论》（1964 年）等专著。获得过许多奖，如 1968 年与库珀同获美国国家科学院康斯托克奖，同年获美国物理学会巴克利固体物理奖等。（王明馨）

费尔德曼，M. J. G.（Veltman, Martinus. J. G.） 荷兰人，1931 年 6 月 27 日生于荷兰。*高能物理学、粒子物理学。*

1963 年获荷兰乌得勒支大学博士学位。1966～1981 年任乌得勒支大学物理学教授。其后在美国密歇根大学任教。1981 年起成为荷兰科学院院士。

20 世纪 40 年代发展起来的量子电动力学，处理的是阿贝尔规范场，经朝永正一郎、施温格、费因曼等发展了重正化理论，给出了十分精确的结果，因而获得了 1965 年度的诺贝尔物理奖。但是，当将弱作用也包括进来时，处理的将是非阿贝尔规范场，即杨(振宁)-米尔斯场，问题要复杂得多。费尔德曼与 G. 霍夫特在杨-米尔斯场的基础上成功地发展了一个理论，证明可以重正化，从而给出了一个弱作用和电磁作用相统一的精确理论，阐明了电弱作用的量子结构。他们为粒子物理理论打下了一个坚实的数学基础。在这个框架下，可以作非常精确的计算，他们的精确结果获得了许多加速器实验的验证。特别是在欧洲核子中心的数据的基础上，用这个方法算出了"顶夸克"的质量，为后来顶夸克的实验发现铺平了道路。因此费尔德曼与霍夫特分享 1999 年诺贝尔物理学奖。此外，他还获 1993 年荷兰科学院高能物理和粒子物理奖。

（周精玉）

雷杰，T. (Regge, Tullio)　意大利人，1931 年 7 月 11 日生于意大利都灵。*粒子物理学、广义相对论。*

1952 年获意大利都灵大学博士学位。1956 年获美国罗切斯特大学博士学位。同年任教于都灵大学，1962 年任教授。1965 年成为普林斯顿远景探索研究会会员。

约于 1956 年起在都灵大学致力于势散射理论的研究。首次把复角动量概念引入基本粒子物理学中，并用对复角动量积分的方法处理势散射问题。这种方法已得到确认。还致力于群论的研究，发现克莱伯施-戈丹系数和雷卡系数的一些新的对称性。也研究广义相对论，1960 年提出解爱因斯坦方程的一种新方法，以解决由于方程缺乏对称性而不能用通常方法来解的问题。获 1964 年美国物理学会海涅曼奖、1979 年斯特劳斯基金会爱因斯坦奖章。

（马见慈）

胡仁宇 (Hu Renyu)　中国浙江省人，1931 年 7 月 20 日生于上海。*核物理学、核武器工程。*

原籍浙江江山。1948～1950 年在交通大学电机系学习，后转学清华大学物理系并于 1952 年毕业。同年到中国科学院近代物理研究所工作。1956～1958 年在苏联科学院列别捷夫物理研究所攻读研究生。奉命中断留苏学业，到国防科研单位参与核武器研制和核技术开发，曾任中国工程物理研究院院长。兼任中国核工业档案学会名誉理事长等职。1991 年当选为中国科学院学部委员(院士)。

长期从事核物理实验研究和核测试技术工作。20 世纪 50 年代末后，相继筹建并领导了多种核物理实验室；承担有关中子物理、放射性核素测量和其他多种核测试工作；开展了强脉冲混合辐射场的各种特性的测量工作。70 年代末以后，参加组建惯性约束聚变实验室，取得了一系列创新性的重要研究成果，其中与他人合作研究聚合爆轰波人工热核反应，成果获 1982 年国家自然科学奖一等奖。

他的工作地点从北京到青海高原又到川北山沟，长年工作在生活条件十分艰苦的地方，前后参与指挥领导过 6 次国家核试验，每次都自始至终亲临现场，为确保试验万无一失作出了重要贡献。担任中国工程物理研究院院长期间，在制定战役战略发展规划、协调和配置各种科研资源、组织培养人才队伍、指挥和监督完成重大科研项目等方面，做了不少工作。他还荣获 1984 年国家发明奖二等奖、1986 年和 1989 年国家科学技术进步奖特等奖。

（邓剑琪）

克罗宁，J. (Cronin, James)　美国人，1931 年 9 月 29 日生于美国芝加哥。*粒子物理学、核物理学。*

1953 年和 1955 年在芝加哥大学分别获硕士和博士学位。1955～1958 年为美国布鲁克黑文国家实验室助理物理学家。1958 年任普林斯顿大学助理教授，1964 年成为物理学教授。1971 年为芝加哥大学物理学教授。是美国国家科学院、美国文理科学院院士。

主要从事粒子物理、π 介子-质子总截面、超子衰变的非对称性的研究。在 1956 年发现弱相互作用中宇称不守恒后，一些物理学家提出 *CP* 联合守恒定律，即把过程变为成镜像中的过程，把参与反应的粒子都换成其反粒子，物理规律应保持不变。这里 *C* 守恒代表电荷共轭守恒、*P* 守恒代表宇称守恒。1964 年他和 V. L. 菲奇等人在布鲁克黑文国家实验室设计一个判决性实验，考察 *CP* 联合反演是否守恒。他们利用从加速器射出的 30 吉电子伏的质子轰击铍靶，把产生的新粒子通过磁场过滤，得到一束中性 K 介子。中性 K 介子有两种状态：长寿命的 K_L^0 和短寿命的 K_S^0。根据理论分析，在弱相互作用下，如果 *CP* 联合反演守恒，K_L^0 只能衰变为 3 个 π 介子，而不能衰变为 2 个 π 介子。在实验中，他们从23 700起 K_L^0 衰变的事件中，发现 45 起衰变为 2 个 π 介子的事件，*CP* 联合反演守恒遭到微弱的破坏，这是首次从实验上发现的弱相互作用中 *CP* 联合反演不守恒，是继发现弱相互作用下宇称不守恒以来，粒子物理学中又一次重大突破。

自 20 世纪 70 年代以来，他们的发现越来越受到关注，因为这使人类对微观世界的认识大大深入一步，还涉及到现代宇宙学和宇宙起源的大爆炸模型等问题。由于实验上发现 *CP* 联合反演不守恒，他和 V. L. 菲奇共获 1980 年诺贝尔物理学奖。此外，他还获劳伦斯奖和韦瑟里尔奖。（张庆华）

唐孝威 (Tang Xiaowei) 中国江苏省人，1931 年 10 月 1 日生于江苏无锡。高能实验物理学、原子核物理、核医学。

上海南洋公学（交通大学前身）校长唐文治之孙。1952 年清华大学物理系毕业。先后在中国科学院近代物理研究所、国家第二机械工业部原子能研究所、苏联杜布纳联合原子核研究所、国家核工业部青海九院、中国科学院高能物理研究所、德国汉堡电子同步加速器中心、瑞士日内瓦欧洲核子研究中心等处工作。2001 年任浙江大学物理系教授，北京大学、中国科学技术大学等校兼职教授。1980 年当选为中国科学院学部委员（院士）。

主要从事原子核物理、高能实验物理、以及物理学与其他学科交叉研究，取得多项重要成果。20 世纪 50 年代，开始进行核探测器研究及 π 介子实验。60 年代，直接参与中国原子弹、氢弹研究设计与试验，在中子点火和核测试等方面有重要贡献。70 年代，领导一个实验研究组，参加中国与西方首次进行的高能物理国际合作，并参加丁肇中教授主持的高能正负电子对撞实验，1979 年在实验中参与发现传递强作用力的基本粒子胶子。80 年代后，领导实验组参加国际科学技术合作项目 L3 强子量能器、阿尔法磁谱仪等探测器研制和实验数据分析，进行探寻宇宙空间反物质与暗物质的研究。

20 世纪 90 年代后，开展物理学与医学交叉研究，是国家攀登计划项目"核医学和放射治疗中先进技术的基础研究"的首席科学家；主持国家重大项目"发展近场技术，研究生物大分子体系特性"；合作进行脑功能实验及其成像分析；合作进行人的工作记忆的研究。2000 年起，推动和组织中国"人类脑计划"和神经信息学研究，并在 2001 年 10 月代表中国参加全球"人类脑计划"筹划。发表论文和研究报告逾 500 篇；出版《粒子物理实验方法》(1982 年)、《同步辐射及其应用》(1986 年)、《脑功能成像》(1999 年)等专著多部。（葛乃成）

李方华 (Li Fanghua) 中国广东省人，1932 年 1 月 6 日生于香港。电子晶体学、衍射物理、电子显微学。

原籍广东德庆。1952 年由武汉大学物理系保送苏联留学，1956 年毕业于列宁格勒大学物理系。同年回国，一直在中国科学院物理研究所工作，任研究员。期间 1982～1983 年在日本大阪大学应用物理系任访问学者。先后兼任中国电子显微学会常务副理事长、理事长，国际晶体学联合会电子衍射专业委员会委员，中国科学院金属研究所固体原子像开放实验室学术委员会主任等。1993 年当选为中国科学院学部委员（院士）。1998 年当选第三世界科学院院士。

中国当代知名女物理学家，发展了高分辨电子显微学和电子晶体学的理论与方法。20 世纪 60 年代，提出校正电子衍射动力学效应的方法，在中国首次测定出晶体中氢原子的位置，有关文献至今仍被国际同行引用。70 年代，与丈夫范海福（1991 年当选为中国科学院学部委员）合作建立了高分辨电子显微学中的二步图像处理技术，并用以测定了多种微小晶体的结构。80 年代，总结出高分辨电子显微学实验的新操作程序，发展了测定轻原子位置的新方法；提出了"赝弱相位物体近似"的像衬理论，首次阐明了像强度与晶体厚度之间的解析关系式，揭示了轻重不同原子像强度的变化规律；并在该理论指导下，首次在实验中观察到晶体中的锂原子。90 年代后，建立了基于最大熵原理的解卷处理技术，被成功应用于测定高温超导体等材料微晶结构；在国际上最早报道铋系超导体有无公度调制结构；针对新发展的场发射电子显微镜，提出测定原子分辨率晶体缺陷的图象处理技术，并应用于半导体材料研究，第一次报道了锗化硅(SiGe)与硅(Si)外延膜界面原子分辨率的缺陷。发表论文 200 余篇。获中国科学院自然科学奖一、二等奖，中国物理学会叶企孙物理奖等近 10 项奖励。2003 年获联合国教科文组织"世界杰出女科学家成就奖"。（徐 骎）

黄胜年 (Huang Shengnian) 中国江苏省人，1932 年 2 月 10 日生于江苏太仓，2009 年 1 月 8 日卒于北京。核物理学、中子物理学、核武器工程。

1950～1952 年在清华大学物理系学习。1952～1955 年在苏联列宁格勒大学物理系学习。奉命中断学业回国参加中子物理与裂变实验研究，一直在中国科学院原子能研究所（今中国原子能科学研究院）工作，中国原子能科学研究院研究员。先后兼任中国核工业总公司研究生部主任、该部科学技术顾问。1991 年当选为中国科学院学部委员（院士）。

长期从事中子物理与原子核裂变的实验研究和组织领导工作，为中国核武器和核能开发作出了重要贡献。参与主持测定了核实验和核武器试验所急需的某些基本核数据，澄清了国际上长期有争议的若干问题，提供了进一步发展的科学基础；完成了各种能量中子引起铀、钚、钍核素以及铀-238、钚-240 自发裂变体系的实验；建立新方法和研制新装置，完成了中国第一颗原子弹金属铀部件的本底中子测定；首次观察到一系列新的核现象，其中包括当轻带电粒子能量较低时会出现伽玛与中子发射异常等；1979 年后，与合作者一起对锎-252 自发裂变这种典型的低激发能裂变进行了系统的详细的实验，首次观察到高动能事件碎片质量分布上的精细结构，并得出氚和 α 粒子伴随裂变（三分裂）的各种关联特性；参加组建串列加速器核物理实验室，负责中子测量厅的建设等；此外，在快中子截面、快中子能谱、探测技术、光中子等方面作过研究。多次获国家和省部级科学技术奖励，其中包括先后获全国科学大会奖，部级科学技术进步奖二等奖 3 项、三等奖 1 项、四等奖 2 项等。（邓剑琪）

吴杭生 (Wu Hangsheng) 中国安徽省人，1932 年 2 月 19 日生于浙江杭州，2003 年 12 月 4 日卒于安徽合肥。金属物理学、超导理论。

原籍安徽桐城。1953 年复旦大学物理系毕业。1956 年北京大学物理系理论物理学研究生毕业。1956～1976 年在北京大学物理系任教，从事理论物理学研究。1976 年起一直在中国科学技术大学物理系任教，后为教授。1993 年当选为中国科学院学部委员(院士)。

长期致力于金属薄膜超导电性、超导临界温度与高温超导体的理论研究，是中国超导理论领域的开创者和推动者之一。20 世纪 60 年代，与雷啸霖教授一道在理论上首次明确提出了超导膜的尺寸非局域效应，导出了非局域的京茨堡-朗道方程，揭示了超导薄膜临界磁场随膜厚度而变化的规律，当超导膜的厚度 d 足够小时，其临界温度 T_C、能隙以及热力学性质都随着膜厚度的改变作周期性的变化，变化的幅度随 d 的减小而增加。70～80 年代，与蔡建华教授等合作，从超导强耦合理论的伊莱舒堡(Eliashberg)方程，导出通适性的超导临界温度 T_C 新公式，成果获 1978 年全国科学大会奖、1982 年国家自然科学奖。和合作者对高于临界温度 T_C 的铜氧化合物超导材料等进行了研究。发表论文逾百篇；重要论著有《超导电性》(2 卷)等。多次获国家和省部级奖励。 (张 希)

王育竹 (Wang Yuzhu) 中国河北省人，1932 年 2 月 29 日生于河北正定。*量子光学、低温物理学、电磁学、物理计量学。*

1955 年毕业于清华大学无线电工程系。1960 年获苏联科学院电子学研究所博士学位。中国科学院上海光学精密机械研究所研究员，量子光学开放实验室学术委员会主任。是国际理论物理中心高级合作成员。1997 年当选为中国科学院院士。

中国原子频标开拓者之一，长期从事电磁场与原子相互作用研究。建立了中国第一个量子光学开放实验室，开展激光冷却气体原子的研究；进行光磁双共振研究，研制成功的中国第一台铷原子钟“718”是综合测量船“远望号”主要项目之一，该船整体工程获国家科学技术进步奖特等奖；铷原子频率标准获 1978 年全国科学大会奖、中国科学院重大科学技术成果奖，1979 年提出了“积分球红移漫反射激光冷却气体原子”、“序列脉冲激光冷却气体原子”、“利用交流施达克效应激光冷却气体原子”3 种新设想，其物理思想和诺贝尔奖获得者 W. D. 菲利普斯、朱棣文不谋而合；利用多光束实现原子在光压作用下的偏转，并成功验证了亚泊松光子统计规律，获 1989 年国家自然科学奖三等奖；研究慢原子在一维驻波场中的运动，证明冷却气体温度极限不是多普勒极限；首次将多普勒效应用于原子干涉仪，观察到原子波包的干涉现象；利用固体微球腔量子电动力学效应，获得了新的激光谱线；2002 年成功地观察到了铷原子蒸汽的玻色-爱因斯坦凝聚现象，证实了 1924 年爱因斯坦的预言：在极低温度下，原本杂乱无章的原子会突然以最低能量凝聚，其统一的频率犹如“一群原子在齐声歌唱”。发表论文百余篇。 (卢敬军)

王世绩 (Wang Shiji) 中国上海市人，1932 年 9 月 28 日生于上海。*原子核物理学、等离子体物理学、激光工程。*

1952 年考入东北人民大学(现吉林大学)物理系，学习 3 年；1956 年北京大学技术物理系毕业。中国工程物理研究院上海激光等离子体研究所研究员，上海高功率激光物理国家实验室主任。1999 年当选为中国科学院院士。

长期从事核物理和激光等离子体物理实验研究。20 世纪 60 年代，在苏联杜布纳联合原子核研究所研制含镉大液体中子闪烁探测器，实现共振中子裂变参数的较高精度测量；在中国核试验测试中创造性地采用优化设计的气体切伦科夫探测器，通过测量高本底下的高能 γ 射线来确定热核反应时间过程。80 年代，主持中国激光核聚变实验和开拓 X 光激光研究，领导研制 10 余种诊断设备，组织多轮总体实验。90 年代后，创造性提出和实施双靶对接、多靶串接、空间限束等一系列方案，并解决远距离多靶串接等技术难题；通过有效补偿来显著提高 X 光激光输出的质量和效率，率先在中小驱动激光装置上获得近衍射极限的软 X 光激光饱和输出；率先在类镍系列实验中采用焦线重选技术，在中小驱动激光装置上获得近水窗波长的 X 光激光；在中日合作实验中应用均匀线聚焦和双靶对接技术，获得高增益饱和的类镍银激光、近水窗波长高强度类镍镱激光和铪激光、水窗波长类镍钽激光和钨激光；作为首席科学家主持研制出当前中国规模最大、国际上为数不多的高性能高功率钕玻璃激光装置神光-Ⅱ，采用国产高性能元器件和多项创新技术，总体性能达到国际先进水平，成为中国惯性约束聚变领域的重要实验平台。主编有《X 射线激光》(1997 年)等著作。获国家和省部级奖励多项。 (陈 安)

德热纳，P.-G. R. Y. (de Gennes, Pierre-Gilles Robert Yues) 法国人，1932 年 10 月 24 日生于法国巴黎，卒于 2007 年 5 月 18 日。*凝聚态物理学。*

医生的儿子。早年在高等师范学校受教育。1961～1971 年任巴黎大学奥尔塞固体物理学讲座教授。1971 年任法兰西学院教授。1976 年任巴黎大学物理和化学研究所所长。1988 年任法国罗讷化学物理学研究所主任。是法国科学院院士、美国国家科学院和荷兰科学院的外籍院士、英国皇家学会外籍会员。

起初研究铁磁体相变，20 世纪 60 年代转而研究液晶物理，80 年代起又集中研究聚合物。在这些领域都有成就。他通过多年的研究发现，用于研究简单系统中的有序现象的方法，可以推广到较复杂的物质形态，特别是液晶和聚合物方面。他用数学形式描述了磁偶极子、长分子(即分子链)如何在一定条件下组合成有序状态，以及当它们从有序状态转变为无序状态时的结果。由于这方面的贡献，他荣获 1991 年诺贝尔物理学奖。

因为他在多个研究领域中的渊博知识，以及在非常不同的物理体系中寻找有序与无序现象共同线索的洞察力，有人将他誉为“当代牛顿”。重要著作有《液晶物理学》(1973 年)、《高分子物理的标度概念》(1979 年)和《凝聚态物质的通常见解》(1992 年)等。 (宣焕灿)

方守贤 (Fang Shouxian)

中国上海市人，1932 年 10 月 27 日生于上海。粒子物理学、加速器工程。

1955 年复旦大学物理系毕业。1957～1960 年在苏联科学院列别捷夫研究所、杜布纳联合核子研究所研习。回国后，先后在中国科学院近代物理研究所、原子能研究所、高能物理研究所工作，高能物理研究所研究员、副所长、所长。期间 1982～1983 年在欧洲核子研究中心进行国际合作研究。1984 年起任北京正负电子对撞机工程经理、实验室主任。兼任中国物理学会粒子加速器分会理事长等职。1991 年当选为中国科学院学部委员(院士)，曾任数学物理学部主任。

20 世纪 60～70 年代，进行等时性回旋加速器粒子动力学分析，获 1978 年全国科学大会奖；发现当时国际上新型等时性回旋加速器存在自由振荡引起的不等时性现象，并提出设计对策；研究电子同位素分离器设计理论，改进了苏联分离器垫片的技术缺陷。80 年代，参加欧洲核子研究中心的新型强流反质子积累环设计，发展了一种适用于中小型加速器的消色散方法，使负责设计的聚焦结构性能优于原设计要求；参与领导北京正负电子对撞机工程的研制、运行与改进，于 1988 年 10 月 16 日成功实现了对撞实验，主要指标亮度超过美国同能量对撞机 4 倍，整机性能居国际领先地位，获 1990 年国家科学技术进步奖特等奖。90 年代后，从事储存环中纵向微波不稳定性研究；与何祚庥、丁大钊院士共同提出加速器驱动新核能建议，并获得国家 973 计划立项；主持强流质子直线加速器的超导腔研制工作。1997 年获何梁何利科学与技术进步奖。 (张 希)

施瓦茨，M. (Schwartz, Melvin)

美国人，1932 年 11 月 2 日生于美国纽约，2006 年 8 月 28 日卒于美国。粒子物理学、高能核物理。

1953 年在哥伦比亚大学毕业，后成为 J. 斯坦博格的研究生，1958 年获该校博士学位。1956 年到美国布鲁克黑文国家实验室工作。1958 年到哥伦比亚大学任教，1963 年任教授。1966 年任斯坦福大学物理学教授，1983 年为终身教授。后在自己创办的计算机通信公司任总裁。是美国国家科学院院士。

早在 1930 年，泡利就预言了中微子的存在。但由于中微子只参与弱相互作用，穿透本领极强，所以实验上很难发现它的存在，1962 年以前的实验是依靠核反应堆产生低能中微子。1959 年施瓦茨提出了用加速器提供高通量高能中微子的设想，其原理是用高能的质子流去轰击适当的靶，产生大量的 π 介子，从这种 π 介子的衰变中，获取大量的中微子。1960 年，他和 L. M. 莱德曼、J. 斯坦博格通过计算、分析，认为布鲁克黑文国家实验室的交变梯度同步加速器上用这种办法，能够通过 π 介子的衰变产生足够数量的高能中微子。在美国原子能委员会的支持下，1961 年他们三人和布鲁克黑文加速器部的丹拜(T. Danby)等组成 7 人实验组，开始尝试用加速器产生中微子。实验从 1961 年 9 月进行到 1962 年 6 月，他们克服重重困难，通过快介子衰变实验，果然用加速器产生出中微子束流。这无疑是一种突破，证实中微子至少有两种：电子中微子和 μ 子中微子，还验证了轻子的二重态结构。因此，他与莱德曼、斯坦博格共获 1988 年诺贝尔物理学奖。 (沙振舜)

恩勒特，F. (Englert, François)

一译恩格勒特。比利时人，1932 年 11 月 6 日生于比利时布鲁塞尔的埃特尔贝克。理论物理学、粒子物理学、量子场论、现代宇宙学。

犹太族裔，纳粹大屠杀幸存者。在第二次世界大战中德国占领比利时期间，家长不得不掩饰他的种族身份寄养在孤儿院里。战后就读于比利时布鲁塞尔自由大学，1955 年获机电工程师证书，1959 年获物理学理学博士学位。同年到美国康奈尔大学进行两年博士后研究，先后任 R. 布罗特(Robert Brout)的研究助手和助理教授。1961 年回布鲁塞尔自由大学任教，后升任理论物理研究中心教授，1980 年和布罗特(其时已具美国和比利时双重国籍)共同主持该校理论物理研究室工作，1998 年退休任荣誉教授。期间，1984 年兼任以色列特拉维夫大学物理学与天文学学院首位特聘萨克勒讲座教授。2011 年任美国加州查普曼大学量子研究所杰出客座教授。2013 年由比利时国王册封为男爵。

他的主要贡献在理论物理学，广泛涉及统计物理学、量子场论、宇宙学、弦理论和超引力理论等分支领域，是粒子物理学希格斯机制理论的主要奠基者之一。标准模型理论是现代粒子物理学的基石，它描述了我们的宇宙由 62 种基本粒子构成；这些亚原子粒子可分为两大类：自旋为半整数、构成物质实体的费米子；自旋为整数、传递能量的玻色子。按照标准模型理论，基本粒子并没有质量，但实验却又表明除光子以外的基本粒子都有质量。物体为何具有质量？这个问题长期困扰着物理学界。1964 年，布罗特和恩勒特撰文表明，如果真空被赋予了一种会碰到物质系统的特定类型的结构，规范矢量场(包括阿贝尔和非阿贝尔)便可获得质量。同年，针对戈德斯通定理在规范场的失败，希格斯达到基本相同的结果。在同年晚些时候，G. 古拉尔尼克（Gerald Guralnik）、C. R. 哈根（Hagen）和 T. 基布尔（Tom Kibble）三人合作也撰写了同主题的第三篇论文。“英雄所见略同”。他们都独立地预言了希格斯玻色子的存在，采用的研究方法也大致相似。三篇论文不约而同地建立了相对论条件下的希格斯机制，它们被刊登在《物理评论快报》50 周年纪念文献专辑里，现被公认为里程碑式科学成果。

1960 年，日裔美国人南部阳一郎首次发现亚原子的自发对称性破缺机制，他因此获得 2008 年诺贝尔物理学奖。1961 年，英国的 J. 戈德斯通（Jeffrey Goldstone）首次引入标量场，证明标量场的势会导致自发破缺并产生无质量的标量粒子，即戈德斯通粒子。但是，他们两人都未能将自发破缺和规范理论相结合而导出希格斯机制。1962 年，美国的 J. 施温格（1965 年诺贝尔物理学奖得主）猜测有质量的矢量粒子可能和无质量的标量粒子有关，但未加以证明。1963 年，美国的 P. W. 安德森（1977 年诺贝尔物理学奖得主）在理论上发现，在非相对论条件下，无质量的标量粒子会被无质量的规范玻色子吞并而产生有质量的规范玻色子。正是这些前期工作，成了恩勒特、布罗特和希格斯等人的前进阶梯，在前人止步之处“临门一脚”。

希格斯粒子被戏称为“上帝粒子”，是标准模型预言的最后一种粒子，它是自旋为零的玻色子，若其真的存在则标志着希格斯场的存在。据认为，自 138 亿年前宇宙创生之初起，大爆炸火球产生的所有粒子都处于希格斯场内，不同粒子和希格斯场的粘滞作用而产生不同质量。在希格斯机制中，希格斯场会引起自发对称性破缺，并通过希格斯粒子将质量赋予规范玻色子和费米子。从 20 世纪 90 年代开始，欧美科学界在大型强子对撞机上寻找这种粒子。2011 年底，欧洲核子研究中心的两支实验团队各自独立探测到希格斯玻色子可能出现过的迹象。2012 年 7 月 4 日，该中心宣布新发现的玻色子符合预言中的希格斯玻色子的质量和性质。2013 年 3 月 14 日，确认先前探测到的新粒子是希格斯玻色子。从假说提出到实验确证，历经 48 年。至此，标准模型所预言的所有粒子全部被实验发现了。然而在物理学家眼里，希格斯玻色子的显影仅仅是冰山之巅，底下还深藏着更大的奥秘，等待着新一轮的探索。

因发现希格斯机制和成功预测希格斯玻色子，与英国的 P. W. 希格斯两人共享 2013 年诺贝尔物理学奖。R. 布罗特因已去世而无缘获奖。瑞典皇家科学院的声明说：“这一获奖理论是对世界的构成进行描述的粒子物理学标准模型理论的核心部分。”此外，恩勒特还获多项其他重要奖励，其中与希格斯和布罗特分享的还有：1997 年欧洲物理学学会高能与粒子物理学奖，2004 年以色列沃尔夫物理学奖，2010 年美国物理学学会樱井理论粒子物理学奖（共 6 人分享）；另获 1982 年比利时法朗基科学奖（与布罗特分享）、2013 年西班牙阿斯图里亚斯王储科学技术研究奖（与希格斯和欧洲核子研究中心分享）等。（李啸虎）

格拉肖，S. L.（Glashow, Sheldon Lee） 美国人，1932 年 12 月 5 日生于美国纽约曼哈顿。*粒子物理学、量子场论。*

1954 年毕业于康奈尔大学。1955 年、1959 年先后在哈佛大学获物理学硕士、博士学位。1958 年在丹麦哥本哈根大学玻尔理论物理研究所任研究员。1960 年回美国，任加利福尼亚理工学院的研究员。1961 年任斯坦福大学助理教授。1962～1966 年在伯克利加利福尼亚大学任副教授、教授。1966～1982 年任哈佛大学教授。1966～1973 年和 1975 年以后兼任布鲁克黑文国家实验室顾问。1983 年任得克萨斯州农业与机械大学客座教授。1984 年任波士顿大学杰出客座科学家。是美国物理学会和美国科学促进会的会员，并入选美国国家科学院院士、美国文理科学院院士。

主要研究领域是基本粒子和量子场论，并取得重大成果。1958 年在哈佛大学的博士论文中，就提出过弱相互作用与电磁相互作用统一的理论（简称电弱统一理论），预言“中性流”的存在，并引用了“规范场”这个概念。不过没有能够从理论上得到有静止质量的中间玻色子，且实验和理论之间存在矛盾，故他的理论当时没得到足够的重视。

在他的理论基础上，1968 年 S. 温伯格和 A. 萨拉姆独立地又提出电弱统一的规范理论，解决了他理论中的重大疑难问题，完善了这一理论。1973 年欧洲核子研究中心进行的实验中，第一次发现了他预言的中性流。1975 年他又和合作者一起在温伯格-萨拉姆理论、电弱统一理论、量子色动力学的基础上，提出了把弱相互作用、电磁相互作用、强相互作用统一起来的大统一理论。这对粒子物理、场论和宇宙学的理论研究都有较大影响。由于提出基本粒子之间弱相互作用和电磁相互作用的统一理论，尤其是预言弱中性流存在的杰出贡献，他和 S. 温伯格、A. 萨拉姆共获 1979 年诺贝尔物理学奖。此外，还获得 1977 年奥本海默纪念奖、1978 年赖德莱奖、1983 年西利卡奖等许多奖励。（沙振舜）

科昂-唐努日，C. N.（Cohen-Tannoudji, Claude Nessim） 法国人，1933 年 4 月 1 日生于阿尔及利亚康士坦丁。*原子物理学、低温物理学、激光工程。*

1953～1957 年求学于巴黎高等师范学校。1962 年在巴黎大学以物理学方面的研究获哲学博士学位。1960 年到巴黎的法国国家科学研究中心工作。1964 年任巴黎大学教授。1973 年任巴黎的法兰西学院教授。20 世纪 80 年代任巴黎高等师范学校物理学教授。是法国科学院院士，美国国家科学院外籍院士、美国文理科学院外籍院士。

在“激光冷却和捕陷气体原子”领域作了奠基性的工作。20世纪80年代后期，他在巴黎高等师范学校领导一个研究小组，独立完成了“激光冷却和捕陷气体原子”方面的开创性实验。他也独立完成了可使原子囚禁在低于“多普勒冷却机制”理论极限的超低温实验，并在1988年与华裔美国学者朱棣文各自独立地提出了“偏振梯度激光冷却机制”的理论解释，这一理论解释获得了成功。为此，他与朱棣文以及同领域的另一位开创者W. D. 菲利普斯共享1997年诺贝尔物理学奖。此外，还获1996年欧洲物理学会量子电子学奖等多项奖励。

（宣焕灿）

温伯格，S. (Weinberg, Steven) 美国人，1933年5月3日生于美国纽约市。粒子物理学、量子场论、宇宙学。

1954年获康奈尔大学学士学位。后去哥本哈根的N. 玻尔研究所工作一年。1957年以论文“关于弱作用过程中的紫外发散”获普林斯顿大学博士学位。1957～1959年在哥伦比亚大学任讲师。1959年在伯克利加利福尼亚大学劳伦斯实验室工作。1960～1969年在该校任教，1964年为教授。1967年在马萨诸塞理工学院任教，1969年为教授。1973年到哈佛大学任希金斯讲座物理学教授，同时任史密森天体物理观测站的高级科学家。1968年入选美国文理科学院院士，1972年入选美国国家科学院院士，并任美国物理学会评议委员。得到多所大学的荣誉博士学位。

20世纪50年代开始基本粒子物理学的研究。主要从事弱相互作用、对称性原理和量子场论等课题。讨论了弱中性流存在的可能性，分析了μ介子和奇异粒子的弱相互作用，证明了量子场论中动量空间积分收敛的定理。由于对基本粒子之间的弱相互作用和电磁相互作用统一理论的贡献，其中尤其是对弱中性流的预言，与S. L. 格拉肖、A. 萨拉姆一起获1979年诺贝尔物理学奖。

1967年将规范理论和对称性自发破缺的概念用于电磁相互作用的弱相互作用中，提出了一个可重正化的电弱统一理论，解释了光子和中间玻色子的质量差异。还预言了一类新的弱相互作用——中性流。因为1968年萨拉姆也独立地提出类似的理论模型，所以常称为温伯格-萨拉姆理论。1972年他指出，统一理论所预言的中性弱流应能在实验上观测到。同年把这些研究推广到强作用粒子上，证明了如果把强、弱的电磁相互作用用规范理论来描述，可以解释奇异性守恒和电荷共轭不变性，并指出这种联合的规范理论可以把20世纪50～60年代发现的弱作用和强作用的全部性质给予自然的解释。

此后掀起了寻找中性流反应的热潮。1973年在欧洲核子中心和美国费米国家加速器实验室都测到了中性弱流反应的事例。中性流的形式和强度与理论预言的一致。以后有更多的实验事实支持温伯格-萨拉姆模型。1983年欧洲核子中心在实验中找到了电弱统一理论中预言的静止质量很大的三种中间玻色子$W^{\pm}$和Z^0，这表明格拉肖-温伯格-萨拉姆理论取得了巨大的成功。

此外，对宇宙学、量子散射理论和引力的量子理论有所贡献。发表大约150篇论文有《引力和宇宙论——广义相对论的原理与应用》(1972年)、《最初三分钟——宇宙起源的一个近代观点》(1977年)等著作。获1979年美国物理学会海涅曼奖、美国钢铁基金会的科学著作奖等。

（张 明 沙振舜）

霍普菲尔德，J. J. (Hopfield, John J.) 美国人，1933年7月15日生于美国芝加哥。光学、分子生物学。

父母亲都是物理学家。1958～1960年在贝尔实验室工作。1961年秋任伯克利加利福尼亚大学副教授。1964年任普林斯顿大学教授。1973年回贝尔实验室工作。1978年在马萨诸塞理工学院神经科学研究所工作。1973年入选美国国家科学院院士，1975年入选美国文理科学院院士。

他名义上是位理论物理学家，其实只对与实验结果有关的理论感兴趣。早期研究光与固体的相互作用，能很好地解释发光的光学性质。1963年测定双光子吸收光谱。提出和发展了极化声子的概念以及由于在半导体发光方面的工作，1969年获得美国物理学会的巴克利奖。后来的工作是关于分子生物学的物理基础(包括理论和实验)。1970年在贝尔实验室参加生物物理组的工作，运用物理方法讨论生物分子的结构与机制。指出光合作用的本质是生物分子中电子的迁移。

（蔡祺德）

范海福 (Fan Haifu) 中国广东省人，1933年8月15日生于广东广州。晶体学、电子显微学。

原籍广东南海。1956年毕业于北京大学化学系。后一直在中国科学院物理研究所从事晶体学研究。兼任中国科学技术大学和中山大学等校教授。兼任第14、15届国际晶体学会委员等职。1991年当选为中国科学院学部委员(院士)。2000年当选第三世界科学院院士。他的妻子、物理学家李方华也是中国科学院学部委员(院士)。

长期从事晶体结构衍射分析方法、电子显微学中的图象处理、晶体学计算软件的设计。20世纪60年代后，在中国率先开展对中草药有效成分的X射线晶体结构分析，主持测定了在中国发现数种新的天然氨基酸的晶体结构；发展了对天然有机物晶体结构分析的直接法，首次提出将原来单一的直接法同重原子法、异常数散射法、同晶型置换法相结合的基本原理；1963～1985年主持完成了直接法处理晶体结构分析中的赝对称性问题的研究，发展出系统理论和应用技术，获得1987年国家自然科学奖二等奖；与李方华共同将电子衍射方法应用于高分辨电子显微学，建立了图象处理新方法，获得了1991年中国物理学会叶企孙奖；将直接法应用于蛋白质晶体结构的分析，创建了多维空间中的直接法，并首次用以测定含周期性缺陷的晶体结构、高温超导材料的非公度调制结构等，获得了国际上迄今最佳的试验结果。发表学术论文百余篇；曾与英国皇家学会会员伍尔森(M. M. Woolfson)合撰专著《晶体结构解析的物理方法与非物理方法》(1995 年)。1996 年获得第三世界科学院物理学奖，2006 年又获第三世界科学院物理学奖。 （巴素英）

张焕乔 (Zhang Huanqiao) 中国重庆市人，1933 年 12 月 13 日生于四川巴县(今属重庆市)。晶体学、实验核物理学。

1952～1955 年就读于武汉大学物理系，1955～1956 年就读于北京大学物理系并毕业。1958～1960 年在苏联库尔恰托夫原子能研究所进修。回国后，一直在中国原子能科学研究院核物理研究所工作，任研究员，先后任所科学技术委员会主任、院科学技术委员会委员、院科学技术顾问。期间，1982～1984 年在美国俄亥俄州立大学冶金工程系做访问学者；1982～1999 年曾 7 次在意大利国家实验室工作。1997 年当选为中国科学院院士。

中国实验核物理学科的带头人之一。20 世纪 60 年代，参与开展中子外场衍射研究，发现石英单晶在超声压电振荡时会出现衍射的中子束强度成倍增强现象，并提出了合理的机理解释，成为目前衍射新技术的理论基础。70 年代后，发现不大的直流电场能导致 α-碘酸锂某些晶面的中子衍射强度显著增大，以及有关的弛豫现象、各向异性、温度和低温“冻结”效应、交变电场效应等；发现了直流场作用下的单晶铁电材料 TGS 在临界点附近有中子衍射增强现象，成果获 1978 年全国科学大会奖。80～90 年代，主持系统研究自发裂变、中子诱发裂变的瞬发中子数及其与碎片特性关联，提供了高精度的裂变中子产额初级标准，达到了国际先进水平；主持开拓了重离子垒下熔合裂变反应碎片角分布研究，得到一系列国际先进新结果：发现碎片角异性随入射质心能量变化出现异常峰，进一步观察到深垒下能区裂变碎片各向异性普遍异常，提出了 K 预平衡裂变模型等，成果获 1999 年该项研究国家自然科学奖三等奖。代表作有《原子核物理的进展》(与他人合著)等专著。此外获吴有训物理奖、部级科学技术进步奖一等奖等。

（杨 鹏）

鲁比亚，C. (Rubbia, Carlo) 意大利人，1934 年 3 月 31 日生于意大利的里雅斯特市。粒子物理学、加速器工程。

1958 年获意大利比萨大学物理学博士学位。后在纽约的哥伦比亚大学做了几年博士后工作，然后返回欧洲。1961 年任欧洲核子研究中心研究员。以后一直在欧洲核子中心从事研究。期间 1970～1988 年兼任哈佛大学希金物理学讲座教授。1987～1996 年任里雅斯特理事会主席，并负责运行一个 200 万伏的电子同步加速器；期间 1989～1994 年兼任欧洲核子研究中心主任，指挥着由 100 余位科学家组成的研究队伍。

1967 年，S. 温伯格和 A. 萨拉姆提出电弱统一理论(称 W-S 模型)，预言在弱作用中应存在 $W^{\pm}$ 和 Z^0 三种粒子。但由于这一种粒子的静止质量很大，在一般条件下很难找到。早在 1969 年，鲁比亚就对寻找 $W^{\pm}$ 和 Z^0 粒子产生了浓厚的兴趣，为此目的参加了欧洲核子中心的工作。当时该研究中心拥有世界上最大的加速器之一——质子同步加速器，但是它所达到的能量也无法产生这三种粒子。他提出了建造对撞机的设想，即将反质子也进行加速，然后使之与加速了的质子对撞以产生更高的能量。但自然界找不到反质子，要在其他反应所产生的粒子中选出为数很少的反质子，并把它们积累起来，还要使这些反质子以同一速度沿同一方向运动，才能实现对撞。这需要相当复杂的技术才能实现。

和他同在欧洲核子中心工作的荷兰加速器物理学家 S. 范德梅尔，在 1968 年发明了一种所谓“随机冷却”技术，它可以使反质子排列整齐。他们从 1976 年起密切合作，各尽所长。范德梅尔负责改建加速器，建造反质子累加器，同时用“随机冷却”技术来处理反质子。他则负责设计制造捕捉 $W^{\pm}$、Z^0 粒子探测器。这是一组极其重要的配套设备，因为在质子—反质子碰撞后，要从大量数据中找到 $W^{\pm}$、Z^0 粒子存在的事例很不容易。他领导了欧洲和美国的 11 个科学研究机构、150 余名物理学家和工程技术人员共同研制大型探测装置。1982 年 10 月，对撞机开始运行。1983 年 1 月，欧洲核子中心宣布他领导的小组已经发现 $W^{\pm}$ 粒子，同年 6 月又宣布发现 Z^0 粒子。他们对导致发现弱相互作用的传递者场粒子 $W^{\pm}$ 和 Z^0 的大型工程作出了决定性贡献。由于这一发现意义重大，以致时隔一年他和 S. 范德梅尔两人就获得了 1984 年的诺贝尔物理学奖。欧洲核子中心的两位科学家同时获奖，在该中心历史上还是首次。此外，1985 年他还获得莱德利奖。 （杨福征 沙振舜）

王讯 (Wang Xun) 中国江苏省人，1934 年 4 月 23 日生于上海。半导体物理学。

原籍江苏无锡。1956 年复旦大学物理系毕业；1960 年该系研究生毕业。留校任教。复旦大学物理学首席教授，1990～1997 年任复旦大学应用表面物理国家重点实验室主任。1999 年当选为中国科学院院士。

长期系统研究半导体表面、界面结构和电子态，获多项重要成就。开拓了制备半导体材料磷化铟(InP)清洁表面的有效方法，早于国际多年用偏振光的光电子能谱研究 InP 极性表面，建立了 InP(111)表面的原子弛豫结构模型、InP(100)表面原子排列的失列—二聚物模型，至今仍为国际广泛引用；首次发现多孔硅表面非线性光学特性并用量子限制效应作出解释；首次实现多孔硅的蓝光发射，被评为 1992 年国际多孔硅研究六大进展之一；发现多孔硅发光峰位钉扎现象，提出了尺寸量子化概念；首次测定了多孔硅-硅界面的能带偏移值；制备了高质量的锗硅应变层超晶格，使尺寸均匀性达国际先进水平；开拓用电学方法研究量子阱空穴限制效应，在液氮温度下观察到锗硅空穴逐个填充到量子点的库仑荷电效应；研制成多种硅锗新器件，其中有双极型晶体管、光波导向一定向耦合器、光开关、调制器和波长信号分离器等。发表论文百余篇。多次获国家和省部级奖励。此外，还获1996年光华科技基金二等奖、中国物理学会第五届叶企孙物理奖、1998年何梁何利科学与技术进步奖等。（陈　安）

杨应昌（Yang Yingchang）　中国北京市人，1934年5月17日生于北京市。*凝聚态物理学、磁学、磁性材料学。*

1958年北京大学物理系毕业。一直留校任教，后任教授。曾任该校凝聚态物理学博士生导师。曾在法国国家科研中心路易·奈尔实验室、美国密苏里-罗拉大学材料研究中心做访问学者。兼任中国物理学会磁学专业委员会副主任、深圳北大双极高科技股份有限公司董事长等职。1997年当选为中国科学院院士。

主要从事物质磁性的研究与教学，尤其在稀土-铁永磁材料领域取得一系列国际领先成果。20世纪80年代，在国际上首次合成具有钍-锰型晶体结构的富铁新相，并通过中子衍射揭示该结构的特点与形成条件；首次研制成功含有钕铁铝钴硼等元素的多元磁体，可同时提高磁体的矫顽力和居里温度；首先确定了多种不同类型稀土氮化物的晶体结构，阐明了在稀土-铁金属间化合物中的间隙原子效应；研制开发出镨铁氮（Pr-Fe-N）系新型稀土永磁材料；1996年又开发成功高性能钕铁氮（Nd-Fe-N）稀土永磁材料，具有抗氧化耐腐蚀，温度特性好、应用领域广泛等特点，其换代永磁技术属世界领先水平，获3项中国发明专利，以及美国、日本和欧洲等国际专利，并进行了产业化、市场化运作；90年代末以来，相继进行了新型稀土永磁材料开发，纳米双相稀土金属间碳、氮化合物磁性研究，金属间化合物的间隙原子效应研究，高性能新型稀土永磁材料1∶12型氮化物的应用基础研究等。获国家和省部级奖励近10项，其中有1991年、2003年国家自然科学奖二等奖，国家教委科技进步奖一等奖等。另获2004年何梁何利科学与技术进步奖等。（李啸虎　杨　鹏）

郝伯林（Hao Bailin）　中国北京市人，1934年6月26日生于北平（今北京）。*理论物理学、计算物理学、地震学。*

出身知识分子家庭。高中毕业后，在北京俄语专科学校留苏预备部学习俄语一年。1954～1956年在苏联哈尔科夫工程经济学院学习；1956～1959年在哈尔科夫大学物理数学系学习并获学士学位。回国后，在中国科学院物理研究所任研究实习员。1961年进莫斯科大学物理系、苏联科学院物理问题研究所攻读研究生。1963年因故未获学位提前回国，依然在中国科学院物理研究所工作。1978年破格提升为研究员。同年到中国理论物理研究所工作，先后任二室主任、副所长、所长。兼任《中国物理快报》主编，《物理学报》与《计算物理》副主编。1980年当选为中国科学院学部委员（院士）。1995年当选为第三世界科学院院士。

20世纪70年代初期，领导北京天线小组研究套磁性介质小天线振子的理论计算和实验数据分析，发展了一套计算天线辐射场的新方法，此项工作后来获1978年中国科学院重大成果奖。1973年与于渌合作，成功地运用量子场论中骨架图方法，实现了相变临界指数按空间维数差展开到高阶的计算，是中国当时对相变重正化群理论的一项突出贡献。1966～1976年间，他潜心钻研统计物理学中三维伊辛（Ising）模型的精确解，并取得重要进展，因而获1987年中国科学院科学技术进步奖二等奖。80年代对混沌动力学进行了研究，提出由符号字计算参数值的“字提升法”。他所主持的“实用符号动力学及其在耗散系统混沌研究中的应用”项目，获1992年中国科学院自然科学奖一等奖、1993年国家自然科学奖二等奖。“统一描述平衡和非平衡系统的格林函数理论研究”获1999年中国科学院自然科学奖一等奖和2000年国家自然科学奖二等奖。此外，70年代末，与他人共同提出了一种监视破坏性地震孕育过程的方法；在推广使用电子计算机方面也做了大量工作。2001年获何梁何利基金科学与技术进步奖。

发表论文130余篇。出版中英文著作11种，主要著作有《地震频度震级关系的时空扫描》（1979年，与他人合著）、《FORTRAN 77程序设计》（1980年）、《相变和临界现象》（1984年，与于渌合著）、《初等符号动力学和耗散系统中的混沌》（1989年，英文版）、《实用符号动力学与混沌》（1998年，英文版）等。（宣焕灿）

霍尔，J. L.（Hall, John Lewis）　美国人，1934年8月21日生于美国科罗拉多州丹佛。*量子光学、计量学、激光工程。*

1956年、1958年、1961年先后获美国卡内基技术学院（今卡内基-梅隆大学）理学士、硕士和物理学博士学位。1962年在美国商业部国家标准局完成博士后研究，并留任研究员，2004年退休为资深研究员。1967年起兼任实验天体物理学联合学院高级研究员、科罗拉多大学博尔德分校物理系教授。

在利用激光进行超精密光谱学测量方面作出了杰出贡献。显然激光比世界上任何一种自然光源的单色性要好得多，但霍尔还是试图进一步改善激光的单色性。20世纪70年代初，他研制出了世界上首台频率稳定度很高的甲烷-氦氖稳频激光器；他还以当时铯钟提供的时间标准（或频率标准）测出该激光器的频率，用该激光器测量光速，其精度比原先提高100倍。由于甲烷-氦氖稳频激光器输出波长在红外波段作为长度标准使用时不方便，1983年霍尔和他的几位合作者共同测量出了氦氖激光器在可见光633纳米处的频率。由于实现频率的绝对测量必须基于现有的频率标准（或时间标准），而现行的频率标准在微波波段（约10^{10}赫），如何才能跨越从微波频率到光波频率（例如可见光到近红外光）这一鸿沟，实现光波频率的精确测量，这涉及到所谓“光学频率梳”（简称“光梳”）的技术。20世纪末，德国物理学家T. W. 汉什在这方面作出了重要贡献。紧接着，霍尔进一步将光梳的频谱展宽，获得了从500纳米的绿光到1060纳米的近红外光的彩色连续光波输出。这种光梳相当于一把高精度、大量程的“光尺”，只要将被测量的激光与它相比较，就可以测出其绝对频率。由于霍尔在精密激光光谱和光梳方面所作出的杰出贡献，他与汉什分享了2005年诺贝尔物理学奖金的一半，另一半由在光相干量子理论方面有突出贡献的美国物理学家R.J.格劳伯获得。

此外，霍尔还获得美国商业部1969年、1974年(集体)、2002年(集体)金奖，1971年斯特拉顿奖，1979年康登奖，美国光学会1984年汤斯奖、1991年艾夫斯奖章，美国物理学会1988年戴维森-杰默奖、1993年肖洛奖，2000年阿斯廷测量科学奖，2004年美国电气与电子工程师协会拉比奖等。 (宣焕灿)

索利斯，D. J. (Thouless, David James) 英国人，1934年9月21日生于英国苏格兰贝尔斯登。统计物理学、量子力学、相变理论。

1958年获康奈尔大学哲学博士学位。先后在伯克利加利福尼亚大学、伯明翰大学和剑桥大学任教。1965年在伯明翰大学任数学物理教授。1979年进入耶鲁大学工程和应用物理系。1979年当选为英国皇家学会会员。

1961～1963年，与P. W. 安德逊合作提出了氦3(^3He)的核磁性质的理论。1969年当时物理学家在研究近藤(Kondo)效应，对具有自旋长程相互作用的-维伊辛(Ising)模型是否存在相变的问题存在疑惑。他论证了相反取向的两个自旋集团之间边界的能量和熵都将随系统的尺寸对数发散。因此当自由能中来自这两个对数项的贡献相互抵消时，将会有一尖锐的相变。这种情况对于二维系统，如超流氦膜的涡旋，固体中的位错，其能量都和系统的面积有对数关系。据此，和科斯特里兹(J. M. Kosterlitz)提出一种用束缚的涡旋对的解离来描述相变的理论，即K-T相变理论。它的重要结论已被以后的实验所证实。还和爱德华兹(J. T. Edwards)用数学模拟证明了无序度增强时，从延展态向局域态的过渡存在一明确的转变。1975年与利恰尔代洛(D. C. Licciardello)共同提出：一个薄膜的单位面积的最小电导是一个数值为$0.12e^2/h^2$的普适数(e是电子电荷，h是普朗克常数除以2π)。从这个结论得出推论：一极细的金属线的全部态都是局域态。所以在极低温度下将具有随温度而减小的激活电导率。著有《多体系统量子力学》等。1973年获麦克斯韦奖。 (张玥明)

陈佳洱 (Chen Jiaer) 中国上海市人，1934年10月1日生于上海。核物理学、粒子加速器工程。

出身知识分子家庭。1954年吉林大学物理系毕业。1955年起一直在北京大学任教，技术物理系教授。期间，1963～1965年在英国牛津大学卢瑟福研究所进修。1982～1984年在美国任石溪分校、伯克利劳伦斯国家实验室做访问学者。1984年起任北京大学副校长兼重离子物理研究所所长，1996～1999年任校长。兼任亚太物理学会联合会主席、中国国家自然科学基金委员会主任、中国物理学会理事长、北京市科学技术协会主席等职。1993年当选为中国科学院学部委员(院士)。2001年当选为第三世界科学院院士。

长期致力于粒子加速器设计制造、实验研究和教学，在较宽领域内取得一批国际先进水平的成果。他在十分艰难的条件下完成了4.5兆伏静电加速器的设计、建造，以及2×6兆伏串列静电加速器的改建工程，填补了中国在这一领域的实验技术空白，开拓了重离子束核分析技术；建成静电加速器质谱计，在中国首次超灵敏性地检测了碳14同位素的存在状况；在回旋加速器的带电粒子束物理与脉冲化技术研究上取得了一系列创造性成果，大幅度提高了束流输运和利用效率；倡导和主持新型重离子RFQ加速结构和超导加速腔的实验研究，为发展中国新一代加速器作出了贡献。

发表论文和研究报告150余篇。多次获奖，其中有国家科学技术进步奖二等奖1项，国家教委科学技术进步奖一等奖2项，光华科学技术奖一等奖、部级优秀教材一等奖各1项，部级科学技术进步奖二等奖3项等。1996年被评为国家高技术研究发展计划“八五”先进工作者。获2001年何梁何利科学与技术进步奖。 (徐 骎)

丁大钊 (Ding Dazhao) 中国江苏省人，1935年1月12日生于江苏苏州，卒于2004年1月14日。核物理学、中子物理学、加速器工程。

1951～1952年在上海同济大学物理系学习，1955年于复旦大学物理系毕业。同年到中国科学院近代物理研究所工作。1956～1960年在苏联杜布纳联合原子核研究所工作。1960年底回国，历任中国科学院原子能研究所(今中国原子能科学研究院)物理研究部副主任、助理研究员、研究员，中国原子能科学研究院科学技术委员会副主任，该院高能物理研究所北京正负电子对撞机国家实验室副主任等职。1991年当选为中国科学院学部委员(院士)。

长期从事轻核反应、中子核物理、同步辐射应用及新型核能系统等研究。20世纪50年代后期，在王淦昌研究小组里共同发现了一种新的基本粒子——反西格马负超子，他发展了气泡室中分辨粒子的方法，为鉴定与分析反西格马负超子事例起到关键作用，该发现获1982年国家自然科学奖一等奖。60年代从事轻核反应研究，负责截面测量小组，为完成中国氢弹研制所需的基础数据测量准备了条件。70年代负责开辟快中子核反应γ谱学分支学科，取得一批高质量的数据。80～90年代，负责建成具有国际水平的串列加速器核物理实验室实验区，适于进行精细核反应谱学与核结构研究；领导开展热中子在轻核上辐射俘获和原子核的巨共振研究；推动与开展自由电子激光研究；负责北京正负电子对撞机同步辐射应用发展和设备改进更新，并参与高性能同步辐射光源建设；负责开展"加速器驱动放射性洁净核能系统的物理及技术基础研究"等。撰有《中子物理学——原理、方法与应用》(2卷，2003年)等专著。获2001年何梁何利科学与技术进步奖。 (徐 骎)

张宗烨 (Zhang Zongye) 中国浙江省人，1935年1月29日生于中国北京。*核物理学、粒子物理学。*

原籍浙江杭州。1956年北京大学物理系毕业。先后在中国科学院原子能研究所、高能物理研究所工作，任研究员。1984年起，6次应邀在德国蒂宾根大学理论物理研究所进行原子核理论方面的合作研究。1999年当选为中国科学院院士。

中国当代知名女物理学家。20世纪60年代，与合作者提出了低能原子核结构、相干-涨落模型等理论，成功地解释了轻原子核低激发态的主要特性。70年代，研究核物质新形态和相对论效应；准门口态结构与π核反应的微观描述，获1982年中国科学院科学技术成果奖三等奖；1976年从理论上预言了Λ超核中存在超对称结构和Λ-N相互作用，并于1980年被美国国家实验室在实验上所验证，成果获中国科学院科学技术进步奖二等奖。80年代后，系统研究了核力中程机制的夸克模型理论，获中国科学院自然科学奖二等奖，该理论主要包括：单胶子交换正反夸克对产生模型，从单胶子交换导出了产生正反夸克对的传递势，由此得到了合理的核子-介子顶角函数，开辟了从夸克层次认识核力的介子交换机制的新途径；探讨了六夸克集团的影响；提出了误差函数形式的夸克禁闭势效应，其中包含了夸克海的屏蔽效应，从而弥补了原有理论的一些不自洽倾向；基于手征对称要求提出了手征SU(3)夸克模型，可以统一解释核子-核子散射相移和超子-核子散射截面的实验数据，并预言了ΩΩ是一个深度束缚的双重子态。在国内外重要学术刊物上发表论文百余篇。

(陈 安 李 烨)

沈元壤 (Yuen-Ron Shen) 华裔美国人，1935年3月25日生于中国上海。*非线性光学、表面物理学、凝聚态物理学、激光工程。*

1956年获中国台湾大学学士学位。1959年获美国斯坦福大学硕士学位。1963年获哈佛大学博士学位，留校做博士后研究。1964年起一直执教于美国伯克利加利福尼亚大学物理系，1970年任教授。期间曾在美国哈佛大学、法国巴黎大学、德国普朗克量子研究所、奥地利维也纳理工大学等处做客座教授。1990年当选为美国文理科学院院士、中国台湾"中央研究院"院士。1995年当选为美国国家科学院院士。1996年当选为中国科学院外籍院士。

液晶非线性光学研究领域的开拓者之一。在等离子体非线性光学、感应散射理论、非线性光学量子统计理论等领域有开创性贡献。早年师从1981年诺贝尔物理学奖得主布洛姆伯根，在哈佛大学研究非线性光学。在激光光谱和分子物理领域，曾与李远哲合作研究多原子分子的红外多光子电离和解离动力学；与沃尔瑟(H. Walther)小组合作，通过实验观察和分析了囚禁离子有序-无序跃迁，其开拓性成果延伸成为原子物理学的近期研究热点。在固体物理方面，发展了一种调制光谱新方法，能更为精确地测定固体的能带；发明了一种倍频-和频方法，并用于表面和界面研究，开辟了表面科学的多个新领域。

发表论文300余篇；他的《非线性光学原理》(2卷，1984年初版，后多次再版)是相关领域的经典之作。多次获奖，其中有1984年德国洪堡奖，1986年美国光学学会汤斯奖，1992和1998年美国物理学会肖洛奖、艾萨克森奖，1996年德国普朗克学会普朗克研究奖等。

(李啸虎)

闵乃本 (Min Naiben) 中国江苏省人，1935年8月9日生于江苏如皋。*晶体学、光电子学、材料科学。*

1959年南京大学物理系毕业。一直留校任教，1984年任教授。期间1982～1984年任美国犹他大学物理系客座副教授；1986～1987年任日本东北大学客座教授，1987年获该校理学博士学位。同年回国，历任南京大学固体微结构物理国家重点实验室常务副主任、主任、学术委员会主任，材料科学与工程系主任、材料科学研究所所长、固体物理研究所所长。期间1990～1991年任美国亚拉巴马大学客座教授。兼任国家人工晶体联合研究与发展中心主任、教育部科学技术委员会副主任、教育部材料科学与工程教学指导委员会主任、中国晶体学会理事长、国家973计划光电功能材料首席科学家等职。1991年当选为中国科学院学部委员(院士)，后任数学物理学部副主任。2001年当选第三世界科学院院士。

20世纪60～70年代，研制中国第一台电子束轰击仪，制备多种难熔金属单晶体，获国家科学技术新产品二等奖；发展了可显示晶体近表面位错的浸蚀法，确定体心立方金属中位错组态和结构；首次观察到纯螺型位错的双折射端点像，成果获1982年国家自然科学奖二等奖。80～90年代，建立诠释晶体生长的缺陷机制，提出普适汽相和液相的晶体生长理论，已由实验所证实，被国际上称为"闵氏亚台阶理论"；提出各向异性变键模型，成功解释了晶面热致粗糙化现象，获1983年美国大力神奖；建成中国第一台电子称重晶体直径自动控制系统；成功制备铌酸锂等聚片多畴单晶体；首次提出微米超晶格概念，发现一系列周期、准周期微米超晶格光学、非线性光学和声学效应；首次在二维光学超晶格中实现光学双稳折射率调制机制；完善图案极化技术，制备具有准周期铁电畴结构的光学超晶格；完成一维人工准晶、离子型声子晶体研究，两者先后被推选为1998年中国基础研究十大进展之一和1999年中国基础研究十大新闻之一。

进入21世纪后，他又领导一个团队从事介电体超晶格材料的设计、制备、性能和应用的研究，因此获2006年国家自然科学奖一等奖。此外还获很多其他奖励，其中如：专著《晶体生长的物理基础》(1982年)获全国科学技术图书一等奖；获1997年国家级教学成果奖一等奖，1998年何梁何利科学与技术进步奖，1999年第三世界科学院物理奖，2000年美国科学信息研究所经典论文奖。1995年、2001年相继被评为全国优秀教师、全国模范教师。 (邓剑琪)

冼鼎昌 (Xian Dingchang) 中国广东省人，1935年8月15日生于广东广州，2014年4月7日卒于北京。*量子场论、数学物理学、同步辐射工程。*

归侨侨眷。1956年北京大学物理系毕业。先后在中国科学院近代物理研究所、原子能研究所，苏联杜布纳联合核子研究所工作。1962年在丹麦哥本哈根大学玻尔研究所从事博士后研究。1980年后，先后在美国纽约州立大学石溪分校理论物理研究所、比利时布鲁塞尔自由大学、意大利国际理论物理中心和日本东京大学做访问学者。中国科学院高能物理研究所研究员，兼任《高能物理及核物理》杂志主编等职。1991年当选为中国科学院学部委员(院士)。2002年当选为第三世界科学院院士。

长期从事理论物理、自由电子激光及同步辐射应用研究。发展了相对论不变的相空间计算方法、累积量变分法、解析延拓法等，在经典规范场、介子四维波函数和格点规范场理论研究中取得多项重要成果。20世纪80年代，主持建造中国第一个同步辐射装置——北京同步辐射装置，正确决策了整体规划、物理构思和工程设计，解决了设计、施工、安装和调试各环节中的一系列复杂问题，确保了工程按期优质完成，该装置在专用模式运行下的性能达到或接近当时国际上正在运行的第二代同步辐射光源水平，作为北京正负电子对撞机工程中四大项目之一，获1990年国家科学技术进步奖特等奖。主持开辟了一些同步辐射应用领域，其中有：在中国首次探测到X光的光声效应，提出了X光光声谱学的设想，创立了元素三维分布无损成像方法，在地矿科学等学科中应用同步辐射技术等。主持建立同步辐射生物平台及相应配套技术与设备，并在此平台上着手探测蛋白质等生物大分子晶体三维结构及功能。多次获国家和省部级科学技术奖励。获2002年何梁何利科学与技术进步奖。 (邓剑琪)

王乃彦 (Wang Naiyan) 中国福建省人，1935年11月21日生于福建福州。*核物理学、核反应堆工程。*

1956年北京大学技术物理系毕业后，到中国科学院原子能研究所工作。1959～1965年在苏联杜布纳联合核子研究所中子物理研究室工作。1965年回国后，历任国家核工业部九院核武器试验近区物理测试组组长，中国原子能科学研究院激光与粒子束研究室主任、研究员，该院核物理研究所所长、副院长、院科学技术委员会主任，核工业总公司科学技术委员会副主任及研究生部主任。兼任国家自然科学基金委员会副主任、中国核学会理事长、《物理学报》和《中国物理》(英文版)主编等职。1993年当选为中国科学院学部委员(院士)。

1959～1965年在苏联杜布纳联合核子研究所工作期间，研究快中子脉冲反应堆上中子截面和能谱学，首次发现镱(Yb)和铽(Tb)同位素的中子共振峰；参与建立中国第一台原子反应堆用中子飞行时间谱仪，测得第一批中子核数据。60年代中期以后，领导和参加了核武器试验中极其重要的11种近区物理测试项目，对探测器系统的响应函数、测试数据的解卷积的复原处理等重要问题作了创造性研究，为核武器设计、试验和改进提供了重要试验数据。70年代后期起，开辟并发展了惯性约束核聚变领域的物理和技术研究，在高功率脉冲技术、束流物理和束靶相互作用诸方面取得突出成就；研制成功电子束泵浦氟化氪准分子激光的能量抽取效率达国际先进水平；在大面积非箍缩型电子束泵浦技术、大孔径氟化氪激光振荡器、强流束流物理和高功率脉冲技术等方面，开展了具有国际先进水平的研究工作。主编《新兴的强激光》(1992年)，《中子源物理基础》(1984年，与他人合著)等专著。获国家和省部级奖励多项。 (徐骎)

魏宝文 (Wei Baowen) 中国河南省人，1935年11月22日生于河南禹州。*核物理学、加速器工程。*

1957年北京大学物理系毕业。后到中国科学院原子能研究所任见习员。1958年起一直在中国科学院近代物理研究所工作，任研究员，历任课题组长、研究室主任、副所长、所长。1987年起兼任中国科学院兰州分院院长，1992年兼任兰州重离子加速器国家实验室主任。期间1979～1980年在法国国家重离子物理研究中心做访问学者。1995年当选为中国科学院院士。

中国当代核物理学家。20世纪80年代，领导并参与建成了中国第一台大型重离子加速器等装置；带领研究集体取得了一批具有国际先进水平的科学研究成果，其中包括在世界上首次合成17种远离稳定线新核素，开拓了中国中等能量重离子物理研究新领域；主持实施发展用于质子直线加速器的强流电子回旋共振离子源计划，显著改进了加速器的性能。90年代，倡导并主持在兰州重离子加速器上建成放射性束流线，具有创新设计特色和优良性能，并进行了一批物理实验；提出并主持续建国家九五重大科学工程"兰州重离子加速器冷却储存环"，于2004年建成。近代物理研究所现已发展成为世界上具有较高知名度的中、低能重离子物理研究中心之一。

发表论文百余篇；合编《离子的喷泉：电子回旋共振离子源》(2002年)等专著；主编《重离子加速器文集》(10卷)。多次获国家和省部级奖励，其中有1978年全国科学大会奖、国家科学技术进步奖一等奖、中国科学院科学技术进步特等奖等。获2001年何梁何利科学与技术进步奖。 (李啸虎)

张淑仪 (Zhang Shuyi) 中国浙江省人，1935年12月7日生于浙江永嘉(今属温州市)。*声学、超声物理、光*

声热波物理。

出身书香门第。1956 年南京大学物理系毕业；1960 年该系声学专业研究生毕业。留校任教，1985 年起任电子科学和工程系教授，1992 年任南京大学声学研究所所长。期间，曾在美国、法国和日本等国大学做过客座研究工作。兼任中国声学学会副理事长、江苏省声学学会理事长、江苏省科学技术协会副主席等职。1991 年当选为中国科学院学部委员（院士）。

中国知名的女声学家，主要从事超声物理和光声科学领域的研究。20 世纪 50 年代，用光学方法研究液体中超声波传播规律，证实乙酸乙酯类溶液在所测频段内仅有一个由两种同分异构体形成的声弛豫吸收峰，从而澄清了长期争论；70 年代，在中国率先建成检测表面波声场的数套激光探针系统；首次观察到石英晶体中漏波（伪表面波）并研究其传播规律；研究圆弧形叉指换能器在各向异性铌酸锂基片上激发声场的效应，提出了“焦散”新概念，并在理论计算方面有所发展。80～90 年代，在中国率先开展光声热波物理及其应用研究，主持研制成功中国第一台扫描光声显微镜、光声光谱仪、扫描光电显微镜和激光扫描显微镜等一系列设备，主要指标达到国际先进水平；利用相位调节法实现迄今国际上最好的集成电路分层成像；对半导体材料线性和非线性光声效应进行了系统实验和理论研究，有所创新；发展了光声技术应用于半导体超晶格等多层薄膜的研究，观察到一些新的特异现象。

发表论文逾 200 篇。获国家和省部级奖励 10 余项，其中 XJS-1 型激光扫描显微镜获 1990 年机械电子工业部重大科学技术成果奖一等奖、1992 年国家科学技术进步奖二等奖。（徐　骎）

丁肇中（Ting, Samuel Chao-Chung）　华裔美国人，1936 年 1 月 27 日生于美国密歇根州安阿伯。*粒子物理学、高能核物理学。*

祖籍中国山东日照。父母亲都是大学教授。他生于美国，3 个月时随全家返回中国。1948 年去台湾读书。他的青少年时代是在中国度过的。1956 年去美国求学，1959 年获密歇根大学物理学和数学学士学位，1962 年获物理学博士学位。1960 年与建筑师 K. L. 库尼（Kay Louise Kuhne）女士结婚。1963 年在日内瓦欧洲核子中心工作。1964～1965 年，在美国哥伦比亚大学先后任物理学讲师和副教授。曾长期在联邦德国电子同步加速器研究所任客座研究员，担任实验小组的领导人。1967 年受聘为美国马萨诸塞理工学院物理学副教授，1969 年任教授，并在布鲁克黑文国家实验室从事实验工作。1977 年为马萨诸塞理工学院卡伯特研究所教授。1975 年入选美国文理科学院院士。1977 年入选美国国家科学院院士。1994 年当选为中国科学院外籍院士。2000 年起任中国台湾“中央研究院”院长。

1959 年应邀去联邦德国工作，利用电子同步加速器仔细研究了高能正负电子（e^+、e^-）和矢介子（ρ，ω 和 φ）光致产生过程。回到美国后，他领导的实验小组利用布鲁克黑文国家实验室的 30 吉电子伏质子加速器做进一步研究，并建造了新的双臂谱仪。1974 年 8 月，他们观测到质子碰撞过程中产生的 e^+、e^- 在 3.1 吉电子伏处有一个宽度小于 5 兆电子伏的窄峰。这意味着存在一个称之为 J 的新粒子。1974 年 10 月17～18 日，马萨诸塞理工学院为著名物理学家 V. F. 韦斯柯夫举行退休仪式他曾打算借此机会宣布这一发现，后因拟待进一步实验而推迟到 11 月才正式宣布。J 粒子很重，为质子质量的 3 倍。寿命很长（约 10^{-20} 秒），比以往所知同类粒子（约 10^{-23}～10^{-24} 秒）长千倍以上。这是一种与众不同的新型粒子。美国斯坦福直线加速器中心的 B. 里克特小组几乎同时也宣布了用正负电子对撞机作出的同一发现，不过他们称之为 ψ 粒子。1976 年，丁肇中和 B. 里克特因此而获诺贝尔物理学奖。同年获劳伦斯奖。

J 粒子的发现打破了所有强子都由 u、d 和 s 三种夸克及其反夸克组成的学说。J 粒子是由新型夸克 c（称粲夸克）及其反夸克组成的。随后，人们陆续发现了 c 与 u、d、s 组成的各种各样的粒子。因此，J 粒子的发现实际上是开辟了粲粒子物理学的新时代。

此后，丁肇中小组用更高能量的加速器继续从事粒子物理实验研究。1980 年他们小组在正负电子对撞实验中发现了三喷注和四喷注事例。这些发现被认为揭示了作为夸克之间强作用传递者胶子存在的明显迹象。1988 年获意大利政府颁发的德加斯佩里奖。（周精玉）

胡思得（Hu Side）　中国浙江省人，1936 年 3 月 31 日生于浙江宁波。*原子核物理学、核武器工程。*

1958 年复旦大学毕业。后到国家第二机械工业部第九研究院（今中国工程物理研究院）从事核武器研究开发工作，历任研究室研究员、副主任、副所长、副院长，1994 年任院长。后任中国工程物理研究院高级科学顾问、学术委员会主席等职。期间，1963～1968 年长驻青海核武器实验基地工作。兼任中国核学会副理事长、清华大学等校兼职教授。1995 年当选为中国工程院院士。

长期从事国防军工核武器研制工作。在钱三强、邓稼先等老一代科学家指导下，曾参加、参与主持和主持原子弹、氢弹等多个核武器型号的理论研究和技术设计。在突破第一颗原子弹阶段、氢弹的研究设计和发展，以及核试验的近区物理测试中，克服了当时生活条件差、科研资料设备奇缺的种种困难险阻，做了大量组织领导工作，并在物态方程、内爆动力学和核武器物理设计方面有着开创性的突破，解决了一系列关键技术问题，为中国核武器发展作出了贡献。1963 年起，他有 4 年多时间一直坚持在青海实验基地工作，对中国核武器的理论和实验作进一步的研究和论证，亲自动手安装和计量实验装置，丰富和完善原子弹的公差设计和聚焦理论，对克服后来武器小型化带来的某些关键技术困难起了重要作用。

公开发表的论文有“核武器研究的未来”等；主编有《原子弹理论设计》等专著。作为国家重点课题主要完成者之一，获国家科学技术进步奖一等奖 4 项、二等奖 1 项，部委级科学技术进步奖多项。获全国优秀科学技术工作者称号。1994 年被评为四川省十大杰出英模。1995 年荣获国家科技进步奖特等奖，1996 年获何梁何利科学与技术进步奖。（朱妙其）

胡文瑞（Hu Wenrui） 中国湖北省人，1936 年 4 月生于上海。*微重力流体物理、宇宙磁流体力学、空间科学。*

原籍湖北武昌。1958 年北京大学数学力学系流体力学专业毕业。同年到中国科学院动力研究室，1960 年随该室合并到力学研究所工作至今；1986 年升任研究员，后又任国家微重力实验室主任。期间，1981～1982 年任美国高山天文台客座研究员。1995 年当选为中国科学院院士。1996 年、2001 年先后当选为国际宇航科学院通讯院士、院士。

中国微重力流体物理、宇宙磁流体力学的开创者，中国空间科学的学科带头人之一。20 世纪 50～60 年代，参与 1 千瓦磁流体力学直接发电的实验和研究；参与研究磁流体管道流动、磁流体力学方法分离同位素的理论和实验。1973 年以后，应用流体力学方法研究天体物理和日地物理问题。研究了密度波共转奇异性和非线性不稳定性引起的理论困难，提出了星系螺旋结构的星系激波理论；分析了宇宙磁场三维结构，利用摄动展开解释了射电双源射流精细结构；构建了太阳耀斑、日冕瞬变、日球磁场、太阳风加速、地球磁层磁暴和亚暴等磁流体力学波动模型。1988 年以后，从事微重力流体力学研究。首次成功进行了半浮区液桥自由面振荡的实验研究，提出了热毛细对流振荡对流机理；通过晶体生长过程的实验分析，揭示了相变、磁场、残余重力等因素对分凝、输运过程的影响；利用“实践 5 号”小卫星成功进行了中国首次的空间两层流体实验；完成了在俄罗斯“和平号”空间站和 IL-16 失重飞机上进行气—液两相流空间实验，首次发现在低液相流速条件下的新流型分布区等新结果，在国际上引起强烈反响。此外，他负责建立的国家微重力实验室已成为国际微重力研究中心之一。

发表论文 200 余篇；出版《微重力流体力学》(1999 年，与徐硕昌合著）等专著 10 余部。获 1998 年中国科学院自然科学奖二等奖等奖励。（李啸虎）

威尔逊，K. G.（Wilson，Kennech Geddes） 美国人，1936 年 6 月 8 日生于马萨诸塞州沃尔瑟姆，2013 年 6 月 15 日卒于缅因州索科。*相变的临界现象理论。*

教授的儿子。15 岁入牛津大学，学习一年。16 岁考入哈佛大学。1956 年毕业。随后进入加利福尼亚理工学院攻读博士学位，导师是 M. 盖尔曼，1961 年获博士学位。1962～1963 年在欧洲核子中心工作。其余时间一直在康奈尔大学任教，1963～1971 年从助理教授升为副教授，1971 年起为物理学教授。

早先研究粒子物理，后来转向临界现象的研究。早在 1937 年，朗道就提出过一个解释临界现象的理论。物质在临界点附近的特性可以用几个所谓临界指数来加以描述。按照以往的平均场理论，可以算出各种临界指数。但后来的精密测量表明，理论与实验结果之间存在严重的差异。其原因在于在临界点附近出现巨涨落。20 世纪 60 年代后期，威尔逊把所熟悉的量子场论中的重正化群方法用于研究临界现象，看到临界点与重正化群的“不动点”有密切联系，正是重正化群在不动点附近的性质决定了体系的临界行为。根据他的理论，可以精确地算出临界指数的数值，它们与实验结果是符合的。

由于他建立与相变有关的临界现象理论，获 1982 年诺贝尔物理学奖。他提出的一系列新概念和理论方法代表一种新的理论，圆满地解决了相变的临界现象这个典型的问题，而且它似乎还具有解决其他一些重要的迄今尚未解决的问题的巨大潜力，不仅对连续相变理论，而且也对凝聚态物理学、统计物理学许多分支，以及量子场论和粒子物理学等学科，都有深刻的影响。（杨福征）

杨福家（Yang Fujia） 中国浙江省人，1936 年 6 月 11 日生于上海。*核物理学、原子物理学。*

原籍浙江镇海。1958 年复旦大学物理系毕业。一直留校任教，后任教授。期间 60 年代初，曾在丹麦哥本哈根大学玻尔研究所访问学者 2 年。历任复旦大学核科学系主任、现代物理研究所所长、校研究生院院长、副校长、1993 年起任复旦大学校长。2001 年选聘为英国诺丁汉大学校监。曾兼任中国科学院上海原子核研究所所长、上海原子核科学技术学会理事长、上海市科学技术协会主席、美国范德比尔特大学等校兼职教授等职。1991 年当选为中国科学院学部委员(院士)。同年当选第三世界科学院院士。

长期从事原子物理、原子核物理的教学与研究，具有战略头脑和丰富管理经验。在科学技术管理方面，组建基于加速器的原子与原子核物理实验室，领导和参与完成许多重要科学研究项目，获得一批受到国际注目的成果；十多年来为上海原子核研究所学科方向调整、核技术产业培育、上海光源项目启动、综合实力提升发展作出了贡献。在学科发展方面，发现原子核反应能谱的一些新数据，至今仍为国际同行采用；对一些奇核素能谱作过系统研究；首次给出了能概括已有各种公式的复杂能级衰变一般公式，进而给出了图心法测量核寿命的普适公式；运用 γ 共振吸收法发现该法至今所能发现的能量为 900 电子伏特的最窄双重态；开创了中国离子束分析领域,在中国率先开展激光束与离子束相互作用研究,测得一些精确参数;在国际上首次提出和采用单晶金箔研究沟道效应对极化的影响,并通过实验确证了极化机理;首次在束箔机制研究中引入运动电场等概念。著述颇丰,撰有《应用核物理》、《现代原子与原子核物理》(1996年,英文版,与他人合著)等多部专著,所撰教材《原子物理学》获1987年国家级优秀教材奖。

(李啸虎)

张仁和(Zhang Renhe) 中国四川省人,1936年11月5日生于四川璧山(今属重庆市)。海洋声学。

1958年北京大学物理系毕业。后一直在中国科学院刚组建的声学研究室(后扩建为声学研究所)工作,后任研究员,曾在南海研究站、东海研究站长期工作;1991年起任该所声场声信息国家重点实验室主任。兼任国际声学委员会委员、中国声学学会理事长等职。1991年当选为中国科学院学部委员(院士)。

长期致力于海洋声学研究,发展了海上实验技术和水声学理论。参加中国近海和太平洋科学考察百余次,期间作为首席科学家4次率领中美、中俄海洋科学考察船队远赴太平洋考察,得到大量重要实验资料;率先合作提出简正波衰减与群速的普遍表式,阐明了浅海声速结构与边界条件对声场影响的规律,给出了清晰的简正波物理图象,已成为射线-简正波理论的基本公式,获1982年国家自然科学奖二等奖;最先发现负跃层浅海中信号波形的多途结构,给出的简明计算公式能准确预报波形结构;率先提出理论预言:"在一定距离范围内,浅海声场的空间相关随距离增大而增强,远距离低频声场具有很强的空间相干性",并经海上实验得以证明;先后完成"平滑平均声场理论"、"浅海声场统一理论"和"远程声传播理论及应用"等系列研究,根据浅海特点建立了浅海声传播的模型,实现了浅海声传播损失的快速预报;主持研制成功一些发明专利产品,其中有水声信号弹、声场数值预报仪、卫星定位潜标与浮标系统等。发表论文百余篇。已获国家级奖2项、省部级奖5项。获1984年首届竺可桢野外科学工作奖,1995年国家实验室建设"金牛奖"、光华科技基金一等奖,2002年何梁何利科学与技术进步奖等。

(徐　骎)

苏肇冰(Su Zhaobing) 中国江苏省人,1937年6月21日生于江苏苏州。凝聚态物理学、统计物理学、核武器工程。

1958年毕业于北京大学物理系。任中国科学院理论物理研究所研究员,1994～1998年任所长,后任所学术委员会主任。1991年当选为中国科学院学部委员(院士)。2000年当选第三世界科学院院士。

长期从事理论物理研究,后期主要从事强关联多电子系统、介观系统、低维凝聚态系统和非平衡量子统计等领域研究。1963～1982年长期进行与核武器有关的研究开发工作,为中国国防现代化作出了重要贡献。后转入凝聚态理论和统计物理领域,取得了一批国际领先的理论成果。80年代后,和于渌合作,一起对电子-晶格畸变高度非线性耦合的跃迁过程进行了系统研究,推广了黄昆的多声子晶格弛豫理论,提出了一个准一维有机导体系统中非线性元激发的量子跃迁理论,这个目前唯一能圆满解释实验事实的理论被国际上誉为"苏-于理论",获1987年中国科学院科学技术进步一等奖;与周光召、郝柏林、于渌等合作,系统地把现代量子场论与统计格林函数相结合,发展了适用于平衡和非平衡统计的闭路格林函数,并用于研究相变临界动力学与激光非线性输运、层子-胶子等离子体等问题,获1999年中国科学院自然科学奖一等奖、2000年国家自然科学奖二等奖;参与论证电磁波在粗糙金属表面传播的安德逊局域化,在研究金属小颗粒悬浮液体时,提出通过测量吸收系数观察电磁波局域化的迁移率边界的设想;对高温超导现象提出新的理论解释。2000年获何梁何利科学与技术成就奖。

(张　希)

理查森,R. C.(Richardson, Robert Coleman) 美国人,1937年6月26日生于美国华盛顿,2013年2月19日卒于纽约州伊萨卡。低温物理学。

1958年在弗吉尼亚理工学院获理学士学位,1960年获该校理科硕士学位。1966年在杜克大学以物理学研究获哲学博士学位。同年到康奈尔大学低温实验室工作,1968年任助理教授,1972年任副教授,1975年升任该校教授,1990～1997年任该校固体物理实验室主任。是美国国家科学院院士。

1937年,苏联物理学家П.Л.卡皮察(1978年诺贝尔物理学奖获得者)已发现液氦在2.176K时出现超流性,即此时所有的氦原子不再作随机运动,而进入了协同运动状态,于是液氦变成了超流体。但此处所指的液氦实际上是指氦4(^{4}He),而不是指氦3(^{3}He),后者是前者的同位素,其原子核中比前者少一个中子,在自然界的氦中,后者的含量仅为前者的百万分之一。人们发现,氦3在冷至2.176K依然不会出现超流性。20世纪70年代初,理查森在康奈尔大学低温实验室工作时,与同事D. M.李以及正在攻读博士学位的D. D.奥谢罗夫合作,将氦3的温度进一步下降,使之越来越接近绝对零度,当温度降至0.002K时,终于发现氦3出现了超流性,即此时氦3变成了超流体。由于这一重要发现,他们3人分享了1996年诺贝尔物理学奖。 (宣焕灿)

于渌(Yu Lu) 中国江苏省人,1937年8月22日生于江苏镇江。理论物理学、超导理论。

1961年毕业于苏联哈尔科夫大学理论物理专业。同年回国,后在中国科学院物理研究所工作。1978年起,一直在中国科学院理论物理研究所工作,后任研究员。期间,1979～1981年在美国哈佛大学、圣巴巴拉加利福尼亚大学理论物理研究所做访问学者;1986年起在联合国教科文组织与意大利政府合办的国际理论物理中心兼职,曾任该中心凝聚态物理部主任。兼任中国科学院交叉学科理论研究中心主任、《理论物理通讯》副主编等职。1990年当选为第三世界科学院院士。1999年当选为中国科学院院士。

开拓了磁性杂质对超导体影响的系列理论与实验研究,1963年提出在含顺磁杂质的超导体中存在束缚态的科学假说,这一理论预言已被实验所证实;1973年与郝柏林合作,用骨架图展开方法计算连续相变临界指数,精确达到小参量 ε 的3阶,取得当时国际上最前沿的成果;1981年后与苏肇冰合作,提出了导电高分子准一维系统中孤子型元激发应满足的拓扑性边界条件,发展了黄昆的晶格驰豫理论,成果获1987年中国科学院科学技术进步奖一等奖;用自洽方法研究了空穴在反铁磁背景上的运动;研究并预言电阻在转变温度附近有极大值;用规范场理论研究了高温超导体的基本理论;与周光召、苏肇冰、郝柏林等人合作,系统地把现代量子场论与统计格林函数结合,发展了统一描述平衡和非平衡体系的闭路格林函数理论与方法,已经应用到相变临界动力学等领域,获2000年度国家自然科学奖二等奖。单独或合作撰写《导电高分子中的孤子与极化子》、《相变与临界现象》(1984年)等专著10多种。 (陈 安)

霍裕平(Huo Yuping) 中国湖北省人,1937年8月16日生于中国北京。*理论物理学、等离子体物理学。*

原籍湖北黄岗。1959年北京大学物理系毕业。后到中国科学院北京物理研究所工作。1975年调中国科学院等离子体物理研究所,历任研究员、副所长、所长,合肥分院院长。期间1979~1980年任美国普林斯顿高等研究院访问学者。1996年起任郑州大学教授、离子束诱变育种及生物工程省重点开放实验室主任。兼任国家重点基础研究规划专家顾问组成员等职。1993年当选为中国科学院学部委员(院士)。

20世纪60年代,与孟宪振教授共同发展了强耦合共振系统的理论,合理解释了稀土离子引起铁氧体铁磁共振诸多特异反常现象。70年代,与杨国桢等合作将泛函分析方法引入光信息学中,拓广了具体设计途径,在中外引起较大反响;研究等离子体静态稳定性问题,应用于中国大型受控热核聚变装置托克马克的优化设计中。80年代,领导和组织科学院核聚变研究工作,深入研究高温等离子体物理过程,促使聚变-裂变混合堆纳入国家高技术发展规划;提出了用光学方法快速处理图象的可能性,首次系统地解释了稀土离子对铁磁共振的影响,推动中国相关领域研究达到国际领先水平。90年代以来,亲自组织和领导建设世界第三大型超导托克马克HT-7装置,大大提高了中国核聚变研究的国际地位;适时调整学科发展方向,领导将核物理转向为农业和医学服务的核生物学技术,建设了离子束生物工程省重点实验室。出版了《非平衡态统计物理》等专著。多次获国家和省部级奖励,其中有1978年全国科学技术大会个人奖、1986年中国科学院科学技术进步奖一等奖等。 (徐 骎)

贺贤土(He Xiantu) 中国浙江省人,1937年9月28日生于浙江宁波镇海。*理论物理学、等离子体物理学。*

1962年浙江大学物理系毕业。分配到北京应用物理与计算数学研究所工作,1988年任研究员,先后任该所科学技术委员会副主任、副所长,高温高密度等离子体物理国家重点实验室学术委员会主任,中国工程物理研究院惯性约束聚变领导小组副组长,兼任浙江大学理学院院长等职。期间1986~1987年任美国马里兰大学客座教授。1995年当选为中国科学院院士。

长期从事国防尖端科学应用研究,并在基础研究上有突破。20世纪70年代以来,建立了电磁波与等离子体斑图结构相互作用的动力学理论框架;在国际上首次获得电磁波产生自生磁场正确表达式;首次从弗拉索夫-麦克斯韦(Vlasov-Maxwell)方程组导得立方至五次方非线性薛定谔方程及其孤立波解;在解释粒子在孤立波中加速机制、等离子体相干结构小尺度湍流等方面有多项创造性成果。1988年起负责国家863高技术惯性约束聚变实验与理论研究,逐步建立一个独立自主的中国惯性约束聚变研究体系,其中探讨了高温高密度等离子体系统的非平衡弛豫过程、激光核聚变等有关问题;提出从较低温度下局部热动平衡整体点火发展到非局部热动平衡燃烧的理论模型;在中国首次获得间接驱动出热核中子等重要进展。90年代后,主持国家攀登计划"非线性科学"项目大课题,在中国率先进行近可积哈密顿系统斑图动力学和时空混沌前沿研究,探索了两者关联性,取得多项国际水平的成果。发表论文百余篇。多次获奖,其中国家自然科学奖二等奖、国家科学技术进步奖一等和二等奖各一项,部委级奖7项。此外获国家863计划突出贡献先进个人奖、2000年何梁何利科学与技术进步奖等。 (李啸虎)

陈难先(Chen Nanxian) 中国浙江省人,1937年10月30日生于上海。*凝聚态物理学、功能材料学。*

原籍浙江杭州。1962年北京大学物理系毕业。后任教于北京钢铁学院(今北京科学技术大学)。1984年获美国宾夕法尼亚大学电气工程与科学系博士学位。1984~1986年任美国宾夕法尼亚大学、维拉诺瓦大学、国际商用机器公司(IBM)联邦部副研究员。回国后,历任北京钢铁学院讲师、教授,北京科学技术大学应用物理研究所副所长、所长、副校长,清华大学物理系教授、校学术委员会副主任,国家863材料设计虚拟实验室主任。兼任国家863高技术新材料专家委员会常务委员及功能材料专家组组长、国家863高技术计划监督委员会常务副主任、意大利国际理论物理中心高级研究员等职。1997年当选为中国科学院院士。

主要从事应用物理学和凝聚态物理学中的反问题研究,取得了一系列新成果。首次在国际上明确提出了玻色、费米和晶格三大体系反问题,并发展了独特而系统的方法;在晶格比热逆问题的研究中,发展并统一了爱因斯坦与德拜的经典工作;在原子间相互作用势库的工作中,提出了由晶体结合能到对势的严格简捷公式,发展了80年代兴起的构造金属多体势模型的"嵌入原子法",建立了复杂材料性能预测的良好基础,被国际学术界称为"陈氏定理",并在凝聚态物理学、天体物理学、材料设计等方面得到广泛应用;主持开展对应用科学中的反问题的数理化交叉学科研究;进行界面破坏机理的分析研究;建立了纳米相材料粒度评估新方法;在调制解调、位相恢复、高斯整形等应用物理问题中不断提出新命题和新方法。获 1993 年国家自然科学奖二等奖等多种奖励。（杨　鹏）

费尔,A. (Fert,Albert)　法国人,1938 年 3 月 7 日生于法国卡尔卡松。磁学、凝聚态物理学、纳米材料学。

1962 年获巴黎高等师范学院数学、物理学双硕士学位。1970 年以论文“镍铁的传导特性”获巴黎第十一大学(南巴黎大学)物理学博士学位。1962 年任格勒诺勃尔大学讲师。1964～1965 年服兵役。1964 年起先后任巴黎第十一大学奥赛校区讲师、副教授,1976 年任物理学教授;期间 1970～1995 年任该校固体物理实验室研究组组长。1995 年起兼任法国国家科学研究中心与泰勒斯集团联合物理研究组科研主管。已婚,育有两子。

主要从事凝聚态物理学实验与理论研究,对金属、磁学、纳米结构、表面效应、核磁共振,尤其是自旋电子学中的“旋转转移”领域做出了卓越贡献。早在 19 世纪后半叶,英国开尔文勋爵发现了磁场变化可以改变铁和镍等导体的电阻。20 世纪物理学界揭示了这一现象的内在机制:金属中的电子拥有一种称为“自旋”的量子力学属性,磁场方向会影响到不同自旋方向电子在导体中的运动能力,也就影响了导体电阻。1956 年,美国国际商用机器公司(IBM)首次开发出硬盘驱动器,信息以微小磁场区域形式保存在硬盘上。但是当时磁阻磁头灵敏度很低,电阻变化范围仅百分之几。于是,人们开始寻求不断缩小硬盘体积又能提高硬盘容量的技术。1988 年,费尔和格伦伯格各自独立发现,如果用铁和铬制成夹层只有数十个原子厚度薄膜电阻,磁场变化会使电阻变化大得惊人,即产生“巨磁电阻效应”(GMR)。但是他们在实验室制造的巨磁电阻器件,无法实用和大规模生产。1997 年,IBM 的研究员帕金(Stuart Parkin)研制了实用型巨磁电阻器件,一举实现了产业化和市场化。第一个基于巨磁电阻效应的数据读出头问世,很快引发了硬盘“大容量、小型化”革命。如今,笔记本电脑、音乐播放器等各类数码电子产品中的硬盘,基本上都应用巨磁电阻效应。诺贝尔奖评奖委员会称,这是“充满希望的纳米技术领域最早的实际应用之一”,“得益于这项技术,近年来硬盘才可能变得极为微型化”。因此费尔和格伦伯格分享 2007 年诺贝尔物理学奖。

至获得诺贝尔奖时,已发表约 270 篇论文。其中一篇论文被权威的《物理评论快报》评为自 1953 年创刊以来引用最多的 10 篇论文之一,截至 2003 年 3 月被引用 2455 次。在获得诺贝尔奖之前已取得多种奖项,其中有:1994 年法国物理学会琼・理查德物理大奖,2003 年法国国家科学研究中心金质奖章;与格伦伯格分享奖项有:1994 年美国物理学会新材料国际奖、国际理论与应用物理学联合会磁学奖,1997 年惠普欧洲物理学奖,2007 年日本物理学奖、沃尔夫物理学奖。（才静滢）

杨国桢 (Yang Guozhen)　中国江苏省人,1938 年 3 月 14 日生于湖南湘潭。光学、凝聚态物理学、超导工程。

原籍江苏无锡。1962 年北京大学物理系毕业,1965 年该系研究生毕业。留校任教。1967 年起一直在中国科学院物理研究所工作,研究员,历任研究室主任、副所长、所长,国家超导中心主任。期间 1983 ～1984 年在美国伯克利劳伦斯国家实验室、哈佛大学任访问学者。兼任联合国教科文组织物理顾问委员会委员,中国科学院北京物质科学基地管理委员会主任,中国物理学会副理事长,北京人工微结构和介观物理国家重点实验室学术委员会主任,中国科学技术大学理学院院长等职。1999 年当选为中国科学院院士。

中国攀登计划高温超导项目首席专家,主要从事光物理研究,在理论物理学、凝聚态物理学等领域也有贡献。20 世纪 60 年代,参加建立物质结构的层子模型;在中国率先开展光计算研究,提出利用单个全息透镜组成的光学系统实现多种给定变换的理论设想,并成功地实现了一些典型的实验例证;发展了光学系统位相恢复的理论,提出了一种处理有损耗系统的相位恢复的新算法;研究光脉冲在非线性介质中的传播,解释了光脉冲谱线的超加宽现象和超加宽的非对称性,提出了超短脉冲激光谱线超加宽理论;此外,主持开展表面、界面、量子阱等的非线性光学理论与实验研究,开展激光法制备高温氧化物薄膜和研制激光分子束外延设备,在液氮温区氧化物超导材料研究等,取得重要成果。目前关注氧化物薄膜和结、衍射光学、光合作用超快过程研究。发表论文 200 余篇。获国家级奖励 5 项、部委级 4 项。（陈　安）

莱格特,A. J. (Leggett,Anthony James)　英国-美国人(双重国籍)。1938 年 3 月 26 日生于英国伦敦南部坎伯威尔。低温物理学、超导工程、凝聚态物理学。

双亲都是中学理科教师。1958 年、1959 年先后获牛津大学贝利奥尔学院、默顿学院文学士、理学士学位。1964 年获牛津大学物理学博士学位。毕业后到美国伊利诺伊大学厄巴纳-尚佩恩分校、日本京都大学做博士后研究。1967～1982 年任教于英国苏塞克斯大学物理系,先后任讲师、副教授、教授。1982 年去美国,一直任伊利诺伊大学厄巴纳-尚佩恩分校高级研究中心物理学教授。2002 年加入美国籍(保留英国籍)。是英国皇家学会会员、美国国家科学院院士、美国文理科学院院士,俄罗斯科学院外籍院士。妻子是日裔美国人、文化人类学博士。

低温物理学的世界级领军人物,尤其在超导体与超流理论领域有先驱性重大贡献。氦有氦 4、氦 3 两种同位素。20 世纪 30 年代末,苏联的 P. 卡皮察首次观测到液态氦 4 有超流体特性,因相关成果获 1978 年诺贝尔物理学奖。超流体性是某些物质粒子在接近绝对零度时的奇异特性,这时流体的黏滞系数为零,能以零阻力通过微管,甚至能从容器中向上“滴”出而逃逸。Л. 朗道很快用凝聚态理论成功解释了这一现象。由于使氦 3 出现超流体现象的温度仅为氦 4 的千分之一,科学界直到 70 年代末才观测到氦 3 有超流体现象。但人们同时也发现,氦 3 超流体的一些特异属性无法用原有理论解释清楚。原在英国工作的莱格特很快便提出了一个能用数学公式解释氦3超流体现象的新理论。后来证明这一理论能够系统地合理解释多种超流体的特性，并被用以解释粒子物理学和宇宙学等其他领域的现象。因此，他和有超导理论重大贡献的俄罗斯人 Л. 京茨堡、俄罗斯-美国双重国籍的 A. A. 阿布里科索夫共同分享2003年诺贝尔物理学奖。

此外，80年代后，莱格特在美国开始探索玻璃等材料在低温状态下的特性，寻找较高温度时的超导材料，以及验证关于气体原子的玻色-爱因斯坦凝聚新物态预言，亦有不少令人注目的新成果。近期主要关注铜酸盐材料的超导电性，构建新的量子机制诠释，并对气体原子高度退化的超流态提出崭新的概念与看法。此外，获1975年英国物理学会狄拉克奖、1981年西蒙纪念奖、1992年狄拉克奖，1994年约翰·巴丁奖，与人分享2003年沃尔夫物理学奖、2004年大英帝国二等勋爵士称号等奖励。（李啸虎）

甘子钊（Gan Zizhao） 中国广东省人，1938年4月生于广东信宜。*凝聚态物理学、激光工程、超导工程。*

1959年北京大学物理系毕业，1963年该系研究生毕业。一直留校任教，后任教授先后任物理系主任兼固体物理研究所所长、人工微结构和介观物理国家实验室主任、物理学院学术委员会主任、国家超导实验室学术委员会主任等职。兼任中国物理学会副理事长、北京现代物理中心副主任、《中国物理快报》(英文)主编等职。1991年当选为中国科学院学部委员(院士)。

中国国家超导技术专家委员会首席专家，973计划"超导科学技术"项目首席科学家。长期致力于凝聚态物理与光学物理的前沿研究。20世纪60～70年代，进行半导体电子隧道效应、杂质电子状态、磁共振现象等基础理论研究，揭示了锗(Ge)隧道过程的物理机理；最先在中国研制成功燃烧型气体动力学激光器，并对其频率特性等方面进行实验和理论研究，促进了中国大能量激光的发展。70～80年代，提出多原子分子光致离解物理模型，发展了光在半导体中相干传播的理论。80～90年代后，主要从事凝聚态物理学与超导电性研究：进行掺稀土元素的123结构材料含氧量变化对铜离子电荷态和载流子浓度影响的理论计算，并建立铜氧面上电子状态的多带模型；研究半导体中杂质的自电离状态分数量子霍尔效应、金属—绝缘体相变、低维系统中电子输运、各向异性超导体中的磁通格子的弹性，以及超导体间的范德瓦尔斯力等；对高温超导体中的量子阱中磁极化子效应、中子衍射等进行理论分析。多次获国家和部委级奖励。（李啸虎）

沈学础（Shen Xuechu） 中国江苏省人，1938年4月15日生于江苏溧阳。*光谱学、凝聚态物理学。*

1958年复旦大学物理系毕业。一直在中国科学院上海技术物理研究所工作，任研究员，历任红外物理研究室主任，红外物理国家重点实验室主任、学术委员会主任。兼任上海大学理学院院长、复旦大学等校兼职教授等职。1995年当选为中国科学院院士。

主要从事固体光谱及其实验方法等领域的研究和教学，取得多项重要成果。开发了光学补偿双光束傅里叶变换红外光谱方法，发现半导体晶体中新一类局域化振动模，发展了固体中杂质振动的理论；发展了傅里叶变换光热电离谱方法，使硅光热电离光谱灵敏度提高了1～2个数量级，成为检测超纯材料浅杂质的首选方法之一；提出和首次实现了带间跃迁、激子跃迁诱发并共振增强调制和回旋共振光谱方法，使观测研究一些弱固体光谱现象成为可能；发展了高压下调制吸收光谱测量方法；系统研究超晶格量子阱、半磁半导体和非晶半导体光谱，率先观测和测定了砷化镓调制掺杂多层结构的量子化能级，实验证实这类结构可形成超晶格和量子阱；首次测定塞曼杂化态波函数的混和与重组，发现半磁半导体中d电子和p电子态间杂化现象；发现硅中两个新施主中心，以及多条与杂质高激发态相关的新谱线；发现砷化镓中两类超晶格电子态共存、磁场下杂质电子-光学声子强耦合互作用等，有重要学术意义和应用前景。

发表论文200多篇；主编会议文集3部；出版著作3部，其中独撰《半导体光谱和光学性质》(2002年，第二版)获2003年全国优秀科学技术图书二等奖。多次获奖，其中获国家自然科学奖两项、中国科学院自然科学奖一等奖两项；因领导红外物理国家重点实验室建设取得显著成果，两次获国家"金牛奖"。（李啸虎）

蔡诗东（Cai Shidong） 中国福建省人，1938年5月生于福建东山岛，1996年6月20日卒于北京。*等离子体物理学。*

1960年中国台湾东海大学物理系毕业。1969年获美国普林斯顿大学博士学位。先后任美国圣迭戈加利福尼亚大学讲师、马里兰大学助理教授。1973年从美国回国定居，到中国科学院物理研究所，任研究员直至去世。曾任中国等离子体研究会理事长等职。1995年当选为中国科学院院士。英年早逝。国际上等离子体物理理论领域有影响的科学家之一。20世纪70年代末开始，与美国普林斯顿大学合作，将回旋动力论方程由低频推广到任意有限频率和相对论范围，为研究非均匀等离子体性质与规律提供了有力的理论工具；80～90年代，提出将静电与磁约束相结合，将快慢过程相结合的新装置概念；与美国得克萨斯大学合作研究，提出利用高能分量稳定气球模的不稳定性，加入高能分量粒子能使环状大电流热核等离子体实验装置(托卡马克)中的等离子体直接进入第二稳定区，这一崭新概念引起了国际学术界高度重视；带领研究组计算推得在某种条件下高能分量粒子可以稳定托卡马克等离子体的内扭曲模，从而有可能对锯齿不稳定、内破裂等情况起到重要抑制作用；认真考虑了理想磁流体模被抑制后电阻性不稳定增长的可能性，并进一步讨论了通过加热和输运来实现高能粒子稳定作用的可行性，这对实现受控热核聚变的研究具有重要意义；从理论基础上推进了高温聚变等离子体物理研究，开拓和发展了日、地、空间磁性等离子体等相关学科领域。与他人合撰《物理学词典-等离子体物理学分册》(1985年)、《关联统计动力学》(1997

年)等著作。 (李啸虎)

佩特尔,C. K. N. (Patel, C. Kumar N.) 美国人,1938 年 7 月 2 日生于印度巴拉默蒂。光电子学、光学、激光工程。

印度裔。毕业于印度浦那大学。在斯坦福大学获理学硕士和电气工程学博士学位。1961 年进贝尔实验室工作。1967 年任红外物理和电子学研究部主任,1970 年任电子学研究实验室主任,1976 年任物理研究实验室主任。1988 年获新泽西州理工大学荣誉博士学位。后任洛杉矶加利福尼亚大学物理学教授,1993～1999 年任负责科研的副校长。是美国国家科学院、美国国家工程院、美国文理科学院院士。

主要贡献是在 1963 年发现分子振动-转动跃迁可以产生激光并发明了二氧化碳激光器,改变了以往人们把气体激光器看作低功率器件的观点,使激光领域发生了根本性变革。认为利用振动-转动跃迁产生的分子激光功率可以非常大。1965 年实验证明二氧化碳激光器可获得连续输出功率达 200 瓦,改进后获得 100 千瓦以上,可广泛用于通信、金属加工和军事等方面。开创了非线性光学的研究,发现了半导体中自由电子具有很强的三次非线性效应,在红外区域获得调谐喇曼散射,发明了高功率可调谐自旋反向喇曼激光器。这是第一台在 5～17 微米区域的连续或脉冲式可调谐激光源。以后在将拉曼激光器用于检测大气污染等方面作了一系列杰出的实验。曾获美国光学学会、美国化学学会、美国国家工程院和美国电气与电子工程师协会等多项奖励,1996 年获美国国家科学奖章。 (陆伟良)

雷啸霖 (Lei Xiaolin) 中国广西省人,1938 年 11 月 27 日生于广西桂林。半导体材料工程、功能材料学、凝聚态物理学。

1963 年北京大学物理系毕业。历任山东大学物理系助教,中国科学院上海冶金研究所助理研究员,1986～2000 年任中国科学院上海冶金研究所研究员,曾任该所材料物理研究室主任、学术委员会主任和学位委员会主任。2000 年后为上海交通大学教授。期间曾任美国休斯顿大学高级访问学者、美国纽约市立大学客座副教授、美国斯梯文理工学院客座教授。1997 年当选为中国科学院院士。

长期从事凝聚态物质的电子输运和超导电性研究。20 世纪 60 年代,与吴杭生教授一道提出超导膜的尺寸非局域效应,发现超导薄膜临界磁场随膜厚度变化的 3/2 次方规律。70～80 年代,研究超导临界温度级数的收敛行为,以及铁磁金属、高阻合金等材料的电导规律;研究超导电性与巡游铁磁性共存系统,以及超导电性与电荷密度波共存系统的热力学及光学性质;提出无序晶态合金电阻率的超散射理论,以及电荷密度波超导体的能隙激发理论;与美籍学者丁泰生(C. S. Ting)教授合作创立平衡方程输运理论,被国际学术界称为雷-丁理论,已被广泛用于半导体热载流子输运理论计算、实验分析和器件模拟。90 年代以来,提出非抛物能带电子输运的布喇格散射模型,建立了适用于任意能谱材料在电场和磁场中的热载流子输运方程;发展了半导体超晶格微带输运的解析理论,解释了超晶格纵向传导的负微分迁移率、峰值速度及临界电场随带宽变化的规律;提出一个研究强远红外辐照下半导体输运和光学性质的新方法。

发表学术论文逾 200 篇;主要专著有《半导体输运的平衡方程方法》(2000 年)等。多次获国家和省部级奖项,其中有中国科学院自然科学奖一等奖、二等奖,1995 年国家自然科学奖二等奖等。 (卢敬军)

徐至展 (Xu Zhizhan) 中国江苏省人,1938 年 12 月 16 日生于江苏常州。激光物理学、等离子体物理学、核能工程。

1962 年复旦大学物理系毕业。1965 年北京大学物理系研究生毕业。毕业后一直在中国科学院上海光学精密机械研究所工作,是该所研究员,1992 年任所长。兼任中国光学学会副理事长、上海应用物理研究中心学术委员会主任、《光学学报》和《中国激光》杂志(英文版)主编等职;1987 年受李政道教授聘任为中国高等科学技术中心(世界实验室)首届特别成员。1991 年当选为中国科学院学部委员(院士)。

中国“国家攀登计划”和“国家重点基础研究发展规划”(即“973”计划)项目的首席科学家。长期从事并主持现代光学与激光科学及其相关领域研究。长期参与主持中国核聚变研究,是各阶段实验装置和物理方案的主要提出者;主持实现激光打靶发射中子、微球靶压缩、建立总体计算机编码、建成 6 路激光打靶装置等项重大课题;1981 年在 X 射线激光实验中实现粒子数反转,并发现新反转区;首次用类锂和类钠离子方案获得 8 条新波长的 X 射线激光,其中最短波达 46.8 埃;此外,在新型超短超强激光,以及强场激光与原子、分子、电子、团簇、等离子体相互作用等方面研究,都有重要成果。

发表论文 300 余篇。多次获奖,其中有全国科学大会重大成果奖 1 项,国家自然科学奖二等、三等奖各 1 项,国家技术发明奖二等奖、科学技术进步奖三等奖各 1 项;中国科学院自然科学奖一、二等奖各 2 项,科学技术进步奖一等奖 2 项,技术发明奖一等奖 1 项等。曾被评为上海市 1993 年度十大科学技术精英之一、1996 年度六大科学技术功臣之一。1998 年获何梁何利科学与技术进步奖。 (邓剑琪)

何多慧 (He Duohui) 中国四川省人,1939 年 2 月 21 日生于四川省仪陇县。粒子加速器工程。

出身贫苦农家。1964 年毕业于中国科学技术大学近代物理系。一直留校任教。1977～1991 年,任国家重点工程专用同步辐射加速器技术总负责人、总工程师。1992～1993 年在欧洲同步辐射中心工作一年。后任中国科学技术大学国家同步辐射实验室研究员、总工程师，校学术委员会副主任等职。兼任中国粒子加速器学会副理事长。1995 年当选为中国工程院院士。

中国同步辐射科学技术领域的开创者之一。主要研究领域为粒子加速器物理和技术、自由电子激光。1977～1991 年主持设计、建造、调试了中国第一台专用同步辐射加速器，包括同步辐射光源(800 兆电子伏电子储存环、200 兆电子伏电子直线加速器)、5 条光束线和 5 个实验站，经国家科委主持的鉴定认为，其主要性能指标达到国际同类加速器先进水平。目前该装置运行良好，该实验室被选为第三世界科学院高级研究中心，已接待过众多中外用户，在超微细加工、材料、生物、医学、物理、化学等方面取得一批重要实验成果。此外，他还主持完成了康普顿型自由电子激光研究、短波长相干谐波辐射、储存环自由电子激光研究、深紫外自由电子激光实验装置前期研究等课题。先后获 1981 年中国科学院重大科学技术成果奖一等奖，1992 年中国科学院科学技术进步奖特等奖，1995 年国家科学技术进步奖一等奖。获何梁何利科学与技术进步奖。（*虞为慈*）

崔琦（Tsui，Daniel C.） 华裔美国人，1939 年 2 月 28 日生于中国河南省。*半导体物理学、电磁学、低温工程。*

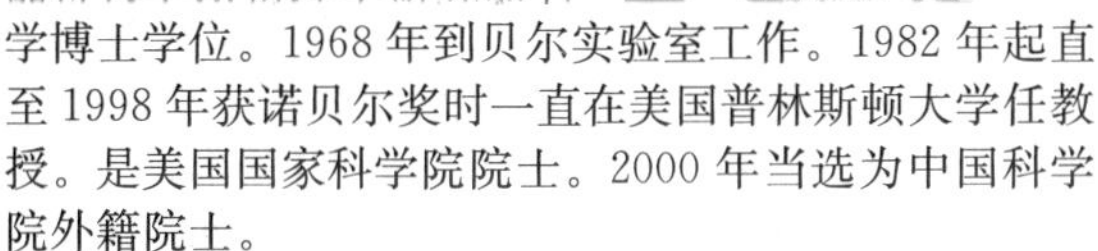

1957 年从香港一所中学毕业。翌年赴美国，考入伊利诺伊州奥古斯坦纳学院，1961 年毕业。1967 年在芝加哥大学以物理学研究获哲学博士学位。1968 年到贝尔实验室工作。1982 年起直至 1998 年获诺贝尔奖时一直在美国普林斯顿大学任教授。是美国国家科学院院士。2000 年当选为中国科学院外籍院士。

早在 1879 年，美国物理学家 E. H. 霍耳发现，当电流流过处于磁场中的一金箔条时，除了沿电流方向的正常电压外，在与电流以及磁场都垂直的方向上产生一电动势，这一横向电动势称为霍耳电动势，而这一效应被称为霍耳效应。后来，人们发现将金箔条换成半导体材料时，霍耳效应同样存在，而且发现霍耳电导同载流子密度与磁场强度的比(称朗道能级填充因子 ν)有着线性关系。霍耳效应是在室温和一般强度的磁场下发现的。1980 年，德国物理学家 K. von 克利青等人研究了硅-金属氧化物半导体场效应管(Si-MOSFET)的半导体氧化物界面上二维电子气体的物理性质，发现在极低温(约几 K)、强磁场(>10 特)条件下，霍耳电导的线性律被破坏了，呈现出阶梯状的增长，霍尔电导的数值在阶梯平台上是 e^2/h(e 为电子电荷，h 为普朗克常数)的整数倍，这被称为整数量子霍耳效应。

由于对样品的纯净度要求很高，目前大多数量子霍耳效应的实验都采用空穴型半导体砷化镓(GaAs)，用分子外延术可以把 GaAs 和另一种电子型半导体铝镓砷化合物(AlGaAs)杂化。在杂化结构界面上，GaAs 的能级发生畸变，形成二维电子气体反层。1982 年，崔琦和 H. L. 施特默等采用 AlGaAs-GaAs 杂化结构半导体样品发现，在温度更低(<1K)、磁场更强(>30 特)的情况下，不仅如整数量子霍耳效应那样，其阶梯的平台在朗道能级填充因子 ν 为整数时出现，而且在 ν 为一些具有奇数分母的分数(如 1/3，2/5，4/7 等)时也会出现，后者被称为分数量子霍耳效应。因发现分数量子霍耳效应，崔琦、施特默和成功地对分数量子霍耳效应作出理论解释的 R. B. 劳克林分享了 1998 年诺贝尔物理学奖。

（宣焕灿）

格伦伯格，P. A.（Grünberg，Peter Andreas） 又译格林贝格尔。德国人，1939 年 5 月 18 日生于德国比尔森(今属捷克)。*磁学、电介质物理学、计算机技术。*

1946 年举家迁往德国黑森州劳特巴赫。1959 年入法兰克福的歌德大学学习物理学，1962 年获学士学位。1966 年、1969 年先后获达姆施塔特理工大学物理系硕士、博士学位。1969～1972 年任加拿大卡尔顿大学加拿大国家研究理事会博士后研究员。1972 年任德国尤利希研究中心固体物理研究所研究员。1984 年起在科隆大学任教。期间 1984～1985 年在美国伊利诺伊州阿拉贡国家实验室从事研究。1988 年回尤利希研究中心研究磁学，2004 年退休，但仍从事研究。1992 年任科隆大学兼职教授。1998 年在日本仙台大学、筑波研究中心进行为期半年研究。2003 年兼任马克斯·普朗克学会外聘研究员。2002 年获德国鲁尔大学物理学与天文学学院荣誉博士学位。1966 年结婚，育有三子。

20 世纪 70～80 年代，致力于电介质物理学研究，尤其活跃于反铁磁性耦合领域。早在 19 世纪后半叶，英国的开尔文勋爵发现了磁场变化可以改变铁和镍等导体的电阻。20 世纪物理学界揭示了这一现象的内在机制：金属中的电子拥有一种称为“自旋”的量子力学属性，磁场方向会影响到不同自旋方向电子在导体中运动的能力，也就影响了导体的电阻。1956 年，美国国际商用机器公司(IBM)首次开发出硬盘驱动器，信息以微小磁场区域形式保存在硬盘上。但是当时磁阻磁头灵敏度很低，电阻变化范围仅百分之几。于是，人们开始寻求不断缩小硬盘体积又能提高硬盘容量的技术。1988 年，费尔和格伦伯格各自独立发现，如果用铁和铬制成夹层只有数十个原子厚度的薄膜电阻，磁场变化会使电阻变化大得惊人，即产生“巨磁电阻效应”(GMR)。但是他们在实验室制造的巨磁电阻器件，无法实用和大规模生产。1997 年，IBM 的研究员帕金(Stuart Parkin)研制了实用型巨磁电阻器件，并一举实现了产业化和市场化。第一个基于巨磁电阻效应的数据读出头问世，很快引发了硬盘“大容量、小型化”革命。如今，笔记本电脑、音乐播放器等各类数码电子产品中的硬盘，基本上都应用了巨磁电阻效应。诺贝尔奖评奖委员会称，这是“充满希望的纳米技术领域最早的实际应用之一”，“得益于这项技术，近年来硬盘才可能变得极为微型化”。因此费尔和格伦伯格分享 2007 年诺贝尔物理学奖。

此外，还获其他主要奖项：1994 年美国物理学会新材料国际奖、国际理论与应用物理学联合会磁学奖(与 A. 费尔分享)，1996 年尤利希研究中心技术奖，与 A. 费尔等3人分享1997年惠普欧洲物理学奖，1998年德国总统颁发德国未来奖，1924年欧洲薄膜学会阿登纳应用物理学奖，2006年欧盟专利局“欧洲年度发明家”奖，2007年德国物理学会斯特恩·格拉克奖，与A.费尔分享了2007年日本物理学奖、沃尔夫物理学奖。

（才静滢）

约瑟夫森，B. D.（Josephson, Brian David） 英国人，1940年1月4日生于英国威尔士加迪夫。*超导物理学*。

1960年在剑桥大学三一学院获学士学位，1964年获硕士和博士学位。1965～1966年在美国伊里诺伊大学做博士后研究，兼任助理研究教授。1967年任剑桥大学研究部助理主任，1972年任所长，1974年任物理学教授。1970年当选为英国皇家学会会员。是美国文理科学院外籍院士。

1960年还是一名研究生时就发表了第一篇物理论文，涉及到穆斯堡尔效应中与狭义相对论有关的一个现象，预言在穆斯堡尔线中将会有随温度而变的频率移动，这对验证爱因斯坦预言的重力红移实验有重要的意义。

1962年在导师指导下从事超导的实验和理论研究。与P. W.安德逊的交谈颇受启发，对超导体中的电子可能和相角有关的想法产生了兴趣。认为超导波函数的相位应该是实在的，而且具有物理涵义，汲取超导理论与隧道技术的精华，对两边都是超导体的结（今天称为约瑟夫森结）的隧道电流进行计算，结果表明此电流确实依赖于超导相位。出乎意料的是，这个结上不加电压时电流仍然保持。还预言磁场的存在会影响这种电流。这便是后来命名的约瑟夫森效应。数月后安德逊和罗厄尔(J. M. Rowell)用实验证实了这种效应。以后又有许多人做各种实验，完全证实了约瑟夫森的预言。约瑟夫森结也在科学技术中得到应用。因分别发现半导体和超导体中的隧道效应，和江崎玲於奈、I.贾埃弗共获1973年诺贝尔物理学奖。

20世纪60年代后期，转向用科学方法研究人工智能，相信将来这一课题会有重要发展。与拉马钱德伦(V. S. Ramachandran)合著《意识和物理世界》(1980年)一书，此外出版《智能行为的多级识别》(1981年)、《物理学与精神：即将来到的伟大统一》(1987年)、《音乐与意识：美学动力学理论》(1994年，与他人合著)等。1969年获“青年科学家”称号。多次获大奖，其中有1972年英国皇家学会的胡克奖。（蔡祺德）

益川敏英(Maskawa, Toshihide) 日本人，1940年2月7日生于日本爱知县名古屋市。*量子场论、粒子物理学、高能物理学、理论物理学*。

1962年日本名古屋大学理学部毕业。师从著名粒子物理学家坂田昌一，1967年获名古屋大学大学院理学研究科理学博士学位。同年留校理学部任助理教授。1970年任京都大学理学部助理教授。1976年任东京大学原子核研究所副教授。1980年任京都大学汤川基础物理学研究所教授，1990年任理学部教授，1995年任该校大学院理学研究科教授，1997～1999年任汤川基础物理学研究所所长，2003年退休任名誉教授，2007年任特聘教授。期间，2003年任京都产业大学理学部教授，2004年任“研究机构长”，2009年任该校益川学院院长。2010年当选为日本学士院院士。

长期致力于量子场论研究，以“小林-益川模型”闻名于国际理论物理学界。1972年在京都大学任教时，他和同事、学弟小林诚合作，共同提出关于弱玻色子和夸克弱相互作用的“小林-益川矩阵”（又称卡比博-小林-益川矩阵），探索微观世界的“电荷与宇称联合转换的对称性破缺”（即“CP破坏”）现象。当年9月1日，日本的《理论物理学进展》（英文版）收到他们的投稿，1973年发表了这篇题为“弱相互作用可重整化理论中的CP破坏”的著名论文，引起了科学界的巨大反响。

现代宇宙学的主流理论认为，宇宙的存在纯属“无中生有”。一粒“原初原子”在138亿年前不明原因地发生宇宙大爆炸，理应同时产生同等数量的粒子和反粒子，它们的质量相同而电荷相反，正、反粒子若相遇便会湮灭且释放出高能光子。可是实际上，除了人类实验室里人工制造的微乎其微、难以保留的反物质原子，在现今可观测宇宙中尚找不到与我们正物质世界等量齐观的反物质世界。这个宇宙之谜，一直深深困惑着理论物理学界。“小林-益川模型”试图从理论上回答这一难题，认为造成上述现象的主要原因，在于不同种类夸克的反应衰变速率不同。该模型利用数学矩阵来描述顶类型和底类型夸克之间通过W粒子弱相互作用的耦合强度，将卡比博矩阵推广到三代夸克，预测了当时尚未发现的至少三族6种夸克，并以此诠释弱相互作用中的电荷宇称对称性破缺现象。现代物理学理论认为，夸克是构成基本粒子的更基本物质单位。在他们预言6种夸克时，科学界仅发现了3种夸克，因此他们的理论一直不被科学界主流所看好。时至1995年，6种夸克相继被一一发现；尤其是2001年，美国和日本学者通过B介子和反B介子的实验数据，在确认“CP对称性破缺”现象存在的同时，也证明了“小林-益川模型”的有效性。

由于小林-益川理论的物理学贡献，他和日本的小林诚、日裔美籍的南部阳一郎三人同获2008年度诺贝尔物理学奖；其中南部阳一郎获全部奖金的一半。此外，益川敏英与小林诚分享其他奖项主要有：1979年日本仁科纪念奖，1985年美国物理学学会樱井奖、日本学士院奖，1995年朝日新闻社朝日奖，2007年欧州物理学学会高能基本粒子物理学奖，2008年日本文化勋章等；2001年获“日本文化功劳者”荣誉称号。（李啸虎）

赵忠贤(Zhao Zhongxian) 中国辽宁省人，1941年1月30日生于辽宁新民。*超导物理学、超导材料工程*。

1964年中国科学技术大学技术物理系毕业。一直在中国科学院物理研究所工作，任研究员，历任超导国家重点实验室副主任、主任，中国科学院物理研究所学术委员会主任等职。期间1974～1975年在英国剑桥大

学、1984～1986年在美国艾姆斯实验室等处做访问学者。兼任中国科学技术协会副主席、中国物理学会副理事长及低温物理专业委员会主任、中国发明协会副会长等职。1987年当选为第三世界科学院院士；是国际陶瓷科学院院士。1991年当选为中国科学院学部委员（院士），先后任数学物理学部副主任、主任。1988年获香港中文大学荣誉博士学位。

中国当代著名的超导物理学家。20世纪60～70年代，参加完成几项国防军工技术开发；1976年开始探索物质高临界温度的超导电性，发表有关第Ⅱ类超导体磁通钉扎与临界电流问题、非晶态合金超导电性等论文。80年代开始研究氧化物超导体BPB系统及重费米子超导性；研究了高速淬火的银-锗合金超导电性；1986年底在钡-镧-铜-氧系统的氧化物中发现有70K超导迹象，并注意到杂质效应，1987年他的小组独立发现临界温度为92.8K的超导液氮温区超导体，率先公布其化学成分为钇-钡-铜-氧（Y-Ba-Cu-O），推动了国际性超导研究；1988年在钛系氧化物中获得临界温度120K的超导体。90年代后，承担了国家攀登计划、863计划和973计划一系列课题，致力于新材料开发、超导机理研究和高温超导应用技术等研究。

发表论文百余篇。多次获奖，其中有1986年第三世界科学院物理奖、1988年首届陈嘉庚物质科学奖、1988年中国科学院科学技术进步奖特别奖、1990年国家自然科学奖一等奖、1997年何梁何利科学与技术进步奖等，2013年度又获国家的科学一等奖。　（张　希）

格罗斯，D. J.（Gross，David Jonathan）　美国人，1941年2月19日生于美国华盛顿。*粒子物理学、量子电动力学。*

父亲是犹太移民后代，母亲是乌克兰移民后代。1962年获以色列希伯来大学学士、硕士学位。1966年获美国伯克利加利福尼亚大学物理学博士学位。同年在哈佛大学从事博士后研究，留校任教。1969年任普林斯顿大学物理学副教授，1972年起先后任物理学教授、数学物理教授。1997年任圣巴巴拉加利福尼亚大学卡夫利理论物理研究所所长。1985年入选美国文理科学院院士。1986年入选美国国家科学院院士。2000年、2001年先后获法国蒙彼利埃大学、以色列希伯来大学荣誉博士学位。

在粒子物理学理论研究领域作出了卓越贡献。20世纪60年代前期，粒子物理学中的“标准模型”逐步建立起来，它将所有的基本粒子分为夸克和轻子及其家族，并借助交换粒子实现相互作用。然而当时“夸克”仅是假说，数学基础也不完备。60年代后期，美国的H. W. 肯德尔、J. I. 弗里德曼和R. E. 泰勒用高能电子对液氢原子进行深度非弹性散射实验，间接证实了夸克的存在，三人因此分享了1990年诺贝尔物理学奖。70年代初，荷兰的M. J. G. 费尔德曼及其博士生G. 霍夫特建立起非阿贝尔规范场理论的重正化方法，把标准模型建立在可靠的数学基础上，两人因此共享1999年诺贝尔物理学奖。与此同时，格罗斯和他的第一个研究生F. 威尔切克着手对非阿贝尔规范场进行微扰计算，特别是推求其中的卡伦-西曼吉克（Callan-Symanzik）一阶微分方程中的β函数值。1973年，他们共同在美国《物理学评论快报》上发表论文，宣布求得非阿贝尔规范理论中的β函数为负值，引起不小轰动。这一结论显示的量子物理图象是：质子中夸克的行为有一种奇异特性，当打击质子靶的电子在能量很高、传递给质子的能量也很大的情况下，夸克之间却表现为相互作用很弱的自由状态，而且能量越高，相互作用越弱，此即粒子强相互作用中所谓的“渐近自由”现象。但夸克既具有渐近自由性质，又始终被禁锢在质子中。在同刊同一期上，英国的H. D. 波利策也独立地刊登了类似论文。他们的发现对发展量子色动力学意义重大。由于发现和证明了非阿贝尔规范场的“渐近自由”性质，为确立粒子物理学中的标准模型迈出了关键一步，他与威尔切克、波利策共同分享2004年诺贝尔物理学奖。

此外，还获美国物理学会1986年沙克雷奖、2000年瑞典斯德哥尔摩大学克莱因奖章、1988年狄拉克奖、2000年以色列工程技术学院哈维奖、2003年欧洲物理学会高能与粒子物理奖、2004年法国科学院最高金奖等。　（宣焕灿）

汉什，T. W.（Hänsch，Theodor Wolfgang）　一译亨施。德国人，1941年10月30日生于德国海德堡。*精密激光光谱、“光梳”技术。*

1963年、1969年先后获海德堡大学理学士、物理学博士学位。1970年去美国从事博士后研究，1972～1986年先后任美国斯坦福大学物理学副教授、教授。1986年回国，长期担任德国马克斯-普朗克学会量子光学研究所所长。兼任慕尼黑路德维希-马克西米利安大学物理系教授。2001年诺贝尔物理学奖得主C. E. 威曼原是他的博士生。

在利用激光进行超精密光谱学测量方面作出杰出贡献。1970年，他发明了一种新型激光器，成功地测量了氢原子巴耳末线的跃迁频率，其精确度比以往高许多。20世纪70年代初，美国的J. L. 霍尔研制出世界上首台高稳定频率的甲烷-氦氖稳频激光器，还据当时铯钟提供的频率标准（即时间标准）测出该激光器所发激光的精确频率。当时流行的频率标准在微波波段（约10^{10}赫），如何实现光波频率的更精确测量，有待开发所谓“光学频率梳”（“光梳”）技术。1977年，汉什想利用锁模脉冲激光器进行超精密的光谱测量，但缺乏光梳技术是进行这种测量的主要瓶颈。在经过了20多年努力之后，1999年，他和他的研究小组终于发明了这种称为光梳器的飞秒（10^{-15}秒）锁模脉冲激光发生器，产生的光梳率先实现了对铯原子D_1光谱线的绝对频率测量。此后，他又对光梳技术作了进一步改进，用以超精密测量氢原子的莱曼线，可精确到百万亿分之一。如此高的精密度，使修正和探索人类以往把握的宇宙基本物理常数极微变化成为可能。此后，霍尔也进而开发出一种可高精度测量激光频率的新方法。由于他与霍尔在精密激光光谱和光梳方面所作出的杰出贡献，两人分享了2005年诺贝尔物理学奖金的一半，另一半由光相干量子理论奠基者、美国的R. J. 格劳伯获得。瑞典皇家科学院诺贝尔奖委员会文告称："霍尔和汉什所作出的重要贡献使精确测量频率成为可能，人们现在可以构建非常亮的激光，使用光频滤波技术可精确测量各种颜色光的频率。这一技术使人们有可能对自然常数在一定时间的稳定性进行研究，并研发非常精确的时钟，改进全球定位技术。"此外汉什还获1989年德国科学最高奖莱布尼茨奖、1998年莫里斯奖、2005年德国哈恩奖，以及德国政府一级十字勋章等。（宣焕灿）

朱经武（Chu, Paul Ching-Wu） 华裔美国人，1941年12月2日生于中国湖南省。超导材料工程。

原籍中国广东省。1962年获台湾成功大学物理学学士学位。1965年获美国纽约布朗克斯·福德姆大学物理学硕士学位。1968年获圣迭戈加利福尼亚大学物理学博士学位。毕业后两年在新泽西州贝尔实验室从事开发研究。1970～1979年执教于克利夫兰大学物理系，1975年任教授。1979年以后一直任休斯敦大学物理系教授，先后任该校电磁信息研究实验室主任、坦普尔科学讲座教授、安德逊讲座教授、得克萨斯超导研究中心首任主任等职。2001年出任香港科学技术大学校长。1989年当选为美国国家科学院院士、美国文理科学院院士、英国皇家学会外籍会员；是中国台湾"中央研究院"院士、第三世界科学院院士。1996年当选为中国科学院外籍院士。已获美国和国际多所大学7个荣誉博士学位，5个荣誉教授职位。

高温超导研究先驱者、液氮温度超导电性发现者之一。他长期从事超导体、电磁学和绝缘体等领域研究，成就卓著，蜚声国际。1911年荷兰科学家H. 卡默林-翁纳斯用液氦冷却水银，发现在4.2K时水银的电阻完全消失，这种现象称为超导电性；1986年底，美国贝尔实验室研究的氧化物超导材料临界超导温度达到40K；1987年2月，朱经武和同事成功开发出稳定的钇钡铜氧系材料，把临界超导温度提高到90K以上。这一重大发现，打破了超导体不能在液氮温区(77K)工作的禁区，开创了高温超导研究及其应用的新纪元。这一成就对整个超导研究和凝聚态物理发展起到了巨大推动作用，迅速引发科学界的"超导热"，临界超导温度记录一再提高，当年年底铊钡钙铜氧系材料为125K，90年代末汞钡铜氧化合物为135 K，发展速度惊人。超导体在电力能源、超导磁体、生物、医疗科技、通信和微电子等领域有广泛的应用。他的研究活动已从超导扩展到了电磁学和绝缘体。

他非常关心祖国科技和教育发展，早在1979年就帮助中国科学院物理研究所发展盒式高压技术和物理研究；积极协助南开大学开发新能源镍-氢电池技术等。已发表学术论文近500篇，撰写了许多科普文章；与他人合作出版《高压和低温物理》(1978年)等专著多部，参与编撰《应用物理大百科全书》等工具书。多次获大奖，其中有1987年格鲁曼奖章，1988年美国国家科学奖章、美国国家科学院科姆斯托克奖、美国太空总署成就奖，1994年马赛厄斯国际新材料奖，2001年美国工程学会联合会弗里茨奖等。（陈芳泽）

郑厚植（Zheng Houzhi） 中国江苏省人，1942年8月26日生于江苏常州。半导体物理学、超导材料。

1965年清华大学无线电电子学系毕业。中国科学院半导体研究所研究员，半导体超晶格国家重点实验室主任，1994年任半导体研究所所长，中国科学院镓英半导体有限公司董事长。兼任中国物理学会半导体物理专业委员会主任、国家攀登计划重大项目专家组成员、《半导体学报》副主编等职。1995年当选为中国科学院院士。

系统研究半导体低维物理，取得多项先驱性成果。与英国学者同时独立地最早提出分裂栅技术；提出用分裂栅研究准一维电子气的方法，实现高迁移率一维异质结量子线，并首次研究局域化效应由二维至一维的维度变化；率先发现并报道量子化霍耳电势分布规律、霍耳电流向样品低损耗区自动积集特性，被国际同行评价为"特别有用和十分有意义"；最早报道量子霍耳效应的尺寸效应特征，发现随着导电沟道宽度减小，朗道能级电子态局域化几乎都发生在态密度低能一侧，并提出利用双势垒结构磁电容谱测量朗道态密度的新原理和新方法；揭示了在空穴多体作用诱导下的磁阻现象，提出二维空穴反常正磁阻的新量子模型和理论；揭示平行磁场对二维弱局域化效应影响的新物理机制；发展了直接测量量子霍耳区电子扩散系数、量子阱中电子隧穿逃逸时间等方法。此外，为建设半导体超晶格国家重点实验室，组织攻关国家七五、八五、九五重大科学研究项目做了许多成效显著的工作。发表论文近百篇。多次获奖，其中"低维半导体量子输运"获1994年中国科学院自然科学奖一等奖。（李啸虎）

克利青，K. von（Klitzing, Klaus von） 德国人，1943年6月28日生于德国波森（波兹南）附近的施罗达（今波兰希罗达）。固体物理学、量子电动力学。

曾在德国不伦瑞克技术大学学习物理学，1969年大学毕业。在兰德韦尔(G. L. Landwehr)教授指导下，1972年在维尔茨堡大学取得博士学位，并在该校工作。曾去英国牛津大学从事科学研究，1978年在维尔茨堡大学取得授课资格。此后他想在工业界找个职位，这时恰巧德国研究学会与M. 普朗克协会共同制订了一个目的在于促进年轻科学家成长的"海森伯计划"，他争取到该计划的奖学金，开始在维尔茨堡大学研究MOS(金属-氧化物-半导体)结构中的输运效应。1980年被聘为慕尼黑技术大学教授。1985年应聘到斯图加特大学任M. 普朗克学会固体物理研究所所长。

主要贡献是发现量子霍耳效应。这种效应是低温强磁场下二维电子系统中呈现的一种宏观量子现象。20世纪50年代,半导体物理学中出现一个新的研究领域——二维电子系统。1957年J. R. 施里弗从理论上指出二维电子系统存在的可能性。后来由于半导体工艺的发展,制成了金属-氧化物-半导体场效应晶体管(MOSFET),为研究反型层的性能提供了较理想的器件。反型层是准二维电子系统。1977年起,克利青在维尔茨堡大学对硅MOSFET的氧化物表面下方的硅反型层中的二维电子气在低温强磁场下进行霍耳电压和电阻的测定。1978年在测量载流子浓度时看到了霍耳平台的第一个迹象。1979年8月,把实验迁到法国格勒诺布尔的强磁场实验室去做,这里有西欧最强的直流磁场。1980年2月5日凌晨进行了一次关键性的实验,他把硅MOSFET放在1.5K低温下,加上磁感应强度18特的强磁场,供给器件1微安的电流,用探针法测量沿电流方向的电压降和沟道宽度两端所产生的霍耳电压。发现在改变栅压的过程中,随之改变的霍耳电压出现一系列台阶。即在霍耳电阻ρ_{xy}随栅压变化的曲线上出现一些平台。这些平台出现的位置严格按照下式,且和样品的几何尺寸及实验条件无关:$\rho_{xy}=\frac{h}{e^2 i}(i=1,2,\cdots)$,式中$h$为普朗克常数,$e$为电子电荷。上述现象即为量子霍耳效应。研究结果写成论文,题目是“基于量子霍耳电阻,精确确定精细结构常数的新方法”,1980年发表在《物理评论通讯》上。在以后的几个月内许多国家的科学家重复了这一实验,证明了他的正确性。因此获1985年度诺贝尔物理奖。

1982年,华裔美国学者崔琦等人对砷化镓异质结中形成的二维电子气进行霍耳效应的测量时,意外地发现当朗道能级填充因子为$\frac{1}{3}$、$\frac{2}{3}$等分数时也观察到ρ_{xy}的平台,这种效应称为分数量子霍耳效应(崔琦等人因而获1998年诺贝尔物理学奖),而克利青发现的效应称为整数量子霍耳效应。还获得1981年德国物理学会的肖克利奖、1982年帕卡德欧洲物理学奖。 (沙振舜)

瓦恩兰,D. J.(Wineland,David Jeffrey) 美国人,1944年2月24日生于美国威斯康星州密尔沃基。实验量子力学。

1965年获伯克利加利福尼亚大学学士学位。1970年以论文“原子重氢激微波”获哈佛大学物理学博士学位。同年到华盛顿大学德默尔特实验室做博士后研究,兼任研究助理。1975年起一直任美国国家标准与技术局(1995年扩建为国家标准与技术研究院)物理实验室研究员,后任离子储存研究项目主管。1985～1993年在科罗拉多大学博尔德校区兼教物理学。1992年当选为美国国家科学院院士。

他的学术思想和实验技术深受D. 拉姆齐和H. 德默尔特的影响,后两位都是1989年诺贝尔物理学奖得主。前者是他的博士生导师,发明分离振荡场方法并用于原子钟;后者是他的博士后合作导师,发展了离子陷阱技术。当法国的S. 阿罗什用光学微腔实现单个原子的囚禁时,瓦恩兰却另辟蹊径,用激光来冷却陷在“保罗阱”(Paul trap)的单个或少量离子,使之处于稳定的囚禁状态。保罗阱用四根彼此平行的柱子产生四极交变电场,结合激光冷却技术,可使单个离子静悬于阱的中心,而一串相同的离子可以同时连成一线,形成一个较为理想的量子计算系统。1995年底,瓦恩兰及其团队运用陷俘离子(trapped ion)的概念在实验上实现计算机的量子逻辑门。此外,应用激光冷却离子技术制出至今(2013年)最准确的原子钟,比较铯-133原子钟的频率标准还要精确两个数量级。

由于“发现测量和操控单个量子系统的突破性实验方法”,他和法国的阿罗什共同获得2012年诺贝尔物理学奖。科学界普遍认为,他们两人取得的重大突破,提供了一条利用原子和光子来制造理想干净的量子系统,精密测量各种物理量,实现量子信息和量子模拟的当下最佳途径。

此外还获其他多种奖励,其中有:1990年美国物理学会戴维森-盖尔曼原子或表面物理学奖,1990年美国光学学会梅洛斯奖,1996年美国光学与量子电子学学会爱因斯坦激光科学奖,1998年美国超声波、铁电体和频率控制学会拉比奖,2001年美国物理学会肖洛激光科学奖,2007年美国国家科学奖章(工程科学),2009年德国物理学会和美国光学学会共同颁发的沃尔特奖,2010年富兰克林物理学奖章和艾夫斯奖章等。

(李啸虎)

小林诚(Kobayashi,Makoto) 日本人,1944年4月7日生于日本爱知县名古屋市。粒子物理学、高能物理学。

1967年日本名古屋大学理学院物理学系毕业。1972年获名古屋大学理学院研究所理学博士学位。同年任京都大学理学院助理教授。1979年任日本筑波高能物理学研究所(现称高能加速器研究机构)副教授,1985年任教授,2003年任高能加速器研究机构基本粒子原子核研究所所长,2006年退休任名誉教授。期间2004年任日本国际高等研究所评议员。2007年任日本学术振兴会理事。

长期致力于基本粒子理论研究,以“小林-益川模型”闻名于国际理论物理学界。1972年在京都大学任助理教授时,他和同事、学长益川敏英合作,共同提出关于弱玻色子和夸克弱相互作用的“小林-益川矩阵”(又称卡比博-小林-益川矩阵),探索微观世界的“电荷与宇称联合转换的对称性破缺”(即“CP破坏”)现象。当年9月1日,日本的《理论物理学进展》(英文版)收到他们的投稿,1973年发表了这篇题为“弱相互作用可重整化理论中的CP破坏”的著名论文,引起了科学界的巨大反响。时至2008年,在与高能物理学领域相关的所有文献中,这篇文章在引用排行榜上名列第三;而在日本物理学家所著论文中,它被引用次数列居首位。

现代宇宙学的主流理论认为,宇宙的存在纯属“无中生有”。一粒“原初原子”在138亿年前不明原因地发生宇宙大爆炸,理应同时产生同等数量的粒子和反粒子,它们的质量相同而电荷相反,正、反粒子若相遇便会湮灭且释放出高能光子。可是实际上，除了实验室里人工制造的微乎其微、难以保留的反物质原子，在现今可观测宇宙中尚找不到与我们正物质世界等量齐观的反物质世界。这个宇宙之谜，一直深深困惑着理论物理学界。“小林-益川模型”试图从理论上回答这一难题，认为造成上述现象的主要原因，在于不同种类夸克的反应衰变速率不同。该模型利用数学矩阵来描述顶类型和底类型夸克之间通过 W 粒子弱相互作用的耦合强度，将卡比博矩阵推广到三代夸克，预测了当时尚未发现的至少三族 6 种夸克，并以此诠释弱相互作用中的电荷宇称对称性破缺现象。现代物理学理论认为，夸克是构成基本粒子的更基本物质单位。在他们预言 6 种夸克时，科学界仅发现了 3 种夸克，因此他们的理论一直不被科学界主流所看好。时至 1995 年，6 种夸克相继被一一发现；尤其是 2001 年，美国和日本学者通过 B 介子和反 B 介子的实验数据，在确认“CP 对称性破缺”现象存在的同时，也证明了“小林-益川模型”的有效性。

由于“小林-益川模型”，他和日本的益川敏英、日裔美籍的南部阳一郎三人同获 2008 年度诺贝尔物理学奖；其中南部阳一郎获全部奖金的一半。此外，益川敏英与小林诚还分享有：1979 年日本仁科纪念奖，1985 年美国物理学学会樱井奖、日本学士院奖，1995 年朝日新闻社朝日奖、中日文化奖，2007 年欧洲物理学学会高能基本粒子物理学奖，2008 年日本文化勋章等；2005 年获“日本文化功劳者”荣誉称号。（李啸虎）

阿罗什，S.（Haroche, Serge） 法国人，1944 年 9 月 11 日生于摩洛哥卡萨布兰卡。实验量子力学、量子信息学。

1967 年毕业于法国巴黎高等师范学校。1971 年获巴黎第六大学（皮埃尔与玛丽·居里大学）物理学博士学位。1972～1973 年在美国斯坦福大学进行博士后研究。1967 年起任法国国家科学研究中心研究员，1973 年任研究部主管。1975 年任巴黎第六大学物理学教授。2001 年任法兰西学院量子物理学教授。期间，1974～1984 年兼任巴黎理工学院高级讲师；1982 年起一直兼任巴黎高等师范学校教授，1994～2000 年兼任该校物理学系主任，长期在该校卡斯特勒·布鲁塞尔实验室带领研究团队。1984～1993 年任耶鲁大学兼职教授。1976 年和 1979 年两次任美国斯坦福大学访问学者；1979 年任马萨诸塞理工学院访问学者；1981 年任哈佛大学客座教授。1991～2000 年任法国高等教育研究会理事。是法国科学院院士、欧洲科学院院士、美国国家科学院外籍院士、巴西科学院外籍院士。

在实验量子力学领域享有盛名，尤其对量子光学中原子与光相互作用的腔量子电动力学有重要贡献。主要成就有：1983 年首次观察到在腔体中的单原子有自发辐射增强现象。1996 年直接监控介观的量子态叠加（即薛定谔猫态）的退相干现象；同年实现光子的有效存储。1997 年用微米量级的高反射光学微腔实现对单个原子的囚禁；同年通过操纵高 Q 值腔体中的原子和光子，完成量子信息过程的许多步骤，如产生原子-原子、原子-光子的纠缠态等。1999 年对单个光子的量子进行非破坏性测量，直接测定腔体中的场量子化，观测光子的粒子性；同年实现将光子和原子作为“量子比特”的量子逻辑门操作。2006 年发展了一种超高 Q 值的腔体，能够将光子存储在镜面之间的时间超过 0.1 秒。2008 年发展出可产生和重构腔体中辐射的非经典状态的新方法，便于更精密研究其退相干现象，从而为量子物理过渡到经典物理的诠释提供某些重要实验证据。

由于“发现测量和操控单个量子系统的突破性实验方法”，他和美国的 D. J. 瓦恩兰共同获得 2012 年诺贝尔物理学奖。科学界普遍认为，他们两人取得的重大突破，提供了一条利用原子和光子来制造理想干净的量子系统，精密测量各种物理量，实现量子信息和量子模拟的当下最佳途径。

此外还获其他多种奖励，其中有：1983 年法国物理学会理查德奖，1988 年美国光学与量子电子学学会爱因斯坦激光科学奖，1992 年德国洪堡奖，1993 年美国富兰克林研究院迈克尔逊奖章，2002 年欧洲物理学会量子电子学奖，2002 年量子通信，测量与计算国际组织量子通信奖，2007 年美国光学学会汤斯奖，2009 年法国国家科学研究中心金奖，2010 年德国物理学会和美国光学学会共同颁发的沃尔特奖等。（李啸虎）

奥谢罗夫，D. D.（Osheroff, Douglas Dean） 美国人，1945 年 8 月 1 日生于美国华盛顿州阿伯丁。低温物理学、低温工程。

1967 年在加利福尼亚理工学院获理学士学位。1969 年获康奈尔大学理科硕士学位，1973 年在该校以物理学研究获哲学博士学位。1972～1987 年在美国纽约州贝尔实验室工作，其中 1982～1987 年曾任该实验室固体和低温物理研究部主任。1987 年任斯坦福大学物理学教授，1993～1996 年任该校物理系主任。是美国国家科学院院士、美国文理科学院院士。

20 世纪 70 年代初，在康奈尔大学攻读博士学位时，在该校低温实验室与低温物理学家 D. M. 李以及 R. C. 理查森合作，发现氦 4 的同位素氦 3（即 ^3He，其原子核中比氦 4 少 1 个中子）在 0.002K 时出现超流性，即此时氦 3 变成了超流体。他们在工作中自己建立实验装置，并使氦 3 样品降至仅比绝对零度高千分之几度的极低温。起初打算寻找氦 3 在这种极低温状态下出现的磁有序相变。为寻找这种相变，他们以恒定的速率增加或减小样品体积，同时研究压强随时间变化的关系。奥谢罗夫注意到测量曲线中的极小跳跃，经研究，他们认识到这不是实验装置的不确定性造成的偏差，而是真实的结果。又经进一步的研究，发现此时样品氦 3 出现了超流相变。于是发现了氦 3 的超流性。由于这一重要发现，他们 3 人分享了 1996 年诺贝尔物理学奖。（宣焕灿）

沈文庆（Shen Wenqing） 中国上海市人，1945 年 8

月21日生于上海。实验核物理学。

1967年清华大学工程物理系毕业，后长期在中国科学院近代物理研究所(在兰州)工作，任研究员。1991年后，历任中国科学院上海原子核研究所研究员、副所长、所学术委员会副主任、所学位评定委员会主任，中国科学院上海分院院长。兼任中国核物理学会理事长、上海市科学技术协会主席、宁波大学理学院院长等职。1999年当选为中国科学院院士。

国家973项目“放射性核束物理和核天体物理”首席科学家，在低能和中能重离子核反应实验、放射性核束物理领域获重要成果。20世纪60～70年代，合作进行73兆电子伏以下的^{12}C(碳)+^{209}Bi(铋)发射粒子研究，证实低能核反应中有大质量转移反应引起的α粒子发射；研究证实轻系统存在深部非弹性散射，并证实了有非完全深部非弹性散射的新反应机制；负责建设兰州国家重离子加速器实验区，组织开展了一批重要实验；80年代，在德国重离子研究中心用软件修正方法获得当时国际上最佳的质量与电荷分布，测到4个新核素；测量了准裂变的物理特性和质量弛豫时间，分析其对合成超重核的影响；90年代后，提出了适用于低能和中能的核反应截面参数化公式；发展了用BUU方程计算反应截面的新方法，探讨了轻丰中子核的中子分布弥散度增加的原因；研究得出了轻反应系统核态方程和介质中核子-核子作用截面；重离子核反应的集体效应和奇异核产生及其性质研究。发表论文百余篇；多次获国家和省部级奖励，其中有中国科学院科学技术进步奖特等奖、一等奖各1次，二等奖3次，国家自然科学奖三等奖2次、2001年国家自然科学奖二等奖。 (陈 安)

李家明 (Li Jiaming) 中国云南省人，1945年11月16日生于云南昆明。原子与分子物理学、理论物理学。

1968年毕业于中国台湾大学电机工程系。1974年获美国芝加哥大学物理系博士学位。1974～1978年先后任美国芝加哥大学、匹兹堡大学和罗彻斯特大学助理研究员。1979～1982年任中国科学院物理研究所副研究员。1983年起一直执教于清华大学，后任教授，原子分子测控科学与技术中心主任，教授、博士生导师。兼任中国科学院物理研究所研究员、南京大学等校教授等职。1991年当选为中国科学院学部委员(院士)。1992年当选为第三世界科学院院士。

20世纪70年代末至80年代初，主持“原子分子激发态和动力过程”课题研究，将量子电动力学应用于高能原子过程，揭示了电子轫致辐射过程(高能光子能区)和辐射复合过程的内在关系；建立相对论性多通道量子数亏损理论，为分析高离化度、高Z原子的激发态能级结构奠定了理论基础。80～90年代，进一步研究发展多通道量子数亏损理论，建立非相对论性多重散射的分子自洽场理论计算方法，并阐明分子里德伯态的电子结构；建立原子超越自洽场的多通道理论计算方法，以阐明电子关联效应；将本征通道变分计算法广泛用于原子光吸收过程、原子光电离过程、光电解过程、电子碰撞激发过程等领域的理论计算，为激光等离子体、X光激光、激光核聚变等发展提供了重要理论基础；总结了有关原子碰撞数据和规律。发表论文160余篇；代表作有专著《第二过渡金属团簇材料的理论研究》(1997年)等。获1986年国际物理中心卡斯特勒奖，2002年何梁何利科学与技术进步奖等。 (张 希)

欧阳钟灿 (Ouyang Zhongcan) 中国福建省人，1946年1月25日生于福建泉州。凝聚态物理学、液晶工程。

1968年清华大学自动控制系毕业。1981年和1984年先后取得清华大学物理系硕士、博士学位。1985年在中国科学院理论物理研究所完成博士后研究，历任该所副研究员、研究员、所长。期间曾在德国柏林自由大学做访问学者。1997年当选为中国科学院院士。

长期从事凝聚态物理学领域研究，尤其在生物膜液晶模型及液晶理论等方面取得有影响成果。20世纪80年代，研究亲水-亲油物质的双亲分子聚集体物理化学性质，首次导出含自发曲率的膜泡形状普遍方程，该方程是研究油、水、活性剂动力学的广义拉普拉斯方程；提出对称液晶光倍频理论，其中导出的光倍频方式选择定律与实验完全符合，预言的光生-伏打效应1989年为日本学者在实验上证实。90年代后，首次从理论上预言应存在着半径比为根号2与无穷的两种亏格(genus)为1的环形膜泡，很快便被法国和美国专家的实验多次证实；根据胆甾液晶相似性原理提出突破赫尔弗里希(Helfrich)流体膜框架的手征膜理论，对1984年以来发现的类脂双层膜的螺旋结构作出了全面解释；与合作者相继发现4类膜泡解析解，其中包括生物力学家长期寻找的红血球双凹碟形解；给出超扭曲液晶盒弱锚泊条件下指向矢的严格解，一举解决了已争论20多年的液晶显示技术上的基础问题。有《从肥皂泡到液晶生物膜》(1998年)等论著。获国家自然科学奖二等奖、中国科学院自然科学奖一等奖、海外华人物理学会首届亚洲杰出物理学成就奖、周培源物理学奖等。 (杨 鹏)

霍夫特，G. (Hooft，Gerardus 't) 荷兰人，1946年7月5日生于荷兰登赫德尔。粒子物理学、量子力学。

1972年获荷兰乌得勒支大学博士学位。1972～1974年在瑞士日内瓦的欧洲核子中心任研究员。1974年任乌得勒支大学助理教授，1977年任物理学教授。1982年被选为荷兰科学院院士。

20世纪40年代发展起来的量子电动力学，处理的是阿贝尔规范场，经朝永振一郎、施温格、费因曼等发展了重正化理论，给出了十分精确的结果，他们获得了1965年的诺贝尔物理奖。但是，当将弱作用也包括进来时，处理的将是非阿贝尔规范场，即杨(振宁)-米尔斯场，问题要复杂得多。霍夫特与M.J.G.费尔德曼在杨-米尔斯场的基础上成功地发展了一个理论，证明可以重正化，从而给出了一个弱作用和电磁作用相统一的精确理论，阐明了电弱作用的量子结构。他们为粒子物理理论打下了一个坚实的数学基础。在这个框架下，可以作非常精确的计算，他们的精确结果得到许多加速器实验的验证。特别是在欧洲原子核研究中心的数据的基础上，用这个方法算出了“顶夸克”的质量，为后来顶夸克的实验发现铺平了道路。因此霍夫特与费尔德曼分享1999年诺贝尔物理学奖。此外，1979年获美国物理学会海纳曼奖，1982年获沃尔夫奖。 （周精玉）

朱棣文（Chu，Steven） 华裔美国人，1948年2月28日生于美国密苏里州圣路易斯。粒子物理学、激光物理学、低温工程。

朱棣文排行老二。父兄辈中至少有12人拥有博士学位或大学教授职位。1970年在美国纽约州罗切斯特大学获数学和物理学双学士学位。1976年在伯克利加利福尼亚大学以物理学方面的研究获哲学博士学位。1976～1978年留校做了两年博士后研究。1978年赴纽约州在贝尔实验室工作，1983～1987年任该实验室电子学研究部主任。1987年任斯坦福大学物理学教授。1990年任该校物理系主任。2004年任劳伦斯-伯克利国国家实验室主任。2008年12月，获美国第56届当选总统奥巴马提名出任美国能源部部长。是美国文理科学院院士、美国国家科学院院士。1998年当选为中国科学院外籍院士。

“激光冷却和捕陷气体原子”研究领域的开创者之一。1985年在贝尔实验室，他和合作者利用3对(6束)互相垂直的激光束，根据“多普勒冷却机制”的原理降低原子运动的速度，完成了冷却和囚禁气体钠原子的实验。他们将此囚禁作用称为“光学粘胶”，被囚禁的气体钠原子达到240μK(即2.4×10^{-4}K)的低温。1988年，他又在斯坦福大学领导了一个研究小组，进一步将气体钠原子囚禁在约40μK(即4×10^{-5}K)的超低温中。对此，他还提出了“偏振梯度激光冷却机制”的理论解释。由于在“激光冷却和捕陷气体原子”领域内所做的开创性工作，他与美国的W. D. 菲利普斯、法国的C. N. 科昂—唐努日分享了1997年的诺贝尔物理学奖。

（宣焕灿）

菲利普斯，W. D.（Phillips，William Daniel） 美国人，1948年11月5日生于美国宾夕法尼亚州威尔克斯-巴里。激光物理学、低温工程。

1970年在美国宾夕法尼亚州朱尼亚塔学院获理学士学位，1976年在马萨诸塞理工学院以物理学研究获哲学博士学位。留校工作。1978年后，一直在位于马里兰州的美国国家标准与技术研究所工作。期间1989～1990年曾赴法国任巴黎高等师范学校客座教授一年。1991年兼任马里兰大学物理学教授。是美国文理科学院院士、美国国家科学院院士。

是“激光冷却和捕陷气体原子”这一研究领域的开创者之一。1982年在美国国家标准与技术研究所他与同事梅特卡夫(H. Metcalf)合作，率先用塔形线圈补偿多普勒频移的实验观测到了激光冷却原子的现象，其冷却原子的机制被称为“多普勒冷却机制”。1985年，华裔美国学者朱棣文等人完成了使钠原子冷却到240μK(2.4×10^{-4}K)的实验之后，他以及朱棣文的研究小组又进一步使钠原子冷却到40μK的超低温，并指出这种超低温无法用多普勒冷却机制来解释。这导致朱棣文和法国物理学家C. N. 科昂-唐努日在1988年各自提出了“偏振梯度激光冷却机制”的新理论解释。由于他、朱棣文以及科昂-唐努日在“激光冷却和捕陷气体原子”方面的开创性工作，3人分享了1997年诺贝尔物理学奖。

（宣焕灿）

施特默，H. L.（Störmer，Horst Ludwig） 美国人，1949年4月6日生于德国法兰克福。低温物理学。

德国裔。1977年获德国斯图加特大学物理学博士学位。后赴美国贝尔实验室作博士后研究，1年后正式留任工作，先后任贝尔实验室固体充电特性研究部主任、物理科学部助理物理主任等职。1998年起在美国哥伦比亚大学物理系、应用物理系任教授。是美国文理科学学院院士。

最大的学术贡献是与华裔美国学者崔琦合作，1982年发现了分数量子霍耳效应。霍耳效应是美国物理学家E. H. 霍耳发现的，它是指通有电流的导体或半导体置于与电流方向垂直的磁场中时，在垂直于电流和磁场的方向上会产生电动势的现象。1980年，德国物理学家K. von 克利青研究了一种半导体场效应管的霍尔效应，发现在只有几K的极低温和磁场大于10特的条件下，霍耳电导的线性律(霍尔电导随载流子密度与磁场强度的比线性增长)被破坏，呈现出阶梯状的增长，在阶梯的平台上霍尔电导的数值为e^2/h(e为电子电荷，h为普朗克常数)的整数倍。这种现象称为整数量子霍耳效应。而他与崔琦则在1982年进一步发现，若以AlGaAs-GaAs杂化结构半导体为样品，且置于温度更低(<1K)、磁场更强(>30特)的条件下，结果不仅如整数量子霍尔效应那样，其阶梯的平台在朗道填充因子ν(其数值等于载流子密度与磁场强度的比)为整数时出现，而且当ν为一些具有奇数分母的分数时也会出现。这一现象被称为分数量子霍耳效应。他们两人因发现这一效应，和对此效应成功地作出理论解释的美国物理学家R. B. 劳克林共同分享了1998年的诺贝尔物理学奖。

（宣焕灿）

波利策，H. D.（Politzer，Hugh David） 美国人，1949年8月31日生于美国纽约市。粒子物理学、量子力学。

1969年获美国密歇根大学理学士学位。1974年获哈佛大学物理学博士学位。留校任教。1977年起一直执教于加利福尼亚理工学院物理系，为理论物理学教授。

在粒子物理学的理论研究领域作出了重大贡献。20世纪60年代前期，粒子物理学中出现“标准模型”，它将所有基本粒子分为夸克和轻子及其家族，并借助交换粒子实现相互作用。然而当时夸克的存在尚是假说，理论的数学基础也不完备。60年代后期，美国的H. W. 肯德尔、J. I. 弗里德曼和R. E. 泰勒合作，在电子对质子的深度非弹性散射实验中间接证实了夸克的存在，三人因此分享了1990年诺贝尔物理学奖。70年代初，荷兰的M. J. G. 费尔德曼和他的研究生G. 霍夫特建立起非阿贝尔规范理论的重正化方法，把标准模型建立在可靠的数学基础上，因此两人分享了1999年诺贝尔物理学奖。1973年，当时还是博士生的波利策在美国《物理学评论快报》上发表他的第一篇论文，对非阿贝尔规范场进行微扰计算，求得其中的卡伦-西曼吉克（Callan-Symanzik）一阶微分方程β函数值为负。正是在同刊同期上，美国的D. J. 格罗斯和他的博士生F. 威尔切克也发表了类似结果的论文。这两篇论文获得的结论都显示了相同的量子物理图象：质子中夸克的行为有一种“渐近自由”的奇异特性，当打击质子靶的电子在能量很高、传递给质子的能量也很大的情况下，夸克之间表现为强相互作用很弱的自由状态，而且能量越高，相互作用越弱。但夸克具有两重性，它既具有渐近自由性质，又始终被禁锢在质子中。渐近自由理论不仅解释了夸克为什么在高能状态下有近乎自由粒子的行为，而且也是对粒子物理的标准模型的一个重要贡献。因此他与格罗斯、威尔切克三人平均分享了2004年诺贝尔物理学奖。

（宣焕灿）

柏诺兹，J. G.（Bednorz，Johannes Georg） 一译贝德诺尔茨。德国人，1950年5月16日生于原联邦德国明斯特。晶体学、超导材料工程。

曾在德国明斯特大学学过2年化学，1969年开始攻读晶体学和矿物学，1976年毕业。1982年在瑞士苏黎世联邦理工学院获博士学位。1982年后一直在美国国际商用机器公司（IBM）苏黎世研究实验室工作。博士论文就是在该实验室的K. A. 米勒指导下做的。1987年起先后任教于苏黎世联邦理工学院、苏黎世大学。

主要研究领域是晶体生长、氧化物的导电性和超导性。1983年起与米勒合作研究新的超导材料。传统上高临界温度超导材料是在金属的不同成分的合金中寻找，但经几十年不断的探索，所发现的超导材料的最高临界温度为23.2K。他和米勒不拘泥于传统的超导材料，将研究重点转向传统上认为不利于超导性的金属氧化物陶瓷材料。他有熟练的实验技能、精通化学知识，又有制备陶瓷材料的技术专长，所以他们制备了上百种金属氧化物样品，进行各种试验。1985年夏，他了解到法国卡昂大学化学家C. 米歇尔（Claude Michel）等人曾制备过钡镧铜氧样品，在此启发下，他和米勒开始了钡镧铜氧（$BaLa_4Cu_5O$）材料及含有稀土元素的氧化物材料的制备及研究工作。1986年1月，他们在对自己制备的样品作电阻率测试时，发现超导临界温度（Tc）达到30K，后又经过多次试验充分肯定上述结果，并写出题为“在Ba-La-Cu-O系统中高Tc超导电性的可能性”的论文。1986年4月17日德国《物理学》杂志接收了他们的论文，并在该刊9月号上发表。1986年夏秋之际，他们对该样品的抗磁性进行研究，发现了迈斯纳效应。由此确认他们制备的BaLaCuO系材料确实是高临界温度的超导体，并在当年《欧洲物理学通讯》10月号上报道了这一成果。一年后，因此共获1987年诺贝尔物理学奖。他们的研究取得重大突破，导致了全世界探索高临界温度超导材料的热潮。和米勒还获得1987年伦敦奖、前联邦德国格丁根科学院1987年海涅曼奖等奖励。

（沙振舜）

劳克林，Robert B.（Laughlin，R. B.） 美国人，1950年11月1日生于美国加利福尼亚州维塞利亚。低温物理学、量子电动力学。

1979年在马萨诸塞理工学院以物理学研究获哲学博士学位。1989年起任斯坦福大学物理学教授。是美国文理科学院院士、美国国家科学院院士。

1980年，德国物理学家K. von 克利青在研究硅-金属氧化物半导体场效应管的霍耳效应时，发现在几K的极低温和大于10特的强磁场条件下，霍耳电导呈现出阶梯状的变化，其阶梯的平台在朗道填充因子ν（其数值等于载流子密度与磁场强变之比）为整数时出现。这种现象被称为整数量子霍耳效应。1982年，美国物理学家崔琦和H. L. 施特默采用AlGaAs-GaAs杂化结构半导体样品时发现，在更低温度（＜1K）和更强磁场（＞30特）的情况下，霍耳电导变化的阶梯平台不仅在朗道填充因子ν为整数时出现，而且当ν为一些具有奇数分母的分数（如1/3，2/5，4/7等）时也会出现，这被称为分数量子霍耳效应。此后，劳克林立即对这一效应作出理论解释，为进一步的理论探讨作了开创性的工作。他发现了可有效地对分数量子霍耳效应进行理论计算的一种近似基态波函数，后被称为麦克劳林波函数；还证明了电子的分数量子霍耳态是一种新的量子流体态。这种量子流体叫量子霍耳液体，是一种不可压缩的流体。分数量子霍耳效应的发现和劳克林波函数的提出，开创了凝聚态物理学的新纪元。由于这方面的贡献，他与发现分数量子霍耳效应的崔琦和施特默分享了1998年诺贝尔物理学奖。

（宣焕灿）

威曼,C. E. (Wieman, Carl Edwin) 美国人,1951年3月26日生于美国俄勒冈州科瓦利斯。粒子物理学、低温工程。

1973年获美国马萨诸塞理工学院理学士学位。1977年获斯坦福大学物理学博士学位。1977～1984年先后任密歇根大学物理系助理研究员、副教授。1984年起执教于科罗拉多大学物理系,1987年升任教授,1997当选为该校杰出教授。1985年起兼任美国天体物理实验室联合研究院研究员,1993～1995年任院长。1995年入选美国国家科学院院士,后兼任该院科学教育委员会主席。1998年入选美国文理科学院院士。同年入选澳大利亚科学院外籍院士。1997年、2005年先后获芝加哥大学、俄亥俄大学荣誉博士学位。

最突出贡献是用实验方法证实了玻色-爱因斯坦凝聚(简称BEC)的存在。1924年,印度物理学家S.玻色率先提出计数光子系统所有可能微观状态的一种统计方法,导出黑体辐射的普朗克公式。同年,爱因斯坦把玻色统计方法推广到静止质量不为零、粒子数不变的系统,建立了量子统计学中的玻色-爱因斯坦统计法。他还预言,若系统粒子数守恒,完全没有相互作用,将这类原子气体冷却到接近绝对温度零度(零下273.16℃),则所有原子可能会突然以最低能态凝聚,就像在气体中形成的液滴。但证实这种新物态BEC相变十分困难,因为需要10^{-9} K量级超低温和足够高的原子相密度。20世纪80年代后期,华裔美籍物理学家朱棣文、美国的W. D.菲利普斯、法国的C. N.科昂-唐努日各采用激光冷却技术,将碱金属原子气体温度冷却到10^{-6} K量级,还利用四极矩磁阱将之囚禁,因此3人分享1997年诺贝尔物理学奖。威曼则另辟蹊径,三管齐下:先用朱棣文等人激光冷却技术,后用四极矩磁阱囚禁和压缩方法,再用80年代末开发的蒸发冷却技术,获得了更低温度。同时,威曼在多次探索后采用他的博士后研究生E. A.康奈尔提出的方法,使气体原子相密度达到理论要求。他们在比绝对零度高出千万分之二度超低温下,使约2000个铷原子实现玻色-爱因斯坦凝聚,1995年发表相关论文。4个月后,德国的W.克特勒也独立完成这项重大实验。瑞典皇家科学院认为,这一成功发现犹如找到了让原子"齐声歌唱"的途径,必将给精密测量和纳米技术等领域带来"革命性"变化。为此3人分享2001年诺贝尔物理学奖。

撰有论文160余篇。拥有科学实验专利3项(合作)。与人合著有《自发力诱捕下的中性原子行为》(1991年)、《诱捕中性原子》(1998年)、《原子气体的玻色-爱因斯坦凝聚态》(1999年)等书多部。获1993年劳伦斯物理学奖,美国物理学会1994年戴维森-杰默奖、1999年肖洛激光科学奖,1995年美国爱因斯坦激光科学奖,1996年理论物理与应用物理国际联合会低温物理学伦敦奖,1996美国文理科学院克利夫兰奖,1997年费萨尔国际科学奖,1998年荷兰洛伦兹奖章,1999年美国光学学会伍德奖,2000年富兰克林物理学奖章,2001年美国国家科学基金会杰出教育家奖等。被评为美国2004年度"国家教授"荣誉称号。 (宣焕灿)

威尔切克,F. (Wilczek, Frank) 美国人,1951年5月15日生于美国纽约市。粒子物理学、量子电动力学。

父亲是波兰裔,母亲是意大利裔。1970年获芝加哥大学数学系学士学位。1972年、1974年先后获普林斯顿大学文科硕士、物理学博士学位。留校任教。1988年任圣巴巴拉加利福尼亚大学教授。2000年任马萨诸塞理工学院理论物理研究中心教授。兼任普林斯顿高等研究院、圣巴巴拉加利福尼亚大学卡夫利理论物理研究所研究员。

在粒子物理学理论研究领域作出了卓越贡献。20世纪60年代前期,粒子物理学中的"标准模型"逐步建立起来,它将所有的基本粒子分为夸克和轻子及其家族,并借助交换粒子实现相互作用。然而当时"夸克"仅是假说,数学基础也不完备。60年代后期,美国的H. W.肯德尔、J. I.弗里德曼和R. E.泰勒用高能电子对液氢原子进行深度非弹性散射实验,间接证实了夸克的存在,三人因此分享1990年诺贝尔物理学奖。70年代初,荷兰的M. J. G.费尔德曼及其博士生G.霍夫特建立起非阿贝尔规范场理论的重正化方法,把标准模型建立在可靠的数学基础上,两人因此共享1999年诺贝尔物理学奖。与此同时,正在普林斯顿大学读博士生的威尔切克,也参与了导师D. J.格罗斯的工作,对非阿贝尔规范场进行微扰计算,特别是推求其中的卡伦—西曼吉克(Callan-Symanzik)一阶微分方程中的β函数值。1973年,他们共同在美国《物理学评论快报》上发表论文,宣布求得非阿贝尔规范理论中的β函数为负值,引起不小轰动。当时师生两人分别年仅32岁和22岁。这一结论显示的量子物理图象是:质子中夸克的行为有一种奇异特性,当打击质子靶的电子在能量很高、传递给质子的能量也很大的情况下,夸克之间却表现为相互作用很弱的自由状态,而且能量越高,相互作用越弱,此即粒子强相互作用中所谓的"渐近自由"现象。但夸克既具有渐近自由性质,又始终被禁锢在质子中。在同刊同一期上,英国的H. D.波利策也独立地刊登了类似论文。他们的发现对发展量子色动力学意义重大。由于发现和证明了非阿贝尔规范场的"渐近自由"性质,为粒子物理学中标准模型的确立迈出了关键一步,他与格罗斯、波利策共同分享2004年诺贝尔物理学奖。

除大量论文外,出版有专著《物理学中的几何相位》(1988年)、《渴望和谐:现代物理学的主题与变调》(1989年,与人合著)、《分数统计学与任意子的超导性》(1990)、《奇异的真实》(2006年)等。此外获2002年荷兰皇家文理科学院洛伦兹奖章、2003年美国物理学会利伦费尔德奖、2003年欧洲物理学会高能与粒子物理学奖、2005年费舍尔国际科学奖等。 (宣焕灿)

中村修二 (Nakamura, Shūji) 日本和美国双重国籍,1954年5月22日生于日本爱媛县西宇和郡濑户町。照明工程、电子光学、半导体物理学、材料科学与工程。

日本裔。1973年爱媛县立大洲高等学校普通科毕业。1977年获德岛大学工学部电气工程科工学士学位;1979年获该校工学硕士学位;1994年获该校工学博士学位。1979～1999 年供职于德岛的日亚化学工业公司开发课(研发部)。期间 1987～1988 年,赴美国佛罗里达大学留学一年。2000 年任美国圣巴巴拉加利福尼亚大学工学院材料学教授、固态发光与能源研究中心主任。同年加入美国籍。2002 年起先后兼任日本信州大学、爱媛大学等校客座教授。2008 年获香港科技大学荣誉博士学位。

被誉为“蓝光之父”。发光二极管(LED)是一种半导体固态光源,其突出优点是体积小、发热微、耗电省和寿命长。从 1962 年开始,美国的潘可夫(J. I. Pankove)等人相继开发出红光和绿光 LED,但蓝光的研发一直受阻。他们已发现电子流可以激活氮化镓(GaN)发出蓝光,但一直苦于无法市场化,主要问题是难于制备坚固的 p 型氮化镓晶体。而缺少了三原色中的蓝色,就无法获得白色 LED 光源用于普通照明。1986 年,在雇主日亚公司创办人支持下,技术员中村修二决心攻克这一难题。同年,日本名城大学教授赤崎勇及其学生天野浩以低温沉积缓冲层技术成功生产出氮化镓晶体,但因质地易脆无法实用;1889 年他们采用电子束辐照镁掺杂氮化镓制得坚固的 p—n 型蓝光 LED 元件,可惜此法并不适于大批量工业生产,而且其物理机制不很清楚。中村修二深受启发,但同年日亚公司却下令停止这项工作,理由是它太费时费钱,而且意义不大。他仍然不为所动,用自已的钱继续研究,终于在 1993 年发明了双流式热退火方法(MOCVD),不仅成功制得第一个实用型高亮度蓝色发光元件,而且可以大规模生产高品质氮化镓晶体,并于当年投产;此外他还指出氮化镓晶体脆化的物理化学机制,找出主要原因在于混有氢。1994 年,他以论文“InGaN 高亮度蓝色 LED 的相关研究”获德岛大学工学博士学位。1995 年,他又实现氮化镓铟/氮化镓(InGaN/GaN)蓝色激光二极管在室温下的脉冲振荡;这一技术进而被他用于开发蓝光盘和高清播放器 DVD。2005 年发明光电解水制备氢气的简易方法。2007 年 1 月,他宣布发明世界第一个非极性蓝紫色激光二极管。

发光二极管(LED)非常省电耐用,能耗可降至白炽灯的 1/20,耐久度却是其 100 倍,使用寿命可达 10 万小时。据统计,当今全球电力近 1/4 都消耗在照明上,因而这种新光源的出现意义十分重大;又因 LED 体积小、热量低,已被广泛用作各种电子显示屏的背光源。正如瑞典皇家科学院在颁奖辞中所言,“白炽灯照亮了 20 世纪,而 LED 灯将照亮 21 世纪。”

时至 2014 年,他已拥有逾 100 项发明专利;出版著作《从找红光到找蓝光》(2001 年,与人合著)、《真相 · 中村裁判》(2002 年,与人合著)、《笨蛋! ——蓝色 LED 的最后一段独白》(2005 年)等 15 部,其中 3 部合著。因研发大规模工业生产高亮度蓝色发光二极管的技术,使节能明亮的新白色光源成为可能,他和赤崎勇、天野浩三人同获 2014 年诺贝尔物理学奖。此外,1994～2014 年间另获其他 15 项奖励,其中有:美国电气与电子工程师协会(IEEE)激光与电子光学学会 1996 年工程成就奖、1998 年莫顿奖,1998 年日本 C&C 奖,2000 年德国蔡斯研究奖,2002 年日本武田奖(与赤崎勇 、天野浩同获),2002 年美国富兰克林奖章,2009 年以色列理工学院哈维奖 (日裔首获)等。 (李啸虎)

克特勒,W. (Ketterle, Wolfgang) 德国人,1957 年 10 月 21 日生于德国海德堡。*粒子物理学、低温工程*。

燃料销售商的儿子。1976 年就读于德国海德堡大学;两年后转学慕尼黑理工大学,1982 年获硕士学位。1986 年获德国慕尼黑大学物理学博士学位。后在马克斯-普朗克量子光学研究所、海德堡大学从事博士后研究。1990 年赴美国马萨诸塞理工学院继续博士后研究,1993 年留校物理系任教,1998 年升任物理学教授,2006 年出任该校电子学研究实验室副主任、超冷原子研究中心主任。是德国和多个国外科学院院士、外籍院士。

最突出的贡献是用实验方法证实玻色-爱因斯坦凝聚(BEC)新物态存在。1924 年,印度物理学家 S. 玻色提出计数光子系统所有可能微观状态的一种统计方法,导出了黑体辐射的普朗克公式。同年,爱因斯坦把玻色统计方法推广到静止质量不为零、粒子数不变的系统,建立了量子统计学中的玻色-爱因斯坦统计法。后者还预言,若系统的粒子数守恒,完全没有相互作用,在温度接近绝对温度零度(零下 273.16℃)时系统将相变为新物态。理论研究表明要实现 BEC 难度很大,需要 10^{-9} K 量级超低温,原子气体达到一定的原子相密度。20 世纪 80 年代后期,华裔美籍物理学家朱棣文等人发明激光冷却法和四极矩磁阱囚禁技术,3 人分享 1997 年诺贝尔物理学奖。90 年代前期,克特勒小组采用他们的方法将铷、钠等碱金属原子气体冷却到 10^{-6} K 量级低温,再用蒸发冷却技术深度冷却,以达到引起 BEC 相变的超低温。但是超冷原子总会从四极矩磁阱中心零磁场处漏出,无法达到理论要求的原子相密度。克特勒巧妙地用一束激光穿过零磁场区,使超冷原子在激光排斥力下无法接近该处,确保全部超冷原子都被囚禁在四极矩磁阱里。1995 年,克特勒等人发表了成功证实 BEC 相变的论文,虽然比美国的 C. E. 威曼和 E. A. 康奈尔的研究小组迟 4 个月,但实验所获凝聚体原子数却比后者多两个数量级(达 10^6 个原子),开拓了研究超低温凝聚态的新途径。瑞典皇家科学院认为,这项重大验证犹如找到了让原子“齐声歌唱”的途径,必将给精密测量和纳米技术等领域带来“革命性”变化,为此 3 人分享 2001 年诺贝尔物理学奖。

此外,2006 年 7 月,他和主持的研究小组宣布在世界上首次制备出“高温”费米子超流体,并实际观测到超流体运动。他们先将属于费米子的锂同位素锂 6 的原子蒸气冷却到接近绝对零度(但按金属原子密度折算,此临界温度已超室温),然后用一束红外激光将蒸气团“固定”在原位振动,最后用一束绿色激光带着蒸气团旋转,于是发生超流体运动。物理学界高度评价这一成果。他还获 1997 年美国物理学会拉比奖、德国物理学会古斯塔夫-赫兹奖,1998 年《发现》杂志技术创新奖,1999 年低温物理学弗里茨 · 伦敦奖、德国格丁根科学院丹尼尔—海涅曼奖,2000 年美国富兰克林物理学奖章,2002 年德国政府骑士长十字勋章等。 (宣焕灿)

天野浩（Amano,Hiroshi） 日本人，1960年9月11日生于日本静冈县滨松市。照明工程、电子光学、半导体物理学、材料科学与工程。

出生于企业技术员家庭。1983年、1985年、1989年先后获名古屋大学工学部电子工学科学士、硕士和博士学位。毕业留校任教。1992年跟随导师赤崎勇转校任名城大学理工学部讲师，1998年任副教授，2002年升任教授。2010年回名古屋大学，任研究生院工学教授。

发光二极管(LED)是一种半导体固态光源，其突出优点是体积小、发热微、耗电省和寿命长。从1962年开始，美国的潘可夫(J. I. Pankove)等人相继开发出低光度的红光和绿光LED。但蓝光LED的研发长期打不开局面，主要问题是难于制备坚固的p－n型氮化镓(GaN)晶体；而缺少了三原色中的蓝色，就无法获得白色LED光源用于普通照明。1982年，天野浩作为在读本科生加盟赤崎勇教授主持的电光源研究团队，自此一直从事III族氮化物半导体的生长、表征和器件的应用研究，此即众所周知的蓝色发光二极管LED中使用材料的研究。1985年，他和导师赤崎勇开发了低温沉积缓冲层方法，获得以蓝宝石为衬底的第三族氮化物半导体薄膜，为进一步制得作为发光二极管、激光二极管的材料基础的晶体奠定了基础。1889年，他们采用电子束辐照镁掺杂氮化镓，首次实现p型氮化镓的结晶化；同年，他们成功制得世界上第一个高亮度的p－n结氮化镓蓝光二极管(LED)。尽管他们的方法并不适合大批量工业生产，而且其物理机制也不很清楚，但是这无疑是一次重大的技术突破。受其启发，1993年中村修二发明双流式热退火方法(MOCVD)，才实现高品质的氮化镓晶体蓝光LED元件的大规模生产。

此外，1990年天野浩和赤崎勇在室温下将氮化镓暴露于紫外线照射中，成功诱导激光放射；1995年他们采用氮化镓/氮化镓铟(GaN/GalnN)的量子阱多重化电流注入法，又成功进行了诱导激光放射。

发光二极管(LED)能耗可降至白炽灯的1/20，耐久度却是其100倍，使用寿命可达10万小时。据统计，当今全球照明消耗了总电力近1/4，因而LED的出现意义十分重大；又因它体积小、热量低，已被广泛用作各种电子显示屏的背光源。正如瑞典皇家科学院在颁奖辞中所言，“白炽灯照亮了20世纪，而LED灯将照亮21世纪。”

因和导师赤崎勇一起成功开发氮化镓结晶化技术，研制出世界上第一个高效的蓝光二极管，让明亮而节能的白色光源成为可能，他和赤崎勇、中村修二同获2014年诺贝尔物理学奖。此外，1991～2014年间，他另获9项奖励，其中有：1991年日本电气学会论文奖，1996年美国电气与电子工程师协会(IEEE)工程成就奖，2002年日本武田奖(与赤崎勇 、中村修二同获)，2008年日本结晶成长学会论文奖等。 （李啸虎）

康奈尔，E. A.（Cornell, Eric Allin） 美国人，1961年12月19日生于美国加利福尼亚州帕洛阿尔托。粒子物理学、低温工程。

父亲是大学土木工程教授，母亲是高中英语教师。他于1985年获斯坦福大学物理学学士学位。1990年获马萨诸塞理工学院物理学博士学位。1990～1992年先后在剑桥大学、天体物理实验室联合研究院做博士后研究。1992年起任教于科罗拉多大学物理系，1995年升任教授。兼任美国商业部国家标准技术研究所、天体物理实验室联合研究院资深研究员。2000年当选为美国国家科学院院士。2005年当选为美国文理科学院院士。

最突出贡献是与C. E. 威曼合作，率先用实验证实了玻色-爱因斯坦凝聚(BEC)的存在。1924年，印度物理学家S. 玻色提出计数光子系统所有可能微观状态的一种统计方法，导出了黑体辐射的普朗克公式。同年，爱因斯坦把玻色统计方法推广到静止质量不为零、粒子数不变的系统，建立了量子统计学中的玻色-爱因斯坦统计法；他还预言，若系统的粒子数守恒，完全没有相互作用，系统在温度接近绝对零度(零下273.16℃)时将发生相变，出现BEC新物态。后来的理论研究表明，要证实这一预言，需要绝对温度低至10^{-9} K量级的超低温，以及大于2.614的原子相密度(以德布罗意波长为尺度的三维空间原子数)。20世纪90年代前期，美国物理学家C. E. 威曼综合采用华裔美籍物理学家朱棣文等人的激光冷却法，移植他们有关四极矩磁阱囚禁原子气体的技术，再使用蒸发冷却技术进行深度冷却，以实现预期的超低温。当时康奈尔在科罗拉多大学跟随威曼从事博士后研究，按照威曼技术路线取得初步成果，但四极矩磁阱中的原子相密度达不到理论要求。他们找到了问题症结：由于四极矩磁场中心存在磁场为零的点，囚禁的超冷原子经过该处时会从磁阱中漏出。于是康奈尔提出了一个巧妙方案，即在四极矩磁场中再加一个旋转磁场，使磁场为零的点在平面上旋转，超冷原子在势阱中运动时无法到达磁场为零的点，从而保证了原子相密度达到BEC相变条件。最后，他们在比绝对零度高出千万分之二度超低温下，使约2000个铷原子实现玻色-爱因斯坦凝聚，1995年发表了相关论文。4个月后，德国的W. 克特勒也独立完成这项重大实验。瑞典皇家科学院认为，这一成功发现犹如找到了让原子“齐声歌唱”的途径，必将给精密测量和纳米技术等领域带来“革命性”变化，为此3人分享2001年诺贝尔物理学奖。

撰有论文百余篇，拥有专利2项。此外获1996年美国商业部金奖、1997年美国物理学会拉比奖、费萨尔国际科学奖，1998年荷兰洛伦兹奖章，1999年美国光学学会伍德奖、富兰克林物理学奖章等10多项奖励。 （宣焕灿）

世界科学家大辞典

Dictionary of World' s Scientific Biography

化学与化工卷

魏伯阳(Wei Boyang) 名翱,字伯阳,号云牙子。中国东汉会稽上虞(今浙江上虞)人。生卒年不详,活跃于东汉桓帝时期(147～167年)。炼丹术、无机化学、自然哲学。

此处其籍贯据五代后蜀彭晓的考证,而葛洪说他是"吴人"即苏州人氏。生平不详。据葛洪《神仙传》记载,称他"高门之子,而性好道术,不肯仕宦,闲居养性,时人莫知其所从来"。曾与北子"入山作神仙丹",丹成"入口即死"。

撰写的3卷《周易参同契》(简称《参同契》)是中国现存最早一部、也是世界第一部炼丹著作。此书是在总结前人经验和自己实践的基础上写成的。把"大易"、"黄老"、"炉火"三家理法参照会同而契合为一,被后世尊为"万古丹经王"。

现有10多种版本,约6 000余字。其中留传至今最早的为明嘉靖(16世纪)赵府味经堂刻本(北京图书馆善本书库藏有此书),书中第一次记载和具体描述了炼丹的重要器物"丹鼎"。这是进行化学反应的反应器。

《参同契》的文字古奥艰涩,许多内容神秘荒诞。但剔除那些荒诞内容后,可看到中国东汉时代炼丹家已获得的化学知识:①对于水银的性质已有一定的认识。《参同契》说:"河上姹女,灵而最神,得火则飞,不见埃尘……将欲制之,黄芽为根。""河上姹女"指水银,加热会蒸发,这便是"得火则飞,不见埃尘"。"黄芽"指硫磺,水银和硫磺发生化学反应,生成硫化汞,水银就被制服了。②几种不同的金属能合成合金。《参同契》说:"太阳流珠,常欲去人,卒得金华,转而相亲,化为白液,凝而至坚。"此处的"太阳流珠"也指水银,"金华"指铅。水银和铅能合成固体的铅汞齐。③碱式碳酸铅能被氧还原成铅。《参同契》说:"胡粉投火中,色坏还为铅。""胡粉"现常称为"铅粉"、"铅白",学名碱式碳酸铅,这是中国古代著名的白色颜料。铅粉遇炭火燃烧,发生还原反应,得到铅。④汞矿石可炼制成红色的硫化汞。《参同契》里有"采之类白,造之则赤"之语。⑤黄金是一种化学性能很稳定的金属。《参同契》中说:"金入于猛火,色不夺金光。"⑥《参同契》中提到的物质,已有汞、硫、铅、铜、金、丹砂、胆矾、云母、氯化铵等,而且还对其中某些物质的属性作了分析。 (胡明初)

葛洪(Ge Hong) 字稚川,号抱朴子。中国东晋丹阳句容(今江苏句容)人,约西晋太康四年(283年)生,约东晋隆和二年(363年)卒。炼丹术、药物化学、医学、自然哲学。

东晋时期著名炼丹家。生于没落的官僚家庭,少年丧父,家境贫困。嗜书好学,常向他人借书,无钱买笔、墨、纸,就用木炭练字,通过刻苦学习,终于成为学识渊博的人。曾受封关内侯,后隐居罗浮山,专心从事炼丹活动。

主要著作《抱朴子》共有70卷,其中内篇的《金丹》、《仙药》和《黄白》三卷专讲炼丹的方法,是中国古代炼丹的最完整著作。书中积累了一些化学知识。在《金丹》卷中,提出利用丹砂(硫化汞)制造汞(水银)的方法:"丹砂烧之成水银,积变又还成丹砂。"在《黄白》卷中,提及金属的取代作用:"以曾青涂铁,铁赤色如铜。"曾青就是胆矾,化学名称是含水硫酸铜结晶($CuSO_4 \cdot 5H_2O$)。铁和硫酸铜溶液作用,铁取代铜,铜析出附于表面形成赤色金属铜层。还提到铅的化学性质,"铅性白也,而赤之以为丹;丹性赤也,而白之以为铅"。这里的"丹"并非丹砂,而是铅丹,化学名称是四氧化三铅。铅白就是碱式碳酸铅[$Pb(OH)_2 \cdot 2PbCO_3$]。铅白在长时间高温作用下生成一氧化铅(赤黄色),久之就进一步变为铅丹(鲜红色)。他所用的炼丹原料大都是矿物质,在长期的实践、观察中积累了丰富知识,促进了中国古代药物化学的发展。

还著有许多医学书,如《金匮药方》100卷,《神仙服食法》10卷,《肘后备急方》10卷。前两种已散佚,仅《肘后备急方》留世。该书经陶弘景整理补充,后人称谓《肘后百一方》。后又经杨用道补充,把唐慎微《证类本草》的附方合并进去,改称《广肘后备急方》,分8卷,包括急性传染病、外科、内科、儿科、眼科及兽类六畜疾病的病因与治疗药方。这是中国古代一部有实用价值的医学书。他对天花有正确详细的记载;对结核性传染病的病源、病状有深刻的认识,这是非常可贵的;还提到用疯狗脑浆来治疗疯狗咬伤,运用"以类攻之,以类治之"的原则,这是中国古代医学史上免疫法治疗思想的萌芽。据记载,他用常山治疟疾,用麻黄治咳嗽,用松节油治关节炎,用雄黄、艾绒作杀菌消毒剂。从现代医学的观点看,都符合科学原理。 (朱啸宇)

左息摩斯(Zosimus of Panopolis) 埃及人,生于埃及巴诺波利斯(今艾赫米姆),鼎盛期约在公元300年前后,卒于亚历山大城。生卒年代不详。炼金术、基础化学、自然哲学。

是迄今为止希腊炼金术抄本提及的最早的炼金术士。用他的名字署名的著作现存于希腊、叙利亚及其他阿拉伯国家。这些著作中常用比喻笔法,把炼金术与宗教教义交织混为一谈。在一些著作中,叙述了炼金术所用的器皿及炉子的情况。与中国炼丹术有许多相似之处,这可能和公元前中国西汉时期的"丝绸之路"加速东西方文化交流有密切关系。 (池贵法)

卡利尼科斯(Callinicos of Heliopolis) 埃及人,生卒年不详,鼎盛年约在673年前后。军事化学。

原是一位土木建筑师。大多数研究权威认为,他生于赫利奥波利斯(位于今埃及开罗北郊),可能是被迫流亡到君士坦丁堡的犹太难民。据说他发明或完善了"希腊火药"。"希腊火药"是一种可怕的新式武器,最早成功地用于赛齐卡斯战争，使君士坦丁五世统治下的拜占庭人击退了撒拉逊人的进攻。约于815年，一位希腊僧侣西奥芬斯(Theophanes)记述了卡利尼科斯的生平，虽然很简短，但已是留存至今最详细、最权威的记载。他说："当时，叙利亚建筑师卡利尼科斯流亡到罗马，发明了海战用的火药。罗马人曾用这种火药攻击过阿拉伯船队，烧毁了其全部船只，凯旋而归。"早在公元7世纪前，许多可燃性物质已用于局部战争。卡利尼科斯的发明，或许就是在原来的化学混合物中掺杂了一种神秘的成分(可能是硫磺、沥青、石油和某些未知物质)。

(戴永寿)

伊本·赫扬(ibn Ḥayyān, Jābir) 又称格伯(Geber)。阿拉伯人，约721年生于图斯(今伊朗迈谢德附近)，约815年卒于库法(今属伊朗)。基础化学、炼金术、医学、自然哲学。

生平不详。曾在希米亚利学习。是阿拉伯著名的炼金术士和医生。继承并发展了亚里士多德的四元素学说。认为所有金属都是由硫和汞按不同比例合成的。是最早进行化学实验的学者之一，不断改进前人的实验技术，如煅烧、蒸馏、熔化、结晶、升华等。首先引用"碱"、"锑"等化学术语，记载了有关硝酸、王水、升汞、氯化铵、硝酸银的制法、金属的冶炼方法和染色方法。著有《物性大典》、《七十书》、《炉火术》、《东方水银》，内容涉及哲学、神学、冶金、化学、医学、天文学及几何学等。这些著作后传入欧洲，对欧洲的科学技术发展产生了一定的影响。 (元 水)

特奥菲勒斯(Theophilus) 德国人，12世纪初生于赫尔马斯豪森，卒年不详。化学工艺学、冶金学、机械技术。

其著作描述了当地金、银匠对手工艺品的制作及不同的艺术风格。该书共分3卷：第1卷论述绘画艺术；第2卷论述玻璃制作工艺；第3卷金属制造工艺，其内容最详尽。艺术历史学家从第1卷受益匪浅；而后2卷对科学技术史有重要意义，因为这是最早期对许多令人眼花缭乱的工艺过程的第一手材料，对后来化学和工程学以及对现代材料工业都有影响。虽然理论根据不足，但他密切结合实际，对颜料、染料、带色玻璃、铜、金、银合金的生产，钢的热处理及生铁铸造都作了详细记载。他首先记录用草木灰制钾玻璃，并指出玻璃的颜色变化取决于铁氧化物的状态。在机械学方面，他虽没有利用水力和风力，但叙述了较小的机械，如旋转石磨和机床等手工工具。人力机床用来刻画铁器的表面，以镀上金银表层。此外，他对教堂装饰艺术颇有研究。他的所有工作，为后人发现各种物质的性质、特别是化学反应性质打下了基础。 (沈德阶)

贝尔纳〔特雷维桑的〕(Bernard of Trevisan；**或** Bernard of Treviso **或** Bernard of Treves) 鼎盛期在1378年前后，也有人认为15世纪或16世纪。生活于法国、意大利或德国。炼金术、自然哲学。

贝尔纳〔特雷维桑的〕是否指2人甚至3人尚难肯定。该名字最早出现在14世纪的一些手抄本上，所述内容均符合14世纪炼金术思想和实践。贝尔纳反对14世纪所盛行的金由水银单独制成的理论，否定前一世纪的硫-汞理论，坚持水银包含氯、硫火、土和水四要素，在水银转变为金时，它们均留存下来。重申点金石是由水银单独组成的点金术理论，与14世纪其他炼金术士一样，将点金石形成与人类产生联系起来。在这过程中，将太阳解释为阳性的、热和干的，月亮为阴性的、冷和湿的，两者均是必不可少的，没有阴和阳就没有万物。在其"化学的奇迹"一文中，还详述对点金石进行探索。不赞成保守点金术的秘密。由于其著作详述了那一时代点金术的理论和实践，得以经久流传，不仅在16和17世纪，而且在18世纪还被一再出版。 (蒋尚智)

瓦伦丁，B.(Valentine, Basil) 德国人，约1394年生于德国美因茨，卒年不详。炼金术、化学工艺、矿冶技术、药物化学。

是贝内迪克特地方的僧侣。1413年成为爱尔福特圣彼得修道院的神职人员，翌年任该院院长。有人提到他遍游欧洲，晚年去过埃及。

被认为是15世纪最重要的化学家之一。著作在去世后问世。1626年出版的《最后遗嘱》是他的主要著作之一。它表明作者既熟悉化学实验操作过程又熟悉开矿技术，书中提到中欧洲矿区；特别提到当时据信能把贱金属变成贵重金属的方法。《十二把钥匙》是一部流传甚广的炼金术著作，17和18世纪多次再版。《灰锑矿的成功诀窍》在1604年出版，对锑矿开采、小规模制备，以及17世纪含锑化合物的药物生产都有很大影响。从著作内容看，可认为是那个时代医学化学的重要文献，其著作常为17世纪化学家所引证。 (沈德阶)

巴拉塞尔苏斯(Paracelsus) 一译帕拉采尔苏斯。原名T. P. A. B. von霍恩海姆(Theophrastus Philippus Aureolus Bombastus von Hohenheim)。瑞士人，1493年11月(或1494年5月1日)生于瑞士苏黎世附近艾恩西德伦，1541年9月24日卒于奥地利萨尔茨堡。药物化学、医学、炼金术、自然哲学。

"巴拉塞尔苏斯"是1529年前后他自取的绰号，意思是"知识超过古代先贤塞尔苏斯之人"。父亲是矿业学校化学讲师和医生。他是家中独子，早年受教于父亲。是奥地利菲拉赫矿业学校学生，学习采矿学、矿物学、植物学和自然哲学。曾广泛旅行和游学，致力于医疗实践与医学教育。他自称1510年获维也纳大学医学士学位，1516年获意大利费拉拉大学博士学位(但大学文献中查无记录)。1527年任瑞士巴塞尔大学医学教授。由于同年斗胆公开烧毁11世纪名医阿维森纳的著作，而且破除了用拉丁语上课的惯例，只用瑞士德语讲授，得罪了学术界。1528年，在他的保护人去世后，即被解除教授职务。余生行医于欧洲各地，且笔耕不辍。

15～16世纪欧洲药物化学最著名的传奇式人物，在科学上有不少贡献。在行医中，对穷人分文不收，而对富有者则收费甚高。在化学药物治疗上，认为只有适宜的剂量才有效，并且要无毒。用水和酒精洗涤除去有毒层。采用氧化法(加热)将结晶砷与硫化铁作用转变为硫酸盐用于治疗。了解汞治疗水肿病的利尿作用，也了解醇、硫作用后得到的醚状溶液具有麻醉与镇静作用，并用鸡做药物试验。最先发现先天性梅毒与产后感染的区别；认识到矿泉水的酸对胃消化的重要性；描述了甲状腺肿和呆小病，正确指出这两种病同饮用水中含铅有关；认为"矿工病"是由于吸入了金属粒子，而不是鬼怪造成。

对古代盖伦和阿维森纳在医学上的错误学说作了有力批驳，在医学院讲课时当众烧毁了他们的著作。盖伦是2世纪罗马帝国医生，哲学上信奉亚里士多德的四元素说，只注重物质的药理性质，而不注重药物的化学性质，所以后世医生沿用盖伦的医方治病时，常发生用药混乱。强调医生要注意研究药物的化学性质，学习有关化学知识，而不要盲目用药治病。主张研究炼金术的目的不在于点金，而应当是制药。他的有关化学的著作中，有不少制备新药物的方法。例如，曾广泛采用汞和铅的化合物，区分了白矾与蓝矾，注意到二氧化硫具有漂白作用，提议化学操作时采用重量法。限于历史原因，撰写的作品中也含有一些糟粕；巴拉塞尔苏斯的学派过度地施用强烈化学药物，也遭到许多医生和化学家的反对。他的医学和化学理论有浓厚的炼金术、星占术和自然哲学思想成分。

1530年发表关于临床梅毒的论文。主要著作有：《格格不入》(1530年)、《奇异著作》(1531年)、《外科大全》(1894年)、《大天文学》(1537～1538年)。在他死后，他的基地成了病家朝圣之地，从此被神化。

(诸葛健　朱啸宇)

萨奇坦，A. (Suchten 或 Zuchta，Alexander)　波兰人，约1520年生于波兰特切夫，1590年卒于巴伐利亚(今属德国)。药物化学、化学史学。

先在比利时卢万大学学习医学，后到罗马、费拉拉、博洛尼亚和帕多瓦等大学学习，并在帕多瓦大学获博士学位。叔父因受教徒的控告，财产被没收，他也被剥夺财产继承权。后来到柯尼斯堡、莱茵兰等地行医，直至1554年才回到波兰，最后在巴伐利亚定居。

是著名医生、诗人的著作与古化学书籍的爱好者与收藏者。支持、宣传15和16世纪欧洲药物化学最著名的代表人物巴拉塞尔苏斯的学说，并著文批判当时医疗中的虚伪性和欺骗性。撰写有化学史著述。借助称量技术反对炼金术，认为金属转化成金子是不可能的，所有那些点金术的说法都是骗人的。

(周志高)

埃克尔，L. (Ercker，Lazarus)　德国人，1530年生于萨克森(今属德国)安娜贝格，1594年卒于波希米亚布拉格(今属捷克)。分析化学、矿物学、冶金学。

1547～1548年间，求学于维滕贝格大学。其后曾任化验员在矿山和造币厂供职。1574年出版一部题为《论高品位矿物原料》的巨著，引起皇帝马克西米连二世(Maximilian Ⅱ)的注意，任命他为矿务信使和宫廷执事。在鲁道夫二世(Rudolf Ⅱ)统治期间，任矿区首席稽查员。1586年封爵。

因担任过多种与矿业和化工有关的职位，在化学和冶金学方面积累了广泛的经验。还先后撰写过《试样手册》、《铸币》和《矿石测试》的著作。所著《论高品位矿物原料》一书，系统地综述了金、银、铜、锑、汞、铋、铅的矿物和合金检验方法，制备和精炼上述金属的方法，以及制备酸、盐和其他化合物的方法，被认为是第一部分析化学和冶金化学手册。他坚持认为，铁将铜从其溶液中沉淀析出，铜可将银从溶液中析出，不是铁变成了铜和铜变成了银，而是一种化学置换反应。此外，还发明了精炼金的新方法。

(戴永发)

瑟奈塞，L. (Thurneysser，Leonhard)　瑞士人，1531年8月5日生于瑞士巴塞尔，1596年7月8日卒于德国科隆。炼金术、医学、矿冶学。

金饰匠的儿子，从父业。也跟当地的医生、炼金术士休伯(Huber)学习，没有上过正规学校。16岁结婚。1548年因将镀金铅充金事发，被迫逃离巴塞尔。约1552年在德国参加勃兰登堡总督的军队，次年被萨克森军队俘获，在矿山服劳役。获释后在纽伦堡当金饰匠和冶炼工。1560～1570年在蒂罗尔的斐迪南(A. Ferdinand)部队中服役，按斐迪南指示去英国、法国、波希米亚、匈牙利、意大利、西班牙等国考察矿业，熟悉冶金工艺和医学。

1571年在奥得河畔法兰克福写成矿物-水质分析教科书，引起勃兰登堡的选帝侯J. 乔治(Johann Georg)的注意。由于他治愈了乔治妻子的多种疾病而成为宫廷医生，也是乔治在冶金、采矿方面的顾问。他在柏林建立作坊，从事实验和生产硝石、无机酸、矾、有色玻璃、药物和香料等化工产品。还建造印刷厂；办了一所炼金术学校，著名药剂师阿申布雷纳(M. Aschenbrenner)是该校学生。晚年在勃兰登堡企图使银嬗变成黄金，但以失败告终。曾撰写两部炼金术著作，其中一本评述巴拉塞尔苏斯的著作和思想，两书均初版于1583年。

(楼书聪)

塞弗里纳斯，P. (Severinus，Petrus；或 Soerensen，Peder)　丹麦人，1542年(或1540年)生于丹麦日德兰半岛里伯，1602年7月卒于哥本哈根。药物化学、医学。

就读于哥本哈根大学。20岁毕业留校教拉丁诗歌。去法国短期学医。返回哥本哈根大学获文科硕士学位，留校当儿科教师。受到该大学资助去国外留学，1565～1571年游学德国、法国、意大利等国，上过许多学校。先进意大利帕多瓦大学，后在法国巴黎大学获医学博士学位。回到丹麦后，在罗斯基勒大教堂任圣职，同时聘任宫廷内科医生，这一职务担任了30年。1602年当被任命为哥本哈根大学医学院院长时去世。

他在当时药物化学界很有名望，其著作被公认为巴拉塞尔苏斯医学化学学派的权威性著作，为捍卫该学派学说作了不懈努力。1571年在意大利佛罗伦萨大学完成主要著作《理想的医学哲学》，把该书奉献给热衷于科学的丹麦国王腓特烈二世(Frederick Ⅱ)。由于该著作是第一次集巴拉塞尔苏斯学派之大成，故影响深远。该书在1571～1660年间印刷了3次，不仅为该学说的追随者，而且为它的反对者所引证。（沈德阶）

迪歇纳，J.(Duchesne，Joseph) 又名J.奎尔斯泰纽(Josephus Quercetanus)。法国人，约1544年生于法国加斯科涅地区，1609年卒于巴黎。药物化学、医学、文学。

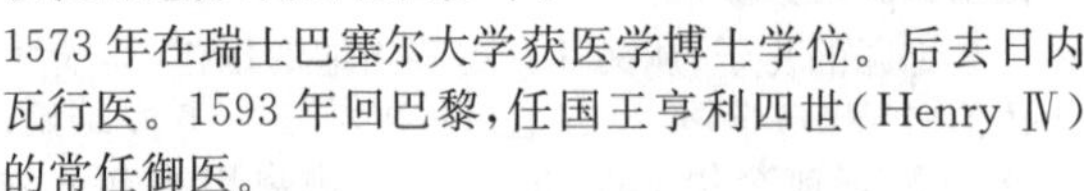

内科医生之子。最初在蒙彼利埃大学学医，因受新教徒的迫害，离开祖国多年。1573年在瑞士巴塞尔大学获医学博士学位。后去日内瓦行医。1593年回巴黎，任国王亨利四世(Henry Ⅳ)的常任御医。

他既是化学家、医药学家，又是一位在法国文学史中有重要影响的人物。当时在巴黎对新出现的用化学方法制备药物的价值，以及化学可被医生应用的限度，展开了激烈的辩论。他认为并不是要遗弃全部古药物，而是要将有价值的古药物与最好的新化学药物结合起来。撰写的医学科学著作，被认为是16世纪末和17世纪初关于化学在医学和其他自然科学的地位的代表作。在许多著作中，详细地阐述了大量从矿物、果蔬和动物器官制取的药物；介绍了众多药物的制备方法，特别强调它们的化学过程；第一次用文字记载了用作药物的碱式硫酸汞、硫化锑、脲和氯化亚汞的制备方法。这些著作在巴黎引起了辩论，结果扩大了影响并广泛传播了他的化学观。（戴永寿）

吉贝，N.(Guibert，Nicolas) 法国人，约1547年生于洛林公国(今属法国)圣尼古拉斯得堡，约1620年卒于法国沃库勒尔。炼金术、药物化学。

天主教徒。曾在意大利佩鲁贾大学学医，获博士学位。后游历和行医于意大利、法国、德国和西班牙。在此期间，成为著名的炼金术家。曾为好几个重要人物工作过。在意大利定居后，他的医疗实践有了很高的知名度，1578年被任命为一个教区的首席医师。1579年以炼金术家和医师双重身份，受聘于奥格斯堡大主教。

原是有医师背景的著名炼金术家，由于在炼金术试验中遭到的失败越来越多，最终成了炼金术的反叛者和激烈批评者。最终认为不同金属是性质截然不同的物质，不可互变。曾反驳铁能转变为铜的观念，并与著名的德国医疗化学家A.利巴维乌斯展开过激烈的争论。有关炼金术的争论是神秘方术、自然魔力与正在兴起的近代科学之间关系的大论战的一部分。他最终抛弃炼金术的行动，主要是由于认识到炼金术的基本理论与实验结果相矛盾。（周志高　东　群）

贝甘，J.(Beguin，Jean) 法国人，约1550年生于洛林公国(今属法国)，约1620年卒于巴黎。药物化学、炼金术。

有关家庭及早期生活情况不详，看来受过良好的教育。从色当到达巴黎时，在皇家医生里比特(J. Ribit)等人的协助下建立实验室，举办新化学药剂的制备和其他方面的公共讲座。对神秘的药物化学的披露使其他的“炼金学派”发怒，他们闯入他的实验室，劫走药品和手稿。1604年访问考察过匈牙利和南斯拉夫的斯洛文尼亚的矿山，1612年再次访问考察匈牙利的矿山。

1610年出版其主要著作《化学入门》，经多次增订，在17世纪后半叶被誉为法国化学教材的典范，直到1675年N.莱默的《化学教程》问世它才被替代。认为化学是分离和再组合天然混合物以产生合适和安全药物的技术。第一次记载丙酮应归功于他。但仍坚信炼金术。（楼书聪）

利巴维乌斯，A.(Libavius，Andreas) 德国人，1560年生于萨克森(今属德国)的哈雷，1616年7月25日卒于科堡。分析化学、药物化学、炼金术。

出身于贫苦麻纺工人家庭。1578年进入维滕贝格大学。1579年转入耶拿大学，1581年获哲学博士学位和桂冠诗人头衔。同年在伊尔默瑙任教师。1586年在科堡任校长。1588年初进入巴塞尔大学，并获医学博士学位。1588年成为耶拿大学教授。3年后迁至罗滕贝格行医。1592年起又从事教育工作。

出版多种著作，1599～1601年间出版4卷自然科学方面的讲义，对研究教育史有相当价值。对科学史的主要贡献体现在浩繁的炼金术著作中，这些著作反映了当时的化学概况。主要著作是1597年出版的《炼金术》，1606年补充并加注释。这本书被认为是17世纪最好的化学教科书之一，书内有化学实验用玻璃器皿、仪器、加热炉等设计和图片200多幅。研究过有关“哲人石”的著作，对此作了大量的注释。也是当时医学医药化学的代表人物，有许多化学药品的处方，用作泻药、致吐剂、发汗剂以及治疗流行性感冒等。在化学制备方面，描述过蒸馏无机酸和酒精的方法，用干馏醋酸铅制得丙酮，并用回流法从酒精和硫酸反应制得了乙醚。还可看作是化学分析的奠基人之一。特别注意矿物水的分析。还提出测定合金中金和银含量的定量方法，用胆汁测定水中的含铁量。知道硫酸铜溶液中加入氨后颜色会变深，铅、银和铜盐溶液遇硫化氢会变黑色，硝酸汞在硝酸存在下可使皮革染成红色。17 世纪欧洲几乎所有化学家都学习参考他的著作。 （汪天伟）

森迪伏奇阿斯，M.（Sendivogius，Michael） 波兰人，1566 年 2 月 2 日生于波兰斯科尔斯科（或卢卡维卡），1636 年 6 月卒于西里西亚的克拉瓦尔。炼金术、金属加工。

双亲均出身贵族家庭。1590 年进莱比锡大学。一年后转入维也纳大学。1593 年进入鲁道夫二世（Rudolf Ⅱ）在布拉格的行政部门当信使。1594 年任波兰国王西格斯蒙德三世（Sigismund Ⅲ）的信使，后改任秘书。1594 年与一位富有的寡妇结婚。不久参加鲁道夫发起的炼金术实验。与炼金术士 J. 坦克（Joachim Tancke）、O. 克洛尔（Oswald Croll）等人是朋友。约 1597 年左右改姓为 Sedziwoj（译成拉丁语为 Sendivogius）。1599 年回波兰。1602 年被召回布拉格任帝国枢密顾问官。回到波兰后，在克热皮采建立多个锻工车间以及铁、黄铜铸造车间，该处后来成为一个具备领导地位的工业中心。约 1619 年为斐迪南二世（Ferdinand Ⅱ）在西里西亚建造铅铸造车间。1626 年任枢密顾问官。

他的炼金术著作在化学发展上并无多大影响，但论文“哲人石”对科学史有很大价值。除“哲人石”的秘法外，还包括有关空气成分的有趣笔记，认为空气包括一种“隐藏的生命给予人体和火的支持剂”——“看不见的硝石”或“哲人硝石”。此论点包含了空气中存在助燃物（氧气）的最早猜测。他原是一个炼金术士，由于试验频遭失败，再加上当时炼金术界作假骗人的丑闻不断，开始怀疑炼金术的可信性。1607 年访问科隆时，出版了一本讽刺炼金术的著作。 （楼书聪）

内里，A.（Neri，Antonio） 意大利人，1576 年 2 月 29 日生于意大利佛罗伦萨，约 1614 年卒于比萨或佛罗伦萨。化学工艺、材料科学。

1601 年以前曾做过牧师，漫游各地。后到威尼斯附近的穆拉诺学习玻璃制造工艺，并在荷兰、比利时等国继续考察和研究玻璃制造和其他化学工艺。

1612 年在意大利北部出版《玻璃制造工艺》一书，首次介绍行业严加保密的玻璃制造技术。介绍的一种玻璃是由产于近东的含有纯碳酸氢三钠和某种材料制成的，指出它是属于大理石的一种，但它必须是某种硅化合物，可是未说明所需石灰的有关资料。书中论述玻璃可用各种金属氧化物着色，不仅可得到透明均一的颜色，也可得到各种纹理效果。还记载了制造具有高折光率的铅玻璃、加入氧化锡而制取玻璃等的方法。不足之处是书中没有图解也没有详述操作方法，玻璃成分的配比常凭操作者的经验，但对以后的玻璃生产仍有重要参考价值。 （高中兴）

雷伊，J.（Rey，Jean） 法国人，约 1582 年生于法国勒比格，1645 年或更后卒。无机化学、药物化学、仪器研制。

在巴黎索邦学院获硕士学位。1609 年获法国蒙彼利埃大学医学博士学位。后以行医为业，颇受人尊敬，但后人对他的医生生涯所知甚少。

他因写了《J. 雷伊医生的医药试验》（1630 年）一书而出名。其主要思想是物质的“四元素”（土、气、火和水）具有增重的性质。例如锡和铅经煅烧后增加重量，就是因为“气”凝结于锡和铅烬的结果。这种见解现在看来是很幼稚的，但它对 1772 年拉瓦锡氧化理论的提出起了重要的先驱作用。同时该书也为以后的研究提出了一个方法论架构：即溯因、观察、试验和写作的研究程序框架，因此受到后人的尊敬。此外，他发明了第一支液体温度计，让开口长颈的烧瓶注水，随温度变化相应地出现水面上升或下降，不过当时他尚未考虑到大气变化的影响。 （周申范）

格劳贝尔，J. R.（Glauber，Johann Rudolph） 德国人，1604 年生于德国卡尔施塔特，1670 年 3 月卒于荷兰阿姆斯特丹。化学工艺、药物学、炼金术、仪器研制。

理发师的儿子。未上过大学，但勇于探求，自学成才。访问过几个欧洲国家的实验室。经营过葡萄酒厂，1662 年后因病卧床，写自传，但更多时候是沉思。

曾创制出有名的蒸馏炉，获得高温，可在不同的条件下加热物质。有一种炉甚至还首次配有烟囱。曾在这种炉子内制备浓的无机酸（盐酸、硝酸、硫酸），又用它们制得氯化物、硝酸盐和硫酸盐。可能是第一位研制干馏煤的科学家，并获得了苯和酚。萃取到植物芳香油，将木材干馏产生木醋，以此还制得醋酸盐和丙酮。发现了一些化工产品在医药上的用途。在氯化物、锑和硫化物及金制品方面也做了很多实际工作。后半生的主要兴趣在炼金术。在阿姆斯特丹拥有一所欧洲最宏大的实验室，其中有他发明的一些容器和设备，甚至后院花园都用于农业试验。17 世纪 40 年代后期，出版主要著作《新蒸馏技术》、《新式炼金炉》和《炼金术药典》等。 （诸葛健）

温思罗普，J.（Winthrop，John） 英国人，1606 年 2 月 12 日生于英国萨福克郡格劳登，1676 年 4 月 5 日卒于美国马萨诸塞州波士顿。化学工艺、药物化学、天文学、博物学。

出身贵族家庭，是家中长子，与父亲取同姓名。就读于都柏林三一学院，专攻法律。后周游欧洲，1629 年回英国。1631 年随父横渡大西洋迁至当时是英国殖民地的马萨诸塞（今属美国一州），其父曾任马萨诸塞湾区殖民地总督。1635～1636 年曾任康涅狄格河口要塞长官。后回马萨诸塞州任总督助理长达 18 年，业余研究自然科学。1657 年任康涅狄格总督直至去世，在位 19 年。1662 年成为北美第一名英国皇家学会会员。

因一生忙于寻找铁、盐、靛蓝和硝石等矿物资源，建立盐厂，改进石墨开采，被誉为美国化学工业创始人。撰写的许多炼金术和其他科学专著被收藏于各地图书馆中。自行配制了多种药剂，分赠患者，疗效显著，在新英格兰地区颇负盛名。1660 年，使用一架焦距为 10 英尺（1 英尺＝0.3048 米）的反射望远镜，1668 年又使用另一架焦距为 8（或 10）英尺的望远镜，进行天文观测。对龙卷风卷起的水柱、以及昆虫的变形等自然现象也颇感兴趣。和当时欧洲各国的主要自然科学家都有联系，其通信集收入《哲学汇编》中。（苏诚基）

约翰逊，W.（Johnson，William） 英国人，约 1610 年生，1665 年 9 月卒于英国伦敦。分析化学、药物化学。

出身中上阶层。1648 年获准自筹资金在伦敦大学医学院建立制备化学药物的实验室，从此开始化学家生涯。除制备药物和药料外，还指导学生化学实验，为学院分析鉴定有嫌疑的药物。在收集和整理一些德国著者素材的基础上，他出版了《化学词典》，该书先后重印 5 次以上。代表医学院与教条的医疗化学家展开过论战，但是流行的瘟疫夺去了他和一些辩论主要参与者的生命。（温敬铨）

韦伯斯特，J.（Webster，John） 英国人，1610 年 2 月 3 日生于英国克雷文，1682 年 6 月 18 日卒于克利瑟罗。金属学、科学史学、教育学。

青年时期曾任牧师。1642 年英国内战期间，在议会军中担任牧师兼军医。

主要著作有两本：《大学的调查研究》（1654 年）、《金属学的历史》（1671 年）。前者抨击了 17 世纪英国大学中存在的死啃书本的学风，主张改革教育，提倡通过动手实践与亲自观察来学习。他的新学术观点受到保守的学者们的非议，这场斗争反映了进步的化学家和保守的机械论者之间的分歧。《金属学的历史》是一本有关金属及其性质发现和应用历史的著作，其内容类似现代有关同类书的概要，受到英国及西欧各国学界的重视。（朱啸宇）

塔亨尼乌斯，O.（Tachenius，Otto） 德国人，约 1610 年生于德国黑尔福德，约 1698 年卒于意大利威尼斯。鼎盛期在 17 世纪下半叶。分析化学、药物化学、炼金术。

据说是一个磨坊主之子。曾在一个药剂师处当学徒。后以行医为业，到处漂流。1644 年去意大利，1652 年获帕多瓦大学医学博士学位。最后定居在意大利威尼斯。

曾系统地研究了五倍子浸液与各种金属的反应，用此试剂来检验尿中的铁，并用它来研究铁的排泄途径。用苏打溶液来检验驱蛔药中的铜污染物。出售一种特效药"毒蛇盐"，并和那些攻击、怀疑毒蛇盐疗效的人作争辩。提出了酸、碱是构成物质的主要元素的两元论。还认为酸、碱是和古希腊名医希波克拉底发现的火和水相对应，并声称更新了上述的火水学说。受机械化学理论影响，力图简化化学理论。把生物体中发生的反应都归结为酸和碱相互作用的结果。（陈攀宇）

布尔德林，C.（Bourdelin，Claude） 法国人，1621 年生于法国索恩河畔自由城（或该城附近），1699 年 10 月 15 日卒于巴黎。分析化学、药物化学。

早年在巴黎一药剂师处当学徒。后从国王弟弟处获得药剂师执照，并在那里供职 20 余年，先后任助理药剂师和药剂师等职。1666 年法国科学院成立，因他的学识和声誉当选为创始院士。

1666 年当选法国第一批院士后不久，他在院士会议室旁建起了科学院实验室，装置了炉子和蒸馏设备，1667 年 3 月起开始进行分析化学研究。1686 年后在家里从事研究。起初，与国王的御医杜克洛（S. C. Duclos）合作分析矿泉水，进而从事植物、动物、矿物、有机液体、淡水和盐水的化学分析。在分析植物时，常采用蒸馏的方法。他的研究工作贡献在于：使同代人和后人认识到，只有使用新的实验方法和以精心提出的假设作为研究的指导，人们的化学知识才能进步。（周邦娴）

鲍里切斯，O.（Borrichius，Olaus） 丹麦人，1626 年 4 月 7 日生于丹麦里伯，1690 年 10 月 13 日卒于哥本哈根。分析化学、医学、炼金术。

1644 年进入哥本哈根大学学习医学。毕业后留校任教。1660 年任语言学常任教授和植物化学教授。1660 年以后去德国、荷兰、英国、意大利等地游学，期间和波义耳、佩蒂等人相遇。1664 年获医学博士学位。两次出任哥本哈根大学校长，并兼任皇家医生。1686 年被任命为最高法院顾问。3 年后就任皇家大臣。终身未娶。

当时是以名医、炼金术的辩护者和保卫者，以及在化学、植物学和语言学方面的多产作家而闻名。1654 年哥本哈根流行瘟疫期间，因医术高明而声名鹊起。1678 年他从硝石中制得了氧气。在化学发展方面的贡献体现在撰写的著作中，其中有《化学方法》（1668 年）、《炼金术的化学智慧》（1674 年），以及身后出版的《化学大纲手稿》（1696 年）等。作为一个科学家，他同时又相信哲人石的存在，是 16～17 世纪炼金术复兴时期的信徒。（汪天伟）

波义耳，R.（Boyle，Robert） 一译玻意耳。英国人，1627 年 1 月 25 日生于爱尔兰沃特福德的利斯莫尔，1691 年 12 月 30 日卒于英国伦敦。物理化学、物理学、自然哲学。

父亲 R. 波义耳（Richard Boyle）是斯图亚特王朝的科克伯爵，母亲 K. 丰登（Katherine Fenton），生有 14 个子女。他是幼子，4 岁丧母。1635～1638 年在伊顿学院学习。12 岁时同哥哥弗朗西斯（Francis）到欧洲大陆旅行。1642年在意大利佛罗伦萨大学求学时，阅读了伽利略名著《关于托勒玫与哥白尼两大世界体系的对话》。曾对医学发生兴趣，导致他去接触化学。起初是为了制取药品，不久就成为一个实验技巧熟练又富创见的化学家。在F.培根与笛卡尔的影响下，曾一度研究天文学。1654年参与创建牛津大学实验室。曾同J.威尔金斯、W.佩蒂等人参加“无形学院”活动。1660年参与创办英国皇家学会。1668年定居伦敦姐姐家，经常有许多人来访，讨论学术问题，其实验室也成了科学研究的中心。1670年，瘫痪卧床11个月，顽强地同疾病作斗争，服用自制的药物，坚持做自编的体操，并由助手念书给他听，记录他口授的文章。1680年谦逊地拒绝了担任英国皇家学会会长的倡议。因专注于学术研究，终身未娶。

早年就研究过O. von 盖吕克的气泵，并同助手R.胡克一起加以改进，用实验证明E.托里拆利的水银柱实验确实是由空气引起的，发现了空气的重量，肯定了真空的存在，指出真空中不能传声。1662年发表波义耳定律：一定质量的气体其压强与体积成反比。1676年法国物理学家马略特也从实验中发现这一规律，且指出必须“在一定温度下”这一重要限制条件，故后人又称“波义耳-马略特定律”。

近代化学的主要奠基者之一，是把化学确立为科学的杰出科学家。认为化学是一门关于物质的科学，既不是纯粹的实用技巧，也不是神秘莫测的理论。对当时的医药化学与炼金术很不满意，认为只是去炮制药物和改变金属，几乎没有什么理性思维，是不行的，提出要从哲学家的立场来研究化学，并自称是“机械论的化学家”。使化学开始在科学的基础上进行研究，对破除当时的迷信，发扬科学精神、提倡科学方法起了很大作用。他反对笛卡尔的以太说，认为物体由微粒构成，微粒是微小的、固态的、用物理方法不能分裂的。为了解释物体之间的相互联系，假设微粒有小钩或齿，当微粒钩在一起或相互咬合时，就能组成有一定形状的物体。反对亚里士多德土、气、火、水“四元素说”和炼金术士的硫、汞、盐“三元素说”，提出了化学元素的概念：“元素是某些不由任何其他物体所构成的原始和简单的物质，或完全没有混杂的物质……，一切称之为真正的混合物都由这些物质直接合成，并且最后被分解为这些物质。”

1665年，他根据盐类在溶液中的颜色变化，将盐类分为酸性的、碱性的和中性的三种。1673年在牛津发现金属煅烧后重量增加的现象，为此提出了“火素”的概念，成为燃素说的思想来源之一。1680年，和助手一起从尿液中提取出了白磷。

是英国实验哲学的重要代表。认为科学的任务是从比较清楚的事实中推导出对另一些事实的解释，而不必去追究最后原因，不论这原因是经院哲学的还是自然科学的。认为物质与运动是两个普遍法则，用来代替亚里士多德的形式与性质。反对脱离实际的经院哲学，继承了英国吉尔伯特与哈维的实验传统、培根的实验方法。关于实验在认识中的作用问题，曾与笛卡尔有过争论。笛卡尔认为科学提供给我们的一切都是理性的成果，波义耳则认为知识来自实验。关于实验能否提供证明的问题，他同B. de 斯宾诺莎进行过争议。斯宾诺莎认为仅用逻辑就能作出判决，而实验只能进一步确认或提出反驳；波义耳则认为证明离不开实验。

他又是一位虔诚的教徒，在哲学上企图调和宗教与科学的对立。认为德谟克利特、伊壁鸠鲁的原子论是“坏的原子论”，因为他们不但不承认自然界中的神，还认为自然科学是反对无神论的堡垒。他在去世时曾留下遗嘱，用他的遗产来举办讲座，有不少钱捐给教会和慈善机构，其目的是用科学来证明上帝的存在。

主要著作有《关于空气的弹性及其作用的物理学-力学新实验》(1660年)、《怀疑派的化学家》(1661年)、《关于颜色的实验与思考》(1664年)、《关于冷的新实验与观察》(1665年)、《各种形态与性质的起源》(1666年)、《关于微粒若干性质的力学起源或形成》(1675年)等。

（林德宏）

孔凯尔，J.（Kunckel, Johann） 德国人，1630(或1638)年生于德国石勒苏益格-荷尔斯泰因地区许滕，1703年3月20日卒于瑞典斯德哥尔摩或其附近。无机化学、化学工艺、自然哲学。

未受过正规学校教育。跟随炼金术士兼玻璃工匠的父亲学习实用化学。曾服务于公爵和选帝侯，任药剂师、化学师、管家和化学实验室主任。1677年在维滕堡大学教授实用化学。后在波茨坦附近开业做玻璃匠。1688年任瑞典矿业部长，1694年回普鲁士。1693年封为男爵。同年成为德国利奥波德科学院院士。1699年当选为瑞典皇家科学院外籍院士。

是一位有才干的实用化学家，以酷爱实用和制备化学而闻名，能迅速利用新的发现；采用和发展了大量制备各种物质的方法，在讨论它们可能的性质中也表现出很高的见识。在理论上极力传播“所有固定盐都有相同性”的观点；把碱金属盐看作所有金属和矿物的最普遍盐。其观点是炼金术与自然哲学某些推理的混合体，属17世纪后期德国化学传统范畴。在磷的发现中的作用虽不完全清楚，但其名字常与磷联系在一起。撰写的著作记载有大量化学事实、发现和观察资料，在当时的德国广受欢迎，其中最著名的是1677年发表的《化学笔记》，此外，出版《玻璃制作实用教程》(1679年)。

（温敬铨）

贝歇尔，J. J.（Becher, Johann Joachim） 德国人，1635年5月6日生于德国施派尔，1682年10月卒于英国伦敦。分析化学、物理化学。

父亲是新教徒牧师，他8岁时其父去世，留下4个孩子；母亲与一个败家子再婚，因此年轻的贝歇尔被迫在早年就帮助母亲和幼弟。主要靠自学成才。13岁开始游学，历经瑞典、荷兰、德国及意大利。1657年在美因茨定居，改信罗马天主教。1661年获美因茨大学医学博士学位。1662年结婚。1663年任美因茨大学医学教授和选帝侯的医生。1666年在维也纳任神圣罗马帝国商业顾问。他组织和建立帝国艺术与工艺中心，提出重要的教育改革。

1661年出版第一本化学著作。1669年主要著作《土质物理》问世，并于1671年、1675年相继再版。他指出，化合物之所以会千差万别，其原因就在于构成它们的土各不相同；他还把土分为三类：玻璃状土、油状土和流质土。而“油土”是可燃性的要素，这一见解30年后被他的追随者G. E. 施塔尔发展为著名的“燃素说”。1679年赴英国，在伦敦完成了《土质物理》一书的第三次也是最后一次增补，其中增补描述了黄金的提取过程。由于提供可燃烧的“油土”的见解，他被认为是与G. E. 施塔尔共同创立燃素说的人。（楼书聪）

莱默里，N.（Lemery，Nicolas） 法国人，1645年11月17日生于法国鲁昂，1715年6月19日卒于巴黎。无机化学、药物学。

少年丧父，15岁起随叔父学艺。1666年去巴黎师从C. 格拉塞，两月后离去，开始6年的游学生活，曾到过里昂和日内瓦等地。1668～1671年寄宿在蒙彼利埃新教徒药剂师维尚（H. Verchant）处。1670年夏在蒙彼利埃大学医学院学习解剖学和药草学，并为维尚的学生讲授化学。1672年回到巴黎，通过一些皇室工作人员进入巴黎的知识分子阶层之中。1674年买下法国国王御用药剂诊所，取得职业上的合法地位。以后7年，医药业务十分成功，同时因讲授化学课程享有名望。1681年起因法国的宗教不能容忍新教徒，从而经历一段忧虑时期。1683年关闭实验室和店铺去英国求业，然而于同年失望地返回法国。为重新建立职业上的地位，就读于卡昂大学，获硕士学位。1685年改信天主教后，获准重建实验室和商店。在以后的12年中，对药学作了不少贡献。1699年入选重建的法国科学院院士。

他的科学生涯大致可分为三个阶段：1674～1683年是教学生涯的成功期，所撰写的教科书《化学教程》也获得空前的成功；1686～1698年重操医药业务，对药学的主要贡献是编撰《大学药物学》和《基础药物学》。这是两本药物综合辞典，包括了各种药物的来源、功效、剂量和作用；进入法国科学院后，1699～1715年主要从事锑的制备及其性能研究，发表了一些论文。（蒋尚智）

维加尼，J. F.（Vigani，John Francis） 意大利人，约1650年生于意大利维罗纳，1713年2月卒于英国特伦特河畔纽瓦克。无机化学、药物学。

约1682年起先后在剑桥大学的一些学院，包括女王学院和三一学院，讲授化学直至1708年。经常讲授的课题是关于炼炉的构造术和药物学。为了表彰他20年来在化学方面所取得的成绩，1702年剑桥大学评议会授予他第一个化学教授的职称。与当时的一些名人如I. 牛顿等人关系也甚为密切。撰写的《化学》一书曾多次再版。从这部著作可以看出，其主要目的是告诉人们如何用一种简单而令人信服的方法来制备有用的化合物和药物。（张京京）

施塔尔，G. E.（Stahl，Georg Emst） 德国人，1660年10月21日生于巴伐利亚（今属德国）安斯巴赫，1734年5月14日卒于柏林。基础化学、无机化学、医学、自然哲学。

童年生活不详。青年时代即对化学感兴趣。曾在耶拿大学习医，1684年毕业后留校教化学，声誉渐起。1687年应邀到魏玛（Weimar）公爵处当宫廷医生。1694年任新开设的哈雷大学教授，主要教医学理论和化学。1715年去柏林任腓特烈一世（Frederick Ⅰ）的御医，直至去世。

撰写著述不下300种，最重要贡献是在化学领域。是化学史上风行一时的“燃素说”的主要创始人。把J. J. 贝歇尔所提出的第二种土质即“油土”改称为“燃素”。按照燃素说，燃素充塞于天地之间，流动于雷电风云之中。在地球上，动物、植物、矿物中都含有它。生物中含有燃素就富有生机；无生命物质含有燃素，就会燃烧。物体失去燃素，变成死的灰烬；灰烬获得燃素，可以还原成金属。但是，这一过程在动植物则是不可逆的。燃素说“曾足以说明当时所知道的大多数化学现象，虽然在某些场合不免有些牵强附会”（恩格斯语），因而燃素说在结束炼金术的统治方面是起过积极作用的。但它毕竟不是真理，到18世纪末，拉瓦锡发现了氧，燃烧的本质被揭示，燃素说宣告完全破产。

他的医学理论是和泛灵论哲学交织在一起的。认为无生命物质是没有活性的，因而不易起变化或分解。一切生命物质却是容易分解或腐败的。然而生物体却能在一段有限的时间内即生存期内保持稳定。这种稳定态是依靠生命的精髓即灵气来维持的。当“灵魂”离开肉体，机体即发生腐败变质而死亡。灵魂与身体之间的桥梁在于运动，生命依赖于运动。人体最重要的运动形式有二，即血液循环和分泌排泄。从液体病理观出发，谓所有疾病都源于血液。崇信希波克拉底的自然痊愈说。医学的任务是支撑“灵魂”来恢复机体的健康。认为医学的目的即是防治疾病。为达到这个目的就必须根据已往的经验辅助以有力的推理。巧妙的论证和实验都是无用的，进而认为详细的解剖学和化学研究是无济于事的。反复指出医学应从由灵气所统帅的整个机体来考虑，而不应当只讨论具体部分的具体作用。在医学方面，有《医学原理》、《论精神病》等书。他的医学思想后来成了活力论学派的理论渊源。（顾振海）

乔弗鲁瓦，É. F.（Geoffroy，Étienne François） 法国人，1672年2月13日生于法国巴黎，1731年1月6日卒于同地。分析化学、药物学、医学。

出身于药剂师家庭。1692年在蒙彼利埃大学攻读药学，2年后取得药剂师资格。因兴趣而转向研究医学。1704年获该校医学博士学位。1709～1731年执教于皇家学院（后为法兰西学院）。1726年任巴黎大学医学院院长。其弟C. J. 乔弗鲁瓦是化学家。

在化学上的主要科学成就是，1729年首次把中和反应用于化学分析目的。为了测定醋酸浓度，他用碳酸钾作为基准物，把醋酸逐滴加入到碳酸钾中，根据发生气泡的中止情况来指示滴定的终点，由此来衡量醋酸的浓度。1718 年曾列出一个《物质亲和力表》，认为如果两种物质中的一种和第三种物质具有较大的亲和力，那么，该种物质将会和第三种物质结合成新的物质，而使另一种物质游离出来。曾观测到酸碱成盐反应的热效应。尝试用温度计来进行化学研究。1732 年出版的《巴黎药典》中，记载的许多药物是根据他的讲稿整理的。（池贵法　朱啸宇）

弗赖恩德，J.（Freind，Sir John）　英国人，1675 年生于英国北安普敦郡克罗敦，1728 年 7 月 26 日卒于伦敦。物理化学、医学、科学史学。

早年在牛津大学学习，1698 年获文学士学位，1701 年获文科硕士学位，1703 年获医学学士学位，1704 年任牛津大学化学教授。1707 年获医学博士学位。1705 年起开始行医生涯。在军队里服务过。1724 年聘任威尔士亲王的家庭医生。1727 年担任卡罗琳皇后的御医。1712 年当选为英国皇家学会会员。1716 年成为英国皇家内科学会会员。1722 年当选为康沃尔郡朗塞斯敦市议员。

1704 年在牛津大学阿施莫良博物馆的 9 次化学演讲中，应用牛顿的引力原理试图定量估算粒子间的相互作用力，以解释结合、离解、蒸馏、发酵和其他化学过程。这些演讲内容以《化学讲座》为书名出版。曾介入莱布尼茨和牛顿的辩论。还出版过多种医学著作，其中《医学史》(2 卷，1725～1726 年)长期被认为是一部论述英国中世纪和文艺复兴时期医学的权威著作。（李　邨）

莱默里，L.（Lemery，Louis）　法国人，1677 年 1 月 25 日生于法国巴黎，1743 年 6 月 9 日卒于同地。分析化学、有机化学、解剖学、医学。

化学家兼药学家 N. 莱默里的儿子。先在达尔库学院上学，后进巴黎大学医学院，1698 年获得医学博士学位。1700 年进入法国科学院学习植物学。1702 年从父学习化学。1712 年被选为法国化学学会会员。1707～1710 年曾在皇家学院代授化学课，1730 年在皇家学院开设化学讲座。从 1710 年起直至去世，一直是教会医院的医生。1722 年又成为皇家医生和孔蒂(Conti)亲王的私人医生。

许多著作是在孔蒂亲王府邸中完成的。大部分科学著作发表在法国科学院论文集上。这些著作主要是关于化学分析问题，尤其是有机物分析、胎儿解剖、怪胎的原因。否定铁可以由某些植物油和土壤合成，并否定植物灰中找到的铁是燃烧的产物。在有机分析上的最重要见解，发表在 1719～1721 年的 4 篇论文中。主张对学院中植物分析的漫长方案要作重新评估。建议要有控制地使用传统的蒸馏分析法，并认为主要的不是要找出组成有机物的基本组分，而是要从动植物含盐成分中分析出酸性和碱性的组分。在关于解剖学的论文中，论述了胎儿的血液循环，并指出怪胎完全是由意外事故影响正常胚胎所造成的。（汪天伟）

亨克尔，J. F.（Henckel，Johann Friedrich）　德国人，1678 年 8 月 1 日生于德国梅泽堡，1744 年 1 月 26 日卒于萨克森公国（今属德国）弗赖贝格。分析化学、冶金学。

梅泽堡镇一位医生的次子，因其父希望他成为一名牧师，于 1698 年入耶拿大学攻读神学，但不久转向医学。18 世纪初赴德累斯顿，先在一位从事化学研究的医生指导下工作，然后自行开业。1711 年在哈雷大学重新学习医学，同年在医学家兼化学家 G. E. 施塔尔指导下获医学博士学位。接着在弗赖贝格行医 18 年。1718 年成为当地专职市政医生。1721 年成为城堡医生和矿业医生。1730 年辞去在弗赖贝格的职位到德累斯顿大学任教，2 年后任矿物学教授。不久到弗赖贝格大学，由国家帮助建立一个大实验室。

在弗赖贝格，他精于用热和火来进行矿物化学分析。1722～1727 年出版有关植物和矿物间关系调查、黄铁矿研究、中间反应研究等主要著作，获德国科学界的好评。支持施塔尔的燃素化学。在弗赖贝格大学开设“冶金化学”课程，由于该课程渊深和实用，不久在德国和东欧获得声誉。化学家 A. S. 马格拉夫和 M. 罗蒙诺索夫是他的门生。（楼书聪）

诺伊曼，C.（Neumann，Caspar）　德国人，1683 年 7 月 11 日生于德国曲利夏（今波兰苏莱胡夫），1737 年 10 月 20 日卒于柏林。分析化学、物理化学、医学。

幼年时在药房当学徒，后任药剂师助手。曾在德国东北部矿山城市哈茨学习化验和熔炼，后到荷兰参观化学工厂。1713 年到伦敦任荷兰医生西普利安(A. Cyprian)的实验室助理，3 年后回到柏林。1719 年任宫廷药剂师。1724 年当选普鲁士医学会理事，并在柏林大学新建的内科与外科学院任教授直至去世。

从 1711 年开始接受 10 多年严格的化学技术锻炼。曾为英国皇家学会《哲学会刊》撰写报告多篇。虽不是一名创新的化学家，但用各种方式影响化学的发展进程。在游学期间，把德国的操作技术和理论知识转授给伦敦和巴黎的化学家；培养了对分析化学卓有贡献的青年学者 A. S. 马格拉夫；建立并巩固 G. E. 施塔尔的燃素化学，用燃素学说解释燃烧和煅烧还原过程。（高中兴）

乔弗鲁瓦，C. J.（Geoffroy，Claude Joseph）　法国人，1685 年 8 月 8 日生于法国巴黎，1752 年 3 月 9 日卒于同地。分析化学、无机化学、化学工艺。

化学家 É. F. 乔弗鲁瓦之弟。出身药剂师家庭，18 岁继承父业成为药剂师。曾担任巴黎医院药房的检察官员。1731 年任巴黎市参议员。1715 年入选法国科学院院士。其子 N. 乔弗鲁瓦继承父业研究化学，后来也被选为法国科学院院士。

早年力图用化学观点来解释植物的各种颜色现象，发现当醋酸、碱溶液与浸渍或蒸馏得到的百里油作用时，其颜色和植物的花、叶的颜色相仿。认为各种植物的颜色是由少数几种原色组成而产生的，这些颜色可由蒸馏或发酵的方法而获得。1729 年首创在分析化学中使用中和法，以碳酸钾为基准物，测定醋酸的浓度，根据发生气泡停止这个现象，作为终点判断的标志，以消耗的碳酸钾重量来计算醋酸浓度值。1732 年他发现用稀硫酸处理硼砂时，能结晶析出硼酸，并用此法大量生产硼酸。同时，他还发现用稀硫酸处理硼砂、苏打和食盐时，母液中存在同一成分——芒硝(硫酸钠)。(陈攀宇)

埃洛特，J.（Hellot，Jean） 法国人，1685 年 11 月 20 日生于法国巴黎，1766 年 2 月 15 日卒于同地。无机化学、化学工艺、矿冶学。

出身中产阶级家庭。早年受先祖影响而致力于化学研究。曾旅行英国，结识英国皇家学会同仁。1718～1732 年主编《法兰西报》。1735 年当选为法国科学院的化学助理，1743 年为正式院士。1740 年任纺织业界染色检查总管，兼任查尔斯地区矿业总监。1751 年任法国塞夫勒工厂技术顾问。

在化学方面，他研究过乙醚、锌及其化合物、无机酸、磷、芒硝等。在染色技术方面，开发高质量坚牢染料和廉价短效染料的检查技术；提出织品吸附染料的力学学说。在矿冶学方面，发表有关锌和贵金属冶炼提纯工艺的论文。（楼书聪）

波特，J. H.（Pott，Johann Heinrich） 德国人，1692 年生于萨克森公国(今属德国)哈尔伯施塔特，1777 年 3 月 29 日卒于柏林。无机化学、分析化学、化学工艺。

早年奉父母之命，在哈雷大学学神学，后改学化学。留校任教，历任理论化学教授、实用化学教授和皇家制药业董事等职务。

主要贡献是对各种无机矿物质进行系统的分析。1741 年，他发现用酒精溶液燃烧硼砂时呈现出美丽的绿焰，从而制定了检验硼的特效反应。还指出皓矾是锌的硫酸化合物。曾在普鲁士国王的授意下对中国瓷器作了 3 万多次系统实验，在炼炉中加热各种物质及其混合物，将得到的研究结果公开发表。他的研究对化学分析作出了贡献，给后人提供了启发和借鉴。（陈攀宇）

肖，P.（Shaw，Peter） 英国人，1694 年 3(或 4)月生于英国斯塔福德郡利奇菲尔德，1764 年 3 月 15 日卒于伦敦。无机化学、医学、科学传播。

利奇菲尔德文法中学校长的儿子，从小就受到良好教育。有良好的拉丁文和古典文学基础，也学习医学和化学。后依靠翻译、写作以及编辑医学、化学方面的书籍和行医谋生。早年在斯卡伯勒行医。1726 年在伦敦行医。1740 年从英国内科医师学院领到开业证明。1751 年获剑桥大学医学博士学位。1752 年为英国皇家学会会员。1754 年入选英国内科医师学院成员。1760 年任英王乔治三世(George Ⅲ)的常任御医。

是当时英国化学界和医学界有很大影响的人物。1723 年首次出版著作。早期著作中最重要的是《新实用医学》(8 卷，1726 年初版，1753 年第 7 版)。对化学有兴趣是由于研究了 H. 布尔哈夫和 G. E. 施塔尔的著作，赞成施塔尔的“宇宙化学”的探索，但反对其神秘主义和燃素学说。编写的化学讲义阐述合理，有实验根据。（楼书聪）

布兰特，G.（Brandt，Georg） 瑞典人，1694 年 7 月 21 日生于瑞典里达尔许坦。1768 年 4 月 29 日卒于斯德哥尔摩。分析化学、无机化学、冶金学。

矿产主和药物学家的儿子，从小继承父亲的志趣，并跟随父亲做实验。为了能在自然科学方面有更加广泛的阅历，1721 年去荷兰莱顿大学留学，成为 H. 布尔哈夫的学生，经过 3 年勤奋学习，在化学方面获得广博的知识，1726 年取得医学博士学位。1757 年成为瑞典矿业协会会员。

对砷作过出色的研究，1733 年发表实验结果，阐述关于各种砷化物的成分及其在不同介质中的溶解度，明确了它的半金属性质，证明白砷(三价氧化砷)是非金属氧化物。在冶金学方面，1735 年发表关于半金属的论文，涉及汞、锑、铋、砷、锌外，还有钴。在化学史上，他的成名主要是发现了钴元素。在论文中指出，钴是具有磁性的金属，可用焦碳还原黄铁矿来制取钴。发表阐明碳酸钠和碳酸钾差别的论文。在 1751 年一篇论文中，证明铁的热脆性是含有硫的缘故，但却误认为铁的冷脆性是含有砷而引起的。还发现钢的含碳量比铸铁的高。（汪天伟）

鲁埃尔，G.-F.（Rouelle，Guillaume-François） 法国人，1703 年 9 月 15 日生于法国卡尔瓦多斯省马蒂厄，1770 年 8 月 3 日卒于塞纳省帕西。无机化学、分析化学、地质学。

毕业于法国卡昂大学，获文学士学位。1730 年在巴黎当药物学家施皮茨莱

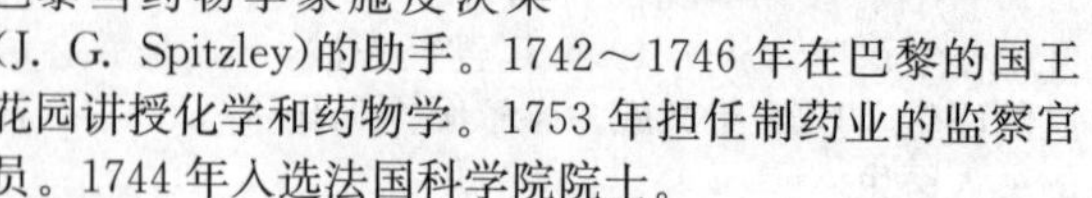

(J. G. Spitzley)的助手。1742～1746 年在巴黎的国王花园讲授化学和药物学。1753 年担任制药业的监察官员。1744 年入选法国科学院院士。

是一位有声望的教师，博学多才，讲课引人入胜。根据晶形及化学组成作为区分酸、碱和盐的标准。在有机分析中，改进了分析技术，用调节温度的方法避免试剂与蒸馏产物被高温破坏。是一个燃素论者，而他的学生拉瓦锡用科学的燃烧学说推翻了燃素说。对地质学也有研究，提出地质形成分两大类，即含化石及不含化石。（陈攀宇）

刘易斯，W.（Lewis，William） 英国人，约1708年生于英国萨里郡里士满，1781年1月21日卒于萨里郡金斯顿。分析化学、药物学、化学工艺、科学传播。

出身于酒坊家庭，从小就观察到基本的化学工艺过程。1730年入读牛津大学基督堂学院，1734年获文学士学位，1737年获文科硕士学位，1745年获医学博士学位。1745年被选为英国皇家学会会员。

对化学工艺有相当的兴趣，早在1737年就举行过关于制药术的改进及其展望的公开演讲。学术上的倾向是于1746年编辑威尔逊(G. Wilson)的《化学大全》和编辑《爱丁堡医学文摘》时形成的，后者包含许多有关实用化学以及医学方面的论文，这些都是爱丁堡医师们长期感兴趣的内容。1746年继续从事药物和医学方面资料编辑出版和研究，并逐渐把兴趣扩展到化学工艺学的其他领域。1748年出版一本小册子，书中建议出版一种《科学工艺通讯》期刊，用以对应用化学问题进行广泛的讨论，计划在这本新刊物上对不同制造方法作系统调查，必要时要在实验室里进行研究，排除那些不合理的操作步骤和不必要的产物。当时许多实业家和学者感到需要改进实际工艺，一些如英国皇家工艺学会等团体对这种改进也深感兴趣。他结识了一些有类似看法的人来宣传这一计划，终于使之问世。

在药物学方面，为编写出版一部英文药物百科全书，1748年翻译出版拉丁文的《爱丁堡药物百科全书》(8卷)，作为准备工作。1750年开始与奇泽姆(A. Chisholm)的毕生合作。药物研究成就以1753年出版的《新药物配方》(8卷，1791年第3版)为其巅峰。该书经过多次修订，被誉为惟一的英语版药物学百科全书，沿用到19世纪。

18世纪50年代从事铂的一系列研究，最能表明他的化学期工作总结实验才华。跟他同时代的多数人一样，按自己观点对待与燃素论相联系的各种说法，也使用过燃素论的一个重要概念——亲和力，但他的兴趣是测定化学成分。最有声誉的著述发表在1763～1765年间的《科学工艺通讯》上，分成7个专题，课题涉及面很广，而且可以立即在工艺上应用，有力地证明了化学知识应用于解决广泛的工业问题的可能性。此外出版过一部《药物学的试验史》(1761年初版，1784年第3版；1771年德文版)。

由于在化工、药物和医学方面的重要贡献，1754年获英国皇家学会最高奖科普利奖章。 （汪天伟）

马格拉夫，A. S.（Marggraf，Andreas Sigismund） 德国人，1709年3月3日生于德国柏林，1782年8月7日卒于同地。无机化学、分析化学、化学工艺。

药剂师之子。1725年起在医科学校、柏林大学医学院学习化学及医学。1734年在弗赖贝格大学学习冶金学。3年后返回柏林大学。曾在哈雷大学任讲师。后参与将普鲁士帝国科学会社改建为普鲁士柏林科学院，1753年任科学院化学实验室主任，1760年任科学院物理学部主任，1781年退休。还是美因茨实用医学科学院院士、法国科学院外籍院士。

由于特有的兴趣和独具匠心的方法，很快获得了熟练的实验化学家的好名声。在应用化学上，用浸渍法将植物根的糖汁液萃取出，再用石灰水促使糖结晶，这种糖的生产技术成本低廉，受到推广。还把溶剂萃取分离技术用于分析化学中。用火焰试验法来鉴别硝酸钾及硝酸钠，这是近代光谱研究的前身。1745年首创用普鲁士蓝试剂作测定石灰石中含铁量的指示剂。在改进磷酸及磷的制备方法上，也取得了出色的成就。

（池贵法）

沃勒瑞斯，J. G.（Wallerius，Johan Gottschalk） 瑞典人，1709年7月11日生于瑞典内尔克，1785年11月16日卒于乌普萨拉。无机化学、农业化学、矿物学。

幼年在家完成基础教育，与兄一起学习拉丁文、希腊文及希伯来文。1731年获乌普萨拉大学自然科学硕士学位，同时又学习医学。翌年任隆德大学医学助理教授。1735年年末返回乌普萨拉大学，并答辩了其博士学位论文。1737年担任乌普萨拉附近达内马克地区长官，分析了该地泉水的化学成分。1741年任乌普萨拉大学医学院助理教授。1750年他成为该校的第一位化学教授。

1747年出版第一部主要著作《矿物与矿物学》，曾被译成多国文字广为流传。著有3卷《化学物理》，该书介绍了酸、碱、盐、硫磺、沥青、易燃物、半金属及金属等。1768年出版《冶金学原理:光谱化学》。

还被誉为“瑞典农业化学之父”。在《农业基础化学》一书中，着重指出研究植物生长的土壤是农业化学研究的根本。因卓越贡献被授予瑞典皇家科学院奖。

（朱啸宁 刘建光）

克莱姆，J. A.（Cramer，Johann Andreas） 德国人，1710年12月14日生于德国奎德林堡，1777年12月6日卒于德累斯顿附近贝格吉斯许伯尔。分析化学、冶金学。

14岁丧父。在汉堡约翰纽姆中学打好了自然科学基础。中学毕业后在哈雷大学学习法律，兼学化学与冶金学。在当律师时，因其态度粗暴而吓跑了不少委托人。常去哈茨矿区和铸造工场考察，扩大了分析化学知识。最终放弃律师职业，改入荷尔姆施泰特大学学习自然科学，期望成为化学家和冶金学家。毕业后在荷兰莱顿大学教分析化学，编写教科书，1738年任物理学与化学教授。1743年谢绝伦敦大学聘任转任哈茨山区不伦瑞克矿业冶金管理局董事。除公务外兼教分析化学。由于性格急躁，树敌很多，曾被撤职。1774年在萨克森任职，后又在匈牙利工作2年。1777年因病返回德国，死于水肿病。

1736年出版的《检验》一书中，首次提到在熔化少量物质或对其进行分析时，使用了吹管的方法。主要著作还有《元素检验技巧》(1739年拉丁文版，1741年英文版，1746年德文版，1758年法文版)、《金属分析指南》(2卷，1774～1777年)等。 （陈擎宇）

罗蒙诺索夫，M. B.（Ломоносов，Михаил Васильевич；Lomonosov，Mikhail Vasilievich） 俄国人，1711年11月19日生于俄国阿尔汉格尔斯克省米沙宁斯卡亚，1765年4月15日卒于圣彼得堡。物理化学、分析化学、物理学、矿冶学、观测天文学、仪器研制、人文科学。

1730年考入莫斯科的斯拉夫-希腊-拉丁学院。1736年因成绩优异，被选送到圣彼得堡大学深造。同年又被选送到德国马尔堡大学学习物理学和化学，在该校深受C. 沃尔弗的教益。后到弗赖堡大学学习矿冶学。1740年在马尔堡和E. 齐尔（Elizabeth Zilch）结婚，生一女。1741年携眷回国，在圣彼得堡科学院任物理学副教授。1745年任圣彼得堡大学化学教授，1758年任该校地理系主任。1745年入选圣彼得堡科学院院士。1755年参与创办莫斯科大学。1760年当选为瑞典科学院外籍院士。1764年当选为意大利博洛尼亚科学院外籍院士。

俄国自然科学的奠基人。1741～1748年主要兴趣在物理学，拟出了科学研究提纲，包括276条有关物理学与微粒哲学的注释。认为"微粒"（分子）是由极小的"粒子元素"（原子）组成的。把沃尔弗的一部实验物理学著作译成俄文，于1746年出版。为圣彼得堡大学编撰《磁石与化石目录》。1744年观测并描述了这一年的彗星天象。1746年提出测量海底温度的方法。

1748～1757年，研究工作转移到化学方面。1748年创建俄国第一个化学实验室，应用天平称量，用定量方法进行化学实验。1749年研究硝石。1751年公布24种试剂，以及它们与其他溶剂相互作用的报告。同时，还对玻璃制造、火药等工艺过程作了研究。1756年，在密闭玻璃器皿中作了金属煅烧后重量增加的试验，指出重量的增加是由于金属在煅烧时吸收了空气的缘故，首次证明化学反应中的质量守恒定律，明确指出"参加反应的全部物质的重量，常等于全部反应产物的重量"。1774年，法国拉瓦锡重复类似实验，得出同样结论。这个结果对"燃素说"也是有力的冲击。首创"物理化学"新概念，是这个新学术领域的开拓者。

1757～1765年，主要集中研究矿物学、天文学和地学。撰写3本有关矿物冶金的论著；发明一些天文、航海仪器；1761年根据对金星凌日现象的观测，发现金星表面有大气存在；对北海冰山成因作了论证，1763年论证了绕过西伯利亚由北海航行到东印度的可能性。

不仅是科学家，还是诗人、文学家、语言学家、哲学家、历史学家和美术家。重要论文有"论热和冷的起因"、"在皇家科学院会上关于化学功能的讲话"（1751年9月6日）、"谈电力引起的大气现象"等；另著有《数理化学原理》（1741年）、《地层学》（《矿冶学入门》增订本，1763年）、《简明修辞指南》（1743年）、《俄语语法》（1757年）等。 （蒋尚智 朱啸宇）

夏尔德农，J. P.（Chardenon，Jean Pierre） 法国人，1714年7月22日生于法国第戎，1769年3月16日卒于同地。无机化学、生理化学、医学。

早年在巴黎当外科医生。由于身体衰弱，改做内科医生，在第戎行医。法国科学院成立4年后，1744年入选院士，1752～1762年任科学秘书。

从动物体内生成油脂过程的探讨中，研究了脂肪的性质。早期一些化学家认为脂肪是一种化学元素或一种要素，但他反驳了这种观点，因为脂肪加热后可分解为酸、水、燃素和难以还原的金属氧化物；但这四种物质是不能依靠它们的亲和力重新化合为原物的，而必须通过植物和动物体内发生某种生理作用而结合起来。他还认为石油是动植物在地下腐败而成。 （戴永寿）

鲁埃尔，H. -M.（Rouelle，Hilaire-Marin） 法国人，1718年2月15日生于法国卡尔瓦多斯省马修，1779年4月7日卒于巴黎。分析化学、无机化学、药物化学。

其兄G. -F. 鲁埃尔以经营药店为生，是他化学知识的启蒙人。他们有着共同的生活经历，以至在事业上很难将两人分开；他们密切合作，从研究硝石到讲课，他都是其兄的得力助手。1768年成为化学演示员。1770年其兄去世后，他开始在家族药店里教化学和药物学课。1762～1775年一直担任药剂师。至少两次被提名为法国科学院院士候选人，但都落选。是马德里和爱尔福特协会、以及英国皇家工艺协会会员。

写有《分析化学手册》。重要文章是讨论二氧化碳、金刚石的燃烧作用。据认为1773年他独立发现尿素，但尚不是第一位发现者。 （周志高）

罗巴克，J.（Roebuck，John） 英国人，1718年生于英国设菲尔德，1794年7月17日卒于苏格兰西洛锡安。化学工艺、冶金学。

出身商人家庭。先在爱丁堡大学学习，后又去荷兰莱顿大学学医，1742年获医学博士学位。毕业后在伯明翰当开业医生。后来放弃行医，转向作为制造商和顾问从事化学工艺。经营过金属冶炼厂、硫酸厂和陶瓷厂、煤矿和盐场等实业。是爱丁堡皇家学会、英国皇家学会会员。获爱丁堡市荣誉市民称号。

用铅代替玻璃制容器，大大降低硫酸的成本。1759年合伙开办卡伦铁工厂。1760年1月1日，该厂的第一座用焦炭代替木炭的炼铁炉点火。从1779年起该厂铸造大炮，即有名的"卡伦炮"。 （李 邨）

麦奎尔，P. J.（Macquer，Pierre Joseph） 法国人，1718年10月9日生于法国巴黎，1784年2月15日卒于同地。分析化学、染色工艺。

1742年毕业于巴黎大学医学院。行医数年后，转为研究化学。1745年当选为法国科学院院士，1774年任法国科学院院长。作为法国政府的科学顾问，指导和参与重要的秘密军工研究开发工作。

1746～1748年经多次实验，首次用氧化亚砷和硝酸钾反应得到砷酸钾晶体，这种晶体完全不同于用氧化亚砷溶于草木灰汁液而生成的亚砷酸钾。1749 年发现利用普鲁士蓝可染色。用烤钵试金法研究了金、银的测定。对从南美洲新引进的橡胶作了探讨。1768 年借助于媒染剂，将原先只能用于染羊毛的猩红染料也用来染丝。对染色理论、以及化学在医学领域中的应用前景甚感兴趣。主编的《理论化学元素》教科书及第一部《化学辞典》工具书享有盛名，先后被翻译成德文、英文、丹麦文及意大利文。（池贵法）

克朗施泰特，A. F.（Cronstedt，Axel Fredrik） 瑞典人，1722 年 12 月 23 日生于瑞典图林格，1765 年 8 月 19 日卒于赛特。无机化学、矿物学、冶金学。

工程兵团司令之子。在乌普萨拉大学学数学，后对矿物学发生兴趣。1741～1743 年瑞典和俄国交战期间，在军中服役，部分时间担任其父的副官。1748 年被委任为瑞典中部矿区主管。后在瑞典政府矿产部任职，得到采矿冶金界权威的赏识。是瑞典皇家科学院院士。

多次去矿山、冶金厂考察，对银、铅、铜的冶炼原理与工艺作广泛而深入的探究，成为第一流的矿冶专家。为了充实理论知识，又坚持自修《化学及实验技术》课程（该书作者是钴的发现者 G. 布兰特）。在所管辖地区有一座炼银厂，该厂有一个设备很好的实验室，他在那里不受干扰地进行大量的化学及冶金学研究。最有价值的成果是首次发现金属镍，此事直到论文发表后的第四年（1775 年）才得到承认。对稀土元素铈、镧的发现也有贡献。还修正了前人在矿物分类方法上的错误，奠定了新矿物学的基础。被著名的化学家柏济力阿斯赞誉为“化学矿物学的奠基人”。也是矿物系统吹管分析法的创立者。（计其达　朱啸宇）

文内尔，G. F.（Venel，Gabriel François） 法国人，1723 年 8 月 23 日生于法国佩兹纳斯附近，1775 年 10 月 29 日卒于蒙彼利埃。分析化学、化学工艺。

1744 年获蒙彼利埃大学医学博士学位。1746 年前后在巴黎一些医院实习和供职，受到奥尔良党路易公爵恩宠，负责皇家实验室，并任博物学、医学及化学书籍的检查官。1785 年回到家乡，被选入蒙彼利埃皇家科学协会。次年为蒙彼利埃大学教授。终身未娶，过着舒适生活，喜美酒佳肴，好与人交谈，但并不虚度年华。晚年在佩兹纳斯家园从事农业实验。

对植物的物质成分感兴趣。1752 年用 5 种传统分析方法同当时新出现的溶剂萃取法作比较，大力主张推广新法。后来致力于矿泉水分析，奉命和 P. 巴扬一起巡视和调查法国大部分地区矿泉水，但因战争而中断。1775 年当他家乡缺木材，应政府要求写了一篇论燃煤优越性的文章，主张把煤用于地方工业，如丝绸、橄榄油和酒的生产中去。是“燃素说”的鼓吹者，不顾物理学取得的成就，硬说燃素和“灵气”一样与地心是相排斥的，具有负重量，因此金属失去燃素时，重量反而增加了。1751 年出版的《百科全书》第二卷中，他是有关化学和医学辞条的主要作者之一。1753～1765 年写了 700 多篇论文，大多涉及化学和化学工艺。（沈德阶）

巴扬，P.（Bayen，Pierre） 法国人，1725 年 2 月 7 日生于法国马恩河畔沙龙，1798 年 2 月 15 日卒于巴黎。分析化学。

在特鲁瓦学院受过教育。后来在兰斯大学学习药学。1749 年到巴黎大学，在夏穆塞（P. de chamousset）和 G.-F. 鲁埃尔指导下学习。1753 年奉命和 G. F. 文内尔共同巡视和分析法国全国的矿泉水。1755 年因被派往一个军事远征队当主任药剂师，中断了矿泉水的分析。1763～1793 年是皇家军队的主任药剂师。以后还任国家保健委员会的药检员。1795 年法兰西学院成立时是该院创始院士。

早期进行了多年矿泉水分析，终因缺乏经费而被迫放弃。对化学最主要的贡献是 1774～1775 年发表了 4 篇论汞的沉淀物的论文。怀疑燃素理论，指出当汞被焙烧时它不失去燃素，却同一种有弹性的流体密切化合。这种附加弹性流体导致了它重量的增加。1781 年受巴黎大学药学院委托，写了断定在锡中有砷存在的报告。在此之前 J. F. 亨克尔和 A. S. 马格拉夫已经报告在商业的锡中有砷存在，并指出用作炊具是危险的。他的结论是：在大多数情况下，锡中只含有极微量的砷。（李　郇）

达尔塞，J.（D'Arcet，Jean） 法国人，1725 年 9 月 7 日生于法国朗德省多阿济，1801 年 2 月 12 日卒于巴黎。分析化学、矿物学、地质学。

年轻时就有志于科学事业，无意继承父亲的法律业务，因此失去财产继承权而陷于贫困。幸得鲁（A. Roux）引荐，1742 年去巴黎任孟德斯鸠之子的家庭教师。1762 年在巴黎大学医学院获行医执照，但从未实际行医，反而开始听 G.-F. 鲁埃尔的化学课，受影响甚深，以致转为从事化学研究。1774 年任法兰西学院教授，直至 1793 年该学院解散。1784 年成为法国科学院院士。1795 年法兰西研究院成立时他就是成员之一。

一生主要研究矿物分析。第一项重要研究是热对矿物的作用。对矿物分类提出新的见解，发展了 J. H. 波特的工作，并为在法国独立制造瓷器奠定基础。他还研究热对金刚石和其他宝石的作用，证实金刚石有别于红宝石和绿宝石，在空气中加热会完全毁坏。在可熔合金方面也进行过一系列实验，制得一种铅、铋和锡合金，在水的沸点呈液态，可用以制造浇铸板；与人合作提出

一种自教堂的废钟里分离回收铜的方法。发表过关于比利牛斯山脉地质学、关于强热对碳酸钙作用等论著。（计其达）

麦克布赖德，D.（Macbride，David） 爱尔兰人，1726年4月26日生于爱尔兰安特里姆，1778年12月28日卒于都柏林。无机化学、化学工艺、医学。

乡村学校毕业后，跟随当地一位外科医生学医。1740～1748年在皇家海军以外科医生身份服役。后到英国继续学医深造。1751年起行医，是技术高超的外科兼妇产科医生。

在化学中的主要贡献，是对"固定空气"（即二氧化碳气体）的实验研究。1764年出版《实验随笔》，论证在发酵过程中产生"固定空气"，因此获英国爱丁堡大学医学院医学博士学位。用石灰水和"固定空气"相互反应而生成乳白色沉淀，由此来定性检验"固定空气"。还提出用石灰水萃取橡树皮中的单宁，此法比用水萃取更有效，该成果为制革业普遍采纳使用。医学上有名著《医学实践与理论的方法指南》（1772年），后被译成拉丁文、德文、法文和荷兰文出版。（池贵法 朱啸宇）

沃尔夫，P.（Woulfe，Peter） 爱尔兰人，约1727年生于爱尔兰利默里克，1803年卒于英国伦敦。有机化学、矿物学、仪器研制、炼金术。

曾在英国和欧洲大陆如西班牙马德里大学等多所院校学习。后定居伦敦，夏季大多时间在巴黎。尤其在化学领域有较高的造诣。1767年被选为英国皇家学会会员。1776年6月20日，在英国皇家学会贝克讲座作为第一个报告人发表科学研究成果。

精通自然哲学和实用化学。先后发表过由乙醇蒸汽和氯化氢制备氯乙烷，以及由乙酸与硝酸或与硝石和硫酸制备硝酸乙酯的方法。1771年指出靛蓝的用途。报告首次制备一种能使羊毛、丝绸着色的黄色物质苦味酸。1767年介绍首先使用曲颈烧瓶来进行一系列蒸馏实验，通过管子将有害气体导入水中，以防止它们逸出对人体造成损害。后人把他使用的曲颈烧瓶称为沃尔夫烧瓶，这是大多数化学实验室中常用的仪器。1779年在矿物学上，报告首次指出在铁锰重石中存在以前未知的金属元素（后发现其中是钨）。另一方面，他是一个性格怪僻的人，对炼金术坚信不移，曾长时间徒劳地寻找炼金药，并把失败归罪于缺乏善行。曾把祈祷文放在炼金装置上，以求由普遍金属烧出贵金属。1768年获英国皇家学会最高奖科普利奖章。（张京京）

波美，A.（Baumé，Antoine） 法国人，1728年2月26日生于法国桑利斯，1804年10月15日卒于巴黎。药物化学、化学工程、仪器研制。

出身小康之家。1743年当学徒。1745年在巴黎的格罗弗鲁瓦（C. J. Croffroy）的药房工作，对化学理论和医药均感兴趣。1752年成为第一流的药剂师。翌年在巴黎自开药房，同时大量制造药物和其他化学品。

1767年开始在法国率先大规模生产氯化铵。也供应工业的和实验室的仪器仪表，其中有些是他设计的。特别是1768年对液体比重计（即今波美表）有重要的改进，它具有两个固定点（蒸馏水的密度和已知浓度食盐溶液的密度）的刻度，因此能生产符合标准的仪器。在酒的蒸馏方面，1777年因一篇论述设计当时最好的炉子、蒸馏釜和其他设备的短文而首次获奖。1757年起和P. J. 麦奎尔开始一系列化学和制药研究，持续达16年之久。尽管他在许多问题上具有洞察力，但始终抵制化学中的新理论，是一个顽固的燃素论者，到1797年还断言水是不能被分解的。（楼书聪）

布莱克，J.（Black，Joseph） 法国人，1728年4月16日生于法国波尔多，1799年12月6日卒于英国苏格兰爱丁堡。分析化学、基础化学、热学、医学。

酿酒业主的儿子，生于法国但具纯苏格兰血统。1740年被送到爱尔兰学习。1744年去苏格兰的格拉斯哥大学上学。以后在父亲的压力下辍学就业，业余开始学习解剖学，选修英国医学家W. 卡伦办的化学讲座，由此迷上了化学，当了3年卡伦的助手，从此开始和卡伦的莫逆之交，直至卡伦去世。1752年去爱丁堡大学，1754年获医学博士学位。1756年起接替卡伦任格拉斯哥大学解剖学和化学教授，工作了10年。1766年应邀到爱丁堡大学，成为医学院著名教授。体弱多病，温文尔雅，终身未娶，富有而乐于助人。

是近代定量化学奠基人和首位气体化学家，并发现了潜热和比热。1756年发表著名论文"关于碳酸镁、生石灰和其他碱性物质的实验"，文中证明这些碱性物质中含有定量的特殊气体，称为"固定空气"。发展了关于潜热和比热的思想，并开展定量实验。他对热量变化的精确测量技术的发展，获得了量热学奠基人的美誉。他对碱金属的研究是出于医学目的。还对物质燃烧的本质进行了研究。身后1803年出版《在爱丁堡大学的基础化学讲稿集》。（汪天伟）

卡代，L.-C.（Cadet，Louis-Claude） 法国人，1731年7月24日生于法国巴黎，1799年10月17日卒于同地。分析化学、药物化学、化学工程。

幼年丧父，由父亲的朋友收养。曾在一家公司当药剂师和化学见习生，后在一家有名的药店任职。1753年应聘到巴黎荣军院任主任药剂师6年。期满后开设药店，信誉很高，收入也颇可观。1761年随武装部队在国外服务，并负责整编驻德法军药剂勤务队。1766年入选法国科学院院士。

是一位有声望的化学家。早在1755～1757年，就开始与导师吉罗姆（F. R. Guillaume）合作从事矿泉水的成分分析。1757年他在蒸馏氧化砷和醋酸钾时发现一种"发烟液体"。同年把发现不纯的双甲胂化合物的情况向科学院作了介绍；1760 年又在科学院出版的《数学和物理文集》上发表。1837 年布森（Busen）利用“卡代发烟液”开始对二甲胂化合物进行一项重要研究，分离出双二甲基，并作了阐述。1759 年卡代试图揭示硼砂的化学性质，虽未成功，然而却发明了高效率生产醋酸钾和醚的方法。1774 年因主张将氧化汞加热还原汞而受到 A. 波美的责难，但萨热（Sage）、M. 布松（Mathurin Busson）和拉瓦锡等人则在写给法国科学院的报告中表示支持。（戴永发）

卡文迪许，H.（Cavendish，Henry） 一译卡文迪什。英国人，1731 年 10 月 10 日生于法国尼斯，1810 年 2 月 24 日卒于英国伦敦。*无机化学、分析化学、热学、电学、物理常数测定。*

出身英国名门望族。父亲 L. C. 卡文迪许（Lord Charles Cavendish）是德文郡公爵之子；母亲 L. A. 格雷（Lady Anne Grey）是肯特郡公爵之女，因体弱多病常在法国尼斯疗养。2 岁丧母。1749 年入剑桥大学圣彼得学院读书，因对宗教考试不满于 1753 年退学，未获学位。随后漫游欧洲大陆，并定居伦敦和父亲一起生活。父亲是一位出色的实验科学家，在父亲的熏陶下也对科学发生了兴趣，开始时当父亲的助手，后独立进行科学研究。1760 年成为英国皇家学会会员。1783 年父亲去世，他继承了父亲及姑母的两处遗产，十分富有。平生不爱交际，沉默寡言，生活俭朴，但却舍得花很多钱购买仪器及图书。终身未娶，在自建的实验室和图书馆中度过了一生。

虽未著书，公开发表的论文也不足 20 篇，但从遗下的大量手稿中发现，卡文迪许对化学和物理学的很多方面都作了实验研究和理论探讨，取得了突出成就。

热学研究 赞成牛顿的“热是粒子振动”的学说，并进一步作了发展。在论文手稿“关于运动理论的评述”中提出，热是振动粒子的机械动量，反之也一样；当两个温度不同的物体相向接触时，一个物体损失的热量等于另一物体获得的热量。并解释说，这是因为前一物体中粒子失去的机械动量正好等于后一物体中粒子得到的机械动量。在另一篇可能写于 1765 年以前的论文手稿“关于热的实验”中，独立地发现了“比热”与“潜热”的基本事实。

空气成分研究 1766 年发表论文“人造空气的实验”，是对二氧化碳和氢等气体研究的出色总结。J. 布莱克虽在 1755 年第一个用定量方法研究了“固定空气”（布莱克对二氧化碳的命名），但始终未能收集到纯净的“固定空气”。卡文迪许则在 1766 年用汞槽法收集到了这种气体。同时，还把钙溶于酸并用排水集气法收集到了“易燃空气”（他对氢的命名）。指出“固定空气”比普通空气重 1.57 倍，而“易燃空气”则比普通空气轻 11 倍。还收集了动物与植物腐败发酵后产生的气体，研究其易燃性、溶水性及比重，得出其中含有另一种较重的易燃气体的结论。这些研究有力地驳斥了当时流行的自然界里仅存在单一空气的错误观点。

电学研究 对这一领域的研究耗费的心血最多。1771 年发表了关于电的研究论文，这是所有公开发表论文中惟一的一篇理论性论文。发现带电粒子间的作用力和它们之间距离的平方成反比。早于法拉第证实电容器的电容大小取决于介于两板之间的物质；早于欧姆发现导体两端的电势和通过它们的电流成正比。为测量电流强弱，竟用自己的身体作为一只测量仪器，用双手抓住电极的各一端，直到手肘感到电振为止。在他去世 70 多年后，J. C. 麦克斯韦用 5 年时间整理他的电学手稿，并在 1879 年出版名为《亨利·卡文迪许的电学研究》的专著。

水成分研究 1781 年，和 J. 沃尔蒂（John Warltire）一起用电火花点燃在封闭容器中放置的普通空气和“易燃空气”的混合物，结果发现在容器的内壁上附有露珠。后来通过进一步实验发现，“易燃空气”在普通空气中燃烧时，所有的“易燃空气”和普通空气的1/5（即其中的氧）合成为水。1784 年发表论文指出，这两种气体合成水时其体积之比约为 2∶1。

物理常数测定 1798 年发表有关万有引力常数和地球密度测定的论文。这年他研制了一架极灵敏的扭秤，通过观察两铅球之间的吸引力，推算出万有引力常数 G，并进而推算出地球的质量和密度。求出地球密度是水密度的 5.481 倍，此值与现代测量值（5.517）相当接近。这一著名实验被称为卡文迪许实验。因这一实验，他被人们美誉为“最先称量地球的人”。引力常数的确定，同时也使万有引力定律第一次真正成了精确的定量定律。

他的家族为了纪念他的杰出成就，1871 年在剑桥大学创立卡文迪许实验室。这一实验室对现代物理学的发展作出了重大贡献。（朱啸宇　王川方）

柯万，R.（Kirwan，Richard） 爱尔兰人，1733 年 8 月 1 日生于爱尔兰高尔韦郡克洛夫尔莫，1812 年 6 月 1 日卒于都柏林。*无机化学、物理化学、气象学。*

幼时聪慧好学，早年部分时间在国外度过，精通拉丁文。1750 年进普瓦捷大学。1754 年毕业后在耶稣会见习。1755 年回爱尔兰继承遗产。1768 年放弃圣职和律师职业研究自然科学。1780 年当选英国皇家学会会员。是爱尔兰皇家学院的元老之一，1799 年起担任院长，直至去世。

认为化学亲和力或吸引力是：藉彼此不同物体的微粒可相互混合并紧密结合，却无法用机械手段将它们分开。采用测定空气和水溶液比重的方法，确定碱和金属的化学亲和力。这种当量测定法后来传到了法国和德国。这些亲和力的测量，也为后人发展的倒易性定律奠定了基础。他起先支持燃素说而反对拉瓦锡，但一直未找到燃素与氧气形成“固定空气”（二氧化碳）的证据，1791 年放弃了燃素说。开创了比较气象学。还在矿物学、地质学、应用科学（采煤、施肥和漂白）方面写有不少专著和论文。由于在化学亲和力方面贡献卓越，1782 年获英国皇家学会最高奖科普利奖章。（陶其恒）

普里斯特利，J.（Priestley，Joseph） 英国人，

1733年3月13日生于英国约克郡布里斯托尔，1804年2月6日卒于美国宾夕法尼亚州诺森伯兰。气体化学、分析化学、电学、科学史学、人文科学。

制布商的长子。6岁时生母因分娩而死。幼年常与祖母一起生活，后由其姑母抚养。1745年入地方教会学校。1752～1755年在达文特里神学院学习。毕业后去萨福克、南特威奇教区当助理牧师。1762年被授予基督教公理会牧师圣职。1764年在神学院讲授拉丁语、英语与历史。1765年获爱丁堡大学法学博士学位。1766年当选为英国皇家学会会员。1767年任利兹教区米尔希尔教堂本堂牧师。1772年任谢尔本勋爵图书馆管理员。1780年出任新米丁教堂牧师。是法国科学院、圣彼得堡科学院、都灵科学院与哈莱姆科学院的外籍院士。因同情法国大革命，受到英国国教教会的迫害，1791年他的教堂、实验室和住宅均被对立教派所毁。1794年移居美国，定居诺森伯兰，后任宾夕法尼亚大学化学教授。

科学研究生涯始于电学研究。在物理学家W. 沃森（William Watson）、J. 坎顿和B. 富兰克林的支持下，1767年出版《电学的历史与现状》，其中第一次证明两个带不同电荷的电极之间的相互作用同它们的距离平方成反比。该书在英国出了5版，并译成法文、荷兰文、德文流传各国。1772年出版《光学的历史》，译成德文出版。

是18世纪下半叶气体化学最著名的代表人物之一。1766年开始研究碳酸气和不燃气体。1773年制成人造苏打水，这是第一种气体化学商品，获英国皇家学会最高奖科普利奖章。1772年在英国皇家学会宣读论文“各种气体的观察”，提出氧化氮和无水氯化氢气体的游离与鉴别方法。接着又制得二氧化硫与氨。1774年用大透镜检查光对氧化汞的作用，采取汞槽集气法收集气体，第一个制得氧气。但坚持燃素说，而称之为“脱燃素空气”。1774年在法国科学院宣布实验的新结果，并与拉瓦锡进行讨论。拉瓦锡把氧气问题与燃烧问题联系起来，创立了新的氧气燃烧理论，给燃素说以致命的打击，开创了近代化学的发展道路。在这段时间里，普里斯特利制得氨、二氧化硫、氧化亚氮、四氟化硅、一氧化碳等10种余气体。还研究血液在呼吸中的作用，气体通过多孔容器时不同的扩散作用，植物呼吸时的生理过程，证明某些藻类放出的气泡状物质是氧气。1774～1777年出版3卷《不同种类空气的观察与实验》。

在哲学上认为大脑是“思维的部位”，人与自然界都服从于必然的客观规律，但并不否认人的主观努力作用。其唯物论观点具有自然神论的色彩。

一生发表近百篇论文。除科学著作外，还出版关于科学史、心理学、神学、哲学、政治学等12部著作。他在美国诺森伯兰的住宅被保存下来，已改为博物馆。（周志高）

亨利，T.（Henry，Thomas） 英国人，1734年9月28日生于英国威尔士雷克瑟姆，1816年6月18日卒于英格兰曼彻斯特。无机化学、化学工程。

因家庭经济困难，中学毕业后在一家药铺当学徒。满师后在牛津当药剂师，并进修解剖学。

是在英国将氯气用于纺织原料进行漂白工艺的第一人。首创用石灰浆吸收气体，从而减少工艺的危险性。成功地用二氧化碳气体处理肉类，防止变质腐败。提出的氧化镁制备法对生产医疗用的氧化镁具有实用价值，并靠此收入过着舒适的生活。1776年首次将拉瓦锡的著作译成英文，其中包括笔记及附录，还有拉瓦锡和普里斯特利之间学术辩论的摘语。（朱啸宇）

贝格曼，T. O.（Bergman，Torbern Olof） 瑞典人，1735年3月9日生于瑞典卡特琳娜贝里，1784年7月8日卒于梅德维。分析化学、矿物学。

1752年入乌普萨拉大学，1756年毕业。1758年出版《试论天文》的论著而获该校理学博士学位。留校任物理讲师，1761年任数学副教授，1767年任化学教授。

一生主要从事矿物分析的工作。1778年发表论文“水的分析”，首次对矿泉水的各种成分作了分析，但是采用的是分步结晶的方法，这种方法显然很不准确。对二氧化碳作了研究，并称它为“大气酸”。在矿泉水中发现了硫化氢气体。1779年后曾陆续编著过一些书，系统地总结了当时分析化学发展所取得的成就，如以黄血盐鉴定铜和锰；以硫酸检定钡和碳酸盐；以草酸鉴定钙；以硝酸银鉴定岩盐和“含硫”的水；以醋酸铅区别盐酸和硫酸等。在教学上改革了授课方法，采用仪器及教具来示范。他是燃素论的信仰者，而燃素学说后来证明是错误的，最终被拉瓦锡的氧化理论所否定。著作有《矿物的湿法分析》（1780年）、《物理和化学论文集》（6卷）等。（朱啸宇）

基尔，J.（Keir，James） 英国人，1735年9月29日生于英国苏格兰爱丁堡，1820年10月11日卒于英格兰西布罗米奇。化学工程、岩石学、科学传播。

出身于贵族家庭。曾在爱丁堡皇家高中和爱丁堡大学医科学校求学。在医科大学结识E. 达尔文（著名生物进化论奠基人C. R. 达尔文的祖父），并成为终身好友，一直与达尔文就科学问题保持通讯联系。通过达尔文的关系，和一些科学家组建著名的伯明翰新月协会，对产业革命产生了深远影响。1785年成为英国皇家学会会员。

他是英国工业化学家的先驱者，1771年首先用食盐和盐酸的“废物”反应制取苏打。1771～1778年在经营一家玻璃厂时，观察到玻璃缓慢冷却过程中有结晶产生，随后向英国皇家学会呈交3篇论文，其中包括“玄武岩源于火山”这个早期的合理假设。先后翻译了P.J. 麦奎尔《化学辞典》的第一、二版，并作注

释、增订条目、添加附录。（陶其恒）

沃森，R.（Watson，Richard） 英国人，1737年8月生于英国威斯特摩兰郡赫弗舍姆，1816年7月9日卒于威斯特摩兰郡温德米尔。*基础化学、物理化学。*

1754年进剑桥大学三一学院学习，数学才能出众。1760年成为该学院评议员，2年后任数学毕业考试的监考官，1764年任化学教授。1769年入选英国皇家学会会员。

在化学上最重要的贡献是对溶解现象的研究。发现一种已知浓度的盐溶液，当它暴露于大气时，从纯水开始凝冻起，其凝冻时间与浓度成正比。代表作是《化学论文集》，其中关于燃素理论的论文“火、硫磺和燃素”经常被人引证。（朱啸宇）

帕芒蒂埃，A.-A.（Parmentier，Antoine-Augustin） 法国人，1737年8月12日生于法国蒙迪迪耶，1813年12月17日卒于巴黎。*分析化学、食品化学、营养学。*

早年在一家药房当学徒。后在法国军队中服役，任助理药剂师。1772年任皇家疗养院主任药剂师，后升任陆军卫生处总监察长。1802年被委任为塞讷省卫生委员会委员。是很多学术团体的成员，被选为法国皇家农学会荣誉会员。1795年入选法国科学院院士。

1771年开始研究马铃薯的化学和营养成分，获得贝桑松科学、文学和艺术学院奖金。对小麦、面粉、栗子、牛奶和巧克力等日常食品进行化学分析，研究面包烤制工艺和谷物、面粉、醋、酒、肉类的保存技术。发现用酸可促使淀粉水解。为解决糖类稀缺，研究用葡萄糖浆代替蔗糖等。曾发表关于灾荒时期替代常规食品的植物营养物的研究，以及塞讷河水质的研究等论文。参加主编《博物学新词典》；著有《农村与家庭经济》一书。（高中兴）

博维西诺，C. B.（Bonvicino，Costanzo Benedetto） 意大利人，1739年生于意大利皮德蒙特，1812年1月25日卒于都灵。*分析化学、化学工程、矿冶学、科技管理。*

家庭条件优裕。1764年获都灵大学医学博士学位。1778年进该校内科学院，但志在化学。1783年成为都灵科学院院士，1801～1802年任院长。1800年任都灵大学药物化学和药物博物学教授。

1783～1798年间，主要研究领域是分析化学和工业化学。曾负责管理都灵科学院实验室；从事泉水、染料用水的分析；监督食盐生产；对纺织、染料工业和冶金业提出新建议。值得注意的化学成就，包括用碳酸铵从磷酸钙中分离出磷酸，以及水和盐类的分析等。在研究中开发出一种技术，旨在解决定量分析中因机械和物理等因素引起样品重量损失问题，获得了大量数据，并在其所著的《化学基础》中予以叙述。1798～1812年，致力于矿产普查和矿山资源合理开发等研究课题。支持燃素理论。（蒋尚智）

萨热，B.-G.（Sage，Balthazar-Georges） 法国人，1740年5月7日生于法国巴黎，1824年9月9日卒于同地。*分析化学、矿物学。*

药剂师的儿子。因对科学感兴趣，后来成为一名合格的药剂师。曾听过A. 诺莱（Abbé Nollet）的实验物理公开课和G. -F. 鲁埃尔的化学课，并在其所装备的小实验室重复这些实验。1760年起，在家庭药房对外开设化学和矿物化验技术课，同时还开始进行广泛的矿物收集工作。1769年出版第一部著作《各种矿物鉴定的化学技术》。由于创建巴黎矿业学校而成为一名重要的科学人物。担任矿业学校总监和教授至少7年，他的化学和矿物学课程听众很多，除了本校学生还有外校学生。19世纪10年代不幸双目失明，不久因被认为是一个顽固的保皇派，又被取消领取养老金资格，晚年是在赤贫中度过的。写过一些小册子以抗议对其虐待，并宣扬自己的成果。（戴永寿）

米勒，F.（Müller，Franz，Baron de Reichenstein） 奥地利人，1740年7月1日生于特兰西瓦尼亚大塞本（今罗马尼亚锡比乌），1825年10月12日卒于奥地利维也纳。*分析化学、矿冶学。*

早年在维也纳大学学习法律，后改学采矿学及冶金学。曾在盐厂、矿山供职。1802～1818年在维也纳任矿产部部长，负责管辖奥地利、匈牙利的采矿及冶炼工作。退休后册封为男爵。

他在1784年发现元素碲（Te）。这一发现同他调研金矿开采业的问题有关。几年前金矿开采量经常低于预期数量，此事颇令人注目。他原先的同学、采矿学校化学教授鲁普雷希特（A. von Ruprecht）曾分析过该矿石，并认为该金矿石含有元素锑。对此结果米勒持异议，并在著书中断言矿石中含有铋。鲁普雷希特陈述了许多理由回答不是铋。米勒在自己著作的第二版承认了错误，但宣布这是一种新的未知的“半金属”，还列举了它的化学反应特征，但没有命名它。后来请T. O. 贝格曼分析以期证实，可是贝格曼不久去世。10年后，德国化学家M. 克拉普罗特从米勒处获得矿石样品，经分析确认了他的发现，在给柏林科学院的报告中命名该元素为碲。此外，他还发现电气矿石、半透明乳白色的蛋白石（后来被称为“米勒玻璃”）。（朱啸宇）

吕布兰，N.（Leblanc，Nicolas） 法国人，1742年12月6日生于法国伊瓦勒普雷，1806年1月16日卒于巴黎。*无机化学、化学工程。*

9岁成为孤儿，后在其保护人、一位医生支助下到巴黎进外科学校学习。1780年成为奥勒昂（Orléans）公爵的外科医生，在公爵资助下获得进行科学研究的机会。1790年奥勒昂公爵、吕布兰、迪雷及H. 塞（Henri Shée）组建公司，由公爵出资开办化工厂，但从未进行过正规生产。因战争缺乏硫酸，在

1793年被迫中止运营。在法国大革命中，该厂于1794年作为被处决的奥勒昂公爵财产而国有化。之后吕布兰再三请求赔偿，多年无效，即使在1800年将该厂控制权暂时归还，仍因资金缺乏不能恢复生产。在1805年11月作出的终审判决中，赔偿金额和他期望的数目相差悬殊。两个月后，在绝望和健康恶化情况下，用枪结束了自己的生命。

一生最重要的成就是发明人工制造纯碱（即碳酸钠）的吕布兰法。18世纪末，由于对纯碱需求量激增，依靠传统原料钾碱和原有方法已不能满足日益增长的需要，人们开始寻求新的出路。1783～1788年法国科学院设奖金奖励由盐制纯碱的最好方法，但无人得奖。1789年他应用海水中的食盐和硫酸作用得到硫酸钠，然后再与石灰石、木炭一起煅烧，使硫酸钠转化成碳酸钠（纯碱）。有关成果编入1802年出版的《结晶技术》一书中。至今不明他是如何发明此法的，该法的精确反应机理在100多年后才完全弄清楚。1810年（J. J. Dizé）在一篇文章中对此发明表示异议。迪雷提出吕布兰最初制得的仅是硫化钠，制备纯碱的正确方法是在奥勒昂公爵的代理人J. 达尔塞（Jean Darcet）指导下由吕布兰和他共同研究成功的。但对上述说法无法加以证实和否证。不过，1856年法国科学院经慎重研究后仍将发明荣誉归于吕布兰。此后，这种制碱法一直被称为“吕布兰制碱法”。

（蒋尚智）

舍勒，K. W.（Scheele，Karl Wilhelm） 瑞典人，1742年12月9日生于瑞典波美拉尼亚地区施特拉尔松德（今属德国），1786年5月21日卒于西曼兰省雪平。元素化学、分析化学。

出身贫寒，在11个兄弟姐妹中排行第七。未受正规教育，14岁当上药剂师的学徒。由于头脑灵活、自学勤奋，后成为一位优秀的药剂师。1770年他拜访了瑞典化学和矿物学家T. O. 贝格曼，并得到后者的赞助与鼓励。身体很差，深受风湿病痛的折磨，个人生活很不幸。避开了一切社交活动，专心投入于科学事业，临终前才决定结婚，去世时年仅43岁。可能是他对制备的新化合物都要口尝一下的职业习惯，去世前的病症类似于汞中毒。

他发现了元素氯，描述了锰和钡的性质，并独立地发现了氧。1771年，他从加热一些与氧结合松弛的物质（其中包括氧化汞）中制备出元素氧，即氧气。在其唯一著作《气与火的化学观察和实验》中详细地介绍了他的实验。然而，由于出版者的疏忽，这本著作延误至1777年才付印，此时J. 普利斯特利已报导了他自己的实验结果，而拉瓦锡首先证认出这种新物质是氧。

据认为，他研究发现的各种物质比同时期任何化学家都多。他发现了许多种酸类，植物中有酒石酸、柠檬酸、苯甲酸、苹果酸、草酸及五倍子酸等；动物中有乳酸、尿酸等；矿物中有钼酸、亚砷酸等。并研究和制备了3种剧毒气体——氟化氢、硫化氢、氰化氢。还率先发现光对银化合物的作用，半个世纪后由达盖尔等人把这种银化合物用作照相底片的感光片基。

（朱啸宇）

卡代德沃，A.-A.-F.（Cadet de Vaux，Antoine-Alexis-François） 法国人，1743年1月11日生于法国巴黎，1828年6月29日卒于诺让勒维埃格。食品化学、农业化学、环境化学、营养学。

曾跟慈善家夏穆塞（P. de Chamousset）学习，1759年接替兄长在皇家荣军医院任药剂军医，后在皇家兽医学校任化学教授。1777年合作创办巴黎第一家日报《巴黎日报》。1785年成为农学会成员。1787年与其兄L. C. 卡代德沃一起选入美国哲学学会。1820年当选为巴黎大学医学院院士。

在其科学生涯开始之初，就对化学等自然科学发生浓厚兴趣。早期致力把这些科学用于农业、营养学和公共卫生事业。讲授化学以及小麦、面粉的分析和保存、烘焙工艺。从事过水井和污水池的消毒、工业安全和卫生、改善监狱卫生条件、从巴黎市中心迁出公墓等工作。1788年在巴黎附近购置一庄园，在那里度过一生中后40年的大部分时间。在这40年中，主要研究农业、家政学和营养学、蒸气洗衣、制酒、油漆、墙消毒、土豆面包、谷物保藏、果树栽培，森林防护等。与许多著名科学家诸如B. 富兰克林、马尔凯·德孔多塞等人结交，与他们有许多共同的兴趣。

（戴永寿）

拉瓦锡，A.-L.（Lavoisier，Antoine-Laurent） 法国人，1743年8月26日生于法国巴黎，1794年5月8日卒于同地。无机化学、分析化学、燃烧理论、地质学、物理学。

父亲J.-A. 拉瓦锡（Jean-Antoine Lavoisier）从事法律工作；母亲出身名门。1748年母亲去世后，他和妹妹由外婆领养。11岁在著名的马扎兰学校接受正规教育。1761年入巴黎大学法学院学习，1763年获法学学士学位，取得律师开业证书。大学期间，并进行课外自修自然科学。经过几年严格的学习生活后，又受到曾远征好望角和南半球的天文学家N.-L. de拉卡伊辅导学习自然科学，1763年10月观察过北极光。受J. É. 盖塔尔的影响，对地质学、矿物学和化学有强烈兴趣。在盖塔尔的建议下，师从鲁埃尔学化学。1768年被选为科学院助理院士，1772年升任院士。1771年与M. A. P. 波泽（Marie Anne Pierrette Paulze）结婚，无子女，婚后感情融洽，她是拉瓦锡科学研究上的得力助手。1768年成为一名农业税包税官，即是一家先预交国家税收再去征税的私人包税局的成员，这导致他晚年的悲剧。在法国大革命中，1793年12月24日他被监禁，次年5月8日上断头台，终年51岁。在行刑前，许多法国科学院院士联名向革命当局求情，要求考虑他的科学功绩而刀下留人。但狂热的革命派回答说："法兰西只要正义！"为此数学家拉格朗日悲叹道："砍掉他的头只要一眨眼的功夫，可是生出一个像他那样的头大概100年也不够。"

在地质学上，1763年起跟随盖塔尔勘探地质、收集岩石标本。1766年从法国北部梅济耶尔通过诺曼底到迪耶普，进行历程艰险的地质学考察。在考察中他使用气压计测量山的高度和地层的上升和倾斜。虽然1767年后野外工作机会减少，但只要不为公务所缠，总是争取实施地质填图计划。1788年他正式向法国科学院提出地质学的分层理论，并解释不同的海岸沉淀地层源于"海进"或"海退"。

1764年秋的石膏研究是他最早的化学研究，不用J. H. 波特所开创的矿物焰色分析，而是使用湿法——以水为溶剂，使用比重计来测定各种石膏的溶解度；提出石膏的化学组成和结晶水的概念。他想成为一个实验物理学家，认为只有在研究物质的活泼性和化合行为时才去考虑化学。他研究了影响化学反应的物理仪器，把R. 波义耳和J. 普里斯特利作为物理学家而不是化学家看待。1766年建议法国科学院创建物理实验室，直至1785年终于实现。1769年，他促成了巴黎引水工程的启动；同时在试验中确定水对玻璃的溶解作用。

在化学上的重大贡献是推翻燃素论。1772年因注意到一些新迹象而进行著名的燃烧实验，人们把它视为化学史上的"革命"。这种新化学观后来称为反燃素论化学。提出大气是由不同气体所组成，一种特殊种类的空气或维持生命所必需的空气，即现在称为的氧气是燃烧或煅烧中甚为活跃的反应剂。在了解氧气的作用后，能够精密地测定许多物质，特别是含氧酸的组成，首先从碳的燃烧而得到的碳酸开始研究。他发现有些同源的酸可含不同量的氧，氧多者酸性强，如H_2SO_4（硫酸）酸性大于H_2SO_3（亚硫酸）。

1774年法国化学家P. 拜耳（Pierre Bayer）和C. de加西古（Cadet de Gassicourt）研究红色的汞矿渣时，宣称不必用富含"燃素"的还原剂（例如碳）就能在高温时将金属汞再生。同年秋，拉瓦锡参与了法国科学院组织的对这个课题的研究。10月，英国科学家J. 普里斯特利访问巴黎，与拉瓦锡等一批科学家共同进餐时谈到加热"汞的红色沉淀"得到了一种新的"空气"，这种"空气"难溶于水，蜡烛在此"空气"中燃烧比在普通空气中燃烧更为明亮。这实际上已经制得了氧，但还以为制得的是以前曾制得过的氧化氮气体。1775年，拉瓦锡断定上述空气"不仅是普通的空气……，而且比我们生活中的空气更纯粹。"还进行了这样的实验：将一定量的硝酸与称重过的汞共热，得到白色的硝酸汞，随后分解为红色的氧化物与一氧化碳，将氧化物（汞）加热分解为金属汞和"比普通空气更好的空气"。收集了空气中的各种成分，通过实验证实在少量水的存在下，"纯粹空气"与氧化氮重新生成硝酸。1777年，他证实磷在空气中燃烧与其中"可呼吸的空气"化合成磷酸，剩余的惰性气体即为现在所称的氮。建立了"可呼吸的空气"是酸类的组成成分的概念。它和硫反应生成硫酸，与氧化氮反应生成硝酸，与磷反应生成磷酸，与金属反应生成氧化物。在1787年出版的《化学命名法》中，将氧的命名由Oxigine改为Oxygène。

除氧以外，对其他一些气体也感兴趣。他用金属加酸得氢（当时称"可燃空气"），1783年6月24日，在很多科学家在场的情况下公开演示实验，燃烧干燥气体而得到足够试验量的液体产物，当时认为这种液体像"蒸馏水一样的纯净"。贝赛罗曾回忆道：拉瓦锡的实验雄辩地说明，"水不是一个不能再制的'元素'，而是氧与'可燃空气'（即氢）的结合产物"。1781年开始，他与拉普拉斯合作，应用冰量热计测量由放热化学反应而升高温度的物体在冷却时放出的热量，以及在实验装置中放进动物使冰融化为水放出的热量，这样测定了各种物质的比热、各种化合物的生成热，其中测定了大白鼠在几小时中产生的热量。对当时关于水、火、空气的一些条论有独到见解，如认为发泡的反应是放气而非液体内部粒子的窜动，并认为与"火质"有关，故吸热（火）。

是糖发酵化学研究的先驱者。对呼吸化学有较深的造诣，因而对早期的生理学作出了一定贡献，指出动脉血由于吸收氧气而呈鲜红色。研制量热计，为动物热量的定量研究和他首创的呼吸燃烧理论提供了新仪器。在与拉普拉斯合作进行多项著名实验，其中发现：大白鼠（豚鼠）呼出二氧化碳释放出的热量，与碳在氧气中燃烧生成同量二氧化碳时生成的热量相等。

与其他科学家合作取得了一系列显著的成果，其中还有：1787年出版《化学命名法》；合作翻译出版《燃素论》译本；主编出版科学期刊《化学年鉴》；1789年出版影响深远的著作《化学基础论》(曾译《化学概论》)。1764年因改善巴黎街道的照明获国家金质奖章。

（蒋尚智）

克拉普罗特，M. H.（Klaproth, Martin Heinrich） 德国人，1743年12月1日生于德国韦尼格罗德，1817年1月1日卒丁柏林。*分析化学、矿物化学、物理化学。*

裁缝的儿子。原想当圣职人员，但15岁生日后不久，一件不愉快的事迫使他离开了拉丁文法学校，1759年到一家药铺当学徒。此后未受过正规教育，仅在满师后才有机会选学化学，阅读了一些教科书。1771年定居柏林。头10年依靠经营伙伴、不太出名的化学家罗泽（V. Rose）的药店资助进行研究工作。1780年与A. S. 马格拉夫富有的侄女结婚，最终买下了这一药店。在发表几篇化学论文之后，又鼓起勇气著书。1782年坐上了普鲁士医学界药监官的第二把交椅，开始了行政管理和教书生涯。先后在矿业学校、皇家炮兵学院、柏林大学哲学学院等处担任讲师和教授。1800年应邀接任柏林大学化学系主任，1803年后一直在该学院的新实验楼工作。1817年在元旦钟声中去世。1795年当选为英国皇家学会外籍会员。1804年当选为法国科学院6位外籍院士之一。

最重要的贡献是在分析化学方面，从1780年起他是欧洲分析化学的带头人。研究了地球上的各种矿石，独立发现或和他人共同发现锆（1789年）、铀（1789年）、钛（1795年）、铬（1797年）和铈；证实了前人已发现的碲（1798年）和铍（1798年）。值得称道的是还提出了一些新技术新方法。例如，发现许多特殊的不溶矿石，只要磨成粉与碳酸盐一起熔化，就可溶于水；十分注意由于仪器干预和试剂污染而引起的误差，彻底打破了那种在分析中忽视“微小”重量增减的旧传统，认为误差超过百分之几就表明存在分析失误和实验不完善。正是这样通过实践，逐步自觉地利用化合量定律。反复验证氧化汞的还原反应，为德国接受拉瓦锡氧化理论起了重要推动作用，从而为在德国成功抛弃燃素说开辟了道路。因在化学上的成就，得到了众多的荣誉。（陶其恒）

科尼特，C.-M.（Cornette，Claude-Melchior） 法国人，1744年3月1日生于法国贝桑松，1794年5月11日卒于意大利罗马。*基础化学、药物化学、医学。*

是家中第九个孩子。早年在当地教会学院上学。1760年跟药剂师让松（Janson）研究药物学。1763～1768年寓居巴黎，师从麦奎尔和波美学习化学，从G.-F. 鲁埃尔学药物学。1773年在皇家主任医师的推荐下到拉森尼实验室工作，从而获得良好机会继续从事研究。约经过3年的研读，于1778年获开业医生证书。同年5月成为法国科学院院士。翌年加入了皇家医学学会。1779年任哥白林双面挂毯制造厂的检查员。1784年任皇室医生。1788年拉森尼去世后，他继任皇家主任医师一职。在法国革命后，因他是皇帝的医生，迫使他陪同皇室充军罗马直至去世。

生前发表过多种论述化学的论著。信奉G.-F. 鲁埃尔的理论。在研究盐及其被无机酸分解的论述中，显示了鲁埃尔的观点。由此想象化合就是化学成分之间的相互结合，这同鲁埃尔的理论是一致的。还建议修改化合力表。有关酸与油的反应理论亦基于鲁埃尔的油燃烧理论，该论文于1777年获得第戎研究会奖金。后来他致力于化学药物研究，但坚持拒绝接受拉瓦锡的新理论。（戴永发）

克雷尔，L. F. F. von（Crell，Lorenz Florenz Friedrich von） 德国人，1745年1月21日生于德国黑尔姆施泰特；1816年6月7日卒于格丁根。*药物化学、科学传播。*

1768年在当地大学获医学博士学位。在斯特拉斯堡、巴黎、爱丁堡和伦敦等地大学游学2年半归来后，曾任母校医学、药物学和化学教授。业余时间从事自然神学的研究，撰写有关药物的短稿；前者成为一生爱好，后者促成他于1778年创办和主编《自然科学之友：化学·药物合成及生产》杂志，这是德国科学界第一份成功的专业杂志，为德国化学家创建了一个交流成果和观点的论坛，促进德国化学界形成密切联系和相互切磋的优良传统。他是燃素说的坚定支持者，由于他的影响，在很大程度上阻碍了德国对燃素说的批判。1804年，他的杂志终因燃素说的失败而宣告停刊。在编辑生涯的大部分时间里，为科学发展做了有益的工作。他的杂志在如何为专业发展服务方面，为其他学科和其他国家提供了一个很好的榜样。（计其达　郭中英）

拉什，B.（Rush，Benjamin） 美国人，1746年1月4日生于美国宾夕法尼亚州拜贝里，1813年4月19日卒于费城。*应用化学、生理化学、医学。*

1760年获美国新泽西州立大学学士学位。毕业后5年，在费城跟随雷德曼（J. Redman）博士学医，还在费城大学听课。1766年进英国爱丁堡大学深造，博士学位论文是有关化学应用于人体消化过程的研究，曾用自己身体做实验研究胃酸的作用机理。后去法国、英国许多工厂考察化学反应的工业应用问题。回国后，1769年任费城大学化学教授。同年开始在各阶层人士中行医，作为医生和教师颇有名望。1787年负责宾夕法尼亚医院神经病科。1789年10月结束化学教学工作，接替摩尔根（J. Morgun）任医学理论与实践讲座教授。

1770年出版《化学教程概要》。不但擅长实验，还用化学知识去揭露庸医对癌症的治疗丑行，研究各地矿泉水对疾病的疗效和化学组成。南北战争时，指导军事急需的硝石生产。通晓法医学、生理学、印度医学、牙科学、老年病学和兽医学。当时精神病学改革席卷全球，他是领军人物之一，这方面有多种专著。在社会学领域，主张妇女有接受高等教育的权利，反对奴隶制度和死刑。（沈德阶）

比凯，J.-B. M.（Bucquet，Jean-Baptiste Michel） 法国人，1746年2月18日生于法国巴黎，1780年1月24日卒于同地。*应用化学、无机化学、矿物化学。*

青年时期先遵父命学法律，后改学医。1770年获巴黎大学医学院博士学位。1775年任该医学院药学教授，1776年任化学教授。1777年当选为皇家医学学会通讯会员。1778年任法国科学院通讯院士。

认为化学对博物学和医学发展至关重要，从1770年起讲授结合博物学和化学的课程，化学成为主要研究领域。力图将化学及其相关学科一体化。因发现当时流行的化学著作不甚可靠，难以作为这一工作的基础，决定重复已经进行过的大量实验。由于这个缘故和过早去世，使他在化学领域中有独创性的贡献不多。曾发表过无机物分析和气体化学的论文，指出氧化钙只有在水溶液中才与二氧化碳反应。后又收集和测量由大理石产生的二氧化碳，证实它是酸性气体。还从事醚和血液分析的研究。出版矿物化学和植物化学的著作，后者是详细介绍这一化学分支的最早出版物。

（蒋尚智）

莱昂哈尔迪，J. G.（Leonhardi, Johann Gottfried） 德国人，1746 年 6 月 18 日生于德国莱比锡，1823 年 1 月 11 日卒于德累斯顿。*无机化学、科学传播、医学。*

医生的儿子。1764 年进莱比锡大学学习哲学和自然科学，并开始学医，1767 年获学士学位。毕业后继续其"天生热爱"的医学工作。1769 年为申请开业执照作了球腺结构及功能的讲演。1770 年获莱比锡大学硕士学位，次年获医学学士学位。此后继续开业行医。1781 年成为莱比锡大学编外医学教授。1782 年前往维滕堡大学任医学教授。

大量著作是实验总结、编辑和翻译他人之作，也有些独创性的化学和医学学术论文。6 卷本《化学辞典》是其最主要的成就。该书原是翻译、解释及补录 P.-J. 麦奎尔所著的化学辞典。广为接受和采用的是它的第二版，增补了 150 条自己撰写的新条目，全书篇幅是原来的 2.5 倍。丰富而独到的注释反映出译者通晓那个时代所有化学文献，引证准确，评注简明，同时也反映出主要兴趣是无机物质，尤其是对工业上有价值或有潜在价值物质的定性分析。（蒋尚智）

第九世邓多纳德伯爵，A. C.（9th Earl of Dundonald, Archibald Cochrane） 英国人，1748 年 1 月 1 日生于英国苏格兰，1831 年 7 月 1 日卒于法国巴黎。*化学工程。*

出身名门望族。早年在英国陆军、海军服役。1778 年继承父亲爵位，除了田地外没有多少钱，于是设法通过发明致富。虽在技术上取得很大成功，但在商业上却未能如愿。

一生中的极大部分精力倾注在把化学应用到制造工艺上。1781 年设想利用煤来制取木焦油的代用品。1871 年申请煤焦油、无机酸、盐类、焦炭和香精油等产品的英国专利许可获准，于是便联合一些炼铁厂成立英国煤焦油公司，建造了许多煤窑，但终因英国海军部对煤焦油不感兴趣而停产。之后对明矾、染料媒染剂等其他材料产生兴趣。对 18 世纪末化学工业的主要贡献是用食盐制造苏打，解决了当时肥皂、玻璃和纺织工业基本原料短缺问题。其他专利包括铅白和各种重要化学品的制造，如苏打、硝石、氯化铵、明矾、泻盐、氯化钾、硫酸钾和磷酸钠等，以及利用植物资源制造碱。此外还研究过用土豆制面包，用土豆代替小麦制造酒精。（戴永发）

布莱格登，C. B.（Blagden, Sir Charles Brian） 英国人，1748 年 4 月 17 日生于英国格洛斯特郡下沃顿，1820 年 3 月 26 日卒于法国阿尔克伊。*物理化学、生理化学。*

曾在爱丁堡大学医学院学医，1768 年获医学博士学位。1772 年当选为英国皇家学会会员。1776～1780 年在英国军队任医官。1782～1789 年任卡文迪许的助手。1784 年任英国皇家学会秘书长。1792 年被册封为爵士。在欧洲特别是法国度过了大半生，是贝托莱等法国科学家的亲密朋友。

英国的卡文迪许、瓦特和法国的拉瓦锡皆自称最先发现水的组成。因此他也长期卷入"水的论战"之中。他最早的一些论文是有关人体对高达 260℉（约 126.7℃）温度的忍耐性，发现体温在这些情况下只升高 1℉～2℉（约 0.56～1.11℃）。一系列关于蒸馏水和盐溶液过冷的实验，促使他研究溶质对水的冰点的影响，发现冰点下降与水在溶液中比例是成反比的布莱格登定律。还撰写过卡文迪许等测定汞冰点尝试的历史。（蒋尚智）

魏格尔，C. E.（Weigel, Christian Ehrenfried） 德国人，1748 年 5 月 24 日生于德国施特拉尔松德，1831 年 8 月 8 日卒于格赖夫斯瓦尔德。*基础化学、科学传播。*

医学之子，早年接受家庭教育，未上正规学校。1764 年进入格赖夫斯瓦尔德大学攻读医学及自然科学，1769 年毕业。后进入格丁根大学，1771 年获医学博士学位。1772 年任格赖夫斯瓦尔德大学讲师兼植物园主管，1774 年任该校医学院化学、药学教授直至去世。1772～1781 年继续管理植物园。1780～1806 年在波美拉尼亚和吕根岛医学委员会任职。从 1796 年至去世，一直任格赖夫斯瓦尔德大学化学研究所所长。1806 年册封为贵族。

所著的《纯化学和应用化学纲要》，是最早一批为医学读者以及各阶层读者所编写的德文教科书之一。还翻译了许多外国化学家的著作，为使德国化学界跟上国际发展作出了贡献。（张京京）

贝托莱，C. L.（Berthollet, Claude Louis） 法国人，1748 年 12 月 9 日生于意大利萨瓦的塔洛里（今法国阿讷西附近的塔卢瓦尔），1822 年 11 月 6 日卒于阿尔克伊。*分析化学、物理化学、化学工程。*

出身没落小贵族家庭。早年在阿讷西和尚贝里上大学。1768 年从意大利都灵大学毕业，取得医生资格。1772 年去巴黎大学学习化学，并继续研究医学，1778 年取得医学博士学位。1780 年当选为法国科学院院士；1795 年又成为拿破仑时代重建的法国科学院第一批院士。1792～1796年为4届不同政府服务且任要职，其中参与建立巴黎综合工科学校。1798年奉拿破仑之命去埃及调查自然资源，回国后册封伯爵、参议员、铸币厂厂长等要职。

早期跟随化学界传统观点，支持燃素理论。1778～1780年，先后向法国科学院递交17篇化学论文。1785年测定氨的化学组成，并作精确分析。对氯的性质作了详细研究，并成功地把氯的漂白性质应用于纺织工艺中。认识到亲和力理论的重要性，论证亲和力是一种相对概念，随物理条件而变化。阐明化合与亲和力的性质。建立物质构成模型，并以此阐明物质的物理状态和化合现象之间的关系。成为法国第一个试图用机械论术语和概念来解释化学反应的化学家。（汪天伟）

卢瑟福，D.（Rutherford，Daniel） 英国人，1749年11月3日生于英国苏格兰爱丁堡，1819年12月15日卒于同地。无机化学、大气化学。

爱丁堡大学医学教授的儿子。16岁入读爱丁堡大学医学院，1772年获医学博士学位。留校任教，后任植物学教授，皇家植物园园长。外甥是著名小说家W. 司各特爵士（Sir Walter Scott）。

他的导师J. 布拉克于1755年发现“固定氮气”后，就让他来完成研究这种气体的性质。1772年他用动物做实验，把老鼠置于密封容器中，待老鼠闷死后发现，容器内空气的体积减少了十分之一。如果对剩余的气体再用碱液来吸收，则会继续减少十一分之一的体积。用上述方法，他除去了容器中的氧及二氧化碳。对容器中剩余的气体进行研究后发现，它不能维持动物生命，且具有灭火的性质，从而发现了氮气，当时他命名为“浊气”。在同一时期，J. 普里斯特利和K. W. 舍勒也在独立研究空气的组成。他们可算是化学史上第一批发现氮气是空气主要组分的科学家。（陈擎宇）

范马隆，M.（Van Marum，Martin） 荷兰人，1750年3月20日生于荷兰代尔夫特，1837年12月26日卒于哈勒姆。基础化学、气体化学、电学、矿物学、技术发明。

建筑工程师的儿子。在格罗宁根上大学时，受老师影响对植物生理学产生兴趣，1773年获哲学博士和医学博士学位。后被选为荷兰科学学会会员。留校任哲学和数学讲师。1783年任泰勒博物馆馆长。

利用泰勒博物馆齐全的电学设备进行实验，受到富兰克林和伏特的赞扬。他创造了“伏特电堆”这一术语，并证实静电和伽伐尼电流是等同的。1785年在巴黎遇到拉瓦锡，重复了某些化学实验，确信燃烧理论的正确。他的实验和论文对荷兰接受“新化学”作出很大贡献。与他人共同发现一氧化碳；做了分解和合成水的重要实验；第一个观察到氨由气态凝聚成液态的现象，据此建造出可变气泵的压气机。1795年后致力于古生物学和地质学研究，按居维叶的方法对博物馆所有矿石收藏品重新进行了分类。（肖　玲）

兰德里亚尼，M.（Landriani，Marsilio） 意大利人，约1751年生于意大利米兰，1815年卒于奥地利维也纳。分析化学、气体化学、生理学、仪器研制。

贵族家庭出身。1776年任米兰布雷勒学院钦定物理学教授。1787～1788年到欧洲一些国家考察科技发展。1790年任意大利政府顾问。曾倡导和参与成立米兰兽医学校。1791年底作为意大利外交使团成员派遣德国德累斯顿。1794年迁至维也纳，直至去世。

1775年出版《对健康有益空气的物理研究》一书，是意大利最早对大气进行化学分析的人之一。他在仪器发明上的重要贡献是空气纯度测定管。1777年发明测量气体纯度的测定管，作为一种极有价值的气体分析仪器载入科学史中。通过一系列独创性的实验，他阐明了不同气体、大气层、呼吸和体温的本质。尽管一些说法后来证明是肤浅甚至错误的，但是他的测气管和有关气体分析的实验方法，很快便在欧洲迅速得以传播。他发明的仪器后来成了拉瓦锡、普里斯特利等人作出化学新发现的有力工具。（屈大壮）

皮尔逊，G.（Pearson，George） 英国人，1751年生于英国约克郡洛瑟勒姆（9月4日受洗礼），1828年11月9日卒于伦敦。分析化学、生理化学、冶金学、医学。

药剂师之子。1774年获爱丁堡大学医学博士学位。曾在J. 布莱克指导下研究化学。后在圣托马斯医院实习一年。1777年定居唐克斯特，接着6年中担任矿泉水分析师。1783年移居伦敦，次年获皇家内科医师学院开业证书。1787年任圣乔治医院主任医生。1791年入选英国皇家学会会员。

当听到E. 詹纳采用天花病人的疱浆接种牛痘成功后，曾发表文章及小册子加以宣传，并建立一个供应痘苗的机构进行推广，但因选用的疫苗有缺陷而效果不佳。还曾研究人体的组织和体液，认为肺组织的发黑是由于从空气中吸收碳素的缘故。是英国最先接受拉瓦锡“反燃素说”的化学家之一。还把拉瓦锡的《化学命名法》译成英文。曾研究当时广为流行的退烧药“詹姆士粉剂”的成分，发现是骨粉和氧化锑的混合物。发现磷和氧化钙加热可得磷化钙，磷化钙和水的反应以及磷化氢的自燃等。1790年，和卡思伯森（J. Cuthbertson）一起利用伏打电池把水电解成氢和氧。曾与斯托达特（J. Stodart）研究印度钢、古代武器和用具的组成分析，从而对冶金技术作出一定贡献。（高中兴）

克卢埃，J. -F.（Clouet，Jean-François） 法国人，1751年11月11日生于法国阿登省，1801年7月4日卒于法属圭亚那卡宴。分析化学、矿物化学、冶金学。

农家子弟。起先攻读基础技术，后在家乡创办一家陶瓷工厂，并从事珐琅制造的实验。虽然工厂取得一些进展，但最终放弃不干。1783年任梅济埃尔军事学院制图教师和物理与化学助手，协助 G. 蒙日教授做关于水的组成实验、二氧化硫的液化和气球飞行等工作，1784 年末接替蒙日任物理与化学教授。此后从事冶金学问题研究，诸如菱铁矿、亚砷铁的成分研究等。1795 年受聘去巴黎指导扩大铸钢的生产，1798 年 4 月 10 日把研究成果呈报法国科学院。倡导和促进化学研究解决实际问题，特别在法国冶金业实现近代化方面做了不少研究工作。（戴永发）

法布罗尼，G. V. M. （Fabbroni，Giovanni Valentino Mattia） 意大利人，1752 年 2 月 13 日生于意大利佛罗伦萨，1822 年 12 月 17 日卒于同地。物理化学、经济学、博物学。

16 岁任佛罗伦萨大学物理学和自然科学博物馆助理员，1780 年任馆长助理，1805 任馆长。1776 年起访问巴黎、伦敦，曾几次会见富兰克林，1778 年回到佛罗伦萨大学。1798 年参加巴黎度量衡协会。1802 年担任比萨大学名誉教授。先后被选为意大利及国外 30 多个科学院的院士。

他认为伽伐尼在 1791 年发现的所谓“生物电”现象，并非由电流引起，而是由于不同金属在潮湿环境里互相接触产生往复作用而引起的。这种论点对于 19 世纪初期电池化学原理的形成，有较大影响。专心研究保护自由贸易的经济学。出版农业、植物学、化学、物理学、考古学和哲学方面的许多论著。为纪念他的各方面贡献，月球上有一环形山以他命名。（苏诚基）

范特鲁斯威克，A. P. （Van Troostwijk，Adriaan Paets） 荷兰人，1752 年 3 月 4 日生于荷兰乌得勒支，1837 年 4 月 3 日卒于尼奥斯勒伊斯。无机化学、气体化学、电化学。

受教育情况不详。一般认为，他既是阿姆斯特丹商人，又是一位重要化学家。约 1791 年与一些著名学者建立闻名的荷兰化学家协会巴塔维亚俱乐部，并任领导。1806～1816 年当选为皇家科学文学美术院（今荷兰皇家科学院）院士。1816 年移居尼奥斯勒伊斯，直至去世。

主要科学工作是研究有关各种气体和金属氧化物的电化作用。1778～1818 年间出版过 35 篇（部）论著。通过火花放电，发现臭氧和一氧化碳（当时把它误认为是氢）。发表关于电解水、燃烧氧气和氢气生成水等实验报告。用浓硫酸和乙醇作用制备乙烯气体，又用氯气与乙烯的作用制备氯乙烯。（周申范）

阿哈德，F. K. （Achard，Franz Karl） 德国人，1753 年 4 月 20 日生于德国柏林，1821 年 4 月 20 日卒于库纳恩。物理化学、无机化学、应用化学。

父亲是牧师，在他 2 岁时去世；1759 年母亲改嫁。早期生活与教育不详。20 岁时，作为植物学家格莱迪奇（J. G. Gleditsch）和著名化学家 A. S. 马格拉夫的助手开始科学生涯，特别是后者不仅培养了他，还引领他进入柏林科学界。1776 年当选为柏林科学院院士。1782 年马格拉夫去世后，接任柏林科学院物理学部主任。

年轻时已是一位多产作者，曾发表气体和液体热膨胀、可溶和不可溶流体对水冰点的影响、蒸发致冷和各种电现象等方面的论文。这些论文大多数发表在柏林科学院等刊物上。在克雷尔（Crell）的《化学年鉴》上发表过论文。1780 年和 1784 年出版 2 卷科学短论集。在应用化学中，阐述了铂和砷的合金；开发从食盐和正方铅矿制取碱液的工艺；发展从甜菜榨糖的方法。1786～1799 年经多种培植和提取方法的试验才获得甜菜块糖，随即应用于工业生产中，1801 年完成建厂，次年投产。（楼书聪）

尼科尔森，W. （Nicholson，William） 英国人，1753 年 12 月 13 日生于英国伦敦，1815 年 5 月 21 日卒于同地。物理化学、技术发明、科学传播。

在约克郡受教育。当过陶工、数学教师、专利和商业代理人及水利工程师。1769 年进入东印度公司，1776 年回国。作为一家商号代理人去过阿姆斯特丹。1780 年定居伦敦，开始当发明家、翻译家和科学规划人。当过英国制造商总商会秘书。办过几年教育。1783 年为哲学学会成员，不久任该学会秘书。

翻译过外国科学文献，编辑化学辞典，改进或发明一些工具。1781 年出版《自然哲学导论》。1790 年出版《化学的主要原理》。1795 年主编《化学辞典》。人们较为熟悉的是他办杂志 16 年，1797 年开始主编《自然哲学》和《化学与技术》两种杂志，促使其他科学杂志相继诞生。1800 年 7 月首次发表他与 A. 卡利斯尔（Anthony Carlisle）共同研究的关于水的电解的文章，这项开创性工作对化学的发展作出了贡献。这方面文章的连续发表，导致化学原子理论的产生。有多种发明，包括比重计到生产文件夹的机械等。虽然有先进科学知识和实际创造才能，但一生穷困潦倒。

（沈德阶）

德吕亚尔，J. J. （D' Elhuyar，Juan José） 西班牙人，1754 年 6 月 15 日生于西班牙洛格罗尼奥，1796 年 9 月 20 日卒于新格拉纳达（今哥伦比亚）波哥大。金属化学、矿物学、矿冶工程。

移居西班牙的法国著名外科医生的儿子。1772 年与其弟 F. 德吕亚尔一起赴巴黎大学医学院学习医学。1777 年回国后，因西班牙与英国准备交战，不得不放弃医学生涯，兄弟两人受海军部委派去萨克森弗赖贝格矿业学院学习地质学、矿物学和冶金学。在参观了伊德里亚的水银矿和匈牙利、波希米亚和奥地利等地的矿区之后，独自于 1781 年赴瑞典、挪威和丹麦考察。1783 年 12 月被任命为新格拉纳达的矿务总监，主要管理银矿。

18 世纪 80 年代，他在乌普萨拉大学听过贝格曼等人的讲演，还遇到过塞勒。这两位科学家当时正在寻找一种新元素，但只得到钨酸。他参与实验并成功分离金属元素钨。1783年他们兄弟俩联名发表一篇有关金属钨的论文，引起科学界极大兴趣，很快被译成多种文字。他还改进博恩（I. E. von Born）的汞齐化处理银矿石的方法；介绍过一种分离铂的新工艺。由于殖民地当局干预其工作，他的科学研究才能未被充分发挥。

（戴永发）

普鲁斯特，J.L.（Proust，Joseph Louis） 法国人，1754年9月26日生于法国昂热，1826年7月5日卒于同地。分析化学、金属化学、化学工程。

是一位药剂师的次子。先随父学药学，准备继承父业。约在1774年不顾家庭反对，去巴黎大学学习化学。1778年底去西班牙贝尔加拉一所具有近代科学教育特色的技术学校教化学。1784年后在法国穆塞和西班牙任教。1788年去塞哥维亚任皇家工艺学院化学教授。1799年任西班牙马德里大学新创办的化学实验室主任。1808年拿破仑军队入侵西班牙，实验室设备被拆散，他移居克朗经营农庄。后在C. L. 贝托莱劝说下回到法国。1816年继任法兰西学院院长。1819年获荣誉军团骑士勋位。

他发展了应用硫化氢作为试剂的分析方法。通过分析大量硫化物和氧化物，宣布具有重要意义的定比定律：化合物仅能够按照少数的固定比例相化合。发现大多数金属可以形成两种不同比例的氧化物，称之为最低和最高氧化物。1799年他成功分离出葡萄糖，建议生产它来补充花费较大、供应不定的西印度蔗糖。这个主张得到拿破仑政府赏识，1810年提供10万法郎建设一座生产葡萄糖的工厂。1818年他宣布从干酪里发现了氧化白氨酸，不久H. 布拉康诺也发现了这种物质。

（陈民生）

富克鲁瓦，A. F. de（Fourcroy，Antoine François de） 法国人，1755年6月15日生于法国巴黎，1809年12月16日卒于同地。无机化学、医疗化学、教育学。

出身于贵族家庭。1780年毕业于巴黎大学医学院。大学毕业后被选为法国皇家医学学会会员，后成为领导成员。1785年被选为法国科学院院士。曾在巴黎大学医学院、巴黎综合工科学校等高校任教授。1799年12月拿破仑任命他为国家顾问。1802年任国家教育总监。

学生时代便在化学方面显露才华，并在导师J.-B. M. 比凯的私人实验室讲课。在他所有的讲座中，都十分强调化学与博物学的关系及其在医学上的应用。对化学在医学上的应用颇感兴趣，并开展了这方面的研究。他和N. L. 沃克兰对无机化学也做过贡献。他们于1796年论述了亚硫酸盐、亚磷酸盐以及一些新盐类的制备方法和特性。作为国家顾问，在规划一个从小学到大学的新教育体系中也起了巨大作用。1809年着手起草采矿法，1808年以后健康情况越来越差，在采矿法通过之前去世。

（戴永寿）

德吕亚尔，F.（de Elhuyar，Fausto） 西班牙人，1755年10月11日生于西班牙洛格罗尼奥，1833年1月6日卒于马德里。金属化学、矿物学、矿冶学。

法国移民后裔。1773～1777年同其兄J. J. 德吕亚尔在法国巴黎大学学习医学、化学、数学、物理学和博物学。毕业后返回西班牙，在巴斯克地区和纳瓦拉矿山实习。1781年加入皇家巴斯克国家之友协会，不久任贝格拉大学、瓦加拉大学两校的矿物学和矿冶学教授。后同化学和物理讲师夏巴诺（F. Chabaneau）一起创办皇家冶金学校。西班牙国王曾委派他负责组织冶金学家赴墨西哥和秘鲁考察和指导矿业。1821年回马德里后，曾任矿务大臣等职。

1783年访问了德国弗赖贝格矿业学院等多个欧洲大学。还在瑞典乌普萨拉大学讲授矿物学和矿山机械学。1785年回西班牙。1786年任墨西哥矿业总督。1813年组建墨西哥城矿业学校。1785年与夏巴诺合作，研究分离和延展铂的方法。奉命赴匈牙利考察博恩（I. von Born）的汞齐化处理金银矿石的新方法，后来对博恩方法作了改进：在加入盐和石灰后可以焙烧金银矿石。1783年同其兄、J.J. 德吕亚尔合作研究，共同为钨的发现者，1784年他还散发了他们合著的论文，而常被人误认为他对金属钨的发现作出比其兄更大的贡献。

（戴永发）

阿森弗拉茨，J.-H.（Hassenfratz，Jean-Henri） 法国人，1755年12月20日生于法国蒙马特尔（今属巴黎），1827年2月26日卒于巴黎。无机化学、矿物学、矿冶学。

父母经营小酒馆。他最先以木工为业，靠自学成才。在王室教授过地理学。1778～1780年任土地测量员。1782年在矿业部门评为优等采矿生，同年赴中欧研究钢的制造和矿物开采工艺。1785年成为矿区代理检督员。1786～1788年在拉瓦锡的实验室工作。后在矿业学校教物理学。在法国大革命时代，是一位激进民主主义者。1792年10月参加巴黎公社，任战争装备部部长。后弃政执教，1795年任巴黎矿业学校教授，1810年获工程师职称。后在巴黎综合工科学校任物理学教授。1815～1822年回巴黎矿业学校任矿冶学教授。

与阿代（P. A. Adet）一起发表一种新的化学记号法。1790年研究苏打的合成法。1812年出版的4卷本《冶铁术》是其主要著作。另有《物理学辞典》（4卷，1816～1821年）、《石灰石煅烧的实践与理论》（1825年）等。

（楼书聪）

夏普塔尔，J. A.（Chaptal，Jean Antoine） 法国人，1756年6月4日生于法国洛泽尔省圣皮埃尔，1832年7月30日卒于巴黎。应用化学、化学工程、社会管理。

父亲是小土地所有者；叔叔C. 夏普塔尔（Claude

Chaptal）是蒙彼利埃富有而有成就的物理学家，对他的教育具有决定性影响。曾在芒德学院和罗德兹学院接受教育。1774 年进入蒙彼利埃大学医学院，1776 年 11 月提交医学学士学位论文，但 3 个月后却获得医学博士学位。后在巴黎大学医学院学习医学课程外，还在比凯和萨热的指导下学习化学。1803～1804 年任巴黎大学第一学院院长。1800 年 11 月任法国内务部执行部长，1801 年元月升任内务部部长，1804 年 7 月辞职，但仍任法国政府技术顾问。

特别注重对教育、宗教、公共事务、海关、剧院、国有企业、宫殿、博物馆、医院以及监狱的管理。在工业和商业方面常起庇护人的作用。1802 年把矿业学校从巴黎迁往矿区，使学生们有理论与实践相结合的机会。1801 年负责举办第一届法国工业展览会。

对理论化学作出了一些独到的贡献，又是当时一位著名的化学品制造家，并善于把学术知识介绍给大众。还是一位经济学家，特别关心农业，坚持运用化学知识来提高农作物的产量。在化学工程上，是最早热衷于用甜菜糖代替蔗糖实现法国食糖自给自足的倡导者；他还首创“中间试验”这一重要概念，使科技成果可靠地变成现实生产力。

酸的制造是他对工业的特殊贡献。1785 年他就开始批量生产和销售硝酸和硫酸。1786 年制造硝酸盐和硫酸盐。同年，他发现浓硫酸在浓缩和冷却条件下能成为六面体结晶物。向蒙彼利埃科学院首次提交研究报告，这一研究报告被法国科学院予以发表。1787 年发表用低成本制造高纯度酸的研究成果。发现氯的漂白作用等性能。利用氯化氢溶解于水的性质，低成本成功制取盐酸。这些产品不仅供给法国的一些市镇以及远销至里昂和巴黎，而且还出口到英国和德国。

除无机酸外，他制造了大量的草酸、氯化铵、胆矾、监矾、皓矾和铅白。是法国第一个制造明矾的人。明矾是一种十分重要的化工产品，它不仅是染色的媒染剂，而且是制革、造纸和纺织品工业的重要原料。1784 年在朗格多克发现制备明矾的资源，用空气和水适当处理后，再经脱水、萃取和结晶就可制得明矾，这一成果使他在法国首次获得低成本明矾。（戴永发）

洛维茨，J. T.（Lovits，Johann Tobias） 德国人，1757 年 4 月 25 日生于德国格丁根，1804 年 12 月 17 日卒于俄国圣彼得堡。分析化学、有机化学、晶体化学。

自幼丧母；1762 年父亲任格丁根大学教授。1768 年他们父子移居圣彼得堡。他取俄文名字为托维・叶戈罗维奇（Товий Егорович）。父亲在布加乔夫起义中被杀。不久他进入圣彼得堡大药房当学徒。1779 年成为一名药剂师。后被送往格丁根大学就学。因病辍学返回圣彼得堡，继续学习药物学，业余时间学习化学。1787 年成为宫廷药剂师。1790 年入选圣彼得堡科学院通讯院士，1793 年当选为院士。

在晶体化学方面，研究溶液中物质结晶问题，引入“过冷却”和“过饱和”概念；制得水合氯化钠（$NaCl \cdot 2H_2O$）和水合氢氧化钾（$KOH \cdot 2H_2O$）等晶体水化物；发现人工结晶和自然结晶的区别，同一种物质能形成不同形态和不同组分的晶体；解释晶体生长中晶核的作用；应用晶体技术于化学分析分离出不同晶体的盐类；首次叙述结晶过程中的对流作用；制订几种致冷剂的配方；用蜡制作 288 种晶体模型；用显微镜观察母液在玻璃片上蒸发后析出的晶体形式。

在分析化学方面，研究锶、钛、锰、铌和它们的盐类；从重晶石中分离出锶；详细研究锶盐的性质，根据锶盐跟钡盐、钙盐在酒精中溶解度不同，开发出把它分离的方法；分离铬并确定它的晶格形式；发明过一些化学分析方法。

在有机化学方面，他发现活性碳可使有机物脱色，进而研究活性碳吸附气体的功能，并注意到它的除臭作用；从化学角度解释吸附作用；用结晶、蒸馏和吸附等技术，制得冰醋酸、无水酒精、纯硫醚和许多有机酸；是从蜂蜜中分离出葡萄糖的第一人；还制得二氯乙酸和三氯乙酸两种新发现的酸。（汪天伟）

卢伯克，R.（Lubbock，Richard） 英国人，约 1759 年生于英国诺里奇，1808 年 9 月 2 日卒于同地。基础化学、大气化学、物理化学。

早年上爱丁堡大学。当过医生、药剂师。

在化学方面的贡献，首先体现在 1784 年的医学博士论文中。该论文阐明了空气中包含一种维持生命、控制煅烧、燃烧和其他自然过程的要素，它曾有不同的名称，普里斯特利称之为“脱燃素的空气”，拉瓦锡称为“适宜于呼吸的空气”，而他主张把它命名为“纯空气”。认为化合物是由“吸收基”和“空气流动基”所组成，后者有光和热而没有质量。金属和可燃物如焦炭、硫、磷都是真实的元素，在煅烧或燃烧时它们和吸收基结合获得了质量，“空气流动基”以热和光的形式放出。光和热放出的多少与吸收基移动的大小有关，移动多，热量也明显地增加，移动相当大时就有光出现。他争议说，拉瓦锡的原理没有解释为什么燃烧时空气被破坏了。认为“含燃素的空气”和拉瓦锡的“不能维持生命的气体”（氮气）是一种含有吸收基的化合物，它含有“空气流动基”的比例较“纯空气”要大得多。他所说的“吸收基”实际上是拉瓦锡所说的氧气的同义词。著有《物理-化学演讲与论文集》（1784 年）等。（汪天伟）

库珀，T.（Cooper，Thomas） 英国人，1759 年 10 月 22 日生于英国伦敦，1839 年 5 月 11 日卒于美国南卡罗来纳州哥伦比亚。无机化学、应用化学。

早期生活不详。1779 年入牛津大学攻读法律，但未获得学位。1789 年成为一名律师。在这以前几年曾对医学发生兴趣。参加过兽医解剖学培训和演示。1790～1793 年经营过漂白剂商行。商行破产后，移居

美国宾夕法尼亚州诺森伯兰。是杰斐逊（Jefferson）总统的密友。1802年成为美国哲学会会员。1804年任宾夕法尼亚州法官。1811年在宾夕法尼亚卡莱尔的迪金森学院任化学教授。1815年任宾夕法尼亚大学应用化学和矿物学教授。1819～1834年任南卡罗来纳学院化学教授，1921年任该学院院长。

是英国使用氯气漂白的先驱者之一。曾宣称是他首先发明用红丹代替二氧化锰制取氯气。1810年首先在美国将碳酸钾和铁强烈加热制得钾，而该方法是盖-吕萨克等人于1808年发明的。（李 郁）

赫尔姆施泰特，S. F.（Hermbstaedt，Sigismund Friedrich） 德国人，1760年4月14日生于德国爱尔福特，1833年10月22日卒于柏林。*物理化学、化学工艺学。*

在爱尔福特大学起初学医，后改攻化学，获化学博士学位。1784～1785年在柏林受聘经营药房。曾作职业性旅行，在格丁根大学拜访了贝克曼（Backmann），引发了他对化学工艺学的兴趣。1787年开设私人讲座，并在柏林一家化工厂当顾问。1790年经过考试被任命为宫廷药剂师。1791年任柏林大学教授。1795年任柏林一所军医学校教授，并兼任斯塔夫将军的药剂师。1797年任盐政监察官。1808年成为普鲁士柏林科学院院士，同时任国家技术、工业与商业委员会委员。1810年任柏林大学工艺化学教授。

当时德国一流学者，论文和著作多达100篇（部）。在化学方面，主要著有《物理化学实验与观察》（1789年）和教科书《普通实验化学系统概论》（3卷，1791年）。在后一本书中抛弃了G. E. 施塔尔的燃素理论，是这样做的第一位德国化学家。最大成就是在工艺学领域，开设“工艺学概论”等多种课程。（楼书聪）

格伦，F. A. C.（Gren，Friedrich Albrecht Carl） 德国人，1760年5月1日生于德国贝恩堡，1798年11月26日卒于哈雷。*基础化学、物理化学、科学传播。*

是瑞典侨民、矿工的长子。原派定他任圣职，因父亲去世，放弃正常教育而从事制药生涯。1783年进入哈雷大学学习化学，当数学与物理教授卡斯滕（W. Karsten）的助手，1786年获医学博士学位。1789年获哲学博士学位。留校任教，很快升为哈雷大学医学院物理和化学教授，任此职直至去世。

在近代德国科学界，他以教科书作者、杂志出版者和化学、物理理论家而著名。因经济拮据，为额外收入而著教科书，撰写的书很受欢迎。著有《化学分类大全》、《自然界基础》、《药物手册》和《化学基础》等。这些书在他死后仍在出版。受老师启发，他出版周刊《自然科学的数学和化学分支》。1790～1794年主编《物理学》杂志，1795～1797年改名为《物理新闻》杂志、1799年后改名为《物理年鉴》。该杂志成为德国最活跃的科学杂志，直至他死后依然出版。

他致力于燃素理论。在1786年的一篇学位论文中，认为燃素是负重量的。尽管大多数德国科学家拒绝这一荒谬主张，但他却一直坚持到1790年。这年他声称，作为拉瓦锡反燃素论基石的实验，纯红汞在还原时并不产生任何气体。2年后，他的断言又被受人尊敬的实验家韦斯特鲁姆（J. F. Westrumb）提出来，结果在德国的拉瓦锡氧化理论拥护者与燃素论者之间展开了一场激烈争论，直到1793年格伦等人以失败告终。不久他接受了J. G. 莱昂哈尔迪和J. B. 里希特的燃素修改论，与拉瓦锡的理论差别甚小，把燃素看作能被氧化的一种成分。这为最终接受拉瓦锡的理论铺平了道路，也为康德的动力系统理论渗透到德国的化学和物理学中作好准备。（陈民生）

加多林，J.（Gadolin，Johan） 芬兰人，1760年6月5日生于芬兰奥布（今图尔库），1852年8月15日卒于维尔莫。*物理化学、元素化学、矿物学。*

父亲是芬兰大学物理学和神学教授；外祖父也是物理学教授。他年轻时向奥布的第一位化学教授加德（P. A. Gadd）学习，后又随T. O. 贝格曼学习，并研究矿物学和比热。1785年成为芬兰大学编外教授，1797年为教授，1822年退休。1827年一场大火毁了他多年广泛搜集的矿物标本，从此结束科学生涯而移居乡村，终年92岁。

作为教育家，他的化学实验室比J. von李比希的著名实验室早许多年就向学生开放。撰写的《化学导论》是第一本瑞典语教科书。曾试图定义燃素，也承认拉瓦锡的燃烧解释优于某些燃素理论，可惜在长时间内他仍未完全摆脱燃素说。1784年发表2篇有关比热的重要文章。1791年又发表“蒸气的潜热”一文。比盖-吕萨克早40年使用容量法分析普鲁士蓝的组成。1792～1794年分析一块产于瑞典于特比的黑矿石，发现新的氧化物——氧化钇。后又发现含有稀土元素系的多种元素。1886年有人分离出一种新的稀土元素，并用他的姓氏命名为钆（gadolinium）。这是用人名命名的第一个元素。（陈民生）

彼得罗夫，В. В.（Петров，Василий Владимирович；Petrov，Vasily Vladimirovich） 俄国人，1761年7月19日生于俄国奥博扬，1834年8月3日卒于圣彼得堡。*物理化学、电化学、气象学、医学。*

牧师的儿子。1785年毕业于哈尔科夫学院。后进圣彼得堡教师进修学院。曾在矿山专科学校等校任教多年。1793年到圣彼得堡大学医学院任教数学和物理学。1795年任内科与外科研究院编外教授，1800年在该校创建第一个物理陈列馆。1803年当选为圣彼得堡科学院通讯院士，1809年为院士。1810年当选为埃朗根物理-医学学会名誉会员。

1809年起成为现代化学先驱拉瓦锡燃烧论的积极追随者。19世纪初进行了物理化学、静电学和电疗方面的基础研究。出版《新物理-化学实验和观察汇编》(1801年)、《圣彼得堡科学院科学研究的探索》(1807年)的论文集，其中叙述了他的实验结果，探讨在真空中及一些不能维持燃烧的气体中，有机物和无机物燃烧的可能性；证明了在没有空气的情况下，含氧物质也能燃烧。还研究过不同物质的电解作用与温度和电动势的关系。另外，在入选圣彼得堡科学院院士后不久，就在圣彼得堡和其他俄国城市进行气象观测；研究冰雪的气化速度与大气压力、温度和风速的关系。由于1812年的法俄战争以及健康原因，50岁以后的科研活动不多。 （陆伟良）

坦南特，S. （Tennant，Smithson） 英国人，1761年11月30日生于英国英格兰约克郡雪尔比，1815年2月22日卒于法国滨海布洛涅。分析化学、元素化学。

牧师之子。1781年在爱丁堡大学医学院学医。1782年转到剑桥大学基督学院，1788年获医学学士学位，1796年获医学博士学位。留校任教，1813年任剑桥大学化学教授。54岁不幸死于骑马突遇大桥倾塌。

主要科学成果是发现或参与发现两种新元素——铱（Ir）与锇（Os）。1803年在用王水煮沸溶解铂矿石时，分离出不溶性的黑色粉末。前人也发现过这个现象，但一直误认为是石墨。他总结了其他三人的研究，提出将法国人科莱-德科蒂尔和沃克兰率先发现的那种金属命名为“铱”，来自希腊文，意为“虹”；而他自己发现的那种金属命名为“锇”，来自希腊文，意为“臭味”，因为四氧化锇具有刺激性臭味。1804年上述重要成果在英国皇家学会刊物上公布。还根据相同重量的炭和金刚石经燃烧后生成相同重量的二氧化碳这个事实，首先肯定它们的化学组成是一样的。1804年获英国皇家学会最高奖科普利奖章。（陈攀宇）

里希特，J. B. （Richter，Jeremias Benjamin） 德国人，1762年3月10日生于德国西里西亚的希尔施贝格（今波兰耶莱尼亚古拉），1807年4月14日卒于德国柏林。基础化学、计量化学、元素化学。

1778年加入普鲁士工程兵部队，业余学习化学。退伍后进入柯尼斯堡大学学习数学和哲学，可能听过康德的哲学讲座。1789年获化学博士学位。1794年任布雷斯劳的矿业官员。1800年任柏林皇家瓷器厂化学师和国家矿产部估价师。

1789年通过博士学位论文“化学中的应用数学”，文中列出许多物质的比重，包括有化合物和溶液；还试图测定燃素的重量。赞同康德的格言：“真正的科学是数学应用的结果。”但不接受康德如下见解：“化学与其说是真正的科学，不如说是分类艺术，因为化学的原理是经验性的，定律是实验性的”。深信所有化学过程都可以建立在数学理律基础上。出版《化学测算的技巧》（3卷，1792～1794年）一书，创造了化学计算法；研究计量化学，定义计量化学为测定化合物中各元素之间定量比例的科学。通过大量实验，提出中和定律和一些公式，但从未对自己的当量比例定律作出完全普遍化的陈述。从绿柱石中分离出一种新的稀土元素。对胶体金也进行过重要研究。 （陈民生）

希金斯，W. （Higgins，William） 爱尔兰人，约1762年生于爱尔兰斯莱戈郡，1825年6月30日卒于都柏林。基础化学、物理化学。

医生的儿子。从少年时代起，就被送到伦敦跟叔父B. 希金斯生活。在叔父的影响下对化学产生了浓厚的兴趣。1780年起协助叔父进行化学实验。1785年周游英国，进行矿物学考察，还参观几个化学工厂。1786年进牛津大学学习。1788年离开牛津去伦敦。在伦敦期间当过化学师。1792年到都柏林，先后当过化学师、矿物陈列室管理员、都柏林皇家学会化学教授。1806年当选为英国皇家学会会员。

对化学的主要贡献是，1789年出版《燃素说及反燃素说的比较研究》一书，表示支持反燃素说；从原子论角度提出一些关于化合的见解，这些想法体现了倍比定律及价键理论的先驱思想。 （李　郇）

沃克兰，N. L. （Vauquelin，Nicolas Louis） 法国人，1763年5月16日生于法国诺曼底地区圣安德烈德贝尔多，1829年11月14日卒于同地。分析化学、元素化学、有机化学。

在巴黎曾当过富克鲁瓦的助手。1794年在埃科尔工学院任化学助理教授。1795年获药学硕士学位。提名同年被为法国科学院院士，但没有得到当局批准。1794年后一直任矿业督察员。1801年任法兰西学院化学教授，1804年任巴黎自然博物馆应用化学教授。1811年完成人脑化学分析的论文获博士学位。1828年被选为国会议员。

化学上主要贡献是：在进行大量矿石分析时，1798年发现铬（Cr）和铍（Be）两种新元素。在把珍贵的西伯利亚红矿石同碳酸钾一起煮沸时，获得了一种未知酸的黄色盐，然后用碳还原产生一种金属，命名为铬。在绿柱石中发现一种极类似于铝矾土，但不溶于碱，也不形成明矾的元素，称之为铍。还分析过许多蔬菜与动物的天然有机物，创立了化学上富有成果的学派。出版过许多论文与著作，其代表作为1799年的《化学鉴定手册》。 （周申范）

阿代，P.-A.（Adet，Pierre-Auguste） 法国人，1763年5月17日生于法国讷韦尔，1834年3月19日卒于巴黎。基础化学、有机化学、科学传播。

是巴黎大学医学院的医生，对化学深感兴趣。1789年参与创办《化学年鉴》，是主编之一。后任殖民地的行政官。1803年为涅夫勒的地方行政长官。

是拉瓦锡"新化学"的热心支持者。曾发表反对燃素化学的文章，还发表不少译自英文杂志的文章，出版少数原著。和阿森弗拉茨以及拉瓦锡的一位助手共同提出一种化学符号新体系，因其太复杂，未被普遍采用。1789年出版有关氯化锡的著作。1791年在圣多明各时研究菠萝汁，指出汁内有柠檬酸和苹果酸。1798年研究"醋"和醋酸。1804年出版教科书《基础化学教程》，后被译成希腊文。（楼书聪）

基尔霍夫，K. S.（Kirchhof，Konstantin Sigizmundovich） 德国人，1764年2月19日生于梅克伦堡-什未林的泰特罗（今属德国），1833年2月14日卒于俄国圣彼得堡。有机化学、化学工程。

1792年移居俄国时，是一名药房的药工。1805～1809年在圣彼得堡任药剂师，在那里开始研究化学。先后被选为圣彼得堡科学院通讯院士，波士顿、维也纳、意大利等科学院的外籍院士。

他的第一个主要发现是，1797年揭示水对重晶石的分解作用。1807年改进植物油精制方法。1811年首先发现淀粉的酶催化水解作用，为酒类的酿造和蒸馏工艺奠定了科学理论基础。1812年发表制糖工艺方法，其工艺条件是1100磅的淀粉中加入400磅水及1.5磅硫酸，反应温度为90～100℃，反应时间为24～25小时。（朱啸宇）

希尔德布兰特，G. F.（Hildebrandt，Georg Friedrich） 德国人，1764年6月5日生于德国汉诺威，1816年3月23日卒于埃朗根。基础化学、无机化学、药物化学。

早年在汉诺威大学上预科。1780年到格丁根大学学药学，对解剖学、生理学和化学感兴趣，1783年获医学博士学位。后到德国的工矿和医院旅行考察，以获实际的体验。1785年回到格丁根大学当编外教授。同年任不伦瑞克大学解剖学与外科学院解剖学教授。1793年转入埃朗根大学任医学教授，1796年任化学教授，1799年任物理学教授。是1808年成立的埃朗根物理-医学学会的创始人之一。

是拉瓦锡"氧的燃烧"学说的早期支持者。后来信奉康德的物质动力论。发表了许多论文，包括对硝酸铵、氨组成的研究；对生石灰的论述；关于制备纯净亚铁氰化钾；从明矾中离析铁；研究硝石和木炭爆燃时放出的气体；用一氧化氮测定空气中的氧；以及关于低压下空气放电时发射出不同颜色光的论述等。出版的主要著作有《药理哲学》（1787年）、《化学入门》（3卷，1794年）、《瑞士矿泉监测》（2卷，1803年初版，1821年再版）和《动力科学入门》（1807年）等。（李 郇）

哈切特，C.（Hatchett，Charles） 英国人，1765年1月2日生于英国伦敦，1847年3月10日卒于同地。分析化学、元素化学。

其父是十分富有的马车制造商，虽然对他不愿继承父业而失望，但还是给了他很多资助；在父亲去世后，他还是经营了父业。约1800年，在奇西克附近开办小规模的化工厂。不久，将年轻的邻居W. T. 布兰德接纳进自己的实验室，并授以化学和矿物学知识。布兰德后任英国皇家学院的教授，1818年与他的二女儿结婚。1801年哈切特供职于伦敦大英博物馆。后期仍回乡经营家族企业。1797年当选为英国皇家学会会员。

哈切特的科学研究鼎盛期在1796～1806年。是元素铌（Nb）的发现者。1801年对陈列在大英博物馆的一块黑色矿石进行分析，指出其中含有一种未知的金属，当时他称之为"钶"。当年11月26日，他向英国皇家学会宣布了这一发现，并认为那块样品可能来自美国。他还发现，"钶"与钽在自然界中总是共生的，铌铁矿和钽铁矿的区别仅是铌和钽的相对含量不同。1809年他又分析了这两种矿石，判断这两种金属是相似的。1846年，才由H. 罗泽确定了它们的区别，"重新发现"钶时，称之为"铌"（Nb）。这就是该金属具有两种名称的原因。这两种名称均流行，1864年官方则采用铌。金属铌由C. W. 布洛姆斯坦德首次离析；纯净的金属钽（Ta）则于1929年才制得。另外，哈切特对贝壳、骨头、牙珐琅质的分析，丰富了对这些物质组成的知识。还有叙述松香、人造鞣剂制备等文章。（楼书聪）

史密森，J. L. M.（Smithson，James Louis Macie） 英国人，约1765年生于法国巴黎，1829年6月27日卒于意大利热那亚。分析化学、矿物化学。

英格兰诺森伯兰郡一世公爵非婚生子，在巴黎秘密降生。10岁时取得英国国籍，但规定不得任官职。1782年进入牛津大学彭布罗克学院学习化学和矿物学，1786年获文科硕士学位。游学欧洲各国。1787年当选成为英国皇家学会会员。终身未娶。

最主要的工作是研究矿物，发现欧洲沉积岩中主要成分是碳酸锌，并在1802年发表重要论文"某些菱锌矿的化学分析"，所以人们把含碳酸锌的矿石称为史密森矿石（Smithsonite）。1791年还研究过竹笋中竹黄的化学成分和性质。根据遗嘱，把50多万美元的财产转到美国华盛顿，建立著名的史密森学会。（周申范）

霍普，T. C.（Hope，Thomas Charles） 英国人，1766 年 7 月 21 日生于英国苏格兰爱丁堡，1844 年 6 月 13 日卒于同地。*元素化学、物理化学、矿物学。*

爱丁堡大学植物学教授的儿子。13 岁进爱丁堡大学，1787 年 21 岁获医学博士学位。后在格拉斯哥大学任化学讲师，1789 年任医学助理教授，1791 年任医学教授。1795 年被爱丁堡大学 J. 布莱克选定为助手和职位可能继承人。1799 年布莱克去世后，他接任爱丁堡大学化学教授。1810 年当选为英国皇家学会会员。

1790 年 A. 克劳福德首次提出，在一种现被称为菱锶矿的矿石中存在某种未知金属氧化物。霍普独立地对它进行了详尽研究，确定了这种金属氧化物对氧化钙和氧化钡的属间关系。1808 年由 H. 戴维分离得到锶（Sr）。霍普还确证了水在稍高于 39°F（约 4℃）时具有最大的密度。这一实验结论至今在许多物理教科书上都可见到。（李 邨）

沃拉斯顿，W. H.（Wollaston，William Hyde） 英国人，1766 年 8 月 6 日生于英国诺福克郡东达莱汉姆，1828 年 12 月 22 日卒于伦敦。*金属化学、冶金学、生理化学、晶体学、仪器研制。*

1782 年入剑桥大学凯厄斯学院攻读医学。1787 年毕业后在伦敦行医。1793 年当选为英国皇家学会会员，1820 年任会长。1800 年由医学转向化学领域。1823 年被选为法国科学院外籍院士。

擅长超微量分析，曾和坦南特合作研究铂矿石。1803 年坦南特发现了锇（Os）与铱（Ir），随后他发现了钯（Rd）和铑（Rh）。1805 年他研究出一种使铂延展的方法，并制成铂丝及某些铂制的器皿，其方法是现代粉末冶金法的基础。在生理化学上，1812 年发现胱氨酸。在光学上，1809 年设计反射测角计，改进了晶体测量方法；1828 年发明全反射折射仪。1802 年获英国皇家学会最高奖科普利奖。他出售的铂丝及铂制品共获得15 000英镑收入，在去世前的 1826 年将巨款捐赠给英国皇家学会作为科研基金。（刘建光）

道尔顿，J.（Dalton，John） 英国人，1766 年 9 月 6 日生于英国坎伯兰郡伊格尔斯菲尔德，1844 年 7 月 27 日卒于曼彻斯特。*计量化学、物理化学、化学原子论、物理学、气象学、医学。*

织布工人的儿子，有兄弟姐妹 6 人。因为家境贫寒，没有受过高等教育，主要靠自学成才。15 岁去肯德尔教友会学校任教，利用学校图书馆丰富藏书刻苦攻读，受到盲人科学家高夫（J. Gough）的赏识，并教授拉丁文、希腊文、法文和数学，还鼓励他研究气象学。4 年后他与弟弟乔纳森（Jonathen）共同负责该校事务。由于在数学和哲学方面的贡献，曾多次获得奖金。1793 年任曼彻斯特大学新学院数学与自然哲学教授。1800 年辞去学院教职，在曼彻斯特开办私立数学学院，因学生人数少，授课时数不多，所以有足够的时间从事科学研究。主要科学见解是在离开新学院后的 5 年内形成的。1794 年成为曼彻斯特文学与哲学学会的会员，1800 年当选为秘书长，1808 年为副会长，从 1817 年到去世一直任该学会会长。1822 年被选为英国皇家学会会员。1831 年参与成立英国科学促进会。还是法国科学院、柏林科学院、莫斯科科学协会、慕尼黑科学院等 8 个外国科学机构的通讯院士、名誉院士或名誉会员。1832 年牛津大学授予民法学荣誉博士学位，当时的自然科学家除他以外只有 M. 法拉第获此荣誉。1834 年在爱丁堡大学获荣誉法学博士学位。因专心致力于科学事业，终身未娶。

从对大气进行观察和实验研究入手，对物理学、化学和气象学作出了贡献。1801 年从实验中发现，混合气体的压强等于组成该混合气体的各种气体压强之和，现在称为道尔顿分压定律。1803 年在曼彻斯特文学与哲学学会所作关于气体吸收的报告中，首次公布倍比定律的说明，第一次提出他的化学原子论。在此以前，人们认为所有元素的原子都是相同的。他则认为同一元素的原子才是相同的，不同元素的原子是不同的；并假定氢的原子量为 1，从而提出相对原子量的概念。经过大量的测试和计算，1805 年公布最初的原子量表。1808 年、1810 年相继出版《化学哲学新体系》第一、第二部分，1827 年又出版全二卷本，详细阐述作为近代化学理论基础的原子论，以及气体均匀热膨胀定律（法国人 J. A. -C. 查理早在他之前发现这一定律，所以后来称为查理定律）、道尔顿倍比定律和道尔顿聚合现象（如乙烯和丁烯）。

为了准确地计算原子量，反复验算和修正许多科学家的分析数据，一次又一次公布经不断修改和充实的原子量表，表上列出的数字有的和过去发表的数字完全一样，有的要多出 1 倍或 2 倍。为宣传他的研究成果，不辞辛苦地作了许多次科学讲座，仅在曼彻斯特文学与哲学学会内就做过 119 次报告。在爱丁堡、格拉斯哥、伦敦和伯明翰等地也作了很多报告。

在气象学方面，自 1787 年起作气象观测记录，57 年从不间断，前后记下 20 多万次观测结果，最后一次记录写于去世前几小时。1793 年出版《气象观察报告和论文》一书，对自己的气象学成果进行了整理。书中有对气压计、温度计、湿度计等仪器装置的描绘和多年积累的观察结果的分析，例如云的形成过程，蒸发过程，大气层降水量的分布等。

此外，早在幼年时期就发现弟弟乔纳森不能分辨颜色，后来发现自己也有轻微的这种视力缺陷。经仔细研究，于 1794 年作了一个论述色盲的“有关辨色力的异常事实”的报告。为了纪念他的这一发现，医学上红-绿色盲也称“道尔顿症”（daltonism）。

1826 年获英国皇家学会皇家奖章。1833 年英国政府宣布每年发给他 150 英镑养老金，1836 年此数又加

了一倍。被曼彻斯特市选为“荣誉公民”。为表彰他在科学上的丰功伟绩，在曼彻斯特市政厅安放有他的胸像。 （谈漱梅）

埃克贝里，A. G. (Ekeberg，Anders Gustaf) 瑞典人，1767 年 1 月 15 日生于瑞典斯德哥尔摩，1813 年 2 月 11 日卒于乌普萨拉。基础化学、金属化学、矿物学。

1784～1790 年间，曾在乌普萨拉、格赖夫斯瓦尔德和柏林等大学求学。1794 年在矿业委员会工作。同年担任乌普萨拉大学化学助教，1799 年任编外教授。同年当选为瑞典皇家科学院院士。担任过拉瓦锡的助手和德语翻译。不但具有科学才能，而且还有卓越的文学才华。但一生健康状况始终很差，后来由于视力和听觉疾病的加剧，更促使他的精力衰竭，从而过早结束颇有作为的科学生涯。

对拉瓦锡开创的“新化学”向北欧传播起过积极的推动作用。1795 年发表论文“关于化学科学的现状”，成为瑞典率先提出反燃素理论的学者。同年又出版一本题名为《试论瑞典化学术语》的小册子，介绍拉瓦锡的理论，从而强化了他在论文中的观点。为避免同主张陈旧的燃素说的学界权威 J. 阿夫泽利乌斯(Johan Afzelius) 发生公开争论，上述著作都是匿名发表的。因此，乌普萨拉大学的大多数同仁对他的新理论持怀疑态度。在乌普萨拉工作不久，因对于特比地方奇异矿石的开采发生兴趣，遂于 1795～1796 年对此做了彻底调查。1802 年在分析特比矿石时，他发现一种前所未知的重金属并加以研究和测定。基于这种金属在酸中一般不会发生氧化，故称它为“钽”(Ta)。 （戴永寿）

塞甘，A. (Séguin，Armand) 法国人，1767 年 3 月生于法国巴黎，1835 年 1 月 24 日卒于同地。基础化学、分析化学、物理化学、化学工程。

身世和早年受教育情况不详。但显然在科学上受过训练，因为约在 1785 年已成为拉瓦锡学派一员。在 1794 年拉瓦锡被处死前，他是拉瓦锡在学术上的得力助手。1796 年协助拉瓦锡夫人整理出版拉瓦锡的论文，但由于意见分歧，他们很快中断了合作。这时他在塞夫尔一家制革厂当厂长。晚年则依靠领取养老金生活。

对科学的主要贡献，都是同其他人合作取得的。1790 年 5 月，向法国科学院报告由他和 A. F. de 富克鲁瓦、N. L. 沃克兰共同开发的大规模合成水的方法。这一实验旨在最终确定水仅由氢和氧组成。他们测定氢氧的化合比按体积是 2.052∶1，按重量是 14.338∶85.662。在拉瓦锡指导下或同拉瓦锡合作，发表一系列有关呼吸作用、动物热的论文，帮助巩固了拉瓦锡-拉普拉斯的热理论。还进行制革化工研究。1815 年，转而写作有关论政府财政、以及论赛马等的小册子。 （李 邨）

卡代德加西古，C.-L. (Cadet de Gassicourt，Charles-Louis) 又名 C.-L. 卡代 (Charles-Louis Cadet)。法国人，1769 年 1 月 23 日生于法国巴黎，1821 年 11 月 21 日卒于同地。分析化学、环境化学、药物学、公共卫生学。

是法王路易十五 (Louis XV) 与 L.-C. 卡代的妻子的私生子。早在青年时代，就认识许多来家访问的杰出科学家。虽然学习和从事法律工作，但兴趣在于文学、政治和科学。1799 年父亲去世后，便由法律专业改学药学。1800 年成为药学家。由于杰出才华，很快便成为药学界最主要的领导人之一。1809 年成为有影响的杂志《医学公报》主要创始人之一。1821 年被接纳为医学科学院的成员。

主要贡献是在医药界传播和普及拉瓦锡开创的“新化学”。最重要的著作是 1803 年出版的 4 卷本《化学词典》。1800 年后发表的科学著作和论文表明他是个有才干的分析化学家，而这些科学著作仅是这位多产作家著作中的一部分，其他著作广泛涉及文学、政治、药学及其他学科。在他的提议下，1802 年在巴黎组建了一个公共卫生理事会，处理灭菌、康复、工业卫生、医学统计、食品添加物、污水、流行病以及公众的大量其他健康问题。这个理事会成为法国其他城市建立类似组织的典范。 （戴永寿）

特罗姆斯多夫，J. B. (Trommsdorff，Johann Bartholomäus) 德国人，1770 年 5 月 8 日生于德国爱尔福特。1837 年 3 月 8 日卒于同地。基础化学、药物化学、药物学。

药剂师之子，12 岁丧父。迫于生计，1784 年 14 岁在魏玛一家药铺当学徒。1788 年起在斯德丁和什切青两地受过教育。1790 年回爱尔福特，接手经营后父的药房。1795 年任爱尔福特大学助理教授，讲授化学、矿物学和制药学。同年创办私立“化学-物理-药学学校”并任校长，是德国历史上第一个民间药学院。

在工作实践中积累了许多化学和药物学的知识，是一位博学的化学家兼药物学家。先后发表 400 多篇论文与短篇专论，出版多种著作，在国内外，广泛而持久流传。1794 年创办《药物学》杂志，是当时药物学与药物化学的第一流杂志，持续发行长达 40 年(1834 年停刊)。他举办的私立“化学-物理-药学学校”在 1795～1828 年间培养了 300 多名专业人才，为德国药物化学工业的崛起奠定了智力基础。主要著作有《化学指南大全》(8 卷，1805 年)等。 （周志高）

布霍尔兹，C. F. (Bucholz，Christian Friedrich) 德国人，1770 年 9 月 19 日生于德国艾斯莱本，1818 年 6 月 9 日卒于爱尔福特。金属化学、无机化学、药物学。

幼年丧父。在继父、药剂师福格特（Voigt）和伯父、药物化学家W. H. S. 布霍尔兹指导下，接受基础教育。1874年去卡塞尔从师学习药学，同时自学语言和自然科学。1789年后任药剂师。1808年获林特尔恩大学药学博士学位。1809年获爱尔福特大学哲学博士学位，任医学院助理。次年任爱尔福特大学教授。

主要从事分析化学研究，共发表100余篇论文。撰写出版化学和药学著作。1794年完成第一篇关于醋酸钡结晶的论文。详细研究了一些不明确的硫化合物；分析大量钼、钨和锡的盐类；从沥青铀矿提取铀化合物；发现锶和钡的氧化物是可熔的，而其氢氧化物是不可熔的，以此性质差别来区分它们。进行铜和银、铁和锰、镍和钴、镁和钙的分离研究。此外，还从事许多无机化合物分析和某些有机化合物的研究，包括鉴定樟脑酸。（蒋尚智）

麦克莱恩，J.（Maclean，John） 英国人，1771年3月1日生于英国格拉斯哥，1814年2月17日卒于美国新泽西州普林斯顿。基础化学、分析化学、元素化学。

13岁即入格拉斯哥大学求学。1787年起先后赴爱丁堡、伦敦、巴黎等地大学游学。1795年赴美国，后在普林斯顿的新泽西学院任化学和博物学教授，后来也担任过数学及自然哲学教授。

1797年出版著作《关于燃烧的两篇演讲》，拥护拉瓦锡等人的反燃素理论，在推翻错误的燃素学说中起了积极的促进作用。在教学中，将化学分为“死”的和“活”的两部分，即预示后来分为无机和有机两部分。还把“死”的物质分成简单的与化合的两部分。他论述的37个“简单物”，其中约有20个现今已确定为元素，如氧、氢、铝、钨、铂等。

（池贵法 朱啸宇）

汤姆孙，T.（Thomson，Thomas） 英国人，1773年4月12日生于英国苏格兰克里夫，1852年7月2日卒于苏格兰基尔曼。基础化学、分析化学、化学原子论。

一位羊毛商的第七个孩子，幼年丧父，母亲和哥哥给了他良好的家庭教育。1786年在斯特林市立学校求学。1788年获圣安德鲁斯大学奖学金，学习古典著作、数学和自然哲学。1791年入爱丁堡大学。1795～1796年被J. 布莱克的讲座所鼓舞，立志化学研究。1797～1800年接替其兄任《大英百科全书》第三版补编的助理主编，撰写了化学和矿物学方面的条目。1800～1811年在爱丁堡开设私人化学讲座。1811年当选为英国皇家学会会员。1813～1820年主编《哲学年鉴》杂志。1817年任格拉斯哥大学化学讲师，7个月后升任教授，直至去世。1834年任格拉斯哥哲学学会会长。

在18世纪30年代，是格拉斯哥科学界的权威人士。1802年出版成名作《化学体系》，在18年内修订出版了6版。在1807年的第三版中，第一次公开论述原子学说。1808年1月，第一次给出倍比定律的实验证明。在“论草酸”论文中，还确立一个测定实验式的有用方法。1815年以后，致力于为道尔顿原子论、W. 普劳特的元素原子量是氢原子量整数倍的假设进行实验检验；研究盐类的组成和分子式。（楼书聪）

科莱-德科蒂尔，H. -V.（Collet-Descotils，Hippolyte-Victor） 法国人，1773年11月21日生于法国卡昂，1815年12月6日卒于巴黎。无机化学、矿物化学、化学工程。

省政府高级官员的儿子。曾在卡昂大学林业学院读书。约于1789年去巴黎，在J. A. -C. 查理指导下学习物理，在N. L. 沃克兰指导下学习化学。1792年到法国海军服役。1794年考入巴黎矿业学校。1796年被科学普及协会接受为会员，受邀参加贝托莱和蒙日领导的科学小组。1798年随拿破仑远征埃及，成为埃及研究院院士，直至1801年回国。后接替沃克兰任矿业学校教授。1809年任法国矿业部总工程师。1804年参加《化学年鉴》编委会工作，后任该编委会秘书长。1814年任巴黎矿业学校校长。

曾调查过法国和意大利许多地区的矿山，研究过冶金学问题，分析了许多矿物的化学成分。在研究粗铂提纯工艺方面获得成功。1807年发现用碱化和曝气氧化法能从粗铂溶液中沉淀析出铱来。但直到20世纪，这种经过改进的工艺才在工业上普遍采用。

（戴永寿）

切尼维克斯，R.（Chenevix，Richard） 爱尔兰人，约1774年生于爱尔兰都柏林附近，1830年4月5日卒于法国巴黎。分析化学、金属化学、矿物学。

出身胡格诺派教徒家庭。求学于格拉斯哥大学。1801年当选为英国皇家学会会员。1804年移居法国。

1801年在分析铅矿新品种工作中，显露出分析化学方面的才华。1803年，一张匿名传单在英国科学家中传播，该传单宣称已发现一种新的化学元素——钯或“新银”的金属，并有产品销售。但他认为这是欺诈行为，于是把这些产品全部购买下来。按原先的设想——这是一种铂和水银的合金去进行分析，经过一系列的实验得出结论：这种所谓金属钯，实际上是一种用特殊方法制得的铂的汞剂。他的报告在英国皇家学会引起轰动。不久在英国皇家学会宣读的另一篇论文中宣称，他就是那张传单的作者，也是在天然铂矿中存在的两种新元素（钯和铑）的发现者。但此点未获人们的赞同，人们公认钯和铑是由W. H. 沃拉斯顿在1803年率先发现的。约在1804年，由于那张传单的行为让人难以理解，他在科学上的声誉受到严重伤害，遂离开英国移居法国，在那里度过余生。这时期坚持按物理性质的矿物分类法，又转向化学研究，并写过一些文艺作品。1803年获英国皇家学会科普利奖章。为纪念他，一种绿砷铁铜矿（Chenevixite）以他命名。（戴永寿）

富克斯，J. N. von（Fuchs，Johann Nepo-

muk von） 德国人，1774 年 5 月 15 日生于巴伐利亚公国（今属德国），1856 年 3 月 5 日卒于慕尼黑。分析化学、矿物化学、晶体学、教育学。

贫农的儿子。曾在教会学校旁听。毕业于海德堡大学，通过考试获得医生执照。对化学和矿物学感兴趣。巴伐利亚为了发展化学工业，派他去考察。他访问和游历了柏林、巴黎等许多地方，遇到许多学者，开阔了在地质及矿物学方面的知识。返回巴伐利亚后，1805 年通过考核成为巴伐利亚科学院院士，并任兰茨胡特大学的讲师，1807 年成为教授。

在德国，首创把实验训练作为大学的基本要求。规定高年级学生要做矿物分析。他的科学工作主要与实验有关：改进酒精灯和焊铁技术；提出啤酒的快速检验法；首先制得水玻璃并用于防火。率先清楚地解释了水泥的固化过程。经常强调化学在矿物学中的重要性。运用大量分析，确定许多矿物质和矿泉水的成分，以便用作药剂。当化学分子式、定量分析和原子理论成为普通知识时，他力图揭开矿物结构的奥秘，进一步证实化学当量定律。观察类质同晶现象——他称之为“变种”。以沸石、水晶、金刚石、碳黑为对象，研究晶体与无定形体之间的结构区别。（陈民生）

塞律拉斯，G.-S.（Serullas，Georges-Simon） 法国人，1774 年 11 月 2 日生于法国安省蓬桑，1832 年 5 月 25 日卒于巴黎。无机化学、金属化学、营养化学。

早期学医药，自学过植物学、物理学和化学。先后任药剂师、总药剂师以及梅斯军医院的首任药物学教授。1825 年任瓦勒德格拉斯主宫医院的总药剂师及教授，并任巴黎耶丁植物园化学教授。1829 年当选为法国科学院院士。1832 年因参加葬礼时被传染霍乱而病故。

主要贡献是以研究碘、溴及其化合物而闻名。1823 年发现碘仿；用更有效方法制备碘化氰，以及许多卤素化合物；早期研究过糖和糖的取代物，制造过大量的瓶装葡萄糖来代替糖，以供军医院使用；研究钠和钾的合金。42 岁后还研究过希腊文和数学。代表作有《钾钠合金和其他金属的物理-化学观察》（1820 年）等。（周申范）

亨利，W.（Henry，William） 英国人，1774 年 12 月 12 日生于英国曼彻斯特，1836 年 9 月 2 日卒于同地。基础化学、气体化学、分析化学、医学、仪器研制。

T. 亨利（Thomas Henry）的第三个儿子。10 岁时被坠落的房梁砸伤，以后一直未能治愈。从一所私立学校毕业后，进入曼彻斯特学院。1795 年进入爱丁堡大学。翌年离开大学去协助父亲经商。同年参加曼彻斯特文学与哲学学会。1805 年返回爱丁堡大学，1807 年以有关尿酸的论文获医学博士学位。1808 年当选为英国皇家学会会员。和道尔顿是好友，学术上互相切磋琢磨。晚年因童年的旧伤复发，加上慢性病的折磨，剧烈的神经疼痛使他难以入眠，终因忧郁症在 1836 年自杀身亡。

1801 年专心研究混合气体理论（分压定律的萌芽）时，他指出“每种气体对其他任何一种气体来说是一个真空”。在研究溶解理论遇到困难时，道尔顿提出了建议，促使他深入考虑溶解度实验中的某些矛盾，从而使研究成果不断地得到完善。但缺少道尔顿那样的勇气，对奠定现代化学基础的原子理论虽早有设想，但迟迟不发表，从而失去了像道尔顿那样的机会。

1801 年在曼彻斯特文学与哲学学会上宣读他的首篇论文，以驳斥唯热论者戴维关于热的物质性的争论。1802 年在英国皇家学会上宣读建立“亨利定律”的论文，阐明在给定温度下气体溶解于液体的质量与该气体的压力成正比。1805 年第一次出版分析碳氢气体混合物的著作，后又出版一系列著作。

在当时发展照明用煤气的激励下，建立火焰分析法，以检验从煤和其他有机原料中获得各种气体混合物的成分，评价测定它们照明的相对能力，说明在它们组分不同时照明上的差别。他的研究进行了 20 多年，期间逐步地改进气体分析技术，对气体工业的进展作出了重要贡献，并证实道尔顿有关甲烷和乙烯的组成。1809 年他把分析技术应用于氨的组分测定上，证实并完善有关氨是由氢与氮按一定比例组成的猜测。1824 年发现金属铂的催化性质。

年轻时就接受拉瓦锡的“新化学”思想，并在以后的研究工作中始终坚持这一新思想。他的论文都经过实验论证，因此为新的学说和系统命名打下了坚实的基础。编写的教科书《亨利基本化学原理》所用的原始材料，就是以自己的文章为基础的。该书于 1801 年出版，再版 7 次，印数一次比一次多，是当时发行最广泛、最成功的化学教科书，在英国持续沿用了 30 多年。1808 年获英国皇家学会最高奖科普利奖章。

对医学也有所贡献，写过有关泌尿病的文章；研究过传染病；设计过用加热来灭菌的简单仪器。（周申范）

基德，J.（Kidd，John） 英国人，1775 年 9 月 10 日生于英国伦敦，1851 年 9 月 17 日卒于牛津。化学工程、矿物化学、教育学。

1800 年获牛津大学硕士学位，后又获医学硕士和博士学位。1801 年留校任化学讲师，1803 年任教授。1822 年任医学鉴定讲座教授。

在化学上的主要贡献是：1819 年从煤焦油中提炼出萘，以用作防蠹丸；探讨化学等自然科学学科在牛津大学的教学要求。除了教授化学外，还讲授矿物学、地质学和解剖学。牛津当时改革了考试体制，注重文科和数学，无正规自然科学教学，受到各方非难。他却认为，在牛津这所培养教会、法律和外交等人才的学校，对自然科学作全面要求是不合理的。主要著作有：《矿物学大纲》（1809 年）、《论建筑物墙壁上天然硝石的产生》（1809 年）等。（温敬铨）

里特，J. W.（Ritter，Johann Wilhelm） 德

国人，1776年12月16日生于西里西亚海诺（今波兰霍伊努夫），1810年1月23日卒于德国慕尼黑。电化学、生理学、自然哲学。

基督教牧师的儿子。14岁前在教会拉丁学校学习，后被送到莱格尼察当药剂学徒。此后5年中，业余学习化学课程，进行独立的实验研究。1796年进入耶拿大学，在A. von洪堡的鼓励下开始研究流电学。1804年当选为巴伐利亚科学院院士。1804年结婚，生育有3个孩子。沉重的家庭负担、经济压力、疾病以及与同行们的分歧，是他1805～1810年间在巴伐利亚时期的特征。他负债累累，在33岁那年因肺病和无节制的生活方式而去世。

1797～1804年间，主要进行电化学和电生理学方面的研究和写作，并为欧洲学术界所认识。在13年的勤奋研究中，共写过5种论著；2部对科学有独立观点的自然哲学著作；刊登过20篇论文，大量著述涉及有关生理学和电化学的独特见解，当时无人知晓会产生什么影响，直到后来才被其他科学家所发现。虽受当时弥漫于德国的"自然主义"的影响，但他独自提出"宇宙统一论"和"物质两极论"，显示了浓厚的辩证思维。（戴永寿）

库图瓦，B.（Courtois，Bernard） 法国人，1777年2月8日生于法国第戎，1838年9月27日卒于巴黎。无机化学、元素化学。

是第戎硝酸钾制造商的儿子。入学巴黎综合工科学校，受教于富克鲁瓦。毕业后在军方医院任药剂师。1801年起先后任泰纳尔和A. 塞甘的助手。其后回第戎接替父亲的事业。10多年后，想通过生产和销售碘和碘化物来振兴企业，但遭到失败，最后死于贫病交困之中。

他父亲的商行用海藻灰为原料制造钾盐和钠盐，在生产中用加强酸来去除讨厌的含硫化合物。1811年的某一天，库图瓦加入过量的硫酸，发现有紫色烟雾从溶液逸出，这种蒸气在冷物上冷凝后形成有光泽的结晶。大约花了6个月研究这种新物质的性质，制备它与氢、磷、氨及一些金属的化合物。由于制造硝酸钾的收入只能勉强维持生计，不得不放弃这一研究。1812年6月，将这一发现告诉第戎的两个化学家C.-B. 德索梅斯和N. 克莱芒，鼓励他们继续研究。1813年11月29日，在库图瓦同意下，他们向法兰西学院呈报研究成果并说明经过。在这一年年终，盖-吕萨克和H. 戴维分别鉴定了这一物质，并宣布它是新元素，根据其颜色命名为碘（I）。大家都承认库图瓦是碘的率先发现者，1831年获6 000法郎奖金。

（计其达 孟正玮）

泰纳尔，L. J.（Thenard，Louis Jacques） 法国人，1777年5月4日生于法国奥布省勒罗伯蒂耶，1857年6月21日卒于巴黎。有机化学、无机化学、分析化学、应用化学、高等教育管理。

贫穷农民的次子。11岁进桑斯学院。16岁在巴黎大学上N. L. 沃克兰的药物学课程，并允许进其实验室工作，还到沃克兰家中做勤杂，以取得代表沃克兰讲课的资格。1797年被推荐在一个中学讲授化学。1798年任巴黎综合工科学校示教员，1804年沃克兰退职后，接任为法兰西学院化学教授。1808年任巴黎大学初建理学院的化学教授。1810年兼任巴黎综合工科学校化学教授。1832年被选为法国高等教育委员会副主席。1818年任国家工业展览会（此后每隔5年一次）主要评审人。1845～1852年任巴黎大学校长。1825年册封为男爵。1832年当选为国会议员。

他的主要学术兴趣在应用化学方面。早期的科学研究中，对植物化学和动物化学最有兴趣。1799年发表他的第一篇论文，阐述砷，锑与氧、硫的化合反应。1801年他蒸馏牛脂得到一种新的酸，称为癸二酸。1807年在分析胆汁中，得到一种树脂和一种脂肪的良好溶剂。将酸和乙醇作用，形成酯这类中性产物。让许多酸与乙醇作用得到了许多酯类品种，其中许多在当时还是首次发现。定量地研究了醋酸乙酯，认为这是一种乙酸和醇的简单化合物。认为无机酸与碱作用生成盐是和有机酸和醇作用形成酯是类似的。1802年，提纯制得不含钴、铁和砷残迹的镍。1799年起，在研究钴化物后制得钴蓝颜料，后来被称为"泰纳尔蓝"。研究了许多金属的氧化物，特别是锑的氧化物。1812年将氨气和硫化氢混合得到硫氢化铵的结晶。和同事最早观察到双晶现象。1808年3月，他们制备了纯的钾，在铅蒸馏器内制得接近无水的氢氟酸。进行过光化学研究、酒精发酵研究。1818年发现过氧化氢。对催化作用也有兴趣，1831年他让氨气通过烧红的涂釉瓷管，发现金属的存在促进了氨的分解。

1813～1816年出版4卷化学教科书《实用与理论化学基础》，前2卷是无机化学，第3卷是有机化学，第4卷是分析化学，此书连续出过6版，翻译成德文、意大利文和西班牙文等多种文本，此外，他对当时法国的科学教育影响很大。为纪念他，他的名字荣登埃菲尔铁塔入选的72位法国名人之榜；他的家乡易名为勒罗伯蒂耶-泰纳尔。（诸葛健）

德索梅斯，C.-B.（Desormes，Charles-Bernard） 法国人，1777年6月3日生于法国科尔多省第戎，1862年8月30日卒于瓦兹省维尔布里。物理化学、化学工程。

干酪商之子。1794年进入新建的巴黎综合工科学校。毕业后留校任化学辅导教师。在此期间，与后来成为他的女婿的N. 克莱芒建立起密切关系，长期共同进行科学研究（1801～1824年）。1804年离开该校前往维尔布里，与克莱芒等人创办明矾精炼工厂。1819年当选为法国科学院通讯院士。后逐渐脱离科学界而投身政治。1830年任瓦兹省政府总顾问。经3次失败，1848年作为共和派代表选入立宪会议。

1801～1802 年和女婿克莱芒共同测定二硫化碳（CS_2）和一氧化碳（CO）的成分。1806 年他们诠释了利用铅室法制备酸的所有化学反应，并将之用于化工开发。1813 年共同研究碘及其化合物的性质及制备方法。1819 年测定各种气体的比热。（戴永寿）

尤尔，A.（Ure，Andrew） 英国人，1778 年 5 月 18 日生于英国苏格兰格拉斯哥，1857 年 1 月 2 日卒于伦敦。分析化学、科学咨询、科学传播。

1801 年从格拉斯哥大学毕业，获医学博士学位。后在军队任外科医生。1803 年入选英国内科与外科学院成员。1804 年任安德森大学物理与化学教授。同时在英国和法国一些大学兼教化学和机械学。1808 年建立加纳特山天文台。1811 年入选英国皇家天文学会会员。1822 年入选英国皇家学会会员。

是历史上最早一批以咨询为业的科学家之一。在容量分析中，首次提出当量浓度的概念。1830 年后，在伦敦成为英国第一个以科学顾问为职业的化学家。主要著作有《化学词典》（1821 年）、《新地质学体系》（1829 年）、《制造哲学》（1835 年）、《棉纺业介绍》（1836 年）和《工艺、制造和矿业词典》（1837 年）；编写过百科全书。（陈擎宇）

盖-吕萨克，J. -L.（Gay-Lussac，Joseph-Louis） 法国人，1778 年 12 月 6 日生于法国圣莱奥纳尔，1850 年 5 月 9 日卒于巴黎。物理化学、分析化学、分子物理学、地球物理学、仪器研制。

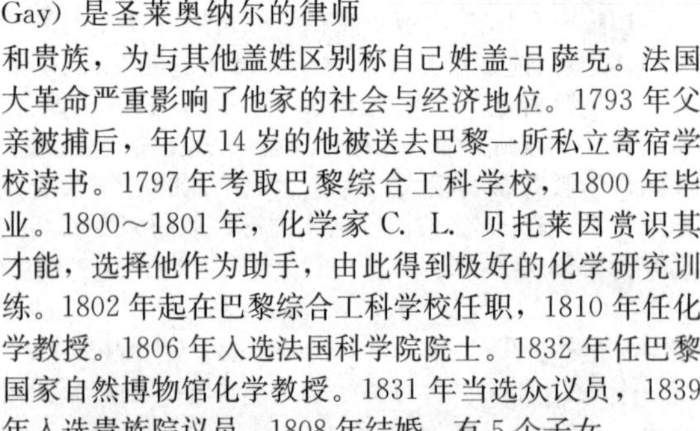

父亲 A. 盖（Antoine Gay）是圣莱奥纳尔的律师和贵族，为与其他盖姓区别称自己姓盖-吕萨克。法国大革命严重影响了他家的社会与经济地位。1793 年父亲被捕后，年仅 14 岁的他被送去巴黎一所私立寄宿学校读书。1797 年考取巴黎综合工科学校，1800 年毕业。1800～1801 年，化学家 C. L. 贝托莱因赏识其才能，选择他作为助手，由此得到极好的化学研究训练。1802 年起在巴黎综合工科学校任职，1810 年任化学教授。1806 年入选法国科学院院士。1832 年任巴黎国家自然博物馆化学教授。1831 年当选众议员，1839 年入选贵族院议员。1808 年结婚，有 5 个子女。

早期对地磁学深感兴趣，与人结伴漫游法国、意大利和德国，对各地的地球磁场强度进行测量。为了测定高度对地磁场强度影响，他乘着气球上升到 23 040英尺（约合 7 023 米）高空，保持了半个世纪人类升空高度记录。

1801～1802 年进行气体膨胀研究。当时有关气体膨胀数据存在矛盾，他在贝托莱和拉普拉斯鼓励下，证实这是早期学者未注意排除仪器内的水气所致。他采用多种干燥气体，经反复测量得出以下结论：在压力一定条件下，从 0℃ 至 100℃，温度每升高一度时，气体膨胀体积是它在 0℃时体积的1/266.66（现代值为 1/273.15）。1787 年前后 J. A. -C. 查理已发现气体均匀膨胀的规律，但从未发表。尽管定量的热膨胀定律常称为查理定律，但查理从未测定过膨胀系数。

气体化合体积定律是他最重要的贡献。1808 年根据大量可靠的实验数据提出这一定律：各种气体在相互起化学作用时常以简单的体积之比相化合。并进一步推论：在相同温度和压力下，相同体积的不同气体包含相同数目的原子。认为这一观点是与道尔顿原子论是一致的，期望得到道尔顿的支持，然而道尔顿却反对这个定律。意大利物理学和化学家 A. 阿伏伽德罗不但承认他的结果，而且将这个定律发展为气体体积与气体分子数之间关系的规律。实际上，盖-吕萨克与其早期合作者洪堡在用燃烧法测定空气中氧的比例时，1805 年初已发现 100 份体积的氧与 199.89 份体积的氢化合。此后几年中，他的另外一些发现，如三氟化硼的发现，及其与水气和其他气体的反应，使他重新注意这一早期工作，意识到氢和氧的化合体积比不只是巧合，而是普遍现象中的一例，因而在 1808 年提出气体化合体积定律。

在物理化学和无机化学中，还有许多其他重要贡献。在戴维应用电解方法获得钾和钠后，他与泰纳尔受命在巴黎综合工科学校负责建造更大的伏打电堆。他们发现电解质分解速率只与电流强度有关，但更重要的是提出了用红热的铁与碱作用制造钾和钠的纯化学方法，由此可经济地获得量大和纯净的金属。他们未满足于得到钾的产品，继续以钾为试剂进行研究。发现在氢中剧烈加热钾可生成氢化钾；由钾和氨的反应，发现金属氨基化合物这类新化合物；以钾精确分析氧化氮等的体积组成，为气体化合体积定律提供了证据；从钾与熔融硼酸作用得到的一种橄榄灰色的固体中，分离和发现新的元素硼（B）。分解硼酸及从中分离出“基”的成功，促使他们用钾这个新试剂来分离其他的“基”，虽受方法所限未直接获得成功，但从中又得到一系列发现，如在制备纯“氟酸”（即氢氟酸）中发现三氟化硼。在分解“氧化盐酸”过程中，研究了光对化学反应的影响，证实了他们关于反应速率与光的强度成正比的假设；更重要的是发现所谓“氧化盐酸”不含氧，而是一种元素（即氯）。由于贝托莱的压力，他们在 1809 年发表的论文中将这一发现写成是种可能，因此通常认为氯是由戴维发现的。后者在 1810 年发表了关于氯元素性质的论文。盖-吕萨克对碘、尤其是碘化氢也进行过详细研究。

1809 年他用经验方法确定如下规则：盐中酸根的重量与相应氧化物中氧的重量成正比，应用这一规则可决定当时难以测定的一些可溶盐的组成。他在研究硫化物时发现：在弱酸性或碱性溶液中通入硫化氢，可使锌、钴和镍等金属生成硫化物沉淀，为以后的定性分析奠定了基础。1811 年着手有关氢氰酸的重要研究，他用盐酸与氰化汞反应制得无水酸。在加热氰化汞时，发现其分解成汞和一种由碳和氮组成的易燃气体，他命名这新化合物为氰，确定其组成及表明它能与金属作用生成盐。在盐溶解度研究方面，最早绘制了溶解度曲线，提出盐组分间交换的概念。

对容量分析也作出过重要贡献，至今采用的滴定概念就是源于他提出的分析银纯度的容量方法。在1824年的一篇论文中，最早报告使用了移液管和滴定管。近代移液管基本与当时的一样。

对有机化学的发展，也作出过许多重要贡献。如与泰纳尔以氧化剂代替氧分析有机化合物，大大扩展了拉瓦锡提出的定量分析有机化合物的燃烧法。在同分异构方面，1814年他指出组成化合物的粒子排布决定物质是中性、碱性还是酸性；1824年指出氰酸银和雷酸银的组成相同，元素排布不同。其中最重要的是，1815年在分析氢氰酸过程中确立了氰基的存在，这是第一个分析的含碳基。这个有机基的确立，孕育了19世纪30年代出现的有机化学基团学说。此外，在研究氯与油和蜡作用中，发现氯可以取代其中的氢，后来杜马把他勾画的取代概念发展为有机化学的取代学说。

（温敬铨　陈民生）

戴维，H.　（Davy，Sir Humphry）　英国人，1778年12月17日生于英国康沃尔郡彭赞斯，1829年5月29日卒于瑞士日内瓦。物理化学、无机化学、电化学、应用化学、物理学、技术发明。

父亲R. 戴维（Robert Davy）是小农庄主兼木雕匠，收入不多，在他16岁时去世；母亲变卖了小农庄，在彭赞斯经营一家女帽和妇女头饰的商店。他在乡间小学求读几年后，11岁到彭赞斯市求学。17岁跟有才干的药剂师兼外科医生B. 博莱斯（Bingham Borlase）当学徒。1797年底开始攻读化学，自学W. 尼科尔森的《化学辞典》及拉瓦锡的《化学概论》，并自己进行一些化学实验。1798年受聘为克利夫顿的托马斯·贝都斯气体研究所化学药品管理员。1801年赴伦敦任发展和普及科学知识学会（后更名为皇家学院）的化学助手，翌年升任化学教授。1803年当选为英国皇家学会会员，1820～1827年任英国皇家学会会长。1811年获都柏林三一学院博士学位。次年被授予爵位。1813年接纳M. 法拉第为实验助手。曾说过一生中的最大发现是发现了法拉第，但晚年对法拉第的巨大成就和声望又心存妒嫉。是法国、俄国等国科学院外籍院士或通讯院士。

关于光和热的关系。著名化学家拉瓦锡把光和热素放在列出的一张元素表的首位，认为热由光演变而来，反之亦然。戴维对光和热的问题进行了研究，赞同牛顿光学的传统观念，认为热是运动而光是物质。他用两块冰摩擦使之融化，以此证明热的运动理论，他还在真空中击发枪机，发现在这种无氧条件下即使产生热但并不发光，从而证实光不是由热演变而来的。

在无机化学方面。1800年发表有关一氧化二氮的论文，获得很高的声誉。率先发现一氧化二氮会致人发笑，这种气体现在俗称“笑气”。后来他又发现一氧化二氮有麻醉作用。19世纪初，研究了氯及其化合物，证实氯是一种化学元素，并将它定名为Chlorine。解释了它的漂白作用，制得了二氧化氯以及氯与硫、磷的化合物。还鉴定碘也是一种化学元素，并制备出碘化钾和碘酸钾等许多碘的化合物。

在电化学方面。伏打发明电堆之后，他立即投入这一新的领域，发表了许多论文。从一开始就清醒地认识到：“仅仅是不同金属的接触就会产生电流”的接触理论是不充分的，能否产生电流取决于发生化学反应与否。19世纪初期，提出并证实了电解槽中电流的作用是使化合物分解而不是合成新的化合物。发现物质的电性影响其化学性质，从而提出化学亲和性的电理论。1807年用电解法从化合物中分离出钠和钾，此后又电解制得镁、钙、锶、钡、硼和硅等元素。

在应用化学方面。是农业化学研究的开创者。1802～1812年，每年都向农业部人员讲授农业化学。1813年出版专著《农业化学原理》。1815年受命研究煤矿的爆炸问题，证实爆炸主要是由甲烷气引起的，并发明了在火焰周围加上金属丝网罩的“戴维灯”，以防止甲烷气的爆炸。“戴维灯”的发明对矿工的采矿安全作出了重要贡献。

主要著作还有：1812年出版《化学原理》第一分册；第二分册一直未能出版。1813年获法兰西学院拿破仑奖章。1826年获英国皇家学会皇家奖章。

（计其达　郭中英）

克莱芒，N.　（Clément，Nicolas）　法国人，1779年初生于法国第戎，1841年11月21日卒于巴黎。分析化学、化学工程、热学。

自幼就把全部空闲时间用于学习化学。一次偶然机会中了彩，使他有足够的物质条件毕生致力于研究化学。在步入中年时娶德索梅斯的女儿为妻，她当时是巴黎综合工科学校实验室助理。由此他经常使用克莱芒-德索梅斯这个姓。1819年任巴黎国立工艺博物馆教授，并任那年设立的高级技术教育机构负责人之一。还是一位成功的商业管理成功，开办过甜菜制糖厂、明矾厂和土豆制酒精工厂。晚年养成夏季旅行习惯，以便考察研究法国内外一些主要工商业。

与C.-B. 德索梅斯建立长期合作（1801～1824年），共同进行多方面科研工作。如1801～1802年间精确测定一氧化碳和二硫化碳的组成；1806年成功地分析了佛青颜料；同年研究明矾，从而促进了法国明矾工业发展。最卓越成就之一是，对制造硫酸的化学反应作出精确测算，提高了产品质量，推动了化学工业发展。在热学研究方面，他们正确地推断：开动机车时使膨胀率达到最大值是有利的。　（戴永发）

西利曼，B.　（Silliman，Benjamin）　美国人，1779年8月8日生于美国康涅狄格州北斯特拉特福（今特兰伯尔），1864年11月24日卒于康涅狄格州纽黑文。物理化学、矿物化学、科学传播、仪器研制。

1796年获耶鲁大学文学士学位，1799年获文科硕士学位。1802 年获律师开业证书。不久任耶鲁大学化学与自然哲学教授。1804 年赴宾夕法尼亚大学进修化学，留校任教。1805 年去英国爱丁堡大学 F. C. 阿库姆的实验室学习和工作。1818 年创办《美国科学》杂志，赢得国际好评。1841～1842 年任美国地质学会会长。入选美国国家科学院院士。是多个外国科学院外籍院士。

对 1807 年 12 月 14 日韦斯顿流星坠落的陨石进行化学分析；研制氢、氧吸管和爆燃器；发现和研究大量的热熔物如锆石、石灰石、氧化镁、玉髓、绿玉和刚玉等。在用爆燃器对碳作热熔试验时发现，游离碳从正极迁移到负极。是美国第一批自然而然科学教授之一，也是一位出色的教育家与演说家。1834 年后周游美国各地进行讲学；使耶鲁大学成为美国名牌大学之一，培养了许多化学、地质学及矿物学专家。主要著作有《化学元素》(1831 年）等。

为纪念他，耶鲁大学建有西利曼学院；矿物硅线石（Sillimanite）以他命名。（陈擎宇）

柏济力阿斯，J. J. (Berzelius, Jöns Jacob) 一译贝采利乌斯。瑞典人，1779 年 8 月 20 日生于瑞典东约特兰省瓦弗森达，1848 年 8 月 7 日卒于斯德哥尔摩。元素化学、基础化学、有机化学、物理化学、仪器研制。

出身于牧师世家。4 岁丧父。由多个亲戚抚养长大，早年获良好教育。1796 年就读乌普萨拉大学，后因经济困难而辍学。在没有官方资助的情况下，开始化学实验。1799 年起每年夏天作为医生在梅德维温泉分析矿泉水成分。1802 年获乌普萨拉大学医学博士学位，论文是关于伏打电堆的医学用途。后任斯德哥尔摩大学医学院助理教授。1807～1822 年任斯德哥尔摩研究院（后称为罗琳医学院）教授。1808 年入选瑞典皇家科学院院士，1810 年任科学院院长。1817 年册封为贵族，1835 年成为男爵。是俄国多尔帕特大学客座教授、英国皇家学会外籍会员、法国科学院外籍院士。

在斯德哥尔摩大学，与矿冶化学家 W. 希辛格（Wilhelm Hisinger）一起从事研究。1803 年两人成功分离出铈（Ce)，但稍晚于 M. H. 克拉普罗特。他们三人被认为是铈的共同发现者。柏济力阿斯于 1817 年发现硒（Se)，1828 年发现钍（Th)。

是一位实验化学家，把 19 世纪初从实验得到的化学知识系统化。早期工作涉及电化学，提出化合物是由正和负两部分组成的二元论。是道尔顿原子理论的热心支持者。1800 年建立一个伏打电堆，用电流给人治病。1807 年后很快由医学转向化学研究。1810 年起开始系统研究物质的化合比，在定量分析基础上完善道尔顿的原子论，从而产生了原子量表。在 1819 年发表的“论化合比和电的化学效应”中，阐述了有关思想。但不接受 A. 阿伏伽德罗的假设，否认分子的存在。也像拉瓦锡一样确信氧的重要性，因而有好长时间认为氯气中含有氧。

虽然他擅长无机化学，但还认识并命名有机化合物中的同分异构现象，以及元素中的同素异形现象、催化剂在化学反应中的作用。以氧化铜作氧化剂改进有机分析。

引用了许多普适的化学仪器和装置（包括橡皮管和滤纸）。采用装有氯化钙的管子收集水。创立一套改进的元素及其化合物标记法，引进现代化学符号、化学术语（如催化、蛋白质、同分异构等)，许多沿用迄今。

是位多产作家，发表约 250 篇论文。撰写的《化学教程》多次再版，被译成英语之外的多种文字。跟随他从事研究的学生中，后来成为著名化学家的有 F. 维勒、L. 盖墨林和 E. 米切利希等人。（陶其恒）

罗比凯，P.-J. (Robiquet, Pierre-Jean) 法国人，1780 年 1 月 13 日生于法国雷恩，1840 年 4 月 29 日卒于巴黎。分析化学、有机化学、药物化学、无机化学。

青年时代正值法国大革命，当时在巴黎等地药房当学徒，协助过富克鲁瓦和沃克兰两位化学家进行尿结石分析。1799 年去军队服役，任药剂师。在意大利战役中历尽艰辛，在部队驻扎帕维亚期间，有机会聆听伏打的物理学讲座、斯卡尔帕的解剖学讲座。法国在马伦戈获胜后，他于 1801 年被派到军队医院工作。1807 年辞职到沃克兰的私人实验室工作。后开设药店，并自制化学药品。1811 年任巴黎大学药学院助理教授，1814 年任教授。因健康原因，1824 年辞职到一所药物学校任司库。1820 年入选医学科学院院士。1833 年入选法国科学院院士。

被同时代人誉为杰出的教师、著名的分析化学家和实验化学家。19 世纪上半叶的几十年中，在天然药物化学分析领域起着主导作用。1805 年研究分析芦笋汁；1806 年与沃克兰联名发表关于分离天冬酰胺的文章；1809 年发现甘草中含有甘草酸甙；1810 年分析班蝥；1812 年分析虫胭脂；1817 年发现那可汀；1821 年发现咖啡因；1826～1827 年与他人合作，一起分离出茜素和红紫素；1829 年在地衣中发现苔黑酚；1830 年与 A. 布特龙-夏拉（Antoine Boutron-Charlart）一起研究苦杏仁，发现扁桃甙；1832 年发现鸦片中含有可卡因；1837 年发现柠康酸。

早年在无机化学研究领域里也很著名，其中如：分析二硫化碳（1807 年）、提纯氧化钡（1807 年）及提纯镍（1809 年）等研究成果，都很有影响。

（戴永发）

德罗纳，L. -C. (Derosne, Louis-Charles) 法国人，1780 年 1 月 23 日生于法国巴黎。1846 年 9 月 21 日卒于同地。有机化学、化学工程、机械工程。

出身医药商家庭。父亲去世后，协助其兄 J. -F. 德罗纳经营医药，并参加一些科技研究课题。他们分别于 1821 年和 1823 年进入巴黎大学医学院。他所主持的德罗纳-凯尔公司后转向制造工业机械、机车和铁路设备。到1846年去世前，他已建立一个在巴黎、比利时和古巴等地拥有分公司的大企业，1847年它的分支已扩展到瓦朗谢讷和阿姆斯特丹。

一生致力于改进食糖生产工艺，把新技术和新设备引入制糖业。1811年改进了甜菜糖的生产和精制方法，制造骨炭用于糖蜜脱色。1817年发明一种连续蒸馏装置，不久又创制精炼糖的先进设备。兄弟俩合作完成的重要成果有丙酮的制备及其性质的研究等。

（戴永寿）

布拉康诺，H.（Braconnot，Henri） 法国人，1780年5月29日生于法国科梅尔西，1855年1月13日卒于南锡。分析化学、生物化学、有机化学。

最初在商业学校读书。13岁在南锡当药剂师的学徒。2年后在斯特拉斯堡军医院当药剂员。1801年去巴黎大学继续学业，选修化学、生物学和地质学等课程。1823年被选为法兰西学院通讯院士。爱好文学和戏剧，性情孤僻，终生未娶。

是研究植物化学和动物化学的先驱。1807～1819年分析了许多植物和动物的化学物质。他的第一个发现是蘑菇中的纤维素物质，将其命名为"真菌"。1817年否定其他人认为蔬菜中也存在这种单体的猜想。后发现五倍子中的鞣酸。1819年初着手研究硫酸对木材和木质纤维的腐蚀作用，发现锯木屑和浓硫酸作用转化成胶质，再转化成糖，称之"植物-硫化赤榆树脂"。1820～1830年，相继发现果胶酸、豆朊、水杨糖、焦性没食子酸、硝化纤维，以及后称为"马来酸"的异丁烯二酸物质。

（汪天伟）

德贝赖纳，J. W.（Döbereiner，Johann Wolfgang） 德国人，1780年12月13日生于德国霍夫，1849年3月24日卒于耶拿。分析化学、基础化学、无机化学、照明工程。

自学成才。早年在药铺当学徒和打短工，后遍游德国。返回家乡霍夫成亲后，小本经营制造铅白等颜料和药品的作坊，并开始为《新柏林药学年鉴》撰稿。后因家业衰落，经人推荐去耶拿大学技术学院任教。1810年任化学和药学编外教授，同年11月获博士学位。晚年被选为枢密顾问官。

曾研究用柯克霍夫法转化淀粉为糖。后又进行照明气体实验和制造海绵状铂，首创由氢化装置组成的充气气体照明灯。据1828年报道，当时德国和英国已使用约20 000盏这种灯。由于未获专利故收益甚少，但他说："我热爱科学远胜过金钱。"除研究铂的氧化物等物质外，还从事金属铂黑研究，包括它在二氧化硫和酒精氧化中的作用，提出用它可以由酒精制造醋酸。用稀酸来分解粗铂黑和锌的合金，发现得到的含铂、钯、铱、钌和锇的黑色粉末在空气中与酸和醇的反应活性比金属本身更强。主要贡献是在检验元素原子量方面的研究成果，有助于门捷列夫列出全部已知元素的周期表。基于某些元素组相似性的研究，发现锶、钙、钡三元素组和碱金属、卤素的三元素组，但对三元素组未作更进一步研究。获德国猎鹰十字勋章。

（戴永发）

黑尔，R.（Hare，Robert） 美国人，1781年1月17日生于美国宾夕法尼亚州费城，1858年5月15日卒于同地。气体化学、技术发明、仪器研制。

自青年时期到37岁，一直在费城帮助经营家族啤酒厂。靠自学和在费城大学听伍德豪斯（J. Woodhouse）的讲座学习化学。1810～1812年管理啤酒厂，同时兼任宾夕法尼亚大学医学院自然哲学教授。1818年初任威廉与玛丽学院自然哲学和化学教授。数月后回宾夕法尼亚大学医学院任化学教授，直到1847年退休。退休后，写小说、研究硝盐突爆原因，有时也外出讲演。

20多岁时已作出一生中的主要贡献。研究出用氢氧混合气体来产生高温的方法。此后又发明储气器，和能产生更高温度的氢氧喷灯；研发量热器、突燃器和可用于制取石墨、电石和其他物质的电炉；发明用于研究和示教的仪器设备等。

（楼书聪）

费希尔，N. W.（Fischer，Nicolaus Wolfgang） 捷克人，1782年1月15日生于波希米亚的格罗斯-梅塞利兹，1850年8月19日卒于布雷斯劳（今波兰弗罗茨瓦夫）。无机化学、电化学、技术发明、医学。

早年在爱尔福特大学医学院学医。毕业后在布雷斯劳开业，并在当地外科学校讲课。1811年布雷斯劳大学创建后，他在该校取得教师资格，1815年担任该校首任化学教授，直至去世。

在德国杂志上发表约60篇文章，介绍自己在化学及医学方面的研究成果。其中最重要有：发现三聚盐$K_3Co(NO_2)_6$，它以"费希尔盐"命名载入无机化学；研究原电池中金属的电化学可还原性，旨在找出"化学亲和力"和由原电池产生的电流间的关系；是制作伏打电池的先驱者之一；研究氯化银对光的敏感性；确立砷的检测方法；实验研究碲、硒的化学反应等。此外，大概是观察到动物膀胱有半渗透性质的第一人。

（李 郇）

普劳特，W.（Prout，William） 英国人，1785年1月15日生于英国格洛斯特郡霍顿，1850年4月9日卒于伦敦。元素化学、生理化学、医学、仪器研制。

农家子弟，家中长子。13岁前在当地教会慈善学校学习。1802年前一直在父亲的农场里工作。1808年进入爱丁堡大学学习医学，1811年毕业。1812年从皇家内科医学院领到开业证书，在伦敦行医。1820年父亲去世时，他把自己所继承的房地产传给兄弟。人们对他在伦敦的个人生活了解甚少。是一位颇有成就但并不富裕的内科医生，专门医治消化和泌尿系统方面的疾病。1811 年获爱丁堡大学医学博士学位。1819 年当选为英国皇家学会会员。1829 年任皇家内科医学院评议员，1831 年为该院讲座教授。

最著名的一项科学工作是，1815 年化名提出普劳特假说——一切元素都由氢原子聚结而构成，它们的原子量都是氢原子量（等于 1）的整数倍。尽管这一假说并不正确，但它所引发的长期争论，却推动了原子是否存在结构的探讨，以及对各种元素原子量的精密测定。1815～1827 年发表一系列有关泌尿和消化系统方面的重要论文，从而开辟了嘌呤和新陈代谢化学的新领域。1823 年首次发现胃液里含有盐酸，并用蒸馏法加以分离。1827 年他提议将食物中的物质分类为糖、淀粉、油脂和蛋白（后为碳水化合物、脂肪和蛋白质）。此外对气压计作重大改进，以致英国皇家学会宣布以他的设计为国家技术标准。

主要著作有《糖尿病、结石症及其他泌尿器官疾病的本质和疗法》（1825 年第 2 版）、《与自然哲学相关的化学、气象学和消化功能》（1834 年初版，2009 年再版）、《论胃与泌尿疾病的本质与治疗》（1849 年第 3 版）等。1827 年获英国皇家学会最高奖科普利奖章。 （戴永寿）

格罗特胡斯，T. von（Grotthuss，Theodor von） 立陶宛人，1785 年 1 月 20 日生于德国莱比锡，1822 年 3 月 26 日卒于俄国叶尔加瓦附近（今属立陶宛）。物理化学、电化学、光化学、燃暴化学。

曾任都灵科学院和慕尼黑科学院的通讯院士，法国巴黎电学学会名誉理事。1803～1808 年在莱比锡、巴黎、那不勒斯、罗马等大学接受科学教育。曾求学于巴黎综合工科学校。1808 年起因患忧郁症在母亲的庄园养病，1822 年自杀身亡。

同时代的科学家们认为，他是非常有才能的化学家和物理学家。他的许多思想对发展分子运动论、电离理论、光的电磁理论和冷光理论都有贡献。1805 年提出水电解的原始假说：水和盐分子在电场下极化，形成带电分子链，其末端在相反的电极上放电。等到后来有了电离理论后，根据他的导电机理，解释了氢离子和氢氧离子的异常导电现象。在意大利游学时，1806 年出版《电解法》一书。1808～1822 年，通过一系列对磷光和颜色的实验研究，1817 年发现光化学基本定律：化学反应仅仅由于其中一个物质吸收了光而发生反应，光的化学效应正比于光的辐照时间（现称为格罗特胡斯-德雷珀光化学第一定律：只有被体系吸收的光，对于产生光化学反应才可能是有效的）。1818 年，格罗特胡斯首先观察到电流通过很窄缝隙时的电淀积作用。还企图在许多化学和物理现象中引入带电分子的概念，这为以后的分子运动论提供了一定基础。

在研究了混合气体的火焰性质后指出，混合物中某个组分如氢和氧，必须达到一定的浓度或压力后才燃烧；1811 年指出，在很窄的管子里不能点燃；火花或明火是引起爆炸的必要条件。H. 戴维根据这些结论，1815 年设计了矿用安全灯。撰有论文 70 多篇。 （陈民生）

杜隆，P. L.（Dulong，Pierre Louis） 法国人，1785 年 2 月 12 日生于法国鲁昂，1838 年 7 月 19 日卒于巴黎。无机化学、分析化学、物理化学。

幼年失去双亲，由姑母抚养长大。1810 年以优异成绩考入巴黎综合工科学校，翌年因病退学从医。后又转向植物学和化学，期望成名。1811 年任教于诺马尔学院。1820 年任法国科学院化学教授。1813～1820 年任巴黎综合工科学校主考官，1820～1830 年任物理学教授。1823 年当选为法国科学院院士，1828 年任法国科学院院长一年。1830 年当选为瑞典皇家科学院外籍院士。

1811 年发表他的第一篇论文，对其资助者贝托莱的论点“化学亲和力并非固定的，化学反应常是可逆的”作了进一步证实。他的实验研究表明，难溶的硫酸钡同含有当量的碳酸钾溶液混合，或与硫酸钾溶液混合加热至沸点，会分别发生部分分解和置换反应。提出金属只有以氧化物形式才能与酸结合；酸是一种含氢的化合物，而氢又能被金属置换。在研究中首次发现一种能自然爆炸的油——三氯化氮。用氯气通入相当浓的氯化铵溶液，在 7℃～8℃持续反应 2 小时，他获得这种黄色的油状物质，并定量测定了三氯化氮的成分。1819 年与在巴黎的柏济力阿斯合作，精确地测定了水的质量组成，测定结果是 H∶O＝11.1∶88.9，此数据与后来杜马测得的结果（1∶8.008）相比，误差仅 1/60 左右。同年，他与法国物理学家 A. T. 珀替合作，发现固态单元素物质的克原子热容都近似等于常数，此即原子热容定律，亦称杜隆-珀替定律。

为纪念他，入选埃菲尔铁塔 72 名人榜。（戴永发）

谢弗勒，M. E.（Chevreul，Michel Eugène） 法国人，1786 年 8 月 31 日生于法国昂热，1889 年 4 月 9 日卒于巴黎。有机化学、化学工程、照明技术。

昂热医科学校董事的儿子。在昂热接受启蒙教育，1803 年去巴黎国家自然博物馆，在 N. L. 沃克兰指导下学习化学。1820～1830 年间，他的职称晋升很快。1824 年任皇家花毯厂印染主任。1830 年任博物馆化学教授。在这两个单位讲授化学近 60 年。1864～1879 年任博物馆馆长。1826 年当选为法国科学院院士，1839年、1871年两度出任院长。一生中生活有规律，工作有条理，晚年仍在博物馆工作和参加科学院的会议。1888年，高龄102岁向科学院提交最后一份学术报告。妻子是税务官女儿，1862年去世。此后，他几乎停止了所有的社会活动，只有参加科学会议才外出，在博物馆里安度晚年。

由于在科学上的成就和高龄，同事们对他极为尊敬，并把他看作是19世纪最杰出的科学家之一。在染料、颜色理论和天然脂肪化学方面颇有研究，其成就是与沃克兰在博物馆的合作分不开的。在颜色的研究方面，他是19世纪的学术权威；在天然脂肪化学特性研究方面，成为最早发展有机化学的主要人物之一。他发现脂肪酸后，又投入对脂肪酸本身皂化过程的研究，出色阐述反应，揭示反应本质。因而他所采用的脂肪试验系统，便成了分析研究有机化学物的第一个最精确模型。曾与他人合作获得一项用脂肪酸制作蜡烛的专利，所生产的优质蜡烛对当时的照明起了重要作用。

1886年8月31日，法国为他庆祝诞辰一百周年，这是一件全国性大事，共和国总统和世界各国科学代表出席了庆祝会。去世后成千上万的人参加了葬礼。

（戴永寿）

布兰德，W. T.（Brande，William Thomas） 英国人，1788年1月11日生于英国伦敦，1866年2月11日卒于同地。分析化学、有机化学、燃料化学。

药房店主的儿子。曾是解剖学校的学生，后在乔治医院学化学。早就结识了戴维，并在皇家学院听其课程。1808年开始在伦敦药校讲授化学和药物学。1813年接替戴维成为皇家学院教授，直至1852年。1815年法拉第访问欧洲回来后就在他的实验室工作，他们合作共事多年。

他是一位不倦的师长和多产的作者，发表了许多研究性文章。1813年因发表关于酒精的论文，被英国皇家学会授予最高奖科普利奖章。文中指出酒精是存在于发酵液中而不是蒸馏的产物，这与当时盛行的观点是相反的；还弄清了各类酒中酒精的含量。1819年试验一种被认为是苯甲酸的物质，几乎可以肯定它是萘。他的实验指出该物质不含氧，推想它是一种碳氢的二元化合物，但没有进一步继续实验和研究。同年，在英国皇家学会宣读关于从煤及石油中产生可燃气体的论文。

（汪天伟）

赖兴巴赫，K. L.（Reichenbach，Karl Ludwig） 德国人，1788年2月12日生于德国斯图加特，1869年1月19日卒于莱比锡。分析化学、有机化学、自然哲学。

斯图加特市图书馆管理员和档案保管员的儿子。早年求学于斯图加特大学预科和蒂宾根大学。学生时代曾被拿破仑当局逮捕入狱。释放后，1811年因发表静水风箱的论文而获博士学位。曾是一位初级文职人员，后因婚姻而在经济上得到独立。1816～1818年间参观德国、奥地利和法国的工业设施，特别是钢铁厂。在豪萨赫，他建造了一座新型的木炭窟。晚年的最后几个月是在访问莱比锡度过的。

19世纪30年代，发表一些关于从山毛榉木焦油中分离出化合物的文章。对陨石化学成分的分析颇感兴趣。1844年前后，发现某些“敏感”的人（大多数是妇女）能察觉到常人感官不能察觉的物理刺激（如光），从此对化学的兴趣便放到第二位。经过长期的实验，他推测有一种不同于已知的重力和电力的神秘宇宙力充满整个自然界。把办实业积累的财产用于这种不明智的投入，最后几近破产。后来逐渐与外界隔绝而隐居起来，当地人不是把他看成疯子，就是把他看成一个古怪的人。

（戴永寿）

贝克勒尔，A.-C.（Becquerel，Antoine-César） 法国人，1788年3月7日生于法国卢瓦雷省查蒂隆，1878年1月18日卒于巴黎。电化学、晶体学、物理学、地学、仪器研制。

陆军中尉的儿子。1806年就读于巴黎综合工科学校，1808年毕业获工程官职称。1810年入伍在西班牙服役，1812年升为海军上尉。翌年任巴黎综合工科学校副督学。1814年重新服役。1815年拿破仑倒台后，就完全从事科学研究。1829年入选法国科学院院士。1837年当选为英国皇家学会外籍会员。1837年任巴黎国家自然博物馆第一任物理学教授。孙子A. H. 贝克勒尔是元素天然放射性的发现者、诺贝尔化学奖得主。

早期研究矿物学。1819年发现一种新的磷酸钙结晶。1820年重复阿维（R. J. Haüy）的实验：当冰晶石受压时就成为带电体。他指出这种压电效应是普遍现象。后来又转到热电学，研究加热矿石产生的电效应。19世纪初期，伏打电池产生电流的机制是由于不同物体接触还是化学反应的结果，科学界尚不清楚。通过实验，他确认化学反应能产生电现象。利用能产生恒定电动势的电池，通过次级电解获得了各种物质的结晶体。1825年发明电磁天平和差绕电流计。

是个多产科学作家，出版著作《电和磁》（1834～1840年）、《与化学相关的物理学》（1842年）、《电化学基础》（1843年）、《磁学大全》（1845年）、《气象学和陆地自然地理学入门》（1847年）和《气候对土壤的影响》（1853年）等。1837年获英国皇家学会最高奖科普利奖章。

（楼书聪）

佩尔蒂埃家族（Pelletier family） 祖父和父亲都叫Bertrand Pelletier，孙子叫Pierre-Joseph Pelletier。祖父是一名药剂师。父亲以研究化学为主。孙子则选择药物学为终生事业。祖孙三代构成一个化学和药物学家族。

佩尔蒂埃，B.（Pelletier，Bertrand） 法国人，1761年7月31日生于法国巴约讷，1797年7月21日卒于巴黎。无机化学、晶体学、化学工程。

药剂师之子。P.-J. 佩尔蒂埃的父亲。1775年赴巴黎法兰西学院拜师学药学。1783年进入巴黎大学药学院学习，后取得医学博士学位，并获内科医师证书。曾在综合工科学校任助理教授。1790 年被任命为法国工艺和工业咨询局成员。1792 年入选法国科学院院士。1795 年人选法兰西学院院士。

重视化学实验超过理论。第一篇论文是砷酸的制备与性状。曾用缓慢结晶和加入晶种的技术，制备几种高溶度或潮解性盐类的晶体。研究多种金属磷化物的制备及其性质。主持和参加编写多项目手工艺和工业报告，其中有：《纯碱制造工艺》、《可锻铂法》、《制革法》、《肥皂生产法》和《废纸整浆法》等。

佩尔蒂埃，P.-J. (Pelletier，Pierre-Joseph) 法国人，1788 年 3 月 22 日生于巴黎，1842 年 7 月 19 日卒于同地。分析化学、有机化学、生物化学、药物学。

B. 佩尔蒂埃之子。早年就读于巴黎大学药学院，1812 年获理学博士学位。留校任教，1815 年任药学院助理教授，1825 年升为教授，1832 年任校长助理。还兼任药房和化工厂的技术咨询顾问。1820 年入选巴黎医药科学院院士。1840 年入选法国科学院院士。

早期致力于植物胶和色素的研究。从 1811 年开始，发表一系列植物胶的研究报告。1813～1817 年，研究的天然产物有蟾蜍毒液、琥珀、橄榄胶以及胭脂虫中的胭脂红、红檀香木和姜黄色素等。1817 年他与 F. 马让迪合作分离出吐根碱，与 J. B. 卡文图合作分离出植物叶中的绿色素，命名为叶绿素。与卡文图共同研究下述几种植物碱，使他们在国际上获得声誉：马钱子碱（1818 年）、番木鳖碱（1819 年）和藜芦碱（1819 年）等。更重要的发现，是对虐疾有特效治疗作用的金鸡纳碱（1820 年）的研究。发表独立研究的关于胡椒碱（1821 年）和多种金鸡纳碱（1821 年）的论文。1823 年和 J. B. 杜马合作，通过用燃烧法分析 9 种植物碱，证明了植物碱中含有氮素。1832 年起研究 2 种新罂粟碱。与卡文图研究了马钱子碱提取法（1822 年）、硫酸奎宁制法（1827 年）。因发现金鸡纳碱，1827 年与卡文图共获法国科学院10 000法郎的蒙迪翁奖金。1900 年法国科学院还为他们建立塑像永留纪念。

（高中兴）

盖墨林，L. (Gmelin，Leopold) 一译格麦林。德国人，1788 年 8 月 2 日生于德国格丁根，1853 年 4 月 13 日卒于海德堡。分析化学、无机化学、金属化学、有机化学。

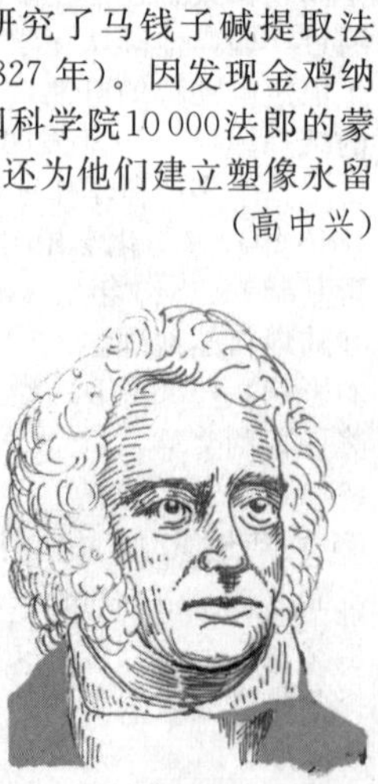

早年受家庭教师的教育；后进入格丁根中学，1804 年毕业。1809 年考入格丁根大学，1812 年获医学博士学位。1813 年任海德堡大学讲师，1814 年任编外教授，1917 年任该校化学系教授兼系主任。

主要从事化学教育，并以对氰化物的重要研究和分析化学方面的著作而闻名。1822 年发现亚铁氰化钾。主要著作《理论化学手册》曾出版多次，对同时代人有很大影响，成为无机化学方面的经典参考书。1924 年起至今还在出版的《盖墨林无机化学手册》就是为纪念他而命名的。还从事过生理学、有机化学、矿物学与纯理论的研究。著名化学家 F. 维勒和 H. 维尔（Heinrich Will）等人都是他的学生。

（周申范）

蔡司，W. C. (Zeise，William Christopher) 丹麦人，1789 年 10 月 15 日生于丹麦斯劳厄尔瑟，1847 年 11 月 12 日卒于哥本哈根。有机化学、分析化学。

出身药剂师家庭。1806 年给哥本哈根大学的奥斯特教授做助教。1809 年开始学习医学、物理学和化学。1816 年获该校药物学硕士学位，次年获化学博士学位。1818 年创建欧洲最早的分析化学和有机化学实验室。1822 年任哥本哈根大学编外化学教授。1829 年至去世前，一直是哥本哈根理工大学有机化学教授。1824 年被选为丹麦皇家学会会员。

是 19 世纪上半叶为有机化学奠定了科学基础的化学家之一。着重研究硫磺及铂的有机化合物。1823 年发现黄原酸盐。1827 年发现后以他命名的有机金属盐“蔡司盐”。1833 年发现硫醇。1836 年发现硫醚。代表作有《碱对有机物质的作用》（1817 年）、《氯气的性质》（1831 年）等。

（龚怡祖）

贝拉尔，J. É. (Bérard，Jacques Étienne) 法国人，1789 年 10 月 12 日生于法国蒙彼利埃，1869 年 6 月 10 日卒于同地。无机化学、物理化学。

化工师之子。在父亲的同事、化学家 J. A. 夏普塔尔的推荐下，给化学家 C. L. 贝托莱作实验室助手，住在贝托莱在巴黎附近的家中。利用条件去巴黎大学学习，先后获学士及硕士学位。1813 年回家乡。1817 年获蒙彼利埃大学医学院医学博士学位。留校任教，后成为化学教授。1819 年底当选为法国科学院化学学部通讯院士。

第一部著作是《盐类及其溶解度分析研究》（2 卷，1809～1810 年）。所测得的氧化氮密度，曾被盖-吕萨克用于建立气体化合体积定律的实验依据。发现红外和紫外辐射均能被偏振。与德拉罗什（F. Delaroche）一起研究比较气体的比热，并因此而获奖。但后来发现，由于忽视了气体的干燥性，湿度影响了结果的精确性。因对水果成熟问题的研究，1821 年获法国科学院奖励。

（楼书聪）

丹尼尔，J. F. (Daniell，John Frederic) 英国人，1790 年 3 月 12 日生于英国伦敦。1845 年 3 月 13 日卒于同地。电化学、化学工程、气象学、科学传播、仪器研制、技术发明。

幼时受良好教育，在古典文学方面有较高造诣。年轻时，曾在亲属开办的炼糖厂工作。在改进制糖工

艺过程中，幸运地认识皇家研究院化学教授 W. T. 布兰德，他们一道在英国、欧洲大陆进行几次科学考察旅行。1818 年他们恢复了已停刊的皇家研究杂志。1827 年负责主编实用知识促进协会会刊。1831 年任伦敦大学新成立的帝国理工学院首任化学教授，直到去世。1841 年英国皇家化学学会成立，他当选为副会长。1842 年牛津大学授予他荣誉民法学博士学位。

他早期的化学论文，特别是有关晶体方面的，大多刊载在皇家研究院杂志和实用知识促进协会会刊上。名著《化学哲学导论》出版后，一年内就为 5 000 个左右的学校所采用。1835 年开始研制干电池，1836 年发表干电池的设计细节。丹尼尔电池的制造工艺使他闻名于世，从此导致电镀及电刻工业的蓬勃发展。1837 年获英国皇家学会最高奖科普利奖章。

在气象学方面，1820 年发明新型的露点温度计；1823 年发表数篇气象学短文。1830 年连续发表“确定锅炉热量的新的高温温度计”、“新高温温度计的运用说明”，因此获英国皇家学会朗福德奖章。英国皇家学会为了更精确研究大气压波动，曾委托他制造水气压计。他制造的水气压计没有能解决稳定性问题，但在测量气压精度方面也前进了一步。1839～1843 年他参加 J. C. 罗斯率领的南极探险队，在科学考察中负责制定建立电磁及气象台的规划报告。 （曹念祥）

戴维，J.（Davy，John） 英国人，1790 年 5 月 24 日生于英国英格兰彭赞斯，1868 年 1 月 24 日卒于英格兰安布尔赛德。无机化学、气体化学、生理学、医学。

是 H. 戴维的弟弟，4 岁丧父。在当地求学。1808 年赴伦敦在皇家学院成为其兄的助手，从此开始科学研究生涯。在他被军队委任为医院助理后不久，1814 年以关于血液的论文获爱丁堡大学医学院医学博士学位。滑铁卢战役前不久被派往布鲁塞尔陆军医院，军医成为他的终身职业，最后成为军方医院总监。

1810～1814 年在爱丁堡大学驳斥了他人的非难，成功地捍卫其兄关于氯的元素性的观点，由此发表了金属氯化物的分析及其性质的论文。他将一氧化碳和氯气混合曝置于日光底下，首次制得一种气体，他命名为“光气”（$COCl_2$，又名碳酰氯）。在两栖动物的心脏结构和循环系统的解剖观测上，有重要发现。主要科学著作有《生理及解剖研究》、《军队中的疾病》和《生理学研究》等；为其兄撰写两卷传记，还主编《H. 戴维爵士著作集》等。 （计其达）

格林，J.（Green，Jacob） 美国人，1790 年 7 月 26 日生于美国宾夕法尼亚州费城，1841 年 2 月 1 日卒于同地。化学教育、电学、生物学、科学传播。

出身教育世家。1807 年入宾夕法尼亚大学短期学习医学。后因销售书刊触犯法律而入狱。1816 年到普林斯顿大学任自然哲学家维什克（H. Vethake）的助手。1818～1822 年任该校化学、实验哲学与博物学教授等职务。后来返费城和几位医生创办杰斐逊医学院，1825～1841 年任该院化学教授。

1828 年曾访问欧洲，会晤著名科学家法拉第、道尔顿等人，回国后出版《旅行者纪事》（1831 年）。兴趣广泛，19 岁曾和朋友合著《电学与流电学概观》（1809 年）。自学植物学后，写过《纽约州植物志》（1814 年）。傍晚散步时仰望太空，促使他产生灵感，从而写了一本广受欢迎的通俗读物《趣味天文学》（1824 年）。先后出版《化学哲学教程》（1829 年）等 3 本教科书。还对贝类、蝾螈、三叶虫等有过研究，著有《北美三叶虫》（1832 年）等。 （诸葛健）

法拉第，M.（Faraday，Michael） 英国人，1791 年 9 月 22 日生于英国萨里郡纽因顿（今属伦敦），1867 年 8 月 25 日卒于米德尔塞克斯郡汉普顿考特（伦敦附近）。物理化学、电磁学、分析化学、电化学、化学工程、技术发明。

父亲詹姆斯（James）是个铁匠，1791 年到伦敦谋生，因体弱多病，只能勉强维持全家生活，1809 年去世，全家依靠母亲维持生活。他是 4 个孩子中的第三个。几乎没有受过基础教育。13 岁时为书店老板发送报纸，赚取微薄报酬以弥补家庭开支。14 岁在书店当学徒，装订书籍。工余读了许多待装订的科学书籍，尤其是大英百科全书中泰特勒（J. Tytler）写的介绍“电学”文章，激起了他追求科学的热情。1808 年参加由塔特姆（J. Tatum）主持的伦敦哲学学会，在这里接受了基础科学教育，听取各种自然科学学科讲座。1812 年一个偶然机会，去英国皇家学会倾听会长 H. 戴维的化学讲演，并认真地作了笔记，后同伦敦哲学学会的朋友们一起进行研讨，又把听讲记录寄给戴维，得到戴维的称赞。1812 年 10 月，成为戴维的抄写员。1813 年 2 月，成为戴维在皇家学院实验室的一名助理员。兴趣广泛，博览群书。1813 年 10 月随戴维夫妇出国旅行，访问了法国、意大利、德国和比利时，会见许多当时最著名的科学家。1815 年 4 月回到伦敦，立即投入紧张的研究工作。1821 年与 S. 巴纳德（Sarah Barnard）结婚，无子女。1825 年任皇家学院实验室主任，1833 年任化学教授。1824 年被选为英国皇家学会会员。还是法国科学院外籍院士。

1816 年发表他的第一篇化学论文“托斯卡纳地区生石灰的分析”。到 1820 年已在分析化学领域建树声誉。为了探明油变蒸气后的燃点问题，研究了各种燃料及照明油的性能，从而在 1825 年发现了苯，这对有机化学的产生和发展起到促进作用。1820 年利用氯取代乙烯中的氢，制得了氯和碳的两种新化合物 C_2Cl_6 和 C_2Cl_4。1818 年和斯托达特（J. Stodart）进行合金钢的实验，研制出掺加铂、铑和银等稀有金属的优质合金钢，虽然不能投入商业生产，但为以后的合金钢开发研究奠定了科学基础。1824年应英国皇家学会要求研制光学玻璃，制得了具有很高折射率的玻璃新品种——硼硅酸铅玻璃，为以后光学玻璃的改进拓广了道路。

1820年H. C. 奥斯特偶然发现金属线通电使附近磁针转动，引起了法拉第的深思：既然电流能产生磁，那么磁能否产生电呢？通过反复研究和实验。1821年发现了电磁交替转换，用一枚小磁针来测绘磁力线的图案，发现磁针的一极沿着导线的圆周旋转。认识到当电流通过导线时，磁极会围绕导线不断旋转。1821年10月21日，发表“关于一些新的电磁运动及磁学原理”的论文。这是第一次记录了由电能转化为机械能的文章，同时也包含了磁力线的新概念。1831年8月29日实验时发现，当初级回路闭合时，接在次级回路里的电流计指针发生了偏转，表明电流计中的电流是由初级回路中的电流产生磁力线，通过铁环为介质，在次级回路中感生电势而产生的，称为“电磁感应”。这是现代电工学的基础。1831年10月17日，利用电磁感应原理，制成了第一台感应发电机，成为今天各种复杂电机的始祖。

1837年建立电磁场概念。进而取得许多重要研究成果，如1845年发现磁致旋光效应（称为“法拉第效应”）和抗磁物质等。1844年发表“关于光线振动的想法”一文，这是电磁理论的先河，后为J. C. 麦克斯韦所发展。1846年发现抗磁现象。1852年又引入了电力线和磁力线的概念，并解决了金属线和磁铁的相对运动是感应电流产生的必要条件问题。

1833～1834年，通过实验提出电解定律：① 电流通过电解质溶液时，在两相界面间发生化学变化的物质的量与所通过的电量精确地成正比；② 当相同的电量通过各种不同的电解质溶液时，在电极上所获得的各种产物的量的比例，等于它们的化学当量之比。这就是“法拉第定律”。这也是电荷不连续性最早的有力证据。而在这之前，尚无人作出过这一结论。还发现并导出介质的介电常数。

发表过关于能量转换方面的论文，指出能量的统一性和多样性。反对超距作用，认为作用的传递都必须经过某种物质媒介。并用实验证明了电解质在静电现象中对作用力的影响。

主要著作有《化学实验操作指南》、《电学实验研究》（3卷，1839～1855年）、《化学和物理学的实验研究》（1859年）、《气体的液化》等。座右铭是“拼命去争取成功，但不要期望一定会成功”。一贯谢绝学术上的荣誉和经济上的报酬，把全部生命献给了人类揭示大自然秘密的崇高使命。（戴永寿）

阿夫维德森，J. A.（Arfvedson，Johann August） 瑞典人，1792年1月12日生于瑞典斯卡拉堡省，1841年10月28日卒于海顿苏。分析化学、无机化学、矿物化学。

1803年入乌普萨拉大学，1809年获法学士学位，1812年获矿物学专业学士学位。1806年任斯德哥尔摩皇家矿业局秘书，1814年任该局公证员。1817年进斯德哥尔摩大学柏济力阿斯的实验室，开始研究矿物化学分析。1921年被选为瑞典皇家科学院院士。

因完成了测定氧化亚锰和四氧化三锰组分中镁的氧化物，得到柏济力阿斯的赏识，让他做硅酸盐矿物透锂长石的分析，从而1817年发现元素锂（Li）。金属锂的离析后由其他人完成。1822年分析金绿宝石时，分离出新的碱（氢氧化铍）。还从四氧化三铀的还原中分离了新的氧化物——二氧化铀。因发现元素锂，在临终前一年获瑞典皇家科学院金质奖章。为纪念他，矿物钠角闪石（arfvedsonite）以他命名。（周申范）

德克洛布里，H. -F. G.（de Clau-bry，Henri-François Gaultier） 法国人，1792年7月21日生于法国巴黎，1878年7月4日卒于同地。分析化学、法医化学、环境化学。

父亲和兄长都是杰出的内外科医生。受他们的影响，早年从事医学，后来致力于自然科学。曾任巴黎综合工科学校示教员。1825年任塞讷河卫生委员会委员。1835年任巴黎大学药学院化学副教授，1859年为毒理学教授。1848年入选巴黎医学科学院院士。

他在化学、毒理学、公共卫生学、医药和气象学等领域都做过工作。1814年和合作者科林（J. -J. Colin）共同发现游离碘会使淀粉呈蓝色的特异现象。1815年报道发现在海水和海藻中存在碘的研究成果。1831年发表茜草中有色物质的研究论文。撰写的有关法医化学的许多论文被编入《法医学大全》一书，这本书是19世纪法国法医化学中最有权威的著作之一，多次再版。有关讨论食品的掺杂处置、环境卫生、消毒、工业卫生等多种论文，刊登在《公益卫生和法庭医学年鉴》中。（周志高）

谢瓦利埃，J. -B. -A.（Chevallier，Jean-Baptiste-Alphonse） 法国人，1793年7月19日生于法国朗格勒，1879年11月29日卒于巴黎。药物化学、环境化学、应用化学。

青年时代，在巴黎国家自然博物馆为沃克兰和洛吉埃（Laugier）当实验室助手。后在一家医院任药学实习医生。不久自己开办一家药房。1835年决定放弃医药经营去巴黎大学药学院任教，同时创办私人化学分析实验室。1824年入选医学科学院院士。1831年任法国塞纳河卫生委员会委员。

由于成功地将化学应用于处理诸如检验食物掺杂和假药、工业卫生学、毒理学和消毒学等各种公共卫生问题而颇负声望。一生中出版过多种著作，其中《食品和药品辞典》（2卷，1850～1852年）是当时同类著作中最重要一部；此外重要著作还有《化学反应试剂入门》（1822年初版，1829年第3版；与他人合著）、《制备漂白粉、苏打和苛性钾等化学品的技巧》（1829年）、《单质和化合物的药品》（5卷，1868年）等。在各种杂志上发表的文章有几百篇。（戴永寿）

米切利希,E. (Mitscherlich, Eilhard) 德国人，1794 年 1 月 7 日生于奥尔登堡诺因德，1863 年 2 月 28 日卒于柏林。分析化学、物理化学、晶体学。

1811 年进入海德堡大学学习东方语言。1813 年在巴黎大学攻波斯语。受拿破仑委派，赴东方做使节工作。1815 年拿破仑倒台后，他回到德国。1817 年进格丁根大学学自然科学和医学。撰写有关古波斯语的毕业论文。后来对化学产生兴趣。1818 年到柏林大学植物学家 H. F. 林克的实验室工作。1819 年随柏济力阿斯去斯德哥尔摩大学合作研究两年。1882 年回到柏林大学任编外教授，1885 年任化学教授兼实验室主任。是柏林科学院院士。

1822 年出版关于同晶现象的专著，是第一个认识同晶现象的人。有关同晶现象的论述是对化学的重大贡献，对柏济力阿斯校正元素原子量的研究很有帮助。1830 年实验证实红盐、绿盐是由两种不同的酸（锰酸和高锰酸）转化而来的，并测定了红盐、绿盐的化学组成。第一个获得叠氮化碘和硒酸。研究和提出水蒸气密度测定方法。1834 年用苯和硝酸作用得到硝基苯。还获得偶氮苯、三氯化苯、六氯化苯及相应的多种衍生物。对蔗糖发酸分析颇有建树。是化学教科书最成功的作者之一。 （沈德阶）

龙格，F. F. (Runge, Friedlieb Ferdinand) 德国人，1794 年 2 月 8 日生于德国汉堡附近，1867 年 3 月 25 日卒于奥拉宁堡。有机化学、染料化学、分析化学、化学工程。

早年当过学徒。1819 年获耶拿大学医学学士学位。1822 年获柏林大学化学博士学位。后在布雷斯劳大学当讲师，1828 年升任工业化学教授。1831 年移居柏林，在皇家航海学会所属奥拉宁堡化工厂任化学家。1852 年从化工厂退休后，一直当技术顾问。

主要科学成就是：从煤焦油的蒸馏物中萃取酚、氮杂萘的混合物、吡咯、苯胺等物质；研发由苯胺生产苯胺黑的工艺，1834 年获得染料的专利权；研制纸色谱，是纸色谱测定技术的先驱者。 （周申范）

帕扬，A. (Payen, Anselme) 法国人，1795 年 1 月 17 日生于法国巴黎，1871 年 5 月 13 日卒于同地。有机化学、化学工程、农业化学。

早斯接受父亲的家庭教育，性格孤僻，但爱好科学知识。当时的混乱时局使他未能进入巴黎综合工科学校就读，只得以私人关系跟从化学家 N. L. 沃克兰和 M. E. 谢弗勒学习。1829 年到中央工艺制造学校讲授工业化学，后又在工艺博物馆任教。先后开办过硼砂厂、甜菜制糖厂。

发明用动物骨炭（来自工厂的碳质残渣）代替木炭用于甜菜糖工业的脱色工序。在碳水化合物的研究方面，1833 年和 J.-F. 佩索共同发现麦芽中含有的物质能将淀粉水解成糖。确定淀粉不论来自何种植物，化学组成都是同样的。1838 年在植物的木质组织中鉴别出纤维素和木质素两种成分，可用化学方法进行分离。撰写的论文涉及很多学科，包括肥料、糖的精制、橡胶和杜仲胶、供水、马铃薯晚疫病及葡萄根瘤蚜等。1817 年普法战争时巴黎被围困期间，从事代用食品的开发研究。 （高中兴）

卡文图，J.-B. (Caventou, Joseph-Bienaimé) 法国人，1795 年 6 月 30 日生于法国圣奥梅尔，1877 年 5 月 5 日卒于巴黎。分析化学、有机化学、药物化学、毒理学。

出身军队药剂师家庭。早期在巴黎大学药学院学习。1816 年在圣安托万医院任药剂师。1830 年成为巴黎大学药学院化学副教授，1834 年任毒理学终身教授。

1817～1842 年，在学术上长期与 P. J. 佩尔蒂埃合作。发表有关黄水仙和金莲花的化学分析及药剂调制方面的论文；发现硝酸与人胆结石中的有光泽物质作用会形成新酸；1817 年从植物叶子中分离出叶绿素；分析胭脂虫中的胭脂红；成功地从巴豆油中分离出巴豆酸；从龙涎香中分离出龙涎香精；成功分离出马钱子碱、二甲基马钱子碱（1819 年）；此外分离得到藜芦碱、辛可宁、奎宁（1820 年）和咖啡因（1821 年）等。他们还揭示这些生物碱的物化性能，并证实这些碱中存在碳、氢、氧，后来又发现还含有氮。1825 年后的一些年，试图就一些疾病的治疗条件进行化学试验，这种试验方法给后人以极大的启发。因发现和分离得到抗疟疾特效药物奎宁，1827 年和佩尔蒂埃一起获法国科学院蒙迪翁奖。

为纪念他，月球上有一陨石坑以他命名。

（郑生力）

罗泽，H. (Rose, Heinrich) 德国人，1795 年 8 月 6 日生于德国柏林，1864 年 1 月 27 日卒于同地。无机化学、金属学、矿物化学。

出身科学世家。早年学药学。参加过普鲁士军队，1815 年在与拿破仑最后一战中随占领军进驻巴黎，从而认识盖-吕萨克等一些法国最著名的科学家。后去瑞典，在柏济力阿斯指导下研究钛的性质。1821 年获柏林大学化学博士学位。留校任讲师，1823 年年任编外教授，1835 年升任化学教授。1832 年被选为普鲁士柏林科学院院士。

撰写的多数论文，主题是关于各种矿物化学成分的系统分析。1820 年连续发表多篇有关钛的研究论文。1826～1849 年进行磷和磷酸性质的研究。1844 年他从铌铁矿中分离出铌之后，一直研究铌和钽的性质。1851 年起开始，研究化合物中水的性状及其对化学分解的影响。毕生以大学为中心从事教学和科研活动，培养了许多有名的专业人才。 （周申范）

克劳斯，K. K. （Клаус，Карл Карлович；Claus，Carl Ernst） 俄国人，1796年1月23日生于俄国多帕特，1864年3月24日卒于同地。金属化学、药物学、植物学。

虽具有德国血统，但生卒地均在俄国，并毕生在那里工作。自幼丧失双亲，14岁被迫自行谋生，在圣彼得堡一家药店当学徒。1915年重返。出生地，在多帕特大学通过药学专业考试。后又返回圣彼得堡。由于对植物药学感兴趣，1817年迁往萨拉托夫定居，在那里担任10年药剂师的助手，并利用余暇致力研究伏尔加地区的动植物。1821年结婚。1826年在喀山开办药房。1831年到多帕特大学化学系任教，不久获该校学士和硕士学位。曾申请喀山大学空缺的药学教授一职，但却被任命为新设的化学讲座教授，这一事件使他从药剂师和植物学家转而成为化学家。在他的主持下，1838年创立的化学实验室不久享誉全国。1839年喀山大学获药学博士学位。1852年回多帕特大学，任新设立的药学讲座教授。1861年当选为俄国科学院通讯院士。1863年受俄国政府派遣，去西欧考察实验室和铂冶炼业。1864年在参加圣彼得堡科学会议后返家途中，因患流感病逝。

1827年出版《伏尔加河流域植物志》，被公认为经典之作。1840年初，他开始研究从圣彼得堡铂冶炼厂获得的不溶性残渣。1828年多帕特大学物理化学教授J. J. 柏济力阿斯和俄国化学家奥赞（Г. В. Оэанн）进行过这项工作。在铂冶炼残渣中，柏济力阿斯仅发现铑、钯、锇和铱元素，但奥赞声称还有钌等三种新金属存在。在1842～1844年间克劳斯作了细致工作，终于解决上述问题。从2磅（约908克）残渣中提炼出6克铂系金属，并把这种金属称为“钌”（拉丁文的意思是俄国）。对金属铱、铑和锇也进行过广泛深入的研究。1854年为庆贺喀山大学建校50周年，搜集了自己有关这方面的所有论文，以“论铂系金属化学”为题发表在校刊上。有关铂系金属的研究史、化学性能及其应用的专集，至去世前尚未完成，直到1883年才以《铂和铂系金属金相学残稿》为题面世。

对铂氨络合物的研究方面也颇有贡献。1856年提出试图解释这类化合物形成的理论，承认铂金属氨络合物与铂盐的水化合之间的相似性。他认为由于氨同金属氧化物的结合，不会影响金属的化合饱和能力，并且它会失去碱性而变为“钝态”。他的理论曾遭到强烈的反对，但若将后来的A. 维尔纳（A. Wüllner）的配位理论稍作修正，便能证明克劳斯的理论是正确的。

（戴永发）

克鲁姆，W. （Crum，Walter） 英国人，1796年生于英国苏格兰格拉斯哥，1867年5月5日卒于苏格兰劳肯。分析化学、物理化学、化学工程。

印花业主的儿子。就读于格拉斯哥大学，1818～1819年间是T. 汤姆孙的学生。此后很多年中，继承父业，在家乡格拉斯哥附近经营印染厂，同时进行化学研究。1844年成为英国皇家学会会员。是伦敦化学学会创始会员之一。1834年加入格拉斯哥皇家哲学学会，1852年任会长。任1796年创建的安德逊学院院长。

在分析化学上卓有贡献。第一篇论文是有关用升华法制备纯靛蓝及其组成的测定，提出的分子式得到化学界的承认，从此闻名于欧洲。还研究过靛蓝磺酸，得到经硫酸作用生成的两种新衍生物。发现用二氧化铅检验锰的方法。1847年提出用硫酸和汞将硝酸酯转化为氧化氮来分析硝酸酯，并用于测定火药棉中的含氮量。他首次制得过氧化铜及胶体氧化铝。1844年提出一种涉及机械和化学作用的染色理论。早期在关于颜色的著作中提出过一种颜色理论，与牛顿相反，认为白光不包含任何颜色，而黑色是3种原色——红、黄和蓝的起源。

（计其达）

特纳，E. （Turner，Edward） 英国人，1796年7月生于牙买加金斯敦，1837年2月12日卒于英国伦敦。元素化学、分析化学、矿物学、化学教育。

早年在英国受教育。曾在地方乡村医生那里当学徒，后在伦敦医院的病房工作2年。1816～1819年去爱丁堡大学学医，并任学生医学会会长。1820年去巴黎，在盖-吕萨克等学者的影响下对化学和物理发生了兴趣。1823年返回爱丁堡大学，任外聘讲师兼《爱丁堡科学》杂志的化学编辑。1827年任伦敦大学铂冶炼院任第一位化学教授和地质学讲师。

主要成就是对元素原子量的测定、以及对许多矿物的杰出分析。作为一个原子量测定的仲裁者，对过去测定的氯、氮、硫、铅和汞等原子量的严重误差提出修正。他口才很好，出色的讲演常常使听众着迷。上化学课时讲课前总要做一个表演实验，而平时又和蔼可亲、平易近人，所以在学生中有很高的威望。

（周申范）

莫桑德，C. G. （Mosander，Carl Gustaf） 瑞典人，1797年9月10日生于瑞典卡尔马，1858年10月15日卒于昂绍尔姆。金属化学、分析化学、矿物学。

15岁开始当药剂师。1820年开始学医，1825年获卡罗琳医学院医学博士学位。1824年任该校化学教师，不久任化学实验室主任，1832年继任该学院柏济力阿斯的化学和药物学教授职位，直到去世。

曾在瑞典皇家科学院负责搜集矿物，这对他研究地球上矿物中的稀有元素极有帮助。1839年他发现，二氧化铈中混合有难以还原的金属氧化物混合，若在该混合物中掺入硝酸可析出纯的二氧化铈（黄色），把被硝酸溶解的部分叫做镧。2年后又指出镧也是混合物（白色）。而褐色的金属氧化物被命名氧化钕镨，其性质与镧相似。1885年韦尔斯巴赫（A. von Welsbach）从稀土中分离出氧化钕及氧化镨时，才推翻了氧化钕镨是单一物质的看法。1843 年莫桑德也使氧化钇分离得到氧化铒、氧化铽。1839 年厄尔德曼（A. Erdmann）在挪威一个新矿发现镧的矿石，并将此矿石用莫桑德的姓氏命名。（刘第蜀）

舍恩拜因，C. F.（Schönbein，Christian Friedrich） 德国人，1799 年 10 月 18 日生于德国士瓦本，1868 年 8 月 29 日卒于德国巴登-巴登附近。无机化学、物理化学、电化学。

家境贫困，无法接受正规教育。14 岁在伯布林根一家化学制药厂当学徒，为获得化学知识而自学拉丁文、法文、英文、哲学和数学。1820 年在丁勒(J. G. Dingler）的化学工厂，将法国出版的《丁勒工艺》杂志译成德文。这时又学习了化学。因经常出入埃朗根大学，结识许多学者。自学成才。1823 年在凯尔豪的弗罗贝尔学院教化学、物理和数学。1827 年去法国巴黎大学参加盖-吕萨克、安培、德普雷（C. Despretz）和泰纳尔等人的讲座，1828 年获哲学博士学位。1835 年任瑞士巴塞尔大学物理和化学教授。1848 年当选为巴塞尔议员。

研究范围很广，发表 350 多篇文章，内容有臭氧、自动氧化、诱导反应、火胶棉、电化学和钝化铁等。1845 年在干燥纯净氧中放电火花，获得臭氧。发现磷氧化过程中产生臭氧；有水存在时，金属氧化过程中产生原子氧，即自动氧化现象。1836 年发表有关化学反应产生伏打电流的理论。1846 年将棉绒浸在发烟硝酸和浓硫酸的混合物中，然后取出清洗和干燥，制得火胶棉，最初用于药剂和照相。在 1844 年《物理化学文集》中，阐述了有关化学学说特别是催化现象的理论诠释。反对分子论，认为化合物中的分子只不过是物理力的中心。（陈民生）

塔尔博特，W. H. F.（Talbot，William Henry Fox） 英国人，1800 年 2 月 11 日生于英国多塞特郡美尔伯里，1877 年 9 月 17 日卒于英格兰威尔特郡拉可克。物理化学、光谱学、摄影术、数学、仪器研制。

1817 年入剑桥三一学院学习古典语言与数学，1821 年毕业。1832～1835 年任国会议员。后入选英国皇家学会会员。

1822～1872 年间，半个世纪中他不断地向英国皇家学会递交学术论文。有许多数学论文，其中发表 6 篇数学论文系统深入研究椭圆积分。因在椭圆积分方面的贡献，获 1838 年英国皇家学会皇家奖章。

是第一个把某一特征光谱线的出现和某一定物质的存在联系起来的人。1825 年制造出一种研究火焰光谱的仪器，把一根灯芯浸渍在被研究物质中，经干燥后点燃，显示出光谱，从而观察到钾盐能发射一条特征的红线，而钠盐给出一条黄线。后又将锶和锂的特征谱线分开，这两种火焰都显红色，但在光谱中锶呈现一组红色谱线，而锂只呈一条很强的红线。同年又研究氰焰，在波长 388 纳米处出现特征氰带。由此提出发射光谱可用于分析物质的设想。1835 年提出光谱线和化学组分间的联系。

1835 年制得照相用“底片”，它是在纸上用过量硝酸银敏化，再用过量食盐固定。1836 年发表的论文中，用偏光显微镜研究透明体（甚至最小的可见粒子）内部结构。1838 年在纸上用氯化银成功影印图像。1840 年发现没食子酸可作为照相显影剂，1841 年 2 月取得专利权。同年发现卤化银的曝光能使潜像显影，1841 年 6 月在英国皇家学会上报告并演示。1842 年为表彰他在光化学方面的贡献，获英国皇家学会朗福德奖章。

1844 年出版《自然的光束》（1846 年再版）一书，是第一部附有照片的著作。1851 年在一次皇家学会会议上，现场做了有关高速摄影的演示，把一页报纸的图片拴在一个圆盘上快速旋转，由莱顿电池放出的闪光照射。这是第一个照相铜版图像所复印的实用照相工艺系统，1852 年获得专利权。这项成果奠定了现代照相制版技术的基础。发表 27 篇学术论文；出版有 4 部著作。（周志高）

杜马，J.-B.-A.（Dumas，Jean-Baptiste-André） 法国人，1800 年 7 月 14 日生于法国阿莱斯，1884 年 4 月 11 日卒于戛纳。分析化学、有机化学、物理化学、应用化学、化学工程。

青年时代当过药剂师的助手。1816 年入读日内瓦大学，学习药学、化学，物理学和植物学。1823 年回法国，任巴黎综合工科学校化学辅导教师。1832 年任巴黎大学化学系副教授。1835 年任巴黎综合工科学校教授。1839 年任巴黎大学医学院有机化学教授。1840 年被选为英国皇家学会外籍会员。任《化学物理年鉴》主编。1832 年被选为法国科学院院士，1868 年任该院常务秘书长。拿破仑三世即位时，1848 年入选法国国民议会参议员。1850～1851 年间，当过政府农业兼商务部长、教育部长、铸币厂厂长、巴黎市议会会长。1870 年随着第二帝国的崩溃，结束了他的政治生涯。妻子是皇家瓷器厂厂长的女儿。

研究领域广阔，尤其对应用化学产生巨大的影响。其中有：研究过冶金学方面的问题（如铁矿石的处理等）；比较分析各种不同商品玻璃的特性；对 13 世纪各种壁画材料，以及对铅丹的化学成分及其性质感兴趣；对染料（如靛蓝）和制药的化学工程作过广泛研究。这方面主要著作有《化学应用技术》（8 卷，1828～1848 年）。

认为气体物质的分子量可从测量其密度而直接获得。1826 年发明一种直接测定蒸气密度的方法，可通过计算来间接测定不同气态物质的相对分子量。此法精确而简便，可用于化学分析。利用此法测定磷、砷和硼的化合物分子量。从煤焦油中分离出蒽，并获得樟脑和薄荷脑等的配方。1834 年 1 月在法国科学院宣读他的重大研究成果的论文，首次提出了氯仿、溴仿、碘仿和氯醛的正确分子式及其制备方法。1840 年之前，已对 30 种元素的原子量作了重要修正。其中最重要的贡献是在他的学生 J.-S. 斯塔的协助下，1840 年非常精确地测定了碳的原子量（12±0.002），从而证实柏济力阿斯过去测定的碳的原子量（12.20）是不精确的。1849 年又在斯塔的协助下，发明了一种可精密测定氮燃烧的新的定量分析法，以及一种更精确测定蒸气密度的方法。1858 年首次公布新的原子量数位表。

在有机化学的理论及其应用方面有重要贡献。化学物质的分类是他一生中最关心的问题。探索研究并设计出有机化合物和各种元素的综合分类表。对有机化学的最早贡献是对 9 种生物碱进行了详细研究，1823 年发表了有关论文。为一些生物碱和其他有机化合物制定了正确的分子式。是第一个证明苦味酸是（苯）酚的衍生物；研究了包括动物脂肪形成的机理，并试图证实动物脂肪是维持体热的物质，当体内组织储存脂肪后，一旦需要时即可释放出来用于新陈代谢。依据醇的某些反应，证明乙醇中有乙基和甲基的存在，结合后来维勒和李比希所发现的苯甲酰基，奠定了有机化学中的基团理论。1831 年他在化合物中发现了同分异构现象，这促使他进一步去探索在元素中存在同分异构的可能性，深信有机化合物可按它们的原子结构来进行分类。

1828 年在电化学方面阐明了二元理论，直至 1835 年他仍深信该电化学理论十分可靠。1834 年提出了取代理论，并在 1837 年出版的《化学哲学讲义》中进一步完善和系统化。这个理论的要点是任何化合物中的氢可由等量的卤素、氧或其他元素来取代。他观察到氯对醇的反应，并通过石蜡氯化的研究，发现从分子上脱去的每一个氢原子的位置，均被氯原子所占据，从而总结出取代反应的理论。是第一个解释有机化学中取代反应机理的人，但这个重要的理论当时并未获得高度评价。还发现乙酸中的氢被氯取代后，基本性质并无变化，从而导致了 1839 年化学类型学说的建立。他的科学态度显示了谦逊的品德，声称他的取代反应规律这一重要发现，只是把当代化学家们的观点和发现作了归纳，而不是自己的新发现，这些观点在大批化学家的著作中都可找到。（戴永发）

维勒，F.（Wöhler, Friedrich） 德国人，1800 年 7 月 31 日生于德国美因河畔法兰克福附近埃舍斯黑姆，1882 年 9 月 23 日卒于德国格丁根。分析化学、有机化学、药物化学、应用化学、矿物化学。

父亲 A. A. 维勒（Anton August Wöhler）为法官，母亲 A. K. 施罗德（Anna Katharina Schröder）是哲学教授女儿。在马尔堡大学学习一年后，转学海德堡大学，1823 年获医学博士学位。曾在斯德哥尔摩大学师从 J. J. 柏济力阿斯学习化学分析。1825 年为柏林工业学校教师。1831 年任卡塞尔高等工业学校教授。1836～1882 年任格丁根大学化学与药学教授，担任过化学研究所所长、汉诺威市药房监察主任。1854 年被选为英国皇家学会外籍会员。1864 年当选法国科学院外籍院士。还是其他一些学术团体的成员。1828 年、1834 年两次成婚。前妻 1832 年去世，留下两个孩子；同后妻生育有 4 个女儿。

最重要贡献：1824 年和 1828 年先后从无机物合成两种有机物，即草酸和尿素。这一成就具有重要意义，不仅打破了无机和有机两类物质间的人为鸿沟，而且动摇了神秘主义的“生命力学说”，并指明了有机化学的合成方向。早在 1822 年就开始研究氰酸及其盐类，制备了氰酸的银盐和钾盐。1824 年，他将氨水与氰酸混合，蒸发混合液后得到了一些透明的白色结晶体，以为是氰酸铵，但这些结晶溶于水后既没给出氨的反应也没给出氰酸的反应。当时不知道这晶体是什么物质。1828 年又用氯化铵溶液处理氰酸银后得到了同一种白色晶体，用氨水处理氰酸铅后也得到了这种无毒的白色晶体。他猜想它是一种生物碱（含氮有机碱），但是在测试中它并不表现出生物碱的特性，却与普劳特和普鲁斯特等人所描述的尿素的性质一样。这时才知道 4 年前曾制得并发现其具有一系列特殊性质的那个“氰酸铵”结晶原来就是尿素。他在给柏济力阿斯的信中说：“我不用人或狗的肾脏也能得到尿素，氰酸铵就是尿素。”

一生中研究领域广泛。1825 年从密蜡石中分离出苯甲酸酐；1827 年用钾汞齐分解氯化铝离析出铝，并对铝的化学性质进行了研究；随后又从氯化铍、氯化钇中离析出铍和钇；1829 年提出了一种制备磷的新方法，即通过磷酸盐还原提取磷；1845 年发表制备铝的工艺方法；1856～1857 年从硼酸、氟硅酸钾中离析出结晶的硼和硅，并首次发现硅的氢化物；1862 年由碳化钙制备乙炔。和布夫（H. Buff）合作，首先制备有机硅化合物、硅氯仿、硅碘仿和硅溴仿。在有机化学方面，研究过醌、氢醌，弄清了它们之间的关系；发现醌氢醌；研究苦味酸、那可汀、苯醌、古柯碱，探讨生物体新陈代谢的化学机理等。

瑞典化学家柏济力阿斯、德国化学家李比希是他最亲密的朋友和合作者。曾在柏济力阿斯的私人实验室中工作，与其建立了深厚的友谊，一直保持到前者去世。他和李比希的合作研究是从氰酸开始的。1823 年他分析了氰酸银，1824 年李比希分析雷酸银，他俩得到完全相同的结果。1828 年 12 月的一个晚上，他在海德堡大学的一位同事家中遇到了李比希。两人就氰酸和雷酸是否不同进行了讨论，最后发现他俩研究的是两个性质截然不同的化合物，不过这两个化合物的定性和定量组成是完全相同的，它们是同分异构体。1931 年开始研究苦杏仁油，证明它可以转变成一系列含有 C_7H_5O 基（或如他们所写的 $C_{14}H_{10}O_2$）的化合物，这是头一个含三个元素的基，他们称之为苯甲酰基。以后又研究苯甲醛及它与苯甲酸的关系，发现通过苯甲醛可制取苯甲醇和苯酰氯等物质。他们也研究苯酰氯与碱金属、水、乙醇和氨气的反应，并制备了许多衍生物，如苯酰硫、苯酰氰、苯酰胺、苯甲酸乙脂、苯基氰和二苯乙醇酮。1836 年他俩发现扁桃甙。他指出扁桃甙能被煮沸时不凝结的植物乳胶所分解。1838 年两人共同编辑出版了《物理学和化学年鉴》。1845 年合作研究氰酸与乙醇作用的产物，并将其称为脲醚。与李比希的另一合作研究项目是尿酸。

从儿童时代起，就对应用化学和收集矿石有着浓厚的兴趣，总是被全世界各地朋友和过去学生送来的地质样品所迷住。曾发表过 50 多篇有关矿石、陨石及其分析结果的论文，并注意到陨铁的钝性。

与李比希、柏济力阿斯以及同时代的许多著名化学家不同，他性情冷静，不喜争执，善于团结同行一道工作，晚年仍关心实验室建设。他还是一个优秀翻译家和教师，1938～1845 年将柏济力阿斯的三版《化学教程》和最有影响和争论的《年度报告》翻译成德文。他编写的《无机化学》教科书共出 15 版，被翻译成法国、荷兰、丹麦、瑞典等国文字。他的《有机化学概论》(1840 年) 出了 13 版，《分析化学实验操作》(1853 年) 被译成英文。深受学生的爱戴，他的最杰出学生中有后来任马尔堡大学教授的 A. W. H. 科尔贝等人。1872 年获英国皇家学会最高奖科普利奖章。（张京京）

古德伊尔，C. (Goodyear，Charles) 一译固特异。美国人，1800 年 12 月 29 日生于美国康涅狄格州纽黑文，1860 年 7 月 1 日卒于纽约市曼哈顿。有机化学、化学工程。

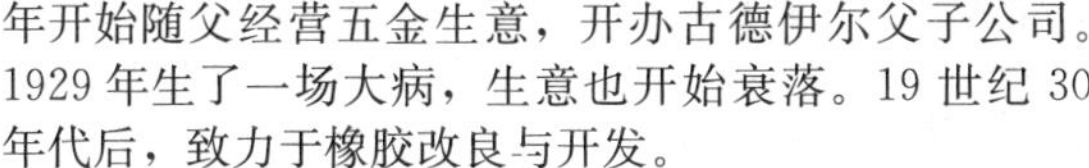

钮扣制造商的儿子。1817 年中学毕业，到费城一家五金公司当学徒。1821 年开始随父经营五金生意，开办古德伊尔父子公司。1929 年生了一场大病，生意也开始衰落。19 世纪 30 年代后，致力于橡胶改良与开发。

第一个橡胶硫化法专利的获得者，其贡献被公认是橡胶工业划时代的里程碑。1834 年一次机遇彻底改变了古德伊尔原先的人生轨迹。当时他对一位橡胶救生具制造商提及要改进充气阀门，此人劝他还是忘掉阀门而尽力改进橡胶本身，因为当时的橡胶虽有弹性、柔韧和防水等优点，但它也有怕热怕冷的大缺点，遇冷变得又僵又硬，受热变得又软又粘、怪味难闻。此后他一直在寻找改良橡胶的方法。由于对橡胶知识和化工技术都了解甚少，所以他只有采用反复试验的办法。他和助手将生橡胶揉弄和加热，再一一试着加入各种物质混合。1839 年的一天，当混有少量硫磺的橡胶不小心掉在火炉沿边上时，他偶然发现在被烧焦和没被加热之间的那部分橡胶，无论冷热都会保持柔韧，既不会僵硬也不会粘糊。他又花了 5 年时间完善橡胶改良工艺，并冠以罗马火神伍尔坎 (Vulcan) 之名，这种橡胶改良工艺便是“硫化”。1844 年他得到第一个橡胶硫化法专利。此后一直在考虑拓广橡胶新用途，并和侵权者做没完没了的斗争。1852 年靠亲友资助第一次打赢了专利诉讼。

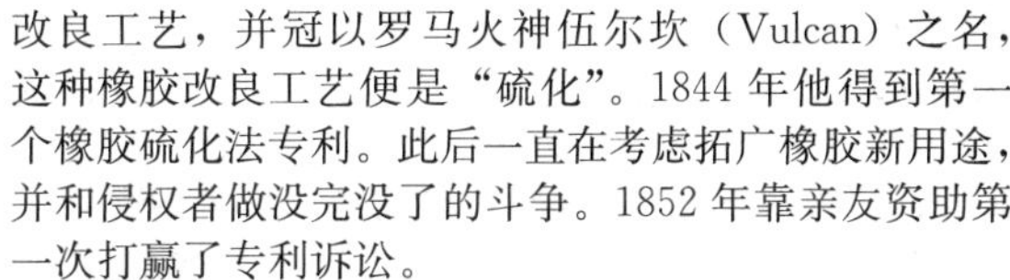

尽管古德伊尔取得了事业成功，但家境依然贫困，常常靠亲友接济才得以免受饥寒。19 世纪 50 年代，他在英国和法国巡展自己的成就，法皇拿破仑三世 (Napoléon Ⅲ) 要授予他大荣誉勋章和十字勋章竟找不到人，原来他因负债被起诉而关在牢里了。后几经周折才返回美国，身体已很衰弱。当时人们这样描写他：“如果你遇到一个人，头戴一顶橡胶仿皮帽，脚穿橡胶袜子和鞋子，身着橡胶上衣和背心，带一个橡胶钱包，里面没有一分钱，那就是古德伊尔。”虽然他的发现导致了庞大的橡胶工业的出现，但他从自己的发现中赚到的钱很少，死前还欠下几十万美元的债务。匿名出版有专著《橡胶弹性及其种类》(1853 年第一卷，1855 年第二卷)。（李啸虎）

德赛涅，V. (Dessaignes，Victor) 法国人，1800 年 12 月 30 日生于法国旺多姆，1885 年 1 月 5 日卒于巴黎。分析化学、有机化学、生理化学。

早年在巴黎大学学法律，21 岁获得学士学位。但未在法律专业上继续深造，不久便改学医科。在医学院期间，对化学发生浓厚兴趣，1835 年获巴黎大学医学院医学博士学位。后开业行医，并在自己的私人实验室进行化学实验。

在医学院求学时，便开始研究人的新陈代谢过程，1860 年被授予杰克奖。撰写的论文阐明了存在于自然界的许多重要有机酸（诸如马尿酸、琥珀酸、丁酸、苹果酸）和栎醇，以及从浆栎果中提取的脱氧肌醇的结构。研究测定了这种结构，合成了几种重要的有机物，其中以马尿酸为最知名。这种物质在 1829 年由 J. 李比希首先从马尿中分离出来而得名。马尿酸存在于许多食草类动物的尿中，而在人尿中则很少存在。马尿酸的重要性在于它能消除体内不需要的或危险的外来物质，从而形成能快速排泄的化合物。这种解毒机理几乎在所有的脊椎动物中均可观察到。他还专心研究过各种物质的氧化和还原作用，如从苹果酸转化为琥珀酸，从酒石酸转化为苹果酸。上述各种酸的转化理论，对阐明细胞呼吸所必需的代谢周期提供了科学根据。1851 年，在一种植物叶子中首次发现三甲胺。（戴永发）

克拉克，T. (Clark，Thomas) 英国人，1801 年 3 月 31 日生于英国苏格兰艾尔，1867 年 11 月 27 日卒于苏格兰格拉斯哥。无机化学、化学工程、物理学。

早年在艾尔学院受教育。1816 年起受聘在两家商行工作 10 年。1826 年任格拉斯哥机械学院化学讲师。后在医学院教授化学。1827 年辞职去格拉斯哥大学学医，1831 年获博士学位。1833 年任马里斯查尔学院化学教授。

他在讲课时所采用的化学分子式，其最显著特点是反映其结构。以软化硬水的克拉克法闻名于世。发现焦磷酸钠，对理论化学有深远的影响。发表重要论文，阐述利用高温和脱水法从普通磷酸钠制备称为焦磷酸钠的新化合物为后来 T. 格雷厄姆研究磷酸铺平了道路。提出以加入计算量石灰乳来软化硬水的方法，在 1841 年获得专利权。还提出硬度标度和检验硬度方法。后因脑疾使他的才华未能充分发挥。 （戴永发）

马格努斯，H. G. （Magnus，Heinrich Gustav） 德国人，1802 年 5 月 2 日生于德国柏林，1870 年 4 月 4 日卒于同地。分析化学、物理化学、物理学。

1827 年在柏林大学获博士学位。继而前往斯德哥尔摩大学，在著名瑞典化学家柏济力阿斯指导下工作。1828 年回到柏林大学，讲授工艺学和化学，1845 年成为物理和工艺学教授，1861～1862 年任校长。是柏林科学院院士和德国化学会创始会员。

物理化学是他一生最重要的研究领域。在物理学方面，其贡献遍及热理论、气体膨胀、液体沸腾、蒸气形成、电解、感应和温差电流、光学、流体力学和力学。年轻时，1827 年在瑞典柏济力阿斯实验室发现铂-氨化合物及相关的钾盐。在自己的私人实验室又不间断地研究化学问题，先后涉及矿物分析、无机、有机、生理和农业化学。他是敏锐、认真和勤奋的实验家，一生发现许多有价值的物理和物理化学现象，最著名的是马格努斯效应。学生中有多人是著名物理学家。 （温敬铨）

盖斯，Г. И. （Гесс，Герман Иванович；Hess，Germain Henri） 其俄文名并非是他的瑞士原名的简单对应，根据后者可译为 G. H. 赫斯。俄国人，1802 年 8 月 8 日生于瑞士日内瓦，1850 年 12 月 13 日卒于俄国圣彼得堡。分析化学、物理化学。

一位瑞士艺术家的儿子，3 岁时随父移居俄国，在俄国度过了一生。1825 年获得多帕特大学医药学士学位。后来访问斯德哥尔摩大学的柏济力阿斯的实验室。尽管仅逗留了一个月，但此后与柏济力阿斯书信交往密切，对其科学生涯产生强烈影响。1828 年被选为圣彼得堡科学院化学通讯院士，1834 年成为正式院士。在多个高等学校执教。

在柏济力阿斯的影响下，他的早期工作几乎全是对无机物和有机物的分析，但也非常了解当代的理论问题。他接受道尔顿的原子理论和定比定律。对“亲和力”本质问题发生兴趣，但不接受柏济力阿斯的电化学理论，而那时这个理论在化学家中间是深得人心的。早在 1830 年，他已设想：在拉瓦锡和拉普拉斯的热量测定工作基础上，亲和力问题能够通过研究在化学反应中释放的热量而得到解答。起初他不能断定热是由微粒的振动还是由另一种物质——燃素——引起的，但最后认为燃素理论更现实。他相信，如果能够发现一定的化学元素与燃素按比例相结合的例子，就能获得亲和力本质和化合物内部结构的一种更清晰的见解。1838 年开始用冰量热器进行一系列实验研究。1840 年阐述了如下两个热化学定律。对在形成硫酸各种水化物时，和许多中和反应中放出的热量进行实验的研究表明，不管反应是直接完成还是通过几个中间步骤完成，反应热量总是相同的。这是他阐述的第一个热化学定律——热量总和定律（后称盖斯定律），显而易见，它是能量守恒定律的一种特殊情况。他清楚地看到，该定律对那些不能直接测量的化学反应的反应热极为有用。他的第二个热化学定律——中和热定律内容为：当中性盐在水溶液中经历复分解时无热效应。直到 1887 年阿列尼乌斯建立了电离学说之后，这个定律才得到解释。

19 世纪后半叶，他的热化学工作通过 H. P. J. J. 汤姆孙和 P. E. M. 贝特洛得以继承和发展。贝特洛的最大功原理和亲和力热力学理论，两者在盖斯的工作中已有所显示。对热化学的研究蜚声国际，而且对俄国的化学发展也有很大影响。其教科书《纯化学原理》出过 7 版。在创建俄语化学命名法方面，也做了许多工作。他的许多学生对俄国的工业发展作出了贡献。 （楼书聪）

巴拉尔，A. J. （Balard，Antoine Jérome） 法国人，1802 年 9 月 30 日生于法国蒙彼利埃，1876 年 3 月 30 日卒于巴黎。元素化学、无机化学、药物化学。

双亲以酿制葡萄酒为生。教母发现他的潜在智力，才送他进蒙彼利埃的公立中学读书。1819 年在药剂学校接受药学方面训练，同时给法国科学院的安格拉达（J. Anglada）作化学实验员。后来在贝拉尔（J. É. Bérard）指导下学习化学和物理。贝拉尔是化学工厂董事，允许他在工厂中做研究。1826 年他完成有关氰及其化合物的论文，从而获得药学博士学位。1834 年在蒙彼利埃大学工作。1842 年担任巴黎大学 L. J. 泰纳讲座教授。1851 年任法兰西学院教授。1844 年入选法国科学院院士。

约在 1825 年 11 月 28 日以前，发现了元素溴（Br）。一种新的化学元素被年轻的、不出名的药剂师所发现，引起科学界轰动。这一成就被法国科学院承认，并获英国皇家学会奖章。是一位实验化学家，除发现溴外，1834 年发表对漂白剂次氯酸钠消毒液的研究成果，并制得次氯酸和一氧化氯。1824～1844 年研究从海水中廉价提取盐类，但一时无实用价值。与学生 L. 巴斯德和 P. E. M. 贝特洛保持亲密友谊，巴斯德后来成为微生物学的奠基人。 （楼书聪）

施勒特尔，A. von （Schrötter，Anton von） 奥地利人，1802 年 11 月 26 日生于奥地利奥尔米茨（今捷克奥洛穆茨），1875 年 4 月 15 日卒于维也纳。无机化学、金属化学、应用化学。

1822年入维也纳大学攻读医学，后转入炮兵学校学化学。1830年任格拉茨工学院物理和化学教授。后任维也纳工学院化学教授及造纸厂总监。是维也纳皇家科学院创始人之一，1850年起任科学院秘书长，直至去世。

在纯化学及应用化学方面，一生发表60多篇论文。主要是研究金属在很高和很低的温度下呈现的特性。最重要的发现是红磷，实质是白磷的同质异形物。1847年在维也纳科学院当众用实验表明：尽管没有氧及水存在，但是密封在玻璃管中的白磷遇光就变为红磷，建议用红磷生产安全火柴。由于他的研究成果，1856年获法国科学院蒙迪翁奖、1855年巴黎博展会荣誉奖章等。（陈擎宇）

马尔德，G. J.（Mulder，Gerardus Johannes） 荷兰人，1802年12月27日生于荷兰乌得勒支，1880年4月18日卒于本讷科姆。物理化学、有机化学、生物化学。

1819～1825年在乌得勒支大学攻读医学。毕业后先后在阿姆斯特丹和鹿特丹行医。1828年在鹿特丹一医科学校任讲师，教植物、化学、数学、药学基础课程。1840年任乌得勒支大学化学教授。1826～1865年任5家化学杂志主编。

撰写的著作受法拉第和柏济力阿斯的影响。和3名学生把柏济力阿斯《化学教程》译成荷兰文。他的大部分著述发表在自己主编的刊物上。见长于物理、普通化学和物理化学，大部分著作都有引起争议的特点。两部重要著作是有关生理化学和土壤化学。虽有许多纰缪，译成外文后仍引起广泛注意。1838年提出蛋白质理论：所有白蛋白物质是由碳、氢、氧、氮以及含有不同数量的硫和磷结合而成的基团化合物（蛋白质）；蛋白质的不同在于和硫、磷结合使蛋白单位增殖。1843年出版生物化学论文集第一卷，题为《动植物生物化学》。研究和确定肥沃土壤中各种腐质酸及其含量和分子式。证实了柏济力阿斯的见解：茶碱和咖啡因是一码事。还是第一个正确分析植物叶绿素的科学家。（沈德阶）

李比希，J. von（Liebig，Justus von） 德国人，1803年5月12日生于德国达姆斯塔特，1873年4月18日卒于慕尼黑。分析化学、有机化学、农业化学、物理化学、仪器研制。

父亲J. G. 李比希从事药物和颜料开发与供应工作。他少年时代在父亲实验室学会化学实验操作。1820年在波恩大学跟克斯特纳（W. G. Kastner）学习化学。1822年在埃朗根大学获得博士学位。1822～1824年在巴黎大学继续深造，期间听取盖-吕萨克、泰纳尔、杜隆等人课程，学习定量实验化学和普通化学原理。1824年任吉森大学编外化学教授。1851年任慕尼黑大学化学教授直至去世。主编德国《化学学报》。

在普通分析、有机化学、农业化学和生理化学方面都有杰出贡献。1823年12月向法国科学院递交一篇论文，论证雷酸银和雷酸汞是一种特殊酸的盐类，不能从中分离出金属，除非和其他金属化合，由此制得了许多新的盐。洪堡很赏识这篇论文，把他介绍给盖-吕萨克一起进行研究。这是他一生中最重要的机遇，不仅向盖-吕萨克学到精湛的分析技术，还学会从事系统研究的方法。与盖-吕萨克合作，用燃烧方法测定雷酸盐中碳、氢、氧的百分组成。过去李比希虽然从无机物制得雷酸银，这次他们是用有机物制备的，这样就把李比希引向有机分析的研究，以后他的主要精力就花在这方面。

在吉森大学，他创建了自己的实验室，训练培养了自己的助手和一批学生。在1824～1829年，进行了大量无机物分析方法的研究。认为两个性质完全不同的化合物可能有同样的元素成分，只是它们的组合方式不同，他把这称为同分异构体。

一生中在科学方面的最大影响，是在1829～1839年发展有机化学方面所作的贡献。利用氯测定尿素成分，终于把尿中的酸和苯甲酸区别开来，并把前者命名为马尿酸。通过此项研究，解决了有机酸分析的关键问题。还设计了一种用于有机物成分分析的燃烧装置，这种装置成为有机化学分析技术研究进展的一个标志。1830年以后，关于硫代乙硫酸和醚类等有机化合物研究方面，在理论和实验上他都和J.-B. -A. 杜马等人进行了长期激烈的争论。

提出植物的矿质营养学说，倡导推广农业实验站，是农业化学的奠基人之一。写过许多普及化学方面的著作，还重视把研究结果变成社会应用，例如把某些研究成果应用于生产人造牛奶等食品工业。这方面专著有《有机化学在农业及生理学上的应用》、《食物化学》等。（汪天伟）

格雷戈里，W.（Gregory，William） 英国人，1803年12月25日生于英国苏格兰爱丁堡，1858年4月24日卒于同地。分析化学、有机化学、科学传播。

1828年毕业于爱丁堡大学。后去欧洲大陆广泛访问学术界，担任过几位化学家的助手，其中在1835年参加了著名的J. von李比希的吉森实验室工作。

受李比希影响，对有机化学发生较深的兴趣，并将李比希有关有机化学、农业化学、生理化学等方面的著作翻译成英文。编写过几本优秀的化学教科书。主要致力于有机化学研究，尤其是有关天然物分离、提纯及分析的研究。从鸦片中分离出吗啡及可卡因；用粗橡胶制备异戊二烯。最后10年研究硅藻土，撰写发表了12篇论文。（诸葛健）

戈丹，M. A. A.（Gaudin，Marc Antoine Augustin） 法国人，1804年4月5日生于法国桑特，1880

年4月2日卒于巴黎。物理化学、结构化学。

商店经理的儿子。很早从事科学工作，1826年向法国科学院提出第一篇论文。可惜一直受到排斥，从未获得教学或科研的职位和学术团体的会员资格。直到1867年获得特伦蒙奖金之后，他的工作才被承认。

最重要的工作是，探讨了分子中原子和晶体中分子的空间排列。其观点分为两个要点。1833年发表第一要点，清楚解释了阿伏伽德罗的气体假说，这比S. 坎尼扎罗和卡尔斯路（Karlsruhe）早25年，并且与盖-吕萨克的气体化合体积定律相一致。提出一些单质气体，如氢和氧是双原子的，而汞蒸气是单原子的，其他许多化合物是三原子的，甚至是更加复杂的。第二要点直到1873年才正式发表在《原子世界的构造》一书中，涉及物质的物理与化学性质，以及原子空间排列的可能关系。早期受教于安培，但表现出独创性，否定了安培关于最简单分子也是多面体的假设，认为多原子分子才可能是多面体。原子在分子中排列是对称的，当某个原子被置换后，破坏了原来的对称性；在化学反应后，化合的原子重新排列，又恢复了对称性。此外，还对其他科研领域感兴趣，如高温实验、照相技术等。

（陈民生）

厄尔德曼，O. L.（Erdmann，Otto Linné） 德国人，1804年4月11日生于德国德累斯顿，1869年10月9日卒于莱比锡。分析化学、元素化学、有机化学。

是物理学家兼植物学家C. G. 厄尔德曼（Carl Gottfried Erdmann）的儿子。1820年在药店当学徒。后进入德累斯顿大学内科与外科学院学医。1822年进莱比锡大学，由于受物理学家吉尔伯特（L. W. Gilbert）教授的鼓励，对化学发生兴趣。1824年毕业于该校医学院。1825年取得大学从教资格，从此毕生致力于化学事业。1827年在领导一个镍矿和一家铸造厂后，被任命为莱比锡大学编外教授，1830年转为工艺化学教授。1834年创刊德文《应用化学》杂志。

研究工作涉及矿物学、化学工业、无机化学和有机化学。在大学里办实验研究室，吸引并培养了一批有成就的学生。1840～1841年对靛青素的性质进行研究，制出一些衍生物，包括靛红和四氯对苯醌。尔后又研究从洋苏木树中提炼出苏木精，从其他植物提萃化学物质。对靛红的化学实验产生怀疑，导致他于1841年决定去重新测定碳的原子量。与R. F. 马尔尚等人合作，共同把碳的原子量从柏济力阿斯的测定值76. 43降为76. 08（以氧的原子量为100计）。此后，直至马尔尚1850年去世前，他们先后做了多次精确的重新测定工作，其测得的数值大多与柏济力阿斯所确定的数值有明显差异，而接近于一个整数值。

（戴永发）

佩索，J.-F.（Persoz，Jean-François） 瑞士人，1805年6月9日生于瑞士纳沙泰尔，1868年9月12（或18）日卒于法国巴黎。分析化学、有机化学、化学工程。

早年在药房工作。1826～1832年成为法兰西学院泰纳尔的助手。1833年获法国科学院物理学博士学位。先后任斯特拉斯堡一家造币厂化验员、制药学校教授和系主任、高等师范学校讲师、巴黎工艺博物馆教授等职。

主要研究成果有两项：1833年与A. 帕扬合作，由麦芽中分离淀粉糖化酶，此工作揭示了淀粉糖化酶把淀粉转化成糖；同年，与J. -B. 毕奥合作，阐明用无机酸部分水解淀粉生成糊精，它在偏振光平面上是右旋的，将蔗糖与稀酸共沸于偏振光下也产生类似效应。1839年做过醋酸盐与苛性碱加热生成甲烷的研究。1849年利用二氧化硫与五氯化磷反应，制备氯化亚矾。1863年研究钨化合物。著作中有许多内容涉及分析化学和化学工艺学。他的后期专著有《分子化学入门》（1839年）、《纺织品印花理论与实践》（4卷，1846年）。

（高中兴）

格雷厄姆，T.（Graham，Thomas） 英国人，1805年12月21日生于英国苏格兰格拉斯哥，1869年9月16日卒于伦敦。无机化学、气体化学、物理化学、胶体化学。

制造厂主的儿子。14岁入格拉斯哥大学，听T. 汤姆孙的讲座，1826年获文科硕士学位。父亲要他成为苏格兰瑟奇的代理商，反对他从事科学事业，但他却得到母亲和姊姊的鼓励和帮助。在爱丁堡大学的T. C. 霍普实验室工作两年。1830年成为安德森学院（后改为皇家科学技术学院）的化学教授。

在无机化学方面的主要贡献是论文“砷酸盐、磷酸盐和磷酸的修正研究”。以前不同的磷酸与磷酸盐之间的关系非常混淆。他对此作了区分，如将磷酸分为三类：磷酸、焦磷酸和偏磷酸，它们分别可以看作磷酐（P_2O_5）的3个、2个和1个水分子的加合物。在无机化学和物理化学领域内做了许多工作，是公认的胶体化学奠基人。1829年的第一篇论文中，提出了格雷厄姆扩散定律。应用这个定律，测定气体的比重比其他方法精确得多。还指出利用气体扩散可分离混合物，在第二次世界大战中被应用来分离铀的同位素^{235}U和^{238}U。还研究氢穿透热金属的现象，认为氢气是极易挥发的金属氢的蒸气，它能与金属形成合金。

是一个很受学生欢迎的授课老师。撰写的教科书《化学基础》不仅在英国而且在国外被广泛采用，重版多次。法国人奥托（J. Otto）将该书翻译成多卷本出版。两次获英国皇家学会皇家奖章。1862年获法国科学院杰克奖金。

（陈民生）

博德里蒙，A. É.（Baudrimont，Alexandre Édouard） 法国人，1806年2月25日生于法国贡

比涅，1880年1月24日卒于波尔多。无机化学、分析化学、生理化学。

桥梁和道路检查员的儿子。12岁在药房当学徒。1823年去巴黎继续在制药方面的训练。1825年学习医学，同时也向化学领域发展其才能。1831年获巴黎大学医学院学士学位，1839年和1847年分别获硕士和博士学位。1847年在波尔多大学作A. 洛朗的助手，2年后获化学教授职位，并一直留在波尔多。

主要工作是在化学和生理学。在化学方面，致力于分子结构探索，略示化学型理论，后为杜马等人独立地发展成取代理论。是19世纪30～40年代阿伏伽德罗气体学说的少数支持者之一。1828年发表第一篇化学论文。1837年发现半胱氨酸中含硫。1843年对王水作过重要研究。在生理学上，赢得公认的是研究雏鸡和两栖类胚胎生长发生的化学变化，以及不同气体物质对胚胎的毒理效应。（楼书聪）

伯特格尔，R. C.（Böttger, Rudolph Christian） 德国人，1806年4月28日生于德国阿舍斯尔本，1881年4月29日卒于美因河畔法兰克福。分析化学、物理化学、化学工程、技术发明。

1824年入哈雷大学学习神学，同时定期听取化学讲演，因而产生学习化学的强烈愿望，1828年毕业。后在不同地区任圣职和教职。1835年在法兰克福化学学会兼职。在工作同时继续学习化学，在业余时间从事研究。1837年获耶拿大学哲学博士学位。1842年任法兰克福大学教授，直至去世。

特别注意理论研究和实际应用结合。改进了金恩拜因灯，发明了一个有效的点火装置。1841年发明电铸版印插图法，被广泛应用。1843年用电沉积法在金属上镀镍。1845年用电沉积法制得高纯铁。1846年提出用硝硫混合酸制造火药棉。1847年提出将氯酸钾、红铅和树胶混合物涂在火柴头上，在火柴盒侧面涂覆红磷以点燃火柴。还研究过乙炔银和乙炔铜及一些盐类。所设计的亚硝酸盐和氯酸盐的检验法，至今仍在应用。对氯化钯及铟、铊、铯的化学也作过研究。1859年独立用合成法制得第一种有机金属铜化合物的二炔化物Cu_2C_2。（蒋尚智）

莫尔，C. F.（Mohr, Carl Friedrich） 德国人，1806年11月4日生于法国科布伦茨（今属德国），1879年9月28日卒于德国波恩。分析化学、物理化学、仪器研制。

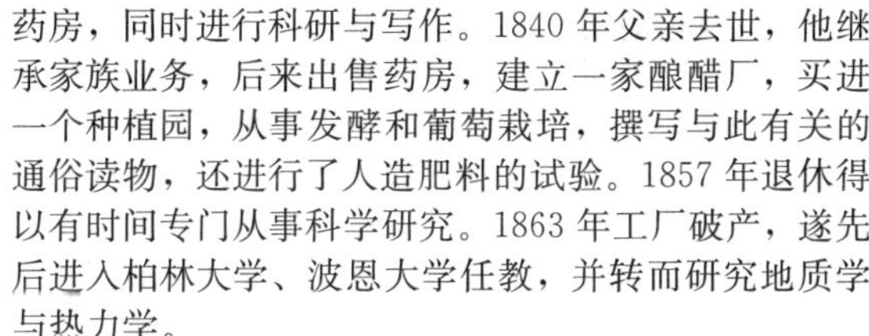

药剂师的儿子。其父的实验室在他的早期教育中起到重要作用。21岁进入波恩大学攻读植物学、化学及矿物学。先后在海德堡大学、柏林大学和波恩大学学习5年，在波恩大学获哲学博士学位，并取得配药资格。回乡参与经营父亲的药房，同时进行科研与写作。1840年父亲去世，他继承家族业务，后来出售药房，建立一家酿醋厂，买进一个种植园，从事发酵和葡萄栽培，撰写与此有关的通俗读物，还进行了人造肥料的试验。1857年退休得以有时间专门从事科学研究。1863年工厂破产，遂先后进入柏林大学、波恩大学任教，并转而研究地质学与热力学。

最主要的贡献是在采取滴定法进行化学分析方面，创造了新的滴定法。许多方法与仪器是由他的名字命名的，如测定铁和氯化物的莫尔试验，莫尔弹簧夹滴定管，测量比重的莫尔天平以及莫尔盐（硫酸亚铁铵）等。所谓李比希回馏冷凝冷却器及常用的木塞穿孔器也是他发明的。著作颇丰。代表著作有《分析化学中的滴定法指导书》（1855年），该书获得李比希的赞赏，多次再版。（池贵法）

佩卢兹，T.-J.（Pelouze, Théophile-Jules） 法国人，1807年2月26日生于法国芒什省瓦洛涅，1867年5月31日卒于巴黎。分析化学、有机化学、化学工程。

早期在药店当学徒，任实习药剂师，后成为巴黎大学盖-吕萨克的学生和实验室助理。1830年任化学教师、铸币厂鉴定师。1831～1846年任巴黎综合工科学校化学教授。1848年任法国国家铸币委员会主席。1837年入选法国科学院院士。

19世纪法国著名的分析化学家和实验化学家。早期研究工作包括水杨甙分析、甜菜发酵。与库尔曼（F. Kuhlmann）合作，研究氢氰酸转变为甲酸、甲酸铵分解为氢氰酸和水。后又研究焦性没食子酸、乙基磷酸、丙腈等。1835年确定二硝基亚硫酸钾的分子式。1836年与李比希合作，研究庚酸与庚酸酯。重要成就还有生产硝酸纤维、磷酸甘油、莰醇氧化制樟脑等化工产品，以及与A. A. T. 卡伍尔斯合作研究美国石油等。曾在巴黎建立私立化学实验学校，培训许多学生，也为法国生理学家C. 贝尔纳和其他外国化学家们的科学研究提供了条件。（高中兴）

洛朗，A.（Laurent, Auguste） 法国人，1807年11月14日生于法国上马恩省，1853年4月15日卒于巴黎。分析化学、有机化学、晶体学。

出身于农民家庭。在格雷一所学校受到传统教育。1826年底进入著名的巴黎矿业学校，1830年毕业被授与工程学位。同年开始从事研究工作，在中央工艺学校任实验室助理。1832年在塞夫勒任皇家陶瓷厂化学师。1837年通过答辩获理学博士学位。1838年任波尔多地区化学会会长。1845年被选为法国科学院通讯院士，同时在法兰西大学、纳马尔学院和矿业学院实验室工作。

1832年研制了利用氢氟酸作用分析硅酸盐的方法，沿用至今。对有机化学的早期贡献是对萘和萘衍生物的透彻而精细的实验研究。1832年和杜马一起发现了蒽，后来又发现了芘和䓛。1837年博士论文发展了有机化学理论的基本思想。还是第一个对有机化合物进行合理分类的人。一生发表论文100余篇；1847年出版晶体学方面的著作。1854年出版主要著作《化学方法》，该书后来被译为英文、德文。（汪天伟）

波基亚尔，A.-B. （Poggiale，Antoine-Baudoin） 法国人，1808年2月9日生于法国科西嘉岛，1879年8月26日卒于塞纳-瓦兹省。分析化学、营养化学、药物化学。

1828年入斯特拉斯堡军医训练医院学习，1833年获博士学位。长期在巴黎瓦勒德格雷斯大学和里尔军训医院任化学教授。

是法国军队中最杰出的药物学家之一。曾调查塞纳河及巴黎地区兵营及要塞的饮用水源，也曾对法国及欧洲驻军的给养面包、市售面粉与军队给养面粉，从质量上作细致的比较分析，为军队的卫生保健事业作出了贡献。还研究了人与动物的血液组成，对糖、糖原的生理化学及牛奶作了系统化学分析。（陈攀宇）

弗里切，C. J. （Fritzsche，Carl Julius） 德国人，1808年10月29日生于德国萨克森地区诺伊施塔特，1871年6月20日卒于德累斯顿。分析化学、有机化学。

是药剂师。1833年在柏林大学获植物学博士学位。1834年移居俄国，任圣彼得堡一家工厂的经理。1838年入选圣彼得堡科学院通讯院士，1852年成为院士。后因患瘫痪病回德国。

主要贡献是：1839年开始对靛蓝作一系列研究。1840年蒸馏靛蓝和氢氧化钾时，正确分析了所得的碱。以后和喀山大学的H. H. 齐宁合作，终于在1842年证明了该碱为苯胺。同时他还发现，过磷氨基苯甲酸在熔点以上加热时，能定量分解出苯胺和二氧化碳；发现过邻-硝基酚和对-硝基酚、苦味酸、某些碳氢化合物与灰锡；研究尿酸和紫尿酸、锇、铱、钒以及它们的化合物等。（周申范）

瓦尔特，P. （Walter，Philippe） 波兰人，1810年5月31日生于波兰克拉科夫，1847年4月9日卒于法国巴黎。分析化学、有机化学、植物化学。

在家乡克拉科夫大学完成博士论文。后参加1830～1831年反对沙俄统治的大起义，失败后到巴黎避难，在J.-B.-A. 杜马创建的中央工艺学校任分析化学教师。

一生研究的大多数是天然植物的产品。1838年与P.-J. 佩尔蒂埃从松树脂中分馏出甲苯，并正确测定其组成。1840年他们又从石脑油中发现另一重要的辛烯烃——曾被误为萘，测定其蒸气密度，得到分子式为C_8H_{16}；在此一年前，他藉测定蒸气密度，明确区分了薄荷醇和樟脑。1842年观察到樟脑酸酐与硫酸的反应产物是磺基樟脑酸和一氧化碳。这个反应第一次表明，有机化合物中的碳可被其他元素取代，从而证实了杜马的取代理论和类型理论。杜马曾指出：有机化合物中，不仅氢可被取代，氧、氮和碳也可被取代。（陶其恒 朱吕民）

本生，R. W. E. （Bunsen，Robert Wilhelm Eberhard） 德国人，1811年3月30日生于德国格丁根，1899年8月16日卒于海德堡。分析化学、光谱学、物理化学、无机化学、有机化学、化学工程、矿物学、仪器研制。

他在格丁根大学的学习专业很广，曾攻读化学、物理、矿物学和数学，1830年获物理学博士学位。后漫游全欧各地，参观许多实验室、工厂及地质点，并遇到众多名人。1833年任格丁根大学讲师。1836年在卡塞尔高等工业学校任教授。1838年在马尔堡大学任编外教授，1842年任教授。1851年和G. R. 基尔霍夫结识，共同对光谱学方面作出了卓越贡献。1852年任海德堡大学教授，1889年78岁退休。1863年任柏林大学兼职教授。1842年被选为伦敦化学学会外籍会员。1853年成为法国科学院外籍通讯院士，1882年成为外籍院士。1858年被选为英国皇家学会外籍会员。终身未娶，毕生时间用于教学和科学研究。

他有广泛科学兴趣，早年研究过有机化学，以后专心致志于无机化学。创立不同的分析方法，用以分离、测量和鉴定无机物。也关注地质学。致力于将应用科学用于工业上。

早在1834年，他完成亚砷酸盐的不溶解性研究，发现水合氧化铁可作为砷中毒的解毒剂。亚砷酸亚铁是不溶于水或体液的，这个发现至今仍被使用。1835～1836年对复氰化物的成分与结晶进行研究，发现亚铁氰化铵和亚铁氰化钾为同形晶体。在有机化学方面极为重要的工作是，对含砷有机物卡可基（二甲胂基）的研究，证明其结构为$C_4H_{12}As_2O$，和柏济力阿斯提出的结构一致，后者称该化合物为二甲胂基氧。1837～1842年为此先后发表5篇论文。在一次对卡可基氰化物研究时，发生爆炸使右眼失明。还对二甲胂基衍生物进行详尽研究，测定这些衍生物的分子式。更重要的是认识到二甲胂基基团$C_4H_{12}As_2$在一系列反应中是一个“不起变化的一组原子团”，这个结论支持了李比希和柏济力阿斯的基团理论。还从卡可基氯化物与锌反应，制出卡可自由基加以佐证。但随后又退出基团理论的争论，留给他的学生A. W. H. 科尔贝等人去研究，自己专心致力于无机化学。

1838～1846年他在德国和英国考察生铁生产，发现高炉内煤燃烧时大量热能和一些有价值副产物（如氨）混在煤气内逸入大气。在1845年发表的“关于炼铁炉中逸出的气体”论文中，提出气体可再循环的节能技术，并研究了回收气体中有用物的工艺。1857年撰写出版的《气体体积定量法》一书中，提出了气体的收集、保存和测量方法，及其比重、扩散、吸收和燃烧等问题的研究。

19 世纪 40～50 年代，他对化学电池作了一系列的改进，用碳极代替贵金属作阳极组成电池，以后称为本生电池。1852 年他开始应用电化学技术来离析足量的纯金属，以测定其物理和化学特性。从氯化铬溶液中制取铬；从熔融的氯化镁中提取镁，并将镁应用作光化学的光源。50 年代中期，分别从熔融的氯化钠和氯化铝中离析出钠和铝。在 A. 马蒂森的协助下，他用类似方法获得了锂和碱土金属——钙、锶、钡；又和 W. H. 布兰德（William Hille Brand）等合作，提取铈族稀土金属。为了使用小量试样能测定这些金属的比热，研发"冰量热器"。

在光化合方面，和 H. E. 罗斯科研究了氢和氯的光组合，指出在一定光源下光组合有一个引发期，使反应速度逐渐增加直至一个常数（与光源强度成正比，并与光波长有关）。还发现一分钟的日光辐射能量可使 25×10^{12} 立方英里（10.4×10^{14} 立方千米）的氢-氯混合气化合。

发明本生灯是他的一大贡献。利用焰色反应来鉴别金属，至今在定性分析化学中仍被广泛应用，并可用于测定盐类的熔点及挥发度。1860 年和基尔霍夫一起致力于光谱学的研究。他们预言利用光谱分析可有助于发现新元素，研究吸收光谱可分析宇宙物质。实验的结果，他们发现了新的碱金属铯和铷。别的科学家也相继发现了铊、铟、镓、铌和锗。他还设计了分离铱、铑等贵金属的方法。

对地质学也作出一定贡献。参加过地质考察队，判定火山熔岩有酸性和碱性两种，对后来石油地质学有所贡献。还研究过喷泉。也是一位晶体学家。

是一个很有献身精神的教师。在 74 个学期中，每个学期为普通实验化学讲课 100 小时。特别偏重实验教学，而较少注意理论，甚至连阿伏伽德罗假说和他的门徒门捷列夫和 J. L. 迈尔的元素周期律都不讲授。在研究工作中也强调实验，并善于设计仪器装置，改进实验设备，包括著名的本生灯、本生电池、冰量热器、蒸气量热器、抽滤泵和热电堆等。

研究工作涉及学科很广，著作颇丰。培育了许多青年学者，其中不少在 19 世纪后半叶成为名家。1860 年获英国皇家学会最高奖科普利奖章。1877 年和基尔霍夫共同获英国戴维奖章。在工业方面的成就被英国技术学会承认，1898 年获艾伯特奖章。（蒋尚智）

德雷珀，J. W.（Draper，John William） 美国人，1811 年 5 月 5 日生于英国英格兰默西塞德郡圣海伦斯，1882 年 1 月 4 日卒于美国纽约州黑斯先廷斯。物理化学、光谱学、光化学、天体摄影术。

1829 年入伦敦大学学院医学院预科学习，受化学导师 E. 特纳的影响，对光的化学效应产生兴趣，并成为其一生事业的转折点。1832 年全家移居美国弗吉尼亚州。1836 年在宾夕法尼亚大学取得医学博士学位。自 1839 年至去世任纽约大学化学教授。是纽约大学医学院创始人，1850 年任该院首任院长。在他授意下，该大学是美国建立研究生博士学位的最早机构之一。曾任 1869 年创立的美国文学、科学和艺术学院（美国文理科学院前身）首任院长。1867 年美国化学学会首任会长。

以摄影术的开创性工作而闻名，1840 年为姐姐所拍摄的相片是现存最早的人像摄影照片之一。还拍摄过第一张月球照片，开创了天文摄影和显微摄影。最大贡献是对辐射能的化学效应的研究。是 1870 年前美国对基础科学有最重要贡献的 10 多位科学家之一。1841 年提出只有被吸收的射线才产生化学变化的德雷珀定律（后称"格罗特胡斯-德雷珀定律"）。1844 年利用光栅拍摄了第一帧衍射光谱，还首次拍摄红外区域光谱，并描述太阳光谱在该区域的 3 条黑线。1847 年在一篇重要论文中阐明，所有固体物质在同一温度下白炽化，白炽化固体发射连续光谱等。他还是位环境论者，信奉达尔文主义，是位捍卫科学信念的卫士。为了表彰他的贡献，1875 年美国科学院授与他朗福特奖章。

（戴永寿）

戈布利，N.-T.（Gobley，Nicolas-Théodore） 法国人，1811 年 5 月 11 日生于法国巴黎，1876 年 9 月 1 日卒于巴涅尔-德吕雄。有机化学、食品化学、生理化学、仪器研制。

青年时曾是药物化学家 P.-J. 罗比凯的学生，后成为其女婿。1842～1847 年任巴黎大学药学院教授。1850 年任《药物学和化学》杂志主编。1861 年入选法国医学学会会员。1868 年任塞纳卫生和健康委员会成员。

主要研究磷脂，如蛋黄、鱼精和鱼籽、静脉血、胆汁及脑组织的脂肪组织。1845 年发现含磷脂肪物，1850 年命名为卵磷脂。指出卵磷脂在水解后会生成脂肪酸及甘油磷酸。1844 年在鱼肝油中发现磷。1846 年从蛋黄中分离出卵磷脂。还研究了肾脏的泌尿和尿中的含血量、胆结石及香草精。1843 年设计一种测定油纯度的仪器——油重计。（陈擎宇）

格罗夫，W. R.（Grove，William Robert） 英国人，1811 年 7 月 11 日生于英国威尔士斯旺西，1896 年 8 月 1 日卒于伦敦。电化学、物理学、技术发明。

1832 年获牛津大学学士学位，1835 年获该校文科硕士学位。毕业后以律师为业。因患病休养而转向科学研究。1840 年被选为英国皇家学会会员。1841～1846 年在伦敦大学学院任实验原理教授。1853 年又返回法律界，1871 年任法官。

是气体电池（一种最早的燃料电池）的发明者，首次实现了从化学能直接转变为电能，这种电池后来被命名为格罗夫电池。主要著作是《论物理力的关

系》，该书是几部最早阐明能量转换原理的名著之一，为汤普孙和戴维的机械功能转化为热的著名实验奠定了理论基础。 （周申范）

丁守存（Ding Shoucun） 字心斋，号竹溪，晚年更号竹石山人。中国清代山东日照人。清嘉庆十七年二月十二日（1812 年 3 月 24 日）生于山东日照，约光绪十二年（1886 年）卒于同地。应用化学、火器化学、机械工程、交通工程。

出身名门望族，但家计衰落。清道光十一年（1831 年）中本省举人，道光十五年（1835 年）中进士，于户部陕西司任职，并于琅琊书院讲学。由于他长于天文、历算及工艺制造，尤精于火器技术，被视为奇才，道光皇帝亲召入宫嘉奖。曾历任户部主事、户部山东司主事、广西乡试副考官、户部员外郎兼职军机处、礼部精缮司郎中、湖北督粮道兼按察使等职。自光绪元年（1875 年）起在河南大梁府（今开封）书院教授诸生，光绪三年（1877 年）辞教归里。

中国近代化学、火器及轮船制造的先驱者之一，清代道光年间屈指可数的一流科学技术专家。当时西学还未大规模介绍到中国，而丁守存已在科学技术领域里潜心研究，颇有心得，成绩斐然。道光二十年（1840 年）英国发动鸦片战争，他愤然全力研制船炮以御敌。道光二十三年（1843 年）成为军机大臣助手，专门从事火器研究，多次奉命主持或监造新式地雷、火炮、火箭、喷火筒等火器。他撰写《自来火铳造法》（1843 年）一书，总结自己研制以雷酸银为火器雷管起爆药的实验过程，成了中国化学史上最早实现雷酸银合成的人。雷管的独立研制成功，改变了中国传统的纸药引信或火绳、火石引燃铳炮的方法，虽比欧洲晚了 19 年，但在中国科学技术史上却是重大突破，也打破了外国技术封锁。道光二十五年（1845 年），因使用硝酸制火器引信实验中误伤手目，脸部留下疤痕。

他还是一位蒸汽轮船制造专家。据史料记载：尝造轮船，省人力，不用火，驶海上可左可右，其技术惊人。

著述甚丰，还著有《详覆用地雷法》（1842 年）、《新火器说》、《造化究原》、《丙丁秘龠》及有关轮船、天文、算法方面的科学技术著作。此外写有自传《编年自记》（1882 年）。 （江冬妮）

米隆，A.-N.-E.（Millon，Auguste-Nicolas-Eugène） 法国人，1812 年 4 月 24 日生于法国马恩河畔沙隆，1867 年 10 月 22 日卒于圣塞纳-拉拜。无机化学、有机化学、分析化学、化学工程。

在家乡完成中等学业后，到巴黎洛林大学任助教。1832 年入巴黎瓦勒德格拉斯军事学院教学医院学习，2 年后成为外科军医。在里昂、阿尔及利亚等地服役，受到好评。1836 年获巴黎大学医学院医学博士学位。长期对化学有兴趣，促使他研究军事医学。后在瓦勒德格拉斯军事学院执教，1841 年为该院化学教师。在以后 6 年中成为杰出的化学家和教师。由于政治原因受到当局排挤。1847 年任里尔军事学院医院教授。退休后，1858～1865 年为阿尔及利亚驻地法军最高药剂师。

曾从事以下方面的化学研究：溴、碘、氰的氮化物，氯和碘的氧化物，硝酸与金属的反应，汞盐与氨反应以及催化反应等。研发氧化碘、氯气、硝酸乙酯和碘酸钾等的制造工艺。1845～1851 年与他人合编《化学年鉴》，共出 7 卷。主要著作有《有机化学基础》和 2 卷论文集。1847 年后注重应用和普及科学，如研究小麦分类及植物保护。1849 年研制成功测定蛋白质的灵敏试剂。对提炼香精、硝化化学及矿物水分析等领域也有贡献。 （沈德阶）

齐宁，H. H.（Зинин，Николай Николаевич；Zinin，Nikolay Nikolaevich） 俄国人，1812 年 8 月 25 日出生于俄国外高加索苏沙（今属阿塞拜疆），1880 年 2 月 18 日卒于圣彼得堡。有机化学、应用化学、化学工程。

1836 年毕业于喀山大学。1837～1840 年在国外学习，其中在德国吉森大学李比希实验室工作一年左右。1841～1847 年任喀山大学化学教授。1848～1874 年任圣彼得堡内科与外科学院化学教授。1855 年当选为俄国化学学会首任会长。

在化学领域主要研究芳香族化合物。1841 年的博士论文是有关苯甲酸缩合制备二苯乙醇酮、以及氧化二苯乙醇酮制备苯甲酸的研究。1850 年提出用酸和金属反应生成的氢气还原有机化合物，尤其是苯甲酸还原成安息香、苯甲酸还原成二苯基乙二醇的研究，利用这些还原生成物可以制得许多其他化合物。用硫化铵把硝基化合物还原为氨基化合物。1842 年将硝基苯还原成苯胺，把 α-硝基萘还原成对应的氨基萘。1845 年在偶氮苯的还原过程中得到了联苯胺，这些反应对后来发展苯胺染料工业起了重要作用。还对丙烯基衍生物进行了有价值的研究，首次合成了丙烯醇、丙烯基芥子油及一些丙烯酸酯化合物。在克里木战争期间，研究硝化甘油在炸药应用方面的课题。著名的诺贝尔曾在他的实验室中首次见到硝化甘油的爆炸现象，引起很大的兴趣。 （朱啸宇 郑生力）

法弗尔，P. A.（Favre，Pierre Antoine） 法国人，1813 年 2 月 20 日生于法国里昂，1880 年 2 月 17 日卒于马赛。物理化学、电化学、生理化学、热化学。

1835 年在法国巴黎大学医学院获得医学士学位。1840 年在医学院受 J.-B.-A. 杜马化学讲演的鼓舞，转而研究化学。1843 年任巴黎大学医学院研究员，研究生理学。1853 年获巴黎大学物理学博士学位。1854 年任贝桑松理学院化学教授。1856 年应聘去马赛大学新成立的理学院工作，1872 年任院长。

早期从事碳酸铜、碳酸锌铵和碳酸镁铵的研究；测定了锌的克当量。撰写过几篇有关乳酸、甘露糖醇等重要生理化合物，以及有关汗的成分的论文。1848年前后转入热化学研究，并因在1853年采用“卡路里”作为热量的单位而闻名。1845～1853年与法国物理学家西尔伯曼（J. T. Silbermann）共同从事一系列重要的热化学研究，证明杜隆-珀替定律并不完全正确。1857年出色地实现了焦耳的采用伏打电池驱动拖有重物的电动机的设想，证明电池和电路放出的热量加上相当于提升重物所需要的热量，等于电池短路所产生的热量。退休前不久，与数学家瓦尔松（C. Valson）一起测定了许多盐类溶解时的热效应和体积变化，阿列尼乌斯曾引用他们的研究成果作为其电解质电离理论的证据。两次获法国科学院奖励。（戴永寿）

拉梅尔施贝格，K. F.（Rammelsberg，Karl Friedrich） 德国人，1813年4月1日生于德国柏林，1899年12月28日卒于柏林附近。分析化学、晶体化学、矿物化学。

1837年用拉丁文发表论述氰化物的博士论文。1841年任柏林大学化学讲师，1846年任编外教授，1874年任教授。是柏林职业技艺学院兼职化学教授。是柏林工业技术大学创办人之一，1883年任该校化学实验室主任。

工作早期便是H. 罗泽和G. 罗泽两兄弟的亲密朋友。和老师柏济力阿斯也建立了密切的联系。应柏济力阿斯的请求，1847年翻译发表了他的论文“柏济力阿斯的新矿物化学系统”。在广阔的化学领域里，他选择了矿物学进行研究，强调指出矿物学与化学的研究方法是一样的，并认为物质结构以及所产生的物理性质都应在这两种学科中研究。在普鲁士创办第一个大学化学实验室。

一生致力于科学研究，尤其是对晶体学和矿物学的研究。发表430篇文章，大约出版20本书。1870年他的学术活动到达了顶峰，在1年内发表20篇论文。所有论文中约有60%是关于物质的化学成分、晶形和矿物的物理性质等方面。撰写过多部化学教科书，涉及化学计量学、无机化学、定性与定量分析以及晶体学等，其中大多印过数版。最重要的著作是《矿物化学综合汇编》与《晶体化学综合汇编》。他撰写的《矿物化学手册》，后来由C. A. 多尔德及其同事以同样的标题将此书编入汇编（1912～1931年）。在一生中经实验提出大量的晶体学数据，主编许多有关数据的综合汇编。（戴永发）

斯塔，J.-S.（Stas，Jean-Servais） 比利时人，1813年8月21日生于比利时卢万。1891年12月13日卒于布鲁塞尔。分析化学、元素化学、物理学。

1832年进入卢万大学，1835年获得硕士学位。1837年去巴黎大学与J.-B.-A. 杜马共事。1840年任布鲁塞尔军事学校化学教授。

主要研究工作是精密测定了多种元素的原子量。早在1860年，他就提出相对原子量的想法，即以氧原子量O=16.000为标准，但是直到1906年才被采用。所获得的原子量数据（以氢原子量H=1为标准）中，有些甚至准确到第四位有效数字，而且此后被公认为是精确的。例如，他用间接方法测定的氮原子量N=14.09，而现在采用的N=14.0067。主要著作有1860年出版的《关于原子量的研究》等。（周申范）

卡伍尔斯，A. A. T.（Cahours，Auguste André Thomas） 法国人，1813年10月2日生于法国巴黎，1891年3月17日卒于同地。有机化学、分析化学。

1833～1835年在巴黎综合工科学校求学。毕业后任军队参谋工作。因早年立志研究化学，1836年辞去军职，到巴黎国家自然博物馆谢弗勒实验室工作。1845年获巴黎大学理学博士学位。任巴黎综合工科学校化学教授。在后半生中不幸事情接连发生。1866～1871年先后失去兄弟、妻子和两个儿子。虽然遭受如此痛苦的折磨，但从未放弃研究工作。

1839～1840年在巴黎国家自然博物馆研究马铃薯油，发现这种油的成分与乙醇相似。1845年开始研究醋酸蒸气在124℃～336℃间的密度变化；然后对五氯化磷进行同样研究。1863年研究醋酸取代衍生物。1866年对醋酸蒸气做了更全面试验，并证实醋酸蒸气在240℃～440℃具有理想气体的特性，然后分解成甲烷和二氧化碳。在他的许多其他成就中，最重要成果是1834年发现在安息香干馏产物中有甲苯存在。以后又发现茴香酸、茴香醚和醇的多硫化合物。用五氯化磷制成氯酸，为法国化学家热拉尔发现酸酐铺平了道路。（戴永发）

安德鲁斯，T.（Andrews，Thomas） 爱尔兰人，1813年12月19日生于爱尔兰贝尔法斯特，1885年11月26日卒于同地。物理化学、热化学、仪器研制。

亚麻布商之子。早年在贝尔法斯特学院读书。1828年在父亲的事务所工作。不久便去格拉斯哥大学学习化学。1830年在巴黎大学J.-B.-A. 杜马的实验室度过短暂时间。在都柏林大学学了4年医学，又在爱丁堡大学学了一年。1835年在爱丁堡大学取得医学博士学位，并获准在贝尔法斯特开业行医。同时被聘为贝尔法斯特学院研究所化学教授。3年后他放弃行医和教职，成为贝尔法斯特大学女王学院第一副院长，1849年任化学教授，1879年退休。1849年被选为英国皇家学会会员。

研究的主要课题是热化学、臭氧和临界现象。许多热化学实验非常精确。和Г. И. 盖斯差不多同时进行热化学研究。尽管他们得到了类似的结果，但结论却不总是一致。安德鲁斯称对臭氧的研究持续了4～5年，最后得出结论：所有设想的各种类型的臭氧是相同的，它实际上是氧的同素异形体。但同P. G. 泰特合作测定臭氧密度的试图却遭到失败。他的关于气态和液态的连续性的研究最为知名，特别是在1861年发现了二氧化碳的临界温度。这一研究的首次文字报道是以他致W. A. 米勒的信件形式，出现在米勒1863年出版的教科书《化学原理》中。他指出，每一种液体都存在一个临界温度，在这温度以上再大的压力也无法使它处于液态。1871年表达了这一发现的预测意义，指出我们也许能活着亲眼看见，或者至少有把握地认为我们的后继者将看见，存在液态甚至固态的氧和氢这样的物质。

以熟练的操作技术和解决实际问题的足智多谋而著称。建造了许多独特的实验装置。也是一位称职的大学行政官员，同时也很关心社会及政治问题。

（李 郇）

弗雷米，E.（Frémy, Edmond） 法国人，1814年2月28日生于法国凡尔赛，1894年2月2日卒于巴黎。*无机化学、金属化学、化学工程。*

早年在巴黎综合工科学校当佩卢兹的助手，1846年成为该校教授。1850年盖-吕萨克去世后，他接替为巴黎国家自然博物馆教授，1879年任馆长。

最初研究铁的氧化物，后扩展到铬、锡、锑等金属的氧化物。1835年在《化学纪事》上发表用硫酸分解脂肪的论文，该法被法国工业界所采用。还建议改进铅室法制硫酸的工艺。引进以焙烧黄铁矿后的残渣为原料的炼铁工艺。他用灼热氧化铅、铬酸钾同氟化钡进行红宝石的人工合成。还试图在实验室证明植物材料到煤的转变。1882～1901年主编的《化学百科全书》陆续出版。

（李 郇）

舒尔策，F. F.（Schulze, Franz Ferdinand） 德国人，1815年1月17日生于德国瑙姆堡，1873年4月15日卒于罗斯托克。*农业化学、生态学、有机化学、科学传播。*

一生主要从事化学教育，是大学化学教授。先后在埃尔德纳学院教农业化学，在罗斯托克大学教化学和药物学。

对分析化学实验室的设备及技术作了有益的改进。1866年罗斯托克流行霍乱时，他取样分析了当地井水中的微生物种群和生态化学，发表论文指出：许多菌类是无害的；同时指出病菌可能就是巴斯德发现的那种“神秘领域”的微生物。对植物的有机物质木质素、碳水化合物等作了分析研究。还把约翰斯顿（J. F. W. Johnston）的著作《农业化学和地质学原理》译成德文，为传播科学知识作了贡献。

（陈擘宇）

福恩斯，G.（Fownes, George） 英国人，1815年5月14日生于英国伦敦，1849年1月31日卒于布朗普顿。*有机化学、岩石学。*

起初在父亲的手套行里工作。在李比希指导下，1839年获吉森大学博士学位。同年在伦敦大学学院给T. 格雷厄姆当助手，后任教授。是该学院伯克贝克实验室首任主任。1846年因病辞去教职，3年后死于肺结核病。

主要成就是：在1845年用硫酸同糠作用制备呋喃；同年，从苦杏仁中分离了三苯甲醛缩二氨；1839年用燃烧萘的方法准确测定了碳的化合当量。将氮通过碳酸钾和木炭，制得了氰化钾；1844年发现火成岩中存在磷酸盐。出版了两本很流行的书：《化学：上帝的智慧和善行》（1843年）、《基础化学手册》（1844年），前部著作获得皇家学院阿克顿奖。

（李 郇）

彭尼，F.（Penny, Frederick） 英国人，1816年4月10日生于英国伦敦，1869年11月22日卒于苏格兰格拉斯哥。*元素化学、分析化学、毒理学、应用化学。*

早期在伦敦受基础教育。1833～1838年在药剂师、分析化学家H. 亨内尔（Henry Hennell）处学习。曾是皇家学院著名化学家法拉第的学生。1839年在格拉斯哥大学安德森学院任化学部主任。1843年在吉森大学李比希指导下获得哲学博士学位。

最主要的论文发表于1839年，当时在测定粗硝石中的硝酸钾时发现实际值与理论值不一致，怀疑所得到的原子量是错误的，为此再一次测定了氯、氮、钾、钠和银等重要元素的原子量（氧＝8）。这项工作需要特殊仪器、配重天平、以及化学试剂的精密应用，考虑硝酸盐与氯化物相互转化作用等。他的数据证明，普劳特倡议的假说（所有原子量都是氢的简单倍数）是值得怀疑的。1850年他介绍了容量分析法，即用铬酸钾或重铬酸钾的还原反应测定铁、锡、碘的含量。

积极参与法律和商业的科学咨询工作，其卓越才能为安德森学院在医学界和工业化学界赢得了声誉。在审讯凶杀案中，为皇家检查官作证时表现的智慧和从容不迫风度，使他闻名于英国的医学和法律界。在苏格兰商业界也享有很高声誉。

（高中兴）

热拉尔，C. F.（Gerhardt, Charles Frédéric） 法国人，1816年8月21日生于法国斯特拉斯堡，1856年8月19日卒于巴黎。*有机化学、无机化学、基础化学。*

1831年入卡尔斯鲁厄高等技术学校学习物理学、化学和数学。1833年进入莱比锡商业学院，寄住在激励他热爱科学的化学家O. L. 厄尔德曼家中。1838年10月，去巴黎大学听J.-B.-A. 杜马讲课，并成为其助手。1844年任蒙彼利埃大学教授。1855年任斯特拉斯堡大学教授。

在有机化学发展史上有重要贡献。早期接受1830年后发展起来的洛朗和杜马的取代理论，反对以柏济力阿斯为首的支持二元理论的保守派化学家。主张在化学中用确定的分子式，认为分子式是化学物在人们头脑中的基本概念的反映，"是人们的思想"。强调书写化学方程式的重要性，首先在化学中系统地采用反应方程式。1842～1843年，提出选择有机化合物化学式的容积标准，开始是四容积标准，即以氢为1所占容积为单位，取四容积单位为比较标准。比较各种有机化合物气体或蒸气的质量，可写出比较统一的化学式。这样得出的化学式，实际上是现今分子式的两倍。以后在实际工作中，又采用二容积标准，即将有机化合物化学式折半，大部分与现在的分子式相同。

在有机化学中引入同系列概念，对有机化学的发展有重要意义。1843年提出有机化合物存在着多个系列，每一个系列都有自己的代数组成式。指出不少同系列的例子，有烷烃系列、醇系列和脂肪酸系列。同系列中各化合物的化学性质相似。1853～1856年提出"新类型论"，把当时已知的有机化合物分成四个基本类型：水型，氢型，氯化氢型，氨型。在1856年出版的《有机化学通论》中，将有机化合物按上述类型排列成系，这对有机化合物的初步系统化起过积极作用。还提出过酸类的概念，促进硫酸、硝酸、磷酸分子式的正确建立；发现各种一价酸的酸酐。此外还发现苯酚、喹啉和乙酰苯胺等重要有机化合物。（周志高）

贝尚，P. J. A. (Béchamp, Pierre Jacques Antoine) 法国人，1816年10月16日生于法国摩泽尔，1908年4月15日卒于巴黎。*有机化学、化学工程、生物学。*

磨坊主的儿子。早年离开法国去布加勒斯特的圣萨瓦学院学习医药。后转到斯特拉斯堡大学药学院，1853年获生理学博士学位，1856年获医学博士学位。1856年在蒙彼利埃大学医学院教授医学化学。1876年任里尔的天主教医学院院长。1886年赴勒阿弗尔经营医药业。儿子意外去世后，移居巴黎。后来弗里德尔(C. Friedel)慷慨地为他提供一个小实验室，于是他就在那里进行实验，直到1899年。

经过系统地应用拟蛋白物质的光学活性，区分出大量的复杂化合物，而这些是他的前辈们采用标准的分析方法所无法发现的。1852年开发廉价生产苯胺的工业流程，对合成染料工业的诞生作出了重要贡献。因此1864年获米卢斯工业协会多尔富斯奖金。

在生物学方面，与巴斯德有争论而受到多方反对，因而在几乎完全孤独的境况下苦度晚年。（戴永寿）

佩尔松，J. (Personne, Jacques) 法国人，1816年10月17日生于法国科尔多省索尔里奥，1880年12月11日卒于巴黎。*分析化学、有机化学、药物学。*

石灰窑工人之子，幼年丧父。早年在药房当学徒。后考入巴黎药剂学校。毕业后在医院药房当助理药师。1849年至去世，在三所巴黎医院任首席药剂师。1843年起在巴黎大学药学院任分析化学教师。1875年进入医学科学院，1877年获物理学博士学位。1878年成为塞纳河卫生委员会委员。

进行的主要研究工作有：蛇麻果的植物学和化学的研究；用红磷生产溴氢酸、碘氢酸和它们的酯类；1869～1870年对水合氯醛的研究，获得法国科学院巴比埃奖金。在该项目中不仅作出水合氯醛纯度和鉴定的标准，而且还发现并研究了氯醛醇酯。这些试验当时还证明了莱伊比安什的观点，即水合氯醛的安眠作用是由于在血液中释放出氯仿，现在已知是由于释放出三氯乙醇。与莱尔米特(M. L'hermite)共同研究了锰酸和锰的氧化物、醋酸发酵、松节油的氧化、大麻属的化学分析、碘与锡相互作用生成的化合物，以及尿中奎宁含量的测定等。

主要著作有《锰的酸和氧化物》(1851年，与他人合著)、《醋酸的发酵》(1853年)、《油脂的氧化》(1856年)、《大麻的化学分析》(1857年)、《由碘和锡反应形成的化合物》(1862年)、《尿中的奎宁含量测定》(1878年)等。（高中兴）

福多斯，M.-J. (Fordos, Mathurin-Joseph) 法国人，1816年11月3日生于法国塞朗，1878年7月1日卒于巴黎。*无机化学、毒理学、环境化学。*

在巴黎学习制药，在医院药房实习后获实习医生职称。1841～1878年，先后在巴黎三家医院的药房任药剂师。

与药房实习医生热利斯(A. Gelis)有多年的科学协作。他们在无机硫化合物的研究上特别成功，1842年发现连四硫酸钠；1850年阐明氮化硫的组成。他独立进行的最重要研究，是从化脓绷带中化学离析出一种蓝色晶体色素，称为脓青素，1860年发表获得的方法及脓青素的物理性质描述。到1863年完善脓青素的提取方法，并大大提高了生产效率。对铅毒性方面研究也有贡献，经1873～1875年实验结果指出：流经铅管的饮水以及在锡铅合金用具中贮藏的液体，均吸收一定的有毒性铅量。1875年设计和发表用于检查容器和衬锡壶中含铅的工业快速检验法。（楼书聪）

小西利曼，B. (Silliman, Benjamin, Jr.) 美国人，1816年12月4日生于美国康涅狄格州纽黑文，1885年1月14日卒于同地。*分析化学、应用化学、化学工程、矿物化学、科学传播。*

化学教授的儿子。1837年从耶鲁学院(今耶鲁大学)毕业，1840年获该校硕士学位。曾在波士顿化学家杰克逊(C. T. Jackson)的私人实验室短期工作。1838年起协助父亲参与编辑国际知名刊物《美国科学与人文》杂志。还在其他刊物的编辑部工作，直至去世。这一工作使他有机会与众多的科学家接触和联系。1842年任耶鲁大学实验教师。1849年任路易斯维尔大学医学院医用化学和毒理学教授。1854年回耶鲁大学任普通和应用化学教授。是美国国家科学院最早的50

位创始院士之一。美国文理科学院院士。还是美国和国外许多其他学术团体的成员。1849 年和 1884 年相继接受荣誉医学博士和荣誉法学博士学位。

他既是杂志编辑，又是教师和教科书作者、分析化学家以及工商界化学和地质学顾问。实验研究主题的选择反映了个人的广泛兴趣，还有一些是产业界委托的资源开发。热衷研究的是有关石油、煤、贵金属和可燃气体等领域的矿物化学，对美国石油工业的发展起过一定的作用。在对美国石油资源和金矿的初期开发上，他的观点曾受到攻击，甚至有人提出要把他从国家科学院逐出，但他依然是一位具有崇高声望的科学家。

发表近 100 篇论文；出版 13 本著作和小册子。1847 年出版第一本在美国大学有影响的教科书《化学基本原理》；1859 年出版《物理学或自然哲学基本原理》一书。 （诸葛健）

史密斯，R. A.（Smith, Robert Angus） 英国人，1817 年 2 月 15 日生于英国苏格兰格拉斯哥，1884 年 5 月 12 日卒于北威尔士科尔温贝。药物化学、环境化学、卫生化学。

工厂主的儿子。在格拉斯哥大学毕业。当过几年家庭教师。后旅居德国，在吉森大学李比希实验室工作，1841 年取得哲学博士学位。返回英国，任教于皇家曼彻斯特学院。1845 年被选为曼彻斯特文学与哲学会会员。1857 年当选为英国皇家学会会员。1863 年任制碱业法制检察员。1864 年任矿山咨询环境局顾问。1876 年为江河防污法令的检察员。

是一位卫生化学家和消毒化学家。主要从事大城市空气和水的系列分析，及矿井的大气分析。是消毒剂石炭酸的发明者，1854 年取得专利，被人们誉为“欧洲消毒术最高权威”。撰写的论文大部分收集在《消毒剂与消毒作用》和《空气和雨》两本著作中。 （周申范）

伊里尼，J.（Irinyi, János） 匈牙利人，1817 年 5 月 17 日生于匈牙利大莱陶，1895 年 12 月 17 日卒于韦尔泰什。无机化学、燃烧化学、农业化学、化学工程。

父亲是农学家和房地产中介商，在匈牙利建立第一个装备蒸汽机的酒精厂。中学毕业后，先在匈牙利德布勒森学院学法学，后在维也纳工业大学学化学，在霍恩海姆农学院学农学。曾参加 1848 年匈牙利革命，在匈牙利独立战争时期负责武器生产，起义失败后遭囚禁，获释后在糖厂和蒸气磨面厂工作。退休后归田耕作，安度晚年。

被誉为安全火柴的发明者。1835 年用氧化铅取代氯酸钾，与白磷和硫制造火柴头，从此使得火柴燃烧平稳，不再有爆炸和噪音。创造过一种匈牙利技术语言，将所有化学词汇匈牙利语化，但未被使用多久。他是第一个倡导用碳酸钙改造土壤的科学家。主要著作有《化学理论问题》（1838）、《化学基础》（1847 年）等。 （温敬铨）

科普，H.（Kopp, Hermann） 德国人，1817 年 10 月 30 日生于德国黑森地区哈瑙，1892 年 2 月 20 日卒于海德堡。物理化学、化学热力学、科学史学。

在海德堡大学受 L. 盖墨林讲演的影响，弃文改攻化学。1838 年在马尔堡大学获博士学位。1839 年起在吉森大学执教 24 年，1843 年成为教授，曾与李比希共事。1863 年转任海德堡大学教授。

讲授理论化学、晶体学、矿物学、自然地理学和化学史。致力于物质物理化学性质的研究。首先准确测定许多有机化合物的沸点，发现同系物中每增加一个亚甲基沸点升高值是个常数，得出液体沸点与它们分子量和化学组成有关的结论。在研究比重及其计算公式时，提出了比体积的概念；发现相似元素和同晶形化合物的比体积相似，并将此与它们的晶体结构关联起来。还发现固态元素的比热等于它们在固态化合物中的比热，因此可用元素比热计算化合物比热。尽管有些结论需要修正，但是他提出的物理性质与化学结构有关的实验证据，为物理化学和有机化学发展开辟了道路。主要著作有《化学史》（4 卷，1843～1847 年）、《新时代化学的发展》（1873 年）等。 （温敬铨）

武尔兹，C.-A.（Wurtz, Charles-Adolphe） 旧译孚兹。法国人，1817 年 11 月 26 日生于法国斯特拉斯堡，1884 年 5 月 12 日卒于巴黎。有机化学、药物化学、化学工程、化学史学、科学传播。

路德教牧师的儿子。早年求学于教会学校。后入斯特拉斯堡大学医药专业，对化学发生兴趣，1843 年以论文“纤维蛋白与白蛋白”获博士学位。毕业后进德国吉森大学李比希实验室深造，不久便和 A. W. 霍夫曼相识。1844 年入巴黎大学药学院 J.-B.-A. 杜马实验室从事研究。1848 年担任巴黎大学医学院有机化学讲师，1853 年任教授，1866 年任药学院院长。1874 年巴黎大学专为他设立有机化学教授职位。1864 年当选为英国皇家学会外籍会员。1867 年当选为法国科学院院士。1881 年任法国科学院院长。1852 年和童年的女友结婚，生有 4 个孩子，有一子从事科学事业。

是法国新化学系统的缔造人之一。19 世纪中叶，有机化学正处在历史转折时期。他把李比希的有关论文译成法文介绍给法国化学界。当时针对柏济力阿斯的电化学二元论，杜马、洛朗和热拉尔等人相继提出各自的新见解。在新的取代概念及双分解概念的基础上，他们提出了有机分子一元论学说。武尔兹是法国教师中第一个和热拉尔、洛朗站在一起并拥护分子一元论的学者，赞同原子价和化学类型学说。1849 年他发现氨分子中的氢原子可用烷烃基团逐个取代它，然而并不破坏分子结构。这个事实有力地支持了新学说。1860 年 9 月 3 日在德国卡尔斯鲁厄召开的国际化学会议上，他支持阿伏伽德罗、热拉尔、坎尼扎罗的原子-

分子论，还自始至终担任会议的记录员，记录是用法文书写的。在法国他排除了保守阻力，果断地采用了新的原子量。

是一位有实干精神的化学工艺学家。研究提出的合成方法可谓五花八门，如次磷酸、三氯氧磷、胺类、烃类、乙二醇、环氧乙烷、醛还原成醇及醇醛缩合等。以他名字命名的反应——卤代烷和金属钠作用制备烃类的"武尔兹反应"，至今仍是有机化学中著名的经典方法。

发表论文140余篇；出版主要著作12部，其中《化学理论史》等译成英文版。他才华横溢，能说法、德、英多种语言，是受人尊敬的教师。在他的实验室中人才萃集，有库珀、布特列洛夫、勒贝尔、范特霍夫等。布瓦波德朗正是在该实验室中发现了元素镓。因在有机化学方面的卓越贡献而获得各种荣誉及奖励，其中1864年获英国皇家学会最高奖科普利奖章，1867年两次获法兰西学院杰克奖。（朱啸宇）

巴雷斯维尔，C.-L.（Barreswil，Charles-Louis） 法国人，1817年12月13日生于法国凡尔赛，1870年11月22日卒于滨海布洛涅。分析化学、应用化学、化学工程。

曾在巴黎大学P.-J.罗比凯等人指导下学习化学。先后任巴黎蒂尔戈市立学校、巴黎高等商业学校的化学教授。

起先对改进化学分析方法感兴趣，发表过几篇这方面的论文。1844～1849年和C.贝尔纳并肩工作，参与贝尔纳对消化作用的研究。其中，1844年用氢氧化钾溶液作为检测糖的试剂，进而在临床上用以检测糖尿病的存在。1846年发表有关分析化学的论文，报道发现一种从锰中分离钴的新方法。1847年发现蓝铬酸，还制得丹宁酸奎宁。后期主要关心染料化学、照相化学、硫酸制造等工业化学问题。（李　邨）

米勒，W.A.（Miller，William Allen） 英国人，1817年12月17日生于英国伊普斯威奇，1870年9月30日卒于利物浦。分析化学、光化学、光谱学、宇宙化学。

1837年入伦敦大学国王学院学医，1842年获医学博士学位。留校任教，1845年任该院化学教授。两度出任英国皇家化学学会会长。

是把光谱分析应用于化学领域的先驱者。1862年采用石英摄谱仪研究100多种物质的光吸收性质，观察分析它们在紫外光区的吸收情况。也是把照相技术应用于光谱分析的先驱者之一。精心观测月球、木星、火星的光谱，由此推断出所有的星球从化学本质上说都和太阳一样。编著的《无机化学》和《有机化学》教科书曾多次印刷出版，广泛应用。1867年获英国皇家天文学会金质奖章。（池贵法　朱啸宇）

戈雷，A.（Görgey，Arthur） 匈牙利人，1818年1月30日生于匈牙利托波尔克（今属斯洛伐克），1916年5月21日卒于匈牙利维谢格拉德。有机化学、食品化学。

出身没落的贵族家庭。进过奥地利图尔恩帝国武装部队的军事工程学院。1837年任陆军少尉。1845年进布拉格大学。1848年回国参加匈牙利独立战争，由于作战有功很快晋升为将军，1849年任总司令。但后来又投降前来帮助奥地利反对匈牙利革命的俄国军队，1867年领将军级养老金退休。

是匈牙利历史上有争议的人物之一。在化学上的贡献是，发现桂酸；分析椰子油成分；发现脂肪酸。（周申范）

徐寿（Xu Shou） 字雪村，号生元。中国江苏无锡人。清嘉庆二十三年一月二十二日（1818年2月26日）生，光绪十年八月六日（1884年9月24日）卒于上海。无机化学、化学工程、船舶工程、医学、测绘学、科学传播。

出身望族，至其父辈时已家道衰落。5岁丧父，由母亲抚养长大。从小刻苦好学，早年曾向往科举仕途，23岁时鸦片战争爆发给他以极大震撼，决心走科学救国之路，于是抛弃科举考试，转而学习"格致之学"，即西方自然科学。首次接触化学是在上海墨海书馆看到1855年出版的《博物新识》开始的。这本书的内容包括天文、地质、物理、化学等各种知识。他反复学习、亲自动手做实验，遇到疑难问题，"必求涣然冰释而后已"。并能由此及彼，另辟蹊径，自己设计出一些新型的实验来。

早年从事船舶制造。清同治三年（1864年），和华蘅芳等在南京"金陵军械所"制成中国第一艘使用蒸汽机的木质轮船"黄鹄"号。这艘船由华蘅芳负责设计和测算，他负责发动机和船体的制造。黄鹄号的前部为机器房，船舱则在回转轴之后，"船重25吨，长55华尺，高压引擎，单汽缸"，"逆水时速16里，顺水时速约28里"。制造中，"全用汉人，未雇洋匠"，"皆由手造，不假外人"。同治四年（1865年），他到上海江南机器制造总局工作，参予制造了用惠岩、操江、测海、驭远等命名的中国最早的一批兵船。

同治六年（1867年）到江南机器制造局附设翻译馆工作，历时17年，直至去世。共翻译13部科技书籍，计120卷。其中属于化学或与化学有关的有7部。最早翻译的《化学鉴原》是一部无机化学的书，中国第一张汉字的化学元素周期表就载于此书；《化学鉴原续编》是一部阐述有机化学的书；《化学鉴原补编》是专讲无机化合物的；《化学考质》是讲定性分析的；《化学求质》是讲定量分析的；《宝藏兴焉》是讲冶金学和冶金化学的；《物体遇热改易记》叙述了物理化学的基础知识。他这些译作系统地介绍了19世纪70～80年代的化学进展。

创造了化学元素符号的汉字译名。在翻译西方化学著作时，首先碰到的困难是化学元素的译名问题。在19世纪60年代末期，世界上已发现64个化学元素，其中如金、银、铜、铁、锡等少数名称中国已有现成的外，大多数化学元素的汉字必须创造。徐寿采用音译的方法，把化学元素的英文读音中的第一个音节，译成汉字，如铍、镁、钡、镓、钙、铈等。这一命名原则，匠心独运，经过100多年时间的考验，今日仍被中国化学界所采用。

同治十三年（1874年），与华蘅芳等人在上海创建格致书院。两年后，他又创办中国第一本自然科学杂志《格致汇编》。还在上海负责或参与筹建火柴、肥皂、化妆品等化学工厂，为中国的化学工业奠定了最初的基石。培养了一批中国早期的化学人才。其中最著名的代表是其次子徐建寅（1845～1901年），翻译《化学分原》、《造硫强水法》等23部科技书籍；曾到英、法、德三国考察科学技术；戊戌政变后到汉阳钢药厂工作，1901年3月31日在制造硝化纤维炸药时发生意外爆炸而丧生。

在许多其他学科也很有造诣。在医学上，与赵元益、傅兰雅合作翻译《法律医学》一书；能临床治病。在兵学上，翻译《营城揭要》一书，介绍战时筑造城营的作图法。在测绘学上，撰写《测地绘图》一书，系统介绍测量地形、绘制地图的方法。还翻译《格致须知》、《西艺知新》、《代数学》等书，广泛涉及地理学、物理学、天文学、数学和植物学等领域。

（胡明初）

德维尔，H. É. S.-C.（Deville, Henri Étienne Sainte-Claire） 法国人，1818年3月11日生于维尔京群岛圣托马斯岛（今属美国），1881年7月1日卒于法国塞纳河畔布洛涅。基础化学、无机化学、有机化学、物理化学。

父亲是法国驻维尔京群岛领事。早年在巴黎受教育，获巴黎大学医学院医学博士学位。在学时就对化学产生兴趣，在住处建立私人实验室。1845年任贝桑松大学化学教授。

是19世纪一位多才多艺的实验化学家。研究工作是在有机化学发展最活跃时期开始的。早期主要研究松油、甲苯和酸酐。1839年发表第一篇有关松油研究的论文。1849年合成五氧化二氮。后注意力又转向无机化学。研究出一种用钠还原铝盐制备纯铝的方法；还用钠制备硅、硼和钛等元素。他在许多研究（如人工制备天然矿物）中使用了极高的温度，是当时使用这项技术的权威。在各种温度下对化合物蒸气密度的测定，证实了阿伏伽德罗的假设。这些研究导致了他最著名的发现：化合物在加热下离解及在较低温度下分解产物重新结合。从而促进了对化学反应机理的更好了解，对物理化学的发展也有重要意义。此外，培养出许多杰出的年轻化学家。 （戴永发）

霍夫曼，A. W. von（Hofmann, August Wilhelm von） 德国人，1818年4月8日生于德国吉森，1892年5月2日卒于柏林。有机化学、染料化学、化学工程、化学教育。

建筑师J. P. 霍夫曼（Johann Philipp Hofmann）的儿子。1836年进吉森大学，起初学法律和语言，后来逐渐被李比希的化学课吸引而转修化学，1841年以对煤焦油的研究论文获博士学位。1843年成为李比希的助手。1845年春经李比希推荐到波恩大学任教。同年秋，应英国维多利亚女王的德国顾问阿尔贝特之召去伦敦，在李比希的几个英国学生创办的皇家化学学院任教授，1853年该校并入由政府主办的皇家矿业学校。在伦敦工作20年后，1865年回国任柏林大学化学教授。1867年按英国化学学会的模式，创建德国化学学会。70岁生日时被册封为贵族。是英国皇家学会外籍会员。

是一位杰出的实验化学家，对英国和德国的化学发展影响颇深。创立了自己的化学学派。主要研究领域是实验有机化学和化学的工业应用。1850年在论文“挥发性有机碱的分子构造”中指出，通过烷基碘同氨反应，氨分子中所有的氢原子能相继被烷基取代，生成伯胺、仲胺和叔胺。1851年又制得了季胺盐，从而完善了后来成为“类型理论”基础之一的“氨型”思想。这些发现使其一举成名。提出“霍夫曼彻底甲基化法”。发现“联苯胺重排”等反应。1865年提议用系统命名法对烃及其衍生物命名。这种命名法经过修改在1892年日内瓦会议上得到国际化学界的采纳。

化学工程方面，他的学生们从煤焦油制出的苯胺衍生物，许多是染料中间体或染料。他们对苯胺染料的研发促进了英国和德国染料工业的繁荣。1863年取得有机染料“霍夫曼紫”（三甲基品红和三乙基品红）的专利。研究成果还有：对苯胺的组成及苯胺同苯酚、苯的关系的研究；发现异氰酸苯酯、乙二胺、烯丙醇、异腈及甲醛等有机化合物；制备含磷有机碱等。

一生中发表300多篇论文。也是一位优秀的教师继承了吉森大学李比希利用实验室进行教学的科学教学方法，把它传播到英国和德国柏林。培养了许多杰出的学生和助手，其中有英国的W. 克鲁克斯、J. A. R. 纽兰兹、W. H. 珀金等人，德国的格里斯（J. P. Giriess）、马尔蒂乌斯（C. A. Martiuc）和福尔哈德（J. Volhard）等人。 （李 邨）

普莱费尔，L.（Playfair, Sir Lyon） 英国人，1818年5月1日生于孟加拉久纳尔，1898年5月29日卒于英国伦敦。植物化学、有机化学、科学管理。

英国东印度公司医官的儿子。1835年自出生地孟加拉回英国学医。1837年底去印度加尔各达。后任伦敦大学学院私人实验室助手。早年先后在圣安德鲁斯大学、格拉斯哥大学安德森学院和爱丁堡大学学习。1839年在德国吉森大学李比希实验室工作。1842年秋任曼彻斯特皇家学院化学教授。1848 年被选为英国皇家学会会员。1853 年任英国科学部大臣。1858 年任爱丁堡化学学会会长。同年任爱丁堡大学化学教授。1868 年当选议员。自后从事政治活动。1892 年册封为男爵。

主要化学成果有：研究揭示肉豆蔻酸和石竹烯的化学构成；1850～1858 年期间发现硝普盐。因把李比希的《有机化学在农业和生理学上的应用》翻译成英文，声誉大增。（周申范）

霍斯福德，E. N.（Horsford，Eben Norton） 美国人，1818 年 7 月 27 日生于美国纽约州利文斯顿县莫斯科（今利沃尼亚），1893 年 1 月 1 日卒于马萨诸塞州坎布里奇。食物化学、应用化学、营养学、人类学。

1837 年入伦斯勒理工学院，19 岁毕业获土木工程师职称。后在纽约国立地质调查所工作；同时担任奥尔巴尼妇女研究院的数学与博物学讲师 4 年，在该校曾用银板照相术进行化学试验。1844 年任德国吉森大学。在李比希直接指导下研究化学。1847 年在美国哈佛大学实用科学教授，在该校劳伦斯理学院任教化学和管理科研工作 16 年。后期离开教育单位，创立拉姆福德化学公司和化工车间。1876 年作为评委成员参加森特尼尔博览会。是韦尔斯利学院的热心赞助人和监事会主席。

擅长于把欧洲化学技术向美国传播。按照李比希实验室的模式，建立了美国第一个分析化学实验室。对波士顿水分布中主管道的运用、奶的凝固和橡胶硫化等问题，有过较长时间的研究。南北战争期间，对军队口粮分配问题提出不少建议，确立了行军途中军队谷物与肉食的最佳比率。发明用于发酵的含磷烤粉，并以此系列产品为基础成立拉姆福德化学公司。晚年热衷于研究印第安语，对北欧人在北美的历史甚感兴趣。代表作有《军队的给养供应》（1864 年）、《面包制作的工艺和理论》（1869 年）、《关于维也纳面包制作的报告》（1875 年）、《北欧人问题》（1890 年）等。（郑生力）

科尔贝，A. W. H.（Kolbe，Adolf Wilhelm Hermann） 德国人，1818 年 9 月 22 日生于德国格丁根附近，1884 年 11 月 27 日卒于莱比锡。有机化学、化学工程。

牧师的儿子。幼年就对化学感兴趣。1838 年进格丁根大学，在 R. W. E. 本生的指导下获得博士学位。1851 年在马尔堡大学任教授。1865 年应邀到莱比锡大学，组建当时最大最好的化学实验室并任首任主任。1870 年起任《实用化学》杂志主编，直至去世。

主要贡献在有机化学方面。早期的工作受柏济力阿斯的二元论影响很大，注意化学组成的本性，提出自己的物质组成观点，认为有机化合物是由复合基和氧“二元”组成的。但是在 J.-B.-A. 杜马提出取代理论后，二元理论遭到批判。为了维护二元论，又要能解释取代理论，他创立物质组成的“对合”理论，把有机化合物看成是由简单无机化合物和“基”连接而成。敏锐的直觉使他预测了许多混合物的化学性质。约在 1857 年就找出其研究体系中的所有要素。考虑到所谓“连接”分子式中乙醛和乙醇包含有少量可被甲基置换的自由氢，把乙酰（基）视为“对合”理论中的“基”。于是推断草酸还原的第一个产物应是乙醛，若后者中可置换的氢被甲基置换，即得丙酮。这就弄清了醛和酮的关系，并鉴别出羰基。进而乙醛还原成乙醇后还有一二个可被甲基置换的氢。他预测的这些氧化性能先后为后来发现的仲醇和叔醇完全证实。

19 世纪 40 年代初，完善了本生的气体分析法。发现了许多重要的有机化合物和反应。继 F. 维勒第一个由无机物合成尿素后，又用无机物合成了醋酸。注意到水杨酸具有很强的防腐力因而能保藏食品。1859 年用酚钠粉末加压通入二氧化碳，并加热到 125℃，研发出高产率合成水杨酸的工艺。（陶其恒）

培顿科弗，M. J. von（Pettenkofer，Max Josef von） 德国人，1818 年 12 月 3 日生于德国利希滕海姆，1901 年 2 月 10 日卒于慕尼黑。生理化学、环境化学、化学工程、实验卫生学。

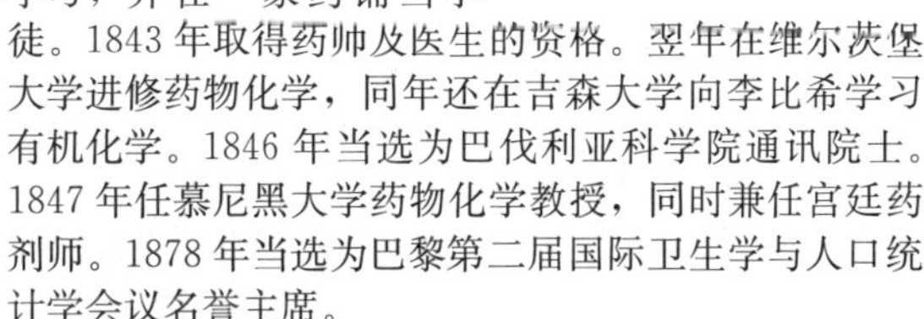

曾间歇地在慕尼黑大学学习，并在一家药铺当学徒。1843 年取得药师及医生的资格。翌年在维尔茨堡大学进修药物化学，同年还在吉森大学向李比希学习有机化学。1846 年当选为巴伐利亚科学院通讯院士。1847 年任慕尼黑大学药物化学教授，同时兼任宫廷药剂师。1878 年当选为巴黎第二届国际卫生学与人口统计学会议名誉主席。

主要成就是创立实验卫生学。发现人尿中含有一种新的氨基酸——肌酸酐。发现人的唾液中含有硫氰酸。对空气在卫生上的重要性十分感兴趣。1857 年在研究空气交换及人工通风时，发明一种简易的二氧化碳化验方法；1860 年发明封闭式的金属呼吸装置；重视空气对衣服的腐蚀作用。还对霍乱流行的原因作大量的调查研究，即使在高龄 74 岁，不顾个人安危，饮用了 1 毫升新分离的霍乱弧菌培养液，亲自作试验，结果导致严重腹泻数日。此外，研发从银中分离金和铂的方法。

在 70 大寿时，创建以他命名的基金会，用于奖励在卫生学方面有贡献的学者。1897 年获英国皇家公共卫生组织的奖章。1899 年获德国化学学会金质奖章。同年生日时，慕尼黑市授予他金质奖章。（诸葛健　朱啸宇）

弗雷泽纽斯，C. R.（Fresenius，Carl Remigius） 德国人，1818 年 12 月 20 日生于德国美因河

畔法兰克福，1897 年 6 月 11 日卒于威斯巴登。分析化学、农业化学、科学传播。

公证员家庭出身。在法兰克福接受基础教育。曾在家乡的药店学艺。1840 年求学于波恩大学。一年后转学吉森大学，在 J. von 李比希指导下于 1842 年获得博士学位。1843 年任该校助理教授。1845 年在黑森地区的威斯巴登农学院任化学、物理学与技术学教授，1848 年任该校化学实验室首任主任，1862 年创立药学院并任院长，1868 年组建农业化学研究实验室。1881 年起，他把化学实验室和农业研究站交给两个儿子去管理。1862 年创办《分析化学》杂志，并终身从事该杂志的主编工作。

以自己的科学活动促进了分析化学的发展，对前人使用过的分析方法做了整理，提出了一套系统定性和分离各种金属（阳离子）和非金属（阴离子）的新方案，即至今还在使用的硫化氢系统分析法。撰写的德文版《定性化学分析导论》（1841 年）和《定量化学分析导论》曾多次再版，被翻译成多种文字版本。1848 年在威斯巴登创办至今闻名的实验室，来自各国的不少化学家曾在这个实验室学习过。（周申范）

安德森，T. （Anderson，Thomas） 英国人，1819 年 7 月 2 日生于英国苏格兰利斯，1874 年 11 月 2 日卒于英格兰奇西威克。有机化学、农业化学、分析化学。

医生的儿子。早年进爱丁堡大学医学院学医，1841 年毕业获医学博士学位。1842 年在瑞典斯德哥尔摩大学柏济力阿斯的指导下进行研究，翌年在德国吉森大学李比希实验室工作。曾访问欧洲各国化学和医学研究中心。1845 年成为爱丁堡皇家学会会员。翌年在爱丁堡城外的医务学校开课。1852 年 T. 汤姆孙去世，继承其在格拉斯哥大学的化学教授职位。由于最后几年身体瘫痪、耳聋，实际上在 1869 年就终止了研究工作。

博士论文“伴随营养和其他生理过程的化学变化”显示了他的志向。作为苏格兰高地和苏格兰农业协会的化学家，检查了小麦、豆类、萝卜在不同生长期的化学成分变化，将结果发表在协会杂志上达 25 年之久，这方面论文约有 130 余篇。还对土壤、肥料和牲畜饲料进行分析。1840 年发表的第一篇重要论文中，阐述了检验由煤焦油得到的混合碱时，如何发现有微量的吡咯（12 年前由 F. F. 龙格所发现）存在，并尝试分离它。并发现它是苯胺的同分异构体，这是吡啶系列碱中第一个被发现的化合物。在研究骨油蒸馏产物时，发现吡啶及其甲基衍生物，包括他称之皮考啉即甲基吡啶（C_6H_7N），同时发现另一种他称之为 Petinine 的物质。随后还发现了甲胺、丙胺，可能还有乙胺。他断定 Petinine 事实上就是丁胺——因此发现此物质是稍在武尔兹之前。至于吡啶的现代环状结构式，是由杜瓦在 1872 年首先发表的。1853 年他还详细研究并发现可待因（甲基吗啡）的正确化学结构，此后又研究鸦片的其他成分。阐明许多生物碱的组成。提示了蒽的化学结构。1872 年获英国皇家学会皇家奖章。（楼书聪）

根特，F. A. （Genth，Frederick Augustus） 美国人，1820 年 5 月 17 日生于德国韦希特斯巴赫，1893 年 2 月 2 日卒于美国宾夕法尼亚州费城。分析化学、农业化学、矿物化学。

德国裔。1839 年入海德堡大学学习化学、地理学和矿物学。1841～1843 年求学于吉森大学，接受化学家 C. R. 弗雷泽纽斯、H. 科普和 J. von 李比希的指导。1844 年在马尔堡大学师从 R. W. E. 本生，1845 年获化学博士学位。毕业后继续留在马尔堡大学当本生的助手，任讲师 3 年。1848 年迁居美国，在美国建立第一个工业分析实验室。1872 年任宾夕法尼亚大学化学教授。兼任宾夕法尼亚州农业部第二地质测量部的化学家。

他最著名的研究是，与吉布斯（O. W. Gibbs）共同成功制得氨-钴碱（氨络钴）结晶盐。他们描述四种碱——玫红钴、红紫铬、六氨钴和黄钴衍生的 35 种盐，第一次将玫钴与红钴盐分开。有关肥料的分析工作，促进国家化肥工业的发展。对矿物学的主要贡献是：在 54 篇论文中描述了 215 种矿物的化学组分；他共发现 24 种新矿物。（周志高）

顺克，H. E. （Schunck，Henry Edward） 一译申克。英国人，1820 年 8 月 16 日生于英国曼彻斯特，1903 年 1 月 13 日卒于曼彻斯特附近。有机化学、染料化学、植物化学、化学工程。

德国后裔；父亲是纺织品商人，他是家中 7 个孩子之一。早期接受私人教育，以后在 W. 亨利的实验室接受应用化学的最初训练。入读柏林大学后，在 H. 罗泽和 H. G. 马格努斯指导下学习和研究化学。后在吉森大学当 J. von 李比希的学生，获博士学位。1842 年回英国，经营父亲在贝尔费尔德开办的纺织印染厂。曾任曼彻斯特文学与哲学学会会长，并是当地化学会、化工学会创始人之一。1850 年被选为英国皇家学会会员。

研究天然产物特别是植物染料，发表一系列有关染料研究成果。从地衣中分离出纯粹的晶体物质茶渍素；1847 年由茜草根中分离出一种甙；1853 年分离出尿蓝母，尿蓝母在染缸中进行氧化水解反应即形成靛蓝；与他人合作研究多羟基蒽醌；应用吸收光谱分析有色基团；1879 年起研究从贝类中提取的紫色染料；1883 年开始鉴定叶绿素的成分结构。去世前向曼彻斯特大学捐赠 2 万英磅作为研究基金，并把私人图书馆也献给大学。（高中兴）

鲍姆豪尔，E. H. von （Baumhauer，Edouard Henri von） 比利时人，1820 年 9 月 18 日生于比利时布鲁塞尔，1885 年 1 月 18 日卒于荷兰哈勒姆。分析化学、应用化学、矿物化学。

是布鲁塞尔高级法院首席法官的儿子。在当地拉丁语学校上学，后在荷兰乌得勒支大学学习古典文学和自然科学，1843 年获古典文学的文学士学位，1844 年获自然科学的理学士学位。1845 年在马斯特里赫皇家学院任物理学和化学教授。1848 年在荷兰阿姆斯特丹大学任化学教授。1865 年起直至去世，是哈勒姆荷兰协会终身秘书长。

是一位教师，但在应用化学方面做了大量工作：1853 年及以后几年中，发展了一种定量测定有机物氧含量的方法；研究过饮水的化学物含量；分析过牛奶的化学成分；从事过酒精浓度的精确测定。发表的论文课题甚广，包括金刚石和气象学。当石油被大量发现后，他分析过来自荷属东印度群岛的一些样品。对陨石的分析导致他提出对陨石生成的臆测，但未被学术界接受。代表作有《矾土和颜料等样品分析》(1843 年)、《流星陨石样品的化学分析》(1844 年)、《化学简明教程》(1869 年，第 3 版）等。（楼书聪）

尚塞尔，G. C. B. (Chancel, Gustav Charles Bonaventure) 法国人，1822 年 1 月 18 日生于法国洛里奥勒，1890 年 8 月 5 日卒于蒙彼利埃。分析化学、有机化学、化学工程。

在巴黎中央高等学校毕业。后到 J. 佩卢兹的实验室工作。1846 年任矿业学校化学助教，1851 年任化学教授，1865 年任系主任。1879 年任蒙彼利埃学院院长。1880 年起为法国科学院通讯院士。

主要研究分析化学和有机化学。分析化学研究课题，涉及金属在溶液中的分离与分析问题；1858 年采用一种新的沉淀方法，可不再在溶液中添加沉淀剂。在有机化学方面：最初研究的课题是酮类，1844 年从丁醇中制取乳酮，并证明乳酮与丙酮相似；发现丁缩醛和丁酰胺；1845 年从戊酸中分离出二异丁基甲酮和戊醛；1852 年提出磺酰基团可被羰基取代，宣布从苯酰氯中制取苯磺酰氯的工艺；同 A. 洛朗合作，1847 年发现丁腈；1849 年发现苯脲和二苯脲；1850 年进一步证实洛朗提出的乙醇和乙醚为水的类型结构：$\left.\begin{matrix}H\\H\end{matrix}\right\}O$、$\left.\begin{matrix}C_2H_5\\H\end{matrix}\right\}O$、$\left.\begin{matrix}C_2H_5\\C_2H_5\end{matrix}\right\}O$；从乙醇钾和硫酸乙酯中制取乙酯。因有机化学方面的研究工作，1884 年获法国科学院杰克奖。（戴永寿）

吉布斯，O. W. (Gibbs, Oliver Wolcott) 美国人，1822 年 2 月 21 日生于美国纽约，1908 年 12 月 9 日卒于罗得岛州新港。分析化学、金属化学、电化学、物理学、科学管理。

上校兼矿物学家之子。其弟 A. 吉布斯 (Alfred Gibbs) 在美国内战中任联邦军准将。1837 年入哥伦比亚学院（今哥伦比亚大学)，1841 年毕业。先后入宾夕法尼亚大学、纽约内科与外科学院深造，1845 年取得医学博士学位。后去德国和法国游学。1848 年回美国，在自由研究院（今纽约市立大学）任化学教授。1863 年任哈佛大学教授。1887 年退休后，在罗得岛州新巷自建实验室从事科学研究至去世前。是美国国家科学院创始院士，1895～1900 年出任院长。1897 年兼任美国科学促进会会长。

1871～1887 年在哈佛大学物理系，致力于热和光谱方面的研究与教学工作。专长于分析化学和无机化学，对铂系金属做过很多研究工作。主要贡献是用电解法精炼和测定铜；对特别像钨、钼、钒等一些络合无机酸的结构及其衍生物，也做过很多研究。（周中范）

希托夫，J. W. (Hittorf, Johann Wilhelm) 德国人，1824 年 3 月 27 日生于德国波恩，1914 年 11 月 28 日卒于明斯特。电化学、气体化学、物理化学、仪器研制。

商人的儿子。在波恩大学就读，师从数学和物理学教授 J. 普吕克，1846 年获博士学位。一年后成为波恩大学的教员。不久收到明斯特皇家学院的聘请，去该校任教。1852 年该校成为大学后，被委任为化学和物理学教授；1876 年大学改组时卸去化学教职，只担任物理学教授。因健康原因于 1890 年作为荣誉教授退休。是格丁根科学院、柏林科学院和慕尼黑科学院的通讯院士，丹麦皇家文理科学院外籍院士，也是其他一些国外学会外籍会员。1898 年被选为德国电化学学会名誉会长。终生未婚。

主要学术成就有：1851～1865 年对硒和磷的同素异形体的研究；1853～1859 年对电解时电解质浓度变化的研究；1865 年同导师 J. 普吕克一道，发现低压下气体放电时带状光谱和明亮的线状光谱同时存在；1869～1884 年对气体放电和阴极射线现象的考察和描述；1900 年对金属钝性的研究。

1853 年着手研究电解质溶液中离子产生的电荷迁移。发展了一种实验技术，当对电解质溶液通电后，能测定两个电极区的盐浓度变化，发现变化不是相同的。于是得出结论：电解质溶液通电后，阳离子和阴离子的迁移速度是不相同的。从而定义“迁移数”以表征这一事实。迁移数表明了每种离子输运电流的份额，可用公式表示：

$$\frac{\text{阳极区浓度的减少}}{\text{阴极区浓度的减少}}=\frac{\text{阳离子速度}}{\text{阴离子速度}}=\frac{u}{v},$$

$$\frac{u}{u+v}=\text{阳离子输运的电流}=\text{阳离子的迁移数},$$

$$\frac{v}{u+v}=\text{阴离子输运的电流}=\text{阴离子的迁移数}.$$

1874 年这一研究被电化学家 F. W. G. 科尔劳施作为进一步测定溶液电导的基础，并对 1887 年阿列尼乌斯提出电离理论的进展有根本性影响。

1869 年开始研究气体放电现象。检验磁场对辉光放电和玻璃管自身荧光的影响，发现任何固体或流体，不论是绝缘体还是导体，当放置于阴极前时能隔开辉光。制造了一只 L 形放电管，在两端分别装上阴极和阳极，证实辉光被限制在装有阴极的臂内。于是得出结论：辉光是从点阴极产生的并沿直线传播。

（李 邨）

威廉森，A. W. （Williamson，Alexander William） 英国人，1824 年 5 月 1 日生于英国伦敦，1904 年 5 月 6 日卒于萨里郡。有机化学、物理化学。

1840 年入德国海德堡大学攻读医学。1844～1846 年在德国吉森大学随著名化学家李比希研究化学。1846～1849 年在巴黎建立私人实验室，结识一些科学家如洛朗、热拉尔、武尔兹、杜马等人。1855 年返回英国，任伦敦大学化学教授。1887 年退休后务农。

是一位有影响的化学家。早年曾发表过漂白盐类、臭氧及普鲁士蓝等方面的论文。1850 年发明醚的新合成法，即用乙醇钾与碘代乙烷作用生成乙醚及碘化钾。这个反应对分子化学结构学说的发展起了推动作用。提出电解质分子和形成它的原子都处于动态平衡，分子的离解和原子的化合一直连续地进行，为建立电离理论作了阐明及探讨。1851 年对乙醇脱水作过解释，提出中间化合物的概念，以后被广泛用于说明催化反应过程。虽然一生发表的著述不多，但其智慧及洞察力受到一些著名化学家如 F. A. 凯库勒、W. 奥德林等人的称颂。

（朱啸宇 刘建光）

弗兰克兰，E. （Frankland，Sir Edward） 英国人，1825 年 1 月 18 日生于英国英格兰兰开夏郡，1899 年 8 月 9 日卒于挪威居德布兰河谷戈拉。物理化学、有机化学、环境化学。

一位印染工女儿的非婚生子。在 7 所学校受过教育。1840 年被继父送到兰开斯特给药剂师罗斯（S. Ross）当学徒。通过当地两位医生克里斯托弗（Christopher）和约翰逊（J. Johnson）的帮助，利用业余时间学会了熟练操作化学实验。1845 年受雇于伦敦经济地质博物馆普莱费尔实验室，遇上德国化学家 A. W. H. 科尔贝，后者把本生的气体分析方法传授给他，使他的实验技术有了显著提高。1846 年在伦敦帕特尼土木工程学院工作。1847 年夏随科尔贝去德国马尔堡大学，在本生指导下完成进修，获化学博士学位。回伦敦之前，随J. 李比希在吉森大学作短期研究。1850 年在帕特尼土木工程学院任化学教授。1851 年任曼彻斯特大学欧文斯学院化学教授。1857 年返回伦敦，任圣巴塞洛缪医院的化学高级讲师。1863～1869 年任英国皇家研究院化学教授。1865 年任皇家矿冶学院化学教授，直到 1885 年退休。1868～1874 年兼任英国皇家河流污染委员会成员。1853 年当选为英国皇家学会会员。1897 年册封爵士勋位。其子 P. 弗兰克兰（Percy Frankland）也是著名化学家、英国皇家学会会员。

将物理学与化学相结合，研究范畴广及有机化学、物理化学和应用化学。在有机化学上，以研究有机金属化合物著称。从 1847 年起和科尔贝合作进行有关功能基离析的实验，但后来被迫承认他们于 1848～1851 年间所制得的基团实际上是不活泼的烷烃。对功能基的研究，导致他于 1849 年第一次获得有机金属化合物二乙基锌，1850 年制得烷基锡。结果发现：与烷基结合的金属与游离的此种金属有不同的结合能力。这就是化合价概念的渊源。1852 年 5 月 10 日，在英国皇家学会宣读的有机金属化合物论文中，提出元素具有固定的化合力，而其他化学家直到 1865 年以后才开始采用“化合价”或“原子价”的概念。他认识到有机金属化合物在合成上的作用，1863～1870 年和 B. 杜帕（Baldwin Duppa）在醚类、二羧酸、不饱和一元羧酸和羟基酸的合成中，就利用了二乙基锌和其他有机试剂。在环境科学上，从 1865 年起为伦敦作水质的化学分析。获英国皇家学会 1857 年皇家奖章、1894 年科普利奖章。

（楼书聪）

埃伦迈尔，R. A. C. E. （Erlenmeyer，Richard August Carl Emil） 德国人，1825 年 6 月 28 日生于德国维恩，1909 年 1 月 22 日卒于阿沙芬堡。分析化学、有机化学、物理化学、基础化学。

1845 年进吉森大学学习医学，因听了李比希的讲课而决定研究化学。先在吉森大学，尔后又进海德堡大学学习，成为 F. A. 凯库勒的第一个私人学生。自 1868 年起至 1883 年退休，一直在慕尼黑综合技术学校任化学教授。任《化学和药学》杂志主编，参与主编李比希主持的《化学年鉴》。

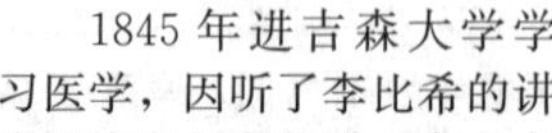

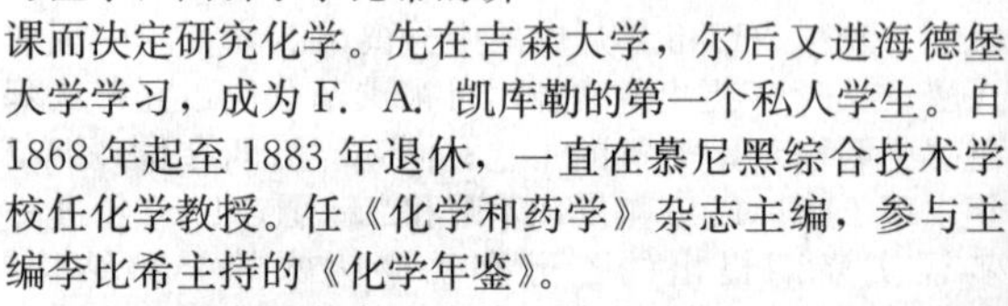

主要从事研究合成脂族取代化合物。1861 年发明平底的圆锥烧瓶，这种烧瓶后来以他的姓氏命名。1865 年合成异丁酸。1868 年合成胍，并首先提出胍肌酸及肌酸酐的正确化学结构式。1880 年制得几种醇酸，并阐明从这些羧基衍生出来的内酯的组成及其结构。1883 年合成酪氨酸。

是凯库勒最早的追随者之一。当许多身居高位的化学家仍在坚持二元论和类型论时，他却积极地宣传凯库勒的有机化合物结构的观点。研究过许多理论化学问题，对化合价和化学结构的评论就是建立在这些新观点上发展出来的。采用“结构化学”这个名词和命名“一价的”、“二价的”，并以此代替“单原子的”和“双原子的”。1866 年他废弃了旧的化学式表示法，为改进 C. 布朗（Cram Brown）的图示式，采用新式的结构标记符号。在新的化学结构理论中，另一个中心问题是关于乙烯及其他不饱和化合物的组成形式。布朗提出，它们的独特性能是两个碳原子中每个碳原子均分配到二价化合价。埃伦迈尔不仅在乙烯上采用双键，并采用三键表示乙炔。由于他采用直线表示化学键，并已证明他的化学式是有说服力的，因此这种标记法被后来的化学家们所普遍采用。

他研究了许多有机物的化学组成，并提出关于它们结构式的建议。对苯很快采用凯库勒环状结构，提出萘的结构是由两个苯环所共有的碳原子联结而构成的。1880年系统地阐述以自己名字命名的著名规则：所有醇的羧基被直接加进双键碳原子后，就会变成醛或酮。他试图制取这样的醇，但每次制得的只是羧基异构体混合物。于是得出结论：在醇形成的一瞬间，通过分子重新排列把它变成醛或酮，这样的醇是不可能存在的。

发表过许多研究论文；代表作有《有机化学教程》(3卷，1867～1894年，与他人合著)。 （戴永发）

特罗斯，L. J.（Troost, Louis Joseph） 法国人，1825年10月17日生于法国巴黎，1911年9月30日卒于同地。*物理化学、无机化学、有机化学。*

1851年毕业于巴黎高等师范学校。在中学执教一段时间后，于1857年获索邦学院博士学位。留校热化学实验室工作，1874年任巴黎大学索邦学院化学教授。1884年当选为法国科学院院士。

早年研究锂盐制备，以后致力于研究同分异构体、同素异形体和离解。和同事们一起发现如碘、磷、砷和锆等许多物质的蒸气密度随温度升高而变化的规律；研究氰转变为聚氰，氰酸转变为亚氰酸，白磷转变为红磷，氧转变为臭氧的条件；分析了钠、钾、钯对氢的吸收；制备硼和硅的一些新化合物。主要著作有《锂及其化合物研究》(1857年)、《基础化学》(1865年初版，1897年第12版）和《简明化学教程》(1867年初版，1895年第26版）等。 （周申范）

戈尔，G.（Gore, George） 英国人，1826年1月22日生于英国布里斯托尔，1908年12月20日卒于伯明翰。*电化学、物理化学。*

出身桶匠家庭。12岁辍学当童工。酷爱读书，幼年就热爱科学。1851年迁到伯明翰后，被一家制磷商行雇用。1870年在伯明翰的爱德华学校当理化讲师。1880年创建科学研究院并任院长。1865年被选为英国皇家学会会员。

1854～1863年伯明翰成了电解工业中心，当时他因研究金属的电沉积颇有成绩而受人敬重。1860～1870年研究了无水氢氟酸的制备和性质；用特殊碳电极电解并检出了氟气；1870年发现碘与氟化银反应能产生五氟化碘（IF_5）；后继续进行电解与电池的研究。 （周申范）

汤姆孙，H. P. J. J.（Thomsen, Hans Peter Jörgen Julius） 丹麦人，1826年2月16日生于丹麦哥本哈根，1909年2月13日卒于同地。*元素化学、无机化学、化学工程。*

1843年入哥本哈根大学，1846年获应用科学硕士学位。先后在丹麦军事学院、哥本哈根大学任讲师、教授等职，其中在哥本哈根大学执教长达37年之久（1864～1901年）。1860年被选为丹麦皇家科学院院士。1863年任丹麦货币制和度量衡制改革委员会成员。1886～1887年、1891～1892年两度出任哥本哈根大学校长。1888～1909年任丹麦皇家科学院院长。是若干外国科学院外籍院士。获几个大学的荣誉博士学位。

初期研究从冰晶石制备苏打，并获得专利权。1859年在哥本哈根建厂生产，后来德国、波兰和美国也仿效此法进行生产。

主要成就在基础科学方面，著有《热化学研究》(4卷，1882～1886年)。提出原子由更小的基本粒子组成。还建议表示元素周期系的新方法。在第一种惰性气体刚发现后，就预言该族还存在有五种气体，并指出它们在元素周期中的位置和近似原子量。后来这5种气体都被发现了，而且预言的原子量与测定值很接近。 （周志高）

坎尼扎罗，S.（Cannizzaro, Stanislao） 意大利人，1826年7月13日生于意大利西西里岛巴勒莫，1910年5月10日卒于罗马。*基础化学、有机化学、物理化学、药物化学。*

巴勒莫地方行政官和警察部长M. 坎尼扎罗的幼子。1841年进入巴勒莫大学学医，师从生理学家福德拉（M. Fodera）。还在那不勒斯、比萨、都灵等地大学学化学和物理。约在1846年，他成为比萨大学化学教授皮利亚（R. Piria）的实验室助理。在比萨，他与皮利亚的学生贝尔塔尼尼（C. Bertagnini）成为好友，他们于19世纪50年代在意大利形成学派。1847年他回到巴勒莫，参加推翻波旁王朝的革命。1849年革命失败后逃往马赛转到巴黎。1851年任亚历山大学院物理学和化学教授。1855年任热那亚大学化学教授。约在1856年与英国牧师的女儿结婚，有一子一女。1961年任巴勒莫大学无机化学和有机化学教授，兼任化学实验室主任。由于他的努力，使巴勒莫大学成为意大利的化学教育中心。1871～1909年任罗马大学化学教授。1889年被选为英国皇家学会外籍会员。是法国科学院外籍院士。

进行了许多有机化学实验，尤其花费许多时间从事芳香醇类研究。在他的研究之前，这一类化合物鲜为人知。1853年研究苯甲醛的性能，发现苯甲醛和氢氧化钾反应后的氧化还原产物是苯甲酸和苄醇。这种芳香醛类和碱液相互作用转变成相应的酸和醇的反应，至今仍被化学家称为“坎尼扎罗反应”。是第一个提议把OH基团称作羟基的人。研究过山道年等驱虫药，认为这些物质都是萘的衍生物。还与罗斯（Ross）共同发现氨基氰联苯酰。

1860年9月在德国卡尔斯鲁厄召开的国际学术会议上，散发了他的关于论证分子说的小册子《化学哲学课程大纲》(1860年)。由于据理分析、论据充分、条理清楚和方法严谨，对盖-吕萨克、杜马的有关错误一一加以澄清，并为确定原子量提出了一个非常合理的令人信服的途径，因此很快得到了化学界的赞许和承认。这本小册子阐明了分子和原子的区别；指出用以比较分子数目和质量的标志与用以推导原子量的标志不能混为一谈；指出等体积的气体中无论是单质或是化合物，都含有相同数目的分子，但它绝不是含有相同数目的原子；又规定以氢密度的一半为比较密度的基准作为1。他在测定分子量的基础上，再结合化学分析的结果，进而提出了一个合理的确定原子量的方案。根据一系列测定，断言单质气态分子中不一定含有相同数目的原子，指出阿伏伽德罗和杜马在这一点上，他们的假说是有错误的。他在原子-分子理论的发展道路上扫除了许多障碍，统一了分歧意见，澄清了某些错误见解，把原子-分子的理论整理成为一个协调的系统。

由于他曾在1858年提出有关原子量、分子量的正确概念，应用“阿伏伽德罗定律”和杜隆-珀替定律以求元素原子量的正确方法，推动了J. L. 迈尔和门捷列夫于1864年和1869年根据原子量与物理性质之间的关系，提出了元素的周期律。迈尔在1864年出版的《近代化学理论》一书运用了他的观点，对整个化学界产生了强烈的影响。1891年获英国皇家学会最高奖科普利奖章。(戴永寿)

布洛姆斯坦德，C. W. (Blomstrand, Christian Wilhelm) 瑞典人，1826年10月20日生于瑞典韦克舍，1897年11月5日卒于隆德。基础化学、无机化学、矿物化学。

早年在隆德大学学习矿物学，后来对化学产生兴趣。以关于锡的溴化物和碘化物论文获柏济力阿斯奖学金，1850年获该校博士学位。1856年任隆德大学化学副教授，1862年任化学和矿物学教授，1895年退休。1861年当选为瑞典皇家科学院院士。

主要的实验研究集中在ⅤB族元素(钒、铌、钽)；分析鉴定过许多矿物，尤其是稀有元素和成分不知的矿石。撰写的理论著作大多是论战性的，其中调和的居多。生活在瑞典，而且处于新、老化学交替时期，力图将柏济力阿斯的二元论与一元论和典型论调和。反对凯库勒的不变化合价理论，致力建立可变价理论。他的链合理论曾是解释金属胺络合物结构最成功的尝试，风行了四分之一世纪，直至被维尔纳的配位理论所取代。代表作有《当代化学》(1869年)等。(蒋尚智)

别克托夫，H. H. (Бекетов, Николай Николаевич; Beketov, Nikolai Nikolaevich) 俄国人，1827年1月13日生于俄国奔萨省阿尔费罗夫卡，1911年12月13日卒于圣彼得堡。无机化学、物理化学。

1849年毕业于喀山大学。随后在圣彼得堡大学齐宁的实验室工作。1855年任哈尔科夫大学助教，1859～1886年任化学教授。1886年被选为圣彼得堡科学院院士。

起初从事有机化学研究。后来的兴趣则在物理化学及无机化学方面。建立了一个金属活泼性序列；发现并证实用铝能把金属从它的氧化物中还原出来的理论可能性，为铝热还原法指明了道路；确定碱金属氧化物的生成热和水合热。(李 邨)

格拉德斯通，J. H. (Gladstone, John Hall) 英国人，1827年3月7日生于英国伦敦，1902年10月6日卒于同地。光化学、物理化学、有机化学。

批发商之子，家中3个儿子中排行老大。幼年受家庭教育。17岁进伦敦大学就读。1847年去德国吉森大学J. von李比希实验室工作，后获该校博士学位。1848年回伦敦。1850年任圣托马斯医院化学讲师。1853年被选为英国皇家学会会员。1874～1877年任英国皇家学院化学教授。1874～1876年任英国物理学会首任会长。1877～1879年任英国化学学会会长。1892年获都柏林大学三一学院荣誉理学博士学位。

一生大部分时间用于科研、慈善与宗教活动上。主要成就是把光现象应用到化学问题上，和戴尔(T. P. Dale)合作，测定过很多液体的折射率，发现对给定液体其比折射指数接近于常数；发现在化合物中，许多元素的比折射率指数有加和性；在测定香油的折射率时，发现许多萜烯类化合物；研究过铁盐和硫氰酸均相溶液的化学平衡问题。1897年获英国皇家学会戴维奖章。(周申范)

德布雷，H. J. (Debray, Henri Jules) 法国人，1827年7月26日生于法国亚眠，1888年7月19日卒于巴黎。物理化学、无机化学。

毕业于巴黎高等师范学校，获博士学位。留校任教。1868年起在巴黎综合工科学校任教，并在造币厂兼任化验师。1877年当选为法国科学院院士。

对化学的贡献在无机化学和物理化学方面。曾与S. C. 德维尔(St. Claire Deville)教授合作，利用氢氧吹管熔化铂；接受俄国政府委托，研究铂铱合金作为货币；巴黎的标准尺就是在他们监督下以含90%铂和10%铱的合金制成的；在后来的出版物中，报道钨、砷、锑化合物和铑的性质，铂族金属的化合物以及分离它们的方法；研究化学物质的离解现象，确定碳酸钙离解时，二氧化碳的压力在一给定温度下是一常数而与离解度无关；测定水合盐的水蒸气压、氯化亚汞蒸气的密度。撰写的著作《化学基础教程》曾在1863～1871年间重印8次。(高中兴)

小库克，J. P.（Cooke，Josiah Parsons，Jr.） 美国人，1827 年 10 月 12 日生于美国马萨诸塞州波士顿，1894 年 9 月 3 日卒于罗得岛州新港。元素化学、分析化学、无机化学。

父亲是知名律师，母亲出身社交广泛的富裕家庭。1848 年毕业于哈佛大学。1849 年任该校数学助教和化学讲师，1850 年任化学和矿物学教授，直至病逝。曾自费去欧洲购买仪器和化学药品，听过杜马等人的演讲。被认为哈佛大学化学系的创始人。是伦敦化学学会外籍会员。1882 年接受英国剑桥大学荣誉法学博士学位。1889 年哈佛大学又授与他同样学位。他的视力很差，手的动作颤抖；无子女。

1854 年发表了第一篇论文"原子量和化学元素分类之间数字关系的一些设想"，引起了学术界的广泛注意。完成了原子量的两个重要测定。1877～1882 年发表有关锑的系列论文，指出三碘化锑具有三种形态。他的研究表明，硫化锑、氯化物、溴化物和碘化物同硝酸银反应能产生沉淀。还与学生西奥多（W. R. Theodore）研究氢的制备、以及氧和氢的原子量测定。经过修正后得出氧的原子量为15.869±0.0017，氢的原子量为 1.0000。撰写的《化学哲学原理》的每章都有许多习题，具有广泛的影响。（戴永发）

贝特洛，P. E. M.（Berthelot，Pierre Eugène Marcellin） 法国人，1827 年 10 月 25 日生于法国巴黎，1907 年 3 月 18 日卒于同地。有机化学、物理化学、药物化学、应用化学、化学工程、仪器研制。

一位医师的次子。11 岁入巴黎的亨利四世学院，1847 年获文学士学位。后在化学家佩卢兹的私人实验室学习化学。1851 年 2 月进法兰西学院半工半读，1854 年获博士学位。后又在巴黎大学药学院进修，1858 年以药剂师职称毕业。1859 年任该药学院有机化学教授。1863 年执教法兰西学院，1865 年任该校有机化学教授，直至去世。1886～1887 年在政府中担任教育部长；1895 年任外交部长等职。1863 年当选为法国医学科学院院士，1873 年任终身秘书长。

发表的著作相当多，有关无机化学、有机化学、物理化学、分析化学、工艺化学、农业化学、生理化学以及化学史方面的论文达1600篇之多。其中，对有机化学的贡献特别突出，对物理化学方面的贡献占第二位。

1850 年发表他的第一篇论文，内容是关于使用压力来液化气体。1851 年，研究醇和醋酸在红热条件下的分解作用。指出除了当时已知酒精能在高温下转化成萘外还形成苯和酚，同样醋酸亦可产生苯与萘。又从一定条件下二硫化碳可逐步生成醋酸的过程（即 $CS_2 \rightarrow CCl_4 \rightarrow CCl_3COOH \rightarrow CH_3COOH$），引出了有机物可从元素合成的结论，也是第一次用"合成"一词于有机化学。以后又对松节油和樟脑发生兴趣，发现松节油和盐酸作用可生成氯化氢盐，并证实该反应的进一步产物与柠檬油是一致的。对萜类化合物的研究作出重要贡献。

1853～1854 年进行有名的甘油衍生物的研究，将甘油和脂肪酸在盐酸存在下加热，成功地得到单硬脂酸甘油脂、二硬脂酸甘油脂和三硬脂酸甘油脂，表明甘油为多元醇。后又将兴趣从甘油转到糖分子，成功地离析得到几种新的糖。指出糖的部分性质类似多元醇，部分性质类似醛。为了把混乱的糖分类系统化，将碳水化合物分类：① 普通糖，如葡萄糖（单糖）或蔗糖（多糖）；② 碳水化合物，如淀粉、纤维素；③ 多糖类，它与水反应生成葡萄糖，反应式为 $(C_6H_{10}O_5)^m + nH_2O = nC_6H_{12}O_6$。还指出在酶的作用下蔗糖生成转化糖。接着又把兴趣转向醇，从胆固醇和婆罗洲樟脑中制取新的醇。1854 年他证实能从乙烯溶解于硫酸来制备醇。1856 年又提出甲酸能像醇可分解为乙烯那样分解为一氧化碳。写出 $\underset{(甲酸)}{C_2H_2O_4} = C_2O_2 + 2HO$，$\underset{(醇)}{C_4H_6O_2} = C_4H_4 + 2HO$。将湿润的氢氧化钾在一氧化碳气流中加热，70 小时后可得到甲酸钾，再加酸分馏即可制得甲酸。

1857 年，他将二硫化碳蒸气与硫化氢在红热的铜粉上反应，所制得的甲烷与氯反应生成氯甲烷，再水解而成甲醇。这与两年前坎尼扎罗由甲苯制成氯化苄再水解为苯甲醇十分相似。1858 年他在总结自己的实验时指出：第一步合成烃类和转化为醇是最困难的步骤，但一旦得到合成醇后就可合成各种有机化合物。还批判用"生命力"概念来区别有机和无机化合物；指出作用于有机化合物和无机化合物中的力是没有什么不同的。同年，完成《有机化学的合成基础》（2 卷，1860 年出版）一书。该书第一卷讨论烃和醇的合成；第二卷讨论甘油和糖，卷末论述生理化学的复杂性。列举了维勒合成尿素等许多实例，驳斥生命力论，阐明无机、有机都属于化学范畴，认为化学像数学那样是创造性学科，而非描述性学科。晚年出版有机化学论文集《氢的碳化物实验研究（1851～1901 年）》（3 卷，1901 年）。

乙炔于 1836 年由 E. 戴维（Edmund Davy）首先合成。1860 年贝特洛再次制备。将乙烯、甲醇或乙醇或醚的蒸气通过红热的管子生成乙炔，也能从氰和氢混合物通过电火花而制得，可用氯化亚铜的氨溶液来分离此乙炔。"乙炔"是他首先命名的。从红热管通气以得到各种有机物的研究中，最著名的研究是乙炔在玻璃管中加热聚合为苯和少量甲苯，开拓了由脂肪族化合物转化为芳香族化合物的途径。还由苯或苯和乙炔制得联苯、苯代乙撑、萘，并由萘和乙烯首次合成苊；还从乙炔的氧化、还原得到一系列有机物，如乙烯、醋酸等。此外，研发乙炔的安全使用法。但他不承认凯库勒于 1865～1866 年提出的苯结构式，直到 1897 年才接受苯的近代结构式。

在物理化学方面，1856 年发表第一篇论文，对有机化合物特别是脂类的沸点、比重、比热、燃烧热和折射率等给予充分注意。和佩昂·德圣-吉尔合作，研究醇和酸生成酯与水的反应，发现反应不能进行完全而是达到平衡状态。1862～1863 年，发表有关化学平衡的研究论文。他对有机化学另一重要贡献是利用碘化氢作为还原剂来处理不饱和脂肪族有机化合物。对碘化氢分解历程的研究，使他把有机化学和物理化学联系起来，并在 1867～1870 年的论著中作了表述。1869～1872 年他和容弗莱奇（Jungfleisch）合作，研究了溶质在不相溶的两个溶剂和在部分互溶的两个溶剂中的分配关系，并提出了分配系数的概念。试图对酯的生成和分解进行精确的数理分析，以后 C. M. 居尔贝格和 P. 瓦格发表质量作用定律时，十分感谢他们的上述工作。

1865 年起他把注意力集中于热化学方面。同年研究动物生理过程的热量变化，着重区别在肺部血液氧气的作用下所释出的热量与生成二氧化碳时热量的差别。在法兰西学院的讲课和发表的论著中，开始使用“放热”和“吸热”等术语。提出热化学研究三原则：一是化学反应热等于内功变化量；二是若化学反应没有对外作功，则化学变化所吸收或放出的热量只与反应物和产物的始终状态有关，与赫斯定律类似；三是“最大功”定理，认为一个反应系统若不受外能影响，则趋于生成最大功的反应。改进热化学实验技术，在一部重要著作中报道使用了氧弹卡计，测得气体的燃烧热的精确度达到空前未有的程度，吸引了大量外国科学家来巴黎学习。以后继续发表了一些热化学的论著，出版有《热化学》（2 卷，1897 年）等书。

除了基础理论研究，他还十分重视化学的实际应用。在普法战争时期，他作为国家科学委员会主席尽力促使科技界为防务服务。战争期间，从事热化学的特殊应用研究，发表 3 篇关于炸药的报告。以制作炸药的含氮化合物为研究基础，发现爆炸波是均匀传播的，传播速度只决定于炸药的性质，开创了爆炸机理的研究。

1883 年转向植物化学的研究，特别在农业上的应用。发现某些碳水化合物（例如纤维素），在无声放电条件下吸收氮，再用石灰处理时所吸收的氮以氨的形式放出。出版有《植物与农业化学》（4 卷，1899 年）等专著。1939 年该书译为俄文版 8 卷本（因大战爆发发行了 5 卷）。研制有臭氧发生器等重要仪器设备。去世前一年出版的最后一本化学书是《实用气体分析总论》（1906 年）。获法国荣誉军团大十字勋章。（蒋尚智）

布特列罗夫，A. M.（Бутлеров，Александр Михайлович；Butlerov，Aleksandr Mikhailovich）俄国人，1828 年 9 月 6 日生于俄国鞑靼斯克，1886 年 8 月 17 日卒于同地。有机化学、结构化学，化学教育。

1844～1849 年在喀山大学学习。大学毕业后，留校教化学，1860～1863 年两次任化学系主任。1868～1885 年在圣彼得堡大学任化学教授，退休后仍在大学举行专门讲座。1870 年被选为圣彼得堡科学院通讯院士，1874 年选为院士。1857 年当选巴黎化学学会荣誉外籍会员。1869 年成为俄国化学学会理事。1878～1882 年任俄国物理化学学会化学分部主席。是英国、美国、捷克及德国化学学会的荣誉会员。1852 年和一位作家的侄女结婚。

在老师 H. H. 济宁的影响下，在家中设置实验室决心毕生致力于化学事业。1851 年发表长篇论文“论有机化合物的氧化作用”。1854 年在莫斯科大学发表博士论文“论香精油”。同年在济宁提议下，积极参与洛朗和热拉尔的研究工作。1857～1858 年去巴黎考察，遇到凯库勒和埃伦迈尔，参加巴黎化学学会的有关会议，并在武尔兹实验室中工作 2 个月。在那儿发现碘代甲烷的新制法，且首次制得优洛托品（环六次甲基回胺）和聚甲醛糖。19 世纪 50 年代，发现制备碘化钾新途径，研究了许多钾的衍生物和它们的反应。

主要贡献是，提出了化学结构理论的基本思想。其要点如下：每一种有机化合物只有一种构型、一个表达式；分子的本性既由原子数量和类型决定，又由它们的排列决定；物质化学性质与化学结构之间存在着依赖关系。1861 年 9 月，在德国斯佩耶尔城举行的自然科学家和医学家代表会议上，宣读了“论物质的化学结构”的论文，后来一直致力于用实验验证自己的理论。在撰写出版的著作《有机化学研究导论》中，还把化学结构理论引申到有机化学范畴。

另一贡献是创立俄国第一个化学专科学校。还倡导科学养蜂，著有《俄国的养蜂事业》。（汪天伟）

奥德林，W.（Odling，William）英国人，1829 年 9 月 5 日生于英国伦敦，1921 年 2 月 17 日卒于牛津。基础化学、元素化学。

16 岁入盖伊医院医学院学习。1851 年成为伦敦大学首批获得医学博士学位的学生之一。1850 年任伦敦圣巴塞洛缪医院医学院讲师，1863 年任化学教授。1868 年任皇家学院化学教授。1872 年任牛津大学伍斯特学院化学教授，1912 年退休。1848 年加入伦敦化学学会，1856～1869 年任荣誉秘书长，1869～1872 年任副会长，1873～1875 年任会长。1878～1880 年、1888～1891 年两任英国皇家化学学会副会长，1883～1888 年任会长。1859 年当选为英国皇家学会会员。1875 年获荷兰莱顿大学荣誉哲学博士学位。

著名的理论化学家，门捷列夫之前研究元素周期表的先驱者之一。1860 年 9 月在德国的卡尔斯鲁厄召开第一次国际化学会议，各国化学家纷纷出席，到会者达 140 余人。会上，他力主每一元素只能有一种原子量。1864 年引入作为化学价的“一价”、“二价”和“四价”以及表示元素的偶数和奇数价的专用名词。在

1900 年前出版的英国教科书中，这些名词曾被广泛采用。1857～1865 年期间，公布几种元素的预测表，探索化学元素之间的内在联系。（诸葛健　朱啸宇）

格里斯，J. P.（Griess，Johann Peter） 德国人，1829 年 9 月 6 日生于德国基希霍斯巴赫，1888 年 8 月 30 日卒于英国伯恩茅思。有机化学、染料化学、化学工程。

从私立农业中学毕业后，曾加入黑森公国骑兵队服役。1850 年起先后入读耶拿大学、马尔堡大学、慕尼黑大学。1856 年在奥芬巴赫市开设化工厂，次年破产后，到马尔堡大学做 A. W. 科尔贝的实验助手。后经人推荐到伦敦皇家化学学院任教。1862 年到奥尔索普酿酒厂工作，直至退休。是英国皇家学会会员。

对化学的主要贡献是：1858 年发现重盐一类化合物，证实和发展了 A. W. von 霍夫曼早期的发现，即亚硝酸与某些胺类作用生成一类新的有机含氮化合物，这被称为重氮化反应。"重氮基"术语也是他首先引用的。经深入研究，发现这是一条能用来制备多种新化合物的合成路线。但是直至 1864 年通过重氮苯基与萘胺偶联，他才开辟了一条合成一类新的有色物质的通途。他的成果激发了化学界的竞相研究热潮，出现了庞大系列的偶氮染料，其中上千个取得专利权。在 1884 年他还发现了不用媒染剂能使棉花染色的染料。（周志高）

凯库勒，F. A.（Kekulé Friedrich August） 德国人，1829 年 9 月 7 日生于德国达姆斯塔特，1896 年 7 月 13 日卒于波恩。有机化学、结构化学。

出身于捷克血统的古老贵族世家，公务员之子。1847 年进入吉森大学建筑专业，到了第二学期，由于赞赏 J. von 李比希的化学课，因此改变专业而学习化学。1850～1851 年在李比希实验室从事研究，但不久感到实际的工作与其钻研的学术趣向不一致，根据李比希的建议赴巴黎大学攻读物理学与化学。次年返回吉森大学并获得博士学位。1853～1855 年，赴伦敦大学从事博士后研究，实现由五硫化磷和醋酸作用制备硫代醋酸，这是他在学术上开始成熟的标志。1856 年经考试成为海德堡大学有机化学讲师。1858 年任根特大学教授。1862 年与好友之幼女结婚，生有一子，产妇却在产后 2 天病逝。1867 年任波恩大学新成立化学学院教授，1896 年退休。1868 年获该校荣誉药学博士学位。1878 年、1886 年和 1891 年三次任德国化学学会会长。1895 年被册封为贵族，但他在自己的姓氏中从未使用冯·斯特拉多尼茨（von Stradonitz）。1896 年因受流行性感冒袭击，导致心脏病复发去世。

一生中最主要的成就是：1857～1858 年间确立有机化学中碳原子为 4 价的理论及碳链学说，并提出苯分子环状结构的理论。这些成就对有机化学的发展起了重大作用。早在巴黎大学求学时，已对 C. 热拉尔的化学基团学说有所了解。该学说把有机物基因分成四大类：水（H_2O）、氢（H_2）、氯化氢（HCl）和氨（NH_3）。他发现有机化合物不但是基团，而更是原子间的相互作用。1854 年，一次在伦敦乘坐公共马车时，在梦幻中恍惚看到一些原子在"跳跃"，令人晕眩的回旋而形成了一条链。当晚立刻记下这个梦幻的梗概，于是萌发出碳链学说的雏型。1858～1867 年在根特大学任教时，自筹经费建立私人实验室，并对雷汞化学组分进行研究。这段时期，发现碳原子不但可形成 4 价的简单化合物，如 CH_4、$CHCl_3$、CCl_4、CH_3Cl 和 CO_2，还可形成多于 1 个碳原子的化合物，碳原子之间联结成链形，成为多原子的基团。他用原子和分子基团的模型来说明这些见解，用"图解式"进行教学。这些工作为后来结构化学奠定了基础。

1861 年开始研究不饱和二元酸——反式丁烯二酸和顺式丁烯二酸。发现由 4 个碳原子组成的不饱和二元酸有 2 个异构体，而由 5 个碳原子组成的不饱和二元酸有 3 个异构体。认为为了保持不饱和异构体中碳原子的 4 价不变，如同原子量不变那样，必须建立一个新理论，即上述的有机物中相邻的碳原子之间必需以双键联结。1865 年着手芳香族化合物的化学结构的研究，提出由 3 个单键和 3 个双键交替组成的苯环结构理论。在以后的 20 余年中，致力于研究苯酚的磺化和硝化生成的衍生物，以及樟脑、松节油、香芹酚和百里酚等课题，不断重复试验为苯环结构理论提供实验依据，特别是在验证苯环中存在着 3 个交替的双键。与此同时，他合成了三苯基甲烷及蒽醌，使苯胺染料工业获得迅速的发展。1890 年 3 月 10 日是他一生经历中的顶峰，在柏林的德国化学协会一次会议上宣读论文"吡啶的化学结构"时，认为吡啶的结构与苯相似。激动地回顾了一生的研究工作情况，首次详尽地提到在伦敦的梦幻中看到栩栩如生的碳链闭合形成苯环的情景，就像蛇咬住它自己的尾巴。十分凑巧，这一天正好是他提出苯环理论的 25 周年。

此外，他还热衷于教学工作，培养了许多优秀和杰出的学生。在诺贝尔化学奖的最初 5 位得主中，他的学生就占了 3 位，他们是 J. H. 范特霍夫（1901 年）、E. H. 费希尔（1902 年）和 A. von 拜耳（1905 年）。凯库勒获得过许多荣誉，其中 1889 年获海根恩奖章。德国染料界为了纪念他的卓越功绩，1902 年在波恩大学化学学院前面竖立了凯库勒铜像。（朱啸宇）

拉乌尔，F. M.（Raoult，François Marie） 法国人，1830 年 5 月 10 日生于法国富尔纳。1901 年 4 月 1 日卒于格勒诺布尔。分析化学、物理化学、仪器研制。

不顾家庭的反对，很早选择了科学道路，以致由巴黎大学资助来完成研究工作。1853 年在兰斯的公立中学当教师，后转入圣迪耶学院任物理教师。通过会

考，获文学士学位，1862年获理学士学位。1863年在巴黎大学获物理学博士学位。1865年任法国科学院职员。1867年起执教于格勒诺布尔理学院，1870年任化学教授，1899年任该学院院长，一直在此教学、研究31年，直至去世。1898年成为伦敦化学学会外籍会员。1899年成为圣彼得堡科学院外籍院士。先后被授予法国荣誉军团骑士（1890年）、军官（1895年）和司令员（1900年）勋位。

是法国19世纪实验物理化学家的带头人。在物理学、化学和物理化学方面都有研究成果。

首先发现一个化学反应放出的热与该反应形成化学电池后所做的电功不一样。本可以在此基础上获得理论上的成果，可惜未展开进一步研究。直到后来吉布斯等人的理论研究，才揭示其全部意义。

1870～1882年转而研究二氧化碳在动物呼吸中的作用、硝酸铵对氨的吸收和日光对蔗糖转化速率的影响等。1878年，在前人工作的基础上，研究18种盐类水溶液的冰点降低和蒸汽压下降，发现两者之间近似成正比。经过对大量有机化合物的水溶液研究，提出公式 $M=T/a$，M 指分子量，T 是“分子降低”，a 是冰点降低系数，而“分子降低”是“原子降低”的总和。用此方法可以测定分子量。特别是有了贝克曼温度计，使测量更准确。至今仍是物理化学中测定分子量的经典方法。不久又研究盐溶液，指出冰点降低与溶液中的离子数有关。

1892年测定稀溶液，发现有机化合物的分子常数是18.7，而氯化钠和氯化钾水溶液的分子常数是37.4和36.4，接近2倍，说明这些盐在水溶液中1个分子离解成2个离子（正离子和负离子），有力地支持了阿列尼乌斯的电离学说。1886年又导出蒸气压下降公式，并进一步指出，冰点降低与蒸气压下降，仅仅决定于溶液中溶质分子数与溶剂分子数之比。以后称之为溶液的依数性。是谨慎而严格的实验家，大多数仪器都是他自己制作的。

1872年获伦敦化学学会奖章。1883年获拉卡兹国际化学奖，奖金1万法郎。1892年获英国皇家学会戴维奖章。（陈民生）

迈尔，J. L.（Meyer，Julius Lothar） 德国人，1830年8月19日生于德国奥尔登堡法勒尔，1895年4月11日卒于蒂宾根。元素化学、分析化学、生理化学。

内科医生的儿子。1851年进入瑞士苏黎世大学读医学。2年后转至符茨堡大学读病理学，1854年毕业获医学博士学位。同年在海德堡大学本生教授指导下研究生理化学。接着在柯尼斯堡大学学习数学物理。1858年以一氧化碳对血液作用的论文获海德堡大学哲学博士学位。1859年在布雷斯劳大学任教物理和化学。1866年在林学院任教。1868年继韦尔齐恩（C. Weltzien）任卡尔斯鲁厄理工学院化学教授兼化学实验室主任。1876年后定居并执教于蒂宾根大学，任该校第一位化学教授直至去世。1866年结婚，有4个孩子。

一生最主要贡献是提出类似门捷列夫的元素周期律。1860年出席卡尔斯鲁厄化学会议，会上S. 坎尼扎罗宣读了一篇关于应用阿伏伽德罗假说来求得原子量与分子式的论文。1864年迈尔在著作《近代化学理论》中，充分肯定坎尼扎罗从原子-分子学说求得的原子量是准确的，而且已注意到元素的性质与原子量之间存在着一定关系。1869年当门捷列夫元素周期律问世后，促使他把自己久已考虑的想法发表出来。1870年3月，经过深思熟虑后也提出类似的元素周期律。为了论证元素周期律与原子量的密切关系，与左伊贝特（K. Seubert）一起严格检查并重新计算常见的28个元素的原子量，并首先提出用氢的原子量作为衡量所有元素原子量的标准（H=1）。当时另一位著名科学家F. W. 奥斯特瓦尔德强烈主张用氧的原子量（O=16）作为标准。1898年上述两种意见均被德国化学学会接受，并得到国际化学界公认。一般说，迈尔提出的周期律表明原子体积从属于原子量的变化，偏重于物理性质，而门捷列夫的周期律则较全面而细致。

此外，迈尔还研究血液中一氧化碳的生理化学效应，对凯库勒的苯结构提出自己的补充意见，并对苯的硝化衍生物作了细致研究。1890年发表《理论化学基础》一书，但在化学的理论基础方面，此书不及他的《近代化学理论》详尽。（朱啸宇）

马蒂森，A.（Matthiessen，Augustus） 英国人，1831年1月2日生于英国伦敦，1870年10月6日卒于同地。物理化学、有机化学、金属化学。

幼年因病致残，右手终生抽搐。受身体条件所限，被送去学农，在农场3年中对化学发生了兴趣。接着去德国吉森大学继续学习化学，1853年获博士学位。1853年去德国海德堡大学本生实验室工作。1857年回伦敦后，供职于英国皇家化学学院。1861年被选为英国皇家学会会员。1862年后在伦敦大学医学院任化学讲师。1862～1865年在英国电阻标准协会委员会任职。1870年因犯罪自杀身亡。

1853～1857年，在本生指导下用电解熔盐法制备锂、锶、镁和钙。然后与基尔霍夫研究它们和钾、钠等金属的导电率。1857年起研究亚硝酸对苯的作用。之后在家里的小实验室，从事其一生中最重要的那可汀及其相关的鸦片生物碱化学的研究。1862年起进行金属及其合金的电学、物理和化学性质的研究。（刘第蜀）

库珀，A. S.（Couper，Archibald Scott） 英国人，1831年3月31日生于英国苏格兰邓巴顿郡柯金蒂洛赫，1892年3月11日卒于同地。有机化学、物理化学。

富裕的纺织厂主的独子。1851年进格拉斯哥大学攻读人文科学及古典语言学。1852年进爱丁堡大学攻读逻辑学和形而上学。1854年进波恩大学。1856年进巴黎大学医学院，在C.-A. 武尔兹的实验室独立从事化学研究。1858年回苏格兰爱丁堡大学工作。

与凯库勒同时独立提出构成有机化学近代结构理论的原理。因建立化合价概念而闻名，提出用线条表示有机化学中化学式的价键。第一篇论文是1857年发表的“论苯的溴化作用”，将苯与溴反应后分离出溴化苯（C_6H_5Br）和对二溴苯（$C_6H_4Br_2$），前者与醋酸银反应能力很弱，而后者则会发生爆炸。第二篇论文“论水杨酸”，研究水杨酸及其衍生物的化学结构。根据化合价概念，描述苯分子中的碳原子和氰尿酸分子中的碳、氮、氧原子之间的价键关系结构式。认为碳、氮和磷表现为多种价，而凯库勒则认为一元素的化合价是不变的。1858年6月14日，以法文压缩版形式向法国科学院提交论文“论一种新的化学理论”；同年不久，又公开发表法文和英文详述本，其中提出化合价的概念。比凯库勒关于化合价概念的论文发表较晚，这是由于这篇论文请武尔兹转交，可是武尔兹把他的论文搁置了一段时期。库珀觉得自己的观点没有及时发表而感到苦恼，因此第二年患上忧郁症，后来的30年中没有对化学再作出任何重要贡献。俄国化学家布特列罗夫在著名论文“论化学结构”中，曾表示他的主题思想归功于库珀。（高中兴）

兰多尔特，H. H.（Landolt，Hans Heinrich） 瑞士人，1831年12月5日生于瑞士苏黎世，1910年3月15日卒于德国柏林。物理化学、有机化学、放射化学。

出身于名门望族。1850年进苏黎世大学学习化学和物理。1853年以乙基砷的研究论文在布雷斯劳大学获博士学位。接着先后到柏林大学、海德堡大学进修。1856年回布雷斯劳大学任讲师。1857年起在波恩大学先后任助理教授、教授。1869年出任亚琛大学刚成立的技术学院院长，兼任化学研究所所长。奉普鲁士政府之命，1880年在柏林大学组建农学院并任院长。1891年任柏林大学第二化学实验室主任，直到1905年退休。1882年当选为普鲁士柏林科学院院士。

主要研究领域为有机化合物的摩尔折射。当时贝特洛等人提出摩尔折射具有加合性，他通过对脂肪酸和酯的研究，得出这些化合物中各元素对折射率的贡献值。以后发现，他的值不适用于苯和萜烯等不饱和化合物。经其学生布吕尔（J. W. Brühl）进一步研究，发现摩尔折射不具有严格的加合性，它还受结构的影响。以后他应用不同波长的射线扩展了摩尔折射的研究。主要著作有与他人合著的《物理化学表》（1883年初版，1905年第3版），以后曾多次增补再版。（温敬铨）

佩昂·德圣-吉尔，L.（Péan de Saint-Gilles，Léon） 法国人，1832年1月4日生于法国巴黎，1862年3月22日卒于戛纳。分析化学、物理化学。

出身于古老而富裕的贵族家庭。少年时代接受家庭教师的教育。由于体弱多病，从未进过正规学校。17岁时参加考试获文学士学位。靠自学获得化学知识，在盖-吕萨克的学生佩卢兹指导下掌握化学实验技术，并拥有个人化学实验室。1861年移居戛纳治病和疗养，但次年不幸病逝该地，终年仅30岁。

主要研究工作是容量分析中的高锰酸钾滴定法。当时有人提出将高锰酸钾标准溶液用于铁的测定，他进一步把高锰酸钾应用于亚硝酸盐、碘化物、草酸和其他有机化合物的测定。这些方法至今仍在沿用。进行有机化合物氧化产物的鉴定工作。

在物理化学方面，与贝特洛合作研究醇与酸的酯化作用，发现此反应不会进行到底但能达到一种平衡状态，这种状态不决定于醇和酸的质量。发现“每一瞬间形成酯的量与反应物料的产物成正比”的关系。这为1864年C. M. 居尔贝格和P. 瓦格发表质量作用定律提供了关键性的实验依据。（高中兴）

克鲁克斯，W.（Crookes，Sir William） 英国人，1832年6月17日生于英国伦敦，1919年4月4日卒于同地。元素化学、物理化学、放射化学、仪器研制。

父亲是一名富有的裁缝，母亲是父亲的第二个妻子；他们生有16个孩子，他是长子。1850～1854年担任霍夫曼的私人助手，受到了分析技术方面的严格训练。这期间受到法拉第的注意，并将他介绍给C. 惠斯通和G. G. 斯托克斯。在他们的影响下转向化学物理如摄影学、光学、光谱学的研究。以法拉第为榜样，刻苦掌握高明的实验技能和讲授能力，有严格的条理性，但缺少数学知识。后来在物理学上遇到的若干数学问题都是由斯托克斯帮助解决的。曾先后在牛津大学天文台任职、在切斯特理学院讲授化学。1856年定居伦敦，同年结婚，生有10个孩子。一直是1859年创刊的《化学新闻》的业主和挂名主编。1863年入选英国皇家学会会员，1913～1915年任该学会会长。1897年获爵位。

最重要贡献是在化学和物理学方面。从分离出硒化物的硫酸残渣中，利用光谱仪发现美丽的绿线，推断这是由一种新元素发射的，并于1861年3月30日命名为铊（Tl）。1861～1871年测定了铊原子量，虽然尽力提纯所用的试剂及精确校正铂砝码，用抽真空的极其灵敏的奥特林天平来称量，由于采用了当时不准确的氮与氧的比值，结果所测的铊原子量为203.642，与现代数值204.39相比尚有误差。19世纪80年代，研究用放电真空管轰击矿物时产生的萤光光谱。1898年又宣称发现一个元素，实际上是钆和铽的混合物。

在农业化学方面，针对牛瘟疫大力提倡使用苯酚消毒剂。还因小麦供应和人口不相适应而警告世界将面临饥饿危机，认为应开发新肥料来源，提出利用大气中丰富的氮作为肥料。这些见解推动O. C. 伯克兰和F. 哈伯等人开发固定氮的工业生产方法。

是一位兴趣广泛、技能高超的实验家，阴极射线实验的开拓者之一。曾成功地获得百万分之一大气压的真空度，为发现X光及电子创造了实验条件。1879年制成放电真空管（俗称克鲁克斯管），并发现阴极射线实质上是带负电的粒子流，但认为属“放射性”物质的第四态，是带负电的分子，J. J. 汤姆孙在此基础上证实阴极射线是电子。1875年发明辐射计（后称为克鲁克斯辐射计）。1903年发明闪烁镜，可用于检测α粒子。曾制成小颗粒人造金刚石及防辐射的特种玻璃等。1910年获英国皇家学会皇家奖章。

（计其达　朱啸宇）

罗斯科，H. E.（Roscoe，Henry Enfield） 英国人，1833年1月7日生于英国伦敦，1915年12月18日卒于萨里郡。光化学、金属化学、化学工程。

在中学求学时受巴尔曼（W. H. Balmain）影响，对化学和自然哲学产生兴趣。1848年入伦敦大学学院，1853年获文学士学位。后去德国海德堡大学随本生继续学习化学，受到定量分析和气体分析的训练，在本生鼓励下从事独创性的研究。1857年在15位竞争者中应聘任曼彻斯特大学欧文斯学院化学教授。在他指导下，这个因学生来源少濒于关闭的学院最终成为英国著名的化学学府。1896～1902年任伦敦大学副校长。是英国皇家学会会员，曾任英国皇家学会副会长，英国科学促进协会会长、英国化学学会会长。还是英国化工学会创始人和首任会长。1884年被封为爵士。

研究范围很广。1855～1862年与本生合作研究光化学反应定律，研究在光作用下氯和氢的化合。最重要的独创性研究是金属钒，从含稀有金属的铜矿制备了氧化钒，指出柏济力阿斯认为钒与铬相似的观念以及钒的分子量是错误的，而且最早由还原二氯化钒制得金属钒。对化学工业也十分倾心，既作顾问，又是工业家。一生著有《基础化学讲义》（1866年）、《化学》（1877年）、《光谱分析讲义》（1869年）和《道尔顿原子论的新观点》（1896年，与他人合著）等著作，被译成多国文字广泛传播。1912年获美国富兰克林学院克雷森奖章。为纪念他，矿物钒母（Roscoelite）以他命名。

（温敬铨　陈民生）

迪特马，W.（Dittmar，William） 德国人，1833年4月15日生于德国达姆施塔特附近，1892年2月9日卒于英国苏格兰格拉斯哥。元素化学、分析化学、海洋化学。

早年学习药学。1857年去海德堡大学本生实验室工作。后应邀任曼彻斯特大学欧文斯学院化学教授H. E. 罗斯科的助手。1861～1869年任爱丁堡大学化学实验室首席助理。后在波恩附近一农学院讲授3年气象学。1873年回欧文斯学院任教。1874年任格拉斯哥大学安德森学院化学教授。是爱丁堡皇家学会、英国皇家学会会员。

曾在“挑战者”号船上工作过6年，搜集和分析各海域的海水样品，1884年提出海水成分研究报告。改进当时测定海盐主要组成的一些方法，并证实福奇哈姆1865年的发现：尽管各海域海水含盐量不同，但其主要组分之比几乎保持不变。指出除经常采用的测定海水比重方法外，含盐量还可用海水的含氯量乘上总盐量与含氯量之比来计算。还研究海水中的气体吸收，确定溴与氯之比。

主要著作有《定性化学分析手册》（1876年）、《化学计算简便用表》（1884年）和《分析化学》（1886年）等。研究过铂的原子量和水分子的质量组成，为此获格拉斯哥哲学学会格雷厄姆奖章。

（戴永发）

戈伊特尔，J. G. A.（Geuther，Johann Georg Anton） 德国人，1833年4月23日生于德国科堡附近纽斯泰特，1889年8月23日卒于耶拿。无机化学、有机化学。

曾在耶拿大学学习化学，担任过F. 维勒的助手。1853年转学格丁根大学，1855年以“论油页岩”论文获哲学博士学位。留校任教。1862年任格丁根大学编外教授。1863年任耶拿大学教授。因染斑疹伤寒症去世。

在格丁根大学时受维勒的影响，主要研究无机化学，是J. J. 柏济力阿斯理论的忠实信徒。在耶拿主要研究有机化学，最重要的贡献是合成乙酰乙酸乙酯，发现它有很大的反应活性。根据它具有酚类的特征颜色反应及其铜盐的绿色，推断分子中存在一个酸性羟基。而E. 弗兰克兰等人则怀疑分子以酮式存在，因此长期争论不休。直到1911年他的继承人L. 克诺尔（Ludwig Knorr）阐明，在正常条件下，两种官能团可同时存在分子中。作为酮式-烯醇式互变异构的第一个实例，乙酰乙酸乙酯在理论有机化学发展中具有重要的意义。

（周志高）

瓦格，P.（Waage，Peter） 挪威人，1833年6月29日生于挪威弗莱克菲尤尔附近，1900年1月13日卒于克里斯蒂安尼亚（今奥斯陆）。物理化学、食物化学。

生于海岛水手世家，童年聪慧过人，4岁便有阅读能力。1854年进入克里斯蒂安尼亚大学（今奥斯陆大学），前3年学医，后转为攻读矿物学和化学。1859年毕业后赴法国和德国游学一年。1861年和1866年，先后任克里斯蒂安尼亚大学化学讲师和教授。

与 C. M. 居尔贝格共同研究发现质量作用定律，并于 1864 年首次发表，1867 年出版关于该理论详细说明的法文本。但是当时的科学家对该理论几乎完全不能理解。直到 1877 年，奥斯特瓦尔德接受了质量作用定律，并用新的实验予以证明。1878 年范特霍夫从反应动力学角度也导出了该定律。

他还发明贮存牛奶的方法，发展生产非甜性炼乳和消毒罐装牛奶的工艺；提出采用沸点测定法测定啤酒中乙醇的浓度。是科学会社热情的成员及组织者，曾获多种荣誉。1858 年获王冠王子奖章。（池贵法）

诺贝尔，A. B. （Nobel，Alfred Bernhard） 瑞典人，1833 年 10 月 21 日生于瑞典斯德哥尔摩，1896 年 12 月 10 日卒于意大利圣雷莫。有机化学、爆破化学、化学工程、应用化学。

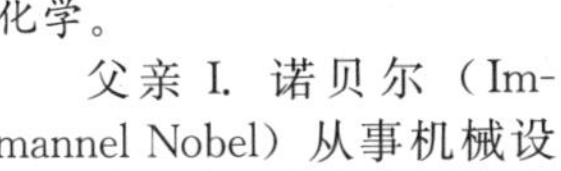

父亲 I. 诺贝尔（Immannel Nobel）从事机械设计，曾为俄国制造大型发动机和海军舰只，在 1853 年获俄国皇室的金质奖章。1859 年因俄皇易人而废弃前约，老诺贝尔返瑞典重整旗鼓，同儿子们一起研制炸药。其丰富想象力、发明创新的热情及不屈不挠的创业精神，对儿子们的一生有着很深的影响。母亲阿赫塞尔（A. Ahlsell）是一位善良、坚强的女性，有三个儿子，他是长子。

1841 年在斯德哥尔摩上过一年小学，1842～1850 年，在圣彼得堡由家庭教师及父亲的指导下学习化学和工程学。1850 年后去德国、法国、意大利及北美各地旅行，访求名师，为此精通数国外语。在圣彼得堡访问齐宁教授时，第一次看到硝化甘油，并对硝化甘油受锤击发生爆炸现象引起了极大的兴趣。在美国期间，跟随著名工程师 J. 埃里克森学习和工作。1852 年后返回父亲的工厂，致力于应用化学的研究。1859 年因父亲破产而返回瑞典。1864 年在其家中小量生产硝化甘油，这是世界上第一家生产硝化甘油的工厂。同年他把诺贝尔硝化甘油股份有限公司总部设在德国汉堡。1870 年，他将公司总部和实验室迁往法国巴黎。1884 年成为瑞典皇家科学院院士。是英国皇家学会、法国土木工程师协会的外籍会员。

19 世纪 60 年代始，他确定以硝化甘油作为研究课题，决心寻求一种安全的引爆装置，用火药来引爆硝化甘油。经过多次反复试验，细心分析失败原因，终于发现是由于玻璃管口没有封紧，火药燃烧后产生的气体压力和温度不足，于是用蜡将管口封死，结果获得成功。作为引爆装置的雷管，1863 年第一次获得瑞典专利权。

他发明了用冷却水管来控制硝化甘油的生产温度，但未能彻底杜绝事故。1864 年 9 月 3 日，工厂发生了硝化甘油爆炸事故，结果包括其弟弟在内 5 人死于非命。这次爆炸事故使老诺贝尔身心受到极大摧残，并引起了四邻的惊恐。他当时不在实验室，得以幸存。为此，瑞典政府禁止生产硝化甘油。后来，各国连续发生的硝化甘油爆炸的灾祸，引起了各国政府强烈的反响，对硝化甘油产生了怀疑和抵制，明令禁绝制造、运输和贮存。他以非凡的毅力和理智、艰苦创新的精神，认真分析发生事故的原因。一次在湖里的一条小船上实验，选用一种多孔的硅藻土来吸收硝化甘油，结果制造出化学性能稳定、安全可靠、威力强大的新炸药。1867 年 7 月 14 日，他在英国一个矿山当众试验了这种黄色炸药的各项性能，并命名为“代那买特”，此后分别取得在英国、美国的专利权。

1875 年他在工作中不慎割破手指，顺手用哥罗丁敷抹伤口，由此他联想到硝化棉溶于乙醚和酒精后成为胶状物，和哥罗丁相似。于是立即把少量硝化棉加入硝化甘油制成一种新型炸药——胶质炸药。它比硝化甘油有更大的威力、性能稳定、浸水不会受潮，获得广泛采用。1888 年发明巴里斯梯无烟火药，采用硝化棉与硝化甘油之比为 45∶55。这一发明使弹道火药由黑火药跃入了现代火药时期。

还对人造橡胶、皮革、人造丝、电解法制造金属钠及医学方面作了开拓性工作。一生在各国有 355 项专利。他唯一的出版物是一部英文著作《现代爆破剂》（1875 年）。1880 年获得瑞典国王创议颁发的科学勋章。获银质奖章一枚。

他强烈渴望世界和平，祈求有朝一日将全人类所有的枪炮“统统关进地狱去”。在他的遗嘱中，去世后将大部分遗产 3 300 万瑞典克郎（合 850 万美元）建立基金会，以基金的利息作为奖金，嘉奖为科学技术、文学和和平等领域作出重大贡献者。这就是自 1901 年起颁发的举世闻名的诺贝尔奖金。

（高中兴　陆钦范　朱啸宇）

鲍洛廷，A. П. （Бородин，Александр Порфирьевич；Borodin，Aleksandr Porfirevich） 俄国人，1833 年 11 月 12 日生于俄国圣彼得堡，1887 年 2 月 27 日卒于同地。有机化学、生理化学、分析化学、音乐。

1850～1856 年在圣彼得堡内科和外科学院学习，并在济宁指导下开始研究化学，以论文“从化学和毒理学观点看磷酸和砷酸的相似性”获博士学位。1860 年作为俄国代表团成员参加在卡尔斯鲁厄召开的第一届世界化学会议。1864 年起在圣彼得堡内科和外科学院任教授。

最主要的研究领域是有机化学和生理化学。1861 年研发一种氟化有机物的方法；1869 年建议用溴和一些酸的银盐反应，制取脂肪酸的溴生成物；1863～1874 年作了许多关于乙醛的聚合和缩合的研究；1876 年发展一种氮滴定法及设备，用以测定尿素中氮元素含量。

在音乐上也颇有名气，是歌剧“伊洛尔王”及 B 小调交响曲的作曲者，还创作了不少歌曲。（汪天伟）

门捷列夫，Д. И. （Менделеев，Дмитрий Иванович；Mendeleev，Dmitry Ivanovich） 俄国人，1834年2月8日生于俄国西伯利亚托博尔斯克，1907年2月2日卒于圣彼得堡。基础化学、元素化学、物理化学、化学工程。

父亲是中学教师，1834年双目失明；母亲出身于商人家庭，曾主管一个玻璃工厂，为人聪明坚毅，对子女一生有很大影响；生有14个孩子，他是幼子。1849年毕业于托博尔斯克中学，在母亲陪同下跋涉数千里至莫斯科求学，但因是西伯利亚人，未能进莫斯科大学。母子俩又到圣彼得堡，几经奔走，终于在1850年获准入著名的中央师范学院数理系学习。同年其母去世。在该校深受化学教授沃斯克列先斯基（A. A. Воскресенский）的熏陶，对化学深感兴趣。1855年在该校毕业后，曾在敖德萨一所中学短期任教。1856年9月，在圣彼得堡大学通过“论比容”的硕士论文答辩。翌年任该校副教授。1859年获准去德国海德堡大学进修2年，期间1860年9月参加著名的卡尔斯鲁厄国际化学会议。1861年返回圣彼得堡大学。1864～1866年任圣彼得堡工业技术学院化学教授。1865年通过“论乙醇与水的结合”的博士论文答辩。1867年任圣彼得堡大学化学教授，1868年起在该校开设无机化学讲座达22年之久。期间1876年访问美国。1890年因反对沙俄教育部长的专横，支持圣彼得堡大学学生的请愿活动，辞去该校化学教授职务以示抗议。1893年出任度量衡检定局局长。1894年获牛津大学和剑桥大学荣誉博士学位。还被国内外100多个科学团体推选为成员。曾两次结婚，有三子三女。

一生最杰出的贡献是创立自然科学基本定律化学元素周期律。在圣彼得堡大学，为开设无机化学讲座，1868年开始编写教材《化学原理》（1869～1871年俄文版，1890年英文版）。在这过程中，研究了化学元素的自然分类。做了63张纸牌，把当时已知的63个元素的名称、符号、原子量和化学、物理特性都记在纸牌上。然后用不同的方式来排列这些纸牌，不断改变它们的位置，寻找它们之间的异同点。发现若把原子量之间的定量关系视作独立变量，则元素的化学、物理特性随其原子量作周期性的变化。1869年3月6日在俄罗斯化学学会的会议上，门捷列夫以书面报告形式公布了这一重要发现。1869～1871年在国内期刊发表多篇论文，详尽地阐明自己发现的化学元素周期律。1871年，在德国J. von李比希主编的《化学年鉴》上发表论文“化学元素的周期律”。

根据这一周期律，他大胆地修订了当时公认的一些元素的原子量。还根据周期律中留下的未知元素的空位，科学地预言一些新元素的存在和它们的性质，其中有三个未知元素他称为类铝、类硼和类硅。1875年法国化学家布瓦波德朗发现了新元素镓（Ga），它和门捷列夫预言的类铝相一致，唯一差别是镓的比重小于类铝。门捷列夫得知这一消息后，立即写信给布瓦波德朗，指出镓即类铝，并建议他重新测定镓的比重，布瓦波德朗经重新测定后证实，周期律所预言的比重是正确的。从此，周期律开始得到广泛承认。

此后，1879年瑞典化学家L. F. 尼尔森（Lars Fredrik Nilson）发现钪（Sc），1886年德国化学家C. 温克勒（Clemens Winkler）发现锗（Ge），它们分别和门捷列夫预言的类硼、类硅相一致，至此谁也不再怀疑门捷列夫周期律的科学性了。1894～1898年间，拉姆齐和瑞利勋爵发现了氩、氖、氪、氙、氦等元素，确定了它们在元素周期律中的位置，称为惰性元素。门捷列夫指出，这是对周期律的充实。

随着原子和原子核物理学的发展，人们对门捷列夫周期律有了更深刻的认识，弄清了化学元素的周期性是由原子的电子壳层的复杂结构所决定的，而元素的排列序数则对应于原子核中的正电荷数。随着原子结构研究的进展，人们以门捷列夫周期律为依据，用人工方法合成了不少超铀元素。这是周期律的又一重大胜利。为了纪念他的卓越功绩，序数为101的元素被命名为“钔”（Md）。

除发现元素的周期律这一杰出成就外，他在表面张力、溶液理论、气体性质、度量衡学、化学工艺学及气象学等方面均有研究。1859～1861年在海德堡大学期间，他筹建了自己的实验室，从事毛细现象及表面张力的研究。还研究了气体、液体的容积与温度、压力之间的关系，发现了气体液化的临界温度，即对某种气体而言均存在某一特定温度，高于这一温度时便不可能变成液体。1887年发表论文“水溶液比重的研究”，应用“组成-性质”图的方法，研究比重与组成间的关系，提出的水化学说是现代溶液理论——离子水化和溶剂化理论的先奏。

在从事科学研究的同时，还注意工业技术问题。设计石油连续蒸馏器；建议在里海和黑海之间铺设输油管；提出煤的地下气化法与许多合理使用煤的措施。

在生命的最后几年中，还写了反映沙俄经济和社会生活的著作，表达了他的民主思想，反对农奴制度，反对降神术等迷信活动。

人们在清理他的遗稿时，发现毕生的论文和著作402篇（部），其中物理化学106种，化学40种、物理学99种、地球物理学22种、工业技术99种，社会及经济问题36种。1868～1870年撰写的名著《化学原理》（4卷），是世界上第一部根据周期律安排章节的化学教科书，该书第一部分两卷于1869年出版，第二部也分两卷于1871年出版。在生前该书共出了8版，并被译为英文、德文、法文等多种文字。现有大量手稿珍藏在圣彼得堡大学。1905年获英国皇家学会最高奖科普利奖章。 （朱啸宇）

卡罗，H. （Caro，Heinrich） 德国人，1834年2月13日生于德国波森（今波兰波兹南），1910年10月11日卒于德国德累斯顿。有机化学、染料化学、化学工程。

是一个犹太粮商的儿子。1842年迁居柏林，接受过职业教育。1852年从大学预科进入柏林大学皇家商学院学习。同时还在柏林大学学习化学课程。1855年作为染色专家受聘于米尔海姆一家印花布厂，当时该厂尚用家族秘方和天然染料。1857年起两度被派往英国学习最新的印染技术，在曼彻斯特一家化学公司供职，期间与英国一位女子结婚。1861年回德国，在海德堡大学本生实验室进行化学研究。两年后，成为可称为第一个“工业研究所”的染料公司巴斯夫(BASF)的董事。

以分析化学家的身份参加苯胺系染料的合成研究，从而成为有机化工学家。在继续进行有关芳香族化学研究的同时，他在工业研究中取得了商业上众多的成果。其中“萘黄”(即“卡罗酸”)便是他所研究创制的许多染料之一。1878年与A. von拜耳共同人工合成靛蓝染料。到1883年，已成为德国化学工业的首席发言人。还对有效的专利法律的形成和保护化学发明成果作出了贡献。 （戴永寿）

沃克林，J. A.（Wanklyn, James Alfred） 英国人，1834年2月18日生于英国英格兰兰开夏郡阿什顿安德莱恩，1906年7月19日卒于英格兰萨里郡纽默尔登。有机化学、植物化学、分析化学、环境化学。

1855年进入曼彻斯特大学欧文斯学院攻读化学，次年成为E. 弗兰克兰的助手。1859年在爱丁堡大学教实验课。1863～1870年任伦敦大学学院化学教授。是德国巴伐利亚科学院外籍院士，英国化学学会和公共卫生学会会员。

因在有机合成、蒸气密度和定性分析上成就显著而名扬欧洲。1857年制得有机金属化合物乙醇钠、乙醇钾。此后又将这些化合物反应合成丙酸，从而明确证实科尔贝和弗兰克兰的结构理论。1867年，设计出一种“蛋白氨法”来测定水的有机不纯度或污水含量，这比同年弗兰克兰公布的方法更简便、迅速。

主要著作有《关于茶叶、咖啡和可可等的实用分析》(1874年)、《牛奶分析》(1874年)、《空气分析》(1890年)、《砒霜》(1901年)、《下水道污物分析》(1905年第3版)和《水分析》(1907年第11版)等。 （陶其恒）

席夫，H. J.（Schiff, Hugo Josef） 意大利人，1834年4月26日生于德国法兰克福，1915年9月8日卒于意大利佛罗伦萨。有机化学、分析化学、矿物化学。

德国裔。是著名生理学家M. 席夫的弟弟。曾在德国格丁根大学随F. 维勒从事研究，1857年获博士学位。先后在瑞士伯尔尼大学、意大利佛罗伦萨大学和都灵大学任教。1879年后在佛罗伦萨研究院任化学主讲直至去世。在此期间改建化学实验室，使它成为欧洲第一流实验室。还和S. 坎尼扎罗、塞尔米(F. Selmi)一起，创办意大利《化学》期刊；开办意大利最重要的化学学校。

主要研究有机化学。1864年发现醛和氨、伯胺、仲胺均可发生缩合反应。其中芳香族亚胺比较稳定，可以分离它，人们把这种亚胺称为“席夫碱”。1866年从醛类和品红试验中，发现脱色的品红与醛作用后会恢复颜色。根据这个现象，可以区别醛和酮类。通过对糠醛衍生的发色母体的研究，发明鉴别糠醛化合物的二甲苯胺——醋酸试剂。改进杜马测氮方法，在E. H. 费希尔之前，就指出氨基酸的高分子聚合物具有蛋白质的性质。主要著作有《矿物化学概述》(1866年)、《化学研究导论》(1876年)、《缩二脲的合成研究》(1896年)等。 （陈擎宇）

卢吉宁，В. Ф.（Лугинин, Владимир фёдорович; Luginin, Vladimir Fedorovich） 俄国人，1834年6月2日生于俄国莫斯科，1911年10月26日卒于法国巴黎。物理化学、热化学、分析化学。

1853年毕业于圣彼得堡炮兵士官学校。1858年毕业于炮兵学院。1854～1856年参加了克里米亚战争，任炮兵军官。1860年开始从事政治活动。1867年退出政界，在莫斯科大学任教化学，后任教授；自筹资金创办俄国第一个热化学实验室，至今仍以他命名。

1875年通过测定柠檬酸和磷酸的中和热，证明这些酸是三元酸。1879年在研究不同类型有机化合物的中和热时，发现用带负电的基团置换氢原子与用NH_2基置换的结果相似。1880年开始从事确定有机化合物燃烧热的研究。1894年发表题为“论确定有机化合物燃烧热的各种方法”的论文，促进了研究热化学的方法和技术的发展。1894～1900年发现各种液体物质的比热和蒸发时的潜热。还提供用以计算许多有机化合物生成热的大量正确的实验数据。 （龙传欧）

肖莱马，C.（Schorlemmer, Carl） 德国人，1834年9月30日生于德国达姆施塔特，1892年6月27日卒于英国曼彻斯特。有机化学、科学史学。

出身工匠家庭。由于经济所迫，未读完中学便到药房当学徒，业余到海德堡大学旁听本生讲课，受其影响而放弃药物工作，开始学习和研究化学。1858年入吉森大学学习化学。翌年到曼彻斯特大学欧文斯学院当化学教授H. E. 罗斯科的助手，1861年任助教，1872年任讲师，1874年经罗斯科推荐任有机化学教授。1871年当选为英国皇家学会外籍会员。1878年当选为美国哲学会外籍会员。是许多科学团体和科学院的成员。他也是马克思和恩格斯的朋友。终身未娶。

是近代有机化学的奠基人之一。全面、系统地研究有机化合物，将它们分为脂肪族和芳香族两大类，并首先把有机化学定义为“碳氢化合物及其衍生物的化学”。最先从煤焦油、石油分馏中分离出一系列烷烃，如戊烷、乙烷、庚烷和辛烷，并研究它们的元素组成、物理和化学性质及其与结构的关系。首次合成正丙醇、四甲基乙烷，并发现将仲醇变为伯醇的一般方法。在有机化学结构理论方面有重要贡献，创立“二元论”、“基团理论”、“取代理论”和“类型论”。代表作有《有机化学手册》(1874 年)、《化学》(1877 年，与 H. 罗斯科合著）等。

在化学史方面的工作也十分出色。名著《有机化学的兴起和发展》(1879 年)，从社会发展的观点介绍化学史，发现了化学、经济、哲学之间的重要关系。恩格斯在“卡尔・肖莱马”一文中，对他的贡献作了高度的评价。（周志高）

塞恩，K.（Than，Károly；或 Than，Carl von） 匈牙利人，1834 年 12 月 20 日生于匈牙利奥贝克斯，1908 年 7 月 5 日卒于布达佩斯。分析化学、物理化学。

1848 年匈牙利独立战争时，辍学投军，时年 14 岁。战后回家发现母亲已去世而父亲致残，为完成其中学学业，只得为药店打工以攒学费。后入维也纳大学攻读药物学，1858 年获博士学位。先后在海德堡大学、巴黎大学从事博士后研究。1859 年回维也纳大学任教。1860 年任布达佩斯大学化学教授，1908 年退休。同年晋封为男爵。创办匈牙利第一份《化学》杂志。1872 年至去世，长任匈牙利自然科学协会会长。

是匈牙利科学界的活动家。还创办过大学。研究涉及广泛。在阿列尼乌斯发表电离学说之前，他首次在容量分析中用碳酸氢钾（1860 年）及碘酸氢钾（1890 年）作滴定剂。提出以原子团而不是盐的分析结果来写报告。1867 年发现氧硫化碳。精确测定盐酸蒸气密度，并为气体克分子体积的概念作了定义。指出氯化铵反常的蒸气密度是因氯化铵的热离解作用造成的。撰写的两卷《普通化学》教材，是最早以物理化学概念为基础的著作。1868 年获奥地利利本奖金。（陈攀宇）

哈考特，A. G. V.（Harcourt，Augustus George Vernon） 英国人，1834 年 12 月 24 日生于英国伦敦，1919 年 8 月 23 日卒于怀特岛圣克拉尔。基础化学、物理化学、应用化学、仪器研制。

早年入牛津大学攻读化学，1858 年获理学士学位。留校基督学院深造，先作 B. 布罗迪的助手，继而到 C. 丘奇学院实验室工作，后任化学教授，1902 年退休。是英国科学促进协会积极分子（其叔 W. V. 哈考特是此协会主要创始人之一），1875 年任化学部主任，后任秘书长 14 年。1863 年入选英国皇家学会会员，1895 年起任贝克讲座主持人。同年当选为英国化学学会会长。

对科学技术的应用十分重视。在煤气试验中，引进戊烷灯代替当时用于亮度测量的鲸脑蜡烛。设计出一种测定在空气中麻醉剂氯仿浓度的方法，并在英国医学学会担任研究氯仿麻醉性的顾问。在化学领域中，1866 年在同事、数学家 W. 埃森的帮助下，独自发现表达形式最简单的质量作用定律。1864 年由于 F. 凯斯勒报道硫酸锰加快了高锰酸钾的还原，引起他对反应速度的研究，后来提出有关经验关系式。（楼书聪）

维斯利塞诺斯，J.（Wislicenus，Johannes） 德国人，1835 年 6 月 24 日生于德国萨克森的奎尔富特附近，1902 年 12 月 5 日卒于莱比锡。立体化学、有机化学、生理化学。

1853 年入哈雷大学。同年底随家人去美国，短期任哈佛大学化学家 E. N. 霍斯福德的助手。1855 年任纽约机械学院讲师。1856 年回欧洲，继续在哈雷大学深造化学。1860 年任教苏黎世大学。1868 年任瑞士理工学院化学教授，兼任苏黎世大学教授。1872 年任德国维尔茨堡大学化学教授。1885 年任莱比锡大学化学教授。

早期研究醛与氨的缩合。为研究肌肉能量的来源，1858 年攀登瑞士境内阿尔卑斯山，通过计算上山时做的功和测定排泄出尿中的氮含量，证明蛋白质的主要作用是促进肌肉生长和维持肌肉功能，对肌肉能量的贡献很小；而碳水化合物和脂肪的氧化才是肌肉能量的源泉。1863～1873 年，研究具有相同分子式的乳酸和副乳酸，发现前者有旋光活性而后者则无，以后又确定乳酸和副乳酸都是 α-羟基丙酸。

最先发现两种不同物质具有相同构造，并称这种构造式相同但原子在空间排列顺序不同的异构现象为几何异构现象。1874 年 J. H. 范特霍夫受此启发，提出四面体碳的理论。1887 年发表有关不饱和碳化合物立体异构的重要文章，发展了范特霍夫的假设，还在决定分子中原子构型时考虑原子间的斥力和引力，他的成功将化学家引入了立体化学的新领域。

在有机化学其他领域，他将分子银应用于合成，还先后合成己二酸、海因、戊二酸、乙烯醚、环酮和烯丁酸。在对乙酰醋酸酯及其衍生物的长期研究中，确定了它们的水解条件，并得出酸解产生酮、醇和二氧化碳，碱解产生脂肪酸和醇；同时还阐明乙酰醋酸酯的结构。1898 年获英国皇家学会戴维奖章。（张京京）

拜耳 A. J. F. W. von（Baeyer，Adolf Johann Friedrich Wilhelm von） 德国人，1835 年 10 月 31 日生于德国柏林，1917 年 8 月 20 日卒于施塔恩贝格。有机化学、生理化学、染料化学。

父亲 J. J. 拜耳（Johann Jacob Baeyer）是普鲁士军队陆军中将，曾参与主持测量经纬度的政府工程；母亲 E. 希齐格（Eugenie Hitzig）是法官女儿，

犹太人，从丈夫改信基督教，生有5个孩子；他是长子。曾在弗里德里希-威廉斯大学预科学校受早期教育。入柏林大学在名师指导下着重攻读数学和物理学。服役一年后，1856年决定随R. 本生在海德堡大学学习实验化学，重点是应用物理化学。1858年改入海德堡大学的凯库勒实验室，并跟随去比利时根特大学工作直到1860年。期间1858年因砷的甲基氯化物研究获柏林大学博士学位。从根特回到柏林后，在技术学校和军事科学院执教。1868年和E. 本德曼(Emil Bendemann)的女儿莉达(Lida)结婚，有3个孩子。1872年任斯特拉斯堡的新帝国大学普通化学教授。3年后作为J. von李比希的继任者任慕尼黑大学教授。是柏林科学院院士、德国化学学会等许多科学社团的成员。

早期工作仿效李比希和维勒，致力于尿酸衍生物研究。又从尿酸研究转到其他生理学问题，如绿色植物的同化作用等课题。从一系列酚和醛的缩合反应研究中，和学生发现酚酞和酞类其他成员。从这些化合物的研究中，发展了棓因和媒染棓酸绿染料。对苯二酸的研究与研究酞类有关。这一工作又导致对苯结构的研究，他拒绝凯库勒的双键模型和拉登堡的棱柱式模型，而采纳自己的模型：苯环中每个碳原子有一个单键指向内部。但1892年他制得顺式-反式苯的衍生物之后，则拒绝任何一种苯的结构理论。

1841年，洛朗研究了靛蓝并通过氧化获得靛红。他将洛朗的方法逆向进行，1870年和埃默林(Emmerling)用三氯化磷处理靛红，然后还原产生靛蓝。1878年从苯乙酸合成了靛红，他就表示靛蓝的全合成是可能的。经一系列研究，他用一些别的试剂制得靛蓝，并于1883年确定了靛蓝的结构。德国染料工业部门对靛蓝的合成极有兴趣，花了大量资金研究一个可行的生产过程，但他不甚关心解决染料工业生产问题，因而引起工业部门的反感。在靛蓝方面的工作促进了化学染料工业，对多环结构的研究为以后的生物化学工作奠定了基础。

后来，他转向聚乙炔的研究和制备若干爆炸性强的化合物。这些化合物的性质促使他集中精力于碳碳双键和三键的阻力上，根据五元环、六元环较稳定和三元环、四元环较活泼的事实，他于1885年提出了张力学说。研究的最后领域是氧翁盐化合物。

对有机化学的贡献是举世公认的。作为一名教师，他的精力主要通过实验室教育而不独在课堂上。化学家C. 李贝曼、C. 格雷贝、V. 迈尔、E. 费希尔和O. 费希尔均是他的学生和助手。获柏林化学家大会的李比希奖章、英国皇家学会的戴维奖章；因有机染料和氢化芳香族化合物方面的贡献，获1905年诺贝尔化学奖。 (楼书聪)

菲蒂希，R.（Fittig，Rudolph） 德国人，1835年12月6日生于德国汉堡，1910年11月19日卒于法国阿尔萨斯省斯特拉斯堡。有机化学、科学传播。

是汉堡一位私立学校校长的儿子。从小希望成为一名教师。16岁时便在私立学校执教。1856年入格丁根大学，打算成为一位自然科学教师，特别注意植物学。一位校友的父亲计划开办染料工厂，并聘请他工作，因此开始学习化学。不久便成为H. 林伯里希特(Heinrich Limpricht)和F. 维勒的助手，1858年获博士学位。1860年执教于格丁根大学。1864年结婚，有3个儿子和3个女儿。孩子们还幼小时妻子就去世了。1866年任格丁根大学编外化学教授，与维勒亲密共事，并与F. 拜尔施泰因(Friedrich Beilstein)建立了友谊。1865年与拜尔施泰因、H. 许布纳(Hans Hübner)一起接任《化学和药物》杂志的主编，并采用《化学》杂志新刊名，一直出版到1871年。1870年成为蒂宾根大学化学教授。1876年接替A. von拜耳任斯特拉斯堡大学化学教授；在该校建造一个化学实验室，1877年动工，1882年建成；1895～1896年任该大学校长，1902年退休。后继续发表研究成果几乎直到去世。

他在有机化学方面的广泛研究，对有机化学结构理论的发展作出了贡献。他的博士论文是研究钠与无水丙酮的反应，在研究过程中发现频哪醇。此项工作导致他对由武尔兹开创的钠与有机卤化物反应的研究。钠与卤化苯的反应，导致他发现许多卤素芳香族化合物，其中包括联苯。此反应即有机化学家熟知的武尔兹-菲蒂希反应。这些研究又引导他对其他芳香族化合物的研究，他研究了苯及其衍生物、萘以及芴。还独立地发现煤焦油中的菲。1873年他提出苯醌的醌式结构，这种结构后来被用于说明许多有机染料的性质。1873年以后，主要研究不饱和酸和内酯。他的工作的多样性和广泛性，推动了当时有机化学的发展。但他是位实验者，对理论化学几乎不感兴趣。

是一位多产化学家和编辑，除任《化学》杂志主编(1865～1871年)外，还是《化学年鉴》的副主编(1895～1910年)。1871年大部头化学教科书出版，并多次再版。1877年编辑维勒所著的有机化学教科书第10版。研究论文达399篇。还培训了许多后来成名的化学家，其中包括从事惰性气体研究的W. 拉姆齐。

(楼书聪)

居尔贝格，C. M.（Guldberg，Cato Maximilian） 挪威人，1836年8月11日生于挪威克里斯蒂安尼亚(今奥斯陆)，1902年1月14日卒于同地。物理化学、分子物理学、数学。

是书店业主和出版商的长子。1854年进入克里斯蒂安尼亚大学(今奥斯陆大学)学习，主修数学、物理学和化学。在学生时代就研究高等数学问题，1861年发表第一篇论文“圆的相切”，获皇冠金质奖。1862年起在皇家军事学院教应用数学和高等数学，1869年成为应用数学教授。是科学协会的理事和活动家。

和P. 瓦格关系密切，1864年共同发表质量作用定律，但并未为大多数科学家所理解，直至1877年F. W. 奥斯特瓦尔德以新的实验来验证，才被人们接受。他在1869年还导出过理想气体状态方程。同年提出对比温度的概念。对于大多数液体沸点的对比温度接近2/3。还对溶解和离解热力学有贡献。一生中写了许多有实际意义的文章和一批有关力学和数学的教科书。获得过许多荣誉。（陈民生）

奥特弗尔，P. -G. （Hautefeuille，Paul-Gabriel） 法国人，1836年12月2日生于法国塞纳-瓦兹省埃塔姆培斯，1902年12月8日卒于巴黎。无机化学、矿物化学、化学工程。

1855年进巴黎中央工艺与制造学校，受到J.-B.-A. 杜马的注意，并推荐给在高等师范学校的H. É. 德维尔，1865年获自然科学博士学位。同年成为德维尔的助手，后成为示教员。1885年任巴黎大学索邦学院矿物学教授。1895年入选法国科学院院士。

德维尔对热化学的探讨影响了他对化学的研究。1868～1881年，他与L. J. 特罗斯一起研究氰转变为多聚氰，白磷转变为红磷的条件，以及钠、钾、钯对氢的吸收；与特罗斯、沙普伊（J. Chappuis）一起研究了氧和臭氧的同素异形关系。对化学平衡也进行过研究。他最著名的研究是利用矿物催化剂和不同的温度条件，人工制造许多矿物晶体，成功地制造了各种碱性长石和绿柱石，包括翡翠。（楼书聪）

乔根森，S. M. （Jørgensen，Sophus Mads） 丹麦人，1837年7月4日生于丹麦斯劳厄尔瑟，1914年4月1日卒于哥本哈根。基础化学、金属化学、配位化学。

裁缝的儿子。1869年在哥本哈根大学获博士学位。继而在哥本哈根技术大学执教，1887年成为化学教授，1908年退休。1899年当选为瑞典皇家科学院外籍院士。

毕生从事钴、铬、铑和铂配位化合物的研究，修正和发展了瑞典化学家C. W. 布洛姆斯坦德的著名链理论，阐明了一系列配位化合物。当时的价理论无法解释所谓的分子化合物的性质和反应，所以他发展的理论被普遍地接受。15年后的1893年，一位26岁的苏黎世联邦工业大学教师A. 维尔纳以新的配位理论与旧理论体系抗争。虽于1907年成功地合成根据配位理论才能存在的顺式二氯四氨合钴，宣告了维尔纳胜利，但乔根森的实验绝大多数是可靠的，恰恰是他最先合成的化合物后来从实验上证明维尔纳的理论是正确的。没有他的实验，或许不会有维尔纳的理论，这是科学史上常见的互促作用的绝好例子。他一生大量的研究成果，为配位化学提供了基本实验事实。（温敬铨）

瑙曼，A. （Naumann，Alexander） 德国人，1837年7月31日生于普鲁士阿尔斯费尔德附近，1922年3月16日卒于吉森。有机化学、物理化学。

先在达姆施塔特上预科学校，后去吉森大学攻读化学和数学。1858年毕业成为达姆斯塔特技术学校的助教。1860年为蒂宾根大学助教。1862年在吉森预科学校教数学。1864年为吉森大学讲师，1869年为编外教授，1882年为教授、化学实验室主任，直到1913年退休。在任教授之后担任行政职务，并对政治活动产生兴趣，从而脱离了科研工作。

他的有机化学研究始于对丁酸氯化作用和苯甲酸酯的实验。在博士学位论文中，论述乙酰氯的溴化作用。对反应机理颇有研究。后期又致力于物理化学特别是热化学研究，对后来化学热力学产生起了重要作用。1867年对C. M. 居尔贝格和P. 瓦格的质量作用定律有所贡献。提出只有比临界能量高的分子才能和其他分子作用。在恒温下分子的形成和分解达到平衡，随着温度的增高分子碰撞也增多，同时反应速度加快。1878年在研究 $N_2O_4 \rightleftharpoons 2NO_2$ 离解过程时，证实了质量作用定律的正确性。许多论文述及水蒸气和各种结晶水合物间的平衡比率、水蒸气密度和分解热的测定。（沈德阶）

戈蒂埃，A. E.-J. （Gautier. Armand Emile-Julien） 法国人，1837年9月23日生于法国纳博讷，1920年7月27日卒于戛纳。分析化学、有机化学、矿物学。

1862年在蒙彼利埃大学医学院获医学士学位。后进巴黎大学武尔兹的实验室。1869年完成博士论文后，进入实验学校的化学实验室工作。1874年任医学院生物医学新实验室主任，1884年任医学化学教授。

最重要的贡献是1866年发现氰的异构体——异氰，他称之为胩，并指出胩中氰的碳原子能聚合成炸药雷酸盐。还对生物体中的生物碱、砷等进行过大量研究。分析碘、空气中游离氢，有机物中碘和氟、葡萄中的有色物质、矿物水的组成，以及火山现象的化学反应等。出版过多种教科书，最有价值的是关于矿物学、有机化学和生物学的三本教程，另有《酒类和混合物的分析》（1891年）等专著。（周申范）

纽兰兹，J. A. R. （Newlands，John Alexander Reina） 英国人，1837年11月26日生于英国伦敦，1898年7月29日卒于同地。分析化学、元素化学、有机化学、化学工程。

青年时进入英国皇家化学学院，在A. W. von 霍夫曼指导下学习一年。后任英国皇家农学会化学师韦（J. T. Way）的助手。1864年开业当分析化学家，业余兼职教化学。

表Ⅰ

组	号	号	号	号	号
a	N6	P13	As26	Sb40	Bi54
b	O7	S14	Se27	Te42	Os50
c	F8	Cl15	Br28	I41	—
d	Na9	K16	Rb29	Cs43	Tl52
e	Mg10	Ca17	Sr30	Ba44	Pb53

表Ⅱ

号	号	号	号	号	号	号	号
H1	F8	Cl15	Co Ni22	Br29	Pd36	I42	Pt Ir50
Li2	Na9	K16	Cu23	Rb30	Ag37	Cs44	Tl53
Be3	Mg10	Ca17	Zn25	Sr31	Cd38	Ba V45	Pb54
B4	Al11	Cr19	Y24	Ce La33	U40	Ta46	Th56
C5	Si12	Ti18	In26	Zr32	Sn39	W47	Hg52
N6	P13	Mn20	As27	Di Mo34	Sb41	Nb48	Bi55
O7	S14	Fe21	Se28	Rh Ru35	Te43	Au49	Os51

是最早建立化学元素周期系的化学家之一。认为同类元素原子量的数字关系方面存在有性质相同的三种元素的“三元素组”，一个元素原子量为其他两个元素原子量的算术平均数。表Ⅰ中按原子量顺序排列的已知元素，其中大多数包括一个以上的“三元素组”。又发现当把元素按原子量大小顺序排列时，从任意一个元素算起，每到第八个元素就和第一个元素的性质相近。把这个规律称为“八音律”，按照八音律的关系把元素排列成表Ⅱ。表的前两列几乎相应于现代周期表的第二、三周期，但从第三列起就不令人满意，有的同一处排了两个元素，有的为了照顾元素性质而颠倒了顺序。问题在于没有估计到原子量测定值会有错误，也未考虑到未被发现的元素应留出空位，而只是按当时原子量大小将元素排列起来。从“三元素组”到“八音律”，说明在对各种庞杂的元素知识方面已经形成了化学元素性质周期化概念。他是门捷列夫 1869 年创立元素周期表的先驱者之一。由于对周期表的概念尚不完备，曾受到伦敦的物理学教授福斯特（G. C. Foster）的嘲笑和批评。后来转到研究糖化学，对制糖工艺有所革新。曾和《糖的种植和炼制》一书作者洛克（C. G. W. Lock）修订该书。1867 年获戴维奖章。（高中兴）

莫雷，E. W.（Morley, Edward Williams） 美国人，1838 年 1 月 29 日生于美国新泽西州纽瓦克，1923 年 2 月 24 日卒于康涅狄格州西哈特福德。分析化学、元素化学、物理学、地质学。

牧师的儿子。1860 年在威廉斯学院毕业，获文学士学位。1864 年获安多弗神学院硕士学位。后当牧师，同时在哈得孙附近的西里瑟夫大学任教，被该校选为化学和博物学会会长，1873～1889 年在克利夫兰医学学校任化学和毒物学教授。

为证明卢米斯寒潮形成的假说，分析了空气在 0.0025%范围内的含氧量。设计制作了测定原子量的设备。用硫酸和五氧化二磷干燥空气，测定氧和氢化合的体积比例。测得氧原子量为 15.879。对当时发现的所有元素的稳定性同位素，用化学方法进行周密的原子量测定。

1887 年，他与美国物理学家 A. A. 迈克耳孙合作，进行著名的迈克耳孙-莫雷实验，否定了地球对“以太”的任何运动。这动摇了经典物理学的基础，为爱因斯坦狭义相对论的诞生准备了观测条件。为了更深刻地认识物质，建立专门实验室用光谱学对爪哇等地的岩石进行大量分析，取得许多数据。这些是他们共同合作的结果。

晚年由于对原子量的测量取得的卓越功绩，获英国皇家学会戴维奖、美国富兰克林学院克雷森奖、美国化学学会芝加哥分会吉布斯奖。（刘第蜀）

拜尔施泰因，Ф. Ф.（Бейлвштейн, Фёдор Фёдорович; Beilstein, Konrad Friedrich） 俄国人，1838 年 2 月 17 日生于俄国圣彼得堡，1906 年 10 月 18 日卒于同地。有机化学。

父亲是 J. von 李比希的亲戚。双亲是德国人。他 15 岁时由母亲的叔父（沙皇宫廷裁缝）送到德国，跟当时第一流的学者 R. W. E. 本生、F. A. 凯库勒、李比希和 F. 维勒学习。1858 年在格丁根大学获博士学位。随后继续到巴黎大学及布雷斯劳大学学习。1860 年在格丁根大学任教，1865 年任教授。因父亲去世，1866 年转至圣彼得堡技术学院任教，以照顾家庭。1881 年入选圣彼得堡科学院院士。

毕业从事有机化学研究。为了使有机化学体系条理化，经过几十年不懈努力，1880～1882 年出版《拜尔施泰因有机化学手册》第一版，收录 15 000 种化合物，后又多次增订再版。去世后，德国化学学会继续修订出版该手册和各种补编。在相当长时期中，这部手册是修订有机化学领域一部最有价值的参考书。

（李 郇）

珀金父子（Perkin and his son） W. H. 珀金是英国有机化学家。其长子小珀金主要从事有机化学研究。

珀金，W. H.（Perkin, William Henry） 1838 年 3 月 12 日生于英国伦敦，1907 年 7 月 14 日卒于萨德伯里。有机化学、染料化学、物理化学、化学工程。

营造商之子。中学时对化学有兴趣，但家庭反对他以化学为终身事业。在老师霍尔（T. Hall）的鼓励和安排下进入皇家研究院学习，并成为化学家 A. W. von 霍夫曼的助手。被授予爵士勋位。私生活很平淡，不善于交际，除了参加学会学术活动外尽量避开公开场合露面。

利用父亲在家中的小实验室，早期研究二硝基苯和二硝基萘的还原产物，得到偶氮染料亚硝基萘，并取得专利权。18 岁时以工业苯胺为原料合成苯胺紫，1857 年投入生产，建立最早的苯胺染料工业。在生产染料的同时，还解决了由硝基苯制苯胺的生产技术。1864 年提出洋红合成的新方法。改进红色染料茜素的生产，发明由二氯蒽和蒽醌磺酸为原料的两种经济实用的技术，达到年产 200 吨茜素的规模。由于从价廉的煤焦油中获取原料，故能与其他制造商竞争，并始终能盈利。

1874 年转卖工厂，转入有机化学研究。曾研究由溴代醋酸与氨反应制备氨基醋酸。与杜帕（B. F. Duppa）共同研究酒石酸、富马酸和马来酸。发现芳香醛和醋酐在碱性条件下缩合制备 α，β-不饱和酸类的反应，称为“珀金合成法”。由于完成由苯甲醛合成肉桂酸，促进了靛兰染料的首次合成。长达 25 年中致力于物理化学研究，研究有机化合物的磁性圆偏光现象，受到研究化学的布吕尔（Bruehl）教授的赞赏。1906 年在英国和美国举行过纪念他发明苯胺紫的庆祝会。

小珀金，W. H.（Perkin，William Henry，Jr.） 1860 年 6 月 17 日生于英国萨德伯里，1929 年卒于牛津。有机化学、植物化学、化学工程。

就读于伦敦大学皇家化学学院。接着在德国跟从 A. von 拜耳教授学习。先后任爱丁堡大学新海里奥-瓦特学院化学教授，曼彻斯特欧文斯学院有机化学系教授兼系主任。是英国皇家学会会员。

小珀金是一位重视实践的化学家。通过研制环丙烷及环丁烷的一次衍生物，从而否定了只有五碳环和六碳环才能存在的观点。后来拜耳在“张力学说”中应用了这些理论。后期工作是通过降解与合成的方法，阐明天然产物的结构。曾研究樟脑和萜烯、天然染料巴西灵和苏木精，以及小檗碱、哈尔碱、隐品碱、马钱子碱和番木鳖碱等植物碱。（高中兴）

索尔维，E.（Solvay，Ernest） 比利时人，1838 年 4 月 16 日生于比利时布鲁塞尔附近勒贝克罗尼翁，1922 年 5 月 26 日卒于布鲁塞尔。无机化学、化学工程、科学传播。

在地方学校受普通教育。后进入父亲开办的制盐企业工作。21 岁同舅父一起经营布鲁塞尔一家煤气厂。1861 年和兄弟 A. 索尔维（Alfred Solvay）在布鲁塞尔开办一家小厂生产苏打。在取得初步成功后他们得到了家庭的财政支持，在沙勒罗瓦附近兴建工厂，1865 年开始投产。事业上取得了很大成功，到 1890 年在大多数欧洲国家以及俄国、美国开办工厂。曾任比利时参议员和国务大臣。

1861 年发现用氨、食盐溶液和二氧化碳反应很容易制成碳酸氢钠。后者能方便地转变为当时玻璃业和肥皂业发展迫切需要的苏打粉。他获得了生产苏打的全流程工艺的专利权。对苏打业的关键贡献是发明了一种能使含氨的盐水同二氧化碳充分混和的碳化塔。由他资助创建索尔维国际化学、物理学及社会学学术会议，这是不定期的国际会议。（李 郇）

布瓦波德朗，P. É. L. de（Boisbaudran，Paul Émile Lecoq de） 法国人，1838 年 4 月 18 日生于法国科尼亚克，1912 年 5 月 28 日卒于巴黎。分析化学、元素化学、物理化学、光谱学。

从未受过正规教育。母亲有学识，在家教他外语、历史和古典文学，后自学工业学校教材，在叔父所设实验室进行实验。20 岁时为父亲和叔父共同经营的酒业公司工作，业余时间抓紧学习化学和物理学。是法国科学院化学部通讯院士，伦敦化学学会外籍会员。

以光谱方法分析元素而闻名。早期研究盐溶液的过饱和现象、结晶条件和晶体形状。1874 年报道了 35 种元素的光谱数据，以验证元素光谱的波长与原子量之间的关系。认为元素光谱和其分子的转动、振动及平动有关；认为相关元素谱线的不同，不是分子力而是分子质量不同所致。1875 年利用光谱法从闪锌矿石发现新元素镓（Ga），并以电解方法得到游离的镓。镓是第一个被分离的门捷列夫所预言的新元素，为元素周期分类的正确性提供了依据。1879 年开始对稀土元素进行光谱测定，研究延续数十年。同年发现了钐（Sm）。1885 年以荧光光谱分别鉴定出镝、钺、和铕。1886 年发现了以后称为钆（Gd）的元素。获法国荣誉军团十字勋章。1879 年因发现镓获英国皇家学会戴维奖章。（蒋尚智）

埃森，W.（Esson，William） 英国人，1838 年 5 月 17 日生于苏格兰卡诺斯蒂，1916 年 8 月 28 日卒于牛津郡阿宾顿。物理化学、应用数学。

桥梁工程师的儿子。先在因弗内斯皇家学院学习，后到牛津大学圣约翰学院学习数学。毕业后任默顿学院数学讲师，1860 年被选为该学院评议员，并担任指导教师。因讲课非常成功，其他一些学院常送学生前往听课。1894 年任副教授，1897 年任几何学教授。1898～1913 年担任自然科学教师委员会主席。1869 年入选英国皇家学会会员。

虽然是一位数学家，但对高等数学在化学中的应用作出了较大贡献。年轻时当过化学示教员，获教授衔后继续同 A. G. V. 哈考特合作研究化学动力学。1864 年他们研究高锰酸钾与乙二酸的反应，成功地阐述了质量反应定律，并在英国皇家学会学报上发表。根据对上述反应过程的分析，得出如下结论：化学反应的速度与参加反应的物质质量成正比。他们还用指数形式（$Y=ae^{-\alpha x}$）表示反应速度定律。式中 x 为反应时间，α 为常数，a 为初始浓度。在研究温度对反应的影响时，他们发现K和K_0（分别代表在绝对温度为T和T_0时的温度系数）与温度有关：$\frac{K}{K_0}=\left(\frac{T}{T_0}\right)^m$。这一公式对当时的人来说无疑是十分复杂的。直到化学动力学定律在其他研究者的成果中得到充分论述后，人们才认识到他们的研究价值。（戴永发）

马尔科夫尼科夫，B. B.（Марковников, Владимир Васильевич; Markovnikov, Vladimir Vasilevich） 俄国人，1838年12月22日生于俄国克尼亚吉尼诺，1904年2月11日卒于莫斯科。有机化学、物理化学。

官吏的儿子。1856年进喀山大学化学系求学，1860年毕业。留校任布特列罗夫的助手。1865～1867年在德国海德堡大学、莱比锡大学的化学实验室工作。回国后，继任布特列罗夫在喀山大学的化学教授职位。1871年应邀去奥德萨大学讲学。1873年赴任莫斯科大学化学教授，建立新的化学实验室。

一生最主要的成就是发现著名的"马尔科夫尼科夫法则"。由于受到布特列罗夫化学结构理论的影响，1869年发表以"分子中原子的相互影响"为题的论文。1875年从大量实验事实中总结出：在酸和不对称烯烃的碳-碳双键的离子型加成中，酸中的氢总是加到已接有较多氢的碳原子上，例如，$CH_3CH=CH_2+HBr \longrightarrow CH_3CHBrCH_3$。认为叔氢原子和位于羧基的α氢原子比其他位置的氢原子活泼，因而在这些位置上易发生分子氧化断链反应。培养的学生中包括如И. А. 卡布卢科夫、А. Е. 齐齐巴宾等著名学者。

（朱啸宇）

夏尔多内，L.-M.-H. B.（Chardonnet, Louis-Marie-Hilaire Bernigaud, Comte de） 法国人，1839年5月1日生于法国贝桑松，1924年3月11日卒于巴黎。有机化学、化学工程、材料科学、技术发明。

贵族出身，继承伯爵勋位。早年入家乡贝桑松理学院就读。1859～1861年就读巴黎综合工科学校，和法兰西共和国未来总统S. 卡诺特（Sadi Carnot）是同学。原是保皇党人，1883年起脱离政治致力于科学研究，在贝桑松的家中建立了一座宏大的私人实验室。1884年当选为贝桑松科学院院士，1896～1897年任院长。1892年在贝桑松成立夏尔多内人造丝协会。1919年当选为法国科学院院士。

是"人造丝"工艺的先驱者。在工业学校所受的工程师训练，以及杰出同乡L. 巴斯德的工作对他的这一成就很有影响。尤其后者对一种蚕病的一时偏见，促使他考虑"尽可能地模仿蚕"。最终设计出一种工艺过程，使硝酸纤维素溶液从非常细的玻璃毛细管中挤压出形成连续丝。1884年45岁时申请了第一个专利，并向法国科学院递交了有关的学术论文。其后5年又致力降低产品的易燃性。1889年在巴黎世界博览会获大奖。同年在家乡实业家支持下建立工厂。1904年在匈牙利沙特瓦又创办一工厂。20世纪初，他的公司的成功刺激了化工界用另外原料和方法生产"人造丝"的研究，它们后来取代了夏尔多内丝。

他的研究兴趣广泛，研发的课题十分广泛，从暗夜摄影术到电报电话，从紫外线到汽车，应有尽有，也取得了一些成果。（戴永寿）

隆奇，G.（Lunge, Georg） 瑞士人，1839年9月15日生于普鲁士布雷斯劳（今波兰弗罗茨瓦夫），1923年1月3日卒于瑞士苏黎世。无机化学、化学工程。

德国商人的儿子。17岁从大学预科毕业时名列前茅。后进布雷斯劳大学学习自然科学，主攻化学，以优异成绩获博士学位。1860年进入化工行业，最初在一家化肥厂任化学家。1862年自己开办工厂生产氰化钾、氨、铅盐和酒石酸。后来因事业不顺利而到英格兰几家化工厂工作，起初任化学师，以后任经理。创办纽卡斯尔化学学会，建立科学界和工业界之间的联系。1875年被聘为苏黎世化工技术学校教授。后来成为瑞士公民。1907年辞去教授职务但仍从事实验和著书，直到1916年退休。

是当时为数不多的杰出无机化学家之一，生产实践使他有着广泛的技术才能，并成为化工经济这一应用科学方面的专家。著作很多，写了590篇文章和86本书。实验工作的面也很广，几乎涉及到所有的化学工业制造问题。还发明了在制酸工业中用于对流的隆奇板式塔。（龙传欧）

波波夫，A. H.（Попов, Александр Никифоривич; Popov, Aleksandr Nikiforivich） 俄国人，1840年6月生于俄国维捷布斯克，1881年8月18日卒于波兰华沙。有机化学、结构化学。

1865年喀山大学毕业后，在该校教化学。1869年获该校化学硕士学位。同年任华沙大学化学教授。期间1871～1872年在德国波恩大学凯库勒实验室工作。

基本贡献在于发展了一种断裂氧化法（即用$K_2Cr_2O_7-H_2SO_4$作氧化剂），研究有机化合物的化学结构。在1869年的硕士论文中，概括了有关酮类氧化的规则。在酮类氧化中，发现不同烃基对羰基亲合力的次序是C_6H_5和$R_3C>CH_3>RCH_2>R_2CH>C_6H_5CH_2$，在氧化中，羰基仍接在最稳定的烃基上。还指出在烷基苯的氧化中，侧链断裂形成$C_6H_5CH_2$和烷基，它们分别进一步氧化。用此法可以测定侧链结构，用于合成烷基苯类化合物的结构。曾向凯库勒提出，烯烃氧化时按双键位置断裂的重要规则，而凯库勒首先在刊物上发表，所以人们常称为凯库勒规则。

（周志高）

科尔劳施，F. W. G. (Kohlrausch，Friedrich Wilhelm Georg) 德国人，1840 年 10 月 14 日生于德国林特尔恩，1910 年 1 月 17 日卒于马尔堡。电化学、物理化学。

物理学家 R. H. A. 科尔劳施的儿子。先后求学于马尔堡大学、埃朗根大学。1863 年获格丁根大学博士学位。曾任格丁根大学、维尔茨堡大学物理学教授。1888 年任斯特拉斯堡大学教授。1895～1905 年任柏林帝国理工学院院长。1900 年任柏林洪堡大学教授。1895 年被选为柏林科学院院士。1902 年当选为瑞典皇家科学院外籍院士。还是许多国家科学学会的成员。

主要贡献是改用交流电代替直流电来测定电解液的导电率，从而提高了精确度。当用交流电时在电极发生的分解每秒要变向好多次，一旦测量导电率，溶液的变化则降到最小值，同时这使分解的产物并不集中于电极，因而极化现象也最低。还发现导电率随电解液温度的升高而增大，但随浓度变化时则存在一个最大值。在所著的《电解导电的基本定律》一书中指出："在稀溶液中每一电化学元素都有一完全确定的(迁移）阻力，而与这个元素组成的电解质无关。"这一成果对阿列尼乌斯发表的溶液结构的电离理论起了重要作用。

还在弹性、磁性测量以及银的电化学当量测定和物理实验方法等方面有所贡献。另有主要著作《实用物理学导论》(1870 年初版，1901 年第 9 版)、《论水银的电阻》(1888 年）等。 （陶其恒）

格雷贝，K. J. P. (Graebe，Karl James Peter) 德国人，1841 年 2 月 24 日生于德国美因河畔法兰克福，1927 年 1 月 19 日卒于同地。有机化学、染料化学、化学工程、科学史学。

1858 年入卡尔斯鲁厄技术学校，曾先后当过本生、拜耳的助手。1870 年任柯尼斯堡大学化学教授。1907 年任德国化学学会会长。

受凯库勒的影响，致力于苯及其衍生物尤其是醌类的研究。与 C. T. 利贝曼合作研究茜素，用拜耳的锌粉还原法将茜素还原为蒽醌；不久又从蒽醌合成出茜素，并推导出蒽的分子式。茜素的发现可避免使用天然茜草，推动了合成染料工业的发展。继续与人合作，确定了茜素蓝的分子式；从蒽制备吖啶；发现咔唑；指出马休黄是萘醌的衍生物；独立合成出喹啉。还研究其他有机染料，如玫红酸、优呫吨酮与棓黄素等。引入"邻"、"间"、"对"术语来命名二元取代苯化合物。在理论上，对醌中的氧键感兴趣。研究颜色和结构间的关系，提出有色化合物分子中含有不饱和键或不饱和原子。撰写的《有机化学史》只出版了其中的第一卷。 （周志高）

泽恩克，L. (Sohncke，Leonhard) 德国人，1842 年 2 月 22 日生于德国哈雷。1897 年 11 月 1 日卒于慕尼黑。物理化学、晶体学、气象学。

数学教授的儿子。在柯尼斯堡大学学理论物理，1866 年获博士学位。1871 年起任卡尔斯鲁厄理工大学物理学教授，兼任巴登省气象台网主管。1886 年任慕尼黑大学物理学教授。

主要贡献是晶体结构理论，从纯数学出发研究了晶体的内对称性。对布拉维提出的 14 种空间点阵和 32 种对称类型作了深入研究，认为以前的对称性条件是不合理的，提出 2 种新对称要素：螺旋轴和滑动移面。从而发展了 A. 布拉维的晶格理论，得出了全部 230 种可能空间点阵中的 65 种类型。1879 年出版的《晶体结构理论发展过程》，是主要研究成果的总结。

在卡尔斯鲁厄工作期间，主编《巴登山气象站全年连续观察结果》，发表有关气象学论文多篇。以教学出众而著称，培养了许多有建树的后起之秀。

（温敬铨 陈民生）

利贝曼，C. T. (Liebermann，Carl Theodore) 德国人，1842 年 2 月 23 日生于德国柏林，1914 年 12 月 28 日卒于同地。有机化学、染料化学、分析化学、化学工程。

出身棉纺主家庭。1861 年去海德堡大学跟本生学习光谱分析。1863 年转到拜耳的实验室工作，完成炔丙基醚的博士论文。以后作为化学师在一家染料工业公司工作。1867 年重返拜耳实验室，成为拜耳的助手及挚友；同时还在柏林技术学校任教。1870 年任柏林大学讲师。1873 年任柏林高等技术学校化学教授。1868 年成为德国化学学会会员，1870 年后两次出任会长。1869 年结婚，有一女儿。

大部分工作是关于芳香族有机化学。大学时代已开始和格雷贝一起合成茜素。他们的工作表明茜素是由蒽衍生出来的。随着蒽化合物的引入，他制备卤素衍生物，并研究加氢生成物。制备苯酚衍生物，提出蒽是一种环形结构。在研究蒽醌的甲基同系物时，发现存在于大黄中的大黄酸，指出它是甲基二羟基蒽醌，还提出羟基蒽醌是蒽的还原产物。1876～1881 年，根据他所提出的结构式，大多数化合物都能制成。对萘作了广泛研究，为了弄清楚萘的衍生物的置换定位依据，成功地从 α 萘胺制得 β 萘胺，并制得惹烯、萉和苉。由此开始研究有色凝聚芳香族；对一些人工和天然颜料进行比较研究。对光谱分析也有兴趣，由此研究色彩和植物中分子组成的关系。从 1868 年从事茜素研究起，就企图把化合物结构和它的颜色结合起来，对形成彩色的化学机理作了探讨。写了 350 多篇论文。1906 年获珀金奖。 （汪天伟）

拉登堡，A. (Ladenburg，Albert) 德国人，1842 年 7 月 2 日生于德国曼海姆，1911 年 8 月 15 日卒于布雷斯劳（今波兰弗罗茨瓦夫）。有机化学、分析化学、化学工程。

1860年在海德堡大学受本生和基尔霍夫讲演的激励，决心投身化学，3年后获博士学位。曾与凯库勒、武尔兹等人共事过。1889年起任布雷斯劳大学教授。是柏林科学院院士，法国科学院外籍院士，伦敦化学学会荣誉会员。

是有机硅和锡化合物研究的开拓者。曾致力探索当时的碳化合物新理论是否适用于无机元素及其化合物，合成出多种有机硅和有机锡化合物。对芳香族化合物结构理论的发展也有很大贡献，曾根据苯的1、2-位与1、6-位及1、3-位与1、5-位是等同的实验事实，批评了凯库勒的结构式，提出自己的棱柱苯等；之后又根据苯的6个碳都是等同的，指出当时尚无一种苯的结构式符合所有实验结果。一生的主要贡献是阐明生物碱的结构和生物碱的合成，研究过颠茄碱及其衍生物，首次合成及分离α，l-毒芹碱，并证明右旋碱与天然的完全一致。 （温敬铨）

蒂尔登，W. A. (Tilden, Sir William Augustus) 英国人，1842年8月15日生于英国伦敦，1926年12月11日卒于同地。有机化学、物理化学。

早年随家庭迁居，在好几个地方受过教育。1857年跟药剂师奥尔欣（A. Allchin）学习，在其鼓励下开始钻研化学。曾到英国皇家化学学院学习过。1863年起在英国药学学会任示教员9年。同时在伦敦大学攻读，1868年获学士学位，1871年获博士学位。1872年到克利夫登学院任教。1880年任梅森学院化学教授，兼任化学研究所所长。1894年任伦敦大学皇家理学院化学教授。1909年作为伦敦大学帝国理工学院荣誉教授退休。同年受封为爵士。1880年被选为英国皇家学会会员。曾任英国化学学会会长。

在整个研究生涯中，不断地致力于萜的研究。根据萜的亚硝基衍生物，把萜烯分成三类：α-蒎烯、萜二烯和枞萜，并测定它们的结构。通过对萜烯热分解的研究，得到萜的结构单元异戊（间）二烯。还对比热和原子量的关系发生过兴趣，测定过许多金属的比热，发现它们是温度的函数。1905年获戴维奖章。

（李 邨）

杜瓦，J. (Dewar, Sir James) 英国人，1842年9月20日生于英国苏格兰金卡丁昂福斯，1923年3月27日卒于伦敦。分析化学、物理化学、低温物理学、化学工程。

家中6个男孩中最幼者，15岁丧双亲。10岁时因风湿热致残，在两年恢复期内学会小提琴制作技术，自言对后来的实验技巧颇有裨益。1858年进爱丁堡大学学习，对自然科学发生兴趣，留校任实验室助手。后赴德国根特大学留学。1875年任剑桥大学实验自然科学教授。1877年任英国皇家学院化学教授，直至去世。是英国化学工业学会、英国政府炸药委员会、皇家伦敦供水检验委员会成员。1897年任伦敦化学学会会长。1902年任英国科学促进协会主席。1877年当选为英国皇家学会会员。1904年被册封为爵士。

是杰出的实验科学家。1867～1877年研究课题十分广泛，涉及物理、化学和哲学。提出苯、吡啶和喹啉的结构式；提出的7种苯结构式包括凯库勒的结构式和对角线结构式（称杜瓦苯）。1889年与阿贝尔（F. Abel）发明无烟火药。

低温学是其一生最主要的研究领域，始于1877年。经多年不懈努力，1898年成功地液化氢，接着又制得固态氢，使最低温可达13K。1892年发明真空夹套烧瓶。这是在低温下保存和处理物料最重要的装置。嗣后利用木炭在88K下吸附气体能力急剧增加的性质，制成目前广泛使用的、夹套内加木炭和金属取代玻璃的杜瓦瓶。

是研究极端低温对物质性质影响的先驱者。先后测定过所有液化气体的性质，低温下物质的化学反应性；研究极端低温对材料磷光、颜色和强度，对金属羰基化合物行为，镭放射和镭吸留气体等的影响。与人合作测定温度-电阻曲线，发现任何纯金属在接近绝对零度时电阻将消失；获得许多金属、合金在200℃～−200℃传导、热电、磁导率和介电常数的数据。光谱学和低温量热计也是其广泛研究过的领域。

获英国皇家学会1894年朗福德奖章、1909年戴维奖章、1916年科普利奖章，1899年美国史密森学会第一枚霍金斯金质奖章，1904年法国科学院拉瓦锡奖章，1906年意大利科学协会马图奇奖章，1908年英国皇家工艺、制造与商贸协会艾伯特奖章，1919年美国富兰克林奖章。 （戴永寿 温敬铨）

缅舒特金，H. A. (Меншуткин, Николай Александрович; Menshutkin, Nikolay Aleksandrovich) 俄国人，1842年10月24日生于俄国圣彼得堡，1907年2月5日卒于同地。分析化学、有机化学、物理化学、科学史学。

1862年毕业于圣彼得堡大学，1869年获得博士学位。后被母校聘为教授。1902起担任圣彼得堡工学院教授。

1869年3月受门捷列夫委托，在俄罗斯化学会上宣读了有关元素周期律基本观点的论文。1887年起研究溶剂对化学反应速率的影响；研究液相中有机酯化作用和取代反应的动力学，取得十分显著的成绩。是一位出色的教授，所著的《分析化学》教科书被采用达数十年之久，并翻译成英、德文字出版。是最早以俄罗斯语言编著化学史的科学家。1904年获罗蒙诺索夫奖金。 （池贵法 朱啸宇）

霍斯特曼，A. F. (Horstmann, August Friedrich) 德国人，1842年11月20日生于德国曼海姆，1929年10月8日卒于海德堡。物理化学、无机化学。

早年先后就读于海德堡大学、苏黎世大学和波恩大学。1865年在海德堡大学获博士学位。后在该校任理论化学教授，直至去世。

1869年发表“氯化铵的蒸气压及汽化热”一文，

对理论化学作出了贡献。他注意到氯化铵在升华时其分子分解为氨和氯化氢，并从实验发现氯化铵的蒸气压强与其他液体的蒸气压强以同样的方式随温度增加，于是应用克劳修斯-克拉珀龙方程计算氯化铵的汽化热，发现在实验误差范围内计算值比实验值小，其差恰好等于氨与氯化氢的化合热，这说明此变化能够看成两个独立过程的和。后来将这种分析推广到氢氧化物和碳酸盐。（谈漱梅）

克拉森，A.（Classen，Alexander） 德国人，1843年4月13日生于德国亚琛，1934年1月28日卒于同地。分析化学、电化学、仪器研制。

出身富裕家庭。曾任亚琛工业大学分析化学教员，1883年任无机化学教授，1894年任电化学研究所所长，直到1914年退休。

主要贡献是电引力分析。在前人观察到电流的化学效应的基础上，首先进行了透彻的电沉积研究，使之成为标准的分析方法。在线路中引进测量装置，以及用蓄电池代替原电池，首先发现温热溶液电介的好处，从而发展了快速电解法。由他领导的电化学研究所变成了该领域的国际中心，为世界各地的技术人员举办专门的电引力分析班。主要著作是《电解定量分析法》。（周申范）

阿布尼，W. de W.（Abney，William de Wiveleslie） 英国人，1843年7月24日生于英国德比，1920年12月2日卒于福克斯通。物理化学、摄影化学、光谱学、天体物理学、技术发明。

出身牧师家庭。从皇家军事学院毕业后，随皇家工兵团在印度服役。几年后因病回国。1869年在查塔姆军事工程学校当电报学教员的化学助手，得以继续钻研从少年时代起就发生兴趣的摄影术。1877年成为督学。是英国皇家学会会员。还是英国皇家摄影学会、英国皇家天文学会、伦敦物理学会的会员，担任过这些学会的会长。1900年册封爵士。

1870年出版他的第一本书《工程师化学》。1871年出版《摄影术指南》，很快成为标准教科书。是照相成像的定量感光度测定技术的开拓者。1874年12月到埃及观测金星凌日，并拍摄了照片。在为考察作准备时，发明了一种干燥的照相感光乳胶，当时这种乳胶被广为应用。还推荐用氢醌作显影剂。

后来对光谱学发生兴趣。1877年首先提出：快速绕轴旋转的星球可从它的光谱中加宽的谱线来检测。发明了能感受红光的乳胶，并于1882年用它做了首批有机分子结构分析。1887年又拍摄了首批太阳的红外光谱。1888年在海平面上、1894年在瑞士阿尔卑斯山上，他做了太阳光穿过大气时的变化研究。1882年因在光谱学和摄影化学方面的成就，被授予朗福德奖章。（李　郁）

巴布科克，S. M.（Babcock，Stephen Moulton） 美国人，1843年10月22日生于美国纽约州布里奇沃特，1931年7月1日卒于威斯康星州麦迪逊。农业化学、食物化学。

1866年获塔夫特学院文学士学位。随后在伦斯勒工学院学工程，因父亲去世而停学。但很快又在康奈尔大学学习化学。1875年成为该校化学讲师。1877年赴格丁根大学当研究生，1879年获博士学位。同年恢复在康奈尔大学的讲师职位。1882年任日内瓦-纽约农业试验站主任化学师。1888年任威斯康星农业试验站主任化学师。同时任威斯康星大学农业化学教授。担任这两个职务直至1913年作为荣誉教授退休。

因在1890年发明的测定牛奶中的乳脂含量的实验方法而著名，这种方法后来被称为“巴布科克检验法”。采用这种方法，有效地防止了牛奶掺假，保证了乳品生产的质量。1900年同H. L. 罗素（Harry L. Russell）一起发展了乳酪的冷冻加工处理工艺。1907年和其他同事用试验证实：来自不同作物的化学上相似的饲料，具有不等价性生物活性。（李　郁）

阿特沃特，W. O.（Atwater，Wilbur Olin） 美国人，1844年5月3日生于美国纽约州约翰斯堡，1907年9月22日卒于康涅狄格州米德尔敦。农业化学、营养学、科学管理。

1865年获农业化学学士学位。后进耶鲁大学设菲尔德理学院读研究生，1869年获韦斯利安学院博士学位。随后去莱比锡大学和柏林大学进行两年博士后研究。回国后，先后在田东纳西大学、缅因州学院短期任教。1873年起任韦斯利安学院化学教授，直至去世。期间1875～1877年曾指导设在米德尔敦的美国第一个农业试验站的工作。后来当过2年美国农业部试验所所长。

把量热法从欧洲引进到美国的生理学和营养学研究中。但对美国科学发展的主要贡献是在组织和管理方面，特别是为建立试验站研究的科学标准所作出的努力。（李　郁）

威利，H. W.（Wiley，Harvey Washington） 美国人，1844年10月18日生于美国印第安纳州肯特，1930年6月30日卒于华盛顿。农业化学、食物化学、科学管理。

早年在家接受父亲的基础教育。1867年获汉诺威学院文学士学位。1871年获印第安纳大学医学院医学博士学位。1873年获哈佛大学劳伦斯理学院理学士学位。1874年任普渡大学化学教授。1883年被任命为美国农业部化学局局长。是1884年成立的美国公职农业化学家协会创始人之一。曾两次担任美国化学学会会长。

1902年领导化学局进行食品中各种化学添加剂对

人体生理影响的研究。虽然美国国会于1906年通过了食品和药物法令，但是由于工业界及其代理人的阻挠，他们的研究当时并未取得多少实际效果。是一位著名的分析化学家，擅长糖化学及其工艺学。非常关心农业化学和食品化学分析的发展。（张京京）

索普，T. E.（Thorpe，Thomas Edward） 英国人，1845年12月8日生于英国曼彻斯特附近，1925年2月23日卒于索尔科姆。无机化学、物理化学、科学史学。

棉花商的儿子。1863年进曼彻斯特大学欧文斯学院学化学。毕业后到海德堡大学跟本生进行研究，获博士学位。随后又去波恩大学跟凯库勒从事研究工作。1870年任格拉斯哥大学安德森学院化学教授。1874年任利兹大学新约克郡理学院化学教授。1885年成为伦敦大学皇家理学院（帝国理工学院前身）化学教授。1894～1909年任国立实验室主任。1909年回到帝国理工学院，3年后辞职。

以编著教科书和化学史研究闻名。在无机化学领域也有重要贡献。发现硫代磷酰氯（$PSCl_3$）、磷酰氟（POF_3）和五氟化磷（PF_5）。测定一些元素的原子量。对临界温度、粘度以及液体的克分子体积进行了广泛研究。对氢氟酸蒸气密度的研究，揭示了在较低温度时它是聚合物。（李　郇）

雷姆森，I.（Remsen，Ira） 美国人，1846年2月10日生于美国纽约，1927年3月4日卒于加利福尼亚州卡梅尔。有机化学、高等教育管理。

1867年获哥伦比亚大学医学院硕士学位。后去慕尼黑大学在李比希指导下研究化学。1867年秋转到格丁根大学工作。1870年因成功研究胡椒酸和氧化胡椒酸结构而获哲学博士学位。1876年到约翰斯·霍普金斯大学任化学教授。1879年创办美国《化学》杂志，并任主编至1911年。1901年任约翰斯·霍普金斯大学校长，1913年以名誉教授和名誉校长退休。

在德国蒂宾根大学作博士后研究时，独立地完成邻-和对-甲苯磺酸的氧化实验，从而引出了雷姆森定律：在苯环上加入了邻位官能团，使对甲基、对乙基和对丙基不受硝酸或铬酸的氧化。在约翰斯·霍普金斯大学提出成功的实验教学法，对美国的化学教学产生了深远影响。（周申范）

勒贝尔，J. A.（Le Bel，Joseph Achille） 法国人，1847年1月24日生于法国下莱茵省佩切尔勃朗，1930年8月6日卒于巴黎。有机化学、结构化学。

当地石油业经营者家庭出身；前半生自己也积极参与家族经营。早年就读于巴黎综合工科学校，任濆发现者巴拉尔的助手。1873年进武尔兹实验室工作。1889年他出卖其石油股份，退休去巴黎专心致志地从事个人感兴趣的研究。1892年任法国化学学会会长。由于人事矛盾，直到1929年才成为法国科学院院士。

1874年，他和范特霍夫分别在法国和荷兰几乎同时独立发表有关有机化合物的立体化学与光学活性关系的论文。当时的结构理论虽能很好解释多种类型异构现象，但完全无法解释旋光异构。他们的理论出现势在必行，促进了有机化学的进一步发展。

L. 巴斯德在1848～1853年间发现，具有旋光性的晶体与它的镜像必定是不能重合的。这一思想一直没有扩展到分子结构，在F. A. 凯库勒提出以碳是四价的来解释有机化合物结构后还是如此。1874年勒贝尔从巴斯德的观点，而范特霍夫从凯库勒的理论分别得出与4个不同基团相连的碳，即不对称的碳化合物一定存在两个互为镜象、旋光性彼此相反的异构体。他们不但应用上述理论解释了许多存在和不存在这种异构的情况，而且预言当时还没有制得的有旋光异构的化合物，即使没有不对称碳原子也可能有旋光异构体的存在，例如某些丙二烯衍生物。以后，范特霍夫把研究重点转向物理化学，而他继续有机化学的研究。1891年确信自己已找到五价氮化合物存在旋光异构体的证据。以后英国的W. J. 波普确证有这种异构现象存在。晚年主要从事古生物学和哲学的研究。（蒋尚智）

瓦拉赫，O.（Wallach，Otto） 德国人，1847年3月27日生于普鲁士柯尼斯堡（今俄罗斯加里宁格勒），1931年2月26日卒于格丁根。有机化学、萜烯化学、植物化学。

出身律师家庭，父亲是普鲁士王国官员。童年在波茨坦中学上学，开始对化学和艺术史感兴趣。1867年春进格丁根大学，1868年在H. 许布纳（Hans Hübner）指导下获博士学位，论文内容是甲苯系列中的异构现象。1870年春应邀到波恩大学当凯库勒的实验室助手。1889年任格丁根大学化学院院长，直至1915年退休；实验工作则一直延续到80岁。成为许多大学和科学协会的名誉成员。

一生最大的成就是：创立了一种实验方法制备提纯天然有机产物，并藉此确定了整个萜烯类的结构。系统地制备提纯萜类化合物；发现亚硝酰氧可以和萜类化合物发生加成反应；准确地区分各种化合物，然后集中精力确定它们之间的相互关系，而把合成和测定其结构的工作留给后人。为此细心分馏获得纯物质，再用一系列比较简单的试剂研究其反应。1879年开始致力于植物天然精油的研究。1895年与他人一起测出α-萜品醇的结构，后来萜烯化学成为有机化学的重要分支，并迅速扩展到生物学领域。

总计发表126篇论文。1909年出版《萜和樟脑》

一书，这是对萜类化学的总结。他的工作得到了广泛的承认。由于在萜类化合物方面的开创性研究，获1910年诺贝尔化学奖。（陶其恒）

斯普林，W. V.（Spring，Walthère Vector） 比利时人，1848年3月6日生于比利时列日，1911年7月17日卒于蒂尔夫。*无机化学、物理化学、日用化工、仪器研制。*

教授的儿子。早年因考大学未录取而离家当工人。1867年考入列日大学矿物系，1872年毕业获工程师证书。后在波恩大学凯库勒指导下研究有机化学，跟随克劳修斯研究物理学。1875年返回列日大学，1876年任有机化学助理教授，1880年任教授。1877年被选为比利时皇家科学院通讯院士，1884年为名誉院士，1899年任院长。1884～1906年兼任比利时军事学院考试委员会终身委员。

早期研究多硫酸化合物的分子结构。但最重要的工作是物理化学。发现硝酸钠、硝酸钾甚至锯屑在承受很高压力时不但会变硬，并能变为具有奇异性能的高密度固体物质的现象，从而开创了研究压力对相平衡、化学平衡、固体化学反应的影响及其应用。制成测定纯水和纯水颜色的仪器，发现水的天然色是纯天蓝色的。还研究过肥皂溶液，发现它对污物有更强烈的吸附性，可开发液体肥皂作强力去污剂。（周申范）

阿姆斯特朗，H. E.（Armstrong，Henry Edward） 英国人，1848年5月6日生于英国伦敦，1937年7月13日卒于同地。*有机化学、教育学。*

1865年入读伦敦皇家化学学院，是A. W. von霍夫曼和E. 弗兰克兰的学生。后去德国莱比锡大学师从A. W. H. 科尔贝，1870年获博士学位。同年回国在伦敦大学执教，担任过多年化学教授。28岁成为英国皇家学会会员。还当过伦敦化学学会的秘书长、副会长和会长。

主要研究萘的衍生物、萜烯类化合物和樟脑，以及有机化合物颜色的醌型学说。尖刻地批评过电离理论。总共发表过250多篇论文，其中许多是同学生合作的；主要著作有《科学方法的教学和关于教育的论文》(1903年初版、1925年再版）和《化学的原理和艺术》(1927年）等。（李　郇）

蒂曼，J. C. W. F.（Tiemann，Johann Carl Wilhelm Ferdinand） 德国人，1848年6月10日生于德国吕伯兰，1899年11月14日卒于奥地利梅兰(今意大利梅拉诺)。*有机化学、化学工程。*

曾在不伦瑞克工业大学学习化学和药物学。1870年进柏林大学，在A. W. von霍夫曼指导下研究化学，毕业获博士学位。留校任教，1878年任讲师，1882年晋升教授。1882～1897年任《德国化学学会会志》主编。

1870年发表胍、三硝基甲苯和二氨基甲苯衍生物的研究结果，以及二硝基苯甲酸和三硝基苯甲酸的研究工作。1873年第一个进行水的纯化和分析研究。1874年与人合作，将松柏甙在酸性条件下氧化得到香草醛。最突出的贡献是：1876年与K. L. 赖默(Karl Ludwig Reimer）合作，将邻甲氧基苯酚、氯仿与氢氧化钠水溶液一起加热制得香草醛。后来他们推广了这一反应，使之成为合成酚醛的普遍适用的方法，即有机化学中著名的赖默-蒂曼反应。1891年研究出从丁子香酚经重排、乙酰化与支链氧化，然后进行水解的工业生产香草醛的方法。此外，合成咖啡酸；发现紫罗酮；阐明葡糖胺的结构；还对萜类进行广泛的研究。是一位深受欢迎的优秀教师。与学生一起发表过许多羟基醛及其有关化合物的论文。（周志高）

迈尔，V.（Meyer，Victor） 德国人，1848年9月8日生于德国柏林，1897年8月8日卒于海德堡。*有机化学、高温化学、立体化学。*

起初想当演员，但在家庭影响下先在柏林大学后在海德堡大学学化学，经本生、科普等名人指点，很快学完所有化学课程，18岁获得博士学位。后来当了一年本生的助手，为政府分析巴登矿泉水。1868年由本生推荐，到柏林工学院拜耳实验室工作3年；1871年24岁就任教授。1873年去苏黎世大学任教多年。最后返回海德堡大学接替本生职务，直到去世。是普鲁士柏林科学院院士，德国化学学会会长。1880年以后长期生病，1897年夏因神经疼痛难忍而服毒自杀。

1870年发明一种合成芳香酸新方法。1872年关于硝基烷研究首次引起广泛注意。发现制备硝基烷的一般方法；首创硝肟酸与假硝肟结构式；研究大量有机氮化物，其中最重要化合物是肟类，并指出该分子结构。1878年发明水气密度法，此法和迈尔研制的仪器至今仍在使用。还从事高温化学研究，1885年出版这方面专著。1894年发现游离的有机碘化物。对立体化学也有突出贡献：提出位阻理论，指出有机化合物中的大型取代原子团，由于它们很大而阻碍相邻碳原子参加反应。一生发表300篇论文。（沈德阶）

鲍姆豪尔，H. A.（Baumhauer，Heinrich Adolf） 德国人，1848年10月26日生于德国波恩，1926年8月1日卒于瑞士弗里堡。*无机化学、元素化学、矿物学、晶体学。*

是石印工和业主的儿子。在波恩大学受凯库勒指导学习化学，1869年获得学位。1873年在格丁根大学学习一年，并在3个学校短期任教。后在威斯特伐利亚的吕丁豪森农业学校任化学教师，直至1896年。同年被早期的弗里堡大学任命为该校第一任矿物学教授，前10年兼教无机化学。

1870年撰写原子量与元素性质间关系的短论，提出螺旋形排列的周期表。1884～1885年，出版无机化学、有机化学和矿物学方面的教科书。还出版过晶体学通俗著作。最出名的研究是：用不同溶剂在晶面上生成浸蚀图以确定晶体的对称。后来成为当时礦盐(含硫酸的盐）研究方面的权威。（楼书聪）

米尔，M. M. P.（Muir，Matthew Moncrieff Pattison） 英国人，1848 年 11 月 1 日生于英国苏格兰格拉斯哥，1931 年 9 月 2 日卒于英格兰埃普瑟姆。*无机化学、物理化学、科学史学。*

商人的儿子。先在格拉斯哥大学学习化学，因普法战争而未完成学业。1877 年起一直在剑桥大学康维尔与凯厄斯学院任职。1880 年获名誉文科硕士学位。1881 年成为该学院评议员，兼任凯厄斯实验室主任。1908 年退休专门从事著书。

1876～1888 年主要研究有关铋化合物，并与学生合作发表 18 篇论文。对教学和著书比实验更有兴趣，讲课非常出色。主要著作有《化学原理》（1884 年初版，1889 年第 2 版）和《热化学基础》（1885 年）等；翻译奥斯特瓦尔德有关溶液的著作；参与修订瓦茨的《化学辞典》。在撰写著名化学家传记过程中，对研究化学史产生兴趣，并在此领域中作出其一生中最大的贡献，撰写的《化学理论和定律的历史》（1907 年）是化学史研究的经典著作。（刘第蜀）

克达尔，J. G. C.（Kjeldahl，Johann Gustav Christoffer） 丹麦人，1849 年 8 月 16 日生于丹麦贾格普里什，1900 年 7 月 18 日卒于齐斯维勒莱厄。*分析化学、有机化学、食物化学、仪器研制。*

毕业于哥本哈根技术学院。留校任教，1876 年任卡尔斯伯格实验室主任，1876～1900 年任该校化学系主任。1890 年被选入丹麦科学学会。

以测定有机化合物中氮含量的“克达尔法”而闻名。自 1786 年贝托莱发现有些物质含氮以后，发明了数种氮的测定法，但均不实用。为研究啤酒发酵过程中蛋白质的转换，他开始氮测定法的研究，发现在浓硫酸中高锰酸钾可以将有机体中的氮定量地转换成氨，生成的氨可用容量法测定。以后又以加入磷酸来分析那些用原来方法不能分析的含氮化合物。1888 年发明的“克达尔氮量瓶”进一步简化了分析操作，至今仍被采用。还研究过糖生成酶，发现大麦中的多糖。（温敬铨）

瓦格纳，E. E.（Vagner，Egor Egorovich） 俄国人，1849 年 11 月 30 日生于俄国喀山，1903 年 11 月 27 日卒于波兰华沙。*萜类化学、有机化学、结构化学。*

是扎伊采夫（A. M. Зайиев）和 A. M. 布特列罗夫的学生，1874 年毕业于喀山大学。留校任教。1882 年在诺沃-亚历山大农学院任化学教授。1886 年在华沙大学任教授。

萜类化学的奠基人之一。主要研究天然的单环和双环萜类，研究脂环化合物的合成与性质。1882～1888 年创立瓦格纳氧化法，即用稀高锰酸钾水溶液测定有机分子中烯键的数目与位置。由于这一简单而有效的方法，使人们才能在 19 世纪研究复杂不饱和有机化合物的结构。在确定苧烯及其酸性衍生物的分子结构后，他澄清了更困难的蒎烯结构问题，纠正了蒎醇、萜烯、萜品醇、莰烯、异冰片、香芹酮、葑酮等结构式，这些结构式过去往往是错误的。在研究并发现萜系烃类与其酸性衍生物和卤素衍生物之间的衍化关系后，确立了萜类的许多反应方法。对莰烯一级重组的发现，在理论有机化学发展中具有重要意义。后来，H. 梅尔魏因（Hans Meerwein）详细研究了这个重组反应，发展为瓦格纳-梅尔魏因重排反应。瓦格纳根据结构与化学特性来合理分类萜类的建议，已在现代化学中得到采用。（周志高）

斯克洛普，Z. H.（Skraup，Zdenko Hans von） 捷克-奥地利双重国籍，1850 年 3 月 3 日生于奥匈帝国布拉格（今属捷克），1910 年 9 月 10 日卒于奥地利维也纳。*有机化学、药物化学。*

出身音乐家之家，但喜欢化学。1866～1871 年就读于布拉格技术大学。毕业后暂短留校和在一家陶瓷厂工作，1873 年供职于维也纳铸币厂。1875 年获吉森大学哲学博士学位。1879 年在维也纳大学通过博士论文，1881 年获第三个博士学位。同年任维也纳商学院教授。1886 年任格拉茨工学院化学教授。1887 年任格拉茨大学化学教授。1906 年任维也纳大学教授。

最大的兴趣是研究奎宁生物碱，这是对医学和结构化学都很重要的一个研究领域；最杰出的科学贡献是：用苯胺同甘油与硝基苯在硫酸存在下一起加热合成氮杂萘：$2C_6H_5NH_2+C_6H_5NO_2+C_3H_8O_3 = 3C_9H_7N+11H_2O$。这一发现大大推动了氮杂萘系列中杂环化学的发展。（周申范）

多埃尔特，C. A. S.（Doelter，Cornelio August Severinus） 奥地利人，1850 年 9 月 16 日生于波多黎各阿罗约，1930 年 8 月 8 日卒于奥地利科尔布尼茨。*物理化学、放射化学、矿物化学。*

1865 年随父去巴黎进圣路易大学预科。1866 年转入波拿巴大学预科，1869 年获学士学位。同年入巴黎中央高等工艺与制造学校。1870 年秋进入德国弗赖堡大学。1871 年春转入海德堡大学学习化学、物理学和地质学，指导老师有本生、克莱因（J. F. C. Klein）和贝内克（E. W. Benecke），1872 年获博士学位。后于维也纳大学在休斯等人指导下学习。1873 年任奥地利帝国测量部实验室助理。1875 年取得维也纳大学讲师资格。1876 年任格拉茨大学矿物学、岩相学编外教授。长期在格拉茨的施蒂里亚自然科学协会任编辑，1892 年任会长。1902 年成为维也纳科学院通讯院士，1928 年为院士。

著名实验化学家，坚持用实验来证实所有的假设。改进了弗里德尔（C. Friedel）的压力容器，并用液态和固态二氧化碳获得高压。1890 年研究脱水沸石的吸水性能；同年研究硅酸盐在水中的溶解度；1905 年对熔融物质原子核子数量的计算、结晶力和粘度测量等问题进行了研究。还关心宝石学，特别是矿物色彩成因的研究。1896 年开始研究伦琴射线对矿物的影响，其后还研究镭射线和紫外线对矿物的影响。1905 年在莱比锡出版《物理化学矿物学》一书，并和J. H. L. 沃格特一起成为这一新学科分支的创始人。1906年在不伦瑞克出版《岩石发展》一书，它是当时的名著。所撰约200篇论文以及和学生合写的论文，为现代矿物化学和岩相学提供了重要的实验基础。（戴永寿）

勒沙特列，H. L.（Le Châtelier, Henry Louis） 一译勒夏特列。法国人，1850年10月8日生于法国巴黎，1936年9月17日卒于伊泽尔省米里贝勒莱塞谢勒。物理化学、金属化学、化学工程、仪器研制、技术发明。

父亲出身科技世家，是从事矿业、铁路的工程师；母亲出身艺术世家。他先进入巴黎军事学院，不久就转入洛林学院，1868年获理学士学位。因普法战争而中断学习，战争期间在部队任中尉。1871年复学进入矿业学校。1873年毕业后用几年时间外出考察，主要在北非地区。1875年在贝桑松担任采矿工程师。1877年先后任矿业学校普通化学教授工业化学冶金学教授。1887年获物理与化学专业理学博士学位。同年任法兰西学院化学系主任，直至1908年。1907年在巴黎大学任普通化学教授，1925年退休成为荣誉教授。1907年被任命为法国政府矿业总监。同年当选为法国科学院院士。1916年任美国国家研究委员会顾问。获许多大学授予的荣誉博士学位。

1887年发表关于水泥的著作作为他的博士论文，这一著作被视为无机化学的经典之作。在研究硅酸的过程中使用了较高的温度，但测量高温十分困难。他经过一系列研究发现：铂和铂-铑合金组成的热电偶能够给出准确重复的测量结果。还引用萘和硫的沸点以及锑、银、铜、金和钯的熔点来作为标定热电偶的标准点，使热电偶成功地用在所有高温工作中。同时还研制了光学高温计。

1882年由于一系列严重的矿井事故，法国政府要求矿业学校研究事故的原因。他和马拉德（Mailard）一起研究可燃气体与空气混合物的燃烧作用，研发氧炔吹管及在焊接上的应用。他们第一次测定在高温下一系列气体的比热，以后证明这些对研究工业炉中的燃烧十分有用。与此同时，他对矿工的安全灯作了许多改进。并与马拉德一起开发某些更安全的炸药。他开始把早期的研究应用于高炉中的反应，发现一氧化碳是由碳和二氧化碳的逆反应生成的，而氧化铁在其中起了催化剂作用。此外，研究高温下的硅酸盐和气体燃烧以及高炉反应。

后对化学反应中平衡所需条件发生兴趣。总结了这些现象，1888年发表后来以他的名字命名的“勒沙特列原理”：每一个平衡因素的变化引起系统的重新平衡，这种新平衡使变化了的因素向尽量减小这种改变的方向移动。这一原理又称化学平衡的稳定性原理。研究各种混合气体的性质，特别是研究在铁催化剂存在下，氮气和氢气合成氨的反应。在进行此项实验时，由于混合气体中含有少量空气引起爆炸，被迫中断研究。1905年由哈伯完成合成氨的工业化生产工艺。对热力学也很有兴趣，发现J. W. 吉布斯的研究对数学应用于化学具有十分重要的意义。

还研究某些矿物中的同质异构体。设计了一种膨胀计，有效用于研究矿体随温度上升的膨胀，膨胀计揭示了石英不是随温度均匀膨胀，在它的膨胀曲线上某一确定温度下会出现一个断点。这相应于不同的固质异构体的形成。从而把使用物理方法决定化学变化的思想应用于对金属、特别是合金的研究中。1895年指出：对于合金研究分成这样两个部分：一部分是决定化学状态，包括金属互化物的形成、固态熔解和同素异形体；另一部分是物理状态，也就是合金中各类晶体的排列。

在第一次世界大战期间，致力于军事工程，对弹壳的热处理研究有所贡献。始终对科学组织工作有兴趣，尤其关于工业方面的应用，出席过许多研究工业问题的国际会议。晚年从事哲学及社会问题研究。几乎所有的法国科学技术协会以及波兰、俄国、英国、美国等许多国家都授与他奖章和荣誉。（汪天伟）

克莱森，R. L.（Claisen, Rainer Ludwig） 德国人，1851年1月14日生于德国科隆，1930年1月5日卒于莱茵河畔波恩附近戈德斯贝格。有机化学、物理化学。

法学家之子。1869年进入波恩大学学习化学和物理学。1870～1871年普法战争停学，应征入伍当卫生兵；在格丁根大学听托伦斯（Tollens）讲授有机化学。1872年返回波恩大学，在凯库勒实验室工作；1874年获博士学位，在该校任教至1882年。1882年在英国曼彻斯特大学欧文斯学院任教。1886年在慕尼黑大学拜耳的实验室工作。1890年任亚琛技术学院教授。1897年任德国基尔大学编外教授。1904年在柏林大学E. 费希尔实验室工作，1907年退休。后在戈德斯贝格建立自己的实验室，继续从事有机合成的研究，直至1926年。

早期对凝固反应很感兴趣，1887年发明一种所谓克莱森的酮酯与1，3-二酮合成凝固法。利用氢氧化钠、氯化氢、乙醇钠作为凝固剂，并发现腈类和羰络类均可凝固。对认识互变异构现象作出过很大贡献。1912年开始研究丙烯芳基醚转化成苯酚的重排作用。1926年发表关于重排作用机理研究的论文。这是发表的126篇论文中的最后一篇。（戴永发）

朔特，O. F.（Schott, Otto Friedrich） 德国人，1851年12月17日生于德国维滕，1935年8月27日卒于耶拿。无机化学、应用化学、化学工程。

父亲是威斯特伐利亚一家玻璃厂的股东，生产窗玻璃。他18岁时自愿到化学厂工作。1870～1873年先后在亚琛技术学院、维尔茨堡大学、莱比锡大学学

习化学和化学工艺学。由于找到解决窗玻璃疵点的生产技术，1875 年以相关论文在耶拿大学获博士学位。同年奉命作为工业化学家去英国和法国考察研究。1877～1878 年在奥维耶多和西班牙开设碘剂和硝石工厂。1880 年负责两家西班牙玻璃厂的改造。1883 年与阿贝、C. 蔡司（Carl Zeiss）等人合作，在耶拿大学建立斯各特玻璃技术联合实验室；后成为耶拿玻璃制造厂，该厂从 1919 年起归属蔡司基金会，1926 年从该处退休。

1879 年 5 月熔炼出锂玻璃，并请 E. 阿贝测试光学性质。1881 年熔制出一大批不同光学性质和等级的玻璃样品。率先研制出的标准玻璃 16Ⅲ（温度计玻璃，1884 年）、超级玻璃（1890 年）、透紫外线玻璃（1903 年）和仪器玻璃（1920 年）等品种，赢得了市场和世界声誉。（陈民生）

安许茨，R.（Anschütz，Richard） 德国人，1852 年 3 月 10 日生于德国达姆施塔特，1937 年 1 月 8 日卒于同地。物理化学、有机化学。

在海德堡大学读书时先学习工程学，一学期后改学化学。后师承 A. 凯库勒，1874 年获波恩大学博士学位。留校化学研究所当凯库勒的助手，1889 年任助理教授，1898 年凯库勒去世后继任教授兼化学研究所所长。第一次世界大战期间，任波恩大学校长。1922 年退休后，进行传记研究。

成功地把物理方法同化学合成相结合，作为确立化学结构的手段。是真空蒸馏法的倡导者；研究过顺式和反式丁烯二酸的异构现象；研究过草酸及其衍生物；用减压蒸馏分离一些新的草酸酯；用二硫化碳作溶剂，研究氯化铝和芳香烃反应时环上烷烃支链的转移，成功地阐明氯氧化磷同水杨酸的反应；证实酒石磺是吡唑啉的衍生物，而不是像齐格勒（Ziegler）所设想的是脎。（李　邨）

吉塞尔，F. O.（Giesel，Friedrich Oskar） 德国人，1852 年 5 月 20 日生于德国西里西亚地区温兹格，1927 年 11 月 14 日卒于不伦瑞克。有机化学、放射化学、植物化学、化学工程。

1872～1874 年在柏林皇家工学院学习。1876 年获格丁根大学博士学位。毕业后在不伦瑞克一家生产奎宁厂工作。1903 年与 1916 年分别获得名誉教授与荣誉工程学博士学位。因研究镭而死于辐射诱发的肺癌。

是一位有机化学家。和 C. T. 利贝曼合作，在生物碱的研究方面完成可卡因的部分合成，1888 年取得此项技术的专利权。他还以放射化学方面的开拓性研究而著名，1899～1909 年发表 30 多篇有关论文。在植物化学方面，是萃取与制备纯物质的专家，将这方面的技术应用于放射化学。1900 年发展了改进的分步结晶法，用溴化物代替氯化物，在较短时间内生成较大浓度的镭盐。这项工作具有重要的影响，因为这样制得的纯溴化镭已成为商品，被批量用于研究工作。1903 年 W. 拉姆赛与 F. 索迪确证了由镭产生氦；而吉塞尔首先观察到在镭盐作用下分解水的作用。1902 年他还分离得到一种辐射物质，当时定名为 emanium，1904 年经 O. 哈恩等确证是纯锕（Ac）。（周志高）

狄克逊，H. B.（Dixon，Harold Baily） 英国人，1852 年 8 月 11 日生于英国伦敦，1930 年 9 月 18 日卒于利瑟姆。物理化学、气体化学、爆炸化学。

1871～1875 年在牛津大学学习化学。留校在三一学院任教。1886 年任曼彻斯特大学欧文斯学院的化学教授。创办曼彻斯特燃烧研究会。1886 年入选英国皇家学会会员。并担任伦敦化学学会、曼彻斯特文学与哲学会会长。

曾是气体爆炸方面的主要权威，在燃烧研究上引起过国际上很大兴趣。在气体爆炸的研究中，发现本生关于气体爆炸不符合质量作用定律的论断是错误的，气体爆炸应符合质量作用定律。1880 年发现经过纯化和干燥的气体的不燃性，证明了气体混合物干燥后遇电火花不会发生爆炸，而潮湿的混合物则立即爆炸。这项研究结果，引起了湿度对化学反应影响的系统研究。对爆炸传播及其速率的详尽研究，是他在燃烧研究方面的主要贡献。用自己建立的检测火焰运动的照相方法，测定了爆炸速度与过程，并称迅速运动的火焰为“爆轰波”；试验和测试气体及其混合物的点火温度，是第一位准确地完成上述测试的科学家。有《气体化学变化的条件》（1884 年）、《气体爆炸速度》（1893 年）等专著。（戴永发）

范特霍夫，J. H.（Van't Hoff，Jacobus Henricus） 一译范托夫。荷兰人，1852 年 8 月 30 日生于荷兰鹿特丹，1911 年 3 月 1 日卒于德国柏林。物理化学、结构化学、海洋化学。

内科医生的儿子。1869 年入代尔夫特大学学习，2 年完成 3 年课程，1871 年获工程学学位。1871 年进入莱顿大学学习，主攻数学。1872～1873 年在波恩大学凯库勒教授指导下从事化学研究。1873 年在乌得勒支大学通过化学博士学位考试。1874 年赴巴黎大学任武尔兹的助手。同年返回荷兰，该年 9 月发表有关不对称碳原子的理论。这项工作推动了立体化学的发展。1874 年在 E. 马尔德（Eduard Mulder）的指导下，获乌得勒支大学化学博士学位。1876 年任乌得勒支国立兽医学院物理讲师。1877 年任阿姆斯特丹大学理论化学和物理化学讲师，1878～1896 年间先后任该校化学、矿物学、地理学教授以及化学系主任。这些任命受阿姆斯特丹大学化学和医学教授冈宁（J. W. Gunning）的提携，后来他俩成了终身的朋友。1885 年被选为荷兰皇家科学院院士。1887 年任莱比锡大学教授，1891 年任新建造实验室主任。1896 年任柏林大学教授至去世。入选普鲁士柏林科学院外籍院士。1892 年当选为格丁根皇家科学院外籍院士。1905 年被选为法国科学院外籍院士。1901 年起，先后获哈佛大学、耶鲁大学、曼彻斯特维多利亚大学、海德堡大学等校荣誉博士学位。1878 年与 J. F. 米斯（Johama Francisca Mess）结婚，有 2 个儿子和 2 个女儿。1911 年死于肺结核病。

1874 年 9 月发表不对称碳原子理论，指出有机化合物中含有不对称碳原子，这与旋光异构现象有关。与法国化学家 J. A. 勒贝尔分别独立发表碳原子的正四面体的理论。他们认为，碳原子的化学键指向以碳为中心的正四面体的 4 个顶点。当 4 个化学键和 4 个相同的基团或相同的原子团结合时，就会形成四面体（如甲烷等）。这个学说成为立体化学的基础，解释了许多由于原子的空间排列不同而引起的立体异构现象。

1877 年以后，开始研究化学热力学和亲和力问题。1884 年发表“化学动力学研究”著名论文，提出了动态平衡原理，发现溶液中化学动力学的法则和渗透压的法则。1885～1890 年发表有关渗透压的研究成果，揭示了稀溶液与气体之间的相似性。1908 年开始研究酶。把化学动力学、热力学和物理测量法统一起来，创立了物理化学并使之成为一门独立的学科，对化学作出了重大贡献。

此外，在柏林大学研究海洋沉积物起因及其形成的条件。运用吉布斯的相位法则，着重研究了施塔斯富特地方的海洋化学沉积物情况。他的重要科学理论研究成果，对德国钾碱工业带来很大的益处。

主要著作有：《有机化学概论》（1878 年）、《空间化学》（1891 年）、《理论化学和物理化学讲座》（3 卷，1898～1900 年）、《立体化学基础》（1901 年）、《数量、质量和时间的化学原理》（1912 年）等。获 1893 年英国皇家学会戴维奖章，1911 年普鲁士柏林科学院亥姆霍兹奖。由于对于溶液渗透压和化学动力学定律研究的杰出贡献，1901 年成为第一位获得诺贝尔化学奖的人。 （戴永寿）

穆瓦桑，F.-F.-H. （Moissan，Ferdinand-Frédéric-Henri） 法国人，1852 年 9 月 28 日生于法国巴黎，1907 年 2 月 20 日卒于同地。无机化学、电化学、冶金学、仪器研究。

出身铁路小官吏家庭。1864 年随父母去莫城，入市立学院学习，但未完成学业，回巴黎后在一家药房当学徒 2 年。1872 年到巴黎国家自然博物馆，在德雷兰（P. -P. Dehérain）等人指导下开始研究植物生理学，与导师合作研究植物呼吸，论文发表于 1874 年。同年在巴黎高等药科学校获学士学位，1877 年领得开业证书。1879 年成为该校第一流的药剂师。1880 年获法国巴黎大学高等研究与实践学院博士学位。1882 年与莫城的 L. 吕冈（Léonie Lugan）结婚，受到岳父在精神上和财力上的支持。1886 年任高等药科学校毒物学教授，1889 年任无机化学教授。1900 年接替特鲁斯特任巴黎大学高等研究与实践学院无机化学教授。被选为法国和世界的许多学会的会员。

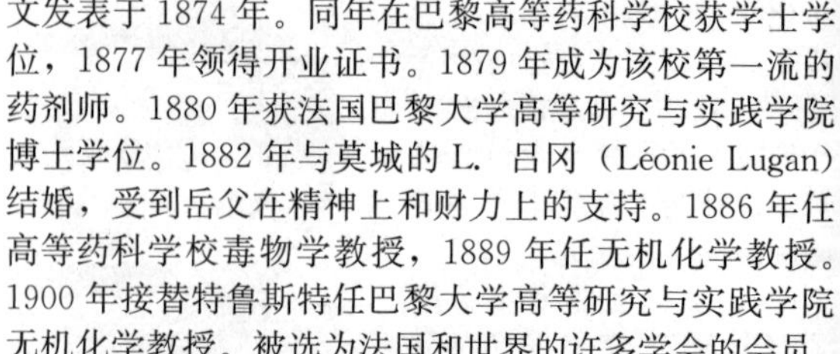

主要研究领域是无机化学。1884 年开始其著称于世的氟化物研究。由于氟化物的毒性和缺乏适当仪器设备，在他之前许多科学家分离元素氟的努力均以失败告终，而且严重影响研究者的健康。尽管他电解三氟化磷和三氟化砷也遭失败，但仍坚持不懈，终于在 1886 年 6 月 26 日，利用电解溶解于氟酸中的酰基氟钾成功地分离了氟。采用的装置是有两个铂-铱电极的 U 形铂管，以氟石作管盖并用氯仿冷却，通电后在阳极释出气体氟。在对氟化学的继续研究中又发现了许多氟化物，例如，四氟化碳、氟乙烷、氟甲烷、异丁基氟（与 M. 梅斯兰斯合作）以及硫酰氟（与 P. 勒博合作）。又与杜瓦合作，先后液化和固化了氟。因为所有这些研究都是在条件相当简陋的实验室进行的，据他自己估计因氟的毒性至少缩短了 10 年寿命。氟的制取对氟的应用有重要的意义，含氟聚合物（如聚四氟乙烯、四氟乙烯塑料及氟利昂致冷剂等）是现代工业和人民生活中不可缺少的东西。

在把注意力转向生产人造金刚石的过程中，他创造一种著名的电熔炼炉。电炉由两个石灰块组成，中央放置坩埚，用两个碳电极产生高温电弧。用电炉加热铁和碳化糖，使碳溶解在熔化的铁水中，然后用冷水迅速冷却该混合物，铁在凝固过程中产生巨大的压力，由此产生的微小碳粒具有似金刚石的物理特性。他和同时代的人都认为用这种方法合成获得了金刚石。尽管这个结论已被否定，但是他的电炉对高温化学发展有巨大的推动。还用这种电炉制备和研究耐熔氧化物、硅化物、硼化物和碳化物以及挥发金属；并用碳还原金属化合物的方法得到锰、铬、铀、钨、钒、钼、钛和锆等金属。这些电化学和冶金学的研究成果在工业上迅速得到应用，生产范围越来越广泛。例如，工业上制造碳化钙，用碳化钙大规模生产乙炔；熔炼铝、磷、金属合金、碳化硅等。在他去世那年碳化钙的产量已达到165 000吨，约是 20 年前的 4 倍。

一生撰写发表的论著达 300 余篇（部）。代表著作有《电炉》（1897 年）、《氟与氟化物》（1900 年）和《矿物的化学处理》（5 卷，1904～1906 年）等。因分离出氟和发明穆瓦桑电炉，获 1906 年诺贝尔化学奖。开创性的研究工作和有效的教学方法吸引了大批学生，对无机化学的发展产生显著的影响。 （刘第蜀）

拉姆齐，W. （Ramsay，William） 一译拉姆赛。英国人，1852 年 10 月 2 日生于英国格拉斯哥，1916 年 7 月 23 日卒于白金汉郡。物理化学、元素化学、有机化学、放射化学。

祖父是染料化学家，父亲是土木工程师兼商人。

1866年入格拉斯哥大学求学，因经常听科学家的化学演讲，对化学发生了强烈的兴趣。1870年任蒂宾根大学化学学会会长，1872年获该校博士学位。1880年任布里斯托尔大学化学教授。1887年任伦敦大学化学学会会长，并在该校建立私人实验室。1888年当选为英国皇家学会会员。

研究活动分为4个时期：1874～1880年在格拉斯哥大学研究有机化学；1880～1894年在布里斯托尔大学和伦敦大学研究液体和蒸气临界状态；1894～1900年在伦敦大学集中研究惰性气体；1901～1916年在伦敦大学研究放射性。主要贡献是发现和分离大气中的惰性气体族（氦、氖、氩、氪、氙、氡），并确定了它们在元素周期表中的位置，因突出成绩而获得1904年诺贝尔化学奖。

在格拉斯哥大学时，利用氧化作用制备各种不同的苯酸；人工合成吡啶。也是解释布朗运动现象的科学家之一。1882年起，和助手西德尼（Y. Syclney）合作，共同发表了30篇有关蒸气压与液体临界状态研究论文。1894年8月13日，和瑞利勋爵合作发现惰性气体氩。1895年3月27日发现氦气。1898年5月31日，和特拉弗斯合作发现氪气。1898年6月12日又发现氙气。

1903年后转向研究放射学，倡议把镭、钍和锕的射气分别命名为超镭、超钍和超锕，后来又建议把镭的射气命名为氡，从而确定了放射化学的位移定律。坚信原子的可分离性，并提出了原子模型的设想。

主要著作有：《无机化学体系》（1891年）、《大气中的气体》（1896年）、《物理化学导论》（1904年）和《元素与电子》（1913年）等。除诺贝尔化学奖外，获1895年英国皇家学会戴维奖章，1895年美国史密森研究会霍奇金斯奖，1897年伦敦化学学会朗斯塔夫奖章，1903年德国化学学会霍夫曼奖章。

（陆伟良　朱啸宇）

费希尔，E. H.（Fischer, Emil Hermann）　一译费雷。德国人，1852年10月9日生于德国波恩附近，1919年7月15日卒于柏林。有机化学、生物化学、化学工程。

著名实业家的儿子。1869年毕业于波恩大学预科。离开学校后与父亲一起经商。1871年去波恩大学，在凯库勒指导下研究化学。1872年到斯特拉斯堡大学跟A. von拜耳从事研究，1874年因在酞方面的成果获博士学位。1875年随拜耳去慕尼黑大学，并与堂弟O. 费希尔共事。1879年任该校分析化学编外教授。1892年任埃朗根大学教授。1885年任维尔茨堡大学教授。1892年任柏林大学教授。

从某种意义上讲，费希尔可被称为生物化学之父。在嘌呤、糖和肽三个主要领域进行了深入的工作，后两种化合物把生物化学有效地建立在有机化学的坚实基础上。1872年发现了苯肼。1884年将这个化合物与糖反应，得到含有两个苯肼基的脎，成为鉴定糖类结构的关键手段。他证明了天然品红染料是三苯甲烷的衍生物。闻名的阴丹士林染料是他的研究成果。有关嘌呤的工作始于1882年，先后合成了许多重要化合物，包括生物碱咖啡因、可可碱和嘌呤本身。早期确定的分子结构是错误的，从1897年起作了改正，使用正确的结构。1887年离析出葡萄糖的苯腙，证明它是在生成脎的过程中形成的中间产物。1889年制得了较纯的甘露糖，证明它和葡萄糖一样是一个直链的乙醛糖。1891年根据葡萄糖、甘露糖、果糖形成相同脎这一事实，确定了它们的构型，称它们叫做d系糖，共有16个旋光异构体。1899年转向氨基酸和肽，提出肽的合成法，最终于1907年获得了含有18个氨基酸的多肽。在其他方面的贡献包括1914年棱甙酸的首次合成、酶作用的"锁和钥匙"假设、鞣酸以及试图制备其高分子量的化合物。鉴于在嘌呤和糖方面的卓越贡献，被授予1902年诺贝尔化学奖。

（楼书聪　陶其恒）

鲍尔，F. B.（Power, Frederick Belding）　美国人，1853年3月4日生于美国纽约州哈得孙，1927年3月26日卒于华盛顿。植物化学、药物化学。

1874年毕业于费城药学院。后赴法国斯特拉斯堡大学研究化学及药物学，1880年获博士学位。返回美国后，在费城药学院任分析化学教授。1883～1892年任威斯康星大学药学系首任系主任。兼任美国农业部化学局植物化学研究室主任。

专门从事植物化学研究。从大量的不同植物中分离及提纯许多天然成分，并测定这些组分的化学结构式。其中最著名的是对大风子油的研究，这是东方治疗麻风病的传统药物，19世纪进入西方药典。还研究了肉豆蔻、棉株，以及一些水果香精的分离与分析问题。

（池贵法）

雅恩，H. M.（Jahn, Hans Max）　德国人，1853年7月4日生于德国屈斯特林（今属波兰），1906年8月7日卒于柏林。有机化学、电化学、物理化学。

1875年在柏林大学获博士学位。先后在希腊雅典大学和奥地利维也纳大学任教。1889年起与H. H. 兰多尔特共事，后随兰多尔特去柏林大学，任讲师和编外教授，讲授电化学。听力的持续退化阻碍了他的事业，最终意外地卒于阑尾切除并发症。

早期从事有机化学研究，其中最重要的是简单有机化合物在锌粉作用下的分解。以后致力于研究电化学现象引起的各种热力学问题。对化学能和自发电池电能的等价性及其关系的实验研究，为吉布斯-亥姆霍兹公式适用于电化学现象提供了定量依据。证实伏打电池中可逆珀尔帖热效应的存在。研究过电化学极化。代表作有《热化学概要》（1882 年）、《电解法及其对理论与实用化学的意义》（1883 年）、《电化学概要》（1905 年）等。（温敬铨）

贝克曼，E. O.（Beckmann，Ernest Otto） 德国人，1853 年 7 月 4 日生于德国索林根，1923 年 7 月 12 日卒于柏林。有机化学、仪器研制。

祖先来自汉诺威，定居于索林根附近务农；父亲在索林根开了一家生产染料和金刚砂的小工厂，1814 年独立发现巴黎绿；母亲是制革工的女儿。他在多个药店及其制药实验室工作 5 年后，1875 年进入莱比锡大学，在 H. 科尔贝（Hermann Kolbe）和 E. S. C. 迈尔（Ernest S. C. Meyer）的指导下，1878 年获哲学博士学位。随后在不伦瑞克理工大学当毒物学家 R. 奥托（Robert Otto）的助手。1883 年返回莱比锡大学，跟科尔贝等人进行短期研究。1887 年后与 F. W. 奥斯特瓦尔德合作开展研究工作。1891 年在吉森大学任教授。1892～1897 年任埃朗根大学教授。1897 年任莱比锡大学教授兼应用化学实验室首任主任，1912 年任新成立的柏林凯撒·威廉应用与药物化学研究所所长。

在化学方面的主要贡献，是 1886 年发现的酮肟在酸性催化剂存在下转变成酰胺的“贝克曼重排反应”。研究过薄荷酮和百里酚的制备；研究糠醛的性质；鉴定四氯化硫。发明以自己名字命名的精密温度计，它是基于拉乌尔的溶液凝固点降低和沸点升高理论，进行分子量测定时颇为实用有效的一种温度计。

（李　郇）

迈克尔，A.（Michael，Arthur） 美国人，1853 年 8 月 7 日生于美国纽约州布法罗，1942 年 2 月 8 日卒于佛罗里达州奥兰多。有机化学、物理化学、热力学。

1871 年和 1875～1878 年在柏林大学跟从霍夫曼，1872～1874 年在海德堡大学跟从本生，1879 年在巴黎大学跟从武尔兹学化学。1881～1889 年、1894～1907 年两度在塔夫茨大学当化学教授。1912～1936 年任哈佛大学化学教授。1889 年当选为美国国家科学院院士。

反对机械地解释化学现象，把热力学概念引入有机化学理论。早期研究几种合成反应。1879 年首先合成天然甙，该法成为合成此类有机物质的标准方法。1887 年发明迈克尔加成反应，即亲电的共轭体系（电子受体）与亲核的负碳离子（电子给体）进行的共轭加成反应，后成为有机合成中增长碳链的常用主法之一。根据热力学自由能和熵的概念，1888 年起创立完整的有机结构理论。参与创立热力学第二定律，它是支配有机反应的基本规律。把反应过程视为能量转换，包括加成反应和取代反应、分子重新排列、异构现象以及立体化学。致力于双链加成反应和活泼的氧基化合物性质的理论研究。1895～1918 年做了一系列实验，证实反加成作用和消除作用确实存在，而当时公认的几何异构排列是错误的。（沈德阶）

奥斯特瓦尔德，F. W.（Ostwald，Friedrich Wilhelm） 德国人，1853 年 9 月 2 日生于俄国拉脱维亚里加，1932 年 4 月 4 日卒于德国莱比锡。普通化学、电化学、物理化学、应用化学、色谱学。

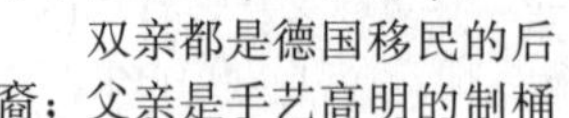

双亲都是德国移民的后裔；父亲是手艺高明的制桶匠；母亲是面包师之女。他从小兴趣广泛，尤爱物理、化学以及文学、音乐和绘画。虽然父亲希望他成为工程师，但对化学的酷爱使他最终选择化学为职业。1872 年入多尔帕特（今塔尔图）大学学习化学，1876 年和 1878 年先后获硕士和博士学位。1881 年任里加工业学院化学教授。1887 年起任莱比锡大学物理化学教授，这是当时德国唯一的物理化学教授职位，1906 年退休。1905～1906 年任美国哈佛大学第一位德国籍客座教授。是国际原子量委员会委员，国际化学联合会创立者之一和临时主席，德国化学学会理事会成员。获多个荣誉博士学位。是许多国内外学术组织的荣誉会员。1880 年与里加一外科医生之女结婚，有 5 个子女，其中之一后成为胶体化学家。

与范特霍夫和阿列尼乌斯同为物理化学的创始人。早年即以研究化学平衡和化学反应性的基本原理闻名于世。也是 20 世纪成就卓著的颜色科学的研究者；同时又是一位受人敬慕的教师，重建普通化学的重要地位，在欧洲带领了一代的化学家。作为一个独立的学者和自由思想家，致力于唯能论、科学方法论、世界语的研究，宣传国际主义及和平主义。

年轻时期，除无机化学和普通化学外，主要成就是对化学亲合性的研究。证实物质的物理性质如比容和折射率等与伴随化学转变发生的质变有关，从而物理性质的变化可以提供反应组分相对亲合性的信息。如通过膨胀计测定稀酸和稀碱中和过程中的体积变化，来计算中和反应的化学作用（亲合性）。由此，认识到物理方法在研究溶液化学问题上的独特优点。这在热力学研究中尤为重要，因为用化学方法分析反应组分的同时会造成平衡的移动，从而为解决化学中一些最棘手的问题提供了新的方法。因此，年仅 26 岁就在物理化学上赢得科学界公认的重要地位。

在电解质电离、电导、质量作用、催化和反应速率研究中，继续以化学亲合性为中心。阿列尼乌斯提出电解质电离理论之后，他即实验研究化学亲合性与电导的关系，发现溶液的当量电导随溶液稀释而增加，至无限稀释时达到最大值。1888 年将质量作用定律应用于电解质的电离平衡，从理论上导出电导与电离常数的关系式，即奥斯特瓦尔德稀释定律。1891年又提出酸碱指示剂理论，在这个理论中应用离子平衡计算电离的弱酸（一种颜色）和未电离的弱酸（另一种颜色）分子之比，由此确定指示剂变色规律。在莱比锡大学的20年，和学生以及助手以实验全力支持电解质的电离理论。与阿列尼乌斯、范特霍夫、普朗克和能斯脱一起，对这个理论的支持揭开了物理化学、实验化学和理论化学历史上新的一页。

在19世纪的最后10年，他的实验室对催化展开了系统和定量的研究，把当时还是零乱的这个问题纳入了化学动力学的范畴。1894年提出催化概念的新见解："催化就是由外来物质所引起的缓慢化学反应的加速"，将它比作润滑油对机器或鞭子对懒马的作用。在1901年"催化作用"一文中，总结了所进行的大量重要催化作用实验。其中最重要的实验贡献是：分析均相和多相反应中过饱和溶液的结晶过程，以及酶的作用。他充分应用酸催化实验来支持阿列尼乌斯理论。指出在催化酯化和类似反应中，酸是决定反应速率的因素。其催化活性正比于酸的电导，即正比于氢离子的浓度，而与负离子无关。在研究催化过程中，还发明以红热铁丝作为催化剂，在高温高压下由氮和氢合成氨，以及由氨的催化氧化生成硝酸的方法。在理论上，最早指出催化剂不改变总反应的能量关系，因此不会改变可逆反应的平衡位置。认为催化剂同时催化正反应和逆反应而使平衡常数保持不变。

是唯能论的提出者。认为能量是世上唯一的本原，物质只不过是能量的表现形式，它是存在于同一空间不同能量的集合，从而否认原子的存在。进入20世纪，他的理论受到物理学家和绝大多数化学家的反对。1908年他终于承认原子的存在，1909年说过："我现在信服，我们最近已经有了原子存在的实验证据。"虽然唯能论是错误的，然而在他的唯能论中的两条原理，即第二类永动机是不可能的，以及决定过程能否自发进行的是吉布斯自由能和亥姆霍兹自由能而不是反应热，是经受了时间考验的。

晚年致力颜色科学研究。从颜色标准化着手系统地研究颜色，发展了定量的颜色理论，在实验室建立了各种色样和色料，极大地促进了这个被忽略的应用化学领域的发展。这方面代表作有《色谱集》（1917年）和《颜色标准集》（1920年）。

主要著作有：《分析化学的科学原理》（1895年）、《电化学》（1896年）和《普通化学教程》（2卷，1910～1911年）等。（陈民生　温敬铨）

史密斯，E. F.（Smith，Edgar Fahs） 1854年5月23日生于美国宾夕法尼亚州约克城，1928年5月3日卒于宾夕法尼亚州费城。元素化学、无机化学、电化学、科学史学。

1874年从葛底斯堡学院毕业后，在德国格丁根大学F. 维勒的指导下学习，1876年获博士学位。回国后，1876～1888年先后在宾夕法尼亚大学、米伦贝格学院和滕伯格学院教化学。1888年回宾夕法尼亚大学任教授，1898～1920年任副教务长、教务长等职。三度出任美国化学学会会长。担任过联邦政府科学顾问。1902～1908年任美国哲学学会会长。1928年任美国科学史学会会长。1898年当选为美国国家科学院院士。

1901年发明和改进旋转阳极，导致电分析法在科研和工业上更广泛的应用。和学生用电解分析法和化学方法更精确地测定了18种元素的原子量。进行过络合无机酸方面的研究。代表作有《电化学分析》（1890年初版，1902年第3版）。1926年获美国化学学会普里斯特利奖章。

此外，他以研究化学史而著称，收集有大量有关化学史的手稿、书籍、论文、图片和照片等文献资料，是美国化学学会化学史部创始人之一。这方面主要著作有《化学在美国》（1914年）、《罗伯特·黑尔生平》（1917年）、《詹姆士·伍德豪斯》（1918年）和《普里斯特利在美国》（1920年）等。（李　郇）

鲁泽布姆，H. W. B.（Roozeboom，Hendrik Willem Bakhuis） 荷兰人，1854年10月24日生于荷兰阿尔克马尔，1907年2月8日卒于阿姆斯特丹。无机化学、物理化学、金属学。

1872年高中毕业后，在一所实验室工作，研究食物和水的组成。1878年在莱顿大学任化学教授范贝梅伦（J. M. van Bemmlen）的助手，并继续学习化学，1884年获博士学位。1896年任阿姆斯特丹大学普通化学教授。

主要贡献是将J. W. 吉布斯的相律应用到多相平衡研究上。采用压力-温度-浓度为坐标系绘制二维和三维相图。研究过氯化钙-水、氯化铁-水及氯化氢-氯化铁-水体系。又进一步将相律应用于混合晶体、混合气体和混合液体中。还对许多合金进行广泛和系统的研究。曾导出5个种类的熔融曲线，并由学生进行了实验验证。他的研究发展了多相平衡理论，不仅在理论化学上，而且在金属学和地质学上也有重要意义。

（陈民生）

萨巴蒂埃，P.（Sabatier，Paul） 法国人，1854年11月5日生于法国卡尔卡松，1941年8月14日卒于图卢兹。有机化学、金属化学、物理化学、化学工程。

1874年进入图卢兹高等师范学校求学，1877年毕业，成绩优异，全班第一。留校任教物理学。1878年进法兰西学院伯塞洛特实验室工作，1880年获该校物理学博士学位。1881年重返图卢兹高等师范学校执教，1884年30岁任化学教授，是教授中最年轻者。1905～1929年任图卢兹大学理学院院长。期间1907年任穆瓦桑讲座教授、法兰西学院贝特洛讲座教授。1913年当选国会为高等学府新设立的6名议员之一。为图卢兹创建化学、电子工程学和农学方面应用学科三所专科学校。

主要贡献是发现氢气在金属催化剂表面的化学吸附作用，并生成了新的更活泼的加氢催化剂，使不饱和烃类变成饱和烃化合物。如把不饱和的脂类（植物油）变成人造奶油。早期曾在贝特洛实验室从事无机化学的研究。1895 年注意到英国某些化学家用一氧化碳直接作用于精细的镍粉而获得羰基镍[Ni $(CO)_4$]后，于是他就开始用氢气来还原金属氧化物制得了金属。进而设想其他气体的分子能否也像一氧化碳那样固定在金属表面上。1896 年成功地将过氧化氮固定在铜、钴、镍和铁的金属表面上。

联想到穆瓦桑与穆鲁（C. Moureu）用乙炔没有获得成功，于是他首先用乙烯作实验，将镍的氧化物置于氢气流中加热至 300℃，还原得到的镍进一步和乙烯发生作用而氢化为乙烷。继而又成功地将乙炔氢化为乙烯和乙烷。1901 年把苯氢化为环已烷。这个实验贝特洛曾用氢碘酸作为氢化反应物结果失败，他用苯蒸气和氢气在 200℃温度下通过金属镍时一举成功。

在上述工作的基础上，又将一系列不饱和烃或芳烃的衍生物成功地进行氢化，这些化合物包括酮、醛、酚、腈以及硝酸酯等。由此证明他的催化氢化方法的通用性。1913 年出版主要著作《有机化学中的催化剂》，对催化剂机理提出新的见解。在催化氢化的实践及理论两方面工作，为 20 世纪许多大型化学工业的发展打下了基础。由于在研究有机化合物的催化氢化方面作出的贡献，和 F. A. V. 格林尼亚共同获得 1912 年诺贝尔化学奖。此外 1933 年获美国富兰克林奖章。

为纪念他，图卢兹于 1969 年建立萨巴蒂埃大学。

（朱啸宇）

埃德尔，J. M. （Eder，Josef Maria） 奥地利人，1855 年 3 月 16 日生于奥地利多瑙河畔克雷姆斯，1944 年 10 月 18 日卒于基茨布厄尔。*光化学、照相术、仪器研制、科学史学。*

早年在维也纳大学学习化学，1876 年获维也纳大学哲学博士学位。毕业后在该市工作一生。1880 年任维也纳理工大学物理讲师，后任化学教授。期间 1882 年兼任国立高级职业学校化学教授。1888 年创办摄影与显影学院。1930 年当选为奥地利科学院院士。

第一项独立研究是铬酸、铬酸盐与有机物质，尤其是明胶的反应。1878 年发现在极易分解成较低和较高价氧化物的二氧化铬。这项研究使他第一次获奖，从此毕生致力于光化学和照相术。1881 年采用沉降、漂洗和柠檬酸亚铁或氢醌显影，扩大和改善了氯化银在明胶乳剂中的应用。这种乳剂和技术，在幻灯片和拷贝纸生产中是很重要的。1884 年开始改进曝光计。研究染料曙红掺加到明胶、或胶棉乳剂中的氯化银或溴化银后的影响。利用溴荧光素和甲基紫，使溴化银胶棉乳剂具有敏感性，这种乳剂在三色印刷中可代替明胶用于制版。还介绍过用草酸汞测定紫外线。

1884 年出版内容丰富的《照相术手册》第一卷，其后扩大至 4 卷。1887 年创刊《照相术和翻印技术年鉴》，至 1928 年已出版 13 卷。他的照相史著作在德国已出版数版，并于 1945 年译成英文。1884 年获英国皇家摄影学会前进奖章。1895 年获奥地利的利本奖（人称奥地利诺贝尔奖）。（戴永发）

布劳纳，B. （Brauner，Bohuslav） 捷克人，1855 年 5 月 8 日生于捷克斯洛伐克布拉格（今属捷克），1935 年 2 月 15 日卒于同地。*元素化学、无机化学、分析化学。*

出身优裕家庭，受到良好教育和引导。先后在德国海德堡大学、英国曼彻斯特大学攻研化学。1880 年在布拉格大学取得博士学位。留校任教，1883 年任化学讲师，1890 年任教授。1897 年任查尔斯大学教授。曾是捷克斯洛伐克科学院院士，国家研究院理事。是国际化学元素委员会成员。

坚信门捷列夫系统的正确性，毕生从事与其相关的实验和解释工作。从搞清铍的原子量着手，指出正确的原子量是 9，位置在第二类的首位。以后致力于确定稀土元素的位置。研究铈制得了水合四氟化铈（$CeF_4 \cdot H_2O$），第一次得到四价铈盐，由此推算出铈的原子量是 141.1，处于第Ⅳ族，以后又修正为 140.22。从粗制二氧化铈中分类出其他元素，决定了它们的原子量。总结出稀土族是一族非常相近的元素。第一个用化学方法制取元素氟。1888 年提议以氧原子量 16 代替以氢原子量 1 作为原子量标准。1904 年在他的建议下成立了国际原子量委员会，并决定用氧作标准。参与撰写多部化学原理书中的重要篇章。一生获得很多荣誉。（汪天伟）

本特森，H. A. （Bernthsen，Heinrich August） 德国人，1855 年 8 月 29 日生于普鲁士克雷菲尔德，1931 年 11 月 26 日卒于海德堡。*有机化学、染料化学、化学工程。*

早年研究数学及自哲科学，后改攻化学。1877 年成为海德堡大学凯库勒的助手，1879 年发表博士学位论文。留校任教，1883 年破格提升为教授，1919 年退休任荣誉教授。期间，1887 年进入实业界，1889 年成为德国巴斯夫化学公司（BASF）主要实验室主任。同年任德国《化学进展》主编。1922～1924 年任德国本生学会会长。曾任德国专利局局长。获 1925 年柏林大学荣誉博士学位。1926 年获海德堡大学荣誉博士学位。

化学研究工作主要是吖啶和吖嗪族染料的工业化生产。阐明这些物质的组分和亚甲蓝及藏红是一样的；得到连二亚硫酸钠的正确组分；研发靛蓝、若丹明和甲苯基红的生产工艺；为健全一套保护工业化学技术创新的专利法而积极活动。主要著作有《有机化学简明教程》（1887 年）等。（朱啸宇）

科诺瓦洛夫，Д. П. （Коновалов，Днмитрий Петрович；Konovalov，Dmitry Petrovich） 苏联人，1856 年 3 月 22 日生于俄国伊凡诺夫卡，1929 年 1 月 6 日卒于列宁格勒（今圣彼得堡）。物理

化学、催化化学、化学工程。

1878年毕业于圣彼得堡矿业学院。后在圣彼得堡大学门捷列夫及其继承者指导下进行研究，1881年留校任教，1886年任教授。1918年任圣彼得堡矿业学院教授。1922年任列宁格勒工业学院教授。1907～1915年曾任俄国工商业部矿业局局长、部长助理。后任列宁格勒度量衡局局长。国际度量衡局成员。1923年当选为苏联科学院院士。

主要从事溶液理论、动力学和催化的研究。发展了门捷列夫溶剂与溶质相互作用的思想，研究液-液溶液的蒸气压，确定了液体混合物的蒸馏条件与总蒸气压的关系。专著《溶液的蒸气压》中阐述的溶液蒸馏理论，促成蒸馏过程的工业化。发现多个以他命名的定律，其中有：加入溶液后可使蒸气压升高的组分，在气相含量中比溶液中高；在蒸气压-组分曲线的最大值和最小值处，气液相组成相等。提出的渗透压热力学定义，是现代热力学计算渗透压的基础。开创催化的物理化学研究，提出异相催化理论中极重要的活性表面概念，得出自动催化定律的奥斯特瓦尔德-科诺瓦洛夫公式。 （温敬铨）

贝伦德，A. F. R. （Behrend，Anton Friedrich Robert） 德国人，1856年12月17日生于德国哈尔堡（今属汉堡），1926年9月15日卒于汉诺威。有机化学、生物化学、化学工程。

1876年到海德堡大学学法律。1877～1881年在莱比锡攻大学读化学，获哲学博士学位。留校任教，1885年任物理化学研究所化学讲师，1889年任编外化学教授。1895年任汉诺威工业大学编外教授，1924年任全职化学教授。1886年当选为萨克森科学院院士。1890年当选为德国利奥波德科学院院士。1924年获格但斯克工业大学荣誉博士学位。

以研究有机合成化学而著名，特别是生物学上有重要意义的物质合成。1888年首次合成尿酸；合成异巴比土酸；研发制备5-氨基尿嘧啶的一种通用方法。在碳水化合物化学方面，也有重要的贡献：1904年确定d-葡萄糖以两种形式存在（α-和β-葡萄糖）；1910年发展制备β-葡萄糖的方法，研究葡萄糖苯腙异构体。这些研究为d-葡萄糖的环式结构提供了证据。主要论文有“尿酸的合成”（1889年）等。1893年和1904年两次获金质奖章。 （周志高）

汉奇，A. R. （Hantzsch，Arthur Rudolf） 德国人，1857年3月7日生于德国德累斯顿，1935年3月14日卒于同地。有机化学、结构化学、电化学、化学工程。

酒商的儿子。1875～1879年在德累斯顿工业学校（今理工大学）上学，在R. 施米特（Rudolf Schmitt）门下学习化学，并在其指导下做博士论文，因德累斯顿工业学校无权授与博士学位，在维尔茨堡大学学习一学期后，1880年获得博士学位。同年任莱比锡大学物理化学研究所助教。1885年为苏黎世工业大学教授。1893年继任E. H. 费希尔任维尔茨堡大学教授。1903年任莱比锡大学教授。是格丁根、莱比锡、维也纳、苏黎世等地科学院院士，德国化学学会、伦敦化学学会荣誉会员。1883年结婚，有3个孩子。1904年妻子去世后，他于1911年再婚。

最早一批研究有机合成的化学家之一。一生发表论文约450余篇。1882年宣布从α-酮酯（β-羰基羧酸酯）、醛和氨合成吡啶，今称汉奇合成法，应用范围很广。尔后转向合成其他杂环化合物。自德国有机化学家V. 迈尔注意到苯和噻吩间的相似性后，汉奇提出吡啶与噻唑间也有类似关系。1887年合成噻唑，并提出有其他芳香族存在；证明咪唑、噁唑和硒唑是噻唑的相似体，用新的合成方法制得了所有这些芳香族化合物。

1890年，他和学生A. 维尔纳研究含氮化合物肟的立体化学。他们提出氮原子三个价键不是在一个平面上而是沿一个四面体的三边排列的理论，从而解释了有两种苯偶酰一肟和三种苯偶酰二肟存在的事实。即有碳氮双键的化合物一定存在几何异构体，前者有正、反两种构型，后者则有反式、顺式和对式三种构型：

$$\begin{array}{ccccccc} C_6H_5 & - & C & - & C & - & C_6H_5 \\ & & \| & & \| & & \\ HO & - & N & & N & - & OH \end{array}$$

反式

$$\begin{array}{ccccccc} C_6H_5 & - & C & \text{———} & C & - & C_6H_5 \\ & & // & & \backslash\backslash & & \\ & N & -OH & & HO- & N & \end{array}$$

顺式

$$\begin{array}{ccccccc} C_6H_5 & - & C & - & C & - & C_6H_5 \\ & & // & & \backslash\backslash & & \\ & N & -OH & & N & -OH & \end{array}$$

对式

他还确定了肟的构型。1894年汉奇在其第一篇有关重氮化合物的论文中，将自己的理论推广到氮氮双键上，从此与E. 巴姆贝格尔进行了长期的争论。认为存在着三种重氮族物质：重氮盐、正重氮酸盐和异重氮酸盐，并确定它们不是结构上的异构体而是顺式和反式。巴姆贝格尔表示异重氮化合物是亚硝胺（Ar—NH—NO），而异构体正重氮酸盐才是真正的重氮化合物（Ar—N═N—OH）。在1894～1900年论战中交换了许多论文，这次论战在有机化学发展上有着决定性意义。他对互变异构重氮体的稳定性研究，导致1869年发现苯基硝基甲烷形成的一种盐不是以中性硝基型存在，而是以互变异构的酸型存在：$C_6H_5—CH_2—NO_2 \rightleftharpoons C_6H_5—CH═NO—OH$。称此更稳定的硝基型为“假酸”。从1899年起发展了假酸和假碱的理论，并证明相应于假式的真酸或真碱常强于一般的有机酸或碱。

从 1906 年起，积极从事有机物吸收光谱和颜色与结构关系的研究。最后的研究是提出酸的结构学说。1917 年发表羧酸吸收光谱的论文，发现存在两种酸型决定于所用溶剂，并提出两种羧酸结构为：

$$R-C\left\{\begin{matrix}O\\O\end{matrix}\right\}H \qquad R-C\begin{matrix}{=}O\\{-}OH\end{matrix}$$

它们分别代表真酸式或假酸式。前者具有一个能电解的氢原子，而与它相平衡的假酸则无可电离的氢原子。1917～1927 年，以吸收光谱、分子折射系数、电导性和酸的化合物相对稳定性理论为基础，研究了所有无机酸和有机酸。1927 年陈述自己的最后观点：放弃最早提出的酸是以真酸型和假酸型存在的假设。

（楼书聪）

柯蒂乌斯，T.（Curtius，Theodor） 德国人，1857 年 5 月 27 日生于德国鲁尔地区杜伊斯堡，1928 年 2 月 8 日卒于海德堡。有机化学、植物化学、化学工程。

出身学者家庭。1876 年在家乡的预科学校毕业。1877～1878 年在军队服役，任陆军中尉。在海德堡大学本生及科尔贝的指导下，1882 年完成博士论文“关于某些新的马尿酸类同结构物氨基酸的合成”。同年在莱比锡大学获博士学位。1884 年在慕尼黑大学任 A. von 拜耳的助手。1886 年任埃朗根大学分析化学系主任。1889 年任基尔大学化学学院化学教授。1897 年接替波恩大学凯库勒的工作。1898 年回母校海德堡大学又接任 V. 迈尔的工作，1926 年退休。还担任《应用化学》杂志主编。

主要研究成果是含氮有机化合物，发现两个反应：由酸转变为胺或醛，由叠氮化合物转变为异氰酸酯。1894 年用叠氮化物与氨基甲酸乙酯作用获得相应的胺；1906 年通过改变工艺获得相应的醛；1913 年将一种叠氮化物转变成异氰酸酯。这两个反应均以他的名字命名。1912 年后还研究植物化学，发现绿色植物中有己烯醛，但不存在甲醛。此结果推翻了拜耳的关于己糖是由水合甲醛在植物组织中缩合生成的假说。

发表论著 300 余篇（部）。主要著作有《重氮化学物》（1888 年）、《肼研究文集》（4 卷，1896～1918 年）、《重氮基探究》（1911 年）、《芳香族醛连氮缩聚反应》（1912 年）和《硝化物中的肼作用》（1913 年）等。

（计其达　孟正玮）

巴姆贝格尔，E.（Bamberger，Eugen） 德国人，1857 年 7 月 19 日生于普鲁士柏林，1932 年 12 月 10 日卒于瑞士蓬泰特雷萨。分析化学、有机化学。

1875 年进入布雷斯劳大学学医。翌年夏天到海德堡大学跟 R. 本生学习。后来到柏林大学跟 C. T. 利贝曼工作，在该校 A.W. 霍夫曼指导下完成博士学位论文。随后成为柏林-夏洛滕堡理工大学拉梅尔施贝格的助手。1883 年在慕尼黑大学做 A. von 拜耳的助手，1891 年任有机化学助理教授。1893 年任苏黎世联邦理工大学教授。1905 年因右臂瘫痪辞职，后在助手帮助下继续在私人实验室进行研究。

研究鸟嘌呤的衍生物。阐明惹烯、苗和芘的结构。研究萘的衍生物的还原产物。在中性溶液里，用锌粉还原硝基苯成亚硝基苯和苯胺。制备的氧化二甲基苯胺支持了五价氮的假设。研究重氮化合物的异构现象。在重氮化合物的结构问题上，同 A. R. 汉奇进行了长期争论。

（李　邨）

恰米奇安，G. L.（Ciamician，Giacomo Luigi） 意大利人，1857 年 8 月 27 日生于意大利里雅斯特，1922 年 1 月 2 日卒于博洛尼亚。有机化学、光化学、植物化学、能源科学。

美国人后裔。曾在维也纳大学和吉森大学学习，1880 年获哲学博士学位。同年成为罗马大学坎尼扎罗的助手。1887 年在帕多瓦大学、1889 年在博洛尼亚大学任普通化学教授。

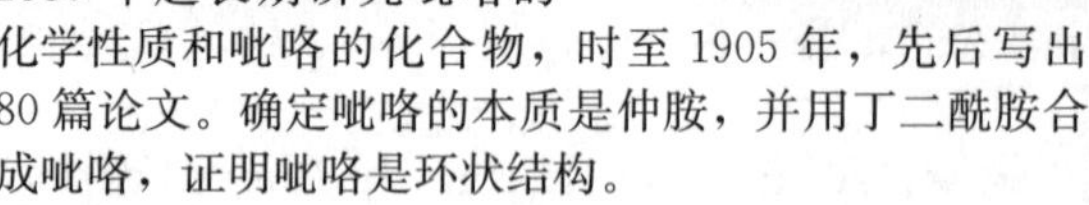

在有机化学的研究中，率先探讨天然树脂的成分。1880 年起长期研究吡咯的化学性质和吡咯的化合物，时至 1905 年，先后写出 80 篇论文。确定吡咯的本质是仲胺，并用丁二酰胺合成吡咯，证明吡咯是环状结构。

是光化学奠基人之一。1877～1880 年，研究光谱学在化学中的应用。第一次系统研究有机物质受光的影响而产生的化学效应。1900～1915 年，和助手 P. 西尔伯（Paolo Silber）发表 50 篇有关光化学的论文。在他发现的许多光化学反应中，有醇类和羰基化合物的相互氧化-还原反应；环酮水解后生成脂肪酸和不饱和醛；用羰基化合物与氢氰酸缩合；不饱和化合物的聚合作用，以及其他大量的光化学合成反应。还研究一些植物的光化学合成作用；探讨沙漠地带太阳能的利用，被誉为“太阳能电池板之父”。

另一重要研究领域是植物化学。1888～1899 年，确定几种香料的成分：丁香油中的丁香酚，黄樟油中的黄樟脑；欧芹和芹菜中的臭松油。1908～1922 年，与比萨大学农业化学教授拉文纳（C. Ravenna）合作，发表 21 篇有关在植物中有机物质生成及其作用的论文。他们在植物中注射适当的物质，成功地获得甙化合物；用氨基酸注射入植物，从而促进生物碱的生成。还研究有机化合物对植物生长的影响，发现给植物注入生物碱（如咖啡碱、可可碱）能增强叶绿素的活力，促使淀粉的大量生成。他们的研究得出结论：生物碱虽非植物的内分泌产物，但其作用与动物激素相类似。

由于作出卓越而重要的工作，E. H. 费希尔等人曾多次推荐他为诺贝尔奖金的候选人，前后共获 9 次提名。

（戴永发）

卡布卢科夫，И. А. (Каблуков, Иван Алексеевич; Kablukov, Ivan Alexsevich) 苏联人，1857年9月2日生于俄国莫斯科省普鲁士村，1942年5月5日卒于塔什干。物理化学、无机化学。

牙医之子。1880年毕业于莫斯科大学，获理学士学位，是B. B. 马尔科夫尼科夫的学生。1881年到圣彼得堡大学化学实验室工作。1882年回莫斯科大学，1884年任化学实验室助理，不久任无薪讲师。期间1882～1884年在莫斯科高等女子学校兼课。1889年在德国莱比锡大学化学实验室S. A. 阿列尼乌斯(1903年诺贝尔化学奖得主)的助手。1903年成为莫斯科大学教授，1916～1933年任数理学院化学系热化学实验室主任。1928年当选为苏联科学院通讯院士，1932年当选为院士。1934年任全苏门捷列夫化学联合会莫斯科分会会长。

对物理化学在苏联的发展作出过重要贡献。是非水溶液电导研究的创始者，发现反常电导。也是离子水合理论奠基人之一，提出了水在分裂溶质分子时，与离子一起进入处于离解状态的不稳定化合物内。这些观念成为门捷列夫溶液理论和阿列尼乌斯电解质电离理论一体化的基础。在热化学中发现有机异构体的生成热并不是相似的。在热力学研究基础上，得出了一些有关有机化合物反应能力的规律。这些规律包括：烯烃和溴的化合热随碳原子数增加而升高；不饱和烃的氢被溴取代后，与溴化合的能力下降；有机氧化物与卤化物反应时，酸性氢与含氢较多的碳原子结合，羟离子与含氢较少的碳原子结合等。

主要著作有《无机化学基础》(1900年)、《物理化学基础》(3卷，1900～1910年)、《物理化学与胶体化学》(1935年)等。1924年获苏联社会主义劳动英雄荣誉称号。曾获红旗勋章(1937年)、列宁勋章(1940年)等奖励多次。 (温敬铨)

孔达科夫，И. Л. (Кондаков, Иван Лаврентьевич; Kondakov, Ivan Lavrentievich) 苏联人，1857年10月8日生于俄国维柳伊斯克，1931年10月14日卒于爱沙尼亚埃尔瓦。有机化学、化学工程。

1884年毕业于圣彼得堡大学数理学院。1886年任教于波兰华沙大学化学系。1894年以“氯化锌合成脂肪族化合物”论文获圣彼得堡大学硕士学位。1895年任多帕特大学药学院教授。1918年起任教于捷克斯洛伐克的布拉格大学。

继A. M. 布特列罗夫研究三甲基乙烯的转换，证明由它可以生成二烯，迈出了合成异戊二烯的第一步，为其一生所有开创性工作奠定了基础。有关不饱和烃聚合遵循一系列重要规整性的发现，促进了现代合成橡胶工业的发展。随后又指出用异戊二烯外的其他二烯也可以合成橡胶，并在1901年由2，3-二甲基-1，3-丁二烯的光聚合制得在烃类溶剂中稳定的甲基橡胶。还是金属钠可作为二烯聚合催化剂的发现者之一。对酒精、醚和酰氯等其他难以合成化合物合成方法的发展也作出过贡献。 (温敬铨)

诺伊斯，W. A. (Noyes, William Albert) 美国人，1857年11月6日生于美国艾奥瓦州独立城，1941年10月24日卒于伊利诺伊州厄巴纳。元素化学、有机化学、科学传播。

早年就读于格林内尔学院，注册学古典文学，但却自学化学，1879年获文学士和理学士学位。留校任教分析化学。1881年转入约翰斯·霍普金斯大学学习，1882年获哲学博士和文科硕士学位。后任明尼苏达大学讲师。1883年任田纳西州立大学化学教授。1886年起在印地安纳州特雷霍特的罗斯理工学院工作17年。1903年就任美国国家标准局第一位“首席化学师”，从事测定原子量的工作。1907年任伊利诺伊大学化学系主任兼化学实验室主任，直至1926年退休。

曾进行铬酸氧化苯、樟脑酸的研究。在原子量测定中，在纯氧气中将氢置于钯上燃烧，然后称量生成水重，得到氢与氧的严格质量比为1.00787∶16，至今仍被认为是最精确的测定。还研究樟脑及其衍生物的化学结构，进行现代价键理论的早期应用。1907～1910年任《化学文摘》主编。1924～1926年任《化学评论》主编。1919～1941年任《美国化学学会科学专论》会志的首任主编。1908年因测定氯原子量而获尼科尔斯奖章。1920年获美国化学学会吉布斯奖章。1935年获普利斯特列奖章。 (高中兴)

杨，S. (Young, Sydney) 英国人，1857年12月29日生于英国兰开夏郡威德尼斯附近法伦沃斯，1937年4月8日卒于布里斯托尔。有机化学、物理化学、化学热力学、化学工程。

出身商人家庭，排行第三。1876年进入曼彻斯特的欧文斯学院，在H. 罗斯科和C. 肖莱马的指导下学习化学。1880年获伦敦大学理学士学位。接着任R. 菲蒂希的助手，对内酯及其相应的酸之间的关系进行广泛研究。1882年在布里斯托尔大学任W. 拉姆齐的助手，1887年继任拉姆齐为教授。1883年获伦敦大学理学博士学位。1893年被选为英国皇家学会会员。1896年结婚，婚后有一对孪生子。

是阐明液体与固体热力学关系的先驱，也是分离和提纯有机化合物的开拓者。1881年证明了冰的挥发点取决于压力，这个结论和J. 汤姆孙(James Thomson)、基尔霍夫由理论计算数据而求得的蒸气压曲线相一致。1885年和拉姆齐一起推导出一个经验式：在已知的蒸气压下两种液体的绝对温度之比为T_a/T_b，而在另一个已知的蒸气压下为T_a'/T_b'，则$T_a/T_b=T_a'/T_b'+C(T_a-T_a')$。式中$C$值为常数，对相似的两种物质而言，如苯的同系物的氯代化合物，其C值很小，可忽略不计。于是，经验式可改写成$T_a/T_b=T_a'/T_b'$。由该式可以说明，对相似的两种物质，不论压力大小如何，其沸点比值不变。1899年他提出一项用来确定液体的临界密度和饱和蒸气压的新方法，用它来修正范德瓦尔斯方程式的比值($\frac{R\cdot T_c}{P_c\cdot V_c}=3.695$)。

1885年后，对石油烃类精馏分离的技术作了改进，发明在酒精溶液中加苯共沸蒸馏的方法使酒精去水。1904 年提出大多数不缔合的两个连续的同系物之间的沸点差不是一个常数，正如科普（Kopp）在 1942 年指出的那样，这个沸点差是绝对温度的函数，其经验式为$\Delta=144.86/T^{0.0148\sqrt{T}}$。式中 T 是指沸点较低的那个物质的绝对温度。他的研究对分离技术的实际应用起了很大的推动作用。

主要著作有《分馏》（1903 年）、《化学计量法》（1908 年）和《蒸馏的原理与工艺》（1932 年）等。

（朱啸宇）

科恩，L.（Cohn，Lassar） 德国人，1858 年 9 月 6 日生于德国汉堡，1922 年 10 月 9 日卒于柯尼斯堡（今俄罗斯加里宁格勒）。有机化学、生理化学、环境化学、化学工程、仪器研制。

曾在海德堡大学、波恩大学和柯尼斯堡大学攻读化学。1888 年在柯尼斯堡大学任讲师，1894 年任化学教授。1897～1898 年在慕尼黑大学任化学教授。1902 年重返柯尼斯堡大学任教。

一生的工作与各类工业企业有紧密联系。主要从事有机化学、生理化学和化工技术的研究。1899 年通过氧化胆酸和脱氢胆酸的方法，提取胆色素核酸和异胆色素核酸，从后者得到一种酸的氧化物。1912 年与 H. 维兰德合作，弄清胆酸及其氧化物的结构。研究有机碳酸钾盐的电解。1905 年得到几种水杨酸的卤化衍生物。1901 年改进杜马的测氮器。1922 年发明一种新的糖量计。发表过许多关于工业废料的利用和处理方面的文章。研究过纤维素厂的亚硫酸废液，建议利用化学处理法来降低污染河流的废液酸度，变害为利，灌溉农田。

还是化学科普读物的优秀作家。1892 年撰写的德文著作《日常生活化学》出了 12 版，并译成多国文字。1899 年撰写的德文著作《化学的通俗介绍》一书出了 7 版。这两本书都拥有许多读者。1891 年出版的《有机化学实验室工作方法》，是一本介绍有机化学实验室精确方法的颇有价值的书，它阐述了干燥、蒸馏、萃取、过滤、分子量的测定、磺化，卤化和硝化等方法。此书曾在德国广泛流行，并被译成英文本。

（戴永发）

弗兰克兰，P. F.（Frankland，Percy Faraday） 英国人，1858 年 10 月 3 日生于英国伦敦，1946 年 10 月 28 日卒于苏格兰阿盖尔郡洛克沃。环境化学、结构化学、化学工程。

著名化学家 M. 法拉第的教子、著名有机化学家 E. 弗兰克兰的儿子。1878～1880 年在德国维尔茨堡大学攻读有机化学，获哲学博士学位。1880 年到皇家矿业学院任示教员和讲师。1888 年在苏格兰敦提大学学院、1894 年在梅森理学院（后改名伯明翰大学）任化学教授。从 1913 年起到 1919 年退休，任伯明翰大学理学院院长。1891 年当选为英国皇家学会会员。1912～1913 年任英国化学学会会长。获得多个大学荣誉博士学位。

早期的工作是对英国大城市的煤气进行系统的研究。接着研究城市供水的细菌污染分析和防范问题。对旋光物质的立体化学进行了大量的研究，发展了一些有价值的测定分子结构和旋光度定量关系的方法。第一次世界大战期间，从事合成药物、炸药及芥子气研究。1919 年获英国皇家学会戴维奖章。1920 年获大英帝国勋章。

（李　邨）

阿列尼乌斯，S. A.（Arrhenius，Svante August） 瑞典人，1859 年 2 月 19 日生于瑞典维克城，1927 年 10 月 2 日卒于斯德哥尔摩。物理化学、电化学、电离理论。

是现代物理化学的奠基人之一。父亲是乌普萨拉大学监督员，后任总务主任；1860 年初率全家迁至乌普萨拉。17 岁进入乌普萨拉大学，攻读数学、化学和物理学，1878 年选择物理学作为攻读博士学位的主要学科。1881 年到斯德哥尔摩，在瑞典皇家科学院物理学家埃德隆（E. Edlund）教授指导下工作；1882～1883 年冬测定电解液导电率，1884 年作为博士论文发表。该文论述了电解质理论。1884 年 5 月通过了乌普萨拉大学的论文答辩，只得到三级评语。但该论文颇受斯德哥尔摩高等技术学校彼得森（S. O. Pettersson）的赞赏。后来彼得森根据这篇论文阐述的论点，发现了电解液反应速度与导电率之间的关系。阿列尼乌斯曾把自己的论文分别寄给当时许多著名的科学家，其中奥斯特瓦尔德对论文印象最深，并于 1884 年 8 月访问了他，聘请他任里加大学教师。同年 11 月又被聘任为乌普萨拉大学物理化学讲师。在埃德隆的帮助下，1886 年从瑞典皇家科学院获得了旅行补助金，因此能有机会到里加大学的奥斯特瓦尔德实验室、维尔茨堡大学的科尔劳施实验室、格拉茨大学的波尔兹曼实验室和阿姆斯特丹大学的范特霍夫实验室工作。在奥斯特瓦尔德和范特霍夫的热诚帮助下，其理论为更多人所了解。1887 年，在柯尔劳希实验室进行有关光对卤素银盐电解液电导率作用的重要研究。1895 年任斯德哥尔摩高等技术学校物理教授，1896～1905 年任校长。1905 年在斯德哥尔摩出任新成立的诺贝尔学院物理化学研究所所长，直至去世。1895 年当选为德国电化学学会名誉会员。1901 年当选为瑞典皇家科学院院士。1905 年当选为德国化学学会名誉会员。1911 年当选为英国皇家学会外籍会员。

主要贡献是 1887 年发表电离理论，被称为阿列尼乌斯理论。认为电解质在水溶液中部分分子会离解为离子；溶液愈稀，离解度就愈大。这一理论是物理化学发展初期的重要发现，对溶液性质的解释起过重大的作用。

在埃德隆实验室研究电解质溶液的导电率期间，他的目标是用测量电解质溶液导电率的方法来确定溶液中溶解的非挥发性化合物的分子量。1883 年春完成实验工作。同年6月6日把一份很长的研究报告提交给瑞典皇家科学院，并附有试验结果及其推出的结论。1884年发表题为“关于电解质溶液导电性的研究”报告。他的试验发现，在极稀的盐溶液中，若条件相同，其电导率在大多数情况下与溶液浓度成正比；由两种及两种以上盐类组成的稀溶液，其电导率常等于浓度相同条件下每一种盐类溶液所具有的电导率之和。还认为，任何水合物的水溶液，溶解在电解液中的分子一部分是“活化的”，另一部分则是“非活化的”；水也可分为两个部分：一部分是活化的，即电解质；另一部分是非活化的，即非电解质。电解液中的水、活化水合物和非活性水合物这三种物质处于化学平衡状态中，因而在稀释时若活化部分增加，非活化部分就减少。把这一假设应用到其他有溶解盐的电解液中去，并对电解液的活度系数（即离解度）下了定义。1887年发表题为“关于溶质在水中的离解”的论文，全面地阐述自己的观点。把同量的盐溶解在不同量的水中，溶液愈稀则电离度愈大，分子导电率 μ 也就愈大；当无限稀释时，分子全部变成离子，溶液的导电率 μ_{∞} 就达到最大值。于是，以 μ/μ_0 的比值作为计算电解质溶液离解度的公式，并用公式 $i=1+(k-1)\alpha$ 表示范特霍夫常数 i 与其离解度或活化系数 α 之间的关系。式中 k 为一个分子离解成 k 个离子。用此式计算所得 i 值，与用鲁道夫凝固点降低法所得的 i 值非常一致。该文对电解质溶液的离解理论作了全面阐述，并很快被人们确认。

另一重要贡献是研究温度的升高对反应速度的影响，并得出阿列尼乌斯公式。这一公式无论对均相或多相体系均适用，用它求得的活化能具有重大的理论和实际意义。1889年发表“关于温度增加对化学反应速度的影响”一文。观察到温度每升高1度，反应速度增加10%～15%。

在最后25年的生活中，兴趣转向其他领域，尤其是物理学、宇宙化学和气象学。对这些学科的贡献是应用理论化学的定律对天文学、地球物理学和地质学进行研究。1883年发表一篇关于球形闪电的短篇专论。1888年发表“关于太阳射线对地球大气层电现象的影响”的论文。1896年发表“关于空气中碳酸含量对地面温度的影响”的长篇论文。1903年出版著作《宇宙物理学教程》，这是关于宇宙物理方面的第一本教科书。他还提出宇宙中普遍存在生命的猜想，出版《宇宙中的生命》（1909年），很有影响。

著作甚多，化学上主要还有：《化学原理》（1906年）、《免疫化学教程》（1907年）、《溶液原理》（1912年）、《生物化学中的当量定律》（1915年）、《现代生活中的化学》（1925年）等。晚年致力于科普工作。撰写的书籍和作品简明地揭示了科学本质，这些作品被译成几国文字并再版多次。1902年获英国皇家学会戴维奖章。因创立溶液的电离理论，获1903年诺贝尔化学奖。1911年访美期间获第一枚W. 吉布斯奖章。1914年获英国法拉第奖章。（戴永发）

萨瑟兰，W.（Sutherland，William） 澳大利亚人，1859年8月24日生于英国苏格兰格拉斯哥，1911年10月5日卒于澳大利亚墨尔本。物理化学、电化学、地磁学。

苏格兰裔。木刻家之子。1864年随家人移民至澳大利亚。1879年获墨尔本大学文学士学位。后获伦敦大学学院理学士和墨尔本大学硕士学位。1888年起任教于墨尔本大学。

研究有关气体和液体的粘度、分子间引力、化合价、离子化、离子速度和原子大小。1885年起几乎每年有2～3篇论文刊登在杂志上，受到世界各国的承认和很高评价。1893年用动力论解释了气体粘度与温度关系，萨瑟兰常数 c 一般随分子间引力增强而增大。1900年提出地球的磁性是静电场旋转的结果。1902年提出电对理论，他的强电解质完全电离的观点，以后成为德拜-许克尔理论的组成部分。证明物质的各种性质基本上起源于电性。这一观点受到J. J. 汤姆孙的赞扬。（陈民生）

豪，J. L.（Howe，James Lewis） 美国人，1859年8月4日生于美国马萨诸塞州纽伯里波特，1955年12月20日卒于弗吉尼亚州列克星敦。金属化学、医药化学。

医生的儿子。1880年获阿默斯特学院文学士学位。1882年获德国格丁根大学哲学博士学位。1882年任俄亥俄州克利夫兰的布鲁克斯陆军军官学校科学讲师。1883年任肯塔基州里士满的中央学院化学教授，后任物理学和地质学教授。1894～1938年为华盛顿与李大学的化学教授和系主任。1886年在肯塔基州路易斯维尔医学院获荣誉医学博士；曾是该校的医药化学和毒物学教授。

是铂系金属的美国权威，钌化学方面的世界权威。曾研究铂系金属的氰化物、卤化物等的络合。《铂系金属文献》（3卷，1919～1956年）一书是他的杰作。另有《炼金术符号的起源和意义》（1901年）、《大学无机化学》（1907年初版，1917年再版）、《常用元素及其主要化合物辞典》（1923年）等。1937年美国化学学会佐治亚州分会授与他赫蒂奖章。（楼书聪）

科利，J. N.（Collie，John Norman） 英国人，1859年9月10日生于英国英格兰柴郡阿尔达莱埃奇，1942年11月1日卒于苏格兰斯凯岛。有机化学、生物化学。

自小热爱化学和登山运动。1877年进布里斯托尔大学学院学习。1879年去贝尔法斯特的女王学院从事四苄基磷盐的反应研究，由此开始对吡喃酮等的研究。1883年后，在维斯利塞诺斯手下研究磷和铵盐的热分解产物及β-氨巴豆酯。1885年获德国维尔茨堡大学博士学位。任英格兰切尔纳姆女子学院化学讲师3年。1889年去伦敦大学学院任W. 拉姆齐的助手。后任布卢姆斯伯里药学院化学教授。1896年当选为英国皇家学会会员。1902年重返伦敦大学学院任有机化学首席教授，1913年任化学系主任，直至1928年退休。

在化学上的主要贡献有：通过脱水醋酸与硫酸的

水解作用，成功制得4-羧基、6-甲基、α-吡喃酮和三醋酸的异构α-内酯；研究发现，脱水醋酸与盐酸的反应产物是2-，6-乙烷和γ-吡喃酮，而不是内酯；以二乙酰基丙酮成功制得苔黑酚、萘和异喹啉的衍生物等，推测利用复杂的乙烯酮类的水解作用，可从吡喃酮制得戊糖，用醋酸可制得脂肪和乙酰配质。早期提出的许多设想和建议，至今在生物化学领域里仍为人们所重视。（戴永发）

法沃尔斯基，A. E.（Фаворский，Алексей Евграфович；Favorsky，Alexey Evgrafovich） 苏联人，1860年3月6日生于俄国巴甫洛沃，1945年8月8日卒于列宁格勒（今圣彼得堡）。有机化学、化学工程。

是俄国著名有机化学家A. M. 布特列罗夫的优秀学生之一。1882年毕业于圣彼得堡大学数理学院。留校任教，1896年任教授。1921年当选为苏联科学院院士。

毕生致力于研究不饱和有机化合物反应，主要是炔烃类的研究。研究成果包括多种合成方法，其中有些具有重要的工业生产价值。1884年发现炔烃类的异体化现象（例如，C—C—C≡C ⟶ C—C≡C—C），并提出在此过程中形成丙二烯和乙烯醚衍生物中间体的假设，对此现象的机理作了解释。1891年用实验证实乙烯醚中间体的假设，后与学生广泛采用醇的乙烯化方法定量地制备乙烯醚。丙二烯中间体的假说的证实，导出二烯烃的合成方法，从而在1897年首次合成异戊二烯，在1928年合成丁二烯。这些物质都是合成橡胶的中间体。1905～1907年研究炔烃与酮的缩合，1932年应用这一反应提出合成异戊二烯的简便方法。通过对处于不稳定状态化合物的系统研究，得出化合物的异构、聚合和裂解都基于相同原因的结论。利用这个结论可以决定反应物在热和催化剂作用下的反应途径，并且解释了催化剂对炔烃和二烯烃化合物的作用。1941年获斯大林奖金。1945年获苏联社会主义劳动英雄荣誉称号。（戴永寿）

科斯塔涅斯基，S.（Kostanecki，Stanissraw） 波兰人，1860年4月16日生于波兰波兹南省，1910年11月15日卒于德国维尔茨堡。有机化学、植物化学、染料化学。

1883年毕业于柏林大学。翌年成为C. T. 利贝曼的助手。1890年获巴塞尔大学博士学位同年任伯尔尼大学有机化学和理论化学系主任和教授。

两篇与利贝曼共同发表的偶氮化合物的论文，以及羟基蒽醌衍生物的论文，是利贝曼-科斯塔涅斯基规则的基础。这个规则指出，只有含2个羟基的蒽醌才是符合要求的染料。毕生致力于植物染料，尤其是黄酮类的结构、染料分类以及化合物结构与它们颜色和着色力之间关系等研究。在伯尔尼大学执教的20年内，发表论文182篇，指导博士论文161篇。

（温敬铨）

布赫纳，E.（Buchner，Eduard） 一译毕希纳。德国人，1860年5月20日生于德国慕尼黑，1917年8月13日卒于罗马尼亚福克萨尼。酶化学、有机化学、生物化学、化学工程。

出身学者家庭。父亲是法医学、产科学教授，又是《医学附刊》（后改为《明兴医学周报》）的主编。他中学毕业后服役于野战炮兵。后入慕尼黑工业大学学习化学。不久因经济拮据辍学。1884年在哥哥帮助下，进慕尼黑巴伐利亚科学院学化学，并在A. von拜耳领导的有机实验室工作。1888年在拜耳指导下获博士学位，1890年为其助教，翌年升讲师。筹集资金建立发酵化学实验室。1893年接任柯蒂乌斯担任基尔大学分析化学实验室主任，1895年任编外教授。1896年在蒂宾根大学任药物分析化学教授。1898年任柏林农学院普通化学教授，兼任发酵工业研究院院长。1909年受聘于布勒斯劳大学生理化学讲座。2年后受邀到维尔茨堡大学执教。个性耿直，曾因得罪教育部官员而被长期停教。在政治上是俾斯麦的追随者。在第一次世界大战中志愿服役，1916年被召回恢复任教。1917年再次去前线，8月11日在罗马尼亚作战时被弹片击伤，两天后去世。

与T. 柯蒂乌斯共同从事重氮乙酸酯的研究，建立了亲密友谊。在研究化学同时，还在植物生理研究所内格利（K. von Nägeli）指导下进行植物生理方面的研究。以后对酒精的发酵产生兴趣。以此为题，于1886年发表的第一篇与巴斯德的观点相反的论文，即无氧不是发酵的必要前提。其就教职论文是关于吡唑-安替比林五元杂环衍生物的研究。发表过"富马酸与马来酸性能比较"一文。1896年发表先驱论文"酒精的无细胞发酵"。

是酶化学的先驱者，把酵母细胞的生命活力与酶的化学作用紧密结合起来，证明使碳水化合物发酵的是酵母所含的各种酶而不是酵母细胞本身所致，大大地推动了微生物学和生物化学、发酵生理学和酶化学的发展，使微生物代谢作用研究开创新的一页。在酶化学历史上，可划分为前布赫纳期和后布赫纳期。1830～1860年，在发酵科学上的两大论点是生命论和机械论。机械论的倡导者是李比希，其基础是柏济力阿斯的催化论；巴斯德则主张生命论，认为发酵不是一个催化过程而是一个生命过程，其根据是本人的试验和前人已发现酵母是有生命的机体。巴斯德还区分"酶素"和"酵素"；前者可在生命体外起生机作用，后者则与生命不可分离。

布赫纳在哈恩（M. Hahn）的建议与协助下，用酵母中加入石英砂和硅藻土研磨成糊后以高压压滤的方法，从1000克酵母中分离得500毫升易分解的压榨液，加入蔗糖浓溶液来浓缩保存上述液体。1896年发现上述混合物能进行发酵反应。1897年发表了三篇关于无细胞酒精发酵的首次结果的重要论文，形成了酶化学的转折点，在1902年前又陆续发表15篇论文。

1903年和其兄H. E. A. 布赫纳以及哈恩等三人合著的《酶发酵》一书中，对他们的成果进行了内容广泛的阐述。他将从酵母中分离得到的液体称为“酿酶”，它既不是压榨液中仅存的少数酵母细胞也不是其他活的“原生质微粒”。将乙醇和乙醚加到酵母压榨液中，得到一种可以储存而仍具有活性的沉淀。指出发酵是一个化学的酶催化过程。他还首创制造“干酵母”的方法。以后，由于各国科学家的大量实验工作，酒精发酵的反应链得到了阐明。他所假设的酒精发酵过程的中间产物是乳酸、甲基乙二醛、甘油醛和二羟丙酮，其中甘油醛和二羟丙酮的磷酸脂后被证实也是糖被酵母或动物细胞所分解的中间产物。由于无细胞发酵工作，获1907年诺贝尔化学奖。（蒋尚智）

史密塞尔斯，A.（Smithells，Arthur） 英国人，1860年5月24日生于英国兰开夏郡贝里，1939年2月8日卒于伦敦。燃烧化学、物理化学。

是铁路经理的儿子。1875～1877年在格拉斯哥大学学物理和化学，后在曼彻斯特欧文斯学院学习化学。1881年获伦敦大学理学士学位。1882年前任化学助理讲师。1885年任利兹大学化学教授。1901年被选为英国皇家学会会员。1907年被选为英国科学促进协会化学分会会长。1923年辞去利兹大学教授职务，移居伦敦任索尔斯特工业化学学院院长，1937年退休。

主要贡献是对燃烧机理、火焰结构和气体发光的研究。发明在本生燃烧器上分离两个火焰锥体的方法，并发现内锥体中含有残余氢。对教育改革有自己的主张，强烈反对建立专业性大学，倡导多学科综合性大学，并把基础科学扩展到日常生活的实际问题研究中去。（周申范）

埃米希，von F.（Emich，von Friedrich） 奥地利人，1860年9月5日生于奥地利格拉茨，1940年1月22日卒于同地。分析化学、仪器研制。

1878～1884年在奥地利格拉茨理工大学学习化学，获博士学位。留校任教，1888年任讲师，1889年任编外教授，1894～1931年任教授，期间1899年出任校长。1918年入选奥地利科学院通讯院士，1928年成为院士。

近代微量分析化学奠基人之一。毕生主要致力于无机和有机微量分析化学研究。19世纪90年代，用显微镜对各种沉淀性化学反应进行定性分析。20世纪初，他研究成功“细线反应”，把一根很细的线浸没在反应物溶液里，观察其颜色变化，进行定量分析。其中，他曾用石蕊溶液浸湿的丝线放入化学反应器，根据细线的颜色变化，就能检出3×10^{-10}克氢氧化钠或5×10^{-10}克盐酸的微量成分。他还从浸润过硫化钠的细线在反应物溶液里的变化，检出痕量仅10^{-9}克的多种金属离子等。设计和改进微量化学天平，制成一整套微量分析仪器，测量的灵敏度达到当时微量化学分析的最精确要求；改进和提出了新的实验操作方法，实现毫克级无机样品的测定，后又实现纳克级样品测定，其精确度并不亚于毫克级的测定，从而为发展无机和有机微量分析奠定了基础。1923年诺贝尔化学奖得主F. 普雷格尔正是采用了他的测定方法。

发表论文100余篇；重要著作有《微量化学教程》（1911年）、《微量化学实验手册》（1924年初版、1931年再版）等，这些著作已被翻译为英文、法文、俄文、意大利文等多种文字。获1911年维也纳科学院李比希奖章、利本奖章，1931年奥地利勋章。为纪念他的杰出成就和褒奖后继者，奥地利化学学会设有埃米希奖。（李　烨）

库尔纳科夫，H. C.（Курнаков，Николай Семёнович；Kurnakov，Nikolai Semyonovich） 苏联人，1860年12月6日生于俄国维亚特卡省诺林斯克，1941年3月19日卒于莫斯科附近的巴尔维卡村。无机化学、金属化学、物理化学、仪器研制。

中学就读于军事专科学校。1882年毕业于圣彼得堡矿业学院。留校任教，1885年任冶金系副教授，1893年任无机化学教授，1899～1896年任物理化学实验室主任，1907年退休。1902～1930年同时兼任圣彼得堡（后为列宁格勒）理工学院普通化学系教授兼系主任，兼任应用化学研究所首任所长（1919～1927年）。1899年创立俄国技术学会金相学委员会。1913年当选为圣彼得堡科学院院士；后当选为苏联科学院院士。1918年设立科学院物理分析与化学分析研究所，并任首位所长至1934年；1944年易名为库尔纳科夫普通化学与无机化学研究所。

他培育了一个无机化学家和冶金学家庞大的学派。最初从事金属及其盐的研究，勘查阿尔泰地区和乌克兰的金属矿产；发现以他姓氏命名的二价铂与硫脲生成顺式和反式异构体的反应。其主要成就是创立物理化学分析法，研究平衡体系的这种方法是以测定体系的物理性质，如电导、硬度和流体压力等与组成的关系，以及建立相图为基础的。还发现二元体系可以组成道尔顿式化合物和贝陀立合金式化合物。在研究氯化钠和硫酸镁盐平衡基础上，阐明了卡拉博加兹戈尔海湾芒硝沉积的机理，为天然盐开发提供了科学根据。此外，1904年发明库尔纳科夫高温计，为热化学分析提供一种新颖而精确的科学手段。

主要论文入编《库尔纳科夫论文选集》（3卷，1960年）；主要著作有《物理化学分析导论》（1940年第4版）等。获1952年捷列夫奖，1928年列宁奖金、1939年劳动红旗勋章、1940年斯大林奖金；1940年获俄罗斯联邦科学与技术先进工作者荣誉称号。（温敬铨　李啸虎）

沃尔德，F.（Wald，Frantisek） 捷克斯洛伐克人，1861年1月9日生于捷克斯洛伐克斯拉尼（今属捷克）附近，1930年10月19日卒于俄斯特拉发。分析化学、物理化学、矿冶学。

祖籍德国，后入捷克斯洛伐克籍。早年在布拉格德国技术大学学习化学。后在布拉格捷克技术大学任理论化学、物理化学和冶金学教授，两次出任化学工艺系主任，1920～1921年任该校校长。

发明独创的气体定量分析方法，以及一些使采矿、冶炼更科学的方法。主要从事化学基本理论的研究。因不满意原子-分子观点对化学现象的解释，将注意力集中到热力学第一、二定律上。证明将自然界中所遇到的不可逆过程假设为可逆过程，以此来详尽阐述热力学第二定律是一个错误，认为热力学第二定律是以经验为基础的，不需数学帮助便可以从逻辑上推断出来。相信能量定恒原则，但对功和热的等效提出疑问。承认不能转变为有用功和其他形式能量的热正在宇宙中积累起来，但认为宇宙各处温度相同的状态即“热死亡”将永远不会达到。不同意已被多数人接受的化学理论基础，认为这些理论基础包含的假设条件太多。从不承认以原子概念为基础的化学理论的普遍作用，试图建立一种以更可触知的“相”代替原子作为基本概念的体系。对冶金过程中的相平衡问题十分熟悉，为此曾努力建立一套以相概念为基础的普通化学理论。与同时代的科学家不同，认为哲学不能置身于科学之外。反对机械论对自然现象的解释，但同时又承认自由意志和必然性。（张京京）

泽林斯基，Н. Д.（Зелинский，Николаи Дмит-риевич；Zelinsky，Nikolay Dmitrievich）

苏联人，1861年2月6日生于俄国赫尔松州蒂拉斯波尔，1953年7月31日卒于莫斯科。有机化学、催化化学、生物化学、石油化工。

1884年毕业于敖德萨大学。翌年被派往德国深造。一次在格丁根大学V.拜耳实验室，原先试图制造四氢噻吩却意外地合成了芥子气，结果成为第一个受害者。1889年在敖德萨大学答辩通过硕士论文“四氢噻吩的异构物”。1891年通过“饱和碳化合物系的立体结构”博士论文答辩。1893～1953年任莫斯科大学教授。1911～1917年兼任圣彼得堡财政部中心实验室主任，还在工学院执教。1926年当选为苏联科学院通迅院士，1929年为正式院士。1934年任苏联科学院有机化学研究所所长，1950年该所以他的名字命名。

由于第一次世界大战中使用了毒气，1915年他发明活性炭的制法及气体防护面具，以作为俄国及同盟军方面的防御品。1918～1919年研发在氯化铝作用下用石油高温裂解分馏制造汽油的方法。

一生中最重要成果是研究烃化学及其有机催化，求证石油是从植物、动物残骸演变形成的起源理论。1895～1905年率先合成许多环戊烷与环己烷饱和烃，并用它们来研究石油的组成。为此还合成环丙烷、环丁烷、二环螺烃、连桥烃，研究其催化变换和分类。1911年发现在铂和钯催化剂作用下，300℃时环己烷易脱氢为苯。1920～1930年继续研究此反应的选择性，广泛用于测定汽油和煤油馏分中环己烷的含量，并提出应用此法于石油制造芳烃的工艺。1930年研究环己烯和氢气的歧化反应，同时并列地生成苯和环己烷，把此反应称为“不可逆催化”。还进一步指出它只限于包括萜烯的含双键的环己烷烃，当有铂、钯催化剂存在时常温才能发生上述反应。1934年发现，在300℃～310℃有碳铂催化剂作用下，会产生环戊烷转变为链烷烃的氢解反应。指出在许多多相催化反应中会形成中间产品亚甲基团，如环己烷的分解、链烯烃和一氧化碳的加氢缩合反应、在微量一氧化碳作用下链烯烃的加氢聚合反应等。是研究环戊烷和环己烷烃在氯化铝和溴化铝的作用下可逆异构化反应的先驱。1939年指出，环己烯及其同系物在400℃～450℃有铝、铍或硅的氧化物作用下，几乎完全异构化为环戊烯及其同系物。早在1915年，他在石油裂解中使用氧化物催化剂，它降低了生产的温度、提高了芳烃的产量。1915年首先指出，在有机物转变中催化剂中毒的原因是在其表面上沉积了一层碳，可用氧化法再生催化剂。

在生物化学上，1912年成功地用稀酸水解蛋白质，除氨基酸外，还得到环酐、二酮哌嗪，并以此提出蛋白质分子的环结构理论。1920～1930年，从植物、动物中提取的胆甾醇、脂肪酸、蜂腊和松香酸，在氯化铝作用下制造出人造石油。发明氰醇法制造α-氨基酸，首次制得若干种羟基氨基酸。（朱啸宇）

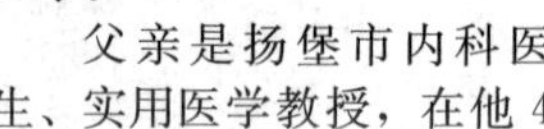

塔曼，G. H. J. A.（Tammann，Gustav Heinrich Johann Apollon）

德国人，1861年5月6日生于俄国扬堡，1938年12月17日卒于德国格丁根。无机化学、金属学、物理化学。

父亲是扬堡市内科医生、实用医学教授，在他4岁时去世。母亲承担了他的全部教养。1879年在多帕特大学开始学习化学，毕业于多帕特大学。做过李比希和A. 维尔纳的学生；与奥斯特瓦尔德和能斯脱等一起工作过；与阿列尼乌斯、范特霍夫等有交往。曾任塔尔图大学、格丁根大学教授。1903年担任格丁根大学无机化学研究所所长。是柏林科学院、格丁根科学院院士，维也纳科学院外籍院士。英国金属学会、英国皇家化学学会外籍会员。获得过4个荣誉博士学位。是斯图加特市荣誉公民。塔曼在一次旅行中结识了A. 米切林（Anna Mitscherling），她是圣彼得堡的一位银行家的女儿。他们于1890年结婚，生有一子二女。

是物理化学、现代金相学和冶金学的创始人之一，研究固相化学反应的先驱。1889～1890年在格丁根大学和能斯脱一起研究金属与溶液作用而释放的氢气压力。早在1883年，他已发表关于溶液蒸气压的论文，首次研究物理、化学边缘的课题，从溶液蒸气压的降低来测定分子量。由于好友门捷列夫的建议，曾去俄国访问过好几次，部分原因是为了学习俄语。门捷列夫曾以极大的兴趣跟随他进行研究。1887年提出偏磷酸盐的位变异构现象。提出均相系统的内压理论。1894年他到荷兰与范特霍夫等进行合作，1895年开始了非均相平衡研究。

首先提出玻璃为过冷液体的原理。特别是对晶体的晶核生成和成长进行系统研究，确定晶核数目与晶核成长速度同过冷度之间的关系。1897年指出晶体的成长决定于3个独立变量：晶核数目、结晶速度和传热。第一次世界大战期间，深入地研究了混合晶体的性质，对合金的多相平衡问题也作过深入研究。在不断地研究合金化学性质的同时，还越来越对金属的性质、它们的晶体结构、导电率以及机械性能等方面的特性感兴趣。创立热分析方法。通过对这些领域的研究，开创了金属物理学这一学科。1903年以后，对日用无机材料进行系统鉴定。树立晶格错位和滑动的思想。1911年对混合结晶中扩散的研究，使他进入到一个新的领域，即对固体与固体、固体与气体物质反应的研究。1922年在测定氧化反应的有关问题时，和克斯特尔（W. Köster）发现氧化层的厚度与所耗时间的对数关系。直到40年以后，人们才认识到这个关系的理论意义。

还发现一些新品种萘；对植物生理学、酶的催化反应等也有研究。通过培训100多名博士和助手，帮助整整一代化学家和冶金学家确定了研究概念和工作方法。

500多篇科学论文，涉及广泛学科范围。主要著作有《金相学教程》（1914年）、《多相平衡教程》（1924年）等。颇精通歌德的作品和俄国的历史。热衷游泳。一生中接受过许多荣誉、奖励。（戴永寿）

雷，P. C. （Ray，Prafulla Chandra） 印度人，1861年8月2日生于印度库尔纳地区（今属孟加拉国），1944年6月16日卒于加尔各答。应用化学、化学工程、科学史学。

早年上过乡村学校。1871年到加尔各答黑尔中学学习。1877年进加尔各答大学学习。1879年获奖学金去爱丁堡大学学习化学，1885年获理学士学位，1887年获理学博士学位。因获希望奖，得以在取得博士学位后继续在爱丁堡大学逗留一年。1888年回国，1889年在加尔各答省立学院取得化学讲师职位，很快成为化学教授。1894年筹建新的化学实验室。1916年成为新成立的加尔各答大学理工学院化学教授。1919年被授与爵士勋位。1924年被选为印度化学学会会长。是伦敦化学学会名誉会员。还获多所大学荣誉博士学位。

研究过印度酥油和芥子油的纯度；发现能稳定存在的晶状硝酸亚汞。创建孟加拉化学和制药厂、孟加拉陶器厂、加尔各答肥皂厂和孟加拉罐头调味品厂。撰写出版的《印度化学史》（2卷，1902～1908年）不仅具有很高的学术水平和历史价值，而且向印度人民灌输了对祖国科学遗产的自豪感。也关心社会活动和政治，常常激励学生们为印度的独立而斗争。

（李　郇）

内夫，J. U. （Nef，John Ulric） 美国人，1862年6月14日生于瑞士黑里绍，1915年8月13日卒于美国加利福尼亚州滨海卡梅尔。有机化学、理论化学。

瑞士移民后代。1884年毕业于美国哈佛大学，获化学专业学士学位。在德国慕尼黑大学A. von拜耳指导下，1887年获哲学博士学位。同年任普渡大学教授。1889年任克拉克大学教授。1892年任芝加哥大学教授，直至去世。1891年当选美国文理科学院院士。1904年当选美国国家科学院院士。儿子和他同姓名，是经济史教授。

是理论化学开拓者之一。发明许多有机合成新方法，1894年起发现其中三种分离反应（称为内夫反应）。1897年推测二价碳存在，后研究了二价碳化合物及其离解作用。其理论工作很明显是包含着游离基、过渡状态和聚合作用这些当今概念的萌芽。还研究了在一个有机反应中生成的所有产物，并非都是所需要的最终产品。和学生们在芝加哥研究了碱和碱性氧化剂对糖类的作用。分离并描述多种糖精酸，通过烯醇化作用和再进行羰基化转移作用来阐明糖类的转化和降解。他们发现两种醛糖内酯；指出钠在酯中的作用是充任活性脱氢卤化剂。1899年将金属乙炔化合物加合酮后制得乙炔醇。（高中兴）

洛伦茨，von R. （Lorenz，von Richard） 奥地利人，1863年4月13日生于奥地利维也纳，1929年6月23日卒于德国莱因河畔法兰克福。物理化学、电化学、化学热力学。

历史学家的儿子。在维也纳大学和耶拿大学学习医学，但主要兴趣在化学。以关于硼的原子价问题的研究论文获耶拿大学博士学位。毕业后在罗斯托克大学生理学院任教。后到格丁根大学转入物理化学研究，任能斯脱教授助手。1896年应邀到瑞士苏黎世霍赫斯丘尔工业专科学校任新成立的电化学实验室主任。在苏黎世结婚，并有2个孩子。1910年妻子去世后，接受法兰克福学院邀请任该校理化学院院长，不久该校改成大学，在那里工作到退休。

在能斯脱指导下开始物质在熔化状态下的电化学的研究，毕生在此领域内工作。最重要的贡献是证明法拉第定律完全适用于熔化盐类。和卡塔雅玛（M. Katajama）一起发展了计算不同类型的电池电动势的热力学关系。在测定分散体系粒子大小时，他从迁移和扩散速度计算出熔融电解质中离子的大小。晚年确认质量作用定律不适用于高浓度的融合物，发展了范德瓦尔斯方程式在这种状态下的计算方法，并借助于热力学概念发展了高浓度体系中的质量作用定律。

发表论文约250余篇。主要著作有《电化学教程指导书》（1901年）、《实用电化学》（1901年）、《电化学入门》（1905年）、《盐类熔融电解法》（3卷，1905～1906年）、《熔融盐电化学》（1909年）、《离子

空间充盈和迁移率》(1922年)、《化学质量作用及其热力学原理》(1929年)等。（汪天伟）

温克勒，L. W. (Winkler, Lajos Wilhelm) 匈牙利人，1863年5月21日生于匈牙利阿拉德（今属罗马尼亚），1939年4月14日卒于布达佩斯。分析化学、药物化学、仪器研制。

曾在阿拉德一家药房任助理药剂师。后在布达佩斯大学攻读化学和药物学，1885年获药物学硕士学位。后在该校化学研究所任助理教授，1908年任分析化学、药物学教授，兼任该校第一化学系主任。1896年被选为匈牙利科学院通讯院士，1922年成为正式院士。

早年从事矿泉水化学成分尤其是溶解气体的分析，采用的定量分析溶解氧的方法不仅成为1886年博士论文的课题，而且为他在科学界的名望奠定了基础。以后参加《匈牙利药典》第2～4卷的编写工作。创造了许多有重要价值的分析方法。除在高精度比重计和气体、水以及药物分析方面的研究，还研究过各种气体在不同溶剂中的吸收系数，用他研制的仪器所获得的数据至今仍是可靠的。在卤素分析方法上所取得的成就，使得卤素分析领域几乎成为匈牙利人的一统天下。他的实验方法表明，在重复实验时严格维持相同的实验条件是很重要的。复现性原理在分析化学和自然科学中的应用，是他最杰出的成就之一。（张京京）

瓦尔登，P. (Walden, Paul 或 Pavel Ivanovich) 德国人，1863年7月26日生于俄国文登地区（现属拉脱维亚），1957年1月22日卒于德国加默廷根。物理化学、有机化学、电化学。

出身农民家庭，孤儿。早年以做私人教师谋生。1882年进入里加工业学校化学系学习，在F.W.奥斯特瓦尔德的指导下开始其科学研究工作。1889年毕业后留校任教，1894年成为教授。1910年被选为圣彼得堡科学院院士。在里加工业学校任教授的同时，还任圣彼得堡科学院化学实验室主任。是拉脱维亚大学的奠基人、第一任校长。1919年8月后永久移居德国，任罗斯托克大学教授。他一生中曾多次接受荣誉博士学位、科学院院士及化学协会名誉会员。

是物理有机化学的奠基人之一。毕生致力于有机化学与物理化学的联系与结合。第一个科研成果是：1887年发现奥斯特瓦尔德-瓦尔登经验法则，即根据克分子电导率可求出多元酸和碱的碱度。在立体化学方面，1896年发现“瓦尔登转化”。当一个旋光异构体在一定的试剂作用下，可转变为对映的旋光异构体，这是纯粹的构型上的变化。由于“瓦尔登转化”与传统的取代反应机理不一致，结果导致了一场持久的学术辩论。1934～1937年，休斯（E. D. Hughes）和C.英戈尔德阐明了“瓦尔登转化”的机理，他们证实在遵循二级动力学的反应中存在有这种立体化学的构型变化。他还详细地研究了外消旋作用，弄清有机分子的化学结构与特定的旋光能力之间的数量关系。试图证实在自然界的原油中存在着旋光性化合物，首次阐述了石油的生源说的理论。

还对非水溶液的电化学进行研究。1900～1934年，测定了约50种非水溶剂的离子化程度，并提出溶剂化和溶剂分解作用的新概念，从而开创了某些有机反应离子机理的新解释。1906年推导出一个公式，式中把溶剂粘度 η 和已知电解质的当量电导率 λ 联系在一起：$\lambda_\infty \cdot \eta_\infty$ =常数。这一成就在于使溶液的物理与化学理论之间的关系更加协调，从而进一步发现了酸与碱的现代结构理论、电解质理论及有机反应机理。建立的关于表面张力、临界参数及液体分子量熔融潜热的经验规律，赢得了国际的承认。

（朱啸宇　朱吕民）

基平，F. S. (Kipping, Frederick Stanley) 英国人，1863年8月16日生于英国曼彻斯特，1949年5月1日卒于威尔士的克里基厄斯。有机化学、化学工程。

银行家的儿子。在中学化学教师和邻居化验师影响下，对化学产生了兴趣。1879年进欧文斯学院（今曼彻斯特大学）。1882年获伦敦大学学士学位。后在地方气体公司、政府药物监督部门任职员。1886年进入慕尼黑大学拜耳实验室。翌年在W. H.珀金指导下获爱丁堡大学博士学位。同年伦敦大学授与他理学博士学位，成为该校第一位仅以研究成果而获博士学位者。1890年任伦敦城市与行业学院首席化学示教员。1897年任诺丁汉大学学院化学系教授，1928年任该校布特化学讲座教授，曾任化学系主任，1936年退休后作为名誉教授继续从事研究工作。1897年入选英国皇家学会会员。

1894年出版第一本有机化学的教科书。有机硅化合物是其一生最重要的研究领域。发现利用格林尼亚试剂可以把有机基团连接到硅上，并致力合成与碳化合物类似的硅化合物。合成含有双键的硅化合物的努力未获成功，然而在制备硅的酮类似物时得到了被他称为“硅酮”的高聚物。这些高聚物在当时并无任何实用价值，但是它们的合成方法后来却促成了硅酮高聚工业的迅速发展。

时至第二次世界大战初，他已发表51篇论文讨论硅有机化学。其后，化学工业已将硅酮用以制备润滑油、液压油、合成橡胶防水布等等新产品，使硅酮变得越加重要，反过来又促进硅有机化学研究。主要著作有《有机化学》（1899年，与W. H.珀金合著）等。1918年获英国皇家学会戴维奖章。（温敬铨）

奥韦尔斯，K. F. von (Auwers, Karl Friedrich von) 德国人，1863年9月16日生于德国哥达，

1939 年 5 月 3 日卒于马尔堡。有机化学、物理化学、结构化学。

早年入读海德堡大学。后入柏林大学就学时，是 A. W. von 霍夫曼的学生，1885 年获哲学博士学位。在格丁根大学和海德堡大学是 V. 迈尔的助手，专注于立体化学的研究。1900 年任格赖夫斯瓦尔德大学化学教授兼化学系主任。1913 年为马尔堡大学化学系教授兼系主任，1928 年退休。

是一位出色的有机化学家，研究结构理论长达 50 多年。1888 年，和迈尔用“立体化学”的名称来代替 J. H. 范特霍夫提出的“空间化学”。此时几何异构的概念尚未扩展到不含碳原子的化合物。当他们发现苯偶酰二肟有三种异构体时，提出了与范特霍夫的单键自由旋转原理相反的见解，认为此异构现象是由于限制了碳原子单键旋转的结果。1890 年 A. R. 汉奇和 A. 维尔纳详细阐述了一个理论，把几何异构现象从碳碳双键扩大到碳氮双键。他和迈尔的工作证实了汉奇和维尔纳理论的正确性。对异构现象的研究导致他终身研究立体化学。确定巴豆酸和其他许多异构体的构型。研究有机化合物光谱化学、分子结构与物理性质的关系以及分子重排作用，在这些研究中最杰出的是测定许多互变异构体中酮式-烯醇式的比例。（楼书聪）

贝克兰，L. H.（Baekeland，Leo Hendrik） 比利时人，1863 年 11 月 14 日生于比利时根特附近圣马丁莱特姆，1944 年 2 月 23 日卒于美国纽约州比肯。有机化学、应用化学、工程化学。

鞋匠之子。1880 年毕业于根特市立技术学校。1884 年获根特大学自然科学博士学位。在国立埋科师范学校任化学和物理副教授。1889 年去美国旅行并在该国定居。起初当照相商行的雇员，后自己开制造照相纸的公司。接着成为电化学顾问。1924 年被选为美国化学学会会长。

1905 年起，在 A. von 拜耳首先发现的苯酚和甲醛缩合反应基础上，开始研制它们的缩合产物，取得了极大的成功。1907 年起贝克兰树脂开始投产。获得从废电解液中回收溶解盐、用胶状氢氧化铁处理石棉布制造耐用隔膜等 55 项专利。1914 年首次获得钱德勒奖章。1940 年获富兰克林奖章。（李　邨）

霍尔，C. M.（Hall，Charles Martin） 一译霍耳。美国人，1863 年 12 月 6 日生于美国俄亥俄州汤普森，1914 年 12 月 27 日卒于佛罗里达州代托纳。无机化学、电化学、矿冶工程。

新教牧师的儿子。从 10 岁起在俄亥俄州奥柏林长大。在奥伯林学院获得学位。后终身从事冶炼业，是世界著名的美国制铝公司的创始人和奠基者。也是其母校奥伯林学院的托管人和捐助人。

从小有志于化学，在 F. B. 朱厄特指导下学习化学。朱厄特在讲授铝时，预言发明廉价的铝生产工艺是十分有利可图的。他决心致力于研究铝及其冶炼。当时，铝的生产成本十分昂贵，用的是 H. S.-C. 德维尔（Henri Sainte-Claire Deville）所发展的用钠进行还原的方法。1859 年，德维尔提出一种电解熔融冰晶石在铜上电沉积铝的方法。30 年后，当霍尔用熔融冰晶石作溶剂进行电解矾土的实验时，由于使用粘土坩埚，实验累遭失败。后来在粘土上衬以石墨，矾土如糖在水中一般被溶解，铝的珠滴在阴极聚集。1886 年 2 月 23 日，他用矾土电解铝首次成功。两年后建立公司（即今美国制铝公司）进行商业性生产，1889 年获得专利权，1911 年为此获得珀金奖章。大约在同时，法国 P. L. T. 埃鲁独立地发现相同生产方法，因此该法就称为霍尔-埃鲁过程。（楼书聪）

能斯脱，W. H.（Nernst，Walther Hermann） 德国人，1864 年 6 月 25 日生于普鲁士西部布利森（今波兰瓦伯兹诺），1941 年 11 月 18 日卒于德国巴特穆斯考附近齐培尔庄园。电化学、物理化学、化学热力学、仪器研制。

是普鲁士民事法官 G. 能斯脱（Gustav Nernst）的第三个儿子。1883 年以班中第一名成绩毕业于格拉茨大学预科。在学注重学习古典著作、文学和自然科学。早年志向做一个诗人。尽管未能实现这个目标，但一生都迷恋于文学和戏剧，特别是莎士比亚的剧作。1883～1887 年在苏黎世大学、柏林大学、格拉茨大学和维尔茨堡大学学习物理学，1887 年获哲学博士学位。同年成为格拉茨大学奥斯特瓦尔德的助手。1891 年任格丁根大学物理学编外教授。1892 年与格丁根一位著名外科医生的女儿结婚，生有 2 子 3 女。1894 年任慕尼黑大学理论物理学教授，成为第一位物理化学教授。1891～1904 年参与组织一个国际性的物理化学学者团体。1905 年应聘到柏林大学物理化学实验室工作，1924～1933 年任该校实验物理研究所所长。1932 年当选为英国皇家学会会员。两个儿子都死于第一次世界大战。1933 年再也不能容忍纳粹行径，拒绝与柏林科学院反爱因斯坦的势力合作。受到纳粹政权的迫害，1933 年被迫退职，在农村庄园度过晚年。因心脏病发作去世。

对物理化学特别是对电解质溶液理论的新发展，作出了十分重要的贡献，因而很早就闻名于世。在所有的研究工作中重视可靠的实验结果。蔑视那种滥用自然资源的行为。对纯科学和应用科学的研究均十分重视。综观他的论著，表明其纯理论研究都与实验和仪器密切相关。是一位能迅速地掌握各个领域新观点的化学家和物理学家。量子论创始人普朗克当时认为，在欧洲唯有能斯脱才能使柏林大学摆脱在化学方面毫无生气的局面。

最辉煌的成就则是对化学热力学的研究。继奥斯特瓦尔德、范特霍夫之后，他对物理化学作出了很大贡献。在波尔兹曼的建议下与 A. von 埃廷豪森（A. von Ettingshausen）一起研究，发现了垂直梯度方向的磁场能在金属导体中引起电位差。在莱比锡大学提出只有两种离子存在的简单情况下电解质的扩散定律，1888 年首次计算出无限稀溶液中的扩散系数，并揭示了浓差电池中的离子移动、扩散系数和电动力之间的关系。1889 年提出溶解压理论，从热力学导出电极电位公式，即“能斯脱公式”。同年提出溶度积理论，以解释沉淀反应。发明用指示剂测定介电常数、离子水化度和酸碱度的方法。发展了分解和接触电势、钯电极性状和神经刺激等理论。

1906 年根据对低温现象的研究结果，创立热力学第三定律（“能斯脱热定理”）：在绝对零度时，处于完全平衡的每个物质的熵等于零，因而压强、体积及表面张力均与温度无关。他还断言，严格的绝对零度是无法达到的。1911 年与 F. A. 林德曼一起设计研制出一种量热计，以测定低温下的比热。他还根据热导率变化，对气体离解度作了重要测定。

1913 年普朗克和他到苏黎世劝说爱因斯坦回到柏林去参加他们的工作。虽然当时爱因斯坦的光量子理论尚无实际用处，广义相对论尚在构思之中，但他们为他提供了普鲁士皇家科学院院士等多个职位和特别的薪金。1918 年，能斯脱利用键机理说明氢与氯之间光化学反应的极高量子产额；同时研制出含有氧化锆及其他氧化物发光剂的白炽电灯。

酷爱旅游，游览过北美和南美洲。喜爱户外活动，特别热衷于狩猎。常邀请客人到他的齐培尔庄园狩猎野兔。还是一个十足的汽车迷，在 19 世纪末是格丁根第一批有汽车的人；还发表一些有关内燃机最大效率的文章。

主要著作有《理论化学》（1893 年初版，1926 年第 15 版）、《化学热力学的实验与理论应用》（1907 年）、《新热学定律的理论与实验基础》（1918 年）等。由于化学热力学等领域的卓越贡献，获 1920 年诺贝尔化学奖。（戴永寿）

塔顿，A. E. H.（Tutton，Alfred Edwin Howard） 英国人，1864 年 8 月 22 日生于英国柴郡，1938 年 7 月 14 日卒于苏塞克斯郡切特尔莫斯利。分析化学、晶体化学、仪器研制。

盲人工匠之子。1886 年以优异成绩毕业于伦敦皇家研究院。1889 年任分析化学讲师。1895 年后在牛津大学、伦敦大学、普利茅斯地质技术学校任稽查员。1924 年任剑桥大学教授。1895 年定居达林顿后，在家中建立晶体实验室。1899 年入选英国皇家学会会员。曾任英国矿物学会会长。

对类质同晶盐进行长达 40 年的测角和光学研究，并由此而享有盛誉。曾研究过 R_2XO_4 系列盐（其中 R= K、Rb、Cs、NH_4、Tl，X = S、Se）、$R_2M(XO_4)_2 \cdot 6H_2O$ 系列盐（其中 M=Mg、Zn、Fe、Ni、Co、Cu、Mn、Cd）以及碱金属的高氯酸盐等。发现在上述盐类中，其物理性质随元素原子性质不同而有规则地发生变化。先后发表 50 篇论文，著作有《晶体结构与化学组成》、《晶体学与实际晶体测量》和《晶形和化学组成》等。

比长干涉仪是他用来高精度测定结晶的产物，以镉的红光波谱线波长来表示码的标准。随着 X 射线晶体学的发展，上述的晶体研究方法已不再是晶体研究的主要方法，但是对人们认识类质同晶有着重要的意义，为后来的晶体研究奠定了仪器测量的基础。除晶体学外，对登山和冰川学颇有兴趣，所著的《冰和雪的博物学》是三者兴趣的结合。（陈民生 温敬铨）

席格蒙迪，R. A.（Zsigmondy，Richard Adolf） 德国人，1865 年 4 月 1 日生于奥地利维也纳，1929 年 9 月 23 日卒于德国格丁根。胶体化学、光学工程、应用化学、仪器研制。

牙科医生的儿子。在维也纳度过童年、中学时代和大学的开始几年。1890 年在慕尼黑大学获有机化学博士学位。1891～1892 年在柏林大学，在物理学家 A. A. 孔特实验室研究玻璃。后在格拉茨工业大学工作。1897 年到耶拿的肖特玻璃制造公司工作。1900 年离开工业部门独自进行研究。1907 年到格丁根大学任无机化学教授，直至去世。

1891～1900 年间，主要研究玻璃材料及其光学工程。其中，与 A. A. 孔特一起研究过玻璃中所含的无机包合物；开发不透明的有色玻璃，发明著名的耶拿乳白玻璃等；为研究金胶而专门发明“超级显微镜”。

1900 年起主要致力于金胶研究，特别是当时很多著名科学家都在研究的一种紫红颜料。1898 年发现该颜料是很小的金粒和锡酸粒子的混合物。后来用超级显微镜直接证实了这一发现。研究金胶由于加入各种盐类而产生的颜色变化，以及加入诸如明胶和阿拉伯树胶等保护剂后对颜色效应的抑制作用。借助于超级显微镜证明颜色变化与粒子大小的关系，发现粒子大小又取决于凝聚作用，保护剂能抑制这种凝聚作用。在格丁根大学时，着重研究超细过滤。这期间发明的超细过滤设备，是研究胶体系统的另一有用工具。他的发明，在 20 世纪的前 25 年的胶体化学研究领域中占有重要地位。

代表著作有《胶体化学》（1912 年）等。由于发明超显微镜并对胶体化学研究的贡献，获 1925 年诺贝尔化学奖。这是胶体化学家第一次获得这样的荣誉。（孟茂华）

施米特，G. C. N.（Schmidt，Gerhard Carl Nathaniel） 德国人，1865 年 7 月 5 日生于英国伦敦，1949 年 10 月 16 日卒于德国明斯特。物理化学、放射化学。

生于英国，却是德国血统。1886 年起在柏林大学等校接受高等教育，1891 年在瑞士巴塞尔大学获哲学博士学位。曾先后在埃尔兰根、明斯特等大学任教授或理学院院长。

一生主要贡献于物理化学和放射化学。后从事溶液、混合物和吸收研究。最著名成就是：1897～1898年在测定其他元素和化合物能否发射类似铀及其化合物的射线时，发现了钍的放射性。不久M. 居里也独立发现这一现象。他通过吸收、电离、反射、折射和偏振研究确定射线的特性。认为钍的射线类似于伦琴射线，但不久为M. 居里、E. 卢瑟福所修正，实质上是β射线即高能电子流。还研究阳极射线、阴极射线、盐蒸气的电导、固体电解质、吸附作用和发光现象等。（陈民生）

罗森海姆，A. （Rosenheim，Arthur） 德国人，1865年8月17日生于美国纽约，1942年3月21日卒于德国柏林。*无机化学、有机化学、分析化学。*

8岁时随父母定居柏林，加入德国籍。1884年进入柏林大学哲学院，1888年获哲学博士学位。1891年在柏林大学第二化学实验室当助教，1896年任讲师，1903年任化学教授，后期主要为研究生授课。1933年因纳粹迫害被停职，但仍留在柏林直至中风去世。

他研究的领域很广，主要是各种类型的络合物、异多酸与杂多酸。其中最有价值的论文是：钒酸测定法；镍和铬、镍和锌、锌和钴的络合硫氰酸盐分离；连二磷酸、亚磷酸、连二亚磷酸和磷酸的分析；碲的重量测定，碲酸的碱滴定；用磷酸钠测定钍；确定了$H_4P_2O_6$的分子式。所有的论文都发表在1934年前出版的杂志上。还编写了有关无机化合物系统命名及书目资料的著作。（周申范）

琼斯，H. C. （Jones，Harry Clary） 美国人，1865年11月11日生于美国马里兰州新伦敦，1916年4月9日卒于马里兰州巴尔的摩。*物理化学、化学。*

出身农场主家庭。受J. 丁铎尔科学著作影响，从小立志从事科学。1892年在约翰斯·霍普金斯大学获博士学位。赴德国随奥斯特瓦尔德、阿列尼乌斯和范德霍夫进行两年物理化学博士后研究。后重返约翰斯·霍普金斯大学任教，1903年成为物理化学教授。

是美国物理化学学科的开拓者之一。一生致力建立一种广义的溶液理论。通过对溶解度、溶液的吸收光谱、电解质的电导率以及溶质与溶剂的相互作用等研究，提出自己的独特理论，修改了门捷列夫关于溶液是由形成一系列溶剂化合物而产生的概念。与范德霍夫研究理想溶液不同，他研究真实溶液的性质。因这一工作，1913年获美国富兰克林研究院兰斯特雷思奖章。（温敬铨）

贡伯格，M. （Gomberg，Moses） 美国人，1866年2月8日生于俄国埃利萨维格拉德，1947年2月12日卒于美国密歇根州安阿伯城。*有机化学、自由基化学、分析化学。*

俄国裔。父亲是俄国乌克兰中等产业主，1884年被指控为有反沙皇活动，财产被没收，全家逃往美国芝加哥。他在芝加哥很快学会英语。在完成了高中学业后，入密歇根大学，1890年、1892年和1894年先后取得理学士、理学硕士、哲学博士学位。在A.B. 普雷斯科特指导下的博士学位论文是关于咖啡碱的一些反应。1896～1897年，先后在德国拜耳实验室、迈尔实验室进行博士后研究。留校任教，1893年任有机化学讲师，1899年、1902年和1904年先后晋升为助理教授、副教授、正教授，1927～1936年任该校化学系主任。入选美国国家科学院院士。1931年任美国化学学会会长。是许多学会的成员。终身未娶，也坚决阻止他的研究生在完成学位前结婚。

在当研究生时期，曾从事水质、矿物、食品、染料和专利药物分析等工作。1896～1897年在德国留学期间，制得异丁酸的某些氯衍生物及四苯甲烷。是自由基化学的开拓者。1900年在密歇根大学，为了合成六苯基乙烷，第一次发现稳定的三苯甲基自由基的存在，并提出下列平衡式的概念：$(C_6H_5)_3C—C(C_6H_5)_3 \rightleftharpoons 2\,(C_6H_5)_3C$。研究过金属有机化合物。第一次世界大战期间研究化学战剂，担任开发生产无烟火药和高威力炸药的顾问。在密歇根大学的43年中，是一位受人尊敬的教师和行政管理者。在指导研究生方面，认为对科学人才的培养比出论文更重要。获1914年尼科尔奖章，1925年吉布斯奖章，1927年钱得勒奖章。（周志高）

斯沃茨，F. J. E. （Swarts，Frédéric Jean Edmond） 比利时人，1866年9月2日生于比利时伊克塞勒，1940年9月6日卒于根特。*有机化学、物理化学。*

教授的儿子。1883年进入根特大学，1889年获化学博士学位，1891年获医学博士学位。1903年接任父亲退休后的根特大学化学教授职位，直至退休。曾任比利时皇家文学、艺术、科学研究院院士，国际索尔维化学学会会长。国际纯粹与应用化学联合会创始人之一，并任副主席。

专长于研究有机氟化物。1891年第一次合成有机氟化物 二氯氟甲烷；1892年提出用无机氟化物的双分解过程合成有机氟化物的“斯沃茨反应”；后来的氟里昂就是用改进的“斯沃茨反应”而制备的。合成过许多烃、醇和酸的脂肪族氯氟与溴氟衍生物；1922年制备了最强的有机酸——三氟代乙酸；研究过许多氟化物的物理化学性能。（周申范）

米勒，W. L. （Miller，William Lash） 加拿大人，1866年9月10日生于加拿大戈尔特，1940年9月1日卒于多伦多。*物理化学、电化学、生物化学。*

1887年获多伦多大学自然哲学学士学位。同年去德国柏林大学和格丁根大学，之后去慕尼黑大学在拜耳门下进修化学，1890年获哲学博士。同年在莱比锡大学奥斯特瓦尔德实验室工作，1892年在莱比锡大学获第二个博士学位。1891年起任教于多伦多大学，1894年任讲师，1900年为副教授，1908年为教授。第一次世界大战开始时把自己领导的实验室转向军事研究，直至1937年退休，在该校工作了46年。1910年任国际化学工业协会加拿大分会会长。是多伦多大学化学学院和加拿大化学学会创始人之一。1926年为美国化学学会荣誉会员。任两家化学杂志副主编。

和奥斯特瓦尔德把吉布斯的化学热力学著作深奥的语言译成实验员的术语。大部分生涯从事此项研究。1892年发表的第一篇论文论述化学电池的电动力。特别善于分析和充实吉布斯的多组分体系理论。1897年发表"论吉布斯函数的第二微分系数"。在物理化学、化学平衡、反应速率、电化学、迁移数、高压、电弧和扩散方面都有成就。晚年研究生物化学，特别是对酵母之类简单细胞生成因素进行研究。首先提出把科研介绍给4年级大学生，后来为许多人效法。

主要著作有《定性分析缩微过程导论》（1896年）、《定性分析导论》（1901年）、《毒性和化学潜力》（1920年）、《铜盐溶液电解过程中阴极的集结和极化》（1925年）、《线性热流问题中出现的无穷级数和积分的数值评估》（1931年）等。（沈德阶）

诺伊斯，A. A.（Noyes，Arthur Amos） 美国人，1866年9月13日生于美国马萨诸塞州纽伯里波特，1936年6月3日卒于加利福尼亚州帕萨迪纳。物理化学、分析化学、有机化学。

少年时代在家中做化学实验。中学毕业后因家境贫寒而刻苦自学。后获奖学金入马萨诸塞理工学院，1886年获学士学位，1887年获硕士学位。后又去德国慕尼黑大学在A. 拜耳处学习有机化学，后转至莱比锡大学上学，对物理化学发生兴趣，1890年获博士学位。后回马萨诸塞理工学院任教，1903年任物理化学研究室首任主任，1907～1909年任代理校长等职。1913年在加利福尼亚理工学院兼职，1919～1936年任该校化学教授兼盖茨化学实验室主任，把学校发展成为规模很大的科学和工程学的教学和研究中心。1904年任美国化学学会会长。第一次世界大战期间，为政府科学顾问团的国家研究委员会主席。1927年任美国科学促进协会主席。

是一位卓越的化学家，又是一位勤奋教学的教师。曾研究热对乙烯的作用、范特霍夫理想溶液定律的偏差等课题。对化学的重要贡献之一是：对稀有元素化学性质的详细研究和建立完整的分析体系。采用金属氧化物的分组法，对系统定性分析进行了研究改进和逐步完善，现今的定性分析与之相比并没有本质上的改变。1895年建议应当区分反应的分子数和反应的级数两个概念。认为反应的级数即一级、二级或三级是表示反应速度的微分方程式中浓度乘积上的各指数的和，而单分子、双分子或三分子反应则意味着在一个反应作用步骤中参加反应的分子数目。反应级数只能通过实验来测定。曾讲授分析化学、有机化学和物理化学16年。

著有《定性分析札记》（1892年）、《定性分析诠释》（1895年）、《有机化合物分类反应与鉴定实验》（1898年，与S. P. 马利肯合著）及《物理科学原理》（1902年）等。曾创建《美国化学研究综述》期刊（1907年改称《化学文摘》）。曾获英国皇家学会戴维奖章，美国化学学会芝加哥分会、东北分会颁发的吉斯奖章和理查兹奖章等。（高中兴）

维尔纳，A.（Werner，Alfred） 一译韦尔纳。瑞士人，1866年12月12日生于法国米卢斯，1919年11月15日卒于瑞士苏黎世。无机化学、配位化学。

法国裔，铁匠的幼子。1878～1885年在职业技术学校攻读化学，期间在住房后面的谷仓里设置个人实验室，并写了第一篇论文。1885～1886年，先后在卡尔斯鲁厄大学、苏黎世联邦理工大学研究有机化学，1890年获博士学位。1891年到法兰西学院，在P. E. M. 贝特洛指导下开展博士后研究。1893年到苏黎世大学任梅尔茨（V. Merz）教授的助理教授，1895年任该校化学教授。1894年和苏黎世姑娘结婚，并加入瑞士国籍。1909年在苏黎世大学建立化学学院并任首任院长。1915年患慢性致命疾病。1919年10月15日辞职，一个月后去世。

他为近代无机化学的结构理论奠定了基础，因此可以说是无机化学的凯库勒。19世纪80年代，A. R. 汉奇发现有一些含氮化合物含有相同的组分，但是它们的性质不相同。维尔纳在1890年的博士论文中，把著名的范特霍夫碳原子四面体理论扩展到氮原子中，对一些含氮化合物存在的几何异构现象提出了新的解释。1893年发表他最重要的论文"无机化合物的结构"，文中提出了划时代的配位理论的基本假设。在创建配位理论过程中，有过像凯库勒的"思想突闪"的情况，一天凌晨2时突然醒来，犹如闪电一般地萌发出解决"分子化合物"之谜的思想火花，立即起身，奋笔疾书直到下午5时，一气呵成完成了上述的那篇重要的论文。在配位理论中提出了配位数、主价和副价、八面体、四方形平面和四面体构型等新概念，它不仅能合理解释一些已知的"分子化合物"，而且还能预言一系列未知的化合物。后来这些未知化合物的发现又进一步证明了配位理论的价值。配位理论不仅对无机化学，而且对生物化学、分析化学、有机化学和物理化学等领域，同样有着不可估量的影响。

代表作有《立体化学教程》（1904年）等。由于研究络合物的本位理论，为无机化学的新发展开辟了道路，获1913年诺贝尔化学奖，成为获此奖的第一个瑞士人，也是1973年前唯一因无机化学而获此奖的人。（朱啸宇）

班克罗夫特，W. D. (Bancroft，Wilder Dwight) 美国人，1867 年 10 月 1 日生于美国罗得岛州米德尔敦，1953 年 2 月 7 日卒于纽约州伊萨卡。电化学、物理化学、胶体化学。

1888 年在哈佛大学获文学士学位。留校化学系任教。1889 年去欧洲学习，在莱比锡大学 F. W. 奥斯特瓦尔德指导下，1892 年获博士学位。回国后，先后在哈佛大学和康奈尔大学执教。1895 年任康奈尔大学助理教授，1903 年任教授。1896 年创办《物理化学》杂志并任主编。第一次世界大战时参加化学战服务队，获中校军衔。1910 年任美国化学学会会长。1905 年、1919 年被选为美国电化学学会会长。1913 年当选为美国文理科学院院士。1919 年、1923 年先后获美国拉斐特学院、英国剑桥大学荣誉理学博士学位。

主要的研究领域是物理化学。1897 年出版教科书《相律》。早期的研究课题是金属的电解沉积。研究过多相平衡问题。阐明了二元液体混和物沸点曲线的极小值是由于一种或两种组分发生缔合所引起的。研究过染色理论、胶体颜色理论，以及同麻醉术、气喘病等有关的胶体现象。代表作有重要论文“乳化理论”(1913 年）等。为纪念他，月球上有一陨石坑以他命名。（李　邺）

索伦森，S. P. L. (Sorensen，Soren Peter Lauritz) 丹麦人，1868 年 1 月 9 日生于丹麦斯劳厄尔瑟，1939 年 2 月 12 日卒于哥本哈根。分析化学、生物化学、应用化学、化学工程。

18 岁进哥本哈根大学，原想学医，但在一位无机络合物学者的影响下改学化学；学习期间因写过两篇论文而两次获金质奖章，1899 年取得博士学位。1901 年任哥本哈根大学卡尔斯伯格实验室化学部主任，1938 年退休。

主要成就是研究氨基酸的合成和分析、氢离子浓度的测定与表示方法。首先提出了 pH 值的概念；对蛋白质的性能与分析进行了深入的研究，1917 年首次制成鸡蛋白结晶；对化学应用于丹麦的酒精制造业、发酵酿造业和炸药工业有较大贡献。获得多个科学和工艺学会的荣誉与奖项。（周申范）

理查兹，T. W. (Richards，Theodore William) 美国人，1868 年 1 月 31 日生于美国宾夕法尼亚州日耳曼敦，1928 年 4 月 2 日卒于马萨诸塞州坎布里奇。分析化学、元素化学、物理化学、仪器研制。

父亲 W. T. 理查兹（William Trost Richards）是著名海洋风景油画家；母亲 A. M. 理查兹（Anna Matlack Richards）是作家和诗人。他从小在家里接受基础教育。14 岁进入哈弗福德学院学习，1885 年以最优成绩毕业并获化学学士学位。1886 年毕业于哈佛大学，并获最高等化学荣誉奖章；继而在小库克指导下完成研究生教育，1888 年获哈佛大学博士学位。他的工作受到学校重视，被派往欧洲考察学习，结识了一些著名化学家，如 H. E. 罗斯科、V. 迈尔、W. H. 能斯脱等。1894 年回哈佛大学。1895 年再次出国访问，并与奥斯特瓦尔德、能斯脱等一道工作，了解到物理化学领域的最新成就。1889 年秋天任哈佛大学定量分析学助教，1891 年任讲师，1894 年任助理教授。1901 年任格丁根大学教授。回国后即任哈佛大学化学教授，1903 年任化学系主任，1912～1928 年任吉布斯实验室主任。曾两次当选为美国化学学会会长。是美国国家科学院院士，法国科学院外籍院士。获多个国外大学荣誉博士学位。

最著名的研究是测定了铅等 25 种元素的原子量。早在攻读博士学位时，小库克交给他一个重新测定氧原子量的任务，发现氢和氧的相对重量比为 1∶15.96。在原子量的测量方面，引进了两种新的方法：其一是使用干燥和装瓶联合设备，这样可使样品在不接触潮湿空气条件下称量；其二是设计浊度计（即比较浊度的仪器），从而能更精确测定包括卤化银在内的滴定终点。利用这些工具和方法，和同事们测定了许多元素的原子量，其中最重要的是 1913 年与伦伯特 (E. Lembert) 对铀矿中铅原子量的测定，结果发现铀矿中的铅比普遍铅的原子量要轻。这一发现进一步证实了放射性衰变和嬗变的理论。

此外，在化学热力学和电化学方面也做了大量的工作。1905 年改进量热计的夹套设备，使其成为绝热式量热计，用它测定很多热力学数据，其中许多数据已作为标准值被物理常数手册采用。在电化学研究中，指出法拉第定律不只是一个近似定律，而是精密的自然定律。对各种元素的原子体积、压缩性、分子力等方面也有研究。

在他施展才华的年代里，哈佛大学成了国际研究物理化学与分析化学的向往“圣地”，60 多名来自各国的年轻科学家同他一起工作，其中许多人后来都成了有名的化学家，被戏称为“理查兹学校的产品”。

约 300 篇已出版论文中，近一半是叙述原子量的。因原子量测定方面的成就获 1914 年诺贝尔化学奖，这是美国获得该荣誉的第一位化学家。还获得 1910 年英国皇家学会戴维奖、1911 年法国化学学会法拉第奖、1912 年美国化学学会吉布斯奖。（周申范）

哈伯，F. (Haber，Fritz) 德国人，1868 年 12 月 9 日生于德国布雷斯劳（今波兰弗罗茨瓦夫），1934 年 1 月 29 日卒于瑞士巴塞尔。有机化学、化学工程、电化学、物理化学、应用化学。

出生后不久母亲去世；父亲经销染料与颜料，是德

国最大的天然靛蓝进口商之一。他曾在柏林大学、海德堡大学和夏洛滕堡工学院学习。1891 年获夏洛滕堡工学院博士学位。1894 年到卡尔斯鲁厄工学院工作，1898 年任副教授，1906 年任教授，1911 年任柏林威廉物理化学研究所所长兼柏林大学教授。在第一次世界大战期间，任德国化学兵团战剂部主任。1933 年由于纳粹政权的迫害而移居瑞士。1934 年卒于赴希夫大学参加开幕式的途中。

在化学上最杰出的贡献是：1909 年在卡尔斯鲁厄工学院任教期间所完成的氨合成法。通过计算表明，在大约 200 个大气压、600℃温度下，用锇作催化剂，可制得 8%的氨。原料气经循环反复使用，可取得良好结果。该方法立即为德国巴登苯胺与纯碱公司所采用，并经该公司的 C. 博施等人研究，形成为工业化生产的“哈伯-博施法”，是近代合成氨工业的基础。第一次世界大战时，德国用该法生产炸药。

在电化学方面，首先研究硝基苯的电化学还原，显示出电极电位的重要性。后又设计一个玻璃电极，通过电动势测量氢离子浓度。还研究过燃料电池、氢、一氧化碳和碳的氧化自由能测量，以及结晶盐的电解。研究生涯的最后阶段，研究自氧化作用，以及把普朗克量子理论应用于化学问题。在物理化学方面也有贡献。1918～1919 年，与玻恩分别提出借热化学循环来推算点阵能的实验值。在第一次世界大战后，曾企图从海水中提取金，虽未成功，但发现了分析金的准确方法。

他主持的研究所是当时世界上最大的科学研究中心之一。1929 年全所的 66 个成员中，有一半是来自 12 个不同国家的外国科学家。曾赴日本帮助建立日本大学。1929～1933 年曾代表德国参加国际化学联合会。由于研究毒气武器，1915 年第一次在战场上使用了有毒的氯气造成惨案，因而遭到各国科学家的一致遣责。

发表 700 多篇论文；主要著作有《工业电化学的理论基础》(1898 年)、《工业气体反应热力学》(1905 年）等。因用氮和氢合成氨，获 1918 年诺贝尔化学奖。1932 年获英国皇家学会朗福德奖。　（周志高）

科恩，E. J.（Cohen，Ernst Julius）　荷兰人，1869 年 3 月 7 日生于荷兰阿姆斯特丹，1944 年约 3 月 5 日卒于波兰奥斯威辛。元素化学、摄影化学、物理化学、应用化学。

犹太裔。德国化学家的儿子。曾是李比希和本生的学生，后入荷兰籍。1888 年在阿姆斯特丹大学攻读化学。2 年后在导师范特霍夫的指点下，赴巴黎大学参加穆瓦桑实验室工作，1893 年通过化学博士论文答辩。返回荷兰后，受聘任范特霍夫实验室助理。1896～1901 年，先后任阿姆斯特丹大学化学讲师、编外教授。1902 年任乌特勒支大学物理化学教授，兼化学实验室主任，直至 1939 年退休。由于是犹太人，1944 年遭纳粹法西斯政权逮捕，在奥斯威辛集中营内被杀害。

最初从事摄影术的化学研究，如溴化银明胶感光板中氢的作用、不同溶液中卤化银的溶解度、双组分盐中明胶的作用等。也和范特霍夫研究了过渡元素。最引人注目的是他研究了同素异形现象，发现元素锡存在 2 种同素异形结构：白锡与灰锡。它们往往在不同的温度区域内呈稳定状态，而在某个温度下发生结晶状态的转变。还推断大部分元素都有同素异形现象存在。广泛地研究原电池及高压化学。是一位多产作者，发表 400 多篇论文。　（池贵法　朱啸宇）

普雷格尔，F.（Pregl，Fritz）　奥地利人，1869 年 9 月 3 日生于奥地利莱巴赫（今斯洛文尼亚的卢布尔雅那），1930 年 12 月 13 日卒于格拉茨。分析化学、物理化学、生理化学、仪器研制。

银行家兼珍宝收藏家的儿子。年轻时丧父。1887 年中学毕业后，进入格拉茨大学学医。在大学期间，尚未毕业就当上实验室的助手。毕业后留在实验室从事医学实践，专长眼科学。尽管在生理学上很有成就，但兴趣很快转向生理化学。由于在研究胆酸反应和人尿中高值碳氮比例的原因方面成果突出，1899 年任格拉茨大学生理学讲师。1904 年到德国留学一年，从而对化学产生更强烈的兴趣。在蒂宾根大学许夫纳(C. Hüfner)指导下研究生理化学，在莱比锡大学跟随奥斯特瓦尔德研究物理化学，同 E. 费希尔研究有机化学，还同后来的终生朋友阿布德哈顿（E. Abderhalden）研究鸡蛋白的水解产物。返回格拉茨后，1905 年任格拉茨大学医学化学实验室的助理教授。1910 年任因斯布鲁克大学医学院化学教授兼化学部主任。1913 年回到格拉茨大学任药学化学教授，直到去世。1923 年任《微量分析化学》杂志主编。终身未婚。

早期从事生理化学胆汁酸和蛋白质化学研究。发现当时的有机化学分析方法由于时间长、用量大、不精确等缺点，远远满足不了生理化学研究的要求。作为一个生理化学家，要创造一种适合于他研究的分析手段比原先预想的要复杂，于是把有机微量分析作为主要的研究任务。经过艰苦努力，利用高超熟练的手艺，终于创造能进行微量分析的仪器，开始建立起一套微量元素定量分析的方法。从原理上讲，普雷格尔方法和李比希及杜马的方法没有大的差别，但测量样品只要 1～3 毫克，测定方法快而准。

期间与汉堡仪表制作师库尔曼（W. H. Kuhlmann）合作，研制成一种能称量 20 克、精确度为 0.001 毫克的微量天平，从而解决分析中的迫切需要。在此基础上，1911～1918 年，他先后研发测定氢、碳、氮及有机基团的微量分析法。他的实验室成了有机微量分析的世界中心。

1917 年出版《定量有机微量分析化学》，后多次出版修订本，翻译成多种文字在世界各地发行。由于提出的微量分析对科学与工业测量作出卓越贡献，获

1923年诺贝尔化学奖。这是分析化学中第一次获得的最高奖。（周申范）

查普曼，D. L. （Chapman，David Leonard） 英国人，1869年12月6日生于英国诺福克郡，1958年1月17日卒于牛津。气体化学、催化化学、物理化学。

早年就读于曼彻斯特普通中学，此后在克赖斯特彻奇学院和牛津大学求学，1893年毕业获化学头等荣誉学位，1894年又获第二学位物理学学士学位。毕业后在一所中学任教自然科学。后在曼彻斯特欧文斯学院任职10年。1907年任教牛津大学基督学院，后任教授兼实验室主任，1944年退休；期间1926～1944年任副院长。1913年当选为英国皇家学会会员。

是第一个进行同一气体反应速率测定工作的学者，对此开辟了一个新的研究领域。1899年发表“查普曼方程”，对H. B. 狄克逊测得的气爆扩散速率从理论上作了阐明。后对氢和氯化学反应的机理做过长期的研究工作。把高纯度氢氯混合气体盛放于一个大容器中，结果证实其反应速率与光强度的平方根成正比。其后还研究过氧的化学动力学和抑制效应。对用金属作气体反应的催化剂也颇有兴趣。（戴永寿）

马奇列夫斯基，L. P. T. （Marchlewski，Leon Paweł Teodor） 波兰人，1869年12月15日生于波兰弗沃茨瓦韦克，1946年1月16日卒于克拉科夫。有机化学、植物化学、分析化学。

在华沙完成中等教育后，1888年进入瑞士苏黎世工业大学就学，1892年获苏黎世大学博士学位。留校从事化学研究。1892～1898年在英国曼彻斯特附近克赛尔的一个私人实验室工作。1900年返回波兰，在克拉科夫的食品检验研究所工作。同年成为吉隆尼大学化学工艺学讲师，后相继升任教授、系主任和校长等职。

研究天然甙以及茜根定和尿蓝母的结构。尤为重要的是独立研究包括靛红、叶绿素及其衍生物在内的植物色素。1903年出版专论《叶绿素化学》。最后的重要成就是发现了叶赤素。晚年致力于研究光谱分析。（池贵法）

米塔彻，A. （Mittasch，Alwin） 德国人，1869年12月27日生于德国萨克森地区格罗德茨，1953年6月4日卒于海德堡。催化化学、物理化学、化学工程。

师从莱比锡大学W. 奥斯特瓦尔德（1909年诺贝尔化学奖得主），1901年获哲学博士学位。留校当导师的助手。1904年加盟巴登苯胺与纯碱公司，1934年退休。

是催化剂方面领先的权威。作为德国巴登苯胺与纯碱公司研究催化剂的负责人，为哈伯-博施的合成氨方法提供了比金属锇价廉、长寿的铁催化剂，为考验其寿命试验达两万多次，是一种较理想的催化剂。还为奥斯特瓦尔德的氨氧化为硝酸的方法、水煤气反应及各种气相中加氢反应，提供了有效的催化剂。1906～1909年实验发现固体催化剂表面添加物具有活化作用，并阐明其机理。

一生出版著作21部；还有许多专利。为纪念他和奖掖杰出化工学家，德国催化学会1990年设立米塔彻奖。（朱啸宇）

卡伦伯格，L. A. （Kahlenberg，Louis Albrecht） 美国人，1870年1月27日生于美国威斯康星州图里弗斯，1941年3月18日卒于佛罗里达州萨拉索塔。医药化学、物理化学、科学史学。

父母是德国移民。1893年获威斯康星大学化学硕士学位。此后对新发展的物理化学产生兴趣，前往莱比锡大学奥斯特瓦尔德实验室深造，1895年获博士学位。回到威斯康星大学，先后在药学院和化学系任教，1901年任教授，1908年任系主任。因持反对美国介入第一次世界大战的不受欢迎的立场，1919年失去系主任职位。此后继续讲授基础化学、溶液化学和化学史。

是威斯康星大学设立化学博士学位点的创始者。研究十分活跃，课题包括溶液、渗析、气体电极、气体的金属活化、电位滴定、硼酸治疗血液中毒、胶体金治疗恶性肿瘤和二氯乙酸医学应用等。对非水溶液的研究，使他对阿列尼乌斯电离理论的价值持怀疑态度，成为这个理论的主要反对者，在美国化学家中属少数派。他的观点无疑部分导致德拜和休克尔对阿列尼乌斯理论的修正。对离子论持固执的反对态度，使其失去了在化学界的影响。（温敬铨）

斯米茨，A. （Smits，Andreas） 荷兰人，1870年6月14日生于荷兰武尔登，1948年11月13日卒于杜恩。物理化学、仪器研制。

先在乌得勒支大学学习，后转入德国吉森大学，1896年以“微气压计的研究”的论文获哲学博士学位。1901年任阿姆斯特丹市煤气工厂化学师。1906年任乌得勒支大学普通化学编外教授。1907～1940年任阿姆斯特丹大学化学教授。

起初研究稀溶液蒸气压下降与沸点上升的关系。1924年后研究金属互换的可能性。相理论是他的主要研究领域，特别是处于临界边界点的三元体系，这时有两相是相同的。认为在伪二相体系中，每个组分包含两种类型的分子，它们化学上相同，但“物理”性质不同，两者之间存在平衡。终身坚持这一理论，并试图用于同素异形体、金属钝化现象、极化和金属的超电位、电动平衡、连续迁移等。主要研究成果都汇编在《同素异形体理论》（1921年）、《络合物和同素异形体理论》（1938年）两书中。（陈民生）

博尔特伍德，B. B. （Boltwood，Bertram Borden） 美国人，1870年7月27日生于美国马萨诸塞州安姆赫斯特，1927年8月15日卒于缅因州汉考克普安特。放射化学、矿物化学。

2岁丧父，由出身德裔贵族家庭的母亲扶养成人。1889年进入耶鲁大学设菲尔德理学院主攻化学，3年课程结束以后，去慕尼黑路特维希-马克西米利安大学进修特殊分析方法和稀土元素。1896年在莱比锡大学学习，在奥斯特瓦尔德实验室攻读物理化学。以后返回美国耶鲁大学，1897年获博士学位。留校任教，后任放射化学终身教授。当选为美国国家科学院院士。是美国多个科学协会和其他机构的成员。1927年在繁重的工作严重影响健康、以及经济萧条的压抑下，自杀身亡。

主要贡献是探索铀蜕变系列和矿物生成年龄。1905年和卢瑟福提出锕的生成和铀有关。他给实验室提供高精度先进分析技术，在放射性研究方面卓有成就。他利用铅进行放射性年代鉴定的方法，使得在鉴定岩石年代方面取得了极大成就，这种方法沿用至今。他的著作和活动，对放射性科学的发展有着广泛的影响。为纪念他，黄硅钾铀矿（boltwoodite）以他命名。

（汪天伟）

贝内迪克特，F. G. （Benedict，Francis Gano） 美国人，1870年10月3日生于美国威斯康星州密尔沃基，1957年5月14日卒于缅因州马柴厄斯波特。生理化学、食物化学、分析化学、仪器研制。

出身商人家庭。1888年进马萨诸塞药学院学习化学。一年后到哈佛大学继续学习，1893年获学士学位，1894年获硕士学位。随后去德国海德堡大学跟V. 迈尔学习一年，以优异成绩获得博士学位。回国后，在韦斯利安大学给W. O. 阿特沃特当助手，1905年任化学讲师，1907年任教授。1907年任波士顿营养学实验室主任，直至1937年退休。是美国国家科学院院士，美国哲学学会会员，美国文理科学院院士。还是许多外国医学和科学协会的名誉会员。

是世界上第一流的动物量热学和动物呼吸气体分析专家。主要贡献有：研究脂肪的成因；建立食物的热值；证实糖尿病人新陈代谢速率比正常人高（1910年）；绘制解剖结构温度变化图（1911年）；制定人体基础新陈代谢速率标准（1919年）；发明能同时直接测定氧消耗量、呼出的气体量和热量的呼吸器（1924年）；发现无知觉排汗是与基础新陈代谢和体重成比例的（1926年）等。获得过一些奖章和名誉学位。

（李　郇）

波普，W. J. （Pope，Sir William Jackson） 英国人，1870年10月31日生于英国伦敦，1939年10月17日卒于剑桥。有机化学、晶体化学、分析化学、化学工程。

毕业于伦敦劳斯伯里工学院。1897年任伦敦戈尔德史密斯学院化学系主任。1901年任曼彻斯特工学院化学系主任与化学教授。1908年任剑桥大学化学教授。第一次世界大战时，任国家发明与研究局顾问。战后被封爵。1922～1923年任国际纯粹与应用化学联合会首任会长。1918～1919年任英国化学学会会长。

1893年始和基平共同合成具有光学活性的蒎烯结晶衍生物、樟脑的磺化与卤代衍生物；研究氯酸钠在不同介质中右旋与左旋结晶量的关系；解决“四氢罂粟碱”用溴代樟脑磺酸拆开问题，溴代樟脑磺酸或樟脑磺酸在立体化学上有重要价值；研究过有机锡化合物的光学特性。1906～1910年研究化学组分与结晶结构之间的关系，促进近代晶体学的发展。还合成并拆分氯碘代甲磺酸和1-甲基环己叉-4-乙酸旋光异构体。第一次大战时，制造在红光区域感光的显影敏化剂，以及芥子气的新合成路线。战后研究有机金属络合物，开辟了配位化学的宽广而重要的领域。在螺环化合物的立体化学上亦有贡献。1903年获朗斯塔夫奖。1914年获英国皇家学会戴维奖。

（周志高）

齐齐巴宾，A. E （Чичибабин，Алексей Евгеньевич；Chichibabin，Alexei Yevgenievich） 苏联人，1871年3月29日生于俄国波尔塔瓦州库泽米诺，1945年8月15日卒于法国巴黎。有机化学、药物化学、化学工程。

政府公务员的儿子。1892年毕业于莫斯科大学数理学院，求学初期在马尔科夫尼科夫的指导下学习。曾做家庭教师和杂志编辑，同时在科诺瓦洛夫指导下私人研究吡啶化合物。1896年供职于莫斯科工业制造与营销学会实验室。1899～1909年任莫斯科农学院化学助理教授；同时于1901～1911年任教于莫斯科大学，1905年任副教授。1903年、1912年先后获莫斯科大学硕士、博士学位。1909～1930年任莫斯科技术学院教授。1930年唯一的女儿死于一次事故后，即移居巴黎，1931年在法兰西学院有机化学实验室工作，1933～1939年、1944年两度出任化学系主任。1929年当选为苏联科学院院士；1936年因拒绝回苏联，同年低被开除出科学院，并于次年被剥夺苏联国籍。1990年3月22日，苏联科学院举行全体会议通过恢复他的院士资格的决议予以追认。是多国科学院外籍院士。

在吡啶化学领域进行杰出的研究。研究1-苄吡啶盐类的重排，发现它可以重新组合；合成山道年等天然药物；研究乙醛和乙炔与氨的作用，从而得到合成吡啶，开发制备在任何位置有一个烷基的烷基吡啶方法。1913年与赛特（Seide）共同发现：在吡啶核2或4位上的氢原子可以直接胺化的反应，称为“齐齐巴宾反应”。他对胺化反应的研究还涉及到各种氮杂苯、天然尼古丁、喹啉和异喹啉系化合物。

所著的基础教科书《有机化学基础》自1921年初版起已出过至少7版，并被译成英、法、西班牙、捷克、匈牙利和中国等文本。第一次世界大战后，在俄国组织药品生产，建立生物碱的制造厂。1926年因对吡啶研究和对制药化工的贡献，成为第一个被授予列宁奖金的苏联化学家。

（戴永寿）

格林尼亚，F. A. V. （Grignard，François Auguste Victor） 一译格利雅。法国人，1871年5月6日生于法国瑟堡，1935年12月13日卒于里昂。

有机化学、分析化学、化学工程。

1892年在军队服役。1893年在里昂大学学数学；受同班同学影响，对化学发生兴趣。毕业后留校化学系任教，从此与系主任P. A. 巴比埃（Philippe Antoine Barbier）长期合作。1901年获博士学位。1905年在贝桑松大学任化学讲师。1910年在南希大学任有机化学教授，1931年退休任荣誉教授。1914～1919年在军队服役参加第一次世界大战。1926年当选为法国科学院院士。1927年与1930年，先后获比利时卢万大学和布鲁塞尔大学荣誉博士学位。1931年法国南希大学授予他名誉教授职位。

1898年巴比埃研究用碘甲烷和镁代替锌（称为查依采夫法），将不饱和酮转化成相应的叔醇。当格林尼亚正在寻找博士论文题目时，巴比埃建议研究改进查依采夫反应。通过对有机镁化合物文献的全面研究，深信这样一个有机镁中间化合物已在巴比埃的反应中形成。也知道其他研究人员在处理有机镁化合物时所遇到的困难是它会在空气或二氧化碳中自燃。他发现E. 弗兰克兰等人已分别解决了一个类似的问题，即用无水乙醚保存烷基锌化物。借鉴此法，他在室温下于无水乙醚中处理镁屑与碘甲烷，终于制得著名的“格林尼亚试剂”。它无须预先分离就能与醛或酮反应，用稀酸水解后，生成相应的叔醇或仲醇，产率比巴比埃反应要高得多。1900年5月在法国科学院会议上，以一篇简短论文报告了自己的发现。

虽然常常遭到反对，但终生坚持其观点：所制得的有机镁化合物具有分子式RMgX，在无水乙醚中它们以醚化物形式存在，最恰当的表示式是$(C_2H_5)_2O(R)MgX$。在里昂提交关于有机镁化合物及其在合成中应用的论文，论文全文由里昂大学出版，后在《德国化学文摘》上刊登摘要。格林尼亚合成法逐渐享有盛名。时至1908年，学术界已发表500多篇关于格林尼亚反应的论文。他在论文中叙述了用二氧化碳与格林尼亚试剂反应制备羧酸；由醛或甲酸酯制仲醇；由酮、酯、酰氯或酸酐制叔醇等。报道了有机镁化合物与醇的反应和与水的反应一样，也生成烃。而芳香族溴化物与镁反应也生成与脂肪族类似的有机镁化物。格林尼亚继续深入研究有机镁化合物与环氧乙烷、乙二醇等的反应，它同氰作用生成腈。主要研究甲苯的生产和毒气问题。他还研究萜烯、用臭氧测定结构、羰基缩合反应、烃的裂解、氢化与脱氢作用。

发表论文600余篇；代表著作有《有机化学专论》（1935年）等。获1901年法兰西学院卡伍尔斯奖，1902年贝特洛奖。因1901年发明格林尼亚反应及其试剂，获1912年诺贝尔化学奖。同时获奖的还有P. 萨巴蒂埃，表彰他在15年前的催化氢化方面的工作。

（周志高）

森纳兹维尔，M.（Centnerszwer，Mieczysław） 波兰人，1871年7月10日生于波兰华沙，1944年3月27日卒于同地。无机化学、物理化学、化学动力学。

1891年进入莱比锡大学学习化学，在奥斯特瓦尔德指导下进行研究，1898年获博士学位。1904年获圣彼得堡大学理科硕士学位。1905年任里加工业大学无机化学讲师，1917年任副教授，1919年任教授。1929年返回华沙，任华沙大学物理化学教授。是鲍尔蒂克化学学校的重要奠基人之一。1930年入选克拉科夫科学院院士。因是犹太人，在第二次世界大战中为躲避德军搜捕不幸蒙难。

主要研究领域是化学动力学及盐的热解离作用。大多数的论文涉及金属的腐蚀作用和金属在酸溶液中的动力学假说方面，也有研究浓溶液的热导沸点计的，其中最重要的是有关物质在非水溶液如液态二氧化硫、氢氰酸及氰中的溶解度及解离度。撰写论著约200篇（部），其中无机化学及物理化学的书籍已译成波兰、俄、德、法、西班牙、芬兰及拉丁文等多种文本。

（朱啸宇）

博登斯坦，M.（Bodenstein，Max） 德国人，1871年7月15日生于德国马格德堡，1942年9月3日卒于柏林。催化化学、无机化学、化学动力学。

父亲是啤酒厂主；母亲是法官女儿。自幼因受父亲的啤酒业务影响而对化学感兴趣。17岁入海德堡大学。3年后成为V. 迈尔的博士研究生，研究题目是“碘化氢的热分解”。运用气体分子运动论来解释实验结果，1893年获得博士学位。此后2年在C. T. 利贝曼和M. 能斯脱指导下进行博士后研究。服兵役一年。1896年结婚。1900年任教于莱比锡大学。1906年应能斯脱邀请，任柏林大学教授和化学系主任。1908年任汉诺威工学院教授。

1899年出版《气相反应中的化学动力学》，引起了化学界注意。1900～1906年，在莱比锡大学和F. W. 奥斯特瓦尔德共同研究催化反应动力学。首次提出，在多相催化反应中决定反应的并不是反应器中物质浓度，而是在催化剂表面上的物质浓度。并将这种见解应用于氢化锑的多相离解中。在柏林大学期间，研究流动系统中催化反应及气体反应的分子动力学。1908年和杜克斯（W. Dux）共同制订了氯气和氢气的光化反应的试验计划。在试验中，他不但得出非简单级数的速度方程，而且继续探讨反应机理。1913年，为了解释HCl（氯化氢）光合反应具有意想不到的量子效率（$\varphi=10^4\sim10^5$），他第一次提到链反应的重要概念。认为当光照射氢、氯混合气体（H_2+Cl_2）体系时，氯气（Cl_2）由于吸收光子（能量$=h\nu$）而活化，生成一个活性中间体，此中间体能与氢气（H_2）反应生成 HCl 和另一个活性中间体，后者再与 Cl_2 反应，再生成 HCl 和第一类中间体。如此反复下去像一条链条，每一个第一类中间体都能形成一条链，在链的每一环节中都有 HCl 生成。如果链很长，则量子效率就很高（$\varphi \gg 1$）。他提出的中间体是假想的概念。后来，一些科学家对他的下述观点表示怀疑：碘化氢反应中，是否是氢分子和碘分子直接生成碘化氢产物。在晚年，他也认为有必要修正对碘化氢反应的观点，可是，生前未如愿。直到 1967 年，沙利文（J. H. Sullivan）才证实上述反应是通过卤原子的媒介作用来完成反应的。由于对链反应的研究作出了杰出的贡献，多次获国内外的奖励和荣誉称号。 （陈擎宇）

德雷皮纳，S.-M. （Delépine，Stéphane-Marcel） 法国人，1871 年 9 月 19 日生于法国圣马丹勒盖拉德，1965 年 10 月 21 日卒于巴黎。有机化学、药物化学、物理化学、科学史学、化学工程。

富裕农家子弟。早年在母亲鼓励下同长兄一起学习药学。1891 年获巴黎大学理学院药物学学士学位。1898 年获法兰西学院药学博士学位。1892～1927 年先后在法兰西学院、巴黎多个医院当过药学助理和药剂师，并从事过热化学测定工作。1904 年任教于巴黎高等药学院，1913 年为教授。1930～1941 年任法兰西学院有机化学教授。1930 年当选为法国科学院院士。1944 年起先后任罗恩-波林克化学公司董事长、名誉董事长。是法国许多学会的会员，获得过许多荣誉称号。

研究工作几乎涉及整个化学领域。是 A. 维尔纳的坚决支持者。药学方面的论文阐述用醛分离甲胺等研究成果。博士论文主要论述从胺和乙醛中衍生出来的酰胺的热力学研究。提出后来以他命名的"德雷皮纳反应"来制备伯胺，一举成名。测定乙醛氨的结构，证实了乙缩醛形成的可逆性。在研究有机硫化合物时着重探讨了二硫代尿烷，并发现人们以前认为不可能存在的单体乙烯硫化物。发现用双键结合的硫具有自燃氧化作用并伴有磷光现象。在无机化学领域里，同意并采纳有争论的维尔纳观点。对配位化合物（尤其是重金属）作过大量研究，并证实维尔纳配位理论的正确性。对金属铱、氯盐、吡啶衍生物和草酸盐均作过精心研究。

主要著作有《吸热和放热》（1899）、《金属碳化物》（1904 年）、《有机化学教程》（1906 年）、《M. 德雷皮纳科学论文选集》（1921 年）、《有机化学》（1935 年）、《有机化学中的全合成》（1937 年）、《脂肪的化学研究导论》（1963 年）和《电化学和有机化学》等。发表过一些有关化学发展史方面的论文和著作。1962 年获法国科学研究中心金质奖章。 （戴永发）

特拉弗斯，M. W. （Travers，Morris William） 英国人，1872 年 1 月 24 日生于英国伦敦，1961 年 8 月 25 日卒于格洛斯特郡斯特鲁特。元素化学、物理化学、低温物理学、科学史学。

医生的儿子。1893 年获伦敦大学学院理学士学位。后在学院边工作边继续学习有机化学，1898 年获博士学位，成为副教授。1903 年任布里斯托尔大学学院化学教授。1904 年被选为英国皇家学会会员。1906 年至印度卡纳塔克拜任印度科学研究院院长。1914 年返回伦敦大学任教授，1937 年退休。1936～1938 年任法拉第学会会长。

在 W. 拉姆齐 1894 年和 1895 年分别发现氩和氦后，他协助拉姆齐测定氩和氦的性质。1898 年 5 月，他们气化已液化了的空气，收集其挥发性最低部分作光谱分析，表明有新的谱线即氪（Kr）的谱线。6 月将氩液化，收集其最易挥发的部分，经光谱分析发现新的惰性气体氖（Ne）。7 月 12 日又发现氙（Xe）。他们通过液化足够的惰性气体测定它们的性质，到 1900 年完成全部研究。后继续研究低温物理学，第一个对液化空气温度进行准确测定，在欧洲建立数个液化空气实验厂。在第一次世界大战期间领导玻璃生产。后研究过燃料工艺、煤的液化、有机物蒸气热分解、气相和异相反应等。1937 年开始拉姆齐生平的研究，1955 年完成拉姆齐传记。 （陈民生）

科博，H. E. （Copaux，Hippolyte Eugène） 法国人，1872 年 3 月 9 日生于法国巴黎，1934 年 8 月 28 日卒于埃唐普。无机化学、矿物化学、物理化学、化学工程。

幼年丧父，由母亲抚育成长。毕业于巴黎物理化学工学院，1896 年和 1905 年先后获物理学学士和博士学位。1900 年返回母校任分析化学系主任，1910 年任普通化学教授。1925 年任研究主任。在此期间，曾任（1906 年诺贝尔化学奖得主）F.-F.-H. 穆瓦桑的特别助理，在第一次世界大战期间，曾任法国专利局化学部主任。是法国化学学会和矿物学会等会员。1923 年获法国荣誉军团爵位。

最初从事矿物的化学和晶体学研究。开发一种快速制备磷酸的工艺。1919 年完善用绿柱石制取氧化铍的方法，它至今还是工业上生产铍的基础。1925 年起担任教学和行政工作的同时，继续指导青年助手进行活性氢、铍、氧化铍的生成热以及氯化铍的实验室研究。主要著作有《普通化学导论》、《矿物化学》等。 （戴永寿）

于尔班，G. （Urbain，Georges） 法国人，1872 年 4 月 12 日生于法国巴黎，1938 年 11 月 5 日卒于同地。元素化学、物理化学、矿物化学。

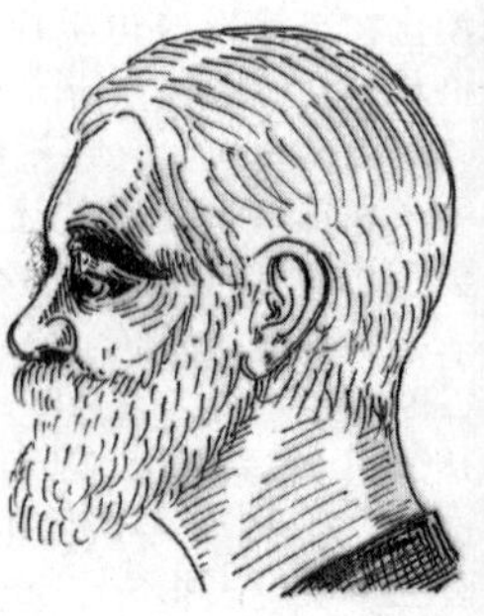

化学教授的儿子。1894 年毕业于巴黎物理化学工学院，名列第一。他在矿物实验室作助手时，在P. 居里指引下进行科学研究。1895～1898 年任弗里德尔（C.

Friedel）的助手。1899年以稀土元素为题的论文获巴黎大学博士学位。1906年任巴黎大学分析化学助理教授，1908年升任矿物化学教授。1928年任巴黎大学化学学院普通化学教授、院长和生物物理化学研究所所长。被选为国际原子量委员会主席。

1895～1912年，他对稀土元素进行持续研究，通过约20万次的分步结晶才严格分离出钐、铕、钆、铽、镝及钬。发现稀土元素的硫酸乙酯是最容易分离的衍生物。最重要研究是被J. 马里格纳认为是单一元素的镱（Yb），1907年他分离为镱和以前未知的镥（按巴黎古名Lutetia改写而来）。这些元素的原子量测定被学术界接受。1911年注意到另一种不是稀土族的元素，认为是一种新元素，它位于周期表中第72号。他命名为镄（Ct）。1914年H. G. J. 莫斯莱用镄土做X射线光谱分析，却找不到第72号元素的特征谱线。1922年匈牙利人赫维西和荷兰人科斯特从含锆的矿石中找到了第72号的X射线特征谱线，并命名它为铪（Hf）。铪的拉丁名hafnium源于哥本哈根的古名Hafnia，以纪念发现此元素的地点。在一段时期内，国际原子量委员会对此元素同时接受符号Ct和Hf，后来才统一采用Hf。

1912年后兴趣日益转向络合物的配位化学理论。曾评价并发展A. 维尔纳的配位理论，提出相同性理论。1925年起研究分子结构。在有关著作中精辟地分析了化学的进展情况，坚信无机化学和有机化学在本质上的统一性；认为就理论化学而言，通过修改A. 维尔纳的理论他能做到此种统一。合著有《普通化学》等。

还对音乐、历史和哲学有强烈兴趣。是一位优秀的钢琴演奏家，撰写有音乐著作。 （楼书聪）

希洛夫，H. A. （Шилов，Николай Александрович；Shilov，Nikolay Aleksandrovich） 苏联人，1872年7月10日生于俄国莫斯科，1930年8月17日卒于苏联加格里。物理化学、环境化学。

1895年毕业于莫斯科大学。1896～1897年、1901～1904年，在莱比锡大学奥斯特瓦尔德物理和化学实验室工作，并开始研究化学动力学。1910年起在莫斯科工学院无机化学室任教授。1911年任莫斯科商学院教授。第一次世界大战时，1915～1918年任西线司令部所属气体技术局局长。1919～1921年任莫斯科大学教授，参与组建化学研究所。

系统地研究过共轭氧化反应，并对有关概念进行过理论阐述，被广泛用于化学文献中。第一次世界大战时期，研究含毒气体空气流中吸附毒气的问题，确立了吸附层长度及其有效期的关系，制成活性炭过滤毒气的防毒面具。还研究溶液中物质的吸附、水解吸附及两液相之间的分配等课题。 （周申范）

维尔斯太特，R. （Will-stätter，Richard） 德国人，1872年8月13日生于德国卡尔斯鲁厄，1942年8月3日卒于瑞士洛迦诺。有机化学、酶化学、植物化学、生物化学。

德国犹太富商的儿子。1894年毕业于慕尼黑工业大学。1894年毕业后，经A. von拜耳介绍成为艾因霍恩（A. Einhorn）的博士研究生。1896年任慕尼黑工业大学讲师。1902年在该校拜耳学院任编外教授。次年与S. 莱泽尔（Sophie Leser）结婚。1905年任苏黎世工业大学化学教授。1912年任柏林的威廉化学研究所首任所长。1916年任慕尼黑工业大学化学教授。1925年以后大部分研究是在由罗德瓦尔德（M. Rohdewald）提供的实验室中进行的。1938年法西斯政权在国内迫害犹太人，他被迫离开德国。经过许多波折，从1939年3月开始永久移居瑞士。

在艾因霍恩指导下从事古柯碱结构研究，完成博士论文后，继续研究与古柯碱有关的莨菪碱。1894～1898年，通过一系列化学降解及合成研究，证明早期的分子式是不正确的，指出这些生物碱都属于具有七员环的双环化合物。后来重新研究莨菪碱类，1918年发表芽子碱的巧妙合成方法。由于在这一领域的深入研究，1913年曾制得环辛四烯。早期研究有机化学的另一个领域是醌和醌亚胺。1905年制得未知化合物邻苯醌。以后7年间，在对苯二胺氧化生成沃斯特染料和“苯胺黑”（苯胺氧化的一种产物）方面，进行了若干重要的研究。

1905～1914年开展叶绿素和花色甙的研究，这是他工作的鼎盛时期。虽然当时已经有了叶绿素的更早期的研究工作，并且认识到它与血红朊的卟啉之间的化学关系。但正是他为H. 费希尔全面阐明叶绿素的结构奠定了基础。把绿色植物的叶绿素分离为两个组分（叶绿素a和叶绿素b），证明了它们是卟啉衍生物（脱镁叶绿素）的镁络合物。其中两个羧基之一被一种长链醇（叶绿醇）酯化。为了得到较简单的卟啉，和同事们用酸及碱进行一系列化学降解，制得许多经过充分鉴定的化学中间体。

在研究叶绿素过程中，他发现在乙醇存在下植物组织中的酶（叶绿素酶）能催化乙醇与叶绿醇的交换酯化作用。这个现象引起了他对于酶的兴趣，并成为晚年研究的主要课题。1915～1916年研究光合作用与叶绿素的关系，还研究绿色植物同化二氧化碳的作用，但这些研究工作当时并未获得明确的结论。在花色甙色素的研究方面，特别是通过对花青素和天竺葵甙的研究，确定了它们的结构是羟基色满鲜盐衍生物（其中有几个羟基与糖单元结合）。这些卓越的研究虽然由于第一次世界大战而中断，但已成为R. 罗宾森进一步发展这项课题的基础。

第一次世界大战后，致力于酶本质的研究。1918～1925年，他和同事们试图发展提纯各种酶（过氧化物酶、脂酶、胰蛋白酶和淀粉酶）的方法，从而把吸附法和测定酶活性的改进分析法引用于酶化学。晚年还研究糖原的生化转变和多糖在醇发酵中的作用。

主要著作有：《叶绿素研究》（1913年，与他人合著）、《酶的研究》（1928年）等。1915年获诺贝尔化学奖，以表彰他在“植物色素，特别是在叶绿素方面的开拓性研究”。（周志高）

福尔诺，E.（Fourneau，Ernest） 法国人，1872年10月4日生于法国比亚里茨，1949年8月5日卒于阿斯坎。药物化学、有机化学、化学工程。

双亲是西班牙后裔，在比亚里茨经营旅馆。从小受到良好教育，精通英、德、西班牙语，对哲学、文学、音乐和绘画均有兴趣。1897年在塞纳精神病院化学家C. 穆鲁（Charles Moureu）处工作。1898年在巴黎大学药学院获药剂师证书。1899年起在德国海德堡大学、柏林大学和慕尼黑大学培训3年。回国后任巴黎制药厂实验室主任。1911年任巴斯德学院治疗化学部主任。1942年已到退休年龄，但仍在巴斯德学院工作至1946年。后在罗讷-普勒纳化学公司巴黎实验室工作。1919年当选为法国国家医学科学院院士。1919～1933年任法国化学学会秘书长。

研究和合成过许多药物，1904年发现局部麻醉剂斯妥乏因（Stovaine）。其他如醋酰胺胂、麻黄素等；后来研究眼镜蛇毒溶细胞素以及砷化合物；合成抗疟药、抗组胺衍生物、镇痉药；研究硫衍生物的立体化学；确定苏拉明钠盐分子式和它的抗菌作用；还研究硫酰胺和磺胺治疗。长达35年主持的巴斯德学院治疗化学部，成为世界有名的化学治疗研究中心，出版的著作、论文多达200余种。因氨基醇2-研究和合成麻黄素，与他人分享1905年戈布利奖。1910年获法国国家医学科学院纳蒂夫莱奖。（楼书聪）

拉普沃思，A.（Lapworth，Arthur） 英国人，1872年10月10日生于英国苏格兰加拉希尔斯，1941年4月5日卒于曼彻斯特。有机化学、物理化学。

早年就读于英国伯明翰大学梅森理学院。1893年赴伦敦大学当研究生，在H. E. 阿姆斯特朗指导下研究萘化学。留校任教，1895年在药学院工作。1900年任戈尔德史密斯学院化学系主任。1909年去曼彻斯特大学执教无机化学和物理化学，1913年任有机化学教授。1910年当选为英国皇家学会会员。

近代物理有机化学奠基者之一。早年在樟脑化学研究中，发现樟脑的分子内变化与频哪醇-频哪酮重排有关。后从事反应机理的研究，特别对氰醇形成和二苯乙醇酮重排的研究。

他是最早提出有机化合物能够完全或部分电离的学者之一。随着以原子电子结构为基础的化学键理论发展，把“交替极性”概念发展为“阴离子”和“阳离子”反应中心的分类。在20世纪20年代中期，为此与英戈尔德学派在学术上发生争论。他们用类似的方法、不同的术语“亲核性”和“亲电子性”来说明有机反应性，并最终为人所接受。争论颇为激烈，但富有成果。他的最后一篇论文是与C. 英戈尔德联名发表的。（蒋尚智）

索普，J. F.（Thorpe，Sir Jocelyn Field） 英国人，1872年12月1日生于英国伦敦，1940年6月10日卒于苏塞克斯郡库登比茨。有机化学、物理化学、化学工程。

早年先后入沃辛学院、伦敦大学国王学院和皇家科学学院。1892年入海德堡大学，师从V. 迈耶，1895年获化学博士学位。同年在曼彻斯特欧文斯学院任教，历时15年。1909年作为英国皇家学会研究员到设菲尔德学院任教。1908年入选英国皇家学会会员。后任伦敦皇家科学与技术协会有机化学分会会长。1933～1936年任英国化学学会会长。1939年获爵士勋位。

最初研究开发一种合成二元羧酸的重要方法。后与珀金合作，合成樟脑酮（1897年）与樟脑酸（1903年），并证实布雷特（Bredt）提出的樟脑及这些酸性衍生物的分子结构。1899年他们还通过合成萜酮和萜酸来肯定拜耳提出的结构式。他对化学的最有价值的贡献是有关亚氨基化合物的生成与反应的研究。1904年发现：亚氨基化合物是在钠代氰基乙酸酯与氰基化合物的缩合反应中生成的；也可由腈类相互缩合而得，二腈分子内缩合也能生成许多新的亚氨基化合物。1911年，确认在开链化合物及其环状异构体间，存在着酮式-烯醇式互变异构。1919年与C. 英戈尔德共同证明在桥环体系中存在着“环内互变异构”，1914～1928年他们合作研究化合价与化学键，第一次提出在多取代有机化合物中，碳原子间的键角可以偏离正常的正四面体角度。主编《应用化学辞典》（1943年）等书。1922年获英国皇家学会戴维奖章。（周志高）

西奇威克，N. V.（Sidgwick，Nevil Vincent） 英国人，1873年5月8日生于英国牛津，1952年3月15日卒于同地。有机化学、无机化学、物理化学、动力学化学。

出身书香门第，从小受到良好的家庭教育，热爱科学。1892年在反应动力学先驱A. G. V. 哈考特指导下学习化学。1897年去莱比锡大学奥斯特瓦尔德实验室研究物理化学。1900年在牛津大学林肯学院任教。终生未娶。1922年入选英国皇家学会会员。

在1920年前发表的18篇论文中，大部分是关于有机反应动力学问题，其余是化学结构与溶解度的关系。1910年出版名著《有机氮化学》一书。1920年后致力于系统研究活泼氢原子（如羟基）与氧原子（如硝基）之间的氢键。1927年出版名著《价电子理论》，应用卢瑟福原子结构模型和用配价键理论，更合理地解释化学现象，并强调离子键与共价键的存在与区别，在化学界产生了深远影响。是L. G. 鲍林共振论在英国的热情宣传者和支持者。1950年完成和出版的75

万字巨著《化学元素及其化合物》，被认为是化学发展史中的重要事件。（周志高）

米尔斯，W. H.（Mills，William Hobson） 英国人，1873年7月6日生于英国伦敦，1959年2月22日卒于剑桥。有机化学、结构化学、化学工程。

1892年进剑桥大学基督学院，在自然科学毕业考试中成绩优异。留校在化学实验室工作。1902年任伦敦大学北方工业学院化学系主任。1912年回剑桥大学，1919年任讲师，后任教授直至1938年退休。1923年入选英国皇家学会会员。1942～1943年和1943～1944年，两次出任英国化学学会会长。

主要贡献在立体化学和花青染料方面。与诺德尔（C. R. Nodder）首先合成出螺环化合物，并析解成不同的旋光体。1926年他首先提出“受阻旋转”的简单设想：若联苯分子 $C_6H_5—C_6H_5$ 中取代基的大小妨碍2个苯基环绕其公用轴自由旋转，这种分子就会呈现旋光性。不但合成不对称烯丙醇，还用左旋和右旋的樟脑磺酸经立体定向脱水，使之成旋光体。进而获得立体化学的证据，即四配位的铂原子具有不同于四面体的平面构型。

第一次世界大战期间，德国人最早使用底片红做航空照相的感光剂，他很快弄清了它的结构，研制出生产这种花青染料的快速合成法。（陶其恒）

丘加耶夫，Л. А.（Чугаев，Лев Алексадрович；Chugaev，Lev Aleksandrovich） 苏联人，1873年10月17日生于俄国莫斯科，1922年9月23日卒于苏联沃洛格达州格里亚佐韦茨。有机化学、金属化学、分析化学、物理化学。

1895年毕业于莫斯科大学。1896～1904年任莫斯科细菌学学会化学组主席。1904年任莫斯科技术学院教授。1908～1922年任圣彼得堡大学无机化学教授，并兼任圣彼得堡技术学院有机化学教授。1919年发起创建铂和贵金属研究协会。还是俄国营养科学技术协会（1918年成立）和应用化学协会（1919年成立）的创始人之一。

研究涉及生物化学、有机化学、无机化学和物理化学的问题。1899年开始进行关于萜烯和樟脑方面的一系列研究。利用黄原酸化作用（黄化）方法的研究成果，首次合成许多萜烯碳氢化合物。1908年通过有机物光化学性质的研究，得出“距离规则”。1911年发现新的旋转扩散形式。同学生们的研究主要有铜、镍、银、钴和铂金属复合物的合成与空间化学，以及对可用于分离和提纯铂金属的特殊反应的研究。1905年发现一种二价镍的灵敏的新型分析试剂。这项研究成果导致有机试剂在分析化学上的应用。还发现用于分析铱、铂和锇的特别灵敏的有机试剂。他的研究表明螯合物的实际使用价值。（戴永寿）

列别杰夫，С. В.（Лебедев，Сергей Василиевич；Lebedev，Sergei Vasilievich） 苏联人，1874年7月13日生于波兰卢布林，1934年5月2日卒于苏联列宁格勒（现圣彼得堡）。有机化学、石油化学、化学工程。

神父的儿子。8岁丧父，全家搬到华沙。1895年进入俄国圣彼得堡大学，随A. E. 法沃尔斯基学习有机化学。1900年受聘于交通研究所，研究铁轨钢材。1906年去巴黎巴斯德学院和索邦学院进修。回到圣彼得堡大学以后，开始研究非饱和碳氢化合物化学，为此课题贡献了一生。1913年因“丁二烯聚合反应条件和生成物”的论文获托尔斯泰奖。1915年任圣彼得堡大学讲师、女子教育学院化学教授。1917年任军事医学院化学教授，在那里任职直至去世。在该院创建苏联最好的有机化学实验室之一。1928年当选为苏联科学院通讯院士，1932年升为院士。

研究了许多不饱和化合物的聚合反应和氢化反应。第一次世界大战期间，从事研究石油化学。1925年在列宁格勒建立一所石油化学实验室，在这里发现从石油碳氢化合物的热裂解可以产生丁二烯化合物。1926年后主持研究合成橡胶。1927年他们从金属钠存在下使丁二烯聚合，制得了合成棉胶，1932～1933年开始投入工业生产。在他指导下建立苏联科学院高分子化学实验室，因1934年去世，发展计划未能实现。1931年获列宁勋章。（汪天伟）

博施，C.（Bosch，Carl）

德国人，1874年8月27日生于德国科隆，1940年4月26日卒于海德堡。合成化学、化学工程、高压工程、化工机械。

父亲从事气体和测量设备商业，叔叔是闻名的电气技术专家。他从小就显示出自然科学和工艺方面的才华，这种天赋得到父亲的鼓励。在学了几学期金工和机械后转到莱比锡大学学化学，1898年获博士学位。

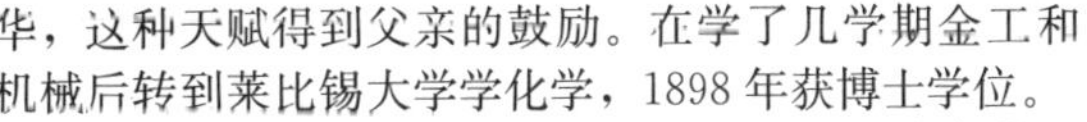

当时诺贝尔奖金获得者W. 奥斯特瓦尔德声称发现了一种从氮和氢制得氨的新方法。博施承担作补充试验，很快发现奥斯特瓦尔德的错误，并找到了引起错误的原因。于是进一步研究氮气问题，做了大量实验，取得了进展。1909年F. 哈伯开始使用高压高温进行氨的合成，他承担把哈伯的实验室研究转化为工业化研究的任务，5年内逐渐实现了工业化生产。但是哈伯使用锇催化剂不合适，必须替换，经过上千次试验证明混合碱性物质的铁催化剂特别合适。他制造高温高压设备、改进化学工艺。总是亲自试用自己研制成的工业合成设备，取得杰出成就1913年终于建成年产36 000吨硫酸铵的工厂。承担高压工程多实验，其中从氨基甲酸铵中提取尿素，发展甲醇的合成法用于制造甲醛。后期着手研究合成汽油问题和合成橡胶生产。因发明和改进化学高压技术，与F. 贝吉乌斯分享1931年诺贝尔化学奖。（汪天伟）

韦茨曼，C. A. (Weizmann，Chaim Azriel) 一译魏茨曼。以色列人，1874 年 11 月 27 日生于俄国莫托利附近宾斯克（今属白俄罗斯），1952 年 11 月 9 日卒于以色列雷霍沃特。有机化学、生物化学、化学工程、政治活动。

犹太木材商之子，家中 15 个孩子中排行第三。1893～1894 年在德国达姆施塔特技术学院学习。1895 年起先后在柏林技术学院、瑞士弗里堡大学攻读化学，1899 年获哲学博士学位。1901 年任教瑞士日内瓦大学。1904 年进入曼彻斯特大学，翌年任研究员，1907 年任生物化学高级讲师。1910 年加入英国籍。1934 年在雷霍沃特创建韦茨曼理学院。

1915 年奉英国政府之命在伦敦尼科尔森酿酒厂设立化学实验室；1916～1919 年任英国海军部化学实验室主任，研发战事急需的丙酮、乙醇等化工产品。1917 年任英国犹太复国基金会主席。1920～1931 年、1935～1946 年两度出任世界犹太复国主义者组织主席。1921 年和 A. 爱因斯坦等人共同支助建立耶路撒冷的希伯来大学和以色列理工学院。第二次世界大战中，任英国政府供应部顾问，研发合成橡胶和高级汽油。生有两子，幼子在第二次世界大战中参加英国皇家空军飞行员而战死。1949 年当选为以色列国第一任总统，直至去世。其侄子 E. 韦茨曼（Ezer Weizmann）也是以色列总统。

1912 年他发现能把淀粉分解成乙醇、丙酮和丁醇的乙酰酪酸梭状芽胞杆菌，开创了利用微生物生产工业化学制品的道路。主要从事丁省醌等多环芳香族化合物染料合成的研究，并获得多项专利。在研究农产品和石油产品合成有机化合物过程中，弄清了数个在工业上有很大意义的反应的机理，通过这些反应可从石油馏分中获得染料中间体，而过去这些中间体只能从煤焦油中提取。在生物化学领域，对氨基酸、蛋白质、酮等进行过研究，并试图利用生物化学的方法合成各种天然肽。出版有自传《试诸法：C. 韦茨曼自传》(1949 年)。（张京京　李啸虎）

法伊弗，P. (Pfeiffer，Paul)　德国人，1875 年 4 月 21 日生于德国埃尔伯费尔德（今伍珀塔尔），1951 年 3 月卒于波恩。无机化学、有机化学、配位化学、染料化学。

早年在波恩大学凯库勒指导下就读，并成为创立络合物学说的著名化学家 A. 维尔纳的主要助手。1898 年以“四价锡和烷基锡卤化物的分子化合物”论文，获苏黎世大学博士学位。留校任教，先后任讲师和理论化学副教授。后到罗斯托克大学、卡尔斯鲁厄高等技术学校。3 年后接替凯库勒继任波恩大学教授兼化学研究所所长。

研究工作围绕着无机化学、有机化学及其边缘科学。主要兴趣在配位化合物，特别是铬的配位化合物。研究了这些化合物的成分、构型、同分异构现象、酸碱反应和水解反应，以及这些化合物对复盐和水合盐的关系。首先将维尔纳的配位学说应用到晶体中。还研究了无机锡和有机锡化合物、内络合物、金属有机化合物及染料化学。是加酸显色的创始人（在无色有机碱内加入酸或溶剂而形成有色物质）。对纯有机化学研究的贡献，包括环状化合物、醌氢醌，1，2-二苯乙烯化合物、不饱和酸类、以及由乙烯类化合物合成乙烷和乙炔化合物等。（高中兴）

克劳斯，C. A. (Kraus，Charles August) 美国人，1875 年 8 月 15 日生于美国印第安纳州奈特维尔，1967 年 6 月 27 日卒于罗得岛州东普罗维登斯。物理化学、燃料化学、化学工程、仪器研制。

1898 年毕业于堪萨斯大学电气工程系，在校兼修化学，深受化学教授 E.C. 富兰克林（Edward C. Franklin）影响。1901 年于加利福尼亚大学任教物理学。1904 年任马萨诸塞理工学院物理化学助理研究员，1912 年任副教授。1908 年获该校化学博士学位。1914 年任克拉克大学化学教授、化学实验室主任。第一次世界大战中，任美国化学战研究署主任。1924 年任布朗大学教授兼化学实验室主任。1946 年退休后继续从事研究，临终前还在著书。是美国国家科学院院士。先后获 5 个大学荣誉博士学位。

致力于液氨溶液，尤其是碱金属溶液的研究；发现碱金属和碱土金属可以与氨形成溶液。根据对氨溶液物理性质如密度、电导和蒸气压的研究，指出碱金属不与氨生成化合物，而碱土金属能与 6 分子氨结合形成似金属的氨合物。还研究有金属性质的有机自由基、物质在低介电常数溶剂中的电性质。此外，与他人合作发明由铅-钠合金和氯乙烷制成汽油抗爆震剂四乙基铅的方法，促进了汽车工业大力发展高压发动机。在设计和制作耐热玻璃仪器上的高超技术，是其研究得以成功的重要原因。

发表论文 225 篇以上。曾获得美国化学学会 1950 年普里斯特利奖章，1935 年美国化学学会芝加哥分会吉布斯奖章，1938 年富兰克林奖章，1948 年海军杰出公共服务奖等。（温敬铨）

刘易斯，G. N. (Lewis，Gilbert Newton) 美国人，1875 年 10 月 25 日生于美国马萨诸塞州韦茅斯，1946 年 3 月 23 日卒于加利福尼亚州伯克利。物理化学、光化学、核化学、化学热力学。

律师的儿子。在家接受初等教育；3 岁就能阅读。1889 年入内布拉斯加大学预备班。两年后转入哈佛大学，1896 年获学士学位；1899 年通过电化学势能的论文获博士学位。在哈佛大学执教一年，后去德国进修物理化学，师从 H. W. 能斯脱和 F. W. 奥斯特瓦尔德。1901 年返回哈佛大学，任热力学和电化学讲师。1904 年在菲律宾政府科学局当专家，任重力与测量部负责人。1905～1911 年在马萨诸塞理工学院工作。1912年任伯克利加利福尼亚大学化学学院院长兼教务主任。第一次世界大战中，两次出国工作；在法国战场任化学兵少校，曾创制“刘易斯毒气”，因此获1922年优秀服务奖章。

在哈佛大学期间，主要贡献有：在热力学方面，提出逸度与压力有关的概念，认为热力学不仅能用于理想体系而且能用于实际体系；对自由能和热力学位势的发展，由于反应热不能作为一个化学反应能否发生的量度，于是提出只能由自由能和熵才能提供严格的化学热力学；在价键理论方面提出立方原子的概念；撰写出版辐射热力学的理论著作；提出光具有压力。

因大量成果在哈佛无人欣赏，所以转入马萨诸塞理工学院工作7年，并加强了对热力学的研究。由于当时许多自由能的数据不正确、不完整，因此虽已知从自由能数据可在理论上预测化学平衡点，但无法应用于实际。为此他先后测定了氧-水电动势，系统地研究了氧、氮、卤素、硫和碱金属等化合物的生成自由能，特别有意义的是测定简单有机化合物的生成自由能。预见自由能数据可应用于复杂的有机反应。在热力学中创立指示化学变化的“活度”概念，它直接与反应的自由能成比例。1905年爱因斯坦的相对论和质量-能量方程式后发表后，不仅深受启发，改进了对辐射的构思，而且成为少数几个美国的爱因斯坦支持者。

1912年出任伯克利加利福尼亚大学化学学院院长和教务主任时，正面临该校化学学科几临崩溃局面，他不仅给与财政支持，而且补充了师资，并进行改革，重新安排课程。这些新补充的师资有不少成为著名科学家和教师，他们培养了第一代美国化学家。改革措施促使化学教育的现代化，建立了美国的化学标准。当时德国理论化学的最高成就是热力学，而美国各大学则忽视了它。在伯克利，他对热力学的贡献使其更有所发展。1913年发表的长篇著作中，总结并刷新了自由能数据的理论和计算方法。在以后几年的一系列文章中，还收集并重订了各元素的自由能值。特别重要的是在1917年发表熵的数据简编，并在实验中验证能斯脱提出的热力学第三定律。

在价键理论上的成就同样令人瞩目。1913年和布雷（Bray）提出价键极性与非极性的二元论，后在价键理论的发展中他抛弃了早先提出的二元论。关于一对电子共享化学键的概念，是E. 薛定谔、H. 伦敦和L. C. 鲍林等人新量子化学的出发点。克劳斯的“立方原子”或“静态”原子观点与物理学家的观念有矛盾。根据光谱核外电子应为波尔所述“运动”着的电子。这两个观念的斗争随着引入定向轨道的概念而消失，立方原子概念也就不再适用。1923年所倡导的酸碱理论（电子对的给予者或接受者）是十分著名的，至今尚在化学教科书中普遍应用。1923年和兰德尔（M. Randall）出版极有影响的《化学物质的热力学和自由能》，该书是化学热力学最清晰和最简明的陈述。有关化学热力学和化学键等名著至今尚为现代学者所推崇。

1933年后兴趣转到当时新出现的核化学领域。1932年H. C. 尤里分离到氘后，克劳斯试图分离氧的同位素。1933年分离得到几乎纯净的重水（氧化氘），成为第一个收集到足够实验用量的几乎完全纯净的氘的科学家；研究了重水和其他氘化合物的化学、物理特性，进行了重水发芽植物种子和生物的致死效应的几个实验。预见到氘化合物化学的兴起，但却停止了对重水的研究。

1938年在光化学领域中成功地将理论和实验结合起来。1939年和M. 卡尔文用详细的颜色理论总结了人们所熟知的事实，发表了一系列关于荧光和磷光谱的优秀论文。制备过一系列染料中间体——刘易斯酸。由于对颜色的研究，于1921年获尼科尔斯奖章。1946年在进行荧光素实验时离开了人间。

（蒋尚智　陶其恒）

迪尔斯，O. P. H.（Diels，Otto Paul Hermann）　一译狄尔斯。德国人，1876年1月23日生于德国汉堡，1954年3月7日卒于基尔。有机化学、生物化学、分析化学、物理化学、化学工程。

父亲是柏林大学古语言学家；母亲是地方法院法官的女儿。兄弟保罗是布雷斯劳大学斯拉夫语言学教授；另一兄弟路德维希是柏林大学植物学教授。早在学生时代，和兄弟路德维希热衷于化学实验。1895年到柏林大学攻读化学，1899年以论文“氰化合物”获博士学位。同年起成为柏林大学E. H. 费希尔的学生和助手，1906年成为教授，1913年任系主任。1914年任皇家腓特烈·威廉大学（今汉堡大学）化学学院副教授。1915年为柏林大学教授。1916年赴基尔成为阿尔布雷西特大学教授和化学学院院长，1948年退休。期间1925～1926年任基尔大学校长。1946年阿尔布雷西特大学医学院授予他荣誉博士学位。是格丁根科学院和巴伐利亚科学院的院士。

研究工作从纯有机化学进入到生物化学和物理化学领域，是一位有独创性和大胆设想的实验家。1907年出版的《有机化学概论》一书，这是一本内容清晰、精确的教科书，到1962年已出至第19版。精彩的讲演和实验博得了学生们的热烈欢迎和支持，是一位杰出的教育家。

1906年，他从丙二酸脱水意外地发现次二氧化碳，并研究其特性。同年，与阿布特哈顿（E. Abderhalden）对当时结构尚未确定的甾醇化学领域进行了研究。他从胆石分离出纯胆甾醇，并通过氧化裂解把它转变成“迪尔斯酸”。当时A. O. R. 温道斯提出的胆甾醇结构式与更新的观察结果不一致，因此他探索并创立了胆甾醇芳香醇的结构理论。起先用硫对胆甾醇脱水未获成功，后来改用硒脱水于1927年取得双重成果，发现这种温和而高效的脱水剂，并得到芳香族的基本结构式。利用这一成果推动了这一领域的研究工作。1935年证明“迪尔斯烃”（$C_{18}H_{16}$）及其人工合成的相同化合物是某些天然产物中的重要构成物。对这些物质的研究，其重要性可与在有机化学中发现苯环相比。于是，性激素、皂草甙、强心甙、维生素D、蟾酥、胆汁色素、肾上腺皮质激素（可的松）以及类似物质的结构和性能，现在均可以此理论加以阐明。

更重要的贡献是对偶氮二羧酸酯反应的研究。与其助手K. 阿尔德经过22年的研究，1928年从1，4加成反应着眼，发现了二烯烃的有机合成反应，称为“迪尔斯-阿尔德反应”：凡含有双键或三键的不饱和化合物（其侧翼带有羰基或羰基吸电子基团）能和链状或环状含共轭双键体系化合物合成环化反应，生成碳环芳香族化合物。此反应在有机合成工艺和石化工业上具有十分重要意义，并已获得广泛应用。其中以含有共轭双键的二烯烃最为重要，因该反应无需催化剂或缩聚剂，并可在常温下发生聚合作用，例如异戊二烯，环戊二烯和1，3-丁二烯是聚合成橡胶的主要原料。由于发现二烯烃的有机合成反应，他和阿尔德共同获得1950年诺贝尔化学奖。

发表33篇有关“新合成法的实际应用”的论文。在甾族化合物领域里，温道斯曾用它来分离麦角甾醇及其照射产物。在一系列重要的萜烯中，诸如樟脑、檀烯、丁二烯以及α-水芹烯，由于它们是异戊二烯残余物的组成，因此其结构可由合成法来确定。这也带来合成杂环化合物的巨大进展。1904年的路易斯安纳展销会，他的展品获得一枚金质奖章。

1925年他在基尔大学校长就职时，发表题为“关于偶然性和直觉在重大化学发现中的意义”的讲演。1950年在接受诺贝尔奖金的仪式上，发表“关于甾族化合物的制备与其中的芳族基础骨架描述”为题的讲演，对胆甾醇的研究与二烯烃的合成作了比较。主要著作还有《无机化学实验概论》等。1931年德国化学会授与他阿道夫纪念奖章。 （戴永发　朱啸宇）

古特比尔，F. A. （Gutbier，Felix Alexander） 德国人，1876年3月21日生于德国莱比锡，1926年10月4日卒于耶拿。无机化学、物理化学、仪器研制。

工厂主的儿子。曾在德累斯顿高等工业学院、埃朗根大学及苏黎世大学学习化学，1899年获博士学位。同年任O. 费希尔（Otto Fischer）的助教。1902年任埃朗根大学讲师。1907年任蒙得维德奥大学教授。1912年任斯图加特高等工业学院电化学和化学工艺教授，后来任无机化学教授兼无机化学与工艺系主任，1920年任该院院长。1922年任耶拿大学无机化学教授兼实验室主任。1924年任耶拿大学数学与自然科学学院院长，1926年任耶拿大学校长，不久去世。

主要从事无机化学研究，专长于胶体化学和配位络合物化学，对锑、银、金、铂等金属元素的胶体制备、保护及其特性有很深的研究；在钯、锑、铋等分离、分析研究及其一些元素的原子量测定方面也有很大贡献。发表约260篇论文；主要著作有名著《定性分析教程》等。发明高速渗析器等仪器。 （周申范）

纳苗特金，С. С. （Наметкин，Сергей Семёнович；Nametkin，Sergey Semenovich） 苏联人，1876年7月3日生于俄国喀山，1950年8月5日卒于苏联莫斯科。有机化学、分析化学、石油化工。

1896～1902年在莫斯科大学学习。毕业后留校任教，1910年任副教授。1911年获莫斯科大学数理博士学位。同年为第二莫斯科大学有机化学教授，1919年为校长；1924年该校改名莫斯科精细化学工程技术学院。1938年返回莫斯科大学任有机化学系主任，直到1950年。1927～1950年兼任莫斯科矿业科学院有机化学和石油化学教授。1917年获自然科学博士学位。1932年为苏联科学院通讯院士，1939年为院士。同年至1950年为苏联矿物燃料科学院院长。

从事饱和碳氢化合物的硝化、萜类化学、立体化学、石油化学与工程，以及生长激素和香料的合成等研究。特别对2-甲基莰烯水合作用生成4-甲基异冰片有研究；后来发现第二类型的莰烯重排，被命名为“纳苗特金重排”，从而解释了莰烯和樟脑的化学性质；对苏联石油和天然气的组成、石油烷烃的化学性质有研究；对油页岩汽油的脱硫作了系统研究；创立裂变汽油的分析方法。一生发表300余篇论文。 （沈德阶）

斯托克，A. （Stock，Alfred） 德国人，1876年7月16日生于西普鲁士但泽（今波兰格但斯克），1946年8月12日卒于德国阿肯。无机化学、化学工程、环境化学、仪器研制。

1894年进柏林大学学化学，并攻读博士学位，1899年以优异的成绩毕业。1900年任柏林大学教授。1909年在布雷斯劳大学组建并指导新的无机化学学院。1916年到柏林的威廉学院工作。1926年到卡尔斯鲁厄大学任化学学院院长，1943年退休。1926～1929年任德国化学家协会主席。1936～1938年任德国化学学会会长。

是硼氢和硅氢化学领域的先驱研究者。发现并制备过许多硼氢与硅氢化合物：B_2H_6、B_4H_{10}、B_5H_9、B_6H_{10}和B_5H_{11}及Si_3H_8、Si_4H_{10}、Si_5H_{12}、Si_6H_{14}，确定了它们的性质。在研究过程中，还发展了高真空分馏技术；设计并改进过许多仪器。通过自己的汞中毒经历，深入研究汞中毒的病理学，提出了检定汞的方法和防止汞中毒的措施。对化学教育和化学的系统命名，也有重要贡献。 （周申范）

温道斯，A. O. R. （Windaus，Adolf Otto Reinhold） 德国人，1876年12月25日生于德国柏林，1959年6月9日卒于格丁根。有机化学、生理化学、食物化学。

早年在柏林一所法国大学预科接受基础教育，曾向著名学者巴斯德学习细菌学。1895年在柏林大学学习E. H. 费希尔的化学课，受其影响，对化学药物的生理作用发生浓厚的兴趣。1897年获理学士学位。后转至弗赖堡大学随基利安尼（H. Kiliani）学习化学，1899年获博士学位。1915～1944年任格丁根大学化学教授兼化学实验室主任。获多个大学荣誉博士学位。

在基利安尼建议下开始研究胆甾醇，它对动物及植物细胞的形成都有关系。与瑞士 H. O. 维兰德分别用化学降解法研究胆甾醇和胆酸的结构，证实胆甾醇和胆酸都有一个四环体系，同属甾族，从而奠定了甾族化学的基础。这两种物质普遍存在于动物体内，与人类生理过程有密切联系。和维兰德的研究还促进了维生素的发展。

早在 1920 年前，鱼肝油治疗软骨病已众所周知，人们设想鱼肝油中含有一种叫维生素 D 的物质。1924 年斯廷博克（H. Steenbock）和黑斯（A. Hess）先后指出，食物中含有的麦角固醇在紫外线照射下，能产生一系列非常复杂的物质，其中有原维生素 D_2，它能变为维生素 D_2。温道斯和黑斯、罗森海姆合作，对维生素 D 及原维生素 D 的化学性质作了测定，并且分离出了维生素 D_1、D_2、D_3。维生素 D_3 和 D_2 的差别只在于侧链上的 C_{22}—C_{23} 处的双键，前者是饱和的。这两种化合物都具有防止软骨病的效能。此外，他还分离出了维生素 B_1。

由于对阐明甾醇类的化学结构及其与维生素关系的研究作出重大贡献，获 1928 年诺贝尔化学奖。还获得拜耳、巴斯德等奖章。（朱啸宇）

耶格，F. M.（Jaeger，Frans Maurits） 荷兰人，1877 年 5 月 11 日生于荷兰海牙，1945 年 3 月 2 日卒于格罗宁根附近哈伦。物理化学、晶体学、科学史学。

1903 年获莱顿大学博士学位。1908 年任格罗宁根大学讲师，翌年晋升物理化学教授，至 1944 年被纳粹政权解雇。

一生致力于晶体研究，其中最重要的是极高温下熔盐和硅酸盐的研究，测定过它们在 −50℃～1 600℃ 下的粘度、表面张力、电导和比热。1917 年出版第一部关于晶体的著作《对称性及其在自然科学中的应用讲演》。1929 年应美国康奈尔大学之邀，作贝克讲座的讲演。受父亲的影响，对化学史颇有研究，特别在第二次世界大战期间其他研究工作难以开展时，专门从事这项工作。（温敬铨）

维兰德，H. O.（Wieland，Heinrich Otto） 德国人，1877 年 6 月 4 日生于德国普福尔茨海姆，1957 年 8 月 5 日卒于施塔恩贝格。有机化学、药物化学、结构化学、分析化学。

药物化学家 T. 维兰德（Theoder Wieland）的儿子。先后在慕尼黑大学、柏林大学和斯图加特工学院学习化学。1901 年在慕尼黑大学 F. K. J. 蒂勒指导下从事有机化学研究，获博士学位。1904 年在慕尼黑大学任教，1913 年任有机化学高级讲师。1917 年任慕尼黑工学院化学教授。1917～1918 年在柏林威廉化学研究所研究化学战。1921 年任弗赖堡大学化学教授。1925～1950 年任慕尼黑大学化学教授兼拜耳实验室主任。1950 年退休任该校荣誉教授。兼任《化学年鉴》主编 20 多年。

早年研究氮氧化物与烯烃加成和芳烃硝化的机理，分离出硝基化合物中间体，表明这两类反应是相似的。同时还研究雷酸及其聚合作用，提出以乙醇和硝酸为原料合成雷酸的详细步骤。早期研究中最重要的是肼化学，第一个发现氮游离基。1912 年率先提出生物氧化的理论。1912～1943 年先后发表 50 多篇有关氧化反应机理的论文，指出生物氧化反应是除去氢原子的过程（脱氢作用）而不是加氧过程。这一理论对生理学、生物化学和医学都具有重大意义。

在主持拜耳实验室工作期间，主要致力于天然产物结构测定，与学生一起分离出吗啡生物碱、山梗碱、马钱子碱、喋呤、蘑菇毒和具有强心作用的蟾蜍毒等天然化合物，并对它们的结构进行测定。最著名工作是完成胆酸结构的研究，1912 年始，经他的研究团队和其他化学家 20 年的共同努力，终于确定复杂的胆酸结构。由于他的重大贡献，获 1927 年诺贝尔化学奖。

1928 年在发表诺贝尔讲演时，他的胆酸结构式里还有 2 个碳原子位置不能明确确定。4 年后根据 X 射线晶体分析法得到有关甾族化合物分子大小的新证据，他与英国化学家罗森海姆（O. Rosenbeim）和 H. 金（H. King）又分别独立地提出了目前被人们接受的胆酸结构。

1948 年发明纸上电泳层析法。用缓冲溶液润湿的滤纸条以电泳法实现对氨基酸和肽类的离析。纸上电泳法最成功的应用是进行血清蛋白的分析。

代表作有《肼》(1913年)、《氧化作用机理》(1932年)等;另有《自传》(1955年)。除诺贝尔化学奖外，还获1955年哈恩奖等。（张京京）

怀特洛-格雷，R.（Whytlaw-Gray，Robert） 英国人，1877 年 6 月 14 日生于英国伦敦，1958 年 1 月 21 日卒于赫特福德郡韦林加登城。元素化学、物理化学、分析化学、毒理学。

早年姓格雷。1911 年为了有别于一位姓格雷的同事，把母姓冠于原姓氏之上，于是改姓怀特洛-格雷。出身富裕的澳大利亚商人家庭，排行第二。早年在英国格拉斯哥大学受教育。1896～1903 年在伦敦大学求学时，跟随拉姆齐和 M. W. 特拉弗斯从事气体研究；1906 年获伦敦大学哲学博士学位。1908 年任教伦敦大学，后任教授。1923 年任利兹大学教授，1942 年退休。是国际原子量委员会委员。

尚在大学生时代，1903 年准确测定氮的原子量为 14.01。1910 年与拉姆齐一起准确测定具有放射性的惰性元素氡的原子量为 222。主要贡献是设计和使用精密方法来称量气体和气溶胶。1923 年起从事由政府资助的有关空气溶胶的研究，为军事机构秘密调查有毒气体及其他烟雾对人体影响。（朱啸宇）

阿斯顿，F. W.（Aston, Francis William） 英国人，1877 年 9 月 1 日生于英国伯明翰，1945 年 11 月 20 日卒于剑桥。元素化学、分析化学、物理化学、质谱学、仪器研制。

金属商兼农场主 W. 阿斯顿（William Aston）和 F. C. 霍利斯（Fanny Charlotte Hollis）的第二个儿子。在哈本教区学校受初等教育，后在莫尔文公学读了 4 年书。1893 年入伯明翰梅森学院（1900 年改名为伯明翰大学），师从化学家 W. A. 蒂尔登、P. F. 弗兰克兰和物理学家 J. H. 坡印廷并开展研究。1900 年在伍尔弗汉普顿当酿酒化学师。1903 年回到伯明翰大学当坡印廷的研究生。1909 年作环球旅行，后在伯明翰大学当了一学期助理讲师。1910 年到剑桥大学卡文迪许实验室，跟 J. J. 汤姆孙进行研究。第一次世界大战期间，供职法恩伯勒英国航空公司。战后 1919 年回到剑桥大学，在三一学院任研究员，直至去世。1936～1945 年任国际化学联合会原子委员会主席。是英国皇家学会会员。获得过一些荣誉博士学位。被选为许多科学学会的会员，终生未娶。

早年研究低压气体导电现象，以及阴极射线、阳极射线。1908 年用氢和氦首次测得约 1 毫米厚、直接同阴极连接的“初级阴极暗区”，这一现象现以阿斯顿命名。1912 年协助汤姆孙提出有力的证据，证明氖有同位素存在。1919 年在研究氖同位素过程中，他设计建造第一台质谱仪。当一束由不同成分组成的正射线进入质谱仪后，它先被电场作用产生分散；分散的射线又被一磁场作用，在同一平面内偏转至相反的方向；最后相同质量的射线能在照相底片上聚焦而不论其速度如何。用质谱仪成功进行周期表中除三种元素外全部非放射性元素的同位素分析。由于质谱法不适于测定微量同位素，未能发现氧和氢的同位素。质谱仪发明和同位素分析是他一生最主要的成就。1919 年 12 月发表“整数法则”，即原子质量以 ^{16}O 为标度都是整数。对违反“整数法则”现象的研究，导致对原子结构更深入的理解。由于上述杰出贡献，获 1922 年诺贝尔化学奖。

许多成就在名著《同位素》（1922 年）修订版出版前，对外一直是保密的，其中包括对同位素丰度和分布的观察以及对原子能巨大威力的清晰预测。另一本重要著作是《质谱学与同位素》（1933 年）。多次获奖。（李　邨）

索迪，F.（Soddy, Frederick） 英国人，1877 年 9 月 2 日生于英国伊斯特本，1956 年 9 月 22 日卒于布赖顿。放射化学、元素化学、同位素化学。

伦敦谷物商之子，7 个孩子中最幼者。母亲在他不满两岁时去世，由姐姐抚养长大。读完中学后，1893～1894 年在伊斯特本学院学习。1896 年到牛津大学默顿学院学习化学，1898 年以全班第一名的成绩获学士学位。后在牛津独立承担化学研究两年多，1900 年获牛津大学文科硕士学位。1900 年在加拿大麦吉尔大学任化学实验员。1903 年回到英国，同伦敦大学学院的 W. 拉姆齐一起工作。1904 年任格拉斯哥大学物理化学讲师。1914 年任阿伯丁大学化学教授。1919 年任牛津大学教授，1936 年退休。1899 年被选为英国化学学会会员。1910 年被选为英国皇家学会会员。还是瑞典、意大利和俄国科学院外籍院士。1934 年获格拉斯哥大学荣誉法学博士学位。

是同位素理论的创始人。在麦吉尔大学，和卢瑟福一起研究发展了当时还不完善的放射性理论。他们认为原子由带正电荷的核与围绕核旋转的电子组成，原子核结构的不稳定产生了放射性，一种新物质的产生是另一种物质不可控制的蜕变结果。那时，研究新的放射性元素是化学界热门课题，一方面周期表中所有已知的元素按它们的原子量已经排满，而且按它们的化学相似性分了族和类，在这个周期系内似乎已没有这些新发现的放射性元素的位置；另一方面还没有一种化学方法能分离这些化学性质完全相似而原子量不同的元素。1913 年他提出原子化学性质相同但质量不相等的“同位素”术语，由于这些原子在元素周期表中占据同一位置，他称之为同位素，目前已知的同位素有 100 多种。

早在 1902 年，在伦敦与 W. 拉姆齐共同进行镭与氦放射性衰变气体产物的鉴定实验时，就认识到：“放射性是瞬时的原子现象和伴随新物质产生的化学变化。”1911 年提出 α 射线规律，认为 α 质点是氦核，α 蜕变后产生一新元素，这新元素在门捷列夫周期系中的位置较原来元素的位置移前两位；β 蜕变放出的是电子流，β 蜕变之后产生一新元素，它在门捷列夫周期系中的位置较原来元素位置移后一位。这就是放射性蜕变的两个位移定律。1914～1919 年他验证了两个位移定律的预测：一个是通常认为铅是铀系列的最终产物，另一个是从钍中产生的较重同位素铅也必然存在。铀矿中的铅测定是由 T. W. 理查兹完成的，而后者的分离测定工作则是由他从斯里兰卡的钍石对铅测定时被证实的，从而证明了普通的铅确实是同位素的混合物。

主要著作有《放射性》（1904 年）、《镭的说明》（1909 年）、《放射性元素的化学》（2 卷，1911～1914 年）、《物质和能量》（1912 年）、《原子的说明》（1932

年）和《原子能的故事》（1949 年）等。1913 年获意大利坎尼扎罗奖金。因研究同位素来源和性质有卓越成就，1921 年获诺贝尔化学奖。（周申范）

纽兰德，J. A.（Nieuwland，Julius Arthur） 美国人，1878 年 2 月 14 日生于比利时汉斯贝克，1936 年 6 月 11 日卒于美国华盛顿。有机化学、化学工程。

比利时裔，2 岁时随父母移居美国。1899 年毕业于圣母大学。1903 年在华盛顿美国天主教大学学习植物学和化学，1904 年以乙炔反应的论文获哲学博士学位。后任圣母大学植物学教授，1918～1936 年任化学教授。1909 年创办《美国中部博物学家》杂志并任主编。

所发现的乙炔与三氯化砷反应，导致第一次世界大战中发展为糜烂性路易氏毒气。1920 年起，与一些年轻助手研究乙炔。用氯化亚铜-氯化铵为催化剂，使乙炔聚合得到主要成分为二乙烯基乙炔的混合物。1925 年与杜邦公司合作改良此聚合反应得到乙烯基乙炔，再用氯化氢处理形成 2-氯丁二烯（氯丁橡胶）。这是当时首次制得的合成橡胶。因“不饱和烃合成的基础工作”，1935 年获美国化学学会纽约分会尼古拉斯奖章。（高中兴）

赫尼希施米德，O.（Hönigschmid，Otto） 捷克和奥地利双重国籍，1878 年 3 月 13 日生于波希米亚（今属捷克）霍罗维采，1945 年 10 月 14 日卒于德国慕尼黑。分析化学、元素化学。

奥地利政府官员的儿子。1901 年在布拉格日尔曼大学完成大学学业。1904～1906 年在巴黎大学深造，1908 年获博士学位。1909 年在美国哈佛大学继续博士后研究。1911 年起，先后担任布拉格日尔曼工业大学的无机化学分析化学教授。同年参与维也纳镭研究所的工作。1918 年任慕尼黑大学分析化学系主任，创建著名的原子量实验室。第二次世界大战结束后不久，因身患重病及生活艰难，和妻子一起自杀身亡。

精于制备和分析方法。1910 年始，研究方向由早期的有机化学转为分析化学，特别是精确测定原子量。他对铅的测定表明，铅原子量随地质成因不同而异。这个结果曾促进同位素理论的发展。和同事们一起测定了大约 50 种元素的原子量。其中属首次测定的有铪和铼。（李　邨）

巴杰，G.（Barger，George） 英国人，1878 年 4 月 4 日生于英国曼彻斯特，1939 年 1 月 6 日卒于瑞士埃施。药物化学、生理化学、分析化学。

1901 年以优异成绩毕业于剑桥大学国王学院化学与植物学专业。同年在布鲁塞尔大学植物实验室工作；1903 年在韦尔科姆生理研究实验室工作。1909 年在戈德史密斯学院。1913～1914 年在皇家霍洛韦学院任教。第一次世界大战时，在国家医学研究委员会工作。1919 年在爱丁堡大学任第一位医药化学教授。1937 年兼任格拉斯哥大学客座化学教授。1917 年当选为英国皇家学会会员。

主要从事生物碱和天然氨基酸降解产物的分离、结构测定、合成和药理研究。1901～1903 年创造测定溶液蒸气压降低的方法，测定一系列有机物质分子量。1906 年与他人首先从麦角中分离出“麦角毒素”，后又分离和鉴定了从麦角萃取液中得到的酪胺、组胺和其他氨基酸衍生物。1910 年和 H. H. 戴尔合作发表有关化合物生理活性的研究结果，在建立分子结构与活性关系方面作了较成功的尝试，并把这些化合物称为“拟交感神经”胺类。1927 年和哈林顿研究合成甲状腺素。著作有《简单天然碱》、《有机化学在生物学和医学中的一些应用》和《麦角和麦角作用》（1931 年）等。（周志高）

席利，P.（Szily，Pál） 匈牙利人，1878 年 5 月 16 日生于匈牙利布达佩斯，1945 年 8 月 18 日卒于莫雄马扎尔古堡。物理化学、分析化学。

出身医生家庭。在布达佩斯大学研读医学，获医学博士学位。后留校任生理学学院助教，1905 年在该校外科诊所工作。1909 年任布达佩斯犹太医学血清与细菌实验室主任。第一次世界大战时，曾在军队流行病医院工作。1928 年以国家卫生保健部门的泌尿病专家身份，到小镇莫雄马扎尔古堡工作。1944 年被占领匈牙利的纳粹德国军队关进集中营，后逃往德国并重返莫雄马扎尔古堡。因患糖尿病未得精心治疗而去世。

在化学上的主要成就是：提出用比色法来测定氢离子浓度；建立用各种指示剂来估计酸度的标度；首次提出用不同比例的磷酸二氢盐和磷酸氢二盐制备稳定可靠的氢离子浓度溶液，是人工配制缓冲溶液的发明者。对 1909 年 S. P. L. 索伦森引出的 pH 概念起了促进作用。（周申范）

阿姆斯特朗，E. F.（Armstrong，Edward Frankland） 英国人，1878 年 9 月 5 日生于英国伦敦，1945 年 12 月 14 日卒于同地。有机化学、化学工程。

是著名化学家、英国皇家学会会员 H. E. 阿姆斯特朗的长子。1898 年进德国柏林大学学习，1901 年获博士学位。回伦敦后，在中央技术学院从事对二糖、糖甙和酶的研究。后又获伦敦大学理学博士学位。1905 年进入化学工业界，供职于帝国化学工业公司等机构。第二次世界大战期间，担任几个政府机构的科学顾问。是英国皇家学会会员。

1910 年出版首部专著《单糖和糖甙》。竭力促进建立英国最大的工业企业帝国化学工业公司。第一次世界大战时，和同事们解决了具有重大战时意义的项目，即以乙醇为原料用催化法大规模地生产醋酸和丙酮。（李　邨）

布伦斯特德，J. N.（Brønsted，Johannes Nicolaus） 丹麦人，1879年2月22日生于丹麦瓦尔德，1947年12月17日卒于哥本哈根。电化学、化学热力学、物理化学。

1897年进丹麦工业大学化工系学习，2年后获学士学位。同年转入哥本哈根大学理学院，1902年获硕士学位；留校任教，1908年获该校哲学博士学位。同年任该校无机化学和物理化学教授兼研究所所长。因第二次世界大战中反对纳粹德国占领，1947年当选为丹麦国会议员。

接受丹麦化学家H. P. J. J. 汤姆孙以测定化学过程中的最大功来测定化学亲和力的概念，并用测定化学电池的电动势方法来计量，这比用热量测定法得到的数据更为准确，因后者会受温度影响。1906～1927年将其结果发表为一系列（共13篇）有关化学亲和力方面的学术论文，其中第三篇是关于混合二元系统的亲和力的博士学位论文。

1913年后，对其他物理化学现象发生兴趣，不但测定比热而且还测定亲和常数。1921～1923年，发表了一系列关于溶解度的研究报告。1921～1927年发表离子特定相关作用方面的报告。这些研究引起国外特别是英、美学者的关注。在国际教育委员会资助下新建研究所，改善了实验室条件。和拉梅尔（V. K. La Mer）共同发表活度系数和溶液中离子强度间关系的著名论文，与此同时，P. J. W. 德拜和E. 休克尔在理论上导出了同样结果。

在其他方面，1923年提出酸碱的质子理论，认为酸是氢离子（质子）的给予者，碱是氢离子（质子）的接受者；劳里（T. M. Lowry）及G. N. 刘易斯也提出类似见解。1924～1933年研究催化作用；1920～1922年和1929年实现汞和氯的同位素分离。1912年出版基于卡诺循环的《物理化学简明手册》，1936年重写一个新的版本《物理化学基础》，增订倾向于J. W. 吉布斯热力学概念为基础的内容。不满意认为热与其他能不可比的经典热力学定律，认为热像其他形式的能量一样，可由容量（熵）和强度（温度）两因素组成。因此把热力学第一定律表达为功的原理，第二定律表达为热当量原理，特别是使用了“动”和“热”两个重要概念，这对当时的物理学家来说是不能接受的。另撰写出版《动力学原理和问题》（1946年）等。

（蒋尚智）

麦科勒姆，E. V.（McCollum，Elmer Verner） 美国人，1879年3月3日生于美国堪萨斯州斯科特堡附近，1967年11月15日卒于马里兰州巴尔的摩。农业化学、食物化学、营养学、化学分析。

农家子弟，靠打工收入读完高中和大学。1903年毕业于堪萨斯大学，得到“青年骑士”荣誉称号。1906年获耶鲁大学博士学位。翌年应聘于威斯康星大学农业化学系，同时兼在该州农业试验站工作，1946年退休。1917年前往约翰斯·霍普金斯大学化学保健系，成为该校第一位生物化学家。先后应邀参加许多国家学术组织。是英国皇家研究院外籍院士。

从事奶牛饲料及排泄物的化学分析，用来确定各种饲料组分对牛的健康及生殖力的影响。建立美国第一个用于营养试验的白鼠集群，通过研究发现白鼠为维持正常生长所必须的维生素，并命名为“脂溶性A”、“水溶性B”，它们微量地含于食物中。帮助阐明维生素D的本质，并发展采用动物作为营养试验的生物模型。

他的名著《营养新知》（1918年）影响了许多营养学家。此外还有《食物、营养和健康》（1947年，第6版）、《营养的历史》（1957年）等；另有自传《从堪萨斯农家到科学家》（1964年）。

（池贵法）

哈恩，O.（Hahn，Otto） 德国人，1879年3月8日生于德国美因河畔法兰克福，1968年7月28日卒于格丁根。核化学、核物理学、放射化学。

出身玻璃切割匠家庭。1897年入读马尔堡大学主修有机化学，1901年获化学博士学位。而后3年中，先后在该校和伦敦大学学院工作。1905年到加拿大麦吉尔大学物理学院，跟E. 卢瑟福工作。1906年返回德国，到柏林大学化学学院任职，后任教授。1914年在F. 哈伯领导下研制化学武器。1928年任柏林威廉研究院化学研究所所长。1948～1960年任马克斯·普朗克学会会长。

继J. 查德威克发现中子、E. 费米用慢中子辐射铀试验之后，1938年他先后与F. F.W. 斯特拉斯曼等人共同重复费米的试验，指出铀吸收中子裂变为钡，而并非蜕变为93号超铀元素。然后又用严格的试验证实了这一事实。进而发现第二个裂变产物氪（Kr）。后来又发现钍受快中子轰击也会裂变，提出铀裂变放出额外中子的假设（为约里奥-居里夫妇所证实）。1917年与L. 迈特纳一起发现了第91号元素镤（Pa）。他还发现了同核异构体。

主要著作有《从放射性了解地球历史》（1927年）、《应用放射化学》（1936年）、《新原子》（1950年）、《铀裂变产生的放射性钍》（1962年）等；另有自传《我的生活》（1968年）。作为重原子核裂变的主要发现者之一而知名，并因这一划时代的发现而获1944年诺贝尔化学奖（1946年受奖）。

（楼书聪　董晨空）

布杰鲁姆，N. J.（Bjerrum，Niels Janniksen） 丹麦人，1879年3月11日生于丹麦哥本哈根，

1958年9月30日卒于同地。物理化学、配位化学、胶体化学。

眼科医学教授的儿子。1902年、1908年先后获哥本哈根大学博士学位。任教哥本哈根皇家兽医农学院，1912年任讲师，1914年任化学教授，1939～1946年任院长，1949年退休。是丹麦皇家科学院院士，许多欧洲国家科学团体荣誉成员。其子丁．布杰鲁姆（Jannik Bjerrum）也是化学家。

1925年出版《物理与化学》，书中以物理化学家的综合观点来看待19世纪后半叶物理学和化学的进展。在1922年的一次演讲中，强调化学数学化、理论与实践并重、纯工艺与纯科学相关连等观点。与H. W. 能斯脱一起应用动力学、量子理论及红外光谱来阐明物质结构、光和热的特性，进而研究气体比热为温度函数，这比能斯脱、爱因斯坦等人对固体比热的研究前进了一步。成功阐明由量子理论提出的比热和光谱之间的相关性。指出水汽的红外光谱与量子理论完全相符。

在物理化学方面，敏锐地预见到量子理论在分子-原子问题上的重要性。1909年提出电离理论新观点。1916年提出著名的强电解质电离理论。1920～1932年深入地探讨电离理论，涉及离子活度、分配系数、渗透压、离子缔合、德拜-休克尔理论及气体溶解度。和J. B. 佩林一起发表有关布朗运动的论文，引人注目地论证了在引力场中粒子的平衡分布和粘度无关。早在1905年，和古根海姆（E. A. Guggenheim）一起研究缓冲溶液和指示剂，指出如何测定滴定终点及估算有关的误差，还注意实际应用问题，如怎样测定土壤的pH值及水的硬度等。

在配位化学方面，强调物理化学原理的重要性。1906年发表长达120页有关氯化铬的综合文章，指出当时还未知的一氯五水络铬离子的存在和分离方法。在2年后的博士论文中，探讨铬化合物的水解及所生成的"正碱基"和"潜碱基"复合物的相互关系。在胶体理论方面，1924～1927年对高分子物质（如有渗透性的硝化纤维膜）的研究作出了卓著的贡献。晚年后，关注水分子结构问题。

一生发表近百篇论文，有《论文选》（1949年）；出版《无机化学》（1936年）等10本专著；以及大量课题报告。1928年获奥斯特奖章。（蒋尚智）

格尔莫，P. J. J.（Gelmo, Paul Josef Jakob） 奥地利人，1879年12月17日生于奥地利维也纳，1961年10月22日卒于同地。染料化学、药物化学、化学工程。

1898年入维也纳工学院，1903年获工程师证书，1906年获博士学位。1910～1938年任奥地利国家印刷出版局首席化学师。1929年任维也纳工学院造纸及纤维素化学与技术专业讲师，1954年晋升教授。

由于从事偶氮化合物及其在合成染料上应用的研究，制备了几个新的磺酰胺化合物，其中之一是对氨基苯磺酰胺（1908年发表）。1938年G. 多马克发现偶氮磺酰胺能有效控制链球菌感染，从而促进了磺胺类药物的发展。由他首先合成的对氨基苯磺酰胺成了广泛使用的磺胺药，工业制法也主要是采用他提出的方法。（周志高）

弗罗因德利希，H. M. F.（Freundlich, Herbert Max Finlay） 德国人，1880年1月28日生于德国柏林-夏洛滕堡，1941年3月30日卒于美国明尼苏达州明尼阿波利斯。胶体化学、界面科学、化学工程、应用化学。

为向W. 奥斯特瓦尔德学习化学，19岁时由慕尼黑大学转学去莱比锡大学。1903年毕业后，留任奥斯特瓦尔德的助手。1911年任不伦瑞克工业大学物理化学副教授。第一次世界大战时，利用吸附知识发现防毒面具的药剂，引起德国化学兵部队战剂部主任F. 哈伯的注意，战后为他在柏林威廉研究院谋到一职位，从事物理化学和电化学研究。1933年为逃避纳粹扰乱而离开德国，在伦敦大学学院从事为期5年的研究。1938年去美国明尼苏达大学任研究教授。被选为英国化学会荣誉会员、英国皇家学会外籍会员。

最重要的贡献是：胶体分散系在电解质作用下的絮凝作用，其中主要包括对Z电位的描述及证实它不同于正常的电极电位；胶体分散系的粘度及弹性和触变现象；超声速振动对胶体稳定性的影响及胶体学科在生物上的应用。1919～1933年间，他的实验室是世界上研究胶体化学和界面科学的中心之一。以哈伯为榜样，将基础研究应用于工业过程（如酿酒和浮选矿石等）和一些重要技术部门（如橡胶、油漆、油料和洗涤剂等）。（陈民生）

赫德森，C. S.（Hudson, Claude Silbert） 美国人，1881年1月26日生于美国佐治亚州亚特兰大，1952年12月27日卒于华盛顿。有机化学、物理化学、结构化学。

1901年、1902年、1907年和1947年分别获普林斯顿大学理学士、理学硕士、哲学博士（物理学）和荣誉理学博士等学位。早期的兴趣是物理化学，曾在格丁根大学与H. W. 能斯脱、在柏林大学与范特霍夫一起研究。后供职于美国国家标准局。1928～1951年在美国国家公共卫生研究院工作。1927年当选为美国国家科学院院士。被选为美国和国外的著名科学团体的成员。

一生几乎是在华盛顿的国家实验室中度过的。在这里培训了许多糖类化学方面的门生。与同事发展了糖的端基差向异构中心的立体化学。他最初研究等旋光规律。当存在适当取代基时，该规律可用于确定端基差向异构体的形式，接着提出一个能确定醛糖内酯中的闭合环位置的规律。证明酶反应遵守质量作用定律，指出蔗糖分子中的D-果糖单元具有独特形式。确定了表达D-葡萄糖变旋速度与酸碱度关系的公式，并由此计算出水的电离值。1936年，和杰克逊（E. L. Jackson）发展了一个既能测定甙环大小、又能测定甙键构型的简单而巧妙的方法，即在水溶液中用高碘酸来进行氧化。通过最大溶解度原理计算未分离的端基差向异构体的旋光能力。合成（1→4）-β-D-键合的乳糖和纤维二糖。还制备许多纯端基差向异构的糖及其醋酸酯，并利用半乳糖的五醋酸酯，证实糖能形成一种以上的环。

获得过许多奖励，其中有1942年美国富兰克林学院克雷森奖章（该院最高奖）、1946年美国化学学会赫德森糖类化学奖等。1946年美国化学学会开始颁发赫德森糖类化学奖。（楼书聪）

朗缪尔，I.（Langmuir，Irving） 美国人，1881年1月31日生于美国纽约市布鲁克林，1957年8月16日卒于马萨诸塞州法尔茅斯。物理化学、表面化学、化学热力学、化学工程。

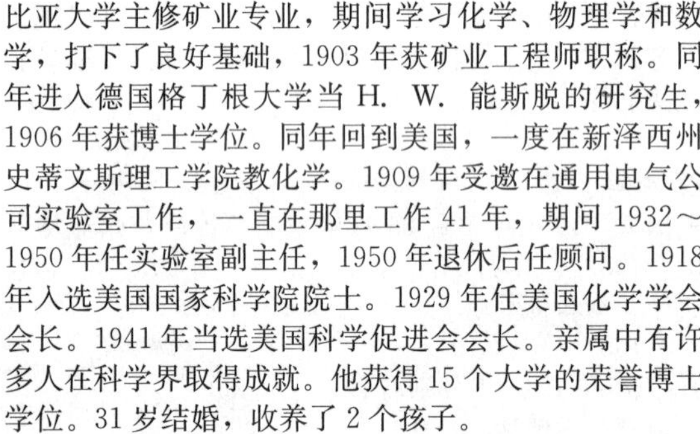

生于保险业家庭。在纽约和巴黎上中学。后入哥伦比亚大学主修矿业专业，期间学习化学、物理学和数学，打下了良好基础，1903年获矿业工程师职称。同年进入德国格丁根大学当H. W. 能斯脱的研究生，1906年获博士学位。同年回到美国，一度在新泽西州史蒂文斯理工学院教化学。1909年受邀在通用电气公司实验室工作，一直在那里工作41年，期间1932～1950年任实验室副主任，1950年退休后任顾问。1918年入选美国国家科学院院士。1929年任美国化学学会会长。1941年当选美国科学促进会会长。亲属中有许多人在科学界取得成就。他获得15个大学的荣誉博士学位。31岁结婚，收养了2个孩子。

早年受H. W. 能斯脱指导，使用炽热的白金丝进行分离各种气体的研究，1906年的博士论文就是以此为题目。能斯脱在热力学上的精深造诣和在应用方面卓有成就的研究对他的一生事业有很大影响。

科学研究范围极其广泛，主要有：高温低压下的化学反应（1906～1921年），气体的热效应（1911～1936年），原子结构（1919～1921年），真空中的热放射及热表面（1919～1937年），固体、液体和薄膜面的化学力（1916～1943年），气体放电（1923～1932年）和大气科学（1938～1955年）。许多研究工作推动了一些重要的工艺发展。

开创和发展了表面化学的研究。表面化学是研究在不同物质界面上的化学力。他发展了新的吸附概念，认为每个冲击表面的分子在蒸发以前和表面保持暂时的接触，因而形成了一个单分子的薄膜。在转向研究固体时，研究出朗缪尔等温吸附线，它表示被吸附层覆盖表面上凝聚和蒸发的速度是一个与压力和温度相关的函数。阐明吸附表面的催化效应，并由此解释了许多以前没有被认识的界面动力学现象。因上述工作而获1932年诺贝尔化学奖。是第一个被工业企业聘用的获得诺贝尔奖的著名科学家，他的工作显示了基础研究对工业发展的重要性。

发表论文200多篇，全部收集在《朗缪尔文集》（12卷，1960～1962年）；撰写出版专著《现象、原子和分子》（1950年）等。（汪天伟）

托尔曼，R. C.（Tolman，Richard Chace） 美国人，1881年3月4日生于美国马萨诸塞州西牛顿，1948年9月5日卒于加利福尼亚州帕萨迪纳。电化学、气体化学、物理化学、相对论。

出身于一个同实业界和科学界有密切联系的富裕家庭。1903年获马萨诸塞理工学院化学工程学学位。曾到德国求学，1904年作为研究生回到马萨诸塞理工学院，参加A. A. 诺伊斯的物理化学实验室工作，1910年取得博士学位。1912年在伯克利加利福尼亚大学工作。1916年任伊利诺伊大学物理化学教授，参与诺伊斯创建的固氮研究室工作，1919年任副主任，1920年任主任。1922年任加利福尼亚理工学院物理化学和数学物理教授，兼任研究生院院长多年。第二次世界大战期间，任美国国防研究委员会副主任，是曼哈顿计划科学顾问，美国战时军政联席委员会顾问，后又任联合国原子能委员会顾问。1923年入选美国国家科学院院士。1924年与心理学家R. 谢尔曼（Ruth Sherman）结婚，无子女。把所有遗产赠给加利福尼亚理工学院。

工作着重于数学和研究统计力学理论、相对论热力学和宇宙论。最早的科学研究是1910年有关离心力作用于电解质溶液时产生电动力的测定。继之以金属导线为研究对象。发表过许多有关气相化学动力学方面的论文。

1909与G. N. 刘易斯一起在美国发表有关狭义相对论的论文。1917年撰写《运动的相对性》一书，对这方面的研究和理论发展有很大影响。获美国功绩勋章。（戴永寿）

施陶丁格，H.（Staudinger，Hermann） 德国人，1881年3月23日生于德国沃尔姆斯，1965年9月8日卒于布赖斯高地区弗赖堡。高分子化学、化学工程、应用化学。

大学教授的儿子。曾在哈雷大学、慕尼黑大学和达姆施塔特大学学习，1903年获哈雷大学博士学位。1907年任斯特拉斯堡大学讲师。1908年后，先后任卡尔斯鲁厄高等技术学校、苏黎世联邦理工大学、弗赖堡大学的教授。还是格丁根、海德堡、哈雷、慕尼黑等科学院的院士。

是高分子化合物聚合反应机理的奠基人。1906 年因偶然机会合成酚醛树脂，从而对大分子合成的研究兴趣油然而生。1920 年从柠檬烯的热裂解轻易获得异戊二烯，它是天然橡胶的基本组分。于是找到了以过氧化苯甲酰为催化剂而使异戊二烯聚合为合成橡胶的方法。又从苯乙烯的聚合反应中发现聚合温度影响聚合物的胶体性质，并发现苯乙烯聚合物的聚合温度与正烷烃的碳链长度有密切关系。还确定了聚合物的粘度与分子量之间的关系，称为施陶丁格方程式。这些研究成果对塑料、橡胶工业的蓬勃发展奠定了基础。在低分子化合物的化学方面也有贡献，例如发现乙烯酮与一些有机磷农药等。

主要著作有《高分子化学与生物学》(1947 年)、《高分子化合物：橡胶与纤维素》(1961 年)、《乙烯酮》等。因在高分子化合物研究上取得卓越成果，获 1953 年诺贝尔化学奖。 (陈 东 高中兴)

沃什伯恩，E. W. (Washburn，Edward Wight) 美国人，1881 年 5 月 10 日生于美国内布拉斯加州比阿特里斯，1934 年 2 月 6 日卒于华盛顿。物理化学、石油化工、应用化学。

1905 年毕业于马萨诸塞理工学院，获理学士学位。1908 年获德国莱比锡大学博士学位。曾任伊利诺伊大学物理化学部及陶瓷工程部主任。1926 年任美国国家标准局化学部主任。1919 年任国际物理化学标准委员会主席。1922 年任布鲁塞尔国际研究委员会成员。当选为美国国家科学院院士。

主要研究成果有：缓冲溶液的热力学及指示剂的研究；对水合离子的开拓性研究；精确测定离子迁移数；研发电导仪及粘度计；制造光学玻璃和高温玻璃及陶瓷；改良石油化工的精馏装置；成功地获得结晶形橡胶。1922 年主编《国际物理、化学及工艺学重要数据表》一书。 (池贵法)

弗兰德，J. A. N. (Friend，John Albert Newton) 英国人，1881 年 7 月 20 日生于英国德文郡牛顿阿伯特，1966 年 4 月 15 日卒于伯明翰。金属化学、物理化学、应用化学。

传教士的儿子。1902 年以优异成绩获梅森科学学院（伯明翰大学的前身）理学士学位，1903 年获理学硕士学位。后在中学任教。1906 年又入大学学习，以研究亚铜盐的羰基衍生物论文，1908 年获德国维尔茨堡大学博士学位。1910 年获伯明翰大学理学博士学位。先后任达灵顿技术学院化学讲师、维多利亚科学技术学校校长、化学研究院（即现英国皇家化学研究院）的研究员、伯明翰高等技术学院化学系主任。第二次世界大战期间，创办过一所防化学校并任校长。兼任民用工程研究院海洋活动委员会顾问、油料和颜色化学师协会名誉会员和名誉会长、英国化学师协会名誉会员和伯明翰大学化学会终身名誉会员。

早年从事钢的腐蚀研究，1913 年获钢铁学院卡内基金质奖章。发现钢在中性介质的耐蚀性随镍含量的增加而增大。一生致力研究价键理论、过硫酸盐、金属腐蚀、涂料、亚麻子油、有机液体粘度、稀土族金属元素、盐的溶解度和科学史等。

著书 24 部，主要有《化合价理论》(1909 年)、《涂料化学导论》(1910 年)、《家用化学基础》(1911 年)、《钢和铁的腐蚀》(1911 年)、《无机化学教程》(22 卷，1914～1930 年)、《亚麻子油化学》(1917 年)、《燃烧化学》(1922 年)、《古代的铁器》(1926 年)、《物理化学教程》(2 卷，1932～1935 年)、《人和化学元素》(1951 年）等。1913 年获美国钢铁学会卡内基金质奖章。 (陈民生)

费希尔，H. (Fischer，Hans) 德国人，1881 年 7 月 27 日生于德国赫希斯特，1945 年 3 月 31 日卒于慕尼黑。有机化学、生物化学、分析化学、化学工程。

染料化学家 E. 费希尔 (Eugen Fischer) 的儿子。受父亲的熏陶，对颜料化学有所了解。早年在马尔堡大学开始学医药化学，在津克 (T. Zincke) 的影响下专攻化学。1904 年毕业后，在慕尼黑大学继续研究医学，1908 年获医学博士学位。后在柏林大学当 E. H. 费希尔的助手，从事肽与糖的研究。1910 年开始研究胆红素，1912 年以此题作为博士论文的基础。1916～1918 年，先后在因斯布鲁克大学、维也纳大学任职，研究医药化学。1921 年任慕尼黑理工学院教授兼有机化学研究所所长，并在该所度过余生。多数研究成果皆在这个研究所作出的。1935 年结婚。1945 年因研究机构被毁而痛心疾首，消沉失望而自杀。获哈佛大学等校荣誉博士学位。

在慕尼黑大学，开始时继续胆汁色素及其相关物的研究。测定库斯特 (W. Küster) 提出的紫菜碱通式；发现不同紫菜碱之间的差别主要是吡咯环上有不同的取代基；由此合成一系列吡咯化合物，成为吡咯化学权威。1934～1940 年名著《吡咯化学》(3 卷）在莱比锡出版。还发展微量分析技术，成功地作了 60 000次微量分析实验。由于对紫菜碱合成 (1926 年）及氯化铁血红素合成 (1929 年)，荣获 1930 年诺贝尔化学奖。

获奖后不久，测定胆红素结构。因它和叶绿素有密切关系，开始着手植物颜料的研究。虽然他已经鉴别了叶绿素的吡咯环结构，但是因为第二次世界大战研究机构被炸毁，迫使中断研究，生前未能完成合成叶绿素的工作。后人在 1960 年合成叶绿素 A。

一生发表约 300 篇论文。除诺贝尔化学奖外，获英国皇家学会戴维奖章。 (陈攀宇)

希尔德布兰德，J. H. (Hildebrand，Joel Henry)

美国人，1881年11月16日生于美国新泽西州卡姆登，1983年4月30日卒于加利福尼亚州肯辛顿。*物理化学、无机化学、矿冶学、仪器研制。*

1903年毕业于宾夕法尼亚大学，1906年获博士学位。在柏林大学跟随W. H. 能斯脱进行研究一年。后回到母校任物理化学教师。1913年加入伯克利加利福尼亚大学的G. 刘易斯教学团，1918年任教授，曾任化学院院长，1952年退休为荣誉教授。担任过众多大学教职和一些学术协会讲授员，以及美国化学学会的“世纪讲师”。是一些有名学会的会员，英国化学学会和爱丁堡皇家学会的终身荣誉会员。担任过美国化学学会会长。

主要贡献是提出“正规溶液”理论，建立溶度系数δ，单位即称为希尔德布兰德（符号为H），其内涵为内聚能密度之平方根，计算上即为某一液体的分子蒸发热除以其分子体积的平方根，$(\triangle EV/\bar{V})^{+}$。此系数常用于工业上以预测液体的互溶性。还推导出多原子液体、稀薄和压缩气体与各种温度下的蒸气的粘度的计算法。是第一个解释矿物浮选原理的学者。和戴蒙德（J. H. Dymond）研究了碘在5类溶剂中所显示的不同现象，发现碘在非极性溶剂中的溶解度曲线呈45°，与物理溶解溶液相符，即合于正规溶液之理论并现紫色；而在极性溶剂及其有机复合物溶液中则非紫色（多为红棕色）且其溶解度曲线背离45°斜度；当溶剂化学结构含有甲基时则呈紫色但其溶解度曲线斜度却非45°。这些正是“正规溶液”理论所能说明的：因甲基团的伦敦力减弱了。还以实验证实范特霍夫的意见，即认为拉乌尔定理只是个有限范围的定理。

在做博士论文时，曾设计一种电解卤化物的装置，即用汞阴极和旋转阳极（镀银）的电解器电解卤化碱金属溶液，使碱金属或汞剂再遇水成碱。这就是氯碱工业汞电槽的创始。创造“希尔德布兰德氢电极”，它可以测定反应过程中氢离子的浓度变化。还发现碘的有机复合物能强烈吸收紫外线，是电子施予-接受作用所致。早年还证明一氧化氮分子式应为NO而非当时流传的N_2O_2。

主要著作有《化学原理》、《非离子化合物的溶解度》、《正规溶液》等。曾获许多高级奖章，如美国优异工作奖章、英国皇家学会皇家奖章、普里斯特利奖章等。（陈　东）

刘易斯，W. K.　（Lewis, Warren Kendall） 美国人，1882年8月21生于美国特拉华州劳雷尔，1975年3月9日卒于马萨诸塞州普利茅斯。*石油化工、毒物化学、核化学、工程管理。*

1905年毕业于马萨诸塞理工学院，获化学工程学士学位。1908年获德国布雷斯劳大学博士学位。后在皮革厂任化学师。1910年间马萨诸塞理工学院任化学工程学教授，1947年退休为荣誉教授，退休后仍长期留校任教。从20世纪30年代起，长任石油工业顾问。1938年被选为美国国家科学院院士。是美国文理科学院院士，英、美两国的化工工程师协会会员。

在第一次及第二次世界大战时，为美国政府从事化学毒气及原子弹的核化学研究工作。

发展石油催化裂化技术，提高了产量，缓解了辛烷值汽油的需求量。是化工单元工艺方法的开创者，撰写的名著《化工原理》是世界各国培训化工人才的通用教材。主张搞工程技术一定要注意经济效益，即一个好的工程师应该化1元钱去办别人要化2元钱的事。提倡在重视工程技术的同时，同样要注意社会科学和人文科学，做到人的因素与技术因素并重。因具有独到见解及卓著的工作成就，为美国培育了两代工业界与研究院的领导骨干人才。

还著有《化工计量学》（1926年）、《胶体与无定形材料的工业化学》（1942年）等。1947年获美国化学学会普科斯特列奖章。（陈　东）

斯坦，C. M. A.（Stine, Charles Milton Altland） 美国人，1882年10月18日生于美国康涅狄格州诺里奇，1954年5月28日卒于特拉华州威尔明顿。*染料化学、高分子化学、化学工程、应用化学、科技管理。*

毕业于葛底斯堡学院，1903年获学士学位，1905年获理学硕士学位。1907年获约翰斯·霍普金斯大学博士学位。同年加入杜邦公司，1919年任化学部副主任，5年后升为主任，1930年任副总裁与执行委员会顾问，1945年退休是美国科学促进协会、美国化学学会、美国化学工程学院和富兰克林学院的荣誉成员。得过许多大学荣誉博士学位。

研制出许多有机新产品和新工艺。是当时少数几个熟悉德国合成染料工艺的美国学者之一。第一次世界大战期间由于他的业务特长，才使杜邦公司建立第一个能生产150余种染料中间体工厂。20世纪20年代，研发制取苦味酸新工艺流程，在美国主持率先生产梯恩梯炸药。

早就认为美国公司应当像德国化学工业那样，着手计划基础研究，1927年参与制定科研规划，使公司成为美国科学界工业先驱。杜邦化学部在他的领导下，10年内生产出第一个通用合成橡胶氯丁橡胶、第一个人造合成纤维尼龙。更重要的是他的科研计划对高分子化学产生新的动力，开发了实际应用价值，以致全新的纤维、薄膜、塑料、涂料、弹性体及有关新产品才得以问世。开创并推进对农业、动物营养和医药方面的研究。组织才能与对各种课题的领导才能为国际公认。因“在应用化学方面做出的有价值的工作”，1939年获珀金奖章。（周志高）

霍沃斯，W. N.（Ha-worth, Walter Norman） 英国人，1883年3月19日生于英国英格兰乔利，1950年3月19日卒于英格兰伯明翰。*有机化学、化*

学工程。

油布厂主的儿子。最初的化学知识和业务能力是在油布厂早期训练中获得的，从事过油布的设计和制造。不顾家庭的阻拦，决定继续上学。1903 年进入曼彻斯特大学，1906 年以优异化学成绩毕业。获奖学金去德国格丁根大学，师从 O. 瓦拉赫，一年后获博士学位。回到曼彻斯特大学研究萜类。1911 年去伦敦大学帝国理工学院，在 T. E. 索普实验室任高级实验教授。1912 年为圣安德鲁大学联合学院讲师，在这里熟悉由 T. 珀迪（Thomas Purdie）和欧文（J. C. Irvine）所取得的糖类化学新进展，于是兴趣转向糖类化学研究。第一次世界大战期间，协助政府生产化学药物。1920 年在达勒姆大学任有机化学教授。1922 年结婚，有二子。1925 年任伯明翰大学化学教授；和许多来自达勒姆的追随者形成了一个糖类化学新学派核心。研究工作因第二次世界大战而停顿，战后继续研究糖类化学，直至 1948 年退休。1950 年，在澳大利亚和新西兰旅行，因心脏病发作而猝死。

早年研究萜类化学，1908 年首次发表有关成果。这方面工作的最后一篇论文发表于 1914 年。这些研究包括萜烷和枞萜的衍生物、醛类和酮类的缩合作用。1915 年在单糖方面作出了首次贡献，包括用硫酸二甲酯和碱来制备糖类甲基醚的新方法。这对结构研究证明非常有效，而且至今是适用于大多数糖类的标准程序。继而阐明双糖的结构研究。和助手解决的另一个问题是，存在于单糖中的环状系统性质。研究多糖重要贡献是，在研究多糖精细结构中最早承认 X 射线研究的重要性，在 1932 年介绍自己的端基标记法。代表作有《糖的结构》(1929 年）等。

1932 年转向研究维生素 C 的结构和合成。和在伯明翰的合作者从匈牙利红辣椒中分离出维生素 C，阐明了它的结构，并称它为“抗坏血酸”。在大批工作者的协助下，1933 年完成维生素 C 的首次合成。这是所有维生素中第一个被合成的。

一生获得许多奖励和荣誉学位。为了褒奖他研究糖类和合成维生素 C 工作中所作出的贡献，1937 年与 P. 卡雷分享诺贝尔化学奖，是第一位荣获诺贝尔奖的英国有机化学家。 （楼书聪）

奥斯特瓦尔德，C. W. W.（Ostwald，Carl Wilhelm Wolfgang） 德国人，1883 年 5 月 27 日生于俄国拉脱维亚里加，1943 年 11 月 22 日卒于德国德累斯顿。胶体化学、生理化学、物理化学。

是著名化学家 F. W. 奥斯特瓦尔德的次子。15 岁开始研究石蚕蛾的幼虫。中学毕业入莱比锡大学，在 C. 丘恩（Carl Chun）指导下学习动物学。1904～1906 年在美国伯克利加利福尼亚大学当助理研究员，与内科医生、生理学家费希尔（M. H. Fischer）为友，共同研究受精理论。1907 年在莱比锡大学任生物学讲师，1915 年任胶体化学教授。曾任《胶体工业和化学》杂志主编。1922 年参与创立德国胶体学会并任第一任会长。1923 年起任莱比锡大学物理化学学院胶体化学分部主任、编外教授，1935 年任教授。

胶体化学奠基人之一。在动物学研究中，解释浮游生物的悬浮，把受精过程描述为一种胶体现象。确认机械分散体、胶体和溶液之间没有明显的界线；将胶体定义为多相的分散系，其内粒子直径一般为 1～100 毫微米。研究胶体化学的领域很广，包括面包和橡胶等。还发现胶体系统的色散规律，解释了胶体不规则的流动行为、结构粘度和结构紊流、饱和胶体溶液的聚沉规律、电解质对胶体的凝聚作用和其他胶体性质。编撰出版的代表作有《胶体化学基础》（1909 年）等。 （陈民生）

迈尔，K. H.（Meyer，Kurt Heinrich） 一译迈耶。德国人，1883 年 9 月 29 日生于俄国多尔帕特，1952 年 4 月 14 日卒于法国芒通。有机化学、高分子化学、化学工程。

主要在德国受教育，在马尔堡、弗赖堡及莱比锡等地大学学习化学，1907 年获得博士学位。后去美国、英国考察访问一年。后在慕尼黑大学 A. von 拜耳的有机化学研究所工作。第一次世界大战时，随 F. 哈伯研究过化学武器，后又随 R. 维尔斯太特研究有机化学。1921 年在路德维希港任巴登苯胺和苏打工厂总实验室主任。由于政治上的原因，1932 年离开德国赴日内瓦大学任无机化学和有机化学教授。1952 年在假日中突然病故。

因研究酮类和烯醇类互变异构而著名。还发现了重氮盐的耦合反应，用一氧化碳和氨合成甲酰胺的方法及氯化苯水解为酚的方法。在企业组织庞大的人力致力于染色及染料等工艺研发。自己攻研天然高聚物（纤维、淀粉、蛋白质、橡胶等）。 （朱啸宇）

曾普伦，G.（Zemplén，Géza） 匈牙利人，1883 年 10 月 26 日生于匈牙利特伦桑（今斯洛伐克特伦钦），1956 年 7 月 24 日卒于布达佩斯。有机化学、化学工程。

邮政督查员之子。早年在阜姆中学求学。后进入布达佩斯大学学习化学、物理学及生物学，1904 年获物理学博士学位。同年到中学任教。1905 年始先后任塞尔麦克本耶林业与矿业学院助理教授、副教授。1907 年、1908～1910 年两度在柏林政府部门工作，与著名科学家 E. 费舍尔（Emil Fischer）是同事。1913 年成为布达佩斯皇家理工大学教授兼有机化学研究所首任所长，时年仅 29 岁，直至去世，在此工作长达 43 年，1923 年当选为匈牙利科学院通讯院士，1927 年为正式院士。曾任匈牙利化学学会名誉会长。

主要成果是碳水化合物的研究，以及利用乙酸汞催化剂的低聚糖生产方法的发明。最重要的研究是乙酸糖和甲醇钠的脱乙酰作用。成功地把糖降解为包含越来越少碳的衍生物，这是当时建立二糖结构的最好方法。撰写发表论文约 200 余篇。多次获奖，其中有

1928年匈牙利科学院梅杰奖，1940年德国霍夫曼金质奖章等。 （朱啸宇）

雅各布斯，W. A.（Jacobs，Walter Abraham） 美国人，1883年12月24日生于美国纽约州布鲁克林，1967年7月12日卒于加利福尼亚州洛杉矶。有机化学、药物化学、生物化学。

在哥伦比亚大学获学士与硕士学位。后到柏林大学受教于E. 费希尔，1907年获博士学位。是洛克菲勒医学研究院的教授。

早年任生物化学家P. A. T. 莱文的助手，研究核酸化学。1909年他们鉴定出核酸中的糖元为D-核糖，从脱氧核糖核酸分子中测定出几个嘌呤碱，称碱-糖元为"核甙"。1919年他与助手研制出杀锥虫药锥虫胂胺药，有效地治疗当时流行于非洲的一种昏睡病，受到人们的赞誉。

1922年起转而研究化学疗法药物和植物中的具有重要药性作用的天然产物，确定了从羊角拗属、海葱和地芰他中得到的几个强心甙一般结构特点，证明其中的非糖部分（甙基）是甾族化合物（类固醇）。最后的25年致力于研究生物硷。1934年从一种麦角生物碱中分离出麦角酸，经11年的降解和合成研究，才确定了麦角酸的结构。最后的研究题目是阐明几个藜薗碱类和乌头植物碱类的一般结构。 （周志高）

德拜，P. J. W.（Debye，Peter Joseph William） 美国人，1884年3月24日生于荷兰马斯特里赫特，1966年11月2日卒于美国纽约州伊萨卡。物理化学、x射线晶体学、结构化学、化学热力学、电介质物理学。

荷兰裔。早年在当地就读。后去离荷兰、德国边界不远的德国亚琛理工大学学习，1905年获电机工程学位。1906年随导师去慕尼黑大学，1908年获物理学博士学位。1911年接替爱因斯坦任瑞士苏黎世大学物理学教授。1914～1919年在德国格丁根大学任理论物理和实验物理教授。1913年结婚，生有一子一女，其子P. P. R. 德拜（Peter Paul Ruprecht Debye）曾是他研究光散射的合作者。1919～1927年任苏黎世大学物理研究所所长。1935～1940年任德国柏林威廉研究院院长，同时在柏林大学教物理学。第二次世界大战爆发后，因拒绝加入德国籍被迫回到荷兰。1940年前往美国，在康奈尔大学先后任化学教授和化学系主任，1952年退休。1946年加入美国籍。曾被选为各国22个科学院或学会外籍成员。获18个大学荣誉博士学位。

1911～1916年是他最富于成就的时期。创立热容理论、分子永久偶极矩概念、反常介电频散的理论。与P. 谢勒（Paul Scherrer）建立X射线分析的粉末法。阐明介电常数与温度的关系是他一生第一个主要贡献。以前人们认为物质的极化是分子在电场作用下产生诱导偶极，因此计算介电常数ε的公式不能解释一些液体介电常数随温度升高迅速下降的事实。他提出某些物质分子具有永久偶极μ，它对物质的极化也有贡献。1912年提出了计算介电常数的方程

$$\frac{\varepsilon-1}{\varepsilon+2}=\frac{4\pi n}{3}\frac{(\alpha+\mu^2)}{3kT},$$

式中n为每立方厘米的分子数，α是分子极化率，k是玻耳兹曼常数，T是绝对温度。这个方程不仅令人满意地反映了介电常数的行为，而且提供了测定分子偶极矩进而确定分子几何构型的方法。由此，人们把偶极矩的单位称为"德拜"。数月后把固体作为由振动原子组成的体系处理，修改了爱因斯坦的理论，提出计算团体热容公式。他的热容理论优于爱因斯坦的，与实验结果十分吻合。1913年又阐明在高频电场或粘稠介质中分子偶极的取向造成的反常介电频散和介电损耗，提出了一个包括介电常数、介电损耗、频率及弛豫时间在内的介电常数经典表达式。

1912年劳厄和W. H. 布拉格发现晶体的X射线衍射。同年，德拜发表3篇论文证实晶体内原子的热运动对X射线干涉的影响。翌年推导得出一个因素，现称为德拜因素，它给出了衍射斑强度的降低与波长、衍射角和温度的关系。在他对X射线散射众多的理论研究中，最著名的是1916年与P. 谢勒一起对无规则取向质点的X射线干涉图的研究，称为粉末X射线散射法。它是晶体粉末、多晶金属和胶体结构分析的德拜-谢勒法的基础。他们还通过强度分析原子内电子的分布，得出后来证明是重要的原子形状因素。尽管他在对X射线研究中主要采用了经典的波动说，但是1923年曾应用量子论提出了作为光具有二象性证据的康普顿效应的定量理论。后来在把原子结构和X射线散射研究扩展到分子和液体过程中，基于二象性发展结构研究的方法，为测定分子结构的主要方法电子衍射法打下基础。

1923年与E. 休克尔共同提出第一个成功的强电解质理论，发展了电解质溶液的热力学，解决了电解质电导的问题。S. A. 阿列尼乌斯的部分电离理论存在很大局限性。他们认为在低浓度溶液中电解质完全电离，由于离子之间吸引力和热运动这两种对立因素作用，溶液趋于某种有序结构，每一个离子周围存在的电荷相反的离子比电荷相同离子多，即由他们提出的"离子氛"包围着。与他的其他开创性工作一样，德拜-休克尔理论为这一领域的进一步研究提供了理论基础。

在康奈尔大学期间，进行光散射研究是其最后作出的重要贡献。发现溶液的光散射本领或浓度比纯溶剂的大，其增量与溶质分子量和分子数成正比，因此测定溶液相对溶剂浓度和折射率的增量就可以得出溶质的分子量。该法可用以测定高聚物绝对分子量和稀溶液中大分子空间形状，也可用于研究胶粒的体积和形状。还进一步研究单组分均相液体在临界点附近、以及两种液体均相混合物在临界混合温度附近散射的

可见光，表明散射光的角不对称是寻常分子的分子力范围的量度，也可作为测定因太小用光散射方法无法测定的高聚物分子螺旋大小的方法。

主要论文入编《德拜论文选集》（1954 年）；出版专著 7 部，其中有：《量子论与化学》（1928 年）、《极性分子》（1929 年）、《偶极矩和化学结构》（1931 年）、《电子干涉》（1931 年）《磁学》（1933 年）、《物质结构》（1934 年）、《核物理学》（1935 年）。因在利用偶极矩、X 射线和电子衍射法测定分子结构方面的卓越贡献，获 1936 年诺贝尔化学奖。（温敬铨　郭中英）

克拉克，W. M.（Clark，William Mansfield） 美国人，1884 年 8 月 17 日生于美国纽约州迈耶斯维尔，1964 年 1 月 19 日卒于马里兰州巴尔的摩。分析化学、物理化学、生物化学、仪器研制。

出身牧师家庭。1907 年毕业于威廉斯学院，获硕士学位。1910 年在约翰斯·霍普金斯大学获哲学博士学位。暑期在伍兹霍尔海洋生物研究站做阿尔斯贝格（C. Alsberg）助手，后又任 D. D. 范斯莱克的助手。受这两位科学家的影响，对生物化学发生兴趣。获博士学位后，赴美国农业部奶酪制造司任化学师。1820 年任美国公共卫生部保健实验室化学部主任。1927 年任约翰斯·霍普金斯大学医学院生理化学教授，1952 年退休，后致力于写作。

主要成就是用物理方法研究生命的物理化学过程，特别是通过染色体和生物系统内的氧化还原平衡的研究，找到了细菌新陈代谢和环境关系的生命过程。早期研究牛奶制品的细菌学，从而促使他研究有关酸度和酸碱平衡等问题。擅长设计和使用氢电极。同卢布斯（H. A. Lubs）一起研制一组 13 种指示剂，几乎能覆盖用于滴定过程中的整个 pH 值范围。1920 年出版《氢离子测定法》的经典著作。同年开始研究染料的氧化还原电势和金属卟啉。还是一位杰出的教师，特别强调物理化学对医科学生的重要性。著有“氧化还原的研究”、“有机体系的氧化还原电位”等重要论文。1957 年获派森诺基金奖。（戴永发　周中范）

斯韦德伯格，T.（Svedberg，Theodor） 瑞典人，1884 年 8 月 30 日生于瑞典瓦尔布附近的弗莱兰，1971 年 2 月 25 日卒于厄勒布鲁。胶体化学、物理化学、生物化学、仪器研制。

土木工程师的独子。父亲除专业外，对许多事物感兴趣，常带他游览、观察大自然，使他对化学、物理学、生物学感兴趣。后立志学化学，相信生物学上许多未解决的问题能够以化学现象来解释。1904 年入乌普萨拉大学，1905 年和 1907 年先后获学士和博士学位。留校任教化学，1912 年成为瑞典第一位物理化学教授。1949 年任 G. 维尔纳核化学研究所所长。1912 年任瑞典化学学会物理化学分会第一任会长。是国内外 30 多个学术机构的成员或名誉成员，其中包括英国皇家学会、美国国家科学院和苏联科学院。获威斯康星、乌普萨拉、牛津及巴黎等 7 所大学的荣誉博士学位。

对胶体化学新领域有浓厚兴趣。早期钻研能斯脱的理论，关注化学中有关胶体、渗透压、扩散和分子量等新进展；后从事蛋白朊研究，利用超高速离心器和超高倍显微镜来研究胶体溶液的性质。1930 年提出倍数定律，虽然后来证明并不成立，但引起许多科学家兴趣，对蛋白朊化学发展起过一定促进作用。所发明的超高速离心器转速达到120 000转/分。1930 年起研究紫外光、α 射线、超声波对蛋白朊的效应。1940 年开发使用了中子发生器。所建立的研究所成为瑞典的高能物理、化学和生物研究中心。由于发明超高速离心器并用于胶体粒子和蛋白质分子的研究，获 1926 年诺贝尔化学奖。（陈民生）

贝吉乌斯，F. K. R.（Bergius，Friedrich Karl Rudolf） 德国人，1884 年 10 月 11 日生于德国布雷斯劳（今属波兰弗罗茨瓦夫），1949 年 3 月 30 日卒于阿根廷布宜诺斯艾利斯。物理化学、有机化学、应用化学、化学工程。

出身富裕而有教养的家庭，父亲是化工厂厂主，母亲是教授之女。幼时性情傲慢自大，青年时向表妹求婚遭到严词拒绝，从此改变旧习，成为埋头于科学研究的人。1903 年就读于布雷斯劳大学，1907 年获莱比锡大学化学博士学位。继而去柏林大学、卡尔斯鲁厄工学院、汉诺威大学深造，向能斯脱、哈伯和博登施泰因（E. Bodenstein）求教，并任短期的助手。1909 年任汉诺威理工学院化学教授，主持高压力化学的研究。任埃森的戈尔德斯密德公司实验研究室主任。第二次世界大战后，到意大利、土耳其、瑞士、西班牙和澳大利亚任化工顾问。不久，应阿根廷政府的邀请担任政府科学顾问，直至去世。

1909 年起，研究开发高温、高压下把木材变成煤的工艺；1912 年提出把煤或重油氢化成液体烃类燃料的工艺。1913 年获得由煤制造液体烃的专利权，不久在工业界支持下将之产业化、市场化。第一次世界大战开始时，着手研究解决粮食和饲料短缺问题，1917 年终于研究出将木材纸浆在浓盐酸作用下水解制得葡萄糖或醇的方法。还发明了由乙烯气体生产乙烯基乙二醇、由氯苯生产苯酚等方法。以其出色成果在德国科学界中享有很高的声誉。

代表著作是《化学作用中的高压应用》。由于为现代化学工业、特别是高压化学的发展作出了卓越的贡献，与 C. 博施一起获得 1931 年诺贝尔化学奖。

（朱啸宇）

赫维西，G. K. von (Hevesy，György Karl von) 又名G. de赫维西(George de Hevesy)。匈牙利人，1885年8月1日生于匈牙利布达佩斯，1966年7月6日卒于德国布赖斯高地区弗赖堡。放射化学、分析化学、物理化学、生物化学、应用化学。

出身于富有工业家家庭。在布达佩斯的皮阿里斯特大学预科学校学习，后进布达佩斯大学攻读物理和化学，并在柏林大学和弗赖堡大学继续深造。1908年由于研究熔融钠和氢氧化钠间相互作用而获博士学位。同年任苏黎世大学R. 洛伦茨的助手。不久到卡尔斯鲁厄工业大学F. 哈伯的研究所工作。第一次世界大战时，在奥匈帝国军队中服役。战后任布达佩斯大学讲师。1920年到哥本哈根大学与N. 波尔共事。1926年任德国弗赖堡大学教授。当纳粹掌权后，他被迫离开德国回到哥本哈根。1942年德国占领丹麦，他逃到瑞典在斯德哥尔摩大学工作。

20世纪10年代，在哈伯倡议下研究熔融锌是否放射电子。因当地无人有计量放射的经验，他就上曼彻斯特大学研究放射性现象的卢瑟福实验室，在这里与丹麦的N. 玻尔成为知己。当实验室得到来自奥地利的制备铀的副产品时，卢瑟福希望他从副产品铅中分离出放射性镭D（铅的同位素）。接受这个工作后，认为同位素不能用化学方法分离，与帕内特一起在维也纳大学镭研究所继续此项工作，虽未能从铅中分离出镭D，但发现铅却能被混杂的镭D所“标记”（查明和追踪）。1913年他在《无机化学》杂志上发表“关于亚硫酸铅和铬酸铅的溶解性”论文，率先提出用铅的放射性盐以测量它们的溶解性。这是他获1943年诺贝尔化学奖的一篇重要论文。此奖所以推迟了整整30年颁发，是因为当时涉及的仅仅是少数天然放射性同位素，放射性追踪技术的应用范围受到限制而未被重视。1934年，约里奥-居里夫妇第一次利用中子辐射的方法成功地制造人工放射性元素，而且几乎所有放射性元素都能制造，这样放射性示踪法的重要性迅速受到重视。今天几乎所有的科学技术部门都应用到此法。

1913年后证明了同位素具有相同的化学和电化学性质。20世纪10年代，在布达佩斯大学与G. 格罗(Gyula Gróh)一起，应用他的“标记”方法证明在晶格中金属离子的自动扩散。与策希梅斯特（L. Zechmeister）一起指出，由不活泼的氯化铅和“标记”的硝酸铅混合物所结晶的盐之间放射性是平均分配的。

1923年，他与荷兰物理学家D. 科斯特一起发现第72号元素铪（Hf）。同年，他用镭D追踪铅在植物中的吸收。这是在生物学中第一次应用放射性示踪技术，也是他获1943年诺贝尔化学奖的又一重要工作。接着用活性同位素铋研究在动物体中铋的分布。这是同位素示踪方法第一次应用于医学研究。

20世纪20年代中期，与亚历山大（E. Alexander）一起观察到，当原子序数较高的元素遇到X射线时，会产生次级X射线，这可用于确定和测定该元素，由此发现了X射线荧光分析法。后来又与霍比(R. Hobbie）一起发明同位素稀释法，从而用一种完全新的技术丰富了分析化学；他们用它测定了岩石中的含铅量。1935年和H. 莱维（Hilde Levi）一起发展了中子活化分析法，是最重要的微量分析方法之一，现代技术所不可缺少的特纯物质的测试方法。1935年，他用磷32同位素（^{32}P）来研究磷在鼠中的新陈代谢。是第一个使用人工制造的同位素作为示踪剂的人。

主要论文人编《赫维西论文选》（1967年）；主要著作有：《放射性手册》（1926年）、《X射线化学分析及其应用》（1932年）、《放射性示踪剂》（1948年）和《放射性同位素探索》（1962年）。1943年获诺贝尔化学奖；此外还获法拉第奖章、科普利奖章、波尔奖章以及费米奖，福特奖和第二届和平利用原子能奖等。

（楼书聪　董晨空）

丁绪贤（Ding Xuxian） 字庶为。中国安徽省人，1885年（清光绪十一年）10月11日生于安徽阜阳，1978年9月20日卒于浙江杭州。分析化学、化学教育、科学史学。

书香之家子弟。清末中秀才，精通文史。1904～1909年在南京江南高等学校学习。1909～1910年、1911～1916年两次留学英国，就读于伦敦大学化学系，师从著名化学家W. 拉姆齐，1914年获荣誉理学士学位，留校研究生院深造。期间回国成婚，婚后伉俪远渡英国求学。1917年两人回国在大学任教，他任北京高等师范学校（今北京师范大学）化学教授。1919年任北京大学化学系教授兼系主任。1927年任东北大学化学系教授。1931年任安徽大学理学院院长。1934～1935年任苏州东吴大学理学院院长。抗日战争期间，1937～1945年历任广西大学、中山大学师范学院（云南征江）、浙江大学（贵州湄潭）等校化学系教授。1946年至1956年退休，任浙江大学化学系教授。曾兼任中国化学学会多届理事会理事、浙江省化学学会副理事长等职。

中国著名化学教育家和化学史家。20世纪10～20年代，1912年作为中国科学社（伦敦）发起者之一；1919年参与创办《理化》杂志是中国早期自然科学刊物之一；在北京大学率先开设化学史课程，是最早在中国大学开设科学史科目的教育家之一；是中国系统研究世界化学史的首位学者，1919年在《北京大学月刊》创刊号发表“有机化学史”长篇译作，创译许多化学史术语，不少沿用迄今；编写出版中国第一部全面系统的世界化学通史《化学史通考》（1925年初版，1936年第2版），全书约40万字，共七编24章，前六编为断代史，第七编为专门史，素材殷实，结构严谨，史论结合，图文并茂，奠定了中国世界化学史研究基础。具有40年大学化学教学和管理经验，1956年退休后仍指导完成多项课题研究。毕生培育了大批化学人才。在分析化学领域，是中国半微量分析化学的倡导者和革新者之一。20世纪30年代，率先将半微量分析化学技术引入中国，提高了工效和操作安全；1947年、1949年先后翻译出版恩格尔德（E. C. Engelder）的《半微量定性分析》、霍布金的《试验金属及酸根用有机试剂》等书；1948年嘱次子从美国自费采购一套半微量定性分析仪器和有机试剂共1 500件，全部赠送浙江大学化学系，并亲手指导师生掌握新技术，还向全国各校推广。

20世纪50年代，1956年发表论文，在中国最早在定性分析中以硫代乙酰胺代替硫化氢，入编大专院校教材，推动化学教学法改革；完成“铜组分析的简化法和铜砷组中铋、铅、铜及镉的快速分析法”（1958年）、“健那绿作为亚锡和高汞的特效试剂”（1958年）等研究，均有实际意义。（李啸虎）

里维特，A. C. D.（Rivett，Sir Albert Cherbury David） 澳大利亚人，1885年12月4日生于澳大利亚塔斯马尼亚州埃斯佩兰斯港，1961年4月1日卒于悉尼。物理化学、化学工程、科学管理。

英国裔，牧师之子。1906年获墨尔本大学化学理学士学位。1907年在英国牛津大学林肯学院，1909年获文学士学位，1910年获理学士学位。1910年赴瑞典在斯德哥尔摩诺贝尔物理化学研究院任S. A. 阿列尼乌斯的助手。1911年回国，任墨尔本大学化学系讲师。第一次世界大战期间，1915年参加澳大利亚陆军医疗队；1919年回墨尔本大学，1920年任化学副教授，1924年任化学教授。1926年离开大学去新成立的澳大利亚科学和工业研究委员会担任专职官员，1927～1945年任首席执行官，1945～1949年任主席。1935年被授予爵士勋位。1937～1939年任澳大利亚和新西兰科学促进联合会主席。1940年、1949年两次出任澳大利亚化学总会会长。1930～1931年任维多利亚化学工业学会会长。1949年任伦敦化学工业学会会长。1941年被选为英国皇家学会会员。

第一次世界大战期间，1917年应邀在英国斯温登从事硝酸铵的生产。作为澳大利亚第一个政府科学组织的主要领导人，对发展澳大利亚的科学技术和工业作出了贡献。还是澳大利亚科学院的创始人之一。代表著作是1923年出版的《相律和多相平衡研究》。（李　郇）

赵承嘏（Zhao Chenggu） 字石民。中国江苏省人，1885年（清光绪十一年）12月11日生于江苏江阴，1966年8月6日卒于上海。有机化学、药物化学、分析化学。

出身世代经营中草药铺的家庭。清末科举中秀才。1906年官费留学英国，1910年和1912年先后获曼彻斯特大学学士和硕士学位。1914年获瑞士日内瓦大学博士学位；留校任教两年。后去法国罗克药厂研究部工作，先后任技术员和研究部主任。1922年回国，历任南京高等师范学校教授、东南大学化学系教授、协和医学院药学系教授兼代主任、北平研究院药物研究所研究员兼所长。1950年任中国科学院有机化学研究所研究员兼药物研究室主任。1953年任中国科学院上海药物研究所所长。1955年选聘为中国科学院学部委员（院士）。

中国应用科学方法研究中草药的先驱者。致力于中草药所含组分的分离和提纯，例如：从中药延胡索中分离出延胡索素乙、延胡索素子、延胡索素丑等，其中延胡索素乙在临床上已作为镇痛镇静剂得到使用，并正式列入药典；从中药常山中分离出常山碱丙素，它具有高出奎宁约150倍的抗疟活性，因毒性较大无法直接用于治疗病人，但后人在他此项工作的基础上研制出了新药常咯啉。他还设法从中草药中分离出他人忽略的成分，例如从麻黄中又提取出新生物碱麻黄副素，首次从蔓陀萝中分离出蔓陀芹和蔓陀芹引等新生物碱。他和他的助手系统研究和分离过的中草药，有延胡索、常山、钩吻、雷公藤、贝母、细辛、三七、防己等30多种。在中草药所含组分的分离工作中，他创造性地采用碱磨、苯浸等方法，简化分离的步骤，提高了目标产物的收率。还指导有关药厂解决了生产工艺中的一些疑难问题。毕生在研究中草药中所建立起来的一套科学方法，成为后继者的宝贵财富。（朱　灿）

弗罗伊登贝格，K. J.（Freudenberg，Karl Johann） 德国人，1886年1月29日生于德国巴登州魏恩海姆，1983年4月3日卒于同地。植物化学、分析化学、高分子化学、结构化学。

1904年入读波恩大学。1907年转学柏林大学，1910年获化学博士学位。1914年任基尔大学教授。1920年任慕尼黑大学编外教授。1921年任弗赖堡大学编外教授。1922年任海德堡大学教授。1926～1956年任卡尔斯鲁厄大学化学教授，期间1936～1969年任化学研究所所长。

通过对丹宁的研究，确定儿茶酸的组成，以及与表儿茶酸的立体关系。发现α羟基酸的构型可以通过化学转变扩展，确定香茅醛的绝对构型。1921年发现纤维素经醋酸水解，有2/3葡萄糖单元经历二糖阶段，这可用和纤维二糖内的单一连接单元的键一样来解释。甲基化的纤维三糖证实二种糖甙是一致的。1928年确定纤维素的第一个有效分子式。1938年，发现环己直链淀粉与碘生成的暗色加成物与笼形化合物一致，类似于碘-淀粉络合物，导致形成部分淀粉分子管状螺旋线的概念。阐明单糖的丙酮结构。发现血型A物质经水解可获得D-半乳糖、D-乙酰葡糖胺和氨基酸等，并用离子交换法将糖和氨基酸分离，进而将其成分进行分离。通过松柏醇脱氢，分离出约30种低木素醇，提供了有木素的构造和组成的机理。主要著作有《天然丹宁酸化学》（1920年）、《立体化学》（1933年）和《丹宁酸、纤维素和木质素》（1933年）等。（孟茂华）

贝格曼，M.（Bergmann，Max） 美国人，

1886年2月12日生于德国巴伐利亚的菲尔特，1944年11月7日卒于美国纽约。有机化学、蛋白质化学、酶化学、分析化学。

德国煤商的儿子，出身犹太家庭。在出生地读完中学后，1907年在慕尼黑大学取得学位。后转到柏林大学化学系，在I. 布洛赫(Ignaz Bloch)手下工作，1911年以有关酰基聚硫化物的学位论文获哲学博士学位。同年任该系主任E. H. 费希尔的助手。在第一次世界大战期间，由于费希尔的关系而免服兵役，于是更致力于费希尔的研究工作。1920年任威廉纺织研究所化学部主任。1921年任德累斯顿新建的威廉皮革研究所所长。1933年希特勒上台后，为免受迫害移居美国，在洛克菲勒研究院工作直至去世。

他的科学研究工作有很大连续性，在与费希尔合作时，对碳水化合物、脂类、丹宁和氨基酸化学均有贡献，包括发展α-单甘油酯制备新方法。在德累斯顿时，他创建的实验室是研究蛋白质化学的领军实验室之一，吸引了许多其他国家的年轻化学家纷纷加盟。

与L. 策弗拉斯(Leonidas Zervras)合作多年，一起在氨基酸和蛋白质化学方面作过很多贡献。其中最重要的是：1932年他们设计合成肽的“苄氧羰基”法。这是蛋白质化学方面的一个新成就，开创了肽合成制备中的一条易行的技术途径。在洛克菲勒研究院，他在两方面指导实验室工作：一是以苄氧羰基法合成肽用来进行蛋白质分解酶底物，例如胃蛋白酶的试验。这一工作主要由弗鲁顿(J. S. Fruton)所从事，结果导致在1936～1939年首次发现合成肽可作为这些酶的底物，因此开辟了酶特异性的研究。二是指导有关蛋白质氨基酸成分的定量分析新方法的研究。与C. 尼曼(Carl Niemann)一起，在1938年提出氨基酸在蛋白质链上是周期性排列的。虽然该假设以后被认为过分简单，却促进了对蛋白质的深入研究。导致在第二次世界大战后，S. 穆尔和W. H. 斯泰因开始精确地定量测定蛋白质的氨基酸组成的研究。 (诸葛健)

威廉斯，R. R. (Williams，Robert Runnels) 美国人，1886年2月16日生于印度内洛尔，1965年10月2日卒于美国新泽西州萨米特。食物化学、营养学、化学工程。

早年就读于加拿大渥太华大学、美国芝加哥大学。1907年、1908年先后获芝加哥大学理学士、理学硕士学位。1925～1946年任美国贝尔电话实验室的化学实验室主任。1940年任美国国家研究委员会食物与营养局所属各类食物委员会主席。1935年渥太华大学授与荣誉理学博士学位。此后又有6所大学授与这个称号。

一生主要成就是发现了硫胺(维生素B_1)。发现米糠中有一种抗脚气病的物质，并确定此物质是一种含氮碱。利用奎宁从漂白土中洗提维生素的方法，以较高得率获得了维生素B_1的纯晶体。1933～1935年，发现亚硫酸能将维生素B_1分解成嘧啶和噻唑两部分，经确定它们的结构后，提出了维生素B_1的结构式，导致了1935年他对维生素B_1的人工合成工艺的成功开发。还将出售专利所得收入，提供给威廉斯-沃特曼基金会用于支持营养物研究和反对营养不良的斗争。

主要著作有《维生素B_1的发现及其医学应用》(1938年，与他人合著)、《征服脚气病》(1961年)等。获1940年美国化学学会克雷森奖章，1947年美国化学工业协会珀金奖章等。 (陶其恒 张京京)

希尔迪，T. P. (Hilditch，Thomas Percy) 英国人，1886年4月22日生于英国伦敦，1965年8月9日卒于伯肯黑德。脂肪化学、高分子化学、分析化学、化学工程。

1911年获伦敦大学博士学位。1911年在克罗斯菲尔德父子公司任研究化学师。1925年任利物浦大学工业化学教授，直至1951年退休。1942年成为英国皇家学会会员。

1925年前，脂肪化学是被忽视的研究领域。1925～1950年，他和学生们系统地研究了天然脂肪和油脂的化学组成，发表了300多篇论文。还研究成功获得脂肪酸和甘油酯的技术。最重要的著作是1940年的《天然脂肪的化学组成》，该书发行了4版，反映了他和他的学派在脂肪化学领域取得的研究成果。

(李 邨)

帕廷顿，J. R. (Partington，Sir James Riddick) 英国人，1886年6月20日生于英国兰开夏郡博尔顿，1965年10月9日卒于柴郡威弗勒姆。物理化学、科学史学。

早期在曼彻斯特大学攻读化学，获理学士学位。留校任教，在A. 拉普沃思指导下进行有机化学的研究，并被任命为化学讲师。此后又在H. W. 能斯脱指导下研究气体比热。第一次世界大战期间，与E. K. 里迪尔共同执行军火部门关于水的净化和氮的氧化作用的研究，因此而获爵士勋位。1919年任伦敦大学玛莉王后学院化学教授，1951年退休。

是一位化学史学家，知识渊博，富有才华。编撰出版的《化学史》(4卷，1961～1970年)超过了自从H. 科普的化学史以来的任何有关著作。该书论述涉及从古至今，既有化学界最著名的创始者们的贡献和品德，也描述一般同时代学者们的功绩。详尽总结化学发展中有贡献者们的成就，以人物为中心叙述化学领域中各研究课题的历史。它还能启发读者去创造自己的论著。

另有主要著作《化学专业高等数学学生用书》(1911年)、《热力学教程》(1913年)、《大学无机化学》(1921年)、《化学商贸史》(1937年)、《物理化学进展》(5卷，1949～1954年)、《希腊之火和火药的历史》(1960年)等。1965年在华沙和克拉克科夫举行的第十一届国际科学史代表大会上，获美国历史学会

萨顿奖章。（高中兴）

博尔顿，E. K.（Bolton，Elmer Keiser） 美国人，1886 年 6 月 23 日生于美国宾夕法尼亚州费城，1968 年 7 月 30 日卒于特拉华州威尔明顿。有机化学、高分子化学、化学工程、科技管理。

1908 年在巴克内尔大学取得化学硕士学位。1913 年在哈佛大学获哲学博士学位。后获得谢尔顿奖学金，在柏林-达勒姆区的威廉化学研究院从事博士后研究。后供职于杜邦公司，从 1930 年到 1951 年退休，担任该公司中心研究部主任。1946 年入选美国国家科学院院士。

作为技术开发的领导者，在杜邦公司的三项历史性事业中作出重要贡献：一是美国合成染料工业的建立；二是氯丁二烯合成及氯丁橡胶的研制；三是脂肪酸和脂肪胺的缩聚过程研究，这项由美国化学家 W. H. 卡罗瑟斯直接领导的研究产生了尼龙纤维。由于上述成就，博尔顿获过国际化学工业联合会美国分会 1941 年化工奖及 1945 年珀金奖，1954 年美国化学学会芝加哥分会吉布斯奖。（董晨空）

张子高（Zhang Zigao） 原名张准，又名张芷皋。中国湖北省人，1886 年（清光绪十二年）7 月 14 日生于湖北枝江，1976 年 12 月 11 日卒于北京。分析化学、化学教育、科学史学。

书香门第出身。清末中秀才。1907 年武昌文普通中学堂毕业后，任枝江县高等小学数学和英文教师。1909 年考取清华学堂第一批庚款留美预备生。1911 年夏入马萨诸塞理工学院化学系，1915 年获化学学士学位。留校任助理研究员。中国科学社于 1915 年 10 月正式成立，他是该社创始会员之一。1916 年回国。同年至 1929 年，先后在南京高等师范学校、东南大学、金陵大学、浙江大学等校任化学教授。1929～1939 年任清华大学化学系教授、系主任、教务长。1929 年起兼任中华教育文化基金董事会编译委员会副委员长、科学教育顾问委员会副委员长。抗日战争期间，1938 年初到昆明西南联合大学任教，后因家事返回北平。1939～1941 年任燕京大学客座教授。1942～1945 年任北平中国大学教授、系主任和理学院院长，兼任辅仁大学教授。1945～1976 年任清华大学教授，历任化学系主任、普通化学教研组主任、工程化学系主任、1962～1976 年任副校长。兼任中国化学会理事等职。

20 世纪 10～20 年代，师承著名化学家 A. A. 诺伊斯，在化学热力学领域打下坚实基础，并进行稀有元素分离的实验和理论研究，分析鉴定中国特产金属钨，得到导师好评，成果载于诺伊斯重要著作《稀有元素定性分析》“钨和钼族的分析”一章中。在科学史研究上一贯倡导文献记载和实验重演相结合研究方法，例如 20 年代初和张江树一道，根据中国明代《本草纲目》记载进行氯化汞制备验证实验取得成果。1923 年在《申报》上发表“五十年来中国之科学”一文，对中国科学进展与问题进行分析总结，并提出对策思路。是最早在中国高校开设科学史课程（1920 年）的教育家之一，并据讲义出版《科学发达略史》（1924 年）。1949 年后，他把化学史研究重点放在用辩证唯物主义观点分析总结中国古代化学成就上，先后发表 10 余篇专题论文，探讨中国历史上炼丹术、造纸术、酿酒术、冶铸术等发生与发展。在过去几十年研究基础上，出版专著《中国化学史稿·古代之部》（1964 年）。

长期从事多门化学二级学科教学，为中国培育了几代化学和化工科技人才。他在教学工作中努力反映最新科学成就，一贯重视学生基本实验技能训练，严谨治学，严格要求，形成良好学风，并十分关心培养青年教师。

他还是有名的古墨收藏家、鉴定家。一生写了许多古墨研究和考证文章，同叶恭绰等收藏家合编有《四家藏墨图录》一书。1973 年他将数十年来悉心聚藏的近千方古墨全部捐赠故宫博物院。（李啸虎）

罗宾森，R.（Robinson，Sir Robert） 一译鲁宾逊。英国人，1886 年 9 月 13 日生于英国德比郡切斯特菲尔德附近，1975 年 2 月 8 日卒于英格兰白金汉郡大米森登。植物化学、生物化学、分析化学、化学工程。

父亲是一位医疗器材与医药制造商，希望他承继家族企业。他求学于曼彻斯特大学，1906 年毕业获理学士学位，1910 年获理学博士学位。1912 年任澳大利亚悉尼大学第一位大学教授。还先后在利物浦大学（1915～1920 年）、圣安德鲁斯大学（1921 年）和曼彻斯特大学（1922 年）任校长，并先后任伦敦大学学院有机化学系主任（1928 年）和牛津大学（1930～1955 年）化学教授，1955 年退休，同年任伦敦壳牌化学有限公司的董事和顾问。1957 年创办和主编国际有机化学杂志《四面体》。1939～1941 年当选为英国化学学会会长。1920 年当选英国皇家学会会员，1945～1950 年任英国皇家学会会长。1955 年当选英国科学促进会主席。1934 年当选美国国家科学院外籍院士。1939 年被册封为爵士。

主要从事天然有机物分析及其有机合成。在大学时代对巴西灵和苏木精的丰富化学成分发生兴趣。早期成果包括确定巴西酸等的降解物合成的结构，探索并解释三甲基巴西酮（和巴西灵）的转变，特别是认识到巴西灵盐是含有一噁英鎓核的巴西鎓盐。相继合成了三甲基巴西鎓盐（1918 年和克拉布特里（H. G. Crabtree）共同完成）、三甲基巴西酮、巴西灵和苏木精（1950 年和 F. 摩辛夫（F. Morsingh）共同完成）。关于巴西鎓盐的研究，还导致噁英鎓盐、花青素、花青甙和重氮酮的合成。对巴西灵的研究，促进了藜芦醛和其他苯磷二酚衍生物的应用。这些工作的主要意义在于提请人们再次注意假碱的反应。

提出关于假石榴醛由赖氨酸、甲胺和活性丙酮衍生物的生源说假设，由此从琥珀二醛、甲胺和丙酮-二羧酸合成了托品酮。在此类反应基础上，立刻发展了生物碱生物源的更普遍的理论（1917 年）。这些假设后来用放射性同位素示踪物进行实验研究。和珀金通过对生物碱哈尔碱和哈梅灵的研究，认识到它们是与色氨酸有关的吲哚衍生物。和 R. B. 伍德沃德对阿吗灵的研究揭示了这一生物碱的结构。

在 1953 年和同行们成功合成甾族荷尔蒙和胆甾醇。这是首次合成四环骨架并正确揭示其立体化学形式。最重要的贡献是，预示有机化学中的定性电子理论。研究的另一些领域是分子内部重排和杂化分子，阐明了青霉素的结构。他的兴趣还包括石油的生物和非生物的双重起源理论。

是多产科学作家。出版有《有机反应过程的电化学理论概述》（1932 年）、《分子建构》（1937 年）、《青霉素化学》（1949 年）、《天然产物的结构关系》（1955 年）、《艺术与科学的博弈：步步进逼》（1973 年，与人合著）、《有机化学导论》（1975 年）、《有机化学 70 年》（1976 年）等。因对生物碱研究的突出成就，获 1947 年诺贝尔化学奖。此外还获得过其他许多荣誉，包括 1942 年英国皇家学会最高奖科普利奖章，1947 年美国自由奖章，1949 年皇家功勋奖章，1953 年美国化学学会普里斯特列奖章等。（陶其恒）

法扬斯，K.　（Fajans，Kasimir） 美国人，1887 年 5 月 27 日生于波兰华沙，1975 年 5 月 18 日卒于美国密歇根州安阿伯。*元素化学、放射化学、物理化学。*

波兰裔。1904 年在波兰华沙读中学毕业后，先后在德国莱比锡大学和海德堡大学、瑞士苏黎世理工大学、英国曼彻斯特大学学习。1909 年获海德堡大学化学博士学位。1910 年在曼彻斯特大学卢瑟福实验室从事博士后研究。1911 年任德国卡尔斯鲁厄理工大学助理教授。1917 年任慕尼黑大学教授、物理化学研究所首任所长。由于纳粹政权迫害，1935 年流亡英国到剑桥大学工作。1936～1957 年任美国密歇根大学物理化学教授。1942 年加入美国籍。退休后仍继续留密歇根大学工作。

1910 年开始研究某些化学元素的放射性，1912 年认为在元素周期表上同一位置可由一个以上天然放射性元素所占有。1913 年 F. 索迪（1921 年诺贝尔化学奖得主）在英国《自然》杂志提出同位素理论，并承认法扬斯是第一个肯定同位素存在的人，而自己是第一个使用“同位素”术语的人。同年法扬斯和戈林（O. H. Göhring）一起发现一种新的放射性元素，并标记为 UX_2，即后称为镤的同位素 Pa234。1917 年他和 O. 哈恩等人发现镤的第二种同位素 Pa231。这些都是铀 238 在天然衰变中的产物。他通过实验和计算确定了锕系铀、钍元素的半衰期。发现并深入研究放射性系元素的电化学现象，和索迪各自独立提出放射性位移定律，即后来所称的索迪-法扬斯方法。他和哈恩各自独立地发现确定放射性物质吸收和沉析条件的共沉淀规则，即：放射性元素与离子晶体中电荷相反的离子形成的化合物，其溶解度越小，则放射性元素被载带越多。在美国期间，他利用回旋加速器研究核子反应，和沃伊特（Voigt）一起发现铅的放射性同位素；同沙利文（Sullivan）一起发现铼（Re）的一种新同位素；利用放射性估算成矿年龄。

此外运用化学热力学研究粒子和晶体结构。1919 年提出正、负离子极化作用三规则，即“法扬斯规则”：正离子半径小；负离子半径大；离子电荷数大。他用该规则解释元素周期表第 2、3 周期之间存在移位性质相似现象。

著述甚丰，著有《化学元素研究中的放射性及其最新进展》（1919 年第 4 版）、《实用物理化学教程》（1930 年初版，1935 年再版）、《放射性元素和同位素：物质的化学力和光学性质》（1931 年初版，2005 年再版）、《化学键的量子理论》（1941 年初版，1960 年再版）、《钝、铅和铋的人工放射性同位素》（1941 年）、《分子的电子结构》（1947 年）等。（李啸虎）

帕内特，F. A.（Paneth，Friedrich Adolf） 奥地利人，1887 年 8 月 31 日生于奥地利维也纳，1958 年 9 月 17 日卒于德国美因茨。*放射化学、分析化学、岩石学、陨石学。*

先后在维也纳大学、慕尼黑大学和格拉斯哥大学学习，1910 年获哲学博士学位。1912～1918 年在维也纳大学研究镭学，后在布拉格理工学院、汉堡大学和柏林大学任教。1929 年任柯尼斯堡大学教授兼化学实验室主任。1933 年起到英国几个大学任教。1953 年任德国美因茨的普朗克研究院化学研究所所长。1943～1945 年在蒙特利尔任联合王国-加拿大原子能局化学所所长。1947 年当选为美国皇家学会外籍学员。1949～1955 年任国际科学联合会放射化学联合委员会的主席。

主要贡献是发展放射性的示踪技术；合成和表征新的金属氢化物；实验证实有机物热分解中游离基的存在；发展了用测量氦含量方法来测定岩石和陨石年龄的方法，第一个研究陨石的绝对年龄。用极灵敏的氦测量方法测定同温层组分是高度的函数，开拓用放射性同位素检定微量生物的新方法。主要著作有《以放射性元素为指示剂》（1928 年）、《陨石起源》（1940 年）等。（周申范）

鲁茨卡，L. S.（Ružička，Leopold Stephen） 瑞士人，1887 年 9 月 13 日生于克罗地亚武科瓦尔，1976 年 9 月 26 日卒于瑞士苏黎世。*有机化学、生物化学、分析化学、结构化学。*

早年在德国卡尔斯鲁厄工学院攻读化学。1910 年毕业后当 H. 施陶丁格的助手，研究除虫菊中杀虫的组分。1912 年随施陶丁格去瑞士的苏黎世联邦理工大学。同年成为瑞士公民。此后在荷兰乌得勒支大学、苏黎世工业大学任化学教授。

研究工作集中在多元环化合物和萜烯。自1916年起先后研究过单萜烯和有关奎宁的化合物、倍半萜烯、二萜烯、多元环、三萜烯、雄性荷尔蒙等高级萜烯。较为重要的工作是关于具有麝香味的动物产物的组成：从香猫中获得的香猫酮是十七环酮（$C_{17}H_{30}O$），从麝香中提取的麝香酮则是十五元环酮（$C_{16}H_{30}O$），且它们都是稳定的。而在此之前，既未在自然界发现也未人工合成过它们，这就推翻了1884年A. von拜耳作出的高于八元环化合物都是不稳定的预言。他发现了一种合成九元到三十元多环酮和碳氢化合物未知系列的简易方法，还合成多元杂环，从而开辟了有机化学新篇章。

运用将高级萜烯脱氢后生成芳香烃碳氢化合物的方法，测定了萜烯类的结构。1931年德国的A. 布特南特从男性尿液中分离出荷尔蒙雄甾酮（$C_{19}H_{30}O_2$），并假设4种空间不同的分子式。由4个有关的饱和甾醇的醋酸酯经氧化降解，制备出这4个立体异构的羟基酮，其中2个5β-衍生物始终未显示出荷尔蒙活性，另一个鉴别为雄甾酮，最后一个性荷尔蒙仅为雄甾酮的1/7，于是首次证明了立体化学对性荷尔蒙活性的重要意义。经常思考当时未知的睾丸雄性荷尔蒙的结构，1935年提出一个假想的分子式，从假设的分子式胆甾酮化合物中制备出睾丸甾酮——真正的雄性荷尔蒙，同年6月18日申请专利。几乎与此同时，布特南特也用类似步骤制得这一化合物。

由于在多元环和高级萜烯（包括雄性荷尔蒙）方面的成就，与布特南特分享1939年诺贝尔化学奖。

（陶其恒）

王琎（Wang Jin）　字季梁。中国浙江省人，1888年（清光绪十四年）1月7日生于福建闽侯（今福州），1966年12月28日卒于浙江杭州。分析化学、应用化学、化学教育、化学史学。

祖籍浙江黄岩。1908年录取为第一届庚款留美学生。1909年去美国，先在宾夕法尼亚州科兴学院学中学课程，1911年转入里海大学学化学工程，1915年获学士学位。同年回国途中，赴欧洲考察访问。1915～1927年，历任湖南工业专门学校教授，南京高等师范学校（后为东南大学）数理化学部、东南大学理学院化学系主任，浙江高等工业学校化学工程系主任。1921～1933年兼任中国科学社董事、《科学》杂志主编。1928～1934年任中央研究院化学研究所首任所长。1932年起历任中国化学会临时会长、首任会计、理事会常务理事。1934年再度出国，任美国明尼苏达大学研究院研究员，1936年获该校硕士学位。同年回国。1936～1952年，先后任四川大学化学系主任，浙江大学化学系主任、理学院代理院长、师范学院首任院长、浙江大学代理校长等职。全国院系调整后，1952～1966年历任浙江师范学院、杭州大学教授。曾先后兼任中国化学会上海分会、浙江分会理事长等职。在“文化大革命”中，遭暴徒殴击不幸致死。

20世纪10～20年代，1915年在美国参与创建中国科学社，长任会刊《科学》杂志主编，对中国科学传播事业有重要贡献；在中国创建第一个大学化学工程系；1925年分析江苏凤凰山铁矿化学成分，保证了合理开发矿产资源；1927年化验南京各水源，提出中国最早有关水质分析的“南京之饮水问题”报告，其数据与方法成了长江水质变化研究重要文献。30～40年代，参与创建中国化学会和中央研究院化学研究所，推动了当时沪宁一带化学工业发展，也为以后中国科学院建立有关机构打下基础；抗日战争期间艰苦创办浙江大学师范学院，培养了大批优秀中学师资。50～60年代，主持“浙江黄铁矿的主要成分、含量及其分析方法”研究，坚持高校科研与生产服务相结合方向；受高等教育部委托，主编出版全国师范大学统编教材《分析化学》（2卷，1958年）。

长期从事中国化学史研究，倡导实验验证分析与历史文献考证相结合方法，对中国古代制陶术、炼丹术、冶铸术、酿酒术等深有研究，撰写、翻译大量论文和科学史资料。特别是通过实验分析研究古代科技史获重要成果，其中1923年发表重要论文“五铢钱化学成分及古代应用铅、锡、锌、镴考”。

此外对矿物学、晶体学、真菌学、植物学和考古学等化学应用，均有成就。十分重视发现科学人才，培养后学。著名数学家华罗庚自学成才，20岁时发现当时一位数学家论文有误，于是向《科学》杂志投寄商榷论文。时任主编的王琎不顾世俗偏见，将之发表于《科学》25卷2期上，一时惊动中国数学界。从此一代名家脱颖而出，传为佳话。50余年中，讲授过多门课程，每门课都自编教材，培育了中国几代化学化工人才。

（李啸虎）

列别金斯基，B. B.（Лебединский，Вячеслав Васильевич；Lebedinsky，Vyacheslav Vasilievich）苏联人，1888年9月1日生于俄国圣彼德堡，1956年12月12日卒于莫斯科。络合物化学、冶金工程。

是丘加耶夫的学生，1913年毕业于圣彼得堡大学无机化学系。留校任教，1920年任圣彼得堡大学教授。1935～1952年，先后任莫斯科精细化学工艺学院、莫斯科有色金属与黄金学院教授，并在苏联科学院普通与无机化学研究所等处从事研究工作。1946年当选苏联科学院通讯院士。

主要贡献是对络合物化学的研究，尤其是铑、铼和铱的络合物。其中铑络合物的研究得到世界公认，在6种可能存在的三价铑的铵衍生物中合成了4种，即Me_2〔RhX_5NH_3〕、Me〔RHX_4（NH_3）$_2$〕、〔RhX_3（NH_3）$_3$〕及〔RhX_2（NH_3）$_4$〕X，（X是阴离子）。从这些研究中，推断凡含有奇数氨的络合物容易合成，且较稳定；而吡啶化合物中，则含偶数氨分子者较易合成。也是最早合成铼络合物者之一。提出过工业上制取纯铑的新方法，以及从贵金属精炼厂废水中萃取回收贵金属的方法。

（蒋尚智）

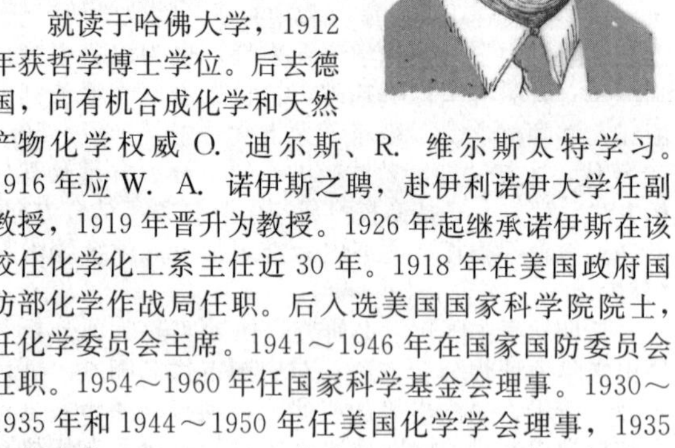

亚当斯，R.（Adams，Roger） 美国人，1889年1月2日生于美国马萨诸塞州波士顿，1971年7月6日卒于伊利诺伊州厄巴纳。有机化学、立体化学、化学工程、科技管理。

就读于哈佛大学，1912年获哲学博士学位。后去德国，向有机合成化学和天然产物化学权威O. 迪尔斯、R. 维尔斯太特学习。1916年应W. A. 诺伊斯之聘，赴伊利诺伊大学任副教授，1919年晋升为教授。1926年起继承诺伊斯在该校任化学化工系主任近30年。1918年在美国政府国防部化学作战局任职。后入选美国国家科学院院士，任化学委员会主席。1941～1946年在国家国防委员会任职。1954～1960年任国家科学基金会理事。1930～1935年和1944～1950年任美国化学学会理事，1935年任会长。1941～1945年和1947～1951年，任美国科学促进协会执行委员会成员，1950年任主席。曾任美国农业化学研究委员会主席等职。获10个大学荣誉博士学位。是多个外国科学院的外籍院士。

作为一位科学组织者，对美国化学化工的发展起到重要作用。主要兴趣为化学结构、立体化学和有机合成方法。在伊利诺伊大学任教期间，使诺伊斯为代表的纯粹化学和帕尔（S. W. Parr）为代表的应用化学与化学工程两种对立传统得以融合，认为大学的基本职责之一是为工业训练化学家。曾把学校开发的有机合成方法编成《化学合成》丛刊，并担任主编19年。对主编《有机合成》和《有机反应》两书提供了许多有机合成方法的论文。

重要学术成就是：1920～1930年关于取代联苯基和取代联芳基的立体化学的系统研究。这些化合物由于基团旋转的空间阻碍，可以拆分成旋光异构体。这项研究促进了空间效应和电子效应关系的基本理论研究。对染料用的芳香族化合物合成很有研究。“亚当斯催化剂”是一种胶体氧化铂，已经成为氢化反应催化剂的标准。在天然产品方面，1930～1940年曾研究大麻碱；分离并合成四氢大麻醇、民间治疗麻风病的晁模油有效成分晁模酸和副大风子酸、棉子油中有毒成分棉子醇以及菽麻碱等。先后获24项美国和外国科学组织的奖章和奖金。（高中兴　朱啸宇）

丹尼尔斯，F.（Daniels，Farrington） 美国人，1889年3月8日生于美国明尼苏达州明尼阿波利斯，1972年6月23日卒于威斯康星州麦迪逊。物理化学、化学动力学、核化学工程、能源科学。

1910年获明尼苏达大学化学学士学位。1914年获哈佛大学博士学位。同年任教于伍斯特理工学院；在教学同时，为美国文理科学院长期进行物理化学课题研究。在第二次世界大战中，参加美国制造第一颗原子弹的曼哈顿计划，任冶金实验室主任，是著名的阿尔贡国家实验室的奠基人和主任。战后致力于反对核武器军备竞赛，是著名期刊《原子科学家公告》编辑委员会成员。任威斯康星大学太阳能实验室主任，退休后任荣誉教授。1947年当选为美国国家科学院院士。

主要研究是化学反应动力学。早在1921年就对室温下的五氧化二氮的气相化学反应作了定量研究。接着研究氮的氧化物和其他气体的反应机理和动力学，终于在对乙基溴的热分介研究中，发现游离基产生和壁效应等的完整反应机理。还利用同位素示踪物来研究反应机理，作了许多有价值的工作。第二次世界大战后，把反应动力学的研究由气相和液相进一步扩展到固相中，对光致发热现象作了广泛研究。1947年，发明卵石床核反应器即“丹氏核反应堆”，是后来的高温气冷堆的最早版本。

发表论文约230余篇；主要著作有《物理化学数学基础》（1928年）、《实验物理化学》（1934年，与他人合著）、《化学动力学》（1938年）、《物理化学》（1957年，与他人合著）、《太阳能的直接利用》（1964年）等20余种。获1957年美国化学学会普里斯特利奖章。（戴有为　李啸虎）

卡雷，P.（Karrer，Paul） 一译卡勒。瑞士人，1889年4月21日生于俄国莫斯科，1971年6月18日卒于瑞士苏黎世。有机化学、食物化学、生物化学、分析化学。

在俄国行医的瑞士牙科医生的儿子，1892年全家迁回瑞士后，他在阿尔高州立学校受教育。1908年进入苏黎世大学，随A. 维尔纳学习化学，后来成为其助手，1911年获该校博士学位。1912年去法兰克福与埃尔利希合作，研究有机砷化物。1914年与H. 弗罗利克（Helene Froelich）结婚，生有3个儿子，其中一个幼年夭折。1918年受聘于苏黎世大学，1919年接替沃纳任化学教授，1950～1952年任苏黎世大学校长。是国内外一些科学协会名誉会员。谨慎而不善交际。晚年在苏黎世家中过着宁静的生活。

1918年回苏黎世大学后，开始研究氨基酸、多肽和蛋白质的结构，阐明它们都具有相同的空间构型。同时还研究淀粉、纤维等一些高分子量的碳水化合物。20世纪20年代，注意力开始转向植物色素，从此致力于天然产物研究。先后研究花色甙色素、类胡萝卜素，1930年解决学术界长期迷惑不解的胡萝卜素和番茄红素的结构问题。在这个过程中，由于他的许多工作，才使人们重新注意起几乎被人遗忘的茨维特对色谱法所做的贡献。色谱法不仅使分离许多新的类胡萝卜素成为可能，而且随着色谱技术的发展，已成为许多化学分支的重要工具。

对胡萝卜素的研究，导致他研究维生素A的本质问题。1931 年认识到维生素 A 的构型与胡萝卜素分子的一部分很相似，在分离出纯物质之前，他已能确定其结构。后来又研究其他脂溶性维生素，部分相似于维生素 A。1938 年确定 α-和 β-生育酚（维生素 E）的分子式。1939 年离析出维生素 K。同时还研究黄酮类化合物，这是一类黄色素。1935 年合成出最重要的黄素之一，即核黄素（维生素 B_2）。此外，还研究了维生素 C 和另一种 B 类维生素，维生素 H。由于在“研究类胡萝卜素、黄酮类、维生素 A 和维生素 B_2 的结构”方面所作的重要贡献，和英国的 W. N. 霍沃斯共获 1937 年诺贝尔化学奖。

1942 年后，主要致力于弄清烟酰胺腺嘌呤二核苷酸（NAD）的结构与功能，NAD 是细胞能量体系中转移电子所必需的一种辅酶。1945 年后又继续研究他早期一度钻研过的生物碱，测定了一些类箭毒生物碱的结构。1950 年完成了类胡萝卜素的全合成。

是一位多才的有机化学家，研究的课题十分广泛，吸引了大批学生。指导完成了 200 多篇论文，并有 1 000多种各类出版物。名著《有机化学讲义》（1930 年）一书至少刊印 14 版，译成 7 种文字流传各国。得过许多科学协会的奖章。（周志高）

小米奇利，T.（Midgley，Thomas，Jr.） 美国人，1889 年 5 月 18 日生于美国宾夕法尼亚州比弗福尔斯，1944 年 11 月 2 日卒于俄亥俄州沃辛顿。应用化学、有机合成化学、化学工程。

父亲是个发明家。中专毕业进入康奈尔大学攻读机械工程，1911 年毕业。1916 年起供职于美国通用汽车公司，1921 年工作于公司所属由凯达林（Kettarng）主持的工程研究实验室；1923～1925 年任通用汽车化学公司副总裁，长期供职该部门。是美国国家科学院院士。曾获两所大学荣誉博士学位。1944 年任美国化学学会会长，不久去世。

1916 年在凯特林工程实验室，他解决了内燃机爆震问题。爆震现象当时人们还不十分了解。1917～1921 年他做了大量实验找到一种化学防震剂。起初以碘作添加剂，发现它虽有防震作用，但不理想；后发现苯胺及其同系物以及氮化合物是较好的防震剂，但会发出难闻的气味。在 1921 年 12 月 9 日，发现四乙铅防震的特性。把它加进汽油中可提高压缩比，从而节约燃料。后来担任含四乙铅汽油公司经理。1930 年参与凯达林研究小组，用 3 天时间合成出一种无毒、不燃而廉价的致冷剂氟利昂。在合成橡胶方面也有建树。在他去世后 30 多年，环境保护主义者责难他的一些发明破坏了地球大气，其影响超过其他任何有机物对地球历史的危害。

曾建议 50 岁以上的科学家应让位给较年轻的科学家，让他们担任高度创造性工作的领导，因为重大创造发明都是在 25～45 岁之间获得的。获美国化学学会 1922 年尼科尔斯奖章、1937 年珀金奖章、1941 年普里斯特利奖章、1942 年吉布斯奖章；并 4 次获该学会化学独创奖章。（沈德阶）

梅茨格，H.（Metzger，Hélène） 法国人，1889 年 8 月 26 日生于巴黎附近的沙图，1944 年 2 月卒于去波兰奥希维茨途中。科学史学、晶体化学、科学哲学。

富有的犹太族工程师之女，2 岁丧母。1912 年毕业于巴黎大学矿物学专业。1913 年和里昂大学的地质学、历史学教授 P. 梅茨格（Paul Metzger）结婚。1914 年 9 月，丈夫在第一次世界大战前线阵亡。1918 年博士学位论文题为《晶体学的起源》。同年任教巴黎大学索邦学院，开设科学史和科学哲学课程。是国际科学史学会创始人之一。在纳粹德国占领法国后，她迁居里昂，研究犹太一神教。1944 年 2 月被捕后被送往波兰，途中去世。

早年致力于晶体学研究。由于她兴趣广泛并有杰出的哲学头脑，把注意力转向科学史。出版《从 17 世纪初到 18 世纪末法国化学学说》（2 卷，1923～1924 年）专著，因此获比诺奖金。1926 年出版《科学的概念》，该书论述心理学和逻辑学，列举科学史说明概念的兴起、变迁和分类，1925 年获博尔丹哲学奖。1930 年出版的世界历史丛书分卷《化学史》，反映了她的化学历史综合论观点。另有《大众化学史》（1930 年）、《拉瓦锡的物质哲学》（1935 年）、《根据某些有关牛顿的英国评论看万有引力和自然宗教》（1938 年）和《从牛顿到菲涅耳的光学和化学理论》（1940 年，未完稿）等。她的有关宗教、形而上学和科学思想，在一定历史时期形成统一而不可分割的论点，对今天科学研究仍有影响。（沈德阶）

赫洛平，В. Г.（Хлопин，Виталий Григорьевич；Khlopin，Vitaly Grigorievich） 苏联人，1890 年 1 月 26 日生于俄国皮尔姆，1950 年 7 月 10 日卒于列宁格勒（今圣彼得堡）。放射化学、核化学、化学工程。

1911 年毕业于德国格丁根大学；1912 年又毕业于俄国圣彼得堡大学。1915～1921 年在俄罗斯科学院放射学实验室工作。1922 年起在苏联科学院镭研究所（由原俄国科学院放射学实验室易名）工作。1924 年起在列宁格勒大学兼职，1934 年任教授。1939～1950 年任苏联科学院镭研究所所长。1942～1950 年兼任《化学进展》杂志主编。1939 年当选为苏联科学院院士，1941～1950 年任苏联科学院化学部副主任。

苏联放射化学学派的创始人。1918～1921 年负责组建苏维埃俄国第一个镭制造厂。1924 年起在列宁格勒大学兼职期间，开设苏联高校第一门有关“放射性元素和放射性”的课程。在放射化学方面，确定微量组分在固-液相之间的分配定律，即赫洛平定律；提出借助于研究同晶条件来测定不稳定化合物组成的方法；研究放射性元素在地壳中的迁移条件，1947 年提出根据放射性物质衰变数据测定矿石绝对年龄的方法；研究天然气中的氦和氩等惰性气体放射性同位素的分布；发现并研究含有放射性物质的水质，以及天然水中硼等放射性同位素分布。他参与领导建立苏联的镭工业和氦工业，在苏联第一个提出从铀中提取钚的放射化学技术，为镭的医学应用，为加速苏联研制核武器与西方对抗作出了重要贡献。

出版有《赫洛平选集》（2卷，1957年）。1943年、1946年和1949年先后三次获得苏联国家奖，1945年、1947年和1949年先后三次获列宁勋章。1949年获苏联社会主义劳动英雄称号。他去世后，镭研究所易名为赫洛平研究所。苏联科学院设有赫洛平奖。（李啸虎）

泰勒，H. S.（Taylor, Sir Hugh Scott） 英国和美国双重国籍，1890年2月6日生于英国兰开夏郡圣海伦斯，1974年4月17日卒于美国新泽西州普林斯顿。物理化学、催化化学、化学工程。

玻璃厂化学师的儿子。1906年在英国利物浦大学主修化学，1909年获理学士学位，1910年获理学硕士学位。1912～1913年在瑞典斯德哥尔摩大学诺贝尔物理化学研究所进修。1913年进入德国汉诺威大学技术学院马克斯·波登斯坦研究所进修，开始研究由α粒子引发的化学连锁反应。1914年获利物浦大学理学博士学位。同年赴美国普林斯顿大学任教物理化学，1915年任助理教授，1922年任物理化学教授，1926～1951年任化学系主任，1927年任琼斯化学讲座教授，1945年任研究生部主任直至1958年退休。1958～1969年任威尔逊国家基金会成员和荣誉主席。1953年封为爵士。曾任英国法拉第学会会长。1932年当选为英国皇家学会会员。是美国哲学学会会员。晚年担任《科学美国人》杂志总编辑。曾任美国电化学学会副会长。1969～1974年任美国国家研究委员会中央石油委员会主席。是美国文理科学院院士。

第一次世界大战时，曾从事氮和氢合成氨的催化工作。在普林斯顿大学期间（1919～1958年），致力于探索异相的气体催化反应，研究催化剂的表面性质、物理化学吸附及活化能。发现一些加氢催化金属如镍、钴、铁、铜及铂系金属对氢有强吸附力，其分子吸附热超过其液化潜热很多。从催化剂表面烧结和中毒的现象中构思催化剂表面有活性中心，并为其后的许多事例所确证。在同一催化剂上，他揭示了低温的物理吸附和较高温的化学吸附而中间温度有个最低吸附率，因此1930年推导出化学吸附需要活化能，而此能量则与催化剂表面洁净度有关，氢在洁净金属表面的化学吸附活化能几乎可忽略。1926年证明从烷基金属热解而来的自由基可以引发乙烯聚合，这个链锁反应导致聚乙烯的工业化。以同位素交换（如氘与氢）研究在催化剂表面性能研究工作中，与J. 屠尔克维奇（John Turkevich）发展了以铬胶（氧化铬）作催化剂使正庚烷脱氢环化为甲苯的方法，可用于工业生产。此法引导出后来直馏汽油脱氢环化而得芳烃的工艺。在第二次世界大战中，参加了曼哈顿计划，从事重水及扩散法分离^{235}U。主要著作有《催化剂的实践与理论》、《燃料生产和利用》（1920年）、《工业氢气》（1921年）和《催化理论和实际应用》（1924年）等；主编《物理化学总论》。获奖甚多，其中1928年获美国化学学会尼科尔斯奖章。（陈　东）

里迪尔，E.（Rideal, Sir Eric） 英国人，1890年4月11日生于英国伦敦，1974年9月25日卒于同地。胶体化学、表面化学、催化化学。

先后获剑桥大学文学学士、波恩大学哲学博士和伦敦大学理学博士学位。在剑桥大学从教。第一次世界大战中，任英国皇家工程师协会会长。后任剑桥大学胶体学教授，英国皇家学院化学系教授、戴维-法拉第实验室主任和英国皇家学院的物理化学教授。

当时胶体化学的混乱状态促使他研究表面化学。在他的指导下，一群化学家研究了胶体化学的界面现象、液体表面的相平衡和热力学、表面相的化学反应和表面势等领域。著有《表面化学》(1926年)和《催化概念》(1969年)等书。由于在表面化学方面的重要贡献，1951年被授予英国皇家学会戴维奖章。（陶其恒）

侯德榜（Hou Debang） 字致本。中国福建闽侯（今福州市）人，1890年（清光绪十六年）8月9日生于福建闽侯县坡尾乡（今义洲新村），1974年8月26日卒于北京。无机化学、化学工程。

青年时就读于福州英华书院，后考入上海闽皖铁路学堂，1910年毕业后任铁路土建工程师。同年考入清华学堂，以10门功课考试成绩1000分的特优成绩，出色完成出国预科学习。1913年公费赴美国留学，先后在马萨诸塞理工学院、哥伦比亚大学研究生院攻读化学工程，1921年获博士学位。1921年应永利制碱公司邀请，回国筹建塘沽永利碱厂，担任该厂总工程师兼任制造部部长；1926年永利碱厂生产的碱品获万国博物会金质奖。1934年该公司改名为永利化学工业公司，仍担任总工程师，并兼任筹建中的硫酸铔（铵）厂厂长；该厂于1936年底竣工。塘沽碱厂和南京铔厂的建立，为中国化学工业奠定了初步基础。1938年应邀赴欧美考察制碱工业。1940年在美国担任世界贸易公司总工程师，并为湖南株州、四川五通桥两个碱厂进行设计。翌年被授与英国皇家学会外籍名誉会员荣誉称号。先后5次去印度，援助塔塔公司改进制碱工业。1949年6月回国，不久任国家中央财经委员会委员，永利化学公司总经理、副董事长，兼任重工业部化工技术顾问。1958年起任国家化学工业部副部长。曾任中国科学技术协会副主席，中国化学化工学会理事长。1955年选聘为中国科学院学部委员（院士）。

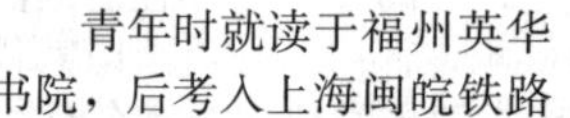

是美国、英国等多国学术团体荣誉会员。

主要科学贡献是：1941～1943 年期间创造联合制碱法，即“侯氏制碱法”。把制碱工业和合成氨工业紧密地联合成一条新的工艺流程，可同时生产纯碱与氯化铵，食盐的利用率提高到 95%（氨碱法是 70%）。这是近代无机化学工业史上一次重大的革新。1958～1965 年间，与谢为杰、陈东等一起研制成功“碳化法合成氨流程制碳酸氢氨”，该成果获国家科委创造发明奖。他精心设计、指导的生产碳酸氢铵的装置遍布全国各地，其产量占当时全国（除台湾外）合成氨总产量的 50%以上。

除论文外，主要著作有《制碱》（1932 年，英文版）、《制碱工学》（2 卷，1959～1960 年）、《制碱工业发展的新方向及新产品》（1957 年）等。先后获中国工程师学会荣誉奖章、英国皇家学会荣誉奖章、美国哥伦比亚大学奖章等。（唐　炯）

海罗夫斯基，J. （Heyrovský，Jaroslav）　捷克人，1890 年 12 月 20 日生于捷克斯洛伐克布拉格，1967 年 3 月 27 日卒于同地。电化学、极谱学、分析化学、物理化学。

1909 年进入布拉格大学学习。1910 年进入伦敦大学学院学习，1913 年获理学士学位，随后开始撰写论铝的电化学性质的博士论文。第一次世界大战爆发时在布拉格度假，因战乱无法返回伦敦，留在布拉格大学化学实验室工作。1915 年被征入伍，作为部队医院药剂师和 X 光师度过战争年代。1918 年获查尔斯大学博士学位。1921 年获伦敦大学理学博士学位。1920 年成为查尔斯大学物理化学讲师。1924 年任捷克斯洛伐克物理化学研究所特聘教授和首任所长。1928 年任查尔斯大学物理化学教授。1939 年纳粹德国占领布拉格后，他在一位不赞同纳粹的德国教授伯姆（J. Böhm）的帮助下，得以继续留校从事研究工作。1950 年创立中央极谱研究所并任首任所长。1952 年当选为捷克斯洛伐克科学院院士。1965 年当选为英国皇家学会外籍会员。是捷克斯洛伐克《化学通讯》的创始人之一。

以发明电化学极谱法而闻名于世。1918 年末，捷克斯洛伐克教授科塞拉（Kučera）提醒作为博士学位候试者的他注意电毛细管曲线的反常现象，并敦促他深入研究。他注意到用滴汞电极向电解溶液加入可还原的阳离子时，在靠近每个阳离子分解电压的电位处，电流随电位按指数关系增长，电毛细管曲线呈现弯曲。开始用测量滴汞电极和作为参比电极的汞层间的电流，以代替在不同电位下秤量汞滴。发现用滴汞电极得到的电流-外加电压曲线，能定性和定量地描述被电解溶液的特性。这样，本想解释电毛细管曲线的反常现象，却发明了一种新的电化学研究方法。1922 年他首次用捷克文报告了这一发现，一年后用英文发表。1925 年这种新的电化学方法被命名为极谱法。此后的几十年间，他始终致力于极谱法的理论和实验技术研究，是世界公认的极谱学权威，开创了极谱分析的新领域。

主要著作有《极谱在实用化学中的应用》（1933 年）、《极谱法》（1941 年）、《示波极谱》（1953 年）、《极谱学基础》（1962 年）。由于发明极谱法，并不断改进使之更臻完善和发展，获 1959 年诺贝尔化学奖。是获得该奖的第一个捷克人。（李　郁）

波拉尼，M. （Polanyi，Michael）　英国人，1891 年 3 月 11 日生于匈牙利布达佩斯，1976 年 2 月 22 日卒于英国英格兰北安普敦。物理化学、化学动力学、社会科学、科学哲学。

匈牙利裔犹太人。父亲是土木工程师兼铁路企业家，母亲是诗人兼画家。1909 年入布达佩斯大学攻读医学，1913 年获医学博士学位。同年起在德国卡尔斯鲁厄理工大学攻读化学。1917 年获布达佩斯大学物理化学博士学位。期间 1914～1918 年上前线任军医。1920 年任德国柏林威廉皇家纤维化学研究所研究员。1923 年转任威廉皇家物理化学与电化学研究所研究员。为逃避纳粹政权迫害，1933 年赴英国，任曼彻斯特维多利亚大学物理化学教授。1948 年起任英国曼彻斯特大学社会学研究讲座教授。1958 年任牛津大学默顿学院高级研究员。1944 年当选为英国皇家学会会员。曾先后获普林斯顿大学、利兹大学、剑桥大学和曼彻斯特大学等校荣誉理学博士学位。儿子 J. C. 波拉尼是 1986 年诺贝尔化学奖得主。

波拉尼的学术生涯，1940 年以前主要贡献在物理化学领域的化学动力学方面；1940 年起主要研究兴趣转向社会科学，遍及社会学、哲学知识论、科学哲学、经济学等领域。

在物理化学领域，1920 年用稳态近似法得到氢气和溴（H_2+Br_2）反应体系的速率方程，并以链式反应解释其反应机理。1921 年运用 X 射线衍射法测定天然纤维的结构。1923 年首次采用旋转晶体法测定晶体结构。1928 年提出弹性介质理论，解释激发态分子自发分解效应。1935 年几乎与美国的 H. 艾林同时，从量子力学提出反应速率的过渡态理论，首次得到氢与氢气（$H+H_2$）反应体系的位能面图；归纳出估算同系列反应活化能的一个经验公式，沿用至今。此外，在研究乙烯于镍上加氢，用光活性分子研究旋光转化中消旋化，用氧同位素研究酯类水解等反应机理方面，都有独到成果。

出版有《原子反应》（1932 年）、《科学、信仰和社会》（1946 年）、《自由的逻辑》（1951 年）、《关于批判的哲学》（1958 年）、《关于人的研究》（1959 年）、《个人知识》（1964 年）、《默许的尺度》（1967 年）、《科学思想与社会现实》（1974 年）、《意义》（1975 年）等著作。（李啸虎）

法伊格尔，F. （Feigl，Fritz）　奥地利和巴西双重国籍，1891 年 5 月 15 日生于奥地利维也纳，1971 年 1 月 23 日卒于巴西里约热内卢。分析化学、物理化学。

奥地利裔。1919年毕业于维也纳理工大学。留校任教，1927年任讲师，1935年任化学教授。1939年起先后迁居瑞士、比利时；从第二次世界大战时期起，定居巴西。在巴西国家农业部矿产研究室任职，同时继续研究分析化学。是奥地利科学院院士、巴西科学院院士。还是奥地利、巴西、英国、瑞士、日本等国化学学会荣誉会员。

分析化学点滴试验法的奠基人。主要贡献为：20世纪20年代，他所发表的“点滴反应在定性分析中的应用”（1921年）、“作为微量化学操作法的点滴分析和呈色反应”（1923年）两篇论文，被化学界公认为系统讨论化学点滴试验的最早论文；系统地研究了无机物、有机物的点滴分析技术与原理；进而把有机试剂用于无机定性分析，使检出下限达到微克以至纳克级；首次把一些新概念和新方法引入点滴试验，例如催化和诱导反应、毛细现象和表面效应、荧光现象、固相反应、隐蔽和解蔽，以及有机点滴试验中的各种热解法等，扩大了点滴试验的领域，对新分析方法的发展影响很大；创立官能团效应学说。

他的《专一性、选择性和灵敏性试剂的化学》（1949年）一书，被化学界誉为“近代分析化学发展的里程碑”。主要著作还有《使用点滴反应的定性分析法》（1931年）、《无机分析中的点滴试验》（1958年）、《有机分析中的点滴试验》（1966年初版，2007年第7版，与他人合著）等。先后获奥地利科学院普雷格尔奖，巴西科学院爱因斯坦奖章等。 （李啸虎）

斯卡查德，G.（Scatchard，George） 美国人，1892年3月19日生于美国纽约州奥尼昂塔，1973年12月10日卒于马萨诸塞州波士顿。物理化学、胶体化学。

入读阿姆赫斯特学院，1913年获文学士学位。1917年获哥伦比亚大学化学博士学位。留校任实验室助手。后从军卫生兵团，曾在欧洲战场的法国服役。1919年返回美国，在阿姆赫斯特学院任教化学。1923年加入国家研究委员会。同年在马萨诸塞理工学院任教电化学，1928年任副教授，1937年任教授，1957年退休继续在校从事研究。第二次世界大战中，任该校物理化学实验室执行主任，并任曼哈顿计划科学顾问。战后任橡树岭国家实验室顾问。1946年入选美国国家科学院院士。

着重研究溶液的物理化学。一贯思想是认为溶液间的类似性比差异性更重要；试图维护其描述原则，对低浓度或两组分系统尽量不用假设和限制。早就认识到图表法对多组分系统无效，而分析法对二元系统是适宜的。比P. J. W. 德拜和E. 休克尔早2年提出，以克分子分数代替体积浓度，可大致解释水的蒸气压和高浓度蔗糖溶液中糖被酸置换这些现象。认为混合物的总自由能和溶液的过量自由能，比偏体积克分子自由能和活度系数更优越，而对许多情况体积分数则是个比克分子分数更好的单位。还研究了活化络合物和胶体化学。鉴于在溶液和胶体方面的成就，获1954年美国化学学会理查德奖、1962年胶体和表面化学奖。 （陶其恒）

切尔尼亚耶夫，И. И.（Черняев，Илья Ильяч；Chernyaev，Ilya Ilyich） 苏联人，1893年1月21日生于俄国斯帕斯科耶，1966年9月30日卒于莫斯科。金属化学、络合物化学、核化学工程。

1915年毕业于圣彼得堡大学。应其导师Л. А. 丘加耶夫之聘留在无机化学系任教。1925年起在列宁格勒大学讲授无机化学，1932年任教授。1934～1941年任苏联科学院普通化学和无机化学研究所络合物化合物研究室主任，1941～1964年任该研究所所长。1943年当选为苏联科学院院士。

对科学发展的主要贡献是：络合物化学，尤其是铂金属络合物，其中最杰出的成就是，开发光谱纯铂、钯、铑的制备方法。1926年，他发现在络合物化学发展中起很大作用的反应效应。在这个原理指导下，直接合成许多新的络合物，促进了络合物主体化学的发展。系统地完成铂络合物的光学活性研究，还研究了在铂络合物存在下的氧化还原反应。此外，在铂金属的分析化学方面，也作过很多重要工作。晚年研究钍和铀的络合物，为苏联建立核燃料工业作出了重要贡献。 （戴永寿）

拉蒂默，W. M.（Latimer，Wendell Mitchell） 美国人，1893年4月22日生于美国堪萨斯州加尼特，1955年7月6日卒于加利福尼亚州奥克兰。物理化学、气体化学、化学热力学。

年轻时在堪萨斯大学学习法律，后被化学课程深深吸引，立志成为化学家，1915年该校获文学士学位。1915～1917年任该校讲师。1919年获伯克利加利福尼亚大学博士学位。留校工作，1931年任教授，曾任该校化学研究所所长、化学系主任。是美国国家科学院院士，曾任化学部主任。

1920年与罗得布什（W. H. Rodebush）合作，发表第一篇论文“从原子价的刘易斯理论来看极化和电离”，是其一生最重要的一篇。第一次清晰地指出氢键与通常的偶极不同，许多物质的特性主要与氢键有关。这基本思想立即获得广泛应用。在他的108项科学贡献中，大部分是关于热力学的化学应用，涉及介电常数、热电效应、电子熵、盐类蒸气的电离、放射性以及形成地球的天体化学过程等。

是美国第一位液化氢气和测量相关低温的人。在著名的《水溶液中的元素氧化态及其电势》（1938年）一书中，包括了他使用低温数据结合热力学第三定律测定离子水溶液的熵和自由能的成果。在第二次世界大战期间，积极参与国防研究委员会的工作，从事纯氧生产、化学战争和钚化学的军事应用研究，曾获总统荣誉证书。主要著作还有与他人合著的《普通化学教程》和《无机化学手册》等。1955年获美国化学学会纽约分会尼科尔奖章。 （蒋尚智）

尤里，H. C.（Urey，Harold Clayton） 美国人，1893年4月29日生于美国印第安纳州沃克顿，1981年1月5日卒于加利福尼亚州拉霍亚。*同位素化学、核化学、宇宙化学、天体演化学。*

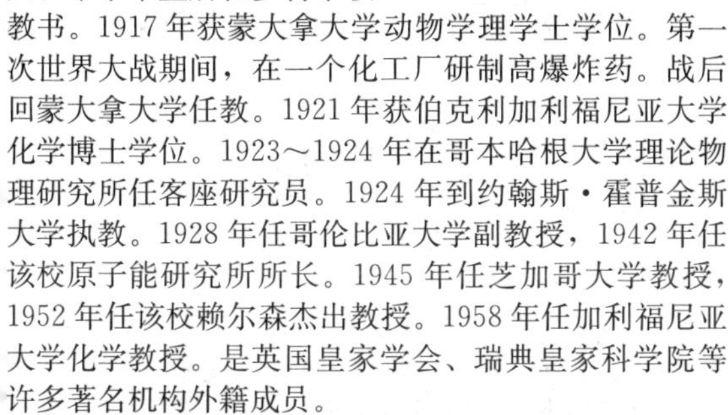

教师的儿子，6岁丧父。中学毕业后在乡村学校教书。1917年获蒙大拿大学动物学理学士学位。第一次世界大战期间，在一个化工厂研制高爆炸药。战后回蒙大拿大学任教。1921年获伯克利加利福尼亚大学化学博士学位。1923～1924年在哥本哈根大学理论物理研究所任客座研究员。1924年到约翰斯·霍普金斯大学执教。1928年任哥伦比亚大学副教授，1942年任该校原子能研究所所长。1945年任芝加哥大学教授，1952年任该校赖尔森杰出教授。1958年任加利福尼亚大学化学教授。是英国皇家学会、瑞典皇家科学院等许多著名机构外籍成员。

1931年12月在哥伦比亚大学，他和助手发现氢的同位素氘。当时已有人提出可能存在原子量为2的氢同位素，但对氢原子量的精确测定表明，如果自然界的氢中同时含有这种同位素，其含量的比例必然微乎其微。人们称这种假想的同位素为重氢。尤里推断重氢应比氢难于蒸发，于是设计了一个实验，将4 000毫升液态氢在14K的低温下缓慢蒸发，直到最后只剩下约1毫升，此时剩余物中重氢的比例必然大大增加。然后对剩余物进行光谱分析，结果在氢原子光谱中发现了微弱的新谱线，其位置正好与预计的重氢谱线相一致，从而发现了重氢，它被命名为氘。由于这一重要发现，他获得1934年诺贝尔化学奖。

1933年起，致力于应用光谱数据计算和研究同位素的热力学性质。还提出如下见解：较重同位素比它的较轻孪生原子进行化学反应要稍微慢些。利用这种差异，他在20世纪30年代末获得氧、氮、碳、硫等多种元素的同位素。

第二次世界大战期间，1940年起参与实施曼哈顿计划，负责研究原子弹的同位素分离，例如如何从大量普通的铀^{238}U中分离出其同位素^{235}U，以及如何大规模获得用于中子减速剂的重水（氘氧化物）等制造原子弹的关键问题。战后1945～1958年，继续在芝加哥大学从事核化学研究，提取氢的另一种同位素氚，被用于制造氢弹。

在核化学研究中，战后开始逐步转向地球物理学和宇宙化学的研究。1947年，他发现古海洋贝壳内的碳酸钙中氧的同位素比例稍高，即$^{18}O/^{16}O$的比值稍大，而且此比值还与贝壳形成时的温度密切相关。于是通过研究不同地质层的贝壳化石中^{18}O的相对含量，推断出了漫长地质时期古海洋温度的变化。这种方法被称为“氧温度计”，现被广泛用于推测过去和现在的气候变化。1952年出版《行星起源和演化》的专著，书中提出了一个从化学过程来考虑的太阳系起源学说。1953年与H. 克雷格（Harmon Craig）合作，提出一种根据陨石化学组成将陨石分群的方法，这种方法至今仍被采用。

他主张宇宙间生命现象的普遍性，无机化合物转化为有机化合物是宇宙间存在的高概率的化学反应。根据这种指导思想，1952年，他的研究生米勒（S. L. Miller）在芝加哥大学成功地进行了一项实验：用电弧放电模拟太阳能源，让纯净的水、氨、甲烷和氢的混合物置于始终在不断加热的烧瓶中，使其汽化，经过电弧放电区后再冷却回到烧瓶中，如此不断循环。该密闭系统历时一星期后，发现混合物中已产生了多种氨基酸。该实验有力地验证了尤里的思想，故常被称为米勒-尤里实验。它为宇宙间生命起源问题的探索开拓了新途径。

主要著作有《原子、分子与量子》（1930年，与他人合著）、《行星的起源和演化》（1952年）等。除诺贝尔奖外，还获各国学术机构的30多种奖励，其中有1971年美国科学促进会开普勒奖章，1973年美国化学学会普里斯特利奖章等。（宣焕灿）

诺达克，W.（Noddack，Walter） 德国人，1893年8月17日生于德国柏林，1960年12月7日卒于巴伐利亚州班贝格。*元素化学、放射化学、光化学、地球化学。*

早年考入柏林大学攻读化学、物理学和数学，1920年获博士学位。1922年在H. W. 能斯脱领导的柏林大学物理工程研究所任化学实验室主任。1927年任柏林大学光化学试验所首任所长。1935年任弗赖堡大学物理化学系主任兼光学研究所所长。1941年任斯特拉斯堡大学化学教授。1945年任巴伐利亚州班贝格大学化学教授，1956年任地球化学研究所所长。

主要成就是：1925年使用x射线从铌铁矿中发现元素周期表中第75号元素，为纪念莱茵河流经德国而命名为铼（Re）。这是他和柏格、以及I. 塔克（Ida Tacke）小姐合作研究成果。后来他和塔克结了婚。他和已成为妻子的塔克（婚后改名为I. 诺达克-塔克）曾指出著名物理学家费米、哈恩等人的错误概念：元素受中子照射后必然生成原子序数增加1的新元素。她提出铀原子核在中子照射下应发生裂变，这一假说后来被证实。诺达克还研究了各种元素在地壳中乃至宇宙中的丰度，为此曾研究1 600种矿物分析数据。他对稀土族元素及其分离理论也给以极大关注。

他的第二个研究领域是光化学。曾研究X射线和α射线的照相敏感性量子值，特别注意感光着色材料的物理性质。对人眼视觉的光化学的研究，导致他重新证明三种视觉色素。（高中兴）

英戈尔德，C.（Ingold，Sir Christopher） 英国人，1893年10月28日生于英国伦敦，1970年12月8日卒于米德尔塞克斯郡爱德华尔。*有机化学、物理化学。*

1922年在伦敦大学帝国理工学院获理学博士学位。1924年被聘为利兹大学有机化学教授。1930年任

伦敦大学化学教授，1961 年退休为名誉教授。1958 年获爵士勋位。

在有机化学反应机理的研究方面卓有成就。1930～1933 年与休斯（E. D. Hughes）合作研究季铵盐的分解反应，把生成物的组分看作浓度函数，得出 4 种反应机理。用 S_N1 表示单分子亲核取代反应（一级反应）。反应分两步进行，其中卤化物的离子化变成碳鎓离子是关键性一步，然后碳鎓离子即与阴离子快速合成。用 S_N2 表示双分子亲核取代反应，反应物先形成一个过渡状态的中间复合物，然后变成 2 个产物。用 E_1 表示单分子消除反应，用 E_2 表示双分子消除反应。上述的反应机理已被无数的实验结果所证实。

此外，1926 年提出"中介"概念来解释一些有机物的物理性质。认为分子结构常常不是离子或共价式结构，而是共振状态，一种稳变异构式结构。还在芳香族亲电性取代及亲核性取代的原理证明上作了发展。对物理化学、无机化学也有贡献。

主要著作有《有机化学的结构和机理》（1953 年初版、1969 年再版）、《有机化学结构导论》（1956 年）等。多次获得荣誉，其中获 1952 年英国皇家学会皇家奖章，1962 年英国化学学会法拉第奖章，1965 年美国化学学会诺里斯奖等。 （朱啸宇）

科尔索夫，I. M.（Kolthoff, Izaak Maurits） 美国人，1894 年 2 月 11 日生于荷兰阿尔默洛，1993 年 3 月 4 日卒于美国明尼苏达州圣保罗。分析化学、物理化学、电化学。

荷兰裔犹太人。1918 年在乌得勒支大学取得哲学博士学位。后在该校任教授。1927 年移居美国，在明尼苏达大学任化学系主任，1962 年退休为荣誉教授。1958 年当选为美国国家科学院院士。

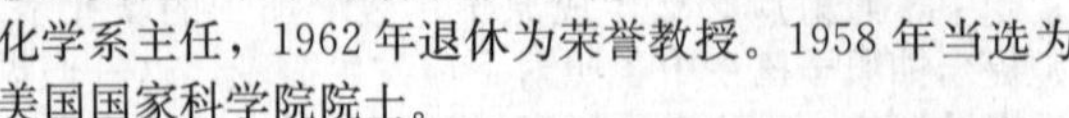

早期工作是把当时物理化学出现的新原理用以阐明分析化学原理、来源和改进分析方法。1920 年，研究分析化学中 pH 的意义，详述酸碱指示剂的 pH 值比色测定，以及说明 pH 值在工业、细菌学和分析化学上的重要性。撰写出版的《电导滴定》（1923 年）、《电位滴定》（1927 年）和《测量分析》（1927 年）等著作，把电分析法引入分析化学中。1927 年开始研究沉淀的性质，发现从浓溶液中获得的所有沉淀能产生重结晶过程，从而提出了沉淀"老化"的概念。1935 年和学生 J. J. 林根一起研究极谱学，做了大量的基础研究。1940 年第一次出版为广大分析工作者所熟悉的《极谱学》。1942 年参加了战争急需的合成橡胶研究。首先设计了使用于橡胶生产的分析方法，详述了乳浊聚合的动力学与机理，研究成功一种生产优质橡胶的"低温配方法"。1955 年领导一小组研究"诱导"反应，阐述了在乳浊聚合中形成不稳定的游离基而后开始使单体聚合的过程。1955 年以后，该小组集中于非水介质中的酸碱平衡和非水滴定，在该领域中他们写了成千篇论文，内容主要是经验性质的实验论述，并定量说明实验反应中的机理问题。

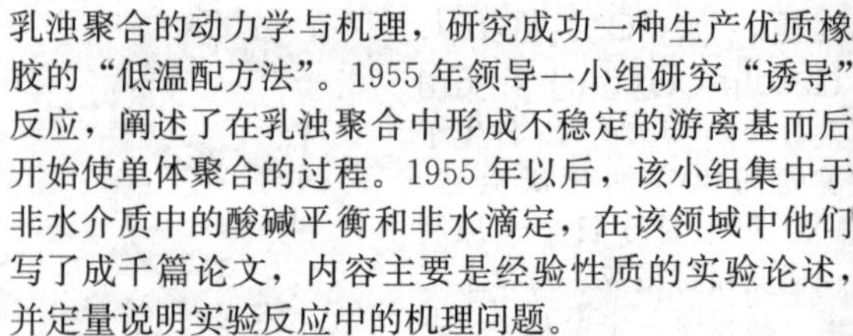

与他人合写的论文和著作多达 900 多篇（部）。还著有在世界上发行很广的《无机定量分析教程》一书。由于他在分析化学研究中一直处于领军地位，所以获得了许多荣誉，其中有美国化学学会尼科尔斯奖、费希尔奖和吉布斯奖。 （周申范）

哈米特，L. P.（Hammett, Louis Plack） 美国人，1894 年 4 月 7 日生于美国特拉华州威尔明顿，1987 年 2 月 23 日卒于新泽西州梅德福。物理化学、有机化学。

1916 年毕业于哈佛大学。后在苏黎世大学随 H. 斯陶丁格学习一年。1920 年到哥伦比亚大学当研究生，1923 年取得哲学博士学位。此后，除第二次世界大战 4 年间在宾夕法尼亚州炸药研究室研究火箭推进剂外，一直在该校工作，期间1951～1957 年任化学系主任，1961 年作为荣誉教授退休。1943 年入选美国国家科学院院士。

在理论有机化学方面，做了许多开拓性工作。首次在有机化合物结构变化与其性质之间建立了定量关系，即著名的哈米特方程式；独创的 σ-ρ 值法成为分析反应机理的有力工具。提出了酸性官能团的概念，使化学家们可在更宽广的范围内处理酸碱反应。著作《物理有机化学》（1940 年，1970 年第 2 版）是当代化学界最有影响的经典著作之一。还著有《电解质溶液》（1929 年）、《物理化学研究导论》（1952 年）等。获美国化学学会尼科尔斯奖、普里斯特利奖、吉布斯奖等多种奖励。 （董晨空）

纽伊特，D. M.（Newitt, Dudley Maurice） 英国人，1894 年 4 月 28 日生于英国伦敦，1980 年 3 月 14 日卒于英国萨里郡弗兰海姆。气体化学、物理化学、化学工程。

1921 年毕业于伦敦大学皇家理学院化学系，1924 年获该校哲学及科学双博士学位。1942 年当选为英国皇家学会会员。在伦敦大学帝国理工学院任教，1945～1965 年该院化学工程学教授。是英国化学工程师协会创始人之一，1949～1951 年任会长。期间 1956～1961 年出任伦敦大学帝国理工学院院长。当选为英国皇家学会会员。

主要成就是关于高压可燃气体的燃烧和干燥机理的探讨。如甲烷的加压氧化为甲醇；液体的干燥及造粒过程中，其表面张力及毛细管引力对潮湿颗粒中液体运动的关系。还探讨过单组分或多组分系统中压力与温度的相关性，并在合作者的协助下测定了高温、高压（800 大气压）下的蒸气热焓值。获英国化学工程师协会 1936 年默尔顿奖章、1946 年雷诺兹奖章。

（陈　东）

霍尔，L. A.　(Hall, Lloyd Augustus)　美国人，1894 年 6 月 20 日生于美国伊利诺伊州埃尔金，1971 年 6 月 2 日卒于加利福尼亚州阿尔特得纳。食物化学、化学工程、应用化学、公共卫生学。

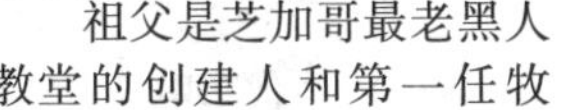

祖父是芝加哥最老黑人教堂的创建人和第一任牧师。霍尔在读中学时迷上了化学。1916 年获西北大学药物化学学士学位。毕业后通过电话联系到西部电气公司一个职位，报到时公司主管发现他是个黑人，立即表示拒聘；第一次世界大战期间，他在军队里也受到过类似的种族歧视。1916～1924 年任芝加哥市卫生局卫生化学师。1919 年受聘为英瑞尔肉类包装公司总化学师。1922～1925 年任芝加哥化工产品公司总裁兼化学主管。1924 年起先后任格里菲斯实验室顾问、技术指导兼总化学师，1959 年退休。期间 1944～1949 年在伊利诺伊州农业部和州食品委员会兼职。1954 年任美国化学家协会芝加哥分会会长，作为第一个非洲裔美国人入选该协会全国董事会董事。

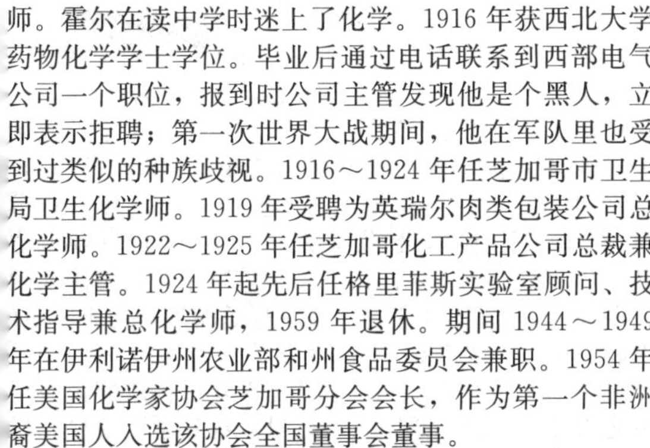

美国黑人化学家，被公认为是食品保存方法研究领域的先驱和权威之一。率先研究食品添加剂的安全性；寻求各种抗氧化剂，使食品外观和营养都得到尽可能长的保鲜保质；发明在真空室用乙烯酸消毒医用材料的工艺方法，至今仍用于医院制备消毒绷带等卫生用品。此外还在教育、出版和公共卫生管理方面做了大量工作。作为一个黑人化学家，他从未向美国社会的种族歧视风气屈服，以其杰出成就赢得美国和国际同行的承认和尊敬。一生中获得近百项发明专利；发表 50 余篇科学论文。获得美国科学促进协会、纽约科学院等组织授予的各种奖项和荣誉。

（李啸虎）

马维尔，C. S.　(Marvel, Carl Shipp)　美国人，1894 年 9 月 11 日生于美国伊利诺伊州韦恩斯维尔，1988 年 1 月 4 日卒于亚利桑那州图森。高分子化学、高温聚合物化学、化学工程、材料科学。

1915 年毕业于伊利诺伊州韦斯利安大学。1920 年在伊利诺伊大学取得哲学博士学位。留校工作 41 年，先后任助理教授、副教授、教授兼化学实验室主任等职。1961 年退休后，继续受聘于亚利桑那大学，任研究教授。作为杜邦化学公司顾问长达 50 余年。1938 年入选美国国家科学院院士。1945 年任美国化学学会会长。

作为一个训练有素的有机化学家，主要在高分子化学结构和合成方面做出很多成就。其中有：1938～1942 年研究了乙烯基单体的聚合机理；证明其单体是首尾相接的主链结构；提出许多新单体的合成和聚合方法；第二次世界大战时，他在美国大规模研究合成橡胶的活动中起着主要作用；开拓氧化还原引发体系；合成大批新的聚合物，特别是 1956 年后，为适应宇航飞行的要求，合成以聚苯并咪唑为代表的多种耐高温的合成材料，并用以取代石棉，使高温聚合物化学取得重要进展。发表论著 500 余篇（部）。获美国化学学会多种奖励，其中有 1956 年普里斯特利奖章、1964 年聚合物化学奖、1965 年珀金奖章等。

（董晨空）

庄长恭　(Zhuang Chang-gong)　字丕可。中国福建省人，1894 年（清光绪二十年）12 月 25 日生于福建泉州，1962 年 2 月 25 日卒于上海。有机化学、分析化学、化学工程。

在一位华侨资助下，1919 年赴美国芝加哥大学化学系留学，1921 年和 1924 年相继在该校获学士和博士学位。随后回国，任东北大学教授兼化学系主任。1931 年赴德国，先后在格丁根大学、慕尼黑大学从事有机化学研究。1933 年回国，在南京任中央大学理学院院长。1934 年任中央研究院化学研究所所长。1948 年当选为中央研究院院士。同年出任台湾大学校长。1949 年后，任中国科学院有机化学研究所所长。1955 年被选聘为中国科学院学部委员（院士），并任数理化学部副主任。

对甾族化合物的合成，以及对天然有机化合物结构的研究，贡献卓著。1932 年在德国格丁根大学工作时期，已开始研究麦角甾醇的结构，从麦角甾烷的氧化产物中分离出微量的去甲异胆酸，在这一工作基础上，研究出麦角甾烷的结构，并进而推测出麦角甾醇的结构。1934～1939 年主要从事与甾体有关的化合物的合成，设计甾体全合成中 CD 环的模型试验，这是合成带有角甲基的多环 α-酮及其相关物的关键。20 世纪 30 年代，他与助手们用 1-甲基-2-乙酰基-环戊烯-[1] 通过迈克尔加成反应，合成 2，4-二氧代-8-甲基全氢茚，并进一步与 1-甲基-2-乙酰基-环己烯-[1] 进行加成反应，得到具有甾体基本骨架的化合物。采用类似的方法，还合成得到反式或顺式的十氢萘 1，3-二酮。为了合成带有角甲基的双环 α-酮，他设计出一种具有普遍意义的方法，即首先合成带甲基的不饱和环烃酸，然后经过达增反应环化为带有角甲基的不饱和的 α-酮，再通过加氢催化获得带有角甲基的双环 α-酮。接着又设计出一条合成雌马甾酮的简捷而先进的路线，并取得了成功。除此以外，还与助手们致力于生物碱结构的研究，并取得许多成果。他还率先在中国建立有机微量分析。

（朱　灿）

史密斯，C. P.　(Smyth, Charles Phelps)　美国人，1895 年 2 月 10 日生于美国纽约州克林顿，1990 年 3 月 18 日卒于蒙大拿州博兹曼。电化学、物理化学。

1916 年获普林斯顿大学学士学位，翌年获硕士学位。1921 年在哈佛大学 T. W. 理查兹（美国第一个诺贝尔化学奖得主）指导下获博士学位。1920 年任普林斯顿大学化学系讲师，1923 年任助理教授，1927 年任副教授，1938 年任教授，1958 年任琼斯讲座教授，1963 年退休。第一次世界大战中，在美国国家标准局化学战署工作。第二次世界大战中，为制造第一颗原子弹的曼哈顿计划工作。1963～1978 年任美国海军研究局研究员。1933～1936 年、1952～1954 年两次任《化学物理》杂志副主编。1955 年入选美国国家科学院院士。

主要贡献是利用分子电偶极研究物质结构。应用修正的德拜公式计算了许多分子偶极矩，表明水分子不具对称性结构。后将偶极矩的研究推广到化学键极性和成键原子的电负性方面。在利用介电常数和介电弛豫时间的测定来研究物质结构等方面也有贡献。主要著作有《介电常数和分子结构》（1931 年）、《介电行为和结构》（1955 年）等。获 1947 年美国自由勋章，1954 年美国化学学会纽约分会尼科尔斯奖章。

（周忠勋）

马克，H. F.（Mark，Herman Francis） 美国人，1895 年 5 月 3 日生于奥地利维也纳，1992 年 4 月 6 日卒于美国得克萨斯州奥斯汀。高分子化学、结构化学、化学工程。

奥地利裔。父亲是著名医生，转信路德教的犹太人。第一次世界大战期间，在前线服役 45 个月。1921 年在维也纳大学获化学专业哲学博士学位。1922 年到柏林大学任教，在柏林威廉纤维研究所研究 X 射线和晶体的物理化学。1927 年在法本公司实验室工作，组织团队系统研究大分子。1932 年任维也纳大学物理化学教授，1938 年纳粹德国统治奥地利时被解雇和投入监狱。此后 2 年任加拿大渥太华国际纸张公司研究经理。1940 年任教于美国布鲁克林理工学院，1946 年任高分子研究所第一任所长，1961 年任学院院长。是《聚合物科学》杂志和《应用聚合物科学》杂志主编之一。1963 年被选为美国国家科学院院士，是美国文理科学院院士，英国皇家学会外籍会员、苏联科学院外籍院士（1966 年）。两个儿子都是大学教授，其中汉斯·马克（Hans Mark）曾任得克萨斯大学校长。

致力于用 X 射线研究高聚物分子的立体构型及结构对高聚物性能的影响。主要贡献有：①指出组成高聚物的长链按其主链为轴的自由转动使得其构型是随机的，但取某种构型的几率与链的结构细节、温度和外力存在与否有关；②在聚合反应动力学的定量实验的基础上，首先提出聚合机理的完整理论；③对大分子体系的结构和性能之间关系进行系统研究，为设计特殊要求的新聚合物提供了定性和定量的依据。

用多种语言发表大约 400 篇论文；编著或合著约 20 部著作和教材，其中有《高分子科学与技术百科全书》（1964 年第 4 版）、《巨分子》（1966 年）等。获奖甚丰，其中有 1965 年奥地利科学与艺术奖章，1966 年富兰克林学院最高奖克勒松金质奖章，1975 年美国化学学会芝加哥分会吉布斯奖，1976 年哈维奖，1979 年美国国家科学奖章，沃尔夫化学奖，1980 年珀金奖章，1988 年美国化学学会最高奖固特异奖等。

（陈民生 李啸虎）

吉奥克，W. F.（Giauque，William Francis） 美国人，1895 年 5 月 12 日生于加拿大安大略省尼亚加拉瀑布城，1982 年 3 月 28 日卒于美国加利福尼亚州伯克利。物理化学、化学热力学、低温物理学、仪器研制。

家中 3 个孩子中排行老大。早年就读于伯克利加利福尼亚大学化学学院，主修化学，还选修工程学等课程，1920 年获化学学士学位。毕业后继续在低温学导师吉布森（G. E. Gibson）指导下，进行化学热力学研究，1922 年获哲学博士学位。同年在该校化学学院任讲师，1934 年升为教授。1936 年入选美国国家科学院院士。是美国文理科学院院士。先后获哥伦比亚大学荣誉理学博士学位、加利福尼亚大学荣誉法学博士学位。

在统计热力学方面，应用气体分子有效能级对气体光谱带重新进行研究，验证量子统计学的定则；以低温使气体凝聚成液体和固体的方法，测定比热来区分计算熵或实验熵值；采用上述方法对各种气体进行多次反复试验，证明热力学第三定律的正确性；与学生用热力学第三定律仔细分析凝聚态测热的结果；对一些物质的热力学特性和自由能列表，从中发现一氧化碳和二氧化氮等分子生成的结晶有稍微相似的结果：“冻结了的”不规则的分子，用统计方法再次证明热力学第三定律的正确。

1910 年荷兰物理学家 H. 卡默林-翁纳斯利用大电池组开动真空泵蒸发液体氢进行冷却，最后得到 0.4K 的低温。1922 年，吉奥克开始研究低温熵和热力学第三定律。他根据物质的热容量在 10K 时极小的原理，把处于低温的物质的熵去掉，用磁冷却法产生低温。1924 年，他和卡默林-翁纳斯多次用磁场来进行从物质中去掉熵的研究，得出了取熵放热产生低温，绝热去磁再降温的方法，从而达到接近 0K 的结果。根据此原理设计制作了磁冷却设备。在机壳中安装顺磁物质，充入导热的氢气，电磁线圈浸在液相氢中，氢变成液相而放热，抽氢绝热，达到产生超低温的目的。增加磁化系数则可达到 0.1K。

在测量技术上，1938 年发明非晶体碳电阻温度计，它具有极大的负温度系数特性，在超低温、磁场存在时能精确测量温度，记录到了低至 0.004K 的温度；1929 年与学生约翰斯顿（H. L. Johnston）发现，大气层氧中含有少量的原子量为 17 和 18 的同位素。当时，物理学上选用氧 16 作为原子量的基准，而化学上则采用天然氧作为原子量的基准，显然这两种原子量单位是不一致的。

1939～1944年，受美国政府委托，在伯克利创建和领导一个保密机构，从事液态氧生产、汽车部件设计和制造研究。1944年继续研究低温学，重点是设计强磁场和进行磁热力学测定。

由于在化学热力学，特别是对超低温下物质研究的卓越贡献，获1949年诺贝尔化学奖。此外获美国化学学会1951年吉布斯奖、1956年刘易斯奖章等。

（刘第蜀）

富森，R. C.（Fuson，Reynold Clayton） 美国人，1895年6月1日生于美国伊利诺伊州韦克菲尔德，1979年8月4日卒于波兰弗罗茨瓦夫。有机化学、结构化学。

1920年在蒙大拿大学获学士学位。1921年在伯克利加利福尼亚大学获硕士学位。1924年在明尼苏达大学获博士学位。1927年任伊利诺伊大学化学教授，1963年退休。后在内华达大学任访问教授14年。1944年入选美国国家科学院院士。

长期从事有机化合物中的羰基化合物反应性能的研究。发现由于空间位阻影响而在正常的羰基反应中不能继续反应的一些例子。例如，三甲苯基甲基酮的卤仿反应，停止在三甲苯基三溴甲基酮阶段；联苯酰的氢化反应，由于空间位阻而停留在烯二醇阶段。这些成果促进了学术界对有机化学空间位阻效应更深入的了解。发表300余篇论文；出版《有机化合物反应》（1962年）、《有机化合物系统鉴定》（1935年初版，1964年第4版，与他人合著）。1953年获尼科尔斯奖。

（周志高）

哈拉茨，M. S.（Kharasch，Morris Selig） 美国人，1895年8月24日生于俄国乌克兰克列梅涅茨，1957年10月7日卒于美国芝加哥。有机化学、药物化学、化学工程。

俄国裔。13岁时随兄移居美国。1917年和1919年先后获芝加哥大学化学学士和博士学位。留校任教，1935年成为教授，任有机化学研究所所长。1936年参与创办《有机化学》杂志。做过《四面体》杂志的美国主编。

以研究烯烃与溴化氢的加成而闻名。20世纪20年研究有机汞衍生物，1928年获防腐剂硫柳汞（硫汞撒）专利，1931年首次被用于疫苗试剂，后一直沿用。与学生F. 梅奥发现，不存在过氧化物时的加成是正常的马尔科夫-尼科夫加成，过氧化物存在时的加成则方向相反。随后得出在过氧化物影响下加成的自由基机理，并将这些概念应用到其他反应体系。1933年发表重要论文“不饱和化学物加成反应中的过氧化物效应”。第二次世界大战中，1942年参与美国政府战时合成橡胶计划。1954年与人合作出版《非金属物质的格林尼亚反应》。1947年获总统的嘉奖；1949年又以合成烷基汞获富兰克林学院斯科特奖。1952年获美国化学学会理查兹奖章。

（温敬铨）

谢苗诺夫，Н. Н.（Семёнов，Николай Николаевич；Semenov，Nikolai Nikolaevich） 苏联人，1896年4月16日生于俄国萨拉托夫，1986年9月25日卒于莫斯科。化学动力学、链式化学、物理化学。

1917年从彼得格勒大学（今圣彼得堡大学）化学系毕业。1917年在托木斯克大学任讲师。1920～1944年历任列宁格勒工业学院的讲师、教授。期间，1920年任物理技术研究所电子现象实验室主任；1928年任教授。1939年任苏联科学院化学物理研究所所长。1944年任莫斯科国立大学教授。1932年当选为苏联科学院院士。是英国皇家学会外籍会员，匈牙利科学院、捷克斯洛伐克科学院、美国国家科学院的外籍院士。1924年结婚，有2个孩子。

是首先认识链反应在化学上具有普遍意义的科学家。链反应对氧化、裂解、卤化及聚合反应均有很重要的意义。1926年，他与同事发现：磷的氧化反应是一个链反应，它随压力、反应物密度、反应器直径及终止链反应的混合物量等表面参量变化而敏锐地激变。他们还发现链反应有临界值（极限），当上述参量中任一个低于临界极限时无链反应；当高于这个值，则反应出现链分枝，反应速度迅速增长，称链爆炸。它和热爆炸不一样，与热诱导无关，能在等温下或在低温下发生。后来的进一步研究表明，许多其他化学反应也都有类似情况。为了阐明上述情况，1928年他在“燃烧过程理论探讨”一文中，提出有里程碑意义的链反应机理：当反应物分子间开始作用时，主反应的原子和基团都有可能成为活化中心，活化中心就是链反应的开端，每一步反应后又形成1个以上新的活化中心；活化中心的死亡，使得链反应终止；若链分枝的数目超过链终止的数目，则反应速度如“雪崩”那样迅速增加；若链分枝低于终止数，则反应速度平稳，低的链反应起始速度可忽略不计。链反应的特征就是活化中心像催化剂一样能加速反应进行；然而它不是无限的增长，当遇反应器壁相撞时，活化中心消失，器壁起着中断链反应的作用。这是使链反应具有临界极限值的原因。链反应的反应速度与活化中心的浓度成正比，它符合质量作用定律。1931年他发现一种链分枝反应的新类型，即包括变质的链分枝。认为在主链反应的传播过程中生成活化中间体，而后转化为活化中心、原子或基团，即链分枝。所有的低和高分子的氧化反应都属于这种类型。理解这种类型反应，对于改进内燃机和塑料聚合过程，甚为重要。

1928年提出反应热爆炸理论，即反应过程中放出的热量大于散出的热量而使系统加热，结果加速反应并放出更多热量。这样渐进的结果导致爆炸。至1940年时，提出更明确的热爆炸理论，认为热爆炸的原因之一，是链反应导致发生的，爆炸发生的机理常常是链反应和热积累两者兼有的混合机理。为了解释低温聚合和固相加成反应速度异常的现象，1960年提出了集合相互作用理论。

发表许多物理化学方面的论文；主要著作有《化学动力学和链式反应》（1934年）、《化学动力学和反应活性的一些问题》（1959年）、《科学与社会》（1973年）。由于对气相中化学反应速度的理论，尤其关于链反应机理的研究作出卓越贡献，获1956年诺贝尔化学奖（与研究化学动力学的英国化学家C. N. 欣谢尔伍德分享）。他成为第一个获取诺贝尔奖的苏联人。

（朱啸宇）

卡罗瑟斯，W. H. （Carothers，Wallace Hume） 美国人，1896年4月27日生于美国艾奥瓦州伯林顿，1937年4月29日卒于宾夕法尼亚州费城。有机化学、合成化学工程、材料科学。

1915年进密苏里州塔基学院，1920年获学士学位。1921年在伊利诺伊大学获硕士学位，1924年在R. 亚当斯的指导下获该校博士学位。1928年到杜邦公司工作，在特拉华州威尔明顿的中心实验室领导一个由博士后研究员组成的研发团队，从事有机化学的基础研究与应用开发研究的结合。1936年当选为美国国家科学院院士，是第一位选入科学院的工业界有机化学家。因长期患抑郁症，在妹妹得肺炎去世后病情恶化，喝了有氰化钾的桔汁而自杀。

在杜邦公司工作是他一生的转折点。他在自己生命的最后9年中取得了丰硕成果，不仅对理论有机化学作出了重要贡献，而且创立了合成橡胶和合成纤维工业。他选择深入研究的第一个领域是：利用一些简单和熟知的反应如酯化和酰胺化，合成可制造纤维的高分子量聚合物；第二个领域是：研究乙烯基乙炔和二烯基乙炔化学。在这两个领域均有建树。前者大大加深了对天然和合成聚合物化学和性质的认识，开辟了新的聚合途径，发明了人造合成纤维尼龙，并促使1939年在杜邦公司建立世界上第一个生产尼龙的工厂；后者获得大量乙炔低分子量聚合物的衍生物，其中最重要的是氯丁二烯，由它可生成具有橡胶弹性的聚合物。1931年杜邦公司开始生产氯丁橡胶。一生先后发表62篇科学论文；申请获准69项美国专利。

（戴永寿）

巴杰尔，R. M. （Badger，Richard McLean） 美国人，1896年5月4日生于美国伊利诺伊州埃尔金，1974年11月26日卒于加利福尼亚州巴萨德纳。物理化学、结构化学、分子光谱学。

在澳大利亚的布里斯班、美国伊利诺伊州埃尔金学院预科班接受中等教育后，先后在埃尔金学院和西北大学继续攻读大学课程。1921年和1924年在加利福尼亚理工学院先后获学士学位和博士学位。留校任教，1929年任助理教授，1938年任副教授，1945年任化学教授，1966年退休。期间1928～1929年以美国国家研究委员会成员身份留学德国格丁根大学、柏林大学。1952年当选为美国国家科学院院士。

曾从事物理化学领域中多种学科的研究。当研究生期间，就与别人合作利用量子统计力学计算简单分子的热力学性质，1933年提出著名的“巴杰尔规则”及其方程式。在一次作为辅助工作的分子光谱实验中，因偶然的原因发现了氨（NH_3）分子的转动光谱，由此证实NH_3具塔形结构的假定。由此开始了对多原子分子（小分子和大分子，特别是蛋白质及其相关物）的结构，氢键等问题的研究。根据双原子分子的光谱数据，提出双原子分子的核间距和力常数之间周期性关系的经验定则，即巴杰尔定则。对于多原子分子，在缺少精确数据的情况下，这个定则不失其实用价值。第二次世界大战改变了他的研究方向，但利用分子光谱解决化学问题仍然是他的一个研究目标。先后发表85篇科学论文。由于对化学化工的杰出贡献，1961年获美国工业化学家协会颁发的奖章。

（陈民生）

马利肯，R. S. （Mulliken，Robert Sanderson） 美国人，1896年6月7日生于美国马萨诸塞州纽伯里波特，1986年10月31日卒于弗吉尼亚州阿灵顿。量子化学、物理化学、同位素化学。

马萨诸塞理工学院化学教授的儿子。1917年获该校学士学位。1921年获芝加哥大学物理化学博士学位。其后4年为美国国家研究委员会成员。1926年在纽约大学物理学系任教。1928年回到芝加哥大学，历任副教授、教授和杰出教授。1942～1945年主持“曼哈顿计划”信息部。1952～1954年任牛津大学富布赖特学者。1955年出任美国驻英国伦敦大使馆科学专员。1936年入选美国国家科学院院士。

和亨德（F. Hund）一道将量子力学原理应用于化学键，发展了化学键的分子轨道理论。它基于这样的思想：分子中的电子在所有核产生的场中运动。孤立原子的原子轨道组成分子轨道。可以从该分子的光谱中得到这些轨道的相关能量；而键能则可由原子轨道的交盖量或重叠量得到。

另一贡献是电负性的应用。证明了电负性可用1/2（I+E）定量地表示（I是电离能，E是电子亲和力）。研究了分子轨道的极性，得出分子偶极矩与分子轨道形状的重要关系。通过对电子光谱的量子力学理论研究，提出超共轭概念。

此外，早期对同位素分离的各种方法进行理论分析和实验研究，提出蒸发离心法；研究双原子光谱的同位素效应。

把自己称做“实验和理论之间的经纪人”，这可视为他对自己的评价。由于用分子轨道法在化学键和电子结构方面的卓越研究，他荣获1966年诺贝尔化学奖。此外还得过多种其他奖励。

（董晨空）

休克尔，E. A. A. J. （Hückel，Erich Armand Arthur Joseph） 德国人，1896年8月9日生于德国柏林夏洛腾堡，1980年2月16日卒于马尔堡。电化学、结构化学、物理化学。

内科医生之子。1914年入德国格丁根大学攻读物理学，因第一次世界大战爆发而中断学习，在该校应用力学研究所研究空气动力学及其军事应用。1918年重新攻读数学和物理学，1921年在P. J. W. 德拜的指导下获博士学位。留校任教，担任著名物理学家M. 玻恩的助手。1925～1929年在瑞士苏黎世理工大学任讲师，再度与德拜合作。期间1927～1929年在英国伦敦大学做访问学者，并拜访丹麦哥本哈根大学玻尔实验室。1930年在德国斯图加特理工大学任教。1937～1962年任教于马尔堡大学，先后任理论物理学副教授、教授。1968年当选为国际量子和分子科学院院士。是英国皇家学会外籍会员。

主要从事电化学和结构化学领域的研究。1922年，他和N. 玻恩一起研究了多原子分子转动-振动光谱。1923年和德拜一起提出强电解质溶液理论，即德拜-休克尔电解理论，推导出强电解质当量电导的数学表达式。1931年提出一种分子轨道的简化近似计算法，即休克尔分子轨道方法，主要用于π电子体系。20世纪30年代，用简单的分子轨道方法计算单环多烯烃的π电子能级，在理论上对芳香烃的电子特性作出解释，提出单环多烯烃要有芳香性，必须满足三个条件，后称为休克尔规则：①成环原子共平面或接近于平面，平面扭转不大于0.1纳米；② 环状闭合共轭体系；③环上π电子数为$4n+2$（n是大于或等于零的整数）。符合上述三个条件的环状化合物，就有芳香性。现在，凡是符合休克尔规则的环状多烯烃，称之为非苯系芳烃。此外，他还研究了具有双键和三键的不饱和化合物；研究具有未成键的自由电子的游离基等领域。1965年获哈恩奖章。（李啸虎）

杨石先（Yang Shixian） 原名绍曾。中国浙江省人，1897年（清光绪二十三年）1月8日生于浙江杭州，1985年2月19日卒于天津。有机化学、药物化学、科学管理、高等教育。

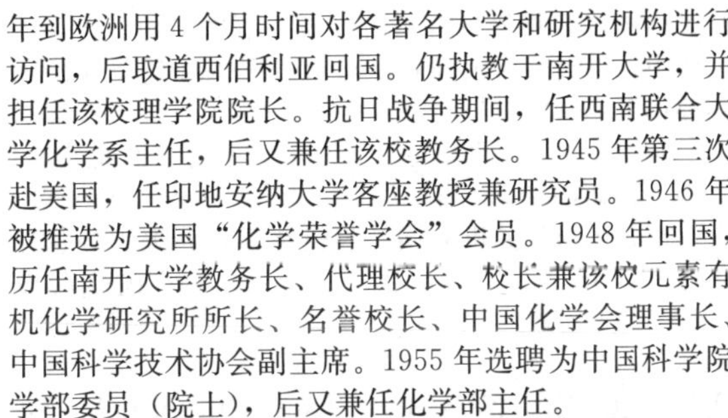

蒙古族。1910年高小毕业，考入清华留美预备学校。1918年毕业后选送美国康奈尔大学留学，先攻读农科，一年后改学化学，1922年毕业取得学士学位；留校进行有机反应机理的研究工作，1923年以论文“酚酞肟的结构”获硕士学位。同年回国，在南开大学任教。1929年再次赴美国，任耶鲁大学研究员，从事杂环化合物的合成研究，1931年以“从乙醯基二硫代碳酸酰胺和乙醯基异硫脲合成α，β'-呋二唑”论文获博士学位。因在含氮杂环化合物研究方面作出了贡献，1931年被推选为美国“科学研究荣誉学会”会员。同年到欧洲用4个月时间对各著名大学和研究机构进行访问，后取道西伯利亚回国。仍执教于南开大学，并担任该校理学院院长。抗日战争期间，任西南联合大学化学系主任，后又兼任该校教务长。1945年第三次赴美国，任印地安纳大学客座教授兼研究员。1946年被推选为美国“化学荣誉学会”会员。1948年回国，历任南开大学教务长、代理校长、校长兼该校元素有机化学研究所所长、名誉校长、中国化学会理事长、中国科学技术协会副主席。1955年选聘为中国科学院学部委员（院士），后又兼任化学部主任。

1949年前主要从事杂环化学物的合成及农药化学等方面的研究，并在含氮杂环化合物的研究上作出了新贡献。后因考虑到世界农药发展的新趋势，首先在中国开展有机农药研究，经筛选出来的含氯丙烯季胺盐类新植物激素——矮健素，能使小麦、棉花增产10%～20%，并可增强作物抗旱抗碱能力。他领导研究所研制的三种有机磷农药，获1966年国家科学与技术进步奖一等奖。还研制成功杀虫剂久效磷、螟铃畏，除草剂燕麦敌、胺草磷，杀菌剂叶枯净等农药。在元素有机化学的理论研究等方面，也取得了可喜的进展。主持胰岛素全合成总评会议，为指导科学研究作出了重要贡献。

从事教育工作60年，学生中有唐敖庆、蒋明谦、何炳林等著名化学家。早在20世纪20年代，就编写大学教材《无机化学》和《有机化学》。重要学术论文有“酚酞肟的结构”（1923年）、“抗虐药物‘常山’”（1948年）、“磷有机杀虫剂对温血动物毒性表”（1962年）等40多篇。主编出版《世界农药进展》（2卷，1975～1978年）等。治学勤奋、严谨，摘录资料卡片达10余万张。喜爱养花，并常写诗以自娱。（唐 炯）

哈塞尔，O. （Hassel，Odd） 挪威人，1897年5月17日生于挪威奥斯陆，1981年5月11日卒于同地。有机化学、物理化学、结构化学。

1920年在奥斯陆大学毕业后，相继在巴黎大学、奥斯陆大学、慕尼黑大学和柏林大学深造。1924年在柏林大学获博士学位。1925年在奥斯陆大学供职，1934年任该校物理化学系教授兼系主任。1943～1945年期间，该校被德军占领，和同事一起被囚禁。1964年从奥斯陆大学退休，但仍致力于研究。1933年当选为挪威皇家科学院院士。1950年和1960年分别获得哥本哈根大学、斯德哥尔摩大学的荣誉博士学位。

主要致力于环己烷分子的三维空间构型的分析，1943年用电子衍射法研究环己烷的分子结构，发现环己烷各个键角都非常接近109°28′，从而证明无张力环学说的正确性。进行一系列实验，也证明该学说的正确性；指出在气相或液相中，环己烷分子都是稳定的椅式结构，而所预期的船式结构是不稳定的。在早期工作中，对吸附指示剂和氨与水分子的取代反应的研究都作出了杰出贡献。

先后发表250多篇论文，有《结构化学论文选编》（1967年）；主要著作有《晶体化学》（1934年）等。由于把分子构象分析应用于有机化学，促进了环状化合物立体化学的发展，和D. H. R. 巴顿一起获1969年诺贝尔化学奖。（陈民生）

沃纳，J. C.（Warner，John Christian） 美国人，1897年5月28日生于美国印第安纳州戈申，1989年4月12日卒。电化学、化学动力学、物理化学、石油化工。

1919年获印第安纳大学学士学位，1921年和1923年分别获硕士和博士学位。曾两次中断学习受雇于石油化学工业。1926年任教卡内基理工学院，1938年任该校化学系教授兼系主任，1945年任研究生院教务长，1950年任学院院长，1965年任名誉院长。1952年任美国电化学学会会长。1956年任美国化学学会会长。1952～1964年任美国原子能委员会总咨询委员会成员。1956年入选美国国家科学院院士。

他投身科学的时代正是物理化学迅速发展时期，对分子的偶极矩等许多课题作了评论性综述，并以此作为研究生授课内容达25年之久。致力于溶液反应动力学的研究，如溶剂的离子强度和介电常数对武勒反应的速度影响；将气体双分子反应碰撞理论动力学方程应用于研究溶液中分子、双分子反应，提出其反应速率与离子强度和溶剂介电常数密切有关。获1945年美国化学学会奖金，1953年美国化学家协会金质奖章。（周忠勋）

维蒂希，G.（Wittig，Georg） 德国人，1897年6月16日生于德国柏林，1987年8月26日卒于海德堡。有机化学、化学工程。

柏林大学教授的儿子。1916年入蒂宾根大学学习。因世界大战爆发而辍学入伍，当了英国人的战俘。1923年获马尔堡大学化学博士学位。留校任教。1932年任不伦瑞克高等技术学校教授。1937～1944年任弗赖堡大学讲师、编外教授。1944年任蒂宾根大学教授兼有机化学系主任、化学研究所所长。1956～1967年任教于海德堡大学，1965年接任化学研究所所长，1967年退休。是德国巴伐利亚科学院、海德堡科学院院士。获巴黎大学、蒂宾根大学和汉堡大学的荣誉博士学位。是许多其他国家科学院外籍院士、化学学会荣誉会员。

他的化学生涯始于环张力、双自由基的生成和价键互变异构的研究，但是兴趣很快转移到碳负离子化学这个使人迷恋的新领域。继发现卤素-金属交换反应后，从事叶立德化学的基础研究。同时由实验发现有重要理论意义的活泼中间体去氢苯，用于捕集去氢苯的狄尔斯-阿尔德反应后来成为十分有用的合成方法。在研究第五主族元素的五芳基衍生物时，于1953年发现了磷叶立德。发现由磷叶立德和羰基反应生成烯烃的“维蒂希反应”，可以在温和条件下进行，而且生成的碳-碳双键位置确定，已广泛用于烯烃合成，特别是合成具有一定构型的天然产物，如维生素D_2、维生素A和前列腺素等，有的已用于大规模工业生产。在广泛研究金属取代的西佛碱的基础上，提出定向醇醛缩合反应。用这种反应可获得醛的α-碳加成到酮的羰基碳原子上的产物，在合成上有重要应用。

著作有《立体化学》（1930年）等。在国内和国际上多次获奖，其中有1953年德国化学学会拜耳奖，1973年美国化学学会阿当姆斯奖，1980年德国名人十字勋章；由于发明极为有用的有机合成试剂维蒂希试剂和发现维蒂希反应，他与H. C. 布朗一起获1979年诺贝尔化学奖。（温敬铨）

欣谢尔伍德，C. N.（Hinshelwood，Sir Cyril Norman） 英国人，1897年6月19日生于英国伦敦，1967年10月9日卒于同地。化学动力学、物理化学、生物化学。

是N. M. 欣谢尔伍德（Norman MacMillan Hinshelwood）的独生子。起初在伦敦威斯敏斯特市立中学读书。第一次世界大战期间，1916年到昆斯费里兵工厂工作3年。1919年获奖学金进牛津大学巴利奥尔学院学习，1920年毕业。1921～1937年任教于牛津大学三一学院，期间1924年获该校化学博士学位，1931年任巴利奥尔学院实验室主任，1937年任牛津大学化学教授和埃克塞特学院研究员，1964年退休。同年担任伦敦大学帝国理工学院高级研究员。1929年当选为英国皇家学会会员，1955～1960年任会长。1948年任英国化学学会会长。同年受封为爵士。

以对化学动力学的理论和实验发展所作的广泛而全面的贡献闻名于世。1920年代中期，他和H. 汤普森开始对丙醛的分解进行研究。他们发现在低压时反应速度下降，而在高压下分解速度比根据林德曼碰撞活化理论计算的结果为高。他补充修正了林德曼理论，提出多原子分子的内能可以对活化能作出贡献的假定。这是对发展化学动力学最重要的理论贡献之一。在对烃、醚及酮的热解研究中，揭示了一氧化氮和丙烯的抑止作用。这些物质存在时出现了一个极限的分解速度，被解释为同时存在着自由基过程和分子分解作用。当自由基过程被添加的气体阻抑时，仍然存在有分子的分解作用。20世纪20年代中期和后期，着手研究当有或没有各种添加气体存在时氢氧之间的均相反应。发现在低温时反应是表面催化的，在高温时是表面抑止的。这一发现为阐明各种临界爆炸极限铺平了道路。1946 年，他在英国皇家学会贝克里安讲座的演讲中总结了这些结果。还研究多相及均相催化反应、非水溶剂中取代芳香化合物分子的动力学，以及细菌细胞动力学。他研究了细菌的习性，阐述了细菌中酶反应的机制。

主要著作有《气态系统中的化学反应动力学》（1926 年）、《氢氧反应》（1934 年）、《细菌细胞的化学动力学》（1946 年）、《物理化学的结构》（1951 年）、《细菌细胞的生长、功能与规则》（1966 年，与他人合著）等。因在化学动力学研究领域取得的成就，尤其是对氢-氧爆炸物这一复杂反应体系的阐述，他与研究链反应机理的 H. H. 谢苗诺夫分享 1956 年诺贝尔化学奖。（李 邨）

赖克斯坦，T.（Reichstein，Tadeus） 一译赖希施泰因。瑞士人，1897 年 7 月 20 日生于波兰弗沃茨瓦韦克，1996 年 8 月 1 日卒于瑞士巴塞尔。有机化学、药物化学、生物化学、分析化学。

波兰裔犹太族。工程师的儿子。1914 年入瑞士籍。曾在苏黎世联邦理工学院攻读化学，1920 年毕业；1922 年在 H. 施陶丁格指导下获得哲学博士学位。同年在一家化学工业公司任职。1929 年回苏黎世联邦理工学院任有机化学与生理化学讲师，1933 年任助理教授，1934 年任编外教授。1937 年任巴塞尔大学副教授，1938 年任药物化学教授，兼任药物研究所所长，1946 年兼任有机化学教授；1952 年参与筹建新的有机化学研究所，1960 年任所长；退休后仍继续指导研究生。1952 年当选为美国国家科学院外籍院士。同年当选为英国皇家学会外籍会员。1947 年获巴黎大学索邦学院荣誉博士学位。

1934 年开始研究肾上腺激素，翌年第一篇论文发表。然而此项研究非常复杂，故研究一直延续至 1956 年。肾上腺皮质激素的作用是在“阿的逊”病中发现的，人们发现它对控制人体内器官心脏、糖的新陈代谢、性的特征和神经感应作用十分重要。他从皮质中获得 40 种以上这类物质。并从其中分离出 30 种，首次合成了其中大部分的物质。他在研究肾上腺皮质激素的结构、性质及其有关的物质方面，作出了卓越贡献。1946 年提出单一的激素至少由 29 个类固醇组成的观点，并确定其性质，澄清其组分与结构。后来发现，它们对人体生理来说都是肾上腺分泌物中最重要的化合物。在肾上腺激素组分和结构方面作出的进一步澄清工作，促进了美国有机化学家 L. H. 萨雷特首次用分步合成法制得可的松。可的松对治疗风湿性关节炎卓有成效。这是他和 E. S. 肯德尔、P. S. 亨奇在分离可的松并发现它的疗效价值方面通力合作的结果，为此他们三人分享了 1950 年诺贝尔生理学或医学奖。

此外，1933 年首次成功合成抗坏血酸（Vc）。同年还研发改进 Vc 生产的新工艺，该法至今仍是批量生产 Vc 的方法。通过对咖啡、菊苣的芳烃结构的研究，进一步研究呋喃和焦木衍生物。在 20 世纪 30 年代初期，虽然一些国家的文献详述的包含呋喃衍生物的 Vc 的结构是错误的，但他获得了成功。

1953～1954 年和其他人合作，首次离析出醛甾酮并阐明其结构。它对人体的盐和水的供给起着重要作用。还研究了在调节心脏方面起重要作用的毛地黄。（朱啸宇 陶其恒）

威科夫，R. W. G.（Wyckoff，Ralph Walter Graystone） 美国人，1897 年 8 月 9 日生于美国纽约州杰尼瓦，1994 年 11 月 3 日卒于亚利桑那州图森。晶体化学、病毒学、生物化学、仪器研制。

法官之子。1916 年获霍尔巴特大学理学士学位。1919 年获康奈尔大学博士学位。留校任教。1927 年到纽约洛克菲勒医学研究院（今洛克菲勒大学）任研究员。1937 年供职于一家工业公司实验室。1943 年起去密歇根大学、密歇根州公共卫生署工作。1946 年供职于美国国家公共卫生研究院。1959～1977 年在亚利桑那大学任微生物学与物理学教授。1948 年参与创建晶体学国际联合会，1951～1957 年任副主席、主席。1949 年入选美国国家科学院院士。是荷兰、印度、法国等国科学院外籍院士。

主要从事固体精细结构的研究。起初是用 X 射线对无机晶体进行研究，后来转向有机晶体，继而对结晶蛋白质一类生化物质产生浓厚持久的兴趣。用自制的气动超速离心机首次提纯了病毒；最早发明病毒疫苗，并作为一次大规模试验，在病毒性马脑脊髓炎大流行时候成功地挽救了无数马匹。和 R. C. 威廉斯（Robley C. Williams）一起发明电子显微金属造影法。他用此法从研究单个病毒及蛋白质微粒的形态开始，在长达 10 余年的研究中取得了丰硕成果，特别是直接展示了这类物质晶体结构中的分子定向排列。还证实胶原蛋白结构竟然能超越地质年代而残存在化石中。

发表论文 400 余篇；主要著作有《导致空间群理论的分析表述》（1922 年）、《晶体结构》（1924 年）和《X 射线晶体学国际用表》（1935 年）等。（董晨空）

虞宏正（Yu Hongzheng） 字叔毅。中国福建省人，1897 年（清光绪二十三年）10 月 5 日生于福建闽侯，1966 年 11 月 11 日卒于陕西西安。胶体化学、物理化学、土壤化学、农业化学。

1920 年北京大学化学系毕业。先后任天津棉业专科学校教员、北京大学讲师、北京农业大学教授、北京师范大学教授，1928 年任北京大学农学院教授。1936～1937 年在德国莱比锡大学、英国伦敦大学进修。1937 年任西北临时联合大学教授。1938～1954 年任西北农学院教授。期间 1945～1947 年先后在英国剑桥大学、美国布鲁克林高分子研究所、加利福尼亚理工学院进修考察。1954年任中国科学院西北水土保持生物土壤研究所所长，兼任西北农学院土壤农业化学系主任；同年起任中国科学院西北分院筹委会委员、陕西分院副院长。曾兼任陕西化学会理事长等职。1955年选聘为中国科学院学部委员（院士）。

长期从事物理化学、农业化学的教学和研究，在胶体化学领域尤有建树。20世纪50年代起，提出和建立新分支学科——土壤热力学，受到学术界高度重视；在表面平衡热力学、电解质在溶液中的吸附、界面平衡热力学、以及有关多分子层吸附模型的统计本质等方面，均有研究成果；开展黄土高原土壤改良、水土保持研究，对中国大西北的可持续发展作出了重要贡献；主持开展新型细菌肥料、微生物固氮、同位素的农业应用，地方病与生化微量元素的研究等；对中国土壤的分类分区等尤有建树。后期主要致力于创建和组织管理西北地区的一批农业科学研究机构，为中国西北地区的农业科学研究、推广与教育事业做出了开拓性工作。有《物理化学及胶体化学》（1953年，与他人合译）等著译。

（潘益华）

诺里什，R. G. W. (Norrish, Ronald George Wreyford) 英国人，1897年11月9日生于英国剑桥，1978年6月7日卒于同地。光化学、物理化学、燃料化学、化学动力学。

1915年入读剑桥大学伊曼纽尔学院。第一次世界大战期间，作为皇家野战炮兵中尉在法国服役。重返剑桥大学后，1924年获哲学博士学位，1936年获理学博士学位。1937年任剑桥大学物理化学教授兼化学系主任，直至1965年退休。入选英国皇家学会会员。

从攻读博士学位起，终身从事光化学和化学动力学的研究，做出了许多杰出贡献。20世纪20年代，光化学及其与光谱学的关系正开始从以经验为根据的阶段发展成为自然科学的一个基础分支。对这个领域的兴趣，使他早就从事一些简单分子如过氧化氮、醛、酮及其相似物烯酮和重氮甲烷等光化学反应的研究，并且确立了羰基化合物按两种途径进行光解的机理，即一面生成自由基一面生成稳定分子。由这一研究，与班福德（C. H. Bamford）第一次从实验上证实了著名的夫兰克-拉比诺维茨效应。有关量子效率、荧光和光谱类型等研究，也为探索紫外光和可见光的光解过程与机理指出了光明前景。在结合链反应机理进行的光化学过程方面，与M. 里奇（M. Ritchie）用新的方法对氢和氯的反应进行了广泛研究，大力发展了M. 博登斯坦和D. L. 查普曼等人的工作。后阐明一些其他链反应，如三氯化氮光解和氯敏化的纯臭氧光解机理等。

在两次世界大战之间的年代里，由于H. H. 谢苗诺夫和C. N. 欣谢尔伍德的支链反应力学的概念，烃类燃烧的研究有显著的发展。在这个领域，与同事首次阐明了甲烷和乙烯燃烧的机理；利用紫外光对支链反应中间体醛的作用，他们能够容易地控制这些物质的燃烧，甚至可以将一个慢反应转变成爆炸。此外还研究过氢和烃的氧化。对乙烯系化合物和其他物质的聚合机理也进行了大量的研究。

第二次世界大战后，除继续研究燃烧和聚合外，与G. 波特一起开创了研究快速反应的闪光光解技术，从此使研究微秒和毫秒级的反应成为可能。具有光化学活性的体系在强闪光照射下瞬间离解成自由基和原子，随后在不同时间测定这些高活性短寿命物质的光谱。采用这种技术可以研究自由基的增长和消失，以及它们的反应动力学。未经惰性物质稀释的气体反应物通过吸收光能可达到很高的温度，在合适的体系中能引起爆炸；他用这种方法研究过氢、烃、氨、磷化氢和硫化氢等的爆燃和热解。在溶液中或经惰性物质稀释，反应温度可以控制，因此可以在等温条件下研究自由基和原子的反应和高振动态分子的弛豫。此外，他还用动力学光谱术成功地研究了溶液中的聚合和光解反应。

由于他与波特共同提出闪光光解技术，他们两人与提出快速反应弛豫技术的德国化学家M. 艾根分享1967年诺贝尔化学奖。此外还获许多其他奖励，如1958年英国皇家学会戴维奖章，1964年英国燃烧学会刘易斯奖章，1965年英国化学学会法拉第奖章。

（温敬铨）

布洛杰特，K. B. (Blodgett, Katharine Burr) 美国人，1898年1月10日生于美国纽约州斯克内克塔迪，1979年10月12日卒于同地。高分子化学、电气工程、技术发明。

父亲是通用电气公司专利代理人，在她出生前几周去世。她于1917年获摩尔学院物理学学士学位。1918年获芝加哥大学理科硕士学位。毕业后至1963年退休前，基本上都在通用电气公司位于斯克内克塔迪的研究实验室工作。期间1923年到英国剑桥大学卡文迪什实验室攻读，受到E. 卢瑟福悉心指导，工作十分出色，1925年成为该实验室毕业的第一位女性物理学博士。

她与物理化学家I. 朗缪尔（1932年诺贝尔化学奖获得者）长期密切合作，共同发现了某些有机分子可在水面上扩展为只有一个分子厚度的薄膜，这种单分子层被称为朗缪尔-布洛杰特分子膜。她独立地发明了一种浸渍技术，可以将这种分子膜牢固地吸附在表面平整的玻璃板或金属板上，有消除反射光的奇效；而且掌握了通过薄膜颜色测定其厚度，从而得知无反射最佳值的技术。当第一块无反射玻璃问世时，立即引起科学界、产业界和军界的重视。由于防反射涂层的厚度在制作中易于控制，且内部结构单一，不久便广泛应用于画框玻璃、光学仪器、微平版印刷术以及微电子设备等方面。

她的其他创新成果也不少。例如：在第二次世界大战中，发明机翼除冰器，研制更简便有效的防护性烟幕，有效减少了盟军的伤亡人数；提高电灯泡钨丝发光效率和使用寿命；发明气象气球用的湿度计；在玻璃表面附加导体和半导体特性的涂层；霓虹灯用惰性气体提纯法等。她生活在一个妇女被排斥在科学界和工业界之外的时代，其人生经历作为范例在许多文章中被一再讨论。（李啸虎）

威廉斯，J. W.（Williams，John Warren） 美国人，1898年2月10日生于美国马萨诸塞州沃本，1988年3月5日卒于美国麦迪逊。高分子化学、物理化学、化学工程。

出身化学工程师家庭。早年入康涅狄格州哈特福德的三一学院，因第一次世界大战参加海军服役而辍学。战后入伍斯特理工学院，1921年毕业获理学士学位。1925年在威斯康星大学取得化学博士学位。一直留校任教，曾游学欧洲，向哥本哈根大学、牛津大学，以及莱比锡大学等校名师求教。1936年他建立美国第一个超离心机实验室并任首任主任；1938年任教授，1968年退休。1952年当选为美国国家科学院院士。1968年任瑞典乌普萨拉大学诺贝尔客座教授。1973年获伍斯特理工学院荣誉理学博士学位。

她的首次独立研究始于对混合液的电化学测定，研究溶质分子的极化和运动；运用超离心机离析和研究，发展沉积分析法的理论与实践；长期深入研究，生物大分子及合成有机高分子化合物，做出了出色贡献。代表作有《实验物理化学》（1969年第7版，与他人合著）等。1955年获美国化学学会肯德尔胶体化学奖。（董晨空）

小诺伊斯，W. A.（Noyes，William Albert，Jr.） 美国人，1898年4月18日生于美国印第安纳州特雷霍特，1980年11月25日卒。光化学、物理化学。

1919年获格林尼亚学院学士学位，1920年获博士学位。后来在加利福尼亚大学等4所大学任教。1939～1955年任罗切斯特大学化学系主任，1952～1956年任学院院长。1956～1958年任美国文理科学院院长。1943年入选美国国家科学院院士。

1937年开始致力于光化学研究。详细研究丙酮的光化学行为；用同位素重氢标记分子显示一些非自由基反应的过程；1947年和他人合作研究由R. G. W. 诺里什发现的一类非自由基反应的过程。

发表200余篇论文；1941年与人合作出版《气体的光化学》著作，主编《在第二次世界大战期间的科学进展》丛书第六卷：《化学》。合作主编《光化学进展》（3卷）。1954年和1957年先后获得美国化学学会普里斯特利奖、吉布斯奖。（周志高）

鲍恩，E. J.（Bowen，Edmund John） 英国人，1898年4月29日生于英国伍斯特，1980年11月19日卒于牛津。光化学、物理化学、仪器研制。

小学校长的儿子。获奖学金入牛津大学巴利奥特学院学习化学。第一次世界大战时为炮兵军官。1922年获牛津大学文科硕士学位，1947年获理学博士学位。1922年任牛津大学巴利奥特学院实验室研究员，1936年任初级学监，1966年退休后仍留校从事研究。1935年入选英国皇家学会会员。曾任英国法拉第学会会长、英国化学学会副会长。

研究工作涉及光化学、荧光和化学发光等领域。对光化学的最初研究是测定量子产率，特别是测定氯的氧化物光分解的量子产率。1936年开发荧光量子计算器，并测得芳香烃溶液的荧光产率值。1939年发现许多荧光溶液里溶解的氧气对该溶液的荧光具有可逆的猝灭作用。对分子间单态-单态电子能量转化的假说提出辩驳。代表作有《光化学》（1946年）、《化学冷光》（1968年）等。1963年获英国皇家学会戴维奖章。（楼书聪）

赫斯特，E.（Hirst，Sir Edmund） 英国人，1898年7月21日生于英国英格兰兰开夏郡普雷斯顿，1975年10月29日卒于苏格兰爱丁堡。有机化学、结构化学、药物化学。

牧师的儿子。1921年在圣安德鲁斯大学获博士学位。后留校长期任教，曾任有机化学教授和系主任（1959～1964年）。1959～1964年任爱丁堡皇家学会会长。1964年被册封为爵士。

早在学生时代就开始研究糖环，看到强硝酸能影响完全甲基化糖的控制氧化作用，这个反应可用以测定甲基苷中环系的性质。他用各种方法系统调查糖环结构，并用这些基本知识研究低聚糖和多糖结构。和W. N. 霍沃思一起证实：从肾上腺皮质等物质中分离出来的高活性“己糖醛酸”就是Vc（抗坏血酸）。1933年和同事确定它的结构；后和霍沃思共同从L-木糖酮合成它，首次完成维生素的化学合成。1948年获英国皇家学会戴维奖章。（陶其恒）

黄鸣龙（Huang Minglong） 中国江苏省人，1898年（清光绪二十四年）8月6日生于中国江苏扬州，1979年7月1日卒于上海。有机化学、药物化学、合成化工。

1918年毕业于浙江医药专科学校。1920年赴欧洲留学，先到瑞士苏黎世大学学习，1924年在德国柏林大学以“植物成分的基本化学转变”论文获博士学位。1925年回国，先后任浙江医专教授、南京市卫生署主任。1934年赴德国威茨堡大学化学研究所作客座教授；1938年到先灵药厂研究院，后转英国伦敦大学生物化学研究所作客座教授。1940年回国，任中央研究院化学研究所研究员，兼任西南联合大学化学教授。1945年去美国哈佛大学作客座教授，1949年聘任默克药厂研究员。后转道德国，1952年10月回国，任全军医学科学院化学系主任。1955年选聘为中国科学院学部委员（院士）。此后，曾任中国科学院有机化学研究所研究员，所学术委员会主任、名誉主任，国际《四面体》杂志名誉编辑，中国药学会副理事长，上海药学会名誉理事长，中国科学技术委员会计划生育专业组副组长。

进行山道年一类药物的立体化学研究。首次发现变质山道年的4个立体异构体可在酸碱作用下成圈地转变，并由此推断出山道年及4个变质山道年的相对构型。对凯西纳-沃尔弗（Kishner-Wolff）还原法进行改良，已被国际上广泛应用，并写入各国有机化学教科书中，普遍称为“黄鸣龙还原法”。对发展甾体化学和建立甾体药物工艺作出了重要贡献，是中国甾体激素药物工业的奠基人。1958年，利用薯蓣皂素为原料，七步合成可的松，并协助工业部门投产，填补了中国甾体工业的空白；在此基础上，20世纪60年代初期使许多重要的甾体激素如黄体酮、睾丸素和强的松等先后投产。同时领导研制成功甲地孕酮，作为口服避孕药；其他几种主要甾体避孕药物也在他的指导帮助下很快投产。以他为主要领导的科研项目——甾体激素的合成与甾体反应的研究，获1982年国家自然科学奖二等奖。一生发表论文近120篇。 （唐 炯）

古兰德，J. M. （Gulland，John Masson） 英国人，1898年10月14日生于英国苏格兰爱丁堡，1947年10月26日卒于英格兰戈斯维克。有机化学、生物化学、分析化学。

出身医学教授的家庭。1921年毕业于爱丁堡大学化学系。后在圣安德鲁斯大学、曼彻斯特大学工作。1924年到牛津大学任教。1936～1947年任诺丁汉大学化学教授。1945年当选为英国皇家学会会员。死于铁路交通事故。

20世纪20年代，和R. 罗宾森一起确定吗啡等生物碱的一个重要基团结构式。从1924年起，在剑桥大学与W. H. 小珀金一起研究马钱子碱和番木鳖碱。30年代兴趣转向核酸化学。可是核酸的化学结构异常复杂，他是最先用非经典化学方法研究核酸结构的学者之一。采用光谱法研究结果表明，在嘌呤苷酸中戊糖更多地在9号位结合而不是7号位。1938年和杰克逊（E. Jackson）发现核酸的酶水解，表明核糖核酸（RNA）和脱氧核糖核酸（DNA）一样，核苷酸之间是通过3′和5′位置的磷酸酯键联接的。虽然限于纯酶制备的困难，有关RNA核苷酸之间的性质尚不清楚，但是对RNA结构中3′-5′键的证明仍然被人看成是正确的。有关环状磷酸盐在RNA水解中的作用，直至1950年后才相继得到阐明。

1947年和其他人一起用电位滴定方法，证明DNA有氢键存在。这个证明是一个重要的事实。有关DNA的螺旋结构模式，L. C. 鲍林和E. J. 科里早已提出过，他们认为磷酸基团紧密地包在单螺旋内部，而碱基是呈放射状露于外部。1953年沃森和克里克共同提出DNA双螺旋模式，他们认为腺嘌呤-胸腺嘧啶、鸟嘌呤-胞嘧啶碱基对之间是以氢键相联的两条螺旋线，氢键是双螺旋线结构式的特征。他和同事通过电位滴定发现，DNA的初级碱性基团十分容易被滴定，由此证实了碱性基团位于双螺旋结构的外部。同时，他们还指出氨基和酰胺基需经强酸或强碱水解后，变成小分子才能进行测定。1947年这个现象被粘度减小与蒸气双折射的结果所证实。1953年后，一些科学家也相继用古兰德滴定法作为证明DNA双螺旋结构的方法，并用它来促进有关的晶体学研究。 （诸葛健）

温特斯坦纳，O. P. （Wintersteiner，Oskar Paul） 美国人，1898年11月15日生于奥地利穆尔河畔布鲁克，1971年8月15日卒于奥地利格拉茨。分析化学、药物化学、生物化学、化学工程。

奥地利裔。第一次世界大战期间，服役任奥地利炮兵军官。战后入读格拉茨大学，1922年获博士学位。同年留校任教。1926年到美国，先后在约翰斯·霍普金斯大学医学院、哥伦比亚大学内科与外科学院任教。1941年任斯奎布医药研究所研究部主任，后任该所科学顾问，1963年退休。但研究工作并未因此结束。1950年入选美国国家科学院院士。

一生主要从事激素的分离提纯、结构分析方面的研究。有高超的试验技巧，参与过胰岛素、黄体酮，肾上腺皮质素、雌激素等重要激素的研究与合成工作；在青霉素、链霉素等抗菌素的制备和分析方面也做出过重要贡献；对箭毒碱及其他生物碱的结构分析及药理作用作过深入研究，1941～1942年离析获得纯管箭毒碱，破译印第安人的箭毒源于植物，转用于外科麻醉用辅药。1943年获性能稳定的青霉素钠盐结晶；1945年又获链霉素雷纳克盐结晶，并降低其毒性。由于战时对青霉素工业生产工艺研究开发的贡献，1948年被授予美国总统荣誉证书。1950年获美国化学学会尼科尔斯奖章。 （董晨空）

齐格勒，K. （Ziegler，Karl） 德国人，1898年11月26日生于德国赫尔瑟，1973年8月12日卒于鲁尔河畔米尔海姆。有机化学、石油化工、高等教育。

新教牧师的儿子。在中学时便酷爱化学。1920年在马尔堡大学化学系获博士学位。1925年在法兰克福大学任教。1926年在海德堡大学任教，1927年升为教授，在该校执教10年。1936年任哈雷大学教授兼化学系主任，后任该校校长。1943年被委任为威廉皇帝研究院煤炭研究所所长，该院后改称为马克斯·普朗克研究院。1946～1951年任联邦德国化学学会会长。

对游离基化学、碱性有机化合物，以及某些多元环化合物的合成均有造诣高深的研究，尤其是对过渡金属化合物的研究做出了杰出的贡献，举世闻名的齐格勒型催化剂就是这一研究的结晶之一。

1953年在一次试验中完全出乎意料地发现，乙基铝与乙烯作用只生成丁烯-1，而乙基锂未发生分解。经过分析确认，这是由于反应釜在清釜时残存的痕量镍使一分子乙烯发生反应后即中断了烯烃插入反应，生成丁烯-1。这个情况说明，除了乙基铝外，其他金属的存在明显地影响乙烯的聚合。为了获得高分子量的聚乙烯，深入研究了乙烯聚合的各种效应，对多种过渡金属化合物的催化活性做了评选试验。1953年发现由氢气、乙烯和铝为原料制得的三乙基铝与四氯化钛组成的催化剂体系，可得到低压聚合的乙烯高聚物。这样，著名的生产聚乙烯的低压法便宣告问世。该法不仅避免采用通常所需的高温、高压条件，而且所得的聚合产品具有较高的强度和耐热性。这种催化剂被人们称为齐格勒型催化剂。后经意大利化学家G. 纳塔加以改进和发展，故又称齐格勒-纳塔型催化剂。自齐格勒型催化剂问世后，求教者络绎不绝，一时使位于莱茵河支流鲁尔河畔的米尔海姆城成为国际化学学术交流的重要场所。

发表论文200多篇。因发明齐格勒-纳塔型催化剂，和纳塔共享1963年诺贝尔化学奖。此外，1938年获李比希奖章，1954年获德国化学学会杜依斯贝格奖。为纪念他，在他工作过的马克斯·普朗克研究院煤炭研究所内，矗立着刻有齐格勒头像的巨型铜碑。

（朱啸宇）

巴兰金，A. A.（Баландин，Алексей Александрович；Balandin，Aleksey Aleksandrovich） 苏联人，1898年12月20日生于俄国西伯利亚的叶尼塞斯克，1967年5月22日卒于苏联莫斯科。*催化化学、化学动力学、石油化工。*

父亲是探矿工程师，母亲是化学家。1923年毕业于莫斯科大学数理学院。留校任教，1934年获该校化学博士学位，同年任有机化学教授，1939年任有机催化实验室主任。期间1936～1939年被下放到奥伦堡州契克罗夫镇，任成人学校数学教师。1953年任苏联科学院有机化学研究所有机催化实验室主任。1943年当选为苏联科学院通讯院士，1946年为院士。

是催化化学领域一个重要学派的奠基人。1929年创立多位催化理论。提出两个在催化过程中起决定作用的因素，即反应物分子和催化剂表面结构的相似性，及反应物分子同催化剂间有一定的能量适应关系。首次提出以形成不稳定的含有不饱和化学键络合物为特征的活化过渡状态原则。在多位理论的基础上，提出有机催化反应分类法。预测了一些新型反应。在化学动力学领域，引入一些基本概念和动力学方程。他的催化研究是同石油化学合成密切相关的。开发研究烷烃和环烷烃反应。获1936年门捷列夫二等奖，1945年苏联科学院奖，1946年斯大林奖金，1954年列宁勋章，1945年和1958年劳动红旗勋章。

（李 邨）

米勒，P. H.（Müller，Paul Hermann） 瑞士人，1899年1月12日生于瑞士索洛图恩州奥尔滕，1965年10月13日卒于巴塞尔。*有机化学、药物化学、医学。*

铁路职工的儿子。早年在巴塞尔完成基础教育。1916～1917年曾在化学工厂及实验室工作，从此与化学结下不解之缘。1919年进入巴塞尔大学，随菲克特（F. Fichter）和鲁普（H. Rupe）学习，1925年获博士学位；博士论文的题目是“间二甲代苯胺及其衍生物的化学和电化学的氧化作用”。同年任巴塞尔的泽齐染料厂化学研究员。1946年任瑞士政府农业部植物保护科学研究署副署长。1961年退休后，在家中建立私人实验室，致力于研究直至去世。1963年获得塞萨洛尼基大学荣誉博士学位。

研究初期的课题是植物色素及天然鞣革剂，用作动物的皮革保存与杀菌药物。从利用生物体开始，后把注意力转到农药上。1935年他拟定了一套旨在寻找理想杀虫剂的标准：一是对虫害有较快毒效，而对植物只有轻微的毒性；二是对动物应无毒性，无长期残留作用；三是成本低廉。但没有考虑它的稳定性及分解性。1939年9月，发现4，4′-二氯-二苯基-三氯乙烷是一种良好杀虫剂，具有强力的触杀与胃毒作用，尤其是对蚊蝇等虫害。它与天然杀虫剂例如除虫菊酯和鱼藤酮相比，后者经短时间光照和氧化就全部破坏，而前者人工杀虫剂性能十分稳定，把它命名为DDT。其实早在1873年已有人制备了DDT，但对其生理药物性质一无所知。1940年3月，他在瑞士获得生产DDT的专利权；1942年工业品DDT首次问市。根据使用结果，尤其是第二次世界大战后在地中海的蚊子传染疟疾病患区，采用DDT后发病率很快下降了，于是便得到了广泛的应用。

由于在研究DDT对病疫虫害上所作出的卓越贡献，获1948年诺贝尔生理学或医学奖。当时他在确定理想的杀虫剂的标准时，并未想到在各种生物体中杀虫剂允许达到的残留累积危险剂量问题。当DDT用途日益增长时，经40余年使用结果，证明它极不易被生物和自然环境分解，容易残留下来，其累积毒性已危及生物及人类健康。DDT的严重污染问题迫使人们对其生产实行必要的限制。自1971年以后，许多国家相继宣布禁用，以利保护生态环境。

（朱啸宇）

库恩，W.（Kuhn，Werner） 瑞士人，1899年2月6日生于瑞士苏黎世附近毛尔，1963年8月27日卒于巴塞尔。*物理化学、光化学、同位素化学。*

早年毕业于苏黎世联邦理工大学化工专业，1924年获物理化学博士学位。毕业后在哥本哈根大学理论物理研究所任研究员；毕生对N. 玻尔十分崇敬。

1936年任基尔大学教授。1939年回到瑞士，在巴塞尔大学物理化学研究所任教授。1955～1956年任巴塞尔大学校长。1957～1961年任国际理论和应用化学联合会物理化学委员会主席。

1925年发表重要论文“论由一种状态所引起的吸收谱线总强度”，几乎主要研究领域是旋光性和大分子。在光色散研究中，与托马斯（W. Thomas）同时分别提出著名的“f和定理”，即同一能级电子所有跃迁的电矩平方和公式。1928～1930年，提出天然旋光性的模型解释；根据溶液粘度计算结果提出分子是呈卷绕的链状的，由此解释了诸如在肌肉中发生的化学能和机械能间的转换。1932年与他人合作，用光化学方法部分分离了同位素^{35}Cl和^{37}Cl。20世纪40年代初，发明获取重水的高效方法。他的分离理论有助于解释一些重要的生物物理化学过程，例如肾脏中尿浓缩和鱼气胞中高压气体产生的机理。（温敬铨）

菲泽，L. F.（Fieser，Louis Frederick） 美国人，1899年4月7日生于美国俄亥俄州哥伦布，1977年7月25日卒于马萨诸塞州坎布里奇。有机化学、化学工程。

1920年在威廉斯学院获学士学位。1924年获哈佛大学哲学博士学位。后在德国法兰克福大学、英国牛津大学作博士后研究。1925～1930年任美国布林莫尔学院化学教授。后转入哈佛大学，1939年任教授。1940年当选为美国国家科学院院士。

从合成苯醌衍生物和研究各种醌-氢醌半电池电位开始其科学生涯。对醌类的结构、性质、合成方法有详尽的研究和重要贡献。首次合成天然醌颜料拉帕醇。合成了1，2，5，6-二苯稠蒽等多种致癌物。通过合成和分析等周详的试验，证实了维生素K_1的结构。第二次世界大战中，参与研发凝固汽油弹等多种燃烧弹。发表论文约340篇；著有《有机化学》（1956年，第2版）、《甾体》（1959年，第4版）、《高等有机化学》（1961年）、《有机化学实验》（1964年）、《有机合成试剂》（6卷，1967～1977年）等多种专著。曾获美国工业制造化学家协会奖等多种奖项。（董晨空　龚建平）

朱利安，P. L.（Julian，Percy Lavon） 美国人，1899年4月11日生于美国亚拉巴马州蒙哥马利，1975年4月19日卒于伊利诺伊州沃基根。有机化学、药物化学、化学工程。

非洲裔后代，祖父母曾是奴隶。经过三代努力，他的兄弟都成了医生，而姐妹均获得硕士学位。1920年获印第安那州德波大学化学学士学位。同年到田纳西州菲斯克大学教化学。1923年获哈佛大学有机化学硕士学位。同年在西弗吉尼亚州立学院任教。1929年去奥地利留学，1932年获维也纳大学化学博士学位。同年回到母校德波大学任教。1936年转入工业界，任格利登公司研究部主任、首席化学家。1954～1961年自办公司，创办著名的朱利安试验室，独立而成功地开拓了自己的事业。1973年入选美国国家科学院院士。接受近20个国内外大学的荣誉博士学位。

卓越贡献是对天然类固醇分离和合成工业化的开创性研究、孕酮和各种可的松激素工业化生产的实现。20世纪30年代，他在德波大学完成毒扁豆碱的人工合成，这是一种治疗青光眼疾病的主要药物。尽管他在科学界的声望不断扩大，但由于他是黑人，仍被数所院校拒绝接纳为教员。50年代，他在自己的实验室研究大豆的多种成分及其作用，无意中发现了一种低廉合成可的松的方法。1956年公开发表有关可的松衍生物合成的论文，引起有机化学界和药物界的瞩目，但也遭到一些公司对他的攻击和威胁，因为他们不再能在可的松生产中获得暴利。

发表论文50余篇；有多项专利。1968年获美国化学学会化学先锋奖。1972年他的头像被印在美国邮票上；还有几所学校和实验室以他的名字命名；芝加哥奥克公园村以他的生日为假日。（董晨空　李啸虎）

恽子强（Yun Ziqiang） 原姓名恽代贤。中国湖北省人，1899年（清光绪二十五年）4月28日生于湖北武昌，1963年2月22日卒于北京。化学教育、科技管理、科学传播。

祖籍江苏武进。出身书香门第。早期著名政治活动家恽代英的四弟。1920年毕业于南京高等师范学校数理化部。留校任教并在职进修，1924年毕业于东南大学化学系。早年深受其兄恽代英的影响，曾从事地下革命工作。后为上海中法大学化学教授。1942年到苏北参加新四军，创办医学院和筹建制药厂。1943年到延安，历任延安自然科学院副院长、晋察冀工业专门学校校长、晋察冀化工研究所所长、华北工学院副院长等职。1949年以后，先后担任中国科学院办公厅副主任、编译局副局长、中国科学院东北分院副院长等职。曾兼任中国化学会副理事长、《科学通报》主编和《化学通报》主编等职。1955年选聘为中国科学院学部委员（院士），曾任数理化学部副主任。

从事化学化工教育与研究、科学传播和科学技术管理领域的工作，长期担任科学组织工作和领导管理工作。他始终坚持科学知识为现实服务的方向。在战争年代，为促进陕甘宁边区工业生产和保证抗战胜利，为支援解放战争，为新中国建设培养后备科学技术力量，均作出了贡献。1944年被评为“甲等模范工作者”。1949年后，参与筹建全国自然科学专门学会联合会；参与组建中国科学院学部；十分热心学术团体和学术刊物工作；参与制定中国第一个发展科学技术的远景规划即十二年规划（1956～1967年）；为发展中国科学技术和培养人才奠定了基础，在组织科学技术队伍为国民经济和国防建设服务等方面作出了贡献。（潘益华）

曾昭抡（Zeng Zhaolun） 字叔伟。中国湖南省人，1899年（清光绪二十五年）5月25日生于湖南湘乡，1967年12月8日卒于湖北武汉。结构化学、有机化学、高等教育管理。

1915年考入清华留美预备学校，以5年学完8年课程而提前毕业。1920年公费留学美国，进马萨诸塞理工学院攻读化工，3 年内学完 4 年课程，毕业后又转攻化学。1926 年以论文“有选择的衍生物在醇类、酚类、胺类及硫醇鉴定中的应用”获博士学位。当年夏回国，在南京中央大学化学系任教兼任化工系主任。1931 年到北京大学化学系任教授兼系主任。抗日战争期间，一直在昆明西南联合大学化学系任教。后在北京大学化学系任教。1949 年后，先后担任北京大学教务长兼化学系主任，教育部副部长兼高教司司长、高教部副部长，中国科学院化学研究所所长。担任《中国化学会会志》的总编辑近 20 年，曾多次当选为中国化学会会长和常务理事。曾任全国学术名词统一工作委员会化学名词审查组召集人。1955 年选聘为中国科学院学部委员（院士）。

在化学的许多领域里成就卓著。在分子结构方面，测得四氯乙烯的偶极矩为零，证明此化合物有对称的结构。在有机理论方面，提出一个计算化合物沸点的公式，指出一化合物的沸点与其所含原子的半径有关。在有机合成方面，和胡美共同合成的“对-亚硝基苯酚”这一重要成果，已载入有机化学词典，为国际化学界所采用。在分析化学方面，对马利肯的熔点测定仪作了改良，曾为中国各大学普遍采用。

在他倡导下，1964 年 11 月召开教育部直属高校元素有机化学科学讨论会，对发展中国元素有机化学起了促进作用。著名高分子化学家王葆仁、有机化学家蒋明谦、量子化学家唐敖庆等，都是他早年的助教和学生。热心于学术团体的活动，特别是对中国化学会的创建和发展，做了重要贡献。参加审订化学名词约15 000多个。一生著述甚丰。发表百余篇学术论文和其他文章；编写过数百万字讲义；编著出版《炸药制备实验法》(1934 年)、《原子与原子能》(1950 年)、《元素有机化学》(1965 年) 等几十本科技书籍。

(唐　炯)

罗西尼，F. D. (Rossini, Frederick Dominic)　美国人，1899 年 7 月 18 日生于美国宾夕法尼亚州莫农加希拉，1990 年 10 月 12 日卒于佛罗里达州朱诺比兹。实验热化学、物理化学、化学工程。

早年在卡内基理工学院攻读化学工程学，1925 年获理学学士学位，1926 年获理学硕士学位。1928 年在伯克利加利福尼亚大学获物理化学博士学位。同年起至 1950 年，供职于美国国家标准局，1934 年兼任美国石油学院研究项目经理。1950～1960 年任卡内基理工学院教授、化学系主任。1960～1971 年任教于圣母大学。1971～1978 年任教于赖斯大学。1951 年入选美国国家科学院院士。是美国文理科学院院士。还是美国和其他众多专业组织的官员。获 6 个国内外大学荣誉博士学位。

致力于热化学方面的研究。其研究内容广泛。在科学协作中，共同取得 200 多个化合物（主要是碳氢化合物）生成热的实验值，计算了相似化合物的生成热和化学平衡自由能，据此还计算出熵值，获得它们的热力学、物理和光谱性质的大量数据。提出天然石油分馏成基本碳氢化合物的定性定量简化分析法。他提纯并测定纯度和部分化合物的蒸气压。

发表 263 篇论文；合作编撰出版 11 部著作。主要著作有《化学势力学》(1950 年)、《化学价选择的化学热力学性质》(1952 年，与他人合著)、《来自石油的烃化合物》(1953 年，与他人合著)、《实验热化学》(1956 年) 等。1971 年获美国化学学会普里斯特利奖。1977 年获美国国家科学奖。获得过其他许多荣誉和奖励。

(陶其恒)

纪育沣 (Ji Yufeng)　中国浙江省人，1899 年 (清光绪二十五年) 12 月 22 日生于浙江鄞县，1982 年 5 月 18 日卒于北京。有机化学、药物化学、分析化学。

1921 年从上海沪江大学化学系毕业。后赴美国芝加哥大学深造，1923 年获硕士学位。同年进耶鲁大学攻读博士学位，不久因父病故，辍学回国。1924 年任武汉大学化学系教授。1926 年再赴美国，两年后获耶鲁大学博士学位。1928～1949 年，先后在东北大学、厦门大学、浙江大学、广西大学、上海医学院和西南联合大学等校任教授，以及在中央研究院化学研究所、北平研究院药物研究所任研究员。1949 年后，历任中国科学院化学研究所研究员、中央医学科学院药物研究所研究员、北京化学试剂研究所副所长等职。1955 年选聘为中国科学院学部委员（院士）。

20 世纪 20 年代末至 50 年代初，他先后深入研究：嘧啶环、稠合双嘧啶环、四氢嘧啶环等的成环反应；卤代嘧啶的转化；硫氰基嘧啶和双烷氧基嘧啶的重排反应；氯和过氧化氢对硫基嘧啶的氧化；胺及肼对巯基嘧啶的置换反应等；若干新类型的噻唑类的合成与转化反应。这些工作对啶、唑等类含氮杂环化合物的研究作出了贡献。

在药物化学的研究方面也很有成就。早在 20 世纪 30 年代，就对中草药紫苏、鸢尾、前胡、柴胡、大齿独活、大花淫羊藿、贝母、断肠草以及烟草等进行化学组成的分离和鉴定；研究出一种简单而准确的测定食用植物和动物的制品、中药内的维生素 C 含量的新方法。1957 年与别人合作出版两本药物化学的研究论文集《维生素 B_1 的研究》和《抗疟药物研究》。

为中国培养了许多有机化学研究人才，其中有的后来也成了中国科学院学部委员（院士），例如高怡生、王序、黄耀曾等人都曾经是他的学生。(朱　灿)

黄子卿 (Huang Ziqing)　中国广东省人，1900 年 (清光绪二十六年) 1 月 2 日生于广东梅县，1982 年 7 月 23 日卒于北京。物理化学、溶液理论。

早年考取官费赴美国留学，1924 年毕业于威斯康星大学化学系，获理学士学位。1925 年获康奈尔大学硕士学位。同年入马萨诸塞理工学院攻读博士学位，两年后因经济困难被迫结业回国。1929年任清华大学化学系教授。1934年再次赴美国，1935年获马萨诸塞理工学院博士学位。同年回国，在清华大学任教。1938年任西南联合大学化学系教授。抗战胜利后返回北平（今北京），仍在清华大学执教。1948年第三次赴美国，任加利福尼亚理工学院客座教授。1949年夏重返清华大学。1952年以后，一直在北京大学化学系任教授、物理化学教研室主任。曾任中国化学会副理事长。1955年选聘为中国科学院学部委员（院士）。

1934～1935年，在马萨诸塞理工学院攻读博士学位期间，他与导师、热力学家贝蒂（J. A. Beattie）以及另一位学者合作，共同从事水的三相点的精确测定。1938年，他们发表论文"冰-水-水蒸气三相点的测定"，被国际上公认为出色的成果，他们对三相点的测定值0.00981℃后来被国际温标会议所采纳，并被确定为国际温度标准之一。此外，20世纪30年代，他对非电解质溶液的盐效应进行了研究。60年代，与他人合作对硝基苯甲酸邻位、间位、对位的三种同分异构物进行多方面的探索；还开展"电解质-非水混合溶剂体系"的研究。

他所编撰的《物理化学》(1956年)，是中国第一部物理化学教材；另出版《电解质溶液理论导论》(1964年初版，1983年修订版）和《非电解质溶液理论导论》(1973年）两本著作，其中前者的修订版获1988年全国高等学校优秀教材奖。（朱　灿）

豪泽，C. R.（Hauser，Charles Roy） 美国人，1900年3月8日生于美国加利福尼亚州圣何塞，1970年6月6日卒于美国北卡罗来纳州达勒姆。有机化学、催化化学、化学工程。

德国移民后裔，农家子弟。1923年获佛罗里达大学化学工程学士学位，1925年获硕士学位。1928年获艾奥瓦大学有机化学博士学位。同年在宾夕法尼亚州理海大学任教员。1929年在杜克大学任讲师，1946年任教授，1970年退休。1946～1961年任美国联合碳化物化学公司顾问。1958年入选美国国家科学院院士。他的一个儿子也是有机化学家。

研究在碱性催化条件下，形成碳-碳键的有机反应中催化剂所起的作用。1937年阐明在三苯甲基钠催化下，异丁酸乙酯 的自身缩合历程。指出的乙酸乙酯自身缩合成乙酰乙酸乙酯的历程，已写入教科书。1938年提出豪泽规则："在所有已知的乙酸酯缩合反应中，除了用于引发反应的一个弱碱外，还形成一个弱碱。"和布雷斯劳（D. S. Breslow）一起，从当代理论出发，解决有关珀金反应历程中长期争论不休的问题。1951年和坎特（S. W. Kantor）发现：苄基代铵盐受碱的作用而发生的氮原子到碳原子的1，2-转移反应，而氨基钠在液氨中引起的另一类重排，产率超过90%，称为豪泽重排反应，属芳香性亲核取代历程。最大贡献是：在1957年同哈里斯（T. M. Harris）合作，发现含有多重阴离子的选择性反应，使采用其他方法难于得到的化合物变得易于制取。

发表论文450余篇。因在有机合成化学方面的创造性工作，获1957年美国化学学会佛罗里达分会奖、1962年佐治亚分会赫蒂奖，1967年美国合成有机化学制造者联合会奖等。（周志高）

沃尔弗罗姆，M. L.（Wolfrom，Melville Lawrence） 美国人，1900年4月2日生于美国俄亥俄州贝尔维尔，1969年6月20日卒于俄亥俄州哥伦布。高分子化学、化学工程。

出身大家族，具有德国和瑞士血统，家中9个孩子中最幼者，7岁丧父。1924年获俄亥俄州立大学文学士学位。1925年获西北大学理学硕士学位，1927年获理学博士学位。留校任教，1929年任讲师，1936年任副教授，1940年任教授，1948年任化学系有机化学研究部主任。1940～1945年任美国国防研究委员会官方调研员。1950年入选美国国家科学院院士。1951年入选美国文理科学院院士。

主要研究关于碳水化合物的结构与反应性。无环结构作为一种中间体存在，并在某些糖反应中可离析，这些事实在很大程度上基于他的工作。还证明糖中许多脎和脎或者全部元环，或者包含明显的互变形式结构。合成第一个酮糖，并研制出合成氨基糖的普遍方法。研究糖的辐射破坏，并根据自由基化学作出了解释。首次应用挤压色谱柱和离子交换树脂等新技术。

发表论著500余篇（部）；参与《碳水化合物化学的进展》(2卷，1945～1968年）丛书的撰写出版。获1952年美国化学学会碳水化合物分会名誉奖，1967年代顿分会帕特森奖。（陶其恒）

布罗德，W. R.（Brode，Wallace Reed） 美国人，1900年6月12日生于美国华盛顿州沃拉沃拉，1974年8月10日卒于华盛顿。有机化学、光谱学、仪器研制。

动物学教授的儿子；是三胎孪生兄弟之一，兄弟三人都是杰出科学家。1921年获惠特曼学院理学士学位，1922年获理学硕士学位，1925年获哲学博士学位。1928～1948年在俄亥俄州立大学任教，1939年任教授。第二次世界大战时期，任美国政府科学研究与发展局驻巴黎联络处主任。1948～1958年任国家标准局副局长。1958～1960年任美国国务院科学顾问，组建并任国务院科学办公室主任。是美国试验与材料学会第一任会长。1950～1960年任《美国光学会会志》主编。1961年任美国光学学会会长。1969年任美国化学学会会长。1958年与1960～1963年任美国物理学会出版社董事。1954年当选为美国国家科学院院士。

主要成就是：研究偶氮染料及其吸收光谱；设计和制造自动记录分光光度计、旋光光谱仪等多种仪器。发表论文200多篇，著作有《化学光谱》(1939年)、《有机化学实验室纲要》(1940年，与他人合著）等种多教科书和专著。1960年获美国化学学会普里斯特利奖、商业功勋奖、应用光谱学会的卓越光谱学家奖。

（周申范）

罗伯逊，J. M.（Robertson，John Monteath） 英国人，1900 年 7 月 24 日生于英国苏格兰珀思郡奥赫特拉德，1989 年 12 月 27 日卒于因弗内斯。有机化学、分析化学、晶体化学。

1923 年在博思学院和格拉斯哥大学获化学、数学和地质学学士学位。1926 年获格拉斯哥大学有机化学博士学位。先后在美国密歇根大学、伦敦皇家学院从事研究。在英国设菲尔德大学任教。第二次世界大战初在皇家空军服役。1942 年被聘任格拉斯哥大学化学教授、1970 年退休任名誉教授。

应用 X 射线分析某些有机分子的结构，发展了重原子和同晶型置换法的相测定技术，使科学家能阐明许多重要天然产物如类萜、生物碱、抗生素等的详尽分子结构。他还对较简单的芳香化合物作了精确测定，首先确定了稠环碳氢化合物中存在着确定的键长变化。1953 年出版《有机晶体和分子》。获 1960 年英国皇家学会的戴维奖。（周忠勋）

埃米特，P. H.（Emmett，Paul Hugh） 美国人，1900 年 9 月 22 日生于美国俄勒冈州波特兰，1985 年 4 月 22 日卒于同地。核化学、催化化学、物理化学、化学工程。

早年在俄勒冈农学院（今俄勒冈州立大学）求学，1922 年获化工学士学位。进入加利福尼亚理工学院研究生院，在本顿（A. F. Benton）指导下攻读表面化学，1925 年获博士学位。1925 年在俄勒冈州立大学执教。1926 年供职于华盛顿固氮研究所。1937 年任约翰斯·霍普金斯大学教授兼化工系主任，1945 年任米伦研究所高级研究员，1955 年任该校格雷斯讲座化学教授，1971 年退休。后任波特兰州立大学研究教授。1955 年入选美国国家科学院院士。接受法国里昂大学等 4 所高校荣誉博士学位。

1943 年参加曼哈顿计划，参与主持化学组，在 H. C. 尤里率领下研究扩散隔栅的制造及其化学性能，用于橡树岭国家实验室铀同位素扩散分离项目；重视碳氟化合物的研究，并将该技术转用于制造原子弹的扩散厂。1945 年指导催化剂的基本研究，并利用一些放射性元素以探讨具有潜在价值的石油工业催化剂及催化工艺。后和学生及助手们研究碳氢化合物（石油）的催化裂化和催化加氢；创制一批合金催化剂；开发微量色谱技术以快速测定各种催化剂的性能。

早期在固定氮研究所时，他就注重研究合成氨各工序中催化反应机理和催化剂性质。率先利用热扩散理论说明气固反应的平衡值与理论的差异，像 H_2—H_2O 作用于一些组合催化剂如 Fe—Fe_3O_4，FeO—Fe_3O_4，Co—CoO 等。利用离子交换及辐射性示踪原子技术，以弄清催化反应机理和催化剂特性。在研究催化剂的基本性能与作用上，最大的贡献是创立了测定微粒固体和催化剂表面积的方法，依照本顿的深冷等温吸附曲线求不同催化剂的各表面积，从而说明为何同成分的氨催化剂而具不同活性。和布鲁诺尔（Brunauer）、特勒（E. Teller）等人进而求出许多铁催化剂，在接近各自吸附气体的沸点温度下的等温吸附曲线及其数学解释方法，从而求得表面积。这种方法被称为 BET 法，至今还为全世界广泛用以测定微粒及多孔性固体的表面积。他们还研究了化学吸附和催化中的电子作用。

发表过 150 篇论文；主编出版《催化》丛书（7 卷，1954～1960 年）等。获美国化学学会 1953 年匹兹堡奖、1958 年胶体化学肯德尔奖。（陈　东）

马瑟鲍夫，M.（Macheboeuf，Michel） 法国人，1900 年 10 月 19 日生于法国沙泰勒吉永，1953 年 8 月 20 日卒于巴黎。结构化学、免疫化学、生理化学。

出身书香门第，著名内科大夫的儿子。早年在克莱蒙费朗学院、巴黎大学学习医学。1929 年任巴黎巴斯德学院的伯特兰实验室主任。波尔多大学任医学和药学教授。1942～1954 年任巴斯德学院生物化学系主任。

1928 年参加有关蛋白朊结构的研究，证实它是磷朊的混合物，其中磷被强烈地结合着。他发现类脂化合物和血浆蛋白之间的联系，在血浆蛋白中含有大量不溶于水的类脂物，可把它离析出来。这个发现已应用于临床。对结核杆菌的免疫化学作出较重要的贡献，为制造结核杆菌抗生素指出了努力方向。还是首先倡导研究细菌、病毒、酶的超高压效应的科学家之一，由他领导的实验室在血浆脂蛋白、线粒体酶及抗生素等领域中都有较出色的成就。（池贵法）

基斯塔科夫斯基，G. B.（Kistiakowsky，George Bogdan） 美国人，1900 年 11 月 18 日生于俄国乌克兰基辅，1982 年 12 月 7 日卒于美国马萨诸塞州坎布里奇。爆炸化学、光化学、化学动力学。

乌克兰裔。基辅大学法律教授的儿子。早年在基辅大学、莫斯科大学求学。1925 年在德国柏林大学 M. 博登斯坦教授指导下获得博士学位。1926 年赴美国。1930 年起任美国哈佛大学助理教授、副教授、1938 年任教授 1947～1950 年任哈佛大学化学系主任，1971 年退休。1940 年后在美国政府兼职，任国防委员会顾问；1942 年任该组织火药、炸药研究开发的负责人；1959～1961 年任美国总统科学技术特别助理；1957～1964 年任总统科学咨询委员会成员。是美国国家科学院院士，英国皇家学会外籍会员。

1942 年起在美国主持新炸药、火药及火箭推进剂的开发工作，其中有的曾用于中国的抗日战争。1943～1945 年从事原子弹引爆物的研究，发明以常规炸药起爆原子弹。第二次世界大战后，从事有关化学动力学、冲击波和分子光谱的研究。积极倡导有关弹道导弹武器的发展。常考虑核武器控制及裁军问题。

发表过约200篇论文；著作有《光化学过程》（1928年）等；另有自传《一位科学家在白宫》（1976）。获各种奖章和荣誉，其中有1946年美国总统勋章，1961年美国总统自由奖章，美国化学学会1947年尼科尔斯奖章、1960年吉布斯奖章、1972年普利斯特列奖章等。（朱啸宇）

斯特赛，E. W. R.（Steacie，Edgar William Richard） 加拿大人，1900年11月25日生于加拿大魁北克省韦斯特蒙，1962年8月28日卒于安大略省渥太华。物理化学、光化学、化学动力学、科学管理。

北爱尔兰移民的儿子。1919年在加拿大皇家陆军学院学习。1920年转入麦吉尔大学，获理学士学位，1924年获理学硕士学位，1926年获哲学博士学位。1934～1935年去德国法兰克福大学、莱比锡大学和英国伦敦大学国王学院从事博士后研究。1937年在麦吉尔大学任副教授。1939年进入加拿大国家研究委员会，1952～1962年任主席。1934年当选为加拿大皇家学会会员，1954～1955年当选为会长。

由于在光化学，特别是气相反应动力学和阐明自由基反应历程方面的成就而声誉鹊起。年复一年，许多博士后研究者到他的渥太华实验室工作，影响了整整一代的年轻化学家。主要工作是解释了有机化合物的热分解反应、光解反应，以及金属蒸气如汞、镉、锌蒸气的光敏作用；应用各种技术获得基元化学过程的动力学数据，这些均收入《原子和自由基反应》（1946年）一书中。第二次世界大战后，作为加拿大国家研究委员会主席，主持制订长远计划来发展加拿大的科学事业，努力发展该委员会的各实验室和各大学研究中心。能以巧妙的领导艺术来控制进程，从不固执己见而善于综合情况，在恰当时机提出可行的建议。

发表过许多篇文章；另撰写出版《物理化学导论》（1926年）和《自由基历程》（1946年）等著作。（陈民生）

库恩，R.（Kuhn，Richard） 德国人，1900年12月3日生于奥地利维也纳，1967年7月31日卒于德国海德堡。有机化学、生物化学、结构化学、分析化学。

在R. 维尔斯太特指导下，1922年获慕尼黑大学博士学位。不久又取得教师资格。1926年赴瑞士任苏黎世理工大学化学教授。1928年结婚，有2子4女。1929年任海德堡大学教授兼任该校威廉医学院化学研究所首任所长，1937年起任该医学院院长。曾是马克斯·普朗克学会副会长。

20世纪20年代开始研究化学，重要成果有博士论文“酶在碳水化合物代谢作用中的专属性”（1922年）、论文“淀粉酶作用机理”等。以后致力于旋光立体化学的研究。开始进行的是烯烃的加成反应，发现次氯酸与富马酸或马来酸的加成产物为氯代马来酸、以及闭环产物氧化丁二烯二酸。这个结果促使他研究联苯，特别是其邻位取代衍生物的分子内旋转障碍，得出联苯胺的2个苯环不在同一个平面内的结论。通过对邻取代联苯绕单键旋转活化能的进一步研究，提出各种取代基都有一定空间要求的定量概念，包括“位阻异构”概念。这些概念的提出远在“构象”等术语被普遍接受之前。和合作者合成出一系列2个苯环由共轭双键（—CH=CH—）$_n$ 连结起来的二苯基多烯化合物，其中 $n=3\sim5$ 的多烯是有色的，从而证实存在有色的烃类化合物。对藏红酸，胭脂树素，以及尤为重要的对类胡萝卜素的研究，进而表明自然界也存在库恩型多烯。他们还发现这些合成多烯最长波长吸收的位置与 n 有关，因此可以利用吸收峰位置来鉴定类胡萝卜素的结构。他继而致力于水溶性维生素的研究，证明从牛乳分离和结晶后得到的（称之为核黄素的）维生素 B_2 是华堡黄酶的一个组成部分，并且合成和从结构上鉴定了这种维生素。1938年，他从63 600多公升牛乳中分离出1克维生素 B_6，并对它进行了鉴定。同时还鉴定了对氨基苯甲酸和泛酸；合成出大量的类似物和可逆竞争性抑制剂（抗维生素）。因在类胡萝卜素和维生素研究上的重大成就，获1938年诺贝尔化学奖。但在当时，由于希特勒不允许德国人接受诺贝尔奖，所以库恩被迫放弃该项奖金。直到战后，他才参加了为他补办的授奖仪式，领到了诺贝尔奖奖章。

20世纪50年代起，库恩又着手研究和鉴定了各种可以有效抗感染的因子，包括从人乳分离得到的含氮低聚糖、脑神经节苷酯和马铃薯生物碱糖苷。其中最有意义的是发现流行性感冒病毒、霍乱弧菌的受体破坏酶可以裂解唾液酸低聚糖，这样人乳不同于不含唾液酸低聚糖的牛乳，具有抑制病毒的作用可以得到解释。在N-低聚糖裂解产物氨基糖的分离和合成方面，先后发表约25篇论文。此外，将自己的学术研究应用于医学和农业，也怀有浓厚的兴趣。

一生发表学术论文700余篇。获奖和荣誉称号50余次，其中包括1938年诺贝尔化学奖。（温敬铨）

艾林，H.（Eyring，Henry） 美国人，1901年2月20日生于墨西哥奇瓦瓦州科隆尼亚，1981年12月16日卒于美国犹他州盐湖城。物理化学、化学动力学。

墨西哥裔。1923年在美国亚利桑那大学获采矿工程专业学士学位，1924年获冶金专业硕士学位。1927年在伯克利加利福尼亚大学因化学专业研究获哲学博士学位。后在威斯康星大学从事博士后研究2年。这期间先与F. 丹尼尔斯合作，后又在柏林大学哈伯实验室研究一年。接着任教于伯克利加利福尼亚大学。1931～1946年在普林斯顿大学任教。1946～1966年任犹他大学研究生院院长和化学与冶金学教授，退休时获杰出化学教授荣誉称号。1963年任美国化学学会会长。1965年任美国科学促进会会长。先后获得15个荣誉博士学位。

主要贡献是在化学领域中应用量子力学和统计力学的知识，提出了绝对反应速度理论和重要的液体结构理论。它们是近代处理所有化学反应和定量研究液体热力学特性的基础。还提出和发展了旋光、质谱、生物发光，以及在柔性高聚物中的偶极与键长理论。后与合作者一起从事氧电极、腐蚀、分子结构和药物设计及反应速率、液体结构等方面的研究。

共发表600多篇论文；出版10部科学著作。还是15卷《物理化学年鉴》期刊（1956～1971年）、4卷《理论化学》和《化学进展和展望》的主编。获1963年美国化学学会吉尔伯特奖章，1966年美国国家科学奖章，1980年沃尔夫化学奖。（陈民生）

鲍林，L. C. （Pauling，Linus Carl） 美国人，1901年2月28日生于美国俄勒冈州波特兰，1994年8月19日卒于加利福尼亚州大苏尔。量子化学、晶体化学、生物化学。

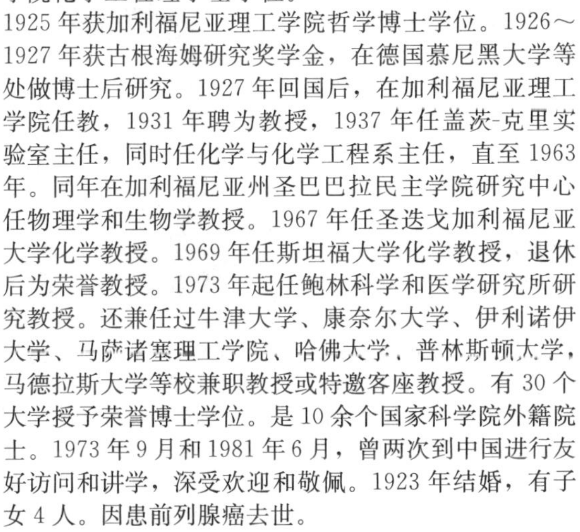

药剂师的儿子，9岁丧父。1922年获俄勒冈州立学院化学工程理学士学位。1925年获加利福尼亚理工学院哲学博士学位。1926～1927年获古根海姆研究奖学金，在德国慕尼黑大学等处做博士后研究。1927年回国后，在加利福尼亚理工学院任教，1931年聘为教授，1937年任盖茨-克里实验室主任，同时任化学与化学工程系主任，直至1963年。同年在加利福尼亚州圣巴巴拉民主学院研究中心任物理学和生物学教授。1967年任圣迭戈加利福尼亚大学化学教授。1969年任斯坦福大学化学教授，退休后为荣誉教授。1973年起任鲍林科学和医学研究所研究教授。还兼任过牛津大学、康奈尔大学、伊利诺伊大学、马萨诸塞理工学院、哈佛大学、普林斯顿大学，马德拉斯大学等校兼职教授或特邀客座教授。有30个大学授予荣誉博士学位。是10余个国家科学院外籍院士。1973年9月和1981年6月，曾两次到中国进行友好访问和讲学，深受欢迎和敬佩。1923年结婚，有子女4人。因患前列腺癌去世。

早在童年时期，注意观察其父在药房里配制粉剂和膏药的情景，对化学反应留下了深刻的印象。在加利福尼亚理工学院期间，深受化学工程教授罗兰（E. Rowland）的影响，决心继续修读博士学位。由于该校A. A. 诺伊斯教授的推荐，与他人合作研究晶体结构。当时X射线正提供大量关于分子结构、原子间距离和键角的数据。人们希望回答原子究竟是以何种特殊方式结合在一起的问题。1922～1933年期间，正当他研究分子结构问题时，德国的W. K. 海森伯、M. 玻恩，奥地利的E. 薛定谔，英国的狄拉克等共同建立了量子力学。他的研究目的是应用量子论来分析化学键的本质，而不是去做复杂的计算。1939年出版《化学键的本质》专著，总结了10多年来研究化学键的结果。1932～1957年，在任盖茨-克里林实验室主任和教授时，发表了225种有机分子结构的电子衍射图。1947年出版《普通化学》，据认为这是一部使大学化学教学发生重要变革的教材。

1949年后，他觉得生物学与化学相比还处于十分原始的状态，于是又开始进行生物领域几个课题的工作。研究了维生素C和癌症的关系，出版《维生素C与感冒》（1970年）一书。对普通麻醉作用的分子基础以及异常分子的致病作用进行研究，特别是有关镰状细胞贫血和其他遗传性的溶血性贫血的异常血红蛋白，以及有关精神病的异常酶类等的研究。这些研究工作都是把分子化学应用于生物学和医学问题，都涉及到化学键的本质。

1958年，鲍林夫妇共同向联合国递交征集到全世界11000余名科学家联署的请愿书，呼吁制止核试验和核战争。同年出版《不能再有战争》一书。1963年又因唤起公众对大气层核试验所释放的放射线危险的注意，获诺贝尔和平奖。

发表400多篇科学论文，约100篇关于社会和政治问题的文章；另出版10余本专著，如《线光谱的结构》（1930年，与S. 古兹密特合著）、《量子力学导论》（1935年，与E. B. 威尔逊合著）、《普通化学》（1947年）、《大学化学》（1950年）、《分子结构》（1964年，与他人合著）和《化学》（1975年）等。由于对化学键的本质、晶体和蛋白质结构方面的卓越贡献，获1954年诺贝尔化学奖。还获得许多其他奖励。

（朱啸宇）

捷别列迪，L. （Szebellédy，László） 匈牙利人，1901年4月20日生于匈牙利雷特沙格，1944年1月23日卒于布达佩斯。分析化学、无机化学。

1923年获布达佩斯大学药物学专业理学士学位。毕业后曾到瑞士苏黎世大学、德国莱比锡大学留学。1925年留校任L. W. 温克勒的助教，1934年任讲师，1939年提升为无机化学与分析化学教授，1944年患癌症去世。

在分析化学上的主要贡献是：利用催化超微量反应来精确地测定滴定终点，1938年发明了分析化学中被广泛应用的库仑滴定法。（周申范）

戴安邦 （Dai Anbang） 中国江苏省人，1901年（清光绪二十七年）4月30日生于江苏省丹徒县，1999年4月17日卒于南京。配位化学、无机化学、胶体化学。

1919年考入金陵大学，1924年毕业获理学士学位。留校任教。1928年留学美国，入哥伦比亚大学化学系作研究生，1929年得硕士学位，1931年以“氧化铝水溶胶的本质”论文获博士学位。同年回国，历任金陵大学化学系副教授、教授、系主任。1947年作为访问学者再次赴美国，在伊利诺伊大学从事X射线单晶衍射结构分析的研究。一年后回国，仍任教于金陵大学。从1952年起，历任南京大学化学系教授、系主任、配位化学研究所所长。1980年当选为中国科学院学部委员（院士）。是中国化学会创始人之一，担任过该会理事、常务理事，江苏省科协副主席、江苏省化学化工学会理事长。是1934年创刊的《化学》（1952年改名为《化学通报》）期刊主要创办人，任总编辑达18年之久。

是中国最早从事近代胶体化学和配位化学的研究者之一。在南京大学创建和领导了国内第一个配位化学研究所，并在化学多个领域研究上都取得了重要成果。

在胶体化学方面，1932年在美国化学学会会志上发表的博士论文中，以配位化学观点阐明了氧化铝水溶液的性质、组成、结构和生成机制。其内容被配位化学经典著作《配位化合物化学》（美国配位化学奠基人J. C. 拜勒著，1956年）一书所引用。以后又进一步用配位化学观点说明了金属轻化物溶粒子的结构和性能，并应用聚沉值法测得多价离子的电荷。

在配位化学方面，改进盐冰点降低测定分子量的方法，测定聚钨酸与聚钼酸的形成常数；聚络离子的研究解决了电缆生产的新技术问题，并打入了配位（Ⅱ）化合物反应缓慢的禁区；在国内较早开展配位化合物反应动力及生物金属配位化学的研究，特别是抗癌铂配位化合物及其性能机制的研究，意义重大。

在硅酸及其盐类的研究方面，首次提出定量和统一的理论，可阐明硅酸在水溶液中的聚合与胶凝作用。其“硅酸聚合作用理论”获得1978年全国科学大会奖、1982年国家自然科学奖二等奖。

在合成氨铁催化剂的研究方面，提出活性中心的七铁原子簇模型，使合成氨铁催化剂的性能和结构联系起来，并给予理论上的说明。这在氨的合成过程中，对氢的电荷、氯离子的致毒作用以及载体的影响等，都可作较圆满的阐明，可能为新型工业催化剂的制备提供方向。这方面的研究，获1978年全国科学大会奖。发表重要研究论文约260余篇；主编的《无机化学教程》（1958年）、《配位化学》颇有影响。

（唐　炯）

迪维尼奥，V.（Du Vigneaud, Vincent） 美国人，1901年5月18日生于美国伊利诺伊州芝加哥，1978年12月11日卒于纽约州斯卡斯代尔。有机化学、生物化学、药物化学。

1918年进入伊利诺伊大学攻读有机化学，1924年获硕士学位。1927年获罗切斯特大学哲学博士学位。1929年回伊利诺伊大学任教。1932年任华盛顿大学药学院生物化学系主任。1938年任康奈尔大学医学院生物化学系教授兼系主任。1944年入选美国国家科学院院士。1951年当选为美国生物化学家协会主席。

科学贡献很多，其中之一是1946年宣布合成青霉素G，这是一种广谱型、疗效高、毒性小的新药品。从此，人们对抗菌素的研究更加深入广泛。另一项重要贡献是合成维生素H。1942年揭示当时所谓的“生物素”其实是各种维生素。1923年后研究多肽激素，发现脑垂体后叶分泌出两种多肽激素，一种是控制人体子宫收缩的催产素，另一种是控制人体血压增高、抗利尿的增压素。这些多肽激素在人的生命过程中起着重要作用，在医学及化学上都具有深远意义。1953年合成多肽激素——催产素，这是第一个合成的蛋白质激素。还对胰岛素中的硫的作用进行研究，从事的大部分研究课题都是含硫有机物，如青霉素G、维生素H、多肽激素、胰岛素、含硫的氨基酸、蛋氨酸、高胱氨酸、及胱硫醚等。1965年揭示激素的结构与活性之间的关系。

主要著作是《关于硫化学、代谢作用及相关领域的研究》（1952年）。因在含硫有机化合物研究中取得卓越成就，特别是合成多肽激素，获1955年诺贝尔化学奖。

（池贵法　朱啸宇）

傅鹰（Fu Ying） 中国福建省人，1902年（清光绪二十八年）1月20日生于福建福州，1979年9月7日卒于北京。胶体化学、表面化学、化学热力学。

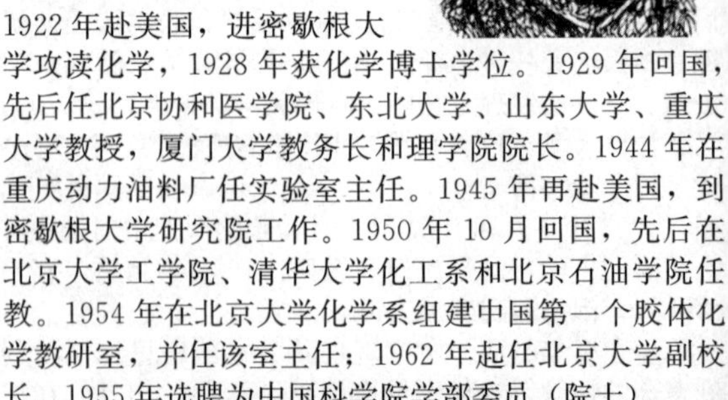

1919年在北京汇文中学毕业后，入燕京大学学习。1922年赴美国，进密歇根大学攻读化学，1928年获化学博士学位。1929年回国，先后任北京协和医学院、东北大学、山东大学、重庆大学教授，厦门大学教务长和理学院院长。1944年在重庆动力油料厂任实验室主任。1945年再赴美国，到密歇根大学研究院工作。1950年10月回国，先后在北京大学工学院、清华大学化工系和北京石油学院任教。1954年在北京大学化学系组建中国第一个胶体化学教研室，并任该室主任；1962年起任北京大学副校长。1955年选聘为中国科学院学部委员（院士）。

毕生主要研究方向是吸附作用。早在20世纪20年代，对吸附作用及影响溶液吸附的多种因素进行广泛的实验研究和理论分析，其工作已成为吸附理论的重要组成部分。1928年的博士论文“吸附研究：Ⅰ、硅胶自水溶液的吸附；Ⅱ、二元液体混合物对炭的润湿热”，其成果被美国化学家卡西迪（Cassidy）的《吸附和色谱》一书多次引用，认为其结论带有普遍意义。对胶体化学与表面化学中著名的屈劳倍（Traube）规则进行补充和修正，发现在一定条件下屈劳倍规则是可以完全颠倒的。首创的利用润湿热测定固体粉末比表面的热化学方法，比著名的BET气体吸附法要早8年。同自己指导的研究生汉森（Hansen）发现自溶液中的吸附和自气相中的吸附一样，吸附层也可以是多层的，并将BET公式合理推广应用于自溶液中的吸附。通过对固液和气液界面吸附层的考察，提出了计算表面活度系数的方法。与学生托马斯（Thomas）共同发现自溶液吸附中所特有的温度效应。还指导研究生研究气相吸附热力学，发展了一种测定多孔固体比表面的新方法。这些研究工作，大都居于当时国际先进水平，并被广泛引用于国际胶体化学与表面化学的一些专著之中。

出版《化学热力学导论》（1963年）和《大学普通化学》（1980年）等著作，《乳状液——理论与实践》（1964年）等译著。 （唐　炯）

哈斯，H. B. （Hass，Henry Bohn） 美国人，1902年1月25日生于美国俄亥俄州亨廷顿，1987年卒于长岛。*有机化学、燃料化学、石油化工。*

1925年获俄亥俄州立大学哲学博士学位。后在炼油工业任职3年，在汽油回收公司作为研究主任进行气-固色谱研究。1928年任普渡大学理学院助理教授，1937年任化学系主任。1949年离开普渡大学，任一公司的研究和发展主管。1952年任糖业研究基金会会长。后在凯洛格公司任化学研究部主任，直至68岁退休。1952年任美国糖业研究基金会会长。获得6个大学荣誉博士学位。

在以石油和天然气为基础的有机化学工业的发展上做出了重要贡献。1928年在普渡大学执教时就打下气相氯化和气相硝化研究的科学基础，从而导致许多重要发现和商业应用。发现氯化反应的成键历程，获得预测一氯化异构物比率的简单数学规则。提出用氯化丙烯（是制造氧化丙烯和丙二醇的副产品之一）生产四氯化碳和四氯乙烯的技术，并用类似的技术将另一种副产品二氯戊烷的混合物生产全氯茂，然后用迪尔斯-阿尔德反应将它加入马来酐中形成氯菌酸酐，此系耐火的树脂成分之一。对氯化的研究又导致对碳氟化合物合成的研究。第二次世界大战中，参加美国政府研制原子弹的曼哈顿计划，为田纳西州橡树岭的气体扩散工厂研发产品C_8F_{16}，当时氟化物的供应成为顺利发展原子弹的一环。

对硝化燃料化学的研究有重要成就。他想获得高产量的一硝基烷烃，用具有9个伯氢原子（难于取代）和1个叔氢原子（易被取代）的异丁烷进行硝化，但在115℃不发生硝化反应，后来就在更高的温度下进行试验，结果发现了气相硝化。以后的实验证实：正丁烷也能被硝化，这就为大量新的硝基衍生物的合成铺平道路。这项工作的一个结果是，发现所给链烷烃气相硝化不仅产生该烃的硝基衍生物，而且有所有较该烃简单的烷烃硝基衍生物。因此丙烷硝化产生的不仅有1-硝基丙烷和2-硝基丙烷，也有硝基乙烷和硝基甲烷。用此方法产生的硝基乙烷，已用于合成北极星式导弹的发射剂拼料。硝基烷烃在商业上的有效价值，导致包括杀虫剂、溶剂和增塑剂在内的石油化学产品这一新部门的形成。

1952年起研究发展蔗糖-脂肪酸酯表面活化剂。它是适合于食用的、无毒的、有营养的乳化剂和去垢剂，有预防胆固醇沉淀在动脉壁上的作用。曾获珀金奖章，美国化学家协会金质奖章、化学先驱者奖、现代先驱者奖。 （楼书聪）

孔德拉季耶夫，В. Н. （Кондратьев，Виктор Николаевич；Kondratiev，Victor N.） 苏联人，1902年2月1日生于俄国雷宾斯克，1979年2月22日卒于苏联莫斯科。*物理化学、化学动力学、分子光谱学。*

1924年毕业于列宁格勒第一理工学院。学生时期在约飞（A. F. Joffe）指导下，在列宁格勒技术物理研究院的Н. Н. 谢苗诺夫实验室开始研究工作。1925～1926年去德国格丁根大学，师从J. 弗兰克研究化学。1931年化学物理研究院成立后，和谢苗诺夫一起去那里工作，1948年成为该院副院长。1934～1941年任列宁格勒第一理工学院教授。后相继任莫斯科大学、莫斯科技术物理研究院、工程物理研究院教授。1968～1969年任国际理论化学与应用化学联合会会长。1943年当选为苏联科学院通讯院士，1953年为正式院士。

主要工作是对链和游离基反应历程和动力学的研究，特别是复杂化学反应基元步骤的速率常数的确定、活泼原子和自由基的鉴别及其浓度的测量。利用光谱技术探测到燃烧带中的游离氢氧基（OH）比其在平衡时的浓度高数倍。用电子自旋共振方法测定氢火焰中H、O和OH基的浓度。由于他的工作，使链反应理论得到了迅速发展。

主要著作有《游离氢氧基》（1939年）、《分子和原子结构》（1946年）、《气体反应化学动力学》（1958年）等13种，这些书被译成中文、法文、英文、罗马尼亚文、匈牙利文等文本出版。1945年因用光谱研究气体反应获苏联国家奖金。由于在链反应的动力学与光谱研究方面作出的出色成绩，1966年获美国化学学会匹兹堡分会刘易斯金质奖章，1967年获德国化学家协会霍夫曼奖章。 （陈民生）

斯特拉斯曼，F. F. W. （Strassmann，Fritz Friedrich Wilhelm） 德国人，1902年2月22日生于德国波帕德，1980年4月22日卒于美因茨。*放射化学、核化学、核物理学、核反应工程。*

1920年就读于汉诺威理工大学，1929年以研究气态碘在碳酸中溶解度的论文获化学博士学位。1929～1945年在柏林威廉皇帝化学研究所工作，期间1934年加入O. 哈恩所长主持的放射化学小组。1933年退出纳粹分子控制的德国化学学会，因此被列入黑名单。1945～1953年任普朗克化学研究所化学部主任。1946年起任美因茨大学无机化学与核化学教授、无机化学研究所（后改为核化学研究所）首任所长，直至退休。

主要贡献是和O. 哈恩、L. 迈特纳共同发现核裂变现象。1934年初开始，他和哈恩、L. 迈特纳研究中子轰击天然重元素后生成的放射性物质。1938年，I. 约里奥-居里在实验中发现镧（La）的同位素。受其启发，哈恩决定重复以前做过的实验，重新分析生成物。迈特纳女士因是犹太人，受纳粹迫害于同年被迫移居瑞典。他接替了迈特纳原来哈恩副手的位置，继续完成最后阶段实验。1938年12月，哈恩和他在生成物中没有找到他们原来设想的镭同位素，却首次发现其中有钡（Ba）和镧的同位素。在元素周期表里，第56号元素钡比第92号元素铀轻得多。他们认为，钡同位素的惊人出现，只能合理地解释为：铀原子遭到中子轰击后分裂产生了多个碎片，形成了较轻的原子。他们两人很快在柏林物理学刊物上发表了论文。1939年2月，迈特纳获悉此讯，也很快和外甥O. R. 弗里希（Otto Robert Frisch）发表文章，首次提出“核裂变”一词。不久，哈恩和斯特拉斯曼又发现钍核受到快中子轰击也会发生裂变。在以后数年内，他们又得到重原子裂变直接或间接产生的100个以上同位素原子，其中包括元素周期表中从硒（Se）到镨（Pr）的25种不同元素。铀的核裂变发现，使人类从此打开了原子能时代的大门。哈恩一人因此获1944年诺贝尔化学奖。其实，斯特拉斯曼和迈特纳也功不可没。他们三人共同获得1966年美国原子能委员会的费米奖。

20世纪50～60年代，他参与核聚变的Mark-Ⅱ反应堆研究。此外，参与发展了地球年代学中的铷-锶测年法。1957年，他和海森伯等18个德国科学家联合发表“格丁根宣言”，反对联邦德国发展核武器。由于他在德国纳粹政权时期冒险掩护过犹太人，在耶路撒冷纳粹大屠杀纪念馆附近林荫大道上，有一棵以他命名的纪念树，是唯一获此殊荣的德国化学家。国际天文学联合会将第19136号小行星命名为斯特拉斯曼星。

（李啸虎）

高济宇（Gao Jiyu） 中国河南省人，1902年（清光绪二十八年）5月23日生于河南舞阳，2000年4月29日卒于江苏南京。有机化学、催化化学、化学工程。

1922～1923年就读于国立交通大学唐山工学院土木工程系。1923年公费赴美国华盛顿州立大学电机系留学，1924年转入化学系。1927年毕业后进伊利诺伊大学研究生院攻读有机化学，1931年获博士学位。同年回国，任中央大学（现南京大学）副教授，后升任教授。曾任该校化学系主任、校教务长。1949年后，历任南京大学理学院院长、校教务长、副校长、校学术委员会主任等职。曾兼任中国化学会副理事长、江苏省科学技术协会副主席等职。1980年当选为中国科学院学部委员（院士）。

长期从事有机合成和有机反应等方面的研究，尤其对环化合物的合成深有造诣。早在20世纪20年代末，他在博士论文中阐述了用2，5-二溴己二酸二乙酯与氰化钠作用生成四元环的研究成果。后将其推广到二酮类化合物时却生成了含五元环的化合物，从而发现前人结论的错误。40年代，提出酮-环醇互变异构的假说。50～60年代，主持两个国防科学研究小组的工作，其学术成果未予公开发表；系统研究1，6-二酮和1，7-二酮及其衍生物的合成，证实二酮类化合物环链互变异构现象。70～80年代，研究芳香族有机汞化合物的合成；系统研究1，6-二酮和1，7-二酮的一系列成环反应；研究银、钯、钛等金属催化剂对有机反应的影响，其中发现银粉能引起α-卤代酮的多种形式二聚反应，钯催化芳基碘化物的乙烯基化反应，钛能引起4个氰基脱去两个氮而生成吡嗪环。主编有全国统编教材《有机化学》（1961年）等。

（朱　灿）

阿尔德，K.（Alder，Kurt） 德国人，1902年7月10日生于德国柯尼希斯卢特（今波兰霍茹夫），1958年6月20日卒于科隆。有机化学、结构化学、化学工程。

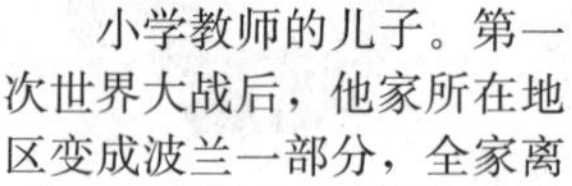

小学教师的儿子。第一次世界大战后，他家所在地区变成波兰一部分，全家离开此地到德国。在柏林读完中学后，在柏林大学、基尔大学攻读化学，1926年在基尔大学获博士学位。在O. P. H. 迪尔斯指导下发表学位论文“偶氮酯反应原因”。此后在基尔大学工作，1930年为有机化学讲师，1934年为化学讲座编外教授。1936年在勒弗库森任拜耳公司研究实验室主任。1940年任科隆大学普通化学教授兼化学研究所所长，直到去世；期间1949～1950年任理学院院长。1955年，同其他17位诺贝尔奖获得者一起发表了要求世界各国放弃战争的宣言。

在有机化学上的重要贡献是双烯合成。双烯合成方法通常称作迪尔斯-阿尔德反应，即二烯（具有共轭不饱和化合物，即双键在相邻碳原子上）和二烯亲和物（有一个被邻近酰基或羧基所活化的双键）的加成，例如丁二烯与马来酐的加成。后与自己的学生研究双烯合成的一般实验条件和合成方法的适用范围。在立体化学上，指出双烯加成发生在有顺式构型的双键上；二烯亲和物所提供的双键均是被邻近的羰基、羧基、氰基或硝基所活化了的，如没有这些处于适当位置活化基的不饱和化合物，则不能参加加成反应。还对由丁二烯聚合而成的丁钠型合成橡胶有关的聚合过程进行过研究。

迪尔斯-阿尔德反应也用于结构研究，因为它提供了用于测定共轭双键的分析方法。用环二烯形成的桥环化合物，与天然存在的萜烯类物质如樟脑和降樟脑是密切有关的。双烯合成提供了一个制备上述化合物的合成方法，从而促进了对萜烯化学的了解。由于上述贡献，和迪尔斯共获1950年诺贝尔化学奖。

双烯合成具有广泛的用途，它不仅用于实验室合成，也可用于商业生产上。用迪尔斯-阿尔德反应制备的商业产品有染料、药品、杀虫剂（例如狄氏剂、艾氏剂、氯丹）、润滑油、干燥油、合成橡胶和塑料等。主要著作有：《有机化学制备新方法》（1948年）、《双烯合成》（1949年）等。（楼书聪　朱啸宇）

蒂塞留斯，A. W. K.（Tiselius，Arne Wilhelm Kaurin）　瑞典人，1902年8月10日生于瑞典斯德哥尔摩，1971年10月29日卒于乌普萨拉。分析化学、蛋白质化学、生物化学、仪器研制。

出身斯德哥尔摩一个科学世家。在西海岸哥德堡长大，从小过着优裕的生活，对学习没有多大兴趣，中小学时的学习成绩平常。进入乌普萨拉大学后，学业大进，跃为化学系的高材生。1925年毕业后留任助教，担任著名物理化学家、1926年诺贝尔化学奖获得者T.斯韦德伯格的研究助理。1931年获该校博士学位。代替斯韦德伯格在各大学设立的讲座进行讲授。1934～1935年应邀到美国讲学一年，后又应邀到各大学作学术演讲或专题讲座。1937年回到乌普萨拉大学，任专设的生物化学教授，后任生物化学分析方法开发中心首任主任。1946年～1950任瑞典国家科学研究委员会主席。1947年任诺贝尔基金会副主席，1960年任主席。1951年任皮尔与阿比德国际联合化学研究所所长。1951～1955年当选为国际理论化学与应用化学联合会会长。获得国外多种名誉院士、教授、科学博士等荣誉，其中1949年当选为美国国家科学院外籍院士。

1925年在担任斯韦德伯格的研究助理时，对蛋白质的研究使他注意到研究生物学系统采用和缓方法的重要性，超速离心机利用大小不同的分子以不同速度运动进行分离，可避免损害和破坏对生命所必须的物质，进而研发一种和缓的分离方法——电泳法。1930年在实验中发现，当胶体或高分子溶液在电场作用下，分散在液体中的粒子或分子按照各自所带电荷向不同电极浮动，而电荷又决定了周围介质的组成，粒子移动的速度则取决于所带的电荷、粒子大小和形状。认为根据这一现象可将不同的粒子或分子加以分离使其纯化。

1937年对电泳仪进行彻底改进，并用于血清试验，发现血清中存在四组不同的蛋白质分子，即白蛋白和α、β、γ球蛋白。这种新的方法被迅速地普遍使用在生物化学的不同领域中，可用来分离和鉴定蛋白质的复杂混合物，以及自然界中存在的一些其他物质。这种方法是蛋白质化学上的一个重大突破。他所进行的方法研究中，极大部分与它们在酶、激素和抗体等领域一些重要生物化学问题有关。另一项贡献是对吸附分析的研究。由于对电泳和层析法吸附分析的研究，特别是关于血清蛋白复杂性质的发现，获1948年诺贝尔化学奖。（周邦娴　诸葛键）

蔡镏生（Cai Liusheng）　中国福建省人，1902年（清光绪二十八年）9月18日生于福建泉州，1983年10月24日卒于吉林长春。光化学、催化化学、化学动力学、化学工程。

1924年燕京大学化学系毕业。后留校任助教。1929年赴美国留学，1932年因光化学和反应动力学方面的研究获芝加哥大学博士学位。回国后，先后在燕京大学、厦门大学和私立的中国大学任教授。1948年赴美国华盛顿大学从事客座研究。1949年回国，任燕京大学化学系主任。1952年到长春东北人民大学（后改名吉林大学）创建化学系并任系主任，直至去世。1957年当选为中国科学院学部委员（院士）。

中国光化学和催化动力学研究的奠基人之一。20世纪30年代初期，出色完成题为“气体通过熔融石英的扩散速度”和“氰基紫外光聚合”的博士论文。30年代后期至40年代初，在燕京大学与葛庭燧等人合作，开展“鱼藤酮的紫外吸收光谱”和“鱼藤酮的光化学分解”的研究。40年代后期，他率先将真空技术和示踪原子技术引入中国化学界；与美国华盛顿大学的卡门（M. D. Kamen）合作，用同位素碳14（^{14}C）示踪法研究若干氰化物的反应动力学。50～60年代，创建吉林大学化学系、组织科学研究梯队、建立该系催化动力学研究室；完成“甲烷氧化制甲醛”等国家重点基础研究课题；1964年把国际上先进的闪光光谱技术引入中国化学界。70年代，参与并指导研究生和青年教师从事光催化分解水的反应、红外振动激光反应、用光化学方法合成甲基苯基硅橡胶单体以及L-B膜的研究，并在这些方面取得了一系列成果。（朱　灿）

吴学周（Wu Xuezhou）　中国江西省人，1902年（清光绪二十八年）9月20日生于江西萍乡，1983年10月31日卒于吉林长春。物理化学、分子光谱学、应用化学、仪器研制。

1924年东南大学化学系毕业。后留系任助教。经考试获公费去美国留学，1928年赴加利福尼亚理工学院，1931年因物理化学研究论文获博士学位。翌年以访问学者身份到德国研究光谱。1933年回国后，任中央研究院化学研究所研究员，抗日战争中随该所内迁至昆明并任代理所长。抗战胜利后，返回上海任中央研究院化学研究所所长。1950年奉命带领化学研究所部分人员赴长春组建中国科学院东北分院，1954年任中国科学院长春应用化学研究所所长，1983年任该所名誉所长。1955年选聘为中国科学院学部委员（院士）。

中国分子光谱研究的先驱者之一。20世纪30年代，研究气态卤化氰的吸收光谱、结构和离解能；以双氰分子为模型化合物，研究原子数目增加时的分子光谱变化规律。40年代起发现双氰在紫外区的新吸收带系；测定双氰分子的基频振动频率；接着又以乙炔为对象，通过温度调控研究其来自振动基态的光谱和来自振动激发态的光谱；在以上工作基础上，又对某些不对称线型分子和非线型分子，以及原子数更多、更复杂的对称线型分子，开拓了紫外带系的研究；在中国最早把光谱数据应用于分子常数和热力学函数的计算；很早注意到分子结构与光谱参数之间的联系，注重光谱基础研究在物理化学中的应用。

也是中国应用化学研究的开拓者之一。为开展应用化学研究，在他的倡议与参与主持下，与中国科学院长春光学精密机械研究所等单位共同协作，研制出中国第一台激光拉曼光谱仪。还是一位出色的科学研究工作组织者，他领导的长春应用化学研究所，在基础研究和应用研究两大领域都取得了丰硕成果，这些研究受到国际学术界的关注。（朱　灿）

斯佩丁，F. H.　(Spedding, Frank Harold)　美国人，1902 年 10 月 22 日生于加拿大安大略省哈密尔顿，1984 年 12 月 15 日卒于美国艾奥瓦州艾姆斯。金属化学、晶体化学、矿冶学、核工程。

摄影师之子。1925 年获美国密歇根大学化学工程学士学位，1926 年获分析化学硕士学位。1929 年获伯克利加利福尼亚大学物理化学博士学位。留校任国家实验室研究员。1934～1935 年在英国剑桥大学、丹麦哥本哈根大学玻尔研究所做访问学者。1935 年在美国康奈尔大学任教。1937～1973 年任教于美国艾奥瓦州立大学化学系，期间 1941 年任物理化学教授；1945～1968 年任该校原子研究所所长，1957 年获该校首位文理杰出教授称号，1972 年退休任荣誉教授。第二次世界大战时，在美国原子能委员会（今国家能源部）艾姆斯国家实验室工作。1952 年当选为美国国家科学院院士。1946 年、1949 年先后获杜鲁克大学、密歇根大学等校荣誉博士学位。

20 世纪 30 年代，利用分光镜测定各种晶体内部结构的对称性；尝试将量子论用于研究化学问题；研究钐、铥、钆、铵、铒、镨等稀土金属的光谱，以及其化学物的原子和分子晶体结构；研究固体的吸收光谱；研究重水的浓缩工艺。1942～1943 年在艾奥瓦州立大学艾姆斯实验室工作时，参与研制第一颗原子弹的曼哈顿工程，改进金属铀的冶炼技术，显著提高产品纯度，而成本则由每磅 22 美元大幅度下降至 1 美元；提供第一个受控反应堆中 1/3 的浓缩金属铀；在金属钍和铈冶炼提纯、特别是稀土元素分离方面取得重要进展。50～60 年代，利用离子交换树脂和络合剂来分离镧系元素及其化合物，最后还原生产出单质纯金属；进一步开发新工艺，提炼非常纯的稀土金属；研究和开发利用稀土金属钇。

发表论文 260 余篇；出版有《稀土元素》（1961 年）、《稀土元素化学》（1965 年，与他人合著）等多部专著。他主持的艾姆斯国家实验室拥有 22 项发明专利。曾获 50 多项奖励和荣誉称号，其中有：1933 年朗谬尔奖，1952 年美国化学会纽约分会尼古拉斯奖，1961 年美国矿冶与石油工程师联合会道格拉斯金奖，1969 年富兰克林研究院克莱默奖等。（李啸虎）

李方训（Li Fangxun）　中国江苏省人，1902 年（清光绪二十八年）12 月 25 日生于江苏仪征，1962 年 8 月 2 日卒于南京。有机化学、电化学、物理化学。

出身书香门第。1925 年从金陵大学化学系毕业。后留校任教。3 年后赴美国留学，1930 年获美国西北大学博士学位。同年回国执教于金陵大学，历任教授、该校理学院代院长、副院长、院长等职。1948 年获美国西北大学荣誉理学博士学位。1952 年金陵大学与南京大学合并后，任南京大学副校长。1955 年选聘为中国科学院学部委员（院士）。

20 世纪 20 年代末期在美国留学期间，与艾范（W. V. Evan）等人合作，开创格林尼亚试剂在乙醚等溶液中一系列性质的研究；30 年代前期，在国际著名化学期刊上联名发表多篇这方面的研究论文。他们的研究对了解该试剂在有机合成反应中的机理提供可靠依据，促进了该试剂的合理使用。30 年代末至 40 年代前期，对离子的水化性质进行广泛研究，连续发表 10 余篇，广泛论及论文有关离子的水化熵，离子的表观体积、等张比容，离子的极化半径和抗磁性磁化率等内容。经他实验和计算获得的氢离子水化熵值曾被学术界广泛引用。他对离子熵、离子体积和离子水化作用方面的研究，受到著名科学史家李约瑟的高度评价。20 世纪 50 年代，他在南京大学建立电化学实验室和研究室；与傅献彩、游效曾等人合作，对混合电解质溶液的热力学性质进行了系列研究。执教 30 余年中，先后开设出物理化学、化学热力学、电化学、物质结构、溶液理论和量子化学等理论化学课程。（朱　灿）

朗斯代尔夫人，K. Y.　(Lonsdale, Dame Kathleen Yardley)　英国人，1903 年 1 月 28 日生于爱尔兰纽布里奇，1971 年 4 月 1 日卒于英国伦敦。结构化学、晶体学、物理化学。

爱尔兰裔。邮电局长的女儿。5 岁时随父母迁至英格兰，获奖学金进入伊尔福德女子学校。16 岁进贝得福德女子学院，19 岁获理学士学位。科学生涯始于 1922 年的大学时期，毕业后进入英国皇家研究院工作。1946 年任伦敦大学晶体学讲师，1949 年任化学教授。1956 年获大英帝国女性指挥官勋位。1966 年任国际晶体学联合会主席。1967～1968 年任英国晶体学会会长。1945 年当选为英国皇家学会第一个女会员，1960～1961 年任英国皇家学会副会长。

1922 年开始 X 射线的晶体学研究，对空间群的理论、测定方法和分子对称的可能性进行了深入和系统的研究，1936 年公布结构指标化表。1952 年开始主编的《国际 X 射线晶体学用表》，至今仍是研究晶体结构的主要工具。首次观测到苯环是平面六角形的，并给出精确尺寸。深入研究晶体磁性异向后，指出 σ 电子轨道是原子大小，π 轨道是分子大小。此结果对建立分子轨道概念有深远的影响。另一贡献是关于单晶体的 X 射线衍射的研究，指出这种漫反射直接和晶体的弹性常数有关。1957 年获英国皇家学会戴维奖章。（汪天伟）

纳塔，G. (Natta，Giulio) 意大利人，1903年2月26日生于意大利因佩里亚，1979年5月2日卒于贝加莫。高分子化学、催化化学、结构化学、化学工程。

法官的儿子。1924年在米兰理工大学获博士学位。1933年任博洛尼亚大学教授。1935年任罗马大学物理化学教授。1937年任都灵理工大学教授。1938年起任米兰理工大学化学教授兼系主任等职，1974年因病退休。期间1938年受意大利政府委任负责意大利合成橡胶生产的研究机构。晚年多病，特别是运动神经系统疾病使他处于半瘫痪状态。其妻是他的得力助手。获得多个大学荣誉博士学位。

主要从事立体定向聚合的研究。20世纪50年代初期，当K. 齐格勒制成低压聚乙烯后，聚乙烯塑料生产工艺发生了重要变革。纳塔对齐格勒发现的聚乙烯催化剂极为重视，主持研究团队对这种新型催化剂进行深入研究与开发。首先探讨了反应动力学过程，期望能由α-烯烃或双烯烃制成立体定向的聚合物。他重复了齐格勒发现的由三乙基铝和四氯化钛组成的催化剂进行丙烯聚合，但得到的只是无定形和结晶性聚丙烯的混合物。1954年始，决定不用四氯化钛，改用氢气还原四氯化钛成三氯化钛进行试验，结果一举成功地制成了结晶性聚丙烯。这样，三乙基铝和三氯化钛组成的催化剂便脱颖问世。它和齐格勒博士发明的三乙基铝和四氯化钛组成的催化剂被统称为齐格勒-纳塔型催化剂。因此纳塔与齐格勒分享1963年诺贝尔化学奖。

科学研究始于1923年，采用X射线对有机物和无机物的晶体结构进行研究。1932年去德国弗赖堡学习电子射线干扰新技术，熟悉高分子理论奠基人H. 施陶丁格在大分子化学方面的研究进展，并开始高聚物的结晶结构方面的研究工作。1955年发表了有关聚丙烯聚合、以及由其他α-烯烃或双烯烃制取新型高聚物的研究报告。研究了结晶性聚丙烯结构，将其分为等规型、间规型和无规型三种。还对合成橡胶工艺改进做出了贡献。1958年意大利蒙埃公司采用齐格勒-纳塔型催化剂，首先制成乙丙二元橡胶，揭开了乙丙橡胶工业化发展的序幕。

一生发表科学论文700余篇；专利近100项。除诺贝尔化学奖外，还获1969年苏联科学院罗蒙诺索夫金质奖章等奖励。 (朱啸宇)

顾翼东 (Gu Yidong) 中国江苏省人，1903年(清光绪二十九年)3月4日生于江苏吴县(今属苏州市)，1996年1月21日卒于上海。无机化学、萃取化学、化学工程、矿冶工程。

出身书香门第。1923年在东吴大学化学系获理学士学位。翌年赴美国留学，1925年获芝加哥大学化学系硕士学位。1926年回国后，任东吴大学化学系教授，1931年任系主任。1933年再次赴美国留学，1935年获芝加哥大学博士学位。1938～1952年，在上海任交通大学化学系教授，兼任上海医学院院长、上海震旦女子文理学院化学系教授、大同大学物理化学教授、东吴大学理学院院长。1952年后一直任复旦大学化学系教授，1956年和1979年相继任该校稀有元素化学教研室主任、无机化学教研室主任。1980年当选为中国科学院学部委员(院士)。

20世纪40年代，主要从事磺胺药的合成。40年代末至50年代初，他与汪善增合作，率先用络合均相沉淀法制备出流动性好、高纯度的黄钨酸。50～70年代，他与合作者开展溶剂萃取化学、稀土元素化学的研究。例如：对金属离子的液相萃取分离法的理论探讨；合成萃取剂酰代吡唑酮；合成协萃剂多碳亚砜；用氨气法进行轻稀土分离；对二甲基亚砜、二苯基亚砜和硝酸稀土络合物的制备等。80年代后，他在早年从事过钨化学研究基础上，带领中青年教师和研究生组成高效的科学研究队伍，在钨化学研究方面取得丰硕成果。例如：采用“倒滴加法”制备出国际上很难合成的活性粉状白钨酸；从粉状白钨酸制备出过氧钨酸铵；通过活性白钨酸形成偏钨酸盐进而制得一系列有机胂、磷、锑的聚钨酸盐；用活性白钨酸制备三价钨簇合物($M_3W_2Cl_9$)；首创用内在还原法制备蓝色氧化钨等。他对化学工业中的钨制备工艺也作出了突出贡献。 (朱　灿)

埃米勒斯，H. J (Emeléus，Harry Julius) 英国人，1903年6月22日生于英国苏塞克斯都巴特尔，1993年12月2日卒于剑桥。氟化学、有机化学。

芬兰裔，药剂师之子。1923年毕业于伦敦大学帝国理工学院，在贝克(H. B. Baker)指导下，1926年获该校哲学博士学位，1929年获理学博士学位。留校任教。先后在德国卡尔斯鲁厄理工大学A. 斯托克实验室、美国普林斯顿大学H. S. 泰勒实验室，以及伦敦大学帝国理工学院和剑桥大学从事博士后研究。1931～1945年任伦敦大学帝国理工学院无机化学教授。1945～1970年任剑桥大学教授，退休后任名誉教授。1955～1960年任国际理论化学和应用化学联合会无机化学部主任。1958～1960年任英国化学学会会长。1963～1965年任英国皇家化学研究会会长。1946年入选英国皇家学会会员。

主要贡献在氟化学方面。1939～1943年与布里斯科(H. V. A. Briscoe)指导一个团队，制备和检验一些非金属氟化物的毒性，包括三氟化氯、三氟化溴和五氟化碘。根据这些化合物假设的电离形式所含有阳离子和阴离子的纯溶剂，制备新的系列化合物。详细研究这些卤间化合物的氟化反应后，证明五氟化碘和四碘化碳之间反应生成三氟碘甲烷(CF_3I)。这是制备含氟有机金属化合物的钥匙。1949年制得汞的有机氟化物。1959年起研究和制备稀土金属和钨的氟化物。60年代研究烷基氟的衍生物。代表作有《现代无机化学》(1938年)、《氟及其化合物化学》(1969年)等。1962年获英国皇家学会戴维奖。还获得法国化学学会拉瓦锡奖章,德国化学家协会斯托克奖章。

(孟茂华)

舍伍德,T. K. (Sherwood, Thomas Kilgore) 美国人,1903年7月25日生于美国俄亥俄州哥伦布,1976年1月14日卒于加利福尼亚州伯克利。物理化学、流体力学、化学工程、仪器研制。

1923年毕业于加拿大麦吉尔大学,获理学士学位。1929年在马萨诸塞理工学院获理学博士学位。1930年任伍斯特理工学院助理教授。同年回马萨诸塞理工学院任助理教授,1933年任副教授,1941年为化工教授。第二次世界大战时,在美国国防部任职。1946~1952年为马萨诸塞理工学院化学工程系主任,1969年退休后,任伯克利加利福尼亚大学化工教授。1948年入选美国文理科学院院士。1958年入选美国国家科学院院士。是美国国家工程院的创建人之一。

致力于研究两相间的传质机理。实验调查从表面到超音速气流的传质和在极低压力下固体的升华;研究气体紊流中的涡流扩散;研制湿壁仪表用作研究紊流边界层的一种工具。这些均为广泛应用传质理论提供了基础。在30年代后期开发用于设计分离设备的工程数据和关系式,至今仍在应用。还发展了军用新材料和新设备。著有《吸附和萃取》(1937年)、《化工应用数学》(1939年,与他人合著)和《气体和液体的物理性质》(1958年)等书,1948年获美国功勋章。1973年获美国化学学会墨菲奖。

(陶其恒)

翁萨格,L. (Onsager, Lars) 一译昂萨格。美国人,1903年11月27日生于挪威克里斯蒂尼亚(今奥斯陆),1976年10月5日卒于美国佛罗里达州迈阿密的科勒尔岬。物理化学、非平衡态热力学、低温物理学。

挪威裔。1925年获挪威特隆赫姆技术学院化学工程学士学位。留校做研究。1926~1928年在瑞士苏黎世费德勒尔技术大学学习。1928年到美国约翰斯·霍普金斯大学工作。同年到布朗大学任讲师。1933~1971年在耶鲁大学工作,期间1935年获该校博士学位,1945年成为理论化学教授J. W. 吉布斯的助理教授,后任教授。1945年入美国国籍。1951~1952年以富布赖特奖学金教授身份访问英国剑桥大学。1971年退休后,到迈阿密大学理论研究中心工作,直至去世。1947年入选美国国家科学院院士。

1887年化学家们开始应用稀溶液与气体的相似性来鉴别质量作用定律,不久阿列尼乌斯的电解质电离理论问世。从此带电的离子被认为是化学动力学存在的因素。离子在溶液中呈现特有的变化过程不同于普通分子,只有在极低浓度时溶质才能起作用。1923年P. J. W. 德拜等人提出溶液静电作用的理论。翌年,翁萨格验证了他们的结果,并考虑离子的布朗运动对强电解质溶液电导的影响,将德拜的理论加以改进,1927年提出有名的稀溶液电导的极限公式,基本上符合亥姆霍兹的扩散势能理论。

他用微观可逆性结论、里伯(C. N. Riiber)三维化学反应原理来论证开尔文的热电理论。认为微粒的热运动,应遵守传递定律的规定,应按照玻尔兹曼的热力学函数控制论来解释。在此基础上,从过去和未来的对称性假说中以自然界的磁场或互补力现象作证明,1931年得出普遍实用的“最低扩散定律”。结合亥姆霍兹部分对称性系统,完成在电解质中传递过程的综合分析,得出以扩散函数表示的结论。1934年指出弱电解质的离解平衡必须改变电场。其结果表明,在液体或固体导体中所有的离子变化违背了欧姆定律。此外,还开拓了快速化学反应研究。

1912年德拜提出电介质偶极理论。而翁萨格把分子模型用到连续电介质中,利用转动力矩来估算其定向作用数据。还发现永久偶极和感应偶极的区别。1936年,他用一个经验公式对多肽水溶液进行合理解释。1941年M. A. 克喇末斯(M. A. Kramers)等人找出伊辛模型平面临界点,翁萨格验证其方法和技巧,补充了一个令人鼓舞的开创性见解,测出热动的特性,算出其分布函数。

1940年对低温物理发生兴趣。学术界认为在2.16K以下氦变为特有的超流体,这种超流体没有原来氦气的那种耐热性、不能循环、没有h/m强度的局部涡旋形成。他在1949年却预言超流体涡旋的存在。以后,R. P. 费因曼等人也先后证明此涡旋的存在。

1952年与利夫希茨(E. Lifshitz)一起公布极有意义的信息:电子在金属中可能分布的运动状态能从哈斯-范·阿尔芬效应的研究中推论出来。

他论证了N. J. 布杰鲁姆的冰绝缘性理论,M. 艾根、德戴尔(L. DeDaeyer)所测定离子偶生成率,发现电流磁场理论,认为结合电荷之间的引力比宏观的电介质常数大10倍。1959年同杜普伊(M. Dupuis)作出进一步解释:离子和分子的错位必须在相等的基础上,所带的有效电荷接近单体的一半,其静电作用的高频电介质常数为3.1。从此电介质常数成为运动本质的概念。

毕生最重要的贡献在于不可逆过程热力学(非平衡态热力学)的理论方面。当系统的状态虽处于非平衡态但又比较接近平衡态时,这时该系统可用线性不可逆过程热力学理论来进行研究。1931年,他提出线性不可逆过程热力学主要理论之一的“翁萨格倒易关系”,阐明体系接近平衡时,把各种通量与共轭亲合势表达为唯象的线性关系,在适当条件下该唯象系数矩阵呈现对称性,反映了在非平衡态热力学中,时间反演不变性在微观与宏观尺度上的一致性,被人称为“热力学第四定律”。这一关系的确立和他后来提出的关于定态的能量最小耗散原理，为不可逆过程热力学的定量理论及其应用奠定了基础。因对不可逆过程热力学理论的贡献，他于1968年获诺贝尔化学奖。

此外，他还获1953年美国文理科学院朗福德奖，1958年荷兰皇家科学院洛伦茨奖，1962～1965年期间曾数次获得美国化学学会奖；另获德拜化学与物理学奖，1968年美国国家科学奖章。（刘第蜀）

樱田一郎（Sakurada Ichiro） 日本人，1904年1月1日生于京都，1986年6月23日卒于同地。高分子化学、纤维化学、化学工程。

1926年毕业于日本京都帝国大学工学部工业化学科。同年到东京物理与化学研究所当研究生，后任研究员。期间1928～1931年先后在德国莱比锡大学、柏林威廉皇家学会化学研究所进修纤维素化学。1934年任京都帝国大学工学部助理教授，翌年升任教授，曾任校评议员、工学部部长，1967年退休。1967～1976年任日本原子力研究所大阪研究所所长。1961～1968年任日本高分子学会会长。1968年出任日本化学会会长。1967年当选为日本学士院院士。1953年秋、1975年春和1979年秋曾在中国访问和讲学。

日本高分子化学先驱者。1928～1931年在德国柏林威廉皇家学会化学研究所进修纤维素化学期间，制得纤维素乙酸酯。长期研究纤维素衍生物制备方法、纤维素乙酰化，以及纤维状态的反应机理；运用X射线衍射法研究各种高分子结构，尤其是纤维素结构图；研究高分子溶液物理性能、纤维结构和物理性能的分子理论等；研究高分子化学反应原理及其工业化途径；率先发现含有结晶水的纤维素，即水合纤维素；发现高分子的分子量与其溶液的极限粘度系数之间的关系式，即“樱田粘度式”；发明数种合成纤维，其中最重要贡献是：1939年和朝鲜人李升基一起发明聚乙烯醇缩甲醛（即维尼纶）合成纤维，并开发出工业生产工艺。

出版著作10余部，主要有《高分子化学概论》（1948年）、《纤维科学》（1948年）、《高分子化学》（1953年）、《纤维·放射线·高分子》（1961年）、《合成纤维》（1964年、与他人合著）、《纤维化学》（1978年）、《高分子加工》（1985年）等。曾获多种奖誉，其中1955年获日本学士院奖，系日本化学界唯一的该奖获得者；此外获1976年日本国文化勋章。（李啸虎）

柳大纲（Liu Dagang） 中国江苏省人，1904年（清光绪三十年）2月8日生于江苏仪征，1991年9月14日卒于北京。无机化学、物理化学、盐湖化学。

出身小学教师家庭。1925年东南大学化学系毕业。留校任物理系助教。后又任中国科学社《科学》杂志编辑部编译员。1929年到中央研究院化学研究所工作。1946年赴美国留学，1948年获罗切斯特大学博士学位。1949年回国，翌年任中国科学院物理化学研究所研究员。1952年随该所迁往长春并任副所长。1954年回北京任中国科学院学术秘书处学术秘书。1956年以后，历任中国科学院化学研究所研究员、副所长、所长、名誉所长。曾兼任中国科学院青海盐湖研究所所长、名誉所长，中国化学会副理事长，《化学通报》主编。1955年选聘为中国科学院学部委员（院士）。

中国盐湖化学的开拓者。20世纪40年代，他对中国制盐化学作过调查研究，发现中国西北地区大量盐湖一直是未开垦的处女地。1957年任中国科学院综合考察委员会盐湖调查队队长，率队赴青海柴达木盆地开展盐湖物理化学的调查。发现了察尔汗湖的天然光卤石，由此判明该湖大量晶间卤水已处于钾盐结晶阶段，还发现大柴旦盐湖底的硼矿沉积。后来经过中国地质部门进一步勘探，确认察尔汗湖群是迄今为止中国最大的可溶性钾盐矿床，大柴旦湖区则是一个富含钠盐、钾盐、硼盐和锂盐的大型硼矿床。50～60年代，他5次带队进入柴达木盆地，指导一批青年化学家开展盐湖化学研究；制订出各个时期盐湖研究的全局规划；创建中国科学院青海盐湖研究所。

还对无机材料化学的研究有所贡献。30年代初，对中国著名古代陶瓷和现代陶瓷作了化学研究。50年代初期，从事卤磷酸钙新型日光灯荧光材料的研究。60年代初，带队从事核燃料的前处理和后处理中一些化学问题的研究，其中用流化床氟化物挥发法处理浓缩铀铝合金元件的研究项目，使铀的回收率高达99.5%。

与杨石先共同任《中国大百科全书·化学》卷主编。获1978年中国科学院重大成果奖，1990年中国科学院自然科学奖一等奖、三等奖等多项奖励。

（肖　萍　宣焕灿）

法卡斯，L.（Farkas，Laszlo） 匈牙利人，1904年5月10日生于匈牙利多瑙塞达荷里（今斯洛伐克多瑙斯达特雷达），1948年12月31日卒于意大利罗马附近。光化学、核化学、物理化学。

1927年获德国柏林理工大学化学博士学位。同年到威廉皇帝研究院化学研究所工作。纳粹统治时期，赴英国剑桥大学任胶体化学教授。1936～1948年任耶路撒冷希伯来大学理学院物理化学教授。因飞机失事不幸英年早逝。

早期研究紫外线范围的光化学敏化场问题。后转为研究分子氢的正氢和仲氢的平衡分配，为研究氘与重水作了先驱性工作。和兄弟一起发明用电解法生产重水的简易工艺。（池贵法）

奥思默，D. F.（Othmer，Donald Frederick） 美国人，1904年5月11日生于美国内布拉斯加州奥马哈，1995年11月1日卒于纽约。分析化学、物理化学、化学工程、能源工程、仪器研制。

1924年毕业于内布拉斯加大学，获化工专业学士学位。后就学于密歇根大学，1925年获理学硕士学位，1927年获哲学博士学位。在纽约州罗斯特的柯达公司工作5年。1932年转至纽约布鲁克林理工学院任教授，1937年任化工系主任直至1961年，同年获该校125年校史上第一位杰出教授荣誉称号，1976年退休后仍在该校从事研究。是纽约科学院院士。欧美许多国家的学会会员。是美国政府多个部门、三四十个国家(多为发展中国家)的化工与能源顾问。拥有几个荣誉博士学位。

早年从事化工理论与过程的研究。研发新方法和新仪器以测定物质的物理化学数据，并应用于各类化工产品等的精制与分离，如蒸馏、蒸发及萃取等过程。这些数据和方法已为国际化学化工界所广泛采用。还设计了不少工艺流程用于各种石油化学工业，以及海水淡化、太阳能供热等。根据热力学及物理化学有关物质理论的进展，导出了相关物质法，以贯连和预测化学与工程的数据。此法使化工工艺及设备的设计计算简化，提供准确预测，给出其他方法所无法得到的相对迅捷而可靠的数据。他为美国及其他国家设计了许多化工工艺及工厂。长期研究开发许多新颖供能系统的工艺与设备，并公之于世或申请专利。在日本获得利用海洋表层温度发电的一个特许项目，且使用生产脱盐水和海产食物来补偿投资费用。

拥有150余个专利，并为全世界上百个公司所采用。发表约350篇论文，1956年主编《流态化》，这是石化、化工及能源工业方面第一本重要著作；1945年与R. E. 科克(Raymond Eller Kirk)共同发起并主编《科克-奥思默化工百科全书》(1947～1949年)初版；2007年第5版27卷)；还分担《化学工程师手册》的部分编写工作。培养了成千的大学生和研究生，指导过几百项研究课题和论文。门生中很多人成为化工界及相关专业界的名人。获美国化学工程师协会泰勒奖、美国化学家协会奖、美国化工学会1978年珀金奖章等奖励。（陈　东）

施瓦岑巴赫，G. K. (Schwarzenbach, Gerold Karl)　瑞士人，1904年5月15日生于瑞士霍尔根，1978年5月20日卒于苏黎世。金属络学物化学、分析化学。

1928年毕业于瑞士苏黎世联邦理工学院。后赴英国曼彻斯特维多利亚大学、伦敦大学学院学习有机化学。1931年任苏黎世大学讲师，1948年任分析化学教授。1955年任瑞士联邦理工学院普通和无机化学教授。1962年被选为美国文理科学院外籍院士。

杰出贡献是发明络合物定量滴定法，几乎所有的金属均可用此简单方法测定；阐明螯合剂的重要性，不仅简化了化学计量，增加了稳定性，而且有广泛的实用意义。著作有《普通和无机化学教程》(1941年)、《络合物滴定法》(1955年)、《金属络合物的稳定常数》(1957年，与他人合著)等。（周忠勋）

小贝勒，J. C. (Bailar, John Christian, Jr.)　美国人，1904年5月27日生于美国科罗拉多州戈尔登，1991年10月17日卒于伊利诺伊州厄巴纳。络合物化学、无机合成化学、结构化学、物理化学。

父亲是化学教授。1924年获科罗拉多大学文学士学位，1925年获文科硕士学位。同年获密歇根大学有机化学博士学位。1928年任伊利诺伊大学无机化学讲师，1943年为教授，1968年退休仍进行研究和授课。1957年任美国化学学会无机化学分会首任会长，1959年任美国化学学会会长。1962年任《无机化学》杂志主编。

1933年提出具有光学活性的无机络离子可经历偏振转向反应的设想，发现一些此种类型反应，并解释它们的历程。受A. 维尔纳和P. 瓦尔登学说的启迪，在钴络合物反应中寻求“瓦尔登转化作用”。在无机反应中偏振转向现象的发现，促进了对此领域的研究。为了说明无机络合物中的立体定向性，和E. J. 科里假定大多数五员螯合环是皱起的而不是平的，当一个取代基占据此环上的“赤道”位置(平伏位置)时，达到最大稳定。在立体定向性方面，发现八面体络合物部分不对称合成；发明测定有机分子相对构型的方法。在研究大豆甲酯氢化时，发展了均相催化和多相催化。对在固体状态的配位化合物反应进行过研究。参与发起与主编《无机合成》丛书。曾获美国化学学会普里斯特利奖章，澳大利亚新南威尔士化学学会、瑞士化学学会、捷克斯洛伐克科学院等机构的奖章。（楼书聪）

佩德森，C. J. (Pedersen, Charles John)　美国人，1904年10月3日生于朝鲜釜山(今韩国釜山)，1989年10月26日卒于美国新泽西州塞伦。有机化学、超分子化学、结构化学、化学工程。

父亲是挪威船舶工程师，母亲是日本人，父母在朝鲜谋生期间生下了他。早年在日本横滨接受中等教育，17岁时到美国俄亥俄州代顿大学学习。后至马萨诸塞理工学院攻读，1927年获有机化学硕士学位。同年到美国杜邦公司从事研究开发工作，直至1969年退休。

在有机化学领域的主要工作是：汽油抗震剂、碳氢化合物的催化氧化、抗氧剂、多配位络合剂、有机氧化反应以及各种有机化合物的光化学等方面的研究。20世纪80年代末以前，已拥有65项发明专利。

在合成双酚时，他意外发现一种呈褐色的粘性未知物，可溶于无水甲醇。若在这种未知物溶于无水甲醇的溶液中再加进少量固体钠盐时，钠盐迅速地被溶解。他还发现，高锰酸钾也可溶于这种未知物的苯或氯仿的溶液中。这些新奇的实验结果使他大胆地设想，未知物是大环聚醚分子，其分子中央有空穴，似乎钠离子或钾离子陷落于空穴里面。此后在上述设想的基础上，合成了各种不同结构形式的大环聚醚化合物，并研究了它们与不同金属离子所形成的络合物。他还提出，运用金属离子的模板效应是合成大环聚醚化合物的有效方法。这类大环聚醚化合物具有不同大小的环内空穴，呈冠状结构，环的外沿是亲脂性的，环内侧是亲水性的，环上氧原子的未共用电子对朝向环中心，它和金属离子的偶极作用形成了各种类型的冠醚络合物。

1967 年首次系统地公布了 60 种环状聚醚化合物的合成方法，并命名环状聚醚为“冠醚”。此后他又深入地研究了冠醚化合物对碱金属和碱土金属离子的络合作用。这一重要发现使冠醚化学发展成为一个新兴的化学分支领域，引起了人们极大的兴趣。尤其是含有杂原子（如氮、硫、磷、砷等原子）的冠醚化合物，它们用于分离金属离子、作为离子选择性迁移的载体、生物无机化学模型等，为超分子化学奠定了理论基础。

在上述研究工作的基础上，美国化学家 D. J. 克拉姆和法国化学家 J. -M. 莱恩进一步作了创造性的发展。由于佩德森对冠醚化学的开创性研究，他与克拉姆、莱恩分享 1987 年诺贝尔化学奖。 （朱啸宇）

伯格，A. B.（Burg，Anton Behme） 美国人，1904 年 10 月 18 日生于美国伊利诺伊州达拉斯城，2003 年 11 月 18 日卒于加利福尼亚州洛杉矶。*无机化学、聚合物化学、化学工程。*

1931 年获芝加哥大学哲学博士学位。留校任教。1940～1950 年任南加利福尼亚大学化学系首任主任，1974 年退休。1948～1960 年曾在三个政府咨询机构兼职。终生独身。是美国科学促进协会会员。曾任美国化学学会会长。美国大学教授协会地区领导。

在无机化学和假有机化学方面做了许多开拓性工作。1931 年发明乙硼烷合成的新方法，是在硼烷方面获得成就的第一个美国人。1931～1939 年主要离析乙硼烷以制取 BH_3 硼氢聚合物。对其中极性型 BH_3 聚合物的进一步研究，使他发现多面的笼型卡硼烷 $C_2B_nH_{n+2}$，接入硅链可制造能在－50℃～400℃使用的橡胶。1931 年发现 Zn-H 键（后弄清是 $HZnBH_4$），为桑德森（R. T. Sanderson）在 1938 年发现 $Al(BH_4)_3$ 提供了基础，并导致铍、镁、锌、铝金属氢化物发展和硼氢化合物的应用。还研究给予体-接受体的结合、对质子有惰性的电离化溶剂、多氟化学等课题。是三氟化碳（CF_3）膦类化学领域的权威。1969 年获美国化学学会奖。 （楼书聪）

赵宗燠（Zhao Zongyu） 中国四川省人，1904 年（清光绪三十年）11 月 28 日生于四川荣昌，1989 年 10 月 10 日卒于北京。*石油化工、能源科学、环境科学。*

1929 年毕业于中央大学化学系。留校做研究生和助教。1935 年赴德国留学，1939 年获柏林理工大学博士学位。同年回国，先后任重庆北碚合成汽油厂厂长兼同济大学教授、沈阳化工厂厂长兼总工程师、天津化学公司总经理兼总工程师。1949 年后，历任东北工业部化工局总工程师，国家石油工业部生产技术司总工程师、科学技术委员会副主任，国务院环境保护小组副组长，石油化工科学研究院总工程师等职。1957 年当选为中国科学院学部委员（院士）。

1927 年共同发起成立中华自然科学社。20 世纪 40 年代，在抗战艰苦条件下，开发研制成功多种以煤为原料合成液体燃料的方法。50 年代，在恢复石油六厂生产中，完成第迪炉气化、合成气深度净化、合成石油铁催化剂制备等一系列项目；组织采用铁催化剂的水煤气中压流态化合成石油中间试验；在主持开发煤的气化和低温干馏等方面均有建树，为能源转换及其生产建设作出了贡献。60～70 年代，提出开发沸腾床燃烧新工艺建议，并组织试验成功处理油页岩的大型试验炉；致力于解决工业“三废”（废渣、废液、废气）对环境的污染问题，收到较好效果。80 年代，参与主持开展城市燃料结构改革，对自然降解缓慢、近于永久性污染的固体废弃物（垃圾）污染进行重点调查研究，提出了治理对策思路和建议，起到了一定的促进作用；倡导开发“第五能源”（节能），推动能源的有效利用。 （侯柏勤）

袁翰青（Yuan Hanqing） 中国江苏省人，1905 年（清光绪三十一年）9 月 7 日生于江苏通州（今南通市），1994 年 3 月 2 日卒于北京。*有机化学、科学史学、科学传播。*

1929 年毕业于清华大学化学系，获理学士学位。同年获公费去美国留学，1932 年获伊利诺伊大学博士学位，后留校任教。1933 年回国，翌年到南京任中央大学化学系教授。1939 年赴兰州任甘肃省科学教育馆馆长。1945 年任北京大学化学系教授，后任该校化工系主任，并兼任北京师范大学化学系教授。1950 年任国家文化部科学普及局局长。1952 年任商务印书馆总编辑。1955 年调至中国科学院负责筹建该院西北分院 1949～1982 年任中国化学会常务理事、第 16 届和第 18 届秘书长。1956 年任中国科学技术情报研究所研究员、代理所长。1955 年选聘为中国科学院学部委员（院士）。

早年从事有机化学研究。1932 年发现某些联苯衍生物的变旋作用；1940 年应用冰点法测定某些异羟肟酸、肟和腙的构象；1947 年又用此法确定顺式和反式的 β-氯巴豆酸以及顺式和反式的 1，2-环己二醇的构象；对氢链理论在立体化学上的应用进行了探讨。

20 世纪 50 年代以后，在中国化学史的研究方面有所创见。深入考证葛洪炼丹术、发明造纸术和豆腐工艺等问题，提出精辟而独到的见解。研究中国古代的陶器制造、炼铜技术、制糖工艺等问题。在科学史领域出版学术著作《中国化学史论文集》（1956 年）、《化学重要史实》（1989 年，与他人合著）等，后者获首届全国科学技术史优秀图书荣誉奖。撰写很多科普文章；出版多本学术专著和科学普及著作和译著，如《溶液》、《铜的故事》、《糖的故事》、《氟的工业制造技术》、《硼烷的制备》、《只有一个地球》等。 （朱 灿）

弗斯，R. M. (Fuoss，Raymond Matthew) 美国人，1905年9月28日生于美国宾夕法尼亚州贝尔伍德，1987年12月1日卒于纽黑文。电化学、物理化学。

1925年在哈佛大学取得理学硕士学位。同年到德国慕尼黑大学留学化学。1930年入布朗大学，1932年取得哲学博士学位。同年任该校研究讲师，后又任研究助理教授。1933～1934年在剑桥大学R. H. 福勒、莱比锡大学P. 德拜等人指导下工作。1936年入美国通用电气公司工作。1945年任耶鲁大学化学教授，1974年退休为荣誉教授。曾多次到国外讲学。1951年入选美国国家科学院院士。1958年入选美国文理科学院院士。

研究领域主要是对各种体系的电解质在各种溶剂中组成的溶液、聚合物、聚电解质等的电性质进行测定，并依据其分子参数作理论阐述。例如，通过测定发现，电解质在极性不同溶剂中的溶液电导特性受溶剂介电常数控制，首次在德拜-休克尔模型基础上提出电解质溶液综合理论，以应用于所有的溶剂和电解质。研究各种聚合物分子结构与其介电性质的关系、聚电解质溶液的性质。1953～1978年间，进一步研究电导溶液，提出更先进的离子对模型和对称电解质理论。发表过270多篇论文；著作有《聚合物物理化学》(1948年)、《电解质电导》(1959年，与他人合著)等。获1935年美国化学学会奖。 （董晨空）

卡迪，G. H. (Cady，George Hamilton) 美国人，1906年1月10日生于美国堪萨斯州劳伦斯，1993年3月18日卒于西雅图。无机化学、氟化学、化学工程。

大学化学教授的儿子，自幼受父亲熏陶。1927年、1928年在堪萨斯大学分别获文学士、文科硕士学位。1930年在伯克利加利福尼亚大学获博士学位。先后在南达科他大学、马萨诸塞理工学院，以及美国橡胶公司、匹茨堡玻璃板公司工作。1938年起长期在西雅图的华盛顿大学任教。先后任助理教授、副教授、教授和系主任等职，1972年退休。是美国化学会和一些其他学术组织的成员。

主要研究元素氟及其化合物的制备和性质。博士论文是关于氟和氟化氢化学。研究氟与水及酸、碱水溶液的反应。1934年观测到氟与硝酸水溶液反应，生成无色爆炸性的NO_3F，它是第二个含O—F键的已知化合物。第二次世界大战后，和学生们合成一系列的含O—F键化合物。20世纪60年代，研制高能火箭含氟推进剂。详细考察KF-HF系统，确定了沿用至今的电解制氟最佳条件（KF∶HF＝1∶1.8～2.0，72℃～100℃）。研制各种生产碳氟烃化合物的方法。用气相扩散方法来分离铀的同位素。先后被授予美国化学学会无机化学进展特别奖、氟化学创造奖等。 （陶其恒）

张大煜 (Zhang Dayu) 字任宇。中国江苏省人，1906年（清光绪三十二年）2月15日生于江苏江阴，1989年2月20日卒于北京。催化化学、燃料化学、表面化学、化学工程。

1929年清华大学化学系毕业。后赴德国留学，1933年获德累斯顿大学工学博士学位。回国后任清华大学讲师，后升任教授。抗日战争期间在西南联合大学任教，兼任中央研究院化学研究所研究员。抗战胜利后，赴上海任交通大学教授。1949年后任大连大学化工系教授、系主任，并兼任大连大学化学研究所副所长。1952年后的10多年中，该所相继更名为中国科学院工业化学研究所、石油研究所和大连化学物理研究所，他一直任所长；曾兼任中国科学院兰州石油研究所所长、中国科学院煤炭研究所所长；曾任国防科委16院副院长。1977年调任中国科学院感光化学研究所顾问兼首届学术委员会主任，同时兼任大连化学物理研究所顾问。曾兼任中国化学会副理事长。1955年选聘为中国科学院学部委员（院士）。

中国催化化学奠基人之一。20世纪30年代初期，跟随德国胶体化学家洛特莫泽尔（A. Lottermoser）研究胶体和表面化学。1934～1940年继续从事这一领域研究，并与他人合作发表有关中性盐透过渗析膜的能力、催化剂载体活性炭的吸附，以及蓖麻油和矿物油的可混溶性等方面多篇论文。50年代，在中国天然石油尚未大规模开发的情况下，他领导中国科学院工业化学研究所及更名后的石油研究所，开展人造石油的研究；开展合成燃料水煤气的研究，还利用自己早年表面化学的研究基础，开展水煤气合成中催化剂表面结构和化学吸附的研究，以研制高活性的催化剂，提高合成的水煤气质量。50年代末大庆油田开发之后，组织石油炼制、石油化工和高能燃料方面的研究工作。1960年提出探讨催化剂活性及作用本质的“表面键理论”。60年代中期，在此理论指导下，研制出用于合成氨原料气净化新流程中的三种催化剂。70年代后期至80年代前期，指导并参与催化剂表面性质与催化反应的研究。 （肖 萍）

雅克，P. A. (Jacquet，Pierre Armand) 法国人，1906年4月7日生于法国圣曼丁，1967年9月6日因划船事故卒于西班牙滨海。金属化学、电化学、冶金化学、化学分析。

1926年毕业于国立高等化学学校。后从事电化学研究。1929年供职于通讯器材协会研究实验室。后在母校国立高等化学学校、法兰西学院居里核化学研究实验室工作。1939～1945年供职于工业界。1945年起服役于法国海军任工程师，在国家航空研究开发署、原子能开发署任顾问，1966年退休。

1929年在进行电解沉积试验时，由于改变电极极性获得完全光滑的镍表面而发明电解抛光。摄制的显微照片，如硬铅中铜沉淀（1939年），α黄铜中位错，铜-铝合金中位错和金属多边化（1956年）堪称杰作。阐明冶金学中诸如表面化学性质，腐蚀和钝性，钢回火脆性、疲劳和断裂，轻合金超应力腐蚀和晶间腐蚀等问题。与门卡雷利（E. Mencarelli）共同发明无振金相分析法，它用硝化纤维素漆制备被检部位的复制品，使受检部件仍可使用。此法后来也用于研究断裂表面和制备透射电子显微镜薄膜。

共发表200余篇（部）论文和著作，大多与电解抛光有关。主要著作有《电解抛光技术和应用》（1930年，与他人合著）、《矿物晶体结构电解法实验研究》（1938年）、《抛光金属表面电解法及其应用》丛书第一卷《铝、镁和轻金属》（1947年）等。（温敬铨）

克雷格，L. C. （Craig，Lyman Creighton） 美国人，1906年6月12日生于美国艾奥瓦州帕尔迈拉，1974年7月7日卒于新泽西州格伦罗克。分析化学、药物化学、生物化学。

1928年和1931年先后获艾奥瓦州大学学士和博士学位。1931年任教于约翰斯·霍普金斯大学。1933年任教于洛克菲勒医学研究院药物化学系，1949年任教授。1944年在美国国家科学研究与发展局工作。1950年入选美国国家科学院院士。1961年入选美国文理科学院院士。

致力于分离和鉴定纯化的单一物质，建立多种微量方法用于物质的分离、结晶、蒸馏、萃取和透析等。1931～1933年在约翰斯·霍普金斯大学合成烟碱的类似物。尤其是逆流分溶（CCD）方法曾广泛地应用于分离生物制品，如生物碱、抗生素等，并首先应用CCD法分离得制备量的血红蛋白的两条支链。阐明生物碱麦角的环状多肽结构。获1963年基础医学拉斯克奖，1965年美国化学学会费希尔分析化学奖，1971年美国制药协会科尔索夫奖章等。（周忠勋）

普雷洛格，V. （Prelog，Vladimir） 瑞士人，1906年7月23日生于南斯拉夫萨拉热窝（今属波斯尼亚和黑塞哥维那），1998年1月7日卒于瑞士。有机化学、药物化学、生物化学、结构化学。

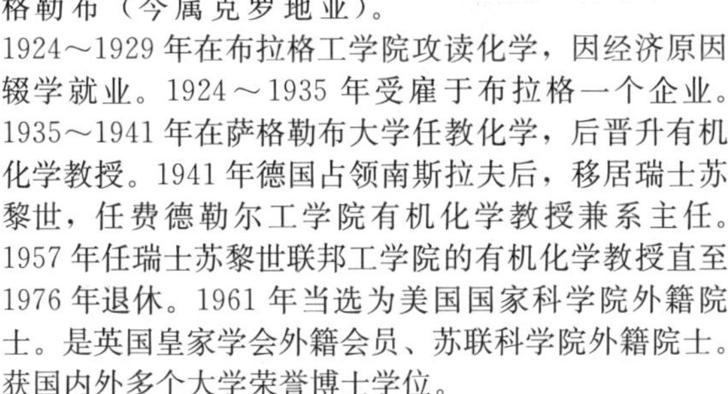

早年生活在南斯拉夫萨格勒布（今属克罗地亚）。1924～1929年在布拉格工学院攻读化学，因经济原因辍学就业。1924～1935年受雇于布拉格一个企业。1935～1941年在萨格勒布大学任教化学，后晋升有机化学教授。1941年德国占领南斯拉夫后，移居瑞士苏黎世，任费德勒尔工学院有机化学教授兼系主任。1957年任瑞士苏黎世联邦工学院的有机化学教授直至1976年退休。1961年当选为美国国家科学院外籍院士。是英国皇家学会外籍会员、苏联科学院外籍院士。获国内外多个大学荣誉博士学位。

对促进近代有机化学的发展作出重要贡献。早期研究生物碱类，首次成功测定抗疟疾特效药奎宁（金鸡纳霜）的结构。1941年发表合成金刚烷的方法及利用光学分割$C_7H_{18}N_2$的研究报告，这是不对称三价氮原子研究的初例。接着发表一系列有关桥型碳原子化

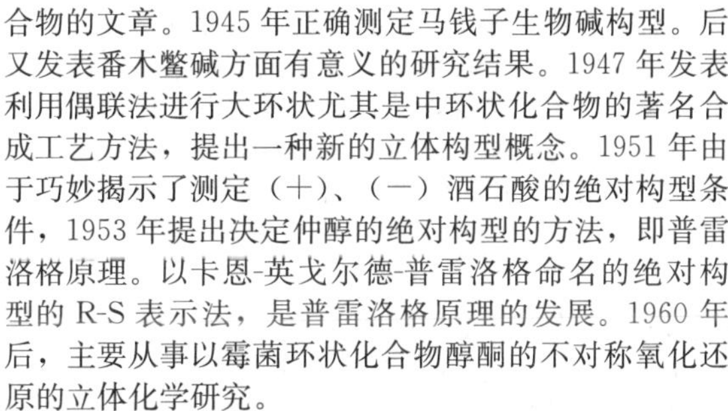

合物的文章。1945年正确测定马钱子生物碱构型。后又发表番木鳖碱方面有意义的研究结果。1947年发表利用偶联法进行大环状尤其是中环状化合物的著名合成工艺方法，提出一种新的立体构型概念。1951年由于巧妙揭示了测定（+）、（-）酒石酸的绝对构型条件，1953年提出决定仲醇的绝对构型的方法，即普雷洛格原理。以卡恩-英戈尔德-普雷洛格命名的绝对构型的R-S表示法，是普雷洛格原理的发展。1960年后，主要从事以霉菌环状化合物醇酮的不对称氧化还原的立体化学研究。

出版主要著作有：《多节环化合物化学的新发展》（1950年）、《有机化学非对称组态的规范》（1956年）、《中型环化合物的结构和活性》（1963年）、《化学拓扑学问题》（1968年）等。由于在有机物立体结构研究方面取得优异成果，获1975年诺贝尔化学奖（与澳大利亚化学家J. 康福思分享）。（朱啸宇）

钱思亮（Qian Silang） 字惠畴。中国浙江省人，1907年（清光绪三十三年）1月9日生于河南新野，1983年9月15日卒于台湾台北。有机化学、物理化学、科学管理、高等教育管理。

原籍浙江省杭县（今杭州市）。父亲钱鸿业在抗战期间曾代理上海特区法院院长，1940年被日谍杀害。钱思亮是独子。1931年获清华大学化学系理学士学位。同年去美国留学，1932年、1934年先后获美国伊利诺伊大学化学系理学硕士、化学博士学位。同年回国，历任北京大学化学系、长沙大学（临时）工学院化工学系、西南联合大学化学系教授，讲授有机化学。1940年任上海化学药物研究所研究员。1945年任国民政府经济部化学工业处处长。1946年任北京大学化学系教授兼系主任。1949年任台湾大学化学系教授兼教务长，一度代理理学院院长；1951～1970年任台湾大学校长。1957年起至去世，一直受聘为台北“中央研究院”评议会第三至十一届评议员，1964年当选“中央研究院”院士，1970～1983年任第五任院长。曾兼任台湾“中国化学协会”会长、“中国科学振兴协会”理事长、“中华教育文化基金会”董事会董事长、“原子能委员会”主任等职。1983年获美国伊利诺伊大学荣誉博士学位。次子钱煦是“中央研究院”生物学院士。

中国著名化学家、教育家。20世纪30～40年代，在美国完成博士学位研究“具有旋光性的双轮基质变为非旋光体的速度”；发表“立体化学研究”、“酚类化合物之杀菌能力与其结构的关系”、“有机质在无机分析中之应用”等多篇论文；长期执教和担任教育行政管理，在西南联大教授中颇负盛名，对北京大学化学系建设作过奠基性工作。50～80年代，对台湾地区高等教育和科学技术事业有杰出贡献。担任台湾大学校长近20年，远见卓识，建立台湾地区大学联合招生制度，多渠道筹集资金，注重教员聘任和培养，有计划大量派遣教员出国进修，聘请海内外著名学者讲学任教，加强本科学生基础课程指导，教育质量不断提高，使台湾大学成为亚洲一流大学。担任台湾“中央研究

院”院长多年，十分注意发挥院士和评议员作用，适时建立和扩展许多新兴领域研究机构，重视基础研究与应用开发研究相结合，为台湾科技事业发展作出重要贡献。为纪念他的业绩，台湾大学将理学院楼命名为“思亮馆”，“中央研究院”建有“钱思亮馆”。

（李啸虎）

王葆仁（Wang Baoren） 中国江苏省人，1907年（清光绪三十三年）1月20日生于江苏江都（今属扬州市），1986年9月12日卒于北京。有机化学、高分子化学、化学工程、材料科学。

1926年东南大学化学系毕业。留系任教，1933年获公费赴英国留学。1935年获伦敦大学帝国理工学院博士学位，后赴德国慕尼黑高等工业学校任客座研究员。1936年回国，在上海任同济大学化学教授，后又兼任该校理学院院长和化学系主任，1941年任该校化学教授兼化学系主任。1947年任浙江大学教务长。1951年赴上海任中国科学院有机化学研究所研究员兼副所长。1956年赴北京任中国科学院化学研究所副所长。后来一度兼任中国科学技术大学高分子化学系副主任。兼任《高分子通讯》主编、石油化工学会副理事长。1980年当选为中国科学院学部委员（院士）。

20世纪30～40年代，他在英国、德国和中国做过一些有机合成工作，也对染料化学和药物化学有所研究。1953年起，转而从事新兴的高分子化学的研究，成为中国高分子化学的奠基人之一。他从高分子化学中最重要的加成聚合和缩合聚合着眼，分别以聚甲基丙稀酸甲酯（有机玻璃的主要成分）和聚己内酰胺（又称耐纶6，其纤维产品俗称锦纶）为研究对象，经过不倦的努力，终于在20世纪50年代前期试制成功中国第一块有机玻璃和第一根尼龙6合成纤维。50年代中期以后，合成几种有机硅聚合物，如甲基氯硅烷、硅油、硅橡胶、硅树脂和BK-2耐高温胶等。改进科夫曼（D. D. Coffman）的方法，开创性地提出一条以氯和氢氧化钠为试剂，以蓖麻油为原料，制取尼龙9的简捷合成路线。在聚酰胺化学动力学的理论研究中，他解决了国际上长期争议的反应级数问题。1978年以后还对烷烃化学进行了卓有成效的研究。所撰专著《有机合成反应》（2卷，1981～1985年）曾获1988年全国优秀科学技术图书奖一等奖。（朱 灿）

卡尔金，B. A.（Каргин，Валентин Алексеевич；Kargin，Valentin Alekseevich） 苏联人，1907年1月23日生于俄国第聂伯罗彼得罗夫斯克，1969年10月21日卒于苏联莫斯科。胶体化学、高分子化学、结构化学、物理化学。

1930年毕业于莫斯科大学。1937年为卡尔波夫学院胶体化学实验室主任。1955年为莫斯科大学化学教授。1959年兼任《高分子化合物》杂志主编。1946年为苏联科学院通讯院士，1953年为院士。

首先研究的是胶体溶液，发现在盐类作用于胶体溶液时除物理现象外还有化学现象。这种化学反应的发生不是颗粒碰撞的结果，而是至少有一种作用物溶解，反应是通过溶解发生的。还证实所有浓度的聚合物溶液均服从相律，并且是真正的单相溶液，而不是胶体体系。

还研究聚合物的结构以及结构和性质之间的关系。研究了在很大温度范围内无定形聚合物的变形，结果提出无定形聚合物3种物理状态（粘的、高弹性的和流体）的观点，以及它们的转变温度随链分子大小、柔性和分子内相互作用而变化。此项研究是用于聚合物鉴定的热力学方法的基础，在聚合物初步测定中有广泛用途。在对无定形聚合物结构的研究中，发现聚合物分子不是卷成小球（类似液滴）就是形成由几十个分子组成的线状束。聚合物的结晶只有当它们的分子变直并结合成束时才能发生。并发现各种聚合体均能形成超分子结构，且在结晶聚合体、橡胶、玻璃中观察到。还发现当单体分子转变成固态或复合体时，或为液态以及溶液中的单体分子的缔合创造条件时，可有效地影响聚合率和聚合过程的方向，因此以前由于热力学和动力学原因在正常条件下不能聚合的化合物就成为可能。他的工作使聚合物的形成、结构和性质的阐述得到发展。1943～1969年，四次获苏联国家奖金；1962年获列宁奖章。（楼书聪）

柯克伍德，J. G.（Kirkwood，John Gamble） 美国人，1907年5月30日生于俄克拉何马州戈特博，1959年8月9日卒于康涅狄格州纽黑文。物理化学、分子动力学。

1926年获芝加哥大学理学士学位。1929年获马萨诸塞理工学院化学博士学位。留校任教。期间到德国莱比锡大学从事博士后研究。1934～1947年执教于康奈尔大学，1938年任教授。期间1937～1938年任教芝加哥大学。1947年任加利福尼亚理工学院教授。1951年任耶鲁大学化学系教授和系主任。是美国国家科学院院士。

现代液态理论创立者之一。对物理化学的理论研究，包括分子的极化性和远程相互作用，流体的介电性质，流体中分子的分布，溶液，蛋白质的分离，冲击波和爆轰波理论。20世纪50年代，独立研究量子统计和不可逆过程。他建立的电角质理论，后形成了一个理论学派，在解释蛋白质中起了重要作用。在如此广泛领域的理论推导中，采用的研究方法都是在指出各种模型局限性的同时指明今后的发展方向。深刻的洞察力使他在这些领域都有所建树。代表著作有《量子统计学与合作现象》（1958年）、《液体理论》（1968年）等。多次获奖和获得荣誉称号。耶鲁大学设立和颁布了以他命名的奖项。（温敬铨）

巴特利特，P. D.（Bartlett，Paul Doughty） 美国人，1907年8月14日生于美国密苏里州安阿伯，1997年10月11日卒于马萨诸塞州列克星敦。有机化学、药物化学、化学动力学。

1928年获阿默斯特学院文学士学位。1931年获哈佛大学博士学位。先后任教于纽约洛克菲勒医学研究院、明尼苏达大学。1948 年在哈佛大学任教授，1972 年退休。后任教得克萨斯天主教大学。1946 年入选美国文理科学院院士。1947 年入选美国国家科学院院士。是英国、瑞士、日本等国化学学会的名誉会员。

长期从事有机反应的机理研究。1936 年与 D. S. 塔贝尔用实验证明双键的卤化是一个二步反应，由此说明瓦格涅耳-米尔外因重排反应中催化离子化是一个决定反应速度的步骤。1943 年他研究了聚合反应的动力学问题。在第二次世界大战中，领导合成 725 种化合物，以寻求防止回归热病的药物。研究二环戊二烯衍生物中吸热与放热反应过程，例如环状 S_6 转化为 S_8 的历程。用近代化学实验手段，解释游离基化学的许多问题在环加成（包含光敏化加成）反应的研究中取得很好的结果。

发表约 300 篇论文；身前出版 4 部著作，其中包括《非经典离子》（1965 年）一书。由于取得出色成就，获 1938 年美国化学学会纯化学研究奖，1963 年亚当斯奖和吉布斯奖，1968 年美国国家科学奖章，1970 年富兰克林学院韦瑟里尔奖章，1975 年鲍林奖，1976 年尼科尔斯奖。（周志高）

托德，A. R.（Todd, Sir Alexander Robertus） 英国人，1907 年 10 月 2 日生于英国苏格兰格拉斯哥，1997 年 1 月 10 日卒于剑桥郡宾金顿。有机化学、生物化学、药物化学、分析化学。

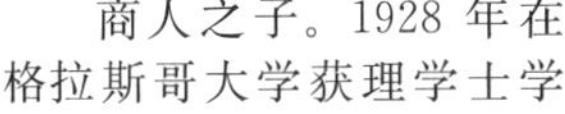

商人之子。1928 年在格拉斯哥大学获理学士学位。1931 年在德国法兰克福大学获博士学位。此后与 R. 罗宾森一起在牛津大学深造，1933 年又获该校哲学博士学位。1934 年起在爱丁堡大学研究维生素 B_1，1936 年在利斯特预防药物学院任职期间完成这项工作。1937 年在伦敦大学任教生物化学。1938 年在曼彻斯特大学化学系任教授、系主任。1944 年任剑桥大学有机化学教授，1963～1978 年出任该校基督学院院长。1942 年入选英国皇家学会会员，1975～1980 年任该会会长。1952～1964 年任英国政府顾问委员会科学政策会主席。1955 年当选为美国国家科学院外籍院士。长期参与政府工作。第二次世界大战期间，参与制订政府多种计划。1954 年受封为爵士，1962 年为男爵。1960～1962 年任伦敦化学学会会长。获 40 余个大学荣誉博士学位。

研究涉及有机化学的广泛领域，主要是关于生物学方面的。1936 年始，研究维生素 B_1，后研究维生素 E 的结构和合成。1955 年起，与 D. C. 霍奇金夫人合作阐明维生素 B_{12} 的结构，完成对印度大麻成分的分析。此外，在植物和昆虫的色素方面也做了广泛的研究。在维生素领域的研究引发了对维生素功能的兴趣，于是 1938 年在曼彻斯特大学开始一项庞大的计划，旨在阐明辅酶的结构和合成；1944 年到剑桥大学后，与同事着手进行大规模的研究。40 年代末和 50 年代初，合成腺苷三磷酸（ATP）、腺苷二磷酸（ADP）等，提出各种核苷酸和辅酶的新合成方法。因在核苷、核苷酸和核苷酸辅酶的结构与合成等方面作出了突出贡献，获 1957 年的诺贝尔化学奖。此外获多种其他奖励和荣誉。（陶其恒）

本尼迪克特，M.（Benedict, Manson） 美国人，1907 年 10 月 9 日生于美国密歇根州莱克林登，2006 年 9 月 18 日卒于佛罗里达州那不勒斯。化学热力学、核化学工程。

父亲是冶金学家。受父亲影响而有志于科学。在康奈尔大学和马萨诸塞理工学院主修化学，1935 年获哲学博士学位。同年在哈佛大学进行博士后研究，从事高压热力学实验。1938～1951 年在工业公司任职，先后加盟凯洛格公司、凯莱克斯公司和美国碳氢化合物公司（过程开发部主任）。1951 年在美国原子能委员会负责运行分析，曾任总顾问委员会委员及主席。同年任马萨诸塞理工学院核工程教授，1958 年任核工程系主任，直至 1971 年退休。1952 年当选为美国文理科学院院士。1956 年当选为美国国家科学院院士。

其主要贡献是，发展了描述超临界压力下气体和液体混合物热力学性质的状态方程（本尼迪克特-韦布-鲁宾状态方程）；在 20 世纪 40 年代早期，从实验和理论上探讨从粗汽油中通过蒸馏分离甲苯时的液-气平衡的基础上，研究了从天然铀中通过气体扩散过程分离出铀-235。1943～1946 年，负责在美国橡树岭国家实验室建立第一个气体扩散工厂，分离铀 235 以制造原子弹。他是核化学领域的先驱者，出版世界上叙述核燃料循环中的核化学技术的第一本专著《核化学工程》（1957 年，与他人合著）。多次获奖，其中有 1947 年沃克奖章，1966 年珀金奖章，1968 年威尔逊奖章，1972 年费米奖章，1975 年美国国家科学奖章等。

（夏元复）

汤普森，H. W.（Thompson, Sir Harold Warris） 英国人，1908 年 2 月 15 日生于英国英格兰约克郡武姆韦尔，1983 年 12 月 31 日卒于牛津。物理化学、分析化学、分子光谱学、仪器研制。

煤矿主管之子。在牛津大学获硕士学位。1929 年在德国柏林大学获博士学位。1930 年返回牛津大学，后任牛津大学教授、该校圣约翰学院副院长，1975 年退休任荣誉教授。1966 年当选为英国皇家学会会员。曾任国际科学家联合会主席、国际理论化学和应用化学联合会主席。1972 年以来是英国-中国委员会的主席。曾获牛津等大学的荣誉博士学位。是许多国家学术组织的荣誉成员。1968 年封爵。

对柏林的杰出科学家有深刻印象，特别是住在 M. 普朗克家中，激起了对量子理论和光谱应用于化学问题的兴趣。20 世纪 30 年代起，利用当时测定红外光谱的简单装置研究小分子的振动光谱，包括振动频率、键的力常数和其他分子性质。第二次世界大战期间，应用振动光谱和基团特征频率分析、鉴定和研究烃类燃料等战时重要物资，应用偏振红外光研究高聚物和晶体的取向。战后对红外和拉曼光谱的化学应用进行了大量工作，包括应用振动吸收带的转动精细结构研究分子的几何和力学性质，研究吸收强度与键的极性、电子结构的关系，利用谱带频率和强度的变化研究分子间弱作用力。确立的光谱和结构间的一些关系是红外结构分析的基础。还开展过远红外光谱的研究。

主要著作有《化学光谱学教程》（1938 年）、《光谱学的进展》（2 卷，1958～1962 年）等。获英国皇家学会戴维奖章，此外获美国、法国、联邦德国，墨西哥等国多种奖项和荣誉称号。（温敬铨）

梅尔维尔，H.（Melville，Sir Harry） 英国人，1908 年 4 月 27 日生于英国苏格兰爱丁堡，2000 年 6 月 14 日卒于伦敦。有机化学、高分子化学、化学工程。

1930 年在爱丁堡大学获化学学士学位，后获哲学博士和理学博士学位。留校任教。1933 年任教于剑桥大学，1938 年任胶体化学研究实验室助理主任。第二次世界大战期间，先后在英国政府化学战部供给局和雷达研究站供职。1940 年任阿伯丁大学化学教授，但直至 1945 年才到任。1948 年任伯明翰大学教授。1967 年任伦敦大学玛丽皇后分校校长、塑料和橡胶研究所所长，1976 年退休。兼任联合王国科学研究理事会主席，英国橡胶和塑料研究会会长。1941 年（33 岁）当选英国皇家学会会员、伦敦大学韦斯特菲尔德分院理事会主席等职。1958 年封爵。

主要贡献是阐明自由基链反应，特别是有聚合物生成的链反应的机理。由于这方面的贡献，1955 年获英国皇家学会戴维奖章。还对气体混合物的爆炸极限的理论分析提供了第一次实验证据，定量描述链反应的速率系数和平衡过程。1939 年与法卡斯（A. Farkas）合作出版《气相反应的实验方法》。1958 年出版《大分子》一书。（陈民生）

梅奥，F. R.（Mayo，Frank Rea） 美国人，1908 年 6 月 23 日生于美国伊利诺伊州芝加哥，1987 年 10 月 30 日卒于加利福尼亚州曼罗派克。有机化学、高分子化学。

出身教师家庭。1929 年于芝加哥大学取得化学专业理学士学位，1931 年因有机化学方面的研究获该校哲学博士学位。后随 M. S. 哈拉茨进行博士后研究。1933～1935 年在杜邦公司任研究员，从事寻找橡胶硫化促进剂的研究。1936 年任芝加哥大学讲师和哈拉茨的研究助手。1942 年后，作为美国橡胶公司的研究员和研究团队负责人，开展了自己最著名的研究。1950～1956 年，供职于美国通用电气公司，任实验室研究助理。1956 年至去世前，一直工作于斯坦福大学国际研究院。

1931～1932 年，发现过氧化物在溴化氢向不饱和烃加成反应中所起的作用。高分子化学的贡献是，提出共聚作用方程及竞聚率概念，并率先进行试验验证；受 P. J. 弗洛里关于向单体链转移概念的启发，提出向溶剂链转移的概念，导出溶剂与链转移的关联公式。1967 年获美国化学学会高分子化学奖。（董晨空）

张青莲（Zhang Qinglian） 中国江苏省人，1908 年（清光绪三十四年）7 月 21 日生于江苏常熟，2006 年 12 月 14 日卒于北京。元素化学、物理化学、同位素化学、核化学工程。

1930 年毕业于上海光华大学化学系。1931～1934 年就读于清华大学研究生院。1934 年赴德国留学，两年后获柏林大学博士学位。1936～1937 年在瑞典皇家科学院物理化学研究所任客座研究员。1937 年回国后，任中央研究院上海化学研究所副研究员。翌年任光华大学教授。1939 年赴昆明任西南联合大学化学系教授。1946 年任清华大学教授。1952 年起任北京大学化学系教授、无机化学教研室主任，1978～1983 年任系主任。曾兼任国际理论化学与应用化学联合会原子量与同位素丰度委员会常务委员、中国质谱学会理事长、《化学学报》主编等职。1955 年选聘为中国科学院学部委员（院士），曾任化学部副主任。

中国稳定同位素化学的奠基人之一。20 世纪 30 年代在德国攻读博士学位期间，在导师里森菲尔德（E. H. Riesenfeld）指导下从事重水的物理化学性质研究，发现重水的凝固点和沸点均高于轻水，但其液相消失的临界温度却低于轻水的反常现象；完成轻水与重水全温程的密度图的研究；提出半重水和重氧水在地球上的分布理论。50 年代末至 60 年代，他被国家化工部任命为研制重水的专家，指导生产出多吨重水，攻克重水质量鉴定方面的某些难题；此后直至 80 年代，指导和参与锂-6、氮-15 等同位素的分离、研制和鉴定。这些工作对中国独立研制核武器和和平使用原子能的事业都有重要贡献。80 年代后期，组织开展元素原子量的精确测定。1991 年，他与合作者用质谱法测得铟（In）元素的原子量为 114.818；此后又测得锑（Sb）元素的原子量为 121.760。这两个测定值分别在 1991 年和 1993 年被确定为国际标准数据。

发表论文百余篇；出版《无机化学教程》（1958 年，与他人合撰）等著作；主编《无机化学丛书》（18 卷，1978～1993 年），并参与撰写其中的《锕系后元素》一书。（肖　萍）

汉福德，W. E.（Hanford，William Edward） 美国人，1908 年 12 月 9 日生于美国宾夕法尼亚州布里斯托尔，1996 年 1 月 27 日卒于马里兰州贝蒂斯塔。有机化学、高分子化学、化学工程、材料科学。

1930 年获费城药学院理学士学位。1932 年和 1935 年先后获伊利诺伊大学的硕士和博士学位。其后相继在杜邦、凯洛格和奥林等公司中做工业研究与开发工作。

主要成就集中在有机化学和高分子化学的开发性工业研究方面。提出用二异氰酸酯和氨基、羟基或羧基的反应来提高分子量的方法是聚氨酯基础化学的关键，对开发聚氨酯工业起着重要作用。开发出高压聚乙烯及其共聚产品，发现调聚现象及调聚反应。发明聚四氟乙烯，即“塑料王”。取得各国专利 240 余项；发表几百篇论文。获美国化学家协会 1974 年金质奖章等多项荣誉。1991 年入选美国国家发明名人堂。

（董晨空）

利比，W. F.（Libby, Willard Frank） 美国人，1908 年 12 月 17 日生于美国科罗拉多州格兰德瓦利（大峡谷），1980 年 9 月 8 日卒于加利福尼亚州洛杉矶。放射化学、核化学、分析化学、宇宙化学、仪器研制。

出身农民家庭。1931 年获伯克利加利福尼亚大学化学理学士学位，1933 年获该校化学哲学博士学位。留校任教至 1940 年。1941 年到普林斯顿大学进修一年。第二次世界大战时，1941～1945 年在哥伦比亚大学战争研究部为研制第一颗原子弹的曼哈顿计划工作，研究气相扩散法分离铀同位素。1945～1959 年，任芝加哥大学核研究所化学教授，同时加盟费米研究所。1954～1959 年受总统指定为美国原子能委员会主席。1959 年赴洛杉矶加利福尼亚大学执教，1962 年任地球物理与行星物理研究所所长，1976 年退休。同年到美国研究与发展公司兼职，任同位素基金会主席和董事长等职。1950 年当选为美国国家科学院院士。

在第二次世界大战期间，参与研发一种有效分离铀同位素的方法，为制造第一颗原子弹提供了关键性核裂变燃料。主要研究成果是：在 1946 年发明利用同位素碳 14（^{14}C）的含量来测定地质年代的方法，由于这一卓越贡献而获 1960 年诺贝尔化学奖。1939 年纽约大学的 S. 科尔夫（Serge Korff）发现，宇宙射线与空气中氮的同位素氮 14（^{14}N）相撞生成具有放射性的^{14}C。这些^{14}C 与普通的碳原子一起通过光合作用被植物吸收，最后被动物同化。这样使得所有生物组织及有机残余物中都呈现出不同程度的放射性。利比假设千万年来，宇宙辐射的平均强度不变，并认为宇宙辐射生成的^{14}C 比较快且均匀地遍布于生物圈。1946 年他由此推理，认为如果宇宙射线一直轰击着大气层，那末可根据^{14}C 的寿命（它的半衰期为5 730年），推算^{14}C 和普通 C 原子的比例为 $1:10^{12}$。还认为生物对^{14}C 的吸收随其死亡而中止，因而可以这样得出结论，即任何有机物中的放射性强度标志着该有机体死亡的时刻。放射性强度可用检测^{14}C 微弱的 β 射线来确定。1947 年和同事一起研制一个极灵敏的盖革计数器。他用计数器对已知年代的红杉树的心材和边材、以及埃及古墓中的古制品分别进行年代的精确测定，取得了令人满意的结果。这项测定地质年代的技术，对 5～7 万年这样久远的年代也是可靠的。这一发明现已广泛应用于从考古学、宇宙学到环境科学的各个领域，尤其为世界气候变迁、近代地质变化及人类发展史研究提供了重要考证工具。

主要著作有《普通元素的放射性》（1933 年）、《放射性碳年代测定》（1952 年）、《工业和医学中的同位素》（1957 年）、《科学和管理》（1961 年）、《利比学术论文选集》（1981 年，7 卷）等。（朱啸宇　董晨空）

威尔逊，E. B.（Wilson, Edgar Bright） 美国人，1908 年 12 月 18 日生于田纳西州加拉廷，1992 年 6 月 12 日卒于马萨诸塞州坎布里奇。量子化学、分子光谱学、结构化学、仪器研制

1930 年获普林斯顿大学硕士学位。1933 年获加利福尼亚理工学院哲学博士学位。留校在 L. C. 鲍林实验室继续工作一年后，去哈佛大学任教，1949 年成为教授。1944 年入选美国文理科学院院士。1947 年入选美国国家科学院院士。

研究工作以量子力学为基础，从理论和实验上研究分子的光谱。在红外和拉曼光谱上，是应用群论简化量子力学处理分子振动的先驱。与霍华德（J. B. Howard）共同建立第一个相当完整的多原子与分子转动-振动以及转动与振动相互作用的数学公式，提出计算振频率的 FG 法和测定气相红外光谱强度的方法。这些研究表明，应用量子力学可用简单的分子模型解释它们的光谱，进而得知分子的结构和键强度。在微波谱方面，发明灵敏度大为改善的斯塔克效应微波分光仪及微波谱，把振动-转动能级理论扩展到包括电场、离心变形和内旋转等。由于这些工作，从测定微波谱可以获得有关分子结构的详细信息，如原子间距离、内氢键、偶极矩、力常数和内旋转势量，也可以研究内旋转异构体。

与鲍林合著《量子力学导论》（1935 年），还独自著有《分子振动》（1955 年）、《科学研究导论》（1962 年）等。获 1962 年美国化学学会德拜物理化学奖，1973 年美国文理科学院伦福德奖，1975 年美国国家科学奖章等。

（温敬铨）

威廉，R. H.（Wilhelm, Richard Herman） 美国人，1909 年 1 月 10 日生于美国纽约，1968 年 8 月 6 日卒于新泽西州普林斯顿。物理化学、化学工程、化工设备研制。

1931 年、1935 年先后在哥伦比亚大学获学士和博士学位。1934 年入普林斯顿大学化学系任讲师，1946 年任教授，1954 年出任系主任。第二次世界大战期间，兼职于美国国防研究委员会、美国科学研究与发展署。

长期从事化工反应器中传质传热的研究工作。研究反应器内连续产生热量和质量过程中的基本现象，据此来设计生产化学制品的催化反应器、生产抗菌素等的生物发酵桶，由火焰产生热和中间产物等。运用统计分散法为堆积床催化反应器的输送特性建立了定量模型；揭示了流化床中流体力学和传热传质规律；把频率响应技术运用于粒子输送及催化剂粒子孔隙中的扩散反应中，从而提出了动力吸附技术，用此来分离流体混合物；为化学工程师提供了可靠的基本数据

和设计步骤。获 1951 年美国化学工程师协会瓦尔克奖，1966 年美国化学学会工业和化学工程奖，刘易斯化学工程教育奖等。（陶其恒）

菲泽，M. P. （Fieser，Mary Peters） 美国人，1909 年 5 月 27 日生于美国堪萨斯州艾奇逊，1997 年 3 月 22 日卒于马萨诸塞州贝尔蒙特。有机化学、电化学、分析化学。

英语教授之女。1926 年入布林莫尔学院，1930 年获化学专业文学士学位，1936 年获拉德克利夫学院化学专业文科硕士学位。1932 年和 L. 菲泽（Louis Fieser）结婚，两人的科学研究合作一直至 1977 年丈夫去世。由于丈夫生前是哈佛大学化学教授，她一直任其助手，担任了 29 年化学研究员职称，1969 年退休任名誉研究员。1969 年获荣誉理学博士学位。

研究的领域涉及醌类化合物的制备、用铂电极和参比氢电极测量电动势、4-氨基-1，2-萘醌的互变异变。后又与丈夫 L. F. 菲泽共同研究甾族化合物，并发表论文。1944 年两人联名出版名著《有机化学》，它以一种完全不同于欧洲传统的崭新体系与丰富内容，受到普遍的欢迎，曾译成 15 种文字在各国广为流传，1959 年出版了该书的中译本。1967 年出版《有机合成试剂》第 1 卷，以后又陆续出版过 6 卷，1978 年出至第 7 卷。1971 年获美国化学会加冯奖。（周志高）

施瓦克，M. （Szwarc，Michael） 美国人，1909 年 6 月 9 日出生于波兰本津，2000 年 8 月 3 日卒于美国。高分子化学、物理化学、化学工程。

波兰裔犹太人。1932 年获波兰华沙理工学院化学工程师学位。1935 年移民中东的耶路撒冷地区，在希伯来大学任教。1945 年获希伯来大学有机化学博士学位。1947 年获英国曼彻斯特大学物理化学博士学位，1949 年获理学博士学位。1947～1952 年任曼彻斯特大学讲师。1953 年任纽约州立大学环境科学与林学学院物理化学教授，1956 年任研究教授，1964 年获杰出教授称号，1967 年兼任该校高聚合物研究中心首任主任。1979 年退休后，到南加利福尼亚大学洛克尔碳氢化合物研究所从事研究工作，并任美国《聚合物科学》杂志高分子化学部顾问编辑。1966 年当选为英国皇家学会外籍会员。1988 年当选为波兰科学院外藉院士。1991 年当选为日本高聚合物科学学会荣誉会员。获国内外多所大学荣誉博士学位。

研究领域十分广泛，涉及化学动力学、高分子化学反应、自由基离子化学、光化学等方面。20 世纪 40 年代，主要研究化学键离解能。在高分子化学领域，他最著名的贡献是：1956 年率先发现并研究高分子的活性聚合化反应，观察到在负离子聚合反应过程中可使链终止反应停止进行，从而得到活的高分子负离子聚合。运用这种方法，可精确控制聚合物合成过程；相继将其他单体加入活性聚合物，将分子设计成高分子；制得多种嵌段共聚物；将活性聚合化反应应用于化工过程，生产各种各样独特的先进高聚合材料，例如具有热塑性能的人造橡胶等。此外，研究单体和自由基捕捉剂对于自由基的竞争反应，以及气相和液相中自由基反应活性与笼蔽效应；研究非水体系中过硫酸盐的引发过程；揭示非质子溶剂中的离子和离子对、电子转移反应的若干规律。

主要著作有《负碳离子、活性高聚物和电子转移过程》（1968 年）、《化学中的离子和离子对》（2 卷，1972～1974 年）、《专题论文集：离子和离子对及其在化学反应中作用》（1979 年）、《离子聚合和活性聚合体》（1993 年，与他人合作）、《离子聚合基本原理》（1996 年）等。获 1970 年美国化学学会威特科高分子化学奖，1972 年国际塑料科学与工程奖，1990 年美国化学学会高分子化学分会奖，1991 年日本京都先进技术奖等。（李啸虎）

林根，J. J. （Lingane，James Joseph） 美国人，1909 年 9 月 13 日生于美国明尼苏达州圣保罗，1994 年 3 月 17 日卒于坎布里奇。分析化学、电化学、极谱学。

1935 年在明尼苏达州立大学获化学学士学位，1938 年获该校哲学博士学位。1938 年留校任讲师。1939 年任教于伯克利加利福尼亚大学。1941 年任哈佛大学教授。1949 年入选美国文理科学院院士。1965 年当选为伦敦分析化学会名誉会员。

专长于分析化学，特别在极谱学方面造诣很深。探明了半波电位的热力学意义。曾对电分析技术的原理进行过深入的基础研究，还发现过许多实用的分析方法，其中发明三电极极谱技术、库仑计滴定法、安培计滴定法等。发表论文 140 多篇。著作有《极谱学》（1941 年初版，1946 年再版，与他人合著）、《电分析化学》（1953 年初版，1958 年第 2 版）、《金属元素分析化学精选》（1966 年）等。由于在分析化学上有杰出的贡献，1958 年获美国化学学会费希尔奖。（周申范）

奥布拉德，A. G. （Oblad，Alex Golden） 美国人，1909 年 11 月 26 日生于美国犹他州盐湖城，2000 年 9 月 18 日卒于同地。催化化学、石油化学、化学工程。

1937 年在普渡大学取得物理化学哲学博士学位；1959 年获该校荣誉理学博士学位。后由于经济大萧条时期求职困难，不得不改行入标准石油公司，从此开始石油化学研究生涯，先后在多家公司进行研究开发工作。1970 年在犹他大学任燃料与冶金工程杰出教授。在美国化学学会、美国化学工程师协会、催化学会等多种学术团体中，是一位十分活跃的人物，是国际催化学会创建者之一。是美国国家工程院院士。

1938 年发明高压催化重整过程中氢气再循环工艺，以及铂-γ 氧化铝在重整催化剂中的应用。提出流化床催化裂解中使用竖管的新工艺；和他人一起发明异戊二烯的丙烯合成路线。开发多种石油化工催化剂。与人合作确立的裂解催化剂活性中心，作为路易斯酸和表面动力学性质以及双官能度概念，是对催化化学的重要贡献。他指导的小组提出不脑油催化蒸气重整以产生氢用于合成氨，是凯洛格合成氨新技术的重要组成部分；开发由重原料生产乙烯等化工基本原料的新技术，使产量大大提高。成功提出将氯化氢（HCl）副产物转化为氯气（Cl_2）的新工艺。取得 40 多项专利；在 65 种出版物中发表过文章。（董晨空）

马丁，A. J. P.（Martin，Archer John Porter） 英国人，1910 年 3 月 1 日生于英国伦敦，2002 年 7 月 28 日卒于英国赫里福郡朗格罗。分析化学、药物化学、色谱学、仪器研制。

医生的儿子。1936 年在剑桥大学获博士学位。毕业后在邓恩国家实验室工作。1938 年起在羊毛工业研究协会工作。1946 年任布茨纯药公司研究部生化科负责人。1948 年起，先后在药品研究委员会总部国家药品研究所工作。1959 年任阿伯茨伯里实验室主任。

1941 年和 R. L. M. 辛格一起发明分配色谱法。这是分析化学中一项快速简便的方法，用来分离复杂化合物中的各组分，广泛地用于科学研究各领域。由于他在分配色谱法及其在蛋白质分析的应用上取得卓越成绩，和辛格共享 1952 年诺贝尔奖化学奖。

分配色谱是俄国植物学家茨韦特（M. C. Цвет）首先提出的，经马丁与辛格研究而完善成为色谱分析技术。这是吸收色谱和逆流溶剂萃取相结合的技术。其原理是使混合物中各组分在两相间进行分配，其中一相是不动的，叫固定相；另一相是推动混合物流过固定相的流体，叫流动相。由于各组分的性质、结构有差异，它们相互作用大小、强弱不同，所以流动相作用下混合物中各组分在固定相中的滞留时间各不一样，有长短之差，从而各组分按次序先后从固定相中流出，这样就达到了分离的要求。他利用这个原理建立一台分离维生素 E（V_E）的仪器。和辛格应用色谱法分离获得乙酰化氨基酸。他们还设计用硅胶作载体，水和氯仿作流动介质、其中用甲基橙作指示剂，分离出乙酰丙氨酸和乙酰白氨酸。还用茚三酮记录了各种氨基酸的位置。

在试验各种材料作载体与溶剂时，从纤维素载体得到启迪，从而想到用纸作载体，提出了纸层分析法。经过研究改进成两维成直角的纸层色谱。分配色谱技术广为应用，美国化学家 S. 穆尔和 W. H. 斯泰因用淀粉作载体定量分析了蛋白质水解后得到的相应的氨基酸。还有离子交换树脂作载体。1953 年马丁等人提出气相色谱，即用气体（氮或氦气）作流动相。当用液相作流动相时，称液相色谱。目前色谱技术日新月异不断发展，除用于分离提纯外，还用于工业生产自动化、环境保护中有害物质的检测及人造卫星的自动检测等。（朱啸宇 孟茂华）

苏元复（Su Yuanfu） 中国浙江省人，1910 年（清宣统二年）4 月 19 日生于浙江海宁，1991 年 6 月 17 日卒于上海。萃取化学、化学工程、矿冶工程。

1933 年浙江大学化学工程系毕业。同年任南开大学应用化学研究所助理研究员。1935 年赴英国曼彻斯特大学工学院深造，1937 年获硕士学位。1938 年回国任四川泸州兵工厂研究员、兼第五工场和氧气工场主任工程师。1941 年任内迁贵州省的浙江大学化学工程系教授。1946 年任上海江苏药水厂工程师。1948 年任交通大学教授，化学系和化工系主任。1952 年参与主持筹建华东化工学院，建成后历任教授、副教务长、副院长、化学工程研究所所长、顾问等职。曾兼任中国化工学会副理事长、《化工学报》主编。1980 年当选为中国科学院学部委员（院士）。

在液-液萃取化学和化工领域颇有贡献：开展了萃取化学重要基础的液滴传质的理论研究；首创两种新型的高效萃取塔；开发独居石沙综合利用的新工艺，从而开创了分离铀、钍和稀土元素的新途径；提出一种用萃取技术从硼镁矿中提取硼砂的新方法；提出一种分解磷矿，进而用萃取法提取纯磷酸的新方法；发明从碱化的麻黄草浸取液中用萃取法萃出麻黄素的新方法；发明用萃取法提取柠檬酸的工艺流程，该流程可直接用于工业生产；提出浸取-萃取联合法。此外，他还对湿法冶金，如钨、钼、锌、锡、钛的分离技术有深入的研究。

发表论文近百篇；与他人合著《化工原理》（2 卷，1951 年）、《化工算图集》（3 卷，1954 年）等。获 1981 年中国石油部优秀科学技术奖二等奖，1985 年国家科学技术进步奖三等奖、国家教育委员会科学技术进步奖二等奖。1987 年因“萃取法提取柠檬酸”的发明，获国际博览会金质奖。（肖 萍）

霍奇金，D. C.（Hodgkin，Dorothy Crowfoot） 英国人，1910 年 5 月 12 日生于埃及开罗，1994 年 7 月 29 日卒于英国沃里克郡希普斯顿。药物化学、生物化学、X 射线晶体学、分析化学。

原姓克劳富特（Crowfoot），1937 年嫁给 T. L. 霍奇金后改用现名。父亲是考古学家，曾任英国政府在苏丹殖民地的教育行政官员。她在中学和大学期间，曾陪同父亲到外约旦的杰拉什去考古探险。求学于英国贝克尔斯学院、牛津大学萨默维尔学院。1932 年获牛津大学化学学士学位。1932～1934 年在剑桥大学晶体学家 J. D. 贝尔纳指导下对甾醇进行研究，即使用现代的标准衡量，其水平在此领域中也是先进的，1937 年获剑桥大学化学博士学位。1934 年起一直在牛津大学执教和研究，1957 年升任教授，1960～1976 年任沃尔夫森研究教授。1960～1977 年任英国皇家学会研究教授。1970 年为布里斯托尔大学名誉校长。1977 年任牛津大学萨默维尔学院研究员。1977～1978 年为英国科学促进会会长。1976～1988 年任国际性“科学和世界事务帕格沃什会议”主席。1947 年入选英国皇家学会会员。还被选入一些外国学术机构，其中包括美国文理科学院（1958 年）、美国国家科学院（1971 年）和苏联科学院（1976 年）外籍院士。

1929 年即在牛津大学的第二年，就关心巨大复杂分子的 X 射线分析。1942 年开始青霉素的结构分析，1946 年完成。1945 年完成碘化胆甾烷醇的结晶分析，然后还测定了与青霉素族密切有关的药品头孢霉菌素 C 的化学结构。

维生素 B_{12} 对于红血球的建造和恶性贫血症的治疗是必需的，它可在肝脏中获得，也能用产生链霉素相同的霉菌来生产。经化学家分析这个巨大的分子，发现在它的中心含有一个钴原子、一个类似核苷酸的基团以及一个氰（CN）基，总计为 $C_{15}H_{18}O_7N_3PCo$，不符合近似式 $C_{61\text{-}64}H_{86\text{-}92}O_{14}N_{14}PCo$，还证明存在水解而产生丙醇胺、以及氧化而产生各种简单的酸的基团。但是当时对此分子的主要部分特征基本上是未知的，这些基团的三维排列则是完全不清楚的。1948 年，她和同事首次获得结晶维生素 B_{12} 的 X 射线照片。在以后 6 年间，他们收集到下列 4 种晶体的三维衍射资料：经空气干燥的维生素 B_{12}、潮湿的维生素 B_{12}、维生素 B_{12}-SeCN（B_{12} 上的 CN 被 SeCN 所取代）以及从维生素 B_{12} 得到的六羧酸，并且用电子计算机进行了必要的计算。

从围绕原子的电子方向散射的 X 射线得出原子的三维空间排列，需要灵巧精确的数学分析、想象力和洞察力。X 射线照片记载的只是衍射的 X 射线光谱的角度关系和相对强度，一般说，它们各相之间的关系是不知道的。所以要用多种化学方法紧密结合 X 衍射分析，来确定晶体内已知和未知原子基团的实际排列。她用下列方法开始对 4 种晶体中的每一种进行分析：寻找重原子钴或钴和硒的位置，直接用帕特森（Patterson）方法，尔后计算用于观察 F 值的三维傅里叶级数和以重原子位置为基点的相，再经过一系列的电子密度分布的计算和工作。直到 1956 年，不同 B_{12} 化合物的晶体结构才彻底解决。B_{12} 分子的图像是非常优美的，外形接近球形，它的表面是活泼的化学性基团。整个分子中原子的位置，与从研究比较简单的分子而建立的立体化学规则是一致的。维生素 B_{12} 的分子式和晶体学测定的结果一样，是 $C_{63}H_{88}O_{14}PCo$。后来证明这个分子不是天然存在的活性维生素。天然维生素由 H. A. 巴克及其同事所析离，其结构于 1961 年又为她和伦赫特（P. G. Lenhert）用 X 射线分析所发现，它包括一个很值得注意的特征——一个饱和碳原子与钴原子之间有一个化学键。

由于通过 X 射线衍射技术测定了维生素 B_{12} 的分子结构，获 1964 年诺贝尔化学奖。还获英国皇家学会 1956 年皇家奖章、1976 年科普利奖章，1965 年英国政府的功绩勋章，1983 年苏联科学院罗蒙诺索夫金质奖章。（楼书聪）

汪猷（Wang You） 中国浙江省人，1910 年（清宣统二年）6 月 7 日生于浙江杭州，1997 年 5 月 6 日卒于上海。有机化学、生物化学、药物化学。

出身书香门第。1931 年金陵大学工业化学系毕业后，在北平协和医学院攻读硕士研究生，继而留院工作。1935 年自费赴德国留学，1937 年获慕尼黑大学理学博士学位。此后先后在德国威廉皇家研究院海德堡研究分院化学研究所、英国伦敦密特瑟斯医学院生化研究所任有机化学研究员。1939 年回国，先后任北平协和医学院讲师、上海丙康药厂厂长、上海医学院教授、中央研究院医学研究所筹备处研究员。1949 年后，历任中国科学院上海生理生化研究所研究员，中国科学院上海有机化学研究所研究员、副所长、所长、名誉所长，中国科学院上海分院副院长。曾兼任中国化学会副理事长、《化学学报》主编。1955 年选聘为中国科学院学部委员（院士）。1984 年当选法国科学院外籍院士，1988 年当选德国巴伐利亚科学院外籍院士。

20 世纪 30 年代，在国外做了三个方面工作：1935～1937 年在德国，在其博士生导师、1927 年诺贝尔化学奖获得者 H. O. 维兰德指导下从事不饱和胆酸和甾醇的合成研究；1938 年，在德国跟随 R. 库恩（1938 年诺贝尔化学奖获得者）研究藏红花色素，并合成了十四乙酰藏红素；1939 年在英国从事雌性激素类似物的合成。40～50 年代，从事桔霉素、链霉素和金霉素等的研制。

1960 年，由中国科学院上海生物化学研究所、上海有机化学研究所和北京大学化学系的研究人员为骨干，组成牛胰岛素人工合成研究协作组，他任副组长。1965 年深秋他们在世界上首次实现了结晶牛胰岛素的人工全合成。在国际上引起巨大反响。1966 年，他与纽经义、刑其毅等人共同发表了这项工作的著名论文。1968 年他又任“人工全合成酵母丙氨酸转移核糖核酸”协作组副组长，1981 年 11 月，这项在世界上具有开创意义的人工合成工作得以实现。

此外，领导并参与完成 3 项重大研究项目：50～70 年代，在中国开拓石油产品的微生物转化等有机催化和生物催化研究，研制出石油酵母一蛋白质饲料等；1978 年，研制成功新型血浆代用品羧甲基糖淀粉；1985 年，完成结晶天花粉蛋白化学结构的一级测定。

发表论文近 200 篇；主编《天花粉蛋白》（1990 年）、《中国化学五十年》等著作。1978 年获多项全国科学大会奖和中国科学院重大科学技术成果奖，1982 年获中国科学院重大科学技术成果奖一等奖、国家自然科学奖一等奖，1987 年再次获国家自然科学奖一等奖。（肖　萍）

弗洛里，P. J.（Flory，Paul John） 美国人，

1910年6月19日生于美国伊利诺伊州斯特林，1985年9月9日卒于加利福尼亚州大沙。高分子化学、物理化学、化学工程、材料科学。

牧师兼教育家的儿子。1931年毕业于印第安纳州曼彻斯特学院。1934年获俄亥俄州立大学化学专业哲学博士学位。同年进入杜邦公司任研究员，在尼纶发明者卡罗瑟斯（Carothers）的研究组开始高分子研究工作。1938年在辛辛那提大学任研究员。1941年在美国标准石油公司埃索实验室研究橡胶人工合成。1943年在古德伊尔（固特异）轮胎与橡胶公司基础研究实验室主任，从事橡胶化学。1948年任康奈尔大学化学教授。1957年任匹茨堡的卡内基-梅隆研究院执行院长。1961年任斯坦福大学化学教授，1975年退休成为荣誉教授。1953年当选为美国国家科学院院士。是美国文理科学院院士。

是研究天然与合成的高分子的化学、物理性质方面的先驱者。1935年率先发表报告“关于尼纶缩聚物缩合反应的统计（几率理论）”，认为在一定条件下，生长着的高分子链末端的活性只与局部结构有关，而与链长无关。1942年利用晶格模型表达高分子形态，推导出表示高分子溶液混后熵的著名的弗洛里-哈金斯理论，被誉为高分子溶液的统计热力学划时代的理论。1949年发表“排除体积”的重要论文。现在，排除体积的问题已成为高分了溶液中的主要课题之 。其卓越成就已影响到高分子化学的整个领域，如聚合动力学、高分子熔体粘度、橡胶弹性、结晶和玻璃化转变现象、高分子稀溶液理论、溶液热力学和链状分子的统计力学等。在他所提出的设想和方法的指导下，使化学家找到了各种状态的聚合物在工业上的实际应用目标。

主要著作有《高分子化学原理》（1953年）和《链状高分子统计力学》（1969年）等。此外有《弗洛里著作选集》（1985年）。通过长期的研究与实践总结撰写上述两部名著，重点阐明了高分子化学中的一些基本原理。由于在高分子的物理、化学方面的理论研究和实验成果，获1974年诺贝尔化学奖。另获1974年美国化学学会普里斯特利奖章。（朱啸宇 董晨空）

科恩，W. E.（Cohn，Waldo E.） 美国人，1910年6月28日生于美国加利福尼亚州旧金山，1999年8月27日卒于田纳西州橡树岭。放射化学、核化学、生理化学、色谱化学。

1931年、1932年先后获伯克利加利福尼亚大学理学士、化学硕士学位，1938年因生物化学研究获该校哲学博士学位。1937年留校任教。1939年到哈佛大学医学院任研究员，从事博士后研究。1942年任芝加哥大学冶金实验室化学部主任。1943年到美国橡树岭国家实验室生物学分部，1947年任高级生物化学家兼研发小组组长，1975年退休。1965～1976年兼任美国国家科学院生物化学术语办公室主任。是多种学术组织成员。曾任巴黎大学生物学研究所、纽约洛克菲勒大学的客座教授。1962年当选为美国文理科学院院士。是美国国家科学院院士。他还是橡树岭镇交响乐团的组建者。

是美国最早以同位素作示踪剂揭开代谢和生理过程奥秘的学者之一。最杰出贡献是发展了离子交换柱洗提色谱法。1948年在研究核糖核酸代谢更新的试验中，为弄清放射性磷酸脂并入每个核苷酸组分的速率，采用定量分离的新技术，从全部核糖核酸水解混合物中分离出每一种单核苷酸。第二次世界大战期间，研究由核反应堆铀235（^{235}U）裂变产物的辐射毒性，分离每种核裂产物，探索在合成离子交换树脂上进行洗提色谱分离的可能性；发现了即使是稀土阳离子，也可与多价酸生成络合物的形式从离子交换柱中分别提取出来。这些研究导致首次分离出61号元素钷（Pm），进行稀土化合物提纯和核裂变产物放射性同位素的生产。离子交换柱洗提色谱法不仅用于分离大量生物化学重要化合物，而且导致发现一系列方法，广泛使用于生物化学、化学试验室和化学工业中。还发展了生产磷32（^{32}P）的方法。发表过百余篇论文和综述文章；担任过自己研究领域中一系列专著和杂志的主编。1962年获美国化学学会色谱法与电泳法奖章。

（周邦娴）

朗，F. A.（Long，Franklin Asbury） 美国人，1910年7月27日生于美国蒙大拿州大瀑布村，1999年2月8日卒于加利福尼亚州波莫娜。核化学、物理化学、有机化学、科学管理。

1931年、1932年先后在蒙大拿大学获学士、硕士学位。1935年在伯克利加利福尼亚大学获哲学博士学位。1937年入康奈尔大学工作，1939年任教授，历任化学系主任、研究开发中心副主任、副校长等职。第二次世界大战中及战后，为美国政府三届总统科学顾问委员会成员。1962～1963年任美国军备控制和裁军署助理主任及哈里曼小组成员。1971～1976年任美国军备控制总署主任。1962年入选美国国家科学院院士。1965年入选美国文理科学院院士兼副院长。

在第二次世界大战中，从事与军工开发相关的科研项目，其中组织过有关核能生产所需的特种材料的研究。学术研究主要是有机反应动力学及机理方面。这些研究集中概括在两篇重要论文中：1951年的“γ-丁基内酯酸性催化水解中的盐效应”；1957年的“Ho酸函数在酸性催化的机理及动力学中应用”。使用原子示踪法研究有机物开环的部位；比较氢的同位素在氧化物中的反应速度和效应等。他也是一个优秀的科学管理者，领导过多种应用性及开发性的大宗研究项目，善于将理论科学和科学管理结合起来。其中1976年后参与主持制定“后阿波罗空间计划”。（董晨空）

高怡生（Gao Yisheng） 中国江苏省人，1910年（清宣统二年）8月30日生于江苏江宁（今属南京市），1992年5月30日卒于上海。有机化学、药物化学、分析化学、化学工程。

1934年从中央大学化学系毕业。后到中央研究院化学研究所工作。1940年赴北平研究院药物研究所任职，1945年升任副研究员。1948年获资助进英国牛津大学深造，1950年获博士学位。同年回国参与组建中国科学院上海药物研究所，此后一直在该所工作，历任研究员、副所长、所长、名誉所长。曾一度兼任上海市计划生育研究所所长。1980年当选为中国科学院学部委员（院士）。

20世纪30年代末至40年代前期，跟随庄长恭从事新生物碱防己诺林的结构研究。40年代末期，在其博士生导师、1947年诺贝尔化学奖获得者R. 鲁宾逊指导下，进行精细有机合成的研究。50年代前期，他对氯霉素合成新法和从柠檬酸合成异烟肼等课题进行了研究。50年代后期，开始研究肿瘤的药物治疗。他把对天然产物的提取、结构分析和全合成的天然有机化学的研究与抗癌药物的研究结合起来。例如在1976年，他领导合成抗癌药物消旋喜树碱，后来又合成抗癌药物10-羟基喜树碱。1986年领导完成抗癌药物美登素的全合成。

自50年代末以后的30多年中，他领导合成数以千计的化合物，经严格筛选、药理测试和临床验证，已有近10种作为新药应用于抗癌治疗。类似的思想也贯穿于他对治疗其他疾病的药物分析和研究中。例如，在1962～1966年确定莲心碱（$C_{37}H_{42}N_2O_6$）的化学结构式，后来又完成了它的全合成，而它正是降血压药物的有效成分；此后直至80年代末，他领导实现了驱虫中草药有效成分使君子氨酸、甘草有效成分甘草查耳酮、平喘的有效成分蔊菜素、抗疟的仙鹤草素等药物的全合成工作。以上研究成果使他多次获国家自然科学奖、中国科学院自然科学奖和科学技术进步奖。

（朱　灿）

索德，H. G.（Thode, Henry George） 加拿大人，1910年9月10日生于加拿大萨斯喀彻温省邓达恩，1997年3月22日卒于同地。同位素化学、质谱学、地球化学、分析化学。

农家子弟。1930年、1932年先后获萨斯喀彻温大学理学士、理学硕士学位。1934年获芝加哥大学物理化学哲学博士学位。后在匹茨堡大学、哥伦比亚大学从事博士后研究，接着游学欧洲。1939年回国，在麦克马斯特大学任化学副教授，1940年任教授，1948～1952年任化学系主任，1949年任哈密尔顿学院院长，1957年任副校长，1961年任校长。1942年当选为加拿大皇家学会会员，1959～1960年任会长。1945年当选为英国皇家学会外籍会员。获11所大学荣誉博士学位。

研究领域为质谱学及其在化学、物理学、生物学和地球化学中的应用。测定非同位素标记草酸分解反应的动力学同位素效应，证明用天然丰度同位素化合物可以获得准确结果。进而对天然物质中同位素丰度的差异进行研究，得出了差异是由生物和化学反应造成的结论，藉此可以推测这些物质的来源。经比较由厌氧细菌培养实验得到的硫和天然硫的同位素比，证明得克萨斯的硫矿是由海水中硫酸盐经细菌还原形成的。最早意识到质谱的微量分析能力，并应用于裂解产物同位素丰度研究，加深了对裂解过程的认识。

其他与同位素有关的研究成果有：应用同位素碘研究甲状腺机能；化学交换和热扩散分离稳定同位素和富集氮15（^{15}N）和氧18（^{18}O）的方法；确定了硫酸盐还原菌出现的最早年代和最迟年代；其研究结果还表明测定古沉积岩硫同位素的含量可以了解沉积年代的环境。第二次世界大战中获大英帝国勋章。1957年获加拿大化学学会奖章。1967年获加拿大勋章，是该奖项授勋的第一位科学家。

（温敬铨）

钱志道（Qian Zhidao） 中国浙江省人，1910年（清宣统二年）11月3日生于浙江绍兴，1989年9月28日卒于北京。军火化工、科技管理。

出身小职员家庭。1935年浙江大学化学系毕业。留校执教。1937年起在南京应用化学研究所、山西太原理化研究所工作。1938年到延安，历任中央军委军工局三厂厂长兼工程主任、军工局一厂化学总工程师，东北军区军工部直属一厂厂长、军工部总工程师兼技术处处长。1949年后，历任东北人民政府工业部军工局副局长，国家重工业部兵工总局副局长，第二机械工业部技术司司长、部长助理，第一机械工业部部长助理兼第一局（导弹局）局长。1965年调任中国科学技术大学副校长、研究生院副院长。1955年选聘为中国科学院学部委员（院士），后兼任技术科学部副主任。

中国国防化工、兵器工业的开拓者和奠基者之一。20世纪40年代，在极端困难条件下，短时间内在穷乡僻壤建起一座规模较大的化工厂，制造基本化工产品和火药、炸药，其中主持设计和安装的硫酸、硝化甘油、硝化棉等工艺装置和技术属当时中国先进，明显提高了枪弹、手榴弹、掷弹筒弹和迫击炮弹威力；主持兴建东北密山无烟火药工厂；用湿法制成火箭推进剂，生产出单喷口活动尾翼式4英寸火箭（A3式榴弹）。1944年两度当选为陕甘宁边区“特等劳动英雄”，获毛泽东主席亲笔题词：“热心创造”。新中国成立后，在朝鲜战争中组织领导各兵工厂设计、试制和生产新产品；4次作为国防工业代表随国家领导人赴苏联谈判；主持国防工业技术管理工作，发展基础技术和组织攻关，为中国武器制式化奠定了初步基础；参加制订《1956～1967年科学技术发展远景规划纲要》；主持设计和生产大型火箭推进剂，吸收当时国际先进的干压制药法并获得定型，奠定了中国导弹、火箭和航天事业的初步基础。此外，他还是中国高等学校的一位优秀组织者和领导者。

（潘益华）

蒋明谦（Jiang Mingqian） 中国四川省人，1910年（清宣统二年）11月10日生于四川蓬溪，1995年5月19日卒于北京。有机化学、药物化学、物理化学。

1935年北京大学化学系毕业。留系任教。1941年赴美国留学，两年后获马利兰大学药学院硕士学位。1944年获美国伊利诺伊大学化学系博士学位。后任伊莱-利来公司研究所研究员。1947年回国后，任北平研究院化学研究所研究员。1950～1956年先后在北京大学化学系、北京医学院药学系任教授。1956年后任中国科学院化学研究所研究员，曾任该所学术委员会副主任、主任。曾兼任《化学》杂志副主编、《化学学报》副主编。1980年当选为中国科学院学部委员（院士）。

早年从事药物化学，特别是药物分子结构与药理作用关系的研究。1958年出版的专著《高等药物化学》在中国药学界颇有影响。20世纪50年代后期起，致力于寻求有机化合物的结构与性能间的定量关系。1962年，他和夫人戴萃辰共同提出“诱导效应指数”的新概念。它是表示分子中某一基团或原子对于一个邻近键上通过σ键（共价键中的一种）体系，以静电诱导方式所引起的电子移动数量的常数。1963年，他们夫妇两人共同出版专著《诱导效应指数》。

诱导效应指数只能用于讨论基团的相对独立性，而未能解决与分子的整体性有关的问题。1964年，他又找到一个同系物递变的基本结构因素——“同系因子”。20世纪70年代，他发现广义同系化合物的分子结构与性能之间，存在着某种定量关系——“同系线性规律”。该规律揭示，同系物中各分子轨道的能量、各能级差量，以及各种物理化学性能，都是同系因子的线性函数。1980年出版专著《有机化合物的同系线性规律》，1987年又出版作为该书续篇的专著《共轭基团的结合效应》。诱导效应指数和同系线性规律现已被国内外学术界广泛应用。它们两者揭示了广义同系化合物中分子的整体性与基团相对独立性之间的对立统一关系。

（朱 灿）

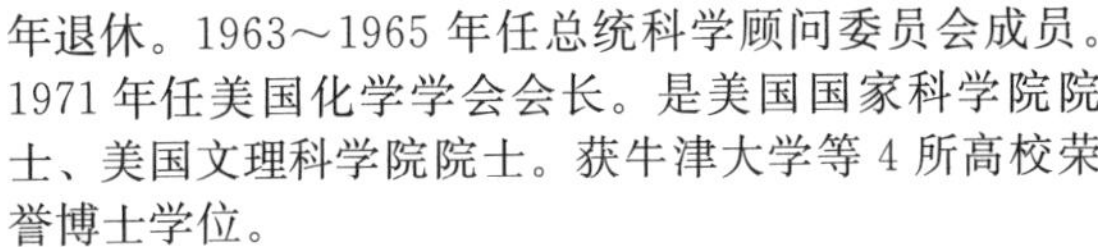

卡尔文，M.（Calvin，Melvin） 美国人，1911年4月8日生于美国明尼苏达州圣保罗，1997年1月8日卒于加利福尼亚州伯克利。光化学、高分子化学、植物化学。

俄国移民的儿子。1931年获密歇根矿业与技术学院（今密歇根理工大学）化学系理学士学位。1935年获明尼苏达大学化学博士学位。后在英国曼彻斯特大学任职。1937年在伯克利加利福尼亚大学任讲师，1947年成为化学教授，1963年任分子生物学教授，1967年任化学生物动力学实验室首任主任，同时任伯克利劳伦斯实验室副主任，1980年退休。1963～1965年任总统科学顾问委员会成员。1971年任美国化学学会会长。是美国国家科学院院士、美国文理科学院院士。获牛津大学等4所高校荣誉博士学位。

1945年后，由于同位素碳14（^{14}C）获得实际的应用，他由原先研究有机分子结构转而研究光合作用，这是自然界中最重要、最基本的化学反应。1948年，在伯克利加利福尼亚大学劳伦斯实验室开始基础研究。用^{14}C和海藻、叶子植物研究证明，二氧化碳（CO_2）和植物中的核酮糖-1，5-二磷酸酯结合，先生成一个六碳化合物，接着再分解为3-磷酸甘油酸。其中叶绿素如催化剂，它吸收光能，使水分解为氧和“氢负离子”。“氢负离子”再和3-磷酸甘油酸结合，在植物体内进行还原反应后，产生甘油醛-3-磷酸酯，其中有一部分异构化，变为二羟基丙酮磷酸酯。这两者再通过醇醛缩合变为果糖-1，6-二磷酸酯。后者进而变成葡萄糖-6-磷酸酯。虽然光合作用非常复杂，至今未完全明了，仍是化学、物理、生物等学科中一个重要的研究对象，但是他的研究成果对揭示光合作用的机理过程，无疑是作出了重要的贡献。由于在植物光合作用的研究中取得了出色的成绩，获1961年诺贝尔化学奖。

著作有《有机化学理论高级读本》（1941年，与他人合著）《碳的同位素》（1949年）、《金属螯合物化学》（1952年，与他人合著）、《光合作用中的碳途径》（1957年）、《化学的进展》（1961年）和《碳化合物的光合作用》（1962年）等。还获得英国皇家学会戴维奖章，1972年美国化学学会普利斯特里奖章，1981年美国国家科学奖章，1985年成为密歇根理工学院加尔文奖章第一位获得者。

（朱啸宇）

赫希菲尔德，J. O.（Hirschfelder，Joseph Oakland） 美国人，1911年5月27日生于美国马里兰州巴尔的摩，1990年3月30日卒于威斯康星州麦迪逊。核化学、量子化学、分子动力学、物理化学。

父亲是美国第一个使用心电图的医生，后来成了明尼苏达大学药理学教授。赫希菲尔德在明尼苏达大学学习2年后，转学耶鲁大学，1931年获化学学士学位。作为H. 艾林的学生在普林斯顿大学继续深造，1936年获物理化学哲学博士学位。1937年去威斯康星大学，后任化学教授和理论化学研究所所长。期间1942～1943年，兼任美国国防委员会弹道火器与火箭顾问、洛斯阿拉莫斯国家实验室原子弹理论物理专家组组长。1953年入选美国国家科学院院士。1959年入被选美国文理科学院院士。1965年入选挪威皇家学会外籍会员。

是一个多产的物理学家和化学家。1946年参加比基尼岛的核试验。对化学反应速率、分子动力学和空气动力学的研究都作出了杰出的贡献。由于在量子化学、分子间相互作用、燃烧理论和迁移现象理论的研究中取得成就，1966年获美国化学学会德拜奖；由于在量子化学、化学反应速率理论、气体和液体结构及特性的研究中所取得的成就，1976年获美国总统颁发的国家科学奖章。

1954年出版《气体和液体的分子理论》（与伯德等合著）。也是《原子武器的作用》（1950年）一书的主要作者。另外获1966年美国燃烧学会埃杰顿金质奖章，1981年美国机械工程师协会银质奖章。（陈民生）

高振衡（Gao Zhenheng） 中国北京市人，1911年（清宣统三年）6月21日生于北京，1989年11月14日卒于天津。有机化学、染料化学、量子化学、化学工程。

1934年从清华大学化学系毕业。留校任教。1938年任教于西南联合大学化学系。1942年赴美国，进哈佛大学研究生院深造，1946年因有机化学研究获该校哲学博士学位。同年回国，后长期在天津南开大学化学系任教授，曾任该系物理有机化学研究室主任和该系主任。1980年当选为中国科学院学部委员（院士）。

中国有机闪烁剂和激光染料研究的开拓者之一。20世纪70年代初，有机闪烁剂和有机激光染料等新荧光物质已在许多领域得到广泛应用，但当时中国对它们的需求还只有依赖从国外进口。为改变这种状况，70年代中期至80年代前期，他带领几位中年和青年研究者对噁唑类、噁二唑类、苯并噁唑类杂环化合物的分子结构和光性能间的关系进行了深入探讨。并在此基础上开展两方面工作：一方面用这些杂环化合物为材料，合成多种高效率的有机闪烁剂；另一方面又从他们合成的数百种这些类型的杂环化合物中，筛选出数十种性能优异的紫外波段新型激光染料。这两方面的研究成果都填补了国内空白。因此，他们先后获1978年全国科学大会奖、1982年国家自然科学奖三等奖、1983年国家发明奖三等奖，以及1986年国家教育委员会科学技术进步奖二等奖。

他又是中国把量子化学应用到有机分子结构和性能研究的开拓者之一。例如，60年代前期，与赖大明共同对有机汞化合物进行了多方面的量子化学探讨；70年代末，与赵学庄共同用量子化学方法研究多联苯和间多联苯的结构与光性能间的关系；80年代前期，与潘荫明共同对 $C_6H_6\text{-}NO_2^+$ 体系进行了多方面的量子化学研究。

毕生发表论文约110篇；主要著作有《有机化学结构理论》（1960年）、《物理有机化学》（2卷，1982～1983年）等；主要译著有《有机光化学》（1980年）。（朱 灿）

斯泰因，W. H.（Stein，William Howard） 美国人，1911年6月25日生于美国纽约，1980年2月2日卒于同地。高分子化学、酶化学、生物化学、分析化学、仪器研制。

商人之子。1933年毕业于哈佛大学化学系。1938年获哥伦比亚大学生物化学系博士学位。后在洛克菲勒医学研究院（今洛克菲勒大学）M. 贝格曼领导的蛋白质化学实验室和S. 穆尔一起从事氨基酸柱层析法研究，1954年任该校教授。1961年和1964年先后任芝加哥大学和哈佛大学客座教授。1960年入选美国国家科学院院士。1968～1969年任美国国家生物化学委员会主席。

他的主要任务是研究蛋白质的结构与催化作用之间的关系。从1945年起，便和穆尔从事氨基酸柱层析分析法的研究，不久建立了离子交换柱层析法。该法的原理是利用氨基酸彼此间的酸碱性、极性和分子大小不同的性质，通过阳离子交换树脂进行层析分离，用不同pH和离子浓度的缓冲液将其依次洗脱，先被洗脱的是酸性和极性较大的氨基酸，接着是中性，后被洗脱的是碱性氨基酸。而分子量小的氨基酸比分子量大的先洗下来。洗脱液用茚三酮显色，进行定量测定。由此就可计算出该蛋白质中各种氨基酸的组成含量。1958年制成氨基酸柱层析自动分析仪，他和穆尔一起建立了分离肽的方法。1960年成功测定核糖核酸酶A的一级结构，确定其分子量为13 683，包含有124个氨基酸残基及4个二硫键，不存在色氨酸。从1959年起，他与别人一起从化学上探索核糖核酸酶中有关的氨基酸残基同酶的催化作用间的联系。用碘醋酸等烷化试剂与核糖核酸酶A作用，发现在N一端第12及119位的氨基酸残基进行烷基化后，结果使核糖核酸酶失去了活性。由此推断，这两个位置的氨基酸残基接近酶的活性中心，直接与酶的催化作用有关。

和穆尔一起用几十年时间研究牛胰核糖核酸酶A的结构，确定了核糖核酸酶A分子中124个氨基酸的残基的排列顺序。由于在酶方面的创造性研究，和穆尔及C. B. 安芬森三人共同获得1972年诺贝尔化学奖。另获美国化学学会1964年色谱学业与电泳法奖、1972年理查兹奖章，1972年哥本哈根大学林达斯特罗姆-朗奖章。（朱啸宇）

登特，C. E.（Dent，Sir Charles Enrique） 英国人，1911年8月25日生于西班牙布尔戈斯，1976年9月19日卒于英国伦敦。生物化学、医学化学、色谱学、分析化学。

1931年获伦敦大学帝国理工学院化学系学士学位，1934年获有机化学哲学博士学位。同年供职于大英帝国化学工业公司曼彻斯特染料部实验室。1937年进伦敦大学学院攻读医学。第二次世界大战中，1939～1943年在法国、百慕大群岛和美国服役，1944年任伦敦大学医学院附属医院住院医师和工学院教师。1946～1947年在美国纽约罗切斯特大学进修医学。1949年获伦敦大学学院医学博士学位，1951年任该校附属医院临床医师，1956年任医学教授。1954年当选为皇家内科医师学院成员。1956年封爵。1962年当选为英国皇家学会会员。1966年获比利时卢万大学荣誉医学博士学位。

多年致力于氨基酸和生物体液的纸上色谱分析。不仅成功地移植和改进此方法用于已知氨基酸的鉴定，并分离与鉴定一些当时未知的氨基酸；进而发展了对新陈代谢紊乱症作随机测定的方法，发展了各种化学方法和色谱方法来检测患者体液中含有的导致功能紊乱的化学物质；由此而发现许多致病的氨基酸类；此后一直致力于与神经性缺陷相联系的新陈代谢功能紊乱方面的研究；在他的领导下，建立各种用于临床的检测方法，提高诊断的准确性；在泌尿系统结石症方面，也作出了出色贡献。1965 年获盖尔德纳基金会奖。 （戴有为）

摩根，P. W. （Morgan，Paul Winthrop） 美国人，1911 年 8 月 30 日生于美国新罕布什尔州西切斯特菲尔德，1992 年 5 月 28 日卒于纽约。*高分子化学、化学工程、材料科学。*

1937 年获美国缅因大学技术学院化学学士学位。1940 年在俄亥俄州立大学获有机化学哲学博士学位。而后一直在纽约州布法罗的杜邦公司做化工研发工作，1946 年任助理研究员，1957 年任研究员，1973 年任高级研究员。1977 年入选美国国家工程院院士。

在 20 世纪 50 年代，为发明高聚物的低温缩聚法作出重要贡献。相继发明被称作“尼龙绳魔术”的界面缩聚法和溶液缩聚法，引起了对缩聚物广泛的新兴趣，导致许多重要聚合物产品的产生。如性能惊人的凯夫拉芳族聚酰胺纤维，1961 年已实现产业化，还有许多耐高温聚合物如聚酰亚胺、聚酰亚胺-酰胺、聚酰亚胺-酰肼和嵌段弹性纤维等；1971 年将拉伸法用于生产聚酰胺纤维，提高抗张强度和弹性模数。

拥有 38 项美国发明专利；发表有 56 篇论文；出版《界面法和溶液法缩聚聚合物》（1965 年）等专著。获美国化学学会高分子化学奖、富兰克林研究院波茨奖章、塑料与橡胶学会斯温伯恩奖章等多种奖励。 （董晨空）

杨承宗 （Yang Chengzong） 中国江苏省人，1911 年（清宣统三年）9 月 5 日生于江苏吴江，2011 年 5 月 27 日卒于北京。*放射化学、核化学与工程、核物理学、矿冶学、仪器研制。*

实业家之子。1932 年获上海大同大学化学系理学士学位。后任教暨南大学。1934～1946 年任北平研究院镭学研究所助理研究员、副研究员。1947 年到法国巴黎大学镭学研究所学习，师从 1935 年诺贝尔化学奖获得者 I. 约里奥-居里（即居里夫人的女儿），1951 年以“离子交换分离放射性元素的研究”论文获物理化学哲学博士学位。同年秋回国，任中国科学院物理研究所研究员，兼任放射化学研究室、放射性同位素及射线应用研究室主任。1958～1983 年任中国科学技术大学教授，先后任放射化学和辐射化学系主任、副校长（1979～1983 年）。1961～1969 年兼任国家第二机械工业部北京铀矿选冶研究所副所长。1980 年兼任安徽省合肥联合大学校长。1979 年起兼任中国化学会核化学与放射化学专业委员会主任，中国核学会核化学与放射化学学会理事长，中国科学院同位素应用委员会副主任，安徽省科学技术协会主席等职。

中国放射化学奠基人之一。20 世纪 30～40 年代，师从郑大章教授，分析测定沥青铀矿物中镤（Pa）对铀的放射性比例，首次核算出锕-铀系元素（以铀 235 为母核素衰变）对铀-镭系元素（以铀 238 为母核素衰变）比值约为 7‰；抗日战争时期，他们发现镤 234 的硬 β 放射线对铝箔厚度的吸收曲线分成若干段指数直线，并非通常认为的呈指数直线下降；发现 β 射线吸收系数随放射源周围物质而改变，成为背散射法鉴别不同支持物质及其厚度的技术基础；在 I. 约里奥-居里指导下，用离子交换法成功分离放射化学纯的镤 233，锕 227 等放射性同位素，后发展成为从矿石提取铀工艺的常用原理。

50 年代，创建中国第一个放射化学实验室；1953 年从报废的镭-氡装置中制得中国最早的人工放射源——氡-铍中子源，为研究中子物理、制备放射性同位素创造了条件；1956 年参与制定中国原子能科学技术发展长远规划；开办放射性同位素应用讲习班，培训了全国近千名专业人员。60 年代，1961 年从中国贫铀矿石中成功制备含杂质不超过万分之几的核纯铀，形成铀提取、纯化、转化以及极微量杂质分析分离全套技术；自力更生建成铀冶炼实验厂，两年内提前从上百吨原料中产出足量合格的核纯铀化合物，保证了中国第一颗原子弹成功试爆，受到国家表彰；主持从铀矿中综合提取铀 235、镭 226、钍 230、镤 231、铅 210 等自然放射性核素化学新工艺，使中国成为极少数能够系列制备这些物质的国家之一，在几十项科研成果中有三项获全国重大奖项。70 年代，1973 年主持全国火箭推进剂燃烧机理学术会议，建立科研协作关系；主持同步辐射装置研究光核反应，成功制备轻质量、短半蜕期、特殊用途同位素，为中国核研究开辟了新途径。

出版《关于 β 射线的散射现象》、《同位素化学》（1956 年，与他人合译）、《原子能原理及其运用》（1965 年，与赵忠尧、何泽慧合著）等著译。获 2001 年何梁何利科学技术奖化学奖等多种奖励。 （李啸虎）

库克，M. A. （Cook，Melvin Alonzo） 美国人，1911 年 10 月 10 日生于美国犹他州贝尔莱克，2000 年 10 月 12 日卒于盐湖城。*爆炸化学、化学工程、科学史学。*

在犹他大学攻读物理化学专业，1933 年和 1934 年分别获学士、硕士学位。1937 年获耶鲁大学物理化学专业哲学博士学位。1937～1947 年就职于杜邦公司的东部炸药实验室。1947～1970 年任犹他大学炸药研究所所长与冶金学教授。1958 年创立伊尔戈化学公司并任总经理，1972～1974 年任该公司董事长，并兼任库克浆状炸药公司董事长。是犹太大学冶金学和机械工程学兼职教授。

纯属偶然的机会被卷入两起硝酸铵爆炸事件中。1947年4月，美国得克萨斯城两艘船上载有作肥料的硝酸铵发生了大爆炸；1956年12月，在一辆属于加拿大铁矿公司载有150磅硝酸铵、铝粉及水混合物的手推车也发生爆炸。他作为26名原告诉讼方面的专家证人，同时又是分析爆炸原因的陈述人。从此和硝酸铵炸药结了缘，并系统而深入地从事研制和应用技术方面工作，为发展浆状炸药奠定了基础。上述的两件爆炸事故也揭开了民用炸药工业新的一页，使火药发展成浆状炸药；使危险性大的猛炸药（如诺贝尔的胶质代拿买特炸药）发展为安全性好的铵油炸药和浆状爆炸剂。铵油炸药是96%硝酸铵、4%燃料油组成的最廉价的炸药。浆状炸药是含有炸药作敏化剂的浆状混合物，能被8号雷管直接引爆。浆状爆炸剂是不含有炸药而且不能被8号雷管直接引爆的浆状混合物。他发现用不同效率的铸浇传爆药能敏锐地提高铵油炸药的爆压，成功地用1磅（1磅=0.454千克）铸浇传爆药代替了50磅火药传爆药。1956年12月，首次用浆状炸药对硬岩进行爆破并获成功。

他不断地改进浆状炸药。初期的浆状炸药，是用含水的氧化剂分散过量的固体硝酸铵和一些可溶或难溶的固体或液体可燃敏化剂，再掺入少量古尔胶。后来改进的浆状炸药，用铝粉代替梯恩梯，以硼砂、重铬酸钾交联体代替古尔胶。1967～1968年为了检测核爆炸，和同事在太平洋1海里（1.85千米）深度用重达250吨的含梯恩梯的浆状炸药对记录系统进行考验。他首次应用的含铝浆状炸药沿用至今。近期的浆状炸药用非金属粉末、脂肪胺的硝酸盐、醇类硝酸酯或乳化油等作敏化剂，并辅以微气泡来提高它的起爆敏感度。还研发浆状炸药泵车，大大方便了现场作业，明显地提高施工的效率。不断降低浆伏炸药成本，为浆状炸药的广泛应用开辟了新路。

著作《工业炸药学》被用于大学教材或参考书。另有著作《史前时期和地球模式》（1966年）、《科学和摩门教》（1968年，与儿子合著）和《科学的史前时期》等。由于在铵油炸药、浆状炸药、浆状爆炸剂研制与应用工作的出色成就，获1968年美国化学学会墨菲金质奖章，1969年瑞典的诺贝尔硝基化学金质奖章，1973年美国化学家协会“化学开拓者”称号。

（朱啸宇）

邢其毅（Xing Qiyi）　中国贵州省人，1911年11月24日生于天津，2002年11月4日卒于北京。有机化学、生物化学、药物化学、化学工程。

原籍贵州贵阳。出身书香门第。1933年辅仁大学化学系毕业。同年赴美国留学，1936年因联苯立体化学研究获伊利诺伊大学哲学博士学位。1936～1937年在德国慕尼黑大学H. O. 维兰德（1927年诺贝尔化学奖获得者）指导下做博士后研究，完成芦竹碱的结构阐释和合成研究。1937年回国，任中央研究院化学研究所研究员。抗日战争爆发后随该所内迁昆明，1944年又到皖北解放区参加新四军，在华中军医大学任化学教授，且兼做制药工作。1946年任北京大学化学系教授兼北平研究院化学研究所研究员。1949年以后一直在北京大学化学系任教授，任有机化学教研室主任。兼任《化学学报》常务副主编、《科学通报》副主编等职。1980年当选为中国科学院学部委员（院士）。

20世纪30年代后期，他与合作者共同提出一种操作简便的测定不饱和脂肪酸结构的新方法；还与该所所长庄长恭合作进行防己生物碱的研究，并分离出一种新生物碱——防己诺林碱。50年代，与他人合作提出一种氯霉素的新合成法，后来在1978年获全国科学大会奖。1960年，由中国科学院上海生物化学研究所、上海有机化学研究所和北京大学化学系共同协作，进行牛胰岛素的人工合成研究，他是该项目的负责人之一。1965年深秋，他们在世界上首次实现了人工合成结晶牛胰岛素。1966年，他与汪猷、钮经义等人共同发表这项工作的论文，在国际学术界引起了强烈反响。该项研究于1978年获全国科学大会奖、1982年国家自然科学奖一等奖。他还在国内开创花果头香成分的研究，1978年完成白兰花果头香的全分析。80年代，与他人合作研究成功9种多肽合成的新试剂。1991年起率先系统地进行人参水溶液小肽成分的研究。

发表论文百余篇；独撰著作有《有机化学》（2卷，1957～1958年）、《有机化学基础》（1965年）等，与他人合著有《基础有机化学》（2卷，1980～1984年）、《共振论的回顾与展望》（1982年）、《有机化学辞典》（1987年）等。另获1995年国家教委科学与技术进步奖一等奖，1997年香港求是科学基金会杰出科学技术成就奖（集体奖）等。

（肖　萍）

肖伦（Xiao Lun）　中国四川省人，1911年12月15日生于四川郫县，2000年11月15日卒于北京。同位素化学、放射化学。

出身书香世家。1939年毕业于清华大学化学系。1947年赴美国伊利诺伊大学攻读放射化学，翌年获硕士学位，1951年获博士学位。留该校物理系从事核科学研究。后又在美国矿务局石油能源研究部门工作。1955年回国后，先后在中国科学院物理研究所、原子能研究所、中国原子能科学研究院工作，曾任中国原子能科学研究院放射化学研究室副主任、同位素研究部主任、同位素研究所科学技术委员会主任。曾兼任中国原子能农学会副理事长、中国核化学与放射学会副理事长、中国同位素学会理事长、《同位素》杂志主编，兼任北京大学等校兼职教授。1980年当选为中国科学院学部委员（院士）。

1950年前后他在美国作博士论文研究时，曾以γ射线轰击不同丰度的钨核，发现钨（W）和钽（Ta）的几种放射性同位素^{185}W、^{183}Ta、^{185}Ta；此后在伊利诺伊大学物理系工作时，又以γ射线轰击汞，打出一个质子，获得了金的一种同位素。中国古代炼金术士想把水银（汞）炼成金，他用现代的核方法首次实现了这种梦想，但这样炼出的“金”远比天然金贵得多，而且这样炼出来的“金”的同位素没有天然金同位素稳定，它还会产生衰变。在美国矿务局石油能源研究部门从事表面化学研究时，他又发现非离子型洗涤剂的分子胶团在水溶液中带有正电荷这一反常现象，这一重要结果常被他人的论文和专著所引用。

1955年回国后，继续从事放射化学研究，是中国人工放射性同位素事业的奠基人。1962年负责测定原子弹临界质量所需的特种放射源和研究氢弹原料氚的制备工艺，领导研究小组及时完成了任务，为中国的核弹工程作出了贡献。20世纪80年代，与人合作用中子活化分析法测定一些中药含有的必需微量元素；测定南极洛多姆冰帽430米深度冰样中的14种微量元素含量；用质子激发X射线荧光分析法测定了30余种药的常量及微量元素。（肖　萍　宣焕灿）

韦斯特梅，F. H.（Westheimer，Frank Henry）　美国人，1912年1月15日生于美国马里兰州巴尔的摩，2007年4月14日卒于马萨诸塞州坎布里奇。*有机化学、酶化学、结构化学。*

1932年获达特茅斯学院学士学位。1935年获哈佛大学博士学位。嗣后在芝加哥大学等处工作。1954年任哈佛大学化学教授，1959～1962年任系主任，1962年任洛布化学讲座教授。1964年任美国国家科学院化学委员会主任。1967～1970年在总统科学顾问委员会任职。1954年入选美国国家科学院、美国文理科学院院士。

20世纪30年代，他的研究主要是阐明复杂的有机化学结构，预测其化学反应活力。50年代后，致力研究酶的作用机理及其反应过程，阐明了辅酶二磷酸吡啶核苷酸在生物氧化和代谢途径中的递氢作用。还详尽地分析了铬酸的化学氧化机理等。1965年出版《化学：机会与需要》。获美国化学学会1970年古布斯奖章、诺里斯奖。（周忠勋）

王序（Wang Xu）　中国江苏省人，1912年3月8日生于江苏无锡，1984年2月10日卒于北京。*有机化学、植物化学、药物化学、分析化学。*

1935年上海沪江大学化学系毕业。翌年赴奥地利维也纳大学留学，1940年获博士学位。后回国任浙江大学化学系教授。1941年任当时内迁贵州省的北平研究院化学研究所研究员。1950年任北京大学医学院药学系教授。1953年后，历任北京医学院有机化学教研室主任、药学系主任和抗肿瘤药物研究室主任。曾任中国药学会副理事长、中国化学会副理事长。1980年当选为中国科学院学部委员（院士）。

早在抗日战争期间，克服困难，自制实验设备，开展中草药成分的研究。他成功地研究了土大黄、丹参、射干和益母草等，确定其有效成分的分子结构。还完成了香豆素类化合物的合成，发展了合成稠环角甲基的方法。20世纪50年代后期至60年代前期，为寻找抗肿瘤新药，在国内率先对碱基、核苷和核苷酸进行深入研究。与同事共同发现含羟基杂环化合物的不正常对甲苯磺酰化反应，为此获1964年国家发明奖。70年代后期至80年代初，指导青年同事和研究生筛选了200多种常用中药，600多个提取物，所获得的信息对了解中药的作用和机理提供了依据，并为追踪分离出有效活性成分开辟了新途径。他提出扶正培本、增强免疫功能来制服癌症，抗肿瘤药物应从单纯杀伤转变为以环核苷酸等调控物质为基础的新思想，对中国研制抗癌药物的科学研究方向有指导意义。在教学工作方面，为中国药学事业培养了大批人才。（朱　灿）

侯祥麟（Hou Xianglin）　中国广东省人，1912年4月4日生于广东汕头，2008年12月8日卒于北京。*石油化学工程、科技管理。*

1935年燕京大学化学系毕业后，在中央研究院化学研究所当研究生。抗战时期在云南、四川研制和生产液体燃料。1945年去美国卡内基理工学院攻读化学工程，1948年获博士学位。同年任马萨诸塞理工学院化工系副研究员。1950年回国后，历任清华大学化工系教授，中国科学院大连石油研究所研究员、代理所长，国家燃料工业部石油管理总局炼油处主任工程师，国家石油工业部技术司副司长，石油科学研究院副院长、院长，石油工业部副部长，中国石化总公司高级顾问。兼任中国石油学会理事长、名誉理事长，中国化工学会副理事长等职。1955年选聘为中国科学院学部委员（院士）。1994年选聘为中国工程院院士。

长期主管中国石油化工科研工作，参与科学技术发展规划制定和实施，组织领导，研究开发若干重大炼油新技术，大幅度提高中国炼油生产水平，为开辟中国特色的炼油工业发展道路作出重要贡献。20世纪50年代，参与制定中国十二年科学技术发展规划（1956～1967年）中有关液体燃料和润滑剂开发计划；组建各级炼油科研机构和石油科学技术队伍。60年代，主持石油工业部科学技术归口管理工作；领导研制成功氟油、硅油、酯类油等一系列高级特种润滑油脂，及时支持了“两弹一星”等国防军工急需，填补了国内空白；负责制定炼油业十年科学技术发展规划（1963～1972年）；负责规划和组织领导全国炼油新技术开发研究及攻关工作；主持攻克炼油催化剂、添加剂等石油工艺难题。70～80年代，主管石油工业部科学技术发展研究工作，获得国家级成果18项；主持制定挖潜增效节能10项措施。80年代后，着重探讨中国石油化工事业的发展战略问题。撰有“碳氢化合物对镍铬合金高温燃烧腐蚀的研究”等论文；主编《中

国页岩油工业》(1984年)、《中国炼油技术》等专著。（朱妙其）

卡茨，J. J.（Katz，Joseph Jacob） 美国人，1912年4月19日生于美国密歇根州底特律，2008年1月28日卒于蒙哥马利伯莱斯。*元素化学、植物化学、放射化学、核化学。*

1932年获韦恩州立大学化学方面的理学士学位。经数年工业实践后，回到大学研究院。1942年获芝加哥大学化学专业哲学博士学位。留校任教，第二次世界大战期间，在芝加哥大学冶金实验室工作，参与曼哈顿计划研制第一颗原子弹。1948年为阿尔贡国家实验室高级化学家。

最重要的贡献是发现许多有机体中所有的氢基本上被氘取代仍能生长，从而开拓了氘同位素效应研究的新领域。发现海藻能在99.8%重水（D_2O）中生长，海藻通过光合作用合成的有机物中的氢是由水分解来的，这样它就合成了含氘的有机物，而完全氘化的海藻成为大量含氘化合物的源泉。因此就可能培养完全氘化的细菌、酵母、霉菌和原生动物以及从它们离析的氘化的糖、氨基酸、蛋白质、核酸、叶绿素，进而可将这些物质用于研究氘同位素效应，为了解新陈代谢过程、药物疗效提供了基础。完全氘化的蛋白质已用于研究蛋白质中卷曲螺旋线转化和支链相互作用，以及酶基质的相互作用方面的同位素取代效应。和别人合作承担了探索有治疗价值的完全氘化的药品。应用完全氘化的光合有机体对光合作用进行研究证明：光能转化包括一对叶绿素分子。这对了解光能转化作用作出了贡献。1960年起，主要研究叶绿素的物理化学和在光合作用中的功能。

著作有《铀化学》（1951年）、《锕系元素化学》（1958年）、《美国的核研究》（1969年，与他人合著）、《无机化学和核化学》（1976年，与他人合著）等。1961年获美国化学学会化学应用核子奖。（楼书聪）

西博格，G. T.（Seaborg，Glenn Theodore） 美国人，1912年4月19日生于美国密歇根州伊斯珀明，1999年2月25日卒于加利福尼亚州伯克利附近拉斐特。*元素化学、同位素化学、核化学、核武器工程。*

机械师之子。1934年在洛杉矶加利福尼亚大学获化学专业文学士学位。1937年获伯克利加利福尼亚大学化学哲学博士学位。留校任教至1982年退休；期间任该校教授，1958年～1961年任名誉校长。1942～1946年请假为研制原子弹的“曼哈顿计划”工作。1948～1950年在美国原子能委员会总咨询委员会工作。1954年任命为劳伦斯放射实验室副主任。1961～1971年任美国原子能委员会主席。1982年退休后，在原校教育研究院参与教师培训工作。1948年入选美国国家科学院院士。是9个其他国家科学院外籍院士。

继E. M. 麦克米伦发现第一个超铀元素镎（Np）之后，他与同事成功地合成、分离和鉴定了94号元素钚（Pu）和其他几个超铀元素，以及遍布整个周期表的100余种同位素。因对超铀元素化学的重大贡献，和麦克米伦一起获1951年诺贝尔化学奖。

1940年麦克米伦和P. H. 艾贝尔森用中子照射方法合成的93号元素镎很不稳定，半衰期为2天，其衰变产物应是下一个超铀元素。同年，他用能量为16兆电子伏特的氘核轰击铀的氧化物，从产物中分离了镎。与预料的一致，镎在放射β射线后衰变为质量数等于238的94号元素，它被命名为钚。在对钚的进一步研究中，他又合成了可用作核能源的同位素^{239}Pu。在芝加哥大学冶金实验室，他们对^{239}Pu继续展开研究，尤其是寻求一种生产方法，使生产出钚的量足以提供核能。

在完成钚的主要工作后，他又转向合成其他超铀元素。起先认为下一个元素应与钚相似，可将它氧化成氧化态为+5的状态后分离，但是这种努力没有获得成功。1944年夏，意识到钚以后的超铀元素氧化态为+3的状态是稳定的。不久就鉴定了96号元素锔的同位素^{242}Cm，之后又鉴定了95号元素镅（Am）。基于同样的认识，得出这些元素和以前发现的超铀元素实际上是锕类过渡系列的一部分，它们的价电子是依次填充在5f层，所以它们的性质与稀土元素或镧系元素十分接近。在分离95号和96号元素中遇到的困难证明这个结论是正确的。根据与95号元素对应的稀土元素铕是以欧洲命名的，他以美洲命名95号元素为镅。1946年回到伯克利后，在锕系元素思想指导下，不但预测出那些尚未合成的超铀元素的性质，而且与同事一起合成并鉴定了97～102号元素，并分别以伯克利、加利福尼亚、爱因斯坦、费米、门捷列夫和诺贝尔命名这些元素为锫（Bk）、锎（Cf）、锿（Es）、镄（Fm）、钔（Md）和锘（No）。他们还合成和鉴定了106号元素。

主要著作有《锕系元素化学》（1957年，与他人合著）、《超铀元素》（1958年）、《人和原子》（1971年）、《现代炼金术的超铀元素产物》（1978年）等。（温敬铨）

费里，J. D.（Ferry，John Douglass） 美国人，1912年5月4日生于加拿大育空地区道森，2002年10月18日卒于美国威斯康星州麦迪逊。*物理化学、高分子化学、分子运动学。*

出身采矿工程师家庭。1932年获斯坦福大学文学士学位，1935年获化学哲学博士学位。后在哈佛大学任教。1947年任威斯康星大学教授，1959～1967年任化学系主任。1959年入选美国国家科学院院士。

第二次世界大战时，在伍兹霍尔海洋研究院研制防污涂料，并在哈佛大学医学院研究人体血清制品。一生主要从事高分子研究，其中最主要的成果是有关高分子物质（如橡胶、硬玻璃、蛋白质、核酸）动力学粘弹性方面的研究，建立大分子运动方式与其力学及物理方面性能之间的关系。著有《聚合物的粘弹性》(1961 年初版、1970 年再版）等。曾获美国流变学学会宾厄姆奖（1953 年)、英国科伦奖（1972 年)。

（董晨空　郑生力）

小伯韦尔，R. L.　(Burwell，Robert Lemmon，Jr.)　美国人，1912 年 5 月 6 日生于美国马里兰州巴尔的摩，2003 年 5 月 15 日卒于弗吉尼亚州威廉斯堡。表面化学、催化化学、化学工程。

1932 年在安纳波利斯的圣约翰学院获理学士学位。1935 年获普林斯顿大学博士学位。翌年从事博士后研究。1936～1939 年在哈特福德三一学院（今杜克大学）工作。后在西北大学化学系任教，1952 年任教授兼系主任。1958～1959 年任美国化学学会物理化学部主任。1973～1977 年任美国催化学会会长。1976～1980 年任国际催化学会会长。

主要研究工作是化学吸附和化学反应的表面催化本质，是提出在多相催化反应中存在中间体的主要研究者之一。进一步发现元素表面作用的某些位置，这些作用同时或先后发生，从而导致多相催化反应。还对氧化物催化剂（特别是 Cr_2O_3）的表面性质进行研究，提出表面存在配位不饱和中心的概念，已被化学工作者在多相催化中广为应用。还研究氘（D_2）与烃(例如环戊烷）之间的同位素交换，测定各种交换产物(C_5H_9D、$C_5H_8D_2$、…C_5D_{10}）的形成速率。对对映体互变（外消旋作用）和其他催化反应的立体化学方位也感兴趣。1973 年获美国化学学会胶体化学和表面化学的肯德尔奖。

（楼书聪）

贝茨，R. G.　(Bates，Roger Gordon)　美国人，1912 年 5 月 20 日生于美国马萨诸塞州卡明顿，2007 年 8 月 20 日卒于佛罗里达州盖恩斯维尔。电化学、分析化学。

出身农民家庭。1934 年获马萨诸塞大学学士学位。1937 年获杜克大学博士学位。在耶鲁大学进行 2 年博士后研究后，到美国国家标准局任研究化学家和电化学分析室主任，在这里度过 30 年科学生涯。1969 年转入佛罗里达大学任化学教授。1971～1979 年任国际理论化学与应用化学联合会电化学分析委员会主席。

在历时多年的离子溶液研究中，提出了一套高精度研究酸碱作用的新技术，收集了多种水及非水介质体系基本性质的数据，精心编制了一套 pH 量度作为测量该量的国际标准。著有《pH 测定：理论和实践》(1954 年)。获 1969 年美国化学学会分析化学奖。

（董晨空）

布朗，H. C.　(Brown，Herbert Charles)　美国人，1912 年 5 月 22 日生于英国伦敦，2004 年 12 月 19 日卒于美国印第安那州拉斐特。有机化学、结构化学、化学工程。

父亲原是移居英国伦敦的乌克兰犹太人。布朗于 1914 年（2 岁）随家人又从英国移居美国。1936 年获芝加哥大学理学士学位。翌年加入美国籍。1938 年获芝加哥大学博士学位。随哈拉茨（M. S. Kharasch）进行一年博士后研究。1939 年在芝加哥大学任讲师。1943 年前往韦恩大学，先后任助理教授和副教授。1947 年任普渡大学教授。1959 年任威斯康星大学教授。1957 年入选美国国家科学院院士。1966 年入选美国文理科学院院士。1977 年当选为英国化学会荣誉会员、印度国家科学院外籍院士。1968 年获芝加哥大学荣誉理学博士。

乙硼烷是一种十分活泼的气体，在 20 世纪 40 年代之前只能少量地在实验室制备，无法应用于有机合成。1941 年他与施莱辛格（H. I. Schlesinger）发现，用氢化锂或氢化钠与三氟化硼很容易合成乙硼烷。乙硼烷以及各种碱金属硼氢化物的简单实用合成方法的发现，使得它们成为有机合成中最常用的试剂，彻底地变革了有机还原反应。他尤以探索硼在有机化学中的作用而闻名。1953 年发现，最简单的硼和氢化合物乙硼烷十分容易与不饱和有机分子发生加成反应，生成有机硼化合物：

$$\gt C{=}C\lt \ + \ H{-}B\lt \ \longrightarrow \ H{-}\overset{|}{\underset{|}{C}}{-}\overset{|}{\underset{|}{C}}{-}B\lt$$

(常喜欢强调的一件巧事是，他的父母为他取了缩写为 H. C. B. 的姓名)。对有机硼化合物化学的开拓，为重排、双键加成和碳-碳双键的生成等发展了新的方法。有机硼化合物已成为有机合成中用途最广泛的试剂。丰富多彩的有机硼化学是他发现的化学中的“新大陆”。

在空间效应，尤其关于立体张力理论，他也作出重要贡献。对三烷基硼与胺类分子加成化合物的稳定性与硼组分和胺组分中取代基的空间要求之间的关系进行系统研究，为化学理论中的空间效应提供了定量基础。

通过对芳香族取代反应的研究，提出了以新的布朗常数为基础的定量理论。与儿子 C. A. 布朗共同发现的制备活泼氢化催化剂硼氢化物的新方法，大大地简化了他提出的实验室氢化方法。

发表的科学论文超过 700 篇；主要著作有《硼氢化反应》(1962 年)、《有机化学中的硼烷》(1972 年)、《硼烷的有机合成》(1975 年）和《非经典离子问题》(1977 年）等。多次获世界科学机构的奖章和奖励。因对有机硼化学研究成绩卓著，与研究有机磷化合物的德国化学家 G. 维蒂希共享 1979 年诺贝尔化学奖。

（温敬铨）

布洛赫，H. S.　(Bloch，Herman Samuel)　美国人，1912 年 6 月 15 日生于美国芝加哥，1990 年 6

月16日卒于同地。催化化学、石油化工。

乌克兰移民后裔。1933年毕业于芝加哥大学，1936年获该校化学专业哲学博士学位。留校任斯维夫特研究所研究员。后进入美国环球石油化工产品公司任化学研究员，1995年任精炼研究所副所长，1973年任催化研究所所长，直至1977年退休。1973～1977年任美国化学学会会长。1975年入选美国国家科学院院士。

主要经历都和石油化工发展相联系。曾对石油催化裂解的反应机理、催化剂选择及热力学等广泛研究，在提高产率与节能方面作出杰出成绩。阐明碳氢化合物用硅铝氧催化剂进行裂解的酸催化作用就像弗里德尔-克拉夫特反应那样，这是一个碳鎓反应。引入铂重整催化剂，大幅度提高异构体组分含量。制备含有碱性成分的铂-铝氧脱氢催化剂，使烷烃变为烯烃而又能抑制环化反应的发生。20世纪70年代末，研制耐中毒、耐高温（1 000℃）的铝氧基催化剂用于汽车尾气净化。先后获270余种美国专利。多次获奖，其中包括1971年美国催化学会应用催化奖，美国化学学会1974年默弗里化学工业与化学工程奖、1980年化学先驱奖、1989年杰出服务奖等。（陈　东）

西姆哈，R.（Simha，Robert） 美国人，1912年8月4日生于奥地利维也纳，2008年6月5日卒于美国俄亥俄州克里夫兰。高分子化学、物理化学、化学动力学。

奥地利裔。1930年就读于维也纳大学理论物理研究所，1935年获物理学博士学位。1938年去美国哥伦比亚大学从事博士后研究。1942年任教于霍华德大学。1945年供职于美国国家标准局。后去纽约大学化学工程系任教。1958年去南加利福尼亚大学。1968年任凯斯西储大学大分子科学与工程学院教授，直至1983年退休。期间1977～1978年任联合国工业发展组织的技术专家，派遣印度工作。1987年获德国德累斯顿理工大学荣誉博士学位。

主要在大分子科学方面作出贡献。致力于下列三方面的研究：在溶液的流动性方面，推广了A. 爱因斯坦理论，使之适用于高浓度和非球状颗粒的悬液；在聚合反应动力学及统计学方面，进行自由基共聚反应的统计学研究，并对聚合物的热解和光化降解的链反应提出动力学模式；在固态性质方面，集中研究构型的热力学性质及玻璃或半晶状聚合物的弛豫，首次建立热膨胀方法用以鉴定和分辨玻璃或半晶状聚合物的弛豫范围。

著有《玻璃转化与玻璃态本质》（1976年，与他人合著）等专著。先后获华盛顿科学院奖，纽约科学院莫里森奖，美国商业部奖，国家标准局奖，美国流变学会宾厄姆奖章等。（周忠勋）

梁树权（Liang Shuquan） 中国广东省人，1912年9月17日生于广东香山（今中山），2006年12月9日卒于北京。元素化学、生理化学、矿物学、分析化学。

1933年毕业于燕京大学。翌年去德国留学，1937年获慕尼黑大学博士学位。1938年在维也纳大学分析化学系做研究工作。同年秋回国，先后任成都华西大学化学系副教授、重庆大学化学系教授兼系主任。1945年任中央研究院化学研究所研究员。1949年后，历任中国科学院物理化学研究所、长春综合研究所、沈阳金属研究所、中国科学院有机化学研究所、中国科学院化学研究所等单位的研究员，还曾兼任北京大学和中国科学技术大学教授、《化学学报》主编。1955年选聘为中国科学院学部委员（院士）。

1937年在德国慕尼黑大学完成铁原子量测定的博士论文研究，1939年发表论文，翌年该文中公布的铁原子量测定值被国际原子量委员会所采用，并沿用至今。这项研究工作使他在青年时代就在国际分析化学界有较高声誉。20世纪40年代以后，曾从事硫酸根、氟离子、钨、钼、稀土元素等的分析方法的研究，其中对包头白云矿稀土元素及稀有元素分析方法的研究项目，与合作者共获1978年全国科学大会奖。20世纪80年代初，他与医学界的学者合作，解决了血清样品中痕量铁、铜、锌、锰的分析方法问题，开展了人体内痕量元素与人体健康关系的研究。这项项目曾获省部级4项科学技术成果奖。80年代中期以后，他与多位不同的研究者合作，在痕量元素的分离、富集与测定方面做了大量工作，还合成用于测定某些痕量元素的水溶性高分子显色剂，从而提供了一种新的分析用有机试剂。

发表论文150多篇；著作和译著有《铁矿分析法》（1956年）、《容量分析法》（3卷，1959～1963年）、《无机微量分析》（1960年）和《络合滴定及其应用》（1961年）等。（朱　灿）

温斯坦，S.（Winstein，Saul） 美国人，1912年10月8日生于加拿大蒙特利尔，1969年11月23日卒于美国洛杉矶。有机化学、物理化学、有机金属化学。

1923年随全家移居美国，同年入美国籍。1935年获洛杉矶加利福尼亚大学硕士学位。1938年获加利福尼亚理工学院哲学博士学位。1941年后一直在洛杉矶加利福尼亚大学执教，1947年任教授。1955年入选美国国家科学院院士。1966年入选美国文理科学院院士。

一生致力于有机化学中动力学、机理和立体化学交界领域的研究，在物理有机化学上有深远的影响。

在学生时代就对物理有机化学产生了浓厚兴趣。主要研究形成正碳离子时邻近基团的参与。获博士学位后，在L. 鲍林帮助下，研究叔丁基氯在不同溶剂中溶解反应，建立了表示溶剂离子化能力的格伦沃尔特-温斯坦方程式。为研究正碳离子的性质，开始对溶剂溶解反应产生兴趣。但是在其后20年的研究中，却获得更多有关反应机理的其他知识，时常发现以往没有预料到的现象，如离子对的复合，从而提出紧密离子对中间体和离子对机理，成为学术界普遍接受的亲核取代反应的机理。首先提出邻近基团参与、邻位促进和同烯丙反应的概念，进行过许多重要的研究。这些概念和他创造的用来描述所观察或研究过的反应和现象的其他许多名词、术语都已成为普遍采用的化学术语。研究过配位和共价有机金属化合物，尤其是有机汞化合物以及环状多烯和它们离子的同芳香性。

在教学上也倾注大量心血，共指导博士72名，世界各国有86位化学家曾在他的实验室进行过博士后研究。共发表论文300余篇。先后获美国化学学会纯化学奖、理查德奖章和物理有机化学的诺里斯奖等。去世后，1970年被追授美国国家科学奖章。（温敬铨）

黄耀曾（Huang Yaozeng） 中国江苏省人，1912年11月11日生于江苏南通，2002年12月17日卒于上海。有机化学、药物化学、化学工程。

出身书香世家。1934年中央大学化学系毕业。任中央研究院化学研究所助理研究员。1939～1946年在上海医学院生物化学系工作。1946年重返中央研究院化学研究所任副研究员。1949年后任中国科学院上海有机化学研究所研究员。1960～1984年任副所长，1989年任该所金属有机开放实验室名誉主任。兼任中国科学技术大学化学系副主任，并被多所大学聘为兼职教授。1981～1987年任《有机化学》杂志主编。1980年当选为中国科学院学部委员（院士），曾任化学部副主任。

20世纪30～40年代，从事有机微量元素分析，并从事甾体的全合成研究。50年代初，致力于金霉素的提取纯化工作，改进金霉素的提取工艺，与他人合作试制成功的国产金霉素很快就被上海第三制药厂投入批量生产。50年代末，与他人合作参与筹建氟有机化学研究室和实验厂元素氟车间，为浓缩铀工业所需材料氟油等的研制准备了条件；参与解决了核武器试爆中急需的高爆速塑料粘结炸药的研制问题。这两方面的工作，都为中国的两弹事业作出了贡献。60年代中期，率先开辟砷元素的类维蒂希反应，和丁维钰等人共同发现胂（有机砷）化合物在有吸电子基团存在下比膦（有机磷）化合物活性高。70～80年代，与他人合作试制成功多种电刷镀液，并在全国20余个省市推广应用电刷镀技术，为国家取得巨大经济效益。80年代末至90年代初，与施莉兰等人合作，将固液相转移技术应用于胂试剂的维蒂希反应，使胂盐在固体碳酸钾作用下在室温下便能与醛发生反应，从而可方便地合成多烯醛、多烯酮、多烯酸酯、多烯酰胺及其有关的有生理活性的天然产物，如白三烯、前列腺素等。这一方法具有产率高、操作方便、立体选择性能好等优点，已被国际上广泛采用。此后，还与他人合作，开展锑、碲等金属有机化合物的有机合成工作，并取得丰硕成果。

发表论文200多篇；与他人合作出版专著5部、译著5部。获1978年全国科学大会奖、1985年国家科学技术进步奖一等奖、1991年中国科学院自然科学奖一等奖、1992年国家创造发明奖二等奖、1993年国家自然科学奖二等奖、1994年第三世界科学院化学奖、1997年何梁何利科学与技术进步奖等多种奖励。2003年中国化学会设立黄耀曾金属有机化学奖项。

（肖　萍）

时钧（Shi Jun） 中国江苏省人，1912年12月13日生于江苏常熟，2005年9月1日卒于南京。气体化学、分析化学、化学工程。

1934年清华大学化学系毕业。1935年赴美国，翌年获缅因大学造纸专业工学硕士学位。随即赴马萨诸塞理工学院专攻化学工程。抗日战争爆发后，放弃攻读博士学位于1938年春回国，在汉口任军政部化学兵队教官。1939年辗转到达重庆，先后任重庆中央大学、重庆大学、中央工业专科学校等校化工系任教授兼系主任。1946年回南京，任中央大学教授兼化工系主任。1949年任南京大学化工系主任，1952年全国院系调整后任南京工学院（今东南大学）化工系主任。1958年以后调至南京化工学院任教授。曾兼任江苏省化学化工学会理事长、《化工学报》主编等职。1980年当选为中国科学院学部委员（院士）。

早年从事过造纸技术的研究。20世纪60年代中期，进行了"湍流塔"试验，对工艺参数和结构参数进行了测定。70年代初，开展薄膜中液体渗透汽化分离试验，后又对中国填料的测试和填料塔操作性能进行了系统分析。80～90年代，与他人合作，率先用改性含氟树脂膜对氨、氢、氮混合气体进行渗透分离，开创了一种从混合气体中分离氨的新方法；接着，又与合作者们对多种混合气体进行了膜分离试验，并对气体在膜中的渗透机理进行深入的理论探讨；开展与各种实际工业生产有关物料的流体相平衡的研究，以及流体过量性质的测定，并用色谱法开展流体物体的研究。

发表论文200余篇；主编《化学工程手册》、《中国大百科全书·化工卷》等工具书。他的学生中当选为中国科学院院士的已超过10人。1992年获"全国化工有重大贡献的优秀专家"称号；1998年获何梁何利科学与技术进步奖。（肖　萍）

沃尔，F. T.（Wall, Frederick Theodore） 美国人，1912年12月14日生于美国明尼苏达州奇瑟姆，2010年3月31日卒于圣迭戈。物理化学、化学热力学、化学工程。

1933年获明尼苏达大学理学士学位，1937年获化学哲学博士学位。同年起在伊利诺伊大学执教27年，1946年任化学教授，1950～1963年任该校研究委员会主席，1955～1963年任校研究生院院长。1964年任圣巴巴拉加利福尼亚大学化学系教授兼系主任，1965～1966年任副校长。1966年任圣迭戈加利福尼亚大学化学教授，兼任负责研究和研究生教学的副校长。1972～1978年任赖斯大学化学教授。后回圣迭戈，1981～1991年任兼职化学教授。1965～1969年任《物理化学》杂志主编。1969～1972年任美国化学学会执行会长。1961年入选美国国家科学院院士。1966年入选美国文理科学院院士。

在理论物理化学上卓有贡献，主要是首先应用高速数字计算机来解决统计力学问题。研究高分子的构型与反应动力学的关系；计算了原子和双原子分子的碰撞交换几率。从实验与理论两方面来阐明聚合物电解质的电解传递性质，例如丙烯酸钠是一个电解质，在一定条件下，它可能更多输送钠给正极而超过给负极。在第二次世界大战期间，曾研究合成橡胶。战后从事聚合物基本理论研究。

主要著作有《化学热力学》（1958年初版、1974年第3版）等。1945年获美国化学学会纯化学奖。

（戴有为　朱啸宇）

古川淳二（Furukawa，Junji）　日本人，1912年12月18日生于日本大阪，2009年3月18日卒于兵库县西宫市。高分子化学、化学工程。

1936年毕业于京都大学。留校任教。除第二次世界大战期间奉命监督合成橡胶生产外，一直在该校任教并致力于合成橡胶研究，1976年以名誉教授身份退休。同年出任东京科学大学和爱知工业学院的教授。曾赴美国和德国任客座教授，并被选为民主德国科学院外籍院士。

在阐明1，3-二烯烃定向聚合和两种单体等规（嵌段、交替）共聚反应机理方面，作出许多成就。1956年后，率先合成顺式丁二烯1，4-聚合物，并提出络合物中间体与高分子链“尾咬配位”的顺式聚合机理。找到了具有适当配位数的改性的过渡金属Ni催化剂，实现二烯烃和烯烃的交替共聚。从对应催化剂对规整聚合影响的角度，提出对规整聚合的统计处理方法。对阐明齐聚反应机理也作出贡献。代表作《高分子合成》、《环境保护和化学反应制御》等。（董晨空）

维诺格勒，J. R.（Vinograd，Jerome Ruben）　美国人，1913年2月9日生于美国威斯康星州密尔沃基，1976年7月7日卒于加利福尼亚州帕萨迪纳。物理化学、高分子化学、分子生物学。

1931年获明尼苏达大学学士学位。同年去德国柏林大学，1933年去英国伦敦大学学院留学化学，1935年回国。1937年获洛杉矶加利福尼亚大学理学业硕士学位。1940年获斯坦福大学物理化学与胶体化学专业的哲学博士学位。留校任教。1941～1951年供职于壳牌石油开发公司。1951年到加利福尼亚理工学院化学系任资深研究员，1956年任研究助理，1965年被聘任化学和生物学教授，1974年任E. W. 鲍尔斯和R. 鲍尔斯化学生物学讲座教授。1968年入选美国国家科学院院士。

主要贡献是在核酸的物理化学和分子生物学方面。早年从事研究胶体化学和表面化学。嗣后兴趣转向蛋白质化学。又与他人合作建立氯化铯密度梯度的浮力沉降平衡的超离心法，成为研究核酸的关键技术之一。应用自动形成的密度梯度的区带沉降离心法，发现双股闭环DNA（脱氧核糖核酸）的存在，进而由此发现拓扑异构酶。

发表论文120多篇。获1970年美国化学学会胶体化学与表面化学肯特尔奖，1972年美国惠特尼基金会琼斯奖。（周忠勋）

林华（Lin Hua）　中国江苏省人，1913年7月27日（农历6月24日）生于上海，1997年3月11日卒于北京。高分子化学、应用化学、石油化工、科技管理。

原籍江苏无锡。1936年上海光华大学化学系毕业。后就职于上海植物油厂，1937年随厂迁往重庆。1940年去延安自然科学院从事教学工作，后任玻璃厂厂长、铁厂厂长等职。抗战胜利后，参与接收东北地区厂矿和恢复生产，曾任吉林化工公司总工程师。1954～1956年带队赴苏联学习工业管理。回国后，先后任国家化工部技术司司长、北京化工研究院院长、兰州化工公司副经理兼总工程师；期间1962年受国家派遣，率团去西欧考察石油化工。1975年起历任国家轻工业部进口办公室主任、国家科委第二局局长、国家计委副主任。曾兼任中国化工学会副理事长、中国稀土学会副理事长。1994年选聘为中国工程院院士。

20世纪40年代，在延安试制和生产玻璃、耐酸陶瓷、耐火材料、炸药原料、炼铁焦炭等急需化工物资，获陕甘宁边区甲等劳动英雄称号。40～50年代，参与组织恢复和发展东北化学工业；主持制定吉林省化工发展规划。60～70年代，根据国情引进多项成套设备和改造原有设备，使兰州化工厂成为中国第一个石油化工基地；组织研制丁二烯、顺丁橡胶，做到当年设计、基建、安装和试车，试验成功千吨级丁烯氧化脱氢，生产出合格的顺丁橡胶产品，这是当时中国唯一靠自力更生解决的石油化工先进技术，并由此建成五个万吨级以上生产厂。组建金山、辽化、天津、长寿等石油化纤厂和南京烷基苯厂。80～90年代，组织参与攀枝花、金川、包头等三大共生矿的开发建设和综合利用；组织和参与西北、西南水电资源考察，为西部大开发而努力。发表论文数十篇；专著两部。多次获国家及省部级奖励，其中“顺丁橡胶、丁烯氧化脱氢制丁二烯”项目，获1986年国家科学技术进步奖特等奖。

（刘　冰）

吴征铠（Wu Zhengkai）　中国江苏省人，1913年8月8日生于上海，2007年6月27日卒于北京。同位素化学、放射化学、物理化学、分子光谱学。

祖籍江苏扬州，出生于名门望族。1934年金陵大学化学系毕业。留校任教。两年后获公费去英国剑桥大学物理化学研究所深造。1939年回国。此后20多年中先后任湖南大学教授，浙江大学教授、兼化学系主任，复旦大学教授兼化学系主任，复旦大学原子能系主任。1960年以后，历任国家第二机械工业部（核工业部前身）总工程师、原子能研究所副所长，第二机械工业部科学技术局总工程师，中国核工业总公司总工程师。1980年当选为中国科学院学部委员（院士）。兄弟吴征铠、吴征镒都是中国著名科学家。

中国分子光谱领域的主要开拓者之一。早在20世纪30年代后期在英国剑桥大学期间，在分子光谱学家萨瑟兰（G. B. Sutherland）指导下，他测定了四氯化碳喇曼光谱的精细结构，并用氯原子的同位素效应解释所得的光谱；又在液氮温度条件下研究固态氯化氢分子的红外光谱和喇曼光谱，以及磷化氢、砷化氢分子的红外光谱。40年代，进行分子力常数和核间距关系的理论探讨。50～80年代，协助一些单位筹建红外光谱实验室；培养中青年分子光谱学家；开展反斯托克斯喇曼光谱、低温基体隔离的傅立叶红外光谱、激光四波混频光谱等研究，均有所贡献。

另一成就是为中国发展核武器需要，开展铀同位素分离技术研究。1959年他在复旦大学筹建原子能系时就开始这项研究。翌年调至第二机械工业部后，全力从事和领导扩散法分离铀同位素的工作。20世纪60年代，指导改进六氯化铀生产工艺路线，研制用气体扩散法分离铀同位素的核心部件优质分离膜。

多次获奖，包括1978年全国科学大会科学技术重大贡献奖、1985年国家发明奖一等奖、1998年何梁何利技术科学奖等。出版有自传《我的一生》（2007年）一书。

（朱　灿）

穆尔，S.（Moore，Stanford） 美国人，1913年9月4日生于美国芝加哥，1982年8月23日卒于纽约。分析化学、高分子化学、生物化学、仪器研制。

1935年毕业于范德比尔特大学化学系。1938年获威斯康星大学有机化学哲学博士学位。1939年在纽约洛克菲勒医学研究院（今洛克菲勒大学）生化学家M. 贝格曼的指导下，参加蛋白质化学的实验工作，在此期间开始和W. H. 斯泰因共同研究色谱分析法。除第二次世界大战中参与政府军工研发部门工作外，一直在该校任教和研究，1952年任生物化学教授。期间1950年任比利时布鲁塞尔大学弗兰奎讲座教授；1951年任英国剑桥大学客座研究员；1968年任母校范德比尔特大学药学客座教授。1970年出任美国实验生物学学会联合会主席。1960年当选为美国国家科学院院士。

对蛋白质、肽和氨基酸的定量分析方法作出卓越贡献，开创生物化学领域分析仪器自动化的新篇章。从1945年起，他和斯泰因便着手从事氨基酸柱层析分析法研究，建立离子交换树脂的柱层析法。将蛋白质经水解后得到相应组成的氨基酸，根据各种氨基酸的性质差别，如酸碱性、极性和分子的大小，用阳离子交换树脂进行层析分离，以不同pH和离子浓度的缓冲液将它们依次洗脱，再用茚三酮使洗脱液显色，进行定量测定，用此法可计算出蛋白质中各种氨基酸的组成含量。

1958年他主持和参与制成世界上第一台氨基酸自动分析仪，至今是研究蛋白质化学不可缺少的仪器。1960年成功地测定牛胰核糖核酸酶A的一级结构，是测定蛋白质结构方面的巨大成就。

从1959年起，主要从化学角度以化学修饰方法来探索和酶催化作用有关的氨基酸残基。用碘醋酸对核糖核酸酶A进行烷基化反应，结果发现在N-端第12位及第119位组氨基酸残基进行烷基化后，则使酶失去原有的活性。由此推断，这两个氨基酸残基接近于酶的活性中心，直接与酶的催化作用有关。这个科学的推断，被其他科学工作者用X光对晶体分析测定三级结构所证实。

由于与W. H. 斯泰因、C. B. 安芬森在酶方面的创造性研究，三人共同获得1972年诺贝尔化学奖。

（朱啸宇）

汪德熙（Wang Dexi） 中国江苏省人，1913年9月27日生于北京，2006年8月8日卒于同地。高分子化学、合成材料工程、核化学工程。

原籍江苏灌云。出身书香门第。1935年清华大学化学系毕业，留校攻读两年研究生。1938～1941年先后执教于中国大学、西南联合大学。1941年赴美国马萨诸塞理工学院化工系留学，1946年获博士学位。1947年回国，先后任南开大学化工系教授、天津大学化工系主任。1960年起，历任国家核工业部原子能研究所研究员兼副所长、中国原子能科学研究院科学技术委员会主任、核工业部科学技术委员会常务委员兼研究生部主任、中国核工业总公司科学技术委员会高级顾问。兼任国际放射性废物管理顾问委员会委员、中国核学会第三届理事长等职。1980年当选为中国科学院学部委员（院士）。长兄汪德耀是著名细胞生物学家；二兄汪德昭是著名物理学家，1957年成为中国科学院学部委员（院士）。

中国当代著名化学家，先后从事高分子化学、核化工研究与教学。20世纪50年代，首创用国产邻苯三酚和糠醛成功制备塑料，使中外化工界瞩目；主持研制成功不饱和聚酯树脂，并加工成小轿车和游艇的玻璃钢壳体。60～70年代一直从事核化学与核化工研究开发，在核武器引爆装置点火中子源研制、核燃料后处理萃取法流程、放射性废物处理处置、核燃料产品分析、钋-210等各种放射源研制、核爆炸当量测定、氢弹原料氚的提取和生产工艺、铀同位素化学法分离等诸多领域，发挥了重要的组织领导和技术指导作用，培养了一批高层次科学技术人才。80年代及后，在中国核电建设、动力堆辐照核燃料后处理、放射性废物管理等重大事件决策中发挥了关键作用；此外，积极倡导和组织研究新化学分离试剂冠醚，大大提高了不变价态化学交换法的同位素分离系数。

出版有《核化学工程》（1989年，与他人合译）、《汪德熙文集》（1993年）等著作和译著。多次获奖，其中有1978年全国科学大会重大科学技术成果奖、1999年何梁何利科学与技术进步奖等。他还是一位有造诣的业余钢琴家。（潘益华）

塔贝尔，D. S.（Tarbell，Dean Stanley） 美国人，1913年10月19日生于美国新罕布什尔州汉考克，1999年5月26日卒于伊利诺伊州布林布罗克。分析化学、有机化学、药物化学。

1934年、1935年和1937年，先后在哈佛大学获化学专业的学士、硕士和博士学位。1942年任罗彻斯特大学化学教授，1960年任霍顿化学讲座教授，1964年任化学系主任。1946～1947年在牛津大学任古根海姆访问学者。1967年任范德比尔特大学杰出教授，1975～1976年任该校布兰斯科姆讲座教授。1959年入选美国国家科学院院士，1961年入选美国文理科学院院士。

致力两个方面的研究：有机化合物（特别是天然产物）的合成及结构测定；探讨反应机理、以确定反应路线。研究工作表明L. 克莱森的烯丙基芳基醚的重排反应是一级反应，并比较了在类似化合物中碳硫键和碳氧键的反应活力等。在第二次世界大战中，研究有关侦查化学战毒剂如芥子气等存在的鉴别方法；发现一些新型有机化学物，其中包括羰基-碳酐混合物；合成抗疟疾药等。曾获美国化学学会1973年赫蒂奖章，该会化学史学部1989年德克勒特奖。（周忠勋）

皮策，K. S.（Pitzer，Kenneth Sanborn） 美国人，1914年1月6日生于美国加利福尼亚州波莫纳，1997年12月26日卒于加利福尼亚州伯克利。物理化学、化学热力学、高等教育管理。

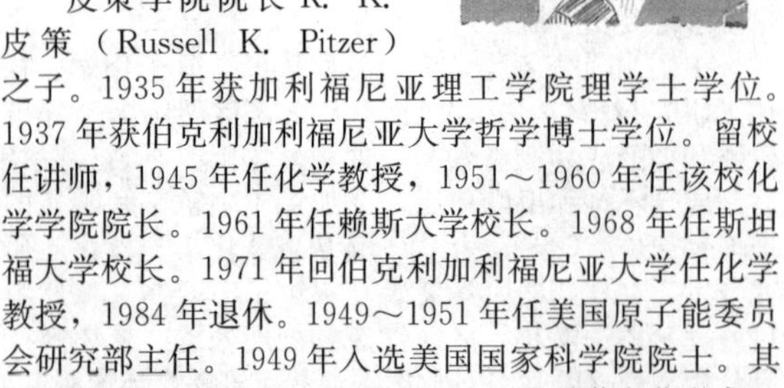

皮策学院院长R. K. 皮策（Russell K. Pitzer）之子。1935年获加利福尼亚理工学院理学士学位。1937年获伯克利加利福尼亚大学哲学博士学位。留校任讲师，1945年任化学教授，1951～1960年任该校化学学院院长。1961年任赖斯大学校长。1968年任斯坦福大学校长。1971年回伯克利加利福尼亚大学任化学教授，1984年退休。1949～1951年任美国原子能委员会研究部主任。1949年入选美国国家科学院院士。其子R. M. 皮策（Russell M. Pitzer）也是著名化学家。

随着量子力学和量子统计力学的发展而建立的化学基础理论是如此复杂，以致不能直接解决许多化学问题。他开拓性地发展了近似应用，这就使主要种类的化学物质的热力学性质可以计算。这一成果不但可预言化学反应的方向及指出作为温度函数的平衡点位置，而且提供了用统计理论说明反应速度的基础。另外还完成关键性的热力学和光谱测定，以核对理论近似值或提供经验参数。他第一个重要贡献是和分子中某些原子围绕C—C键旋转有关；接着是涉及更复杂型分子运动，如不对称基团内部转动、折迭环戊烷和类似环分子的假转动等。他对甲基环已烷的研究，为D. H. R. 巴顿发展六员环构象分析的理论提供了基础。为了把物质在理想气体状态下由单分子提供的热力性质的理论推广到非理想气体、液体和固体，对多分子体系进行相应的近似计算。皮策首先定出相应状态的理论标准，为使大多数流体性质获得好的近似值，他发现需要用第三个参数——无中心因子。对包括海水在内的电解质溶液提出由纯组分知识来预测混合物性质的方程式；研究烷基铝的合成，弱酸弱碱和水的电离热，碳蒸气中C_3、C_4……的性质，以及氟氢化合物中氢键的作用等，均有贡献。

发表论文200余篇；代表作有《烃类及其化合物的物理与热力学精选》（1953年，与他人合著）、《量子化学》（1953年）、《热力学》（1995年第3版）等。由于开创性地将统计热力学和光谱学应用于了解有机物和无机物的性质，1975年获美国国家科学奖章；另获1969年美国化学学会普里斯特利奖，美国化学家协会金质奖章等。（楼书聪）

蔡启瑞（Cai Qirui） 中国福建省人，1914年1月7日生于福建同安。物理化学、催化化学、结构化学。

家庭出身店员。一周岁多时丧父，由母亲抚养成人，家境贫寒。获陈嘉庚奖学金，1937年毕业于厦门大学化学系。1937～1947年先后任该校助教、讲师。1947年赴美国留学，1950年获美国俄亥俄州立大学化学系博士学位，后任该系副教授。1956年回国后，一直任厦门大学化学化工系教授，曾任厦门大学副校长、校学术委员会主任、固体表面物理化学国家重点实验室主任。1980年当选为中国科学院学部委员（院士）。

20世纪40年代末，在美国研究长链双端羧酸及双端醇的表面膜行为，以及有机化学反应中的空间位阻效应。1950年获博士学位后，转向结构化学的研究，如对氧化铯和氧化三铯的单晶制备和晶体结构、离子晶体的极化现象、晶体结构和极化能的关系、含部分金属键的晶体等方面的探索。1956年回中国后，研究重点转移到催化化学领域。在国际上他较早提出配位络合活化催化作用的概念，总结出络合催化可能产生的4种效应，并应用这一概念于关联均相催化、多相催化与金属酶催化三大领域研究。1965年全面总结出配位催化的基本作用为络合活化反应物及反应中间物，此外还能根据反应体系的类别，促进定向选择性，或促进电子传递，或促进电子与能量偶联传递。20世纪70年代，领导研究小组开展“化学模拟生物固氮研究”，在国际上较早提出固氮酶促反应中腺苷三磷酸驱动电子传递的详细机理，并提出固氮酶原子簇活性中心模型；这一模型研究使他们能在1992年金-雷斯（King-Ress）模型问世后，对固氮酶M-原子簇和P-原子簇对的结构与功能关系提出新见解，并设计了一些关键性的化学探针验证实验。80～90年代，采用激光喇曼光谱和红外光谱方法，成功地开展催化作用机理的研究；主持国家重大项目如碳-化学催化基础研究、化石燃料资源优化利用的催化剂基础等的研究；提出“油（气）煤并举，燃化结合”，催化基础研究应为化石燃料资源的优化和洁净利用开路等见解。

发表论文200多篇；代表作有《碳——化学中的催化作用》（1995年，与他人合著）等。多次获国家和省部级奖励，其中有2005年度福建省科学技术重大贡献奖。（肖　萍）

梅森，S. G.（Mason，Stanley George） 加拿大人，1914年3月20日生于加拿大魁北克省蒙特利尔，1987年4月21日卒于加拿大格兰德迈拉。表面物理化学、微流变学、化学工程。

1936年毕业于麦吉尔大学化工系。1939年获物理化学专业哲学博士学位。1939～1941年在美国哈德福德三一学院讲授物理化学。后返回加拿大，参加国防部研发化学及生物战武器。1945年后再转至加拿大造纸研究院研究员，兼应用化学部主任，同时兼任麦吉尔大学化学教授。被选为加拿大皇家学会会员。

主要成就是从事微流变学研究，对制备乳液、解决造纸、纤维、塑料及石油化工等有积极指导意义。其理论包括流动的悬浮液的同向动力学性能和经典动力学所描述的理想气体相似，电流体动力学，流电光学，绝对流变，在流动及时间可逆的情况下可逆与不可逆的现象，扩展了对布朗运动的认识及弥散系的稳定化或破坏稳定的理解，对高分子物质和胶体物质的研究有重要价值。发表250余篇论文。获美国化学学会1967年肯德尔胶体化学与表面化学奖、该会流变学会宾厄姆奖章，1973年加拿大化学学会奖章等。

（陈　东）

米塞尔，K. J.（Mysels，Karol Joseph） 美国人，1914年4月14日生于波兰克拉科夫，1998年10月24日卒于美国加利福尼亚州圣迭戈。表面化学、胶体化学。

波兰裔。继在波兰、瑞士和法国等国接受基础教育后，1938年来到美国。1941年在哈佛大学获无机化学博士学位。在一家公司工作一段时间后，又在军队服役两年。此后在斯坦福大学和埃奇伍德兵工厂从事凝固汽油的军事工业研究。1945年在纽约大学任讲师。1947年到南加利福尼亚大学工作，1954年任教授。以后几年在几家公司兼职。曾任国际理论化学和应用化学联合会表面化学与胶体化学分会会长。

研究工作始于一次偶然的机会，当有人把一个矩形的玻璃框在肥皂水中浸一下，在玻璃框上形成一个肥皂膜时，肥皂膜中出现了许多彩带，不同颜色的小斑点不停地作迅速而又复杂的运动，这是一个迷人的奇观。为了说明这个现象，他采用显微、照相等技术，对皂膜厚度及其在不同单色光入射情况下皂膜的特征、皂膜分子间相互作用进行了深入的研究。

出版多部有关表面化学和胶体化学的著作，其中包括《胶体化学导论》（1959年）、《胶体化学与表面化学18年（1973～1990年）》（1973年，与他人合著）、《物理化学》（1975年，与他人合著）等。为表彰其杰出贡献，1964年获美国化学学会肯德尔胶体化学和表面化学奖。（陈民生）

吴浩青（Wu Haoqing） 中国江苏省人，1914年4月22日生于江苏宜兴，2010年7月18日卒于上海。电化学、物理化学、分析化学、技术发明。

私塾先生之子，幼年丧父。1935年浙江大学化学系毕业。先后执教浙江大学、湖南兰田师范学院、上海沪江大学等校。1952年至去世，一直在复旦大学化学系任教，教授，历任化学系副主任、主任。兼任亚洲固态离子学会顾问委员会委员、中国科学院长春应用化学研究所电分析化学开放实验室学术委员会主任等职。1980年当选为中国科学院学部委员（院士）。

中国电化学开拓者之一。20世纪50～60年，建立中国高校第一个电化学实验室；提出用方波测量电池内阻的新方法；系统研究中国丰产元素锑的电化学性质，1963年首次测定锑的零电荷电势为－0.19±0.02伏，得到国际公认。60～70年代，为蓄电池生产提供氟硅酸最高电导率的浓度数据，沿用至今；研制出飞行平台电导液、数字地倾仪传感器电解液等，分别获1980年国防科委科学技术成果奖、1983年上海市优秀新产品奖；提出研制国防急需的海水电池的设计思路、制作方法及取得性能测试数据，为90年代初实现装备海军的定型产品奠定了基础。80～90年代，首次提出并确认高能电源锂电池（锂-氧化铜电池）的嵌入反应放电机理，否定了流行观点；研究锂-聚乙炔电池及其放电，首次提出锂在共轭双键高聚物中的电化学嵌入反应机理，得到国际确认；开发出新的功能材料，研制成功全固态锂二次电池，获国家专利权；此外，深入研究嵌入电极反应动力学、固体电解质、固态锂离子电池、纳米材料在储能材料中的应用、以及微型电池及其材料制备等课题。

获国家发明专利多项；发表论文百余篇；主编或与他人合撰《物理化学》、《化学热电力》、《电化学动力学》（1998年）等专著。（李啸虎）

亨泽尔，V.（Haensel，Vladimir） 美国人，1914年9月1日生于德国弗赖堡，2002年12月15日卒于美国马萨诸塞州阿默斯特。催化化学、石油化工。

早年在莫斯科，后去德国及澳大利亚相继求学。1930年到美国。1935年获美国西北大学工学院理学士学位。1937年获马萨诸塞理工学院化工系理科硕士学位。1941年获西北大学化学哲学博士学位。在美国环球石油产品公司供职多年，1964～1979年任副总裁，先后兼任研究部主任、科学技术主管。退休后，1981年起任教于马萨诸塞大学阿默斯特校区化工学院。曾任美国催化学会会长。1971年入选美国国家科学院院士。1974年入选美国国家工程院院士。

主要成果是，寻找催化重整中在较低工作压力下的双金属催化剂。其中催化剂为铂，载体为氧化铝（γ-Al_2O_3），经氯和氟的作用以增强氧化铝载体的酸性功能，增加催化剂异构化作用。催化重整是石油加工重要技术之一，最初只是为了提高汽油辛烷值，后来逐渐成为生产芳烃的重要方法，同时获得大量廉价副产品氢气。其中主要反应如己环烷烃的脱氢反应、直链烷烃脱氢环化反应。他的研究使石油催化重整技术得到很大发展。

获专利145项，学术论文百余篇。1967年获珀金奖章。1973年获美国国家科学奖章。此外还获有10余个奖项。（朱啸宇）

辛格，R. L. M.（Synge，Richard Laurence Millington） 英国人，1914年10月28日生于英国英格兰利物浦，1994年8月18日卒于英格兰诺里奇。高分子化学、生物化学、分析化学、色谱学。

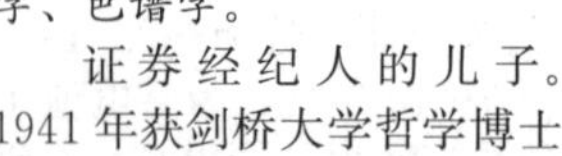

证券经纪人的儿子。1941年获剑桥大学哲学博士学位。同年供职于利兹羊毛工业研究协会。1943年到伦敦利斯特预防医学研究院任职。1948年任阿伯丁大学罗韦特研究所蛋白质化学部主任。1967年起在国家农业研究委员会食品研究所任职，直至1976年退休，1968～1984年任东英格兰大学生物学教授。1950年当选为英国皇家学会会员。

在研究乙酰化氨基酸的分离时，与曾经用对流装置研究过维生素E的A. J. 马丁结识。他们先后在剑桥大学和利兹羊毛工业研究协会的实验室通力合作，1944年一起发明纸上分配色谱法。他用分配色谱法测定了抗菌的短杆菌肽-S的结构；并在分析氨基酸顺序中证明它是一种环状的十肽。1945年后，主要研究兴趣在与氨基酸和肽有关的分析问题上，包括反刍动物的蛋白质缩化、鉴定和纯化蛋白质代谢过程的中间体，尤其是植物蛋白质代谢过程中间体的物理化学方法。因在1941年和A. J. 马丁共同发明分配色谱法，两人共享1952年诺贝尔化学奖。此外获1959年美国富兰克林学院韦瑟里尔奖章等。（温敬铨）

查特，J.（Chatt，Joseph） 英国人，1914年11月6日生于英国霍登，1994年5月19日卒于布莱顿。无机化学、有机金属化学。

早年受叔父影响逐渐热爱无机化学。1937年获剑桥大学伊曼纽尔学院化学学士学位，1940年获哲学博士学位。1946年参与皇家科学研究院、皇家工业研究院。1962年参与创建国家农业研究委员会。后在萨塞克斯大学成立固氮研究室，并在分子科学学院任教授，1980年退休。1975年任国际理论化学与应用化学的无机化学命名委员会主席。1974年获东英吉利大学荣誉博士学位。1961年当选为英国皇家学会会员。

在金属原子化学成键方面有深入的研究。1953年首次制备齐塞盐阴离子$[Pt(C_2H_4)Cl_3]^-$，即乙烯与铂离子生成的络合物，深刻阐明在过渡金属化学中成键的本质问题，对石油化学工业中的催化历程研究起了促进作用。1962年始，将过渡金属络合物的新发展应用于研究，生物固氮化学历程研究，推动固氮工作取得新成果。获1970年英国化学学会有机金属化学奖，1971年美国化学学会无机化学卓越贡献奖，1976年苏联科学院库尔纳科夫奖，1978年大英帝国一级勋章。（周志高）

丹顿，F. S.（Dainton，Sir Frederick Sydney） 英国人，1914年11月11日生于英国约克郡设菲尔德，1997年12月5日卒于牛津。光化学、放射化学、物理化学、高等教育管理。

石匠之子。1937年获牛津大学圣约翰学院化学学士学位。同年去剑桥大学研究光化学。第二次世界大战中，除短期服兵役外，基本上在剑桥任教。1950年任利兹大学物理化学教授。1965～1970年出任诺丁汉大学副校长。1970年任牛津大学化学教授。1973～1985年任英联邦高等教育委员会主席。1978年至去世，长任设菲尔德大学校长。还担任过法拉第学会、化学学会、放射研究联合会等多个学术团体的会长，以及科学政策委员会、研究委员会等政府部门的主席。1957年当选为英国皇家学会会员。1971年封爵士，1986年封丹顿男爵。是瑞典皇家科学院、美国文理科学院、德国格丁根科学院的外籍院士。1970年获巴斯大学荣誉理学博士学位，接受过多个荣誉博士学位。

主要学术贡献在电子和自由基化学、放射化学、光化学和聚合化学等反应机理理论上。早期进行聚合反应的动力学和热力学效应研究，其中，论证了极限温度现象（即随着温度上升到极限温度，反应速度逐渐下降到零）对加聚反应是普遍的。1945年后转向研究放射化学，探索各种高能辐射引起的化学反应。最有影响的贡献是证明电子在水中以水化电子的形式可存留相当长的时间，并可作为有高度活性的试剂参与反应。根据这一事实，研究了溶剂化过程等多项物理化学重要课题。进行过许多有关同位素电子交换和氧化还原反应的研究，开创了对链烯光感氯化及水溶液聚合反应的定量研究。

主要著作有《链式反应》（1956年）、《光化学和反应动力学》（1968年）等。获英国化学学会蒂尔登奖，1974年英国工程技术学会法拉第奖，伦琴学会汤姆森奖，1969年英国皇家学会戴维奖章。（董晨空）

陈国符（Chen Guofu） 中国江苏省人，1914年11月30日生于江苏常熟，2000年8月20日卒于天津。纤维素化学、化学工程、科学史学、历史学。

书香门第子弟。早年考入上海中山医学院，因病休学。病愈后又考入浙江大学化工系，1937年获工学学士学位。同年去德国达姆施塔特理工大学化学系留学，1939年获纤维素化学专业特许工程师证书，1942

年获工学博士学位。同年回国，1942～1946 年先后任昆明西南联合大学工学院化工系副教授、教授，兼理学院化学系教授。1946 年任国民政府资源委员会纸业组简任技正。1947～1952 年任北京大学工学院化工系教授兼首任系主任。后全国高等院校院系调整，调任天津大学化工系造纸教研室主任。1971～1980 年任天津轻工业学院化工系教授。1980 年任天津大学应用化学系教授。1979 年、1983 年先后在法国巴黎大学高等研究院、澳大利亚国立大学亚洲研究院短期讲学和研究。

长期致力于纤维素化学的教学和研究，也是《道藏》及中国炼丹史研究领域权威。20 世纪 30 年代末，在德国研究成功纸浆的黄酸酯化反应，进行各种纸浆的实验，完成博士论文并在德国期刊上发表；首次将中国《道藏》中的“丹经要诀”译成英文介绍给世界。40 年代初，率先将纤维素化学作为造纸术基础理论引入中国，填补了国内学科空白。1942 年开始，系统研究卷帙浩繁的《道藏》和精深神秘的道教文化，查阅通读历史文献，亲赴道教圣地名山宫观实地考察收集资料，1943 年形成专论初稿，经数年反复修改充实，出版巨著《道藏源流考》（2 卷，1949 年初版，1963 年增订版），是世界上第一部对《道藏》经书进行系统研究的学术专著，海内外学界反应颇大，从此开辟了《道藏》研究领域，以及《道藏》目录学、《道藏》的外丹黄白术（即中国炼丹术）史料的基础研究。50 年代起，1953 年率先在中国高校建立纤维素化学教学与科研中心；亲自编写纤维素化学、制浆造纸化学、植物解剖学、制浆造纸机械等多种讲义；1956 年参与国家科技发展规划制定；完成多项国家下达科研课题；继续对外丹黄白术、道教音乐、宫观、道派、医药、人物传记深入研究，用科学方法对《道藏》中的古代中国化学史科学价值继续进行创造性发掘整理，在海内外赢得很高学术声誉。“文革”结束后，特邀参加 1979 年瑞士苏黎世第三届国际道教研究学术会议，发表关于中国外丹黄白术论文 4 篇。在他生前，国际道教文化学术领域的学者一直把他仰为泰山北斗，密切注视他的研究动向。另出版有教材专著《植物纤维化学》（1980 年，与他人合著）、《道藏源流续考》（1983 年）、《中国外丹黄白法考》（1997 年）、《陈国符道藏研究论文集》（2004 年）等书。为国家培养一批教学科研骨干，以及几代造纸专业人才。（李啸虎）

朱亚杰（Zhu Yajie） 中国江苏省人，1914 年 12 月 4 日生于江苏兴化，1997 年 3 月 13 日卒于北京。*有机合成化学、石油化工、能源科学。*

1934 年考入清华大学化学系，1938 年西南联合大学毕业。先后在中正医学院、云南大学等校工作。1947 年赴英国曼彻斯特大学工学院攻读化学工程，1949 年获硕士学位。后任西蒙卡夫化工厂设计公司副工程师。1950 年回国后，历任清华大学化工系副教授、教授。1953 年任北京石油学院人造石油教研室主任，后又相继任炼制系主任、副院长。1969 年该院迁往山东东营油田后改名华东石油学院，1988 年该院校本部又迁回北京，改名石油大学。他始终在该校工作，曾任华东石油学院副院长兼北京研究生部主任、石油大学教授。兼任国际氢能协会常务理事，中国能源研究会副理事长、理事长，中国氢能协会会长，中国煤炭转化协会理事长，中国太阳能学会理事长，《化工学报》副主编等职。1980 年当选为中国科学院学部委员（院士）。

20 世纪 50 年代中期，完成石油五厂鲁奇式低温干馏炉恢复和改造的设计工作；创建中国高校第一个人造石油专业。60 年代，在中国率先完成加压空气流化床氧化褐煤制取腐肥；参加锦州石油六厂顺丁橡胶的会战。70 年代，参与上海金山石化总厂引进装备裂解轻柴油制乙烯工艺的核算、北京燕山石化总厂乙烷炉数字模型设计的核算、齐鲁石化总公司尿素化肥设备改换原料后全流程的逐项核算。80 年代，开展褐煤及油页岩抽提制取人造原油的研究，其技术流程后来被移植到轻工和重油加工等领域；对中国能源生产形势和存在问题进行了深入研究，所提出的建议有些已被有关部门所采纳。

主编有《人造石油工业》、《石油化工工程》、《中国能源现状与展望》等专著，以及《能源词典》（1992 年）等工具书；主编《石油工业干部科技丛书》。获 1985 年国家科学技术进步奖特等奖，1988 年国家科学技术进步奖一等奖，1988 年国家教育委员会科学技术进步奖二等奖等。（肖 萍）

武迟（Wu Chi） 字小樊。中国浙江省人，1914 年 12 月 16 日生于北京，1988 年 3 月 10 日卒于同地。*石油化工、有机化学、科技管理。*

原籍浙江杭县（今杭州市）。出身书香门第。1936 年清华大学化学系毕业。同年任上海中央研究院化学研究所助理研究员。次年赴美国留学，1939 年获马萨诸塞理工学院化工硕士学位。毕业后先后任美国纽约世界贸易公司、福斯特惠勒公司工程师。1950 年回国，历任清华大学石油工程系教授、代系主任，北京石油学院炼制系主任、该院副教务长，石油工业部生产技术司副总工程师，燃化部石油化工科学研究院副院长兼总工程师等职。1980 年当选为中国科学院学部委员（院士）。

毕生从事石油炼制和石油化工的科学研究、教学与管理。20 世纪 40 年代末，与著名美籍华裔工程师施铨元合作撰写出版《基础化学工业技术》（英文）教材。50～60 年代，参加创建中国高校石油炼制专业；组织开展天然石油和页岩油加工研究；参与负责中国石油工业生产技术开发和组织管理；解决大庆原油质重蜡多、易凝固、难炼制等难题，缩短沥青氧化时间和炼焦时间，提高了炼厂生产能力和产品质量，为炼油厂合理利用大庆原油资源提供宝贵经验；参与指挥催化重整半工业试验装置、顺丁橡胶等会战，获重要技术突破。70～80 年代，参与负责中国石油化工科学研究规划的制定和组织；亲自主持分子筛提升管催化裂化新工艺、渣油催化裂化新工艺、多金属重整催化剂的研制与开发应用，取得巨大经济效益，获 1978 年全国科学大会嘉奖；组织开发出丁烯氧化脱氢制丁二烯、丁二烯聚合制顺丁橡胶千吨级半工业试验全套技术和设备，畅销国内外。顺丁橡胶工业化科学技术成果，获1986年国家科学技术进步奖特等奖。（李啸虎）

曹本熹（Cao Benxi） 中国上海市人，1915年2月22日生于上海，1983年12月25日卒于北京。*放射化学、核化学工程、科技管理。*

1938年毕业于西南联合大学化学系。后在清华大学农业研究所任助理，1939年任西南联合大学化学系助教，1941年到昆明利滇化工厂任助理工程师。1943年留学英国，就读于伦敦大学帝国理工学院化工研究院，1946年获博士学位。同年回国，任清华大学副教授；1948年筹建清华大学化工系，历任教授、系主任。1953年任北京石油学院首任教务长，1957年任副院长。1963年调任国家第二机械工业部生产技术局副局长兼总工程师。1982年被任命为国家核工业部（原二机部）科学技术委员会常委、副主任。1980年当选为中国科学院学部委员（院士）。

一生从事化工教育、核化工研究和领导工作。20世纪50年代，致力于组建北京石油学院，建立教学与研究体系，为中国化学工程学的设立、规划和发展作出了重要贡献。60年代起，从事核燃料研究开发、生产设计、工程建设和技术改造等的组织领导工作。参与领导铀化工转化过程、热核聚变材料生产、核燃料后处理和放射性废物处理等重大研究试验；参与解决由四氟化铀转化为六氟化铀、由六氟化铀贫料加氢还原成四氟化铀等生产技术问题；领导对苏联原有湿法生产四氟化铀工艺的改革试验；解决了将流化床技术用于由二氧化铀制四氟化铀的技术问题；参与领导核燃料化工生产装置的顺利投产，保证了中国第一颗原子弹、氢弹试验的成功爆炸；为确保中国核燃料化工超常发展，以及按期生产国家急需的合格军工产品，作出了重要贡献。参与主持“氢弹的突破及武器化”课题，获1985年国家科学技术进步奖特等奖。

（顾亦健）

贝克，W. O.（Baker，William Oliver） 美国人，1915年7月15日生于美国马里兰州切斯特敦，2005年10月31日卒于新泽西州查塔姆。*高分子化学、电化学、材料科学。*

1935年获华盛顿学院学士学位。1938年获普林斯顿大学化学哲学博士学位。1939年加盟贝尔电话实验室从事研究开发。1954～1955年就任国家研究院合成材料部主任。1955年任贝尔电话实验室副主任，1973～1979年任实验室主任。长期兼任政府一些咨询委员会重要职务。1961年当选为美国国家科学院院士。1965年当选为美国文理科学院院士。1975年当选为国家工程院院士。接受27个荣誉博士学位。

早年从事固态物理研究。1939年起从事高聚物物理化学性质及合成橡胶等材料的研究，研发用于电子和电信器材方面的材料起了很大作用。对分子固体电性质的研究持续了数十年。成功地研制有机防烧蚀材料，用于洲际导弹、人造卫星和载人飞船回收器等的防热帽。领导通讯和信息处理多种项目，在广泛领域内取得多项重要突破。

毕生拥有13项专利权；著书《高聚物》（1945年）等21本。1963年获国际应用化学奖珀金奖章，此后15年内共获各种奖金、奖章近20次，其中包括美国化学学会1966年普利斯特列奖章、1978年吉布斯奖章，1988年美国国家科学奖章等。（戴有为）

伯奇，A. J.（Birch，Sir Arthur John） 澳大利亚人，1915年8月3日生于澳大利亚悉尼，1995年12月8日卒于同地。*有机化学、生物化学、化学工程、科学管理。*

1937年获悉尼大学理学士学位，1938年获该校理学硕士学位。同年去英国牛津大学作R. 罗宾森（1947年诺贝尔化学奖获得者）的助手，1940年获博士学位。同年留校任评议员。1948年任剑桥大学史密森评议员。1952年任澳大利亚悉尼大学有机化学教授。1955～1967年任英国曼彻斯特大学有机化学教授。1967～1980年出任堪培拉澳大利亚国立大学化学研究院首任院长。1954年当选为澳大利亚科学院院士，1982～1986年出任澳大利亚科学院院长。1977～1978年任澳大利亚皇家化学学会会长。1987年封爵。1958年当选为英国皇家学会外籍会员。是苏联科学院外籍院士。

1941年开始研究大脑皮质激素合成。创造“伯氏还原法”，即在液氨中加入碱金属，再和醇共同作用于苯，使苯环上只有2个氢原子发生加成反应。这个反应是性激素合成的中间步骤，由此1948年进一步合成雄性激素。1958年发现多磷酸可作环化剂。还设计一些有机反应，如铜催化经格林尼亚试剂作用使碳烯共轭加成反应等。从乙酰辅酶A对生物合成脂肪及甾类化合物的重要性中，揭示了生物合成“多酮酐”的必要性，由此解决一些似不相关的难题，如花青素、四环素等。获英国皇家学会戴维奖章等。（陈　东）

希恩，J. C.（Sheehan，John Clark） 美国人，1915年9月23日生于美国密歇根州巴特尔克里克，1992年3月21日卒于佛罗里达州基比斯坎湾。*爆炸化学、药物化学、分析化学、化学工程。*

新闻记者兼编辑之子。毕业于巴特尔克里克学院，1937年获学士学位。1938年和1941年在密歇根大学先后获理学硕士和哲学博士学位。1941年供职于新泽西州默克铁路公司，任高级研究化学家。1946年任马萨诸塞理工学院助理教授，后任副教授、教授，在此工作40余年。1951年入选美国文理科学院院士。1957年入选美国国家科学院院士。

1941年和巴赫曼（W. E. Bachmann）发明一种军用烈性炸药黑索金的制造方法，该法还用于制造火箭、炸弹和鱼雷战斗部的基本装药（可代替TNT）。与巴赫曼一起发现一种比黑索金更有效的炸药奥克托金。在肽合成和酰胺键形成中，1955年提出采用碳化二亚胺方法，后被直接和间接地用在60%肽的合成中。1957 年合成一种天然青霉素（青霉素 V）。1958～1963 年和同事共同测定数种抗菌素的结构，包括艾塔密辛、泰劳密辛泰立克酸。测定并合成最后两种来自动物蛋白质的“天然”氨基酸的结构，它们是羟基溶素和 3-羟基脯氨酸。

获得 20 项专利；发表 100 多篇论文。获得美国化学学会 1951 年纯粹化学奖、1959 年合成有机化学奖、1964 年斯科特奖，费城“有益于人类”的发明奖章，1969 年美国有机合成化学制造者协会奖章，1971 年密歇根大学突出成就奖等。 （陶其恒）

冯新德（Feng Xinde） 中国江苏省人，1915 年 10 月 12 日生于江苏吴江同里镇，2005 年 10 月 24 日卒于北京。高分子化学、化学工程、材料科学。

1937 年清华大学化学系毕业。1938～1945 年先后在云南大学、重庆中央工业专科学校和内迁贵州遵义的浙江大学化工系任教。1945 年赴美国，1948 年获圣母大学博士学位。同年回国，任清华大学化学系教授，兼任辅仁大学化学系教授。1952 年后一直任北京大学化学系教授，曾任高分子化学教研室主任。先后兼任中国科学院化学研究所研究员、感光化学研究所研究员。兼任《高分子学报》主编、《中国高分子科学》（英文版）主编。1980 年当选为中国科学院学部委员（院士）。

20 世纪 50 年代，参与创建北京大学高分子化学教研室。50～80 年代，对烯聚合反应进行深入研究。在烯类自由基聚合反应方面，提出有机过氧化氢物与芳叔胺体系的引发机理，以及过硫酸盐与脂肪胺体系的反应机理，还通过实验证实过氧化物与胺体系的两组分产生的自由基都能引发单体聚合；在烯类光诱导敏化聚合方面，发现胺及其他给电子体可进行光诱导敏化聚合，探讨了它的光敏引发机理；在烯类接枝聚合反应方面，应用模型化合物与铈离子的反应，揭示聚醚氨脂的接枝地点和反应机理。此外，发现非共轭双烯类的自由基或负离子的聚合都能合成环化聚合物。80 年代以后，深入研究生物医用高分子特别是抗凝血材料与药物控制体系进行；开展生物老化过程中化学机理研究。

发表论文 300 余篇；著有《高分子合成化学》（上册，1981 年）、《饱和聚酯与缩聚反应》（1986 年，与他人合著）等著作。1997 年获日本高分子学会国际奖。获 1998 年何梁何利科学与技术进步奖，2000 年教育部科学技术进步奖一等奖等。 （肖 萍）

卢嘉锡（Lu Jiaxi） 中国福建省人，1915 年 10 月 26 日生于福建厦门，2001 年 6 月 4 日卒于福州。有机化学、催化化学、物理化学、结构化学、科学管理。

祖籍台湾台南，1895 年因日本侵占台湾，其曾祖父率全家迁居厦门。1930 年考入厦门大学，1934 年从化学系毕业。后留校任教。1937 年赴英国留学，进伦敦大学化学系攻读物理化学研究生，1939 年获哲学博士学位。同年去美国，在加利福尼亚理工学院化学系从事研究，并在加利福尼亚大学化学系、美国国防研究委员会马里兰州研究室工作过，曾在燃烧与爆炸研究中取得出色成绩。1945 年回国。1946 年起历任厦门大学化学系教授、系主任，理学院院长、副教务长，研究部副部长、部长，校长助理。1960～1981 年任福州大学化学系教授、副校长，中国科学院华东物质结构研究所（今福建物质结构研究所）所长、研究员。1955 年选聘为中国科学院学部委员（院士）。1985 年当选为第三世界科学院院士。曾任中国科学院院长、中国化学会副理事长。

主要贡献有：实验证实彭尼（Penney）和萨瑟兰（Satherland）根据量子化学理论分析提出的过氧化氢（H_2O_2）分子构型；实验证实洛思罗普（Lothrop）根据合成化学反应提出的二联苯分子结构，并对这新型芳烃进行量子化学理论分析；定出氮化硫及其一些衍生物的非过渡元素原子簇结构；根据对双氮分子充分活化作为主要矛盾的理论分析，提出固氮酶中钼铁蛋白非朊辅基固氮活性中心的 $MoFe_3F_3$ 络合物网状原子簇结构模型，进一步发展成为孪合重烷型双立方烷的“福州模型”；按计划逐步开展络合构型实验验证和模型物化学合成的一系列研究，这对过渡元素原子簇化合物的络合催化理论起到相当显著的作用。1978 年，在第三届国际固氮学术会议上，宣读论文“中华人民共和国固氮研究”，“福州模型”受到了好评。

重要论文有“同质异能 ^{80}Br 核的化学分离”（1939 年）、“天然和人造放射性物质的发现和提炼”（1947 年）、“一个含有三个常数的气态经验方程”（1955 年）、“硫氮系化合物结构化学的研究、I 氯化离子型衍生物 S'_4N_3Cl 的晶体结构”（1964 年）、“固氮酶催化固氮活性中心的初步模型——兼论双氢分子络合活化的结构条件”（1975 年）等数十篇；和唐敖庆等人合编过教材《物质结构》。 （唐 炯）

姜圣阶（Jiang Shengjie） 中国黑龙江省人，1915 年 11 月 14 日生于黑龙江林甸，1992 年 12 月 28 日卒于重庆。核放射化学、核化学与工程、化学工程。

1936 年天津河北工业学院机电系毕业。同年任南京永利宁厂技术员，1938 年任内迁四川的该厂主任工程师，制碱部副部长；1945 年该厂迁回南京，任高压合成车间主任工程师。1948 年赴美国留学，1950 年获哥伦比亚大学理学硕士学位。同年回国，先后在南京永利宁化工厂、南京化学工业公司、华东化工研究设计院等处工作，担任过总工程师、院长、高级工程师等职。1963 年后，历任中国原子能联合企业第一副厂长兼总工程师、国家第二机械工业部副部长、国家核工业部科学技术委员会主任、中国核工业总公司科学技术顾问，国家核安全局第一任局长、国家核安全专家委员会主任。兼任中国核学会副理事长、理事长、名誉理事长，中国化工学会副理事长等职。1991 年当选为中国科学院学部委员（院士）。

20世纪50年代，在主持南京永利宁化工厂改扩建过程中，组织、主持和参与完成百余项技术革新，受到国务院特别嘉奖。60年代，领导建设大型生产核反应堆，并主持实施反应堆技术改造，取得一系列重要技术突破；领导和组织设计建造中国第一座大型辐照燃料元件后处理厂，并对后处理工艺流程进行两项革新，使中国钚生产技术跻身于世界先进行列；以此技术建成的工业化后处理厂，一次投产成功，为国家节省两亿多元；在为原子弹，氢弹提供核装料和核心部件的研制中，出色地解决了一些重大技术问题。80年代，经常指导秦山核电站及其配套核燃料循环的研制和建设，为推动核科学技术在国民经济各个领域的应用，造就中国的核科学技术人才和促进国际核能合作，发挥了重要的作用；负责组建国家核安全局，为建立中国核安全监督体系做了许多开创性工作。

主要著作有《合成氨工学》（4卷）、《决策科学基础》（2卷）、《核燃料后处理工艺学》等。多次获国家和省部级奖励，其中有国家科学技术进步奖特等奖、国家发明奖二等奖等；获法国总统颁发的荣誉军团骑士勋章。（夏蔚军）

唐敖庆（Tang Aoqing） 中国江苏省人，1915年11月18日生于江苏宜兴和桥镇，2008年7月15日卒于北京。量子化学、物理化学。

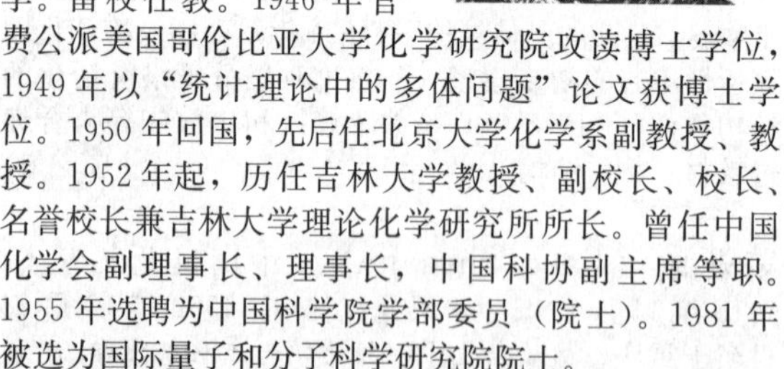

幼年由继母抚养直到成人。1936年考入北京大学，1940年毕业于西南联合大学。留校任教。1946年官费公派美国哥伦比亚大学化学研究院攻读博士学位，1949年以“统计理论中的多体问题”论文获博士学位。1950年回国，先后任北京大学化学系副教授、教授。1952年起，历任吉林大学教授、副校长、校长、名誉校长兼吉林大学理论化学研究所所长。曾任中国化学会副理事长、理事长，中国科协副主席等职。1955年选聘为中国科学院学部委员（院士）。1981年被选为国际量子和分子科学研究院院士。

在科学研究方面成果显著，尤其是在量子化学的某些方面取得开创性成果。如在分子轨道对称守恒理论的研究方面，对国际上有关学派的观点进行评价，提出局部对称性概念，建立自己的计算公式。他领导的配位场理论研究成果，获1982年中国自然科学奖一等奖。配位场理论可广泛应用于解释无机配合物、金属有机化合物以及晶体物质的结构与性能的关系，也有助于对分子结构的研究。1987年，他领导的课题组因“分子轨道图形理论”的研究再次获国家自然科学奖一等奖。1989年因“高分子缩聚、加聚和交联反应的统计理论”获国家自然科学奖二等奖。此外还获国家自然科学奖三等奖等多种奖励。

与他人合作发表“阻碍旋转的理论”（1951年）、“杂化轨道理论”（1956年）、“范德华引力问题，Ⅰ．对称陀螺分子范德华引力”（1957年）和“Ⅱ．三分子问题的范德华引力”（1958年）、“分子内旋转的阻力函数”（1962年）等百余篇论文；出版专著有《配位场理论方法》（1979年，与孙家钟等合作）、《分子轨道图形理论》（1980年，与江元生等合作）、《量子化学》（1982年，与杨忠志等合作）和《高分子反应统计理论》（1985年）等。（唐　炯）

陶布，H.（Taube，Henry） 美国人，1915年11月30日生于加拿大萨斯喀彻温省纽多夫，2005年11月16日卒于美国斯坦福大学校园。无机化学、配位化学、金属学、物理化学。

父亲是乌克兰移民德国的贫穷农民。他于1935年毕业于萨斯喀彻温大学化学系，1937年获该校理学硕士学位。同年移居美国。在伯克利加利福尼亚大学布瑞（W. C. Bray）教授指导下，1940年获化学哲学博士学位。1941～1946年任康奈尔大学讲师和副教授。1942年加入美国籍。1946～1961年任芝加哥大学副教授和教授，期间1956～1959年任化学系主任。1962年任斯坦福大学无机化学教授，1986年退休为名誉教授。1959年当选为美国国家科学院院士。

一直从事有关金属配位化合物电子转移的研究，在理论和实验方面均有重要发现。1952年发表“溶液中无机配位化合物取代反应的速率与机理”的著名论文。在氧化还原反应机理研究中，提出外界和内部电子转移机理，对理解金属配位化合物在催化中的作用很有帮助。1967年在室温下将氮气通入硫酸五氨水合钌的水溶液中，证实分子氮可取代络合物中的水分子而制得钌络合物的分子氮配位化合物。这项研究成果有力地推动了化学模拟生物固氮研究的发展。在电子转移反应的研究中，发现电子可以从一种金属离子直接通过配位体，或者借助于配位体的转移而跑到另一种金属离子上。首次制备钌和钴的化合物，并研究电子通过金属间配位体桥的转移速度。还证实在两种离子为同种元素时，电子可借共振而离域。他的研究虽是限于化学领域，但是对生物化学有着重要影响，它涉及耗氧量的呼吸问题与电子转移之间的关系。他的研究刷新了自F. 维勒以来的经典无机化学，对整个化学领域产生巨大影响，有助于理解酶的催化、颜料和超导体的电荷转移配合场中金属的作用。

发表论文300多篇。因研究金属配位化合物的电子转移机理取得卓越成果，获1983年诺贝尔化学奖。此外，1977年获美国国家科学奖章，1955年、1967年和1981年三次获美国化学学会奖。（朱啸宇）

陈冠荣（Chen Guanrong） 中国上海市人，1915

年12月5日生于湖北武昌，2010年12月31日卒于北京。有机化学、化学工程材料科学、科技管理。

原籍上海。出身工商界高级职员家庭。1936年清华大学化学系毕业。后在保定河北省立医学院任教。抗日战争初期入伍，在化学兵队任教员、防毒处技正，1941年在四川泸州第23兵工厂任技术员。1946年任台湾中国石油公司新竹研究所研究员。1947年赴美国留学，翌年获卡内基理工学院化学工程硕士学位。1949年回国，历任东北化工局计划室主任、技术室主任、设计处副处长，国家重工业部化工局设计公司总工程师，该部化工设计院总工程师、副院长，国家化工部第一设计院院长、该部科学技术局副局长兼总工程师、该部副总工程师兼技术委员会副主任，后退居二线任化工部教授级高级工程师。兼任化学工程学会副理事长、《化工学报》副主编。1980年当选为中国科学院学部委员（院士），曾任化学部副主任。

长期从事化工设计的技术领导工作。20世纪50年代，参与组建中国的化工队伍；领导技术人员实现锦西化工厂有机玻璃、聚氯乙烯、卡普纶等国内首创的合成材料生产；领导设计中国第一个氮肥厂。60～80年代，领导并参与顺丁橡胶、氨氧化法丙烯腈、合成氨三触媒新工艺、苯酐等项目开发；推动了流态化、反应工程等应用基础研究和化工单元的研究开发；组建精干队伍与国外公司合作，对循环水水质稳定、煤的气化等项目进行技术开发；为大型合成氨装置设计和设备制造的国产化做了许多工作。90年代，结合中国化工领域实践，组织和领导“科研成果如何很快转化为生产力”等软科学项目研究。主编有《化工百科全书》、《化工安全技术》（1996年）等工具书。

（肖　萍）

沃林，C. T. （Walling，Cheves Thomson） 美国人，1916年2月28日生于美国伊利诺伊州芝加哥，2007年6月19日卒于新罕布什尔州希尔斯博勒夫。有机化学、物理化学、化学工程。

1937年获哈佛大学文学士学位。1939年获芝加哥大学有机化学哲学博士学位。1939～1952年，先后在杜邦公司、美国橡胶公司、利弗兄弟公司等从事研究开发工作。1952年任哥伦比亚大学化学系教授，1963年任化学系主任，1991年退休。1975年任《美国化学学会会志》主编。1964年入选美国国家科学院院士。1965年入选美国文理科学院院士。

主要研究有机化合物分子极性、反应中的游离基极性之间的相互影响，特别是不同类型的反应机理。在第二次世界大战及战后几年中，从事乙烯聚合的机理研究，认为极性效应是一种难以预料的基团反应的性质，通过哈米特方程把离子反应中取得的结果关联起来，并在其他类型的基团反应中得到充分证实。后来进一步研究含硫或含磷的有机基团的反应活性，还研究有机过氧化物在基团反应中的作用，并探索高压（10 000大气压）条件下压力对反应的影响。晚年致力于研究化学诱导动力学的核极化作用。

发表200余篇论文；主要著作有《溶液中的游离基》（1957年）等。1971年获美国化学学会诺里斯物理有机化学奖。

（戴有为　朱啸宇）

钱保功（Qian Baogong） 中国江苏省人，1916年3月18日生于江苏江阴，1992年3月17日卒于湖北武汉。高分子化学、化学工程、材料科学。

1940年获武汉大学化学系理学士学位。1947年赴美国，1949年获纽约州布鲁克林理工学院高分子研究所化学硕士学位。回国后，1950～1981年历任上海化工厂工程师、沈阳化工局工程师、中国科学院长春应用化学研究所研究员兼副所长。1981年任中国科学院武汉分院副院长，后升任院长。兼任武汉大学教授和湖南省化学研究所所长。1980年当选为中国科学院学部委员（院士）。

1951年他在长春应用化学研究所组建高分子合成室，带领该室在中国率先研制出丁苯橡胶。20世纪60年代，主持镍催化体系的研究，应用这种催化体系研制出高质量的顺丁橡胶。后与中国科学院兰州化学物理研究所合作，实现顺丁橡胶大规模工业化生产。该项成果后来获1982年国家科学技术进步奖特等奖。1970年起，领导研究组开展稀土催化体系的研究，70年代应用这种新催化体系，相继研制出优质的稀土顺丁充油橡胶和具有良好低温性能的稀土异戊橡胶。与此同时，他的研究组还开展各种顺丁橡胶的表征工作，填补了国际高分子界对高分子材料重大品种的表征工作中未包括顺丁橡胶的空白。他们的表征工作后来荣获1987年中国科学院科学技术进步奖二等奖。此外，他还在中国开创高分子辐射化学、高分子固态反应和高聚物流变学等领域的研究。

著作有《高分子化合物化学》（1964年）、《高分子科学与材料》（1977年）、《高聚物中的转变与松弛》（1982年）和《高分子科技发展简史》（1991年）等。

（朱　灿）

安芬森，C. B.（Anfinsen，Christian Boehmer Jr.） 美国人，1916年3月26日生于美国宾夕法尼亚州莫内森，1995年5月14日卒于马里兰州兰德尔斯敦。高分子化学、生物化学。

挪威工程师的儿子。1937年获斯沃斯莫尔学院文学士学位。1939年在宾夕法尼亚大学获理科硕士学位。在卡尔斯伯格实验室工作一年后，1940年在哈佛大学医学院生物化学系学习，1943年获哲学博士学位。留校任教，1950年任美国国家卫生研究院细胞生理学实验室主任。1962年回哈佛大学医学院任生物化学教授。1963年任美国关节炎与新陈代谢疾病研究所化学生物实验室主任。1958年当选为美国文理科学院院士。1964年当选为美国国家科学院院士。是丹麦皇家科学院外籍院士。

主要工作是研究蛋白质结构与功能之间关系、蛋白质结构的遗传基础。核糖核酸酶A是由124个氨基酸残基组成的多肽链，并以4对二硫键结合的、稳定的空间结构的酶。他和同事用还原法将4对二硫键（S—S）切断，酶即失去了活性。再经氧化又恢复原来的酶的活性。因而他认为这种特定的氨基酸排列顺序的蛋白质，决定了它具有伴随着遗传信息的高级结构。这一研究使酶的化学合成有了理论根据。1972年起，为了阐明核糖核酸酶的结构与功能，他开始从一种不含S—S键的葡萄状球菌中得到核糖核酸。提出一个简明的设想，即用化学合成法任意改变其氨基酸的排列及其长度，作为探索酶的结构与功能的最合适手段。后来核糖核酸酶分子研究的巨大进展，证明他的设想是完全正确的。

著作有《生物进化的分子基础》（1959年）等。由于在确定核糖核酸酶A的空间构象作出贡献，和S. 穆尔及W. H. 斯泰因三人共同获得1972年诺贝尔化学奖。 （朱啸宇）

戴维森，N. （Davidson，Norman） 美国人，1916年4月5日生于美国伊利诺伊州芝加哥，2002年2月14日卒于加利福尼亚州帕萨迪纳。光化学、物理化学、生物化学。

父亲是俄罗斯移民，母亲是美国公民。1937年在芝加哥大学获化学理学士学位。1937～1939年获得罗兹奖学金在牛津大学留学。1941年在芝加哥大学因无机化学研究获哲学博士学位。留校任教。在第二次世界大战期间，在芝加哥校内为研究第一颗原子弹做钚的研究工作。1946年执教于加利福尼亚理工学院，1967年任化学教授。1960年当选为美国国家科学院院士。1984年当选为美国文理科学院院士。

早期的研究在物理化学和无机化学领域。1958年后，主要贡献是用物理化学和电子显微镜方法研究核酸生物的有关特性。首次拍摄到脊髓灰质炎病毒中的核糖核酸（RNA）分子照片；为核酸特殊联接顺序的选择性化学或酶催化改性打下了基础。20世纪60年代，研究用冲击波测定气相快速反应速率；用闪光分解法研究快速反应，皆成就卓著。

著作有《统计力学》（1962年）等。1996年获美国国家科学奖章。此外获美国化学学会1971年德拜奖、1985年杰克逊科学奖、1989年韦尔奇化学奖等。 （周申范）

克里斯托尔，S. J. （Cristol，Stanley Jerome） 美国人，1916年6月14日生于美国芝加哥，2008年1月23日卒于杜兰戈。结构化学、有机化学、光化学、仪器研制。

侨民的儿子，在芝加哥长大。1937年获西北大学化学理学士学位。1939年获洛杉矶加利福尼亚大学文科硕士学位，1943年获哲学博士学位。在伊利诺伊大学从事博士后研究。其后有两年在美国农业部所属马里兰州培尔塔斯维尔农业科学站研究杀虫剂。1946年任科罗拉多大学化学教师，1955年为教授，1979年为杰出化学教授，曾任化学系主任、研究生院院长、助理副校长，1986年退休后继续在校工作。1972年入选美国国家科学院院士。

1937年始研制杀虫剂的结构与活性研究立体化学对反应性的影响。证明对双分子β-消去反应存在两种历程，以及正常协同过程是以反式构型进行的。研究产生环丙烷的γ-消去反应和1，4-共轭消去反应的立体化学。通过对二环、三环桥化合物的研究，集中揭示在亲电加成和单分取代反应中的中间体碳正离子性质。研究自由基加成和取代反应。

是研究桥多环化合物等的开拓者之一。烟鲁烯的克里斯托尔基团是一种罕见的烃，它是通过桥把两个苯环连起来的刚性桥多环体系，两个环面对面非常接近，此基团的合成可用来研究环的空间相互作用而不涉及环的扭曲。提出降冰片二烯二羧酸的光致异构化为四环烯二羧酸，从而首次描述了分子内［2+2］光环化加成反应。降冰片二烯-四环烯光致异构化，已成为光能转化为化学能的满意的研究体系。和学生共同研制一套仪器，可测定光敏作用产生的三体联合反应的中间体寿命，填补了光化学和光物理化学的空白。1966年出版与他人合著的《有机化学》一书。获美国化学学会1972年物理有机化学诺里斯奖。 （楼书聪）

陈鉴远 （Chen Jianyuan） 中国江苏省人，1916年6月15日生于江苏淮安，1995年5月26日卒于北京。军工燃料、化学工程、材料科学、科技管理。

1940年重庆中央大学化学工程系毕业。留校任教。1942年起先后供职于重庆桐油裂炼厂、昆明化工材料厂、贵州大学化工系、重庆中央工业试验所纤维试验厂、天津纸浆造纸公司。1947年赴美国留学，1948年获艾奥瓦州立大学化工系硕士学位，1950年获美国锡拉丘兹大学化工系博士学位。同年回国，历任华东工业部化工处设计室副主任、国家重工业部化工设计公司基本化工科科长、北京化工设计院总工程师兼第七室主任、国家化学工业部第六设计院院长兼总工程师、化学工业部第二局副局长。1982年任北京化工学院院长。1985年任国家化学工业部技术委员会副主任。1993年当选为中国科学院学部委员（院士）。

长期从事国防、民用化工产品的新技术研发、工程设计和组织管理，对增强中国国防力量和带动相关产业有重要贡献。先后成功主持重水、偏二甲肼、超氧化钾（钠）、液氢等18种国防化工专用产品开发，以及40多项工程设计，实现工业化生产，及时缓解了中国研制原子弹和氢弹、火箭和导弹、飞机和其他国防军工的急需。在研制和生产新型化工产品过程中，带动了低温、精馏、计算机辅助设计等相关工程技术的发展；参与中国化工科学技术发展规划制定和重大科学技术问题研究，其中适时调整和实施与民生有关的化工新材料研究开发，使民用化工品比重从15%提高到85%；组织和推动超临界萃取、激光化学、碳纤维等高新技术领域研究。

主编《中国科技专家传略·化工卷》等。1988年获中国国防科学技术工业委员会“献身国防科学技术事业荣誉证章”；1990年获中国建设部“中国工程设计大师”称号。 （李啸虎）

伦纳德，N. J.（Leonard，Nelson Jordan） 美国人，1916年9月1日生于美国新泽西州纽瓦克，2006年10月9日卒于加利福尼亚州帕萨迪纳。有机化学、药物化学、生物化学、化学工程。

1937年获理海大学理学士学位。1937年留学牛津大学，1940年获理科硕士学位。1942年在纽约哥伦比亚大学取得哲学博士学位。后到伊利诺伊大学工作，化学教授，1986年退休。1955年当选为美国国家科学院院士。1961年当选为美国文理科学院院士。

在有机化合物的合成、反应及性质方面有多项重要研究。发现及革新还原环化和氧化环化等；发现氨基酮和硫杂酮的重排反应；跨环作用及反应；合成抗疟疾药氯喹啉，并证明了多种天然植物生物碱的结构；首次合成具有生理活性的腺嘌呤衍生物、辅酶等。发表300余篇论文；有多项专利。主编《有机合成》丛书（36卷，1956年起）。获美国化学学会有机合成化学创造工作奖等多项荣誉。 （董晨空）

申泮文（Shen Panwen） 中国广东省人，1916年9月7日生于广东从化。无机化学、金属学、化学工程。

出身工人家庭。1940年昆明西南联合大学化学系毕业。1946年前，历任国民政府航空委员会油料研究室助理员、兰州科学教育馆技术干事、华中大学化学系讲师、昆明天祥中学化学教师。1946～1959年、1978年至退休，两度执教于南开大学化学系，先后任无机化学教研室主任、元素有机化学研究所副所长，教授。期间1959～1978年在山西大学化学系任教，为教授、系主任。兼任北京科学技术大学等多校兼职教授。1980年当选为中国科学院学部委员（院士）。

长期从事无机化学教育和无机合成研究。普查和绘制山西全境风化煤腐植酸资源分布图；采用稠环芳烃和四氯化钛为催化体系的合成方法，在较低温度下合成硼、铝等一系列离子型金属氢化物，为低成本、高效率开发合成试剂和高能燃料开拓了新途径；将储氢合金化学合成方法系统化，研制出镍基、铁基和镁基储氢合金，获得比冶金法更优良的产品，“储氢合金的化学合成与性能研究”一文获1984年第五届世界氢能会议优秀论文奖；研制成功高性能的镍基等金属氢化物可逆电池，成为中国国家高科学技术研究发展计划（“863”）首批开发项目；在金属蒸气合成和单晶培养、大环配位化学和生物无机化学方面，取得新的研究成果。此外，他是无机化学基础课执教最长的中国化学家之一，并多次主持各种全国性无机化学教师讲习班，为各地培养师资骨干。

出版《普通化学》（1958年）、《无机化学简明教程》（1960年初版，1964年再版，与他人合著）、《氢与氢能》（1988年）等教材、专著多部，另有《固体化学及其应用》、《无机化学》等译著，共计1 500余万字；其中《基础无机化学》（1980年，与他人合著）获1988年国家教育委员会高等学校优秀教材一等奖。 （李啸虎）

丹克沃茨，P. V.（Danckwerts，Peter Victor） 英国人，1916年10月14日生于英国英格兰汉普郡埃姆斯沃斯，1984年10月25日卒于剑桥。表面化学、化学动力学、化学工程。

1939年毕业于牛津大学巴利奥尔学院。第二次世界大战期间，在英国皇家海军服役。1946年入美国马萨诸塞理工学院，2年后获化学工程硕士学位。后返英国剑桥大学彭布罗克学院化学工程系执教。期间任英国原子能工业与发展管理委员会副主任。1956年任伦敦大学帝国理工学院化学工程学教授。1959年任剑桥大学化学工程系教授，1977年退休为荣誉教授。1969年当选为英国皇家学会会员。1978年当选为美国国家工程院外籍院士。

主要成就是从事化工理论模式研究。1948的提出液体吸收气体时表面不断更新的理论模式；研究反应物在反应器内的停留时间及分布情况，创立反应物平均分布的停留时间的概念及其测定的方法。这些成果对化工过程的试验推导及工业设备的设计起着定量的指导作用，促进了化学工程新观念的发展。其著作《气液反应》（1970年）一书，广泛发行，很有影响。 （陈　东）

普里高京，I.（Prigogine，Ilya） 比利时人，1917年1月25日生于俄国莫斯科，2003年5月28日卒于比利时布鲁塞尔。物理化学、非平衡态热力学、系统科学。

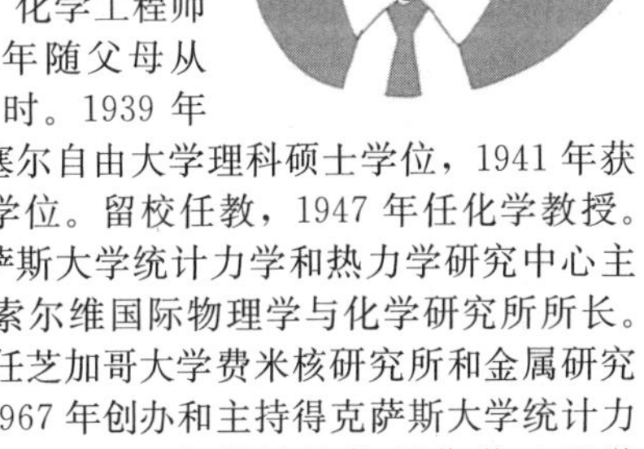

俄罗斯裔。化学工程师的儿子。1929年随父母从苏联移居比利时。1939年获比利时布鲁塞尔自由大学理科硕士学位，1941年获该校化学博士学位。留校任教，1947年任化学教授。兼任美国得克萨斯大学统计力学和热力学研究中心主任。1959年任索尔维国际物理学与化学研究所所长。1961～1966年任芝加哥大学费米核研究所和金属研究所特派所长。1967年创办和主持得克萨斯大学统计力学与热力学中心，1979年任该校物理化学工程学教授。

把经典热力学和统计热力学从只能处理平衡态的可逆过程和与平衡态偏离较小的不可逆过程，成功地推广到处理远离平衡态的不可逆过程。论证了在同接近平衡条件不同的情况下可存在新的有序结构，并命名为“耗散结构”。“耗散结构”是所谓的贝纳德不稳定性。例如，把一杯水放在加热器上，从底面加热，达到稳定时，杯内出现温度梯度。温度梯度小时，由底向上的热流通过热导机理传递；当温度梯度大，并达到临界值时，杯内突然产生六角形晶胞，出现对流，这表示有序结构的出现；如果移走热源，停止供应热量，则此种有序结构消失。从无序中发现准有序和有序对生命现象的解释将产生重大影响。指出经典热力学经过推广，对生命现象也是有效的。自他开始，生物学与生命科学界都十分关注这一新学科的创建和发展。

主要著作有《不可逆现象热力学研究》（1947年）、《不可逆过程热力学引论》（1954年）、《不可逆过程的统计力学》（1962年）、《非平衡态系统的自组织：从耗散结构通过涨落到有序》（1977年）、《从存在到生成：物理学科学的时间和复杂性》（1980年）、《由混沌到有序：人类同自然界的新对话》（1984年，与他人合著）等。由于对非平衡态热力学，尤其对耗散结构理论作出重大贡献而获1977年诺贝尔化学奖。

（朱啸宇）

豪普特曼，H. A.（Hauptman, Herbert Aaron）

美国人，1917年2月14日生于美国纽约市，2011年10月23日卒于纽约州布法罗。结构化学、X射线晶体学、数学。

1937年毕业于纽约市立学院。1939年获哥伦比亚大学数学专业文科硕士学位。1955年获马里兰大学数学哲学博士学位。1940年任美国人口统计局统计员。1942年始两度任美国空军雷达部队指挥员。1947～1961年在美国海军实验室工作。1962～1972年，先后任布法罗医学基金会数学家、副会长兼研究部主任。从1970年起至去世，兼任纽约州立大学布法罗分校豪普特曼-伍德沃德医学研究院院长、生物物理学研究教授。1969～1970年任华盛顿哲学学会会长。1979～1980年美国独立研究院联合会会长。1988年当选为美国国家科学院院士。获国内外9个大学荣誉博士学位。

主要从事X射线晶体学中的相角问题与矩阵理论的研究。与J. 卡尔勒是同学，20世纪50年代两人在美国海军实验室共事，一起研究有关晶体结构测定中的相角问题，用统计数学方法研究晶体的衍射数据，发现其中含有相角的信息。于是进行大量实验工作，终于推导出衍射射线相角的关系式，可直接从衍射强度的统计中得到各种衍射相角的信息，这就是晶体学中的“直接法”。这个方法可用于分析中、小分子晶体结构的直接测定，已成为测定中、小分子晶体结构的主要方法。1950～1955年和卡尔勒一起用直接法测定了5～6种分子结构。1953年美国晶体学会认识到这两项研究的重要性，出版了他们合著的《相角问题分析法》。但出版后受到一些人的非议。

20世纪60年代，由于肯德鲁和佩鲁茨等成功地分析了巨大的蛋白质晶体，这样使得晶体学工作者转向了蛋白质晶体分析的研究，所以使直接法处于低潮时期。但是，他继续开拓新的相角关系式，1966年他发表利用余弦函数的结构不变量的相角测定法，利用这个方法可测定未知结构。同时，卡尔勒夫妇把直接法相角关系式变得通俗易懂，可用于测定复杂的结构。这样，直接法又一次受到当时的晶体学界的相当反响。从1972年起直接法迅速普及，对复杂晶体的立体结构信息作出巨大贡献，这些信息对分子设计为代表的许多领域起着重要的作用。

发表论著170余篇（部），著有《晶体结构的测定》（1972年）等。由于为发展测定晶体结构的直接法作出了卓越贡献，和卡尔勒共同获得1985年诺贝尔化学奖。此外获1984年美国晶体学会帕特森奖等10余种奖励。

（朱啸宇）

伍德沃德，R. B.（Woodward, Robert Burns）

美国人，1917年4月10日生于美国马萨诸塞州波士顿，1979年7月8日卒于马萨诸塞州坎布里奇。结构化学、药物化学、高分子化学、化学工程。

一岁丧父。1936年获马萨诸塞理工学院理学士学位，1937年因合成雌激素酮的相关研究而获哲学博士学位。同年进入哈佛大学作博士后研究，后留校工作，1953年任该校洛布讲座化学教授。第二次世界大战中，任美国军工生产委员会青霉素项目顾问。1963年任瑞士巴塞尔大学伍德沃德研究所所长。1953年当选为美国国家科学院院士。是美国文理科学院院士。

是有机化学以及天然产物的结构鉴定和合成方面的国际权威。1944年他首次合成奎宁。1945年确定青霉素的结构。1947年对一个最古老的、研究十分活跃的化学结构问题——马钱子碱结构提出了令人信服的证据。1951年合成可的松和胆固醇。1956年对利血平的合成，被誉为天然产物中最巧妙的合成。20世纪60～70年代，相继合成和复杂天然有机物并揭示其结构，其中有竹桃霉素（1960年）、前列腺素（1973年）、羊毛甾醇、秋水仙碱、河豚霉素、山道年酸等。1973年首次报告关于维生素B_{12}的全合成方法，并提出“伍德沃德-霍夫曼分子轨道对称守恒原理”，被誉为有机化学史上的里程碑。1965年成功地对植物的绿色素——叶绿素进行了全合成，这标志着人类首次跨入合成复杂分子的时代，因此获得1965年诺贝尔化学奖。

撰写和发表论著和研究报告200余篇（部）。他善于运用先进的仪器作为物理有机化学的研究工具，这是取得突出成绩的重要原因之一。一生中除诺贝尔奖外还多次获得其他奖励，获1945年富兰克林研究院斯科特奖章，1955年哈佛大学莱德利奖，美国化学学会贝克兰奖章，1962年比利时化学学会斯塔奖章，1964年美国国家科学奖章，1968年法国化学学会拉瓦锡奖章，1973年与R. 霍夫曼共获柯普奖。（朱啸宇）

诺尔斯，W. S. （Knowles，William Standish） 美国人，1917年6月1日生于美国马萨诸塞州汤顿，2012年6月13日卒于密苏里州切斯特菲尔德。结构化学、有机化学、药物化学、化学工程。

商人家庭出身，在俄亥俄州新贝德福德附近长大。1939年毕业于哈佛大学化学系。1942年获美国哥伦比亚大学化学哲学博士学位。同年到俄亥俄州代顿市托马斯与霍克瓦尔特实验室工作，该实验室后归并美国孟山都公司。他一直在该公司实验室从事化学研究开发工作，1986年退休。晚年定居密苏里州圣路易斯。

在手征性催化氢化反应领域作出了重大贡献。手征性是指化合物分子或分子中某一基团的构型，可排列成犹如人的左右手那样互为镜像而不能叠合的两种形式，根据穿过它们的偏振光所产生的不同旋转方向而分为右旋对映体和左旋对映体，具有不同的物理化学特性。在药物学上，若由不同对映体构成的两种药物，很可能一个有药理作用，另一种则很少有药理甚至有毒副作用。1874年，荷兰化学家J. H. 范特霍夫、法国化学家J. A. 勒贝尔各自独立发现这种结构。时至20世纪50年代，科学界仍不清楚催化剂对手性分子非对称合成是否有作用。1968年，诺尔斯在英国化学会《化学通讯》上公布他的一项开创性研究，即以手性双膦配体和金属铑形成的络合物为催化剂，在世界上第一次发明不对称催化氢化反应，即在催化剂作用下将氢分子加成到有机化合物不饱和基因上的反应，开创了均相不对称催化合成手征性分子的先河。

在上述基础上，70年代初，他和同事通过对不同结构磷化氢分子的实验，很快研制出第一个在工业上用于非对称合成的催化剂，成功实现工业合成帕金森病特效药L-多巴胺，这是第一个利用不对称催化反应合成的手征性药物。受其启发，日本的野依良治实现不对称催化合成的高效性和实用性，将不对称催化氢化反应提高到一个新水平；美国的K. B. 沙普勒斯另辟蹊径，1980年发明主要用于氧化反应的手性催化剂。不对称催化反应研究领域已取得了巨大进展，至今已有成千上万个手性配体分子和手性催化剂合成出来，不对称催化合成已应用到几乎所有有机反应类型中，并开始成为化学工业、尤其是制药工业合成的重要方法，并继续成为21世纪有机化学研究热点。

获奖甚多，其中有1974年工业研究百种发明奖，美国化学学会1978年圣路易斯地区奖、1982年创造发明奖，1981年孟山都托马斯-霍克瓦尔特奖，1996年有机反应催化作用学会里兰德奖，2008年圣路易斯科学院雷文终身成就奖等。因手征性催化氢化反应领域的原创性工作，他与也在该领域作出重大贡献的野依良治分享2001年诺贝尔化学奖奖金一半；沙普勒斯则获得另一半奖金。（宣焕灿）

芬恩，J. B. （Fenn，John Bennett） 美国人，1917年6月15日生于美国纽约市，2010年12月10日卒于弗吉尼亚州里士满。分析化学、质谱学、化学工程。

双亲都是教会学校教员。他在肯塔基州长大。1937年获肯塔基州伯利亚学院文科学士学位。1940年获耶鲁大学化学博士学位。后在弗吉尼亚州首府里士满市参与创办实验公司，与普林斯顿大学合作为美国海军开发反潜艇发射装置，任工程主管。1959年任普林斯顿大学航空航天与机械科学教授。1967年任耶鲁大学应用科学、化学教授，1987年退休后任化学工程名誉教授。1994年任弗吉尼亚联邦大学分析化学教授。2002年当选为美国文理科学院院士。

2002年诺贝尔化学奖得主之一。在化学领域中，质谱分析法通过相应的离子电荷实现测定样品中的分子分析，具有高度选择性和敏感性。1912年科学界首次用它成功分析和鉴别简单化学物分子，以后又用于分析中型分子。在质谱分析领域，已出现几项诺贝尔奖成果，其中包括发现氢同位素氘（获1934年诺贝尔化学奖），发现碳60（获1996年诺贝尔化学奖）。但要将这种方法用于生物大分子分析，却长期悬而未决。芬恩一直是美国国立卫生研究院的资助对象，1984～1994年他从该研究院下属医学科学研究所获得研究经费超过150万美元，获奖论文大都在这一时期发表。

20世纪80年代初期，他率先开发出电离液相色谱质谱法，实现对脱氧核糖核酸（DNA）、蛋白质等生物大分子的质谱分析。在他开发的技术中，施加强电场使超高速运动的试管中的液体成分蒸发，喷洒出微小的带电微粒，留下的离子即成为质谱分析对象。日本的田中耕一则发明了殊途同归的激光法，用激光轰击成团的生物大分子。这两种方法都成功地使生物大分子相互完整地分离和电离。这些新质谱分析技术的应用，对人类基因组图谱、水稻基因组草图、以及其他一些生物基因组图谱的成功破译有重要贡献。

诺贝尔奖委员会认为：芬恩对质谱技术的突破性发展，在新药的开发和疾病诊断方面产生了革命性的作用。因为“发明了对生物大分子的质谱分析法”，实现“对生物大分子进行确认和结构分析”，与日本科学家田中耕一两人共享2002年诺贝尔化学奖一半奖金；另一半奖金由瑞士科学家K. 维特里希获得，后者“发明了利用核磁共振技术测定溶液中生物大分子三维结构的方法”。此外，芬恩还获1897年伯利亚学院杰

出校友奖、1992年美国质谱学会奖、2000年国际质谱学会汤姆孙奖章等奖励。　　（李啸虎）

张滂（Zhang Pang）　中国湖北省人，1917年8月25日生于江苏南京，2011年11月29日卒于北京。有机化学、药物化学、化学工程。

原籍湖北枝江，著名化学史家和教育家张子高之子。1942年昆明西南联合大学化学系毕业。同年任中央研究院化学研究所助理研究员。1945年赴英国留学，1949年获剑桥大学化学系博士学位。同年回国执教于燕京大学化学系，先后任讲师、副教授。1952年院系调整后，一直在北京大学化学系工作，1956年晋升教授。曾兼任中国化学学会有机化学学术组组长、北京市化学学会理事长等职。1991年当选为中国科学院学部委员（院士）。

在有机化学领域研究成果卓著。主要有：①天然产物及其相关化合物合成：20世纪50年代，在中国首次合成5-羟基嘧啶、5-去氧戊内醚呋喃糖苷等；60年代又合成维生素B_6等；80年代，主持天然苝醌合成，以云南的竹红菌素（有光疗作用）、南海的柳珊瑚酸（有强解毒作用）等天然物质为模型物，经18步反应建立了第一个可通用的天然醌全合成路线，不久为后继者所引用并首次合成天然苝醌。②首次揭示3个新型有机反应：发现1，3-二甲氧基丙酮重排为丙酮醛二甲缩醛反应；发现一些环取代的对羟基苯乙酮及其某些衍生物不与乙二醇形成通常的缩酮，而是发生碳-碳键裂解，进而聚为一多环化合物；发现萘衍生物一步氧化双偶合生成醌衍生物的反应。③建立合成新方法，例如烯胺合成2，3-不饱和酮合成方法、3-取代丙酮醛二甲缩醛合成方法等。④新型化合物合成，例如含氧菁类染料（一般含氮）、水溶性的氨基保护基和油水双溶性碳二亚胺试剂等。此外，主持修订和审定有机化学名词。

发表论文近百篇，编有《张滂文集》（2000年）；主编《有机合成进展》（1991年）等专著，译著有《有机化学》（1958年）等。2001年获何梁何利科学与技术进步奖。　　（李啸虎）

康福思，J. W.（Cornforth，Sir John Warcup）

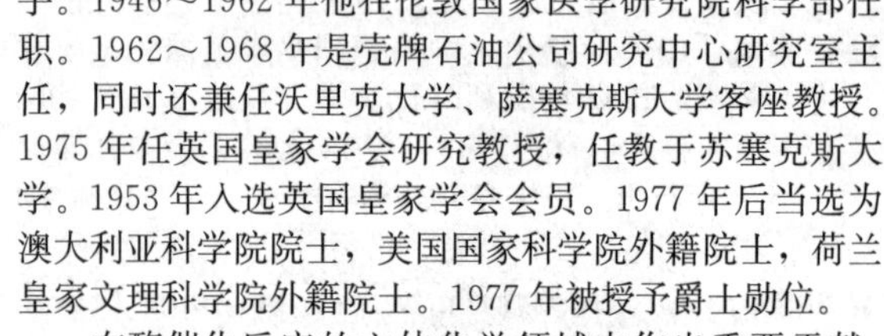

澳大利亚和英国双重国籍，1917年9月7日生于澳大利亚悉尼，2013年12月8日卒于英国英格兰苏塞克斯。有机化学、结构化学、药物化学、化学工程。

14岁耳朵失聪。1937年（20岁）从悉尼大学毕业。后到牛津大学深造，在英国度过了一生中的大部分时光。1941年在牛津大学获得哲学博士学位。同年与R. 哈拉登斯（Rita Harradence）结婚，她也是澳大利亚人，一位有才学的有机化学家，是他的得力助手。1946～1962年他在伦敦国家医学研究院科学部任职。1962～1968年是壳牌石油公司研究中心研究室主任，同时还兼任沃里克大学、萨塞克斯大学客座教授。1975年任英国皇家学会研究教授，任教于苏塞克斯大学。1953年入选英国皇家学会会员。1977年后当选为澳大利亚科学院院士，美国国家科学院外籍院士，荷兰皇家文理科学院外籍院士。1977年被授予爵士勋位。

在酶催化反应的立体化学领域中作出重要贡献。第二次世界大战期间，他和著名的化学家R. 罗宾森合作，确定了青霉素的化学结构。1951年他们首次完成非芳香族甾醇的全合成。在类脂化合物领域，除K. E. 布洛赫和F. 吕南获1964年诺贝尔医学奖或生理学奖外，他是后来获诺贝尔化学奖的第三位获奖者。布洛赫和吕南阐明细胞的组分之一胆甾醇是怎样由醋酸、斯夸苷和羊毛甾醇进行生物合成的，而康福思根据巧妙的设想，通过实验证明，所有上述复杂的生物合成过程都是以特殊的立体异构反应进行的，并且明确地证实了"酶促反应过程是特殊立体异构"的生命现象的重要原理。还发现基质与嘧啶核苷酸辅酶之间氢原子的迁移也是特殊的立体异构现象。

出版《青霉素化学》（1949年，与他人合著）等著作。因与瑞士化学家V. 普雷洛格在有机物立体结构研究方面取得优异成果，两人分享1975年诺贝尔化学奖。还获得其他许多奖励，包括英国、美国和法国授予的奖章，其中有英国皇家学会1976年皇家奖章、1982年科普利奖章等。　　（朱啸宇）

钱人元（Qian Renyuan）　中国江苏省人，1917年9月19日生于中国江苏常熟县西塘市汤家桥（今属张家港市），2003年12月6日卒于北京。物理化学、高分子物理、分析化学、化学工程、仪器研制。

1935年考入浙江大学化学系，1939年毕业。1940～1943年任西南联合大学师范学院物理化学系教员。1944年自费赴美留学，在威斯康星大学等校化学系攻读研究生学位。1948年回国任厦门大学化学系教授。1949～1951年任浙江大学化学系教授。1951年起在中国科学院物理化学研究所、应用化学研究所、有机化学研究所任研究员，化学研究所研究员、室主任、副所长、所长。兼任中国化学学会常务理事、理事长，《高分子通讯》副主编。1980年当选为中国科学院学部委员（院士）。

是中国高分子物理的先驱者之一。1953年开始研究高分子溶液性质，建立一整套分子量和分子量分布测定方法和仪器设备，为此获1956年国家自然科学奖三等奖。阐明特性粘数-分子量关系中考虑多分散性的必要性；提出一个较好的评价分级结果的方法。1958年后，领导开展高分子剖析、力学性能、结构、流变学等一系列分支领域研究，较早提出高聚物加工过程的物理研究方向；在理论联系实际方面做了许多工作，为降低丙纶纺丝温度，从高分子物理物化的角度，研究弄清纺丝温度过高原因，找出办法克服了丙纶大规模工业化生产的障碍。1972年后，领导开拓有机半导体研究，取得一些成果。

论文230余篇，其中有“拉曼光谱的光电强度测量”（1947年）、“聚甲基丙烯酸甲脂的苯溶液粘度的切变速度依赖性”（1955年）、“高分子透过半透膜对溶液渗透压测定的影响”（1961年）及“酞菁铜蒸发膜的一些研究”（1976年）等；著有《高聚物分子测定》（1958年）等专著，其中已有俄、英文译本出版。获1978年全国科学大会奖、1987年中国石油化工总公司科学技术进步奖一等奖、1988年国家自然科学奖二等奖、1989年中国科学院自然科学奖一等奖、1989年国家科学技术进步奖一等奖；1994年求是杰出科学奖；1995年日本高分子学会第一届国际奖等。

（唐　炯）

彭少逸（Peng Shaoyi）　中国江苏省人，1917年11月9日生于湖北武昌。催化化学、色谱技术、石油化工。

原籍江苏溧阳。出身书香门第。1939年获武汉大学化学系理学士学位。后留校任教。1941年到重庆，在资源委员会动力油料厂任职。1947年赴美国，在阿特拉斯粉末公司、通用染料公司的实验室深造。1949年回国后，任大连大学教授。1952年任中国科学院石油化学研究所研究员。1961年任中国科学院山西煤炭化学研究所研究员，后任该所所长、名誉所长。兼任山西省化学学会理事长，山西省科学技术协会副主席，清华大学等校兼职教授。1980年当选为中国科学院学部委员（院士）。

中国最早从事色谱研究的科学家之一。20世纪50年代，与他人合作提出一种快速测定石油油品中烃类组成的色谱分析法，受到国家石油部重视和推广；60年代，与别人合作创立一种快速分析气态烃的色谱方法；在色谱理论计算方面也作出不少贡献。

也是中国催化科学开拓者之一。50年代开始从事烃类催化转化研究，开展合成汽油芳构化及铂重整等工作，以提供军事工业急需的甲苯原料，在较短时间内完成年产2000吨的半工业生产试验。60年代，因从轻柴油中成功萃取芳烃并建厂投产，后来获1978年全国科学大会奖。70～80年代，与助手们共同开发成功一系列新型高效脱氧催化剂；研制成功可作为高效催化剂载体的两种优质纤维氧化铝，分别应用于裂解汽油中双烯的选择性加氢、远红外辐射器废气燃烧净化；采用高比表面积的纤维载体，使钯碳纤维催化剂用于气体净化脱氧时的反应速度提高10～100倍，并相应大大缩小反应设备尺寸，性能超过国内外同类催化剂水平，很快推广应用，1984年获国家创造发明奖二等奖。还对多相催化动态分析方法进行了开拓性的理论和应用研究。1997年获何梁何利科学与技术进步奖。

（肖　萍）

希尔，T. L.（Hill，Terrell Leslie）　美国人，1917年12月19日生于美国加利福尼亚州奥克兰。物理化学、生物化学、化学热力学。

1942年获伯克利加利福尼亚大学哲学博士学位。1945年后，相继在西储大学、罗彻斯特大学、海军医学研究院、俄勒冈大学、圣克鲁斯加利福尼亚大学、国家卫生研究院等处工作。1965年入选美国国家科学院院士。

学术生涯以物理学与生物学的交替研究为特征。主要从事统计热力学应用于平衡系统及稳态系统的研究。对布鲁诺尔-埃米特-特勒吸附等温方程式进行统计力学推导，发展了该领域的统计力学及热力学。1950～1952年卓有成效地研究了平面和球形界面液体表面张力的统计力学与热力学。1960年起研究小系统（非宏观）热力学。1964年起转而研究稳态体系。1968年以统计力学结合生化动力学研究肌肉收缩的模式。1977年研究远离平衡的稳态二态平衡理论的外延。

已发表近300篇论文，有论文选集《从统计力学到分子生物学》（1987年）；著有《统计力学》（1956年初版，1987年第2版）、《统计热力学导论》（1960年初版，1986年第2版）、《小系统热力学》（1964年）、《化学家和生物学家必备的热力学》（1968年）等。获1968年美国化学学会肯德尔表面化学和胶体化学奖，1954年弗莱明奖等。

（池贵法）

萨雷特，L. H.（Sarett，Lewis Hastings）　美国人，1917年12月22日生于美国伊利诺伊州尚佩恩，1999年11月29日卒于爱达荷州维沃拉。药物化学、有机化学、化学工程。

1939年获西北大学理学士学位。1942年获普林斯顿大学哲学博士学位。在默克制药公司研究所从事研究和领导工作38年，1982年退休。1977年入选美国国家科学院院士。

毕生致力于药物皮质酮（“可的松”）的人工合成和制造研究。以前只能从牛肾上腺中提炼可的松。1944年末，他首次在实验室成功地以牛胆汁为原料合成可的松，为可的松在医药上的大量使用开创新的途径。1949年投产时合成步骤长达37步，1952年和同事改进上述合成方法，成功地以普通无机物——空气、石灰石和水为原料经过18步反应合成出可的松。由于他在可的松等的合成研究中所作的卓越贡献，获美国化学学会1951年贝克兰德奖、1964年有机合成化学奖，1980年美国工业研究会奖，1975年美国国家科学奖章，1976年美国化学工业协会珀金奖章等。1980年入选美国发明家名人堂。

（戴有为）

严东生（Yan Dongsheng）　中国浙江省人，1918年2月10日生于上海。无机化学、材料科学、化学工程、科技管理。

原籍浙江杭州。铁道土木工程师的儿子，幼年丧父。1935年考入清华大学化学系，两年后转燕京大学化学系，1939年获理学士

学位、1941年获硕士学位。毕业后，先后聘为私立中国大学讲师、开滦耐火材料厂工程师。1946年赴美国纽约大学研究生院留学。一年后转到伊利诺伊大学，主修陶瓷材料学，辅修化学，1949年获博士学位；留校从事博士后研究。1950年回国，历任开滦化工研究所副所长、唐山交通大学教授。1954～1959年任中国科学院冶金陶瓷研究所研究员、室主任；1959～1983年任中国科学院上海硅酸盐研究所副所长、所长。1978年后，历任中国科学院上海分院副院长，中国科学院第一副院长、特邀顾问等职。兼任中国化学学会理事长、中国硅酸盐学会理事长、中国宇航学会副理事长；兼任中国科学院上海硅酸盐研究所名誉所长，《中国科学》、《科学通报》和《国际陶瓷学》杂志等刊物主编。1980年当选中国科学院学部委员（院士），兼任该院化学部主任；1994年选聘为中国工程院院士。是美国纽约科学院外籍院士、第三世界科学院院士、国际陶瓷科学院创始院士、亚洲各国科学院联合会主席。

中国无机材料科学的奠基者之一，精细陶瓷、纳米材料科学等国家重大研究项目首席科学家。长期致力于材料科学研究，在高温材料制备工艺与机理、氮化物与氧化物等系统的热力学和动力学、高性能材料设计与微观结构控制，以及陶瓷基复合材料等研究领域，尤其在高性能无机材料的基础研究和应用研究方面成果卓著。开发成功燃烧室与叶片的高温熔烧及扩散涂层，成倍提高发动机寿命；研制新型扩散涂层材料，为各类航天飞行器的姿态控制开发关键材料和部件；建立中国第一套等离子体射流喷涂设备；先后研制成功多种耐高温、绝热、耐磨涂层材料，开展多种性能测试工作，阐明在高温和复杂条件下性能变化机理；他主持研制生产的锗酸铋大单晶被欧洲核子中心选用，其质量、数量与性能均居世界第一。

是一位优秀的科学技术管理者。参与主持制定中国第一套冶金工业用耐火材料标准（1950年），中国12年科学技术发展远景规划（1956年），10年科学技术发展规划（1962年）；1957年创办中国《矽酸盐》（现名《硅酸盐》）杂志；在改革开放新时期，参与主持建立中国科学院科学基金评审制度、国家自然科学基金会工作体制，以及制定“关于中国科学院科技体制改革的汇报提纲”等。

发表论文近200篇；出版专著4部。主要获奖有：1965年国家科学技术发明奖，1978年全国科学大会多项大奖，1982年国家自然科学奖三等奖等。（段智勇）

嵇汝运（Ji Ruyun） 中国上海市人，1918年4月24日生于江苏松江（今属上海），2010年5月15日卒于上海。有机化学、药物化学、化学工程。

1941年中央大学化学系毕业。先后供职于成都电信器材修造厂、中央工业试验所。1947年在美国新泽西州油脂产品厂实习。同年转入英国伯明翰大学化学系，1950年获理学博士学位。留校任药理系博士后研究员。1953年回国，一直在中国科学院上海药物研究所工作，研究员，曾任药物化学研究室主任、副所长。兼任中国药学会副理事长及上海分会名誉理事长、亚洲药物化学联合会执行委员等职。1980年当选为中国科学院学部委员（院士）。

长期致力于化学药理学探索，开创中国新药合成研究新领域。20世纪50～60年代，在英国留学期间，发现一种比普鲁卡因局部麻醉作用强10余倍的新药；试制成功新药巯锑钠，对血吸虫有一定杀灭作用；参加创制新药二巯基丁二酸钠，对多种重金属和砷有解毒作用；合成南瓜子中防治寄生虫病有效成分南氨酸，引起国际同行重视；与他人合作创制新药硫溴酚，对家畜肝片吸虫病有良效。70～80年代，主持合成多系列数十个常咯啉类似物，初步探明其构效关系，拓广研制心血管药物的途径；合成和筛选出抗疟新药蒿甲醚，广泛应用于临床，获上海重大科学技术成果二等奖、国家发明奖三等奖；应用新的液相合成方法成功合成两种脑啡肽；率先在中国倡导利用计算机图形学和辅助设计技术进行新药分子设计。90年代及后，主持开展量子药物学、药物构效关系系统研究；承担中国国家高科学技术研究发展计划（“863”）项目“基于核酸和蛋白质三维结构知识的合理药物设计研究”，获1997年中国科学院自然科学奖二等奖。发表论文200多篇；主编《分子药理学》、《神经药理学》、《基础药理学》、《药理学概论》等专著。（李啸虎）

罗伯茨，J. D.（Roberts，John Dombrowski） 美国人，1918年6月8日生于美国加利福尼亚州洛杉矶。物理化学、有机化学、核磁共振波谱学。

1941年获洛杉矶加利福尼亚大学理学士学位，1944年获该校博士学位。1953年任加利福尼亚理工学院教授，期间1963～1968年任化学与化工部主任，1980～1983年出任校长。长期兼任美国杜邦化学公司研究中心顾问。先后入选美国文理科学院、美国国家科学院院士，美国哲学学会会员。

大学低年级就开始研究工作，对以后教学和研究活动有很大影响。博士论文在缺乏有效测定方法情况下，阐明了溴丁烯格林尼亚试剂的结构，20年后得到质子核磁共振谱的证实。是应用核磁共振解决有机化学问题的开拓者。最早提出由分子不对称造成的不等价和计算核磁共振线型的计算机程序；开创低丰度同位素的核磁共振研究，测定过甾体、核苷和酶等的天然丰度及碳13（^{13}C）和氮15（^{15}N）波谱。他的核磁共振和用环加成反应合成异常环丁烷衍生物的方法，在全世界已被广泛采用。还应用小环化合物检验有机反应理论，其正碳离子重排研究和证明苯炔中间体等，阐明了碳14（^{14}C）标记技术的作用。所做的工作，提供了以简单有机化合物研究复杂化合物的范例。

主要著作有《核磁共振》（1959年）、《分子轨道计算评论》（1961年）；出版自传《在正确的时刻出现在正确的地方》（1990年）等。获1990年美国国家科学奖章，美国化学学会1967年亚当斯有机化学奖章，美国国家科学院1999年化学科学奖、2009年化学服务于社会奖。（温敬铨）

卡尔勒，J. （Karle，Jerome） 美国人，1918年6月18日生于美国纽约，2013年6月6日卒于弗吉尼亚州安纳代尔。物理化学、X射线晶体学。

犹太裔。1937年毕业于纽约市立学院。1938年获哈佛大学生物学专业硕士学位。1944年获密歇根大学物理化学博士学位。1943年在芝加哥大学参加研制原子弹的曼哈顿工程。1944年任职于美国海军实验室电子衍射部，2009年和他的夫人一起从该机构退休，两人为美国政府服务总年限达127年。1951年兼任马里兰大学教授。1967年起兼任美国国家研究委员会物质结构研究室主任。是美国国家科学院院士。1972年任美国晶体学会会长。1981～1984年任国际晶体学会会长。

主要从事电子衍射法分析晶体结构的研究，在国际学术界颇享盛名。和H. A. 豪普特曼是大学同学，后在20世纪50年代又同时任职于美国海军实验室。他们用数学统计方法研究了晶体结构测定中的相角问题，通过大量的电子衍射数据，发现其中的相角信息，由此推导出衍射射线相角的关系式，这种方法称为晶体学中的直接法。该研究成果受到美国晶体学会重视，1953年出版《相角问题分析法》，但是受到一些人的非议。

20世纪60年代，由于肯德鲁和佩鲁茨等成功地分析了巨大的蛋白质晶体，使一些晶体学研究人员转向蛋白质晶体分析的研究，这样，直接法发展处于低潮时期。但是，他和夫人伊莎贝拉（Isabella）继续研究直接法，他的夫人使用一种符号加成法，把直接法的相角关系式变为通俗易懂的实用程序。同时，豪普特曼用余弦函数的结构不变量的相角测定法也可用于测定未知结构，这样使直接法研究再次引起巨大的反响。从1972年起，它已迅速普及，对复杂晶体的立体结构信息作出重大贡献，尤其是推动以分子设计为代表的许多新学科领域的发展，使人类对大自然的认识变得更丰富。为了表彰他在发展测定晶体立体结构的卓越业绩，和豪普特曼共获1985年诺贝尔化学奖。

（朱啸宇）

高鸿（Gao Hong） 中国陕西省人，1918年6月26日生于陕西泾阳，2013年6月14日卒于南京。电分析化学、仪器分析学、极谱技术。

1岁丧父，15岁丧母，托孤堂叔。1938年考取重庆中央大学航空系，后转入化学系并于1943年毕业。留系任分析化学助教。1944年底赴美国留学，1947年获伊利诺伊大学化学系博士学位，留校做博士后研究。1948年回国，先后任中央大学教授，南京大学化学系分析化学教研室主任、教授。1992年回西安定居，任西北大学终身教授、分析科学研究所所长。兼任国际理论化学与应用化学联合会电分析化学委员会委员、国际《分析化学趋势》杂志顾问编辑等多种职务。1980年当选为中国科学院学部委员（院士）。

中国电分析化学、仪器分析学科奠基人之一。20世纪50年代，编写中国第一部《仪器分析》（1956年初版，1986年第3版）教科书；首次验证球形电极扩散电流公式，解决了极谱分析中长期悬而未决的难题。60年代，提出和验证球形汞齐电极的扩散电流公式；创造了测定金属在汞中扩散系数的新方法，并测出16种金属在汞内的扩散系数，据此得出金属在汞内扩散的基本公式，居当时国际领先地位。70～80年代，对线性变位极谱、方波极谱、交流极谱等近代极谱技术的重要电极过程进行数学建模，推导和验证了一系列公式，发展了现代极谱分析的基础理论研究，成果获1978年全国科学大会奖、1982年国家自然科学奖三等奖；著作《极谱电流理论》（1986年，与张祖训合著）获全国优秀图书一等奖。80～90年代，创立示波滴定理论与技术，开辟了电滴定分析新领域，推广应用于化学分析、药物分析等领域；开展电化学免疫分析及相关技术研究，创建了与生命科学有关的测试新方法和新技术，取得多项创新成果。

发表论文300余篇；出版《示波极谱滴定》（1985年）、《示波滴定》（1990年）和《示波药物分析》（1992年）等教材、专著5部，其中多部获全国优秀图书奖。多次获国家和省部级奖励。获2002年何梁何利科学与技术进步奖。

（李啸虎）

桑格，F.（Sanger，Frederick） 英国人，1918年8月13日生于英国格洛斯特郡伦柯布，2013年11月19日卒于剑桥。分析化学、生物化学、遗传学。

医生的儿子。就学于剑桥大学圣约翰学院，1939年获学士学位，1943年因赖氨酸新陈代谢研究获哲学博士学位。1944～1951年任剑桥大学研究员。1951年起在英国医学研究理事会任职，1962～1983年任剑桥大学的该会分子生物学实验室蛋白质化学研究室主任，后任剑桥大学教授。1954年被选为英国皇家学会会员。

20世纪50年代，在剑桥大学完成胰岛素分子氨基酸排序的测定，成为世界上第一位测定蛋白质氨基酸排序的化学家，因而获1958年诺贝尔化学奖。60年代从事核糖核酸的核苷酸排序测定方法的研究。70年代后，又在脱氧核糖核酸（DNA）的结构分布方面取得突出成就，与W. 吉尔伯特以及P. 伯格三人共享1980年诺贝尔化学奖，成为至今唯一两次获得诺贝尔化学奖的科学家。

1943～1955年在剑桥大学生物化学系与同事共同进行胰岛素研究。用2，4-二硝基氟苯与牛胰岛素分子反应，测定出它含有2个N-端基，分子量为6000；进而得知它含有2个肽链，分别由21和30个氨基酸残基组成，2个肽链由二硫键连结起来。他们用过甲酸氧化三硫键把二个肽链分开，1950年利用部分降解的方法首先测出其中较长那个链的氨基酸排序；接着用蛋白酶水解肽链，顺利地测定了以前用酸水解方法难以测定的短肽链的氨基酸序列；最后测定了连接2个肽链的3个二硫键的位置，从而于1953年全部揭示了牛胰岛素的结构。

继蛋白质之后，1958年起他把注意力转到核酸结构的研究，尤其是测定核糖核酸（RNA）和脱氧核糖核酸（DNA）中核苷酸排序的方法。与G. G. 布朗利和B. G. 巴雷尔一起，发展了一种相当快的小规模分离RNA降解产物^{32}P-标记寡核苷酸的方法，这一方法成了以后许多RNA排序研究的基础。过去以部分降解原理为基础研究RNA和蛋白质序列的方法效率很低，难以应用在较大RNA分子上。为测定组成遗传物质的DNA排序，他把注意力转到复制程序的应用上，发展了两种改进方法，从而提供了比以往曾用过的一切方法更迅速、更简单的DNA序列的测定方法：应用专一的链终止物即正常的脱氧核苷三磷酸类似物的双脱氧法和随机克隆法。1977年左右，应用这些方法完成了包含5 386个核苷酸的噬菌体øX174DNA的全排序测定。以后又完成亲属噬菌体G_4和哺乳动物腺粒体DNA核苷酸排序的测定。1984年揭示了爱泼斯坦-巴尔病毒的DNA的全排序，有150 000碱基长。

除诺贝尔奖外，还获1976年剑桥哲学学会哈迪奖、1977年英国皇家学会最高奖科普利奖章等。

（温敬铨）

何炳林（He Binglin） 中国广东省人，1918年8月24日生于广东番禺，2007年7月4日卒于天津。高分子化学、生物化学、化学工程、材料科学。

1942年西南联合大学化学系毕业。留校任教。后任南开大学助教。1947年去美国留学，1952年获印第安纳大学博士学位。同年聘任美国纳尔哥化学公司高级研究员。1956年回国，一直执教于南开大学化学系，教授，先后任高分子教研室主任、化学系主任、高分子研究所所长等职。1985年兼任青岛大学第一任校长。兼任中国化学会高分子化学委员会副主任、中国生物材料与人工器官学会副理事长等职。1980年当选为中国科学院学部委员（院士），兼任化学部副主任。其夫人、化学家陈茹玉也在1980年当选为中国科学院学部委员（院士）。

20世纪50～60年代，在中国率先开展离子交换树脂合成与性能研究，成功合成当时国际上已有的绝大部分品种；建成南开大学化工厂，开创了中国离子交换树脂工业；研制苯乙烯型强碱性阴离子交换树脂用于提取铀燃料，为第一颗原子弹研制和中国原子能事业发展作出重要贡献。60～70年代，研制和投产多种离子交换树脂，应用到制药业等产业，获1978年全国科学大会6项奖励、国家发明奖三等奖。70～80年代，提出大孔性树脂合成法，可合成从几十到几万埃孔径树脂；建立较完善的孔结构测试方法；开发多种大孔离子交换树脂、H系列吸附树脂，系统阐明其结构与性能关系，获1987年国家自然科学奖二等奖、1988年国防科学工作委员会“献身国防事业”成就奖。80～90年代，以高分子材料负载某些过渡金属，制成多种聚合物异相催化剂，成功用于催化氢化、氢甲酰化等反应；将研究扩展到生物医学、环境生态工程，其中“若干生物医学高分子研究”获1999年国家教育部科学技术进步奖一等奖、2000年国家自然科学奖三等奖。发表论文700多篇；主编《离子交换与吸附》等专著。获国家和省部级奖30多项；1996年获日本高分子科学学会国际合作奖；1999年获何梁何利科学与技术进步奖。

（李啸虎）

巴顿，D. H. R.（Barton, Sir Derek Harold Richard） 英国人，1918年9月8日生于英国肯特郡格雷夫森德，1998年3月16日卒于美国得克萨斯州科利奇斯迪兴。有机化学、立体化学、光化学、化学工程。

1938年进入伦敦大学帝国理工学院，1940年获理学士学位，1942年获有机化学博士学位。1949年获伦敦大学理学博士学位。先后任伦敦大学伯尔贝克学院讲师、格拉斯哥大学化学教授。1959年起任伦敦大学帝国理工学院化学教授，1978年退休。后成为法国国家科学研究中心天然物质研究所所长。1985年任美国得克萨斯农业与机械学院教授，1986年任杰出教授至去世。曾任美国多所大学客座教授。1954年入选英国皇家学会会员。曾任英国科学政策委员会委员、英国科学促进协会B委员会主席、国际理论化学和应用化学联合会有机化学委员会主席、英国化学学会会长等。先后当选为美国国家科学院、美国文理科学院、法国科学院外籍院士。1994年当选为中国科学院外籍院士。1972年封爵。

早在大学求学期间，就对甾族和萜系化合物深感兴趣，以后发表了一系列有关这些化合物分子旋转相互关系的论文。1947年挪威化学家O. 哈塞尔由电子衍射发现环己烷及其简单衍生物主要以椅式分子存在。以物理化学理论的深厚基础和教学、科研的经验，巴顿深知哈塞尔发现的重要意义。意识到在构象固定的复杂分子体系中，官能团反应性的大小与它们以直立式还是平伏式与环相连有关。为证实这个观点，在甾族和萜系化合物领域内进行大量研究，发现化学反应性与有利构象之间重要关系，许多立体化学实验事实从而得到合理解释。1950年在任哈佛大学化学系天然产物化学客座讲师期间，发表著名的包括构象分析理论的论文。他的这一工作，有力地发展了O. 哈塞尔在20世纪40年代初提出的有机化学中的分子构象分析原理，开创了有机化学中构象分析领域。为表彰这一卓著贡献，与哈塞尔共享1969年诺贝尔化学奖。

对天然产物，尤其是甾族、萜系化合物、生物碱和抗菌素的结构、合成及生物合成进行过广泛的研究。根据反应机理，提出对甲酚自由基偶联产物的正确结构，纠正了以往错误，又及时认识到酚类这种氧化偶合在生物合成中的重要性。在全面研究天然存在的化合物的基础上，解释和预测许多生物碱的结构，其理论在认识许多复杂生物碱的生物合成时尤为重要。接着阐明多种形式化合物的生物合成，包括刺桐碱、吗啡、吲哚和石蒜科生物碱，使得人类可以用简单、有用的仿生方法合成这些天然产物。对青霉素化学、青霉素与临床上十分重要的头孢菌素之间的转换，以及四环素抗菌素的合成也做出了重要贡献。还是现代有机光化学的开拓者之一，设计了许多新的反应和新的选择性氧化剂。对工业上十分重要的氯化物热解、负碳离子自动氧化反应的发展和应用，作出过重要贡献。晚年发现一系列新反应，其中有自由基的选择性脱氧化反应、酰胺巯基酯断裂产生自由基的反应等。

除诺贝尔化学奖外，另获美国化学学会1956年弗里奇奖、1959年亚当斯奖，1961年英国皇家学会戴维奖章等。（温敬铨）

福井谦一（Fukui，Kenichi） 日本人，1918年10月4日生于日本奈良，1998年1月9日卒于京都。有机化学、物理化学、量子化学。

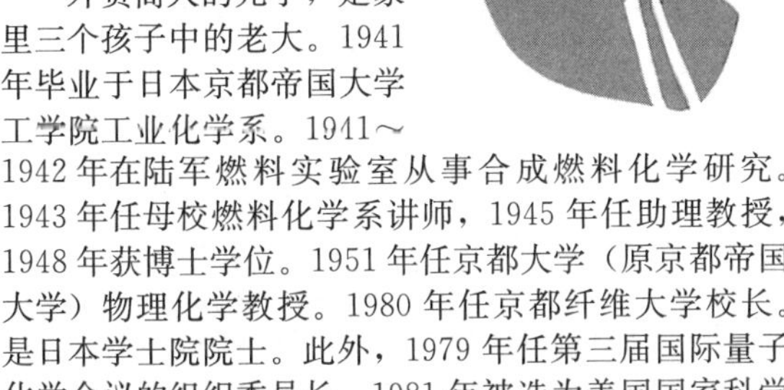

外贸商人的儿子，是家里三个孩子中的老大。1941年毕业于日本京都帝国大学工学院工业化学系。1941～1942年在陆军燃料实验室从事合成燃料化学研究。1943年任母校燃料化学系讲师，1945年任助理教授，1948年获博士学位。1951年任京都大学（原京都帝国大学）物理化学教授。1980年任京都纤维大学校长。是日本学士院院士。此外，1979年任第三届国际量子化学会议的组织委员长。1981年被选为美国国家科学院外籍院士。还相继被选为欧洲艺术、科学与文学科学院外籍院士，罗马皇家科学院外籍院士等。

长期从事烃类化学研究，并在量子化学方面做出重大贡献。在学术上最重要成就是，1952年提出解释化学反应现象的前线轨道理论。提出在化学反应中并不是分子中所有的电子都起作用，而只是能量最高、运动在边沿特定轨道上的一部分电子起着支配的作用。这个理论不仅可以解释所有的化学反应，并且还可通过计算，预测分子内发生化学反应的区域，制订相应的计划。但是开始时该理论未受重视。20世纪60年代，他和R. 霍夫曼各自独立地发现，可用前线轨道对称性来说明以前难于理解的某些化学反应过程。经过集中世界各地的研究结果证明，这个理论无论对生物体内的反应，还是对药物制备、高分子化合物和金属化合物的合成，均有指导意义。

代表作有《量子化学》、《化学反应与电子轨道》（1981年）等。1962年由于共轭化学的研究，获日本学士院奖。1981年获日本文化勋章和文化功劳奖。由于对分子轨道对称守恒原理的研究取得卓越业绩，和霍夫曼两人共获1981年诺贝尔化学奖。（朱啸宇）

费希尔，E. O.（Fischer，Ernst Otto） 德国人，1918年11月10日生于德国慕尼黑附近索尔恩，2007年7月23日卒于同地。有机金属化学、配位化学、结构化学。

慕尼黑理工大学物理教授的儿子。1939～1945年第二次世界大战期间，在波兰、法国和俄国服兵役。1941～1942年休假与学习期间，在慕尼黑理工大学学习化学；战后1946年在重新开办的该校学习，1949年获化学学士学位，1952年获博士学位。留校任教，1954年任化学副教授。1957年任慕尼黑大学副教授，1959年升任教授。1964年任慕尼黑理工大学教授兼无机化学研究所所长。同年当选为巴伐利亚科学院院士。

对1951年由梅勒（Mellor）和保尔森（Paulson）等人提出的二茂铁的结构持怀疑态度。为了说明二茂铁的稳定性和磁性，1952年制备了二茂铁并提出夹心结构模型。这是一种全新的成键形式，并且用X光晶体分析法予以证明。这个夹心结构理论不久被普遍引入不饱和有机化合物分子和过渡金属之间的π—d配位键概念中，使得以各种不饱和有机分子为配位基的有机过渡金属络合物化学得到较大发展。和同事成功合成二苯铬，证实多苯铬也是夹心式化合物，为有机金属化合物开辟了新领域。1964年他最先合成碳烯的过渡金属络合物，在这方面发表50多篇研究报告。1973年起研究过渡金属夹心络合物新化合物系列。由于在有机金属化合物方面作出卓越贡献，与英国化学家G. 威尔金森分享1973年诺贝尔化学奖。还获得其他多种奖励，其中有1957年格丁根科学院化学奖，1959年德国化学学会斯托克纪念奖等。（朱啸宇）

德里卡莫，H. G.（Drickamer，Harry George） 美国人，1918年11月19日生于美国俄亥俄州克利夫兰，2002年5月6日卒于伊利诺伊州厄巴纳。配位化学、有机金属化学、物理化学。

幼年丧父。1941年、1942年和1946年在密歇根大学先后获化工理学士、硕士和博士学位。1942～1945年在得克萨斯城的泛美炼油公司任研究工程师。1946年到伊利诺伊大学工作，1949年任副教授，1953年任物理化学和化学工程教授，1963年任高级研究中心研究员。1965年被选为美国国家科学院院士。1970年入选美国文理科学院院士。1979年入选美国国家工程院院士。

主要致力于研究高压条件下固体的电子结构，用仪表测量了固体在几十万个大气压下的光吸收和发射、电阻、穆斯堡尔共振和X射线衍射。从高压光学研究获得的配位场理论，用于一些最早而最基本的过渡金属络合物的试验。测量的配位场强度变化和电子间的排斥参数，清楚地说明理论的适用范围和限度。对穆斯堡尔共振和光吸收的广泛研究，展示了含铁化合物内的多种电子跃迁，其中包括可逆的从高自旋至低自旋和从低自旋至高自旋的跃迁。从很多有机芳香分子观察到，激发能随压力增加而降低。对双蒽酮、螺旋吡喃和缩苯胺的高压研究证明，稳定态和亚稳态的相对能量变化足以允许亚稳态的热占据，即压色现象代替光致变色现象。因研究成就卓著，1947～1996 年先后 22 次获得奖项，其中包括 1956 年伊帕奇也夫奖，1972 年美国化工学会瓦尔克奖，1974 年美国化学学会兰茂尔化学物理奖，1989 年美国国家科学奖章、1996 年美国化学家协会金质奖章等。 （孟茂华）

菲尔兹，P. R. （Fields，Paul R.） 美国人，1919 年 2 月 4 日生于美国伊利诺伊州芝加哥。放射化学、核化学、同位素化学、分析化学。

1941 年毕业于芝加哥大学。1941 年在田纳西流域管理局工作。1943 年在芝加哥大学冶金实验室工作。1945 年任职于印第安纳州标准石油公司。1946 年后在阿尔贡国家实验室任化学部主任。

主要研究领域是超铀元素的核化学性质，与他人协作分离了 ^{237}Np（镎 237）。早年曾用离子交换法从原子核裂变产品中分离出铀和钚。20 世纪 60 年代初研究氡化学，制备氟化氡，研究它的性质。后来又研究了锔、锫、锎、锿、镄等半衰期较长的同位素的化学性质、电子及核子结构。探讨了质量大于 239 的钚同位素的性质。由于上述工作受到过奖励。主要著作有《放射性物质微量检测》（1950 年，与他人合著）、《高流量锔 224 构建锎 252 和中间体同位素》（1961 年，与他人合著）等。 （池贵法）

皮尔逊，R. G. （Pearson，Ralph Gottfrid） 美国人，1919 年 4 月 9 日生于美国伊利诺伊州芝加哥，1987 年 1 月卒于同地。有机金属化学、物理化学、配位化学。

1943 年获西北大学物理化学博士学位。同年参加第二次世界大战，任空军中尉。战后在西北大学历任讲师、助理教授和教授。1976 年到圣巴巴拉加利福尼亚大学任教授，1989 年退休后，仍从事理论无机化学研究。1974 年入选美国国家科学院院士。

他从事的科学研究中心课题是探索化学反应机理，在这方面做了许多开拓性工作。与 F. 巴索洛建立长期有效的合作，研究了配位化合物取代反应机理和有机金属络合物。1963 年他提出软硬酸碱的原理。1969 年起开始研究化学反应轨道对称规律，根据摄动理论提出一个应用于无机化学的分析方法，并提出反应前后键对称性相同则活化能低的一般规律。代表作有《无机化学的机理》（1963 年，与他人合著）等。1970 年获美国化学学会无机化学奖。 （董晨空）

蒋丽金（Jiang Lijin） 中国浙江省人，1919 年 4 月 15 日生于北京，2008 年 6 月 9 日卒于同地。有机化学、药物化学、光化学、化学工程。

祖籍浙江杭州。1944 年、1946 年先后获辅仁大学化学系学士、硕士学位。毕业后在北京大学医学院药物化学系任教。1948 年入美国明尼苏达大学药学院药物化学系学习，1951 年获博士学位。先后在美国堪萨斯大学药物化学系、马萨诸塞理工学院化学系做博士后研究。1955 年回国，先后任中国科学院化学研究所副研究员、感光化学研究所研究员，曾任化学研究所生物化学研究室、结构化学研究室的主任。长期兼任中国科学技术大学教授等职。1980 年当选为中国科学院学部委员（院士）。她的丈夫、系统工程和运筹学家许国志是中国工程院院士。

中国当代著名女化学家，中国光化学主要奠基人和开拓者之一。20 世纪 50～60 年代，在美国从事防氧化剂、可的松衍生物、维生素 D 等合成研究；回国后从事药物、涂料、杂环化合物、特别是中国大漆漆酚的研究；在有机氟化物合成、硼氮化合物合成等领域有重要成果。70～80 年代，开展生物光化学前沿领域研究，参与建立中国光化学学科；开发核磁共振技术在有机化学鉴定中的应用；开展感光材料有机助剂合成与结构鉴定研究，参与主持研制成功 160 胶片，获 1978 全国科学大会奖、1986 年国防专项国家科学技术进步奖特等奖。80～90 年代及后，参与主持“生命过程中的重要化学问题”等国家八五重大基础研究项目；深入研究生物光化学，主持研究竹红菌素光疗机制，藻类进化、结构与功能关系，天然花醌类光敏化合物特性等研究，分获 1990 年、1993 年、1996 年中国科学院自然科学奖二等奖。发表论文 200 多篇；撰有《天然色素和色素蛋白生物光化学》等专著，《现代分子光化学》译著一部。获多种荣誉称号。

（李啸虎）

克拉姆，D. J. （Cram，Donald James） 美国人，1919 年 4 月 22 日生于美国佛蒙特州切斯特，2001 年 6 月 17 日卒于加利福尼亚州棕榈沙漠。高分子化学、药物化学、结构化学、物理化学。

律师的儿子，4 岁丧父。1941 年获罗林斯学院化学学士学位。1942 年获布拉斯加大学硕士学位。1947 年获哈佛大学化学哲学博士学位。同年任洛杉矶加利福尼亚大学副教授，1956 年任教授，1966 年任索尔温斯登讲座教授。1961 年当选为美国国家科学院院士。1967 年当选为美国文理科学院院士。

研究的领域包括生物化学、有机立体化学和物理有机化学。1942～1945 年，在麦克公司参与研制青霉素和链霉素，并对分子构型进行研究。1949 年开始研究反应机理，特别是活性中间体，提出“相邻基因效应”和“桥碳鎓离子”的理论诠释。20 世纪 50～60 年，出版《有机化学》（1960 年，与他人合著），是一本按反应机制编排的有影响教科书；重点关注酚诺宁和其他连接离子，人工合成出许多重要生物药物化合物构型；形成了所谓的“克拉姆规则产品结构”方法，并得以广泛推广；研究高分子有机化学，出版《碳化学基本原理》（1965 年）。

从 1977 年至 1988 年 2 月，他与合作者发表有关“主-客体络合作用”的系列研究论文达 45 篇。当 C. J. 佩德森发现冠醚后，克拉姆便致力于改进冠醚的合成方法。他精巧地设计了一系列形状复杂的主体分子，例如在聚醚环上连接两个刚性的萘基，因为两个萘环不共平面，均垂直于聚醚环平面，于是主体分子的空腔是不对称的构型，因此就能识别客体分子及其对映体。主-客体络合作用具有重要的理论意义，对手征性异构体的拆分和“分子识别”等方面有着广泛的应用前景。例如联萘型冠醚对苯基甘氨酸甲酯的拆分。1979 年后克拉姆等人又合成一类新的环状化合物，它是由 6 个邻苯撑连接成大环体系，中心有一个空腔，6 个甲氧基的氧原子呈正八面体排布，氧原子的未共用电子对朝向环内，从而形成负电性球苑。当原子和金属阳离子进入球苑后，就形成了球苑络合物。由于空腔大小和结构形式的改变，就导致各类主体分子对金属离子客体的络合选择性发生显著的差别，以及主-客络合物的结合自由能的改变。这种显著的主体识别络合客体能力，无疑推动了模拟酶反应、人工膜离子输送过程等研究的深入和发展，并有助于从化学角度来认识某些重要的生物化学过程的本质。

他的著作还有《有机化学的本质》（1978 年），以及自传《从设计到发现》（1990 年）等。由于克拉姆的研究取得开拓性成就，与 C. J. 佩德森，J. -M. 莱恩三人分享 1987 年诺贝尔化学奖。

（朱啸宇　周志高）

比奇雷森，J.（Bigeleisen，Jacob）　美国人，1919 年 5 月 2 日生于美国新泽西州帕特森，2010 年 8 月 7 日卒于弗吉尼亚州阿灵顿。同位素化学、核化学。

外国移民的儿子。1939 年获纽约大学文学士学位。1941 年获华盛顿州立大学理学硕士学位。1943 年获伯克利加利福尼亚大学哲学博士学位。第二次世界大战时，在哥伦比亚大学做同位素分离。战后在芝加哥大学费米学院当研究员。1948 年参加布鲁克黑文国家实验室工作。1953 年任康奈尔大学教授。1962 年起兼任国家科学基金会高级委员、瑞士埃登工学院教授。1968 年任教于罗彻斯特大学。1978 年任纽约州立大学石溪分校教授。1966 年当选为美国国家科学院院士。1968 年当选为美国文理科学院院士。

主要工作是研究同位素化学状态的差异。1944 年与同事一起发现，由于分子中原子的振动，气体在平衡时的同位素化学性质是完全不同的，轻原子比重原子有较高的振动能，因而有较高的振动频率，所以轻同位素比重同位素更容易从分子中分离出来。同时还建立了一个衡量同位素差别的定量标尺，解决了和同位素分离有关的理论问题。根据同位素反应速率的差别，去推断分子在反应时可能的路径。又把同位素态理论扩展到液体和固体上，从而开创了同位素在各个领域中应用的新局面。为此获 1958 年美国化学学会核化学应用奖 1964 年美国原子能委员会劳伦斯奖等。

（周申范）

殷之文（Yin Zhiwen）　1919 年 5 月 30 日生于江苏吴县角直镇（今属苏州市），2006 年 7 月 18 日卒于上海。陶瓷化学、物理化学、晶体学、材料科学。

动物病毒学家、中国工程院院士殷震的兄长。1939 年上海大同大学土木工程系肄业。1942 年云南大学采矿冶金系毕业。先后在四川綦江铁矿、云南大学工作。1946 年赴美国留学，1948 年、1950 年先后获密苏里大学冶金系、伊利诺伊大学陶瓷工程系硕士学位。1950 年回国，在唐山铁道研究所工作。1951 年调任上海中国科学院工学实验馆窑业组副组长，1957 年任中国科学院冶金陶瓷所硅酸盐研究室副主任、研究员。1959 年起历任硅酸盐研究所玻璃、功能陶瓷两个研究室主任，副所长兼学术委员会主任，化学新材料中间试验基地首任经理等职。曾兼任国际铁电体顾问委员会常任委员、上海硅酸盐学会理事长等职。1993 年当选为中国科学院学部委员（院士）。是国际陶瓷科学院院士。

中国功能陶瓷的首创人之一。20 世纪 50～60 年代，主持以本国原料研制生产优质高压电瓷部件，获 1956 年国家科学技术发明奖二等奖；主持研制大尺寸、高强度、高频率绝缘瓷环及其工艺，用于强力电台大功率速调管组装，获国家科学技术发明奖二等奖；研制锆钛酸铅压电陶瓷系列多种工艺；合作研制舰用和岸用发射接收压电陶瓷元件，建立起中国水声声纳系统，性能国际先进。70 年代，研究锆钛酸铅镧（PLZT）透明铁电陶瓷及其他弛豫型铁电陶瓷，首次观察到纳米级极性微区，揭示了 PLZT 陶瓷晶界结构、运动和效应，获 1978 年全国科学大会重大成果奖；合作制造 PLZT 透明铁电陶瓷防核闪光护目镜。80～90 年代，首创锗酸铋（BGO）晶体掺铕工艺，研制出万余支大尺寸、高抗光伤性的掺铕 BGO 晶体，超标准地确保欧洲核子研究中心电磁量能器所需，奠定了中国在该领域国际领先地位；研究开发氟化钡、碘化铯等卤化物闪烁晶体，部分获国际市场声誉。发表论文百余篇。获国家和省部级奖励 10 多项。（李啸虎）

布鲁尔，L.（Brewer，Leo）　美国人，1919 年 6 月 13 日生于美国密苏里州圣路易斯，2005 年 2 月 22 日卒于加利福尼亚州拉斐特。无机化学、金属学、材料科学。

1940 年获加利福尼亚理工学院理学士学位。1943 年获伯克利加利福尼亚大学哲学博士学位。留校从事研究工作，第二次世界大战时，在伯克利参与美国政府秘密制造原子弹工作。1946年任教于该校，1955年为物理化学教授；1961～1975年任该校劳伦斯-伯克利实验室无机材料研究部主任。1959年入选美国国家科学院院士。

第二次世界大战时因研制原子弹的需要，他的研究小组得到所有元素高温性质的基本测验原理，描述了金属、氧化物、卤化物和许多其他化合物的高温性质；发展了耐火的铈、钍和铀的硫化物；获得用于金属真空熔融分析的溶剂理论，还发展了利用熔融铂浴正电性金属的微量分析方法。对氯化铜高温蒸气的研究证明其主要包含Cu_3Cl_3，这就得到一个普遍的理论：饱和的高温蒸气将是多种复杂混合物，其复杂性将随温度增加而增加。还和同事们一起开拓硅化物、硼化物耐火材料的研究，并探讨它的化学键性质。研究石墨的蒸气压、验证更高的碳气焓和氮气（N_2）的离解能值，并对高温体系氧化物进行理论和实验研究。他对耐温固体化学键性质和高温气体分光镜分析的研究，使恩格尔（N. Engel）能应用电子与晶体结构的关系来预测金属与金属间相的结构和热力学性能。和同事用实验证实位于周期表左边有空的d电子轨道的过渡金属与有未成键d电子对的铂系金属（路易斯酸与碱）间有强的相互作用；还对钼与从氢到铹100种元素的二元相图的研究作出了贡献。1961年获美国原子能委员会劳伦斯纪念奖。

（楼书聪）

高小霞（Gao Xiaoxia） 中国浙江省人，1919年7月10日生于浙江萧山，1998年9月9日卒于北京。分析化学、电化学、仪器分析、仪器研制。

上海中华书局一位职员的女儿。1944年毕业于国立交通大学化学系。曾任上海宝华化学厂技师、中央研究院化学研究所研究助理员。1946年与徐光宪在上海结婚。1949年赴美国留学，1951年获纽约大学分析化学硕士学位。同年和徐光宪一起回国，去世前一直在北京大学化学系工作，任分析化学教研室主任、教授。曾兼任北京市政府第一届科学技术顾问、全军防化研究院研究员、兰州大学等校兼职教授等职。1980年当选为中国科学院学部委员（院士）。她的丈夫、物理化学家徐光宪也在同年当选为中国科学院学部委员（院士）。

中国著名女化学家和化学教育家，在仪器分析、电化学分析等分析化学分支学科颇有建树。20世纪50～60年代，率先在中国高校开设《仪器分析》和《电化学分析》课程；开展矿产资源、金属冶炼和半导体的分析化学研究；在极谱分析中利用化学催化反应来提高分析灵敏度，开创极谱催化波方法，完成几十种微量元素的精确分析，由于该方法具有仪器简单、便捷灵敏、成本低廉等优点，很快在全国扩大研究和推广应用。70～80年代，将极谱分析法运用于铂族元素分析、环境监测及其仪器研制、微量稀土肥料等领域；由于分析灵敏度比国外同类工作提高3～4个数量级，受到国际同行重视，特邀撰写国际权威的《稀土化学与物理手册》（第8卷）“稀土的极谱催化波”专章。

发表论文200余篇；撰有《铂族元素的极谱催化波》（1977年）、《电化学分析在环境监测中的应用》（1982年）、《极谱催化波》（1991年）等多部；1981年开始主编《分析化学丛书》（29册），生前已出版10余册。多次获奖，其中“极谱催化波的研究”获1982年国家自然科学奖三等奖、1987年国家教育委员会科学技术进步奖二等奖等。

（李啸虎）

陈茹玉（Chen Ruyu） 中国福建省人，1919年9月24日生于福建闽侯，2012年3月11日卒于天津。有机化学、农药化学、分析化学、化学工程。

1942年西南联合大学化学系毕业。先后在四川北碚工业试验所、大渡口钢铁厂、云南大学矿冶系、南开大学化学系工作。1948年赴美国留学，1950年、1952年先后获美国印第安纳大学化学系硕士、博士学位。1953～1955年任美国西北大学化学系博士后研究员。1956年与丈夫一起回国，历任南开大学化学系教授、有机农药研究室主任、元素有机化学研究所所长等。兼任中国农药化学会副理事长、天津市科学技术协会副主席等职。1980年当选为中国科学院学部委员（院士）。丈夫何炳林也在同年成为中国科学院学部委员（院士）

开拓了中国有机磷化学、农药化学研究的女化学家。20世纪50年代，在美国从事偶氮染料合成及其用于蛋白质结构分析研究；在中国高校率先开设半微量有机分析化学课程。60年代，主持完成敌百虫、马拉硫磷等有机杀虫剂研制与生产；主持研制开发的农药新品种“中国除草剂1号”获国家科学技术进步奖一等奖。70～80年代，进行有机磷农药（除草剂）的结构与活性定量关系的研究，其中合成除草剂“胺草磷”、“燕麦敌2号”、“黄草灵”，植物激素“矮健素”，杀菌剂“灭锈1号”等获全国科学大会成果奖和新产品发明奖；大豆激素“7841”获国家专利且投入大批量生产。80～90年代，在中国率先开展计算机辅助下有机磷农药研究；在低配位磷化合物、磷杂环化合物，以及具有抗癌、抗病毒、除草等活性的有机磷化合物应用基础与合成技术方面，取得了一系列重要成果。其中，“有机磷生物活性物质和有机磷化学”项目获1986年国家教育委员会科学技术进步奖一等奖、1987年国家自然科学奖二等奖，“合多杂原子有机磷杂环化合物”获1990年国家教育委员会科学技术进步奖二等奖等多种奖项；90年代开发的选择性强的高效新除草剂“灭阔磷”等获国家专利。发表论文近300篇；出版《有机磷化学》、《有机磷化学研究》（2001年）等专著6部。

（李啸虎）

汪家鼎（Wang Jiading） 中国四川省人，1919年10月18日生于四川重庆（今重庆市），2009年7月30日卒于北京。核化学、核燃料工程、化学工程。

1941年西南联合大学化学工程系毕业。留校任教。1944年赴美国留学，翌年获马萨诸塞理工学院化学工程硕士学位。1946～1957年历任重庆大学、南开大学、天津大学化学工程系副教授、教授、副系主任。

1957年调入清华大学，先后任工程物理系、工程化学系、化学工程系副系主任、系主任，国家重点化学工程联合实验室主任。曾兼任中国化学工程学会副理事长、《化工学报》主编、《核化学与放射化学》副主编等职。1980年当选为中国科学院学部委员（院士）。

长期从事化学工程、核化工领域的教学和研究，取得多项重要成果。20世纪50～60年代，参与筹建"人工放射性元素"等多种核化工专业；参与主持铀-钚裂变元素分离、钚纯化工艺的溶剂萃取全流程研究，揭示柱形萃取设备内液-液两相传递现象及其机理，修正了当时国际通用的普拉特（Pratt）公式；参与主持以先进的萃取法取代传统的沉淀法，实现核燃料后处理工艺重大改进；参与指导研制抽压脉冲液流搅拌混合澄清槽，并提出扩大设计方法，成为核燃料后处理中的设备放大冷试验重要依据。70年代，指导总结了萃取设备优化设计规律，创制了新型高效萃取设备，取得了多项成果。80年代以后，继续致力于液流萃取过程及设备的应用基础研究，在萃取新工艺新方法等方面取得新进展；主持完成"络合萃取法处理工业含酚废水新工艺研究"，被评为国家科学技术重点推广项目。

发表论文60余篇；主编《化学工程手册》（1996年，第2版）、《溶剂萃取手册》（2001年）等书。获1988年"献身国防科学技术事业荣誉奖章"、1992年度国家科学技术进步奖二等奖、1994年国家重点实验室建设"金牛奖"、1997年何梁何利科学与技术进步奖。（李啸虎）

陈荣悌（Chen Rongti） 中国四川省人，1919年11月7日生于四川垫江，2001年11月15日卒于天津。配位化学、催化化学、化学热力学、化学工程。

1941年四川大学化学系毕业。同年任资源委员会犍为焦油厂工务员。1944年武汉大学研究生毕业。先后在重庆中央大学化学系、中国石油公司工作。1947年赴美国留学，1952年获印第安纳大学化学系博士学位。先后在美国西北大学做博士后和在芝加哥大学任研究员。1954年回国直至去世，一直执教于南开大学，历任化学系副主任、物理化学教研室主任、络合物化学研究室主任，化学学院教授。曾兼任国际配位化学学会执行理事、美国《无机化学述评》顾问，四川大学等校兼职教授等职。1980年当选为中国科学院学部委员（院士）。

长期从事化学热力学、配位化学和络合催化领域的研究和教学，取得开拓性成果。20世纪50～60年代，在国际上较早研究络合物，有关溶液络合物结构和稳定性、折光实验法等成果被广为引用；提出配位化学中的直线自由能、直线焓关系式，揭示了络合物稳定性与配体酸碱度之间相关性。70～80年代，研制出优质固相无汞催化剂，较好解决了聚氯乙烯生产中的汞污染问题；用大量实验数据证明配位化学中普遍存在直线自由能关系和直线焓关系；与他人合作开发乙炔二聚反应双功能络合物催化剂，在中国氯丁橡胶行业推广使用后，达到国际最好水平，获国家发明奖三等奖；提出配位化学的线性热力学函数关系，对选择工业催化剂有指导意义，引起化学界高度重视。90年代及后，研究溶液配位反应的热力学及动力学获重要成果。

发表论文近300篇；有《配位化学中的相关分析》专著一部，译著2部。多次获省部级以上的奖励；1987年获苏联科学院丘加耶夫奖章。（李啸虎）

古托夫斯基，H. S.（Gutowsky，Herbert Sander） 美国人，1919年11月8日生于美国密歇根州布里奇曼，2000年1月13日卒于伊利诺伊州厄巴纳。分析化学、结构化学、核磁共振波谱学、仪器研制。

农家子弟。1940年毕业于印第安纳大学化学系。1941～1945年服兵役。1946年在伯克利加利福尼亚大学获化学硕士学位。1948年在哈佛大学获化学博士学位。同年秋到伊利诺伊大学任教，1951年任副教授，1956年任物理化学教授，1967年任该校厄巴纳校区化学化工系主任，1970～1983年任该校化学学院院长。1960年入选美国国家科学院院士。1966年入选美国文理科学院院士。

1947年运用核磁共振技术研究证明乙硼烷是乙烯型结构（$H_2BH_2BH_2$），一举结束了当时的激烈争论。1949年首次使用手工制造的核磁共振仪发现了化学位移，其大小与核电荷成正比。首先研究简单的二元液体化合物（如 H_nM 和 MF_n）内的质子和氟的位移，并发现键型和化学位移之间的一般关系。氟的化学位移特别简单，正比于M-F键的离子特性。后来改进了核磁共振仪，以便能分辨出比较复杂分子中的质了之间的小位移。确定了功能团内质子的核磁共振谱。在化学位移的早期研究中，发现并说明了分子内的磁性相互作用，核经过键电子自旋—自旋间接偶合。获1974年国际磁共振学会奖，1977年美国国家科学奖章，1983年沃尔夫化学奖章。（孟茂华）

利普斯科姆，W. N.（Lipscomb，William Nunn） 美国人，1919年12月9日生于美国俄亥俄州克利夫兰，2011年4月14日卒于马萨诸塞州坎布里奇。分析化学、物理化学、X射线晶体学、生物化学。

父亲是医生，母亲是声乐教师。1941年毕业于肯塔基大学，获化学理学士学位。1946年在加利福尼亚理工学院获化学哲学博士学位，是L. 鲍林的学生。同年任教明尼苏达大学，1950年任化学副教授，1954年任化学教授。1959年任哈佛大学教授，期间1962～1965年任化学系主任，1990年退休。1955年当选美国晶体学会会长。1960年当选为美国文理科学院院士。1961年当选为美国国家科学院院士。1976年当选为荷兰皇家科学院外籍院士。

1949年起开始研究硼化合物。1953年起用了10年时间在明尼苏达大学研究硼烷，主要是研究硼化合物的结构与性能。有关硼烷的合成方法，1912～1936年间由A. 斯托克（Alfred Stock）建立，但是其分子结构尚未弄清楚，如果用经典的化学键理论是解释不清的。为了搞清楚复杂的硼烷结构式，不少学者提出了单晶X光分析，然而从当时的低温X光设备无法调整单晶的晶轴。提出“吹入冷气法”，应用新装置研究奇妙的硼烷结构式，通过核磁共振仪获得结果。

主要著作有《分析无机化学》（1953年）、《硼的氢化合物》（1963年）、《硼和有关化合物核磁共振研究》（1969年，与他人合著）等。由于在研究硼烷的结构及其物理、化学性能方面作出了卓越贡献，获1976年度诺贝尔化学奖。此外还获1958年哈里森·豪奖，1968年美国化学学会奖，1973年德拜物理化学奖。

（朱啸宇）

巴索洛，F.（Basolo，Fred） 美国人，1920年2月11日生于美国伊利诺伊州科埃约，2007年2月27日卒于伊利诺伊州斯科基。无机化学、有机金属化学、配位化学。

父母是意大利移民，童年在伊利诺伊州南部的小煤矿村度过。1940年在南伊利诺伊师范学院学习化学，获教育学学士学位。1943年于伊利诺伊大学获哲学博士学位。后在一家化学公司做了3年研究开发工作。1946年在西北大学任讲师，1959年成为教授，1969～1972年任该校化学系主任。1970年任美国化学学会无机化学分会会长。1976年任戈登研究会出版理事。同年任美国科学促进协会化学部出版理事。1979年当选为美国国家科学院院士。

一直从事过渡金属络合物取代反应机理和合成制备的基础研究。在进行钴（Ⅲ）络合物的动力学和立体化学的研究时，和学生发现：除了氢离子外，其反应速率不决定于同钴络合反应的试剂，而且随钴上未离开的配位体大小增加而加速；对铂（Ⅱ）络合物的反应速率，则随铂上未离开的配位体大小增加而减小。还第一次合成金属硫氰酸（M-SCN）和金属异硫氰酸（M-NCS），研究过金属羰基化合物。1970年后转向与动物生命有关的合成氧载体的研究。与人合著有《无机反应机理》和《配位化学》（1964年）等。获美国化学学会1964年无机化学研究奖、1975年无机化学卓越服务奖等。

（周申范）

科恩，G. A.（Cowan，George Arthur） 美国人，1920年2月15日生于美国马萨诸塞州伍斯特，2012年4月20日卒于新墨西哥州洛斯阿拉莫斯。核化学与工程、物理化学、仪器研制。

1941年在伍斯特理工学院毕业。后进入普林斯顿大学，参加回旋加速器的研制。1942～1945年以芝加哥大学冶金实验室研究员身份，在洛斯阿拉莫斯国家实验室参与第一颗原子弹研制。1949年获卡内基工学院（今卡内基-梅隆大学）理学博士学位。经两年博士后研究，后一直在洛斯阿拉莫斯国家实验室工作，任高级研究员兼化学部主任，服务39年，1991年退休。是里根总统科学委员会成员，圣达菲学院创建人和首任院长。

领导一个世界闻名的科学家小组，从事物理、无机及核化学的大量研究工作。这个小组专门研究核物理和核化学中某些基本问题，设计用强中子引爆核弹的实验装置。1946年亲自向美国总统报告探测到苏联进行了第一次核试验。他还设计过中子光谱时间飞行仪，用于研究铀的裂变过程。提出碳、氮和氧稳定同位素的廉价分离方法。1973年始，主持该小组从事与裂变物质贮存、放射性废物处理有关的自然裂变反应器的研究。多次获奖，其中有美国原子能委员会费米奖，新墨西哥科学院杰出科学家奖，劳伦斯奖章等。

（周申范）

霍尼格，D. F.（Hornig，Donald Frederick） 美国人，1920年3月17日生于美国威斯康星州密瓦沃基，2013年1月21日卒于罗得岛州普罗维登斯。晶体化学、高温化学、波谱学、仪器研制、科学管理。

1940年获哈佛大学化学专业理学士学位，1943年获哲学博士学位。先后在伍兹霍尔海洋研究院水下爆炸实验室、洛斯阿拉莫斯国家实验室工作，参加过研制第一颗原子弹的曼哈顿计划。1946年任布朗大学助理教授，兼任梅特卡夫研究实验主任，1951年任教授，1951年任该校研究生院助理院长，1952年任执行院长。1957年任普林斯顿大学化学教授，兼任化学系主任，1958年任唐纳讲座教授。1959年任艾森豪威尔总统科学顾问，1961年任肯尼迪总统科学顾问，1964年任约翰逊总统科学技术特别助理、总统科学顾问委员会主席等职。1969年加盟柯达公司任副董事长和高级主管。1970年出任布朗大学校长，直至1976年退休。后任哈佛大学公共卫生学院化学教授，1987年任该院环境卫生系主任，1990年第二次退休。1952年入选美国文理科学院院士。1957年入选美国国家科学院院士。获马里兰大学等3所高校荣誉博士学位。

主要研究领域是分子结构和振动光谱、激波结构与激波旋转的衰减、高温高速的化学反应和燃烧。因发明快速灵敏的红外辐射热电偶而闻名于世；研究分子之间的弱偶合效应及自由分子的对称性；研究晶体中分子的局部对称性及晶体对称性之间的关系；在对激波的光反射特性研究中，提出有关激波结构的创造性见解，并在首次实验中测定了只有10^{-11}秒的激波压缩过程。获1967年美国化学学会帕森斯奖等。

（戴有为　朱啸宇）

郭慕孙（Guo Musun） 中国广东省人，1920年5月9日生于湖北汉阳，2012年11月20日卒于北京。物理化学、矿冶工程、化学工程、流态化技术。

原籍广东潮州。出身知识分子家庭。1943年上海沪江大学化学系毕业。后在上海汉堡化学厂、上海生化药厂任化学师。1945年赴美国留学，1946年获普林斯顿大学化工系硕士学位。1946～1948年、1952～

1956年两度任美国碳氢研究公司化学工程师。1948～1952年在美国可口可乐公司任化学工程师。1956年回国后，一直在中国科学院化工冶金研究所工作，历任研究员、流态化研究室主任、所长、名誉所长。兼任中国化工学会副理事长、中国颗粒学会理事长等职。1980年当选为中国科学院学部委员（院士）。1997年当选为瑞士工程院外籍院士。

中国流态化研究领域奠基者之一。20世纪40年代后期，在美国与导师威廉（R. Wilhelm）教授合作发表论文“固体颗粒的流态化”，提出液-固和气-固两种截然不同的流态化现象，分别命名为“散式”和“聚式”流态化，现已定为工程化学术语。40年代末至50年代前期，在美国获“低温气体吸收”、“含碳固体物料气化工艺”、“含碳固体的气化”三项专利。50年代后期，回国后大力宣传、介绍流态化技术，使其逐步为中国工业界所重视，该领域研究人员从研究室的10多人发展到全国近千人的队伍。60年代初至70年代末期，他将流态化技术应用于中国不同矿产资源的综合利用。鉴于聚式流态化存在着接触差、能耗高的缺陷，他主要开展散式流态化的研究。例如对矿石进行流态化浸取和洗涤的同时，进行广义流态化、锥型床流态化、广义流态化分级、多粒度广义流态化、液固流态化至气固流态化的延伸等工作；逐步建立广义流态化理论，形成自己的理论特色。70年代末以后，他进一步建立起“无汽泡气固接触”的工艺和理论体系，内容有稀相流态化、快速流态化、浅床流态化、飘浮和震动流态化以及磁性颗粒在磁场中的流态化等。

撰写论义和学术报告百余篇，出版专著《流态化技术在冶金中之应用》（1958年）、《流态化：垂直系统中均匀球体和流体的运动》（1963年，与他人合著）、《流态化浸取和洗涤》（1979年）和《无气泡气固接触》（1992年）、《流态化手册》（2008年，与他人合著）等。获1978年全国科学技术大会奖，1982年、1990年国家自然科学奖二等奖等国家级奖励10多项；1989年获加拿大国际流态化成就奖，是世界上少数获此殊荣的专家之一。（肖　萍）

黄量（Huang Liang）　中国上海市人，1920年5月22日生于上海，2013年11月21日卒于美国。有机化学、药物化学、分析化学、化学工程。

原籍浙江宁波。离家出走的护士之女；在母亲含辛茹苦养育下长大。1942年上海圣约翰大学化学系毕业。先后在上海生化药厂、重庆中央工业试验所、上海医学院、重庆大学任职。1946年获奖学金赴美国康奈尔大学攻读有机化学，1949年获该校博士学位。此后相继在美国布林莫尔大学、康奈尔大学、韦恩大学和艾奥瓦大学从事化学研究。1956年回国。翌年任中央卫生研究院副研究员。1958年任中国医学科学院药物研究所研究员，1960～1983年任该所药物合成研究室主任。1980年当选为中国科学院学部委员（院士）。

20世纪40年代末至50年代中期，在美国多所大学从事有机理论、有机合成、甾体化学、天然物结构测量等方面的研究工作。1958年，带领科研小组从中国产萝芙木中分离出利血平，试制出中国第一种治疗高血压的国产新药降压灵。同年，他们又从剑麻的废渣中提炼出海可吉宁，进而试制出抗炎新药强的松。1959年开始从事抗癌药物的研究，指导并参与抗癌新药N-甲酰溶肉瘤素的合成，1964年通过鉴定并投产。70年代，指导并参与从三尖杉碱半合成具有抗肿瘤生理活性的三尖杉酯碱，用于治疗白血病等疾病；开展肿瘤预防药物维胺脂的研制。80年代，继续研究抗癌药物，如指导并参与对中药青黛中的抗癌活性成分靛玉红的合成研究；开发出治疗慢性粒细胞白血病药甲异靛，获国家科学技术进步奖一等奖、国家发明奖二等奖；指导和参与研制出中国第一个抗病毒合成新药酞丁胺，对治疗某些病毒性皮肤病很有效，获国家发明奖二等奖；主持和参与消旋棉酚拆分研究，发现消旋棉酚中对男性有节育作用的异构体，为男性口服避孕药的研制创造了条件。

获多项专利；发表论文百余篇；主要著作有《仪器分析及其在生理科学中的应用》（1964年）、《肿瘤学进展——化学治疗》（1964年，与他人合著）、《紫外光谱在有机化学中的应用》（1988年，与他人合著）等。1988年获何梁何利科学与技术进步奖。（肖　萍）

休斯根，R.（Huisgen, Rolf）　德国人，1920年6月13日生于德国艾费尔高原盖罗尔施泰因。有机化学、化学工程。

曾在波恩大学和慕尼黑大学求学，1943年获慕尼黑大学哲学博士学位。1947年任慕尼黑大学讲师。1949年任蒂宾根大学教授。1952年回慕尼黑大学任教授兼物理化学研究所所长，1988年退休。曾赴美、英等国在几所大学任客座教授。1975年及1977年两次获荣誉博士学位。1959年入选巴伐利亚科学院院士。1960年入选美国文理科学院外籍院士。1964年入选德国利奥波德科学院院士。

20世纪50年代，研究中环效应；研究在高度稀释条件下，分子内的弗雷德尔-克拉夫茨酰基化反应；制备过若干环形酮；1956年与人合作制得芳基五唑结晶物。60年代开始，与合作者发表150余篇论文，研究有关1，3-偶极环加成的范围和历程，引起学术界的注意。1960年起研究环辛四烯衍生物重排至苯的衍生物、胺与丙烯酸酯的加成反应、乙烯基环丙烷重排为环戊烯等课题。1964年起研究不饱和环系统的价互变现象，包括环化的立体过程，称为电环反应。与他人合作研究烯酮和烯醇酯的2+2环加成反应历程，制得3-烷氧环丁酮。

至20世纪80年代，已发表430余篇论文。获1961年德国化学学会李比希奖，1965年法国化学学会拉瓦锡奖。1975年美国化学学会亚当斯有机化学奖等。（周志高）

唐有祺（Tang Youqi） 中国上海市人，1920年7月11日生于江苏南汇（今属上海市）。晶体化学、物理化学、结构化学。

出身商人家庭。1942年毕业于当时内迁四川宜宾的同济大学化学系。先后在昆明、重庆等地工厂工作，在上海德国医学院执教。1946年赴美国加利福尼亚理工学院化学系学习化学和物理学，1950年获博士学位。留校作博士后研究一年。1951年回国，任清华大学化学系副教授。翌年调任北京大学化学系教授。1984年任北京大学物理化学研究所所长。1955年后，长期兼任中国科学院应用物理研究所和化学研究所的研究员。兼任国际晶体学联合会副主席、中国化学会理事长、《物理化学》杂志主编等职。1980年当选为中国科学院学部委员（院士）。

20世纪40年代后期，在美国跟随导师L. C. 鲍林（1954年诺贝尔化学奖获得者）从事晶体结构分析和化学键理论的研究。50年代以后，长期研究晶体结构和结构化学。1966年冬以后对胰岛素结构进行多年的测定，1971年完成分辨率为0.25纳米的猪胰岛素结构的分析。70年代前期，结合中国石油化学工业发展的需要，对决定石油化学催化剂性能的关键问题进行探讨。70年代后期，主持以电子计算机配套的四圆衍射仪为主的单晶结构实验室的建设。70年末至80年代前期，提出用键型变异原理来阐释鲍林在30年代提出的一种电子结构理论——共振论。80年代后期至90年代，领导北京大学物理化学研究所开展药物构效关系、蛋白质分子设计的研究，还开发出包括蛋白质结构信息相关数据库和蛋白质分子设计程序包在内的蛋白质分子设计系统PEPMODS。

发表论文200多篇；出版著作有《结晶化学》（1957年）、《统计力学及其在物理化学中的应用》（1964年）、《化学动力学和反应器原理》（1974年）、《对称图象的群论原理》（1977年）、《有限对称群的表象及其群论原理》（1979年）、《相平衡、化学平衡和热力学》（1984年）等。多次获奖，其中包括国家自然科学奖二等奖2项、三等奖1项。（肖　萍）

富兰克林，R. E.（Franklin，Rosalind Elsie） 英国人，1920年7月25日生于英国伦敦，1958年4月16日卒于同地。物理化学、分子生物学、结构化学、分析化学。

犹太裔，银行家之女。家中5个孩子中排行第二。其父的叔叔曾于1916年出任英国内政大臣、英属巴勒斯坦托管地专员。1941年毕业于剑桥大学纽纳姆学院，获化学专业文学士学位，1945年获化学专业哲学博士学位，1947年获文科硕士学位。1942年起在英国煤炭利用研究协会从事研究工作。1947～1950年在巴黎国家科学研究中心的实验室继续研究碳的结构。1951年到伦敦大学国王学院研究脱氧核糖核酸（DNA）的结构。1953年到伦敦大学伯克贝克学院进行病毒结构研究。因患癌症不幸英年早逝。

主要学术成就：利用X光衍射法测定碳的结构；对高温下碳石墨化时结构变化进行精密定量研究，提出当时最好的石墨化理论；发现DNA有两种X光衍射图样，它们在不同的相对湿度时能互相转变；为J. D. 沃森和F. H. C. 克里克于1953年提出的DNA螺旋结构模型提供必不可少的实验数据；测定烟草斑纹病毒中核糖核酸（RNA）的位置。

为纪念她，2001年美国国家癌症研究院、2003年英国皇家学会都专设有罗莎琳德·富兰克林奖。（李　郇）

弗雷泽，H.（Freiser，Henry） 美国人，1920年8月27日生于美国纽约。分析化学、电化学、仪器研制。

1941年获纽约市立学院理学士学位。1942年、1944年分别获杜克大学理学硕士和哲学博士学位。1944～1945年任北达科他州立学院物理与分析化学系主任。1945～1946年任梅隆工业研究所研究员。后任匹兹堡大学副教授。1958～1968年任亚利桑那大学化学系主任和教授。是洛杉矶加利福尼亚大学、日本京都大学等校客座教授。1972～1975年在美国化学学会分析化学委员会、1974～1977年在该会铂系金属小组兼职。

离子选择性电极是现代电分析化学最杰出的进展之一。他和学生应用分子量较大的季铵盐（R_4NX，其中R≥4个C原子），发展了适于ClO_4^-、NO_3^-、CNS^-、卤化物和许多有机阴离子的实用工作电极。他们受两位日本科学家研究成果的启发，把聚氯乙烯的环己酮溶液和脂肪族季铵盐的癸醇溶液混合，涂到铂丝上制成漆丝电极。这种电极比常规的离子选择性电极具有更多优点。使用硝酸盐选择性漆丝电极可满意地测定大气污染物中的各种氮氧化合物（NO_x）。漆丝电极在临床医学和海洋学的分析中也广为应用（如测定钾离子K^+）。研究多种薄膜的导电率。

主要著作有：《分析化学中的溶剂萃取》（1966年，与他人合著）、《分析化学中的离子平衡》（1979年，与他人合著）、《分析化学的概念和计算》（1992年，第2版）等多种。1978年获美国化学学会费希尔分析化学奖章。（楼书聪）

米切尔，P.（Mitchell，Peter） 英国人，1920年9月29日生于英国萨里郡米彻姆，1992年4月10日卒于康沃尔郡博德明。物理化学、生物化学、电化学。

1943年获剑桥大学学士学位，1950年获该校博士学位。1943～1955年任教于剑桥大学生物化学系，同时任解剖学实验教授。1955～1963 年任爱丁堡大学动物学系生物化学教研室主任。此后，他在康沃尔博德明建立私人研究机构——格林研究实验室，并担任主任。当选为英国皇家学会会员。是美国国家科学院外籍院士。

通过膜转化化学活性理论来解释生物细胞内部能量的转换机理。1961～1966 年提出化学渗透学说，根据自己积累的实验结果，尤其是运用有关生物膜的概念，合理地解释了由电子氢传递所释出能量的最初贮存形式（腺苷三磷酸，即 ATP)。在 1966 年的一篇论文中谈到："我所提出的关于研究氧化磷酸化和光合磷酯化的化学渗透假说，主要目的有三个：提出一个简单的理论，使线粒体和叶绿体的类脂膜中的电子传递与 ATP 酶系等各种组分可以组合起来；提出一个偶合的模型，它无需经过 X－Y 那样的中间产物，即可直接把电子传递与 ATP 酶系联系起来，这样就不再受 X－Y 中间产物概念的约束；以此分析难于捉摸的中间产物的性质，也许该种中间产物是不存在的"。其化学渗透假说的最大特点是突出了生物膜的结构。通过质子 H^+ 传递，使膜外侧带正电，而使膜内侧带负电，从而产生了膜电位和质子浓度梯度差。这样可把呼吸链视为一个质子泵，由此产生的膜电位和质子浓度梯度差就是合成 ATP 的动力。这个理论已被公认为生物能学的一条基本原理。它也适用于细菌细胞摄取营养、产生热与细菌运动等过程。

主要著作有《化学渗透耦合和能量转换》（1968年)、《矢量化学渗透过程》（1977 年)、《呼吸链概念及其化学渗透结果》(1978) 等。多次获奖。提出的化学渗透理论在阐明生物能转换方面取得了重要成就，因此获 1978 年诺贝尔化学奖。（朱啸宇）

奥弗贝格，C. G.（Overberger，Charles Gilbert） 美国人，1920 年 10 月 12 日生于美国宾夕法尼亚州巴恩斯伯勒，1997 年 3 月 17 日卒于密歇根州安阿伯。有机化学、高分子化学、化学工程、材料科学。

1941 年获宾夕法尼亚州立学院化学系学士学位。毕业后供职于美国联合化合物公司，任研究化学师。1944 年获伊利诺伊大学化学哲学博士学位。同年供职于一家橡胶储运公司。1946 年在马萨诸塞理工学院任化学研究员从事博士后研究。1947 年任布鲁克林理工学院（现名纽约理工学院）化学系副教授。1951～1987 年任教于密歇根大学，期间 1951～1966 年任该校高聚物研究所副所长、所长，1952 年任有机化学教授，1955 年任化学系主任，1964 年起先后任理学院院长、副校长、高分子研究中心主任等职，1989 年退休。此外，1955 年起兼任布鲁克林理工学院化学系主任，担任《聚合物科学》杂志主编。1967 年任美国化学学会会长。1975～1977 年任国际理论化学和应用化学联合会主席。是巴西科学院外籍院士。1966 年、1968 年先后获美国圣十字学院、长岛大学荣誉博士学位。

主要致力于有机化学及其合成，特别是高分子化学领域。开发与高分子有关的有机合成新技术新工艺；研究高分子结构、功能之间关系，尤其是光活性高分子旋光能力与立体构象的关系；开发取代苯乙烯、偶氮化合物、光活性高分子的合成；研究偶氮化合物等高分子分解机理及其聚合引发作用；研究和开发离子型聚合及其应用；研究开发合成具有特异性能的高分子材料，例如设计具有仿生活性的、含活性基团的单体的合成和聚合等，特别是含咪唑或聚苯的高分子化合物合成；研究高分子催化剂的催化活性，首次发现并提出了合作催化作用的概念，即在高分子催化剂中，两个或两个以上的相邻活性基团发生了协同效应。20 世纪 60～70 年，他主持研究生物酶作用过程及其机理，取得了重要进展。

1944～1981 年间，发表学术论文 370 余篇；出版《高分子合成》（1963 年）等著作，主编《高分子合成》丛书。1968～1989 年间 4 次获美国化学学会奖项；获 1979 年塑料工程师协会国际奖，1982 年富兰克林学院波茨奖章。（李啸虎）

邓从豪（Deng Conghao） 中国江西省人，1920 年 10 月 13 日生于江西临川，1998 年 1 月 17 日卒于山东济南。物理化学、配位化学、化学动力学、应用数学。

出身农民家庭。1945 年厦门大学化学系毕业。先后在厦门集美中学、南昌第一中学、南昌中正大学化学系任教。1948 年以后，一直在山东大学任教，教授，曾先后任化学系副主任、光学系主任、理论化学研究室主任、化学系主任、副校长，1984～1987 年出任山东大学校长。兼任山东省激光学会名誉理事长、《分子科学学报》副主编等职。1993 年当选为中国科学院学部委员（院士）。

长期致力于理论化学及其应用研究。20 世纪 50～60 年代，提出一个双原子分子势能函数，比传统理论更符合实验结果；在唐敖庆教授指导下集体研究配位场理论，建立不可约张量方法，解决了配位场基组的标准化问题，该成果后获 1982 年国家自然科学奖一等奖。70～80 年代，研究分子轨道理论，给出大为简化的数学表达式，成果获 1978 年全国科学大会奖；用量子场论方法导出微观、宏观反应速率常数公式，提出的过渡态和产物态相互作用的矩阵元模型，被公认为新的化学动力学原理；研究电子相关问题，修正哈特里-福克（Hartree-Fock）方程，得到比自洽场法更好的计算结果。90 年代，提出量子反应散射方程的代数解法，简化了求解过程；在超球坐标下把波函数向超球谐和广义拉盖尔函数的两个完备集作展开，实现多电子原子、分子的薛定谔方程的直接求解，并成功用于实际体系计算，开辟了严格求解多体体系新途径，获 1997 年教育部科学技术进步奖一等奖、1998 年国家自然科学奖三等奖。

发表论文 240 余篇；主编或与他人合撰《现代化学的前沿和问题》(1987 年)、《结构化学》（1998 年）等著作 5 部，其中与他人合著的《配位场理论方法》（1979 年，中、英文版）获 1982 年国家自然科学图书奖一等奖。（李啸虎）

刘有成（Liu Youcheng） 中国安徽省人，1920年11月6日生于安徽舒城，2016年1月31日卒于安徽合肥。有机化学、同位素化学、自由基化学。

1942年中央大学毕业。1945年赴英国留学，1948年获利兹大学博士学位。先后在西北大学化学系、芝加哥大学化学系任博士后研究员。1954年回国，1955年到兰州大学任教授，历任有机化学教研室主任、化学系主任、名誉系主任、校学术委员会主任、应用有机化学国家重点实验室主任等职。20世纪90年代任中国科学技术大学教授。兼任甘肃省化学会理事长等职。1980年当选为中国科学院学部委员（院士）。

早年从事有机硫化物、甾体化合物的同位素标记及其化合物合成研究。1951年，与里格尔（B. Riegel）合作，创立了用微量放射性乙炔合成17-α-乙炔基睾丸素-20，21-^{14}C的方法。此后转向自由基化学的研究。20世纪50年代前期，他在美国跟随自由基化学主要奠基人卡拉施（M. S. Kharasch）从事研究。1955年回国后，在兰州大学化学系创建中国第一个自由基化学研究小组。此后40多年中，他对金属有机化合物的自由基反应、自由基加成反应、自由基引发基的分解动力学、氮氧自由基的单电子转移反应、自由基正离子，以及生命过程中自由基化学等方面都有广泛而深入的研究。

已发表论文250多篇；主编有《基础有机化学示范教学》（1981年）、《自由基化学进展》（1988年，英文版）等著作。获1986年国家教育委员会科学技术进步奖一等奖、1980年国家自然科学奖三等奖、2013年中国化学学会物理有机化学终身成就奖等多项奖励。

（肖　萍）

徐光宪（Xu Guangxian） 中国浙江省人，1920年11月7日生于浙江绍兴，2015年4月28日卒于北京。金属化学、同位素化学、物理化学、量子化学。

1944年交通大学化学系毕业。后任上海宝丰化学厂技师。1946年任交通大学助教。1947年底赴美国留学，1950年获纽约哥伦比亚大学化学硕士学位，翌年获该校博士学位。1951年携夫人高小霞回国，此后一直在北京大学工作，历任化学系副教授，技术物理系教授、该系放射化学教研室主任、系副主任，化学系教授，该校稀土化学研究中心主任、名誉主任。任亚洲化学联合会主席、中国化学会理事长、中国稀土学会副理事长、《分子科学学报》主编、《北京大学学报（自然科学版）》主编和《中国稀土学报》主编等职。1980年当选为中国科学院学部委员（院士）。其夫人高小霞是分析化学家，也在同年当选为中国科学院学部委员（院士）。

主要从事物理化学、无机化学、同位素化学、量子化学和稀土分离工艺的研究。20世纪50年代末开始，从事铀235（^{235}U）同位素分离方法的研究，并参与重铀酸铵的研制和生产。60年代，参与倡导摒弃苏联提供的沉淀法，自行研究先进的萃取法，筹建校燃料后处理厂。70年代至80年代中期，提出“串级萃取理论”，与李国标、严纯华等人将稀土分离新工艺在全国数十个工厂推广使用，获得巨大经济效益；与他人合作，用环烷酸一步法萃取高纯度钇（Y）获得成功，为制备荧光粉提供了合格原料。80年代中期以后，基于总结实验资料和分析量子化学计算结果，提出原子价的新定义及其量子化学定义；主持在北京大学建立稀土化学研究中心，1991年又主持建立稀土材料化学和应用国家重点实验室。

发表论文400余篇；主要论文汇编入《徐光宪论文选集》（5卷，1990年）出版；与他人合著出版《量子化学——基本原理和从头计算法》（3卷，1980～1989年）、《萃取化学原理》（1984年）等多部教材和专著。多次获国家和省部级奖励，如“稀土萃取研究”获1978年全国科学大会奖，“应用量子化学”研究成果获1987年国家自然科学奖二等奖，所著高校统编教材《物质结构》（1959年初版，多次再版）获1988年国家教育委员会高校优秀教材特等奖，专著《稀土溶剂萃取》（1987年）获1990年国家优秀科学技术图书一等奖。获1994年何梁何利科学与技术进步奖、2005年何梁何利科学与技术成就奖。由于他的杰出贡献，荣获2008年度国家最高科学技术奖。（肖　萍）

波特，G.（Porter，George） 英国人，1920年12月6日生于英国约克郡斯坦福斯，2002年8月31日卒于英格兰坎特伯雷。有机化学、光分析化学、物理化学、仪器研制。

1941年获利兹大学理学士学位。第二次世界大战期间在海军服役。战后继续在剑桥大学求学，1949年获化学博士学位。继而任剑桥大学物理化学系助理研究主任、英国人造丝研究协会助理主任。1955年起任设菲尔德大学物理化学教授、化学系主任。1963年任英国皇家研究院化学教授，1966年出任该院戴维-法拉第研究实验室主任。1960年当选为英国皇家学会会员。1970年出任英国化学学会会长。

第二次世界大战后，和英国化学家R. G. W. 诺里什共同开创了研究快速反应的闪光光解新技术。最早的闪光光解装置是为研究短寿命气体自由基于1947年在剑桥建成的。在闪光管发出的强可见光或紫外光短脉冲作用下，具有光化学活性的反应物在几个微秒的时间内达到很高的激发态，它们的光谱可用闪光光谱术或动力学光谱术进行测定。这种技术不仅可以产生和研究用以往方法不能研究的激发态、暂态和不稳定化学态，而且还可以研究远离平衡的状态，所以很快被许多研究者所采用。自1949年以来用这种技术已经研究过数以千百计气态和溶液中自由基的详细图谱以及它们的动力学性质，得到许多重要结果。

1953年他第一次应用闪光光解技术研究短寿命激发态的吸收光谱，得到寿命约为1毫秒的芳香族三线态分子在液体溶剂中的光谱。这种技术也可用于长寿命激发态的研究。1952 年与诺里什等首次把闪光光解应用于气体动力学，研究了碘原子的复合。在这个领域的进一步工作还表明，闪光光谱术可以用来观测反应中各个相继的转动态和振动态，获得比统计方法和常规动力学研究结果更为详细的信息。闪光光解技术的重要性，还在于可以研究复杂有机分子的性质和反应，已经用这种技术研究过血红朊与氧反应的暂态和叶绿素的性质。为了从生物学的细胞角度研究复杂分子，他后来发展了一种显微闪光光解技术。还将激光和瞬态放电作为脉冲光源以及进行其他改进，使得闪光光解技术的应用范围更加广泛。著作有《现代化学》（1961 年）等。为表彰他的杰出贡献，和诺里什以及提出快速反应弛豫技术的德国化学家 M. 艾根三人共获 1967 年诺贝尔化学奖。（温敬铨）

徐僖（Xu Xi） 中国江苏省人，1921 年 1 月 16 日生于江苏南京，2013 年 2 月 16 日卒于四川成都。高分子化学、有机合成化工、材料科学。

1944 年浙江大学化工系毕业。先后聘任内迁四川的唐山交通大学矿冶系助教、上海光华大学化学系讲师。1948 年获美国理海大学化工硕士学位，后在美国柯达公司精细药品车间实习。1949 年回国，任重庆大学化工系副教授，兼重庆棓酸塑料厂副厂长、总工程师。1954 年起，历任四川化工学院、成都工学院教授，成都科学技术大学副校长、高分子材料系主任兼高分子研究所所长，上海交通大学高分子材料研究所所长、高分子材料工程国家重点实验室主任。兼任中国化工学会副理事长、《油田化学》与《高分子材料科学与工程》杂志主编等职。1991 年当选为中国科学院学部委员（院士）。

长期从事高分子化学、高分子材料成型研究。20 世纪 40～50 年代，在美国首次用中国五倍子试制成功 1，2，3-苯三酚塑料原料；建成和主持中国第一个全部国产化的塑料工厂。60～70 年代，撰写出版中国第一部高分子教材《高分子化学原理》（1960 年）；开发国防军工新产品新工艺，其中高分子固体润滑剂、金属冷挤压工艺获 1978 年全国科学大会奖。80～90 年代，发明枪弹底火壳无铬钝化新工艺，获 1981 年国防科委重大成果奖、1983 年国家发明奖；走访中国大部分油田，取得堵水、防垢、降凝、减阻等多项成果；提出氢键复合简便方法，有效降低聚电解质材料结晶度和提高导电率；研究高分子共混材料形态与性能，其中用离聚物改性聚烯烃增加韧性 5～20 倍；实现超声辐照下聚合物的降解和嵌段（接技）共聚，可制备高效高分子表面活性剂，获 1987 年国家自然科学奖二等奖等。发表论文 200 余篇；出版《五倍子塑料》、《聚合物降解过程化学》等著作和译著 4 部。（李啸虎）

休曾加，J. R.（Huizenga，John Robert） 美国人，1921 年 4 月 21 日生于美国伊利诺伊州富尔顿，2014 年 1 月 25 日卒于加利福尼亚州圣迭戈。核化学、放射化学。

早年在卡尔文学院攻读化学和数学，1944 年获文学士学位。1949 年获伊利诺伊大学哲学博士学位。同年供职于美国阿尔贡国家实验室。1967 年任罗切斯特大学的化学与物理教授，同时也是哈里斯化学与物理学讲座教授。1976 年入选美国国家科学院院士。1992 年入选美国文理科学院院士。

主要科学贡献是揭示了重元素的核特性。1951 年在研究核裂变时发现重元素的同位素寿命随它的质量数增加而增加。1952 年参与发现第 99 号元素锿（Es）和第 100 号元素镄（Fm）。还用实验方法对中子辐射和核裂变进行比较，从而发展了核内部反应能级密度的微观理论，为了解核反应及核的高激发态情况作出贡献。

与同事编制有关核裂变的说明书和课本《核裂变》（1973 年）。另有《冷聚变》（1993 年）、《核科学研究五十年》（2009 年）等著作。获 1966 年美国原子能委员会劳伦斯奖，1975 年美国化学学会西博格奖，1991 年格鲁曼杰出科学成就奖章等。（朱啸宇　郑生力）

黄葆同（Huang Baotong） 中国上海市人，1921 年 5 月 1 日生于上海，2005 年 9 月 6 日卒于吉林长春。高分子化学、催化化学、化学工程、材料科学。

1940～1942 年在上海沪江大学化学系学习；1944 年重庆中央大学化学系毕业。1947 年赴美国进修化学，1948 年获得克萨斯农工学院硕士学位，1952 年获布鲁克林理工学院博士学位。此后任普林斯顿大学塑料研究室研究员。1955 年回国后，一直在中国科学院长春应用化学研究所工作，任研究员兼室主任、副所长。兼任中国化学会常务理事、大连市科学技术协会副主席、东北大学等校兼职教授、《应用化学》主编等职。1991 年当选为中国科学院学部委员（院士）。

20 世纪 50 年代，他在美国首次合成乙烯基二茂铁并进行共聚合；鉴定中国各地生漆成分，揭示生漆漆酚结构和生漆干燥机理。60～70 年代，主持研究耐高温高分子合成，研制出耐高温航空有机玻璃；开发乙丙橡胶新催化剂和活化剂，获 1979 年中国科学院发明奖一等奖。80～90 年代，建立非均相催化剂下烯烃聚合中的单体非稳态扩散动力学，可解释和预测共聚行为；发现在茂钛作用下丙烯随温度变化聚合为不同构型；研究聚烯烃和多种常用极性聚合物共混的增容问题；首次合成含有聚二甲基硅氧烷段的嵌段和接枝共聚物；主持开发出无规聚丙烯催化剂、高分子载体催化剂、有机-无机核壳复合型茂金属催化剂等；开展层状硅酸盐插层烯烃聚合纳米材料研究；研制出有良好耐磨性能的接枝共聚物与乙烯的共混物，获 2000 年中国科学院自然科学奖二等奖。

获专利 10 余项；发表论文 200 余篇；主编《络合催化聚合合成橡胶》（1983 年）、《烃烯、双烯烃配位聚合进展》（1998 年）、《茂金属催化剂及其烯烃聚合物》（2001 年）等专著 3 部，工具书《英汉·汉英高分子词汇》1 部，译著 2 部。（李啸虎）

哈蒙德，G. S.（Hammond，George Simms）

美国人，1921年5月22日生于美国缅因州奥本，2005年10月5日卒于俄勒冈州希尔斯伯勒。光化学、化学动力学、化学工程、材料科学。

农家子弟。1943年在贝茨学院取得理学士学位。毕业后在一家化学公司供职两年。1947年同时获哈佛大学化学专业理学硕士和哲学博士学位。留校在科学研究与开发部研发杀虫剂，同时在洛杉矶加利福尼亚大学海军研究处从事博士后研究。1998年进艾奥瓦州立大学任化学教授。1958年任加利福尼亚理工学院有机化学教授，1968年任化学化工系主任。1972年转入圣克鲁斯加利福尼亚大学任教，1974年任副校长。1978年加盟联合信号公司任研发部助理主管，1979年任合成化学系统主管，1984年任负责生物科学、金属和陶瓷开发业务主管，1998年退休任公司顾问。1991年任艾奥瓦州立大学材料科学系主任，1992年任客座杰出研究教授。1963年当选为美国国家科学院院士。1965年当选为美国文理科学院院士。当选为巴西科学院、印度科学院外籍院士。

为化学动力学理论发展作了不少创造性工作。研究内容主要是不同的反应速度与单元反应总能量的变化之间的关系；他首先提出过渡态理论，或称为哈蒙德-莱弗勒（Hammond-Leffer）公设，通过试探过渡态和产物之间关系来定性诠释反应物和最后产物；光化反应机理，特别是电子激发能由一个分子向另一个分子转移的机理，以及高能辐射化学；金属有机化合物和分子氧反应等方面。

著有《定量有机分析》、《化学科学中的模型》、《有机化学》等著作。获美国化学学会1961年石油化学奖、1968年诺里斯天然有机化学奖、1972年化学教育奖、1976年普里特利奖章（该学会最高奖）、2003年奥思默金质奖章；1994年获美国国家科学奖章，同年获西博格奖章。（董晨空）

威尔金森，G.（Wilkinson，Sir Geoffrey）
英国人，1921年7月14日生于英国约克郡托德莫登附近，1996年9月26日卒于伦敦。有机金属化学、配位化学、催化化学。

出身于工匠家庭。1939～1941年在伦敦大学帝国理工学院学习，获学士学位。留校研究。第二次世界大战时期，1943年在加拿大原子能研究机构中工作。1946年在美国加利福尼亚大学劳伦斯辐射实验室工作。1950年在马萨诸塞理工学院任研究助理。1951年任哈佛大学助理教授。1956年返回伦敦，在伦敦大学帝国理工学院任无机化学教授，1978～1988年任弗兰克兰讲座教授。1983年创办和主编《多面体》杂志。1965年被选为英国皇家学会会员。是丹麦科学院、美国国家科学院外籍院士。1976年被册封为爵士。

20世纪50年代在哈佛大学从事核化学研究的同时，还研究“夹心式”化合物。同年发表合成二茂铁化合物的论文，该化合物是指在两个π键的茂环之间夹有铁原子，其特点是所有茂环上的碳原子都与铁原子化合成键。获得1965年诺贝尔化学奖的R. B. 伍德沃德教授，曾与他联名发表过有关二茂铁化合物的文章。颇有讽刺意味的是，1955年哈佛大学解聘了他，“因为我只是个助理教授，他们认为没有我也能干”。后来，他合成了所有过渡金属的夹心式化合物，这类化合物是新型的有机金属化合物。此项研究，对有机金属化学和络合物化学领域方面起着先驱作用。运用当时还相当先进的核磁共振技术，发现有机金属化合物的许多特性，使人们充分认识到核磁共振技术的巨大潜力。后来其兴趣逐渐转到烷基过渡金属类的转换和催化作用方面。设计研究并发现某些活性最大的均相加氢催化剂。这段时期的工作以过渡金属的羧基化物、氢化物和羧化物为主。这些研究导致1965年对烯类和炔类加氢催化剂的发现，此类催化剂对于醛化、羰化、脱羰化反应也是有效的。他制备出数百种钌、铑、铼和烯的新络合物，对络合物化学领域研究是个很大的推动。

由于进行有机原子和金属原子结合的研究，和德国E. O. 费希尔教授一起分享1973年诺贝尔化学奖。还获1965年美国化学学会无机化学奖，1968年法国化学学会拉瓦锡奖章，1996年英国皇家学会戴维奖章等。（朱啸宇）

梅里菲尔德，R. B.（Merrifield，Robert Bruce）
美国人，1921年7月15日生于美国得克萨斯州沃思堡，2006年5月14日卒于新泽西州克里斯基尔。高分子化学、生物化学、酶化学、化学工程、仪器研制。

早年在帕萨迪纳专科学院求学，后转入洛杉矶加利福尼亚大学，1943年获学士学位，1949年获哲学博士学位。同年转入纽约洛克菲勒医学研究院（洛克菲勒大学前身），1966年任该校化学系生物化学教授，1984年兼任小洛克菲勒讲座教授，1992年退休。1968年任瑞典乌普萨拉大学诺贝尔客座教授。1972年当选为美国国家科学院院士。获耶鲁大学等国内外7所大学荣誉博士学位。

主要从事肽和蛋白质的研究。1953年起致力于蛋白质化学研究，1959年着手多肽固相合成，1962年成功合成二肽和四肽，1963年又合成含有9个氨基酸残基的缓舒激肽。后又相继合成含有8个氨基酸残基的高血压蛋白宁和胰岛素，以及其他生理活性肽等。

是世界上第一个合成酶的科学家，为生物化学、分子生物学、医学和药理学的发展开辟了新领域。1963年在美国化学学会发表肽的新合成方法，即在聚苯乙烯树脂上进行固相-液相之间的化学反应，被誉为肽的固相合成方法的一个里程碑。新的合成方法原理是以树脂作为固相支持物，将欲合成的肽的第一个氨基酸的羧端连接到固相载体上，然后按照肽链的结构顺序，逐个将氨基酸连接上去，最后将肽从树脂上解脱下来，并分离提纯。1965 年研制成一台自动化合成仪；1969 年利用这台仪器首次合成由 124 个氨基酸残基组成的核糖核酸酶 A。

出版有自传《生活在肽化学的黄金时代》（1993 年）。由于研发肽的固相合成方法的卓越业绩，获 1984 年诺贝尔化学奖。此外获 1969 年拉斯克基础医学奖，1970 年盖特纳奖，美国化学学会 1972 年合成有机化学创新成果奖、1973 年尼科尔斯奖章、1979 年佩斯奖章。（朱啸宇）

比希，G. H.（Büchi，George Hermann） 美国人，1921 年 8 月 1 日生于瑞士巴登，1998 年 8 月 28 日卒于瑞士。有机光化学、生物化学、分析化学、化学工程。

1947 年在瑞士苏黎世联邦理工大学化学研究所获博士学位，后任 L. 鲁茨卡和杰格（O. Jeger）的助手。1948 年到美国芝加哥大学从事研究。1951 年任美国马萨诸塞理工学院教授。1965 年当选为美国国家科学院院士。

早年研究有机光化学领域的课题达 10 年之久。因涉及许多复杂的结构问题，在很长时间里对自然产物发生兴趣，从而转入阐明物质结构的研究。测定了倍半萜烯、广藿香醇、玷玘烯等物的结构。1963 年确认了从霉变花生中分离出的真菌毒素即黄曲霉素，这是一种致癌物。还从事多级全合成研究，如倍半萜烯和它的代谢物等。曾多次获奖。（朱啸宇）

卡尔，H. I. L.（Karle，Helen Isabella Lugoski） 美国人，1921 年 12 月 2 日生于美国密歇根州底特律。分析化学、放射化学、结构化学。

波兰移民的女儿。1941 年、1942 年和 1944 年分别获得密歇根大学理学士、理科硕士和物理化学哲学博士学位。在该校任两年化学讲师后，1946 年和丈夫两人到海军研究实验室工作，1959 年任该室 X 光衍射部主任，2009 年和丈夫一起退休，两人共计为美国政府服务了 127 年。1976 年任美国晶体学家联合会主席。1978 年入选美国国家科学院院士。获 4 所大学荣誉博士学位。

一生致力于用电子衍射和 X 光衍射手段探索分子的结构式、立体构型和构造。第二次世界大战中，参与实施研制第一颗原子弹的曼哈顿工程，开发出从含氧化钚混合物中萃取氯化钚的技术。20 世纪 40 年代起和丈夫 J. 卡尔（诺贝奖得主）一道，建立了直接从衍射数据推断结构情况的理论基础和实际步骤。首次公布许多有机物和无机物（包括毒素、类固醇和其他）的物质结构。

发表论文 300 余篇。获 1976 年美国化学学会加尔文奖章、1985 年美国化学家协会化学先驱奖，1995 年美国国家科学奖章，2009 年美国海军部杰出公民服务奖等。（董晨空）

黄维垣（Huang Weiyuan） 中国福建省人，1921 年 12 月 15 日生于福建莆田。氟有机化学、药物化学、化学工程。

出身教师家庭。1943 年毕业于福州协和大学化学系，获理学士学位。留校任教。1947 年赴广州岭南大学研究生院学习，1949 年获理学硕士学位。同年赴美国主攻有机化学，1952 年获哈佛大学博士学位，留校从事博士后研究。1955 年回国后，历任中国科学院上海有机化学研究所副研究员、研究员，研究室主任、副所长、所长，中国科学院上海分院副院长。曾任中国化学会理事长、《化学学报》主编。1980 年当选为中国科学院学部委员（院士）。

20 世纪 50 年代初期，在美国哈佛大学 L. F. 菲泽教授指导下研究甾体化学。50 年代中期，继续研究甾体化学、特别是植物甾醇的绝对构型；与他人合作从事中药化学成分分析研究。50 年代末期，与黄耀曾等人合作，创建上海有机化学研究所氟有机化学研究室，此后长期进行这方面研究。参与完成全氟油、氟氯油和氟溴油等含氟润滑油的合成；参与研制含氟表面活性剂、全氟碳代血液和含氟聚合物，其中全氟碳代血液因能起红血球的携氧作用，广泛应用于大出血休克病人输血以赢得抢救时间，脑中风急救、治疗一氧化碳中毒等医疗场合。期间他用氟化方法高产率地成功合成全氟碳代血液中的关键化合物，提出一系列有效提纯方法，使全氟碳代血液纯度达到临床应用的严格要求。80 年代，与他人合作，开创性地实现由他们定名的“亚磺化脱卤反应”，这是对氟有机化学又一重要贡献，具有很高的学术意义和实用价值。

发表论文百余篇；出版《中国氟有机化学》等著作。由于对氟有机化学的贡献，多次获国家和部委级奖励。1986 年 8 月，在巴黎召开的“氟发现百年纪念”国际会议上，他被授予莫瓦桑金质奖章，成为世界上公认的优秀氟化学家。还获 1994 年何梁何利科学与技术进步奖，1997 年陈嘉庚化学科学奖。2011 年中国化学会设立黄维垣氟化学奖。（肖　萍）

陈家镛（Chen Jiayong） 中国四川省人，1922 年 2 月 17 日生于四川金堂（今属成都）。金属学、化学工程、矿冶工程。

出身书香门第。1943 年重庆中央大学化学工程系毕业。留校任教。1947 年赴美国留学，1949 年、1951 年相继获美国伊利诺伊大学化工系硕士、博士学位。先后在美国马萨诸塞理工学院、伊利诺伊大学进行博士后研究，任杜邦化学公司约克斯研究所研究员。1956 年底举家回国，一直任中国科学院化工冶金研究所研究员，历任湿法冶金研究室主任、副所长。兼任中国有色金属学会副理事长、《中国化学工程学报》（英文）主编等职。1980 年当选为中国科学院学部委员（院士）。

中国湿法冶金的开拓者之一。20 世纪 40～50 年代在美国期间，改进和发展前人关于纤维层过滤气溶胶的过滤理论，被广泛引用。50～60 年代，在中国率先开发湿法冶金技术，在加压浸取矿石、加压氢还原制取金属粉末等方面，居国内领先地位；处理难选金属矿如云南东川氧化铜矿、墨江氧化镍矿及高砷钴矿等，开发出一批湿法冶金先进新工艺。60～70 年代，提出气、液、固三相反应器，进行非均相反应动力学研究；开发胺类溶剂化萃取分离技术，发展出一系列处理多金属伴生矿分离与提纯新工艺。70～80 年代，以湿法碳酸化提铅新工艺取代传统火法炼铅，并用于含铅金矿提金；研制出一批不同功能的复合涂层粉末材料，填补了国内空白，回应了国防工业急需，有多项成果获 1978 年全国科学大学奖、1981 年中国科学院重大成果奖一等奖；将湿法冶金技术用于高温合金电解阳极泥、废蓄电池和工业废渣的金属回收和环境治理，其中获国家国防专用科学技术进步奖二等奖等；利用相转移原理，开发出混合溶剂，得到全新的有效分离新流程，发展了溶剂化萃取理论，获 1987 年国家自然科学三等奖。90 年代及后，将分离科学和工程扩展到抗生素和生物化学产品等领域，取得重要进展。

获中国发明专利 10 余项；发表论文 200 余篇；代表作有《湿法冶金中铁的分离与应用》（1991 年）、《传递过程原理及应用》（1997 年、与他人合著）、《过程工业与清洁生产》（2004 年）、《湿法冶金手册》（2005 年）等。获 1996 年度何梁何利科学与技术进步奖。（侯柏勤）

曼德尔克恩，L.（Mandelkern，Leo） 美国人，1922 年 2 月 23 日生于美国纽约，2006 年 5 月 31 日卒于佛罗里达。高分子化学、晶体化学、物理化学。

1942 年和 1949 年，先后在康奈尔大学获化学学士、物理化学哲学博士学位。第二次世界大战中任气象员。留校继续研究。1952～1962 年在美国国家标准局任物理化学家。1962 年起在佛罗里达州立大学任化学教授，1970～1974 年任分子生物学研究所副所长，2006 年退休。

主要科学贡献是对聚合物的结晶动力学及机理的研究。1949 年 P. J. 弗洛里从统计热力学角度提出聚合物结晶-熔融过程是一级相变过程的论断，曼德尔克恩首次用精巧的实验证实，一举澄清当时学术界对该问题的混乱认识。接着又率先进行聚合物结晶动力学和机理研究，不仅证明长链大分子与低分子物质结晶过程的一致性，而且揭示了前者存在着成核控制这一独特的重要动力学步骤。阐明聚合物高分子片状微晶结构，提出线型大分子体系以高度定向状态交联时可自发地作功的机理。

代表著作有《聚合物结晶》（3 卷，1964 年初版；2002～2004 年再版）、《高分子导论》（1972 年初版，1983 年再版）、《聚合物的物理属性》（2004 年，与他人合著）。获 1957 年美国国家标准局杰出服务奖，1958 年弗莱明奖，1975 年美国化学学会维特科高分子化学奖，1984 年北美热分析学会梅特勒奖等。

（董晨空）

侯虞钧（Hou Yujun） 中国福建省人，1922 年 8 月 5 日生于福建福州，2001 年 4 月 14 日卒于浙江杭州。物理化学、化学热力学、化学工程。

著名化学工程学家侯德榜的侄子。1945 年浙江大学化学工程系毕业。1947 年获美国威斯康星大学化学工程学硕士学位。1949 年获马萨诸塞理工学院化工硕士学位，1955 年获密歇根大学化学工程博士学位。1954 年在密歇根大学化工系任助理教授。1956 年回国后，在国家化学工业部上海化工研究院工作，曾任院技术委员会副主任、副总工程师。1962 年调入浙江大学化学工程学系，曾任研究所副所长、教授。1997 年当选为中国科学院院士。

20 世纪 50 年代初，与美国的马丁（J. J. Martin）共同提出著名的气体状态方程，被誉为马丁-侯方程。在以后数十年间，他继续对该方程进行深入系统而富有成效的研究；1978 年开始，与同事合作将马丁-侯方程延伸应用到液相；1996 年又完成向固相的扩展应用，使固相方程不用拟合而得到方程常数，使适用范围从气相扩大到液相、固相，而且可用于缔合物质、混合物，并从统计力学探讨方程内在机理，成为一个通用性强、准确度高、有预测性能及理论基础的统一的状态方程式，为研究含固体物系相平衡打下基础；在他的推动下，马丁-侯方程已被有效地用于大型化工生产装置设计和研究，从化学工程推广到制冷工程、物理研究、军工产品开发等。此外，他在相平衡、对应态原理、制冷剂、超临界流体性质、局部组成概念及传递性质等研究领域，都有所贡献。代表性论文有“马丁-侯状态方程向液相发展”、“关于马丁-侯状态方程等的统计力学证明解释”等多篇。多次获奖，其中 2 次获国家教委科学技术进步奖二等奖。（雷旭升）

阿内特，E. M.（Arnett，Edward McCollin） 美国人，1922 年 9 月 25 日生于美国宾夕法尼亚州费城。有机化学、分析化学、物理化学、化学热力学。

就读于宾夕法尼亚大学，1947 年获哲学博士学位。在费城工作 4 年后，在西马里兰学院执教。后至哈佛大学从事博士后研究。1957 年任匹兹堡大学化学助理教授，1964 年任教授。是伊利诺伊大学和哈佛大学等校的客座教授。兼在石油研究基金咨询局和国家研究委员会化学信息委员会任职。

主要贡献是阐明有机化学的溶剂作用。根据分子在碱性溶液中失去质子、酸性溶液中夺取质子的能力，设计了一种能定量测定许多分子酸碱性强弱的方法。利用量热器研究多种有机物在质子转移过程中的热化学。利用热化学方法测出酸碱溶液中的溶剂化能，即溶剂与处于平衡时的酸碱分子或离子相作用的能量，从而解决了许多物理有机化学中的经典问题。进行一系列氢键和离子络合的光谱学和热力学测定，发表许多研究疏水分子与离子和水反常相互作用论文，为阐明溶剂化现象打下基础。还研究正碳离子的结构对其稳定性的影响、旋光性界面体系等课题。代表作有《酯的成氨分解》(1949年)等。获美国化学学会1976年匹兹堡分会奖、1977年诺里斯奖等。 (楼书聪)

理查兹，R. (Richards, Sir Rex) 英国人，1922年10月28日生于英国英格兰德文郡科利敦。分析化学、生物化学、核磁共振技术、仪器研制。

1945年毕业于牛津大学圣约翰学院，1948年获哲学博士学位。1947年起在该大学林肯学院任职，1964年成为教授，1969年任默顿学院院长，1977～1981年任牛津大学副校长。1978～1983年兼任美国国际商用机器公司(英国)分公司总裁。1982～1998年任埃克塞特大学校长。曾任英国皇家化学学会会长。1959年入选英国皇家学会会员。1977年封爵。

在首次观测到核磁共振现象后，1948年他利用剩余作战物资建成一台原始核磁共振仪。1951年与人共同发表的酸水合物结构的论文，或许是应用核磁共振解决未知化学问题的首篇论文。他先后从事多种不同核的化学位移及其应用、核-电子双共振的研究，还应用有机化合物的高分辨核磁共振谱研究分子运动、分子结构和化学反应速率。1969年牛津大学8个系的科学家组成以他为组长的牛津酶团队，以核磁共振技术研究生物学课题，范围从蛋白质在溶液中的结构到活的生物体。他们在肌肉生理学上的新发现，在临床上有重要应用。曾多次获奖，其中有英国皇家学会1976年戴维奖章、1986年皇家奖章等。 (温敬铨)

余国琮 (Yu Guocong) 中国广东省人，1922年11月18日生于广东广州。物理化学、石油化工、化学工程、化工机械工程。

1943年西南联合大学化工系毕业。聘任重庆中央工业试验所助理工程师。1944年赴美国留学，1945年获密歇根大学硕士学位。1947年获匹兹堡大学博士学位。留校任化工系讲师、助理教授。1950年回国，任北方交通大学唐山工学院化工系教授兼系主任。1952年起，历任天津大学教研室主任、系副主任、化学工程研究所所长、化工分离技术及新型填料开发中心主任、化学工程联合国家重点实验室蒸馏实验室主任等职。1991年当选为中国科学院学部委员(院士)。

1948年提出汽液平衡组成与温度关系式，长期被化学界采用。20世纪50～60年代，首次建立精密精馏不稳态过程数学模型并取得理论解，获1978年全国科学大会奖；参与主持重水提取技术攻关，开发出当时关键设备多管填料塔，后推广用于核潜艇，获全国科学大会奖。70～80年代，相继提出二维定数、三维非平衡混合池蒸馏塔模型，开拓了过程与设备合一的模拟放大新途径，并成功用于对引进的30万吨大型乙烯工程等10多座大型填料塔技术改造，获国家科学技术进步奖二等奖；改造大庆油田引进的原油稳定装置，大大提高轻烃收率，性能达到或超过国际同类产品；提出多种分批蒸馏新策略和新操作方式，增加产量、降低能耗；开发出新一代新型高效填料塔设备与技术。90年代，主持推广应用高效填料技术，改建数百座大中小型蒸馏塔，全面实现中国石油化工、化工蒸馏技术换代，累计已取得巨大经济效益。

发表论文200余篇；先后主编《化学工程辞典》、《化工容器及设备》、《化工机械手册》等专著、工具书和教材近10种。获国家和省部级奖励多项。(李啸虎)

楼南泉 (Lou Nanquan) 中国浙江省人，1922年12月13日生于浙江杭州，2008年1月3日卒于辽宁大连。催化化学、燃料化学、光化学、分子反应动力学。

1946年重庆中央大学化学化工系毕业。先后任中国科学院大连化学物理研究所所长，分子反应动力学国家重点实验室研究员、学术委员会主任。兼任中国科学技术大学、东南大学等校名誉教授，《化学物理学报》杂志主编等职。1991年当选为中国科学院学部委员(院士)。

早年从事催化反应及异相催化理论研究。20世纪50年代初，为解决中国石油资源短缺问题，与他人合作主持水煤气合成液体燃料研究项目，研制出的催化剂居世界先进水平，获国家自然科学奖三等奖。60～70年代，参与主持固体和固液火箭推进剂制备和发动机燃烧试验，研制成功过氯酸甲基六次甲基四胺推进剂药柱，获国家国防科研荣誉奖；合作开展中空纤维反渗透膜及其应用研究，取得有效成果；率先在中国开拓分子反应动力学研究，建立和领导中国第一个分子反应动力学实验室，短期内建造2套大型交叉分子束装置和其他多套先进研究设备；80～90年代，运用分子束和激光技术深入探讨金属原子和多种氧化物的反应动态学，在反应机理、新生产物态分布和能量配置、分子间传能、分子空间取向作用等方面取得创新成果；参与组建飞秒(1飞秒$=10^{-15}$秒)激光化学实验室，开展有关飞秒激光控制化学反应的研究。

发表论文百余篇。获中国科学院重大科学技术成果奖、科学技术进步奖一等奖3次，1987年国家自然科学奖二等奖，1994年国家计委等三个部委联名颁发的金牛奖。2000年获何梁何利科学与技术进步奖。

(张宏远)

科恩，W. (Kohn, Walter) 美国人，1923年3月9日生于奥地利维也纳。量子化学、物理化学、应用数学。

出生于维也纳犹太家庭，父母均在纳粹集中营被害。16岁时逃离家园来到加拿大。1945年、1946年先后获加拿大多伦多大学数学理学士、物理学理硕士学位。后移居美国。1948年获哈佛大学物理学博士学位。此后在匹兹堡的卡内基理工学院任教。1960年任圣迭戈加利福尼亚大学物理学教授。1979～1984年在圣巴巴拉加利福尼亚大学任理论物理研究所所长。1969 年当选为美国国家科学院院士。是英国皇家学会外籍会员。

自 17 世纪 R. 波义耳开创近代化学以来，化学一直被看成是一门实验科学。因为它一直把实验科学的始祖 F. 培根创导的归纳法看成是建立化学科学的唯一科学方法，而R. 笛卡尔倡导的演绎法在化学界从未得到过承认。20 世纪初期量子理论建立以后，人们对原子和化学键本质的认识逐渐走上了新的道路。1927 年，海特勒（W. H. Heitler）和伦敦（W. London）开创用量子力学来解氢分子的波函数，第一次在“精密科学”水平上来认识化学键的本质，从而开创了量子化学。但此后的数十年中，由于量子化学的计算量实在太大，而当时的计算技术又相当落后，化学家感兴趣的物质性质很少能作出准确的而非经验性的量子力学计算，因而甚至连最有威望的理论化学家也不对精确的量子化学计算抱有希望。

在量子化学的这一悲观时期，从 20 世纪 60 年代至 90 年代，科恩等人逐步建立起所谓“电子密度泛函理论”，该理论是用电子密度而不是用波函数建成的另一种形式的量子理论，它融入了统计的思想，不必求每个电子的行为，只需计算总的电子密度就行，从而使计算量大减；该理论的物理意义直观，它把一些重要化学概念（如电负性概念和软硬酸碱概念等）植根于整个量子理论的统一框架之中（即概念的统一化）。总之，密度泛函理论不但给分子性质的计算开辟了新途径，而且使化学的基本概念经历了一个由老概念崩溃、重新定义新概念并使其统一化的过程。由于提出这一理论，科恩与发展量子化学计算方面作出重要贡献的英国学者J. A. 波普尔分享 1998 年诺贝尔化学奖。

（宣焕灿）

沈天慧（Shen Tianhui） 中国浙江省人，1923 年 4 月 27 日生于浙江嘉善，2011 年 1 月 2 日卒于上海。分析化学、半导体工程、信息工程、材料科学。

原籍浙江杭州。1949 年上海大同大学化工系毕业。受聘于中央研究院上海物理化学研究所，1952 年随全所迁往吉林省，该所易名为中国科学院长春应用化学研究所。1954～1955 年在中国科学院沈阳金属研究所工作，后回长春应用化学研究所。1957～1959 年在苏联科学院莫斯科冶金研究所进修。归国后回长春应用化学研究所任研究室主任。1974 年起在 156 工程处、航天部 771 研究所工作，先后任副总工程师、副所长、所科学技术委员会副主任。1987 年后，任上海交通大学信息存贮中心教授。兼任中国科学院上海冶金研究所信息材料国家重点实验室学术委员会主任等职。1980 年当选为中国科学院学部委员（院士）。

中国当代著名女化学家、材料学家。20 世纪 50 年代，参与调研分析东北地区地下水质；进行包头白云鄂博稀土铁矿全分析研究。60 年代，开展用三氯氢硅法制造半导体高纯硅材料和硅器件；用掺入施主杂质方法来控制锑化铝的导电类型及电阻率。70～80 年代，进行玻璃半导体记忆材料的研究；开发出等平面 N 沟硅栅半导体工艺；研制大规模集成电路，为组装微机提供组件，其中有中国第一块 1K 动态存贮器，以及 4K 唯读存贮器、16 位运算逻辑部件 、16 位微机配套半导体电路等，获 1978 年全国科学大会奖等国家级奖 3 项、航天部科学技术进步奖 4 项。80～90 年代，开发超大规模集成电路工艺技术——薄层硅外延；进行磁记录研究开发，其中包括磁盘基片表面 Ni-P 化学镀层、钕铁硼材料表面化学镀、硬磁盘表面润滑层等研究；开展微电子机械系统的研究；开发光化学气相淀积氮化硅工艺及其应用研究。获多种荣誉称号。

（李啸虎）

米斯洛，K. M.（Mislow，Kurt Martin） 美国人，1923 年 6 月 5 日生于德国柏林。有机化学、光化学、立体化学。

德国裔。在德国、意大利、英国完成基础教育。1944 年获美国新奥尔良的杜兰大学理学士学位。1947 年获加利福尼亚理工学院哲学博士学位。后在纽约大学执教 17 年，1951 年任助理教授，1956 年任副教授，1960 年任教授。1964 年为普林斯顿大学首任泰勒讲座化学教授。期间，1956 年在苏黎世联邦理工大学、1974 年在剑桥大学任古根海姆客座研究员。1972 年、1974 年先后入选美国国家科学院、美国文理科学院院士。获布鲁塞尔自由大学等 4 所学校荣誉博士学位。

被誉为立体化学的国际领军人物之一。以对称为基础的立体化学原理、尤其是分子手性构型作为研究主题。早期研究指出：对映体不需要、有时不能以非手性结构方式互相转化。1957 年确定旋光性联苯的绝对构型，并发现光化学方法能引起纯粹的构象变化。对硫、磷立体化学的研究，发现 3 种以上对亚砜的热外消旋有用的机械途径；发展了氧膦和膦的立体有择合成。1965 年提出对映体混合物中组分比例能用核磁共振光谱计算。1973 年指出含有 3 种不同芳香基的螺旋状分子具有新奇的立体异构现象，这些芳香基缺乏 C_2 对称性但都连接到一个公共点上。20 世纪 90 年代起，专注于化学分子的拓扑结构（节点、链路）和分类。代表著作《立体化学导论》（1965 年）、《光谱化学导论》（1981 年）等。获 1972 年弗里大学苏尔维奖章、1975 年美国化学学会诺里斯奖、1985 年柯普奖、1987 年尼科尔斯奖章等。

（楼书聪）

周维善（Zhou Weishan） 中国浙江省人，1923 年 7 月 14 日生于浙江绍兴。有机化学、药物化学、化学工程。

1949 年上海医学院药学系毕业。后留校任教。1952～1956 年在军事医学科学院化学系工作。1956 年起一直在中国科学院上海有机化学研究所工作，研究员。1960 年在捷克科学院有机与生化研究所做访问学者；1984年任法国神经化学研究中心天然产物研究室客座教授。复旦大学、兰州大学等校兼职教授。1991年当选为中国科学院学部委员（院士）。

半个多世纪以来，为发展中国甾体化学和创建甾体药物工业作出了贡献。参与创建可的松、二号甾体口服避孕药等的七步合成法工艺，获1982年国家自然科学奖二等奖；主持光学活性高效口服避孕药18-甲基炔诺酮的不对称合成研究，实现产业化并打入国际市场，获国家计划生育委员会科学技术进步奖一等奖；在国际上首次利用屠宰废料猪胆有效成份合成植物生长调节剂油菜甾醇内酯类化合物，增产显著，获中国科学院自然科学奖二等奖；首次测定抗疟新药青蒿素的化学结构并实现人工全合成，获1979年国家创造发明奖二等奖、中国科学院科学技术进步奖一等奖、1987年国家自然科学奖二等奖；改良烯丙醇不对称环氧化试剂，并首次将该反应扩展到烯丙胺-α-糠胺的动力学拆分，为合成各类含氮天然产物提供了有效方法；率先在中国组织开展对棉红铃虫等多种昆虫性信息素结构、合成和应用研究，有效用于害虫测报和防治，获1987年国家科学技术进步奖二等奖。

发表论文近300篇；编著出版《不对称合成》、《甾体化学进展》等书。获国家和省部级奖励20余项；获1996年香港求是科技基金会杰出科技成就奖、2000年何梁何利科学与技术进步奖。（尤富强）

马库斯，R. A.（Marcus，Rudolph Arthur） 美国人，1923年7月21日生于加拿大蒙特利尔。物理化学、电化学。

加拿大裔。1943年和1946年，在加拿大蒙特利尔的麦吉尔大学相继获化学专业理学士学位和哲学博士学位。1949年移居美国，1958年加入美国籍。1949～1951年在北卡罗来纳大学作博士后研究。1951年到布鲁克林理工学院执教，1951年任助理教授，1954年任副教授，1958年任教授。1964年任伊利诺伊大学教授。1978起任加利福尼亚理工学院化学教授。是美国国家科学院院士、美国文理科学院院士，英国皇家学会和加拿大皇家学会的外籍会员。1998年当选为中国科学院外籍院士。

1956～1965年，发表一系列关于电子转移反应理论方面的论文，建立现在所称的“马库斯电子转移反应理论”。一切化学现象，从本质上讲都是物质分子间的电子转移反应，这种反应包括外围电子转移和内域电子转移两大类。在溶液中，反应物分子的电子给体和电子受体相遇，外围电子直接发生转移，不涉及到化学键的断裂和生成，这是电子给体和电子受体发生电子转移反应能量上最有利的途径。马库斯理论处理的正是这类外围电子转移反应。

此理论提出后的约30年中，它的正确性得到实践的证明，而且它在解释许多化学现象方面确实很有用处。为此，他获得了1992年诺贝尔化学奖。瑞典皇家科学院在宣布该年度的诺贝尔化学奖时说，马库斯“发现了用简单的数学公式表示分子体系的能量如何受反应分子和最邻近分子结构的变化的影响”，他建立的电子转移反应理论“使理论量和实践量通过数学方式联系起来，使实验化学家获得了一种有用的工具。”

（陈民生　宣焕灿）

梁晓天（Liang Xiaotian） 中国河南省人，1923年7月28日生于河南舞阳，2009年9月29日卒于北京。有机化学、药物化学、分析化学、核磁共振、波谱学。

乡村教师的儿子。1946年从中央大学化学工程系毕业。后在其家乡舞阳开元中学任教。1948年赴美国西雅图留学，1952年获华盛顿大学化学系博士学位。后赴哈佛大学化学系进行博士后研究。1954年回国，1955年起先后任中央卫生研究院药物学系（1958年以后改建为中国医学科学院药物研究所）副研究员、研究员，药物化学合成室副主任、主任。曾兼任北京大学和兰州大学化学教授，以及中医研究院中药研究所研究员。曾兼任中国质谱学会理事长、中国化学会理事长、《药学学报》副主编、《中国化学快报》（英文版）主编等职。1980年当选为中国科学院学部委员（院士），后任化学部副主任。1993年当选为纽约科学院外籍院士。

中国应用核磁共振技术测定天然产物化学结构的先驱。20世纪50年代中期，中国尚在使用经典化学方法分析天然产物化学结构时，他就把自己在国外已学到的核磁共振氢谱等现代物理方法介绍给中国同行，并申请引进核磁共振仪等先进设备，推进开展这方面的研究工作。他对一叶萩碱、秦艽甲素、秦艽乙素进行的核磁共振结构测定，引起国内外学术界的重视。研究并弄清了鹤草酚、杜鹃素、止咳酮、莨菪亭、创新霉素、亮菌甲素、川楝素、鹰爪甲素、鹰爪乙素、芍药新苷等天然产物的化学结构。此外，在中国发现的60多种天然二萜生物碱中，有20多种的化学结构是在他直接指导下确定的。在上述工作基础上，他还对一些药物、特别是降压药和神经系统药物开展有机合成研究，并取得丰硕成果。

发表论文约300篇；独自或与他人合作出版《仪器分析及生物化学实验法》（1957年）、《核磁共振光谱解析简论》（1964年）、《仪器分析及其在生理科学中的应用》（3卷，1965～1978年）、《核磁共振高分辨氢谱的解析和应用》（1976年）和《有机化学中的保护基团》（1984年）等著作。多次获全国科学大会奖、国家发明奖、国家科学技术进步奖等国家级奖励。1995年获何梁何利科学与技术进步奖。（肖　萍）

杰拉西，C.（Djerassi，Carl） 美国和奥地利双重国籍，1923年10月29日生于奥地利维也纳。有机化学、药物化学、生物化学。

犹太裔，医师之子。1942年毕业于俄亥俄州凯尼恩学院。1945年取得威斯康星大学有机化学博士学位。同年在新泽西州一家制药公司供职，1949～1951年在墨西哥城辛得克斯实验室任开发可的松的执行研究主任。1952年在美国底特律韦恩州立大学化学系任教。1959年任斯坦福大学教授，2002年退休。兼任墨西哥城辛得克斯实验室主任。是美国国家科学院、美国文理科学院院士。2010年当选为英国皇家学会外籍会员。

主要科学贡献是发现并合成类固醇及类萜、生物碱、抗菌素等生化物质。他获得的第一个专利是合成抗组织胺药。1951年和墨西哥的L. E. 米拉蒙蒂斯(Luis E. Miramontes)、匈牙利的G. 罗森克伦兹(George Rosenkranz)一起开发口服避孕药炔诺酮。开发旋光色散、环状二色性等物理分析方法。在将质谱学用于有机化学机理及结构研究方面，也作出了突出成绩。对类固醇的研究是其科学生涯的主要经历。

发表1200余篇论文和文章；科学专著8部，科幻小说7部，剧本4部。科学专著有《旋光色散》(1960年)、《避孕策论》(1979年)、《类固醇使之可能》(1990年)、《从实验室到世界各地》(1994年)等。获30余项奖励，其中有：1973年美国国家科学奖章，1975年珀金奖章，1978年沃尔夫化学奖，1991年美国国家技术奖章，1992年普里斯特利奖章。1999年奥地利科学与艺术一级十字荣誉勋章。1978年入选美国发明家名人堂。 (董晨空)

侯芙生(Hou Fusheng) 中国江苏省人，1923年11月28日生于江苏无锡。*石油化工、科技管理。*

出身教师家庭。1947年获上海暨南大学理学士学位。毕业后在家乡当中学教师。1950年后，先后任东北石油十厂工程师、总工程师，国家石油工业部生产技术司主任工程师、处长，国家石油化工部石油化工科学院处长，石油部炼油化工生产司副总工程师、副司长等职。1983年后，历任中国石油化工总公司副总工程师、技术经济顾问委员会秘书长、科学技术委员会副主任，教授级高级工程师。1995年当选为中国工程院院士。

长期从事炼油、石油化工、化学纤维等领域的工程技术和生产工艺研究。多次负责编制国家炼油、石油化工生产和科学技术发展规划；组织以油为原料的炼油、化工、化纤行业联合，实行炼油、化工、化纤一体化；指导炼油行业渣油催化裂化、蒸汽裂解制乙烯等十大石油化工技术攻关；改进润滑油传统生产工艺；指导节能技术改造，大幅度降低能耗；主持协调和解决高桥重油催化、扬子加氢裂化、齐鲁氯碱、抚顺腈纶、巴陵己内酰氨等重大工程项目中的技术难题。针对中国加工进口高硫原油比重不断增高的情况，提出发展中国炼油工业的五项技术对策：继续走深度加工的道路；发展清洁燃料生产技术；重点发展加氢技术；治理炼油厂环境污染和积极探索发展替代燃料。

发表学术论文近百篇；有《中国炼油工程师手册》、《走向21世纪的中国石化工业》(1999年)等著作4部。多次获国家及省部级奖励。 (刘 冰)

伯德，R. B.(Bird, Robert Byron) 美国人，1924年2月5日生于美国得克萨斯州布赖恩。*化学动力学、流体力学、聚合物流变学。*

土木工程师的儿子。1947年获伊利诺伊大学理学士学位。1950年获威斯康星大学物理化学哲学博士学位。毕业后在杜邦化学公司工作。1952年任教于康奈尔大学化学系。1953年返回威斯康星大学化工系，1957年任教授，1964～1968年任系主任；期间1959～1960年任该校西格玛分校副校长。1969年入选美国国家工程科学院院士。1981年入选美国文理科学院院士。1989年入选美国国家科学院院士。精通德语、荷兰语、日语及中文等多国文字。

主要学术成就是：阐明有关流体动力学、传热、传质方面的分子机理问题。1958年始专心于研究流体迁移现象，包括构造方程式的推导、以及对流变性质、流体动力学的实验和理论研究。这些研究还涉及环隙流动、球体表面流动、滚球及落柱体粘度计的状况、锥板粘度计、多孔体的渗透、压膜润滑、拉伸流及收缩流等。

名著《迁移现象》(1960年初版，2002年第2版，与他人合著)是多年悉心研究非牛顿流体力学，传热、传质及多组分扩散等工作的结晶。另一著作是《气体与液体的分子理论》(1954年初版，1964年再版，与他人合著)。积20年对聚合物流变学方面研究成果，出版《聚合物流体动力学》(2卷，1977年初版，1987年第2版，与他人合著)。先后获奖多次，其中有：1974年美国流变学学会宾厄姆奖章，1974年美国化学工程学会刘易斯奖，1987年美国国家科学奖章。

(陈 东)

闵恩泽(Min Enze) 中国四川省人，1924年2月8日生于四川成都。*抗腐蚀化学、催化化学、石油化工。*

1946年重庆大学化学工程系毕业。后到上海印染厂工作。1948年春赴美国留学，同年获俄亥俄州立大学化学工程系硕士学位，1951年获该校博士学位。随后在芝加哥纳尔科化学公司相继任副化学工程师、高级化学工程师。1955年回国后，历任国家石油工业部北京石油炼制研究所催化剂工艺组组长，国家石油科学研究院催化剂研究室主任、主任工程师、副总工程师、总工程师，国家石油化工科学研究院副院长、总工程师、首席总工程师兼学术委员会主任。兼任中国化学会催化委员会主任，中国石油学会副理事长，东南大学等高校兼职教授。1980年当选为中国科学院学部委员(院士)，后任化学部副主任。1993年当选为第三世界科学院院士。1994年被选聘为中国工程院院士。他的妻子陆婉珍是分析化学家，1991年当选为中国科学院学部委员(院士)。

20世纪50年代前期，在美国研究煤炭燃烧引起的锅炉结垢和腐蚀的原理；研制防止结垢、腐蚀的添加剂；研究灌溉用氨水输送管线中防止结垢的方法；柴油安定性的评定方法等。1955年回国后，一直从事石油炼制催化剂的研究，是中国这一领域研究的主要奠基人之一，被誉为“中国炼油催化剂之父”。50年代后期至60年代，领导并参与磷酸硅藻土叠合催化剂、小球硅酸铝裂化催化剂、微球硅酸铝裂化催化剂的研制和工业化生产，解决了催化剂试制和投产过程中的不少疑难问题。70～80年代，主持研制半合成分子筛裂化催化剂、渣油裂化催化剂、钼镍磷加氢催化剂，开发用于提高催化装置中催化剂再生效率的一氧化碳助燃剂，推广运用后获得巨大经济效益。90年代以后，指导课题组对层柱分子筛、非晶态合金、富硅八面沸石、催化裂解制烯烃等进行开拓性研究，拓展至开发化纤单体己内酰胺的新工艺；大力提倡“绿色化工”，研究开发从农林生物质可再生资源生产生物柴油及化工产品。

获国内外专利百余项；与他人合著《绿色化学与化工》（2003年）等专著。获1964年国家发明奖、1978年全国科学大会奖、1981年和1985年国家科学技术进步奖二等奖，1987年和1991年国家科学技术进步奖一等奖；获1994年何梁何利科学与技术进步奖、1997年日本桥口隆吉基金奖。2007年荣获国家最高科学技术奖。（肖 萍）

戈梅尔，R.（Gomer，Robert） 奥地利和美国双重国籍，1924年3月24日生于奥地利维也纳。*表面物理化学、金属学、电化学。*

奥地利裔。1938年纳粹德国吞并奥地利，他和父母一起离开了奥地利。在苏格兰受基础教育。1940年来美国。1944年在波莫纳工学院获化学学士学位。后在美军中服役两年。1949年在罗彻斯特大学获哲学博士学位。同年到哈佛大学进行博士后研究。1950年在芝加哥大学任讲师，1958年任该校弗兰克研究院化学系化学教授，1977～1983年任弗兰克研究院院长，1984年任杰出教授。1996年退休后，在《化学物理》、《应用物理》和《物理化学年鉴》等杂志编委会工作。服务于多个科学委员会，其中1961～1965年任总统科学顾问委员会成员，1961～1975年任美国空军科学研究署顾问，1976～1978年任高等学校空间研究联合会理事会理事等。1981年当选为美国国家科学院院士。是德国利奥波德科学院外籍院士。

主要研究兴趣是表面物理化学，特别是原子和分子在金属表面上的吸附、扩散、场发射、紫外线光电子能谱、表面动力学、电子受激和反应动力学。著有《固体表面的结构和特性》（1952年，与他人合写）、《场发射和场电离》（1960年）、《金属表面的相互作用》（1975年）。1975年获美国化学学会亚当森表面化学或胶体化学奖，以及洪堡学会资深美国科学奖，美国物理学会戴维森-革末原子与表面物理学奖，美国真空学会韦尔奇奖等。（陈民生）

谢毓元（Xie Yuyuan） 中国江苏省人，1924年4月19日生于北京。*有机化学、药物化学、化学工程。*

原籍江苏苏州。1949年清华大学化学系毕业。留校任教。1951～1956年在中国科学院有机化学研究所、药物研究所工作。1956年被派往苏联留学。1961年获苏联科学院天然有机化合物化学研究所副博士学位。同年归国后，一直在中国科学院上海药物研究所工作，1977年晋升研究员，1984年后历任所长、学位委员会主任、新药研究国家重点实验室主任等职。兼任上海市化学化工学会副理事长、《中国药物化学》杂志副主编等职。1991年当选为中国科学院学部委员（院士）。

20世纪60～70年代，全合成绝对构型与天然产物一致的降压莲心碱、抗生素灰黄霉素等药物；设计合成多个系列的新型螯合剂，其中有对钚、钍、锆等放射性元素促排药物喹胺酸。80～90年代，主持中草药活性成分研究，新发现12种有效成分，获1982年国家自然科学奖二等奖；在野生植物中找到对铀解毒效果优异的高产率螯合剂，制定提取工艺并投产，为国家节约大量外汇；开发成功放射性锶促排药物酰膦钙钠等，优于国际同类药物，获1983年国家卫生部科学技术进步奖一等奖；带领课题组进行数百次药理试验，发现二巯基丁二酸钠是至今最有效的金属解毒剂，被正式载入《中华人民共和国药典》，曾使河南省某校砒霜中毒的近800名学生全部脱险，产生了巨大社会反响，1991年美国食品及药品管理局批准该新药在美国临床应用，成为美国认可进口的第一种中国原创新药，该成果获1990年中国科学院科学技术进步奖二等奖、1991年国家科学技术进步奖二等奖；在促排药物设计合成、药效筛选、作用机理、配位化学基础研究等方面形成了完整体系。此外，主持设计合成治疗帕金森病的药物。发表论文百余篇。（李啸虎）

贝森，J. A.（Berson，Jerome Abraham） 美国人，1924年5月10日生于美国佛罗里达州桑福德。*有机化学、化学动力学、量子化学。*

移民的儿子。1944年在纽约市立大学获理学士学位。毕业后在军队中服役。1946年到哥伦比亚大学攻读化学，1947年获文科硕士学位，1949年获哲学博士学位。翌年在哈佛大学研究院伍德沃德实验室从事博士后研究。1950年到南加利福尼亚大学工作，1953年任副教授，1958年任教授。1963年任威斯康星大学教授。1969年受聘于耶鲁大学，1971～1974年任化学系主任，1979年起任杜邦、斯达林讲座教授，1994年退休任荣誉教授。1970年当选为美国国家科学院院士。1971年当选为美国文理科学院院士。

主要成就是用量子力学理论研究有机化学中复杂反应路径的机理。与人一起设计并合成许多试验分子，验证了伍德沃德和霍夫曼于1965年提出的轨道对称图理论。1967年他根据该理论控制单分子重排的立体化学路径，1969年合成一组从立体模型来看几乎是不能生成的分子，从而再一次证实了轨道对称图理论的正确性。1975年提出环丙烷分子中同步双转动取代反应是立体互换主要途径的理论。获美国化学学会1978年诺里斯物理有机化学奖、1958年尼科尔斯奖、1987年亚当斯奖、1992年柯普奖、1998年奥斯珀奖等。

（周申范）

林尚安（Lin Shangan） 中国福建省人，1924 年 6 月 8 日生于福建永定，2009 年 3 月 17 日卒于广州。高分子化学、催化化学、化学工程。

1946 年毕业于厦门大学化学系。1950 年获岭南大学化学硕士学位。此后一直在中山大学任教，教授，历任化学系副主任、系主任，中山大学高分子研究所所长。兼任中国化学会常务理事兼高分子委员会副主任、广东省化学会理事长等职。1993 年当选为中国科学院学部委员（院士）。

20 世纪 50～60 年代，主要从事有机硅高分子缩聚研究。70 年代后，系统深入进行烯烃高效催化聚合、共聚合以及各种聚烯烃合成的基础研究，丰富了配位聚合理论；在中国率先突破乙烯气相聚合的制备技术难题，研制成功 8 种新型高效催化剂，其中苯乙烯定向聚合高活性催化剂等属第四代最新的负载型复合催化剂，已获国家发明专利；将新型高效催化剂应用于合成超高分子量聚乙烯、高中低密度聚乙烯、等规聚丙烯、等规聚丁烯及多种烯烃共聚物，取得显著效果，其中超高分子量聚乙烯工程塑料等 3 项属国内首创；提出合成有发展前景的功能高分子聚烯烃富氧膜的新构思，研制成醇-水透过蒸发膜材料等；与美国马萨诸塞理工学院奇恩（J. C. W. Chien）教授合作，在国际上首先研制出丙烯高转化率、高等规度聚合的钒系催化剂；完成属于国家 863 计划的“人工种子的高分子种皮研究”，取得新颖性和创造性的研究成果。

获国家发明专利多项；发表论文百余篇；主编《高分子化学与物理专论》（1984 年）、《配位聚合》（1988 年）等 4 部专著和教材。获国家和省部级奖励 10 余项。

（黄声霆）

布德特，M.（Boudart，Michel） 美国人，1924 年 6 月 18 日生于比利时布鲁塞尔，2011 年 5 月 2 日卒于美国加利福尼亚州帕洛阿尔托。催化化学、化学动力学、化学工程。

比利时裔。1944 年、1947 年先后获比利时卢万大学理学士、理硕士学位。1950 年获美国普林斯顿大学博士学位。1961 年任伯克利加利福尼亚大学教授。1964 年在斯坦福大学化工系任化学、化学工程学教授，1994 年退休任荣誉教授。1975 年入选美国国家科学院院士。1979 年入选美国国家工程院院士。

主要成就是多相催化方面的研究。认为多相催化起作用的是催化剂内活化点上的金属原子簇而不是集合体。通过铂催化把环丙烷重整为正丙烷的具体例子说明，即使铂粒大小相差近 100 倍，而反应转化率只差 1 倍，由此证明，催化物晶体大小对反应影响甚小。其学术观点已为伯克利加利福尼亚大学的同行们所证

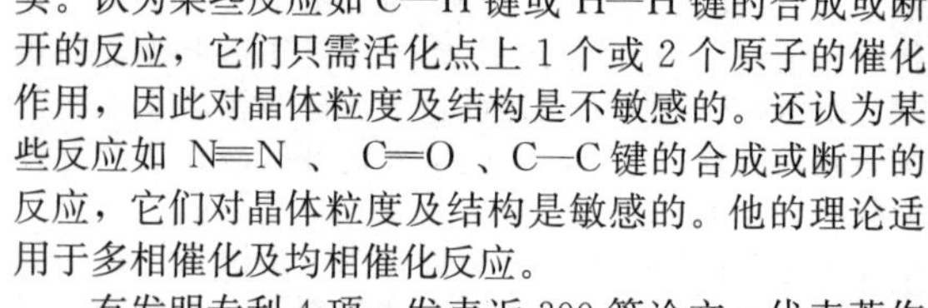

实。认为某些反应如 C—H 键或 H—H 键的合成或断开的反应，它们只需活化点上 1 个或 2 个原子的催化作用，因此对晶体粒度及结构是不敏感的。还认为某些反应如 N≡N 、C═O 、C—C 键的合成或断开的反应，它们对晶体粒度及结构是敏感的。他的理论适用于多相催化及均相催化反应。

有发明专利 4 项；发表近 300 篇论文；代表著作有《化学过程动力学》（被译为日文、西班牙文和法文等版本）、《各种各样催化过程动力学》（1982 年法文本，1984 年英文本，与他人合著）等；参与主编《催化科学和技术》（11 卷）。曾获美国化学学会肯德尔奖、美国化学工程师协会理查德奖。多次获奖，其中有美国化学工程师协会 1974 年威廉奖，美国化学学会 1977 年肯特尔奖、1985 年年墨菲奖，美国化学家协会 1991 年化学先驱奖等。

（陈　东）

朱起鹤（Zhu Qihe） 中国北京市人，1924 年 7 月 12 日生于中国北京。光化学、物理化学、化学动力学、仪器研制。

1947 年南京中央大学化工系毕业。1951 年获美国伯克利加利福尼亚大学化学系哲学博士学位。同年回国至 1977 年，先后在燕京大学、北京大学、哈尔滨军事工程学院、长沙工学院等校任副教授、教授。1978 年任中国科学院高能物理研究所研究员；1981 年起一直任中国科学院化学研究所研究员，兼任分子反应动力学国家重点实验室（北京）主任。1995 年当选为中国科学院院士。

曾参与中国核动力反应堆设计和激光应用等研究；主持研制超导磁体、超导微波腔和研究激光加速粒子；创建分子反应动力学实验室，先后研制成 6 台具有国际水平的利用分子束和激光的大型实验装置，其中有分子束激光裂解平动谱仪、串级飞行时间质谱仪等，并用这些装置开展分子和原子团簇（介于分子和晶体之间物质形态）的激光光解、光电离和分子的超快过程等反应动力学研究，取得创新性研究成果。在分子光解研究中，发现碘代烷烃、卤代烯烃和酮类等分子的光解规律，并提出微观催化反应机理；在与燃烧过程密切相关的含氢的碳团簇研究中，首次发现新一类含氢碳团簇，并首次发现含氢原子数目递增的规律，提出筒状结构模型和价键解释；发现一系列金属与硫的二元团簇，得到其组分规律、稳定性、光解规律和团簇的形成动力学；研究分子的多光子电离和解离动力学、自由基反应、碰撞中振动能量转移、电子激发态上的振动弛豫等。此外，研究严重破坏地球臭氧层的氟里昂系列化合物、溴碘化合物的紫外光解，得到产物及能态分布规律，解释了反应机制，为研究氯、溴、碘等卤素原子破坏臭氧层的作用提供重要依据。获中国科学院科学技术进步奖一、二等奖和其他奖励。

（段建民）

袁承业（Yuan Chengye） 中国浙江省人，1924 年 8 月 14 日生于浙江上虞。有机化学、萃取化学、金属化学、化学工程。

1948年南京国立药学专科学校（现中国医药大学）毕业。先后供职于善后救济总署化学制药厂、华东人民制药公司。1955年获莫斯科全苏药物化学研究所科学副博士学位。同年回国，任国家化工部医药管理局副总工程师。1956年起一直在中国科学院上海有机化学研究所工作，研究员。曾任法国尼斯大学、美国南加利福尼亚大学等校客座教授。80年代后连任7届国际磷化学会议国际顾问委员会委员。1997年当选为中国科学院院士。

长期从事萃取剂研制开发与基础研究、有机磷合成与应用研究。20世纪50～60年代，组建和主持核燃料萃取剂研究组，发明结构独特、性能优越的新型高效萃取剂P350，为中国原子弹研制作出了重要贡献。70年代，用萃取法成功解决三废治理、有色金属资源综合利用的分离问题；发明用于稀土分离、钴镍提取、贵金属纯化的萃取剂系列；其中合作研制P507萃取剂及其产业化，领先国外同类产品5～6年，获国家科技进步奖二等奖；主持萃取剂结构与性能的基础研究，进行量子化学、分子力学、模式识别和因子分析，取得大量实验数据，发现萃取剂分子中取代基的极性效应、空间位置与溶解度是决定其性能的重要因素，从而将萃取剂化学提高到一个新水平，获1982年国家自然科学奖二等奖。80年代及后，从事有机磷化学基础研究和具有生物活性的有机磷化合物合成，主持研究成功氨基膦酸及磷肽多种合成方法，证实了三氟甲基引入对提高有机磷化合物、特别是磷酰基杂环的生物活性有显著效果。

获美国专利2项；发表论文近300篇，其中过半数发表于国外权威杂志；撰写出版著作数部，与徐光宪院士合著的《稀土溶剂萃取》（1987年）获国家优秀科技图书一等奖。获国家发明奖3项 。获国防科工委“献身国防事业”奖章。（李啸虎）

陆婉珍（Lu Wanzhen） 中国上海市人，1924年9月29日生于天津塘沽。分析化学、色谱学、石油化工、仪器研制。

原籍上海。出身知识分子家庭。13岁前随父母在4个省安过家。1946年重庆中央大学化工系毕业。1949年获美国伊利诺伊大学硕士学位。1951年获美国俄亥俄大学化学博士学位。毕业后在美国西北大学从事博士后研究。1956年回国，一直在国家石油工业部炼制研究所（中国石油化工科学研究院前身）工作，高级工程师，历任分析室主任、副总工程师、总工程师、院技术经济委员会副主任、高级顾问等职。1991年当选为中国科学院学部委员（院士）。她的丈夫闵恩泽是石油化工催化剂专家、中国科学院院士兼中国工程院院士。

中国当代著名的分析化学与石油化学女专家，中国色谱分析主要开拓者之一。20世纪50～60年代，在中国仪器分析初创期，率先建成门类齐全的国家级分析测试中心；在中国首先研制弹性石英毛细管色谱柱，以后又主持开发出带芯填充毛细管色谱柱、多孔层毛细管色谱柱等仪器及方法，开拓和发展中国气相、液相色谱分析领域；较早在中国石油化工分析中开展核磁共振技术，并研制出第一代钝化剂和水处理剂；多次解决生产技术难题，其中排除铂重整炼油工艺中催化剂砷中毒和大量结焦、喷气燃料生产中烃类烧蚀设备等问题，避免了重大经济损失。70年代，开发出微库仑法和相关仪器，解决了石油产品微量硫、氮和卤素测定分析。80～90年代，在长期主持中国原油评价工作基础上，主编《中国原油的评价》（1986年起）系列丛书8部，后不断补充中国新油田新数据、国外原油数据，建立了原油评价数据库；分析揭示中国某些润滑油抗腐蚀性不佳主因是缺少硫化物；在中国首先开展非晶态镍加氢催化剂研究，找到可行的制备方案；主持研制成功近红外光谱仪，并在中国最早批量生产；提出减少碱洗工艺中油品损失的方案，同时找到影响原油乳化的原因。多次获奖。（李啸虎）

周同惠（Zhou Tonghui） 中国广西壮族自治区人，1924年11月8日生于北京。分析化学、药物化学、色谱技术。

原籍广西桂林。1944年北京大学理学院化学系毕业。留校任教。先后任天津化学工业公司工务员、卫生署药品供应站技术员。1948年赴美国留学，1952年夏同时获华盛顿大学化学系硕士、博士双学位。先后聘任美国堪萨斯大学化学系助理教授、纽约宝威药厂分析化学研究员。1955年回国，一直在中央卫生研究院（今中国医学科学院）工作，研究员，历任该院药物研究所分析化学室主任、国家药物及代谢产物分析研究中心主任、中国兴奋剂检测中心主任等职。兼任中国分析测试协会副理事长、中国化学会色谱专业委员会主任、北京市化学会理事长、《中国药学》（英文版）主编、《药物分析》杂志副主编等职。1991年当选为中国科学院学部委员（院士），后任化学部副主任。

20世纪50～60年代，在中国率先将多种电化学分析法、色谱分析法、极谱分析法用于有机药物、中草药活性成分测定；开展妇产科常用药麦角新碱研究，并利用麦角菌生物合成法制取药物，获1978年全国科学大会奖。80～90年代及后，主持和参与建立测定常用中草药与植物药活性成分的百余种分析方法，并用于药物质量控制和中草药选种栽培等领域；主持建立5大类100种违禁药物的筛选与确证方法；1989年建成国际奥委会认可的中国第一个兴奋剂检测中心，圆满完成第11届亚运会的兴奋剂检测任务，获1991年国家体委科学技术进步奖特等奖、1992年国家科学技术进步奖一等奖、1993年中国分析测试协会特等奖；从事新药药物体内、体外代谢及代谢产物分析鉴定，其中完成对丁苯酞类化合物、棉酚的药理和化学研究等。

发表论文百余篇；主编或与他人合撰《仪器分析及其在生理科学中的应用》（1965年第2版）等6部专著，其中《纸色谱和薄层色谱》（1989年）获全国优秀科学技术图书二等奖等，此外有辞书、科普读物等作品。1997年获光华科学技术基金一等奖。
（李啸虎）

戴立信（Dai Lixin） 中国江苏省人，1924年11月13日生于中国北京。有机化学、催化化学、化学工程。

原籍江苏句容。1942年考入上海沪江大学，1943年转学至浙江大学理学院化学系，1947年毕业。后任上海钢铁公司等单位工程师、科长等职。1953年起一直在中国科学院上海有机化学研究所工作，研究员，该所学术委员会副主任、学位委员会主任。兼任南开大学元素有机化学国家重点实验室学术委员会主任等职。1993年当选为中国科学院学部委员（院士）。

20世纪50年代，从事金霉素提取和合成的化学研究，并用于初期生产。60～70年代，进行有机硼化学和一些国防科技项目研究，首次对α-、β-不饱和羰基化合物进行硼氢化反应的研究，并在不饱和醛酮的硼氢化反应、高级硼烷的衍生化反应、碳硼烷的合成及转化等领域取得重要成果。80年代以后，主要致力于有机合成、金属有机化学，特别侧重于通过金属有机化学的不对称合成等研究，这方面的工作有：环氧醇开环反应研究，以及用于氯霉素、三脱氧氨基己糖全部家族成员的不对称合成等；铑催化的芳基乙烯的不对称硼氢化反应；具有C_2对称性的氮配体，手性双齿配体的合成；钯催化的手性吗啉衍生物的合成；钯催化下杂原子导向的温和羟氯化反应，以及高碘化合物的多项新合成方法学研究。20世纪末以后，主要从事金属有机化学在高选择性反应中的作用研究，立体选择性地合成官能团化的环氧化合物、氮杂环丙烷化合物和含平面手性配体的合成及应用研究等。

发表论文160多篇；出版有《有机化学战略研究调查报告》、《有机合成化学进展》等专著，《有机化学中的立体化学》等译著。多次获国家和省部级奖励，其中主持"通过金属配位作用而实现的一些高选择性合成反应"项目获2002年国家自然科学奖二等奖，2002年获何梁何利科学与技术进步奖。（黄声霆）

郭燮贤（Guo Xiexian） 中国浙江省人，1925年2月9日生于浙江杭州，1998年6月4日卒于北京。物理化学、催化化学、石油化学工程。

出身小官吏家庭。1942年考入中央大学电机系，同年转入重庆兵工大学应用化学系，1946年毕业。同年供职于南京政府兵工署。1947年执教中央大学理学院化学系。1950年任中国科学院大连石油研究所助理研究员、副研究员。1958～1962年调任中国科学院兰州石油研究所催化研究室主任。1962年调回大连化学物理研究所（原石油研究所）工作至直去世，历任研究室副主任、主任、副所长，催化基础国家重点实验室主任等职，是该所研究员。曾兼任中国石油化工总公司顾问、中国化学会催化委员会主任、复旦大学等校兼职教授、《催化学报》主编等职。1980年当选为中国科学院学部委员（院士）。

毕生致力于催化剂物理化学研究。20世纪50～60年代，主持合成汽油脱氢环化制甲苯催化剂研究，实现工业化试验，获1956年中国科学院自然科学奖三等奖；进行表面键理论研究，推导和论证了化学吸附与催化反应的关系；参与主持研制合成氨新流程3种催化剂，并具体负责研制一氧化碳低温变换催化剂，使中国合成氨工艺跃居当时国际先进水平，获1967年辽宁省、中国科学院重大科学技术成果奖，1978年全国科学大会奖。70～80年代，完成铂重整及多金属重整项目，获1982年石油工业部优秀科学技术成果奖一等奖；研究吸附、脱附新现象的动力学机理；从事金属催化物作用机理基础研究，其中有：Ⅷ族金属（氧化钛）催化剂上金属-载体互作用，钌（Ru）催化剂上一氧化碳吸附态和活性调变规律，铂（Pt）催化剂烷烃异构化和氢解反应机理及互关联等。发表论文近300篇。获中国科学院自然科学奖多项。（李啸虎）

巴特斯比，A. R.（Battersby，Sir Alan Rushton） 英国人，1925年3月4日生于英国兰开夏郡。有机化学、生物化学、放射化学、化学工程。

毕业于曼彻斯特大学，1946年获理学硕士学位。1949年获圣安德鲁斯大学哲学博士学位。1962年获布里斯托尔大学理学博士学位。同年任利物浦大学有机化学教授。1969年起一直任剑桥大学有机化学教授，1992年退休。1966年入选英国皇家学会会员。曾获圣安德鲁斯大学、罗克菲尔大学荣誉博士学位。

早年就热衷于探索生物是如何合成为具有复杂分子的天然物质的问题。20世纪50年代初期，开创性地应用放射性同位素碳14（^{14}C），后采用氘，以之研究较高等的植物天然代谢的途径，阐明了细菌、藻类和哺乳动物的代谢途径。最初的实验是罂粟中吗啡的生物合成，首先合成一种或多种用^{14}C标记的产物母体，然后找出如何引导这些标记分子进入植物的生物合成"机器"。由于标记原子具有放射性，从而可查明其在生物合成途径中的位置、趋向，再结合其他的实验结果就可揭开生物合成的全部顺序。1968年起转向酶的转化反应和生命色素（叶绿素、正铁血红素、细胞色素和维生素B_{12}）的生物合成研究。获英国皇家学会1977年戴维奖章、1989年皇家奖章、2000年科普利奖章；还多次获其他奖励，如1989年与人分享沃尔夫化学奖等。（楼书聪）

胡宏纹（Hu Hongwen） 中国四川省人，1925年3月16日生于四川广安。有机化学、化学动力学、化学工程。

1946年中央大学化学系毕业。留校任教。1953年大连工学院化工系研究生毕业。留任讲师。1957～1959年在莫斯科大学化学系留学，获副博士学位。回国后，历任南京大学化学系副教授、有机化学教研室副主任，该校化学化工学院教授。1995年当选为中国科学院院士。

长期从事有机合成和有机反应机理研究，主要研究方向是冠醚化学和有机合成方法。首先用顺磁共振谱发现芳醛肟脱氢二聚体在氯仿中加热时会分解出亚胺氧自由基；研究亚胺氧自由基与苯乙烯类似物、共轭二烯的加成反应，以及与酚类的取代反应；开发出一种新试剂N-甲酰基甲酰氨钠，并用于合成伯胺、α-氨基酮、芳基取代丙酮酸酯和α-氨基酸等物质；开发出一种新型氧化剂，并已用于苄醇、苄氯、苄胺、醛、肟等化合物的氧化和中氮茚衍生物合成；制备钯催化剂系列并用于卤代烃的乙烯基化反应中；首先研究了α-汞化的羰基化合物与自由基的反应；首先报道由二芳基碘盐合成芳基膦酸的方法；首次合成双冠醚与碱金属盐的1∶1和2∶2配合物，并测定它们的晶体结构；合成多种类型的双冠醚，研究它们的配位性能和应用价值；多次改进有机金属化合物合成的一些传统方法。

发表论文近200篇；与他人合作出版译著《有机合成》(2卷，1957～1964年)；先后4次主编有机化学教材，其中《有机化学》(2卷；1979年初版，1991第2版)获1996年国家教委优秀教材一等奖。多次获国家和省部级奖励，其中有1988年国家教委科学技术进奖二等奖，1992年江苏省科学技术进步奖二等奖等。 (伍期刚)

查全性 (Zha Quanxing) 中国安徽省人，1925年4月11日生于江苏南京。电化学与工程、表面化学、物理化学、能源科学。

原籍安徽泾县。1950年武汉大学化学系毕业。一直留校任教。1957～1959年在苏联莫斯科大学电化学教研室进修。回国后，先后任武汉大学电化学教研室主任、化学系主任，化学与分子科学学院教授。《电化学》杂志副主编。1980年当选为中国科学院学部委员(院士)。

一直从事电化学的教学和研究，专长电极过程动力学和电极结构优化。主要科学研究方向为电极与溶液界面上的吸附、电化学催化、半导体电化学和光电化学、生物电化学等；涉及的应用技术领域包括化学电源和燃料电池、金属电沉积、工业电解、电化学传感器等。20世纪60年代，在中国率先开展电极吸附表面活性物研究，揭示了有机和无机离子型、非离子型表面活性物质吸附的某些规律，对选择和合成电池缓蚀剂、电镀添加剂具有指导意义。70年代，开始研究燃料电池和金属-空气电池，深入研究气体电极(氢、氧)催化剂和多孔气体扩散电极极化理论；制出长寿命气体电极，组装成功200瓦氨-空气燃料电池系统，可连续稳定发电9个月以上且无需经常管理，适用于边远地区和无发电厂地区。80年代始，研制成功高比功率液态阴极锂电池、高效二次锂电池、修饰电极、生物酶电极和电化学传感器等；发明适用于研究粉末材料电化学性质的粉末微电极方法。

已发表论文200余篇，有论文选集《化学电源选论》(2005年)；编著《电极过程动力学导论》(2002年第3版)等专著教材。多次获奖，其中有1987年国家自然科学奖三等奖等。 (潘益华)

刘若庄 (Liu Ruozhuang) 中国北京市人，1925年5月25日生于北京。量子化学、电化学、物理化学、应用数学。

出身小职员家庭，幼年丧父。1947年辅仁大学化学系毕业。1950年北京大学化学系研究生毕业。留校任教。1952年院系调整后，一直在北京师范大学化学系执教，教授，曾任量子化学研究室主任等职。兼任北京化学会理事长，墨西哥国立大学客座教授，中国科学技术大学兼职教授，中国科学院感光研究所兼职研究员，《分子科学学报》副主编等职。1999年当选为中国科学院院士。

长期从事化学键理论、计算量子化学研究。20世纪50年代，用量子化学方法研究水分子间氢键键能，优于当时国际流行的点电荷模型，成果入录《十年来中国的科学(化学卷)》；合作翻译俄文、德文版等多种化学教学参考书，促进了中国的化学学科建设。60～70年代，在唐敖庆教授指导下参与集体研究配位场理论方法，成果获1982年国家自然科学奖一等奖；首次运用量子化学计算方法成功解释砷化镓在氧离子注入后的半导体特性。80～90年代及后，采用赝势价轨道能量分解法研究重原子体系的分子间力及氢键本质；预言某些不稳定异构体存在，后为实验证实；揭示自由基反应中负活化能产生根源；用量子化学方法研究中间体、过渡态及反应势能剖面，获1989年国家自然科学奖三等奖；研究量子药物化学，获全军科学技术进步奖二等奖；将自洽场晶体轨道法推广用于含过渡金属原子的链状高聚物研究；研究准一维电荷迁移晶体中电子与声子相互作用，首次推导出电声子耦合常数；从理论上论证了碳纳米管几何构型与导电性的关系；继续深入研究激发态势能面和相应光化学反应、分子聚集体相互作用等领域。发表论文近200篇；主编或参与编撰《量子化学基础》(1983年)等专著3部，另有译著4部。 (李啸虎)

斯泰因，R. S. (Stein, Richard S.) 美国人，1925年8月21日生于美国纽约。高分子化学、晶体化学、物理化学。

中等技术学校毕业后，入读布鲁克林理工学院，1945年获化学理学士学位。1948年、1949年先后获普林斯顿大学物理化学文科硕士、哲学博士学位。1948～1949年以美国国家研究委员会研究员身份留学剑桥大学。回国后在普林斯顿大学任研究助理。1950年至退休，一直任教于马萨诸塞大学阿默斯特分校，1957年任化学副教授，1959年任化学教授，1961年任高分子研究所首任所长，1980年任戈斯曼化学讲座教授。是美国国家科学院院士、美国国家工程院院士。

主要研究高聚物的分子结构与性质的关系。1945年他在布鲁克林工业学院的学士论文是研究高分子的光散射性质。而1949年在普林斯顿大学的博士论文，则用双折射和X射线衍射研究固态高分子，领悟到双折射测量可能类似于高分子的力学变形，把应力改变与分子定向的改变联系起来。还利用光学手段，研究高分子的定向作用，获知有些晶体的轴可吸收某些红外波段，并使其定向特征化；研究高分子的形态学和变形，找出快速测量球粒大小的方法；研制出改变高分子的结构和混合物的方法；发展动力散射技术；证明双向折射和X射线的等价性。

发表约250篇论文；出版《高分子物理学》（2006年，与他人合著）、《能源问题》（2011年，与他人合著）等专著。先后获1969年美国塑料工程师协会国际奖，1972年和1983年美国化学学会奖，1972年美国流变学学会宾厄姆奖章，1976年美国物理学会高分子物理奖，1988年日本高分子科学会日本奖，1999年希佩尔奖等。（陶其恒）

凯勒，A.（Keller，Andrew） 英国人，1925年8月22日生于匈牙利布达佩斯，1999年2月7日卒于英国伦敦。高分子化学、胶体化学、晶体学、物理化学、语言学。

匈牙利裔。1947年毕业于布达佩斯大学化学系。1958年获英国布里斯托尔大学博士学位。1948年起在英国曼彻斯特的帝国化学工业公司高分子研究开发部任研究员、技术官员。1954年加入英国籍。1955年起一直任教于布里斯托尔大学物理系，1963年任讲师，1969年任高分子科学研究教授，1991年退休后任荣誉教授。1972年当选为英国皇家学会会员。1994年当选为欧洲科学院院士。他还是研究拉丁语的语言学家。

主要致力于高聚合物研究领域，特别是它们的结晶形态和精细结构。20世纪40年代后期，开始从事聚乙烯和其他高聚物的表征和结构研究；1957年他率先从有机溶液中生长出聚乙烯单晶体，首次发现这种单晶体是由折叠链形成的片晶；研究高聚物从溶液或熔融体状态中析出的结晶结构及其影响因素；研究高聚物在流体力场中形成纤维状结晶的过程，发现生成的串晶纤维的中心是伸直链，周围是折叠链晶片；研究结晶态纤维在高度拉伸状态下会导致高模量和高强度的现象；发现高聚物胶束状的结晶；发现当聚苯乙烯和聚丁二烯橡胶的嵌段共聚物在相分离时，处于玻璃状态的聚苯乙烯链段会部分形成圆柱状，在橡胶中构成六方格子分布；后期从事生物高分子结构研究，研究多糖类、胶原纤维类以及脂质膜等的分子结构；发现在活的生物机体中，许多物质都处于胶质状态。

主要科学著作有《高聚合物晶体》（1968年）等。曾获美国物理学会高分子物理学奖、德国物理学会玻恩物理学奖章、英国塑料与橡胶学会斯温伯恩奖章、1994年拉姆福德奖章等。（李　烨）

黄本立（Huang Benli） 中国广东省人，1925年9月21日生于中国香港。分析化学、电化学、光谱学、仪器研制。

原籍广东新会。1949年岭南大学物理系毕业。1950年到长春东北科学研究所（中国科学院长春应用化学研究所前身）工作，1982年任研究员，曾任该所分析研究室主任。1986年起一直在厦门大学化学系任教授，现代分析化学研究所所长。兼任中国化学会理事长及分析化学委员会主任、中国光谱学会副理事长、《光谱学与光谱分析》杂志主编等职。1993年当选为中国科学院学部委员（院士）。

一直从事原子光谱分析研究。1957年首次研制成功新型双电弧光源，可测定包括卤素在内的微量易挥发元素，受到科学界赞誉。20世纪60年代，建立中国第一套原子吸收光谱（AAS）装置、第一套钽舟无焰AAS装置。70年代及后，从事感耦等离子体光谱分析基础研究和新光源应用研究；对有机溶剂作用机理和各种进样技术进行深入研究；研制出新型雾化-氢化物发生器，可同时测定氢化物和非氢化物元素，获中国发明专利；完成光谱感光板测光自动化课题；建立多种环境样品分析方法；开发出流动注射-电化学氢化物发生技术和一些非传统氢化物发生技术；研究强电流微秒脉冲供电的空心阴极灯激发原子或离子荧光分析法；成功地将先进的信息技术用于辉光放电飞行时间质谱仪上。

发表学术论文近200篇；出版有《混合稀土元素光谱图》（1964年，与他人合著）、《发射光谱分析》（1977年，与他人合著）等专著9种。多次获国家和省部级奖项，其中有国家科委科学技术进步奖二等奖1次、中国科学院重大科学技术成果奖二等奖2次等。（黄声霆）

卢佩章（Lu Peizhang） 中国福建省人，1925年10月7日生于浙江杭州。分析化学、色谱学、仪器研制、计算机应用。

原籍福建永定。出身知识分子家庭。1948年同济大学化学系毕业。留校任教。1949年起一直在大连大学科学研究所（今中国科学院大连化学物理研究所）工作，曾任该所副所长等职，后为该所国家色谱研究分析中心研究员。兼任中国色谱学会名誉理事长、《色谱》杂志主编等职。1980年当选为中国科学院学部委员（院士）。

中国色谱分析先驱者之一。20世纪50年代，参与完成熔铁催化剂水煤气合成液体燃料研究；1953年主持研制中国第一台气相色谱仪，迅速得到普及应用；先后开展气相色谱、液相色谱理论和新技术开发研究。60年代，开发出腐蚀性气体色谱仪等仪器，填补了中国空白；准确测定铀235（^{235}U）、铀238（^{238}U）同位素气体杂质含量，保证了中国第一颗原子弹成功爆炸；研制当时国际领先的船用色谱仪，可迅速测出核潜艇密闭舱气体组分；在国际上首先研制成功脱氧分子筛105催化剂，解决了火箭燃料液氢超纯生产制备关键技术。70年代，研究成功K-1型细内径高效液相色谱柱，效能提高10倍。80～90年代及后，先后研制成1000型系列气相智能色谱仪、2000型系列液相智能色谱仪；开发成功气相和液相色谱专家系统的计算机软件；提出中药复方色谱分析新方法，发展复杂体系的智能优化和识别方法；和美国、德国等国进行空气痕量毒物分析；发展出更精确的计算机软件。

发表论文近300篇，编有《卢佩章选集》（1995年）；主编和撰写有《高效液相色谱的微粒型固定相》（1980年）、《色谱理论基础》（1989年）、《高效液相色谱及其专家系统》（1992年）、《气相色谱法》（1993

年)、《气相色谱的专家系统》(1994 年) 等 7 部专著。获各种奖励 30 余项。 (李啸虎)

波普尔，J. A. (Pople, Sir John Anthony) 英国人，1925 年 10 月 31 日生于英国萨默斯特郡伯恩汉旺西，2004 年 3 月 15 日卒于美国芝加哥。量子化学、物理化学、应用数学、计算机应用。

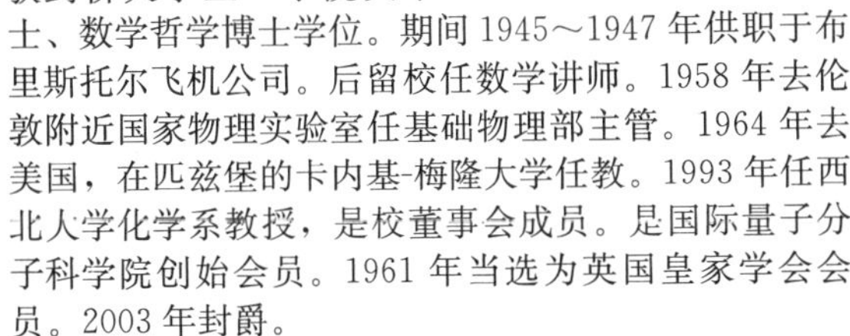

1946 年、1951 年先后获剑桥大学三一学院文学士、数学哲学博士学位。期间 1945～1947 年供职于布里斯托尔飞机公司。后留校任数学讲师。1958 年去伦敦附近国家物理实验室任基础物理部主管。1964 年去美国，在匹兹堡的卡内基-梅隆大学任教。1993 年任西北大学化学系教授，是校董事会成员。是国际量子分子科学院创始会员。1961 年当选为英国皇家学会会员。2003 年封爵。

20 世纪 30 至 60 年代，当量子化学处于悲观时期时，以波普尔为代表的一批理论化学家仍采用波函数形式的量子理论进行艰苦卓绝的研究。当时，有的物理学家已把薛定谔方程变成了平均模型下的哈特里-福克方程。1951 年，罗汤 (C. C. J. Roothaan) 想到，“电子在分子中的轨道一定与它原先在原子中的轨道有联系”，并将分子轨道用原子轨道的线性组合来近似展开，得到所谓哈特里-福克-罗汤方程。该方程中包含很多计算量很大的双电子积分，但大部分的积分值很小。1952 年，美国化学家帕尔 (R. G. Parr) 提出所谓“零微分重叠近似”，将大多数双电子积分略去不计。据此思路，波普尔与美国化学家帕里瑟 (R. Pariser)、帕尔各自独立地实现了第一个哈特里-福克-罗汤自洽场计算，由于 3 人姓氏均以字母 P 开头，故人称 PPP 法。

此后，波普尔认识到零微分重叠近似过分了，应加以放宽和改进。他提出：①任何近似计算方案必须满足坐标变换的不变性条件，即计算结果不依赖于计算过程中坐标系的选取；②计算量最大的双电子积分，有的可以用原子电动势、电子亲和能等原子基本性质的实验值来近似替代，以减少计算量，这被称为“参数化”或“半经验化”。根据这两项原则，自 20 世纪 60 年代起，他与其他几位理论化学家建立了一系列半经验量子化学计算方案。70 年代初，他还采用高斯函数，突破了关键障碍实现哈特里-福克-罗汤方程计算，完成了著名的量子化学计算软件包 Gaussian-70 以及后来不断发展出的新版本。从 1992 年起，该软件包又吸收了 W. 科恩的密度泛函理论。他的这些工作的完成，得益于 20 世纪 80 年代计算机技术的突飞猛进，后者也有力地推动了量子化学计算方法的成熟和广泛应用。在实验以前，现今化学家可以在计算机屏幕上根据统一理论预言化学行为。

由于他在量子化学计算方法方面作出的重大贡献，因而与提出电子密度泛函理论的科恩分享 1998 年诺贝尔化学奖。对于他们两人的获奖，瑞典皇家科学院的颁奖公报中说：“量子化学已经发展成为广大化学家使用的工具，将化学带入一个新时代。在这个新时代里，实验和理论能够共同协力探讨分子体系的性质。化学不再是纯实验科学了。”这一评介恰当地反映了他们的研究工作的重大意义。发表论文 400 余篇。除获诺贝尔奖外，获 1992 年沃尔夫化学奖等。 (宣焕灿)

桑德海默，F. (Sondheimer, Franz) 英国人，1926 年 5 月 17 日生于德国斯图加特，1981 年 2 月 11 日卒于美国加利福尼亚州斯坦福大学校园。有机化学、药物化学、生物化学、化学工程。

德国犹太裔。因纳粹政权迫害，1937 年随家人逃难英国。入读伦敦大学帝国理工学院化学专业，1945 年和 1948 年分别获学士和博士学位。1949 年去美国哈佛大学从事博士后研究。1952 年任墨西哥城辛得克斯实验室副研究主任。1956 年去以色列魏茨曼理学院有机化学系教授兼系主任，期间 1961～1963 年仍兼任辛得克斯实验室副主任。1964 年自以色列回英国，以英国皇家学会研究教授身份，同年供职于剑桥大学邱吉尔学院，1967 年供职于伦敦大学学院。1981 年去美国斯坦福大学进行学术假期的访问交流活动，因心脏病猝发而逝。1967 年当选为英国皇家学会会员。

从事过乙炔化学和维生素 A 的合成。1931 年休克尔提出的规则虽能计算出任何平面碳环的共轭多烯应是芳香的，却未经广泛验证。20 世纪 60～70 年代研制出多种合成法，得到大量以前未知的插烯苯——环烯、大环共轭的中性碳环环烯和去氢环烯，并研究其物理和化学性质，从实验上证实了休克尔规则，这使芳香性概念更成熟、更易理解。1952 年合作合成口服雌（甾）酮化合物的避孕药物。1956 年开发出简易合成法合成大环轮烯类化合物。还完全合成具有生物活性的类固醇。获 1960 年以色利精确科学奖，1961 年英国皇家化学学会科迪-摩根奖，1965 年拜耳奖等。 (陶其恒)

克卢格，A. (Klug, Sir Aaron) 英国人，1926 年 8 月 11 日生于立陶宛泽尔瓦。物理化学、生物化学、晶体学、电子显微术。

立陶宛犹太裔。两岁时随双亲移居南非约翰内斯堡。早年毕业于约翰内斯堡威特沃特斯兰大学，获理学士学位。1949 年获开普敦大学硕士学位。后入英国剑桥大学三一学院，在卡文迪什实验室从事固体物理研究，1953 年获理学博士学位。同年任伦敦大学巴贝克学院研究员，在伯纳尔实验室研究病毒。1962 年去剑桥大学新建的分子生物学实验室工作，1986～1996 年任实验室主任。1988 年封爵。1995～2000 年出任英国皇家学会会长。1978 年起，先后获芝加哥大学、哥伦比亚大学和斯德哥尔摩大学荣誉博士学位。

1954 年起进行脱氧核糖核酸（DNA）的 X 射线衍射研究。1958 年在 R. E. 富兰克林指导下进行烟草花叶病病毒的结构研究。此后致力于研究生物大分子的高级结构。主要业绩是把 X 射线晶体学和电子显微镜结合起来，研究出一种晶体电子显微新技术。这种技术被称为像重组，即把一种晶体物质的电子显微照片置于激光下曝光，当激光照在底片的图像上时，它便发生衍射或散射，再用这些无数小点所形成的图像制出比电子显微照片上图像更清晰更详细的图像。由此创造出确定多种病毒表面上蛋白质亚基排列的方式，从而使人们深入了解病毒颗粒性质和结构。

另一项重要成就是研究生命主要物质核酸蛋白质复合体，基本上揭示染色质中核小体的结构，为进一步阐明染色体结构奠定基础。染色体是一个分子聚合体，由于它太大，无法直接用他独创的方法测定结构。为此和合作者用一种巧妙方法把染色质分成许多片段，小到足以用 X 射线衍射和电子显微镜能进行研究的程度。再根据片段获得的知识建立一个染色质核小体的结构模型。这一成就被誉为人类探索生命之谜的漫长历程中的一个里程碑，对揭开癌症之谜具有重要意义。

由于他创立晶体电子显微新技术，并用于研究染色体细微结构取得卓越成就，因而获 1982 年诺贝尔化学奖。此外 1995 年获英国国家勋章。（朱啸宇）

蒋锡夔（Jiang Xikui） 中国江苏省人，1926 年 9 月 5 日生于上海。*有机化学、生物化学、化学工程、材料科学。*

回族。原籍江苏南京，祖上是南京巨贾；父亲是杭州实业家兼诗人，母亲是中学教员。1947 年上海圣约翰大学化学系毕业，获特等荣誉学士学位。留校任教。1948 年赴美国西雅图留学，1952 年获华盛顿大学化学系有机化学博士学位。同年任美国凯洛格公司探新研究室化学研究员。1955 年回国，先在中国科学院北京化学研究所工作，后在上海有机化学研究所工作，曾任学术委员会主任，1963 年晋升研究员。兼任上海大学化学化工学院院长、联合利华研究所主任等职。1991 年当选为中国科学院学部委员（院士）。

20 世纪 50～60 年代，在美国凯洛格公司工作时，用特强亲电试剂三氧化硫与氟烯进行反应，合成新型化合物 β-磺内酯，是离子薄膜重要单体，在氯碱工业和军事工业上有重要应用，获美国专利；回国后主持研制军工和民用的多种氟橡胶和氟塑料。1978 年在上海创建中国科学院第一个物理有机研究室，从事纯基础理论研究。80～90 年代，主要从事自由基化学和单电子转移、有机氟化学、反应机理及新型反应、微环境及溶剂效应、疏水亲脂作用等方面研究。

他带领研究人员在国际上首次提出和验证了 6 个创新概念：①首次提出并用实验验证动脉粥样硬化病因和分子共簇集倾向性有直接关系；②提出并实验证明只有带有不同电荷长链分子才能形成静电稳定化簇集体；③提出解簇集概念、研制成有效解簇剂，为药物的分子设计提供了启示；④首次利用分子自卷形成 14、17、18 元环大环化合物和催化某些有机反应；⑤首次揭示溶剂的内在特性溶剂促簇能力对有机分子簇集和反应性的影响；⑥首次揭示分子几何因素及自卷对分子簇集倾向性的影响。

在自由基化学上的创新性贡献是：建立当时国际上最完整、最可靠的反映取代基自旋离域能力的参数；将参数成功应用于多种自由基反应和波谱参数的相关分析；提出自由基化学中结构性能相关分析的 4 种规律性假设，解决了自由基化学上述长期存在的两个重要问题。他的研究具有重要的原始创新性及科学意义，受到中外同行高度重视，两次特邀在美国化学学会会刊《化学研究报道》上撰文介绍，属国际领先水平。这项成果对物理有机化学和相关学科有重要推动意义，对理解细胞形成，蛋白质构象稳定，生物体内酶功能体现等等生命现象，以及某些生理、病理过程具有根本性意义。

发表论文近 200 篇；出版《有机分子的簇集和自卷》等专著。多次获奖，其中有 1982 年、1992 年国家自然科学奖三等奖，1992 年中国科学院科学技术进步奖二等奖（2 项），1999 年中国科学院自然科学奖一等奖，2002 年度国家自然科学奖一等奖，2005 年度"上海市科技功臣"荣誉称号等。（肖　萍　李啸虎）

徐承恩（Xu Chengen） 中国浙江省人，1927 年 1 月 21 日生于浙江诸暨。*有机化学、催化化学、石油化工、技术管理。*

1949 年浙江大学化工系毕业。后到锦州合成燃料厂（今锦州石化公司）参加恢复建设工作。1953 年调东北石油管理局设计处从事炼油设计。后任北京石油设计院工程师、室主任、总工程师、院长，中国石油化工总公司北京设计院技术委员会主任、教授级高级工程师等职。兼任中国石油学会常务理事、北京石油学会理事长等。1994 年选聘为中国工程院院士。

长期从事炼油厂工程设计工作。20 世纪 50～60 年代，先后参加设计和审核大庆等 4 个大型炼油厂各种类型炼油工艺装置 20 多套，成为中国第一次设计丙烷脱沥青装置和尿素脱腊的专家。60～70 年代，参加设计、主持审定东方炼油厂、2 个援外炼油厂等大型炼油厂的多项设计，对工艺流程和技术方案等关键技术进行严格把关。70～80 年代，负责上海炼油厂节能技术改造常减压装置、大庆常压渣油催化裂化技术，均获国家科学技术进步奖一等奖；在催化重整等技术攻关项目中，对提高国产汽油质量和芳烃生产作出了贡献。此外，在分子筛脱蜡、常压渣油催化裂化、甲基叔丁基醚合成等方面，均有重要贡献。多次获得国家及省部级奖励。1989 年被国家建设部授予首批"中国工程建设设计大师”称号。1990年被中国石化总公司评为“有突出贡献的科学技术和管理专家”称号。

（李啸虎）

井口洋夫（Inkokuchi，Hiroo） 日本人，1927年2月3日生于日本广岛。物理化学、有机半导体工程、分子电子学。

1948年日本东京大学化学本科毕业；1950年、1956年分别获该校硕士、博士学位。1957年获英国诺丁汉大学博士学位。1959～1974年任东京大学副教授、教授。1975～1995年先后任日本岗崎国立共同研究机构教授、所长、机构长。1996年起，任日本宇宙开发事业团宇宙环境利用研究中心教授、首席科学家。兼任中国科学院化学研究所、北京大学等校名誉教授。1996年当选为日本学士院院士。2000年当选为中国科学院外籍院士。

1954年在世界上最早发现和证实共轭π-电子分子固体的导电性，开创了有机半导体这一崭新的研究领域，并最终导致了有机超导体的出现；发现了有机材料的催化活性，设计出相应的分子催化剂；发展了有机固体的紫外光电子能谱学研究，为系统研究分子功能材料提供了关键实验依据；提出了分子电子学的新概念新理论，开辟了分子电子学新领域。从20世纪80年代初开始，他积极倡导和组织中日双方长期合作研究和学术交流，帮助中国培养高级研究人才，受到中国人民和政府的高度评价。多次获大奖，其中有1965年日本学士院奖、1994年日本国家文化奖等。

（李啸虎）

陈耀祖（Chen Yaozu） 中国湖南省人，1927年3月8日生于湖南长沙，2000年11月24日卒于浙江杭州。有机化学、药物化学、分析化学。

大学教授的儿子。1949年浙江大学化学系毕业。留校任教。1952年到复旦大学化学系任教。1955～1994年在兰州大学化学系任教，教授，历任有机化学研究所有机分析研究室主任，分析测试中心主任、名誉主任。1994年调回浙江大学化学系，先后任有机化学研究所所长、药学院院长。曾兼任甘肃省化学会理事长、中国药学会甘肃分会副理事长、西北大学名誉教授等职。1991年当选为中国科学院学部委员(院士)。

20世纪50年代以来，他在化学反应中采用波谱分析技术查明了上百种西北地区药用植物化学成分，发现多种新结构骨架，部分成果获1978年全国科学大会奖；主持建立有机化合物微量系统鉴定法，并用于有机官能团定量分析，获1978年全国科学大会奖。80～90年代，创建反应质谱法，用于快速测定天然产物超微量有机分子的立体化学分析，其中包括植物碱、羟基酸的绝对构型测定，糖类差向异构区分，甾醇类构象分析和烯类构型测定等，引起中外同行重视，成果获1988年、1990年国家教委科学技术进步奖二等奖、1991年国家自然科学奖三等奖等；开发出快原子轰击-串联质谱法，测定和研究糖甙结构及其生物活性；建立闪蒸-气相色谱-质谱法、微量预吸附-气相色谱-质谱法等微量分析法，进行植物挥发油和鲜花头香成分分析测定；建立高灵敏度的抗癌物自旋标记分析法，深入研究鬼臼类等天然植物的抗癌药物成分与机制。

发表论文400余篇，后人编有《陈耀祖院士研究论文选》（2003年）；出版《有机微量定量分析》(1978年)、《有机分析》(1983年)、《近代有机定量分析》(1987年，与他人合著)、《有机质谱原理及应用》(2001年）等专著6部。

（李啸虎）

陈俊武（Chen Junwu） 中国福建省人，1927年3月17日生于北京。有机化学、催化化学、石油化工。

原籍福建长乐。1948年北京大学化工系毕业。中国石化集团公司教授级高级工程师，历任催化裂化技术攻关组组长，洛阳炼油设计院副院长兼总工程师、院长、技术委员会主任等职。1991年当选为中国科学院学部委员（院士)。

中国炼油催化裂化工程技术奠基人之一。半个多世纪以来，先后主持和指导过上百套炼油装置设计、多个大型炼油厂总体设计，至20世纪末中国催化裂化装置加工能力已居世界第二位，他在其中作出了重要贡献。20世纪60年代，主持设计抚顺石油二厂中国第一套年加工能力60万吨流化催化裂化装置。70年代，指导设计镇海炼油厂中国第一套年加工能力120万吨全提升管催化裂化装置，实现复杂的四器联合工艺，解决了催化剂损耗大等技术难题，开创中国大型流态化工业测试技术，获1978年全国科学大会奖；指导设计乌鲁木齐炼油厂中国第一套快速床催化裂化装置，在国际上首创具有自动内循环方式、烧焦罐高效再生新工艺。80～90年代及后，指导设计中国第一套同轴式提升管催化裂化工业试验装置，并在兰州炼油化工总厂实现技术改进，先后获全国优秀设计金牌奖、1985年国家科学技术进步奖一等奖；成功开发石家庄炼油厂“大庆常压渣油催化裂化技术”，获1987年国家科学技术进步奖一等奖；指导设计上海炼油厂新型催化裂化装置，首次实现快速床与湍流床气固并流串联烧焦方案；指导设计重油裂解生产烯烃技术，2000年在齐齐哈尔化工有限公司试运成功。

主编巨著《流化催化裂化工艺与工程》，获国家优秀科学技术图书二等奖。1989年被评为中国石化集团公司有突出贡献专家，1990年被授予“中国工程建设设计大师”称号；1995年获何梁何利科学与技术进步奖。

（李啸虎）

艾根，M.（Eigen，Manfred） 德国人，1927年5月9日生于德国波鸿。物理化学、生物化学、分析化学、仪器研制。

音乐家之子。早年在格丁根大学学习物理学和化学。曾参加第二次世界大战。1951年获格丁根大学理学博士学位。留校物理化学研究所工作两年，1953年起在该校普朗克生物物理化学研究所任职，1964年任所长，1967～1970年任常务董事。晚年建立两个生物技术公司。1982～1993年任联邦德国国家授奖基金会会长。获不伦瑞克理工大学荣誉博士学位。1964年、1966年先后当选为美国文理科学院、美国国家科学院外籍院士。1971年当选为丹麦皇家科学院外籍院士。1973年当选为英国皇家学会外籍会员。1976年当选为苏联科学院外籍院士。

是研究快速反应弛豫技术的创始人。1950年前，由于受研究快速反应实验方法，如火焰阵面，激波管和快速混合等的限制，能够研究的最快反应的半寿期约为几十微秒。1949年开始使用的闪光光解法使得可测量的范围达到微秒级以下，然而这种方法主要适用于远离平衡的高激发态分子的反应。1954年他发表一系列研究接近平衡状态快速反应方法中的第一种方法，即研究快速反应的电池。从此使得在化学的许多领域内，对快速反应进行直接测定成为现实。创立的各种弛豫技术都是对一个接近平衡的化学体系施加微扰，然后测定该体系弛豫至新平衡的过程。根据不同技术，微扰可以是瞬变的，也可以是周期的。施加的微扰形式可以是短的电脉冲，或者是温度、压力和电场强度的突升。常用的测定方法是分光光度法和电导法。与其同事用弛豫技术先后研究过液态纯水中离子的电离和重复合、水溶液中扩散控制的质子迁移、电解质溶液中吸收超声的各反应步骤和酮-烯醇互变异构动力学等。20世纪60年代，把弛豫技术应用于分子生物学中的复杂反应。在许多领域，如辐射化学、酶催化反应和多核甙酸转换机理等，用弛豫技术都得到了重要的研究成果。

20世纪70年代以后，对生命起源产生兴趣。1977年，和P. 舒斯特（Peter Schuster）一起提出一种自组织理论，即所谓的“超循环理论”。他们在试管内，用从噬菌体和细菌中分离得到的酶和核酸体系进行实验，以期验证这个理论的某些结论。

他研发的弛豫技术，与英国化学家R. G. W. 诺里什和G. 波特创造的闪光光解技术，为以后各类快速反应分析研究的迅速发展奠定了基础，为此他们三人共享1967年诺贝尔化学奖。还获得过许多国家化学学会和其他学会的奖励。

（温敬铨）

奥拉，G. A.（Olah，George Andrew） 美国人，1927年5月22日生于匈牙利布达佩斯。有机化学、烃类化学、化学工程。

匈牙利裔。1949年在布达佩斯理工大学获有机化学博士学位。留校任教，后任理学院副院长兼有机化学部主任。1954～1956年在匈牙利科学院中央化学研究院工作，任化学研究所副所长。1956年去伦敦。1957年赴加拿大，任职于陶氏化学公司加拿大分公司。1964年移居美国，任职于陶氏化学公司马萨诸塞州弗雷明汉分公司。1965～1977年在美国凯斯西储大学任化学教授兼化学系主任。1970年加入美国籍。1977年到南加利福尼亚大学烃类化学研究所工作，1991年任所长，2008年任该校工程学院杰出教授。1976年人选美国国家科学院院士。1989年当选为欧洲文理科学院院士。是意大利科学院外籍院士。

虽然早在1902年A. von拜耳（1905年诺贝尔化学奖获得者）已率先发现三苯甲基正离子这一特殊的碳正离子，但由于它们太活泼了，在有机化学的许多反应中只能作为寿命很短的中间体存在，此后数十年中人们一直无法获得稳定的碳正离子。直到20世纪60年代，奥拉发现，稳定的碳正离子可以采用被称为“超酸”的酸性极强的化合物来制备。他和合作者在低温下把烷基卤化物溶解于超酸（例如酸性比百分之百的硫酸强10^{18}倍的氟化氢-五氟化锑混合物）中，率先获得稳定的三价碳正离子，他们还采用紫外、红外、赖曼光谱和核磁共振等技术对它进行研究，得到了有关它的结构、性质及能量等方面的大量信息。后来，他们又利用超酸的强酸性制备五价碳正离子，并对它进行深入研究。他们的工作导致烃类化学中烃类的异构化法以及从甲烷合成长碳链烷烃法等多种新合成方法的产生，这些技术可用于把低辛烷值的直链烷烃转变为高辛烷值、高生物降解性的支链烷烃，从而对提高石油的炼油效率、生产无铅汽油等方面作出贡献。总之，他们的工作使烃类化学研究进入全新的历史阶段。此外，他在亲电反应、金属有机化学、超酸化学以及新兴的团簇化学等诸多领域里都有建树。

获得的专利超过100项；发表论文超过1000篇；出版专著超过20部。由于在碳正离子及其在烃类化合物化学反应中的应用研究方面作出了卓越贡献，奥拉被授获1994年诺贝尔化学奖。还获得许多其他奖章和荣誉称号，其中有美国化学学会1970年莫利奖、1993年化学先驱者奖、2005年普里斯特利奖章1977年英国化学学会“世纪讲师”称号，1992年托尔曼奖和门捷列夫奖章等。

（宣焕灿）

徐晓白（Xu Xiaobai） 中国江苏省人，1927年5月28日生于江苏苏州，2014年3月27日卒于北京。分析化学、环境化学。

航海学校校长之女。1948年交通大学化学系毕业。在中央研究院化学研究所工作。1950年起，先后在中国科学院物理化学研究所、应用化学研究所、环境化学研究所工作。1980～1982年在美国伯克利加利福尼亚大学参加合作研究。此后任中国科学院生态环境研究中心研究员、学位委员会主任。1995年当选为中国科学院院士。

中国杰出的女化学家。20世纪50～60年代，参与主持和研制成功卤磷酸钙系高效日光灯荧光材料；开拓稀土高温二元化合物制备及物化性能、原子能后处理等研究。70～80年代及后，主要从事典型污染物的环境分析化学及污染化学研究：在美国合作研究期间，检测出柴油机排放物中有2-硝基潜在致癌物、50多种硝基多环芳烃直接致癌突变物；参与建立痕量及超痕量污染物的一系列分析方法；主持课题组从煤气化焦油中检出600余种化合物。90年代以来，结合生态毒理组织开展交叉学科研究：建立了一系列结构性质毒性关系式；有关持久性污染物多氯联苯、二恶英等研究成果，推动了中国环境综合治理工程的深入开展；较早在中国开展环境类雌激素研究等前沿课题；主持完成国家八五重大课题“典型污染物的环境变化和生态效应研究”；开展有毒化学品及其环境安全、生物标记物、绿色化学及清洁生产工艺等研究。发表论文200余篇，获国家及省部级奖10余项。2001年获何梁何利科学与技术进步奖。（朱　晟）

田昭武（Tian Zhaowu）　中国福建省人，1927年6月28日生于福建福州。电化学、物理化学、仪器研制。

出生于职员家庭。1949年厦门大学化学系毕业。留校任教。厦门大学化学系教授，先后任厦门大学校长，固体表面物理化学国家重点实验室主任、名誉主任。兼任国际电化学会副会长、中国化学会理事长兼电化学专业委员会主任、国际电化学会会刊副主编、《电化学》杂志主编等职。1980年当选为中国科学院学部委员（院士）。1996年当选为第三世界科学院院士。1984年获英国威尔士大学荣誉理学博士学位。

重视学科交叉，研究领域广泛。20世纪50～60年代，在中国率先研究电极过程动力学；发现电化学自催化异常现象，建立自催化电极暂态过程的系统理论，居当时国际领先地位；主持研制中国第一台DHZ-1型电化学综合测试仪，并实现定型生产，获1978年全国科学大会奖。70年代起，提出“特征电流”等概念，建立气体扩散多孔电极极化理论和“不平整液膜”模型；提出半导体电极光电转换数学模型、“可移动掺杂物”高聚物半导体光电转换理论；发明推广各种电化学仪器，如新一代XYZ-1型离子色谱抑制器、WF-Ⅲ型微区腐蚀测量系统等，其中电镀参数测试仪获1980年国家第四机械工业部科学技术成果奖一等奖；不断创新电化学技术与方法，例如电极交流阻抗绝对等效电路的微分新解法，测定瞬间交流阻抗的选相调辉测定法、选相检波测定法，测定超低腐蚀速率的控电位脉冲技术，测定局部腐蚀的扫描微电极技术等，其中电极过程动力学与研究方法获1986年国家教育工作委员会科学技术进步奖一等奖；在纳米加工领域建立超微复杂三维图形复制新技术。

获发明专利6项；发表论文百余篇；出版有《电化学研究方法》（1984年）、《电化学实验方法进展》等专著。（潘益华　李啸虎）

詹克斯，W. P.　（Jencks，William Platt）　美国人，1927年8月15日生于美国缅因州巴港，2007年1月3日卒于马萨诸塞州威尔弗里特。生物化学、催化化学、化学动力学。

1951年获哈佛大学医学院医学博士学位。后随R. B. 伍德沃德等人作博士后研究。接着在波士顿布里格姆医院、马萨诸塞总医院等处任医师。1957年起在布兰代斯大学生物化学研究生部任职，1963年成为教授，1996年退休。1971年入选美国国家科学院院士。1995年入选美国哲学学会会员。是英国皇家学会外籍会员。

主要成就是阐明溶液中简单反应的机理和它们的催化，尤其是涉及质子快速转移的催化机理。应用动力学技术和交换反应，与同事发现羰基和酰基的加成机理；揭示酸、碱催化作用大小与无质子时反应中间体的寿命有关。质子转移是大多数酶催化中必不可少的步骤。他的研究有助于酶催化机理的认识。还证实酶的催化作用在于与底物的结合，使之处于适当的反应位置以及利用与底物的结合能。

代表著作有《化学和酶学中的催化作用》（1987年）、《生物化学》（1992年，与他人合著）等。1993年获美国化学学会生物化学家奖、1995年诺里斯天然有机化学奖等。（温敬铨）

程鎔时（Cheng Rongshi）　中国江苏省人，1927年10月18日生于江苏宜兴。物理化学、高分子化学、化学工程、材料科学。

1949年金陵大学化学系毕业。1951年北京大学化学研究部研究生毕业。1952年初到中国科学院上海物理化学研究所工作；同年底随该所北迁长春应用化学研究所，历任助理研究员、副研究员、研究员。1983～1999年先后任南京大学化学系、华南理工大学材料科学与工程学院教授。1999年底任同济大学教授。1991年当选为中国科学院学部委员（院士）。

长期从事高分子物理和物理化学领域的研究和教学。早年研究高分子的分子表征，尤其是稀土催化聚合顺丁橡胶生胶的表征，为顺丁橡胶的工业化选型和优化提供了科学依据，获1983年国家自然科学奖三等奖；进行高分子溶液粘度研究，提出一系列新概念和应用广泛的公式；“顺丁橡胶的工业生产”研究，达国际先进水平，1985年获国家科学技术进步奖特等奖；发明简易凝胶色谱方法，阐明多孔填料的成孔机理并给出控制孔度的关系式；找到一种有效研究分子水平上的吸附作用和配合作用的定量方法，提出凝胶色谱的绝对定量化原则，建立凝胶色谱分离和扩展效应统一理论，拓展了凝胶色谱的应用范围；“高分子凝聚态物理问题的研究”课题，获1999年国家自然科学奖二等奖。先后访问美国、日本、澳大利亚、荷兰、捷克等国，进行广泛学术交流。发表学术论文百余篇。自1963年起，先后获国家级和部委级奖励多项。

（夏蔚军）

王文兴（Wang Wenxing） 中国安徽省人，1927年11月17日生于江苏萧县（今属安徽省）。环境化学、催化化学、环保工程。

籍贯山东临沂。1952年山东大学化学系毕业。同年到化工部沈阳化工研究院任技术员，课题组组长。1955～1957年在吉林大学化学系进修环境化学研究生课程。1959～1960年在苏联卡尔波夫物理化学研究所进修一年。回国后，历任国家化工部北京化工研究院物理化学研究室副主任、主任，化工部天津化工研究院副院长，天津市环保局副局长、高级工程师。1980年在中国环境科学研究院工作，研究员、学术顾问，曾任副院长、院学术委员会主任等职。兼任中国科学院生态环境研究中心主任，北京化工大学、山东大学等校兼职教授，《中国环境科学》杂志主编等职。1999年当选为中国工程院院士。

早期从事催化研究，编著中国第一部专著《工业催化》（1978年）。20世纪70年代后期，转向环境科学，主要是环境化学。先后组织领导和参与完成国家与省部级“六五”至“九五”科学技术攻关项目多种，主要有：“天津市环境评价与规划”、“兰州光化学污染规律和防治对策研究”、“太原地区大气综合观测研究”、“太原、沈阳环境容量研究”、“华南酸雨研究”、“中国酸沉降及其生态环境影响研究”、“西部干旱区生态环境质量综合评价”、“绿洲生态环境容载力及生态调控”、“乌鲁木齐区域环境容载力与城市污染控制对策”、“哈尔滨生态城市实施规划”等重要项目，取得巨大的经济效益、社会效益和生态效益。

发表论文百余篇；专著教材8部。获国家科学技术进步奖一等奖1项、二等奖3项、三等奖1项，省部级科技进步奖一等奖4项等。 （吴绩新）

张存浩（Zhang Cunhao） 中国山东省人，1928年2月23日生于天津。物理化学、反应动力学、光化学、仪器研制。

原籍山东无棣。1947年中央大学化学工程系毕业。同年到南开大学化工系攻读研究生。1948年赴美国留学，1950年获密歇根大学化学工程硕士学位。同年回国，在大连大学科学研究所工作。1952年该所划归中国科学院，此后10年中相继更名为中国科学院工业化学研究所、石油研究所和化学物理研究所。他一直在该所工作，1962年升为研究员，1979～1990年先后任副所长、所长。兼任国家自然科学基金委员会主任、名誉主任，中国科学技术协会副主席，南京大学、复旦大学等校兼职教授。1980年当选为中国科学院学部委员（院士），后兼任化学部主任。1992年当选为第三世界科学院院士。

20世纪50年代，与合作者进行水煤气合成液体燃料的研究，开发出氮化熔铁催化剂；与他人合作，发表重要论文“氮化熔铁催化剂流化床合成石油”（1958年）。60年代前期，致力于固体火箭推进剂和发动机燃料的燃烧研究，参与提出多层火焰燃速理论，改进以往国外几种较粗糙的单焰理论，受到钱学森等著名专家好评。70～80年代，研究重点转移到激光化学方面。与合作者共同研制出中国第一台超音速扩散型氟化氢激光器、电子束引发的脉冲氟化氢激光器，以及光或放电引发的脉冲氧碘化学激光器；合作发明一种在超音速流中大量制备一氟化氮两种电子激发态的方法，研究出以电子激发态氧分子为基础的可见光化学激光新体系，并对共振多光子电离光谱学进行深入研究。80年代后期，指导研究生在国际上首次采用离子凹陷光谱，测得寿命短至100飞秒（1飞秒＝10^{-15}秒）的氨分子激发态的转动能级结构。在高泛频分子光谱的研究中，1990年他与朱清时等人首次观察到锗烷和硅烷的局域模现象，共同发表论文“选键化学的新希望——局域模振动态的光谱研究”。探讨了双共振电离法；研究了一种新型费米共振；提出分子电子态亚转动能级分辨的传能规律。

发表论文百余篇。获国家自然科学奖二等奖、国家科学技术进步奖二等奖、中国科学院科学技术进步奖特等奖、陈嘉庚化学科学奖等多种奖励。 （肖 萍）

李俊贤（Li Junxian） 中国四川省人，1928年3月10日生于四川眉山。有机化学、燃料化学、化学工程。

出身农民家庭。1950年中央技艺专科学校毕业。同年到辽宁沈阳东北化工局从事有机化工产品研究开发。1959年在苏联化学工业委员会有机合成研究所实习一年。1960年后，历任北京化工研究院研究室主任、教授级高级工程师，黎明化工厂总工程师，中国化工新材料总公司黎明化工研究院总工程师等职。兼任中国聚氨酯工业协会秘书长，北京化工大学等校兼职教授。1995年当选为中国工程院院士。

长期从事有机化工精细合成研究，尤其在开发各种高效火箭推进剂原料方面有重要贡献。20世纪60～70年代，在中国首次开发成功用液相氯胺法制备高浓度偏二甲肼，在工业生产中避免了国外工艺流程中有致癌物问题，生产装置和产品质量均居当时世界先进水平，为中国多种型号导弹研制与发展提供了急需的合成化工原料，同时还出口创汇，获1978年全国科学大会重大成果奖、1989年国家发明奖三等奖；研制成功一甲肼，满足了高效农药生产、长寿命卫星姿态控制等领域的迫切需要。80～90年代，以硝酸酯为主要原料研制液体单元推进剂“鱼推-3型”燃料，产品质量达到美国热动力鱼雷用燃料的先进水平，成果获1994年国家化工部科学技术进步奖一等奖、1995年国家科学技术进步奖二等奖；参与主持固体推进剂用端羟基聚丁二烯的中试研究，装备中国30多种火箭、导弹型号；主持研究开发注射成型的聚氨酯系列材料，已广泛用于中国汽车产业。获国家和省部级奖励10余项。 （李啸虎）

王夔（Wang Kui） 中国天津市人，1928年5月7日生于天津。生物化学、金属化学、药物化学。

1949年燕京大学化学系毕业。历任北京医学院及北京医科大学助教、讲师、副教授及教授，教研室主任、药学系主任、药学院院长，天然药物及防生药物国家重点实验室主任，北京大学药学院教授。兼任国家自然科学基金委员会化学科学部主任。1991 年当选为中国科学院学部委员（院士）。

主要从事无机化学与生物学、药物学交叉研究，获重要成果。40 余年中三易研究方向：早年研究有机试剂；20 世纪 60 年代起转向研究金属离子水解沉淀的掩蔽问题；70 年代后期起，研究与医学有关的病理、毒理或药理过程中的无机化学基础问题。主要贡献包括：揭示金属离子与生物大分子、细胞表面及内部靶分子的结合及引起的后续变化；生物系统中的反应组合、有组织表面上的化学反应（膜或基质指导矿化过程）；金属离子生物效应的化学基础；发现自由基引起软骨细胞分化异常、基质异常、矿化异常的大骨节病发病机理；提出胆红素氧化聚集和钙化的色素型结石形成机理；结合金属中毒与解毒机理，建立大小分子配体对金属离子竞争的数学模型、金属络合物与细胞相互作用的多靶模型，重点研究对膜分子与细胞骨架的进攻及影响；系统地研究了顺铂类抗癌药物与 DNA（脱氧核糖核酸）靶分子的作用，找到几种毒性低，活性强的抗癌铂络合物；研究稀土和钒的生物效应化学机理，开拓以金属离子与细胞相互作用为基础的无机化学新方向。

发表论文百余篇。多次获奖，包括国家教育部科学技术进步奖一等奖、中国科学院科学技术进步奖二等奖、国家八五攻关重大成果奖等。（巴素英）

黄志镗（Huang Zhitang） 中国浙江省人，1928 年 5 月 20 日生于上海。高分子化学、杂环化学、化学工程、材料科学。

原籍浙江黄岩。幼年丧父。1951 年同济大学化学系毕业。同年到中国科学院上海有机化学研究所工作。1956 年起一直在北京中国科学院化学所工作，1982 年任研究员，历任课题组长、研究室主任、所学术委员会主任等职。兼任《高分子通报》主编、《塑料工业》副主编等职。1991 年当选为中国科学院学部委员（院士），后任化学部副主任。

20 世纪 50～60 年代，参与从有机硅单体合成有机硅化合物、硅氧型高分子的开发研究，研制出硅油、硅橡胶、硅树脂等国家急需的多个重要品种；从事硅氧硅碳型高分子的试验；参与耐高温高分子研究，研制出环氧树脂、酚醛树脂等多种增强塑料，为中国航空航天和战略武器防热材料的发展做出了重要贡献。70～80 年代，研究交联型聚酰亚胺作为新型复合材料树脂基体，并设计合成以对称三嗪为交联结构的新型耐高温高分子材料；开展杂环化学的研究，系统研究了具有特殊性能的杂环烯酮缩胺化合物的结构、反应和应用。80 年代以后，合成上千种杂环和杂环并环化合物，进行生物活性测试，提供作为药物和农药的筛选；在中国率先开拓新一代超分子化学研究，在杯芳烃的衍生化反应、功能性衍生物合成与分子识别等方面取得了许多成果；开展新型合成方法学、分子识别和分子组装、固相合成及组合化学等研究。

发表论文 200 余篇。多次获国家和部委级奖励，其中有全国科学大会奖、国家自然科学奖三等奖、国家发明奖三等奖（2 项）、中国科学院自然科学奖一等奖等；2003 年获何梁何利科学与技术进步奖。（李啸虎）

科里，E. J.（Corey，Elias James） 美国人，1928 年 7 月 12 日生于美国马萨诸塞州梅休因。有机化学、药物化学、化学工程。

黎巴嫩基督教徒移民后裔。出生 18 个月后丧父。1948 年获马萨诸塞理工学院有机化学理学士学位，1951 年获该校化学博士学位。同年任教伊利诺伊大学，1956 年（27 岁）任化学教授。1959 年起任哈佛大学化学教授，直至退休。1968 年获芝加哥大学荣誉博士学位。1960 年当选为美国国家科学院院士。

主要业绩是改革有机合成方法，创立关于有机合成的新理论和新方法，使得许多具有高度生物活性的复杂天然产品能够人工生产出来。提出一种名叫“转再合成”的新的有机合成理论。认为在分子合成中，先要有两个原始粒子，然后像树成长一样由树干再生出树枝组成分子结构。指出原始材料应该进行选择，那些具有特性的链、环、支链、功能团、非对称核心等，都可作为反应的原始材料，不过应该适当选择其反应性、敏感性及稳定性，符合上述要求者即可进行合成复杂分子。这就是转再合成的新理论。转再合成促进了药物的合成，许多药物合成不需要从基本元素开始，使合成过程大大地简化，并能加速药物生产的工业化进程。例如，前列腺素大约含有 20 种以上的辛环茂庚酸，存在于人体的细胞中。他用新方法合成前列腺素结构类似的中间体，在此过程解决了二环丙酯的合成关键，有力地推动产品的商业用途，迅速制成定向药品。因而，二环内酯被称为“科里内酯”。研究化学酶的合成，这种化合物相对地讲是小分子化合物，例如有一种光学活性物 5，5 联苯-2-甲基-3，4 环茂并-1，3，2 噁吖硼定。它可从硼烷与氮原子复合而生成。又如月桂酸酯的合成是以他的名字命名的，称为科里-温特烯烃合成。还使用算法编出电子计算机程序，该程序名为“逻辑及启发法对合成分析的应用”。

发表论著 1000 余篇（部）；主要著作有《化学合成的逻辑》（1989 年初版，1995 年再版与他人合著）、《杂环化学的著名反应》（2005 年，与他人合著）、《官能因转变的著名反应》（2007 年，与他人合著）、《对映选择性化学合成：方法、逻辑和实施》（2010 年，与他人合著）等。因他创立新的有机合成理论和方法，获 1990 年诺贝尔化学奖。此外获 1978 年富兰克林奖章，1986 年沃尔夫化学奖，1988 年美国国家科学奖章，2004 年美国化学学会最高奖普里斯特利奖章等。

（朱啸宇）

张乾二（Zhang Qianer） 中国福建省人，1928 年 8 月 15 日生于福建惠安。量子化学、结构化学、物理化学。

1954 年厦门大学化学系本科毕业，1954 年该系研究生毕业。留校执教。先后任厦门大学化学系主任，中国科学院福建物质结构研究所所长，厦门大学化学化工学院首任院长、固体表面物理化学国家重点实验室副主任、结构化学国家重点实验室学术委员会主任。兼任国家教委化学教育委员会副主任、福建省化学会理事长、国际《理论化学》杂志编委等职。1991 年当选为中国科学院学部委员（院士）。

半个世纪多来致力于量子化学、结构化学与数学方法的紧密结合，获得许多重要成果。20 世纪 50～60 年代，主持课题组培养出磷酸二氢铵等晶体，成为中国从水溶液中培养大晶体的开创者之一；参与解决配位场中群链分解问题、有关耦合系数的计算问题等。70 年代，构思和撰成富有独创性和系统性的《配位场理论方法》（1979 年）一书，显示了中国化学家在配位场领域的研究处于国际领先地位，1982 年该成果获国家自然科学奖一等奖。80～90 年代，主持过渡金属簇合物和稀土化合物的实证研究，取得了一系列创造性成果；提出基向量变换定理，统一了分子轨道、群轨道和杂化轨道等对称性轨道的构造方法，解决了多面体对称性轨道的构造问题；在分子轨道理论图形方法、原子族化学键理论、多电子理论的群论方法等基础研究方面取得进展，1989 年、1994 年先后两次获国家自然科学奖二等奖。进而研究量子化学中的价键理论方法、化学吸附问题。

已发表论文百余篇；出版《多面体分子轨道》（1987 年）等专著 4 部、译著 1 部。另外还获得国家教委科学技术进步奖二等奖 2 次、三等奖 1 次。

（张宏远）

下村修（Shimomura，Osamu） 日本人，1928 年 8 月 27 日生于日本京都府福知山市。有机化学、生物化学、海洋生物学、细胞生物学。

1951 年毕业于日本长崎医科大学药学专门部。留校任化学分析实验室助理。1955 年入名古屋大学读研，1960 年获有机化学博士学位。1960 年到美国普林斯顿大学约翰逊实验室做博士后研究，1965～1980 年任研究员。期间 1963～1965 年回母校名古屋大学任副教授。1981～2001 年任马萨诸塞理工学院伍兹霍尔海洋生物实验室资深研究员，并任波士顿大学兼职教授。

绿色荧光蛋白（GFP）的最早发现者。1961 年，他随普林斯顿大学 F. H. 约翰逊（Frank H. Johnson）到美国西海岸华盛顿州“星期五港”实验室研究海洋生物发光现象。下村修等人收集到百万计发光多管水母样本，用粘胶纱布从中挤压分离得到微量水母素。经分析发现，这是一种发光蛋白。在提纯水母素过程中，他们意外地获得了另一种更奇特的副产品，它在日光下呈绿色，钨丝灯照射下呈黄色，而紫外光下发出强烈的荧绿色，即后来所谓的“绿色荧光蛋白”（GFP）。人们早已知道，萤火虫以荧光酶作为催化底物，并经氧化反应才能发光。与此相反，发光水母拥有发光蛋白，本身无需任何酶底物就会发光。1962 年，他和约翰逊等人在《细胞和比较生理学》杂志上着重报道了水母素的纯化技术，而将首次发现 GFP 的事件只作为附带在注释中备案，当时命名为“绿色蛋白”。1963 年，他们又在《科学》杂志上共同撰文报道多管水母 GFP 的发光机制：这种水母在受激时会释放钙离子，钙离子和体内的水母素发光蛋白结合后放射蓝光，蓝光又被体内的绿色荧光蛋白所吸收，于是不断地交替闪烁着蓝光和绿光。这也是关于生物荧光共振能量转移现象的最早报道。1967 年，水母素首次用于检测钙浓度，成为第一种具有空间分辨力的生物试剂。

1974 年，下村修完成纯化 GFP 的关键实验。此后近 20 年间，问津者寥若晨星。1990 年他的合作者约翰逊 82 岁去世时，《纽约时报》的悼文也只字未提 GFP。直至 1994 年出现大转折：M. L. 查尔菲展示了 GFP 可作为发光示踪分子的遗传标签；同年钱永健开始对 GFP 进行改造，拓宽了这个领域的研究。长期以来，科学界和医学界每天都在应用 GFP 示踪技术，但是绝大多数人并不了解下村修的贡献，以致他直到 80 岁才获得诺贝尔奖。

另出版有《生物荧光现象：化学原理与方法》（2006 年）等专著。因为在“发现和发展绿色荧光蛋白”方面有开创性贡献，与美国的 M. 查尔菲、美籍华人钱永健三人同获 2008 年度诺贝尔化学奖。此外还获其他奖项，其中有 2004 年英国皇家显微学会皮尔斯奖、2005 年美国显微学会伊利诺伊州分会查莫特奖、2006 年朝日新闻社朝日奖等。 （李啸虎）

陆熙炎（Lu Xiyan） 中国江苏省人，1928 年 8 月 29 日生于江苏苏州。金属有机化学、催化化学、药物化学、化学工程。

1951 年浙江大学化学系毕业。同年起一直在中国科学院上海有机化学研究所工作，历任该所研究实习员、助理研究员、副研究员、研究员。兼任北京大学、浙江大学等校兼职教授、《中国化学》杂志主编等职。1991 年当选为中国科学院学部委员（院士）。

20 世纪 50 年代，开始从事碳水化合物研究；后从事有机磷化学研究；进行链霉素的分离、结晶和合成研究，在中国首先分离提纯制得盐酸链霉素氯化钙复盐结晶。60～70 年代，60 年代初参与牛胰岛素 A 链全合成的早期工作；从事萃取剂 P-204 工业合成方法研究获得成功；研制成功光学仪器防霉剂 SF-501，获国家发明奖二等奖。80 年代起，进行有机合成中的金属有机化学的学科前沿研究，从金属有机化合物的基元反应发展新的有机合成反应，发现一些有重要学科意义和应用前景的反应，如氢转移反应、低价过渡金属和烯丙基碳-氧-杂原子键反应、钯催化下双官能团的成环反应、贫电子炔烃的环加成反应等。90年代及后，研究以炔烃衍生物为原料的合成反应，在国际上首次研究成功叁键异构化为共轭二烯的反应；发展了在分子中引入顺式烯烃结构单元的简便方法；由普通原料合成光学活性天然g-内酯的方法；以贫电子炔烃或联二烯为原料，通过［3+2］环加成反应合成五员环化合物的方法等；研究二价钯催化下烯炔偶联反应及有关基元反应。

发表学术论文百余篇。多次获奖，其中1982年、1999年两次获国家自然科学奖二等奖，1991年、1997年两次获中国科学院自然科学奖一等奖；1999年获何梁何利科学与技术进步奖。（尤富强）

王方定（Wang Fangding） 中国四川省人，1928年12月21日生于辽宁沈阳。放射化学、核化学工程。

籍贯四川自贡。1948～1952年先后在交通大学、重庆大学学习。1953年四川化工学院化学工程系毕业。长期在中国原子能科学研究院工作，研究员，历任院科学技术委员会主任、院科学技术顾问委员会委员。兼任中国核工业集团总公司科学技术委员会顾问等职。1991年当选为中国科学院学部委员（院士）。

1953年起从事中国核燃料前处理研究。其中包括对中国钽铌酸盐型铀矿、磷酸盐型铀矿等的分析，从磷酸盐型铀矿中提取铀，以及对三碳酸铀酰钠、重铀酸钠的制备和性质的研究；1958年开始从事核武器研制中的放射化学工作。20世纪60年代初，参与中国第一颗原子弹研制与试验，开发成功用于引发原子弹链式核反应的中子源材料，并应用于核武器的点火部件；60～70年代，参加并组织多次核试验参数测试，对原子弹、氢弹试验分别建立放射化学测试法，如快速测定裂变燃耗的气体裂片法、内活化法测量脉冲高能中子等诊断方法，并多次用于实践，在试验现场迅速获得可靠数据。80年代起，转向放射化学的基础研究，开展多价态裂变产物化学状态和自发裂变电荷分布的研究，如特定材料自发裂变产生的中等寿命裂变产物的化学状态及分累计产额等。近年来从事核燃料后处理中长寿命裂变产物元素的化学及工艺研究，如对锝的氧化-还原反应的研究等。曾获2项全国科学大会奖、1项国家科学技术进步奖特等奖和4项国家发明奖。（巴素英）

波拉尼，J. C.（Polanyi，John Charles） 匈牙利与加拿大双重国籍，1929年1月23日生于德国柏林。光化学、化学动力学、化学分析。

著名犹太裔化学家M. M. 波拉尼的儿子。1933年全家从德国移居英国。1949年毕业于英国曼彻斯特大学，1952年在该校获哲学博士学位，1964年又获该校理学博士学位。曾在加拿大国家研究理事会、美国普林斯顿大学等处从事博士后研究。1956年后，相继任加拿大多伦多大学讲师、助理教授和副教授，1962年晋升教授。1966年当选为加拿大皇家学会会员。1971年当选为英国皇家学会外籍会员。1976年当选为美国文理科学院院士。1978年当选为美国国家科学院外籍院士。获25个国内外大学荣誉博士学位。1974年获加拿大勋位。

主要从事化学动力学及分子反应动力学研究。最主要业绩是开发“红外线化学发光法”，用此来阐明化学反应中的基元反应。通过观测氢和氯、氢和氟的反应而生成卤化氢分子振转激发的红外化学发光光谱，测定产物分子的振转分布。这种方法与可见的紫外发光法相比，其检测灵敏度低，为此分析研究不受残留气体碰撞影响的产物的红外化学发光光谱。经过13年不懈研究后，从理论上对发展化学反应动力学作出重要贡献。例如发现生成物振转分布和反应体系势能特征之间有密切关系。又曾预言化学激光振荡的可能性，在1965年得以证实。他的理论启示了布鲁克斯研究碱金属钾和氯化氢反应的氯化氢分子振荡激发效应。这些都给学术界以巨大影响。

已发表论文百篇以上；出版有《核战争的危险》（1979年）等著作。由于对化学反应动力学的发展作出卓越贡献，他和D. R. 赫希巴赫、李远哲3人共享1986年诺贝尔化学奖。此外多次获得欧美一些大学及学会的奖励，其中有1977年加拿大皇家学会托里奖章，1982年沃尔夫化学奖（分享），1989年英国皇家学会皇家奖章等。（朱啸宇）

陈庆云（Chen Qingyun） 中国湖南省人，1929年1月25日生于湖南沅江。有机氟化学、化学工程、材料科学。

籍贯湖南湘乡。1952年北京大学化学系毕业。同年到中国科学院长春光学仪器研究所工作。1956年赴苏联留学，1960年获苏联科学院元素有机化合物研究所副博士学位。同年回国，到中国科学院化学研究所工作。1963年后，历任中国科学院上海有机化学研究所副研究员、氟化学研究室主任、研究员。兼任国际理论化学和应用化学联合会有机化学命名委员会中国代表、《有机化学》杂志主编等职。1993年当选为中国科学院学部委员（院士）。

从事有机氟活性研究近半个世纪，为中国有机氟材料研制和有机氟化学基础理论的发展作出了贡献。20世纪50年代，首次发现合成制备六氟双酚A的新方法，获苏联专利。以后参加或主持含氟单体、含氟润滑油、含氟表面活性剂、新型致冷物质以及氟材料的研制；在理论上侧重于系统地将单电子转移反应理论引入有机氟化学研究，以及对全氟磺酸及其衍生物、二氟卡宾、三氟甲基化等大量基础研究。研究全氟和多氟烷基磺酸及其单电子转移反应，成功找到用四氟乙烯高温裂解制备六氟丙烯的重要方法；主持研制新型致冷剂 CFC-115 以及其他氟里昂代用品；合成多种全氟磺酸及其衍生物，首次提出氟原子屏蔽效应解释，阐明全氟型磺酸酯的硫-氧键断裂特性；扩大酚类烷基化脱羟反应的适用范围，将之成为普遍有效方法；首次发现 13 个二氟卡宾前体，其中 5 个可作为三氟甲基化试剂，同时发现在强酸条件和温和中性条件下产生二氟卡宾的不同方法；20 世纪末及后，系统研究全氟烷基碘在多种金属、亲核试剂或紫外光引发下的单电子转移反应，为含氟材料和有机氟化学作出了贡献。发表论文 150 余篇。获国家和省部级奖励近 10 次。

（黄声霆）

卡塞里奥，M. C. （Caserio，Marjorie Constance） 美国人，1929 年 2 月 26 日生于英国伦敦。化学动力学、有机化学、生物化学。

英国裔。1950 年获伦敦大学切尔西学院化学专业理学士学位。1951 年获宾夕法尼亚州布林莫尔学院化学文科硕士学位，1956 年获化学专业哲学博士学位。1956～1964 年在美国加利福尼亚理工学院任博士后研究员和高级研究员。1957 年入美国籍。1965 年任新组建的欧文加利福尼亚大学化学助理教授，担任多种行政职务，1972 年任教授，1987 年任化学系教授。1990 年任圣迭戈加利福尼亚大学副校长，后任代理校长，1996 年退休。

她的工作涉及有机反应过程研究。初期研究小环化合物（环丙烷和环丁烷的衍生物）和二配位碘化物（碘鎓）反应过程。20 世纪 60 年代初，开始采用核磁共振、分光镜等新技术来处理有机化学的结构和过程，聚集双烯（具有相邻双键的烃）与卤素和有关化合物的反应。研究含硫有机分子的反应过程，由于许多蛋白质、辅酶、激素分子都有 C—C、S—S 键，因而此领域的研究还关系到生物化学。后期工作涉及有机物在气相中的反应过程。对酰基转移反应过程进行了广泛研究，该反应存在于已知的许多重要有机化学和生物化学反应中。1964 年与 J. D. 罗伯茨共同编撰出版教材《有机化学基本原理》，受到普遍欢迎与使用。1975 年获美国化学学会加尔文奖章。 （楼书聪）

沃，J. S. （Waugh，John Stewart） 美国人，1929 年 4 月 25 日生于美国康涅狄格州威利曼蒂克。物理化学、磁共振技术、波谱学。

1949 年获达特茅斯学院文学士学位。1953 年在加利福尼亚理工学院获哲学博士学位。同年在马萨诸塞理工学院执教，1973 年任教授。1962 年入选美国文理科学院院士。1974 年入选美国国家科学院院士。1989 年获达特茅斯学院荣誉理学博士学位。

和黑伯伦（U. Haeberlen）共同提出相干平均理论。还和同事设计出一种脉冲序列，用这种序列测定固体核磁共振谱，可以由它的平均作用消除自旋-自旋相互作用造成的谱线加宽，继续保留了反映分子空间取向特征的化学位移。以后针对不同情况又提出一系列不同实验方法，包括利用高丰度氢核的磁化向低丰度碳 13 核转移提高碳 13 谱线强度，用降低魔角旋转速度重新获得失去的化学位移与方向关系的信息。这些发现，使核磁共振在固体研究中广泛地被采用，为此在 1976 年获兰茂尔奖章。代表著作有《固态物理新核磁共振法》（1978 年）、《磁共振的进展》（1982 年）等。1983 年获沃尔夫化学奖（与其他两人分享）。

（温敬铨）

考夫曼，J. J. （Kaufman，Joyce Jacobson） 美国人，1929 年 6 月 21 日生于美国纽约。量子化学、物理化学、药物化学、计算机应用。

犹太裔。1949 年获约翰斯·霍普金斯大学物理化学理学士学位，1960 年获该校哲学博士学位。毕业后在马里兰州陆军化学中心工作。后在玛丽埃塔公司高级研究院工作。曾以访问学者身份去瑞典、巴黎等地大学。1969 年任约翰斯·霍普金斯大学医学院麻醉科副教授、化学系首席研究员，后任化学教授。1964 年任国防部顾问。1970 年任美国国家卫生研究院顾问。1973 年任美国国家科学院核科学委员会委员。1981 年当选为欧洲文理科学院外籍院士。

她具有多学科的研究才能，被誉为分子-离子反应理论权威。研究工作突出之处是融合量子化学前沿和精细实验化学物理-物理化学的研究。编写电子计算机程序，把全价电子三维量子化学计算应用于药物或生物分子，由此描述控制神经病症状作用的药物分子中药效原子群的拓朴学片段和电子分布，从而设计并合成这类药物。此后，在麻醉药方面也进行了类似的工作，并发现麻醉药的亲脂性与 pH 的关系；还从物化数据和细胞培养试验检测致畸形药物。发表和出版 300 余篇（部）论著。1973 年获美国化学学会加尔文奖章、马里兰化学奖。 （周忠勋）

林励吾 （Lin Liwu） 中国广东省人，1929 年 10 月 14 日生于广东汕头。物理化学、催化化学、石油化工。

1952 年浙江大学化工系毕业。同年起一直在中国科学院大连工业化学研究所（今大连化学物理研究所）工作，1978 年任研究员，先后任多相催化研究室主任、所学术委员会主任、催化国家重点实验室学术委员会主任等职。兼任辽宁省科学技术协会常委、《催化学报》主编等职。1993 年当选为中国科学院学部委员（院士）。2008 年当选为英国皇家化学学会外籍会员。

20 世纪 50～60 年代，参与主持完成煤焦油中压加氢攻关，并在中国率先实现其工程化，突破了人造石油工业中高压加氢的传统思路；提出“电子-酸性催化剂相互作用”理论，成功研制加氢裂化 219 催化剂及其新工艺，在中国首次实现从煤油馏分中加氢异构裂化制取航空煤油，并很快建成年产 30 万吨大型装置，解决了国家燃眉之急，获 1964 年国家发明奖二等奖。70 年代，与合作者研制中国第一代多金属重整催化剂，性能达到国际先进水平，获国家石油部优秀科学技术成果奖一等奖、1978 年全国科学大会奖。80～

90年代及后，研制出长链烷烃脱氢催化剂，生产洗涤剂原料；首创络合制备 NDC-2 等铂锡催化剂的新方法，性能优于国际同类产品；在催化剂制备、烃类转化、以煤和天然气为原料的氯化学等领域，提出担载型双金属催化剂“夹心模型”等一系列创新性概念；长期主持研制肼分解催化剂等航天航空催化新材料，已用于中国“神舟”系列安全保障系统，确保成功发射和着陆，例如“神舟5号”着陆点实际值与理论值仅差4.8千米，其中催化科学发挥了非常重要作用。发表论文逾200篇。先后获国家和省部级奖励10余项；1998年获何梁何利科学与技术进步奖。（李啸虎）

豪斯，H. O.（House，Herbert Otis） 美国人，1929年12月5日生于美国俄亥俄州威洛比，2013年10月2日卒于佐治亚州阿尔弗莱塔。金属有机化学、反应动力学、化学工程。

1947年高中毕业时，因化学竞赛卓越获西屋科学天才奖（两得主之一）。1950年获迈阿密大学理学士学位。1953年在伊利诺伊大学获博士学位。1955～1959年作为斯隆研究员，先后在伯克利加利福尼亚大学、英国牛津大学任客座教授。1964年在马萨诸塞理工学院任有机化学教授。1970年任佐治亚理工学院化学教授，1990年退休为荣誉教授。

毕生从事于改进现有的有机合成方法，发展新的合成方法，致力形成标准的合成方法。研究重点之一是多环系统的合成、重排。特别强调烯醇金属在选择性反应中的用法。1963～1977年，与同事致力于发展一个不对称酮合成烯醇金属的方法，使之用于合成。1970年发现有机铜化合物可作为化学选择性试剂。

发表180余篇论文；重要著作有《现代合成反应》（1965年初版，1972年再版）、《强化合成程序的特异性》（1980年）、《控制反应的结构特异性》（1983年）等。因在合成有机化学方面的创造性工作，获美国化学学会两次奖励。（周志高）

孙家钟（Sun Jiazhong） 中国天津市人，1929年12月7日生于中国天津。物理化学、量子化学、配位化学、胶体化学。

1952年毕业于燕京大学化学系。同年起一直在吉林大学化学系任教，1978年晋升为教授兼新成立吉林大学理论化学研究所副所长，1984～1990年任所长，1989年起一直任理论化学计算国家重点实验室主任。1991年当选为中国科学院学部委员（院士）。

半个世纪多主要从事理论化学教学和研究，在量子化学的多体理论和配位场理论研究方面作出了重要贡献。在量子化学领域，解决了非对称陀螺分子间相互作用问题；将拉卡（Racah）代数引入配位场，提出分子壳模型理论。在配位场理论研究中，将配位场参数拟合方法发展成新的多体理论，成功地用于稀土化合物晶体的电子结构的研究；揭示二阶约化密度矩阵的拓扑空间几何性质；在国际上首次建立双电子函数多组态自洽场方程；得到以前多重散射 Xα 自洽场方法中所缺少的原子氛重叠作用项，扩展应用范围，构建严格的 Xα 理论。在高分子固化理论和标度理论研究方面，建立溶胶-凝胶分配新的关系式，提出等价的3种凝胶点的概念，得到计算高分子矩的精确公式。在高分子统计领域，揭示高分子固化的相变临界行为，阐明固化过程中溶胶-凝胶相转变的本质，得到广义标度律。后主要在含时多体理论和微观反应动态学方面开展研究。

发表学术论文近200篇；主编《量子化学中的不可约张量方法》，参编《配位场理论方法研究》（1982年中、英文版，与他人合著）、《配位场理论方法补编》（中、英文版，与他人合著）和《约化密度矩阵引论》等专著4部。多次获国家和省部级奖励，其中参加完成的《配位场理论方法研究》获1982年国家自然科学奖一等奖。（夏蔚军）

朱永䞣（Zhu Yongjun） 中国安徽省人，1929年12月15日生于上海。萃取化学、放射化学、核化学化工。

原籍安徽泾县。出身实业家家庭。1951年清华大学化学系毕业。留校任教，1956年后任该校工程物理系工程化学研究室副主任，1971年起一直在核能技术设计研究院工作，1978年任教授。兼任中国核化工学会副理事长、中国核化学与放射化学学会副理事长、《核化学与放射化学》副主编等职。1993～1995年国际理论化学与应用化学联合会放射化学与核技术委员会委员。1995年当选为中国工程院院士。

长期从事锕系元素萃取化学及工艺、高放射性废液分离化学的研究与教学。20世纪60年代，致力于核燃料后处理化学工艺，参与主持开发成功磷酸三丁酯溶剂萃取法，取代传统低效的沉淀法并顺利用于核工业生产，为中国第一颗钚原子弹和氢弹的研制成功解决钚装料等关键问题，节省大量国家投资，提前建设进度，并使中国在核燃料后处理这一重要领域赶上国际先进水平。80年代以后，主持“高温气冷堆钍铀燃料后处理工艺”，研究钍燃料后处理工艺和装备，论证技术可行性；研发成功从高放射性废液中去除锕系元素的三烷基氧膦萃取流程，可使高放射性废液非α化，提出的超铀元素可用中子嬗变成短寿命核素，从而使核废物长期毒性大大降低，被国际核能界评为当时世界上两大优秀流程之一；发现高选择性萃取剂二硫代二烷基膦酸，建立分离镅元素和裂变稀土产物的萃取体系，其分离系数为当时国际上已知最高值，而且不用络合剂，有工业规模的应用前景。

获1978年全国科学大会奖、1993年国家自然科学奖三等奖、1998年国家发明奖二等奖、国家教委科学技术进步奖一等奖、中国科学院科学技术进步奖二等奖等多项国家和省部级奖励；另获1999年何梁何利科学与技术进步奖。（李啸虎）

卡普拉斯，M.（Karplus，Martin） 美国和奥地利双重国籍，1930年3月15日生于奥地利维也纳。物理化学、量子化学、核磁共振谱学、计算机应用技术。

出身于有影响的犹太知识家族，祖父曾是维也纳大学著名精神病学教授。1938年3月纳粹德国吞并奥地利后数天，他随家人出逃瑞士和法国，数月后移民美国。1950年获哈佛大学文学士学位。师从L. C. 鲍林（两次诺贝尔化学奖得主），1953年获加利福尼亚理工学院化学博士学位。同年到牛津大学进行博士后研究。1955年任教伊利诺伊大学。1960年任教哥伦比亚大学。1967年任教哈佛大学化学与化学生物学系，1979年任理查兹化学讲座教授。同时兼任法国国家科学研究中心和斯特拉斯堡大学生物物理化学联合实验室主任。是国际量子分子科学院院士。他的兄弟R. 卡普拉斯（Robert Karplus）是国际知名的美国精神病学家和教育家。

利用计算机进行化学反应模拟的主要先驱者之一。在物理化学的诸多领域都有贡献，其中包括核磁共振光谱学、化学动力学和量子化学，尤其是生物大分子的分子动力学模拟。早在20世纪70年代起，就开始研究如何在计算机上模拟化学实验。他带领的研究团队所开发的计算机程序，其中开创和发展了业已成为“坐标参考系”的计算机分子动力学模拟程序（CHARMM）等多种软件包，可以同时利用量子物理原理和经典物理原理的结合来模拟复杂的化学反应过程。从头计算、半经验性量子力学、理论和计算的统计力学，经典的和量子的动力学方法以及其他方法，包括核磁共振实验，都在他的化学研究中获得有效应用。特别是对核自旋－自旋耦合和电子自旋共振谱的理解方面，提出了耦合常数和二面角之间相关性的卡普拉斯方程（Karplus equation），后广泛用于描述和分析蛋白质等生物大分子的核磁共振光谱。目前，他的研究兴趣主要关注同生物学密切相关的分子动力学性质，理解生物蛋白质大分子的几何形状、电子结构。

由于“为复杂化学系统发展了多尺度模型”，“将实验带入网络空间”，与美国的M. 卡普拉斯、M. 莱维特三人同获2013年诺贝尔化学奖。瑞典皇家科学院在颁奖声明中说，从20世纪70年代以来，“他们进行的工作使利用计算机描绘神秘的化学过程成为可能”，从而率先改变了传统的化学研究方式，为化学的计算机化奠定了基础。与此同时，他们通过开发各种计算机模型及其软件，首次在经典物理学和量子物理学“这两个世界之间开启了一扇大门”。三人所发明的多尺度模型具有普遍意义，可用来研究各种各样的化学过程，例如从生命分子到工业化学工程等，不仅有助于人们加深对化学过程的深入理解和理论预测，而且可以最大限度地利用催化剂，优化太阳能电池、机动车燃料，设计新药物、新材料等等。由于他们的开拓性贡献，“对化学家来说，目前计算机是一种与试管同等重要的工具”。时至今日，当代化学和化工领域所取得的大部分重要进展，都离不开计算机模型的强有力帮助。

主要著作和教材有：《原子和分子：学生物理化学入门》（1970年，与他人合著）、《蛋白质：动力学、结构及热力学的理论透视》（1988年，与他人合著）、《生物分子模拟》（2006年）等。除诺贝尔化学奖外，还获2001年安芬森奖等多种奖项。他不只是个著名化学家，还是个出色的摄影爱好者。从20世纪50年代开始，在学术研究之余遍游欧洲、亚洲和南美等许多地方，并且举办过多次摄影展。（李啸虎）

科顿，F. A.（Cotton, Frank Albert） 美国人，1930年4月9日生于美国宾夕法尼亚州费城，2007年2月20日卒于得克萨斯州科内奇斯代逊。无机化学、有机金属化学、生物化学、核磁共振波谱学。

早年求学于德雷克塞尔大学。1951年获坦普尔大学文学士学位。1955年获哈佛大学哲学博士学位。同年任马萨诸塞理工学院讲师，1961年晋升为教授。1972年迁至得克萨斯州，成为农业与机械大学韦尔奇化学讲座教授，一年后任杰出教授兼分子结构与耦合实验室主任。1962年入选美国文理科学院院士。1967年入选美国国家科学院院士。是俄罗斯、中国、英国、法国和丹麦等国科学院外籍院士。曾获29个国内外大学荣誉博士学位。

最重要的贡献是发展过渡金属的非维尔纳化学，发现几类重要金属原子簇化合物，并阐明其结合原因。1964年首先提出存在四重键，即在两原子间共享4对电子的键，后又发现金属原子间的双键和三键。是首先研究有机金属化合物立体化学的非刚性性质的科学家之一，对此领域的早期发展作出了贡献。也是首先指出用核磁共振光谱测定流变分子重排过程的机理和速率的学者之一。1966年认为称为羰基争夺型的立体化学非刚性性质是双核及多核金属羰基分子的特性，其工作阐明了目前所认为的争夺方式的所有基本类型。还研究结构生物化学。1964年与他人一起研究葡萄球菌原的核酸酶的高分辨率。1969年获0. 22纳米的核酸酶图形。此核酸酶结构和一些典型化合物结构提供了精氨酰基如何与磷酸盐相互作用的第一次图像证据。

发表科学论著1700余篇（部）；代表著作有《高等无机化学》（1962年初版，1972年第3版，与威尔金森合著）、《群论在化学中的应用》（1963年初版，1971年第2版）等。1962～1978年先后获得美国化学学会、美国地区化学学会、伦敦化学学会、耶鲁大学等机构各种奖励11次，其中重要者有1982年美国国家科学奖章，1998年美国化学学会最高奖普里斯特利奖章，2000年沃尔夫化学奖等。（楼书聪）

刘业翔（Liu Yexiang） 中国湖北省人，1930年9月1日生于湖北武汉。电化学、冶金工程。

1953年中南矿冶学院（后易名中南工业大学，今中南大学）冶金系毕业。留校任教。1979～1982年在挪威理工大学电化学研究所做访问学者。1983年起任中南工业大学（今中南大学）教授、系主任、冶金研究所所长；1986年起先后任该校副校长、校长等职。兼任中国有色金属学会常务理事及轻金属冶金学术委员会主任等职。1997年当选为中国工程院院士。

长期从事有色金属冶金，特别是电化学冶金节能技术的研究与应用。率先在国际上开发研究1 000℃下的高温熔盐电解电催化技术，找到一种适合于铝电解的具有电催化功能的掺杂剂，该技术1989年通过部级鉴定后向全国铝厂推广应用，经济效益和社会效益突出。主持研究的“锂盐阳极糊生产节能技术”获1991年中国有色金属总公司科学技术进步奖一等奖、1992年国家教委科学技术进步奖一等奖、1992年国家科学技术进步奖一等奖等多项奖励。后又继续深入研究和改进电极材料，从数十种化合物中筛选出一批尖晶石类化合物，制成具有高温电催化活性的电极，受到国际同行的重视。功能电极材料硼化钛（TiB_2）的生产及其涂层阴极技术、铝电解过程优化与自控方法及其装置，获多项国家专利并被推广应用，经济效益显著。

发表“锌电解节能惰性阳极的研究”等论文150余篇；撰有《轻金属冶金学》（1960年，与他人合著）、《熔盐化学》（1989年）、《功能电极材料及其应用》（1996年）、《现代铝电解》（2008年与他人合著）等专著；获奖还有：1996年湖南省最高科技奖——光召科技奖，1997年获省“科技之星”称号，1998年中国光华科学技术奖二等奖等。（顾亦健）

铃木章（Suzuki，Akira） 日本人，1930年9月12日生于日本北海道鹉川町。有机化学、催化化学、化学工程。

在日本苫小牧高等学校（今北海道苫小牧东高等学校）毕业后，入北海道大学理学部化学科就读；本科毕业后在该校继续完成研究生教育，1960年获北海道大学大学院理学部研究科化学专业理学博士学位。留校任助理教授，1961年任工学部副教授，1973年任工学部教授，1994年退休。期间1963～1965年，在美国普渡大学H. C. 布朗（1979年诺贝尔化学奖获得者）教授指导下完成博士后研究。退休后，1994～1995年在冈山理科大学，1995～2002年在仓敷文理大学等多所高等学校执教。

1972年，美国化学家R. F. 赫克率先发现，不用高温和高压，用钯作催化剂就可使原来不活泼的碳原子相互接近而加速发生反应，使不饱和卤代烃和烯烃产生偶联反应，而且避免产生杂乱的副产品。但是，这种被称为“赫克反应”的新发现一时并没有引起化学界普遍的重视。1977年，日本的根岸英一对赫克反应进行精炼，他使用一种有机钯氯化物作为催化剂。在前两人研究基础上，1979年，铃木章发现使用有机钯硼化合物的效果和效率会更好，并对赫克的理论作出补充和完善，把研究范围扩展到更多有机分子。

有机化学中的最经典合成方法（以发明者冠名的有机反应）有200多个，铃木章的初衷是“要研究出一种能载入教科书的合成法”。虽然他的相关论文数量并不多，而且大多用日文发表在日本的学术刊物上，但是他的研究工作非常慎重而严密，研究成果经得起同行的任何验证。为了证实自己的研究结果具有可重复性，不惜花重金购买全套当时最先进的实验设备，采用各种外来试剂进行反复实验，在完全证明“铃木反应”无可辩驳后，他才放心发表论文。由于三人独立的共同努力，钯催化偶联反应才成为日后发现和实现其他众多偶联反应的基础。

因在“有机合成中的钯催化交叉偶联反应”领域有奠基性贡献，与R. F. 赫克、根岸英一共同获得2010年诺贝尔化学奖。诺贝尔化学奖评审委员会认定，三人的研究成果向化学家们提供了“精致工具”，强调“至今极少有化学反应能像钯催化交叉偶联那样提高有机合成效率，从而改变了化学合成方式”，大大提升创造复杂化学物质的可能性。这一技术现已广泛运用于医药、农业、塑料、液晶行业和有机光能电池等的先进技术中。世界数家大型制药公司开始使用这个反应生产可治疗高血压、肾脏病等方面的药物，其中日本医药公司用铃木反应生产的降压药，2009年在日本国内就有1400亿日元（约120亿人民币）的销售额。最近几年，电子领域也开始瞩目铃木反应，相关成果不断被推出，手机等高清屏幕上使用的有机电子发光材料（OLED）便是其中的一种。

除诺贝尔化学奖外还获：1986年韦斯伯格-威廉斯讲演奖、1987年韩国化学学会奖、1989年日本化学学会奖、1995年日本道伊兰生物技术与农业公司讲演奖、2000年美国化学学会布朗讲演奖、2003年日本学士院奖、2010年日本“文化功劳者”荣誉称号和文化勋章等。（李啸虎）

菲克斯曼，M.（Fixman，Marshall） 美国人，1930年9月21日生于美国密苏里州圣路易斯。高分子化学、物理化学、统计力学、计算机应用。

1950年毕业于华盛顿大学圣路易斯分校。1954年获马萨诸塞理工学院哲学博士学位。1956～1959年在哈佛大学任教。以后又在美国其他几所高等学校任教。1973年任耶鲁大学化学教授。1979年任科罗拉多州立大学化学教授，直至退休。是《化学物理》杂志副主编。1973年当选为美国国家科学院院士。

早年研究气体和液体的统计力学，在当研究生时就研究了稀释聚合物溶液的理论。以后主要从事聚合物运动的理论研究，特别着重于塑料的介电性质和机械性能的研究。凭借对模型的发展和物理洞察力，完成了聚合物运动的计算机模拟。获美国化学学会1964年理论化学奖、1991年高分子化学奖。（蔡祺德）

肖万，Y.（Chauvin，Yves） 法国人，1930年10月10日生于比利时梅嫩，2015年1月27日卒于法国图尔。有机化学、催化化学、石油化学工程。

1954年毕业于法国里昂大学化学物理与电子学学院。1960年任法国石油研究院研究工程师，1991年

任该院主管研究与开发的副院长，1995年退休任荣誉院长。兼任里昂大学化学物理与电子学学院表面有机金属化学实验室名誉主任。是法国科学院院士。

在烯烃复分解领域作出了重大贡献。他的研究涉及均相催化和聚合反应的各个广阔领域，其中包括应用稀土元素合成二烯低聚化合物、羰基化合物、天然的和人造的α-氨基酸，以及熔盐的均相催化等。20世纪60～80年代，参与和主持研究如何将热力学和动力学原理应用于化学工程，开发可促进烯烃复分解反应的催化剂，实现“换位合成法”的催化循环工艺。烯烃是含有碳-碳双键的不饱和烃，在烯烃复分解反应中，烯烃中连接两个原子的双键各自断裂，互换位置，重新组合成为两个新的烯烃。1971年，他和自己的学生J. -L. 赫里森（Jean-Louis Hérrison）共同发表论文，用实验证据率先阐明亚烷基金属引发烯烃复分解反应的内在机理，5年后被美国研究人员重新发现，后被学术界称为肖万机理；70年代，他首次研制出稀土金属羰基络合物作为烯烃复分解反应的催化剂，在数年后成为学术界一个活跃的独立研究领域；首次提出一组首尾相接的催化循环运作工艺，从而为烯烃复分解反应的迅速发展和大规模应用奠定了坚实基础。在此基础上，提出合成汽油的丙烯二聚物工艺，这是70年代开发均相催化技术的关键一步，目前全世界有30余个大型企业仍在采用这一技术；相继开发出在液相反应器中通过均相催化使聚合级乙烯齐聚的多种新工艺，其中α-选择法可生产丁烯-1、己烯-1、辛烯-1和癸烯-1等，溶剂循环使用，低聚物副产品还可回收，大幅降低生产成本，具有巨大的经济效益和环境效益，目前在全世界广泛采用这些技术。换位合成法已广泛应用于化学工业，为设计和合成具有特殊性质的聚合物、塑料和药物等展示了光明前景，也为发展有利于环境保护的绿色化学开辟了新道路。

拥有许多化学工程专利；发表有数十篇重要论文；与他人合著有《石油与天然气科学技术》（1974年）等。由于换位合成法的杰出贡献，他与为了实现这一机理研究催化剂配置的美国化学家R. H. 格拉布斯、R. R. 施罗克三人共同分享2005年诺贝尔化学奖。

（宣焕灿）

李正名（Li Zhengming） 中国上海市人，1931年1月2日生于中国上海。有机化工、农药化学、生物化学。

祖父曾任上海南洋公学（交通大学前身）提调（相当于副校长）；父母都是留美归国的大学教授。他于1953年获美国厄斯金大学化学系学士学位。同年回国。1956年南开大学研究生毕业。后留校任教。1980～1982年在美国联邦政府农业研究中心当访问学者。历任南开大学化学系教授、元素有机化学研究所所长、化学院副院长、元素有机化学国家重点实验室主任、国家农药工程研究中心主任。兼任天津科学技术协会副主席、国际理论化学与应用化学联合会资深评议员等职。1995年当选为中国工程院院士。

长期从事有机化学、农药化学领域的科学研究与教学工作。对澳洲原始小蜂、槐与茶尺蠖、茄科植物等的超微量信息物质进行分离、鉴定与合成；主持研制高效杀菌剂粉锈宁新合成工艺；创制超高效除草剂品种92825等有机农药，从理论上修改了国际上有关磺酰脲除草剂构造-功效关系的部分结论；揭示了具有相同化学结构的不同立体构体对其物化性质、生物活性和反应性能的细微影响。

获国家专利6项；发表学术论文200余篇；出版著作《无公害安全食品生产技术》（2002年，与他人合著）等5部。获国家和省部级奖励10余项，其中“有机磷生物活性物质与有机磷化学”获1987年国家自然科学奖二等奖，“粉锈宁新技术开发”获1993年国家科学技术进步奖一等奖。1995年在日本农药学会二十周年庆典会上被授予外国科学家荣誉奖。

（李啸虎）

刘伯里（Liu Boli） 中国江苏省人，1931年1月29日生于江苏常州。核化学、放射化学、药物化学、化学工程。

1953年毕业于华东师范大学化学系。一直在北京师范大学任教，1983任教授兼化学系副主任，后任应用化学研究所所长，1993年任应用科学与技术学院院长。1980～1990年间，先后在日本九州大学、美国纽约州立大学、加利福尼亚大学、宾夕法尼亚大学任客座教授。兼任中国核学会核化学和放射化学学会副理事长、中国核学会同位素学会常务理事、国家同位素工程技术研究中心工程技术委员会委员等职。1997年当选为中国工程院院士。

早期从事研究核燃料后处理工程低放裂变废液处理、核爆炸裂变产物污染苦咸水的去污、核潜艇原子反应堆第一回路水放射性的净化，以及从高放裂变废液中提取铯-137、锶-90等裂变产物，为中国核工业和军事工业发展作出重要贡献。20世纪70年代后，致力于放射性药物的研究，开发研究锝（^{99}Tc）、碘（^{123}I与^{131}I）、溴（^{77}Br与^{82}Br）、氟（^{18}F）、砹（^{211}At）、镓（^{67}Ga与^{68}Ga）、铟（^{111}In与^{113}In）、铊（^{201}Ta）、铜（^{64}Cu）和硫（^{35}S）等10余种核素的放射性药物，特别在锝药物的理论设计和开发应用方面，取得了一系列开创性成果，创造了很大的社会效益和经济效益。首创用于放射性药物标记的新工艺湿热熔融标记法，以及实现低温快速同位素交换的冠醚介质催化交换法。研制出铟和镓两种新的同位素心肌显像剂。撰有论文近200篇。1997年获国家教委甲类科学技术进步奖二等奖、1999年国家科学技术进步奖二等奖等多项奖励。

（顾亦健）

刘元方（Liu Yuanfang） 中国浙江省人，1931年2月7日生于上海。核化学、放射化学、同位素化学、化学工程。

籍贯浙江镇海。1948～1949在上海沪江大学化学系求学。1952年毕业于燕京大学化学系。同年起一直在北京大学任教，1983年任技术物理系教授。80年代，在美国劳伦斯-伯克利国家实验室进修。2006年任上海大学纳米化学与生物学研究所所长。1993～1995年兼任国际理论化学与应用化学联合会放射化学与核技术委员会主席。1990～1997年任中国化学会核化学与放射化学委员会主任。曾任瑞士国家反应堆研究所客座科学家等职。1991年当选为中国科学院学部委员（院士），1992～2004年任化学学部副主任。2008年当选为英国皇家化学学会会员。

20世纪50～60年代，参与建立中国第一个放射化学专业，在中国率先进行热原子化学研究；1960年主持建成中国第一台每分钟5万转的浓集铀235（^{235}U）气体高速离心机。70～80年代，建立一套有效的快速化学分离程序，利用重锕系元素核反应，首次从几十种元素中直接制得锫251（^{251}Bk），并在γ能谱测量中发现两条新谱线，重制^{251}Bk的衰变纲图（简称为核衰变数据）；建立先进流程，从核燃料废液中成功提取铑（Rh）、钯（Pd）、锝（Tc）等稀有贵重金属；系统研究放射性核素标记抗癌单克隆抗体化学，并用于癌症放射免疫定位诊断，其中铟（^{111}In）标记化学等成果具有国际先进水平；开发出从金川矿中提取铑和铱的新方法，获国家教委科学技术进步奖一等奖。90年代起，最先从生物体提取与稀土相结合的蛋白质，测定分子量和结合常数；开展生物-加速器质谱学研究，例如利用加速器质谱法测定尼古丁和DNA（脱氧核糖核酸）组蛋白的加合，揭示了尼古丁是潜在的致癌物；担任国际理论化学与应用化学联合会放射化学与核技术委员会主席期间，组织委员会成员完成一批高水平学术研究报告，其中他本人完成金属螯合物用放射性标记单克隆抗体、加速器质谱法在痕量同位素和元素分析中应用等课题，获得较高评价。

发表论文百余篇，编有《刘元方文集》（1999年）；出版《放射化学》（1988年）、《核化学与放射化学》（2007年）等专著3部。（李啸虎）

卓仁禧（Zhuo Renxi） 中国福建省人，1931年2月12日生于福建厦门。高分子化学、生物化学、药物化学、化学工程。

实际出生日期为8月27日，生于厦门鼓浪屿卓家。父亲是厦门著名实业家，为纪念他一个在2月12日出生当年就夭折的弟弟，父母把他的生日改为2月12日。1953年复旦大学化学系毕业，后一直在武汉大学任教，教授，任化学系主任，国家教育部生物医用高分子材料开放研究实验室主任。1983～1984年在美国耶鲁大学做访问学者。兼任中国生物材料委员会副主席、武汉市科学技术专家委员会主席、《离子交换与吸附》副主编等职。1997年当选为中国科学院院士。他的10位兄弟姐妹中有不少成为中、美等国的科学和艺术方面的名人。

在有机硅化学、生物医学高分子等领域的研究中成果卓著。20世纪70年代，开始生物活性有机硅化学、有机硅液晶方面的理论和应用研究，主持研制成功有机硅光学玻璃防雾剂保护涂层，并应用于多种器材的有效防护；发明彩色录像磁带粘合剂及助剂等。80年代，系统研究生物可降解高分子如聚磷酸脂、聚脂、聚酸酐等的分子设计、合成方法、表征及其生物医学应用；改进长链烷基三甲氧基硅烷合成方法；在聚磷酸酯合成方法研究中，发现新的溶液缩聚催化反应、脂肪酶催化含磷环状单体的开环聚合反应。90年代起，开展肝靶向性磁共振造影剂研究，取得多项基础性成果；参与和领导研究核苷铂化合物合成、高分了抗肿瘤活性药物，取得重要进展。

已发表论文200余篇。多次获奖，其中有1978年全国科学大会奖2项，1983年国家科学技术发明奖三等奖，1991年国家教委科学技术进步奖一等奖，1998年教育部科学技术进步奖一等奖，1999年国家自然科学奖三等奖等。（雷旭升）

布雷斯劳，R.（Breslow，Ronald） 美国人，1931年3月14日生于美国新泽西州罗韦。有机化学、药物化学、化学工程。

物理学家A. 布雷斯劳（Alexander Breslow）的儿子。1952年、1954年和1955年，先后在哈佛大学取得文学士、文科硕士和哲学博士学位。在英国剑桥大学从事博士后研究一年。后到哥伦比亚大学任教，1962年为化学教授，1976年任化学系主任，1966年入选美国国家科学院院士，1974～1977年任该院化学部主任。1996～1997年任美国化学学会会长。是美国文理科学院院士。是美国哲学学会会员。是欧洲科学院外籍院士，英国皇家学会外籍会员。

1967年合成环丙烯正离子$C_3H_3^+$，并证明它确为E. 休克尔的分子轨道理论预言的最简单的芳香体系，这项成就引起了制备非芳香族芳香化合物的热潮。合成如环丙烯负离子这样的不稳定化合物，并定义为反芳香化合物。由于量子化学理论未曾明确预言这类化合物的性质，所以这项发展对化学理论发展有强烈促进作用。还发现焦磷酸硫胺素复杂分子中的某一部分才具有生化活性，因而可推导出详细的维生素B_1生化作用机理，并成功研发一种新的化学合成法，即用简单分子去摹拟酶的生化反应，可的松的合成即其一例。共同研发新药物组蛋白去酰化酶抑制剂（药名“伏立诺他”），被批准用于治疗皮肤T细胞淋巴瘤。

发表论文400余篇；著有《有机反应机理》（1966年）等。获1991年美国国家科学奖章，美国化学学会1966年理论化学奖、1999年普里斯特利奖章、2006年奥思默金奖、2010年珀金奖章等多种大奖。（董晨空）

梁敬魁（Liang Jingkui） 中国福建省人，1931年4月28日生于福建闽侯。物理化学、晶体结构化学、材料科学、仪器研制。

出身工人家庭。1955年厦门大学化学系毕业。1956～1960年在苏联科学院巴依科夫冶金研究所留学，获技术科学副博士学位。1960年回国，先后任中国物理研究所晶体学研究室副主任、相图与相变研究室主任，研究员。1984～1987年任中国科学院福建物质结构研究所所长。1987年起，一直任中国科学院物理研究所研究员、物理研究所和凝聚态物理中心学术委员会副主任。兼任中国晶体学会副理事长、福州结构化学国家重点实验室学术委员会主任、《物理学报》和《结构化学》杂志副主编等职。1993年当选为中国科学院学部委员（院士）。

长期从事晶体结构化学、材料科学和固体物理交叉领域研究。20世纪60年代，首创核试验瞬时过程测温装置，沿用至今，获1978年中国科学院重大成果奖。70～80年代，采用晶体点限常数的精确测量，首次发现铜-金二元系中一系列新的超结构现象；建立和完善X射线粉末衍射技术，进行功能材料的多晶结构分析；应用相图理论与方法，在多元硼酸盐体系中确定具有倍频效应的物质，成功解决低温相的单晶体生长原理问题；参与发现高温氧化物体系超导体，获1989年国家自然科学奖一等奖。90年代起，进行液氮温区氧化物超导体的合成、相关系和晶体结构研究，获1991年国家自然科学奖三等奖；提出确定超导体结构类型和原子粗略位置的简便方法，发现铊系中两种结构类型的8种超导相晶体结构；开发过渡族金属磁性材料和高温氧化物超导材料。

发表论文300余篇，与他人合撰《相图与相结构》（2卷，1993年）、《高温氧化物超导体系相关系和晶体结构》（1994年）等，后者获1995年全国优秀科学技术图书奖二等奖。1999年获何梁何利基金科学与技术进步奖。

（李啸虎）

沈之荃（Shen Zhiquan） 中国上海市人，1931年5月27日生于上海。有机金属化学、高分子化学、催化化学、材料科学。

1952年上海沪江大学化学系毕业。1952年在苏州大学任教，1962年任中国科学院长春应用化学研究所副研究员、研究室主任。1980年起一直在浙江大学任教，1984年晋升教授，历任化学系主任、高分子研究所所长。兼任中国化学会常务理事、浙江省科学技术协会副主席等职。1995年当选为中国科学院院士。

中国著名女化学家，长期从事高分子化学和材料科学领域的基础研究和应用研究，在创建中国稀土络合催化聚合学科方面作出重要贡献。20世纪60～70年代，研制成功稀土双烯烃定向聚合催化剂、三元镍系顺丁橡胶，获1978年全国科学大会重大科学技术奖2项；组织领导稀土催化剂定向聚合及其橡胶研究，1982年获国家自然科学奖二等奖；开发顺丁橡胶工业生产新技术，为成功地建立中国万吨级顺丁橡胶工厂作出突出贡献，获1985年国家科学技术进步奖特等奖。80～90年代，将稀土络合催化聚合研究推进发展到炔烃、环氧烷烃、环硫烷烃、交酯内酯、极性单体等聚合及固定二氧化碳 制备聚碳酸酯等领域，取得一系列创新成果，获1986年国家教委科学技术进步奖二等奖；稀土催化剂在高分子合成中的应用研究，获1993年国家自然科学奖三等奖。

已发表论文200余篇；出版著作《络合催化聚合合成橡胶》（1981年，与他人合著）、《烯烃双烯烃配位聚合进展》（1998年，与他人合著）等。获1994年光华科学技术奖一等奖，2001年度何梁何利科学与技术进步奖；还荣获1995年浙江省“十大杰出女性”、1998年第二届中国“十大女杰”称号。

（段建民）

苏锵（Su Qiang） 中国广东省人，1931年7月15日生于广东广州。无机化学、稀土化学、催化化学、材料科学。

1952年北京大学工学院化工系毕业。后一直在中国科学院长春应用化学研究所工作，研究员，历任稀土研究室主任、研究所学术委员会主任。曾应邀赴法国和德国作访问学者。兼任中国稀土学会发光专业委员会主任、中国发光学会副理事长、《中国化学》等刊副主编。1995年当选为中国科学院院士。

20世纪50～60年代，参与筹建中间工厂从独居石和包头稀土尾矿中提取分离稀土，及时为合成石油提供催化剂；提出工业用铈（Ce）湿法空气氧化法、分离钇（Y）的萃取法；开展稀土配位化学、萃取化学等溶液化学的研究；创造可用普通仪器分析镧（La）、铈、钕（Nd）、铽（Tb）、镱（Yb）等稀土的方法。70年代以后，研制成功掺钕的铝酸钇激光晶体，用于炮兵测距；主持无机液体激光物质及稀土发光材料的研制与推广。80～90年代，合成一系列稀土无机和有机化合物，研究它们的光谱、发光性质和磁化学；首次实现铽和镨（Pr）的光氧化和四价铽的萃取分离；提出空气条件下使钐（Sm）、铕（Eu）、镱、铥（Tm）在一些硼酸盐发光材料中还原成二价的新合成法；与国外合作利用中国丰富而价廉的镝（Dy）制成高压汞灯中的发光材料；主持用可湿化学法获得高亮度、长余辉的新型发光材料，能发出绿、蓝、紫、红等色光，黑暗中肉眼可见达数十小时以上；制成玻璃、陶瓷等不同发光体模块；主持国家重点基础研究发展计划（“973”）项目中的“稀土功能材料的基础研究”等。

发表论文200余篇，出版论文集《稀土光谱》（1990年，英文版）；专著《稀土化学》（1993年）等数部。获钇-钡-铜-银-氧高温超导体发明专利等。因稀土的提取、分离、分析与应用工作，获得1978年全国科学大会奖等多项奖励。

（段建民）

赫克，R. F.（Heck, Richard Fred） 美国人，1931年8月15日生于美国马萨诸塞州斯普林菲尔德。有机化学、催化化学、化学工程。

1952年、1954年先后获美国洛杉矶加利福尼亚大学学士、博士学位。在瑞士苏黎世联邦理工大学从事两年博士后研究。后回母校任教。1957年到位于特拉华州威尔明顿的赫尔克里斯公司任职。1971年聘任特拉华大学化学与生物化学系化学教授，1989年退休为名誉教授。后旅居菲律宾安度晚年。2006年任加拿大女王大学访问教授。2010年获瑞典乌普萨拉大学荣誉博士学位。

1969 年起，他在实验室以芳基汞和石蜡为原料，开始研究芳基卤与烯烃的偶联有机化学反应。为了人工合成碳基材料，当时已有多种可使碳原子更具活性的技术，但只适于制造简单分子，因为合成更复杂的分子时往往会得到许多杂乱副产品。1972 年他率先发现，钯催化可使原来不活泼的碳原子相互接近而发生反应，而且避免了产生杂乱的副产品。当时他以唯一作者名义，在美国化学学会期刊上连续发表 7 篇系列论文，系统地介绍这项工作的全部成果。在强碱和钯催化下，不用高温和高压就可使不饱和卤代烃和烯烃产生偶联反应，这种反应被称为赫克反应。但其重要性一时并没有引起化学界的普遍重视。1977 年和 1979 年，日本的根岸英一和铃木章先后都对赫克的理论作出补充和完善，并使之更具操作性，把研究范围扩展到更多有机分子。直到 20 世纪 90 年代，人们才充分认识到钯催化交叉偶联反应的重要性，成为日后发现和实现其他众多偶联反应的基础，合成化学从此获得了突飞猛进的发展，已在全球的化学研究、药物和塑料研制、电子工业和农业生产等领域得到广泛应用。

诺贝尔化学奖评审委员会认定，三人的研究成果向化学家们提供了“精致工具”，强调“至今极少有化学反应，能像钯催化交叉偶联那样提高有机合成效率，从而改变了化学合成方式”，大大提升创造复杂化学物质的可能性。由于在有机合成反应中发现和发展了钯催化交叉偶联技术，赫克和根岸英一、铃木章三人共享 2010 年诺贝尔化学奖。

除发现卤代烃可通过与钯氧化加成而活化外，赫克还率先对 π-烯丙金属络合物进行结构分析，率先阐明烯烃氢甲酰化机理。

发表论文 200 余篇。除诺贝尔化学奖外，他还获美国化学学会 2005 年卡罗瑟斯奖、2006 年布朗合成方法创新研究奖，2011 年洛杉矶加利福尼亚大学西博格奖章等。（李啸虎）

江元生（Jiang Yuansheng） 中国江西省人，1931 年 8 月 18 日生于江西宜春。高分子化学、胶体化学、物理化学、理论化学。

1948～1950 年先后在中山大学数学系、化学系学习。1953 年武汉大学化学系毕业。1956 年吉林大学化学系研究生毕业。留校任教，1978 年起任教授。1983～1984年在美国康奈尔大学进行合作研究。1992 年起，任南京大学化学系教授，曾任校教学委员会主任。兼任世界理论有机化学家联合会特别理事、中国化学会常务理事兼物理化学专业委员会副主任、复旦大学等校兼职教授、《物理化学学报》副主编等职。1991 年当选为中国科学院学部委员（院士）。

长期从事理论化学教学和研究，在高分子统计理论、配位场理论、分子轨道图形理论等领域取得开创性成果。20 世纪 50～60 年代，探索高分子材料合成和改性理论新领域，采用无穷大分子模型推导出交联高分子凝胶量与交联度公式。70～80 年代，研究配位场理论获重大进展，出版专著《配位场理论方法》（1979 年）；研究分子中的近邻作用及其数学模型，用图形规则将简单分子轨道理论概括为 3 条定理，专著《分子轨道图形理论》（1980 年）有广泛影响；研究以图形收缩和扩张模拟同系分子降解和增长，他的构造内同谱图方法获国际高度评价。对共轭分子的芳香性理论提出以 5 参数的简化方案代替传统的 8 参数方案，并与实验结果符合。90 年代起，开展价键多体理论研究，达到国际同类研究最好水平；1997 年出版教材《结构化学》。此外，他是中国开展量子化学计算最早学者之一，在大分子团簇与固体的研究中获多项成果。

发表论文百余篇；专著教材数部。多次获奖，其中“交联高分子凝胶-溶胶问题”获 1978 年全国科学大会奖，“配位场理论方法”获 1982 年国家自然科学奖一等奖，“分子轨道图形理论方法及应用”获 1987 年国家自然科学奖一等奖。（张宏远）

沈家骢（Shen Jiacong） 中国浙江省人，1931 年 9 月 3 日生于浙江绍兴。高分子化学、化学动力学、化学工程、材料科学。

1952 年浙江大学化学系毕业。同年起一直在吉林大学化学系工作，教授，历任化学系主任、副校长，超分子结构与谱学教育部重点实验室主任、学术委员会主任。1984 年任美国犹他大学客座教授一年。兼任上海交通大学、复旦大学等校兼职教授、《高等学校化学学报》副主编等职。1991 年当选为中国科学院学部委员（院士）。

长期从事纯粹与应用化学的研究与教学，尤其在聚合反应动力学研究、特种高聚物分子设计合成与组装工程领域有所建树。运用模型与概率函数积木式地一步列出各种加聚反应机理的分子量分布公式，建立反应机理与分子量分布的定量关系；用分子模型法处理链段模型结构，建立较完整的共聚反应统计理论；用顺磁共振法首次跟踪本体聚合中自由基变化全过程，提出加聚反应图形分析方法，揭示聚合过程中自由基活性的微环境和扩散控制图像，构建其动力学模型等；开发出高折射指数的交联共聚型 JD 系列光学树脂；致力于超分子体系的组装、识别及信息功能的研究，在用合成与组装方法制备纳米级复合超微粒和超薄膜、酶的固定化等领域取得多项创新成果；主持“有机聚合物发光材料与器件基础性研究”重大项目，在新型发光配合物的设计、凝聚态结构与发光性质等方面的研究取得一系列成果。

发表论文近 200 篇；出版《聚合反应统计理论》等专著 3 部；专利多项。多次获奖，其中“高分子反应统计理论”和“聚苯醚砜光学塑料”获 1978 年全国科学大会奖 2 项；Ju 型高效凝胶色谱填料填补国内空白，获 1988 年国家发明奖三等奖；“高分子缩聚，加

聚和交反应统计理论”获1989年国家自然科学奖二等奖等。 （尤富强）

高世扬（Gao Shiyang） 中国四川省人，1931年12月15日出生于四川崇庆，2002年8月22日卒于陕西西安。盐湖化学、无机化学、物理化学。

1953年毕业于四川大学化学系。1953年在中国科学院长春应用化学研究所工作。1955年在中国科学院北京化学研究所工作，任助理研究员。1965年至去世前，在中国科学院青海盐湖研究所工作，历任副研究员、研究员、第三研究室主任、学术委员会副主任。1998年应邀到陕西师范大学工作，任校学术委员会副主任，化学与材料科学学院应用化学研究所所长。先后兼任青海省化学会理事长、名誉理事长。1997年当选为中国科学院院士。

中国盐湖研究的先驱者之一。20世纪50年代起，从事柴达木盆地盐湖资源调查研究工作；在“六五”和“七五”期间，主持完成国家自然科学基金项目5项，省部级重大项目多项。开拓中国盐湖化学研究领域：发现察尔汗盐湖钾和镁资源、大柴旦盐湖硼资源和柴达木盆地锂资源；提出盐湖形成理论，为开发利用盐湖资源提供重要科学根据；建立一整套盐卤酸法提取硼与碳酸锂的高原工艺路线；创造加水稀释成盐方法和结晶动力方法研究盐水体系固液相关系；提出物理化学稀释成盐、天然成盐元素化学新观点；开拓盐卤硼酸盐化学和盐水体系非热力学平衡态相关新领域；针对中国地热水等资源，进行铷和铯的相化学、热化学和溶液化学等方面研究。

发表论文200余篇，主编出版《盐湖化学论文集》2卷。获晶须材料等专利。科学研究成果多次获国家和省部级奖励。1984年被国家评为少数民族地区先进科学技术工作者，1990年评为青海省优秀专家，1994年获中国科学院竺可桢野外科学工作奖。 （雷旭升）

关兴亚（Guan Xingya） 中国辽宁省人，1932年2月7日生于辽宁沈阳。催化化学、石油化工、材料科学。

1951～1952年就读于交通大学，后全国院系调整，1955年毕业于复旦大学有机化学专业。中国石油化学工程总公司上海石油化工研究院教授级高级工程师、副总工程师、技术顾问。1995年当选为中国工程院院士。

长期从事石油化工催化剂及工艺技术的研究与开发，尤其在烯烃氧化领域深有造诣，成果突出，享有声誉。从20世纪60年代初开始，便着重于丙烯腈生产工艺及相应催化剂的研究开发。70年代建成12套丙烯腈中小型生产装置，填补了中国在氨氧化领域的技术空白。80年代初，在中国石油化工集团公司领导下，组织研究院所、高校和工厂等部门参加丙烯腈成套技术国产化的联合攻关，相继开发出丙烯腈四元、五元催化剂，CT-1型、MB-82型和MB-86型牌号催化剂等，取得显著经济效益；组织开发出丙烯腈流化床反应器副产品硫胺回收、丙烯腈产品分离和乙腈回收等一系列新工艺；主持丙烯腈生产成套技术国产化研究，研制完成万吨级大型工业装置成套基地设计软件包，具有自主知识产权，并进入国际市场。

已取得中外发明专利50多项。多次获国家和省部级奖励，其中MB-82型丙烯腈催化剂获1988年国家科学技术进步奖二等奖，MB-86型丙烯腈催化剂获国家科学技术进步奖一等奖。 （刘 冰）

杨启业（Yang Qiye） 中国江苏省人，1932年2月7日（农历年初二）生于江苏镇江。催化化学、石油化工、能源科学。

1957年北京石油学院炼制系毕业。中国石油化工集团公司北京设计院副总工程师、教授级高级工程师。1997年当选为中国工程院院士。

长期从事石油炼油工艺设计，尤专长流化催化裂化装置设计及其新技术开发，有多项重要研究成果，为石化工业成为中国的支柱产业之一作出了贡献。陆续撰写和发表有关论文，在前人工作基础上不断总结经验教训，在炼油工艺设计理论与方法上有所创新；积极引进和消化吸收国际先进技术，在催化裂化装置上不断采用新技术、新工艺和新设备；主持研究开发出催化裂化提升管式高效再生器；成功主持大庆油田常压渣油催化裂化、减压渣油催化裂化等成套技术开发及工业应用；开发出短接触反应催化裂化、催化裂解（DCC-Ⅰ工程）等一批新技术，生产出品种全、质量好、数量多的化工产品以回应国民经济发展的急需；近半个世纪以来，先后研制、设计、审核和监制不同规模、型式和产品分布的石油催化裂化工业装置近百套，均取得预期成功，为国家创造了巨大的经济效益。

获得中国和美国的多项专利。获得国家和省部级奖励10余项，其中有：1995年国家发明奖一等奖，1987年和2001年国家科学技术进步奖一等奖，中国石化总公司科学技术进步奖特等奖，国家优质工程银质奖等。1990年被评为中国石化总公司有突出贡献的科学技术和管理专家。 （李啸虎）

徐如人（Xu Ruren） 中国浙江省人，1932年3月16日生于浙江上虞。无机合成化学、晶体化学、化学工程、计算机应用。

1952年交通大学化学系毕业。后一直在吉林大学化学系任教，1979年晋升教授，先后任该校化学系主任、合成与催化研究所所长、国家教育部无机水热合成开放重点实验室主任。1991年当选为中国科学院学部委员（院士）。2003当选为第三世界科学院院士。

在分子筛与微孔晶体化学、水热合成化学、微孔催化材料的分子工程学等领域取得重要成果。提出较系统的分子筛晶化理论，对一系列学科难题进行创造性探索。首次应用高能电子衍射确证液相内晶核的生成与结构，构建ZSM-5晶化时模板分子的正电四面体模型；提出晶化过程中自发成核与非自发成核两大类型的晶化动力学模型以及转晶机制；开发出高温Y型与L型等系列分子筛液相导向剂；采用水热合成技术在国际上首次合成磷酸镓、砷酸铝、砷酸镓、硼酸盐、钛酸盐、氧化锗与锗酸盐等4大类12个系列全新微孔晶体120余种，开拓了新型无机微孔晶体新途径；开辟一些新的无机合成路线，开发出一大批高纯均相的新型三维微孔、层状、链状结构无机功能材料，包括迄今国际上人工合成最大孔径的磷酸铝晶体JDF-20微孔物质等；历10余年建立并完善目前国际上先进的造孔合成反应数据库与微孔晶体结构数据库，创制相关算法与大量计算程序与软件来指导定向合成。

有发明专利多项；发表论文逾400篇；出版《无机合成化学》、《无机合成与制备化学》等专著多部。获国家自然科学奖三等奖2项，国家教育委员会科学技术进步奖一等奖3项、二等奖2项，国家教委优秀教材奖一等奖1项等；获1990年全国高校先进科学技术工作者称号；1995年获何梁何利科学与技术进步奖。 （张宏远）

倪嘉缵（Ni Jiazuan） 中国浙江省人，1932年5月10日生于上海。金属化学、稀土化学、化学工程。

原籍浙江嘉兴。国画家的儿子。1952年上海大同大学化学系毕业。同年到中国科学院长春应用化学研究所工作。1958年赴苏联科学院莫斯科无机化学研究所深造，1961年获副博士学位。回国后仍回中国科学院长春应用化学研究所工作，1978年任副所长，1988年任所长，1987年兼任稀土化学及物理开放实验室主任。1994年任深圳大学兼职教授，2002年任该校生命科学学院院长，同时兼任中国科学院长春应用化学研究所研究员、中国稀土学会副理事长、吉林省科学技术协会副主席。1980年当选为中国科学院学部委员（院士）。

中国国家攀登计划“稀土基础研究”首席科学家。20世纪50年代中前期，从事钨矿中微量元素如微量银、微量铍等的分析方法研究。50年代末至60年代初，在苏联从事铂络合物化学的研究，合成铂有机腈络合物并研究了它的特殊结构。60年代转向原子能化学的研究，主持研究小组承担铀-钚化学的研究任务，其中“核燃料一循环二循环流程研究”和“核燃料后处理工程研究设计”两项成果，获1978年全国科学大会奖。自70年代前期起的10多年中，率领有关人员对稀土元素萃取分离、稀土远红外辐射材料研制、高压离子交换、彩色电视红色荧光粉研制、彩色电视摄像管高纯氧化铅制备等许多课题，为国民经济建设和国防军工作出了贡献；在稀土与冠醚络合物、稀土酞菁络合物、稀土羟酸络合物等的稀土络合物化学的基础研究方面，有出色成果。90年代起，主持开发成功环烷酸离心萃取离子型稀土矿工艺技术；研制出稀土光转换农用薄膜；主持国家重大项目“稀土农用环境化学行为及生态毒理效应”，获重要进展；与他人合作，从事稀土在生物体内行为的研究，发现小剂量稀土对细胞有一定激活作用等有趣现象，并研究其机理。

发表论文百余篇；主编《稀土生物无机化学》（1995年初版，2002年再版），与他人合撰专著《稀土新材料及新流程进展》（1998年）等。因稀土化学领域多方面研究成果，1979年和1981年与合作者两次获中国科学院重大成果奖一等奖，1987年获中国科学院科学技术进步奖一等奖，1988年获国家发明奖二等奖，1990年和1998年两次获中国科学院自然科学奖二等奖。 （肖 萍）

赫希巴赫，D. R.（Herschbach，Dudley Robert） 美国人，1932年6月18日生于美国加利福尼亚州圣何塞。分子动力学、物理化学。

1954年毕业于哈佛大学数学系，1956年获物理学专业文科硕士学位，1958年以研究旋转光谱论文获工学博士学位。1959年起，先后任伯克利加利福尼亚州大学助理教授、副教授。1963年任哈佛大学教授，2010年退休。2005年又任得克萨斯农业与机械大学物理学教授。1992～2010年任美国科学与公众协会会长。是军备控制与防核扩散中心的委员会成员。是美国文理科学院院士、美国国家科学院院士。

主要从事微观反应动力学，尤其是分子碰撞动力学研究。1959年在伯克利以交叉分子束法研究气相反应。1967～1968年在哈佛大学，与其助手李远哲一起研究发展交叉分子束的方法，为研究化学动力学开辟新领域。他从碘代甲烷和钾的反应中发现“弹跳机理”，在此先驱性的发现基础上，利用选速器测定生成物碘化钾的速度分布，并通过非均匀电场测定生成分子的旋转角运动方向等，从而开创从动力学角度探讨化学反应的途径。这样，采用交叉分子束的方法就可详细地探讨化学反应的过程，为揭示化学反应的基本原理作出了重要贡献，为在化学工艺中控制化学反应提供有利条件。为此，和李远哲、J. C. 波拉尼三人共享1986年诺贝尔化学奖。

已发表400余篇论文；出版10余部专著。除诺贝尔奖外，曾获1965年美国化学学会理论化学奖、1976年法拉第学会斯皮尔斯奖章，1978年美国化学学会鲍林奖、1983年朗缪尔奖等。 （朱啸宇）

杨裕生（Yang Yusheng） 中国江苏省人，1932年9月6日生于江苏如皋。核化与工程、放射化学、电化学、防化防护工程。

1952年浙江大学化工系毕业。留校任教。1957年考取中国科学院化学研究所研究生。1958～1960年公派到苏联科学院地球化学与分析化学研究所进修放射分析化学。1961年回国，在中国科学院化学研究所工作。1963年起调到国家第二机械工业部核试验研究所工作，同年被派往新疆从事核试验放射化学研究。现为全军总装备部防化研究院第一研究所研究员，国家军用化学电源研究发展中心主任。1995年当选为中国工程院院士。

中国当代著名的核试验放射化学、防化防护专家。20世纪60～70年代，创建中国核试验烟云取样技术，主持完成20多次核试验的取样分析任务；主持开发出可通过放射化学分析来诊断各种型号核武器爆炸威力和性能指标的技术体系，提供的大量现场测试结果成为验证和改进这些核武器设计的直接依据；主持研究并提出裂变燃耗、锂燃耗、铀同位素全谱、铀钚分威力等测试原理；指导研究成功地下核试验弹外活化确定中子弹中子剂量的放射化学方法，获国家发明奖二等奖；建立裂变燃耗的放射化学诊断方法，获国家发明奖二等奖。80年代起，主持和组织一系列有关军用化学电源研究发展的国家重要课题。其中开发成功超级电容器，采用无瓶颈的系列酚醛树脂活性炭为电极材料，用氮吸附和恒流充、放电，以及交流阻抗法，研究孔径和孔表面积等孔结构对其性能的影响，结果表明活性炭电极材料双电层电容与微孔表面和外孔表面有关，微孔孔径较大的炭材料具有高比电容和良好的高倍率放电的特性。多次获国家、军队和部委级奖励。 （李　烨）

巴特利特，N.（Bartlett，Neil） 美国与英国双重国籍，1932年9月15日生于英国英格兰泰恩河畔纽卡斯尔，2008年8月5日卒于美国加利福尼亚州沃尔纳特-克里克。金属化学、无机化学。

英国裔。1954年、1958年在达勒姆大学（今纽卡斯尔大学）国王学院先后获理学士、博士学位。1958年任加拿大不列颠哥伦比亚大学化学讲师，后任教授。1966年任美国普林斯顿大学化学教授，同时在贝尔实验室兼职。1969年任伯克利加利福尼亚大学化学教授，1993年退休；期间1969～1999年在该校劳伦斯-伯克利国家实验室兼职。2000年加入美国籍。1973年当选为英国皇家学会会员。1977年当选为美国文理科学院院士。1979年当选为美国国家科学院院士。

主要研究领域是铂金属的氟化物。1962年制得第一个惰性气体的化合物六氟铂化氙（Xe^+ $[PtF_6]^-$）。它使化学界感到用简单的化学价键理论来解释是有局限性的，引起人们对惰性气体化合物化学键特性的研究。制得O_2^+ $[PtF_6]^-$化合物以及过渡金属氟化物和$O_2{}^+$的盐，还有如含六氟化金阴离子（$AuF_6{}^-$）的第一个五价金化合物，以及含有过氟化芳烃正离子（$C_6F_6{}^+$、$C_{10}F_8{}^+$）的盐类。成功地制得一种类似石墨的层状氮化硼的盐$(BN)_4SO_3F$。它是一个电导体，而氮化硼是一种绝缘体。

由于对铂的氟化物的研究取得显著成绩，1962～1976年4次获得英国化学学会摩尔根奖章，2002年英国皇家学会戴维奖章等各种荣誉奖励。

（戴有为　朱啸宇）

吴慰祖（Wu Weizu） 中国江苏省人，1932年11月13日生于江苏南通。精细化工、光化学、军事化学。

1950年考入清华大学化学系，1952年因全国高校院系调整转入北京大学化学系，1953年毕业。同年参军服役，后任全军总参谋部第55研究所研究员。兼任国防军事工程方面重要职务、《精细化工》杂志高级顾问等职。1999年当选为中国工程院院士。

半个世纪以来，致力于国防军事工程领域中的精细化工技术开发研究，取得了40多项重要成果，为中国国防现代化建设做出了卓越贡献。他紧密跟踪和吸取国内外相关学科的最新研究成果，拓展精细化工军事应用研究新领域；构建与物理学、生物学、微电子等学科紧密相关的精细化工理论体系，开创新的综合性学科；奋力攀登技术高峰，创造性地解决了许多关键性技术难题；在光化学反应和催化反应方面取得许多创新性研究成果，多项研究成果填补了国内、军内空白，有的达到了国际先进水平，为建立精细化工军事应用学科奠定坚实基础；其成果在国防军事、科学研究、民用化工、环境保护等领域得到大量应用，获得重要军事、经济和社会效益；重视科学研究队伍建设，言传身教，甘当人梯，团结和带领年轻科研人员紧跟军事工程科学技术发展步伐，坚持理论创新、技术创新，推动学科发展。发表许多具有指导意义的重要论文、专著和研究报告。多次获国家和军队的奖励。

（李　烨）

徐更光（Xu Gengguang） 中国浙江省人，1932年11月18日生于浙江东阳。爆炸化学、兵器工程、防爆工程。

出生于普通职员家庭。1951年考取沈阳东北兵工专门学校；后院校调整，1956年北京理工大学化工系毕业。留校任教。历任北京理工大学化工系爆炸物理与装药技术实验室主任、炸药应用研究室主任、系主任，机电工程学院爆炸与安全技术研究所所长，是该校教授。兼任国务院学位委员会学科评议组成员、兵器科学与技术学科召集人、兵器工业总公司专家委员会副主任、中国材料研究会副理事长等职。1994年选聘为中国工程院院士。

中国著名兵器工业爆炸技术专家，国家重点学科“爆炸理论及应用”学术带头人。长期主要从事炸药配方设计与应用技术，炸药爆轰数模拟与爆轰参数工程计算、炸药热分解动力学及贮存安定性与作用安全性评估、炸药流变学性质及装药技术，以及超细材料对爆轰性能的影响等方面研究与开发。先后研制成功高能爆炸、高威力炸药、特种炸药等各类混合炸药10余种，用于装备20多种武器弹药，为中国武器弹药装备、装药技术的发展作出了贡献。自1978年始，先后获国家科学技术进步奖一等奖、三等奖各1项，全国科学大会奖1项，部委级奖8项；1992年被授予兵器工业功勋奖。 （李远贵）

黎念之（Li，Norman N.） 华裔美国人，1932年12月28日生于中国上海。表面化学、膜科学、化学工程。

祖籍中国湖南湘潭。1954年获台湾大学化学工程学士学位。1959年获美国密歇根州韦恩大学硕士学位。次年任史蒂文斯理工学院化工系讲师，1963年获该校博士学位。1963年后历任埃克森石油公司研究工程师、阿理德-西格诺公司工程材料研究中心分离科学技术研究所所长等职。1995年任美国恩理化学技术公司董事长兼总裁。兼任北美洲膜科学学会会长、美国化学学会工业与工程化学部主席、美国华美化学学会董事长等职。1990年当选为美国国家工程院院士。1996年当选为中国台湾“中央研究院”院士。1998年当选为中国科学院外籍院士。

国际化工界膜科学的主要奠基人之一。他于1965年发明液体膜技术，对化工学科及相关学科领域发展有深远影响；担任阿波罗登月计划膜技术顾问，在美国航天工程中发挥了重要作用；除太空技术外，液体膜技术作为高技术已广泛用于炼油工程、化工制造、医药卫生、生命科学、环境保护、资源再生等领域；首次建立高压下气体渗透高分子膜理论，对研究高分子膜渗透机理有重要意义；提出润滑油脱脏、原油脱盐、沙油提炼工程等化工分离新技术；在表面化学、催化剂等其他研究方面也有重要成果。十分关心中国科学技术教育事业发展，几乎每年都来祖国讲学访问，多次举行中美双边化工学术会议，为促进中美化工界合作交流作出重要贡献。担任过数十次重要国际学术会议主席。

拥有美国专利近50项；发表论文百余篇；出版著作13部。多次获大奖，其中有：美国化学学会1987年分离科学与技术奖、2000年珀金奖章，美国化学工程学会化学工程研究奖、化学工程实践奖、2001年国际化工界终身成就奖等。（李啸虎）

汪燮卿（Wang Xieqing） 中国安徽省人，1933年2月11日生于浙江龙游。催化化学、石油化工、科技管理。

原籍安徽休宁。1951年考入清华大学化工系，两年后院系调整，1955年北京石油学院毕业。1956年赴德意志民主共和国留学，1961年获麦塞堡化工学院理学博士学位。同年回国后，分配到石油化工科学研究院工作至今，教授级高级工程师。历任该院技术攻关组组长、研究室主任、副院长、常务副院长、首席总工程师、学位评定委员会主任。兼任中国石油学会炼制分会副主任、《石油学报》副主编等职。1995年当选为中国工程院院士，后任化工、冶金与材料工程学部副主任。

长期致力于催化裂解（DCC）、催化裂化多产液化气与汽油（MGG）等工业化技术领域的研究开发，形成具有中国特色、国际领先水平的新技术体系，创造了巨大经济效益和环境效益。率先开发成功一条独创性的炼油-石化技术路线，以重质石油为原料生产出轻质烯烃和高质量汽油，已推广应用；主持开发的DCC专利，1994年实现中国炼油技术的首项出口，其中DCC-I型获1991年中国专利发明创造金奖、1992年中国石化总公司科学技术进步奖特等奖、1995年国家发明奖一等奖；主持开发的MGG技术，获1993年中国石化总公司科学技术进步奖特等奖、1995年国家科学技术进步奖二等奖和中国专利发明创造金奖；进一步开发成功DCC-Ⅱ型、以常压渣油为原料的MGG工业成套技术等新工艺，完成工业试验和定型投产；指导研制DCC和MGG等工艺要求的多种新配方催化剂系列；组织研制新型高活性裂解组元沸石；指导研制成功最大量生产C4、C5异构烯烃催化裂化技术，并完成工业试验，达到国际领先水平。获中外专利50余项；发表学术论文百余篇；有《近代物理分析及其在石油工业中应用》、《中国炼油技术》（2007年第2版，与他人合著）等专著。（李啸虎）

汪尔康（Wang Erkang） 中国江苏省人，1933年5月4日生于江苏镇江。分析化学、电化学、物理化学、仪器研制。

1952年上海沪江大学化学系毕业。一直在中国科学院长春应用化学研究所工作，历任所长助理、副所长、所长等职。1959年获捷克斯洛伐克科学院极谱研究所副博士学位。曾任国际理论化学和应用化学联合会电分析化学委员会委员，中国分析测试协会副理事长，中国化学会常务理事兼分析化学委员会主任，吉林省化学会理事长，《分析化学》杂志主编等职。1984～1997年间，曾任美国休斯敦大学、法国第戎大学、日本京都大学、香港科技大学等校客座教授。1991年当选为中国科学院学部委员（院士）。1993年当选为第三世界科学院院士。

主要从事分析化学和电化学方面的研究，在发展极谱学理论与应用、痕量分析方面取得系列成果。20世纪50～60年代，首次发现阴离子促使汞电极氧化产生极谱氧化波的普遍效应和机理，提出界面形成汞配合及汞盐膜理论；发现并系统研究铂的极谱动力催化波和钌的吸附催化波，并探究其电极过程机理。70年代，主持研制成功中国第一台大型脉冲极谱仪，灵敏性、稳定性居当时国际先进水平。80～90年代，带领研究生试制成功一种新式极谱仪；结合生物化学问题开展液相色谱与电化学的应用和基础研究，首创线性电流扫描法研究液-液界面的方法、仪器和理论；发现锑与各类氨羧络合剂形成络合物，锰与酒石酸双核络合物等的极谱波，系统研究络合物极谱电极过程；研制电化学扫描隧道显微镜，进行电化学扫描隧道显微学和生物电化学研究。

发表论文近500篇，半数以上发表于国际刊物；主编有《21世纪的分析化学》（1999年）等专著。获国家和省部级奖9项，其中有中国科学院自然科学奖一等奖2项、二等奖1项，国家自然科学奖四等奖1项等。1997年获世界知识产权组织创新发明奖；1997年获伊朗第10届卡拉兹米国际创新一等奖。（张宏远）

何国钟（He Guozhong） 中国广东省人，1933年5月5日生于广东南海。燃料化学、光化学、反应动力学、仪器研制。

1951年考入清华大学化工系，后经全国院系调整，1955年毕业于北京石油学院机械系。一直在中国科学院大连化学物理研究所工作，该所研究员，先后任分子反应动力学国家重点实验室主任、学术委员会主任等职。期间1979年起，先后在美国伯克利加利福尼亚大学、德国凯撒斯劳滕大学、美国艾奥瓦大学、美国伊利诺伊州立大学芝加哥分校、香港大学和香港科学技术大学等校进行访问研究或讲学约5年。兼任辽宁省自然科学基金委员会副主任，中国科学院安徽光学精密机械研究所激光光谱开放实验室学术委员会主任，大连理工大学、山东大学等校兼职教授。1991年当选为中国科学院学部委员（院士）。

20世纪50年代，从事石油重残油流态焦化的实验研究，在中国率先研制出小型固体粒子密相输送双流态化反应器系统。60年代起，主持开展固体火箭、固液火箭推进剂的燃烧实验与理论研究，系统探讨火箭推进剂燃烧实现稳定性、完全性和均匀性的条件，提出有关固体推进剂燃速理论新见解，后与他人同获1982年国家自然科学奖三等奖。70年代，与他人合作，研制出千瓦级燃烧驱动的氟化氢（氘）连续波化学激光器，共同获1979年国防科委重大成果奖二等奖。80～90年及后，合作研究分子束化学发光、激光诱导萤光等实验，取得中国首批分子束实验成果；根据量子化学原理，进行化学反应机理与速率的理论模型及计算研究；利用激光与分子相互作用原理，探讨多原子分子的光解离反应动力学；探讨超短激光脉冲与分子相互作用的波包动力学及控制方案；超快激光诱导的液相反应动力学实验与理论研究。此时期先后获1986年、1994年中国科学院科学技术进步奖一等奖，1987年国家自然科学奖二等奖等。发表论文百余篇。（尤富强）

王佛松（Wang Fosong） 中国广东省人，1933年5月23日生于广东兴宁。高分子化学、催化化学、化学工程、材料科学。

1955年武汉大学化学系毕业。后赴苏联留学，1960年获苏联科学院化学科学副博士学位。1960～1988年，历任中国科学院长春应用化学研究所助理研究员、副研究员、研究员、室主任、所长等职。1979～1980年任意大利高分子化学研究所客座教授。1988～1994年任中国科学院副院长。兼任太平洋地区高分子联合会主席、中国石油学会副理事长、《应用化学》杂志主编等职。1991年当选为中国科学院学部委员（院士），后兼任化学部副主任。2000年当选为第三世界科学院院士。

主要从事定向聚合、稀土催化、导电高分子、高分子-无机纳米复合材料研究。主持并参加顺丁橡胶、异戊橡胶的合成研究试验与开发工作，为中国顺丁橡胶等的工业化生产做出了贡献；与他人合作首次发现稀土催化剂可用于异戊二烯定向聚合，开发出橡胶新品种——稀土异戊橡胶，并进行深入的基础研究；初步揭示稀土催化剂的活化中心形成过程、结构与催化机理；20世纪80年代起，率先在中国开展导电高分子合成、结构、性能及应用研究，与国外同时成功合成可溶性聚苯胺及其支撑膜，取得处于世界前沿成果；进行稀土异戊二烯本体聚合的研究，开发出节能显著的合成双烯橡胶新技术，并获专利。后主要从事电子聚合物的合成、结构、性质和应用的研究，以及高分子纳米复合材料和稀土催化双烯定向聚合研究。

发表论文200余篇；与他人合著《络合催化聚合合成橡胶》等书。多次获国家和省部级奖励，其中"顺丁橡胶生产新技术"获1986年国家科学技术进步奖特等奖；获1991年国家自然科学奖二、三等奖3项等。此外，还获2001年度日本高分子学会国际奖，2002年度何梁何利科学与技术进步奖。他说一生最欣赏的两句话是："文章千古在，仕途一时荣"。（夏蔚军）

邓景发（Deng Jingfa） 中国广东省人，1933年8月4日生于上海，2001年5月12日卒于同地。表面化学、催化化学、化学工程、仪器研制。

原籍广东番禺。1955年复旦大学化学系本科毕业，1959年研究生毕业。留校任教，后任化学系教授。兼任山西煤转化国家重点实验室学术委员会主任、上海市新材料研究中心专家委员会副主任、日本早稻田大学交换研究员、同济大学等校兼职教授等职。1995年当选为中国科学院院士。

长期致力于表面化学和催化化学研究。在中国首次研制成电解银催化剂，并用于甲醇制甲醛的工业生产，年创利巨大；在中国较早建立表面催化实验室，自行设计和组装多种现代能谱仪，系统研究银系列催化剂的基础理论；首次开发出环戊烯一步催化合成戊二醛的新工艺，突破国外专利必须用无水体系的限制，已获国家专利；建立IB族金属吸附氧的反馈键模型，并提出在催化剂表面存在诱导酸性的概念，丰富了金属催化剂理论；在国际上率先把非晶态合金以高分散形式负载在大表面载体上，解决了非晶态合金催化剂表面积小、热稳定性差的缺陷；研制出2种新的非晶态合金，提出非晶态合金的高催化活性由几何效应引起的观点；开展了高温超导材料催化性能研究，提出晶格中01位的氧是反应的活性物质。

发表论文近200篇；出版专著《物理化学》（1977年初版，1993年再版，与他人合著）、《催化作用原理导论》（1984年，与他人合著）等4部。获国家和省部级奖5项以上。1990年被国家教委、国家科委授予"金马奖"和先进科学技术工作者称号。（段建民）

恩斯特，R. R.（Ernst, Richard Robert） 瑞士人，1933年8月14日生于瑞士温特图尔。分析化学、物理化学、核磁共振波谱学。

1956年获瑞士苏黎世联邦理工大学化学学士学位，1962年获该校理学博士学位。留校工作一年后，

1963年赴美国加利福尼亚州帕洛阿尔托的瓦里安仪器公司工作。1968年返回瑞士后，一直在苏黎世联邦理工大学工作，1968年任讲师，1970年任助理教授，1973年任副教授，1976年任物理化学教授。是瑞士科学院院士、美国国家科学院外籍院士。

长期致力于核磁共振波谱学方面的研究。所谓核磁共振是指在恒定磁场中，磁矩不为零的原子核受射频场的激励，发生磁能级间共振跃迁的现象。20世纪40年代，美国物理学家F. 布洛赫、E. M. 珀塞尔各自发明稳态连续波法、瞬时脉冲法两种不同的核磁共振技术，因此两人分享1952年诺贝尔物理学奖。起初这项技术主要用于物理领域，后来有人发现同一原子核在不同化合物中测量到的共振频率存在微小移位（即“化学移位”），使核磁共振技术进入了化学领域，为化学研究分子结构及其动力学等方面提供了有力的测试手段。但当时这种技术也有很大局限性，这主要是稳态连续波核磁共振法由于其灵敏度低和信息量有限，它在化学研究中难于充分施展身手，而另一方面瞬态脉冲法核磁共振技术所获得的信号虽然信息量极其丰富，但却无法充分地“解读”出来。恩斯特所开创的现代核磁共振波谱学，彻底地改变了这种状态。

20世纪60年代，他将迅猛发展起来的电子计算机技术和快速傅立叶变换结合起来，从瞬态脉冲激励的衰减信号中获取频谱，建立起“脉冲傅立叶变换核磁共振技术”。应用这种技术的现代核磁共振波谱学，成了鉴定各种未知化合物分子结构“指纹”的新兴分支学科。70年代初期，他又发现用核磁共振技术分析大分子时，由于谱线过于密集，许多有用的信息被掩盖了。于是在1974年采用分段步进采样后进行两次傅立叶变换的方法，获得世界上第一张二维核磁共振谱。此后他还对二维谱作了深入的理论研究，率先提出傅立叶核磁共振成像法。这些成就，已使他成为现代核磁共振波谱学的奠基人和杰出代表。正因为如此，他被授予1991年诺贝尔化学奖。（宣焕灿）

小柯尔，R. F.（Curl, Robert Floyd, Jr.） 美国人，1933年8月23日生于美国得克萨斯州艾丽斯。高分子化学、材料科学。

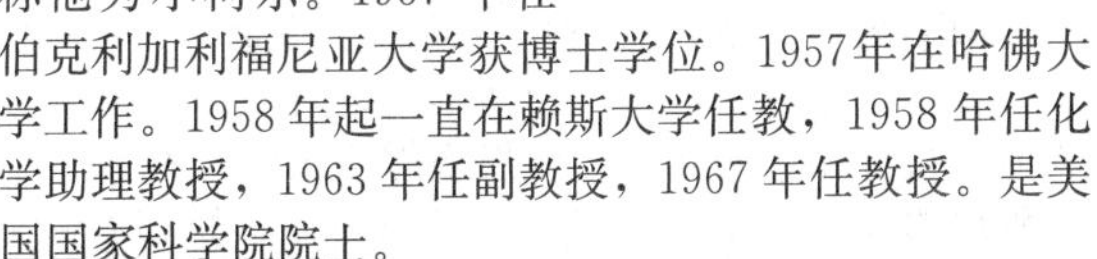

因他与父亲的名字罗伯特·弗洛伊德（Robert Floyd）完全相同，故人们称他为小柯尔。1957年在伯克利加利福尼亚大学获博士学位。1957年在哈佛大学工作。1958年起一直在赖斯大学任教，1958年任化学助理教授，1963年任副教授，1967年任教授。是美国国家科学院院士。

1985年秋，他与H. W. 克罗托、R. E. 斯莫利合作，应用后者在1981年发明的超声喷嘴激光蒸发技术，并作了种种改进和发展后，发现了稳定的C_{60}簇合物，它被命名为富勒烯。此后，他们和其他一些研究者还陆续发现了C_{20}，C_{24}，…C_{540}的其他多种富勒烯。富勒烯是除金刚石和石墨之外，单质碳的第三种同素异形体，它是一族由五元环和六元环组成的闭合笼状的碳原子簇合物。富勒烯与金刚石、石墨不同，它们的价键是饱和的，表面上没有悬垂链。富勒烯被发现后，世界各国学者掀起了研究它的热潮，很快发现它在物理学、化学、生物学、天文学、医药学和材料科学等许多领域有广泛的应用，它迅速而广泛地打开了通向科学新领域的大门。因共同发现富勒烯，他与克罗托、斯莫利三人分享1996年诺贝尔化学奖。

（宣焕灿）

毛炳权（Mao Bingquan） 中国广东省人，1933年11月2日生于广东东莞。高分子化学、催化化学、石油化工。

出身职员家庭。1950年参军入伍，1952～1953年保送就读于大连工学院化工系。后在北京俄文专修学校学习一年，1954～1959年留学苏联莫斯科门捷列夫化工学院，获工程师学位。回国后，先后任成都工学院讲师、副教授，化工部北京化工研究院主任工程师。兼任四川大学高分子材料国家重点实验室学术委员会主任，成都科学技术大学、华南理工大学等校兼职教授、《石油化工》杂志副主编等职。1995年当选为中国工程院院士。

长期致力于烯烃聚合工艺及其聚合催化剂的研究开发。参加主持研制中小型间歇液相本体法聚丙烯装置，以及聚丙烯络合Ⅱ型催化剂制造方法及聚合工艺，得到广泛推广应用，10多年来催化剂总产值在亿元以上；主持开发出以炼厂气中的丙烯为原料的千吨级聚丙烯技术，获1985年国家科学技术进步奖二等奖、中国石化总公司科学技术进步奖一等奖；研制成功新型聚丙烯N型高效催化剂系列及聚合工艺，广泛用于丙烯釜式连续、环管连续、气相连续及间歇本体等聚合工艺，取代进口催化剂，经济效益显著。先后获1993年国家发明奖二等奖、中国专利优秀奖、第12届全国发明展览会金奖、世界发明者协会金奖。获中国、美国、日本和欧洲许多国家的专利，已向美国石油化工公司转让专利许可证。研究聚丙烯球型催化剂组分和制备方法，已建成生产装置，产品在中国大型聚丙烯生产厂家应用并向国外出口，获中国优秀专利奖等。另获2004年度何梁何利科学与技术进步奖等。

（李　烨）

郭景坤（Guo Jingkun） 中国广东省人，1933年11月21日生于上海。硅酸盐化学、陶瓷工程、材料科学。

籍贯广东新会。1958年复旦大学化学系毕业。中国科学院上海硅酸盐研究所研究员，历任所长，高性能陶瓷和超微结构国家重点实验室主任、学术委员会主任，中国科学院无机新材料中试基地经理等职。兼任国际陶瓷学会联合会执行委员，中国硅酸盐学会副理事长，上海硅酸盐学会和上海古陶瓷研究学会理事长，上海新材料研究中心主任，《无机材料学报》和《硅酸盐通报》主编，同济大学、吉林大学等多所高校兼职教授等职。1990年当选为国际陶瓷科学院院士。1991年当选为中国科学院学部委员（院士）。1999年入选第三世界科学院院士。

主要从事高性能陶瓷材料的研究。20世纪60年代，研制成功适于多种陶瓷与金属封接的钼—氧化锰（Mo-MnO）金属化新技术，解决了两种大型高铝氧瓷封接制备工艺，推进了中国电真空领域发展，获国家发明奖和国家新产品奖二等奖。70年代，主持研制成功一种碳纤维补强陶瓷基复合材料，具有高强度和高韧性，耐烧蚀、耐高热和耐冲击，很快用于导弹、卫星等空间技术，获1978年全国科学大会重大成果奖，1981年国家发明奖一等奖。80～90年代，主持陶瓷发动机材料及其另部件开发，使中国成为继美国、日本等国之后无水冷陶瓷发动机行车试验成功的少数国家之一，获1992年中国科学院科学技术进步奖一等奖；相继提出陶瓷基复合材料设计原则，陶瓷多相复合概念和陶瓷材料多种强化与增韧途径，均得到有效应用，获1995年中国科学院自然科学奖二等奖；率先在中国开发纳米陶瓷材料，研制出性能优异的各种纳米陶瓷粉体，例如纳米氧化锆陶瓷仅在其熔点温度一半左右便具极大超塑性。20世纪末年后，他主持的实验室成果丰硕，其中发现纳米陶瓷在室温下作拉伸疲劳试验时有微区超塑性现象，在国际上未见报道；制备出晶粒尺寸为50纳米的氧化物，以及强度超高的复相陶瓷材料等。发表论文360篇；有著译书籍10多种。多次获奖。2004年获何梁何利科学与技术进步奖。

（李啸虎）

游效曾（You Xiaozeng） 中国江西省人，1934年1月24日生于江西吉安。无机化学、配位化学、光电化学、材料科学。

1955年武汉大学化学系毕业。1957年南京大学化学系研究生毕业。一直留校执教，是该校化学化工学院教授，1983～2001年任配位化学研究所所长，兼任国家配位化学重点实验室学术委员会主任等职。期间1980年后在美国威斯康辛大学等多所大学、西班牙阿尔卡拉大学、香港大学、国立新加坡大学、台湾大学等校任访问学者、客座教授。兼任中国化学会无机化学委员会主任、《无机化学学报》主编等职。1991年当选为中国科学院学部委员（院士）。

长期从事无机化学和配位化学的研究。完成一些新型大环和多核配合物的合成，探讨其晶体结构与性质的关系；采用近代物理方法研究配位化合物在溶液中的基本结构参数，探讨配合物溶液的微观结构特征和规律；首次提出包括d轨道配位化合物的核磁共振计算方法；开展对核磁共振化学位移，非线性光学系数和成键规律等前沿问题的理论计算，提出一系列新观点、新模型；从超分子观点研究开发一系列分子导体、磁体、非线性光学和发光等新型分子基光电功能材料。

发表论文400多篇；出版《结构化学计算》（1979年）、《配位化合物结构和性质》（1992年）和《分子材料：光电功能化合物》（2001年）等5部专著。多次获奖，其中国内奖项有：1991年和2003年国家教育委员会科学技术进步奖一等奖，1992年和2004年国家自然科学奖三等奖和二等奖，2004年何梁何利科学与技术进步奖等；国际奖项有：1987年苏联科学院丘加耶夫奖，1995年亚洲化学联合会基础研究报告奖等。

（李啸虎）

徐端夫（Xu Duanfu） 中国浙江省人，1934年4月10日生于浙江杭州，2006年4月5日卒于北京。高分子化学、采油工程、化学工程、材料科学。

1956年北京大学化学系毕业。一直在中国科学院化学研究所工作，历任助理研究员、副研究员、研究员。1995年当选为中国工程院院士。

长期主要从事高分子凝聚态结构和高分子化学纤维的基础研究和应用研究，通过对结构-性能-加工过程相互关系的研究，开展高分子新材料研制和新产品开发。在多年进行纺丝原理研究的基础上，前后开发了三代丙纶制造技术，即：发明降温母粒法纺丝技术，专用树脂法稳定纺丝新工艺，以及细旦、超细旦丙纶高速纺丝新技术，使中国聚丙烯纤维的开发不断处于国际前沿。他还从事功能高分子等新材料的研制：高分子减阻剂和减阻技术的开发研究，发明的石油开采“微粒稳定剂”在采油时能抑制油气层中微粒的迁移，可提高石油采收率；参与稀土化学、含稀土材料研究，其中高分子-稀土络合物光致发光材料，已用于荧光仿伪标志；参与分子光谱及其在生命科学中应用等合作研究；90年代还致力于盐碱地治理、节水灌溉工程和荒漠化防治等与生态科学学科交叉的研究，从事水泥基复合材料增强增韧新技术、农用高分子新材料和新技术的研究开发。

发表学术论文百余篇。多次获得国家及省部级奖励，其中“丙纶级聚丙烯树脂的研制、工业化生产和应用”，获1989年国家科学技术进步奖一等奖；此外获中国科学院1989年自然科学奖一等奖、1988年和1996年科技进步奖一等奖，1997年国家教育部科技进步奖一等奖等。

（李远贵）

沙国河（Sha Guohe） 中国四川省人，1934年5月7日生于四川成都。物理化学、激光化学、仪器研制。

1957年北京石油学院炼制系毕业。一直在中国科学院大连化学物理研究所工作，研究员。1997年当选为中国科学院院士。

国家攀登计划“态-态反应动力学及原子分子激发态”首席科学家。20世纪60年代，发明高产率合成高能燃料五硼烷的新工艺；发现爆轰波脉动结构和点火延迟的关系；合作制成中国第一台化学激波管，并测得氯化碘高温分解的速率常数。70年代，开发高性能微波吸收材料装备微波暗室；制成中国第一台化学激光器“光引发氯化氢脉冲化学激光器”，达到万瓦级功率；制成燃烧驱动的连续波氟化氢强化学激光器，并成功进行室外打靶试验；制成电子束引发脉冲氟化氢激光器，脉冲能量 80 焦耳，功率 100 兆瓦；在国际上首次成功进行激光支持爆震波等离子体屏蔽效应实验。80～90 年代及后，用简洁概算得出连续波化学激光优于脉冲型的结论，促进了强激光重大项目研究进程；发明和发展研究极短寿命态结构的离子凹陷光谱、以预解离态为中间共振态的双共振光谱；协助张存浩院士开展“双共振电离法研究激发态分子光谱和态分辨碰撞传能”研究，首次定义并实验得出干涉相位角，发现激光态分子碰撞传能倾向性规则、取向变化规则、以及新的态-态传能速率基本规则等，获 1999 年国家自然科学奖二等奖；在国际上首次实验发现新的物质波干涉现象——激光态分子碰撞传能量子干涉效应，入选“2000 年中国十大科学技术进展新闻”。发表论文百余篇。获国家和省部级奖近 10 项；2003 年获何梁何利科学与技术进步奖。（李啸虎）

胡英（Hu Ying） 中国湖北省人，1934 年 6 月 19 日生于湖北英山。化学热力学、物理化学。

1953 年华东化工学院（今华东理工大学）化工机械系毕业。一直留校任教，1982 年任教授，后任华东理工大学化学与制药学院教授，任院学术委员会主任等职。曾多次在美国伯克利加利福尼亚大学化工系访问与研究。兼任国家教育部工科化学课程教学指导委员会主任、中国化工学会副理事长、上海市化学化工学会副理事长等职。1993 年当选为中国科学院学部委员（院士）。

主要学术贡献是：运用径向分布函数构建流体混合物的分子热力学模型，进而导出气体溶解度的亨利常数模型，具有较强的预测能力；导出缔合流体混合物状态方程，建立通适性分子热力学框架，可用于任意的缔合模型和物理相互作用模型，广泛研究缔合流体热力学性质和相平衡规律；采用红外光谱和核磁共振方法，系统地测定正构醇的二缔和环状四缔的标准缔合平衡常数；将普遍化状态方程用于常压和高压流体相平衡实验测定，获得完整的纯物质、混合物的汽液平衡数据；先后发展新的直接法、曲面样条函数间接法，可有效用于二元系和多元系推算；在电解质溶液的积分方程理论、流体混合物的计算机分子模拟、高聚电解质溶液的分子热力学、多相分散系统的连续热力学和传递现象等领域，取得一系列成果。此外，他锐意建设有中国特色、面向 21 世纪的工科化学系列课程改革，先后获教育部优秀教学成果奖二等奖、一等奖等。

发表论文 200 余篇；编撰出版《流体的分子热力学》(1982 年)、《应用统计力学》、《近代化工热力学：应用研究的新进展》（1994 年）等著作，其中《物理化学》(3 卷，1999 年第 4 版）获 2002 年国家级优秀教材一等奖等。（黄声霆）

方肇伦（Fang Zhaolun） 中国天津市人，1934 年 8 月 16 日生于天津，2007 年 11 月 12 日卒于沈阳。分析化学、物理化学、仪器研制。

1957 年北京大学化学系毕业。同年到中国科学院沈阳应用生态研究所工作，曾任副所长、理化测试中心主任，研究员。1995 年任东北大学理学院教授，先后任分析科学研究中心主任、该中心学术委员会主任。兼任浙江大学化学系微分析系统研究所所长、中国仪器仪表学会分析仪器学会流动注射分析专业委员会主任、7 家国际期刊编委等职。1997 年当选为中国科学院院士。

1974 年起，对当时国际新兴的流动注射分析进行了大量开拓性工作，以非平衡溶液处理原理为指导，全面发展了流动注射分析理论与实验技术，尤其在流动注射在线分离浓集、复杂试样的自动化前处理、流动注射原子吸收光谱分析等重要领域，居当时国际领先地位。1984 年始，有多个流动注射分析研究项目获得国家自然科学基金资助，在理论和实验技术上取得多项重要成就。90 年代初，他又敏感地抓住国际新一代分析技术——微全分析系统，并主持研究集体在中国率先开发研制微流控芯片。此外，他还开发并投产多种新型分析仪器，其中有：AFS-930 型全自动顺序注射进样氢化物发生双道原子荧光光度计、FIA-3100 型流动注射分析处理仪等。后期主要研究方向为：顺序注射-原子吸收及原子荧光光谱分析，流动注射毛细管电泳分析，智能化流动光度分析系统，微流控分析芯片及流动分析在生物过程分析中应用。

发表论文 300 余篇；出版英文专著 2 部、中文专著《流动注射分析法》（1999 年，与他人合著）、《微流控分析芯片》（2003 年）及译著 4 部。多次获奖，其中有 1995 年国家自然科学奖三等奖，1982 年、1990 年、1993 年三次获中国科学院自然科学奖二等奖，2001 年辽宁省自然科学奖一等奖等；此外 1994 年获首届海光分析化学奖。（李啸虎）

蒋士成（Jiang Shicheng） 中国江苏省人，1934 年 9 月 23 日生于江苏常州。高分子化学、化学工程、材料科学、技术管理。

1957 年毕业于华东化工学院（今华东理工大学）有机化工专业。历任国家纺织部设计院副院长、总工程师，中国石油化工集团公司仪征化纤股份有限公司副总经理兼总工程师等职。1999 年当选为中国工程院农业、轻纺与环境工程学部院士，2000 年又兼为该院工程管理学部院士。

一直从事化工、化纤工程设计与技术管理工作。主持聚酯八单元 30%增容技术改造，开发国产化大容量聚酯成套工艺技术，打破国外技术垄断，并在全国予以推广，开创了聚酯装置建设国产化的道路，该项目获得国家“八五”技术改造优秀项目奖，中国纺织总会科学技术进步奖一等奖；至 2002 年，主持开发 20 多项科学研究成果直接用于生产过程，其中领先于国内先进水平的有：荧光增白切片，阳离子可染聚酯切片，涤纶短纤油剂，超细复合纤维，中空及涤纶短纤系列品种等；2000 年底，主持设计、建制、安装的中国第一条年产 10 万吨大容量聚酯装置投料开车一次成功；作为国家特大型企业、重点工程仪征化纤基地设计总负责人和技术负责人，始终主持和参与一、二、三、四期工程的规划、设计、技术谈判、安装生产、技术管理与开发等工作。多次获得国家级奖项，其中主持设计的仪化一期工程被评为国家设计金质奖，整个仪征化纤工程被授予全国最佳工程设计特等奖。

（吴绩新）

袁权（Yuan Quan） 中国浙江省人，1934 年 11 月 2 日生于上海。*催化化学、化学工程。*

原籍浙江德清。1956 年浙江大学化工系毕业。1960 年中国科学院石油研究所研究生毕业。中国科学院大连化学物理研究所研究员，历任该所课题组长、研究室主任、副所长、所长、所学术委员会主任。兼任中国化工学会副理事长、大连市科学技术协会主席等职。1991 年当选为中国科学院学部委员（院士）。

半个多世纪从事化学工程研究与开发，在反应工程、分离工程、生化工程、燃料电池基础研究和开发应用方面，获得大量创新性成果。20 世纪 60 年代，从事精密分馏和重水分离研究，首创由液氨生产重水和水蒸馏重水提浓的先进工艺。70 年代，主持完成航天燃料电池系统的研制，发展了相应的电化学工程基础理论，获国防科委尖端成果奖。80 年代后，合作研究和发展了活性非均匀分布催化剂的理论，获国家自然科学奖三等奖；研制成功活性非均匀分布甲烷化催化剂等新型催化剂，开发常压水煤气甲烷化生产城市煤气等两项新技术，获 1989 年中国科学院科学技术进步奖一等奖；率先在中国开展膜反应和膜反应器理论研究，探索膜性能与反应选择性之间的关系，以及无机膜反应器中乙苯脱氢的过程；实现以膜固载细胞水解青霉素生产 6-氨基青霉烷酸的中试技术，获中国科学院科学技术进步奖二等奖；试验成功在中空纤维膜反应器中杂交瘤细胞的大量繁殖。

拥有专利多项；发表学术论文近百篇；编有《膜技术手册》（2001 年，与他人合著）等。获奖近 20 项，其中获 2001 年度何梁何利科学与技术进步奖。

（尤富强）

陈景（Chen Jing） 中国云南省人，1935 年 3 月 9 日生于云南大理。*金属学、催化化学、矿冶工程。*

1958 年云南大学化学系毕业。同年起一直在昆明贵金属研究所工作，后为研究员，历任冶金研究室副主任、中国有色金属工业总公司贵金属冶金国家重点实验室主任。兼任云南省化学化工学会副理事长，云南大学、昆明理工大学、中南理工大学等校兼职教授等职。1997 年当选为中国工程院院士。

长期从事贵金属化学冶金及其应用物理化学基础理论的研究。20 世纪 60 年代，完成国家急需的硝酸工业废铂催化网再生和工业试验研究。80 年代起，在金川资源综合利用工程国家重点项目中，发明用活性铜粉置换分离金、铂、钯、铑、铱、锇、钌等 7 种贵金属的方法，并成功应用于生产过程；有效解决铑和铱的分离提纯等技术难题；首次发现，在热力学稳定性及动力学惰性方面，重铂族配合物均高于轻铂族配合物；总结出铂族金属氧化还原反应、沉淀反应、亲核取代反应的活性顺序、络阴离子的溶剂萃取及其分类等规律。1999 年起，在“从二次资源中回收铂族金属”国家重点工业性试验项目中任首席专家，建成的生产试验车间，每年可处理等离子富集物 5 吨、失效催化剂 300 吨、以及生产 600 千克铂族金属，为大规模生产提供了技术依据和保证。

发表“中国铂族金属的开发与应用”等论文百余篇；出版《贵金属——周期表中一族璀璨的元素》（2002 年）、《铂族金属冶金化学》（2008 年）等著作。多次获得国家及省部级奖励，其中“从二次铜镍合金中提取贵金属新工艺”获 1985 年国家科学技术进步奖一等奖。此外获 2009 年度云南省科学技术杰出贡献奖。

（李啸虎）

袁渭康（Yuan Weikang） 中国浙江省人，1935 年 7 月 1 日生于上海。*反应动力学、化学工程、化工机械工程。*

原籍浙江鄞县。1957 年华东化工学院（华东理工大学前身）化工机械本科毕业，1962 年该校化学工程研究生毕业。1962 年在北京化工学院执教。1973 年起一直在华东理工大学执教，后任教授，先后任化学工程系主任、化工学院名誉院长、联合化学反应工程研究所所长等职。期间 1979～1981 年为美国马萨诸塞理工学院访问学者，1989～1990 年先后任丹麦技术大学、美国弗吉尼亚大学客座教授。兼任国家重点化学工程联合实验室学术委员会主任、中国化工学会化工专业委员会主任、上海交通大学兼职教授等职。1995 年当选为中国工程院院士。

长期从事工业反应器、化学反应工程的研究与教学，有多项重要成果。首次提出和发展移动床煤气化器模型的近似解析法、非线性相平面分析法；系统研究绝热固定床反应器的着火和温度分布规律、确定多态存在范围，并据此指导大型反应器开发；引进人工神经元网络模型法，发展一种全新的动力学模型筛选与状态估计方法，并成功实现模型辨识和反应器在线优化；主持开发多个工业反应器，其中丁烯氧化脱氢反应器及工艺，获 1990 年国家教育委员会科学技术进步奖一等奖；提出用实验逼近法研究基因重组酵母发酵过程，对其作出自适应状态估计和优化控制策略，获 1995 年国家科学技术进步奖二等奖；在中国率先组织一些前沿性课题研究，如电化学反应器、化学气相沉积反应器和超临界反应过程等；创导和首次系统阐述工业反应过程的开发方法论。发表论文 200 余篇；出版《化学反应工程分析》（1995 年，与他人合著）等专著 4 部。另获 1999 年度何梁何利科学与技术进步奖。

（李啸虎）

根岸英一（Negishi，Ei-ichi） 日本人，1935 年 7 月 14 日生于中国长春。*有机化学、催化化学、化学工程。*

1953 年从日本神奈川县立湘南高等学校毕业，就读于东京大学工学部应用化学科。1958 年毕业后，供职于帝人公司。1963年获美国宾夕法尼亚大学化学哲学博士学位。1966年任美国普渡大学博士后研究员，1968年担任H. C. 布朗（1979年诺贝尔化学奖获得者）助手。1972年任锡拉丘兹大学化学助理教授，1976年任副教授，1979年任教授。同年受布朗之邀重回普渡大学，任布朗有机化学研究实验室教授，1999年遴选为布朗化学讲座杰出教授，2004年任根岸-布朗有机化学研究所所长。兼任日本北海道大学触媒化学研究中心客座教授。2010年任索尼公司材料及设备部有机电子研发领域特别研究顾问。2011年获宾夕法尼亚大学荣誉理学博士学位。长期定居美国，现仍保持日本国籍。

1972年美国化学家R. F. 赫克率先发现，采用钯作为催化剂可使原来不活泼的碳原子相互接近而发生反应，而且避免了产生杂乱的副产品。在强碱和钯催化下，不用高温和高压就可使不饱和卤代烃和烯烃产生偶联反应，这种反应被称为赫克反应。但其重要性一时并没有引起化学界普遍的重视。1976～1978年间，根岸英一连续发表10篇研究论文，对赫克的成果进行精炼和补充，他使用一种有机钯氯化物作为催化剂，并使之更具操作性，把研究和适用范围扩展到更多种类的有机分子。1979年，日本化学家铃木章又对这一理论作出进一步完善。这一技术现已广泛运用于医药、农业、塑料、液晶行业和有机光能电池等的先进技术中。诺贝尔化学奖评审委员会认定，他们三人的研究成果向化学家们提供了“精致工具”，强调“至今极少有化学反应，能像钯催化交叉偶联那样提高有机合成效率，从而改变了化学合成方式”，大大提升创造复杂化学物质的可能性。

因在“有机合成中的钯催化交叉偶联反应”领域有奠基性杰出贡献，与R. F. 赫克、铃木章共同获得2010年诺贝尔化学奖。三人虽然研究领域相同，但多年来从未合作过，这在诺贝尔联合获奖的历史上相当罕见。此外，根岸英一还获2000年英国皇家化学学会爱德华·富兰克林奖，2010年日本“文化功劳者”称号和文化勋章等。 （李啸虎）

金涌（Jin yong） 中国北京市人，1935年7月30日生于中国北京。化学动力学、化学工程、流态化技术。

出身于满族家庭。1959年苏联乌拉尔工学院毕业。同年回国，入天津大学化工系研究生进修班学习。清华大学化学工程系教授，先后任化学工程研究所副所长，化工科学与技术研究院院长。兼任中国生态经济学会副理事长兼工业生态经济与技术专业委员会主任，西安交通大学、北京化工大学、哈尔滨工业大学等校兼职教授等职。1997年当选为中国工程院院士。

长期从事化学工程教学与研究开发。主要成果有：在中国较早研究流态化技术，其中包括湍动流态化机理模型及其流型判据，循环流态化技术及其工业应用，高速流态化的多相流体力学、反应动力学数学模型及其设计应用。在化学反应工程方面，开展了化工反应-反应过程耦合、反应-分离过程耦合等研究，后又主持“气固超短接触反应技术及其产业化中试研究”课题。开拓清洁化工工艺，其中有气-液-固、液-固循环床烷基化合成、移动床重整等多相流化床反应器开发。开发了颗粒粉体技术，包括超细粉合成、包涂改性、干燥、掺混和气力输送等；并用于多项新型湍动流化床催化反应器、节能干燥技术等工业开发，经济效益巨大。后相继引入和发展“粉体工程”、“绿色化工工程与工艺”等新学科，形成工程研究与工艺研究相结合新局面。20余年来，在他的带动下，清华大学化工系反应工程实验室已成为世界上重要的流态化科研基地与工程开发中心、反应工程教学及研究中心。

获技术专利10余项；发表论文300余篇。获国家和部委级奖励10余项，其中有国家发明奖二等奖、国家科学技术进步奖二等奖、全国技术专利金奖、北京技术专利金奖各1项。 （吴秋轩）

王泽山（Wang Zeshan） 中国吉林省人，1935年10月10日生于吉林省吉林市。爆炸化学、军事化工、材料科学。

1960年哈尔滨军事工程学院炮兵工程系火炸药专业毕业。历任炮兵工程学院火药实验室主任，华东工程学院（今南京理工大学）副教授、教授、化工系主任、装药技术研究所所长、总工程师等职。1986年起一直任南京理工大学教授。1999年当选为中国工程院院士。

从20世纪60年代起，一直从事含能材料、火药装药理论与技术的研究和教学，显著提高了武器的能量利用率、发射威力、发射安全性和机动性。废火炸药的危险和污染成为国际性公害，国外多用焚烧法销毁，他主持研究“库存过期火药和退役报废炸药的再利用技术”，将废火炸药转变为20余种化工材料和产品，实现了改善安全、降低公害、变废为宝、综合利用的要求，1993年获国家科学技术进步奖一等奖；主持开发低温度系数发射药、装药技术及加工工艺，解决了两项重要技术——低温度感度发射技术和提高能量利用率技术，超过国外同类装备水平，从整体上提高中国武器的发射威力，获1996年国家技术发明奖一等奖；发明一种高密度火药装药技术，明显提高发射装药的潜能，已推广应用，1998年获国家技术发明奖三等奖；此外，系统研究和发展装药理论，其中“发射装药设计理论”、“装药设计原理”分获1993年、1998年部级科学技术进步奖二等奖。

发表“火药、装药与火炮初速”等论文百余篇；出版专著、教材《废弃火炸药处理与再利用》、《火药装药设计原理》、《火炸药科学技术》和《含能材料概论》等10余部，多部获奖。获国家技术发明专利20余项。多次获国家及省部级奖励；还获1994年光华科学技术基金特等奖、1997年何梁何利科学与技术进步奖。 （曹春生）

格雷，H. B.（Gray，Harry Barkus） 美国人，1935年11月14日生于美国肯塔基州伍德本。高分子化学、光化学、有机金属化学。

1957年获西部肯塔基大学化学理学士学位。1960年获西北大学哲学博士学位。同年到哥本哈根大学从事博士后研究。1961年任教哥伦比亚大学，1963年任副教授，1965年任教授。1966年任加利福尼亚理工学院化学教授，兼任贝克曼化学研究所首任所长。1971年入选美国国家科学院院士。

早期研究过渡金属化合物，及其电子结构与含金属-碳键化合物的可见光及紫外光吸收的关系。其后研究在水溶液中三价阳铁离子的性质，阐明了含铁蛋白质的结构，研究含铁和铜蛋白质中电子转移途径的光化学。1977年和同事们首次发现均相溶液中产生氢气的太阳能贮存反应（以铑化合物作为光催化剂）。

出版有《化学键》等多种著作。获1986年美国国家科学奖章，美国化学学会1991年普里斯特利奖章（该会最高奖），以色列2000年哈维奖、2004年沃尔夫化学奖，2004年美国富兰克林化学奖，2009年韦尔奇奖。

（池贵法）

俞汝勤（Yu Ruqin） 中国湖南省人，1935年11月21日生于上海。分析化学、金属化学、光电化学、仪器研制。

原籍湖南长沙。1953年入苏联列宁格勒矿业学院学习，1959年列宁格勒大学（今圣彼得堡大学）化学系毕业。同年回国，任中国科学院长春应用化学研究所电分析开放实验室副主任，并在中国科学技术大学任教。1962年起一直执教于湖南大学，后任教授，1994～1999年任湖南大学校长。兼任湖南省化学化工学会副理事长，《高等学校化学学报》、《电化学》杂志副主编、《化学传感器》杂志主编等职。1991年当选为中国科学院学部委员（院士）。

20世纪60～70年代，建立铌、钼等稀有元素标准分析矿样和灵敏分析方法，被冶金地质部门广泛采用；合成一系列新型有机分析试剂、增敏分析试剂；研制出可测试10余种离子和药物的多种新型电化学与光化学传感器；将分析试剂与化学传感器合成为新型离子载体；发现多种新型催化动力学反应；主持离子选择性电极研究，实现晶体膜氟电极与气敏氨电极的国产化。80年代及后，创立几种新型稳健化学计量学多元校正方法、化学模式识别分类方法；开拓有机试剂在电化学、催化动力学和光度分析中的应用；主持黑、白、灰分析体系分类理论及其算法研究；主持多组份分析体系分类理论及化学计量学算法研究；主持完成化学最优化滤波理论及应用研究；提出独特的化学计量学教学体系。

发表论文300余篇；出版《离子选择性电极分析法》（1980年）、《紫外与可见分光光度分析法》（1981，与他人合著）、《现代分析化学的信息理论基础》（1987年）、《化学计量学导论》（1991年）等专著。获1978年全国科学大会奖、1987年国家自然科学奖三等奖、1995年国家教育委员会科学技术进步奖一等奖等多项奖励。

（李啸虎）

黎乐民（Li Lemin） 中国广东省人，1935年12月6日生于广东电白。物理无机化学、稀土化学、量子化学。

出身贫苦农民家庭。1959年北京大学技术物理系毕业，1965年该校同系研究生毕业。一直留校化学系任教，化学与分子工程学院教授，先后任稀土材料化学及应用国家重点实验室副主任、主任，稀土化学研究中心主任，院学术委员会主任等职。期间1984～1985年先后在美国北卡罗莱纳大学、艾奥瓦大学任客座科学家。兼任《无机化学学报》、《分子科学学报》等4个刊物副主编等职。1991年当选为中国科学院学部委员（院士）。

20世纪60～70年代，与徐光宪合作提出弱络合物平衡的吸附理论，用正规溶液理论阐明萃取过程中惰性稀释剂的溶剂效应；共同发展适用于研究萃取络合平衡的两相滴定法，被推广用于研究一系列萃取与协萃体系；开展络合物溶液平衡常数测定方法、平衡常数和络合物成分结构关系等实验与理论研究。1977年起，主要从事物理无机化学和量子化学研究：提出双层点电荷配位场模型，建立定义分子环境中原子和原子轨道的方法；应用量子化学方法找出同系物性质变化的正弦型同系线性规律；揭示芬太尼类麻醉镇痛剂的药效与其电子结构的关系；应用量子化学和成键规律系统研究了稀土化合物的电子结构，阐明其成键特征、相对论效应的作用以及稳定性规律，获1987年国家自然科学奖二等奖；提出从光谱数据直接求振动力常数的诱导自洽方法；发展用密度泛函理论处理多重态结构的理论方法。

发表论文百余篇；与他人合撰出版《量子化学》（3卷，1980年初版，1999年再版），《分子对称性群》（1996年）等教材、专著。另获得国家与省部级其他科学技术成果奖多项。

（李啸虎）

周光耀（Zhou Guangyao） 中国浙江省人，1935年12月13日生于浙江鄞县。无机化学、纯碱化工。

1954年高中毕业于杭州化工学校（今浙江理工大学）无机专业。1961年大连工学院化工系毕业。早年在大连碱厂设计科工作。后相继任中国成达化学工程公司高级工程师、副总工程师，化工部纯碱设计技术中心主任等职。1995年当选为中国工程院院士。

长期致力于纯碱工程技术设计，主持和参加设计建成20多个纯碱厂，创造了巨大经济效益。20世纪60～70年代，参与主持设计中国第一套完全独立的联合制碱法生产纯碱的工业装置，采用多项新技术，解决了水平衡等关键技术难题，工程获国家优秀设计奖。80年代，组织和设计新都氮肥厂年产4万吨联碱工程，成功采用外冷碱化等10项新技术，成为中国新一代小型联碱厂典范，该工程获1990年国家科学技术进步奖二等奖、国家优秀工程设计金质奖；研究开发成功自然循环外冷式取代传统的索尔维式碳化塔，属中国国内首创、具有国际先进水平，获中国专利局发明专利、国家科学技术进步奖三等奖；主持设计和建造中国第一个生产60万吨的大型纯碱厂，从设计、设备制造到施工安装全部实行国产化，采用多项新工艺、新材料和新设备，工程总体达到当时世界先进水平，该工程新技术获1998年国家科学技术进步奖二等奖。自此，使中国由纯碱进口大国一举变为出口大国，中国纯碱产量跃居世界第二位，合成碱居世界首位。90年代初，他主持的印度尼西亚年产15万吨联碱厂设计方案在激烈国际招标中获胜，首次实现中国大型联碱成套技术走向世界。此后又主持设计和建成一条代表中国纯碱制造最先进水平的变换气制碱生产线。获得“全国化工科学技术先进工作者”、“中国纯碱工业科学技术专家”等多种荣誉称号。 （李啸虎）

黑格，A. J.（Heeger，Alan Jay） 美国人，1936年1月22日生于美国艾奥瓦州苏城。高分子化学、光电化学、物理化学、材料科学。

犹太裔。1957年毕业于内布拉斯加大学林肯分校物理学系。1961年因物理学研究获伯克利加利福尼亚大学哲学博士学位。1962年到宾夕法尼亚大学物理学系执教，1967年任教授。1982年任圣巴巴拉加利福尼亚大学物理学系教授，1987年任材料科学教授，1978～1981年任物质结构研究实验室主任，1981～1982年任该校专管研究事务的副教务长，1982～1999年兼任该校高分子和有机固体研究所所长。

主要从事有机聚合物光电子材料和器件的物理和化学的结构和性能的研究。1973年开始研究有机聚合物导体。1976年与A. G. 麦克迪尔米德、白川英树合作，在宾夕法尼亚大学率先研制出一种经过碘掺杂的反式聚乙炔，它的导电率比一般聚乙炔提高上千万倍，这是第一种可作为导体的化学聚合物发明。1977年这一发明公布后，在科学界引起了强烈反响，它根本改变了人们认为化学聚合物（俗称塑料）是绝缘体的传统观念，表明在一定条件下它也可以变成良导体。自此以后，人们进一步发明了许多新的高电导率的化学聚合物材料。黑格还提出，与金属具有自由电子为载流子、半导体具有电子加空穴为载流子相对应，这种特殊的化学聚合物之所以能导电，是由于它具有一种被称为孤子（Soliton）的载流子的缘故。这一假设开创了特殊化学聚合物导电特性的理论研究。由于他与A. G. 麦克迪尔米德、白川英树率先发明一种可作为导体的化学聚合物，开创轻质导电体发展的新时代，为21世纪材料革命铺下一块重要基石。因此他们三人共同被授予2000年诺贝尔化学奖。

到2000年底为止，已获专利40项；发表论文约600篇。除诺贝尔化学奖之外，还多次获美国和国际的科学奖励，如1983年美国物理学会巴克莱奖、1995年美国新材料科学奖等。 （宣焕灿）

邹竞（Zou Jing） 中国浙江省人，1936年2月9日生于中国上海。光化学、摄影工程、材料科学。

原籍浙江平湖。1955年公派赴苏联留学，1960年毕业于列宁格勒电影工程学院电影胶片制造及洗印加工系，获工艺工程师职称。同年回国后，在保定电影胶片厂特种感光材料研究室负责特种红外胶片研制，历任技术员、工程师、高级工程师。现任中国乐凯胶片公司首席专家、教授级高级工程师。兼任河北省科学技术协会副主席等职。1994年选聘为中国工程院院士。

中国现代著名的感光材料女专家。长期从事国防特种胶片、彩色电影胶片与民用胶卷的国产化研制和开发，取得了显著的经济效益和社会效益。20世纪60年代，相继研制成功公安侦察用BHH-1型850红外胶片、供航空摄影用BHH-1型750红外航摄胶片、BQHH-1型6575全色红外航摄胶片，通过部级鉴定，填补了中国国内空白，缓解了当时国防军工急需。70年代末以后，先后主持开发三代感光度为ISO100的乐凯彩色胶卷。1985年研制出中国第一代高温快速加工彩色电影负片和民用胶卷，其中5212型彩色电影负片获1986年化工部科学技术进步奖二等奖，其成套技术经国家批准第一次向国外转让；1986年又研制出乐凯100日光型彩色胶卷（Ⅱ），获1988年国家科学技术进步奖一等奖。1987～1990年研制开发第二代乐凯彩卷（乐凯BR100），获1992年国家科学技术进步奖二等奖。1991～1993年研制成功第三代高清晰度乐凯彩色胶卷（乐凯GBR100），达到80年代末国际先进水平。被授予中国化工系统“有重大贡献的优秀专家”称号。 （兰必丰）

姚守拙（Yao Shouzhuo） 中国上海市人，1936年3月6日生于上海松江。分析化学、电化学、仪器研制。

1952年入南开大学化学系学习。1954年赴苏联留学，1959年毕业于苏联列宁格勒大学（今圣彼得堡大学）化学系。同年回国，相继任教于清华大学、湖南大学。1979年以后历任湖南大学讲师、副教授、教授。1997年后任湖南师范大学化学化工学院化学研究所所长、校学位委员会主任。曾任德国特里尔大学客座教授，是同济大学等校兼职教授。1999年当选为中国科学院院士。

在分析化学、新型化学与生物传感器研究方面有突出贡献。提出完整的压电晶体液相振荡性能定量关系式；建立用于液相微量组分测定的压电传感器分析方法；研制适用于液相的新型瑞利表面声波传感器，建立网络分析传感理论和若干新测定方法；提出非质量效应压电或体声波传感方法，发展多种微量、痕量与生物传感技术；提出变价态药物电极理论、能斯特倍增效应理论，构建起相应的高灵敏度、高精密度电极体系。

发表论文300余篇，半数以上登于国际学术刊物；

出版《压电化学与生物传感》(1997年)等著作4部。完成国家自然科学基金等课题10余项，其中多项达到国际先进水平。获1992年国家教委科学技术进步奖一等奖、1993年国家自然科学奖四等奖、1997年机械工业部科学技术进步奖二等奖等多项奖励。曾获全国优秀科学技术工作者称号。（梁　栋）

埃特尔，G.（Ertl，Gerhard） 德国人，1936年10月10日生于德国斯图加特。表面化学、催化化学、金属化学、物理化学。

1955～1959年，先后在德国斯图加特理工大学、法国巴黎大学、德国路德维希-马克西米利安大学学习。1959～1961年在斯图加特理工大学学物理，获理学士学位。1965年获慕尼黑理工大学物理化学博士学位。留校任教。1968年任汉诺威理工大学（今莱布尼茨大学）教授、物理化学研究所所长。1973年任路德维希-马克西米利安大学物理化学研究所所长。期间先后任美国加利福尼亚理工学院、威斯康星大学、伯克利加利福尼亚大学客座教授。1986～2004年任德国马普学会弗里茨-哈伯研究院物理化学系主任，退休后任荣誉教授。1986年当选为德国利奥波德科学院（今德国国家科学院）院士。1992年当选为欧洲科学院院士。1993年、2002年先后当选为美国文理科学院、美国国家科学院外籍院士。

20世纪60年代，他开始研究金属表面分子反应中的低能量电子衍射等现象。60年代末，随着半导体工业发展，现代表面化学开始成为新兴化学分支学科之一。埃特尔不仅逐步奠定了该领域研究方法论，广泛展示不同物质表面反应的实验设计、新现象发现、过程模式与机理，并在诸多实际应用领域获得重要成果。70年代，研究半导体表面物理化学特性；钯、镍、铜、铂等金属或其同位素，铜-镍、银-钯、铁-镍等双金属合金的表面吸附作用及其电子能谱学机理；低能量电子衍射与催化作用关系；规则的吸附相与各异的催化作用；氧气和一氧化碳或一氧化氮在铱等金属表面的反应机理；提出有关过渡金属元素对一氧化碳等气体化学吸收作用原理；气体-金属界面低能量电子衍射和电子能谱学；金属膜表面研究；吸附层有序-无序现象等。80年代，研究铜-钌等双金属催化剂吸附氢的作用；氮和氧在铁表面的反应；钯、铂等金属对氢、一氧化碳等的吸附和催化作用；工业合成氨催化剂结构与表面特性；镍-铜-钼-甲烷化催化剂结构与特征；双金属型催化剂系统表面；催化作用与表面相变；激光探测固体表面分子释放与散射；气体－固体界面相变；工业催化剂物理化学特性等。90年代，研究单晶表面振动式催化；一氧化碳与一氧化氮在铂表面发生爆炸式反应新方法、数学建模与机理；表面光化学中激发机制的偏振探测；金属表面反应的结构重建和自组织；浓缩系统的非平衡态结构；原子、中观尺度催化过程动力学机制等。2000年以后，研究表面电子动力学原理；双原子分子在固体表面的活化作用等。

1961～2007年间，发表论著674篇（部）。主要著作大多与他人合作，其中有：《低能量电子和表面化学》(1974年初版，1985年再版)、《表面化学键的本质》(1979年)、《环境催化作用》(1999年)、《固体催化剂制备》(1999年)等；参与主编《催化作用手册》(8卷，2008年第2版)。1976～2007年间获各种奖励和荣誉50余项，其中有德国化学学会1987年李比希奖章、1998年齐格勒奖章，1991年德国自然科学基金会莱布尼茨奖，英国皇家化学学会1991年伯克奖章、2002年施皮尔纪念奖章，1992年日本科学技术基金会奖，1995年美国真空学会韦尔奇奖章，1998年沃尔夫化学奖等。因在表面化学中的开创性贡献，独获2007年诺贝尔化学奖。诺贝尔奖委员会强调说："他奠定了整个表面化学研究领域的方法论。"这是该领域继美国物理化学家O. 朗缪尔获1932年诺贝尔化学奖后的第二个诺贝尔奖。（李啸虎）

顾真安（Gu Zhenan） 中国江苏省人，1936年11月16日生于江苏无锡。无机化学、材料科学。

1958年华东化工学院（今华东理工大学）硅酸盐专业毕业。一直在中国建筑材料科学研究院从事研究工作，历任石英玻璃研究所副所长、所长，国家石英玻璃质量监督检测中心主任，教授级高级工程师。兼任《硅酸盐学报》副主编等职。1997年当选为中国工程院院士。

长期从事特种玻璃和光导纤维研究。深入系统地研究了稀土元素在石英玻璃和光导纤维中的光谱和非线性光学特性，率先在中国开展化学气相沉积掺杂、溶液掺杂和氢氧焰熔制-电熔拉管两步法工艺技术的研究开发工作。完成20多项国家科研任务，其中研制成功超低膨胀石英玻璃、耐辐照石英玻璃、掺铈石英玻璃、滤紫外石英玻璃、"三七"工程用石英玻璃和稀土石英光学纤维等一批具有国际先进水平的新材料，为激光、电子、兵器、航天等重点工程提供了一系列关键材料，获得显著的经济和社会效益。此外，主持制定中国石英玻璃工业科技发展规划、产业政策和国家标准；指导重点企业产品质量保证体系建设；建立中国唯一的石英玻璃研究机构和国家石英玻璃制品质量监督检验中心，促进中国石英玻璃工业的发展。

获国家及省部级奖励10余次，其中"激光技术用石英玻璃"获1985年国家科学技术进步奖二等奖，"耐辐照石英玻璃"获1996年国家科学技术进步奖二等奖。获1997年度中国光华科学技术基金一等奖。

（李远贵）

李远哲（Lee，Yuan-Tseh） 华裔美国人，1936年11月29日生于中国台湾新竹。化学动力学、辐射化学、仪器研制。

祖籍福建南安。父亲是知名画家，母亲是小学教师。1959年毕业于台湾大学。1961年获台湾清华大学

硕士学位。1962 年赴美国伯克利加利福尼亚大学化学系就读，1965 年获哲学博士学位。1967 年在哈佛大学从事博士后研究。1968 年后先后任芝加哥大学化学系助理教授、副教授，1973 年任教授。1974 年加入美国籍。同年回伯克利加利福尼亚大学任教授、劳伦斯-伯克利实验室主任研究员。1975 年当选为美国文理科学院院士。1979 年当选为美国国家科学院院士。1980 年当选为中国台湾“中央研究院”数理组第 13 届院士；1994～2006 年，放弃美国国籍回台湾接替他的老师吴大猷教授担任“中央研究院”院长。德国格丁根科学院外籍院长。1980 年任中国科学院化学研究所名誉教授。

主要从事微观反应动力学研究，在气态化学动力学、分子束和辐射化学方面取得卓著的成就。20 世纪 60 年代，分子束方法获得成功。1967 年他在哈佛大学担任 D. R. 赫希巴赫的助手，两人根据卤代烷和碱金属的一系列反应，发现“弹跳机理”。他仅用一年半时间就研制出可充分发挥作用的通用型交叉分子束装置。这台仪器为分子束研究创造了有利条件。1968 年到芝加哥大学工作后，继续从事交叉分子束方法的研究。他的一系列研究成就，开创化学动力学研究的新领域，使化学家有可能以分子水平研究化学反应，阐明气态分子反应光分解初期过程的研究等，为化学工业的工艺控制提供发展前景。

为了表彰在化学反应动力学方面作出的卓越成就，和赫希巴赫、J. C. 波拉尼三人共获 1986 年诺贝尔化学奖。同年获美国国家科学奖章；此外获美国化学学会哈里逊·豪奖、德拜物理化学奖，美国能源部劳伦斯奖，英国皇家化学学会法拉第奖等。（朱啸宇）

胡贝尔，R.（Huber，Robert） 又译休伯，德国人，1937 年 2 月 20 日出生于德国慕尼黑。高分子化学、光化学、生物化学、结构化学。

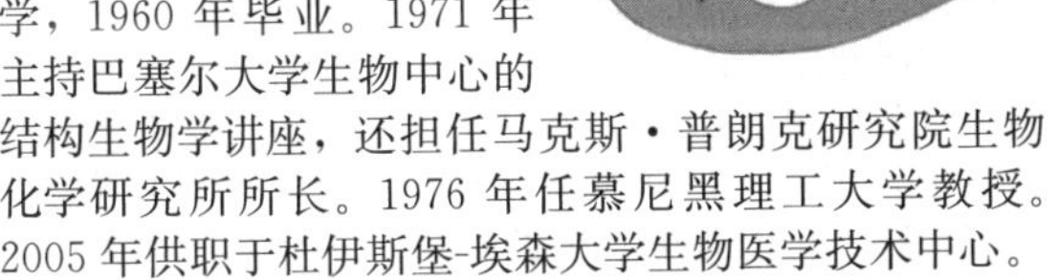

银行出纳员之子。1956 年入慕尼黑理工学院攻读化学，1960 年毕业。1971 年主持巴塞尔大学生物中心的结构生物学讲座，还担任马克斯·普朗克研究院生物化学研究所所长。1976 年任慕尼黑理工大学教授。2005 年供职于杜伊斯堡-埃森大学生物医学技术中心。

1960 年毕业论文课题是有关昆虫蜕皮变态激素结晶研究方面，并经实验测得蜕皮变态激素的分子量及其类固醇的性质。1963 年和霍珀（W. Hoppe）一起继续研究，达到原子层次，这项成果促使他在此领域中不断钻研。1967 年他和福马内克（Formanek）一起开始昆虫蛋白质和脊椎动物血红蛋白的结晶研究。

20 世纪 80 年代，他关注有关生物体中光能与电子转移的结构基础问题，这是揭示光合作用原初过程奥秘的关键所在，也是光合作用机理研究的核心问题。当 H. 米切尔成功地从紫色光合细菌的光合作用膜上完整地分离出其中进行光合作用原初过程的“反应中心”后，胡贝尔和 J. 戴森豪弗尔共同参加了对“反应中心”全面结构分析的测试工作，首次在原子水平上确定被称为光合细菌“反应中心”的色素——结晶膜蛋白质——的三维空间结构，色素分子的空间排列、蛋白质结构及氨基酸序列、基因编码以及色素和蛋白质的结合部位和作用方式。由于胡贝尔等三人有效合作，对光合作用机理这个重大自然科学问题的研究进入一个崭新的发展阶段，而且为探索分子微电子器件、开辟太阳能利用新途径提供了科学依据。为此，胡贝尔和米切尔、戴森豪弗尔三人共享 1988 年诺贝尔化学奖。主要著作有《膜蛋白合成物的 X 光结构分析》（1984 年）等；参与主编《分析化学百科全书》。

（朱啸宇）

霍夫曼，R.（Hoffmann，Roald） 美国人，1937 年 7 月 18 日生于波兰兹沃佐夫（今属乌克兰）。化学动力学、有机金属化学、量子化学。

出身波兰犹太人家庭，父亲是土木工程师，母亲是中学教师。在第二次世界大战中，波兰被纳粹占领，其父在大屠杀中遇害，他和母亲进了集中营，1943 年逃离。1946 年离开波兰去捷克斯洛伐克，后去奥地利和德国，1949 年到美国。在纽约继续接受基础教育。1955 年成为美国公民。1958 年在哥伦比亚大学获化学学士学位。1960 年获哈佛大学物理学硕士学位，1962 年获化学物理博士学位。1965 年任康奈尔大学化学系副教授，1968 年任教授，1974 年任康奈尔大学纽曼物理学教授。是美国国家科学院、美国文理科学院院士。1977 年获瑞典皇家工学院荣誉博士学位。

博士学位论文的内容是研究多面体分子特别是氢化硼分子的分子轨道理论，以及将量子化方法应用于研究螺旋聚合体的激发态。后者是 1960～1961 年在莫斯科大学和一位苏联学者合作 9 个月的关于激子理论的工作结果。

致力于研究稳定和不稳定分子、以及反应过渡态的电子结构，应用半经验与非经验的多种计算方法，以及定性研究中等大小的有机和无机分子的结构与性能问题。第一个主要贡献是发展推广的休克尔方法，能近似计算分子的 σ 和 π 电子结构，合理预测分子构型和简单势表面。第二个主要贡献是在有机反应中过渡态与中间体的电子结构的深入探索。1965 年在与哈佛大学的 R. B. 伍德沃德的卓有成效合作中，应用简单而有力的对称性与成键理论分析协同反应，提出分子轨道对称性守恒原理。1970 年，两人还共同出版专著《轨道对称性守恒》。他们提出的理论是与实验化学家的大量实验事实紧密结合而形成的。运用该理论可对原子运动情况作出正确解释。他采用多种半经验的方法，分析研究有机反应中的活泼中间体（如碳正离子、双基、甲烯、苯炔等）大多数类型的分子轨道。

与合作者探索无机与有机金属分子结构和反应性能。详细研究五元配位分子，包括磷烷和过渡金属络合物，关于取代位置和构型分析五元配位亚硝酰基几何构型扭变。重点研究金属-烯键的取代效应，d^8 和 d^{10} 金属烯络合物的对比，以及以乙烯或烯丙基作为唯一向心配位体的络合物的几何构型。对过渡金属羰基碎片（M（CO）$_n$）成键能力的分析，证明从这些碎片中理解在原子簇中影响几何构型和反应性能因素的方法有效性。全面研究双环戊二烯（ML_n）分子，完成五元、七元、八元配位体以及在多烯烃和环烯烃 ML_n（n=2，3，4）中旋转叠系统的研究。从研究乙烯和羰基插入反应势表面着手，研究有机金属反应性能。研究领域还包括无机反应历程、磷和硫化学、有机金属化合物、表面催化模式和新的传导系统的设计。

他还是美国 26 集系列节目《化学世界》的解说员和节目主持人，1990 年在美国公共广播公司播放，并在国外普遍上映，且有多部诗作出版。

获美国化学学会 1969 年理论化学奖、1969 年弗雷泽纽斯奖、1969 年哈里森·豪奖、1974 年鲍林奖，1970 年国际科学院量子分子科学奖；1973 年与伍德沃德一起获美国化学会有机化学第一个柯普奖。因提出分子轨道对称性守恒原理，与福井谦一分享 1981 诺贝尔化学奖。（周志高 邓 娅）

佟振合（Tong Zhenhe） 中国山东省人，1937 年 9 月 1 日生于山东梁山。有机化学、光化学。

1963 年中国科学技术大学高分子化学和物理系毕业。1983 年获美国哥伦比亚大学博士学位。长期任中国科学院感光化学研究所所长、光化学开放研究实验室主任，研究员。1999 年起任中国科学院理化技术研究所研究员，兼科学技术委员会主任、中国科学院化学部副主任。兼任大连理工大学精细化工国家重点实验室学术委员会主任、中国化学会光化学委员会主任、国际理论化学与应用化学联合会光化学委员会中国国家代表等职。1999 年当选为中国科学院院士。

长期从事有机光化学研究，尤其在凝聚相发生的高效光化学过程、电子激发态分子的化学及物理特性研究领域成果卓著。研究疏水-亲脂作用对光化学和光物理过程的影响；利用光化学反应中的特殊微环境作为微反应器，在高底物浓度条件下高选择性地合成大环化合物；建立利用微反应器在烯烃光敏氧化中获得单一类型氧化产物的新方法；提出“疏脂性”的概念并通过实验证明其存在；研究了用硬链段连接的给体-受体分子内远程电子转移和三重态能量传递模式，用光化学-光物理方法成功实现通过化学键进行电子转移和能量传递的例证；研究在膜微环境内、沸石孔腔内和受固体表面吸附作用影响下的光异构化和加成等反应；参与国家自然科学基金“九五”重点项目“拟生物体系的物理有机和自由基化学”，利用物理有机化学的理论和方法，对与生命体系相关的化学问题进行了深入研究，内容涉及电子转移、自由基化学、超分子化学、一氧化氮转移等在生命体系中的化学过程，该研究成果获 2002 年度国家自然科学奖一等奖；2000 年聘任国家重点基础研究计划（973）“分子聚集体的化学：有机功能微结构及其组装”项目首席科学家。发表论文百余篇。此外，还获 1992 年中国科学院自然科学奖二等奖，2003 年度何梁何利科学与技术进步奖等。（李啸虎）

布劳曼，J.（Brauman，John） 美国人，1937 年 9 月 7 日生于美国宾夕法尼亚州匹兹堡。物理化学、有机化学、化学动力学。

1959 年在马萨诸塞理工学院获理学士学位。1963 年在加利福尼亚理工学院获博士学位。同年到斯坦福大学任助理副教授，1969 年任副教授，1972 年任教授，1979 年任伍德化学讲座教授；期间 1979～1983 年、1996～1997 年任化学系副主任。1985～2000 年任《物理科学》杂志副主编。1976 年入选美国国家科学院院士。是美国文理科学院院士。

1968 年用离子回旋共振质谱仪（ICR）测量简单离子反应的平衡位置，发现在气相中脂肪醇的酸性次序是：叔丁醇＞异丙醇＞乙醇＞甲醇＞水，正好与在质子化溶剂中的相反，这对化学界的传统认识是一个很大的冲击。由此还发现在气相中甲苯比水有更强的酸性。通过大量实验得出结论：较大的正离子或负离子比相对小的离子要稳定，在溶液中氢与含氧、含氮的酸或碱相缔合。还用 ICR 法研究气相负离子的电子的光致电分离，测量了各种负离子的电子结合能，第一次测得大批多原子基团的电子亲合力。还研究热离子-分子反应动力学，提出了反应的模型，以阐明反应速率慢的原因。除气相离子化学外，也研究有机和有机金属反应历程，溶液碳负离子化学等。发表论著 300 余篇（部）。因在研究气相中负离子反应的贡献，获美国化学学会 1973 年理论化学奖、1976 年哈里森·豪奖，2002 年美国国家科学奖章等。（周志高）

张礼和（Zhang Lihe） 中国江苏省人，1937 年 9 月 8 日生于江苏扬州。药物化学、核酸化学。

1958 年毕业于北京医学院药学系，1967 年该校同系研究生毕业。留校任教。1981～1983 年在美国弗吉尼亚大学化学系做访问学者。1990 年被授予日本星药科大学名誉博士学位。1993 年任美国密苏里-堪萨斯大学客座教授。是北京大学教授兼医学部药学院院长，天然药物及仿生药物国家重点实验室主任。1997 年任中国药学会副理事长。1998 年任国家自然基金委员会化学部主任。1998～1999 年任亚洲药物化学会主席。任《药物化学》杂志主编等职。1995 年当选为中国科学院院士。

长期从事抗肿瘤抗病毒药物和核酸化学的研究。20 世纪 60 年代，在研究 1，2，4 三嗪类化合物合成时，发现羟基含氮杂环化合物的不正常对甲苯磺酰化反应，提出引入取代基的新方法。80 年代在美国进修和研究期间，参与完成博莱霉素 A2 的全合成及其断裂 DNA（脱氧核糖核酸）机理研究。1984 年回国后，系统研究环核苷酸类化合物结构与生物活性的关系，研究不同立体异构体的溶液构象，发展该类化合物的立体选择性合成方法，发现一些具有诱导分化肿瘤细胞的新化合物；针对癌基因设计合成具有选择性作用的反义寡聚核苷酸的偶联物，发展立体选择性地合成寡核苷酸甲基磷酸酯类似物的方法，并用作锤头型酶性核酸的底物研究酶降解机理；系统合成并研究不同类型的核苷和核苷酸，包括异核苷、氟代异核苷、碳环核苷、C-核苷和核苷酸糖酯等；发现一些具有较好的抗癌和抗病毒活性的化合物，其中若干个已进入临床试验，并已申请专利数项；合成一类新的非放射性DNA探针标记试剂。获1988年日本大谷科学研究奖，1998年国家教委科学技术进步奖一等奖，1999年何梁何利科学技术进步奖等多项奖励。（朱　晟）

李大东（Li Dadong）　中国山东省人，1938年2月24日生于中国北京。催化化学、化学动力学、石油化工。

原籍山东德州。1962年北京大学化学系毕业。一直在原燃料工业部北京石油化工科学研究院工作，历任技术员、专题组组长、催化剂研究室主任、教授级高级工程师；1987年后任中国石油化工总公司石油化工科学研究院副总工程师、副院长、院长等职。兼任中国石油学会常务理事及石油炼制分会主任、北京大学兼职教授等职。1994年选聘为中国工程院院士。

长期从事石油炼制工程中的加氢催化剂及其工艺研制。20世纪60年代，运用流动循环法研究环己烷在铂重整催化剂上的脱氢反应动力学，成果在1965年全国科学大会上作了专题报告，获得化工界赞誉。1978年开始进行加氢领域的基础研究，1987年合作开发成功RN-1型加氢精制催化剂，1989年获中国专利局与世界知识产权组织联合颁发的中国专利发明创造金奖，1991年获国家科学技术进步奖一等奖。RN-1加氢催化剂已广泛应用于中外至少50余套工业装置，总加工能力每年超过1 200万吨；其家族技术也发展到十余个系列30余个品种，其中多数业已工业化，广泛应用于汽、煤、柴、润滑油等10几个加氢工艺，显著提高和改善各种油品质量，经济效益巨大。迄今已申请中外专利逾50项，授权20余项。发表论文近百篇。（刘　冰）

王静康（Wang Jingkang）　中国河北省人，1938年4月9日生于河北秦皇岛市。晶体化学、工业结晶工程。

出生于知识分子家庭，美国侨眷。1960年天津大学化工系毕业。留校任教，并于1965年该校研究生毕业。先后在贵州工学院、天津纺织工学院任教。1980年起一直在天津大学工作，该校化工学院教授，国家工业结晶技术研究推广中心主任。1999年当选为中国工程院院士。

中国著名工程结晶女专家。系统发展现代工业结晶理论与技术，出色完成国家50余项研究与开发工程项目。其中，发明塔式熔融液膜结晶器，提出非稳态控制方法，分离出高纯对二氯苯等产品；提出溶液精馏结晶及反应结晶等耦合结晶新技术；率先提出工业结晶系统工程集成理论与计算机辅助过程控制新方法，解决了微晶产品大规模生产难题；提前两年完成国家八五重点项目“青霉素结晶新工艺与设备在生产中的应用开发”，大幅提高产品质量，向全国青霉素行业推广普及，稳固中国青霉素在世界市场优势；成功地将青霉素结晶新工艺扩展到多种抗菌素生产，被列为国家重点推广项目；创建中国第一个工业结晶研究推广基地，带领研究人员在中国医药、化工、冶金、材料、食品等行业建立近百条先进的工业结晶生产线，其中她亲自为大型化工、医药企业设计建成国际先进水平的新型生产线近20条。21世纪初期主持国家十五重点项目“氨基酸新技术新工艺”、“重大抗生素生产新工艺新技术”等。

发表论文近百篇；著作与技术报告逾百万字。获国家和省部级奖励10余项，如1996年获国家科学技术进步奖二等奖、国家教委科学技术进步奖一等奖，1999年获国家科学技术进步奖二等奖、国家教委科学技术进步奖一等奖等；获1996年国家八五科技攻关先进个人、2003年中国首届“新世纪巾帼发明家”等称号。（曹春生）

袁晴棠（Yuan Qingtang）　中国河南省人，1938年5月12日生于河南南召。石油化工、化学动力学、技术管理。

1961年天津大学化工系毕业。1961～1985年历任国家化工部第一设计院多个乙烯工程设计总负责人，教授级高级工程师。1985年起先后任中国石油化工集团公司发展部主任、中国石油化工科技开发公司经理、中国石油化工集团公司总工程师兼科学技术委员会常务副主任，中国石油化工股份有限公司总工程师等职。兼任中国石油学会副理事长、中国石油和化学工业协会副会长等职。1995年当选为中国工程院化工、冶金与材料工程学部院士，2000年又兼为该院工程管理学部院士。

中国当代著名的石油化学工程女专家，长期从事乙烯裂解技术的研究与开发。20世纪60～70年代，建立通过反应动力学数学模型计算合成氨反应器的计算方法；参与设计和建造中国第一套年产30万吨的大型乙烯生产装置（燕山），标志着中国石油化工工业新时期的开始；建立裂解炉、复杂塔的计算方法和流程模拟程序，引进和消化吸收新技术，主持完成年产30万吨乙烯装置的扩初设计。80年代后主攻裂解技术，主持开发成功SH-1和CBL-1型两种新型裂解炉技术，并在工业上推广应用，分别获国家科学技术进步奖一、二等奖。90年代起，在CBL-Ⅰ基础上进一步开发出Ⅱ、Ⅲ、Ⅳ型系列裂解炉，先后在齐鲁、吉化、辽化、抚顺和燕山石油化工等公司推广，使自主开发的单台裂解炉能力大幅超前；主持与国外公司合作开发大型裂解炉技术并投产；组织和主持制定、实施原石油化工总公司和石油化工集团公司科技发展规划，组织和指导石油化工集团公司“十条龙”重大科学技术攻关，完成一系列重大科学技术开发项目。主编有《石油化工技术进展》等书。1994年被授予中国石油化工总公司有突出贡献专家称号。（李啸虎）

野依良治（Noyori，Ryoji） 日本人，1938年9月3日生于日本兵库县。有机化学、催化化学、化学工程。

1961年毕业于日本京都大学工学部工业化学专业，1967年获该校工学博士学位。1972年起任日本名古屋大学化学教授，2000年成为该大学材料科学研究中心主任。1997～1999年任日本有机化学协会会长。

在手征性催化氢化反应领域作出重大贡献。手征性是指化合物分子的构型排列成互为镜像的两种形式，就像人的左右手一样，其化合物依穿过它的偏振光旋转方向相反而分为右旋对映体和左转对映体，往往具有不同生理活性。如构成药物，很可能一个对映体有药理作用，而另一个很少药理甚至有毒副作用。1874年，荷兰化学家J. H. 范特霍夫、法国化学家J. A. 勒贝尔各自独立发现这种结构。1968年，美国孟山都公司的诺尔斯应用手性双膦配体与金属铑（Rh）形成的络合物为催化剂，在世界上第一个发明不对称催化氢化反应，后又首次实现工业合成手征性药物L-多巴胺。在此基础上，野依良治发展了手征性氢化催化技术，开发出性能更好、有害废弃物更少的多种催化剂，可以高效、方便地合成人们所需的手征性单一异构体。1980年他率先采用金属钌（Ru）代替常用的铑，发明手征性联萘膦-钌催化剂，实现碳-碳双键的手征性催化氢化反应；接着开发出一系列新颖、高效的手征性催化剂，使合成的有用结构产物所占份额大大提高；后又对羰键实现同样有效的反应。在合成某些分子如氨基酸时，这些催化剂能使有用的对映体分子制取率达到100%，反应物与催化剂比高达几十万的活性。目前他发明的催化剂已广泛用于生产萘普生、左氟沙星等抗炎药和抗生素，以及左旋葡萄糖、新化学试剂、手征性药品和高性能材料等。他获得2001年沃尔夫化学奖，与美国化学家W. S. 诺尔斯分享2001年诺贝尔化学奖奖金一半；另一半奖金由首创手征性催化氧化技术的美国化学家K. B. 沙普勒斯获得。（宣焕灿）

维特里希，K.（Wüthrich，Kurt） 瑞士人，1938年10月4日生于瑞士阿尔贝格。结构化学、分子生物学、核磁共振技术。

会计师之子，从小在农村长大。1962年毕业于瑞士伯尔尼大学化学系。1964年获瑞士巴塞尔大学化学博士学位。1965～1967年在美国伯克利加利福尼亚大学从事博士后研究。1967年在美国贝尔电话实验室生物物理学部工作。1969年底回瑞士，后长期执教于苏黎世联邦理工学院，任生物物理学及结构生物学教授，生物学系主任等职。美国斯克里普斯研究院客座教授。

运用核磁共振技术测定生物大分子三维结构的开创者。核磁共振是指在恒定的磁场中，自旋的原子核受到相同频率的射频磁场作用时，在它们的磁能级之间所发生的共振跃迁现象。20世纪40年代中期，美国物理学家F. 布洛赫和E. M. 珀塞尔各自独立地发明核磁共振技术，两人因此分享1952年诺贝尔物理学奖。起初，这项技术主要用于物理学领域。60～70年代，在苏黎世联邦理工学院执教的瑞士物理化学家R. R. 恩斯特开创了现代核磁共振波谱学，使核磁共振技术广泛应用于化学领域，特别是各种化合物分子结构研究方面，他也因此荣获1991年诺贝尔化学奖。但恩斯特方法还无法应用于生物大分子（如蛋白质分子）结构研究，作出这一重大发展的则是维特里希。

20世纪80年代，他把核磁共振技术应用到蛋白质分子等生物大分子的研究中，建立起一套完整的确定生物大分子空间结构的方法。在他之前，蛋白质分子的空间结构只能用X射线晶体衍射法确定，这种方法需要先对被检物加以结晶，得到的是晶体状态下的蛋白质分子空间结构，与它在生物细胞内的原有结构差别较大，况且有些蛋白质只能稳定地存在于溶液状态而无法结晶。维特里希开创的新核磁共振技术，可以直接测定蛋白质分子在溶液状态下的三维空间结构，更接近生物细胞中的蛋白质自然状态。这种新技术为分子生物学发展提供了一项有力武器。因这项杰出贡献，他荣获2002年诺贝尔化学奖的一半奖金；美国的J. B. 芬恩、日本的田中耕一共同发展了可检测生物大分子结构的质谱分析法，而获得另一半奖金。

主要论文入编《核磁共振在结构生物学中的应用：维特里希论文集》（1995年）；出版专著《核磁共振在生物学研究中的应用：缩氨酸和蛋白质》（1976年）、《蛋白质和核酸的核磁共振》（1986年）等。（宣焕灿）

万惠霖（Wan Huilin） 中国湖北省人，1938年11月20日生于湖北汉阳。物理化学、催化化学、化学工程。

1962年、1966年先后在厦门大学化学系本科、研究生毕业。留校任教，后升任教授，历任化学化工学院院长，固体表面物理化学国家重点实验室主任、名誉主任。兼任中国化学会催化专业委员会主任、《分子催化》杂志副主编等职。1997年当选为中国科学院院士。

20世纪60年代，参与配位催化的基础研究，后在专著中详细阐述配位催化原理。70～80年代，参与研制成功乙烯配位聚合负载型高效催化剂；从量子化学角度研究丙烯选择（氨）氧化副产物形成机理，以及氨合成反应对铁催化剂结构敏感性等课题，取得重要成果；参与主持化学模拟生物固氮，应用量子化学计算方法，对比研究氮气、乙炔和环丙烯在固氮酶原子簇活性中心的多核络合活化方式，并提出固氮酶活口M-簇笼新见解。90年代起，主持研究甲烷 、乙烷及丙烷等临氧定向转化机制，研制出一系列性能优良的含氟稀土-碱土氧化物催化剂体系；确定催化剂的主要结构，证实氟化物对甲烷氧化偶联（OCM）型催化剂的显著助催作用，进而揭示了氟化物助催作用的本质机理；通过测定表面酸碱性和光电流等参数，指出表面碱性和 p-型导电性都不是 OCM 型催化剂性能优良的必要条件；提出含氟稀土-碱土催化剂结构导向的组分选择原理，研制出性能更好的 OCM 型和丙烷氧化脱氢型催化剂；采用多种原位光谱方法，首次获得多种催化剂表面超氧吸附态物种在反应条件下具有 OCM 活性的直接证据。

获发明专利 6 项；发表论文 200 余篇；出版专著 1 部。多次获奖，其中有国家自然科学奖三等奖 2 项，国家教委（教育部）科学技术进步奖一、二等奖各 2 项等。（李啸虎）

吴新涛（Wu Xintao） 中国福建省人，1939 年 4 月 6 日生于福建石狮。簇合成化学、物理化学、结构化学、材料科学。

父母旅居菲律宾，妻子系印尼归侨。1960 年厦门大学化学系毕业，1966 年福州大学化工系研究生毕业。中国科学院福建物质结构研究所研究员，历任研究所副所长、结构化学国家重点实验室学术委员会主任等职。期间 1983～1985 年先后在美国弗吉尼亚大学、纽约州立大学石溪分校任访问学者。兼任福建省科学技术协会主席等职。1999 年当选为中国科学院院士。

中国当代著名的结构无机化学家，被国外同行誉为簇化学的“国际带头学者”。20 世纪 70～80 年代，参与主持建立天花粉蛋白晶体培养透析法，完成天花粉蛋白的晶体培养及晶胞常数的测定，其中 3 项成果获 1978 年全国科学大会重大科学技术成果奖等；在卢嘉锡指导下，参与建立原子簇设计合成的元件组装方法，在合成各种特异材料领域有广阔应用前景。80～90年代，参与主持过渡金属原子簇化学研究，获 1991 年中国科学院自然科学奖一等奖；主持研究钼、铁、硫原子簇合成化学与结构化学，1993 年、1994 年先后获国家自然科学奖二等奖；主持开展钼（钨）-铜（银）-硫三元簇合物系的分子设计，获 1996 年中国科学院自然科学奖一等奖等；参与主持新型无机聚合物设计合成、结构规律与性能研究，构筑当时容量最大的金属纳米笼，笼内体积超过 1 000 立方纳米，可容纳多种离子和小分子，同时构成无机-有机纳米管、金属-有机纳米管阵列、各种金属纳米线，引起国际关注，成果获 2001 年中国科学院自然科学奖一等奖、2002 年国家自然科学奖二等奖。发表论文百余篇。与他人合译《结构与性能的关系》一书。获国家和省部级奖 14 项，有多种荣誉称号。（李啸虎）

特罗，N. J.（Turro，Nicholas J.） 美国人，1939 年 5 月 18 日生于美国康涅狄格州米德尔敦。有机化学、分子光化学、同位素化学。

意大利移民的儿子。1960 年获韦斯理安大学化学文学士学位。1963 年获加利福尼亚理工学院哲学博士学位。在哈佛大学从事博士后研究一年。1964 年在哥伦比亚大学任讲师，1969 年起一直任施韦策讲座教授。是美国国家科学院、美国文理科学院院士。

致力研究光化学的能量转移。博士论文是关于光吸收对有机化合物的影响。有关的研究为能量转移的综合与机理性应用提供了合理而坚实的实验基础。20 世纪 60 年代和他的同事共同证实，简单的拓扑学模型可为理解因吸收光而受激的有机分子的反应途径提供理论基础。70 年代初，他转而探索高能有机分子为何能热分解而产生激发的粒子，这些粒子发射光，这种化学发光的有机反应则是广泛出现在自然界中。70 年代后期，根据肥皂去垢的理论和磁场对化学过程的影响，把光化学和自旋动量变化这两个概念合在一起，发明一种分离同位素的方法，即利用在肥皂微泡中增溶的有机化合物的光解，从非磁同位素中有效分离出磁性同位素。

著有《分子光化学》（1965 年）、《现代分子光化学》（1978 年初版，2010 年和 3 版名为《有机分子的现代分子光化学》）等书。获得美国化学学会理论化学奖、2000 年吉布斯奖、2011 年柯普有机化学奖等多种奖励。（陶其恒）

尤纳斯，A.（Yonath，Ada） 以色列人，1939 年 6 月 22 日生于巴勒斯坦耶路撒冷。生物化学、药物化学、生物晶体学、结构化学。

1962 年和 1964 年先后获以色列耶路撒冷希伯来大学化学理学士、生物化学硕士学位。1968 年获以色列魏茨曼科学研究院 X 射线晶体学博士学位。1969 年在美国卡耐基－梅隆大学、1970 年在马萨诸塞理工学院做博士后研究。同年任以色列魏茨曼科学研究院化学系蛋白质晶体学实验室首任主任，1974 年任结构化学资深研究员，1984 年任化学系副教授，1988 年任结构生物学教授，1989 年起一直任海伦－基姆尔曼生物分子结构与组装中心主任。期间，1974 年在美国亚拉巴马大学、1977 年在美国芝加哥大学任访问教授；1979～1984 年兼任德国柏林马克斯·普朗克学会分子遗传学研究组组长，1986～2004 年兼任该学会汉堡结构分子生物学研究部主任。是以色列文理科学院院士，美国国家科学院、美国文理科学院外籍院士，欧洲文理科学院外籍院士，欧洲分子生物学组织荣誉会员。

20 世纪 60 年代中期开始，她致力于将 X 射线晶体学应用于生物化学研究，以揭示蛋白质的分子结构。1970 年，创办以色列第一个蛋白质晶体学实验室。70～80 年代，率先采用核糖体晶体学来研究蛋白质生物合成的内在机制，而这一研究思路在当时国际科学界仍存有相当大的质疑。研究发现，核糖体会将 RNA（核糖核酸）翻译成蛋白质，而不同的蛋白质分别控制生物体内不同的化学过程。因为核糖体在微生物（细菌等）中和在真核细胞（例如人体细胞）中只有稍微不同的结构，所以在医学上，人们正是利用抗生素来抑制细菌的核糖体来治疗疾病的。她确定了核糖体两个亚基完整的高分辨率结构，发现在其他非对称核糖体中也普遍存在对称区域，正是核糖体为多肽聚合过程提供框架和导向。接着又揭示核糖体实际上是一种核酶，在肽键形成中起到衬底和催化作用。80年代末，她设想新生蛋白所采取的路径，即“核糖体隧道”。20多年后，则揭示了核糖体促使蛋白伸长的信息捕获和传送，参与细胞内控制、调节以及将新生链运载到可折叠空间的动力学因子。此外，她还诠释了20余种不同抗生素靶向核糖体运行模式，阐明了耐药性和协同增效的机制，解读了抗生素选择性的结构基础，从而为基于结构的药物设计方法铺平道路。为使核糖体晶体学的创立成为可能，她推出一种新颖技术，即低温生物晶体学，成为结构生物学的常规方法，并成为其他复杂科研项目的强有力工具。

因为在“核糖体的结构和功能”研究上的重大贡献，与美国的T. 施泰茨和印度裔美国人V. 拉马克里斯南三人同获2009年诺贝尔化学奖。是诺贝尔化学奖历史上第四名女性得主。此外还获近20项奖励，其中主要有：2000年首届欧洲晶体学奖，2002年以色列化学奖、以色列理工学院哈维奖，2006年以色列沃尔夫化学奖（与他人分享），2007年埃利希与达姆斯塔特尔奖，2008年爱因斯坦世界科学奖、欧莱雅－联合国教科文组织颁发的“世界杰出女科学家成就奖”（以色列首位获奖者）等。（李啸虎）

怀特赛德，G. M.（Whitesides, George M.） 美国人，1939年8月3日生于美国肯塔基州路易斯维尔。有机金属学、催化化学、表面化学、化学工程。

1960年获哈佛大学文学士学位。1964年获加利福尼亚理工学院博士学位。1963～1982年任教于马萨诸塞理工学院，期间升任教授。1982年任哈佛大学化学系教授，1986～1989年任系主任，1982～2004年任马林克罗迪特讲座教授。是美国文理科学院、美国国家科学院、美国国家工程院院士。

在研究生时就对有机金属和催化反应机理产生兴趣，曾应用核磁共振线型分析测定了格林尼亚试剂中碳-镁键的立体化学稳定性。在研究格林尼亚试剂过程中，确定了氘代化合物在研究有机金属立体化学中的应用，提出用手征性铕位移试剂分析有机对映体的纯度。通过对二价铂烷基衍生物的热力学研究，得出在异相石油重整和均相催化中的关键过程，如β-负氢离子消除。C—H键氧化加成到金属上和从金属上还原消除C—C键的机理；并且将烷基铜化合物用于有机合成。还在生物工程上与同事提出一种以酶作有机合成催化剂的实用方法。在表面化学方面，对金属腐蚀反应也进行过详细的物理有机化学研究，提供研究这类机理的方法。因在有机金属化学、金属催化，以及在发展用金属和酶催化的有机合成方法上的贡献，获40余项各种奖励和荣誉，其中1975年获美国化学学会理论化学奖，1998年获美国国家科学奖章。

（温敬铨）

魏可镁（Wei Kemei） 中国福建省人，1939年8月29日生于日本熊本人吉市。催化化学、环境化学、化肥工程。

日本归侨，20世纪40年代中期随父母回到原籍福建福清大扁岛。1965年福州大学化学系毕业。留校任教，先后任化学系助教、讲师、副教授。1987～1988在日本筑波工业技术研究院化学技术研究所访问研究。回国后历任福州大学化学系主任、教授、副校长、化肥催化剂国家工程研究中心主任；1999年起任福州大学校长。前后4次应邀在日本作学术交流和合作研究。1997年当选为中国工程院院士。

长期从事化肥催化剂工程技术研究，研制开发出新型高效、无污染系列化肥催化剂，为中国化肥工业发展做出突出贡献。完成国家七五重点攻关项目大型氨厂国产化一条龙项目中的小颗粒含钴催化剂研究，为国产20万吨低压流程设计提供必要的动力学数据；先后主持研制成功7种催化剂，并实现工业化生产，每年的经济效益巨大；1996年在福州大学筹建化肥催化剂国家工程研究中心，形成集科学研究、开发、教学、生产于一体的新型科学研究基地。在他开发的新型化肥催化剂中，B116型低铬高变催化剂解决了近百年来化肥行业铬污染的难题，获1994年国家科学技术进步奖二等奖；B121型无铬高变催化剂属国际首创，获1998年福建省科学技术进步奖一等奖、2000年国家技术发明奖二等奖等；A201型氨合成催化剂1985年获国家发明奖三等奖，被国家科委列为中华人民共和国1949～1979年500项重大成果之一。后主要从事系列环保催化剂研究。发表学术论文百余篇。获国家和日本专利等多项。1992年获全国侨界十杰提名奖，1994年被评为全国先进科学技术工作者。（李啸虎）

莱恩，J.-M.（Lehn, Jean-Marie） 法国人，1939年9月30日生于法国下莱茵省罗塞姆。有机化学、高分子化学、络合化学。

面包师之子。1957年考入斯特拉斯堡大学，1960年获化学理学士学位，同年师承化学教授乌里松（G. Ourisson），1963年获有机化学哲学博士学位。1964年去美国哈佛大学从事博士后研究，导师是诺贝尔化学奖获得者R. B. 伍德沃德。1960～1966年任法国国家科学研究中心研究员。1965年返回法国后在斯特拉斯堡大学任教，1966年任助理教授。1970年任斯特拉斯堡巴斯德大学副教授，同年又晋升为化学教授。1979年任法兰西学院教授。1972年以后，在世界许多国家讲学并从事合作研究，和20多个国家中的150多位学者有学术合作关系。1985年以后，相继当选为法兰西科学院院士，美国国家科学院、英国皇家科学院、德国科学院、荷兰皇家文理科学院等外籍院士。获国内外30个大学荣誉博士学位。1993年获法国荣誉军团勋位。

在深入研究不同类型的穴醚化合物的络合作用后，创立了“超分子”和“超分子化学”的新概念。他提出超分子是接受体和底物两者组成的聚集实体，该实体类似于酶和底物的相互识别作用，只有当接受体具有络合离子或分子的结构形式和能力，同时底物具有分子作用力（例如电性作用、氢键、范德瓦尔斯作用力），接受体和底物才能结合成新的、稳定的、有特定结构和性质的实体。他认为超分子化学可定义为“超出分子范围的化学”。当两个或多个化合物通过分子间的作用力相互缔合在一起并形成一个复杂组织的整体时，需要利用分子化学的所有方法，并设计运用非共价的相互作用，以便形成新的超分子整体。超分子与分子概念的区别在于：前者是对分子之间的键而言，而后者则是对原子和共价键而言。

在他的许多研究成果中，最引人注目的是双核穴醚络合物。其接受体是具有较大空腔的大二环型穴醚化合物，它可以络合两个金属离子即双核。当两个相同或不相同的金属离子之间具有相当的距离时，就可能在其中嵌入一个适当的底场，从而形成“串联型”络合物。由于他成功地发展了有机化学领域，制备出具有天然蛋白质功能的简单分子，可用来吸收像钙之类的离子，并有可能用来提取海水中的金和铀，为此他和美国前杜邦公司研究员 C. J. 佩德森、加利福尼亚大学教授 D. J. 克拉姆三人分享 1987 年诺贝尔化学奖。

已发表论文和文章约 790 篇；著作 3 部。除诺贝尔奖外，获国内外 30 余项奖励，其中有国家科学研究中心 1963 年铜质奖章、1972 年银质奖章、1981 年金质奖章，1976 年、1993 年两次获法国国家功勋奖章，1997 年英国皇家学会戴维奖章。（朱啸宇）

克罗托，H. W.（Kroto, Harold Walter） 英国人，1939 年 10 月 7 日生于英国剑桥郡威斯贝奇。*高分子化学、物理化学、纳米技术。*

犹太族波兰移民后裔。1961 年和 1964 年相继在英国设菲尔德大学化学系获学士和博士学位。1964～1966 年在加拿大国家研究院作博士后研究。1966～1967 年在美国贝尔电话实验室继续作博士后研究。1968 年起在英国萨塞克斯大学任教，1985 年任教授。1991～2001 年任英国皇家学会研究教授。2004 年任美国佛罗里达州立大学化学系埃伯斯讲座教授。2002～2004 年任英国皇家化学学会会长。1996 年封爵。2011 年获以色列特拉维夫大学荣誉博士学位。

金刚石和石墨是单质碳的两种众所周知的同素异形体，而第三种同素异形体富勒烯则是由克罗托、R. E. 斯莫利和R. F. 小柯尔等人在 1985 年发现的。长期以来，克罗托对长链形的星际分子有浓厚兴趣。1984 年春，他拜访了美国化学家小柯尔，并跟随后者参观斯莫利的实验室，该实验室中拥有斯莫利在 1981 年发明的超声喷嘴激光蒸发装置，他很想利用这套装置来模拟红巨星大气中碳的成簇条件。经过讨论，他们三人决定共同进行这方面研究。1985 年秋，他们领导研究团队用这套装置在喷嘴的喉道处将石墨蒸发，在氦气流中成簇，簇合物经超声膨胀冷却，通过取样孔进入真空室，经第二束激光脉冲电离并用时间飞行质谱测定簇合物离子的质量分布，意外地发现稳定的 C_{60} 簇合物。不久，他们还受到美国建筑学家巴克明斯特·富勒（Buckminster Fuller）设计的最经济的覆盖空间结构多面体穹窿的启发，提出 C_{60} 是由 12 个五元环和 20 个六元环组成的 32 面体，并命名它为巴克明斯特富勒烯（Buckminsterfullerene），简称富勒烯或富勒球。此后，由于他们和其他研究者的进一步工作，一方面证实上述对 C_{60} 的见解的正确性，另一方面则进而发现其他多种富勒烯，即其他多种由五元环和六元环组成的闭合笼状碳原子簇合物，如 C_{20}，C_{24}，C_{28}，C_{32}，C_{50}，C_{70}，C_{78}，C_{82}，C_{84}，C_{90}，C_{94}，…C_{240}，C_{540} 等。此后，世界科学界掀起了研究富勒烯的热潮，科学家们不断揭示它的巨大的学术价值和应用价值。由于发现富勒烯，他与斯莫利、小柯尔三人共同分享 1996 年诺贝尔化学奖。（宣焕灿）

汪旭光（Wang Xuguang） 中国安徽省人，1939 年 12 月 31 日生于安徽枞阳。*爆炸化学、爆破工程、矿冶工程。*

1963 年安徽大学化学系毕业。同年到国家冶金部情报研究所工作。1971 年起一直在北京矿冶研究总院工作，副院长、院学术委员会主任、教授级高级工程师。兼任中国工程爆破协会理事长、中国力学学会工程爆破专业委员会主任、《国际爆破和破碎》杂志亚洲区主编、《中国工程科学》杂志主编等职。1995 年当选为中国工程院院士，后任化工、冶金与材料工程学部常务副主任。1992 年当选为圣彼得堡工程科学院外籍院士。

中国当代乳化炸药的主要开拓者，长期从事工业炸药新产品、爆破新技术开发应用。20 世纪 70 年代，研究浆状炸药胶凝剂，确证中国盐碱滩头盛产的草本植物田菁是进口瓜尔胶的良好替代物；研制出高威力、低成本的“田菁 10 号”浆状炸药并成为中国主导品种。70 年代末年，在中国率先试验成功第一代乳化炸药。80 年代起，在中国率先研制成功第二代乳化炸药 EL 系列，获 1982 年国家发明奖二等奖；开发出不同爆破作业需要的乳化炸药 8 个系列 34 种，以及配套设备和工艺；开创了新中国工业炸药技术走向世界的历史，1985 年瑞典诺贝尔公司买走中国 BGRIMM（以“北京矿冶研究总院”命名）乳化炸药及其混装技术专利，此外向德国、俄罗斯、印度等多国技术转让或产品出口，成果获 1991 年国家科学技术进步奖二等奖；参与主持“特大型露天铜矿综合采选技术研究与应用”项目，获 1999 年国家科学技术进步奖一等奖。

发表论文 320 余篇；出版专著 7 部，其中《乳化炸药》（中文和英文版）获 1988 年全国优秀科技图书一等奖，其英文版已销售 70 余个国家。获国家和省部级奖励 31 项；是第 3 届中国工程科学技术光华奖、第 35 届尤里卡发明博览会金奖获得者。2005 年获全国劳

动模范荣誉称号。（李啸虎）

胡永康（Hu Yongkang） 中国云南省人，1940年2月5日生于云南曲靖。催化化学、石油化工、能源科学。

1961年云南大学化学系毕业。同年起一直在国家石油部抚顺人造石油研究所（今中国石油化工总公司抚顺石油化工研究院）工作，教授级高级工程师。大连理工大学兼职教授。1997年当选为中国工程院院士。

主要从事石油炼制加氢裂化催化剂和加氢裂化技术的研究开发，将劣质重油转化成优质喷气燃料、柴油和化学纤维原料，填补国内多项空白，获得显著经济效益，为中国加氢裂化催化剂100%国产化率、重整转化处理能力跃居世界第二位作出了重要贡献。20世纪80年代，主持研制成功国家“六五”重点项目3825轻油型加氢裂化催化剂，其活性、选择性和稳定性均达到国际同类催化剂的先进水平，获1985年中国石油化工总公司科学技术进步奖一等奖，已先后应用于辽化公司、吉化公司、扬子公司、燕化公司等多个加氢裂化工业装置；主持研制成功国家“七五”重点项目3903中油型加氢裂化催化剂，性能超过国际同类催化剂水平，并已用于部分工业装置，总加工能力当时达到每年760万吨以上，获1995年中国石油化工总公司科学技术进步奖一等奖；经进一步创新发展和推广，“3825、3903工业制备和工业应用”项目获1996年国家科学技术进步奖二等奖；“八五”、“九五”期间，主持开发成功其他多种品种加氢裂化催化剂系列及工艺技术，并推广应用于多套工业装置。（刘　冰）

何鸣元（He Mingyuan） 中国上海市人，1940年2月8日生于上海。催化化学、石油化工、物理化学、能源科学、材料科学。

原籍江苏苏州。1961年上海华东纺织工学院（今上海东华大学）应用化学专业毕业。同年进入石油化工科学研究院工作。1980～1984年先后在美国西北大学化学系、得克萨斯大学奥斯汀分校化工系做访问教授。1985年回国后，历任中国石油化工总公司石油化工科学研究院应用基础研究部主任、副总工程师、总工程师。2000年起任华东师范大学化学系教授。兼任中国石油炼制学会催化剂和分子筛专业委员会主任等职。1995年当选为中国科学院院士，兼化学部副主任。

长期从事催化化学、炼油化学工程和材料科学等多学科领域研究，在双金属催化剂、载持有机金属络合物、氧化物材料、固体超强酸、非晶态合金和分子筛材料等多种不同类型催化材料研究中作出了重要贡献。发明了多种新的分子筛合成方法，形成了若干具有优异性能的分子筛材料系列，并成功地应用于化学工业上，许多产品已远销国外。其中，发明了一系列沸石合成与改性的新方法，并开发出多种炼油催化剂，解决了中国在重油裂化、提高催化裂化汽油辛烷值、新标准汽油生产等方面技术难题。

申请中国专利近百项，已授权一半以上，其中部分获取国外专利；发表论文近百篇；著作数部。获国家发明奖二等奖、三等奖各1项，中国石油化工总公司发明奖一等奖、科学技术进步奖一等奖等若干项，其中ZRP系列分子筛被国家科委评为1995年中国十大科学技术成就之一。2000年被聘任为国家基础研究重大计划973项目“石油炼制和基本有机化学品合成的绿色化学”首席科学家。国务院人事部、国家教委授予他“作出突出贡献的归国留学人员”称号。获2001年度何梁何利科学与技术进步奖。（段建民）

舒兴田（Shu Xingtian） 中国浙江省人，1940年4月21日生于上海。催化化学、石油化工。

原籍浙江定海。1964年华东化工学院毕业。同年起一直在原石油部石油科学院工作。中国石化集团公司北京石油化工科学研究院研究室主任、教授级高级工程师。1999年当选为中国工程院院士。

先后从事催化裂化工艺，分子筛合成、改性及催化裂化催化剂制备研究与开发等工作。研制成功新一代超稳Y分子筛类的SRY分子筛；采用沉积硅、稀土氧化物与Y型分子筛之间水热反应的独特改性工艺，开发出五元环结构高硅ZRP系列分子筛，制成用途广泛的改性ZRP-1裂化催化剂等；采用模板剂在固体表面浓集并与分段晶体化结合的技术研制出β分子筛，达到国际先进水平；利用这些分子筛配制成抗钒、抗镍等多种渣油裂化催化剂、高辛烷值助剂，以及乙烯苯烃化和丙烯苯烃化的环境友好催化剂等，当时年产均在万吨以上；出口一批催化裂化制烯烃等催化剂，产生重大经济效益和获得国际声誉；提出和指导实现合成分子筛的新构思新工艺；在组织催化裂化分子筛催化剂试生产实施过程中，参与解决一些主要化工设备放大问题，促进了加压晶化低成本生产分子筛技术的发展。

获分子筛合成专利近20个，由分子筛配制催化剂的中国专利20余项，其中申请国外专利多项。获1993年中国专利优秀奖、1993年中国石化总公司发明奖一等奖、1995年国家发明奖二等奖、1995年全国十大科学技术成就奖、1996年和2004年中国石化总公司发明奖一等奖等国家与省部级奖励。获1998年第二届中国工程科学技术光华奖。（郑忠龙）

罗平亚（Luo Pingya） 中国四川省人，1940年6月3日生于四川隆昌。油气开发工程、钻井工程、物理化学。

1963年四川石油学院（今西南石油学院）石油工程专业毕业。西南石油学院院长，教授。兼任“油气藏地质及开发工程”国家级重点实验室主任、中国石油天然气总公司油井完井技术中心主任等职。1995年当选为中国工程院院士。

长期从事石油天然气勘探开发方面的研究与教学，主持和参与完成40余项部省级以上科研项目。20世纪70年代，先后参加6 000米、7 175米超深井钻井工程，其中参与高温钻井液技术攻关，提出“利用高温改善泥浆性能”新思维，创造性开发抗高温深井泥浆系列技术，取得巨大综合效益。70～80年代，首次开发成功两性离子聚合物泥浆处理剂系列和配套技术，其中有聚丙烯酰胺泥浆、深井磺化树脂类泥浆、抗高温泥浆处理剂 SMK、抗高温泥浆降失水剂 SMP 等。80～90年代及后，研制和应用聚合物泥浆处理剂 FA-367 、XY-27；提出保护油层的屏蔽式暂堵技术，建立保护油层的钻井完井液技术体系；参与主持东海平湖油气田开发工程研究等。此外，在油田应用化学工程理论、渗流物理化学、井壁稳定、水平井钻井技术、油层保护技术等方面取得一批重要成果。

发表论文逾百篇，有《罗平亚论文集》（1997年）；出版《泥浆工艺原理》（1986年）、《保护储集层技术》（1993年）、《深井泥浆》（1995年）和《储集层保护技术》（1999年）等专著6部。获国家和部省级奖励30余项，其中国家级奖6项，部省级一等奖9项。1993年获孙越崎能源大奖。（李啸虎）

施泰茨，T. A.（Steitz，Thomas Arthur） 美国人，1940年8月23日生于美国威斯康星州密尔沃基。生物化学、酶化学、药物化学、结构化学。

1962年获美国劳伦斯学院化学学士学位。后师从1976年诺贝尔化学奖获得者小利普斯科姆，1966年获哈佛大学生物化学与分子生物学博士学位。1967年至英国剑桥大学分子生物学实验室做博士后研究。1970年回国后一直在耶鲁大学工作，后任分子生物物理学与生物化学系斯特林讲座教授、霍华德·休斯医学院资深研究员。期间1976～1977年在德国格丁根大学、1984～1985年在加利福尼亚理工学院任访问学者。2011年当选为英国皇家学会外籍会员。

他运用X射线晶体学和分子生物学，积极参与探索蛋白质及核酸的构造和运行机制，有助于人们理解基因表达、复制和重组。20世纪60年代中期，先后测定较小分子的磷酸甲基乙烯、羧肽酶A的结构。1970年起，整整十年在不同条件下对酵母己糖激酶结构和功能研究，在一个两者结合的单一亚基中观察到催化酶特异性的最大构象变化，验证了科什兰（Koshland）的“诱导契合”假说是正确的。80年代，测定了由A. 科恩伯格发现的DNA（脱氧核糖核酸）聚合酶Ⅰ的第一个片段结构；测定了在3′-5′核酸外切酶活性位点的DNA底物配体；由此发现磷酰基转移反应的双金属离子机制，稍后认识到这一机制是许多核酶所共有的；测定并公布位点特异性重组酶（γ-δ解离酶）的首个片段结构，发现它的缺少序列特异性的DNA结合结构域；在80年代末揭示了谷氨酰胺-tRNA（转移核糖核酸）合成酶结构，据认为是突破性进展。

20世纪90年代，开始深究大分子核糖体晶体原子结构与内在运行机制的关系，探索分子生物学的“克里克中心法则”（DNA复制、转录、翻译和遗传重组），取得许多令人振奋进展：他和团队获得艾滋病毒（HIV）逆转录酶和非核苷类抑制剂络合的第一个结构，后者是当时用于治疗艾滋病患者的少数药物；首次测定T7 RNA聚合酶多种结构中的第一种结构，并在以后15年中捕获到它的许多功能状态；开始探索大分子的DNA如何被转录成RNA，查明T7 RNA聚合酶由其启动子决定的起始状态到延伸和终止状态全过程；在DNA重组研究方面也取得显著进展，首次得到参与同源重组的RecA酶和位点特异重组酶（γ-δ解离酶）等的全结构；1995年开始研究50S核糖体亚基的结构和功能，1998年他成功解决其中的相位问题，被认为是核糖体领域重大进展；2000年初获得分辨率高达2. 5埃的电子密度图，并据此逐月构建和修改核糖体原子结构模型。

因为在“核糖体的结构和功能”研究上的重大贡献，与以色列A. 尤纳斯、印度裔美国人V. 拉马克里斯南三人同获2009年诺贝尔化学奖。此外施泰茨还获多项其他奖励，其中有2007年盖尔特纳基金国际奖等。（李啸虎）

瓦谢尔，A.（Warshel，Arieh） 美国和以色列双重国籍，1940年11月20日生于英国托管地巴勒斯坦（今部分为以色列）斯特·内厄姆集体农场。物理化学、计算生物化学、生物物理学、计算机应用技术。

中学毕业后在以色列装甲兵团服役，后以陆军上尉军衔退伍；参加过1967年“六日战争”和1973年“赎罪日战争”。1966年在海法获以色列理工学院理学士学位。师从S. 利夫森（Shneior Lifson），1967年、1969年在魏茨曼科学研究院相继获化学物理专业理学硕士、哲学博士学位。后赴美国哈佛大学卡普拉斯实验室做博士后工作。1972年回魏茨曼科学研究院从事研究。期间在英国剑桥大学分子生物学实验室任访问学者。1976年赴美国南加福尼亚大学化学系工作，1978年任斯隆研究员，后任杰出教授。2008年成为英国皇家化学学会资深会员。2009年当选为美国国家科学院院士。

其研究遍及现代生物物理化学不同范畴，尤以计算生物化学和生物物理学领域的研究著称，特别是对生物系统的各种功能进行开拓性的计算机模拟，并发展了现在被称为“计算酶学”的新学科分支。在引入生物分子的结构与功能相关性的计算方法上作出了重大贡献，开拓和合作开拓关于生物分子功能特性的精细计算程序、方法和关键性概念，将经典基础力场和量子力学相结合，以创造性的量子化学/分子力学（QM / MM）方法模拟酶反应，与其团队先后建立多个描绘生物过程的分子动力学计算机模拟。1972年，他和M. 卡普拉斯成功建立简化的视网膜结构模型，并介绍了最新方法。他们发展了一套计算机程序，在处理自由电子时选择量子物理算法，而在其他场合则采用经典物理方法。这是科学界首次实现这两种截然不同方法的结合，但仅限于镜面对称的分子结构。在1975年《自然》杂志第253期上，他和M. 莱维特共同提出第一个有关蛋白质摺叠的微观静电模型，成了目前绝大多数相关研究的标准模型。1976年，他们又合作发表首个酶类反应计算机模型。以后，又与他的研究团队相继作出一系列其他关键性进展，如蛋白质自由能微扰模型等。

获多种奖项，其中有：国际量子生物学和药理学学会1993年度大奖、2006年计算生物学奖，2003年托尔曼奖章，2012年英国皇家化学学会软物质与生物物理化学奖等；由于“为复杂化学系统发展了多尺度模型”，“将实验带入网络空间”，与美国的M. 卡普拉斯、M. 莱维特三人同获2013年诺贝尔化学奖。

瑞典皇家科学院在颁奖声明中说，从20世纪70年代以来，“他们进行的工作使利用计算机描绘神祕的化学过程成为可能”，从而率先改变了传统的化学研究方式，为化学的计算机化奠定了基础。与此同时，他们通过开发各种计算机模型及其软件，首次在经典物理学和量子物理学“这两个世界之间开启了一扇大门”。三人所发明的多尺度模型具有普遍意义，可用来研究各种各样的化学过程，例如从生命分子到工业化学工程等，不仅有助于人们加深对化学过程的深入理解和理论预测，而且可以最大限度地利用催化剂，优化太阳能电池、机动车燃料，设计新药物、新材料等等。由于他们的开拓性贡献，“对化学家来说，目前计算机是一种与试管同等重要的工具”。时至今日，当代化学和化工领域所取得的大部分重要进展，都离不开计算机模型的强有力帮助。（李啸虎）

钱逸泰（Qian Yitai） 中国江苏省人，1941年1月3日生于江苏无锡。结晶化学、超导材料工程、纳米材料工程。

1962年山东大学化学系毕业。中国科学技术大学化学系教授、化学与材料学院院长。兼任安徽省化学会理事长。1982～1985年、1992～1993年在美国布朗大学、普渡大学做访问学者，从事催化和固体化学研究。1990～1993年曾兼任中国科学院内耗与固体缺陷开放研究实验室副主任。1997年当选为中国科学院院士。

长期致力于纳米材料、新超导材料的新技术新方法研究，取得创造性重要成果。在纳米材料研制方面：发展溶剂热合成制III～V族纳米材料技术；首次用苯热合成技术制得纳米晶六方氮化镓，其中有少量通常仅见于37万大气压以上的岩盐型相，成果发表于1996年美国《科学》杂志上；首次采用毒性较低的砷源在150℃溶剂热条件下制成砷化铟；在700℃催化还原热解过程中成功合成金刚石粉末，成果发表在1998年美国《科学》杂志上，被评为1998年国家教委十大科学技术新闻之一，获中国科学院自然科学奖一等奖；在350℃下苯热合成制成多壁碳纳米管；建立和发展一种溶剂热合成技术，在较低温度下成功制备多种纳米非氧化物材料，例如硫化镉纳米棒、纳米球、碳化硅纳米线等。在超导材料研究方面，运用结晶化学原理设计和发现多种新超导体，发展超导材料的制备科学：用溶胶法降低制备温度，制成汞系新超导体，如在200℃以下水热合成铊系超导体等。

发表论文逾200余篇。1989年起多次获奖，其中有中国科学院自然科学奖一、二、三等奖，2001年国家自然科学奖二等奖等。（雷旭升）

谢赫特曼，D.（Shechtman，Dan或Daniel） 一译舍特曼。以色列人，1941年1月24日生于巴勒斯坦特拉维夫（今属以色列）。晶体化学、合金化学、凝聚态物理学、材料科学与工程。

1966年获以色列理工学院机械工程学理学士学位，1968年和1972年相继获该校材料工程学硕士和博士学位。后赴美国从事3年博士后研究，期间任俄亥俄州莱特—帕特森空军基地航空航天研究实验室研究员。1975年回母校材料科学与工程系任教，后升任托比亚斯讲座材料科学教授、特聘教授，任沃尔夫森研究中心主任等职。1981～2004年，数次在约翰斯·霍普金斯大学和美国国家标准与技术研究院开展合作研究项目。2004年兼任美国艾奥瓦州立大学材料科学与工程系教授、美国能源部埃姆斯国家实验室助理主任。是以色列科学院院士、美国国家工程院外籍院士。

率先在实验室环境下发现合金中的准晶体现象，开启了晶体学新时代。1982年，在美国约翰斯·霍普金斯大学参与研发飞行器特种合金材料。4月8日上午，他在实验室将铝和锰混熔成合金后迅速冷却，采用透射电子显微术进行衍射光栅试验。借助电子显微镜获得一幅晶体衍射图，首次观察到一种极其“反常”现象：无数个同心圆各被10个光点包围。也就是说，这是一种具有五次对称轴的二十面体物相，它暗示了铝锰合金的原子以一种不重复、非周期性但又长程对称有序的方式排列。但是权威晶体学教科书里却明确写道：“晶体里的原子都以周期性不断重复的对称模式排列”；“晶体里不存在5次或10次对称轴”。他发现的这种奇特的原子结构，既不是经典意义上的晶体，又不是非晶体，后来被称为“准晶体”。流行的理论认为：这种空间结构违背了大自然规律，因而不可能存在。由于他固守已见，两天以后便被赶出了所在团队，因为同事们不愿让其“伪科学研究”使众人蒙羞。

1987年，法国、日本科学家在实验室里先后制成大到足以被X射线观察到的准晶体结构。不久，瑞典一家企业在某种钢材中发现工业环境下的准晶体。1992年国际晶体学联合会不得不修改关于晶体的定义，将“规则有序、重复三维图案的固体”改为“仅仅是一种衍射图谱呈现明确图案的固体”。随着1994年鲍林的去世，越来越多的人开始公开支持准晶体理论，多种合金准晶体在各个实验室中不断被制造出来。2009年，在俄罗斯东部哈泰尔卡湖底首次发现了纯天然准晶体。由于准晶体原子排列不具周期性，因此有硬度很高、兼具弹性、性能稳定、无粘着力、导热性差等特异性，应用前景十分广阔。目前，他致力于研发多功能、高强度和可塑性的镁合金，以及深究金属互化物的变形机制。

被主流科学界放逐多年之后，谢赫特曼终于“沉冤得雪”，获得了科学界最高的奖赏。由于首次发现准晶体物质，“彻底改变了化学家们对固体物质的看法”，独享2011年诺贝尔化学奖。此外还获其他多种奖项，其中有：1986年弗里登伯格科学与教育促进基金会物理学奖，1988年美国物理学会国际新材料奖，1990年罗思柴尔德工程奖，1993年韦茨曼科学奖，1998年以色列物理学奖，1999年沃尔夫物理学奖，2000年同获瑞典皇家科学院阿米诺夫奖、以色列理工学院谬里尔与杰克诺卓越技术奖，2002年以色列EMET化学奖，2008年欧洲材料研究会成立25周年纪念奖等。

（李啸虎）

沙普勒斯，K. B.（Sharpless，Karl Barry） 美国人，1941年4月28日生于美国宾夕法尼亚州费城。催化化学、药物化学、化学工程。

1963年获美国达特茅斯学院化学学士学位。1968年获斯坦福大学化学哲学博士学位。后在该校和哈佛大学从事博士后研究。1970～1977年、1980～1990年两度任马萨诸塞理工学院教授。1977～1980年任哈佛大学教授。1990年任美国斯克里普斯研究院化学教授。1984年当选美国文理科学院院士。1985年当选美国国家科学院院士。获美国达特茅斯学院、德国慕尼黑理工大学等多所院校荣誉博士学位。

在手征性不对称催化氧化反应领域作出了重大贡献。手征性是指化合物分子或分子中某一基团的构型，可排列成犹如人的左右手那样互为镜像的两种形式，根据穿过它们的偏振光所产生的不同旋转方向而分别称为右旋对映体和左旋对映体，具有不同的物理化学特性。在药物学上，若由不同对映体构成的两种药物，很可能一个有药理作用，另一种则很少药理甚至有毒副作用。1874年，荷兰化学家J. H. 范特霍夫、法国化学家J. A. 勒贝尔各自独立发现这种结构。1968年，美国的W. S. 诺尔斯在世界上第一个发明不对称催化氢化反应。此后，日本的野依良治对其作了创造性发展。沙普勒斯却另辟奚径，发明主要应用于氧化反应的手性催化剂，从而能够合成更多种复杂化合物分子。

1980年他和所领导的科研小组发现金属钛、手征性酒石酸酯和氧化剂搭配，可催化烯丙醇的手征性环氧化反应，合成的环氧丙醇是某类心血管药的关键原料，并得到高百分比有用结构产额。此后10年中，他从实验和理论上对这一反应进行完善，使之成为不对称合成研究领域又一个里程碑。此后，他又发现用金属锇作催化剂的手征性双羟基化反应和羟氨化反应，实现了高选择性和高效率的碳-碳双键的手征性氧化反应。科学界认为沙普勒斯环氧化物合成法是合成领域最重要发现之一。

目前，不对称环氧化反应和双羟基化反应已是世界上应用最广的化学反应。近年来，他还提出不对称催化氧化反应中的手性放大、非线性效应等新概念，在理论和实践上都有重要意义。他的发现不仅大大促进了不对称催化反应的理论发展，同时有力推动了化学工业和制药工业的技术进步。因而荣获2001年诺贝尔化学奖一半奖金；另一半由美国的W. S. 诺尔斯和日本的野依良治所分享。1983年以来，他获得各种奖励30余项，其中美国化学学会奖励10项，包括2000年美国国家科学院化学科学奖、2001年沃尔夫化学奖等。

（宣焕灿）

沈德忠（Shen Dezhong） 中国贵州省人，1941年5月13日生于贵州贵阳，2014年4月5日卒于北京。晶体化学与工程、光化学。

出身筑路工人家庭。1964年四川大学物理系固体物理专业毕业。同年到国家建材部非金属矿研究所（人工晶体研究所前身）工作。后为国家建材局人工晶体研究所高级工程师、中国非金属矿工业（集团）总公司人工晶体研究院科学技术委员会主任。1999年调清华大学任化学系教授。期间，1986～1987年在加拿大多伦多大学进修光波导；1993～1994年在美国圣巴巴拉大学合作研究光折变效应。1995年当选为中国工程院院士。

主要从事无机非金属晶体的生长及应用研究。先后主持铌酸盐、卤化物、磷酸盐和硼酸盐等10多种人工晶体生长和研究，开发出高温高压、熔剂、提拉、坩埚下降、高频冷坩埚等晶体生长技术，成果广泛用于光学、激光、非线性光学和光折变等领域。解决多畴铌酸钾（KN）晶体的开裂、定向、极化等难题，制出当时国际上最大的KN单畴晶体，使该种晶体进入实际应用；与人合作在国际上首次实现纯KN晶体的162℃自泵浦相位共轭效应、以及其与铁晶体的室温自泵浦相位共轭效应；发明溶剂法生长磷酸氧钛钾（KTP）晶体，可获得高光学质量、能取大片Z切面的单晶，不但打破美国对中国大陆的禁运，而且打入国际市场；从实验上精确定出KTP对1.064微米激光倍频的相位匹配角，纠正国际文献中的数据错误。后主要研究可大幅提高固体激光器紫外倍频的特种晶体生长理论和技术，探索新型非线性光学晶体。

获发明专利多项；发表论文百余篇。多次获国家和省部级奖，其中铌酸钾晶体研制成果获1988年国家科学技术进步奖一等奖；KTP光电研究获2001年国防科学技术进步奖一等奖、杜邦科技创新奖，2002年国家科学技术进步奖二等奖。

（张永华）

格拉布斯，R. H.（Grubbs，Robert Howard） 美国人，1942年2月27日生于美国肯塔基州卡尔弗特。有机金属化学、催化化学、化学工程。

1963年、1965年先后获佛罗里达大学化学系理学士和理硕士学位。1968年因化学研究获哥伦比亚大学理学博士学位。同年起在斯坦福大学做博士后研究一年。1969年起先后任密歇根州立大学助理教授、副教授。1978年任加利福尼亚理工学院化学系教授。1989年入选美国国家科学院院士。

1994 年入选美国文理科学院院士。

在烯烃复分解反应领域作出重大贡献。烯烃是含有碳—碳双键的不饱和烃，经过复分解反应后会产生两种新的烯烃，这种反应已广泛应用于化学工业。20 世纪 70 年代，法国化学家 Y. 肖万首次阐明烯烃复分解反应的内在机理，并找到有效实现“换位合成法”的催化剂。格拉布斯和 R. R. 施罗克各自用实验证明肖万提出的机理是正确的，他们两人还对应用于烯烃复分解反应的金属催化剂进行深入研究。20 世纪 80 年代初到 90 年代初，施罗克先后研制出多个可应用于烯烃复分解反应的催化剂。1992 年，格拉布斯发现稀土元素钌（Ru）金属络合物（卡宾络合物），并成功用于开环聚合反应，克服了其他催化剂对功能基团容许范围小的缺陷，该催化剂不但对空气稳定，甚至在水、醇或酸存在下仍然可以保持催化活性。

在以上基础上，1996 年他对烯烃复分解的常用催化剂作了改进，钌卡宾络合物催化剂不但具有比原催化剂更高的活性和相似的稳定性，而且更容易合成，成为目前应用最为广泛的烯烃复分解催化剂，换位合成法已广泛应用于化学工业。他们三人前后相继的研究工作，为合成具有特异功能的聚合物、药物等展示了光明前景，也为发展有利于环境保护的绿色化学开辟了新道路。由于这项卓越成就，他与肖万、施罗克共同分享了 2005 年诺贝尔化学奖。

此外获奖还有：美国化学学会 1988 年有机金属化学奖、1995 年聚合体化学奖、2000 年马克聚合体化学奖、2001 年布朗化学合成法创新研究奖；1997 年日本名古屋有机化学奖章，1999 年麦克纪念奖，2000 年富兰克林化学奖章，2003 年和他人分享有机化学领域殊荣的“四面体”奖等。 （宣焕灿）

张高勇（Zhang Gaoyong） 中国湖北省人，1942 年 4 月 13 日生于湖北咸宁，2007 年 3 月 16 日卒于山西太原。*表面化学、化学动力学、精细化工、日用化工。*

1965 年武汉大学化学系毕业。先后任中国日用化学工业研究所所长，中国日用化学工业研究院院长兼表面活性剂国家工程研究中心主任，教授级高级工程师。兼任中国洗涤用品工业协会副理事长，中国香精香料化妆品工业协会常务理事，山西省化学会理事长，武汉大学、山东大学等校兼职教授等职。1997 年当选为中国工程院院士。

20 世纪 70 年代起，一直致力于精细化工的日用化学工业品研究开发工作。参与完成氯化法技术改造项目，成果获 1978 年全国科学大会奖，其中独立完成 C9-15 直链烷基苯异构体蒸汽压研究；参与主持研究长链烷烃脱氢催化剂，提出长链烷烃脱氢热力学和含催化剂失活的化学动力学模型；参与主持 NDC-2 脱氢催化剂中试和生产试验，1985 年获中国石化总公司一等奖；开发脂肪酸烷基酯的新生产方法；主持超级烷醇酰胺生产技术及物化性能研究；主持酰胺类表面活性剂的性能研究与工程开发；发明脂肪酸烷基酯的生产方法；主持研究开发山苍籽核仁油制脂肪醇及其衍生物，1991 年获国家七五攻关重大成果奖；指导研究开发新型消毒杀菌剂瑞得士-203，性能优于进口产品，获 1994 年国家轻工业部科学技术进步奖一等奖、国家九五重点科学技术攻关计划优秀科学技术成果奖；参与主持编制和部署中国洗涤用品八五、九五、十五科学技术发展规划；主持中国表面活性剂与洗涤剂领域可行性研究。此外，还获国家发明奖三等奖、国家科学技术进步奖三等奖等其他奖励。 （侯柏勤）

朱道本（Zhu Daoben） 中国浙江省人，1942 年 8 月 20 日生于上海。*有机晶体化学、物理化学、材料科学、仪器研制。*

原籍浙江杭州。1968 年华东化工学院（今东华理工大学）有机系研究生毕业。中国科学院化学研究所研究员，历任研究室主任、副所长、所长兼中国科学院有机固体开放实验室主任等职。期间 1977～1979 年、1985～1986 年在德国马普学会海德堡研究所任客座教授。兼任国家自然科学基金委员会副主任、中国化学会理事长、中国材料学会副理事长、《化学通报》主编等职。1997 年当选为中国科学院院士。

中国有机固体研究领域的学科带头人之一。归纳出设计有机导体必须考虑的两个主要因素——结构和能量，对设计合成新型有机导体起到重要指导作用；采用多种现代物理化学技术研究有机晶体的生长，发现了一系列新型一维、二维有机导体，对它们的结构和性质、不对称结构对超导效应的影响等进行了系统研究，受到国际学术界重视；首次在有机晶体中发现高温超导体某些结构特征，观察到其三维物性，并从结构能带计算证实其准三维性，从而把有机导体研究从一维、二维扩展到三维；指导设计和制备了一系列含有氮氧自由基的有机晶体、聚二乙炔晶体和分子膜，观察到铁磁、反铁磁等现象，发现分子间相互作用是影响其磁性能的重要因素；是中国最早一批开展富勒烯化学和物理研究的学者之一，对以碳 60（C_{60}）为基质的电荷转移复合物、C_{60} 和 C_{70} 及其衍生物的薄膜结构与性能等研究，都引起了国际同行关注；此外，在开发研制固体表面功能性单分子膜（LB 膜）、有机光电开关、整流器及 SIS 超导器件等方面取得了许多高水平成果。

拥有发明专利 2 项；发表论文 200 多篇；与他人合撰出版专著 2 部、合译专著 1 部。多次获奖，其中有国家自然科学奖二等奖 2 项、中国科学院自然科学奖二等奖 3 项等。 （李啸虎）

高从堦（Gao Congjie） 中国山东省人，1942 年 11 月 12 日生于山东即墨。*膜化学与工程、水处理技术、环境科学、材料科学。*

出身殷实农民家庭。1965 年山东海洋学院（今中国海洋大学）海洋化学系毕业。1965～1982 年先后在国家海洋局第一研究所、第二研究所工作。1982～1984 年在加拿大滑铁卢大学进修。回国后，一直在国家海洋局杭州水处理技术开发中心工作，研究员，膜与膜过程实验室主任。中国海洋大学化学化工学院名誉院长，兼任中国海水淡化与水再利用学会理事长等职。1995年当选为中国工程院院士。

长期从事液体分离膜与膜过程研究，为中国功能膜工业发展做出了重要贡献。20世纪60～70年代，参加全国海水淡化会战，研究开发出不对称醋酸纤维素板式、管式反渗透膜；主持研制成功三醋酸纤维中空纤维反渗透膜及其配套组器，并实现产业化。80～90年代，主持中盐度苦咸水淡化用反渗透膜及组器研究，获1991年国家海洋局科学技术进步奖一等奖；主持“国产反渗透装置及工程技术开发”项目，获1992年国家科学技术进步奖一等奖；系统研究荷电膜结构与性能，开发出具有不同离子交联功能的两种荷电膜，广泛用于饮用水净化、生化制药和电泳喷涂等领域；在中国最先研制成功多种多元合金膜，并在膜的改性等方面有新的创见；主持开发出芳香族聚酰胺等新单体的反渗透复合膜，开拓多胺等成分在复合膜中的新功能并推广应用；在中国率先开发出多种新型纳滤膜，参与高性能超滤组器技术的部分工作。近年参加和主持膜与水资源，环境生态和可持续发展的综合研究。发表论文百余篇；出版专著译著4部。获国家和省部级奖励10多项。（李啸虎）

薛群基（Xue Qunji） 中国山东省人，1942年11月28日生于山东沂南。*摩擦化学、材料科学与工程。*

1965年山东大学化学系毕业。1967年中国科学院兰州化学物理研究所研究生毕业。一直留所工作，研究员。1980～1982年在美国密歇根大学做访问学者，从事润滑失效研究。回国后，任兰州化学物理研究所所长、固体润滑国家重点实验室学术委员会主任等职。兼任国际摩擦学会副主席、亚洲摩擦学理事会主席、中国摩擦学会理事长、中国化学学会副秘书长、《摩擦学学报》主编等职。1997年当选中国工程院院士。

先后参加和主持30余项国家重点课题，在摩擦学的多个领域有建树。建立和主持特种润滑材料研制实验室；主持和参加研制成功多种航天航空特种润滑材料，解决了卫星星箭解锁机构、太阳能电池帆板展开机构、“长征三号”运载火箭、Z-9武装直升飞机、“斯贝”发动机国产化等国家重点工程的多项关键润滑技术难题；研制成功稀土润滑剂和节能润滑剂，取得了显著经济效益；主持开发出抗盐碱性的新型特殊润滑和防护材料，适用于海洋和其他腐蚀性环境；在含氮化合物和稀土化合物的润滑机理、对碳60（C_{60}）及其同系物的LB膜（在固体载体上的由单分子膜组成的单层或多层膜）的摩擦学性能等研究，得到国际同行重视和引用；在陶瓷摩擦化学和纳米摩擦学方面获重要成果，多次被国际上特邀讲学或作学术大会报告；他和合作者有关聚合物摩擦磨损的研究，获国际同行高度评价。

授权专利20余件；发表论文400余篇；出版专著3部。获国家和省部级奖励20余项；此外获1996年国防科学技术光华奖、2002年何梁何利科学与技术进步奖。（李啸虎）

莱夫科维茨，R. J.（Lefkowitz，Robert Joseph） 美国人，1943年4月15日生于美国纽约。*生物化学、细胞与分子生物学、药物化学、毒理学、临床医学。*

犹太族裔，其家族在19世纪末自波兰移民美国。1959年入读哥伦比亚学院，1962年获化学专业文学士学位。1966年获纽约哥伦比亚大学内科与外科医学院医学博士学位。留校任实习医师一年。后入美国国家卫生研究院工作，1968年任临床和研究助理，1970年任住院医师，开始心血管疾病研究和临床培训。1973年任杜克大学医学中心医学副教授兼生物化学助理教授，1977年晋升为医学教授，1982年起一直任杜克讲座医学教授，兼任化学与生物化学教授。1976年起兼任霍华德·休斯医学研究院调研员。1973～1976年任美国心脏协会创始调研员。是美国国家科学院院士。

细胞籍以感知周围环境的实际物质基础是什么？它们是如何工作的？长期以来一直是未解之谜。人们猜测这可能和细胞表面存在某些受体有关，但对其成分和机制并不清楚。从1968年开始，他采用同位素标记配体的放射学示踪原子方法，让各种激素携带放射性碘同位素，首次相继成功找到包括β_2-肾上腺素受体在内的数种激素受体。他进而提出配体-受体-效应器结合的三级复合物模型，使人们对受体工作机理有了初步认识。接着，他和研究团队着手从细胞壁分离提纯丰度极低的各种受体。1981年，耶鲁大学医学院的B. K. 克比尔卡来到他的实验室做博士后研究，加盟该团队对受体进行分离、克隆和测序。他创造性地运用X射线晶体学方法，第一次从浩瀚的人类基因组中将β_2-肾上腺素受体的基因分离出来，并首次成功加以克隆。正是在此基础上，他们才惊讶地发现，该受体与先前找到的眼中可捕获光的受体即视紫质在分子层次上都是7次跨膜结构。他们强烈意识到，这些在分子结构和作用机理上基本相似的不同受体，实际上构成了一个大家族，即今天统称的“G蛋白偶联受体”。

由于在“G蛋白偶联受体研究”上的决定性贡献，他和克比尔卡共享2012年度诺贝尔化学奖。此外，他还获得多种其他大奖，其中有：1978年阿贝尔药理学奖，1988年盖尔特纳基金会国际奖，2001年美国国家科学院科瓦连科奖章，2003年法兰西学院勒福隆一德拉朗德基金会科学奖，2007年同时获美国国家科学奖章、奥尔巴尼医学中心医学和生物医学研究奖、肖氏生命科学与医学奖、中国香港邵逸夫生命科学与医学奖，2009年美国心脏协会研究成就奖等。（李啸虎）

斯莫利，R. E.（Smalley，Richard Errett） 美国人，1943年6月6日生于美国俄亥俄州阿克伦，2005年10月28日卒于得克萨斯州休斯敦。*高分子化学、物理化学、纳米材料、仪器研制工程。*

1965年获美国密歇根大学化学理学士学位。1966～1969年在美国壳牌石油公司从事研究工作。1971年在普林斯顿大学获硕士学位，1973年获该校化学专业哲学博士学位。1973～1976年在芝加哥大学弗

兰克研究所工作。1976年赴休斯敦的赖斯大学任教，1982年任化学教授，1990年任物理学教授，1986～1996年任量子研究所所长，1996年任该校纳米科学和技术中心主任。是美国国家科学院院士、美国文理科学院院士；1990年任美国国家科学院院长。

1981年，他发明超声喷嘴激光蒸发装置。1984年春，英国化学家H. W. 克罗托和美国学者R. F. 小柯尔参观了他的实验室和这套装置后，克罗托想利用这套装置来模拟红巨星大气中碳的成簇条件。经过讨论，他们三人决定共同进行这方面的研究。1985年秋，用他提出的超声喷嘴激光蒸发技术，并作了种种改进和发展后，发现了稳定的C_{60}簇合物，它被命名为富勒烯。此后，他们和其他一些研究者还陆续发现了如C_{20}，C_{24}，…C_{540}的其他多种富勒烯，但C_{60}则是其中最稳定的一种。C_{60}的发现引起了各国学者的极大兴趣。人们发现C_{60}具有优良的非线性光学性质，掺杂碱金属的C_{60}具有很好的超导性能，其中有的成为超导状态的临界转变温度高达48K。

对富勒烯的研究还导致了由碳的五元环和六元环网格组成的巴基管和巴基葱的发现。斯莫利领导的小组合成了管径几纳米、长几厘米的巴基管（或称富勒烯纤维），其强度比钢大100倍，是迄今为止强度最大的纤维，从而开辟了材料科学的新领域。富勒烯及其衍生物还具有抗病毒、抗癌和抗艾滋病的能力，可以选择性地切割DNA（脱氧核糖核酸），因而引起了生物化学家和药物学家的浓厚兴趣。总之，富勒烯的研究迅速而广泛地打开了通向科学新领域的大门。

由于他和克罗托、小柯尔共同发现富勒烯，他们三人分享1996年诺贝尔化学奖。此外，他还获1991年兰米尔化学物理奖，1992年韦尔奇化学奖、劳伦斯纪念奖、美国物理学会新物质国际奖，1993年尼科尔斯奖章，1994年豪氏奖金，1995年马歇尔奖，1996年富兰克林奖章等。

（宣焕灿）

戴森豪弗尔，J.（Deisenhofer，Johann） 德国和美国双重国籍，1943年9月30日生于德国巴伐利亚州苏萨默尔赛姆。生物化学、光化学、晶体学。

农家子弟。1963年前接受基础教育。1964年起服兵役一年半。1965年秋进入慕尼黑理工大学攻读物理学，在德兰斯费尔德（K. Dransfeld）的实验室做固体物理方面的毕业论文，1971年获慕尼黑理工大学物理学硕士学位。后到马克斯·普朗克研究院生物化学研究所，成为R. 胡贝尔的博士研究生，1974年获哲学博士学位，并继续博士后研究。1976年成为该院正式研究员。1988年起任美国霍华德·休斯医学研究院生物化学教授，兼任得克萨斯西南医学中心生物化学部监察员。是欧洲科学院院士，美国科学促进协会成员。

20世纪70年代后期起，他与R. 胡贝尔的另一位博士研究生合作，从事牛胰蛋白酶抑制剂晶体的提纯工作，此项研究获得了成功。参加关于人类骨髓瘤蛋白质研究；后又参加研究人类F_c片段及其络合物等课题。1982年当同所的H. 米切尔报告了紫色光合细菌光合反应中心结晶成功，戴森豪弗尔和其他合作者一起参加测定这个结晶分子的三维结构，经过5年努力终于得到完整的分子结构，并精制出清晰度为2.3埃的标本。由于他和胡贝尔、米切尔的有效合作，对光合作用机理这个重大自然科学问题研究作出了卓越的贡献，而且为探索分子微电子器件、开辟太阳能利用新途径提供了科学的依据，为此，三人一起共享1988年诺贝尔化学奖。

（朱啸宇）

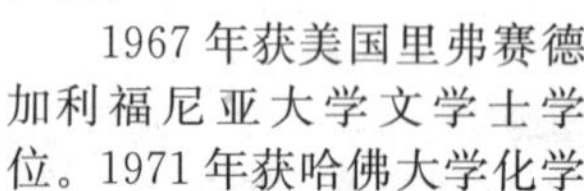

施罗克，R. R.（Schrock，Richard Royce） 美国人，1945年1月4日生于美国印第安纳州伯恩。有机金属化学、催化化学、化学工程。

1967年获美国里弗赛德加利福尼亚大学文学士学位。1971年获哈佛大学化学专业理学博士学位。后在英国剑桥大学从事博士后研究一年。1972年任杜邦化学公司实验室研究员。1975年到美国马萨诸塞理工学院工作，1980年任化学系教授，1989年任凯斯化学讲座教授。曾任美国化学学会《有机金属》杂志副主编8年。是美国国家科学院院士、美国文理科学院院士。

在烯烃复分解反应领域作出了重大贡献。烯烃是含有碳-碳双键的不饱和烃，经过复分解反应后会产生两种新的烯烃，这种反应已广泛应用于化学工业。20世纪70年代，法国化学家Y. 肖万首次阐明了烯烃复分解反应的内在机理，并找到了有效实现“换位合成法”的第一批催化剂。接着施罗克和美国化学家R. H. 格拉布斯用实验证明了肖万机理的正确性，两人还深入研究、继续试制适应性强、相对稳定的长寿命催化剂。70年代初，他在杜邦公司试制成第一种稳定的钽-亚烷基复合物；1980年，他和所主持的马萨诸塞理工学院研究小组研制出一种钽-亚烷基复合物，成功催化顺-2-戊烯的复分解；1990年报道他以通式表示的一系列钼和钨的亚烷基复合物，是目前已知活性最好、性能稳定、无需添加剂的金属化合物催化剂之一；后又开发不对称催化复分解的手性催化剂。

他和肖万、格拉布斯前后相继的研究工作，为合成具有特殊性质的聚合物、聚合物添加剂、燃料，以及生物活性材料如昆虫信息素、除草剂和药物等奠定了理论和工程基础，也为发展有利于环境保护的绿色化学开辟了新道路。鉴于这项重大技术突破，他们三人共同分享2005年诺贝尔化学奖。

拥有专利多项；发表学术论文360余篇。除诺贝尔奖外，还获美国化学学会1985年有机金属化学奖、1990年哈里森·豪奖、1996年无机化学奖、2001年柯伯学者奖，以及1995年洪堡奖，1998年伊利诺伊大学贝勒奖章，2005年德国化学学会霍夫曼奖章等。

（宣焕灿）

曹湘洪（Cao Xianghong） 中国江苏省人，1945年6月28日生于江苏江阴。催化化学、石油化工、化工机械工程、技术管理。

1967年南京化工学院高分子专业毕业。1970年起在北京燕山石油化工公司工作，先后任车间主任、副厂长、公司副经理、公司副总经理兼总工程师、教授级高级工程师、总经理、董事长，中国石油化工股份有限公司董事、副总裁、公司科学技术委员会主任。2007年任南京大学兼职教授。兼任中国化工学会理事长等职。1999年当选为中国工程院院士。2009年当选为美国国家工程院外籍院士。

长期从事开发石油化工生产技术，拥有30余年企业管理经验，积极推进企业体制创新、管理创新和技术创新。策划燕山公司乙烯装置由年产30万吨到45万吨、71万吨的两次重大技术改造；组织完成年产14万吨低压聚乙烯装置工程设计和重大设备国产化，节约外汇4 000多万美元；主持完成年产20万吨高压聚乙烯装置超高压管式反应器设计；成功实施燕山石油化工公司制苯装置就地改造的优化方案，提出取消已完成初步设计的异地建设方案，节省投资5 000多万元；采用国内15项先进技术，开发完成具有国际先进水平减压渣油催化裂化等技术；组织研制成功高压聚乙烯装置超高压换热器，节约资金上亿元，结束了中国不能制造的历史；通过技术改造使企业的乙烯年产66万吨，生产的汽油和柴油全部满足北京环保新要求；组织开发3套石油化工成套技术。

多次获国家和省部级奖励，其中顺丁橡胶工业生产新技术获1985年国家科学技术进步奖特等奖，“YS系列银催化剂的推广应用”获1998年国家科学技术进步奖二等奖，“大庆减压渣油催化裂化成套技术开发及工业应用”获2001年国家科学技术进步奖一等奖。1996年获国家八五科学技术攻关先进个人奖。

（李啸虎）

陈凯先（Chen Kaixian） 中国江苏省人，1945年8月28日生于重庆。有机化学、药物化学、结构化学、计算机应用。

原籍江苏南京。1967年复旦大学物理二系放射化学专业毕业。后相继在安徽省霍丘县城西湖军垦农场、湖南省邵阳市国家化工部中南制药厂、湖南医药工业研究外工作。1982年、1985年先后获中国科学院上海药物研究所硕士和博士学位。1985～1988年在法国巴黎生物物理化学研究所进行博士后研究。中国科学院上海药物研究所研究员，历任合成室主任、研究生部主任、副所长，1996～2004年任所长等职。是上海交通大学、浙江大学等校兼职教授。2011年任上海市科学技术协会主席。1999年当选为中国科学院院士。

主要从事计算机辅助药物分子设计的“组合化学”方法研究，并从分子和亚分子水平探索药物结构与疗效之间的规律性关系。进行有机小分子、生物大分子的结构和生物活性之间关系的研究，有活性的有机小分子结构预测和设计；提出计算机药物构象研究方法，建立药物-受体结合过程中疏水作用力场三维分布的数学模型；发展药效基团的搜寻方法；建立利用计算机构建多样性结构的分子库和模拟筛选方法，并应用于多种抗肿瘤药物与核酸相互作用研究；建立多环芳烃致癌物活性的三维定量构效关系模型，以此指导设计和改造化合物分子结构；开发基于药物与受体三维结构的合理药物设计研究，其中一些模型和设计得到了实验验证。

发表论文近百篇。多次获国家和省部级奖励，其中关于柔红霉素与DNA（脱氧核糖核酸）相互作用的研究成果，获1986年度法国尼纳-舒可伦奖；基于蛋白质和核酸三维结构的药物分子设计成果，获1997年中国科学院自然科学奖二等奖等。1991年获国务院授予的“有突出贡献的中国博士学位获得者”称号。1997年被评为上海市“十大科技精英”。 （梁 栋）

朱清时（Zhu Qingshi） 中国四川省人，1946年2月7日生于四川成都。物理化学、分子光谱学、高等教育管理。

原籍四川彭县。1968年中国科学技术大学近代物理系毕业。分配在青海西宁山川机床铸造厂当工人、计划员。1974年到中国科学院青海盐湖研究所工作。1984年到中国科学院大连化学物理研究所工作，先后任课题组长、研究室主任，副研究员、研究员。期间有数年在美国圣巴巴拉加利福尼亚大学、马萨诸塞理工学院、加拿大国家研究院天体物理研究所作访问学者。1993年起一直执教于中国科学技术大学，先后任中国科学院选键化学重点实验室主任、副校长、常务副校长，1998～2008年任校长。2009年就任位于深圳的南方科学技术大学创校校长。兼任东亚研究型大学校长联合会主席、中国科学技术史学会副理事长、安徽省科学技术协会副主席等职。1991年当选为中国科学院学部委员（院士）。2001年当选为第三世界科学院院士。

20世纪70～80年代，在中国首创激光光压偏析法分离锂同位素；首次测得氢氧化钙自由基电子激发态一系列高分辨光谱参数，观察到兰纳-泰勒（Renner-Teller）效应；测得多种高分辨半导体激光光谱，观察到强度按核自旋统计权重分布的转动跃迁；发展同分异构分子的光谱鉴别方法。80～90年代，首次观测到硅烷、锗烷等球陀螺分子纯粹局域模振动高分辨光谱，建立局域模振动新模型；在扫描隧道显微镜实验中，用局域模振动和分子内传能解释了硅表面上碳60分子取向，入选1999年中国基础研究十大新闻；首次拍摄到化学键照片，入选2001年中国十大科学技术新闻；大力倡导绿色化学，例如研究将农业废弃麦秸稻草等生物质转化为燃料酒精等。此外，担任校长卓有成效地深化改革，致力于规划建设21世纪一流大学。

发表论文百余篇，有《朱清时院士文集》（2000年）一部；撰有《绿色化学》（1998年）、《激光场中的量子跃迁动力学》（2000年，与他人合著）等专著3部。多次获国家和省部级奖；获1994年海外华人物理学会亚洲成就奖、国际《光谱化学学报》汤普逊纪念奖等。

（李啸虎）

泽韦尔，A. H.（Zewail，Ahmed Hassan） 埃及和美国双重国籍，1946年2月26日生于埃及达曼胡尔。光化学、物理化学、化学动力学。

1967年毕业于埃及亚历山大大学，1969年在该校获硕士学位。后赴美国，1974年获宾夕法尼亚大学博士学位。同年到伯克利加利福尼亚大学从事博士后研究。1976年任加利福尼亚理工学院化学系教授，1978年任终身教授。是美国国家科学院院士。

在超快化学反应动力学领域作出了开创性的贡献。他的研究主要得益于快速研究手段特别是短脉冲激光技术的运用。20世纪80年代中期，他所领导的研究小组使用很复杂的实验装置，获得脉冲宽度为几百飞秒（1飞秒$=10^{-15}$秒）的超短激光脉冲，并进行一系列化学实验，实时跟踪“观察”到分子层次上基元化学反应的过程和机理。此后10年中，他又致力于缩短激光脉冲的脉冲宽度，甚至达到了飞秒的量级。在他的带动下，世界许多实验室也都采用超快激光研究化学反应，形成了化学中一个使用超快激光技术研究化学反应中原子的微观运动的新分支——飞秒化学。

进行飞秒化学的实验，不仅需要能发出脉冲宽度窄到飞秒量级超短激光的激光器（如20世纪90年代使用的全固体超快掺钛蓝宝石激光器），而且还需解决飞秒量级的时间分辨问题，这一问题是通过光程差来实现的。光的传播速度达3×10^8米/秒，但在1飞秒中也只能走0.3微米。如果把发出的超短激光分成两束，使它们走过的光路控制到微米量级的精细差异，便可以产生几飞秒量级的时间延迟。飞秒化学实验通常采用两束飞秒脉冲激光。第一束用于启动化学反应，称泵浦光；第二束经过不同延时之后再作用于体系，称探测光，它相当于在反应启动后的不同时刻给体系照“快照”，从而获得反应过程的演变信息。这种实验技术叫做泵浦-探测技术。如果反应体系很复杂，则需引入更多的飞秒激光，分别在不同时刻泵浦或探测。这正是飞秒化学实验的基本原理。他对一系列从简单到复杂的化学和生物体系中各种类型的化学反应，进行了飞秒化学的实验和“观察”，此外又从理论上对这些过程进行了计算、模拟和解释，从而大大推进了人们对化学反应微观过程的认识和控制能力。

由于对飞秒化学方面的杰出贡献，他荣获1999年诺贝尔化学奖。此外，获1993年以色列沃尔夫化学奖，2011年美国化学学会最高奖普里斯特利奖章。

（宣焕灿）

查尔菲，M. L.（Chalfie，Martin Lee） 美国人，1947年1月15日生于美国伊利诺伊州芝加哥。分析化学、细胞与分子生物学、神经生理学、遗传学。

俄国移民后裔。1965年入读哈佛大学，专业由数学转攻生物化学，1969年获文学士学位。1970年在康涅狄格州哈姆登一所高中任教。1971年夏在耶鲁大学扎杜奈斯基实验室当临时助理。1972年到母校哈佛大学生理学系做研究生，1977年获神经生理学博士学位。同年赴英国剑桥大学分子生物学实验室做博士后研究。1982年回国后一直供职哥伦比亚大学生物科学系，先后任生物化学助理教授、副教授和教授。2004年当选为美国国家科学院院士。是美国国家医学研究院、美国文理科学院院士。是英国皇家化学学会荣誉会员。

从早年起就研究神经生理学，以秀丽隐杆线虫为模型来研究神经细胞的发育和功能及其基因遗传。1985年，与人合作发表关于线虫触觉感官神经回路的论文。据他本人说，首次关注绿色荧光蛋白（GFP），得益于1988年P. 布雷姆（Paul Brehm）主持的一次关于发光生物体的研讨会，从此一发而不可收拾。这导致了1992年他做的一些关键性实验，首次采用GFP的荧光特异性作为发光示踪分子标记，直观地研究线虫神经细胞与组织发育的全过程。1994年，他和同事在《科学》杂志上合作发表题为《绿色荧光蛋白作为基因表达标记》的文章，首次报道了GFP作为发光示踪分子的遗传标签作用。

1962年，日本的下村修和美国的F. H. 约翰逊（Frank H. Johnson）首次共同发现多管水母中的两种发光蛋白：水母素和绿色荧光蛋白（GFP）。1974年下村修完成纯化GFP的关键实验。此后近20年间，该领域乏人问津。1994年查尔菲等人首次报道了GFP技术的研发与应用，因在“发现和发展绿色荧光蛋白”方面有开创性贡献，查尔菲与日本的下村修、美籍华人钱永健三人同获2008年度诺贝尔化学奖。

发表200多篇论文；出版《绿色荧光蛋白：研究报告与应用》（1998年，与他人合著）等专著。还获2006年布兰代斯大学基础医学科学罗森斯塔尔杰出工作奖、2008年美国细胞生物学学会威尔逊奖章（与钱永健分享）等。

（李啸虎）

莱维特，M.（Levitt，Michael） 美国、英国和以色列三重国籍，1947年5月9日生于南非比勒陀利亚。物理化学、生物物理学、计算结构生物学、计算机应用技术。

立陶宛犹太移民后裔。在南非完成中小学基础教育。1967年获英国伦敦大学国王学院物理学理学士学位。同年作为剑桥大学分子生物学实验室英国皇家学会交换研究员赴以色列，先后加盟魏茨曼科学研究院利夫森（Shneior Lifson）团队、海法以色列理工学院瓦谢尔（原利夫森学生）团队。师从R. 戴蒙德，(Diamond)，1971年以“蛋白质构象分析”论文获剑桥大学冈维尔与凯斯学院计算生物学博士学位。留院任研究评议员，1973年任该校分子生物学实验室科学家。1980年任魏茨曼科学研究院化学物理教授，期间1980～1983年任系主任。1987年任美国斯坦福大学医学院癌症研究所结构生物学卡希尔讲座教授，1993年任结构生物学系主任。2001年出任《分子生物学》杂志主编。同年当选为英国皇家学会会员。2013年当选为美国国家科学院院士。

开创DNA（脱氧核糖核酸）和蛋白质的分子动力学模拟的先驱者之一，以参与率先开发预测生物大分子结构的方法而著称。1967年起在以色列，他和S. 利夫森及其学生A. 瓦谢尔开始研究如何运用计算机模拟方法来理解生物分子行为。1968～1972年在剑桥大学分子生物学实验室，他率先开发了用于研究分子构象的第一个计算机应用软件，为许多后期工作奠定了技术基础。在1975年《自然》杂志第253期上，和A. 瓦谢尔共同提出第一个有关蛋白质摺叠的微观静电模型，成了目前绝大多数相关研究的标准模型。1976年，俩人又合作发表首个酶类反应计算机模型。他们提出的分子动力学模拟方法和生物高分子模型，有助于人们准确地理解和预测蛋白质和核酸的结构与功能的相关性。他还指导培养了许多杰出的学生，其中包括M. 格斯坦(Mark Gerstein）和R. 塞缪特拉勒（Ram Samudrala）等人，后来都成了有名的科学家。

曾获1986年欧盟生物化学学会年度大奖等；由于“为复杂化学系统发展了多尺度模型”，“将实验带入网络空间”，与美国的M. 卡普拉斯、M. 莱维特三人同获2013年诺贝尔化学奖，是以色列在十年中第六位诺贝尔化学奖获得者。

瑞典皇家科学院在颁奖声明中说，从20世纪70年代以来，“他们进行的工作使利用计算机描绘神祕的化学过程成为可能”，从而率先改变了传统的化学研究方式，为化学的计算机化奠定了基础。与此同时，他们通过开发各种计算机模型及其软件，首次在经典物理学和量子物理学“这两个世界之间开启了一扇大门”。三人所发明的多尺度模型具有普遍意义，可用来研究各种各样的化学过程，例如从生命分子到工业化学工程等，不仅有助于人们加深对化学过程的深入理解和理论预测，而且可以最大限度地利用催化剂，优化太阳能电池、机动车燃料，设计新药物、新材料等等。由于他们的开拓性贡献，“对化学家来说，目前计算机是一种与试管同等重要的工具”。时至今日，当代化学和化工领域所取得的大部分重要进展，都离不开计算机模型的强有力帮助。 （李啸虎）

周其凤（Zhou Qifeng） 中国湖南省人，1947年11月20日生于湖南浏阳。高分子化学、物理化学、材料科学、高等教育管理。

1970年北京大学化学系毕业。留校任教。1979年在读北京大学化学系研究生。1980年留学美国，1983年获美国马萨诸塞大学高分子科学与工程系博士学位。同年回国。历任北京大学化学与分子工程学院教授、系主任、高分子研究所所长、北京大学研究生院常务副院长。2000年后，历任国务院学位办公室主任、教育部学位办公室主任等职。兼任教育部高等学校化学与化工专业指导委员会主任等职。2004年任吉林大学校长。2008年任北京大学校长。1999年当选为中国科学院院士。

主要从事高分子合成和液晶高分子领域的基础研究。1987年他创造性地提出“甲壳型液晶高分子”的新概念，并从化学合成和物理性质等方面给予确认。甲壳型液晶高分子是一类新型高分子材料，具有可调节的分子链刚性、独特的相态结构和性质、宽大的稳定液晶相温度区间等特性，可以根据实际需要通过活性自由基聚合等方法控制其分子量和分子结构。其他贡献有：对液晶高分子取代基效应的研究；首次发现人工合成的热致性液晶高分子；发现通过共聚合或提高分子量可使亚稳态液晶高分子转变为热力学稳定的液晶高分子的两个原理；发现高分子六方柱相超分子结构等。

发表论文近200篇；出版《液体高分子》（1994年）等专著。多次获国家和省部级奖励，其中甲壳型液晶高分子的研究成果获1997年度国家自然科学奖三等奖、国家教委科学技术进步奖二等奖等。（梁 栋）

米切尔，H（Michel，Hartmut） 德国人，1948年7月18日生于德国路德维希堡。高分子化学、光化学、生物化学、结构化学。

中学毕业后服兵役。1969年退役后入蒂宾根大学攻读生物化学，1974年毕业。翌年跟随厄斯德海尔(D. Oesterhelt）到维尔茨堡大学攻读研究生，1977年获博士学位。同年留校任教。1979年在慕尼黑的马克斯·普朗克研究院生物化学研究所工作，1987年任该院法兰克福生物物理学分院分子薄膜生物学部主任，兼歌德大学生物化学教授。2000年当选为中国科学院外籍院士。

在D. 厄斯德海尔的帮助下，1979年他在维尔茨堡大学首次观察到三维噬菌调理素结晶，引发了对蛋白质结晶分析研究的极大兴趣。于是决定放弃在该校作博士后研究的原计划，而去研究条件更好的马克斯·普朗克生物化学研究所工作。当时，R. 胡贝尔已在该所建立结晶蛋白质结构分析研究室。米切尔和胡贝尔以及J. 戴森豪弗尔三人密切合作，首次在原子水平上确定了光合细菌的“反应中心”的色素复合体——结晶膜蛋白质——的三维空间结构。米切尔采用辛基糖苷作去垢剂，有效攻克了从光合细菌的光合作用膜上完整地分离出其中进行光合作用原初过程的“反应中心”，这是多年来人们力图突破的技术难关。他还和胡贝尔、戴森豪弗尔三人共同有效地测定“反应中心”的组成、色素分子的空间排列、蛋白质结构及氨基酸序列、基团编码及色素和蛋白质结合部位和作用方式。他们的卓越成就为光合作用机理这个重大自然科学问题的研究奠定了基础，为探索分子微电子器件、开辟太阳能利用新途径提供了有力依据。为此，他和胡贝尔以及戴森豪弗尔三人共同分享1988年诺贝尔化学奖。

（朱啸宇）

赵玉芬（Zhao Yufen） 中国河南省人，1948年12月11日生于湖北武汉。有机化学、生物化学、药物化学。

原籍河南淇县。1971年台湾新竹清华大学化学系毕业。同年赴美国纽约州立大学石溪分校化学系学习，1975年获博士学位。留校工作。后又在纽约大学做博士后研究。1979年回国，先后任中国科学院化学研究所副研究员、研究员。1988年起任清华大学教授，生命科学与工程研究院副院长、生命有机磷化学教育部开放实验室主任。2000年起任厦门大学化学化工学院教授，2006年任药学系主任。1991年当选为中国科学院学部委员（院士）。1995年当选为俄罗斯国际科学院外籍院士。

中国当代著名女有机化学家，在有机磷化学、生物有机化学领域深有造诣。20世纪70年代在美国期间，系统研究五配位磷化合物与三磷酸腺苷（ATP）亲核取代反应模式，得到高度评价。80～90年代及后，发明合成抗癌药三尖杉酯碱母核的新方法；参与开发一系列无毒的抗血吸虫新药物；发明合成五配位磷酰氨基酸的方法，并应用于肽的合成；研究N-磷酰氨基酸和肽的合成、特性及机理，发现它们具有自催化作用；发现丝氨酸对组成RNA（核糖核酸）的全部4种核糖核苷酸有识别作用；揭示磷酰氨基酸是生命进化的最小系统，它能同时生成核酸及蛋白，又能生成LB-膜和脂质体；从磷化学角度研究生命科学问题，探讨蛋白质、核酸、糖及脂类之间通过磷的相互作用，1988年提出“磷是生命化学过程的调控中心”新观点，使人类更深刻地认识了生命的本质；与美国俄亥俄大学合作开展核酸定点切割试剂研究，其中发现磷酰化组氨酸、丝组二肽的饱和溶液可以切割RNA、DNA（脱氧核糖核酸）和蛋白，切割机理类似水解磷酸二酯键。拥有专利9项；发表论文200多篇。获国家和省部级奖近10项。

（李啸虎）

黄乃正（Huang Naizheng） 中国广东省人，1950年11月25日生于香港。有机化学、药物化学、化学工程。

原籍广东台山。父亲经商，母亲是小学教员。1973年获香港中文大学化学系理学士学位。1976年获英国伦敦大学博士学位。1976～1978年在哈佛大学做博士后研究。1979～1980年在英国做客座研究。1980年任职于中国科学院上海有机化学研究所。1982年任香港理工大学讲师。1983年任香港中文大学化学讲座教授。兼任中国科学院上海有机化学研究所沪港化学合成联合实验室管理委员会主席，浙江大学、中山大学等校客座教授等职。1994年获英国伦敦大学荣誉科学博士学位。1999年当选为中国科学院院士。

主要从事有机合成研究，在有机硅化学、杂环化学、天然及非天然化合物合成领域成就卓著。早期从事红霉素的全合成；后主要从事高张力分子合成与性质、各种天然产物的全合成研究，合成多个合成难度极高但有机化学中具有重要理论意义的分子，其中得到一种稳定而具有环间连接的三苯骈环辛三烯炔，这是全共轭的平面结构，从试验上证明了国际化学界权威人士预言的规则；证实烯二炔的重排反映，烯二炔结构存在于许多具有抗癌活性的天然产物中，起重排被视为这类化合物抗癌的可能机理，他的这项研究成果被多家国际性学术刊物所报道；合成一类环番化合物，其中四个苯环处于正交，是经典意义上认为共轭而分子轨道并不共轭的化合物，曾被著名的有机化学教科书列为难以得到、尚未合成的化合物之一；合成含有三个连续双键的五元环化合物和多个具有生理活性的天然产物。发表论文200余篇。多次获奖，其中“高张力分子的合成化学”获1997年中国国家自然科学奖二等奖。

（梁　栋）

钱永健（Tsien，Roger Yonchien） 华裔美国人，1952年2月1日生于美国纽约。有机化学、染料化学、分析化学、生物化学、细胞与分子生物学。

祖籍中国浙江杭州。父亲钱学榘是美国波音公司机械工程师，哥哥钱永佑是斯坦福大学神经生物学教授、美国国家科学院院士；中国“导弹之父”钱学森的堂侄。1972年获哈佛大学化学与物理理学士学位。1977年获英国剑桥大学生理学博士学位，留校继续博士后研究。1981年到伯克利加利福尼亚大学工作，后任生理学教授。1989年起一直在圣迭戈加利福尼亚大学任教，药理学教授、化学与生物化学教授。1995年当选为美国国家医学研究院院士。1998年当选为美国国家科学院院士、美国文理科学院院士。是美国癌症研究院院士。2009年获中国香港中文大学、香港大学荣誉理学博士学位。

毕生从事特种染料研发，发明多种有机染料分子及其示踪技术，广泛用于化学、生物学和医学等各领域的检测分析研究。钙离子是生物体内的重要信号因子。早在剑桥大学读研究生时，1980年研制成功可检测细胞内钙离子浓度的染料分子，翌年改进将染料渗入细胞的方法。由于钙染料法较水母素测钙法资源丰富、成本颇低、使用简便，故更易推广。

1962年，日本的下村修和美国的F. H. 约翰逊（Frank H. Johnson）首次共同发现多管水母中的两种发光蛋白：水母素和绿色荧光蛋白（GFP）。1974年，下村修完成纯化GFP的关键实验。此后近20年间，问津该领域者寥若晨星。1994年，美国的M. L. 查尔菲首次展示了GFP可作为发光示踪分子的遗传标签作用。同年，钱永健开始研究和改进 GFP，有多项新创造。他让人们更全面地理解 GFP 的发光机理，拓展了其他多色泽荧光蛋白，为同时追踪多种细胞内生化过程提供了实时观测工具。目前世界上应用的发光示踪分子生物试剂，大多是由钱永健实验室改造后的衍生物，赤橙黄绿青兰紫，应有尽有，色彩缤纷，璀璨夺目，有的荧光比 GFP 更强，还有的可激活、可变色，品种繁多，不一而足。

时至 2008 年，已拥有 60 余项美国发明专利。因在"发现和发展绿色荧光蛋白"方面有开创性贡献，与日本的下村修、美国的 M. 查尔菲三人同获 2008 年度诺贝尔化学奖。此外，还获多项其他重要奖励，其中有：1968 年（16 岁）即以"金属如何与硫氰酸盐结合"课题获美国西屋科学天才奖，1991 年帕萨诺基金青年科学家奖，1995 年比利时阿图瓦-巴耶-拉图尔健康奖、盖尔特纳基金国际奖、美国心脏学会基础研究奖，2002 年美国化学学会创新奖、荷兰皇家科学院生物化学与生物物理学奖，2004 年以色列沃尔夫医学奖等。（李啸虎）

拉马克里斯南，V.（Ramakrishnan，Venkatraman） 美国人，1952 年生于印度泰米尔纳德邦吉登伯勒。生物化学、分子生物学、生物晶体学、药物化学。

印度裔，双亲都是大学教授。1971 年获印度巴罗达大学物理学理学士学位。1976 年获美国俄亥俄大学物理学博士学位。同年到圣迭戈加利福尼亚大学做博士后研究。1978 年到耶鲁大学摩尔化学实验室继续博士后研究。1982 年任橡树岭国家实验室研究员。1983 年任布鲁克黑文国家实验室生物物理学研究员。1995 年任犹他大学生物化学教授。1999 年起一直任英国医学研究理事会剑桥大学分子生物学实验室课题组负责人、资深研究员，2008 年任剑桥大学三一学院评议员。2009 年兼任德国法兰克福的歌德大学罗尔夫-萨米特讲座教授。2003 年当选为英国皇家学会外籍会员。2004 年当选为美国国家科学院院士。2008 年当选为印度科学院院士。

自 20 世纪 70 年代末开始，他采用 X 射线蛋白质晶体学的技术，一直从事与核糖体及其因子有关的生物晶体学研究。80 年代在美国布鲁克黑文国家实验室，尝试利用中子散射技术解决一个新兴的争论：在 30S 核糖体亚基中的 RNA（核糖核酸）和蛋白体是否不对称分布问题，这导致了他的第一篇以独撰身份在著名的《科学》杂志发表论文。他前期的研究工作，以组蛋白和染色体结构分析而著称。他的研究团队还首次对噬菌体 T7 基因组成功进行测序和克隆（采用大肠杆菌），开发的技术已被国际科学界广泛应用。1989 年及后，他们首次获得了连接器组蛋白 GH5 和其他多种核糖体蛋白的晶体及其衍射图。1999 年，他的实验室发表了一份关于 30S 核糖体亚基结构的 X 线衍射图，分辨率首次达到 5. 5 埃，成果发表在同年的《自然》杂志上。一年后，他的实验室测定了 30S 亚基及其数种抗生素复合体的完整分子结构。接着，又通过分子层次的结构性分析研究，进一步洞察为确保蛋白质生物合成保真度的内在工作机理。在随后近 10 年内，他的实验室已经测定复合体及其携带的 tRNA（转移核糖核酸）和 mRNA（信使核糖核酸）配体；标识出构成整个核糖体的极其复杂的原子结构，包含有成千上万个原子；进而理解核糖体辨识基因编码的方式，把握 tRNA 和 mRNA 的识别和解码机制，为研发抗生素类新药指明了方向。

因为在"核糖体的结构和功能"研究上的重大贡献，与以色列 A. 尤纳斯、美国 T. 施泰茨三人同获 2009 年诺贝尔化学奖。此外还获多项其他奖励，其中有 2007 年路易斯-让泰特医学奖，2008 年英国生物化学学会希特利奖章，2010 年印度总统颁发的帕特玛·维伯赫欣勋章等。（李啸虎）

莫尔纳尔，W. E.（Moerner，William Esco） 美国人，1953 年 6 月 24 日生于美国加利福尼亚州普莱森顿的帕克斯空军基地。单分子光谱学、显微学、物理化学、生物物理学。

1975 年在位于圣路易斯的华盛顿大学同时获本科物理学理学士、电气工程理学士和数学专业文学士 3 个学位。1978 年、1982 年先后获康奈尔大学理学硕士、哲学博士学位。1981 年加盟国际商用机器公司（IBM）在加州圣何塞的阿尔马登研究中心工作，1988 年任部门经理，1989～1995 年任项目主管。期间 1993～1994 年，在瑞士苏黎世联邦理工学院任物理化学客座教授。1995 年任圣迭戈加利福尼亚大学化学与生物化学系物理化学特聘教授。1997 年任哈佛大学客座教授。1998 年任斯坦福大学化学教授，2003 年任莫什讲座教授，2005 年任应用物理学教授，2011～2014 年出任化学系主任。是国内外多个杂志编委会、科学顾问委员会成员，其中任斯坦福大学健康与安全委员会主席。2001 年当选为美国文理科学院院士。2004 年当选为美国科学促进会会员。2007 年当选为美国国家科学院院士。

他研究和感兴趣的领域包括：单分子光谱学和超分辨率显微镜、物理化学、化学物理、生物物理学、纳米微粒捕集、纳米光子学、光折变聚合物和光谱烧孔。他以在凝聚态中实现第一次光学检测和单分子光谱学而享有盛誉。1873 年德国显微学家 E. K. 阿贝（Ernst Karl Abbe）提出，显微成像技术的分辨率将永远不能超过 0. 2 微米。这一理论预言的物理极限值，引发了一些人坚持不懈的勇敢挑战。1982 年，莫尔纳尔的博士论文探讨了碱卤化物晶格中受红外激光激发的分子杂质模振动弛豫动力学。1989 年，他和德国物理学家 L. 卡多尔（Lothar Kador）通过把并五苯嵌入 p—三联苯晶体中，第一次观察到了光被单分子吸收的现象。他们发明的这一方法，后来被称为单分子光谱学。在大多数化学实验中，往往通过研究许多分子来推导某种单分子行为；而单分子光谱学使直接精确研究单个分子成为可能，广泛用于化学、物理学和生物学的实验。1997 年他在研究绿色荧光蛋白（GFP）变体，一种从维多利亚水母中提取的天然蛋白变种。科学家们通常将 GFP 作为荧光示踪物，把它链接到其他特定的蛋白质上以揭示其位置。当他用488纳米波长的光照射时，这些变体中的一个个单分子因受激而开始闪烁，并在持续光照下最终停止了闪烁。然而，当换用405纳米的光激发GFP，它竟恢复了在488纳米光时的闪烁能力。他立即意识到，GFP荧光的可控性，意味着这种蛋白质可以作为某种材料内部可开关的“微灯”，提高显微镜分辨率。

2006年，R. E. 白兹格正是利用他发现的这一特性，用其他荧光蛋白显示了溶酶体和线粒体的图像，从而突破传统光学显微镜在分辨率上的固有限制。德国的S. W. 赫尔却另辟蹊径，研发成功受激发射减损显微镜（STED），通过两束不同功能的激光辐射和选择性效应，使荧光显微镜极大地提高分辨率。借助荧光分子的帮助，他们三人在两个不同方向上所开创的崭新光学显微成像技术，最终殊途同归，突破理论预言的极限而拓展到了纳米尺度。

著述颇丰。时至2014年5月，发表的出版物已有386篇（部），其中有专著《光谱烧孔》（1988年）和《单分子研究》（1997年）等。因“研发超分辨率萤光显微镜”，与R. E. 白兹格、S. W. 赫尔三人同获2014年诺贝尔化学奖。此外，获多种奖项和荣誉，其中有：1984年“全国杰出青年专家”荣誉称号获得者，1988年和1992年IBM“杰出技术贡献奖”，美国物理学学会2001年普莱勒分子光谱学奖、2009年朗缪尔化学物理奖，2008年沃尔夫化学奖，2012年匹兹堡光谱学奖，2013年美国化学学会德拜物理化学奖，2013年华盛顿大学工程学校友成就奖等。（李啸虎）

白春礼 (Bai Chunli)

中国辽宁省人，1953年9月26日生于辽宁丹东。物理化学、电子显微学、纳米技术、仪器研制。

满族。1978年北京大学化学系毕业。1981年、1985年先后获中国科学院硕士、博士学位。1985～1987年在美国加利福尼亚理工学院做博士后研究和访问学者。1991～1992年任日本东北大学客座教授。回国后，历任中国科学院化学研究所副所长兼真空扫描隧道显微镜（STM）实验室主任，研究员，中国科学院常务副院长兼研究生院院长，2011年任中国科学院院长。兼任中国科学技术协会副主席、国家纳米科学中心主任，国际理论化学与应用化学联合会执行局委员，亚太材料学会副会长等职。中国材料学会副理事长、《中国基础科学》杂志主编等职。1997年当选为中国科学院院士。同年当选为第三世界科学院院士。2006年当选为美国国家科学院外籍院士。2012年当选为丹麦皇家文理科学院外籍院士。

中国扫描隧道显微学的开拓者之一。早期研究高分子催化剂结构与物性、有机化合物X射线晶体结构等领域。80年代中期开始，以新构思新方法研制成功一系列新型显微仪器，其中有：主持研制成功计算机控制的STM，整机产品打入国际市场，改进型获1990年国家科学技术进步奖二等奖；研制成功中国第一台原子力显微镜，获中国科学院科学技术进步奖一等奖；研制成功中国第一台激光原子力显微镜、低温扫描隧道显微镜、弹道电子发射显微镜、扫描探针显微镜等。

与此同时，利用这些新技术在原子、分子级甚至纳米级分辨率水平上，首次观察、解释了一系列有机和生物材料表面结构与性能、形成条件的关系；利用STM在单分子结构分析、有机分子自组装等方面取得高水平成果。

获国家发明专利6项；发表论文200余篇；出版中文、英文著作10部，其中《扫描隧道显微术及其应用》、《三链核酸的结构与生物化学》先后获1995年、1997年全国优秀科学技术图书一、二等奖。获国家和部委级二等奖以上奖励8项；此外获1994年中国青年科学家奖、1995年香港求是科学技术基金会杰出青年学者奖、2001年国际化学化工协会国际奖章等。1992年当选为全国十大杰出青年；2003年当选首届中国十大科学技术前沿人物。（李啸虎）

克比尔卡，B. K. (Kobilka，Brian Kent)

美国人，1955年5月30日生于美国明尼苏达州利特尔福尔斯。生物化学、分子与细胞生理学、药物化学、X射线晶体学。

在美国明尼苏达大学德卢斯分校获生物学和化学专业学士学位。1981年获耶鲁大学医学院医学博士学位。在圣路易斯华盛顿大学医学院巴恩斯－犹太医院完成内科实习医师培训后，到杜克大学医学中心莱夫科维茨实验室从事博士后研究。1987～2003年任霍华德·休斯医学研究院调研员。1989年赴斯坦福大学医学院，后任分子与细胞生理学系教授。2011年当选为美国国家科学院院士。

主要贡献是对G蛋白偶联受体（GPCR）的结构和活性的研究，特别是首次克隆并确定β_2-肾上腺素受体的复杂分子结构。早在耶鲁大学读研时，他就对作为急救用的肾上腺素、去甲肾上腺素等药物对细胞的作用机理深感兴趣。1981年起，他在R. J. 莱夫科维茨指导下开始博士后研究，参与对β_2-肾上腺素受体的分离、克隆和测序。但该受体如此之小，研究难度很大。他采用X射线晶体学方法攻克这一难题，预先建立一个哺乳动物基因组序列库，并利用已有的小段序列筛选它们，首次分离到该受体并实现全序列克隆。由于眼中可捕获光的视紫质蛋白分子相对较小，成了最先实现基因测序的受体。

2007年，克比尔卡和R. C. 史蒂文斯（Raymond C. Stevens）采用T_4溶菌酶融合蛋白的方法，首次解析了人β_2-肾上腺素受体的晶体结构，这是第一个非视紫质GPCR。以后，他还通过抗体片段介导法独立地解析了这种受体的基因结构。但人们惊讶地发现，该受体与先前找到的视紫质在分子层次上都是7次跨膜结构，进一步确认了“G蛋白偶联受体”（GPCR）大家族的存在。2011年，他和团队解析了激

奋者 β_2-肾上腺素受体的活性结构，迅速被高频次引用。同年，首次获得被 β_2-肾上腺素激活的受体向细胞发送信号时的清晰图像。随后又解析各种肾上腺素受体复合物的结构，完整解释了GPCR如何被配体激活、以及相继激活下游G蛋白从而传递信号的过程。

由于在“G蛋白偶联受体研究”上的决定性贡献，他和莱夫科维茨共享2012年度诺贝尔化学奖。此外，他还获得多种其他大奖，其中有1994年美国药理学与实验疗法学学会阿贝尔药理学奖，2004年贾维茨神经科学调研员奖，2007年《科学》杂志“年度突破奖”(排名第二）等。 （李啸虎）

李静海（Li Jinghai） 中国山西省人，1956年10月25日生于山西静乐。分析化学、化学工程、环境化学。

1982年哈尔滨工业大学热能工程专业毕业，1984年获该校硕士学位。1987年获中国科学院化工冶金研究所博士学位。先后赴美国纽约市立大学、瑞士联邦理工学院从事博士后研究，1990年回国。中国科学院过程工程研究所（原化工冶金研究所）研究员，历任副所长、所长等职。兼任国家高科学技术研究发展计划（“863”计划）能源领域专家委员会主任、中国颗粒学会理事长、中国科学技术协会副主席、亚洲科学院协会主席等职。1999年当选为中国科学院院士，2004年任中国科学院副院长。是英国皇家工程院、瑞士工程院外籍院士。

主要致力于化学工程过程中的颗粒-流体两相系统量化设计和放大研究。参与主持对非均匀结构、状态突变和多态现象等过程研究，提出对非均匀结构量化、以多元分解和机制协调为核心的多尺度分析方法，建立起具有普遍意义的能量最小多尺度模型并经计算机仿真验证，获1989年国家自然科学奖二等奖；将以上成果扩展应用于径向分布计算和两态共存临界条件，获1995年国家自然科学奖三等奖；研究两因素控制的流动系统，揭示其系统自组织有序化的稳定性条件与各控制机制极值趋势的相关性；发明颗粒浓度线性响应的光纤探针，将其与动量探针复合，首次实现同时测量瞬时颗粒浓度和速度；发明通过解耦燃烧抑制氮氧化物排放的小型无烟燃煤设备和技术，开发形成系列新产品，并成为制定国家小锅炉氮氧化物排放标准的依据，获2001年中国科学院技术发明奖一等奖；近期从事气、固两相系统、计算机仿真和煤燃烧领域的研究。

拥有专利16项；发表论文近200篇；出版英文专著1部。多次获奖，其中还有中国科学院自然科学奖一等奖2项等；1996年获中国青年科学家奖、香港求是基金会杰出青年学者奖。 （李啸虎）

支志明（Zhi Zhiming） 中国香港人，1957年9月7日生于香港。金属化学、光化学、无机配位化学。

祖籍广东遂溪。1978年、1982年相继获香港大学化学系学士学位、博士学位。留校任教，历任化学系讲师、材料研究中心副主任、教授。1980～1983年任美国加利福尼亚理工学院助理研究员。兼任中国科学院国家金属有机化学重点实验室荣誉教授，台湾“中央研究院”化学研究所咨询委员，台湾大学、北京大学、南京大学和南开大学等校客座教授，是《道尔顿学报》、《新化学》杂志等刊国际编委。1995年当选为中国科学院院士。2007年当选发展中国家科学院（原称第三世界科学院）院士。

最年轻的中国科学院院士之一，长期从事光化学和无机配位化学研究，并在贵金属无机配位化学研究领域成果显著。1998年他成功地在香港与内地之间建立面向21世纪的3个联合实验室。拥有国际专利10余项；在国际权威化学杂志发表500余篇论文。多次获奖，其中因“金属配合物多重键的反应性研究”项目，获2006年度中国国家自然科学奖一等奖。

（段建民）

田中耕一（Tanaka, Koichi） 日本人，1959年8月3日生于日本富山市。分析化学、高分子化学、质谱学、仪器研制。

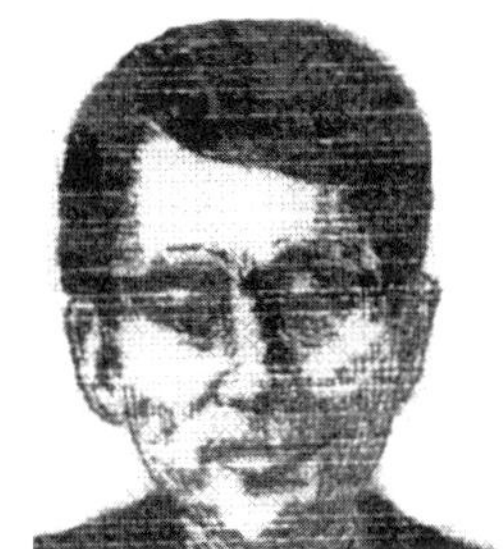

普通职员家庭出身。1983年毕业于日本东北大学工学系电气工学专业。先后任该公司分析测量事业部下属生命科学研究所部门主任（科级职员）、特别研究员兼“田中耕一纪念质谱分析研究所”所长。

生物大分子质谱分析法的开创者。质谱法是一种利用电场和磁场检测运动离子（带电荷的原子、分子或分子碎片）的质量与电荷数之比的方法，可精确测出离子质量并进一步确定化学成份和结构。20世纪80年代，当时最先进的质谱仪也只能检测分子量在1000原子质量单位以下的有机小分子化合物。1985年下半年用甘油作溶剂来悬浮混以被检测物的超细金属粉末，成功电离了分子量为100872原子质量单位的溶菌酶七聚体，并用质谱仪检测了它的分子量。当年8月，他申请了这项称为“基质软激光解吸附作用技术”的发明专利，时年仅26岁。1987年，他将这项技术在一次东京召开的国际会议上用论文公之于众。2个月后，德国的M. 凯洛斯（Michael Karas）和F. 海伦坎普（Franz Hillenkamp）也发表了改进田中方法的研究成果。

他与美国科学家J. B. 芬恩因为共同“发明了对生物大分子进行确认和结构分析的方法”和“发明了对生物大分子的质谱分析法”，分享2002年诺贝尔化学奖一半奖金；K. 维特里希“发明了利用核磁共振技术测定溶液中生物大分子三维结构的方法”，获得2002年诺贝尔化学奖另一半奖金。此外，田中耕一还荣获2002年日本文化学术界最高荣誉的文化勋章。回首往事，田中苦笑说：“真是无心插柳柳成荫，一次失败却创造了让世界震惊的发明，真有些难以启齿。”

（宣焕灿）

白兹格，R. E.（Betzig, Robert Eric） 美国

人，1960年1月13日生于美国密歇根州安阿伯。纳米显微学、分子生物学、神经科学、应用物理学。

1983年获美国加利福尼亚理工学院物理学理学士学位。1985年、1988年先后获美国康奈尔大学应用与工程物理学理学硕士、博士学位。

其主要贡献是研发用于分子生物学、神经科学的光学成像工具。1873年，德国显微学家E. K. 阿贝(Ernst Karl Abbe)提出传统显微成像技术的物理极限值：其分辨率将永远不可能超过0. 2微米。20世纪80年代末起，一些显微学者对此发起了一系列勇敢的探索和挑战。1988年，白兹格以论文“近场扫描光学显微镜”获博士学位。初露锋芒便引起了学术界的注目，因为这种显微镜能让科学家窥见聚焦点的复杂结构，而以前人们长期认为聚焦点太微小以致光学显微镜根本无法看清。1988～1994年在供职贝尔实验室期间，他进而改进这一先进技术，达到所用的激光能强力使死细胞成像。一个典型蛋白体分子的大小约为一、二个纳米的200倍，小于普通光学显微镜所能看到的极限。相比之下，近场显微镜却能辨别出小到30纳米的结构，这就远远大于一个蛋白质分子的尺寸。不过，近场扫描光学显微镜的最大缺陷是不能让活细胞成像，这使他深感困惑。1996年起他曾一度转向从事实业，先是主持开发液压控制技术，商业上的不成功促使他又回到显微镜领域，从而发展了光活化定位显微镜(PALM)，即他所谓的光学晶格显微镜。

以往研发近场显微镜的经验，让他敏锐地意识到空间分辨率和信号强度之间的关系，通过尝试各种类型的技巧，试图在摆脱超高分辨率衍射极限和确保活细胞成像的适宜信号强度两者之间达成平衡。1996年，W. E. 莫尔纳尔首先发现荧光蛋白单分子受不同波长激光照射有不同闪烁反应，认为可作为被研究生物材料的内部可控“微灯”。2006年，白兹格首次在实践中成功利用了这一特性，从而突破传统光学显微镜分辨极限。这一技术有赖于开启或关闭某一单分子荧光的可能性，提高检测单个荧光分子灵敏度，减少对细胞的损害。对同一区域反复扫描多次，每次只让散布各处的几个萤光分子发光。当将这些图像叠加在一起时，就能得到纳米尺度分辨率的清晰显微影像。

德国的S. W. 赫尔却另辟蹊径，成功研发受激发射减损显微镜技术(STED)，通过两束不同功能的激光辐射及其选择性效应，使荧光显微镜极大地提高了分辨率。借助荧光分子的帮助，他们三人在两个不同方向上最终殊途同归，突破理论预言的极限而使光学显微镜分辨率拓展到了纳米尺度。

因“研制出超分辨率萤光显微镜”，白兹格与W. E. 莫尔纳尔、S. W. 赫尔三人同获2014年诺贝尔化学奖。另获1992年麦克米兰奖、1993年美国国家科学院原创研究奖等。

（李啸虎）

赫尔，S. W. (Hell, Stefan Walter) 德国人，1962年12月23日生于罗马尼亚阿拉德。纳米显微学、生物物理化学、分子生物学、电子光学。

罗马尼亚裔；父亲是工程师，母亲是教师。1978年随父母移民西德，定居于路德维希港。1981年入德国海德堡大学学习，先后获学士、硕士学位，1990年以论文“透明微结构的共焦显微镜成像”获该校物理学博士学位，师从固体物理学家S. 亨克林格(Siegfried Hunklinger)。1991年到地处海德堡的欧洲分子生物学实验室从事博士后研究。1993～1996年在芬兰图尔库大学物理医学系从事研究；期间1993～1994年在英国牛津大学当了6个月访问研究员。1996年在海德堡大学任教物理学。1997年任马克斯·普朗克学会格丁根生物物理化学研究所研究员，2002年任所长兼任纳米级生物成像术部主任。2003年起，兼任位于海德堡的德国癌症研究中心纳米级光学显微技术部主任、海德堡大学物理学与天文学系教授。2007年当选为德国格丁根科学院院士。2012年当选为罗马尼亚科学院荣誉院士。2013年当选为德国国家科学院院士。

1873年，德国显微学家E. K. 阿贝(Ernst Karl Abbe)提出传统显微成像技术的物理极限值：其分辨率将永远不可能超过0. 2微米，即其最高分辨率将永远无法超过所用照明光波波长的一半。20世纪80年代末起，赫尔等人对此“极限”发起了一系列勇敢的挑战。在攻读博士学位期间，他已致力于改善深度(轴向)分辨率共焦显微成像术，成为后来被称为4－Pi显微镜的独立发明者。1991～1993年，他成功地证明了4－Pi显微镜原理。1993～1996年在芬兰图尔库大学，赫尔及其团队发展了受激发射减损显微镜(STED)的技术与原理，这是超高精度显微学的一大突破。由于这些发明及其相关方法，才使他能够极大地提高以前以使用光(> 200纳米)半波长为极限的荧光显微镜的分辨能力。他首次从理论和实验两方面同时证明，如何可以使荧光显微镜分辨率从原有的衍射转变为纳米尺度上增加一小部分光的波长。这种超高分辨率显微镜采用双色激光束，一束激光激发荧光分子(如绿色荧光蛋白)发光，另一束则用于抵消除了纳米尺度之外的所有荧光；当用这种设备一纳米一纳米地扫描样品表面时，所得到的成像分辨率便超越了当年阿贝设置的光学显微技术极限。

R. E. 白兹格、W. E. 莫尔纳尔两人却另辟蹊径，在单分子显微成像技术上分别开展独立工作，并取得重大突破。赫尔和这两人殊途同归。借助荧光分子的帮助，他们在两个不同方向上所开创的崭新光学显微成像技术，终于突破理论预言的极限而拓展到了纳米尺度。

因“研发超分辨率萤光显微镜”，与白兹格、莫尔纳尔三人同获2014年诺贝尔化学奖。此外，2000～2014年赫尔另获其他20余项奖励，其中有：2000年国际光学理事会奖、2001年亥姆霍兹计量学奖(两人共享)、2002年蔡斯研究奖、2006年第十届德国总统创新奖、2007年斯普林格应用物理学奖、2008年莱布尼茨奖(德国科学界最高奖)、2008年哈恩奖、2011年科尔欧洲科学奖、2011年迈特纳奖、2014年卡夫莱纳米科学奖等。

（李啸虎）

世界科学家大辞典

Dictionary of World' s Scientific Biography

天文学卷

阿那克西曼德(Anaximander)　古希腊人,公元前610年生于希腊米利都(今属土耳其),约公元前546年卒。天文学、自然哲学。

据说是春分点和黄赤交角的发现者。可信的是曾绘制过一幅地图,写过一本说明地球、生物和人类的现状的书。认为"无限"是万物的源泉和归宿,它包围万物并且是无始无终的。每时每刻都有无数世界从"无限"中分离出来。当它们毁灭时,又被吸引到"无限"中去。当某一块物质从"无限"中分离出来的时候,人类这个世界便随之诞生了。所说的"无限"实际上是指无固定限界、形态和性质的特殊物质。他认为,旋涡中的旋转运动将重的物体聚集到中心形成地球,为气体所围绕的火趋向边缘形成众天体。太阳和月亮是由火构成的圆形物体,为气体所包围。地球位于这个世界的中心,形如扁平的圆柱体。通过太阳在水上的作用,生物起源于非生物,人类起源于鱼。试图将各种自然现象解释为一个支配一切的法则的结果。他的一句名言是:"万物出自无限。也要归于无限。由于两者间的不平衡,它们必然要在既定的时间顺序里互相补偿。"主要著作是《论自然》,已失传。(李文华)

希色达(Hicetas of Syracuse)　古希腊人,生活于公元前5世纪。天文学。

属毕达哥拉斯学派。生平不详。D.拉尔修斯(Diogenes Laertius)宣称:"菲洛劳斯第一个说地球在一个圆周上运动,但有人却认为希色达是最早持这种看法的人。"罗马哲学家西塞罗(M. T. Cicero)写道:"希色达相信天空、太阳、月亮、星辰以及一切天体都是静止的,除了地球以外,宇宙间根本没有东西在运动。只因为地球快速围绕其轴旋转,产生了似乎天空在运动而地球是静止的现象。"这些话意味着希色达是赫拉克利德的地球绕轴自转理论的先驱。以上两种说法明显的不一致,无法作出进一步的考证。(李文华)

俄诺皮德(Oenopides of Chios)　古希腊人,公元前5世纪初生于希俄斯岛。观测天文学、数学。

年轻时在雅典进行研究工作。柏拉图在《爱好者》一书中说他在数学上享有声誉。厄拉多塞以前希腊人普遍接受的24°黄赤交角,很可能是他确定的。还发现每隔59年,太阳、月球及行星重返其原来的相对位置,称这个周期为一个"大年"。它正好包括730个朔望月,21 557天。在数学上,发明用直尺和圆规过直线外一点作直线的垂线的方法以及作直线上一点的垂线的方法,并将它们应用到天文学上。后来欧几里得将它们作为两个命题编进《几何原本》。曾对数学方法学作过研究,指出"定理"所表达的是事物的性质,"问题"所寻求的是事物的因果关系。在自然观方面,认为空气和火是最基本的物质。重视对知识的真正理解,曾对一位藏书甚多但所知甚少的青年说:"不要把你的书放在书箱里,而要放在你的胸里。"(李文华)

欧克泰蒙(Euctemon)　古希腊人,公元前5世纪活跃于雅典。天文学、地理学。

据托勒玫记载,欧克泰蒙曾对夏至点进行多次观测。其中公元前432年6月27日的一次观测,被依巴谷用来作为测定回归年长度($365.25-\frac{1}{300}$天)的依据。他和默冬共同建议,在制订历法中采用19年7闰的置闰法则,使19年正好包含235个朔望月。编制过一部历书,给出每日的天象和天气情况。先被铭刻在碑石或木板上,后以手抄本流传。将一年从夏至开始分为四部分,夏至至秋分为90天,秋分至冬至为90天,冬至至春分为92天,春分至夏至为93天,这表明他已觉察到太阳绕地球运转速度的不均匀性。对地学也进行过研究,公元4世纪阿维努斯(Avienus)在著作中曾引用过他对直布罗陀海峡的描述。(李文华)

默冬(Meton)　古希腊人,公元前5世纪下半叶活跃于雅典。天文学。

因引入19年阴阳历周期而知名。19年周期又称"默冬章"或"太阴周"。他引入19年周期的目的是要为记录天文数据提供一个固定的历法体制。公元前432年6月27日,对夏至点的观测是欧洲最早的观测。默冬时代,所有希腊民用历都是太阴历,即每年354天。为了与季节保持一致,必须在某些年设置第13个月(闰月),何时设置,没有定则。默冬的19年周期准确包含了235个平朔望月,6 940天。这意味着19年间设置7个闰月。事实上,这是通过旅居雅典的亚洲裔希腊人菲诺斯(Phaeinos)从巴比伦人那里学来的。至少出版过一本天文年历。(谢高峰)

欧多克斯(Eudoxus of Cnidus)　古希腊人,约公元前400年生于古希腊尼多斯(今属土耳其),约公元前347年卒于同地。天文学、数学、地理学。

年轻时曾学习几何学、医学,跟随柏拉图学习哲学,并对数论和音乐感兴趣。曾出游埃及,访问雅典。回故乡后教授神学、宇宙学、气象学,并编写教科书。

在天文学上,与老师柏拉图以及后来的亚里士多德等形成柏拉图学派。他设想出一套同心球组合体系来说明行星和日、月的运动,对每个天体(日、月或行星)而言,有3或4个球,各球都有一根取向不同的轴线和邻近的球相联系,其旋转速度又各不相同,而天体则位于最里面的一个球上。适当选取这些球的轴的旋转速度和倾角,可以定量地解释日、月和诸行星的复杂视运动。

从数学上说，这实际上是开创性地提出任一曲线运动可用许多匀速圆运动的叠加来表示。在埃及和故乡期间细心地观测了恒星，结果汇编成《镜子》和《现象》两书。另一本书《太阳的隐没》记载了日食，也可能包括日出和日没现象。

在数学上，研究了比例、论证方法和公理方法，使欧几里得的数学公理和命题的表述系统化。曾求出棱锥和圆锥的体积，并说明圆的面积和球的体积分别与半径的平方和立方有关。还研究了体积加倍问题。

在地理学上，论著《周游地球》系统地研究了已知世界的各部分，并涉及各地区政治、历史及人种学等各方面。 （萧耐园）

赫拉克利德（Heraclides Ponticus） 一译赫拉克利德斯·本都库斯。古希腊人，公元前 390 年生于小亚细亚希腊化城市赫拉克利亚-本都卡（今土耳其埃雷利），公元前 339 年卒于同地。天文学、哲学。

出身富裕的贵族家庭。公元前 360 年在柏拉图学园师从柏拉图和亚里士多德。柏拉图因事赴西西里岛时，曾委托他主持学园工作。柏拉图学园第二任院长斯珀西普（Speusippus）去世后，以几票之差败于色诺克拉特未当选院长。后退隐出生地至死。

他曾用地球绕轴自转来解释天体的周日运行现象，从而在天文学上占有重要的一席。至于是否已认识到有的行星围绕太阳转动则至今还有争议。1849 年马丁（T. H. Martin）根据 5 世纪加西丢（Calsidius）的著作《蒂梅乌斯》中的一段话，推论他相信金星绕日运转。这段话说："赫拉克利德画出金星和太阳的圆形轨道，并为这两个圆标出共同的圆心，说明金星有时在太阳之上，有时在太阳之下。他说不论太阳、月亮、金星以及一切行星在哪里，总可以用一条天体与地球的连线指出它们各自的位置。因此，有一条直线从地心指向太阳，另外两条指向它的左边和右边，距太阳 50°，彼此相距 100°。东边的那条直线指示金星在太阳东边最远的位置，故称为昏星。西边的那条直线指示金星在太阳西边最远的位置，故称为晨星。"从这段话要推出马丁的上述结论似乎有些牵强。但斯基亚帕雷利却接受了马丁的论断，进而声称他早就提出后来第谷的理论，谓行星绕日运转，它们又共同绕地球运转。

一生著述颇丰，涉及文学、历史、伦理学、政治、修辞学和音乐，当时颇具影响，但均已失传。 （李文华）

甘德（Gan De） 中国战国时期楚国人（一说是鲁国人），生卒年不详，约生活于公元前 4 世纪中期。天文学、天文历算。

据史书记载著有《天文星占》8 卷、《岁星经》等，但皆已失传。在《史记·天官书》和《汉书·天文志》等书中还保留着一些片断，特别是在唐代瞿昙悉达编撰的《大唐开元占经》中引述较多，内容涉及中外星官二十八宿以及日月五星的占验之法。结合长沙西汉墓葬马王堆出土的帛书《五星占》记载来看，他对五星的运动和占验有较深的研究，和石申最早发现火星和金星在逆行，这是天文学史中的一件大事。和石申在探讨星象方面的杰出贡献，对后世产生巨大影响，从汉初起天文学家就常以"甘石"并称，而且均有学派研究他们的学术。宋代以后好事者辑成《甘石星经》一书，其内容实与甘石论述相差甚远，在学术上价值不大。 （徐振韬）

石申（Shi Shen） 一名石申夫。中国战国时期魏国人，生卒年不详。天文学、天文历算。

据史书记载著有《天文》8 卷，但已失传。在《史记·天官书》和《汉书·天文志》中记载有一些片断，内容涉及五星运动、交食和恒星等。在唐代瞿昙悉达编撰的《大唐开元占经》中，有许多冠以"石氏曰"的星占条文，通常称之为《石氏星经》，其中最有价值的是记载着 121 颗恒星的去极度、入宿度和黄道内外度。根据这些坐标考虑岁差的影响进行推算，证明大部分坐标值确是在战国时期（公元前 4 世纪）所测，一小部分可能是在汉初测量的。汉代以后，研究星占天文的术数家流派纷杂，为标榜新义，多假托石氏之名著书立说，如《石氏星经》、《石氏星占》和《石氏星官》等，可见他的影响是很大的。西方最古的星表《托勒玫星表》诞生于 2 世纪，主要刊载依巴谷在希腊所做的观测结果。《石氏星经》比依巴谷所测早百余多年，因此，可以说它是世界上最古的星表之一。 （徐振韬）

卡利普斯（Callippus） 古希腊人。约公元前 370 年生于小亚细亚基齐库斯（今属土耳其），约前 300 年卒。天文学。

生平不详。他发展了欧多克斯用同心球组来拟合行星运动的理论；定出了四季的长度，推算出春分至夏至为 94 天，夏至至秋分为 92 天，秋分至冬至为 89 天，冬至至春分为 90 天；建立了 76 年周期以协调太阳年和太阴年，认为在 76 个太阳年中应包含 940 个朔望月、27 759天，被称为"卡利普斯周"，成了以后许多世纪中天文学家计算的标准。 （沈 铁）

阿拉托斯（Aratus of Soli） 古希腊人，约公元前 310 年生于奇里乞亚的索利城，公元前 240 年或前 239 年卒于希腊派拉。天文学、文学。

年轻时在雅典就学于斯多噶派学者，以后在马其顿和叙利亚宫庭供职。著有《赞歌》、《演说集》、《骨学》、《诗集》，但均已失传。唯一遗世的著作是用诗歌体写成的《现象》。该诗长达 1 154 行，介绍了天球北半部和南半部的星座、天球的大圆、历法、恒星出没时、太阴月、季节、默冬周期和天气预报。对于行星运动只字未提，显然是由于它们的复杂性和计算行星会合的困难。该书一出版即大受欢迎。罗马哲学家西塞罗（M. T. Cicero）曾将它译成拉丁语。公元前 5 世纪欧多克斯曾写过一本描写天象的同名著作，这本《现象》是它的继承和发展。该书颇有文学价值，但从天文学的观点来看却有不少错误。 （李文华）

阿利斯塔克（Aristarchus of Samos） 一译阿里斯塔恰斯。古希腊人，约公元前 310 年生于爱琴海上的萨摩斯岛，约公元前230年卒于亚历山大城(今属埃及)。天文学、几何学。

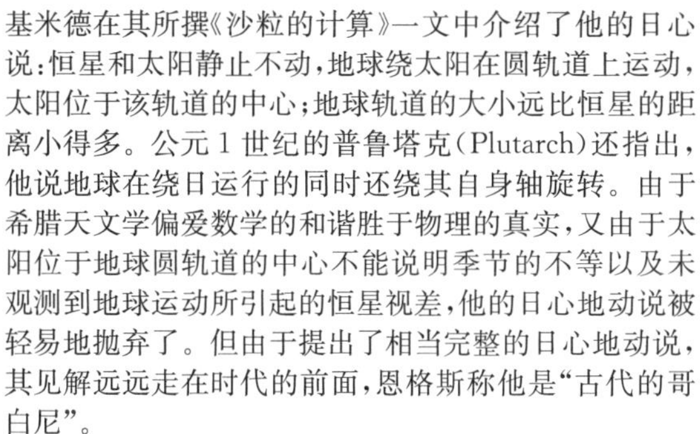

日心地动说的最早提出者。生平不详。他是柏拉图·亚里士多德学派的第三任所长斯特拉多的学生。著作大多已佚，仅有《论日月的大小和距离》一书传世。

公元前3世纪后期，阿基米德在其所撰《沙粒的计算》一文中介绍了他的日心说：恒星和太阳静止不动，地球绕太阳在圆轨道上运动，太阳位于该轨道的中心；地球轨道的大小远比恒星的距离小得多。公元1世纪的普鲁塔克(Plutarch)还指出，他说地球在绕日运行的同时还绕其自身轴旋转。由于希腊天文学偏爱数学的和谐胜于物理的真实，又由于太阳位于地球圆轨道的中心不能说明季节的不等以及未观测到地球运动所引起的恒星视差，他的日心地动说被轻易地抛弃了。但由于提出了相当完整的日心地动说，其见解远远走在时代的前面，恩格斯称他是“古代的哥白尼”。

他开创了日、月与地球距离之比以及日、月、地三者大小之比的测算。在《论日月的大小和距离》一书中，根据观测提出6条假设：①月球的光来自太阳；②月球以圆轨道绕位于中心的地球旋转；③月球上下弦时，其明暗分界线与我们的视线在同一个平面上；④月球上下弦时，从地球上看月球与太阳的张角为87°；⑤月食时，地球阴影的宽度为月球直径的2倍；⑥月球的视角直径为2°。然后通过严格的几何方法推出：日、地距离为地、月距离的18～20倍；太阳直径为月球直径的18～20倍；太阳直径与地球直径之比大于19比3，小于43比6。方法十分巧妙，也无懈可击，但是月球的视角直径实际上约为0°.5，月球上下弦时与太阳对地球的张角实际上约为89°51′，因此假设中④和⑥两条误差太大，从而导致其所得结果远小于真实的比值。然而，即使如此，他还是第一个认识到了太阳远比地球大得多。很可能正是由于这一点才逻辑地推论出只能是小的东西绕大的东西旋转，从而提出日心地动说。

他也是古希腊著名的数学家之一，对欧几里得几何学运用娴熟，造诣很深。开创了三角计算，例如，第一个用几何方法求得小角度的正弦值；论述了如何用三角形的各边之比来表示角度并估计其大小；导出了现在可用不等式表示的三角公式：$\frac{1}{18}>\sin 3^\circ>\frac{1}{20}$以及$\frac{\tan\alpha}{\tan\beta}>\frac{\alpha}{\beta}>\frac{\sin\alpha}{\sin\beta}$(其中$\alpha$与$\beta$均为锐角，且$\alpha>\beta$)。 (宣焕灿)

阿里斯蒂鲁(Aristyllus) 古希腊人，鼎盛期约在公元前270年代。观测天文学。

著名的古希腊作家普卢塔克(Plutarch)在《毕达预言》中，将他和阿利斯塔克、提莫恰里斯(Timocharis)和依巴谷相提并论，说他们是用散文写过许多著作的天文学家。两本阿拉图注疏者目录和一本天文学家目录中也说他是《拱极星》一书的作者。特别是托勒玫在《天文学大成》中提到，依巴谷曾将自己对恒星位置的观测同阿里斯蒂鲁和提莫恰里斯在一个世纪以前的观测数据相比较，发现了岁差并计算出二分点的退行值。但据托勒玫的看法，阿里斯蒂鲁的观测并不很精确。(李文华)

欧托利古斯(Autolycus of Pitane) 小亚细亚人，约公元前3世纪生活于小亚细亚的皮塔尼。天文学、几何学。

欧多克斯体系的继承人。曾就天体绕同一中心运转的学说与亚里斯多塞鲁(Aristotherus)进行辩论。后者指出由于金星和火星逆行时似乎亮一些以及太阳有偏食和全食，因此天体与地球的距离并非都是固定的。他承认欧多克斯体系对此无法解释。著有《运动的天球》《天体的出没》。前者阐述了天球的绕极轴旋转以及天球上的各种大圆。后者阐述了天球的周日旋转和太阳的周年运动，并指出因日光的影响白天看不到恒星，只有当太阳在地平线下大于或等于15°时才能看见。因此人们看到一颗恒星从夜晚升起到早晨升起的时间要小于半年。同理，看到一颗恒星从早晨降落到夜晚降落的时间也小于半年。另一则定理阐述人们看到一颗恒星从早晨升起到早晨降落的时间大于、等于或小于半年应视该星在黄道以北、黄道上或黄道以南而定。定理间的内在联系十分紧密，是当时一本非常流行的天文著作，后有阿拉伯、拉丁和希伯来语译本问世。 (李文华)

科农(Conon of Samos) 古希腊人，约公元前280年生于希腊萨摩斯岛，约公元前220年卒于亚历山大城(今属埃及)。天文学、气象学。

他曾在意大利进行天文和气象观测，后定居亚历山大，任托勒密三世(Ptolemy Ⅲ)的宫庭天文官。阿基米德是他的密友，习惯将自认为正确而未能证明的一些命题送给他。

他于公元前245年划分了一个星座，取名后发座，以此向托勒密三世的妻子表示敬意。古希腊天文学家托勒玫在一本著作中将季节分成17段的功劳归于他，表明他在希腊天文历法和气象历法方面起过重要作用。埃及人将他与阿基米德相提并论，称他为大天文学家、数学家和星座大师。 (沈 铁)

依巴谷(Hipparchus) 一译喜帕恰斯。古希腊人，公元前2世纪前25年内生于比提尼亚的尼西亚(今土耳其伊兹尼克)，晚于公元前127年卒于希腊罗得岛。观测天文学、数学、仪器研制。

是古希腊最具创见的科学家之一。早年在比提尼亚开始科学生涯。约在公元前141年迁至罗得岛，长期从事天文观测。最早的一次记录是公元前147年9月26日至27日对秋分点的观测，最后的一次是公元前 127 年 7 月 7 日对月球位置的观测。写过许多天文学著作，但是除《阿拉图注疏》外，余皆散失。他的科学成就后人大多是从托勒玫的著作中得知的。

数学方法 在希腊天文学中，天体位置是根据标明参数的几何图形使用平面三角的解法求得的。他编制出第一部原始的正弦函数表（弦表），为解三角问题提供了一般的方法。表列值间隔为 7°.5，其他函数值可用内插法求得。使用该表并结合勾股定理和类似正弦定理的公式，有效地解决了各种三角问题。而在此以前，阿利斯塔克和阿基米德只知使用逼近法解一些特殊的三角问题，也未用三角方法来编制天文表。因此，他不仅是三角学的奠基者，而且是将三角方法用于天文学的创始人，使天文学由纯描述性的知识转变为定量的科学。巴比伦天文学家曾使用代数公式法解与白昼长度有关的黄道十二宫出没时刻问题。他发展了这一方法，计算出不同纬度上黄道十二宫的出没时刻，解决了地理纬度和白昼长度之间的关系问题。还用画法几何学解决了球面天文学上的一些问题。例如，对于在罗得岛观看到的赤纬 27°.33 的一颗星，求出其周日平行圈露出地平面的部分是 224°.25。

日、月理论 约在公元前 200 年，阿波罗尼提出本轮和偏心轮几何模型来解释天体的不均匀性运动。他的贡献是试图在观测的基础上为这些模型确定数字参数。将一年分成四季，从春分开始，它们分别是 $94\frac{1}{2}$ 天，$92\frac{1}{2}$ 天，$88\frac{1}{8}$ 天，$90\frac{1}{8}$ 天，并且假定只有一个近地点，从而推得地球离太阳作匀速圆周运动之轨道中心的偏心距是该轨道半径的 1/24，以及近地点位置在双子座某处。还运用巴比伦天文学家的发现，求得在 126 007天又 1 小时里有4 267个朔望月、4 573个交点月。这实际上是一个交食周期。使用巴比伦人和自己的交食记录，曾对此加以核实。还根据连续三次月食时间的观测，算得月球均轮和本轮的半径比为 $(3\,122\frac{1}{2})/(247\frac{1}{2})$。测得月球的最大黄纬为 5°。

日、月的大小、距离和视差 通过从两地观测公元前 2 世纪的一次日食，算出月地距离在 $59\sim67\frac{1}{3}$（地球半径）之间（真实值应为 60）。假定太阳视差为 7′，使用弦表，算得日地平均距离为 490（地球半径）。由此得出地球直径是月球直径的 3 倍，太阳直径约为地球直径的 $12\frac{1}{3}$ 倍。进而解出已知月球黄经、地理纬度和时间求月球视差的问题。从而为计算日月食发生的时间和地点创造了条件。

交食 编制出一部预报日、月食的表。还根据巴比伦人的观测记录，编排出一部从巴比伦王纳波纳撒尔（Nabonassar，公元前 747 年即位）到他的时代约 600 年中所发生的日月食表。另一个有价值的贡献是发现两次月食的间隔可能是 5 个月，两次日食的间隔可能是 7 个月和 1 个月，但后者不能在地球上同一处看到。

星表 在他以前天文学家描述恒星时，只记录它们的相对位置。除阿里斯蒂鲁和提莫恰里斯（Timocharis）记录过几个恒星的赤纬外，尚无坐标的记载。他首先将坐标系概念引进天文学中，测定出至少 122 颗恒星的赤道坐标和一些恒星的黄径。发现了一颗新星，遂怀疑恒星是否在移动。因此编制出一部含星 850 颗的星表，载有各星座中恒星的数目以及它们的相对位置，供后人核对。

岁差和年的长度 最著名的成就是发现岁差——春分点在众星中由东向西的缓慢移动。将提莫恰里斯于公元前 294 年～前 283 年对室女座 α 星离秋分点的距离的观测与自己的观测相比较，发现该星的黄经在 160 年中大约增加了 2°。又将自己在公元前 135 年对二至点的观测与阿利斯塔克于公元前 280 年以及默冬于公元前 432 年的观测相比较，发现春分点每年至少沿黄道向后移动 0°.01。也就是说，一个回归年至少要短 1/300 天。从大概的恒星年长度中减去回归年的最大值，得出了岁差的最小值。从所得的回归年和岁差的数据，相当精确地计算出一个恒星年为 $365\frac{1}{4}+\frac{1}{144}$ 天。还正确地推断出岁差是由于天极绕黄极的缓慢移动产生的。

行星理论 发现根据阿波罗尼简单的本轮理论，行星的逆行弧恒定，而观测则显示它们的长度在变化。当时的学说还不足以解释行星的运行，因此放弃了设计一种理论解释 5 颗行星运行的尝试。

天文仪器 曾用十字测角仪测量太阳和月球的视直径。这一仪器还能测量天体中天时的高度。还曾用来测定春分和夏至的时间、黄赤交角以及两至点离赤道的最大角距。使用浑仪、星盘测量月球的距角、太阳在黄道上的位置，以及天体在黄道上的距离。曾制造出一个天球仪，用以指示星座的位置和同时出没的天体。根据立体平面投影原理，发明了平面星盘，用以测定黄道十二宫的出没时刻以及一定纬度上同时出没的恒星。还使用天文方法测定了一些城市的纬度。著有《厄拉多塞地理学批判》，指出厄拉多塞所给的距离相互矛盾并与其他资料不相符。

将数学概念和推理引入了天文学。胸怀宽阔，勇于抛弃传统的陈见，力图通过观测检验自己和前人的理论，并注意为后人积累资料，是第一个对天象进行系统观测的天文学家。但是，未能为天文学建立系统的理论。他对科学的影响巨大而深远，不但在西方如此，即使在印度古代天文名著《悉檀多》中，也有所反映。

（李文华）

落下闳（Luoxia Hong） 字长公。中国西汉巴郡阆中（今四川阆中）人，生卒年不详，生活于公元前 100 年前后。*观测天文学、天文历算。*

汉武帝元封年间（公元前 110～前 103 年）应召到京城长安改历。和邓平、唐都等合作创制了《太初历》，于太初元年（公元前 104 年）颁行。擅长历算，具体承担改历过程中的历法计算。为了改历还改造了浑天仪，进行天文观测。所测的二十八宿赤道距度（即赤经差）一直沿用至唐开元十三年（725 年）。首次提出了交食周期，以135个月为“朔望之会”，即认为11年应发生23次日食。虽然和邓平等合作制历，但不大同意邓平那种以音律附会历法的基本数据的做法。认为《太初历》存在缺点，有预见地指出：“后八百年，此历差一日。”在改历过程中显示的卓越的天文历算才能为后人敬仰。自汉以来常有天文学者到阆中观星凭吊，唐代著名的天文学家李淳风就曾到过他的故乡。（卢　央）

京房(Jing Fang)　字君明。中国西汉东郡顿丘(今河南省清丰县西南)人，西汉元凤四年(公元前77年)生，建昭二年(公元前37年)卒。观测天文学、自然哲学。

青年时期曾受学于梁人焦延寿，专攻易学，着重于探讨自然灾异变化，将六十四卦分配于各日，以风雨寒温为候，进行占验。初元四年(公元前45年)以孝廉为郎，在朝廷专门预报自然灾异，据传预告近几个月或一年内即将发生的灾异事件往往很准。对音律也很有研究，将十二律按三分损益法推至六十律，其目的不在于音声方面，而在于将音律与预报自然灾异联系起来，将其六十律与日配当以察风雨寒温等。

他首先将太阳的日面现象与地上灾异联系起来。通过早晚蒙气、日食等时机对太阳日面直接观测，又利用盆油观日(即将盆中注油反衬出日面)法等手段观测中午前后的日面现象。永光元年(公元前43年)四月，作了“日黑居仄，大如弹丸”的黑子记录。这是世界上较早的黑子观测记录之一。认为太阳黑子的出现与地面灾异有密切关系。因此更加有目的地观测各种日面现象，如日珥、日晕，还在日食时观测到日冕等，同时观测与之伴随发生的地面现象。在自己创立的象数易体系的基础上，试图将日面现象与地面现象的关系建立一种推理模式，但因涉及一场政治斗争被杀而没有完成。创建的象数易一直为易学的一个重要分支。

一生著述甚多，但均已亡佚。陆绩曾辑有《京氏易传》，现存。此外，《汉学堂丛书》、《汉魏二十一家易注》、《玉函山房辑佚书》中均辑有京氏易中的章句。

（卢　央）

杰米努斯(Geminus)　古希腊人，约公元前10年可能生于罗德岛，约公元1世纪60年代卒。天文学、数学。

是相信数学有效性的斯多噶派天文学家。一生中大部分时间在罗得岛度过。著有《天文学导论》、《数学理论》、《气象学概要》等。《天文学导论》以清晰流畅的笔触将依巴谷时代的天文学作了深入浅出的介绍：行星的黄道周期，主要星座，天球大圆，不同纬度上的昼夜长度，黄道十二宫的出没，朔望月长度($29\frac{1}{2}+\frac{1}{33}$天)，月相和日月食，恒星出没时刻等。特别阐明了希腊人如何根据天文观测通过设置闰年和闰月解决历法问题。阐述了自己的一些独到见解。指出当时许多哲学家认为行星并不呈现两种相反的运动(周日运动和黄道运动)的看法是与观测不相符的。还指出根据某些恒星的出没来预报天气是不正确的，因为星的出没并非天气变化的原因。《数学理论》大部分已失传。它讨论了数学的分类，“假设”与“定理”以及“公设”与“公理”之间的区别，“直线”、“平面”、“图形”和“角度”的确切含义等。

（李文华）

克莱奥梅德斯(Cleomedes)　古希腊人，在世之年不早于公元前1世纪不晚于公元2世纪初期。天文学。

著有《天体的圆周运动》，阐明依巴谷和波昔东尼的主要观点，并对当时天文学研究的基本现象作了清晰而实用的描述：球形的宇宙为“气”所渗透，并被无限的虚空所包围(反映出斯多噶派见解而与亚里士多德有争议)；球形的地球静居于其中央；天球上的主要圆圈有赤道、回归线、一定纬度上的恒显圈和恒隐圈以及地球上相应的纬度带——它们的气候、昼夜长度的改变等；知道波斯的日出时间比西班牙早4小时；地平线附近存在大气折光现象；月球和行星在黄纬上的离差；月相和月食的原理。书中还给出天文季节的近似值、行星黄道周期的近似值和会合周期的精确值(水星116天，金星584天，火星780天，木星398天，土星378天)；指出太阳并不在绕地球的圆轨道的中心；恒星日比太阳日为短。该书还是详细阐述厄拉多塞和波昔东尼推算地球周长方法唯一现存的文献。（李文华）

贾逵(Jia Kui)　字景伯。中国东汉扶风平陵(今陕西咸阳西北)人，生于东汉建武六年(公元30年)，卒于东汉永元十三年(101年)。天文历算、古文经学。

父亲贾徽擅长古文经学。贾逵少传父业，弱冠能诵《左传》及《五经》本文，兼通五家《穀梁》之说。永平年间(公元58～75年)，进献《春秋左氏传解诂》30篇、《国语解诂》21篇，为明帝所重；并奉诏作《神雀颂》，以博物多识拜为郎，与班固并校秘书。章帝时，受诏自选诸生高才者20人，并教以《左传》于北宫白虎观、南宫云台。同时与治今文经学的李育相辨难，提高了古文经学的地位。永元三年(公元91年)，任左中郎将。

精通天文学，在历法计算中首先提出应按黄道来计量日、月的运动，并阐发月球运动是不等速的见解。东汉元和二年至永元四年(公元85～92年)间，与编䜣、李梵、卫承、李崇等人多次讨论东汉《四分历》的修正问题。肯定了李梵、苏统发现的月亮运动有快慢变化的现象，并指出疾处(月行速度最大点)每个月向前移动3°。这实际上相当于已认识到月球近地点的进动。还大力介绍民间天文学家傅安的测量结果，说明量度日、月的运动用黄道度数比较准确。东汉的皇家天文台灵台上用的黄道铜仪就是在他的倡议下建造的。还明确指出，《太初历》所定的冬至点位置已有所移动，但未意识到这是岁差现象的结果，因而未能发现岁差。

一生所著经传训诂及论难100多万字，后世称为“通儒”，著作多佚。清代马国翰《玉函山房辑佚书》、黄奭《汉学堂丛书》中都有所辑录。（卢　央）

张衡(Zhang Heng)　字平子。中国东汉南阳西鄂(今河南省南阳县石桥镇)人，东汉建初三年(公元78

年)生,永和四年(139 年)卒。天文学、数学、仪器研制、地震学、自然哲学、文学。

幼年时期家境贫寒,因而发奋读书,立志进取。17岁时离开家乡,去西京长安和东京洛阳一带游历,寻师访友,参观太学,深入探讨五经六艺。回来后学业大进,名闻乡里,地方官多次推举他做"孝廉"或官吏,都遭拒绝。和帝永元十二年(100年),受南阳太守鲍德的邀请出任主簿,协助办理政务。在此期间写下许多文学作品,其中著名的《东京赋》和《西京赋》被誉为"精思博会"之作。安帝永初二年(108年)返回故乡,潜心研究哲学、数学和天文学,为其后来的发明创造奠定了坚实的基础。永初五年(111 年)赴京出任郎中与尚书侍郎,先后两度担任太史令。晚年出任河间相,拜为尚书。

在天文学上有许多重要的贡献。在宇宙理论方面是浑天说的代表人物。在名著《浑天仪图注》中写道:"浑天如鸡子,天体圆如弹丸;地如鸡中黄,孤居于内。天大而地小,天表里有水;天之包地,犹壳之裹黄。天地各乘气而立,载水而浮。"这个宇宙图像虽然仍是以地球为中心,但比起"天圆地方"的直观宇宙论有很大的进步。在另一部名著《灵宪》中,提出了一个具有朴素辩证思想的天地起源和演化的理论。认为天地未分时是一片混沌状态,此后"元气剖判,刚柔始分,清浊异位;天成于外,地定于内"。天为阳气,地为阴气,阴阳二气相互作用,创造出世界万物。

对天象做了仔细的观察和认真的测量。提出"近天则迟,远天则速"的理论来解释五星视运动的快慢变化,表明行星的距离与其运行速度是有关系的。虽然这只是一种定性的认识,但在距今约1 900年前则是极其宝贵的。对月食成因的解释基本上也是正确的,"当月之冲,光常不合者,蔽于地也,是谓阇虚,在星则星微,遇月则月食。"这里的阇虚指的是地球的影子,月食的形成就是由于地影遮住了月亮而引起的。估算出在中原一带肉眼所能看见的星数约为2 500颗,这和实际情况很接近。测出太阳和月亮的平均角直径为圆周的 1/730(等于 30′),这是相当精确的。

最重要的仪器发明是创制水运浑天仪。这是一架与漏壶联系在一起利用水力驱动均匀旋转的浑象。一个直径约 5 尺的空心铜球表示天球,上面标明黄道、赤道、二十八宿和中外星官,并通过天轴把天球与外框的子午圈连接起来。由于水力的冲激带动齿轮系,使浑象每日均匀地绕轴转动一周。这样人在屋内看浑象就可知道外面星空的状况,"与天相应若合符"。这项创造是后代发展更完善的水运浑象的先声,在中国天文仪器史上具有重要意义。

还精通地理学,绘制的一幅地形图,曾流传几百年。对圆周率有所研究,推出 $\pi=\sqrt{10}\approx3.16$。对地震学的贡献闻名中外,于永建七年(132 年)创制了世界上第一架地震仪——候风地动仪。"以精铜铸成,圆径八尺,合盖隆起,形似酒尊",周围按八个方位设置有八条铜龙,口含铜珠。龙头下相对应地设有八只蟾蜍张口向上。一旦发生较强的地震,某一龙口张开,铜珠落在蟾蜍口中发出清脆的声音,根据龙的方位就可知道地震发生的方向和时间。据记载,有一次一条龙口中落下铜珠,但大家并未感到地动,都奇怪为什么这次没有应验。过了几天,甘肃驿报报告那里发生地震,大家才明白这架仪器确实巧妙。

作为中国古代伟大的科学家,他具有许多可贵的优秀品质。好学不倦,"如川之逝,不舍昼夜"。虚怀若谷,"虽才高于世而无骄尚之情"。有坚定的探索自然奥秘的决心,而不为世俗的虚荣所惑,"不耻禄之不伙,而耻知之不博"。曾说"捷径邪至,我不忍以投步",表明他实事求是的科学态度。与当时皇权所崇尚的谶纬神学进行坚决的斗争,主张"收藏图谶,一禁绝之"。表现了献身科学的大无畏精神。

科学著作还有《太玄经注》、《玄图》、《历议》、《驳图谶疏》、《算罔论》和《思玄赋》等,可惜大部分已散佚。为了永远纪念这位伟大的学者,1956 年郭沫若在他的墓碑上题词:"如此全面发展之人物,在世界史中亦所罕见。万祀千龄,令人景仰。" (徐振韬)

托勒玫 (Ptolemy 或 Claudius Ptolemaeus) 约 100 年生,约 170 年卒于亚历山大。天文学、宇宙学、数学、地理学、光学。

祖先是希腊人或希腊化的外族人。本人具有罗马公民身分。从 127 年 3 月 26 日至 141 年 2 月 2 日在埃及的亚历山大城进行天文观测。总结了希腊古代天文学的成就,特别是依巴谷的工作,将解释天体运动的偏心圆和本轮体系加以系统化。后世称这种体系为托勒玫地心体系。

第一部也是最重要的著作是《天文学大成》(又译《大综合论》或《至大论》),共 13 卷。从最基本的原理出发,运用当时的数学工具,建立起所知天体(日、月、水星、金星、火星、木星、土星及一些恒星)的运动理论,说明和这些天体有关的各种现象。对每一天体,提出相应的几何模型,赋予基于观测的各种参数,编制出种种表格,使人们能确定出给定日期天体的位置。

该书第 1~2 卷描述地球位于宇宙的中心,是一个不动的球体,恒星都位于同一球面上,绕地球自东向西每天旋转一周。太阳、月球和行星也一起绕地球旋转。行星还有一种缓慢的由西向东的运动。所有行星都几乎在同一平面内运动。第 3 卷论述太阳运动理论。采用依巴谷估计的一个回归年长度为 $365\frac{1}{4}-\frac{1}{300}$天,并计算出黄赤交角为 $23°51'20''$。使用两个等价的模型来描述太阳运动。一个是偏心圆模型:太阳作匀速圆周运动,但地球不在圆心,地球与圆心的距离为偏心距 e。另一个是本轮模型:本轮的圆心绕均轮的圆心(即地球)作匀速圆周运动，而太阳绕本轮圆心以相反方向作匀速圆周运动。第4～5卷论述月球运动。月球模型包括一个本轮，并在本轮上加上一个类似曲柄的构造，使本轮中心不是绕一个固定中心旋转，而是绕另一个中心（该中心绕固定中心旋转，旋转的方向与本轮中心运动的方向相反）旋转。这种改进的模型，标以适当参数，能准确地表现出月球的黄经运动。第6卷论述交食理论，并给出日、月视差。编制的日、月视差表，虽不甚完整，但仍沿用到16世纪。第7～8卷讨论恒星位置。其中列出了一个共有1 022颗星的星表，分成48个星座，给出每颗恒星的黄道坐标和星等。这件工作相当艰巨，也是前人从未做过的。后5卷论述行星运动理论。发现行星有两种近点变化（速度变化），一种是对太阳的距角变化，一种是由于行星黄道位置的不同，距角在大小和速率上的变化。把偏心圆模型与本轮模型相结合，用本轮模型来解释第一种近点变化，用偏心圆模型解释第二种近点变化。假定本轮中心在偏心圆上的匀速运动（他称之为规则运动）并非是相对于偏心圆中心而是相对于离中心为e（偏心距）的另一点（称均衡点）。这一假定使他首次建立起相当满意的行星运动模型。这种模型给出的行星黄经与后来开普勒给出的相差不到$10'$。对于水星而言，与月球的情况相似，假定本轮中心借以绕转的偏心圆中心，每年向西旋转一周，方向与本轮中心的运转方向相反，从而解释了水星在一次公转中两次经过近地点的现象。还测定出每个行星模型的参数，编制出计算逆行的时间和弧长以及计算金星和水星最大距角的用表。

他的这套理论是建立在观测基础上的，但由于地心说本身是错误的，为了与实际情况相符，模型结构相当复杂，计算十分繁重。为了计算天体的位置，发展了平面三角学和球面三角学，编制出一部六十进制的弦表，推导出一些球面直角三角形的基本公式。《天文学大成》是当时天文学的百科全书，直到16世纪一直被奉为天文学经典，译成阿拉伯文和拉丁文，后又译成多种文字。1175年传到欧洲，直到1543年哥白尼发表《天体运行论》才第一次给它以有力的冲击。19世纪学者说他仅仅是前辈所作科学工作的编辑者，这是不公正的。他对依巴谷推崇备至，以古代科学家少有的坦率承认他的理论中那些是来自依巴谷的。但是，《天文学大成》中的绝大部分理论是他个人的贡献。他善于把已有的理论加以改造和发展使之更加符合观测，其综合能力、首创精神和判断力都是惊人的。

其他重要著作有《地理学》、《光学》、《四书》、《谐和论》、《恒星之象》等。《地理学》共8卷，书中首创用原始的经纬度来表示一系列地方的位置，并附有一幅原始的世界地图。书中还介绍绘制地图的两种投影法，在制图学上迈出了巨大的一步，在以后的1 400年中没有人能超过他，并对16世纪制图学的发展产生了深远的影响。《光学》共5卷，原作已失传，只留下一些残缺的阿拉伯译本。该书的一大特色是通过实验建立理论。发现像与物体的联线和镜面相垂直，反射角等于入射角。探讨了平面镜、凹面镜、凸面镜和复合镜的成像法则。在研究光线在不同介质（空气和玻璃，水和玻璃，空气和水）中的入射角和折射角后，得到了与后来的斯涅尔定律近似的关系。该书还讨论了蒙气差现象以及介质的密度与折射的关系。《四书》是一部星占学专著，从星占学角度讨论了日、月、星辰对人类生活的影响。《谐和论》是一部有关音乐理论的著作，用数学方法研究了拉紧的弦上音程和音符的关系。《恒星之象》给出每天一些亮星的偕日升落，并记载了当时天文学家根据一些著名恒星星象预报天气的情况。哲学思想属亚里士多德学派，但并不拘泥于该范畴，也受到斯多葛学派的影响。

（章圣洋）

刘洪（Liu Hong） 字元卓。中国东汉山东蒙阴人，生活于东汉晚期（2世纪下半叶至3世纪初），生卒年不详。观测天文学、天文历算。

汉恒帝延熹年间（158～167年）应太史征召到洛阳，拜为郎中。卒前任山阳太守。笃信好学，博览群书，善长历算。

汉灵帝时，认真考察自古以来历法，进行推步运算，并根据天象验证，发现后汉《四分历》已经与天象不符，于是创制了《乾象历》。这是第一部考虑到月行快慢的历法，并把回归年长度由《四分历》的$365\frac{1}{4}$日减为$365\frac{145}{589}$，即365.246-2日，朔望月长度也减至29.530-54日。这两个数据都比《四分历》精密。尽管当时学者都认为《乾象历》优秀，但没有及时得到颁行。直到三国时代才被吴国在黄武元年（222年）颁用，直至吴亡（280年）。

测定了比较精确的近点月日数和一个近点月内每天月亮的实际行度，用月亮的实际运动来修正月亮的平均运动，以便从平朔、平望推求定朔、定望，由此可以更精确地推算日食和月食。研究了太阳运动的不均匀性，认为太阳在黄道上运动，由于黄道和赤道有交角，因此太阳所对应的赤道位置的变化是不均匀的。还测定黄白交角值为古度六度一分；并与蔡邕一起续补过《汉书·律历志》，其中不少资料为后来的《续汉书·律历志》所采用。

（卢　央）

虞喜（Yu Xi） 字仲宁。中国晋代会稽余姚（今浙江余姚）人，生于晋武帝咸宁（275～280年）时期，卒于晋穆帝永和（345～356年）时期。观测天文学、自然哲学。

父亲名察，官至东吴征虏将军。虞喜少年时博学好古，远近驰名。屡次被征诏为博士、贤良，均不就。终生研究学术，著作有《安天论》、《孝经注》和《志林》等。

中国古代把冬至点作为计算太阳视运动的起点，把太阳连续两次通过冬至点的时间称为一岁。然而，由于冬至点在天球上的位置每年略向西移动，因此，一岁并不表示太阳在天球上运行一周回到原来的位置，两者之间有一个微量差。约在330年，他通过当时观测和古代记录的对比，发现了这种变化，称之为岁差。认为应该“使天为天，岁为岁，乃立差以追其变，使五十年退一度”。岁差的今测值为77.5年差1°。虽然测定值偏大，但限于当时的条件，丝毫也无损于发现岁差的事实，这对中国天文学是一巨大贡献。

在天文学上的另一贡献是创立一种宇宙结构理论——安天论。认为"天高穷于无穷,地深测于不测"。这比宣夜说更明确地指出了宇宙的无限性。还认为"其光曜布列,各自运行,犹江海之有潮汐,万品之有行藏也"。就是说日月星辰的运行是有规律的,好像江海的潮汐和万物的演变一样秩序井然。主张天地两者"方则俱方,圆则俱圆,无方圆不同之义也"。直接批驳了天圆地方的传统宇宙观,在中国古代宇宙论中占有重要位置。 (徐振韬)

西内修斯(Synesius of Cyrene) 约 370 年生于昔兰尼(今利比亚的舍哈特),414 年卒。天文仪器研制、物理学。

新柏拉图主义哲学家、数学家和天文学家喜帕奇亚(Hypatia)的优秀学生。短期当兵,后经营庄园。397 年赴君士坦丁堡向罗马皇帝阿卡迪乌斯(Arcadius)呈献金冠以求减轻赋税。归途中与一名基督教妇女结婚。410 年成为托勒玫斯主教。组织过军队抵御外族入侵。

对科学理论深感兴趣,并探索了知识的实际应用。为了测定液体的比重,设计出一种类似液体比重计的铜制"水镜"(Hydroscope)。根据托勒玫的提示,仔细研究了如何将球面图简化为平面图以后,制作出一个精致的银质星盘,将天穹上的星辰在平面上表现出来。在文学上以散文、书信、诗歌著称。可能还是一本重要的炼金术著作的作者。 (李文华)

何承天 (He Chengtian) 中国东晋至南北朝时代东海郯(今山东郯城县)人,东晋太和五年(370 年)生,南朝宋文帝元嘉二十四年(447 年)年。观测天文学、天文历算。

自幼受到良好教育。南朝宋建国后,出任尚书祠部郎。后历任著作佐郎、太子率更令,国子博士、御史中丞和廷尉等职。

对天文观测极其重视,主张"当顺天以求合,非为合以验天也"。利用舅父徐广 40 年积累起来的日月五星观测记录,加上自己 40 年的观测和分析研究,发现当时冬至点的实测位置与历法所载相差 4°,日期差 3 天多。因此编制一部新历法《元嘉历》以取代原来与天象不合的旧历法。元嘉二十二年(445 年)新历颁行,一直用到梁武帝天监八年(509 年)。在元嘉历中做了不少创造和改革。在旧历中计算月亮运动时,通常采用平均朔望月即平朔值,并不是依据真实的合朔时刻来推算,因此日食常发生在晦日或初二日。他提出不用平朔而采用经过改正的定朔值,使日食必发生在朔。中国历法中,回归年或朔望月长度的奇零部分都用分数表示,该分母称为日法。为了使这个分数的选取更精确,创造了一种调日法,史载"以四十九分之二十六为强率,十七分之九为弱率,于强弱之际以求日法。承天日法七百五十二,得一十五强一弱"。这表明选 15 次强率和 1 次弱率,即取 49×15+17×1=752 为日法。该法简便易行,为后代历法家所采用,对中国历法的发展起了一定的推动作用。

对宇宙的看法有些奇特,认为"天形正圆,而水居其半,地中高外卑,水周其下。……日为阳精,光曜炎炽,一夜入水,所经焦竭,百川归注,足於补复。"著作除《元嘉历》外,尚有《前传》和《杂语》等。 (徐振韬)

婆利沙(Pauliśa) 印度人,生活于公元 4 世纪或 5 世纪。天文历算。

以希腊人改造过的巴比伦天文学为基础,写成了著名的印度古代天文著作《婆利沙历数书》。原书已佚,主要内容保存在梵罗诃密希罗(Varāhamihira)《五大历数书汇编》中,包括计算历元以求积日的方法,按照希腊模式导出的太阳差和使用巴比伦方法计算的月球差,太阳周日运动,印度历法,太阳黄道运动,计算月球黄纬的方法,日月食及行星理论。在行星理论中,使用了巴比伦天文学中行星的会合和行星发生偕日升、冲、留、合等现象时相对于太阳的距角。 (李文华)

拉塔提梵(Lāṭadeva) 印度人,鼎盛期约公元 505 年。天文学。

原籍可能是古吉拉特邦南部的拉塔提沙。著名天文学家阿耶波多第一的学生。曾为《若马迦历数书》和《婆利沙历数书》撰写过注释。这两部梵语著作介绍了希腊-巴比伦天文方法。也有人认为他修订过《苏利耶历数书》,使之与他老师阿耶波多第一的《夜半系统》一书相谐调。修订本使用的历元是 505 年 3 月 20/21 日。印度著名天文学著作《五大历数书汇编》和《增订婆罗门历数书》多次引用过他的论述。 (李文华)

张子信(Zhang Zixin) 中国北齐河内(今河南沁阳)人,生活在北齐武成帝太宁元年(561 年)前后,生卒年不详。观测天文学、天文历算。

精通数学、天文。隐居在一个海岛上 30 年,用浑仪专心观测日月五星的运动,并与推算相比较,结果发现日月五星的运行都有其不均匀性,所谓"日月交道有表里迟疾,五星见伏有感召向背"。对于太阳,发现"日行在春分后则迟,秋分后则速"。这种太阳不等速的视运动,对历法的计算有重大的影响,后代天文学家考虑了这种效应,在历法中用定气取代平气,使历法推算取得重要进展。还发现"合朔月在日道里则日食,若在日道外,虽交不亏;月望值交则亏,不问表里",就是说当合朔时如果月亮在黄道北,则发生日食,如月亮在黄道南,虽在食限里,也可能不发生日食;相反,在月望时,不论月亮在黄道内外,只要在食限内就发生月食。此外,对五星的运行,特别是水星的见伏做了定量的测量。其后的天文家把他的测量结果纳入历法的推算中,取得了良好的效果。 (徐振韬)

刘焯(Liu Zhuo) 字士元。中国隋代信都(今河北冀县)昌亭人,东魏孝静帝武定二年(544 年)生,隋炀帝大业四年(608 年)卒。天文历算、经学。

北魏经学家刘献之的三传弟子,是当时著名的经学家。他还是著名的历算家,曾被朝廷两次召用,两次罢黜,隋炀帝即位时,又被第三次启用,任太学博士。

隋文帝开皇二十年(600年),编成著名的《皇极历》,因受到炀帝宠臣太史令袁充和员外散骑侍郎领太史令张胄玄的排斥而未能颁行。《皇极历》同时考虑了太阳和月亮运动的不均匀性,为此创立了等间距的二次差内插公式,推算日食所在、食之起讫、食分多少以及食与不食等,都比过去的历法精确。二次差内插法在中国科技史上十分重要,后来唐代的李淳风在编纂《麟德历》以及一行在编纂《大衍历》时都采用了这种方法。《皇极历》采用的岁差数值也比以往历法中所采用的值更精确,这表明《皇极历》确是一部优秀的历法。在经学方面,他曾与刘炫考定洛阳石经,与刘炫齐名,时称"二刘"。著有《稽极》、《历书》、《五经述义》等。（卢　央）

雅蒂夫梨沙婆(Yativṛṣabha)　印度人,生活于6世纪。宇宙学、数学。

耆那教学者。用古印度俗语撰写过几部阐述耆那教传统的著作。在《提洛亚潘纳蒂》一书中有对宇宙及其组成部分的描述。书中的数学公式表现出耆那教数学在经典时期和以后几个世纪之间的发展,在印度科学史上具有一定地位。（李文华）

婆什迦罗第一(Bhāskara I)　印度人,鼎盛期629年。天文学。

青年时代在尼扎马巴德受教于阿耶波多派学者,后成为该派代表人物。有3部著作。《大婆什迦罗集》论述行星平黄经和真黄经、"日出"系统和"夜半"系统的参数、地理经度影响的消除、周日运动、行星掩恒星、日月食、行星会合等。帕罗米什梵罗曾为该书写过注疏。《小婆什迦罗集》是第一部的简写本,供初学者使用。较前者更为系统。他对《阿耶波多集》的注释学术价值很高,为后世许多天文学典籍所引证,该书完成于公元629年。（李文华）

婆罗门笈多(Brahmagupta)　旧译梵藏。印度人,598年生,665年以后卒。天文学。

年轻时在皮拉麦拉(今印度拉贾斯坦邦的平马尔,641年唐玄奘曾去过该地)生活和学习。当过教师。他的《增订婆罗门历数书》完成于628年,分为24章,行星参数取自《帕塔摩历数书》。前10章论述主要天文课题,内容有行星平运动、行星真运动、周日运动、日月食、偕日升和偕日落、新月、月影、行星会合等,其中某些问题在第13~17章和第19~21章中作了进一步讨论。第22章介绍天文仪器。第12章和18章论及数学。第11章是对前人某些著作的评论,强调用观测来检验理论。撰写的《历法甘露》是"夜半"体系中最著名的一部天文学著作,发表于665年。共分8章,按顺序为太阴月、二十八宿、行星经度、周日运动、日月食、偕日升和偕日落、新月、行星会合等。比鲁尼在其《印度记》中多次谈到这两本书,并写过一篇名为"婆罗门历数书中的计算方法"的论文。（李文华）

李淳风(Li Chunfeng)　中国唐代岐州雍(今陕西省凤翔县南)人,隋文帝仁寿二年(602年)生,唐高宗咸亨元年(670年)卒。天文历算、仪器研制、数学。

自幼好学,博闻多才,通晓天文、历算、阴阳、术数等学。贞观元年(627年)因与傅仁均争论历法受到赞赏而进入太史局。贞观十五年任太史丞,贞观二十二年升任太史令。

贞观七年(633年)制成改进的浑仪,并著《法象志》七篇,评论前代浑仪得失。所制浑仪结构精密、复杂,具有六合仪、三辰仪、四游仪三重环组,其中中层的三辰仪由黄道环、赤道环、白道环组合而成,这是以往浑仪所没有的。撰写《晋书·天文志》以及《隋书·律历志》。前者汇集、整理了历代天象记录;后者总结了历代历法、度量衡、音律等的演变,为律历方面的重要文献,并保存了祖冲之圆周率计算的成果。在《晋书·天文志》中,明确指出彗尾"夕见则东指,晨见则西指",常背向太阳的规律。这比欧洲人发现同一现象要早约900年。

在历法方面,唐高宗时原用傅仁均《戊寅元历》误差较大,他依据刘焯的《皇极历》编成新历,这一历法于麟德二年(665年)颁行,称《麟德历》。以1340为各种天体运动周期(如回归年、朔望月等)的奇零部分的公分母,从而简化了以往历法中许多繁琐的计算;采用定朔来安排历谱,废除了闰周,并首次提出了蚀差的改正项,以改正周日视差对交食的影响。这些都比以往的历法进步。《麟德历》的缺点是未考虑岁差。

在数学方面,同梁述、王真儒等一起整理并注释《周髀算经》《九章算术》等10部算经,是为《算经十书》。这项工作总结了汉至唐初的中国数学,对后世影响很大。其中对《周髀算经》的注释少而精,纠正了经文和赵爽、甄鸾注中的某些错误。（郭书春　周　英）

比德(Bade, the Venerable)　亦称"可敬的比德"。英国人,673年年生于英国英格兰诺森伯兰郡桑德兰附近,735年5月26日卒于英格兰贾罗。天文历算、历史学、神学。

7岁时被送进素有科学研究传统的贾罗修道院学习,拜著名学者、修道院院长色奥弗里德(Ceolfrid)为师。一生中从未离开这所修道院50英里(约80千米)远。

他对西方科学的最大贡献是制定历法。在天文历法方面有3个特殊的贡献:一是以默冬19年月球周期为基础,记述了复活节的循环周期为523年,编制了计算表、复活节日期表,日历、记忆口诀等;是第一个使用公元纪元的编史学者;三是确立了"潮候时差"的潮汐原理。他对一年的开始、复活节的推算、纪元的计算等方面的规定,多为后人所采用,以后的格里历的改革只是使其精确化而已。

撰写的著作半数以上是关于《圣经》的批注,保存下来的6卷著作中,有5卷论述布道、圣徒传记、历史、圣地指南、修道士生活,也是一些是为当时职业修道士学校编著的教科书,其中最有名的是《英国基督教历史》(731年完成)。（段小光）

诃利陀塔第一(Haridatta I)　印度人。鼎盛期683

年。天文学。

683 年完成重要著作《星宿运行要论》，是以阿耶波多第一的著作《阿耶波多集》为蓝本写成的，在喀拉拉邦流传甚广，直到 15 世纪。主要特色是在诗歌化的行星差表中使用了以字母表示数字的方法。还写过一部讨论太阴日计算的书。 （李文华）

瞿昙悉达（Qutan Xida） 中国唐代长安（今西安）人，生于唐高宗时代（7 世纪下半叶），卒于唐玄宗时代（8 世纪上半叶）。天文历算、天文学史。

瞿昙，系梵文音译（另一音译为乔答摩），古代天竺人的姓，因释迦牟尼姓瞿昙，故常以瞿昙代表释迦牟尼。他的先祖大概是从天竺国移居中国的。瞿昙家族从他的父亲瞿昙罗起至孙子瞿昙晏止 4 代供职于国家天文机构，前三代还都担任过太史令、太史监或司天监等要职。当时人们称他为“瞿昙监”，称这一派的天竺历法为“瞿昙历”。在唐景云三年（712 年）任太史令时，曾亲自参与修复了 300 年前研制的一架铁浑仪。唐开元六年（718 年），翻译了天竺的《九执历》，介绍了当时印度的天文学。

在天文学上的最大成就是撰修了《开元占经》120 卷，征引古籍，极为浩博。将唐以前 70 余部古籍分类加以编纂，涉及天文星象和各种物异占语，篇幅庞大。内容有专门名词诠释，宇宙理论，日月五星行度，二十八宿距度，石氏、甘氏、巫咸三家星官的名称、度数和星数。并介绍了修书时施行的《麟德历》与《九执历》，收载了从古六历到唐《神龙历》的 29 种历法的一些最基本的数据。许多珍贵天文资料依赖此书才保存了下来。所录《九执历》则为印度古历法的珍贵文献。《开元占经》唐代以后一度失传，明万历四十四年（1616 年），安徽歙县程明善从佛像腹中发现才得以流传。 （卢 央）

一行（Yi xing） 本名张遂。中国唐代魏州昌乐（今河南省南乐县）人，唐永淳二年（683 年）生，唐开元十五年（727 年）卒。观测天文学、天文历算。

曾祖张公瑾是唐王朝开国功臣之一，封为郯国公、襄州都督。父亲张擅官拜武功令。张遂自幼博览经史，勤奋好学，到青年时代已学遍历象、阴阳、五行之学。相传他几天内就读通扬雄撰的深奥的《太玄经》，并写了“九衍玄图”和“义决”两篇论文，以渊博学识闻名于长安。因不愿混迹官场，为逃避武三思的拉拢，21 岁出家为僧，取名一行，后来成为中国佛教密宗之祖。曾译《大日经》，为之作疏，并从事佛学中的天文学研究工作。著有《宿曜仪轨》、《七曜星辰别行法》、《北斗七星护摩法》和《梦天火罗九曜》等，为把印度佛教中的天文学和星占学纳入中国古代天文学和星占学的体系作出了贡献。是古代中外天文学交流史上重要的人物之一。

在唐王朝多次召请之后，于开元五年（717 年）回到长安，从此开始了一生中极其重要的天文研究生涯。主要成就是编制《太衍历》，此外在制造天文仪器、观测天象和主持天文大地测量方面也颇多贡献。

开元九年（721 年），李淳风的《麟德历》几次预报日食不准，他奉唐玄宗之命主持修编新历。主张在实测的基础上编订历法。为此，和梁令瓒在开元十一年（723 年）用铜铁铸成黄道游仪，黄道可在赤道上移位，以符合岁差造成的黄道、赤道相对位置的变化。还设计制造水运浑象，用水力推动运转浑象，并附有自动报时的装置。用新制成的黄道游仪观测日、月、五星的运动，测量恒星的赤道坐标和对黄道的相对位置，用新的测量结果代替了沿用近 900 年的汉代天文学家落下闳所测量的数据。

开元十三年（725 年），主持了全国大规模的天文大地测量。其中太史监南宫说等人在白马（今河南省滑县旧县治）、浚仪（今开封市）、扶沟（今属河南省扶沟县）和上蔡（今属河南省上蔡县）4 个地方进行了大地测量，测得了当地的北极出地高度、夏至日影长度等。他据此归算得出北极出地高度差 1°，南北两地相距 351 唐里 80 步（约合 129.22 千米）的结论。否定了“日影千里差一寸”的传统观念。这次天文大地测量规模很大，最南达到南海水域，观测到南纬 20 度以南的许多星象，并记载说“老人星下，众星灿然，皆古所未名。”

在大量天文观测的基础上，于开元十三年（725 年）开始编制《大衍历》。开元十五年完成初稿，同年去世。后经张说和历官陈玄景等人整理，《大衍历》于开元十七年（729 年）颁行全国。经过检验，《大衍历》比唐代已有的其他历法都更精密，共施行 33 年。开元二十一年（733 年），该历传入日本，自 764 年起，在日本行用 94 年。《大衍历》的编排，结构严谨，条理分明，共分历术 7 篇、略例 1 篇、历议 10 篇。《大衍历》对太阳运动不均匀性在定量上有更深刻的认识，超过了隋代刘焯的水平。在计算上发展了刘焯的二次差法，发明了不等间距的二次差内插法，这在数学史上也是一个创举。《大衍历》把李淳风关于蚀差的计算向前推进了一步，提出各地计算蚀差的方法。在五星计算方面，对五星运动不均匀性的改正计算比张胄玄、刘焯的方法更为科学。 （卢 央）

梁令瓒（Liang Lingzan） 中国唐代蜀（今四川）人，生卒年不详。天文仪器制造、绘画。

官率府兵曹参军。唐开元九年（721 年），玄宗命一行制订新历（《大衍历》），一行认为应在观测基础上制历，为此需知黄道进退，但无黄道游仪测候。梁令瓒创制黄道游仪木样，该仪器的黄道可在赤道上移位，以符合岁差造成的黄道、赤道相对位置的变化。在此基础上，与一行在开元十一年（723 年）制成了铜铁铸成的黄道浑仪。开元十三年（725 年），又与一行合作制成以漏水转动的浑天铜仪，上装有两木人，随浑天仪转动，能自行报告时辰和时刻。

他亦工篆书，擅画人物。存世作品有《五星及二十八宿神形图》一卷，北宋李公麟谓其画风似吴道子。

（卢 央）

南宫说(Nangong Yue)　中国唐代中期人,生活于8世纪,生卒年不详。天文历算、大地测量学。

神龙元年(705年)担任太史丞,奏请改革《麟德历》,并奉诏参加编制《神龙历》,用黄道而不用赤道,其主要数据一律采用百进位制,首次废除了历法编算上一直沿用的复杂分数数据。该历于景龙年间(707～709年)编成,因睿宗即位而未获采用。开元十二年(724年)任太史监,参与一行提出并组织的大地测量工作,被派往今河南省,主持在白马(今河南省滑县旧县治)、浚仪(今开封市)、扶沟(今属河南省扶沟县)和上蔡(今属河南省上蔡县)4个地点的测量。这4点的测量是整个测量工作中最为重要的。这次实际观测经一行归算,求出北极出地高度差1°时的南北间距。再次证明古代流传的"南北地隔千里,影长差一寸"的说法是错误的。南宫说等人还深入到南海中观测,观测到了大约南纬20°以南的星像,这些星以前在中国是从未观测过的。

开元二十一年(733年)任太子右司御率,参加反对一行编制的《大衍历》,后经实测证实《大衍历》基本符合天象,肯定了《大衍历》,而南宫说等人被削职判罪。

(卢　央)

曹士蒍(Cao Shiwei)　中国唐代中期人,生活于唐德宗建中年间(780～783年)前后,生卒年不详。天文历算。

曾任大中大夫之职。据《新五代史·司天考》记载:"唐建中时,术者曹士蒍始变古法,以显庆五年为上元,雨水为岁首,号'符天历',然世谓之小历,祇行于民间。"所编《符天历》的进步之处是打破了过去用上元积年的成规,采用万分为日法,回归年长度则取为365 $\frac{2\ 448}{10\ 000}$日。这两项改革大大简化了原先繁复的历法计算。《符天历》曾传入日本,对日本历法的发展有一定影响。

(卢　央)

雅可比·伊本·塔里克(Yaᶜqūb ibn Ṭāriq)　阿拉伯人,生活于8世纪下半叶。天文学传播、自然哲学。

771年,一位印度天文学家作为信德驻阿拔斯王朝大使的随员抵达巴格达,带去《信德-印地历数书》。他与法扎里一起将该书译成阿拉伯语。主要著作有《信德-印地历数书中的天文表》、《天球组成》、《论事物的原因》。天文表中表列值间隔为1°。《天球组成》取材于《信德-印地历数书》以及同印度天文学家的交谈,论述行星轨道的地心距离、地理学、积日的计算以及行星运动的地心模型等。第三本书已失传。主要功绩和法扎里一样,将印度天文学介绍给伊斯兰世界。　(李文华)

迦纳迦(Kanaka)　印度人,鼎盛期775～820年。天文学、星占学。

约750～775年间旅行到巴格达,成为哈里发拉希德(al-Rashīd)的宫廷星占学家。著有《占寿书》、《出生之奥秘》、《行星交会大卷》、《行星交会小卷》等星占学著作。从现存的片断来看,内容皆出自古希腊和波斯传统而不带有印度的特殊色彩。

(李文华)

雅雅·伊本·阿布·马舍尔(Yahyā ibn Abī Mansūr)　阿拉伯人,生年不详,830年卒于叙利亚阿勒颇附近。观测天文学、天文历算。

出身科学世家。早年作为星占学家在哈里发大臣艾法德府中供职。818年任宫廷教师,教育宦门子弟。828年奉哈里发马孟(al-Maʾmūn)之命率领一批知名学者在巴格达和大马士革建立天文台。在伴随哈里发远征塔尔苏时去世。

他使用在山顶上测量地平线俯角的方法,计算出子午线1°之长。基于多年的观测,编制出《木塔汗历数书》。有趣的是,该书对内行星在数值上(而非理论上)是作为太阳的卫星来处理的,很近似于赫拉克利德的体系。该书对天文学的影响很大。塔比·伊本·库拉(Thābit ibn Qurrah)曾用它计算日月食,伊本·尤努斯将它加以改编使之适用于埃及,查尔卡利引用了它的黄赤交角及其他数据计算星历表。

(李文华)

巴塔尼(al-Battānī)　又名阿尔巴塔尼(Albatenius;Albategni;Albategnius)　阿拉伯人,858年之前生于美索不达米亚西北部卡雷(今土耳其的哈兰城)或其附近,929年卒于吉斯城堡。观测天文学、数学。

出身仪器制造者的家庭。是著名的阿拉伯天文学家,曾在艾尔-拉卡进行天文观测达41年。901年1月23日和8月2日曾去安条克观测日食和月食。929年因税收过重赴巴格达投诉,于归途中去世。

发现托勒玫著作中一些数据已与当时的观测不相符,于是在新的观测资料的基础上加以修正,并撰写出一部实用性很强的巨著《历数书》(或称《萨比历数书》,萨比是巴塔尼冗长的阿拉伯全名中最后一个词的音译)。全书共57章,从定义和问题开始,前26章叙述了天球划分为宫和度、六十进位制的分数乘除法、三角函数、黄赤交角以及大量球面三角问题,第27～31章论述了托勒玫理论中日、月、行星的黄经运动;第32章论述纪元的换算;第33～48章论述交食计算所需要的月球视差和月地距离理论,第49～55章论述星占学问题;第56～57章论述日晷、一种新型浑仪和挂式象限仪的构造。同托勒玫《天文学大成》的写作方式相反,该书侧重于阐明天文学的实测方面,论述行星运行理论的部分只有3页,由于过于简略,把水星的运动和其他4颗行星的运动混为一谈。但附加的行星运行表却比托勒玫的更为精密。书中对托勒玫的太阳轨道参数作了修正,给出884年的黄赤交角为23°35′,给出当时太阳远地点黄经为82°17′,太阳轨道偏心率为0.017 326,这与现代天文学计算的结果相符得很好。抛弃了托勒玫曾断言的远地点不变的错误论断,采纳了塔比·伊本·库拉(Thābit ibn Qurrah)的结论:每66年变化1°。书中还从正交射影原理出发,为球面三角引进一套崭新的、巧妙的解法。500年后这种方法在欧洲方为雷乔蒙塔努斯采用和发展。还测出日月视直径在一年或一个近点月中的变化,因而推出日环食是可能的(托勒玫认为不可能),并给出计算月食程度的最佳方法。该书有拉丁、西班牙和希伯来语译本,在东西方均享有盛誉。波伊尔巴赫、雷乔蒙塔努斯、第谷、哥白尼、开普勒和伽利略等人都曾多次引用过它的内容。 (李文华)

梵台斯梵罗(Vaṭésvara) 印度人,880年生于印度阿嫩达布拉(今古吉拉特邦瓦德纳加尔),卒年不详。天文历算。

24岁时完成《梵台斯梵罗历数书》。在继承婆罗门笈多的《增订婆罗门历数书》的同时,又对婆罗门笈多及其追随者提出了严厉的批评。该书被视为理解印度天文学在婆罗门笈多和婆什迦罗第二之间发展的一部重要著作。另一部著作《天文手册》已失传,仅在比鲁尼的《印度记》中得见其片段。 (李文华)

孟加拉(Muñjāla) 印度人,鼎盛期932年。天文学。

出身婆罗门家庭。著有《大摩纳沙》和《小摩纳沙》两部天文著作。比鲁尼在《印度记》中曾提到这两部书,并说乌特帕拉(Utpala,鼎盛年966～968年)曾为前者写过注疏。后者是一部选集,所用参数取自阿耶波多第一的著作,首次提到了岁差问题,认为春分点退行速度为每年1′。月球理论颇具创见,在印度南部颇有影响。 (李文华)

哈津(al-Khāzin) 阿拉伯人,约900年生于波斯(今伊朗一带)东部,961～971年间卒于赖伊(今伊朗德黑兰附近)。天文学、数学。

曾在赖伊的白益王朝的宫廷中供职。960年奉命测定黄赤交角。现存的重要著作有《星盘表》,该表颇为正确。著名天文学家比鲁尼谓该书成功地解决了使用两个时差确定行星位置的问题,并清楚地解释了行星的顺行和逆行。

精通代数和几何学,所著《欧几里得原理第十分册注疏》一书中,论证了球面直角三角形中的正弦定理和希罗公式,并且使用圆锥曲线解决了阿基米德提出的一个问题:怎样按给定的比例把一个球体切割成两部分。 (李文华)

苏菲(al-Ṣūfī) 阿拉伯人,903年12月7日生于波斯的赖伊(今伊朗德黑兰附近),986年5月25日卒。观测天文学。

与统治波斯和巴格达的布瓦希德王室关系密切,以对恒星的观测和描述而闻名。著有《恒星星座》《星盘的应用》和《天球仪的应用》。《恒星星座》首次对托勒玫的星表给予批判性的订正,许多世纪中一直是伊斯兰天文学的经典。中世纪西方科学界对该书也颇有所闻。该书第一部分给出48个星座中每颗恒星的位置、星等和颜色;第二部分是星名鉴定,给出阿拉伯星名在托勒玫体系中的名称;第三部分是两幅星图;第四部分是星表,列有星座中每颗恒星的黄经、黄纬和星等。该书是实测的结果,而不是托勒玫星表中的黄经加上岁差修正值后的再版;将阿拉伯诗歌和哲学著作中出现的几百个古老的星名一一加以天文学鉴定,丰富了天文学术语,其中许多星名至今仍在全世界通用。 (李文华)

维贾雅南陀(Vijayananda 或 Vijayanandin) 印度人,鼎盛期966年前后。天文学。

出身印度贝拿勒斯一个婆罗门家庭。966年完成《实用宝饰》,论述了太阳、月亮、五颗行星的平黄经和真黄经、食和食的投影、行星的初见、印度历法、行星会合、行星掩恒星、白昼长度等问题。伊斯兰天文学家比鲁尼在《印度记》一书中,多次援引过该书的内容。原著已失传,仅有阿拉伯语手抄本遗世。 (李文华)

伊本·尤努斯(Ibn Yūnus) 伊斯兰埃及人,约950年生于埃及,1007年卒于埃及富斯塔特。观测天文学、数学。

出身于学者世家,父亲是著名的历史学家。中世纪杰出的伊斯兰天文学家之一,阿拉伯天文学开罗学派的代表人物。除以天文研究闻名外,还以诗人见称。曾目睹伊斯兰的法提玛王朝(909～1171年)于969年占领埃及和迁都开罗。从977年起在夸拉法的马格里布清真寺以及家乡富斯塔特进行天文观测,直到1003年。著有《哈基姆历数书》,内容浩瀚,共81章。前6章汇集了伊斯兰历表中的观测记录:行星会合,行星掩星、日月食、二分点以及黄赤交角和月球最大黄纬,数据十分精确。后来,美国人S.纽康曾使用表中的30次月食记录来确定月球的长期加速度。第7～9章讨论行星黄经和轨道参数。其中所附行星表给出回历622～2700年太阳、月球、行星位置。第10章为三角函数表,间隔为0.1弧度,精确到三位数字(六十进位制)。第23章给出根据同日三次太阳观测确定子午线以及根据太阳高度计算时刻和太阳平经的方法。第24章讨论由太阳平经计算太阳高度。第26～27章论述日晷的应用。第28章给出某些地点(如麦加)的太阳高度表。第33章论述计算同日两次太阳观测之间的时间,首次使用余弦定理解实际问题。第38章讨论月球和行星的黄纬。第39章论述黄赤坐标变换。第55～56章讨论日月距离。第59～75章讨论视差和交食并给出相关用表。将自己于1003年测得的狮子座α星位置与依巴谷的观测相比较,得出每$70\frac{1}{4}$波斯年(1波斯年等于365天)恒星黄经变动1°。这是伊斯兰天文学家获得的最精确的岁差数值。使用从正射投影和极射投影作图法导出的公式巧妙地解决了书中出现的大量球面天文问题。此后300年阿拉伯出现的历数书,包括著名的《伊尔汗历数书》,皆以该书为依据。

另一项主要工作是参与编制授时用的一系列计算用表。其中的三部主要用表分别给出日出和正午的时刻以及作为太阳高度和太阳黄经函数的太阳平经值。每部用表包含的表列值都超过10 000个。其余的为球面天文表。其中一些与确定穆斯林一日五次的祈祷时间有关。这套用表在开罗一直使用到19世纪。还编制出太阳赤纬表和日、月时差表,为计算月球位置提供了

极大便利。 （李文华）

马吉里蒂(al-Majrīṭī) 10世纪后半期生于西班牙马德里，约1007年卒于西班牙科尔多瓦。观测天文学、数学。

是西阿拉伯学派的天文学家之一，早年师从几何学家阿卜杜尔·加非(Abd al-Ghafir)，后为伍麦叶王朝哈里发拉赫曼三世所赏识。

约979年前后从事天文观测。修订过花拉子米的天文表，使之与科尔多瓦的经度和回历相适应。学生将他的影响传遍穆斯林西班牙，并将他们的著作归诸他的名下。在据认为是他的真作中，有《商用数学》和《星盘论》。前者论述有关物价、地籍、税收等的计算方法，后者阐述星盘的构造和使用。 （李文华）

比鲁尼(al-Bīrūnī) 又名毕鲁尼(Bērūnī)。中亚细亚人，973年9月4日生于中亚细亚古城花剌子模，晚于1050年卒于加兹纳(今阿富汗加兹尼)。观测天文学、大地测量学、数学、药理学。

早年受教于花剌子模著名天文学家阿布·纳斯尔·曼苏尔。17岁即开始用刻度环观测太阳中天高度，计算喀什的纬度。995年内战爆发，逃到拉伊(今德黑兰附近)，结识了波斯天文学家胡扬迪，用后者的大法克里六分仪进行了中天观测。997年返回喀什，与巴格达天文学家阿布·瓦法(Abū al-Wafā)约定在两地同时观测5月24日的月食，以测定两地的经度差。1000年写信给布哈拉著名哲学家和医学家阿维森纳(即伊本·西拿)，讨论热和光的性质与传播。1016年在花剌子模王子的支持下，在朱里亚尼亚建造一个大子午环，以观测太阳二至点，并建造一个直径10英尺(约3.05米)的半球仪，作为标绘装置，以求大地测量上的图示解。1017年因爆发内战流落到喀布尔近郊，仍埋头撰写《大地测量》，并用简陋的仪器进行观测。1018年返回加兹纳。约在1021年漫游印度，深入研究了印度各派天文学家的著作，测定了11个城镇的纬度。在楠达纳港，利用附近的一个山峰估计了地球直径。1024年返回加兹纳。50岁后身患重病，仍坚持写作，暇时同来自中国和北方的使节交谈，将了解到的情况纳入作品之中。晚年视力衰退，仍在一位助手的帮助下进行写作，直至去世。

精通花剌子模语、阿拉伯语、波斯语，并能阅读希腊文、叙利亚文、希伯来文和梵文书籍。写过146部学术著作，绝大部分是通过观测、计算、分析写成的。很多著作，例如《年代学》、《星盘》、《影论》、《弦论》、《天文典》、《天文手册》、《大地测量》、《密度》、《宝石》、《药理学》、《印度记》等，被译成俄文、德文、法文和英文。《天文典》包括球面天文、计时学、数理地理、食的计算、行星运行及解各种天文问题需要的数字表和计算用表。书中首次从理论上阐明岁差和太阳远地点变化的区别。所附的三角函数表，间隔为1°，精确到五位数字(60进位制)。《弦论》中导出了弦之间的一系列关系式及编制正弦表所需要的公式。《影论》在考虑太阳赤纬和地理纬度对圭表在子午线上影长的影响时，使用了非三角方法的印度逼近法。对婆罗门笈多的重要著作《增订婆罗门历数书》和《历法甘露》非常熟悉，在《印度记》一书中，大段地摘录了其中的内容，详细介绍了印度天文学家计算行星平位置、行星的大小和距离、偕日升落和食的方法。《密度》介绍了自己创制的一台精巧的天平；结合阿基米德原理，测出8种金属、15种矿石、6种液体的比重。《药理学》阐明720种药物的医疗作用、产地及其在阿拉伯、希腊、叙利亚、波斯、印度、希伯来和花剌子模语中的名称。 （李文华）

伊本·巴沙里(Ibn Bāshahrī) 阿拉伯人，生活于10～11世纪，鼎盛期1 000年前后。天文学、数学。

一生中大部分时间在波斯(今伊朗一带)北部吉兰度过。主要著作为两部历表和一部题为《印度计算基础》的代数学。历表包括四个部分：导论、表格、注释和证明。导论中给出了 $60^m \cdot 60^n = 60^{m+n}$，$60^m \div 60^n = 60^{m-n}$ 的公式。发展了三角函数的研究。表格包含正弦表、正矢表、正切表和余切表。表列值间隔为1°，给出三位有效数字。没有进行过天文观测，表中数据取材于巴塔尼的历表。《印度计算基础》介绍了印度的命数法和算法，并用于天文计算。 （李文华）

德沙波拉(Daśabala) 印度人，生活于11世纪，鼎盛期999～1056年。天文学。

佛教徒。写过两部《大梵天之翼》体系天文著作。1055年撰写的《心中的摩尼宝之精华》论述会合、印度28宿、木星的60年周期等有关印度历法及其他方面的问题。1258年摩哈陀梵曾为此书写过一部注疏。1058年写的《实用的莲花甘露表》论述平运动、真运动、周日运动、日月食、偕日升与偕日落、新月、行星会合、闰月的设置和木星的60年周期。这两本书都是用诗歌体写成的。 （李文华）

赫尔曼(Hermann the lame) 又名赫尔曼纽·康特雷克图(Hermannus Contratus)。德国人，1013年7月18日生于德国阿尔茨豪森，1054年9月24日卒于同地。天文仪器研制、数学。

贵族出身。青年时代在赖谢瑙修道院学校学习，后成为一名修士。是将伊斯兰天文技术和天文仪器引入欧洲的关键人物之一。引进的三种仪器是星盘、便携式日晷和装有游标尺的象限仪。星盘是测角仪器，便携式日晷在当时起着钟表的作用，装有游标尺的象限仪用来测量太阳高度、观测者所在地的地理纬度和时刻。这三种仪器在整个中世纪既作为天文仪器又作为计量工具而广为使用。与吉尔伯特合撰的《论星盘的使用》中，详细描述了上述三种仪器的构造和使用。另撰有《论星盘测量》和《珠算乘除法》，以及一部著名的世界编年史和

一部论述音乐的著作。（李文华）

苏颂（Su Song） 字子容。中国北宋泉州南安（今福建泉州）人，北宋天禧四年（1020年）生，北宋建中靖国元年（1101年）卒。天文历算、仪器研制、药物学。

自幼随父在润州丹阳（今江苏丹阳）读书。庆历二年（1042年）中进士，先后担任宿州、江宁、杭州和开封等地的地方官。曾任馆阁校勘和集贤校理多年，受命编定书籍，故得以博览皇家藏书，通晓经史百家。晚年历任吏部尚书、刑部尚书，直至入阁拜相。

精通天文历术。一次奉命出使契丹，其国冬至日期比宋朝晚一日，北人问谁是谁非，他回答说：“历家算术小异，迟速不同，如亥时节气交，犹是今夕；若逾数刻，则属子时，为明日矣。或先或后，各从其历可也。”用最简明的语言阐述出历法的制订原理和可能发生的差别，同时也反映出他的机智和应变才能。

元祐元年（1086年）奉旨检验新旧浑仪的使用情况，结果发现问题甚多。访查到吏部守当官韩公廉精通数学和天文学，便和他讨论浑仪的制造史和制作新浑仪的可能性。不久，韩公廉写成一卷有关制作原理的《九章钩股测验浑天书》，并造出一座木制模型。以此为基础，他们率领一批官员和工匠制作新仪器，至元祐七年（1092年）竣工。新仪器名为水运仪象台。台分三层：上层置浑仪；中层置浑象；下层为木阁，内设五种不同的自动报时机构。整个仪象台由水力驱动，昼夜运转不停。浑仪和浑象追随星辰自动旋转，这是一个重大创造。为了控制水轮运转的均匀性，专门装置了一组起着与现代钟表中擒纵器相同的作用的部件。因此，英国著名科学史家李约瑟认为，水运仪象台的报时系统很可能就是现代钟表的祖先。水运仪象台完成后，他还撰写了《新仪象法要》一书，阐明它的制作原理。为了更直接地演示星辰出没流转的原理，他们又制作了一座令人惊奇的天文仪器。在一个球形大竹笼外面糊上纸，按照天上星宿的准确位置和亮度，在纸上开出大小不等的圆孔。观测者从一个小门进入大竹笼中，用手操纵机械使竹笼慢慢转动，就好像站在夜空下看到满天星辰和银河。这座仪器实际上就是现代天文馆中假天仪的雏型。

在药物学方面也颇有研究，曾对《开宝本草》一书做过增补，修成《嘉祐本草》。此后，又奉诏把各州郡所产药草及其绘图整理编纂成一部《本草图经》，在药名下附有绘图并注名产地，学习和查用十分方便。（徐振韬）

卫朴（Wei Po） 中国北宋淮安人，生卒年不详，鼎盛期在北宋神宗熙宁年间（1068～1077年）前后。天文学、数学。

30多岁以目疾失明。曾寄居楚州北神镇神庙中，以卖卜为生。精通算学，相传用算筹计算多位数乘除，不必对准位数，筹码运算如飞，令人眼花缭乱。有人故意改动一个算筹，能很快发觉重新拨正。又很精通历法计算，沈括在《梦溪笔谈》中称誉“朴之术者，今古未有”。熙宁五年（1072年）经沈括推荐进入司天监主持编修历法，经过3年努力，于熙宁七年（1074年）完成《奉元历》。翌年被颁行全国，使用了18年。与旧历比较，新历较精密。可惜由于出身平民受到保守历官的多方刁难和阻挠，才能不能全部发挥出来，影响了历法不能达到更高的精度。另著有《算学菁华》和《七曜细行》等数学与天文著作。（徐振韬）

查尔卡利（al-Zarqālī） 一名阿扎奎尔（Azarquiel）。1029年生于西班牙托莱多，1100年10月15日卒于西班牙科尔多瓦。观测天文学、天文仪器研制。

出身手工业者家庭。年轻时在托莱多总督处供职，专司制造天文仪器，业余时间刻苦自学。1078年因托莱多遭到阿方索六世的进攻而迁居科尔多瓦。1080年测定卡巴拉扎达（雷古鲁斯）经度。最后一次天文观测记录是在1087年。将花拉子米、巴塔尼、赫尔姆斯（Hermes）、塔比·伊本·库拉的天文表熔合于一炉，于1080年编制成著名的《托莱多天文表》，在欧洲使用了近200年，直到13世纪方为《阿方索天文表》所代替。1089年出版的《阿莫尼历书》附有正弦、余弦、正矢（用符号uersin表示，定义为 $\text{versin}\theta=1-\cos\theta$）、正割三角函数表。在《论太阳的运动》中记载了25年的观测结果，发现太阳远地点每299年在黄道上移动 1°（每年 $12''.04$），首次把远地点变化和岁差变化从数值上区分开来。1081年出版的《论行星天层》中用演绎法论证了水星按椭圆轨道运行。600年后，开普勒在《新天文学》中使用类似方法论证火星的椭圆轨道。《论恒星天层的运动》试图用数学方法论证为解释恒星天层运动而设计的颤动理论。在仪器制造方面，制造出一种既包括天赤道面投影又包括黄道面投影的星盘和一些精致的水钟。这些水钟是17世纪欧洲时钟的先驱。（李文华）

沈括（Shen Kuo） 字存中，中国北宋钱塘（今属杭州）人，北宋天圣九年（1031年）生，北宋绍圣二年（1095年）卒。观测天文学、天文历算、博物学、数学、地学、医学。

自幼随侍父亲在外地居官，母亲许氏精通文理，亲自教育培养。24岁丧父后，借父荫初任沭阳县主簿。33岁中进士。此后历任编校昭文馆书籍、提举司天监、集贤校理、翰林学士和朝散郎等职。晚年隐居润州梦溪，写成名著《梦溪笔谈》，集中反映了在天文学、数学、物理学、生物学、地理学,医药学和人文科学方面的重大成就。著作还有《苏沈良方》《长兴集》等。

在天文学的研究中作出了全面的贡献。极其重视天象的实际观测,发现了大行星的视运动规律和北极星的去极度。《梦溪笔谈》载:"(五星)自内而进者,其退必向外;自外而进者,其退必向内。其迹如循柳叶,两末锐,中间往还之道,相去甚远。"这是说行星在恒星背景上的运动轨迹,在逆行时会画出一个完整的柳叶形。这在当时是一项重要发现,为精确推算五星的运动提供了重要依据。熙宁五年(1072 年)受命主管司天监期间,亲自用窥管观测北极星的运动。每夜分 3 次观测,每次画 1 张实测图,连续观测 3 个月,共绘 200 余幅图。结果测得北极星与北天极相距 3°多。南北朝时天文学家祖暅所测的值为 1°多,两者相比可以充分证明北天极在众星中的位置是随时在变动的。

为了提高观测的准确性,领导司天监制成新浑仪、浮漏和圭表,对天文仪器做了重大改革。北宋政府原有两座浑仪,但因年久失修,或规环不整,或重涩难转,已不适用。在旧仪的基础上,取消了不能正确显示月亮运动的月道环,又把窥管的口径放大以增加视场的范围,对浑仪的适用性做了重大的革新。熙宁七年(1074 年),新浑仪建成,史称"熙宁浑仪"。它对后世的浑仪有深远的影响,自此以后浑仪中不再重设月道环。在制造的新漏壶中,采用 3 个播水壶和 1 个受水壶,其中的复壶中间有一隔板把壶分成两半,隔板中有一小孔(命名为达),借以沟通水道,并把弯曲的铜嘴换成直管的玉嘴。这些改革使得水流保持稳定的压力和流速,保证了漏壶报时的准确性。在制作新仪的过程中,撰写成"浑仪议"、"浮漏议"和"景表议"3 篇学术论文,系统地论述了这些仪器的制作原理、使用方法和太阳视运动不均匀性、蒙气差等天文现象的原理,大大丰富了宋代天文学的科学成就。

在历法改革方面,推荐民间天文学家卫朴负责修历工作,经过 3 年的努力于熙宁七年(1074 年)修成《奉元历》,并于翌年颁行使用。新历所用的主要天文数据比以前的历法更接近真值。在历法上最具革命性的主张是彻底抛弃阴阳历而代之以单一的太阳历。《补笔谈》载:"今为术,莫若用十二气为一年,更不用十二月。直以立春之日为孟春之一日,惊蛰为仲春之一日,大尽三十一日,小尽三十日,岁岁齐尽,永无闰余。"这种以节气为月首的纯太阳历称为"十二气历"。这种历法的季节只是由太阳运动所决定,对指导农业生产十分适用而且简便易记。1930 年英国有人提出与"十二气历"相同的历法,至今仍在统计农业气候和生产时使用。

对月亮盈亏、日月食和月球轨道交点西退的原理也都做了较深入的研究,在前人的基础上推进了一大步。

在数学方面,提出求解高阶等差级数和的"隙积术",并创立了正确的求解公式,开辟了这项研究的新方向。提出的求解弧长和弦长的"会圆术",给出了较好的近似公式,为后世"弧矢割圆术"的发展奠定了基础。

在物理学方面,对指南针四种装置方法和优劣做了详实的描述,使后人可以直接进行实验。还对凹面镜、透光镜和共振现象等做过细心的观察和研究。

在地学方面,发现磁针"常微偏东,不全南也"的现象,是世界上关于磁偏角的最早记载。考察过中国浙东和中国西部黄土带的地貌,对其成因提出了水力侵蚀的科学解释。从古生物化石的沉积,推断出海陆的变迁。还首创立体地图,比西方早发明 700 多年。在气象学方面,仔细地观察了虹的形成,并用实验的方法论证虹是因日光所照而生成的。对"海市蜃楼"、陆龙卷和各种物候现象都做过详实的记载,并根据化石推断古今气候可能有很大的不同。

在医药学方面,提出"治病五难"的诊疗理论,主张全面诊察,缜密考虑,完善每个环节才能达到良好的效果。在《苏沈良方》中收集了很多优秀验方,如"秋石方"记载着世界上最早的激素的制备方法。

在社会科学方面,对历史学、人文地理学、音乐理论和书画鉴赏等都有很深的研究,写过不少学术论著,可惜因年久都散失了。

他是中国古代一位多才多艺的杰出学者,在科学史上的卓越贡献越来越引起国内外学术界的高度重视和尊重。日本数学家三上义夫在《中国算学之特色》中高度称颂沈括的科学成就。英国著名科学史家李约瑟在《中国科学技术史》中也盛赞沈括的科学成就,并把《梦溪笔谈》称为"中国科学史上的坐标"。 (徐振韬)

韩公廉(Han Gonglian) 中国北宋人,生卒年不详,鼎盛期北宋哲宗元祐时期(1086～1093 年)前后。天文历算、仪器研制。

曾任吏部守当官。苏颂领导制作水运仪象台过程中,发现他精通九章算术,"常以钩股法推考天度",请他协助制作浑仪。不久写出《九章钩股测验浑天书》一卷,并造出木制模型一座,能用水力驱动使机轮旋转,构思巧妙。元祐二年(1087 年)八月,苏颂筹建制作局,任命他为制度官。两人密切合作,于元祐三年(1088 年)底造成木制大模型,元祐七年(1092 年)水运仪象台全部竣工,安置在集英殿上。又按苏颂指示,精心布算,经数年钻研而造成假天仪一座,"星官历翁,聚观骇叹,盖古未尝有也。"机巧奥妙令人惊奇。是中国古代杰出的天文仪器制造家,可惜著作失传。 (徐振韬)

婆罗门提梵(Brahmadeva) 印度人,鼎盛期在 1092 年前后。天文历算。

出身印度马图拉的一个婆罗门家庭。1092 年完成的唯一的遗世著作《历算之光》,是以阿耶波多第一的《阿耶波多集》为蓝本撰写的,论述了行星的平黄经和真黄经、日月食、周日运动、偕日升落、新月、行星会合和行星黄纬等问题。该书在马德拉斯、迈索尔和马哈拉施特拉特别流行。 (李文华)

夏塔南陀(Śatānanda) 印度人,鼎盛期在 1099 年前后。天文历算。

以梵罗诃密希罗(Varāhamihira,鼎盛年约 505 年)的《五大历数书汇编》以及拉塔提梵的《苏利耶历数书》

修订本为蓝本，于 1099 年写成一部题名为《光明》的天文著作，由 81 段诗节组成。《苏利耶历数书》却由此得以在整个印度北部特别是东部广泛流传。《光明》有大量手抄本、版本、注疏本传世。16 世纪印度天文学家阿克乌塔·皮婆罗蒂、17 世纪的古梵罗·米什罗（Kuvara Miśra）和 18 世纪的拉摩克里什纳（Rāmakṛṣṇa）均为该书写过注疏。（李文华）

雷蒙〔马赛的〕（Raymond of Marseilles） 法国人，生活于 12 世纪上半叶。天文学、仪器研制。

1141 年前后曾在马赛进行写作。1140～1150 年间写了一部有关星盘的著作，为西方提供了有关星盘结构、使用的精确知识。这种星盘在 13～16 世纪中成为欧洲各大学所教授的标准星盘。又写了一部计算行星的工具书，书中的天文数据取自查尔卡利的天文表：黄赤交角为 23°33′30″，太阳拱点在双子座 17°50′，该书还包括两份对照星表。星的黄道坐标各取自赫尔曼和查尔卡利的著作。花费巨大精力将查尔卡利的天文表改编成采用基督教历法和适合于马赛纬度的天文表，从此欧洲天文学家才有了计算任何时刻行星位置的工具。第一个将托勒玫首创的、查尔卡利发展的计算行星位置的方法介绍给西方天文学家。该法的基础是通过比例法校正时差来计算行星的位置。在欧洲作为标准方法使用了 400 年。还写过一部星占学著作。（李文华）

婆什迦罗第二（Bhāskara Ⅱ） 印度人，1115 年生，卒年不详。天文历算、数学。

出身婆罗门家庭。一生中大部分时间在印度迈索尔的比贾普尔度过。个人经历不详。

印度著名的天文学家和数学家之一。著有 10 多部著作。《丽拉梵蒂》是以谈话形式写给一位名叫丽拉梵蒂（līlāvatī）的妇女（很可能是他的女儿或妻子）的数学著作，讨论了数学术语的定义、四则运算、利息计算、等差级数和等比级数、平面几何、立体几何、日晷影长以及代数等问题，是研究古代印度数学的重要著作。《代数》是一部有关代数学的著作，论述了正负数、二元二次方程及二项式定理。《历数精萃》分两卷。上卷除论述行星运动和日月食外，还包含微分原理的萌芽及正弦函数的计算，引起近代学者的注意。下卷论述了圆的性质、行星偏心轮-本轮模型、球面三角原理、食的计算、浑仪制造、季节的划分、宇宙志和地理学等问题。《月球》阐述了计算月球出差和月球二均差的方法。为了让《历数精萃》更易为人们所掌握，为该书专门写了一部注疏。还写了一部用比《历数精萃》中更简单的法则来论述数学和天文学的著作。（李文华）

哈兹尼（al-Khāzinī） 又名阿布·曼苏尔（Abū Mansūr ᶜAbd al-Rahmān）或阿 X 杜尔·拉赫曼·曼苏尔（ᶜAbd al-Rahmān Mansur）。阿拉伯人，约生活于 12 世纪上半叶。天文学、力学、仪器研制。

出身奴隶家庭。一生中大部分时间在梅尔夫度过。他的主人梅尔夫宫庭司库阿布·赫桑（Abu'l-Husayn）让其受到良好的哲学和数学教育。

早期即以杰出的几何学家著称。创制出一种极其精巧的比重秤，用以测定合金的成分。指出重量是物体固有的趋向地心的力，测量时跟物体的密度与所在介质有关。著有 3 部书。《桑加尔天文表》给出 46 颗恒星的黄道坐标和星等，并且为日月食和行星可见弧的研究提供了丰富资料。其中的三角函数表和各种天文表都非常精确，如行星平运动表给出 8 位有效数字（六十进制）。《天文仪器》详述了十字测角仪、六分仪、星盘等的构造以及它们的几何学原理。《智慧的权衡》是最重要、最有趣的一部巨著，论述重量科学和比重秤的制造工艺，被译成阿拉伯语、梵语、英语和德语。是已知进行过原始观测的 20 多位伊斯兰天文学家之一。制作的比重秤堪与现代仪器相媲美。（李文华）

伊本·鲁什德（Ibn Rushd） 又名阿维罗伊（Averroës）。阿拉伯人，1126 年生于西班牙科尔多瓦，1198 年 12 月 10 日卒于摩洛哥马拉喀什。天文学、自然哲学、医学。

在中世纪被称为注释者。出身显赫的法理学家家庭，受过良好的穆斯林教育。后随阿布·贾法（Abu Jafar）学习医学和亚里士多德哲学。1153 年在马拉喀什进行天文观测。1163 年受著名医学家和天文学家伊本·图法的推荐，在塞维勒的君主阿布·雅各·尤素福（Abū Yaᶜqūb Yūsuf）处供职，奉命为亚里士多德的著作撰写注释。这一事件影响了他对于天文学的研究和观测。1169 年出任塞维勒法官。1182 年任科尔多瓦首席法官，兼尤素福亲王的主任医生。1195 年失宠于继任的新王，流放到卢西纳，哲学著作被查禁，去世前不久才获赦免。

接受伊本·图法关于一种不需要使用偏心轮和本轮的天文学体系和运动原理的设想，认为任何行星模型都应当从实体出发而不应当仅仅是为了满足计算上的需要。还认为推理所得的结论是否正确要由新的观测数据或者物理原理的要求来检验。关于行星运动的解释当时存在多种设想，如数目众多的天球层、偏心轮理论、本轮和均轮系统。他对托勒玫的理论持否定态度，认为这种解释纯属数学的构想而非物理的真实。倾向于承认只有一个天层、一个中心，但行星轨道可以有不同的极，以此来说明行星运动出现的加速、减速、顺行和逆行。然而又认为“关于本问题的最终答案，尚须留待后世专攻天文的人去寻获”。

比起他的前辈法拉比（al-Farabi）和伊本·西拿（Ibn Sina），对亚里士多德全集有更完备的知识，并且更仔细、更精确地对之进行了分析。以为亚里士多德实质上是一位逻辑学大师。对亚里士多德评价很高，然而又告诫说，尽管亚里士多德拥有人类可以得到的全部真理，但并没有拥有真理本身。亚里士多德许多著作的晦涩性使人们在解释时有很大的自由，伊本·鲁什德在解释这些著作时经常强调亚里士多德和柏拉图的对立面，以及批判和纠正伊本·西拿所发展的见解。反对把形而上学看成是给出所有其他科学的目的和原理的普遍科学;也反对以下推论:即宣称根据第一原理或必然物的存在,通过外延法,可以推论出神灵的以及天体的天上世界。还不接受下述看法:即最末一位神灵,即月球层上的神灵,给出了月下世界物质存在的形式。简言之,反对伊本·西拿的阿拉伯新柏拉图主义的观点:将宇宙解释为由上面发动的、向下进行的、由高级向低级的运动。在著作中阐述了关于他那个时代的宗教问题的观点,特别是关于理性和信仰的一致性、以及关于《可兰经》的解释及思辨用途的理解。还考察了各大神学宗派的理论、宇宙起源的概念、无穷的因果链条、以及宿命论和人类自由意志的问题。总之,追求的是用他所认为的亚里士多德的真正观点来取代阿拉伯新柏拉图主义,同时考虑到宗教信仰的要求。

主要医学著作《医学概论》写于1153~1169年间,共有器官的解剖学、健康、疾病、症状、药物和食物、卫生和治疗7部分组成。1255年被译成拉丁文,1482年在威尼斯初版发行,继之又有许多新版本问世。连同伊本·楚尔(Ibn Zuhr)的《治疗学和摄生法》,构成当时一套完整的医学教科书。 (李文华)

伊本·阿夫拉·伊什比利(Ibn Aflaḥ al-Ishbīlī) 又名格伯(Geber)。阿拉伯人,12世纪上半叶生活于西班牙。天文学传播、数学。

将托勒玫的《天文学大成》加以修订,题名为《增订天文学大成》,与同时代的著名翻译家杰拉尔德〔克雷莫纳的〕将该书译成拉丁文,由此驰名欧洲。该书将《天文学大成》中的梅内劳(Menelaus)定理全部用球面直角三角形定理代替。1533年出版的德国天文学家雷乔蒙塔努斯的三角学系统著作《论各种三角形》,深受该书影响。 (李文华)

比特鲁吉·伊什比利(al-Bitrūjī al-Ishbīlī) 拉丁名阿尔佩特拉吉乌(Alpetragius)。这一名字暗示可能生于西班牙科尔多瓦附近的佩德罗奇。约1190年前后活跃于塞维利亚。天文学、自然哲学。

他是亚里士多德学派杰出的天文学家。唯一的遗世著作《天文学》于1217年由M.斯科特(Michael Scot)译成拉丁语,题名为《天球的圆周运动》。认为《天文学大成》的参数是精确的,托勒玫体系从数学意义上说是可以接受的,但否认它的正确性并指出与亚里士多德的宇宙论相矛盾,后者认为一切运动都来自"第一推动者"。对于周日运动由东向西而周年运动却由西向东的问题提出自己的看法:天球的最高层(第九层)是周日运动层,其次是恒星层和诸行星层,它们在最高层天的推动下也由东向西运动,同时恒星层的极又绕天极作较小的圆周运动,以此来解释恒星的岁差运动。行星运动的解释求助于一个极均轮本轮。他的宇宙理论由于英国的威廉、格罗塞特斯特、大阿尔伯特、R.培根等人的推广,13世纪曾在欧洲广为流传。 (李文华)

杨忠辅(Yang Zhongfu) 字德之。中国南宋时代人,生卒年不详。天文历算。

曾任成忠郎。大约从淳熙十二年(1185年)到嘉泰二年(1202年)在太史局供职。

精通历法,曾批评当时使用的《淳熙历》简陋,与天象不合。列举当年九月望口发生的月食,推算应是在白天,而按《淳熙历》则在夜里,但那天有阴云遮月分辨不出是否有食。到了庆元四年(1198年),正在使用的《会元历》与天象相差越来越大,他奉命负责编造新历。翌年,新历造成,命名为《统天历》。有关推算方法均记载在《历经》等32卷书中。该历使用的回归年长度数值为365.2425日,这与现在世界各国通用的公历所采用的数值一样,但比后者早约400年。提出回归年的长度每年都有微小的变化,其值古大今小。这个问题西方直到六七百年后才提到。此外,《统天历》中不用传统的上元积年法,采用甲寅年为近距上元。这种创新后来被郭守敬在编制《授时历》时所采用。清代著名数学家梅文鼎评论宋代的历法时说,"宋术莫善于统天"。 (徐振韬)

耶律楚材(Yeliu Chucai) 字晋卿。中国金代契丹族人,金章宗明昌元年六月二十日(1190年7月25日)生,元太宗十六年五月十四日(1244年6月21日)卒。天文历算、数学。

父亲耶律履历任金朝礼部尚书、参知政事和尚书右丞。他自幼身受家学,很早就掌握天文历算知识。发现当时使用的《大明历》有错误,提出自己的历法研究成果"乙未术"。青年时出任为开州同知,宣宗朝曾任左右司员外郎。元太祖成吉思汗定都北京,因其才名亲自召见,并命伴驾随侍,很为器重。元太祖十五年(1220年)随军西征西域到达寻斯干城(今撒马尔罕)。西域人预报五月望有月食,他推算无,但明年十月有,而西域人预报无,事实证明他的推算是对的。1229年元太宗窝阔台继位,太宗三年(1231年),官拜中书令。他参与制订各种典章,改革游牧生活旧俗以适应新的农业生产要求。

对历术深有研究,上述对月食的推算使他认识到当时所用的《大明历》与实际天象相差甚远,必须重新修订。于是"乃损节气之分,减周天之秒",对日月五星的运动重新进行准确计算,编成《庚午元历》。在该历法中首创"里差"概念以改正中原和西域观测同一天象所对应不同的地方时。以寻斯干城为里差起算点,向东加,向西减。实际上是"地理经度"概念的雏型。对回纥历颇有研究,认为其中五星运动的推算比中原历法精密,曾撰成《麻答巴历》一部。原书已失传。著作还有《湛然居士集》《西游录》等。 (徐振韬)

撒克罗包斯考,J. de(Sacrobosco, Johannes de) 一名约翰〔霍利伍德的〕(John of Holywood)。英国人,

约 1195 年生于英国约克郡霍利伍德，1256 年卒于法国巴黎。天文学、计算数学。

早年就学于牛津大学。毕业后入天主教奥古斯丁会。约 1220 年赴巴黎。1221 年就任巴黎大学数学教授。是阿拉伯算术和代数在欧洲的早期倡导者。1231 年成为欧洲杰出的天文学家和数学家。著有《天球论》《算术》《教会历计算》等书。名著《天球论》约出版于 1230 年。该书结构严谨，说理清晰，在中世纪享有盛誉，被当时欧洲各大学选为必修教材达 400 年之久。该书共 4 章。第 1 章论述天球的划分、各重天从东向西的运动、球形的地球静止于宇宙中心以及地球的测量等。第 2 章论述赤道圈、南北极、黄道和黄道带、子午圈和地平圈、恒显圈和恒隐圈。第 3 章论述宇宙、纪年、十二宫的偕日升落及其赤经和赤纬以及地球上各温度带白昼长度的变化。第 4 章论述太阳和行星的运动以及日月食原理。《算术》论述了四则运算、求级数之和、开平方和开立方等问题，是中世纪使用最广泛的一本计算手册。《教会历计算》指出儒略历的误差与日俱增，并提出一种纠正的方法。350 年后格里历所采用的方法与该法有明显相似。墓碑上刻有一个星盘以显示他所献身的事业。 (李文华)

图西(al-Tūsī) 又名纳西尔·丁(Nasir al-Dīn)。1201 年 2 月 18 日生于波斯的图斯(今伊朗的图斯)，1274 年 6 月 26 日卒于巴格达附近的卡济迈因。观测天文学、数学。

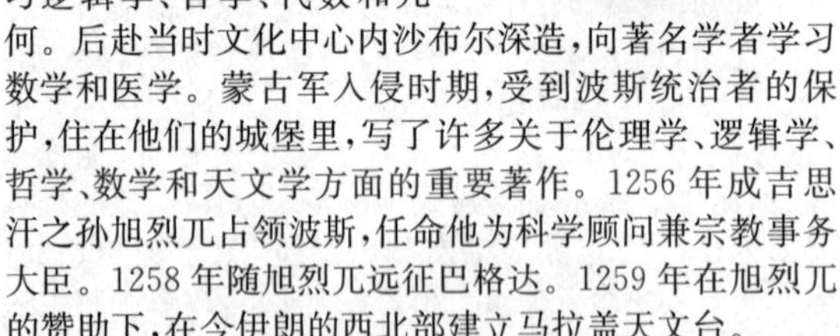

父亲为法学家。早年随父学习宗教学，并随舅父学习逻辑学、哲学、代数和几何。后赴当时文化中心内沙布尔深造，向著名学者学习数学和医学。蒙古军入侵时期，受到波斯统治者的保护，住在他们的城堡里，写了许多关于伦理学、逻辑学、哲学、数学和天文学方面的重要著作。1256 年成吉思汗之孙旭烈兀占领波斯，任命他为科学顾问兼宗教事务大臣。1258 年随旭烈兀远征巴格达。1259 年在旭烈兀的赞助下，在今伊朗的西北部建立马拉盖天文台。

他创建的马拉盖天文台，是第一座具有近代意义的天文台，聚集了一批著名的科学家，其中还有一位中国学者傅孟奇(译音)。台内装置了十分精密的仪器：1 架巨型悬挂式象限仪，1 台装有 5 个圆环和 1 个照准器的浑仪，1 台二至圈浑仪，1 个装有两架象限仪的平经环，1 架星位尺，并附有 1 座藏书丰富的图书馆。15 世纪乌鲁伯格在撒马尔罕建立的天文台，18 世纪贾伊辛格在印度德里建立的天文台，均以此台为楷模。积 12 年的观测和计算，于 1271 年完成著名的《伊尔罕历数书》。17 世纪 J. 格里佛斯(John Greaves)将它译成拉丁语，书名为《附有行星假设的波斯天文学》。在《天文宝典》中，严厉批评了托勒玫体系，提出用一个球在另一个球内的滚动来解释行星的视运动。

在数学上也有很高的成就。把数的概念扩充到无理数，并给出求高次方根的方法。是非欧几何学的先驱者之一。将三角学发展成为不依赖于天文学的独立学科。在《截线原理》中，首次给出球面直角三角形的 6 个公式，并明确给出正弦定理的数学形式。后一事件被看成是数学史上的里程碑。

他精通波斯语、阿拉伯语、土耳其语和希腊语。写过大约 150 篇(部)著作，从天文学至哲学无所不包。其中很多作品成为伊斯兰世界的权威著作，如《推理基础》、《中级数学》、《数学大全》、《论证明》、《截线原理》、《伊尔汗历数书》、《天文宝典》、《珍贵物质》、《纳西尔伦理学》、什叶派《教理问答》等。还将古代希腊科学家的数学著作编缉成一系列修订本，并将苏菲的《恒星星座》由阿拉伯语译成波斯语。在《纳西尔伦理学》中，首次提出给予精神病患者以心理疗法。 (李文华)

加兹温尼(al-Qazwīnī) 约 1203 年生于波斯加兹温(今伊朗加兹温)，1283 年卒。宇宙志、博物学。

出身法学世家。中世纪最卓越的伊斯兰宇宙志学家。1233 年赴大马士革，受教于法学家伊本·阿拉比(Ibn al-Arabi)。

著有《万物的奇妙和存在的一致性》及《大地的胜迹和各民族的历史》。第一部著作阐述了伊斯兰的宇宙观，深受亚里士多德的影响但又自具特色。相信宇宙中一切事物都互相联系且其存在都具有一定的目的，人们对此加以体察即可得到真理和幸福。书中引用了上百种资料，包括亚里士多德、托勒玫、比鲁尼等人的著作。第二部著作是一部地理学词典，按照字母顺序，逐条叙述了伊斯兰世界每一国家、每一城市的地理位置、自然风貌、名人轶事、气候、矿藏、动植物以及环境对居民的影响。内容取材于文学、历史、传说、地理著作、旅行札记等。对人文地理和自然地理作出了一定的贡献。

(李文华)

阿方索十世(Alfonso Ⅹ) 原名阿方索·伊尔·萨皮奥(Alfonso el Sabio)。西班牙人，1221 年 11 月 23 日生于西班牙托莱多，1284 年 4 月 24 日卒于西班牙塞维利亚。天文学、科学传播。

父亲费迪南三世(Ferdinand Ⅲ)是西班牙卡斯蒂利亚和莱昂的统治者。1252 年其父死后继位为阿方索十世，1282 年被废黜。他赞助科学和知识的传播，支持将阿拉伯文的著作翻译成拉丁文和卡斯蒂利亚文。曾汇集当时法律知识编纂大法典。支持修订并再版科尔多瓦天文学家查尔卡利所编的《托莱多天文表》，用托勒玫体系解释天体运动，列有太阳、月亮和行星的平均轨道及位置差，恒星赤纬，太阳和月亮的上升、冲和合，月相和日月食以及计算天体位置的三角学等，史称《阿方索天文表》。支持翻译一系列阿拉伯天文研究著作，编为《天文学丛书》，其中收集了 9～12 世纪的文献，包括星表、天球研究，星盘、象限仪、时钟和其他天文仪器等内容。 (萧耐园 葛京坪)

札马鲁丁(Jamāl al-Dīn) 生卒年不详，主要活动在元世祖忽必烈时代(1271～1294年)。天文历算、仪器制造、地图学。

据《元史·百官志》记载,忽必烈未登皇位时,曾征召回回天文学家在王府供职,他就是这些被召者的带队人。可能是伊尔汗国马拉盖天文台的天文学家,受当时波斯统治者旭烈兀汗(忽必烈的弟弟)的派遣来到中国。至元四年(1267年),献上自己编撰的《万年历》一部,元朝政府并未正式采用,只是"稍颁行之"。至元八年(1271年)被任命为回回司天台提点(相当于台长)。此后历任秘书监、集贤大学士中奉大夫行秘书监事、秘府纂修地理图志监官等职。

在天文学上最重要的贡献是制造了7件阿拉伯天文仪器,史称西域仪象。它们是:咱秃哈剌吉(阿拉伯文音译,下同),可能是一种托勒密式的黄道浑仪;咱秃朔八台,可能是托勒密式的长尺;鲁哈麻亦渺凹只,是一种测定春秋分时刻的仪器;鲁哈麻亦木思塔余,是测定冬夏至时刻的仪器;苦来亦撒麻,是天球仪;苦来亦阿儿子,是地球仪;兀速都儿剌不,是一种星盘。利用这些仪器在回回司天台进行天文观测,编算回历,为促进阿拉伯天文学与中国天文学的交流做出了重要贡献。

在地理学上也很有研究,曾主持修纂《大元一统志》和绘制元朝全国地图。 (徐振韬)

郭守敬(Guo Shoujing) 字若思。中国元代顺德邢台(今河北邢台)人,金哀宗正大八年(1231年)生,元仁宗延祐三年(1316年)卒。观测天文学、天文历算、仪器研制、数学、水利工程。

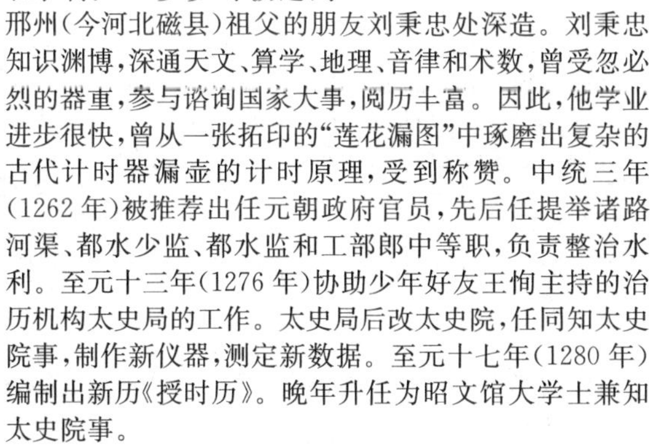

早年丧父。少年时随祖父郭荣在家学习天文、算学和水利。10多岁时被送到邢州(今河北磁县)祖父的朋友刘秉忠处深造。刘秉忠知识渊博,深通天文、算学、地理、音律和术数,曾受忽必烈的器重,参与咨询国家大事,阅历丰富。因此,他学业进步很快,曾从一张拓印的"莲花漏图"中琢磨出复杂的古代计时器漏壶的计时原理,受到称赞。中统三年(1262年)被推荐出任元朝政府官员,先后任提举诸路河渠、都水少监、都水监和工部郎中等职,负责整治水利。至元十三年(1276年)协助少年好友王恂主持的治历机构太史局的工作。太史局后改太史院,任同知太史院事,制作新仪器,测定新数据。至元十七年(1280年)编制出新历《授时历》。晚年升任为昭文馆大学士兼知太史院事。

对天文学的贡献是全面的,从仪器创制到实地测量,从天文数据的确定到历法的推算,都有杰出的创造。一生设计和制作了许多天文仪器,其中有简仪、高表、候极仪、玲珑仪、浑天象、仰仪、立运仪、证理仪、景符、窥几、日月食仪、星晷定时仪、正方案、丸表、悬正仪和座正仪等。还制作过用水力推动的计时仪器七宝灯漏和水运浑天漏。简仪是在中国传统浑仪基础上进行改进后创制的新仪器,由五个环组成两个相互独立的测量装置,结构疏朗,避免了浑仪中多重圆环相互遮挡的缺陷。两人同时操作可以一次获得两组星体的坐标值,便于参校。环周刻度准确到1/36度,并且通过两条细丝瞄准星体,使观测精度空前提高。简仪的结构是典型的赤道式装置,比西方最早的赤道仪要早300多年。高表是把传统的8尺圭表提高到4丈后用横梁取代表端的新仪。由于高度增高,同时利用景符使横梁成像清晰,因而测影精度显著改善。仰仪更是匠心独运的杰作,通过小孔成像的方法,能测出太阳在天球上的位置和当地的真太阳时。当日月食发生时,还可以测出交食发生的时刻、各个位相以及食分等。

利用这些新创的天文仪器,亲自参加和组织了大量的天文测量。至元十六年(1279年),组织了规模空前的大地测量工作,史称"四海测验"。从北纬65°的北海到北纬15°的南海,每隔10°设一测站,加上全国各重要地区的测站,共有27处之多。经过一年多的辛勤劳动,测出各地夏至日的日影长度、昼夜时刻和北极出地高度。测量精度都较高,如北极出地高度平均比今测值只差0°.35。对冬至日的太阳位置、月地距离以及二十八宿距度也做了高精度的测量。

创新仪、做实测,最终目的都是为了制订一部优秀的历法。《授时历》正是天文成就的结晶。在该历中,采用的回归年长度为365.2425日,与现行公历所用值完全一样;朔望月长度为29.530593日,与真值仅差0.000004日;黄赤交角为23°33′23″,与真值相差1′.4。在继承中国数学传统上,创立垛叠招差术,用等间距三次差内插法计算日、月、五星的运动和位置。又创立弧矢割圆术,用中国独特的球面三角算法计算黄赤道差和黄赤道内外度,使历法推算更趋精密。同时,勇敢地废弃历代沿袭下来的附会繁杂的上元积年和日法,以实测的至元十七年(1280年)冬至时刻作为历元即推算历法的起始点;用百进位小数取代日法中的分数,简便易算,出于自然。因此《授时历》成为中国古历中最优秀的历法,被誉为"集古法之大成,为将来之典要"。《授时历》远传至朝鲜和日本,影响达400年之久。1685年日本使用的贞享历就是按授时历的原理和方法并根据日本的实测数据编修的日本历法。

还是一位杰出的水利工程专家。主持修复黄河上游的唐来渠和汉延渠,灌溉农田9万多顷,对西北地区的农业生产发挥了重大作用。在大都(今北京)西北设计修筑的30千米长的白浮堰,解决了通惠河的水源问题,又修建许多闸门和斗门调节河水水位,保证来往船只畅行无阻,促进了粮食的运输和南北物资的交流。还创造了以海平面为标准比较大都和汴梁(今开封)地势高下的方法。这就是现代地理学中最重要的概念——"海拔"的雏型。也是一位机械制造家,制作的"七宝灯漏"是一座用水驱动的精密机械时钟。

著作甚丰,据史书记载有《推步》、《立成》、《历议拟稿》、《时候笺注》、《修改源流》、《仪象法式》、《二至晷景考》、《五星细行考》、《古今交食考》、《新测二十八宿杂座诸星八宿去极》、《新测无名诸星》、《月离考》、《转神选择》和《上中下三历注式》等。现在保存在《元史》和《高丽史》中的《授时历经》可能就是《推步》的内容。

为了纪念他在天文学中做出的卓越贡献，国际天文学联合会于1970年把月球背面的一座环形山命名为郭守敬环形山；1978年把紫金山天文台发现的2012号小行星也命名为"郭守敬星"。（徐振韬）

王恂(Wang Xun) 字敬甫。中国元代中山唐县（今河北省唐县）人，元太宗七年（1235年）生，元世祖至元十八年（1281年）卒。天文历算、数学。

父亲王良在金朝末年曾任中山府掾，后来潜心研究学术，特别对天文历算造诣甚深。王恂幼年聪慧，学习《千字文》数遍就能背诵。13岁开始随父学习天文历术，后又从刘秉忠深造，与郭守敬同学，相互切磋，学业大进。元宪宗三年（1253年）受任太子伴读。后来历任太子赞善、国子祭酒、嘉议大夫、太史令等职。

至元十三年（1276年）受命主持改革历法，组建太史局。与郭守敬密切配合，详细考察以前各种历法的得失，精心进行天文测量，创制空前精密的《授时历》。编制《授时历》时因精通数学，"凡日月盈缩迟疾，五星进退见伏，昏晓中星，以应四时者，悉付其推演"。在明朝钦天监档案中曾发现《授时历》的《立成》篇上印着"嘉议大夫太史令臣王恂奉敕撰"字款，反映了他的巨大贡献。

在计算方法上，和郭守敬一起创造出垛叠招差术和弧矢割圆术，对中国古代数学的发展作出卓越的贡献。前者相当于现代高阶等差级数内插法，后者相当于球面三角学，这在当时都是超越前人的创造，计算精度比以前有显著提高。认为"算数，六艺之一；定国家，安人民，乃大事也。"足见对数学的高度重视。可惜中年早逝，著作散失，无法知道他更多的发明创造。（徐振韬）

吉莱斯〔莱西讷的〕(Giles of Lessines) 约1235年生于莱西讷（今比利时埃诺），1304年或其后卒。天文学、自然哲学、经济学。

天主教多明我会会士。可能相继在科隆和巴黎求师于大阿尔伯特和托马斯·阿奎那。

1264年7月下旬出现一颗彗星，促使他撰写《论彗星的本质、运动及其意义》这部名著。该书深受亚里士多德《气象学》一书的影响，并援引了比鲁尼、阿布·马舍尔(Abū Maᶜshar al-Balkhī)、R.格罗塞特斯特等著名天文学家的论著。全书共10章。前7章用天文学和气象学观点阐述了彗星的本质、原因和特征，后3章论述了彗星的意义，多属星占学内容，最后罗列出历史上出现过的一系列彗星（包括840、1062或1066、1222、1239和1264等年的彗星），特别是自己观测到的1264年彗星的详情。这些记载很精确。1751年R.邓托恩(Richard Dunthorn)曾使用它们计算彗星轨道。

还著有《几何学》、《事物的和谐性》等。1278～1284年间完成《高利贷》一书。这是中世纪描述高利贷剥削最完整的一部著作。（李文华）

伊本·提邦，J. B. M.(Ibn Tibbon, Jacob Ben Machir) 在罗曼语系中名为D.普罗菲埃特(Don Profiat)。在拉丁文中名为普罗法迪乌·朱戴乌(Prophatius Judaeus)。法国人，约1236年生于西班牙马赛（今属法国），1305年卒于蒙彼利埃。天文学、科学传播。

出身翻译世家，从其曾祖父起即从事将阿拉伯文著作翻译成希伯莱文，这一事业到他达到顶峰。一生大部分时间在法国的吕内勒和蒙彼利埃度过。在蒙彼利埃大学学过医学。曾将阿拉伯文本的奥托利库斯、欧几里得、梅内劳斯、伊本·鲁什德等人的著作译成希伯莱文。自己撰写的天文学著作包括《犹太象限仪》《历书》(1301年)以及为《恒星运行的计算》（亚伯拉罕·巴尔·希雅著）一书写的序。这些著作在文艺复兴时期受到了很高的评价，并被哥白尼、开普勒等人所引用。

（萧耐园 葛京坪）

贝尔纳〔勒特雷勒的〕(Bernard of Le Treille) 法国人，约1240年生于法国今尼姆附近的某地，1292年8月4日卒于阿维尼翁。天文学教育、哲学。

早年入天主教多明我会。1260～1265年赴巴黎学习。以后在蒙彼利埃、阿维尼翁等地从事教学工作。1288年任普罗旺斯省多明我会多种行政职务。

哲学上系托马斯主义者，坚定地维护托马斯·阿奎那关于"第一物质的纯潜在性"和"实体形式的单一性"的哲学见解。在天文学方面著有《撒克罗包斯考天球论问题集》《天文学大全》。后者是为年轻的多明我会会士编写的教材，主要讨论本轮和偏心轮概念以及解释恒星的运动，显示出赞同托勒玫的宇宙体系而不大赞同亚里士多德更为保守的严格的地心说。书中还试图在依巴谷的春分点不断进动论与塔比的沿大阿尔伯特所提出的曲线颤动的错误理论之间取得调和。（李文华）

杰拉尔德〔锡尔托的〕(Gerard of Silteo) 意大利人（一说是德国人），生年不详，1291年左右卒。天文学。

天主教多明我会会士。著有《天学集成》一书，主要依据是阿拉伯学者阿布·马舍尔的著作。第一部分论述中世纪天文学的一些典型课题，与法干尼(al-Farghānī)的《天文学基础》和撒克罗包斯考的《天球论》相类似。其中描述1264年彗星的部分，近代学者索恩代克(Thorndike)曾加以分析和出版。第二部分讨论星占学。第三部分批判将星占学滥用于司法方面的错误，对后世颇具影响。（李文华）

约翰〔西西里的〕(John of Sicily) 13世纪下半叶活跃于法国。天文历算、三角学。

生平不详。唯一的现存著作是对查尔卡利所著的《托莱多天文表》的杰拉尔德〔克雷莫纳的〕译本所作的评注，写作时间约在1290～1291年。这篇著作具有三角学和行星天文学的特点，讨论了阿拉伯、基督教、波斯和希腊四种日历的换算，三角学在天文学中的应用，与行星运动有关的问题以及岁差。在岁差问题上，反对查尔卡利支持的颤动说，赞成托勒玫每100年进动1°的见解，但认为确切数据还有待于精密观测。（谢高峰）

贝尔纳〔凡尔登的〕(Bernard of Verdun) 一名贝尔纳图斯〔凡尔图诺的〕(Bernardus de Virduno)。法国人,鼎盛期为13世纪下半叶,很可能生于法国默兹。天文学。

天主教方济各会教授。著有《星占学全集》,以清晰、简约和严谨的文笔介绍了托勒玫的天文学理论,只字未提星占学的隐喻,是中世纪欧洲天文学重要著作。该书论述了天穹的球形性质及其圆周运动,弦表和弧表的编制,赤经和赤纬的测定,并给出了太阳、月亮和行星的相对大小和距离表。还详述了两种天文仪器——“转仪”和“星钟”。前者是一种多功能的复杂仪器,可以测量恒星和行星的位置、太阳的高度、白天和夜晚的时间;后者是一种夜间使用的计时仪。使用“星钟”,只要已知日期,通过观测北极星和其他两颗亮星的相对位置,便可确定夜晚的时间。该书于1961年再版问世。

(李文华)

亨利·贝特(Henry Bate of Malines) 比利时人,1246年3月24日生于比利时马林(即今梅赫伦),1310年卒。天文学、仪器研制。

早年在巴黎大学求学,很可能受教于大阿尔伯特。获文科硕士和神学硕士学位。1281年在比利时列日圣朗伯特教堂供职,直至去世。曾将12世纪犹太天文学家亚伯拉罕·伊本·艾兹拉(Abraham ibn Ezra)的星占学和天文学著作译成拉丁文。撰写了《星盘》、《天文表》等天文著作。还设计了一种可以很快查出5颗行星黄经的简易天文仪器。1305年完成的《大自然的胜景和上帝的反射镜及自然界的精英》,是一部重要的科学和哲学著作,含有大量的精辟引文,反映出13世纪欧洲的学术水平。

(李文华)

威廉〔圣克卢的〕(William of Saint-Cloud) 13世纪末活跃于法国。观测天文学、天文历算。

关于其活动的最早记录是1285年12月28日对土星和木星会合的观测。主要贡献是充实和改进历法。著有《导向仪》《历法概论》和《天文表》。《导向仪》论述罗盘指南针,并附有计算白昼弧持续时间的用表。《历法概论》是献给玛丽(Marie)皇后的一部著作,以1292年为纪元,除包含一般信息(在19年月球周期中的序数、宗教占礼日、太阳入宫日期等)外,还增添了太阳正午时的高度,白昼弧和黑夜弧的持续时间、新月的持续时间等数据。力图将历法建立在天文学的基础上,为此将4年的太阳周期与原来历书中的19年月球周期并列。《天文表》给出1292～1312年日、月、行星每天的位置,精确到$1'$;还给出了月球的黄纬。在此以前,天文历只给出计算行星位置的要素。

(李文华)

摩哈陀梵(Mahādeva) 一译“大天”印度人,鼎盛期1316年。天文历算。

出身印度西部恒河上游的一个婆罗门天文世家。家族中一连4代都有天文学家。他在1316年编制出一套详细的天文表《摩哈陀梵》,表列值采用了“真正的直线”排列,参数取自《大梵天之翼》,历元为1316年3月28日。该表在印度西部流传甚广,已发现的手抄本就有100多件。1528年奈里辛格(Nṛisiṃha),1635年陀纳拉贾(Dhanarāja)均为该表作过注疏。他的天文表曾被古吉拉特邦和拉贾斯坦邦的天文学家视为典范。

(李文华)

约翰〔利涅尔的〕(John of Lignères) 又名约翰尼斯〔利纳里的〕(Johannes de Lineriis)。14世纪上半叶生活于法国。天文历算、数学。

1320～1335年定居巴黎。撰有3部天文表典。第一部完成于1320年,给出行星的平均角距和平均运动的周日、周年变化,时差表,太阳、月亮的真合与冲,平均合与冲的计算。时差表中给出中心时差和角距时差之和,将此和加在平均运动上即可得到行星的真位置。第二部完成于1322年,给出行星位置及其黄纬的测定,日月食计算,恒星坐标以及有关的三角运算。第三部完成于1327年以前,将发表过的内容按《阿方索天文表》的方法加以改编,并将六十进位制用于天文表,对天文表的发展作出了贡献。在有关行星理论的著作中,力主第八层天的合成运动说而极力反对塔比·伊本·库拉(Thābit ibn Qurrah)的颤动说,但没有给出偏心率和本轮半径。在仪器方面的论著中,介绍了一种带有特殊球极平面投影的星盘、一种用于研究行星运动的赤道仪、一种占星术上使用的指示行星方向的定向仪,技术上较前均有所改进。

(谢高峰)

约翰〔萨克森的〕(John of Saxony) 14世纪上半叶生活于法国。天文历算。

自称是约翰〔利涅尔的〕的学生。1327～1335年间为其科学上的多产期。著有多种应用《阿方索天文表》的著作,为普及和传播《阿方索天文表》作出了贡献。1327年发表了一部诠释《阿方索天文表》的著作。大约同一时期,约翰〔利涅尔的〕和约翰〔米尔的〕也先后发表了对这个天文表的诠释。他则加以发展,增加了计算太阳和月亮真合的日期和时间、测定太阳进入黄道宫的时间、两个行星会合的日期等章节。该诠释取得了很大的成功。《阿方索天文表》提供了在任何时间、任何地点测定行星位置的一般方法,但并没有给出这些位置。这些位置的计算是一件既费时又乏味的工作。为防止年轻人因此失去兴趣,他事先计算并编制出1336～1380年间巴黎子午圈的星历表。据说还著有许多天文学和占星学方面的教科书。

(谢高峰)

伊本·萨蒂尔(Ibn al-Shātir) 阿拉伯人,约1305年生于叙利亚大马士革,约1375年卒于同地。天文学、数学。

6岁丧父,随祖父学习牙雕,约10岁时赴开罗和亚历山大学习天文学。后在大马士革伍麦叶清真寺负责根据天文观测确定祈祷时间。

是14世纪卓越的伊斯兰天文学家。最大的贡献是在行星运动理论方面,他取消了托勒玫的偏心均轮和均衡点的概念，建立了一种完全用圆轨道上的匀速运动的叠加来解释行星运动的不均匀性的理论，为此增设了两个附加的本轮，即以第一本轮上的点为圆心的第二本轮以及以第二本轮上的点为圆心的第三本轮。1950年，人们发现除保留地心说这一点外，该行星运动理论和哥白尼的理论从数学上来说是相同的。但他的理论是否传入欧洲并对哥白尼产生影响，目前尚不清楚。编制过一套展示与祈祷时间有关的某些球面天文函数值的用表。设计和制造过一种巨型水平日晷。撰写过关于普通星盘的著作并设计出一种新类型的星盘。还写过有关高度方位仪和正弦象限仪的著作。（李文华）

哈利利（al-Khalīlī） 阿拉伯人，鼎盛期1365年前后。*天文历算、球面三角学。*

在大马士革伍麦叶大清真寺负责授时工作。编制了一套授时用表，达到中世纪伊斯兰学者解球面天文问题的最高水平。这套用表包括：①适用于大马士革（纬度33°.30）的观测太阳计算时间的用表；②调整穆斯林祈祷时间的用表；③适用于各种纬度的观测太阳计算时间的辅助用表，这是作为太阳中天高度和瞬时高度函数的太阳平经表，包含9000多个表列值，意在简化由所给的太阳高度和黄经求太阳时角的计算；④解球面天文问题的辅助用表，这是为解球面天文中的标准问题而设计的，特别是用球面余弦定理的问题，例如给出太阳和星的高度、赤纬以及地理纬度计算时角；⑤作为地理纬度函数的麦加方位表以及月球黄赤坐标变换表。这套用表中的一部分在大马士革一直使用到19世纪，在开罗和伊斯坦布尔也使用了几个世纪。（李文华）

摩亨陀罗·苏利（Mahendra Sūri） 印度人，鼎盛期1370年前后，活跃于印度西部。*天文历算。*

耆那教徒。1370年撰第一部论述星盘的梵语著作《星盘之王》。该书显然是以阿拉伯著作为蓝本写成的，例如黄赤交角 $\varepsilon = 1415' = 23°35'$。他的学生摩拉因度·苏利（Malayendu Sūri）为该书撰写的注释中，载有亚丁、麦加、撒马尔罕、费鲁兹王（1351～1388年在位）首府希沙拉皮罗加伐陀（今德里附近）以及其他伊斯兰城市的纬度。注中还给出32颗恒星的波斯名称和梵文名称。（李文华）

布里特，W.（Brytte，Walter） 他的姓又常写为Britte或Brit或Brute。英国人，14世纪下半叶活跃于英国牛津。*天文学。*

1377年被选为默顿学院研究员。著有《W.布里特的行星理论》，力图使一些传统说法更加合乎逻辑，充分阐述了金星理论，扬弃了纬度上的混乱。继承了默顿学院重视力学的传统，在前人笼统地说到“运动”的地方，都仔细地区分为“物理学的”速度（线速度）或“天文学的”速度（角速度），并将匀速运动、变速运动、角速度合成等运动学概念用于行星研究，因而正确阐明了行星处于留点的条件：行星在本轮上的视角速度与本轮中心在均轮上的角速度大小相等方向相反。然而未能从这一原理出发，推导出正确的几何学结构，仍沿用中世纪大多数天文学家的老办法，通过从地球中心向本轮作切线来确定留点。（李文华）

菲索里斯，J.（Fusoris，Jean） 法国人，约1365年生于法国阿登地区的吉拉蒙特，1436年卒。*天文仪器研制。*

锡匠之子。毕业于巴黎大学。获艺术和医学硕士学位及神学学士学位。曾任多种教会职务。1416年以前曾长时期定居巴黎，指导一家制造天文仪器的大型作坊，并与教会及宫廷显贵相交游，1416年因与英国诺里奇（Norwich）主教有过交往而被放逐到默兹河畔梅济耶尔。具有丰富的天文知识和高超的工艺才能，是中世纪最闻名的天文仪器制造者之一。曾制造出一种天文钟，通过齿轮的相互作用，将太阳和月亮的周期运动在星盘附属的钟面上十分精确地呈现出来。该钟现保存在布尔日教堂里。为诺里奇主教制造的一架天文仪器，结构复杂，装有几个可转动的计时用的刻度盘，用以表示每颗行星的运动。还制造过星盘、日晷、浑仪等天文仪器，并写过几何和算术教科书，深入浅出地向当时的社会介绍天文学和数学等艰深的科学。晚年计划编制一部天文表，只完成其中的三角函数表部分便溘然长逝。（李文华）

帕罗米什梵罗（Parameśvara） 印度人，约1380年生于印度喀拉拉邦阿拉图尔，约1460年卒。*观测天文学。*

“目算”天文学派创始人。出身喀拉拉邦婆罗门世家。早年受教于鲁陀罗（Rudra）和天文学家摩陀梵（Madhava）。从1393年起即进行交食观测，达55年之久。主要成就是对阿耶波多第一的行星参数作了修正，以及在观测的基础上对计算日月食的方法作了改进。著作《目算》完成于1431年，给出了行星平均运动的新参数、行星上元纪元起始时的平黄经，以及间隔为6°的行星差表。著作《天穹之灯》论述了浑仪、圭表、行星运动和地理方面的问题。还著有《食论》等书。（李文华）

约翰〔格蒙登的〕（John of Gmunden） 奥地利人，约1380～1384年间出生于奥地利格蒙登，1442年2月23日卒于维也纳。*天文学、数学。*

可能姓克拉夫特（Krafft），自称为格蒙登的约翰。1400年进入维也纳大学，1402年获文学士学位，1406年获文科硕士学位。留母校任文科教师。1412年起教授数学。1416～1425年间专门讲授数学和天文学，获维也纳大学数学和天文学教授职位。晚年从事神职工作。撰写了许多天文学和天文仪器方面的著作，出版了天文表（包括太阳、月亮和行星运行表、日月食表等），所编的历书在1415～1514年的100年间先后印了4次。由于他的教学和著作，维也纳大学一度成为欧洲天文学的研究中心。设计和制作的多种天文仪器用于教学和时间的测定。可能未从事过系统的天文观测，但他的学生们却作了天文观测，并为天文学的发展作了贡献。（谢高峰）

乌鲁伯格(Ulugh Beg) 蒙古族人。1394年3月22日生于中亚细亚苏丹尼亚，1449年10月27日卒于撒马尔罕(今乌兹别克斯坦境内)。观测天文学、仪器研制。

早年在祖父帖木儿(Tamerlane)宫廷供职。1409年成为撒马尔罕最高统治者。1420年在撒马尔罕创建一座高等学府，其中天文学是最重要课程，亲自参于讲授。1424年在附近山上建立著名的撒马尔罕天文台。相传，因轻信星占学预言他将为儿子所杀，于是放逐了儿子，其子十分恼怒。1449年真的惨遭其子杀害。

撒马尔罕天文台于16世纪初期被夷为平地。1908年考古学家雅特金(V. L. Vyatkin)发现该台的遗址和遗物。在一条两壁用大理石砌成的宽2米的壕沟里，安装着世界上最大的法克里六分仪，半径达40.04米。仪器的弧上标有刻度，70.2厘米为1°，11.7毫米为1′，0.4毫米为2″，分辨率达2″～5″。主要用来测定天文学基本常数：黄赤交角、春分点位置、回归年长度等。该台还装有浑仪、三角仪、星盘、象限仪等。测得的黄赤交角是23°30′17″(比真实值只差32″)，年岁差是51″.4(真实值为50″.2)，当地纬度是39°37′33″。

他的一项重大科学成果是于1447年编制出著名的《古拉干历数书》，现又称为《乌鲁伯格天文表》，是用塔吉克语写成的，包括理论和实测两部分。实测部分包括历法计算用表、行星计算用表、三角函数表和一部星表。三角函数表的基础是极其精确地确定 sin1°的值。从解三次方程 $x^3+ax+b=0$，得一根 $x=\sin 1°$。用逐次逼近法求得 $x=\sin 1°=0.017\,452\,406\,437\,283\,571$。正弦表给出从0°～45°每1′的函数值，正切表给出45°～90°每5′的函数值，余切表给出从0°～90°每1°的函数值，均准确到8位数字(十进制)。与现在值相比较，可以看出其准确性达到惊人的程度。所给出的5颗行星的年运动值也十分准确。该天文表中还包括了一部含星1018颗的星表。其中的恒星位置基本上是自己长期实测的结果。他不爱攻城略地而爱钻研科学，在建造的巨型六分仪上，犹可见到堪与其先祖成吉思汗的赫赫武功相媲美的磅礴气势！ (李文华)

贝琳(Bei Lin) 字宗器，号竹溪拙叟。中国明代金陵(今南京市)人，生活在明代正统到成化时期(1436～1487年)，生卒年不详。天文历算。

早年在军队中服务，因熟悉天文占候被推荐入钦天监。成化年间(1465～1487年)中期，出任南京钦天监监副之职。早在洪武十八年(1385年)，外国人进献一种伊斯兰历法，能推算日月星辰的运动。当时的历官元统曾把它翻译成汉文算法，后来逐渐被人淡忘。贝琳怕它失传，于成化六年(1470年)上奏进行修补，到成化十三年(1477年)秋，编成《七政推步》7卷。实际上这是一部介绍阿拉伯天文学的回回历法。书中分周天为360°，十二宫，每宫30°。度以下的分、秒、微均采用六十进位制。书中第一次介绍了回历中的十二个月的月名和星期计日法。在卷六中附有一个中西恒星星名对照表，收录277星，并标出其黄道坐标和星等。这是中国天文史中第一个中西星名对照表，对研究天文学的中外交流具有重要意义。 (徐振韬)

托斯卡内利，P. dal P.(Toscanelli, Paolo dal Pozzo) 意大利人，1397年生于意大利佛罗伦萨，1482年5月10日卒于同地。观测天文学、地理学。

出身于医生家庭。早年在佛罗伦萨大学攻读医学、数学、天文学。后转入帕多瓦大学，1424年获医学博士学位。在该校结识天文学家古萨的尼古拉(Nicolas of Cusa)。后者以及雷乔蒙塔努斯高度评价他的数学才能。佛罗伦萨圣玛利亚大教堂兴建时，他在高于地板90米的教堂圆顶的天窗上开了一个小洞。夏至正午阳光穿过洞口恰好射到大理石地板上，因而成为一个高表。用它可以精确测定夏至日期以及其他天文数据。用肉眼观测了5颗彗星(相继出现于1433、1449、1456、1457和1472年)，1474年绘制成图，精确性超过当时的一般水平。生活于19世纪后半叶至20世纪初期的米兰天文台台长赛劳里亚(G. Celoria)据此算出这些彗星的轨道，断定1456年彗星即哈雷彗星。经常与航海家谈论地理知识，并绘制出一幅大西洋海图。曾明确指出："一直向西航行，穿过大西洋可以抵达中国最大最富丽的城市，并可以环绕地球一周。"还将该图的摹本送给哥伦布，鼓励后者使用它探险。 (卢 央)

约翰·西莫尼斯(John Simonis of Selandia) 15世纪活跃于法国。天文学、仪器研制。

先祖可能是丹麦或荷兰人。曾获文学博士学位。1417年写成了唯一的成名作《行星相互位置》。雷乔蒙塔努斯和布鲁塞尔的阿纳尔德(Arnald of Brussels)都抄录过这部著作。该书描述了一种称为"赤道仪"的仪器的结构和使用方法。所有较早的"赤道仪"都是以依巴谷的理论(无本轮但有一个偏心均轮)为基础，而他则根据阿波罗尼的理论(一个本轮和一个同心均轮)设计了这台仪器。这种仪器设计先进，在结构上有独到之处，但可能因为过于复杂，没有生产出样机来。 (谢高峰)

波伊尔巴赫，G.(Peurbach 或 Peuerbach, Georg) 一译普尔巴哈。奥地利人，1423年5月30日生于奥地利波伊尔巴赫，1461年4月8月卒于维也纳。天文学、数学。

1446年毕业于维也纳大学，1448年获文学士学位，1453年获文科硕士学位。1448～1453年的某段时间曾赴德国、法国、意大利等国旅行和讲学。回国后曾任匈牙利宫廷星占学家，并在维也纳大学讲授拉丁古典文学。

1454年完成了重要著作《行星新理论》，用多层固体天球详细地描述了托勒玫行星模型。这是在哥白尼和第谷之前关于天球结构的正统描述。该书图文并茂，用词确切，被欧洲各大学选为教科书，自1474年初版问世到17世纪中期共计再版56次。1459年完成了《日月食表》一书，被誉为“人类勤勉的纪念碑”。该书实际上是对《阿方索天文表》的扩充和整理。还改进了计算日月食的程序，节省了计算交食者大量时间和精力。直到16世纪末，第谷尚在使用它计算未来日月食发生的地点和时间。

1460年，热衷于传播希腊文明的贝萨里翁(J. Bessarion)红衣主教在维也纳接见了他和他的学生雷乔蒙塔努斯。当时欧洲存在两种托勒玫《天文学大成》拉丁文译本，质量较差。贝萨里翁要求他将该书译成简明易懂的拉丁文本。他未及终卷便溘然长逝，年仅38岁。在病榻上嘱托雷乔蒙塔努努斯完成这项工作。雷乔蒙塔斯履行了诺言，1463年完稿并将此书定名为《托勒玫〈天文学大成〉概要》。1496年正式出版。它是文艺复兴时期最重要的天文学著作之一。欧洲的天文学家由此得以了解古希腊数学天文学的辉煌成果。直至开普勒、伽利略时代，此书始终是介绍托勒玫天文学的最佳作品。

在数学方面著有一本有关正弦及弦的计算的著述，编了一份间距为10′的正弦表，还写了一本注重实用计算的算术教科书。

(李文华)

雷乔蒙塔努斯，J.(Regiomontanus，Johannes) 德国人，1436年6月6日生于德国柯尼斯堡(今俄罗斯加里宁格勒)，1476年7月8日卒于意大利罗马。天文学、三角学。

原名J.米勒(Johannes Müller)，因其出生地意谓“国王山”，拉丁语为“Regio Monte”(雷乔·蒙塔)，因此获雷乔蒙塔努斯之名。1450年考入维也纳大学，1457年获硕士学位。同年11月任命为该校教授。曾向G.波伊尔巴赫学习天文学，后来又跟热衷于传播希腊文明的贝萨里翁(Bessarion)红衣主教学习希腊文。1461年随贝萨里翁去罗马，1463年又跟他去威尼斯，翌年在帕多瓦大学教天文学。1471年在纽伦堡创办印刷所。1476年赴罗马修改历书时染鼠疫去世。

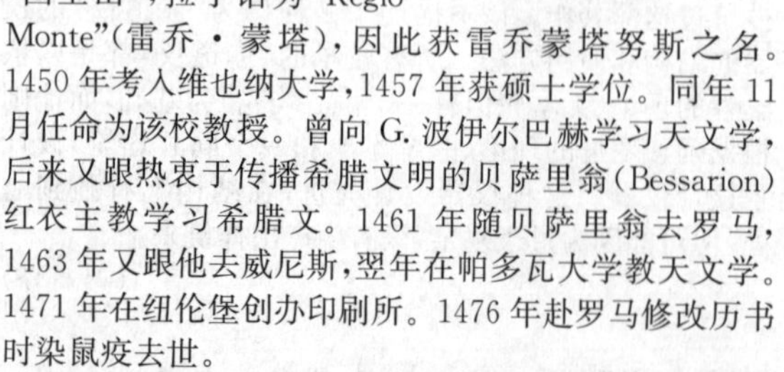

在天文学和数学两方面都有重要贡献。在天文学方面，继承波伊尔巴赫的工作，将托勒玫的《天文学大成》编译成简明易懂的拉丁文本，取名《托勒玫〈天文学大成〉概要》，1463年之前完稿，但在1496年才出版。它不仅是《天文学大成》的简译本，而且增加不少新观测资料和提出一些新见解。例如，指出按托勒玫月球理论算出的月球视直径的变化比实际大得多。后来哥白尼就曾受到这段话的启发，而对托勒玫体系增加了怀疑。还在一封信中写道：“恒星的运动必然会由于地球的运动而产生微小变化。”看来似乎已觉察到地球在运动。他是诺瓦拉的老师，后者又是哥白尼的老师，有人认为哥白尼的地动说思想正是来源于他。1474年出版了自己编制的《星历表》，其中给出1475～1506年行星每天的位置，这是同类著作的第一部。对哥伦布的航行起过重要作用。

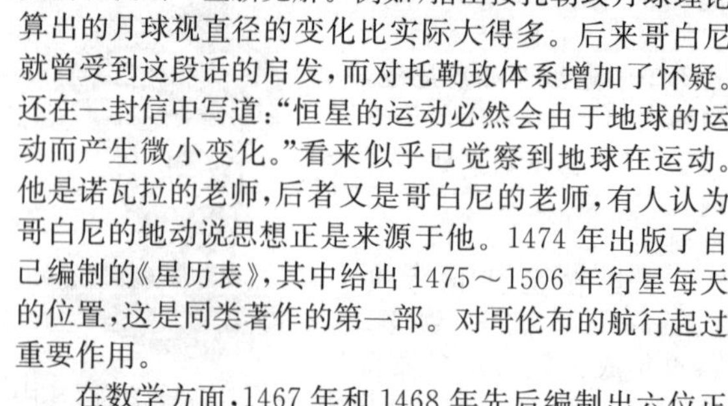

在数学方面，1467年和1468年先后编制出六位正切表和八位正弦表。用十进制代替了当时的六十进制，为现代三角函数表提供了模式。15世纪60年代，还写了《论各种三角形》，这是第一部系统论述三角学的著作，首次将正弦定理和余弦定理用于球面三角，有一处还首创用代数方法来解三角问题。该书直到1533年才出版。它的问世对后来三角学的发展有重大影响。

(李文华)

摩迦伦陀(Makaranda) 印度人，生活于15世纪下半叶，鼎盛期1478年前后。天文历算。

1478年在卡西(今贝拿勒斯)编制一套对后世影响很大的天文表《摩迦伦陀》。该表以1478年为历元，包括印度历法计算用表、行星表和日月食表。现存100多件手抄本(大都发现于印度北部)和20种注疏本。其中6种注疏本标有日期。直到19世纪还有好几种新版本问世。

(李文华)

奈拉坎陀(Nīlakaṇṭha) 印度人，约1444年6月14日生于特尔坎蒂尤尔(今印度喀拉拉邦贡达布尔)，晚于1501年卒。天文学。

出身婆罗门家庭。早年受教于印度天文学家帕罗米什梵罗之子达摩陀罗(Dāmodara)。奈拉坎陀是“目算”学派的继承者。有3部著作。《撮要》完成于1501年，是“目算”派天文学的杰作，论述行星的平运动和真黄经、周日运动、日月食等。《阿耶波多集注释》是阿耶波多第一的《阿耶波多集》详尽而重要的注释本，还记载了在1467年3月6日观测的日全食和1501年7月28日在阿嫩达克赛特拉观测的日偏食。《天体精华》载有行星运行参数、天球描述及印度数理天文学计算原理。

(李文华)

安格卢斯，J.(Angelus，Johannes) 德国人，1453(?)年3月2日生于德国艾夏赫，1512年9月29日卒于奥地利维也纳。天文历算。

1468年进入维也纳大学，师从雷乔蒙塔努斯，获文科硕士学位和医学博士学位。毕业后赴意大利深造。后返回奥格斯堡靠行医和占星术为生。1489年以雷乔蒙塔努斯天文表为基础，编制出一部《天文历》。同年出版阿布·马舍尔(Abú Maʿshar)8卷本《行星会合》的拉丁文修订译本。1494年任维也纳大学文学院教授，着手进行波伊尔巴赫《行星表》的改进工作。但后来哥白尼撰写的“从天体结构导出的天体运行论要释”的发表，使这项工作黯然失色。然而在当时他不愧是一位卓越的天文学家。 （李文华）

诺瓦拉，D. M.（Novara，Domenico Maria） 意大利人，1454 年生于意大利费拉拉，1504 年卒于博洛尼亚。天文学。

他有好几个名字，如玛利亚（Maria）、诺瓦拉（Novara）、达·诺瓦拉（da Novara）、费拉拉因西斯（Ferrariensis），而自己则常自称为费拉拉的多米尼科·玛利亚·达·诺瓦拉（Domenico Maria da Novara of Ferrara）。生平不详，只知道曾得过文学博士和医学博士学位，1483～1504 年在博洛尼亚大学任天文学教授。是著名天文学家哥白尼的老师，精通古希腊著作，很赞成毕达哥拉斯学派的宇宙谐和观念，治学严谨，又是欧洲文艺复兴运动的积极参与者。这些思想曾给哥白尼以深刻的影响。1497 年，曾与哥白尼共同观测了月亮掩食毕宿五的现象，这次观测的数据后被收入哥白尼的《天体运行论》。 （张可可）

盖沙梵（Keśava） 印度人，1496 年前后活跃于印度古吉拉特邦楠多德。天文历算、星占学。

颇有名望的印度天文学家伽内沙之父，是印度楠多德天文学世家中的第一位。另两个儿子阿南塔（Ananta）、拉马（Rama）和孙子奈里辛格（Nṛsiṃha）也都是天文学家。

盖沙梵写过天文学、星占学以及印度法律方面的著作，其中较著名的有《行星释疑》《历数书探源》《贾塔克星占学》《塔吉克星占学》等。《贾塔克星占学》在印度流传甚广，从 1872～1948 年共有 8 种版本问世，每种版本的注释里都含有大量天文用表。 （李文华）

维尔纳，J.（Werner，Johann） 德国人，1468 年 2 月 14 日生于德国纽伦堡，1522 年 5 月卒于同地。天文学、数学、地理学。

早年就爱好数学。1484 年考入因戈尔施塔特大学。1493 年赴罗马深造，并晋升神父。1508 年在纽伦堡圣约翰教堂供职直至去世。著有有关球面三角、圆锥曲线、数理地理、大气变化等方面的著作。制作的星盘、日晷和时钟保存到现在。球面三角著作中的表现手法甚至超过雷乔蒙塔努斯，第一次使用公式 $2\sin a\sin c=\cos(a-c)-\cos(a+c)$，将乘除转化为加减。另一部数学著作给出有关圆锥曲线的 22 则定理，其中一则证明从太阳发出的平行光经抛物面镜反射后聚焦于一点。第一个给出通过观测拱极星上、下中天的高度求纬度，以及通过从两地观测黄道带恒星与月球的角距求其经度差的方法。还讨论了天气变化原理、贸易风起因和天气预报等问题。被认为是近代气象学和天气预报的先驱。 （李文华）

哥白尼，N.（Copernicus，Nicholas） 波兰人，1473 年 2 月 19 日生于波兰托伦城，1543 年 5 月 24 日卒于弗龙堡。天文学、宇宙学。

他与父亲同名，后者是一位善于经营的商人，母亲 B. 瓦琴洛德（Barbara Waczenrode）是托伦市的富商之女。他 10 岁丧父，由舅父 L. 瓦琴洛德（Lucas Waczenrode）抚养成人。1491～1495 年在克拉科夫大学学习，受数学教授 W. 布鲁楚斯基（Wojciech Brudzewski）的薰陶，立志献身天文科学。1496 年去意大利博洛尼亚大学学习教会法规，在天文学教授、文艺复兴运动活动家 D. M. 诺瓦拉指导下从事天文研究。1497 年 3 月 9 日，他们观测了月球掩金牛座 α，这次观测后来记载在《天体运行论》中。同年，在波兰国内被推选为弗龙堡大教堂僧正。1501 年从意大利回国，正式宣誓加入神父团体。同年又去意大利，在帕多瓦大学研究法律和医学。1503 年在费拉拉大学获教会法博士学位，同年回波兰，在任大主教的舅父身边当助手。1512 年舅父去世后正式到弗龙堡大教堂任僧正，但把主要精力用于天文研究。选了大教堂护城墙上的一座箭楼为宿舍，并在附近找了一个平台作为天文台，用自制的天文仪器观测天象达 30 年之久。

一生最杰出的成就是创立了科学的日心地动说，写下了不朽名著《天体运行论》。此书被恩格斯称为“自然科学的独立宣言”。

早在公元 2 世纪，托勒玫提出了完整的地心说。这一学说在当时是有积极意义的，但后来被教会改造成基督教教义的理论支柱之一。由于天文观测精度日益提高，地心说越来越暴露出它的破绽。但因教会的维护，这一学说仍被奉若神明。显然，当时地心说已禁锢了自然科学的发展。

在意大利求学期间，他在诺瓦拉等人的影响下，很赞赏古希腊毕达哥拉斯学派的宇宙谐和论。同时，又从古希腊的菲洛劳斯、埃克方杜斯（Ecphantus）、阿利斯塔克等人有关地球运动的见解中受到深刻的启发。发现托勒玫的地心说中，每个行星都存在着一日一周、一年一周和相当于岁差的三种周期运动。想到如果把这三者都归诸于被托勒玫视为静止不动的地球的运动，则托勒玫体系的不和谐性和复杂性便可消除。于是开始萌发出日心地动说的思想。

约在 1502 年 7 月 15 日至 1514 年 5 月 1 日期间，写了一篇“从天体结构导出的天体运行论要释”（简称“要释”）给几位至友看。在该文中明确提出：① 对所有天体轨道，不存在一个共同的中心；② 地球的中心不是宇宙中心，而是重力中心和月球轨道的中心；③ 所有的天体都绕太阳旋转，太阳俨然在一切的中央，于是宇宙的中心是在太阳附近；④ 日地距离与众恒星所在的天穹的高度相比是微不足道的；⑤ 天穹周日旋转的视现象是由于地球绕其自转轴每天旋转一周而产生的；⑥ 太阳在天球上的周年视运动并不是由于它本身在动，而是因为地球像其他行星一样绕日运转而造成的；⑦ 行星的视顺行和视逆行是地球和行星共同绕日运动的结果。根据这7点,在“要释”中依次论述了行星、地球和恒星所在天球的序列、太阳的视运动以及月亮和诸行星的运动。这些后来构成了巨著《天体运行论》的大纲。

此后便着手写《天体运行论》。同时,又不断进行天文观测,不断校验自己的学说,并不断修改和充实著作。直到16世纪40年代初,在唯一的学生、德国数学家雷蒂库斯和其他至友的催促下,才同意把《天体运行论》手稿送去出版。为此,他加写了一个将此书敬献给教皇保罗三世的序,期望该书能得到这位比较开明的教皇的庇护。负责出版此书的奥塞安德尔为了能安全发行,违背他的原意,擅自加了一篇无署名的前言,说书中的理论不一定代表行星在空间的真实运动,而是为编算星历表、预推行星位置的一种人为设计。后来很长时期中,这篇前言被视为哥白尼所撰,直到19世纪中叶发现《天体运行论》手稿后才真相大白,此后重版书中才不再保留这篇前言。

《天体运行论》于1543年在德国纽伦堡出版。交付手稿时并未加书名,由出版者将它命名为《关于天体旋转的六卷集》,后来简称为《天体运行论》。该书第1卷概括了日心地动说的要点,第2卷应用三角学解释天体在天球上的视运动,第3卷讨论太阳的视运动和岁差,第4卷阐述月亮的运动,第5卷和第6卷论述行星的运动。全书立论清晰,论据充实,对于日、月和行星的运动都有严格的数学论证和定量探讨。例如,推算出了很难获得的各行星到太阳的距离(以日地距离为单位)分别为

	水星	金星	地球	火星	木星	土星
哥白尼的数据	0.376	0.72	1	1.52	5.2	9.2
现代测得的行星到太阳平均距离	0.387	0.723	1	1.52	5.20	9.54

在当时的条件下,能获得如此精确的结果,令人赞叹不已。该书后来多次再版,并先后被译为德、英、法、俄、波兰、西班牙、印地等多种文字。该书中译本于1992年由武汉出版社出版。

哥白尼学说揭示了地球仅仅是一颗围绕太阳的普通行星,从根本上否定了“地球是上帝安排在宇宙中心”的宗教教义。由于哥白尼学说的问世,自然科学便开始从神学中解放出来,天文学也由此首先进入了近代科学的大门。

(宣焕灿)

舍纳,J.(Schöner,Johannes) 德国人,1477年1月16日生于德国卡尔施塔特,1547年1月16日卒于纽伦堡。天文学传播、地理学。

1494年进入爱尔福特大学学习神学。毕业后任天主教神父。1523～1525年在克希伦巴赫教堂供职。1526～1546年在纽伦堡梅兰赫顿大学预科教授数学。曾在班贝格自己住所建立一间印刷所,亲自进行排版、刻绘和装订工作。

1515年制作一个地球仪,绘有新发现的美洲大陆。1517年出版《天球仪使用说明》。1521年出版了一本专门介绍一种天文仪器的书,所述仪器附有可转动的圆盘,可用来表现行星的运动。接着又出版了《新发现的海岛与大陆》一书,以及一幅由三角形狭条组成的全球图。1525年4月完成查尔卡利的一部天文著作的拉丁文本校订工作。1531年8月出现一颗彗星,促使他编辑出版雷乔蒙塔努斯的《论彗星星等》。以后又陆续编辑出版了雷乔蒙塔努斯的一系列未问世的著作。他的数学论文集被列入禁书目录,后由其子于1551年发表。

(李文华)

梅迪纳,P. de(Medina,Pedro de) 西班牙人,1493年生于西班牙塞维利亚(?),1576年卒于同地。天文学、航海学、地图学、仪器研制。

是一位神职人员,可能毕业于塞维利亚大学。担任过梅迪纳-西多尼亚(Medina-Sidonia)公爵的图书管理员。写过文学、哲学、历史以及航海方面的著作,并为公爵编写过一部家族编年史。还是一位教师,海洋科学的先驱者之一。1538年奉国王之命绘制海图,准备航海书籍和到印度去所必需的航海装备。1549年被提名为“荣誉宇宙结构学家”。制作了航海罗盘和象限仪等航海仪器,著有《航海技术》、《宇宙志全集》等书。

(谢高峰)

菲纳,O.(Fine,Oronce) 法国人,1494年12月20日生于法国布里扬松,1555年10月6日卒于巴黎。天文学、数学、宇宙学。

出身医生家庭。毕业于巴黎大学,1522年获医学博士学位。1531年任皇家学院数学教授直至去世。担任过数学和天文学著作编辑。1526年写的一本讨论某种用以确定行星位置的仪器的著作中,试图根据《阿方索天文表》用描点法确定行星运行的轨道,确是一个别出心裁的创造。1528年匿名出版《宇宙论》一书,在法国最早对阿方索本轮理论作了详细说明。曾提出周日弧和夜间弧不等分法,并据此制作了一种附有钟面的星盘。1532年出版《实用算术》,含有乘法表,推进了六十进制分数的应用,曾多次再版发行。在其死后的1556年出版的《数学成就》中,给出π值为$3+\frac{11}{78}$。曾绘制出一幅法国地图和一幅分为东西两半球的世界地图,页边标有经纬度。在宇宙观上,在哥白尼《天体运行论》问世后,仍恪守托勒玫体系。

(李文华)

阿皮安,P.(Apian,Peter) 拉丁文名姓为彼德勒斯·阿皮安努斯,(Petrus Apianus)。德国人,1495年4月16日生于德国莱斯尼希,1552年4月21日卒于因戈尔施塔特。天文学、地理学、数学。

青年时代在莱比锡和维也纳攻读数学和天文学。信奉托勒玫地心说。1524年,出版了《宇宙志或整个天

球的描述》一书，深入浅出地解释了宇宙学、地理学和地图学之间的区别，附有简明清晰的图解和各大洲的略图，成为当时欧洲最流行的教科书之一。也因此被任命为因戈尔施塔特大学数学教授。还编制和出版了心形世界地图、匈牙利地图、法国地图和第一幅欧洲地图。1540年出版了《恺撒天文学》一书，载有5颗彗星(包括哈雷彗星)的出现和特征，并指出彗尾总是背离太阳。1534年，刊布了一本采用十进制、间隔为1′的正弦表，这是首次刊印成书的同类用表。还创制了多种用以测量天体的位置和运动的简便仪器。 (李文华)

佩雷斯·德·巴尔加斯，B.(Pérez de Vargas, Bernardo) 西班牙人，1500～1533年间生于西班牙马德里。天文学、冶金学。

出身显赫世家。1563年出版《永恒的剧目或宇宙的结构》，该书前半部已失传，后半部讨论物质的性质、地球和人类的年龄、时间的计量、星占学、通便及放血的最佳时间以及日月食。1568年出版《论冶金业》，是第一部用西班牙语写成的冶金学著作，由9个分册组成，广泛详尽地讨论了采矿和冶金问题，主要内容抄自比林古乔(Biringuccio)的《机智的炫耀》(1540年)。由于新大陆企业家第高·德·孟尼赛(Diego de Meneses)的大力推荐而广泛流传，对拉丁美洲早期冶炼工业的发展，作出了一定的贡献。 (李文华)

伽内沙(Ganeśa) 印度人，1507年生于印度古吉拉特邦楠多德，卒年不详。天文学。

出身婆罗门天文世家。天文学家盖沙梵之子。是一位神童。早年跟随父亲学习天文学。主要学术著作《行星浅论》完成于1520年，当时才13岁。全书共16章，论述了行星、太阳和月亮的真黄经、周日运动、历法、行星会合、行星和恒星的高度、日月食、偕日升和偕日落等问题。是16世纪以来印度北部和西部最流行的一部天文著作。后来有许多天文表都是根据该书的数据编制成的。该书从1848年到1948年有14种版本问世。《太阴日速算概要》完成于1525年，有数百件手抄本和多种注疏本遗世。《普拉托达扬特拉》完成于1516年，当时才9岁，介绍一种名叫“普拉托达扬特拉”的天文仪器，未正式出版。 (李文华)

赖因霍尔德，E.(Reinhold, Erasmus) 德国人，1511年10月22日生于德国萨克森的萨尔费尔德，1553年2月19日卒于同地。天文历算。

是继哥白尼之后16世纪著名的天文学家之一。1536年任德国维滕贝格大学数学教授。1541年访问了哥白尼，成为最先了解哥白尼新天文学的人之一。在一位普鲁士公爵的赞助下，用了许多年时间，把哥白尼《天体运行论》中不便于计算的数表编算成更为方便的形式，称为《普鲁士天文表》，1551年在蒂宾根出版。该表立即被广泛采用，提高了哥白尼的声誉。虽然对哥白尼高度赞扬，但对哥白尼的日心体系却始终保持沉默。他的工作对第谷宇宙体系的产生起了很大作用。 (谢高峰)

雷蒂库斯，G. J.(Rheticus, George Joachim) 奥地利人，1514年2月16日生于奥地利费尔德基希，1574年12月4日卒于匈牙利卡萨(现斯洛伐克的科希策)。天文学、数学。

父亲G.伊塞林(George Iserin)因巫术于1528年被砍头，法律不准许他使用自己的姓。改姓雷蒂库斯是为了表明他来自古代名为雷蒂亚(Rhaetia)的家乡。是哥白尼唯一的学生。1532年进入维滕贝格大学学习。1536年获文科硕士学位。因受哥白尼学说的吸引，1539年夏专程去弗龙堡向哥白尼求教。将哥白尼的《天体运行论》的内容写成一个概要，征得哥白尼同意后，于1540年以书名《〈天体运行论〉浅说》发表。该书的发表并没有引起哥白尼所担心的攻击或批判，于是哥白尼决心将《天体运行论》这部巨著委托他编辑出版。1542年在纽伦堡安排印刷《天体运行论》，但未就绪就将此事全部移交给奥塞安德尔(A. Osiander)。同年就任莱比锡大学数学教授。发表《论三角形的边和角》，第一次直接给出了余弦函数。1551年出版《三角学准则》，第一次全部给出了6个三角函数。因编撰精密计算和富有革新精神的三角表而在数学史上占有独特的地位。 (谢高峰)

威廉四世(Wilhelm IV, Landgrave of Hesse) 德国人，1532年6月24日生于德国卡塞尔，1592年8月25日卒于同地。观测天文学、天文仪器研制。

出身名门，1567年继位黑森王公，同丹麦著名天文学家第谷交往甚密。主要天文研究工作是改进观测技术。1560～1561年改进了天文钟，十分精确，称之为“威廉结构”。在卡塞尔建了私人天文台，在观测中发现星辰实际位置同按托勒玫学说测算出来的位置相去甚远，因而决意编制新的星表。这是一项从依巴谷时代以来从未实现过的宏大计划。1577年，聘请C.罗特曼任数学家和观测员、J.比尔吉为技师。他同助手一起，制作了许多观测和计算仪器，并取得惊人的观测精度，所测卡塞尔纬度同后来19世纪初所得数值仅差10″。尽管编制《黑森星表》的计划只完成一小部分，但其先行工作仍深受人们赞赏，在尔后几十年中这一计划一直是观测天文学的重要任务之一。还提出一种测定恒星位置的新方法，这种方法虽由于当时时钟精度不够，体现不出其优越性而受到第谷的非难，但后来稍事改进便发展成为测定恒星位置的基本方法。 (李啸虎)

罗特曼，C.(Rothmann, Christoph) 德国人，1550～1560年间生于德国贝恩堡，1599～1608年间卒于同地。天文学、应用数学。

在维滕贝格大学学习过神学、数学和天文学。1577年到卡塞尔任宫廷数学家，协助威廉四世开展天文台的工作及出版星表。与仪器制造家、数学家J. 比尔吉合作研究出一种用三种函数把乘法转换成加法的方法。1590年访问了在汶岛的第谷。和威廉四世因研究1585年彗星而与第谷开始了长达6年的通信联系，1596年第谷发表了这些信件，内容涉及观测仪器和观测方法、哥白尼宇宙体系、彗星和极光等。支持哥白尼的宇宙体系而反对第谷的体系。撰有星表、三角函数表及其他天文著作，但未曾发表。（谢高峰）

第谷·布拉赫（Tycho Brahe） 一译第谷。丹麦人，1546年12月14日生于丹麦斯科讷（现属瑞典），1601年10月24日卒于布拉格（现属捷克）。观测天文学、仪器研制。

父亲O. 布拉赫（Otto Brahe）当过丹麦的枢密顾问官，后任赫尔辛堡城总督；母亲叫B. 比莉（Beate Bille）。他从小过继给叔父J. 布拉赫（Jörgen Brahe）。1559～1562年就学于哥本哈根大学。由于天文学家对1560年发生的一次日食预报成功，促使年方14岁的他立志献身天文研究。作为名门望族的后裔，他的想法在当时简直是“异端”。1562年，叔父执意让他在莱比锡大学攻读法律，还专派一名辅导教师严加看管，但丝毫扑不灭他对天文学日益增长的热情。在家族中只有舅父对其爱好科学深表同情。1565～1570年在罗斯托克大学、巴塞尔大学等处学习。有一次同别人进行决斗时不幸被对方的剑刃削掉鼻尖，结果只好用合金材料来修整自己的塌鼻。从1563年8月始，用一些巧妙而简便的自制仪器进行一系列天象观测，崭露头角。还周游各国，遍访师友，热诚请教天文学问题。父亲去世后，一度在黑里兹瓦德修道院的舅父家里埋头搞炼金术实验（1571～1572年）。1573年，不顾家族的阻挠，毅然同一位地位低微的姑娘结婚。

1572年11日11日晚，他突然发现几乎就在头顶上方的仙后座里，出现一颗从未见过的亮星（即第谷超新星）。1573年2～3月，该星的亮度减为1等星，以后继续减弱，直至1574年3月才完全消失。这期间用自己设计的纪限仪进行了认真持久的观测，并详细记录其颜色和星等变化。1573年还出版了一本小册子。1576年2月，丹麦国王腓德烈二世（Frederick II）将汶岛赐予他，不惜重金支持他在岛上兴建当时世界上规模最大、设备最全、装饰最华丽的天文台。正是在那里，他度过了自己天文观测生涯中最美好的时光，历时21载（1576～1597年）。1588年腓德烈二世去世，他逐渐失宠于王室。由于新君主拒绝继续承担经费，1597年3月15日在汶岛作最后一次观测。接着在波希米亚皇帝鲁道夫二世（Rudolph II）的邀请下，携带轻便的天文仪器于1599年6月合家抵达布拉格。翌年请来年轻的德国天文学家开普勒当助手。在布拉格继续作天文观测直至急病猝发而去世，被隆重地葬于布拉格的大教堂墓地。

是望远镜问世前观测天文学的登峰造极者。大胆改革传统的观测仪器、技术和方法，使观测精度空前提高，并20年如一日地坚持系统而持久的观测。在1598年出版的《机械学》中，津津乐道地描写了在汶岛使用过的那些巨大仪器，其中最著名的是半径为6英尺（1.83米）的巨型墙仪。自认为最得意的杰作是一架铜质天球仪，内设机械装置，可以周而复始地巧妙再现恒星周日运动，日、月视运行轨道，以及月相的变化。除发现并详细观测记录1572年超新星外，还发现了月球运动“二均差”；研究过大气折射和彗星运动等问题；重新精确测定恒星方位，编制了一部比依巴谷和乌鲁伯格星表远为精确的恒星表（原收入777颗星，后又补充223颗未经最后校对的星）；特别是积累了大量关于行星运动的观测数据，为开普勒行星运动定律的发现奠定了基础。

对超新星和几颗彗星的系统观测所得的结论意义重大。1573年发表《论新星》的论著，明确指出1572年发现的新见星属于恒星，否定了亚里士多德关于“恒星天球”永恒完美不变的观念。1577年11月，发现一颗拖着很长尾巴的大彗星，用仪器一直跟踪观测到翌年1月。根据彗尾方向变化论证彗尾仅是太阳光线穿越彗头所致，驳斥了亚里士多德关于彗尾来自地球上的“干性油脂”的理论；进而论证彗星轨道在白道之外穿越多重“行星天球层”而绕日运行，宣告了行星的固态天球层传统理论的破产。曾尖锐地指出，亚里士多德的所谓“证据”纯粹是基于思辨而不是天文观测和数学论证的结果，强调把观测放在高于演绎法的位置。这些都生动地说明了他的革新精神。

但他毕竟是过渡性人物，最终还是企图调和天文学和宗教信仰、新的观测事实和旧的传统观念的矛盾。笃信“天人感应”的占星术，认为占星术是上帝所喜欢的崇高艺术。占卜人间祸福使他名噪一时，但也闹过笑话。此外，传统观念和宗教影响使他无法跳出地心说基本框架去描绘新的宇宙图景。在托勒玫和哥白尼两大宇宙体系的对立中提出一个折衷体系：地球静止于宇宙中心；五大行星绕日运行而日绕地运行；最外面的恒星天球则在24小时绕地球旋转一周。这一体系完成于1582年。起初只是把它画在汶岛添建的“星堡”顶楼的天花板上，首次刊印在1588年出版的论1577年彗星的拉丁文著作中。他并非不了解哥白尼理论的优点，曾钦佩地写道：“哥白尼把我们从过去数学家所陷入的矛盾里解放出来，而且他的理论更能满足天象。”但惋惜哥白尼体系不能同《圣经》取得调和，“按照古人的说法和《圣经》的启示，我想，只应该把不动的地球安置在世界的中心。”由于觉察不到任何恒星视差的存在，更加强了错误的见解。在弥留之际还要求开普勒严守他的体系。

从某种意义上说，他的最大功绩是“发现”了开普勒这个高足弟子。1600年春，这两位性格迥异的人物在布拉格的会面乃是科学史上的重大事件。他多次告诫开普勒要尊重观测数据。理论分析同他的火星观测之间8′的误差导致了开普勒发现行星运动三定律，从而引起整个天文学的革新。与开普勒相处得并不和谐，但共同的命运和事业还是使他们不可分离，开普勒总以极大的尊敬谈及他的导师，说他是“上天的恩赐”。但也正如开普勒在一封信中所说，“他是个富翁，但他不知道怎样正确地使用这些财富。”——他没能从他获得的丰富而精确的观测资料中总结出行星运动的规律。（李啸虎）

阿克乌塔·皮娑罗蒂（Acyuta Pisārati） 印度人，约1550年生于印度喀拉拉邦特尔饮蒂尤尔（今贡达拉尔的桑斯克里特），1621年7月7日卒于喀拉拉邦。天文历算。

早年就学于天文学家杰斯陀提梵（Jyesthadeva），后者是“目算”学派创始人帕罗米什梵罗之子达摩陀罗（Dāmodara）的学生。主要著作有3部。《迦罗诺塔摩》（Karanottama）论述行星平黄经和真黄经、日月食等的计算方法。《交食的步骤》论述日月食的计算方法。《星宿列张之趣》阐明如何将月球的白经（月球在白道坐标中的经度）化为月球的黄经。（李文华）

迪纳迦罗（Dinakara） 印度人，约1550年生于古吉拉特邦。天文历算。

编制过3部天文表。《茅舍所成》以婆什迦罗第二的《婆罗门集》为蓝本，用以计算五颗行星的真黄经。《月亮和太阳》包含日月运行表及古代印度历法，深受印度天文学家摩哈陀梵1316年编成的《摩哈陀梵》的影响。《太阴日之路》用以简化历法的计算，参数取自《大梵天之翼》。（李文华）

拉范哈，J.B.（Lavanha，João Baptista） 葡萄牙人，约1550年生于葡萄牙，1624年3月31日卒于西班牙马德里。天文学、航海学、地图学。

犹太人后裔，出身贵族。1583年在马德里任数学教授。1587年任总工程师。几年后任首席宇宙学家。在里斯本教水手和领航员数学的同时，还负责航海方面的技术问题，如审阅航海图，检查航海仪器，监督星盘、象限仪和指南针的制造，对驾驶员、制图员和仪器制造者进行业务考核等。1595年出版著名的《航海汇编》，是领航员的必修教材，包括测定纬度的方法和太阳赤纬表。1600年左右，用罗盘取太阳出没的恒向线，为观测磁偏角编制出太阳出没时刻的地平经度表。这在科学史上还是第一次。1615～1618年间绘制了阿拉贡王国地图。还发明了一种用于大地测量的测角仪。（李文华）

梅斯特林，M.（Mästlin，Michael） 德国人，1550年9月30日生于德国格平根，1631年10月20日卒于蒂宾根。天文学。

1568年进入蒂宾根大学学习，1569年获文学士学位，1571年获文科硕士学位。1576年任路德教派牧师。1580年任海德堡大学数学教授。1584年返回蒂宾根大学，直至去世，在该校执教47年，其中1588～1629年间8次被聘为蒂宾根大学文学院院长。

首次对地照现象作出了正确解释。1580年指出亚里士多德宇宙论的错误。反对把彗星当作气象现象，认为在地心体系中彗星应该是月上天体而不是月下天体。1578年宣布接受哥白尼的学说，称哥白尼是自托勒玫以来最杰出的天文学家。在公开的教学中讲授托勒玫体系，私下里却向学生热情介绍哥白尼学说，阐述哥白尼体系较之托勒玫体系的优越性。开普勒在蒂宾根大学学习期间，深受影响，成为哥白尼学说坚定的拥护者，师生之间结下了深厚的友谊。最著名的著作是1582年出版的《天文学概要》。（谢高峰）

拉伽伐南陀·沙尔曼（Rāghavananda Sarman） 印度人，活跃于16世纪末期，鼎盛期1591～1599年。天文历算、星占学。

出身孟加拉一个婆罗门家庭。写过一系列有关天文学和星占学方面的著作。在天文学方面，是萨拉体系的追随者。1591年完成《苏利耶历数书集注》和两部天文表。1599年完成《白昼之月》，该书的孟加拉语译本于1913年出版。（李文华）

塔尔德，J.（Tarde，Jean） 法国人，1561（或1562）年生于法国加斯科涅地区的拉罗克-加若克，1636年卒于萨拉。天文学、地图学。

从卡奥尔大学获法律博士学位后，到巴黎索邦神学院深造。曾当过萨拉大教堂的神职人员。1594年升任副主教，并负责制作主教管辖范围的地图。1606年在使用一个小象限仪进行勘测的基础上完成了地图的绘制，并写了《多指针象限仪的应用》一书献给主教。1614年11月12～15日拜访了伽利略，特别讨论了太阳黑子问题。1620年把这次谈话写成一本书出版。1622年将此书译成了法文出版。回国后建造一座私人小天文台观测太阳黑子长达5年之久，但却错误地认为它们是凌日的行星。（蒋窈窕）

塞韦林，C.（Severin，Christian） 又名朗戈蒙塔努斯（Longomontanus）。丹麦人，1562年10月4日生于丹麦日德兰半岛朗贝格，1647年10月8日卒于哥本哈根。天文学。

1588～1597年跟随第谷工作，是第谷的得力助手。曾获德国罗斯托克大学文科硕士学位。1607年起任哥本哈根大学数学和天文学教授。1622年出版多卷本著作《丹麦天文学》，不仅完成了第谷生前的未竟之业，而且是17世纪天文学文献中的代表作之一。即使开普勒的名著《鲁道夫星表》于1627年问世之后，该书在1640年和1663年再版时仍然享有不小的声誉。具有行星理论家的天赋，在第谷有关月球理论的杰出研究中曾起过重要作用。不幸的是虽身处开普勒和伽利略的时代，却是第谷体系的忠实信徒，反对哥白尼的日心说。叛离第谷的唯一之处是假设地球有周日自转运动。（倪祥斌）

伦伽那陀(Rañganātha) 印度人,鼎盛期1603年前后。天文历算。

出身贝拿勒斯一个婆罗门天文世家。1603年完成《古达塔普拉卡西卡》一书,是对《苏利耶历数书》的注释,也是唯一遗世的著作,在印度天文学史上颇具盛名。1860年伯吉斯(E. Burgess)把《苏利耶历数书》译成英语时,即依照该书的修订和解释。 (李文华)

邢云路(Xing Yunlu) 字士登。中国明代安肃(今河北省徐水县)人,生活在明神宗万历年间(1573~1620年),生卒年不详。天文历算。

万历二十三年(1595年),在做河南一带佥事任上,上书论说当时行用的大统历与天象不合,奏请改历。结果引起钦天监官员的不满,主张不得实现。万历三十六年(1608年)出任陕西按察司副使,万历三十八年(1610年)被召入京,参加历法的研究工作。

万历三十六年在兰州立6丈高表测量日影,得到回归年长度值为365.24219日,与准确值相比仅差2秒。在此基础上推算出该年立春日应在十二月二十日,与钦天监推算相差1日,因而写成《戊申立春考》1卷。经过数年探索,在万历四十四年(1616年)写成《七政真数》献给朝廷。书中强调推算日月的交食和五星的凌犯是历法的核心,这些时刻能推算准确,其他问题迎刃而解。最重要的著作为《古今律历考》72卷,广泛地讨论历代历法、历代日食、授时历得失和圆周率等问题。书中指出:"星、月之往来皆太阳一气之牵系也。"这可以认为是对太阳支配行星、月亮运动思想的大胆猜测,在科学史上具有重要的意义。 (徐振韬)

摩杜拉纳陀·沙尔曼(Mathurānātha Sarman) 印度人,1609年前后生活于印度孟加拉。天文历算。

享有"智慧之光"的美名。1609年撰写的《曼贾利历数书》共4章,是一部附有一系列天文表的天文学著作。这些天文表以1609年3月29日为历元,参数取自萨拉体系以及修订后的萨拉体系,是孟加拉学派最早的天文表之一。还写过其他两部天文学著作。 (李文华)

开普勒,J.(Kepler, Johannes) 旧译刻卜勒。德国人,1571年12月27日生于德国符滕堡州魏尔市,1630年11月15日卒于雷根斯堡。天文学、光学、数学。

父亲亨里希(Heinrich)多次加入雇佣军;母亲卡萨琳娜·哥廷曼(Katharina Guldenmann)晚年被诬行巫,受尽折磨。他出生时是仅7个月的早产儿,终生瘦弱多病。1587年就学于蒂宾根大学神学院,1588年获学士学位,1591年获硕士学位。在该校天文学教授M.梅斯特林的影响下,成了哥白尼学说的热烈拥护者。1594年前往奥地利格拉茨路德教会学校当数学教师。1597年同寡妇B.米勒(Barbara Müller)结婚。1598年因格拉茨的天主教势力大规模迫害新教徒而遭到驱逐。1600年春抵达布拉格拜访第谷,受到热烈欢迎,在贝纳特基城堡天文台当第谷的助手,分工研究火星运动的理论。后接全家移居布拉格。翌年10月24日第谷病故。两天后接任皇家数学家职务,成了第谷未竟事业的继承人,负责整理和计算第谷的大量观测资料,筹备编撰《鲁道夫星表》。1611年,布拉格爆发血腥的宗教战争和随之而来的瘟疫,开普勒夫人和一个儿子染疾亡故,有3个孩子患上天花,接踵而来的打击,使历尽沧桑的他迫切盼望重返故土。由于符滕堡新教教会排斥异己,无法返回蒂宾根大学任职,结果被聘为林茨的地方数学家,在那里旅居了14年。1613年在林茨再婚,婚后所生的7个孩子中5个夭折,前妻所生的5个孩子中也仅有两个活到成年。17世纪20年代末,在乌尔姆、布拉格、纽伦堡等地为筹集出版星表和催讨国家积欠的薪俸而疲于奔波。1630年11月15日,同命运搏斗了一生的他终因急性发烧而在雷根斯堡溘然长逝。

在天文学上的主要功绩是发现行星运动三定律,从而捍卫和发展了哥白尼日心地动说,并为牛顿力学奠定了基础。对宇宙谐和的深刻认识,在科学思想史上有着深远影响。在数学、几何光学和力学等几个领域中也都作了开拓性的工作。

1596年在格拉茨写成《宇宙的神秘》一书,想象丰富,构思奇特,是寻找开启宇宙奥秘的金钥匙的第一次大胆尝试。翌年初将刚出版的著作分赠伽利略和第谷等人征求意见。书中提出一整套柏拉图式的几何构型组合来论证哥白尼宇宙体系。以日心说为基础,用八面体、二十面体、十二面体、四面体和立方体这5种正多面体与相邻各行星天球层内接和外切,想以此一举解决三个基本问题:行星的数目、轨道大小和轨道运动情况。尽管该书主要内容是错误的,但仍不失为自哥白尼《天体运行论》问世以来第一本无所拘谨地阐述哥白尼思想的著作。在这部书中,还力求寻找行星运动的物理原因,认为是太阳驱动力来保持行星的运动。可以说是在笛卡尔之前第一个寻求天体现象物理原因的科学家。

在布拉格,1609年夏出版的名作《新天文学》已最终抛弃本轮、均轮,并首次明确提出行星运动第一、第二定律。早在1600年,担任第谷助手时就已领悟到第谷观测财富的价值。1601年,第谷临终时把全部观测资料赠给他,让他去研究火星理论,照他自己的话说,那真是"天赐良缘"。他"汗流浃背,气喘如牛地跟踪造物主的足迹",终于发现无论是托勒玫、哥白尼还是第谷体系,都与第谷的火星观测资料不相符。第谷生前多次告诫开普勒,特别要尊重观测数据。理论分析同观测数据有8′的误差,他洞察这一"反常"的重大意义,"这8′的误差是不能忽略的,正是它才导致了整个天文学的变革。"首先得到面积定律(即开普勒第二定律):在相等时间内矢径扫过相等的面积。然后,用多种曲线进行拟合,结果发现开普勒第一定律:行星的轨道是椭圆形,太阳在其中的一个焦点上。在该书"序言"里,还清晰地表达了关于普遍引力的思想萌芽。

1618年5月底,在林茨初步完成了著名著作《宇宙谐和论》。从几何学、音乐、星相学和天文学四方面阐述了关于谐和的理论。可以看出他的思想是复杂而矛盾的,对宇宙谐和的深刻感受同他关于造物主的神学观点和"天人感应"的占星术思想奇特地混杂在一起。作为皇家数学家,编撰星占历书是重要的例行公事并因而声名大振,但多次谈及星相学是"可尊敬的天文学母亲的蠢小女",还自我解嘲地说,当薪金被当局一再拖欠而饥肠辘辘时,编编星占历书聊补无米之炊,总比讨饭强些。不过并没有完全抛弃占星术思想。1619年,经过17年艰辛努力从观测数据中归纳出谐和定律,即开普勒第三定律:任何两行星的周期之比等于它们离太阳平均距离之比的3/2次方。在《宇宙谐和论》于1619年出版时,该定律实质上是不加注释地公布的,而在《哥白尼天文学概要》一书中才得到更为广泛的理论上的论证。

《哥白尼天文学概要》从1618年起分3期发表,于1621年出齐,系统介绍自己对天文学的贡献,是17世纪欧洲影响最广的天文学名著之一。1619年被列入禁书目录并受到罗马教廷警告。1627年多年辛勤编纂的《鲁道夫星表》终于问世,第一次把对数引进繁复无比的天文计算,显示了新方法的优越性,同时也是对行星运动三大定律第一次精彩的检阅。星表所给出的行星位置远较以前精确,例如对火星的测算误差是$\pm 10'$之内(以前是$5°$)。1629年宣称该星表可预测1631年的水星凌日。在他去世后,1631年11月7日P.伽桑迪果然在巴黎首次观测到水星凌日。

尽管深度近视,但仍克服重重困难进行天文观测,如1604年10月观测了蛇夫座附近出现的一颗明亮的新见星(即开普勒超新星),观测了1607年大彗星(即后来的哈雷彗星),1610年继伽利略之后用望远镜观测了木星及其卫星。

在光学方面,首创"光线"、"光线锥"等现代几何光学的基本概念,并首次用于对人眼的光学原理研究,阐明物体成像于人眼视网膜的道理。提出用两片凸透镜装配一种新型天文望远镜(即开普勒望远镜)。研究了大气折射,发现有关大气折射的近似定律。1615年撰写的"测定酒桶体积的新方法"是对微积分的诞生有重要价值的论文之一。最后的著作《月亮之梦》堪称为一部奇书,是充满令人惊服的正确预言的科学幻想珍本。

黑格尔曾说,开普勒是被德国饿死的。因长期得不到薪俸而在贫病交加中去世,坟墓也因30年战争而荡然无存。但他的千秋业绩连同为自己写的墓志铭却永存人间:"我惯测天高,今欲量地深。灵魂天界来,躯体眠地层。"

(李啸虎)

凯克尔曼,B.(Keckermann,Bartholomew) 波兰人,约1571～1573年间生于波兰但泽(今格但斯克),1609年7月25日卒于同地。天文学、数学、教育学。

1590年起先后在(德国)维滕贝格大学、莱比锡大学、海德堡大学学习。1595年在海德堡大学获文科硕士学位,1602年获神学博士学位,曾任该校哲学讲师和希伯来语教授。1602～1609年在但泽大学预科学校任哲学教授。从事教学方法的改革和实践,试图在3年之内给学生以百科全书式的教育,并用专题研究和分析的方法代替平铺直叙的教学法。1617年人们把他在几何、光学、天文学和地理学方面的讲稿整理出版,题名《数学总论概要》。赞同哥白尼的行星理论,但错误地认为彗星是地球最高层大气中由于行星的活动而产生出来的地球蒸发物。

(谢高峰)

拜尔,J.(Bayer,Johann) 德国人,1572年生于德国巴伐利亚的赖恩,1625年3月7日卒于奥格斯堡。天文学。

律师暨业余天文学家。1592年秋进因戈尔施塔特大学学习哲学。1612年被聘任奥格斯堡市议会的法律顾问,业余研究天文学。终身未娶。古代留下来的星表往往只刊出48个星座中的恒星位置,用起来很不方便,而且容易出错。1603年出版了著名的《恒星志》,书中列有他编绘的一套星座图,其中除48幅经典星座(每幅绘出一个经典星座)的星图和两幅南北半球的星图外,还有一幅记有12个新的南天星座的星图。书中第一个采用希腊字母命名恒星,当一个星座的星用完了希腊字母后,再用拉丁字母和数字命名。这种命名法沿用至今,奠定了肉眼可见恒星的现代命名法。

(刘汝良)

迈尔,S.(Mayr,Simon) 拉丁名S.马里乌斯(Simon Marius)。德国人,1573年1月20日生于德国纽纶堡附近贡岑豪森,1624年12月26日卒于安斯巴赫。观测天文学。

1589～1601年先后在贡岑豪森和海尔布隆的学校学习。1601年任安斯巴赫总督的数学家。同年5月赴布拉格第谷处工作,很快掌握了观测仪器的使用方法,9月离开布拉格去帕多瓦大学学习医学。12月加入帕多瓦大学德国学生协会。1604年10月和一个学生同时宣布发现了一颗新星。1607年伽利略指责这个学生剽窃了他的成果,可能是慑于德国学生协会的势力,伽利略在文章中没有点迈尔的名,但仍对他作了猛烈的抨击。他与伽利略几乎同时独立地发现了木星的4颗大卫星,并第一个发表了这4颗卫星的平均运行周期表。这4颗卫星至今仍沿用迈尔的命名。1623年伽利略又指控迈尔的《木星世界》一书是道地的剽窃之作,但是伽利略在这次辩论中失利。事实上,迈尔的木卫平均运行表早于并且在质量上优于伽利略的表。还用望远镜观测发现了仙女座大星云,并在1612年的著作中宣布了这一发现。这是当时欧洲人知道的北天第一个星云。

(谢高峰)

沙伊纳,C.(Scheiner,Christoph) 德国人,1575年7月25日生于德国明德尔海姆附近的瓦尔德,1650年6月18日卒于西里西亚的尼斯(现波兰尼斯)。观测天文学。

1595年以前在奥格斯堡和兰茨贝格耶稣会学院求学。1595年参加耶稣会。1600年赴因戈尔施塔特大学研究哲学、数学。1603～1605年在一所中学教人文科学，且在一所专科学校教数学。后回到因戈尔施塔特大学研究神学，并就任希伯来文教授，1610 年教数学。1616 年赴奥地利因斯布鲁克宫廷，翌年就任圣职。1624～1633 年住在罗马。1633～1639 年间住在维也纳。此后直至去世在尼斯任圣职。

自己制造了一架望远镜用于天文观测。1611 年 3 月观测到太阳黑子，因宗教上司不同意发表，故写信告诉好友 M. 韦尔塞尔(Marc Welser)。翌年，韦尔塞尔把这些信整理后用假名分两次发表，也寄给伽利略一份。从这些信中可看出他认为黑子是环绕太阳运转的小的行星。讨论了单个黑子的运动、转动周期以及太阳上亮斑(光斑)的出现。还认为水星和金星绕太阳转动。伽利略坚持其发现黑子的优先权。连写了 3 封信给韦尔塞尔，指责沙伊纳剽窃他的成果，这些信于 1613 年在罗马公诸于众。其实这种指责是不公正的，不仅伽利略和沙伊纳，而且牛津的 T. 赫里奥特、维滕贝格的 J. 法布里修斯和罗马的 D. 帕西尼亚诺(Domenico Passignani)，都相互独立地观测到了太阳黑子。1626～1630 年间发表了《玫瑰、熊或太阳》，指出黑子旋转轴线与黄道平面的交角为 7°30′(现测值为 7°15′)。在因戈尔施塔特大学工作期间发表过两篇论文，维护地球是宇宙中心的传统观点，并认为他所观测到太阳靠近地平时呈椭圆形是由于大气折射引起的。约在 1603～1605 年间发明了一种可用任意比例复制图样的缩放仪，但直到 1631 年在一本著作中才正式公布了这项发明。 （蒋窈窕）

卡斯泰利，B. (Castelli，Benedetto) 意大利人，1578 年生于意大利布雷西亚，1643 年 4 月 19 日(?)卒于罗马。天文学、水力学、光学。

26 岁时迁住帕多瓦的圣朱斯蒂娜寺院，1610 年又回到布雷西亚。

1613 年，由于伽利略的保荐，他当上了比萨大学数学系教授。1626 年左右他应教皇乌尔班八世(Urban Ⅷ)之召赴罗马，成为教廷水力学顾问，并兼罗马大学数学教授。

阅读伽利略的著作后，1610 年末写信给伽利略表示自己对哥白尼地动说的坚强信念。并建议用望远镜观测金星的运动。1613 年，在比萨大学图斯卡尼大公的讲坛上，勇敢地为伽利略的地动说辩护。伽利略很信任他，并告诉他自己对科学和宗教两者关系的看法。1632 年，伽利略听从他的劝告，把自己的重要著作《关于托勒玫和哥白尼两大世界体系的对话》由罗马改到佛罗伦萨出版。在罗马大学执教时研究流水理论，1628 年发表了他的论文"流水之测量"。在光学方面，研究了光的成像理论，还提出在光学望远镜中装上光阑以遏制横向光的干扰。 （张南海）

卡普拉，B. (Capra，Baldassar) 意大利人，约 1580 年生于意大利米兰。1626 年 5 月 8 日卒于同地。天文学、数学。

10 岁时随父从米兰至帕多瓦，从学于自称为第谷和开普勒门生的 S. 迈尔。1605 年在帕多瓦出版了自己第一本关于天文学的著作。与亚里士多德的理论相反，坚持新星位于恒星天球上，并给出新星位置和大小及其颜色变化的许多知识，但试图用占星术去解释。1607 年出版了一本关于比例数字盘的制作和使用的书，利用这一数字盘可以解决许多几何学和数学的运算问题。但本书与伽利略不久前出版的《数字盘》一书酷似，且包含了对伽利略的恶意中伤。是伽利略的最早反对者之一。 （萧耐园）

文德林，G. (Wendelin，Gottfried) 拉丁名文德里纽斯(Vendelinus)。比利时人，1580 年 6 月 6 日生于比利时海尔克，1667 年卒于根特。天文学、物理学。

是天主教神父和图尔奈大教堂的法庭推事。是哥白尼学说的忠实信徒，以惊人的胆量坚持自己的观点。从 19 岁起便开始观测月食，可能是第一个提出黄赤交角变化规律的人。观测了温度对摆的振荡周期的影响，指出摆的振荡频率冬季高夏季低，还对摆幅与振荡周期的关系作了细致的考察。 （倪祥斌）

佩雷斯克，N. C. F. de (Peiresc，Nicolas Claude Fabri de) 法国人，1580 年 12 月 1 日生于法国瓦尔省贝尔让蒂埃，1637 年 6 月 24 日卒于普罗旺斯地区艾克斯。观测天文学、博物学。

出身豪门，受过良好教育。历任政府官员、修道院院长(1618 年起)等职。一生曾到过许多地方，结识了伽利略、伽桑狄和高尔提埃等许多著名学者，从而成为阅历广厚、学识渊博和具有诸多学科爱好的杂家。与当时许多科学家保持通信联系并热心于赞助科学的活动。曾从事过收藏珍品、研究化石和水晶以及解剖学等活动，都有造诣。但是，对科学的主要贡献则在天文学方面。是法国最早观测到四大木卫的天文学家之一(1610 年)。1611 年发现了金星的蛾眉月位相。同年发现了猎户座大星云。1610～1612 年，定出木卫的公转周期。通过各地对 1635 年 8 月 28 日月食时刻的观测，推算出观测地点间的经度差，使他能较精确地定出地中海跨越的经度差为 41°.5。 （倪祥斌）

齐萨特，J. B. (Cysat，Johann Baptist) 瑞士人，约 1586 年生于瑞士卢塞恩，1657 年 3 月 3 日卒于同地。观测天文学。

1611 年在因戈尔施塔特大学作 C. 沙伊纳的学生，协助作太阳黑子观测。1618 年成为该校数学教授。1623 年起先后任卢塞恩、因斯布鲁克和艾希施泰特等地教会学校的校长。因观测 1618～1619 年彗星而闻名。计算了彗星运动路径和速率、测量了彗头和彗尾的大小，用望远镜研究了彗星的形态，并论证了彗星的轨道在月球轨道之外。还观测过月食、水星凌日，测量过行星和太阳的视直径等。 （萧耐园 葛京坪）

祖基,N.(Zucchi, Niccolo) 意大利人,1586年12月6日生于意大利帕尔马,1670年5月21日卒于罗马。观测天文学、光学、仪器研制、机械学。

出生于名门望族。曾在意大利耶稣会皮亚琴察学院学习修辞学,在耶稣会帕尔马学院学习哲学和神学,获得相当于文学士学位。1602年担任耶稣会会士圣职。后获耶稣会罗马学院神学博士学位,留校任教授,教过数学、神学和修辞学。后被教会派往意大利东北部港区拉文纳,任新建的耶稣会拉文纳学院院长。后又被召回罗马,任教皇的使徒、宫廷的布道师至少有7年。1632年任教皇驻斐迪南二世(Ferdinand Ⅱ)朝廷使节随从,在那里首次结识著名天文学家开普勒,并受其影响。晚年在罗马参与管理耶稣会。

反射式望远镜的最早发明者,并首次观察到一些天体现象。1616年,他试验用一块凹型镜面来观察物像,这可能是最早的反射式望远镜,但由于未能准确磨制凹面镜形状,同时又缺乏怎样观看影像的正确方法,观测效果并不理想。1630年他用反射式望远镜第一个观测到木星的斑点;同年5月,又首次发现木星表面的两条云带。1640年他对别人发现的火星表面斑点作了检验性观察,并发表了观测报告,为后来发现火星自转现象提供了资料。他对一些天文现象的解释也不乏牵强附会之言。他的最有影响著作是《光学哲学定量实验的基本原理》(1652～1656年),在书中介绍了他早年设计制作的反射式望远镜。受其启发,1663年英国数学家、天文学家J.格雷戈里发表改进了的反射望远镜设计(但由于当时磨制玻璃不精确而制作失败),1668年牛顿建造成功历史上第一架实用型反射望远镜。1646和1649年,祖基先后出版两部机械学专著,进行了力学分析,还提到了磁力,他在书中通过介绍气压计来证明空气的存在,驳斥了真空论;1652年他首次证明了磷会自行燃烧发光不是因为吸收储存了光的缘故。后人为纪念他在天文学上的贡献,月球上有以他命名的祖基环形山。

(李啸虎 吴茂庆)

那吉沙(Nāgeśa) 印度人,鼎盛期约1630年前后。天文学。

出身古吉拉特地区一个博学的婆罗门家庭。1619年完成主要天文著作《天体学》,由37个诗节组成,阐述日、月、行星真黄经的计算方法,所用参数取自伽内沙的著作。还撰有一本题名为《推论要旨》的书,论述计算朔望月中太阴日的方法,也是用诗歌体写成的,取1629～1630年为范例年。儿子西梵(Siva)撰写的《天体运行纵横谈》论述太阳进入黄道十二宫的时间。1633年他的学生耶陀梵(Yadava)以《天体学》为基础,编制出一系列天文表。

(李文华)

伽桑狄,P.(Gassendi, Pierre) 法国人,1592年1月22日生于法国尚泰西耶,1655年10月24日卒于巴黎。天文学、物理学、自然哲学。

早年就读于艾克斯大学。1612年任迪涅大学神学讲师。1614年获神学博士学位。1616年升为神父。1617～1623年任艾克斯大学哲学教授。1628年到佛兰德和荷兰访问。1631年回法国。1645年任巴黎法兰西学院数学教授。

是一位具有唯物主义倾向的哲学家,主要贡献在原子论方面。认为万物是由原子构成的,原子有体积、形状、重量,由于互相碰撞而形成微粒以及其他物体,这一论点恢复了伊壁鸠鲁的原子说。坚持唯物主义的经验论——认识来源于感觉经验,批判了笛卡尔的天赋观念论。但他又认为理智所能认识的只是事物的外表和观象以及支配这些现象的规律;而不能认识"实质性的真理"。认为空间和时间是客观存在的,即使万物消失、万事寂灭,空间和时间仍在。然后又认为运动是宇宙的动力因,上帝是宇宙的终极因或目的因。在伦理学方面,认为身体健康和灵魂安宁是真正的幸福,德行和友谊是获得幸福的方法。

在科学方面,是观测天文学和实验物理学的先驱者之一,曾进行过一系列重要的天文观测,如彗星(1618年)、北极光(1621年)、月蚀(1623年)、水星凌日(1631年)等。还测量过声波的速度。1640年证实在行驶的船上让生物从桅顶降落,仍落在桅杆的底端,从而驳斥了对哥白尼学说的非难。从摆的运动得到启示,认为运动和静止都可看成是惰性的表现。将空气的重量和压力相区分,指出影响气压计的因素主要是空气的压力。

著有《哲学大全》(1658年)、《水星凌日和金星被掩》(1632年)、《形而上学研究或反笛卡尔形而上学》(144年)、《第谷·布尔赫、哥白尼、波伊尔巴赫、雷乔蒙塔努斯列传》(1654年)等。

(方福娟)

席卡德,W.(Schickard, Wilhelm) 德国人,1592年4月22日生于德国黑伦贝格,1635年10月23日卒于蒂宾根。天文学、数学、自然哲学。

1609年和1611年先后被蒂宾根大学授予文学士和文学硕士学位。1613年之前留校研究神学和东方语言学。1617年与开普勒结识后才对数学和天文学感兴趣。1619年任蒂宾根大学希伯来语教授,1631年任该校天文学系主任。一生博学多艺,精通数种语言,并在数学、天文学、光学、气象学和制图学等领域写过不少篇论文。发明了第一架近代机械计算器样机。是开普勒理论的早期支持者,曾编算月历,观测1618年彗星,观测和研究了1631年水星凌日。

(倪祥斌)

汤若望(Johann Adam Schall von Bell) 字道未,按其原名直译为约翰·亚当·沙尔·冯·贝尔。德国来华传教士。1592年5月1日生于德国科隆,1666年8月15日卒于北京。天文学、机械学。

出身贵族。早年毕业于德国耶稣会创办的三王冠中学。19岁加入耶稣会。后去罗马学院研究神学和数

学。1617年毕业后晋升为神父。翌年奉命启程来华，先到澳门、广东等地，1623年到北京。1627年奉命去西安管理教会事务。1630年应召回京在徐光启领导下参与修撰《崇祯历书》。1640年升任天主教北京教区负责人。1644年11月被清政府任命为钦天监负责人。顺治亲政之后，宠遇非常。康熙三年（1664年）受杨光先诬告下狱，虽因孝庄皇太后的干预免于死刑，但获释后第二年就病故了。病故后3年，由于南怀仁的努力，康熙皇帝于康熙八年（1669年）为他恢复了一切名誉。

是参加修撰《崇祯历书》的4名耶稣会士之一。该书于崇祯七年（1634年）修成，共137卷，其中关于交食的17卷皆为他所撰。否定了当时欧洲天文学权威第谷认为日全食不可能的说法。还参加了其他许多卷的工作以及一些天文仪器的制造。清朝建立后，将《崇祯历书》加以增删，改名《西洋新法历书》，献与清廷，得到采纳。《崇祯历书》是一部西方古典天文学的百科全书，其中介绍了依巴谷、托勒玫、巴塔尼、哥白尼、第谷、开普勒、伽利略等西方著名天文学家的学说或工作，但更重要的是介绍了西方天文学的模型方法。该书的颁行，改变了中国传统天文学发展的道路，因而在天文学史上有深远的影响。对此他起了决定性的作用。

是担任中国钦天监监正的第一个外国传教士。从此由来华传教士主持钦天监的传统在清代持续了近2个世纪之久。

另一项重要活动是制造火炮。崇祯年间在北京为明朝政府铸造了大炮20门、轻型炮500门，并口授《火攻挈要》一书，讲述火炮制造、保管、运输、使用和配制火药、制造炮弹等技术。该书是当时有关西洋火炮最权威的中文著作。因造炮之功受崇祯帝嘉奖。（江晓原）

奥迪耶纳，G.（Odierna 或 Hodierna，Gioanbatista） 意大利人，1597年4月13日生于意大利西西里岛拉古萨，1660年4月6日卒于西西里岛帕尔马-迪蒙泰基亚罗。观测天文学、气象学、博物学。

出身贫苦的手工业工人家庭，靠自学成才。曾在拉古萨一所学校教数学和天文学，后来在巴勒莫攻读神学并晋升神父，最后在蒙泰基亚罗就任神职人员和宫廷数学家。同伽利略交往甚密，后者送给他一架望远镜。通过观测确定了4颗木卫的周期，试图预报木卫被木星掩食的时刻，以用来解决在海上测定经度的问题，他和伽利略都没有成功。曾对1618～1619年出现的3颗彗星进行了观测。对土星进行了观测，1656年出版《土星系》一书，并赠送一本给惠更斯，后者回赠一张摆钟的图纸。在光学方面，在研究了光线通过三棱镜所成的光谱以后，于1647年出版《论彩虹及其颜色的性质》，对虹及光谱的形成提出一种含糊的初步解释。

此外，在气象学方面，对气旋作过一些研究。在博物学方面，解释了毒蛇可缩性毒牙的结构和功能，并用显微镜研究了苍蝇及其他昆虫的眼睛。作为实验方法的先驱者之一而名列史册。（李文华）

赖塔，A. M. S. de（Rheita，Anton Maria Schyrlaeus de） 1597年生于波西米亚，1660年卒于意大利拉韦纳。观测天文学、光学。

是一位神父，也是方济各会的托钵僧。17世纪40年代在德国特里尔任神学教授。同一时期还在比利时开始从事天文观测和光学研究。1645年在比利时安特卫普发表一篇论文，题名为“艾诺克和艾利亚的眼睛及其他”，包括了对开普勒望远镜目镜的描述以及自己的发明。文中还使用了自己创造的ocular（目镜）、objective（物镜）等术语。还按自己的观测绘制了月面图。这幅图直径18厘米，尽管细节不够清楚，但它是第一幅把月亮南部作为上端的月面图，显示了通过望远镜所看到的倒像。（谢高峰）

里乔利，G.（Riccioli，Giambattista） 意大利人，1598年4月17日生于意大利费拉拉，1671年1月25日卒于博洛尼亚。观测天文学、月面学、地理学。

16岁进入耶稣会受到全面教育。后在帕尔马和博洛尼亚研究天文学和地理学，并教授意大利文学、哲学和神学。1650年用望远镜首次发现双星大熊座ζ星（开阳），从而成为第一个发现双星的人。编制了恒星星表。绘制了很好的月面图，使用的月面名称沿用至今。在地理学上也有许多著述。测量了地球半径，计算出地球上陆地和水的比例。笃信宗教，因而科学生涯中常暴露出许多显而易见的矛盾。例如“异端裁判所”宣判伽利略有罪之后，尽管他承认哥白尼体系富有想像力，是最好的“数学假设”，但却否认这一体系是真理，并用各种方式对这个体系加以驳斥。擅长实验，专门设计了一系列实验试图用来反驳伽利略的理论。例如，做了精巧的落体实验，但实验结果却进一步证明了伽利略理论的正确性。和F. M. 格里马尔迪一起，把摆改为计时器，为其以后许多重要应用奠定了基础。（谢高峰）

诃利陀塔第二（Haridatta Ⅱ） 印度人，鼎盛期1638年前后。天文历算。

生平不祥。1638年在印度拉贾斯坦邦梅沃尔完成计算行星位置以及日月位置的天文表。在其计算行星位置的表中使用了巴比伦的天文周期。（李文华）

薛凤祚（Xue Fengzuo） 字仪甫。中国明末清初淄川（今山东淄川）人，生于明万历二十八年（1600年），卒于清康熙十九年（1680年）。天文历算、数学。

青年时跟随魏文魁学习中国历法。清顺治三年（1646年）在南京结识来华的波兰传教士穆尼阁（Joan Nicolas Smogolenski），又开始改学西方自然科学。不久穆尼阁去世。把所学的天文、数学、物理和医学等科学知识汇集一起，编纂成《历学会通》56卷。在天文学方面，包括有日月五星运动的推算、交食的计算、回回历法和西法选要等，既介绍了中国的传统天文算法，又概述了欧洲天文学和阿拉伯天文学，起到了融会中西的良好作用。

在数学方面，首次介绍了对数，所编《比例对数表》给出1到20 000的常用对数值，所编的《比例四线新表》

列出了正弦、余弦、正切和余切的对数表，并把这些方法用于天文历法计算。所著《三角算法》详细讲述平面三角法和球面三角法，比《崇祯历书》的内容更加完备。

（徐振韬）

穆那斯梵罗·维斯梵鲁珀（Munīśvara Viśvarūpa） 印度人，1603 年 3 月 17 日生于印度贝拿勒斯，卒年不详。天文历算、数学。

出身婆罗门家庭。父亲是天文学家伦伽那陀。家族中一连 5 代出现天文学家。从师承关系上一直可推溯到天文学家伽内沙。叔父和老师均以研究婆什迦罗第二的著作而闻名。

他在 1635～1638 年，完成婆什迦罗第二的两部天文学和数学名著《丽拉梵蒂》《历数精萃》的注疏工作。1646 年完成自己最著名的著作《历数大全》，反映出对婆什迦罗第二的学术研究造诣之深。对阿拉伯天文学也很熟悉，书中也阐述了这方面的一些知识，但对阿拉伯天文学持否定态度。

（李文华）

霍腾修斯，M.（Hortensius，Martinus） 拉丁名奥坦锡斯（Ortensius），又名范登霍夫，M.（Van den Hove，Maarten）。荷兰人，1605 年生于荷兰代尔夫特，1639 年 8 月 7 日卒于莱顿。天文学。

1628～1630 年间在莱顿大学和根特大学求学。1634 年在阿姆斯特丹学院教数学，1635 年升任该校教授。去世前不久被任命为莱顿大学教授。

是哥白尼理论的热情宣传者，曾在教学工作中专门讲授哥白尼理论。此外，曾测得太阳离地球最近时角直径为 36′，最远时为 33′34″，两者的比值为 1.072，这是对太阳角直径最早的实测数据之一。当时开普勒通过测定认为太阳的平均角直径为 30′（真值为 32′04″），最近时与最远时太阳角直径的比值为 1.033（真值为 1.034）。看来，霍腾修斯的测量值不及开普勒的准确。

（葛京坪）

布利奥，I.（Boulliau，Ismael） 法国人，1605 年 9 月 28 日生于法国卢丹，1694 年 11 月 25 日卒于巴黎。天文学、数学。

原学法律和人文学科，并向父亲学习天文学。1633 年后专攻天文学。1663 年被选为英国皇家学会首批外籍会员。在天文学上，1667 年首次测定苎藁增二（鲸鱼座 o）变星的周期，与今测值仅差 2 天。是当时少数几位接受行星椭圆轨道学说的天文学者之一，但又反对开普勒的新天文学，坚持以行星匀速运动为核心的几何天文学。在 1645 年率先作出推测：若天体间存在引力的话，则这种力应与距离平方成反比。这是牛顿的引力理论的先声。出版过几本数学著作，但方法陈旧，影响很小。是法国科学院的奠基人之一，积极传播惠更斯与帕斯卡的学术成就，在科学交流活动中有不可磨灭的功绩。

（吴茂庆）

博雷利，G.A.（Borelli，Giovanni Alfonso） 意大利人，1608 年 1 月生于意大利那不勒斯，1679 年 12 月 31 日卒于罗马。观测天文学、物理学、生理学、火山学。

父亲是一名西班牙士兵。博雷利年轻时曾在那不勒斯大学攻读医学。后在罗马大学受教于伽利略的学生、著名学者 B. 卡斯泰利。1635 年被后者推荐为西西里岛墨西拿大学数学教授。1656 年任比萨大学数学教授。在此期间曾参与西门多科学院物理实验活动，成为该组织领导人物之一。还在自己的住处设置一个解剖实验室，进行生理学研究。1665 年在佛罗伦萨创建一座天文台。1667 年因拒绝将所写的《振动力》以西门多科学院的名义发表，与该院创建人发生矛盾，重返墨西拿大学任教。1672 年因参与反抗西班牙统治遭到通缉而潜逃罗马，后来在颠沛流离中去世。

通过视差观测，证明 1664 年 12 月出现的大彗星比月球还远，并指出该彗星不是沿直线而是沿类似抛物线的曲线在运动。1666 年使用佛罗伦萨天文台性能精良的望远镜仔细观测了木星卫星的运动，写成《木星卫星的物理原理》一书，用向心力、离心力和光的作用解释行星的椭圆轨道。认为行星具有向心倾向，中央物体（例如太阳）发出的光也随着中央物体的旋转而旋转，并迫使行星围绕中央物体旋转，所产生的离心力与原来的向心力相平衡，于是行星便在一定的轨道上运动。但是未能用数学语言表达自己的揣测。20 年后牛顿解决了这个重大问题。

在物理学上，从理论和实验两方面研究了振动、摆动、流体运动、气球上升、水泵、托里拆利试验以及冰的膨胀。

在生理学上的重要著作是 1681 年的《动物的运动》。书中讨论了肌肉产生的运动、肌肉本身的运动、循环、呼吸、体液的分泌和神经活动。因试图以力学原理来解释动物身体的运动，故被认为是物理医学派的奠基人。其他著作有《评埃马努里几何学题解》（1646 年）、《欧几里得〈几何原本〉概要》（1658 年）、《阿波罗尼〈圆锥曲线〉5、6、7 卷拉丁译本》（1661 年）、《1664 年 12 月彗星观测》（1665 年）、《摆动》（1670 年）、《1669 年埃特纳火山爆发的气象学研究》（1670 年）、《阿波罗尼和阿基米德著作概要》（1679 年）等。

（李文华）

克拉布特里，W.（Crabtree，William） 英国人，1610 年 6 月生于英国曼彻斯特附近布劳顿，1644（?）年 7 月卒于同地。观测天文学。

出身富裕农民家庭。早年在曼彻斯特经商。业余时间进行一系列精确的天文观测。同格雷沙姆学院天文学教授 S. 福斯特（Samuel Foster）及青年天文学家 J. 霍罗克斯保持密切的通信联系。

通过观测确信开普勒的《鲁道夫星表》虽然有错误，仍不失为最佳星表。于是成为开普勒最早的支持者之一。说服霍罗克斯相信开普勒的椭圆轨道比圆形轨道优越。两人都对《鲁道夫星表》做了大量修正，使之更符合观测。他还将表中的数字改为十进制。霍罗克斯据此第一个预报了 1639 年 12 月 4 日的金星凌日。两人同时观测到这一现象。霍罗克斯由此获得金星直径、金星轨道要素以及日地距离更为精确的数值，他敏锐的观察力，特别是对霍罗克斯的深远影响，在天文学史上占有一席之地。（李文华）

迦摩拉迦罗（Kamalākara） 印度人，约 1610 年生于印度贝拿勒斯，卒年不详。天文历算。

出身婆罗门家庭。家族中一连 4 代出现天文学家。幼年从长兄学习天文学。在学术上与贝拿勒斯另一位著名天文学家穆那斯梵罗·维斯梵鲁帕的观点相反，对阿拉伯天文学持肯定态度。将印度天文学、亚里士多德物理学和由阿拉伯天文学家（特别是乌鲁伯格）所描述的托勒玫天文学熔合成一体。成名作是 1658 年完成的《塔梵维梵迦历数书》。论述了时间的计量，涉及周日运动的三个问题（方向、位置和时间）、行星的距离和直径、地球的影、新月、偕日升与偕日落、日月食以及行星凌日。（李文华）

马克格拉夫，G.（Markgraf 或 Marcgraf, Georg） 德国人，1610 年 9 月 20 日生于德国利布施塔特，1644 年 8 月卒于安哥拉罗安达。观测天文学、生物学。

早年在家中接受教育，精通希腊语、拉丁语、音乐和绘画。1627 年开始随科学家旅行走遍德国。1636 年进入荷兰莱顿大学学习。1638 年应邀参加一个由军事人员和科学家组成的远征队去巴西考察。他的任务是绘制地图、搜集动植物标本。很早就对观测南天星空深感兴趣，远征队在巴西的安东尼奥·瓦兹岛为他建起一座天文台。在那里作了包括对水星和 1640 年日食的许多天文观测。还为该岛引进了途中搜集的动植物。1644 年在返回途中到东非考察，因患热病去世。（谢高峰）

赫维留，J.（Hevelius, Johannes） 波兰人，1611 年 1 月 28 日生于波兰但泽（今格但斯克），1687 年 1 月 28 日卒于同地。观测天文学、月面学、仪器研制。

父亲是酒商兼房地产商。在但泽的一所大学预科学校学习时，受到天文学课程的个别传授并学习了仪器制造和雕刻的实用技艺。1630 年到荷兰莱顿大学学习法学，并涉猎数学及其在力学和光学上的应用。曾任但泽市议员和市长。

1639 年开始作系统的天文观测。1644 年在自己的住宅屋顶上建立了一座天文台。前妻死后，1663 年与比他小 36 岁的 C. E. 科普曼（Catherina Elisabetha Koopman）结婚。她受过良好教育，协助其工作，并在他死后编辑了他许多未发表的著作。

1642～1645 年对太阳黑子作了辛勤的研究，从而推出一个相当准确的太阳自转周期值。首次描绘了黑子周围的明亮区域，提出了“光斑”一词，一直沿用至今。对行星，特别是对木星和土星作了不少观测。记录了木卫的运动、形态、掩食和公转周期等。

胭学的开创者之一。1647 年出版了第一部著作《月面图》，这是根据 10 年的观测编绘的。书中画出了比较详细的月面特征和每日的月相图。认为月面上大的、相当均匀的灰色斑痕是低的平原，明亮的区域是高的山峰，并求出了一些山峰的高度，数值比伽利略更为准确。给月球上的许多山脉、环形山及其他构造命名，其中大多数沿用至今。最有价值的是描绘了月球的各种天平动状态。利用月面上一对细微结构的视距离的变化判断天平动，这个方法以及引入的初步的月面坐标系为后来的工作奠定了基础。

第二部巨著《彗星图》出版于 1668 年。在书中描述了 1652 年的彗星，并指出它比月亮要远，讨论了彗星的距离、物理结构、形成、轨道等，收集了关于彗星的大量资料。

也从事方位天文学工作，计划编制一个比第谷星表更完善的星表。这个工作开始于 1657 年，可惜由于他的天文台在 1679 年遭受火灾，计划未能实现。仅就已经作过的观测编制了一本包括 1 564 颗恒星的星表。这是历史上最后一本不用望远镜观测的星表，也是第一本给出赤经、赤纬和黄经、黄纬的星表。后人研究了该星表中任选的 10 颗亮星的定位精度，发现所测恒星位置的中误差约为 50″，比第谷的定位精度提高了一倍。这本星表在他死后以书名《天象图志》（1690 年）出版，包含 56 幅精美的星图，命名了 11 个新星座，其中有 7 个留传至今。也给后来划定星座范围及制作星图树立了楷模。

观测成就应归功于他的设计和制造仪器方面的技巧。他曾设计新型日晷，制造了铜地平象限仪，复制了一些第谷的仪器。编写的《天文器械》一书，评价了古代和当时天文学家的观测精度并描述了他们的仪器，如象限仪、纪限仪等，讨论了仪器刻度的划分、子午环的建造、时钟材料、自己的望远镜和观测室等，还搜集了大量观测数据以及几乎每一类数据的归算。还擅长雕刻，在他的书中附有自己雕版的封面或插图。

（萧耐园 葛京坪）

加斯科因，W.（Gascoigne, William） 一译盖斯科因。英国人，约 1612 年生于英国约克郡，1644 年 7 月 2 日卒。天文仪器研制、光学。

17 世纪 60 年代法国 A. 奥佐和 J. 皮卡尔在望远镜成像的焦平面上装上十字叉丝，并发明了测微器以测量视场中的微小角距离。其实早在 30 多年前加斯科因对此就已作过研究，不仅进行了光学设计，而且在 1641 年制成了样品并作了一些满意的观测。1644 年在英国内战中阵亡。他的工作一度不为人们所知，但他的测微器在 R. 汤利手中保留下来。后来经研究证明这是最早研

制成的测微器。在天文学上测微器广泛地应用于测定天体位置、测时、测纬及测定双星角距等，使测量精度得到极大提高。（唐玄之）

克利什纳（Krsna） 印度人，1653年前后活跃于印度马哈拉施特拉邦塔塔卡。天文学。

1653年应布巴迪·西瓦（Bhūpati Siva，可能就是1674年建国、脱离莫卧儿帝国统治的马拉塔国的国王Sivājī）的要求，在孟买附近完成天文著作《实用瑰宝》。它以伽内沙的《行星浅论》为基础撰写的，附有许多计算用表。全书共14章，论述行星的平运动、太阳和月亮的真黄经、行星的真黄经、涉及周日运动的三个问题（方向、位置和时间）、日月食、偕日升和偕日落、行星的黄纬、新月、行星会合以及恒星等问题。（李文华）

比奥，J.（Buot，Jacques） 生年不详，约1675～1677年卒。观测天文学、物理学。

1666年法国科学院创建时起他就是该院院士。惠更斯在1667年7月16日的土星光环观测中，测出该环相对于土星赤道面的倾角为8°58′，而相对于黄道面的倾角是31°22′。此后不久，他测得土星环对黄道面的交角为31°38′35″。同年8月15日，惠更斯、J.皮卡尔、J.里谢和他经过反复测量，最终测得土星环相对于行星赤道面和黄道面的倾角分别为9°32′50″和32°。他还发明了一种赤道方位仪，用于测定子午圈与地平面的交点。

1670年利用水和油反复进行惠更斯等人曾在1667年做过的试验：测定液体凝固时的膨胀力，结果发现水和油两者的膨胀力不同。1669年与惠更斯等人共同讨论了引力产生的原因，同年提出了一种引力作用与距离相关的理论。（倪祥斌）

沃顿，G.（Wharton，George） 英国人，1617年4月4日生于英国威斯特摩兰郡斯特里克兰，1681年8月12日卒于伦敦。天文历算。

1633年进牛津大学读书。1642年英国爆发内战，他曾为国王招募过一支骑兵队，并加入过牛津保皇党炮兵队。1650年被胜利了的议会党人抓获判处死刑，但宽厚的论战对手、星占家W.利利（William Lilly）为他作保赦罪，得以苟生。后在王朝复辟时期被封为准男爵。

在当时以数学家和星历表的编算家而闻名于英国，但主要兴趣在于占星术，对当时兴起的实验哲学和科学运动很少关注。赞成第谷的宇宙体系，并写过分析和纠正儒略历错误的文章（未发表）。在政治上是强硬的保皇党人。1641年廉价发行自己的天文历书，对天象进行强烈的保皇派解释，结果卷进一场同议会派星相家的激烈论战。（李啸虎）

沃德，S.（Ward，Seth） 英国人，1617年4月5日生于英国赫特福德郡阿斯彭登，1689年1月6日卒于奈茨布里奇（现位于伦敦）。天文学。

出身律师家庭。1632年进剑桥大学学习，1637年获文学士学位，1640年获文学硕士学位，1654年获神学博士学位。1649年任牛津大学天文学教授，直到1660年因不满校方的行政管理而辞教。此后曾担任过基督教主教。

在天文学方面的主要成就是提出一个能代替开普勒面积定律的简化公式。后来又经一些人的修正，成为广泛用于行星计算的公式。代表作有《天文几何学》（1656年）等。（倪祥斌）

霍罗克斯，J.（Horrocks，Jeremiah） 英国人，约1618年生于英国兰开夏郡，1641年1月3日卒于托克斯泰斯帕克（今利物浦附近）。天文学。

1632～1635年在剑桥大学伊曼纽尔学院上学，是一名以劳动维持生计的减费生，未获学位。自学天文学，并与曼彻斯特附近布劳顿的商人、业余天文学家W.克拉布特里广泛合作，共同探讨天文学问题。

在短暂然而非凡的一生中涉猎了天文学的许多领域。是一个刻苦和仔细的观测者，致力于消除观测误差，提高观测精度。在月球和行星的理论上也作出了出色的贡献。

1635年以后根据开普勒编制的《鲁道夫星表》观测行星，确认这个表比其他的表优良。以后几年从事对它的改进，并研究开普勒的著作，成了开普勒的行星椭圆轨道理论的热情支持者，提出了自己对行星作椭圆运动的解释，认为太阳将行星拉离其原先的直线轨道，迫使其成为椭圆。还暗示了这样的观点，即行星相互之间有引力，同时也作用于太阳上，只是由于太阳的质量比其他天体大得多，不能被推离它所处的中心位置。仔细地重新测定几个行星的视直径，检查了计算它们视差的方法，获得了改进的轨道要素。求得太阳的地平视差为14″（现测值为8″.79），许多年后这个值才被改进。还发现了木星和土星运动中的不规则性。由于订正了开普勒星表中的缺陷，预言了金星凌日，并于1639年首次观测到金星凌日现象，据以重新确定了金星的轨道根数。此外，还求得金星直径的上限为1′16″±4″，与观测值颇为接近。还把开普勒的行星运动理论应用于月亮运动。首先说明月球运动中的出差和二均差都是月球轨道椭率变化和拱点不均匀运动的结果，而其根源则是由于受到太阳引力的影响。这一理论直至1672年才得以发表，并被牛顿所引用。

他是天文学发展中从开普勒到牛顿这一过渡时期的代表人物。他的早逝对于天文学是一大损失，更可惜的是大部分的研究报告都散失了。（萧耐园 葛京坪）

格里马尔迪，F.M.（Grimaldi，Francesco Maria） 意大利人，1618年4月2日生于意大利博洛尼亚，1663年12月28日卒于同地。月面学、观测天文学、光学。

1635～1638年在博洛尼亚大学学习哲学。1638～

1642年在博洛尼亚大学圣卢恰学院教授修辞学和希腊拉丁古典文学。1647年获博士学位。1651年晋升神父。还先后教过神学、哲学和数学。1640～1650年与G. B. 里乔利合作，在阿西奈利塔以摆作为计时器进行了自由落体实验，发现落体的距离与时间的平方成正比。他测量了月面山峰的高度，绘制了精确的月面图，并以天文学家和物理学家的名字为月面地域命名。1655年后致力于撰写《光学》，指出光具有波动性，颜色不过是光的一种属性。通过狭缝实验，第一个发现了光的衍射现象，为光的波动说提供了证据。还论述了光的漫射、反射、折射等现象。牛顿和胡克从他的著作中获得很大启发。（谢高峰）

昂泰尔姆，V.（Anthelme，Voituret） 法国人，约1618年生于法国的沙特奈-旺登，1683年12月14日卒于第戎。观测天文学。

是一位天主教神父。天文工作是研究天象变化和发现彗星。观测主要集中在天鹅座和仙后座两个天区，1670～1672年发现狐狸座R的新星爆发。研究芻藁增二（鲸鱼座o）长周期变星的光度变化并编制了该变星的星历表，认为它在作缓慢的自转。观测了1680年出现的彗星，于翌年发表论文"彗星详释"，指出彗星同其他天体一样，遵循同样的运动规律，它们的轨道中心离地球十分远，因而其轨道具有很小的曲率，就可认为彗星近似作直线运动。否定笛卡尔关于把彗星当作从大旋涡里分离出来的恒星的解释，而认为彗星是能被太阳光穿透的奇特天体。（刘汝良）

温，V.（Wing，Vincent） 英国人，1619年4月19日生于英国拉特兰郡北卢芬汉，1668年9月30日卒于同地。天文学。

接受正规教育甚少，自学成才。为谋生计曾做过测量员、历书编辑员、星占学家和天文著作的多产作家。当时最通用的历书就是他编辑的。1648年与他人合作出版的第一部著作《宇宙实况》认为地球是稳定的，全书贯穿了托勒玫的思想。17世纪后半叶，像许多天文学家那样成了布利沃和S. 沃德的追随者，接受开普勒第二定律的变种"虚焦点"理论。在1651年和1656年发表的著作中，采用布利沃方法求出包括月球轨道在内的一系列轨道，它们纯粹是用圆和本轮的几何方法得到的。主要著作《英国天文学》（1652年初版，1669再版）中，已抛弃了本轮的概念。该书中还附有多种天文表。（倪祥斌）

皮卡尔，J.（Picard，Jean） 法国人，1620年7月21日生于法国拉弗莱什，1682年10月12日卒于巴黎。天文大地测量学、仪器研制。

早年经历不详，只知道青年时当过园丁。在天文学家J. de 瓦卢瓦（Jacques de Valois）的带领下进行过天文观测。受其鼓励才进一家神学院就读，在该院也许获得了牧师职位。1645年8月21日，协助伽桑狄观测日全食，此后一段时间中当了伽桑狄的助手。1666年参与创办法国科学院。1673年到巴黎天文台工作。

1666年与A. 奥佐合作，首先制成动丝测微器。这种仪器中既有固定的定丝又有可移动的动丝，比W. 加斯科因于1638年最早发明的由两片可移动的金属刀刃构成的测微器先进得多。1667年夏把望远镜应用于象限仪，使测角精度大大提高。1668～1670年，用带测微器的望远镜及经自己改进后的象限仪作较长基线的多点综合观测（观测精度比以往高30～40倍），测量了位于同一子午线上两地（分别位于亚眠和科尔贝-埃索纳附近）的距离和纬度差，从而推算出当时最精确的地球半径值，发表于1671年。这为牛顿定量地验证万有引力定律提供了可靠的数据。在1672年火星冲日期间参与测量了火星的视差，由这次测量首次推算出较为准确的太阳视差值。同年从丹麦返回法国时，因赏识O. 罗默的才能，把这位年轻的丹麦天文学家带到巴黎天文台工作。几年后罗默就在该台作出首次测定光速的重要贡献。1672年皮卡尔在观测记录中注明北极星有一种周年位移，经后人研究指出这是一种由光行差和地球章动造成的视现象。1679～1681年与拉伊尔广泛地开展大地测量工作，从而为法国奠定了天文大地测量的基础，并为绘制新的法国地图提供了重要资料。曾为凡尔赛等地城堡的水源勘测作出重要贡献，也是稀薄气体放电现象的最早观测者。（倪祥斌）

斯特里特，T.（Streete，Thomas） 英国人，1622年3月15日生于爱尔兰科克，1689年8月27日卒于英国伦敦。观测天文学、科学传播。

是伦敦一家税务所的职员。曾协助英国国内外许多有名天文学家观测过日食、凌日、彗星和其他一些不常见的天文现象。在许多年中出版过出色的星历表，并深入研究过海洋上经度的测定工作。最杰出的成就是1661年编著《查理一世时期的天文学》（1710年第2版，1716年第3版），这是17世纪后半叶最受欢迎的天文学著作之一，成了牛顿、弗拉姆斯蒂德和哈雷学习天文学的教科书。该书曾多次再版，一直沿用到18世纪。它还是传布开普勒思想的重要著作，牛顿正是从该书了解到开普勒定律的。（倪祥斌）

鲁克，L.（Rooke，Lawrence） 英国人，1622年3月23日生于英国德特福德（今属伦敦），1662年7月7日卒于伦敦。天文学、自然哲学。

早年就读于伊顿公学，1643年获文学士学位，1647年获文科硕士学位。1650年在牛津大学沃德姆学院学习。1652年任伦敦格雷尼姆学院天文学教授，1657年改任几何学教授。观测了1652年彗星，并对木星卫星作了一系列观测，企图定出木卫被木星掩食的准确的星历表以建立一种在海上测定地理经度的方法，但未能成功。曾与C. 雷恩合作做了弹性物体的碰撞实验。还是英国皇家学会的创始人之一。1658 年以后，和许多同事常在他和雷恩的家里聚会，成立了一个组织，后来便发展成为英国皇家学会。（谢高峰）

南怀仁(Verbiest, Ferdinnad) 字敦伯，按原名直译为韦比埃。比利时来华传教士。1623 年 10 月 9 日生于比利时西佛兰德斯省，1688 年 1 月 28 日卒于北京。天文学、仪器研制、工程技术、科学传播。

18 岁加入耶稣会。1656 年被派遣来华。1660 年奉召到北京协助当时钦天监负责人汤若望工作。1664 年因汤若望案受到株连，一度下狱。1668 年康熙令他和杨光先等人用实测来检验当时中西历法的优劣，证明西法确比杨光先等人的旧法为优。由于他的努力，促成了汤若望案的平反。此后深受康熙的信任，负责钦天监工作，并任康熙的私人教师，在宫中进讲数学、天文和力学等知识。1674 年因造天文仪器有功加太常寺卿衔。1682 年因造炮有功加工部右侍郎，同年随康熙东巡，有《鞑靼旅行记》之作。65 岁去世，谥"勤敏"，葬于北京。

1669～1673 年在北京主持建造了 6 件大型青铜天文仪器：黄道经纬仪、地平纬仪(象限仪)、纪限仪、赤道经纬仪、地平经仪和天体仪。前三者是中国传统天文仪器中所没有的。6 件仪器在刻度、读数和照准等方面较中国传统仪器有很大改进。西方的古典大型测角仪器即使在欧洲现在也已极为罕见，因此这 6 件仪器在天文学史和工艺史上有极为重要的意义。这 6 件仪器现在仍保存在北京古观象台上。撰写《灵台仪象志》一书，详述这些仪器的结构、原理、安装和使用，还介绍了力学和光学等方面的一些知识。书中有 117 幅极为精美的附图，完整地保存至今，是研究 17 世纪欧洲工艺学的宝贵史料。

将蒸汽用作交通工具动力的先驱者。1678 年，在北京试验用涡轮蒸汽机驱动小车和小船，并提出涡轮蒸汽机的许多用途。这比赛明顿(Symington)的蒸汽船早 123 年。从使用涡轮机驱动船只来说，更比帕森斯(Parsons)早 218 年。因而在热机发展史上占有重要地位。另一项重要工作是为清朝政府制造火炮。1675 年 3 月造成第一门样炮，此后继续铸造。造炮的规模和速度是惊人的。在 1680 年 11 月 4 日到 1681 年 8 月 11 日这 280 多天中督造了 320 门战炮。1682 年 1 月进献《神威图说》一书，内容是关于火炮的理论和图解。

还写了许多关于天文、地理和仪器方面的中文著作，介绍当时欧洲的自然科学知识。《鞑靼旅行记》向欧洲读者介绍了康熙的为人及其科学活动、皇室旅行、狩猎、中国辽东地区的风貌以及自己的宗教宣传等情况。（江晓原）

卡西尼家族(Cassini Family) 17～18 世纪法国 4 代相继的意大利裔天文学家家族。自第一代于 1669 年从意大利迁到法国定居直到法国大革命的 120 年间，这个家族在指导天文学法国学派的活动上，起了重要作用。

卡西尼，G. D.(Cassini, Gian Domenico) 即卡西尼一世(Cassini I)。1625 年 6 月 8 日生于意大利因佩利亚的佩里纳尔多，1712 年 9 月 14 日卒于法国巴黎。观测天文学、大地测量学。

由舅父抚养成人。早年在瓦尔博恩学习，后来到热那亚的耶稣学院和圣弗鲁克图奥索的修道院学习。求知欲旺盛，对诗歌、数学和天文学尤感兴趣。曾爱好星占学，后认识其虚伪性。但其丰富的星占学知识获得的声望对他从事天文事业大有裨益。应业余天文学家马尔瓦西亚(Malvasia)侯爵的邀请到博洛尼亚附近一家私人天文台工作，在里乔利和格里马尔迪的指导下从事天文研究。1650～1669 年任博洛尼亚大学天文学首席教授。

通过对 1652～1653 年的彗星观测，认识到彗星是类似于行星的天体，但其轨道具有很大的偏心率。1653 年设计重建博洛尼亚的圣佩特罗尼奥教堂的大日晷。用它进行了许多观测，研究黄赤交角、二分点和二至点的精确位置、太阳的视运动及其半径的变化，甚至大气折射等。1659 年提出了一种按第谷假说建立的行星系模型。1661 年发展了描绘日食连续相的方法。1662 年在大日晷观测的基础上，发表了新的太阳表，还发展了根据正弦定律的大气折射理论。1664 年报导了在费拉拉作的日食观测。1644～1665 年观测了一颗彗星，并推导出一种符合第谷系统的彗星轨道新理论。1664 年 7 月观测到木星卫星影凌木星现象，由此得以研究木卫的转动和木星的自转，测得木星自转周期为 9 小时 56 分，十分接近现代值。同时描述了木星表面的带纹和斑点，正确地解释为木星的大气现象，并指出木星外形呈扁圆状。1666 年测得火星自转周期为 24 小时 40 分。这比现代的公认值只大 3 分。1667 年对金星作了同样的测定，但不够精确。1668 年刊布了第一个木卫星历表，天文学家和航海家使用了近 30 年，特别是 1675～1676 年罗默证明光速有限时也用了这个表。

应法王路易十四(Louis XIV)之请，1669 年 4 月 4 日到达巴黎，参加法国科学院的工作。1671 年巴黎天文台落成，成为该天文台的领导人。1673 年入法国籍。为巴黎天文台购置新仪器，并加以改进，从而能用当时世界上第一流的望远镜从事天文观测。1671 年发现土星的卫星土卫八，并说明其亮度变化是由于总以同一面朝着土星。1672 年发现土卫五，1684 年发现土卫三和土卫四。1675 年发现土星光环中间有一条暗缝，后称卡西尼环缝。提出光环是由无数小颗粒所构成。两个多世纪后的分光观测证实了这一推测。1671～1679 年仔细观测了月面的特征，1679 年向法国科学院呈交了一份大幅月面图，在一个多世纪内始终无人能在这方面超过他。从 1683 年 3 月起系统地观测研究了黄道光，正确地猜测到它是无数极细微的行星际微粒反射太阳光造成的，而不是大气现象。1672 年火星冲日期间测定了它的视差。当时他和 J. 皮卡尔在巴黎而 J. 里歇在法属圭亚那的卡宴同时观测，得到火星视差为 25″，并据以推算出太阳视差为 9″.5，这是当时最接近真值的数据。1683年起领导对通过巴黎和亚眠的子午线弧长的测量工作，将测量的弧段扩展到法国南北疆界之内的8°30′。这项工作曾一度中断，1700年后才告完成。这次测量的结果促使他提出地球赤道半径小于极半径的假说。

研究活动还涉及水利等方面。1657年作为博洛尼亚当局派遣的官方专家，参与解决博洛尼亚和费拉拉关于雷诺河流向的争端。编写了一些有关河流泛滥和避免洪水方法的专题报告，并做了一些应用水利学的实验。

在理论上偏于保守。虽然后来放弃了第谷的行星体系，但对哥白尼的理论仍持严重保留态度，特别表现在反对开普勒定律，认为行星轨道不是椭圆而是一种四次曲线，即到两定点距离之乘积为常数的动点的轨迹(卡西尼卵形线)。他拒不接受牛顿的万有引力定律，反对罗默关于光速有限的结论。这种保守倾向对他的继承者影响很大。他不是一个理论家，而是一个天才的观测者；许多发现足以使他在牛顿之前的这一辈天文学家中赢得崇高的地位。

卡西尼，J.（Cassini, Jacques） 即卡西尼二世(Cassini Ⅱ)。1677年2月18日生于法国巴黎，1756年4月15日卒于瓦兹省克莱蒙附近的蒂里。观测天文学、大地测量学。

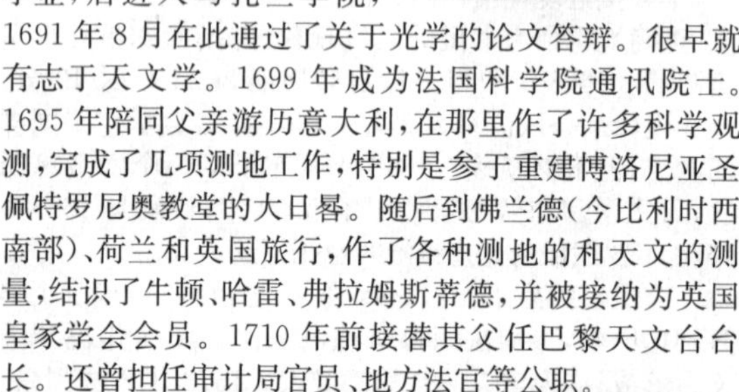

G. D. 卡西尼的次子。在巴黎天文台的家中开始其学业，后进入马扎兰学院，1691年8月在此通过了关于光学的论文答辩。很早就有志于天文学。1699年成为法国科学院通讯院士。1695年陪同父亲游历意大利，在那里作了许多科学观测，完成了几项测地工作，特别是参于重建博洛尼亚圣佩特罗尼奥教堂的大日晷。随后到佛兰德(今比利时西南部)、荷兰和英国旅行，作了各种测地的和天文的测量，结识了牛顿、哈雷、弗拉姆斯蒂德，并被接纳为英国皇家学会会员。1710年前接替其父任巴黎天文台台长。还曾担任审计局官员、地方法官等公职。

1700～1701年，参加了其父将通过巴黎的子午圈弧长的测量扩展到法国南部边界的计划。提出了一种利用月掩恒星和行星以测定经度的新方法。1718年完成了巴黎子午圈弧长的测量，向北一直沿伸到敦刻尔克。测量结果发表在1718年的《法国科学院院志》上。根据这一工作，1722年发表了著作《论地球的大小和形状》。书中支持其父亲关于地球赤道半径小于极半径的错误观点，反对牛顿和惠更斯主张的地球扁平假说。1733～1734年间进行了由圣马洛到斯特拉斯堡的垂直于巴黎子午线的纬度圈的测定。毕生发表了大量天文学著作。研究领域涉及行星及其卫星(特别是卫星轨道的倾角和土星光环的结构)、彗星的观测和理论以及潮汐。1738年独立发现牧夫座α的自行。改进仪器和提出一些新的观测方法。是父亲的热情追随者，竭力为之辩护。虽然接受了哥白尼的观点，却仍然激烈反对牛顿的引力理论。

卡西尼，C.-F.（Cassini, César-François） 或称卡西尼·德·蒂里(Cassini de Thury, César-François)，亦即卡西尼三世(Cassini Ⅲ)。1714年6月17日生于法国瓦兹省克莱蒙附近的蒂里，1784年9月4日卒于巴黎。观测天文学、大地测量学、制图学。

J. 卡西尼的次子。在巴黎天文台的家中，在舅公G. F. 马拉尔迪的指导下学习，天文方面的天赋得到发展。1733～1734年间，参加了其父主持的垂直于巴黎子午线的纬度圈的测量工作，熟悉了测地工作的理论与实践。1735年由科学院任命为编外助理，1741年成为正式助理，随即又成为科学院力学学部的通讯院士。1745年成为天文学部的院士。是英国皇家天文学会外籍会员和柏林科学院的外籍院士。继其父领导巴黎天文台。1771年正式设立巴黎天文台台长一职后，即任台长。还曾任审计局官员、国王参政院参事等公职。

主要贡献在大地测量学和制图学方面。1735～1736年领导了一项测地工作，其目的之一是为编绘法国新地图的草图制订方针。在父亲的主要合作者的协助下，测定了两段垂直巴黎子午线的纬度圈弧长，它们在距巴黎天文台南北分别为60 000法丈(1法丈合1.949米)处引向西方。根据法国境内18个基点上构筑的400个主要三角形，领导绘制了比例尺为1∶870 000的新法国地图，分为18分幅，于1745年提交给科学院，1746(或1747)年发表。1746～1747年，在佛兰德和荷兰进行制图工作。之后受国王委托着手编绘比例尺为1∶86 400的新地图的工作。1750年开始普查，曾一度中断，在他去世时仅布列塔尼的地图尚未完成，后由其子继续。

在天文方面曾从事日食和月食观测、掩星观测、测定二至点、研究彗星轨道、改进仪器的结构和应用等。观测了1761年的金星凌日。保守倾向较其前辈减少，纠正了他们关于地球形状的错误观点，但对天文学的贡献却较为逊色。

卡西尼，J.-D.（Cassini, Jean-Dominique） 即卡西尼四世(Cassini Ⅳ)。1748年6月30日生于巴黎，1845年10月18日卒于瓦兹省克莱蒙附近的蒂里。观测天文学、大地测量学。

C.-F. 卡西尼的独子。曾在巴黎的普莱西学院和瑞伊的奥拉托里学院受中等教育。后曾相继跟随几位物理学家、数学家和天文学家学习。1770年被法国科学院遴选为助理员。1784～1793年继其父任巴黎天文台台长。1785年成为科学院通讯院士。1798年任国立研究所物理学部副研究员，后又升任该所天文学部的研究员。1800～1818年任瓦兹省议会主席。

与父亲一样，在地理学、大地测量学方面作了许多研究。曾继承其父生前未完成的绘制法国地图的工作，至大革命开始时接近完成。1787年与他人合作共同从事通过巴黎与格林尼治的两条子午线的测地工作。革命开始时曾领导绘制一部分新行政区图。曾参加科学院的一个委员会，准备推行新度量衡制。在天文学上的贡献主要是发表了一些观测报告，特别是对1769年6月3日的金星凌日的观测。（萧耐园　葛京坪）

谢克利，J.（Shakerley，Jeremy）　英国人，1626年11月生于英国约克郡哈利法克斯，约1655年卒于印度。观测天文学。

是个勤奋的自学者，从开普勒和布利沃等天文学家的著作中学到天文知识，并得到过天文学家W.利利（William Lilly）和英国有名的慈善家汤利（C. Towneley）的赞助。早年还爱好星占学。1651年编写星历表，附录里预报了同年10月24日水星凌日，用投影法描述如何对其进行最佳观测，是历史上第二个对水星凌日现象作出科学解释的人。因在家乡前途暗淡，1650年到印度找出路。在那里观测了1651年的水星凌日，还收集和研究婆罗门天文学史料。很可能是在印度从事系统的天文观测的第一个英国人，也是对婆罗门天文学发生兴趣的最早一批学者之一。生前出版过《英国历书》（1635年）等3部著作。1655年，在印度的一位友人写信给他，但音讯杳然，估计已经去世。（李啸虎）

王锡阐（Wang Xichan）　字寅旭，号晓菴。中国清代吴江（今江苏吴江县）人，明崇祯元年六月二十三日（1628年7月23日）生，清康熙二十一年九月十八日（1682年10月18日）卒。天文历算、数学。

少年时聪敏过人，喜欢读书，尤其喜爱数学、音韵学和文学。明朝灭亡后，隐居乡间，以教书为主，并专心学习天文。每逢夜晚晴朗，就爬上屋顶，躺在瓦上仰观星象，往往彻夜不眠，直到东方日出。特别是遇到日食或月食，更是精心观察，准确测量，取得第一手的观测记录。通过观测检验自己的理论推算的疏密，从而不断改进计算方法。据史书记载，他"每遇交会，必以新步所测，课校疏密，疾病寒暑无间，于兹三十年矣。"所以在天文学上做出了前所未有的卓越贡献。

清朝初期，西方传教士把持着钦天监，在天文和历学中大力鼓吹西法而贬低中法。他学贯中西、会通古今，因此能判明长短，去伪存真。在《历说》中，指出西法在讨论月亮于近地点的视直径大小和月亮运动的改正等问题上都有缺点和错误，并用交食的实测事例证明西法并不完全准确。在对中法和西法进行透彻研究的基础上，融合两者的优点，写出了著名的学术专著《晓菴新法》6卷。书中论述推求朔望、节气、日月五星位置、昼夜长短、晨昏蒙影、月亮和内行星盈亏、行星和月亮的视直径、视差以及日月食的方法，逻辑严密，技巧新奇。提出计算日月食初亏和复圆方位角的新方法，用此推算1681年的日食，结果比其他方法都准确。在中国天文史上第一次独立发明出推算金星和水星的凌日以及五星凌犯的准确时刻的新法，对中国天文学的发展起着很大的推动作用。对天体运动的起因曾做过大胆的探索，认为"盖因宗动天总挈诸曜为斡旋之主，其气与七政相摄，如磁之于针，某星至某处则向之而升，离某处则达之而降"，暗含着引力概念的雏形，具有重要的科学意义。

著作还有《大统历法启蒙》、《西历启蒙》、《历说》、《历策》、《三辰晷志》和《左右旋问答》等。杰出的成就受到人们敬仰，称他"为术深妙，凡在识者莫不慨然称善也"。（徐振韬）

里歇，J.（Richer，Jean）　法国人，1630年生，1696年卒于巴黎。观测天文学、地理学。

1666年被接纳入刚组建的法国科学院，成为见习天文学家，曾任G. D.卡西尼的助手。1670年用装有望远镜的象限仪测量北美一个法属港口的纬度，精度达几角秒，为当时的最佳数据。1672年5月奉路易十四（Louis XIV）之命，去法属圭亚那的卡宴与巴黎联合观测月食和木卫食，以确定两地经度差。1673年返国。1679年成为科学院院士。在南美期间建立了卡宴天文台，与巴黎的皮卡尔和G. D.卡西尼联合观测了火星，从而求得火星和太阳的视差。发现卡宴的秒摆长度比巴黎的短2.81毫米。另一方面，1672年8月在卡宴观测恒星中天时，发现跟太阳的平均运动相比，摆钟每天慢2分28秒。因此他得出在靠近赤道处同一个摆钟摆动得慢一些的结论。牛顿、达朗贝尔据此推出引力效应在赤道处较小，地球半经在赤道处较大，地球是一个在两极处扁平的椭球体。（谢高峰）

蒙塔纳里，G.（Montanari，Geminiano）　意大利人，1633年6月1日生于意大利摩德纳，1687年10月13日卒于帕多瓦。天文学、物理学、仪器研制。

20岁开始学习法律，获得过教会法和民事法学位，后在维也纳开业做律师。在P.德尔博诺的影响下熟练掌握了数学和自然科学知识，做过私人法律顾问和宫廷哲学家、数学家。在博洛尼亚大学执教多年，这段时间是他一生中最多产的年代，对博洛尼亚的科学发展起了很大影响。17世纪70年代，到帕多瓦大学任天文学和气象学教授。

是变星研究的先驱者之一，发现了大陵五亮度的变化，编制一份变星星表。绘制了精确的月面图，编制过星历表和天文年历；发现了毛细现象，使用气压计预报天气和测量山的高度。长于制造精密仪器，磨制了许多物镜，受到G. D.卡西尼的高度赞扬。还著有炮兵和货币方面的著作。后人评价说："蒙塔纳里在摩德纳是一位天文学家，在博洛尼亚是一位物理学家，在威尼斯是一位工程师。"生动地概括了他的才能。（谢高峰）

坎帕尼，G.（Campani，Giuseppe）　意大利人，1635年生于意大利靠近斯波莱托附近的圣费利切城堡，1715年7月28日卒于罗马。观测天文学、仪器研制。

出身农民家庭。早年离故乡去罗马求学。后与其两个兄弟研制成一台无声夜钟，1656年献给了亚历山大七世（Pope Alexander VII），因此而出名。1663～1664年发明了复合透镜目镜，制成了由一个三合目镜和单片物镜组成的望远镜。1664年制成了一种不必将毛坯铸型便能研磨透镜的磨镜机，并用它生产了长焦距的折射望远镜。1664～1665年用这种望远镜对木星卫星和土星环进行了观测并发表了结果。还制成了一种螺旋镜筒可精密调节的显微镜。一生中一直不停地制造光学仪器，制作的时钟、望远镜、显微镜后来成为一些博物馆的重要收藏品。（张可可）

基尔希一家(Kirch Family) 一个在17～18世纪兴旺的德国天文学家家族，成员包括G.基尔希、妻子M.M.W.基尔希、儿子C.基尔希。

基尔希，G.(Kirch，Gottfried) 1639年12月18日生于德国古本(今威廉·皮克城)，1710年7月25日卒于柏林。观测天文学、天文历算。

裁缝的儿子，因时局不稳被迫随双亲逃往波兰。先在耶拿师从著名历史学家韦戈尔(E. Weigel)，经后者推荐去但泽(今波兰格但斯克)跟天文学家赫维留学习，后回到古本。1692年与M.M.温克尔曼(Maria Margarethe Winkelmann)结婚。以编算出版历书和星历表为生。这些星历表均以开普勒的《鲁道夫星表》为基础编算出来的。是最早用望远镜系统地搜索天空的天文学家之一。发现了几颗彗星，其中包括1680年的大彗星，这颗彗星成为彗星理论中重要的一环。在对这颗彗星观测的基础上，牛顿提出了计算彗星抛物线轨道的方法。还研究过变星，观测过太阳黑子、日食和1707年的水星凌日。1700年柏林天文台即将建成，作为第一个天文学家被召往柏林天文台工作。但由于工期延误，直到他去世半年之后，柏林天文台才竣工。

基尔希，M. M. W.(Kirch，Maria Margarethe Winkelmann) 1670年2月25日生于德国莱比锡附近。1720年12月29日卒于柏林。天文历算。

婚前叫M.M.温克尔曼，1692年嫁给G.基尔希。随丈夫做观测工作和编算历书。丈夫死后，自己继续出版历书。1712～1714年在克罗西克(Baron von Krosigk)的私人天文台工作，然后到但泽。当儿子成为柏林天文台的天文学家以后，也到柏林天文台工作，继续编算年历直到去世。发现了1702年的彗星。1709年出版预言1712年太阳与土星、金星相合的小册子。

基尔希，C.(Kirch，Christfried) 1694年12月24日生于德国古本，1740年3月9日卒于柏林。观测天文学。

G.基尔希之子。早年在莱比锡学习天文学。后来去柯尼斯堡(今俄罗斯加里宁格勒)，继而又去但泽在赫维留的老天文台工作。整理了赫维留的遗稿，修理好观测仪器用于观测。1716年成为柏林天文台的天文学家(原是父亲的职位)。

与欧洲天文学家保持广泛的联系。终身未娶。与3个姐妹和睦生活了20多年。死于心力衰竭。是一个细心的观测者，观测了月掩星、月食、1720年的水星凌日和1733年的日食。对古代天文也很感兴趣，尤其是中国古代的天文观测、东方历法和纪年法。

基尔希，Ch.(Kirch，Christine) 约1696年生于德国古本，1782年5月6日卒于柏林。天文历算。

G.基尔希的女儿。帮助其兄C.基尔希进行观测和计算，并为西里西亚地区计算和编撰历法多年。

（谢高峰）

涉川春海(Shibukawa，Harumi) 日本人，1639年12月27日生于日本京都，1715年11月11日卒于江户(今东京)。天文历算。

父亲安井算哲在幕府中任专职围棋手。他自幼随父学习围棋，同时学习中国的经典和历法。1685年由于在历法改革中的杰出工作，被任命为官方天文学家。日本从公元862年起采用唐朝的《宣明历》为国历，此后很久未有改订。到了他这个时代，由于误差积累了800多年，冬至时刻已经晚于实际天象2日。1669年按照《授时历》的方法，亲自测定冬至日的日影长度，发现《宣明历》与天象严重不合。因此上本请求改用《授时历》。建议被否定之后，潜心研究历法的推算和原理，终于在1683年底编算出第一部日本的历法。日本贞享二年(1685年)这部历法被颁行全国，且命名为《贞享历》。此历基本按照《授时历》的原理和方法，通过实测，结合日本的地理位置编制而成。其中考虑到回归年长度的长期变化用来解释冬至点的变动。18世纪是日本天文学由中国天文学向西方天文学过渡的时代，他是融合这两个体系的第一代日本天文家之一。（徐振韬）

达朗塞，J.(Dalencé，Joachim) 法国人，约1640年生于法国巴黎，1707(?)年2月17日卒于里尔。天文历算、磁学。

父亲是皇帝的外科医生。1663年，他任职于皇家秘书和参事办公室。1668年在英格兰旅行途中买了一架望远镜，用它进行天文观测。1685～1688年，在荷兰、比利时等国为皇家收藏馆收购书籍和艺术品。

主要的学术工作是在1679～1684年间编了最早的6本《时间的知识》，这是法国最早的有科学价值的天文年历。1687年和1688年，先后发表了两篇有关磁学的论文。（张可可）

拉伊尔，P. de(La Hire，Philippe de) 法国人，1640年3月18日生于法国巴黎，1718年4月21日卒于同地。观测天文学、解析几何、大地测量学。

1660～1664年在意大利威尼斯学习艺术和数学。1678年成为法国科学院的天文学家。

1682年任皇家学院数学教授。1687年任皇家建筑学院教授。作过大量的天文观测，发表过天文用表，其中包括对太阳、月亮和行星运动的观测结果。参加了一系列大地测量工作，测定了法国海岸线上一些点的坐标。撰写有数学、力学、大地测量学等方面的著作。在数学上，研究了经典几何学，特别是阿波罗尼的圆锥曲线，应用笛卡尔解析几何研究方程和不定问题的解，总结了半个世纪以来解析几何所取得的成就。因抵制微积分使其一部分工作毫无结果，但在射影、解析几何和应用几何方面的著述使他成为笛沙格和笛卡儿的最出色的继承者。（谢高峰）

德费尔，G. S.（Dörffel，Georg Samuel） 德国人，1643年10月21日生于德国福格特兰地区普劳恩。1688年8月16日卒于魏达。观测天文学。

出身牧师家庭。早年曾学习过哲学、神学、东方语言和数学。1662年在莱比锡大学获学士学位。翌年在耶拿大学获硕士学位。1672年继承父亲的牧师职位。1684年任魏达的教区主教。

对天文学的主要贡献是在彗星的观测和研究方面。通过实测发现1672年彗星没有可观测到的视差，并仔细观测了该彗星在天球上的视运动。1680年进一步研究了彗星的实际轨道，第一个将1680年彗星的轨道定为抛物线，而太阳应位于该抛物线的焦点上。是1682年出现的哈雷彗星的最早观测者之一。并对月食、掩星、流星等现象作了一些研究。1682～1685年间，还提出了一种利用地球自转、仅从地球上一个观测点测定较近天体距离的新方法。

为了纪念他，1791年J. H. 施罗特尔用德费尔的名字命名了月球上的一片山区。（葛京坪）

罗默，O. C.（Römer，Ole Christensen） 丹麦人，1644年9月25日生于丹麦奥胡斯，1710年9月19日卒于哥本哈根。天文学、仪器研制。

出身小商家庭。1662年进入哥本哈根大学学习天文学与数学。1671年陪J. 皮卡尔去汶岛测定第谷天文台的位置。翌年又随他去法国巴黎天文台任职，并被路易十四（Louis XIV）任命为皇太子的私人教师。1679年随一科学代表团去英国，在那里会见了牛顿、哈雷、弗拉姆斯蒂德。1681年从法国返回丹麦并被任命为皇家天文学家、哥本哈根大学数学教授、哥本哈根天文台台长。还先后兼任过枢密院官员（1688年）、哥本哈根市第一任法官（1693年）、税务鉴定官（1694年）、哥本哈根市市长（1705年）、参议院议长（1707年）等职。

最大贡献是首次成功地测定了光速。1676年通过观测发现，当地球逐渐远离木星时，木卫一两次被掩食的时间间隔变长；当地球逐渐接近木星时，则木卫一两次被掩食的时间间隔变短。随即向法国科学院作了报告，并正确地解释这种现象系光以有限的速度传播而造成的。估算出光通过地球轨道的直径需要22分钟，即光从太阳传到地球需要11分钟。正巧在1673年G. D. 卡西尼测出了太阳视差为9″.5，即日地距离接近于1.4亿千米，于是算出光速约为210 000千米/秒。尽管与现代测定值299 792千米/秒有较大差距，但这毕竟是光速的首次成功的测定。由于光速无限的传统观念的束缚，这一重要发现在当时并未得到大多数人的赞同。直到18世纪20年代，J. 布拉得雷发现光行差现象后，这一发现才得到公认。

1684年发明了一种观测恒星过中天时刻的天体测量仪器，它是现代中星仪的前身。还改进了一种测微器，并测定了约1 000颗恒星的位置。还发明一种温度计，并提出应该用水的沸点和雪的熔点作为温度计的两个固定温标。后来A. 摄尔西乌斯设计温度计（称摄氏温度计）时采用了这一建议。1708年，华伦海特请教并采用了他的很多意见，设计并研制成华氏温度计。（宣焕灿）

弗拉姆斯蒂德，J.（Flamsteed，John） 英国人，1646年8月19日生于英国德比附近的登比，1719年12月31日卒于格林尼治。观测天文学。

父亲是富商。他3岁丧母。少年时代就受到严重的风湿病的摧残，留下后遗症，身体虚弱，不得不从一所免费学校退学。酷爱天文学，自制了象限仪，从事简单的天文观测和计算。19世纪70年代初就读于剑桥大学基督学院，1674年获硕士学位。翌年成为牧师。

对天文学的主要贡献：创建了格林尼治天文台，为近代天文学打下了基础；首次通过望远镜观测，编制出一本十分有用的星表，促进航海学和天文学的发展。

1670年向英国皇家学会呈递了一份月掩星星表，受到学会中著名科学家的重视。很快结识了H. 奥尔登贝格、J. 柯林斯和J. 穆尔（Jonas Moore）等名流。当时航海事业的发展急需解决海上测定经度的问题，但那时的星表上所载恒星位置都是用肉眼观测的，精度远不能满足测定经度的需要。查理二世（Charles Ⅱ）于1675年3月4日任命他为第一任皇家天文学家，并决定在格林尼治公园内的一座山上修建一座天文台。格林尼治天文台于1675年8月10日奠基，建成后由他任第一任台长，任务是编制恒星位置表和月亮运行表。新建的天文台实际上一无所有，经费不足，无力雇用助手及计算人员，一切事务均由他一人担任。在J. 穆尔的帮助下逐渐添置了一些仪器。招收140名学生，教授数学以解决经费问题。1676～1689年使用六分仪作了20 000多次观测，精度达10″，然而测得的都是相对位置。1689年动用自己得到的遗产建造了一架墙弧仪。继而又设计出一种巧妙的方案测量恒星的赤经，测定了40颗参考星的位置。然后根据早先用六分仪测得的相对位置，编算出一部约3 000颗恒星的星表。在这份星表的发表工作尚未准备就绪时，牛顿和哈雷在未经同意的情况下，1712年仓促发表了他的部分资料，引起了他的震怒，将设法得到的四分之三的印本公开付之一炬。编纂的星表《不列颠天文志》在他去世后的1725年才发表。对每一个星座内的星均按赤经递增的顺序编目，即所谓"弗拉姆斯蒂德序号"。这是使用望远镜观测编成的第一部大型星表，比第谷的星表精度提高了6倍，包含有2 935颗恒星的位置。它至今仍是17世纪末天象资料的重要文献，在现代天文学发展史上写下了重要的一页。1729年以该星表为基础绘制的星图问世。

还精确测定了格林尼治天文台的纬度、黄赤交角和二分点的位置，编制了月亮运行表、大气折射表和潮汐表。对行星运动的观测表明木星和土星的运动相互受到万有引力的影响。从对太阳黑子的观测中得出太阳的自转周期为25 $\frac{1}{4}$天。1694年宣称发现了"恒星视差"，实际上是光行差。他置沉疴固疾于不顾，取得如此众多的成绩，这种勤奋精神是罕见的。但他在理论上较保守，直至去世都不相信当时牛顿提出的万有引力理论。（谢高峰）

勒费弗尔，J.（Le Fèbvre，Jean） 法国人，1652年4月9日生于法国利雪，1706年卒于巴黎。天文历算。

据传原以织布为生，经朋友推荐成为J.皮卡尔的助手。因其计算才能得到皮卡尔和P. de拉伊尔的赏识，不久便被选为法国科学院院士。皮卡尔去世后，继承了皮卡尔的编算天文年历工作，负责主编和出版《时间的知识》(当时法国的天文年历)。又协助拉伊尔从事大地测量工作。在拉伊尔发表《天文表》(1687年)之后不久，因指控拉伊尔剽窃了他的天文表，与拉伊尔父子发生争吵。1701年法国政府出面干涉，收回发表《时间的知识》的出版权，并把他从法国科学院排挤出去。但他在风烛残年中仍以J. de博利埃(J. de Beaulieu)的笔名继续发表星历表。（倪祥斌）

莫利纽克斯，W.（Molyneux，William） 1656年4月17日生于爱尔兰都柏林，1698年10月11日卒于同地。天文学、光学。

1671年进入都柏林三一学院学习，1675年获学士学位。1685年当选为英国皇家学会会员。1692年当选为都柏林大学在议会中的代表。1693年获名誉法学博士学位。喜爱自然哲学，早在都柏林三一学院读书时，就从相信亚里士多德的学说转而研究笛卡尔和伽桑迪等人的学说。1683年参与建立都柏林科学学会，后改称都柏林哲学学会。1689年迁居英格兰切斯特，在那里写下了著名的"新屈光学"。这是第一篇用英语发表的光学论文。在与科学家通信中，提出了著名的莫利纽克斯问题(一个盲人如果突然有了视觉，他能否单凭视力区分出自己没有视力时触摸过的球和立方体)。发表了大量科学论文，其中包括天文学和光学的内容。1691年迁回都柏林。1698年死于肾结石。儿子S.莫利纽克斯也是一位出色的天文学家。（谢高峰）

哈雷，E.（Halley，Edmond） 英国人，1656年10月29日(一说11月8日)生于英国伦敦，1742年1月14日卒于格林尼治。观测天文学、彗星天文学、地球物理学。

其父也叫埃德蒙(Edmond)，是伦敦富有的地产主、盐商兼肥皂商。不惜为儿子的教育破费，在他入圣保罗中学以前专门请了家庭教师。他从小热爱天文学，上中学时就曾测出伦敦的磁偏角。1673年进牛津大学女王学院。学习期间设计了测定行星轨道根数的新方法。1676年放弃获得学位的机会，去南大西洋的圣赫勒拿岛作天文观测。1678年获牛津大学皇家文科硕士学位。因发表南天星表和星图而被选为英国皇家学会会员。次年受该学会推荐去波兰但泽访问天文学家赫维留。1680年去巴黎同G. D.卡西尼一起工作，观测了那年的大彗星。1685年起任皇家学会名誉干事的助理，长达14年，期间曾编辑《皇家学会哲学会报》。1696年任切斯特铸币厂督察。1702～1703年受安妮(Anne)女王委派两次访问欧洲，负有建议构筑海港防御工事的外交使命。1704年受聘任牛津大学几何学教授。1720年接替弗拉姆斯提德成为皇家天文学家，并任格林尼治天文台第二任台长。1729年当选为法国科学院外籍院士。

对天文学的最大贡献是对彗星的研究。整理编纂了大量彗星的观测记录，且是第一个全力计算彗星轨道的人。1705年出版《彗星天文学论说》，对从1337～1698年观测到的24颗彗星轨道给出按抛物线的计算结果，也考虑了轨道是椭圆的可能性。通过大量计算，推断其中1682年出现的亮彗星与1531年和1607年亮彗星是同一颗，具有75～76年的周期。还认为1305年、1380年和1456年出现的亮彗星也是这同一颗。进而根据万有引力定律，并考虑到木星的摄动，计算出它下次的回归时间是1758年12月。在他去世后16年，彗星如期而至。该彗星被命名为"哈雷彗星"。这次成功的预测为牛顿的引力学说提供了一个强有力的论据。

另一项重大成就是发现了恒星的自行。18世纪10年代，他把当时观测所得的恒星位置同依巴谷、托勒玫的观测结果作比较，发现大角、南河三和天狼三颗亮星的位置有显著变化。1717年发表论文首次指出恒星在空间是运动的，还指出较暗的恒星也具有自行，只是由于距离过于遥远，其量太小而观测不到。

提出了根据金星凌日观测测定日地距离的方法。早在1677年记录了水星凌日的时间，认识到将不同纬度处所得的观测结果相比较可确定水星距离。利用开普勒行星运动第三定律可进而算出日地距离。由于金星更接近地球，观测金星凌日能更精确地推算出日地距离。制订了观测方法和计算过程，发表在1691年、1694年和1716年的《哲学会报》上。该方法首次在1761年金星凌日观测中应用，以后的一个世纪中一直是最好的方法。

在方位天文学上也颇有建树。通过在圣赫勒拿岛所作的天文观测，发表了第一个南天星表，包含341颗南天恒星的黄道坐标，于1678年在伦敦出版，还绘制了一张星空图。比较了托勒玫记录的日食时刻与按月球运动理论计算的时刻，在1695年提出月球公转周期在过去长时期中发生变化的可能性。从而预言了后来发现的月球长期加速现象。1720年以后在格林尼治天文台建立了第一台子午仪，进行常规观测；并购置大型墙式象限仪，用以观测行星，特别是研究月球的运动。制定了一个雄心勃勃的观测计划，尽管当时已64岁高龄，仍计划在整个沙罗周期(18年)内完成对月球的观测，据以准确确定月球轨道。1731年利用观测月球初步解决了在海上确定经度的方法，在赤道上误差小于110千米。

对新星、星云和宇宙论方面也作过研究。1715年发表论文将先前观测到的新星汇编成表并加评注。还对星云的组成和发光原因作了推测。并通过自己的观测实践阐明宇宙无限的思想。

也是地球物理学的奠基人。1686年发表关于季风和信风的论文，强调太阳加热是产生它们的主要原因。还提出了一种地磁理论，假设地球有4个磁极，分别位于外磁壳和内磁核的两极上。1698～1700年率队驾船出航大西洋，到达南北纬52°间的地区，考察地磁场变化。所绘图表首次将等磁偏线(当时称"哈雷线")与等地磁变化点联系起来，具有重要意义。1693年求得地表水的蒸发率，由此推断湖海中盐度会不断增加，并由此增加速度来确定地球年龄。所得结果否定了《圣经》中的地球年龄，也否定了地球永存的观点。

对数学也深感兴趣。曾翻译古希腊数学家阿波罗尼的《圆锥曲线》等著作，并研究早期数学。曾发表7篇纯数学论文，涉及高等几何、方程的根、对数和三角函数的计算等。

研究工作还涉及考古学。1691年通过对月食等的分析考证了古罗马凯撒(Julius Caeser)大帝在英伦三岛首次登陆的日期和地点。1695年发表关于叙利亚古城巴尔米拉废墟的研究报告，正是在这篇报告里提出了月亮长期加速的可能性。

热爱生活，富于幽默感，待人友好和善，乐于奖掖年轻的天文学家。逝世时引起各界人士的广泛哀悼，不愧为17～18世纪一位伟大的科学家。(萧耐园)

马拉尔迪，G. F. (Maraldi, Giacomo Filippo) 1665年8月21日生于意大利因佩里亚，1729年12月1日卒于法国巴黎。观测天文学、大地测量学。

1687年应舅父G. D. 卡西尼之召到巴黎天文台，成为后者的合作者。后又协助J. 卡西尼工作。积极参加了巴黎天文台的日常观测，发表了许多关于行星及其卫星、日月食和变星的论文。1700～1701年参加了G. D. 卡西尼领导的把巴黎子午线扩展到法国南部边境的工作。然后用了2年时间在罗马做了各种天文观测。1703年回到巴黎天文台。深受G. D. 卡西尼保守思想的影响，例如反对罗默由木卫观测而获得的光速有限的正确假说。主要贡献是为巴黎天文台作了许多可靠的天文观测和高精度的大地测量工作。(谢高峰)

多佩尔迈尔，J. G. (Doppelmayr, Johann Gabriel) 德国人，1671年(?)生于德国纽伦堡，1750年12月1日卒于同地。天文学、数学、物理学、数学史。

出身商人家庭。1696年就读于阿尔特多夫大学。1700年进哈雷大学学习法律，未毕业即改学物理、数学。相继在德国、荷兰、英国旅行和学习近2年。1704年任埃吉丁大学预科的数学教授直至去世。毕生从事教学、写作、物理实验以及天文和气象观测。是柏林科学院院士，圣彼得堡科学院外籍院士，英国皇家学会外籍会员。通过著述把18世纪上半叶英国、荷兰和法国的科学知识介绍到德国。主要著作在天文学上有《哥白尼体系简释》(1707年)、《天文学入门》(1708年)、《新编星图》(1742年)等；在数学上有《实用几何学概要》(1718年初版，1750年再版)等；在物理学上有《图解实验物理学》(1731年)和《新发现的现象》(1744年)等；数学史著作有《历史通报》(1730年)等。(葛京坪)

曼弗雷迪，E. (Manfredi, Eustachio) 意大利人，1674年9月20日生于意大利博洛尼亚，1739年2月15日卒于同地。天文学。

既是诗人又是科学家。早年在一所耶稣会学校学习。1692年成为律师，但未开业。爱好科学，学习过数学、天文学和水力学。1690年成立民间研究机构，这个机构后成为博洛尼亚科学院。1699年任博洛尼亚大学数学讲师。1704年起任博洛尼亚教廷学院院长，1710年任该院天文学教授。还是法国科学院外籍院士、伦敦皇家学会外籍会员。1715～1725年出版了两本实用性很强的星历表。1719年发现了光行差现象，但因坚持地心说和地球静止的观点，未能作出正确的解释。1728年布拉得雷出发现了光行差，并认为这种现象是由于地球公转以及光的运动造成的。然而他却认为布拉得雷的解释只不过是一种未经充分验证的假设。(谢高峰)

拉伊尔，G.-P. de (La Hire, Gabriel-Philippe de) 法国人，1677年7月25日生于法国巴黎，1719年6月4日卒于同地。天文历算、大地测量学。

天文学家和数学家P. de拉伊尔的儿子。童年起就随父在巴黎天文台学习天文学和气象学，成为父亲观测工作的得力助手。1694年任见习天文学家。1718年任皇家建筑学院教授。

编纂了1701年、1702年和1703年的星历表。但是这个工作被J. 勒费弗尔指责为剽窃，因而展开了一场激烈的论战，后来勒费弗尔受到科学院严厉谴责。从1703年开始陆续向科学院呈递了一批学术论文，内容涉及观测天文学、物理天文学、气象学、物理学、应用科

学和医学。1718年参加了由J.卡西尼领导的测量纬度相差1°的子午线弧长的大地测量工作。 (谢高峰)

赫瑞鲍，P.N.(Horrebow, Peder Nielsen) 丹麦人，1679年5月14日生于丹麦勒格斯特，1764年4月15日卒于哥本哈根。天体测量学。

出身穷苦渔家。为了读书，从中学到哥本哈根大学不得不干些力气活。曾做过4年O.罗默的私人助理。1714年任哥本哈根大学教授并任该校朗德陶尔天文台台长，在这个职位上工作了50年直到去世。是丹麦皇家科学院院士。德国、法国等国科学院的外籍院士。

天文学上的主要贡献是在1732年提出了一种测定地理纬度的新方法。一个多世纪后经美国军人兼工程师A.太尔各特(Andrew Talcott)加以改进，称赫瑞鲍-太尔各特法。1928年哥本哈根发生大火，罗默的许多论文、没有发表的观测资料以及他自己的观测资料均化为灰烬，他带着对罗默崇敬的心情努力追记罗默的成就。1734～1735年写了《基础天文学》一书，记下了罗默的一些观测数据，其中也有自己的部分观测资料。这些资料对恒星自行的早期测定曾起过作用。还写了一些关于天文学、数学、航海方面的教科书，这些书在丹麦学术界颇有影响。其子C.赫瑞鲍也是一位颇有名望的天文学家。 (张可可)

贾甘那陀(Jagannātha) 印度人，鼎盛期约1720～1740年。天文学、数学。

积极参与了贾伊辛格振兴印度文化的壮举。1727年和1732年先后将图西修订的欧几里得《几何原本》和托勒玫《天文学大成》由阿拉伯语译成梵语。《天文学大成》的梵语译本《皇家历数书》中还包含了本人的注释，其中涉及到乌鲁伯格、卡西和莫卧儿皇帝穆罕默德·沙(Muḥammad Shāh)。这些注释把他的译文和贾伊辛格所罗致的其他天文学家们的著作紧密地联系了起来。 (李文华)

贾伊辛格(Jayasi-mha) 又名贾伊辛格二世(Jayasimha Ⅱ)。印度人，1686年生于印度拉贾斯坦邦安伯，1743年10月2日卒于拉贾斯坦斋浦尔。天文学传播。

1699年印度莫卧儿王朝属国安伯国王即位。为了振兴印度天文学，引进大量阿拉伯和欧洲科学著作和仪器，并组织纳耶纳苏科帕迪亚耶(Nayanasukhopādhyāya)、贾甘那陀将欧几里得的《几何原本》和托勒玫的《天文学大成》以及狄奥多西、阿利斯塔克和阿基米得等希腊科学家的著作由阿拉伯文译成梵文。1728年在他的赞助下，由阿布卡伊尔(Abū al-Khayr Khayr Allāh Khān)用波斯文编纂出《穆罕默德·沙天文表》。该表试图对乌鲁伯格和卡西的天文表加以改进。还引用过法国天文学家拉伊尔的《天文表》和弗拉姆斯蒂德的《不列颠天文志》。仿照阿拉伯天文学家乌鲁伯格，在德里、斋浦尔、乌贾因、贝拿勒斯和马图拉建立5座天文台。台内置有多种金属和石制仪器。其中金属仪器有12个星盘、一个直径为17.5英尺(约5.3米)的铜刻度环、几个赤道环和一个纬度环。石制仪器是这些天文台最壮观的遗物，如巨大的赤道日晷、半球日晷、圆柱日晷、黄道日晷、地平经仪、子午环、六分仪等。测得的黄赤交角为23°28′，乌贾因的纬度为23°.10，均与真实值极其接近。 (李文华)

德利尔，J.-N.(Delisle, Joseph-Nicolas) 法国人，1688年4月4日生于法国巴黎。1768年9月11日卒于同地。观测天文学、仪器研制。

曾在马扎兰学院学习，并跟随他人学习天文计算。后在卢森堡宫圆顶内从事编造计算表和观测。1714年作为马拉尔迪手下的见习天文学家进入科学院，开始在科学院论文集中提出食和掩的观测报告。1718年任皇家学院数学教授。1725年应彼得大帝(Peter I the Great)之邀赴俄国，在圣彼得堡建立一座天文台和一所附属天文学校，并在俄国居留22年。在俄国圣彼得堡科学院的《评论》上在圣彼得堡所作的木卫食的观测。长期从事利用水星凌日和金星凌日确定太阳视差的研究。通过非常广泛的合作积累了大量天文学和地理学的资料，因其巨大科学价值被法国政府买下，并授予他“航海天文学家”称号。此外，他还发明了一种通用温度计，1738年撰文介绍了它的结构，并用这种温度计获得不少气象资料。 (萧耐园)

莫利纽克斯，S.(Molyneux, Samuel) 英国人，1689年7月18日生于英国切斯特，1728年4月13日卒于基尤。天体测量学、光学。

天文学家W.莫利纽克斯之子。2岁丧母，9岁丧父。16岁进入都柏林大学三一学院学习。1710年获文学硕士学位。1712年选为英国皇家学会会员。曾任英格兰和爱尔兰议会议员、海军上将。其妻继承了一大笔遗产和伦敦郊外的一所住宅，为他研究天文学和光学提供了物质条件。

研究工作主要是与密友J.布拉得雷合作进行的。1725年两人在基尤他的家中安装了一架镜筒直指天顶的望远镜，以观测天龙γ的视差。布拉得雷发现该星向南移动，方向与视差运动相反，每年运行一周，轨迹是一个小圆。由此发现了光行差现象。为了解释这种现象的规律和成因，又帮助布拉得雷安装了另一架性能更好的望远镜。1727年以后，因在海军任职，停止了天文观测。但布拉得雷完成了发现光行差所必需的观测。他们还合作改进了反射望远镜的制造方法。1834年威廉四世(William Ⅳ)在他的住所建立一座日晷，以示对他的纪念。 (谢高峰)

布拉得雷，J.(Bradley, James) 英国人，1693年3月生于英国格洛斯特郡舍伯恩，1762年7月13日卒于格洛斯特郡查尔福德。天体测量学。

1711年入牛津大学巴利奥学院，1714年获学士学位，1717年获硕士学位。1718年当选为英国皇家学会会员。1721年任牛津大学天文学教授。1742年被任命为皇家天文学家,并继哈雷任格林尼治天文台第三任台长。还是法国科学院、柏林科学院、博洛尼亚科学院和圣彼得堡科学院的外籍院士。

对天文学上的重大贡献是发现了光行差和章动。哥白尼的日心说问世后,人们就试图依据地球的绕日运动发现恒星的视差。1725 年业余天文学家 S. 莫利纽克斯邀请他在家里测量天龙座 γ 的视差。这颗星在当地中天时接近天顶,可以避免大气折射影响,而且望远镜垂直放置易于校准。几天之内就观测到恒星位置的偏移。但与视差位移相比,这种偏移量太大,且方向也不符合。进而还发现偏移具有 1 年的周期性,而且其他恒星也有类似的效应。1727 年他又单独在旺斯特德观测了更多的恒星,设想了许多原因去解释这种现象,但没有一个合适。据说一次在泰晤士河上旅行,注意到船转向时桅顶的风向标指向便有所改变。水手证实风向无丝毫变化,可见是船的运动引起了风向标指向的变动。由此得到启示,认为恒星位置的偏移是光速和地球轨道运动的合成效应,并用计算证明了这一结论。这就是光行差现象。1728 年在致哈雷的长信中向英国皇家学会报告了这一发现。在同一信中还提到如果任一恒星的视差达到 1″,他的仪器便可观测到,可见恒星视差应小于这个值。这也是一个正确的预见。光行差的发现不仅提供了恒星位置的基本改正,而且还第一次对哥白尼关于地球绕太阳运行学说给了直接的观测证明。

1727 年注意到一些恒星的赤纬在消除了岁差和光行差的影响以后还有微小的变化,不同赤经的恒星呈现不同的变化。这种分布规律使他在 1732 年想到"月球对地球赤道部分的作用可能产生了这些效应",因为月球轨道的位置对于地球在变化着,所以由月球的作用而产生的岁差每年的总值,应随年份而有变化,这就导致地轴在空间作周期性的摆动,称这种现象为章动。月球轨道交点的旋转周期约 19 年,为了证实这个假说作了 20 年的观测,终于发现在 19 年之后"恒星回到它们原来的位置"。1748 年向英国皇家学会报告了对1727～1747 年间就若干恒星所作的观测资料的综合分析,包括光行差、岁差和章动效应。英国皇家学会为此授予他科普利奖章。

在天文学的其他方面也作出了不少贡献。从精确的计算得到关于大气折射改正的实用法则,引入了大气温度和压强的改正。在就任格林尼治天文台台长后,着手更新了该台的观测仪器。1750～1762 年进行了 60 000多个观测,都达到了很高的精度,并致力于编制一个庞大的星表,于 1798 年和 1805 年分两卷出版,成为后来贝塞尔星表的基础。对于近代研究恒星自行极有价值。对太阳系天体也进行了大量观测,1719 年与其舅父一起从火星观测求得太阳视差的改进值。观测和计算了一些彗星的轨道根数,从里斯本和纽约观测同一颗木卫食的时间差中求得了两地经度差。分析了同一架摆钟在伦敦和牙买加的钟速,求得了时钟的温度改正和重力改正。发现重力改正与牛顿关于纬度和重力的理论关系所求得的值相符,然后对纬度每隔 5°计算了和伦敦标准摆钟钟速相同时摆长的变化。1734 年将此研究结果报告给英国皇家学会。还精确地测定了格林尼治的纬度。

不仅是一个熟练的观测者和实用天文学家,而且是一个有独创性的理论家。由于两个伟大发现(光行差、章动)和关于大气折射的杰出工作,人们才实现了测定恒星距离、位置和运动的飞跃。 (萧耐园 张可可)

乌蒂埃,R.(Outhier,Réginald) 法国人,1694 年 8 月 16 日生于法国波利尼附近,1774 年 4 月 12 日卒于巴约。观测天文学、天文大地测量学。

1727 年向皇家科学院提交了一架自己制造的演示天体视运动的天球仪,具有时钟机构。参加了由 J. 卡西尼于 1733 年主持的大地测量工作。应邀参加 1736～1737 年科学院组织去拉普兰地区考察,测量极区纬度 1°的子午线长度。还为那个地区绘制了 18 个地段的地图。1752 年为科学院绘制了一份当时最精确的昴星团星图。向科学院提供了一系列关于巴约地区的天气、1761 年金星凌日、6 次月食和 2 次日食的报告。

(倪祥斌)

摄尔西乌斯,A.(Celsius, Anders) 瑞典人,1701 年 11 月 27 日生于瑞典乌普萨拉,1744 年 4 月 25 日卒于同地。观测天文学、仪器制造。

乌普萨拉大学的天文学教授的儿子。他很早开始学习天文、数学和物理学。1725 年任乌普萨拉科学协会秘书长。1730 年以前曾任乌普萨拉大学数学教授。1730 年 4 月起则改任天文学教授。1732～1736 年间先后到很多国家旅行,访问一些天文台和天文学家。1733 年出版了一本观测北极光的文集。1736 年随一法国考察队到瑞典北部的拉普兰德地区测量那里子午线上纬度 1°的长度,从而证明了牛顿关于地球赤道半径大于极半径的理论是正确的,而 J. 卡西尼的地球赤道半径小于极半径的见解则是错误的。曾用光度测量方法对几颗恒星的星等进行了粗略的测定,因而是恒星测光工作的先驱者之一。还设计出以水的沸点为 0 度、冰点为 100 度的温度计。1747 年乌普萨拉天文台把其刻度颠倒过来,就成了现代的摄氏温度计系统。当时称这种温度计为瑞典温度计,1800 年前后才改称为摄尔西乌斯温度计(简称摄氏温度计)。 (张可可)

戈丹,L.(Godin,Louis) 法国人,1704 年 2 月 28 日生于法国巴黎,1760 年 9 月 11 日卒于西班牙加的斯。天文大地测量学、地震学、科学史。

早年就读于博韦学院，先后学习哲学和天文学。1725年受雇于法国科学院，续写前人未竟的法国科学院史。观测过日月食、探讨过天文仪器的制造和检验。1733年向法国科学院建议派人去赤道测量以解决卡西尼和牛顿之间关于地球形状争论。这个建议采纳后，去英国与哈雷商讨和做准备工作，到伦敦后他被接纳为英国皇家学会会员。1734年，与P.布盖和C.de拉孔达米纳一起承担了去厄瓜多尔和秘鲁的测量任务。但是另一支考察队先于他发表了赤道处纬度1°弧的长度，证实了地球是扁球体。1743～1751年留在秘鲁任圣马科斯大学数学教授，直到1751年。1752年赴西班牙任加的斯海军警卫学院院长。1760年死于中风。主要著作有《法国科学院的历史(1680～1699年)》(11卷，1728年)、《时间的知识》(1930～1733年)、《利马和里斯本的地震》(1753年)等。 (谢高峰)

富希，J.-P.G. de(Fouchy, Jean-Paul Grandjean de) 法国人，1707年3月10日生于法国巴黎，1788年4月15日卒于同地。天文学。

父亲为皇室做精装书刊的印刷工作。他早年继承父业，后来转学自然科学。1733年成为法国科学院院士。还是柏林科学院和英国皇家学会的外籍成员。1743年担任法国科学院常任秘书长。写过一篇关于平太阳时的子午圈的论文，在天文学上颇有价值。1733年提出利用月面亮点来计算经度。1738年提出一种确定地球轨道及内行星轨道偏心率的方法。2年之后又把这种方法推广应用于任何行星轨道偏心率的计算。提出过在象限仪上安装望远镜的设想，但并没有付诸实行。在担任法国科学院秘书长期间，还进行了气象观测。 (谢高峰)

马拉尔迪，G.D.(Maraldi, Giovanni Domenico) 意大利人，1709年4月17日生于意大利因佩里亚，1788年11月14日卒于同地。天文大地测量学。

先后在圣雷莫学院和比萨大学学习。1726年跟随叔父、天文学家G.F.马拉尔迪到巴黎天文台，在J.卡西尼和C.F.卡西尼手下工作。1771年返回意大利。参加了许多天文和气象观测，并在J.卡西尼和C.F.卡西尼带领下进行各种大地测量工作，例如，对大西洋海岸进行部分勘测，对巴黎子午线的核实等。做过声音在空气中传播速度的实验。在发表的许多文章中，最重要的是木星卫星的运动理论和观测资料。值得注意的是于1740年接受了叔父G.F.马拉尔迪激烈反对过的罗默的光速有限理论。1731年被提名为科学院的助理员，1733年升为通讯院士，1758年成为领取年金的正式院士。被誉为“一个勤奋而又可敬的天文学家”。 (谢高峰)

扎诺蒂，E.(Zanotti, Eustachio) 意大利人，1709年11月27日生于意大利博洛尼亚，1782年5月15日卒于同地。观测天文学、几何学。

出于身以艺术、文学和科学著称的世家。早年受教于耶稣会士。1730年毕业于博洛尼亚大学哲学系后留校任教。1738年任该校力学讲师。1739年因发现两颗彗星而崭露头角，被聘为博洛尼亚大学天文台台长。专心致志于天文研究达40年，终身未娶。著有《几何学基础》、《测绘的理论与实践》、《1751～1774星历表》以及一部含星447颗的星表。对日月食、北极光、月掩星、行星凌日、哈雷彗星和其他彗星进行过详细观测和描述。1750年受巴黎科学院邀请，参加国际月球视差测量工作，取得精确的结果。1776年重修了圣彼得大教堂的日晷，调整了充当“表”的屋顶孔，镶嵌了铜质子午线。还是变星研究的先驱。当时变星被认为是视觉误差或大气干扰产生的现象。他力排众议，声言“如果用望远镜观测两颗靠得很近的恒星，你会发现一颗的亮度丝毫不变而另一颗却在明显地变化以至消失。” (李文华)

福格森，J.(Ferguson, James) 英国人，1710年4月25日生于英国苏格兰班夫郡，1776年11月16日卒于伦敦。天体力学、仪器制造。

出身佃农家庭，靠自学成才。1743年到达伦敦。1763年被接纳为英国皇家学会会员。

曾创制过一个极精巧的行星系统模型，并设计制造了钟表、平面星图等。发表过多篇有关日食、天球仪、湿度计和钟表制造方面的论文。是牛顿理论的热情传播者。1756年出版了《对牛顿爵士〈原理〉一书的天文学解释》，该书先后再版17次，在普及牛顿理论中起过重要的作用。 (葛京坪)

潘格雷，A.-G.(Pingré, Alexandre-Gui) 法国人，1711年9月4日生于法国巴黎，1796年5月1日卒于同地。观测天文学、彗星天文学、历学编算。

1735年任神学教授。1745年因“异端”而被教会革除神职，逐往外省教拉丁语。1749年被鲁昂科学院聘任为天文学家。回巴黎后，在圣热纳维耶夫大教堂顶上建造了一座小型天文台。1756年被选为法国科学院院士。1769年任圣热纳维耶夫大学名誉校长。

他开始天文学的认真研究时已38岁，但不到一年却能向法国科学院准确预报1749年12月23日的月食。1753年在鲁昂观测水星凌日，其后编制航海天文历和参加测定子午线。1761年受法国科学院委派，在战争形势下赴印度洋上的罗德里格斯岛观测金星凌日，并重新测定和标绘佛得角群岛地理位置。1769年赴海地观测金星凌日。1772年在分析大量金星凌日观测资料的基础上，推算出太阳视差值为8″.8，相当接近现代数值(8″.794)。1783～1784年出版了2卷本传世之作《彗星志》，堪称是彗星学大全，直至现代还有较高科学价值。还长期研究天文学历史资料；测算从公元前1000年至1900年的所有日月食日期。 (李啸虎)

赖特，T.(Wright, Thomas) 英国人，1711年9月22日生于英国达勒姆附近的拜尔斯格林，1786年2月25日卒于同地。宇宙学。

在家排行第三，父亲是自耕农兼木匠。他小时候因严重口吃无法上学，13岁就在钟表铺当学徒，业余刻苦攻读天文学。18岁离开钟表铺，没有固定职业，饱经风霜。1731年春之前曾在森德兰港口给海员讲授航海知识。18世纪30年代先后在一些私立或公立学校教物理学，业余进行数学和天文学方面的写作。1742年任俄国圣彼得堡科学院的航海学教授，但主要兴趣仍是探索宇宙的奥秘。18世纪50年代，撰有多部天文学重要著作。1762年返回家乡继续从事研究工作。终身未娶。

1750年出版了具有重大意义的著作《一种新颖的宇宙理论或新的宇宙假说》。认为恒星构成了一个扁状的圆盘，而银河则位于其中心平面上。康德读了该书后深受启发，也开始积极思考宇宙结构问题。毕生倾注于调和宗教和科学的对立。1755年左右出版《宇宙结构》一书。把宇宙分为三个区域："神圣中心"——上帝和天使们独一无二的住所；"朽亡区域"——太阳和其他恒星构成的球状集合体，环绕着神圣中心运动；"黑暗空间"——位于宇宙最外层，是上帝惩罚邪恶的地方。认为宇宙的神圣中心和宇宙的引力中心是一致的。为了宣传自己的宇宙理论，制作了一个宇宙模型，其中绘有穿过"神圣中心"和太阳系的横向剖面图。认为银河乃是极其遥远的无数恒星在此横向剖面上聚集所致。后来还撰写了《关于宇宙理论的再思考》。在这部身后才出版的书里，提出宇宙是由环绕神圣中心的同心壳层的无穷序列所构成，我们所见的天穹便是这些同心壳层之一。但又鼓吹宗教的"报应"思想，善有善报，来世升到更高的天球层；恶有恶报，来世降到更低的天球层。尽管见解中有不少糟粕，但很早提出了恒星和银河共同构成一个扁平状的巨大天体系统，这一天才的猜测对后来银河系的发现有极深远的影响。（李啸虎）

拉卡伊，N.-L.de（Lacaille，Nicolas-Louis de） 法国人，1713年3月15日生于法国兰斯附近，1762年3月21日卒于巴黎。天体测量学、大地测量学。

1729年就学于巴黎大学利雪学院，学习修辞学、哲学、神学，获神父头衔，后转学科学。1736年进入巴黎天文台。1737年开始天文观测，通过对纬度和子午线的测量，支持笛卡儿派关于地球是一个极向长椭球体的断言，但后人进一步的测量则指出地球是一个扁椭球体。1739年任马萨林学院数学教授，两年后当选为法国科学院院士。最出色的工作是在南非好望角测定月球的视差。1752年与拉朗德分别在好望角和柏林同时观测月球，测得月球视差为57′，与现代结果相近。在不到两年的时间里他观测了10 000多颗恒星，编制了一部南天星表，并完成对南天14个星座的命名。具有非凡的计算才能，仅用5周时间就计算出从公元开始到1800年所有的食。观测了火星和金星，测量了太阳视差；观测了星云，发表了包括42个星云的星云表；测量了南半球经圈上0°.75弧长。还做过许多大地测量工作，为航海事业作出了贡献。这些巨大成就使他获得了很高的荣誉，接受了科学院的年金，成为柏林、圣彼得堡、斯德哥尔摩、格丁根和博洛尼亚等科学院的成员，被誉为"南半球天文学之父"、"天空中什么都看得见的百眼巨人"。（谢高峰）

威尔逊，A.（Wilson，Alexander） 英国人，1714年生于英国苏格兰圣安德鲁斯，1786年10月18日卒于爱丁堡。观测天文学。

早年丧父。1733年获圣安德鲁斯学院文科硕士学位。先在一个药剂师手下工作，后来又开办铸字工厂。早在学生时期就酷爱天文学。1760～1784年任格拉斯哥大学实用天文学教授。是爱丁堡皇家学会最早会员之一。1774年观测一个大黑子穿过日轮时发现：当它在日面东边缘刚刚出现或在西边缘将要消失时，离日面边缘较远一边的半影宽度比靠近边缘一边的半影宽度增加或缩减得更快些，这一效应后来被称为威尔逊效应。据此断定黑子是太阳周围亮物质中的低凹部分，而不是凸出部分。这一效应和他的解释为以后观测所证实。（刘汝良）

温思罗普，J.（Winthrop，John） 美国人，1714年12月19日生于美国马萨诸塞州波士顿，1779年5月3日卒于马萨诸塞州坎布里奇。观测天文学、地学。

出身于一个政治和科学上都有成就的家庭。1732年毕业于哈佛大学。其后6年在家闭门深造。1738年被哈佛大学聘任为数学和自然哲学霍利斯讲座教授，并兼管哈佛收藏馆的哲学文献。在该校建立了美国第一个物理实验室；根据牛顿理论讲授力学、光学和天文学；在数学教程中引进微积分。1764年1月24日哈佛发生严重火灾之后，出色地完成了重建收藏馆和更新实验仪器的重任。1739年后进行了许多天文观测，主要成果都在英国皇家学会哲学学报上作了报道。曾3次观测水星凌日。协助测定了美国马萨诸塞州坎布里奇和英国格林尼治的经度差。组织考察队赴加拿大纽芬兰观测1761年金星凌日。还对地磁学和气象学进行了长达20余年的系统观测。1766年当选为英国皇家学会外籍会员。1769年成为美国哲学学会会员。1771年和1773年分别获爱丁堡大学、哈佛大学荣誉法学博士学位。同富兰克林交往甚密，还是华盛顿总统的朋友和顾问。（李啸虎）

勒莫尼埃，P.-C.（Le Monnier，Pierre-Charles） 法国人，1715年11月20日生于法国巴黎，1799年4月3日卒于卡尔瓦多斯省埃里尔斯。天体测量学。

早年在任哲学教授的父亲帮助下开始天文工作。为了揭示月球运动不均匀性的规律，和布拉得雷作了一系列观测，他持续了50年之久。他的工作成为达朗贝尔、欧拉等的月球理论的依据，并为迈耶月亮表提供了数据。年轻时曾赴拉普兰考察，参与测量子午线弧长的工作。曾进行天文观测以计算不同季节、不同纬度的大气折射；观测过水星和金星凌日及日环食；由观测发现了木星对土星的引力摄动;首先用章动校正太阳表;在巴黎天文台设置第一个中星仪,并从事星表工作,编制了黄道星图。著作有《天文学教程》和《彗星理论》,还撰写过关于航海、磁学和电学的文章。任皇家学院教授,被接纳为英国皇家学会、柏林科学院外籍院士。

(秦 嘉 萧耐园)

斯特普林,J.(Stepling,Joseph) 德国人,1716年6月29日生于德国雷根斯堡,1778年7月11日卒于波希米亚(现属捷克)的布拉格。天文大地测量学、数学。

德国驻外大使之子,幼年丧父,随母迁居布拉格,在耶稣学院受教育,1733年成为教会圣职人员。1738～1741年,任教于格拉茨(今波兰克沃兹科)和施韦德尼茨(今波兰希维德尼察)的大学预科学校。1745年成为牧师。其后任布拉格大学数学教授。

17岁就非常精确地推算出1733年5月28日的月食。在早期研究中已将亚里士多德逻辑学变换为数学公式,堪称现代逻辑学的一位早期先驱者。1748年应柏林科学院要求,精确观测日月食以确定布拉格的地理位置。在布拉格大学创建了物理实验室和天文台,其仪器设备都是当时第一流的。1753年任布拉格大学哲学系主任,大胆更新大学的全部哲学课程,着意扶持包括物理学和天文学在内的精确科学;仿效英国皇家学会的先例,发起组织了一个科学研究小组,每月主持一次集会,一直坚持到去世。在他领导下该组织发表了大量论文,研讨纯数学问题及数学在物理学和天文学上的应用。还培育出许多优秀科学家。他去世后,M.特蕾西娅(Maria Theresia)女皇特赐在布拉格大学图书馆树立一座纪念碑以昭其功。

(李啸虎)

瓦琴汀,P.W.(Wargentin,Pehr Wilhelm) 瑞典人,1717年9月11日生于瑞典耶姆特兰省孙纳,1783年12月13日卒于斯德哥尔摩。观测天文学、人口统计学。

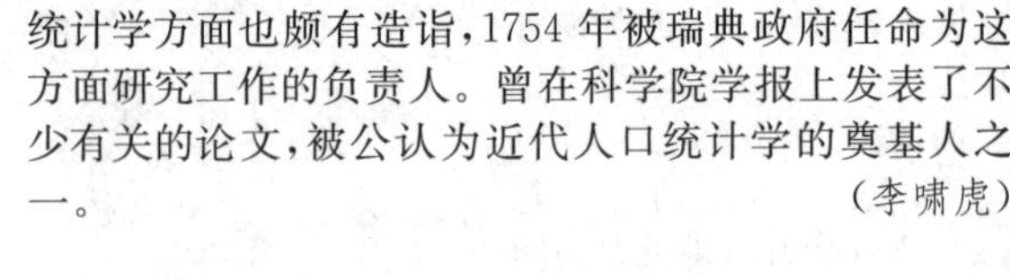

青少年时代就迷恋于天文学。1735年进入乌普萨拉大学,主攻天文学,主要研究木卫轨道。1743年获硕士学位并留校任教。1748年任该校哲学系助理教授。1749年秋调任瑞典皇家科学院秘书。是18世纪中叶瑞典科学繁荣的中心人物之一,一生获得许多荣誉,其中包括被选为法国科学院的外籍院士。

参与处理瑞典皇家科学院的日常事务、主编科学院的学报、出版天文年历、监建斯德哥尔摩天文台、组织对1761年和1769年金星凌日的系统观测活动等。同国内外院士和学者有广泛的通信联系,他所收到的信件仅保存下来的就超过4 000封,这些信件已成为研究瑞典和欧洲科学史的宝贵资料。1749年起对木卫进行了详细的观测记录,并编制了比前人远为精确的木卫星历表(尤其是改进了对木卫三、木卫四的轨道运算)。在人口统计学方面也颇有造诣,1754年被瑞典政府任命为这方面研究工作的负责人。曾在科学院学报上发表了不少有关的论文,被公认为近代人口统计学的奠基人之一。

(李啸虎)

赫瑞鲍,C.(Horrebow,Christian) 丹麦人,1718年4月15日生于丹麦哥本哈根,1776年9月19日卒于同地。天文历算、观测天文学。

1732年到哥本哈根大学读书,1738年获该大学硕士学位。继而在朗德陶尔天文台做父亲的助手,从事历法工作。1747年当选为丹麦皇家文理科学院院士。1764年任天文学教授,继承了父亲的研究工作。1739～1770年一直参加或负责天文年历的编算。在父亲去世(1764年)前几年,就接替了父亲在朗德陶尔天文台的领导工作。在一生的最后15年对太阳黑子进行了系统的观测,对后来太阳黑子活动周期的研究起了一定的作用。还研究过某些气象学问题,如气压与海拔高度间的关系等,并写过几本关于天文学和数学的教科书。

(张可可)

利斯加尼,J.X.(Liesganig,Joseph Xaver) 奥地利人,1719年2月13日生于奥地利格拉茨,1799年3月4日卒于加利西亚的伦贝格(今乌克兰利沃夫)。天文大地测量学、地图学、仪器研制。

1734年加入天主教耶稣会,并在维也纳耶稣会学院受教育。1742～1751年在奥地利、匈牙利和斯洛伐克等多处任圣职。1752年回母校当教授。1756～1773年兼任耶稣会天文台高级官员、维也纳大学数学教授,1771年起为该校哲学系主任。1775年兼任伦贝格城诺贝棱学院力学教授,以及该城专管军事工程和航海的地方长官。

在维也纳期间为耶稣会天文台设计了多种观测仪器,其中有10英尺(约3.05米)的天顶象限仪、半径25英尺(约7.62米)的象限仪等。1758年起参加了一系列地区的地理经纬度测定。1769年编写了一本论述地图测绘方法的指南。1772～1774年在东加利西亚等地的大地测量中,使用5架铜质象限仪,每架配有活动与固定的望远镜各一台,并专门编著了一本大地测量手册,该书被翻译成波兰文、捷克文和意大利文。

(李啸虎)

迈耶,C.(Mayer,Christian) 1719年8月20日生于摩拉维亚(今属捷克)梅塞利奇,1783年4月17日卒于德国海德堡。观测天文学。

学习过希腊语、拉丁语、哲学、神学和数学。1752年任海德堡大学数学和物理学教授。先后发表过一系列物

理学和数学方面的著作。后转向研究天文学，担任过宫廷天文学家。1760 年参加了由 C. F. 卡西尼主持的测量子午线 1°之长的工作，此后又观测了 1761 年和 1769 年的金星凌日。应叶卡捷琳娜二世(Екатерина Ⅱ)之邀访俄期间，为她绘制了一幅俄罗斯帝国的地图。1776 年起，把主要精力转向双星观测。由于当时还无法区分物理双星和光学双星，因此对所有的视双星都进行了观测，并把足够接近的星都编入双星表。这份星表后来由威廉·赫歇尔的双星星表所取代，但是他的这项先驱工作标志着双星观测的开始，促进了双星的研究。

(谢高峰)

赫尔，M. (Hell，Maximilian) 1720 年 5 月 15 日生于斯洛伐克的舍姆尼兹(今班斯卡-什佳夫尼察)，1792 年 4 月 14 日卒于奥地利维也纳。观测天文学。

1738 年加入天主教耶稣会。两年后入维也纳大学学哲学，后又受数学、物理和天文的训练。曾在教会学院天文台进行观测和在中学教数学、物理学。1751 年当神父。1752 年获维也纳大学博士学位。先后选为博洛尼亚、哥本哈根、特隆赫姆、格丁根、巴黎和斯德哥尔摩科学院院士。1755 年起负责筹建维也纳大学天文台，并任台长。期间从事计算和出版天文年历。曾率队至挪威瓦尔德岛观测 1769 年 6 月 3 日的金星凌日和次日的日食，归途中逗留于哥本哈根从事气象、地磁和天文观测。以后收集和分析金星凌日观测资料，由此求得当时最好的太阳视差值。瓦尔德岛的观测曾长期遭到怀疑，直至 1883 年纽康重新查阅了维也纳大学保存的赫尔当年的手稿后，才完全恢复了他的声誉。事实是，一旦考虑了赫尔的观测值，得到的太阳视差值就更接近真值。

(葛京坪)

迈耶，J. T. (Mayer，Johann Tobias) 一译迈尔。德国人，1723 年 2 月 17 日生于德国斯图加特附近马尔巴赫，1762 年 2 月 20 日卒于格丁根。天体测量学、地图学。

父母相继去世后 1737 年被送进孤儿院。14 岁起学习绘图。18 岁发表第一本几何学著作。1746～1750 年在纽伦堡霍曼制图局任职，致力于改进制图技术，整理了大量地理资料，绘制了 30 多幅地图。1750 年被聘为格丁根大学乔治-奥古斯特学院的经济学教授，但实际上从事应用数学的教学和研究。1754 年任格丁根大学天文台台长。

在天文学方面主要研究大气折射和月球理论。对月球角直径和月球过中天时间作了大量精密的测量，测定了月面上许多山峰的位置。1752 年编出一份月亮和太阳表，精度达±1′。应用它可根据月球在恒星间的视位置的观测值来推算海船所在处的地理经度。尽管这种方法较繁复，且精度较低，但在航海钟出现之前，这毕竟是最早取得的切实可行的测定经度方法。因此，1765 年英国政府奖给他的遗孀3 000英镑奖金。1756 年导出了中星仪测时基本公式，至今还很有用，并被命名为迈耶公式。还观测了月掩星和日月食，提出了一种计算日食的简便而又精确的方法；编制了黄道星表；研究了恒星的自行。

(谢高峰)

米歇尔，J. (Michell，John) 英国人，1724 年生于英国诺丁汉郡，1793 年 4 月 21 日卒于利兹附近。观测天文学。

1752 年毕业于剑桥大学女王学院，获文科硕士学位。1760 年选入英国皇家学会。1761 年获神学士学位。1767 年起担任一个教区的教区长直至去世。

直到 18 世纪，双星一直被视为空间同方向的两颗星，由于透视作用而凑在一起的。1767 年他指出，距离很近的双星的实际频数比在恒星均匀分布条件下偶然凑在一起的频数大得多。由此提出双星必定有物理上的联系，即肯定了物理双星的存在。1784(?)年利用土星与织女星相同的视亮度，假定太阳和织女星光度相等，推算出织女星离地球的距离。那时，恒星的三角视差尚无法测得，这种方法不失为一种粗略估计恒星距离的方法。同年在《哲学会刊》上发表的一篇论文中指出，一个密度与太阳相同但半径为太阳 497 倍的巨大恒星将捕捉它辐射的所有光线，而使自己成为不可见的天体。1796 年拉普拉斯也提出了类似的见解。这是根据牛顿引力理论所提出的一种类似于黑洞的天体，是黑洞概念的先声。

(谢高峰)

若拉特，E.-S. (Jeaurat，Edme-Sébastien) 法国人，1724 年 9 月 14 日生于法国巴黎，1803 年 3 月 8 日卒于同地。天文历算。

因受家庭影响，早年主要从事绘画、雕刻和绘制地图，曾因绘画获得巴黎绘画与雕塑学院的奖章。由于撰写一本透视学的书导致从事科学研究，并成为巴黎军校的数学教授。最重要的工作是参与改进行星表(特别是木星表和土星表)。1760 年开始天文观测，1763 年成为法国科学院院士。1766 年编制了木星运行表。1769 年在军事学校筹建了一座天文台。1770 年移居巴黎皇家天文台，致力于改进仪器的工作，发明了双像望远镜。曾任著名的《天文年鉴》主编，主持出版了 1776～1787 年的 12 卷年鉴。1791 年任法国科学院副院长，1792 年任院长。

(谢高峰)

勒让蒂尔，G.-J.-H.-J.-B. (Le Gentil de la Galaisière，Guillaume-Joseph-Hyacinthe-Jean-Baptiste) 法国人，1725 年 9 月 12 日生于法国库唐斯，1792 年 10 月 22 日卒于巴黎。观测天文学、天文学史。

出身绅士家庭。早年在巴黎皇家学院学神学，兼上天文学课。1748 年到巴黎天文台工作。1749 年发现一个星云并绘制了草图，受到法国科学院赏识。1753 年入选法国科学院院士。随后 6 年里为法国科学院机关刊物撰写了内容广泛的各种论文。

受命赴印度观测 1761 年的金星凌日，但因英军占领了预定的观测地点，只得在船上进行观测，效果不佳。为完成使命，决意留在印度等待 1769 年的金星凌日，但结果也因天不作美而失败。2 年后极其沮丧地返回离别11年半的巴黎，发现亲戚们已分掉了自己的财产，科学院某些人指责他长期在外国谋发财而要求除名，1772年被降为非正式成员。10年后总算因干杂务有“苦劳”而提升到可领养老金的待遇。主要著作是2卷本《印度洋远航》(1779～1781年)。在印度期间，遍访各地，搜集有关印度天文学的大量史料，记录当地风土人情；并从马达加斯加航行到马尼拉，积累了范围广泛的天文观测资料。还编制了热带大气折射的新计算表，并根据自己的观测资料确证黄赤交角在减小。 (李啸虎)

梅尔维尔，T.(Melvill，Thomas) 英国人，1726年生于英国苏格兰格拉斯哥(?)，1753年12月卒于瑞士日内瓦。天文学、光谱学。

早年在格拉斯哥大学学习神学。因受A.威尔逊的影响对实验发生兴趣。利用风筝研究过气温随高度的变化，用棱镜检查过火焰的颜色。是定量研究火焰颜色的先驱者，研究了燃烧着的乙醇的光谱，并依次导入氯化铵、钾碱、明矾、硝酸钠和海盐，注意到光谱黄色成分的持续存在，指出这种黄色必然具有一定的折射度。两次写信给天文学家布拉得雷，对光行差提出自己的独特见解。还制作一座装有圆锥形摆锤、性能良好的时钟。由于过早夭折使许多研究工作未能进一步深入。

(谢高峰)

夏珀·多特罗舍，J.-B.(Chappe d'Auteroche，Jean-Baptiste) 法国人，1728年3月23日生于法国康塔勒省莫里亚克。1769年8月1日卒于墨西哥下加利福尼亚州圣何塞-德尔卡沃。天体测量学。

曾求学于巴黎的路易斯-勒-朗德学院。因成绩优异引起巴黎天文台领导人J.卡西尼的注目而被接纳到巴黎天文台工作。1759年被法国科学院选为副天文学家。1752～1754年发表了哈雷星表的新的扩充版。1761年和1769年两次金星凌日期间，分别去俄国西伯利亚和墨西哥进行观测。应用他的观测资料，J.D.卡西尼于1772年求得太阳视差值为8″.5。1761～1769年间，对1764年的水星凌日、1760～1764年的木星掩食卫星、1765年和1766年的日食、1766年的彗星以及1768年的月食作了许多有价值的观测。并对F.伯绍德(Ferdinand Berthoud)研制的时计进行了海上测试。1769年在墨西哥观测金星凌日，后因感染传染病在当地丧生。 (张可可)

梅森，C.(Mason，Charles) 英国人，1728年4月生于英国格洛斯特郡，1786年10月25日卒于美国费城。天体测量学、天文大地测量学。

1756年开始在格林尼治皇家天文台工作，成为台长J.布拉得雷的助手。1761年参加英国皇家学会为测定太阳视差而组织的金星凌日的观测。1763年和J.迪克森(Jeremiah Dixon)被派往美国解决宾夕法尼亚、马里兰、特拉华和弗吉尼亚的共同边界问题，勘测、划定了著名的梅森-狄克森分界线。还测量了子午圈上纬度1°的长度，研究了重力随纬度的变化。1768年返回英国以后，研究了地球的质量和密度。根据牛顿早期提出的方案，选择了苏格兰珀斯郡的一座孤山进行了研究，这项工作后来由马斯基林完成。1778年发表了一份月亮表，1780年又对该表作了改进。每年出版的《航海历书》采用他的成果达30年之久。 (谢高峰)

提丢斯，J.D.(Titius 或 Tietz，Johann Daniel) 德国人，1729年1月2日生于德国柯尼兹(今波兰霍伊尼采)，1796年12月16日卒于维滕贝格。天文学、物理学、生物学。

早年丧父，由舅父扶养成人。1748年进莱比锡大学。1752年获硕士学位。1756年开始在维滕贝格大学执教，此后直至去世一直在该校工作，1762年任物理学教授，1768年升任校长。

发现行星-太阳距离定则而闻名。1766年将C.邦恩特所著法文本《自然的探索》译成德文本出版。在该译著中首次提出，若令太阳到土星的距离为100，则各个行星到太阳的距离可分别用4加上级数0、3、6、12、24、48和96等中的相应项表示。1772年，J.E.波得在其《星空研究指南》一书中，再次宣传了这一定则，后称提丢斯-波得定则，简称提丢斯定则或波得定则。该定则对极大多数行星和小行星均适用，唯后来发现的海王星和冥王星例外。发表过物理学和生物学方面的许多论文，研究了温度计，出版了一部关于动植物系统分类的著作。还担任了多种科学期刊的主编。 (卢 央)

博夏·德·萨龙，J.-B.-G.(Bochart de Saron，Jean-Baptiste-Gaspard) 法国人，1730年1月16日生于法国巴黎，1794年4月20日卒于同地。天体力学、仪器研制。

虽然沿袭家族传统以法律工作为业，但终身酷爱天文学。1779年任法国科学院荣誉院士。在法国革命爆发之前几个月当选巴黎议会的首任议会会长。大革命爆发后被送上断头台。

对天文仪器制造的贡献很大，不仅亲自参与设计制造，还出资聘请当时的著名专家制造，其中有早期的消色差望远镜和高精度的刻度机。与法国科学院院士C.梅西叶长期合作，依据后者提供的大量彗星观测资料，算出了许多彗星的轨道，对梅西叶寻找消隐于太阳光芒中又再度复出的彗星很有帮助。对1781年赫歇尔发现的“彗星”轨道的计算，证认出这颗“彗星”是新发现的行星，即天王星。后来拉普拉斯计算出了天王星精确的椭圆轨道。 (倪祥斌)

梅西叶，C.(Messier，Charles) 一译梅西耶。法国人，1730年6月26日生于法国洛林地区巴东维莱，1817年4月11(或12)日卒于巴黎。观测天文学。

11岁丧父。1751年10月到巴黎谋生。因略通绘图，写得一手好字，天文学家J.-N.德利尔雇用他复制中国北京和万里长城的地图以及记录天文观测资料，还教他使用观测仪器。1755年，因德利尔推荐，到巴黎的海军天文台任职，从此正式开始了天文生涯。

主要成就是独立地发现了1759年哈雷彗星的回归，观测和发现了许多彗星，编制了星团、星云表。1759年哈雷彗星回归之前，德利尔让他寻找哈雷彗星。开始因为没有考虑木星的摄动，坚持观测18个月而没有成功。最后于1759年1月独立观测到了这颗彗星。在德利尔退休之后继续从事寻找彗星的工作。以后的15年中先后观测了40多颗彗星，其中有15颗是他首先发现的。法王路易十五(Louis ⅩⅤ)曾开玩笑地称他是“彗星的侦探”。在观测中常把星团、星云误认作彗星，为了避免混淆，把这些位置固定的模糊天体编制成表。该表于1771年完成，1774年首次发表。这份星表介绍了45个天体，其中包括蟹状星云M1、武仙座球状星团M13、仙女座大星云M31等著名天体。1780年增订并再次刊布这一星表，其中增加了23个新天体，使总数达68个。1781年又一次增订并刊布了他的星表，使表中天体总数增加到103个。这就是当今著名的《梅西叶星表》。

除观测彗星和星云外，还观测了日食、太阳黑子、水星和金星凌日以及威廉·赫歇尔新发现的天王星等。所有这些观测都是在海军天文台一个塔顶上进行的。所用过的望远镜中最大的一架是口径仅为7.5英寸(约19厘米)的格雷果里式反射望远镜。1781年11月因误入一座冰窖严重摔伤，伤愈之后成为跛子，但依然一次次攀登到塔顶上去进行天文观测。

从1764年起先后成为英国皇家学会外籍会员、柏林科学院和圣彼得堡科学院外籍院士。1770年当选为法国科学院院士。 (谢高峰)

沃拉斯顿，F.(Wollaston，Francis) 英国人，1731年11月23日生于英国伦敦，1815年10月31日卒于肯特郡奇斯尔赫斯特。观测天文学。

1754年获剑桥大学悉尼·萨塞克斯学院法学士学位。后决定放弃法律专业从事教会活动，曾任教区长等多种神职，并被选为英国皇家学会会员。第一部著名著作要求教会放松对大学的宗教控制，结果获得1772年议会法案支持，但遭到教会当局的抵制。热衷于天文学，自建天文台。1772年，用一架消色差物镜的望远镜观测并描绘了木星带纹和大红斑的形态。1789年，发表一部星表，这是对比各种星表加以综合而成的。该星表多次被威廉·赫歇尔所使用。1800年发表拱极星星表，是根据自己设计的经纬仪观测汇编成的。还编绘过一套共10幅的星图；探讨过天文钟随气候变化而变速的问题；对天文仪器的制作提出大量设想。其子W. H. 沃拉斯顿是英国著名化学家和物理学家。 (李啸虎)

里顿豪斯，D.(Rittenhouse，David) 美国人，1732年4月8日生于美国宾夕法尼亚州费城里顿豪斯村，1796年6月26日卒于费城。观测天文学、大地测量学、仪器研制。

农家子弟。从小生活在父亲农场里，未受过正规基础教育，利用伯父去世后留下的木工工具和教学书籍自学成才。19岁时，在父亲的西诺立顿农场开设科学仪器与教学模型商店。由于为新泽西州拉特格斯大学建造了两个精美的太阳系模型，获该校奖学金得以进入大学取得哲学学士学位。毕业后相继任英国、美国宾夕法尼亚州政府大地测量师。1768年当选为美国哲学学会会员，1791～1796年继富兰克林之后任美国哲学学会会长。1770年移居费城。1779～1787年任宾夕法尼亚州司库。1779～1782年任费城佩恩大学(后并入宾夕法尼亚大学)天文学教授，1780～1782年任该校副教务长。两次出任宾夕法尼亚大学校董。1792～1795年任美国国家造币厂首任厂长。1795年当选为英国皇家学会外籍会员。1767年获费城学院(后为宾夕法尼亚大学)荣誉硕士学位。1770年获新泽西学院荣誉博士学位。

因制作美国最早的天文望远镜之一而出名。1768年独立发现金星有大气层，但观察报告在一个多世纪后才公诸于世。1769年6月3日，观察和记录了金星凌日。后建立八角型的费城天文台，坚持长期观察和记录天象。发表过关于流星、彗星、木星的卫星、水星和天王星的观测数据和计算结果。他还是一位有影响的大地测量学家，1763～1764年主持勘测和划分宾夕法尼亚州和特拉华州、马里兰州的边界，此后主持和督查了美国新泽西州、纽约州等多个州界划定。

擅长研制仪器、钟表和教学模型，制作过天文钟、中星仪、水准罗盘仪、望远镜、温度计、气压计、比重计和太阳系模型等。他采用天然蛛丝作为中星仪等测量仪器的十字丝标线。可能是第一个衍射光栅的制作者，1785年研制了间距约为每英寸(约2.5厘米)100线头发丝的衍射光栅，36年后德国的J. 夫朗和费才采用大致相同的技术。在制作仪器过程中，他通过实验获得钢铁、铜材和木材等材料的膨胀系数，以及各种补偿摆的可靠数据。建造的太阳系模型，至今仍保存在宾夕法尼亚大学和普林斯顿大学。

为纪念他，月球上有以他命名的里顿豪斯环形山。

(邱凤昌)

拉朗德，J.-J. L. de (Lalande，Joseph-Jérôme Lefrançais de) 法国人，1732年7月11日生于法国布雷斯地区，1807年4月4日卒于巴黎。天体测量学、天体力学。

早年在里昂接受耶稣会教育。后赴巴黎皇家学院学习。他是在数学教授P. C. 勒莫尼埃(Pierre Charles Le Monnier)的帮助下成长为天文学家的。1753年被法国科学院任命为助理天文学家。1758年成为法国科学院院士。1760年起任巴黎皇家学院天文学教授，1795年任巴黎天文台台长。

1751年勒莫尼埃将自己最好的象限仪交给19岁的拉朗德，让后者代替自己前往柏林进行天文观测。翌年拉朗德与在好望角的拉卡伊同时在两地测量月亮视差，测得的值为57′，与现代结果相近。这是他最出色的工作之一。1759年与A.-C. 克莱罗计算了哈雷彗星受到木星和土星的摄动，计算结果为观测所证实。1760～1765年担任《天文年鉴》主编，增添了航海需要的月亮位置表。撰写的教科书《天文学》包含仪器和计算的实用知识，被选为标准教材。还著有《法国天文志》(附表中给出5万颗暗至10等星的位置)等。1761年组织过一次国际性金星凌日观测活动。 (谢高峰)

马斯基林，N.（Maskelyne, Nevil） 英国人，1732年10月6日生于英国伦敦，1811年2月9日卒于格林尼治。天体测量学、天体力学。

曾求学于威斯敏斯特学校，对光学和天文学有浓厚的兴趣。1754年以极优异的成绩毕业于剑桥大学三一学院。1759年成为英国皇家学会会员。1765年就任英国第五任皇家天文学家、格林尼治天文台台长。

1761年赴圣赫勒拿岛观测金星凌日，因天阴观测未成。但在返航途中成功地利用观测月亮在星空背景上的位置测定地理经度。此项工作中使用了J. 迈耶精度很高的月亮表。1763年在《英国海员指南》一书中介绍了这种方法(其精度在1°或约100千米之内)。1766年发表了第一本《航海历》，主管这种历书的编算工作40余年，直至去世。1774年选择苏格兰一座名为希哈里恩山的馒头形孤山进行测定地球密度的著名实验。根据山引起的铅垂线偏移计算地球的密度，在山南和山北观测一颗恒星天顶距的微小差异，从中减去用大地测量法得到的两处的纬度差，算得在山的两边铅垂线偏离垂直位置之和为11″.7。这个实验令人信服地证明了万有引力的普遍存在。由此得出地球的平均密度为4.559～4.867克/厘米^3，与现测值5.52克/厘米^{3}相近，这是当时最好的结果。 (谢高峰)

狄克逊，J.(Dixon, Jeremiah) 英国人，1733年7月27日生于英国达勒姆郡毕晓普奥克兰，1779年1月22日卒于达勒姆郡科克菲尔德。天文大地测量学。

少年时代曾在巴纳德城堡的基普林学校读书。毕业后成为天文学家C. 梅森的助手，曾跟随梅森到好望角观测了1761年6月6日的金星凌日；1763年又与梅森一起到北美进行一项天文大地测量，从而解决了宾夕法尼亚州与马里兰州之间边界问题的长期争议。这次测量所确定的边界后来成为美国最著名的一条边界。在这次测量中还获得了当地子午线上1°纬度的长度为363 763英尺(1英尺＝0.304 8米)。比当时采用值少470英尺。1769年受英国皇家学会的派遣去挪威北部哈默弗斯特观测了这年6月3日发生的金星凌日。此后在科克菲尔德度过余生，终身未娶。 (葛京坪)

霍恩斯比，T.（Hornsby, Thomas） 英国人，1733年8月28日生于英国牛津，1810年4月11日卒于同地。天体测量学。

1749年12月进入牛津大学克里斯蒂学院读书，1753年获学士学位，1757年获硕士学位，后被聘在该学院任教。1763年接替布拉得雷任牛津大学天文系教授。同年成为英国皇家学会会员。

观测了1761年6月6日和1769年6月3日发生的金星凌日，并由这两次观测推算出太阳视差为8″.78，与后人定出的更标准的值8″.80相当接近。在他的建议和筹划下，牛津大学建立了拉德克利夫天文台，于1778年竣工。该天文台使用过的一些天文仪器现在还保存在牛津大学科学史博物馆里。 (张可可)

迪奥尼·迪·塞儒尔，A.-P. (Dionis du Séjour, Achille-Pierre) 法国人，1734年1月11日生于法国巴黎，1794年8月22日卒于韦尔努。天体力学、数学、人口统计学。

曾就读于巴黎大路易学院，后入法学院学习。1758年任巴黎市议会顾问。1771年起从事法律工作，业余从事数学和天文学的研究。1756年当选为法国科学院通讯院士。1789年作为巴黎贵族的代表选入国民议会。1764～1783年撰写一系列应用最新的分析方法研究主要天文现象的学术论文，涉及食、掩、观测归算、行星轨道测定等方面，于1786～1789年汇编为2卷《天体视运动的分析处理》。曾研究平面解析几何和解方程的理论，以及主持法国人口的系统性调查统计。 (葛京坪)

鲁莫夫斯基，С. Я.（Румовский Степан Яковлевич; Rumovsky, Stepan Yakovlevich） 俄国人，1734年11月9日生于俄国弗拉基米尔附近，1812年7月18日卒于圣彼得堡。天体测量学、大地测量学、语言学。

1748年进入圣彼得堡大学学习，1750年起专攻数学。1753年成为圣彼得堡科学院助理人员，受到欧拉的赏识。此后随欧拉学习了两年数学。1757年起在圣彼得堡大学教授数学和天文学。1763年任圣彼得堡科学院天文台台长。1767年任天文学教授。1783年成为圣彼得堡科学院院士，曾任科学院地理部主任。1800～1803年任科学院副院长。观测了1761和1769年的金星凌日，计算出太阳视差值为8″.67，这是当时最好的结果。测定了62个地点的精确地理坐标。撰有50多部(篇)科学著述，涉及天文学、大地测量学、数学和物理学。透彻地研究了俄罗斯的语言和文学，参加了俄国科学院第一部词源学词典的编纂和翻译工作，为此获得了金质奖章。还参加了喀山大学的创建工作。 (谢高峰)

巴伊，J.-S. (Bailly, Jean-Sylvain) 法国人，1736年9月15日生于法国巴黎，1793年11月12日卒于同地。天体力学、天文学史。

父亲是国王的绘画管理员。1768年继承父职直到1783年。20岁时在皇家学院学习数学，结识了拉卡伊和克莱罗，并在他们的指导下开始研究天文学。1763年当选为法国科学院院士，后又被接纳入社会科学院。

1789 年法国资产阶级革命时,曾任巴黎市长,后因镇压革命运动被送上断头台。

计算了 1759 年出现的哈雷彗星的轨道,并于 1768 年发表了引人瞩目的论文。1760 年建立了一座私人天文台,并开始观测和研究木星的卫星。以克莱罗的月球理论来探讨木星 4 个卫星的运动,首次尝试依次把每颗卫星作为三体问题中的第三体来处理。1771 年用新的观测技术研究了木卫的光度及其直径之间的关系,同年发表了"论木卫光度不规测性"重要研究报告。1775～1782 年发表了 4 卷本《天文学史》。(谢高峰)

赫歇尔一家(Herschel family) 赫歇尔一家因对天文学的卓越贡献而著称于世。主要成员有威廉·赫歇尔、妹妹卡罗琳·赫歇尔、唯一的儿子约翰·赫歇尔。

威廉和卡罗琳的父亲艾萨克·赫歇尔(Isaac Herschel)是一位双簧管手,与妻子安娜·伊尔莎·莫里森(Anna Ilsa Moritzen)一共生了 10 个孩子,但仅活下来 6 个,其中威廉排行第三,卡罗琳排行第五。

威廉·赫歇尔(William Herschel 或 Friedrich Wilhelm Herschel) 英国人,1738 年 11 月 15 日生于汉诺威(现属德国,当时属英帝国),1822 年 8 月 25 日卒于英国白金汉郡斯劳。观测天文学、恒星天文学。

早年在父亲所在的军乐队里当一名双簧管手。1757 年汉诺威的军队战败后只身逃到英国,继续从事音乐工作,在巴斯地方指挥一个管弦乐队,然而逐渐对光学和天文学发生兴趣。1773 年开始磨制望远镜。到 1779 年之前已用自制的望远镜首次对亮于 14 等的恒星进行了巡天观测。1779 年 8 月起又开始第二次巡天观测,主要是对双星的研究。1781 年 3 月 13 日发现一颗不寻常的星,起先以为是一颗新彗星,并在巴斯的哲学学会上宣布了这一发现。后来有人根据他的观测资料,推算出它的轨道,才知道它是一颗行星——天王星。这一发现引起了轰动,他荣获英国皇家学会的科普利奖章,并被选为该学会会员。1782 年 5 月英王乔治三世(George Ⅲ)接见并赐予他每年 200 镑的津贴。同年从巴斯迁居达切特,全力以赴从事天文学研究。1786 年又迁居到斯劳,以天文观测的场所为家,直到 1822 年去世。在磨制大型望远镜过程中屡经失败,终于在 1783 年制成一台口径 46 厘米、焦距 6 米的金属面反射望远镜。此后又磨制了许多块反射望远镜,供出售以便为研制巨型望远镜筹集资金。1789 年制成了一架口径 122 厘米、焦距 12.2 米的巨型望远镜,这是当时最大的反射望远镜。使用这些仪器获得许多重大的天文学发现。1816 年封为爵士。1821 年当选为英国皇家天文学会第一任会长。

在恒星天文学的领域内作出了杰出贡献,后人称他为"恒星天文学之父"。18 世纪 70 年代曾试图由方向上彼此很近的两颗星去发现恒星的周年视差,以测量恒星的距离。利用伽利略所设想的一种方法:一对"双星"里较暗的一颗可能是距离很远的星,可看成固定不动,而另一颗亮星则是较近的,只要仔细测量每对"双星"间距的变化,便可测得近星对于远星的视差位移。1782 年、1785 年和 1821 年先后刊布了包含 848 对新发现的双星的表。1802～1804 年得到一项重要发现:大多数双星是真正的"物理双星",而不是方向上偶然靠在一起造成的。还发现了双星两子星间的互相绕转,从而首次证明万有引力定律对太阳系之外的天体也适用。1794～1797 年研究了恒星的相对亮度,按视亮度大小排列出近3 000颗星的序列,观测精度达 0.1 个星等。

1783 年分析了马斯基林所测得的 7 颗恒星的自行资料以及拉朗德给出的 12 颗恒星的自行资料,推算出太阳有向武仙座方向的空间运动,从而发现了太阳的本动。所得的结果与当今的测定值相当接近。

1783～1802 年,对星团、星云进行了系统的观测。1786 年、1789 年和 1802 年三次出版星云和星团表,记录了2 500个星云和星团。从大量的观测得到星云本质的结论。通过自己的大望远镜发现,许多过去认为"无星的星云"实际上有些可分辨为一群暗星,它们是恒星组成的系统。后来也承认有些星云确实是不可分辨的。这类真正的星云可能是弥漫星云或他称为"行星状"的星云(第一个行星状星云 NGC1514 是他在 1790 年 11 月 13 日发现的),它们是自己发光的"流体"。1811 年根据对星云形态的研究,提出从弥漫物质到凝聚成恒星的一系列过渡形式。这种分类和演化序列的提出,引起后来人们对恒星起源问题的研究。

一生最杰出的贡献是在银河系结构的研究方面。开创了恒星天文学中取样统计的研究方法,用自制的口径 46 厘米、焦距 6 米的反射望远镜,统计了天空中数百个选区的星数以及亮星与暗星的比例。经分析后,于 1785 年获得了一幅扁而平、轮廓参差、太阳居中的银河系结构图,从而初步确立了银河系的概念。这是人类对宇宙认识史上一个重要的里程碑。

对太阳系天体作了许多观测。除发现天王星这一卓越贡献外,1800 年首先发现太阳光谱中不可见的红外辐射。1787 年发现了天王星的两个卫星——天卫三、天卫四。1789 年又发现了土星的两个卫星——土卫一、土卫二。

卡罗琳·赫歇尔(Caroline Lucretia Herschel) 英国人,1750 年 3 月 16 日生于德国汉诺威,1848 年 1 月 9 日卒于同地。观测天文学。

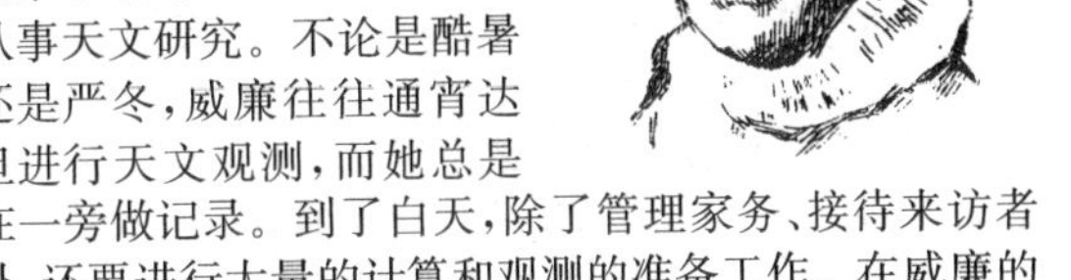

1772 年被哥哥威廉接到英国巴斯,成了一名歌手,因受威廉影响也酷爱天文学。1782 年威廉放弃音乐全力以赴研究天文学,她也结束了音乐生涯,跟随威廉从事天文研究。不论是酷暑还是严冬,威廉往往通宵达旦进行天文观测,而她总是在一旁做记录。到了白天,除了管理家务、接待来访者外,还要进行大量的计算和观测的准备工作。在威廉的鼓励下，还独立进行天文观测。1783 年发现包括仙女座大星云的伴星系在内的 3 个新的星云。1786～1798 年发现了 8 颗彗星。1798 年她订正的弗拉姆斯蒂德星表由英国皇家学会发表。威廉于 1788 年结婚后，她继续协助他的工作，终身未嫁。1822 年威廉去世，她又回到汉诺威，在那里度过晚年直到 98 岁逝世。她整理了威廉去世后留下的大量观测资料，编出一部当时篇幅最大的星团星云表。因此于 1828 年获英国皇家天文学会金质奖章。数十年如一日做哥哥的助手，一心为科学献身，不畏艰苦劳瘁，也丝毫不图个人名望，这种美德一直为后人所称颂。

约翰·赫歇尔(John Frederick William Herschel) 英国人，1792 年 3 月 7 日生于英国斯劳，1871 年 5 月 11 日卒于肯特郡霍克赫斯特。观测天文学、恒星天文学、物理学、化学。

17 岁进入剑桥大学圣约翰学院攻读数学。1813 年毕业。1814 年进入伦敦的林肯学院学法律，1816 年获法学硕士学位。同年回斯劳任父亲天文研究的助手。1820 年受父亲委托参与创立英国皇家天文学会的工作。1824～1827 年任英国皇家学会干事。1845 年任英国科学促进协会(1831 年成立)主席。1827～1829 年、1839～1841 年以及1847～1849 年三次任英国皇家天文学会主席。

1821～1823 年重新核对父亲发现的双星，在观测中又新发现双星3 347对。1824 年编制 380 对双星表，从而获得法国科学院的拉朗德奖金和英国皇家天文学会的金质奖章。1833 年完成了对北天的再考察，发表了一份包含2 307个星团和星云的表，其中 525 个是新发现的。到 1836 年为止，已出版了 6 大本双星表，其中包含双星3 346对。为此 1836 年获英国皇家学会的皇家勋章、英国皇家天文学会的金质奖章。

1833 年携家眷到南非好望角，带了 3 架焦距 6 米的望远镜以便对整个南天进行观测。在近 4 年里共记录了3 000个天区中的68 948颗恒星，绘制了1 707幅星团、星云图，测定了2 102对双星的位置和角距，详细地绘制了猎户座大星云和大小麦哲伦云等天体的结构图，观测了土卫系统，发现了船底座 η 变星的爆发。用自制的"量星计"对大量恒星作了相对光度测量(测量恒星的光度与满月之比)。返回英国后，历经 9 年编纂了《好望角天文观测结果》，于 1847 年出版，因而获英国皇家学会的科普利奖章。1849 年出版了《天文学纲要》一书，综合了当时天文学发展的最新成就，曾被译成多种文字出版，中译本在 1859 年由李善兰和传教士伟烈亚力译出，书名为《谈天》。1859 年退休，但继续从事著述，编出了一本包括5 079个星团、星云的总表以及一本包含10 300对双星的双星表。

早年在剑桥读书时对数学很有研究，应用科特斯(Cotes)定理发表 5 篇论文。1821 年因数学研究荣获英国皇家学会的科普利奖章。对几何光学、偏振、光波和声波也颇有研究。曾计算复合透镜结构及产生像的条件，后称为"赫歇尔条件"。还从事化学方面的研究。1819 年发现了"海波"(硫代硫酸钠)能溶解银盐，几十年后用于照相术的定影液中。1839 年创制了玻璃底片。

(刘汝良)

皮戈特，N.(Pigott，Nathaniel) 英国人，生于英国米德尔塞克斯郡惠顿，生年不详，1804 年在旅行途中卒于海船上。天体测量学。

对个人经历所知甚少。是天文学家 E. 皮戈特之父，一位勘测员和土地拥有者。因酷爱天文学，一生中从事了大量的天文观测。1767 年英国皇家学会《哲学学报》上载有他在 1765 年 8 月 16 日所作的日全食观测的许多宝贵资料。他还记录了 1769 年金星凌日的观测结果。1771 年迁回英国前曾短时期居住在法国卡昂。1770～1778 年间在低地国家(荷兰、比利时、卢森堡)从事一系列气象观测和经度测量，并观测了 1786 年的水星凌日。1772 年 6 月成为英国皇家学会会员。翌年当选为布鲁塞尔科学院外籍院士。1776 年当选为法国科学院外籍院士。

(倪祥斌)

伊能忠敬(Inō，Tadataka) 日本人，1745 年 2 月 11 日生于日本加津佐之国山边郡，1818 年 3 月 17 日卒于东京。天文大地测量学、地图学。

早年经营啤酒厂兼做粮食生意。1794 年退休。翌年去东京开始研究天文学，此后始终如一地从事天文测量工作。当时日本在大地测量领域的一个重要课题是根据日本人的测量来确定子午线的长度。他志愿承担了大地测量任务，去北海道勘测。1804 年受政府委托勘测了日本西海岸，作了2 000次纬度测量，计算了子午线的长度，结果与拉朗德的计算相符。是一位精力充沛的野外勘测者，但对天文学知之甚少，例如，测量时把地球看成是球体而不是椭球体；观测恒星时也没有考虑大气折射、视差和章动等因素。尽管如此，绘制的日本地图远优于当时日本流行使用的地图，与现代地图相似。但当时在日本被禁止出版。1826 年手稿的副本被德国博物学家西博尔德(P. F. von Siebold)私运出境，经西博尔德修订后于 1840 年出版，并重新传入日本。他的地图在地理史上占有重要的一席。

(谢高峰)

施勒特尔，J. H.(Schröter，Johann Hieronymus) 德国人，1745 年 8 月 30 日生于德国爱尔福特，1816 年 8 月 29 日卒于同地。观测天文学、月面学。

从格丁根大学法律系毕业后在汉诺威当律师。1781 年任利林塔尔的地方法官。因受赫歇尔一家的影响而酷爱天文学，并在当地建立了一座私人天文台，拥有自制的和威廉·赫歇尔研制的许多天文仪器。在建台 30 年中一直是欧洲天文研究的中心之一。著名天文学家 K. L. 哈丁和 F. W. 贝塞尔曾在该台当过助手。1800 年 9 月许多欧洲国家的天文学家还在该台召开了协商共同搜寻处于火星和木星间的可能行星的会议。私人天文台在拿破仑一世发动战争期间惨遭破坏，其后一场大火又焚毁了大量手稿,于是回到家乡爱尔福特重建新的天文台,但终因健康恶化而停止观测工作,不久与世长辞。

他是首次对月球和行星表面进行长期系统观测的天文学家。绘制的月面图有上百张,但精度欠佳。发现和命名了许多月谷。1791～1802 年陆续出版《月面学片断》丛书。长期观测并记录了金星、火星等行星表面的一些细节。 (李啸虎)

皮亚齐,G.(Piazzi,Giuseppe) 意大利人,1746 年 7 月 16 日生于意大利蓬泰因瓦尔泰利纳(现属瑞士)。1826 年 7 月 22 日卒于那不勒斯。观测天文学、天体测量学。

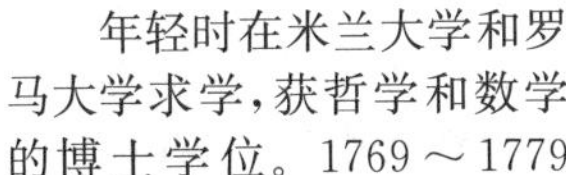

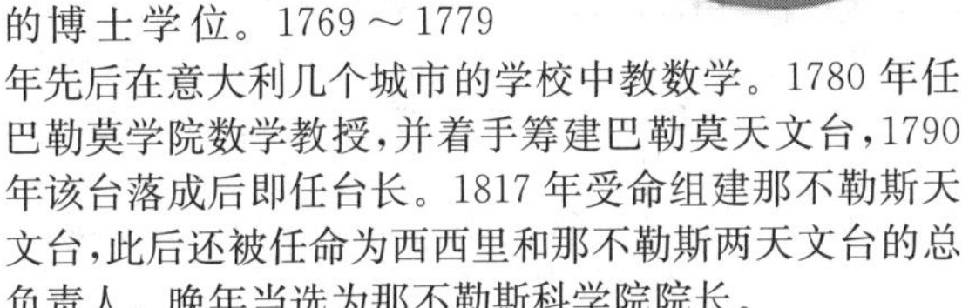

年轻时在米兰大学和罗马大学求学,获哲学和数学的博士学位。1769～1779 年先后在意大利几个城市的学校中教数学。1780 年任巴勒莫学院数学教授,并着手筹建巴勒莫天文台,1790 年该台落成后即任台长。1817 年受命组建那不勒斯天文台,此后还被任命为西西里和那不勒斯两天文台的总负责人。晚年当选为那不勒斯科学院院长。

在天文学上的最大功绩是发现了第一颗小行星和编制了两份精度很高的星表。

1801 年元旦之夜,在进行常规观测时偶然发现了一颗拉卡伊星表中没有的 8 等星,以后又发现它在不断运动。这年 1 月 24 日写信给柏林天文台台长波得和米兰的布雷拉天文台台长奥里亚尼(B. Oriani),认为它可能是一颗没有尾巴的彗星。在跟踪观测该天体 41 天后发布了观测结果。后因它越来越接近太阳而无法继续观测,待到几个月后当它再次远离太阳时却告失踪。高斯根据他的观测资料定出其轨道并预报了方位,从而重新找到了它。进一步的研究表明,该天体不是彗星,也不是新行星,而是太阳系中一种新天体——小行星,这颗小行星被命名为谷神星(Ceres)。

1792 年起全力从事恒星定位工作。经过 10 年辛勤观测与归算,于 1803 年发表了含星6 748颗的高精度星表,法兰西学院认为这是 1803 年天文学的最佳成果而授予拉朗德奖金。1813 年再次发表一部含星7 646颗的高精度星表,再次获法兰西学院拉朗德奖金。

(宣焕灿)

波得,J. E.(Bode,Johann Elert) 德国人,1747 年 1 月 19 日生于德国汉堡,1826 年 11 月 23 日卒于柏林。观测天文学、天文历算、天体测量学。

商业会计教师的儿子,因勤奋自学天文学而成才。1772 年由 J. H. 朗伯推荐到柏林天文台参与编算天文年历。1786 年被任命为皇家天文学家、柏林天文台台长、柏林科学院院士,此后一直任这些职务直到 1825 年退休。在此期间还先后当选为英国皇家学会外籍会员,以及圣彼得堡、斯德哥尔摩、哥本哈根、格丁根等科学院的外籍院士。

1766 年 J. D. 提丢斯首先提出了一个表示行星到太阳平均距离的经验定则,但未引起人们的注意。1772 年,他在《星空研究指南》第二版中,再次将提丢斯提出的定则公诸于众。后来人们注意到新发现的天王星和小行星谷神星都能较好地符合这一定则,于是该定则日益受到注目,并被命名为提丢斯-波得定则,有时也简称提丢斯定则或波得定则。

在星图星表方面也有较大贡献。主持编纂了《1776 年天文年刊》,于 1774 年出版。此后每年出版一本天文年历,直至 1826 年出版 1829 年的天文年历。这些年历的精度比以往的高得多。还主持编纂了两本星图,一本是 1782 年的《星座介绍》,按照弗拉姆斯蒂德的星图式样编制的,标有5 000多颗恒星;另一本是 1801 年的《天象图说》,标有17 000多颗恒星,星数超过了以往的所有星图,并首次标上了威廉·赫歇尔发现的双星、星团和星云。在此后很长一段时间里这两本星图是天文学家不可缺少的工具。

积极支持当时尚未广泛传播的康德、朗伯等人的杰出见解,认为空间是无限的,可栖居的世界是无数的,恒星按照自然规律不断产生又不断消亡。此外,当 1781 年威廉·赫歇尔发现了一颗新行星后,他提议用希腊神话中的天神乌剌诺斯(Uranus)来命名它,这一命名后来得到了公认,中译名为天王星。 (宣焕灿 田 雁)

拉普拉斯,P.-S.(Laplace,Pierre-Simon) 法国人,1749 年 3 月 23 日生于法国诺曼底的博蒙昂诺日,1827 年 3 月 5 日卒于巴黎。天体力学、数学、物理学。

是历史上最有影响的少数科学家之一。是天体力学的主要奠基者,概率论的创始人之一,应用数学的开创者之一,对物理学和哲学也有贡献。一生可划分为四个时期:1778 年以前的青少年时期,1778～1789 年的鼎盛时期,1789～1805 年的革命变革时期,1805 年以后的晚年时期。在中间两个时期成果最大。

青少年时期　生于农场主家庭,幼年酷爱数学,但父亲希望他成为教士,1766 年被送入卡昂大学艺术和神学系读书。一位教师发现了他的数学天才,1768 年推荐给巴黎的 J. 达朗贝尔。达朗贝尔出了一个题目,要求一周内做好,但他一夜就完成了。于是达朗贝尔推荐他去高等军事学校教数学。1773 年被选入法国科学院做研究工作。在巴黎的 10 年中发表了很多著作,初露锋芒,受到各方面人士的注目。主要成果:① 建立有限差分法。把无穷小的微分概念推广到有限的差分,建立了差分方程,并应用于物理学和天文学。在解差分方程时还提出了一种有用的循环级数。② 创立概率论。在讨论事件发生的机会中,第一次提出了概率的科学定义,并讨论了一些具体计算概率的方法,以后概率论逐渐成为数学中一个有广泛应用的重要分支。③ 推广万有引力定律。牛顿提出万有引力定律时,局限于讨论质点或球状物体之间的吸引。他研究了不同形状物体的吸引后,于1776年正式提出了万有引力的公理,即引力大小与质量成正比,与距离平方成反比;物体的引力为其各部分引力的合力;引力是瞬时传播的(速度为无穷大);物体静止或运动时的引力作用相同。还根据地球非球形来解释月球运动的长期加速现象。④ 偏微分方程的解法。提出了二阶线性偏微分方程的简化和求它们的全积分以及特别积分的方法。⑤ 建立常数变易法。为了讨论行星轨道根数的长期变化,与拉格朗日相互独立地提出了常数变易法,后来成为常微分方程的基本解法之一。⑥ 地球形状的研究。根据当时的测地结果,针对地球情况具体研究了均匀自转椭球体的引力规律,潮汐和地球的岁差、章动,日、月作用下的地球大气振动,海水的流动规律。这些研究为天体的形状和自转理论打下了基础,并涉及到大地测量和地球物理学。

鼎盛时期 青年时代的成果引起了科学界和政界的重视,公认是法国当时最优秀的数学家。1784年政府任命他当炮兵学校考官。1785年提升为科学院高级研究员,并当选为院士。这段时期的研究成果更多,贡献更大。主要成果:① 拉普拉斯算子。这是1780年在解行星运动方程中提出的一种微分算子,实际是运算微积分的萌芽。② 概率论和人口论。在研究彗星轨道面倾角的分布规律等课题中,进一步划分了概率论和统计学两类不同课题,提出了一系列的概率计算和统计研究的公式,并用于研究法国的人口问题。③ 行星和彗星的轨道计算方法。由于彗星轨道变化大,要经常重算。1784年提出了一种轨道计算方法,把天体在三个时刻的观测资料化为一个时刻的日心坐标和速度分量,再从它们求出轨道根数。这就是著名的拉普拉斯轨道计算方法。④ 热学研究。同A. L. 拉瓦锡一起合作,研究了热的化学物理性质。具体研究了蒸发、凝结、混合物的比热、化学反应中的热效应等。⑤ 椭球体的吸引。1784年研究了均匀椭球体对外面一质点的吸引,发现引力分量可用同一函数的偏导数来表示。这个函数就是后来所称的势函数。还证明这个函数应满足一个二阶线性齐次偏微分方程,即著名的拉普拉斯方程。这些研究开创了位势理论。⑥ 太阳系的稳定性问题。行星轨道半长径是否有长期项(可随时间无限增加或减小的项)是判断太阳系稳定性的重要根据。采用J. L. 拉格朗日的方法证明:在一阶近似时,行星轨道半长径只有周期摄动项,没有长期项。这个结果称为拉普拉斯定理或拉普拉斯-拉格朗日定理。⑦ 木星和土星的运动理论。太阳系诸行星中,木星和土星两行星质量最大,又彼此靠近,相互摄动大。他第一次较好地解决了它们的运动理论,所得结果与观测符合甚好,并解释了它们轨道的涨缩现象。在研究中还提出了区分摄动的长期项、周期项和长周期项。为摄动理论的建立打下了基础。此外,具体研究了木星的4个伽利略卫星的运动,得到了较好结果。还研究了月球运动,首次考虑了地球形状以及太阳和其他行星引力的作用,使所得结果更准确。

革命变革时期 1789年革命开始后,在历届政府中都担任了重要职务。1791年参加由15位院士组成的筹备组,筹建工艺美术咨询局。是1789～1790年科学院建立的有关度量衡委员会的委员,又是1795年建立的国家经度局委员,1799年任该局局长。还在新建的巴黎高等师范学校、巴黎综合工科学校和中央高等公共工程学校当教授,培养了一大批19世纪著名的科学家,如A. M. 安培、N. 卡诺和A. J. 弗雷斯勒等。还是法兰西学院的创建者之一,在1795年12月的组建会上,当选为第一学院即法国科学院的副院长,翌年成为院长。在此时期内仍有不少研究成果,涉及到数学、天文学、气象学、物理学和大地测量学。但主要贡献是1796年出版了名著《宇宙体系论》和1799年开始出版的巨著《天体力学》(至1825年出齐)。《宇宙体系论》是在各校的系统讲演,用较通俗的语言讲述了到当时为止的天文学成果。全书分5部分。第1部分讲天体的视运动,并论述了地球形状、表面重力、潮汐和大气折射现象。第2部分讲天体的真运动,包括地球的自转和公转,行星、彗星和卫星的公转。第3部分讲运动定律,有质点、质点组、刚体和流体的静力学和运动学。第4部分讲万有引力理论,包括从分子到天体的吸引和动力学。第5部分讲天文学史。书末有7个附录,在附录七中提出了著名的太阳系起源的“星云假说”。虽然早在1755年德国哲学家康德就提出了“星云说”观点,但拉普拉斯是从数学和力学基础上提出的,易为当时人们所接受。后人将这两个学说合称为“康德-拉普拉斯星云说”。“星云说”在当时僵死的形而上学自然观中打开了第一个缺口,并为天文学开创了一个新领域——天体演化学。专著《天体力学》共分5卷16册。1799年出版的第1～2卷共5册,内容有理论力学原理、天体力学的基本问题、吸引问题、均匀流体自转时的平衡形状、海潮和大气潮、岁差和章动、月球天平动和土星环等。1802年出版的第3卷分2册,内容有摄动理论、大行星的球坐标分析表达式、月球运动方程的积分方法和主要摄动项。第4卷分3册,于1805年出版,主要讨论木星的4个卫星、周期彗星的运动、天文大气折射、地面重力测量、三体问题特解和介质阻尼等。这4卷是基本内容。1825年出版的第5卷共6册,是补充前4卷问题的新进展。这部著作总结了他和同时代人对天体运动研究的全部成果,并使之系统化而形成一门独立的分支学科——天体力学。他因此成为天体力学奠基者的主要代表。

晚年时期 1805年以后担任的职务更多。拿破仑(Napoléon)曾任命他为内政部长,并授予荣誉大勋章,但他只做了6周便辞职不干。1816年成为法兰西学院院士,1817年当选为院长。同年路易十八(Louis XⅧ)封他为侯爵。还被选为俄国、丹麦、瑞典、普鲁士、荷兰、意大利等国科学院的院士。这一时期在数学上的贡献主要在误差理论方面以及提出著名的拉普拉斯变换

$y(s)=\int_0^{\infty}\mathrm{e}^{-sx}\varphi(x)\mathrm{d}x$ 。1812年出版了《概率的分析理论》,总结和推广了本人过去的有关工作,并把其中的最小二乘法用于测地和气象资料的统计处理。对物理学也有广泛的兴趣,许多学者聚集在他周围,形成了一个非正式的研究中心,称“拉普拉斯学派”。他们主要研究声音速度、分子运动和毛细现象、热学理论、光的微粒性等。

一生的著作很多,生前研究涉及140个课题,每一课题至少发表一篇论文。还有大量的学术通信。去世后,他的妻子在1843～1847年间整理出版了《拉普拉斯文集》,共7卷。后由儿子的遗产资助,在1878～1912年间陆续出版了《拉普拉斯全集》,共14卷,几乎包括了全部著作。(易照华)

卡兰德雷利,G.(Calandrelli,Giuseppe) 意大利人,1749年5月22日生于意大利罗马附近的扎加罗洛,1827年12月24日卒于罗马。方位天文学、天文学史。

是I.卡兰德雷利的叔父。曾任罗马格雷戈里大学的数学教授。1787年在那里创建了一座天文台,任台长。主要从事方位天文学的研究。1803～1824年,与A.孔蒂(Andrea Conti)和G.里凯巴赫(Giacomo Ricchebach)合作发表了一系列的天文学丛书,1816年出版了《经纬高度视差表》。他还写过一些有关格里历发展史和罗马天文学史的论文。(张可可)

德朗布尔,J.-B.J.(Delambre, Jean Baptiste Joseph) 法国人,1749年9月19日生于法国亚眠,1822年8月19日卒于巴黎。天文大地测量学、数学、天文学史。

早年在亚眠上学,后去巴黎入普雷西学院学习文学和历史,并着手翻译拉丁语、希腊语、意大利语和英语的著作。1771年毕业后曾在贡比涅当私人教师,并自学数学。东家是个贵族,专门请人造了一个小型天文台供他观天。1780年在法兰西学院参加天文学家拉朗德的讲座,开始学习天文学,后被聘为助手。

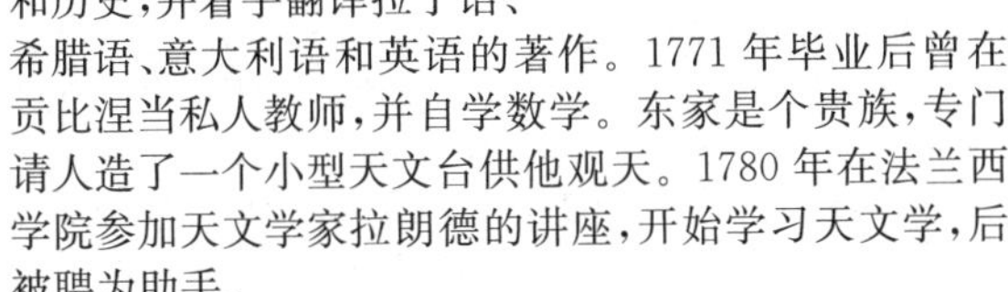

1791年当选英国皇家学会外籍会员,1792年当选法国科学院数学学部通讯院士,1795年当选法兰西学院院士,1803年担任数学部第一任秘书长,1795年成为巴黎经度局创始委员。1807年任法兰西学院天文学部教授兼主任。在拿破仑政府中担任过教育总督察等。1814年任公共教育御前会议成员。

1786年的一天观测到水星凌日,当时在巴黎只有他和梅西叶看到这一现象。这件事促使人们寻求更精确的行星星历表,也是他成为天文学家的起点。不久,运用所掌握的天体力学理论和计算技巧研究了天王星的运动,获得法国科学院为这一课题颁发的1790年年度奖。1792年出版了太阳表、木星表、土星表以及木卫表。他在私人天文台进行了持久不懈的观测,主要是检验弗拉姆斯蒂德、马斯基林等星表中恒星的位置。当拉普拉斯研究摄动和其他天体力学问题时,他参加了工作,并根据这些研究编算新天文表。以前所编的天文表成了编算《法国天文年历》和大多数国家的航海历及天文年历的基础。由于这些成果,法国科学院授予他1792年年度奖。

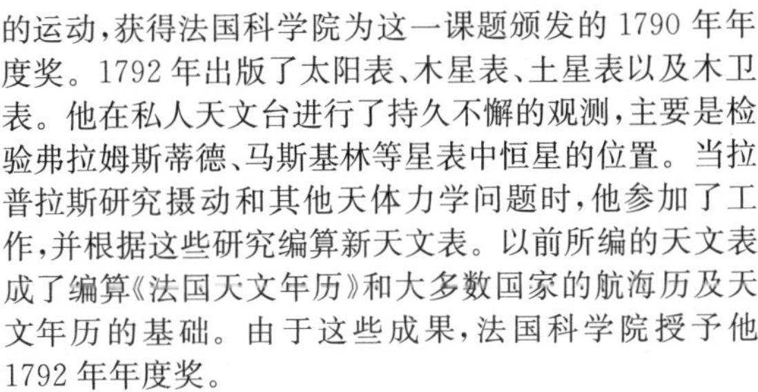

1792年法国科学院委托他参加由法国敦刻尔克到西班牙巴塞罗那的子午线测量,负责法国境内从敦刻尔克到罗德兹的一段,梅香负责另一段。他的任务不仅是进行一系列天文观测和地面测量,还必须作极繁复的计算。由于革命时期和战争的种种困难,这项工作至1799年才完成。结果精度很高,由此确定了地球子午圈一圈的长度,以其4 000万分之一作为1米。这就是以后由国际委员会规定的公制长度单位。他和梅香关于这一工作联名发表了《十进位公制的基础》(3卷本,分别发表于1806年、1807年和1810年)。1810年他出版了《地球的大小和形状》,同年因在这项工作中的贡献再次受奖。

也从事数学用表的编算。1810年与拉格朗日、拉普拉斯一起出版了《对数和三角函数表》。继承博尔达的工作,刊印3～7位小数的《十进位三角函数表,正弦、正割和正切对数表》。

在科学史方面也卓有建树。1810年发表了重要的史学著作《1789年以来数学进展史》。1812年起开始收集和整理天文学史资料,将余生献给了编纂天文学史。去世前完成了《天文学史》6卷,发表于1817～1827年。还发表了《天文学简论》、《理论和实用天文学》等著作。曾获圣米歇尔骑士、荣誉军团勋位等荣誉称号。为纪念他的功绩,月球上有一座大环形山、法国有一条街用他的名字命名。(萧耐园)

皮戈特,E.(Pigott,Edward) 英国人,1753年生,1825年卒于英国巴斯。观测天文学。

天文学家N.皮戈特的儿子。16岁就协助父亲从事天文观测。1771年9月随父从法国卡昂迁回英国格拉摩根郡,10年后又搬至英国的约克郡。他们在自家庭院里建起一座临时性的天文台。不久,他便在该台作出了一生中的第一项发现,即发现了后发座中的一个星云。1783年发现了一颗新彗星。同年与青年天文学家J.古德里克建立了友谊,因受后者的影响,注意力转向变星。他发现天鹰座η星是一颗周期变星。1786年编制了第一个变星表,载有4颗新星和8颗变星。后来发现变星盾牌座R和北冕R,接着又发现了盾牌座内的另一颗变星,并发现了两个彗星。还定出若干颗恒星的自行,并深入研究了用中星仪观测恒星的方法。(倪祥斌)

察赫,F.X.von(Zach,Franz Xaver von) 1754年6月4日生于匈牙利佩斯(今布达佩斯的一部分),1832年9月2日卒于法国巴黎。观测天文学。

出身名医家庭。曾参加奥地利军队从事测量工作。

在柏林和伦敦任萨克森大使布吕尔(G. M. von Brühl)的家庭教师,大使家有私人天文台。1786年为公爵厄恩斯特二世(Ernst Ⅱ)管理哥达附近的天文台直到1806年。晚年因肾结石去巴黎就医死于霍乱。曾出版过一系列天文观测结果以及太阳表与星表。1798～1799年与培塔奇(F. J. Bertuch)共同出版《地理日志》。1800～1813年编辑《天地月报》,刊登天文学的最新发现。18世纪末组织24位天文学家分天区进行巡天观测,特别是搜寻新彗星和新行星,从而导致了几颗小行星的发现。 (朱逸农)

奥伯斯,H. W. M. (Olbers, Heinrich Wilhclm Maltbias) 德国人,1758年10月11日生于德国不来梅附近阿尔贝根,1840年3月2日卒于不来梅。观测天文学、宇宙学、医学。

新教牧师J. J. 奥伯斯(Johann Jürgen Olbers)的16个孩子中第八个孩子。14岁便对天文学发生兴趣。在不来梅大学预科就读时,由于该校当时是典型的人文主义学院,几乎不进行数学和科学教育,他自学了数学,还试图计算1774年的一次日食。1777年进格丁根大学攻读医学,同时还旁听了物理学、数学和天文学课程。1780年完成的毕业论文中讨论了眼球是通过变形来调节焦距的。这一见解是有意义的,因为此后不久,有人发现人眼靠水晶体的形变来调节焦距。1781年从格丁根大学毕业后,一直定居不来梅行医。通过他的努力把预防接种引入该城市。在几次霍乱流行期间,他的工作赢得了人们的高度赞誉。当时F. A. 梅斯梅尔提出的动物磁力说引起了医学界很大的争论。他撰文指出,从生理学角度来理解,是无法臆测这种特殊力的存在的。

毕生以天文学为业余爱好,特别是两任妻子相继病逝后,1820年他放弃临床诊断工作专心进行天文学研究。他在天文学领域的贡献远比在医学领域更为突出。对小行星作了开创性的研究。按照提丢斯-波得定则,在火星轨道与木星轨道之间离太阳2.8天文单位处应存在一颗未知行星。1800年秋,他与F. X. von察赫等多人在德国利林塔尔塔J. H. 施勒特尔家的私人天文台开会,决定组织一支"天空巡警队",有关成员分头在黄道带不同部分寻找该星。1801年元旦,并非该队成员的意大利天文学家G. 皮亚齐意外地发现了谷神星。但不久,因该星的方位日益接近太阳而无法持续观测,后来再也找不到了。在高斯通过理论计算所预言的该星位置附近,奥伯斯重新找到了它。1802年,他又发表了智神星。1804年,C. L. 哈丁发现了婚神星。1807年,奥伯斯又发现了灶神星。谷神星、智神星、婚神星和灶神星都在离太阳2.8天文单位处沿各自的椭圆轨道绕太阳公转,而且它们的大小都比一般的行星小得多,后来它们都被称为小行星。为什么它们都正巧位于2.8天文单位处?奥伯斯提出了"行星爆炸说",认为在该位置处原先有一颗大行星,由于某种原因发生爆炸才变成了若干颗小行星。现今,已发现的小行星达上万颗,它们中极大多数位于火星与木星的轨道之间,构成了小行星带。他所提出的行星爆炸说至今依然是小行星成因的假说之一。此外,他还发现了5颗彗星。

他对天文学的又一重要贡献是提出了"光度佯谬"。在1823年出版的《1826年柏林天文年历》中,他发现了一篇有关太空的透明度的文章,文中提出了一个著名佯谬。若空间无限、完全透明且恒星在太空中均匀分布,一方面由于恒星的亮度随距离的平方而减少,另一方面越远的恒星其数量又以距离的平方而增加,结果导致离我们不同距离处同样厚度的天空薄层都应具有相等的微弱光度。由于空间可以无限伸展,这一层层的微弱光度可以无限地累加,但前面星体对后面星体的挡光效应使光量不可能无限增加,其结果是夜空理应处处与太阳一样明亮。然而这种情况实际上并未出现。这被称为"奥伯斯佯谬"或"光度佯谬"。人们对这一佯谬的探讨,推动了现代宇宙学的发展。

为纪念他对天文学的贡献,第1002号小行星用他的姓氏命名。 (宣焕灿 张慰丰)

志筑忠雄(Shizuki, Tadao) 日本人,1760年生于日本长崎,1806年8月22日卒于同地。天文历算、经典力学、科学传播。

原姓中野,由志筑家收养而改姓。志筑氏是日本荷兰文著名翻译家,他因此成了志筑氏荷兰文翻译第八代传人。1776年继养父任长崎市政府助理译员。后因病退职在家,专事翻译介绍荷兰的科学和人文成果,成了日本"兰学"的领军人物之一,对日本向世界打开门户,接受西方先进文化有过重要贡献。他在后来恢复了中野的原姓,其姓名为中野忠次郎,号柳圃。

他在翻译凯尔(J. Keill)的荷兰文《真物理学导论》、《真天文学导论》时,深受启发,于是在1798年编译了重要著作《历象新书》。书中不仅介绍了西方新的天文历法,还在东方第一次介绍了哥白尼的日心说、开普勒的行星运动三大定律、伽利略的单摆和自由落体定律,以及牛顿的万有引力理论。这表明,他成了哥白尼、牛顿学说在东方的第一个坚定支持者和积极传播者。他在"宇宙形成的说明"一文中,提出过一种太阳系起源学说,与康德和拉普拉斯的"星云说"十分相似。他的研究与阐述方法,不同于当时日本的传统做法,而与西方近代以来的科学方法较为接近,即不仅要真实地描述自然现象,还要合理地解释现象。他将中国古代的元气说同近代物理学,特别是牛顿的引力理论相结合来解释世界。认为万物均由"气"构成,因引力大小,气可聚可散,可密可疏。他将电流译为"电气",还认为所谓阴阳实际上就是具体存在的正、负两种力,这特别适用于解释电磁力。他用气压计做过实验,还探讨了化学反应中的定量变化。

他一生翻译和撰写的著述有30余种,其中三分之二涉到天文学领域,著有2卷本《论引力》,早期译作还有《天文管窥》、《动力指南》和《求力论》等。 (方福娟)

庞斯，J.-L.（Pons，Jean-Louis） 法国人，1761年12月24日生于法国多菲内的佩雷，1831年10月14日卒于意大利佛罗伦萨。彗星天文学。

出身贫寒，只读了几年书。1789年到马赛天文台当守门人，因得到几位台长的指教，很快掌握了天文观测技术，熟悉了星空。1813年任马赛天文台助理员，1818年任副台长。1819年任卢卡的玛丽亚天文台台长。1825～1827年任佛罗伦萨天文台台长。

主要从事彗星的观测工作，以敏锐的视力和极大的耐心搜索天空。1801～1827年共发现37颗彗星，平均每年至少发现1颗，成为天文学史上最有成就的彗星发现者之一。1818年发现了3颗无尾彗星。翌年，J. F. 恩克计算了其中一颗暗彗星的轨道，并成功地预测了它的回归时间。这颗彗星以恩克的名字命名。但恩克却坚持认为应称它为“庞斯彗星”。因发现彗星成绩卓著，法国科学院两次授予拉朗德奖章，伦敦天文学会（英国皇家天文学会的前身）授予银质奖章。（谢高峰）

布林克利，J.（Brinkley，John） 英国人，1763年生于英国伍德布里奇，1835年9月14日卒于爱尔兰都伯林。观测天文学。

剑桥大学凯厄斯学院的高材生，1788年该校史密斯奖金的第一位获得者，同年获文学士学位。1790年任都伯林大学天文学教授。翌年在林肯任神父，获剑桥大学硕士学位。1792年当选为爱尔兰第一位皇家天文学家。1806年获神学博士学位。1826年升为基督教主教。1822～1835年任爱尔兰皇家科学院院长，1825～1827年任天文学会副会长，1831～1833年任会长。

1808年起用一架子午环测定恒星视差，两年后宣布已测出天琴座α的视差为2″.52。1814年测得天琴座α、天鹰座α、大角和天鹅座α的视差分别为2″.0、5″.5、2″.2和2″.1。他的测量未被人们所认可，实际的恒星视差也比这些值要小得多，但他的先驱性工作推动了以后对恒星视差的精确测定。还提出新的天文折射理论、估算出黄赤交角、测出若干重要恒星的北极距、定出二分点的岁差等。1817年获爱尔兰皇家科学院的科宁厄姆奖章，1824年获英国皇家学会的科普利奖章。

（倪祥斌）

古德里克，J.（Goodricke，John） 英国人，1764年9月17日生于荷兰格罗宁根，1786年4月20日卒于英国约克。观测天文学。

父亲原是英格兰乡绅，曾在荷兰格罗宁根任外交官员。他幼年时患了一场大病，变得又聋又哑。8岁时开始就读于苏格兰爱丁堡的聋哑学校。14岁进入英格兰的沃灵顿学院读书，克服因生理缺陷带来的困难而取得了优异的成绩。

虽是聋哑人，且仅活了22岁，但在短促的一生中却发现了3颗重要的变星，在天文学史上留下了不朽英名。1782年11月发现了英仙座β（大陵五）的光度变化具有严格的周期性，测出其光变周期为2天20小时45分。与今测值仅相差4分钟。1783年5月给英国皇家学会写信公布了这一发现，因此荣获该学会的科普利奖章。还正确地推断大陵五是交食双星，因主星被伴星周期性的遮掩而产生光度变化。1785年和1786年先后发现了天琴座β和仙王座δ的光度变化。前者中文名渐台二，是渐台二型食变星的典型星；后者中文名造父一，是造父变星的典型星，造父变星后来在确认河外星系的存在中曾起过重要作用。由于这些发现，英国皇家学会于1786年4月选举他为会员，但不幸的是在两周后便因病去世。（葛京坪）

哈丁，C. L.（Harding，Carl Ludwig） 德国人，1765年7月29日生于德国劳恩堡，1834年8月31日卒于格丁根。观测天文学。

1786～1789年在格丁根大学学习神学，同时还听数学和物理学讲座。此后在劳恩堡当见习牧师。1796年之后到利林塔尔，在J. H. 施罗特尔的私人天文台工作，对行星作了许多出色的目视观测。19世纪初绘出了一份拥有60 000颗恒星的全天星图，并在1804年发现了第三颗小行星婚神星（Juno）。1805年被格丁根大学天文台聘为实测天文学教授。此后，在该台发现了1813Ⅱ、1824Ⅱ、1832Ⅱ3颗彗星。还积极参与了J. F. 恩克《柏林科学院星图》中的部分工作。（葛京坪）

比格，J. T.（Bürg，Johann Tobias） 奥地利人，1766年12月24日生于奥地利维也纳，1834年11月25日卒于维瑟诺。天体力学。

家境贫寒，曾当过手艺人。后进入维也纳大学攻读数学和天文学，1792年参加该校天文台工作，1806年升任数学和天文学教授。1808年取得爵位。因日益耳聋于1813年辞去教务，竞选该校天文台台长失败后于1819年退休。终身未娶。

最初从事大地测量，后来参加编算星历表，是当时主要的计算天文学家之一。月球运动很复杂，且受太阳和地球扁率的摄动。在演算过程中发现有大小为13″.8的长周期项，周期为180年。由于采用的是最新资料和改进过的拉普拉斯摄动理论，具体演算时又把上述长周期项考虑进去，因此编算的1813～1820年月历表比前人的更精确，成为英国海军部《航海年历》中月历表的编制依据。（倪祥斌）

布瓦尔，A.（Bouvard，Alexis） 法国人，1767年6月27日生于法国上福西尼地区孔塔明斯，1843年6月7日卒于巴黎。实观天文学、天体力学。

1785年从农村到巴黎求学。1793年进巴黎天文台学习，两年后成为天文工作者。是拉普拉斯的得力助手，协助解决《天体力学》一书撰写中的复杂运算。1804年成为巴黎经度局委员，参加编写《天文年鉴》。后不久入选法国科学院院士。

主要因1821年发表木星、土星和天王星运行表而闻名。木星和土星运行表使用结果良好，但天王星表的理论测算与观测结果的误差日益增大，以致很快就无法使用。天王星发现前，曾被当作恒星而留下了多次观测资料。经过计算发现没有任何轨道能同时符合天王星发现前以及发现后的全部观测资料。因此预言天王星不规则运动的基本原因可能是存在一个未知的摄动天体。在他去世后3年，这一预言便被海王星的发现所证实。还发现8颗彗星并算出轨道根数；注释了高斯翻译的阿拉伯著名天文学家伊本·尤努斯的著作。对天文学可谓"鞠躬尽瘁，死而后已"，去世前夜还在孜孜不倦地伏案计算。　（李啸虎）

王贞仪(Wang Zhenyi)　字德清。中国清代江宁(今南京)人，清乾隆三十三年(1768年)生，清嘉庆二年(1797年)卒。天文学。

出身于书香门第的清代女学者，自幼受到良好家庭教育。对天文、算学、地理和医学都很喜爱，特别爱读天算家梅文鼎的著作。每逢晴夜常在户外坐观星象直到深夜。还用挂灯作太阳、圆桌作地球、镜子作月亮，用实验方法来说明月食的原理，写成"月食解"一文。对中西天文学都有深入的研究，在《岁差日至辨疑》中正确地论述了岁差的发现、测定方法和天文原理。在《日月五星随天左旋论》中，概述哥白尼学说为"以太阳中旋而地球旋转于外"，认为很可能是正确的。这种看法与当时占统治地位的乾嘉学派是对立的，表现出在科学上勇于探索的可贵精神。

毕生著述很多，有关天文的除上述外，还有《经星辨》、《黄赤二道辨》、《地圆论》、《星象图释》等，均收在后人编辑的《德风亭初·二集》中。一生思想解放，志向高远，曾在一首题画诗中写道："足行万里书万卷，尝拟雄心胜丈夫。"这实际上也是她短暂一生的最好写照。

（徐振韬）

鲍迪奇，N.(Bowditch, Nathaniel)　美国人，1773年3月26日生于美国马萨诸塞州赛勒姆，1838年3月16日卒于马萨诸塞州波士顿。天体力学、航海学、科学传播。

未受正规教育，靠自学成才。早年在船用杂货铺当学徒，在艰苦的生活中自学了语言学、数学和其他学科。1795～1803年参加了5次远航，担任过船长，在船上仍坚持学习，还写过一本有影响的航海著作，涉及大量天文学知识，后多次再版。1804年进入商界，去世时是波士顿一家保险公司统计员。到1815年止，多次向欧美两地的刊物投寄有关天文学、数学和物理学稿件，其中最突出的是关于1807年在康涅狄格州韦斯顿上空爆炸的陨星的论文(1811年)。1815年，他在美国文理科学院机关刊物上发表了论悬于两点的摆运动的论文，引人注目。当选为英国皇家学会外籍会员。后期，克服重重困难翻译出版拉普拉斯的5卷巨著《天体力学》中的前4卷，在英语国家中影响很大。　（李啸虎）

布里斯班，T.(Brisbane, Thomas)　英国人，1773年7月23日生于英国苏格兰艾尔郡布里斯班庄园，1860年1月27日卒于同地。观测天文学。

出身显赫的布里斯班家族。曾在爱丁堡大学、肯辛顿学院学习天文学和数学。1789年取得军籍，1841年晋升为将军。1810年当选为英国皇家学会会员。1816年当选为法国科学院外籍院士。1827年任英国皇家天文学会副会长。1833年任爱丁堡皇家学会会长。是一位有才干的实用天文学家，更是一位科学事业的慷慨资助者。曾先后获得爱丁堡、牛津、剑桥等大学的各种荣誉学位。1805～1810年因病休养期间，在家乡建造了一座天文台。在法国服役时(1815～1818年)奉命编算了一套计时用的星表，由军队秘密出版。1821年担任澳大利亚新南威尔士总督时，为观测研究南天恒星自费建造了新南威尔士帕拉马塔天文台。该台投入使用后一个月，就因重新发现恩克彗星、确证短周期彗星存在而声名大振。回国后，1826年自费建造马凯斯顿天文台，1847年前一直在那里参加观测。为了响应洪堡于1837年提出的关于开展国际性地球磁场勘查的倡议，于1841年出资筹建位于欧洲最西北角的马凯斯顿地磁观测台。1828年获英国皇家天文学会的金质奖章，1848年获爱丁堡皇家学会的基思奖章。　（李啸虎）

莫尔魏德，K.B.(Mollweide, Karl Brandan)　德国人，1774年2月3日生于德国沃尔芬比特尔，1825年3月10日卒于莱比锡。天文学、三角学。

毕业于哈雷大学。1811年在莱比锡大学天文台工作。翌年任天文学教授。1814年任数学讲座教授。在莱比锡大学的11年里两次任教务长职。授课任务繁重，很少有时间作天文观测。讲授天文课程时着重强调恒星位置的测定。讲授的数学课程包括代数学、三角学、解析几何、概率论等。发表了若干研究成果。一些三角公式和保角变换公式是以他的名字命名的。

（谢高峰）

贝利，F.(Baily, Francis)　英国人，1774年4月28日生于英国伯克郡纽贝利，1844年8月30日卒于伦敦。观测天文学、天体测量学。

只受过初等教育。14岁在一家商店当学徒，7年后学徒期满，航海去美国。1798年回到英国，当证券经纪人，同时也研究天文学。1821年被选入英国皇家学会。1824年退休。其后把全部时间用于研究天文学。是伦敦天文学会(英国皇家天文学会的前身)创始人之一，先后4次担任该学会会长，2次获得该学会金质奖章。因首次生动地描述了日食时出现的“贝利珠”现象而扬名。这种现象是他1836年5月在苏格兰观测日食时发现的。辛勤分析和编辑了许多古典星表，如托勒玫、第谷、乌鲁伯格、赫维留、弗拉姆斯蒂德等星表，计算了以1830年1月1日为历元的2 881颗恒星的平位置。1847年发表了47 390颗星的星表。还测定了地球的密度，其结果与现代值十分接近。 （谢高峰）

索尔德纳，J. G. von（Soldner, Johann Georg von） 德国人，1776年7月16日生于德国福伊希特旺根附近的乔治霍夫，1833年5月18日卒于慕尼黑。观测天文学、大地测量学。

农场主的儿子。上过中学，因帮父亲干活而中途辍学，基本上靠自学钻研天文学和大地测量学，并自行设计测量太阳地平纬度等仪器。是天文学家J. E. 波得的学生，因给波得主编的《天文学年鉴》撰稿而崭露头角。1805年普鲁士国王任命他为安斯巴赫的土地测量负责人。1815年任博根豪森天文台台长。1823年因健康恶化而由助手接任此职。1810年5月发表论三角网络计算法的著名论文，同年当选为慕尼黑科学院院士。他的方法是对J.-B. J. 德朗布尔方法的改进，在测量球面三角弧长时精度可达1厘米。1813年发表推算地平经度新方法。 （李啸虎）

本岑贝尔格，J. F.（Benzenberg, Johann Friedrich） 德国人，1777年5月5日生于德国杜塞尔多夫附近舍勒尔，1846年6月7日卒于杜塞尔多夫附近的比尔克。观测天文学、大地测量学、物理学。

起初学习神学，后对自然科学发生兴趣。1800年在杜伊斯堡大学获博士学位，1805年任杜塞尔多夫大学预科学校数学教授。

组织和指导了大地测量工作，与布兰德斯合作，首次在一条长10千米或15千米的基线两端同时观测流星，从而测出了流星的高度和速度。这些数据证实了1794年克拉尼提出的陨星来自太空的理论，证实了陨星与火流星之间的关系。但由此错误地认为流星是月球火山喷发出的石头。在教堂的塔楼上和矿井里做过落体实验，测定了铅球落点向东的偏移，从而证明了地球的自转。晚年致力于弹道学实验，出版了大地测量学、天文学和物理学方面的论著。还在比尔克建起了一座小天文台。 （谢高峰）

布兰德斯，H. W.（Brandes, Heinrich Wilhelm） 德国人，1777年7月22日生于德国库克斯港附近的格罗顿，1834年5月17日卒于莱比锡。观测天文学、大气光学、科学传播。

出身于耶稣教传教士家庭。早年在格丁根大学学习自然科学。1811～1826年在布雷斯劳大学任数学教授。1826年在莱比锡大学任物理学教授。与导师J. F. 本岑贝尔格一起开拓了观测流星的方法，测定出流星的速度和出现在大气中的高度。还发现了8月出现的一个流星群的周期性。晚年从事研究光线折射、大气光学等的实际问题和理论问题，并对彗尾理论问题进行探讨。重视天文普及事业，出版的通俗天文学著作拥有广泛的读者。 （倪祥斌）

林德瑙，B. A. von（Lindenau, Bernhard August von） 德国人，1779年6月11日生于德国阿尔滕堡，1854年5月21日卒于同地。天文学、天文学史。

地方政府官员的儿子。1793年在莱比锡大学学习法律和数学。1801年赴哥达附近的塞贝格天文台工作，1808～1818年任该台台长。后又相继在政府部门任多种职务。在阿尔滕堡附近建造了一座博物馆，即当今举世闻名的斯塔特利奇-林德瑙博物馆。除了参加编辑一些技术杂志和天文书籍外，还为水星、金星和火星等星历表的计算出版了行星表；求出光行差和章动常数的改进值；发表了一系列有关天文学史的论文。 （倪祥斌）

舒马赫，H. C.（Schumacher, Heinrich Christian） 德国人，1780年9月3日生于德国荷尔斯泰因，1850年12月28日卒于德国阿尔托纳。天体测量学、大地测量学。

出身法官家庭。9岁丧父。曾在格丁根大学和基尔大学学法律。1805～1806年任多尔帕特法学院讲师。1806年获法学博士学位。1807年在格丁根大学任教，并在高斯指导下钻研天文学。1808～1810年在汉堡大学进修数学，后进入汉堡天文台从事编制新恒星表的观测工作。1810年受丹麦政府之聘任哥本哈根大学天文学教授。1813～1815年在德国任曼海姆天文台台长。1817年后奉命参加石勒苏益格和荷尔斯泰因两地的大地测量。1821年应丹麦皇家科学院之请担任大地测量指导工作。此后又在德国阿尔托纳新建的天文台工作多年。参与创办著名的国际性刊物《天文学通报》，第一卷在1823年出版，该刊至今仍在发行，颇负盛名。

1820～1829年间还编辑出版一系列精度较高的天文年历和附表。1824年参与测定格林尼治天文台和阿尔托纳天文台之间的经度差。同一时期，高精度地测量了丹麦的斯卡恩和德国的劳恩堡之间1°基线的长度，后来贝塞尔用此来计算地球形状。1837～1839年，为丹麦政府制定法定重量单位。1821年被选为英国皇家学会会员。还曾获丹麦国王赐予的贵族封号。 （李啸虎）

比拉，W. von（Biela, Wilhelm von） 奥地利人，1782年3月19日生于德国哈茨山麓施托尔贝格的罗斯拉，1856年2月18日卒于意大利威尼斯。观测天文学、彗星天文学。

出生于波希米亚（今属捷克）的一个贵族家庭。

1802年从军于奥地利步兵团，1809年升任陆军中尉，后又晋升上尉、少校。1832年任意大利罗维戈市市长。

在业余作了很多有价值的天文观测，特别因发现比拉彗星而闻名于世。这一彗星于1826年2月27日首先被他观测到，不久又证认出它与1772年及1805年出现的彗星是同一颗，并推出其周期为6.7年。因而得名比拉彗星。1846年该彗星分裂为二，1852年这颗分裂后的彗星再次双双出现。此后该彗星消失不见，但当地球穿过与比拉彗星轨道相交的位置时，人们便可在夜空中看到壮丽的仙女座流星雨。从而显示了流星雨与彗星的分裂有关。仙女座流星群有时也被称为比拉流星群。为纪念这一重要而有趣的彗星的发现者，月面上有一环形山以他的名字命名。（宣焕灿 田 雁）

贝塞尔，F. W.（Bessel, Friedrich Wilhelm） 又译白塞尔或贝塞耳。德国人，1784年7月22日生于德国明登，1846年3月17日卒于柯尼斯堡(今俄罗斯加里宁格勒)。天体测量学、大地测量学、数学。

出身文官家庭。早年只读了4年书，15岁便到不来梅的一家商行当学徒。由于对国际贸易深感兴趣，努力自学地理学、西班牙语、英语和航海术。继而又热衷于研究天文学和数学，并很快在这两方面显示出才能。20岁时因根据观测资料推算出哈雷彗星轨道而受到天文学家H. W. M. 奥伯斯的器重。1806年由奥伯斯推荐到天文学家施罗特尔的私人天文台当助手。1810年受命组建柯尼斯堡天文台并任该台台长和天文学教授，直至去世。曾被任命为柏林天文台台长，但却推荐天文学家恩克就任。晚年身患癌症，仍孜孜不倦从事研究工作。1811年获法兰西学院的拉朗德奖金。1812年当选为柏林科学院院士。

是恒星三角视差测量的开创者。1838年首次用量日仪测得了天鹅座61星的视差为0″.31，并发表在当年德国的《天文学通报》上。这是最早测得的几颗恒星的视差数据之一。

发现布拉得雷星表(1798年和1805年分两卷出版)只是直接刊布观测结果，而未作任何归算。接着他先编制了一份相当精确的大气折射表，并精确测定了岁差常数、章动常数和光行差常数，在此基础上对布拉得雷星表进行大气折射、岁差、章动、光行差等项改正，1818年刊布了一份订正后的布拉得雷星表，其星数达3 222颗，历元取为1755.0。该星表以高精度闻名于世。1821～1833年还测定了赤纬－15°～45°之间的大约75 000颗恒星的星位。后来阿格兰德尔发表的《波恩星表》(简称BD星表)中引用了这些数据。1844年根据天狼星和南河三的自行是波浪形的曲线，预言天狼星和南河三都有看不见的伴星，由于互相绕转，导致其亮星的自行轨迹呈波浪形。这一预言后来分别在1862年和1892年为观测所证实。

在历书研究方面提出了贝塞尔假年和贝塞尔岁首的概念；在仪器误差研究和数据归算方面导出了修正子午环安装误差的贝塞尔公式，还导出了另一个用于天文计算内插法的贝塞尔公式；在日食理论方面引进了贝塞尔要素等基本量；在彗星理论方面提出了彗尾动力学理论。

在大地测量学和数学方面也有出色的成就。负责过东普鲁士的大地测量，设计了一种新的大地测量仪器，并利用高斯的最小二乘法改进三角测量方法。还认真研究了地球的形状，提出了贝塞尔地球椭球体。在数学方面提出了著名的贝塞尔函数。该函数不仅在数学上占有重要的一席，而且在物理和工程等方面都有广泛的应用。（宣焕灿 张可可）

莫尔，G.（Moll, Gerard） 荷兰人，1785年1月18日生于荷兰阿姆斯特丹，1838年1月17日卒于同地。观测天文学、物理学。

出身富商家庭。早年在阿姆斯特丹跟一位船长学航海，因对天文导航发生兴趣而选定天文学为终身职业。1809年在阿姆斯特丹大学获哲学博士学位，然后去巴黎大学学习。1812年回到荷兰，任乌德勒支天文台台长，1815年兼任乌德勒支大学物理学教授。此后担任这两个职务直至去世。1835年和1836年爱丁堡大学和都柏林大学分别授于他荣誉法学博士学位。观测了1832年的水星凌日。与A. 范比克(Albert van Beek)一起，通过测量大炮发射时的闪光和声音之间的时间间隔精确地定出声速为332.05米/秒(现采用值为331.45米/秒)。还研究了载流导线的磁场和电磁提升能力。（谢高峰）

索思，J.（South, James） 英国人，1785年10月生于伦敦，1867年10月19日卒于同地。观测天文学。

药物化学家的儿子。年轻时行医，因对外科医学造诣较深，成为皇家外科医学院成员。中途弃医，致力于天文事业。1820年获硕士学位后，曾主持伦敦天文学会(英国皇家天文学会的前身)中的多种机构。1831年就任英国皇家天文学会会长。1863年获剑桥大学荣誉法学博士学位，并被选为爱尔兰皇家科学院院士和法国科学院的外籍院士。在伦敦和巴黎郊区建立了数座小天文台，采用最好的望远镜观测双星。1821～1823年，与约翰·赫歇尔合作，重新观测威廉·赫歇尔列入图表的那些双星，旨在检测它们的位置变化和研究它们的轨道运动。1824年把双星观测资料编制成列有380个双星的星表。2年后，他又发表了第二个双星星表。荣获英国皇家学会颁发的科普利奖章。（倪祥斌）

博古斯拉夫斯基，P. H. L. von（Boguslavsky, Palm Heinrich Ludwig von） 德国人，1789年9月7日生于普鲁士马格德堡，1851年6月5日卒于布雷斯劳(今波兰弗罗茨瓦夫)。观测天文学。

将军门第出身。于1813～1815年参加反拿破仑战争，退伍后从事业余天文观测。1831年成为布雷斯劳天文台资深天文学家。1836 年任布雷斯劳大学教授。1843 年任布雷斯劳天文台台长。一生主要致力于天文观测及对彗星、流星群、行星轨道和日食的计算工作。1835 年 4 月发现了一颗彗星，并长时间跟踪观察，后人以他的姓氏命名此彗星。1842～1851 年，相继发表了哈雷彗星、恩克彗星等的精确观测数据。（倪祥斌）

邦德父子（William Cranch Bond and his son） 指 W. C. 邦德与他的第三个儿子 G. P. 邦德。分别是哈佛大学天文台的第一任和第二任台长。由于后者很早在前者指导下参加天文观测以及他们之间的密切合作，因此父子俩在天文学上的贡献颇难区分。例如，在天文学史上通常记载由 W. C. 邦德发现了土卫七以及土星环内侧的纱环，实际上这是 G. P. 邦德在他父亲的指导下观测土星时相继在 1848 年和 1850 年发现的。邦德父子在天文学上的最大贡献是为天体照相术作出了开创性的工作。

邦德，W. C.（Bond，William Cranch） 一译威廉·邦德。美国人，1789 年 9 月 9 日生于美国缅因州法尔茅斯，1859 年 1 月 29 日卒于马萨诸塞州剑桥。观测天文学。

幼年时就随父亲 W. 邦德（William Bond）迁至波士顿。因家境贫困，只读了几年书就留在父亲的钟表铺里当助手。15 岁时就独立制成了一架天文时计。1806 年因当地发生一次日全食，引起对天文学的兴趣。不久把自家的客厅改装成一个私人天文台，里面安装了天文望远镜，成了一个业余天文学家。1839 年任哈佛大学天文观测员。1847 年就任刚建成的哈佛大学天文台台长。

早在钟表铺工作期间，作为出色的钟表匠曾为测定美国东部经度的多支勘测队校准时钟。就任哈佛大学天文台台长后，应用原始的达盖尔照相术，用哈佛大学天文台口径 38 厘米的折射望远镜拍摄了当时世界上最清晰的优质月亮照片。1850～1851 年又成功地拍摄了织女星的照片，这是世界上第一张恒星的照片。

邦德，G. P.（Bond，George Phillips） 一译乔治·邦德。美国人，1825 年 5 月 20 日生于美国马萨诸塞州多切斯特，1865 年 2 月 17 日卒于马萨诸塞州剑桥。观测天文学。

早年在父亲的指导下开展天文观测。因在 1848 年发现土卫七和在 1850 年发现土星的纱环而扬名，所以在其父去世后继任哈佛大学天文台台长。因患肺结核去世。

早在 1847～1851 年运用达盖尔照相术拍摄天体照片时，就充当了父亲的助手。珂珞酊湿片问世后，1857 年又用这种更灵敏的底片拍下了开阳和辅这对目视双星。还预言可用天体照相来研究双星的运动和测定恒星的视差。1860 年作了太阳、月亮、木星的比较亮度的报告，提出了行星（或卫星）的总反射光与总入射光之比这一概念。后人就把这一比值定名为“邦德反照率”。还对猎户星云作了许多研究，手描的该星云图几乎可以和现代的照片相媲美。1865 年获英国皇家天文学会金质奖章。（宣焕灿）

施瓦贝，S. H.（Schwabe，Samuel Heinrich） 德国人，1789 年 10 月 25 日生于德国德绍，1875 年 4 月 11 日卒于同地。观测天文学、植物学。

其父是医生且兼营药店。他于 1806～1809 年在药店当助手，1810～1812 年在柏林大学学习制药学，1812～1829 年当药剂师，1829 年卖掉药铺专门从事天文观测和科学研究。1868 年当选英国皇家学会外籍会员。

1826 年，因好友的建议而添置两架小型折射望远镜（其口径分别为 3.2 和 6.4 厘米）观测太阳黑子，开始的目的是企图从行星凌日现象来发现水星轨道内运行的新行星，因行星凌日时与太阳黑子颇为相似。把这两架望远镜装在自家屋顶上的一个小观测室中，并坚持每个晴天都观测和记录太阳黑子。把观测结果列成 4 栏（年份、黑子群数、无黑子天数、观测天数）的表格。1843 年总结了 18 年来的观测结果，虽未发现新行星，但却发现了太阳黑子数的变化有一个约 10 年的周期。将这一发现刊载在德国的《天文学通报》第 21 卷（1844 年）上。这项重要发现当时并未引起天文界的注意。但并不气馁，继续观测太阳黑子，日复一日地计数黑子群的数目。直到 1851 年，德国学者洪堡主编的巨著《宇宙》第 3 卷中公布了他从 1826～1850 年连续 25 年的太阳观测记录，才引起学术界的轰动。后来，R. 沃尔夫核对了所有黑子资料，并重新进行了计算，证实了他所发现的黑子周期规律，得到太阳黑子活动周期是 11 年。1857 年英国皇家天文学会授予他金质奖章。

对植物学也很有研究，曾经编写过一部德绍地区的植物志，受到学术界的好评。（蒋窈窕）

恩克，J. F.（Encke，Johann Franz） 德国人，1791 年 9 月 23 日生于德国汉堡，1865 年 8 月 28 日卒于柏林附近的施潘道。天体力学、彗星天文学。

传教士的儿子。1811 年秋进入格丁根大学读书，是著名数学家和天文学家高斯的学生。1816 年经高斯的推荐到哥达附近的塞贝格天文台工作，后升任该台台长。1825 年受聘为柏林科学院教授和柏林天文台台长。1844 年兼任柏林大学教授。

在天文学上的主要贡献是预言了恩克彗星的回归和提出了直角坐标摄动法。1818 年法国天文学家庞斯发现了一颗彗星。恩克计算了该彗星的轨道，发现其周期只有 3 年多。还发现该彗星与前人于 1786 年、1792 年和 1805 年观测到的彗星是同一颗，并预言该彗星将在1822年再次返回近日点。预言应验了,因而得名恩克彗星。1858年在研究彗星运动时,提出了直角坐标摄动法。它以天体直角坐标的摄动量为变量,讨论坐标摄动在直角坐标系中的表达式和它的解。在天体力学中称为恩克方法,至今还常用于计算短周期彗星和月球火箭的轨道。

在他的主持下,1835年建成一个比柏林天文台设备更好、更适合天文观测的新天文台。编辑出版了1830～1866年的《柏林天文年刊》。1859年主持完成了一套星图,1846年在该星图还只有部分完成时,J. G. 伽勒使用它找到了勒威耶所预言的海王星。培养了J. G. 伽勒、B. A. 古德、K. C. 布鲁恩斯等天文学家。

(宣焕灿)

卡兰德雷利,I. (Calandrelli,Ignazio) 意大利人,1792年10月27日生于意大利罗马,1866年2月12日卒于同地。方位天文学。

G. 卡兰德雷利的侄子。1845～1848年任博洛尼亚大学天文学教授和该校天文台台长。曾担任过罗马的主教大学教授和1827年兴建的罗马第一流的坎皮多利奥天文台的台长。是罗马科学院的成员。

主要从事方位天文学的研究。用1853年在坎皮多利奥天文台安装的一架子午环测定纬度和编制恒星星表;对小行星和彗星的轨道进行了许多计算。1858年发表有关天狼星自行和对当年3月15日日食所作的观测的论文。

(张可可)

斯特鲁维家族(Struve family) 祖孙4代出了6位有名望的天文学家,相继在德国、俄国和美国从事研究,历时一个半世纪。

B. Я. 斯特鲁维
(1793～1864)
|
O. B. 斯特鲁维
(1819～1905)
|
K. H. 斯特鲁维 (1854～1920) —— G. O. H. 斯特鲁维 (1886～1933)
Л. O. 斯特鲁维 (1858～1920) —— O. 斯特鲁维 (1897～1963)

斯特鲁维,B. Я. (Струве,Василий Яковлевич;原名Struve, Friedrich Georg Wilhelm) 俄国人,1793年4月15日生于德国汉堡附近的阿尔托纳,1864年11月23日卒于俄国普尔科沃。天体测量学、大地测量学。

父亲是德国一所教会学校的校长。童年和少年时期在德国度过。为逃避征兵,双亲送他到俄国多尔帕特(今爱沙尼亚塔尔图)。1810年毕业于多尔帕特大学,获语言学学士学位。转而学习数学、天文学和大地测量学。1813年获博士学位,任多尔帕特大学数学与天文学教授和观测天文学家。1822年成为圣彼得堡科学院通讯院士,1830年升为院士。1839～1862年担任普尔科沃天文台首任台长。由于在天文学、测地学方面取得许多重要成就,被英国、法国、瑞典、芬兰、美国和奥地利等国家的40多个科学院、科学团体和大学授予院士、名誉院士、教授、名誉教授、荣誉博士学位等头衔。

是测量恒星周年视差的先行者。1836年对织女星和近旁的一颗10.5等恒星进行了相对位置的观测,由34个条件方程,以最小二乘法解得织女星的视差为0″.125(今测值0″.121),发表于1837年。但自己对此结果不信赖,继续作进一步测量,1840年发表了对该星的最终测量结果0″.261 3。在研究双星的过程中,1822年公布了含有795颗双星的星表。1827年发表了新的双星与聚星表。1837年发表了2 736颗双星的测微器测量结果。1843年发表新发现的514个聚星的观测资料。在银河系结构的研究中,指出星际空间存在消光现象,太阳不在银河系中心,但位于银道面上。1822～1827年间,领导了圣彼得堡附近的弧度测量,布设了当时欧洲最大的大地三角测量网。1828年这个弧度向南北延伸,成为从挪威北边直至黑海边普鲁特河口的大弧段,沿子午线跨度达25°20′。这就是著名的斯堪的纳维亚-俄罗斯弧。1833年圣彼得堡科学院委任他筹建欧洲最大的天文台,台址选择在圣彼得堡郊外的普尔科沃。1835年6月1日动工,1839年建成。该台中的不少天体测量仪器是他精心设计与监造的。主要著作有《天体测量学》《恒星天文学研究》《恒星精确位置表》和《双星的观测》等书。1827年获英国皇家会的金质奖章。

斯特鲁维,O. B. (Струве,Отто Васильевич; Struve,Otto Wilhelm) 1819年5月7日生于俄国多尔帕特,1905年4月14日卒于德国卡尔斯鲁厄。观测天文学、大地测量学。

B. Я. 斯特鲁维之子,在十多个兄弟姐妹中排行第三。1839年在多尔帕特大学毕业后随父迁居普尔科沃,成为普尔科沃天文台的一名助理天文学家。1852年任圣彼得堡科学院通讯院士,1856年成为院士。1862年起任普尔科沃天文台台长,历时27年。1889年在庆祝普尔科沃天文台成立50周年纪念会之后辞职。1895年移居德国。1867～1878年任德国天文学会会长。荣获英国皇家天文学会金质奖章。

继承父业从事双星的观测研究,先后发现了500颗以上的双星。并以近40年的时间对90多个双星、聚星进行了6 080次测微器测量,1878年发表了这些观测资料。为提高双星的观测精度,发明了一种人造双星,两子星间的距离和方位在地面上预先测定好,然后用测微器观测,便能精确地求出测微器本身的误差。这一发明导致后来子午仪的假星测量,为提高观测精度作出了贡献。在19世纪50年代定出的较精确的岁差常数为世人公认和应用近半个世纪,直到1895年纽康定出更精确的岁差常数。还参加了一系列的大地测量活动,如1842～1843年为测定普尔科沃与格林尼治之间经度差的观测,1846～1857年间的大地测量,定出了普尔科沃与莫斯科、华沙、喀山、多尔帕特等地之间的经度差。

斯特鲁维，K. H.（Struve，Karl Hermann；原名Струве，Герман Оттович） 1854年10月30日生于俄国普尔科沃，1920年8月12日卒于德国波茨坦附近的巴伯尔斯贝格。*观测天文学*。

O. B. 斯特鲁维之子。1877年多尔帕特大学毕业后参加普尔科沃天文台工作。1882年获多尔帕特大学天文学博士学位。1890～1895年成为普尔科沃天文台的高级天文学家。1895年随父迁居德国，担任柯尼斯堡大学天文台台长。1904～1913年任柏林-巴伯尔斯贝格天文台台长。1913～1920年任新巴伯尔斯贝格天文台台长。1903年获英国皇家天文学会的金质奖章。主要从事行星的观测和研究，对土星的研究造诣尤深。1898年发表论文列出了土星光环系统的全部基本数据。

斯特鲁维，G. O. H.（Struve，Georg Otto Hermann） 德国人，1886年12月29日生于俄国普尔科沃，1933年6月10日卒于德国柏林。*观测天文学*。

K. H. 斯特鲁维之子。曾在德国海德堡大学和柏林大学求学。1910年获柏林大学哲学博士。1913年成为威廉港海军天文台的天文学家。1919年到柏林-巴伯尔斯贝格天文台工作。1929年兼任柏林大学教授。对行星及其卫星很有研究，尤以对土星及其光环的研究而享有盛名。

斯特鲁维，Л. О.（Струве，Людвиг Оттович；Struve，Gustav Wilhelm Ludwig） 苏联人，1858年11月1日生于俄国普尔科沃，1920年11月4日卒于辛菲罗波尔。*观测天文学、大地测量学*。

O. B. 斯特鲁维之子。1880年多尔帕特大学毕业后，参加普尔科沃天文台工作。1887年获母校天文学博士学位。1886～1894年在多尔帕特天文台工作。1897年起任哈尔科夫大学教授，并兼任该校天文台台长。1893年因发表有关月掩星的观测成果，首次获俄国天文学会颁发的奖金。1910年再次荣获俄国天文学会颁发的奖金。

他起初从事恒星的位置和运动的观测与研究，与德国天文学会合作，编写出北纬70°～75°之间的星表。1887年采用银河系类似刚体旋转的假说，导出每百年的角旋转率为$-0''.41\pm0''.42$。对月全食期间月掩星的观测，取得十分宝贵的资料，为后来探讨地球自转的不均匀性提供了很有价值的依据。还多年从事大地测量活动，使哈尔科夫天文台成为俄国和苏联纬度网的重要组成部分。

斯特鲁维，O.（Struve，Otto） 美国人，1897年8月12日生于俄国哈尔科夫，1963年4月6日卒于美国加利福尼亚州伯克利。*天体分光学、射电天文学*。

Л. О. 斯特鲁维之子。1914年进入哈尔科夫大学求学。第一次世界大战期间停学从军，1918年复学，翌年成为该校教员。国内战争期间，一度参加白军。1920年随邓尼金残部撤至土耳其境内。1921年应美国叶凯士天文台台长E. B. 弗罗斯特之邀到该台任恒星分光学方面的助理观测员。1923年获芝加哥大学哲学博士。1927年加入美国籍。1932～1947年任叶凯士天文台台长，同时兼任芝加哥大学天文学教授和《天体物理学杂志》主编。1939年麦克唐纳天文台落成后兼任该台首任台长，直至1947年。此后任名誉台长和天体物理部主任。因健康原因，1950年离开叶凯士天文台和麦克唐纳天文台，就任加利福尼亚大学天文系主任和该校勒斯纳尔天文台台长，直至1957年。1959～1962年任美国国家射电天文台首任台长。

通过恒星和星云的分光研究，1925年发现了星际钙云。1928年与G. A. 沙因合作，证实了恒星的自转运动，并研究了各种光谱型恒星的自转速度。他还指出，快速自转的异常热的恒星，一部分大气物质会因离心力而被抛向赤道地区产生一种气体环。1931年发现某些恒星上确实存在着这种环。还对分光双星的研究特别感兴趣，分析了几百颗双星的光谱。利用和埃尔维共同发明的星云摄谱仪，1938年发现了星际电离氢云的存在。

一生中发表的论文有700多篇。撰写的名著有《恒星演化》《宇宙》《20世纪天文学》等。

当选为1952～1955年届国际天文学联合会主席，也是美国国家科学院、美国天文学会、美国哲学学会和国家科学理事会的成员。还是英国皇家天文学会、加拿大皇家天文学会、新西兰皇家天文学会的外籍会员，丹麦、挪威、瑞典、比利时、法国等科学院外籍院士。有10多所著名大学授予名誉博士衔。1944年英国皇家天文学会授予金质奖章，成为其家族中118年内这一嘉奖的第四位荣获者。还荣获布鲁斯奖章和美国、法国等国科学院的奖金。 （倪祥斌）

尼古拉，F. B. G.（Nicolai，Friedrich Bernhard Gottfried）

德国人，1793年10月25日生于德国不伦瑞克，1846年7月4日卒于曼海姆。*天体测量学*。

1813年参加位于哥达附近的塞贝格天文台工作。后担任曼海姆天文台台长。一生中最杰出的贡献是改进前人通过观测月亮测时的方法。19世纪30年代，由观测月亮中天定出它的升交点，借助于星历表便可求出观测点的真实时间。但是月球中心不易对准，严重影响测时精度。为此，提出观测月球边缘和邻近几个赤纬相近的恒星通过地方子午线的时刻来求观测点的时间。此外，通过对婚神星的高斯摄动方程，推算得木星质量，精度有明显提高。 （倪祥斌）

麦克利尔，T.（Maclear，Thomas）

1794年3月17日生于爱尔兰蒂龙，1879年7月14日卒于南非开普敦。*观测天文学*。

原以行医为生。1815年转而爱好天文学。1833年在好望角天文台成为英国皇家天文学家。1860年被封为爵士。1870年因双目失明而退休。1837～1847年重新测量并延长了作为殖民地大地测量基础的拉卡尔弧，因此荣获拉朗德奖金(1867 年)和皇家奖章(1869 年)。1839～1840 年和 1842～1848 年，对半人马 α 星的观测结果证实了由 T. 亨德森求出的视差是正确的。对彗星和双星作了大量观测，并为好望角星表提供了资料。对 1862 年火星大冲的观测资料曾被他人用于测定太阳距离。1860 年还为伊丽莎白港和西蒙斯敦两地建立了时号。

(倪祥斌)

梅德勒，J. H.（Mädler，Johann Heinrich） 德国人，1794 年 5 月 29 日生于德国柏林，1874 年 3 月 14 日卒于汉诺威。月面学、科学传播。

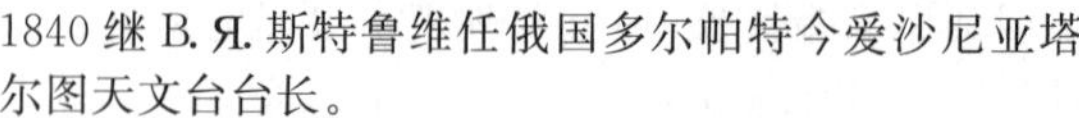

19 岁父母双亡，靠任家庭教师养活 3 个妹妹。后来开始研究天文学。1832 年在柏林天文台当观测员，1840 继 B. Я. 斯特鲁维任俄国多尔帕特今爱沙尼亚塔尔图天文台台长。

早年与拥有私人天文台的柏林银行家 W. 比尔合作，细致地观测了月球和火星表面，绘制了 4 幅合併起来直径达 97.5 厘米的月面图，画出火星地形图，测出了火星的自转周期。在他俩 1837 年出版的《月亮：一般的和比较的月面学》一书中，第一次把月球描写成一个无空气、无水和无生命的世界。在 1878 年以前，这是一部最好的腼学著作。19 世纪 40 年代，转向观测双星，提出关于星系构造的“中央太阳”假说。这个假说很快被否定。还是普及天文学的先驱，举办许多科普讲座，通过报纸和杂志宣传天文知识。著有《大众天文学》，该书连印 6 次，十分畅销。1868～1889 年，与 W. 福斯特(Wilhelm Foerster)在柏林建立天文普及机构——乌拉尼亚天文台。1865 年退休后离开多尔帕特天文台回德国，开始研究天文学史。

(谢高峰)

切瓦利尔，T.（Chevallier，Temple） 英国人，1794 年 10 月 19 日生于英国贝里圣埃德蒙兹(?)，1873 年 11 月 4 日卒于达勒姆。观测天文学、科学技术教育。

毕业于剑桥大学彭布罗克学院。1818 年被任命为牧师留在剑桥。1835 年任达勒姆大学数学教授。1841 年任天文学教授兼希伯莱文讲师。用渊博的知识翻译了很多著作。是达勒姆大学天文台的主要设计者，并利用该台的夫朗和费赤道仪等设备，开展了有关太阳直径、日食、行星等的测量和研究。一共写了约 30 篇天文学论文。热心教育事业，1838 年在达勒姆大学创办了一个采矿和土木工程班，后来又创办了物理系。1871 年协助创办了纽卡斯尔理学院。该学院曾长时期附属于达勒姆大学，后来成了纽卡斯尔大学的一部分。

(张可可)

汉森，P. A.（Hansen，Peter Andreas） 德国人，1795 年 12 月 8 日生于德国石勒苏益格地区汤登，1874 年 3 月 28 日卒于哥达附近塞贝格。天体力学。

出身金匠家庭。少年时因家贫未受高等教育，跟一位制钟匠做学徒，满师后成为制钟匠，但业余努力自学法文、拉丁文和数学。1821～1825 年自愿当丹麦天文学家舒马赫的助手，协助出版《天文学通报》，并先后到荷尔斯泰因和霍尔哥莱德岛进行天文大地测量。1825 年任位于塞贝格的梅克伦堡(Mecklenburg)公爵的私人天文台台长，直至去世。

在天文学上的贡献主要在天体力学领域。18 世纪末至 19 世纪初，根据拉普拉斯理论计算的月球位置表，精度只有 0′.5，远不能满足实际需要，因此改进月球运动理论成为天体力学中的一个重要课题。1838 年对月球运动发表了重要论文，此后又不断完善，形成了计算月球运动的汉森方法。这种方法的基本思想是以一个大小和形状不变但在空间转动的椭圆为中间轨道，再进一步计算摄动力对此轨道的改正，以确定月球的真实运动。1857 年颁布了根据这种方法所预报的月球运动表。1862 年和 1864 年又两次发表了有关该表的基础理论研究。此后直到 1922 年，这一方法一直是各国天文年历计算月球运动的依据。19 世纪 50 年代还把这一方法推广到小行星与彗星的轨道计算中，解决了计算较大偏心率和较大轨道倾角的小行星的摄动问题，也解决了接近抛物线的扁椭圆轨道的彗星的摄动问题，因而在小行星与彗星轨道的研究中得到广泛的应用。1831 年曾对木星和土星的相互摄动作了广泛的研究。还用天体力学方法计算了太阳的视差。研究了天文仪器的使用以及天文大地测量学。

由于出色的贡献，1831 年获柏林科学院的奖金，1842 年获英国皇家天文学会的金质奖章，1860 年获英国海军部颁发的奖金，同年再次获英国皇家天文学会的金质奖章。

(宣焕灿)

比尔，W.（Beer，Wilhelm） 德国人，1797 年 1 月 4 日生于德国柏林，1850 年 3 月 27 日卒于同地。月面学。

出身富有的犹太家庭。是职业银行家兼拥有一座私人天文台的业余天文学家。1830～1840 年与 J. H. 梅德勒合作，用口径为 9.4 厘米的折射望远镜对火星和月亮表面作了十分精密的观测。1830 年合作出版了《冲日前后对火星的物理观测》。书中刊布了绘制的火星表面图以及对火星自转周期的精确测定。所绘的火星表面图中标有明暗区域，这是一项首创。1836 年两人共同刊布了一幅月面图。该图首次采用分象限画法，将整个月面分成 4 个象限绘出，4 幅合起来月面直径达 97.5 厘米。在 1878 年更出色的月面图问世前，这幅月面图一直被认为是首屈一指的，在月面学发展史上占有重要的一席。1837年又联名出版了《月亮：一般的和比较的月面学》一书，其中刊布了对148个月面环形山直径的测量结果以及830座月面山峰的相对高度。1840年梅德勒任多尔帕特天文台台长，两人为期10年的合作随之结束。（谢高峰）

亨德森，T.（Henderson，Thomas） 英国人，1798年12月28日生于英国苏格兰邓迪，1844年11月23日卒于苏格兰爱丁堡。天体测量学。

出身商人家庭。曾在邓迪求学，邓迪学院院长亲自教授他数学。1813年起在邓迪档案局工作。1819～1831年在爱丁堡从事法律工作，并先后在两位苏格兰贵族的家中兼任秘书。1831年当选为皇家天文学家并赴好望角天文台任台长。1833年5月因病辞职回爱丁堡。1834年被委任为苏格兰首席皇家天文学家、大学实测天文学教授及卡汤·希尔天文台台长。

在天文学上最突出的贡献是测得了半人马座α双星的视差。从好望角返回爱丁堡之后，归算了1831～1833年间在好望角天文台所测量的该星赤纬值变化的资料，于1839年1月在英国皇家天文学会上宣布半人马座α星的视差为1″.16（现在更精确的测定值为0″.76）。与此同时，B.Я.斯特鲁维和贝塞尔也测出了另外2颗恒星的视差。他所作的测量在三人中是最早的，但由于迟迟不进行归算，失去了发现恒星视差的优先权。他们三人的工作解开了恒星距离之谜，为恒星三角视差的测定打下了基础。他利用在好望角天文台所作的月球定位观测资料以及格林尼治或剑桥的同一时刻的月球位置观测资料，相当精确地推算出月球的赤道地平视差为57′1″.8；用格林尼治、剑桥以及好望角对冲日时的火星位置观测资料，推算出太阳视差为9″.125，其精度略低于当时利用金星凌日所测得的太阳视差值。还通过归算、整理在好望角天文台观测的成千颗南天恒星的上中天资料，刊布了一本经过精选的列有172颗恒星位置的星表。（宣焕灿）

道斯，W.R.（Dawes，William Rutter） 英国人，1799年3月19日生于英国伦敦，1868年2月15日卒于牛津郡哈德纳姆。观测天文学。

因幼年丧母，父亲在国外工作，他由亲戚抚养成人。成年前学了医学，继而在伯克郡乡下行医。1826年搬到利物浦，在那里用一架小望远镜观测天体。此后在奥姆斯柯克建了一个小天文台，并用一架口径约10厘米的消色差折射望远镜研究双星。

1839年到伦敦摄政公园G.毕晓普（George Birhop）的私人天文台工作，继续进行双星观测。1835年发表了在1830～1833年间测量的121颗双星数据。1851年发表了1834～1839年间测量的100颗双星数据。1852年发表了测量的250颗双星的数据，其中包括查明了长蛇座ε的轨道运动和发现了仙女座γ星的第三个子星。1844年在肯特郡克兰布鲁克附近安装了一架口径约15厘米的折射望远镜。1850年11月25日，独立发现了土星的纱环，但已比邦德父子晚了约10天。这以后对土星、火星等作了许多出色的观测。1855年因其对双星的测量和土星的研究获英国皇家天文学会金质奖。1865年当选为英国皇家学会会员。（宣焕灿）

阿格兰德，F.W.A.（Argelander，Friedrich Wilhelm August） 德国人，1799年3月22日生于普鲁士的梅梅尔（今立陶宛克莱佩达），1875年2月17日卒于德国波恩。天体测量学、恒星天文学。

父亲是来自芬兰的富商，母亲是德国人。早年在埃尔宾（今波兰埃尔布隆格）上中学，后入柯尼斯堡的弗里德里克学院。1817年入柯尼斯堡大学学习政治经济学和政治学，同时参加天文学家F.W.贝塞尔的讲座，并积极参加柯尼斯堡天文台的计算工作，被贝塞尔誉为“最杰出的学生”。1820年任柯尼斯堡天文台的助理人员。1822年获博士学位并升任讲师。翌年任芬兰奥布（今图尔库）天文台台长。1827年该台遭大火焚毁。翌年在赫尔辛基新建的大学里任教授并负责筹建赫尔辛基天文台。1836年任波恩大学天文学教授。是柏林科学院院士，圣彼得堡、伦敦、斯德哥尔摩、巴黎、维也纳、波士顿和布鲁塞尔等科学院的外籍院士，又是英国皇家天文学会和美国科学院的成员。还是德国天文学会的创始人之一，1864～1867年任该学会会长。

毕生致力于研究星空结构及恒星的空间运动，提供了大量的精确数据。一生测定了数万颗恒星的精确位置和自行。继1718年哈雷发现恒星自行以后，1760年J.T.迈耶又发现了一些大自行恒星。他全力进行这项研究，几年内收集了几百颗恒星的1万多次子午环观测，于1835年编制了包含560颗恒星的星表。这在当时是最精确的星表。1783年威廉·赫歇尔由7颗亮恒星的自行求出太阳本动的向点在武仙座λ星偏北，这一结论经常遭到怀疑。他应用390余颗恒星的观测结果以尽可能消除观测误差的计算方法重新推算了太阳本动，1837年发表结果，证实了赫歇尔工作的准确性，从此对太阳本动的结论便不再有任何怀疑了。在他的时代还没有适当的光度计用以测定恒星的星等。他发展了用肉眼区别微小光度差的“等级法”，这种方法对测定变星的光度变化特别有用，促进了人们对变星的研究和对恒星物理特性的认识。

继续贝塞尔的工作，将观测的星区由北赤纬45°扩展到北赤纬80°，测定了22 000颗星的准确位置。之后又对南赤纬15°～31°的17 000颗星继续观测。在此基础之上，加上贝塞尔的观测，成功地编制了全天星图。1852～1859年和助手作了100万次以上的单个观测，编制了波恩星表，简称BD星表。该星表于1859～1862年出版，列出了赤纬+90°～−2°的亮于$9^{m}.5$的324 198颗恒星的位置（精度±0′.1）和星等（$\pm 0^{m}.3$），并配有一套相应的星图,于1863年出版。以后,波恩星表又扩展到南赤纬23°,于1886年出版其续表。波恩星表及其续表共包含457 847颗星,篇幅之巨大,内容之丰富,是史无前例的。1867年向德国天文学会建议,组织几个天文台按一致的观测纲要编制赤纬在+90°~-2°之间亮于9^m的所有恒星的精确位置的星表。17个天文台参加了这项计划,后来产生了AGK1星表。

(萧耐园 葛京坪)

拉塞尔,W.(Lassell,William) 英国人,1799年6月18日生于英国兰开夏郡博尔顿,1880年10月5日卒于伯克郡梅登黑德。观测天文学、仪器研制。

在利物浦当了7年学徒后,做了酿酒商。1820年开始制造反射望远镜。1839年成为英国皇家天文学会会员。1849年当选为英国皇家学会会员。1852年到达马耳他岛的瓦莱塔进行天文观测。1870年任英国皇家天文学会会长。

在天文学上的贡献主要在制造大型反射望远镜和发现卫星两方面。是第一个设计并运用机器来磨制金属镜面反射望远镜的人,又是第一个把赤道式装置运用于大反射望远镜的人。早在1840年就在利物浦附近的一个私人天文台里安装了一台赤道式装置的口径为23厘米的反射望远镜。1846年又制成了一台61厘米的赤道式反射望远镜。1852年将该望远镜装在马耳他岛瓦莱塔。1860年又在马耳他岛安装了1.22米的赤道式望远镜。使用这种运转十分灵便的赤道式装置的反射望远镜,在1846年海王星被发现后不久,就发现了它的一颗卫星——海卫一。1851年又发现了天王星的两颗卫星——天卫一和天卫二。1848年发现了土卫七,但G.P.邦德在同年早些时候已发现了它,因此未获得这项发现的优先权。还发现了600个新的星云。1849年和1858年相继获英国皇家学会的金质奖章和皇家奖章。

(宣焕灿 田 雁)

帕森斯,W.(Parsons,William) 即罗斯伯爵三世(Third Earl of Rosse)。英国人,1800年6月17日生于英国约克,1867年10月31日卒于爱尔兰蒙克斯顿。观测天文学、仪器研制。

贵族出身。早年接受家庭教师的教育。1818~1819年在都柏林三一学院求学,继而进牛津马格达伦学院,1822年毕业于该校数学系,学业成绩名列前茅。因出身于贵族,所以历任地方下院议员、郡府贵族官员、陆军上校等职。1841年他父亲去世前夕,继承奥克斯曼顿贵伯爵勋位(Lord Oxmantown)。1845年当选为爱尔兰族代表,参加英国贵族议院会议。

对天文学的贡献主要是设计和制造大型望远镜,并获得了一些重要的天文发现。1845年制成一架重达4吨、当时最大的金属镜面反射望远镜,口径达72英寸(183厘米),焦距长54英尺(16.5米),号称最大放大率达6 000倍。1845~1878年间,和合作者T.R.鲁宾逊(Thomas Romney Robinson)用这架望远镜取得了数百个星云资料,分辨出星云中的许多恒星,并发现某些星云的旋涡状结构。1845年3月,这架大望远镜刚投入使用,他就用它描下了M51的旋涡状结构,这是第一个发现的旋涡状星云(实际上它是一个旋涡星系)。对镜面材料、研磨和抛光技术、镜面检测技术和磨镜机等作出了富有成效的、开创性的研究。还为一架18英寸(46厘米)的赤道仪设计和制造了一个转仪钟,以便对天体进行跟踪观测。在天体照相方面也做了一些开创性的工作,曾拍到了一些最早的月亮照片。

1848~1854年当选为英国皇家学会会长,1852年任都柏林三一学院名誉院长。长子L.帕森斯(Lawrence Parsons)也是一位天文学家。

(倪祥斌)

罗森贝格尔,O.A.(Rosenberger,Otto August) 德国人,1800年8月10日生于拉脱维亚图库姆斯,1890年1月23日卒于德国哈雷。观测天文学、天体力学。

曾在柯尼斯堡大学学习数学和天文学。因受贝塞尔影响,选择天文学为终身职业,成为贝塞尔的学生和助手。1826年任哈雷大学数学教授和天文台台长,同年获博士学位。此后长期从事教学、科学研究和行政管理工作,1879年退休。

与舍尔克(H.F.Scherk)合作,计算了1818年庞斯彗星的轨道根数。单独计算了1821年彗星的轨道根数及星历表。为了精确测定几个天文台之间的距离,计算了这些天文台观测月掩昴星团时取得的资料。还参加了大量天文观测。在担任哈雷天文台台长以后,转而从事理论研究。1834年与奥伯斯合作计算了哈雷彗星的轨道根数和星历表,其结果与观测值十分接近。还研究了1682年和1759年出现的哈雷彗星的轨道根数及所受到的摄动。

(谢高峰)

艾里,G.B.(Airy,George Biddell) 英国人,1801年7月27日生于英国诺森伯兰郡阿尼克,1892年1月2日卒于格林尼治。观测天文学、科学管理。

税务官的儿子。12岁时离家随舅舅生活。1819年10月作为减费生进剑桥大学三一学院,1823年毕业。翌年选拔为三一学院教师。1826年获教授职称。1828年任剑桥天文台台长。1835年从剑桥到格林尼治,成为皇家天文学家,并任格林尼治天文台台长。1881年退休。1872年册封为爵士。

他是一位杰出的科学活动组织者,在自己的岗位上对英国天文学产生了深远的影响。在他之前由于忽视对观测的科学管理，观测精度日益下降。他扭转了这种局面，重建了科学的观测秩序，将格林尼治天文台改革成为高效率的研究机构，其缺陷是不提倡独立思考，结果没有在那里训练出有成就的科学家。

在海王星的发现问题上备受人们的指责，说他忽视了对J.C.亚当斯预言的这颗行星的观测。这种批评不无道理，不过客观地说，正是艾里为亚当斯和U.J.J.勒威耶提供了他们所索要的观测资料，从而为他们作出海王星存在的正确预言提供了条件。（萧耐园　葛京坪）

奥卢夫森，C. F. R.（Olufsen，Christian Friis Rottbøll）　丹麦人，1802年4月15日生于丹麦哥本哈根，1855年5月29日卒于同地。观测天文学。

毕业于哥本哈根大学。留校任教，1832年成为该校天文学教授和天文台台长。1840年取得博士学位。主要贡献是编制新太阳表。和德国哥达的汉森合作，后者推导出地球运动的摄动模式，而他则把理论结果与长期的观测资料进行比对，最后定出地球的平均运动。1831年，对英国皇家天文学家马斯基林采用格林尼治墙式象限仪观测中出现的各种系统误差作了精心研究，使他和汉森等人可以应用格林尼治的太阳观测资料来改善自己的编表质量。经过与合作者们长期的努力，终于完成了新太阳表的编制工作。（倪祥斌）

卢伯克，J. W.（Lubbock，John William）　英国人，1803年3月26日生于英国伦敦，1865年6月20日卒于法恩伯勒附近的海爱尔姆斯。天体力学。

职业银行家。1821年进剑桥大学三一学院，1825年获学士学位，1833年获硕士学位。

1831年通过拉普拉斯的摄动理论准确地算出月球的空间位置。考察了多年的水位记录，定出精确的潮候时差。

荣获英国皇家学会于1833年颁发的奖章。1828年加入英国皇家天文学会。翌年成为英国皇家学会会员，担任该会财政负责人（1830～1835年）和副会长（1838～1847年）。1848年被接受为英国地质学会会员。（倪祥斌）

查理士，J.（Challis，James）　一译查利斯。英国人，1803年12月12日生于英国埃塞克斯郡布伦特里，1882年12月3日卒于剑桥。观测天文学。

1825年毕业于剑桥大学三一学院并留校工作，1835年升任教授并兼任剑桥天文台台长。1844年曾帮助J.C.亚当斯从艾里处获得有关天王星运动中的偏差的资料。应用这些资料，亚当斯算出了使天王星产生摄动的未知行星的位置。1845年9月亚当斯写信告诉他在什么方向上可能找到这颗未知行星。1846年7月艾里也要求他寻找这颗未知行星。于是他在1846年7月29日、7月30日和8月12日进行了观测。后两次观测中，这颗未知行星实际上已出现在望远镜的视场中，并已记录下来。在这两次观测中，这颗视亮度相当8等左右的未知行星已有明显的移动，但他将观测资料搁置一旁，未作及时的仔细检查。这年9月，柏林天文台的伽勒利用勒威耶的计算发现了海王星后，他重新检查观测资料时，才意识到自己早在一个多月前就已经观测到它了。就这样，他与发现海王星失之交臂。（宣焕灿）

布雷米克，C.（Bremiker，Carl）　德国人，1804年2月23日生于德国哈根，1877年3月26日卒于柏林。观测天文学、大地测量学、数学。

原是几何学家，后到柏林皇家天文台从事通用天文表和数学表的编辑工作。1868年任普鲁士大地测量研究所所长。

还做过《柏林天文学杂志》的计算工作。1850～1877年任《航海杂志》主编。曾参与由贝塞尔倡议、几家天文台联合发表的《柏林科学院星图》的编制工作。1841～1859年参与观测此星图中第6^h、9^h、13^h、17^h和21^h时区的恒星和天体。1856年撰写的名著《对数-三角测量手册》出版，此书使用方便、精度较高，是当时必不可少的一部工具书，一直印刷了40版，可惜的是表中数字均采用百进位制，不够大众化。（倪祥斌）

伯特，W. R.（Birt，William Radcliff）　英国人，1804年7月15日生于英国伦敦，1881年12月14日卒于莱顿斯通。观测天文学、月面学。

早年从事天琴座β等恒星亮度起伏的研究。1839～1843年，协助约翰·赫歇尔分析大气压测量资料，研究了大气的电学性质。1853年参与编制了风暴规律手册，对当时的航海事业很有帮助。从1859年开始，系统地观测太阳黑子、太阳自转和月面结构。因对月面学很有研究，1865年被委派负责修订比尔和梅德勒的月面图。1869年，在一本有关月球的专著中介绍了采用24种颜色组成的月亮色度标。1879年向英国皇家天文学会提交了12卷月历表的手稿。是英国皇家天文学会会员和月面图学会的首任会长。（倪祥斌）

布施，A. L.（Busch，August Ludwig）　德国人，1804年9月7日生于普鲁士但泽（今波兰格但斯克），1855年9月30日卒于柯尼斯堡（今俄罗斯加里宁格勒）。观测天文学、天体照相术。

因贝塞尔的推荐进入天文界，1831年成为贝塞尔的助手。1846年贝塞尔去世后继任柯尼斯堡天文台台长。通过整理J.布拉得雷取得的大量观测资料，推算出来的光行差常数和章动常数精度有显著提高。还是一位天文照相的先驱者，1851年拍摄的一张银板照相的日食照片十分成功。但因身体不佳而使这项开创性的工作未能进一步深入下去。（倪祥斌）

约翰逊，M. J.（Johnson，Manuel John）　英国人，1805年5月23日生于中国澳门，1859年2月28日卒于英国牛津。观测天文学、天体测量学。

早年受训于克罗伊登附近的一所专为东印度公司培养人才的军校。16岁时任炮兵中尉，并派驻圣赫勒拿岛服役。1834年回国。1835年进入牛津大学马格达伦学院学习,1839年获文学士学位,1842年获文科硕士学位。1839年起任牛津大学拉德克利夫天文台观测员。1856年成为英国皇家学会会员。1856～1857年任英国皇家天文学会会长。

在驻圣赫勒拿岛期间开始研究天文学。在东印度公司的支持下,1829年在该岛建成了一座天文台。为了把此台建设好,曾两度去好望角天文台取经。用了4年时间作了大量观测,编成了一部南天星表。1835年英国皇家天文学会授于他金质奖章。在牛津大学拉德克利夫天文台工作期间,又编成一部北天星表。

(谢高峰)

拉蒙特,J. von(Lamont, Johann von) 1805年12月13日生于英国苏格兰布雷马,1879年8月6日卒于德国慕尼黑附近的博根豪森。观测天文学、地磁学、气象学、仪器研制。

一个苏格兰伯爵的财产管理人的儿子。12岁丧父。同年在雷根斯堡获圣雅各布苏格兰基金而得以继续求学。1827年到博根豪森天文台学习,一年后任助理。1833年任该台代理台长,1835年正式出任台长。1852年以后在慕尼黑大学讲授天文学。是许多协会的成员。

科学活动范围很广,包括天文学、测地学、气象学、物理学及地球物理学。在主持博根豪森天文台工作期间,用最新仪器装备天文台,其中最好的仪器是口径28.6厘米的夫琅和费折射望远镜。他用它观测土星和天王星的卫星,以精确测定卫星的参量,并通过观测天王星卫星测定天王星质量。还用该望远镜观测低光度的天体,并精确测量了盾牌座星团。继承了J. G. von索尔德纳的子午环观测,并发表了索尔德纳在1822～1827年的测量结果。1840年把观测重点放在7～10等星。在观测的80 000颗星中,约有12 000颗星是以前没有编目的。有两次记录到当时尚未发现的海王星,但是没有认出它是行星。

在地磁学和气象学方面作出了重要贡献。发明了磁经纬仪来测量磁偏角和水平强度。研制了手提式经纬仪,并在天文台附属工场生产45种受世界欢迎的仪器设备。1841～1845年与几位助手每隔1～2小时记录地磁变化。1849～1855年在德国巴伐利亚地区测量了420个测点的地磁,获得了完整的资料。1856～1858年携带地磁仪器到法国、西班牙、葡萄牙、比利时、荷兰、丹麦等国观测。在地磁理论中主张地球具有一个固定磁核。还发现地磁是变化的,变化周期近似为10年,这与1843年施瓦贝发现的黑子周期相同。这一重要发现揭示了太阳活动和地磁变化之间的联系。发表过著作《天文和地磁》。对气象学也很有研究,在博根豪森进行了40多年的每小时的气象记录,时间从早上7时直到下午6时,为巴伐利亚地区的气象科学打下基础。还在1867年欧洲地面测量的国际计划中,负责巴伐利亚地区的测量工作。

(蒋窈窕)

彼得斯,C. A. F.(Peters, Christian August Friedrich) 德国人,1806年9月7日生于德国汉堡,1880年5月8日卒于基尔。天体测量学、科学传播。

出身小商贩家庭。早年未受正规教育,靠自学而成才。后来考进柯尼斯堡大学深造,在贝塞尔的指导下,取得物理学博士学位。1834～1838年在汉堡天文台从事中星仪观测。1839年去俄国任新普尔科沃天文台助理研究员,后来成为副台长。1849年回国任柯尼斯堡大学天文学教授。1854年任阿尔托纳天文台台长和《天文学通报》主编。1874年任基尔大学教授。

毕生在天文学方面的主要建树是测定了许多恒星的视差,研究了章动和天狼星的自行,以及编辑出版了《天文学通报》共58卷。

(倪祥斌)

普里查德,C.(Pritchard, Charles) 英国人,1808年2月29日生于英国什罗普郡阿尔贝里,1893年5月28日卒于牛津。实测天文学、天体光度学。

1830年从剑桥大学毕业后,到伦敦创办克拉彭中等学校。在此期间致力于天文学的研究,建立克拉彭中等学校天文台。1866～1868年任英国皇家天文学会主席。1870年任牛津大学天文学教授。

最重要的工作是精确地测量天体在照片上的位置,例如从拍得的月球照片测定月球的天平动,从恒星的照片测量其视差,测量目视星等为2等的所有星的平均视差等。另一项重要研究项目是光度学,用光劈光度计测定从北天极到赤纬$-10°$的所有肉眼可见恒星的光度。1886年将所测结果编成星表刊布。

(刘汝良)

凯泽,F.(Kaiser, Frederik) 荷兰人,1808年6月10日生于荷兰阿姆斯特丹,1872年7月28日卒于莱顿。天体测量学。

1831年毕业于莱顿大学并留校工作。1835年计算出哈雷彗星的轨道,并比同时代人更准确地预报了它的回归。莱顿大学因此授予他名誉博士学位。1837年任天文学讲师和莱顿天文台台长,3年后成为教授。14岁时发表了月掩昴星团的计算结果。1864～1871年代表荷兰参加了欧洲三角测量委员会,发挥了重要作用。

一生最主要的成就是重建莱顿天文台和测定恒星基本坐标。1861～1862年,仿照俄国普尔科沃天文台重建了以子午环为主要观测工具的莱顿天文台。以艰苦细致的观测以及运用贝塞尔方法修正误差,获得了当时无疑是最精确的恒星基本位置,提高了莱顿天文台在国际上的声望。还开展了测时工作,对艾里的双像测微计作了批判性研究,绘制了火星图和彗星图,发明了液体罗盘,并做了不少天文普及工作。

(谢高峰)

勒威耶,U. J. J.(Le Verrier, Urbain Jean Joseph) 一译勒维烈。法国人,1811年3月11日生于法国诺曼底的圣洛,1877年9月23日卒于巴黎。天体力学、气象学。

出身诺曼底的一个地产经纪人的小康家庭。早年先后在圣洛和卡昂上中学。父亲卖掉房子送他到巴黎上大学。1831 年考入巴黎综合工科学校，后以国立烟草公司的见习工程师衔毕业。在烟草工艺专科学校学习 2 年，然后跟随盖-吕萨克从事化学研究。1837 年和数学老师的女儿结婚。曾靠私人授课以维持生计。同年受聘任巴黎综合工科学校天文教师。1854～1870 年和 1873～1877 年两度出任巴黎天文台台长，并曾在由他创议建立的马赛天文台任职。曾任巴黎大学天体力学教授和天文学教授。1846 年被法国科学院接纳为院士。还是欧洲许多国家的科学院外籍院士。两次荣获英国皇家天文学会的金质奖章。1849 年当选为法国众议员，1852 年任命为第二帝国的参议员，直到帝国结束。

主要研究天体力学，最杰出的贡献是根据牛顿力学推算出海王星的轨道并预告它在天空的位置。1846 年以前还没有一个关于天王星的理论能合理解释它的运动。1821 年法国天文学家 A. 布瓦尔编制了一个与当时观测符合良好的星历表，但 20 年后已测到 2′的偏离。一些天文学家认为这可能是一颗未知行星的摄动所致。但是要从摄动效果去求未知的摄动星是一个十分困难的问题。1845 年巴黎天文台台长 D. F. J. 阿喇戈将此问题交给他。于是着手建立天王星运动的准确理论，在证明了观测到的效应不能用木星和土星的摄动来解释后，便开始寻找未知的摄动行星。终于在 1846 年 8 月 31 日向法国科学院呈报了题为“论使天王星运行失常的行星，它的质量、轨道和现在位置的决定”的论文。文中给出了计算所得的未知行星的轨道根数、准确位置和视直径。9 月 23 日，德国柏林天文台的 J. G. 伽勒按他预报的位置观测到了这颗新的行星，实际位置只与预报值相差 52′。这颗星被命名为海王星。

英国青年天文学家 J. C. 亚当斯比他早 年完成了同样的计算，并将结果呈交给剑桥大学天文台台长 J. 查理士和英国皇家天文学家艾里，但未引起艾里的足够重视，J. 查理士寻找工作又不够仔细，因而未能发现这颗行星。而后英法舆论界展开了一场关于海王星发现优先权的激烈争论。但他和亚当斯不参与这场争论，彼此间建立了深厚的私人友谊。历史公允地将发现海王星的崇高荣誉授予他们两人。发现海王星这一天体力学的惊人成就是牛顿理论的光辉印证，恩格斯高度评价了这一发现的认识论意义。

在研究太阳系的稳定性问题和行星理论方面也卓有成效。1837 年起开始研究太阳系的稳定性问题。2～3年后导出了 7 颗行星的离心率和轨道倾角的精确极限。这是著名天体力学家拉普拉斯所未能获得的结果。

1847 年接受了概括整个太阳系的单一理论的一项研究计划，同时考虑所有行星的相互摄动以确定行星的质量，建立它们的运动理论和编制星历表。1861 年完成了从水星到火星的 4 个行星的运动理论和星历表。1870～1877 年处理了其他 4 颗行星，直到去世前一个月才完成整个工作，他的行星理论和行星星历表载于《巴黎天文台年刊》第 1～6 卷和第 10～14 卷。编制的星历表一直沿用到 19 世纪末。

经过长期研究，1859 年他发现水星的运动除了受到正常摄动之外，它的近日点还有每世纪 38″的异常进动。把这种现象归因于一颗未知行星的摄动，并预言水内行星的存在，但一直未能证实。直到 1915 年爱因斯坦用广义相对论才成功地解释了水星近日点进动问题。因此这一发现成为爱因斯坦理论的著名证明。

还是现代气象学的奠基人之一。通过对欧洲和亚洲气象情况的系统调查，确定旋风的路径。曾负责组织和建立预报风暴的大规模气象观测网。到 1857 年已有 14 个法国的和 5 个外国的气象台站提供大气情况的每日报告。1859 年起为法国和欧洲大陆港口提供风暴警报。预报的基础是对风图和等压线的研究。1872 年起巴黎天文台的气象预报发向所有欧洲国家的首都。还组织了报告雷雨的观测网。他去世后，各气象服务组织组建为法国中心气象局。 （萧耐园　张可可）

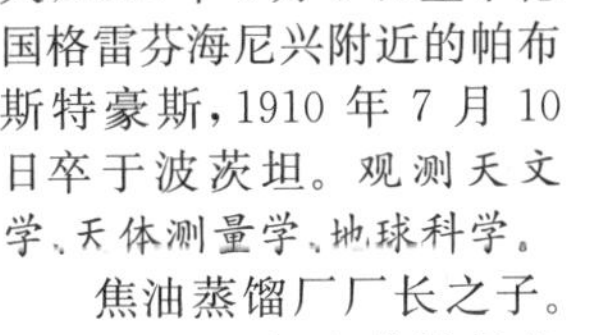

伽勒，J. G.（Galle，Johann Gottfried） 德国人，1812 年 6 月 9 日生于德国格雷芬海尼兴附近的帕布斯特豪斯，1910 年 7 月 10 日卒于波茨坦。观测天文学、天体测量学、地球科学。

焦油蒸馏厂厂长之子。1825～1830 年在维滕贝格上中学。1830 年去柏林上大学，老师恩克对他以后的事业有巨大的影响。1833 年师范学院毕业，去中学教数学和物理学。恩克就任柏林天文台台长后，于 1835 年任命他为助手。1845 年 3 月获博士学位。1851 年应邀任布雷斯劳（今波兰弗罗茨瓦夫）大学的天文台台长和该校教授，1874～1875 年任大学代理校长。在布雷斯劳一直工作了 46 年，1857 年与一位教授的女儿结婚，生有两子，其中安德雷阿斯（Andreas）成为波茨坦的天文兼大地测量学家。

主要成就是首次观测到海王星和提出用小行星测定太阳视差。

1846 年 8 月法国天文学家 U. J. J. 勒威耶根据牛顿力学计算出海王星的轨道并预告它的位置，把结果寄给柏林天文台台长恩克，希望寻找这颗行星。9 月 23 日，恩克因当晚回家过生日，就把寻星任务交给他去办。他用柏林天文台的望远镜在预告位置不到 1°的星空观测到一颗 8 等星，参照《柏林科学院星图》，又经过翌日凌晨回台的恩克作进一步观测，确认这是一颗新的行星（后被命名为海王星）。恩克将此发现详细地向柏林科学院作了报告，并发表在《天文学通报》上。他的发现赢得了广泛的赞誉。发现海王星后，为进一步跟踪这颗新行星，致力于暂定圆型轨道的观测和计算。

针对当时观测金星凌日决定太阳视差的方法精度较差，于1872年提出利用小行星很接近地球时的观测资料来测定视差。这个方法一直使用到现在。1895年所得结果为8″.802，同现代观测值十分接近。后在1930～1931年进行的对小行星爱神星的观测，更显示出这一方法的优越性。

他认为流星雨和彗星母体碎裂的产物有关，计算天琴座流星雨绕太阳的轨道，并证明它与W. von比拉发现的1861年1号彗星之间有联系。1872年11月的一次大规模流星雨证实了这一见解。长期从事彗星观测以及彗星星历表和根数的计算。1839年和1840年发现了3颗新彗星。1847年、1864年和1885年先后修订再版了《奥伯斯论文集》，将计算了轨道的彗星数增加到286颗。1839年开始为《柏林天文年鉴》计算小行星智神星的星历表，并持续了30年。

还从事天文大地测量和常规气象观测，发表了一系列关于气候学和天气预报学的论文，也作过地球磁场的测量。

一生中得到很多荣誉，是全世界很多科学团体的成员。晚年身体和精神都很健康，一直活到98岁。对德国的几代天文学家都产生了很大影响。

（萧耐园　张可可）

登博斯基，E.（Dembowski，Ercole）　意大利人，1812年12月12日生于意大利米兰，1881年1月19日卒于意大利加拉拉泰附近的阿尔比扎泰山。观测天文学。

31岁以前在奥地利海军中当军官。离开海军后对天文学发生了兴趣。1852年在拿不勒斯附近建了一座私人天文台。1870年又在阿尔比扎泰山兴建了一座天文台。在这两处用小型折射望远镜不间断地测量双星和多重星的距离和位置达25年以上，获得了精度相当高的观测资料，因此获英国皇家天文学会金质奖章。著名天文学家F. W. A. 阿格兰德在自行工作中曾引用过他的观测资料。去世后大量观测资料由G. V. 斯基亚帕雷利和O. B. 斯特鲁维编辑出版。（葛京坪）

彼得斯，C. H. F.（Peters，Christian Heinrich Friedrich）　美国人，1813年9月19日生于丹麦石勒苏益格（今属德国），1890年7月18日卒于美国纽约州克林顿。观测天文学。

毕业于柏林大学，1836年在该校获博士学位。1854年移居美国，在太平洋海岸测量所任职。1858年任克林顿汉密尔顿学院天文学教授和该校利奇菲尔德天文台台长。最初感兴趣的是方位天文学，后来研究太阳黑子的经纬度自行和其内部发展过程，并配以图示。在汉密尔顿学院期间，在缺乏照相观测的条件下，把黄道两边30°范围内亮于14等的恒星全部用图表示出来。从中发现了48颗小行星，算出了它们的轨道。还参加过1869年日全食和1874年的金星凌日的观测。1887年参加了在巴黎召开的国际天文照相会议。曾负责校对欧洲各种文本的托勒玫星表。是美国文理科学院、美国国家科学院院士，美国哲学学会和英国皇家天文学会的会员。

（倪祥斌）

莱曼，C. S.（Lyman，Chester Smith）　美国人，1814年1月13日生于美国康涅狄格州曼彻斯特，1890年1月29日卒于康涅狄格州纽黑文。观测天文学、地质学。

父亲是矿工。因家境贫困只能边工作边学习。1837年获耶鲁学院文学士学位。1840年在耶鲁神学院获文学博士学位。此后曾一度就任教会圣职。1859年任耶鲁大学设菲尔德科学学院工程力学和物理学教授，1871年成为该校天文学和物理学教授。1859～1877年任康涅狄格科学院院长。

1866年发现金星周围有一个完整的亮环，1874年又再次观测到这一现象，确认这是由金星大气折射阳光造成的。从而获得了金星存在大气的一个可靠证据。还详细考察了地球上基拉韦厄火山，并记录了周围地区的地质资料。

（倪祥斌）

埃斯特罗姆，A. J.（Angström，Anders Jonas）　瑞典人，1814年8月13日生于瑞典梅德尔帕德省勒格德，1874年6月21日卒于瑞典乌普萨拉。天体分光学、光学。

出身牧师家庭。1833年进入乌普萨拉大学学数学与物理学，1839年获博士学位后留校任物理学讲师。1842年到斯德哥尔摩天文台进修。1843年任乌普萨拉天文台助理教授。自1858年直至去世任乌普萨拉大学物理学教授，1870～1871年任该校校长。

是现代分光学的先驱者之一。1853年在著名论文“光学的研究”中指出，两种金属构成的合金其光谱系由这两种金属的光谱叠加而成，而电火花的光谱则由电极金属的光谱与光所通过的气体分子的光谱叠加而成；还将实验室中的发射光谱与太阳的吸收光谱作了比较，指出前者与后者中的部分谱线具有对应性，因而提出灼热气体可以产生与它形成吸收线时波长相同的发射线。1859年G. R. 基尔霍夫更严格更明确地提出了这一点，建立了基尔霍夫定律，导致了光谱分析术的诞生。这表明他是基尔霍夫所奠定的现代分光学理论的先驱者。1861年以后率先用衍射光栅对太阳光谱进行了广泛的研究，并首创用10^{-8}厘米为计算波长的基本单位。这一波长单位以他的姓氏的首字母命名以志纪念，称为埃（符号为Å）。1868年出版了名著《太阳光谱研究》，刊有约1 000条谱线的太阳光谱图。在1887～1893年H. A. 罗兰发表更为精确的太阳光谱表之前，该图一直被视为研究太阳谱线的基准。1867年他还开创了北极光光谱的研究。曾两次获斯德哥尔摩皇家学院的沃尔马什奖章。1872年获英国皇家学会的朗福德奖章。

（宣焕灿）

柯克伍德，D.（Kirkwood，Daniel） 美国人，1814年9月27日生于美国马里兰州哈福特县，1895年6月11日卒于加利福尼亚州里弗赛德。天体力学。

1834年进入约克县学校立学院数学。1838年任该校讲师。继而任兰开斯特中学校长和波茨维尔学校校长。1851～1856年任特拉华学院数学教授，一度担任该校校长。1852年获宾夕法尼亚大学法学博士学位。此后，曾任印第安纳大学数学教授，华盛顿和杰斐逊大学数学天文学教授。1886年退休。

早在1857年，他已发现小行星分布区域中有空隙。1866年指出，在相当于木星公转周期1/3、2/5、2/7的轨道处小行星的空间分布存在空隙，此后又发现在1/2、3/5、4/7的轨道处也存在同样现象。这是由于木星强大的引力摄动造成的，与土星光环上的环缝极为相似。还预言存在小行星族，1892年列出了32组有相似轨道的小行星。对太阳系的起源和演化很有研究，不赞成拉普拉斯的星云说，认为行星是由于太阳收缩时向赤道面抛出的弧形物质（而不是完整的环形物质）凝缩成的。

为纪念他，月球上一个环形山和一颗小行星以他的姓氏命名。

（谢高峰）

法伊，H.（Faye，Hervé） 法国人，1814年10月1日生于法国圣伯努瓦尔迪索，1902年7月4日卒于巴黎。天文学、大地测量学。

1832年进入巴黎综合工科学校。1836年毕业后到巴黎天文台工作，1848～1854年在巴黎综合工科学校任讲师，1873年升任教授。曾担任过南锡学院校长，还担任过20多年的法国经度局局长。

在巴黎天文台工作期间，发现了1843年出现的的周期彗星，并计算了它的轨道。设计过天顶仪，对天文折射做过仔细研究。提出的太阳理论曾被广泛采用。该理论认为太阳是一个具有巨大对流运动的气体球，黑子是因内部气旋运动引起的孔洞。还探讨过法国和世界的大地测量规划，并首次引进接近于地壳均衡的概念。也研究过地球上的气旋。

（蒋窈窕）

德拉鲁，W.（De La Rue，Warren） 英国人，1815年1月15日生于英国根西岛，1889年4月19日卒于伦敦。实测天体物理学、化学技术。

是印刷工人的长子。早年就读于巴黎圣巴伯学院。青年时代进入父亲开设的印刷厂工作，开始接触科学技术。是最早运用电板印刷技术者之一，同一位朋友发明了第一台信封制作机。是一位科学仪器革新家。一生热爱天文学和化学，是英国皇家化学会的最早成员之一，1867～1869年和1879～1880年期间任会长。1850年成为英国皇家天文学会会员，1864～1866年任会长。还是英国皇家学会会员。

主要贡献是天文学。曾创建一座私人天文台，装备有33厘米天文望远镜。旨在绘制出更精确、更详细的天体图。绘制的土星、月球和恒星图十分精美。但只有当他把摄影应用到天文学上时，才真正发挥其聪明才智。1858年发明的太阳全色照相仪望远镜，使太阳表面情况可用照相法来绘制。还把过去使用的立体摄影法应用于月球摄影，得到月球表面的照片。1861年他证明太阳黑子是太阳大气中的凹陷地区，因此也证实了18世纪格拉斯哥的A.威尔逊所提出的猜测。

1860年到西班牙观测一次日全食，发现并证明日全食期间在月轮边沿上出现的“月珥”是来自太阳的气体流。

在化学方面，1848年确定了胭脂红酸的化学分子式；1858年将浓硫酸应用于造纸工业，发明仿羊皮纸；1865年试验制作电池，方法是将银和氯化银接触，和汞齐化的锌一起放置于食盐水之中，接通封闭导线便产生电流；和当时在伦敦教书的德国化学家A. W.霍夫曼一起，将李比希的《化学年鉴》前两卷从德文译成英文；1868～1883年进行了一系列的气体放电实验，但结果并未导致任何有意义的理论进展。

（戴永发）

德洛内，C.-E.（Delaunay，Charles-Eugène） 法国人，1816年4月9日生于法国吕西尼，1872年8月5日卒于法国瑟堡附近的海上。天体力学。

中学时已显示出数学才能。1836年在巴黎综合工科学校毕业时名列第一，获新设立的拉普拉斯奖，奖品中有拉普拉斯全集，从而对天体力学发生兴趣。毕业后曾以矿业工程师身份在几所工业学校工作，后在巴黎大学教数学、力学和天文学。1841年获博士学位。1855年当选为法国科学院院士。1862年任国家经度局委员。1869年成为英国皇家学会外籍会员。

早期从事数学研究，后主要研究天体力学，包括天王星的受摄运动、潮汐理论等，而成果最大的则是月球运动理论。曾提出一种正则变换的方法（“德洛内方法”），1855年推广后用于计算月球黄经的长期加速度值，结果与观测值不大符合。他当时已正确指出，这种不一致可能是由于潮汐摩擦使地球自转变慢所致。

（易照华）

伯明翰，J.（Birmingham，John） 1816(?)年生于爱尔兰蒂厄姆附近的米尔布鲁克，1884年9月7日卒于同地。天体物理学。

酷爱天文学的一位乡绅，业余天文学家，终身未婚。因1866年5月12日发现北冕座中一颗亮约2^m的新星而成名。此星后来被称为北冕T星。波恩星表把它列为$9^m.5$星。是一颗再发新星，1866年6月开始降为9^m星，1946年又重新增亮为肉眼可见星。该星是作了分光研究的第一颗新星，W.哈金斯通过目视和分光观测，发现它的周围有一层氢气包壳。1872～1876年，伯明翰修订了由H.C.F.C.施杰莱鲁普于1866年编著的红星星表，从而荣获爱尔兰皇家科学院于1884年颁发的坎宁安奖章。此星表列有658个红星，补充了大量的分光观测资料。19世纪70年代，他还发表了多篇有关太阳系的论文，也发表过不少地质学方面的论文。

（倪祥斌）

沃尔夫，J.R.（Wolf，Johann Rudolf） 瑞士人，1816年7月7日生于瑞士苏黎世附近的费兰登，1893年12月6日卒于苏黎世。太阳物理学、科学史。

曾在苏黎世工业大学求学。1836～1838年在维也纳大学继续学习。1838年到柏林拜恩克等人为师。1839年回国在伯尔尼大学教数学与物理学，1844～1855年任该校天文学教授。1856年回苏黎世大学任天文学教授。此后致力于创建苏黎世天文台，于1864年建成。

在天文学上的主要贡献在太阳黑子的研究方面。1849年提出了一种统计黑子多寡的计数方法，后称沃尔夫黑子相对数。它是表示太阳黑子活动程度的物理量，至今仍为天文界所广泛采用。追溯了伽利略以来太阳黑子的观测资料，列出了1610年以来太阳黑子相对数最大和最小的时刻，并在1852年进一步确定出太阳的平均黑子周期为11.1年。在科学史研究方面有广泛的兴趣，一个重要贡献是发现了著名科学家约翰第一·贝努利的通信。在1856年创办了《苏黎世自然研究学会季刊》，且长期主持该杂志的主编工作。（宣焕灿）

拉瑟弗德，L.M.（Rutherfurd，Lewis Morris） 美国人，1816年11月25日生于美国纽约市，1892年5月30日卒于新泽西州特朗奎利蒂。天体物理学、仪器研制。

出身名门。在威廉斯学院求学时就对科学产生了强烈兴趣，是美国贵族阶层中极少数终生致力于科学研究的人之一。1856年建立一个私人天文台，1858年开始用11.5英寸（约29厘米）的消色差折射望远镜以及自己制作的仪器，开展天体照相工作，拍得了相当出色的月球、木星、土星及一些恒星的照片。1865年又开始拍摄星团的照片。1861年对太阳、月球、木星、火星及16颗恒星进行分光研究。1864年1月，在美国国家科学院的一次会议上，公布了一幅从未发表过的太阳光谱片，宽为15厘米，H线和F线之间长达78.7厘米。曾独立地提出一种与塞奇分类法类似的恒星光谱分类法。1863年开始研究衍射光栅，所制作的光栅在当时及以后相当一段时间内都是最为优秀的。还设计过一台测量恒星照片的测微光度计。曾协助哥伦比亚大学筹办大地测量和实用天文学系，晚年把天文台中的仪器、资料等献给了该校。

（章圣泮）

波瓦尔基，K.R.（Powalky，Karl Rudolph） 德国人，1817年6月19日生于德国哥达附近，1881年7月11日卒于美国华盛顿。天体力学。

早年经历不详。1842～1847年在汉堡天文台任助理员。1850～1856年在哥达附近梅克伦堡（Mecklenburg）公爵的私人天文台工作。1856年到柏林。1864年获基尔大学的博士学位。1873年赴华盛顿，先后在人口调查局和海军天文台工作。1864年他得出太阳视差在8″.832～8″.86之间，与傅科得到的值8″.86非常接近。归算了吕姆克尔（K.L.C.Rümker）关于哈雷彗星的观测资料，计算了一些彗星的轨道根数，发表了1845～1862年的太阳位置，为《柏林天文年刊》中的行星星历表、日月食、金星凌日和恒星位置等做了大量计算。还参加过掩星的观测，发表了11颗小行星星历表及其轨道根数的计算结果。（谢高峰）

塞奇，A.（Secchi，Pietro Angelo） 意大利人，1818年6月29日生于意大利雷焦艾米利亚，1878年2月26日卒于罗马。太阳物理学、天体分光学。

1833年在出生地的耶稣会会员学校毕业后，就当了罗马耶稣会会员见习修道士。1835年考进罗马学院。1839年任洛雷托耶稣会会员学院的数学物理教师。1844～1848年研究神学，并做天文工作。1847年开任神父，1848年罗马当局驱赶耶稣会会员，他先到英国兰开夏郡斯托尼赫斯特耶稣会会员学院，后到美国华盛顿的乔治敦大学当柯利（Father P. Curley）台长的助理。1849年罗马撤销驱赶耶稣会会员的命令后，他于1850年回到罗马任罗马学院天文台台长。1873年罗马当局再次驱逐耶稣会会员，只得停止观测，但仍留在天文台编纂学术专著。

从1851年起开始研究太阳，用热电堆测量太阳的辐射强度，得到日面中心的辐射是它边缘辐射的两倍。1851年日食时拍到了几张初期的银板照相。观测到太阳光球上有许多发亮的小粒，大小与形状各不相同，但大多是椭圆形的，在日面边缘它们变成亮斑和暗黑的小孔，而黑子就是由后者形成的。发现太阳黑子一般在太阳表面出现扰动以后形成，通常还伴随很亮的斑块出现。对日珥也很有研究，把日珥分为“宁静日珥”和“爆发日珥”。观测到日珥不仅有向上的运动，而且也有旋转运动。1877年，他首先描绘从色球中时时喷出细而明亮的流焰，称为针状物。发现针状物在两极变得又细、又高、又亮，即使在太阳宁静时仍很活跃。通过分光镜观测证明太阳反变层很薄。还发现太阳直径有长期变化，指出太阳形状的不规则性在光球扰动最强时最明显。

对太阳系天体作了很多研究。1852年研究比拉彗星，指出组成彗星的物质是稀薄的。1853年发现了一个多核彗星。1861年观测到彗头喷出气体从而形成彗尾，翌年又发现从彗头喷出气体的量随彗星离太阳的距离而变。1866年发现彗星光谱中有碳的谱线，翌年又在其中找到碳与氧或氢相结合的谱线。对流星也做过研究，认为流星是从宇宙空间来的。1862年测得流星的下落速度为每秒90千米，其所处的高度为75～250千米之间。1859年，在观测火星大冲后宣布火星微红的赤道大陆之间有两条"沟渠"。1860年开始研究木星，发现在木星大气里有类似风暴的扰动。发现土星和木星的光谱里有特殊吸收带，认为这些行星的大气含有与地球大气不相同的元素。

1863年起开始对亮星进行分光研究，用较低色散的物端校镜对约400颗恒星的光谱进行目视观测。1868年，提出了一种将恒星光谱分为4类的分类方法，这项工作开创了恒星的光谱分类，现称这种分类法为"塞奇分类"。1869年以后，研究了大量恒星的光谱，并进一步将恒星光谱分为5类。根据星云的分光研究，把它分为行星状星云、椭圆星云和不规则星云，并认为某些星云纯粹由气体组成的。注意到有两条暗带穿过仙女座大星云，认为这很可能是不发光物质阻挡星光投影到星云上的结果，后来的观测证实了这一见解。

（蒋窈窕）

米切尔，M.（Mitchell，Maria） 美国人，1818年8月1日生于美国马萨诸塞州楠塔基特，1889年6月28日卒于马萨诸塞州林恩。观测天文学。

美国第一位女天文学家。主要从父亲那里接受教育。18岁起长期任楠塔基特图书馆管理员。1849～1868年受雇于美国航海历书局，计算金星星历表。后任瓦瑟女子学院天文学教授和该校天文台台长，直至去世。少年时就帮助父亲进行天文观测——为捕鲸船校对时计。在图书馆工作期间也坚持天文观测。1847年10月发现一颗望远镜彗星。为此丹麦国王授予金质奖章，她也因此成名。是美国文理科学院院士中的第一位女性。去世后，人们成立了用她的名字命名的协会以示对她的敬意和怀念。

（谢高峰）

史密斯，C. P.（Smyth，Charles Piazzi） 英国人，1819年1月3日生于意大利那不勒斯，1900年2月21日卒于英国苏格兰克洛瓦。天体分光学、大气物理学。

父亲W. H. 史密斯(William Henry Smyth)创建了当时英格兰设备最好的私人天文台——贝德福德天文台。少年时受父亲熏陶酷爱天文学。1835年起在南非好望角皇家天文台当了10年助手。1845年升任爱丁堡天文台台长，兼任苏格兰皇家天文学家和爱丁堡大学实用天文学教授等职。是英国和其他国家多个学会的成员。

1856年率考察队远征特内里费岛高峰，调查有关摆脱底层大气影响，在高山进行天文观测的优越性；并对该岛进行综合性的科学考察。在那里还测量了来自月球的辐射热；研究太阳光谱中哪些吸收线是由地球大气所致。1865年在埃及度假时测量了吉萨大金字塔的取向与各部分的角度，将所得数据同古埃及人的天象观测资料联系起来，以探索金字塔的奥秘。还对太阳、极光、黄道光、实验室条件下和各种气候条件下发光气体的光谱进行了比较研究。曾两次获得爱丁堡皇家学会嘉奖。

（李啸虎）

亚当斯，J. C.（Adams，John Couch） 英国人，1819年6月5日生于英国康沃尔郡，1892年1月21日卒于剑桥。天体力学、计算数学。

少年时聪颖过人，对天文学很有兴趣，曾在窗台上刻了一个日晷，还用自制的器具观测太阳高度。1831年到德文波特一所由表舅主管的私人学校学习，成绩优异，并花费大量时间自学数学和天文学。1839年10月考入剑桥大学圣约翰学院。1843年由剑桥大学毕业，以第一名通过数学学位考试，并第一个获史密斯奖。以后成为学院教师。1858年受聘为圣安德鲁斯大学的数学教授。后就任剑桥大学朗德学院天文学和几何学教授。1861年起兼任剑桥大学天文台台长。1851～1853年和1874～1876年两次被选为英国皇家天文学会会长。

一生最光辉的成就，是与法国天文学家U. J. J. 勒威耶各自独立地推算出当时一颗未知行星的位置，导致了海王星的发现。1841年7月了解到天王星运动的不规则性，决定在取得学位后就着手研究这一问题。1843年10月解决了逆摄动问题，即已知天体质量和它的实际位置与牛顿力学的理论位置的偏差求另一摄动天体的轨道和位置。由此相信对天王星的摄动一定来自另一颗未知行星。1844年2月用格林尼治天文台台长G. B. 艾里提供的关于天王星的准确数据计算了假设行星的轨道要素、质量和日心黄经。1845年9～10月分别向剑桥大学天文台台长J. 查理士和艾里报告了计算结果，但未引起足够的重视。1846年9月柏林天文台的J. G. 伽勒根据勒威耶的计算在离其预告位置不到1°的地方发现了一颗新的行星——海王星。之后，人们才想起了亚当斯的工作，于是引起了谁是首先发现者的长期而激烈的争论。可是两个主要人物都没有介入这场争论。1847年他与勒威耶在牛津相遇，成了好朋友。对自己的发现受到压制默不作声，这正是他的性格特征。谦逊使他在荣誉上暂时付出了一些代价，但使他一生受同事和朋友的笃爱。最后仍被公认为海王星的共同发现者之一。

1851年以后从事月球理论的工作，完成了新的月球视差表，纠正了当时月球理论中的一些错误，给出了更精确的位置。在著名的关于月球平均运动长期加速的论文中，指出拉普拉斯的结果只是一级近似，他计算到月球长期加速的二阶项。这篇文章引起了一场尖锐的科学论战，直到1861年才恢复平静。事实证明，他的结论是正确的。

研究了狮子座流星雨的轨道，认为它是一个扁长的椭圆，周期为33年3个月。据此预言1866年11月12～14日流星雨将再次出现。预言果然得到证实。还研究过地磁场和指导用子午环测定恒星位置的工作。

在数学上，从事计算数学常数的精确值。曾于1877年发表31个贝努利数，1878年将欧拉常数计算到小数点后263位，给出关于勒让德系数的表达式。

著有《亚当斯科学论文集》2卷。1848年英国皇家学会授予最高奖科普利奖，1866年皇家天文学会授予金质奖章。 （萧耐园 葛京坪）

洛希，E. A.（Roche，Edouard Albert） 法国人，1820年10月17日生于法国的蒙彼利埃，1883年4月18日卒于同地。天体力学、地球物理学。

求学期间，有3年去巴黎与著名数学家和天体力学家柯西和勒威耶等人进行学术讨论，并在巴黎天文台参加1842年的日全食观测。1844年获蒙彼利埃大学理学博士学位。1849年任该校理学院课程主管，1852年任数学教授。1873年当选为法国科学院通讯院士。

毕生主要研究天体的表面形状和内部结构。1848年提出的地球密度变化规律至今还有科学价值。研究了自转流体在外力或中心引力作用下的平衡形状，1849年提出了著名的"洛希极限"，即卫星到行星距离的最小极限值，至今仍为天体演化学中的基本判别式之一。1859年研究了彗星形状，提出了彗星受到来自太阳的某种推力的假说(当时太阳光压尚未发现)。1873年对拉普拉斯的星云假说作了补充和发展。1881年分析了地球内部构造的多种假说，提出了第一个固体地核的地球模型。 （易照华）

科瓦利斯基，M. A.（Ковальский，Мариан Альбертович；Kovalsky，Marian Albertovich） 俄国人，1821年8月15日生于俄国多布尔津(现波兰维斯瓦河畔多布任)，1884年5月28日卒于喀山。天体力学、恒星天文学。

1841年进入圣彼得堡大学学习数学，1845年毕业。1847年完成硕士论文"论彗星运行的摄动"。继而到喀山大学任助理员，1850年教授天文学和大地测量学。1852年完成博士论文"海王星运动理论"。两年后升任教授。1855任喀山天文台台长。1862～1868年任喀山大学物理数学系主任。1863年当选为圣彼得堡科学院通讯院士、英国皇家天文学会外籍会员。

主要贡献在天体力学和恒星天文学方面。1846年海王星发现后，他研究了大行星摄动，得到了能够更精确决定海王星位置的观测资料；在大量观测基础上，使用校差改正法对行星的椭圆轨道作了改进，所依据的是欧拉-兰伯特定理而不是经典的高斯方法，从而使计算简约化。简化和改进了日食和月掩星的计算方法，介绍了通过观测恒星自行发现银河系自转的方法。指出银河系中心不可能存在中心天体。还做过确定双星轨道根数、大气折射以及确定太阳在恒星中运动的轨道根数等的研究。 （谢高峰）

莫歇，A. E. B.（Mouchez，Amédée Ernest Barthélémy） 法国人，1821年8月24日生于西班牙马德里，1892年6月29日卒于法国塞纳-瓦兹省维苏。观测天文学、大地测量学、制图学。

早年曾在凡尔赛和海军学校学习。1843年任海军少尉，1868年任舰长，1878年升任海军少将。是经度局和院士科学院院士。1878年6月任巴黎天文台台长。在海军服役期间，先后在朝鲜、中国和南美等地沿海作过大量的水文研究和勘测，测定了许多地方的地理位置，总计发表了约140张地图。1874年赴圣保罗岛观测金星凌日，成功地拍摄了400多张极其清晰的照片。1879年在巴黎天文台创办了一所实用天文学校，定期主编出版刊物《天文通报》。法国天文学家亨利兄弟的天体照相仪试制成功后，他打算召集国际会议来编制全天照相星图。这个计划得到了英国天文学家D. 吉尔的支持。1887年在巴黎召开的国际天文会议上，决定把编制大型全天照相星图(应拍摄到15～16等的星)的工作分配给全世界22个天文台。同时还决定编制一份照相星表，给出暗至11等的所有恒星的亮度和位置。这项宏伟的计划历时很久才基本完成。 （谢高峰）

赛德尔，P. L. von（Seidel，Philipp Ludwig von） 德国人，1821年10月24日生于德国茨韦布吕肯，1896年8月13日卒于慕尼黑。天体光度学、数学。

出身邮局职员家庭。1840年进入柏林大学，为狄利克雷和恩克的学生，并替他们担任天文计算工作。1842年他来到柯尼斯堡大学，与贝塞尔、雅可比和诺伊曼一起作研究工作。1843年由贝塞尔推荐到慕尼黑大学。1846年发表论文"望远镜镜片的最好模型"，获博士学位。1847年任助理教授，1855年升任教授，并被任命为皇家私人顾问。毕生主要研究屈光学和数学分析，发表了有关概率论和光度学的论文。数学研究工作都与狄利克雷合作，非一致收敛的概念则由他引进。把概率论用于恒星和行星的光度测量上，所得结果相当准确。是巴伐利亚、柏林和格丁根等科学院的成员。

（章圣泮）

路得，C. R.（Luther，C. Robert） 德国人，1822年4月10日生于德国施韦德尼茨(今波兰希维德尼察)，1900年2月15日卒于杜塞尔多夫。观测天文学。

1841～1843年在布雷斯劳大学和柏林大学学习自然科学，特别是天文学。他作为恩克的学生不久参与《柏林天文学杂志》的编算工作。1851年任杜塞尔多夫郊区比尔克天文台台长。一生中共发现了24颗小行星。算出的几颗小行星星历表属于当时最精确的星历表之一。晚年视力衰退，天文观测只好由儿子威廉(Wilhelm)代替，自己则致力于观测资料的归算工作。曾获玻恩大学授予的荣誉博士学位。 （倪祥斌）

达雷斯特，H. L.（d'Arrest，Heinrich Louis） 德

国人,1822 年 8 月 13 日生于德国柏林,1875 年 6 月 14 日卒于丹麦哥本哈根。天体物理学。

1839 年进入柏林大学学习。因发现 1845 Ⅰ 彗星获丹麦国王的奖章。1846 年因建议使用 C. 布雷米克绘制的最新星图从而使伽勒发现了海王星。1848 年当选为英国皇家学会外籍会员,并到莱比锡天文台工作。1850 年获莱比锡大学哲学博士学位。1858 年任哥本哈根大学教授和该校新建的天文台台长。

主要研究彗星、小行星和星云。1851 年发现了一颗彗星并以他的名字命名。此后又多次发现彗星。1862 年发现第 76 号小行星弗赖埃(Freia)。精确测量了 269 个星云状天体的位置,观测1 942个星云,发表了观测结果。去世前不久在 W. 哈金斯的领导下开始进行分光观测。首次指出气体星云多位于银道面附近,因而它们可能是银河系中比较近的天体。1875 年因研究星云获得英国皇家天文学会金质奖章。 (谢高峰)

斯玻勒, G. (Spoerer, Gustav Friedrich Wilhelm) 德国人,1822 年 10 月 23 日生于德国柏林,1895 年 7 月 7 日卒于吉森。太阳物理学。

1840～1843 年在柏林大学学数学和天文学。1843 年 12 月通过毕业论文答辩。毕业后到柏林天文台与恩克一起工作,从事天文计算。1846 年通过考核取得讲授数学和自然科学的资格。后来在布龙贝格(今波兰比得哥什)和普伦茨劳两地的中学教书。1849 年移居安克拉姆,获教授职称。

勤奋地进行各种天文观测,特别是对太阳黑子的观测。1868 年普鲁士皇太子赠予一架口径为 12.7 厘米的赤道仪,以奖励他的工作。同年到印度观测日食。1874 年被任命为计划建造中的波茨坦天体物理天文台的观测员。1894 年统计了大量太阳黑子观测资料,发现黑子在日面上有如下分布规律:几乎所有的黑子都分布在日面纬度±45°的范围内,但在赤道两旁±8°的范围内则很少出现;绝大多数黑子都出现在赤道两旁且平行于赤道,所占区域的宽度为 15°～20°;在每个黑子活动周期开始时,黑子一般都出现在纬度±30°附近;在黑子数极大的年份,黑子多数出现在纬度约±15°处;在黑子周期结束前,黑子大多位于日面纬度较低的赤道两旁,并在那里逐渐消失;在前一个活动周期的黑子尚未完全消失时,后一个活动周期的黑子便又开始在纬度±30°附近出现。这一黑子在日面纬度上的分布规律现称斯玻勒定律。还确定了太阳自转的原理,改进了卡林顿所发现的太阳自转速度从赤道向两极递减的规律。

(蒋窈窕)

欣德, J. R. (Hind, John Russell) 英国人,1823 年 5 月 12 日生于英国诺丁汉,1895 年 12 月 23 日卒于特威克纳姆。实测天文学、历书天文学。

早年求学于诺丁汉文法学校。很早就对天文学深感兴趣。1840 年 11 月进入格林尼治皇家天文台工作。1844 年秋辞职后成为伦敦摄政公园 G. 毕晓普(George Bishop)私人天文台的主管,1844 年加入英国皇家天文学会。1880～1881 年任该学会会长。1847 年发现了小行星虹神星(Iris)和花神星(Flora),这是被发现的第 7 和第 8 号小行星。此后又发现了另外 8 颗小行星、2 颗彗星和几颗变星。1851 年 7 月 28 日在瑞典观测日全食时观测到了太阳边缘的"玫瑰色的火焰"。从 1853 年任美国航海历书局负责人起直至 1891 年退休,一直负责出版航海历书。曾三次荣获拉朗德奖金,并多次获金质奖章。1863 年当选英国皇家学会会员。 (葛京坪)

哈金斯, W. (Huggins, William) 英国人,1824 年 2 月 7 日生于英国伦敦,1910 年 5 月 12 日卒于伦敦塔尔斯山。天体物理学。

绸布商的儿子。童年时只上了几年学,后在家跟家庭教师学习。18～30 岁接替父亲经商,业余时间钻研天文学。31 岁时卖掉绸布店并迁至伦敦附近的塔尔斯山,在那里建起了私人天文台,专心致志从事天文研究。51 岁时与年方 25 岁的 M. L. 梅雷(Margaret Lindsay Murray)小姐结婚,她经常和他一起进行天文观测和研究,对他的事业给予不少帮助。

天体物理学的先驱者之一。开创了恒星、星云、彗星等的光谱研究,取得了很大成就。当基尔霍夫于 1859 年提出如何从太阳光谱中的暗线确定其化学组成后,他马上想到把这种方法应用于恒星,于是与化学教授米勒(W. A. Miller)合作,把一台分光镜装在一架 20 厘米折射望远镜上,开始对恒星进行光谱观测。1863～1864 年与米勒一起向英国皇家学会提出报告,指出亮星的光谱与太阳类似,也是连续谱加吸收线。1864 年通过对天龙座中一个行星状星云的分光观测指出,星云的光谱与恒星截然不同,是只有少数几条谱线的明线光谱,从而揭示了银河星云的气体本原。还发现星云光谱中有两条绿色谱线,并认为这是由一种未知元素("氢")发出的。直到 1927 年,才由美国的 I. S. 鲍恩弄清它们实际上是电离氧和电离氮的禁线。1868 年利用多普勒效应,根据谱线位移测出了天狼星的视向速度,从而开创了恒星视向速度测量的工作。还研究了 1866 年、1867 年和 1868 年出现的 3 颗彗星的光谱,发现其光谱中的碳氢化合物的谱带,从而首次在地球之外发现了分子的形迹。1866 年通过对北冕座新星的光谱观测,发现其光谱中有明亮的氢发射线。

1865 年当选为英国皇家学会会员。1867 年和 1885 年两次获英国皇家天文学会的金质奖章。1880 年和 1898 年分别获英国皇家学会的朗德福奖章和科普利奖章。1904 年获太平洋天文学会布鲁斯奖章。1876～1878 年任英国皇家天文学会会长。1891 年任英国科学促进协会主席。1900～1905 年任英国皇家学会会长。

(宣焕灿)

让桑, P. (Janssen, Pierre Jules César) 法国人,

1824年2月22日生于法国巴黎,1907年12月23日卒于默东。太阳物理学。

父亲是比利时血统的音乐家。让桑幼年时因意外事故成为跛子,因此一直在家从未进过学校。因经济困难很早就参加工作。1840～1848年在银行工作,同时努力自学,1849年获巴黎大学理学士学位,1852年获该校科学硕士学位。后在公立学校任代课教师。1857年被派往秘鲁研究地磁赤道位置,因染严重痢疾回国做了家庭教师。1860年获博士学位。1865年起在巴黎高等建筑学校任物理学教授。1876～1907年任法国默东天文台第一任台长。1873年当选为法国科学院院士。1875年选进法国经度局。也是罗马、布鲁塞尔、圣彼得堡、爱丁堡等科学院和美国国家科学院的外籍院士。

1862年在巴黎蒙马特尔区北部建了一个小型的私人天文台。在这里首先研究D.布鲁斯特1833年提出的问题,即太阳光谱中一些不规则暗带的本质,它在日出、日落时最为明显。制造了一个高色散的分光镜,成功地把这些暗带分解成谱线,指出这些谱线的强度在一天内是变化的,是地球大气密度的函数,称它们为"大气谱线",并用实验证明它们是由大气中的水蒸气等造成的。1864年到高达2 700米的伯尔尼兹的阿尔卑斯山上进行观测。发现高山上的大气谱线强度减弱,并发现大气湿度会影响光线强度。为研究日珥,1868年8月18日到孟加拉湾附近的贡土尔城观测日全食。把分光镜狭缝放在处于全食时的太阳边缘,看到日珥光谱里有几条明线,这些明线很亮,它们是由氢产生的。认为即使不在日食时,也能用分光镜狭缝对准太阳边缘观测到日珥谱线。日食后第2天,果然得到成功,因此找到了一种不在日全食时研究日珥的方法。

他在默东天文台安装了两架大望远镜,一架是焦距为16米的双筒折射望远镜,目视物镜口径为83厘米,照相物镜口径为62厘米,这是当时欧洲最大的折射望远镜;另一架是口径1米,焦距3米的反射望远镜。在任职期间最著名的计划是太阳照相图。使用自己设计的太阳照相机,在1876～1903年间用短爆光照相等方法拍摄了许多出色的太阳照片。

是大气外观测的先驱者。用气球升到云层之上观测到狮子座流星群陨石雨,并指出气球观测对天文研究有重大意义。还到日本观测了1874年12月9日的金星凌日,获得许多国际荣誉。　　(蒋窈窕)

古德,B.A.(Gould,Benjamin Apthorp)　一译谷德。美国人,1824年9月27日生于美国马萨诸塞州波士顿,1896年11月26日卒于马萨诸塞州剑桥。天体测量学、恒星天文学。

1844年哈佛大学毕业后一度在波士顿拉丁学校执教,后又去柏林大学、格丁根大学学习天文学。是著名数学家和天文学家高斯的学生。1848年获格丁根大学博士学位。1849年在美国创办了《天文学杂志》。12年后因国内战争而一度停刊。1852～1867年任美国海岸测量局经度部的主任。是使用电报法测定经度的开创者之一。该法是在两个不同地点同时观测太阳的方位,其中一个地点的经度为已知,用电报将两地观测结果进行比较算出另一地点的经度。1866年利用横越大西洋的海底电缆测定了华盛顿的经度。1855～1859年任达德利天文台台长。1861年在妻子的帮助下,在马萨诸塞州坎布里奇附近自建一座天文台,进行北天极附近暗星的子午观测,并与L.拉瑟弗德合作研究照相在天文学中的应用。为编制南天星图和星表,1870年到阿根廷科尔多瓦建立阿根廷国家天文台。和4名助手一起测定了南天所有肉眼可见恒星的星等和位置,1879年发表在《阿根廷国立科尔多瓦天文台成果》第1卷,题名为"阿根廷恒星志",包括星表和星图。1884年又在上述刊物第7～8卷发表《南天星表》,载有南纬23°～80°内73 160颗恒星的位置。1886年出版一部含星32 448颗的南天恒星总表,给出了经重复测量而得的更精确的恒星位置。编制的星表有助于南半球星座的命名,填补了当时南天恒星资料的空白。1885年回国,致力于测量和归算从阿根廷带回的1 400张南天星团底片,同时重新主编停刊多年的《天文学杂志》。

著名的"古德带"是他在测定南天恒星位置和星等过程中首先发现的。古德带是指聚集在离太阳300秒差距以内亮于7等的O、B型星的带状区域,从猎户臂的下端伸出,指向银心;带内约共20万颗星,其中包括许多南天最明亮的恒星;带长700秒差距,宽70秒差距;其中心平面与银道面的交角约为20°。　　(方福娟)

雷斯皮吉,L.(Respighi,Lorenzo)　意大利人,1824年10月7日生于意大利皮亚琴察附近的科尔泰马焦雷,1889年12月10日卒于罗马。观测天文学、太阳物理学。

曾在博洛尼亚大学学习,1847年获数学学位。1849年任博洛尼亚大学力学和水利学教授。起初从事数学研究,后来转向天文学。1855年任博洛尼亚大学天文台台长。是意大利科学院院士。精确测定了博洛尼亚天文台的纬度,处理和讨论了卡兰德雷利积累的气象和磁场资料。1860年发表了关于1814～1843年观测到的彗星的研究。1866年任罗马大学天文学教授,并任坎皮多格利天文台台长。对太阳进行了长达15年的系统研究,曾绘制过8000多幅日珥图,更重要的是发现了黑子光谱吸收线的分裂,后来海尔把它解释为黑子内磁场的塞曼效应。发表了3个星表,分别包含285颗星(1877年)、1463颗星(1880年)和1 004颗星(1884年),对子午天文学作出了贡献。　　(蒋窈窕)

施密特,J.F.J.(Schmidt,Johann Friedrich Julius) 德国人，1825 年 10 月 26 日生于德国奥伊廷，1884 年 2 月 7 日卒于希腊雅典。观测天文学、地球物理学。

1842 年在汉堡天文台学习实测天文学，后来相继参加了几个私人天文台的工作。1858 年担任由 B. 西沙 (Baron Sica) 创建的位于雅典的新天文台台长，直至去世。在此台从事过彗星、变星、星云、黑子和黄道光的观测，后来又研究过火山和地震现象。其中最有名的是对月面学的观测研究。尽管研究领域十分广泛，但其成果都未能发表。通过德国大使与希腊当局交涉，这些资料才被存放在波茨坦天文台。1868 年获波恩大学荣誉博士学位。 （倪祥斌）

温洛克，J. (Winlock，Joseph) 美国人，1826 年 2 月 6 日生于美国肯塔基州谢尔比，1875 年 6 月 11 日卒于马萨诸塞州坎布里奇。观测天文学、仪器研制、数学。

1845 年从谢尔比学院毕业后马上被任命为该校的数学和天文学教授。1852 年迁到马萨诸塞州坎布里奇做美国星历表和航海历的计算员。1857 年任美国海军天文台的数学教授。第 2 年升为航海历书局局长。1859 年辞去这个职务。内战爆发后，重新担任这项工作。1866 年任哈佛大学天文学教授和该校天文台台长。1871 年兼任劳伦斯理学院的大地测量学教授。在哈佛时，主要从事改进仪器，使之更精确和更有效率。与人合作改进了一架大子午环。在太阳照相方面，研制了一种地平固定式长焦距折射望远镜，其中一架安装在哈佛，用于拍摄每天的太阳照片，其余几架曾用来观测 1874 年的金星凌日。1869 年日食时拍到一组非常精细的日冕照片。还发明一种自动记录谱线位置的机械装置。 （蒋窈窕）

卡林顿，R. C. (Carrington，Richard Christopher) 英国人，1826 年 5 月 26 日生于英国伦敦，1875 年 11 月 27 日卒于萨里郡丘特。观测天文学、太阳物理学。

酒厂老板的儿子。1844 年奉父命至剑桥大学三一学院学习神学。1848 年获文学士学位。1849 年在达勒姆大学从事天文观测工作。1851 年当选为英国皇家天文学会会员。1860 年当选为英国皇家学会会员。

他希望通过对北天极 9°以内天区的系统观测而得到一个亮于 11 等星的拱极星表，以完成贝塞尔和阿格兰德尔未竟的事业。因此 1852 年 3 月辞去达勒姆大学的职务，翌年 7 月建成一个私人天文台，1854 年投入工作。天文台仪器中有一架焦距为 1.68 米的子午环以及一架焦距为 1.31 米的赤道仪。在 G. H. 西蒙兹 (George Harvey Simmonds) 的帮助下，经过 3 年的努力，于 1857 年公布了《3 735颗拱极星表》。

是研究黑子运动的先驱者。1852 年开始研究英国皇家天文学会的黑子记录。私人天文台建成后，对黑子进行系统观测和研究。不但注意黑子数目，而且研究黑子在日轮上的位置。研究表明：太阳没有固定的自转周期，它像流体那样作“较差自转”，日面纬度越大处自转越慢；黑子的平均纬度在每个黑子活动周期里有系统变化，周期开始时黑子出现在纬度 35°处，数目很少，后逐渐趋向赤道，最后到活动周结束时，黑子在纬度 8°处。1863 年出版《从 1853 年 11 月 9 日至 1861 年 3 月 24 日在雷德希尔对太阳黑子的观测》。书中定出太阳自转轴的精确位置，确立了黑子分布以及太阳自转周期随日面纬度变化的经验规律。1859 年 9 月 1 日在观测黑子时看到两个异常明亮的区域出现在一群黑子里。它们远远超过光球亮度，并在迅速运动着，5 分钟后在离出现点 5 万千米处消失。与此同时，发生了强烈的地磁扰动，18 小时以后记录到强烈而持久的磁暴，并出现美丽的极光。后来知道这是历史上第一次观测到的太阳白光耀斑。1859 年获英国皇家天文学会金质奖章。 （蒋窈窕）

多纳蒂，G. B. (Donati，Giovan Battista) 意大利人，1826 年 12 月 16 日生于意大利比萨，1873 年 9 月 20 日卒于佛罗伦萨。天体分光学。

在比萨大学学习期间曾是莫索蒂的学生。1852 年到佛罗伦萨的拉斯佩科拉天文台工作，1864 年任该台台长。同年筹划在阿切特里伽利略去世的房子附近兴建一个新天文台，1872 年建成。

最大贡献是在天体光谱的研究方面做了一些开创性的工作。1860 年 6 月到西班牙观测日食之后，致力于恒星光谱的研究，曾指出 15 颗恒星的光谱与太阳光谱不同。1864 年最早用分光镜研究了彗星的光谱，发现彗星光谱中有发射带，因而指出彗星不仅反射太阳光，而且本身也发光。还制成了由许多块棱镜构成的分光镜。 （葛京坪）

施杰勒鲁普，H. (Schjellerup，Hans Carl Frederik Christian) 1827 年 2 月 8 日生于丹麦欧登塞，1887 年 11 月 13 日卒于哥本哈根。观测天文学、天体测量学、天文学史。

早年在哥本哈根综合工业学校学习数学和力学。1851 年任哥本哈根天文台高级天文学家直到去世。1857 年使用第谷的观测资料算出 1580 年彗星轨道，在耶拿获博士学位。1861～1863 年使用一架新子午仪测定了赤纬在±15°之间的10 000颗暗星的位置。1864 年丹麦皇家科学院出版了这部星表。由于它非常完整和精确，直到 1952 年还被用来确定岁差常数。1866 年和 1874 年又编制两部星表，第二部包括 400 颗星，供恒星光谱研究使用。晚年整理天文学史料，学习阿拉伯语和汉语。1874 年将阿拉伯天文学家苏菲于公元 950 年写成的《恒星星座》译成法语出版。从中国古代文献中找到公元前 708 年、前 600 年和前 548 年三次日食记录，收入月亮表中。 （卢 央）

沃尔夫，C. J. E. (Wolf，Charles Joseph Etienne) 法国人，1827 年 11 月 9 日生于法国埃纳省拉昂附近，1918 年 7 月 4 日卒于伊勒-维莱讷省圣塞尔旺。天体物理学、科学史。

1848年进高等师范学校学习。1856年获物理学博士学位。此后被任命为蒙彼利埃大学理学院的物理学教授。1862年成为巴黎天文台的天文学家。1875年任巴黎大学索邦学院天文学教授。1892年获名誉教授称号。1883年被选入法国科学院，1898年任该院院长。

沃尔夫在天文学上最突出的贡献是于1867年与拉叶共同发现3颗光谱中有特殊发射线的恒星，后来称这种光谱特征的恒星为沃尔夫-拉叶星。1873～1875年对昴星团进行了深入研究，1877年公布了昴星团571颗恒星位置和星等的表。晚年致力于科学史研究，对古代的度量衡标准以及摆的历史进行了研究，1902年出版了《巴黎天文台的历史》一书。（宣焕灿）

特鲁夫洛，Ē. L.（Trouvelot，Ētienne Léopold） 法国人，1827年12月26日生于法国埃纳省，1895年4月22日卒于法国默东。天文学、昆虫学、美术。

19世纪60年代未曾返回法国，早年对养蚕业感兴趣，1855年试图对欧洲的舞毒娥进行家养利用。并第一次引进美国。1867年发表过有关美国蚕种的论文。1855年迁居美国马萨诸客州万特福德以绘画为生，但主要兴趣在于天文学。1872～1874年在哈佛大学天文台工作，以图示说明太阳、金星的细节描绘而见称。是波士顿自然科学史学会会员。由于法国发生蚕病，1822年他受邀返回法国直至去世。

1875年美国海军天文台邀请他去华盛顿，利用26英反射望远镜进行天文观测，这是当时世界最大的反射望远镜。同年发表一篇关于太阳黑子的论文。绘制了7000多幅天体图，其精确性受到天文学界的高度评价。1881年出版了他的一套天体图集，其中有15幅为多彩石印版制，当时的售价为125美元。保留至今的已没有完整的一整套图集。有1000多张太阳黑子图，这些天体图群收藏于哈佛大学天文台。1881年被入选美国国家工程院院士。回法国后，在观测日冕方面取得成果。1883年赴加罗林群岛观测日全食，试图用“水内行星”解释水星的近日点进动现象，没有成功。一生中发表了50多篇天文学论文，其中以探讨太阳和金星的文章最引人注目。1894年在法国科学院介绍了他最后一篇关于水星凌日的论文。因天文学上的贡献而获法国科学院瓦尔茨奖。月球上有一个环形山以他的命名。

（李士土　李啸虎）

舍恩费尔德，E.（Schönfeld，Eduard） 一译申费尔德。德国人，1828年12月22日生于德国希尔德堡豪森，1891年5月1日卒于波恩。天体测量学。

1849年进马尔堡大学攻读化学和天文学。1852年到波恩大学，翌年成了阿格兰德尔的助手，1854年在该校获博士学位。1859年任曼海姆天文台台长。1875年任波恩天文台台长和波恩大学天文学教授。同年又任德国天文学会秘书长直至去世。

一生的主要工作是制作星表，先是作为阿格兰德尔的助手，为著名的《波恩星表》（简称BD星表）做了许多工作。阿格兰德尔去世后，他开始大量观测南天的恒星，以弥补BD星表之不足。1875～1884年间，共观测了赤纬−2°至−23°范围内的133 000颗星，制作了《南天星表》（简称SD星表）于1886年刊布。还观测了星云、变星和彗星，并在1862年和1875年出版了两个有关星云的星表。（章圣泮）

罗伯茨，I.（Roberts，Isaac） 英国人，1829年1月27日生于英国北威尔士的登比附近，1904年7月17日卒于英格兰萨塞克斯郡克罗伯勒。天体物理学。

出身农民家庭。1844年受小学教育后到一家商行当学徒。因酷爱天文学，自学成为业余天文学家。

1878年购买了一架口径为7英寸（18厘米）折射望远镜进行目视观测。1883年起开始对恒星进行照相观测。不久得到一架口径为20英寸（51厘米）的反射望远镜。到1886年已拍摄到200张恒星照片，以及猎户座、仙女座大星云及昴星团的照片。1886年末对昴星团曝光长达3小时的照相，意外地发现了周围的星云状物质。1888年，在仙女座大星云曝光3小时的照片上，发现其外围部分呈现旋涡结构。1893～1899年出版了2卷本的著作《对恒星、星团和星云的照相》。1895年获英国皇家天文学会的金质奖章。（刘汝良）

普森，N. R.（Pogson，Norman Robert） 英国人，1829年3月23日生于英国诺丁汉，1891年6月23日卒于印度泰米尔邦琴南。天体光度学。

只受过中等教育。早年在诺丁汉光学-机械工场工作。1851～1859年在牛津大学雷德克利夫天文台任职。1859～1860年在哈尔土艾尔的利天文台工作。1860年赴印度，被印度政府聘为天文学家。

1857年通过对恒星星等与亮度间关系的深入研究，确立了星等相差5等的两颗恒星的亮度比为100倍。据此，不难推出两颗亮度分别为I_1和I_2的恒星，其相应星等m_1和m_2间具有关系式$m_2-m_1=-2.5\lg\frac{I_2}{I_1}$，称为普森公式。它确立了恒星星等与亮度间的定量关系，有力地推动了天体光度测量工作的发展。1852年发现了天鹅座R是一颗变星，此后又发现了18颗变星。1854年将当时已知的变星汇编成变星星表，其中列有53颗变星，于1856年出版。还发现了9颗小行星。曾获法国科学院拉朗德奖章。（宣焕灿）

托隆，L.（Thollon，Louis） 法国人，1829年5月2日生于法国安省昂布罗奈，1887年4月8日卒于尼斯。太阳物理学、仪器研制。

生平不详。49岁那年，应尼斯天文台创建人比绍夫谢姆（R. Bischoffsheim）之请，为该台设计了一台包含4个色散棱镜的高色散分光镜，从此开始科学生涯。1879年，进行了一个验证多普勒效应的经典实验，把太阳像的东、西侧交替投入分光镜狭缝，则太阳谱线有位移而地球大气谱线则保持不动。这一方法被后人用来测定太阳的自转速度。编制了一个很大的太阳光谱图，在去世后的1890年发表。光谱图范围从绿区到红区（5 100～7 600Å），包含3 448条谱线（其中2 336条是太阳的，1 112条是地球大气的）。除了谱线位置以外，还分别给出对干空气和饱和空气在太阳地平高度为10°和30°时的谱线强度，并且把它们外推到地球大气外观测时的强度值。这个图是借助分光镜收集到的最后也是最重要的太阳光谱资料，以后的资料都是用摄谱仪得到的。1885年获法国科学院的奖金。（蒋窈窕）

霍尔，A.（Hall，Asaph） 美国人，1829年10月15日生于美国康涅狄格州戈申，1907年11月22日卒于同地。观测天文学。

制钟商的儿子。早年在当地一所地区学校读书，13岁丧父后因家贫而失学，16岁开始以木工为业谋生。此后未受正规教育，仅在麦克格拉维尔中央学院和密歇根大学听过课。1856年与C. A. 斯蒂尼(Chloe Angeline Stichney)结婚。妻子曾教他数学和德文，对他的事业给予不少帮助。他们夫妇历来被科学界誉为楷模。1857年进入哈佛天文台工作，1862年任美国海军天文台助理天文学家，翌年升为该台数学教授，从此长期在该台工作。

一生最主要成就是发现了火星的2颗卫星。1877年火星大冲期间，用当时世界上最大的折射望远镜——海军天文台口径为66厘米的折射望远镜搜索火星卫星。开始好多天未有任何发现。正感到失望时，妻子鼓励坚持搜索。终于在8月11日发现了火卫二，接着又在8月17日发现火卫一。1876年发现土星上的白斑。对小行星、卫星、彗星和双星作过不少研究，且多次带队到外地观测日全食和金星凌日。

1879年获英国皇家天文学会的金质奖章。1877年和1893年先后获法国科学院的拉朗德奖金和阿喇戈奖章。还曾当选为美国国家科学院副院长和美国科学促进协会主席。（宣焕灿）

默勒，D. M. A.（Möller，Didrik Magnus Axel） 瑞典人，1830年2月16日生于瑞典舍鲁普，1896年10月26日卒于隆德。彗星天文学。

毕业于隆德大学。1855年任该校副教授，1863年任教授，先后两次出任校长。在政府支持下，从1863年起，用了近4年时间建立起隆德天文台，为天文台配置了子午环、折射望远镜等仪器。从那时起任该台台长，直到1895年辞职。

对天文学的主要贡献是对法耶(Faye)彗星的研究。德国天文学家恩克发现恩克彗星的位置较之计算值有一延迟，因此假定行星际空间存在低密度介质影响了彗星的运行速度。默勒利用法耶彗星对恩克的假设作了检验，在牛顿理论的基础上经过精心计算，发现理论值与观测值完全一致，从而否定了恩克的假设。因此1881年获得了英国皇家天文学会的金质奖章。还研究了小行星潘多拉(Pandora)的运动，并对行星和彗星作过大量观测。（谢高峰）

牛顿，H. A.（Newton，Hubert Anson） 美国人，1830年3月19日生于美国纽约州舍本，1896年8月12日卒于康涅狄格州纽黑文。观测天文学、数学。

1850年毕业于耶鲁大学。1853年起在该校教数学，1855年任教授。

1864年提出对1861年11月流星雨的研究结果：自902年以来这种流星雨已周期性地出现了13次，周期为33.25年，并算出了它的轨道。1866年狮子座流星雨的再次出现，是计算结果的有力佐证。根据1863～1866年累积和发表的大量流星统计资料，导出流星的路径、数目、在地球轨道附近的空间密度和围绕太阳旋转的速度。把已知彗星轨道的统计分布分别与康德和拉普拉斯星云说导出的两种理论分布比较，发现与后一种学说符合得较好。还指出长周期彗星的周期变短是受木星摄动引起的。

1885年任美国科学促进协会会长。还是康涅狄格州文理科学院院长、美国数学学会副会长和美国国家科学院的首批院士之一。1892年成为英国皇家学会的外籍会员。1888年美国国家科学院向他颁发了史密斯金质奖章。（倪祥斌）

布鲁恩斯，K. C.（Bruhns，Karl Christian） 德国人，1830年11月22日生于德国普伦，1881年7月25日卒于莱比锡。天体力学、天地测量学、气象学。

1851年到柏林学做锁匠，后一度以技工为生。因数学才能出众，经人推荐任柏林天文台台长恩克的计算助手。1856年在柏林大学获学士学位，1859年成为该校天文学讲师。1861年任莱比锡大学天文学编外教授，1868年升任教授。1860～1881年任莱比锡天文台台长。1877～1878年兼任莱比锡大学校长。

在恩克影响下，早年活动集中于天体力学，晚年在天体物理学领域也很活跃。在与天文学有关的学科如大地测量学和气象学领域，也颇有成就。其大部分工作同测定莱比锡天文台和柏林、维也纳、巴黎、慕尼黑等地的经度差有关。发起并组织国际性的联合气象观测，1879年发表有关气象预报的著作。还出版洪堡和恩克的传记，撰写天文学史著作和天文学通俗读物，发起并组织了德国首批天文观测队。（李啸虎）

勃列基兴，Ф. А.（Бредихин，федор Александрович；Bredikhin，Fedor Aleksandrovich） 一译布列基欣。俄国人，1831年12月8日生于俄国尼古拉耶夫，1904年5月14日卒于圣彼得堡。彗星天文学、太阳物理学。

出身贵族家庭。父亲是黑海舰队的一名军官，母亲是某海军将领的妹妹；所有叔伯都是海军官员。父母亲盼望他继承家族显赫的事业，但科学上的奥秘和发现比军人的威风和勋章更深地吸引着他。1855 年他毕业于莫斯科大学物理和数学系，留校任教，同时在莫斯科天文台兼职。懂得多种欧洲语言，爱好音乐，且有相当的文学才能。1865 年获莫斯科大学博士学位，成为天文学教授。1867～1868 年访问意大利，同塞奇、塔基尼等人一起研究分光观测技术。1873 年任莫斯科天文台台长，并在那里撰写了关于彗星的主要著作。1890 年当选为圣彼得堡科学院院士，并任普尔科沃天文台台长。1895 年因健康原因辞职，在有生之年仍坚持彗星研究。1890 年当选为俄国天文学会主会长。还是许多国家科学组织的成员。1892 年意大利帕多瓦大学授予荣誉学位。

1861 年发表第一篇论文，探讨多纳蒂彗星，从此研究彗星成了毕生的主要方向。在坚持不懈开展天文观测的基础上，发展了由开普勒和奥伯斯等人开拓的彗星形态的力学理论，并将这一理论应用于日冕射线分析。分析了 40 个彗星，提出一种测定彗尾斥力加速度值的方法，根据其不同数值和彗尾的形态，把彗尾分为 I～Ⅳ型，某些彗星带有几种不同类型尾部。进而推测不同类型彗尾可能含有不同的化学成分。这种彗尾分类法后由 C. B. 奥洛夫所发展。还特别注意太阳物理学方面的研究，提出关于在太阳黑子中和日冕射线中物质运动的理论。认为太阳黑子和光斑是太阳内部的对流运动造成的，而日冕喷发同色球湍动有关，与黑子没有直接联系。

十分重视培养本国的新生力量。在任普尔科沃天文台台长期间，大胆起用俄国天文学家，并提议让俄国的女大学毕业生有参加天文台工作的权利。一反陈规，遍访俄国所有的天文台站，同他们保持密切联系，帮助他们培训人员、提供必要的指导和必需的仪器、确定最紧迫的研究课题等。在他的领导下，普尔科沃天文台成了当时俄国天文事业的发展中心。 （李啸虎）

加约，A. J. -B.（Gaillot，Aimable Jean-Baptiste） 法国人，1834 年 4 月 27 日生于法国马恩省，1921 年 6 月 4 日卒于沙特尔。天体力学、计算数学。

1861 年到巴黎天文台计算部任职，3 年后成为天文学家，1873 年起任该部部长。1897 年任巴黎天文台副台长。1903 年因健康状况不佳退休。

整个科学生涯是在巴黎天文台计算部度过的，在他主持下经过 20 多年辛勤的编算工作，终于出版了《巴黎天文台星表》，将 1837～1887 年间所作的387 474次子午观测作了分类。是勒威耶唯一的合作者，修正了勒威耶关于木星、土星、天王星和海王星的解析理论，得到的行星位置和质量数据十分精确，一直作为国际星历表的依据。先后 4 次受到科学院奖励。1908 年成为科学院的通讯院士。 （谢高峰）

兰利，S. P.（Langley，Samuel Pierpont） 美国人，1834 年 8 月 22 日生于美国马萨诸塞州罗克斯伯里（今波士顿的一部分），1906 年 2 月 22 日卒于南卡罗来纳州艾肯。天体物理学、航空工程、仪器研制。

批发商之子。1851 年毕业于波士顿中学。1851～1864 年在芝加哥和圣路易斯等地任土木工程师。接着在哈佛天文台当了 1 年助理。1866 年任海军学校数学助理教授，并负责重建天文台。1867 年任美国阿勒格尼天文台台长和宾夕法尼亚西部大学（后来的匹兹堡大学）物理学和天文学教授。1887 年任史密松研究所秘书长。1887 年在匹兹堡研究空气动力学。1889 年移居华盛顿，翌年参与建立史密松天体物理台的工作。是美国国家科学院院士，曾任美国科学促进协会主席。英国皇家学会、爱丁堡皇家学会外籍会员，意大利科学院外籍院士，法兰西学院外籍院士。

研究工作主要在红外分光学方面。1879～1881 年研制了测辐射热计，可用来相当精确地测量天体的热辐射。用该仪器测量太阳常数，测量不同大气厚度时的辐射以研究地球大气的选择吸收，测量太阳不同部分的辐射以研究太阳大气的选择吸收。1881 年到美国惠特尼山测量，发现太阳在 1 微米波长以外还有明显的辐射，打破了太阳辐射极限是 1 微米波长的错误观念，把这种辐射测量扩展到 5 微米波长处。但因过高估计了地球大气的吸收，因此从观测推得太阳常数值为 3 卡/（厘米^2 · 分），比一般的结果要高。

还是航空科学的先驱之一。1886 年创建旋臂塔研究空气动力学，得出“飞行不一定模仿鸟翅”的结论。1896 年研制出第五架金属飞机模型，有前后两副机翼，翼展 4.27 米，由蒸汽机带动两副螺旋桨，在世界上首次实现了重于空气的不载人动力飞行，最长飞行距离 1 280 米。1898 年美国政府赞助他 5 万美元制造全尺寸军用飞机。1903 年他和助手制成全尺寸载人飞机，装 5 缸气冷式内燃发动机，翼展 14.63 米。由于当年试飞两次都失败，美国政府取消了支持。在第二次试飞遭失败后 9 天，即 1903 年 12 月 17 日，莱特兄弟试飞成功世界上第一架重于空气的载人动力飞机。 （蒋窈窕）

泽尔纳，J. K. F.（Zöllner，Johann Karl Friedrich） 德国人，1834 年 11 月 8 日生于德国柏林，1882 年 4 月 25 日卒于莱比锡。天体物理学、仪器研制。

父亲曾是制模工，后是棉布印花工并经营一家小厂。16 岁时就显示出在制造仪器及做实验方面的杰出才能。1853 年其父去世后顶替父亲经营工厂，但不久即离职重新求学。1855 年进入柏林大学学习物理学与其他科学，1859 年获博士学位。1866 年任莱比锡大学教授。

在天文学上最重要的贡献是 1859 年发明了目视偏振光度计。该光度计中，一条是由望远镜成像的星光光路，另一条是由一光度恒定的“人造假星”通过两尼可尔棱镜的比较光路。人眼在望远镜目镜端观测，然后改变两尼可尔棱镜的相对位置，按一定比率减弱“人造假星”的亮度，直到与所测天体亮度相等时为止，由此可测得天体的目视星等。这是第一架科学的目视光度计。它的问世为天体测光术的诞生准备了条件。1861年他发表了用自己的光度计测量获得的226颗亮星的第一个光度星表,为天体光度学做了开创性的工作。1869年创制了一台新类型的分光镜,用它测量谱线红移有较高的精度。H.沃格尔曾用它测出了太阳赤道上的自转速度。设计研制了水平摆,经改进后被广泛应用于地球物理的研究中。还对太阳、彗星等天体的某些理论问题以及奥伯斯佯谬颇有研究。晚年信奉唯灵论,因而没有再做出有意义的工作。(宣焕灿)

赫克,M.(Hoek,Martinus) 荷兰人,1834年12月13日生于荷兰海牙,1873年9月3日卒于乌得勒支。彗星天文学、光学。

在莱顿大学学习天文学。1856年成为莱顿天文台的观测员。1857年就任乌得勒支大学天文学教授。

毕生最重要的贡献是1865～1868年间发现具有同一轨道的所谓彗星群。共发现了分属6群的33颗彗星,并解释了存在彗星群的原因。1861～1869年研究了运动物体上的光学现象,对菲涅耳和菲佐关于这一现象的经验公式作了修正。1864年与奥德曼斯一起,证明对于给定的物质折射率不是常数。曾提出关于船用时计、罗盘和定位方法的建议。(萧耐园 葛京坪)

杨,C.A.(Young,Charles Augustus) 美国人,1834年12月15日生于美国新罕布什尔州汉诺威,1908年1月3日卒于同地。太阳物理学。

教授的儿子。14岁在达特茅斯学院受高等教育。18岁大学毕业后在马萨诸塞州安多弗的菲利普斯高等学校教古典学。1857年开始在俄亥俄州哈得孙的西保留地学院任数学和物理教授。1866年到达特茅斯学院任教授。1877年到新泽西学院(现称普林斯顿大学)任职,直到1905年退休。是美国和国外多个天文和科学学会的领导成员之一。

1869年在《富兰克林学会杂志》上发表了一系列"分光学杂记",有9篇文章涉及到太阳色球和黑子光谱、仪器制造和使用及日珥观测等。1871～1872年完成了太阳亮谱线表。1876年利用多普勒原理测量太阳自转速度。虽然沃格尔于1871年进行过相同的测量,但他的结果更精确。

曾多次参加日食观测。1869年8月7日观测日食时,发现用一个分光镜观测初亏的方法。后来把这个方法用于1874年金星凌日的观测。1870年12月22日在西班牙赫雷斯观测日食时发现一个重要现象:"在食既以前,我仔细校准光缝来和日轮上将要食既之点相切。……峨眉形的太阳愈来愈狭窄,我看见视场里所有的暗线在消逝。可是当月轮将整个光球掩盖的时候,忽然间整个视场里充满了明亮的谱线。这样一下闪出光明,然后逐渐消逝,两秒钟以后,什么都没有了……"这就是现在所称的闪光谱,是由太阳反变层产生的。

写过许多有名的天文教科书,如《普通天文学》(1888年)、《天文学基础》(1890年)、《天文学教程》(1891年)和《天文学指南》(1902年)等,其中《天文学教程》销量达6万册之多。得到许多荣誉学位和奖励。(蒋窈窕)

纽康,S.(Newcomb,Simon) 一译纽科姆。美国人,1835年3月12日生于加拿大新斯科舍省华莱士,1909年7月11日卒于美国华盛顿。历书天文学、天文常数系统。

祖籍在美国的新英格兰,出身乡村教师家庭。在加拿大读完小学和中学,16岁时当江湖医生学徒,发现此人为庸医,两年后不辞而别,到美国找到父亲同往马里兰州。先任乡村教员,并自学高等数学。1856年到华盛顿,在史密松研究所图书馆馆员亨利(J. Henry)的帮助下,借阅拉普拉斯的《天体力学》英译本,逐渐迷上了天文学。1857年初,由亨利推荐到美国航海历书局任天文计算员,同时又在哈佛大学劳伦斯理学院的著名数学家B·皮尔斯指导下学习高等数学,翌年获学士学位。1861年,应邀到美国海军天文台任教授。两度担任美国天文学和天体物理学会会长,曾任美国数学学会会长、美国心理研究协会主席、美国科学促进协会主席。还是美国国家科学院院士。是法兰西学院8个外籍院士之一、英国皇家学会外籍会员、俄国圣彼得堡科学院外籍院士。

历书天文学的主要奠基者之一。从1863年起对天文台的赤经、赤纬观测方案进行了重大改革,大大提高了海军天文台的观测质量和国际地位。1877年任美国航海历书局负责人,对天文历书编算工作进行改革。提出两项宏伟计划:一是全面分析世界上最优秀的13个天文台自1750年以来的观测资料;二是全面重建日、月和大行星的运动表,提高历书编算精度。两项任务在1895年完成,为历书天文学的建成奠定了基础,并使原来落后的美国天文年历到19世纪末成为世界上最出色的历书,美国航海历书局自然地成为国际历书天文学的研究中心。

为了提高历书精度,作了很多天文常数的测定工作,提出建立天文常数系统的观点。1896年巴黎的国际历书会议上决定,1901年起各国历书采用他定出的一批天文常数。后来加上别人定出的几个天文常数组成一个系统,称为"纽康天文常数系统"。他是天文常数系统的创建者。他准确定出水星近日点的反常进动为43″.11/百年,但错误地认为这是牛顿万有引力定律有问题而引起的。1915年爱因斯坦的广义相对论诞生后这一问题才得到圆满的解决。改进了传统的摄动理论,提出的一种微分算子后被称为"纽康算子"。在天文学中,对月球运动、纬度变化、卫星运动、亮星星表、仪器制造、黄道光、恒星分布和运动以及太阳辐射等方面都有所贡献。在其他学科,特别是数学、心理学、经济学中也有贡献。共完成300多篇论文和报告,还有很多著作。

1890 年获英国皇家学会金质奖章，1898 年获俄国舒伯特奖金和太平洋天文学会首次颁发的布鲁斯奖金。

在 62 岁生日时自动要求退休当顾问。美国航海历书局属海军部，退休后由原海军上校晋升为退役海军少将。去世后安葬在阿灵顿国家公墓，当时的塔夫特(W. H. Taft)总统参加了葬礼。（易照华）

斯基亚帕雷利，G. V. (Schiaparelli，Giovanni Virginio) 意大利人，1835 年 3 月 14 日生于意大利库内奥省萨维利亚诺，1910 年 7 月 4 日卒于米兰。观测天文学、彗星天文学、天文学史。

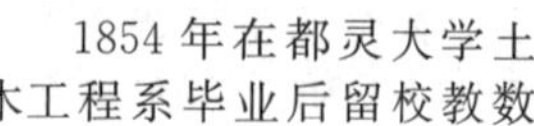

1854 年在都灵大学土木工程系毕业后留校教数学，并研究近代语言和天文学。1857 年赴柏林天文台和普尔科沃天文台进修。1860 年回国，在米兰任布雷拉天文台天文学家，1862 年任台长。1900 年退休，在米兰安度余生。1889 年当选为意大利王国参议员。还是意大利和许多国家科学组织的成员。

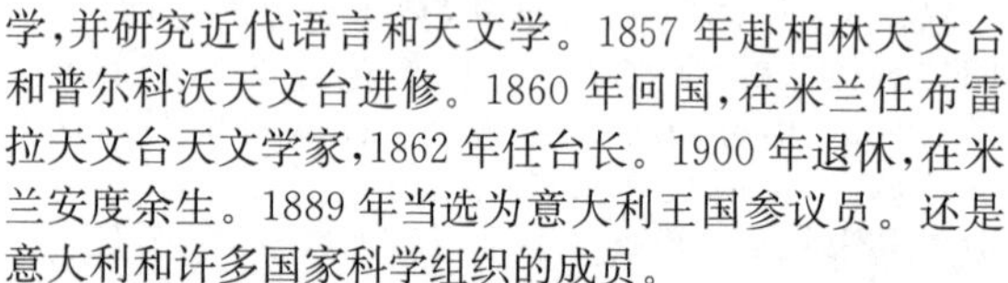

在布雷拉天文台用简陋仪器观测时，发现了第 69 号小行星夕神星(Hesperia)。1860 年开始观测、研究彗星，认为彗尾背离太阳是因太阳产生排斥作用所致，在这种斥力和重力作用下使彗尾成抛物线状，并根据此理论进行彗尾分类。进而研究了流星群的起源。1866 年详细观测了英仙流星群后，明确提出流星雨是彗星分裂的产物。在观测 1872 年 11 月 27 日流星雨后，进而探讨彗星分裂的可能机制，认为太阳和行星施加的瓦解力使由微粒构成的彗星崩解。该理论不久便得到塞奇等人观测和计算的证实。

1877 年用口径 22 厘米的折射望远镜观测处于大冲时的火星，绘制了火星表面图，第一次引进“海”和“陆地”的名称，但并不断言同地球上的海和陆地的含义一样。对火星进行了长达 10 多年的系统观测，详尽记录观测到的从火星上的“水道”到火星自转轴倾角、视直径等的变化。注意到有时某些“水道”看来被分割为二，有时数目大大增加，认为这种现象同火星太阳年有关。他所用的“水道”(意大利文是 Canali)，1859 年塞奇观测火星时最早使用了这个词，是指天然的水流。但后来错译为英语中的 Canal，意思是人工开凿的“运河”，于是便引起了所谓“火星人”的种种猜测。除火星外，还对水星、金星进行了研究。花了 8 年时间观测水星上的少数暗斑。认为水星总以同一侧对着太阳，正如月球对地球一样。1877～1878 年发现金星表面上有昙花一现的卵形壳斑，推测是金星大气变化所致。从对金星表面十分确定的斑点进行观测的结果，得到的金星自转周期为 224.7 天(相当接近于现代用雷达测得的 243 天)。

在天文学史研究中也有引人注目的贡献。同别人合作翻译了阿拉伯著名天文学家巴塔尼的巨著，对其中的几章还作了许多注释。为了编写关于古代天文学史的大部著作，阅读了希伯来、亚述、古希腊和古罗马等各种语言的大量原著，出版了数部专著。去世后，学生 L·加巴(Luigi Gabba)在 1925～1927 年间整理出版了他的 3 卷天文学史遗稿，具有很高的学术价值。曾获得意大利、英国和德国政府授予的金质奖章，两次获法国的拉朗德奖金。1902 年获太平洋天文学会布鲁斯奖章。（李啸虎）

罗素，H. C. (Russell，Henry Chamberlaine) 澳大利亚人，1836 年 3 月 17 日生于澳大利亚新南威尔士，1907 年 2 月 22 日卒于悉尼。观测天文学、气象学。

1858 年获悉尼大学文学士学位。1870 年成为政府任命的天文学家。1886 年当选为英国皇家学会会员。1891 年任悉尼大学副校长，1905 年退休。

主要研究各种星云，是拍到南船座 η 星云照片的第一人(1890 年)。认为某些星云具有旋涡结构，但没有作出确认。1874 年组建了 4 个考察队观测 12 月 9 日的金星凌日。作为悉尼天文台的代表，出席了 1887 年 4 月在巴黎召开的国际天体照相会议，承担编制全天照相星表的协作任务，负责南纬54°～62°间的天区。他还在澳大利亚建立了数以百计的气象观测站，建立起气象观测站网，每日发布天气预报。1879 年主持召开了第一届国际气象会议。（倪祥斌）

洛基尔，J. N. (Lockyer，Joseph Norman) 一译洛克耶。英国人，1836 年 5 月 17 日生于英国拉格比，1920 年 8 月 16 日卒于索尔科姆雷吉斯。天体物理学、考古天文学、科学传播。

1857 年在英国陆军部当一名文官，业余研究天文学。此后曾在德文郡公爵的科学指导委员会中担任过短期秘书工作，然后在科学和技术部任职，任职期间的最高职位是担任设在南肯辛顿的太阳物理台台长。1911 年离开该台，自己筹建了一个天文台，设在德文郡索尔科姆雷吉斯的自家附近。该台开始称希尔天文台，在他去世后改称诺曼·洛基尔天文台，现附属于埃克塞特大学。1903 年当选为英国科学促进协会主席。

一生贡献甚多。在太阳物理和天体分光学方面，开创了日珥观测新方法，发现了氦元素，提出了原子的“分离假设”。在恒星演化方面提出了“陨星假设”。还是考古天文学的开创者和著名的《自然》杂志的创办人。

1868 年在其 6.25 英寸(约 16 厘米)口径的折射望远镜上安装较大色散的分光镜观测太阳。发现可用日珥发出的明线进行观测而绘出日珥轮廓，这样通常因大气散射而无法看到的日珥就能被观测到，从而开创了不在日全食条件下对日珥的观测。把这一发现报告给法国科学院。凑巧也在同一天，法国科学院收到了当时在印度的法国天文学家让桑的阐明同一发现的报告。为此,法国政府专门制作了一枚铸有这两位天文学家头像的金质纪念章。紧接着又在日珥光谱中发现了一条黄色谱线,不能与实验室中任何元素的谱线相对应。认为这谱线是太阳中一种特有的元素发出的,并命名为“氦”。这一元素直到1895年才被W.雷姆塞在地球上找到。1878年提出“分离假设”。假定在高温等激发因素的影响下,原子分裂成亚原子。这些亚原子具有自己的特殊光谱。这一假设是后来原子电离理论的先声。1887年提出了“陨星假设”,认为恒星由无数像陨石一样的碎块构成的陨星云收缩形成。在收缩过程中,恒星先从庞大而低密度的红星变成了温度较高的蓝星,后来又冷却为体积小、密度高的红星,直到最后熄灭。这个假设并不正确,但它是探讨恒星演化途径的最早的尝试。同时认为恒星既有温度之别又有密度之别的设想,给后来H.N.罗素提出赫罗图以重要的启发。

20世纪初还对英国索尔兹伯里以北的巨石阵进行了研究,认为它的取向与太阳在不同季节出没的方位有关,并作了许多具体讨论。该研究引起了许多天文学家和考古学家的兴趣。后来逐步形成了一门用考古学的手段和天文学的方法来研究史前遗迹以探索史前时代天文学状况的新学科——考古天文学。

把科学视为人类文明的基石,利用各种机会宣传科学对人类文明进步的作用。1869年创办了科学杂志《自然》,努力传播科学知识,并亲自参加编辑该杂志达50年之久,该杂志现已成为举世公认的第一流综合性科学期刊。（宣焕灿　章圣泮）

霍夫,G.W.(Hough,George Washington)　美国人,1836年10月24日生于美国纽约州,1909年1月1日卒于伊利诺伊州埃文斯顿。观测天文学、气象学、仪器研制。

1856年在位于斯克内克塔迪的联邦学院获硕士学位。1860年到奥尔巴尼的达德利天文台工作,1862年升任台长。1874年离职经商。1879年重返天文界任芝加哥的迪尔伯恩天文台台长。后该台迁至埃文斯顿市的西北大学校园中,继续任台长并任西北大学天文学教授。1903年成为英国皇家天文学会会员。

在天文学上的主要成就是发现了627对双星。设计和制造过不少气象学方面的仪器,如自记水银气压计、风速记录仪等。这些仪器曾在不同场合多次获奖。1869年,带队去伊利诺伊州观测8月7日的日全食,首次测得了“贝里珠”现象全过程的持续时间。还勤勉地对木星进行了约30年的观测,曾对木星上的大红斑提出过一种理论解释。（葛京坪）

德雷珀,H.(Draper,Henry)　一译亨利·德雷珀。美国人,1837年3月7日生于美国弗吉尼亚州爱德华王子县,1882年11月20日卒于纽约。天体物理学。

著名化学家J.W.德雷珀的儿子。1852年到父亲任化学教授的纽约市立大学读书。1854年进入该校医学院,1858年毕业,并到贝尔维尤医院任职。1860年任纽约市立大学自然科学教授,继而任生理学教授和分析化学教授。1967年与安娜·帕尔默(Anna Mary Palmer)结婚。1877年当选为美国国家科学院院士。1882年获母校和威斯康星大学的荣誉法学博士学位。

是天体照相以及天体光谱照相方面的先驱者之一。1861年制成了第一架反射望远镜,并在纽约州哈得孙河畔黑斯廷斯建起了一座私人天文台。1863年拍摄了1 500张月面照片。1867～1872年拍得了优质的太阳光谱。1872年8月用珂珞酊湿片首次获得了有氢吸收线的织女星光谱。1880年用刚问世的明胶干板拍得了第一张猎户座星云的照片。以前的天体分光工作主要使用分光镜或物端棱镜,而他却在19世纪70年代末发明了有缝摄谱仪,并用它拍得了亮恒星、木星、彗星、猎户星座等天体的80多张高质量光谱照片。

在天文观测中,夫人安娜是个好助手。他因病突然去世后,为了完成丈夫的未竟事业,在哈佛大学成立了亨利·德雷珀纪念馆,并慷慨地拿出大笔捐款,为哈佛大学天文台的大规模恒星光谱巡天计划提供了财源。由于这一计划的实现,哈佛大学天文台于1918～1924年间发表了《亨利·德雷珀星表》(简称HD星表),该星表对225 300颗恒星进行了光谱分类,这就是举世闻名的哈佛光谱分类。（宣焕灿）

普罗克特,R.A.(Proctor,Richard Anthony)　英国人,1837年3月23日生于英国伦敦,1888年9月12日卒于美国纽约。观测天文学。

13岁丧父,家境贫寒。1856年入剑桥大学圣约翰学院学习神学和数学。1863年长子去世,为转移悲伤情绪而研究天文学。1865年发表第一篇论文“双星的颜色”,同年自费出版第一部著作《土星和土星系》。1866年他投资的银行倒闭,遂靠写作为生,并在一家私人军校教数学。1881年移居美国,7年后染黄热病去世。

一共发表过60部著作,并为英国的《皇家天文学会月报》写过83篇文章。其中最畅销的两本书是《用望远镜观测半小时》(1868年)和《天文学的神话和奇迹》(1877年)。绘制出当时最好的金星和火星表面图。利用1874年12月8日金星凌日,精确测算出1天文单位的长度。精确测出火星自转周期(24时37分22.735秒);绘制出1 600颗恒星的自行及其方向,并发现他称其为“恒星漂移”的现象——即大群恒星在空间具有同样的自行向量。还发现除气体星云外在银河平面里没有星云分布。（李文华）

斯蒂芬,É.J.M.(Stephan,Édouard Jean Marie)　法国人,1837年8月31日生于法国德塞夫勒省圣伯扎纳,1923年12月31日卒于马赛。天体物理学。

1862年毕业于高等师范学校,后到巴黎天文台工作。1865年获博士学位。1866年受命去巴黎天文台马赛分台指导扩建工作。1873 年该台独立出来后任台长。1879 年当选为法国科学院通讯院士，并任马赛大学天文学教授。1907 年退休。

在马赛天文台致力于搜寻星云测定其位置。发现的星云近 350 个之多，其中包括被称为“斯蒂芬五重奏”的多重星云(其实质为多重星系)。后来查明，它由 5 个星系组成，其中一个的视向速度同其他 4 个相差悬殊，是现代研究星系团的不稳定性和特异红移问题的典型对象之一。1868 年采用费佐的建议，首次试图用干涉法研究恒星直径。1873 年又在 80 厘米反射望远镜上用干涉法观测主要的亮星，得出恒星角直径小于 0″.16 这一结论。该实验 1920 年由迈克耳孙和皮斯所重复，得到由他测得的上限值。还参加了非洲和欧洲的大地测量，特别是在 1874～1876 年间，同别人合作测量了阿尔及尔、马赛和巴黎的经度差。 (李啸虎)

哈克尼斯，W.(Harkness，William) 美国人，1837 年 12 月 17 日生于英国苏格兰埃克尔费亨，1903 年 2 月 28 日卒于美国新泽西州泽西城。天体物理学。

基督教牧师兼医生的儿子。2 岁时随父母移居美国。1856 年毕业于罗切斯特大学。后当了新闻记者，然后回到母校，1861 年获文科硕士学位。继而又攻读医学，1862 年毕业于纽约霍米奥帕西医学院。同年进入美国海军天文台。翌年任命为美国海军数学教授团成员。1893 年任美国科学促进协会主席。

1869 年一次日全食时发现日冕光谱中一条奇异的绿色明线。翌年经 C. A. 杨测定，发现它无法与地球上已知元素的谱线相对应，遂认为是日冕中一种特殊元素“氪”所产生的，并称之为氪线。直到 1941 年，瑞典的 B. 埃德伦(Bengt Edlen)才弄清它实际上是铁原子高度电离状态下发出的禁线。1874 年带队到外地观测了金星凌日，并在观测期间成功地设计了一些取得金星凌日照相记录的方法和仪器。1882 年金星凌日后，负责归算观测资料，并于 1891 年发表了太阳视差及其有关常数。1879 年发表了消色差望远镜的焦点曲线理论。

(宣焕灿)

希尔，G. W.(Hill，George William) 美国人，1838 年 3 月 3 日生于美国纽约，1914 年 4 月 16 日卒于纽约州西奈亚克。天体力学、数学。

1859 年在拉特格斯学院获文学士学位，后去马萨诸塞州剑桥进修数学。1861 年参加美国星历表和航海历的编算工作。1874 年被选为美国国家科学院院士。1894～1896 年任美国数学会会长。还被选为科学院和比利时科学院外籍院士。1887 年获英国皇家天文学会金质奖章。晚年隐居于西奈亚克，将研究成果和巨大的科学图书馆馈赠给哥伦比亚大学。终身未娶。

1861 年发表的论文“关于地球的构造”获奖，被誉为 19 世纪下半叶中动力天文学发展的先驱。1877 年发表了一篇有关月球近地点运动的著名论文，导出了一个现被称为希尔方程的带周期系数的二阶线性微分方程，可归结为求解无限个线性代数方程。借助展开无穷行列式的方法，证明了二阶微分方程有周期解，从而断定月球近地点的运动是周期运动。1878 年发表论文“月球理论的研究”，创立了带周期系数的线性齐次微分方程的数学理论。1882 年起还对木星、土星的运动理论进行了深入研究。在三体问题方面所取得的成果，为 19 世纪天体力学的发展作出了重要贡献。1909 年获太平洋天文学会布鲁斯奖章，同年获英国皇家学会科普利奖章。 (沈 铁)

塔基尼，P.(Tacchini，Pietro) 意大利人，1838 年 3 月 21 日生于意大利摩德纳，1905 年 3 月 24 日卒于摩德纳省斯皮兰贝托。观测天文学、气象学。

在出生地得到工程学位以后，到帕多瓦天文台研究天文学。1859 年任摩德纳天文台副台长。1863 年任巴勒莫天文台助理天文学家。1871 年与塞奇等人共同创建意大利光谱学家协会，以协调和促进意大利各个天文台太阳观测和太阳物理研究工作。1879 年接替塞奇任罗马学院天文台台长和中央气象局局长。是英国皇家天文学会和英国皇家学会外籍会员。

1874 年在孟加拉观测了金星凌日，参加过世界各地的 7 次日全食观测，主要观测日冕和日珥。1883 年在大洋洲加罗林群岛观测日全食，注意到白光日珥和红色的氢日珥很不相同。后来用照相方法观测表明，白光日珥比氢日珥延伸得更远，是由钙元素产生的。和里科(Riccò)倡议在海拔 2941 米高的埃特纳火山上建立天文台，并支持与卡塔尼亚天文台共同推进全天星图和照相星表的国际计划。曾荣获朗福德金质奖章和让桑奖金。 (蒋窈窕)

奥韦尔斯，A. von(Auwers，Arthur Julius Georg Friedrich von) 德国人，1838 年 9 月 12 日生于德国格丁根，1915 年 1 月 24 日卒于利希特费尔德。天体测量学。

曾就读于格丁根大学。早年在柯尼斯堡(今俄罗斯加里宁格勒)大学天文台当助手。1862 年到哥达天文台工作。1866 年任命为柏林科学院的天文学家，在这里工作了 50 年。1878 年任柏林科学院秘书长。1881～1889 年任德国天文学会会长。

毕生从事方位天文研究。1865～1883 年，整理并出版了布拉得雷 1882～1903 年在格林尼治天文台的观测成果，共 3 卷。他是推动德国天文学会分区观测计划的主要创始人之一，并负责观测该计划中柏林 A 区的恒星。为改进基本星表的系统作了巨大努力，因而产生了《新基本星表》，成为近代恒星精密定位的基础。创始和支持《恒星的历史资料》的编纂。列出了 1743～1900 年所有恒星的子午观测。曾组织德国远征队在埃及卢克索(1874 年)和智利蓬塔阿雷纳斯(1882 年)的金星凌日观测，以及1889年对小行星维多利亚号大冲的观测，由此测定了太阳的视差。1899年获太平洋天文学会布鲁斯奖章。曾获德国大臣级勋章。（萧耐园）

伯纳姆，S. W.（Burnham, Sherburne Wesley） 美国人，1838年12月12日生于美国佛蒙特州，1921年3月11日卒于芝加哥。观测天文学。

早年在塞特福德学院攻读法律。毕业后成为芝加哥法院的诉讼发布人。又是一位自学成才的业余天文学家。因在天文学方面的成就，1874年被英国皇家天文学会接收为会员。耶鲁大学于1878年授予文科硕士学位。西北大学于1915年授予荣誉理学博士学位。1897～1914年任叶凯士天文台实测天文学教授，在该台每周有两个晚上由他使用40英寸（约1米）折射望远镜从事天文观测。主要科研成果是发现了许多对目视双星，测出了它们的间距和位置角，并把有关北半天球星对的全部资料汇编成册。1900年发表了从1871～1899年发现的1 290对双星的总表。由他汇编成书的离北极121°以内天区的双星总表，首次对该天区13 665对已知双星作了审核和概括，该星表于1906年出版。1894年获英国皇家天文学会金质奖章。1904年获法国科学院颁发的奖金。（倪祥斌）

蒂勒，T. N.（Thiele, Thorvald Nicolai） 丹麦人，1838年12月24日生于丹麦哥本哈根，1910年9月26日卒于同地。天体力学、数学。

丹麦有名的民俗学家和艺术史学家的儿子。早年在哥本哈根大学读书，1866年获博士学位，并留校任教。1875～1906年任该校天文学教授和天文台台长。学位论文论述了对目视双星室女座γ的轨道测定，提出一种确定轨道的新方法，即现在所谓的蒂勒-莫纳斯方法。还对双星观测资料中的系统误差作了研究。是求解三体问题的数值研究先驱者，提出了“蒂勒变换”。出版的著作有《观测理论》（1903年）和《内插法》（1909年）等。（倪祥斌）

杜奈尔，N. C.（Dunér, Nils Christofer） 瑞典人，1839年5月21日生于瑞典比勒贝里亚，1914年11月10日卒于斯德哥尔摩。天体分光学。

在隆德大学学习天文学，1862年获博士学位。1864～1888年在隆德天文台任天文学家。1888年任乌普萨拉大学天文学教授和天文台台长，1909年退休。

曾与德国天文学家沃格尔合作，于1883年刊布了一册4 051颗星的光谱分类表。该表是根据后者在1874年提出的光谱分类法进行分类的。1884年他又刊布了一个包括352颗具有带状光谱的恒星表。对太阳自转进行了分光测定，在前人工作的基础上进一步证明太阳从赤道直至纬度±75°，其自转角速度始终在减小。还进行了目视双星的测量；发现了百余颗红星，并研究了它们的光谱；求得了食双星天鹅座Y的轨道解；领导乌普萨拉天文台参与1900～1901年对爱神星进行全球联测以确定太阳视差的工作。（葛京坪）

拉叶，G.（Rayet, Georges Antoine Pons） 法国人，1839年12月12日生于法国波尔多，1906年6月14日卒于弗卢瓦拉克。天体物理学、天文学史。

父亲因拥护波旁王朝被撤去官职后在波尔多酒厂工作。拉叶于1859年进高等师范学校，3年后取得中学物理教师资格。在奥尔良公立中学任教1年后，被巴黎天文台聘为物理学家。曾任马赛大学理学院的物理讲师。1876年在波尔多大学任天文学教授。1878年兼任弗卢瓦拉克天文台台长，直至去世。1892年当选为法国科学院通讯院士。

1866年5月4日出现一颗新星。他与C.沃尔夫合作，在5月20日对它进行了光谱观测，在其光谱的连续背景上观测到有宽的辉明光带，宽度有几百纳米，而带内强度大大超出连续光谱强度。这是以前从未观测到的一种现象。这些亮带是新星爆发后演化阶段的特征，后人称这个阶段为沃尔夫-拉叶阶段。称这种星为沃尔夫-拉叶星。1867年，他们在天鹅座发现了3颗“沃尔夫-拉叶星”。这种星很稀少，至今在银河系中还只发现100多颗。

1868年到亚洲马来半岛观测日食，获得了日珥的很有价值的资料。此后集中研究太阳大气和日珥的分光观测，并因此于1871年完成博士论文。同年法国拟建立几个新天文台，他负责组织调查世界主要天文台的历史和装备。为此曾与人合作写出3部著作。对科学史很感兴趣，1875年写了关于希腊日晷的权威性论著，1887年写出了天文照相史。1905年8月抱病参加西班牙日食观测，翌年因严重肺病去世。（蒋窈窕）

沃格尔，H. C.（Vogel, Hermann Carl） 德国人，1841年4月3日生于德国莱比锡，1907年8月13日卒于波茨坦。天体物理学、仪器研制。

1863年在莱比锡大学学习自然科学，1867年毕业后任该大学天文台助理。1870年任冯·布洛（F. G. von Bülow）私立天文台台长。1879年任职于波茨坦天体物理台，1862年任该台台长。早期研究水星、金星、火星、木星、天王星等行星和太阳的光谱。关于行星光谱的工作得到丹麦皇家文理科学院的奖金，因而名声大振。1871年，测定了日轮东西两边谱线的多普勒位移，用分光方法对太阳自转进行了系统的研究。1876年，通过研究天鹅座新星，首次证实新星光谱在衰落相时有变化。1879年完成太阳光谱表的测量工作。1874年提出一种比塞奇方法更细致的光谱分类法。通过测量恒星光谱线的多普勒位移来确定恒星视向速度，编制成表，从此结束了关于多普勒理论在天文学研究中价值问题的争论。研究了大陵五和角宿一谱线的周期位移，证实它们是食双星。从分光测量中和J.沙伊纳推导出食双星中主星的轨道速度、双星系统的大小和总质量、主星和子星的直径及它们彼此间的距离。1893 年获美国国家科学院德雷珀奖章和英国皇农业用地天文学会金质奖章。1906 年获太平洋天文学会布鲁斯奖章。

（蒋窈窕）

康芒，A. A.（Common，Andrew Ainslie） 英国人，1841 年 8 月 7 日生于英国泰恩河畔的纽卡斯尔，1903 年 6 月 2 日卒于伦敦。*观测天文学、天文光学。*

以环境卫生工程师为职业，但业余做了很多天文工作。1885～1887 年任该学会主席。1885 年选为英国皇家学会会员。在天体照相和大望远镜的设计制造方面进行了开创性的工作。创制了一种能克服时钟驱动误差的照相装置，因而第一个成功地实现了对天体的长时间跟踪照相。1883 年拍到第一张满意的木星和土星照片，继而又拍到高质量的猎户星云照片。1876 年制成了一架 91 厘米口径的镀银玻璃面反射望远镜。这以后制造了更多的从 76 厘米到 1.52 米口径的抛物面反射镜，其中最大的是专用于天体照相的 1.52 反射望远镜。一架高质量的 91 厘米反射望远镜出售后被安装在利克天文台，J. E. 基勒在 1898～1900 年间用它成功地拍摄了大量星云照片。1884 年获英国皇家天文学会金质奖章。

（张可可）

奥波尔策，T. R. von（Oppolzer，Theodor Ritter von） 奥地利人，1841 年 10 月 26 日生于波希米亚（现属捷克）布拉格，1886 年 12 月 26 日卒于奥地利维也纳。*历书天文学、大地测量学。*

医学教授之子。1851～1859 年在维也纳大学学习医学。1865 年获医学博士学位。在该校还学习了天文学，并在维也纳郊区建了一座私人天文台。1866 年任维也纳大学天文学讲师。1875 年任该校天文学和大地测量学教授。1873 年任奥地利大地测量局局长。1886 年任国际大地测量协会副主席。

依据观测资料确定和改进小行星和彗星的轨道要素并进而编制它们的星历表，推导出根据行星和彗星位置相对于计算值的偏离来确定轨道要素改正值的新公式。1870～1880 年出版了 2 卷本的《彗星和行星轨道测定手册》，列出了当时为确定彗星和行星轨道的大量资料。发现使用汉森表计算日月食费时过多，遂设计出一套新的方法和计算用表，计算出自公元前 1207 年到 2163 年间几乎所有日月食的有关数据，并将它们刊于 1887 年出版的《日月食典》（简称《食典》）之中。该书现已成为天文学名著之一。在大地测量方面，改进了时间信号记录技术及用可逆摆测量引力的方法，并测定了许多地方的经度。

（卢　央）

比克顿，A. W.（Bickerton，Alexander William） 英国和新西兰双重国籍，1842 年 1 月 7 日生于英国英格兰汉普郡奥尔顿，1929 年 1 月 22 日卒于伦敦。*天体演化学、物理学、科学传播。*

父亲是建筑业一位职员。比克顿在幼年时双亲皆亡，成为孤儿。后在布里奇沃特市亲戚开办的工程事务所当助理。1867 年进伦敦大学学习。1870 年在南安普敦的哈特利学院任职，后在温切斯特学院任自然科学讲师，1874 年任教于新西兰的坎特伯雷学院，1903 年任物理与化学教授。兼任新西兰政府部门的分析咨询专家。经常向公众举办科普讲座。1879 年出任坎特伯雷的哲学学会会长。1920 年从坎特伯雷学院退休，回英国伦敦直至去世。

是太阳系起源的灾变说的早期代表人物之一。18 世纪 40 年代末起，法国生物学家布丰出版了 36 卷本《自然史》巨著，书中提出了第一个灾变说，认为行星和地球是由一颗巨大的彗星撞击太阳的溅出物演变而成的。此后，比克顿便提出了太阳系起源的第二个灾变说。1878 年，他提出曾有两颗恒星相撞，产生了类似于新星那样的爆发，抛出的物质后来形成了行星和地球。1881 年，他又对上述学说进行修改，认为曾经有一颗恒星接近了太阳，潮汐作用使太阳和恒星都变了形，结果拉出了一个卵形的长条物，当恒星离开太阳后，这个被拉出的长条物绕太阳转动，后来分裂和演变为绕太阳转动的行星。在比克顿之后直至 20 世纪中叶，又有 10 多个探讨太阳起源的灾变说问世。目前科学界主流思想认为，灾变说由于过分强调太阳的行星系统起源于某种意外事件，无法说明太阳系的一些整体特征，现被星云说所取代，但在太阳系起源学说的发展史上曾起过重要作用。

1898 年出版《地球传奇》，其中谈到人类文化的衰落，引起了媒体的激烈争论。1901 年后出版《天空传奇》一书。他还发表过多篇论文探讨电和热之间的关系、温度计、光谱和教育问题。

（林德宏　宣焕灿）

孔柯利·泰吉，M. von（Konkoly Thege，Miklós von） 匈牙利人，1842 年 1 月 20 日生于匈牙利布达佩斯，1916 年 2 月 17 日卒于同地。*天体物理学。*

早年学习法律，并听取布达佩斯的科学讲座。1862 年在柏林大学获博士学位。1869 年在自己的庄园里建起一座小天文台，最大的仪器是一架 10 英寸（约 25 厘米）的折射望远镜。1890 年开始主持匈牙利气象服务部门的工作。1898 年把自己的天文台连同必要的资金赠给了匈牙利政府，这些仪器成了布达佩斯新天文台的基础。一生中访问过欧洲大多数天文台和仪器工场，与许多著名天文学家保持通讯联系。主要研究天体照相术和分光学的新方法，对仪器设备和照相材料提出过很多改进意见。

（谢高峰）

弗拉马利翁，C.（Flammarion，Camille） 法国人，1842 年 2 月 26 日生于法国蒙蒂尼勒鲁瓦，1925 年 6 月 3 日卒于巴黎附近的瑞维西镇。*天文教育、科学传播。*

出身农民家庭。童年起就对天文学深感兴趣，11 岁就开始天文观测和气象观测。1856 年全家迁居巴黎后，当了一名雕刻徒工，夜晚到一所夜校学习英语、代数和几何。1858 年，一位医生在给他看病时发现并阅读了他的一篇长达 500 页的天文学手稿，便推荐给了当时的巴黎天文台台长勒威耶，几天以后被录用为巴黎天文台实习员。1861年通过国家考试，获得文学士和理学士学位。

1861年出版了第一本书《众多的可居住世界》，还为报刊写了许多科普文章，从此声望日增，成为19世纪末20世纪初重要的科普作家。从1866年起在巴黎举办天文讲座，座无虚席。后来法国各大城市乃至布鲁塞尔、日内瓦、罗马等地竞相邀请。使听众入迷的魔力可与英国小说家狄更斯相比。1880年出版了著名的《大众天文学》。为这本书立下的座右铭是“科学的知识应该大众化，而不应该庸俗化”。以文学的笔墨、生动的语言以及大量美丽的插图，把奇妙的宇宙揭示在读者面前。该书先后被译成中、英、德、西、意、俄等十几种文字，再版二十多次，对各国天文事业的发展产生了巨大影响。许多人因读了这本书而热爱天文学，成长为杰出的天文学家，法国的李奥就是其中之一。因此受到法国科学院的奖励。

科学论著涉及火山学、大气静电和气候学，特别是对火星的研究。早在1876年就注意到火星表面暗斑的季节性变化。对大气现象极感兴趣，为研究大气现象乘坐气球飞行多次。1883年在瑞维西修建一座天文台，对火星作了大量观测。1887年创建了法国天文学会，并任第一任会长。这个学会首次向公众提供较大的望远镜，以满足业余爱好者们对天文学的兴趣。科学普及的楷模，又是科学家的摇篮，源源不断地培养出20世纪杰出的天文学家。

具有丰富的想像力和非凡的智力。对灵学感兴趣，但是勇于揭露充斥于这个领域的种种谎言和骗术。主持研究了心理现象，做了心理实验，并将大多数结果汇编成书。还发表过几本以科学为背景的小说。

（谢高峰）

安德烈，C.L.F.（André，Charles Louis François） 法国人，1842年3月18日生于法国埃纳省绍尼，1912年6月6日卒于罗讷省圣热尼拉瓦勒。天体测量学。

1864年毕业于巴黎高等师范学校。在讷韦尔一所中学教书一年后回到巴黎，在巴黎天文台台长勒威耶手下当助理天文学家。主要从事太阳视差的测量。1874年率队到法国领地新喀里多尼亚观测12月9日的金星凌日，把结果与在圣保罗和明尼苏达观测的资料相综合，得到太阳视差为8″.88(现代值为8″.794 15)。通过观测，确信黑滴效应(用望远镜观测金星圆面与太阳边缘内切时，因金星大气产生的光学现象)起因于仪器本身，因此研究了光学仪器的衍射效应。因这项研究1876年获博士学位。曾任里昂大学教授、里昂天文台台长，并在里昂天文台度过了34年。还是法国科学院的通讯院士、法国经度局的成员。

（谢高峰）

吉尔，D.（Gill，David） 英国人，1843年6月12日生于英国苏格兰阿伯丁，1914年1月24日卒于伦敦。观测天文学、天体照相术。

钟表制造商的儿子。在阿伯丁大学的马里斯彻尔学院学习2年后去瑞士学习钟表制造技术。回来后继承父业经商10年，并根据天文观测为阿伯丁提供时间服务。1872～1876年帮助林赛勋爵(Lord Lindsay)建造了一座天文台。

观测了1874年的金星凌日，以确定航海天文年鉴所需要的太阳视差。约在1887年，在北半球6个天文台的协助下，根据对3颗小行星的观测，推导出太阳的视差为8″.80。此值一直使用到1968年。1879年任皇家天文学家，并被委派去好望角天文台工作。该台建于1820年，后遭荒废。他修复了仪器，使天文台恢复了生机。1882年在拍摄这年出现的一颗亮彗星照片时，发现其周围的星像也十分清楚。由此得到启发，并着手用照相方法精确测量恒星位置和绘制星图。从1885～1891年拍摄了所有的南天星空的照片。这些照片后来由卡普坦归算和测量，1896～1900年发表了载有454 875颗恒星近似位置与亮度的《好望角照相巡天星表》。这是用照相术进行的第一项大规模的天文工作。还积极参加了1887年由巴黎国际天文学会议决定的编制全天照相星图的工作，并承担了主要部分。是当时第一流的实用天文学家之一。1900年获太平洋天文学会布鲁斯奖章，同年被封为爵士。1906年退休回国。1914年染肺炎去世。

（谢高峰）

洛伦佐尼，G.（Lorenzoni，Giuseppe） 意大利人，1843年7月10日生于意大利罗莱迪奇松，1914年7月7日卒于帕多瓦。天体分光学、大地测量学。

1863年毕业于帕多瓦大学工程系，同年任帕多瓦天文台台长助理。1872年任帕多瓦大学天文学教授，1869～1885年兼任大地测量学教授。1878年任帕多瓦天文台台长。1871年和A.塞奇、P.塔基尼等人共同创建了意大利分光学会，并定期出版学会刊物。

1870年在日全食观测时独立发现日珥发射光谱中波长为447.1纳米的氦线。曾对通过分光镜获得单色图像的可能性进行了理论探讨，其观点为1892年太阳单色光照相仪和1929年干涉滤光器的发明与使用所证实。1878年始对意大利大地测量活动作出了重要贡献，特别在开展重力普查方面造诣很深。曾设立多个点站进行单摆精确实验，其秒摆长度的实验值同理论计算值完全一致，从而得出结论：帕多瓦地区无大的重力异常。这些实验地点后来以他的名字命名，一直是重力测定的参考点和大地测量学家们聚会交流之所。

（李啸虎）

彼得斯，C. F. W.（Peters，Carl F. W.） 德国人，1844年4月16日生于俄国普尔科沃，1894年11月2日卒于德国柯尼斯堡（今俄罗斯加里宁格勒）。天体力学、天体测量学。

1862～1866年先后在基尔、柏林和慕尼黑等地的大学学习。1867年在汉堡天文台工作。1868年在格丁根大学获哲学博士学位。此后在阿尔托纳天文台协助父亲C. A. F. 彼得斯测量各地的摆长。1876年成为基尔大学讲师，1882年升任教授。1880～1881年编辑出版了3卷《天文通报》。1883年任帝国海军天文台台长，研究温度、湿度和磁性等因素对时计的影响；根据当时掌握的观测资料算出天鹅座61双星的精确轨道；编译由萨威兹（A. N. Sawitsch）撰写的《实用天文学》。1888年任柯尼斯堡大学教授，担任该校天文台台长。

（倪祥斌）

布鲁克斯，W. R.（Brooks，William Robert） 美国人，1844年6月11日生于英国梅德斯通，1921年5月3日卒于美国纽约州杰尼瓦。观测天文学。

从小爱好天文，并在机械制造方面表现出天才。1857年随家移居美国。1858年自制了第一架望远镜，用它观测多纳蒂彗星。后来又制成口径5厘米的折射望远镜、口径12.7厘米和22.9厘米的反射望远镜各一架，在自家庭院里建成小天文台。1881年10月4日在这里发现了他的第一颗彗星（1881年布鲁克斯-丹林彗星）。在此后的7年中，又发现了10多颗彗星。

1888年主管新建成的霍巴特学院史密斯天文台后，至少发现了16颗彗星，一生中至少发现了27颗彗星。1900年任英国霍巴特学院教授。1908年任威廉·史密斯学院教授。是英国皇家天文学会外籍会员。因发现未预料到的彗星而荣获太平洋天文学会的多诺霍奖章，还获得1899年法国科学院的拉朗德奖金、墨西哥天文学会的金质奖章等。（倪祥斌）

尼埃斯顿，J. L. N.（Niesten，Jean Louis Nicolas） 比利时人，1844年7月4日生于比利时列日省，1920年12月27日卒于布鲁塞尔。观测天文学。

军人出身。1877年退伍后到布鲁塞尔天文台工作。

还是《天与地》杂志的创办者之一，该杂志首次发刊于1880年。1882年带队去智利圣地亚哥观测金星凌日，获得良好的观测资料，发表于1884年。1878～1900年发表了一系列与行星形态和物理性质有关的论文，如火星上的"运河"、木星红斑等。1880～1889年在《天与地》杂志上发表了70多篇中级科普性论文。（倪祥斌）

克莱因，H. J.（Klein，Hermann Joseph） 德国人，1844年9月14日生于德国科隆，1914年7月1日卒于同地。月面学、气象学。

从观测云形变化开始研究天气，进而扩大到研究天文学。早期做过书商。1874年获科隆大学博士学位。在天文学上主要研究月面环形山。1879年发现月面上新形成的环形山（惠更斯N）。1882年发现阿方索环形山内部的闪光，认为月面环形结构起因于火山活动，这一过程在月球上至今仍然存在。阿方索环形山内部的火山活动后来在1958年被一位苏联天文学家所证实。1880年担任科隆市附近一个气象台台长，继续从事写作、月面观测和卷云的研究。是一位著名的气象学和天文学普及者，著有《天空巡视指南》（1880）、《维也纳和布拉格通常天气》（1887年）、《宇宙学通信》（1898等）著作在欧美广为流传。还编辑过一种半通俗性天文学杂志《天狼星》。月面一座环形山以他的名字命名。

（谢高峰）

蒂斯朗，F. F.（Tisserand，François Félix） 法国人，1845年1月15日生于法国尼伊圣乔治，1896年10月20日卒于巴黎。天体力学。

出身贫寒。1867年毕业于巴黎高等师范学校。后在巴黎天文台任助理研究员。1868年获巴黎博士学位。1873年任图卢兹大学教授兼该校天文台台长。1874年当选为法国科学院通讯院士，1878年成为院士。1892年任巴黎天文台台长。1896年任国际天图协会主席。

毕生从事天体力学研究工作。在研究月球运动理论的博士论文中推广了德洛内的结果。1885年获三体问题纯三角级数展开式。1889年发表了"蒂斯朗判别式"，以判别一个小行星或彗星在接近某大行星前后是否为同一天体，至今仍在采用。1889年开始编著出版4卷本《天体力学论著》，系统地阐述了普遍摄动理论、行星运动理论、月球和小行星以及卫星的运动理论、天体形状和自转理论等。此书公认为天体力学的主要经典著作之一。（易照华）

洛泽，W. D.（Lohse，Wilhelm Oswald） 德国人，1845年2月13日生于德国莱比锡，1915年5月14日卒于波茨坦。天体分光学。

裁缝之子。1863年进莱比锡大学攻读化学，1865年获博士学位。因受沃格尔的影响而热爱天文学。当时沃格尔是基尔附近一所私人天文台的台长，邀请他共同从事分光观测。1874年两人转移到波茨坦的新天体物理台工作。1907年任波茨坦天体物理天文台台长，1909年因患忧郁症而退休。

1876年他在柏林天文台对天鹅座新星作分光观测，翌年回波茨坦天体物理台从事太阳观测，同时还对木星、火星、恒星和星团作了照相观测，1899年开始拍摄双星。把25年来的恒星照片进行比较，以测定弱星的自行。还利用棱镜和凹光栅研究金属光谱，从而提高了分光测量的精度。（倪祥斌）

兰亚德，A. C.（Ranyard，Arthur Cowper） 英国人，1845年6月21日生于英国肯特郡，1894年12月14日卒于伦敦。观测天文学。

曾在伦敦大学学院和剑桥大学彭布罗克学院求学，1868年获后者的文科硕士学位。1871年在伦敦林肯律师学院取得了律师的资格。在大学阶段参与创办了学生数学学会(即伦敦数学学会前身)。还担任过英国皇家天文学会理事。

一生对摄影感兴趣,但主要研究天文学。1870年帮助组织了英国日食考察队,并亲自观测了1878年和1882年两次日食。1879年在《皇家学会研究报告》上发表了他的关于日食观测的专著,概括了整个19世纪以来观测日食的成果。在相当长时期内,它一直是日食观测的权威性著作。曾做过一架太阳单色光照相仪,但在付诸使用前就去世了。(柳 涛)

达尔文 G.H.(Darwin, George Howard) 英国人,1845年7月9日生于英国英格兰肯特郡唐恩,1912年12月7日卒于剑桥。天体演化学、地球物理学。

英国著名生物学家C.R.达尔文的第二个儿子。1868年毕业于剑桥大学三一学院,留校任教,1883～1912年任该校天文学和实验哲学教授。1879年当选为英国皇家学会会员。1899～1901年任英国皇家天文学会会长。

1876年发表论文"论地质变化对地球自转的影响",从此开始了他的地球物理学方面的研究。他最突出的一项工作是在1879年起的多篇论文中,提出了第一个月球起源假说——共振分裂说。他提出约在45亿年前,刚诞生不久的原始地球,其自转周期仅为4小时,他计算出与地球同样大小、同样密度的流体,其最小的自由振动周期为2小时,而太阳对地球的起潮力所引起的地球潮汐周期应为地球自转周期的一半,即也是2小时。于是太阳起潮力的作用使当时还处于熔融状态的地球像流体一样发生共振,潮汐的振幅越来越大,结果使部分物质脱离地球,后来演变成月球。约半个世纪后,著名天文学家兼地球物理学家H.杰弗里斯指出,地球的磨擦阻尼很大,潮汐共振发生时,摩擦阻尼以更快的速率增加,从而有力地制约了潮汐共振振幅的加大,因而月球共振分裂的现象不可能出现。虽然如此,他的共振分裂说毕竟是月环境污染主起源问题的第一个科学假说,它开创了月球起源问题的讨论。此外,他还运用自己掌握的较深奥的数学工具来研究双星系统、行星系统、卫星系统等的演化问题。

主要著作是《太阳系的潮汐与相关现象》(1899年)和《科学论文集》(5卷,1907～1916年)。1892年获英国皇家天文学会金质奖章,1911年获英国皇家学会科普利奖。1905年成为英国皇室爵士。(宣焕灿)

克里斯蒂,W.H.M.(Christie, William Henry Mahoney) 英国人,1845年10月1日生于英国伍利奇。1922年1月22日卒于航海途中。天体测量学。

是伍利奇皇家军事学院数学教授S.H.克里斯蒂的长子。曾求学于剑桥的三一学院。1869年被聘为该校教师。1年后离开剑桥赴格林尼治皇家天文台工作。1881年当选为英国皇家学会会员,并任命为皇家天文学家。1890～1892年任英国皇家天文学会会长。在他以前格林尼治皇家天文台主要从事天体测量方面的工作。他为该台装置了不少新仪器,如71厘米的折射望远镜(1894年落成)、66厘米的照相折射望远镜、23厘米的太阳照相仪,并开展了天体照相等方面的常规观测。由于他的努力,格林尼治皇家天文台取得了从1675年建成以来从没有过的辉煌成就。(张可可)

佩罗坦,H.J.A.(Perrotin, Henri Joseph Anastase) 法国人,1845年12月19日生于法国塔恩-加龙省圣卢,1904年2月29日卒于尼斯。观测天文学、物理学。

电报服务公司一位雇员的儿子。因聪明过人,挣得一笔奖学金,才赢得进大学深造机会。应图卢兹天文台台长F.F.蒂瑟朗的邀请在该台工作。1879年任尼斯天文台台长。1892年当选为法国科学院通讯院士。1894年成为法国经度局的委员。

1874～1878年先后发现5颗小行星,1885年又发现了1颗。1879年的博士论文首次为灶神星奠定了精确的轨道理论。1886年主持安装当时世界上最大的一架口径为67厘米的折射望远镜。1902年采用一条长达92千米的复合轨道,用开槽转轮的方法进行测量,定出光速为299 980千米/秒。这个数值在以后的30多年内一直被公认为光速测定的最佳值。(倪祥斌)

贝克隆,J.O.(Backlund, Jöns Oskar) 瑞典和俄国双重国籍。1846年4月28日生于瑞典兰海姆,1916年8月29日卒于俄国普尔科沃。彗星天文学。

出身贫苦家庭。幼年辍学后刻苦自学,考入乌普萨拉大学,1875年获哲学博士学位。1878年在俄国普尔科沃天文台从事研究工作。1883年当选为圣彼得堡科学院院士。1895年任普尔科沃天文台台长。

恩克彗星从1786～1967年重返近日点已有48次,然而对其长期加速度的起因,至今还没有确切的答案。他倾向于承认它是由于行星间的稀薄介质引起的。为此计算了从1819年恩克首次确定其轨道以来该彗星所受到的摄动。这项艰巨的工作进行了12年,1898年发表计算结果。然而彗星仍偏离计算位置。对此提出设想:可能是由于彗星轨道内流星群的影响,或者是由于与太阳黑子周期有关的电磁力的作用。现在大多倾向于1836年贝塞尔提出的猜想:该彗星的加速度是由于它本身的质量损失引起的。1909年因对恩克彗星的研究,获英国皇家天文学会金质奖章。1914年获太平洋天文学会布鲁斯奖章。(李文华)

阿贝蒂,A.(Abetti, Antonio) 意大利人,1846年6月19日生于意大利斯彼特洛迪戈里齐亚,1928年2月20日卒于(佛罗伦萨)近郊阿尔切特里。观测天文学。

1867 年获得帕多瓦大学土木工程学学位。翌年起从事天文学研究。1868～1893 年任帕多瓦大学天文台的天文学家。1894～1921 年任阿尔切特里天文台台长、佛罗伦萨大学天文学教授。

主要研究方位天文学。在帕多瓦使用一架简单的赤道仪观测了小行星、彗星和恒星掩食。1874 年到孟加拉的穆达普尔观测金星凌日。观测中首次使用了分光镜。测定了意大利许多地方之间的经度差。还为重建阿尔切特里天文台作出了贡献，为该台设置一架直径 28 厘米的赤道望远镜。是意大利国家科学院院士。

（谢高峰）

皮克林，E. C.（Pickering，Edward Charles） 美国人，1846 年 7 月 19 日生于美国马萨诸塞州波士顿，1919 年 2 月 3 日卒于马萨诸塞州坎布里奇。天体物理学、仪器研制。

出身名门。其弟 W. H. 皮克林也是一位天文学家。E. C. 皮克林 1862 年进入劳伦斯科学学校，后在该校工程系就读，1865 年毕业留任助教。1867 年任马萨诸塞理工学院物理系助理教授。1876 年 10 月任哈佛大学教授兼天文台台长直至去世。

在目视测光、恒星光谱分类、恒星照相三方面作了开创性的工作。在目视测光方面，采用了英国天文学家 N. 普森于 1854 年提出的星等标度，即相差 1 个星等的恒星亮度上相差 $\sqrt[5]{100}$（约 2.512）倍。根据他的设计制成一种不使用人造光源而以北极星为比较标准的目视光度计——子午光度计。1879～1882 年应用这一光度计完成了赤纬 $-30°$ 以北 4 260颗星的《哈佛光度星表?，刊于 1884 年的《哈佛年鉴》14 卷上。此后在这一基础上又大加扩充，1908 年在《哈佛年鉴》的 50 及 54 卷上发表了《增订哈佛光度星表》，其中列出亮于 7 等的45 000多颗恒星的目视星等。这是一份十分出色的目视测光星表。在恒星光谱分类方面，1885 年首创用物端棱镜拍摄昴星团恒星的光谱并获得成功。此后利用亨利·德雷珀纪念馆的资金，在哈佛大学天文台开展了一项大规模的恒星光谱巡天。1889 年派人去秘鲁的阿雷基帕建立一个观测站，以便拍摄南天恒星的光谱。到了 20 世纪初期，共拍得了 20 多万颗恒星的物端棱镜光谱。该台女天文学家 A. J. 坎农对它们一一加以分类。1918～1924 年，这项工作以《亨利·德雷珀星表》（简称 HD 星表）之名发表在《哈佛年鉴》91～99 卷上，这就是举世闻名的哈佛光谱分类。在恒星照相方面，组织了哈佛大学天文台和阿雷基帕观测站用 55 张底片拍下了暗至 12 等的全天恒星，于 1903 年以《全天照相星图》之名刊布。同时还组织哈佛大学天文台的工作人员对绝大部分天区拍照，结果共拍摄了约 30 万张恒星底片，存放在哈佛照相资料馆中，至今仍是天文学的宝贵财富。

1889 年他发现大熊座 ζ 星的谱线有周期性地变成双线的现象，从而确认是一颗双星。这是人们发现的第一颗分光双星。

担任哈佛大学天文台台长 40 多年，杰出的领导才能使该台对天文学作出了卓越贡献，成为国际上著名的天文台之一。获美国国家科学院的亨利·德雷珀金质奖章、美国文理科学院的朗福德金质奖章、1908 年太平洋天文学会的布鲁斯金质奖章，两次获英国皇家天文学会的金质奖章。有 6 所美国大学和 2 所欧洲大学授予荣誉博士学位，英国、法国、德国、意大利、爱尔兰、瑞典、墨西哥、俄国等国家的学术组织授予国外会员的资格。

（宣焕灿）

钱德勒，S. C.（Chandler，Seth Carlo） 一译张德勒。美国人，1846 年 9 月 17 日生于美国波士顿，1913 年 12 月 31 日卒于马萨诸塞州韦尔斯利山区。天体测量学、地球物理学。

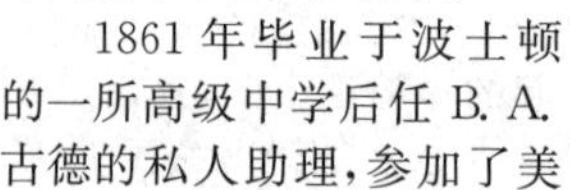

1861 年毕业于波士顿的一所高级中学后任 B. A. 古德的私人助理，参加了美国海岸测量局的工作，1864 年成为该局的正式职员。此后又随古德去阿根廷任保险统计员。1881 年参与哈佛大学天文台的科学观测者电码（一个专门用电报报告新发现彗星信息的系统）的工作。1896～1909 年任美国《天文学杂志》编辑。

在天文学上最主要的贡献是发现了纬度变化的规律。早在 1765 年，L. 欧拉在假设地球为绝对刚体的条件下，提出地极可能存在 305 天的周期性移动，被称为欧拉周期。他到哈佛后，设计了一种地平装置的仪器，1884～1885 年用它观测觉察到纬度有周期性的微小变化。1888 年德国的屈斯特纳（K. F. Küstner）发现了极移，这正是纬度有周期性微小变化的原因。1891 年他分析了 1837～1891 年世界上 17 个天文台的 3 万多次纬度观测结果，发现极移有两个周期运动，一个周期约 14 个月的自由摆动，另一个周期为 1 年的受迫摆动。前者后来被命名为钱德勒摆动，摆动周期称钱德勒周期。美国天文学家 S. 纽康指出，钱德勒周期在本质上与欧拉周期相对应，仅仅是由于地球的非刚体导致了周期变长。他的重要发现导致了“国际纬度服务”（International Latitude Service，简称 ILS）组织的成立。此后对钱德勒摆动的规律和机制的研究也成了天体测量学和地球物理学中的重要课题。由于这一重要发现，1895 年获美国国家科学院的沃斯顿奖章，1896 年获英国皇家天文学会的金质奖章。

（张可可）

博斯，L.（Boss，Lewis） 美国人，1846 年 10 月 26 日生于美国罗得岛州普罗维登斯，1912 年 10 月 5 日卒于纽约州奥尔巴尼。方位天文学。

毕业于达特茅斯学院。1872 年任达德利天文台助理天文学家，1876年直至去世任该台台长。起初从事美国和加拿大之间北纬49°纬线的勘测。为了尽可能消去测量纬度过程中出现的系统误差，提出一种所谓均匀赤纬系统，并设计出对许多星表的系统改正表，以及一个新的列有500个恒星的赤纬和自行表。该表1883年被美国星历表采用。1906年卡内基研究所设立了子午天体测量部，他兼任主任，其子B.博斯(Benjamin Boss)后来继任主任。

父子俩先后发表了4部重要星表：1910年他刊布了《6 188颗恒星的总星表初编》，1928年父子合作刊布了《15 333颗恒星的圣路易斯星表》，1931年由B.博斯完成和刊布了《20 811颗恒星的奥尔巴尼星表》，1936～1937年由B.博斯完成并刊布了《33 342颗恒星的总星表》。1881年L.博斯在达德利天文台算出许多彗星的轨道，翌年去智利圣地亚哥考察金星凌日。一生曾取得不少荣誉，如荣获英国皇家天文学会金质奖章和法国科学院拉朗德奖金等。是美国国家科学院院士和圣彼得堡科学院外籍院士。（倪祥斌）

霍尔登，E.S.(Holden，Edward Singleton) 美国人，1846年11月5日生于美国密苏里州圣路易斯，1914年3月16日卒于纽约州西点。观测天文学。

幼年丧母，在美国马萨诸塞州坎布里奇的亲戚家长大。1860年回到家乡圣路易斯，后求学于华盛顿大学。1866年获学士学位后又进入美国西点军事学院求学，1870年毕业。毕业后曾当过短时期的军官和军事学院教员。1873年到美国海军天文台工作。1881年任威斯康星大学的沃什本天文台台长。1885年被选入美国国家科学院。1886～1888年任加利福尼亚大学校长。1888年利克天文台建成后任首任台长。1897年辞去台长职务住在纽约从事写作。晚年则在美国军事学院图书馆工作。

在天文学上的主要贡献是制定了利克天文台的筹建计划，并具体领导该台的筹建。该台建成后用36英寸(91厘米)折射望远镜拍摄月面，并于19世纪90年代刊印了巨大的月面图，这是当时最大的月面图之一。1889年发起组织了太平洋天文学会。还对太阳、星云、双星、天王星和海王星的卫星、土星光环等作过一些观测和研究。（葛京坪）

亨利兄弟(P.P.Henry and his brother) 法国人。哥哥P.P.亨利(Paul Pierre Henry)，1848年8月21日生于法国南锡，1905年1月4日卒于巴黎附近的蒙鲁日。弟弟P.M.亨利(Prosper Mathieu Henry)，1849年12月10日生于南锡，1903年7月25日卒于萨瓦的普拉洛尼昂。观测天文学，天文光学。

兄弟俩在受完初等教育后，都于16岁进巴黎天文台的气象预报组工作。1868年起在自己家里建立起一个小小的光学工场，开始制作和装配一架口径30厘米的反射望远镜，用这架望远镜观测星空，绘制黄道带的星图。1871年，上司支持他们的工作，把他们从该台气象预报组调到赤道望远镜组，于是有机会对小行星进行大量观测。1893年，弟弟被任命为首席天文学家，哥哥被任命为照像天图局负责人。1889年同时被接纳加入英国皇家天文学会。1872～1878年发现了14颗小行星。1880年前后观测已到达黄道与银河相交的区域，因星星太密集无法用目视来观测，需改用天体照相方法。为此，在自家的蒙鲁日工场里，制成了具有16厘米消色差折射物镜的照相望远镜，并为之配备一具导星镜，在长达1小时的曝光过程中控制它准确地跟踪星星。1884年拍得了十分满意的星空照片。于是巴黎天文台领导立即委派他们建造更大的用于天体照相的消色差折射望远镜。第一架于1885年造成，口径为34厘米、焦距3.40米，导星镜的口径略小而焦距则相等。1887年生产了17架，放在不同纬度的地方，使得天文学者能收集到确定全天恒星位置的大量资料。他们为尼斯天文台研制的口径76厘米消色差折射望远镜，其技艺被认为是无与伦比的。1887年开始编制照相天图星表。两人曾3次分享法国科学院颁发的奖励。（唐玄之）

帕利萨，J.(Palisa，Johann) 奥地利人，1848年12月6日生于奥地利西里西亚的特罗保，1925年5月2日卒于维也纳。观测天文学。

1870年从维也纳大学数学系毕业后，在维也纳天文台任助理天文学家。1871年成为日内瓦天文台候补天文学家，几个月后委任为奥匈帝国海军天文台台长，授予海军中校军衔，此时才23岁。

1871～1873年致力于测时与授时，并发明一种类似于等高仪的小型测时器，可用于观测子午线两侧的等高星对来测时。1874～1880年间，发现了28个新的小行星。1883～1924年，采用新建成的维也纳天文台一架当时最大的折射望远镜(口径为27英寸，约69厘米)作目视观测，又新发现120个小行星。更出色的成就是测定和编制了4 696个恒星位置的星表，以及与沃尔夫合作取得210张帕利萨-沃尔夫照相星图。（倪祥斌）

采拉斯基，B.K.(Цераский，Витольд Карлович；Tserasky，Vitold Karlovich) 苏联人，1849年5月9日生于俄国明斯克附近的斯卢茨克，1925年5月29日卒于苏联莫斯科州波多利斯克附近。天体物理学、仪器研制。

1867年进入莫斯科大学。毕业后在莫斯科天文台当助手。1878年获观测天文学家称号。1882年起在莫斯科大学任讲师，1887年获博士学位，两年后升任天文学教授。1890年任莫斯科天文台台长。1914年被选为俄国科学院通讯院士。1916年因健康不佳而退休。

自1877年起研制天体测光仪器，与波茨坦天文台和哈佛大学天文台同时在改进恒星光度测量方面做了开拓性工作。经他改进的天体光度计现称为泽尔纳-采拉斯基光度计。撰有光度学方面多种专著。1895年对太阳表面温度下限值作了实验性测定。19世纪末发现了一些变星并组织了系统的天体照相研究。其夫人用他设计的(赤道式)广角短焦距天体照相仪发现了200多颗变星。1885年他首次发现夜光云，测定其高为80

千米(实际值约为 82 千米)。1911 年发表有关太阳、金星、一些亮星星等测光比较的观测成果,得到太阳视星等为-26.50等(现代精确值-26.74等)。还设计制作了测定流星角速度的独特仪器、测定太阳球体扁率的量日仪物镜、观测太阳黑子的特殊目镜等。 (李啸虎)

西利格尔,H. von(Seeliger, Hugo von) 德国人,1849 年 9 月 23 日生于奥地利西里西亚的比亚瓦(今波兰的别尔斯科-比亚瓦)市,1924 年 10 月 2 日卒于德国慕尼黑。*宇宙学、恒星天文学。*

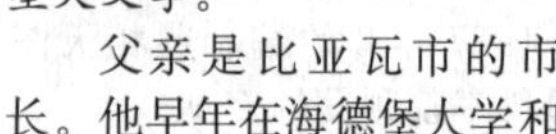

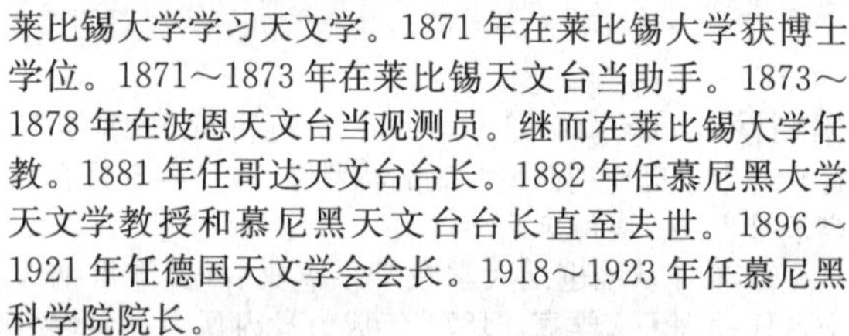

父亲是比亚瓦市的市长。他早年在海德堡大学和莱比锡大学学习天文学。1871 年在莱比锡大学获博士学位。1871～1873 年在莱比锡天文台当助手。1873～1878 年在波恩天文台当观测员。继而在莱比锡大学任教。1881 年任哥达天文台台长。1882 年任慕尼黑大学天文学教授和慕尼黑天文台台长直至去世。1896～1921 年任德国天文学会会长。1918～1923 年任慕尼黑科学院院长。

1894 年提出,若假定宇宙无限且具有欧几里得空间结构,到处均匀分布着不动的恒星,万有引力定律又普遍适用,那末任一天体所受到的引力将是无限大,立即会被拉得粉碎,但实际上并非如此。这被称为引力佯谬,又称西利格尔佯谬。20 世纪初建立了一组恒星空间分布的密度函数与恒星视星等关系间的积分方程。经后人改进和简化,成为恒星统计学中的基本方程组之一。 (章圣泮)

唐宁,A. M. W.(Downing, Arthur Matthew Weld) 1850 年 4 月 13 日生于爱尔兰卡洛,1917 年 12 月 8 日卒于英国伦敦。*历书天文学。*

1866 年进入都柏林大学三一学院,1871 年获文学士学位,1881 年获文学硕士学位,1893 年获荣誉理学博士学位。1872 年任格林尼治皇家天文台助理。1892 年任英国航海历书局负责人直至 1910 年退职。1875 年成为英国皇家天文学会会员,1893～1895 年任该学会副会长。早期研究改正不同星表中的系统差问题。他负责英国航海历书局后,在主持发表的 1896～1912 年《航海历》中,逐渐采取了许多改革措施,提高了《航海历》的质量。1901 年编纂了泰勒(Taylor)的《马德拉斯星表》的修订译本,该星表列有11 000颗恒星。

(葛京坪)

哈特维希,E.(Hartwig, Ernst) 德国人,1851 年 1 月 14 日生于德国美因河畔法兰克福,1923 年 5 月 3 日卒于班贝格。*天体物理学。*

先后在埃朗根、莱比锡、格丁根、慕尼黑等地的大学学习数学、物理学和天文学。1874 年在斯特拉斯堡大学天文台任助理天文学家,1880 年获博士学位。1882～1883 年带队去阿根廷观测金星凌日。1884 年在多尔帕特大学当编外天文学教授。1886 年任班贝格天文台台长。1916 年获埃朗根大学名誉教授称号。

1885 年发现了仙女座 S 新星,后人研究得知它实际上是第一颗被发现的河外超新星。对长周期变星和双子座 U 星作了很多观测,1891 年后为德国天文学会出版附有粗略星历表的变星年表。对行星直径、月球的物理天平动、恒星位置和视差也进行了很多有价值的测量,并发现过两颗彗星。 (葛京坪)

卡普坦,J. C.(Kapteyn, Jacobus Cornelius) 荷兰人,1851 年 1 月 19 日生于荷兰巴讷费尔德,1922 年 6 月 18 日卒于阿姆斯特丹。*恒星天文学、照相天体测量学。*

少年聪慧,16 岁时就通过了乌得勒支大学的入学考试,然而父母亲认为过于年轻,第二年才让入学。学习了数学、物理学,并以关于薄膜振动理论的论文获博士学位。1875 年任莱顿天文台观测员,从而开始了天文生涯。1878 年任格罗宁根大学天文学和理论力学教授,直到 1921 年退休。

主要贡献是在恒星天文学领域,特别是在恒星的运动和空间分布方面。一生的突出工作有 4 项:刊布了一个著名的照相星表,创立了二星流理论,筹划了卡普坦选区计划,提出了一个银河系结构模型。

1885～1891 年,英国天文学家 G. 吉尔在好望角拍摄了南天星空照片,1886～1896 年于经卡普坦 11 年的归算与测量,1896～1900 年刊布了第一个照相星表,称《好望角照相巡天星表》,即 CPD 星表。该表记载了从南天极到赤纬$-18°$、星等亮于 10 等的454 875颗恒星的位置以及近似星等。1904 年提出二星流理论,认为恒星并不是随机运动的,而大多分布在两个星流里,沿两个相反的方向运动。经后人研究,证实这实际上是银河系自转的反映。二星流的发现对于银河系动力学的研究起了深远的影响。

1906 年为重新研究恒星系统的结构,提出了"选区计划"。建议世界各天文台集中力量对均匀分布在天球上的 206 个选择星区(称卡普坦选区)内的所有恒星进行照相星等和目视星等、自行、光谱型和视向速度的测量。这样详细的观测资料将有助于揭示恒星系统的主要结构特征。选区计划由全世界许多天文台协作完成。这一计划的实行,有力地推动了银河系结构的研究,也为天文学研究的全球协作树立了良好的典范。在选区计划工作的基础上,1922 年提出了一个银河系结构模型,和威廉·赫歇尔的模型相似,也是一个扁平系统,直径约40 000光年,太阳位于其中心,距太阳越远处恒星数目越少。在那个时代,恒星空间分布问题相当于宇宙结构问题,故这一银河系模型也被称为"卡普坦宇宙"。虽然定量地发展了威廉·赫歇尔的模型,但在 1918 年

H.沙普利正确地提出了太阳并不位于银河系中心之后，仍坚持太阳位于银河系的中心，这是卡普坦宇宙的致命弱点。

对改进三角视差测量的方法、把照相术用于天体的三角视差及光度测量工作、实测工作中系统误差的消除和恒星光谱型之间关系的研究等方面，都有不少贡献。1913年获太平洋天文学会布鲁斯奖章。（谢高峰）

比古尔当，C. G.（Bigourdan，Camille Guillaume） 法国人，1851年4月6日生于法国塔恩-加龙省锡斯特尔，1932年2月28日卒于巴黎。观测天文学、天文学史。

出身农家。被教师F. F.蒂斯朗引荐去图卢兹大学学习天文学。1879年到巴黎天文台工作，1897～1925年间任该台首席天文学家。1903年成为巴黎经度局成员。是1919年创立的国际时间局的首任局长，成功地把这个技术机构改造成科研机构，因此于1929年被解雇，但天文事业却因此而受匪浅。1904年被选为法国科学院院士。

主要从事双星、流星、彗星和星云的目视定位。因发表列有6 380个星云位置的星表，1919年荣获英国皇家天文学会金质奖章。在研究天文学史的过程中，发现了许多失传的手稿，例如法国天文学家A. G.潘格雷失传多年的珍贵手稿。（倪祥斌）

蒙德，E. W.（Maunder，Edward Walter） 英国人，1851年4月12日生于英国伦敦，1928年3月21日卒于同地。太阳物理学、科学传播。

就读于伦敦大学附属学校，并在皇家学院进修过。在伦敦银行短期工作后，于1873年成了格林尼治皇家天文台一名研究助手，在这里工作40年，主要从事太阳照相观测和太阳黑子的测量工作。

1874年4月17日，格林尼治天文台开始太阳黑子照相工作。从那时起逐日从事认真的观测和测量，积累了大量宝贵的黑子资料。根据这些资料，研究了太阳自转周期与黑子纬度以及太阳自转轴位置的关系，太阳自转与地磁扰动、黑子面积以及黑子纬度分布之间的关系，对太阳物理的研究做出了重要的贡献。1894年，德国天文学家G.斯玻勒发现1645～1715年70年间日面上几乎没有黑子。在此基础上，蒙德进一步论述了这个奇特现象的种种表现，并把它命名为“拖长极小期”。1976年，美国天文学家埃迪(J. A. Eddy)重新讨论这个问题，易名为“蒙德极小期”，引起国际天文界的轰动，直至今日仍在进行热烈的讨论。1905年在分析地磁扰动和太阳黑子密切相关的同时，发现有时太阳上完全没有黑子，地面上却有磁扰。这个反常的现象促使很多科学家去寻找磁扰在太阳上的真正根源，形成了日地关系研究中一个重大课题。1907年发现了黑子群在日面东西两半部分布的不对称性。1914年在斯玻勒研究工作的基础上，进一步用作图法表示出黑子群平均纬度随着太阳活动11年周期的变化规律，形象如一对对蝴蝶，即太阳物理中著名的“蝴蝶图”。在观测日珥、行星、彗星的光谱和日全食现象中也做了很多工作。

终生致力于天文学的普及和传播，1890年参与成立英国天文协会，1894～1896年出任第二任会长，还主编会刊多年。

妻子A. S. D.罗素(Annie S. D. Russell)也是一位天文学家，长期协助他测量黑子照片。1898年在印度日全食观测中，她拍摄到当时质量最好的冕流照片。（徐振韬　蒋窈窕）

米勒，G.（Müller，Gustav） 德国人，1851年5月7日生于德国施韦德尼茨(现波兰希维德尼察)，1925年7月7日卒于波茨坦。天体物理学。

出身商人家庭。6岁丧父。1870～1872年先后在莱比锡大学和柏林大学学习数学和自然科学。毕业前就参加了柏林《天文年鉴》的计算工作。1877年随H. C.沃格尔去新建的波茨坦天文台做分光光度测量工作，同年获博士学位，1891年成为教授。1917～1921年任波茨坦天文台台长。1918年被选入普鲁士科学院。

从1877年就开始研究行星光度以及地球大气对星光的吸收。他的《波茨坦吸收表》使用了数十年。从1866年起，与P.康弗(Paul Kempf)合作，对BD星表中的14 000多颗亮于7.5等的恒星进行光度测量，从而编制成的《波茨坦光度星表》于1907年出版，至今仍是天文工作者不可缺少的工具书。还先后去美国和俄国观测金星凌日和日食。与康弗合作，测定了300条太阳光谱线的绝对波长。（谢高峰）

德雷尔，J. L. E.（Dreyer，Johann Louis Emil） 丹麦与英国双重国籍，1852年2月13日生于丹麦哥本哈根，1926年9月14日卒于英国牛津。观测天文学、天文学史。

1869年进入哥本哈根大学学习数学和天文学，1874年获硕士学位，1882年获哲学博士学位。此后毕生在爱尔兰从事天文工作。1874～1878年在罗斯爵士的天文台作助手。1878～1882年在都柏林的邓辛克天文台作助手。1882～1916年任阿马天文台台长。1875年成为英国皇家天文学会会员。1916年获该学会金质奖章。1923～1926年任该学会会长。

因编纂3本著名的星表而闻名于世。1888年发表了《星云星团新总表》，简称NGC星表。该表以1864年约翰·赫歇尔编的《总星表》为基础加以扩充，总共记载了7 840个星云和星团。又在1895年和1908年增刊了两册《补充星表》，简称IC星表。NGC星表和IC星表合计共刊有星云、星团数13 000多个，它们至今还被视为星云和星团的经典星表。

在天文学史方面也有很大成就。1890年出版了《第谷·布拉赫》一书，是有关第谷的一本著名传记。

1906 年出版了《从泰勒斯到开普勒的行星系史》，1953 年重印时该书更名为《从泰勒斯到开普勒的天文学史》，是一本阐述天文学早期进展的名著。1912 年还为英国皇家学会和英国皇家天文学会收集和编辑了威廉·赫歇尔的论文集。晚年完成了收集和编辑第谷文章和书信的工作。（葛京坪）

卡朗德罗. P. J. O. (Callandreau, Pierre Jean Octave) 法国人，1852 年 9 月 18 日生于法国昂古莱姆，1904 年 2 月 13 日卒于巴黎。天体力学。

1874 年毕业于巴黎综合工科学校。由 U. J. J. 勒威耶介绍任巴黎天文台助理天文学家。1891 年获法国科学院达穆瓦索奖金。1892 年当选为法国科学院院士。1893 年任巴黎综合工科学校的天文学教授。1899～1900 年任法国天文学会会长。在天体力学领域内发表过百余篇论文。对关于木星族彗星的俘获假说作出了重要的贡献。1889 年 F. F. 蒂斯朗首次提出了一个用俘获假说来解释木星族彗星形成的理论，而他进一步发展了这个理论，解决了这个理论的明显缺陷。还将这种俘获理论应用到流星的研究中。在任法国天文学会会长期间，由于他的推动，法国开始了系统性的流星观测。（张可可）

舍伯尔，J. M. (Schaeberle, John Martin) 1853 年 1 月 10 日生于德国符腾堡，1924 年 9 月 17 日卒于美国密歇根州安阿伯。天体物理学。

早年是密歇根大学的一名机械艺徒，后来成为民用工程师。曾短期担任过利克天文台台长。早期从事彗星轨道计算，并运用自己设计的反射望远镜，在 1880 年和 1881 年先后发现了两个彗星。在利克天文台长期从事恒星、行星、星云和日食的照相观测。1896 年由目视观测发现了南河三的伴星，伴星的亮度只有 13 等。参加过美国加利福尼亚（1889 年）、法属圭亚耶（1889 年）、智利（1893 年）和日本（1896 年）的 4 次日全食观测，拍到高质量的日全食照片。根据这些照片，认为日冕视结构反映了来自太阳的物质抛射及其在锥形截面上的运动。（倪祥斌）

德朗达尔，H. (Deslandres, Henri) 法国人，1853 年 7 月 24 日生于法国巴黎，1948 年 1 月 15 日卒于同地。天体物理学、仪器研制。

1874 年毕业于巴黎综合工科学校，同年入伍。1881 年退伍后在综合工科学校和巴黎大学的物理实验室工作。之后相继到巴黎天文台和默东天体物理台工作。1908 年任默东台台长。巴黎和默东两台于 1926 年合并，他又任合并后的台长。1929 年退休。1902 年当选为法国科学院院士，1920 年被选为该院院长。还是意大利科学院和美国国家科学院的外籍院士。

以对太阳物理研究的贡献而闻名。1894 年发明太阳单色光照相仪。长期从事太阳观测，揭示了诸如谱斑、日珥和耀斑等许多重要的太阳物理现象。明确提出了太阳产生射电辐射的观点，这比实际观测到太阳射电早了 40 年。在实验分子光谱学上，发现了两条分析许多复杂分子带的定律。在天体物理学上，致力于观测恒星和行星光谱，通过多普勒效应测量天体的视向速度。曾研究过土星环的旋转定律，证明其旋转形态更像一个离散的粒子系统而不像一块固体；还证明了天王星的自转方向与其他行星相反。1921 年获太平洋天文学会布鲁斯奖章。（萧耐园 葛京坪）

别洛波利斯基，A. A. (Белопольский, Аристарх Аполлонович; Belopolsky, Aristarkh Apollonovich) 苏联人，1854 年 7 月 13 日生于莫斯科，1934 年 5 月 16 日卒于普尔科沃。天体物理学。

1877 年毕业于莫斯科大学物理和数学系。1877～1888 年在莫斯科天文台工作。1888 年到普尔科沃天文台工作，1908～1916 年任副台长，1917～1919 年任台长，1933 年任名誉台长。

是俄国第一个成功地拍摄恒星照片的人，并拍摄了 1887 年日全食的照片。1895 年开始从事天体的分光研究。用分光方法发现了木星赤道区域和其他区域自转速率的不同；证实土星光环并非固体，而由很多碎块构成；发现了猎犬座 α_2 光谱在不断变化，指出这是由于其大气的强烈扰动引起的；研究了造父变星的光谱，发现了它的亮度变化和视向速度变化在位相上的不一致性以及吸收线强度的周期变化。还设计了一个实验，对多普勒效应的正确性进行了高精度检验。（陆伟良）

贝利，S. I. (Bailey, Solon Irving) 美国人，1854 年 12 月 29 日生于美国新罕布什尔州里斯本，1931 年 6 月 5 日卒于马萨诸塞州诺韦尔。天体物理学、气象学。

1884 年获波士顿大学文科硕士学位，后到哈佛大学天文台工作。1888 年在哈佛大学获第二个文科硕士学位。1889 年前往秘鲁和智利，为哈佛大学天文台在南半球建立观测站选址。考察了许多地方，建立了不少气象站，获得了大量气象资料。最后在秘鲁的阿雷基帕建立了观测站。曾 5 次去南美，一生中有 44 年在哈佛大学天文台以及它的南美观测站工作。1919～1921 年任哈佛大学天文台代理台长，1925 年退休。是美国国家科学院院士。

对天文学的主要贡献是对球状星团中变星的研究和长曝光天体照相。拍摄了半人马座 ω 和其他球状星团的照片，发现了 100 多个星团变星，并获得了它们的光变曲线。这项工作为 H. 沙普利测定球状星团的距离打下了基础。拍摄的银道面内外各天区的长曝光照片被用于恒星计数，对研究银河系的结构起了很大作用。后来从这些照片上还辨认出 3 000 多个新的河外天体。1931 年出版了《1839～1927 年间哈佛大学天文台的历史和工作》一书。（谢高峰）

科姆斯托克，G. C. (Comstock, George Cary) 美国人，1855 年 2 月 12 日生于美国威斯康星州麦迪逊，1934 年 5 月 11 日卒于同地。天体测量学、观测天文学。

1873～1877年在密歇根大学求学期间学习了天文学。1879年任威斯康星大学沃什本天文台台长J.沃森(James Watson)的助手。此后又学习了法律，1883年毕业于威斯康星大学法学院。毕业后在威斯康星大学工作，曾任该校的天文台台长、研究生院院长等职。1884年当选为美国科学促进协会副主席。1899年当选为美国国家科学院院士。

在天文学上的主要贡献：重新测定了光行差常数和大气折射常数，验证了B. Я.斯特鲁维的光行差常数和普尔科沃天文台的大气折射表；简化了大气折射公式，提出的公式在不需要很高精度的测量工作中很有用；通过对暗弱恒星的自行研究，证实太阳附近的恒星际空间中有很多低光度的恒星。（葛京坪）

洛厄尔，P.（Lowell，Percival） 一译洛威尔。美国人，1855年3月13日生于美国马萨诸塞州波士顿，1916年11月12日卒于亚利桑那州弗拉格斯塔夫。行星物理学。

出身名门，1876年毕业于哈佛大学。翌年进入祖父在欧洲经营的商行。1883～1893年多次前往日本等远东地区考察，曾任朝鲜驻日使馆外籍文书、美国首任驻日大使的参赞等职，并出版了多种报告文学和社会评论著作。这期间对天文学越来越感兴趣，最后一次去日本时还随身带着一架小型天文望远镜。1902年任马萨诸塞理工学院教授。

斯基亚帕雷利关于火星"运河"的研究引起了他的浓厚兴趣。为了更有效地观测1894年底的火星大冲，这年春天在靠近弗拉格斯塔夫西部海拔2 000多米的方山东沿筹建了一座天文台（后称洛厄尔天文台），配备口径为46厘米和30厘米的望远镜各一架，开始对火星进行观测。1895年出版《火星》一书，最后结论是"这个行星广阔的物理条件并非绝对不适于某种生命形式的存在"。推测火星上可能有密密的灌溉系统和由人工造成的富饶绿洲，从而极大地激发了读者的兴趣。1896年冬至1897年春，在墨西哥塔库瓦亚建立临时观测站，结果因过度劳累而生了一场大病，4年后才得以康复。1906年和1908年先后发表《火星及其运河》、《作为生命之所的火星》两部书，再次发挥了早年的思想。详尽地观测研究了火星表面暗色区"暗波"的季节性变化，认为那确是植物枯荣所致。20世纪70年代，火星探测器的实地考察表明，火星上似乎没有生命的踪迹。看来他的见解并不正确，但对火星生命问题的探讨当时确实刺激了许多人的兴趣，推动了对火星的研究。

除火星外，对其他行星也作了卓有成效的探索。例如，1911年，和V. M.斯里弗一起，测得天王星的自转周期为$10\frac{3}{4}$小时，超过以前的观测精度。还研究土星光环结构、木星"云层结构"。1902年后，作为马萨诸塞理工学院教授，在该校做了一系列演讲，后来写成《太阳系》(1903年)、《宇宙的演化》(1909年)等著作。猜想地球将来会向火星的演化阶段发展，最后将变成一颗暗星同太阳相撞。1916年的《行星的起源》是最后一部著作，书中特别强调共振在太阳系演化中的作用，并根据这一理论预测在公转周期是海王星两倍处可能存在一颗未知行星。在生前最后8年中，特别注意搜寻"海外行星"，用类似J. C.亚当斯和勒威耶发现海王星时所用方法来推算其轨道根数。在去世后很久，洛厄尔天文台仍坚持在"星海"里"捕捉"这颗暂名为"X"的行星，终于在1930年被该台的C. W.汤博发现，命名为冥王星。一般天文学家对洛厄尔的理论都深表怀疑，并把冥王星的发现归因于一种偶然巧合。但无论如何，人们都一致认为这一成就是同他的长期鼓动分不开的。这一惊人发现选在他75周年诞辰日正式向全世界宣布。冥王星用符号"♇"表示，即洛厄尔姓名词首两字母P、L的组合，以示纪念。

还是一位口齿清楚、谈吐自如的优秀讲演者，常受邀请四出演说，还发现了一种现在以他命名的桦树新种。荣获法国和墨西哥等国天文学会颁发的奖章。

（李啸虎）

埃尔金，W. L.（Elkin，William Lewis） 美国人，1855年4月29日生于美国路易斯安那州新奥尔良，1933年5月30日卒于康涅狄格州纽黑文。观测天文学。

1876年毕业于德国斯图加特市的皇家工艺学校，继而到法国斯特拉斯堡当天文学研究生。1880年获博士学位后去南非好望角跟随吉尔工作了两年多。1884年回到美国在耶鲁大学天文台工作，1896年起任台长，1910年退休。

1895年当选为美国国家科学院院士。在天文学上的主要成就是使用量日仪测量了大量恒星的视差。在好望角天文台与吉尔共同测量了9颗恒星的视差，在耶鲁天文台期间则与学生共同测定了238颗恒星的视差。还与吉尔等人合作，利用两地同时观测某小行星来求得太阳视差，并在流星的照相观测方面作了一些开创性的工作。（葛京坪）

维尔辛，J.（Wilsing，Johannes） 德国人，1856年9月8日生于德国柏林，1943年12月23日卒于波茨坦。天体物理学。

1880年获柏林大学博士学位。翌年任波茨坦天体物理台助理，1893年任观测员，1898年任首席观测员，1921年退休。他作了大量天文观测，涉及到天体物理学的许多方面。观测了太阳的自转速度，提出它随纬度变化的流体动力学解释。研究了系统误差对天体物理测量的影响，如大气色散、望远镜光学和机械的缺陷等。探讨了从恒星分光光度测量得到恒星表面温度的方法。1910年前后，与J.沙伊纳合作，开创了利用辐射定律和测得的表面温度来计算恒星直径的工作，计算结果为后来的干涉测量法所证实。（蒋窈窕）

圣约翰,C. E.(St. John,Charles Edward) 美国人,1857 年 3 月 15 日生于美国密歇根州艾伦,1935 年 4 月 26 日卒于加利福尼亚州帕萨迪纳。太阳物理学。

1876 年毕业于密歇根师范学校。1887 年获密歇根农学院学士学位。曾先后在密歇根大学、哈佛大学等地工作过。1896 年获哈佛大学博士学位。1897 年任奥伯林学院物理学和天文学副教授,1899 年升任教授。1908 年到威尔逊山天文台工作,1930 年退休。曾任国际天文学联合会太阳物理委员会主任。

主要从事太阳物理研究。指出电离钙存在于太阳大气最高层,而氢、金属元素和稀有元素则局限于太阳大气低层。1913 年,观测到在黑子半影光谱中夫琅和费线有位移,证实埃弗谢德效应。1928 年,同其他人合作,刊布了经重新修订的太阳光谱罗兰波长表,范围为 297.5~1 020纳米,大大超过原来罗兰波长表红端的极限(733 纳米)。这是一项不朽的贡献。1917 年开始测量太阳谱线的引力红移,1923 年测得在太阳中心该效应为 0.001 纳米,1928 年公布1 537条谱线的测量结果,令人信服地说明这个效应是存在的。对火星和金星也进行了分光测量。 (蒋窈窕)

弗莱明,W. P.(Fleming,Williamina Paton)

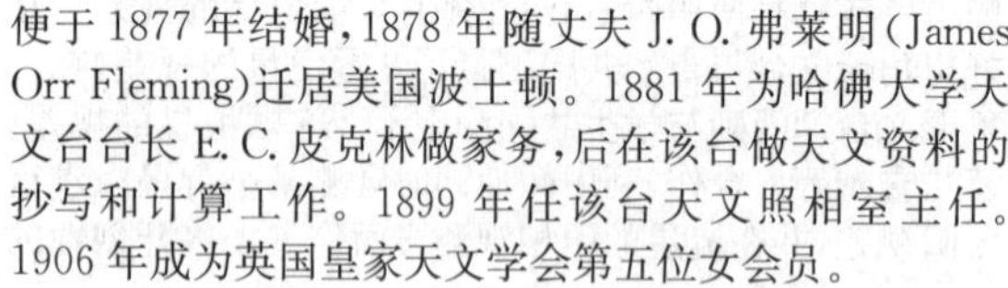

即弗莱明夫人(Mrs. Fleming)。 美国人,1857 年 5 月 15 日生于苏格兰邓迪,1911 年 5 月 21 日卒于美国马萨诸塞州波士顿。天体物理学。

手艺人的女儿。7 岁丧父。在邓迪上完公立学校后便于 1877 年结婚,1878 年随丈夫 J. O. 弗莱明(James Orr Fleming)迁居美国波士顿。1881 年为哈佛大学天文台台长 E. C. 皮克林做家务,后在该台做天文资料的抄写和计算工作。1899 年任该台天文照相室主任。1906 年成为英国皇家天文学会第五位女会员。

毕生共发现 200 多颗变星、10 颗新星。最大的贡献是对10 351颗恒星的物端棱镜光谱进行分类,以《德雷珀恒星光谱星表》之名发表在《哈佛年鉴》第 27 卷(1890 年)上。把光谱分成 17 类,从字母 A 排到 Q,但 99.3%的恒星集中在 A、B、F、G、K 和 M 这 6 种里面。她的分类比早先 A. 塞奇把大量恒星按光谱分为 4 类是一个很大的进步。后来坎农又把她的光谱分类加以改进,成为著名的哈佛光谱分类。 (刘汝良)

纽沃尔,H. F.(Newall,Hugh Frank) 英国人,1857 年 6 月 21 日生于英国盖茨黑德,1944 年 2 月 22 日卒于剑桥。太阳物理学。

父亲是富有的工厂主、英国皇家学会会员,把 T. 库克(Thomas Cooke)制造的一架当时世界上最大的口径为 63.5 厘米的折射望远镜买来装在家里,1889 年去世前将该望远镜赠给剑桥大学。纽沃尔当时是剑桥数学系肄业生,为使观测工作开展起来,提出自己无报酬当一名观测者,并提供一笔经费给剑桥大学。19 世纪 90 年代中期以后,兴趣逐渐集中到对太阳的研究方面。1898~1905 年间,参加了 4 次日食观测,研究了闪光光谱、日冕光谱以及日冕偏振。1905 年在剑桥建造一座水平式太阳望远镜,主要研究黑子光谱和太阳自转。1909 年升任天体物理学教授,1928 年退休。 (蒋窈窕)

基勒,J. E.(Keeler,James Edward) 美国人,1857 年 9 月 10 日生于美国伊利诺斯州拉萨尔,1900 年 8 月 12 日卒于旧金山。天体物理学、仪器研制。

12 岁时就中止学业,未受过正规的中学教育。18 岁时自制象限仪、望远镜、时针和子午环,开始观测天空。1881 年获约翰斯·霍普金斯大学文学士学位。后去匹兹堡成为阿勒格尼天文台台长 S. P. 兰利的助手。1883 年去德国,先后从师 G. H. 克文克和亥姆霍茨。1884 年回到阿勒格尼。1886 年到正在建设中的利克天文台建立时间服务系统,此时是那里的第一个教授职天文学家。1891 年继兰利任阿勒格尼天文台台长。1898 年回到利克天文台,接替 E. S. 霍尔登的台长职务。1900 年入选美国国家科学院院士。

美国著名天体物理学家。1895 年用自己设计的摄谱仪从土星环反射光的多普勒位移发现了土星环是由许多各自按开普勒定律绕土星运行的碎块组成,从而揭示了土星环的本质,验证了 1856 年英国物理学家麦克斯韦尔的理论预言。1890 年用利克天文台 36 英寸(约 91 厘米)折射望远镜和装有罗兰凹光栅的分光镜,精确测量了星云光谱中明线的波长。1898~1900 年使用利克天文台 36 英寸克罗斯利反射望远镜发现了大量星云,比以前估计的多 10 倍,并且大多数为旋涡星云,后人证认为河外星系。与 G. E. 海尔主编了《天体物理学杂志》。1893 年加利福尼亚大学授予名誉理学博士学位。同年美国文理科学院因他成功地把分光学用于天文学而授予朗福德奖章。基于同样原因,美国国家科学院于 1899 年授予他德雷珀奖章。 (谢高峰)

奥本海姆,S.(Oppenheim,Samuel) 奥地利人,1857 年 11 月 19 日生于摩拉维亚(今属捷克)布劳恩斯贝格,1928 年 8 月 15 日卒于维也纳。天体力学、恒星天文学。

1875 年进维也纳大学学习数学、物理学和天文学。1878 年服了 1 年兵役。1880 年毕业后担任中学教师。1883 年到维也纳大学天文台工作,几年后获博士学位并成为助理天文学家,1889 年升为讲师。1888 年开始先后在奥塔克林的一座私人天文台和几个中学工作过。后又到查尔斯大学教天文学,1902 年升为副教授。1911 年在维也纳大学升为教授。1920 年成为奥地利科学院院士。

研究自转对天体形状的影响。出版过有关三体问题、n体问题及引力理论的著作。对恒星运动和恒星统计学做过很多研究，完成了许多彗星和小行星轨道的计算。1917年以后任《数学科学百科全书》的天文学编辑。（蒋窈窕）

巴纳德，E. E.（Barnard，Edward Emerson） 美国人，1857年12月16日生于美国田纳西州纳什维尔，1923年2月6日卒于威斯康星州威廉斯湾。天体物理学。

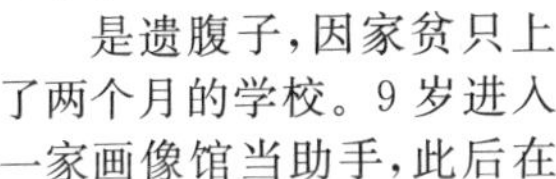

是遗腹子，因家贫只上了两个月的学校。9岁进入一家画像馆当助手，此后在该馆工作了17年之久。少年时就酷爱天文学。1876年用多年的积蓄购买了一架口径13厘米的折射望远镜，从事天文观测，遂成为著名业余天文学家。1883～1887年进入范德比尔特大学，一面听课，一面担任天文观测工作。1887年获学士学位，1893年获博士学位。1888～1895年在利克天文台工作。1895年10月任芝加哥大学天文学教授。不久叶凯士天文台建成，随即到该台工作直至去世。1898年当选为美国科学促进协会副主席。

是系统地拍摄大量银河照片的第一人。1892～1895年，将一架装有口径为6厘米的摄影透镜的照相机，绑在利克天文台的一架小型折射望远镜上，成功地拍摄了许多银河区域的照片。这些照片后来刊载在1913年的《利克天文台台刊》第11卷上。在叶凯士天文台又用一架布鲁斯照相望远镜拍摄了大量银河照片。1927年出版了《巴纳德银河选区照相天图》，公布了他在该台拍得的50幅银河照片，并刊出了他发现的许多暗星云，列出了第一个暗星云目录。

是木卫五的发现者。1892年9月9日在利克天文台用当时世界上最大的、口径91厘米的折射望远镜对木星进行目视观测，发现在4颗伽利略卫星之内有一颗新卫星，该卫星被命名为木卫五。

有两项发现以他的名字命名。1916年在蛇夫座发现了一颗自行达每年$10''.3$的恒星，即为巴纳德星，迄今为止依然是恒星中自行最大的一颗。1908年发现M8区域中有许多很小很暗但轮廓清晰的黑点。1947年B. J. 博克对这类天体作了深入的研究，并将它们命名为球状体。这类天体现在也称为巴纳德天体或博克球状体。

还是一位搜索彗星的能手，一生中发现了很多彗星。同时还发现一些新的星云。1883年独立发现了对日照现象。

因在天文学上的杰出贡献，于1892年、1893年和1900年分别获法国科学院的拉朗德金质奖章、阿喇戈金质奖章和让桑金质奖章。1897年获英国皇家天文学会金质奖章。1906年获法国天文学会让桑奖金。1917年获太平洋天文学会布鲁斯金质奖章。（宣焕灿）

皮克林，W. H.（Pickering，William Henry） 美国人，1858年2月15日生于美国马萨诸塞州波士顿，1938年1月16日卒于牙买加曼德维尔。天体物理学。

著名天文学家E. C. 皮克林之弟。1879年毕业于马萨诸塞理工学院并留校任教。1887年任哈佛大学天文台助理教授。1891年在秘鲁阿雷基帕创建哈佛大学天文台的博登观测站。1900年率一支天文观测队去牙买加。1911年起任哈佛大学天文台在牙买加的永久性观测站站长。1924年退休后，仍在该站坚持天文观测直至去世。

1899年用照相方法发现了土星的一颗新卫星——土卫九，指出它具有逆行轨道。20世纪初期，根据海王星受到的附加摄动预言在海王星外存在着一颗新的行星，美国天文学家P. 洛厄尔也独立地作出了类似的预言。1930年，美国天文学家C. W. 汤博发现了冥王星，证实了这一预言。他是使用明胶底片进行天体照相的开创者之一。1888年用这种底片拍到一批最早的火星照片，1900年在牙买加的观测站拍到许多优质的月面照片。还建议和推动哈佛大学天文台开展广泛的照相巡天工作，并对行星和卫星作了大量的目视观测。（宣焕灿）

沙伊纳，J.（Scheiner，Julius） 德国人，1858年11月25日生于德国科隆，1913年12月20日卒于波茨坦。天体物理学。

风景画家兼建筑绘画师。1878年进入波恩大学学习，并在波恩天文台当助手。1882年获博士学位，曾任波恩天文台台长。1887年到波茨坦天体物理台工作直至去世。1894年起兼任柏林大学天体物理学教授。

1888～1891年在波茨坦天体物理台与台长沃格尔合作，用后者设计的摄谱仪进行观测，使测定恒星视向速度的精度大为提高，为这方面的研究开创了新纪元。1899年通过长时间露光拍得了仙女座大星云的光谱，发现它和太阳光谱相似，因而提出仙女座大星云是遥远的恒星系统的出色见解。1910年前后，与J. 维尔辛合作，应用当时在黑体辐射方面的研究成果，定出了百余颗恒星的温度，并进而推算出这些恒星的直径。1899～1912年间，还主持出版了6大卷国际照相星图。（章圣泮）

克洛德，F. A.（Claude，François Auguste） 法国人，1858年12月30日生于法国斯特拉斯堡，1938年7月15日卒于巴黎。天体测量学、仪器研制。

早年在法国军队服役，退伍后当过6年工业设计师。此后在巴黎经度局天文台度过后半生：1884年任助理计算师，1898年任总计算师，1910年成为助理台长，1929～1938年任台长。

在天文学上的主要贡献是于1899年发明了棱镜等高仪。这种仪器是由一架水平放置的望远镜和装在其前面的等边棱镜构成。恒星发出的光一部分直接射入棱镜的一面，另一部分则由放置在棱镜前的水银底盘反射后射入棱镜的另一面，于是在望远镜中形成两个星像。当恒星恰好位于地平高度为60°的等高圈上时，两星像便重合。对多个过等高圈的恒星进行观测便可确定某地的地理经纬度。1900年这一发明问世后，又与水文学家德里安库尔特(L. Driencourt)合作改进了这种仪器，并使之适合于大地测量的需要。　(张可可)

于利乌斯，W. H. (Julius, Willem Henri)　荷兰人，1860年8月4日生于荷兰聚特芬，1925年4月15日卒于乌得勒支。太阳物理学。

曾就学于乌得勒支大学。1890年任阿姆斯特丹大学物理学教授。1896年任乌得勒支大学物理学教授。

早年研究火焰的红外光谱。1901年的日食观测成为其科学事业的转折点，从此终生致力于太阳物理学的研究。首先讨论了太阳大气中折射的不均匀性和在吸收线附近的反常折射。以此解释了日珥的发光和太阳黑子的变暗。后来又仿此用反常散射来解释吸收线内的变暗。时至今日，反常散射仍被看作是形成太阳强共振线的一种机制。在1905年和1912年两次日食观测中，利用太阳圆面被部分遮挡的情况采用新的方法来测定太阳圆面的亮度分布。　(谈湫梅)

特纳，H. H. (Turner, Herbert Hall)　英国人，1861年8月13日生于英国利兹，1930年8月20日卒于瑞典斯德哥尔摩。天文学、地震学。

1882年毕业于剑桥大学。1884～1893年参加格林尼治皇家天文台工作。1893～1930年任牛津大学天文学教授。1897年成为英国皇家学会会员。1908年入选巴黎科学院通讯院士。曾担任过一些天文和地震方面国际研究机构的高级职务。在主持召开大地测量学和地球物理学国际联合会地震学分会的学术会议时去世。

是一位有名的国际科学计划的组织者，曾担任编制照相星图的国际协调人。还积极地组织人员去西印度群岛(1886年)、日本(1896年)、印度(1898年)、阿尔及尔(1900年)和埃及(1905年)等地进行日全食考察。1913年后对地震学感兴趣，曾主持出版《国际地震学概要》季刊，此刊是1918～1963年间所有地震记录资料的汇编，从未间断，对地震学研究起了重要作用。众所周知的泽普里兹-特纳表一直被广泛采用到20世纪30年代。1927年获太平洋天文学会布鲁斯奖章。(倪祥斌)

帕克赫斯特，J. A. (Parkhurst, John Adelbert)　美国人，1861年9月24日生于美国伊利诺伊州迪克森，1925年3月1日卒于威斯康星州威廉斯贝。天体物理学。

自幼丧母，由舅父母扶养成人。1886年在印第安纳州罗斯工学院获理学士学位，1897年获理科硕士学位。是美国天文学会和英国皇家天文学会的会员。1898年参加芝加哥大学叶凯士天文台工作。1900年后专事天文研究。1919年成为副教授。

在恒星的目视测光和照相测光方面成就卓著，曾先后发表了数十篇论文。测出了北极和北纬73°之间的极区亮于$7^{m}.5$的恒星的目视星等和照相星等、色指数及光谱型。还与其他天文台合作，把一些暗星的亮度和已知亮星的亮度作比较。对24个卡普坦选区中的1 500个恒星测出照相星等和色指数。这些观测结果在他去世后发表。　(倪祥斌)

阿米，M. T. A. (Hamy, Maurice Théodore Adolphe)　法国人，1861年10月31日生于法国滨海布洛涅，1936年4月9日卒于巴黎。天体力学、天体物理学、光学。

1884年在巴黎大学获理学士学位，此后一直在巴黎天文台任职。1893年获天文学家衔，1904年获首席天文学家衔，1929年退休。1908年被选为法国科学院院士。1916年选入国家经度局，1921年任经度局主席。

在天体力学方面，研究天体的形状、行星摄动的高阶系数渐近值问题，由此计算某些长期不均匀性，发展了大数函数近似值的研究。在实测天文学方面，改进了几种测定中星仪常数的方法，以及用物端棱镜测定视向速度的方法。在分光学方面，测定了几种单色辐射，特别是镉的单色辐射。在天体物理学方面，研究用干涉方法测量恒星和行星的直径，解决了用宽缝光栅带来的数学问题。　(萧耐园　葛京坪)

英尼斯，R. T. A. (Innes, Robert Thorburn Ayton)　英国、南非双重国籍。1861年11月10日生于英国苏格兰爱丁堡，1933年3月13日卒于瑟比顿。天体物理学。

12岁辍学，靠自学成才，精通数学。17岁时选为英国皇家天文学会会员。1884年移居澳大利亚，经营葡萄酒生意。业余时间全部用于研究天文学。后应D. 吉尔之邀任南非好望角天文台秘书。1903年任约翰内斯堡德兰士瓦天文台台长。1904年成为爱丁堡皇家学会会员。1923年获莱顿大学荣誉理学博士学位。1927年退休。

是第一个扎根南半球进行双星研究的人。一生中总共发现了1 628对双星。1899年发表了一份南天双星表。1903年修订了《好望角照相巡天星表》。1927年刊布了第二份双星表，即著名的《赤纬－19°～－90°南天双星表》。还研究了自行、变星、月掩星、木星的伽利略卫星。是研究地球自转不均匀性的先驱者，也是最早把闪视镜用于天文学的人之一。　(谢高峰)

埃姆登，R. (Emden, Robert)　瑞士人，1862年3月4日生于瑞士圣加伦，1940年10月8日卒于苏黎世。天体物理学。

1887年在斯特拉斯堡大学获博士学位。1907年任慕尼黑理工学院的物理和气象学助理教授。1928年任慕尼黑大学的天体物理学助理教授。1920年人选德国巴伐利亚科学院院士。

1907年的著作《气体球，热力学理论在宇宙学和气象学上的应用》具有深远影响，后来的许多天体物理学教科书都是以它为基础。引进“物态的多方变化”的概念，并首先推导出不可分辨粒子的辐射平衡，即光子统计学。因此是一位玻色-爱因斯坦统计学应用的先驱者。后来的工作涉及到天文折射、大气热力学和大气中声的传播。在发展气球飞行理论方面也有所贡献。

（蒋窈窕）

坎贝尔，W. W.（Campbell, William Wallace） 美国人，1862年4月11日生于美国俄亥俄州汉考克县，1938年6月14日卒于加利福尼亚州旧金山。天体物理学、科学管理。

4岁丧父，由母亲带到农场抚养。在当地受完中等教育后，进入密歇根大学学习土木工程。因阅读纽康的《大众天文学》入迷而开始钻研天文学。高年级时就成为该大学天文台的助手。1886年毕业后到科罗拉多大学任数学教授。1888年又回到密歇根大学。1890年到利克天文台工作，1901年任台长。1910年为观测南天恒星的视向速度，到智利建造南方观测站。1923年任加利福尼亚大学校长，并从事科学管理和天文学史的研究，1930年因健康原因退休。曾任国际天文学联合会主席（1922～1925年）、美国科学促进协会主席（1911年）、美国天文学会会长（1922～1925年），并两次担任太平洋天文学会会长（1895年，1910年）。1931～1935年任美国国家科学院院长。

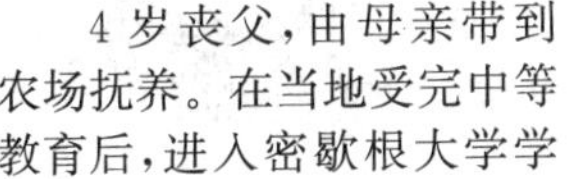

对天文学的主要贡献是在恒星的光谱观测。在利克天文台和该台的南方观测站，系统地测定了大量恒星的视向速度，并进而精确地推出了太阳空间运动的速度和方向。发现御夫座新星连续谱和发射线的变化、沃尔夫-拉叶星发射谱的亮带特征、氦的F线及绿色氖线强度的变化。1894年观测火星光谱，得出火星大气缺氧和水，因而不能维持生命的结论。还是一位精密的天文仪器设计者，例如于1893年设计制造了三块棱镜的米尔斯摄谱仪等。1898～1922年先后7次参加全球性的日食观测，在1922年的日食观测中再次验证了爱因斯坦的广义相对论。还发现了许多分光双星。曾获巴黎科学院的拉朗德奖章（1903年）和让桑奖章（1910年）、美国国家科学院的德雷珀奖章（1906年）、太平洋天文学会的布鲁斯奖章（1915年）等。并曾荣获英国剑桥大学等多所大学的荣誉博士学位。

（刘汝良）

法布里，L.（Fabry, Louis） 法国人，1862年4月20日生于法国马赛，1939年1月26日卒于土伦附近的莱勒克。天体物理学。

是物理学家C.法布里之兄。曾入巴黎综合工科学校学习。1883年获马赛学院理学士学位，之后进巴黎天文台的实用天文学校，学习期间用折轴式赤道仪发现了一颗彗星。1886年就职于尼斯天文台。1890年至马赛天文台，一直工作到1925年退休。1919年当选为法国科学院通讯院士。

主要工作是研究彗星、观测小行星、设计证认小行星的快速方法、计算和改进小行星星历表等。因证明彗星的双曲线轨道是原来的椭圆轨道受行星摄动的结果而得科学院奖。

（萧耐园　葛京坪）

赫西，W. J.（Hussey, William Joseph） 美国人，1862年8月10日生于美国俄亥俄州，1926年10月28日卒于英国伦敦。天体物理学。

1889年毕业于密歇根大学土木工程系。曾短期任职于美国航海历书局。后在密歇根大学任数学与天文学讲师。1891～1892年任底特律天文台代理台长。1896～1905年在利克天文台任天文学家。此后直至去世任密歇根大学天文学教授和底特律天文台台长，期间在1912～1915年，又兼任阿根廷拉普拉塔大学天文台台长。

在利克天文台和拉普拉塔大学天文台工作期间，对双星进行了广泛的研究。1903年在加利福尼亚州南部和亚里桑那州进行天文台选址工作，对选定威尔逊山天文台台址起了重要作用。还热心发起在南半球筹建天文台，曾去澳大利亚寻找合适的台址，并为在南非的布隆方丹筹建一个主要从事双星研究的天文台而尽了极大努力，1926年去该台主持安装望远镜途中突然在伦敦去世。

（葛京坪）

布伦德尔，O. R. M.（Brendel, Otto Rudolf Martin） 德国人，1862年8月12日生于德国柏林附近，1939年9月6日卒于弗赖堡。天体力学。

1883～1889年相继在斯德哥尔摩、柏林、慕尼黑、伦敦和巴黎等地大学研究数学和天文学，1890年获博士学位。1898年起在格丁根大学任理论天文学教授。1907年到法兰克福商学院教数学，第二年成为法兰克福新建的一座天文台的台长。1914年起任法兰克福大学教授兼该校天文台台长，1927年退休。最突出的贡献是把瑞典天文学家于尔登（Gyldén）的普遍摄动理论改进后用于研究小行星的运动。当时迫切需要找到一种方法，能尽快把已发现的小行星所受到的主要摄动算出，保证它们在一定时期内不致丢失。这种改进的方法又称为“群法”，即按小行星公转周期分群，同一群小行星的主要摄动项可用一公式计算，其中不同的小行星只需作少量改正。这样的近似摄动计算可保证小行星在一定时期（几十年）内不致丢失。这项成果获法国科学院奖金。主要著作是1897～1911年间分4卷出版的《小行星理论》。

（易照华）

昂杜瓦叶,H.(Andoyer,Henri) 法国人,1862年10月1日生于法国巴黎,1929年6月12日卒于同地。天体力学、数学。

1884年毕业于高等师范学校数学系。1887年获博士学位后在图卢兹天文台参加照相星图工作,并从事天体力学理论研究。1892年起在巴黎大学执教37年,1903年升任教授。1910年任国家经度局委员,并担任法国天文年历的主编。1919年成为法国科学院院士。主要成就在天体力学方面。他提出了一种用于研究月球运动的中间轨道理论和一种计算历表的特殊方法;获得了用纯三角级数表示天体运动方程的解;研究了赫古巴(Hecuba)小行星群的摄动;推出了多体问题平衡点附近的解并用于讨论太阳系的稳定性;提出了一组至今仍在使用的正则共轭变换,现称昂杜瓦叶变换。

(易照华)

格罗斯曼,E. A. F. W.(Grossmann,Ernst August Friedrich wilhelm) 德国人,1863年2月16日生于德国不来梅附近,1933年3月17日卒于慕尼黑。天体测量学。

1884年开始研究天文学,1891年获博士学位。先后在格丁根天文台(1891~1896年)、维也纳M.库夫纳(Moritz Kuffner)的私人天文台(1896~1898年)、莱比锡天文台(1898~1902年)和基尔天文台(1902~1905年)任助理。1905年起在慕尼黑当观测员。1928年退休。

主要研究有关基本天体测量学测量工作的各种问题。研究了双星测量中的系统误差,使用子午环对双星作了细致的观测。研究了大气折射理论,得到十分精确大气折射常数值60″.15。1921年他指出要确定水星近日点相对论性运动的可靠值,当时的观测资料还不够精确。20多年后,美国海军天文台全面讨论了1765~1937年间水星观测资料,结果表明观测到的水星近日点运动值与相对论相符。

(谢高峰)

沃尔夫,M.(Wolf,Maximilian Franz Joseph Cornelius) 德国人,1863年6月21日生于德国海德堡,1932年10月3日卒于同地。天体物理学。

出身富有的医生家庭。青年时代就热衷于天文学,因而1885年父亲给他建了一个私人天文台。1888年在海德堡大学获博士学位。此后在瑞典斯德哥尔摩天文台从事天文研究。回国后曾在海德堡大学任讲师,1901~1932年任天体物理学和天文学教授。

1891年在自己的天文台中工作时,就因开创用照相方法发现小行星而闻名学术界。后来巴登(Baden)公爵资助他兴建了巴登天文台,美国人C. W.布鲁斯(Catherine Wolfe Bruce)赠予一架16英寸(约41厘米)的双筒望远镜。在巴登天文台用照相方法发现了数百颗新的小行星,并用目视测量方法对这些小行星进行了精确定位。在这些小行星中,著名的脱罗央群小行星中的第一颗阿基琉斯(第588号,Achilles)就是他在1906年发现的。除小行星研究外,在星云研究方面也颇有贡献,气体星云中重要的一类——暗星云就是由他与美国天文学家巴纳德各自独立发现的。1908年按形态对星云进行了分类。在这一分类中已将暗星云、行星状星云以及旋涡星云等明确区分开了。1923年提出了一种测定暗星云的距离与厚度的方法。还与C.普尔弗里希合作,发明了体视比较仪。1930年获太平洋天文学会布鲁斯奖章。

(宣焕灿 田 雁)

坎农,A. J.(Cannon,Annie Jump) 美国人,1863年12月11日生于美国特拉华州多佛,1941年4月13日卒于马萨诸塞州坎布里奇。天体物理学。

父亲W. L.坎农(Wilson Lee Cannon)是特拉华州的参议员。她于1884年毕业于韦尔斯利学院。1894年又回到该校进修数学、物理学和天文学。翌年赴哈佛大学拉德克利夫女子学院专门研究天文学。1896年到哈佛大学天文台工作。1911年起任该台天体照相部门主任直至去世。

在恒星光谱分类方面作出了杰出的贡献。在到哈佛大学天文台工作之前,该台已在E.C.皮克林的领导下,开展了大规模的恒星光谱巡天。按照一种由A到Q的字母来标志的分类系统,弗莱明夫人首次对10 351颗恒星进行了分类,并于1890年以《德雷珀恒星光谱表》之名刊布在《哈佛年鉴》27卷上。但这一星表中列出的星都是赤纬−25°以北的。坎农到哈佛大学天文台工作后,应用该台阿雷基帕观测站(在秘鲁境内)的物端棱镜光谱资料对南天亮星进行了分类。分类时对"德雷珀恒星光谱表"的字母系统作了部分的删除和修整。最后归纳成一种主要由O、B、A、F、G、K、M等类型构成分类系统,每一类型又细分成10个次型,并以字母后紧跟数字0、1、2、…、9表示之。1901年,她按照这种分类的1 122颗星的光谱星表刊于《哈佛年鉴》28卷2分册上。在这项工作的基础上开始对该台用物端棱镜拍摄的全部恒星光谱进行分类,终于在1918~1924年,在《哈佛年鉴》91~99卷上,刊布了225 300颗恒星的《亨利·德雷珀星表》(简称HD星表)。这就是举世闻名的哈佛光谱分类。1925~1936年又在《哈佛年鉴》100卷上发表了《亨利·德雷珀星表补篇》,其中列有约47 000颗星的光谱分类。1949年《哈佛年鉴》112卷上又发表了她生前所作的约86 000颗星的光谱分类。一生中还发现了300多颗变星。

在女性中,她第一个获牛津大学荣誉博士学位,第一个获英国皇家天文学会会员资格。1931年美国国家科学院授予她德雷珀金质奖章,1932年获埃伦·理查

兹研究奖金。她因早年患猩红热，导致双耳几乎全聋。一心献身科学事业，终身未嫁。（葛京坪）

埃弗谢德，J.（Evershed，John） 英国人，1864 年 2 月 26 日生于英国萨里郡贡沙尔，1956 年 11 月 17 日卒于萨里郡尤赫斯特。太阳物理学。

早年在布赖顿的一所私立学校读书，后来又到克罗伊登受教育。1906 年与 M. A. 奥尔（Mary Acworth Orr）结婚，后者直到 1949 年去世，一直是他工作中的好助手。大哥西德尼（Sydney）是皇家海军的电子仪器发明家，是他进入科学领域的引路人。

他年轻时在萨里郡肯利自己的天文台里研究太阳的连续光谱和吸收光谱。1894 年继承了天文学家 A. C. 兰耶尔德的一些仪器，包括一架口径 18 英寸（约 46 厘米）的折射望远镜和一台光谱仪。1898 年到印度观测日全食，首次拍到巴耳末系限 364.6 纳米处的紫外连续光谱。

由著名天文学家 W. 哈金斯的推荐，当了印度戈代加纳尔暨马德拉斯天文台台长 C. M. 史密斯（C. Michie Smith）的助手。充分利用戈代加纳尔高山的条件（海拔 2 343米），开展了一系列的太阳单色光照相工作。分析太阳边缘的黑子光谱，于 1909 年发现黑子半影的夫琅和费线由于多普勒位移所造成的谱线轮廓不对称现象。根据观测到的谱线位移量，可求出视向速度。结果表明在黑子内部有物质从本影向外流动，而在上层则有物质流入。这种谱线轮廓的不对称现象现称为“埃弗谢德效应”。1911 年继任戈代加纳尔暨马德拉斯天文台台长。在任职期间较早地利用 H_{α} 太阳单色光照片进行大量的色球研究。1915 年到克什米尔观测太阳光谱，对测量太阳谱线的微小红移来检验爱因斯坦的引力红移的预言进行了首次尝试。

1923 年退休回到英国萨里郡的尤赫斯特，新建了一个私人天文台，进行高色散的工作，测量黑子和日珥太阳光谱的精确波长和微小的谱线位移，并研究塞曼效应以估计黑子磁场强度，一直观测到 1953 年。后来把仪器赠给格林尼治皇家天文台。（蒋窈窕）

埃斯顿，C.（Easton，Cornelis） 荷兰人，1864 年 9 月 10 日生于荷兰多德雷赫特，1929 年 6 月 3 日卒于海牙。天体物理学、气候学。

1881 年高中毕业。1886 年以前曾一度在巴黎索邦大学学习法语，后主要从事记者工作。17 岁时，作为业余天文学家画出了银河的亮度分布图，此后由于改进和解释这张图而赢得了国际声望。1903 年获格罗宁根大学的物理学荣誉博士。1893 年这张图以《北天球的银河》为题在巴黎发表。在解释这张图的亮度分布时，1913 年采用了银河系存在旋臂的假设，并将银心取在天鹅座方向。尽管后来证明他的银心方向搞错了，但认为银河系存在旋臂的思想却是一个出色的预见。在气候学方面也颇有贡献。1928 年出版了《西欧的冬天》一书，对长时期以来西欧气候条件的变化进行了统计研究，提出了气候条件存在着周期性变化的见解。

（葛京坪）

里奇，G. W.（Ritchey，George Willis） 美国人，1864 年 12 月 31 日生于美国俄亥俄州塔珀的普莱恩斯，1945 年 11 月 4 日卒于加利福尼亚州阿祖萨。天文光学、天体物理学。

1887 年毕业于辛辛那提大学。1896 年应 G. E. 海尔邀请到新建的叶凯士天文台制造光学仪器。1901～1906 年在芝加哥大学天文系工作。1906 年去威尔逊山主持制造天文仪器。1923 年应邀访问巴黎的法国国立天文台，后担任该台天文摄影实验室主任。1930 年封为法国荣誉军团骑士。1931 年返回美国，任美国海军天文台照相和望远镜研制部门负责人，1936 年退休。

在天文学上的主要贡献是在望远镜制造及天体照相方面。为威尔逊山天文台制造了 60 英寸（约 1.5 米）反射望远镜，并为探讨制造 100 英寸（2.54 米）胡克望远镜做了大量工作。第一次世界大战期间，为美国兵器部培训了百余名瞄准器光学部件的制造人员。后因故被威尔逊山天文台免职。在巴黎，与克列基昂（Henri Chrétien）提出了一种齐明反射望远镜的设计，并在 1930 年制成了第一架这种望远镜。1936 年为美国海军天文台制造了一台口径为 40 英寸（1.01 米）的齐明反射望远镜。这种望远镜的光学系统与卡塞格林系统相似，但其主镜与副镜分别十分接近于凹双曲面和凸双曲面，既能消球差又能消除彗差，因而有较大的视场。这种光学系统称里奇-克列基昂系统，简称 R-C 系统。目前在大型反射望远镜中得到广泛的采用。通过细致的照相观测，指出了银河系中的暗带与仙女星云中暗带的相似性，把 M31 的外缘部分分解成单星。拍到了 M31 中新星和超新星的照片，对首次测定旋涡星云的距离起了促进作用。（谢高峰）

艾特肯，R. G.（Aitken，Robert Grant） 美国人，1864 年 12 月 31 日生于美国加利福尼亚州杰克逊，1951 年 10 月 29 日卒于加利福尼亚州伯克利。天体物理学。

少年时曾响往当一名牧师，但 1883～1887 年在威廉斯学院学习生物学和天文学使他的兴趣转向科学。1891 年任太平洋大学数学教授。1895 年到利克天文台任助理天文学家，1923 年任该台副台长，1932 年升任台长，1935 年退休。在利克天文台工作 40 年。

是一位杰出的双星观测者。1899 年起作双星统计研究，并对双星作系统的巡天观测。到 1915 年时，与 W. J. 赫西等人合作共发现4 400多对双星，其中 2/3 是他发现的。1918 年出版《双星》一书，书中对他们所发现的双星的资料进行了统计研究。1932 年编成《距北天极 120°范围内的双星新总表》，迄今仍是第一流的工作。1906 年获法国科学院拉朗德金质奖章。1926 年获太平洋天文学会布鲁斯奖章，1932 年获英国皇家天文

学会金质奖章。（刘汝良）

哈特曼，J. F.（Hartmann，Johannes Franz） 德国人，1865 年 1 月 11 日生于德国爱尔福特，1936 年 9 月 13 日卒于格丁根。天文光学、天体物理学。

商人之子。在爱尔福特上小学和中学，后来在蒂宾根、柏林、莱比锡等地的大学继续求学。1891 年在莱比锡获博士学位。此后在莱比锡天文台工作。1896～1909 年任职于波茨坦天体物理台。1902 年升任教授。1909 年到格丁根大学任天文台台长和教授。1921 年应阿根廷政府之请，出任拉普拉塔天文台台长。1935 年退休返回德国。

1904 年在分光双星猎户座 δ 星光谱中发现其中电离钙的 K 线和别的谱线不同，它不随主星与伴星的互相绕转而产生多普勒位移。由此正确地指出这条谱线不是来自于该天体，而是来自于该天体与我们之间的星际吸光物质，从而第一次提供了星际物质存在的观测证据。在波茨坦天文台任职期间，导出了一个描述棱镜摄谱仪的新的内插色散方程，后称哈特曼公式。为了检验物镜的光学质量，还提出了著名的哈特曼光阑法。曾制成一台石英棱镜摄谱仪，并用它研究了恒星的近紫外光谱。1931～1932 年观测了小行星爱神星的大冲，并测得了太阳视差的新数据。（葛京坪）

克罗姆林，A. C.（Crommelin，Andrew Claude de la Cherois） 一译克洛梅林。英国人，1865 年 2 月 6 日生于北爱尔兰卡申登，1939 年 9 月 20 日卒于伦敦。天体力学、彗星天文学。

1886 年毕业于剑桥大学三一学院。1891～1927 年在格林尼治皇家天文台工作。此后担任过多种科学杂志的编辑工作。1929～1931 年任英国皇家天文学会会长。1935～1939 年任国际天文学联合会周期彗星委员会主席。

在 20 世纪初，为了预报哈雷彗星的回归，与 P. H. 考埃尔共同用数值方法直接积分该彗星的直角坐标运动方程，获得一系列时刻的彗星坐标值。这种方法后被称为考埃尔方法。它也可用来研究木星卫星的复杂运动以及小行星的运动。它为天体力学中的数值方法奠定了基础。由于这一贡献获德国天文学会的林德曼奖金和牛津大学的荣誉理学博士学位。1929 年证明了福布斯 1928Ⅲ 彗星、科吉埃-温纳克 1873Ⅶ 彗星、庞斯 1818Ⅰ 彗星是同一颗彗星，其周期为 28 年。1948 年国际天文学联合会将此彗星改名为克罗姆林彗星。该彗星在 1956 年过近日点时仅比他的预言晚 4 天。

（宣焕灿）

施滕贝格，П. К.（Штернберг，Павел Карлович；Sternberg，Pavel Karlovich） 苏联人，1865 年 4 月 2 日生于俄国奥廖尔，1920 年 1 月 31 日卒于莫斯科。天体物理学、重力测量学。

小商人的儿子，从小就对天文学发生兴趣。1883 年进入莫斯科大学物理和数学系学习。1888 年毕业后成为莫斯科大学天文台的高级助理员，并参加俄罗斯的欧洲重力探测队工作。1890 年正式成为莫斯科大学天文台的天文观测员。1903 年获硕士学位。1913 年成为天文学博士，1916 年被聘为莫斯科大学天文台台长。是苏联用照相方法精确测量恒星位置的先驱者。在莫斯科大学天文台用 15 英寸（约 38 厘米）口径的双筒望远镜作了大量的天体照相工作。进行重力测量及研究纬度变化与地轴运动的关系。1917 年 4 月选为全俄天文学家代表大会主席。1931 年以他的名字命名莫斯科大学的天文研究所。（刘汝良）

普拉斯基特，J. S.（Plaskett，John Stanley） 加拿大人，1865 年 11 月 17 日生于加拿大安大略省伍德斯托克附近的希克森，1941 年 10 月 17 日卒于不列颠哥伦比亚省维多利亚附近的埃斯奎莫尔特。天体物理学、天文光学。

高中毕业后到农场工作，后又到爱迪生电气公司工作。1889 年进多伦多大学物理系当技工，边工作边学习，1899 年毕业。

1903 年到渥太华自治领天文台，用 15 英寸（38 厘米）反射望远镜测定天体的视向速度，并为该望远镜设计了新的光谱仪。1913 年参加加拿大 72 英寸（183 厘米）反射望远镜的筹建。1917 年聘为不列颠哥伦比亚省维多利亚自治领天体物理台台长。发现了许多双星，并测出其轨道。1922 年，发现 BD＋6° 1309（或 HD47129）并非单星，而是一颗双星。该星后来命名为“普拉斯基特双星”，是一颗质量很大的恒星，每个子星的质量约为太阳质量的 65～75 倍。是天文仪器设计方面的一位带头人。研究了 O、B 型星以及星际钙的运动和分布。进行了长期的分光观测，特别是用分光方法证实了银河系的自转，1930 年通过测定 O5～B7 型恒星的运动求得了银心的方向和离地球的距离。1935 年退休。是英国皇家学会会员，加拿大皇家天文学会会长。曾荣获北美和英国 6 个学会的多种奖章，其中有 1932 年太平洋天文学会布鲁斯奖章。（刘汝良）

普尔，C. L.（Poor，Charles Lane） 美国人，1866 年 1 月 18 日生于美国新泽西州哈肯萨克，1951 年 9 月 27 日卒于纽约。彗星天文学、航海学。

毕业于纽约市立学院，1886 年和 1890 年在该校相继获得理学士和理科硕士学位。1892 年在约翰斯·霍普金斯大学获哲学博士学位，同年任该校天文学教授，后升任天文系主任。1899 年辞职去南卡罗来纳继承父亲经营的棉花生意。1901～1906 年任《纽约科学院年鉴》编辑。1903 年任哥伦比亚大学天文学教授，1944 年成为荣誉教授。在约翰斯霍普金斯大学纽康的指导下，对彗星进行全面研究，1894 年发表了有关 1889V 彗星轨道和运动的出色论文。写过许多书籍和文章对爱因斯坦及其相对论进行激烈批评。是美国文理科学院和英国皇家天文学会的成员。还写过一些有关快艇竞赛和航海方面的书籍，并发明了不少航海仪器。（谢高峰）

西伊, T. J. J. (See, Thomas Jefferson Jackson) 美国人,1866 年 2 月 19 日生于美国密苏里州蒙哥马利城附近,1962 年 7 月 4 日卒于加里福尼亚州奥克兰。天体演化学。

1889 年毕业于密苏里大学。1892 年在柏林大学获博士学位。曾在芝加哥大学工作。1899 年在美国海军任数学教授,先后在海军天文台和海军学院工作。1903 年就任加利福尼亚州马雷岛天文台台长直至 1930 年退休。

一生主要研究恒星、太阳系及地球的演化。早年曾提出一种太阳系起源的灾变说,认为太阳等天体是由某恒星抛射物质形成的。1910 年又提出一种见解,认为曾有两星云相撞,形成一个星云状的原太阳,再俘获周围行星大小的物体,因受弥漫物质的阻尼,这些物体的轨道逐渐变圆。开创了高速抛射体形成陨石坑的实验研究,并正确提出地球上的山和海不是地球冷却收缩形成的,而是上下陆地物质交换的结果。还研究了引力波理论。(章圣泮)

莫里, A. C. (Maury, Antonia Caetana de Paiva Pereira) 美国人。1866 年 3 月 21 日生于纽约州科尔德斯普林-昂-哈得孙,1952 年 1 月 8 日卒于纽约州多布斯费里。天体物理学。

天文学家 H. 德雷珀的甥女、化学家 J. W. 德雷珀的外孙女。父亲是博物学家。莫里 1887 年毕业于瓦瑟,后成为哈佛大学天文台的助理人员。

曾一度离开哈佛到美国一些城市讲授天文学。1908 年回到哈佛大学天文台。继续研究分光双星。1935 年退休后,曾任德雷珀公园博物馆馆长,并每年去哈佛大学天文台测定分光双星天琴座 β 的光谱。在 E. C. 皮克林发现第一颗分光双星(开阳)以后,她测出了它的周期为 104 天。1889 年她发现了第二颗分光双星御夫座 β,周期约为 4 天。1890 年哈佛大学发表了第一份纪念 H. 德雷珀的星表即《德雷珀恒星光谱表》后,在对亮星作进一步光谱研究时,她发现该星表的光谱分类法不足以表示所有恒星的光谱特征。于是进一步提出了考虑光谱线宽窄和谱线明锐程度的分类法。1897 年刊布了自己的光谱表——《亮星的光谱》,其中包括了对北天 681 颗亮星的分类。提出的分类法是恒星光谱二维分类的先驱。在该分类法的基础上,E. 赫茨普龙于 1905～1907 年发现了巨星和矮星。(谢高峰)

桑普森, R. A. (Sampson, Ralph Allen) 英国人,1866 年 6 月 25 日生于爱尔兰科克郡,1939 年 11 月 7 日卒于英国巴斯。观测天文学。

1888 年毕业于剑桥大学圣约翰学院。1891 年获剑桥大学天文和物理光学方面的牛顿奖学金,并随纽沃尔研究天体分光学。1893 年任达勒姆大学数学教授。1910 年任苏格兰皇家天文学家兼爱丁堡大学天文学教授。1937 年退休。

1893 年发表"关于太阳自转和力学状态"的论文,讨论了由辐射和吸收造成的温度分布,首先提出稳定恒星大气理论中辐射平衡的原创概念。通过反复审核和详细研究木卫食的哈佛照相观测资料及早期的一系列有关资料,于 1909 年发表了论文"1878～1903 年木卫掩食的讨论"。1910 年发表的《木星四大卫星食表》成了国家历书中计算木卫食的基础。1921 年发表的论文"木星四大卫星理论"为木星四大卫星运动的研究开辟了新的途径。还研制成一种得到许多天文台广泛运用的摆钟,并在分光光度测量学中引进分光光度梯度的概念。(倪祥斌)

布朗, E. W. (Brown, Ernest William) 美国人,1866 年 11 月 29 日生于英国英格兰赫尔,1938 年 7 月 22 日卒于美国康涅狄格州纽黑文。天体力学。

青年时就擅长数学。1884 年获剑桥大学基督学院奖学金,1887 年获剑桥大学文学士学位,1891 年获文学硕士学位。同年移居美国。1893 年任宾夕法尼亚大学哈弗福德学院数学教授。1897 年获理学博士学位。1907 年任耶鲁大学教授直至 1932 年退休。1923 年当选为美国国家科学院院士。1914 年获英国皇家学会皇家奖章,1920 年获太平洋天文学会布鲁斯奖章,1937 年获美国国家科学院沃森奖章。

在剑桥大学攻读硕士学位时,受导师 G. H. 达尔文的影响,开始对月球运动问题感兴趣,此后为之献出了毕生精力。1897～1905 年用微分改正法对 G. W. 希尔不久前提出的月球运动理论加以改进,使之达到实用的阶段,形成了月球运动研究中著名的"希尔-布朗理论"。1919 年根据这一理论编算出《月球运动表》。1923 年起世界各国普遍以此为基础来编算天文年历中的月球历表。随着计算技术的发展,发现该表不够精确,1960 年开始,各国普遍改为直接按照"希尔-布朗理论"来编算天文年历中的月球历表。还对脱罗央群小行星以及对冥王星与天王星、海王星间的相互作用问题有所研究。(宋玉亭)

哈尔姆, J. K. E. (Halm, Jacob Karl Ernst) 德国人,1866 年 11 月 30 日生于德国宾根,1944 年 7 月 17 日卒于南非联邦(今南非共和国)斯泰伦博斯。天体物理学。

在宾根上中学。1884～1889 年在德国的吉森、柏林和基尔的几所大学里学习数学,在基尔大学获博士学位。1889 年起在斯特拉斯堡天文台任助理。1895 年任英国爱丁堡皇家天文台助理天文学家。1907 年就任南非开普敦的好望角天文台的首席助理，1926 年退休。

主要从事天文实测工作。用分光方法测量了太阳边缘的视向速度，以确定不同日面纬度处的自转速度。仔细分析观测资料，发现太阳自转速度在黑子变化的 11 年周期里有微小的变化。在好望角天文台，对恒星统计学进行广泛研究，发现 B 型星有系统性的运动。根据对恒星空间分布的研究，发现银河系有吸收物质。他首先提出恒星质量和光度之间的关系，后来 A. S. 爱丁顿确定了这种关系。在建立南天照相测光所需的标准星序方面也做了很多工作。（蒋窈窕）

珀赖因，C. D.（Perrine，Charles Dillon） 阿根廷人，1867 年 7 月 28 日生于美国俄亥俄州斯托本维尔，1951 年 7 月 21 日卒于阿根廷米特雷将军镇。观测天文学。

早年经商，因照相技术娴熟而成为天文爱好者。1893 年任利克天文台秘书，不久即因发现和观测彗星、计算彗星轨道以及通过观测爱神星测定太阳视差而成名。1907 年任太平洋天文学会会长，1909～1936 年任阿根廷国家天文台台长。1905 年获加利福尼亚州圣克拉拉大学荣誉理学博士学位。1900～1909 年参加过 4 次日全食观测。1904 年发现了木卫六，翌年又发现了木卫七。任阿根廷国家天文台台长期间，主持筹建了博斯基·阿莱格里天体物理观测站，后来成为南半球主要天文台之一。1901 年发现了英仙座新星周围星云状物质的运动。曾荣获法国科学院的拉朗德奖金、墨西哥天文学会金质奖章。（倪祥斌）

布劳，C. J.（Burrau，Carl Jensen） 丹麦人，1867 年 7 月 29 日生于丹麦埃尔西诺，1944 年 10 月 8 日卒于根措夫特。天体力学、统计数学。

毕业于哥本哈根大学。1895 年获博士学位。后在该校天文台任助理研究员。1906 年起任该校教授。

1892 年因哥本哈根天文台蒂勒（T. N. Thiele）的建议，丹麦皇家科学院设立一种奖金，要求解决平面圆型限制性三体问题中小天体的运动规律。他首先提出一种以碰撞轨道为极限的周期轨道族，使这个课题迈出了第一步。研究中提出了一种消除碰撞奇点的变换，后称为“蒂勒-布劳变换”。还研究了恒星位置照相测量仪器的常数问题，改进了经典方法。（易照华）

科斯京斯基，C. K.（Костинский，Сергей Константинович；Kostinsky，Sergey Konstantinovich） 苏联人，1867 年 8 月 12 日生于俄国莫斯科，1936 年 8 月 21 日卒于苏联普尔科沃。照相天体测量学。

1890 年从莫斯科大学物理和数学系毕业后到普尔科沃天文台工作。1894 年任高级天文学家。1915 年成为圣彼得堡科学院通讯院士，获莫斯科大学荣誉博士学位。1919 年任彼得格勒大学（后为列宁格勒大学）教授。

主要从事照相天体测量工作。发现了底片上两颗十分接近的恒星星像之间具有排斥效应，称科斯京斯基效应。使用照相方法精确测定恒星的自行和视差。发展了测量底片的方法，导出了处理公式。拍摄了大量星云、星团、火星卫星，天王星和海王星的照片，并对所拍摄的行星的位置作了精密测量。学生使用他拍摄的大量卡普坦选区的照片，编出一本18 000颗星的自行表。这对恒星运动学是一个很有价值的贡献。他还讲授照相技术，并在普尔科沃建立起一所照相天体测量学专家学校。提出的极移计算方法得到广泛的应用。（谢高峰）

戴森，F. W.（Dyson，Frank Watson） 英国人，1868 年 1 月 8 日生于英国英格兰莱斯特郡米舍姆，1939 年 5 月 25 日卒于南非好望角附近的船上。天体测量学、太阳光谱学。

1889 年毕业于剑桥大学。1894 年任格林尼治天文台首席助理。1901 年当选为英国皇家学会会员。1905 年成为苏格兰皇家天文学家，1910 年成为英国皇家天文学家。1911～1913 年任英国皇家天文学会会长。1933 年退休。曾 4 次获金质奖章，其中 1922 年获太平洋天文学会布鲁斯奖章。1915 年册封为爵士。

主要从事基本天文测量，改进了恒星位置照相测量的归算方法。与撒克里（W. G. Thackeray）一起重新观测 80 年前格鲁姆布里奇（S. Groombridge）所编星表的 4 239颗恒星以确定自行，证实了卡普坦的二星流假设也适用于更暗的星。在 1900 年、1901 年和 1905 年日全食观测中测定了色球光谱中1 200条谱线的波长。曾派出两个远征队观测 1919 年的日食，证实了太阳引力场的广义相对论效应。重新组织纬度测量，发展使用浮动天顶仪的方法。在格林尼治天文台期间，发展了地球物理工作。（萧耐园）

福勒，A.（Fowler，Alfred） 英国人，1868 年 3 月 22 日生于英国约克郡，1940 年 6 月 24 日卒于伦敦的伊灵。天体物理学。

出身工人家庭。在家乡读完小学。1880 年在地方中学得到奖学金，1882 年进入科学师范学校（皇家科学学院的前身）。毕业后在天文学家 J. N. 洛基尔的指导下工作。1901 年在皇家科学学院任天体物理学副教授，后升任教授。1934 年退休。从 1919 年国际天文学联合会成立起到 1925 年，任第一任秘书长。

对天体物理学的贡献是对元素光谱的研究。能非常熟练地证认出不同条件下的天体光谱和实验室光谱。首先证认出冷星（M 型星）中的氧化钛谱带，探测到太阳黑子光谱中的氢化镁以及低压下彗星的一氧化碳光谱带。证实了太阳和恒星里近紫外光谱的截断是由于地球大气的臭氧引起的。这是把波尔的原子理论应用于天体光谱研究而取得的成就。1934 年获太平洋天文学会布鲁斯奖章。（刘汝良）

菲利普斯，T. E. R.（Phillips，Theodore Evelyn Reece） 英国人，1868 年 3 月 28 日生于英国莱斯特

郡基布沃斯，1942年5月13日卒于萨里郡黑德里。行星物理学、气象学。

1891年从牛津大学圣埃德蒙学院毕业后任神职副牧师。1896年开始系统地观测行星。1914～1916年任不列颠天文协会主席。1927～1929年任英国皇家天文学会会长。去世前不久，牛津大学授予名誉理学博士。1897～1898年，不列颠天文协会的研究报告集中刊有菲利普斯表。这些表可以推算出木星表面不同纬度处的自转周期。1932～1933年的研究报告载有晚年的一系列观测资料。系统地观测了木星大红斑的漂移、外貌变化和南热带区的扰动等。1896～1941年间描出400多张火星面貌图。对大约80个恒星的光变曲线进行了调谐分析。此外，记录了许多地方的降雨量和年温度变化，尤其是黑德里的降雨量记录，历时25年之久从未间断过。（倪祥斌）

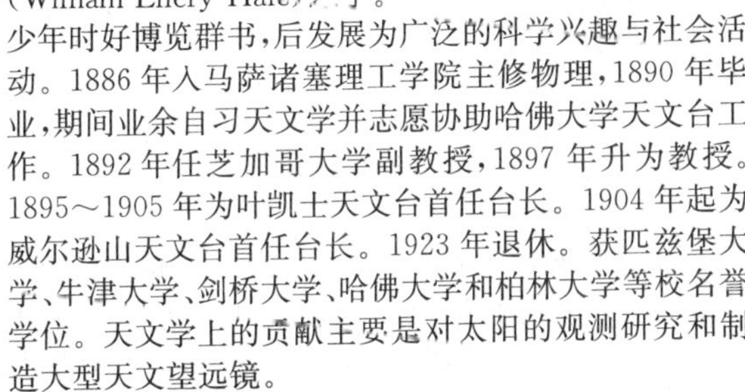

海尔，G. E.（Hale, George Ellery） 一译海耳。美国人，1868年6月29日生于美国伊利诺伊州芝加哥，1938年2月21日卒于加利福尼亚州帕萨迪纳。太阳物理学、仪器研制、科学传播。

电梯制造商W. E. 海尔（William Ellery Hale）之子。少年时好博览群书，后发展为广泛的科学兴趣与社会活动。1886年入马萨诸塞理工学院主修物理，1890年毕业，期间业余自习天文学并志愿协助哈佛大学天文台工作。1892年任芝加哥大学副教授，1897年升为教授。1895～1905年为叶凯士天文台首任台长。1904年起为威尔逊山天文台首任台长。1923年退休。获匹兹堡大学、牛津大学、剑桥大学、哈佛大学和柏林大学等校名誉学位。天文学上的贡献主要是对太阳的观测研究和制造大型天文望远镜。

在太阳观测和研究方面，1889年在马萨诸塞理工学院就学时即发表论文“日珥摄影术”，提出太阳单色光照相仪的原理，以拍摄单一光谱线的太阳像。1892年用研制成的这种照相仪拍摄了电离钙H和K线的太阳单色像，像上可见明亮的钙云（他称为谱斑）和日面边缘四周的日珥。1897年将太阳单色光照相仪配于叶凯士天文台40英寸（1英寸＝2.54厘米）折射望远镜上，用H_β线发现了氢的暗谱斑。1904年主持建成威尔逊山太阳观测台，装备有定天镜的太阳望远镜，翌年拍摄第一个黑子光谱，证实黑子温度低于日面其他区域的温度。1908年设计和主持建造的60英尺（1英尺＝0.3048米）太阳塔竣工，配以30英尺摄谱仪，观测到黑子光谱线的分裂，用塞曼效应阐明黑子具有很强的磁场。这也是人类首次探测到地球以外的磁场。1912年150英尺太阳塔落成，配以75英尺垂直式摄谱仪。用它研究太阳的普遍磁场，测得偶极磁场场强为20高斯（1高斯＝10^{-4}特斯拉）。1930年复测得场强为4高斯。1923年在帕萨迪纳建立海尔太阳实验室，翌年制成太阳单色光观测镜。还发现了黑子群磁场极性逆转的22年周期，即在高日纬再度出现相同极性黑子的周期约为22年。被推崇为“现代观测太阳天文学之父”。

在制造大型望远镜方面，说服了金融家C. T. 叶凯士（Charles Tyson Yerkes）出资建成叶凯士天文台，并于1897年在该台建成40英寸折射望远镜（“叶凯士望远镜”），迄今仍是世界上最大的折射望远镜。1908年主持建造的60英寸反射望远镜在威尔逊山天文台落成，它是当时世界上威力最大的望远镜，所摄恒星光谱质量空前。1917年又在该台主持建成100英寸反射望远镜，因由商人胡克（J. D. Hooker）捐款，故名“胡克望远镜”。此后30年中它一直是世界上最大的望远镜，对星系和宇宙学研究作出了莫大的贡献。当威尔逊山天文台受到洛杉矶的灯光影响时，业已退休的他又决定在该台东南约150千米处另建帕洛马山天文台，并从1928年起为之筹建200英寸巨型反射望远镜（简称5米望远镜）。该镜因第二次世界大战延至1948年方告落成，并被命名为“海尔望远镜”。直至20世纪70年代后期始有苏联的6米望远镜比它更大。

他的广泛科学活动还包括1891年与佩恩（W. W. Payne）共创《天文学和天体物理学》杂志。1895年与J. E. 基勒创办国际性的《天体物理学杂志》，至今仍是该领域的权威性刊物。1899年当选为新成立的美国天文学和天体物理学会（1914年更名为美国天文学会）副会长。1902年被选为美国国家科学院院士。第一次世界大战期间致力于使国家科学院立足于战争，主要成就是从天然气井中制备大量的氦以充飞艇，日后氦又成为低温设备的必需品。1916年美国国家研究委员会成立，任首届主席。在他的努力下，1919年7月在布鲁塞尔成立了国际研究委员会，1931年易名为国际科学联合会理事会，1932年任该会主席。发表文章400余篇，并著有《恒星演化研究》（1908年）、《高山天文台十年工作》（1915年）、《新天空》（1922年）、《宇宙的深度》（1924年）、《银河系以外》（1926年）、《1917～1924年太阳黑子磁场观测》（与S. B. 尼科尔森合著，2卷，1938年）等。1916年获太平洋天文学会布鲁斯奖章。获帕萨迪纳市最高奖——诺布尔奖章。1969年12月，威尔逊山和帕洛马山两台合并，重新命名为海尔天文台。

（卞毓麟　屈大壮）

勒维特，H. S.（Leavitt, Henrietta Swan） 美国人，1868年7月4日生于美国马萨诸塞州兰开斯特，1921年12月12日卒于马萨诸塞州坎布里奇。天体物理学。

牧师之女。1892年在拉德克利夫学院获文学士学位。此后又继续深造了几年，经过一番游历后，志愿到哈佛大学天文台做助手。1902年正式在该台任职，不久成为照相光度测量部主任。

对天文学的最大贡献是发现了造父变星的周光关系。20世纪初她在秘鲁阿雷基帕的哈佛大学天文台南方站拍摄了大量小麦哲伦云的照片。1908年通过对小麦哲伦云中16个变星的分析，发现越亮的变星光变周期越长。接着又对更多的变星进行了研究。1912年列出了该星云中25颗变星的光变周期、最亮与最暗时的视星等等数据，指出这些变星光变周期的对数与其最亮时(或最暗时)的视星等具有线性关系。此后不久，E.赫茨普龙指出这些变星是造父变星，而H.沙普利则在1915年首先定出了这种关系的零点。由此诞生了利用造父变星的周光关系(光变周期与绝对星等间的关系)测定天体距离的方法，即造父视差法。这一方法后来成为测定银河系的大小以及河外星系距离的基本方法之一。

她一生中还发现了2 400颗变星。1917年建立了作为照相光度测量标准星的北极星序，并为哈佛大学天文台台长提出的48个哈佛标准区建立了二级光度标准。两耳全聋，毕生致力于科学事业，1921年因患癌症去世。 (葛京坪)

科马斯·索拉，J. (Comas Solá, José) 西班牙人，1868年12月19日生于西班牙巴塞罗那，1937年12月2日卒于同地。天体物理学、地震学。

1890年毕业于巴塞罗那大学的物理和数学科学学院，创建了法布拉天文台并毕生任该台台长。1894年制作了西班牙文的第一张火星地形图，指出所谓“火星运河”很可能是人眼的错觉造成的。1902年以土星上的白斑为参考点测定了土星的自转周期。是西班牙第一个发现小行星的人，一生中共发现了8颗小行星。还发现了2颗彗星。做过一些地震学的研究工作，提出过一种确定地震震中深度的方法。1915年，发表了一篇论文，对调和辐射的波动说和微粒说作出了早期尝试。是西班牙天文学会和美洲天文学会的首任会长。

(张可可)

斯特龙根，S. E. (Strömgren, Svante Elis) 丹麦人，1870年5月31日生于瑞典赫尔辛堡，1947年4月5日卒于丹麦哥本哈根。天体力学、彗星天文学。

早年在隆德大学学习天文学。1898年获博士学位。1901～1907年任德国的《天文学通报》编辑。1904年起任基尔大学讲师。1907～1940年任哥本哈根大学教授兼该校天文台台长。1921～1930年任丹麦天文学会会长。1922～1947年任国际天文学联合会《天文消息》刊物的电报局负责人。

对彗星运动很有研究。发表的一系列有关彗星初始轨道的论文，对彗星演化有重要意义。1914年出版《关于彗星的起源》一书，其中提出：“彗星轨道原来都是封闭的，有些进入太阳系内部时受到行星摄动，才成为双曲线轨道。”这种看法是30多年后奥尔特提出的彗星云假说的出发点。对平面圆型限制性三体问题(两有限体的质量相等)很有研究，用数值方法讨论一系列周期轨道，为天体力学的哥本哈根学派打下基础。(易照华)

甘斯基，А. П. (Ганский, Алексей Павлович; Hansky, Aleksey Pavlovich) 俄国人，1870年7月20日生于俄国敖德萨(今属乌克兰)，1908年8月11日卒于克里米亚(今属乌克兰)。太阳物理学。

1894年毕业于新罗西斯克大学(今敖德萨大学)物理和数学系并留校工作。1896年为普尔科沃天文台的见习生，并去新地岛观测这年8月8日的日全食，拍摄到极好的日冕照片。1897～1905年多次访问法国勃朗峰的让桑天文台。1898～1900年为观测狮子座流星群，在巴黎和圣彼得堡进行了3次气球飞行。1901年参加了在挪威斯匹次卑尔根的重力测量。1905年成为普尔科沃天文台的天文学家。同年去西班牙观测日全食时的日冕。后来又到克里米亚和中亚去研究黄道光。此后几年中被派遣到俄国南部天气条件最有利的地方筹建锡梅伊兹天文台，并任台长，但该台建成前不幸溺水而亡。

主要研究太阳物理学。把1896年日食时日冕照片与50年来的各种太阳活动现象资料作比较，认为日冕形状与黑子数之间有关系。当黑子数极小时，日冕沿赤道面延伸，两极稀少，其总光度只比满月光度稍大一点；当黑子数极大时，日冕比满月亮10倍，这时日冕布满整个日面四周。以后的日全食观测证实了他的看法。

在勃朗峰上测量了太阳常数，但得到的值偏大。10年后，C. G. 艾博特更准确地测定了太阳常数。

在普尔科沃天文台拍到高质量的太阳黑子和米粒细节的照片。根据研究，米粒是寿命很短的现象，有时在几秒钟内就变化了。测得米粒的角直径约1″，即其线直径约1 000千米。还注意到日冕射线和日珥之间的关系，并测出日冕射线内物质运动速度约为每秒30千米，日珥的运动速度约为每秒200千米。 (蒋窈窕)

安东尼亚迪，E. M. (Antoniadi, Eugène Michael) 一译昂通尼亚迪。法国人，1870年生于土耳其君士坦丁堡(今伊斯坦布尔)，1944年2月10日卒于法国默东。观测天文学、天文学史。

出身希腊人家庭。1928年加入法国籍。18岁起就以天文爱好者身份在君士坦丁堡和普林基普岛进行天文观测，并在法国天文学会的公报《天文学》等刊物上发表观测资料。1893年应邀到弗拉马利翁在瑞维西的私人天文台工作，用42厘米赤道仪观测火星，担任英国天文协会火星分部负责人。

1909年用默东天文台83厘米望远镜对火星作了大量观测，发现火星上的“运河”实际上是不存在的，那些网状线条只是火星表面上一些无规则的天然结构和光学幻影。在他绘制的火星图上，火星表面由稀疏植物覆盖的地带、火山形成的土壤和巨大的沙漠所组成。

晚年开始研究希腊和埃及天文学史，著有《埃及天文学》。还指导了著名的对君士坦丁堡圣索菲亚大教堂的考古学研究。

(谢高峰)

考埃尔，P. H. (Cowell, Philip Herbert) 一译科威耳。英国人，1870年8月7日生于印度加尔各答，

1949年6月6日卒于英国萨福克郡奥尔德堡。天体力学。

出身高级律师家庭。自幼表现出数学才能。1892年毕业于剑桥大学三一学院。1894年获牛顿奖学金，成为三一学院特别研究生。1896年任格林尼治天文台首席助理。1906年成为英国皇家学会会员。1910年任英国《航海历》主编。

在研究月球运动中应用了数学和计算技术并取得了重要成果。应用古代日月食记录确定了月球黄经的长期加速值。提出了一种数值积分方法，能较方便地求解天体在相互引力作用下的运动方程，后来命名为"考埃尔方法"。用此法推算出的理论位置导致重新找到了木卫八，后又同A.C.克罗梅林一起，成功地预报了1910年哈雷彗星的回归。（易照华）

木村荣（Kimura，Hisashi） 日本人，1870年9月9日生于日本金泽，1943年9月26日卒于东京。天体测量学。

1892年毕业于东京大学理学院天文学系，留校当研究生。在此期间开始观测和研究纬度变化。1899年成为水泽纬度站站长，1918年任国际天文学会纬度变化委员会主席。1922年水泽纬度站被确定为国际纬度观测中央局所在地，当选为局长。1936年退休。

1765年欧拉从理论上预言，地球惯性运动自转轴将围绕惯量主轴作缓慢的圆周运动，这种运动将导致地极的移动（极移），并导致纬度的变化。120多年后，屈斯特纳（K.F.Küstner）发现了极移，而S.C.钱德勒发现极移可分解为周期为427天的自由摆动和周期为1年的受迫摆动。他在前人这些工作的基础上，进一步发现极移中还有一种不依赖于地轴运动的年变化，称为木村项。这种年变化不管观测者位置如何都可以观测到。对这种年变化的观测成了国际纬度观测中一个重要问题。但至今其成因仍未搞清楚。在出任国际纬度服务中央局局长后，为促进南半球的国际纬度观测事业以及改进国际纬度服务综合处理方法做了许多工作。曾荣获英国皇家天文学会金质奖章。（谢高峰）

布拉日科，С.Н.（Блажко，Сергей Николаевич；Blazhko，Sergei Nikolaevich） 苏联人，1870年11月17日生于俄国霍季姆斯克-莫吉廖夫省，1956年2月11日卒于莫斯科。天体物理学。

出身商人家庭。1892年莫斯科大学毕业。1894～1918年在莫斯科天文台工作。1911年获莫斯科大学博士学位。1918年任莫斯科大学天文学教授，1920～1931年兼任莫斯科天文台台长，同时还兼任莫斯科大学天文和大地测量科学研究所所长。1929年当选为苏联科学院通讯院士。

主要科研活动是通过照相和目视观测发现新变星。发现许多天琴座RR型短周期变星的周期和光变曲线的形状有周期性变化。这一现象叫做"布拉日科效应"。1904～1907年用自己设计的仪器获得了3颗流星的光谱。是交食双星光谱的最早研究者之一。在"大陵五型恒星"一文中，提出了一种测定交食双星轨道根数的方法。最早发现了恒星临边昏暗对光变曲线形状的影响。1919年还提出一种发现小行星的照相方法。（倪祥斌）

斯泰因，J.W.J.A.（Stein，Johan Willem Jakob Antoon） 荷兰人，1871年2月27日生于荷兰赫拉弗，1951年12月27日卒于意大利罗马。天体物理学、天文学史。

1894～1901年在莱顿大学攻读物理学和天文学，是著名物理学家洛伦兹的学生。1901年毕业后到圣威利布罗德学院任教。2年之后在荷兰马斯特里赫特任牧师。1906年在梵蒂冈天文台当台长哈根（J.G.Hagen）的助手。1910年回国，在阿姆斯特丹的圣伊格内修斯学院任教。1930～1951年任梵蒂冈天文台台长。

与哈根合作汇编了《变星星表》，1924年共同出版了权威著作《变星》。曾发表过多篇研究变星和双星的论文。天文学史方面的成果之一，是发表了在意大利维泰博教堂发现一批手稿中的1066年彗星资料。

（倪祥斌）

施莱辛格，F.（Schlesinger，Frank） 美国人，1871年5月11日生于美国纽约市，1943年7月10日卒于康涅狄格州莱姆。天体测量学。

1890年毕业于纽约市立学院。1898年在哥伦比亚大学获博士学位。1903～1905年在叶凯士天文台工作。后在匹兹堡任阿勒格尼天文台台长。1920年起任耶鲁大学天文台台长直至1941年退休。

20世纪初采用照相方法测量了许多恒星的视差，并首创一种使亮星间歇露光而暗星连续露光的方法，以减少亮星与暗星大小之差，提高恒星定位与视差测量的精度。他的努力使当时的恒星视差测量工作取得相当大的进展。在耶鲁大学期间和I.巴尼（Ida Barney）合作，出版了10卷分区星表，给出赤纬$-30°$和$+30°$之间15万颗恒星的精确位置和自行。在E.C.皮克林1908年发表《增订哈佛光度星表》基础上，增加了自行、视向速度等资料，于1924年出版了著名的《亮星表》。1929年获太平洋天文学会布鲁斯奖章。（章圣泮）

麦克米伦，W.D.（Macmillan，William Duncan） 美国人，1871年7月24日生于美国威斯康星州拉克罗斯，1948年11月14日卒于明尼苏达州圣保罗。宇宙学、数学。

福特·沃思大学毕业，1898年获文学士学位。1906年和1908年相继获芝加哥大学文科硕士和博士学位。长期留校工作，1936年退休获该校天文学荣誉教授称号。

一生致力于宇宙学和有关应用数学的研究，对势场理论、周期系数的微分方程理论和自保守函数理论有所贡献。曾力图消除所谓的奥尔伯斯佯谬，为此提出一种连续介质产生的方式，形成了所谓宇宙物质稳恒态理论。但经 A. H. 康普顿 1935 年论证，它不能解释宇宙线的高能部分，因而被否定。编写的理论力学教科书是一部著名之作。（倪祥斌）

赖特，W. H.（Wright，William Hammond） 美国人，1871 年 11 月 4 日生于美国加利福尼亚州旧金山，1959 年 5 月 16 日卒于加利福尼亚州圣何塞。天体物理学、仪器研制。

1893 年获加利福尼亚大学土木工程学理学士学位，接着在伯克利和芝加哥学习天文学。1897 年起任利克天文台助理天文学家。1903～1906 年负责该台在智利的南方观测站的工作。1935 年任利克天文台台长。1922 年当选为美国国家科学院院士。1927 年成为英国皇家天文学会外籍会员。1929 年获西北大学荣誉理学博士学位。1944 年获加利福尼亚大学荣誉法学博士学位。是杰出的天文仪器设计师和采用六色照相方法研究火星的先驱者。从 1924 年开始，研制开发了多种天文照相仪器，对火星进行多波段照相观测，取得许多意想不到的表面细节资料。获得了行星状星云及被其包围的高温恒星的不少资料，对 I. S. 鲍恩找到"氖"线之谜的解释起了促进作用。拍摄的 1912 年双子座新星光谱资料，对解释这颗新星爆发事件十分有价值。1928 年获美国国家科学院的德雷珀奖章、法国科学院的让桑奖章，1938 年获英国皇家天文学会的金质奖章。

（倪祥斌）

莫尔顿，F. R.（Moulton，Forest Ray） 一译摩耳顿。美国人，1872 年 4 月 29 日生于美国密歇根州，1952 年 12 月 7 日卒于伊利诺伊州。太阳系演化学、弹道学。

母亲是诗人。1890 年进入阿尔比恩学院，1894 年获文学士学位。1899 年以优异成绩在芝加哥大学获天文学哲学博士学位。1912 年任该校天文学教授，后任天文系主任，1926 年退休。1927～1936 年任芝加哥动力和照明有限公司总裁。1937～1948 年任美国科学促进协会秘书长。

1898 年在芝加哥大学当研究生时，就与美国地质学家 T. C. 钱伯伦合作研究地球的起源。1904 年他们提出太阳系形成的星子假说。这种假说认为，以前有一颗恒星经过太阳附近，在太阳两面引起大潮，一部分物质脱离太阳。这些物质逐渐冷却，凝固成块，形成星子，最终变成行星及卫星。这一假说在太阳系演化研究史上具有一定的地位。第一次世界大战期间，奉命研究弹道学，使大炮的射程增加了 1 倍。还是广播教育的先驱者之一，1920 年在芝加哥大学作了首次无线电广播演讲。（谢高峰）

德西特，W.（de Sitter，Willem） 荷兰人，1872 年 5 月 6 日生于荷兰斯内克，1934 年 11 月 20 日卒于莱顿。天体力学、现代宇宙学。

阿纳姆地方法院院长的儿子。曾在格罗宁根大学攻读数学和物理学，并在卡普坦指导下参加天文实验室的研究工作。1897～1899 年在 D. 吉尔指导下工作于南非好望角天文台。1901 年获格罗宁根大学天文学博士学位，并当了卡普坦的助手。1908 年任莱顿大学天文学教授。1919～1934 年任莱顿大学天文台台长。1921 年创办了《荷兰天文学会通报》。1925～1928 年当选为国际天文学联合会主席，为重建原是敌对国的科学家之间的友好信任关系进行了不懈努力。

对天文学的主要贡献有三个方面：天体力学领域（尤其是对复杂的木卫动力学问题的研究），基本天文常数测定，将相对论应用于现代宇宙学研究。此外，早年在研究恒星光度学和测量恒星视差方面也取得重要成果。

早年曾在南非好望角天文台用量日仪观测木卫，此后对木卫的研究兴趣一直经久不衰，发表了一系列论文。1925 年以"关于木卫的新数学理论"一文对复杂的木卫动力学问题作了总结性阐述。

1927 年发表了有关地球自转和基本天文常数的两篇重要文章。1938 年，学生 D. 布劳威尔以"论天文常数系统"为题编辑出版了他未完成的遗稿，从中可以看出他首次提出理想的天文常数系统应该具备的条件，并提出一个包括 40 个常数的天文常数系统的方案，其中观测得最精确的 8 个作为基础常数，其余为导出常数。

是现代宇宙学的开拓者之一，也是首批能够评价相对论对天文学重大意义的少数科学家之一。首先在理论上提出宇宙膨胀的概念，尔后为观测事实所确认。继爱因斯坦首次发表狭义相对论原理之后不久，立即探讨了月球和行星运动中微小的狭义相对论性偏差值。在爱因斯坦广义相对论问世后，他于 1916～1917 年在《皇家天文学会月报》上连续发表了一组重要论文，共 3 篇，总题目为"爱因斯坦的引力理论及其天文学结论"。其中第 3 篇介绍了后来称为"德西特宇宙"的模型，以取代"爱因斯坦宇宙"模型。该文阐明了除爱因斯坦本人对爱因斯坦场方程所给出的解（表示为一个静态宇宙）之外，还可能有第二个解，即具有系统运动的宇宙模型，特别是"膨胀的宇宙"，前提是宇宙物质的平均密度趋近于零。后来这方面工作由勒梅特和爱丁顿所发展。正是这些论文，使爱因斯坦的理论在第一次世界大战期间及以后不久及时传播到讲英语的国家，从而导致 1919 年爱丁顿验证广义相对论的那次著名的日食观测。

一生获得许多荣誉，其中包括英国皇家天文学会的金质奖章、1931 年太平洋天文学会的布鲁斯奖章，以及剑桥、开普敦、牛津和威尔士兰等大学的荣誉博士学位。

（李啸虎）

阿博特，C.G.（Abbott，Charles Greeley） 一译艾博特。美国人，1872年5月31日生于美国新罕布什尔州威尔顿，1973年12月17日卒。观测天文学、仪器研制。

1895年于马萨诸塞理工学院毕业后到史密松天体物理台工作，1907～1944年任台长。1915年当选为美国国家科学院院士。

在天文学上的主要贡献是对太阳常数的测定。所谓太阳常数是指在地球大气外距太阳1个天文单位处，垂直于太阳光束方向的单位面积上单位时间内接收到的太阳总辐射能量。20世纪初期至50年代，通过长期测量，测得太阳常数为1.938卡/(厘米^2·分钟)。发起在美国加利福尼亚州、智利和埃及建立高山天体物理观测站，以研究太阳常数的变化。研究了太阳辐射变化和太阳黑子周期以及地球天气变化间的关系，改进了天气预报的方法。曾研制成太阳热量计、日射强度计等测量太阳辐射的仪器；发明了多种利用太阳热能的仪器，其中有的热效率达15%。还测定了不少亮星的热辐射强度。出版了《太阳》(1911年初版，1929年第2版)一书。曾获美国国家科学院德雷珀奖章。 （萧耐园）

柯蒂斯，H.D.（Curtis，Heber Doust） 美国人，1872年6月27日生于美国密歇根州马斯基根，1942年1月9日卒于密歇根州安阿伯。天体物理学、星系天文学。

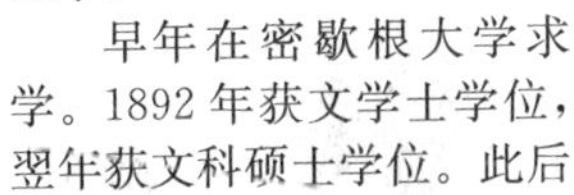

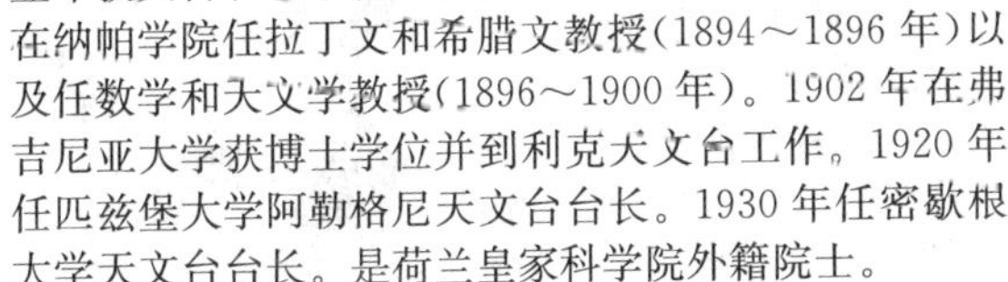

早年在密歇根大学求学。1892年获文学士学位，翌年获文科硕士学位。此后在纳帕学院任拉丁文和希腊文教授(1894～1896年)以及任数学和天文学教授(1896～1900年)。1902年在弗吉尼亚大学获博士学位并到利克天文台工作。1920年任匹兹堡大学阿勒格尼天文台台长。1930年任密歇根大学天文台台长。是荷兰皇家科学院外籍院士。

是发现和研究河外星系的先驱者。1917年由照相观测发现了旋涡星云中有新星存在。与此同时G.W.里奇在仙女座大星云中也发现了新星。他通过与银河系内新星的视星等作比较，推得仙女座大星云远在银河系之外，从而确认它是一个河外星系，但遭到H.沙普利的坚决反对。1920年4月26日，在美国国家科学院爆发了著名的沙普利-柯蒂斯大辩论。因当时辩论未分胜负，河外星系存在与否未能真正解决。1923～1924年，E.P.哈勃用造父视差法测得仙女座大星云等远在银河系之外，河外星系的存在遂为学术界所公认。20世纪10年代，正确地解释了旋涡星云分布的“隐带”(高银纬天区旋涡星云多，而银道面两侧几乎完全没有)现象。认为这是由于银道面附近吸光物质较多造成的。还拍摄到有些侧位旋涡星云中间也有一条暗带，并以此来论证他的见解。1904年发现北河二的A子星是一颗分光双星。 （葛京坪）

潘内科克，A.（Pannekoek，Antonie） 荷兰人，1873年1月2日生于荷兰法森，1960年4月28日卒于瓦赫宁恩。天体物理学、天文学史。

出身农村中等阶层。年轻时是业余天文学家，后在荷兰莱顿大学学习天文学。1895年开始从事大地测量工作。1898年到莱顿大学天文台工作。1905年起在德国柏林、不来梅的社会党学校任理论教员。第一次世界大战爆发后，回到荷兰任中学教师。战后任阿姆斯特丹市立大学数学和天文学讲师，1925年升为教授，1941年被德国占领当局解雇。

由于偶然看到M.沙哈关于恒星大气电离的文章，促使他开始搞天体物理工作。研究银河系结构持续了60年。曾用等强线详细描绘了银河，后来用焦外照相方法重复了这项工作。还改进了卡普坦的工作，研究银河系中恒星按银经和银纬的分布，发现了后来称为星协的典型的早型星群。在恒星大气的组成和电离理论方面，改进了H.N.罗素的工作，并假定在恒星中氢占极大部分，后来这种看法得到了证实。开创了用“细致分析”法来说明恒星大气各层之间物理特征的变化。1928年和M.米奈尔一起，首次发表了日全食时闪光光谱的定量分析结果。

对天文史做了许多工作，撰写的《天文学史》一书尤为有名，书中强调了天文学和社会之间的联系。对巴比伦天文学颇有研究，曾写过几篇有关巴比伦天文学的论文。还著有《人类起源和发展》一书。曾获哈佛大学荣誉博士学位，以及英国皇家天文学会的金质奖章。

（蒋窈窕）

西尔斯，F.H.（Seares，Fredcrick Hanley） 美国人，1873年5月17日生于美国密歇根州卡索波利斯附近，1964年7月20日卒于檀香山。天体物理学。

1895年在加利福尼亚大学获理学士学位。后又赴巴黎大学和柏林大学学习。1901年任密苏里大学天文学教授并任劳斯天文台台长。1909年任威尔逊山天文台计算部主任，在该台工作了36年，其中有15年任副台长。1930年和1934年先后获加利福尼亚大学和密苏里大学法学博士学位。是美国国家科学院院士。1922年当选为国际天文学会恒星测光委员会主任。主要贡献在照相测光领域。制作了两个星表。第一个星表发表于1930年，包括赤纬−15°以北的139个卡普坦选区中的67 941颗恒星；第二个星表发表于1941年，包括北纬80°以上区域内的2 271颗恒星。致力于使恒星的星等系统标准化。1932年，在他工作的基础上，国际天文学联合会正式通过了国际星等标准。1940年获太平洋天文学会布鲁斯金质奖章。 （章圣泮）

鲁登道夫，F.W.H.（Ludendorff，Friedrich Wilhelm Hans） 德国人，1873年5月26日生于德国科沙林附近的图诺，1941年6月26日卒于波茨坦。天体物理学、天文学史。

出身农场主家庭。1892年进入柏林大学，1897年获博士学位。1898～1939年在波茨坦天体物理天文台工作,1921年起任该台台长。同年被选为普鲁士柏林科学院院士,并取得教授职称。1933~1939年任德国天文学会会长。

测量了大熊星团和许多恒星的视向速度,定期发表有关分光双星轨道要素的星表,发现B型星质量比A~K型星质量大。研究了仙王座δ型和双子座ξ型两类变星,于1913年首次否定它们是双星的流行看法,并进而研究这些变星之间的可能关系以及行星状星云同氦星的关系。后期致力于变星研究,特别是探讨了御夫座ε型星、北冕座R型星和长周期变星如鲸鱼座o型星等。通过长期研究,提出了一种新的变星分类法。曾与人合作编辑出版了《天体物理学手册》。1923年去墨西哥观测日食。为编制南天光谱星表,1926年前往玻利维亚设立支台。在南美期间,调查研究了残存的各种玛雅碑文,对玛雅天文学研究颇有造诣。(李啸虎)

赫茨普龙,E.(Hertzsprung,Ejnar) 丹麦人,1873年10月8日生于丹麦腓特烈斯贝,1967年10月21日卒于罗斯基勒。*天体物理学、恒星演化学。*

父亲S.赫茨普龙(Severin Hertzsprung)是哥本哈根大学天文系毕业生,但毕业后在财政部门供职。因受父亲的影响从小爱好天文学,但由于天文界谋职的困难,不得不改学化工。1898年毕业于哥本哈根综合工学院,接着在俄国圣彼得堡大学做了几年化学方面的工作。1901年到德国莱比锡大学W.奥斯特瓦尔德的实验室从事光化学研究。翌年返回丹麦,并开始天文研究。1909年任格丁根大学副教授。同年,跟随K.史瓦西去波茨坦天体物理台工作。1919年到荷兰任莱顿大学天文台副台长兼副教授,1935~1944年任台长。1944年退休后还继续从事科学研究达20多年。1945年返回丹麦。

对天文学的主要贡献可分四个方面:巨星与矮星的发现,光谱-光度图的创建,测定天体距离方法的寻求,对双星与变星的研究。

1905年和1907年在《科学照相杂志》上发表了两篇题为"恒星辐射"的重要论文,采用统计方法,根据对各类恒星自行的研究,指出1897年莫里光谱分类各个类型中的c次型恒星有大得多的平均光度,从而得出了存在着巨星和矮星这两类光度截然不同的恒星的科学结论。

1907年提出可利用疏散星团内的恒星都有相同视差这一点,避开每颗星的视差测量,用视星等代替绝对星等来探求恒星光谱型与光度的关系。基于这一思想于1911年发表了昴星团和毕星团的颜色-星等图,这与两年后H.N.罗素独立绘制成的光谱-光度图在本质上一致。这种图后来被命名为赫罗图(或HR图)。它的建立有力地推动了天体物理学特别是恒星演化理论的发展。1922年进一步发现HR图中巨星序与主星序之间存在着一个空区,后被命名为赫茨普龙空区。

在天体距离测定方面,1907年已发现恒星光谱的细微特征与其光度有关,1911年又明确提出了可利用恒星的光谱特征来确定其绝对星等并进而推算恒星视差。后来W.S.亚当斯等人沿着这一思想进行了深入的研究,终于在1914年发明了"分光视差"法。1912年,美国女天文学家勒维特发现小麦哲伦云内变星的变光周期与其视星等有某种特定关系。他最早确认这些变星是造父变星,并于1913年定出周光关系的零点,进而首次推得了小麦哲伦云的距离。这种方法后来形成了一种著名的测定天体距离的方法,即"造父视差"法。

1915年他发现目视双星的质量与其光度有着某种统计关系。后来爱丁顿进一步从理论上加以论证和发展,确立了恒星的质光关系。第一次世界大战期间,他改进照相技术,大规模地开展双星研究,由于注意消除各种误差,他的照相观测比用测微器的目视观测精度提高了一个数量级。在变星研究方面最大的功绩是在1911年确认北极星不是一颗光度恒定的星,而是一颗变星,并精确地测出其光变幅度为0.171星等。

由于对天文学作出了杰出贡献,先后获乌得勒支、哥本哈根和巴黎等地大学荣誉博士学位,1929年获英国皇家天文学会金质奖章,1937年获太平洋天文学会布鲁斯金质奖章,1959年获哥本哈根市罗默奖章。他常说:"如果一个人努力工作,他就会有所发现,有时甚至是很重要的发现"。他正是遵循这一原则而取得杰出成就的典范。(葛京坪)

史瓦西,K.(Schwarzschild,Karl) 德国人,1873年10月9日生于德国美因河畔法兰克福,1916年5月11日卒于波茨坦。*天体物理学、天文光学。*

出身犹太族富商家庭。11岁进入法兰克福市立中学读书。1891年进入斯特拉斯堡大学学习。1893年进慕尼黑大学,1896年获博士学位。毕业后到维也纳西郊的库夫纳天文台当助手,直到1899年6月。后回慕尼黑大学任讲师两年。1901年秋任格丁根大学副教授,并兼任该大学天文台台长,后升任为格丁根大学教授。在格丁根大学工作8年是他一生中最活跃的时期。1909年任波茨坦天体物理台台长。1914年8月第一次世界大战爆发,随军到比利时那慕尔气象站工作,后任炮兵总部参谋机构副官。他在俄国前线染上天疱疮,1916年3月回到德国,两个月后病逝于医院,享年43岁。其子M.史瓦西也是著名天文学家。

从小爱好天文。16岁时就写了关于双星轨道的两篇论文,1890年刊登在德国《天文学通报》上。大学读书时曾设计了一台多狭缝仪器,用于测定密近双星之间的距离,配合测微计,可测得0″.88的微小间距。

是照相测光的开创者之一。首先应用光度计测量底片密度,为了比较露光时间不同的底片,还研究了底片乳胶的响应特性。经过多次实验后，对本生和罗斯科于1862年提出的光化律作了修改。认为底片的密度应与露光时间的 p 次幂有关，对于某一种乳胶和显影过程中 p 为常数，但皆小于1。这个关系称史瓦西定律，p 称史瓦西因子。通过对天鹰座 η 变星的几个光变周期的观测，发现照相星等的变化比目视星等的变化要大，认为这是表面温度周期性变化所致。从而首次解释了所有造父变星都具有的这一特性。

认为彗尾指向是背离太阳的，因为太阳辐射压力超过引力。假定彗尾由适当密度的全反射球状粒子组成，发现只有当粒子直径在0.07和1.5微米之间，辐射压力才超过引力20倍。第一个提出在彗尾中有荧光辐射。

1906年对太阳表面附近的能量传输进行了讨论。假定太阳表面的大气是水平分层的，每一层接受从下面来的辐射，又把它们向外再辐射出去。在这基础上发展了辐射交换和平衡的定量理论。得到的积分方程的近似解类似于舒斯特于1905年提出的结果，因此通常称为灰色大气舒斯特-史瓦西模型。

写过两篇广义相对论论文，其中一篇是关于密度为常数的流体球引力场问题，提出了众所周知的“史瓦西半径”。当然，所作的简化假设不能代表任何一颗真实的恒星，但它有一个精确解。在 $R=2MG/c^2$ 处它的解有一个奇点，其中 R 是质量为 M 物体的史瓦西半径，G 是引力常数，c 是光速。假设一颗恒星发生引力坍缩，则当其收缩到这个半径大小时，将会变成黑洞。

1905年被选进格丁根科学院。1909年成为英国皇家天文学会的外籍会员。1913年成为柏林科学院院士。1960年柏林科学院认为他是“近百年来德国最伟大的天文学家”，把耶拿附近的一架79英寸(约2米)反射望远镜命名为卡尔·史瓦西望远镜。1959年德国天文学会建立以他名字命名的卡尔·史瓦西讲座。

(蒋窈窕)

松德门，K. F. (Sundman, Karl Frithiof)　芬兰人，1873年10月28日生于芬兰卡斯克，1949年9月28日卒于赫尔辛基。天体力学。

从赫尔辛基大学和普尔科沃天文台学习后，于1902年任赫尔辛基大学助理教授，1907年升为副教授，1918年任教授及赫尔辛基天文台台长，直至1941退休。

毕生主要从事天体力学方面的研究。推广了拉普拉斯关于未扰椭圆运动中对于摄动问题的级数收敛性命题；1907年和1909年发表了两篇关于研究三体问题的代表作；中年和晚年发表的论文包括论述用于计算行星摄动的计算机、研究行星轨道轴线的不变性、1945年7月9日日全食时太阳和月球运动的数值计算。

(倪祥斌)

罗斯，F. E. (Ross, Frank Elmore)　美国人，1874年4月2日生于美国旧金山，1960年9月21日卒于加利福尼亚州阿泰德纳。天体测量学、仪器研制。

1896年毕业于伯克利加利福尼亚大学。1905年任盖瑟斯堡国际纬度站站长。1924～1939年在叶凯士天文台工作，兼任芝加哥大学天文学教授。曾被选为美国国家科学院院士。

1909年设计出精密测定纬度变化的照相天顶筒，经改进后还可以用来测时，现已为世界各大授时中心广泛采用。完成了木星两颗卫星的轨道计算，修改了纽康的火星理论。1915年在柯达公司实验室改进了照相及透镜设计技术。在叶凯士天文台，对巴纳德拍摄过的天区重新拍照，通过新旧照片对比，发现了379颗变星和869颗自行较大的恒星。退休后还设计了利克天文台20英寸(51厘米)的天体照相仪，研制出广角照相机透镜，并用它作为像场改正透镜以消除反射望远镜中的彗形像差。

(谢高峰)

摩根，H. R. (Morgan, Herbert Rollo)　美国人，1875年3月21日生于美国明尼苏达州梅德福，1957年6月11日卒于华盛顿。天体测量学。

1901年在弗吉尼亚大学获哲学博士学位。1901～1905年在美国海军天文台当计算员。1905年任密苏里州格拉斯哥的普里切特学院数学和天文学教授、莫里森天文台台长。1907年回到海军天文台。1944年退休。是美国国家科学院院士，1938～1948年任国际天文学会子午天文学委员会主席。1942～1948年任《天文学杂志》副主编。

最重要的贡献是编制《5 268颗标准星星表》，发表于1952年。该星表将70种近代星表归算到一个统一的系统(称N30系统)，给出了恒星的精确位置和自行数据。这是一份基本星表，对天体物理学以及天体测量学都有很高的使用价值。还对太阳、月亮、行星和一些恒星作了许多观测，并研究了彗星和小行星的轨道。

(谢高峰)

季霍夫，Г. А. (Тихов, Гавриил Адрианович; Tikhov, Gavriil Adrianovich)　苏联人，1875年5月1日生于俄国明斯克附近的斯莫列维奇，1960年1月25日卒于阿拉木图。天体物理学、大气光学、仪器研制。

铁路站长之子。1893年考入莫斯科大学数学系，1897年毕业。1898～1900年留学巴黎大学，并在默东的让桑天体物理台当见习生。1906年任普尔科沃天文台的助理天文学家。1913年获天文学和大地测量学硕士学位。1914～1917年在一所航空军事学院工作。1919～1931年在列宁格勒大学讲授天体物理学，1919～1941年任莱斯加夫特理学院天体物理实验室主任。1927年被选为苏联科学院通讯院士。1935年获物理学和数学博士学位。1946年参加哈萨克加盟共和国科学院组建。1947年筹建并任天体植物学研究所首任所长。1949年任天文学教授。

研究了大陵五(英仙座 β)变星不同波长的光线在星际空间受到的色散,发现短波同长波相比掩食时刻有推迟的现象(称季霍夫-诺德曼效应)。提出了“纵向摄谱仪”的方法,以便用消色差性能不理想的物镜来迅速而简便地估计恒星颜色,这种技术导致大批恒星颜色星表问世。撰写了一系列有关日全食观测的著作,总结出日冕两大结构特性——“球状冕”和“辐射冕”。在普尔科沃天文台,用装有滤光器的 30 英寸(约 76 厘米)折射望远镜对火星进行照相观测,并将地球上天然形成物(如山脉、泥土、沙粒、冰雪和植被等)的分光、测光特征同来自火星的相应信息作类比。多次去北极和各种山区实地调查生长在严苛条件下高纬度地带植被的反光能力,提出了火星上可能存在植物的观点。本世纪 70 年代,火星探测器的实地探测表明,这一见解并不正确。

1912 年发明了一架自动计数星光闪烁器,进而精心设计出一种测量恒星角直径的新方法。后来还研究过日落时出现的“绿闪”现象,发现了地球大气中光的异常色散。此外,为了在白昼明朗天空下研究大气光学,设计了一种独特的天蓝计(测量天空蓝度的仪器)和一种带有暗蓝色光的线性色度计。 (李啸虎)

普卢默,H. C. (Plummer,Henry Crozier) 英国人,1875 年 10 月 24 日生于英国牛津,1946 年 9 月 30 日卒于同地。天文学。

天文学家的儿子。毕业于牛津大学赫特福德学院。1901 年到牛津大学天文台工作。1912 年被任命为爱尔兰皇家天文学家。1921～1940 年退休后在皇家炮兵学院任数学教授。1920 年被推选为英国皇家学会会员。1939 年任英国皇家天文学会会长。

因在 1918 年出版著作《天文动力学》而闻名,这本书至今还有学术价值。对天文测量精度的误差理论、天文计算中的数学方法、天文照相星图和星表、彗星运动、恒星运动、分光双星和球状星团动力学等许多课题都有所研究。还著有《力学原理》和《概率和频率》等著作。

(刘汝良)

斯莱弗,V. M. (Slipher,Vesto Melvin) 美国人,1875 年 11 月 11 日生于美国印第安纳州马尔伯里,1969 年 11 月 8 日卒于亚利桑那州弗拉格斯塔夫。天体物理学。

在印第安纳大学分别取得文学士(1901 年)、文科硕士(1903 年)和博士(1909 年)学位,并获得一些大学授予的荣誉博士学位。1901 年起在亚利桑那州的洛厄尔天文台工作,1915 年任副台长,1916 年任代理台长,1926 年升任台长,一直任职至 1952 年止。还担任过国际天文学联合会星云委员会主任(1925 年、1928 年)、美国天文学会副会长(1931 年)、美国科学促进协会副主席(1933 年)等职。

对天文学的贡献主要在行星大气和自转、弥漫星云和星际介质、旋涡星云的自转和视向速度等三个方面。

大学毕业后,受 P. 洛厄尔之请在洛厄尔天文台从事行星的光谱观测,研究行星自转周期。由于金星的稠密大气,观测其自转周期难度很大。1903 年发明了一种方法,将摄谱仪上狭缝同金星上明暗界线垂直,再测量倾斜的光谱线,断定金星自转周期比一般认为的 24 小时长得多。用同样方法,测得火星自转周期接近于现代公认值。到 1912 年止,他还测量了木星、土星和天王星自转周期。他拍摄的行星光谱第一次清楚显示了类木行星光谱中的特征谱带。1934 年,R. 维尔特(Rupert Wildt)证认了其中一些是由氨和甲烷产生,他和 A. 阿德尔(Arthur Adel)证认出其余的许多谱带。1933 年因行星光谱学方面成就卓著而获英国皇家天文学会的金质奖章。

1912 年注意到昴星团里的弥漫星云物质显示出暗线光谱,类似其附近恒星的光谱,得出该星云反射恒星光而发亮的结论。1908 年,在研究一双星光谱时发现一条狭锐钙线并未显出其伴星的轨道运动,进一步的研究发现这是星际气体造成的。证实星际尘埃和气体的存在意义重大,后来许多人对弥漫星云和星际介质的研究都直接受到他的影响。

最早发现星系谱线位移是他的最重大成果。1912 年,他发现仙女座大星云平均以每秒 300 千米的速度向太阳靠近。到 1914 年为止进一步发现了 14 个旋涡星云有多普勒谱线位移。1925 年已测量了 44 个已知有视向速度的旋涡星云中的 39 个,大部分都呈现较大退行速度。这一发现对 1929 年哈勃定律的提出具有决定性意义。他的工作为研究星系运动和各种宇宙学理论开拓了道路。还发现旋涡星云的自转速度为每秒数百千米,认为自转的方向是使旋臂卷紧。

其他研究领域还包括测定球状星团视向速度、彗星和极光的光谱以及夜天光谱中的明线和谱带观测。还是一个公认为领导有方的行政负责人。在任洛厄尔天文台台长期间,有效地组织领导了对“海外行星”的长期搜寻,1930 年该台的 C. 汤博终于发现了冥王星。1935 年因行政管理方面的贡献而获太平洋天文学会的布鲁斯奖章。1919 年获法国科学院的拉朗德奖金。1922 年获美国国家科学院的德雷珀金质奖章。 (李啸虎)

埃斯克朗贡,E. B. (Esclangon,Ernest Benjamin) 法国人,1876 年 3 月 17 日生于法国米松,1954 年 1 月 28 日卒于埃朗维尔。天体测量学、数学、仪器研制。

曾就读于巴黎高等师范学校,1898 年通过考试成为数学教师。1899 年在波尔多开始从事天文研究。1918 年任斯特拉斯堡天文台台长。1929～1944 年任巴黎天文台台长兼国际时间局局长。1935～1938年任国际天文学联合会主席。是法国科学院院士(1939年)和经度局委员(1932年)。

早年从事拟周期函数的研究。献身天文后探索了基本天文学的所有分支,特别注意仪器的改进以提高观测精度。研究天文测时、守时和播时。曾发明"报时钟"由电话向公众发布准确时间。第一次世界大战时研究弹道学,分析炮弹发出的冲击波,用以准确确定敌炮的位置。（萧耐园　葛京坪）

亚当斯,W. S.(Adams, Walter Sydney)　美国人,1876年12月20日生于叙利亚安条克附近的凯萨勃,1956年5月11日卒于美国加利福尼亚州帕萨迪纳。天体物理学、仪器研制。

出身传教士家庭。从小酷爱天文学。1898年在达特茅斯学院获学士学位。1900年在芝加哥大学获硕士学位后去慕尼黑大学深造。1904年参加威尔逊山天文台的建台工作,后在该台任职,1923～1946年任台长。1931～1934年任美国天文学会会长。1923年任太平洋天文学会会长。1935～1948年任国际天文学联合会副主席。1917年成为美国国家科学院外籍院士,曾先后被选为法国、苏联、瑞典等国科学院院士以及英国皇家学会外籍会员。获1928年太平洋天文学会布鲁斯奖章。

早年研究木星的扁率,随后研究B型星或氦星的视向速度。1903年测得20多颗这类恒星的平均视向速度特别小。这一结果对讨论恒星运动,尤其是认识K项很有意义。

威尔逊山天文台建成后,跟随G. E. 海尔先是用斯诺望远镜后来用塔式太阳望远镜拍摄和研究太阳光谱。1906年获得了第一张太阳黑子的光谱片,开创了太阳黑子光谱的照相研究。他们发现太阳黑子的光谱与通常的太阳光谱有巨大差别,正确地指出这种差别是由于黑子比其周围的太阳表面冷得多造成的。1909年与海尔成功地在非日食时拍摄到了闪光光谱。

1906年用斯诺望远镜成功地拍摄了冷星牧夫座α的光谱,发现它与太阳黑子的光谱颇为相似。1908年用威尔逊山天文台的1.5米反射望远镜测量了不少恒星的运动、光谱型、星等和视差,并率先考察了高光度的恒星(巨星)和低光度的恒星(矮星)在光谱上的差异。1914年与A. 科许特(Arnold Kohlschütter)一起,发现在哈佛分类的同一光谱型中,大自行恒星与小自行恒星光谱中的许多谱线强度明显不同,从而发现这些谱线的强弱实际上与恒星的光度密切相关。在此基础上,1916年他进一步提出了恒星的分光视差法。

1914年和1915年,分别发现波江座o的伴星和天狼星伴星是光度很低的A型星。这一发现为1924年爱丁顿提出白矮星理论提供了依据。1925年成功地获得了天狼星伴星的光谱,测得了它的光谱线的引力红移,数值相当于视向速度21千米/秒的多普勒位移。这项研究成果既为爱因斯坦的广义相对论提供了有力的天文验证,同时又证明了爱丁顿关于白矮星的预言,揭示了天狼星伴星确实是一颗密度达50 000克/厘米^{3}左右的特殊恒星——白矮星。

20世纪20～30年代对金星和火星进行了分光研究。1932年同小邓哈姆(Theodore Dunham, Jr.)一起,发现了金星光谱中的二氧化碳吸收带。1934年他通过对火星大气的分光研究得出结论,火星大气中氧的含量只有地球大气中氧含量的万分之十五。

在天文仪器方面,参与了威尔逊山天文台的2.5米反射望远镜、帕拉马山天文台的5米反射望远镜的筹划和设计工作。1917年2.5米反射望远镜投入使用后,他用哈特曼方法成功地检验了它的光学质量,并为它建造和配置了高色散的折轴摄谱仪。

还对造父变星、分光双星、新星和超新星进行了分光研究,拍摄和研究了恒星光谱中星际气体的吸收线。

（陆伟良　宣焕灿）

高鲁(Gao Lu)　字曙青,号叔钦。中国福建省人,1877年(光绪三年)5月16日生于福建长乐,1947年6月26日卒于福州。观测天文学、天文历算、科学传播。

早年毕业于福建马江船政学堂,1905年被选派去比利时布鲁塞尔大学留学,4年后获工科博士学位。在此期间,曾取中西历法之所长,独出心裁编成《长春历》,以立春为岁首,使用方便。辛亥革命后出任南京临时政府秘书和内部疆理司司长等职。1912年任中央观象台第一任台长。每年向全国颁行一部分历书,积极推动公历。曾筹划在北京建立现代天文台,并到西山勘察台址。1915年创办《观象丛报》,开中国天文科普刊物之先河。第一次世界大战后参与接收青岛观象台和庚子事变时被劫去的中国古代天文仪器。1924年和蒋丙然、竺可桢等人共同发起成立中国气象学会。1928年春出任中央研究院天文研究所第一任所长,筹划兴建紫金山天文台。1929～1931年出任驻法国公使。

是中国天文学会(1922年成立)的创始人之一,曾任该学会首任会长。也是1936年和1941年的日食观测队的组织者之一。著作有《图解天文学》(1915年)、《星象统笺》《中央观象台之过去与未来》(1917年)和《相对论原理》(1922年)等,1929年发明天璇式中文打字机,在巴拿马国际博览会获奖,并在国外获得专利。

为纪念他,2010年将79419号小行星命名为高鲁星。（徐振韬）

金斯,J. H.(Jeans, James Hopwood)　英国人,1877年9月11日生于英国兰开夏郡奥姆斯柯克,1946年9月16日卒于萨里郡多金。天体演化学、物理学。

3岁时随父母移居伦敦。少年聪慧,9岁时就写了一本关于钟的小册子。1896年入剑桥大学三一学院,1900年毕业,1901～1905年留校任教,1903年获文科硕士学位。1905～1909年在美国普林斯顿大学任应用数学教授。1906年当选英国皇家学会会员。1910年回剑桥大学讲授应用数学。1923～1944年在美国威尔逊山天文台工作。1935年回伦敦任皇家学院天文学教授，直至去世。1925～1927年任英国皇家天文学会会长。1934年任英国科学促进协会主席。1938～1940年任英国皇家学会副会长。1928年封为爵士。

1902年发表“球状星云的稳定性”的著名论文，指出在一定的条件下，一团球状气体星云由于自身的引力作用会进入不稳定状态，结果导致坍缩。1929年又进一步探讨了这个问题，推算出一个自引力体系存在的临界尺度λ_J的表达式，大于这一尺度的密度扰动将随时间而增长，密度大的地方将变得更密，称金斯不稳定性。临界尺度λ_J则称为金斯波长。

1914～1916年探讨了快速自转流体的平衡形状问题，以及在离心力作用下它们破裂的方式。证明了高速旋转的大质量流体会形成两种结果：它或者分成两部分从而形成双星，或者成为十分致密的扁球，而物质从其突出的赤道带上甩出。

1916年提出了太阳系起源的一种灾变说——潮汐学说。认为20亿年前有一恒星走近太阳，因潮汐作用在太阳上拉出了一团物质，形如朝向恒星的雪茄形长条，恒星离开太阳后，这些被拉离太阳的物质逐渐形成了行星和卫星。这一学说虽然现在已被摒弃，但是在20世纪20～30年代却十分流行。它在太阳系起源研究史上占有重要的一席。

在物理学上，1905年修正了瑞利用经典能量均分定理推导黑体辐射公式过程中的一个错误，以后，此公式称瑞利-金斯公式。在波长较长的情况下，此公式与实验结果符合，但在短波紫外光区完全与实验不符，后被关于黑体辐射的普朗克公式所代替。

主要著作有《气体动力学理论》(1904年)、《理论力学》(1906年)、《电和磁的数学理论》(1908年)、《辐射和量子论》(1914年)、《天文学和天体演化学》(1928年)。1928年以后主要致力于科普创作，其中《围绕我们的宇宙》(1929年)、《神秘的宇宙》(1930年)、《恒星和它们的命运》(1931年)、《物理学的产生》(1947年)等科普著作流传很广、深受好评。曾获英国皇家学会、剑桥哲学学会、英国皇家天文学会、美国富兰克林研究院等机构颁发的多种奖章。

(宣焕灿　谈漱梅)

罗素，H. N. (Russell, Henry Norris)　美国人，1877年10月25日生于美国纽约州奥伊斯特贝，1957年2月18日卒于新泽西州普林斯顿。*天体物理学、光谱学。*

父亲A. 罗素(Alexander Russell)是牧师，母亲及外祖母都很有数学才能，给他以深刻的影响。1897年他毕业于普林斯顿大学，1900年在该校获博士学位。1902～1904年求学于剑桥大学，同时在卡文迪许实验室和剑桥天文台工作。1905年任普林斯顿大学天文学讲师，1911年任天文学教授。1912年起任普林斯顿大学天文台台长，1947年退休后任名誉台长。1921年起兼任威尔逊山天文台副研究员，每年两个月在该台工作。退休后仍担任利克天文台和哈佛大学天文台的研究职位。

将近60年的研究生涯中，在天体物理学的许多重要方面作出了贡献。第一，对食双星光度变化作了开创性的系统分析。1912年建立食双星理论，成为根据光变曲线求双星轨道要素中两子星基本参数的先驱者。第二，在视差研究基础上发展了恒星演化理论。认为存在两种类型的红色恒星，分别对应于恒星演化的初始阶段和最终阶段。1913年12月30日在美国科学促进协会和美国天文学会联合会议上宣读了著名论文“恒星光谱型和其他特征之间的关系”，全面系统地展示了他的研究成果，在内容上与1905～1907年赫茨普龙的研究结果一致，而在形式上更为显明。绘成一图表示恒星的绝对星等和光谱型的关系：巨星位于一条水平带上；而绝大多数恒星从B型到M型分布在一条对角线上，叫主星序。此图后称赫茨普龙-罗素图(简称赫罗图或HR图)，在天体物理学和天体演化学中起着重要作用，对HR图的研究至今仍十分活跃。第三，为了可靠地确定太阳大气中各种化学元素的丰富度，20世纪20年代开始对太阳吸收光谱线作一系列的定量研究，这一工作充分证明了氢元素在太阳以及其他恒星中所占的突出地位。第四，和别人合作，对许多元素(主要对钙、钛和铁)的光谱进行了广泛分析。发展了用于确定多重谱线相对强度的经验法则，又和桑德斯(F. A. Saunders)一起提出了L-S耦合理论，用于解释具有一个以上价电子的原子所产生的光谱。还把当时相当混乱的光谱学中的符号统一起来，现用的符号系统即在此基础上形成的。对恒星结构理论进行了探讨，1926年提出著名的沃格特-罗素原理：在通常情况下，一恒星的性质完全由其质量和化学组成所决定。

1931～1932年任美国哲学学会会长。1933年任美国科学促进协会主席。1934～1937年任美国天文学会会长。是英国皇家学会的外籍会员，国际天文学联合会恒星光谱委员会和恒星结构委员会主任。曾获得许多奖章和奖金，其中有1925年太平洋天文学会布鲁斯奖章。1946年美国天文学会设立了罗素年度讲座，以表示对他的尊敬。

(章圣洋)

格拉夫，K. R. (Graff, Kasimir Romuald)　德国人，1878年2月7日生于德国普罗契诺沃(今属波兰)，1950年2月15日卒于奥地利维也纳附近的布赖滕富特。*观测天文学、天体物理学。*

1897年进入柏林大学攻读天文学和物理学。1901年获哲学博士学位。1898年进柏林的乌拉尼亚天文台。1902年到汉堡天文台工作。1909年随该台迁至贝格多夫工作。第一次世界大战期间，作为测地队的专家，1917年获得名誉教授头衔。战后用自己设计的仪器作天体的光度观测。1928年被聘为维也纳大学实用天文学教授。1938年德军占领维也纳后被迫离去。1945年返回该校执教,直到1948年退休。在任期内曾为维也纳大学天文台的现代化做了许多工作。是奥地利科学院院士。主要贡献是恒星光度和颜色的目视观测,发表许多有关恒星星等和颜色分类的文章。并对行星和月亮作了许多研究。发表过几本很有价值的地理学以及天体物理学的教科书,并与贝尔(M. Beyer)合作出版了一本星图。 (刘汝良)

杜根,R. S.(Dugan,Raymond Smith) 美国人,1878年5月30日生于美国马萨诸塞州蒙塔古,1940年8月31日卒于宾夕法尼亚州费城。天体物理学。

1899年毕业于美国阿默斯特学院后,相继到黎巴嫩贝鲁特和叙利亚等地大学教数学和天文学,并在叙利亚的普罗特斯坦特学院(美国大学的前身)任天文台台长。1902年获硕士学位。1902～1905年在德国海德堡大学工作,并在那里获博士学位。1905年回国在普林斯顿大学任职直到去世,1920年在该校升任天文学教授。1935年直到去世任国际天文学联合会变星委员会主任。1936～1938年任美国天文学会副会长。

在天文学中的主要贡献在交食变星研究方面。在普林斯顿大学期间,曾用装有偏振光度计的23英寸(约58厘米)望远镜对一些交食变星进行长期的观测和研究,通过其光变曲线的分析获得了这些变星的很多物理量。他首先发现了"反射效应",即暗星因反射其亮伴星的光而增亮的效应。在海德堡大学工作期间,曾发现了2颗新变星以及18颗小行星。还与著名天文学家H. N. 罗素等人合作出版了优秀天文学基础教材《天文学》(1927年)。 (宣焕灿)

穆尔,J. H.(Moore,Joseph Haines) 美国人,1878年9月7日生于美国俄亥俄州威尔明顿,1949年3月15日卒于加利福尼亚州奥克兰。天体分光学、实测天体物理学。

1897年毕业于威尔明顿学院。后进入约翰斯·霍普金斯大学攻读物理学,也学习数学和天文学。1903年获博士学位,不久成为利克天文台台长W. W. 坎贝尔的助手,1936年任副台长,1942年任台长。1945年赴伯克利加利福尼亚大学任教。

主要研究天体光谱学,特别是视向速度的测量。制作了2 700颗恒星的光谱图。1918年与坎贝尔合作发表了125个明线星云的视向速度。1932年发表了《恒星、星云和星团视向速度总表》。计算了许多分光双星的轨道,同时还对日月食、新星、天狼伴星等作过分光观测,并用分光方法测量了一些行星的自转周期。是美国国家科学院院士。担任过美国科学促进协会天文部主任、太平洋天文学会会长。 (谢高峰)

霍恩·达图罗,G.(Horn d'Arturo,Guido) 意大利人,1879年2月13日生于意大利的里雅斯特,1967年4月1日卒于博洛尼亚。天体测量学、观测天文学、仪器研制。

1902年毕业于维也纳大学。相继在的里雅斯特、卡塔尼亚、都灵和罗马等地的天文台任助理。1920年起任博洛尼亚天文台台长。在洛雅诺筹建了该天文台的分部。因具有犹太血统,1938年被免职,第二次世界大战后复任原职。1954年11月退休。工作领域涉及方位天文学、统计学、宇宙结构学和光学天文学。观测过变星、气体星云、行星状星云和球状星团,研究过星云和恒星的视分布;阐明了用光的衍射测量恒星照相密度的方法;设计了锥形棱镜以得到流星的光谱;率队到索马里观测1926年1月14日的日食,获得闪光光谱的和被日冕包围的日珥的照片;建造并应用了直径180厘米的"拼镶式"镜面;创办和主编天文学普及杂志《天空》。 (葛京坪)

施密特,B. V.(Schmidt,Bernhard Voldemar) 德国人,1879年3月30日生于爱沙尼亚的奈斯岛,1935年12月1日卒于德国汉堡。天文光学、仪器研制。

早年当过报务员、摄影师和绘图员。在瑞典哥德堡大学求学之后,于1901年赴德国,在萨克森地区的米特韦达学工程,从而成为光学技师。

一生从事天文光学仪器的制造、改进和发明,为天文望远镜的发展开辟了一条重要的新途径。1905年为波茨坦天文台建造了第一架卡塞格林式反射望远镜,口径40厘米、焦距约1米,物镜采用球面反射镜,其球差由一面反射副镜矫正。1909年为自己在米特韦达的小型天文台制造了一架新型的水平式反射望远镜,后来取名为"天文稳定仪"。其主镜是一面口径40厘米、焦距11米的抛物面反射镜。主镜的轴指向南北方向,利用两个可以围绕相互垂直的轴旋转的平面反射镜观测天体。1926年迁居贝格多夫。在贝格多夫天文台没有固定的职务,有充分的时间从事最著名的研究——制造一种无彗差的反射望远镜,即今天所称的施密特望远镜,1931年公布了他的发明。这种望远镜由一块接近平行平板的非球面改正透镜和一个凹球面反射镜组成。虽然凹球面反射镜具有球差,但它有一个重要特性——球面对于球心是对称的。若在球心处设置一个限制光束的光阑,那么除了球差和场曲外,便不存在其他像差。为了改正球差,在光阑处放置一块与平行平板差别不大的、非球面改正透镜(常称施密特改正透镜)。在口径和焦比相同的情况下,施密特望远镜比其他望远镜有更大得多的清晰视场,可以拍摄到大视场的不变形星像。

年轻时因偶发事故不幸丧失右臂,但是从未依赖别人,亲手磨制望远镜。为了事业终身未娶。遗憾的是贪酒成癖,并自嘲酒醉之后能产生创新的灵感,致使早亡。 (倪祥斌)

劳,H.E.(Lau,Hans Emil) 丹麦人,1879年4月16日生于丹麦欧登塞,1918年10月16日卒于乌瑟勒。观测天文学。

1906年获哥本哈根大学硕士学位。此后在哥本哈根郊区的私立乌拉尼亚天文台工作。1913年自建了一座小型私人天文台。

因对1901年亮新星及新星理论的研究而赢得哥本哈根大学1905年颁发的金质奖章。1905～1911年主要从事双星目视观测,对此测量中的系统误差进行探索,较精确地定出双星蛇夫70系统的轨道。还观测变星、可疑变星和恒星颜色。在照相观测方面作了一些开拓性的工作,是对照相测光感兴趣的首批天文学家之一。在行星工作中侧重于观测和绘制木星、火星的表面图,以及测定它们表面上的细节位置。 (倪祥斌)

罗森贝格,H.O.(Rosenberg,Hans Oswald) 德国人,1879年5月18日生于德国柏林,1940年7月26日卒于土耳其伊斯坦布尔。天体物理学。

出身商人家庭。1899～1900年在慕尼黑大学、柏林大学和斯特拉斯堡大学学习天文学等课程。1904年在斯特拉斯堡完成博士论文。

1905～1925年相继在德国斯特拉斯堡天文台和格丁根大学天文台工作。在斯特拉斯堡天文台用装有楔形光度计的15厘米折射望远镜测量了1903 Ⅳ彗星、变星以及土星的亮度。1907年在格丁根大学用紫外棱镜摄谱仪观测了1907 Ⅳ彗星光谱,1907～1909年又观测了太阳及70颗亮于3等的恒星的光谱。记录了378条谱线,并进行分光光度测量(1914年发表)。运用这些资料获得了许多恒星的色温度。研究了昴星团内恒星的亮度与光谱型之间的关系。1913～1921年开始进行天体光电光度测量的研究,如对月亮表面进行了光电光度测量。还致力于设计和改进天文仪器,如设计了一种新型的偏振光度计,研究和改进用于天体光电光度测量用的光电管,1925年设计了一种用于恒星像光度测量的显微光度计等。

1926年任基尔大学天文台台长。1934年因政治原因被迫离开德国,先后在美国芝加哥大学和叶凯士天文台工作,提出了一种同时用双滤光片进行照相测光的方法。1938年到土耳其伊斯坦布尔计划筹建新天文台,两年后卒于心脏病。 (刘汝良)

柯蒂斯,R.H.(Curtiss,Ralph Hamilton) 美国人,1880年2月8日生于美国康涅狄格州德比。1929年12月25日卒于密歇根州安阿伯市。天体物理学。

1901年毕业于加利福尼亚大学,1905年获该校博士学位。继而在匹兹堡大学的阿勒格尼天文台工作。1907年任密歇根大学助理教授,1918年升任教授。1927年～1929任密歇根大学底特律天文台台长。

主要从事恒星的光谱研究。1905年在他的博士学位论文中就已提出一种由天体光谱的谱线位移获得其精确的视向速度的方法。在阿勒格尼天文台期间,曾设计了一种恒星摄谱仪,并用它发现了大陵五的第三颗子星。在密歇根大学期间则主要从事密近双星、造父变星和B型发射星的研究。1927年当选为英国皇家天文学会外籍会员。还担任过美国天文学会理事、国际天文学联合会第29委员会委员。 (葛京坪)

奥洛夫,А.Я.(Орлов,Александр Яковлевич;Orlov,Aleksandr Yakovlevich) 苏联人,1880年4月6日生于俄国斯摩棱斯克,1954年1月28日卒于乌克兰基辅。观测天文学、地球物理学、地震学。

1902年毕业于圣彼得堡大学,1910年获该校硕士学位。1909年任尤里耶夫天文台地震站站长。1912年任新罗西斯克大学教授和敖德萨天文台台长。1915年在敖德萨大学获博士学位,同年任该校教授。1919年任基辅大学校长。1927年成为苏联科学院通讯院士,1934～1938年任莫斯科史天堡天文研究所教授。1939年当选为乌克兰科学院院士。1939～1952年任苏联科学院天文部纬度委员会主任。1944～1950年任乌克兰科学院天文台台长。

一生从事过多种学科的研究均有建树,对极移和纬度变化的研究贡献最大。早期的工作是以观测和研究地轴倾斜和地壳的潮汐变形为主,同时还涉足于日食、彗星、太阳自转、变星光变曲线分析、分光双星视向速度曲线分析、大地测量和地球物理学等领域。20世纪30年代后,专门从事纬度变化和极移的研究工作。首创一种挑选星对的作图法,以便通过等高观测测定纬度。引进了"平均纬度"的概念,发现纬度存在一种缓慢的非极移变化,且提出一种在改正极坐标时把它们排除的方法。通过综合研究,提出由单站的纬度观测资料定出地极坐标的新方法。这种方法具有广泛的实用价值。成功地解释了纬度的半月变化,并根据天体的赤纬定出章动主要项的系数。他创建的波尔塔瓦重力测量台是当时苏联的纬度变化和极移研究中心。曾在数所大学里从事过多种学科的教学活动,其主要著作已汇编成《А.Я.奥洛夫选集》,共3卷。 (倪祥斌)

奥洛夫,С.В.(Орлов,Сергей Владимирович;Orlov,Sergey Vladimirovich) 苏联人,1880年8月18日生于苏联莫斯科,1958年1月12日卒于同地。彗星天文学。

医生的儿子。1904年在莫斯科大学毕业后留校从事天文观测和教学。1906～1920年在莫斯科第一大学预科学校执教。1920～1922年任彼尔姆大学教授,并任天文学和物理学系主任。1923～1931年任苏联国立天体物理研究所代理所长。1931年,莫斯科大学天文-大地测量研究所和彼尔姆大学天文台合并,改称史天堡天文研究所。1931～1935年任该所副所长,1943～1952年任所长。1935年获莫斯科大学数理博士学位。1935～1957年任苏联科学院天文部彗星和流星委员会主任。1943 年当选为苏联科学院通讯院士。

早在 1908 年就开始观测彗星及从事有关理论的研究，相继发表 70 多篇论文。主要成就：①1919 年提出彗头形态分类：N 类，因多次经过太阳附近，使彗星完全丧失气体，彗头只剩下彗核，没有彗发，当接近太阳时只出现尘埃组成的彗尾；C 类，彗星中气体未完全失散，有彗发，但无壳层，彗头呈球茎形；E 类，彗星含有丰富的气体，彗发很亮，有抛物面状壳层包围的彗头。② 彗星测光学：研究彗星的发光机制和光谱变化；周期彗星相邻两次出现的光度变化律；提出一种彗星光度参数测定法，定出许多彗星的累积星等和绝对星等。③ 彗星起源：认为彗星是由两个小行星偶然碰撞爆炸后的碎片形成的。这些碎片沿着椭圆轨道运行，在接近太阳时，受到太阳辐射作用，使它们蒸发出气体，从而形成彗发和彗尾。④ 发明了一种用于拍摄彗星的特殊照相机。⑤ 首先证认出彗星光谱中存在镍线。

因对彗星和流星天文学的研究作出的贡献，荣获国家颁发的多种奖励。（倪祥斌）

皮斯，F. G.（Pease，Francis Gladhelm） 美国人，1881 年 1 月 14 日生于美国马萨诸塞州坎布里奇，1938 年 2 月 7 日卒于加利福尼亚州帕萨迪纳。天体物理学、仪器研制。

早年在海兰帕克上高中。毕业后进入芝加哥装甲工学院，1901 年获机械工程学士学位。同年到叶凯士天文台任职。1904～1938 年在威尔逊山天文台任仪器设计师和天文学家。1922 年被选为英国皇家天文学会外籍会员。1924 年获理学硕士学位。1927 年和 1934 年相继获两个理学博士学位。

在天文学上最突出的成就是 1920 年与 A. A. 迈克尔逊一起，用恒星干涉仪测定了猎户座 α 等红巨星的直径，从而开创了用实测手段求恒星直径的方法。擅长于天文仪器的设计，曾协助设计了 60 英寸（1 英寸＝2.54 厘米）和 100 英寸的反射望远镜、60 英尺（1 英尺＝0.304 8米）和 150 英尺的太阳塔、20 英尺和 50 英尺的恒星干涉仪等。还解决了 200 英寸反射望远镜设计中的许多问题。在 1914 年首先探知仙女座大星云（M31）有自转运动。此后又测定了不少旋涡星系的视向速度。（宣焕灿　田　雁）

斯特拉顿，F. J. M.（Stratton，Frederick John Marrion） 英国人，1881 年 10 月 16 日生于英国伯明翰，1960 年 9 月 2 日卒于剑桥。天体物理学。

1904 年毕业于剑桥大学冈维尔和凯厄斯学院，在学位考试中名列前茅。留校工作。1906 年发表的第一篇论文"关于行星逆转"阐述潮汐力可能使行星轨道面的倾角发生重大变化。1913 年任剑桥太阳物理天文台副台长。第一次世界大战后到剑桥大学冈维尔和凯厄斯学院执教，为英国造就了一大批天文学家。1926 年去苏门答腊观测 1 月 14 日的日全食时，取得很好的色球光谱和日冕强度分布的资料，发表于 1929 年。1928 年任天体物理学教授和剑桥太阳物理天文台台长。1930～1935 年任英国科学促进协会秘书长。1925～1935 年任国际天文联合会秘书长。（倪祥斌）

德波特，E. J.（Delporte，Eugène Joseph） 比利时人，1882 年 1 月 10 日生于比利时热纳普，1955 年 10 月 19 日卒于克勒。观测天文学。

毕业于比利时布鲁塞尔大学，1903 年获数理博士学位。1904 年在比利时皇家天文台任助手，1909 年在该台任副天文学家，1923 年起任天文学家，1936 年升任台长。1930 年任比利时天文学会副会长，1949 年直至去世任会长。曾当选为国际天文学联合会行星、彗星、卫星观测及星历表委员会主任。

发现了异常接近地球的小行星阿莫尔（Amor）和阿多尼斯（Adonis），并发现了小行星比尔吉瑟（Belgica）。是迪图瓦-诺伊明-德波特（Dutoit-Neujmin-Delporte）彗星的发现者之一。1930 年为国际天文学联合会主编两卷《星座的科学分界》。1947 年从比利时皇家天文台退职后仍继续工作，1955 年在该台检查小行星底片时突然去世。（葛京坪）

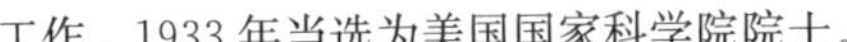

巴布科克，H. D.（Babcock，Harold Delos） 美国人，1882 年 1 月 24 日生于美国威斯康星州埃格顿，1968 年 4 月 8 日卒于加利福尼亚洲帕萨迪纳。天体物理学仪器研制。

1907 年毕业于伯克利加利福尼亚大学。1909～1948 年在威尔逊山天文台工作。1933 年当选为美国国家科学院院士。

在威尔逊山天文台的物理实验室里，用干涉方法获得了作为太阳光谱比较标准的许多谱线的精确波长。1928 年发表了一份太阳光谱的基本谱线表，证认了许多新的谱线，并修正了罗兰的不少证认，从而弥补了著名的罗兰太阳光谱谱线表的不足。1952 年，与儿子 H. W. 巴布科克共同创制了太阳磁像仪，通过对太阳整个圆面的扫描，以较高的空间分辨率测量太阳的磁场，测量精度达到 1 高斯（10^{-4} 特斯拉）。从而证明太阳上存在着迅速变化的强度约为几高斯的局部磁场。还共同研制了大尺度和高质量的衍射光栅，并用它们装备了威尔逊山天文台的 2.5 米反射望远镜和帕拉马山天文台的 5 米反射望远镜。

1929 年获美国科学促进协会颁发的奖金，1953 年获太平洋天文学会布鲁斯奖章。第 3167 号小行星以他的姓氏命名。（宣焕灿）

邓肯，J. C.（Duncan，John Charles） 美国人，1882 年 2 月 8 日生于美国印第安纳州，1967 年 9 月 10 日卒于加利福尼亚州。天体物理学。

1901～1905 年在印第安纳大学学习，1906 年获文科硕士学位。1907年到加利福尼亚大学工作，1909年获博士学位。1909～1916年在哈佛大学教天文学。此后任韦尔斯利学院天文学教授和该校怀丁天文台台长。1950年退休后还到亚利桑那大学执教和到斯图尔德天文台从事天文研究。

1921年，将自己拍摄的与1909年G. W. 里奇用威尔逊山天文台同一架望远镜拍摄的蟹状星云照片相比较，确认蟹状星云在向外膨胀。1938年又拍摄该星云的照片，并通过与以前照片的比较，再次证实蟹状星云的膨胀，因而证明了蟹状星云确实是超新星爆发后抛出的产物。还对彗星、分光双星、新星等进行了许多研究。1926年撰写的《天文学》一书，曾在美国作为标准的教科书达30年之久。（宣焕灿 田 雁）

巴纳齐维茨，T.（Banachiewicz，Thaddeus） 波兰人，1882年2月13日生于波兰华沙，1954年11月17日卒于克拉科夫。*观测天文学、天体力学。*

1904年毕业于华沙大学。1910年在莫斯科大学获天文学硕士学位。1910～1915年在喀山附近的恩格哈特天文台任助理。1915～1918年在多尔帕特大学执教。1918年在华沙高等工业学校工作，同年底任克拉科夫大学教授及该校天文台台长。

一生发表论文约240篇。早在青年时期，就对研究小行星轨道的吉尔登-布伦德尔理论（Gyldén-Brendel's theory）的适用性作了出色的分析，并发表了数篇论述高斯的轨道计算方法的论文。毕生最大的贡献是改进了天体抛物线轨道的计算方法，其中用了一种特殊的工具——克拉科夫矩阵（这种矩阵的乘法是行与行相乘），简化了很多天文学中的重要公式（如月球天平动观测资料归算公式和天体坐标变换公式等）。也是一位出色的天文观测家，对月掩星、行星和卫星掩恒星、日食、食双星、变星等作了大量观测。还在波兰组织了重力测量观测和一级水准测量，建立了波兰第一个射电天文观测站。在波兰创办了《天文学报》《食双星星历表》和《克拉科夫天文台通报》等天文刊物。（易照华）

夏齐，J.F.（Chazy，Jean François） 法国人，1882年8月15日生于法国索恩河畔自由城，1955年3月9日卒于巴黎。*天体力学、微分方程。*

出身小工厂主家庭。1902年进巴黎高等师范学校攻读数学，研究微分方程。1910年获博士学位，并成为该校里尔理学院的讲师。第一次世界大战后，回到里尔理学院任教授。1925～1953年在巴黎大学工作，先后教授力学、理论力学、分析力学和天体力学等课程。1937年当选为科学院天文组成员。1952年为巴黎经度局名誉委员。

和别人合作完成了二阶和三阶代数微分方程的理论。把在初始条件变化时微分方程解的奇点研究成果用于著名的三体问题，得到三体相对轨道为有界时的存在区域。1921年起对相对论发生兴趣，并提出了引力传播速度的新概念，后被证实。一生中曾获得多种奖励。（章圣泮）

乔伊，A. H.（Joy，Alfred Harrison） 美国人，1882年9月23日生于美国伊利诺伊州格林维尔，1973年4月18日卒于加利福尼亚州帕萨迪纳。*天体物理学。*

商人的儿子。1903年毕业于格林维尔学院。1904年在俄亥俄州奥伯林学院获物理学硕士学位。旋即去黎巴嫩在贝鲁特美国大学任天文学教授和该校天文台台长。1914年返回美国，在芝加哥大学的叶凯士天文台任讲师。1915～1952年在威尔逊山天文台工作。1944年被选为美国国家科学院院士。1950年获太平洋天文学会的布鲁斯奖章。

对天文学的主要贡献是发现了金牛座T型变星，并测定了大量恒星的距离、视向速度及它们的某些物理特性。1945年首先在一些暗星云中发现了金牛座T型变星，它们的光度较低，具有发射线光谱且光度变化不规则。指出它们是处于早期演化阶段的恒星集团的成员。1947年，天文学家阿姆巴楚米扬发现T星协证实了这一看法。1916年起先后用威尔逊山天文台的1.5和2.5米反射望远镜对恒星进行分光观测，以求出其分光视差。在此后的20多年中，与W. S. 亚当斯和赫马逊（M. L. Humason）合作，求得了5 000多颗恒星的光谱型、绝对星等和距离，对恒星天文学和恒星物理学作出了重要贡献。还测定了几千颗星的视向速度，并由此发现了不少分光双星。1932年根据130颗遥远造父变星的视向速度的观测资料测定了银河系的大小及其自转。通过对变星光谱的研究，发现每一类变星都有其特殊光谱，因而提出了可根据光谱特性来确定变星类型的见解。首次观测到再发新星处于亮度极大时，其光谱中存在日冕中那种高次电离的发射线。他在M型矮星的光谱中，发现了氢和钙的发射线，还发现在温度很低的最小恒星中有时会出现仅仅延续几分钟的突然闪亮现象。（章圣泮）

阿贝蒂，G.（Abetti，Giorgio） 意大利人，1882年10月5日生于意大利帕多瓦，1982年8月24日卒于佛罗伦萨。*太阳物理学、天文学史。*

出身天文世家。早年在罗马大学和帕多瓦大学学习，后曾在德国海德堡天文台和美国威尔逊山天文台进修。1910～1919年在罗马教会大学天文台工作。1921年任阿尔切特里天文台台长，并兼任佛罗伦萨大学天文学教授。1952～1970年任国立光学研究所所长。1953～1964年任意大利天文学会会长。

1906～1908年在海德堡天文台测得了42颗恒星的视差和140颗恒星的自行。1913～1914年参加中亚考察队，在喜马拉雅山等地完成了许多地点的经纬度测量和重力测量。20世纪20年代以后，在阿尔切特里天文台从事太阳物理研究，研究课题涉及日珥、色球、太阳黑子、太阳光谱、太阳自转、日地关系等。在他的领导下，阿尔切特里天文台在太阳研究方面具有国际声望。1936年和1952年，率领意大利观测队分别赴哈萨克和苏丹进行日全食观测。1948年出版了《天文学史》一书，1952年被译为英文，受到科学史界好评。还著有《太阳》和《地球和行星》等科普名著。曾获意大利科学院奖金、法国天文学会让桑奖金、意大利天文学会金质奖章等。（萧耐园）

施特龙贝格，G. B.（Strömberg，Gustaf Benjamin） 1882年12月16日生于瑞典哥德堡，1962年1月30日卒于美国加利福尼亚州帕萨迪纳。天体物理学。

毕业于斯德哥尔摩大学。1914年之前在斯德哥尔摩天文台工作了8年。1916年获隆德大学哲学博士学位。同年赴美国威尔逊山天文台工作直至1946年退休。

协助W. S. 亚当斯分析了1 300颗恒星的光谱，发现某些弱矮星似乎要比同一光谱型的亮巨星运动得快。他引进了所谓视向速度K项的新概念，即对任意选择的恒星群其朝向或背离我们的速度之差。这种差值的存在也被称为“施特龙贝格不对称性”。1924年根据恒星运动的不对称性提出银河系自转的假设，并发现银道面上的恒星大多沿同一方向运动，围绕银心旋转的速度与沙普利在1918年提出的数值基本一致。这为林德布拉德和奥尔特建立银河系自转的图像提供了资料。（倪祥斌）

爱丁顿，A. S.（Eddington，Arthur Stanley） 英国人，1882年12月28日生于英国肯德尔，1944年11月22日卒于剑桥。恒星物理学、恒星天文学、理论物理学。

父亲A. H. 爱丁顿（Arthur Henry Eddington）是肯德尔一所学校的校长，但在他2岁时便去世了。在母亲S. A. 肖特（Sarah Ann Shout）的抚养下成长。不满16岁就进入欧文学院（曼彻斯特大学的前身）就读。1902年进入剑桥大学三一学院。1905年毕业。1906～1913年任格林尼治皇家天文台首席助理，1913～1944年任剑桥大学天文学教授，1914～1944年间还兼任剑桥天文台台长。1914年被选进英国皇家学会。1921～1923年任英国皇家天文学会会长。1930年被授于爵士衔。1930～1932年任英国物理学会会长。1932年任英国数学协会会长。1938～1944年任国际天文学联合会主席。因专心致志于科学事业终身未娶。1942年获太平洋天文学会布鲁斯奖章。

1916～1926年致力于恒星本质和恒星内部结构问题的研究。纠正了前人把对流看成是恒星内部能量向外传递的主要方式的错误观念，正确地指出辐射是恒星内部能量向外转移的主要方式。对恒星的能源问题作出了天才的推测。1920年在论文“恒星的内部结构”中指出，用收缩来解释恒星的能源是错误的，恒星的能源很可能来自恒星内部氢转化为氦的核反应，反应时的质量亏损转化为巨大的能量，这一推测为后人进一步的研究所证实。假定恒星内的物质处于理想气体状态，引力、气体压力和辐射压力相平衡，从而建立起辐射平衡理论。1924年发表了重要论文“恒星的质光关系”。从建立的辐射平衡理论出发，推得了恒星的理论质光关系式和理论质光关系曲线。这一结果与实测资料十分吻合，深刻地揭示了恒星质量与其光度间的内在关系。还揭示了白矮星的本质，指出它是一类光度很低、体积很小但密度却高得惊人的特殊恒星。1926年出版了天文学名著《恒星的内部结构》，概括了对恒星内部结构问题的开创性研究。

1918～1919年创建了造父变星的脉动理论，摒弃了前人把造父变星视为食双星的见解，而用脉动（周期性的收缩和膨胀）正确地解释了造父变星的周期性光度变化。这一理论能圆满地解释造父变星的周光关系等重要观测事实，此后30年中一直是造父变星的权威理论。

对验证广义相对论作出了杰出贡献。1919年参与组织两个日食观测队分别到西非的普林西比岛和巴西的索布拉尔观测5月29日的日全食，并亲自率队去普林西比岛。两队通过拍摄太阳附近的星空照片，并与太阳远离该处时的同一星空照片进行比较，证实了爱因斯坦的光线经引力场会发生偏折的预言。1924年根据广义相对论算出了从白矮星天狼伴星发出的光的引力红移值。在他的建议下，W. S. 亚当斯在1924～1925年间成功地测量到该星的引力红移效应，与他的理论计算十分符合，再次验证了广义相对论的正确性。1923年他出版了《相对论的数学原理》，被爱因斯坦誉为该领域最佳作品之一。

1906～1914年曾对恒星的运动和分布作了深入的研究，通过分析大量恒星的自行资料，证实了J. C. 卡普坦所提出的二星流的存在；推广了K. 史瓦西的早期研究工作，提出了恒星大气的吸收谱线理论。1926年提出了星际吸收线的形成理论，导出了根据恒星光谱中星际吸收线强度来粗略测量该恒星距离的关系式。1933年出版了《膨胀的宇宙》，发展了G. 勒梅特提出的膨胀宇宙的假说。晚年致力于探求自然界一些基本常数之间的相互关系，并力图寻求统一量子力学和相对论的道路。（宣焕灿）

斯莱弗，E. C.（Slipher，Earl C.） 美国人，1883年3月25日生于美国印第安纳州马尔伯里，1964年8月7日卒于亚利桑那州弗拉格斯塔夫。行星物理学。

从印第安纳大学取得理学士学位后，1905年起长期参加洛厄尔天文台的工作。是一位行星照相学的先驱者，对火星最感兴趣，一生共取得火星星像照片有200 000张之多。其中几乎有半数是在去智利和南非考察期间拍摄的。拍摄时在那些地方火星过中天时的天顶距很小，所以星像受大气湍动的影响很小，显得十分清晰。发现采用黄色底片要比采用紫色底片拍摄到的火星表面细节清晰。1956年发现火星表面上出现一块很大的尘埃云,取名为"W"云,具有长期的和瞬时的变化。著名的火星著作是1962年出版的《火星照相集》,收集了512幅火星照片,显示了这个行星的许多已知事实。遗作《亮行星》也是一部很珍贵的书。1911年12月4日曾拍摄到月球快要掩食火星的照片,对这两个天体的视大小和表面亮度作出令人信服的图例说明。是对底片作照相测量定标的开创者之一。 (倪祥斌)

朱文鑫(Zhu Wenxin) 字槃亭,号贡三。中国江苏省人,1883年10月9日生于江苏昆山,1939年5月15日卒于江苏苏州。*观测天文学、天文学史、数学。*

1905年毕业于江苏高等学堂。1907年赴美国,1910年获美国威斯康星大学理学士学位。在美国期间曾任威斯康星大学助教、留美中国学生会会长等职务。回国后先后任苏州女学校长、南洋路矿学校校长、交通部南洋大学(交通大学前身)教授、复旦大学教授、东华大学校长和江苏省土地局局长等职。

在美国留学期间,对法国天文学家梅西叶1781年发表的《星云星团表》进行重测,发表了《星云星团实测录》(1934年)一书。对中国天文学史有开创性的深入研究,著作10余种,其中《史记天官书恒星图考》(1927年)、《天文考古录》(1933年)、《历代日食考》(1934年)、《历法通志》(1934年)、《天文学小史》(1935年)、《近世宇宙论》(译著,1937年)和《十七史天文诸志之研究》等著作久负盛名,为国内外专家所公认。收集和整理的中国古代太阳黑子、日食、哈雷彗星和流星等天象记录,直至今日仍受到国内外学者的重视,经常在书刊中予以引用。还有未出版的天文史著作数种,如《中国历法史》、《史志月食考》等。对数学也颇有研究,著有《攀巴司切圆奇题解》、《微分方程式》(英文版)、《图解代数》和《算式集要》(英文版)等。 (徐振韬)

范马南,A.(Van Maanen, Adriaan) 1884年3月31日生于荷兰斯内克,1946年1月26日卒于美国加利福尼亚州帕萨迪纳。*观测天文学。*

出身贵族。在乌得勒支大学先后获文学士、文科硕士和理学博士(1911年)学位。1912年到美国威尔逊山天文台工作。是采用反射望远镜测定恒星视差的先驱者之一。共定出500多颗恒星的视差,平均可几误差为±0″.006。在从事这些观测时,还发现当时已知的第二颗白矮星,即现在所谓的范马南星。对若干星云、星团和弱星的自行进行了研究,从中取得许多天象的重要资料。测量了旋涡星云的旋转速率和太阳普遍磁场,但测量结果有误,某些发现造成的混乱长达十多年之久。然而此事也促进了人们对系统误差危害性的重视和研究。 (倪祥斌)

卡夫赖斯基,В. В.(Каврайский, Владимир Владимирович; Kavraysky, Vladimir Vladimirovich) 苏联人,1884年4月22日生于俄国辛比尔斯克省(今乌里扬诺夫斯克州),1954年2月26日卒于列宁格勒(今圣彼得堡)。*天体测量学、大地测量学、制图学、仪器研制。*

1903年毕业于辛比尔斯克大学预科,获金质奖章。同年进入莫斯科大学学习数学。1916年以优异成绩毕业于哈尔科夫大学。后到海军部门为生产航海仪器服务。1918年成为天文学家。1921年起相继在海军学院和矿业研究所任教授。1926～1930年到普尔科沃天文台工作。1930～1938年在列宁格勒大地测量和制图研究所任教授。先后获物理数学博士学位和11枚奖章。科学活动涉及许多领域。在大地测量和制图学方面,发明了指示平经的"卡氏方格仪",制定了向苏联引进高斯投影二维直角坐标统一系统的详细计划,提出制作世界地图的新投影方法。在航海上研究了用无线电测定船位的方法,发明了倾度仪和导向仪。在天文观测理论方面,改进和简化了实用天文和大地测量问题的解法,提出一系列同时测定经纬度的新方法。 (谢高峰)

艾德尔森,Н. И.(Идельсон, Наум Ильич; Idelson, Naum Ilich) 苏联人,1885年3月13日生于俄国圣彼得堡,1951年7月14日卒于拉脱维亚的里加附近。*历书天文学、天体测量学。*

数学家的儿子。1909年毕业于圣彼得堡大学,后为中学教师,业余时间钻研天文学。1914年加入俄国天文学会。1918年到莱斯加夫特科学研究所天文研究室工作。1926年到列宁格勒大学任教,1933年在该校升任天文学教授。1930～1937年兼任列宁格勒精密机械和光学研究所理论力学教授。1941年在喀山大学执教。

深入研究了编算星历表的理论技术。组织编写了1920～1960年间的贝塞尔数值表A,B,C,D,E。领导了普尔科沃天文台的天体测量工作。编辑出版了天文、航海和航空年鉴。著有《行星运动理论史研究》,对依巴谷到开普勒所有论述行星运动的数学方法都作了详尽的探讨。 (谢高峰)

弗罗因德利希,E. F.(Freundlich, Erwin Finlay) 德国人,1885年5月29日生于德国比布里希,1964年7月24日卒于威斯巴登。*天体物理学、引力理论。*

犹太裔,商人之子。1903年入柏林-夏洛滕堡技术大学攻读造船学,又转到格丁根大学攻读数学、物理和天文学,1910年获博士学位。同年到柏林皇家天文台工作。

1911年应爱因斯坦要求,观测水星的运动,结果充分表明其运动与牛顿力学所预言的不一致。是当时通晓爱因斯坦引力理论的科学家之一。1916年,在撰写的《爱因斯坦引力理论基础》著作中,论述了检验理论的方法。1921年,被聘任波茨坦天体物理台爱因斯坦研究所的研究员和天体物理教授。到1933年主要研究太阳谱线的红移问题。1929年在苏门答腊观测日食,进一步证实了爱因斯坦理论的预言。1933年希特勒上台后,被迫移居土耳其,并为伊斯坦布尔大学创建了一个现代化的天文台,还一度到英国任教。一直从事太阳、恒星和星系谱线非运动学红移的研究工作。20世纪50年代后期著有《天体力学》等著作。 (刘汝良)

沙普利,H.(Shapley,Harlow) 美国人,1885年11月2日生于美国密苏里州纳什维尔,1972年10月20日卒于科罗拉多州博尔德。恒星物理学、星系天文学。

农民兼教师的儿子。少年时上了5年乡村小学,接着又学了短期的商业课程。16岁时便当了一名记者。1907年进入密苏里大学学习,1910年获文学士学位,1911年获文科硕士学位。后去普林斯顿大学当H. N. 罗素的研究生,1913年获博士学位。1914年与M. 贝茨(Martha Betz)结婚,贝茨后来成了研究交食双星的专家。1914~1921年在威尔逊山天文台工作。1921~1952年任哈佛大学天文台台长。1924年当选为美国国家科学院院士。1943~1946年任美国天文学会会长。1946年任美国科学促进学会主席。获12个外国科学院授予的荣誉外籍院士称号。

在造父变星和银河系结构的研究方面作出了杰出的贡献。在造父变星的研究方面,1914年通过计算指出,若造父变星是食双星,则其两子星运行轨道的平均半径将小于星体本身的1/10,即两子星都落到彼此的球体之内。这就否定了当时流行的造父变星是食双星的错误观点。进一步指出,造父变星是由单个恒星的周期性脉动造成的。这一见解后来被A. S. 爱丁顿所发展。在1912年H. S. 勒维特发表小麦哲伦云中造父变星的视星等与光变周期的关系后,1915年沙普利首先定出了造父变星的周光关系的零点,获得了造父变星的绝对星等与其光变周期之间的关系曲线,创立了测定这些变星距离的方法——造父视差法。

在银河系结构的研究方面,1916~1917年使用威尔逊山天文台的1.5米反射望远镜拍得了近百个球状星团的照片,在其中发现了大量的造父变星,应用他所创立的造父视差法,定出了这些星团的距离。继而进一步研究了它们的空间分布,发现有1/3以上的球状星团位于占天空面积2%的人马座内,90%以上位于以人马座为中心的半个天球上,而且它们构成了对称于银道面但其中心却远离太阳的巨大系统。认为球状星团在银河系中实际上是对称而均匀地分布的,只是由于太阳不在银河系中心而造成了这种表面上的不对称。于是,在1917年提出了一个直径30万光年、厚3万光年、银心位于人马座方向距太阳5万多光年处的银河系新模型。由于未考虑星际消光,给出的这些数据偏大。但所提出的太阳不在银河系中心的见解则是银河系结构问题上的划时代的创见,否定了自威廉·赫歇尔以来始终把太阳当做银河系中心的错误传统观念,为建立银河系的正确图像跨出了革命性的一步。

早年曾对食双星的轨道作了开拓性的研究。在任哈佛大学天文台台长期间,深入研究了大、小麦哲伦云。1932年和艾姆斯小姐(Miss Ames)发表了一个列有亮于13等的1 249个星系的《沙普利-艾姆斯星系表》;发现了两个著名的矮星系——玉夫星系和天炉星系。现已得知它们都是本星系群的成员。还是一位出色的台长,在他的领导下,哈佛大学天文台成了举世瞩目的著名天文台之一。

1926年获美国国家科学院的德雷珀奖章。1934年获英国皇家天文学会的金质奖章。1939年获太平洋天文学会布鲁斯奖章。 (章圣泮)

涅维明,Г. Н.(Неуймин,Григорий Николаевич;Neuymin,Grigory Nikolaevich) 苏联人,1886年1月3日生于俄国格鲁吉亚梯弗里斯(今第比利斯),1946年12月17日卒于列宁格勒(今圣彼得堡)。天体物理学。

1910年毕业于圣彼得堡大学。1925年任克里米亚锡梅伊兹天文台台长。1935年获数理博士学位。1944年任普尔科沃天文台台长。自1908年开始天文观测后,轮流在普尔科沃和锡梅伊兹两个天文台工作。

在普尔科沃的工作可归结为测量星系、双星、海王星卫星,定出17个恒星的自行,计算1916年发现的彗星涅维明Ⅱ号的轨道,测定天鹅座α星的视向速度和照相观测1912年4月12日日环食。然而,著名的科研成果几乎全是在锡梅伊兹天文台取得的。在该台,发现了63个小行星、13个变星、6个彗星,其中有5个彗星是周期为5.4~17.9年的周期彗星。被誉为"彗星猎手"。提出一种用于在照相底片上发现短周期变星的方法,以及用于计算高阶摄动项的专门算法。因发现彗星的成就曾先后赢得苏联天文学会的3次奖金和太平洋天文学会的6枚奖章。 (倪祥斌)

特朗普勒,R. J.(Trumpler,Robert Julius) 1886年10月2日生于瑞士苏黎世,1956年9月10日卒于美国加利福尼亚州奥克兰。天体物理学。

实业家的儿子。1910年获德国格丁根大学博士学位。继而留校从事研究工作,并在瑞士大地测量局工作了4年。1915年应F. 施莱辛格之邀赴美国阿勒格尼天文台,着手银河星团的比较研究。1919年受W. W.

坎贝尔之请,到利克天文台工作。1929 年取得天文学家称号。1938 年任加利福尼亚大学天文学教授,直至 1951 年退休。

1922 年跟随坎贝尔到澳大利亚观测日全食,通过拍摄日全食时太阳附近星空,同 4 个月前拍到的夜空星位作对比,测得星光通过太阳边缘时的偏折角为 1″.75±0″.09(爱因斯坦预言值是 1″.745),比 3 年前爱丁顿等人的考察还要精确得多。1924 年火星大冲时用利克天文台的 36 英寸(91 厘米)折射望远镜看到前人称为“火星运河”的长条暗纹,推测某些“火星运河”可能是由火山活动造成的断层,这在 1972 年“水手九号”对火星逼近照相中已首次得到证实。

在天文学上最有意义的贡献是对银河星团的研究以及确认星际消光物质的存在。1925 年发表论文指出,不同银河星团之间恒星的组成有着明显的差别,某些星团含有大质量蓝星,但没有黄巨星或红巨星,而在另一些星团里却正相反。这项工作后经巴德和桑德奇等的进一步研究,发展为现代普遍接受的恒星演化理论。1930 年在一篇包括有 334 个银河星团资料的论文中阐明,由于星际物质的消光,每经过1 000秒差距的距离,星光平均要变暗 0.67 星等,因而以前对银河星团的距离估计过远。这一发现有力地证实了星际物质的普遍存在,并为正确估计银河系的尺度提供了重要的观测资料。

1932 年当选为美国国家科学院院士。同年当选为太平洋天文学会会长,1939 年再次当选。为纪念他,太平洋天文学会专设了一种奖金,每年颁发给成果卓著的天文学家。

(李啸虎)

梅里尔,P. W.(Merrill, Paul Willard) 美国人,1887 年 8 月 15 日生于美国明尼苏达州明尼阿波利斯,1961 年 7 月 16 日卒于洛杉矶。天体物理学。

1908 年获斯坦福大学学士学位。1913 年在伯克利加利福尼亚大学获博士学位后相继在利克天文台和密歇根大学任职。1916～1919 年在美国国家标准局工作。1919 年起就职于威尔逊山天文台,直至 1952 年退休。

在天文学上最大成就是率先在天体光谱中发现了元素锝(Tc)的谱线。1952 年在威尔逊山天文台,用口径 100 英寸(2.54 米)的反射望远镜拍摄了光谱型为 S 型的长周期变星仙女座 R 的光谱,发现其中存在着天然锝的强吸收线。地球上并不存在天然的锝元素,只能在实验室中用人工方法获得。为解释这种现象他提出了几种设想,其中之一认为 S 型恒星内部进行着某种不断产生锝的核反应。这一见解得到学术界的广泛赞同。还研究了星际介质,并在天体红外光谱的研究方面作了一些开创性的工作。代表作是《空间化学》(1963 年)。1946 年获太平洋天文学会布鲁斯奖章。

(宣焕灿 田 雁)

弗里德曼,A. A.(фридман, Алексанлр Александрович; Friedmann, Aleksandr Aleksandrovich) 苏联人,1888 年 6 月 29 日生于俄国圣彼得堡,1925 年 9 月 16 日卒于列宁格勒(今俄罗斯圣彼得堡)。宇宙学、数学、物理学。

中学毕业时曾获金质奖章,在圣彼得堡大学数学物理系学习期间,又以一篇论文获金质奖章。1914 年发表重要论文“论空气温度与高度的关系”,论证了同温层中存在温度反变点。1918 年任彼尔姆大学教授,1920 年后在科学院物理气象中心站工作,曾任站长。他的研究工作集中于理论气象学和流体力学方面,是动力气象学奠基人之一,对大气涡流和垂直大气流方面做了许多基础工作。还对现代宇宙学作出了重要贡献。在 1917 年爱因斯坦用广义相对论建立了静态宇宙模型之后,他在 1922 年发表了著名论文“论空间的曲率”,首次提出空间曲率可看成时间的函数,并用广义相对论建立了非静态宇宙模型,论证了宇宙有可能随时间而膨胀。后来,河外星系普遍红移的发现证实了这一见解的正确性。他所建立的宇宙模型现称弗里德曼宇宙。

(高岳兴)

埃马努埃利,P.(Emanuelli, Pio) 意大利人,1888 年 11 月 3 日生于罗马,1946 年 7 月 2 日卒于同地。观测天文学。

10 岁时就开始喜爱天文学。12 岁时观测了 1900 年 5 月 20 日发生的日食,并写了一份报告给法国天文学家弗拉马里翁。后来在罗马求学,并以志愿者的身份在罗马学院天文台工作。22 岁时成为梵蒂冈天文台的天文学家。积极参与了该台所承担的当时规模最大的国际合作项目《照相天图星表》的工作。编著了一份得到广泛运用的赤道坐标化成银道坐标的转换表。计算了一些小行星的轨道及日食的参数。对日食时太阳附近星光的相对论性偏折有浓厚兴趣,曾多次预报过这种偏折的位移量。此外,还对科学史和科普工作发表了不少文章。

(葛京坪)

高平子(Gao Pingzi) 原名高均,字君平,别号在园。中国上海市人,1888 年 12 月 23 日生于江苏省金山县(今属上海市),1970 年 3 月 23 日卒于中国台湾省台北市。天体物理学、天文学史。

出身名门,祖父近斋为晚清举人,父亲望之为有名文人。他在 1894～1904 年延师就读于家塾。1904～1912 年在震旦大学学习自然科学。1912～1914 年在上海徐家汇及松江佘山天文台学习天文学兼从事太阳、小行星观测。1924 年参与接收原德国管理的胶澳商埠天文台(现青岛观象台),任天文磁力科科长。1928 年赴南京任中央研究院天文研究所研究员,曾短期担任代理所长。1937 年后天文研究所内迁,因父病而留居上海,任通讯研究员。1948 年举家迁居台湾后,历任技正、研究员、学术审议委员等职。发起创立"中华天文学会"，任理事长多年。

是中国近代天文观测工作的奠基者之一。1924年首先在青岛观象台整理、安装天文仪器，培训天文观测人员，创始中国太阳黑子观测和子午测时工作。特别是1926年主持中国参加第一届国际无线电经度联合观测，取得良好成绩，成为中国参加国际联合观测的开端。1928年后曾相继测定中央研究院天文研究所(南京鼓楼)、庐山、河南登封告成镇测景台等地的经纬度，为中国天体测量学的发展奠定了基础。

平生最为钦佩后汉天文学家张衡(张平子)，因而自号平子，以发扬光大张衡对中国天文学的贡献为己任。潜心研究中国天文历法，1936年编成《史日长编》作为天文研究所专刊出版，是整理研究古史天象记录、年代学和史学研究的极好工具书。曾实地考察告成镇测景台，系统研究了中国古代天文观测方法——圭表测影，于1939年写成《圭表测景论》一书。还曾主持中国《天文年历》及《国民历》的编算工作，协助余青松(天文研究所第二任所长)筹建紫金山天文台，并主管太阳分光观测。1935年出席在巴黎举行的国际天文学联合会第五届大会，是中国首次参加国际天文学联合会的代表。

后期主要学术活动是整理研究中国古代天文历法。提出了整理研究中国天文学史的四原则十七大纲。四原则为以科学方法整理历代系统、以科学方法疏解并证明古法原理、以科学方法推算疏密程度、以科学需要应用古测天象。这一研究纲领开创了中国天文学史研究的新时期，影响了一代天文史学家的治学方向和治学方法。深入研究了汉历，得出三统历为莽汉刘歆增修而非太初历，四分历完成于灵帝时期而非章帝元和时期，以及三统历、四分历中关于行星视运动的记载是实测而非据五行学说臆测等新发现。先后发表天文、历学方面的论文上百篇，后分别集录为《学历散论》(1968年)及《平子著述余稿》(1967年)。平生著译甚丰，尚有《史记天官书今注》《牛顿传》《伽利略传》《地球物理一瞥》等。

为纪念他，1982年国际天文学联合会行星系统命名委员会将月面上的一座环形山命名为"高平子环形山"。

(马星垣)

格拉西莫维奇，Б. П.(Герасимович，Борис Петрович；Gerasimovich，Boris Petrovich) 苏联人，1889年3月19日生于俄国克列缅丘格，1937年10月卒于莫斯科。天体物理学。

1910年入哈尔科夫大学的物理和数学系。1911年因论文"光行差"而获奖。1916年进入普尔科沃天文台研究天体物理学。1922年成为天文学教授。1926～1929年任哈佛天文台客座教授。1933年任普尔科沃天文台台长。共发表170余篇论文，主要涉及变星的光度和光谱、行星状星云、发射线星、银河系结构、恒星统计和太阳物理等方面。对半规则变星的研究至今仍有很大的价值。主要著作有《太阳物理学》等书。(刘汝良)

哈勃，E. P.(Hubble，Edwin Powell)美国人，1889年11月20日生于美国密苏里州马什菲尔德，1953年9月28日卒于加利福尼亚州圣马力诺。星系天文学、观测宇宙学。

他早年在芝加哥上高级中学。1910年毕业于芝加哥大学天文系，旋即去英国牛津大学女王学院攻读法律，并于1912年取得文学士学位。在牛津求学期间是出色的拳击运动员，曾与法国拳王交过手。1913年回美国在肯塔基州路易斯维尔从事法律事务。1914年赴叶凯士天文台成为天文学家E. B.弗罗斯特的助手和研究生，1917年获博士学位。毕业后正值第一次世界大战爆发，应征入伍去法国服役，在部队中晋升为陆军少校。1919年退伍后到威尔逊山天文台工作。此后，除第二次世界大战期间担任过美国军队中弹道学方面的领导，以及马里兰州阿伯丁试验场超声风洞实验室的领导外，始终在该台工作。晚年深受心脏机能失调的痛苦，1953年正当他准备去帕洛马山天文台进行天文观测的前夕，突然患脑血栓而去世。

是星系天文学的奠基人，观测宇宙学的开创者。对天文学作出了许多贡献，其中最重大者有二：一是发现了河外星系，并证实它们确实是与银河系相当的恒星系统；二是发现了河外星系的红移-距离关系。

18世纪中叶，康德等人就作出了在我们的天体系统(指银河系)之外存在着许多同量级的天体系统的天才猜测。此后的170年中，这种天体系统存在与否天文学家始终争论不休。1920年春，在美国国家科学院召开了著名的沙普利-柯蒂斯大辩论。会上H. D.柯蒂斯认为旋涡星云是银河系外的巨大天体系统，而H.沙普利则坚决反对这种见解，双方谁也没有说服谁，因而也未能解决河外星系存在与否的问题。1923～1924年，哈勃用威尔逊山天文台的2.5米反射望远镜拍摄了M31(即仙女座大星云)、M33等旋涡星云的照片，把其边缘部分分解为恒星，并在其中发现了一些造父变星，然后应用造父视差法定出M31和M33等的距离，证实它们确实是银河系之外的巨大天体系统。1924年12月在华盛顿召开的美国天文学会的学术会议上，这一发现得以公布，但他本人未能出席。与会天文学家都意识到，旋涡星云的本质已经揭开，星系的存在已毋庸置疑。他的这一重要发现是人类对宇宙的认识史上一个重要的里程碑。

从1912年起的10多年中，V. M.斯里弗根据谱线的多普勒位移测出了40多个星云(后被证明它们都是遥远的星系)的视向速度。他对斯里弗的这项工作极为关注，而且还进一步致力于用各种方法测定它们的距离，到1929年为止已测得20多个星系的距离。就在这一年，通过统计分析发现，星系谱线均向红端位移，星系越远，其谱线红移量越大，视向退行速度也越大，而且星系的退行速度v与星系距离D之间存在着线性关系$v=KD$，这就是著名的哈勃定律。哈勃当时求得$K=500$千米/(秒·百万秒差距)。后人称此值为哈勃常数，并

改用符号 H 代替之。根据哈勃定律，星系的距离可通过其视向退行速度 v 推算出来，因此该定律成了测定星系距离的重要工具。运用广义相对论，哈勃定律可以解释为宇宙膨胀的必然结果。这一定律的发现是观测宇宙学的重大成果，它有力地推动了现代宇宙学的发展。

1925 年在英国剑桥召开的国际天文学联合会的一次学术会议上，他提出了河外星云的形态分类法，翌年以“河外星云”为题发表在《天体物理学杂志》上。这一分类法后称哈勃分类，在星系研究中至今仍广泛应用。1922 年发表了论文“弥漫银河星云的一般研究”，明确提出银河星云之所以发光是由于它的附近有亮星，并指出发射星云近旁往往有光谱型早于 B1 型的恒星，而具有连续光谱的星云(反射星云)近旁往往有光谱型晚于 B1 型的恒星。1928 年发表了“新星”一文，明确提出蟹状星云是中国古代记录到的 1054 年超新星爆发的遗迹。

1936 年和 1937 年分别出版了《星云世界》和《用观测手段探索宇宙学问题》，均系现代天文学名著。1938 年获太平洋天文学会布鲁斯奖章，1939 年获美国富兰克林金质奖章，1940 年获英国皇家天文学会金质奖章。

(宣焕灿)

琼斯，H. S.（Jones，Sir Harold Spencer） 英国人，1890 年 3 月 29 日生于英国伦敦，1960 年 11 月 3 日卒于格林尼治。天体测量学。

会计师之子。早年求学于剑桥大学耶稣学院。1911 获学士学位。1914 年获硕士学位。1925 年获博士学位。1913～1922 年在格林尼治天文台工作。1923 年赴南非好望角天文台任台长。1933 年回到格林尼治天文台，就任台长直至 1955 年退休。1937～1939 年担任英国皇家天文学会秘书长、会长。1945～1948 年担任国际天文学联合会主席。

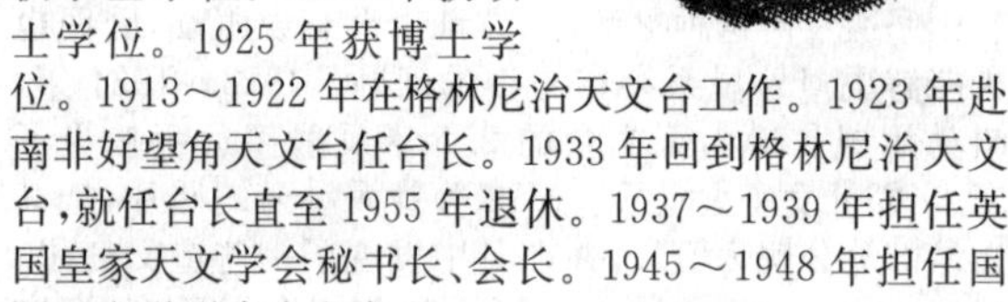

从事恒星自行、恒星光谱分类、恒星视差以及太阳、月球、大行星和小行星观测资料分析等研究工作。主要学术成就是测定太阳视差和确认地球自转速度的不规则变化。在 20 世纪天体测量学发展进程中，这两项成果起过重要的推动作用。

1924 年在好望角天文台工作时，根据测定的月角差推出太阳视差为 8″.805。1928 年被选为国际天文学联合会太阳视差委员会主任。1930 年 10 月～1931 年 5 月爱神星大冲时，和地球的距离不到 2.6×10^7 千米，对它的观测极有利于确定太阳视差。主持了全世界数十个天文台(其中有中国上海的佘山天文台)对爱神星冲的联合观测。花了 10 年时间才完成2 847张照片的处理和计算，最后于 1941 年发表太阳视差为 8″.790±0″.001，相当于 1 天文单位的距离为 149 675 000±17 000千米。近来利用雷达和其他电子技术确定此值的误差只有 0.05%。

1926 年起着手分析太阳、月亮、金星和火星的近 200 年来的观测资料，发现这些天体运行的不均匀性与它们轨道运动的平均角速度成正比，从而证实了地球自转的不均匀性。1939 年对这一问题发表了确定的结论，使得以后天文工作者放弃了把平太阳时用作时间的均匀标准。历书时和原子时则相继问世。

此外，测出了地球与月球的质量比为 81.271±0.021；领导组织在南、北半球测量恒星的距离和自行。为避免伦敦的烟雾对天文观测的影响，还主持将英国皇家天文台从格林尼治迁到赫斯特蒙苏，新天文台在他退休后的 1958 年落成。

撰写并出版过许多著作，其中有《无限的世界》(1935 年)和《宇宙图景》(1947 年)等。1943 年获英国皇家天文学会金质奖章，同年还获英国皇家学会的皇家奖章。1949 年获太平洋天文学会的布鲁斯奖章。1943 年被册封为爵士。1955 年获贵族勋位。

(萧耐园　章圣洋)

丹戎，A. L.（Danjon，André Louis） 一译当容。法国人，1890 年 4 月 6 日生于法国卡昂，1967 年 4 月 21 日卒于巴黎。天体测量学、仪器研制。

1910～1914 年就读于巴黎高等师范学校。第一次世界大战中入伍服役。1919 年在斯特拉斯堡天文台成为天文学家，1928 年获理学博士学位，1930 年任该台台长。1931 年任斯特拉斯堡大学教授，1935 年任该大学理学院院长。1945 年任巴黎天文台台长。1946 年为巴黎大学教授。1954 年任巴黎大学天体物理研究所所长，1963 年退休。1948 年被选为法国科学院院士。1955～1958 年任国际天文学联合会主席。曾两度担任法国天文学会会长，并主持过法国气象学会、计时学会等工作。

早年从事目视光度测量，改进了各种较差光度计。曾制造多台光度计分别用于观测月食、双星、变星等，有的可直接把太阳与月球的光度进行比较，有的可用于测量扩展像的光度。由此第一个画出了地球的光度曲线，并计算了它的反照率。在 1937～1947 年对水星和金星作了 3 万多次观测，计算了它们的反照率。还设计了两台摄谱仪和一台半波干涉测微器，适用于观测双星和木卫。

20 世纪 50 年代初，创制了超人差棱镜等高仪，或称丹戎等高仪，用于同时测定时间和纬度。其光学系统包括一个 60°等边棱镜、一个水银盘、一个双重对称的渥拉斯顿棱镜、一个带变速装置的电动机驱动该棱镜沿光轴移动。天体的直接像和经水银盘的反射像都通过渥拉斯顿棱镜，调节它的运动使这两个像几乎稳定地并列着。这时渥拉斯顿棱镜在移动中通过一系列电接触，这些接触在记时仪器中被记录下来，它们的平均值对应于此恒星位于地平高度 60°的时刻。这一仪器克服了经典等高仪只能作单次记录和物镜焦距变化的缺陷，达到了方位天文学上前所未有的精度：单次观测的均方误差0″.17，对某些恒星可达到0″.10。1951年在巴黎天文台造出原型，1956年完成了对它的改进。在1957～1958年的国际地球物理年期间，这种仪器为世界各地天文台广泛使用，至今仍是精度较高的天体测量仪器。

1958年起从事地球自转速率变化的研究，指出地球自转的突然变化与太阳活动有关。1958年12月发表论文解释了地球自转速率的突然增加与1956年2月23日太阳上发生的意外强烈事件有关。后来又说明了地球自转的另一次突然变化(1959年7月17日日长增长了约1毫秒)是因为太阳在7月11日、14日和16日的活动所造成的。（章圣泮　萧耐园）

努梅罗夫，Б. В.（Нумеров，Борис Васильевич；Numerov，Boris Vasilievich）　苏联人，1891年1月17日生于俄国诺夫哥罗德，1943年3月19日卒于列宁格勒(今圣彼得堡)。天体测量学、天体力学、仪器研制。

1913年在圣彼得堡大学毕业后留校工作，1924年升为教授。1919年负责组建科学院理论天文研究所的前身——计算局，至1936年是该机构的负责人。1929年成为苏联科学院通讯院士。1934年获列宁格勒大学数理博士学位。1930～1934年主持人民教育部天文委员会，组建天文协会，后来成为科学院天文理事会。1928年创建了列宁格勒天文研究所机械制造厂，生产出大批新型重力测量计，研制成当时苏联第一架口径32厘米的折射望远镜。1931年组建了苏联天文仪器协会。对天顶仪和中星仪的研究方法和误差改正提出了一套完整的理论体系。20世纪20年代初期，组织编辑和出版了天文年历。采用他的计算行星摄动的新方法编制的小行星星历表，在国际上享有盛誉。1935年国际天文联合会采用了由他倡议的国际联合测定星表各项常数的计划，至今在编制暗星星表时仍按此计划工作。（倪祥斌）

杰弗里斯，H.（Jeffreys，Sir Harold）　英国人，1891年4月22日生于英国达勒姆县福特菲尔德，1989年3月18日卒于剑桥。天体演化学、地球物理学、数学。

在纽卡斯尔的阿姆斯特朗学院获理学士(1910年)学位，在剑桥大学圣约翰学院获硕士(1913年)和博士(1917年)学位。1917～1922年在气象局任职。1923～1932年在剑桥大学任数学讲师，1932～1946年任地球物理学讲师，1946～1958年升任天文学教授。是英国皇家学会会员，美国国家科学院外籍院士，1953年封爵。

1929年提出了太阳系起源的一种灾变说——碰撞学说，认为在数十亿年前有一恒星与太阳相碰撞，当恒星离开太阳时，把碰撞出的物质拉成一长条，后来形成了行星。在假定地核是流体的基础上研究了地轴的章动。并修正了海恩(F. Hayn)的月球天平动理论。在地球物理学方面使用地震波等实验方法研究了地球内部的结构，并对季风和海风提出了一种动力学解释。

主要著作有《地球》(1924年初版，1976年第6版)、《数学物理中的计算方法》(1927年)、《地球的未来》(1929年)、《笛卡尔张量》(1931年)、《地震与山脉》(1935年)、《概率论》(1939年)和《渐近法》(1962年)等。曾获英国皇家天文学会的金质奖章(1937年)、英国皇家学会的科普利奖章(1961年)、美国地球物理学联合会的鲍伊奖章(1952年)等。（章圣泮）

尼科尔森，S. B.（Nicholson，Seth Barnes）　美国人，1891年11月12日生于美国伊利诺伊州斯普林菲尔德，1963年7月2日卒于洛杉矶。天体物理学。

毕业于德雷克大学天文系。1912年到伯克利加利福尼亚大学当研究生，1915年获哲学博士学位，并到威尔逊山天文台工作。1937年成为美国国家科学院院士。1963年获太平洋天文学会颁发的布鲁斯金质奖章。

通过照相观测，先后发现了木卫九(1914年)、木卫十(1938年)、木卫十一(1938年)和木卫十二(1951年)，从而闻名于世。是天体热辐射测量的先驱者。20世纪20年代，曾与E. 彼提特(Edison Pettit)合作，采用安装在望远镜上的真空热电偶，测量行星的和月食时月球的温度及一批亮星的辐射星等。还长期从事太阳表面细节和光谱的观测工作；根据金星的分光观测资料定出了太阳视差，并证实金星大气中缺乏氧气和水蒸气。（倪祥斌）

沙因，Г. А.（Шайн，Григорий Абрамович；Shayn，Grigory Abramovich）　苏联人，1892年4月19日生于俄国敖得萨(今属乌克兰)，1956年8月4日卒于莫斯科附近的阿布拉姆采沃。天体物理学。

出身木匠家庭。少年时只上过小学，而后自学。18岁时发表了第一篇天文学论文“英仙座流星群辐射点的计算”。20岁以优异成绩考入乌雷夫大学(多尔帕特大学的前身)物理学和数学系。1914～1917年在军队中服役。1919年大学毕业。1920年获硕士学位后在托木斯克大学天文系工作。1921年到普尔科沃天文台工作。1925年到该台的锡梅伊兹观测站工作。1935年获物理学和数学博士学位。1937年当选为英国皇家天文学会外籍会员。1939年当选为苏联科学院院士。1945～1952年任克里米亚天体物理台台长。

研究范围相当广泛。1925年在普尔科沃天文台锡梅伊兹观测站负责安装一架口径102厘米的反射望远镜，翌年用这架望远镜首次拍得了恒星光谱照片。此后使用这一望远镜研究了双星的演化、双星子星质量比的变化及其质量-光度关系和光谱-光度关系，得到了较大子星演化的速度比小的子星要快的重要结论。20世纪20年代和O. 斯特鲁维合作，通过对光谱的分析发现了许多快速自转的恒星，从理论上探讨了自转与不自转恒星的光谱区别，进而提出了一种确定恒星自转速度的方法。20世纪30年代通过对恒星光谱的研究，解释了长周期变星光谱中发射谱线与吸收谱线的共存现象。1940年通过对恒星大气内的同位素的研究，发现在一种被称为“碳星”的红星中，同位素碳13(^{13}C)的含量远比地球和太阳上高得多，因此于1950年获国家奖金。20世纪40年代末和阿尔比茨基(В. А. Альбицкий)合作，准确地求得了约800颗恒星的视向速度，发现了几十颗分光双星，算出了其中一些子星的轨道根数。1948年与加泽(В. Ф. Газе)合作，提出了一种拍摄发射星云的巧妙方法。使用这种方法发现了150多个发射星云，并发表了几个弥漫星云表。1952年他们出版了一部弥漫气体星云的照相图集。20世纪50年代，他对纤维状星云进行了研究，发现纤维状星云的延伸方向往往与银道面相平行，并对此作出了理论解释。 (章圣泮)

赫夫奈吉尔，L.（Hufnagel，Leon） 1893年生于波兰华沙，1933年2月19日卒于德国柏林。天体物理学。

1911年考入华沙大学数学和物理系。1919年在维也纳获哲学博士学位后返回波兰。1921～1926年在华沙自由大学任助教。1926～1928年在瑞典隆德天文台工作。1928～1930年间相继在美国威尔逊山天文台、利克天文台和哈佛大学天文台工作。1930年以后先后在德国的天文计算研究所和波茨坦天体物理台工作。

1925～1933年间先后发表了8篇有关恒星自行的论文，探讨了暗星的速度分布以及自行的随机误差对暗星速度分布的影响。在美国逗留期间，发表了有关恒星温度的两篇论文，并研究了半规则变星天箭座R。还对银河系的自转以及星际云的吸收等问题作过一些研究。(葛京坪)

米奈尔，M.（Minnaert，Marcel Gilles Jozef）荷兰人，1893年2月12日生于比利时布鲁日，1970年10月26日卒于荷兰乌得勒支。天体物理学。

出身教师家庭。早年在根特大学学习植物学。1914年获哲学博士学位。1915～1916年到莱顿大学学习物理学。后回到根特大学任物理学副教授直到1918年。第一次世界大战后，迁至乌得勒支。1925年获乌得勒支大学物理学博士学位。1936年任乌得勒支天文台台长和该台所在的乌得勒支大学天文学教授。1963年退休。第二次世界大战时，曾于1942～1944年间被纳粹德国关进监狱。

是最早测量夫琅和费线强度分布者之一。指出这种测量可以给出太阳外层的重要信息。引进“谱线等值宽度”和“生长曲线”的概念。从生长曲线可以得到各种元素含量、太阳表面温度以及阻尼值等。和穆尔德(Mulders)及乌特加斯特(J. Houtgast)合作，于1940年出版《太阳光谱光度图》，给出波长从361.2～887.1纳米间的夫琅和费线强度分布，成为夫琅和费线光度测量的基本资料。1966年与穆尔(Charlotte E. Moore)联合发表《293.5～887纳米的太阳光谱：罗兰太阳光谱波长表的第二次修订》，实际上是《太阳光谱光度图》的补充和扩展。

还研究过许多其他太阳现象：太阳边缘的亮度分布，闪光光谱线的强度，黑子辐射，日珥线强度，日冕偏振和亮度等。对月亮光度测量、彗星和气体星云也做过一些研究。著作《自然科学》被译成几种文字出版。

能流利地讲10种语言，爱好音乐和绘画，对人文科学也很感兴趣。是荷兰皇家文理科学院院士，比利时皇家科学、文学和美术研究院及美国国家科学院的外籍院士。1947年获得英国皇家天文学会金质奖章。1951年获太平洋天文学会布鲁斯奖章。1970年8月被推选为国际天文学联合会月球委员会主任。 (蒋窈窕)

巴德，W.（Baade，Wilhelm Heinrich Walter）德国人，1893年3月24日生于德国威斯特伐利亚州施勒廷豪森，1960年6月25日卒于格丁根。天体物理学、星系天文学。

出身中学教师家庭。1912年进入明斯特大学求学。翌年转学到格丁根大学，1919年在该校获博士学位后到汉堡大学天文台工作。1931年赴美国威尔逊山天文台任职。1948年转至帕洛马山天文台工作。1959年回德国后在格丁根大学任教授。1954年获英国皇家天文学会的金质奖章，1955年获太平洋天文学会的布鲁斯奖章。是美国哲学学会会员，格丁根、慕尼黑、阿姆斯特丹等科学院院士。

在天文学上最突出的贡献有二：一是提出恒星星族的划分，二是对河外星系的距离标度作了重要的修正。

第二次世界大战期间，他在美国被列为敌侨，被限制只准在威尔逊山一带活动。1944年利用威尔逊山附近的城市实行灯火管制后天文台的夜空特别暗黑的有利时机，用当时世界上最大的2.5米反射望远镜配以红敏底片拍摄了旋涡星系M31(仙女座大星云)以及椭圆星系M32、NGC205的照片。发现这些星系甚至M31的核心部分都被分解为恒星；并发现M31旋臂部分最亮的星呈蓝色，而其核心部分以及M32、NGC205中最亮的星呈红色。将此现象同太阳附近恒星的赫罗图与球状星团赫罗图的差异联系起来研究，提出了恒星可以分为星族Ⅰ和星族Ⅱ两个星族的见解，这一概念的提出对恒星结构和演化以及星系动力学的研究起了重要作用。

星族概念的引进还导致他对河外星系距离标度进行修正。20世纪20年代哈勃曾测定M31的距离为75万光年。据此推算出使用帕洛马山天文台的5米望远镜露光30分钟应能拍到M31中最亮的星团型变星,但结果并没有拍到。他认为这是由于M31的实际距离比哈勃测定的要远而造成的。1952年在罗马召开的国际天文学会的一次学术会议上,提出了这一见解,并认为哈勃所测定的星系距离都应乘以修正因子2。此后,通过进一步的研究指出:造父变星也有星族Ⅰ和星族Ⅱ之分,两者的周光关系不同,光变周期相同的星族Ⅰ造父变星比星族Ⅱ造父变星约亮1.5等;哈勃用以确定M31等河外星系距离的乃是这些星系旋臂上的星族Ⅰ造父变星,但却错误地套用了勒维特、沙普利等人建立的实际上属于星族Ⅱ造父变星的周光关系。正因为这一点,才导致哈勃确定的距离标度有错误。

在天文学的其他方面还有不少贡献。在小行星研究方面,1924～1925年发现了离太阳最远的小行星之一希达尔戈(Hidalgo),1949年则发现了离太阳最近的小行星之一伊卡鲁斯(Icarus)。在超新星的研究方面,1934年与F.兹威基合作,通过分析近距星系中的观测资料,首次指出存在着一种爆发规模比普通新星大得多的灾变天体,并将它定名为超新星,而且还预言超新星爆发后核心可形成中子星。这一预言在34年之后得到了观测的证实。在射电源的研究方面,1953～1954年与R.闵可夫斯基合作,利用帕洛马山天文台的5米望远镜对天鹅座A、半人马座A以及仙后座A等著名射电源进行了光学证认,特别是证认出天鹅座A对应于一个形状特殊的星系,并推算出了它的距离,从而发现了第一个著名的射电星系。（官焕灿）

苏博京,M. Ф.(Субботин, Михаил федорович; Subbotin, Mikhail Fedorovich) 苏联人,1893年6月29日生于俄国奥斯特罗文卡(今属波兰),1966年12月26日卒于列宁格勒(今圣彼得堡)。天体力学、天体测量学、数学。

1914年毕业于华沙大学数学系,留校任初级研究员。1917年获硕士学位后到新切尔卡斯克工业学院任教,由助教、讲师升到教授。1921年到莫斯科国家天体物理研究所(后改名史天堡天文研究所)工作,翌年任该所塔什干分部负责人,1925年分部独立为天文台后任台长。1930年任列宁格勒大学天文系主任,1935～1944年任天体力学系主任,1934～1939年兼任该校天文台台长。1942年起任苏联科学院理论天文研究所所长。1933年起任苏联科学院天文学部理论天文专业委员会主任。1946年被选为苏联科学院通讯院士。1963年获列宁勋章。

早年主要进行函数论、概率论、天体测量方面的研究工作,后来主要研究天体力学和理论天文学。重要成果有轨道计算和轨道改进、摄动函数展开式收敛性的改进,还提出了几种不同的近点角,其中有一种比偏近点变化更均匀,可用于大偏心率轨道运动方程的积分。编写的3卷本《天体力学》是国际上公认的重要著作之一。（易照华）

普拉斯基特,H. H.(Plaskett, Harry Hemley) 英国人,1893年7月5日生于加拿大安大略省多伦多,1980年1月26日卒。天体物理学。

加拿大天文学家J. S.普拉斯基特之子。就读于多伦多大学。1919～1927年在维多利亚自治领天体物理台工作。1928～1931年先后任哈佛大学讲师、副教授和教授。1932年获牛津大学硕士学位。1932～1960年任牛津大学天文学教授,1960年退休后为荣誉教授。1961年获苏格兰圣安德鲁斯大学法学博士学位。1936年当选英国皇家学会会员。1945～1947年任英国皇家天文学会会长。1963年获英国皇家天文学会金质奖章。

早年深受其父影响而热衷于光谱学,后来毕生致力于太阳和恒星的光谱研究。1921年在O型星光谱中的氢巴耳末线系紫侧0.2纳米埃附近发现了相应的电离氦线系,由此导出的里德伯常数与实验室测量值符合甚佳。1931年取得了太阳光谱中Mgb线的轮廓,结果表明这类谱线由散射和碰撞吸收共同造成,且可近似地用爱丁顿-米尔恩转移方程表示。在O型星光谱、带壳恒星和星云光谱、太阳米粒组织以及太阳自转赤道加速现象诸方面均有颇深的造诣。（卞毓麟）

科姆里,L. J.(Comrie, Leslie John) 1893年8月15日生于新西兰普基科希,1950年12月11日卒于英国伦敦。历书天文学、计算科学。

早年专攻化学。参加法国去新西兰的远征军而失去一条腿。退伍后进入剑桥大学圣约翰学院学习。曾相继在美国的斯沃斯莫尔学院和西北大学讲授天文学。

1925～1936年间,先后协助编制(1930年之前)和负责编制(1930年之后)《航海历》。引入了标准春分点的概念,并对《航海历》进行了彻底的修改。后因和海军部不和而离开天文界,创办了一个科学计算服务公司。发展了计算技术,改进了计算设备和方法,为电子计算机引入而导致的革命打下了基础,因而是计算科学的奠基者之一。1950年去世前不久被选为英国皇家学会会员。（张可可）

奥皮克,E. J.(Öpik, Ernst Julius) 英国人,1893年10月23日生于爱沙尼亚昆达港,1985年9月10日卒于北爱尔兰班戈。天体物理学、太阳系演化学。

1911年在爱沙尼亚的塔林学院毕业。1916年在莫斯科大学获天文学副博士学位。1916～1919年在莫斯科大学天文台任助理天文学家。1919～1921年在塔什干的突厥斯坦大学任系主任和副教授。1921～1944年在爱沙尼亚任塔尔图大学天文台的天文学家。1923年获自然哲学博士学位。1930～1934年在哈佛大学天文台任客座讲师。1945～1948年先后在汉堡任波罗的海大学天文学教授和校长。1948 年在北爱尔兰阿马天文台任天文学家,1956 年兼任美国马里兰大学客座教授。1938 年进入爱沙尼亚科学院。1975 年成为美国国家科学院外籍院士。1977 年成为美国文理科学院外籍院士。

对流星、行星际物质和彗星等偶遇天体进行了广泛的研究。对流星及其速度进行目视和照相观测,用双重计数方法来确定流星星等和质量分布,并对流星在大气中的分化和减速作了大量计算。1951～1976 年发展了近距引力碰撞理论,用来计算偶遇天体与行星相碰或从太阳系抛射出去的预测寿命,对太阳系演化理论有一定的参考价值。1936 年和 1958～1961 年发展了撞击陨石坑理论。理论预测同撞击速度从 1 米/秒(打到沙滩中)到 10 千米/秒(打到岩石上)的实验结果相吻合。1950 年,他对火星的撞击陨石坑作了定量预测,15 年后为"水手 4 号"空间探测所证实。

对太阳和恒星结构与演化理论作出重要贡献:计算过双星密度,系统阐述了恒星演化理论,解释了恒星能量来源和巨星结构。计算了一些恒星模型的演化序列,并说明一个由不同化学成分组成的太阳模型,核心周围的对流不稳定性将使它产生周期性变化。这种变化会造成"正常"太阳辐射的变动而导致地球的冰期。阐明星际吸收只能由质点物质或尘埃引起,而不是由气体引起。对仙女座星云的距离作了正确的估计,并说明它的大小可与银河系相比。也测量和研究了恒星和双星系统的色当量,并从恒星演化的角度研究了恒星光度统计学。

获 1960 年美国国家科学院史密斯奖章,1968 年美国陨星学会伦纳德奖章,1971 年美国科学促进协会开普勒奖章,1975 年英国皇家天文学会金质奖章,1976 年太平洋天文学会布鲁斯金质奖章。发表了 300 多篇论文,著作有《流星在大气中飞行的物理学》(1958 年)、《振荡宇宙》(1960 年)、《行星际碰撞》(1976 年)等。

(蒋窈窕)

勒梅特,G.(Lemaître, Georges) 比利时人,1894 年 7 月 17 日生于比利时沙勒罗瓦,1966 年 6 月 20 日卒于卢万。现代宇宙学。

1911 年进入卢万大学学习工程。第一次世界大战期间任炮兵军官。战后回校写数学博士论文。1920 年毕业后在马林神学院就职,1923 年获牧师职称。此后在剑桥大学太阳物理实验室(1923～1924 年)和美国马萨诸塞理工学院(1925～1927 年)研究天文学。1927 年回国任卢万大学天体物理学教授。

1917 年爱因斯坦应用广义相对论建立了引力场方程,首次提出了一个静态模型,从而开创了现代宇宙学。1922 年苏联数学家弗里德曼重解爱因斯坦的引力场方程,把空间曲率看成是对时间的函数,论证了存在非静态宇宙的可能性。他在弗里特曼研究的基础上,又结合了当时已发现的河外星系普遍存在红移的观测事实,1927 年发表了论文"考虑河外星云视向速度的常质量增半径均匀宇宙",建立了著名的"勒梅特宇宙模型"。否定爱因斯坦的静态宇宙观念,而作出宇宙随时间而膨胀的重要结论。1929 年哈勃发现河外星系的退行速度与其距离成正比(哈勃定律),证明勒梅特宇宙模型比爱因斯坦的静态模型更正确。从此宇宙膨胀的观念得到了广泛的赞同。

1932 年又进一步提出,现在观测到的宇宙是"原始原子"(primeval atom)一次大爆炸的产物,认为在多少亿年之前,整个宇宙的物质局限在一个很小的范围内,处于高温、高压和超密物质状态,后来由于某种不稳定因素发生了大爆炸,目前观测到的宇宙膨胀正是这次大爆炸的遗迹。这一见解被伽莫夫进一步加以发展,遂成为现在广为人知的"大爆炸宇宙学"。还研究了恒星演化、宇宙线和三体问题。主要著作有《宇宙演化的讨论》(1933 年)和《原始原子假说》(1946 年)。(章圣泮)

沙哈,M.(Saha, Meghnad) 一译萨哈。印度人,1894 年 10 月 6 日生于印度达卡地区(现属孟加拉国),1956 年 2 月 16 日卒于新德里。理论天体物理学。

出身小业主家庭,生活贫寒。靠资助才上完中小学。1911 年考入加尔各答直属学院,1915 年获应用数学硕士学位。翌年任全印科学技术大学数学讲师,后转到物理系任教和研究。1918 年获理学博士学位。1920 年发表了著名论文"论太阳色球层的电离",提出沙哈公式。公式揭示了在热动平衡状态下原子按电离级分布的物理规律:原子的电离度与温度以及电子压力有关,温度越高或电子压力越低时,原子的电离度越高。

1919 年 9 月离开印度去国外深造,有机会参观了伦敦帝国大学和柏林的一些著名实验室。在伦敦不仅与 W. A. 福勒一起工作,还与 E. A. 米尔恩合作。米尔恩在很多方面发展了他的理论。在柏林期间,通过许多实验证实了自己的理论。1921 年在《物理杂志》上发表论文"高温下物理现象的研究"论证了该理论。他的理论可看作理论天体物理学的起点,按其理论进行光谱分析,使人们第一次认识到在太阳光谱中长期不被注意的铷和铯元素,并且获得了许多有关恒星大气的重要知识。

1921 年返回印度任加尔各答大学教授。1923～1938 年起在安拉阿巴德大学任教。这一时期因其理论被不断肯定和推广而成名,并获得许多荣誉。1925 年任印度科学协会物理部主任。1927 年成为英国皇家学会外籍会员。1938 年任加尔各答大学物理学教授,在该校创建了一所沙哈物理研究所。还创建了多个学术团体,对印度科学发展起了推动作用。

后半生积极为印度筹建科学及各种工业设施,特别是参加制定河谷工程计划。也参加重编日历及地球物理学的研究。1935 年创办了很有影响的《科学与文化》杂志。主要著作有《现代物理学导论》(1934 年)、《热学导论》(1958 年,第 4 版)等。(陆伟良)

赞斯特拉,H.(Zanstra,Herman) 荷兰人,1894年11月3日生于荷兰海伦芬,1972年10月2日卒于哈勒姆。天体物理学。

1917年作为一名化学工程师在代尔夫特毕业。1921年在美国明尼苏达大学任讲师。1923年获博士学位,后相继在美国的华盛顿、英国的伦敦和牛津、南非的比勒陀利亚和德班等地工作,1946年回国。1946～1959年在阿姆斯特丹大学任天文学教授。1961年获英国皇家天文学会金质奖章。

在天文学上的主要贡献是最早从理论上阐明了发射星云的发光机制问题。20世纪初美国著名天文学家E.P.哈勃已发现,发射星云近傍总有光谱型早于B1型的高温恒星。赞斯特拉对这一现象作了理论探讨。指出高温恒星的紫外辐射可使星云中的氢原子电离,当自由电子与氢离子重新复合时,就会形成氢的巴耳末发射线。结果在星云中近似存在如下关系:照明恒星中的紫外量子数=星云中氢的电离次数=氢的复合次数=氢的巴耳末量子数。由此可对发射星云的亮度进一步作定量计算。此后,D.H.门泽尔也独立地对发射星云的发光机制作了类似的解释。 (章圣泮)

闵可夫斯基,R.(Minkowski,Rudolph) 美国人,1895年5月28日生于德国斯特拉斯堡(今属法国),1976年1月4日卒于美国加利福尼亚州伯克利。天体物理学。

1921年在布雷斯劳大学获物理学博士学位。1935年前在德国汉堡工作。1935～

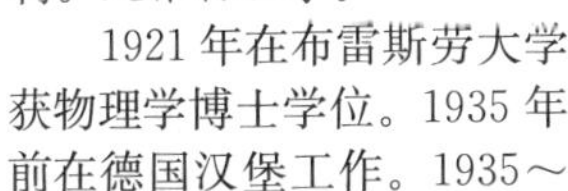

1960年在美国威尔逊山天文台和帕洛马山天文台工作,期间加入美国籍。1961～1965年在伯克利加利福尼亚大学任职。1959年当选为美国国家科学院院士。

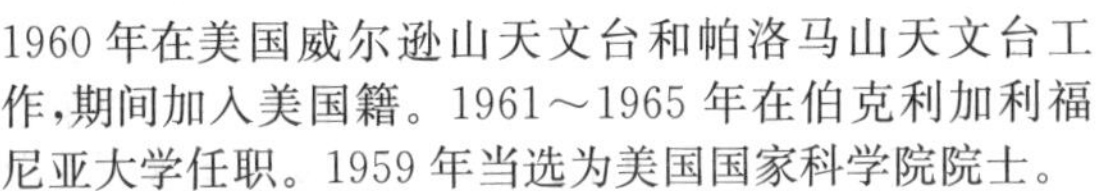

1935年到威尔逊山天文台后,首先从事用干涉方法研究气体星云内物质的运动。接着致力于发现行星状星云,在20世纪中叶开创了用大口径施密特望远镜进行物端棱镜巡天观测的方法,数年内发现了200个行星状星云,使行星状星云的总数由1940年以前的130多个增加了1倍以上。还研究了行星状星云的光谱、空间分布等特性。与W.巴德一起研究了许多超新星的光谱,发现存在着两种超新星,它们的光谱特点、光变曲线的形状都有所不同。1939年率先对两种类型的超新星光谱进行了描述。20世纪40年代射电天文学兴起后,与巴德一起完成了不少射电源与对应的光学天体间的证认。1948年帕洛马山天文台建成122厘米/186厘米施密特望远镜后,主持一项照相巡天计划,经过10年奋斗,编制出著名的《帕洛马天图》。1961年获太平洋天文学会布鲁斯奖章。 (萧耐园)

林德布拉德,B.(Lindblad,Bertil) 瑞典人,1895年11月26日生于瑞典厄勒布鲁,1965年6月25日卒于斯德哥尔摩。天体物理学、星系天文学。

出身牧师家庭。1914年进乌普萨拉大学学习数学、物理学和天文学,1920年获博士学位。1920～1922年相继在美国利克天文台和威尔逊山天文台从事研究工作。1922年回国后在乌普萨拉大学天文台工作。1927年任斯德哥尔摩天文台台长,并负责在萨尔特舍巴登建造新天文台,同时兼任斯德哥尔摩大学天文学教授。1928年被选入瑞典皇家科学院并于1938年和1960年两次出任院长。1951年当选瑞典自然科学研究委员会主席。1948年获英国皇家天文学会金质奖章。同年起至1952年任国际天文学联合会主席。1952年出任国际科学联合会理事会主席。晚年任诺贝尔基金会主席。1954年获太平洋天文学会布鲁斯奖章。

在银河系自转和星系动力学的研究方面作出了开创性的贡献。1917年美国天文学家沙普利提出太阳不在银河系中心,但此后几年中这一革命性的见解受到不少天文学家的反对。1926年,通过对高速恒星(运动速度超过60千米/秒)运动不对称性和二星流现象的研究,他提出银河系正在绕一个远离太阳的中心(银心)旋转的假设。同时根据各类恒星空间分布和运动特性的差异,把银河系中的天体分成若干个次系,这些次系绕银心旋转的速度和速度弥散度各不相同,建立了由若干次系套叠而成的银河系模型。翌年这一银河系自转假设为奥尔特发现的银河系较差自转所证实。于是,太阳不在银河系中心和银河系在绕银心自转的观念遂得到公认。1927年又求出速度椭球与奥尔特常数之间的重要关系。在研究了银河系的自转之后,还进一步研究了旋涡星系的自转及其旋涡结构。1942年提出密度波理论来解释旋涡星系中旋臂的形成和维持。

1920年在其博士论文中探讨了太阳大气辐射转移问题,提出的理论能很好地解释太阳的临边昏暗现象。1920～1922年发现在光谱型晚于太阳的恒星中,氰基分子的吸收带在巨星中比在矮星中强得多,从而为确定恒星的光度提出了一个重要的分光判据。对于只能拍得低色散光谱的暗星而言,科许特(A. Kohlschüller)和W.S.亚当斯于1914年提出的分光判据失效,但他的判据却仍可应用,因而这一判据被广泛地用于确定晚型暗弱恒星的绝对星等并进而求出其分光视差。

儿子P.O.林德布拉德(Per Olof Lindblad)也是一位有声望的天文学家,与其父一起研究星系的密度波理论,并作出了重要的贡献,父亲去世后,于1967年接任斯德哥尔摩天文台台长之职。 (宣焕灿)

米尔恩,E.A.(Milne,Edward Arthur) 英国人,1896年2月14日生于英国赫尔,1950年9月21日卒于爱尔兰都柏林。天体物理学、宇宙学、弹道学。

1914年进入剑桥大学三一学院学习,毕业后留校任教。第一和第二次世界大战期间参与研究弹道学、火箭、声音测距以及与地球大气有关的问题，在军事科学上作出了贡献，获帝国勋章。1919年任三一学院研究人员。1920年任剑桥大学太阳物理天文台台长助理。1924年任曼彻斯特大学应用数学教授。1929年任牛津大学数学教授及沃德姆学院研究员。1926年当选为英国皇家学会会员。

是理论天体物理学和现代宇宙学的先驱者之一。科学工作可分成三个时期：

1920～1929年，主要研究辐射平衡和恒星大气理论，建立了辐射平衡下净辐射通量的积分方程式（米尔恩方程式），导出了恒星内部温度与光学深度关系的近似式，研究了恒星圆面临边昏暗规律、恒星连续光谱能量分布与温度分布的关系，推导出形成吸收线的恒星大气压为10^{-4}大气压，并为恒星光谱序确定出可靠的温标。发现由于在某些情况下引力和辐射压力的不平衡，原子可以以上千千米每秒的速度从太阳抛射出来。

1929～1932年，主要研究恒星内部结构。探讨了气体恒星的稳定性，建立了白矮星理论，第一个提出新星由于光度衰减逐渐变成坍缩星。1930年发表了著名的《恒星热力学》，是作为《物理学手册》的一部分出版的。

1932年以后，主要研究相对论和宇宙学。1935年和1948年，先后出版了《相对论引力和宇宙结构》和《运动学相对论》两部著作。提出了一种与爱因斯坦相对论不同的运动学相对论，该理论以时间变量为基础，而不以空间的几何结构为基础，但这一理论未得到广泛的承认。1935年获英国皇家天文学会金质奖章。1945年获太平洋天文学会布鲁斯奖章。（谢高峰）

马克苏托夫，Д. Д.（Максутов，Дмитрий Дмитриевич；Maksutov，Dmitry Dmitrievich） 苏联人，1896年4月23日生于俄国敖德萨（今属乌克兰），1964年8月12日卒于列宁格勒（今圣彼得堡）附近的普尔科沃。天文光学、仪器制造。

海员之子。少年时酷爱天文学，十二三岁时就自制了一架口径180毫米的反射望远镜。后又制成了一架口径210毫米的牛顿式反射望远镜，并用它开展了天文观测。俄国天文学会得悉后，破例吸收他（年仅15岁）加入学会。1914年毕业于军事工程学校。1920年到新成立的彼得格勒光学研究所（后来称列宁格勒光学研究所）工作。翌年到敖德萨从事天文光学研究。1930年重返列宁格勒光学研究所，在那里组建了一个天文光学实验室。1941年获技术博士学位。1944年升任教授，并就任普尔科沃天文台天文仪器部门负责人。1946年当选为苏联科学院通讯院士。1941和1946年两次荣获国家奖；还获勋章和荣誉奖章。

1941年发明一种由弯月形透镜和反射物镜相组合的折反射望远镜，称马克苏托夫望远镜。它的像质优良，造价又不太贵。荷兰光学家包沃斯（A. Bouwers）也几乎同时独立地发明了类似的系统，所以这种光学系统有时也称马克苏托夫-包沃斯系统。目前最大的马克苏托夫望远镜在阿巴斯图马尼天文台，弯月形透镜口径为700毫米，球面镜口径为980毫米，焦距为2.1米。

研制了口径381毫米的施米特望远镜、820毫米折射望远镜、普尔科沃太阳望远镜，并制成了许多镀银金属面反射镜，其中最大的口径达720毫米。

1946年出版《天文光学》，1948年出版《天文光学仪器的制造和检验》，这两部专著被认为是天文仪器制造中的基本参考书，已译为多种文字出版。著作还有《无像差的反射系统及其测试的新方法》（1932年）、《检验光学系统的阴影法》（1934年）等。（唐玄之）

李奥，B.（Lyot，Bernard） 法国人，1897年2月27日生于法国巴黎，1952年4月2日卒于埃及开罗。太阳物理学、行星物理学、光学、仪器制造。

1917年在巴黎高等电力学校毕业。后进入巴黎综合工科学校当物理学家A. 珀罗的助手。1920年到默东天文台任职。1928年任助理天文学家，1930年升为天文学家。1939年当选为法国科学院院士。1952年在去苏丹喀土穆观测日食返回途中，因心脏病发作去世。

1921～1929年间创制了高灵敏度（比当时仪器灵敏10倍以上）的照相偏振测量计，以测量月球和行星反射光的偏振。1923～1930年通过测量揭示了行星表面的物理性质。指出月球表面盖有一层类似火山灰的尘埃，火星上有尘暴。1930年制造了第一架口径8厘米、焦距2米的日冕仪。1931年7月用新研制的口径20厘米、焦距4米的日冕仪，在非日全食时拍到第一张内冕的照片。日冕仪现已成为许多高山天文台装备的观测太阳的重要仪器。1933年创制出双折射滤光器，又称干涉偏振滤光器或李奥滤光器。它由一系列双折射晶体构成，利用偏振光的干涉作用可以得到很纯的单色光，其透射带的半宽不超过10纳米，主要用于太阳的单色光观测。将它同电影摄影机配合可以拍摄色球现象的活动情况。他在1939年拍摄了第一部日珥运动的电影。早在1923年就提出了光电偏振计原理，1950年制成光电偏振计。当总光通量的万分之一通过仪器时，它就能探测到偏振光，使得在没有日冕仪和高山站的情况下也能观测到日冕谱线，进一步提高了观测日冕的能力。长时间研究日冕的偏振和光谱，发现了3条波长分别为802.4、1 074.7和1 079.8纳米的日冕新谱线。

1939年获英国皇家天文学会的金质奖章，1947年获太平洋天文学会布鲁斯奖章。（蒋窈窕）

萩原雄祐（Hagihara，Yusuke） 日本人，1897年3月28日生于日本大阪，1979年1月29日卒于东京。天体力学、天体物理学。

商人的儿子。就读于东京帝国大学。1921年毕业后为东京天文台助理。1923年为东京帝国大学助理教授，并由日本政府派遣出国。在英国剑桥大学学习2年，且先后在法国巴黎大学、德国格丁根大学、美国哈佛大学工作过。1930年获东京帝国大学理学博士学位，1935～1957年任该校天文系教授。1944年成为日本学士院院士。1946～1957年任东京天文台台长。1957～1960年任东北大学(位于仙台)教授。1960～1964年任宇都宫大学校长。1961～1967年任国际天文学联合会副主席，并任该会天体力学专业委员会主任。曾多次访问美国并短期工作。1960年获美国国家科学院的沃森奖章。

在天体力学、理论天体物理学、恒星内部结构理论、相对论以及球面天文学等方面均有深入研究，其中尤以天体力学为最。1927年证明了下述卫星系统的稳定性：其中两个卫星具有可通约的平均运动，且受太阳和该系统中其他卫星的影响。还将这里所用的对具有周期系数的微分方程组积分的矩阵法推广到研究土星光环、一般的天平动、高阶长期摄动，甚至用于研究磁控管内的电子运动，由此足见矩阵方法确实非常有用。20世纪60年代初在美国史密森天体物理台研究人造卫星的运动时，又将自己关于天平动的一般理论应用于轨道平面具有临界倾角的卫星运动。

在天文教学上成就卓著，当今日本许多天文名家皆出自其门下。发表过近90篇论文，并有《普通天文学》(1955年)、《天体力学中的稳定性》(1957年)、《太阳系的稳定性》(1961年)等专著多种，其中尤以5卷9册的《天体力学》(1970～1976年)最为重要。该书是20世纪以来最全面的天体力学著作，系统地阐述了现代天体力学的主要内容，包括动力学原理、变换理论、摄动理论、天体力学中的微分方程、周期解和拟周期解、三体问题的拓扑方法等。 (卞毓麟)

余青松(Yu Qingsong) 中国福建省人，1897年(清光绪二十三年)9月4日生于福建厦门，1978年10月30日卒于美国马里兰州。*天体物理学。*

早年就学于清华学堂留美预备班，1918年赴美国留学。先在哈佛大学攻读土木工程学并获学士学位，后在匹兹堡大学和加利福尼亚大学攻读天文学，1923和1926年分别获匹兹堡大学硕士学位和利克天文台博士学位。毕业后在利克天文台从事恒星光谱方面的研究工作，探讨A型星光谱中氢线的连续吸收，提出测定A型星绝对光度的新的光谱方法。1927年回中国任教于厦门大学。1929年出任中央研究院天文研究所第二任所长。亲自勘测设计并主持紫金山天文台的建立。抗日战争期间，又在昆明凤凰山建成天文观测站，即今云南天文台的前身。1941年辞去所长职务，从事光学仪器和教学仪器研制工作。1947年再度出国，先后在加拿大多伦多大学、美国高山天文台和哈佛大学天文台任职。1955年，出任美国马里兰州胡德学院天文学教授兼该院威廉斯天文台台长。1967年退休，为名誉教授。曾被选为英国皇家天文学会外籍会员。

后期从事Be型星的紫外辐射、双子座ζ星光谱变化、恒星光度测量和星图绘制等方面的研究工作，代表性的论文有“天鹅座CG星的光度曲线和轨道”、“恒星光谱的光度研究”等。

为纪念他，1989年美国哈佛大学天文台将该台发现的3797号小行星命名为“余青松”星。 (徐振韬)

张云(Zhang Yun) 字子春。中国广东省人，1897年9月11日生于广东开平，1958年10月27日卒于香港九龙。*天体物理学、天文教育。*

1920年留学法国里昂大学，获天文学博士学位后，赴英国、德国、意大利、比利时、瑞典等国天文台考察，1926年回国。当年秋，广州国立中山大学将数学系扩充为数学天文系。1927年初至1949年10月，他一直任该系天文学教授。先后兼任该校天文台台长、理学院院长、天文系主任、学校教务长、代理校长、天文研究所所长等职，1941年8月至1942年5月、1948年6月至10月、1949年6月至10月，三次任国立中山大学校长。抗日战争期间，1938年随校西迁粤北乐昌，1945年10月回广州。1946年冬赴美国哈佛大学讲学。1949年10月去了九龙。是中央研究院评议员。

在学术上，主要从事食变星、物理变星的测光，造父变星的统计和脉动理论等研究工作。1947年在美国哈佛大学讲学期间，协助张钰哲发现麒麟座一颗新的食变双星；当年12月，又独自发现一颗北冕座R型新变星(FW Mon，德雷伯星表第25878号星)，其消息由美国哈佛大学天文台台长沙普利向全世界宣布，轰动世界。为此，哈佛大学还把远东最大天文望远镜及一批新式仪器寄赠中山大学。

在教学和科研组织上，20世纪20年代末他到中山大学后，锐意开拓，使该校数学天文系(后独立建为天文系)成为当时天文观测设备最完备、天文课程设置最齐全的中国天文教育机构(1952年全国院系调整，中山大学天文系并入新建的南京大学天文系)。1929年主持建立中山大学天文台，属中国高校首创，落成时仅次于上海徐家汇天文台，比紫金山天文台建成早5年。该台以天文为主，兼顾气象，建有赤道仪室、子午仪室、时计室和放映室，置有德制15厘米赤道仪、德制6厘米子午仪、法制20厘米反射望远镜、15厘米折射望远镜等仪器，且所藏天文图表、图书也很丰富。1930年创办《国立中山大学天文台双月刊》，该刊与外国天文台、天文学会交换出版物达140余种；主编《广州气象观察年刊》和《变星观测委员会年刊》。他主持的天文台除供学生实习外，还主要参加过：1931年国际变星观测计划；1933年第二次国际经度联测；中国科学界组织的几次日食观测；太阳黑子投影观测和变星目视观测；承担中国天文学会变星观测委员会工作等，取得一系列重要成果，获得国际天文联合会颇高评价。著有《普通天文学》(1933

年)、《高等天文学》(1936 年))、《星球和原子》《变星法研究》《天文学概论》等著作。 (李啸虎)

兹威基,F.(Zwicky, Fritz) 瑞士人,1898 年 2 月 14 日生于保加利亚瓦尔纳,1974 年 2 月 8 日卒于美国加利福尼亚州帕萨迪纳。天体物理学、火箭技术。

实业家兼外交家之子。1920 年从瑞士苏黎世工业大学毕业后留校工作。1925 年赴美国,相继在加利福尼亚理工学院、威尔逊山天文台以及帕洛马山天文台从事天文研究。1942 年任加利福尼亚理工学院天体物理学教授。1972 年退休。

对超新星现象的研究作出了重要贡献。1934 年和旅居美国的德国天文学家 W. 巴德共同确认宇宙中有比新星更激烈、释放能量更多、光度变幅更大的灾变天体。例如,银河系内 1054 年、1572 年和 1604 年观测到的客星,仙女星系中 1885 年出现的比典型新星亮 10 000倍的“新星”。于是他和巴德提出了“超新星”这一词汇,并将上述天象定名为超新星爆发。1934 年开始用照相巡天方法搜索室女星系团中的超新星。1936 年在他的倡议下,美国帕洛马山天文台建成 45/65 厘米施密特望远镜,投入河外星系和星系团的巡视。在当时,它是世界上威力最大的广角天体照相仪。到 1941 年为止,在他主持下,用该望远镜发现了 18 个超新星,而前人总共只偶然观测到 12 个河外星系超新星。根据巡天观测,推算出平均每一个河外星系每 300 年出现一次超新星现象。这个爆发频率在此后的 40 年间一直与观测资料相符。从 20 世纪 30 年代起,每当发现一个河外星系超新星,就和威尔逊山天文台的天文学家哈勃、巴德、闵可夫斯基周密地观测爆发过程中的光度和光谱,积累了大量资料。后来根据光变曲线、谱线特征、膨胀速度等因素,建立了超新星分类法。从 1958 年起主持帕洛马山120/180厘米施密特望远镜的遥远星系团超新星巡天。作为该台的常规科研项目,一直持续到他去世之后的 1975 年。1959 年倡议并组织国际超新星联合观测,全世界先后有 10 多个天文台参加。一生共发现超新星 122 个,占当时所知的超新星总数的 30%。

另一大贡献是对河外星系团的开创性研究。一生倡导形态学研究方法,是美国形态学研讨会的奠基人和领导人之一。根据施密特望远镜拍摄的深空照片,运用形态学方法,开展星系成团现象和星系团的探索,建立了兹威基星系团分类法。1961～1968 年主编《星系和星系团总表》,共 6 卷,载有赤纬−33°以北的全部亮于 15.7 星等的31 350个星系和9 700个星系团。1971 年主编《致密星系、星系的致密部分、爆发星系和爆后星系表》,载入3 700个形态特殊的河外天体。

认为宇宙物质的演化沿着从稀到密和从密到稀两个方向进行。超新星现象是双向演化的典型。一方面外部物质在爆发过程中抛散到空间,另一方面内部物质收缩为致密天体。根据这个观点,于 1934 年预言应有中子星存在,还预言可能有整个星系核的大规模爆发,并认为在星系之间、星系团之内以及星系团之间均应有星系际物质存在。 (李　竞)

鲍恩,I. S.(Bowen, Ira Sprague) 美国人,1898 年 12 月 21 日生于美国纽约州塞尼卡瀑布,1973 年 2 月 6 日卒于加利福尼亚州阿尔塔德纳。天体物理学、仪器研制。

早年在奥柏林学院攻读物理学,1919 年获学士学位。1926 年在加利福尼亚理工学院获物理学博士学位并留校工作,1931 年升任该校教授。1948 年任威尔逊山天文台台长,2 年后又兼任帕洛马山天文台台长,1964 年退休。1936 年当选为美国国家科学院院士,1942 年获该院德雷珀奖章,1948 年获美国文理科学院朗福德奖章。1957 年获太平洋天文学会布鲁斯奖章。1966 年获英国皇家学会金质奖章。

在天文学上的主要贡献是揭开了“氵云”线之谜和发明了像切分器。早在 1864 年,英国天文学家 W. 哈金斯就发现星云光谱中有两条明亮绿色谱线(波长分别为 495.9 纳米和 500.7 纳米)不能证认属于任何已知元素,认为这是由星云中一种特有的元素“氵云”(Nebulium)产生的。后来,有人在星云中又发现了一些其他未知谱线,也被解释为“氵云”线。H. N. 罗素等人在教科书《天文学》的修订版中,就曾提出“氵云”线不是由未知元素的原子引起,而是由已知元素的原子在某种特定的未知条件下产生的。他受到这一见解的启发,在 1927 年作了深入的研究,终于弄清了波长为 495.9 纳米和 500.7 纳米的两条所谓“氵云”线是二次电离氧原子(OⅢ)的禁线,它们是在星云中辐射密度和物质密度都非常小的特定条件下,处于亚稳态的二次电离氧原子向较低能态作禁戒跃迁而产生的。还指出星云光谱中别的一些未知谱线则是电离氧(OⅡ)和电离氮(NⅡ)等的禁线。从而揭开了半个多世纪以来的“氵云”线之谜。

1938 年发明了像切分器。在拍摄天体高色散的有缝光谱时,星像的两侧往往被挡在摄谱仪入射狭缝之外,只有中间部分才能进入狭缝。像切分器把星像切分成若干窄条,并将这些窄条全部送入摄谱仪入射狭缝,结果使拍摄天体光谱的时间大大缩短。像切分器后来又得到许多改进和发展,它目前仍是大型恒星摄谱仪的一个重要附属装置,在天文观测中得到广泛的应用。 (宣焕灿)

李珩(Li Heng) 字晓舫。中国四川省人,1898 年 12 月 22 日生于成都,1989 年 8 月 19 日卒于上海。恒星物理学、天体力学、科学传播。

自幼喜爱天文学。1922 年在成都获华西大学理学士学位，并留校任教。两年后到重庆第二女子师范执教。1925年赴法国留学，在巴黎大学学习天文学，1927年在该校获理学士学位。1928～1933年在巴黎大学天文台和里昂天文台工作。1933年以论文“造父变星的统计研究”获博士学位。是年与翻译家罗玉君女士结为夫妇，同返中国，任山东大学教授兼青岛观象台研究员。1937年起相继在华西大学、四川大学、中央研究院天文研究所任教授或研究员。1948～1949年在美国普林斯顿大学天文台工作。回国后任中国科学院紫金山天文台研究员。1950年起先后任上海佘山观象台和徐家汇观象台负责人。1962年中国科学院上海天文台成立，任首任台长。1982年起因年迈改任名誉台长。曾任中国天文学会副理事长、上海天文学会理事长。

在学术研究与科学译著两方面都颇有成就。在学术研究方面，主要研究领域是恒星物理和天体力学。1949年与美国天文学家M.史瓦西合作，在英国发表的论文“红巨星模型”被认为是红巨星研究中的一项开创性工作。1954年他在国内发表的论文“五个银河星团的照相研究”则是中国这一领域中的开创性工作。1957年发表的天体力学论文“伏洛拉群小行星普遍摄动的计算和轨道的改进”，保证了17颗小行星在相当长时间内不致丢失。还发表了“星际钙线的等值宽度”、“造父变星的统计研究”、“造父变星周光关系零点的测定”等论文。

在科学与科普译著方面，著译的总字数达千万字，在中国天文学界是首屈一指的。重要译著有《天文学简史》(1959年)、《普通天体物理学》(1964年)、《大众天文学》(3册，1964～1965年)、《科学史》(1975年)、《宇宙体系论》(1978年)、《球面天文学和天体力学引论》(1980年)。还撰写了《哥白尼》(1963年)、《伽利略》(1983年)、《牛顿》(1984年)、《天文简说》等科普著作和200多篇科普文章。 (阎林山)

米纳尔，H.(Mineur，Henri)　法国人，1899年3月7日生于法国里尔，1954年5月7日卒于巴黎。恒星天文学、恒星物理学、数学。

1920年开始研究数学。1924年因建立福克斯函数附加定理获巴黎大学博士学位。1925年到巴黎天文台成为一名天文学家。是国家科学研究中心和上普罗旺斯的圣米舍尔天文台创始人之一。1936年在巴黎创建了天体物理研究所，并担任所长直到去世。

对天体力学、分析力学、统计学和数值计算等几个与数学有关的领域都很有研究。发表过关于最小二乘法方面的经典论文。在恒星天文学和恒星物理学方面，测得近距恒星的速度按它们到银道面的距离而变化；测出球状星团系统的逆旋；改正了银心的坐标。还研究了星际空间的吸收。1944年指出必须对造父变星周光关系的零点作重要修正。后来，德国天文学家巴德作了更深入的研究，并于1952年制订了新的造父变星周光关系。 (谢高峰)

卢伊滕，W.J.(Luyten，Willem Jacob)　美国人，1899年3月7日生于荷兰东印度的三宝垄(今属印度尼西亚)，1994年11月21日卒于美国明尼苏达州明尼阿波利斯。天体物理学。

1918年在阿姆斯特丹大学获学士学位。1921年在莱顿大学获博士学位后赴美国。1927～1930年为哈佛大学天文学助理教授。1931年为明尼苏达大学天文学助理教授，1934年为副教授，1937～1967年为教授，1967年起为荣誉教授。1964年获美国国家科学院沃森奖章，1968年获太平洋天文学会布鲁斯奖章。1970年当选为美国国家科学院院士。

曾在利克天文台研究恒星的自行，特别是测定大自行恒星的光谱，以冀找到更多的当时新发现的白矮星。花了30年时间测出12万颗以上的恒星的自行，并由此得出了新的恒星光度函数。发现了大量的白矮星，发现距离太阳仅约12光年的“卢伊滕星”(即BD＋05 1668)。在此期间还研究双星，特别是研究太阳系的起源。20世纪30年代率先抨击当时盛行的地球起源于一次恒星碰撞的理论。50年代初开始用寻找白矮星的两色照相法来搜索当时新发现的暗蓝星。15年后，人们将此法用于寻找新的类星体效果极佳。从60年代中期开始，又利用帕洛马山天文台巡天底片测量了40多万颗恒星的自行。发表过约400篇论文，主要著作有《恒星中的侏儒》(1929年)和《28 535颗恒星的自行》(1939年)。

为纪念他，国际天文学联合会用他的姓氏命名第1964号小行星。 (卞毓麟)

奥尔特，J.H.(Oort，Jan Hendrik)　荷兰人，1900年4月28日生于荷兰弗拉讷克，1992年11月5日卒于莱顿。恒星天文学、射电天文学。

医学博士的儿子。1917年进格罗宁根大学求学，是著名天文学家卡普坦的学生。毕业后在美国耶鲁大学天文台当了2年助理研究员。1924年返回荷兰在莱顿大学天文台(简称莱顿天文台)任职。1935年任天文学教授。1945年任莱顿天文台台长。1958～1961年任国际天文学联合会主席。1953年当选美国国家科学院外籍院士。

对恒星天文学、射电天文学、彗星起源等方面作出了重要贡献。在恒星天文学方面，瑞典天文学家林德布拉德于1926年提出银河系自转的假说后，他进一步研究了这个问题，在1927年发表了“证实林德布拉德银河系自转假说的观测证据”的著名论文。文中假定银河系大部分物质集中在银心附近，则离银心较远处的天体将作如行星绕太阳那种开普勒旋转，旋转速度与天体离银心距离的平方成反比。于是整个银河系将作较差自转，从而影响恒星的视向速度和自行。分析了大量恒星的视向速度和自行资料，证明这种较差自转确实存在。并进一步建立了由恒星的视向速度和自行确定银河系自转的公式，后被称为奥尔特公式，其中有两个常数叫做奥尔特常数。这一公式在恒星天文学中有极重要的意义。

在银河系星族的划分问题上也有所贡献。1944年，德国天文学家巴德提出银河系以及其他旋涡星系的恒星可以分为星族Ⅰ和星族Ⅱ两大类。后来，许多天文学家发现把银河系的所有恒星划分为两个星族过于简单。1957年在梵蒂冈天文台举行的星族讨论会上，奥尔特提出银河系的恒星可细分为晕星族、中介星族Ⅰ、中介星族Ⅱ、盘星族、旋臂星族等5个星族。这一划分法现在已为各国天文学家普遍接受。

在射电天文学方面，20世纪40年代这一学科还处于襁褓时期，他就大力扶持。1944年，美国的雷伯用1.87米波长绘出了第一幅射电天图。该论文一发表，他立即筹划举办雷伯论文的讨论会，并建议研究生范德胡斯特从理论上寻找可供观测的射电谱线。范德胡斯特研究了这一课题，在同年举办的雷伯论文讨论会上预言了中性氢21厘米射电谱线的存在。1951年在美国的尤恩(H. I. Ewen)和E. M. 珀塞尔之后不久，他与米勒(C. A. Muller)也观测到了这一谱线。这一谱线的预言和证实，导致了射电天文学中一个极重要的分支——射电频谱学——的诞生。在莱顿天文台组织力量用该谱线观测银河系中性氢云的分布。经过几年的努力，会同澳大利亚的射电天文小组，终于在1958年联合绘制出了著名的银河系中性氢分布图。它清楚地显示了银河系的旋涡结构，并发现了3千秒差距膨胀臂等几条旋臂。他还致力于建造大型射电探测设备。推动荷兰在1956年建成25米口径的射电望远镜和在1970年建成由12个25米口径天线组成的综合孔径射电望远镜。

在彗星起源方面，他于1950年提出在离太阳约15万天文单位处有一总数约1 000亿颗彗星的彗星储库——“彗星云”，亦即“奥尔特云”。恒星的引力摄动使一部分彗星改变轨道进入太阳系内部，遂为我们所见。这是彗星起源问题上一个十分有影响的假说。

20世纪30年代，他估计出星际物质的密度上限为3×10^{-24}克/厘米^3，称奥尔特极限。1942年指出蟹状星云是中国宋代记录的1054年天关客星的遗迹。晚年致力于银河系和近距星系星系核活动的研究。

1942年获太平洋文学会布鲁斯奖章；1946年获英国皇家学会金质奖章；1972年获德国天文学会的K. 史瓦西奖。1691号小行星被命名为奥尔特星。

（宣焕灿　刘　炎）

佩恩-加波施金，C. Helena（Payne-Gaposchkin, Cecilia H.）　美国人，1900年5月10日生于英国白金汉郡温多瓦尔，1979年12月7日卒于美国马萨诸塞州坎布里奇。天体物理学。

1923年毕业于英国剑桥大学，同年迁居美国并长期在哈佛大学工作。原名C. H. 佩恩(Cecilia H. Payne)，嫁给天文学家加波施金(S. Gaposchkin)后改名为佩恩-加波施金。20世纪20年代中期获拉德克利夫学院博士学位。1956年升任哈佛大学教授和教研室主任。

1925年出版专著《恒星大气》，将观测到的不同光谱型恒星的谱线强度与理论计算进行比较，从而成功地探讨了恒星大气的物理条件。她通过研究发现，大多数恒星其化学元素的相对丰度与太阳的一样。30年代起，与丈夫等人共同研究变星，使用哈佛大学天文台所收藏的底片，仔细测量和研究了其中亮于10等的所有变星，发现了许多新的变星。还对银河系的球状星团、麦哲伦星云以及仙女座大星云内的造父变星进行了测量和比较，从而修正了造父变星周光关系的零点，改进造父视差的测量精度。有关变星的许多研究成果归纳在她的如下几部著作中：《变星》(与加波施金合著，1938年)、《变星和银河系结构》(1954年)、《银河新星》(1957年)。

（萧耐园）

沙罗诺夫，B. B.（Шаронов, Всеволод Василиевич; Sharonov, Vsevolod Vasilievich）　苏联人，1901年3月10日生于俄国圣彼得堡，1964年11月26日卒于列宁格勒(今圣彼得堡)。天体物理学、地球物理学、仪器研制。

1926年毕业于彼得格勒大学后留校任教。1944年任列宁格勒大学教授，1951年任该校天文台台长。

1930～1936年在大气测量研究所工作期间，设计制造了航空曝光时计、感光镜、烟雾测量仪、显微光度计、透明仪、万能光劈光度计和目视比色仪等，用于航空大地测量、测试大气透明度、天体和遥远光源的能见度、天空颜色和太阳常数等。运用绝对光度测量和比色法研究月面和日冕细节，发表了月面上百余个客体的光度变化图表，与岩石和矿石标本比较的结果，为妻子薛婷斯卡娅(H. H. Сытинская)提出的流星熔渣理论找到了可靠依据。对行星的光度测量和比色研究结果，在“关于行星和卫星性质的测光研究”(1954年)、“行星性质”(1958年)和“金星”(1965年)等论文中作了总结。1936年、1956年和1958年在塔什干观测火星冲日，提出火星表面被褐铁矿尘埃覆盖的假说。1957～1959年国际地球物理年期间，负责当时苏联对夜光云的研究。

（倪祥斌）

门泽尔，D. H.（Menzel, Donald Howard）　美国人，1901年4月11日生于美国科罗拉多州弗洛伦斯，1976年12月14日卒于美国马萨诸塞州坎布里奇。天体物理学。

1920年在科罗拉多州丹佛大学获文学士学位。1921年和1923年两次获文

科硕士学位。1924年获博士学位。1924年在艾奥瓦大学任教。1925年在俄亥俄州立大学任教。1926年在利克天文台工作。1932年到哈佛大学任天文学助理教授,1935年任天体物理副教授,1938年升任教授。1954～1966年任哈佛大学天文台台长。1954～1956年任美国天文学会会长。1948年当选美国国家科学院院士。第二次世界大战期间在美国海军当指挥官,领导海军通讯中的数学物理学研究。

大部分的研究工作是解释恒星、太阳、行星和气体星云等各种天体的光谱。很早就对行星辐射感兴趣,曾测得火星、金星和月亮温度的首批定量数值。和F. L. 惠普尔反对当时流行的关于金星云是尘埃的观念,而认为金星云是冰晶体。预言金星中的水蒸气含量被后来高空气球观测所证实。他分析了闪光光谱资料,得到许多有关太阳外层大气的新发现。测得了色球的温度、压力和化学组成,更重要的是测得太阳高层大气的温度为15 000～20 000K,比光球层温度要高几倍。还测得太阳大气的低密度梯度,为确定氢是太阳的主要元素提供了重要的线索。为了对日食和日食光谱进行研究,到1966年为止,共参加了12次日食观测。早年根据日食光谱资料,提出日冕温度是很高的,日冕线起源于某些已知的高次电离的元素。后来瑞典分光学家埃德伦(B. Edlén)于1941年指出日冕绿线是由失去了13个电子的铁离子产生的。在李奥于1930年发明日冕仪之后,门泽尔设计了美国第一架日冕仪,并把它安装在高度为3 508米的科罗拉多州的克莱马克斯,后来在新墨西哥州萨克拉门托山峰安装了第二架更好的日冕仪。通过这些观测研究,发展了太阳结构的新理论。认为黑子的强磁场直接导致它的低温,并说明太阳耀斑是由与黑子双极磁场有关的不稳定性引起的。

主要著作有《恒星和行星》(1931年)、《我们的太阳》(1949年)、《数学物理学》(1953年)和《物理学基本公式》(1955年)等。 (蒋窈窕)

黑克曼,O. (Heckmann, Otto Hermann Leopold) 德国人,1901年6月23日生于德国莱茵兰地区的奥普拉登,1983年5月14日卒。天体测量学、天体物理学、宇宙学、仪器研制。

早年在波恩大学攻读天文学、数学和物理学。1925～1927年在波恩天文台任职。1927～1935年在格丁根大学工作。1941年任汉堡大学天文系主任和汉堡天文台台长。1962年负责建造位于智利的欧洲南方天文台。1961年获美国国家科学院沃森奖章。1964年获太平洋天文学会布鲁斯奖章。

涉足天文学的许多领域。在天体测量方面,组织国际合作重新测量AG星表中18万颗恒星的位置,以获得它们的自行资料。在天体光度测量方面,与人合作改进技术,1933～1937年对鬼星团的照相光度测量取得了很大的成功。长期从事统计动力学和宇宙学的理论研究,与许金(E. Schücking)共同发现膨胀宇宙存在着自转的可能性,这对演化宇宙模型有相当大的影响。在仪器制造方面,曾相当周密地设计了汉堡天文台的80/120/240厘米施密特望远镜。 (章圣泮)

陈遵妫(Chen Zungui) 字志元。中国福建省人,1901年9月16日生于福州,1991年2月2日卒于北京。天文学史、天文历法。

出身知识分子家庭。8岁丧母。早年上私塾,后随父赴京,在北京师大附中读书。1921年赴日本,1926年毕业于东京高等师范学校数学系。同年回国,任北京女子高等师范学校数学教授。同年应父亲好友、中央观象台台长高鲁之邀到中央观象台工作。1928年任国立中央研究院天文研究所研究员,1946～1948年任该所代理所长。曾任中国天文学会总秘书、理事长、《宇宙》杂志总编辑等职。1949年后任中国科学院紫金山天文台研究员,1953年兼任上海徐家汇观象台负责人。1955年奉命负责筹建北京天文馆,曾长期任馆长。1982年退休,曾任北京天文馆名誉馆长、中国天文学会名誉理事长。

先后参加了南京紫金山天文台和昆明凤凰山天文台的创建。3次参加国内外的日食观测。1934～1945年曾相继在南京紫金山天文台和昆明凤凰山天文台主持变星观测工作。创办并主编《宇宙》杂志,甚至在最艰苦的抗日战争时期都始终坚持出版。1949年后负责编纂《天文年历》,主张逐步从翻译外国年历向自己独立编算年历过渡,为此作了许多努力。1964年起中国终于出版了自己独立编算的《中国天文年历》。

著译甚丰,尤其在中国天文学史方面更为突出。1937年看到日本京都大学花山天文台台长一封信,要求中国方面协助国际天文学联合会搜集中国古代天文文物。他认为中国古代天文文物的搜集工作不应该让外国人越俎代庖。从此搜集中国古代天文学史料,经10多年的努力,在1955年出版了第一部中国人编著的天文学史著作《中国古代天文学简史》。曾被译成俄文、日文。英国李约瑟的《中国科学技术史》天文学部分中的很多资料引自该书。1980～1989年,克服年老体弱、视力减退的困难,以顽强的毅力完成了170万字的宏篇巨作《中国天文学史》(共4册),以丰富翔实的史料全面阐述了中国天文学自古至今的发展。还撰有《流星论》(1930年)、《星体图说》(1934年)、《宇宙壮观》(1935年)、《天文学概论》(1939年)、《普通军用天文学》(1945年)、《中国古代天文学成就》(1955年)、《清代天文仪器解说》(1956年)等20部天文著作;在报刊杂志上发表论文和文章百余篇。 (湛穗丰)

张钰哲(Zhang Yuzhe) 别号公英,笔名问天。中国福建省人,1902年2月16日生于福州,1987年7月21日卒于南京。天体物理学、天体力学。

出身职员家庭。早年丧父。1913～1918年在北京畿辅中学及高师附中求学。1919年进清华学堂。1923年考入美国康奈尔大学建筑系。1925年转学芝加哥大学,翌年在该校天文系毕业后到叶凯士天文台工作。1927年获硕士学位。1929年以论文“关于双星轨道极

轴指向在空间的公布”获博士学位。同年回国任中央大学物理系教授兼中央研究院天文研究所特约研究员，1941年任该研究所所长。1946～1948年再度赴美国研究交食双星。1949年后任中国科学院紫金山天文台首任台长，1984年因年迈改任名誉台长。1955年选聘为中国科学院学部委员（院士）。曾任中国天文学会理事长、名誉理事长，国家科委天文学科组组长，《天文学报》主编，《中国大百科全书·天文学》卷编委会主任等。

毕生致力于天文观测。1928年用美国叶凯士天文台的60厘米反射望远镜发现了1125号小行星，并将它命名为“中华”。他领导的紫金山天文台行星室，发现了1 000余颗新的小行星（其中获国际正式编号的有102颗），开创了用光电测光方法测定小行星变光周期的工作，提出了研究天体轨道长期演变的富有特色的方法，计算了300余颗小行星、彗星的近期轨道和40余颗小行星、彗星的长期轨道，从而获得了国家自然科学奖等多种奖励。曾5次参加日全食观测，其中3次（1941年9月21日在甘肃，1954年6月30日在苏联高加索、1980年2月16日在云南）取得了丰硕成果。还对双星、变星等进行了许多观测。

率先在中国应用天体力学基础理论研究了人造卫星的轨道问题。1957年世界上第一颗人造卫星发射前就发表了有关人造卫星轨道问题的论文，从理论上探讨了地球形状和高层大气对人造卫星轨道的摄动影响。20世纪60年代初期领导了月球火箭轨道的研究，发表了论文“定点击中和航测月球的火箭轨道”。1965年率领有关人员参加了中国第一颗人造卫星的轨道设计和方案的论证工作。

任紫金山天文台台长期间，使该台发展成为有14个研究室（组）、300多名科研人员且在国际上享有一定威望的综合性天文台。积极筹划中国天文学发展的蓝图，对天文学各分支学科的设置、国内各天文台站的布局、天文人才的培养等提出了科学的设想，其中大多得到了实现。

十分重视天文普及工作，毕生除发表了有关恒星、小行星、彗星、日食、航天和中国天文学史方面的论文、报告近60篇外，还撰写和发表了不少天文科普著作，如《宇宙丛谈》、《天文学论丛》、《哈雷彗星的来龙去脉》等。

为了纪念他在天文学上的贡献，1978年国际小行星中心把哈佛大学天文台1976年10月23日发现的一颗小行星（编号2051）用英文命名为“Chang”（张）。

（王德昌）

埃克特，W. J.（Eckert，Wallace John） 美国人，1902年6月19日生于美国匹茨堡，1971年8月24日卒于新泽西州恩格尔伍德。*天体力学、计算机应用。*

1925年毕业于奥柏林学院。1931年在耶鲁大学获博士学位。1926年任哥伦比亚大学讲师，后升为天体力学教授。1940年在美国海军天文台任航海天文历主编，并开始出版航空历。1944年任国际商用机器公司纯科学部主任。翌年任哥伦比亚大学科学计算研究室主任，直至1970年退休。

毕生的主要贡献是把电子计算机技术用于天体力学。1928年开始用洞卡计算机，1933年起用国际商用机器公司的电子计算机。1941年与D. 布劳威尔提出一种便于使用计算机的轨道改进方法，后称“埃克特-布劳威尔方法”。1948年与人合作完成了5个外行星（木星、土星、天王星、海王星、冥王星）的400年精确位置表，1954年完成改进的月球运动表，为天文年历及阿波罗登月轨道方案提供依据。

（易照华）

布劳威尔，D.（Brouwer，Drik） 美国人，1902年9月1日生于荷兰鹿特丹，1966年1月3日卒于美国康涅狄格州纽黑文。*天体力学。*

鹿特丹市政府职员的儿子。早年在莱顿大学求学，在著名天文学家W. 德西特指导下攻读天体力学。1927年获哲学博士学位。同年9月去美国加利福尼亚大学从事研究工作。1928年任耶鲁大学讲师。1937年加入美国籍。1941年任天文学教授，兼耶鲁大学天文台台长，并兼任《天文学杂志》主编，直至去世。1951年入选美国国家科学院院士。

科学成就主要在天体力学领域。起初在耶鲁大学协助E. W. 布朗，研究因地球自转不均匀性而造成的月亮位置的预报值与观测值之间的差异。1930年发现有些差异是由参考星的定位不准确造成的。1938年布朗去世后，他从事研究更一般的轨道问题。1938年和1946年发表了由数值分步积分直接定出行星位置的论文。1944年解决了久未解决的直角坐标摄动方法，给出了一种新的行星运动理论。1951年与G. M. 克莱门斯和W. J. 埃克特合作，最早用电子计算机进行轨道运动的数值积分，算出了5颗外行星在1653～2060年间的精确轨道和星历表，并且提出了新的轨道改进方法。1959年运用蔡佩尔（H. Zeipel）方法处理人造天体问题，解决了地球扁率对人造卫星运动的影响，所得解在实用上和理论上都有重大意义，后来称为蔡佩尔-布劳威尔方法。对小行星也作了许多研究，1950年和范沃康（A. J. J. Van Woerkom）提出了一种可计算小行星轨道长期项变化的方法。日本天文学家平山采用这一方法发现了平山族小行星后，他随即又对它们的起源等问题作了进一步研究。1963年，还研究了有关小行星分布的柯克伍德空隙的成因。

曾在1950年提出了不受地球自转不均匀性影响的历书时，并给出了1820～1950年间历书时与世界时的差异的资料，所提出的历书时系统曾被国际天文学联合会所采用。还对国际天文学联合会采用1964年天文常数系统起了重要的作用。在任耶鲁大学天文台台长期间，为该台及其在阿根廷的南方分台的建设和发展做了许多工作。

代表作有《天体力学方法》（与克莱门斯合作，1961年）。是天体力学方面的一代宗师，现在美、欧、日各国著名天体力学专家，大部分出自其门下。1955年获英国皇家天文学会金质奖。1966年获太平洋天文学会布鲁斯奖章。去世后，美国天文学会设立布劳威尔奖金。

（倪祥斌　章圣泮）

莫伊谢耶夫，Н. Д.（Моисеев，Николай Дмитриевич；Moiseev，Nikolay Dmitrievich）苏联人，1902年12月16日生于俄国彼尔姆，1955年12月6日卒于莫斯科。天体力学、天体物理学、数学。

1919年进入国立彼尔姆大学物理数学系。1922年转入莫斯科大学，一年后毕业。1929～1947年在一所军事学院教授数学。1935年获莫斯科大学数学物理学博士学位和教授职位。1938～1955年任莫斯科大学天体力学系主任。1939～1943年任史天堡天文研究所所长。

是当时苏联的天体力学权威之一。先后发表了120多篇学术论文，内容包括彗星形成的力学理论、彗星和流星及宇宙尘埃的天体演化学、理论重力测量学、天体演化动力学等。定性地研究了天体轨道的一般特征、局部特征以及纵向和横向稳定性，并把这些研究结果应用于飞机和导弹动力学。1949年出版《稳定性理论发展概论》。1940～1955年发表了关于长期和周期性摄动与天体运动的研究结果。在数学上，首次提出行列式积分法和扰动法，为求解线性微分方程组作出了贡献。（谢高峰）

拉勒芒，A.（Lallemand，André）　法国人，1904年9月29日生于法国锡雷，1978年3月24日卒于巴黎。天体物理学、仪器研制。

1927年获斯特拉斯堡大学理学博士学位。曾在斯特拉斯堡天文台和巴黎天文台工作，先后任巴黎大学天体物理研究所所长（1960年）和法兰西学院实用天文部主任（1961年），兼任法国国家天文委员会主任（1938～1968年）、法国物理学会会长（1964年）和经度局局长（1964年）。1961年成为法国科学院院士。

主要研究方向是天文观测所用的光能接收器。1936年发表关于以电子照相为基础的光子接收器的原理，翌年发表实验结果。第二次世界大战后仍致力于发展观测暗弱天体的接收器。曾发明著名的拉勒芒电子照相机，在拍摄实验室光源和暗弱天体方面都取得了成功。

曾获法国科学院和法国天文学会颁发的奖金、比利时皇家科学院的保罗和玛丽·斯特罗邦奖金、英国皇家天文学会的爱丁顿奖章等。（萧耐园）

翁泽尔德，A. O. J.（Unsöld，Albrecht Otto Johannes）　德国人，1905年4月20日生于德国符腾堡附近，1995年9月23日卒。天体物理学。

早年在蒂宾根大学和慕尼黑大学学习理论物理学，1927年获博士学位。1929～1932年先后在慕尼黑和汉堡任教。此后在基尔大学相继任天文学教授、理论物理研究院院长、天文台台长等职。1973年退休。

天文学上的主要贡献在恒星大气理论方面。早在1927年就发表了几篇应用量子力学从理论上分析太阳光谱中Na、Al、CaⅠ、CaⅡ、SrⅠ、SrⅡ和BaⅡ谱线轮廓的论文，求得的太阳大气中的平均电子压力以及这些元素的丰度，同后来H. N. 罗素用完全不同的方法所求得的结果非常一致。此后几年中，与M. 米奈尔、O. 斯特鲁维等人研究了辐射阻尼、碰撞阻尼、多普勒效应、斯塔克效应对谱线加宽的作用以及生长曲线等。在改进辐射转移的数学方法时，提出了描述太阳大气不同层次对夫琅和费线形成不同贡献的权函数理论。很重视天文观测，曾在德国与美国的一些著名天文台从事太阳和恒星的分光光度测量工作，据此获得了恒星大气的有效温度、表面重力、化学成分等物理量。还提出了恒星大气的氢对流带理论，1930年成功地用于解释太阳大气中的对流的热力学机制。晚年则致力于银河系中不同星族的恒星的元素丰度的分布及其起源的研究。

所著《恒星大气的物理学》（1938年初版，1982年第3版）一书被视为恒星大气理论方面的代表作。与他人合著的《新的宇宙》（1967年初版，2005年第5版）一书，深受读者的欢迎。1956年获太平洋天文学会布鲁斯奖章，1957年获英国皇家天文学会金质奖章。为纪念他，第2842号小行星以他的姓氏命名。（章圣泮）

维尔特，R.（Wildt，Rupert）　美国人，1905年6月25日生于德国慕尼黑，1976年1月9日卒美国奥尔良。天体物理学。

1927年获柏林大学博士学位。1928～1934年在波恩天文台和格丁根天文台工作。1935年移居美国，任普林斯顿大学助理研究员。1935～1936年任职于威尔逊山天文台。1936～1942年在普林斯顿远景研究所工作。1942～1946年任教于弗吉尼亚州立大学。1946～1973年受聘于耶鲁大学，1957年起在该校任教授。

1931年证认出类木行星（木星、土星、天王星和海王星）光谱中的氨和甲烷的分子带，并提出类木行星大气中的主要成分是氨和甲烷。建立了类木行星主要由氢构成的内部结构模型。1938年率先提出负氢离子是太阳和中间光谱型的恒星大气中连续吸收的主要源泉，这一见解对恒星大气理论的发展起了重要的推动作用。1960年和1966年分别获英国皇家天文学会金质奖章和爱丁顿奖章。（萧耐园）

程茂兰（Cheng Maolan）字畹九。中国河北省人，1905年9月18日生于河北博野。1978年12月31日卒于北京。天体物理学。

1924年毕业于河北省立保定第六中学。1925年赴法国勤工俭学。1932年获雷蒙大学学士学位，并考入里昂大学数理系当研究生，1934年获硕士学位。随即在天体物理学家J. 杜菲（Jean Dufay）指导下攻读天体物理学，1939年获博士学位。此后相继在里昂天文台、

巴黎天体物理所以及上普罗旺斯天文台从事实测天体物理研究工作。曾担任上普罗旺斯天文台副台长。1957年回国,先被任命为北京天文台筹备处主任,后被任命为北京天文台台长,直至去世。曾任中国天文学会第二届、第三届理事会副理事长。

主要从事天体的光谱分析研究,主要的研究对象是夜天光、双星、共生星、特殊变星、星云及彗星。1939～1957年共发表论文68篇。与J. 杜菲等合作,在夜天光以及共生星的特殊发射线证认分析的成果,集中地反映在1942年的"夜天光可见区的分光光度研究"和1949年的"仙女座Z星的光谱"两文中,其中的观点常为后人所引用。这些特殊的发射线(其中许多是禁线)只有在特定的物理条件下才会出现。对它们的首次证认,不仅给后人提供了技巧上的借鉴,还有助于确定这些天体的物理状况,因而具有较高的学术价值。还用大陵五食双星的分光光度测量,否定了当时流行的光速与波长有关的理论。因而获得法国科学院颁发的骑士勋章。回国后引进了天体物理天文台台址选择的近代观点和方法,带领一批青年人跋山涉水,选定了天文大气条件较好的北京天文台兴隆观测站。对促进中国实测天体物理学的发展作出了重要贡献。

(蒋世仰)

央斯基,K. G. (Jansky, Karl Guthe) 美国人,1905年10月22日生于美国俄克拉何马州诺曼,1950年2月14日卒于新泽西州雷得班克。射电天文学、无线电通信工程。

1927年获威斯康星大学理学士学位后,1928年到位于新泽西州的贝尔电话实验室任无线电工程师,负责研究无线电通讯的干扰因素。45岁时因心脏病去世。

1928年在贝尔电话实验室建造了专门的接收机和长30.5米、高3.66米的天线阵。该天线阵脚下装有轮子,可以持续不断地以20分钟一周的速度绕铅垂线旋转,以便确定干扰信号的方位角,但信号的地平高度则无法准确定出。该仪器的工作波长为14.6米,1931年夏正式投入观测。发现存在着三种天电噪声:一种来自附近的雷暴雨;第二种来自远处的闪电和雷雨;第三种是来源不明的稳定的嘶嘶声,它的方向整天都在逐渐变化,似乎是24小时绕行一周天。1932年在《无线电工程师研究会报》上发表论文,宣布了这一发现,并认为天电噪声很可能来自于太阳。然而继续对这种天电噪声的跟踪观测发现,这一噪声源离太阳越来越远,原来它不是24小时一周天,而是约23小时56分即一个恒星日一周天。这表明,它对应于星空中某个固定的点。经进一步研究,于1933年指出,这种天电噪声来自太阳系之外。1935年进一步确认这种天电噪声来自银心,从而发现了来自银心的射电辐射。这一重要发现开创了用射电波研究天体的新纪元,他也成了射电天文学的奠基人。

为了纪念他,1973年8月举行的国际天文学联合会第十五届大会上,射电天文委员会通过决议:"采用'央斯基'作为天体射电流量密度单位(简写作'央'),它等于10^{-26}瓦·米$^{-2}$·赫$^{-1}$,并纳入国际物理单位系统。"

(宣焕灿)

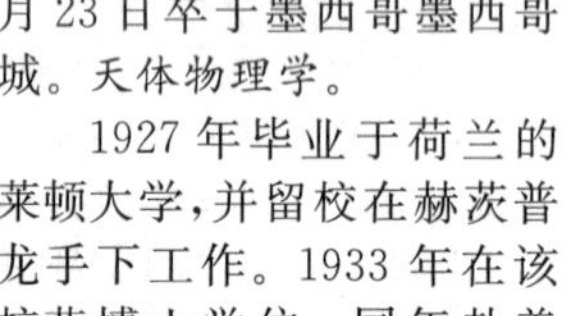

柯伊伯,G. P. (Kuiper, Gerald Peter) 美国人,1905年12月7日生于荷兰的哈伦卡斯珀尔,1973年12月23日卒于墨西哥墨西哥城。天体物理学。

1927年毕业于荷兰的莱顿大学,并留校在赫茨普龙手下工作。1933年在该校获博士学位。同年赴美国。1937年入美国籍。先后在哈佛大学、芝加哥大学任副教授、教授。1936年起在芝加哥大学叶凯士天文台工作,并于1947～1949年和1957～1960年两度出任叶凯士天文台暨麦克唐纳天文台台长。从1960年直到去世,组织并领导了亚利桑那大学的月球和行星实验室。是美国国家科学院院士、荷兰科学院外籍院士。

研究领域很广,以在太阳系方面的一系列发现著称。最初研究双星,得出太阳的近邻恒星至少有一半是双星或聚星的结论;并通过测量双星,进一步明确了主序星的质光关系。自20世纪40年代始注意力转向太阳系,从事行星和卫星大气的分光观测,以探测它们的组成成分。1944年发现土星的最大卫星——土卫六上有含甲烷和氨的大气;并猜测海王星最大的卫星海卫一上也可能具有类似的大气。1948年探测到火星大气中的二氧化碳。同年发现天王星的卫星天卫五,1949年发现海王星的卫星海卫二。1943～1944年测量冥王星的视直径,并得出结论:冥王星要比人们先前认为的更小,直径仅为6 000千米左右(现在已知冥王星的直径不足3 000千米)。还正确测定了冥王星的自转周期约6.4天。1949～1956年,组织了小行星的巡天照相。

1949年提出并在此后发展了一种有相当影响的太阳系起源学说,即"原行星"演化假设。这是一种星云说。它认为形成太阳系的原始星云在其中心部分形成太阳之后,残余物质形成了围绕太阳的"太阳星云"(即星云盘)。星云盘物质因引力不稳定而迅速集聚成一些很大的"原行星"(例如"原地球"的质量为今天的500倍,原木星的质量为今天的一二十倍等),行星即由这些原行星丧失掉大部分气体后演化而成。规则卫星的形成则是行星形成过程的小规模重复。

1951年前后,他提出一种见解,认为冥王星轨道两侧,宽约30亿千米的环状区域内有数千亿个以冰为主要成分的小天体在绕太阳公转。20世纪末以来的天文发现证实了这一见解。现在这个环状区域称为柯伊伯带。

他的研究工作重新唤起了人们对太阳系天文学的兴趣。日后他深深卷入了近距考察月球的空间探测计划。20 世纪 60 年代中期，他是用宇宙飞船探测月面计划的重要成员，是“徘徊者”宇宙飞船拍摄月球的首席研究员，并参与了“月球勘测者”、“月球轨道环行器”以及“阿波罗”等项计划。

曾组织编辑了两套影响深远的专业丛书：4 卷本的《太阳系》和 9 卷本的《恒星和星系》。（卞毓麟）

摩根，W. W.（Morgan, William Wilson） 美国人，1906 年 1 月 3 日生于美国田纳西州贝塞斯达，1994 年 6 月 21 日卒于威斯康星州威廉斯贝。天体物理学。

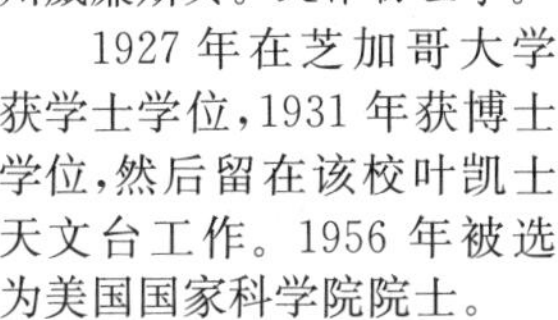

1927 年在芝加哥大学获学士学位，1931 年获博士学位，然后留在该校叶凯士天文台工作。1956 年被选为美国国家科学院院士。

1936～1943 年与基南（P. C. Keenen）、E. 凯尔曼（Edith Kellman）深入研究恒星光谱分类问题，并在 1943 年共同发表了《恒星光谱图集》，提出了著名的恒星光谱二维分类法，称摩根-基南分类，简称 MK 分类。这种分类法既考虑恒星的表面温度，又考虑恒星的光度。其温度型沿用哈佛光谱分类；光度型则在其后加罗马数字Ⅰ（超巨星）、Ⅱ（亮巨星）、Ⅲ（正常巨星）、Ⅳ（亚巨星）、Ⅴ（主序星）表示。例如，太阳的光谱型为 G2V。他们当时未涉及低光度矮星。现今的 MK 分类中增加了两个新的光度型：Ⅵ（亚矮星）和Ⅶ（白矮星）。恒星的 MK 分类确定后，它在赫罗图上的位置也就确定下来了。MK 分类是目前最常用的恒星光谱分类方法。1946～1951 年，他与纳索（J. J. Nassau）及自己的研究生沙普尔斯（S. L. Sharpless）和奥斯特布鲁克（D. E. Osterbrock），采用 MK 分类系统广泛研究了太阳附近的蓝巨星在空间的分布，首次获得了银河系具有旋臂的确切证据。他们定出两个旋臂，还发现了可能是第三个但不很确定的旋臂。

1953 年和约翰逊（H. L. Johnson）合作，用光电方法精确测定了分布于全天的 400 颗恒星的 V 星等以及色指数 U-B 和 B-V，建立了著名的 UBV 三色测光系统，现已成为国际上最常用的标准测光系统之一。1956 年与利克天文台的梅奥尔（N. U. Mayall）对星系的光谱提出了一种分类方法。翌年又着手研究星系的形态分类问题。后来提出了一种以星系中心光度集中程度为重要判据的星系形态分类法，称摩根-梅奥尔分类法。1953 年和 G. 阿罗在与猎户座星云相连的星团中共同发现了一些几分钟闪亮一次的闪星。20 世纪 60 年代以后，他研究了类星体、活动星系等按光学形态的分类，并对 MK 分类系统的恒星作了大范围的订正。1978 年和艾布特（H. A. Abt）以及塔普斯科特（J. W. Tapscott）共同出版了《早于太阳型恒星的增订 MK 光谱图集》。

获 1958 年太平洋天文学会布鲁斯奖，1980 年美国国家科学院亨利·德雷珀奖章，1983 年英国皇家天文学会赫歇尔奖章等。为纪念他，第 3180 号小行星用他的姓氏命名。（宣焕灿　刘　炎）

汤博，C. W.（Tombaugh, Clyde William） 美国人，1906 年 2 月 4 日生于美国伊利诺伊州斯特里特附近，1997 年 1 月 17 日卒于新墨西哥州拉斯克鲁塞斯。观测天文学。

出身贫寒的农民家庭，无力供他上大学。少年时就酷爱天文学，12 岁独自制成一架小望远镜。20 岁时又自制一架口径为 9 英寸（23 厘米）的望远镜，对火星、彗星等进行观测研究，人称“彗星迷”。非常钦慕以研究火星著名的洛厄尔天文台，便写信并附上自己对火星的观测图给天文台，请求去那里工作。1929 年 1 月实现了这个心愿，到洛厄尔天文台当一名助手，参加了该台寻觅海王星以外的一颗未知行星的工作。一年以后，由于发现冥王星，得到了堪萨斯大学提供的奖学金，1936 和 1938 年先后获该校天文专业的学士、硕士学位。此后又回到洛厄尔天文台，一直工作到 1943 年。1945～1946 年任加利福利亚大学副教授。1946 年起在新墨西哥州的白砂基地导弹研究所工作。1955 年起到新墨西哥州立大学从事天文学研究，后升任天文学教授。1977 年退休，继续在家中进行天文观测和研究工作。

最主要的贡献是发现冥王星。从 1929 年 3 月开始，用一架口径为 13 英寸（33 厘米）的折射天体照相仪，依次对双鱼、白羊、金牛、双子座等理论上认为未知行星有可能存在的天区进行拍摄。对同一天区隔数日再拍摄一次。随后用闪视比较仪对前后两次拍摄的照片逐一进行校核，试图发现跳动的星点。因为星点的跳动即表明相隔数日后，该星的位置发生了变动，就可能是所要寻觅的未知行星。日复一日地工作，差不多花了一年的时间，校核了数百万个星点，均无所获。直到 1930 年 2 月 18 日下午终于在双子座 δ 星东边 2/3 度处，寻查到一个 15 等星的星点来回跳动，在两张相隔 6 天拍摄的照片上仅仅移动了 3～4 毫米。又经过 20 多天的检验证认，排除了它是一颗小行星的可能性，并证明它的距离符合远于海王星的条件，遂于 1930 年 3 月 13 日正式公布发现了人们寻觅已久的第九颗大行星——冥王星。这一发现很快得到天文学界的证实和承认。但在 2006 年，冥王星降格为矮行星。

他还最早指出在地球和月球之间并不存在岩石碎片，为人造卫星在其轨道上的运行安全问题提供了重要依据。发现了约 800 颗小行星，一些新的星团和星系团，并对河外星云的视分布、火星和月亮的表面状况等课题作过许多探索。还是个火箭专家，曾研究过火箭线路，设计过导弹跟踪装置等。

为纪念他，第1604号小行星以他的姓氏命名。

（陈美东）

帕连纳戈，П. П.（Паренаго，Павел Петрович；Parenago，Pavel Petrovich） 一译巴连拿哥。苏联人，1906年3月20日生于俄国埃卡捷里诺达尔（今克拉斯诺达尔），1960年1月5日卒于莫斯科。*恒星物理学、恒星天文学*。

父母都是医生。1929年毕业于莫斯科大学数学物理系。1930年在钢铁学院任助教，不久升为讲师。1935年获莫斯科大学数理博士学位。1937年到莫斯科大学数学力学院天文系任教，翌年升为教授。1940年为该校创办了恒星天文系，并任系主任。

科学生涯是以研究变星测光为开端。通过对600多个变星光度变化资料的研究，发现银河系中变星的空间分布与这些变星的物理特性、运动特性之间存在统计关系，并用来探求银河系的结构。在银河系、星系、星系团的结构和动力学以及变星测距方面的研究也是十分成功的。提出改正星际尘埃粒子消光的方法，使测定星系距离的精度大为提高。通过对恒星的“光谱-光度关系”和“质量-半径-光度关系”的统计研究，于1945年确认赫罗图中主星序的左下方存在亚矮星序。1946年和库卡尔金（Б. В. Кукаркин）一起主编由国际天文学联合会委托苏联编制的《变星总表》，1948年出版。他们引进了星系中各种天体次系的新概念，采用大量的统计资料，得到这些次系的基本性质。算出次系中的天体总数，研究星系的旋转规律及其旋臂结构，开创了所谓银河系势的新理论等。共同预言1866年北冕座新星（北冕座T）过60～100年将再次爆发。1946年2月8日，该星果然再次爆发。

1947～1951年任莫斯科天文和大地测量学会会长。1953年当选为苏联科学院通讯院士。1951年主编出版了《可疑变星星表》。撰写的长篇专著有《恒星世界》、《宇宙的构造》等。与库卡尔金合著《物理变星》（1937年）和《变星及其观测方法》（1938年第1版，1947年第2版）。

编著的教科书《恒星天文学教程》已经再版过两次（1938年第一版，1946年和1954年再版），并译成多种外文版本。1949年获苏联科学院颁发的布雷迪欣奖金。

（倪祥斌）

博克，B. J.（Bok，Bart Jan） 美国人，1906年4月28日生于荷兰霍伦，1983年8月5日卒于美国亚利桑那州图森市。*天体物理学、星系天文学*。

父亲是位军士长，对他日后果断而勇于负责的作风颇有影响。他于1924年入荷兰莱顿大学，后转赴格罗宁根大学攻读天文学。1929年应哈佛大学天文台台长沙普利之邀赴美工作。1957年赴澳大利亚任斯特罗姆洛山天文台台长和澳大利亚国立大学教授。1966年返回美国，任亚利桑那大学教授和斯图尔特天文台台长。曾任第14届国际天文学联合会副主席、美国天文学会会长、太平洋天文学会会长。1977年获太平洋天文学会布鲁斯奖章。

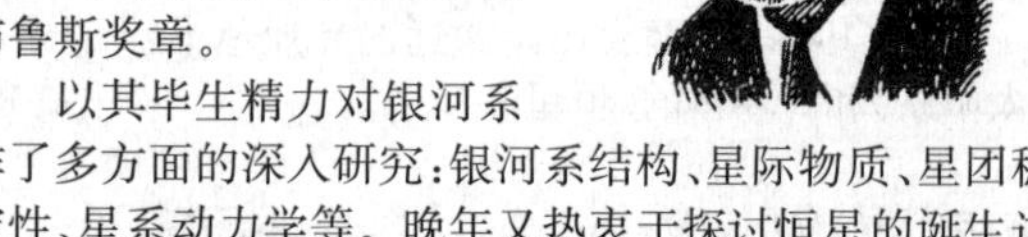

以其毕生精力对银河系作了多方面的深入研究：银河系结构、星际物质、星团稳定性、星系动力学等。晚年又热衷于探讨恒星的诞生过程，展望天文学之未来。

早在1934年他就从数学上证明许多星团正在瓦解，这对人们嗣后于20世纪40年代中期得出的下述结论是有力的支持：银河系的年龄仅与太阳系大体相当，而不像先前认为的那样要比太阳系年老得多。1937年出版的《恒星的空间分布》，改进了J. C. 卡普坦提出的探讨恒星空间分布的数值方法，世称“卡普坦-博克数值方法”。迄今该书仍是同类工作的经典参考文献。20世纪40年代中期对1908年巴纳德在M8中发现的许多轮廓清晰的小黑点作了进一步研究，发现了球状体，它们很可能是处于引力收缩阶段的原恒星，世称“博克球状体”。50年代成了射电天文学的带头学者之一。在一生的最后30年间，他们夫妇共同培养了大批学生，其中许多人已成为当代著名的学者。

夫人P. F. 博克（Priscilla Fairfield Bok）也是一位天文学家，以研究银河系而著名。她于1896年4月14日生在美国华盛顿州的斯波坎，1929年9月与博克结婚，1975年11月19日因心脏病发作去世。同年12月8日，他应许多天文学家的请求亲自为她写下著名的传记《P. F. 博克生平与事业备考》。

他还是一位科普大家，擅长讲演和写作。和妻子合著的高级科普读物《银河》，一向被天文界视为兼有重要学术价值的传世之作。该书初版于1941年。妻子去世后，他又于1981年独自修订完成了它的第五版。（卞毓麟）

斯温兹，P.（Swings，Pol） 比利时人，1906年9月24日生于比利时朗萨尔。1983年10月28日卒。*天体物理学*。

1927年和1930年相继在列日大学获数学博士和物理学博士学位。留校任教，1932年任分光学和天体物理学教授。曾去美国芝加哥大学等校任客座教授多年。1952～1958年任国际天文学联合会副主席，1964～1967年任主席。1948年获比利时最高科学荣誉弗兰基奖。1958年获德坎纳物理学奖。1970年获索尔维奖。

以研究天体光谱学而著称。在彗星物理学方面，或独自或与不同的合作者协作分析彗星光谱，发现了OH、NH、CO_2^+、NH_2、CN、CH^+、OH^+等的谱线以及氧的禁线，对揭示彗星的化学组成作出了重要贡献。指出彗星光谱中405.0纳米处的强发射带系由C_3所产生，因而该发射带后来常被称为"斯温兹带"。对彗星光谱中CN带的反常轮廓作出了理论解释，认为是由于太阳的夫琅和费线在太阳和彗星作相对视向运动时引起的。它表明彗星发射线的成因是荧光机制。这种理论解释现在被称为斯温兹效应。1956年与L.哈塞(Leo Haser)合著的《典型彗星光谱图集》至今还在天文学中得到广泛的应用。

在恒星物理方面，1937年和罗森菲尔德(L. Rosenfeld)合作，在恒星光谱中辨认出CH产生的星际谱线，从而发现了星际空间存在着CH，这是最早用光学方法发现的少数星际分子之一。1934年与瑞典分光学家B.埃德伦(Bengt Edlén)协作，发现了在行星状星云、新星和有特殊发射线的恒星中，存在着〔NeⅤ〕和〔AⅣ〕谱线，即四次电离氖和三次电离氩的禁线。1936～1939年又与埃德伦合作，在实验室中测量和分析了波长在50～600纳米之间的FeⅢ(两次电离的铁)的3万条谱线。根据这些研究，后来在热星中发现了许多FeⅢ吸收和发射线，而且还在一些特殊恒星中发现了FeⅢ的禁线。1932年和O.斯特鲁维合作，提出了B型发射星的自转假设。1940～1945年，他们又共同发表了35篇论文，在一些特殊恒星中证认出许多新的谱线，包括一些禁线，并对这些恒星的激发机制和演化进行了广泛的讨论。此外，还和麦凯勒(McKellar)等人协作，在N型的恒星光谱中辨认出C_3分子带，这是在恒星中最早发现的多原子分子带之一。（章圣泮）

惠普尔，F. L. (Whipple，Fred Lawrence)　美国人，1906年11月5日生于美国艾奥瓦州雷德奥克，2004年8月30日卒于马萨诸塞州坎布里奇。太阳系物理学、彗星天文学。

早年在洛杉矶加利福尼亚大学学习数学。1931年在利克天文台完成研究生学业后到哈佛大学天文台工作，1950年升任哈佛大学教授。1955～1973年任史密森天体物理台台长。1959年当选为美国国家科学院院士。

在天文学上的最大贡献是1950年提出了彗核结构的"脏雪堆"模型或称"脏雪球"模型。认为彗核是冻结的水、氨、甲烷、二氧化碳等的聚合物与陨石物质相混合而成的"脏雪堆"或"脏雪球"，在离太阳较远时，它处于冻结状态，所以彗星没有彗尾；当彗星接近太阳时，彗核中的冰冻物质受热气化，才形成彗尾和包围彗核的彗发。该模型能解释许多观测到的现象，1986年由欧洲航天局发射的太空飞船拍摄的哈雷彗星证实了这一模型。

和同事们还在哈佛大学建立了哈佛流星观测站，提出了流星的双站照相观测法，采用带旋转快门的超施密特照相机拍摄流星的径迹，通过测量流星穿过大气的轨道和运动速度来研究流星进入地球大气前的运动轨道、空间速度、地球高层大气的密度和温度等有关天文和地球物理方面的资料。认为流星系由彗星瓦解后的碎片构成，并发现了6颗新彗星和1颗小行星。1942年出版了《地球、月球和行星》一书。

1963年获美国总统授予的卓越服务勋章；1983年获英国皇家天文学会金质奖章；1986年获太平洋天文学会布鲁斯奖章。1989年美国地球物理学会设置了以他的名字命名的奖章，翌年首枚这种奖章颁发给他本人。1940号小行星用他的姓氏命名。（宣焕灿　刘　炎）

斯特兰德，K. (Strand，Kaj Aage G)　美国人，1907年2月27日生于丹麦海勒鲁普，2000年10月31日卒于美国华盛顿。天体物理学。

1931年在丹麦哥本哈根大学获硕士学位。1931～1933年在该校测绘学院工作。1933～1938年在莱顿大学天文台任职。1938年移居美国。1946～1947年任芝加哥大学教授。1947～1963年在西北大学先后任教授以及天文学和天体物理学系主任。1963～1977年赴华盛顿任美国海军尔天文台学术负责人。是丹麦皇家科学院院士。毕生主要研究双星，长期从事双星观测，编制了几本双星星表。筹建了一台专用于测量暗弱星(可达17^m)位置和视差的大反射望远镜，其口径为1.5米，1964年安装于美国海军天文台在亚利桑那州的弗拉格斯塔夫观测站。1970年起发表了一系列用此望远镜获得的暗星星表。

为纪念他，第3236号小行星以他的姓氏"斯特兰德"命名。（萧耐园）

比尔曼，L. F. B. (Biermann，Ludwig Franz Benedikt)　德国人，1907年3月13日生于德国威斯特伐利亚州哈姆，1986年1月12日卒于慕尼黑。天体物理学。

早年相继在汉诺威大学、慕尼黑大学和弗赖堡大学求学。1932年在格丁根大学获博士学位。1933～1947年先后在爱丁堡大学、耶拿大学、柏林-巴伯尔斯贝格大学工作。1945～1959年相继在汉堡大学、格丁根大学、慕尼黑大学讲学。1947年到普朗克物理研究所工作。1943年获哥白尼奖金。1967年获太平洋天文学会布鲁斯奖章。1974年获英国皇家学会金质奖章。

1938年指出太阳型恒星在光球层之下还有一个相当大的氢对流区。在此基础上，1942年建立了一个太阳黑子的模型，认为黑子之所以变暗乃是由于强磁场抑制光球深处的热量通过对流向上传输的作用而造成的。1953年提出彗星中由等离子体组成的直线彗尾是由当时尚不知道其本质的某种太阳微粒辐射造成的。后来太阳风的发现证明了该见解的正确性。（章圣泮）

斯特龙根，B. (Strömgren，Bengt Georg Daniel)　丹麦人，1908年1月21日生于瑞典哥德堡，1987年7月4日卒于丹麦哥本哈根。天体物理学。

丹麦天文学家S. E.斯特龙根之子。1927年在哥本哈根大学获硕士学位，1929年获博士学位。1936～1938年在美国芝加哥大学工作。1940年任哥本哈根天文台台长。1946～1950年在芝加哥大学任客座教授，1951年任叶凯士天文台并兼麦克唐纳天文台台长。

1967年回丹麦任哥本哈根大学天体物理学教授。1970～1973年当选为国际天文学联合会主席。

20世纪30年代末，在前人工作的基础上，进一步发展了发射星云的理论。指出发射星云系因其内部有高温恒星而形成。这种高温恒星所发出的紫外线使其周围星云中的氢原子全部电离，并使电离区不断扩大，在离中心一定距离处氢的电离度减小，紫外线穿过它时很快衰减到不能再使氢原子电离的程度，于是星云出现电离边界，其内为电离氢区（HⅡ区），而在其外为中性氢区（HⅠ区）。1939年建立了一个方程，可直接从星云的密度及中心星的温度等参量求出电离氢区域的大小。该区域称斯特龙根球，其半径称斯特龙根半径。

在恒星光谱分类的定量方法方面也作出了重要贡献。W. W. 摩根等人在1943年建立的MK分类带来了恒星研究的巨大进步，但还缺乏严格的定量标准。1951年以后，他用光电光度计对恒星进行了窄带多色测光，在一些特定的波长上对MK分类已准确定出的100颗标准星进行了测量，建立了一个由恒星的窄带多色测光资料来确定其MK分类的定量方法。此法无需用有缝摄谱仪拍摄恒星光谱，但却能使分类精确到0.02个光谱型，在光度方面则能精确到0.2个绝对星等，同时还能将MK分类扩大到更暗得多的暗星。它是一种既富有创造性又具有高精度的方法。

20世纪50年代末选用特定的滤光片进行光电测光，建立了一种中带多色测光系统——ubvy测光系统，亦称四色测光系统。与著名的UBV测光系统相比较，能获得恒星的更多的物理参量。现已成为国际上公认的标准测光系统之一。

还测定了宇宙空间氢、氦和其他元素的丰度，并在恒星大气理论、恒星脉动理论和恒星内部结构等方面作过许多研究。

获1959年太平洋天文学会布鲁斯奖章，1962年英国皇家天文学会金质奖章。为纪念他，第1846号小行星以他的姓氏命名。（宣焕灿）

赫格特，P.（Herget，Paul） 美国人，1908年1月30日生于美国俄亥俄州辛辛那提，1981年卒。天体物理学、天体力学。

1933年在辛辛那提大学获硕士学位，1935年获数理天文学博士学位。1940～1943年在该校任助理教授，1943～1965年为教授。1965年授予天文学功勋教授称号。1978年退休而为荣誉功勋教授。1943年起任辛辛那提天文台台长。1961～1967年任国际天文学联合会第20委员会（小行星、彗星和卫星）主任。1962年当选美国国家科学院院士。1965年因“卓越的天文学研究”获美国国家科学院沃森金质奖章。1974年获辛辛那提大学里维歇尔杰出科学研究奖。

毕生酷爱计算。1938年威尔逊山天文台发现两颗新木卫，计算和预报了轨道。第二次世界大战期间，在橡树岭国家实验室为原子弹计划确立了生产铀235的计算步骤。战后负责筹建了国际天文学联合会的小行星中心。20世纪50年代后期是美国“先驱者号”计划计算中心领导人。嗣后又解决了“水星”计划中的一系列计算问题。精确计算了火星和所有外木卫的轨道，并设计出一种可充分利用全部观测资料的计算初始轨道的程序。专著《轨道计算》出版于1948年。（卞毓麟）

克莱门斯，G. M.（Clemence，Gerald Maurice） 美国人，1908年8月16日生于美国罗得岛州斯普林菲尔德，1974年11月22日卒于罗得岛州普罗维登斯。历书天文学。

农民的儿子。曾在布朗大学攻读数学。1930年到美国海军天文台工作。1945年任美国航海历书局主任，1958年任美国海军天文台科学台长。1963年退休后到耶鲁大学任天文学高级副研究员和讲师。1952年当选为美国国家科学院院士。

主要研究月球和行星的运动以及天文常数系统。过去，人们利用地球自转来度量时间，地球自转的不均匀影响到一些物理常数的确定。他提出利用地球的轨道运动来度量时间，克服了上述困难，这就是历书时。由布劳威尔建议，1960年起全世界予以采用。由此获得英国皇家天文学会的金质奖章和美国国家科学院的沃森奖章。（章圣泮）

阿姆巴楚米扬，B. A.（Амбарцумян，Виктор Амазаспович；Ambartsumian，Victor Amazaspovich） 格鲁吉亚人，1908年9月18日生于俄国第比利斯（今属格鲁吉亚），1996年8月12日卒于亚美尼亚比拉干。天体物理学、天体演化学。

1928年毕业于列宁格勒大学，后在普尔科沃天文台从事研究。1931年起在列宁格勒大学任教。1941～1943年任该校副校长。1944年任埃里温大学天体物理学教授。1945年起任比拉干天文台台长。1953年当选为苏联科学院院士。1961～1964年任国际天文学联合会主席，1968～1972年任国际科学联合会理事会主席。

对天文学的主要贡献是发现了星协，提出了天体演化的超密态假说。1947年发现O、B型恒星和金牛座T型变星在天球上的分布有集结现象。它们构成了互相之间有物理联系的恒星群。把它们命名为星协，其中O、B型恒星的集合称O星协，而金牛座T型变星的集合叫T星协。还指出星协是一种在不断膨胀的年轻的天体系统，是形成恒星的一个重要来源。20世纪50年代提出了超密态假说，认为天体的形成和演化沿着从密到稀的方向进行，恒星是由密度极大的星胎（超密物质）形成的。还认为星系也是由超密物质通过爆炸形成的。

1951年巴德等人证认出天鹅座A对应于两个相连的星系，认为它的强烈射电辐射来自两个星系的碰撞。他在1955年发表了多篇论文，认为天鹅座A不是两个相碰的星系，而是正在爆炸的星系。还认为多重星系的主要倾向是分裂。超密态假说也能解释部分天文现象，它已成了天体演化学中有一定影响的假说。但由于恒星由星云形成的见解已经研究得相当具体，并且得到大量观测事实的支持，而超密态假说还未能阐明恒星从超密物质形成的过程，因而在恒星的形成和演化问题上，目前极大多数天文学家并不支持超密态假说。著作《理论天体物理学》(1958年)曾多次再版并译成多种文字。

1960年获英国皇家天文学会金质奖章和太平洋天文学会布鲁斯奖章，1973年获苏联科学院罗蒙诺索夫金质奖章。 （章圣泮）

海伊，J. S. (Hey, James Stanley) 英国人，1909年5月3日生于英国兰开夏郡纳尔逊，2000年2月27日卒。射电天文学。

1930年毕业于英国曼彻斯特大学物理系，1931年获硕士学位。此后在一所中学任物理教师。1940～1969年长期在英国军方军用雷达部门从事研究工作。

是射电天文学的先驱者之一。1942年，他在研究工作在波长4～6米的雷达突然受到强烈干扰现象时，发现这种干扰来自太阳，从而最早发现了太阳的射电辐射。由于保密的需要，这项发现直到1946年才发表。1946年，与帕森斯(S. J. Parsons)、菲利普斯(J. W. Phillips)发现天鹅座一个小区域内的射电信号的强度在不断变化。后来的研究表明，这种变化起因于电离层的瞬时变化，这和光学波段地球大气造成的星光闪烁相类似。他们发现的射电源天鹅座A经他人的进一步研究，成为第一个被发现的射电星系。他还探讨过用雷达观测和研究流星的可能性。1971年出版专著《射电宇宙》。

1959年获英国皇家天文学会爱丁顿奖章，1978年当选英国皇家学会会员。 （宣焕灿 刘 炎）

埃利森，M. A. (Ellison, Mervyn Archdall) 爱尔兰人，1909年5月5日生于爱尔兰韦克斯福德，1963年9月12日卒于但辛克天文台。太阳物理学。

1931年毕业于都柏林大学三一学院，获学士学位；1932和1944年分别获该校硕士和博士学位。1947～1958年在爱丁堡皇家天文台工作。1958年任但辛克天文台台长。20世纪40年代研制了太阳摄谱仪，并用于太阳观测，获得了大量耀斑、日珥和其他现象的光谱观测资料。1960年，证实了瓦尔德迈尔(M. Waldmeier)在1938年作出的耀斑会在日面上同一地方再现的发现，并用再现耀斑这一名称来命名这类耀斑。研究了太阳和地球物理现象间的联系。在国际地球物理年(1957年7月1日～1958年12月31日)期间，负责组织每日太阳活动图的出版。著作有《太阳及其对地球的影响》(1956年初版，1968年第2版)等。 （萧耐园）

格林斯坦，J. L. (Greenstein, Jesse Leonard) 美国人，1909年10月15日生于美国纽约，2002年10月21日卒于加利福尼亚州阿卡狄亚。天体物理学。

求学于哈佛大学，1929年获文学士学位，1937年获博士学位。1939～1948年在芝加哥大学执教，并在叶凯士天文台从事天文研究。1948年到加利福尼亚理工学院创办天体物理研究院，此后长期在该校任职，并在威尔逊山天文台和帕洛马山天文台兼任研究工作，1971年成为天体物理学教授。1957年当选为美国国家科学院院士。

主要贡献是在类星体的发现和研究方面。在1960年R.桑德奇发现第一个类星射电源后，他和芒奇(G. Münch)在翌年拍摄了3C48的光谱，发现它不仅有吸收线，而且有多条强发射线，但当时未能揭开这些发射线的本质。1963年，受M.施米特发现类星射电源3C273光谱中的主要发射线是较大红移的巴耳末氢线的启发，他和马修斯(T. A. Matthews)证认出3C48的主要发射线是红移达0.367的巴耳末氢线。1964年又与M.施米特合作，提出了一个探讨类星射电源的大小、质量、温度、光度、磁场等特性的物理模型。还对白矮星、恒星光谱和恒量大气理论、恒星能源和恒星中同位素的形成、星际介质和星际磁场等课题作了重要的研究。

毕生发表了350多篇论文，并出版了几本著作，其中以《恒星大气》(1960年)最为著名。此外，在第二次世界大战中，与他人合作开发了一种广角照相机，在军事上和天文观测上得到应用。

1971年获太平洋天文学会布鲁斯奖章；1975年获英国皇家学会金质奖章。第4612号小行星以他的姓氏命名。 （宣焕灿 刘 炎）

钱德拉塞卡，S. (Chandrasekhar, Subrahmanyan) 美国人，1910年10月19日生于印度拉合尔(现属巴基斯坦)，1995年8月21日卒于美国芝加哥。天体物理学、物理学。

1930年在印度普雷斯顿大学物理系获硕士学位后考入英国剑桥大学作理论物理研究生。1933年获该校哲学博士学位，留校作研究人员。1937年赴美国，开始在芝加哥大学工作，同时在叶凯士天文台工作。1938～1941年为助理教授，1941年升为副教授，1944年又晋升为教授。1952～1971年，任《天体物理学杂志》主编。1953年加入美国籍。1955年当选美国国家科学院院士。1973年成为瑞典皇家科学院外籍院士。

早在读研究生时，就在导师 R. H. 福勒的指导下研究理论天体物理学，尤其是关于恒星结构的理论。福勒将量子统计应用于天体研究，定性地探讨了白矮星的结构，钱德拉塞卡进一步作了定量研究，1931 年他在剑桥当研究生时就取得了惊人成绩，算出一颗理想的白矮星会有一个质量上限，它为 1.44 个太阳质量。现在称之为钱德拉塞卡极限。

1939 年定量地研究了关于黑洞形成的可能性。他还提出过对研究恒星大气层、恒星光度及谱线结构十分重要的辐射转移理论。

将自己的科学活动分为 7 个时期：1929～1939 年，主要是研究恒星结构，包括白矮星的理论，其结果总结在《恒星结构研究导论》一书中；1939～1943 年，研究恒星动力学和布朗运动理论，著作有《恒星动力学原理》；1943～1950 年，主要研究辐射转移和行星大气层理论，著有《辐射转移》；1952～1961 年，主要研究关于流体动力学和磁流体动力学稳定性问题，著有《流体动力学和磁流体的稳定性》；1961～1968 年，主要研究平衡态的稳定性问题，著有《椭球体的平衡形状》；1962～1971 年，研究相对论和相对论天体物理的一般理论；1974～1983 年，主要研究黑洞的数学理论，著有《黑洞的数学理论》。

由于他对恒星结构及其演化理论作出的重大贡献，获 1983 年诺贝尔物理学奖，同时获奖的有 W. A. 福勒。此外还多次获得各类奖章和奖金，包括 1953 年英国皇家天文学会的金质奖章、1957 年美国文理科学院的朗福德奖金。1966 年美国国家科学院奖章。1984 年英国皇家学位的科普利奖章等。 （杨福征　卞毓麟）

塞佛特，C. K.（Seyfert，Carl Keenan） 美国人，1911 年 2 月 11 日生于美国俄亥俄州克利夫兰，1960 年 6 月 13 日卒于田纳西州纳什维尔。*天体物理学*。

1933 年哈佛大学硕士学位后留在该校天文台工作，1936 年获该校博士学位。1936～1940 年任职于麦克唐纳天文台。1940～1942 年在威尔逊山天文台工作。1942～1946 年在家乡的凯斯工学院任教。1946 年赴田纳西州的纳什维尔任范德比尔特大学教授。1953 年就任该校戴尔天文台台长。1960 年因车祸不幸去世，年仅 49 岁。

在威尔逊山天文台工作期间，发现了一种其核心的光谱是发射线的旋涡星系，它们实际上是星系核有强烈活动的旋涡星系。1943 年发表论文公布了这一发现。这种星系现被命名为塞佛特星系。1936～1940 年与他人合作测量了 118 颗暗弱 B 型星的视向速度、颜色、星等、距离、光度等物理量。还与人合作获得了首批星云和恒星光谱的彩色照片，并对交食变星的光度变化、恒星的光度函数等课题进行了观测和研究。 （宣焕灿）

利特尔顿，R. A.（Lyttleton，Raymond Arthur） 英国人，1911 年 5 月 7 日生于英国伍斯特郡，1995 年 5 月 16 日卒于剑桥。*天体物理学、天体演化学*。

1937 年在剑桥大学获博士学位后留校工作，1945～1949 年任该校数学讲师，1959～1969 年任该校天文学高级讲师，1969 年升任理论天文学教授。1955 年被接纳为英国皇家学会会员。1959 年获英国皇家学会金质奖章。1965 年获英国皇家学会皇家奖章。

提出的双星说是探讨太阳系形成的重要灾变说之一，在太阳系演化研究史上有一定地位。1936 年发展了 H. N. 罗素提出的太阳系形成的双星说，认为太阳原是一对双星中的一个子星，由于另一子星被第三星碰撞，碰撞后两星向不同方向走开，拉出了一长条物质，其中一部分被太阳俘获，形成行星系统。1938 年和 1941 年两度对其双星说进行了修改和发展。20 世纪 70 年代，放弃了从灾变角度来探讨太阳系形成的双星说，改为从星云说观点来研究太阳系形成问题，对星云盘模型和星子生长过程等作了许多颇有价值的定量计算。还与 F. 霍伊尔一起探讨了恒星的光度、半径同它的质量、化学组成之间的关系，研究了液态物质自转的稳定性问题，1953 年出版《液态物质自转的稳定性》。著作还有《彗星及其起源》（1953 年）、《现代宇宙观》（1956 年）、《人们的宇宙观念》（1961 年）、《太阳系的奥秘》（1968 年）、《地球和它的山脉》（1982 年）和《黄金效应》（1990 年）等。 （宣焕灿　刘　炎）

福勒，W. A.（Fowler，William Alfred） 美国人，1911 年 8 月 9 日生于美国宾夕法尼亚州匹兹堡，1995 年 3 月 14 日卒于加利福尼亚州帕萨迪纳。*天体物理学、核物理学*。

1933 年毕业于俄亥俄州立大学，获工程和物理学学士学位。后进入加利福尼亚理工学院学习，1936 年获哲学博士学位。1936～1939 年在该校进行核物理研究。1939～1942 年为助理教授，1946 年升为教授，1970 年起任终身教授。1971～1974 年曾担任美国国家科学院物理学部主任。是美国文理科学院院士。

早期在 C. C. 劳里森指导下在加利福尼亚理工学院的凯洛格辐射实验室工作。他认为应将核物理学用于天文学研究，在这方面作了大量工作，对宇宙间元素的合成与恒星能源问题作出重要贡献。使凯洛格辐射实验室成为世界核天体物理学的研究中心，如今几乎每个活跃在核天体物理学领域的人都曾当过他的研究生。早在 1939 年就有人提出碳氮循环理论，认为在星体中氢可以转变为氦。后又发现氧的同位素也参加反应，现在称为碳氮氧三环反应。他对恒星核反应的研究大约是在 1950 年通过对碳氮环的实验研究开始的。发现碳氮循环的反应速率可以说明主星序中较重恒星的能量产生问题。根据反应速率，可计算出一颗恒星处于平衡状态下该循环所包括的同位素比。认为在任何恒星上，只要温度高到足以形成碳氮氧三环反应，就会使大量的氢聚变为氦，其产能速率选比质子-质子反应高得多。根据实验结果制作了重要核反应的精确速率表，给同行们提供了方便。还发现比氦重的元素不能在初始大爆炸中形成,这意味着它们必然是在恒星中形成的。1957年,他与伯比奇夫妇、霍伊尔等人提出了一个元素在恒星中合成的理论,简称 BBFH(取 4 人姓氏的第一字母的组合表示)理论。该理论认为各种元素是由氢通过发生恒星内部的 8 个过程逐步合成再抛射到宇宙空间中的。他还根据核反应确立了一种宇宙纪年法。曾估计星系的年龄大约为 200 亿年,后来又估计应比这稍短些。在费米-狄拉克量子统计理论提出不久,他将这一理论用于白矮星内部的致密物质,导致人们第一次定性地了解到白矮星的结构。这对恒星结构理论是很大贡献。

由于在核天体物理学方面的贡献,与 S. 钱德拉塞卡分享了 1983 年的诺贝尔物理学奖,还多次获各类奖金和奖章,如总统勋章、英国皇家天文学会爱丁顿奖章、国家航天和空间管理局的阿波罗成就奖。著有《巨星体与超新星的核合成》和《核天体物理学》等专著。

(杨福征　汪玉芝)

戴文赛(Dai Wensai)　中国福建省人,1911 年 12 月 19 日生于福建龙溪(今属漳州市),1979 年 4 月 30 日卒于南京。天体物理学、天体演化学。

出身基督教牧师家庭。1928 年以优异成绩考入福州协和大学数理系。1932 年毕业后一度留校任助教。1935 年赴广州任岭南大学物理系助教,兼作研究生。1937 年赴英国剑桥大学留学。在著名天文学家 A. S. 爱丁顿指导下,1940 年以出色的论文"特殊恒星光谱的分光光度研究"获博士学位。1941 年回国任中央研究院天文研究所研究员,1945 年任燕京大学教授。1949 年后任北京大学数学系教授。1954 年任南京大学数学天文学系教授兼副系主任,1962 年该系分为数学、天文两系后,任天文系主任。曾任中国天文学会第一、二、三届理事会副理事长,《天文学报》副主编。

出版了《恒星天文学》(1965 年)、《天体的演化》(1977 年)、《太阳系演化学(上册)》(1979 年)等学术专著,还翻译了《理论天体物理学》等著作。晚年在全面评述各家太阳系演化学说的基础上,博采众长,提出了一个太阳系起源的新星云说。1962 年和 1964 年,相继发表了"宇观的物质过程"、"宇观过程的特征"两篇论文,首次提出了"宇观"这一新概念,并深入探讨了微观、宏观、宇观三个不同层次之间的差别和联系。这一概念的提出,开创了中国天文学哲学领域中对宇观过程的特征和规律的研究。在恒星光谱分析、恒星物理、恒星天文、星系结构等方面,也发表了许多论文。

在南京大学的 20 多年中,为解决教学急需,20 世纪 50 年代翻译出版了许多教材,60 年代则进一步率领本系教师,编出了一整套适应中国国情的天文学教材,如《天文学教程》(1961 年)、《天体物理学方法》(1962 年)等。为国家培养了大量天文人才,其中许多人已成为中国各天文台站的骨干力量。1957 年任中国天文学会天文学名词委员会主任委员,主持了天文学名词的审定工作,组织出版了《(英俄中)天文学名词》(1959 年),并主编了《英汉天文学词汇》(1974 年)。十分重视天文普及工作,撰写过许多科普文章,其中一部分汇编成《戴文赛科普创作选集》(1980 年)出版。毕生治学勤奋,晚年身患癌症,仍坚持工作直至生命的最后一息。

(张明昌)

雷伯,G.(Reber,Grote)　美国人,1911 年 12 月 22 日生于美国伊利诺伊州惠顿,2002 年 12 月 20 日卒于澳大利亚塔斯马尼亚岛。射电天文学。

对射电天文学作出了开创性的贡献。1933 年美国的无线电工程师央斯基发现了来自太阳系外的无线电讯号。在天文学家们普遍对这一发现很冷漠的情况下,他却孜孜不倦地从事央斯基所开创的射电天文研究。1937 年在伊利诺伊州惠顿自己家的后院里建造了世界上第一台抛物面天线的射电望远镜,口径为 9.45 米,工作波长为 1.87 米。在这以后的近 10 年中,始终使用该射电望远镜进行天文观测。1940 年在《天体物理学杂志》上发表论文,确认了央斯基的发现,指出在银心方向确实有一个强射电源。这是刊载在天文刊物上的第一篇射电天文学论文。1944 年又发表论文宣布发现了来自太阳的射电辐射,并绘出世界上第一张射电天图,图中指出了在人马座(银心方向)、天鹅座、仙后座、大犬座等方向有强射电辐射。该论文一发表,荷兰莱顿天文台台长奥尔特极为重视,并在当年专门组织了雷伯论文的讨论会。

此后一直从事射电天文学的研究。1947 年在华盛顿市任微波实验研究部主任。1951 年在夏威夷负责建造一架米波射电望远镜,并用 5.5~14 米的工作波长绘制了射电等强大图。1954 年到澳大利亚塔斯马尼亚岛从事射电天图工作。1957 年在美国国立射电天文台(当时该台刚建成 43 米口径的射电望远镜)任职。1961 年又赴澳大利亚塔斯马尼亚岛协助完成绘制 144 米工作波长的射电天图。

1962 年获太平洋天文学会布鲁斯奖章。

1963 年获美国富兰克林学院最高奖——克雷森奖。1983 年获英国皇家天文学会杰克逊-葛威特奖章。小行星第 6886 号用他的姓氏命名;澳大利亚专门设立了雷伯射电天文学,并在 21 世纪初期建造了一座雷伯博物馆。

(章圣泮　刘　炎)

史瓦西,M.(Schwarzschild,Martin)　美国人,1912 年 5 月 31 日生于德国波茨坦,1997 年 4 月 10 日卒于美国宾夕法尼亚洲朗霍恩。天体物理学、天体演化学。

德国著名天文学家 K. 史瓦西之子。1935 年在德国格丁根大学获博士学位。1936～1937 年在挪威奥斯陆大学工作。1937～1940 年在美国哈佛大学任职。1940～1942 年在美国哥伦比亚大学工作。1942 年入美国籍,同年入伍在美国陆军服役 3 年。1947 年起任普林斯顿大学教授。1954 年当选为美国文理科学院院士。1956 年当选为美国国家科学院院士。是英国皇家学会外籍会员。1964～1970 年任国际天文学联合会副主席。1970～1972 年任美国天文学会会长。

20 世纪 30～40 年代,主要从事造父变星的研究。1952 年起,与 A. R. 桑德奇合作研究恒星的演化。恒星因其核心氢转化为氦的核反应而长期稳定地处于主星序上。但后来恒星的核心区域氢被耗尽,形成了一个等温的氦核,这时氢转化为氦的核反应被限制在氦核之外的一个壳层内进行。这一壳层核反应的结果,使同温氦核不断增大,到一定程度时氦核将产生引力收缩。与桑德奇通过定量计算建立了一个模型,表明处于主星序晚期的恒星将会产生一个突变,主要特征是体积突然大大膨胀,光度猛增,而表面温度则迅速降低。该模型很好地解释了恒星结束主序星阶段时迅速离开主星序,向赫罗图右方演化成为红巨星的现象。1955 年和 F. 霍伊尔通过对球状星团演化的研究,发现恒星中氦核的质量和简并度都随着氢燃烧壳层的温度的增加而猛增,结果导致氦核的更快收缩,当其温度升高到约为 10^8K 时,氦核内将会产生氦聚变为碳的突发性的猛烈核反应,称为"氦闪"。1958 年出版了著名的《恒星结构和演化》一书,系统地总结了他对恒星演化的这些研究成果。

是使用同温层气球进行天文观测的先驱。主持了气球飞行计划。1957 年和 1959 年用同温层气球上的望远镜升到 24 千米的高空拍得了太阳米粒组织的高分辨率的照片,发现了许多地面上无法观测到的角直径只有 0″.1 的小尺度的米粒组织。使用同温层气球上的望远镜在 1963 年获得了火星、木星、月球和 8 颗红巨星的红外光谱,1968 年和 1970 年则获得了塞佛特星系 NGC 4151 核心部分的高分辨率的照片,求得了它的直径上限。

1960 年获美国国家科学院德雷珀奖章。1963 年和 1969 年分别获英国皇家天文学会爱丁顿奖章和金质奖章。1965 年获太平洋天文学会的布鲁斯奖章。1994 年获意大利巴尔赞奖,1997 年获美国国家科学奖章。第 4463 号小行星用他的名字命名。 (宣焕灿 刘 炎)

魏茨泽克,C. F. von (Weizsäcker, Carl Friedrich von) 一译魏扎克。德国人,1912 年 6 月 28 日生于德国基尔,2007 年 4 月 28 日卒于巴伐利亚州塔恩贝格。*天体物理学、天体演化学、核物理学*。

1984～1994 年在任的联邦德国总统 R. von 魏茨泽克的哥哥。1929～1933 年先后在柏林大学、格丁根大学和莱比锡大学读书。1942～1945 年任斯特拉斯堡大学理论物理学教授。1945～1957 年在格丁根的马克斯·普朗克研究所任职。1957 年任汉堡大学哲学教授。

1937 年和 1938 年率先提出了太阳和其他恒星的能源来自于其内部四个氢核聚变为一个氦核的两种原子核反应——质子-质子和碳氮氧循环反应。而美国物理学家 H. A. 贝蒂则在 1938 年和 1939 年更圆满地解决了这个问题,因而获得了 1967 年诺贝尔物理学奖。现今恒星内部的碳氮氧循环核反应称为贝蒂-魏茨泽克循环。

1943 年提出了太阳系起源的旋涡说。认为太阳形成后,被一团气体尘埃云所环绕,云因转动而变成扁盘,盘中出现湍流,每个同心环内有 5 个旋涡,在相邻两环之间的次级旋涡里形成行星。尽管后来有人证明,旋涡说有其不可克服的困难,但这一学说首次强调了太阳系起源中流体力学的作用,是有积极意义的,是太阳系起源和演化学说中较重要的一个学说。

在第二次世界大战期间,他在海森伯主持的研究小组中参加了"德国核能计划"。该计划的目的就是要建造原子弹。至于他当时是否真心地为纳粹德国建造原子弹,至今依然是史学界的一个争议问题。

还研究过宇宙学以及恒星和星系演化的一些问题,并对现代科学对整个人类生活的关系等哲学问题作过深入的探讨。

1957 年获德国马克斯·普朗克奖章,1958 年获歌德奖金,1989 年获美国国家科学院邓普顿奖。

(章圣洋 刘 炎)

巴布科克,H. W. (Babcock, Horace Welcome) 美国人,1912 年 9 月 13 日生于美国加利福尼亚州帕萨迪纳,2003 年 8 月 29 日卒于加利福尼亚州圣巴巴拉。*天体物理学*。

美国天文学家 H. D. 巴布科克 (Harold Delos Babcock)的儿子。受父亲的熏陶,对天文学深感兴趣。1934 年在加利福尼亚理工学院获理学士学位。1938 年在加利福尼亚大学获博士学位。在叶凯士天文台和麦克唐纳天文台工作一段时期后,第二次世界大战期间到马萨诸塞理工学院和加利福尼亚理工学院任职。1946 年到威尔逊山天文台工作。1964～1978 年任威尔逊山暨帕洛马山天文台(1969 年后合称海尔天文台)台长。1954 年当选为美国国家科学院院士。

主要从事太阳、恒星磁场的研究。1946 年用威尔逊山 2.5 米反射望远镜测得室女座 78 有1 500高斯(1 高斯$=10^{-4}$特斯拉)的磁场,这是除太阳外第一次测出恒星磁场。后来搜索磁星的工作主要使用帕洛马山天文台的 5 米海尔望远镜。到 1966 年为止已在 130 颗恒星中证实存在磁场,一般数值为几百高斯到5 000高斯,但 A0p 型星 HD215441 有约34 000高斯的异常强的磁场。实际上这些星的磁场都是变化的,少数星的极性不变,但多数星的极性随时间反转,其中有不少具有周期性的极性反转。这类有强磁场且磁场在变化的恒星称磁变星。多数磁变星的光谱里还出现很强且强度变化的铬、锶、硅、铕和某些稀有元素的谱线。恒星磁场的观测推动了天体物理领域内磁流体力学理论的发展。

1952 年与其父合作发明了太阳磁象仪,这是为测量和记录太阳表面磁场强度、极性和分布的一种仪器。它能记录到几分之一高斯的磁场。这种仪器提供了太阳表面的大量新资料,发现了太阳自转极区附近的微弱磁场,并发现了与 22 年黑子周期相联系的太阳磁场极性反转。

1961 年根据柯林(T. G. Cowling)的想法发展了太阳磁周理论。认为在光球下面 0.05 太阳半径内有一个偶极场,这磁场冻结在太阳物质中,因而磁力线被太阳自转所带动。由于较差自转,磁力线慢慢缠绕太阳本体,这时局部的不规则性可造成磁力线管(其磁通量密度可达几千高斯)扭曲现象。当磁压达到或超过周围气压时,磁力线管就获得磁浮力而上升到表面,呈拱状浮现出来,形成可见的黑子。这个模型解释了黑子的形成、黑子分布的斯玻勒定律、太阳极区磁场反转等现象。

1949～1963 年改进了衍散光栅刻线工艺,利用威尔逊山天文台的刻线机,曾生产了 100 多块高质量的大尺寸光栅,还制作了曝光计、自动导星装置、测量恒星磁场和视向速度的样板分光计等。

获 1957 年美国国家科学院德雷珀奖章、1969 年太平洋天文学会布鲁斯奖章、1958 年英国皇家天文学会的爱丁顿奖章和 1970 年该学会的金质奖章。(蒋窈窕)

阿罗,G.(Haro,Guillermo) 墨西哥人,1913 年 3 月 21 日生于墨西哥城,1988 年 4 月 26 日卒于同地。天体物理学。

毕业于墨西哥国立自治大学。1941 年到托南津特拉天体物理台就职。1945～1946 年在美国叶凯士天文台和麦克唐纳天文台工作。1947～1972 年任职于墨西哥国立自治大学天文台,1948～1958 年任台长。1950 年兼任托南津特拉天体物理台台长,并在托南津特拉创建天体物理、光学和电子学研究所,1972～1983 年任首任所长。1984 年任墨西哥国立自治大学天文研究所研究员。1950～1952 年与 G. H. 赫比格各自独立地发现了一种半星半云状的具有独特发射光谱的特殊天体。这类天体后来被命名为赫比格-阿罗天体,简称 H-H 天体。1952 年发现 67 个行星状星云,占当时已发现的此类天体数的1/5。1962 年与他人合作用照相方法发现了8 746颗亮于 19 等的类似恒星的蓝色天体,其中有一些后被证认为类星体。还发现 44 个具有强紫外辐射的河外星系、11 颗银河系新星、1 颗河外新星、1 颗河外超新星和 1 颗彗星。并为组建墨西哥的天文学研究机构和培养墨西哥天文学家方面作出了巨大贡献。1954 年起任墨西哥国家学术委员会委员。1959 年当选为刚成立的墨西哥科学院院士,1960～1962 年任该院院长。1961～1967 年任国际天文学联合会副主席。1953 年获墨西哥天文学会莱昂金质奖章,同年获国家科学奖金。1985 年获苏联科学院罗蒙诺索夫金质奖章。(宣焕灿)

克里斯琴森, W.N.(Christiansen, Wilbur Norman) 澳大利亚人,1913 年 8 月 9 日生于澳大利亚墨尔本,2007 年 4 月 26 日卒于同地。射电天文学、仪器研制。

1934 年毕业于墨尔本大学。1935 年获该校硕士学位。1937～1948 年在一家无线电公司的研究实验室从事研制定向天线。1948～1960 年在悉尼的澳大利亚联邦科学和工业研究组织的无线电物理部工作。1953 年获墨尔本大学理学博士学位。1960～1978 年任悉尼大学电子技术教授,1978 年退休任名誉教授。

毕生从事射电天文学研究。1944 年范德胡斯特从理论上预言了可能存在 21 厘米中性氢射电谱线。1951 年克里斯琴森继美国的 E. M. 珀塞尔和尤恩(H. I. Ewen)之后也探测到了这条射电谱线。21 厘米中性氢射电谱线的发现开创了射电天文学中的一个重要分支——射电频谱学。同年借鉴由两个连续阵构成的米尔斯十字的原理,他设计出一种十字形的分立的天线阵,称克里斯琴森十字。1953 年率先发展了利用地球自转进行孔径综合的方法,并对太阳射电作了卓有成效的观测研究,1955 年发表了应用这种方法进行太阳射电成像观测的结果。曾多次到中国访问,对北京天文台密云射电天文观测站的建设起过重要促进作用。

1959 年当选为澳大利亚科学院院士。1960～1978 年任澳大利亚无线电科学委员会主席。1964～1970 年任国际天文学联合会副主席。1978～1981 年任国际无线电科学协会主席,后任终身名誉主席。1996 年当选为中国科学院外籍院士。(萧耐园)

洛弗尔,B.(Lovell, Alfred Charles Bernard) 英国人,1913 年 8 月 31 日生于英国格洛斯特郡布里斯托尔。2012 年 8 月 6 日卒于英国柴郡。射电天文学、仪器研制。

1933 年毕业于布里斯托尔大学。1936 年在该校获博士学位。后到曼彻斯特大学任教。1939～1945 年在军事部门从事雷达探测和导航的研究。1945 年任曼彻斯特大学物理学讲师,1947 年升任高级讲师,1951 年成为该校第一名射电天文学教授。1947～1980 年任英国焦德雷尔班克天文台首任台长。1969～1971 年任英国皇家天文学会会长,1970～1976 年任国际天文学联合会副主席。

1945 年在曼彻斯特以南 30 多千米的焦德雷尔班

克建立了一个射电观测站(后来发展成著名的射电天文台),安装了一台旧军用雷达和一台小型射电望远镜,首先开展了流星的雷达观测。1945年,英国的海伊和斯特瓦尔特(G. S. Stewart)已观测到流星余迹的雷达回波,但不少天文学家对此持怀疑态度。1946年10月9日出现一场大流星雨,他用雷达整夜跟踪观测,发现其频数变化与光学观测结果有着准确的对应性,确认了这些雷达回波确实来自该流星雨。从此开创了流星的雷达观测。

20世纪40年代末,他与剑桥的M. 赖尔合作,用相距210千米的两天线观测射电源天鹅座A,发现两处接收到的信号不同步。这表明天鹅座A射电强度的短时标涨落不是源本身产生的,而是地球电离层的变动造成的,它很类似于大气抖动造成星光的闪烁。此后他利用射电源的这种闪烁现象对电离层作了许多研究。

他对射电天文学更重要的贡献是主持建造了76米径的可跟踪抛物面射电望远镜。1949年提出了此项计划,开始仅打算在米波波段观测,故抛物面天线拟用线网构成。1951年中性氢21厘米射电谱线发现后,为了也能用此谱线进行观测,遂用7100片薄钢板铺成抛物面天线。1957年该射电望远镜在焦德雷尔班克天文台建成。此后的近15年中一直是世界上最大的可跟踪抛物面射电望远镜。建成50年后它还位居世界上第三位。它或是单独,或是与其他射电望远镜组成干涉仪、甚长基线干涉仪进行射电探测,发现了天体微波激射源,确认了射电脉冲星的存在,参与搜寻地外文明,以及对苏联和美国发射的人造天体进行定位和跟踪探测。

1955年被选入英国皇家学会,1960年获英国皇家奖章,1961年被册封为爵士。1969年获爱丁堡天文学会洛里莫奖,1981年获英国皇家天文学会金质奖章。

(章圣泮　刘　炎)

阿勒,L. H. (Aller, Lawrence Hugh)　美国人,1913年9月24日生于美国华盛顿州塔科马,2003年3月16日卒于加利福尼亚州洛杉机。天体物理学。

未成年时当过采矿工人。1936年在伯克利加利福尼亚大学获学士学位。1939～1943年在哈佛大学天文台工作。1943年在该校获博士学位。1945～1948年在印第安纳大学任天文学助理教授。1948年到密歇根大学任副教授,1954年升任该校教授。1962年到洛杉矶加利福尼亚大学工作。1961年被选为美国国家文理科学院院士。1962年当选为美国国家科学院院士。

20世纪30年代末与梅奥尔(N. U. Mayall)测得了三角座M33星系的自转和质量。1949年与合作者发现了气体星云光谱中电离氧372.6和372.9纳米处两条禁线的相对强度与该星云的密度密切相关。1953年与利勒(W. Liller)等人开创了气体星云的光电分光光度测量,1958年用这种方法求得了猎户座星云的化学成分。20世纪60年代,在利克天文台与人合作用拉勒芒电子照相机拍得了通常根本无法获得的极其微弱的天体谱线。此后又用一种电子像管扫描器测量了气体星云的许多强线和弱线。还对天体光谱作了许多理论分析和研究工作,特别对某些天体中元素丰度的研究方面成绩卓著。毕生发表约350篇论文,著作有《天体物理学》(2卷集,1953～1954年)、《气体星云》(1956年)、《元素的丰度》(1961年)和《星云》(1971年)等。

(章圣泮)

斯皮策,L. (Spitzer, Lyman, Jr.)　一译小斯皮策。美国人,1914年6月26日生于美国俄亥俄州托莱多,1997年3月31日卒于新泽西州普林斯顿。天体物理学、空间天文学。

1935年在耶鲁大学获学士学位。1938年在普林斯顿大学获博士学位。此后相继在哈佛大学和耶鲁大学工作。第二次世界大战期间从事海底作战的研究。1946年回耶鲁大学任职。1947年任普林斯顿大学天文系主任和天文学教授。1953年选为美国文理科学院院士。

1939年指出太阳系起源的潮汐说难于成立,因为从太阳拉出的高温条状物质不能凝固,很短时间内便会膨胀并在太阳周围形成气状星云。此后致力于研究星际空间的物理过程和恒星形成时星际物质所引起的作用。曾预言在围绕热而年轻的恒星附近电离氢区与中性氢区有很大的温度差,前者的温度大约1 000K,后者则低于100K。后来的观测证明了该预言的正确性。

他在天文学上的最大贡献是在1946年提出了“空间望远镜”的概念。在他的领导下,普林斯顿大学天文台成了实施一项用气球、火箭、人造卫星拍摄天体高分辨率照片及其紫外光谱的空间天文计划的核心力量。人们称颂他为“空间望远镜之父”。为了纪念他,美国将2003年8月发射的红外空间望远镜命名为“斯皮策空间望镜”。在核聚变控制和等离子体物理的研究方面也做了很多工作。

1973年获太平洋天文学会布鲁斯奖章,1974年获美国国家科学院亨利·德雷珀奖章,1976年获英国皇家天文学会金质奖章,1979年获美国国家科学奖章,1985年获瑞典皇家科学院克拉福德奖。

(章圣泮　刘　炎)

范艾伦,J. A. (Van Allen, James Alfred)　一译范爱伦。美国人,1914年9月7日生于美国艾奥瓦州芒特普莱森特,2006年8月9日卒于美国艾奥瓦市。空间天文学、地球物理学。

律师的儿子。1935年在出生地的一所教会学院获理学士学位。1936年在艾奥瓦大学获硕士学位。1939年获博士学位并到卡内基研究所从事地磁研究。1942～1946年在美国海军当技术军官。1946年在约翰斯·霍普金斯大学工作。1951年任艾奥瓦大学物理学教授兼物理系主任。

对天文学和地球物理学的最大贡献是发现了地球辐射带。1946年起组织和领导了多次科学探险,利用

V-2 火箭、空蜂火箭以及从气球上发射的火箭来研究宇宙线等现象。1957 年苏联发射人造地球卫星成功后，美国根据 1957 年下半年至 1958 年底的国际地球物理年研究计划，也在 1958 年 1 月 31 日发射了人造地球卫星“探险者 1 号”。根据他和别人事先的设计，其中装有盖革计数器，可用于测量地球大气上层所接收到的宇宙线和其他带电粒子的辐射。他们发现，当卫星在椭圆轨道上运行时，起初计数器读数随高度而缓慢增加，但当高于 800 千米时，读数却很快下跌到零。对这种结果的一种推测，认为是由于辐射陡然增大使计数器失灵而造成的。于是在 1958 年 7 月发射的“探险者 4 号”卫星上装了经过薄铅层屏蔽的新计数器，结果果然发现离地表 800 千米以上时，计数迅速增加，而到离地表2 000千米高度时，计数则高得惊人。从而发现了在地球四周离地面约1 000～3 000千米高度处围绕着一个荷电粒子带，即地球辐射带。1959 年又通过新的卫星观测发现，在上述辐射带之外离地面约 2 个地球半径处还有另一个辐射带。此后，这两个辐射带分别称为地球的内辐射带和外辐射带，也称内范艾伦带和外范艾伦带。这一发现大大丰富了我们对地球和地球周围空间的认识。

1949 年获华盛顿科学院的物理学奖，1958 年获美国宇航学会的空间飞行奖，1959 年获航天科学研究院的希尔空间运输奖，1963 年和 1977 年相继获美国地球物理学联合会的弗莱明奖和鲍伊奖章。1978 年获英国皇家天文学会金质奖章，1987 年获美国国家科学奖章，1989 年获瑞典皇家科学院克拉福德奖，1994 年获美国航空航天局终身成就奖。（宣焕灿　刘　炎）

戴维斯，Jr. R.（Davis Jr.，Raymond）　一译小戴维斯。美国人，1914 年 10 月 14 日生于美国华盛顿，2006 年 5 月 31 日卒于纽约州。中微子天文学、粒子物理学、物理化学。

1938 年、1940 年获美国马里兰大学化学学士、硕士学位。期间在密歇根州米德兰陶氏化学公司工作一年。1942 年获耶鲁大学物理化学博士学位。1942～1945 年以预备军官身份在犹他州陆军基地从事化学武器监测工作。1945 年供职于孟山都化学公司实验室，从事放射化学研究。1948 年到美国布鲁克黑文国家实验室化学部参与核能研究，1964 年成为高级研究员。1984 年退休后任宾夕法尼亚大学物理学和天文学系研究教授。先后获宾夕法尼亚大学、加拿大劳伦森大学、芝加哥大学等校荣誉理学博士学位。

最突出贡献是用实验测量太阳中心进行核聚变发出的中微子数，开创了中微子天文学。1930 年著名物理学家 W. 泡利率先提出 β 衰变时放出中性粒子的假说；3 年后著名物理学家 E. 费米肯定这一假说，将之命名为中微子；1956 年 F. 莱因斯和小考万（C. L. Cowan, Jr.）率先用实验方法探测到它。太阳内部在热核聚变过程中产生大量中微子，但由于中微子不带电，静止质量又几乎为零，它没有电磁相互作用和核子间的强相互作用，会毫无阻碍地以光速从太阳内部射出，轻易穿过地球。20 世纪 50 年代，当许多人认为无法探测到中微子时，戴维斯组建了一个研究小组，用多种实验方法探测太阳中微子。其中研制的一个中微子探测器是装有 615 吨四氯乙烯液体的巨大钢罐，被置于美国南达科他州地下 1 500 米深的旧金矿里，以避开宇宙射线干扰。中微子能与四氯乙烯中的氯原子（^{37}Cl）反应产生同位素氩 ^{37}Ar，并放出电子。用化学方法提纯生成物 ^{37}Ar，就可推算中微子参加反应的数目。50～80 年代，他用此法共俘获了 2 000 个中微子，但其数目仅为理论值 1/3，此被称为太阳中微子失踪事件。

关于太阳中微子失踪之谜，一些人推测不是他的实验有问题，就是太阳能源的物理模型有问题，众说纷纭，莫衷一是。1994 年有人发现中微子有极微小的静止质量，当时也已弄清中微子有电子中微子、μ 中微子和 τ 中微子 3 种。理论研究表明太阳内部产生的中微子全部是电子中微子，而戴维斯的实验也只测量到电子中微子。于是有人提出假说，认为太阳内部热核反应产生的电子中微子，在向地球行进中自发地转化为其他两种，最后造成 3 种中微子比例相近，各占总数 1/3，所以实验测量结果也只有理论值的 1/3 了。3 种中微子彼此转化现象被称为中微子振荡现象，这一假说可以很好说明中微子失踪之谜。2002 年国际上 17 个研究机构约 180 位学者组成联合课题组，利用加拿大一个巨型地下重水探测器进行太阳中微子探测，成功观测到来自太阳方向的 μ 中微子和 τ 中微子，而且这两种中微子总和正好约为太阳电子中微子两倍，于是中微子振荡假说得到了实验验证，失踪悬案随之解开了。

虽然中微子失踪之谜是别人解开的，但戴维斯的实验率先探测了太阳中微子，开创了中微子天文学，为弄清太阳能源问题作出了重大贡献。因而他与另一位中微子探测者、日本物理学家小柴昌俊分享 2002 年诺贝尔物理学奖奖金的一半，另一半由 X 射线天文学开创者 R. 贾科尼获得。此外他还获 1957 年纽约科学院普雷格尔奖，1978 年美国国家科学院康斯托克奖，1979 年美国化学会核应用化学奖，美国物理学会 1988 年邦纳奖、1992 年帕诺夫斯基奖，美国天文学会 1995 年廷斯利奖、1996 年海尔奖，1999 年俄罗斯杜布纳原子能联合研究院彭特科尔沃奖，2000 年沃尔夫物理学奖，2001 年美国国家科学奖章等。

（宣焕灿）

黄授书（Huang，Su-Shu）　华裔美国人，1915 年 4 月 26 日生于中国江苏省常熟县，1977 年 9 月 15 日卒于北京。天体物理学、天体演化学。

早年在浙江大学和清华大学学习物理。曾任教于西南联合大学和山东大学。1947 年赴美国留学，1949 年在钱德拉塞卡教授指导下获芝加哥大学哲学博士学位。历任美国国家航空和航天局戈达德空间飞行中心物理学研究员、普林斯顿高级学术研究员和教授、美国西北大学物理学和天文学教授。1974年和1977年两度回中国探亲并讲学。第二次回中国讲学期间,因心脏病突发在北京去世。

在原子物理、恒星大气、恒星光谱、密近双星、恒星演化以及行星系中生命的存在条件等方面做过广泛的研究工作,毕生发表论文120余篇,在国际天文界颇有影响。1961年从理论上预言有"红外星"这种天体存在,1966年被观测所证实。红外星中一部分是正在形成中的年轻恒星,一部分是走向死亡的年老恒星,因此它在天体演化学中占有较重要的地位。1965年提出一种认为太阳系的起源是和太阳的形成和演化同时进行的太阳系起源说。这在解释太阳系早期起源和演化上是比较成功的。1963年在"渐台二的一种解释"论文中提出盘状星模型,认为在双星子星轨道面周围,星周物质以扁平状气盘形式分布,以此解释了渐台二的光变曲线。这个模型被后人广泛采用。由于这项理论研究的成功,在1975年召开的国际密近双星学术讨论会上,被誉为密近双星研究史上八个里程碑之一。为纪念他,人们将紫金山天文台发现的国际编号第3014号小行星命名为"黄授书星"。 (徐振韬)

德尼瑟,J.-F.(Denisse, Jean-François) 法国人,1915年5月16日生于法国埃纳省圣康坦。2014年11月14日卒于法国。射电天文学、空间科学。

1942年毕业于巴黎高等师范学校,1950年获物理学博士学位。1942~1945年在塞内加尔的达喀尔当教师。后在法国国家科学研究中心和美国国家标准局等处工作。1952年在塞内加尔任达喀尔大学副教授。1953年到默冬天文台工作。1954年到巴黎天文台工作。1955年任该台南赛射电天文站站长。1963~1968年任巴黎天文台台长。1967年当选为法国科学院院士。1967~1970年任国家天文学和地球物理研究所所长。1967~1973年为国家空间中心领导人。1974~1975年任国家经度局主席。1978~1982年任空间研究委员会主席。

第二次世界大战结束后开始投身于射电天文学。和孔杜(M. R. Kundu)注意到太阳短波射电发射与地球电离层E层电离度密切相关。20世纪50年代领导一批射电天文学家建成南赛射电天文中心,用那里的干涉仪专事研究太阳米波射电发射,导致了Ⅳ型射电爆发的发现。太阳高能粒子的加速、地球高层大气中由太阳活动诱发的大多数扰动形式皆与Ⅳ型射电爆发有关。和其合作者对阐明日地关系的各个方面贡献甚大。还深入研究了与此密切相关的等离子体中波的激发与传播理论,1958年与德克鲁瓦(J. L. Delcroix)合著出版《等离子体中的波理论》一书。 (卞毓麟)

霍伊尔,F.(Hoyle, Sir Fred) 英国人,1915年6月24日生于英国约克郡宾利,2001年8月20日卒于英格兰波恩茅斯。天体演化学、现代宇宙学。

1939年获剑桥大学圣约翰学院文科硕士学位后留校工作。第二次世界大战期间在英国海军部从事雷达研究。1945年回剑桥大学任数学讲师,1958年升任天文学和实验哲学教授。1967年任该校理论天文研究所所长。1957年当选英国皇家学会会员,1970年任英国皇家学会副会长。1971~1973年任英国皇家天文学会会长。1973年辞去剑桥大学的一切职务,成为独立科学家。

1945年提出太阳系起源的一种灾变说——超新星说,认为太阳原是双星的一个子星,另一子星产生了超新星爆发,离开了太阳,部分爆发物质为太阳所俘获,后来逐渐形成了行星系统。由于超新星爆发时抛出了丰富的重元素物质,因而行星中的重元素含量高于太阳。1955年以后逐渐放弃了上述灾变学说,改而主张星云说,并对太阳系中重元素的来源、太阳角动量的向外转移等问题作了许多研究。

1946年开始探讨恒星中氢转化为重元素的问题。1957年,与伯比奇夫妇、W. A. 福勒共同提出了元素在恒星中合成的理论,称BBFH理论,认为所有的元素及其同位素都是在恒星的不同演化阶段由氢通过8个不同过程逐渐合成的。这一理论得到了许多观测事实的支持。4人中的福勒由于参与提出该理论,以及在核天体物理学方面的其他贡献,荣获1983年诺贝尔物理学奖。

1948年英国天文学家邦迪(H. Bondi)和T. 戈尔德提出了稳恒态宇宙模型。同年他修正了广义相对论的爱因斯坦场方程,使之成为这一模型的数学形式。稳恒态宇宙模型认为,宇宙的性质在大尺度时空范围内稳恒不变,不仅在空间上是均匀的和各向同性的,而且在不同时刻也完全相同,在宇宙膨胀过程中物质会连续不断地从虚空中创生出来,以保持物质密度的不变。这一模型虽未得到人们的公认,但在现代宇宙学研究史上有较重要的地位。

20世纪70年代以后,他与别人共同提出,地球上的生命可能起源于太阳系中彗星从太空带到地球上的有机分子、微生物或病毒,成为地球生命起源的一种有影响的观点。

还与M. 史瓦西一起研究过恒星在主序星阶段的演化,研究过考古天文学。发表过许多学术著作和科学普及作品。主要著作有《宇宙的本质》(1950年)、《人类和星系》(1964年)、《星系、核和类星体》(1965年)、《物理学与宇宙学的关系》(1973年)、《天文学和宇宙学》(1975年)等。

由于他的学术贡献,1964年和1969年相继成为美国文理科学院和美国国家科学院外籍院士,1968年获英国皇家天文学会金质奖章,1970年获太平洋天文学会布鲁斯奖章,1974年获英国皇家学会皇家奖章,1972年被册封为爵士。1997年获瑞典皇家科学院克拉福德奖。为纪念他,第8077号小行星命名为"霍伊尔星"。

(宣焕灿 刘 炎)

弗里德曼,H.(Friedman,Herbert) 美国人,1916年6月21日生于美国纽约,2000年9月9日卒于弗吉尼亚州阿林顿。*天体物理学、空间天文学。*

出身商人家庭。1936年毕业于布鲁克林学院。1940年获约翰斯·霍普金斯大学博士学位后留任物理学讲师。1941年到美国海军研究实验室工作,翌年任电光部主任,1958年任大气和天体物理部门主任,1962年成为该实验室赫尔伯特空间研究中心的首席科学家。1960年当选为美国国家科学院院士。1964年获英国皇家天文学会爱丁顿奖章。1968年获美国国家科学奖章。1972年获美国富兰克林学院迈克尔逊奖章。

是空间天文学的先驱者。开创了用火箭对太阳的X射线和紫外辐射的探测,获得了首批X射线波段的天文照片,发现了围绕地球的氢冕,测量了某些恒星的X射线及紫外辐射。

他领导的研究小组于1949年首次用火箭探测到来自太阳的X射线辐射。1956年用从24 400米高空的气球上发射的固体推进剂火箭,探测到了太阳耀斑的X射线辐射,发现太阳耀斑发出的总能量中X射线辐射的能量占极大部分。1958年10月12日日全食期间,在南太平洋丹杰群岛附近进行了火箭天文探测,当月亮逐步遮盖太阳圆面时,依次发射了6个固体推进剂火箭,以测定日面未被食部分的X射线和紫外辐射,结果发现太阳X射线辐射来自于日冕或太阳外层大气,而太阳紫外辐射则来自于色球层或太阳内层大气。1960年4月19日,用安装在火箭上的针孔照相机首次拍摄到了X射线波段的太阳照片。

他领导的研究团队还用火箭探测和研究了太阳系外的X射线源。1965年,利用月掩星方法对银河系分立X射线源天蝎座X-1和金牛座X-1作精确的定位测量。翌年证实金牛座X-1对应于蟹状星云的中心区域。到1965年为止,已探测到了约30个X射线源。1968年测到了蟹状星云中心的中子星的X射线脉冲。1977年8月,通过人造卫星高能天文台1号(HEAO-1)的X射线巡天探测,发现了1 000多个河内和河外的X射线源,并编出X射线源表公诸于世。 (宣焕灿 刘 炎)

什克洛夫斯基,И.С.(Шкловский,Иосиф Самилович;Shklovskii,Iosif Samuilovich) 苏联人,1916年7月1日生于俄国乌克兰格卢霍夫,1985年3月3日卒于苏联莫斯科。*射电天文学、太阳物理学。*

1938年毕业于莫斯科大学,接着在史天堡天文研究所完成研究生学业。1941年起在该所工作,1944年任该所射电天文研究室主任兼莫斯科大学教授。1966年选为苏联科学院通讯院士。1972年获美国国家科学院院士称号,同年获太平洋天文学会布鲁斯奖章。

1944~1949年从事日冕一般理论和太阳射电辐射理论的基础研究。研究了日冕的化学成分和电离状态,计算了日冕中处于各种激发态的离子的浓度、日冕和色球层的紫外辐射和X射线辐射流量,探讨了太阳X射线对形成地球电离层D层的重要作用。1946年提出太阳射电爆发起因于日冕中电离气体的等离子体振荡。

从20世纪40年代末起,对宇宙射电作了许多重要的研究。在1944年范特胡斯特预言星际空间丰富的中性氢有可能在波长21.2厘米处形成射电谱线以后,他在1948年进一步作了理论计算,指出用当时已有的设备完全可以探测到这一射电谱线,从而为1951年这一谱线的发现准备了条件。1949年预言在射电波段有可能探测到星际分子;1953年推算并公布了OH、CH等的分子射电谱线的理论波长,从而为OH、CH等星际分子的发现提供了条件。1953年提出用相对论性电子同步加速辐射机制来解释超新星遗迹的射电辐射的性质,并探讨了超新星遗迹射电辐射强度的长期变化。

1956年提出了关于行星状星云及其核的演化的图像,率先指出中等质量的红巨星可能是行星状星云及其核的前身。根据自己的理论提出了测定行星状星云距离的独特方法。还做了大量科学普及工作,名著《宇宙、生命和意识》再版多次,影响深远。主要学术著作有《日冕》(1951年)、《射电天文学》(1955年)、《宇宙射电》(1956年)、《日冕物理学》(1962年)、《超新星及其有关问题》(1976年,第2版)、《现代天体物理学问题》(1982年)等。 (萧耐园)

林家翘(Lin,Chia-Chiao) 华裔美国人,1916年7月7日生于中国北京,2013年1月13日卒于同地。*星系动力学、流体力学、应用数学。*

1937年毕业于清华大学物理系。1941年获加拿大多伦多大学应用数学硕士学位。1944年获美国加利福尼亚理工学院航空学博士学位。曾任教于清华大学、加利福尼亚理工学院和布朗大学。1953年起先后任马萨诸塞理工学院教授和荣誉退休教授。1962年当选美国国家科学院院士,1994年当选中国科学院外籍院士。2001年被中国清华大学聘为正式教授。2002年定居中国北京,并任清华大学周培源应用数学研究中心名誉主任。

早年从事近代应用数学和流体力学方面的研究,曾发展了微分方程渐近理论的研究。1944年成功地解决了已争论几十年的两个平行平板间的流动稳定性问题。1962年以后把研究工作扩展到天体物理学领域,并在旋涡星系的密度波理论中提出准稳旋涡结构(QSSS)假说,对星系动力学的发展做出重要的贡献。因此获得美国科学院授予的应用数学奖金(1976年)和美国物理学会授予的第一个流体力学奖金(1979年)。QSSS理论认为,星系旋涡结构本质上是一种波动现象,用恒星动力学统计方法描述恒星的集合行为,用连续介质流体力学方法描述星际气体的大尺度特性。这个理论可以解释星系旋涡结构的持续性和旋臂缠绕等长期悬而未决的困难问题,对星系物理学的发展起了重大的推进作用。

是美国国家科学院院士(1962年当选)、美国文理科学院院士(1951年当选)、中国科学院外籍院士(1994年当选)。专著有《流体动力学稳定性理论》(1955年)、《星系螺旋结构理论》等,后者的中文本由科学出版社出版。 (徐振韬)

汉伯里·布朗,R.(Hanbury Brown,Robert) 英国人,1916年8月31日生于印度阿鲁万卡杜,2002年1月16日卒于英国汉普郡安多弗。*射电天文学。*

在伦敦大学攻读电子工程学,1935年在该校获硕士学位。1949年到焦德雷尔班克与B.洛弗尔一起致力于发展射电天文学。1960年任曼彻斯特大学射电天文教授。是英国皇家学会会员、印度国家科学院以及印度科学院荣誉院士,曾任澳大利亚科学院副院长。

1949年与哈泽德(C. Hazard)一起成功地探测了仙女座星系的射电发射。提出用强度干涉法测量点源天体角径的思想,1952年和1956年先后成功地应用在射电波段和光学波段,相应的仪器就称为强度干涉仪。1964年和合作者测出了织女星的角径,至1977年还先后测量了另外32颗恒星。这是第一次直接测出主序星和热于M型的恒星角径。以后他们便开始转入了下一代恒星干涉仪的研究。著作有《用无线电探测太空》(与B.洛弗尔合著,1957年)、《强度干涉仪》(1974年)、《人与星星》(1978年)和《科学的智慧》(1986年)。

1959年获法国物理学会奥尔弗克奖金。1968年获英国皇家天文学会爱丁顿奖章。1971年获澳大利亚科学院莱尔奖章,同年获英国皇家学会休斯奖章。

(卞毓麟)

约翰逊,F. S.(Johnson,Francis Severin) 美国人,1918年7月20日生于美国华盛顿州奥马克,2009年9月17日卒于得克萨斯州达拉斯。*太阳物理学、大气物理学、行星与空间科学。*

青少年时住在加拿大西部。1940年获加拿大艾伯塔大学理学士学位。1942年获美国洛杉矶加利福尼亚大学物理学和气象学硕士学位。1958年获该校气象学博士学位。第二次世界大战期间在美国空军气象部门服役。1946年在美国海军研究实验室工作时参与用探空火箭研究太阳紫外光谱和地球上层大气臭氧富集层光谱,成为将火箭应用于科研的开拓者之一。以后曾分析地球表面的太阳辐射,获得新的太阳常数和频谱能量分布。1955年到洛克希德导弹和宇航公司帕洛阿尔托研究实验室领导空间物理研究,主要研究地球上层大气的热结构,探讨氢原子的逃逸过程。1962年接受西南开发研究中心的任命,对了解上层大气的输送过程取得重要进展,并探讨了行星大气的演化和地球上氧气的增生过程。1969年任该中心代理主席,是阿波罗计划的试验者之一,并是月面大气探测器的主要研究者。1975年获得克萨斯大学自然科学名誉教授称号。曾在空军科学顾问委员会、美国国家科学院空间科学委员会等许多空间科学机构的顾问团中服务。曾获美国地球物理学联合会的弗莱明奖等多种奖金和奖章。 (萧耐园)

赖尔,M.(Ryle,Sir Martin) 英国人,1918年9月27日生于英国萨塞克斯郡布赖顿,1984年10月14日卒于剑桥。*射电天文学、仪器研制。*

1939年毕业于牛津大学。第二次世界大战期间,在无线电通讯研究所设计雷达装置。1945年到剑桥大学卡文迪许实验室工作。1948年任剑桥大学射电天文学讲师。1957年兼任马拉德射电天文台台长。1959年任剑桥大学射电天文学教授。1972年获英国皇家天文学家称号。1952年被选为英国皇家学会会员。1966年册封为爵士。1968～1971年,相继被丹麦皇家文理科学院、美国文理科学院、苏联科学院选为外籍院士。

对射电天文学作出了卓越的贡献。早期射电探测的一个严重缺陷是分辨率很低,无法对射电源进行准确的定位。为了改变这种局面,20世纪40年代中期,他发明了双天线射电干涉仪。它的分辨率大为提高,相当于以两天线的间距为孔径的超巨型单抛物面射电望远镜的分辨率,为射电源的准确定位开辟了广阔的前景。1946年用自己的射电干涉仪探测太阳,发现米波处的强射电爆发来自太阳大气中与黑子活动有关的局部区域,而较弱的射电辐射来自整个日冕。1948年用射电干涉仪确定射电源仙后座A的位置。1950年所领导的射电天文小组用射电干涉仪测定了50个射电源的位置,发表了《剑桥第一星表》(简称1C星表)。1950年前后提出了一种相位开关技术,采用它可以极大地减少射电干涉仪在深测天体时的背景噪声,因而大大提高了探测微弱射电源的能力。1955年运用这种技术建成了一台四天线干涉仪。他所领导的射电天文小组用它开展了广泛的射电巡天探测,并在1959年刊布了著名的《剑桥第三星表》(简称3C星表),载有471个射电源的位置。

早期射电探测的另一个重要缺陷是无法获得射电源的图像,这一难题也是由他首先攻克的。20世纪50年代末,提出了综合孔径射电望远镜的设计思想。其原理是利用固定天线和处于某特定位置的移动天线观测同一射电源,以获得射电干涉信号,而当移动天线在一个以固定天线为中心的巨大圆面上不断改变位置时,便可获得一系列信号,然后将这些信号输入电子计算机进行傅立叶变换的数学处理,便可获得射电源的图像。1963年,赖尔研制成功一台1.6千米的综合孔径射电望远镜,由3面孔径为18米的抛物面天线构成,其中两面固定天线分别安装在间距为0.8千米的东西两端，第三面可动天线安装在一个长0.8千米的铁轨上。1971年又主持研制了剑桥大学马拉德射电天文台的"五千米阵"。由4面间隔排列在4.6千米长的固定天线以及4面可在导轨上移动的可动天线组成。当工作波长为1.5厘米时，其分辨角可达0″.6。用它绘出的射电天图，已可以与光学照片相媲美。从而开辟了射电天文学的新纪元。由于这一重大贡献，他和参与发现射电脉冲星的A.休伊什分享1974年诺贝尔的物理学奖。

1954年获英国皇家学会休斯奖章。1964年获英国皇家天文学会金质奖章。1965年获美国国家科学院的德雷珀奖章。1971年获苏联科学院的波波夫奖章。1973年获英国皇家学会的皇家奖章。1974年获太平洋天文学会布鲁斯奖章。（章圣泮）

范德胡斯特，H.C.（Van de Hulst，Hendrik Christoffel） 荷兰人，1918年11月19日生于荷兰乌得勒支，2000年7月31日卒于莱顿。射电天文学。

是著名天文学家奥尔特的研究生，1946年获博士学位。1948年任莱顿大学天文学讲师，1952年升任天文学教授。后来先后到好几个国家从事教学和研究工作，但一直把莱顿大学天文台看作研究工作的基地。第一颗人造卫星上天后，曾担任过国际科学联合会理事会所组织的空间研究委员会主席。获1955年英国皇家天文学会的爱丁顿奖章和美国国家科学院的德雷珀奖章，1964年英国皇家学会的朗福德奖章，1978年太平洋天文学会布鲁斯奖章。1977年当选为美国国家科学院外籍院士。1995年获德国天文学会的K.史瓦西大体物理学奖。

对天文学最突出的贡献是预言了中性氢21厘米射电谱线的存在。1944年美国的雷伯发表了用自己的射电望远镜（工作波长为1.87米）绘出的第一幅射电天图。该论文一发表，奥尔特就计划举办一次雷伯论文的讨论会，事前建议当时还是研究生的他从理论上寻找可供观测的射电谱线，他出色地完成了这项研究任务。在1944年举办的雷伯论文讨论会上报告了一篇重要的学术论文（该论文于1945年正式发表），指出处于基态的中性氢原子两个子能级间的跃迁能产生波长为21.2厘米的射电谱线，只要较高子能级的寿命不超过4亿年（后人定出实际寿命为1 100万年），这条射电谱线就有可能被观测到。1951年，美国的尤恩（H.I.Ewen）和E.M.珀塞尔首先观测到这条射电谱线。由于中性氢21厘米射电谱线不像可见光那样会被星际物质吸收，因而成了探测宇宙空间、特别是研究星际中性氢原子的分布、银河系和河外星系的结构等方面的有力武器。这一射电谱线的发现，导致了射电天文学极重要分支射电频谱学的诞生。还对光的散射、日冕和星际云作过许多研究。

20世纪50年代，他参与了莱顿大学天文台由奥尔特领导的探测与描绘银河系中性氢分布的工作。终于在1958年，莱顿大学天文台与澳大利亚射电天文小组联合绘制了反映出旋涡结构的银河系中性氢分布图。他还对光的散射、日冕和星际云作过许多研究。

（宣焕灿　刘　炎）

伯比奇，E.M.（Burbidge，Eleanor Margaret） 美国人，1919年8月12日生于英国达文波特。天体物理学。

父亲是曼彻斯特大学化学教授。她幼年时就对神秘的星空感到好奇，后来在祖父和一位远亲的影响下，迷上了天文学。1939年毕业于伦敦大学，1943年在该校伦敦天文台获博士学位。1946～1951年任该台助理台长、执行台长。1964年被聘为圣迭戈加利福尼亚大学天文学教授。1972～1973年任英国格林尼治皇家天文台台长。1976～1978年任美国天文学会会长。1977年加入美国籍，但仍保留英国国籍。1982～1983年任美国科学促进协会主席。1984年获加利福尼亚大学荣誉教授称号。1979～1988年任圣迭戈加利福尼亚大学天文学和空间科学中心主任。

对天文学最大的贡献在于恒星的化学组成问题，或者如伯比奇夫妇所称的恒星化学元素的合成问题。20世纪50年代初，他们就开始研究这个问题，并发现性质不同的恒星，其元素的含量也不同。20世纪30年代，人们已经认识到恒星的能源来自于其内部的核反应。他们夫妇的贡献是意识到这种核反应也是生成恒星某些重元素的原因。尔后同福勒和霍伊尔合作，提出了国际天文界所熟知的元素合成理论，即以他们4个人的姓首字母命名的BBFH理论。1983年福勒因此以及他在核天体物理学方面的其他贡献荣获诺贝尔物理学奖。她在类星体、中子星和活动星系等领域内也作出了杰出贡献。还是类星体吸收线研究方面的先驱者，并作过一项重要的观测研究排除类星体的红移是引力红移。

1959年和丈夫G.伯比奇一起获得美国天文学会沃纳奖章，1982年荣获太平洋天文学会布鲁斯奖章，1983年获美国国家科学奖章，2005年和其丈夫共获英国皇家天文学会金质奖章。第5490号小行星用她的名字命名。（黄介浩）

赫比格，G.H.（Herbig，George Howard） 美国人，1920年1月2日生于美国西弗吉尼亚州。2013年10月12日卒于美国檀香山。天体物理学。

1943年毕业于洛杉矶加利福尼亚大学。1948年获伯克利加利福尼亚大学博士学位。1944年起在利克天文台工作，1970～1971年任台长，1966年兼任圣克鲁斯加利福尼亚大学教授。1988年到夏威夷大学研究天文学。1955年获美国天文学会沃涅尔奖金。1964年被选为美国国家科学院院士。1980年获太平洋天文学会布鲁斯奖章。1995年获加拿大天文学会皮特里奖金。

1951年分析了1946～1947年自己拍得的弥漫星云NGC1999周围天区的一系列照片，发现了一种形状为半星半云并具有独特发射光谱的特殊天体。不久墨西哥天文学家G.阿罗也独立地作出了同样发现。这类天体后来被命名为赫比格-阿罗天体，简称H-H天体。还发现了F型星和G型星光谱中锂的强吸收线，从而开创了对这些恒星中锂含量及其与恒星演化联系的广泛研究。 （宣焕灿　刘　炎）

戈尔德，T.（Gold，Thomas）　美国人，1920年5月22日生于奥地利维也纳，2004年6月22日卒于美国纽约州伊萨卡。宇宙学、太阳系动力学。

原籍奥地利。1942年毕业于英国剑桥大学三一学院。1942～1946年在一家海军器械厂从事雷达研究。1948～1952年在剑桥大学卡文迪许实验室工作。1957年移居美国。1957～1959年任哈佛大学天文学教授。1959年起任康奈尔大学天文学教授和该校无线电物理和空间研究中心主任。

1948年和邦迪（H. Bondi）、F.霍伊尔共同提出稳恒态宇宙理论，认为宇宙在大尺度时空范围内始终稳恒不变，宇宙虽在膨胀，但由于宇宙空间中物质的不断创生，物质的密度始终保持不变。这一理论在现代宇宙学研究中占有一定地位，但未被广泛接受。1967年射电脉冲星发现后，他于翌年提出了著名的快速自转中子星模型，认为射电脉冲星实质上是快速自转的中子星，因其表面的极强磁场约束其辐射集中从磁轴方向的一个小圆锥内射出，而磁轴与自转轴并不重合，因而当星体快速自转时成为观测到的射电脉冲星。这一模型现已得到举世公认。在月球研究方面，提出一个假设，认为由于微流星对月面的不断轰击，使月球表面覆盖着厚厚的尘埃层。这一假设被称为"戈尔德假设"，它已被登月宇航天员的实地考察所证实。还研究过太阳系的某些动力学问题、太阳耀斑、宇宙线起源、空间探索等问题。

1964年当选英国皇家学会会员，1974年先后当选美国文理科学院、美国国家科学院的院士。1979年获德国洪堡基金会洪堡奖，1985年获英国皇家天文学会金质奖章。 （宣焕灿　刘　炎）

米尔斯，B. Y.（Mills，Bernard Yarnton）　澳大利亚人，1920年8月8日生于澳大利亚曼利，2011年4月26日卒于澳大利亚诺内。射电天文学、仪器研制。

1940年毕业于悉尼大学。1960年前在澳大利亚联邦科学和工业研究组织工作。1960年到悉尼大学任教，1965年任该校物理学和天体物理学教授。1959年当选为澳大利亚科学院院士。1963年当选为英国皇家学会会员。

20世纪40年代末至50年代初，设计和创制了一种十字形天线阵，由南北方向和东西方向呈十字形排列的两个连续的天线阵组成，以便直接获得射电源的二维高分辨率图像。这种天线阵被命名为米尔斯十字。他最早测定了射电源天鹅座A的位置，该射电源现已被证认为一个特殊星系。1952年在测量许多分立射电源在天球上位置的基础上，经统计分析作出结论：河内射电源集中于银道面，而河外射电源则在天球上均匀分布。还研究了脉冲星在银河系内的分布，于1970年指出它们中的大部分分布在银河系的旋臂上。对大小麦哲伦云中的分立射电源也作了详细的探测和研究。 （萧耐园）

王绶琯（Wang Shouguan）　中国福建省人，1923年1月15日生于福州。射电天文学、科学管理。

早年入福建马尾海军学校，1943年毕业。1946年赴英国留学，在格林尼治皇家海军学院学习造船。1950～1952年在伦敦大学天文台先后随格雷高里（C. C. L. Gregory）和艾伦（C. W. Allen）改攻天文学，从事照相天体测量、恒星物理等方面的研究。1953年回国，任中国科学院紫金山天文台副研究员，在李珩领导下开创该台的天体物理学观测和研究工作。参与了修复该台的望远镜，并利用台本部及所属佘山观象台的设备建立了测光工作。1955年奉调赴上海徐家汇观象台负责提高该台的授时精度。1957年该台授时精度通过鉴定已满足当时测绘等部门的要求。1958年奉调参加中国科学院北京天文台的筹建工作。1959年在北京主持举办中国第一个射电天文训练班，并着手创建北京天文台的射电天文工作。此后在该台建立了厘米波段太阳射电巡视和研究，建成米波多天线干涉仪和分米波复合干涉仪，20世纪80年代中期又成功地在该台发展了米波综合孔径射电望远镜。90年代与苏定强等人共同提出"大天区面积多目标光纤光谱望远镜（LAMOST）"方案，被列为国家"九五"重大科学工程项目。2008年该望远镜建成后安装在国家天文台兴隆观测基地。

1980年当选为中国科学院数学物理学部委员（院士），曾兼任该学部副主任、主任。任北京天文台研究员，1984～1987年任该台台长，现任国家天文台名誉台长。曾兼任中国天文学会副理事长、理事长，现任名誉理事长。在射电天文方法、大型射电望远镜、多天线射电干涉仪、复合射电干涉仪、综合孔径射电望远镜等方面，发表了不少论文。在科学哲学和天文普及等方面也多有著述。自1981年《天体物理学报》创刊时起，长期任该学报主编。还曾主编《20世纪中国学术大典·天文学卷》（2003年）等著作。1985年获国家科学技术进步二等奖。1993年，国际小行星中心正式将中国紫金山天文台发现的一颗小行星（编号3171）命名为"王绶琯星"。1996年获何梁何利科学与技术进步奖。

（卞毓麟）

陈彪(Chen Biao) 中国福建省人,1923年11月23日生于福建福州。太阳物理学。

出身上层知识分子家庭。1941年考入西南联合大学土木工程系,1943年转学到成都金陵大学物理系,1946年获该校理学士学位,并赴台湾大学物理系任助教,半年后讲中央研究院天文研究所任助理员。1949年底任中国科学院紫金山天文台助理研究员。1956年、1980年相继升任副研究员、研究员。1982~1986年任中国科学院云南天文台台长,此后任该台名誉台长。曾兼任国际天文刊物《太阳物理学》编委、世界科学联合会日地委员会太阳物理专业代表。1980年当选中国科学院学部委员(院士)。

早期从事理论天体物理学的研究。1953年起转向太阳物理的观测和研究。1958年主持研制成中国第一台太阳光谱仪,并对太阳观测站的大气环境、太阳活动周期、太阳对流层结构、耀斑引发过程等课题,特别是对“在天文环境中有实际意义的可解释天文现象的观测和信息处理”问题进行了多方面的探索和研究。1958年任紫金山天文台太阳物理研究室负责人时,对中国太阳物理观测基地与天文仪器研制基地的设置、对中国太阳物理研究的侧重点和人才培养等问题,提出科学建议,后来得到有关部门的支持和实施。在太阳活动的第19,20和22周峰年期间,他作为主要的协调者之一,为全国性的太阳联合观测和研究做了大量卓有成效的工作。在太阳物理学的研究中,发表了“太阳自转、内部环流和磁场”(1956年)、“非相对论性电子在磁场中的行为和它在太阳物理中的应用”(1959年)、“米粒组织理论”(1960年)、“关于太阳活动周期”(1965年)、“天文环境中的弱湍流噪声”(1980年)等有学术深度的论文。1993年,他在南京参与组建华东天体物理研究中心。

(刘 炎)

休伊什,A.(Hewish, Antony) 一译海维希。英国人,1924年5月11日生于英国康沃尔郡福伊。射电天文学、仪器研制。

银行家的儿子。1948年从剑桥大学毕业后,留在该校卡文迪许实验室的赖尔小组工作,1952年获博士学位。1961年任该校讲师,1969年任高级讲师,1971年升任射电天文学教授。

1949年对天鹅座射电源的1秒量级时标的强度起伏即所谓闪烁现象进行了研究,并指出这种闪烁主要发生在夜间,而且与电离层中F层的不规则变化密切相关。此后通过进一步的研究,他最早用地面上观测到的射电源的闪烁测出了“电离层风”的速度。

1964年和同事斯科特(D. F. Scott)、威尔斯(D. Wills)发现了行星际闪烁现象。这种闪烁与电离层造成的闪烁很相似,但它的机制完全不同,它是由于太阳风在行星际空间吹动而造成的0.1秒量级时标的闪烁,而且只对角直径小于1″的射电源才能观测到。在此后的3年中,他完成了以下几项重要工作:① 1965年与奥科伊(S. E. Okoye)应用行星际闪烁现象在蟹状星云内发现有一个高射电亮度温度的致密射电源,他们认为这可能是1054年超新星爆发的遗迹(后来,有人在1968年进一步发现,那是一颗射电脉冲星)。② 1966年与丹尼森(P. J. Dennison)合作通过相距90千米的两天线观测行星际闪烁现象测出了太阳风的速度。③ 与利特尔(L. T. Little)合作,提出一种由行星际闪烁随射电源与太阳间角距的改变而变化来测量射电源角直径的方法。为应用此法测量射电源的角直径,他主持建造了一架高时间分辨率的射电望远镜,其天线是2 048个(16排,每排128个)偶极子组成的巨大天线阵,占地面积18 212平方米,工作波长为3.7米。

上述工作为射电脉冲星的发现准备了条件。1967年7月,在他的指导下,研究生乔斯琳·贝尔(她婚后的名字叫J. B.伯内尔)操作这台新研制成的射电望远镜进行巡天观测,搜寻有行星际闪烁现象的射电源。1967年10月,细心的乔斯琳·贝尔发现记录纸带上有一个既与射电源的行星际闪烁又与人为干扰信号都稍有不同的奇怪脉冲信号,后通过与休伊什的共同探讨及作进一步的探测,终于在同年11月28日发现了第一颗射电脉冲星。翌年春,他与乔斯琳·贝尔等人发表论文正式宣布了这一重要发现。

由于在射电天文学中的开创性工作以及在发现射电脉冲星中所起的作用,他与开创孔径综合技术的M.赖尔分享1974年诺贝尔物理学奖。此外,他还于1968年被选为英国皇家学会会员,1969年获英国皇家天文学会爱丁顿奖章,1972年获国际无线电科学联合会的德林杰奖章,1973年获美国富兰克林学院的迈克尔逊奖章,1976年获英国皇家学会的休斯奖章。

(宣焕灿 刘 炎)

萨尔皮特,E. E.(Salpeter, Edwin Ernest) 美国人,1924年12月3日生于奥地利维也纳,2008年11月26日卒于美国纽约州伊萨卡。理论天体物理学。

第二次世界大战前夕随双亲移居澳大利亚。1948年在英国伯明翰大学获博士学位。1956~1972年为美国康奈尔大学物理学和天体物理学教授,1972年以后任该校物理科学怀特功勋教授。1969年获芝加哥大学科学博士衔。1973年获英国皇家天文学会金质奖章。1974年获迈阿密大学奥本海默纪念奖金。1967年当选为美国国家科学院院士、美国文理科学院院士。1971年至1973年任美国天文学会副会长。1987年获太平洋天文学会布鲁斯奖章。

20世纪40年代末和50年代初,主要研究量子电动力学,曾与H. A.贝蒂一起提出著名的“贝蒂-萨尔皮特方程”,对计算原子问题中的相对论改正很有用。1951年,他研究了恒星内部三个氦原子核转化为一个碳原子核的聚变反应。20世纪50年代专注于恒星内部的核反应对恒星演化和恒星统计的影响。60年代和70年代,他转而研究星际介质的某些方面,例如星际气体内中等重量元素的尘粒形成过程,尘粒表面分子的形成,星际气体的加热、冷却与搅动等。1964 年率先与他人各自独立地提出,大质量黑洞周围的吸积盘是类星体巨额辐射能量的来源。这是迄今对活动星系核和与之成协的河外相对论性喷流物理起源的最获认同的解释。他和 H. A. 贝蒂合著的《单电子和双电子原子的量子力学》一书于 1957 年出版,发表学术论文百余篇。

(卞毓麟)

伯比奇,G.(Burbidge,Geoffrey) 英国人,1925 年 9 月 24 日生于英国奇平诺顿,2010 年 1 月 26 日卒于美国加利福尼亚州拉乔拉。*天体物理学*。

1946 年毕业于布里斯托尔大学。1951 年获伦敦大学博士学位。1950～1958 年先后在伦敦大学、哈佛大学、芝加哥大学、剑桥大学、威尔逊山天文台、帕洛马山天文台担任研究工作。1958～1962 年任芝加哥大学副教授。1963 年任圣迭戈加利福尼亚大学物理学教授。1978 年任基特峰国立天文台台长。

起先研究粒子物理。1948 年结婚后,受妻子 E. M. 伯比奇的影响转向天体物理学。夫妇配合良好,研究成果不断。1967 年发表的《类星体》一书,是类星体研究领域最早的综述之一。为了解释类星体的巨大红移,大多数天文学家把类星体看作极其遥远的天体。他不同意这个正统的解释。1965 年和英国天文学家 F. 霍伊尔合作,对类星体提出了一种新的解释:类星体是比较小的天体,这些天体从猛烈活动的射电星系中以相对论性的速度抛射出来,从而产生了我们观测到的巨大红移。如果他们的解释是正确的话,那么,多数类星体离开我们只有 300 万至3 000万光年,而不是正统解释所说的 30 亿光年以上。

他的主要贡献是与其妻以及 W. A. 福勒、F. 霍伊尔合作,于 1957 年提出了恒星中的重元素因热核反应由氢转化而成的元素合成理论,即著名的 BBFH 理论。1983 年福勒因此以及在核天体物理学方面的其他贡献而获诺贝尔物理学奖。

他不赞同流行的大爆炸宇宙学说,而是与霍伊尔等人一起主张稳恒态学说。

1959 年与其妻一起获美国天文学会沃纳奖章,1999 年获太平洋天文学会金质奖章,2005 年与其妻共同获英国皇家天文学会金质奖章。小行星 11753 号用他的名字命名。

(翁士达)

桑德奇,A. R.(Sandage,Allan Rex) 美国人,1926 年 6 月 18 日生于美国艾奥瓦城,2010 年 11 月 13 日卒于加利福尼亚州圣加夫列尔。*星系天文学*。

1948 年毕业于伊利诺伊大学。1953 年获加利福尼亚理工学院天体物理学博士学位。1952 年起在帕洛马山天文台工作。1963 年当选为美国国家科学院院士。

20 世纪 50 年代,用帕洛马山天文台的 5 米反射望远镜从事恒星演化的研究。通过建立星团的赫罗图和对它所作的分析,为当今流行的恒星演化理论作了重要贡献。

继哈勃和巴德之后,成为帕洛马山天文台观测宇宙学课题的主持人。1956 年和两位合作者合编了《河外星系的红移和星等表》。1961 年他又主编了《哈勃星系图谱》。这两部巨著总结了自哈勃开创星系研究以来 30 年内对星系的测光、形态、分类和红移测定的研究成果。1981 年和瑞士天文学家塔曼(G. A. Tammann)一起完成了对沙普利等人 1932 年编辑的《亮星系表》的修订,对原表所载的全天亮于 13.5 等的1 249个星系全部重新测光和形态分类,并重新测定了红移,发表了《沙普利-艾姆斯亮星系修订总表》。

多年来致力于确定河外星系的距离尺度和修订哈勃常数的工作。1972～1975 年发表一组共 8 篇题为“红移-距离关系”的论文,以星系团中为首的椭圆星系作光度定标,把红移-距离关系扩展到 $Z=0.45$。1974～1982 年和塔曼合作完成了一组共 8 篇题为“测定哈勃常数的步程”的论文,根据晚型旋涡星系的最亮星和电离氢区线直径的标定,把哈勃常数修订为50±7 千米/(百万秒差距·秒),只及哈勃于 1936 年的测定值的十分之一。

20 世纪 70 年代末以后继续延展哈勃图,1978 年已将红移推进到 $Z=0.75$ 的遥远星系团成员的星系。主持威尔逊山天文台的银晕巡天计划,旨在通过银晕的恒星密度梯度、银晕扁率、晕族恒星的金属丰度分布,探讨银河系以及旋涡星系的化学演化。还利用近距星系的红移资料,研究本星系群的速度场,以考察本超星系团的物质分布。与塔曼等人合作,测量了室女座天区的 2 096个星系,并对室女座星系团进行了全面的研究。和他的同事和学生,利用高量子效率的辐射接收器件,观测近距星系的成员恒星,建立它们的颜色-星等图,以期阐明星系的结构和演化。

是最早研究类星体的天文学家之一。1960 年和同事首次证认出射电源 3C48 的光学对应体是一个亮度为 16 星等的蓝色类星天体。1961～1962 年又将射电源 3C196 和 3C286 证认为有强紫外辐射的暗星。1963 年他的同事 M. 施密特发现并证实,这些形似恒星的射电源乃是前所未知的类星体。随后几年他发现一批射电宁静的类星体、快速光变和不规则光变的类星体。1966 年与合作者首先证认出宇宙 X 射线源天蝎座 X-1 的光学对应体是一个亮度为 13 星等的蓝星。随后得知,它是一个特殊的密近双星。

一生共发表 500 多篇论文。因杰出的天文贡献,多次获奖,其中重要的有 1957 年获美国天文学会沃纳奖章,1963 年获英国皇家天文学会爱丁顿奖章,1963 年获英国皇家天文学会金质奖章,1970 年获美国国家科学奖,1975 年获太平洋天文学会布鲁斯奖章,1991 年获瑞典皇家科学院克拉福德奖等。

(李　竞)

小柴昌俊(Koshiba,Masatoshi) 日本人,1926 年

9月19日生于日本爱知县丰桥市。中微子天文学、粒子物理学。

1951年毕业于东京大学物理系，1955年获美国罗切斯特大学物理学博士学位。同年回国执教于东京大学，1960年升任物理学教授，1987年退休。1987～1997年兼任日本东海大学教授。退休后任荣誉教授、基本粒子物理国际研究中心神冈实验室高级顾问。是日本学士院院士。

中微子天文学开创者之一。从20世纪50年代开始，美国科学家R.戴维斯在长达30年的测量中发现，太阳中微子数观测值仅为理论值的1/3，此即著名的"太阳中微子失踪"疑案，在科学界引发了究竟是戴维斯实验还是太阳能源的物理模型有问题的激烈争议。80年代，为了检验戴维斯的工作，小柴昌俊在日本神冈一个很深的矿井中建造了巨大水池，灌入2140吨水，在水池周围装有上千个光电倍增管。这种新型中微子探测器的工作原理是：每个飞入水池的中微子会以极其微小的比率与水分子中的氢或氧原子核发生反应，产生的一个高能电子会在水中引起切伦科夫辐射的一次微弱闪光。1987年2月23日，大麦哲伦云中超新星(SN1987A)爆发，神冈实验装置探测到了12个中微子信号。这是人类第一次截获太阳以外的宇宙中微子，从而打开了天体物理学的中微子窗口。1996年，小柴昌俊主持研制的"超神冈中微子探测器"投入运行，它拥有5万吨水，1万多个光电倍增管。神冈和超神冈的中微子探测器捕捉到来自太阳的中微子，也发现了观测值明显少于理论值的现象，独立地证实了戴维斯的观测结果。此一疑案直到2002年才最终得以解决，原来中微子有非常微小的质量，太阳内部发出的电子中微子在行进中可自发地转换为其他两种中微子(μ中微子和τ中微子)，此即"中微子振荡"现象，而戴维斯和小柴昌俊的实验设备只能探测电子中微子，故记录的中微子数比理论预言的少。他们两人的开创性实验也有力证明了太阳能源物理模型的正确性。由于共同开创了中微子天文学，他们两人分享了2002年诺贝尔物理学奖金一半，另一半由X射线天文学开创者R.贾科尼获得。此外他还获1985年德国总统奖、1996欧洲物理学会特别奖等。

(宣焕灿 李啸虎)

席泽宗(Xi Zezong) 中国山西省人，1927年6月9日生于山西省垣曲县，2008年12月27日卒于北京。天文学史、科学史。

1951年毕业于广州中山大学天文系后，到中国科学院编译局(科学出版社的前身)工作。1952年进哈尔滨俄语专科学校进修两年。1957年初到中国科学院新成立的中国自然科学史研究室工作。该室于1975年发展成为自然科学史研究所后，他于1978年起任该所古代史研究室主任，1983～1988年任所长。1991年当选为中国科学院学部委员(院士)。1993和1995年相继成为国际科学史研究院院士和国际欧亚科学院院士。3次任国际天文学联合会天文史委员会委员，多次任中国科学技术史学会理事长。是上海交通大学兼职教授。2000年荣获何梁何利科学与技术进步奖。2007年，小行星85472号被命名为"席泽宗星。"

在科学史综合研究方面，他的《科学史八讲》(1994年)以及与卢嘉锡联合主编的《彩色插图中国科学技术史》(1997年)都很有影响；而他的一系列有关中国科学思想史的论文，如"中国科学思想史的线索"、"中国传统文化里的科学方法"和"关于'李约瑟难题'和近代科学源于希腊的对话"等，均独具慧眼，颇有新意。

在天文学史研究方面，其成果更为突出。1955年，发表论文"古新星星表"，考订了从殷代到1700年间的90次新星和超新星爆发记录；1965年，又与薄树人合作，发表论文"中朝日三国古代的新星记录及其在射电天文学中的意义"，通过补充日本和朝鲜的有关史料，进一步修订了古新星星表。此后数十年中，世界各国天文学家在超新星、射电源、脉冲星、中子星、γ射线源、X射线源等天文学研究课题中，经常引用这两篇论文，成为中国《天文学报》上发表的文章在国外被引用最多的两篇。1981年，发表"伽利略前二千年甘德对木卫的发现"，通过周密的考证和推算，证明《开元占经》中引述战国时人甘德的一条关于木星和其侧附星的记载正是公元前364年木星和它的卫星的天象，甘德确实发现了木卫。他还把这一结论交付实测检验，证明在良好的观测条件下，木卫(特别是木卫三)是可以用肉眼看到的。从而给他的论点以有力的支持。20世纪70年代，他与别人合撰的论文"日心地动说在中国"和专著《中国历史上的宇宙理论》(已被译为意大利文)也很有影响。对长沙马王堆汉帛书和敦煌文献中天文学史料所作的考释，为研究这方面问题者必读的文献。

20世纪90年代后期，作为国家重大科研项目"夏商周断代工程"首席科学家之一，他组织力量从天文学角度研究确定中国西周共和元年(公元前841年)以前中国历史纪年问题。已取得了可喜的成果。他所发表的论文和重要文章，已被汇成《古新星新表与科学史探索》(2002年)一书出版。

(钮卫星)

帕克，E. N.(Parker, Eugene Newman) 美国人，1927年6月10日生于美国密歇根州霍顿。天体物理学。

1948年在密歇根州立大学获理学士学位。1951年在加利福尼亚理工学院获博士学位。1955年起一直在芝加哥大学工作，1957 年在物理系任教，1967 年在天文和天体物理系任教，曾任过这两个系的系主任。1967 年当选美国国家科学院院士。

主要研究集中在热气体、快速粒子和磁场的基础物理学方面，特别是那些与地球磁层、太阳、宇宙线和银河系磁场有关的问题。他最重要的贡献是率先从理论上预言了“太阳风”的存在。1958 年在一篇论文中指出，日冕物质的连接膨胀可以产生超声速的等离子体流，即“太阳风”。此后对许多卫星的观测证实了这一预言。他还预言太阳周围行星磁场呈阿基来德螺线向四周展开，后来也被空间探测所证实，故行星际磁场的位形称为“帕克螺旋形”。

20 世纪 50 年代，他研究了由瞬时液体运动产生偶极场的问题，发现基本动力学讨论所预期的旋涡对流通过与方位场相互作用可产生偶极场。第一次阐明了发电机效应，并用现已常用的发电机方程描写平均场。还提出非均匀旋转和旋涡对流结合可产生太阳的周期磁场。而银河系气体圆盘里同样效应的结合可产生星际磁场。

1962 年获美国航空和航天学会的空间科学奖，1968 年获美国地球物理学联合会的弗莱明奖。1978 年获美国天文学会海尔太阳物理奖金。1989 年获美国国家科学奖，1992 年获英国皇家天文学会金质奖章，1997 年获太平洋天文学会布鲁斯奖章。著作有《行星际动力学过程》(1963 年)、《宇宙磁场：它们的起源和活动性》(1979 年)、《关于宇宙中电场和磁场的对话》(2007 年)等。 (蒋窈窕　刘　炎)

叶叔华(Ye Shuhua)　中国广东省人，1927 年 6 月 21 日生于广东广州。时间工作、天文地球动力学。

原籍广东顺德。1949 年从广州中山大学数学天文系天文专业毕业。1951 年在中国科学院紫金山天文台徐家汇观象台任职。1962 年徐家汇观象台和佘山观象台合并为中国科学院上海天文台，她一直在该台工作，1978 年晋升研究员，1981～1993 年任台长。1980 年当选为中国科学院学部委员(院士)。1978～1988 年，任中国天文学会副理事长，其后任名誉理事长。1985 年当选为英国皇家学会外籍会员。1988～1994 年任国际天文学联合会副主席。1991～2001 年任中国科学技术协会副主席。

20 世纪 50 年代，参与徐家汇观象台的世界时测时和授时工作。1958 年起，联合了国内各天文台站组建中国综合世界时系统。她和课题组同事通过深入探索，提出了一套适合台站数较少的综合世界时计算处理方法。1963 年，中国世界时测定精度跃居世界第二位，此后一直保持国际先进水平。中国综合世界时系统曾获中国科学院 1981 年重大成果一等奖和 1982 年国家自然科学二等奖。70～80 年代，她推动上海天文台发展国际上新兴的甚长基线射电干涉测量(VLBI)和人造卫星激光测距等新技术，联合中国各天文台站参与国际地球自转联测。1987 年，中国“国际地球自转联测”项目组获中国科学院科学技术进步一等奖。1988 年，在国际上新组建的“国际地球自转服务”合作中，上海天文台成为 VLBI、激光测月、激光测卫 3 项天体测量新技术的全球观测资料处理中心之一。这些新技术还被用于开拓天文学和地学的交叉学科天文地球动力学的研究。90 年代她推动中国科学院、国家地震台、国家测绘局和总参测绘局 4 家合作，共同承担国家攀登计划中“现代地壳运动和地球动力学研究”项目，并被聘任为首席科学家。2002 年，该项目的研究工作获上海市科学技术一等奖。1996 年，她倡导和主持“亚太空间地球动力学”国际合作项目，亚太多国同行参与合作，现已取得许多成果。进入 21 世纪后，她推动用 VLBI 参与深空探测工作，并推进在上海天文台建立口径 65 米射电望远镜项目。1997 年获何梁何利科学与技术进步奖，同年小行星 3241 号被命名为“叶叔华星”。 (宣焕灿)

金-海尔，D. G. (King-Hele, Desmond George)　英国人，1927 年 11 月 3 日生于英国萨塞克斯郡锡福德。空间科学、文学。

1948 年获英国剑桥大学三一学院数学学士学位。长期在英国皇家飞机公司工作。1966 年当选英国皇家学会会员，1974 年任该会贝克讲座教授。1971 年获英国皇家天文学会爱丁顿奖，并曾获英国皇家航空学会铜质奖章。

1957 年前在法恩伯勒的英国皇家飞机公司研究非对称火箭的稳定性、长程弹道飞行器的性能等课题。1953 年开始参与空间研究。1957 年提出一种卫星轨道运动理论，所以苏联的“卫星 1 号”一上天，他就能阐明所观测到的轨道变化。和 G. 库克(Graham Cook)、D. 沃克(Doreen Walker)合作推导出大气影响卫星轨道的理论，可从卫星观测轨道缩小的速率精确检测上层大气的密度及其复杂结构。用他设计的轨道分析方法查明，200～400 千米高空的大气运动竟比地球自转还快。利用这个理论也能测定地球的重力场及其形状。

对文学和历史的兴趣不亚于科学，作为作家其声望甚至超过科学家。重要著作有《雪莱：他的思想和作品》(1960 年)，已成为标准的教科书；几本关于 18 世纪英国博物学家兼诗人 E. 达尔文(Erasmus Darwin)的书，其中包括一部长篇传记(1977 年)；研究未来的《20 世纪末?》(1970 年)等。科学专著有《人造卫星与科学研究》(1962 年)、《大气中的卫星轨道理论》(1964 年)、《观测人造地球卫星》(1966 年)等。 (卞毓麟)

施米特，M. (Schmidt, Maarten)　1929 年 12 月 28 日生于荷兰格罗宁根。天体物理学。

1956 年获荷兰莱顿大学博士学位。1959 年在美国帕洛马山天文台工作，1964 年起还兼任加利福尼亚理工学院天文学教授。1978 年起任海尔天文台台长。是美国文理科学院院士。

在天文学上的最大贡献是确认了类星体的巨大红移。1960 年，A. R. 桑德奇和马修斯(T. A. Matthews)

等人用5米望远镜观测发现射电源3C48对应于一颗16等的暗星，它有很强的紫外辐射，其光谱中有一些无法证认的、莫明其妙的发射线。这是第一个发现的类星射电源。1962年，月亮正好掩食射电源3C273，澳大利亚天文学家哈扎德(C. Hazard)等人据此准确地定出了它的位置和形状，发现3C273是双射电源，其中一个子源和一颗13等的恒星状天体相对应。这是又一个类星射电源。1963年他用5米望远镜拍摄了它的光谱，同样看到了一些奇怪的发射线。在同年发表的著名论文“3C273:具有大红移的恒星状天体”中指出，这些发射线实际上是红移达0.158的氢的巴耳末线。J. L. 格林斯坦和马修斯得到启发，重新检查了3C48对应体的光谱，发现只要认为它具有0.367的更大的红移量，其谱线便可以完全证认。此后，一批类星射电源的光谱也用类似的方法得以证认，它们都具有巨大的红移。类星射电源即通常所称的类星体(准确地说，它是类星体中的一种，还有一种是射电宁静类星体)。关于它的本质至今还有许多争议。1963年在著名论文中最早作出解释，认为类星体可能是遥远星系的核区，它们的红移属于宇宙学红移。这种解释至今还是最流行的看法。这以后他又在类星体的计数、统计、空间分布、红移起因和能源问题、红移-距离关系等方面作出了许多贡献。早年，他在荷兰莱顿天文台从事星系动力学和银河系结构的研究，并在1956年提出过描述恒星和星际物质运动的银河系动力学模型。

获1964年美国天文学会沃纳奖章，1968年美国文理科学院朗福德奖章，1980年英国皇家天文学会金质奖章，1991年美国国家科学院沃森奖章，1992年太平洋天文学会布鲁斯奖章，2008年获挪威科学院和教育部共同颁发的首届卡夫利天体物理学奖。第10430号小行星用他的姓氏命名。 (宣焕灿　刘　炎)

苗永瑞(Miao Yongrui)　中国山东省人，1930年12月3日生于山东济南，1999年6月11日卒于上海。天体测量学、时间频率工作。

原籍山东桓台。1951年齐鲁大学天算系毕业。1958年底至1961年初在前苏联某天文台进修天体测量学。中国科学院上海天文台研究员。曾兼任陕西天文台(今国家授时中心)名誉台长等职。1991年当选为中国科学院学部委员(院士)。

在天体测量与时间频率测定方面深有造诣。在天文测时研究领域，长期致力于中国标准时间产生、保持，并采用多种手段与国际时间保持同步，其中提高观察测量天顶星位置的精度，编制了专门用于测时的天顶星表，同时改进了观测星的星位置，得到精度较高的测时星表，显著提高了天文测时的精度。在天体测量选址研究领域，根据微气象理论制定了一系列天体测量选址方案，改进了观测室和观测位，从而提高了测定精度，较完整地建立了天体测量选址的评估指标体系。在提高授时技术研究领域，制定和研究了守时、收时和授时的方法，致力于授时技术的不断改进和提高，先后参与主持建立了中国专用无线电标准时间标准频率发播台短波授时台(BPM)、长波授时台(BPL)新系统，为国防试验、空间技术、测绘、地震、交通、通信、气象、地质等诸多行业和部门提供了可靠的高精度授时服务，其中BPL长波授时系统的建立，将中国授时精度由毫秒量级提高至微秒量级，使授时技术迈入世界先进行列，该项目获1987年中国科学院科学技术进步特等奖、1988年国家科学技术进步一等奖。在日-地关系研究领域，主持建立了D-电离层监测站，通过监视D-电离层的扰动变化来反演太阳X射线爆发等剧烈活动。此外，还测定了中国中部陆地电导率，并首次给出全国大地电导率分布图。先后获国家和省部级成果奖10余项。 (李啸虎)

贾科尼，R. (Giacconi, Riccardo)　美国人，1931年10月6日生于意大利热那亚。X射线天文学、物理学、仪器研制。

意大利裔。8岁时父母离异，跟舅妈生活。1954年获意大利米兰大学物理学博士学位。留校任教。1956年赴美国工作，后成为美国公民。1956～1959年先后任印第安纳大学副研究员、普林斯顿大学宇宙射线实验室副研究员。1959～1973年供职于美国科学与工程公司，历任董事会董事、执行副总裁。1973～1981年在哈佛大学史密松天体物理中心工作，曾任高能天体物理学部副主任。期间1973～1982年兼任哈佛大学天文系教授。1981～1992年任美国空间望远镜科学研究所首任所长。1993～1999年任欧洲南方天文台总台长。1999年出任美国大学联合科研公司总裁、国家射电天文台台长。长期兼任美国约翰斯·霍普金斯大学、意大利米兰大学天文学教授。1983年起先后获芝加哥大学、意大利帕多瓦大学、华沙大学、罗马大学、瑞典乌普萨拉大学荣誉博士学位。是美国国家科学院院士、美国文理科学院院士。

X射线天文学开创者，被誉为“X射线天文学之父”。20世纪60年代初，他主持研制了提高灵敏度近百倍的3台盖格计数器，由1962年6月发射的高空火箭携带升空，原是探测月球反射的太阳X射线，结果意外发现太阳系外第一个宇宙X射线源天蝎座X-1，还发现了宇宙X射线背景辐射，标志了X射线天文学诞生。在他的筹划和领导下，1970年12月美国国家航空航天局发射探险者42号卫星，携带有他主持研制的X射线探测器。该卫星在非洲肯尼亚发射，正值该国独立纪念日，故用“自由”一词的斯瓦希利语“乌呼鲁”(Uhuru)命名。历时3年完成X射线系统巡天观测，提供了全天200余个X射线源分布图，发现银河系许多X射线双星、第一个黑洞候选者天鹅座X-1，标志了X射线天文学第二个里程碑。为对X射线源准确定位和成像，接着他又主持研制掠射X射线望远镜。1978年11月，美国发射“高能天文台2号”卫星，为纪念爱因斯坦诞生百年而命名为“爱因斯坦天文台”。该卫星首次安装有他主持研制的大型掠射X射线望远镜，获得了许多X射线源准确定位和高分辨图像,发现几乎所有已知类星体都是X射线源。在他的倡议和参与主持下,更为强大的"钱德拉X射线天文台"空间探测器于1999年进入绕地球运行轨道,揭示了宇宙深处许多重大奥秘。

鉴于他对X射线天文学的开创性贡献,荣获2002年诺贝尔物理学奖金一半,另一半授予对中微子天文学有开创性贡献的美国科学家R. 戴维斯和日本科学家小柴昌俊。此外获美国天文学会1966年沃纳奖、1981年海涅曼奖章,1967年意大利物理学会科摩质奖章,1981年太平洋天文学会布鲁斯奖章,1982年英国皇家天文学会金质奖章,1987年沃尔夫物理学奖,2003年美国国家科学奖章等。第3371号小行星被命名为贾科尼星。

(宣焕灿　李啸虎)

内斯,N. F.(Ness,Norman Frederick)　美国人,1933年4月15日生于美国马萨诸塞州斯普林菲尔德。空间天文学。

1955年和1959年先后获马萨诸塞理工学院地球物理学学士和博士学位。随后到洛杉矶加利福尼亚大学地球物理研究所工作。1961年到美国国家航空航天局戈达德宇航中心任职。后任该局地外物理学实验室主任,主管太阳系等离子体物理学以及红外和射电天文学的研究工作。1987年任德拉瓦大学巴德尔研究所所长。

早年曾进行地球自由振荡的实验研究和分析的开创性工作。后来从事行星际空间的弱磁场和地球磁层的精密测量和理论解释。20世纪60年代,作为磁强计的主要研究者,提供了绕月轨道飞船探险者35号的设计思想和学术指导,发展了一种信息自动处理系统。飞船首次精确测定了行星际磁场,发现了磁场极性的有序分布。70年代,参与美国对水星、金星和木星的行星探测计划。研制了一种能同时作多路测量的复合磁强计,揭示了这些行星的磁场结构。参加美国国家航空和航天局和美国科学院咨询委员会,担负多项研究工作。是1976～1978年国际地球磁层计划的发起者。1963年获美国地球物理学会弗莱明奖。

(萧耐园)

彭齐亚斯,A. A.(Penzias,Arno Allan)　美国人,1933年4月26日生于德国慕尼黑。射电天文学、无线电物理。

1954年毕业于纽约市立大学。接着在美国陆军信号兵部队服役2年后,又考上了哥伦比亚大学C. H. 汤斯的研究生,1958年获硕士学位,1962年获博士学位。1961年到贝尔电话实验室任职。1972年和1976年相继任该实验室无线电物理研究部和无线电研究室主任。20世纪60年代末至70年代,先后在普林斯顿大学、哈佛大学天文台、纽约州立大学兼任教授、副研究员、副教授等职。1975年当选为美国国家科学院院士。因1965年与R. W. 威尔逊共同发现微波背景辐射,两人同获1978年诺贝尔物理学奖(与低温物理学家П. Л. 卡皮察分享)。还于1977年获美国国家科学院的亨利·德雷珀奖章等。

20世纪60年代初,为了改进与"回声号"(Echo)和"电视星号"(Telster)卫星的通讯,贝尔电话实验室建造了一台由克劳福德(A. B. Crawford)设计的6米号角式天线。当它指向天空时,地面和旁边的无线电干扰对它影响很小。彭齐亚斯和威尔逊使用该天线测量围绕银河系的银晕气体的射电强度。为提高测量精度,他制造了一个液氦致冷参考源,威尔逊则改进了一套比较天线温度的开关装置。在波长7.35厘米(频率4 080兆赫)的微波波段进行探测。在1964年7月至1965年4月的测量过程中,发现存在着相当于3.5K的背景噪声,这噪声是各向同性、无偏振、无季节变化的。正当无法解释其成因时,他们获悉在普林斯顿大学R. H. 迪克领导的研究小组中工作的皮布尔斯(P. T. E. Peebles)即将发表一篇论文,预言这种背景噪声的存在。于是他们与迪克研究小组进行了互访,发现接收到的背景噪声正是这个小组所预言及准备寻找的东西。约半年后,迪克研究小组用新研制成的工作波长3.2厘米的射电辐射计也测到了3K的背景噪声,证实了他和威尔逊的发现。于是他们在《天体物理学杂志》142卷(1965年)上发表了著名论文"4 080兆赫处额外天线温度的测量",公布了他们的发现。而迪克小组则在同一期杂志上对这一发现进行了理论探索。他和威尔逊在微波波段测到的这种背景噪声现被称为微波背景辐射或宇宙背景辐射。它被认为是大爆炸宇宙学的一个重要的观测证据,也被认为是20世纪60年代四大天文发现之一。

20世纪70年代又与威尔逊等人合作,把毫米波技术应用到射电天文学中,发现了许多星际分子,其中包括一氧化碳、氰氢酸、乙醇等。他们还应用星际分子射电谱线来测量星际空间,以探讨与宇宙学以及元素起源有关的问题。除了射电天文的研究外,彭齐亚斯还对红外与微波在大气中的传播、雷电中的电子噪声等课题作过许多研究。

(宣焕灿　刘　炎)

黄润乾(Huang Runqian)　中国湖南省人,1933年12月5日生于北京,2013年10月10卒于昆明。天体物理学。

原籍湖南衡山。1951年考入清华大学气象系。1953年被选派到德国席勒大学天体物理专业深造,1958年毕业。同年回国,先后在中国科学院兰州分院科学技术大学、兰州物理研究所等处工作。1976年调中国科学院云南天文台工作,研究员。2008年兼任云南大学特聘教授。期间曾在德国汉堡天文台、美国西北大学等处进行客座研究。兼任中国天文学会副理事长等职。1999年当选为中国科学院院士。

长期致力于恒星物理的基础理论研究,特别在双星非守恒演化、星风激波理论和星风物质损失等领域有所贡献。他把非守恒双星演化理论建立在严密的数理分析基础上,发现了潮汐作用和辐射作用对双星物质损失的影响,以及物质损失和角动量损失的关系等一系列物理效应，受到国际上的好评；与他人合作最先提出星风冲击波理论，并为紫外和X射线卫星的大量观测结果所证实，在国际上得到广泛应用；与他人共同发现对流超射对恒星演化的重要效应，并提出用造父变星演化程判定对流超射区大小的方法。

发表论文50余篇；撰写出版《恒星的结构和演化》(1986年)、《恒星大气理论》(1986年)、《恒星震动理论》(1990年)、《恒星物理》(1998年)和《恒星天体物理学》(英文，1999年)等专著；《千亿个太阳：恒星的诞生、演变与衰亡》(1996年)等译著。先后获中国科学院自然科学奖二等奖、科学技术进步奖二等奖和教学成果奖二等奖等，并获中国天文学会首届张钰哲奖和云南省科学技术突出贡献奖(2007年)。2009年，中国国家天文台发现的120569号小行星被命名为“黄润乾星”。（鲍梦贤）

萨根，C. E.(Sagan，Carl Edward) 一译卡尔·萨根。美国人，1934年11月9日生于美国纽约，1996年12月20日卒于华盛顿州西雅图。行星科学、空间探测、生命科学、科学传播。

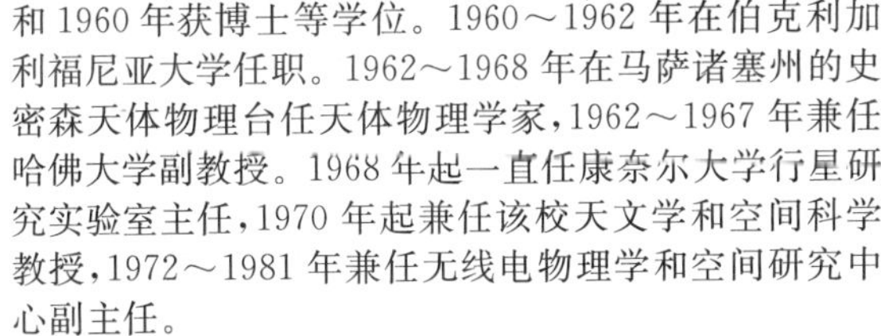

就读于芝加哥大学，1954年获文学士、1955年获理学士、1956年获理科硕士和1960年获博士等学位。1960～1962年在伯克利加利福尼亚大学任职。1962～1968年在马萨诸塞州的史密森天体物理台任天体物理学家，1962～1967年兼任哈佛大学副教授。1968年起一直任康奈尔大学行星研究实验室主任，1970年起兼任该校天文学和空间科学教授，1972～1981年兼任无线电物理学和空间研究中心副主任。

主要研究行星表面和大气的物理学和化学、地球上生命的起源及地外生命存在的可能性，并为促使公众关注异星生物学(exobiology)这一新领域做了大量工作。

在行星研究方面，曾先后提出：金星大气高温起因于温室效应；火星表面存在显著的高度差，火星上的明暗区域是其尘埃不同的标志，其变迁则系季风所致；以及木星大气中存在有机分子等。后均被进一步证实。是利用宇宙飞船进行行星探测的有力推动者，几度作为美国国家航空航天局的行星际飞行研究人员，参与“水手号”、“海盗号”、“先驱者号”和“旅行者号”宇宙飞船的实验和资料分析，并主持设计了先驱者号携带的著名金属饰板和旅行者号携带的著名声像片。

在地球上生命起源和地外生命研究方面，曾与同事在实验室中用紫外线和高压激波作为能源，模拟原始地球大气中形成各种有机分子(例如氨基酸)的过程。1963年与C. 庞南佩鲁马(Cyril Ponnamperuma)等一起合成了腺苷三磷酸(ATP)，它是活机体组织最主要的贮能载体，没有这种化合物就很难明白地球上何以会出现生命。力主存在地外智慧生命，是“人类并不孤独”这一著名论断最强有力的倡导者。

富有科学想像力，著述极丰。主要作品有数以百计的学术论文和《宇宙联络》(1973年)、《伊甸园之龙》(1977年)、《白洛嘉之脑》(1979年)、《宇宙》(1980年)《彗星》(1985年)、《暗淡蓝点》(1994年)、《魔鬼出没的世界》(1996年)等数十种图书。《宇宙》一书是其自编自演的13集同名电视系列片付诸文字的副产品，该片已由世界上约60个国家译播。阿西莫夫曾称他为“历史上最成功的科学普及家”。在其荣获的众多褒奖中，有美国国家航空航天局因其杰出的科学成就和卓越的公共服务先后3次授予的奖章，以及普利策文学奖金和雨果奖等。第2709号小行星以他的姓氏命名。

（卞毓麟）

曲钦岳(Qu Qinyue) 中国山东省人，1935年5月21日生于山东牟平。高能天体物理学、高等教育管理。

1957年南京大学数学天文系天文专业(今南京大学天文系)毕业。留校任教至今，教授，1979～1980年任天文系主任，1984～1997年任南京大学校长。1990年、1991年先后获美国西顿·希尔学院、列文斯顿大学名誉博士学位。曾兼任或兼任中国天文学会理事长、名誉理事长，中国高等教育学会副会长，江苏省科学技术协会主席等职。1980年当选为中国科学院学部委员(院士)，曾兼数学物理学部副主任。1990年当选为第三世界科学院院士。

20世纪50～60年代，参与筹建中国第一座太阳塔，发现和修正了苏联专家的转像镜设计方案中的缺陷。1973年人类首次发现宇宙伽玛射线爆现象，次年他和汪珍如合作建立恒星超耀斑模型以解释这种特异宇宙现象；与他人合作分析了40多颗脉冲星，首次归纳得出脉冲星能损率-特征时标统计曲线。80年代，针对1979年3月5日9个宇宙探测器同时发现的一次罕见强烈的宇宙伽玛射线爆，与几位合作者共同提出银河系内中子星爆发模型。90年代，与合作者共同研究形态特异的超新星遗迹SS433和CTB109并建立理论模型。1992年被聘为国家攀登计划“天体剧烈活动的多波段观测与研究”项目首席科学家。

出版《普通天文学教程》(1961年，与他人合著)、《人学的使命与目标》(1994年)等著作，其中《恒星大气物理》(1993年，与汪诊如合著)获1995年国家教委优秀教材一等奖。先后获中外奖励17项，其中有1987年和1999年的国家自然科学三等奖、1986年美国印第安那大学托马斯·本顿奖章等。经国际小行星命名委员会批准，由中国紫金山天文台发现的国际编号第3513号小行星被命名为曲钦岳星。（李啸虎）

威尔逊，R. W.(Wilson，Robert Woodrow) 美国人，1936年1月10日生于美国得克萨斯州休斯敦。射电天文学、无线电物理。

1957年在赖斯大学毕业。1962年在加利福尼亚理工学院获博士学位。1963年到贝尔电话实验室工作。后来任该实验室无线电物理研究部负责人。因1965年和A. A. 彭齐亚斯共同发现微波背景辐射，两人同获1978年诺贝尔物理学奖(与低温物理学家П. Л. 卡皮察分享)。还于1977年获美国国家科学院亨利·德雷珀

奖章和英国皇家天文学会赫歇尔奖章。

1965年与A.A.彭齐亚斯用一台6米号角式天线测到了来自宇宙的3.5K的背景噪声，发现了微波背景辐射。它被认为是大爆炸宇宙学的一个重要的观测证据。20世纪40年代，美国科学家G.伽莫夫提出了较完整的“大爆炸宇宙学”。接着在1948年，阿尔弗(R.A.Alpher)和赫尔曼(R.C.Herman)订正了伽莫夫论文中的某些参数，提出目前宇宙中还应存在着约5K的温度辐射。20世纪60年代中期，普林斯顿大学迪克研究小组的皮布尔斯(P.T.E.Peebles)则根据大爆炸宇宙学预言目前宇宙中应存在约为10K的温度辐射。这一小组的罗尔(P.G.Roll)和威尔金森(D.T.Wilkinson)则研制成一台工作波长为3.2厘米的射电辐射计，以便测量这种辐射。但威尔逊和彭齐亚斯却先于迪克小组作出了发现。根据大爆炸宇宙学，这种背景辐射的能量分布应具有黑体谱的特性。1965年以后，人们分别在1毫米至70厘米的波段上进行了广泛的测量，结果表明微波背景辐射确实具有黑体谱的特性，其精确的温度应为2.7K。从而表明它确实与大爆炸宇宙学的预言相吻合。因而，他与彭齐亚斯共同发现的微波背景辐射被看成了大爆炸宇宙学的重要观测依据之一。它也是20世纪60年代四大天文发现之一。

在发现了微波背景辐射后继续与彭齐亚斯合作，并与同事们一起把毫米波探测技术应用于天文学。1970～1972年他们发现了一氧化碳等多种星际分子。1973年以后他致力于测量星际同位素特别是氚同位素的丰度，努力探索与宇宙学和元素起源的有关问题。还致力于通过星际分子的观测来研究银河系内的暗云。

(张可可)

苏定强(su Dingqiang)　中国江苏省人，1936年6月15日生于上海。天体物理学、天文光学。

原籍江苏武进。1959年南京大学数学天文系天文专业(今南京大学天文系)毕业，留校任助教。1962年到中国科学院南京天文仪器厂(今国家天文台南京天文光学技术研究所)工作。1978年任副总工程师，1986年任研究员。2003年回到南京大学天文系任教授，并开设广义相对论和现代宇宙学等课程。曾兼任中国天文学会理事长，国际天文学联合会天文仪器与技术委员会主任。1991年当选为中国科学院学部委员(院士)。

少年时代就热爱天文学。大学学生时期已研制成中国第一架马克苏托夫望远镜。到南京天文仪器厂后，他在天文光学方面的特长得到充分发挥。1968年主持研制成中国第一台用于太阳色球观测的李奥双折射滤光器；1966年和1972年，在大望远镜中率先提出了折轴系统和卡塞格林系统共用同一个副镜的思路以及一系列新的折轴系统，其中之一已用于中国的2.16米望远镜，有的国外大望远镜也用了这样的折轴系统；与王亚男合作提出一个有特色的评价函数并编制了光学系统优化程序，从1972年到90年代后期的20多年间，它是中国天文光学设计和研究用的主要程序；1986年他提出了一种能消去大气色散和获得更好像质的透棱镜改正器，已在国外一些望远镜中得到应用；他最早在中国开展主动光学的研究，领导建成了中国第一个主动光学实验系统；与王绶琯共同提出了“大天区面积多目标光纤光谱望远镜(LAMOST)”的初步方案，其中创造性地应用了主动光学，该项目被列为国家重大科学工程，2008年建成后安装在国家天文台兴隆观测基地。曾参与中国多项天文望远镜和仪器的研制，为发展中国的天文事业做了大量工作。至2003年底，已发表论文62篇。“天文望远镜光学的研究”项目获1993年国家自然科学奖二等奖，“2.16米天文望远镜”项目获1998年国家科学技术进步一等奖。4次获中国科学院的一、二等奖。此外，还获1978年全国科学大会奖1项，中国科学院重大成果奖2项，1999年获何梁何利科学与技术进步奖。由中国国家天文台发现的19366号小行星在2009年被命名为“苏定强星。”

(刘　炎)

孙义燧(Sun Yisui)　中国浙江省人，1936年12月20日生于浙江瑞安。天体力学。

1958年南京大学数学天文系天文专业(今南京大学天文系)毕业。留校工作至今，1985年任天文系教授，曾任南京大学研究生院院长等职。其间，1979～1981年在法国尼斯天文台任访问学者。1997年任中国重点基础研究发展计划(“973”计划)“非线性科学中的若干前沿问题”项目首席科学家。曾任国际天文学联合会天体力学专业委员会委员、国家自然科学基金委员会天文学科评议组副组长、《天文学报》副主编等职，1997年当选为中国科学院院士。后又任中国科学院数学物理学部副主任。

长期致力于天体力学基础理论研究，取得多项重要成果。在三体问题的定性理论方面，对具有相同三体质量和角动量常数的三体系统，与马查尔(C. Marchal)等人一起证明了三体问题椭圆欧拉特解对应的惯量矩最大下界就是所有有界运动惯量矩最大下界；与陈翔炎等人解决了三体问题定性理论中对给定的三体位置，三体轨道变化的范围问题。在非线性天体力学方面，他首先发现了保守系统中近可积三维保体积映射存在充分多的二维不变环面，后又与程崇庆一起严格证明了这一结果。由于二维不变环面将三维空间分割为互不连通的两部分，因此环面内的轨道不可能进入环面外的区域，反之亦然。这一结果否定了著名的“拟遍历猜测”，该猜测认为紧流形上典型的保守动力系统总有一条走遍全相空间的轨道；进而也否定了佩辛(Y. B. Pesin)的正值李亚普诺夫指数猜测，该猜测认为几乎所有的保体积映射的几乎所有轨道都具有正值李亚普诺夫指数，而该指数是衡量一个系统是否具有混沌运动的重要标志。上述研究成果受到中外学术界的广泛关注。他还将研究成果应用于彗星等天体运动性态研究，得到了彗星运行中有界混沌区域存在的临界值，从而推得彗星由彗星云形成的条件。

发表论文近百篇；撰有《摄动理论》(1981年，与易照华合著)和《现代天体力学导论》(2008年，与周济林合著等专著。)。获国家自然科学奖二等奖、中国高校科学技术(自然科学)奖一等奖、江苏省重大科学技术成果奖一等奖各1项，国家教委科学技术进步二等奖4项。2001年获何梁何利科学与技术进步奖。

(李啸虎　宣焕灿)

艾国祥(Ai Guoxiang)

中国湖南省人，1938年2月17日生于湖南益阳。天体物理学、天文导航。

1963年北京大学地球物理系天体物理专业毕业。同年到中国科学院北京天文台工作，1989年晋升研究员，1998年任中国科学院北京天文台台长，中美太阳磁场联测和中日太阳物理合作项目中方首席科学家、天文光学开放实验室副主任、国际天文学联合会第十委员会主任等职。2001年任中国科学院国家天文台台长、研究员，国家高技术航天领域专家委员会顾问。1993年当选为中国科学院学部委员(院士)，后任中国科学院数理学部主任，2002年当选为第三世界科学院院士。

1963年以来，一直在北京天文台从事太阳物理学研究，独立发明并主持研制了太阳磁场望远镜，获1988年国家科学技术进步一等奖，并使中国的太阳物理研究提升到国际先进水平。发明多通道滤光器为基础的两维同时光谱仪。提出运用噪声消除数字量化误差的理论和方法，并应用于太阳磁场测量。主持建立的北京怀柔太阳物理观测站，被誉为"世界上最重要的太阳物理天文台之一"，首创中美"日不落"磁演化联测，获得成批新的实测结果。发现太阳耀斑前兆红移，提出了磁剪与速度剪切在耀斑发生中的等效原理及挤压无力场耀斑模型等。1994年获得中国科学院自然科学一等奖，1995年获中国科学院科学技术进步一等奖，1996年获何梁何利科学与技术进步奖。发表学术论文近200篇。2001年担任国家天文台台长以来，着力推进国家"九五"重大科学工程项目大天区多目标光纤光谱望远镜(简称LAMOST)的研制，推进500米口径的大射电望远镜研制、南方基地建设以及探月工程等项目的进展，主持国家"973"项目太阳激烈活动与空间灾害天气研究。他还是"嫦娥工程"地面应用系统的总指挥，2003年以来发明并主持中国区域导航定位系统(GAPS)的研究和开发。

(蒋协助)

陈建生(Chen Jiansheng)　中国福建省人，1938年7月8日生于福建福州。天体物理学。

1963年北京大学地球物理系天体物理专业毕业。同年到中国科学院北京天文台工作。1979～1980年在澳大利亚英-澳天文台任访问学者，1982～1983年任欧洲南方天文台访问学者。现任中国科学院国家天文台研究员。北京大学天文系主任，北京天体物理中心主任。1991年当选为中国科学院学部委员(院士)，后来又任数学物理学部副主任。

在长期天体物理研究工作中，1981年与同事合作由观测得到高红移类星体赖曼α射线短波侧的吸收线丛中存在赖曼α与赖曼β以及赖曼α与赖曼γ的强相关。从观测上证明了高红移宇宙空间存在着丰富的氢云，观测得到这些云有低的金属丰富度，支持它们是宇宙早期的原始氢云，即大爆炸后未经恒星诞生、演化污染的第一代天体。观测高红移类星体的金属线吸收系统，获得宇宙早期星系的化学丰度，与今天的星系化学丰度对比，研究星系在百亿年时间跨度上的化学演化。1986年提出将大尺度、大样本天文学作为中国发展天文的战略方向的科学思想。1988年提出并与同事一起实现了在施密特望远镜上用CCD(电荷耦合器件)进行多天体同时快速测光的方法，开辟了一条大样本天文研究的新途径。1990年研制了北京天文台施密特望远镜大视场15色测光系统，发展了15色测光的类星体巡天方法。所研究的"用于无光度标天文底片定标密度矩和法"获1993年中国科学院自然科学奖二等奖，"施密特望远镜CCD多色测光系统"获1996年中国科学院科学技术进步奖二等奖，"星系相互作用及其活动性关系的研究"获1997年中国科学院自然科学二等奖，还获得一些其他奖项。2000年获何梁何利科学与技术进步奖。

(蒋协助)

方成(Fang Cheng)　中国江苏省人，1938年8月10日生于云南昆明。太阳物理学。

原籍江苏江阴。1959年南京大学数学天文系天文专业(今南京大学天文系)毕业，留校任教至今。1980～1982年在法国巴黎天文台任访问学者，1990～2001年期间又先后6次在巴黎天文台和日本国立天文台任客座研究员。曾兼任中国高等科学技术中心天文和天体物理分中心主任、南京大学天文系主任、中国天文学会理事长、《天文学报》副主编。1986年起任南京大学天文系教授，后兼任南京大学学术委员会副主任、国家攀登计划"天体剧烈活动的多波段观测和研究"首席科学家、国际天文学联合会副主席、《中国天文学和天体物理学》(英文版)主编等职。1995年当选为中国科学院院士。2005年当选第三世界科学院院士。

长期从事太阳物理学的研究，20世纪70年代末，他主持完成中国目前唯一的塔式太阳望远镜的研制，为该望远镜配备了双波段CCD(电荷耦合器件)二维太阳光谱成像系统，开辟了中国CCD二维太阳光谱研究的新领域。和同事们合作，用该望远镜长期坚持多波段太阳活动观测，获得了许多高质量的太阳耀斑、黑子、日珥等的二维光谱的资料，其中对1991年10月24日太阳表面出现的白光耀斑，同时获得了它在5波段的高时间分辨率(仅为5秒钟)的光谱观测资料，为当时时间分辨率最高的世界纪录。他应用非局部热动平衡理论，建立了一整套实用方法，在国际上首次把太阳耀斑色球结构计算同自洽能量平衡计算结合起来，建立了太阳耀斑大气演化、白光耀斑、日珥、谱斑和太阳黑子的半经验模型，被国际上广泛应用。还对耀斑区氢的非热电离和激发效应、耀斑环和色球压缩区的动力学模型、Ⅰ类和Ⅱ类白光耀斑的产生机制等课题进行了深入研究。21世纪初期，他积极参与在昆明抚仙湖畔建设安装有真空太阳塔等设备的新太阳观测基地。

已发表论文260篇，2008年出版专著《太阳活动区物理》(与他人合撰)。获1985年国家科学技术进步奖二等奖、1995年国家教育委员会科学技术进步奖一等奖、1997年国家自然科学奖三等奖等多项国家和部委级奖励。 (宣焕灿)

熊大闰(Xiong Darun) 中国江西省人，1938年9月16日生于江西吉安。天体物理学。

原籍江西南昌。1962年毕业于北京大学地球物理系天体物理专业，同年到中国科学院紫金山天文台工作。1980年、1986年相继升任副研究员与研究员，后任该台学术委员会主任、学位委员会主任、国家攀登计划"天体激烈活动多波段观测和研究"项目首席科学家。兼任《天文学报》主编等职。1991年当选为中国科学院学部委员(院士)。

恒星对流问题是天体物理学中的基本理论之一，长期以来流行的是一种所谓"混合长"的唯象理论，其主要缺点是在处理非定常和非局部的动力学问题时，无法对湍动对流的动力学过程作精确的描述，甚至会导致不自洽。1979年他发表论文"非局部的对流理论"，指出在讨论脉动变星和具有延伸对流区的恒星内部结构时，湍动雷诺应力的作用是不可忽略的。他还从研究与湍流关联的动力学方程出发，提出了一种非局部对流的理论。1981年，他在"化学不均匀恒星中的非局部对流理论"一文中，又推广了这一理论。此后又将这一独立的非定常恒星对流和非局部对流的统计理论成功地应用于大质量恒星演化、太阳对流区结构以及变星脉动稳定性的理论计算。从而解释了变星脉动不稳定区的红端边界，正确预期了太阳大气中温度分布以及湍流速度与温度场的主要观测特征。该理论被认为是一种较优越的恒星对流理论，在国际上被称为"熊氏理论"。因这项出色工作，1989年获中国科学院自然科学一等奖，1991年获国家自然科学二等奖。还曾获1979年江苏省重大科学技术成果二等奖、2003年何梁何利科学与技术进步奖等。 (刘 炎)

李惕碚(Li Tibei) 中国湖南省人，1939年6月12日生于重庆。宇宙线物理学、高能天体物理学。

原籍湖南攸县。1963年清华大学工程物理系毕业。先后任中国科学院高能物理研究所研究员、粒子天体物理重点实验室学术委员会主任，清华大学物理系教授。兼任中国空间科学学会空间天文委员会副主任、《高能物理与核物理》杂志副主编等职。1997年当选为中国科学院院士。

中国天体高能辐射空间观测与研究首席科学家。20世纪60～70年代，参与创建并长期负责云南高山站大云雾室宇宙线观测系统，开辟了中国高能天体物理实验研究；1972年参与首次发现并分析宇宙线中一种罕见奇异重粒子，有人认为这一事件提供了关于冷暗物质存在的重大线索；提出分析高能天文观测现象新方法，成功观测到天鹅座X-3和双星脉冲星的高能伽玛(γ)辐射，并首次发现双星X辐射和γ辐射相关性，成果获1978年全国科学大会奖、中国科学院重大科学技术成果奖等。80年代以后，建立了银河系γ射线统计模型，首次给出宇宙线与星际介质作用产生高能γ射线的定量估计，后又被观测所证实；指出国际常用2CG星表上宇宙γ射线源约一半并非真实分立源，而是星际分子云；主持研究高能宇宙线作用中的次级粒子特性，以及3 200米高山宇宙线粒子形态学，获1987年国家自然科学奖三等奖等；参与主持建造高灵敏度、高分辨率的硬X射线调制望远镜，首次实现硬X射线成像巡天；观测活动星系核、黑洞双星等高能天体，发现一批新天体和新现象，建立了等离子体放电模型等高能辐射机制。此外在实验数据分析方法上亦有多项创新，其中导出了估计对象-背景观测可靠性公式，被国际上誉为李-马公式。

发表论文数十篇；撰有《实验的数学处理》(1980年)等专著，获全国优秀科学技术图书奖。多次获国家和部委级奖励，还获王淦昌物理学奖等。 (李啸虎)

泰勒，J.H.(Taylor，Joseph Hooton) 美国人，1941年3月29日生于美国宾夕法尼亚州费城。射电天文学、物理学。

自幼爱好无线电，在美国哈弗福德学院学习期间，自己动手制作了一台射电望远镜。1963年在该学院毕业。1968年获哈佛大学博士学位。1969～1972年在马萨诸萨大学任天文学助理教授，1973～1977年任该校天文学副教授，1977年升任教授。1980年起任普林斯顿大学物理学教授，2006年退休。是美国国家科学院院士、美国文理科学院院士。

爱因斯坦在1915年创立广义相对论时曾预言，当一个大质量物体加速运动或受到某种扰动时，将会产生一种极微弱的波态扰动，称为引力波或引力辐射。在有曲率的时空中，引力波以涟漪的微弱波动形式，在很宽的频率范围内以光速传播，同时载运走产生它的源体的能量。由于引力波极其微弱，爱因斯坦的预言一直没有得到实验的证实。泰勒在马萨诸塞大学执教时，1974年与他的研究生R. A. 赫尔斯用射电望远镜共同发现了第一个脉冲双星PSR1913+16，它是由一个射电脉冲星(其实质为中子星)和另一个其辐射锥始终扫不到地球的中子星组成的双星系统，其位置在天鹰座，两子星互相绕转的轨道周期为0.32天，其中那颗脉冲星的自转周期为0.059秒。他们认为，如果脉冲星因自转而发射引力波，它将损失能量而使这对脉冲双星互相绕转的轨道向内旋，于是轨道周期变短。经过数年的周密测量，他们于1978年宣布，脉冲双星PSR1913+16的轨道周期以每年75微秒的速率变短，这与广义相对论的预言相吻合，由于他们两人提出了第一个引力波存在的间接证据，因而两人共同分享了1993年的诺贝尔物理学奖。

他还荣获1985年美国国家科学院的德雷珀奖章，1991年瑞士伯尔尼爱因斯坦学会爱因斯坦奖章，1992年以色列沃尔夫基金会的沃尔夫物理学奖。

（宣焕灿　刘　炎）

霍金，S. W.（Hawking，Stephen William）　英国人，1942年1月8日生于英格兰牛津。宇宙学、理论物理学。

生日正好是300年前伽利略的忌日。1950年举家迁往圣奥尔本斯。1962年获牛津大学理学士学位，毕业后到剑桥大学读研究生。1963年被诊断患肌萎缩性侧索硬化症。1965年以“膨胀宇宙的性质”论文获剑桥大学博士学位，留校任教至今。同年结婚，后与其妻生有二子一女。霍金婚后病情日渐恶化，最后完全瘫痪，只能以轮椅代步。有医生说他“最多只能活2年”，结果他不仅活下来创造了医学奇迹，而且以重大理论发现创造了宇宙学奇迹。1974年入选英国皇家学会会员。1977年被聘为剑桥大学应用数学与理论物理系教授。1979年被遴选为卢卡斯数学教授，这是牛顿当年拥有过的职位。1989年封为爵士。

是爱因斯坦之后研究广义相对论的最重要物理学家之一，并在极早期宇宙和黑洞的开创性理论研究中，力促相对论和量子力学的统一。1971年提出宇宙之初的大爆炸可能会产生大量微小的黑洞，这种黑洞相当于在一个质子大小的空间内密集10亿吨物质。1973年首部著作《大尺度时空结构》出版。1974年根据量子论预言黑洞存在隧道效应，会发射亚原子粒子和黑体辐射，其辐射强度与质量成反比；黑洞因辐射而变小，但温度升高，最后发生爆炸而消失。1979年《广义相对论评述：纪念爱因斯坦百年诞辰》出版。1981年受邀参加梵蒂冈宇宙学大会，宣布无边界构想，主张用量子宇宙学来解决“第一推动力”问题；同年出版《超时空和超引力》一书。1988年出版科普畅销书《时间简史：从大爆炸到黑洞》，至2002年中期，该书已在全世界发行了2 500万册；1991年同名电影上映。还出版高级科普作品《黑洞、婴儿宇宙及其他》（1993年）、《时间简史》（2005年）等书。所著《果壳中的宇宙》（2001年）获2002年度安万特科学图书奖。20世纪60年代，他的“奇点与时空几何”论文获亚当斯奖。1981年被授予大英帝国高级骑士称号。1988年和R. 彭罗斯证明了著名的奇性定理，同获沃尔夫物理研究基金奖。2009年获美国总统自由勋章。此外还获其他各种奖项。

（李啸虎　汪玉芝）

伯内尔，J. B.（Burnell，Jocelyn Bell）　英国人，婚前姓贝尔，名姓叫乔斯琳·贝尔（Jocelyn Bell）。1968年出嫁后改从夫姓伯内尔。1943年7月5日生于英国北爱尔兰贝尔法斯特。射电天文学。

自幼热爱天文学。1965年在英国格拉斯哥获物理学学士学位，旋即进入剑桥大学，师从射电天文学家休伊什，1968年获博士学位。此后在南安普敦大学任教5年，并参加了一个伽玛射线天文小组。1974年～1982年在伦敦大学学院任教。1982年任爱丁堡皇家天文台研究员，此后曾任英国开放大学物理系主任。2001年任巴斯大学理学院院长。她退休后于2010年任牛津大学天体物理学客座教授、美国普林顿斯大学客座教授。2002～2004年任英国皇家天文学会会长，2008～2010年任英国物理学会会长。2003年当选英国皇家学会会员。

在天文学上的最大贡献是发现了射电脉冲星。20世纪60年代中期，休伊什主持建造了一台高时间分辨率的射电望远镜。她参加了该射电望远镜的建造，1967年7月建成后用它进行巡天观测。1967年10月以她特有的细心发现记录纸带上有一个奇怪的脉冲信号，它与射电源的行星际闪烁以及人为干扰信号稍有不同，她记起以前在同一天区似乎也见过这种特殊信号，于是回查记录纸带果然发现早在8月就已出现过。她发现这种信号出现的时间间隔是23小时56分，即恒星周日视运动的时间间隔。当即向休伊什作了汇报。接着他们安装了新的时间分辨率更高的记录仪，再次搜索这一信号。但在新记录仪安装的开始几星期中一直没有搜索到。休伊什认为，那可能是一颗耀星，观测它的机会已经错过。但她并不灰心，终于在这年11月28日在狐狸座方向再次找到了它，并记下了周期为1.337秒的图像清晰的射电脉冲信号。当时一些同事认为这一信号可能是外星人发来的，并建议用一本科学幻想小说中的地外智慧生命“小绿人”（Little Green Man）的缩写词LGM命名这一信号源。休伊什指出，如果外星人在一颗行星上，这颗行星绕它自己的“太阳”公转，我们接受到的信号便会有附加的多普勒位移，但后来始终未观测到。更重要的是，在这以后的两个月内，她通过分析记录纸带，在天空别的方向又找到3个类似的脉冲信号源。于是“小绿人”之说便被摒弃，而称之为射电脉冲星。1968年2月，休伊什和她等人发表论文正式宣告了这一重要发现，她是最早的4颗射电脉冲星的直接发现者。同年，T. 戈尔德指出射电脉冲星的本质是高速自转的中子星，这是至今公认的一种解释。

射电脉冲星是20世纪60年代四大天文发现之一。这一发现有力地推动了如中子星一类的恒星晚期演化的研究，为研究高能天体物理学开辟了一条新途径。由于这一重要发现。她的导师休伊什获1974年诺贝尔物理学奖。但遗憾的是，她这位直接发现者却未能同时获奖。

1973年获美国富兰克林学院迈克尔逊奖章。还获英国皇家天文学会的赫歇尔奖章（1989年）和爱丁顿奖章（1999年），2007年被授予大英帝国爵士位，成为一位很罕见的女爵士。

（刘　炎　宣焕灿）

斯穆特，G. F.（Smoot，George Fitzgerald III）

美国人,1945 年 2 月 20 日生于美国佛罗里达州育空。天体物理学、粒子物理学、宇宙学。

父亲是水文地质科学家,1966 年获美国马萨诸塞理工学院理学学士学位,1970 年获该校物理学博士学位。同年起一直在伯克利加利福尼亚大学工作,任劳伦斯-伯克利国家实验室核子与粒子天体物理研究所研究员,兼任该校物理系教授;期间 1971 年起兼任美国航空航天局高空粒子物理学实验项目负责人,1989 年起兼任美国航空航天局宇宙背景辐射探测器(COBE)数据管理程序组组长等职。

长期从事宇宙背景辐射的研究。1965 年,A. A. 彭齐亚斯和 R. W. 威尔逊共同发现微波背景辐射,后两人分享 1978 年诺贝尔物理学奖。微波背景辐射隐藏着宇宙起源和命运的微妙线索。在 J. 马瑟和斯穆特等人 120 余次倡议推动下,1989 年美国航空航天局发射了 COBE 卫星,以测绘全天空微波背景辐射分布图。在该项目中,斯穆特主要负责测量微波背景辐射微小的温度波动。他为 COBE 卫星主持设计了一种高精度的微分微波辐射计,由 3.3 毫米、5.7 毫米和 9.6 毫米三个不同射电波长的三个辐射计组成,并带有能测出两个不同天区温度差的一对天线。1990 年马瑟对 COBE 卫星数据进行分析,证明微波背景辐射光子的能量分布与一个温度为 2.725K 的理想黑体发出的辐射非常吻合;1992 年 4 月 23 日,斯穆特宣布测出"涟波辐射",即在被扫描的 1 亿光年天区内存在着细微起伏的温度变化即各向异性,相对于平均温度为 2.74K 的微波背景来说,温差幅度仅为十万分之几。

他们的工作大大加深了人类对宇宙及星系演化过程的认识,强有力地支持了宇宙大爆炸学说,也开了精确宇宙学先河,因此他和马瑟分享 2006 年诺贝尔物理学奖。著名科学家霍金评论说,COBE 项目的研究成果堪称 20 世纪最重要科学成就。发表论文近 200 篇。出版与他人合著的畅销科普作品《时间皱纹》(1993 年)。

(李啸虎)

马瑟,J. C.(Mather, John Cromwell) 美国人,1946 年 8 月 7 日生于美国弗吉尼亚州罗阿诺克。红外天文学、天体物理学、宇宙学。

从小深受参与青霉素研发的细菌学家外祖父的影响。1968 年获美国斯沃特穆尔学

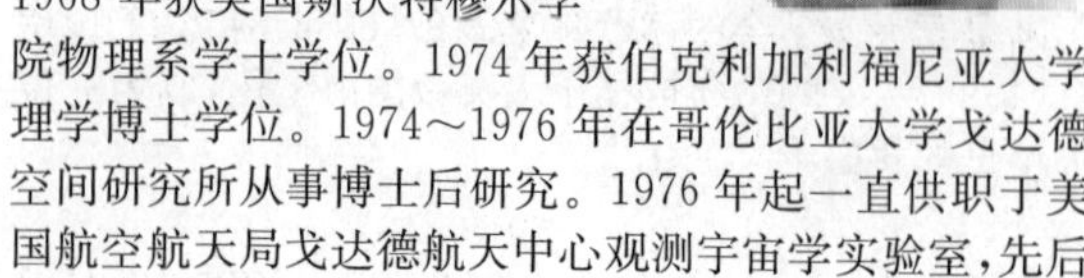

院物理系学士学位。1974 年获伯克利加利福尼亚大学理学博士学位。1974～1976 年在哥伦比亚大学戈达德空间研究所从事博士后研究。1976 年起一直供职于美国航空航天局戈达德航天中心观测宇宙学实验室,先后任研究科学家、宇宙背景辐射探测器(COBE)卫星项目主要负责人、远红外分光分度计首席调研员、詹姆士·韦伯空间红外望远镜工程资深科学家、美国航空航天局顾问委员会成员等职。1994 年获美国斯沃特穆尔学院荣誉理学博士学位。1997 年当选为美国国家科学院院士。1998 年当选为美国国家文理科学院院士。

长期从事红外天文学等领域研究,在探测微波背景辐射特性方面获重大突破。目前科学界占主流的宇宙起源模型认为,宇宙诞生于距今约 137 亿年前一次大爆炸,微波背景辐射是大爆炸后的"余烬",记录了大爆炸 30 多万年后的宇宙婴儿期状态,且温度随着宇宙不断膨胀而逐渐下降。1970 年马瑟已在筹划研制 COBE,1974 年他率先提出发射 COBE 观测卫星的倡议。在 15 年中,他和 G. F. 斯穆特等人上书 120 余次,在提议获得美国航空航天局批准后,一直是该项目主要领导者和协调者,并亲自主持远红外线绝对分光光度计研制,将光谱分析精度提高到前所未有水平。经过 1000 多专家 4 年协同攻关,1989 年 11 月 18 日 COBE 卫星终于升空,进入轨道几分钟后就发回了第一批照片。根据 COBE 观测资料,马瑟-斯穆特团队首次绘制了太空观测到的第一张天空不同方向上的微波背景辐射分布图。微波背景辐射其能量最强处在波长 1 毫米处,而地球大气恰好挡掉了这一波长附近的辐射。在地面上,往往只能将多家厘米波段和分米波段的探测结果加以拼合。空间探测根本克服了这一缺陷。它可以在包括 1 毫米处的十分广泛的波长范围内进行探测。1990 年 1 月,马瑟在一次会议中展示了 COBE 探测到的黑体辐射光谱曲线,与会者激动得起立欢呼。这条曲线最终证明:背景辐射各个波长非常精确地对应于绝对温度为 2.726 ± 0.010K 的黑体辐射谱特征。1992 年 4 月 23 日,斯穆特宣布发现了微波背景辐射温差为 10 万分之几的各向异性,揭示了宇宙婴儿期的物质分布情况。在 COBE 项目基础上,2001 年美国航空航天局又发射了更先进的威尔金森微波各向异性探测器。由于以上成果,他们两人因此分享 2006 年诺贝尔物理学奖。诺贝尔奖公报指出:他们的发现"为有关宇宙起源的大爆炸理论提供了支持,将有助于研究早期宇宙,帮助人们更多地了解恒星和星系的起源。他们的工作使宇宙学进入了'精确研究'时代。"

发表论文百余篇;出版了《宇宙初开之光》(1996 年,与他人合著)等著作,主编了国际会议论文集《光学、红外线和毫米波空间望远镜》(2004 年)。此外还获得其他各种奖励 20 余项。

(李啸虎)

赫尔斯,R. A.(Hulse, Russell Alan) 美国人,1950 年 11 月 28 日生于美国纽约。射电天文学、物理学。

1970 年毕业于赫尔斯大学。随即考入马萨诸塞大学研究生院,1972 年获该校理科硕士学位,1975 年获该

校博士学位。1975～1977 年在弗吉尼亚州的美国国立射电天文台工作，此后长期在新泽西州的普灵斯顿大学等离子体物理实验室从事研究工作。

他在马萨诸塞大学攻读博士研究生时，1974 年与导师 J. H. 泰勒共同发现了第一个脉冲双星 PSR1913＋16(PSR 代表脉冲星，1913＋16 表示其在天球上的位置为赤经 19 时 13 分，赤纬＋16°)，它是第一对由一个射电脉冲星(其实质是中子星)和另一个其辐射锥始终扫不到地球的中子星组成的脉冲双星。爱因斯坦创立广义相对论时曾预言引力波的存在，但由于它极其微弱，人们一直未能直接测得。根据引力波会带走辐射它的源体的能量的原理，如果这对脉冲双星中的脉冲星子星真的因快速自转而发出引力波，那么它将损失能量而导致脉冲双星互相绕转的轨道向内旋，于是其轨道周期变短。他们对它进行了多年的严密测量，1978 年宣布，该脉冲双星两子星互相绕转的轨道周期以每年 75 微秒的速率变短。这与根据广义相对论所作的理论计算相吻合，从而提出了第一个引力波存在的间接证据。因此，他与他的导师泰勒分享了 1993 年诺贝尔物理学奖。

（宣焕灿　刘　炎）

珀尔马特，S.（Perlmutter，Saul）　美国人，1959 年 9 月 22 日生于美国伊利诺伊州厄巴纳-尚佩恩。天体物理学、宇宙学。

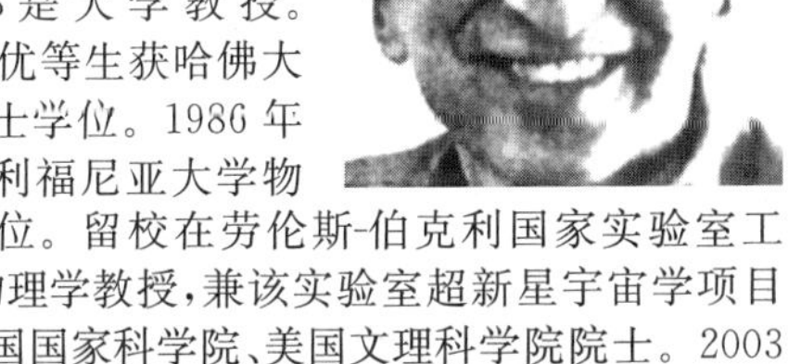

双亲都是大学教授。1981 年他以优等生获哈佛大学物理学学士学位。1986 年获伯克利加利福尼亚大学物理学博士学位。留校在劳伦斯-伯克利国家实验室工作，后升任物理学教授，兼该实验室超新星宇宙学项目主管。是美国国家科学院、美国文理科学院院士。2003 年当选为美国科学促进协会会员。

20 世纪 80 年代，在 R. A. 马勒(Richard A. Muller)指导下搜寻候选的太阳伴星。将计算机技术用于望远镜的想法，得益于 L. 阿尔瓦雷茨(1968 年诺贝尔物理学奖得主)的建议。1986 年他在“对太阳伴星的天体测量学研究”博士学位论文中，介绍了自己研制设计的一种自动化望远镜及其寻星软件，用它寻找假想中的太阳伴星“复仇女神”(Nemesis)。1988 年开始用它搜寻超新星。1998 年，珀尔马特领导的团队与另一个超新星宇宙学团队，各自发现了宇宙加速膨胀的惊人现象。

珀尔马特团队的证据，基于对宇宙极遥远天区的 42 颗 Ia 型超新星的观测。天体物理学基本理论认为，一对密近双星系统中的子星白矮星一旦从正常恒星的伴星中吸积到足够的物质，以致超过了稳定质量最大上限 1.44 个太阳质量(即钱德拉塞卡极限)，其核心就会发生极其激烈的爆炸而变成一颗 Ia 型超新星。由于所有的 Ia 型超新星的光度被认为大致相同，因而可作为一种“标准烛光”，即宇宙学尺度上的一把标准“量天尺”。通过从地球上观测某颗白矮星爆炸时的红移，可测得它的距离。1998 年初，珀尔马特团队考察了 42 颗 Ia 型超新星爆发时的光度，扣除星际弥漫物质消光等因素，仍然要比理论预期明显暗一些，说明其距离更加遥远。这些遥远超新星爆发于数十亿年前，其退行速度要大于大爆炸理论所预期的速度，暗示了宇宙在那时开始由减速膨胀转为加速膨胀。几乎同时，澳大利亚施密特高红移超新星搜索队也得出了类似的惊人结论。他们都猜测，引起这种加速膨胀的神秘力量来自某种未知的反引力能量，现在普遍称为“暗能量”(dark energy)。

由此，新一轮重新认识宇宙本质、探寻神秘“暗能量”的热潮开始了。2004 年 5 月，英美天文学家在华盛顿举行新闻发布会宣布，他们借助美国航天局钱德拉 X 射线天文望远镜对 26 个星系团进行观测的结果，找到了宇宙在距今 60 亿年前从减速膨胀开始加速膨胀的新证据，证实了宇宙加速膨胀缘于暗能量。时至 2010 年，一支多国科学家研究团队通过分析哈勃太空望远镜多年观测的近 50 万个变形星系，再次证实宇宙膨张速度在不断加速。这一系列发现让世人震惊，因为如果膨胀速度持续加快，那么宇宙将会终结于冰川。

接着，珀尔马特主持建造一颗天文观测卫星，以寻找和研究更多的遥远宇宙超新星信息。此外，他也是伯克利地球表面温度项目的积极参与者，对来自世界各地海量的气候观测资料进行更严谨的改进分析，日益增加了人们对目前全球变暖的认识。

由于“透过观测遥远超新星而发现宇宙加速膨胀”，他和美国-澳大利亚双重国籍的 B. P. 施密特、美国的 A. 里斯三人分享 2011 年诺贝尔物理学奖；珀尔马特获其中一半奖金。此外他还获多种其他奖项，其中有：2002 年美国能源部劳伦斯物理学奖，2003 年加利福尼亚科学家年度奖，2005 年同时获斯科特奖、帕多瓦奖和费尔特里内利国际奖，2006 年中国香港邵逸夫天文学奖(与施密特、里斯共享)，2007 年格鲁伯宇宙学奖(珀尔马特和施密特两个团队分享)，2011 年爱因斯坦奖章(和里斯同获)等。

（宣焕灿　萧耐园）

施密特，B. P.（Schmidt，Brian Paul）　美国-澳大利亚双重国籍，1967 年 2 月 24 日生于美国蒙大拿州米苏拉。天体物理学、宇宙学。

鱼类学家之子。中学毕业后在美国国家气象局短期工作。1989 年获亚利桑那大学物理学和天文学双理学士学位。1992 年、1993 年先后获哈佛大学天文学专业的理学硕士、博士学位。在哈佛大学，他认识了未来的妻子，正在攻读经济学博士的一位澳大利亚少女，这是他后来到澳大利亚工作的重要原因。1993 年后在哈佛-史密森天体物理中心进行博士后研究。1994 年移居澳大利亚。1995 年到澳大利亚国立大学斯特朗洛山天文台工作，同年领导高红移超新星搜索队，后任天文学与天体物理学研究院杰出教授。2012 年当选为英国皇家学会外籍会员。

师从 R. 柯什纳(Robert Kirshner),1993 年博士论文讨论如何用 II 型超新星来测量哈勃常数,这为他后来的重大发现奠定了基础。1994 年 27 岁,和 N. B. 森泽夫(Nicholas B. Suntzeff)等人在澳大利亚共同组建一支国际搜星队,利用高红移 Ia 型超新星作为"宇宙探针",以观测验证大爆炸宇宙理论。为了提高寻星效率,施密特在短时期内集成开发出自动化超新星搜寻软件。1995 年该团队推选他作为总负责人,同年出席在美国哈佛-史密森天体物理学中心召开的超新星国际会议。1998 年初,他与里斯等人通过对 16 颗 Ia 型超新星的观测率先发现宇宙在加速膨胀。

宇宙中的 Ia 型超新星,起源于较低质量恒星的密近双星系统。该系统由靠得相当近的一颗白矮星和一颗正常恒星组成,密度很高的白矮星用引力吸取伴星的表层,使白矮星表面的物越来越多,当它的质量超过 1.44 个太阳质量时,就会引起坍缩,密度和温度迅速上升,当表面温度上升到摄氏 2 亿度时,其内部产生极其猛烈的热核反应,引起整颗恒星发生超新星爆炸,爆炸抛射物的速度高达 1～2 万千米/秒,向外扩散形成超新星遗迹星云,而原先恒星的核心不留任何物质。Ia 型超新星是宇宙中规模极大的热核爆炸。Ia 型超新星爆炸高度极大时其光度大体相等,它被认为是宇宙中的"标准烛光",而其光变曲线也很类似。施密特等人通过遥远的 Ia 型超新星中的谱线红移的研究推算出它的距离。结果发现 Ia 型超新星比理论计算更遥远。于是唯一合理的解释是宇宙在越来越快地加速膨胀。

宇宙加速膨胀意味着宇宙存在着与万有引力相对的"斥力",它被称为"暗能量"。暗能量在宇宙演化的过程中密度几乎不变,于是随着宇宙膨胀,它的总量以及在宇宙全部物质中所占的份额不断增长。目前宇宙中暗能量约 72%,暗物质约 23%,我们所熟悉的普通物质只占约 5%。

由于"透过观测遥远超新星而发现宇宙加速膨胀",他和美国的 S. 珀尔马特、A. G. 里斯三人分享 2011 年诺贝尔物理学奖;珀尔马特获其中一半奖金,他和里斯则分享另一半奖金。此外施密特还获多种其他奖项,其中有:2000 年同获澳大利亚政府麦金托什奖、哈佛大学博克奖,2001 年澳大利亚科学院波西奖,2002 年印度天文学学会瓦纳巴帕奖章,2006 年中国香港邵逸夫天文学奖(与 A. 里斯、S. 珀尔马特分享),2007 年格鲁伯宇宙学奖(他的团队和珀尔马特团队分享),2013 年澳大利亚国家勋章等。 (宣焕灿 萧耐园)

里斯,A. G. (Riess, Adam Guy) 美国人,1969 年 12 月 16 日生于美国华盛顿。*天体物理学、宇宙学。*

犹太人后裔。1992 年毕业于美国马萨诸塞理工学院。师从 R. 柯什纳(Robert Kirshner),1996 年获哈佛大学天文学理学博士学位。同年作为米勒研究员在伯克利加利福尼亚大学进行博士后研究。1997 年加盟澳大利亚施密特高红移超新星搜寻队。1999 年任美国大学系统天文学研究联合会太空望远镜科学研究院天体物理学家。2005 年任约翰斯·霍普金斯大学物理学与天文学系教授。2009 年当选为美国国家科学院院士。

20 世纪 90 年代,在柯什纳(R. Kirshner)指导下,他在博士论文里发展了一套数学方法以纠正星际尘埃消光和星体内在光度不均匀性等干扰,将多个滤光片拍摄的光变曲线数据经改正后,发现 Ia 型超新星可作为近似的标准烛光,使其成为有效的距离指标,即宇宙学尺度上的一把标准"量天尺"。根据目前作为"标准模型"的大爆炸宇宙学,宇宙膨胀的速度应该不断放缓。1997 年下半年在澳大利亚,他和师兄施密特发现了第一个与此相反的观测证据。在 1998 年 1 月发表的论文中,他作为第一作者,俩人共同宣布发现这些超新星爆发时的光度要比理论预期暗一些,说明其距离也更加遥远,离今已有数十亿年,从其退行速度大于预期可知,宇宙在那个时候开始加速膨胀。几乎同时,在美国的珀尔马特超新星宇宙学项目组也独立地发现了这一惊人现象。由于两支竞争研究的团队不约而同地发现同一现象,促使科学界很快接受"加速宇宙"的新事实,1998 年《科学》杂志将该发现称为"年度突破"。

由此,新一轮重新认识宇宙本质、探寻神秘"暗能量"的热潮开始了。2004 年 5 月,英美天文学家宣布,他们借助美国航天局钱德拉 X 射线天文望远镜对 26 个星系团进行观测的结果,找到了宇宙在距今 60 亿年前从减速膨胀开始加速膨胀的新证据,证实了宇宙加速膨胀缘于暗能量。2006 年 11 月,里斯作为高红移超新星计划的最初领导者之一,和合作者一起公布了他们对 70 亿光年以外 23 颗超新星的观测结果。这些数据显示,在宇宙最初的大爆炸之后,由于物质之间万有引力和辐射能量阻滞作用,致使膨胀速度逐渐变慢;直到约 50 亿年前,暗能量占据主导地位并使宇宙开始加速膨胀。时至 2010 年,一支多国科学家研究团队通过分析哈勃太空望远镜多年观测的近 50 万个变形星系,再次证实宇宙膨胀速度在不断加速。这一系列发现让世人震惊,因为膨胀速度持续加快,那么宇宙将会终结于冰川。

由于"透过观测遥远超新星而发现宇宙加速膨胀",他和美国的 S. 珀尔马特、美国-澳大利亚双重国籍的 B. P. 施密特三人分享 2011 年诺贝尔物理学奖;珀尔马特获其中一半奖金,里斯和施密特则分享另一半奖金。此外里斯还获多种其他奖项,其中有:1999 年特朗普勒奖(因博士论文),2001 年哈佛大学博克奖,2003 年美国天文学学会沃纳奖,2004 年雷蒙德与萨克勒奖,2006 年中国香港邵逸夫天文学奖(与珀尔马特、施密特共享),2007 年格鲁伯宇宙学奖(珀尔马特和施密特两个团队分享),2008 年麦克阿瑟"天才人物"奖,2011 年爱因斯坦奖章(和施密特同获)等。 (宣焕灿 萧耐园)

世界科学家大辞典

Dictionary of World' s Scientific Biography

地学卷

赫卡忒尤斯（Hecataeus of Miletus） 古希腊人，约公元前550年生于米利都（今属土耳其），约公元前476年卒于原地。地理学、地图学、历史学。

以古希腊女神赫卡忒为名。富家子弟。生平不详。鼎盛期在波斯人入侵希腊时期。是最早的希腊历史学家和散文作家之一。年轻时外出广泛周游，后回家乡定居，曾任地方高官，并潜心写作地理学和历史学专著。撰写了《世界游记》（2卷）一书，书中按地区简述了地中海岛屿以及沿岸一带的地理特征，还附有地图。全书分为“欧洲”和“亚洲”两部分，亚洲部分包括非洲。这本书可以说是世界上最早的一本地理书籍。书中附有一份全球地图，是对古希腊自然哲学家阿那克西费德地图的修订和扩展。该书已经失传，但后来的希腊学者，如斯梯芬（Stephanus）等人，都在他们的作品中提到或引用过它，仅有的片断约374条。 （张南海）

皮特阿斯（Pytheas of Massalia） 据传公元前330年前后生活在马萨利亚（今法国马赛）。地理学、地理探险。

也许因读了欧多克斯的著作，他深信地球为球体。他是古代欧洲一位伟大的地理考察家。不列颠群岛有文字记载的历史就是从他开始的。他向西向北旅行到大不列颠群岛和北海，还在大不列颠群岛北面6天航程的北极圈上发现了一个称为“图勒”（Thule）的岛屿（不少人认为那个岛就是冰岛）。他在北欧一带搜集了大量地理资料，声称已游遍了不列颠群岛，并从加的斯沿着欧洲大陆的西北海岸一直考察到顿河。他是第一个用文字记载和描述“半夜太阳”、“北极冰盖”、日耳曼和芬兰部落的地理学家。 （张南海）

厄拉多塞（Eratosthenes） 一译埃拉托色尼。古希腊人。约公元前276年生于昔兰尼（今利比亚舍哈特），约公元前195年卒于亚历山大城（今属埃及）。地理学、天文学、数学。

早年在雅典求学。30岁时应托勒玫三世（Ptolemy Ⅲ）之邀，到亚历山大城任图书馆馆长。多才多艺，精通地理学、天文学、数学、哲学、纪年学、语言学、诗歌和文学。

是有史可查的第一个测量地球周长的人。他发现：在赛伊尼（今埃及阿斯旺），夏至日中午时太阳直射井底，即太阳正好位于天顶；而在亚历山大城，夏至日中午时太阳的天顶距为圆周的1/50（即7°12′）。他认为地球是球形的，赛伊尼和亚历山大两地正好位于正南北方向上，又认为太阳十分遥远，射向地球的光是平行光，上述角度乃是地球表面的弯曲造成的，于是推出地球的周长为两地距离的50倍；然后根据旅行者对两地距离的测算，求得了地球的周长为252 000希腊里（1希腊里约合158.5米），故约近40 000千米，此值和今测值十分接近。他还测得了黄赤交角为23°51′。

主要著作《地理学》，共3卷，对地球的形状、大小、海陆分布作了探讨和阐述。书中首次提出地球可分为5个气候带（热带、两个温带、两个寒带）的科学见解。该书奠定了数理地理学的初步基础。此外，还写过一本用筛选法求素数的数学著作。 （张南海 宣焕灿）

张骞（Zhang Qian） 字子文。中国西汉汉中郡成固（今陕西城固）人，约汉文帝前元五年（公元前175年）生，汉武帝元鼎三年（公元前114年）卒。地理学、地理探险、外交活动。

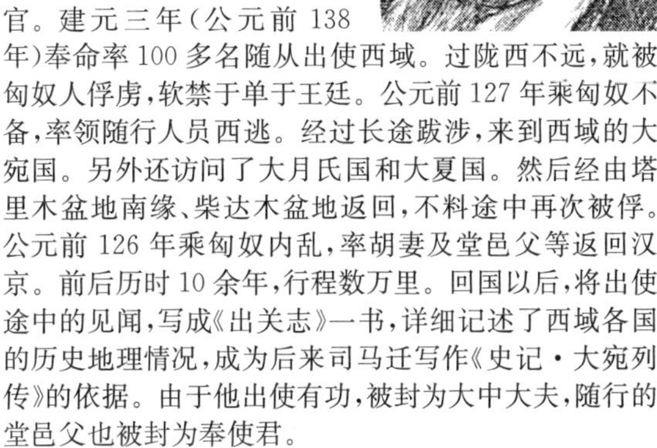

汉武帝时做过宫廷的郎官。建元三年（公元前138年）奉命率100多名随从出使西域。过陇西不远，就被匈奴人俘虏，软禁于单于王廷。公元前127年乘匈奴不备，率领随行人员西逃。经过长途跋涉，来到西域的大宛国。另外还访问了大月氏国和大夏国。然后经由塔里木盆地南缘、柴达木盆地返回，不料途中再次被俘。公元前126年乘匈奴内乱，率胡妻及堂邑父等返回汉京。前后历时10余年，行程数万里。回国以后，将出使途中的见闻，写成《出关志》一书，详细记述了西域各国的历史地理情况，成为后来司马迁写作《史记·大宛列传》的依据。由于他出使有功，被封为大中大夫，随行的堂邑父也被封为奉使君。

公元前122年，西汉政府派他打通经中国西南地区通向身毒（今印度）的道路。他率随行人员经四川、云南西行，途中被少数民族所阻，没有成功，但此行却了解到在昆明西南1 000多里以外，有一个叫滇越的国家，出产大象，四川商人经常到那里去经商。公元前119年，汉朝政府任命他为中郎将，带领副使及随从300余人，出使西域。途中十分顺利。他们受到乌孙国王的盛大欢迎。他又分遣副使到大宛、大夏、大月氏、康居、安息、于阗等国，与各国建立了友好关系。随后汉朝政府又向奄蔡、黎轩、条支等国派遣了使者。从此，由汉地通往西域的道路正式打通。为了表彰他的功绩，汉朝政府封他为大行，官居九卿之列，专门负责外交事务。 （翟忠义）

斯特拉波（Strabo或Strabon） 古希腊罗马人，公元前64（或前63年）生于小亚细亚古希腊本都地区阿马西亚（今属土耳其），约公元25年卒于同地。地理学、地图学、历史学。

出身希腊化的富裕家庭，从小受到良好教育。21岁时第一次移居罗马。哲学上由亚里士多德派转向斯多葛派。曾旅行过希腊、小亚细亚、埃及、埃塞俄比亚和意大利等地。

自然科学上的主要贡献是晚年编写的一部17卷本《地理学》（除第七卷外，其余至今保存完好）。这是现存唯一一部全面描述古代西方世界、范围广泛、内容丰富的巨著。它收集、引用了大量现已散失的古希腊罗马著作，具有重要的史料价值。如其中的数理地理学、制图学和来源于厄拉多塞有关印度的信息；天文学部分取材于欧多克斯；数学和制图法来源于依巴谷；西班牙和高卢的部分取材于波昔东尼；欧洲部分来源于波里比阿(Polybius)；小亚细亚和埃及部分取材于阿特米多罗斯(Artemidorus)；雅典部分来源于阿波罗多罗斯(Apollodorus)。该书涉及数理地理、地图绘制、地形学、地文学、政治学和历史学。详细描绘了地中海周围各国的自然风貌、物产和民族特征。继承了厄拉多塞的观点，认为世界只有一个大陆，它是由欧、亚、非及其周围的岛屿组成的。这个大陆占地球总面积的四分之一，用一个直径 10 英尺(约 3.05 米)的地球仪可以把它的细节表现出来。还讨论了如何将这个大陆投影到平面图上来，指出由于弯向两极所产生的差异微不足道，各地的子午线仍保持平行。主张用天文观测来确定赤道、黄道、纬度和回归线，并注意到经度可以根据日月食观测的时间差异精确地测定。赞成以罗得岛的经度圈作为本初经圈。采纳了温度带的概念。还认为温暖的气候和曲折的海岸线是文明发展的重要因素，因此地中海地区，特别是希腊，文化程度较大陆外缘地区为高。大陆外缘海岸线虽长，但平直缺少变化。

还是一位著名历史学家。约公元 20 年，在罗马完成《历史概观》，长达 47 卷，生动地展示出罗马帝国诞生时期的历史画面；现已失传。（李士土　李文华）

庞波纽斯·梅拉 (Pomponius Mela)　古罗马人，公元 1 世纪上半叶生活于西班牙南部廷根特拉(今阿尔赫西拉斯)，约公元 45 年卒。*地理学*。

是罗马帝国最早的一位地理学家。约在公元 43 年写作了《世界概述》(3 卷)一书。书中称地球是球体，位于宇宙之中心，南北可分成两个半球，表面可划分成五条气候带：北寒带、北温带、热带、南温带、南寒带。书中还说欧、亚、非三块大陆上有居民生活着，它们四周都被浩瀚的大洋所包围，大洋分为四个海，其中地中海为最重要。此书对后世影响很大，航海家哥伦布就曾从此书获得启示。1585 年英国出版英译本。（张南海）

班固 (Ban Gu)　字孟坚。中国东汉扶风安陵(今陕西咸阳)人，东汉建武八年(公元 32 年)生，东汉永元四年(公元 92 年)卒。*历史地理学、历史学、文学*。

父亲班彪是有名的儒学大师。自幼随父在洛阳读书，16 岁入太学。在父亲撰写《史记后传》的基础上，开始撰写《汉书》。后被朝廷召为兰台令史，专门负责掌管图书典籍及编史工作。利用这一有利条件，潜心积思 20 余年，自永平年间受诏撰史，至建初年间才完成这部巨著。他被人以依附权臣罪罗织入狱，病死狱中。《汉书》中所缺八表及《天文志》，由其妹班昭以及马续等补作完成。

《汉书》是中国第一部纪传体的断代史，共包括十二纪、十志、八表、七十列传等计 100 篇，80 多万字。而其中的《地理志》，则是中国最早以“地理”名书的地理学著作，也是具有重要影响的疆域地理著作。《汉书·地理志》共包括三部分：第一部分总论黄帝以来历代疆域的变迁情况，内容根据《禹贡》、《职方》等地理著作改编。第二部分是《地理志》的主体，专门记述汉代的地理情况。他以汉平帝元始二年(公元 2 年)为准，记述了全国 103 个郡国和1 587个县、道、邑、侯国的户口数量、山岳陂泽、水道源流、城邑乡聚、关塞亭障、祠宇古迹、物产特产、经济部门等项，条理分明，内容丰富。这种以疆域政区为纲，山区物产为目的体例，被称为疆域地理志，而《汉书·地理志》正是这种体例的首创者。第三部分内容的性质近似附录，分论各地区的“域分”和“风俗”的情况。此外，《汉书》中的《食货志》、《沟洫志》、《西域传》、《匈奴传》等部分，也都包含着丰富的地理学内容。

（翟忠义）

裴秀 (Pei Xiu)　字季彦。中国西晋河东闻喜(今山西闻喜)人，魏文帝黄初五年(224 年)生，晋武帝泰始七年(271 年)卒。*地理学、地图学*。

出身官宦家庭。自幼博学强记。曾在魏晋朝中做过黄门侍郎、尚书令及司空等职。司空一职专门掌管全国的水利工程、屯田、交通等事务，因而经常接触秘府图籍，使他在地图学方面做出了杰出的贡献。

他被视为中国地图学的创建者和奠基人。创建了“制图六体”，即提出了绘制地图的六项基本原则：分率、准望、道里、高下、方邪和迂直。即地图绘制上的比例尺、方位、距离、高度、倾斜和起伏等，这实际上是建立了中国古代制图学的理论体系。

主持编绘了《禹贡地域图》18 篇。这是运用“制图六体”编绘的一本全国地图册，是晋代的现势地图，又是一部考古证今的历史地图。主持编绘了《地形方丈图》。用一寸折地百里的比例尺，把原用 80 匹缣画成的《天下大图》，缩绘成一丈见方的《地形方丈图》，所以他又是最早采用“计里画方”方法缩绘地图的地图学家。

（夏树芳）

法显 (Faxian)　原姓龚，法显是法名。中国东晋平阳郡武阳(今山西襄垣)人，东晋咸和九年(334 年)生，元熙二年(420 年)卒。*地理学、地理探险、佛学*。

有兄长 3 人，均不幸早逝。父母怕他不能成人，三岁便把他送入寺院，度为沙弥。20 岁受大戒。学成之后，因感国内佛教经律残缺不全，便立志亲赴天竺，访求真经，礼拜佛迹。

东晋隆安三年(399 年)，他以 65 岁高龄，偕同慧景、慧应、慧嵬、道整等法师，由长安西行，穿戈壁，过沙漠，翻雪山，跨高原，漫游了北天竺、西天竺、中天竺、东天竺，又经过南天竺，到达狮子国，后又到爪哇。跋涉万里，历尽艰辛，求取了佛教经卷，于东晋义熙八年(412 年)乘海船返回中国，由长广郡牢山(今青岛崂山)上岸。这次游历，历时 14 年，行程数万里，是中国遍游五天竺并由海路返国的第一位旅行家。

回国后，在建康道场寺译经，前后翻译了 6 部佛经；又根据自己的沿途见闻，写成了《佛国记》一书。这部书共约9 900余字，生动记述了旅途见闻及中亚、南亚地区的地理历史与风土人情，具有很高的学术价值，被译成各国文字。（夏树芳）

郦道元（Li Daoyuan） 字善长。中国北魏范阳涿州（今河北涿州市）人，约北魏皇兴三年（469 年）或延兴二年（472 年）生，孝昌三年（527 年）卒。水文学、地理学、文学。

出身官宦世家。从少年时代起就爱好游历，足迹遍及今河南、山东、山西、河北、安徽、江苏、内蒙古等地。北魏太和十八年（494 年）出任尚书郎。后历任过安南将军、颍州太守、东荆州刺史、御史中尉等职。他因为官执法严峻，与其弟及两子在赴任关右大使途中，被雍州刺史萧宝寅杀害于陕西临潼东阴盘驿亭。

他利用职务之便在各地“访渎搜渠”，勘察水流地势，阅读大量地理方面的著作。三国前后，有人对全国河流水道进行了专门研究，写成《水经》（作者不详）一书，共记述全国主要河流 137 条，但仅 1 万多字，叙述相当简略，没有把水道的来龙去脉说清楚。他完成了《水经注》这一名著。此书名为注释《水经》，实则以《水经》为纲，作了 20 余倍于原书的补充和发展。自成巨著，共 40 卷，30 多万字。不仅指出原著 60 余处错误，而且记述大小河道1 252条，比原著增加了1 000条左右。所涉地域范围，大体属西汉王朝辖境，部分涉域外如南亚的印度河和恒河流域、中南半岛和朝鲜半岛。除引用 470 余种文献、350 余种金石碑刻外，还一一介绍其所经地区山陵、原野、城邑、关津的地理情况、建制沿革和有关历史事件、人物，甚至神话传说，无不旁征博引，是 6 世纪前中国最全面而系统的综合性地理著作。文笔绚丽，具有较高的文学价值。在中国科学发展史和文学史上具有重要地位。后世许多学者对其进行过系统深入的研究，形成了专门的学问——郦学。 （陈良瑞）

玄奘（Xuanzang） 本姓陈名祎，玄奘是法名。中国唐代洛州缑氏（今河南偃师缑氏镇）人，隋开皇二十年（600 年）或仁寿二年（602 年）生，唐麟德元年（664 年）卒于陕西宜君山玉华寺。地理学、地理探险、佛学。

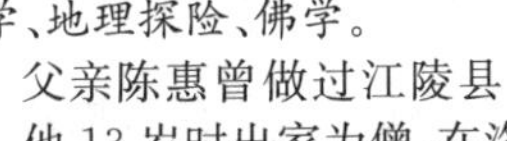

父亲陈惠曾做过江陵县令。他 13 岁时出家为僧，在洛阳净土寺从景法师学《涅槃经》，从严法师学《摄大乘论》。后又到长安、成都、荆州等地学经讲经，并成为年轻的佛学权威。他感到传入中国的佛教经典比较混乱，决心亲赴天竺，拜访戒贤法师，求取贝叶真经，礼参释迦之迹，便从天竺僧人波颇罗多罗学习梵文，作西行准备。

唐贞观三年（629 年）秋，只身出关西行，过沙漠，翻雪山，来到天竺。在戒贤法师的指导下，在佛教最高学府那烂陀寺学习了 5 年，洞悉了佛典经文，获得了法师称号。学成之后，又以 3 年时间，游历了天竺，礼拜了佛迹。贞观十七年（643 年）满载佛教经典动身回国。贞观十九年（645 年）回到长安，受到了隆重的欢迎。太宗皇帝又亲自召见，加以慰勉，要他写一记传，以志见闻。次年便由他口授，弟子辩机笔录，写成了长达 12 卷的《大唐西域记》。

《大唐西域记》全书共 10 万多字，详细记述了西域及南亚地区近 140 个国家的历史、地理、经济、民俗、宗教等情况。其中亲身访问考察的 110 个国家，得之传闻的 28 国。其内容之丰富，资料之翔实，更远在法显的《佛国记》之上。 （夏树芳）

窦叔蒙（Dou Shumeng） 中国唐代浙江东部地区人，生卒年不详，活动鼎盛时期在唐朝宝应、大历年间（762～779 年）。潮汐学、天文学。

他所撰《海涛志》（又名《海峤志》）是中国现存史籍最早的潮汐学专论，在中国海洋潮汐学发展史上有重要地位。该文约成于大历年间（766～779 年）。清代俞思谦的《海潮辑说》一书辑录了该志全文。在中国古代潮汐论著中，最早出现的是三国时吴国严峻的《潮水论》，早已失传。

《海涛志》全文包括总论（成因）、涛历、涛日时、涛期、朔望体象、春秋仲涛涨解六章。第一章总论主要论述潮汐成因，继承东汉王充的“涛之起也，随月盛衰”理论，明确提出“潮汐作涛，必符于月”的同步原理。后各章具体阐明海洋潮汐涨落循环规律。第二章为论涛数，论述了正规半日潮区的潮汐日、月、年周期：一日之内有两个潮汐周期（“一晦一明，再潮再汐”）；一朔望月内有两次大、小潮（“一朔一望，载盈载虚），在朔和望（阴历的初一和十五）分别有两次大潮，在上、下弦（阴历初七、初八和二十二、二十三）有两次小潮；一年内也有两次大潮和小潮（“一春一秋，再涨再缩”）。他计算了从唐宝应二年（763 年）冬至上推到 79 379 年前的冬至，计算出经过的天数为 28 992 664 日，期间正规半日潮循环次数为 56 021 944，一个潮汐周期 12 小时 25 分 14 秒，两次循环比一个太阳日推迟时间为 50 分 28 秒，与现代一般计算值相差仅 28. 04 秒。第三章为论涛时，主要讲述用图表法推算高低潮的方法，独具特色。建立一个具有纵横两轴的坐标系统，上边横轴列着月相从月朔到月晦的变化，代表一个朔望月的日期；纵轴标明时间（用十二辰表示）。把某地实测的潮时标在图表中，再将这些点用斜线连接起来，便成了一个朔望月中的高低潮时推算图，可看到一个朔望月内高低潮变化情况。它是中国最早的高低潮时预报方法，比现存于大英博物馆的欧洲最早的“伦敦桥涨潮时间表”（1213 年）要早 450 年。第四章为论涛期，主要讲述海洋潮汐在一日之内、一月之内、一年之内的变化情况，指出海洋潮汐的大小和升降时刻每天都有变化，每个月也不相同。第五章论朔望体象，用日月运行的自然现象来虚拟君臣将相等人间行为。第六章论春秋仲涛解，根据日、月在天球视运动的差异，推算出春季大潮和秋季大潮发生的时间，首次指出二月朔望后第三天就发生了一年之内春季大潮，相应地八月朔望后第三天便出现了一年之内秋季大潮，实际上阐述了分点潮。 （李啸虎）

贾耽（Jia Dan） 字敦诗。中国唐代沧州南皮（今河北南皮）人，唐开元十八年（730 年）生，永贞元年（805 年）卒。地理学、地图学。

自幼博闻强记，尤爱地理。及第以后，历任县尉、检校、膳部员外郎、太原少尹、礼部郎中、节度副使、汾州刺史等职，后又擢升鸿胪卿（接待外国使臣的官员）、工部尚书和宰相。

陇右地区失陷以后，他深恐旧时镇戍不可复知，为了供唐王朝遣将护边收复失地参考，便根据各种资料，画成了《陇右山南图》。绘图的方法沿用了裴秀的“制图六体”。和地图相配合，又撰写了《别录》6 卷，以补地图内容之不足。另将有关黄河与西戎的内容，编为 4 卷，共计 10 卷，可说是《陇右山南图》的说明书。

贞元十七年（801 年），他画成了图幅更大的《海内华夷图》一轴。这幅地图广 3 丈，长 3 丈 3 尺，以 1 寸折地百里。贾耽为了绘制这幅地图，用了近 30 年的准备时间。不仅阅读了大量的图籍资料，而且调查访问了各国的使节和商人。在他的指导下，由画工集体绘成。地图包括的地域范围，除本国之外，还包括相邻的一些国家和地区。

也在贞元十七年，他撰成了《古今郡国县道四夷述》40 卷，该书详述了疆域变迁、政区沿革、地名考证等方面的内容，可说是一部内容丰富的中国历史沿革地理。书中还采用“古今殊文，古墨今朱”的方法，即用朱、墨两色分注古今地名，将历代政区变迁和古今地理事物巧妙地结合在一起。可说是地图绘制方法的一项创举。这种绘制历史沿革地图的方法后来一直沿用至清代。

还著有《皇华四达记》10 卷、《贞元十道录》4 卷等。书中详细记述了由中国通往各国的海陆道路，及贞元年间十道的地理概况。（翟忠义）

李吉甫（Li Jifu） 字弘宪。中国唐代赵州赞皇（今河北赞皇）人，唐至德三年（758 年）生，唐元和九年（814 年）卒。地理学、地图学。

父亲李栖筠曾任宰相。在家庭教育下，他自幼好学，文章也写得很好。历任太常博士、屯田员外郎、刺史、翰林院学士及宰相等职。

他广集全国图集资料，撰成一部体例严谨、内容丰富的全国地理总志《元和郡县图志》。因写成于元和八年（813 年），故书名冠以“元和”两字。全书共 40 卷，另目录 2 卷，合 42 卷。该书记述了东起辽东、西至陇右、北及阴山，南到越南的疆域范围内十道四十七方镇的地理情况。逐镇分篇叙述，每篇篇首列出所述方镇的地图，然后依次叙述元和八年以前全国各方镇所属的各郡、县的历史沿革、户口、贡赋、物产、山川、水利、古迹等方面的情况。书中记载了很多经济地理方面的资料，对各地农产、矿产、手工业情况，都有简要记述，人口多少，也有记载。书中自然地理方面的内容虽相对较少，但有关河流、湖泊、温泉的记述，却很有意义。

《元和郡县图志》本来是图文并茂的，但到了宋代，方镇图已佚，因而无法称其为图志，故改称《元和郡县志》。《元和郡县志》在流传中，又有散失，现缺失卷十九、卷二十、卷二十三、卷二十四、卷三十五及卷三十六，卷十八也不够完整。《元和郡县志》的学术价值很高，对后世地理总志的编修影响也很大。《四库全书总目提要》称它是地理总志中“时代最早，体例最善”的作品。（翟忠义）

伊本·库达特拔（Ibn Khurradādhbih 或 Ibn Khordadbeh） 波斯（今伊朗）人，约 820 年生，约 912 年卒。地理学、科学传播。

写过有关历史、家谱、地理、音乐、酒和烹调等方面的书。他最主要的学术贡献是在地理学方面。约公元 870 年写成《诸国诸路记》，描写了阿拉伯帝国伊斯兰阿巴斯王朝各省各族人民与地理，还附有地图；此外书中还涉及南亚和马来半岛、中国唐朝、朝鲜半岛和日本诸国。曾将托勒玫的名著《地理学》由“外国语”（可能是希腊文或叙利亚文）编译成阿拉伯文本。写的《地理学纲要》现存有节略本，内容包括区域地理、描写地理、经济地理和政治地理。（冯祖钧）

马苏第（al-Mas'ūdī） 又译麦斯欧迪或麻素提。阿拉伯人，约公元 871 年生于巴格达，公元 956 年 9 月卒于埃及福斯塔特（古开罗）。地理学、历史学。

曾游历过中亚、西亚各国，据称到过中国。晚年在叙利亚和埃及度过。著书甚丰，内容包括历史、地理、法学、神学、家谱，以及行政管理方法等。据现存作品和其他资料，可列出约 37 部，现仅存两部。写过一部首次将历史与地理联系起来的著作，书名为《黄金水草地与宝石矿藏》。他关于世界历史与地理的鸿篇巨著《历代史》共约 30 卷，除第一卷尚存，其余全部失传。

作为历史学家，他对中世纪阿拉伯的编史工作作出了重大贡献。治学态度严谨，不仅引经据典、旁征博引，而且注意充实自己在游历中获得的第一手资料。认为研究历史的人应当先知地理。本质上他属于阿拉伯地理学家的“世俗”学派，而不是那种把自己的地理思想与可兰经的概念协调一致的信徒。（冯祖钧）

哈姆达尼（al-Hamdānī） 阿拉伯人，893 年生于也门萨那，951 年（?）以后卒。地理学、历史学。

航海家之子。经常旅行，到过伊拉克，在麦加逗留多时，与许多学者保持书信往来。后迁居阿拉伯半岛南部城市赖达砾漠和萨达。因卷入政治斗争，曾两次入狱。

943 年写成历史著作《王冠》。还根据亲身见闻写成地理著作《阿拉伯半岛地理学》，该书共 10 卷，现只残存 4 卷。其中，第一、二和五卷介绍阿拉伯半岛南部诸部族，第八卷介绍也门境内希米亚里特人建筑的古城堡。此外，还是个诗人和天文历算家。（张南海）

乐史（Yue Shi） 字子正。中国北宋抚州宜黄（今江西宜黄）人，后唐天成五年（930 年）生，北宋景德四年（1007 年）卒。区域地理学。

进士及第后，做过著作郎、太常博士、职方员外郎、知州等职。学习勤奋，著述鸿富，各类著作 20 余种，合计1018卷,总字数不下1 000万字。

在地理学方面的著作,以《太平寰宇记》最为著名。这是一部重要的中国地理总志。以“太平”两字作书名,一则说明此书撰于太平兴国年间,再则也表示了作者对太平盛世的企望。全书共200卷,另目录2卷,约130余万字。该书以一级政区道为纲,辅之以府县。在类目上大体沿袭了唐代李吉甫的《元和郡县志》的分类,另外增设了风俗、姓氏、艺文、土产等类目。此书在流传中缺失8卷。清末地理学家杨守敬赴日期间,从有关版本中补足5卷半,尚缺两卷半,未成全帙。在地理学方面的著作还有《坐知天下记》40卷、《掌上华夷图》1卷。

(翟忠义)

迈格迪西(al-Maqdisi;或al-Mugaddasi) 阿拉伯人,约946年生于迈格迪斯(今耶路撒冷),10世纪末卒。*地理学、地图学。*

出身富家子弟,从小受到良好教育。20岁时曾去伊斯兰圣地麦加朝觐,自后决心研究地理学。在尔后20年里游历了许多国家,直至985年起才潜心写作,对其访问过的地区一一作系统的报道。

他反对那种为某个统治者的特殊需要写地理书的倾向,力图独立地以学术的观点来判断地理问题。编写过《最佳区分的地域知识》等书。按照他的观点,伊斯兰世界不是对称的,其形状不规则。他将这个世界分为14个区域,并为其中6个命名,其余8个总称为艾贾姆,即波斯(今伊朗)。他还为每一个区画了彩色地图,标明了区域的边界,商路为红色,多沙地区为黄色,海为绿色,河流为蓝色,山脉为赭色,所有这些地图都已失传。

(冯祖钧)

伊本·哈吾卡尔(Ibn Hawqal) 阿拉伯人,生于尼西比斯(今土耳其努赛宾),生活年代据传为10世纪下半叶。*地理学、地图学、历史学。*

生平不详。商人,且可能做过法蒂米德传教士。943~964年出游过许多伊斯兰国家,最西到过西班牙,最东到过伊拉克和波斯。在他生平的后30年中,还到过遥远的亚洲和非洲各地。

结合自己的旅行见闻,参考和修订前人的记叙,977年写过一部著名著作《地球面貌》。书中除介绍伊斯兰国家之外,还述及不少非伊斯兰国家如苏丹、土耳其、努比亚地区和意大利的城市,甚至提及“罗马人文地”的拜占廷帝国,以及高加索地区各民族、东欧各国、南亚西北部,出版过巴基斯坦倍德地区的地图。1233年有人匿名出版过他的著作书略本。1873年在荷兰莱顿出版其完整译本。

(张南海)

巴克里(al-Bakri) 西班牙人,约1014年生于西班牙韦尔瓦,1094年卒于西班牙科尔多瓦。*地理学、文学、语言学。*

父亲做过韦尔瓦郡主后被罢免,早年在科尔多瓦向历史学家伊本·哈因(Ibn Hayyan)和地理学家乌特里(al-Udhri)学习。毕生生活于伊比利亚半岛,主要在西班牙南部塞维利亚地区供职于阿尔梅里亚王朝。他知识渊博,除了对诗歌和语言学有很高的造诣外,还对地理学有很深的研究。

撰写有两本传世的地理著作,一是《地名词典》,收录《可兰经》和阿拉伯诗歌中出现的地名,还收录有容易拼错的常用地名;二是《诸国要道概况》,介绍了当时各国海陆要道,兼及各国历史、社会情况,是一本很有价值的旅游书籍。书中内容大多摘自前人著作。

(张南海)

加尔纳蒂(Abu Hamid al-Gharnatī) 西班牙人,1080年生于西班牙格拉纳达,1169年卒于叙利亚大马士革。*地理学、地理探险。*

1117年离开故乡到达亚历山大。从亚历山大出发访问开罗和巴格达,继续东行,经过波斯和高加索,到伏尔加河,沿河北上,直到保加尔。又到达当时由匈牙利部落占据的巴希吉得。再取道波斯返回巴格达。后又去麦加朝觐。

他把旅途见闻写成《马格里布奇闻录》和《心灵的馈赠与奇闻集锦》。这两本书对于撒哈拉沙漠、亚历山大和俄罗斯南部等地的描述是十分珍贵的。书中还提及印度和中国等地。

(张南海)

伊德里西(al-Idrisi) 摩洛哥人,1100年生于摩洛哥休达,1166年卒于同地。*地理学、地图学。*

早年在西班牙科尔多瓦受教育。不满16岁就周游四方。1138年应西西里国王之邀去西西里巴勒莫,直到晚年才返回休达。

在西西里居留期间,他同基督教学者一起,对地理学和制图学作出了重要贡献。在他的主持下,用银子建造了圆形浮雕式世界地图,上面刻画了7大区域、河流与海湾、海洋和岛屿、山脉、村庄与港口以及其他自然特征。如今尚存他所著的《地理纲要》中,附有分区地图。这些图极有可能是按银制地图复制的。图上主要是北半球部分,共分7个沿纬向的区域,与赤道平行。每个区域又分为10个区段,每一区段各有一张图。从图中可看出,作者关于欧洲、地中海区域以及中东的知识,比关于其他地方的知识精确可靠得多。纲要的正文中,含有极为丰富的地形细节、人口统计信息、描述地理及自然地理报告,还有详细的社会经济与政治状况。所有这些材料都分门别类与分区地图一起插在书中的恰当位置。这部著作堪称关于中世纪时期的一部内容翔实的百科全书。1592年该书被译成拉丁文,19世纪中叶被译成法文,后又译成意大利文,几个世纪中都是欧洲的普及教本。

(冯祖钧)

周去非(Zhou Qufei) 字直夫。中国南宋永嘉(今浙江温州)人,南宋绍兴五年(1135年)前后生,1189年卒。*地理学。*

出生官宦家庭。南宋隆兴元年(1163年)举进士,淳熙年间(1174~1189年)任桂林通判,故熟悉岭南情况。官终绍兴府通判。

根据范成大的《桂海虞衡志》(3卷)的记述,参以个人见闻，写成《岭外代答》一书。全书共分 10 卷，20 门，总计 294 条。这是一部较早全面介绍岭南广西地区情况的地理著作，内容涉及该地区的地理、风土、器用、古迹、花木、禽兽等；还兼及南海诸国、木兰皮国、大秦国的情况。 （翟忠义）

提菲士 (al-Tifashi)　1184 年生于埃及提菲斯，1253 年(或 1254 年)卒于开罗。*矿物学、保健医学。*

曾在埃及提菲斯受教育。早年去开罗学医，后又去叙利亚大马士革深造。继而回到故乡提菲斯任法官，最后定居开罗。

他写了一本有关宝石的书，但各手稿书名叫法不一，一般以《宝石思想之花》为世人所知。书中讨论了 25 种宝石。他试图从 5 个方面探讨宝石：宝石在产地的形成；产地的位置；类型、质量及纯真标志；奇特性和用途；价值。还写了 3 本涉及两性关系的书，其中有一本讨论老年人恢复青春的书，曾多次再版，甚至还出版了未署名的英译本。 （胡　敏）

都实 (Dushi)　中国元初女真族人，生卒年不详，可能生活在 1240～1300 年间。*地理学、水文学、地理探险。*

金朝女真族蒲察氏的后裔。元灭金后，在元朝为官，历任统乌思藏路、招讨都元帅等职。曾 3 次到过吐蕃人聚居的地区，对青海高原的地理情况和风土人情比较熟悉。元世祖至元十七年(1280 年)，忽必烈任命他为招讨使，佩带金虎符率领随行人员，进行黄河河源的实地考察。受命到达河州(今甘肃省宁夏回族自治州)，然后经甘南到果洛，一路上翻山越岭，长途跋涉，经过 4 个多月，才来到了河源地区。他们详细考察了星宿海和扎陵湖、鄂陵湖以及黄河源头的几个支流，并作了记录。当年冬天，回京复命，完成了考察任务。这次河源考察的成果，被记入《元史・地理志・河源附录》中。

《元史・地理志》中有关黄河河源的记载，均得之于他的考察。但文字记录又有两个来源。一个是翰林学士潘昂霄根据都实的弟弟阔阔出所记述的情况写成的《河源志》；另一个是地理学家朱思本从八里吉思家里得到帝师所收藏的梵文图书译成的汉文。两个材料文字互有详略，《河源附录》同时将两个材料收入《元史・地理志》中。两材料对星宿海的记述基本相同，朱思本对河源的记述更为清楚。他说"东北流百余里汇为大泽，曰火敦脑儿。"这就明白告诉人们，黄河发源在星宿海西南方向 100 多里的一条河流上，也就是现在的卡日曲。

近年的考察证明，黄河源头共有 3 条河源，而以卡日曲流量最大、河道最长，多数学者主张以卡日曲作为黄河的正源。由《元史・地理志・河源附录》记述文字可见，都实等人确实已找到了黄河河源，从而澄清了历史上的一些模糊认识。这是中国黄河河源探察史上的一件大事。而《元史・地理志》也是中国正史中最早正确记载黄河河源的史书。 （翟忠义）

马可・波罗 (Polo, Marco)　波罗是他的姓，马可・波罗是其习惯译法。意大利人，1254 年生于意大利威尼斯，1324 年 1 月卒于同地。*地理学、地理探险。*

父亲和叔父均为威尼斯商人，1265 年到达中国，受到元始祖忽必烈的款待，并受命转递国书给罗马教廷。1269 年返程途中，他们得悉罗马教皇去世，于是先回到威尼斯家中等候。1271 年，年方 17 岁的波罗随父亲和叔父到中国旅行，抵西亚时得悉新教皇上任，于是 3 人折回罗马，向新教皇递上忽必烈的国书。新教皇派两名神父随他们一起去中国，到中亚时遇到战乱，两神父将教皇给忽必烈的书信、礼品交给波罗一家代转，自己沿原道返回。波罗一家横穿中亚，越过帕米尔高原，取道新疆、甘肃，于 1275 年到达元上都(今北京)，向忽必烈递交教皇的书信和礼品，受到忽必烈的器重，并留他们在元朝宫廷供职。忽必烈对波罗特别宠信，派他作为钦差到国内许多地方巡视，还受命出使东南亚的许多国家。

1291 年，波罗一家受命护送蒙古公主阔阔真去位于亚洲西部的伊尔汗国与国王联姻，船队于当年冬从福建泉州港启航，经过现名越南、马来亚半岛、苏门答腊、爪哇、斯里兰卡、印度等地，历时 2 年半才到达目的地。波罗一家在伊儿汗国驻留 9 个月后，于 1295 年冬回到威尼斯。1298 年，他因参与威尼斯和热那亚两个意大利城邦之间的战争而被俘，投入热那亚监狱。在狱中由他口述，同狱一位原是作家的囚犯笔录，成书《马可・波罗游记》。1299 年获释回到威尼斯，娶妻成家，过隐居生活。

在地理学上的最大贡献是所著的《马可・波罗游记》一书。全书分 4 卷，第一卷记述波罗一家来中国时的沿途见闻；第二卷记述了元朝初年的社会情况、宫廷见闻、一些历史名城的繁荣情景；第三卷讲述中国东南邻邦的概况；第四卷介绍蒙古诸汗之间的战争，以及亚洲北部的状况。此书被译成多种文字，大大丰富了欧洲中世纪人们的地理知识。14～15 世纪欧洲人绘制的世界地图中，新的地理资料往往取自这部游记。它也是此后二三个世纪中欧洲航海家和旅行家们的必读书籍。哥伦布身边就经常带着一部拉丁文本的《马可・波罗游记》，书旁写满了他的批注，该书现收藏于西班牙塞维利亚市的哥伦布图书馆中。《马可・波罗游记》对欧洲人开辟新航路和地理上的发现，有深远的思想影响。该书中特别记述了中国元代初期高度发达的经济、技术和文化，介绍了中国用煤、育蚕抽丝、制盐、造币、印刷术、宫殿和桥梁建筑、植树造林等技术和成就，大大促进了中国古代文化和技术方面的交流，推动了西方科学技术的发展。 （宣焕灿）

阿布尔・菲达 (Abu'l-Fida；或 Abu al-Fida)　阿拉伯人，1273 年 11 月生于叙利亚大马士革，1331 年 10 月 27 日卒于哈马。*地理学、历史学、医学。*

是阿尤比特家族的王子，12 岁时就参加反对十字军和蒙古人的斗争。年轻时其家族失去了领地。埃及马穆鲁克朝念其一片忠心，于 1312 年发还其领地，任哈马地区总督。

他撰有历史学和科学方面的著作。1316～1321 年间写就的《各国概况》是一本出色的地理书，书中介绍了河流、湖泊、海洋和山脉等，十分有价值。书中还讲到一日之长短会随着人在地球上行走的方向不同而不同，还断言地表有四分之三是水域。1329 年完成《人类历代简史》(2 卷)，1868 年首次在君士坦丁堡出版。此外写过一部医学书。

为纪念他，月球上有一环形山以他命名。(张南海)

朱思本(Zhu Siben) 字本初，号贞一。中国元代江西临川(今抚州市)人，南宋咸淳九年(1273 年)生，元统元年(1333 年)卒。地理学、地图学、道学。

青年时代曾从张仁靖真人学道于江西龙虎山中。后随真人至大都(今北京)，协助处理道教教务，常奉绍代祭祀名山河海和道教胜地。平时酷爱地理之学。到过很多地方，足迹遍及河北、山西、山东、河南、江苏、安徽、浙江、江西、湖北、湖南、广东等地，游程之远，地域之广，超过了晋代的裴秀和唐代的贾耽。

1311～1320 年，积 10 年的努力，编绘了《舆地图》。编绘时先画成各地的分图，再合成长广各 7 尺的大图。地图画成后，还刊刻在龙虎山上清宫三华院石碑上，可惜没保存下来。

还编撰了长达 80 卷的《九域志》。以元代政区为依据，以省辖府、府辖州县，写成了这部重要的地理总志。今仅有残本 8 卷和序言传世。还根据梵文，翻译了都实考察黄河河源的记录《河源志》，比较正确地反映了这次考察的成果，成为研究黄河河源考察史的宝贵史料。另撰有《贞一斋诗文稿》一卷。(翟忠义)

伊本·拔图塔(Ibn Battūta) 摩洛哥人，1304 年 2 月 24 日生于摩洛哥丹吉尔，约于 1368～1369 年间卒于摩洛哥。地理学、地理探险。

拉瓦塔柏柏尔族后裔。1325 年 6 月 14 日离开故乡去麦加朝觐，1349 年 11 月才回到摩洛哥非斯，海外云游近 25 年。他是从陆路走的，经过非洲北部，到达埃及，然后历访阿拉伯，伊拉克、伊朗、叙利亚、小亚细亚、桑给巴尔、俄罗斯南部、君士坦丁堡，又经过阿富汗进入印度。他在德里住了 8 年，后来又经马尔代夫、锡兰(今斯里兰卡)和苏门答腊到中国，在泉州上岸，经广东、杭州到达大都(今北京)，后来由海路返回摩洛哥。回国后不久，又北访西班牙格拉纳达，南访苏丹等地。

1354 年再次回国后，他向当时在非斯的西班牙学者伊本·玉随(Ibn Juzayy)口述自己旅行 30 年来的经过，由伊本·玉随笔录成书，书名为《旅行者在美好国家的欢乐》。它记录了 14 世纪亚、非、欧三洲政治、经济、文化和风俗状况，虽然在某些方面记述不完全真实，但仍是一部很有价值的游记。尤其对 14 世纪印度、马尔代夫、南俄罗斯及黑非洲的叙述，是非常重要的历史记载。(张南海)

娄元礼(Lou Yuanli) 字鹤天。中国元末明初霅川(今浙江吴兴)人。14 世纪中叶在世，鼎盛期元代至正年间(1341～1368 年)后期，生卒年月不详。气象学、物候学、农学。

元代至正二十年(1360 年)前后，编成《田家五行》一书，主要辑录农谚和农家之言，是中国首编的地方性气象专辑，明代茅樗、胡文焕等人曾予以校验或增补。该书记载了中国古代太湖流域天气预报经验的谚语共 500 多条，其中包括天气、气候、农业气象、物候等方面，从不同侧面揭示了天气、气候变化一些规律，用天象、物象预测天气有 140 多条，中长期天气预报 100 多条。这些谚语反映了当时长江下游地区人们对气候知识的认识水平，在当时流传很广，许多内容至今仍有重要参考价值。

《田家五行》分上、中、下三卷，每卷分若干类，按月份、天文、地理、草木、鸟兽、鳞鱼、气候等类编列。上卷为正月类至十二月类，每月都按日序记载占候；中卷天文、地理、草木、鸟兽、鳞虫等类，大部属于物候性质；下卷三旬、六甲、气候、涓吉、祥符等类。该书有不少水平颇高的气象、物候知识，例如《田家五行·气候类》通过物候认识信风，记叙颇详。“凡春有二十四番花信风，梅花风打头，楝花风打末”；“九月中气前后起西北风，谓之霜降信。有雨谓之湿信，未风光雨谓之料信雨”，是下雨的预兆；但是“霜降前来信，易过而善；霜降后来信，了信必严毒。此信干湿，后信必如之”；立冬后冷空气频频南下，故有“立冬前后起西北风，谓之冬信”；“月内风频作，谓十月五风信”；主旱的信风发生在梅雨以后，“东南风及成块白云起，主半月舶风，水退兼旱”。

北京国家图书馆藏有《田家五行》明刻大本，题“田舍子娄元礼鹤天述”。而《古今图书集成·理学汇编·经籍典·诸子部·五行家类》所载明陈氏《续书目》，又著录有陆泳《田家五行》卷；注文说：“明陆泳撰。《松江府志》：泳，字伯翔，隐居，尽心农书，采方言习俗，作《田家五行》，以占丰歉。杨维桢、陆居仁序而传之。”《田家五行》为何有娄元礼和陆泳两个版本？已成历史悬案待考。(李啸虎)

汪大渊(Wang Dayuan) 字焕章。中国元代江西南昌人，元至大四年(1311 年)生，卒年晚于元至正十年(1350 年)。地理学、航海探险。

生平不详。毕生两度浮海出航。至顺元年(1330 年)第一次出航，远达埃及和摩洛哥。1334 年返国，居住在南昌或泉州。第二次出航是至元三年(1337 年)冬，由泉州出发，远达非洲莫桑比克海峡及澳洲各地，至元五年(1339 年)秋返国。

至元五年(1339 年)冬，写成《岛夷志略》一书。该书记述的地域范围广及东南亚、南亚、西南亚地区，涉及到的国家和地区达 220 多个。全书共 100 条，前 99 条所记“皆身所游览，耳目所亲见”。只有最后一条“异闻类聚，系得之于传闻”。书中对各国政治、经济、风土、民情、物产、贸易等方面的情况，都有生动翔实的记述。写作体例大致依次分述国家地区名称、方位、山脉、河流、建筑、风物、民俗等项，条理清晰，层次井然。文字也比较简炼。1867年后，西方不少学者研究此书，有多种译本问世，公认《岛夷志略》的学术价值很高，对扩大人们的地理视野，增加地理知识，曾起过重要作用。

（翟忠义）

郑和（Zheng He） 本姓马，小字三保。中国明代云南昆阳（今云南晋宁）人，明洪武四年（1371年）生，明宣德八年（1433年）卒。地理探险、地理学、航海技术、文化交流。

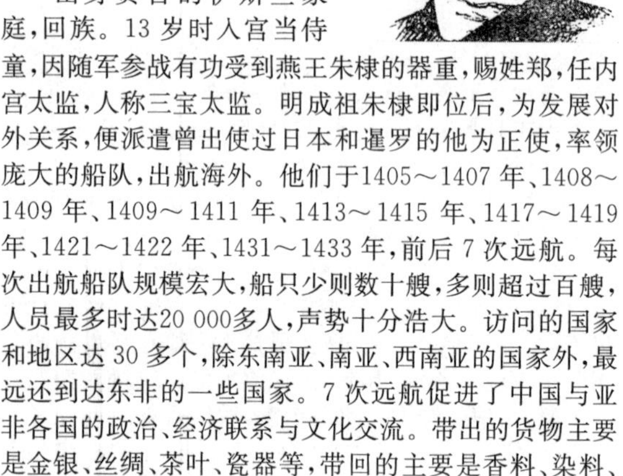

出身贫苦的伊斯兰家庭，回族。13岁时入宫当侍童，因随军参战有功受到燕王朱棣的器重，赐姓郑，任内宫太监，人称三宝太监。明成祖朱棣即位后，为发展对外关系，便派遣曾出使过日本和暹罗的他为正使，率领庞大的船队，出航海外。他们于1405～1407年、1408～1409年、1409～1411年、1413～1415年、1417～1419年、1421～1422年、1431～1433年，前后7次远航。每次出航船队规模宏大，船只少则数十艘，多则超过百艘，人员最多时达20 000多人，声势十分浩大。访问的国家和地区达30多个，除东南亚、南亚、西南亚的国家外，最远还到达东非的一些国家。7次远航促进了中国与亚非各国的政治、经济联系与文化交流。带出的货物主要是金银、丝绸、茶叶、瓷器等，带回的主要是香料、染料、药材、珍禽异兽、奇花异草等。他们成功地打通了通过印度洋的海上丝绸之路，扩大了中国人的地理视野。

远航留下来的文字记载，有马欢的《瀛涯胜览》、费信的《星槎胜览》和巩珍的《西洋番国志》，对访问国家和地区的地理历史、风土人情，均有生动的记载。他们出航使用的《自宝船厂开船从龙江关出水直抵外国诸蕃图》，也被茅元仪收入《武备志》而得以保存下来，通常称为《郑和航海图》。图上详细记载了宝船出航的航道及途经的国家和地区，共列有中外地名500多个，位置也比较准确，是现存15世纪内容最丰富的一部航海图，也是中国地图史上最早的一部航海图。20世纪60年代，曾由中华书局收入中外交通史料丛书重印。20世纪80年代，海军海洋测绘研究所和大连海运学院航海史室，重新研究考证，出版了《新编郑和航海图集》，使此图更便于阅读和使用。

（翟忠义）

达·孔蒂，N.（Da Conti，Niccolò；亦称 de'Conti，Nicolò） 意大利人，1395年生于意大利威尼斯的基奥贾，1469年卒于同地。地理学、地理探险。

15世纪上半叶意大利商人和旅行家。约1419年离开威尼斯赴叙利亚大马士革经商，在该地学习了阿拉伯语言和文化，皈依伊斯兰教。凭着穆斯林背景，很方便他在伊斯兰世界的经商和旅行，到过亚洲的许多地方，1444年回到威尼斯，前后历经25年之久。除了非洲东北部、中东和西亚、南亚次大陆，还到过东南亚印度支那半岛、爪哇、苏门答腊等地；乘船航行过的水域，著名的就有幼发拉底斯河、底格里斯河、阿拉伯海、印度洋、孟加拉湾、安达曼海、爪哇海、缅甸伊洛瓦底江和印度恒河等。可谓千山万水历尽，豪情壮志弥坚。

他是从叙利亚穿越沙漠抵达巴格达的第一个欧洲人，又沿着底格里斯河航行到巴士拉。渡过波斯湾到达伊朗，学习了波斯语言和文化。然后横渡阿拉伯海，到达印度吉拉特邦的坎贝等地方。据史料记载，1421年他在印度加尔各达遇见郑和船队，后参加了郑和船队，搭船游历了许多地方。同年渡海到北苏门答腊，逗留一年从事黄金和香料贸易，并作地理人文考察。接着连续航行16天，抵达马来半岛德林达依（今缅甸丹那沙林）。然后乘船驶入恒河入海口，上溯至布德万（今西孟加拉和印度交境处），从陆路去缅甸若开。穿越缅甸后，在爪哇岛停留9个月，然后赴占婆（在今越南）。后来在回忆录中，他如此赞叹东南亚地区："在财富、文化和美景方面超过所有其他地区，在文明程度上可与意大利并驾齐驱"。约1440年他开始返程，乘船从东南亚转回印度，再乘船去中东和东北非，从陆路通过西奈山到达开罗。妻子是他在印度认识的，为他生了4个小孩，他在旅行中带着全家人。回程途经埃及时，妻子和两个小孩不幸染疫而殁，最后他带着剩下的两个小孩回到了意大利。

回国后，作为苦行僧皈依基督教。为了赎罪，在教皇秘书、作家P.布拉乔利尼（Poggio Bracciolini）协助下，1439年用拉丁语以访谈形式撰写旅行记《财富的沧桑》。后出版多种文本：1492年拉丁文本，1502年葡萄牙文本，1503年西班牙文本，1550年意大利文本。这是15世纪中叶西方旅行者关于印度洋周边和东南亚各国的最好记录，大大扩展了当时欧洲地理学界对东方的认识。自马可波罗的叙述以来，欧洲学者第一次详细了解到巽他群岛和香料群岛的细节，进一步激发了欧洲人对"东方之谜"的地理大探索的热情。

（李啸虎）

平松兄弟（Pinzón brothers） 西班牙人，约生活于1441～1514年。出身航海世家，祖父和父亲都是航海家。家中三个儿子中，老大和老三都子从父业，并一起参与了哥伦布发现美洲大陆的航海探险。法国人传统上一直认为，1488年平松兄弟已在哥伦布之前到过美洲。在他们的家乡帕洛斯城，至今屹立着平松兄弟俩的雕像。

马丁·阿隆索·平松（Martin Alonso Pinzón） 西班牙人，约1441年生于西班牙韦尔瓦省大西洋海岸帕洛斯，1493年3月（或4月）卒于同地。地理探险、航海技术、船舶工程。

家中三个兄弟中老大。他不仅会航海，而且会造船。1477～1479年，帕洛斯城因战争而粮食断供，他带着最小兄弟和一帮人经营私掠船，在北非地中海水域干起抢劫敌方民船的海盗勾当。1492～1493年，兄弟俩参加了哥伦布发现"新大陆"的航海探险。返回西班牙后，因重病去世。

哥伦布发现"新大陆"航海探险的组织者之一。在哥伦布远征队三艘探险船中，任"品塔"号帆船船长。1492年8月3日从帕洛斯港出发，航行了70天，到达巴哈马群岛的华特林岛，继航古巴和海地北岸，1493年3

月 15 日返回西班牙。

比森特·亚内斯·平松(Vicente Yáñez Pinzón) 西班牙人，约 1462 年生于西班牙韦尔瓦省大西洋海岸帕洛斯，约 1514 年 9 月卒于塞维利亚(或特里亚纳)。地理探险、航海技术。

家中三个兄弟中最幼者。1492～1493 年，跟随大哥参加了哥伦布发现"新大陆"的第一次航海探险。1495 年前后，定居帕洛斯附近的莫古尔。1499～1500 年远航南美洲，经济亏空，债台高筑。1502 年前，为躲债而移居塞维利亚。1505 年被任命为加勒比海波多黎各岛总督，但未到任。

在哥伦布远征队三艘探险船中，任"尼娜"号帆船船长。1499～1500 年，率领由四艘帆船组成的船队第二次远航美洲。1500 年 1 月 26 日，由于船队在海上遭遇强风暴，他率队在今巴西伯南布哥州圣阿格什蒂纽海角登岸。在南纬 6°与北纬 5°之间，后又发现了亚马孙河口、圭亚那海岸、奥亚波基河和多巴哥岛等地。1508～1509 年，第三次组织船队远航南美洲，发现了位于北纬 16°～18°之间墨西哥湾的尤卡坦半岛。

为纪念他和庆祝欧洲人发现巴西五百年华诞，1999 年在西班牙帕洛斯市和巴西圣阿格什蒂纽市，两地同时竖起他的纪念碑。　　(李啸虎)

巴托洛梅·迪亚斯(Bartholomeu Dias(Diaz))

葡萄牙人，约 1451 年生于葡萄牙里斯本，1500 年 5 月 29 日卒于非洲好望角附近海域的船舶上。地理学、地理探险、航海技术。

葡萄牙王室的骑士。当过皇家仓储总管、舰船领航员等职。1486 年，葡萄牙国王约翰二世(John Ⅱ of Portugal)委任为新一任国家探险队队长。在达·伽马首航印度满载而归之后，1500 年和 P. A. 卡布拉尔(Pedro Álvares Cabral)船长第二次出航印度，在离好望角不远处因病去世。

15 世纪葡萄牙著名航海家，南下大西洋绕行非洲第一人，南非"好望角"的发现者。作为葡萄牙国家探险队队长，他肩负着两大使命：一是寻找通往印度和亚洲其他国家的贸易航道，二是发现传说中神秘的祭司王之国。1487 年 10 月 10 日，奉命率领一支由 3 艘帆船组成的探险队，顺着非洲西海岸南下大西洋。他乘的指挥船是"圣克里斯托弗"号小吨位轻型帆船，在另一条船上有其弟佩鲁·迪亚斯(Pêro Dias)随行。为加快船速，途中将所带过量给养卸放于黄金海岸(今加纳)的葡萄牙要塞德密纳。很快穿越赤道，途经 1482 年葡萄牙船队到过的安哥拉海岸南下，12 月在沃尔维斯湾(今属纳米比亚，南纬 22°57′，东经 14°30′)锚泊，竖起一块刻有"小港"字样的石碑。继续南下，进入一片未知海域时遇到风暴，为避岸边浅滩礁，只好让船朝向大海任风吹向南去，在风浪中漂泊了 13 个昼夜。1488 年 1 月，发现越往南海水越凉，趁天气好转，便下令转向东驶，发现有山峦起伏的东西走向海岸线，2 月 3 日登陆并命名圣巴拉斯湾(今南非莫塞尔贝海湾，南纬 34°11′，东经 25°50′)，是这次考察最远点。B. 迪亚斯断定船已在印度洋中，于是在岸上竖起第二块石碑。通往印度洋的航线终于找到了。

他准备继续向东航行，寻找东方神秘的印度。但是长时间狂风巨浪，使横渡印度洋变得极度危险，迫于船员一致反对，B. 迪亚斯只好在续航 3 天后返航。5 月，在归途中发现伸入海洋很远的地角，立即靠岸避风，不久竟晴天丽日。这里是大西洋和印度洋的汇合处，常年风急浪高、气象骤变。在此竖起了第三块石碑，上书"风暴之角"(南纬 34°21′，东经 18°30′)。

他们考察了南纬 22°～34°间的非洲西南和南部沿岸，但见大多是满目荒芜的砂石之地，毫无传说中仙境般的神秘王国踪迹。1488 年 12 月，历时 16 个月远航的探险船队返回里斯本，受到万人空巷的热烈欢迎。国王约翰二世亲临港口迎接，盛赞这些凯旋归来的"探险勇士"是"葡萄牙的骄傲"。巴托洛梅·迪亚斯向国王面报探险历程，特别提到发现非洲南端的"风暴之角"，成功找到了通往印度洋的航线。国王大喜，下令把"风暴之角"重新命名为"好望角"(意为"美好希望的海角")，因为它象征着打开了通往东方的希望之路。从此，这个地名一直沿用至今。所有的历史学家和地理学家都认为，找到欧洲通往东方的海上"钥匙"，巴托洛梅·迪亚斯功居首位。　　(李啸虎)

伊本·马基德(Ahmad Ibn Majid)

阿拉伯人，1421 年生于贾华尔(今阿拉伯联合酋长国)，可能卒于 1500 年前后。地理学、航海学、地理探险。

出身于航海世家。17 岁已能驾驶船只出航，具有在红海和印度洋上航行的丰富经验，熟知从红海到东非、从东非到中国的所有海路。

是一个传奇式的人物。很多穆斯林与希腊地理学家、天文学家和航海家都在自己的著作中赞美过他。他写过至少 38 本书，有散文也有诗歌，现存 25 种，取材广泛，上自天文，下至地理，多为航行途中所见所闻。1490 年曾写过一本对航海家极为有用的书，系航海百科全书，后人誉之为"理论与实际航海知识的概括与总结"。　　(冯祖钧)

毛罗，F.(Mauro，Fra)

意大利人。生年不详，1459 年 10 月 20 日卒于意大利威尼斯附近。地理学、地图学。

意大利威尼斯圣迈克尔修道院修士。年青时经过商，当过兵。对中东地区相当熟悉。

是中世纪最后一幅世界地图的作者。受葡萄牙国王阿方索八世的委托，1457 年他着手绘制旧大陆的详细世界地图。1459 年 4 月 24 日完成，后送往葡萄牙。威尼斯现存有一幅世界地图，据鉴定为毛罗所作的仅存的一幅，是送往葡萄牙的那幅地图的复制品。该图绘制在羊皮纸上，图呈圆形，直径为 1. 96 米，四边形边框每边长2. 23米。至今色彩保存尚好。图的上方为南方。图背面的说明指出，该图完成于 1460 年 8 月 26 日，是他去世后由助手 A·比安科(Andrea Bianco)负责完成的。图幅限于欧洲、亚洲以及非洲的一部分，并第一次提到了"金帕古"(Zimpagu)(即日本国)。图上往北伸展到乌拉尔山脉，往南大致到马达加斯加所在的纬度。该图根据各方面的资料绘制而成，其中主要有欧洲的各种航海图以及商人、旅行家的游记，特别是马可·波罗的游记。此图在地理学史和地图学史上占有重要的一席。

为纪念他，月球上有一环形山以他命名。（冯祖钧）

杰尔马努斯，H. M.（Germanus，Henricus Martellus） 德国人，15 世纪末生活于意大利佛罗伦萨。地理学、地图学。

生平不详。1480～1496 年工作和生活于佛罗伦萨。只在几幅传世的地图上发现了他的全名。为托勒玫的《地理学》和《岛屿》这两部著作绘制了地图插图。他绘制的两幅世界大地图，现各收藏于美国耶鲁大学图书馆和大英图书馆。这些地图总结了哥伦布环球航行前夕欧洲人所掌握的地理知识，并反映了当时一些比较新的地理概念。（张南海）

哥伦布，C.（Columbus，Christopher） 意大利人，1451 年 8 月 26 日（一说 10 月 31 日）生于意大利热那亚，1506 年 5 月 20 日卒于西班牙巴利亚多利德。航海探险、海洋学。

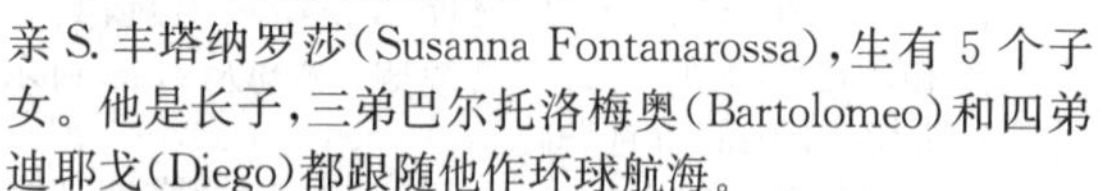

父亲 D. 哥伦布（Domenico Columbus）是毛纺织匠，母亲 S. 丰塔纳罗莎（Susanna Fontanarossa），生有 5 个子女。他是长子，三弟巴尔托洛梅奥（Bartolomeo）和四弟迪耶戈（Diego）都跟随他作环球航海。

少年时就喜欢航海，18 岁时作了第一次远洋航行。1476 年去过英国，还航行到北海。1477 年夏移居葡萄牙里斯本，在那里娶费丽芭（Felipa）为妻。从岳父处获得大量航海资料，产生一个想法：向西横越大西洋，探索到达东方印度和中国的海上航道。1484 年，他把自己的航行计划呈献给葡萄牙国王，但未被采纳。1485 年后迁居西班牙。向阿拉贡王和卡斯特里亚王陈述了自己的计划，但没有得到明确的答复。1492 年，当西班牙的统治者攻下格拉纳达后，西班牙政局日趋稳定，他的航海计划才得到批准。当局和他签定了 5 条协议，任命他为所发现或取得的一切岛屿和大陆的总督。

1492 年 8 月 3 日，他率领以“圣玛丽亚”号为旗舰的船队，从巴罗斯港扬帆起航，作他的第一次横越大西洋的航行。船队一共由 3 条船组成，水手 87 名，还携带西班牙君王致中国皇帝的信件。同年 10 月 12 日，到达了当地居民称为“瓜纳哈尼”的小岛，他把它命名为“圣萨尔瓦多”（后来英国人又将它改称为华特林岛）。船队后来来到古巴东北海岸，他认为古巴就是亚洲大陆，以为不久就能到达马可·波罗到过的杭州。他派使者到内地去朝见中国皇帝，但很快发现自己错了。于是继续向西航行，最后到达海地。1493 年春率两艘船返回西班牙。

1493 年 9 月 25 日，他启程作第二次横渡大西洋的航行。率领了由 14 艘大船组成的船队，1 400多人，准备大规模殖民。1494 年 5 月发现了牙买加。后来回到海地，在那里建立了殖民地。因有人告发他在殖民地施行暴政，1495 年 6 月 11 日被召回西班牙。

1498 年 5 月 30 日，他率领 6 艘船 300 多人第三次向西远航。船队于当年 7 月 31 日到达特立尼达。后又到达奥里诺科河口。1500 年 8 月，西班牙国王听信谗言把他押回西班牙，免去了他任小西班牙群岛总督的职务。

1502 年 5 月，他第四次率船队出航，继续探寻通往印度洋的海上通道。途中发现了洪都拉斯、尼加拉瓜、哥斯达黎加、巴拿马和哥伦比亚。遇到了当地土著居民的反抗，又受到了疟疾的威胁，不得不在牙买加避难。1504 年 6 月才被救离该岛。回到西班牙后，无人理睬。晚年贫病交加，抑郁而终。临终时还坚信自己到过亚洲。（张南海）

阿美利哥，V.（Amerigo，Vespucci） 西班牙人，1454 年 3 月 9 日生于意大利佛罗伦萨，1512 年 2 月 22 日卒于西班牙塞维利亚。地理学、航海学、地理探险。

父亲出身贵族，是意大利佛罗伦萨货币兑换行会公证人。他在家排行第三，以祖父名字命名。叔叔是著名学者，使他受到那个时代最好的文理教育。1482 年父亲去世，家道渐落。他在佛罗伦萨统治者美第奇家族中担任财政总管长达 16 年。业余爱好收集各种地图和书籍。1492 年，美第奇家族派他去西班牙做生意，在那里建立了许多关系，成了协助哥伦布准备第二、第三次远航的船舶装备供应商。

由于哥伦布的第三次航行仍未开通亚洲航线，阿美利哥想第一个找到向西直达印度的海路。作为一个学者型商人和探险家，其驱动力与其说是印度的香料和黄金，不如说是探究新世界新知识的渴望。1499 年 5 月，他加入了 A. de 奥维达（Alonso de Hojeda）的西班牙船队。到达圭亚那沿海后，两人分道扬帆，他单独向东南航行，发现巴西和亚马逊河入海口。在 24 天中沿着巴西海岸航行了 3 700 海里，直至南纬 6°。回程发现奥里诺科河和特立尼达德岛。经由多米尼加和海地，于 1500 年 6 月回到西班牙。他误以为自己是在沿着亚洲最东部的半岛航行。在航行途中，他做了许多天文观测。

1501 年 5 月，在葡萄牙政府赞助下，他进行了第二次航行。从里斯本启程，船抵佛得角群岛后向西转，越过上次到过的南美东端，再沿巴西海岸至南纬 50°，即阿根廷南部的巴塔哥尼亚地区。期间考察了 6 000 海里海岸线，发现了里约热内卢湾、拉普拉塔河，1502 年 7 月回到里斯本。

1503～1504 年间，他出版了一本关于远航探险的拉丁文书信选集，公开声明哥伦布到达的土地根本不是亚洲的印度，而是一块真正的新大陆。德国地理学家 M. 瓦尔德塞弥勒（Martin Waldseemüller）正是读了他的书信，才首次在《世界地理概论》(1507 年)一书地图上将这块大陆标为"阿美利加"(America)，这是阿美利哥名字拉丁文写法的阴性变格。

他加入了西班牙国籍，1508 年被任命为"大引航员"，负责引航员和船长的考证发证和组织新的远航。目前历史学家普遍认为，他对南美考察过 3 次，而他自己说有 4 次。尽管次数尚有争议，但他的南美之行不容置疑。正是他的公诸于世的信件，欧洲人才第一次知道有一个美洲新大陆。（李啸虎）

贝海姆，M.（Behaim，Martin） 德国人，1459 年 10 月 6 日生于德国纽伦堡（一说生于波希米亚），1507 年 7 月 29 日卒于葡萄牙里斯本。地理学、地图学、地理探险。

商人之子。家中 7 个孩子中最年长者。年轻时在佛兰德从事纺织业。1480 年迁居里斯本。据传他是天文学家雷乔蒙塔努斯的弟子，从老师那里学会了使用天文仪器。他肯定受到雷乔蒙塔努斯于 1475～1506 年期间撰写的天文历书的影响。在葡萄牙曾讲授过如何使用十字杆和雷乔蒙塔努斯编的天文历，参加过到非洲的考察队，航行中利用北极星确定航行的纬度。

制作了一台直径为 51 厘米的地球仪，上面覆盖有一层羊皮纸，标有 111 个微型画像、48 面旗子和 15 个盾形纹章，还有许多文字，说明世界上1 100个地点的地理状况。实际上这是一幅贴在球体上的航海图。图上没有标出经纬度，但标上了赤道和热带。图上在欧洲西海岸与亚洲东海岸之间画有不少中世纪传说中的岛屿。这件制品使他成为中世纪最伟大的地理学家之一。这台地球仪至今还珍藏在纽伦堡。（张南海）

达·伽马，V（de Gama，Vasco） 葡萄牙人，约 1460 年生于葡萄牙锡尼什，1524 年 12 月 24 日卒于印度科钦。地理学、航海学、地理探险。

出生于贵族家庭，其父曾任锡尼什城堡司令官。早年曾在埃武拉学习航海术，成为驾驶帆船的熟练水手。青年时代参加过葡萄牙与西班牙的战争，后来到宫廷任职。1492 年奉国王之命驾船在里斯本南部海面和其他海域劫掠法国船只，以报复法国人对葡萄牙船只的劫掠。1497 年和 1502 年两次奉命率船队去印度。1519 年被册封为伯爵。1524 年被国王封为印度总督，并第三次率船队去印度，到达数月后病故。

15 世纪后期至 16 世纪前期是地理大发现的时代，伽马的功绩则在于开辟了从欧洲西部到印度的海上航线。在他之前，葡萄牙船队多次沿非洲大陆西海岸南下，其中航海家 B. 迪亚斯在 1488 年发现了非洲南端的好望角，并向这个海角以东航行了约 1 000 千米。迪亚斯的航行，为他发现通往印度的航线奠定了基础。在国王的派遣下，1497 年 7 月 8 日伽马率领 4 艘帆船、150 名水手从里斯本出发，寻找通往印度的航线，他们先向南航行，于 7 月 26 日到达非洲北部西侧大西洋上的佛得角群岛，休整一周后又向南航行，为了躲避几内亚湾的激流，他改变了以往航海家沿非洲西海岸南下的常规航路，而是直插南大西洋向东南方航行，于 11 月 7 日到达非洲南端西侧的圣赫勒拿湾。11 月 22 日绕过好望角，到达非洲南端东侧的莫塞尔湾。此后船队沿非洲东海岸向北航行，于 1498 年 4 月 14 日到达马林迪（今属肯尼亚）。在那里，他们找到了一位多次航行去印度的阿拉伯航海家，在这位航海家的领航下，船队斜穿印度洋，径直驶向印度，于 5 月 20 日到达喀拉拉邦的港口城市卡利卡特。同年 8 月返航，因遭遇暴风雨，只有两艘船分别于 1499 年 7 月 10 日和 9 月 9 日回到葡萄牙。他们首次找到了从欧洲到印度的航线。这以后直至 1869 年苏伊士运河通航前，欧洲对印度洋沿岸各国和中国的贸易，都是走的这条航路。

1502 和 1524 年，他又奉国王之命两次率船携带大量武器去印度。这两次他和船队是以殖民者的身份前往的。在 1502 年的那次航行中，他们遇到一艘阿拉伯商船，他下令拦截抢劫所有财物，最后放了一把火把全部船员活活烧死。到达印度卡利卡特城后，他又下令捕捉印度商人，割耳断手，并将他们塞进一只小船，让船随波漂向远海，其目的是霸占该市今后的贸易。

他率先开创西欧到亚洲的海上航线功不可没，但他凶残的海盗行为和殖民者嘴脸则为他的一生留下耻辱的一页。（宣焕灿）

里斯本，J. de（Lisboa，João de） 葡萄牙人，约 1470～1480 年代生于葡萄牙里斯本，1525 年卒于非洲东部印度洋船上。地理探险、航海学、地磁学、仪器研制。

早年生平不详。一生以远洋领航员而知名，至少三次参加由布拉甘泽公爵（Duke of Braganza）组织的葡萄牙探险船队，远航印度和东印度群岛（今印度尼西亚等地）。其中，1506 年协助 T. 达库尼亚（Tristan da Cunha），1513 年协助阿泽莫尔（Azemmour），1518 年协助 D. L. 德塞奎拉（Diogo Lopes de Sequeira）等人的船队；1525 年在协助 P. de 卡斯特罗（Philip de Castro）船队沿非洲东海岸航行时去世。

除了以上这些远航探险经历之外，他的声誉主要源于 1514 年完成的《船艺通鉴》（Tratado de Marinharia）一书。该书首次对 16 世纪前的欧洲航海导航技术作了简要总结。最值得注意的是：书中提到 1514 年他研发了针形罗盘；第一次介绍了航海"磁偏角仪"，详述了在航海中测量磁偏角的方法；附有 8 幅太阳赤纬的四年周期运行表，20 幅精美的"世界地图集"。从内容结构上看，该书前三章讲述指南针的结构；接着三章介绍如何借助对恒星特别是小熊星座和南十字星座的方位观测，来确定航船罗盘磁针的偏斜角度；第七章专述指南针制作，尤其是各种磁化针头方法的比较；在最后三章中，提出了一种未经实践验证的假说：推测指南针偏斜角的变化可能与所在经度成某种比例，确信航海者可把它当作一条准则来确定自己船只的方位。这部权威性的简明实用航海技术用书，手稿的主要文本写于荷兰纸上，而附录地图集绘于羊皮纸上，一直以手抄本流传于世。

在他之后，英国航海家、航海仪器巧匠 R. 诺尔曼(Robert Norman)在伦敦出版《新奇的吸引力》(1581年)一书，记述天然磁石(即磁铁矿石)的性质、实验发现的现象、以及在航海中的实际应用。其中提及：约在1535年，他在伦敦郊区研制航海罗盘；在1578年，他首次发现磁针相对地平面存在无法纠正的倾斜现象(即磁倾角)，并测出伦敦地区的磁倾角为71°50′。（贺观钦）

吕莱因，U. (Rülein, Ulrich; 或 Ulrich Rülein von Calw) 德国人，1465年生于德国卡尔夫，1523年卒于莱比锡。*地质学、矿床学、采矿工程、医学。*

父亲和祖父是磨坊主，家境富裕。他进过卡尔夫的拉丁学校。1485年进莱比锡大学学习文科，1490年获硕士与博士学位。但主要兴趣在自然科学方面，后转为学医，1496年(或1497年)获医学博士学位。学医期间即为莱比锡大学数学教授。在弗赖堡居住20余年，当过市政医生、市议会议员，两次任市长。1519年任莱比锡大学医学教授。1521年被委任为马林堡(今波兰马尔堡)市镇规划师。

首次总结矿工关于矿石和矿床的个人经验，以对话形式写成简要著作，对矿石的形成、矿床的性质、矿山勘探技术和若干种矿石的特征均作了很好的描述。他是德国文艺复兴领军者之一，也是现代地质学、矿床学的先驱者。代表作有《找矿手册》(1505年)、《实用矿山手册》(1527年)等。此外，写过预防瘟疫的著作；设计过矿山城市建筑。（李嘉曾）

瓦尔德泽米勒，M. (Waldseemüller, Martin) 德国人，1470年生于德国沃尔夫维勒，1520年3月16日卒于法国圣迪耶。*地理学、地图学。*

早年在德国弗赖堡大学学神学。后来在法国圣迪耶任圣职。1507年起，常出入于洛林大公勒内二世(Duke René Ⅱ Lorraine)的宫廷。宫廷里常聚集着一批文人，他们热衷于搜集和出版有关新大陆的资料。他们出版的书籍中，有介绍阿美利哥发现新大陆的航海活动。瓦尔德泽米勒提议世界第四大陆取名为“阿美利哥洲”，即“美洲”。为了引起公众的注意，他在用12块大面板绘制的墙式全球地图上，首次在新大陆南部标有“阿美利加”的字样。同时出版了一部复制了该地图的著作《宇宙志导论》。毕生绘制了不少幅地图，其中有欧洲地图、世界航海图，最重要的是为托勒玫的名著《地理学》绘制的一套地图插图。墙式地图湮失多年后，1901年在德国南部城堡中发现其复制品。（张南海）

皮尔·拉伊斯 (Piri Rais(或 Reis), Muḥyī al-dīn) 土耳其人，1470年生于土耳其盖利博卢，1554年卒于埃及。*地理学、地图学、航海学。*

1487～1493年间，在土耳其海军服役，随其任海军上将的叔父转战南北。1511年叔父亡故，他脱离海军，开始绘制地图。1516～1517年间参加奥斯曼帝国对埃及的战争，战功显赫。他利用苏丹(奥斯曼帝国最高统治者之称谓)召见之机，把自己在1513年编制的第一幅地图呈献给了苏丹。埃及并入奥斯曼帝国后，他回到故乡著书立说。

1521年出版的《航海论》一书，是地中海沿岸及各岛屿的航行指南。1528年编绘出了第二幅地图。他的地图反映了当时一些航海家的地理新发现，具有一定的历史价值。（张南海）

巴尔博厄，V. N. de (Balboa, Vasco Nunez de) 西班牙人，约1475年生于西班牙赫雷斯，1519年4月15日卒于巴拿马。*地理探险、航海学、地理学。*

西班牙巴尔博厄城公爵后裔，双亲都是贵族。家中4个男孩中排行第三。早年当过宫廷侍从。1500年混入西班牙赴美洲探险队船只，到“新世界”寻找发财的机会。1505年定居伊斯帕尼奥拉岛(今海地岛)圣多明各。1509年在卡塔赫纳(今哥伦比亚玻利瓦尔省首府)建立移居地。1512年，西班牙国王费迪南德二世(Ferdinand II)任命他为巴拿马地区临时总督。1514年新总督佩德拉里亚斯(Pedrarias)上任，受到政治迫害，1517年以“叛逆罪”处以极刑。

他是继哥伦布之后第一批去西印度群岛的欧洲人。受哥伦布发现“新世界”(1492年)消息的鼓舞，1500年偷乘去美洲的船只，参加了巴斯蒂达斯(Rodrigo de Bastidas)率领的西班牙探险队。他们从巴拿马以东横穿加勒比海，沿着哥伦比亚海岸越过乌拉巴海湾，继续探航南美洲东北部，然后驶往西印度群岛的伊斯帕尼奥拉岛。1505年他在当地定居，经营种植园和养猪场，债台高筑，濒临破产。1510年，他要求参加一支移民船队去巴拿马边境的西班牙属地圣塞瓦斯蒂安要塞，由于他的逃债图谋，遭到船长一口拒绝。无奈之下，他故伎重演，带着爱犬钻进了领航船上一个大木桶。不久该船触礁沉海，熟悉这个地区的巴尔博厄大显身手，成了带领众人摆脱险境的领头羊。在他指挥下，欧洲人在新大陆建立了第一个永久移居地。不同于那个时代许多欧洲征服者大开杀戒，由于他尚能善待印第安人，因此受到当地土著首领的盛情款待和信任，并告诉他一个秘密：遥远的南方有个黄金国，海滩上撒满了金子和珍珠。

他也是发现太平洋的第一个欧洲人。1513年，他率领一支移民探险队徒步跨越巴拿马地块向南寻找黄金国。队伍中有两个牧师、几个向导、一批脚夫，92个移民，还有一群猎犬。他们爬山涉水，穿林越野，披荆斩棘，途中击退了数百印第安骑士的袭击，到最后地段时，只剩下了66个人和几条狗，饥肠辘辘，精疲力竭。1513年9月25日早晨，一座光秃秃的石山挡住了去路。为了瞭望周边地形，巴尔博厄带着他的爱犬领头上了山，突然眼前一亮：一片无垠的大海在朝阳下闪烁着黄金的光辉。探险队的日志上历史性地记载道：“巴尔博厄跪下双膝，感谢上帝让他发现了眼前这片大海……。”跟随他爬上山顶的人们，在那里屹立起一个十字架，“作为看到这片大海的第一批基督徒”在探险日志上一一签了名。接着，迎着冉冉升起的太阳，众人手挽手，热泪盈眶地唱起了圣歌。他们称为“南海”的这片海洋，1520年麦哲伦在航行中由于其水域平静而重新命名为“太平洋”。

为纪念他和奖掖杰出人士，1933年巴拿马立法设定不同等级的巴尔博厄勋章；巴拿马硬币上镌有他的头像；以他命名的地名有：巴拿马横穿全境的数条大道、数个公园、巴拿马城主要港口、巴拿马运河太平洋入口处，西班牙马德里的街道和地铁站等；月球上有一陨石坑也以他命名。（李啸虎）

麦哲伦，F. de（Magellan，Ferdinand；葡萄牙姓名 Magalhães，Fernão de） 葡萄牙人，约1480年生于葡萄牙波尔图，1521年4月27日卒于菲律宾群岛马克坦岛。航海学、地理探险、天文学。

出身破落的骑士家庭。约10岁进入王宫，12岁成为王后的侍童。1496年参加葡萄牙国家航海事务厅的工作。1505年进葡萄牙海外远征队当水手，随船队从葡萄牙首都里斯本出航，绕过好望角到达印度马拉巴尔海岸。1506～1510年在海战和陆战中多次负伤。1510年所乘海船在离印度海岸数百海里处触礁，他带头克服种种困难，直到援救船只到来，不久升任船长。1511年参加攻占马六甲海峡的远征。1512年返回里斯本，翌年参加攻打摩洛哥要塞阿萨莫尔，因受伤成跛脚，1514年回国。1517年10月离开葡萄牙到西班牙首都塞维利亚城，1518年娶塞维利亚要塞司令之女为妻，1519年率船队向西远洋探索航行。

最大的贡献是实现了人类历史上第一次环球航行。16世纪初，人们已认识到1492年哥伦布发现的岛屿并不属于亚洲，而是新大陆即美洲的一部分。1513年，西班牙航海家V. N. de巴尔博厄越过巴拿马地峡，在高山顶上看到西南部的大洋，并将其命名为“南海”（今太平洋）。麦哲伦想到，如果横过大西洋，然后在美洲找到一条沟通大西洋和“南海”之间的海峡，就可以航行到亚洲。1516年他向葡萄牙国王提出了一个组织船队向西远航进行地理探险的计划，未获准许。2年后西班牙国王接见了他，并表示支持这一计划。

经过一年多的准备，1519年9月20日，一支由265人、5艘船组成的船队离开西班牙圣卢卡尔港，开始远洋探索航行。当年12月13日，到达南美洲的圣路西亚港（里约热内卢）。然后沿南美洲东岸向南航行。1520年3月31日，船队驶进圣胡利安港（今属阿根廷）抛锚越冬。当年5月，一艘船在航行中沉没，剩下的4艘船于8月24日继续向南航行。10月初，他镇压了船队中反对分子的一场叛乱并继续南行。10月21日船队发现了南美洲大陆与火地岛之间一个海峡的东口，于是贸然进此海峡向西航行，航道弯弯曲曲、忽宽忽窄、港汊交错、潮汐汹涌，一艘船掉转船头逃回西班牙。余下的3艘船终于在11月28日走出海峡西口，进入“南海”。后来，此海峡因麦哲伦的船队率先发现而被命名为麦哲伦海峡。

同年12月，船队沿南美洲西岸向西北航行，然后又折向西航行。1521年3月6日抵达关岛。这期间，“南海”中风平浪静，船队竟未遭到一次暴风雨的袭击，因此他们把“南海”命名为太平洋，此名称沿用至今。在太平洋航行期间，由于食物缺乏，坏血病蔓延，许多人丧生。3月27日，船队抵达菲律宾群岛中的马萨瓦岛。3月28日晨，有一只载着8个当地居民的小船经过船队旁边，船队中一名来自马六甲的船员用马来语与他们对话成功。麦哲伦才意识到，他的向西航行、从西方绕到东方的梦想已经实现，远洋探索航行任务已基本完成。4月27日，他在菲律宾群岛的马克坦岛与当地人发生武装冲突时被杀。船队的3艘船中，1艘已破烂不堪，1艘则严重漏水，只剩下1艘“维多利亚”号在老船员J. S. 德尔卡诺（Juan Sebetian del Cano）指挥下横渡印度洋，绕过好望角，1522年9月6日，终于回到出发地圣卢卡尔港。除中途逃回的一艘船外，从此港出发的船员中生还者仅18人。这次环球航行首次证明了地球球形说的正确性，有力地推动了对全球海洋和陆地的考察研究，促进了天文学、航海学、气象学和造船技术的发展。

此外，1520年10月至11月，他率领的船队在麦哲伦海峡中航行时，发现了南天星空中有两个肉眼可见的星云，对它们的形态进行了描述，并作了记录。因此，后人将这两个星云命名为大麦哲伦云和小麦哲伦云，简称大麦云和小麦云。（宣焕灿）

利奥［非洲的］（Leo the African） 也叫哈桑（al-Hasan）。约1485年生于西班牙格拉纳达，1554年后卒于突尼斯突尼斯城。地理学、医学。

在摩洛哥非斯的阿尔卡洛林大学上学。早年的地理知识是从中世纪伊斯兰教的地理书中得来的。1507～1518年，陪同任外交官的一位伯父作了4次远游，通过实地考察获得了不少北非的地理知识。最后一次旅行途经的黎波里时，1518年被西班牙海盗劫往意大利罗马，它被人送给教皇利奥十世（Pope Leo Ⅹ）家里当奴隶。1520年在教皇的主持下，皈依天主教，“利奥”是他的洗礼名。1526年他完成《非洲见闻录》（1550年出版意大利文版，1556年同时出版法文本和拉丁文本，1600年出版英文本），大大丰富了有关北非的地理知识。此外，写过一部《阿拉伯·希伯来·拉丁文医学对照辞典》。（张南海）

明斯特尔，S.（Münster，Sebastian） 德国人，1488年1月20日生于德国美因兹附近下英格尔海姆，1552年5月26日卒于瑞士巴塞尔。地理学、科学传播。

曾就学于海德堡大学。1518年毕业于图宾根大学。1527年任瑞士巴塞尔大学希伯来语教授。因瘟疫而去世。

早年醉心于希腊文与希伯来文，从事希伯来文教科书、词典、语法书的出版工作。1540年出版了托勒玫所著《地理学》一书的拉丁文译本。经过15年的资料搜集，1544年出版著名的《宇宙志》一书。该书分别介绍了当时已知世界的各个地区，书中还附有许多地图，是16～17世纪最普及的科学著作之一。此书被译成多种文字，1650年以前共印刷了46版。（冯祖钧）

奥劳斯·马格纳斯（Olaus Magnus） 瑞典人，1490年10月生于瑞典林雪平，1557年8月1日卒于意大利罗马。*地理学、地图学、人类学。*

哥哥是天主教主教。他是乌普萨拉教士团成员。1537年定居意大利罗马，任其兄的秘书。1544年其兄去世后继任乌普萨拉主教，但当时天主教在瑞典因宗教改革而受禁。1549年任比利时圣兰伯特天主教堂教士。晚年供职于罗马圣布里捷达修道院。1510年起到国外任圣职，遍历不少国家和地区。

出版了两部科学著作。一部名《海图》（1539年），是一本斯堪的纳维亚各国的地图集；另一部名《北方诸部落的历史》（1555年），书中介绍了斯堪的纳维亚的气候、自然地理、农业、采矿、野生动物，以及那里居民的性格和生活。在1565～1665年间，后部著作先后出版意大利文、德文、英文和荷兰文、法文等译本，1909年才出版瑞典文本。这两部书可以说是有关斯堪的纳维亚地理研究的最早著作。（张南海）

阿格里科拉，G.（Agricola，Georgius） 原名G.鲍尔（Georg Bauer）。德国人，1494年3月24日生于萨克森公国（现属德国）的格劳肖，1555年11月21日卒于萨克森公国开姆尼斯。*矿物学、冶金学、医学。*

阿格里科拉在拉丁文里意为“农民”。1514年考入莱比锡大学，次年获文学士学位。毕业留校任初级希腊语讲师。1520年任兹维考市立学校校长，出版了一本文法书。1523年回莱比锡大学学医。不久游学意大利，在博洛尼亚和威尼斯逗留了3年，1526年获医学博士学位。曾在波希米亚的矿区研究采矿业。1527年在乔基姆斯塔尔（现属捷克）矿区任医生，在这个欧洲采矿中心研究了矿冶业职业病、矿物质和冶炼制品的药用价值，以及采矿和冶金技术。1531～1533年，他从矿业研究扩展至关注社会发展，出版过几本有关政治学、经济学的书。1534年移居开姆尼斯，在去世前一直担任宫廷史官，主编萨克森公国所有统治者的家谱。期间，1542年投资一家铜冶炼厂获利，同年娶冶炼厂厂长之女为第二任妻子。1546年当选为开姆尼斯市市长。

1530年出版他的第一部有关矿业方面的著作，详细介绍了萨克森地区的矿产、矿业和冶金业情况，尤其是首次报道了金属铋（Bi）物理与化学性质、及其开采和冶炼工艺。1546年出版的《矿物学》一书，可能是对矿物进行系统分类的最早著作。1549年出版一本论述岩石、山脉和火山地质起源的著作。1554年出版一部医学书。在他去世前4个月，付印了他用10年功夫写就的最主要著作《金属学》（1556年），该书主要介绍金、银、铜、铁等金属，前一部分论述采矿和冶炼，最后一部分提供了当时化学化工的工艺技术说明，在以后一个世纪中再版7次，在欧洲影响很大。（王天运 李啸虎）

郑若曾（Zheng Ruozeng） 字伯鲁，号开阳。中国明代江南昆山（今江苏昆山）县人，明弘治十六年（1503年）生，隆庆四年（1570年）卒。*地理学、军事学、水利学。*

书香门第出身。少年时代曾师事魏校、湛若水及王守仁等学习经史。嘉靖初为贡生。后因辅佐胡宗宪抗倭有功，曾受封世袭官职，但他辞而不受，回归故里，著书立说。

其地理著作主要集中在邻国地理及江防海防方面。收入《四库全书》的有《万里海防图论》、《江防图考》、《日本图纂》、《朝鲜图说》、《安南图说》、《琉球图说》、《海防一览图》、《海运全图》、《黄河图议》、《苏松浮粮议》等共10种，汇编为《郑开阳杂著》。另有《筹海图编》（13卷），是第一部全面论述中国海防的图籍，计有地图、舰船及兵器等172幅，文字30余万。这些著作和图作，具有重要的地理价值和历史意义。比如海防、海运、江防、黄河等问题，都是明代面临的现实问题。全书有图有说，图说结合，地图绘制十分精细。（翟忠义）

罗洪先（Luo Hongxian） 字达夫，号念庵。中国明代江西吉水人，明弘治十七年（1504年）生，明隆庆元年（1564年）卒。*地图学、地理学。*

出身官宦家庭。自幼勤奋好学、博览群书。精研舆地，考图观史，凡天文地志、礼乐典章、河渠边塞、战阵攻守，乃至阴阳算数，无不精究。嘉靖八年（1529年）以科举获进士第一名中状元。后担任过一些地方官职，主持过赈灾工作。因进谏被免职，从此隐居山林潜心治学。去世后朝廷诏赠光禄少卿，谥文恭。

最重要的贡献是以计里画方之法，编绘了《广舆图》。在研究地图的过程中，深感朱思本的《舆地图》图幅过大，不便舒卷。便设法把大图改编成分幅的地图册。新编的《广舆图》，从内容到形式，都有很多明显的改进。从内容上看，《广舆图》是根据明代的疆域政区绘制的，首页是总图，即明代全国疆域行政区图，后面是包括南北两直隶、十三布政司（省）、河道、边区等的分区地图，另外还有一些副图。这些地图，除两直隶、十三布政司图是根据朱思本《舆地图》改编外，其余图幅都是根据新的资料自己编绘的。在地图的形式上，《广舆图》可说是中国最早的全国分省地图集。它改大幅为分幅，改图卷为图册，就大大改善了地图保存、使用和刊印的条件，使雕版印刷成为可能。另外还设计使用了24种各式图例符号，如山脉、海水、城邑、关塞等。这就使地图更加直观醒目。为提高地图的实用价值，还根据形势的需要，增绘了边防地图和海防地图，供抗倭御边之用。对文字说明也很重视，每幅地图都附有表解和文字说明，简要叙述各区历史沿革、形势、人口、赋税等方面的情况。这些改进和发展，使《广舆图》在中国地图学发展史上占有重要的一席。

他著有《念庵集》22卷，收录于《四库全书》；另有《冬游记》传世。 （翟忠义）

盖玛·弗里锡乌，R.（Gemma Frisius，Reiner） 1508年12月9日生于荷兰弗里斯兰省多克姆，1555年5月25日卒于比利时卢万。地理学、大地测量学、数学、仪器研制。

原籍弗里锡乌，故人们又称他为弗里斯兰人盖玛。1525年在比利时卢万大学学医，1536年获医学博士学位。并在那里开业，后来又教过医学。虽是开业医生，但其贡献却是地理学和数学这两门，业余爱好超过了医学。

出版过几本有关数学、天文学和地理学方面的书籍。还设计过地球仪、天球仪和其他天文仪器。对地球科学有两项较大的贡献，一是第一个提出利用三角原理进行大地测量；二是第一个提出使用便携式计时器根据时差原理来测定地理经度。

为纪念他，月球上有一环形山以他命名。

（张南海）

默卡托，G.（Mercator，Gerardus；或 Gerhard Kremer） 一译墨卡托。比利时人，1512年3月5日生于佛兰德的亚珀尔蒙德（今属比利时），1594年12月2日卒于德国杜伊斯堡。地理学、地图学、投影几何学。

1530年进比利时卢万大学，主修哲学与神学。1544年因“异端”而受控下狱，数月后经卢万大学出面解救而获释。1552年迁居德国杜伊斯堡，开设制图工作室。

他多才多艺，通晓数学、天文学、地理学，精于书法、雕刻图版、仪器制造等技术。据目前所知，最早的工作是1536年做的一个地球仪。翌年发表了他的第一张地图——巴勒斯坦地图。接着发表了欧洲第一张近代地图。1569年发表用新投影法绘制的世界地图。这种投影法就是至今仍然沿用其名的默卡托投影法。毕生设计、雕刻和出版的地图，包括修正和注释2世纪时托勒玫的27幅地图，新绘制的法国、德国、荷兰、意大利、巴尔干半岛、不列颠群岛等的地图，去世后由他的儿子收集在一起，并补绘了一些新图，终于在1595年出版了一本共107幅的世界地图集。其书名为《地图集——或关于世界结构的宇宙志沉思录》。该书名中的“地图集”一词率先采用古希腊神话中半神半人阿特拉斯（Atlas）的名字命名，后来成为沿用至今的地图集甚至天文图集的专名。他的这部地图集有时也简称为《默卡托地图集》，是16世纪西方地图学的一部代表作。 （冯祖钧 宣焕灿）

阿科斯塔，J. de（Acosta，José de） 西班牙人，1539年9月（或10月）生于西班牙坎波城，1600年2月15日卒于萨拉曼卡。地理学、人类学。

15岁入故乡耶稣会，受到严格的神学和文学训练。曾在罗马教廷中任职，因对新大陆的强烈兴趣，请求派往拉丁美洲任职。1570年离开西班牙，途经巴拿马到达秘鲁，在秘鲁住了14年。在的的喀喀湖畔的耶稣学院居住多年，熟悉了当地的阿亚马拉语和克丘亚语，编纂了一本三种语言对照的教义问答手册。后又在墨西哥住了3年。回国后，任萨拉曼卡耶稣学院院长，直到去世。

著有《印第安人自然和风俗史》，书中介绍了许多关于当地地方病；可可的性质与应用；作物、家畜和耕作技术的第一手观察资料；书中还详细介绍了印加族和阿兹台克族的历史、宗教活动、民族服装和部族事务、墨西哥的表意文字和古秘鲁的绳结语，以及墨西哥的驿站系统。堪称第一位真正的美洲学专家。

（张南海）

巴伦支，W.（Barentsz，Willem；Barents 或 Barentz，William） 荷兰人，约1550年生于荷兰泰尔斯海灵岛，1597年6月20日卒于北冰洋航船上。地理探险、航海学、地图学。

原来的正式职业是地图绘制师。早年和P. 普兰西斯（Petrus Plancius）合作，两人专程航行至西班牙和地中海沿岸国家勘测地理环境，共同编纂出版《地中海地区地图集》。

生活在荷兰被称为“海上马车夫”的海上霸权时代。作为地理探险家和航海家，他从直觉坚信存在一条未知的北冰洋东北航道，可大大缩短从大西洋到太平洋，从欧洲到亚洲的中国、日本和印度的航程。在阿姆斯特丹商会的支持下，1594～1597年他作为远征队长指挥了三次北冰洋探险航行。巴伦支的远征不仅都有详细的日记和航海志记载，还绘制了相当准确的航海图，测量了沿途水深，为后人的航海和探险提供了重要的科学资料。

1594年6月5日，巴伦支率领3艘帆船从荷兰特塞尔岛出发，开始了第一次北冰洋远征。航行一个月后，他所在的指挥船“信使”号在新地岛海域与船队分手，沿着该岛西岸向北继续航行，7月13日抵达北纬77°15′，虽未到达该岛最北端，但仍是当时人类抵达的最北点。返程途经瓦加奇岛，9月16日成功回到阿姆斯特丹。

1595年6月2日，在奥林奇亲王莫里斯（Prince Maurice of Orange）的赞助下，巴伦支率领一支拥有7艘帆船的探险队，满载着想同中国人交易的货物，从阿姆斯特丹港开始了第二次远征，船队绕过斯堪的纳维亚半岛，沿着西伯利亚海岸到达瓦加奇岛，但是在新地岛和北地群岛之间的喀拉海受阻于海区封冻，只得返回荷兰。

1596年5月10日，他又指挥3艘帆船开始了第三次出征。大胆朝正北航行，设想通过北极前往东亚，一个月后发现了熊岛。在其附近，3艘船被浮冰分开失散。6月17日，巴伦支一行发现斯匹次卑尔根群岛，当时只看到它的西北海岸，误认为是格陵兰一部分。7月17日到达新地岛海域，沿其西侧航行至北纬79°30′，这次他成功地绕过该岛最北端，几乎到达北极圈，成为完成这一壮举的第一批欧洲人。接着准备前往瓦加奇岛，但是天气变得十分恶劣，船被浮冰撞坏，航道很快封冻。一行16人被迫弃船登上新地岛，盖木棚、掘冰洞，成为第一批在北极越冬的欧洲人。在长达10个月的艰辛日子里，有3个月不见天日，靠焚烧破船板取暖，以打猎维生，普遍患上坏血病。尽管船员一个又一个死去，然而他们致死都没有动用船上任何托运货物以救生，义无反顾地实践了荷兰人的诚信经商理念。巴伦支一行首次在新地岛进行了持续的气象观测，绘制了全岛地图。1597年6月13日，他们分乘两艘修复了的救生小艇离开该岛。在其南端的冰海，10余名幸存者被俄罗斯商船所救，巴伦支在返荷兰途中病逝。1871年，挪威猎人在新地岛发现了巴伦支探险队当年留下的破败棚屋，屋内留有铜锅、乐器、时钟和水罐等生活用品；弥足珍贵的是还有巴伦支的日记本，内中详述了在岛上过冬的艰难情景。

为纪念他，1853年后人将新地岛、斯匹次卑尔根群岛和熊岛之间海域重新命名为巴伦支海；在果蝇分子结构中发现的一种蛋白，被命名为“巴伦支”。

（李啸虎）

博特，A. B. de（Boodt，Anselmus Boetius de） 比利时人，约1550年生于比利时布鲁日，1632年6月21日卒于同地。*矿物学、药物学。*

出身贵族家庭。早年在卢万大学学法律；后学医于帕多瓦大学，获医学博士学位。曾任鲁道夫二世（Rudolf Ⅱ）的宫廷医师。终身未娶。

在波希米亚时，曾与博物学家海克（T. Hayek）做过冶金术试验。因受鲁道夫二世热心收藏古董和珠宝的影响，他于1604年开始撰写主要著作《宝石和玉石志》，书中列举了600种矿物，根据它们的大小、软硬、可燃性、透明度和出产情况进行分类。对它们的性质、价值、仿造难易和在医药上的应用作了阐述。

（王　植）

欧文，G.（Owen，George） 英国人，1552年生于威尔士彭布罗克郡亨利斯，1613年8月26日卒于威尔士黑弗福特威斯特。*地质学、历史学。*

出身于南威尔士一古老世家。他出生时父亲已82岁，父亲于102岁去世时，他才15岁。后毕业于伦敦律师学院。曾两度任彭布罗克郡的副郡长，两度任卡迪根郡郡长。

以乡土历史学家和地貌学家闻名。1603年出版《彭布罗克郡志》，对南威尔士石灰岩（石炭系）和煤系地层进行描述，是第一位试图论述英国地层的人。在叙述石灰岩分布状况时，他还肯定地层露头是连续的，可以在广阔区域内追索这一地质现象。但他把同一向斜两翼的石灰岩误认为两条分开的矿脉。

（刘　汉）

哈克路易特，R.（Hakluyt，Richard） 英国人，约1552年生于英国伦敦，1616年11月23日卒于同地。*地理学、历史学。*

在伦敦的西敏寺学校和牛津大学基督堂学院受教育。1578年任圣职，负责海外事务。1583～1588年任英国驻法国使馆牧师。竭力鼓吹英国向海外扩张，特别是向当时的美洲北部扩张。在法国任大使期间，广为搜集有关新大陆的资料。出版了三部航海地理发现史著作。

（张南海）

利玛窦（Ricci，Matteo） 字西泰，按其原名直译为M. 里奇。1552年10月6日生于意大利马切拉塔，1610年5月11日卒于北京。*地理学、地图学、数学、天文学、科学传播。*

9岁入耶稣会学校学习。19岁加入耶稣会教士团。第二年进罗马学院，向著名数学家C. 克拉维斯学习数学和天文学。同时还学习地理、音乐和仪器制造等知识。1577年加入派往印度的传教团，途中曾在葡萄牙科因布拉大学学习。1578年抵印度果阿，4年后进入中国。辗转往来于澳门、肇庆、韶州、南昌、南京等地多年。1596年任耶稣会在华首任会长。1601年进北京，成为获准居留北京的第一位耶稣会传教士。此后再未离京。

是将世界地图引入中国的第一人，又是当时远东最详尽的世界地图的绘制者。来华之后，在1584～1603年间曾8次编绘世界地图。这些图大多是应中国学者之请而绘的，当时多次刊刻，现今可考的版本有12种之多。还在图的说明中介绍了一些天文、地理知识和异国风物。这些图的刻本传入欧洲后，由于图中的中国部分参考了中国的图籍，因而比当时欧洲的世界地图中相应部分更准确，增加了欧洲对中国情况的了解。

最先把明确的地圆观念引入中国。在世界地图的说明和《乾坤体义》这部著作中，反复论证大地为球形。由于中国古代一直未曾形成明确的地圆观念，所以他的地圆说在明末清初成为士大夫热烈争论的话题。地圆概念是和他的世界地图密切联系的，这两者都对中国科学的发展起了积极作用。

对中国科学的另一大贡献是对欧几里得几何学的介绍。和徐光启合作翻译了《几何原本》前6卷，1607年在北京出版。这是该书最早的中译本，以利玛窦之师克拉维斯的15卷拉丁文评注本为底本。此书的翻译在中国产生了深远影响。当时许多中国学者研读此书，并力图将其逻辑推理与公理化方法推广到其他自然科学领域的研究之中。与此同时，中国学者也开始了独立的几何学研究。

曾向李之藻详细介绍星盘的结构和使用方法，李之藻因此得以在1607年撰成《浑盖通宪图说》2卷。书中阐明了星盘的原理和使用方法，并介绍了欧洲天文学中的黄道坐标系、星等概念、晨昏蒙影定义等。晚年，利玛窦在北京用意大利文撰成《利玛窦中国札记》，介绍了在华传教28年的丰富经历，是研究中西方文化交流史的珍贵文献。 （江晓原）

博纳文图拉，F.（Bonaventura，Federigo） 意大利人，1555年8月24日生于意大利安科纳，1602年3月卒于乌尔比诺。气象学、科学传播。

父亲是军官兼诗人。他早年在罗马学院求学。1574年回到乌尔比诺研究希腊数学和自然哲学。曾任过乌尔比诺驻几个欧洲国家的大使。

主张亚里士多德认为太阳的热是通过某种介质运动传输给其他物体的，而不是光。是16世纪古老气象学理论的捍卫者。曾将古代用希腊文、拉丁文写的气象学、医学等知识译介给当时的欧洲。 （曹念祥）

尚普兰，S. de（Champlain，Samuel de） 法国人，1574年8月13日生于法国奥尼斯省布罗亚热（或拉罗谢尔），1635年12月25日卒于北美洲新法兰西地区魁北克（今属加拿大）。地理学、地图学、航海学、地理探险。

出生年一直有争议，一说为1567年，但当今多数历史学家考证认为该说有误。出身于航海家族，父亲和叔父都是船长。早年生平不详。年轻时便掌握了导航、测绘、制海图和编写工作报告等技能，但没有学过古希腊文或拉丁文，看不懂古代文献。1598年起多次赴美洲探险，1603年第一次到达北美洲。1601～1603年任法王亨利四世（King Henry IV）的宫廷地理学家。1608年建立魁北克城，进而扩展为新法兰西领地。1613年赴任新法兰西和魁北克城代理总督。1614年回国组建“鲁昂与圣马洛商团”和“尚普兰贸易公司”，首次开拓法国和北美的贸易关系。1619年正式任该领地总督。1629年英国军队入侵魁北克，他被俘至伦敦，后不久获释。1632年英法签订圣日尔曼条约，魁北克重归法国。1633年5月重回魁北克复任，两年后因重病殁于任上。

16～17世纪法国探险家、地理学家，加拿大魁北克城创建者。1598～1600年，跟随表叔率领的船队去美洲从事贸易考察活动，到过西印度（今加勒比地区）的安的列斯群岛、中美洲墨西哥等地。1603年3月15日，随F. G. 杜波特率领的法国毛皮贸易考察队第一次到达北美洲，同年9月20日回国。期间，他考察和测绘了蒙特利尔河、圣劳伦斯河和拉希纳急流；次年在巴黎出版旅行记《蛮荒之地》（1604年法文版；1625年英文版），首次公布第一幅圣劳伦斯河地图。

1604年夏，和P. D. S. 德蒙茨（Pierre Dugua Sieur de Monts）率队再次去北美探险。期间，在圣克罗伊岛、阿卡迪亚皇家港等地建立第一批欧洲人永久移民点。1605～1606年，考察和测绘南至开普科德海角的北美海岸线，这是第一幅北美大西洋沿岸的精确地图。1608年7月3日，作为“天赐”号船长在魁北克海角登陆，在此安营扎寨，修建了3座双层木建筑围以木栅栏，为魁北克城（今魁北克市前身）奠基，进而扩建为新法兰西领地。同年，他同圣劳伦斯河北岸的休伦部落和阿尔贡金部落缔结盟约，以共同对付易洛魁联盟。期间，带领9个法国士兵和300个印第安人，向易洛魁河（今魁北克的黎塞留河）上游探索，在位于今美国佛蒙特州绿山和纽约州阿迪朗达克山之间，1609年发现并测绘了易洛魁河源头即狭长的尚普兰湖。1611年夏，考察现为蒙特利尔的地区。

是勘测和描述北美大湖区水系的第一个欧洲人。1613年5月底起，考察了休伦人领地，寻找传说中的“北海”（可能是今哈得孙湾），首次探索和描述了渥太华河。8月回国整理和撰写游记，出版第一份新法兰西领地地图。1615～1620年，在原住民向导帮助下，率领法国探险队全面考察、测绘北美西部的渥太华河、尼皮辛湖、休伦湖和安大略湖等大湖区水系。

主要著作还有《新法兰西之地纪行（1604～1612年）》（1613年初版，1632年再版）、《西印度群岛和墨西哥远航志（1599～1602年）》（1859年英文版；1870年法文版）等。其中详细描述了如何和土著人相处、并向他们学习的过程。

为纪念他，加拿大和美国有多处湖泊、河流、山脉和近海，以及行政区划、公园、学校、道路和桥梁等以他命名。 （李啸虎）

巴芬，W.（Baffin，William） 英国人，约1584年生于英国伦敦，1622年1月23日卒于波斯湾霍尔木兹海峡克什姆岛。地理学、地理探险、航海学、测量学。

出身卑微，早年生平不详。1612年任丹麦航海探险队首席领航员。1613年供职于英格兰莫斯科维渔业公司，在斯匹次卑尔根群岛鲸鱼渔场任护渔旗舰领航员，后任该公司“发现”号考察船领航员。1617年后供职于英国东印度公司。参与英国-伊朗联军在波斯湾霍尔木兹海峡攻占克什姆岛葡萄牙要塞，在战役中受重伤后不久去世。

他考察北极圈的活动，史料最早提及是在1612年。当时出任J. 霍尔船长（Captain James Hall）率领的航海探险队领航员，奉丹麦国王克里斯蒂安四世（Denmark’s King Christian IV）之命考察格陵兰。在格陵兰西海岸，霍尔船长在同土著人发生争斗中阵亡。为探寻西北航道，两次任“发现”号轻型帆船领航员。1615年详细考察了哈得逊海峡，根据天文观测预测潮汐，其准确性在1821年才由E. 帕里爵士（Sir Edward Parry）所确证。1616年航行到格陵兰岛西岸，通过戴维斯海峡北上到达北纬77°45′，比1587年英国约翰·戴维斯的终航点北移约480千米，在236年内一直保持这一海上纪录。这次航行，发现了格陵兰的赫兹半岛、埃尔斯米尔岛和德文岛，以及一系列海峡，他皆以赞助人之名命名。由于寻找一条由欧洲经北冰洋通往印度的航线似乎无望，巴芬的种种发现很长时间里也受到了人们的怀疑。直至两个世纪后，1818 年罗斯船长才重新发现并确认。1617～1619 年巴芬航行到英属印度的苏拉特，返程对红海和波斯湾进行了考察。1620 年再次航行去东方。

巴芬至今受到人们的铭记，除重要地理发现外，还在于他进行了大量重要而准确的科学测量，包括第一次在海上通过对月球的观测来测定经线（即“月球距离法”），以及地磁测量。

为纪念他，巴芬岛、巴芬岛与格陵兰岛之间的巴芬湾，以及加拿大培育的威廉·巴芬玫瑰，皆以他命名。（李啸虎）

卡贝奥，N.（Cabeo，Niccolo） 意大利人，1586 年 2 月 26 日生于意大利费拉拉，1650 年 6 月 30 日卒于热那亚。气象学、磁学、地球物理学。

耶稣教会教士，年轻时在帕尔马神学院教神学和数学。在定居热那亚之前，曾到许多城市讲道。

曾出版有关磁学及天文学，气象学方面的两本书。在萨沃那要塞工作的 G. B. 巴利亚尼进行过不同重量物体下落时间相等的自由落体试验，卡贝奥为之广泛宣传。雷涅里（V. Renieri）得知后，也作了类似试验。他在 1641 年 3 月 13 日给伽利略的信中，谈到一个教士（指卡贝奥）曾写过“两个不同重量物体自由下落时间相同”的论断。（曹念祥）

徐霞客（Xu Xiake） 名弘祖，字振之，号霞客。中国明代南直隶江阴（今江苏江阴）人，万历十四年十一月二十七日（1587 年 1 月 5 日）生，崇祯十四年正月二十七日（1641 年 3 月 8 日）卒。地理学、地理探险、文学。

出身书香家庭。自幼爱读地理历史及游记之书。酷爱大自然，立下了“问奇于名山大川”之志。自 22 岁开始，在母亲的支持下，前后 4 次长期离家出外考察山河地貌。北抵燕幽、南达闽粤、西入滇南，足迹所至，遍及今江苏、浙江、山东、河北、山西、陕西、河南、安徽、江西、福建、广东、湖南、湖北、广西、贵州、云南等中国近 20 个省区。旅游途中，瞑则寝树石之间，饥则啖草木之实，不避风雨，不惮虎狼，两次遇盗，三次绝粮，饥渴劳顿，艰辛备尝。在极端困难的条件下，也要设法把游记写好。

在石灰岩岩溶地貌、构造地貌、流水地貌及洞穴学等方面，都有重要记录与发现。是石灰岩岩溶机制发育研究的先驱，所取得的成就早于欧洲一二百年。

对长江的源流进行了考察。指出岷江经成都至叙州，不及千里，金沙江经丽江、云南乌蒙至叙州，共 2 000余里。认为真正的江源应当是金沙江而不是岷江。还考察了南北盘江的上源，指出北盘江的正源应当是可渡河，南盘江的正源应当是交水。

他的考察记录《徐霞客游记》，内容翔实，文笔生动是脍炙人口的地理名著，具有很高的学术价值和文学价值。它长时期内曾以抄本的形式流传。抄本多达 20 个。最早抄本是季梦良抄本，书名为《徐霞客西游记》。他去世后 135 年，才有第一个刊本出版。后各种刊本共有 18 种之多。其中尤以丁文江本、万有文库本及近年褚绍唐、吴应寿整理本为重要。丁本前有徐霞客小像，并编有徐霞客年谱及徐霞客旅游路线图 36 幅。褚、吴整理本补入了两个较早的抄本，使内容更为充实，并重新编绘了旅行路线图 39 幅。（夏树芳）

埃斯科特，M. P.（Escholt，Mikkel Pedersön） 挪威人，约 1610 年生，1669 年卒于挪威克里斯蒂安尼亚（今奥斯陆）。地质学、地震学。

1628 年入哥本哈根大学学习神学，毕业后在哥本哈根教区任神职，但终生对地质考察有极大兴趣。

他同挪威地质界交往不多，许多发现和思想都是自己独立作出。著有《挪威地质学》（1657 年）一书，是挪威的第一部地质学专著，因此而闻名于科学界。在书中，阐明了奥斯陆地区每世纪有两次地震的不寻常的规律性，并指出了火山与地震活动的密切关系；第一次对“地质学”一词赋予近代地球科学含义。（冯祖钧）

佩罗，P.（Perrault，Pierre） 法国人，约 1611 年生于法国巴黎，1680 年卒于同地。水文学、博物学。

个人经历不详。3 个弟弟的名声比他还大：克劳德（Clauld，1613～1688 年）是医生、科学家与卢浮宫的设计师；尼古拉斯（Nicholas，1624～1662 年）是著名神学家；查尔斯（Charles，1628～1703 年）是著名作家。佩罗像父亲那样当了律师和政府公务员。

1674 年在巴黎匿名出版《论泉水之源》，论述了前人关于泉水起源的各种假说，并认为雨量足够维持泉水的上涌与江河的流动。研究过塞纳河每年的水流量和整个水面积上的雨量，第一次证明河流是由雨水形成的，但认为水的渗透只是局部、偶然的现象。人们认为他的实验技术虽不算高明，但其方法是无可怀疑的。他的这项工作是水文学史上的里程碑，被认为是实验水文学的创始人之一。1974 年国际水文学界在巴黎举行水文学史学术会议，以纪念他这部名著发表 300 周年。（林德宏）

泰弗诺，M.（Thévenot，Melchisédech） 法国人，约 1620 年生于法国巴黎，1692 年 10 月 29 日卒于巴黎西南郊伊西（今伊西-莱穆利诺）。地理探险、地图学、大气物理学、仪器研制、科学传播。

出身于贵族家庭，父亲是法国皇室机构的官员。受过良好的正规教育。游历过欧洲各国，热衷于地理探险。1647年和17世纪50年代，曾任大使两度出使意大利热那亚和罗马。1684年被法王路易十四（Louis XⅣ of France）任命为法国皇家图书馆馆长。1685年当选为法国科学院院士。

法国科学院的创始人之一，被誉为“科学院之父”。在自然科学研究上，广泛涉及地理学、天文学、物理学、磁学和医学等学科，重视科学实践活动。

关注大气物理性质，1658～1661年做过毛细管和虹吸管等实验；17世纪60年代，研究过大气脉动变化对人类和动物呼吸的微妙影响。1661年2月，发明第一个气泡水平仪，把密封的一段玻璃管嵌入一把石制刻尺槽，内部灌注酒精并留有一截气泡，同时配备物镜以观测气泡的位置变动。

参加过数次航海和地理探险，其中1666年参与法国科学院赴马达加斯加探险队，首次在地理测量中运用自己发明的气泡水平仪。1663年在巴黎出版《远航中的各种奇事珍闻》，内附有他绘制或改制的多幅中东地区详细地图，其中一幅伊拉克南部巴士拉等地的区域图，很可能是欧洲最早和最详尽的一份该地区地图。为了促进地理探险活动，积极研究和宣传野外生存技能，其中出版过《游泳技能》（1696年）一书，大力普及蛙泳运动，是历史上同类书籍第一部，在当时流行甚广。据美国大科学家、大政治家B. 富兰克林回忆，他年轻时正是在此书指导下学会了游泳。

是著名的科学信息传播者，科学活动联络人和赞助人。积极推动法国和欧洲的科学合作交流，资助重要的科学项目，是17世纪中叶欧洲各国众多著名科学家的挚友，其中有荷兰大科学家惠更斯、英国皇家学会秘书长奥尔登堡等人。精通英语、希腊语、拉丁语、希伯来语和其他东方语言（包括阿拉伯语和土耳其语等）。还是个图书文献收藏家，个人藏书甚丰，并收集有各种珍贵的历史手稿善本和孤本，去世后其收藏和个人手稿大部由法国皇家图书馆保存。

（李士土　李啸虎）

瓦莱纽斯，B.（Varenius，Bernhardus）　一译瓦伦纽斯，又名B. 瓦伦（Bernhard Varen）。德国人，1622年生于德国汉诺威地区的希察克尔，1650年卒于荷兰阿姆斯特丹。自然地理学、区域地理学。

宫廷讲道士的儿子。在大学时攻读数学、医学和博物学，1649年在莱顿大学获医学博士学位。原想在阿姆斯特丹开业行医，但是塔斯曼（A. Tasman）等地理学家的航海发现使他对地理学产生了兴趣，最后放弃医学而转向研究地理学。

主要著作是1650年出版的《普通地理学》。他首次给普通地理学下了一个经典性定义：“通常是研究整个地球，并解释其特性，而不涉及特定的国家和地区。”该书问世后的100年中成为标准的地理教科书，并被译为多种文字。全书共分三个部分：第一部分探讨地球的形状、大小、运动和测量；第二部分介绍太阳、星星、气候和四季对地球的影响，还述及时差；第三部分简单介绍了地球表面的实际分区，确立了现今称为区域地理学的基本原则。他赞同哥白尼的日心说。

（张南海）

佩蒂，W.（Petty，William）　英国人，1623年5月27日生于英国汉普郡拉姆西，1687年12月16日卒于伦敦。大地测量学、地图学、经济学。

贫穷织匠兼裁缝的儿子。13岁上船当差，1643年起去荷兰、法国学习医学和解剖学。经人推荐，当过著名哲学家霍布斯的私人秘书。1646年回英国，因开发和销售一种制图放大仪而小有名气。在略有积蓄后，进牛津大学学医。1651年起任牛津大学勃拉色诺斯学院解剖学教授、副校长。1652年到爱尔兰在克伦威尔军队中当军医，后来还负责丈量土地的工作。王政复辟后，受到詹姆士二世（James Ⅱ）的恩宠，当上爱尔兰议会议员和爱尔兰土地测量总监，1661年封爵。是英国皇家学会发起人和创始会员之一。

17世纪后期，他测量并发展了有效的土地勘查新方法，绘制了当时爱尔兰最详细的地图。

王政复辟后，开始努力研究税制改革，撰写经济学论著。对商品的价值作了分析，认为商品的自然价格决定于生产该商品的生产者的劳动时间，初步建立起了劳动价值论。这一点在他早期的著作《赋税论》（1662年）中已有阐述。最有影响的著作是《政治算术》（多卷，1683～1689年），把所有的社会现象都用数、重量和尺度来表示，用数字来加以比较。是英国资产阶级古典政治经济学的创始人之一。　（张南海）

奇尔德里，J.（Childrey，Joshua）　英国人，1623年生于英国罗切斯特，1670年8月26日卒于多塞特郡阿普维。水文学、气象学、博物学。

曾求学于牛津大学玛格达伦学院，由于内战而辍学4年，1646年毕业获文学士学位。后任中学校长、牧师等职。1661年获牛津大学神学博士学位。1664年起任阿普维地区教长，直至去世。

1652年及1653年先后出版《星占学重要观点探讨》和《星历学》两本小册子，文中指出以太阳为中心的行星运动对气候的影响。他是培根学派的信徒，曾以“实验星占学”证实一个古老概念，即气候变化35年为一个周期。他曾注意到潮汐对气象的依赖关系、潮汐的周期运动、以及由于月球轨道倾斜和它偏离轨道引起潮汐大小的现象。但这一真知灼见却为当时人们所忽略。另一成就是主编《英格兰、苏格兰、威尔士自然珍奇录》（1660年）巨著，1662年在巴黎出版法文本，1667年又再版法文本。　（曹念祥）

席拉，A.（Scilla，Agostino）　意大利人，1629年8月10日生于意大利西西里岛，1700年5月31日卒于罗马。地质学、古生物学。

幼时表现出非凡的绘画才能，被送往罗马学习艺术。回到家乡后，很快成名，成了17世纪西西里学派最佳画家之一。1674～1678年参与墨西拿地方反西班牙的起义，失败后被放逐，先到都灵，后来到罗马。晚年以绘画为生。

1670年出版《感觉胜臆想》一书，迄今该书尚属地质学经典著作之一。在17世纪时，大部分科学家仍然认为化石是受星辰等影响而生成，他在该书中批判了这种空想。对所观察的富含化石的地层描述得惊人的清晰而精确。当解释不同粒度的沉积物时，他早已利用了“现在是过去的钥匙”这一原理。认为珊瑚化石和棘皮动物化石是存在的。（胡 敏）

顾祖禹（Gu Zuyu） 字复初，号景范。中国明末清初江苏无锡廊下人，明崇祯四年（1631年）生，清康熙三十一年（1692年）卒。历史地理学、军事地理学。

因居处近无锡宛溪，人称宛溪先生。自幼家学渊源，祖上被称为“吴中文献”，直至父亲顾柔谦，数代通晓天地之学。他立志治学，不参加科举。以塾师为业，一面养家，一面读书。刻苦勤奋，“早起鸟啼先，夜眠人静后”。从29岁起，便开始撰写《读史方舆纪要》一书。每日必草就若干条，或偶亲朋宴集，翌日必夜不寐以补之。这样经过30多年的辛勤努力，终于完成了这部长达130卷、280多万字的巨著，另有《舆图可览》4卷。晚年参与编撰《大清一统志》。

《读史方舆纪要》可说是中国集大成的历史地理著作。书中详列各地山川险要，形势利害，故又具有鲜明的军事地理色彩。全书内容大致可分为4部分。前9卷为第一部分，总述全国历代州域形势，及政区沿革。第二部分是全书主体，共114卷。分述两直隶、十三布政司及所属各州府县的地理情况。每省各有总序一篇，以下次第叙述各府州县的建制、地域、山川、关塞、驿站、桥梁。第三部分为川渎，共6卷，采录历代地理书中对江河的记载。第四部分仅一卷为分野，列出历代史志中关于各地星宿分野的说法。《读史方舆纪要》详述历代政区沿革，是一部体制庞大、贯通古今的历史地理著作。书中还论述各地山川险要，攻守形势。梁启超称之为“极有别裁之军事地理学”著作。

值得指出的是，早在明末清初，他已明确提出了“人地相关论”思想。认为山川形势固然重要，但起决定作用的还在于人事。这在当时的历史条件下，是具有进步意义的。（翟忠义）

德西根萨-贡戈拉，C.（De Sigüenza y Gongora，Carlos） 墨西哥人，1645年8月20日生于墨西哥国墨西哥城，1700年8月22日卒于同地。地理学、地图学、天文学、科学史学。

西班牙移民后裔，教师之子。毕业于墨西哥大学。留校任教，1672年任该校数学和天文学教授。

在实地勘测基础上，他绘制了第一批由墨西哥人制作的地图，其中有“新西班牙”（即当时西班牙在美洲的殖民地，包括今墨西哥在内）地图、墨西哥河谷的湖泊图；1693年绘制了彭萨科拉海湾（今美国佛罗里达州西北部）地图。还进行了一些有价值的天文观测。1670年出版《天文学与哲学》一书，此书具有扎实的数学基础，反中世纪经院哲学那种歪曲了的的亚里士多德立场，系统介绍了哥白尼、伽利略、笛卡尔、开普勒、第谷·布拉赫等人的科学沿革和历史评价，因而具有重要的学术价值。

此外，为编写古代墨西哥的历史而收集过丰富的文献和考古资料，可惜其手抄本现已遗失。（卫瑞霞）

刘献廷（Liu Xianting） 字继庄，又字君贤，别号广阳子。中国清代直隶大兴（今北京）人，清顺治五年七月二十六日（1648年9月13日）生，清康熙三十四年七月六日（1695年8月15日）卒。自然地理学、百科知识。

祖籍吴中（江苏吴县），因祖父任太医，遂迁居京都大兴（今北京）。父亲病故以后，全家又迁回江南原籍，住在吴江县寿圣院。少颖悟，嗜读书，经常秉烛夜读，通宵达旦，终至一眼失明。中年南游湘鄂，北访燕京，游踪遍及中国许多地区。徐乾学开明史馆，延请他参与其事。卒时年仅48岁。

英年早逝，壮志未酬，著作多佚，只给后人留下一部内容驳杂的《广阳杂记》（5卷）。很重视对自然地理现象的观察和对自然规律的探求。观察到地势的高低对降雨的多少有明显的影响，不同地区的不同风向也对降雨有不同的影响。还发现南方和北方物候期的早晚有明显的不同。他认为地理书籍只讲各地的人事是不够的，还必须阐述“天地之故”，即要探讨自然规律，这在当时是一个独到的见解。

治学范围很广，对音韵、历法、数学、医药、农桑、火器等也都有一定研究。（翟忠义）

科罗内利，V. M.（Coronelli，Vincenzo Maria） 意大利人，1650年8月15日生于意大利威尼斯，1718年12月9日卒于同地。地理学、地图学、百科全书、仪器研制。

一位威尼斯裁缝的第五个孩子。是圣芳济各会修道士。1674年在罗马学院获神学博士学位。

年轻时对地图和球状仪感兴趣。1678年为帕尔马大公制作了第一对球状仪，直径5英尺（约175厘米）。1681年受邀去巴黎，为法王路易十四（Louis XIV）制作了一架地球仪和一架天球仪。这两件直径均为3. 9米的精致工艺品，在1920年前是世界上最大的球状仪，现在还陈列在凡尔赛宫中。因为声誉日隆，欧洲各国王室和大学、美国的大学纷纷邀请他制作地球仪和天球仪，直至1705年才返回威尼斯定居。毕生制作了许多球状仪，至今还保存着的就有100多个。

还绘制了几百幅地图。曾计划写一部由45卷组成的百科全书，后来只写出7卷，这是第一部按字母顺序来编排词目的百科全书。1684年从法国返回威尼斯后，创建了世界上最早的地理学会——阿自戈天文地理学会。（张南海）

肯普费尔，E.（Kaempfer，Engelbert） 德国人，1651年9月16日生于德国莱姆戈，1716年11月

2日卒于同地。地理学、植物学、历史学。

出身牧师家庭。曾在汉堡、但泽（今格但斯克）等地大学学习，在克拉科夫大学毕业后，又在普鲁士的柯尼斯堡大学学了4年医学和自然科学。1681年去瑞典，2年后任瑞典驻波斯大使秘书、随馆医生。1683～1693年因公出使和游历了俄国、波斯、印度、东南亚和日本等地。1695年返回欧洲，定居于荷兰阿姆斯特丹，在莱顿大学获医学博士学位，并被任命为宫廷医师。

潜心研究了日本的历史、地理、风俗以及植物群落。1712年出版了一本主要介绍东方之行所见所闻的拉丁文著作，其中最后一章是“日本植物志”，绘出一张日本植物分类表，描述了近500种植物。他所著的《日本史》，后人根据其遗稿于1727年编辑出版，一书在此后一个多世纪中，成为西方了解日本的主要知识来源。 （冯祖钧）

德马莱，B.（de Maillet，Benoît） 法国人，1656年4月12日生于法国圣米埃尔，1738年1月30日卒于马赛。地质学、博物学、地球演化学。

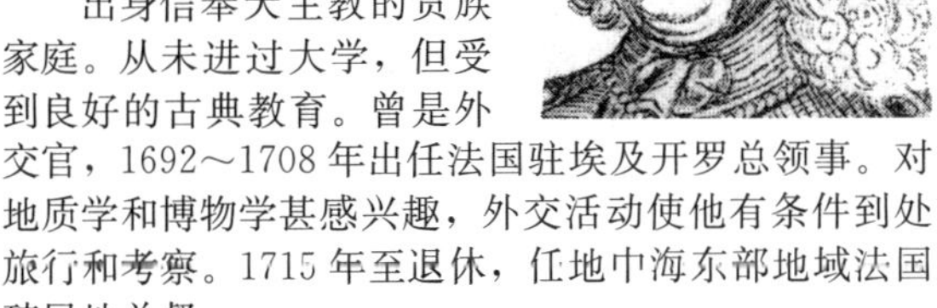

出身信奉天主教的贵族家庭。从未进过大学，但受到良好的古典教育。曾是外交官，1692～1708年出任法国驻埃及开罗总领事。对地质学和博物学甚感兴趣，外交活动使他有条件到处旅行和考察。1715年至退休，任地中海东部地域法国殖民地总督。

他反对上帝是具有无限创造力的统治者的说法，而提出一个随时都在发生着自然变化的宇宙体系。认为天体是通过一种光明阶段（类似于太阳）与黑暗阶段（类似于行星）不断更替的机制而永恒地更新的。根据这一理论，他认为地球处于黑暗阶段，由于向外空间蒸发，海平面以每世纪3英寸（约7.6厘米）的速率降低，此时海洋底部先前光明阶段的残留物，如沙砾、淤泥、煅烧过的石头等，开始形成原始山，它类似巨大的海底沙洲。这一过程形成的岩石中不含化石，可以认为是指变质岩。随着蒸发的继续，原始山出露。他假设宇宙间充满着万物之种，此时得到适当条件，就出现了生命。由于海退和大陆的相对扩张，使生物经历了一种广义的物种变化以适应新的环境，由海生植物产生陆生植物，海生动物变成陆生动物。进一步的海退导致第二代山的形成。它们由含化石并具有水平层状的沙、泥土形成沉积岩。这些物质来源于海浪作用于原始山而产生的剥蚀物。这些岩层又按叠加原理由底及顶叠置在一起，从而使其中的生物化石成为一个序列，越往上部化石越多。结果，化石随时间呈现出重大变化，这就是动物群层序这一现代概念的早期表述。不过该体系缺乏使地层抬升、倾斜和褶皱的造山机制。他的著作大多由后人根据手稿整理出版。在此后一个多世纪中，他的上述思想对很多著名科学家以深刻的影响，其中包括布丰和居维叶。他是地质学史上的极端水成论者，同时也是拉马克的先行者。 （冯祖钧）

马西利，L.F.（Marsili，Luigi Ferdinando） 意大利人，1658年7月10日生于意大利博洛尼亚，1730年11月1日卒于同地。海洋学、水文学、博物学。

出身贵族。先后在博洛尼亚大学、帕多瓦大学学习数学、解剖学和自然科学。1682～1704年在奥斯曼帝国军队服务，获上校军衔。虽未完成正规教育，却积累了大量历史、政治、地理和自然科学知识。深受伽利略思想影响。1712年创立博洛尼亚科学院。1722年去伦敦并成为英国皇家学会外籍会员，受到牛顿的欢迎和称赞。

曾在意大利和欧洲各国旅行，考察了山脉的构造，海洋、湖泊、河流的自然条件。童年起即迷恋大海。1681年出版的关于博斯普鲁斯海峡的研究，就是他20岁时总结的观察结果。1724年出版第一部海洋学专著《海洋物理学史》，论述了海洋盆地的形态、水上和水下陆地的关系、水的性质（颜色、温度、盐浓度）、水的运动（波浪、水流、潮汐）以及海洋里的生物。第一个认为珊瑚是动物。1726年发表《多瑙河考察记》，讨论了多瑙河河床以及沿河流域的动植物、矿物和地质等情况。1725年还对加尔达湖进行了物理和生物方面的研究。 （肖 玲）

洛加文，J. （Roggeveen，Jacob） 荷兰人，1659年2月1日生于荷兰泽兰省首府米德尔堡，1729年1月31日卒于同地。地理探险、航海学、地理学。

其父是个知识渊博的数学家，兴趣广泛，并坚信南方存在尚未发现的大陆。1683年毕业于荷兰哈德维克大学法律专业；1690年获该校法学博士学位。1683年起在米德尔堡任公证员。因受父亲影响，业余研究海洋地理学和航海术等各种知识。1706年供职荷兰东印度公司，1707年任荷属东印度巴达维亚（今印度尼西亚首都雅加达）大法官。1714年自动辞职回米德尔堡。1718年因出版参与宗教论战的小册子被通缉，被迫逃往附近城市弗拉辛，隐居于阿讷默伊登小镇继续书写续篇。1721年任荷兰西印度公司远征探险队队长。

1721年8月1日，受荷兰西印度公司派遣，年届62岁的雅各布·洛加文带着弟弟简·洛加文（Jan Roggeveen），率领一支拥有3艘战舰和114人的远征探险队，赴智利以西太平洋寻找传说中神秘的“南方大陆”（Terra Australis）。他们先航行到南美洲的福克兰群岛（阿根廷称为马尔维纳斯群岛），成了继1690年英国船长J.斯特朗（John Strong）首次发现该地后的第一批欧洲人。舰队通过勒迈内海峡，继续向南超越南纬60度进入南太平洋。他们在智利瓦尔迪维亚附近登陆。2月24日至3月17日，访问了胡安·费尔南德斯群岛。

1722年4月5日，在南纬27度，舰队首次发现一个与世隔绝的三角形孤岛，像一叶孤舟漂泊在东太平洋波涛之中。洛加文在航海图上用墨笔记下了它的位置：东距智利首都圣地亚哥3 700千米，距离最近的萨拉-戈麦斯岛 415 千米；当天正好是基督教复活节，他随即命名为“复活节岛”。实际上，岛民称它为“拉帕努伊”（意为“石像之乡”），或称“特皮托·库拉”（意即“世界的肚脐”）。船员们登岛发现：岛民的外貌和装束异样，语言无法沟通，海边和荒野遍布奇特的巨型雕像，面对大海，昂首远眺，若有所思，若有所盼。洛加文草草察看后，断言雕像由粘土制成（其实由火山岩雕制），后来报告说看到岛上有 2 000～3 000 人。他们被岛民视为不受欢迎的不速之客，神经紧张的船员开枪打死了近 10 名岛民，然后离岛而去。西方文明和拉帕努伊文明的第一次遭遇，竟以流血告终。

舰队继续向西航行，途经土阿莫土群岛、萨摩亚群岛，驶向东印度的巴达维亚。在那里他被荷兰东印度公司逮捕，罪名是“侵犯了公司垄断权”。在舆论一片哗然之下，最后被迫予以释放，赔偿了损失。1723 年，洛加文远征探险队回到了荷兰。（李啸虎）

伍德沃德，J.（Woodward，John） 英国人，1665 年 5 月 1 日生于英国德比郡，1728 年 4 月 25 日卒于伦敦。*地质学、矿物学、植物学、古生物学*。

早年在伦敦一亚麻布店当学徒，后跟随医师巴威克（P. Barwick）学医 4 年。27 岁时应聘为伦敦格雷厄姆学院医学教授。翌年被选为英国皇家学会会员。1695 年获剑桥大学医学博士学位。1703 年被选为内科医学院院士。

早年进行了植物营养方面的实验，首次对植物的蒸腾作用作出明确论证，并指出植物吸收的养分不单单是水，还有溶解于水中的矿物质。更重要的贡献在地学方面，1695 年出版《试论地球的自然历史》一书，书中探讨了地层的形成和古生物的来源。是第一位对矿物进行系统分类和描述的英国学者，也是对古生物最早进行分类的学者之一。（刘　汉）

兰，K. N.（Lang，Karl Nikolaus） 瑞士人，1670 年 2 月 18 日生于瑞士卢塞恩，1741 年 5 月 2 日卒于同地。*地质学、古生物学*。

曾在意大利的博洛尼亚大学、罗马大学学医。后在瑞士几个森林州担任多种医务官职务。1733 年中风，一直没有完全恢复，但在儿子的帮助下继续研究化石标本。

瑞士大量的海相化石原始描述，均出自他的手笔。反对化石是洪水泛滥所造成这一洪积说理论，而认为化石起源于海生动物的胚种，由空气把它们传播全球，再由水流带至地表各部位，地表的热量使之固有的可塑力膨胀逐步成形。因这种可塑力在雪山顶或结冰的河水中尤为强盛，所以这些地区化石极为丰富。其著作当时在欧洲大陆被奉为经典，但也常遭洪积说学派严厉的驳斥，甚至他在英国皇家学会的职位也被其取消。（马玉英）

莫顿，J.（Morton，John） 英国人，1670 年（或 1671 年）7 月 18 日生于英国英格兰，1726 年 7 月 18 日卒于英格兰大乌克森顿。*地层学、古生物学、博物学*。

英国北安普敦郡埃克辛敦教区长。1703 年入选英国皇家学会会员。

以观察细致、描述得当见长。1712 年出版《北安普敦郡博物学》，广泛论及普通地理学、地貌学、自然历史和该郡的史前史。虽与 J. 雷（John Ray）、M. 利斯特和其他专门从事地质学和化石研究的科学家相识，但却择而接受 J. 伍德沃德的思想，认为地层起源于水，是按其组成物质的比重而从洪水中沉淀堆积而成的。无脊椎海洋动物的遗骸和陆地脊椎动物的牙齿和骨头，也是被洪水吞噬而按其比重沉积埋葬在地层中形成化石的。该书关于北安普敦郡植物的系统分类，也引起人们的注目。1705 年，他的一封关于化学的信件发表于英国皇家学会会刊《哲学学报》。（辜晓进）

斯特雷奇，J.（Strachey，John） 英国人，1671 年 5 月 10 日生于英国萨默塞特郡立马格纳，1743 年 6 月 11 日卒于格林尼治。*地质学、矿物学*。

出身贵族，1686 年考入牛津大学三一学院。1688 年转到伦敦坦普尔法学院学法律。18 世纪初期，可能是由于对萨顿库尔附近几个煤矿感兴趣，又改学地质学。1719 年被选为英国皇家学会会员。

在所写的与萨默塞特郡等地煤矿有关的两篇地质论文中，阐述了一长达数英里的剖面；显示出平缓的三叠系、侏罗系和白垩系地层覆盖在陡倾斜的煤系（石炭系）之上。这是地质界首次注意到地层之间明显的角度不整合。他记录了七层煤，其中一层之有动植物化石。但他并不理解所描述的煤系及有关地层的含义，也不懂得不整合的意义。去世后留下了一些未发表的手稿，其中“关于岩石”是 18 世纪早期英国采矿采石记录的文献。他在早期试图建立地层层序的著作是有重要学术价值的，所记录的不整合的重要意义直到后来才为人们所认识。（胡　敏）

德利尔，G.（Delisle，Guillaume） 法国人，1675 年 2 月 28 日生于法国巴黎，1726 年 1 月 25 日卒于同地。*地理学、地图学*。

历史学家和地理学家的儿子。受家庭熏陶，自小就对地理学和地图学感兴趣。后来从父亲的朋友，巴黎天文台台长 G. D. 卡西尼那里学到不少天文、地理知识。1702 年当选为法国科学院院士。长期经营自己创办的地图出版社。是国王路易十五（Louis ⅩⅤ）的宫廷教师，1718 年获“皇家首席地理学家”称号。

是近代第一位用科学方法绘制地图的学者。1700 年，他发表第一篇重要论文，还发表自己绘制的一组世界各大洲分洲地图和一幅全世界地图，并制作出一架地球仪。出版了自己绘制的 90 来幅地图，包括世界地图、各大洲地图、各国地图和法国分省地图。他绘制地图讲究选用材料的可靠性，力摈那种似是而非、

模棱两可的东西。 （张南海）

布尔盖，L.（Bourguet，Louis） 法国人，1678年4月23日生于法国尼姆，1742年12月31日卒于瑞士纳沙泰尔。*地质学、矿物学、古生物学、收藏学。*

1688年进瑞士苏黎世学院就读。38岁前在家协助父亲经营批发业务，1731年任瑞士纳沙泰尔大学哲学与数学教授。和德国著名哲学家、科学家莱布尼茨通信频繁。

曾阅读大量有关考古学、钱币学、语言学方面的书籍，还热衷于搜集纪念证章、古玩和古旧书籍，单《圣经》一书，就珍藏有50个语种的版本。1708年起，开始对地质学发生兴趣。翌年去瑞士纳沙泰尔附近的汝拉山脉进行地质调查，采集古生物化石，考察矿泉、溶洞等。后来又去意大利进行野外地质调查，对阿尔卑斯山南麓含古生物化石特别丰富的地层感兴趣。

主要著作有《哲学通信》(1729年)和《论石化作用》(1742年)。在前一著作中，将矿物的结晶过程同生物的形成、化石生长过程作了对比分析。他尝试将莱布尼茨哲学和自然科学相结合。 （张南海）

布洛梅尔，M. von（Bromell，Magnus von） 封为贵族前原姓Bromelius。瑞典人，1679年3月26日生于瑞典斯德哥尔摩，1731年3月26日卒于同地。*岩石学、矿物学、医学。*

内科医生之子。1697～1704年，先后在荷兰、英国、法国等国求学，通晓医学、解剖学、化学和植物学，1703年在法国南锡大学获医学博士学位。后来在斯德哥尔摩行医，兼任斯德哥尔摩大学医学院教授，定期讲授解剖学。1715年作为医学教授在乌普萨拉大学任教博物学。1724年被选为斯德哥尔摩大学医学院院长。同年兼任瑞典矿业部所属化学实验室主任。1726年封爵。

收藏有大量矿石和化石，其著作《矿物学》(1730年)颇有影响。首创按照矿物的化学特征分类。所著《瑞典矿物学和岩石学标本》(1727～1730年)一书中，大量介绍了瑞典的动植物化石，包括三叶虫、菊石、志留纪灰岩中的珊瑚等。 （王 植）

白令，V. J.（Bering，Vitus Jonassen） 俄国人，1681年8月12日生于丹麦霍尔森斯，1741年12月19日卒于俄国的白令岛。*地理学、航海学、地理探险。*

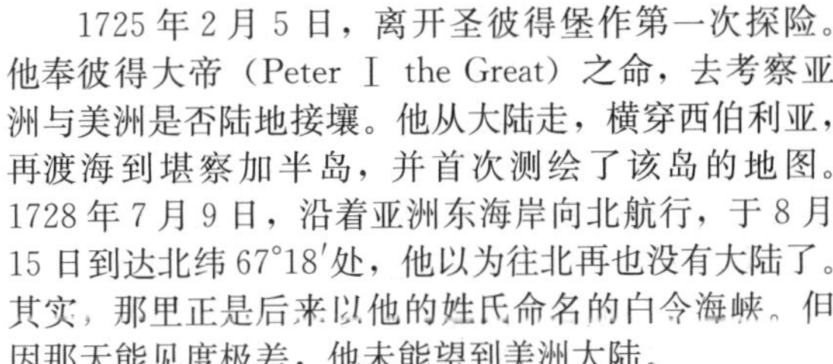

丹麦裔。因弟妹众多，很早出海谋生。1703年从东印度航行回来后，应邀参加俄国海军，在波罗的海舰队、亚速夫海舰队服役，擢升很快。1725～1730年任堪察加探险队队长。

1725年2月5日，离开圣彼得堡作第一次探险。他奉彼得大帝（Peter Ⅰ the Great）之命，去考察亚洲与美洲是否陆地接壤。他从大陆走，横穿西伯利亚，再渡海到堪察加半岛，并首次测绘了该岛的地图。1728年7月9日，沿着亚洲东海岸向北航行，于8月15日到达北纬67°18′处，他以为往北再也没有大陆了。其实，那里正是后来以他的姓氏命名的白令海峡。但因那天能见度极差，他未能望到美洲大陆。

此后，他第二次率领探险队东渡考察。1733年离开圣彼得堡，1735年再次到达鄂霍次克海，1740年建立了堪察加彼得罗巴甫洛夫斯克。1741年6月从堪察加半岛出发向东探索美洲大陆，终于在1741年7月16日望到了阿拉斯加，4天后他们在凯阿克岛上岸。他是沿着前人未知的阿留申群岛返航的。返航途中因季节的推迟，坏血病的威胁以及地图不精确等原因，不得不在科曼多尔群岛一座无人小岛上过冬，他就病故在那里。队员把那座小岛取名为“白令岛”。后来他船上剩下的77人中，只有46人回到了他们出发的圣彼得堡港口。

为纪念他，后人把他发现的海峡取名白令海峡，把阿留申群岛以北、白令海峡以南海域称为白令海。

（张南海）

莫罗，A.-L.（Moro，Antonio-Lazzaro） 意大利人，1687年3月16日生于意大利弗留利地区，1764年4月12日卒于同地。*地层学、地质学、古生物学。*

早年在多位教师指导下学习数学、音乐、语言、文学及科学。曾任费尔特雷神学院的哲学和修辞学教授，不久任院长。后回弗留利从事科学研究。

1740年出版他的最知名著作《在高山上发现的贝类及其他海洋生物化石》（2卷），研究含化石沉积物的起源与发展。首次根据个人与报道的观测事实，作了具有区域和全球分布的化石产出调查，并作了各种化石的植物群与动物群的地层汇编。把当时流行的各种地质思想划分为水成论与非水成论两类。将全球地貌的演变归结于火成因素，并提出了一个完整的体系。根据观测到的事实和记载的历史事件得出结论：山脉和岛屿是火山成因的；这些地块表面出现的海洋生物化石证明，新形成的表面曾经被淹没。在上升过程中，海洋有机物与其他物质一起带到了地表上。（冯祖钧）

斯威登伯格，E.（Swedenborg，Emanuel） 瑞典人，1688年1月29日生于瑞典斯德哥尔摩，1772年3月29日卒于英国伦敦。*地质学、矿物学、生物学、太阳系演化学、神学。*

富有的矿业主之子。早年入乌普萨拉大学攻读人文科学，后改学自然科学。1716年任瑞典矿业部特别顾问。1724年谢绝乌普萨拉大学数学教授职位。

曾从事炼铜工艺研究。最有影响的研究是关于地质学和古生物学方面的。1734年出版《哲学和矿物学专论》(3卷)。他推测斯堪的纳维亚半岛曾一度为海洋覆盖。他的经验性的论证是沉积层、砾石脊、内陆湖的鱼类、波罗的海海岸陆地的升起。在宇宙演化学方面，18世纪30年代企图根据数学和力学原理，解释世界的形成，认为混沌的太阳物质先经过外壳膨胀，进而沿太阳赤道平面形成一个扁平带，最后形成了行星和卫星。在生理学方面，将对宇宙的物质解释延伸至人类精神世界，认为灵魂也由质点运动所致。

1741年后放弃自然科学，完全转入神学和催眠术研究，尝试改革基督教。在去世前28年中出版了18部神学著作，最著名的是《天堂和地狱》(1758年)。

主要自然科学著作还有：《化学原理》(1721年)、《多种多样的观察》(1722年)、《动物王国》(3卷，1744～1746年)等。

(屈大壮)

达昂维尔，J.-B. B. (D'Anville，Jean-Baptiste Bourguignon) 法国人，1697年7月11日生于法国巴黎，1782年1月28日卒于同地。地图学、地理学。

12岁开始就以绘制地图为乐。1719年成为皇家地理学家。1775年任皇家首席地理学家。同年当选为法国科学院院士。

毕生从事制图工作。15岁首次出版有关古希腊的各种地图。一生绘制了211幅地图，广泛涉及法国、意大利、中国沿海、非洲等地。这些地图严格按三角测量网络法绘制，因而精确可信。还发表过许多有关地理学和制图学文章。

为纪念他，月球上有一环形山以他命名。

(杨惠民)

布格，P. (Bouguer，Pierre) 法国人，1698年2月16日生于法国克鲁瓦西，1758年8月15日卒于巴黎。大地测量学、航海学、光学、仪器研制。

皇家水文学教授J. 布格 (Jean Bougusr) 之子，天资过人，15岁接任其父克鲁瓦西大学水文学教授职位，后很快成为航海理论权威。1730年任勒阿弗尔大学水文学教授。1735年当选为法国科学院院士。1750年当选为英国皇家学会外籍会员。

1727～1731年，发表了有关船的桅杆、海上观测恒星地平高度的最佳方法，以及海上对磁偏角观测的三篇论文，先后荣获法国科学院三个奖。1735年受遣去秘鲁测量赤道附近1°子午线的弧长。在秘鲁工作了9年，除了测绘工作外，还利用当地日夜温差极大的情况测量各种固体的膨胀率；调查大气的折射现象和利用气压计测高；设计轮船计程仪等。"关于光线层次的光学试验出版《航海学》(1753年)等。

1729年在论文中，公布了光学上的一个重要发现：平行光束在均一介质中传输时，其透过率是通过该介质路径长度的指数函数。后被称为布格定律。1760年J. H. 朗伯在其《光度学》一书中阐述了这条定律。但由于布格的论文流传不广，有时不公正地被称为朗伯定律。1748年发明量日仪。晚年发明了一种光度计。

为纪念他，月球和火星上各有一个陨石坑（环形山）以他命名。

(曹念祥)

布阿谢，P. (Buache，Philippe) 法国人，1700年2月7日生于法国香槟-阿尔丁地区的勒纽维尔，1773年1月24日卒于巴黎。地图学、地理学。

法国著名地图学家、地理学家G. 德利尔的女婿，受其学术上的指导。曾在法国船舶档案馆工作，1729年被任命为法国首席皇家地理学家，1730年被选为法国科学院地理学家，此后一直担任这个职务。他的侄子J. N. 弗阿谢后来也担任皇家地理学家。

1752年开始研究地球结构理论，提出以海洋和江河系统划分全世界区域的思想。随后又提出采用水下等高线画法，以绘出水底地形轮廓。此法经后人完善，推广到陆地等高线表示法。1755年担任家庭教师时，编辑出版一本教学用地图册，在制图学方面有一定贡献。此外，他还研究过河床盆地、海床盆地理论。提出存在南方大陆的假说，后由于南极洲的发现而得以证实。

主要著作有：《大海新发现引起的关于地理学和物理学的思考》(1754年，内附有一份北美西海岸的地图)、《世界四大区域平行河流所证明的高山制高点》(1757年)、《横渡北极冷海记》(1759年)和《关于南方大陆和南极存在的地理学思考》(1761年)。

(邱凤昌)

埃文斯，L. (Evans，Lewis) 1700年生于英国威尔士卡那封郡朗格维纳达尔，1756年6月11日卒于美国纽约。大地测量学、地理学、地图学。

1736年前往美国费城，担任大地测量员和地图编绘员，还教授电学，撰写关于气候学的文章。他是B. 富兰克林等人的朋友和助手。

根据自己踏勘所获的资料编制地图。有两幅传世之作：一是《宾夕法尼亚州、新泽西州、纽约州，以及特拉华州3个县的地图》(1749年初版，1752年修订版)；二是《英国在美洲中部几个殖民地概图》(1755年)。在图上还标明地理、地形、地质、矿藏、河流、道路和气候等资料。1743年和J. 巴特拉姆 (John Bartram)、C. 韦泽 (Conrad Weiser) 一起考察了安大略湖，探讨了它的沧海桑田的变迁史，他的考察日记身后于1776年出版。制作的地图在他去世后的半个世纪中至少再版重印了27次。

(张南海)

拉孔达米纳，C.-M. de (La Condamine，Charles-Marie de) 法国人，1701年1月28日生于法国巴黎，1774年2月4日卒于同地。大地测量学、地理学、地球物理学。

贵族出身。早年在法国巴黎耶稣会路易斯—勒格兰特学院学习。中学毕业后从军参加反西班牙战争，以英勇善战闻名。后离开军队从事科学研究，和巴黎科学界关系密切。1730 年当选为法国科学院院士。是英国皇家学会外藉会员，也是普鲁士柏林科学院、俄国圣彼得堡科学院、意大利博洛尼亚科学院的外籍院士。他是赴北极拉普兰远征队队长 P. 莫帕图伊的多年朋友。

1731 年 5 月，他觉得巴黎的平静生活无趣，启航驶往阿尔及尔、亚历山大、巴勒斯坦、塞浦路斯和君士坦丁堡（今土耳其伊斯坦布尔）等地考察。1732 年 11 月，向法国科学院递交了考察报告："1731～1732 年间在地中海沿岸旅行中观察到的数学和物理学事件"，给科学界留下了深刻印象。

当时，法国科学院为了判决性验证地球形状之争，向北极拉普兰地区和南美洲赤道地区各派一支科学考察队进行大地测量。1735 年 4 月，他和 P. 布格尔 (Pierre Bouguer) 受命参加以 L. 戈丁（Louis Godin）为首的远征队，赴秘鲁测量赤道子午线一度的弧长，历尽艰难，1745 年 2 月才回到巴黎。期间由于发生意见分歧，三人最终分头独立测量。由于当地发生内战，时至 1743 年才完成全部工作，并选择不同的回程路线。在归途中，他花了 4 个月时间乘木筏顺流考察了亚马孙河。也是在归途中，他在法属圭亚那首府卡宴停留了 5 个月，在那里重复了法国的 J. 里彻（Jean Richer）所做的不同纬度重力变化的实验。历经十年的旅程，除了带回许多记录本，还有送给著名博物学家布丰的 200 余种动植物标本和大量的土著艺术品。1751 年在巴黎出版《奉国王之命远航的报告》，其中对亚马孙河进行了首次科学报道。法国赴拉普兰和赴南美洲两支探险队所作的大地测量数据，最终证实了牛顿关于地球赤道半径大于极半径的科学预言。

（卫瑞霞　李啸虎）

格林伍德，I.（Greenwood，Isaac）　美国人，1702 年 5 月 11 日生于美国波士顿，1745 年 10 月 12 日卒于南卡罗来纳州查尔斯顿。气象学、数学、科学传播。

1722 年毕业于哈佛大学。留校任教。1726 年为公众开设力学实验课。1727 年任哈佛大学数学、自然哲学和实验物理教授。由于经常酗酒，1737 年被哈佛大学开除。在波士顿自建一所实验物理学学校。因经济拮据无法养家活口，于 1742 年在英国皇家海军中任牧师。

讲课时实验与论证并重。1729 年发表一部数学教科书，是美国第一本通俗算术。撰成一部含有牛顿流数的代数学。在英国皇家学会《哲学学报》上发表过 3 篇论文：一篇倡导风向图的制作；一篇关于矿井瓦斯的研究；一篇是北极光的描述。对美国科学的贡献在于加强了美国的科学教育，并使之先进化。

（方福娟）

齐召南（Qi Zhaonan）　字次风，号琼台，晚号息园。中国清代浙江天台人，清康熙四十二年（1703 年）生，清乾隆三十三年（1768 年）卒。水文学、地理学、文学。

出身农家。自幼博学强记。16 岁为博士子弟。乾隆初年举博学鸿词，授翰林院庶吉士。后升迁内阁学士，官至礼部右侍郎。乾隆十四年（1749 年），他坠马致残，遂获准回故籍养病。一度掌教杭州敷文书院。乾隆二十二年（1767 年），其族兄因文字狱处死，受牵连而革职，翌年即卒。

鉴于中国国土广大，河流众多，《水经注》之外，别无专书。于是利用编纂《大清一统志》的机会阅读大量内府图籍，并参考了康熙年间实测绘成的《皇舆全览图》，用 10 多年的时间，清乾隆二十六年（1761 年）撰成《水道提纲》一书。包括自序、目次和正文三部分。编次和结构从实际需要出发，突破了《水经注》的旧体系。该书共 28 卷，其中包括长江水系 4 卷，粤江水系 3 卷，黄河水系 2 卷，对新疆地区、西藏地区的水道，均有专章叙述。他还用经纬度以确定河流的位置，从而使水道的空间位置更加准确。对于长江江源及黄河河源，书中均有明确的记述。

其地理著作还有《海道编》等。其他著作有《宝纶堂文钞・诗钞》及《宝纶堂集》等传世。（翟忠义）

施特勒，G. W.（Steller，Georg Wilhelm）　德国人，1709 年 3 月 10 日生于德国温茨海姆，1746 年 11 月 12 日卒于俄国西伯利亚。地理学、博物学、地理探险。

1731 年考入德国哈雷大学医学系，并开始从事植物学研究。1734 年到但泽，为俄国驻军当医生。其后去圣彼得堡，在俄国圣彼得堡科学院植物学家 J. 安曼 (Johann Amman) 手下当助手。1746 年秋死于热病。

1736 年参加白令率领的第二次考察活动。1740 年跟随白令去堪察加半岛考察自然和风土人情。翌年又在白令的领导下去美洲大陆考察。他在阿拉斯加岸边采集标本，然后又乘船向西航行。归途中遇到了很大的困难，不少队员死于坏血病。1741 年冬天被困在白令岛上，白令在该岛丧生。施特勒幸存下来，1742 年 8 月回到了堪察加彼得罗巴甫洛夫斯克。1742～1744 年，他又到堪察加半岛研究博物学。（张南海）

克拉舍宁尼科夫，С. П.（Крашенинников，Степан Петрович；Krasheninnikov，Stepan Petrovich）　俄国人，1711 年 11 月 11 日生于俄国莫斯科，1755 年 3 月 8 日卒于圣彼得堡。地理学、博物学、地理探险。

就读于圣彼得堡大学和圣彼得堡科学院。曾任圣彼得堡大学博物学与植物学教授、校长、学监等职。

1733～1743 年参加由白令率领的俄国第二次堪察加探险。根据考察工作所写的一系列文章，是关于堪察加的第一批科学论文。1756 年出版了《堪察加概况》一书，详细描述了该地的地理特征、自然资源、动物植物生态环境，以及当地人的风俗、习惯、语言等。

为纪念他，堪察加岛上的一座火山、附近的一个小岛，以及千岛群岛的一个海岬和一个海湾以他的姓氏命名。（冯祖钧）

提拉斯，D.（Tilas，Daniel） 瑞典人，1712年3月11日生于瑞典西曼兰省，1772年10月17日卒于斯德哥尔摩。*地质学、矿冶学。*

早年求学于乌普萨拉大学。1732年成为采矿局的助理，参加矿山和冶炼厂的工作。是瑞典皇家科学院的创始人，并当了两任院长。

为了能对矿区作出合理规划，认为应该精确测量矿脉，于是他对瑞典各地矿区周围地区都一一进行了地质测量。除从事大范围的地质测量外，在其他地质领域也做了许多工作。例如：对化石及漂砾来源提出了一种新颖的见解；引进了一些地质学名词，包括"长石"一词；1740年还对石油地质工作做了开创性的专题研究。（胡　敏）

塔尔乔尼·托泽蒂，G.（Targioni Tozzetti，Giovanni） 意大利人，1712年9月11日生于意大利佛罗伦萨，1783年1月7日卒于同地。*人文地理学、地质学、博物学、医学。*

医生兼业余植物学家的儿子。1734年在比萨大学获医学博士学位后，在佛罗伦萨行医，开展了牛痘预防注射。1731年师从植物学家P. A. 米凯利，1737年继米凯利之后任佛罗伦萨植物园园长。1739年任马利亚比奇图书馆馆长。

在长期的旅行考察中，注意到不同时期海洋的沉积物改变了地层的物质；地面上的盆地和峡谷是当该地区还未从海洋中冒出时，被水流浸蚀而成的。第一个解释了一些地形的形态学演化问题，例如指出托斯卡纳的前亚平宁山脉是由上新世的海洋沉积而成的；上瓦尔达诺曾经有过一个大湖，由于土壤的淤积而使湖水消失。出版了一部详述托斯卡纳水文地理、气候、生物、人和自然关系的著作。由于认识到工业和忽视环保可能带来的影响，被誉为人文地理学的先驱。虽然后悔自己"浪费了大量时间于违心的事情上"，但他仍不失为继L. 斯帕兰扎尼之后18世纪意大利最活跃的博物学家之一。（李文华　李士土）

胡安-圣西利亚，J.（Juan y Santacilla，Jorge） 西班牙人，1713年1月5日生于西班牙阿利坎特附近的诺凡尔达，1773年6月21日卒于马德里。*大地测量学、航海学。*

3岁时父母双亡。12岁世袭圣约翰骑士爵位。参加非洲战役后荣获"皇家海洋卫士"称号，并在迦太基学习数学和天文学。由于爱好精确科学，同伴们称他为"欧几里得"。后随轻型巡洋舰数次航行美洲。是英国皇家学会外籍会员，法国科学院、柏林科学院和西班牙科学院外籍院士。终身未娶。

1735年去秘鲁，参与测量赤道上子午线一度之长，验证牛顿与G. D. 卡西尼关于地球形状假说孰是孰非。这一工作证明，牛顿关于地球是两极略扁平、赤道微凸的假说是正确的。他还用气压计成功地精确测得南美安第斯山脉最高峰的高度。回西班牙后，积极参与西班牙海军的重组。除出版数部航海学著作外，还出版有《在秘鲁的天文学和物理学观测》（2卷，1748年西班牙版，1752年法文版）、《历史性测量西班牙与葡萄牙之间的子午线》（1749年西班牙版，1776年法文本）。（冯祖钧）

怀特赫斯特，J.（Whitehurst，John） 英国人，1713年4月10日生于英国英格兰柴郡康格立顿，1788年2月18日卒于伦敦。*地质学、机械学、食品研制。*

钟表匠之子。1736年子承父业，在德比市独立开设钟表铺。1774年供职于伦敦皇家铸币厂，开始研究矿物学和地质学。曾任德比市议员。1779年入选英国皇家学会会员。

因发明多种机械，并为市政厅制作时钟而入选市议员。他还制作温度计、气压计等仪器，发明脉冲式水泵和供水系统。

是研究地质学的一位先驱。1778年出版《地球的初始状态及地壳构成》一书，影响很大。建立了石炭纪地层的层序：石灰岩、磨石、粗砂岩和煤系。他在德比郡发现一种与石灰岩伴生的"蟾蜍岩"（杏仁辉绿岩）与现代的熔岩很相似，立即认定它是火山成因的，虽然附近没有什么火山活动。他首次认识到玄武岩的真实性质和成因，1779年通过勘查北爱尔兰地质而确认了已往地质年代里的火山活动。他还想通过测定不同地点的重力来确定地球形状。（王　植）

阿尔杜伊诺，G.（Arduino，Giovanni） 意大利人，1714年10月16日生于意大利卡普里诺-维罗纳，1795年3月21日卒于威尼斯。*地质学、采矿学。*

出身贫苦。在维罗纳以优良成绩学完文学和数学。青年时代在矿山度过，很快成为一名采矿专家。

他是近代地质学创始人之一，率先用伽利略的实验—数学方法论研究地球的构造和成分。也是近代地质年代学的奠基人之一。根据对阿尔卑斯山脉的研究，1759年提出地壳可见部分的地层可分为4个连续时间序列，并将其取名为第一纪、第二纪、第三纪和第四纪，其中第一纪又分为下部的变质岩和上部沉积岩两部分。对古生物和岩浆岩也有较深的研究。主张科学研究解决经济问题，注重对工农业的各种实际问题进行深入调查研究；又十分重视对客观事实的观察，是现实主义的杰出先驱者之一。通过其著作的流传，他的思想传遍当时整个欧洲。

为纪念他，月球上有一山脊以他命名。（黄家柱）

盖塔尔，J.-É.（Guettard，Jean-Étienne） 法国人，1715年9月22日生于法国塞纳-瓦兹省埃唐普，1786年1月6日卒于巴黎。*地质学、矿物学、博物学、植物学*。

早年在埃唐普和巴黎大学学习医学和化学。外祖父是一位草药师，对他影响很大。在巴黎大学学习时，曾当过博物学兼物理学家列奥米尔的助手，获医学博士学位。1741年成为列奥米尔博物馆馆长。翌年进入巴黎大学医学院。1743年进法国科学院，成为一名植物学助理研究员。1747年以后，曾多次在国内外进行考察，并撰写了许多论文和科学通信。曾参加法国地质调查所的筹建工作。1759年入选瑞典皇家科学院外籍院士。

研究工作涉及到博物学的许多分支学科。他研究过三叶虫化石。在法国发现可生产优质瓷器的高岭土。研究山脉受雨水、河流和海洋侵蚀的过程和结果。1751年首先确认法国奥弗涅地区的基岩由火山岩构成。绘制了很多幅法国部分地区的以化学符号表示的早期地质图。作为植物学家，他始终是林耐分类的拥护者。

主要著作有：《植物观察记》（2卷，1747年）、《同中国瓷器成份相似的法国瓷器制作发现的故事》（1765年）、《科学与工艺志》（5卷，1768～1783年）、《矿物志》（2卷，1779年）和《法国矿藏地图集》（1780年）。

（杨惠成）

乌略亚·德拉托雷-希拉尔，A.de（Ulloay de la Torre-Giral，Antonio de） 西班牙人，1716年1月12日生于西班牙塞维利亚，1795年7月5日卒于加的斯莱昂岛。*大地测量学、地理学、博物学、天文学*。

1736年随法国科学院探险队赴南美测量赤道子午线上1°之长。回国途中被英军所俘，借逗留英国之机进一步学习和研究。1748年出版《南美子午线考察旅行记》，记述了当地的奇异树木和地学知识。后受命调查欧洲各国的最新科学发现；参与编写皇家博物学全集；创建海军天文台。1758～1768年相继出任秘鲁一家矿山总经理和路易斯安纳州总督。后放弃高官厚禄专门致力科学。

著有《南美东北部物理-历史考察》（1772年）、《海上观日食》（1778年）、《与三个儿子的谈话》和《美洲秘密通信》（1826年）等。

（李士土）

布朗热，N.-A.（Boullanger，Nicolas-Antoine） 法国人，1722年11月11日生于法国巴黎，1759年9月1日卒于同地。*地质学、桥梁工程*。

在巴黎博弗学院接受经典教育，后学数学和建筑学。曾在军队桥堤部门工作。

在营造桥基时，对马恩盆地的地貌和工作区下面的沉积岩特点发生了兴趣。他解释史前的大洪水，认为地底下是水层，大洪水是地下水通过泉眼大量地骤然喷涌出来的。绘制了一幅世界地图，地图上一半是大陆，另一半是海洋，并把巴黎及其附近作为大陆的中心。认为地层的上升和下降是全球洪水的起因。身后，1792年出版《文选》。

（王 植）

海尼茨，F.A.von（Heynitz 或 Heinitz，Friedrich Anton von） 德国人，1725年5月14日生于德国托尔高附近，1802年5月15日卒于柏林。*矿物学、采矿工程*。

1742年开始学习采矿。1746年参加不伦瑞克矿区的管理工作，先后担任矿业委员会副检查员，矿山管理局司库、矿山副主任检查官，哈茨山矿山主任，萨克森地区矿业主任。1768年接管萨克森的盐业管理工作，废除陋规，建立新的秩序，不久升任矿山主任检查官。1774年夏辞职。1775年冬去巴黎，负责国际资金公司所属的西班牙矿山工作。1777年9月应普鲁士政府之聘，任矿冶部长兼矿山总监。在其任期内，对发展矿山和冶炼工业颇有建树。1791年获黑鹰勋章。（刘 汉）

德马雷，N.（Desmarest，Nicolas） 法国人，1725年9月16日生于法国苏莱纳迪，1815年9月20日卒于巴黎。*地质学、自然地理学*。

早年在奥拉托利会教友的特鲁瓦和巴黎的学院从读。1771年当选为法国科学院院士。1788年任法国制造业的总监督长。其子是动物学家。

以断言玄武岩柱状节理是火山作用所致而著称于地质学界。但是在地质史上关于火成与水成争论中，并不完全支持火成论观点。他曾写过一篇论文，论证了英法两国原是以地峡相连的，并辅以绘有海洋等深线的地图作说明。认为该地峡就在英吉利海峡底部，这项工作获1753年科学院竞赛奖。曾编辑出版过一些专著，主要著作有《自然地理》等。

（冯祖钧）

赫顿，J.（Hutton，James） 英国人，1726年6月14日生于英国苏格兰爱丁堡，1797年3月26日卒于同地。*地质学、岩石学、农学、哲学*。

父亲经商，曾为市司库。他3岁丧父，因遗产甚丰，家境宽裕。1740年进爱丁堡大学读文科，也选修数理化课程，对化学尤感兴趣。1744年改学医科。1747年底去巴黎大学进修化学和解剖学，同时也学习矿物学和地质学。1749年获莱顿大学医学博士学位。年底到伦敦与友人合资办厂，制造氯化铵。翌年回爱丁堡，并未开业从医，却去郊区经营其父留下的小农庄。曾用一年时间考察了英国、比利时、荷兰、法国等国农事。1753年起开始研究地质学。1754年底移居农庄，从事农事改良工作，长达14年之久。1768年迁回爱丁堡。1774年再度在英格兰和威尔士进行地质和农事考察。1783年爱丁堡皇家学会建立，他是最活跃的会员之一。1788年被选为法国皇家农学会会员。学识渊博，精通的学科众多，而生活却平淡朴素，无所企求。信奉自然，具有无神论哲学思想。终身未娶,与一未婚姐妹居住一起,直至去世。生性好客,喜交友,在知识界中联系广泛,同时代名流如亚当·斯密(Adam Smith)、J. 瓦特等,都是他的好友。

在科学上的最大贡献是有关地球的理论,被誉为近代地质学的奠基人之一。在1785年爱丁堡皇家学会会议上宣读"地球体系"一文,首先提出地球理论,目的是探索地球的历史变化,预测它的未来。对地质学的最重要发展是建立了沉积旋回论,通过大量自然现象的观察和思考,论证地壳的侵蚀、沉积、上升等作用是周而复始、循环进行的。他的地球理论,是对50多年后形成的"均变论"基本原理作出的首次系统阐述。1795年他的《地球理论》巨著前两卷正式出版。去世后,遗稿6章作为第三卷于1899年出版。他的理论早在1785年即已发表,但直到19世纪30年代,由于C. 赖尔在《地质学原理》一书中采纳并阐述了他的观点后,这一理论才开始为人们所接受。

他是"火成论"的创始人之一。是第一位确立岩石中存在着火成岩的学者,断言所有火成岩都来自地下深部的所谓"矿物区"。还确认花岗岩来源于岩浆的侵入,反对维尔纳学派的花岗岩来自水内沉积的理论。

1768年在他停止农事活动后,对农业仍长期感兴趣。在临终前不久还准备出版《农学原理》一书,留下手稿1 045页,涉及各种农事和畜牧业。在有关动物演化理论中,精辟指出:动物在结构中,存在着一种固有的机理,即生殖变异规律,通过这一规律,加以外部因素的影响,动物在不断地发生变化,从而产生动物的变种。

对化学、物理和气象学的兴趣也历久不衰。去世前不久,1794年出版《关于自然哲学的评述》三卷,共2138页,探讨气象学、燃素及物质理论、科学史等方面的问题。

(刘　汉)

库克,J. (Cook, James) 英国人,1728年10月27日生于英国约克郡克利夫兰的马顿村,1779年2月14日卒于美国夏威夷州凯阿拉凯夸湾。航海学、地理学、地理探险。

出身农业工人家庭,只受过初等教育。17岁当船工,经受过北海艰险考验,后来成了第一流水手。1755年入英国海军。从出色的军事测量学家霍兰(S. Holland)那里学到不少测量技术,还攻读航海数学。1763年他受命对纽芬兰作了详测,所编绘的海图受到了英国海军部的赞赏。

受英国海军部派遣作了三次环球航海。1768年7月乘坐"努力"号绕过合恩角进入太平洋,开始了他的第一次环球航海。1769年4月到达塔希提岛。在岛上观测了金星凌日,还对社会群岛和其他群岛作了测量。同年8月继续南行,寻找南纬40°以内的大陆。因在这个范围内没有发现大陆,于是就驶往新西兰。然后根据自己拟定的最佳航线返航。在爪哇岛稍事休息后,于1771年返抵英国。1772年7月至1775年7月,进行第二次环球航海。他率领船队从好望角一直往南行驶,后又偏向东,驶到南纬71°10′处。这次航海完全推翻了古代关于存在有一个南方大陆的假设。在这次航海中,他因坚持携带水果和含新鲜蔬菜成份的食物,防止了船员死于坏血病。返回英国后,他被选为英国皇家学会会员,并因发表防治坏血病的论文而获科普利奖章。1776年7月第三次环球航海,企图探寻一条北美洲西北部从太平洋通向大西洋的航道。1778年3月他的船队从南半球来到北美洲海岸,途中发现了夏威夷群岛。船队沿着太平洋海岸进入白令海,穿过白令海峡继续往北,但在北纬70°10′处受到大面积冰层的阻挡而不得不折回。他们回到夏威夷过冬。他在那里因为追寻被窃船只而遇难。由于库克率领的这三次探险,使人类对太平洋的轮廓有了大致的印象。他还发现了太平洋中许多重要岛屿。

出版著作《1772～1775年果断、冒险的南极航行和环球航行》(1777年)、《环球航行》(1773年)、《航行在太平洋上》(1784年)。

(张南海)

布干维尔,L. A. de (Bougainville, Louis Antoine de) 法国人,1729年11月11日生于法国巴黎,1811年8月31日卒于同地。航海学、地理学、地理探险、数学。

中学时代酷爱数学。毕业时受物理学家兼数学家达兰贝尔影响,撰写了一篇有关积分计算的论文,引起法国科学院的注意,并于1754年推荐发表。1756年当选英国皇家学会外籍会员。后来参军,到加拿大服役,在蒙卡姆(Montcalm)手下当副官,参加过多次战斗。后来他参加了美国独立战争。1780年晋升为陆军少将。拿破仑统治时期,他当上了元老院议员。

他是法国第一个环球旅行家和地理探险家。1766年受命作环球航行。率船队离开法国南特港,翌年到达里约热内卢,与给养船相会。给养船上有一位名叫P. 科曼松的博物学家,在里约热内卢一带采集了许多植物标本。布干维尔十分喜爱其中一种带红色或紫色苞片的木质藤本植物,并以自己的姓氏命名它(在中国称做"九重葛")。1767年7月船队离开福克兰群岛继续南行,绕过麦哲伦海峡进入太平洋。1768年3月底,在土阿莫土群岛海区发现了几个新岛。是年7月1日,离开舒瓦瑟尔岛西岸,不久发现一个海岸陡峻的新岛,他就以自己的姓氏命名它。布干维尔岛是所罗门群岛中最大的岛屿,地理位置是南纬6°、东经155°。在海上航行达3年之久。1771年出版了他写的畅销书《环球航行记》。

(张南海)

汉密尔顿,W. (Hamilton, Sir William) 英国人,1730年12月13日生于英国苏格兰,1803年4月6日卒于伦敦。火山学、考古学。

牙买加美国总督的第四子。1761年当选国会议员。1764～1800年曾任英国驻意大利那不勒斯公国的公使30余年,因研究维苏威火山和埃特纳火山,1766年被选为英国皇家学会会员。1772年封爵。

在刚到那不勒斯的头4年里,他至少攀登了维苏威火山22次。观察火山喷发,将喷发过程作了详细记录,肯定了玄武岩的柱状节理。还在那不勒斯一带搜集各种类型的熔岩、火山灰和火山产生的矿物。爱好搜集古董,特别是古希腊花瓶。他的一部分收藏品现保存在大英博物馆里。主要著作有关于意大利古都庞培城(被维苏威火山爆发后掩埋)考古,以及《意大利古国伊特鲁里亚、古希腊罗马上古史》(2卷,1766～1767年)和《维苏威火山考察记》(1772年)等。1770年因“埃特纳山考察、说明”而获英国皇家学会最高奖科普利奖章。

(张南海)

布鲁斯,J.(Bruce,James) 英国人,1730年12月14日生于英国斯特灵郡基纳尔特,1794年4月27日卒于同地。*地理学、地理探险*。

出身于一个拥有土地的富裕家庭。爱丁堡大学毕业。是一位具有严谨科学态度的探险家。最著名的一次探险始于1768年6月,从亚历山大出发,8年后终于发现青尼罗河(白尼罗河的主要分支)的源头。后返回自己的庄园度过晚年。所著《旅行记》(5卷,1790年)一书,记载了他的探险生活,经历奇特,描写生动。

(孙炳寅)

沃克,J.(Walker,John) 英国人,1731年生于英国苏格兰爱丁堡,1803年12月31日卒于同地。*矿物学、地质学教育、植物学、经济学*。

早年在爱丁堡大学攻读法律。1758～1783年先后任中洛锡安郡格伦考斯教区、摩法特教区牧师。1779年任爱丁堡大学博物馆馆长,1781年任教授。1783年任爱丁堡皇家学会自然科学部首任秘书长。1765年获格拉斯哥大学、爱丁堡大学荣誉博士学位。

在旅行中采集和研究岩石与矿物。编写有《矿物概要》一书,收列300余种矿物。1764年起不止一次去赫布里底群岛考察。写了两本书,在他死后才出版:《赫布里底群岛经济史》(2卷,1808年)、《博物学和农村经济学论文集》(1812年)。除了研究地质学外,还研究植物学。认为动物和植物在演化的长链中彼此都有联系。竭力提倡双命名法的林耐体系。积极参与筹建爱丁堡皇家学会、爱丁堡博物学会和爱丁堡农学会。首创把地质学列为大学正规课程,被人称为“地质学教育之父”。

(王 植)

德博梅尔,J.-C.V.(de Bomare,Jacques-Christophe Valmont) 法国人,1731年9月17日生于法国鲁昂,1807年8月24日卒于巴黎。*矿物学、博物学*。

出身律师兼议员家庭。早年攻读药学和化学。1751年去巴黎,此后10多年中,作为外交官游历了欧洲大部分地区,考察各国矿业。1767年入选巴黎皇家农学学会会员。晚年任查理曼大帝学院博物学教授兼督导。

研究了所访问的欧洲国家的地质、矿物和矿业,尤其是精确描述了冰岛火山并带回标本。1759年出版2卷本著作《矿物学》,书中根据矿物特性把矿物分为9类。出版6卷本的百科全书《博物学详解辞典》(1764～1768年),译成多种文字,很有影响。此外有《博物学一览》(1758年)、《动物界新鉴》(2卷,1761～1762年)等。大量著作和公开讲演,使他成为法国启蒙运动晚期博物学研究方面最有影响的传播者。

(胡 敏)

尼布尔,C.(Niebuhr,Carsten 或 Karsten) 德国人,1733年3月17日生于荷兰斯泰因(今属德国),1815年4月26日卒于同地。*地图学、地理学、考古学*。

农家之子,18岁才入学。后入格丁根大学学习数学和天文学以完成测量员训练。1758年任丹麦的远征阿拉伯考察队制图员。

1761～1767年在阿拉伯考察过程中,他精确地绘制了地中海东部、阿拉伯、也门等地区的地图。不幸远征队的其他成员全部身亡,他把考察资料从水路运回,只身从陆路经波斯、巴勒斯坦和君士坦丁堡归国。途中精确地复制了碑刻上的楔形文字,成为他以后研究楔形文字的重要材料。主要著作有《阿拉伯半岛游记》(1772年)、《阿拉伯半岛及周边国家纪行》(2卷,1774～1778年)。

(杨惠民)

莫内,A.-G.(Monnet, Antoine-Grimoald) 法国人,1734年生于法国多姆山省钱培克斯,1817年3月23日卒于巴黎。*地质学、矿物学、矿冶工程*。

早年生活与受教育情况鲜为人知。约在1754年,曾在巴黎参加过G.-F. 鲁埃尔化学讲座。一度任药剂师的助手。1767年发表一篇论矿泉水分析的文章,吸引了一些科学家的注意。后在政府矿业部门供职。曾被派赴阿尔萨斯及德国学习采矿学和冶金学。1772年后,主要职务是视察法国的采矿工业并提供改进建议。1777年在他的指导下进行了全国性的地质调查。所撰《矿物学新体系》(1779年)等许多著述中记载了他的研究成果。

(池贵法)

苏尔丹,A. B.(Soldani, Ambrogio Baldo 或 Maria) 意大利人,1736年6月15日生于意大利阿雷佐,1808年7月14日卒于佛罗伦萨。*地层学、地质学、古生物学*。

是修道士,大半生在锡耶纳度过。1781年任锡耶纳大学数学教授。

被誉为“微体古生物学之父”之一。研究了托斯卡纳的海相上新统地层、上新世海周围原已存在的地层,准确地描述了岩性、地层及古生物特征。强调微体古生物研究,并认为开展地中海微体生物研究可以正确解释古海洋的沉积条件,而当时科学界在这些方面几乎是一无所知的。研究了现存动物和古生物的关系,但对所描述的大量种属未能进行系统分类。研究了1794年陨落在锡耶纳周围的著名陨石,肯定它是地球外的来客,但又错误地认为它是在大气凝结中产生的。1780年出版《微体化石》一书。

(胡 敏)

罗梅·德利尔,J.-B. L.(Romé de L'Isle,

Jean-Baptiste Louis） 法国人，1736 年 8 月 29 日生于法国格雷，1790 年 7 月 3 日卒于巴黎。*矿物学、晶体学。*

早年在巴黎圣巴尔比学院学习古典文学。1756 年入皇家工程兵与炮兵部队当秘书，随往法属东印度群岛。1761 年法属东印度群岛某地落入英国人之手，被俘后押往中国，1764 年才得以返回法国。在巴黎遇见化学家兼矿物学家 B. -G. 萨热，跟随他学习化学。1775 年当选为瑞典皇家科学院外籍院士。是美因茨、斯德哥尔摩、柏林和圣彼得堡等地专业学会外籍会员。

1767 年编辑珍奇古玩目录，共编出 3 卷。书中强调了晶体形态对矿物描述的重大意义。1772 年出版《晶体的检验》，列出 110 种晶形，并详尽描述呈现这些晶形的矿物。1773 年出版著作，描述他的矿物陈列室集的金属矿物，并讨论了矿物的起源、变质和共生。1783 年主要著作《晶体学》（3 卷）出版，与该书同时出版的还有一本描绘 450 多种晶形的图册。所描述的晶体均用自己发明的测角器仔细度量，面交角准确到半度。1784 年又出版一本有关矿物外表特征的书，是对《晶体学》一书的补充。坚信外形、密度和硬度是鉴别矿物的依据。把矿物学坚实地建立在晶体学的基础上，提出了面交角恒等定律和公式。在化学方面，是燃素说的忠诚维护者。（戴成勋）

拉斯佩，R. E.（Raspe，Rudolf Erich） 德国人，1737 年生于德国汉诺威，1794 年 11 月卒于爱尔兰马克罗斯。*地质学、岩石学、火山学、文艺学。*

早年接触矿业界，对地质学产生兴趣。1755 年在格丁根大学学习法律。一年后去莱比锡大学。后来在格丁根大学获硕士学位。1760 年成为汉诺威皇家图书馆职员。1764 年任格丁根大学图书馆秘书。1767 年任德国卡塞尔大学教授，不久兼任图书馆馆长。1769 年被选为英国皇家学会外籍会员。1775 年因典押博物馆收藏物而被捕，不久逃亡到英国。被英国皇家学会除名。后半生动荡不宠，在伦敦以写作、讲课和译作为生。曾受雇在苏格兰和爱尔兰从事矿物学及矿产调查。

为了探求 1755 年葡萄牙里斯本地震的奥秘，他在图书馆中见到 R. 胡克 1668 年撰写、1705 年出版的关于地震和地下喷发的讲稿，遂致力于地下及水下火山喷发的研究，发展了胡克的理论。他对玄武岩的柱状节理曾有过深入研究。著译涉及地震、火山活动、玄武岩、矿物学、采矿史和宝石。此外，在文学艺术上亦有造诣，写过喜剧诗和叙事曲。（李嘉曾）

康克林，F. L. von（Cancrin 或 Cancrinus，Franz Ludwig von） 德国人，1738 年 2 月 21 日生于德国黑瑟，1812 年（或 1816 年）卒于俄国圣彼得堡。*矿物学、矿冶学。*

出身采矿世家。1759～1762 年在耶拿大学学习数学和法学。曾任哈瑙军事学院数学教授以及各种行政官职。1783 年以后，效命于俄国女皇叶卡捷琳娜二世（Catherine Ⅱ），去世前任财政官员。

1766 年出版矿冶业第一部有关炼铜工艺的著作。1773～1791 年编纂了 21 卷有关金属矿和盐矿床采矿的百科全书，其中包括矿物学、化验方法、数学和力学等方面的内容。这使他在欧洲地矿界获得了很高声誉，并成为多个科技协会的成员。（冯祖钧）

索绪尔，H. B. de（Saussure，Horace Bénédict de） 瑞士人，1740 年 2 月 17 日生于瑞士日内瓦附近孔契，1799 年 1 月 22 日卒于日内瓦。*地质学、气象学、植物学、仪器研制。*

1759 年毕业于日内瓦学院。留校任教，1762 年任哲学教授，1774～1776 年出任院长。1788 年当选为英国皇家学会外籍会员。1791 年成为法国科学院外籍院士。

早年对植物学感兴趣。1760 年首次去沙木尼山旅行，并为 A. von 哈勒采集植物标本。1762 年发表论文“树木和花瓣表层的观察”。1764 年再次到沙木尼山旅行并从事地质研究。1767 年对勃朗峰进行了考察，并作气象学和物理学的实验，实验中使用了自己制造的第一个静电计。1768 年到法国和英国旅行，与 G. -L. L. 布丰、B. 富兰克林等著名科学家进行了学术交流。1771 年对意大利北部的湖泊和植物群落进行了考察，接着还考察了埃尔巴岛铁矿、维苏威火山和埃特纳火山。1774～1789 年对阿尔卑斯山脉进行了十分广泛的考察。1787 年夏再次登上勃朗峰，用自制的多种仪器在山顶上做了多项试验。翌年和儿子 N. -T. 索绪尔（Nicolas-Théodore Saussure）一起考察阿尔卑斯山脉，曾在3 350米高地野营 15 天，完成了各种气象资料的记录。1789 年在儿子伴随下，测量了该山脉罗莎峰的高度并考察了它的地质构造。

通过对阿尔卑斯山脉的长期考察，1779～1796 年陆续出版了 4 卷本的《阿尔卑斯山纪行》。此书记述了实地考察的大量成果，提出阿尔卑斯山脉生成理论。认为其中央山脉为直立地层组成，而与其毗邻的边缘山脉乃由陡倾斜地层组成，而后者的外缘则逐渐成为水平地层。认为地面曾为海水淹没，连续沉积先造成原始山脉，然后围绕原始山脉沉积生成次生山脉。中央山脉先生成，边缘山脉后生成，它们都由独特地层组成，都是水成的。还认为，火或其他“弹性流体”位于地球内部，后来上升且有时冲裂地壳而出。因此，他的水成论同时含有后来的维尔纳学派，以及认为地壳作垂直运动的火成论者的思想。

1783 年，他第一个研制成功利用头发测量湿度的湿度计；第一个进行了花岗岩和斑岩的熔化实验。

（胡　敏　宣焕灿）

列佩欣，И. И.（Лепёхин，Иван Иванович；Lepekhin, Ivan Ivanovich) 俄国人，1740年9月21日生于俄国圣彼得堡，1802年4月18日卒于同地。地理学、博物学、人类学。

1760年入圣彼得堡科学院附设大学学习文科和化学。1762年转入斯特拉斯堡大学专攻实用解剖学、实验心理学和医药学，1766年获医学博士学位。1767年秋返回圣彼得堡，当选为圣彼得堡科学院通讯院士，1771年升为该科学院博物学部院士。1783年起任俄国科学院终身秘书长。

在斯特拉斯堡大学求学时，利用课余时间在周围地区搜集和研究植物和昆虫标本，还编出当地鸟类和鱼类系表。1768年率考察队考察俄国自然资源，并搜集人类学和经济学资料。主要著作是1771～1815年出版的《俄国各省旅行日记》4卷集。该书收录了大量有关伏尔加地区、乌拉尔山脉、哈萨克斯坦西北部、西伯利亚西部以及俄罗斯欧洲北部的自然科学和人类学资料，重点介绍了300多种动物及其习性和分布，书中还介绍了乌拉尔山脉和冻土带北部许多新发现的植物。（张南海）

科特，L.（Cotte，Louis） 法国人，1740年10月20日生于法国拉昂，1815年10月4日卒于蒙特莫朗西。气象学、气候学、医学。

公证员之子。1758年毕业于蒙特莫朗西神学院。1766年回母校任教。曾任教士及修道院院长。1794年，54岁还俗结婚。1798～1802年任巴黎的圣日内瓦依图书馆馆长。1767年法国科学院被选为通讯院士，1803年成为法国科学院院士。

在当教士、图书馆助理时，利用空余时间坚持30年记录和搜集气象资料。统计了多年重复性出现的气温条件，得出以19年为一周期的变化规律，解释为月亮对气候影响的结果。他搜集的资料中包括地震、北极光、地磁、大气电、太阳黑子周期、气温、气压、风况、降雨量等。此外，他还发现当地矿泉水中含有硫磺成分，可用以治疗皮肤病。（曹念祥）

德圣丰德，B. F.（de Saint-Fond，Barthélemy Faujas） 法国人，1741年5月17日生于法国多菲内省蒙特利马尔，1819年7月18日卒于多菲内省圣丰德。地质学、古生物学。

曾做过几年律师，后来研究博物学。1778年被聘为巴黎自然博物馆助理，1793年任该馆地质学教授，直至去世。

考察过法国中、东部丘陵地区，力排众议，认为该地区的玄武岩为火山成因。但他主要仍然是水成论者。他还在一篇论文中描述过一个巨大的爬行动物颅骨，并认为是鳄鱼的颅骨，现在认为这是蜥蜴中一个已灭绝群落的代表。这在当时是脊椎古生物学领域的一项引人注目的发现。（冯祖钧）

帕拉斯，P. S.（Pallas，（Peter Pyotr）Simon） 德国人，1741年10月3日生于德国柏林，1811年9月20日卒于同地。地理学、地质学、博物学、地理探险。

父亲是柏林大学医学院的教授。他13岁时入该医学院学习，后又转学哈雷、格丁根和莱顿等大学，1759年获莱顿大学医学博士学位。1761～1766年在英国和荷兰研究海洋动物。1763年当选为英国皇家学会外籍会员。1767年应邀赴圣彼得堡科学院工作，后来当选为该科学院院士。为克里米亚绮丽的风光和宜人的气候所吸引，最后在那里定居，1810年返回柏林，翌年病故。

1768～1774年间，参加圣彼得堡科学院考察活动，到过乌拉尔、黑海、阿尔泰、贝加尔湖、外贝加尔山，最东到达石勒河和中国额尔古纳河盆地，搜集了大量地质、动植物标本，以及历史、民俗学方面的资料。1793～1794年又到俄罗斯南方进行考察。晚年悉心研究克里米亚的植物和作物耕种方法。一生发表了约170篇学术论文，涉及医学、动植物学、地理学、地质学等10多个领域。（张南海）

卡朗乔，A.（Carangeot，Arnould） 法国人，1742年3月12日生于法国兰斯，1806年11月18日卒于莫城。矿物学、晶体学、昆虫学、仪器研制。

出身纺织工人家庭。20岁时去巴黎，由于为人正直和做事有条不紊，赢得几个老板的信任而当上企业管理人。这些老板对自然科学颇感兴趣，他受到影响，用大量的业余时间致力于植物学、矿物学和昆虫学的研究。1785年当选为拉罗谢尔地区科学院的名誉院士，1798年任莫城博物馆馆长。

1772年他的老师罗梅·德利尔出了一本介绍晶体学的书，他参与了书中438幅矿物插图绘制，用陶土复制这些矿物送给书的订阅者。在制作过程中，测量石英标本的二面角时遇到困难。1783年，他制造了一台有比例规和分度规综合特性的多功能测角器。利用这台仪器，他首先观察到矿物外形二面角的不变性。这种科学仪器很快便成了矿物学研究中的重要工具。

他还是昆虫学家，1785～1893年完成《欧洲的蝴蝶》丛书的第四到第八卷。（周永平）

阿萨拉，F. de（Azara，Félix de） 西班牙人，1742年5月18日生于西班牙韦斯卡省巴布纳莱，1821年10月20日卒于韦斯卡市。地理学、地图学、博物学。

1757年入韦斯卡大学读哲学、美术和法律。1764年入军事学校，并学习数学。曾以军官身份参加马德里附近的水文地理勘察，后在军队中教数学。1808年后任韦斯卡市市长直到去世。

1781年被派往巴拉圭，以地理学家和博物学家身份进行了13年的考察工作，绘制了许多地图，写了巴拉圭和布宜诺斯艾利斯地区的旅行日记、巴拉圭的地方志和考察地区的鸟兽博物学。其博物学著作受到同行们的欢迎，有一些观点还被G. 居维叶和C. R. 达尔文所采纳。 （王起发）

伦内尔，J.（Rennell，James） 英国人，1742年12月3日生于英国德文郡，1830年3月29日卒于伦敦。*水文学、地理学、海洋学*。

1756年参加英国皇家海军，1760～1763年在东印度服役。这期间他绘制了几个海港的航道图。1764年任东印度公司的测绘员，先后对恒河和孟加拉作了测量。1777年因健康原因返回英国，受命绘制印度地图。1781年成为英国皇家学会会员。1781年在英国皇家学会宣读了他详细研究恒河流域的报告。还研究过洋流，绘制了大西洋的洋流图。1791年获英国皇家学会最高奖科普利奖章。 （张南海）

博尔恩，I. E. von（Born，Ignaz Edler von） 德国人，1742年12月26日生于特兰西瓦尼亚的卡尔斯堡（今罗马尼亚阿尔巴尤利亚），1791年7月24日卒于奥地利维也纳。*岩石学、矿物学、矿冶工程*。

德国贵族后裔。幼年曾在维也纳耶稣会学习，后在布拉格大学攻读法学。毕业后，历游德国、比利时、荷兰、法国等地。回布拉格后，从事博物学和矿物学的研究。1770年到采矿部和造币厂工作，是年访问匈牙利和特兰西瓦尼亚的主要矿区。

1772年出版介绍自己收集的岩石标本的书，受到欧洲地矿界的重视。他发明汞膏法，可从各种矿石中分离金和银。 （王 植）

梅尚，P.-F.-A.（Méchain，Pierre-François-André） 法国人，1744年8月16日生于法国埃纳省，1804年9月20日卒于西班牙卡斯特利翁。*大地测量学、彗星天文学*。

自幼具有数学才能。后来进巴黎道路与桥梁学院就读。中途因经济拮据而辍学。醉心于天文学和大地测量方面的研究。1780年确定了德国和意大利北部大幅军用地图的基准点网。1781年他发现了两颗彗星，并计算了它们的轨道；接着又计算了1532年和1661年前人观测到的彗星的轨道，证明了它们并非同一颗彗星。这一研究获得了1782年法国科学院奖，并使他跻身于科学院院士之列。后又接连发现9颗彗星，其中包括现在命名为“恩克”的那颗著名的短周期彗星。并计算了这9颗彗星的轨道。还计算了他人发现的13颗彗星的轨道。此外他还发现了很多星云。1785年任《法国天文年鉴》主编。

1787年，他同A. -M. 勒让德、J. -D. 卡西尼一起，任格林尼治天文台与巴黎天文台之间三角测量英法联合项目的法方委员。1790年，国民大会批准了科学院关于建立十进制测量体系的建议，委派梅尚等人用新单位制进行大地测量。从此他全力以赴投入了此项工作，期间几经周折、历尽艰辛。1793年由于工作中发生意外事故，他挺身救险，不幸负伤，肋骨和锁骨骨折，被迫中断工作。1804年在西班牙进行大地测量时，由于过分辛劳，营养不良以及黄热病的袭击，不幸罹病，以身殉职。 （冯祖钧）

韦塞尔，C.（Wessel，Caspar） 挪威人，1745年6月8日生于挪威维斯特比，1818年3月25日卒于丹麦哥本哈根。*代数几何、复数、大地测量学*。

1757～1763年，先后在克里斯蒂安尼亚教会学校和哥本哈根大学学习。1764年在丹麦皇家科学院所属的丹麦测量委员会任助理，1798年任测量官。

在数学方面，他试图用代数方法解平面与球面多边形问题，并以一篇论文成名，使他获得了出版复数几何表达法的优先权。复数的几何表达法虽早在1685年即由J. 瓦利斯提出，C. F. 高斯在1799年已有些概念，阿根特（R. Argand）亦于1806年发表了这方面的论文，但韦塞尔表示法在很多方面都比较清晰、直观、新颖。此外，他还较早地建立了矢量加法和独特的线段乘法公式。1967年克罗（M. J. Crowe）出版的《矢量分析史》，即以韦塞尔完成著作的年代为矢量分析历史的最初时期，并把该时期定义为结合代数用于空间分析的探索时期，把韦塞尔称为首创三维空间矢量加法的人。

因完成法国政府所请求的石勒苏益格与荷尔斯泰因的特殊地图，获丹麦皇家科学院银质奖章。

（屈大壮）

加恩，J. G.（Gahn，Johan Gottlieb） 瑞典人，1745年8月19日生于瑞典奥瓦诺克尔，1818年12月8日卒于法伦。*矿物学、化学分析、矿冶工程*。

1762～1770年在乌普萨拉大学学习物理和化学。1767年起任化学教授T. O. 贝格曼的实验助教。1770年到矿业学院任职。1780年获矿业学院金质奖章。两年后获国王授予的矿业监督荣誉称号。1784年被选为瑞典皇家科学院院士。

一生从事矿物和化学分析研究。曾在法伦自家庭园内自费建立设备优良的实验室，解决了炼铜工艺的许多技术问题，并改进了熔炼过程中副产品的利用方法。从软锰矿中提炼出纯锰。与化学家J. J. 柏济力阿斯共同考查了法伦地区的矿床，发现和分析了许多新矿物。在化学实验中擅长吹管分析。他善识人才，曾把K. W. 舍勒推荐给T. 贝格曼，对发展瑞典化学具有重要意义。1770年他同舍勒关于动物骨骼无机物质研究的谈话，启发他用吹管证明了磷的存在，而他的发现又促使舍勒研究出从动物骨骼获取磷的方法。

（王天运）

洪亮吉（Hong Liangji） 字君直，一字稚存，号北江。中国清代江苏常州府阳湖县（今江苏武进）人，清乾隆十一年（1746年）生，清嘉庆十四年（1809年）卒。*历史地理学、方志地理学、水文学、文学。*

6岁丧父，家境困苦，在母亲教育下发愤读书。20岁时为塾师。以后做过幕宾和四库馆校雠、翰林院编修。因上书进谏，被嘉庆以“大不敬”罪谪戍伊犁。获释后绝意仕途，寄情山水，潜心著述，居家十年而卒。

在历史地理学方面，撰写了《三国志疆域志》、《东晋疆域志》和《十六国疆域志》，填补了古代正史中的空白，订正了原史书中的不少错讹。

在方志地理学方面，除编撰了《乾隆府厅州县图志》50卷外，还主持或参加编修了《宁国府志》、《怀庆府志》、《延安府志》、《淳化县志》、《长武县志》、《澄城县志》、《泾县志》、《固始县志》、《登封县志》等。其中尤以《淳化县志》、《长武县志》体例最为详备。在修志理论方面，也有许多精辟的见解，是方志学舆地学派的著名代表。

又是一位寄情山水的旅行家。所到之处都留心考察，详细记录。如在贵州视学期间，曾查阅贵州地方志书，考察各地山川，写成了《贵州水道考》这一重要的河流水道著作。

此外精于声韵、训诂之学，善写诗词及骈体文，有《北江诗话》、《卷施阁诗文集》等作传世。

（翟忠义）

维尔纳，A. G.（Werner, Abraham Gottlob） 德国人，1749年9月25日生于上卢萨蒂亚的韦劳（今波兰的奥谢奇尼察），1817年6月30日卒于德国德累斯顿。*矿物学、岩石学、地质学。*

父亲为冶铁厂稽查。他受父亲影响，自幼喜爱矿物学。曾在弗赖贝格矿业学院、莱比锡大学就学。1775年应聘回弗赖贝格矿业学院任教授。在该学院执教的42年间，因其声望和治学才能，使这所不出名的矿业学院一跃而为世界上最有名望的学校之一。一生中当选为22个国际性学术团体的会员，其中包括伦敦地质学会、法国科学院、莫斯科皇家医学学会、普鲁士柏林科学院等。终身未娶。

悉心研究矿物学，认为矿物学是地球科学的基础。1774年出版《化石的外表特征》一书，一举成名。不但重视矿物的外表特征，还强调要形成矿物系统，必须以化学成分为依据。他将矿物分成4类：土类、盐类、可燃矿物类和金属矿物类。认为晶体学仅是矿物学的一个分支，其实际应用有局限性。

十分重视地史学，认为自然界的历史是人类历史的重要分支，地壳所提供的大自然史实要比任何文字史料可靠得多。认为最初地球表面为海洋所包围，地壳岩石是由海洋沉积或沉淀而成的。他把岩层的形成划分为5个时期，即：原始期、过渡期、弗洛茨期、火山期和冲积期。前3个时期形成的岩石构成了地壳的大部分。它们是世界性海洋中的沉淀物或沉积物。后两个时间形成的岩石是局部性条件的沉积产物。认为花岗岩、变质岩、玄武岩都是沉积岩，是水成学派的创始人。在学术观点上的片面性后来受到火成学派的挑战。但由于其才能和课堂上讲课的非凡吸引力，追随他的人很多。然而反对者也随之而起。争论焦点后来集中在玄武岩的成因上，这就是地质学发展史上的“水火之争”。

著述不多，对地质学发展的贡献主要是靠演讲和授课。最早发表水成说的著作《各种地层的分类和描述教程》（1786年）仅50页。他的思想大部分由他的家人整理发表。临终前将绝大部分家产捐献给弗赖贝格矿业学院。

（王 植）

多洛米厄，D. de G. de（Dolomieu, Dieudonné de Gratet de） 法国人，1750年6月23日生于法国多菲内省，1801年11月28日卒于索恩-卢瓦尔省。*火山学、地质学。*

幼时被送往马耳他国王军事武士团，1774年当一名枪手，1780年成为海军中校。服役期间，曾因决斗打死一同事被判无期徒刑，后因教皇干预得以释放。1778年在友人协助下开始学习矿物学。1779年退伍，从事地质调查。1794年起在巴黎综合工科学校和矿业学院任教，讲授博物学和自然地理。

数度考察比利牛斯山脉和阿尔卑斯山脉。他从事地质事业时间较短，但理论上具有远见卓识，勇于探索，对火山物质和火山区域的研究尤为著称。“白云岩”（dolomite）等地质学术语以他的姓氏命名。

（刘 汉）

布雷斯拉克，S.（Breislak, Scipione） 意大利人，1750年8月17日生于意大利罗马，1826年2月15日卒于米兰。*火山学、岩石学、地质学。*

是一名教士，毕生致力于自然科学的教育。后来迁居米兰，在硝石厂当检查员。

是意大利火山学创始人之一。1794年目睹维苏威火山的再喷发，直接观察了附近的两处硫黄矿。后来著文对维苏威火山的演化作了系统的阐述；推论该火山的成因。第一个肯定玄武岩是喷发而成的，并强调坎帕尼亚的凝灰质沉积是在水下形成的。调查了伦巴第的各种矿产，包括建筑石料、粘土和沙金等。还研究了马焦雷湖西岸的火成岩。

（王 植）

布尔农，J.-L. C. de（Bournon, Jacques-Louis, Comte de） 法国人，1751年1月21日生于法国梅斯，1825年8月24日卒于凡尔赛。*矿物学、岩石学。*

父亲为城堡主，收藏有大量的矿石标本，激发了他自小对矿物的兴趣。1802年当选为英国皇家学会外籍会员。波旁皇朝复辟后，返回法国出任矿业总长。

他按照 A. 阿维（Abbe Haüy）的晶序理论鉴别矿物，1808 年出版《方解石和文石详论》，详细描述了这两种矿物当时已知的结晶变异。在英格兰时，曾为格朗维尔（Grenville）勋爵等人的矿物标本进行分类和整理。1804 年第一个对车轮矿作完整的描述；车轮矿现以他的姓氏命名为“bournonite”。（王　植）

福格特，J. C. W.（Voigt，Johann Carl Wilhelm）　德国人，1752 年 2 月 20 日生于德国阿尔施泰特，1821 年 1 月 1 日卒于伊尔默瑙。*地质学、矿物学、岩石学。*

先在耶拿大学攻读法律，后去弗赖贝格矿业学院学采矿。在魏玛结识大文豪兼生物学家歌德，由歌德引荐当了采矿官员。

1780 年被派去魏玛公爵的领地勘查和研究矿藏，撰写了两卷《魏玛公爵领地的矿物之旅》，阐述了自己的玄武岩火成成因观点，成了当时德国火成论派的领袖。是第一个注意到接触变质现象的地质学家。

（王　植）

苏拉威，J.-L. G.（Soulavie，Jean-Louis Giraud）　法国人，1752 年 7 月 8 日生于法国阿尔代什省拉根泰尔；1813 年 3 月 11 日卒于巴黎。*地质学、自然地理学、博物学。*

早年在圣尼古拉斯学院、圣灵神学院就读。1776 年任神甫。1780 年定居巴黎，成为社会名流，后来成为雅各宾俱乐部的早期成员。法国大革命胜利后，1793～1794 年作为第一共和国的外交人员常驻日内瓦。

原是一个自学的业余地质学爱好者，经努力成为法国地质学和自然地理学先驱之一。18 世纪 70 年代，考察了维瓦雷和维莱地区的火山。1780～1784 年出版 8 卷本地质著作《法国南部博物学》，这部著作的头两卷获得法国科学院的奖励。他根据化石特征而判定不同地层的年代顺序，具有进化论思维。在自然地理学方面，根据不同的植被来区分自然区域；同时按河流侵蚀地表的程度来确定地质年代。由于推测的年代明显与圣经相悖，他多次受到教会的攻击。（胡　敏）

温德曼斯泰滕，A. J. B. E. von（Widmannstätten，Aloys Joseph Beck Edler von）　奥地利人，1754 年 7 月 13 日生于奥地利格拉茨，1849 年 6 月 10 日卒于维也纳。*陨石学、矿物学。*

早年从事印刷业。1807 年在维也纳任弗朗西斯一世（Francis Ⅰ）工艺藏品馆馆长。

1808 年，在研究坠落于萨格勒布的铁陨石时，用稀硝酸腐蚀其磨光的切面，发现一种三角形图案结构，这种结构由许多镍纹石镶边的铁纹石片晶或条带交叉构成；铁纹石条带平行于镍纹石的八面体晶面，是从镍纹石晶体出溶而成的。后人称此种图案为温德曼斯泰滕图案，用这种图案可以区分出铁陨石。（王　植）

图尔明，G. H.（Toulmin，George Hoggart）　英国人，1754 年 9 月生于英国萨里郡萨瑟克，1817 年 7 月卒于伍尔弗汉普顿。*地质学、宇宙学。*

早年在爱丁堡大学学医，1779 年获医学博士学位。后以行医为业。此后的经历鲜为人知。

1780 年出版《古老的地球及其寿命》。1788 年出版《永恒的宇宙》。在书中否定了地学界以前所确定的地球年龄。他接受亚里士多德的世界永恒说，认为自然作用慢而且呈均衡状态；并认为宇宙的每一部分都力求既保存局部又保存整体状态。该书含有赫顿和赖尔均变论的思想。1963 年麦金太尔（D. B. McIntyre）注意到 1788 年 J. 赫顿理论的某些环节，和图尔明的一些叙述文字非常相似，因而认为赫顿在写他的理论时一定读过图尔明这本书。但 1967 年 G. L. 戴维斯详细地讨论了这个问题，认为事实并非如此。

（胡　敏）

拉蒙·德·卡伯尼，L. F. É.（Ramond de Carbonnières，Louis François Élisabeth）　法国人，1755 年 1 月 4 日生于法国斯特拉斯堡，1827 年 5 月 14 日卒于巴黎。*地质学、古生物学、地层学。*

阿尔萨斯地方政府官员的儿子。早年在斯特拉斯堡大学深造法律和医学。1791 年被选为下院议员，1793 年因政治观点被监禁 10 个月，释放后被任命为塔布的博物学教授。1802 年当选为法兰西学院院士。

主要贡献是对阿尔卑斯山和比利牛斯山的地质学、博物学的研究。曾横穿阿尔卑斯山研究博物学。1781 年开始研究比利牛斯山的矿物、动植物及冰川。1797 年夏，他和一位同行攀登了比利牛斯山海拔约3 000米的高峰，首次在那里发现石灰岩地层和丰富的海生贝壳类化石，推翻了历来认为高峰由花岗岩组成的观点。著有《比利牛斯地区考察记》等专著和译著。一种植物化石是以他的名字命名的。（李嘉曾）

斯塔西克，S. W.（Staszic，Stanilaw Wawrzyniec）　波兰人，1755 年 11 月生于波兰皮瓦，1826 年 1 月 20 日卒于华沙。*地质学、统计学、技术管理。*

早年在教堂供职。后来靠父亲的遗产去莱比锡大学和格丁根大学学习，又在法兰西学院上了 2 年自然科学课，对地球科学发生强烈兴趣。1782 年在扎莫希奇科学院获教育和民事法学博士学位。1797 年回波兰从事地质研究，并组织考察队到塔特拉山调查。是“科学之友协会”的奠基人之一。1815 年建立波兰王国后，任国家议会议员及国民教育部委员，1816 年任工业和工艺管理局局长。

1807 年出版《关于波兰的统计数字》一书，为新建立的华沙公国政府提供基本的地理、人口统计及经济数据。致力于系统发展采矿和冶金工业，以及与之相联系的研究事业。他对地质构造的研究主要出于发展工业的愿望。1815年将研究成果编辑成《波兰喀尔巴阡山及其他山系和平原的地质》一书。书中描写了他找到的几个小硫磺矿。这是由波兰人所作的第一部波兰地质的综合著作，因而使他获得了“波兰地质学之父”的称号。（应中锷）

巴宾顿，W.（Babington，William） 英国人，1756年5月21日生于北爱尔兰安特里姆（今属英国），1833年4月29日卒于英国伦敦。*矿物学、地质学。*

早年在北爱尔兰伦敦德里一家诊所当学徒，后来到伦敦盖氏医院接受医疗训练。1795年获阿伯丁大学医学博士学位。1796年起自行开业。1805年成为英国皇家学会会员。1807年参与创建伦敦地质学会，1822～1824年任该学会会长。

他因购置一间陈设有矿物标本房间的偶然机会，引起对矿物学的浓厚兴趣。运用自己丰富的化学知识，对矿物分类提出了独特见解。1799年出版《矿物学新系统》一书，书中根据林耐分类法把矿物分成类、属和种，以化学成分为主要分类根据，其次才根据晶形。这种分类法要比主要根据矿物外部特征进行分类的沃纳分类法前进了一步。（张南海）

德沃尔内伯爵，C.-F.C.（Comte de Volney，Constantin-François Chasseboeuf） 法国人，1757年2月3日生于法国克朗，1820年4月25日卒于巴黎。*地理学、自然哲学、历史学、语言学。*

贵族出身。早年在巴黎学习古典语言和医学。法国大革命后，曾当选国民大会议员。曾任新成立的巴黎师范学院历史学教授。1795年当选为法兰西学院院士。

1783～1785年到地中海东部各国和岛屿旅行，搜集资料，想把那里的政治、社会状态与地理环境综合起来进行系统的考察。1787年发表成名作《埃及和叙利亚纪行》。1788年出版《土耳其和俄罗斯战争忧思录》。1795～1798年间到美国旅行。1803年出版一本有关美国气候和大地的著作，书中附有美国第一张彩色地质图。法国大革命时，他以自然神论著作而闻名，后转而从事语言学和历史学的研究。竭力主张全世界的语言应该采用统一的字母。是学者、社会学家、科学考察家和理论家四种身份相兼的多面手，对好几门学科都作了一些创造性研讨。（张南海）

韦尔斯，W.C.（Wells，William Charles） 美国人，1757年5月27日生于美国南卡罗来纳州，1817年9月18日卒于英国伦敦。*气象学、生理学、医学、人类学。*

父亲是印刷工人，母亲是苏格兰移民。他11岁时被送到苏格兰受教育。1770年入爱丁堡大学学医，1771～1774年随植物学家和医生加登（A. Garden）学艺。1775～1778年回到爱丁堡大学学医，1780年获医学博士学位。接着在查尔斯顿和佛罗里达州的圣奥古斯实习，1784年回到伦敦。1788年取得英国皇家医学院的开业执照。1795年起在伦敦圣汤姆斯医院行医直到去世。1792年当选英国皇家学会会员。1814年当选爱丁堡皇家学会会员。

在气象学方面，他精辟地解释了露水的形成，认为露水是由于湿热空气在晴空夜晚与通过辐射散热冷却的物体相接触，水气凝结的作用产生的。还指出黑色物质（如木炭）比淡色物质（如粉笔）要累积更多的露水；热的不良导体（如植物的茎叶）比良导体（如金属）上的露水多；无风的夜晚有利于露水的形成，因为无风时允许冷却后的物体和湿热空气保持足够长的接触时间使水气能沉积产生水粒。为此他得到英国皇家学会的荣誉奖章。

在生理学和医学方面，因1792年发表“视觉”一文，而被推选为英国皇家学会会员。1795年撰文证实1791年意大利生理学家及物理学家L.伽伐尼的微电流可以使肌肉收缩的报告。还精确描述医学上难于诊断的病症，如风湿性心脏病、血尿、猩红热所引起的浮肿，以及非猩红热引起的类似症状等。对蛋白尿的研究成果很快被译为法文，并于1814年在日内瓦发表。

他还被达尔文推崇为近代第一个具有人类学进化论概念的人。他写的“白种和黑种人肤色与形貌不同原因的观察”一文中认为，受大自然的影响，人类发展必然要适应不同的气候条件。（曹念祥）

沃尔特曼，R.（Woltman，Reinhard） 德国人，1757年12月28日生于德国阿克斯施泰特，1837年4月20日卒于汉堡。*水力学、水利工程、仪器研制。*

农民的儿子。年轻时主要在易北河与威悉河临近北海的海滨地区上学。这里多次遭受水灾，堤岸浸蚀严重，故治水护堤成为他早期奋斗的主要目标。1779年任海峡水利工程监察员和办公室书记员，负责建立和维持控制浸蚀设施。1780年后，在汉堡、基尔和格丁根大学攻读数学和建筑学。

1790年第一部著作《水流表的理论和应用》出版，引起人们注意。1790年发明水流仪，后来人们称为“沃尔特曼表”。这给他带来持久的名望。现在实际使用的所有螺旋桨形水流表都是根据沃尔特曼流量表的基本原理研制出来的。著述颇丰，其中1791～1799年出版了4卷《水力建筑学》。（陆伟良）

克雷恩霍夫，C.R.T.（Krayenhoff，Cornelis Rudolphus Theodorus） 荷兰人，1758年6月2日生于荷兰奈梅亨，1840年11月24日卒于同地。*大地测量学、工程学。*

军事工程师之子。先学法律，后转学其他学科。1780年和1784年先后获科学与医学博士学位。毕业后在阿姆斯特丹行医10年。1791年当选为荷兰皇家文理科学院院士。1795年从军，后被委任为总工程师。曾做过路易·波拿巴（Louis Bonaparte）国王的陆军大臣，但不久即免职，仍从事工程技术工作。

对城防工事的修筑很有研究。在荷兰参加过大地三角测量，在测量中创造性地引入了“多边形正弦规则”。但因当时声名显赫的高斯以不公正的态度对待其测量结果，致使他在科学界颇遭冷遇。（冯祖钧）

霍尔，J.（Hall，Sir James） 英国人，1761年1月17日生于英国苏格兰东洛锡安郡邓格拉斯，1832年6月23日卒于苏格兰爱丁堡。*实验地质学、化学。*

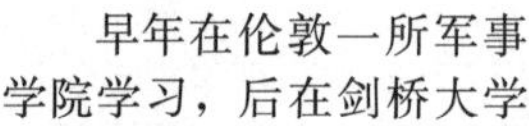

早年在伦敦一所军事学院学习，后在剑桥大学基督学院、爱丁堡大学攻读化学和博物学。1783年起在欧洲大陆科学考察3年，1786年回爱丁堡。先后被选为爱丁堡皇家学会和英国皇家学会会员，曾任爱丁堡皇家学会会长，1807～1812年当选为英国下议院议员。

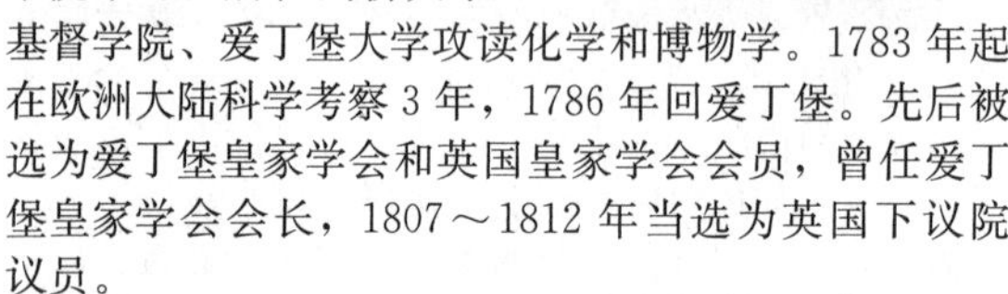

是英国化学界中最早接受拉瓦锡新化学观的学者之一。对地质学的主要贡献：通过实验捍卫J. 赫顿在《地球理论》一书中提出的论点；曾驳斥岩浆岩侵入到上覆地层后将会形成玻璃质体而不会形成结晶岩石的错误观点；还通过实验论证赫顿所说的石灰岩在高温高压条件下不会释放二氧化碳而产生自行分解的现象。撰写出版了《论地球表面的演化》一书。该书显示了他敏锐的野外观察能力和在实验室内再现地质作用的创新方法。（刘 汉）

莫尔斯，J.（Morse，Jedidiah） 美国人，1761年8月23日生于美国康涅狄格州伍德斯托克，1826年6月9日卒于康涅狄格州纽黑文。*普通地理学。*

系电报发明者S. F. B. 莫尔斯之父。早年就读于伍德斯托克学校，1779年进耶鲁学院，1783年毕业。1786年重返耶鲁学院任教。

1784年编写了《地理学入门》一书，这是在美国出版的第一部地理学著作。该书受到普遍欢迎，经修订、扩充，于1789年更名再版，这就是著名的《美国地理》。此书很快又在爱丁堡、都柏林、伦敦重印，并被译成德文和荷兰文。1793年出第二版，更名为《美国普通地理》。莫尔斯遂被誉为“美国地理学之父”，统率该领域达25年之久。主要兴趣在于历史地理学与政治地理学，对自然地理、地貌及地质也颇为关心。（冯祖钧）

罗伊斯，F. A.（Reuss，Franz Ambrosius） 捷克人，1761年10月3日生于布拉格（今属捷克），1830年9月9日卒于波希米亚比林（今捷克比利纳）。*矿物学、地质学、医学。*

出身裁缝家庭，早年在布拉格就学。后进布拉格大学攻读哲学、自然科学和医学，1783年获医学博士学位。在布拉格开业行医，同时随著名地质学家A. G. 维尔纳学习，兼作矿物地质学研究。1784年成为洛勃科维茨（Lobkowiz）王子的医生，迁居矿泉浴疗养胜地波希米亚的城市比林，从此开始研究矿泉。

他以医生的专业知识结合地质学、化学、物理学等，第一次科学地描述了矿泉的物理及化学性质和形成的地质条件，解释它的医疗特性，成为著名的矿泉浴疗养学家。还研究了波希米亚地区的地质和矿物。1801～1806年，出版4卷矿物学和2卷地质学专著。他是水成论的拥护者，对维尔纳的水成论思想作了全面论述。（邱凤昌）

萨雷切夫，Г. А.（Сарычев，Гавриил Андреевич；Sarychev，Gavriil Andreevich） 俄国人，1763年生于俄国圣彼得堡，1831年8月11日卒于同地。*地理学、地图学、水文学、地理探险。*

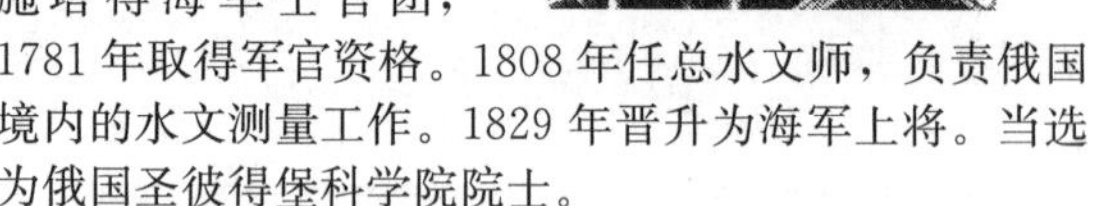

1775年考入喀琅施塔得海军士官团，1781年取得军官资格。1808年任总水文师，负责俄国境内的水文测量工作。1829年晋升为海军上将。当选为俄国圣彼得堡科学院院士。

1785～1793年与比林斯（J. Billings）一起到西伯利亚东北部、阿留申群岛和北美洲沿岸进行大规模的踏勘考察，这是继白令之后俄国科学家对太平洋北部及其沿岸地区所作的最重要的一次科学考察。1802年起，又花了好几年功夫到波罗的海进行考察。在他的指导下，1826年编绘出《东部洋域北部地图集》。（张南海）

麦克卢尔，W.（Maclure，William） 英国人，1763年10月27日生于英国苏格兰艾尔，1840年3月23日卒于墨西哥圣安杰洛。*地质学、岩石学。*

未上正规学校。早年从商。曾在欧洲、美国旅行，观察地质现象。是美国费城科学院创始人之一，从1817年起任院长，直至去世。

代表作是《美国地质观察》，把美国分成原始岩石区、过渡岩石区、次生岩石区和冲积岩石区。发表西印度群岛的地质观察报告，讨论了一些岛屿珊瑚石灰岩的上升和各种火山物质。研究了北美洲的花岗岩漂砾，认为是河上大块浮冰搬运来的。在1838年的论文“地球—地质观察谱系”中，主张无机物和生物一样是通过细微变化逐渐演化的。（王 植）

埃贝尔，J. G.（Ebel，Johann Gottfried） 瑞士人，1764年10月6日生于德国普鲁士丘利肖，1830年10月8日卒于瑞士苏黎世。*地理学、地质学、解剖学。*

德国富商的儿子，早年丧母。1780 年入奥得河畔法兰克福大学学医。后到维也纳大学医学院深造，1788 年以脑的比较解剖学论文获医学博士学位。开业行医之余，也参与政治活动。1801 年加入瑞士国籍。1803 年出任德国耶拿大学外科学和解剖学教授。从1810 年起定居于苏黎世。

曾周游四方，对地质学和地理学深有造诣。1790 年首次访问考察瑞士，编写了著名的《瑞士指南》（2 卷，1793 年），一书，主要介绍瑞士的地理和历史。后又于 1804～1805 年、1809～1810 年两次考察瑞士，并将该书扩充为 4 卷。1843 年第 8 版出版合订本，有法文和英文版，在欧美流传甚广。在拿破仑时代，利用自己的影响促使法国统治者改善了瑞士居民的生活条件。研究工作涉及许多领域，例如：把西耶斯的政治著作译成德文；深入进行人类学、统计学和比较解剖学的研究；在地学方面，另出版有《阿尔卑斯山地质构造》（2 卷，1798～1802 年）等书。（殷明德）

里奥，A. M. del（Río，Andrés Manuel del） 西班牙人。1764 年 12 月 10 日生于西班牙马德里，1849 年 5 月 23 日卒于墨西哥墨西哥城。*矿物学、地质学。*

早年在西班牙学实验物理和矿业，后来到巴黎学习医学和化学，到德国弗赖贝格矿业学院学习矿物学和采矿学。1794 年赴墨西哥，任墨西哥城矿业学院矿物学教授，后因参加政治活动被驱逐。后到美国费城，被选为宾夕法尼亚州地质学会会长。

所著《矿物学基础》是美洲最早的矿物学教科书，而他则是美洲第一个正式讲授矿物学的人。此后到墨西哥、中美洲、菲律宾各地的矿山考察。1801 年在墨西哥锡马潘出产的矿石中发现一种新金属元素，并对它进行了化学性质的检测。这些鉴定资料在送往欧洲途中因船舶失事而失去，送去的矿石样品又被错误断定是铬。以后在塞夫施特勒姆（N. Sefström）从瑞典的磁铁矿中发现钒之后，才证实他所发现的标本是钒铅矿，因此他发现钒的优先权未被承认。他在矿脉的起源、硫化物矿物的共生、微量元素对矿石的物理性质和同质异像影响等研究中，均有贡献。（杨惠民）

施洛泰姆，E. F.（Schlotheim，Ernst Friedrich，Baron von） 德国人，1765 年 4 月 2 日生于德国图林根附近，1832 年 3 月 18 日卒于哥达。*地质学、古生物学、地球演化学。*

出身名门。1781 年进格丁根大学，学习公共事业管理和自然科学。因爱好地质学，又去弗赖贝格矿业学院跟 A. G. 维尔纳学习。1792 年在哥达当税务官，后升为部长。

早年已开始地质学特别是古生物学的采集工作，并随即发表野外观察结果。后来主要研究古生物。研究了图林根的下二叠统沥青页岩中的古植物学，并且认识到它们是已灭绝的种类，因而不能按通常习惯给以现代命名。是第一个坚持必须确定化石种名以划分不同地层的人。率先指出：根据化石的分布、组合、保存完整程度、相邻岩相及海陆生态的混合，可以对地球历史作出重要推论。（胡 敏）

谢韦尔金，B. M.（Севергин，Василий Михайлович；Severgin，Vasily Mikhaylovich） 俄国人，1765 年 9 月 19 日生于俄国圣彼得堡，1826 年 11 月 29 日卒于同地。*矿物学、矿冶工程。*

宫廷乐师的儿子。1784 年入圣彼得堡科学院大学部攻读矿物学。随后在格丁根大学研究玄武岩，参与了水成论者和火成论者之间的论战，1789 年返回圣彼得堡。同年任圣彼堡得大学矿物学教授，从事矿物化学研究。1793 年当选为圣彼得堡科学院院士。

1789 年发表了玄武岩起源于火成流体熔融的论点。1791 年以化学成分为基础对矿物进行分类，详细描述了矿物的物理和化学性质，提出了确定矿物外部特性的几种方法。1798 年发表矿物伴生理论。著作有《矿物学基础》、《俄国领土矿物学简介》等。他对矿物的描述着重地理分布、开采和加工方法方面，这使他的著作有较大实用价值。（邱凤昌）

法里，J.（Farey，John） 英国人，1766 年生于英国英格兰贝德福德郡沃本，1826 年 1 月 6 日卒于伦敦。*地质学、地层学。*

16 岁时去约克郡哈利法克斯学习数学、制图和测量。1792 年为贝德福德公爵在沃本的庄园代理人。1802 年后定居伦敦，任土地测量员直至去世。1805 年任伦敦史密斯菲尔德俱乐部秘书长。

他是个多产作家，发表的论文和文章约有 270 篇，涉及各个领域。曾师从 W. 史密斯学习地质学原理，为史密斯的原理观点所吸引，不遗余力地宣传史密斯的主张。绘制过伦敦至布赖顿的地质剖面，确认了该地区的背斜构造。曾为农业部作过德比郡的土壤与矿物调查。1807 年绘制了德比郡阿肖维尔至林肯郡海岸的地质剖面图，涉及从石炭系、三叠系、侏罗系直至白垩系地层。尔后在有关的调查报告中，又配上了德比郡以及邻县的彩色地质图，这实际上是英国出版的第一幅县区地质图。出版有《德比郡的农业与矿产总能》（3 卷，1811～1817 年）。（冯祖钧）

埃舍尔·冯德林特，H. C.（Escher von der Linth，Hans Conrad） 瑞士人，1767 年 8 月 24 日生于瑞士苏黎世，1823 年 3 月 9 日卒于同地。*地质学、水文学。*

早年醉心于政治，曾任瑞士大议会议长。因防治林特河水泛滥工程而开始对水文学的研究，他去世后半年该工程才完成。他及其男性后裔因此受到册封，人名中的冯德林特便是受册封后的贵族封号。他的儿子也是一位地质学家。

对阿尔卑斯山脉的地质构造，大阿尔卑斯峡谷的河流成因，阿尔卑斯山前冰漂砾的来源，均做过深入细致的研究，他关于瑞士阿尔卑斯的地质调查，为后

人所经常引用。（冯祖钧）

尼科耳，W.（Nicol，William） 英国人，1768年生于英国苏格兰东洛锡安郡汉比，1851年9月2日卒于爱丁堡。*矿物学、晶体学、古生物学、仪器制造。*

早年在爱丁堡大学学习。后来任该校物理学讲师、教授，讲授自然哲学。在切割和研磨宝石、晶体方面有很高的技能。58岁以前未发表什么著作，其经历人们知道得很少。

1828年他出版的第一部著作是关于晶体结构的，其中提及他发明的棱镜，即尼科耳棱镜。他的发明才能也同样在地质学中表现出来。以前关于矿物的显微镜观察，只能用反射光观察矿物的表面性质。1815年他发展了一种透明薄片的技术，把要研究的矿物粘牢在玻璃片上，磨成透明的矿物薄片。这样，第一次能在透射光照明下用显微镜来研究岩石和晶体的内部结构。可惜，这种技术没能被岩石学者所认识，埋没了达40年之久。直到1853年，S. 亨利（Sorby Henry）得到了尼科耳的薄片，才向人们指明它在矿物结构研究中的价值。

在古生物领域中，他用薄片技术研究树木化石的细胞结构。用这种方法得到的细胞图谱可做为化石标本的鉴定和分类的基础。曾进行过大量的这种鉴定工作。

为纪念他，月球上有一山脊以他命名。（唐玄之）

贝克韦尔，R.（Bakewell，Robert） 英国人，1768年生于英国英格兰，1843年8月15日卒于英格兰汉普斯特德。*矿物学、地质学。*

生平不详，只知道他长期以矿物鉴定者和讲授矿物学、地质学教师的身份定居伦敦。

撰写出版了《地质学导论》一书，该书在1813～1838年印刷了5版，1829年出了美国版本，还被译成德文出版。书中的实例和插图取材于英国本地，文字活泼诙谐，为广大读者所喜爱，对地质学的普及起了较大的作用。他竭力推崇J. 赫顿的火成学说，反对A. G. 维尔纳的水成论，但忽视赫顿的均变原理。

（李冬田）

史密斯，W.（Smith，William） 英国人，1769年3月23日生于英国牛津郡丘吉尔，1839年8月28日卒于北安普敦。*大地测量学、地层学、地质学。*

出身农村铁匠家庭，仅受过初等教育。18岁时被测绘员韦布（E. Webb）所雇用，当了5年助手，遂成为熟练的土地测绘员和估算员。1791年秋奉韦布之命到萨默塞特北部去测绘一个庄园。1793年应邀去测量拟开凿的河道以运销煤炭。1794～1799年在运河公司工作。1804年任地质工程师。这以后工作长期流动，为主顾们进行土地测绘、农田排水等工作，同时也从事化石收集和绘制地质图的工作。1824～1825年，和侄子一起在约克郡的几个城镇讲授地质学。1835年获爱尔兰都柏林大学特林尼蒂学院荣誉法学博士学位。

早在1791年为测绘一个庄园住在鲁博恩农场一间农舍中时，就开始思考地层层序问题，因此他后来称这间农舍为“英国地质学的摇篮”。1796年1月以前，通过为开凿运河的勘测工作，第一个认识到利用化石组合能把岩性相似的地层区分开。1799年出版《英国地层表》。1801年在一个兼农学家的公爵举办的庄园盛大年会上，展览了自己绘制的地质图，并发表了地质及地质图经济价值的演说。因一位地图出版商相助，他绘制的第一幅彩色《英格兰、威尔士及部分苏格兰地层概略图》得以在1815年出版，并相继在伦敦农业协会、皇家学院以及工艺、制造和商业促进学会上展出。

毕生主要学术贡献可概括为：发现英国地层规律性层序（地层层序律），从确定英国南部地层顺序开始，逐步建立起整个英国的地层顺序；发现了许多层位含有特征性化石，可用以区分岩性相似的地层；在上述两项发现的基础上，在英国进行大范围的地质图的编绘工作。还出版了两本有关地层学的著作《有机物化石鉴定地层》（1816～1819年）、《化石地层层位》（1817年）。1819～1824年为绘制英国一些地区的地质图，经济十分拮据，甚至不得不将自己收集的心爱的化石卖给大英博物馆，以继续进行绘制地质图的工作。既具有敏锐的观察力又善于通过观察进行分析综合，在发现不同地层具有不同化石的迹象时，不惜跟踪几百公里作进一步的观察研究。正是这样，才使他成为地层学的奠基者。1831年获伦敦地质学会沃拉斯顿奖章。（胡 敏 宣焕灿）

多比松·德瓦赞，J.-F.（D'Aubuisson de Voisins，Jean-François） 法国人，1769年4月19日生于法国图卢兹，1841年8月20日卒于同地。*岩石学、地质学、矿冶工程。*

出身庄园主家庭。1786年入梅斯炮兵学校，1791年授中尉军衔。在西班牙服役6年后离开部队，到德国弗赖贝格矿业学院教数学。1800～1801年跟随A. G. 维尔纳学矿物、地质和采矿课程。1802年回到法国，翌年到矿山工作。1807年升为工程师；1811年为二级主任工程师，不到两月晋升为矿务主任；1828年晋升为一级主任工程师，在此职位上工作30多年。1821年当选为法国科学院院士。

最初信守维尔纳水成学说，认为玄武岩是海水沉淀物，后转向火山成因论。1819年发表普通地质学方面的重要著作，同时在英国、法国和德国出版，影响颇大。1825年后，还研究过矿井通风和水文学方面的问题。（戴成勋）

克拉克，E. D.（Clarke，Edward Daniel）

英国人，1769年6月5日生于英国英格兰萨塞克斯郡威灵顿，1822年3月9日卒于伦敦。*矿物学、地质学、博物学。*

1786年进剑桥大学基督学院，1790年毕业获学士学位。后做家庭教师。1799～1803年结伴远游北欧斯堪的纳维亚半岛诸国、俄国和中东，历时3年，采集到800余块矿物标本，以及植物、种子、古玩等。回到剑桥后被授予法学博士学位。矿物标本为剑桥大学收购。1808年任剑桥大学矿物学教授。后期主要致力于矿物学的教学以及著书。被伦敦地质学会选为荣誉会员。对剑桥哲学会的组建起过积极作用。

所著《游记》(1810～1819年)一书，共分4卷，详细描述和记载了他所到之处的地质、矿物、动植物以及其他事物。另出版《矿物界分类方法》(1807年)等。 (冯祖钧)

佐藤信渊(Satō，Nobuhiro) 日本人，1769年7月18日生于日本羽后(今秋田)，1850年2月17日卒于江户(今东京)。*矿物学、矿冶工程、农学。*

出身于学者世家，他的祖父和父亲都是研究农业管理、经济学和自然科学的学者。是佐藤信季(Satō，Nobusue)之子，研究矿物学、地理学、天文学与测量学。写有多部有关农业、山脉与矿山的著作。曾提出根据山脉形状与蒸发物预测矿石的方法，提出对金、银、铜、铅、锡、铁、汞与硫矿石的精炼法，还讨论过矿山管理、矿工保健等问题。 (朱逸农)

洪堡，F. W. H. A. von (Humboldt，Friedrich Wilhelm Heinrich Alexander von) 德国人，1769年9月14日生于普鲁士(今德国)柏林附近的斯洛斯·泰格尔，1859年5月6日卒于同地。*自然地理学、气候学、博物学、天文学、地理探险。*

父亲是少校军衔的普鲁士贵族。幼时由家庭教师培养，对大自然有强烈的好奇心。1787～1792年，先后在奥德河畔法兰克福大学、格丁根大学、汉堡商学院和弗赖贝格矿业学院学习经济、地质和采矿。在此期间，写出了关于博物学的处女作。1792年3月毕业后在普鲁士矿业局任职，1793～1797年任高级矿务师。发明安全灯和井下援救器械，创办培训矿工的职业学校。1791年从弗赖堡出发，经奥地利、波兰等地作考察旅行。1795年到瑞士、法国境内的阿尔卑斯山考察植物的高山效应、地磁和矿产资源。

1798年10月赴美洲旅行，携带各种仪器，由一位法国植物学家陪同，取道巴黎，经西班牙，于1799年7月到达委内瑞拉。这次艰苦危险的考察活动持续到1804年4月。他们主要靠步行、骑马、乘独木舟，经古巴、哥伦比亚、秘鲁、厄瓜多尔和墨西哥，广泛地研究了所到地区的火山、植物、社会、地理、气候情况，不间断地记录、绘图和测量，搜集了60 000多种植物标本；根据天文观测，绘制了许多过去无人知晓地区的地图，积累了大量关于地磁、气象、地质、海洋、生物和人类学的详细资料。5年后他回到巴黎时名扬欧洲，受到法国科学界的热烈欢迎。回国后，1808～1827年在巴黎用法文陆续出版了长达34卷的旅行记事《新大陆热带地区旅行记》。

1829年在他60岁时，应俄国政府邀请到乌拉尔、西伯利亚和中亚地区考察，行程14 000千米，后来写了《中亚细亚的山脉与气候》一书。

终生未娶。除了担负政府指派的短期外交任务之外，毕生从事科学研究和科学普及，善于作多种学科的综合比较研究，从差异中见到统一。由于在建立自然史、气候学和发展地磁学、地理学、植物学、地质学等学科方面的长期研究和多方面的贡献，在当时被人称为“科学之王”。

在发表的大量论文中，发展了作为一门独立学科的气候学；建立了植物地理学和山地形态学的分区理论；详细说明植被模型，论述了高原、峡谷、山峰的平均高度和平均温度的关系；在气象学中提出了等温线的概念。在天文学中，对流星的研究和对南天恒星的光度测定取得了令人满意的成果。首先注意到北极光出现时地磁强度明显减弱；提出关于声音在夜间增强的“洪堡效应”。晚年，整理校订了自己的自然科学著作，出版了受人欢迎的著作《自然概览》(1849年)和《宇宙》(5卷，1845～1862年)。《宇宙》一书是他一生的心愿，从1827年开始构思，20年后前两卷出版，描述从星系到生物演化的自然史。在第五卷完成之前去世。该书共引证了9000个资料来源，对科学史有重要参考价值。此外还著有《植物地理学论文集》(1805年)、《中部亚洲》(3卷，1843年)、《等温线与世界热量分布》、《墨西哥》等。 (张相轮)

李兆洛(Li Zhaoluo) 字申耆，晚号养一老人。中国清代江苏常州府阳湖(今江苏武进)人，生于清乾隆三十四年九月二十四日(1769年10月23日)，卒于清道光二十一年六月八日(1841年7月25日)。*历史地理学、地图学、食品研制、文学。*

幼喜治经史之学。嘉庆十年(1805年)中进士，后授职凤台知县。还随友人任职于广东、扬州等地。晚年主讲于江阴暨阳书院达20年。

对地理学贡献是多方面的。首先是主持编纂了《历代地理志韵编今释》，全书20卷，选录历代正史地志中的有关地名，依韵部排列，编成中国第一部历史地名词典。每一地名下面都有历代建制沿革，成为一部重要的读史工具书。他主持编绘的《大清一统舆地全图》系依据康熙年间的《皇舆全图》和乾隆年间的《内府舆图》编绘而成，因为有实测的地图作根据，所以内容翔实，绘制准确，对扩大《皇舆全图》和《内府舆图》两者的影响，起了重要的作用。另外他以《清舆地图》为底本，编绘了《历代舆地沿革图》。还编有《清地理韵编》2卷。此外，曾用铜和木质制作过天球仪、日月行度仪等。还绘制了星图，分十二宫为十二图，另绘一幅北天拱极星圆图。

另有《养一斋文集》20 卷，《皇朝文典》74 卷，《凤台县志》12 卷，《骈体文钞》31 卷等。（翟忠义）

布隆尼亚，A.（Brongniart，Alexandre） 法国人，1770 年 2 月 5 日生于法国巴黎，1847 年 10 月 7 日卒于同地。*地层学、古生物学、化学、工艺学*。

巴黎著名建筑师 T. 布隆尼亚之子。先后在巴黎矿业学院、巴黎大学医学院学习。当过采矿工程师、矿业学院博物学教授、矿物学教授。1800 年起被拿破仑政府任命为皇家陶瓷厂厂长，直至去世。1815 年被选为法国科学院院士。是法国国家陶瓷工艺博物馆创始人。1823 年当选瑞典皇家科学院外籍院士。

复活了玻璃染色法，开辟了陶瓷化学的研究途径。1800 年出版《爬行类动物自然分类法》，强调比较解剖学的重要性。与 G. 居维叶合作，在巴黎盆地寻找哺乳动物化石年代依据。他们对巴黎地区的地层划分作了许多细致的工作。另有著作《矿物学基础》（1807 年）、《巴黎市郊地质介绍》（1822 年，与他人合著）、《陶瓷制造术》（1842 年）。（王 植）

哈斯勒，F. R.（Hassler，Ferdinand Rudolph） 美国人，1770 年 10 月 7 日生于瑞士阿劳，1843 年 11 月 20 日卒于美国宾夕法尼亚州费城。*大地测量学、地球物理学、计量学*。

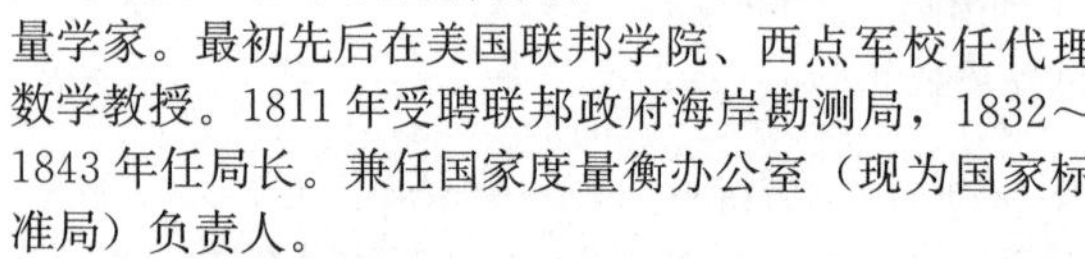

瑞士裔。1805 年移居美国时已是一位学识渊博的测量学家。最初先后在美国联邦学院、西点军校任代理数学教授。1811 年受聘联邦政府海岸勘测局，1832～1843 年任局长。兼任国家度量衡办公室（现为国家标准局）负责人。

当时美国度量衡公、英制并存，他力主在美国推行公制，为创建和维护度量衡的标准化尽了毕生的精力。美国的海岸线勘测一直没有受到重视，他于 1816 年引进欧洲勘测仪器，勘测工作才真正进行。继续勘测并将业务扩展到地球物理领域，如地磁和潮汐的观测。对于他早期在美国科学界传输欧洲的科学技术及推行科学度量衡制的功绩，在《美国移民后裔传记》一书中给予极高评价。出版有《宇宙体系》（2 卷，1828 年）等著作。（曹念祥）

霍夫，K. E. A. von（Hoff，Karl Ernst Adolf von） 德国人，1771 年 11 月 1 日生于德国哥达，1837 年 5 月 24 日卒于同地。*地质学、地理学、博物学*。

1788 年进耶拿大学读法律、外交和历史，后在格丁根大学学习物理学和地质学。1791 年被哥达公爵任命为外交官，1832 年任哥达公国皇家科学与艺术收藏馆馆长。先后获 15 个科学学会的名誉会员称号。

哥达虽小，却是一座文化城，科学文教事业发达。他工作之余钻研地质和矿物，并利用公差顺道调查地质，访问地质学者，通过自学努力，成为地质学家。1801 年开始发表地区性的地质论文。起初是水成论者，后来根据野外实际观察，反对当时认为玄武岩是水成的错误观点。19 世纪初，G. 居维叶的“灾变论”广为流传。霍夫根据实际考察，不同意这一观点，提出“现实论”，强调地质变迁中时间因素的重要作用。“现实论”在地质学思想上和方法上都是一次全局性的变革，意义之大，可与 C. 赖尔的“均变论”相比拟。不过，直到赖尔在《地质学原理》书中予以介绍后，“现实论”才为地质界所接受。

主要著作有：《法国大革命之前的德国领土》（2 卷，1801～1805 年）、《地球表面自然变迁的历史证明》（5 卷，1822～1841 年）等。（刘 汉）

布罗基，G. B.（Brocchi，Giovanni Battista） 意大利人，1772 年 2 月 18 日生于意大利巴萨诺，1826 年 9 月 25 日卒于苏丹喀土穆。*矿物学、地质学、古生物学、地层学*。

自幼对古玩和博物学感兴趣。父亲送他去帕多瓦大学学法律，但他宁愿到植物园去听植物学报告。父亲去世后，他去罗马集中学习艺术史和历史古迹 6 个月。回到家乡后，致力于但丁作品的研究工作达 2 年之久。1802 年任布雷西亚学院植物学教授。同年兼任米兰矿山检察员，因此历游了意大利、埃及等地，观察自然现象、采集各种矿物和植物标本。1826 年在苏丹患疟疾去世。

身前出版《矿物学》（1808 年）、《罗马的自然状态》（1820 年）等 5 部著作，发表 70 多篇文章，题材广泛涉及从古玩、地质学到动物学。他的《外亚平宁介壳类化石》（2 卷，1814 年）一书中的古生物种属，曾为赖尔引用。他的采集品大部来自上新世地层，实际上后来也成为赖尔建立上新世的根据之一。1811～1812 年目睹维苏威火山的喷发，从此就埋头于火山岩的研究。专门研究了凝灰岩，认为罗马和那不勒斯周围的灰层是海底沉积物。（王 植）

布罗尚·德维利耶，A.-J.-F.-M.（Brochant de Villiers，André-Jean-François-Marie） 法国人，1772 年 8 月 6 日生于法国芒特附近的维利耶尔，1840 年 5 月 16 日卒于巴黎。*地质学、矿物学*。

1791～1793 年在德国弗赖贝格矿业学院学习。1794 年入新建成的矿业学院学习。1800 年在矿业事务所任工程师。1801 年任矿业杂志主编。1804 年起任矿业学院地质学和矿物学教授，直到 1815 年该校迁往巴黎为止。后来成为法国科学院院士、法国国家矿业总监。

主要贡献是编绘法国地质图。1835 年出版《法国地质全图说明》一书。与同事们合编的《法国地质图》，直到他去世一年后的 1841 年才出版。（王 植）

莫斯，F.（Mohs，Friedrich） 德国人，1773年1月29日生于德国安哈尔特-贝恩堡，1839年9月29日卒于意大利蒂罗尔附近。*矿物学、晶体学、地质学。*

早年就对自然科学产生浓厚兴趣。1797年入哈雷大学。1798年转入弗赖贝格矿业学院，随著名地质学家A. G. 维尔纳学习矿物学。1801年任矿山领班。1802年移居奥地利斯泰利亚，为一银行家鉴定矿石收藏。先后担任约翰纽姆博物馆、格拉茨技术大学、弗赖贝格学院等的矿物学教授，1826年任维也纳大学教授。1839年在意大利南部火山地区巡视途中去世。

主要贡献是在1812年提出矿物硬度等级划分——莫斯硬度表：滑石1，石膏2，方解石3，萤石4，磷灰石5，长石6，石英7，黄玉8，刚玉9，金刚石10。1822～1824年，又根据矿物外部几何特征，独立地提出4类晶系：六方晶系，四方晶系，斜方晶系，等轴晶系。后来又提出有晶轴互不垂直的晶系，发展了单斜晶系和三斜晶系。 （邱凤昌）

韦伯斯特，T.（Webster，Thomas） 英国人，1773年生于苏格兰奥克尼群岛，1844年12月26日卒于伦敦。*地层学、第三纪地质学、建筑学。*

早年在阿伯丁郡受教育，不久移居伦敦。在伦敦大学学习建筑学和农学。毕业后，曾在英国和法国开业做建筑师。1779年任英国皇家建筑学会秘书长。1812～1826年任英国地质学会图书馆长，1819～1827年任常务秘书长。1827年在伦敦大学任教，1841年升任第一个地质学教授。

在地质学上，主要研究英国南部上侏罗纪、白垩纪和第三纪的地层。他描述了英国南部第三纪的地质现象，特别是怀特岛上渐新统的地质状况。他区别海相和湖泊相地层，并且将所有这些第三纪地层与巴黎盆地的地层进行对比。他编绘了怀特岛和波特兰“岛”的地质图，这可以说是英国最早的比例尺较大、精度较高的地质图。 （王 植）

麦卡洛克，J.（MacCulloch，John） 英国人，1773年10月6日生于海峡群岛，1835年8月20日卒于英格兰康沃尔郡。*大地测量学、岩石学、地质学。*

1793年获爱丁堡大学医学博士学位。在样期间受一位博物学教授的影响，对地质学感兴趣。起初在皇家炮兵团当外科军医，后在军械局当化验师。1814年被军械局任命为地质师，派去苏格兰进行三角测量。1826年又受命编制苏格兰地质图。1826～1832年，每年夏天都去苏格兰作地质调查。1835年因车祸不幸身亡。

编绘的第一张苏格兰大比例尺地质图，在他死后一年才出版。重要著作有《苏格兰西部岛屿风土》(1819年)、《岩石地质分类》(1821年)等。他的工作增进了人们对苏格兰各种岩石的认识。 （王 植）

布赫，C. L. von（Buch，Christian Leopold von） 德国人，1774年4月25日生于德国斯托尔珀，1853年3月4日卒于柏林。*岩石学、火山学、地质学。*

1790～1793年在弗赖贝格矿业学院跟A. G. 维尔纳学习，与同学A. von洪堡相交莫逆。后又去哈雷和格丁根两所大学深造。1796年任普鲁士矿业局矿山稽查员。1806年成为柏林科学院院士。还是巴黎、伦敦、维也纳等地学会的会员。他野外考察一生，终身未娶。

在玄武岩成因上，起初信奉维尔纳的水成论，后来成了火成论的积极提倡者。在沃弗涅山脉考察时，观察到在火山底层一带常喷发出熔岩，于是在1825年提出火山隆起理论。1824年出版德国当时最有名的地质图。1839年出版《德国侏罗纪》一书。 （王 植）

弗赖斯勒本，J. K.（Freiesleben，Johann Karl） 德国人，1774年6月14日生于德国萨克森的弗顿堡，1846年3月20日卒于同地。*构造地质学、矿物学、矿冶工程。*

出身矿工家庭。中学时曾在矿井里当矿工。1790年进入弗赖贝格矿业学院，是著名地质学家A. G. 维尔纳的高足。1817年获马尔堡大学博士学位。1800年任艾斯莱本铜矿和银矿的矿长。1808年回弗赖贝格参加矿山局工作，管理采矿及冶金。1828年成为普鲁士柏林科学院院士。1838年被任命主管所有萨克森公国采矿机构。1846年因公出差，病卒于途中。

撰写了《哈尔茨山脉》(2卷，1795年）一书，阐述了他对矿物学和采矿学的见解。另一部重要著作《含铜页岩的认识》（1829年），是描述德国中部二叠纪含铜页岩及有关岩层的经典著作。1820年开始出版由许多卷组成的《萨克森地方志》(4卷，1845～1848年)。这是萨克森地区矿物形成和采矿的重要资料，书中最重要的是关于萨克森矿脉的阐述。此外有《地质构造学》(6卷，1807～1815年)。 （刘漱勤）

詹姆森，R.（Jameson，Robert） 英国人，1774年7月11日生于英国苏格兰利斯，1854年4月19日卒于苏格兰爱丁堡。*地质学、博物学、科学传播。*

肥皂制造商之子。早年跟一位外科医生当学徒。1792～1793年在爱丁堡大学听医学、植物学、化学和博物学等课程。后来醉心于地质学研究。1804年任爱丁堡大学博物学教授，为期长达50年。期间，创办《爱丁堡哲学》杂志，撰稿人多为科学界名流；为学校收集到74 000余份动物、矿物和地质标本，数量之巨仅次于大英博物馆，在他去世不久，易名为皇家苏格兰博物馆。

早期信奉A. G. 维尔纳的水成学说，并为宣传这一理论写了不少书和文章。他后来放弃水成学说，接受了玄武岩是火山作用形成的观点。主要著作有《设得兰群岛和阿伦的矿物学》（1798年)、《苏格兰岛屿的矿物学》（1800年)、《矿物学体系》（1804年)、《地质构造学基础》（1809年)、《矿物学手册》（1821年）和《古今非洲探险与发现记》（1830年，与他人

合著)。 (冯祖钧)

菲利普斯，W.(Phillips, William) 英国人，1775年5月10日生于英国伦敦，1828年4月2日卒于同地。*矿物学、地层学、地质学。*

早年继承父业，在伦敦经管书店及印刷业，业余努力学习自然科学，对地质学尤感兴趣。是伦敦地质学会（1807年成立）创建人之一。1827年被选为英国皇家学会会员。

1825年，发现沸石族一种晶体，并以自己的姓氏将其命名为“phillipsite”（钙十字沸石）。曾发表27篇矿物学论文，出版3本被许多学校广为采用的标准教科书，其中2本是矿物学，1本是地层学。毕生最有影响的著作是有关英格兰和威尔士地层的论著。起初作为英国地质学纲要的形式出现，后与W. D. 科尼比尔合作，增订出版为《英格兰和威尔士的地质概要》(1822年)，内容结合他本人一些野外调查成果，深受读者欢迎，对英国地质学发展有很大影响。在差不多一个世纪后的第11版《大英百科全书》(1910年)中，还给该书以很高评价。 (刘 汉)

特罗斯特，G.(Troost, Gerard) 美国人，1776年3月15日生于荷兰塞尔托亨博斯，1850年8月14日卒于美国田纳西州纳什维尔。*地质学、矿物学、古生物学、博物学。*

荷兰裔。曾获荷兰阿森那姆大学药学硕士学位、莱顿大学医学博士学位。从未行过医。1807年到巴黎矿业学院学习矿物学和晶体学。1809年随荷兰探险队到爪哇考察。1810年辗转到美国，后成为美国公民。谦虚而博学，熟悉多种语言，是1812年创建费城科学院7位创始人之一，出任首任院长。1828年任纳什维尔大学地质学和矿物学教授。1831～1850年在田纳西州任地质学家。

对田纳西州的矿产资源调查有贡献，也是美国最早的地层工作者之一。对科学的最大贡献，还在于他的地质勘探方法的创新。在纳什维尔将自己收藏的大量矿物、岩石、化石、贝壳类、印第安古物等陈列在私人陈列馆中，供人参观。该馆是当地最好的博物馆之一。去世前一月，撰写了《田纳西海百合化石》一书，直至1909年经后人修改和补充后才出版。此外，他发现和描述了若干新物种，其中一种水腹蛇和一种海龟以他命名；一种新泽西州的淡红色水晶（troostite）也以他命名。 (胡 敏)

伊顿，A.(Eaton, Amos) 美国人，1776年5月17日生于美国纽约州查塔姆，1842年5月10日卒于纽约州特洛伊。*地质学、植物学。*

1799年毕业于威廉斯学院。同年入读纽约市立学院法学专业，1802～1810年在纽约州卡特斯基尔市开业做律师，在土地诉讼中被认为制造伪证而坐牢5年，期间研究植物学和地质学。40岁出狱后转向科学研究。先上耶鲁学院一年，然后回威廉斯学院讲授动植物和地质学课程。发起建立了特洛伊博物学研究院。1824年参与创办伦塞勒学院，任地质学和植物学教授至去世。

1817年起在纽约州进行地质与农业、水利关系考察并为开辟伊利运河向州立法机构作了系列地质介绍，1820年出版《纽约州首府奥尔巴尼地质勘查记》一书。由于对纽约州所做的地质调查工作，赢得了美国地质学界的承认，以致19世纪20年代被称为美国地质学中的“伊顿时代”。对植物学也有相当的研究，曾出版过《北方各州植物学大全》(1817年)一书。 (冯祖钧)

科尔迪埃，P.-L.-A.(Cordier, Pierre-Louis-Antoine) 法国人，1777年3月31日生于法国阿布维尔，1861年3月30日卒于巴黎。*地质学、矿物学、矿冶工程。*

毕业于巴黎矿业学院。1797年任工程师。1797年随D. 多洛米厄考察阿尔卑斯山脉。1798～1799年参加拿破仑远征军去埃及，以科学家身份考察了尼罗河谷。1809年任总工程师。1839年册封为贵族。1819～1861年任巴黎自然博物馆地质学教授，期间三度出任馆长。1822年成为法国科学院院士，是法国地质学会创始人之一。1830年起任法国矿业委员会主席30年之久。

被誉为法国矿业特别是煤矿业地质、工程技术、经济分析研究方面的先驱，对法国的铁路、航海以及公路的建设起过重要作用。最早开始用偏光显微镜研究岩石的矿物组成。1816年出版专著，对采自活火山、死火山、以及火山地区的火山岩进行细致研究并得出结论，认为现代和古代不同熔岩之间的差别仅是内部结构的微小变动，成因有争议的熔岩在结构上和矿物成分上与现代熔岩极为相似。这一研究成果为解决火成论与水成论之间的玄武岩之争迈出了重要一步。由于他的努力和指导，法国巴黎自然博物馆藏品从1819年的1500件扩展至1861年的20万件。在他有生之年，进行了51次地质考察。时至1844年，他已将岩石分为337种。根据资料，推断出地壳自表面向下的温度每隔30～40米增加摄氏1度。矿物堇青石(cordierite)是以他的姓氏命名的。 (冯祖钧)

凯特，H.(Kater, Henry) 英国人，1777年4月16日生于英国布里斯托尔，1835年4月26日卒于伦敦。*大地测量学、地球物理学、天文学、仪器研制。*

德国人后裔。出身面包师家庭。先学法律，1794年因父去世辍学从军去印度，升为陆军中尉。在印度初次接触大地测量工作。1808年到桑赫斯特皇家军事学院学习。1814年退伍，以半薪养老金专致于科学研究。1815年被选为英国皇家学会会员，后任学会理事会副主席。1826年当选为瑞典皇家科学院外籍院士。

最重要的科学贡献是改进了测量仪器，使测量数据更加精确，并使度量衡标准化。1817年由于单摆试验，获英国皇家学会最高奖科普利奖章。他所设计的单摆被称为“凯特单摆”，它可以在指定条件下更精确地确定摆动周期为1秒的单摆的摆长，从而得到重力加速度的精确值，并可估计出地球的扁率。他还改进过天文望远镜。1821年发现月球上存在火山活动。1831年获英国皇家天文学会金质奖章。（冯祖钧）

罗斯，J.（Ross，Sir John） 英国人，1777年6月24日生于英国苏格兰威格敦郡斯特仑勒尔，1856年8月30日卒于伦敦。地理学、地理探险、航海学。

牧师之子。1786年9岁已在英国皇家海军舰船上当实习员，先后在地中海、英吉利海峡服役。1808年任瑞典海军舰长，1812年任海军中校，1851年以海军少将军衔退伍。1833年瑞典封爵，1834年英国封爵。

为了寻找通往太平洋的西北航道，罗斯3次率领英国探险队赴北极航海考察。1818年4月，奉命率领探险队乘“伊莎贝拉”号、“亚历山大”号军舰从伦敦出发。船队记录了途中大量有关洋流、潮汐、冰况、气象和地磁等信息，收集各种标本。在巴芬湾详细考察格陵兰岛西岸，彻底修正原有地图的海岸线轮廓。至北纬76°54′后向南航行，8月进入兰开斯特海峡。在此地，重新检验了200年前英国探险家W. 巴芬作过的各种观测，但没有比前人航行得更远。在海峡尽头出现了清晰可见的起伏山峦，其实这是海市蜃楼，它使罗斯误认为进了海湾。他将“所见”的群山取名为“克罗克山”，不顾手下人反对便返航伦敦。1819年他出版了航海记事，披露了船队内部分歧，再次引发关于克罗克山是否存在的激烈争议。

1829～1833年，第二次率队去北极考察。他终于承认自己在“克罗克山”问题上可能有误判，在挚友F. 布斯（Felix Booth）的大力资助下，决心再续未竟的事业。1829年5月，罗斯一行22人乘着新开发的明轮蒸汽船启航。顺利通过兰开斯特海峡，发现了布西亚湾、布西亚半岛和威廉王岛。船至从未考察过的摄政王湾，被浮冰包围和撞坏。期间在当地因纽特人帮助下，登陆勘察和测绘西部和北部区域；调查访问因纽特社会；1831年罗斯侄子J. C. 罗斯在布西亚半岛发现磁北极（北纬70°05′17″，西经96°46′45″）。1832年罗斯和船员被迫弃船，步行至7年前帕里探险队“复仇女神”号残骸处驻营。一年后海冰开冻，乘该船尚存的大艇随流漂泊，终被“伊莎贝拉”号救起。这次探险历时4年，失踪3个队员，获得大量第一手资料。感人的经历、丰硕的成果，也使罗斯获得了久盼的声望。

1850～1851年，进行第三次、也是他最后一次北极航行。主要目的是寻找上次失踪的3位队友，可惜未能如愿。

主要著作有《探寻西北航道的航海发现》（2卷，1819年初版；1820年德文版）、《第二次探寻西北航道的航海记事（1829～1833年》（1835年）；主编有《海军将领德·索马里兹勋爵通信与回忆录》（1838年）。获英国皇家地理学会、法国地理学会的金质奖章，1833年瑞典北极星勋章等。（李啸虎）

布兰德斯，H. W.（Brandes，Heinrich Wilhelm） 德国人，1777年7月27日生于德国库克斯港附近格罗登，1834年5月17日卒于莱比锡。气象学、天文学、物理学、数学。

新教牧师之子，儿子中排行第三。1796年入格丁根大学攻读自然科学，1800年获理学博士学位。毕业后短期任家庭教师。1801～1811年任奥登堡公爵领地威悉河水利工程首席设计师。1811年任新建布雷斯劳大学数学教授。1826年任莱比锡大学物理学教授。

近代气象学奠基者之一。在1820年出版的《气象学论文集》中，公布了气象学发展史上第一批天气图。1817～1820年，他在跟踪记录大气等压线和风向的基础上首次手绘了这些天气图，因此被科学界公认为是近代气象学的一位奠基者。据认为，他还是飓风气旋路径的发现者。和其他德国同事共同创建了当时的气象服务中心。学术活动领域颇为广泛。在数学上，他编写过相当数量的数学教材，其中有《分析法预备教程》、《高等解析几何教程》（2卷，1824年）等；1824年发展了一种计算欧拉常数的新方法。其他著作还有《试测定流星的距离、速度和轨迹》（1800年，与他人合著）和《天文学主要理论：给一位友人的信札》（4卷，1811～1816年）、《关于彗星理论探讨的论文集》（1812年）、《物理学辞典》（4卷，1827年，与他人合著）等。（李啸虎）

格里诺，G. B.（Greenough，George Bellas）

英国人，1778年1月18日生于英国伦敦，1855年4月2日卒于意大利那不勒斯。岩石学、地质学、地质学史。

律师之子。6岁丧父。10岁入伊顿学院学习。1795年入剑桥大学学习3年。德国格丁根大学学法律，由于听博物学方面的课而转向终生致力于地质学。1801年返回英国。后考察法国、意大利和爱尔兰的地质状况。1803年～1819年在英军服役，任陆军中尉。1807～1812年任英国下议院议员。是19世纪初期成立的伦敦地质学会的创建人之一，并任首届会长，以后又两次当选为会长。是英国皇家学会会员。1839～1841年任英国皇家地理学会会长。

英国地质学史上水成论与火成论激烈争论之际，他赴苏格兰详细研究玄武岩和花岗岩的野外证据后，既不完全支持火成论，也不完全支持水成论。积极参与编制地质图，1812年献给地质学会9幅勾绘了主要地层界线的英国地质图。1819年出版《地质学主要原理之检讨》，对地质学发展史上出现的各种理论进行述

评。1820年出版《英格兰和威尔士的地质图》(1839年再版，1865年第3版)。 (李冬田)

威瑟姆，H. T. M.（Witham，Henry Thornton Maire） 英国人，1779年生于英国诺森伯兰郡，1844年11月28日卒于约克郡。*地层学、古生物学。*

长期任教于成人教育的爱丁堡机械学院。发起筹建诺森伯兰郡、达勒姆郡和泰恩河畔纽长斯尔的博物学会，曾任副会长。是维尔纳博物学会和爱丁堡皇家学会会员。

英国研究古植物化石内部结构的第一人。1829年底在维尔纳博物学会上宣读论文“古代地球上第一代的植物”。1831年发表论文“在克雷格利思采石场发现的古树”。在古植物的研究中，曾发现鳞木、苛达树、叠层石等一些新属种。最大成就是确定皮塔斯树是古老的裸子植物，而不是维管隐花植物，由此论证在早石炭纪时期裸子植物非常繁荣。出版有《植物化石观察》(1831年)、《植物化石内部结构》(1833年)等。 (刘 汉)

李特尔，C.（Ritter，Carl） 德国人，1779年8月7日生于奎德林堡，1859年9月28日卒于柏林。*人文地理学。*

医生之子，两岁丧父。1792年入读哈雷大学，广修自然科学和文史等课程。1798年起当了15年家庭教师。1814～1819年在格丁根开办学校，首次加授地理学课程。1819年任法兰克福大学历史学教授。1820年起在柏林大学首次开设地理学课程，1825年起先后任编外教授、首任地理学讲座教授直至去世，同时在附近的軍事院校兼课。1821年获柏林大学博士学位。1822年当选为普鲁士柏林科学院院士。1824年当选为法国科学院外籍院士。1828年任柏林地理学会首任会长。1856年出任普鲁士皇家地图学会会长。

近代人文地理学奠基人之一，柏林地理学会创建者。在近代地理学中，首创“地球科学”一词代替A. von洪堡的“地球描述”。最早阐述了人地关系，强调地理学的统一性和综合性，从而奠定了人文地理学的理论基础。他认为，地理学研究对象是地表空间，人是地理研究的核心和顶点；地理学是一门经验科学，其出发点是观察而不是假设；传统划分的洲是最大的自然区域单位；观察法和比较法是研究各种地理现象因果关系的主要方法；自然是人文的基本因素；人地相关存在着一般法则。他还主张地理学与历史学结合，他的演讲“地理科学的历史因素”(1833年)促进了历史地理学的发展。但是他的宗教信仰使他坚持目的论哲学观点，相信地球是由上帝的旨意而设计，以作为他对不能理解事物的哲学解释。在政治上，他坚持反对种族主义和奴隶制度。

1804～1807年出版2卷本《欧洲地理》。1817～1818年出版《地理学》两卷，后在此基础上修订扩展为19卷本巨著《地学通论》(1822～1859年)，副标题为“地球科学与自然和人类历史的关系”。1865年、1881年两次出版英文版。这是一部原打算按洲全面论述地球的著作，对当时已有的各种零散地理资料进行汇编，系统叙述各个区域的自然环境、主要物产、社会习俗，历史事件和探险旅行见闻，最后作出概括性结论。全书因其逝世未能完成，生前仅涉及亚洲和非洲。

为纪念他，后人在德国奎德林堡设立了他的纪念碑；美国加利福尼亚州的李特尔山脉即以他的姓氏命名。 (李啸虎)

别林斯高晋，Ф. Ф.（Беллинсгаузен，Фаддей Фаддеевич；Bellinsgauzen，Thaddeus Rylsky） 俄国人，1779年8月30日生于俄国阿伦斯堡（今爱沙尼亚萨列马岛的金吉谢普），1852年1月25日卒于俄国喀琅施塔得。*海洋学、航海学、地理探险。*

10岁起终身在海军中服役。1839年以后直至去世，一直任喀琅施塔得要塞军事长官。他是1845年成立的俄国地理学会的创始人之一。

1803～1806年参加了“希望”号的环球航行。1819～1821年指挥三桅船“东方”号与指挥“和平”号的拉扎雷夫（Lazarev）同去南极探险，因此名声大振。他们于1819年7月15日出发，1820年1月发现并命名了南桑德韦奇群岛后，于1月27日到了距南极大陆仅约32千米的区域，这是人类对第六大陆的初窥。1821年1月，他们到了此行的最南点（南纬69°53′,西经92°19′)。这次航行共751天，行程达88 495千米，发现了29个岛，一处珊瑚礁，测定了海流情况，并在402米水深范围内测试了海水比重和温度沿水深的变化情况。他所记录的南极气候与现代观测大体一致；还精确地测定了当时的南磁极位置是南纬76°、西经142°30′。这些资料已由高斯于1840年公布。

为纪念他，南极有一个海湾，以及萨哈林岛南部的一海岬，土阿莫土群岛一个岛屿，都用他的名字命名。 (陈良瑞)

伦哈德，K. C. von（Leonhard，Karl Casar von） 德国人，1779年9月12日生于德国哈瑙，1862年1月25日卒于海德堡。*岩石学、矿物学。*

1797年入马尔堡大学，翌年入格丁根大学学习。1818年起任海德堡大学教授。

主要研究岩石的分类。早年随A. G. 维尔纳学习，持水成论观点，后改持火成论观点。1807年出版《矿物学大全》一书，誉满欧洲。1823年出版《岩性特征》，该书是19世纪早期岩石学最完整的著作。1832年出版《玄武岩地层》一书，从玄武岩产状以及与其他岩石的接触关系论证了玄武岩的火山成因。

为了纪念他，后人用他的姓氏命名一种钙铝硅酸盐矿物，即黄浊沸石（leonhardite)。 (王 植)

克利夫兰，P.（Cleaveland，Parker） 美国人，

1780年1月15日生于美国马萨诸塞州罗莱，1858年10月15日卒于缅因州布罗斯威克。*岩石学、矿物学、地质学。*

1799年毕业于哈佛大学。后做数学家教。1805年至去世，任鲍登学院数学教授，兼任该校化学和矿物学讲师，同时在其他学校兼课。

是美国出版的第一部重要矿物学教科书《矿物学与地质学导论》（1816年初版，1856年第3版）的作者，因此被誉为“美国矿物学之父”。该书的理论部分是根据欧洲科学家的论文编写的，带有水成论的偏见，不仅假定玄武岩为水成的，而且岩石分类也照搬A. G. 维尔纳的年代-地层体系。但书中有大量有价值的美国矿物资料。该书的第二版进行了增补，并分为2卷。他重视资料和数据的收集、整理工作，而较少进行科学考察和理论研究。叶钠长石（cleavelandite）是以他的姓氏命名的。（冯祖钧）

菲顿，W. H.（Fitton，William Henry） 英国人，1780年1月生于爱尔兰都柏林，1861年5月13日卒于英国伦敦。*地层学、地质学。*

律师的儿子。1799年毕业于都柏林三一学院。1808年进爱丁堡大学学医。1809年移居伦敦。1812年后，在北汉普顿行医。1816年获剑桥大学医学博士学位。1820年婚后停止行医，转而从事地质学研究。1815年被选为英国皇家学会会员。1816年成为伦敦地质学会会员。1822～1824年任伦敦地质学会秘书长，1827～1829年任该学会会长，1831～1846年任副会长。

最主要的成就，是对地层学尤其是英格兰南部上侏罗和下白垩地层的研究。他的“英格兰东南部上白垩统和牛津阶鲕状岩之间的若干地层问题”一文，被认为是地层学的一篇名著。另有专著《黑斯廷斯及其附近的地质概貌》（1833年）。1852年获伦敦地质学会沃拉斯顿奖章。（黄家柱）

韦斯，C. S.（Weiss，Christian Samuel） 德国人，1780年2月26日生于德国莱比锡，1856年10月1日卒于匈牙利埃格尔。*矿物学、晶体学。*

先在莱比锡大学学医，毕业后改学化学和物理，1800年获该校博士学位。曾在柏林大学M. 克拉帕洛斯（Martin Klaproth）化学实验室工作2年，后又去弗赖贝格矿业学院工作一年。1803～1808年在莱比锡大学任物理学讲师。1805～1806年在奥地利、瑞典和法国作地质考察。1810年起任柏林大学矿物学教授，兼矿物博物馆馆长，直至去世；期间1832～1833年出任校长。

1818年提出以晶面作为晶轴的基础来表示晶体的几何特征，后人称之为“韦斯记法”。还最早对等轴晶系、四方晶系、六方晶系、斜方晶系、单斜晶系及三斜晶系给出定义，晶带和半面像的概念也是他首先提出的。（王 植）

费瑟斯通豪，G. W.（Featherstonhaugh，George William） 英国人，1780年4月9日生于英国伦敦，1866年9月26日卒于法国勒阿弗尔。*地质学、矿床学、地层学。*

是遗腹子，在约克郡的外祖父家受初等和中等教育。21岁起在法国、意大利等欧洲国家旅行。1806年去美国，几年后娶纽约市长的女儿为妻，1826年返回英国。翌年被选为伦敦地质学会理事。1828年再次去美国。1835年被选为英国皇家学会会员。1838年曾数次任加拿大与美国边界问题谈判的英国外交官。1844年起长期担任英国驻法国勒阿弗尔的领事。1831年在美国创办《美国地质学和自然科学》月刊，并自任主编。

1826年返回英国后，向著名地质学家W. 史密斯学习识别地层及其所含化石。1827年在巴黎结识了G. 居维叶等著名学者，并在法国研究了巴黎盆地的第三系。1834年受美国政府之聘，考察了阿肯色州北部和密苏里州南部的欧扎克山的矿产和地质。1837年考察了伊利诺伊州的铝矿、密苏里州的铁矿、佐治亚州和卡洛林那州西部的金矿等各种矿床。（胡 敏）

贝蒂埃，P.（Berthier，Pierre） 法国人，1782年7月3日生于法国内穆尔，1861年8月24日卒于巴黎。*矿床学、采矿工程、农业化学。*

早年在巴黎综合工科学校学习，后又去巴黎矿业学院深造。1806年到矿产局新建的中心实验室工作。1816年任巴黎矿业学院化学分析教授和实验室主任，1848年退休。退休后仍主持实验室工作。1851年因车祸致残。1825年成为法国科学院院士。1828年获法国荣誉军团勋位。

发表有关化学分析和采矿工程的论文150多篇。分析高岭土；研究出寻找农用磷酸盐矿的方法；研究了几十个矿床，发现了几个新矿种，如铝土矿和辉锑铁矿；还对植物的化学组成作过研究。1859年获法国农学学会的大金质奖章。（王 植）

维德，M. Z.（Wied，Maximilian Zu） 又称A. P. 马克西米利安（Alexander Philip Maxmilian）。德国人，1782年9月23日生于德国新维德，1867年2月3日卒于同地。*自然地理学、人类学、动物学、地理探险。*

父亲是普鲁士王国科布伦茨附近一个小公国的统治者。儿时受母亲影响而爱上博物学。1803年曾计划访问美国，因欧洲局势动荡未能成行，在普鲁士军队服役。后退役从事博物学研究。

他曾率领科学考察队两次远征美洲新大陆。第一次在1815～1817年期间，在南美洲考察2年多才返回德国，先后出版了两大部著作介绍考察成果。一部是《巴西纪行（1815～1817年）》（2卷，1820～1821年），书中记载了旅途经历，描述了巴西森林中一些原始印第安人部落的生活方式和风俗习惯，以及当地一些有特色的动植物。该书出版后不久就被译成荷兰文、法文和英文，广为传播。另一部是《巴西的自然地理》（9卷，1825～1833年），全面而详细地介绍了巴西的自然和生态环境的方方面面。

1832年，他第二次率领远征探险队去美国考察，1833年抵达密西西比，1834年夏返回欧洲。这次还特地带去画家、猎人和标本制作师等专业人员，广泛搜集动植物标本和土著原住民资料。当地人尊称他为"马克斯王子"。虽然搜集到的部分资料在一次航行事故中遗失，但还是出版了3部图文并茂的专著。第一部是《北美大陆纪行（1832～1834年）》（2卷，1840～1841年），书中对南、北美洲的印第安人进行了比较，搜集了许多北美洲印第安人的语言资料。第二部是有关北美哺乳动物的著作（1862年）。第三部是有关北美爬行动物的著作（1865年），书中第一次描述了两种北美蛙类和一种红耳龟。在他去世后，动物学界为纪念他，将一种美洲虎猫命名为"维德豹"（Leopardus Wiedii）

（张之沧　李啸虎）

达卢瓦，J. B. J. O.（d'Halloy，Jean Baptiste Julien d'Omalius）　比利时人，1783年2月16日生于比利时列日，1875年1月15日卒于布鲁塞尔。*地层学、矿物学。*

出身望族。早年学习法律和公用事业，又去巴黎大学学习文学和艺术，1803年起改学自然科学。1813～1830年从事行政工作，曾任市长、省长等职。1830年比利时独立，他重返科学界。1848年起又被选为参议员，1851年任副议长。1816年当选为布鲁塞尔科学论院士，1850年任院长。是比利时皇家文理科学院院士，法国科学院外籍院士。

首篇论文"法国北部地质"（1808年）便获盛誉。法国统计局遂请他编制法国地质图。他的前期科学工作主要是地层学和矿物学。时至1813年，他在法国全境和意大利一部分的地质勘查路线长达15500英里（约合25000公里）。由于经济原因，他绘制的法国及周边国家地图直至1822年才发表。在从维尔纳的地层体系过渡到拉贝塞（La Beche）和麦奇生的地层体系中，他起到重要作用。1830年重返地质界后，更多地注意理论方面问题。晚年思想保守，不接受达尔文的物种起源论和赖尔的均变论。

主要著作有《荷兰地质描述》（1828年）、《地质学基础》（1831年）、《地质学导论》（1833年）、《比利时地质》（1842年）、《地质学概要》（1853年）、《人类学基础》（1845年）等。

（刘　汉）

屠能，J. H. von（Thünen，Johann Heinrich von）　德国人，1783年6月24日生于德国奥尔登斯堡，1850年9月22日卒于德国罗斯托克附近梅克伦堡。*经济地理学、农业经济学、数学经济学。*

幼年丧父，后随母亲移居亚德海湾的霍克舍尔，在附近的杰佛上学。16岁时在附近庄园工作。1802年入读汉堡附近的格罗斯-霍特贝克农学院，期间参加德国著名农业经济学家泰尔（A. Thaer）主持的研讨班。1803年，在读了两学期后结婚，并缀学经营向妻弟租赁来的一个农场。1810年在梅克伦堡购置一个庄园进行社会实验，精心经营40年至去世。

一生主要研究农产品运输与农业生产区域的关系问题，被后人誉为农业区位理论之父。传世之作虽唯有3卷《孤立国》（1826～1865年分5次出版，1956年首版英译本），但在多个领域颇有建树。在经济地理学方面，提出世界上第一个农业区位理论模型；在理论经济学方面，是"分配中边缘生产理论"独立发现者；在数学经济学方面，是应用计算技术求解经济学中最大值问题的先驱者。在大学一年级，年仅20岁时已撰写一篇论文，提出了后来"孤立国"农业区位理论的初步设想。1819年写出《孤立国》一书第一卷初稿，经修订于1826年正式出版；第二卷、第三卷都在他身后问世。该书设想：一个孤立城市位于一片肥沃平原的中心，平原四周尽头是荒野，有一条不宜航运的河流。在这一模型中，农业生产的空间组织形式表现为一系列的同心圆地带（后人称为"屠能圈"），而决定因素是空间距离（或表现为运输成本）。中心圈生产集约化程度高，主要为中心城市提供蔬果、鲜花、奶制品之类易腐而不宜长途运输农产品；第二圈是林业带，产品体大量重，也不宜长途运输；第3～5圈是集约化程度递减的谷物种植带，易于储存的较轻农产品生产安排在较远的边缘带；第6圈为粗放的放牧地带。距城市愈远运费愈高，土地的报酬将递减，直到其地租为零。此外，城市附近地价较高，耕种最精细，反之则粗放。此后，他意识到这一模型过于理想化，又作了修正，假设孤立国有一条可通航河道，还存在另一个次级市场中心，平原上土地肥力有地区差异，空间结构更为复杂。

马克思曾评价道："……我向来认为屠能在德国经济学家中几乎是例外，因为独立的客观的研究者在他们中间是十分少见。"（《马克思恩格斯全集》第34卷第143页）在很长时间内，屠能学说并未引起人们的重视。20世纪50年代末以来，随着《孤立国》英译本出现和经济学界对空间结构关系的重视，屠能原理与模型越来越受到学术界和产业界重视。根据他的遗言，墓碑上刻有他求得的自然工资计算公式"$A=\sqrt{ap}$"（a为维持工人生活所必需的产品价值，p为所生产的产品价值）。

（李啸虎）

巴克兰，W.（Buckland，William）　英国人，1784年3月12日生于英国阿克斯明斯特，1856年8月14日卒于艾斯利普。*地质学、古生物学。*

早年在牛津大学学神学。受家庭影响，自幼喜爱博物学。1813年任牛津大学矿物学高级讲师，1818年任地质学高级讲师。1845年任威斯敏斯特区教长。1824～1825年和1840～1841

年曾任两届伦敦地质学会会长。1827～1849年任英国皇家学会理事。

悉心观察地质现象，对于当地的地层进行仔细的分析、对比，寻找各种地质证据，作出灵活生动的解释。后人称这种方法为“英国风格的地质学工作方法”，对英国此后半个世纪的地质工作影响深远。1821年发表了有关阿尔卑斯山脉构造的论文，论证了阿尔卑斯山脉的地层次序与英格兰的相同。1825年发表“金斯克利尔山谷之形成”一文，认为山谷的形成并不像赫顿学派所主张的那样由于简单的侵蚀作用所致，而是上升、破裂、洪流、侵蚀等多个因素共同作用的结果。1822年发表对约克郡基克戴尔洞穴中骨化石的研究成果。1823年又扩充为一篇论文，题为“洪荒纪残留物”，根据鬣狗穴的粪化石和齿骨化石推测欧洲的古地理位置。1829年发表关于鱼龙粪化石的论文，探讨了灭绝属种的内部器官和摄食习惯。他试图把地质学发现同圣经记述相一致，往往显得牵强附会。

有《洪积层的遗迹》（1824年）、《地质学和矿物学与自然神学的关系》（1836年）等著作。1822年获英国皇家学会最高奖科普利奖章。（王　植）

格里菲思，R. J.（Griffith，Sir Richard John）爱尔兰人，1784年9月20日生于爱尔兰都柏林，1878年9月22日卒于同地。*地质学、地图学、古生物学。*

富商之子。早年在爱尔兰皇家炮兵部队服役。1800年到伦敦大学跟化学家W. 尼科尔森学化学和矿物学。毕业于爱丁堡大学。此后到各地的矿区考察与实习。1807年被选为爱丁堡皇家学会成员。1808年为伦敦地质学会会员。1809年回爱尔兰任沼泽调查委员会专员。1812年任皇家爱尔兰矿山总检察员。同年任皇家都柏林学会采矿工程师与地质学教授，对煤田和采煤区进行调查。1822年任多个城市公共建设工程师。1829年任土地勘查部长官。1858年册封准男爵。

在大学期间实习考察时，他首次发现英国最南端的康沃尔有镍、钴矿，当时尚未知其用途。数十年致力于编制爱尔兰地质图。1815年第一张爱尔兰地质图（1英寸比10英里）正式发表，以后多次修订直至1855年。为编此图他曾建议成立了由他领导的疆域部进行地形测量。1829年起，带领100多工作人员走遍了爱尔兰全国进行土地勘查。在编图的过程中，他收集了大量志留纪、泥盆纪及石炭纪化石，对石炭系石灰岩划分成5个群，后来的地质图中仍被应用。

主要著作有：《爱尔兰地质概貌》（1838年）、《爱尔兰山区石灰岩化石述评》（1842年）、《爱尔兰石炭纪石灰岩化石特征概述》（1844年，与他人合著）和《爱尔兰志留纪化石概观》（1846年，与他人合著）等。（李冬田）

汉斯廷，C.（Hansteen，Christopher）挪威人，1784年9月26日生于挪威克里斯蒂安尼亚（今奥斯陆），1873年4月15日卒于同地。*地磁学、观测天文学。*

1802年在哥本哈根大学学习法律。1806年中断法律学业，跟随H. C. 奥斯特学习数学和物理学。毕生研究天文学和物理学。1814年为克里斯蒂安尼亚大学（今奥斯陆大学）应用数学和天文学讲师，1816～1861年任该校教授，1817年任该校乔德蒂克学院院长，1861年以天文台台长之职退休。后继续任《挪威年鉴》主编至1863年。1872年前，长期任挪威政府地图与地籍委员会主席。1818年当选为挪威皇家文理学会会员，1857年当选为挪威皇家文理科学院院士。1822年当选为瑞典皇家科学院外籍院士。

是挪威测量学界很有威望的人物。在科学上的重要成就是关于地磁测量及其理论研究。当时世界上大部分地区的地磁尚未测量出来，为此他于1819年访问了巴黎和伦敦，1821年到挪威卑尔根，1825年途经波的尼亚湾到达芬兰，沿途进行地磁测量。1826年发表了第一张精密的地磁图。1828～1830年他领导一考察队到西伯利亚进行了400多次测量。1815年他建立了挪威第一个天文台，1841年建立地磁台。在天文学方面，最重要的贡献是用简单仪器观测通过子午面内的一颗恒星以量度时间。代表作有《地磁观察》（1865年）等。（马文蔚）

霍纳，L.（Horner，Leonard）英国人，1785年1月17日生于英国苏格兰爱丁堡，1864年3月5日卒于伦敦。*地质学、科学传播。*

爱丁堡纺织业商人的儿子。1804年读完爱丁堡大学后，移居伦敦，随父经商。1808年参加创办不久的伦敦地质学会，曾任该会秘书长、1828年任副会长，1846年任会长。1813年被选为英国皇家学会会员。1827年应聘任新建的伦敦大学学院院长，他把该学院办成英国第一所以自然科学为主的新型学府。1831年因病离职。此后曾任工厂视察员多年。他的长女嫁给著名地质学家C. 赖尔为妻。

他的一生主要是在社会各阶层中促进科学教育的发展，对19世纪科学的进步起到一定作用。在地质学方面，他的观点受数学家兼地质学家J. 普莱费尔的影响很深。早年曾在英格兰做过一些调查工作，晚年在埃及做过研究工作，发表过一些地区性地质论文，但其重要性远不及他在社会上所起的对科学传播的促进作用。（刘　汉）

塞奇威克，A.（Sedgwick，Adam）英国人，1785年3月22日生于英国英格兰约克郡登特，1873年1月27日卒于英格兰剑桥。*地质学。*

1808年毕业于剑桥大学三一学院。1811年获该校文科硕士学位。留校任教，1818年任剑桥大学伍德沃德地质学讲座教授。1829～1831年任伦敦地质学会会长。1830年成为英国皇家学会会员。终身未娶。

长期参加野外地质考察工作，运用自己的数学素养和技能，清晰地分析了成岩作用和低级变质作用。对层理、节理、板状劈理的明确区分，为阐明复杂褶皱区域构造创造了条件。1832年在威尔士北部发现了古老的岩层，建立了当地岩层的顺序，并把最老的含化石岩层命名为寒武系（后来证实其中有一部分并非这一时代的地层）。和R. I. 麦奇生合作，考察了苏格兰的西部和北部，共同研究了德文郡的页岩和砂岩，发现了和老红砂岩相当的地层，并命名为“泥盆系”。1855年出版重要著作《英国古生代岩层划分概要》。1819～1870年在剑桥大学不间断地开设地质学课程达半个多世纪，讲课清晰生动。继承了J. 伍德沃德的地质标本收藏室，并不断扩展，后来成为世界上最好的地质博物馆之一。开始时竭力称赞赖尔的《地质学原理》，但后来对赖尔的“均变说”的含义提出尖锐批评。是著名生物学家达尔文的老师，曾给后者以进行野外地质工作的训练。当达尔文的名著《物种起源》出版时，他年已74岁，对达尔文的进化论思想持反对态度。1850年获伦敦地质学会沃拉斯顿奖章。1863年获英国皇家学会最高奖科普利奖章。

（胡　敏　宣焕灿）

埃斯皮，J. P.（Espy，James Pollard）　美国人，1785年5月9日生于美国宾夕法尼亚州，1860年1月24日卒于俄亥俄州辛辛那提。气象学、大气动力学、仪器研制。

1808年毕业于肯塔基州列克星敦的特兰斯法尼亚大学。同年在马里兰州坎伯兰学院任教。1817年在费城富兰克林学院任教。1824年在海军学院教数学，1834年任该校气象学家，同时在美国哲学学会兼职。1843年受聘为美国政府第一个气象学家。

1825年在费城富兰克林学院开始对气象学发生兴趣。他与别人合作使用等压线、等温线绘制美国和加拿大南部的天气图。1846年史密森研究会成立后，他为之筹建气象观测网、研制气象仪器、制定观测标准化制度、积极培训气象观测人员等。毕生最大成就是在研究气团的热效应时，设计了“云室”，以模拟云的性能，在测量云的干湿的不同绝热冷却率试验中，得出偏离正常数值的结果，指出差异是形成云的过程中及降雨时水气的潜热被释放所致。还指出云内水气凝结释放的潜热过程是由于空气膨胀所引起，以及潜热为持续降水和云上升运动中补充了能量。1866年起在富兰克林学院学报上，陆续发表了有关风暴理论的“向心运动说”、“对流说”和“不断凝结说”，公开对美国气象学家W. C. 雷德菲尔德的风暴理论提出挑战，两人的争论持续达20多年。代表作有《暴风雨哲学》(1841年）等。（曹念祥）

沃尔茨，P. L.（Voltz，Philippe Louis）　法国人，1785年8月15日生于法国斯特拉斯堡，1840年3月30日卒于巴黎。地层学、古生物学、博物学。

曾在巴黎综合工科学校和巴黎矿业学校学习。1814～1836年任斯特拉斯堡矿区总工程师。1836年被任命为法国矿业总监。是米卢兹工程学会会员、伦敦地质学会外籍会员。

1828年发起创建斯特拉斯堡博物馆。对法国东部的地层，特别是三叠纪地层作了详细研究。研究不少软体动物化石，包括箭石属等。代表作有《论箭石属》(1830年）等。一种伏脂杉属裸子植物是以他的名字命名的。

（王　植）

耶格尔，G. F.（Jaeger，Georg Friedrich）
德国人，1785年12月25日生于德国斯图加特，1866年9月10日卒于同地。地层学、古生物学、医学。

法医的幼子。1808年获德国蒂宾根大学医学博士学位。同年去巴黎大学进修一年，由于受G. 居维叶的影响，开始研究骨骼学和骨化石。回国后，在斯图加特开业行医。1817～1856年间就职于皇家自然博物馆，兼任化学、博物学教授。

学识渊博，著述丰硕，主要著作《斯图加特第三纪植物化石》(1827年）和《爬行类化石》(1828年）等都是脍炙人口的杰作，其中迷齿类、两栖类等均属首次描述。发掘和研究了德国施瓦本阿尔卑斯山区的哺乳动物化石点，发现不同地点动物群之间存在着较大的差别。1700～1816年，对斯图加特附近发现的猛犸象及其伴生动物化石均作了描述。还发表了不少短文，为丰富古生物学宝库作出了重要贡献。一生从事科学、医学及博物学的研究，活跃于知名科学团体之中，多次接受各种荣誉，深受同行们的敬佩。

（马玉英）

内克尔，L. -A.（Necker，Louis-Albert；Necker de Saussure）　瑞士人，1786年4月10日生于瑞士日内瓦，1861年11月20日卒于英国苏格兰斯凯岛。地质学、矿物学。

出身瑞士名门望族。早年在日内瓦专科学校学习。1806年去英国爱丁堡大学攻读。1810年回瑞士后，在日内瓦专科学校任矿物学和地质学教授达20余年。1841年后，由于健康原因移居斯凯岛，过隐居生活。

常外出进行地质调查，特别是阿尔卑斯山脉的东西两端。他强调地质学和矿物学的特殊性，采用的方法应不同于其他学科，要重视事物的特征，反对抽象的概念。对矿物的分类，他主张以直观的特征为依据，而不应以化学成分为标准。在地质工作中，特别强调野外观察的重要性。1808年他向伦敦地质学会提供苏格兰全区的第一张地质图。他反对在各类科学间设置人为的界限。通常被认为互不相关的自然现象，他却认为存在内在联系，并努力去寻找这种联系。

主要著作有《苏格兰及其赫布里底斯群岛旅行记》(3卷，1821年)、《作为博物学分支的矿物学》(2卷，1835年)、《阿尔卑斯山脉地质调查》(1841年）等。

（刘　汉）

富兰克林，J.（Franklin，Sir John） 英国人，1786年4月16日生于英国英格兰林肯郡斯皮尔斯比，1847年6月11日卒于加拿大威廉王岛。地理学、航海学、地理探险。

出身乡绅家族，家中12个子女中排行第九。少时在劳斯郡英王爱德华六世文法学校受基础教育。14岁参加皇家海军，先后在“独眼巨人”号、“贝勒罗丰”号等军舰上服役，经历过多次重大历史性海战，其中包括1801年哥本哈根战役、拿破仑战争、1804年马六甲海峡口普洛沃勒战役、1805年特拉法尔加战役，以及新奥尔良战役等。此外参加或主持多次远航探险。1836～1843年任澳大利亚塔斯马尼亚州副州长。1829年获初级爵士勋位，1936年获二级爵士勋位。去世后追授海军少将军衔。

1802年，参加由叔父M. 弗林德斯（Matthew Flinders）船长率领的远征探险队，乘海军“考察者”号勘测了澳大利亚海岸。1818年，参加D. 巴肯（David Buchan）率领的北极探险队，乘“多萝西娅”号军舰从挪威斯匹次卑尔根群岛出发，由于浮冰严重，6个月后被迫返航。

1819～1822年，率领一支远征探险队，探寻去加拿大的北极西北航道，再由陆路从加拿大哈得孙湾向东直至科珀曼河口，测绘加拿大北海岸。由于环境恶劣、食物断供，队员们最后只得以地衣和皮革果腹，富兰克林也由此获得“吃自己靴子的人”的绰号。回英国时，全队20人损失了11人，大都饿死于冰原。

1823年，第三次赴北极考察。率队从加拿大麦肯齐河顺流而下，然后考察了美加交界的波弗特海。由于这次供应有保障，过程顺利得多，结果也更成功。1825～1827年，第四次去加拿大北极区探险，探险队再一次横跨北美大陆到达北冰洋。这次成果颇丰，除了绘制地图，还从收集的标本中整理出版了近10卷《北美洲动物志》（1829～1837年）和近10卷《北美洲植物志》（1833～1840年）。

1845年5月19日上午，富兰克林远征军从英格兰格林海斯港启航，经苏格兰阿伯丁港补充给养，后朝格陵兰方向航行。这次探险队共有129人，由“混沌之子”号（380吨）和“恐怖”号（350吨）两艘最新型蒸汽轮军舰组队，主要任务是继续探寻和测绘加拿大北极地区的西北航道。船上强大的锅炉不仅提供蒸汽动力，而且供应大量的新鲜水；随船物资充裕，还有1000余册藏书和可吃三年的罐头食品。不幸的是，后来发现这些罐头实际上仅能保质数个月，而且易受铅污染。1845年7月26日，是船队最后一次被欧洲航海者看到的日子。当日一条捕鲸船发现他们在加拿大兰开斯特湾冰山附近系泊，后来就神秘失踪了。

启程已有三年，仍然渺无音讯，英国海军部不得不发布搜寻悬赏。20000英镑的巨额赏金引发了一场搜救热潮，最多时有10多艘英、美等国的船只参与。现有证据表明，1845年他们从迪斯科湾到比奇岛（位于德文岛西南角海域），绕着康沃利斯岛转了一圈之后，下行皮尔海峡，在威尔士王子岛和西边的萨默塞特岛、东边的布西亚半岛之间航行。1845～1946年冬天，他们在比奇岛度过。1846年9月被困于威廉王岛冰原，由于两船被浮冰撞坏，永远无法起航了。1850年夏，多艘搜救船在比奇岛会合时，发现了探险队留下的一处墓地。后来在威廉王岛上又发现一份遗留的笔记，从中可知富兰克林在该地病逝的日子，但时至今日，他的坟墓仍然没有找到。为何百余人竟无一人生还？这一直是个悬案。直至20世纪中期，有学者研究称，他们最后都死于肺炎或肺结核、坏血症、以及肉毒和重铅中毒。

从维多利亚时代以来，英国媒体一直把富兰克林及其远征军描绘为民族英雄。他的全身铜像屹立在伦敦和家乡斯皮尔斯比；以富兰克林远征军为素材的文学艺术作品，数量繁多，经久不息。 （李啸虎）

迪佩里，L.-I.（Duperrey，Louis-Isidore） 法国人，1786年10月21日生于法国巴黎，1865年8月25日卒于同地。海洋学、地磁学、航海学、地理探险。

1803年加入法国海军。1809年起从事托斯卡纳沿海水域的水文勘查工作。1817～1825年两次参与或率领法国海军舰只环球考察大西洋和太平洋。1842年入选法国科学院院士，1849年任副院长，1860年任院长。

1817～1820年随路易斯·德·弗雷辛赖特（Louis de Freycinet）率领的“巨蜥”号环球考察时，主管水文工作，取得有关地球形状、地磁的观察资料，绘制了许多海图，因有功而升任舰长。1822～1825年指挥“贝壳”号舰环球考察时，发现了许多未知岛屿；为南太平洋中一些过去了解甚少的区域制出海图（特别是加罗林列岛）；对海流及气象资料进行了研究；积累了地磁场的新数据；还为自然博物馆搜集了大量地质、植物及动物标本。他参与了地球磁赤道的测定。探险队的突出成就是提出了对大西洋和太平洋海流性质的新认识，以及地磁场强度和方向变化的知识。主编有《“贝壳”号环球航行记（1822～1825年）》（8卷，1826～1830年）。 （陈良瑞）

沙彭蒂耶，J. von（Charpentier，Johann von（或Jean de） 德国人，1786年12月8日生于德国萨克森的弗赖贝格，1855年12月12日卒于瑞士贝克斯城。矿物学、冰川学、矿冶工程。

弗赖贝格矿业学院教授的儿子。继承父业进弗赖贝格矿业学院求学，当时该院院长是著名的水成论者A. G. 维尔纳。毕业后到下西里西亚的瓦尔登堡煤矿工作。1808～1813年在比利牛斯半岛经营拜戈铜矿。1813年到瑞士的贝克斯城盐矿任矿长，到任后盐产量剧增。

1823年发表有关比利牛斯半岛地质的研究报告，获法国科学院奖金。1818年瓦尔德巴涅的吉埃特鲁兹冰川溃裂成灾，这促使他研究冰川学。不久他提出了冰河期理论。后人把冰河期理论的提出归功于J. L. R. 阿加西斯，其实阿加西斯是接受和发展了他的思想。（张南海）

普雷沃，L. -C.（Prévost，Louis-Constant） 法国人，1787年6月4日生于法国巴黎，1856年8月14日卒于同地。*地质学、古生物学、火山学。*

早年在巴黎大学学医，后受G. 居维叶的影响转而研究博物学和地质学，1811年获文科和理科双学位。后与人合伙开办纺织厂。1821～1829年任巴黎大学雅典学院地质学教授。1830年法国地质学会成立时，他是创始人之一，并于1834年、1839年和1851年三度担任该会会长。1831年任巴黎大学文理学部地质学教授。1848年当选为法国科学院院士。

1823～1824年同C. 赖尔合作，对比研究了英吉利海峡两岸的第三系和"第二系"（中新代）地层。1827年，他论证了欧洲大陆不存在周期性的海侵，并认为所有在一个单一海湾里形成的地层中可以由于大河的流入而含有淡水化石。还认为，化石不仅可用以指示地质年代，而且在指示生态环境方面也具有重要意义。曾考察过西西里火山，认为火山是喷出物堆积而成。能摆脱正统的水成或火成观点，以事实为验证。在学术观点上，他是赖尔学说的支持者之一。代表作有《第三纪的地质史记录》（1827年）、《自然地理学》（1836年）、《地质年代学》（1845年）等。（杨惠成）

科尼比尔，W. D.（Conybeare，William Daniel） 英国人，1787年6月7日生于英国伦敦，1857年8月12日卒于威尔士兰达夫。*地层学、地质学。*

出身宗教圣职家庭，祖父和父亲都是教区长。1808年获牛津大学基督堂学院文学士学位，3年后获文科硕士学位。1814年选任圣职，同时在布里斯林敦任教。是1822年建立的布里斯托尔哲学学会的创始人之一。1823～1836年任格拉摩根郡萨利教区学校校长。1836～1844年在德文郡任圣职。1845年任威尔士兰达夫教区长。伦敦地质学会的早期会员之一。1832年被选为英国皇家学会会员。是法兰西学院外籍院士。

他是地质学"牛津学派"最积极的早期成员之一。还积极倡导将渐变论与突变论合二而一。与W. 菲利普斯合作，出版《英格兰和威尔士的地质概要》（1822年）一书，对英国的地层研究作出过重要贡献。他认为C. 赖尔解释法国中部河谷侵蚀的成因观点不适于解释泰晤士河以及其他英国河流的河谷形成，并提出应把"洪积期"这种更强的因素考虑进去。还曾就一些相关问题同赖尔等人进行过论战。曾获伦敦地质学会沃拉斯顿奖章。（冯祖钧）

伯当，F. -S.（Beudant，François-Sulpice） 法国人，1787年9月5日生于法国巴黎，1850年12月9日卒于同地。*矿物学、地质学、动物学。*

早年就读于巴黎综合工科学校和高等师范学校。毕业后当过阿维尼翁和马赛的预科学校数学和物理教授。1814年路易十八（Louis XⅧ）任命他为巴黎矿物陈列馆助理主任。1820年任巴黎大学理学院矿物学教授，后兼任该校总督学。

起初对动物学和古生物学感兴趣，研究腔肠动物和软体动物，试图解决淡水软体动物能否在盐水中生活和海水软体动物是否起源于淡水环境的问题。他在编纂布尔农伯爵（Comte de Bournon）收藏的矿物标本目录时，开始致力于矿物学和地质学研究。他研究矿物，特别是用碳酸盐类和其他盐类作实验；发现了矿物结合原理，他称之为"伯当定律"，这是对类质同像的最初认识。主要著作有《匈牙利矿产与地质考察旅行记》（3卷，1822年）、《矿物学基础》（2卷，1830～1832年）等。（王　植　张南海）

理查森，J.（Richardson，Sir John） 英国人，1787年11月5日生于英国苏格兰邓弗里斯，1865年6月5日卒于格拉斯米尔。*地理学、动物学、航海学、地理探险。*

1807年毕业于爱丁堡大学医学院。同年任皇家海军外科医生。1846年封爵。1855年退休定居苏格兰西北湖区。1825年当选为英国皇家学会会员。是1977年诺贝尔物理学奖得主N. F. 莫特的曾祖父。

1819～1822年，随J. 富兰克林率领的科珀曼远征探险队，探寻去加拿大的北极西北航道，考察加拿大西北部北极区科珀曼河。在官方正式出版的探险报告中，他负责主编地质学、植物学和鱼类学方面的考察成果。

1825～1827年，第二次随J. 富兰克林去加拿大北极区探险，再一次横跨北美大陆到达北冰洋。期间1826年，理查森率领分队去北美洲北极圈马更些湾东部地区考察，首次发现1500多千米海岸，其中包括帕里半岛和多尔芬-尤宁海峡等。这次的博物学标本收获巨大，只得分工进行整理和编辑，理查森和W. J. 斯温森（William John Swainson）、J. E. 格雷（John Edward Gray）、W. 柯比（William Kirby）负责主编和撰写近10卷《北美洲动物志》（1829～1837年），另由W. J. 胡克（William Jackson Hooker）负责主编和撰写近10卷《北美洲植物志》（1833～1840年）。

以后他又参加或主持其他几次北极航行。其中1848～1849年，他和J. 雷（John Rae）等人赴加拿大北极区沿海寻找1847年失事的富兰克林探险船。他们由北美洲马更些河口出发，经陆路沿海岸到达布西亚半岛，在加拿大北冰洋近海搜寻未果。两年后出版《北极区远征搜寻记》（1851年）对此作了报道。身后由C. S. 休斯顿主编出版《约翰·理查森北极探险日志》（1984年），详细披露了这次搜寻探险的经历。

他还整理出版与其他几次北极航行有关的博物学、特别是鱼类学的资料，其中有《鱼纲彩色图谱》（1843年）、《大英博物馆无腹鳍鱼类目录》（1856年）、《北极地区》（1861年）等；主编《亚雷尔的英国鱼类博物学》（1860年第2版）。（李啸虎）

索科洛夫，Д. И.（Соколов，Дмитрий Иванович；Sokolov，Dmitry Ivanovich） 俄国人，1788 年生于俄国圣彼得堡，1852 年 12 月 1 日卒于同地。*矿物学、地质学。*

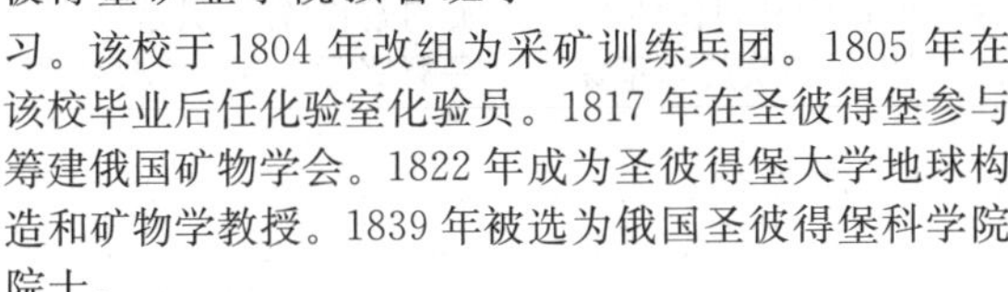

锁匠之子。1796 年进圣彼得堡矿业学院预备班学习。该校于 1804 年改组为采矿训练兵团。1805 年在该校毕业后任化验室化验员。1817 年在圣彼得堡参与筹建俄国矿物学会。1822 年成为圣彼得堡大学地球构造和矿物学教授。1839 年被选为俄国圣彼得堡科学院院士。

他采用新方法处理矿物分类问题。当时原子论的概念还刚刚被承认，他就相信矿物的物理特性取决于矢量原子力，并把化学成分放在第一位，按矿物阳离子进行矿物分类。19 世纪 20 年代后期，他从早期的水成论观点逐渐倾向于火成论观点，很重视地球深部的熔岩和地热作用，试图划分成矿期和成矿省份。认为气成和接触矿床是最重要的成因类型。创议在俄国普遍开展地质测量。1831 年他对地层表的编制总结以及 1839 年重要的修改，都是地质测量方面的重要工作。1839 年出版 3 卷本《地质学教程》，该书对当时所知的地质学各方面都进行了详细叙述。他对赖尔的均变说有一定倾向性，可是并没有持真正均变说的立场。强调地球内部物理化学条件以及古地理表面经常在变化，因而矿物岩石的生成是不均一的。在这一方面他发展了罗蒙诺索夫世界环境不断转变、自然界的有机物和无机物发展过程仍在继续进行的观点。

（胡 敏）

德佩特，J.（Perthes，Jacques Boucher de Crèvecoeur de） 法国人，1788 年 9 月 10 日生于法国阿登省勒泰勒，1868 年 8 月 5 日卒于阿布维尔。*地质学、考古学、人类学、文学。*

海关官员之子。早年作为拿破仑的外交官和海关官员，曾被派驻德国、意大利。1839 年在阿布维尔海关任职。1863 年获法国荣誉军团勋位。

1836 年起悉心研究地质学。利用空余时间有组织地发掘石器时代的文化遗址。约在 1830 年，他在法国北部索姆河谷砾石堆中发现原始人打制的燧石工具。出版《古代凯尔特人》（3 卷，1847 年），首次通过考古挖掘证实在更新世或第四纪早期已有人类存在。1863 年，他又在阿布维尔附近发现古人类颌骨和当时所用的燧石工具。撰写了几本专著，但没有引起当时学术界的重视。英国著名科学家 C. 赖尔等人通过亲临现场考察，肯定了他的工作。

他还是一个多产作家，出版过多部游记，两部小说，以及涉及经济学和慈善事业的一些著作。

（张南海）

萨拜因，E.（Sabine，Sir Edward） 英国人，1788 年 10 月 14 日生于爱尔兰都柏林，1883 年 6 月 26 日卒于英国萨里郡。*地磁学、地球物理学、地理探险。*

毕业于伍尔威治皇家军事学院，是一位炮兵军官。1870 年晋升为大将。一直在英国皇家学会中任要职，1861～1871 年任会长。

受英国皇家学会推荐，1818 年跟随 J. 罗斯（John Ross）探索大西洋西北航道。1819～1820 年参加 W. E. 帕里（William Edward Parry）的北极考察活动。受英国皇家学会委派，1821～1822 年参加环大西洋重力摆测量，以测定地球的真正形状。还参加多次全球性地磁测量。1852 年发现了太阳黑子与地磁暴之间存在的周期性关系。还发现地磁日变是由来自地球内部的和来自地球外部的两部分影响所组成。有著作《论地磁的宇宙特征》（1862 年）等。 （张南海）

拉扎雷夫，M. П.（Лазарев，Михаил Пегрович；Lazarev，Mikhail Petrovich） 俄国人，1788 年 11 月 14 日生于俄国弗拉基米尔，1851 年 4 月 23 日卒于奥地利维也纳。*地理学、航海学、地理探险。*

1799～1803 年在圣彼得堡海军专科学校学习，后自愿去英国当水兵。1808 年后在波罗的海舰船上服役。1843 年晋升为海军上将。是俄国地理学会会员，喀山大学名誉教授。

一生中作了 3 次探险航行。1813 年指挥“苏沃洛夫”号作环球航行，发现了南太平洋上一群珊瑚岛，后命名为“苏沃洛夫环礁”。1819 年指挥单桅帆船“和平”号与别林斯高晋所率的“东方”号同去南极探险。1822~1825 年任护卫艇“克雷赛”号指挥官。在 3 次的环球航行中，他致力于校正航海图，精确测定了岛屿位置和沿海水深。苏联在南极最早的考察站之一和一些山脉岛屿海港等，都以拉扎雷夫命名。

（陈良瑞）

绍伍，J. F.（Schouw，Joakim Frederik） 丹麦人，1789 年 2 月 7 日生于丹麦哥本哈根，1852 年 4 月 28 日卒于同地。*植物地理学、气象学。*

父亲是酒商，他因在家帮忙，无法上学，父亲为他请了一位家庭教师。1804 年受雇为法院办事员。1811 年通过考试获法学学位。有一年冬天他听了植物学家瓦尔（M. Vahl）有关隐花植物的讲座，从此对植物学发生兴趣。1816 年获哥本哈根大学植物学哲学博士学位。1821 年受聘为哥本哈根大学植物地理学特邀教授。1831～1846 年任《丹麦周刊》主编。1832～1840 年任教哥本哈根理工大学。1839 年夏，应邀参加斯堪的纳维亚博物学家哥德堡会议的筹备工作。1841 年任哥本哈根植物园园长，4 年后升为教授。1841 年当选为瑞典皇家科学院外籍院士。1848 年当选丹麦议会议长。

1812 年参加了由挪威植物学家史密斯（C. Smith）率领的植物考察队，到挪威考察植被分带。深受洪堡等人著作的影响。1816 年赴意大利考察阿尔卑斯和亚平宁山脉以及西西里岛的植物，1820年回国。1823年起在丹麦几个城市进行气象观测。代表作《植物地理学》(1823年，德文版)。是著名的《丹麦植物志》第38卷主编。（张南海）

雷德菲尔德，W. C. (Redfield, William Charles) 美国人，1789年3月26日生于美国康涅狄格州米德尔敦，1857年2月12日卒于纽约。气象学、古生物学、地层学。

幼年丧父，迫于生计，跟一位马具匠学艺。1810年他独自经营一个马具作坊。1822年从事水上航运，当时蒸汽机发明不久，锅炉时有爆炸，影响客运。他创造了以蒸汽船拖客船的方法，称为安全船，解除乘客的恐惧心理，航运事业得到了蓬勃发展。当时航运竞争日趋激烈，他又率先投资于刚开始的铁路运输业。这样他成为巨富和交通界的名人。1848年当选为美国科学促进协会首任主席。1839年获耶鲁大学荣誉博士学位。

在气象学和古生物学方面也有卓越贡献。1821年9月21日一次大飓风之后，他从康涅狄格州到马萨诸塞州的旅程中，发现沿途树木被飓风摧残倒下的方向不同，两端倒下的树木方向正好相反。这引起了他的兴趣，推论飓风是一个回旋前进的风暴，围绕一个中心以反时钟方向回旋，并以此中心为轴前进的。9年后，1830年8月发生两次袭击纽约的强大风暴，他又作了详细的观察，坚定了这一推测。1831年在美国《哲学学报》上发表第一篇科学论文“关于北美大西洋沿岸风暴研究”。接着又发表三四篇文章，扼要地说明风暴理论以及如何预防这种巨型灾害性风暴对航海帆船的袭击，受到远航船长的赞扬，使得他立即扬名于大西洋两岸，因此也得到船长们寄来很多有关飓风的资料。从此他不断研究并完善回旋运动理论，他与主张暴风向心运动说的J. P. 埃斯皮及其支持者的争论非常活跃，形成对峙局面达20年之久。这个争论对19世纪开始的风暴研究起了很大的促进作用。

1836年他的儿子约翰发表了一篇在康涅狄格州道尔哈姆砂石场中找到化石鱼的文章，引起了他的重视，也开始收集化石鱼的工作。1838～1856年，他在《美国科学和艺术》杂志、《美国科学促进会会刊》发表了一系列研究成果，成了鱼化石专家。他曾命名了一个属和7个种的三叠纪鱼化石。对鱼的分类和对地层学关系的解释，经后人修正后至今仍得到公认。

1837年，他组织和参与了第一次考察纽约州最高山脉马西山（海拔1629米）的活动。后来V. 科尔文（Verplanck Colvin）将该山脉最高峰命名为雷德菲尔德山。（曹念祥）

曼特尔，G. A. (Mantell, Gideon Algernon) 英国人，1790年2月3日生于英国萨塞克斯郡，1852年11月10日卒于伦敦。地质学、古生物学。

出身于鞋匠家庭。在伦敦大学学医，后来热心于地质学研究。1848年任伦敦地质学会副会长。1825年被选为英国皇家学会会员。

他最初研究白垩纪地层和化石，在古生物学方面也颇有建树。很多化石种属都是他命名的，其中最著名的是海绵。最著名的成就是发现了恐龙化石，并首次给予正确的描述。他在古脊椎动物学方面屡有成果，这与他作为外科医生具有坚实的解剖学知识是分不开的。1849年获英国皇家学会皇家奖章。（冯祖钧）

迪蒙·迪维尔，J. -S. -C. (Dumont d’Urville, Jules-Sébastien-Césa) 法国人，1790年5月23日生于法国贡德，1842年5月8日卒于凡尔赛。海洋地理学、航海学、博物学、地理探险。

贵族家庭出身，6岁丧父，由舅父负责家庭教育。1804年入读卡昂皇家学院。1807年入读布雷斯特海军学院，1812年毕业。同年任海军少尉，在土伦海军基地服役。1819年考察太平洋归来升任海军上尉。1826～1829年、1837～1840年任法国远征探险队队长。1829年升任海军上校。后在巴黎整理和主编科学考察成果及报告，1835年返回土伦海军基地。1840年晋升海军少将。曾任法国地理学会会长。知识广博，掌握多种语言。他和全家人不幸死于法国第一次火车出轨事故。

1822～1825年，参加L. L. I. 杜珀雷（Lieutenant Louis Isidore Duperrey）率领的法国远征探险队，主管标本采集和研究。乘“鸟蛤”号军舰到南太平洋考察航行，途经福克兰群岛、智利和秘鲁沿海，以及太平洋和新西兰、新几内亚、澳大利亚的一些群岛。期间，他和随船医生R. -P. 勒桑（René-Primevère Lesson）收集到大量动植物标本，其中有3 000余种植物（新发现400余种）、1 100余种昆虫（新发现300余种）；他首次发现企鹅新种，用自己妻子阿德莉（Adélie）的姓命名它们。这些标本丰富了巴黎国家自然博物馆，受到法国科学界和社会各界的赞赏。

1826年初至1829年初，率领法国远征探险队乘“星盘”号军舰进行第二次太平洋航行。从土伦港启航，途经澳大利亚南部海岸，重绘新西兰南岛，到达汤加群岛和斐济群岛，首次测绘洛亚蒂群岛（法属新喀里多尼亚一部分）的地形图，考察新几内亚海岸。确定了勒·佩鲁贾（La Pérouse）船长在圣克鲁斯群岛瓦尼科罗岛海域的沉船位置，收集到许多船上遗物。绘制加罗林群岛、马鲁古群岛的部分地图。带回大量动植物和矿物岩石标本。他还首创“马来西亚”、“密克罗尼西亚”和“美拉尼西亚”等地理名词，以别于波利尼西亚岛群文化。

1837～1840年，率领“星盘”号和“热情”号军舰赴南极洲考察。1837年9月7日从土伦启航，在巴西里约热内卢登岸，11月底通过并勘测麦哲伦海峡，沿智利海岸航行后驰向大洋洲。1838年1月1日，船只被浮冰包围，艰难地寻觅无冰通道。到达南奥克尼群岛后，向南设得兰群岛和布兰斯菲尔德海峡进发，发现并草绘路易·菲利浦地（今格雷厄姆地）、若因维利群岛和罗萨默尔岛（今安德松岛）。同年2月底，多数船员患上坏血症，于是停止南下，转向智利中部港市塔尔卡瓦诺。在太平洋时日，不少人得了热带病，沿途停靠波利尼西亚群岛多个港口。1839年12月12日，船队抵达澳大利亚塔斯马尼亚岛霍巴特，得知美国威尔克斯探险队此时正在悉尼港等待南下。1840年1月1日，由于风向有利，迪蒙决定拼死南下。闯过危险的西风带，1月20日船队进入南极圈，不久便发现了陆地。沿着冰川边缘缓慢向西航行，22日晚上，带领船员登上迪穆兰群岛最西北端最高的岩石小岛，升起了法国国旗，将之命名为"地质点群岛"（Pointe Géologie），将远处陆地命名为"阿德莉地"。在随后几天中，沿着海岸向西航行，首次用仪器测定南磁极位置。其时，看到美国威尔克斯探险队"鼠海豚"号纵帆船在雾气中远去。2月1日北回，17天后抵达霍巴特。2月25日，驶向奥克兰群岛，在该地进行地磁测量，留下金属纪念牌以志此行，并宣布发现了南磁极位置。返程途经新西兰托雷斯海峡、东帝汶、留尼汪岛、圣赫勒拿岛，1840年11月6日返回土伦。这是法国最后一次的远航探险。

主编出版《"星盘"号大洋洲科学考察报告集（1826～1829年）》（5卷，1832～1834年）、《奉国王之命乘"星盘"号和"热情"号船去南极洲和大洋洲航行（1837～1840年）》（24卷附7卷地图集，1841～1854年）。为纪念他，南极洲有迪维尔海，新西兰和若因维利群岛都有迪维尔岛，印度尼西亚爪哇岛有迪维尔岬，奥克兰群岛有迪维尔山，巴黎第八区有迪蒙·迪维尔路，法国南极科学考察站也以他命名。获法国地理学会金质奖章。（李啸虎）

帕里，W. E.（Parry，Sir William Edward）英国人，1790年12月19日生于英国英格兰萨默塞特郡巴斯，1855年7月8日卒于德国埃姆斯。*地理探险、航海学、应用天文学。*

医师之子。1803年13岁作为一等志愿者在英吉利海峡舰队旗舰实习。1809年毕业于海军学校。1810～1813年在"亚历山大"号护卫舰任海军上尉，在斯匹次卑尔根群岛鲸鱼渔场执行护渔任务。1813～1817年在英国海军北美天文观测站工作。1821年当选为英国皇家学会会员。同年晋升海军中校，委任为英国海军部水道勘测署代理主任。1829年册封为爵士。同年任澳大利亚农业公司行政长官。1834年任英国海军部蒸汽机署审计官。1846年任海军哈什拉尔医院院长。1852年授予海军少将军衔。1853年任海军格林尼治医院院长直至去世。

1818～1827年，5次去北极区航海探险。1818年参加J. 罗斯（John Ross）船长的北极探险队，乘"亚历山大"号双桅船去北极考察，虽未获新发现，但坚定了探索北极的信心。1819～1825年间，为探寻西北航道，帕里率领"赫克拉"号和"格里珀"号两艘军舰，3次去北极区航海探险。1819～1820年，率领探险队途经巴芬湾、巴罗海峡、里根特海湾、梅尔维尔海峡、麦克卢尔湾和韦林顿海峡，到达西经114°，几乎前所未有地完成从格陵兰到白令海峡一半以上路程；返程在梅尔维尔岛过冬，后返回英格兰。由于首次打破了前人到达西经110°这一记录，获英国国会500英磅奖金。1821～1823年，因天气恶劣，他和探险队不得不在梅尔维尔岛东岸度过两个冬天，考察了爱斯基摩人社会，搜集到大量第一手资料。1824～1825年，再次因天气恶劣而失败，探险队的"复仇女神"号船被迫遗弃。1827年，他率领28人的探险队，带着70天的给养，乘船去斯匹次卑尔根群岛的塞文岛，再从其北岸去北极点。期间有一艘船在里根特海湾遇难。他将"赫克拉"号留在特罗伊恩-帕里湾，登陆乘狗拉雪橇向北极点进发，到达北纬82°45′，创下了人类探索地球最北端的新纪录。近半个世纪后，1876年英国探险家A. H. 马卡姆（Albert Hastings Markham）抵达北纬83°20′26″，才首次刷新帕里探险队纪录。

主要著作有：《夜间航海天文学》（1816年）、《探寻西北航道的航海日志》（1821年）、《第二次航海日志》（1824年）、《第三次航海日志》（1826年）和《尝试驾船去北极的记事》（1828年）等。为纪念帕里，月球上有一陨石坑以他命名。（李啸虎）

施梅林，P. -C.（Schmerling，Philippe-Charles）荷兰与比利时双重国籍，1791年2月24日生于荷兰代尔夫特，1836年11月6日卒于比利时列日。*地层学、古生物学、古人类学、医学。*

祖籍澳大利亚。中学毕业后，在莱顿大学学医2年。1812年去海牙服役，1816年离开军队。1821年迁居列日，继续攻读医学。1825年获莱顿大学医学博士学位。同年起正式行医。是布鲁塞尔皇家科学院院士。

一次偶然的机会而走向研究古生物学的道路。系统地研究了岩洞的底部沉积、人类化石和动物化石，包括一些已绝灭的物种，如猛犸、狼、野猪等，研究它们的地质保存方式、色泽、分布地域等，提出人类化石的埋葬肯定与那些物种的绝灭发生在同一时间，片石和刻骨的出现可以推断这些岩洞人属于"先洪积期"。1829年在著名的昂日岩洞中发掘出2具头骨，一具是儿童的头颅（昂日Ⅰ），属尼安德特人，位于猛犸象齿旁；另一具是成年人的头颅（昂日Ⅱ），属克鲁马农人的变种。以确凿的地层依据对人类化石进行了阐述。以后在比利时列日省和卢森堡公国探测了约60个石灰岩洞。在世时，他的著作未能引起很大的反响，去世后其研究资料已大都遗失，是古生物学一大损失。（马玉英）

布赖陶普特，J. F. A.（Breithaupt，Johann Friedrich August）德国人，1791年5月18日生于德国普罗布斯特采拉，1873年9月22日卒于弗赖贝格。*矿物学、晶体学。*

在耶拿大学于1811年入弗赖贝格矿业学院工作。

起初当助教、宝石检验员，1826年任矿物学教授，1866年退休。

他编纂出版《矿物手册大全》，原计划出4卷，但只出版了3卷（1836年、1846年和1847年）。还出版了《矿物共生次序》（1849年）。他对不同矿物的伴生规律作了全面的研究，强调伴生矿物时间关系的重要性。悉心观察矿物，命名了80多种矿物，其中有47种的命名保留至今，如独居石、金云母、正长石等。主要著作还有《矿石和真实晶体结构》（1815年）、《矿物系统的特征》（1820年）、《矿物学手册》（1841年）等。（王　植）

比肖夫，C. G. C.（Bischof，Carl Gustav Christoph）　德国人，1792年1月18日生于德国纽伦堡附近的沃尔特，1870年11月29日卒于波恩。*地质学、火山学、地球化学、矿冶工程。*

早年受博物学和地质学导师的影响，对自然科学发生兴趣。在埃朗根大学获博士学位。1819年被新成立的波恩大学聘为化学和工艺学教授。

前期在学术上受埃森贝克（N. V. Esenbeck）和戈尔德福斯（Goldfuss）的鼓励，并合作出版过著作和学术论文。1819年出版《化学计算》。最初的兴趣是火山现象，提出热梯度理论，注重研究地质变化过程中伴随的化学变化。在火山成因方面，指出热梯度可以解释火山活动、温泉和地震；由观察到的玄武岩浆的凝聚，提出皱折山脉的成因假说。

1848年出版巨著和成名作《化学和物理地质学》，该书成为地球化学的标准教材。他的工作使地质学的一些分支得益，同时促使运用更为科学的方法，如通过实验模拟来解答地质问题。在岩石和矿藏成因方面，根据实验结果，强调水的作用；对山崩成因也提供过实验证据。

不仅是位有才能的实验家，而且善于将科学知识应用于工艺实践，如促进用廉价的沥滤和烧结方法，从品位很低的矿石回收铜。（蒋尚智）

麦奇生，R. I.（Murchison，Roderick Impey）　一译莫企逊。英国人，1792年2月19日生于英国苏格兰罗斯-克罗马蒂郡，1871年10月22日卒于伦敦。*地层学、地质学。*

出身苏格兰名门世家。4岁丧父。曾就读于大马尔洛军事学院。1808年到军队短期服役，并参加了半岛战争，1815年退役。1816～1818年去意大利游历，以后若干年主要从事打猎。由于一个偶然的机会，对科学产生了兴趣。1824年定居伦敦，并到英国皇家学会听课。在妻子的鼓励下，对地质学产生了兴趣。1825年成为伦敦地质学会会员，1831～1833年和1841～1843年两度当选为会长。1826年被选为英国皇家学会会员。1846年被封为爵士，并成为英国科学促进协会主席。1855年被委任为英国地质调查所所长。1856年任英国皇家煤炭资源报告委员会委员。1863年退休。同时又是英国皇家地理学会的奠基人之一，并任会长多年。

对地质学研究颇有贡献，声名卓著。在其漫长的地质生涯中，地层学一直是他主要感兴趣的领域。他不是一个理论家，然而却是一个优秀的观察家，擅长从浮光掠影之中抓住一个地区的主要特征。曾与C.赖尔共事，理论上颇受其影响。后来在阿尔卑斯山脉考察期间，曾想证明二叠纪与三叠纪地层之间的连续性。但阿尔卑斯山存在大规模褶皱和断层的第一手资料，使他逐渐强调突变因素对于地壳剧烈变动中偶然一幕的作用。

他在威尔士发现一个完整的地层序列，该地区存在从老红色砂岩一直贯穿到过渡地层，含有丰富化石。经过进一步野外工作，将该地层按当地居住的罗曼诺-不列颠的一个部落名称命名为志留系地层。1839年出版专著《志留系》，将志留系动物群特征惊人的一致性归因于志留纪全球气候的一致性。他还意识到了志留系地层发现的巨大经济意义。若志留纪果真早于陆生植被的生长，则在世界任何地方只要认出志留系化石，就能可靠地指出一条基线，在该线以下没有希望找到煤矿。尔后，他与合作者A. 塞奇威克又发现并命名了泥盆系地层，指出该地层位于志留系之上而在石炭系之下。从此在学术界和社交界声誉日增。遗憾的是他也因此墨守成规、固步自封，听不得反面的意见，以致在后来与同事关于寒武系命名及其他一些学术问题的探讨中，固执己见，坚持错误。

重要著作还有《澳洲金矿预测》（1844年）、《俄国地质和乌拉尔山》（1845年）等。1864年获沃拉斯顿奖章。

为纪念他，乌干达境内尼罗河上的麦奇生瀑布，以他的名字命名。（冯祖钧）

范努克塞姆，L.（Vanuxem，Lardner）　美国人，1792年7月23日生于美国宾夕法尼亚州费城，1848年1月25日卒于宾夕法尼亚州布里斯托尔。*地层学、地质学。*

船商之子。早年助父经商。1816～1819年在巴黎矿业学院就学。1819～1826年任美国南卡罗来纳州哥伦比亚学院化学和矿物学教授。后成为专业从事地质勘探的自由职业者。1836～1841年在新建的纽约州地质勘查队担任区域主管。后筹建纽约州博物馆。是费城科学院院士。

曾去墨西哥考察地矿产业。在新泽西州、纽约州及俄亥俄州进行地质勘查，是当时最有野外经验且受过正规训练的地质工作者之一。1842年发表的纽约州第三地质区地质报告，是文字精练、表达准确的典范。一个世纪后，这一报告仍然是纽约州中部地质工作的起点。由于他和其他人的一些工作，纽约州采用的地层划分，长期以来成为美国东部地层划分的标准。通过对大西洋沿岸平原的研究，区分出不同于第三系的

可与欧洲对比的白垩系，在北美洲，这是第一次从地质上进行洲际大陆对比。（胡 敏）

迪弗雷努瓦，O. -P. -A.（Dufrénoy，Ours-Pierre-Armand） 法国人，1792年9月5日生于法国塞纳-瓦兹省塞伦，1857年3月20日卒于巴黎。*地质学、矿物学、高等教育管理。*

出身贫穷的诗人家庭，受过良好的家庭教育。在1810年的高中毕业统考中，获数学头等奖。次年进巴黎综合工科学校。1813年转入矿业学院（当时在萨瓦，后迁巴黎）深造。1818年被任命为矿业工程师。1820年受派遣赴英国学习地质制图方法。1833～1847年当选法国矿业首席工程师。1835年任巴黎矿业学院地质学教授兼院长。也是道路与桥梁学院地质学兼职教授。1852年任法国国会议员。1861年任法国矿业委员会副主席。是法国科学院院士，1853年任终身秘书长。是英国皇家学会外籍会员，柏林科学院、瑞典皇家科学院外籍院士。

他的突出成就是：1841年和埃利·德博蒙特共同绘制发表了法国的第一张近现代地质图。发表过60余篇关于地质学、结晶矿物学、化学矿物学方面的研究报告和论文；代表作有《实用地质学教程》（2卷，1845～1849年）、《关于山系的笔记》（3卷，1852年）、《矿物学论文集》等。作为矿业学院院长，他对课程设置和教学方法作过重大改革。（冯祖钧）

霍普金斯，W.（Hopkins，William） 英国人，1793年2月2日生于英国英格兰诺丁汉郡金斯敦，1866年10月13日卒于剑桥。*地质学、地球物理学、应用数学。*

乡绅之子。早年学过农事。进剑桥大学攻读数学和自然科学，1827年获文学士学位，1830年获文科硕士学位。毕业后成为有名的家庭教师，教授数学，造就一批人才（如开尔文、J. C. 麦克斯韦等）。1833年在威尔士北部旅行后，对地质学发生强烈兴趣。1851年当选为伦敦地质学会会长。1853年当选为英国科学促进协会主席。1837年当选为英国皇家学会会员。因精神崩溃在精神病院去世。

在地质工作中注重用地球自转等运动来解释地质现象；主张理论问题应有明确的数学论证。他的数学模式和建议给当时地质界留下深刻影响。1850年由于他把数学应用到物理学和地质学方面，获得伦敦地质学会的沃拉斯顿奖章。剑桥大学哲学学会以他的名字设立了奖学金。在纯数学方面主要著作有《三角学原理》(1833年)。运用数学论证地质学的工作主要是学术论文，涉及的内容为地壳上升及其对地表断裂的影响、漂砾的运移、地球内部的性质以及气候变化的原因等。此外，对地球内部地质结构的探索，使他成为地球刚性理论最著名的权威之一。（刘 汉）

斯库克拉夫特，H. R.（Schoolcraft，Henry Rowe） 美国人，1793年3月28日生于美国纽约州奥尔巴尼附近吉代尔兰，1864年12月10日卒于华盛顿。*地理学、地质学、矿床学人类学。*

透镜制造商的儿子。15岁起先后进纽约联合学院和米德尔布雷学院学习，尤对地质学和矿物学感兴趣。由于父亲从事玻璃行业，起初打算子从父业，1817年撰写了他的第一篇论文“玻璃学”。在纽约、佛蒙特和新罕布什尔等州的数个玻璃厂工作过。后任密歇根州印第安部落事务官19年之久。他被选入纽约博物学学会和历史学会。是1842年美国人类学会的创建人之一。1846年获日内瓦大学荣誉法学博士学位。

1818年11月至1819年2月，和同伴L. 佩蒂伯恩（Levi Pettibone）一起去探险，从密苏里州的波托西到斯普林菲尔德，顺着白河到达下游的阿肯色，考察了大片地区的地理、地质和矿产。1819年出版《密苏里铅矿展望》一书，查明了当地铅矿的大致分布，终使密苏里州成为美国首屈一指的铅矿产地，从此个人声誉大振。后又出版《密苏里和阿肯色内地旅行记》(1821年)，首次报告了以弓术著称的奥扎克族印第安人的生活，1820年被委派去探查密西西比河源头，著有《密西西比河源头探寻记》（1821年）等。1821年参加政府组织的考察队去伊利诺伊、印第安那和俄亥俄等州。1832年，他又在公务之余勘查了密西西比河源头，才发现前次考察结论有误，真正的源头应在伊塔斯加湖。这是他据拉丁文命名的，意思为“真源头”。该湖附近的密西西比河第一条主要支流，现以他的姓氏命名。1834年出版《密西西比河上游至伊塔斯加湖探险记》。

在任密歇根州印第安事务官的19年中，收集并记录了许多有关印第安部落的资料，尤其是奇普瓦地区的风俗、语言、神话、歌曲和历史。这项工作得到他妻子（北美印第安人一个首领的孙女）的很大帮助。1839年出版2卷本《阿尔吉克语系研究》。1841年回到华盛顿，用十几年时间，将收集的资料汇编成6卷《美国印第安人的历史、地位和前途》（1851～1857年）。（童远瑞 李啸虎）

希契科克，E.（Hitchcock，Edward） 美国人，1793年5月24日生于美国马萨诸塞州迪尔菲尔德，1864年2月27日卒于马萨诸塞州阿默斯特。*地质学、地貌学、岩石学。*

父母笃信教义，家况贫困。半工半读念完迪尔菲尔德学院，后留校任教。1820年曾去耶鲁大学读神学，1821～1825年在马萨诸塞州康韦任牧师。因受地质学家A. 伊顿等人的影响，对博物学产生兴趣。1825～1845年任阿默斯特学院化学和博物学教授，1844～1854年任院长，同时讲授自然神学，直至去世。19世纪30～50年代，还先后兼任过马萨诸塞州、纽约州和佛蒙特州的州地质师。1840年他与其他州地质师共同发起组成美国地质学家协会，即美国科学促进协会的前身。1863年被选为美国国家科学院院士。耶鲁大学、哈佛大学、米德尔伯赖学院先后授予荣誉博士学位。晚年多病，未再进行野外工作。

他的著述内容广泛，涉及科学与宗教的关系、康涅狄格河流域的地貌、古脊椎动物的痕迹、沉积岩的变质等方面，材料多来自任州地质师时所获的第一手资料。主要著作有《基础地质学》(1840年)等。

(刘 汉)

米切尔，E. (Mitchell，Elisha) 美国人，1793年8月19日生于美国康涅狄格州华盛顿，1857年6月27日卒于北卡罗来纳州。*地质学、地理学、博物学。*

出身农场主家庭。早慧，记忆力尤强，自幼热爱自然科学。1813年毕业于耶鲁大学。1816年任耶鲁大学助教。1817年受聘为北卡罗来纳大学数学和自然哲学教授，1825年任该校化学、地质学和矿物学教授，翌年任校长。1857年因测量和核实北卡罗来纳州的黑山高度，不幸滑入瀑布而坠入河里淹死。

赞成《圣经》的创造说，却又承认均变说原理，认为“现在的知识有助于解释过去”。才识广博，擅长地学，著有《地质学原理》。又是应用土壤学和资源保护理论的先驱，还记有丰富的科学笔记。1835年首次测定了密西西比河东岸黑山的高度为海拔2 037米。1842年出版第一幅北卡罗来纳州地图，首次解释了该州的金矿的地质起源。编有博物学、植物学、化学、地质学等内容的学生手册，并在美国《科学》杂志上发表过一些论文。

为纪念他，1881～1882年美国地质勘查署将他测量的黑山更名为米切尔山；1883年北卡罗莱纳科学院创办了伊莱沙·米切尔科学协会及其刊物。(辜晓进)

布埃，A. (Boué，Ami) 奥地利人，1794年3月16日生于德国汉堡，1881年11月21日卒于奥地利沃斯劳。*区域地质学、植物地理学。*

原籍德国。早年在日内瓦和巴黎受基础教育。最初在英国爱丁堡大学学医，后受老师矿物学家R.詹姆森的影响，兴趣转向地质学和植物学。

在苏格兰旅行时考察地质现象，1815年发表论文1817年通过苏格兰植物地理学的论文，获巴黎医学博士学位。1830年参加创建法国地质学会，1835年当选为会长。1830～1831年与人合办《地质学》杂志。1841年定居奥地利维也纳。1849年被选为维也纳科学院院士。记叙和分析在苏格兰片麻岩中找到的结晶红锆石。曾到德国、奥地利、南部欧洲、黎巴嫩和土耳其等国进行地质调查，发表论文多篇。1830～1834年，在《法国地质学会会刊》上编纂国外地质动态书目。1859～1870年，发表一系列关于巴尔干半岛各国地质调查的论文。在巴黎出版《地质学和古生物学研究回忆录》(1832年)和《土耳其地理、地质与博物学》(1840年)等著作。

为纪念他，南极州格雷厄姆地命名有埃米·布埃峰。

(王 植)

魏源 (Wei Yuan) 字默深。中国清代湖南邵阳人，乾隆五十九年三月二十四日(1794年4月23日)生，咸丰七年三月一日(1857年3月26日)卒于杭州东园。*地理学、地图学、历史学、佛学。*

先祖本是江西泰和县人。明初迁居至湖南邵阳金潭。自幼爱读书，9岁应童子试，以“腹内孕乾坤”句震动了主考官。15岁补博士弟子员，20岁中举人。25岁始成进士。后历任东台、兴化、海州等地知县、知州等地方官。晚年弃官归隐，潜心佛学，法名承贯。

重视实践，主张经世致用，认为只有从实践中得来的知识，才是真正的知识；主张社会变革，反对闭关自守；主张面向世界，学习外国的科学技术，提出“师夷制夷”的思想。

受友人林则徐的嘱托，在林则徐组织编译的《四洲志》的基础上，广集资料，大加扩充，编成了《海国图志》一书，1842年初版时50卷，1847年扩为60卷，1852年又增补为100卷，字数达84万字，成为中国第一部系统的世界地理著作。全书内容广博，资料丰富，除地理之外，还广及政治、历史、宗教、科技等方面。书中对西欧资本主义各国介绍尤为详细。还特别重视地图，共收入带有经纬线的全球总图，分洲分国图共74幅，故书名定为《海国图志》。该书把世界分为亚细亚、欧罗巴、利米利亚、亚墨利加、南极五大洲。因南极“地荒无人”，故未画出。这本图文并茂的“图志”，可说是中国采用新法(即用经纬度制图法)绘制的第一部世界地图集。

著述甚丰，另有《元史新编》(1853年)、《书古微》、《诗古微》、《老子本义》、《圣武记》、《净土四经》等作。

(翟忠义)

福奇哈姆，J. G. (Forchhammer，Johan Georg) 丹麦人，1794年7月24日生于丹麦胡苏姆，1865年12月14日卒于哥本哈根。*构造地质学、海洋学、地球化学。*

出身教师家庭。1815年进德国基尔大学，学习物理、化学、药学、数学和矿物学。1819年进哥本哈根大学，1820年获博士学位。赴英国考察，结识道尔顿、沃拉斯顿、赖尔等著名科学家。1821年任哥本哈根大学地质学讲师，1831年任工艺学院化学和矿物学教授，兼实验室主任，1848年任该校地质博物馆馆长，1851年任该院院长。同年任丹麦皇家科学院秘书长。

对海水化学成分的基础研究以及对各种海水取样的盐份含量值测定而获比率常数(后称为福奇哈姆准则)，使他在国际上享有盛名。他研究控制海水沉淀碳酸钙的因素和火山活动对大洋的影响。提出主要沉积旋回的“地球化学平衡问题”。多次主持和参与丹麦地质勘查。因对丹麦地质研究的贡献，赢得“丹麦地质学之父”的称号。他的《丹麦地质构造》（1835 年）一书，是丹麦第一部构造地质学著作。（黄家柱）

施图德尔，B.（Studer，Bernhard） 瑞士人，1794 年 8 月 21 日生于瑞士伯尔尼附近比伦，1887 年 5 月 2 日卒于伯尔尼。*地质学、岩石学。*

父亲曾为伯尔尼学院神学教授。迫于家庭影响，他不得不学习神学，1816 年取得神学博士学位，后在格丁根大学、弗赖堡大学、柏林大学和巴黎大学学习数学与自然科学。1816 年起在伯尔尼学院执教数学、物理学、数学地理学及矿物学。19 世纪 30 年代中期成为刚建立的伯尔尼大学地质学和矿物学教授，直至 1873 年退休。159 年参与创立瑞士地质勘查委员会，兼任首任主席至去世。

对瑞士阿尔卑斯的地质进行了奠基性的研究工作。1825 年出版第一部专著是有关磨拉石方面的，此书因观察精细、表达确切清晰而深受好评。曾多次与埃舍尔（A. Escher）合作写书，还共同绘制了瑞士地质图，配合这一地质图，他还单独出版了《瑞士地质》（2 卷，1851～1853 年）一书，书中首次对瑞士阿尔卑斯地质构造作了综合描述。还著有物理学、机械学、数学和自然地理学等方面的教科书。1879 年获伦敦地质学会沃拉斯顿奖章。（胡 敏）

朗斯代尔，W.（Lonsdale，William） 英国人，1794 年 9 月 9 日生于英国英格兰巴斯，1871 年 11 月 11 日卒于英格兰布里斯托尔。*地层学、地质学、古生物学。*

早年军中服役，征战南北，获得勋章，以陆军中尉衔退伍，后任巴斯方理学院博物馆博物学部名誉主任。1829 年到伦敦地质学会工作，任助理秘书长、图书馆馆长，直至 1842 年因健康原因辞职。

主要研究珊瑚化石。1837 年，根据对德文郡南部石灰岩层化石的研究结果，在石炭纪和志留纪之间建立了泥盆纪。为了表彰他的这一成就，1846 年伦敦地质学会授予他沃拉斯顿奖章。（王 植）

海丁格尔，W. K. R. von（Haidinger，Wilhelm Karl Ritter von） 奥地利人，1795 年 2 月 5 日生于奥地利维也纳，1871 年 3 月 19 日卒于维也纳附近的多恩巴赫。*矿物学、地质学、地球化学、仪器研制。*

矿物学家之子。早年在维也纳的圣安妮师范学校就读。1812 年去格拉茨大学任兰德斯博物馆矿物学教授 F. 莫斯的助教，经常一同去附近矿山进行地质调查。1817 年随其去萨克森公国弗赖贝格矿业学院任教。1822 年访问法国和英国。1823 年迁居爱丁堡，为收藏家阿兰（T. Allan）整理矿物标本，开始发表有关矿物鉴定的论文。1840 年在维也纳任帝国矿物博物馆馆长、矿山视察员。在维也纳科学院赞助下，创建了国家地质调查所，1849 年任首任所长。是维也纳科学院院士，瑞典皇家科学院外籍院士。1865 年封为贵族。

他的第一部著作是莫斯的著名德文教材《矿物学》的英译本（3 卷，1825 年），在该译本中他补充了很多新内容。1827 年前后，他的兴趣转到矿物假象方面。通过对方解石和白云石的转变的研究，提出一个假设，认为含硫酸镁（$MgSO_4$）的盐溶液如渗透到矿物中，将产生交代作用；在高温高压条件下，产生白云石化作用，而在地表条件下，则产生方解石化作用。这一假设为后人实验所证实。他曾设计制成一简单而有效的双色镜，观察矿物的多向色性。还研究了偏振光在透明晶体中的传播。

主要著作有《矿物学入门》（1829 年）、《奥地利地质图》（1847 年）、《科学论文选集》（1847 年）等。（刘 汉）

多布尼，C. G. B.（Daubeny，Charles Giles Bridle） 英国人，1795 年 2 月 11 日生于英国格洛斯特郡斯特拉顿，1867 年 12 月 13 日卒于牛津。*火山学、地质学、植物学、地球化学。*

早年就读于温彻斯特学院及牛津大学马格达伦学院。1815～1818 年在爱丁堡大学学医，同时听 R. 詹姆森的地质学课。1821 年在马格达伦学院获医学博士学位。从医至 1829 年。1822～1855 年任牛津大学化学教授，1834 年任植物学教授。同年当选为英国皇家学会会员，同时还是爱尔兰皇家学会会员和慕尼黑科学院外籍院士。终身未娶。

在化学、地质学和植物学方面都有重要的研究。同时积极参与英国科学促进协会的活动，并参与改变牛津大学忽视自然科学研究的斗争。考察了匈牙利、特兰西瓦尼亚（罗马尼亚中部）、意大利、西西里、法国和德国的地质，尤其是火山地质。在 1826 年的代表性著作《活火山和死火山的描述》中，提出一种火山活动的化学理论，认为火山的活动是由于水渗透到地壳下与可能存在的碱和碱土金属作用的结果。H. 戴维、J. 路易斯（Joseph Louis）和盖-吕萨克也提出过类似的理论，但他是第一个具体提出这一理论并用大量实际现象来支持这个理论的学者。后来在植物学上的研究也是以化学作为基础的。

在革新牛津科学教育中，作了许多演说、写了许多小册子和论文；重新布置和扩充了大学的植物园；自费建造马格达伦实验室；身后将自己搜集的大量科学书籍、仪器和标本都遗赠给学院，并捐献了维修的基金。

主要著作还有：《原子论导论》（1831 年）、《光对植物及植物对气候的作用》（1836 年）、《北美地质概观》（1839 年）、《农业讲演录》（1841 年）等。（计其达）

埃希瓦尔德，K. E. I.（Eichwald，Karl Eduard Ivanovich） 俄国人，1795 年 7 月 4 日生于拉脱维亚米陶（今拉脱维亚热尔加瓦），1876 年 11 月 16

日卒于俄国圣彼得堡。*地质学、古生物学、动物学*。

1814年就读于多尔帕特大学，随即转入柏林大学，攻读医学与自然科学。曾游学欧洲数国。1819年回俄国，在维尔纳大学获硕士学位。行医2年后，1821年任喀山大学动物学编外教授，讲授地质学、矿物学、植物学、动物学等。1826年当选为圣彼得堡科学院通讯院士。1827年任立陶宛维尔纽斯大学动物学和妇产科学教授。1838年任圣彼得大学堡动物学和矿物学教授。

一生中曾先后致力于医学、动物学、植物学、地质学、古生物学、古人类学、人种学和考古学等方面的研究，均有所成就。研究重点则在地质学，尤其是古生物学方面。1829～1831年，发表了有关动物学的3卷集专著，书中对动物作了分类，并给出了比较解剖学、生理学以及古生物学数据。他不仅认识到利用组织相似的准则来对动物进行简单确定的分类，而且注意到了这些动物之间实际上存在的遗传关系。对古生物研究也做了大量工作，曾发现过大量新种。1853～1868年，编纂、出版3卷篇幅浩大的专著，对俄国古生物研究作了总结。还对岛弧的形成发表过精湛的见解，与现代概念极为相近。认为岛弧形成于地壳的薄弱地带，并且指出主要的断层存在于大陆与海洋的边界上，同时以一连串的火山为标志。对于生物界的发展，他的观点几经变化，最初持变化论的观点，后又受到灾变论的影响，最终归向达尔文的进化论。

另有著作《里海和高加索旅行记（1825～1826年）》（2卷，1834～1837年）、《里海、高加索和南部俄罗斯古代地理》（1838年）、《俄罗斯西部省份矿产录》（1835年）、《爱沙尼亚志留纪地层》（1840年）等。（冯祖钧）

阿尔贝蒂，F. A. von（Alberti，Friedrich August von） 德国人，1795年9月4日生于德国斯图加特，1878年9月12日卒于海尔布隆。*地层学、地质学、采矿工程*。

教师的儿子。1809年就学于斯图加特大学，受到矿物学、地质学和采矿学的专门训练。1815年后在苏尔茨和腓特烈斯等地盐矿场工作，把蒸汽加热应用于制盐工艺，成为第一流的盐矿工程师。1823年根据他的地质调查和预测，在罗顿默斯特发现大盐矿。1829～1853年，在罗顿默斯特先后任两个盐业公司经理。获图宾根大学荣誉博士学位。

是德国西南部地质学的奠基人之一。1834年根据北欧岩性和古生物化石对三叠系进行了开创性的划分，三叠系的名称是他首创的。还描述并研究了结晶板岩和喷出岩以及它们的上伏岩层。（黄家柱）

莱维，S.-D. A.（Lévy，Serve-Dieu Abailard） 法国人，1795年11月14日生于法国巴黎，1841年7月29日卒于法国圣日尔曼附近的佩克。*矿物学、岩石学、晶体学*。

犹太商人之子。1816年毕业于巴黎高等师范学校，获数学教师证书。在校时曾听R.-J. 阿维的矿物学课。1820年受雇于富商厄朗（H. Heuland），从事编制矿石收藏品的清单和描述工作。1827年完成整理工作，同年赴比利时布鲁塞尔出版成果。1824年加入伦敦地质学会。在列日大学当过自然科学讲师。1830年入选布鲁塞尔文理科学院院士。同年回巴黎，任巴黎高等师范学校数学讲师。1831年任查理曼大帝皇家学院教授。45岁时因动脉瘤破裂而英年早夭。

他用自己的分类法对矿石进行分类。在工作中发现了不少重要的新矿种，如镁橄榄石、硅铁辉石、水胆矾、砷钴钙石、板钛矿、碱菱沸石、钙十字沸石和砷菱铅矾等。对异性石、氟磷镁石和蓝柱石的晶形也作了精确的描述。还识别了不少矿物的变种，并给予命名。（王 植）

徐继畬（Xu Jiyu） 字松龛、健男，别号牧田。中国清代山西五台（今属忻州市）人，清乾隆六十年十月二十四日（1795年12月4日）生，清同治十二年三月初三日（1873年3月30日）卒。*地理学、科学传播*。

出身官宦家庭。自幼读书勤奋。19岁中举，32岁中进士。后在陕西、广西、广东、福建等地做官，任职时间最长的是在福建，先后做过布政使、巡抚及闽浙总督；还做过总理同文馆大臣、首任总管同文馆事务大臣。咸丰元年（1851年）受弹劾被免去福建巡抚之职，留京任太仆寺少卿，是为管马政的副手，第二年更被削职回乡。12年后（1864年）复职，以三品京堂成了当时外交部（总署）官职。

在厦门主持商务期间，适遇美国教士雅俾理在鼓浪屿传教，他从雅俾理那里接触到西方世界地图及外国地理知识。此后继续努力学习，多方搜求，经前后四五年内数十次修改，道光二十四年（1844年）终于撰成初稿，初名《瀛寰考略》，后又改名《瀛环志略》。全书共10卷，分图44幅，约20万字。以地图为纲，文字为说，全面介绍了世界各大洲七八十个国家和地区的地理、历史情况。卷一至卷三为地球基础知识和亚洲各国地理概况；卷四至卷七以较大的篇幅重点介绍了英国、法国、俄国、意大利、荷兰、比利时、葡萄牙、奥地利等国的地理概况；卷八介绍非洲各国；卷九、卷十介绍美洲各国。介绍的内容包括地理位置、疆域政区、山脉河流、地形气候、经济物产、人种风俗、历史沿革等。值得特别指出的是，《瀛环志略》一书还最早介绍了美国的资产阶级民主政治与华盛顿的丰功伟绩，这在封建专制的清代是难能可贵的。

（翟忠义）

哈特曼，C. F. A.（Hartmann，Carl Friedrich Alexander） 德国人，1796年1月8日生于德国哈尔茨的措尔格，1863年8月3日卒于莱比锡。*矿物学、矿冶工程、科学传播*。

父亲在一铸造厂任职，所以他从小对采矿和冶炼发生兴趣。大学预科毕业后，就读于克劳斯塔尔矿业学院。1816年任措尔格铸造厂助理。1818～1821年在柏林大学继续进修。1821年结婚，因经济原因辍学任簿记员。1823年成为埃尔富德皇家社会科学院名誉会员。2年后利用一次较长假期进行科学考察，成果卓著。1826年海德堡大学授予他法学博士学位，不久成为耶拿矿物学会和爱丁堡博物学会的名誉会员。1829年任不伦瑞克采矿专员。1841年辞去专员职务迁居柏林，年底创办《有关矿物学和地质学方面的矿山冶金报》，自任主编，直到1858年。1859年开始出版《普通矿山冶金报》，任总编辑直至去世。

他出版的编、译著作超过100部，其中翻译英、法矿物学、地质学、冶金学著作就有40部。对采矿和冶金工作颇有贡献。主要著作还有《矿物学手册》(2卷，1825年；第2版3卷，1859～1860年)、《铁冶金学教程》(2卷，1833年，附有两部地图集)、《地质学和矿物学指南》(2卷，1835～1836年)、《高炉冶炼工艺》(6卷，1834～1841年)、《钢铁冶金进展》(6卷，1858～1863年)等。 (刘 汉)

盖马德，J. P. (Gaimard, Joseph Paul) 法国人，1796年1月31日生于法国圣扎谢里，1858年12月10日卒于巴黎。*地理学、地理探险、流行病学。*

幼年丧父，在亲戚的抚育下成长。先在米迪受教育。1816年进土伦海军军医学校。由于成绩优异，以皇家海军军医身份任职于“拉尼”号等船，从事南太平洋广大地区的气象学、海洋学和博物学的研究工作。

终身致力于科学考察事业。1817～1820年作环球旅行。归来后与军医兼博物学家基瓦(J. R. C. Quoy)写了一篇动物学新品种的详细报道。1826年初周游欧洲，旨在核对已收集资料的准确性，并以首席军医身份参加闻名的迪蒙·德于尔维尔(J. S. C. Dumont D'Urville)考察队。1826～1829年他再次考察南太平洋。后因俄国西部流行霍乱，他又考察了这种流行病并写了详细的专题报道。1835～1836年率领一支庞大的科学考察队，乘“珍奇”号船去冰岛、格陵兰考察。几年后任北方科学委员会主席。1838年又乘法国轻型巡洋舰对拉普兰、斯匹次卑尔根群岛和费罗群岛进行广泛考察，历时3年。考察内容涉及斯堪的纳维亚半岛地区的地质学、植物学、海洋生物学、天文学、地磁学，以及北极光等自然科学广泛领域，此外还涉及语言学、文化史和人类学。晚年定居巴黎，仍继续撰写冰岛和欧洲北部的考察报告。 (方福娟)

德拉比奇，H. T. (De La Beche, Henry Thomas) 英国人，1796年2月10日生于英国伦敦，1855年4月13日卒于同地。*地质学、水文学。*

出身军人家庭。1810年进皇家军事学院。此后在军队服役。1817年成为伦敦地质学会会员。2年后被选为英国皇家学会会员。1842年被封为爵士。1847年当选为伦敦地质学会会长。

曾赴法国、瑞士、意大利、德国和荷兰作地质考察旅行。第一篇科学论文是研究日内瓦湖的深度和温度。1824年赴牙买加研究该岛地质。尽管他作过的地质理论工作不多，但地质知识广博，游历甚广，著述甚多，作过很多野外地质观察报告。为发展地质科学一心一意、竭尽全力，深得同行的敬重。1855年获伦敦地质学会沃拉斯顿奖章。 (冯祖钧)

比奇，F. W. (Beechey, Frederick William) 英国人，1796年2月17日生于英国伦敦，1856年11月29日卒于同地。*地理学、测绘学、地理探险。*

1806年12岁加入英国皇家海军任舰船实习员。后参加过英国对法国和美国的战争。1815年任海军上尉，1818年任双桅舰“特伦特”号副指挥官，1825年任“繁盛”号军舰指挥官。1850年任英国海运部贸易委员会主席。1854年获少将军衔。1855年任英国皇家地理学会会长。3个兄弟和一个女儿都是画家。

19世纪初，在J. 库克之后，英国海军为开通太平洋航道进行了新一轮尝试。1818年奉海军部之令，作为双桅舰“特伦特”号副指挥官和首席绘图师，和三桅舰“多萝西亚”号一起参加D. 巴肯(David Buchan)的北极探险队，寻找过北极点至太平洋的北方航道。与此同时，J. 罗斯和W. E. 帕里等人奉命率领第二支探险队通过巴芬湾前往。4月25日两船离开泰晤士河，航行至斯匹次卑尔根岛西北，在北纬80°34′处卡在浮冰里，10月22日才回到英国。1819年乘“赫克拉”号参加W. E. 帕里的北极探险队。1821～1822年在海军船长W. H. (William Henry Smyth)指挥下在北非地中海沿岸考察。期间比奇和兄弟亨利(Henry)一起，由陆路从的黎波里向东测绘了这些海岸。1825年指挥“繁盛”号军舰参与开辟西北航道，1826年夏穿过白令海峡，最远航至北纬71°23′31″、西经156°21′30″，期间发现北太平洋几个岛屿、威尔斯王子海角附近一个优良海港。1826年7月，他给在白令海峡发现的3个岛屿命名，其中两个为大代奥米德群岛、小代奥米德群岛(1728年V. 白令发现时以俄国沙皇和王公命名)，将第三个无人小岛命名为“航道岩”(“Fairway Rock”)，沿用迄今。1835～1836年、1837～1847年任船长先后赴南美洲、爱尔兰进行海岸测绘。

主要著作有：《1818年“多萝西亚”号和“特伦特”号北极航海发现》(1843年)、《非洲北海岸考察记(1821～1822)年》(1828年)和《“繁盛”号军舰赴白令海峡和太平洋航行记(1825～1828年)》(1832年)等。 (李啸虎)

克托莱，L. A. J. (Quetelet, Lambert Adolphe Jacques) 一译奎特莱。比利时人，1796年2月22日生于比利时根特，1874年2月17日卒于布鲁塞尔。*气象学、天文学、统计学、科学史学、社会学。*

父亲是法国人，母亲是比利时人。家中9个孩子中排行第五，7岁丧父。在根特学院完成中学教育，1815年19岁毕业留校任教数学。1819年获根特大学数学博士学位。同年任布鲁塞尔大学数学和天文学教授。同时在比利时科学与人文博物馆、比利时军事学校任兼职教授。1832年任由他组建的比利时皇家天文气象台首任台长。1841～1874年任比利时中央统计委员会主席。1820年当选为比利时皇家科学院院士，1834年任科学院秘书长。1850年当选为瑞典皇家科学院外籍院士。

他的科学研究广泛涵盖不同学科如气象学、天文学、数学、统计、人口统计学、社会学、犯罪学和科学史学等，都有重要贡献。在气象学领域，是比利时气象观测与研究的开拓者和奠基者。对比利时的气象和气候进行了长期持续的观测记录与统计研究；将比利时和全球气候在历史、现状和趋势方面进行了广泛的比较研究；积极推动国际气象学界的学术交流与合作，曾任1855年第一届国际气象学会议（海洋气象学会议）主席。在统计学领域，积极倡导和推行在自然科学和社会科学各学科研究中采用统计方法；其中如提出著名的人体质量指数（即克托莱指数），至今仍基本适用；重视统计学界的国际合作，在统计工作国际标准化和统一化方面做了许多工作，是1853年在布鲁塞尔召开的第一届国际统计会议的组织者。还参与创办气象学和统计学的期刊和学会。

著述颇丰。在自然科学方面，主要著作有：《基础天文学》（1834年）、《有重要表现的流星目录》（1839年）；《季节对比利时不同年龄死亡率的影响》（1838年）、《比利时的气候》（2卷，1845～1851年）、《布鲁塞尔皇家天文气象台20年气温记录》（1853年）、《比利时与全球的气象比较》（1867年）等。在科学史学方面，主要有《比利时数学和物理科学的历史》（1864年）、《比利时地球物理学进展》（1869年）等。在社会科学方面，主要著作有：《荷兰人口研究》（1827年）、《荷兰王国统计研究》（1829年）、《论人及其能力发展：社会物理学测试》（2卷，1835年）、《道德统计和应作为基础的规范》（1848年）等。（李啸虎）

德拉福斯，G.（Delafosse，Gabriel） 法国人，1796年4月24日生于法国圣康坦，1878年10月13日卒于巴黎。*矿物学、晶体学。*

1816年毕业于巴黎高等师范学校。后协助R.-J.阿维编辑和出版《晶体学丛书》。1817年被任命为巴黎自然博物馆的助理博物学家，从此终生以博物馆为家。1857年成为该馆博物学教授。1841年任巴黎大学理学院矿物学教授。1857年被选入法国科学院矿物学学部院士。是法国地质学会的创建成员之一。

作为阿维的学生，他是现代晶体学创立者的第二代成员。为了寻求晶体的结构和其化学组分上的联系，他研究了异质等形现象。他的矿物分类方法是根据化学成分和晶体形态。也研究了晶体形态与其物理性质之间的关系，例如电、光和热等。

主要著作有《博物学概要》（1833年）、《晶体结构》（1840年）、《新编矿物学教程》（1858年）、《矿物学研究进展报告》（1867年）等。为纪念他，赤铜铁矿（delafossite）就是以他的姓氏命名的。（应中锷）

黑塞尔，J. F. C.（Hessel，Johann Friedrich Christian） 德国人，1796年4月27日生于德国纽伦堡，1872年6月3日卒于马尔堡。*矿物学、晶体学。*

先学工科，后学医学。1817年获维尔茨堡大学医学博士学位。又到海德堡大学攻读矿物学和晶体学，1821年获博士学位。同年应聘为马尔堡大学编外教授，1825年任教授直至去世。除教学外，积极参与学校管理工作。还任马尔堡市议员5年。

最重要的贡献是根据晶体的对称要素，推导了晶体只有32类和只有二次、三次、四次、六次等4种对称轴的事实。这一研究成果发表于1830年，比布拉韦斯的工作要早20年，但直到1891年被L.泽恩克发现后，才得到重视。1826年他还论证斜长石族是一个类质同像系列，由不同比例的钠长石和钙长石组成。这一有关长石组分的理论，也直到1865年因G.切尔马克的介绍而引起重视。发表论著40多种，主要内容在矿物学和晶体学方面。（刘　汉）

斯克罗普，G. J. P.（Scrope，George Julius Poulett） 英国人，1797年3月10日生于英国伦敦，1876年1月19日卒于萨里郡科巴姆。*火山学、地质学。*

1815～1816年在牛津的哈罗和牛津大学彭布鲁克学院学习。1816～1821年在剑桥大学圣约翰学院学习，获文学士学位。受E. D.克拉克、A.塞奇威克的影响，开始对地质学和矿物学感兴趣。1824年被选入伦敦地质学会，1825年任该学会秘书长。1826年被选入英国皇家学会。是威尔特郡考古及博物学会的创始人和首任会长（1853～1855年）。

1817～1818年及1818～1819年冬季，在意大利地质考察时目睹维苏威火山连续爆发。1819～1820年，访问西西里岛和利帕里岛，研究埃特纳火山和斯特龙博利火山。1821年夏秋研究法国中部奥弗涅山脉的死火山区，然后去意大利北部，最后去那不勒斯。他及时赶到那儿，观察维苏威火山在1822年10月的猛烈爆发。1823年夏在返回英国途中，参观了德国艾费尔高原的火山区。在野外工作的基础上写了两本书。1825年出版的《火山考察》被认为是“关于火山学最早的系统著作”。那时他是地球冷却论的热烈拥护者，认为整个地质时期中地震和火山爆发的次数和强度都在下降。相信地球内部热的力量仍能产生灾变性隆起，造成破坏性大洪水。1827年的《法国中部地质实录》（1858年修订本）仅涉及小范围的当代地质现象，其论点则更接近均变说。1867年获伦敦地质学会的沃拉斯顿奖章。

（应中锷）

德沙耶，G. P. (Deshayes，Gerard Paul) 法国人，1797年5月24日生于法国南锡，1875年6月9日卒于瓦兹河畔博兰。*地层学、古生物学、软体动物学*。

物理学教授的儿子。曾在斯特拉斯堡大学学医。1820年赴巴黎，开始研究博物学。1840～1842年在阿尔及利亚采集大量软体动物化石及标本。1869年任巴黎自然博物馆贝类学教授。是法国地质学会创始人之一，并多次任会长。

1824～1837年，编著《巴黎附近贝类化石的描述》一书，描述了1 074种软体动物，其中660种为首次描述。后又相继出版了许多论文，包括克里米亚软体动物化石的描述，阿尔及利亚软体动物考察报告等。对巴黎盆地第三纪软体动物及其地层学的论述，至今仍具有很大价值，对种的鉴别、确定方法及绝灭原因的探讨，均有值得借鉴的地方。 （马玉英）

瑙曼，K. F. (Naumann，Karl Friedrich) 德国人，1797年5月30日生于德国德累斯顿，1873年11月26日卒于莱比锡。*矿物学、岩石学、晶体学、地震学*。

音乐家之子。1816年入弗赖贝格矿业学院，师从地质学家A. G. 维尔纳学习矿物学。后到莱比锡大学及耶拿大学学习，1819年获耶拿大学博士学位。1821年和1822年赴挪威考察地质，并采集矿物标本。先后在耶拿大学、莱比锡大学任教。1826年任弗赖贝格矿业学院晶体学教授，1835年成为地质学教授。1842年又成为莱比锡大学矿物学兼地质学教授。是柏林、慕尼黑、圣彼得堡和法国科学院通讯院士，英国皇家学会和美国哲学会通讯会员。

在矿物学、地质学和晶体学研究方面均有贡献。在他的《晶体学纲要》（2卷，1830年）一书中引入“晶体系列”，即根据韦斯晶带定律（有理截距定律）所有晶形集合体均可从一基本晶形推导出来的概念；验证了F. 莫斯关于存在晶轴互不垂直的晶系的看法，成功地区分出单斜晶系；将韦斯法与莫斯法结合在一起并加简化，提出一种标志和处理晶形的新方法。发现了等轴系、四方系、六方系中的四分面像。是第一个发现异极像性的人。在地质学方面，在所著《矿物学教程》（1828年）中对岩石的起源进行分类，主张大部分片岩和片麻岩是沉积岩形成的，但又指出某些片麻岩是火成岩变形的产物。还提出“深源地震”的观点，认为某些地震的发生与火山活动无关。1846年出版的《矿物学基础》一书，成功地把莫斯体系和柏济力阿斯体系结合在一起。该书连续出了15版，其中7版是在他身后出版的。另出版有《挪威概况》（2卷，1824年）等。1868年获伦敦地质学会沃拉斯顿奖章。

为纪念他，月球上有一陨石坑（环形山）以他命名。 （王天运）

福斯特，H. (Foster，Henry) 英国人，1797年8月生于英国英格兰伍德普兰顿，1831年2月5日卒于巴拿马地峡查格雷斯河。*地球物理学、地理探险*。

1812年入英国海军，在军中从事地球物理观测。1824年晋升为海军上尉，并当选英国皇家学会会员。1827年任海军中校，溺水身亡。

早年主要从事大地测量，曾跟随霍尔（B. Hall）舰长出航南美洲，沿途测量各地重力加速度。1824～1825年赴北极考察，寻找西北航道。1827年又参加英国海军北极探险队。1828～1831年乘“雄鸡”号战舰赴南半球海域考察。两次途中作了大量地球物理等方面的观测，如地磁场、声速、大气折射和重力加速度等。获英国皇家学会最高奖科普利奖章。 （张南海）

利特克，Ф. П. (Литке，Фёдор Петрович；Litke，Fyodor Petrovich) 俄国人，1797年9月17日生于圣彼得堡，1882年10月8日卒于同地。*地理学、地理探险*。

早年父母双亡，未受高等教育。1812年起在波罗的海舰队当水手。由于机智勇敢，擢升很快。他参与筹建俄国地理学会，并于1845年召开的首次大会上当选为该学会的会长。1864～1881年任圣彼得堡科学院院长。是俄国海军科学院名誉院士。同时也是伦敦和安特卫普两地地理学会的名誉会员、法国科学院的通讯院士。

1817～1819年参加“堪察加”号炮舰的环球航行。领队戈洛夫宁（В. М. Головнин）很赏识他，推荐他在1821～1824年间的新地岛考察中任考察队队长。1826～1829年率领“赛尼亚文”号炮舰作环球航行，目的是为了对太平洋中部和白令海沿岸不熟悉的岛屿作考查。这几次海外考察使他出了名，成为19世纪上半叶世界著名的地理学家之一。俄国地理学会为了表彰他的业绩，特设以他的姓氏命名的金质奖章。

（张南海）

赖尔，C. (Lyell，Charles) 一译莱伊尔。英国人，1797年11月14日生于英国苏格兰安格斯郡基里缪尔的金诺迪，1875年2月22日卒于伦敦。*地质学、地质演化史、生物进化论*。

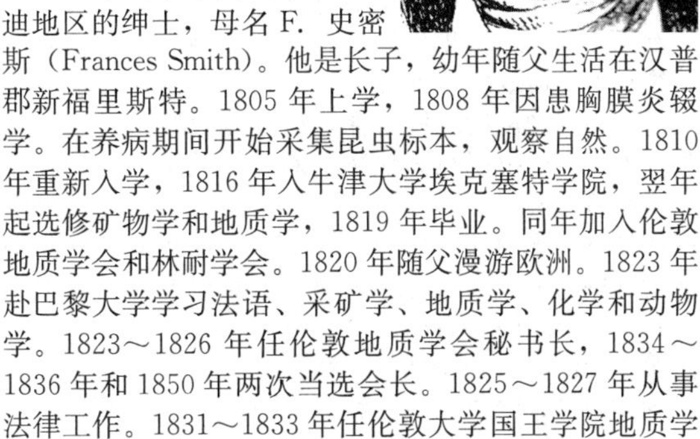

父亲与他同名，是金诺迪地区的绅士，母名F. 史密斯（Frances Smith）。他是长子，幼年随父生活在汉普郡新福里斯特。1805年上学，1808年因患胸膜炎辍学。在养病期间开始采集昆虫标本，观察自然。1810年重新入学，1816年入牛津大学埃克塞特学院，翌年起选修矿物学和地质学，1819年毕业。同年加入伦敦地质学会和林耐学会。1820年随父漫游欧洲。1823年赴巴黎大学学习法语、采矿学、地质学、化学和动物学。1823～1826年任伦敦地质学会秘书长，1834～1836年和1850年两次当选会长。1825～1827年从事法律工作。1831～1833年任伦敦大学国王学院地质学教授。1848年被封为爵士。1853年获牛津大学名誉博士学位。1861年当选为英国皇家学会会长。1862年当选为法国科学院外籍院士。1864年当选为英国科学促进会主席。同年被封为男爵。1874年获剑桥大学荣誉博士学位。还被英、法、德等许多国家的学术团体授予各种荣誉学位或选为会员。1832年与23岁的M. E. 霍纳(Mary Elizabeth Horner)结婚，她精通法语、德语，是他的好助手，是一位颇有造诣的贝壳学家。

19世纪20年代，在地质学中占统治地位的是G. 居维叶提出的灾变说，这种学说认为地球历史上曾发生过多次巨大的灾变，每经一次灾变，一批生物被毁灭，其遗迹沉积在特定地层中，而后远处的物种又迁移此地，于是同一地点的不同地层中出现了不同类型的化石。1822～1830年，赖尔曾多次赴英格兰南部、法国、意大利等地作地质考察，对当时占统治地位的灾变说日益感到怀疑。1823～1824年间，与C. 普雷沃(Constant Prévost)先后对巴黎盆地和英格兰西南部作了地质考察。普雷沃找到了淡水相与海相化石混生的地方，据此他们认为两种情况间的转变只需要微小的地质变化，而不必依赖于灾变。当时赖尔正担任伦敦地质学会秘书长，在学会会刊上发表论文，提出引起地质变化的动力是逐渐积累的看法。1828年在法国奥弗涅地区考察，发现该地古淡水相沉积和他在苏格兰见到的现代沉积非常相似，这表明地质史上的地质作用和现在正在进行的相似。不久后还在意大利伊斯基亚岛的泥灰岩层中找到了30种现在仍生活在地中海的生物化石。这些考察使他越来越坚信居维叶的灾变论是错误的。1829年回到伦敦，决定用“将今论古”(用现在正在进行的作用来解释地球以往的变化)的原则与方法写一部地质学著作。1830年、1832年和1833年分别出版了《地质学原理》的第一、第二和第三卷。该书根据其原版全名也可直译为《可以作为地质学例证的地球与它的生物的近代变化》。

该书第一卷中，把引起地质变化的原因归纳为两大类，即由雨、河流、泉水、洋流、潮汐、冰雪等引起的水成作用，以及由火山、地震等造成的火成作用，它们共同造成了地质的变迁；认为过去的自然秩序和现在并无根本差异，激烈的地质变化不能成为灾变说的理由，地质上的巨大变化都可以由普通的缓慢变化经长时间积累而成。在第二卷中，指出第三纪地层从老到新，介壳类绝灭的比例逐渐减小，而生存的种则逐渐增多，显示了生物界的延续性和渐变性；认为每一物种的寿命取决于外界环境的条件，当外界环境变化时，一物种可能改变习性，也可能灭绝；还认为一物种的寿命取决于与其他物种的群体关系，种与种之间存在着空间竞争，一物种的灭绝会牵动其他赖以生存的物种的灭绝，一物种的大量增加也会迫使一些别的物种的灭绝，物种的这种渐变正是在不同地层中观察到不同类型的化石的原因。第一、二卷中，科学地阐明了他的地质均变理论。在第三卷中，把第三纪划分为始新世、中新世和上新世。还反驳了学术界某些人对前两卷内容上的批评，并更强调均变理论。

《地质学原理》对达尔文提出生物进化论有很大的影响。1831年达尔文登上“贝格尔”号勘测舰环球航行时，随身就带着《地质学原理》第一卷。1836年10月，两人在伦敦相识，结为知己。达尔文在《物种起源》一书中曾大量引用《地质学原理》中的资料。另一方面，赖尔也努力接受达尔文的进化论和自然选择理论。《地质学原理》经多次修订、再版，生前一共出了11版，第十二版在他身后才出版。1865～1868年，他根据达尔文的进化论对《地质学原理》作了大量修改，出版了第十版，使他的理论与达尔文的进化论更加协调一致。

《地质学原理》一书的出版，开创了地质学研究的新纪元。在这部书中，以地球的缓慢变化这样一种渐进作用，代替了由于造物主的一时兴发所引起的突然灾变，从而使地质学完全摆脱了“创世说”的桎梏。赖尔理论的缺陷是认为在地球上起作用的各种力是不变的，因此它只能导致自然界的永恒的缓慢变化。在第三卷中进一步发展了这种倾向，可以说是从前一、二卷的“渐变论”观点进一步发展到“均变论”观点，这就否定了事物从量变到质变的客观发展规律，走向了形而上学。这些观点对后来地质学的发展也带来了某些不良影响。

1838年出版《地质学基础》一书，这是第一本现代地质学的教科书。1851年经修改补充后分两卷再版，更名《基础地质手册》，1865年第六版时又改回原书名。此外出版有《北美纪游(1841～1842年)》(2卷，1845年)、《普通地质学教程》(1851年)、《古人类的地质证据》(1862年)等专著。

获英国皇家学会1834年皇家奖章、1858年利普利奖章，1864年伦敦地质学会沃拉斯顿奖章。

(王　植　宣焕灿)

罗泽，G. (Rose，Gustav)

德国人，1798年3月18日生于德国柏林，1873年7月15日卒于同地。*矿物学、岩石学、晶体学、地理探险。*

出身一个富有科学传统的家庭中。是矿物化学家H. 罗泽之弟。幼年在赛利西亚矿区当学徒，后因病回柏林，在C. S. 韦斯指导下攻读矿物学。1820年获基尔大学博士学位。留校任教，1826年成为编外教授，1839年任教授。1856年起任德国矿物博物馆馆长，直到去世。是1848年成立的德国地质学会的奠基人之一。

曾陪同著名科学家洪堡去乌拉尔、阿尔泰、里海等地进行科学考察，深入到中国边界。一生从事矿物学和晶体学研究，取得了许多重要成就。发现了钙长石等约15种新矿物，发展了类质同像概念。在研究热电效应与形态的关系方面，与里斯(Riess)共同引入“热电正极”和“热电负极”术语。他正确区分出石英的正负菱形体，建立了石英的正确分类。在陨石研究、脆性金属和贵金属晶体学，以及实验岩类学等方面，也有所贡献。在通常认为标志开创显微镜岩石学的 H. C. 索比的著名论文发表之前 7 年，他就在 1852 年呈献给德国地质学会 50 个岩石薄片。毕生发表论文约 125 篇。主要著作有《石英的晶系结构》（1846 年）、《矿物体系》（1852 年）、《晶体学基础》（3 卷，1873～1889 年）等。（王大远）

洛根，W. E.（Logan，William Edmond） 加拿大人，1798 年 4 月 20 日生于加拿大蒙特利尔，1875 年 6 月 22 日卒于英国威尔士的莱赫里德。*地质学、矿床学。*

早年在爱丁堡大学攻读化学、数学等，1817 年毕业。曾在威尔士斯旺西附近经营冶铜和采煤业。1842～1869 年任加拿大地质调查所所长。1856 年麦吉尔大学、1855 年魁北克省兰诺克斯维尔天主教学院授予他荣誉博士学位。还被选为英国皇家学会会员。1855 年获法国荣誉军团骑士勋位。1856 年册封为爵士。

他调查格拉摩根郡的煤田地质，于 1838 年写出研究报告并绘出地质图，深受英国地质学家 H. T. 德拉比奇爵士的赏识。在南威尔士煤层下粘土中找到痕木属化石，为他的煤层原地生成理论提供了依据。后来又写了一篇研究圣劳伦斯河冰块浮集的文章。这两项成果使他一举成为卓越的地质学家。走遍加拿大各地进行地质调查。1863 年发表巨著《加拿大地质学》。一生获 27 枚奖章，其中 1855 年获加拿大帝国委员会荣誉大金质勋章，1855 年获英国伦敦地质学会沃拉斯顿奖章。

为纪念他，加拿大的最高山脉于 1890 年命名为洛根山；一种加拿大产的碳酸盐矿石水碳锆锶石（weloganite）以他命名；加拿大地质学会一年一度颁发洛根奖章。（王 植 张南海）

克拉克，W. B.（Clarke，Sir William Branwhite） 英国人，1798 年 6 月 2 日生于英国英格兰东伯格霍尔特，1878 年 6 月 16 日卒于澳大利亚悉尼附近。*地质学、矿床学、气象学。*

就读剑桥大学基督学院，1821 年获文学士学位，1824 年获硕士学位。在剑桥时，曾听矿物学和地质学课程。在教区任副牧师圣职。1839 年患重病后，移居澳大利亚新南威尔士，疗养之余勘查当地矿产资源。1839～1840 年任帕拉马塔的国王学校校长。1840～1870 年先后任多个教区的教区长。1826 年成为伦敦地质学会会员。他是新南威尔士皇家学会的创始人，1866～1878 年任该会副会长。1876 年当选为英国皇家学会会员。

曾就英国和欧洲的地质学、气象学问题在英国的科学杂志上发表过一些文章。1839 年赴当时在地质学上还是空白的澳大利亚作地质勘探和研究，1841 年发现金矿。曾预言该国金属矿藏极为丰富，不久就为 1851 年的黄金热潮发现的金矿田所证实。1860 年出版《新南威尔士南部金矿田勘探》。他对澳大利亚地质学的主要贡献是对新南威尔士石炭纪含煤地层的研究，为此 1877 年伦敦地质学会授予他麦奇生奖章。关于澳大利亚地层的发现和研究成果，发表在他的《关于新南威尔士沉积构造述评》一书中。还研究过澳大利亚的气象学问题，特别是风和暴风雨的规律。新南威尔士皇家学会以他命名的克拉克奖章，是澳大利亚的第一枚科学荣誉奖章。（冯祖钧）

埃利·德博蒙特，J.-B.-A.-L.-L.（Élie de Beaumont，Jean-Baptiste-Armand-Louis-Léonce） 一译博蒙。法国人，1798 年 9 月 25 日生于法国卡尔瓦多斯省卡农，1874 年 9 月 21 日卒于同地。*地质学、矿床学、火山学、采矿工程。*

自幼聪慧过人，曾在初等数学竞赛中 4 次受到表彰。在亨利第四学院仅学了一年高等数学后，便在竞赛中获得数学物理头等奖，并在只招收全国最有天资学生的巴黎综合工科学校录取名单上名列第二。1819 年入巴黎矿业学院学习。先后被提升为一级工程师、总工程师和监察主任。曾任巴黎矿业学院地质学教授，兼法国矿业委员会副主席。1835 年入选法国科学院矿物学部院士，1853 年被任命为负责数理科学的终身秘书长。

1822 年起与法国地质学家 O. P. 杜弗雷努瓦合作，参与负责编制法国地质图的工作，并作了很多地质调查。著述甚多。提出第一套关于火山射气与金属矿脉的完整理论，这是他最有价值的科研工作。主要著作有《论火山喷出物与矿化的关系》（1847 年）、《山系成因论》（1852 年）等。（冯祖钧）

艾孟斯，E.（Emmons，Ebenezer） 美国人，1799 年 5 月 16 日生于美国马萨诸塞州米德尔菲尔德，1863 年 10 月 1 日卒于北卡罗来纳州不伦瑞克。*地质学、地层学。*

早年就读于威廉斯学院和纽约州奥尔巴尼医学院。在波克夏开业行医数年。为了学习地质学，又进纽约州特洛伊的伦瑟拉尔学院进修，1826 年毕业。后在威廉斯学院任教博物学和地质学，后任博物学教授，并在奥尔巴尼医学院讲授化学。

是著名的塔康争端的核心人物。所谓塔康争端是指对美国纽约州东部塔康山脉的地层及造山运动的争论，该争论使当时美国地质学界分裂成两派。他是 1837～1843 年间纽约第一个地质调查所的主要人物，为建立美国的地质队伍、研究独立于盎格鲁-大陆模型的地层序列起了领导作用。在此之前，美国地质学家的主要目标只是将英国的地层演替与美国的联系起来。他提出的分类和命名，为美国尔后的地层学发展和下一世纪的地质时间尺度奠定了基础。他为《纽约州博物学》丛书拟定有关农学和地质学的著作，曾出版《美国地质学》（3 卷，1855～1857 年）。

（冯祖钧）

巴兰德，J.（Barrande，Joachim） 法国人，

1799年8月11日生于法国上卢瓦尔省科尔，1883年10月5日卒于奥地利维也纳附近弗罗斯多夫。地层学、古生物学。

1824年毕业于巴黎综合工科学校。后任法国国王查理十世（Charles X）皇孙的宫廷教师。1830年七月革命后，随皇室流亡到英国。1832年定居布拉格，任马车道建筑工程师。

因职务之便，得以了解地方性化石及其地层。发现波希米亚中部与R. I. 麦奇生《志留系》一书中论述的英国岩石之间有相似之处，为此写了《波希米亚中部盆地志留系》（1852年）一书，进一步把志留系分为四个部、八个层和一系列具有古生物学特征的更小单位。该书内容丰富，图版精确、描述生动，至今仍是古生物学家常用的参考文献。还细致地区分一些三叶虫种的变态，乃至胚胎期的变态。一生始终信仰G. 居维叶物种永恒性这一概念。在塔康争论（美国地质学界对纽约州东部塔康山脉的地层及造山运动的两派大争论）中，支持美国地质学家E. 艾孟斯的观点。由于他生前详细研究了中捷希和西捷希两地，为纪念他，后来这两个地方被捷克政府改名为"巴兰德地"。去世后留下的标本、手稿及藏书，均尊嘱赠予布拉格博物馆。身后留有24卷全集。（马玉英）

布朗，H. G.（Bronn，Heinrich Georg） 德国人，1800年3月3日生于德国海德堡附近齐格尔豪森，1862年7月5日卒于海德堡。地层学、古生物学、生物进化论。

早年在海德堡大学求学，1821年获医学博士学位。留校任教，1822年任博物学教授。后赴意大利北部和法国南部进行古生物学考察。1833年任海德堡大学自然科学教授。1830～1862年任《矿物学年鉴》副主编、主编。

1831年出版《意大利第三纪地层》，该书根据地层越新、物种交替越频繁的原理划分了第三纪地层。后又写了数本总结地层学和古生物学著作，成为古生物学的主要参考文献。综合了自然界的发展规律，对拉马克的进化理论持不同观点，认为生物界的复杂化是按一定目的发展的，当物种在外界"生存条件"的影响下，就转换为另一更完善的物种，说明生物对环境的适应性，生物界是随着地表的发育而变化，经过深海、滨海、海岸至陆生这一过程。强调生物和非生物的变化是渐变的连续性的，驳斥了新的冰川理论（灾变说的一种）。从理论和分类学上为古生物学作出了重要贡献。他把达尔文的《物种起源》译成德文本出版。代表作《地层地质学》（2卷，1834～1838年；第3版3卷，1851～1856年，与人合著）。另有《博物学手册》（3卷，1848～1849年）等著作。曾获法国科学院奖励、伦敦地质学会沃拉斯顿奖章及哈勒姆科学协会奖章。（马玉英）

德肯，E. H. K. von（Dechen，Ernst Heinrich Karl von） 德国人，1800年3月25日生于德国柏林，1889年2月15日卒于波恩。地质学、采矿工程。

幼年在家读书。大学预科毕业后决定从事矿业。1818年进柏林大学攻读采矿学。1820年在一家矿业公司工作。1824年参加矿业高等文官考试，不久被任命为矿业局职员。1830年任普鲁士矿业总局和内政部顾问，1834～1841年任柏林大学采矿学教授，被选为普鲁士柏林科学院院士。1841年升任普鲁士矿业部波恩矿山主任。1873年在柏林大学建立地质研究所，1875年任所长。1860年任波恩矿业总监，1864年退休。1884年任普鲁士枢密顾问官。由于学术上的成就，波恩大学授予他荣誉博士学位。

对勘查矿产资源和发展采矿技术做出显著成绩；提出和执行普鲁士全境的地质调查计划；曾参加普鲁士矿业法的修改。他获得的荣誉很多。

著述众多。主要有《莱茵河沿岸国家的地层概况》（2卷，1825年，与他人合著）、《普鲁士莱茵河流域地质图（1：80 000）》（2卷，1855～1882年）、《德国的山脉类型与有用矿物》（1873年）等。（刘 汉）

罗斯，J. C.（Ross，James Clark） 英国人，1800年4月15日生于英国伦敦，1862年4月3日卒于艾尔斯伯里。地磁学、地理学、地理探险。

1812年入英国皇家海军，1827年升任海军中校，1849年退伍。1824年和1828年先后入选林耐学会和英国皇家学会会员。1844年被授予爵士勋位。是法国科学院外籍院士和其他外国科学协会的通讯会员。

曾随其叔罗斯（J. Ross）对北海和白海海岸进行勘测，并通过对木星卫星的观测确定了阿尔汉格尔斯克的经度。1819～1827年曾4次跟随帕里（W. E. Parry）去北极探险，最后一次到达斯匹次卑尔根群岛，从冰上到达北极。1831年6月1日，发现北磁极位于北纬70°05′17″、西经96°45′48″处。1838年为英国海军部从事地磁测量。1839年又率由英国科学促进协会和英国皇家学会联合发起的探险队，至南极进行地磁和地理考查。1841年1月穿过南极圈，发现维多利亚陆地和埃里伯斯火山（即罗斯岛）。1843年返抵英国，带回大量多学科（包括地磁学、地质学、海洋生物学等）的观察资料。1847年出版航海记事2卷集。1849年后脱离海军，但仍被认为是北极航行的权威。20多年后，他的地磁观测结果发表在英国皇家学会会刊《哲学学极》上。1842年因南极探险而获伦敦地理学会、巴黎地理学会金质奖章。南极的罗斯海和罗斯岛都是以他命名的。（屈大壮）

菲利普斯，J.（Phillips，John） 英国人，1800年12月25日生于英国威尔特郡，1874年4月24日卒于牛津。地质学、地层学、古生物学。

幼年成为孤儿，由身为著名地质学家的舅父W.史密斯抚养。1815年起协助舅父整理古生物标本，进行编目分类；曾在英格兰北部多次进行地质调查，合作编制一系列的郡县地质图。1831年他负责筹组在约克召开的英国科学家大会，从而创建了英国科学促进会。到1859年止，他一直负责该会会务管理和年报主编等工作，做出很大成绩。1834年当选为英国皇家学会会员，并任伦敦皇家学院地质学教授。1840年离开该学院参加地质调查所工作。1844年任柏林大学地质学编外教授。1853年应聘为牛津大学地质学高级讲师，1856年升任教授，1854～1870年兼任该校阿什莫林博物馆馆长。1859～1860年任英国地质学会会长。1865年任英国皇家学会会长。

是一位经常从事野外调查的地质学家，长于填绘地质图，对英格兰北部地区的地层和构造发表过不少著作。1841年发表的英格兰西南部古生物的论文中，首次采用“中生代”一词，以表示古生代和新生代之间的地质时代。他对地层学和标准化石的奠基工作，使地层的分类和对比得以进一步发展。

主要著作有《地质学指南》(1834年)、《维苏威》(1869年)、《牛津地质与泰晤士河谷》(1871年)等；另有传记《威廉·史密斯回忆录》(1844年)。

(刘 汉)

米勒，W. H. (Miller，William Hallowes) 英国人，1801年4月6日生于英国威尔士卡马森郡韦林德雷，1880年5月20日卒于剑桥。*矿物学、晶体学、流体力学、食品研制。*

1826年获剑桥大学圣约翰学院文学士学位。1829年在圣约翰学院任教，1832年任矿物学教授。1838年当选为英国皇家学会会员。1841年由于宗教需要被迫改学医学，后获医学硕士学位。先后担任圣约翰学院评议员、剑桥大学矿物学教授。1843年进入议会度量衡委员会，负责建立新的度量标准。1865年、1876年分获都柏林大学、牛津大学荣誉法学博士学位。1870年被委任为国际公制委员会委员。1857～1859年任剑桥哲学学会会长。1838年入选英国皇家学会会员，1856～1873年任英国皇家学会外事秘书。

1839年出版《晶体学原理》一书，提出晶体参考轴一定平行于晶棱的论点和晶面指数体系（后被称为米勒指数），简化了韦斯晶带定律，定义了晶带符号，提出法线方程、余弦（$\cos\theta$）公式和合理的正弦比，对晶体几何问题作了充分论述。书中还讨论了用极射赤平投影和心射极平投影表达三度空间角的关系。应用偏振光对各种透明矿物特性作了初步鉴定。1831年出版《流体静力学和动力学基础》，文笔流畅，内容简练，独具一格，该书作为一部权威性教科书沿用到19世纪50年代。1852年与布鲁克（H. J. Brooke）合著《矿物学入门》，是后来描述矿物学的范本。此外出版有《微分计算初论》(1833年)、《晶体学论文集》(1863年）等。1874年创制接触双圈测角仪。

1870年获英国皇家学会皇家奖章。针镍矿的英文名称为Millerite，即为纪念他首先研究了该矿物晶体而得名。

(王天运)

拉尔特，É. A. I. H. (Lartet，Edouard Amant Isidore Hippolyte) 法国人，1801年4月15日生于法国热尔，1871年1月28日卒于同地。*地层学、古生物学、古人类学。*

出身世袭贵族家庭。在大学念书时获拿破仑奖章。后去图卢兹大学攻读法律。1829年作为见习律师来到巴黎，怀着研究自然科学的决心，求学于法国公学，出入于巴黎自然博物馆，寻觅博物学方面的珍贵资料。后回到热尔管理父亲的遗产。曾任国际文物和史前人类会议主席。去世前数周任巴黎自然博物馆古生物学教授。获法国荣誉军团勋位。1857年当选英国伦敦地质学会外籍会员。

他的佃户们不时奉送各种石器、贝壳、骨化石等奇珍异宝，这更增加了他对古生物学的求知欲，开始挖掘热尔第三纪地层，终于在1834年底发现富含化石的桑桑遗址。通过15年艰辛的考察和研究，发现哺乳动物与爬行动物的90多个属种，有关文章刊登在法国地质学会《丛刊》上。继1836年首次发现类人猿化石后，又进一步寻找类人猿遗址，为巴黎自然博物馆作出巨大的贡献。

与A. J. 戈德里合作研究希腊皮克米几个相同的化石遗骸，并发表了有关第三纪古生物学的论文。1858年后开始着重古人类石器、文物的研究。1861年基于第四纪哺乳动物的研究，建立了古生物年代。以后又考察了法国许多地方，从古人类雕刻和雕塑品的资料进一步证明史前工艺的发展。工作热情，不求名利，著述丰硕。

(马玉英)

迈尔，C. E. H. von (Meyer，Christian Erich Hermann von) 德国人，1801年9月3日生于德国法兰克福，1869年4月2日卒于同地。*地层学、古生物学。*

律师兼法兰克福市市长的儿子。1822～1827年在德国几所名牌大学攻读财政学、地质学和矿床学，以后专心研究古生物学。1837年在本登塔尔内阁财政部任职，自此以后只能利用业余时间从事古生物学研究。1851年始协助主编《古生物学》杂志。

发表的许多文章在古生物学文献中占有一定地位，成为欧洲著名古生物学家之一。早在1832年出版《古生物学》一书，是一部阐述脊椎动物的地层分布、发生及其演化的通论。撰写出版的4卷巨著《古代动物志》(1845～1860年）涉及了古生代中生代的脊椎动物，描述细致、立论清晰、图版精湛。曾多次批判G.居维叶的相关定律。1858年获英国伦敦地质学会沃拉斯顿奖章。

(马玉英)

波罗，I.（Porro，Ignazio） 意大利人，1801年11月25日生于意大利皮内罗洛，1875年10月8日卒于米兰。地貌学、大地测量学、仪器研制。

工程兵中尉之子。入皮埃蒙特炮兵部队，晋升至少校，1842年退役。后去法国巴黎研制和经营科学仪器。晚年回意大利，先后在佛罗伦萨大学、米兰大学任教测量学。

研制成几种光学仪器，使得地形测量术发生了一次革新。1835年制作出一台立体望远镜，可以通过光学方法测出目的物至带有刻度的测距竿之间的距离。这是他的第一项发明。后来他又把这台立体望远镜组装到当时已经广泛使用的经纬仪上，这样就构成了一台测距仪。1848年制作出可以调节像距的镜筒式物镜。1855年他制作了一个直径为35毫米，其上刻有4 000个分格的分划板。在晚年制作出精度超级、操作简易、携带方便的测距仪。1851年还把倒向棱镜用于双筒望远镜中。并把摄影技术应用于地形测量，可以从相片上量出目的物的距离和方位。 （张南海）

克里斯托尔，J. de（Christol 或 Cristol，Jules de） 法国人，1802年8月25日生于法国蒙彼利埃，1861年6月25日卒于同地。地层学、古生物学、人类学。

1834年获蒙彼利埃大学理学博士学位。1837年任第戎大学理学院地质学教授，不久任学院秘书，1853年就任院长。

虽是一个平凡的地质学家，却是一位很有能力的骨骼学家，曾经纠正过居维叶的一些错误。他常被人誉为史前科学的奠基人之一，因为在1829年他自费出版的一本小册子《骨化石记》里，果断地指出，在庞德斯山洞里发现的人类骨骼与狮子、鬣狗、熊的一些已灭绝的种类属同一时代，从而证明了人类化石的存在。而当时，连地质学界的泰斗G. 居维叶对人类化石的存在也持否定态度。 （冯祖钧）

德奥比尼，A. C. V. M. D.（d'Orbigny，Alcide Charles Victor Mane Dessalines） 法国人，1802年9月6日生于法国大西洋岸卢瓦尔省库埃龙，1857年6月30日卒于法国圣但尼塞纳河畔皮埃尔菲特。地层学、古生物学、地理探险。

船上医生之子。受父亲影响从小热爱科学。1819年在巴黎大学开始系统学习动物学。1826年受巴黎自然博物馆委托，前往南美洲诸国考察和收集标本，1834年回法国。8年中跋涉整个南美大陆，历尽千辛万苦，做了大量考察研究。回国后一直居住巴黎。长期试图在巴黎谋取一教授席位都未成功，直至1853年才在巴黎自然博物馆内担任古生物学讲座教授。因长期处于逆境，健康严重受损，数年后便去世。生前曾是法国国内外多个自然科学会会员及科学院院士。

是近代古生物地层学创始人之一。毕生著作甚多。由于学术上非正统见解，观点独特，在法国动物学界和地质学界遭受非议。他从南美洲各国收集到10 000余份博物学样本；1834～1847年间出版他在南美洲8年地理考察的结果，共10卷，被C. 达尔文誉为“19世纪的丰碑之一”；1840年后直至去世，一直致力于编撰出版主要著作《法国古生物学》（8卷），阐述法国的古生物化石及其在地层上的分布。还出版了更加全面的古生物学著作《古生物地层学通论》（1849年），书中根据所含18 000种古生物化石的不同，把地层划分为27个阶，其中某些重要观点和名词至今仍然沿用。两次获得伦敦地质学会沃拉斯顿奖章。为纪念他，动物学上的一些类、种、属以他命名。 （刘 汉）

达希亚，É. -J. -A. D.（d'Archiac，Étienne-Jules-Adolphe Desmier de Saint-Simon，Vicomte） 法国人，1802年9月24日生于法国兰斯，1868年12月24日卒于巴黎。地层学、古生物学、地质学史。

1819年进入圣西尔军事学院，后任骑兵军官9年。1832年辞去部队职务，专心致力于地质学。1844年、1849年和1854年三次出任法国地质学会会长。1861年任巴黎自然博物馆古生物馆教授兼馆长。终身未娶。因不堪疾病的折磨，最后在圣诞节前夕投塞纳河自尽。

主要研究沉积地层学。1843年出版了1∶160 000的埃纳省地质图，建立了地层层序和化石组合，并对白垩系进行进一步细分。1853年与他人合作出版有关印度货币虫的描述专著，对352个种和变种的图解，成为古生物实验室鉴定有孔虫的基础。1847年出版《地质学发展史（1834～1858年）》第一卷，1848～1860年出版了另外8卷。早期反对达尔文的物种起源学说，1866年后转变为坚定的进化论者。其他著作有《古生物地层学》（3卷，1864～1865年）、《地质学和古生物学》（1866年）等。1853年获伦敦地质学会沃拉斯顿奖章。 （黄家柱）

米勒，H.（Miller，Hugh） 英国人，1802年10月10日生于英国苏格兰克罗默蒂，1856年卒于苏格兰波托贝洛。地层学、古生物学、科学传播。

17岁时当石匠，同时自学地质学、博物学和文学。1834年任地方银行会计。1839年卷入政界派系斗争，由于他雄辩的口才而受到一派的青睐，应邀去爱丁堡作该派报纸的主编，直至去世。在爱丁堡，他结识了许多出类拔萃的科学家，其中包括当时鱼类化石方面的权威J. L. 阿加西斯。

1841年米勒将自己以前见诸报端的若干论文加以改写和扩充，出版了他的第一部流传甚广的科学著作《古老的红色砂岩》（1841年）。书中纠正了人们关于老红色砂岩中不含化石的错误认识。起初在写作方面崭露头角，文笔生动。曾在一本书中写过：地质学是一切科学中最富有诗意的。他在科学上的成就不多，但擅长用富于文学性的语言开启人们对于科学特别是地质学的兴趣，从而促进了地质学的普及和发展。另有《造物主的足迹》（1850年）、《岩石的证据》（1856年）、《大众地质学》（1859年）等。（冯祖钧）

达西，H. -P. -G.（Darcy，Henri-Philibert-Gaspard） 法国人，1803年6月10日生于法国第戎，1858年1月3日卒于巴黎。*水力学、工程地质学、供水工程。*

税务官之子，14岁丧父。1821年进入巴黎综合工科学校学习。1823年录取于巴黎道路与桥梁学院。毕业后回到第戎市，在法国皇家路桥工兵团服役，曾任第戎城市供水系统总工程师。1848年后任法国国家道路和桥梁部监察长，1855年因健康原因辞职。1928年娶一位英国女子为妻，终身相伴，无子女。因肺炎在巴黎去世。

最大贡献是提出后来以他的姓氏命名的达西渗透定律。为了揭示水在土体中的渗透规律，他经过大量的试验研究，总结出渗透能量损失与渗流速度之间的相互关系。地下水在土体孔隙中渗透时，由于渗透阻力的作用，沿程必然伴随着能量的损失。在供水试验中，他首次发现管道水流阻力与管道壁的粗糙度有关。在试验用沙子过滤方法净化水质时，他把颗粒均匀的砂土装入内径为0. 35米、高为2. 5米的直立圆筒内，让自来水从上向下渗过砂柱，测定流量和上下过水断面的压力水头。他用5组不同高度的砂柱，经过35次试验，终于建立了水在均质孔隙介质中的渗透公式，即达西定律：砂土中渗透的渗流量q与水管断面积A、水头损失△h成正比，与断面间距l成反比，即$q=kA(\triangle h/l)$。1856年在巴黎发表相关论文“流经砂层水流规律的确定”，为地下水的定量计算奠定了基础。（李啸虎）

赫尔默森，Г. П.（Хелмерсен，Григори Петрович；Helmersen，Grigory Petrovich） 俄国人，1803年9月29日生于拉脱维亚杜克尔绍夫，1885年2月15日卒于俄国圣彼得堡。*地质学、矿床学、地层学。*

1825年在多尔帕特大学毕业，获理学硕士学位。1835～1838年又到圣彼得堡矿业学院学习，后任该院地质学教授，曾兼任院内博物馆馆长，1865～1872年任院长。获采矿工程兵团的中将军衔。1850年当选为圣彼得堡科学院院士。是俄国地质委员会创始人之一，1882年任该会第一任主席。被许多国家的科学团体聘为名誉会员。

科研工作主要是区域地质调查。早年在乌拉尔、阿尔泰工作一段时间后，集中精力研究俄国中部地区的地质构造和矿产资源，长达25年。对俄国地质调查工作的开展，曾起重要作用。他在1841年编印的1英寸比30英里（约相当于1/1 900 800）的俄国（欧洲部分）地质图说明中，第一次展示了俄罗斯地台的主要构造，首次指出晚古生代的杂色沉积物应为一单独的地层单元，并名之为“二叠纪砂岩”。后来英国学者R. I. 麦奇生考察该典型地层后，确认是界于石炭系和新红色砂岩间的新岩系，遂建立了“二叠系”。该图获1842年圣彼得堡科学院奖金。毕生发表130多篇学术论文，受到地质界的高度赞扬。1879年为纪念他从事科学事业50周年，圣彼得堡科学院曾以他的名字设置奖学金。（刘 汉）

多弗，H. W.（Dove，Heinrich Wilhelm） 德国人，1803年10月6日生于普鲁士利格尼茨（今属波兰），1879年4月4日卒于德国柏林。*气象学、岩石学、地球物理学。*

1821年进布雷斯劳大学。1826年转到柯尼斯堡大学，1826年以“大气压的骤变”一文获博士学位。毕业后留校任教2年，1828年任编外教授。1829年到柏林大学任教，1837～1849年主编《物理学进展》，1844年任物理学教授，1849年任刚建立的普鲁士气象研究所所长，曾三次任柏林大学副校长。1837年当选普鲁士柏林科学院院士。1850年当选英国皇家学会外籍会员。

研究了地磁、偏振现象，对岩石结晶光性、电磁感应现象进行了观察。主要兴趣在气象学方面，对风暴形成及大气环流的理论作了一系列研究，提出极地干冷气流和赤道暖湿气流会合是北半球中纬度地区产生各种天气变化的主要原因（当时锋面说尚未形成）。所提理论虽未用数学公式进行推导，但比同时期风暴形成理论内容要丰富得多。1827年在柯尼斯堡大学时，根据长年观察风向、平均压力、温度、湿度等的关系，总结出德国天气预报的规律——“旋转定律”，为最早阐明天气变化规律的总结之一。还在1848年首次绘制了月平均等温线图和温度等距平图。发表300余篇论文，广泛涉及气象学、岩石学以及与地球物理学密切相关的热学、光学、磁学以及电学等领域。

1853获英国皇家学会最高奖科普利奖章。为纪念他，月球上有陨石坑（环形山）以他命名。（曹念祥）

卡纳尔，R. von（Carnall，Rudolf von） 德国人，1804年2月9日生于德国格拉茨（今为波兰克沃兹科），1874年11月17日卒于布雷斯劳（今为波兰弗罗茨瓦夫）。*矿物学、矿冶工程。*

从小对矿物学和采矿业深感兴趣。早年在矿山实习和工作，1823～1824年在柏林大学进修采矿学专业，毕业任采矿工程师。后任塔尔努维茨（今波兰塔尔努夫）矿业部官员。1839～1844年指导成立塔尔努维茨矿业学校。1844年任波恩矿产署高级顾问，1847年任采矿枢密官。1848年起在柏林普鲁士工贸部矿冶署供职8年。1856年任布雷斯劳矿产署主任，1861年退休。1848年起任德国地质学会会长多年。1855年获柏林大学荣誉博士学位。曾创办德国官方的矿业杂志，1853～1858年任主编，该刊直至1945年才停刊。

主要发表有关行政管理、采矿技术以及地质领域的许多科学论文。在任矿业部官员期间，撰写出版了

《地下煤矿之火》著作。为纪念他，矿物光卤石（Carnallite）是以他的姓氏命名的。（冯祖钧）

马瑟，W. W.（Mather，William Williams） 美国人，1804年5月24日生于美国康涅狄格州布鲁克林，1859年2月26日卒于俄亥俄州哥伦布。*矿物学、岩石学、地质学。*

出身书香门第。1823年进西点军校，1828年毕业。在军队中服役8年，同时兼任西点军校化学、矿物学、地质学助教。曾任纽约州政府地质师，负责纽约州地质调查区第一分区。1833年获康涅狄格州卫斯理公会大学文科硕士学位。1836年获罗得岛州布朗大学法学博士学位。1837～1840年组建俄亥俄州第一个地质调查所。1842～1845年任俄亥俄大学自然科学教授，1845年相继兼任副校长、代理校长。1846年在马利塔学院任化学、矿物学和地质学教授。1847年重返俄亥俄大学就任副校长和自然科学教授。

他最重要的地质工作，是一份篇幅浩大的纽约州地质调查最终报告。很早认识到：意见分歧颇多的塔康岩，主要是由早古生代沉积物变质而成的；哈得孙高地岩石，在年龄上和岩性上相当于阿迪朗达克山的古老岩石。（冯祖钧）

罗杰斯，W. B.（Rogers，William Barton） 美国人，1804年12月7日生于美国费城，1882年5月30日卒于波士顿。*地层学、地质学、力学、科学教育。*

是H. D. 罗杰斯的哥哥。大学毕业于威廉与玛丽学院。1828年接替其父职位，任该校化学与自然哲学教授。1835年任弗吉尼亚大学自然哲学教授，开设矿物学和地质学课程。后任弗吉尼亚州的地质学家。与其兄弟一起，积极参与1840年美国地质学家协会的组织工作，1845年和1847年任该会主席。该协会1848年改为美国科学促进协会后，1876年任主席。1853年迁居波士顿，与其兄弟一起，积极促成马萨诸塞理工学院的建立，两次任该院院长。1863年成为美国国家科学院院士，1879年任院长至去世。1866年获哈佛大学荣誉法学博士学位。

1835年和其弟亨利一起，对弗吉尼亚州阿布拉契亚山区开展过填图工作，1836～1840年连续发表6篇调查报告，对该地区的地层、不对称褶皱和逆断层等作过详尽描述。提出局部构造应同区域范围内各种应力协调的观点，正确评价了切向应力的作用。此外，致力于建立和推广科学教育，被尊为近现代科学技术课程体系的主要设计者之一。主要著作有《材料强度》（1838年）、《机械力学哲学原理》（1852年）、《弗吉尼亚地质学论文选》（1884年）等。（李嘉曾）

蔡乌希纳，L.（Zejszner 或 Zeuschner，Ludwik） 波兰人，1805年生于波兰华沙，1871年1月3日卒于克拉科夫。*地质学、矿物学、古生物学。*

1822年到华沙大学学习。1824～1828年在柏林大学学习。1829年获海德堡大学博士学位。1830年任克拉科夫大学新成立的矿物学系系主任。1857年任华沙大学矿物学教授。1863年离开华沙。1870年移居克拉科夫。翌年在一次抢劫事件中被杀害。

他是波兰第一个现代地质学家。1829年发表“论玄武岩层的成因和相对年龄”一文，持岩浆成因观点，摆脱了当时尚在波兰流行的水成论。1833年出版《矿物学手册》一书，并开始在克拉科夫区和喀尔巴阡山进行地质调查。1856年出版《综合地质学》一书。1858年，主持和参加勘探盐矿；主编波兰王国地质图。1861年出版一部内容广泛的矿物学手册，书中采用根据结晶和化学成分的新分类法。重视从事野外调查并出版其成果，研究地质构造及有用矿物产地。在200多篇（部）论文和著作中，绝大多数是波兰地区野外地质和矿产调查及综合描述的成果，前期（1829～1857年）主要是关于南部波兰即喀尔巴阡山的，后期（1858～1870年）主要是关于中部波兰圣十字山的。他的古生物著作主要是关于侏罗纪的动物群，包括一部重要的波兰古生物学。由于观察力敏锐，他的著作迄今仍然具有实际意义。

1960年，波兰地质学会设立了蔡乌希纳奖，每年授予发表最佳著作的青年地质学家。（应中锷）

韦纳伊，P. É. P. de（Verneuil，Philippe Édouard Poulletier de） 法国人，1805年2月13日生于法国巴黎，1873年5月29日卒于同地。*地层学、地质学、古生物学。*

曾在巴黎大学学法律。1833年受聘于法国司法部。后来他听埃利·德博蒙开设的地质课程，1835年起投身于科学事业。1840年、1853年及1867年三次当选为法国地质学会会长。1854年入选法国科学院院士。是英国皇家学会外籍会员，圣彼得堡科学院、柏林科学院的外籍院士。

科学上的贡献是描述古生代的地层和生物群。对化石具有广博知识。在地层学方面，提出北美和西班牙古生代沉积与欧洲可以对比的理论。研究了欧洲和北美的5个地区。1835～1838年在欧洲旅行，从英国直到克里米亚。1840～1841年，与英国地质学家R. I. 麦奇生一起到俄国的欧洲部分旅行。1846年去美国作短暂的访问。1849～1862年间几乎每年都去西班牙。1864年以后几年中，研究了意大利维苏威火山的活动。1840～1841年和麦奇生第二次在俄国地质旅行时，后者在彼尔姆地区发现了一套新地层，命名为二叠系。韦纳伊对这套地层作了化石研究，将该地层作为古生界的上限，并很快证实了同一化石群在西欧存在，因而西欧也有二叠系地层。1846年去美国旅行时初步研究了纽约和俄亥俄的地层，在著作中提出两个大陆的古生代沉积是类似的，每一大陆的化石分布符合共同规律。（应中锷）

菲茨罗伊，R.（Fitzroy，Robert） 英国人，1805年7月5日生于英国萨福克郡，1865年4月30日卒于伦敦上诺伍德。海洋学、气象学、航海学、地理探险。

出身航海世家。1819年进入普茨茅斯皇家海军学院。1824年任海军上尉，1835年升任海军上校，1863年晋升海军中将。期间1855年任英国气象局首任局长。1851年被选为英国皇家学会会员。1865年因几次预报失败，并因缺乏预报理论而遭到非议，导致精神受挫而自杀。

两次指挥“贝格尔”号（“猎犬”号）舰赴南美南部海岸考察。第二次携带达尔文前往，使之考察了南美动植物。“贝格尔”号由此闻名于世。但后来他却因宗教信仰根深蒂固，终与达尔文的观察产生分歧。他绘制了南美海图。除了测量仪器，“贝格尔”号还装备了22只航海钟，通过这些航海钟和天体观测，精确地定出从太平洋、印度洋到大西洋的一连串经线的距离。

1855年大英帝国成立气象局，由菲茨罗伊主管。他搜集各地大气情报，根据这些情报绘制第一批天气图，并开始了天气预报。他是气象预报的先驱者之一，1863年出版《实用气象手册》。1837年获伦敦地理学会金质奖章。另出版有《“冒险”号和“猎犬”号探险勘测航海记事》(1839年)。 （陈良瑞）

莫里，M. F.（Maury，Matthew Fontaine） 美国人，1806年1月14日生于美国弗吉尼亚州弗雷德里克斯堡附近，1873年2月1日卒于弗吉尼亚州列克星敦。自然地理学、气象学、海洋学、航海学。

1825年中学毕业后入美国海军。1839年因车祸腿部致残，不能出海作业，但仍作为海军军官留华盛顿工作，主管美国海军天文台和制图与仪器供应站，开始从事科学研究。1852年、1853年和1868年相继获北卡罗来纳大学、哥伦比亚学院（今华盛顿大学）以及剑桥大学的荣誉博士学位。是国内外一些科学院和学会的成员。

被誉为“美国近现代海洋学与海军气象学之父”。对改进航海技术颇有贡献，潜心研究大量的航海日志，编出一系列大气与海洋环流图表。1853年他在布鲁塞尔组织了首次国际气象学会议，会后主编出统一的海上天气报告。1854年出版《北大西洋水深图》，绘制出许多条等深线，为敷设大西洋海底电缆提供了重要地质资料。1855年出版名著《海洋自然地理学》，书中收入他早期关于气象学和海洋学方面的文章。该书在美国和英国重印过多次，被译成6种欧洲文字。尽管关于大气与海洋环流的理论谬误颇多，本人又固执己见，但对后人研究的推动和促进作用却是不容置疑的。 （冯祖钧）

埃曼，G. A.（Erman，Georg Adolph） 德国人，1806年5月12日生于德国柏林，1877年7月12日卒于同地。地理学、地质学、科学传播。

柏林大学物理学教授的儿子。1826年在柏林大学获博士学位。1832年成为柏林大学编外教授，1834年成为物理学教授，后成为有名望的埃及学家。

1828年随探险队去俄国和西伯利亚探险，后周游世界，直到1830年。在旅行中进行地理学和大地测量学考察，作了海拔、地磁和气象学观测，把考察情况与在俄国和亚洲北部收集的资料综合起来。还对博物学、普通地理学、人种学、社会学和经济学作了大量记载，后把上述资料汇编5卷出版。1841～1867年主编出版一种期刊，内容有反应俄国的报告文学、科技文章、俄国经济社会状况。为刊物撰写了许多稿件，特别是地球科学的文章，文内记载了欧洲、俄国和亚洲北部地质勘探的资料，并用地质图加以说明。写过东普鲁士第三纪、西班牙北部的白垩纪和哈茨山脉鲍曼山洞内哺乳动物遗迹等方面的论文。 （宋玉亭）

贝奇，A. D.（Bache，Alexander Dallas） 美国人，1806年7月19日生于美国宾夕法尼亚州费城，1867年2月17日卒于罗得岛州新港。地理学、大地测量学、地震学、天文学。

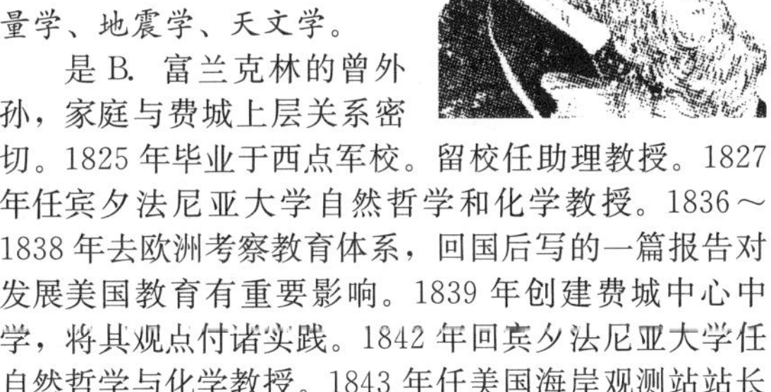

是B. 富兰克林的曾外孙，家庭与费城上层关系密切。1825年毕业于西点军校。留校任助理教授。1827年任宾夕法尼亚大学自然哲学和化学教授。1836～1838年去欧洲考察教育体系，回国后写的一篇报告对发展美国教育有重要影响。1839年创建费城中心中学，将其观点付诸实践。1842年回宾夕法尼亚大学任自然哲学与化学教授。1843年任美国海岸观测站站长直到去世。1863年任美国国家科学院第一任院长。1861年当选为英国皇家学会外籍会员。

美国海岸观测站开始很小，但在他主持下不到20年便成为美国科技界最大的社会团体，对许多科学领域起了积极作用。在他的领导下，开始了大西洋和太平洋等海岸的测量，发展了电报学在测定经度中的作用。他支持和参与天文观测，包括1854年5月26日和1860年7月18日的日食观测。利用太平洋海岸潮汐标尺的数据，记录研究了来自日本的地震波。在海岸观测站任职期间还建立了发展科学和美国联邦政府之间相互关系的许多模式，后来基本上成为发展美国应用科学的先驱和指南。生前立下遗嘱，死后把自己的财产赠给美国国家科学院作为贝奇基金，这对1900年之前的美国来说是一笔虽小却很重要的支持科学研究的经费。1887年的迈克耳孙-莫雷实验就是在贝奇基金资助下进行的。 （陆伟良）

魏斯巴赫，J. L.（Weisbach，Julius Ludwig） 德国人，1806年8月10日生于德国安娜贝格附近，1871年2月24日卒于弗赖贝格。水力学、机械学、矿冶工程。

矿工领班的儿子。在安娜贝格文化宫和弗赖贝格的矿工子弟学校接受早年教育。1822年借钱进入弗赖贝格矿业学院学习。后又去格丁根大学学习2年。1829年在维也纳大学和维也纳技术大学研究数学、物理和力学。1831年在弗赖贝格某中学讲授数学。1833年在弗赖贝格矿业学院任教，1836年升为数学、矿业机械和测量学教授。1859年获莱比锡大学博士学位。1860年德国工程学会授予他第一个荣誉会员称号。还是圣彼得堡科学院、瑞典皇家科学院等外籍院士。

出版第一部《矿山机械力学》著作（2卷，1835～1836年）。1839年巴黎工业博览会之行，增加了对水力学的兴趣。同时倡导用经纬仪代替罗盘和分度规，对矿藏测量方法的发展作出了贡献。水力学方面的数据和公式至今还被人沿用。

著述很多，有关数学、机械学和测量学方面的书14本，论文59篇。其中主要涉及水力学。有些著作被翻译流传国外。另有著作《工程与机械力学教程》（3卷，1845～1863年）、《工程师手册》（1848年）、《制图法指南》（1857年）等。（陆伟良）

阿比希，O. H. W.（Abich，Otto Hermann Wilhelm von） 德国人，1806年12月11日生于德国柏林，1886年7月1日卒于奥地利维也纳。火山学、地质学、矿床学。

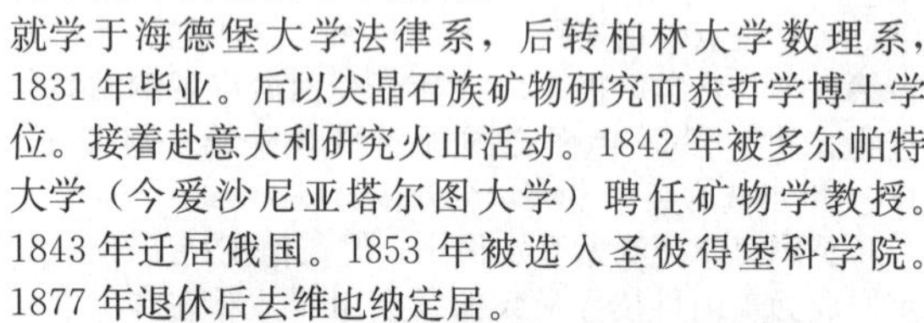

受父亲和叔叔的影响，自小爱好自然科学和旅行。就学于海德堡大学法律系，后转柏林大学数理系，1831年毕业。后以尖晶石族矿物研究而获哲学博士学位。接着赴意大利研究火山活动。1842年被多尔帕特大学（今爱沙尼亚塔尔图大学）聘任矿物学教授。1843年迁居俄国。1853年被选入圣彼得堡科学院。1877年退休后去维也纳定居。

致力于高加索山脉及火山的研究达35年之久。对高加索的岩浆形成、地层、古生物和构造运动进行了详细的研究。认为决定地质作用的主要因素来自地球深部的力和岩浆火山活动。特别重视地质研究的实际应用，查明了大量的矿产资源，其中发现的奇阿图拉锰矿是世界最大的锰矿之一。还成功地发展并应用寻找石油的背斜理论。他的研究还涉及地貌学、冰川学、气象学、地理学、陨石学和考古学等广泛的领域，论文和著作超过200种。代表作有《高加索地区各国地质研究》（3卷，1878～1887年）等。

为纪念他，砷铜矿（abichite）以他命名。

（黄家柱）

阿加西斯，J. L. R.（Agassiz，Jean Louis Rodolphe） 美国人，1807年5月28日生于瑞士的莫蒂昂-乌里，1873年12月14日卒于美国马萨诸塞州坎布里奇。冰川学、古生物学、博物学。

瑞士裔。新教牧师之子。曾在瑞士苏黎世大学医学院，德国海德堡大学、慕尼黑大学学习。1829年获德国埃尔兰根大学哲学博士学位。1830年获慕尼黑大学医学博士学位。1831～1832年在法国巴黎向G. 居维叶学习比较解剖学。同年任瑞士纳沙泰尔学院教授。1846年举家迁居美国波士顿，在洛厄尔学院任讲师。1847年起至去世，任美国哈佛大学劳伦斯学院教授26年。1863年当选为美国史密森学会董事。同年入选美国国家科学院创始院士。

近代冰川学说奠基人，被誉为“冰川学之父”。早年致力于水生生物学、淡水鱼、生物胚胎学、鱼类化石等研究。首篇论文涉及巴西和中欧鱼类分类；出版系列专著《化石鱼类研究》（5卷，1833～1843年），以比较解剖学方法精确描述了1700种古鱼类化石。1932年开始研究冰川学，同年勘查瑞士侏罗山区冰川。1936年考察戴伯勒瑞茨冰川。发现阿尔卑斯山有不少“不规则”巨砾石，其地质成分与所坐落基岩完全不同，基岩上留有许多划痕，而且谷地地貌不同于通常河谷。1837年7月24日，他在瑞士自然科学协会演讲自己的冰川理论，首次提出：地球近期地质史上存在一个由气候变化产生的“冰川时代”；北极地区大冰盖曾南下欧洲阿尔卑斯山，再向中亚地区延伸；古代瑞士全境、英国大部和北美东北部，曾均为大冰盖所覆盖。这种激进理论以“造物主”冰川灾变说取代先前以《圣经》或古代传说为依据的洪水灭世说，在科学界引起了轩然大波。1840年，在温特阿尔冰川旁砌起一间小石屋，建立了世界上第一个冰川科学考察站。他在那里测量冰川厚度，垂吊入冰井研究冰川结构，观测冰川运动，发现其速度从中段中央部分向上游、下游和两侧递减。率先提出终碛、侧碛和中碛等术语。他是居维叶地质灾变说坚强支持者。1859年达尔文提出自然选择理论，他在美国带头表示反对，仍然主张“造物主”冰川灭世论。

此外，1859年创建比较动物学哈佛自然博物馆，次年开张，成为美国博物学教育研究中心；1863年参与创建美国国家科学院。主要著作有《化石鱼类研究》、《冰川研究》（1840年）、《冰川体系》（1847年）、《美国博物学论文集》（4卷，1857～1862年）、《分类学论文》（1959年）等。获伦敦地质学会沃拉斯顿奖章、英国皇家学会科普利奖章等奖励。为纪念他对冰川学和地质学的功绩，人们从他长期工作过的温特阿尔冰川运来一块重达2500吨的冰碛石，放在他的墓前作为纪念碑。

（孙炳寅）

欧文，D. D.（Owen，David Dale） 美国人，1807年6月24日生于英国苏格兰新拉纳克，1860年11月13日卒于美国印第安纳州。地质学、矿冶学。

苏格兰裔。社会改革家R. 欧文（Robert Owen）的第三子。年轻时受家庭教育。17岁进学校，学古典文学、音乐、绘画、化学及博物学。1828年全家迁入美国，跟随父亲从事“和谐公社”社会试验，以失败告终。1831年回英国在伦敦大学学习化学。2年后返回美国，在辛辛那提大学学医，1837年毕业获医师称号，从未开业。但医学训练却为后来地质工作打下了科学基础。1836年夏季曾当过田纳西州地质师的助手。1837年印第安纳州地质调查所成立，他应聘为首席地质师，后先后任肯塔基州、阿肯色州地质师，1859年仍回印第安纳州任地质师至去世。

在美国中西部各州做了大量地质调查工作。编写的地质报告内容广泛，叙述详尽，分析精确，尤具特色的是都附有精致而众多的图幅。由于知识广博，基础深厚，著作涉及到古生物学、地层学、矿物学及地质构造等各个方面。而且常把地质学和矿产资源开发联系起来，深受企业家和议员们的欢迎。（刘 汉）

盖约特，A. H.（Guyot，Arnold Henry） 瑞士和美国双重国籍。1807年9月28日生于瑞士布德维里埃，1884年2月8日卒于美国新泽西州普林斯顿。*地理学、地质学、冰川学。*

瑞士裔。原先在瑞士纳沙特尔大学学文科，但对大自然怀有强烈的兴趣，课余积极搜集昆虫和植物标本。1825年赴德国继续深造。先到卡尔斯鲁厄大学，在那里结识了冰川学家阿加西斯（L. Agassiz）。后来准备当牧师，但最后还是摒弃神学而转向科学。1835年以有关湖泊自然分类方面的论文，获柏林大学博士学位。其后到巴黎，在那里与阿加西斯重逢。1848年移居美国，在波士顿的洛维尔工程学院讲授比较自然地理学。1854年应聘任普林斯顿大学自然地理学和地质学教授。

阿加西斯建议他去阿尔卑斯山脉考察冰川现象，他在阿尔卑斯山区对冰碛、冰川的特殊流动和冰层的弯曲结构进行了悉心的观察。后来他专门研究瑞士平原上的漂砾。主要著作有《人地关系史》（1853年）、《L. 阿加西斯追忆录》（1883年）、《造化》（1884年）等；参与主编《约翰逊新百科全书》（1876年）。

（张南海）

福尔科纳，H.（Falconer，Hugh） 英国人，1808年2月29日生于英国苏格兰福里斯，1865年7月31日卒于伦敦。*地层学、古生物学、古人类学、植物学。*

1826年毕业于阿伯丁大学，获文科硕士学位。1829年获爱丁堡大学医学博士学位。1830年去孟加拉英国东印度公司任外科助理医师。1832年任命为印度萨哈兰普尔植物园园长，1842年去加尔各答任植物园长。1847年并被聘为加尔各答医学院植物学教授，1855年因健康原因辞职回英国。晚年任伦敦地质学会外事秘书。1845年当选为英国皇家学会会员，1863～1864年任副会长。

对脊椎动物化石，特别是哺乳动物化石的研究造诣颇深。在生命的最后10年，还从事更新世哺乳动物及史前人类遗迹的研究。发现了植物学中的一些新种属，福尔科纳尼亚属北美杜鹃花（Falconeria）就是以他的名字命名的。代表作有《印度北度苏瓦立克丘陵地带动物化石志》（多卷，1846～1849年，与他人合著）等。曾获伦敦地质学会沃拉斯顿奖章。（冯祖钧）

戈德温-奥斯汀，R. A. C.（Godwin-Austen，Robert Alfred Cloyne） 英国人，1808年3月17日生于英国吉尔福德，1884年11月25日卒于同地。*地层学、海洋学。*

出身贵族家庭。原姓奥斯汀，因夫人是戈德温爵士的继承人，1854年岳父去世后，获王室特许将戈德温的姓加在自己的姓之前。早年在法国求学，后在牛津大学奥里尔学院学习，1830年获文学士学位。同年就读伦敦林肯律师学院。同年参加伦敦地质学会，投身于地质学。1849年被选为英国皇家学会会员。

对英格兰南部的地层对比有许多贡献；通过对法国、比利时和英格兰含煤地层的研究，坚定地预言肯特地区存有煤田，这一预言在他去世后6年得以证实。也是研究英吉利海峡形成史的先驱，是最早的海洋地质学家之一。1862年获伦敦地质学会沃拉斯顿奖章。

（李冬田）

罗杰斯，H. D.（Rogers，Henry Darwin） 美国人，1808年8月1日生于美国费城，1866年5月26日卒于英国苏格兰格拉斯哥附近苏尔兰。*构造地质学、博物学。*

是W. B. 罗杰斯的弟弟。在宾夕法尼亚大学获医学博士学位，后成为该校自然哲学与化学教授。曾被任命为宾夕法尼亚州的地质师，积极参与1840年美国地质学家协会（1848年改为美国科学促进协会）的组织工作，1843年任协会主席。1845年迁居波士顿，为建立马萨诸塞理工学院作出努力。1855年去英国苏格兰，1857年被任命为格拉斯哥大学博物学教授。

在美国阿巴拉契亚山区做了大量的地质调查，对山区地质构造如褶皱、断层作了描述和解释，认为这些构造主要由水平挤压造成，板状解理与褶皱构造有关。他和他的哥哥对这些事实的动力学解释，为后来J. D. 丹纳切向收缩的进一步均变理论打下了基础。代表作有《宾夕法尼亚地质学》（2卷，1858年）等。

（李嘉曾）

科塔，C. B. von（Cotta，Carl Bernhard von） 德国人，1808年10月24日生于德国萨克森公国的魏玛-爱森纳赫，1879年9月14日卒于萨克森弗顿贝格。*地质学、岩石学、矿床学。*

毕业于弗赖贝格矿业学院。1842～1874年在该校执教达32年，任大地构造学与古生物学教授。

是矿床学的奠基者之一，又是德国地质学会的创始人之一。他对岩石学的研究作出过重要贡献。他的研究结束了A. G. 维尔纳的肉眼描述岩石学。利用自己丰富的实际经验确定了斑岩、霏细岩等新岩石。强调矿物的成因，因而他提出的关于变质期间的碱与钙，关于超变质作用、再生作用以及混合花岗岩等概念都是相当新的。还提出了岩石分类的成因体系，划分为沉积岩（机械、化学和有机沉积）、变质岩、岩浆岩（酸性以及基性深成岩与火山岩）。主要的族类至今仍在沿用。他的学生中有不少后来成为地质学界出类拔萃的人物。

著作甚丰，其中有《萨克森地层图册》（多卷，1832～1845年，与他人合著）、《地质学漫步》（2卷，1836～1838年）、《地质学和地质构造学指南》（1839年）、《图林根地质图》（多卷，1843～1848年）、《地质研究的历程》（4卷，1850～1862年）、《岩石学教程》（2卷，1855年；1866年英译本）、《德国的土地、地质及其对人的生存的影响》（2卷，1854～1858年）、《矿床学》（2卷，1859～1861年；1870年英译本）、《阿尔泰地质构造和矿产》（1871年）等。 （冯祖钧）

格莱谢尔，J.（Glaisher，James） 英国人，1809年4月7日生于英国罗瑟希塞，1903年2月7日卒于克罗伊登。气象学、气候学、航空学。

伦敦钟表匠之子。自学成才。一次参观天文台时，下定了从事科学的决心，1833年引起皇家天文学家艾里的注意，被任命为剑桥天文台助理。1835年追随艾里到格林威治天文台。1838年天文台成立地磁及气象部门时，担任领导直至1874年退休，历时34年。1849年被推选为英国皇家学会会员。1850年领导建立英国气象学会。1866年参与建立英国航空学会。1866～1868年、1901～1902年两度出任英国皇家天文学会会长。他也是英国皇家显微镜学会第一任会长，并担任英国摄影学会会长20多年。

他有效地组织了英国的气象观测和气候统计，先后发表论文120篇。1845年为测量温度首次发表“露点表”。1847年发表的第一篇，详尽地论述了晚上地面的热辐射。同年发表“适用于干和湿泡式温度计的湿度表”，尽管此表系用经验数据编成，在英国气象部门仍使用近一个世纪。最引人注目的壮举，是他在1862～1866年乘气球所作一系列的科学考察。1862年9月5日，他乘气球测定大气气压和湿度、温度等数据，创下当时最高飞行高度，估计约为10 900米高空（但他在海拔8 800米高度已昏厥过去）。 （戴成勋）

勒默尔，F. A.（Roemer，Friedrich Adolph） 德国人，1809年4月14日生于德国希尔德斯海姆，1869年11月25日卒于克劳斯塔尔。地层学、古生物学。

是希尔德斯海姆高级法院顾问之子，地质学家F. 勒默尔之兄。在出生地进大学预科。1828～1831年在格丁根大学和柏林大学学法律，后任司法官员。1843年调至克劳斯塔尔矿业事务所。数年后到该市矿业学校教地质学和矿物学，1862年成为该校校长。1867年因健康原因辞去政府职务。

未受过正规地质学教育，由于受当地地质现象的吸引而自学地质学和古生物学。首次描述德国西北部侏罗纪、白垩纪地层，对其分层有深刻见解，记录过大量植物与动物化石种属，后将研究范围扩大到哈尔茨山的泥盆系、下石炭统及第三系的各种化石。大约有20种他研究过的有孔虫和介形虫化石，直到今天它们仍是欧洲和世界部分地层的标准化石。主要著作有《德国北部奥莱特山区的化石》（多卷，1836～1839年）、《德国北部白垩山区化石》（2卷，1840～1841年）和《哈尔茨山区化石》（1843年）等。 （李嘉曾）

福布斯，J. D.（Forbes，James David） 英国人，1809年4月20日生于英国爱丁堡，1868年12月31日卒于苏格兰克利夫登。冰川学、地震学、热力学、仪器研制。

1825年入爱丁堡大学专攻法律，对J. 莱斯利讲授的自然哲学课很感兴趣。化名给布鲁斯特（D. Brewster）主编的《爱丁堡哲学》杂志投稿，布鲁斯特鼓励他改行科学研究。毕业后留校任教，1859年任圣安德鲁斯大学联合学院教授至去世。21岁时，当选为爱丁堡皇家学会会员。1832年当选为英国皇家学会会员。1833年接替莱斯利任爱丁堡大学自然哲学教授。1840～1851年间任爱丁堡皇家学会秘书长。是许多欧洲学术团体的名誉会员。1860年起任圣安德鲁斯联合学院校长，直至去世。其弟E. 小福布斯是一位生物地理学家。

1834年在研究云母片时发现热辐射极化现象，因而于1838年获英国皇家学会授予的朗福德奖。1840年后兴趣转向冰川学，到阿尔卑斯山区和挪威等地考察，研究那里冰川的形成和移动。1843年因“大气穿透性及太阳光穿透大气被减弱定律”文章获英国皇家学会皇家奖章。主要著作有《法国萨瓦阿尔卑斯山区和英国奔宁山区旅行记，兼冰川考察记》（1843年）、《挪威及其冰川》（1853年）、《冰川学说文集》（1859年）等。1842年发明地震检波仪。为纪念他，新西兰有福布斯河和福布斯冰川。 （张南海）

德康宁克，L. -G.（De Koninck，Laurent-Guillaume） 比利时人，1809年5月3日生于比利时卢万，1887年7月15日卒于列日。地层学、古生物学、化学。

22岁获卢万大学医药学和自然科学博士学位。留校化学学院任教。后先后在巴黎大学、柏林大学和德国苏吉森大学进修化学。继而在根特大学、列日大学教自然科学。1835年到列日大学任教，1856年任化学教授直至去世。是比利时皇家科学院院士，许多国外科学院外籍院士。

在世时享有盛誉，主要科学活动在古生物学，尤其是石炭纪石灰岩动物群的研究。1835年起，从列日大学附近图尔奈期典型断层图尔奈石炭岩中采集到大量古生物化石。在发表的434种古生物物种中，他认为208种是新发现的，表明石炭纪动物群是复杂的。还对比利时石炭纪动物群与其他地区的进行比较，力图通过化石确定原生沉积的相对年龄。工作集中在化石动物群的分类、年代学上意义和地理范围。最后进行的比利时石炭纪石炭岩动物群的研究十分出色，发表的物种达1 302种，其中的891种他认为属于新发现。还曾断言中国存在泥盆纪体系。

主要著作有《无机化学基础》（1839年）、《比利时石碳化地层动物化石描述》（多卷，1842～1844年；补遗卷1851年）、《动物化石研究》（1847年初版，1873年第2版）等。1875年获伦敦地质学会沃拉斯顿奖章。1886年获澳大利亚新南威尔士皇家学会克拉克奖章。（温敬铨）

克施泰特，F. A. von（Quenstedt，Friedrich August von） 德国人，1809年7月9日生于德国萨克森的艾尔斯莱本，1889年12月21日卒于蒂宾根。地层学、古生物学、矿物学、晶体学。

曾在柏林洪堡大学学习矿物学和地质学。1837年在蒂宾根大学任矿物学、地质学编外教授，1841年任教授。

早期采用球面几何法研究晶体学和矿物学，1845年首创三名法命名体系，把斯华比亚（Swabian）侏罗纪的3个主要分区再分别划分为6个带。撰写的《德国化石学》（7卷和补遗，1846～1884年）是研究侏罗纪脊椎动物化石最好的参考文献之一。早在达尔文之前，就认为物种的定义不是绝对的，变异可出现在同一地层层位中，相同的物种也可在不同的地层中找到。这一理论反对灾变说，倾向种族系统史，因此常遭到同行们的驳斥。

主要著作有《晶体学方法》（1840年）、《威滕堡山区地层》（1843年）《化石手册》（2卷，1852年；第3版，1882～1885年）、《矿物手册》（1855年；1877年第3版）等。（马玉英）

希尔，O.（Heer，Oswald） 瑞士人，1809年8月31日生于瑞士圣加仑州，1883年9月27日卒于洛桑。地质史学、古生物学、植物学、生物进化论。

幼年起便爱采集植物和昆虫标本。进德国哈雷大学后虽读神学，却常与自然科学方面的教授交往，毕业获哲学与医学博士学位。同年任牧师。1834年到苏黎世大学任教，同时指导植物园的工作，翌年任植物学和昆虫学副教授，1852年升任植物学教授。

从事教学长达50年，讲授课程有植物分类学、药用和经济植物学、古植物学和昆虫学。著有《古代的瑞士》一书，生动地描述了古生代以来瑞士地质历史和动植物群的变化，内容详尽，文字精练，被誉为经典著作。在研究古生物学中，也涉及到生物演化的理论问题。早在达尔文出版《物种起源》之前4年（1855年），他便在给友人函中论及植物的演化情况，虽然在生物遗传的问题上，他与达尔文的观点接近，但却坚决反对达尔文的自然选择学说。代表作有《瑞士古植物志》（3卷，1855～1859年）、《北极圈古植物化石》（多卷，1868～1883年，与他人合著）等。1873年获伦敦地质学会沃拉斯顿奖章。（刘 汉）

马利特，R.（Mallet，Robert） 爱尔兰人，1810年6月3日生于爱尔兰都柏林，1881年11月5日卒于英国伦敦。地震学、工程学。

出身铁器铸造商家庭。1826年入都柏林三一学院，1830年获自然科学和数学的文学士学位。毕业后在父亲的铸铁工厂参与经营。1861年移居伦敦。1832年（22岁）当选爱尔兰皇家科学院院士。1846～1848年任爱尔兰皇家地质学会会长。1854年成为英国皇家学会会员，后任理事。1866年任爱尔兰土木工程师协会主席。获都柏林三一学院荣誉法学博士学位。

是地震物理学的奠基人之一。1846年出版著作《地震动力学》。1850～1861年利用不同位置人工爆炸的方法，确定了地震波在沙、花岗岩和石英岩中的传播速率。许多地震学中的术语如“地震学”、“震源”、“出射角”、“等震线”、“中震区”等都是他首先提出的。还把地震和火山作用联系起来。另有《1857年大那不勒斯地震》（2卷，1862年）等。

在工程技术方面的研究成果和发明创造，遍及建筑、机械、造纸、印刷、桥梁、热工、铁路、港口、灯塔、煤矿等行业。曾自费勘测，对都柏林的供水体系进行过规划。还从事过重型武器的设计制造，写过关于大炮以及铸造、锻造方面的著作。也是腐蚀理论的奠基人之一。对材料科学也作出过重要贡献。得到过许多科学奖章，其中有1859年英国土木工程师协会德尔福特奖章，1877年伦敦地质学会沃拉斯顿奖章等。（冯祖钧）

德索尔，P. J. É.（Desor，Pierre Jean Édouard） 瑞士人，1811年2月13日生于德国美因河畔法兰克福。1882年2月23日卒于法国尼斯。地质学、古生物学、地层学。

祖先是法国人。早年在大学学法律和自然地质学。1837年在瑞士遇生物学兼地质学家J. L. R. 阿加西斯并任其助手，成为他终身从事地质事业的转折点。1846年到美国。1852年移居瑞士纳沙泰尔，任市立大学地质学教授。1858年辞去教职，从事古生物地层学、考古学研究。1859年改入瑞士国籍后，开始参加政治活动，1874年曾任瑞士联邦议会议长。最后几年因病移居法国，但始终未中断地质和考古工作。

在美国期间，曾研究大西洋陆棚上的动物群；参加苏必利尔湖地区的考察；调查波茨维尔煤田地质。后回瑞士，从事棘皮动物化石、汝拉山脉地质以及青铜时代湖泊居民的研究。还用了近20年时间，与人合作绘制成瑞士地质图。主要著作有《海胆化石概要》（1858年）、《撒哈拉沙漠》（1865年）、《阿尔卑斯山脉》（1865年）等。（刘　汉）

罗伊斯，A. E.（Reuss，August Emanuel）奥地利人，1811年7月8日生于波希米亚（今属捷克）的比利纳，1873年11月26日卒于奥地利维也纳。*矿床学、古生物学、地层学。*

在父亲指导下学完了地质学、矿床学课程。1825年到布拉格大学学哲学、自然科学和医学，1833年获医学博士学位。后在家乡比利纳开业行医。1849年回布拉格大学任教。1863年任维也纳大学矿床学教授。曾任布拉格大学校长等要职。获布雷斯劳大学、维也纳大学荣誉博士学位。

早期主要探讨地质学和矿床学方面的课题，但后来发表的文章则以古生物学为主。1837年首次报道在波希米亚北部发现的矿物。在1845～1846年间完成的《波希米亚白垩系地层化石》一书中，按地层时代以51个图表对776个种（有孔虫和介形虫为主）进行了描述和说明。还对西欧许多国家及地区的古、中、新生代各期海相微体古生物、无脊椎动物等作了广泛的研究，但主要集中研究白垩纪及第三纪有孔虫目，并对西欧该两纪的有孔虫作了详细描述，为进一步了解其生态、生物地理及其分类提供了有力的证据。是“应用微体古生物学”先驱者之一。还首次以有孔虫确定德国北部、中部第三纪地层时代。撰写的著作特别是有孔虫方面的专著已成为研究微体古生物学、古生物学及生物地层学不可缺少的参考文献之一。另有《波希米亚地层概况》（1840～1844年）等。（马玉英）

卢米斯，E.（Loomis，Elias）　一译罗密士。美国人，1811年8月7日生于美国康涅狄格州威灵顿，1889年8月15日卒于康涅狄格州纽黑文。*气象学、地磁学、天文学、数学。*

牧师之子。幼时爱好数学。19岁毕业于耶鲁大学，1833年任该校助教。1836年受聘为俄亥俄州哈得逊的西里索夫学院数学和自然哲学教授。1844年去纽约市立大学讲授数学和物理学。1860年重返母校执教，直至去世。是美国国家科学院院士，美国和欧洲许多科学协会的会员。

在气象学领域，1846年他公布了第一幅“天气图”。他的气象资料表示的新方法，对嗣后几十年暴风理论形成具有深远影响，这一方法对天气预报的发展也十分重要。他把水气凝结作用释放出潜在热能而加强的热对流视为暴风形成的首要因素。1877年起开始对气旋及反气旋做系统而细致的统计调查，其结果有效地支持了气旋对流理论。代表作有《气象学》（1868年）、《气象学论文集》（1887年）等。

在地磁学方面，1833～1834年他每小时作一次地磁观察记录。1860年发表极光频率分布图，指出极光最常出现的椭圆形地带不集中在极地圈内，而是近似地平行于等磁倾角线。

他也研究了天文学，主要是观测流星和测定一些地点的经纬度。还与奥姆斯特（D. Olmsted）一起发现哈雷彗星1835年的回归，计算了它的轨道。

此外，他还是一位著名数学家，出版有多部著作和教材。（曹念祥）

小霍尔，J.（Hall，James，Jr.）　美国人，1811年9月12日生于美国马萨诸塞州欣厄姆，1898年8月7日卒于新罕布什尔州伯利恒。*构造地质学、地层学、古生物学。*

家境贫寒，年轻时半工半读。在为盖伊（M. Gay）教授当化学实验助手时，接触了波士顿一些知名的科学家，敬慕之余，确立从事科学的志愿。1830年曾步行350多千米到纽约州特洛伊，1832年毕业于特洛伊的伦斯勒工艺学院（今伦斯勒理工学院），1833年以优异成绩获硕士学位。1836年参加纽约州新建的地质调查所工作，1843年受聘为州的古生物工作者。1871年任纽约州自然博物馆首任馆长。1863年、1884年、1886年分获汉密尔顿大学、麦克吉尔大学和哈佛大学博士学位。1856年任美国科学促进协会主席。1863年当选为美国国家科学院创始院士。1889年任美国地质学会第一任会长。

1836年始，在5年徒步和骑马的地质调查中，采集了大量无脊椎动物化石标本。1847～1894年相继出版了内容详尽、意义深远的古生物学巨著——《纽约州古生物学》（1847～1894年），共13卷。在地质调查中，他建立一个“纽约州体系”的地层顺序，其分层名称获得世界上的认可。他提出了两个地质学方面的基本论点。1857年在“北美大陆的地质历史”的讲演中，提出地壳向斜槽的论点。由于立论新奇，该讲演稿直至1883年始得发表。认为在大陆边缘原来填充着沉积物的地方（后来J. D. 丹纳名之为地槽），由于地壳运动，上升成山脉。这就是100多年来地质学中的地槽学说的起源。另一重要论点是地壳的均衡现象，就是大陆内部为平衡这种地壳向斜槽而产生的具体反应。此外主要著作还有《纽约州地质》（第4部分，1843年）等。多次获得荣誉学位、奖金和奖章。（刘　汉）

朱克斯，J. B.（Jukes，Joseph Beete）　英国人，1811年10月10日生于英国伯明翰附近，1869年7月29日卒于爱尔兰都柏林。*水文学、地貌学、地质学。*

早年在剑桥大学圣约翰学院攻读地质学，1836年毕业。1839年到殖民地加拿大纽芬兰任地质调查员。1842年参加澳大利亚大堡礁和托雷斯海峡考察。1846年回国，到英国地质调查所工作。1850年任爱尔兰分所所长，直至去世。

毕生以研究爱尔兰的河流作用最为出色。早先赞成赖尔、达尔文关于海蚀和地震是造成地形起伏主要原因的观点。当时，这种观点早已压倒J. 赫顿的河流作用观点。但1862年他突然改变了自己的观点，而支持河流作用为主要因素的学说。还先在都柏林后在伦敦宣读了一篇论文，详细阐述了爱尔兰南部河谷的分布格局及其与下伏地质构造的关系，因而成为地貌学的经典著作。他的观点很快被一些著名地质学家接受。几年内，C. R. 达尔文、C. 赖尔也分别改变或修正了自己的观点。

主要著作有《纽芬兰旅行记》（2卷，1842年）、《英国舰艇“放飞”号测量航海记》（2卷，1847年）、《澳大利亚自然概貌》（1850年）、《大众自然地质学》（1853年）、《学生地质学手册》（1857年）等。

（冯祖钧）

普雷斯特维奇，J.（Prestwich，Joseph）　英国人，1812年3月12日生于英国伦敦，1896年6月23日卒于英格兰肯特郡。*地层学、地质学。*

早年在伦敦大学学院学习化学和自然哲学。毕业后经营家族酒业生意近40年，业余从事科学工作，后来成为英国第一流的地质学家。1833年加入伦敦地质学会，1870～1872年任会长。1853年当选为英国皇家学会会员，1870年任副会长。1874年退出商业经营，任牛津大学地质学教授。1896年被授于勋爵。

主要学术成就有二：一是关于英格兰东南部的老第三系地层的研究成果，包括他对这一部分地层的划分方案；二是关于法国含有早期人类遗迹的第四系沉积的论述，包括对河流运动与河谷形成及阶地发展之间关系的研究。还研究过煤田、水的供应、海洋及海平面变迁等。代表作有两卷本《地质学》。1849年获伦敦地质学会沃拉斯顿奖章。1865年获英国皇家学会皇家奖章。伦敦地质学会设立有普雷斯特维奇奖章。

（杨惠成）

丹纳，J. D.（Dana，James Dwight）　美国人，1813年2月12日生于美国纽约州尤蒂卡，1895年4月14日卒于康涅狄格州纽黑文。*地质学、矿物学、晶体学、生物学、火山学、地理探险。*

马具师和五金商人家庭出身。早年就读于耶鲁学院，在校期间就对博物学、地质学和矿物学有很大兴趣。1833年在该校毕业后，以海军军官候补生的教师身份出航，航行中首次看到火山，后来撰写的第一篇论文“1834年7月维苏威火山状况”正是与这一经历有关。约1836年受聘为耶鲁大学化学实验室助手。1838～1842年随威尔克斯考察队进行探险和考察。1842～1856年潜心于整理这次探险和考察成果，撰写著作。1856年受聘为耶鲁大学博物学教授。曾任美国科学促进会主席、北美地质学会会长。

起初从事矿物学研究，1837年出版重要著作《矿物学系统》，创立了晶面符号表示法和32种对称型晶组的名称，并对矿石进行了化学分类，对系位矿物学发展有重要影响。该书后来多次再版，1946年经修订出版了第7版，书名改为《丹纳氏矿物学系统》。这部矿物学巨著对中国地质学界也很有影响。晚年在该领域出版有《矿物学和岩石学手册》（1887年）。

1838～1842年威尔克斯考察队所作的探险和考察是美国科学史上的一次重要活动，其目的是环球探险，测制太平洋上波利尼西亚地图和进行博物学调查，以及顺道确证北极大陆的存在。他是以地质学家的身份登上船的，但由于考察队中贝类学家因故离去，他不得不同时从事动物学方面的研究。4年的考察，使他在博物学某些方面的知识几乎可以和同时代的达尔文相比。回国后14年中所写的著作《植物形动物》、《甲壳纲》和《地质学》是这次探险和考察活动的最好总结。

在《植物形动物》和《地质学教程》（1864年）两书中，都详细阐述了珊瑚现象，不仅把这些小动物分了类，并且还阐明它们的个体与群体的生理学和生态学问题。他对珊瑚礁的三种类型——环礁、堤礁和边礁——的观察和解释几乎是和达尔文相同（达尔文主要是在土阿莫土东南边缘的甘比尔群岛，他是在斐济），达尔文强调了沉降作用的重要性，他改正了达尔文学说中的某些细节。他的观察完全证实了达尔文的学说，达尔文得知此事后十分高兴。此外还出版有《珊瑚和珊瑚岛》（1872年）。

达尔文曾认为珊瑚生长位置和火山活动地区界线有关，这激起了丹纳对火山作用方面的兴趣。他随远征队到过许多火山地区，尤其是在夏威夷群岛进行了详细观察，曾长期搜集那里火山活动的历史资料，74岁还到现场观察。曾登上奥雷山，证实那是一个剥蚀的火山锥。出版有《火山特征》（1890年）等专著。

还是造山运动的地槽收缩假说的主要阐明者。他在《地质学指南》（1862年）后来的版本中，提出造山作用力是从相反的两个侧面相等地作用着的。1873年发表论文，创立“地槽”术语，指出地球持续发生冷却作用，地壳之下的收缩要比地壳内的收缩大得多，其结果是形成巨大的线形凹陷，即J. 小霍尔的地槽。在地槽的继续沉积、重力加上侧压力或由于壳下物质的不均匀收缩而产生的地壳逆冲的作用下，形成了山岳。认为地槽的形成还必须有一个平行的地背斜。地槽底部的推拒和局部滑动会引起火山活动等其他地质作用。

在地质史上是一个均变论者，而在生物学上是一个灾变论者。也和大多数美国第一代科学家一样，他们一方面在专业上做出贡献，另一方面往往摆脱不了宗教的束缚。

（李文达）

奥泽尔斯基，А. Д.（Озерский，Александр Дмитриевич；Ozersky，Aleksandr Dmitrievich）　俄国人，1813年9月21日生于俄国切尔尼戈夫州，1880年10月1日卒于圣彼得堡。*矿床学、岩石学、采矿工程。*

1831年毕业于采矿军事学校，留校任化学助教，

1833年任矿业统计学和矿物学教师。1857年任阿尔泰山矿长，并曾任托木斯克地方长官。回圣彼得堡后在国家矿业部工作，并任采矿科学委员会委员直至去世。1857年获少将衔，1866年升中将。

对自然科学有广泛兴趣，爱好分析矿物和岩石，曾确定一些俄国矿物的成分。勘查矿产时，常研究矿床的成因，笃信当时流行的"升华说"，还把外贝加尔的矿床形成与侵入岩联系起来；认为石油是有机成因的。1843年对波罗的海地区的志留系进行划分，成为志留系详细分层的第一人，至今仍被视为北欧下古生界的典型分层。他是一位火成论者，认为地壳的所有隆起都由于岩浆侵入到沉积岩中所致。还认为地壳的升降运动可能交替进行，故称之为振荡运动，这一术语在地质学中至今仍被沿用。（刘 汉）

拉姆齐，A. C.（Ramsay，Andrew Crombie） 英国人，1814年1月31日生于英国苏格兰格拉斯哥，1891年12月9日卒于威尔士的博马里斯。*地层学、地貌学。*

染料商之子，受过良好的家庭教育。在格拉斯哥上中学。父亲去世后到一家公司任职员。1841年应聘到英国地质调查所任职，在该所工作40年，从助理调查员升至地方分所、英格兰和威尔士的调查所所长，1871年升为总所所长。1847任伦敦大学学院地质学教授。1852～1871年在政府矿业学院任教。1862年成为英国皇家学会会员。同年任伦敦地质学会会长。1881年被册封为爵士。

长于地层学和地貌学，在剥蚀作用、河系发展与冰川作用方面的理论有深远影响。撰写了近50篇（本）科学论文和书籍、大量地图和专题报告。主要著作有《阿兰岛地质学》(1841年)、《北威尔士地质学》(1866年)、《英格兰和威尔士地质图》(1874年)和《大不列颠自然地质学和地理学》(1897年)。获1866年爱丁堡皇家学会尼尔奖，1871年伦敦地质学会沃拉斯顿奖章，1880年英国皇家学会皇家奖章。（李嘉曾）

多布雷，G. -A.（Daubrée，Gabriel-Auguste） 法国人，1814年6月25日生于法国梅斯，1896年5月29日卒于巴黎。*实验地质学、地球化学、矿冶工程。*

早年曾在巴黎综合工科学校就读。1834年进斯特拉斯堡大学学习锡矿开采，期间访问挪威、瑞典和英国矿业。1837年参加访问英国康沃尔的考察团，写成"英国矿冶业考察旅行"一文。1840年受聘为下莱茵省矿区工程师，为编制省地质图工作8年。地质图出版后，又对该省的地质和矿产进行长篇论述。1848年应邀回斯特拉斯堡大学理学院任矿物学和地质学教授，创建研究矿物和地质作用的实验室。1859年任矿区总工程师。1861年应聘为巴黎自然博物馆教授，同时被选为法国科学院院士。1862年任巴黎矿业学院采矿学教授，1872年任院长，1884年退休。是国内外86个学会的会员，其中1881年当选为英国皇家学会外籍会员。获法国荣誉军团勋位。一生中获得3个荣誉博士学位。

一生的重要贡献是揭示了地球化学的某些过程，用工程原理研究地质构造和矿化作用的模式，以及矿体的合理开发利用。1867年出版《实验地质学进展的报告》。1879年出版意义深远的著作《实验地质学综论》，所述的很多实验至今仍为人们引用。其中对后人影响最大的是力学方面而不是化学方面的实验，尤其是随着褶皱和扭曲作用而产生的节理型式，对后来地质学家如B. 威利斯、H. 克洛斯等的实验室研究起到促进作用。1885年起负责出版国家地质图幅。晚年还对陨石和地下水做了一些研究工作，曾收集了大量陨石标本。1886年在"陨石和地球的地质结构"一文中，对行星等其他天体进行一些推论。1889年还对地下水的运行机制和效应作用进行了论述，先后发表"现代的地下水"和"古代的地下水"两文。最后的重要著作名为《地球上的见不到地方》，集中反映了他的一些观点和兴趣。

1880年获伦敦地质学会沃拉斯顿奖章。为纪念他，月球上有一陨石坑以他命名。（刘 汉）

格雷斯利，A.（Gressly，Amanz） 瑞士人，1814年7月17日生于瑞士贝施维尔，1865年4月13日卒于伯尔尼。*古地理学、岩石学、地层学、工程地质学。*

在斯特拉斯堡大学学医时，受到在瑞士侏罗山做地质工作的沃尔茨（P. L. Voltz）和图曼（J. Thurmann）的影响，决心致力于地质事业。曾任美国古生物学家L. 阿加西斯在瑞士工作时的助手。1846年任修筑高山地区铁路的工程地质师。

当时地质学的发展，已开始超越同时代A. G. 维尔纳的全球地层岩性同一的观点。年轻时考察侏罗山，1838～1841年出版多卷《索洛图恩的侏罗纪地质观察》，提出了关于"岩相"的概念。认为每一岩相都有清楚的岩石学和古生物学特征，对岩相所作的定义和鉴别至今仍在沿用。在研究中掌握了一系列古生态学的规律，指出相的多样性随着上升的层系（海退）增加而随下降的层系（海进）减少。是古地理学的一位先驱。对侏罗山的著作和采集的标本吸引了美国人J. L. R. 阿加西斯的关注，阿加西斯回国时带走了他收藏化石标本中最重要的部分，在其著作中一再称颂他的才干。（李冬田）

小福布斯，E.（Forbes，Edward，Jr.） 英国人，1815年2月12日生于英国马恩岛道格拉斯，1854年11月18日卒于苏格兰爱丁堡附近。*海洋生物地理学、古生物学。*

自幼酷爱大自然。原先在爱丁堡大学学医，后去巴黎大学改修生物学。1842年，任伦敦大学国王学院植物学教授。1854年任爱丁堡大学博物学教授。1844

年当选为伦敦地质学会会员，1853 年起任会长。1845 年当选为英国皇家学会会员。其兄 J. D. 福布斯是一位著名的地质学家。

兴趣广泛，但主要从事海洋动物和生物群落分布的研究。1833 年去挪威考察，研究海洋中的维管植物和软体动物，并将它们作为海洋生物群落分布的指示生物。其后又在英国沿海和地中海进行考察，按照栖息的生物群落将这些海域作了区划。主要著作有：《不列颠海星类生活史》（1842 年）、《英国海洋生物分布图》（1850 年）、《不列颠软体动物生活史》（4 卷，1852 年）和《欧洲海洋自然史》（1859 年，与他人合著）等。（张南海）

伊文思，F. J. O.（Evans，Frederick John Owen） 英国人，1815 年 3 月 9 日生于英国伦敦（?），1885 年 12 月 20 日卒于同地。水文学、地磁学、航海学。

出身海军世家。13 岁加入海军，在美洲服务 5 年后，调到“雷霆”号测量船，从此致力于海洋与地磁的精密测量工作。1855 年任海军罗经局局长。1862 年当选为英国皇家学会和英国皇家天文学会成员、伦敦皇家地理学会理事。1881 年获巴斯勋位及高级爵士称号。1884 年代表英国出席了确定本初子午线的华盛顿会议。

1841 年任“弗莱号”船长去珊瑚海，找出了穿过托雷斯海峡的安全通道，对开发新南威尔士作出了重要贡献。其突出成就是解决了罗经用于铁体船时出现的问题。1858 年编制出版世界通航地点等磁偏角曲线海图。1860 年为处理海军铁舰所受地磁影响问题撰写了一份极有价值的“皇家海军罗盘偏移报告”。为“挑战者”号 1872～1876 年的航行汇编了地磁指南。他最重要著作是《英国海军部罗盘偏移手册》（1862 年初版，1869 年第 3 版）。1870 年又出版《罗盘偏移入门手册》普及本，一下子成了各海洋国家的标准教材。（陈良瑞）

艾尔，E. J.（Eyre，Edward John） 英国人，1815 年 8 月 5 日生于英国贝德福德郡怀伯斯纳特。1901 年 11 月 30 日卒于塔维斯托克附近沃尔雷敦庄园。地理学、地理探险。

牧师的第三个儿子。早年在英国和爱尔兰多个学校接受基础教育。在父亲建议下，放弃从军和上大学机会，1833 年初移居澳大利亚，在南部伍德兰地区购地，合伙从事畜牧业。1941 年任墨累河谷地区行政官。1848～1853 年任新西兰新明斯特州副州长。1854 年任英属数宁加勒比岛屿殖民地总督。1861 年任英属牙买加殖民地代理总督，1864 年升任总督。1865 年 10～11 月，滥用戒严法残酷镇压了莫兰特湾黑人未遂暴动。他由此成了舆论争议人物，不久被撤职回国，三次被英国法庭起诉，但最后都不了了之。晚年在乡间过着隐居生活。

他卖掉了一批又一批牛羊自筹钱款，多次在澳大利亚南部进行地理探险。1835 年，他赶着3 000余只绵羊从利物浦平原到莫朗罗平原，走出了一条前人从未走过的路。1837 年 1 月，从南部伍德兰牧区到悉尼，又从悉尼到菲利浦港；4 月 1 日赶着一群牛羊从伍德兰牧区出发，同年 8 月 2 日到达墨尔本，10 月回到悉尼。1839 年，考察澳大利亚南部内陆，循着两条分离的路线远途跋涉：一条往北去弗林德斯山脉；一条往西去更远的塞杜纳。期间，发现弗林德斯岛、墨累河盆地、托伦兹湖和艾尔湖、以及艾尔半岛等。

1840～1841 年，作为欧洲人首次考察南部大澳大利亚湾海岸线和纳拉伯平原。1840 年 6 月 18 日，率领探险队从阿德莱德港南下，队里原有 J. 巴克斯特（John Baxter）等 6 名白人和 3 名毛利人，后来 4 位白人中途离队。4 月行进至一个海湾，两个黑心的毛利人合谋杀害了巴克斯特，艾尔和另一位毛利人怀利（Wylie）被停泊此地的法国捕鲸船船长罗西特（Rossiter）救起，才幸免于难。为此，艾尔以罗西特命名该海湾。在怀利的陪同下，1841 年 7 月 7 日他最后抵达西澳大利亚的奥尔巴尼，全程跋涉了约 2 000 英里（约合 3 300 千米）。除了探索内陆南澳大利亚和新南威尔士，艾尔对维护白人定居者和墨累河沿岸原住民之间的和平相处，作过不懈的努力。

主要著作有《澳大利亚中部探险发现记》（2 卷，1864 年）等。1847 年获英国皇家地理学学会奠基人金质奖章，届时该学会还连续发表他的 3 篇考察论文。为纪念他，新西兰坎特伯雷有艾尔敦村、西艾尔敦村；南澳大利亚多地以他命名，其中有艾尔湖、艾尔半岛、艾尔港湾、艾尔公路，在怀阿拉有艾尔高级中学、艾尔宾馆等；1970 年澳大利亚邮政总局颁发印有他肖像的纪念邮票。（李啸虎）

凯瑟林，A. A.（Кэйсерлинг，Александр Андреевич；Keyserling，Alexandr Andreevich） 俄国人，1815 年 8 月 15 日生于拉脱维亚，1891 年 5 月 8 日卒于爱沙尼亚。构造地质学、古生物学、植物学。

1834 年到柏林大学学法律，后热心于自然科学，选择地质学为专业。1840 年回俄国后到矿业部任职。1842 年获柏林大学博士学位。后辞去政府职务，从事科学研究。1858 年当选为圣彼得堡科学院通讯院士，1887 年被授予荣誉院士。

曾参加考察研究俄国欧洲部分资源与工业，以及乌拉尔山脉地质构造的调查工作。在研究伯朝拉盆地、乌拉尔北部古生代和侏罗纪沉积的地质构造和古生物的基础上，写出的论文获得了圣彼得堡科学院颁发的德米多夫奖。他的论文中常含有相分析，这在当时是很新颖的。还重建了莫斯科盆地石炭纪海洋变化的古地理条件。

在植物学方面，系统研究过蕨类植物。认为地球上一切动物和植物都是由原始细胞成分，即原生质体进化而来的。1853 年，他提出在各种成分的化学作用下，生物的胚胎会经历一次转变，导致新物种的产生。

在这个过程中，唯有最适应自然界的生存下来，其他则逐渐灭绝。当时，这样的思想是十分新颖的。他的观点后来得到了达尔文的赞赏，并在《物种起源》一书中，将他誉为先驱。但他并没有成为一个始终如一的进化论者，因为他认为物种的变化是突然发生的。

（冯祖钧）

拜里希，H. E.（Beyrich，Heinrich Ernst） 德国人，1815 年 8 月 31 日生于德国柏林，1896 年 7 月 9 日卒于同地。*地层学、地质学、古生物学。*

16 岁入柏林大学，主攻矿物学。后转入波恩大学攻读古生物学。1837 年发表关于莱茵页岩山区棱菊石属的论文，获柏林大学哲学博士学位。同年留校在矿物博物馆工作，1857 年任古生物化石收藏部主任，1875 年任矿物博物馆馆长。1848 年参与创建德国地质学会。1865 年任柏林大学地质学与古生物学教授，长期在柏林大学执教。1873 年兼任新成立的普鲁士地质调查所副所长。1884 年当选为美国文理科学院外籍院士。

1844 年出版《西里西亚成层岩演化史》一书，确立了他在地质学界的权威地位，着重讨论了该地区古生代、侏罗纪、白垩纪和第三纪的地层和地质构造。后来又出版《德国北部第三纪山区的贝壳类化石》（多卷，1853～1857 年）一书，根据化石将第三纪作了进一步的划分。1855 年提出了首创的渐新统的概念，介于C. 赖尔所划分的始新统和中新统之间，后被学术界所接受。

（王　植）

奥尔德姆，T.（Oldham，Thomas） 英国人，1816 年 5 月 4 日生于爱尔兰都柏林，1878 年 7 月 17 日卒于英国英格兰拉格比。*地质学、矿床学。*

1836 年毕业于都柏林三一学院后，又去爱丁堡大学攻读工程学，同时也学习地质学和矿物学。1838 年回爱尔兰，在英国地质调查所爱尔兰分所开始从事地质调查工作。1844 年回母校都柏林三一学院任工程学助理教授，一年后升任地质学教授。1846 年任英国地质调查所爱尔兰分所所长，但仍在母校继续授课。1850 年 11 月任东印度公司地质调查员，并出任印度地质勘测所首任所长。1876 年退休回国。1848 年被选为英国皇家学会会员。

他网罗地质人才，在印度境内开展地质调查。在他的组织下，对印度很多地区进行了调查，特别是印度的煤田。1864 年出版《印度的煤矿资源》。还出版《印度古生物学》一书。对印度地质刊物的出版起了推动作用。1875 年获英国皇家学会皇家奖章。（刘　汉）

费雷尔，W.（Ferrel，William） 美国人，1817 年 1 月 29 日生于美国宾夕法尼亚州福尔顿，1891 年 9 月 18 日卒于堪萨斯州梅伍德。*气象学、水文学、地球物理学。*

1844 年毕业于西弗吉尼亚州的贝瑟尼学院。同年在密苏里州的利伯蒂任教。1847～1854 年在肯塔基州的托德任教。1853 年起在天文学期刊上发表多篇论文，成为美国航海天文历的编辑。曾在田纳西州纳什维尔创办一所学校。1868 年为美国国家科学院院士、美国文理科学院院士。是奥地利、英国、德国气象学会荣誉会员，并被授予荣誉博士学位。

是继拉普拉斯之后的地球物理流体动力学的主要奠基人。对物体相对于转动中的地球的运动方程，给出了一般的叙述，并导出大气和海洋流动方面的结论；对气象学、潮汐理论和地球晃动问题作出了贡献。设计了潮汐预报机；应用潮汐数据计算出月球的质量，建立了著名的费雷尔原理。这一原理及其在气象方面的应用，使天气预报服务在 19 世纪 70 年代普及到欧洲和北美各国。他还研究气旋和陆龙卷的规律。由于他提出的深刻的物理原理和数学表示，对海洋潮流和大气运动的研究颇具影响，去世时被人们誉为“美国最杰出的气象学家和科学家”。

主要著作有《论海洋的风和气流》（1856 年）、《与地球表面的流体和固体有关的运动》（1860 年）、《气象学研究》（1878 年）、《大气运动通俗论文集》（1882 年）、《大气层和地表温度》（1884 年）、《气象学新进展》（1886 年）等。

（沈　铁）

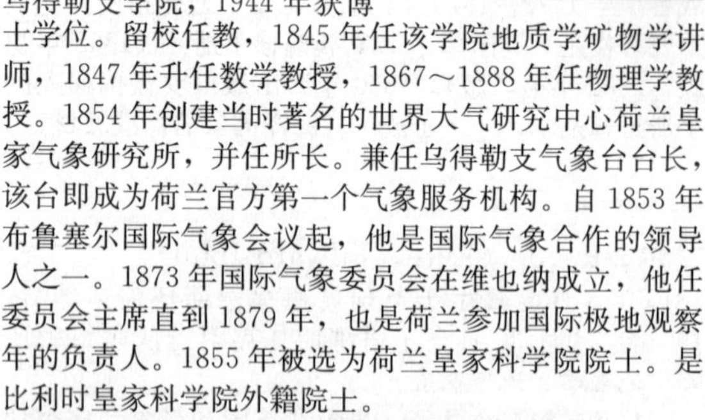

白贝罗，C. H. D.（Buys Ballot，Christoph Hendrik Diederik） 荷兰人，1817 年 10 月 10 日生于荷兰克卢廷厄，1890 年 2 月 3 日卒于乌得勒支。*气象学、大气物理学。*

新教牧师之子。就读于乌得勒支学院，1944 年获博士学位。留校任教，1845 年任该学院地质学矿物学讲师，1847 年升任数学教授，1867～1888 年任物理学教授。1854 年创建当时著名的世界大气研究中心荷兰皇家气象研究所，并任所长。兼任乌得勒支气象台台长，该台即成为荷兰官方第一个气象服务机构。自 1853 年布鲁塞尔国际气象会议起，他是国际气象合作的领导人之一。1873 年国际气象委员会在维也纳成立，他任委员会主席直到 1879 年，也是荷兰参加国际极地观察年的负责人。1855 年被选为荷兰皇家科学院院士。是比利时皇家科学院外籍院士。

最初研究物理化学，后来从事气象学研究。1851 年起不遗余力地为建立电报传递北欧气象资料情报网而奔波，并编纂发表了一系列气象年鉴。1857 年在北欧天气图上，他注意到风与气压梯度的关系，发表了后来以其名字命名的白贝罗定律：“背风而立时，北半球低气压中心在左，高气压中心在右，南半球则反之。”该定律至今仍为分析大规模气旋风暴运动的准则。但当时他未能解释这个规律的产生是由于地球自转的偏斜力所致。

主要论文有“温度的周期变化”（1847 年）、“风暴警报器说明”（1866 年）、“关于统一国际气象观测体系的建议”（1872～1873 年）等。荷兰、奥地利和普鲁士政府均曾授予他奖章。为纪念他，月球上一陨石坑以他命名。（曹念祥）

德克卢瓦佐，A. -L. -O. L.（Des Cloizeaux，Alfred-Louis-Olivier Legrand）　法国人，1817 年 10 月 17 日生于法国博韦，1897 年 5 月 6 日卒于巴黎。*矿物学、晶体学、显微镜学、应用光学。*

出身法律世家。1857 年获法兰西学院博士学位。后被聘为法国巴黎高等师范学校教授。1876 年任巴黎国家自然博物馆矿物学教授。1869 年当选为法国科学院院士，1889 年升任院长。

主要贡献是对晶体形式的研究和对结晶物质光学性质的研究。曾克服工作量浩繁的困难，独自测定出近 500 种物质的光学性质。也是最早认识到偏光显微镜对于研究矿物具有重大潜力的学者之一。成功地确定了显微镜的一些重要的光学特征（如光轴角、光轴、光率体以及二轴晶等分线的色散），形成一整套方法。

他研究过冰岛的间歇喷泉；记述过火山岩的若干分类；还深入探索过结晶质的热效应问题，发现某些晶体（如正长石矿物）超过某一温度持续加温后，会永远地改变其光轴的位置，从而为地质学家确定岩石是否经历过高温提供了手段。

代表作有《晶体学教程》（1861 年）、《矿物学手册》（2 卷，1862 年初版；1874 年第 2 版；1893 年第 3 版）等。1886 年获伦敦地质学会沃拉斯顿奖章。为纪念他，矿物钒铅锌矿（descloizite）是以他的姓氏命名的。（冯祖钧）

米克，F. B.（Meek，Fielding Bradford）　美国人，1817 年 12 月 10 日生于美国印第安那州麦迪逊，1876 年 12 月 21 日卒于华盛顿。*古生物学、地质学。*

律师之子，早年丧父，生活贫困，以画像谋生，业余钻研博物学，收集古生物化石和矿石。1848 年供职位于艾奥瓦州的美国地质与地理调查所，任地质学家 D. D. 欧文的助手。后在威斯康星州、明尼苏达州地质勘查队工作。1852～1858 年在奥尔巴尼任古生物学家 J. 小霍尔的助手，并在密苏里地质调查所兼职。后去史密森学会任职。死于肺结核病。

一生的成就可分为三部分：对采自南达科他的化石进行描述和解释，为北美大平原岩石的地层和时代的研究打下了基础；对伊利诺伊州古生代化石的研究；对中、新生代界线淡水动物群的研究。对美国各地区、各时代（寒武纪至第三纪）各门类无脊椎化石的描述至今仍有价值，为研究美国东部地质构造提供了有力证据。代表作有《加利福尼亚古生物学》（2 卷，1864～1869 年，与 W. M. 加布合著）、《密苏里州上部白垩纪和第三纪无脊椎动物化石报告》（1876 年）等。

（马玉英）

勒默尔，C. F. von（Roemer，Carl Ferdinand von）　德国人，1818 年 1 月 5 日生于德国希尔德斯海姆，1891 年 12 月 14 日卒于布雷斯劳（今波兰弗罗茨瓦夫）。*地层学、古生物学。*

是地质学家 F. A. 勒默尔之弟。在希尔德斯海姆进中学。曾在格丁根大学和海德堡大学学习法律，也听自然科学如矿物学、地质学等课程，后决定从事科学活动。1840 年移居柏林，1842 年通过古生物学方面的论文获柏林大学博士学位。后去波恩大学从事地质研究。1845 年去美国研究得克萨斯的自然及人文地理。1847 年回国，任教波恩大学地质学和矿物学。1855 年任布雷斯劳大学地质学和古生物学教授。是柏林、慕尼黑和圣彼得堡等地科学院院士或外籍院士。

主要贡献是 1862 年起对西里西亚的地质和古生物作了详细调查和研究，绘制了地质图，出版《西里西亚上部的地质》（3 卷，1870 年）；在野外勘查基础上，出版《得克萨斯州白垩纪地层构成及其生物化石》（1852 年）、《田纳西州本部志留纪古动物志》（1860 年）等，描述过美国得克萨斯等地白垩纪、志留纪动物群；也研究过西里西亚更新世的冰川漂砾。曾获伦敦地质学会麦奇生奖章。（李嘉曾）

罗特，J. L. A.（Roth，Justus Ludwig Adolph）　德国人，1818 年 9 月 15 日生于德国汉堡，1892 年 4 月 1 日卒于柏林。*地质学、岩石学、火山学。*

先后在柏林大学、蒂宾根大学和耶拿大学学习药物学和地质学，1844 年获耶拿大学博士学位。曾经营父亲留下的罗特药店。1848 年任教柏林大学。同年协助组建德国地质学会兼任该会秘书长 17 年。1867 年任柏林大学编外教授。同年当选为普鲁士柏林科学院院士。1887 年任柏林大学岩石学和普通地质学教授。

最主要贡献是系统岩类学研究，是岩类学的奠基者之一。对变质岩和变质过程也做了开创性的工作。考察研究过意大利维苏威火山岩石，把当代火山作用应用于古火山。致力于把化学知识同地质学知识结合起来。1879～1893 年出版了《普通地质学与化学地质学》3 卷。另有《维苏威火山和那不勒斯周围环境》（1857 年）、《岩石分析》（1861 年）、《论地震》（1882 年），以及《火成岩的岩石学文集》（1869 年初版，1884 年第 4 版）。（李嘉曾）

莱斯利，J. P.（Lesley，John Peter）　美国人，1819 年 9 月 17 日生于美国宾夕法尼亚州费城，1903 年 6 月 1 日卒于马萨诸塞州。*矿床学、矿冶工程。*

1838 年毕业于宾夕法尼亚大学。曾在宾夕法尼亚州第一地质勘查队工作，任 H. D. 罗杰斯的助手，负责调查烟煤和无烟煤矿产区。1844 年又毕业于普林斯顿神学院。同年任费城长老会牧师。后去德国哈雷大学进修。1845 年回国，供职于美国房地产协会。1847 年去波士顿，协助罗杰斯测绘地区地质图。后任教堂牧师。1851 年放弃圣职回费城，专职从事地质学家的勘查和咨询活动。1874 年任宾夕法尼亚州地质学家。1872 年兼任宾夕法尼亚大学地质学教授。1858～1885 年任美国哲学学会秘书长和图书馆馆长。1884 年任美国科学促进协会主席。是美国国家科学院院士。

参与美国和加拿大对煤和石油矿产的大规模勘查。他的著作《煤及煤田地形手册》试图将阿帕拉契亚煤系进行分类，并与欧洲及其他地区的煤系进行对比。1858 年出版《美国冶铁者指南》，收集有铁工的资料和统计，详细讨论了宾夕法尼亚州等处铁矿床的地质情况。另有《田纳西州东部恩伯里维尔铁矿报告》（1873 年）、《宾夕法尼亚地质勘探简史》（1876 年）、《从科学立场看人的起源和命运》（1868 年初版，1881 年第 2 版）等。 （王 植）

惠特尼，J. D.（Whitney，Josiah Dwight） 美国人，1819 年 11 月 23 日生于马萨诸塞州北安普顿，1896 年 8 月 19 日卒于新罕布什尔州苏纳比湖。*矿物学、矿床学。*

出身望族，家中 12 个孩子中老大。早年在耶鲁学院攻读化学和天文学，1839 年毕业。同年到费城学化学。1840 年加入新罕布什尔州地质勘探队。1842 年留学欧洲，在法国和德国进修化学和地质学，遍访欧洲各国。1847 年回国后，先在密歇根州地质调查所工作，后独自开设采矿咨询业务。艾奥瓦大学为此聘他任化学教授。1860～1874 年任加利福尼亚州地质调查所所长。1865 年任哈佛大学地质学教授。他是美国哲学学会会员、美国国家科学院院士，也是伦敦地质学会少数美国会员之一。

主持和参与美国新罕布什尔州、密歇根州、艾奥瓦州、加利福尼亚州、伊利诺伊州和威斯康星州等多个地区的地质和矿产勘探，绘制地质图，评估矿产资源。1854 年发表《美国金属矿产资源》，这是一部很有影响的著作。此外出版有多种地质调查报告和专著。为纪念他，美国命名有惠特尼山、惠特尼冰川。

（王 植）

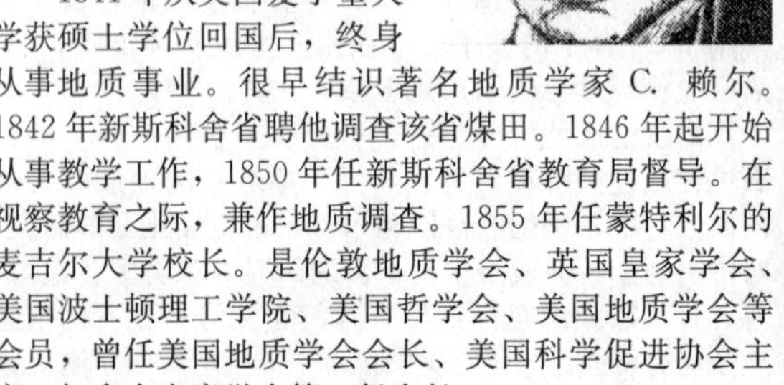

德尚古图瓦，A. -É. B.（de Chancourtois，Alexandre-Émile Béguyer） 法国人，1820 年 1 月 20 日生于法国巴黎，1886 年 11 月 14 日卒于同地。*地质学、地球化学、制图学、矿冶工程。*

1838 年进巴黎综合工科学校。1840 年进巴黎高等矿业学校。1843 年去亚美尼亚、土耳其、巴纳特和匈牙利等地旅行和勘察。1848 年回国，任巴黎高等矿业学校教授。曾在埃利·德博蒙领导的法国地质调查所中任助理所长。他是 1855 年巴黎万国博览会的组织者之一。1875 年任法国矿业总监。

在地质学方面受埃利·德博蒙的影响很大，曾一起对上马恩地区进行考察，并对某些矿床的地质分布进行了详细研究。他进一步总结了埃利·德博蒙的思想，1862 年从地壳元素分布的角度，提出关于化学元素分类的“大地螺旋式”理论模型。根据这种按元素当量排列的螺旋线，可以解释某些元素在矿物中出现的规律。这一螺旋线模式是门捷列夫周期表的先导。在制图学上，提倡极射赤平投影、心射极平投影和以米制单位为统一制图单位。曾提出保障矿山安全的法案。 （李冬田）

比林斯，E.（Billings，Elkanah） 加拿大人，1820 年 5 月 5 日生于加拿大安大略省比灵斯布里奇，1876 年 6 月 14 日卒于魁北克省蒙特利尔。*地层学、古生物学。*

出身农民家庭。1837 年在美国纽约州波茨坦入圣劳伦斯学院就读。1839 年回加拿大渥太华，成为上加拿大法律学会会员。1844 年在法院任职。1852 年任《公民报》主编。1854 年加入多伦多加拿大学院。1856 年任《加拿大博物学家和地质学家》期刊主编。同年被吸收为加拿大地质调查所成员，进行化石鉴定及其分类工作。

1852 年开始写作博物学方面的科普文章。1856 年始在《加拿大博物学家和地质学家》期刊上不定期发表约 40 篇文章，其中 1857～1859 年相继发表 4 篇关于加拿大东部棘皮动物的文章。后又出版《古生代化石》（1865 年）、《加拿大西部泥盆纪化石》等。这些著作尽管只是单纯地对古生物作了描述和分类，但对地层学却具有一定的意义。一生发现1 065种新种和 61 个新属。 （马玉英）

道森，J. W.（Dawson，John William） 加拿大人，1820 年 10 月 13 日生于加拿大新斯科舍省，1899 年 11 月 19 日卒于魁北克省。*地质学、古生物学、高等教育管理。*

1841 年从英国爱丁堡大学获硕士学位回国后，终身从事地质事业。很早结识著名地质学家 C. 赖尔。1842 年新斯科舍省聘他调查该省煤田。1846 年起开始从事教学工作，1850 年任新斯科舍省教育局督导。在视察教育之际，兼作地质调查。1855 年任蒙特利尔的麦吉尔大学校长。是伦敦地质学会、英国皇家学会、美国波士顿理工学院、美国哲学会、美国地质学会等会员，曾任美国地质学会会长、美国科学促进协会主席、加拿大皇家学会第一任会长。

由于他的远见卓识和毅力，把一个原来毫无生气的学校办成举世闻名的学府。在担任校长期间，一直讲授和研究地质学和古生物学。对古植物学颇有贡献。1888 年出版《植物的地质史》一书，该书在此后数十年内一直被视为最出色的教材。在加拿大地质和无脊

椎动物化石方面，也有不少著作。曾获伦敦地质学会的赖尔金质奖章。　　（刘　汉）

克罗尔，J.（Croll，James）　英国人，1821 年 1 月 2 日生于英国苏格兰珀斯郡卡吉尔，1890 年 12 月 15 日卒于珀斯。地质学、气候学、天体演化学。

家贫无力入学。起初打短工，后为木工，因伤离职。经商也不成功，遂开始研究地质学、物理学和化学。1859 年任圣安得鲁斯大学博物馆保安。1867 年起应聘为苏格兰地质调查所爱丁堡办事处常驻地质师，直至 1880 年因病退休。1876 年当选为英国皇家学会会员。同年获圣安得鲁斯大学荣誉法学博士学位。

1857 年著有《有神论的哲学》。1859 年开始发表化学和物理方面的文章。1864 年在英国皇家学会《哲学会刊》上著文说，地球轨道偏心率如发生变化，将导致气候剧变，产生冰期。文章引起英国科学界的重视。在此期间，继续研究气候的变化，先后著有《气候与年代》（1875 年）、《气候与宇宙学》（1885 年）、《天体演化及其与地质年代的关系》、《演化的哲理》等。三次获伦敦地质学会的奖励。　　（刘　汉）

莫尔蒂耶，L.-L. G. de（Mortillet，Louis-Laurent Gabriel de）　法国人，1821 年 8 月 29 日生于法国伊泽尔省梅兰，1898 年 9 月 25 日卒于法国拉伊河畔圣日尔曼。地质学、古人类学、考古学、科学传播。

早年在法国高贝里耶稣学院、巴黎艺术学校就读。1847 年创办《独立》周刊，因卷入 1848 年革命而遭监禁 2 年。后流亡国外（主要在意大利）15 年，1864 年回巴黎，不久任圣日尔曼博物馆馆长。后曾任圣日尔曼市市长、塞纳-瓦兹省副省长。曾任国际古人类学与史前考古学大会的前两届秘书长。

研究工作主要集中在动物学与地质学。1862～1863 年在意大利都灵主编法文版的《意大利科学评论》，在他的主持下，该刊成为对当时科学进展进行全面的、权威性的概括和总结的刊物。C. 赖尔和 T. H. 赫胥黎的著作对他产生过重大影响，促使他投身于早期人类的研究。1864 年又在巴黎创办了一份新杂志，讨论和总结史前研究的新发现。发表过很多学术论文，题材广泛。还与自己儿子合著过《法兰西民族的形成》一书。他在前人所作的史前时代划分的基础上，引入地层地质学的概念，将代分为纪，纪分为世，以此作为史前时代分期的依据。这种方法一直沿用至 1920 年代中期按史前文化分期的概念出现以后，才逐渐被摈弃。他的这种方法现在看来尽管有误，它却是许多现代概念的阶石。另有著作《史前的狩猎》（1882 年）、《黑种人和埃及文明》（1884 年）、《渔业和农业的起源》（1890 年）。　　（冯祖钧）

哈斯特，J. F. J. von（Haast，Johann Franz Julius von）　1822 年 5 月 1 日生于德国波恩，1887 年 8 月 16 日卒于新西兰克赖斯特彻奇。矿床学、工程地质学、古生物学。

波恩市长和商人之子。在波恩大学攻读地质学和矿物学。毕业后游学欧洲各国。1846 年回国结婚，定居法兰克福，以书商为业。1858 年被委任为一家英国商船公司的顾问，1859 年参加探险家赫施泰特尔（F. von Hochstetter）领导的新西兰考察队。而后被新西兰纳尔逊省政府任命主持南岛西部海岸地理和地质调查工作。1861 年被任命为新西兰坎特伯雷省地质调查所的地质学家。同年在克赖斯特彻奇定居。1862 年他创立坎特伯雷哲学研究所，1870 年创建坎特伯雷博物馆，并参与创立坎特伯雷学院联盟（后来改为坎特伯雷大学和帝国学院）。曾担任坎特伯雷大学博物馆馆长和地质系教授。

他曾发现新西兰西港及别的一些煤田以及金矿，对南岛港的利特尔顿一带的火山岩进行过有关工程地质方面的工作。工作主要限于坎特伯雷省和西海岸的地形和地质调查；研究过新西兰早期人类定居问题；还曾由于发现现已绝灭所谓“恐鸟”的巨大骨骼化石而名噪一时。为纪念他，新西兰多次地点以他命名；新西兰的一种片岩，以及绝灭的“恐鸟”（又名“哈斯特巨鹰”）以他命名。　　（李文达　胡　敏）

纽伯里，J. S.（Newberry，John Strong）　美国人，1822 年 12 月 22 日生于美国康涅狄格州温莎，1892 年 12 月 7 日卒于康涅狄格州纽黑文。地质学、地理学、古生物学。

1846 年毕业于西储大学。1848 年毕业于克利夫兰医学院，获医学博士学位。曾从事医务工作多年。1857 年任哥伦比亚学院教授，1866 年任哥伦比亚学院矿业学院地质学与古生物学教授，该学院能成为第一流的科学学府，他起了不小作用。1861 年任美国卫生保健委员会委员。1863 年被选为美国国家科学院院士。1867 年任美国科学促进协会主席。1887 年入选美国文理科学院院士。曾任美国纽约科学院院长。1888 年被选为美国地质学会特邀会员。

是一位野外地质学家。1841 年在俄亥俄州与正在调查地质的地质学家 J. 小霍尔相识，对煤田化石产生兴趣。1855～1859 年数次以医师和博物学家的身分参加美国陆军组织的探险队，在美国西部各地考察。精通古植物学，特别是美国煤层的古植物群和地层的关系。他是考察美国西部大峡谷的第一位知名地理学家，以论证大峡谷是由大规模侵蚀作用形成而著称于世。在地质学史上，他是一个坚定的均变论者。

发表论文 200 余篇；出版地质勘查报告和专著多种。1888 年获伦敦地质学会麦奇生奖章。　　（刘　汉）

勒康特，J.（LeConte，Joseph）　一译约瑟夫·勒康特。美国人，1823 年 2 月 26 日生于美国佐治亚州利伯泰，1901 年 7 月 5 日卒于加利福尼亚州约塞米蒂国家公园宿营地。地质学、古生物学、生理学、博物馆学、生物进化论。

是博物学家约翰·勒康特之弟。1841 年毕业于佐治亚大学。1845 年获纽约内科与外科医学院医学博士学位。1847年起在梅肯市开办私人诊疗所。1851年获哈佛大学劳伦斯理学院地质学博士学位。先后在奥格尔索普大学、南卡罗来纳学院任教。1852～1857年任佐治亚大学地质学与博物学教授，期间任校长。1857年任南卡罗来纳学院化学与地质学系教授、系主任。美国南北战争开始时，他担任过南方邦联的谈判代表之一。1868年其兄约翰·勒康特出任新成立的加利福尼亚大学校长，翌年他任该校第一个地质学与博物学教授，并任该校奥克兰学院第一任院长；1874年转至伯克利加利福尼亚大学任教。1875年入选美国国家科学院院士。1891年任美国科学促进协会主席。1896年任美国地质学会会长。是著名美国环境保护组织塞拉俱乐部的发起人之一。

19世纪50年代初，参加海洋探险队勘查佛罗里达州近海暗礁。南北战争期间，负责南方邦联的药物生产，开办作为炸药原料的硝酸钾化工厂。在伯克利加利福尼亚大学期间，撰写和讲演地质学，以及史前生物进化；为了创建学校的自然博物馆，他购置和收集了大量古生物化石和矿石，其中仅古生代海百合类就不下百余件，几乎倾其所有积蓄，还呼吁社会捐赠。1878年出版《地质学基础》，把物理学和历史地质学结合起来，并研究了地球和地球生命的历史，成为美国大学长期使用教科书或重要教学参考书。该书汇集了当时科学界以及本人许多研究成果，例如解释了山脉形成，金属起源，地球史主要阶段，美国西北部熔岩流成因，论证了造山期关键作用等等。该书图文并茂，有插图903幅，仅古生物化石资料就占一半，有部分直接来自加州地质勘查。1888年，又撰写了一部适合高中生学习的类似教材，对美国科学教育影响颇大。

发表论文近200篇；出版专著9部。除地质学外，还研究生物进化论和生理学等学科。研究过肝脏的糖原生成作用，出版有《视觉》（1881年）等书。他是达尔文生物进化论在19世纪美国的最重要支持者之一，与此同时，试图调和生物进化论和宗教思想之间的对立，出版有《进化论与宗教思想的关系》（1888年）。尽管他不是一个特别虔诚的宗教徒，但在伯克利帮助创办了4座教堂，认为宗教有利于凡人道德的净化。

（张之沧　李啸虎）

普塔莱斯，L. F. de（Pourtalès，Louis François de）　美国人，1824年3月4日生于瑞士纳沙泰尔，1880年7月17日（或18日）卒于美国马萨诸塞州。*海洋地质学、海洋生物学。*

15岁进入老师J. L. R. 阿加西斯开办的“科学工厂”，1847年随阿加西斯迁居美国。1848年成为美国海岸调查局负责人的助手。1870年父亲去世承袭伯爵称号。于1873年返回马萨诸塞州，在哈佛大学阿加西斯创办的比较动物学博物馆任职直至病逝。他是美国国家科学院、美国文理科学院院士。

美国海洋生物学和海洋地质学的先驱。曾根据9 000个海底标本制出海图。标明了科德角到佛罗里达沿岸的海底沉积物分布状况，论证了冰川已经延伸到了新泽西南部的近海。除了研究沉积物外，他收集了一切能找到的海洋动物群，尤其是珊瑚。1871年完成了《深海珊瑚》之作。他还改进了当时限于浅水的采集标本技术，使其深度达1 554米，被评价为“开创了动物学和地质学研究的新纪元”。他参与制定环绕美洲采集标本的大型考察计划，虽因考察船故障未果，却导致1872～1876年英国卡彭特（Carpenter）发起组织“挑战者”号考察的成功。后人就把佛罗里达东南一块富有珊瑚的海域命名为“普塔莱斯海台”；还以他的名字命名了一种海胆。

（陈良瑞）

马库，J.（Marcou，Jules）　瑞士和美国双重国籍。1824年4月20日生于法国侏罗地区的萨兰，1898年4月17日卒于美国马萨诸塞州坎布里奇。*地质学、古生物学、地图学。*

就读于巴黎圣路易斯学院。后因病辍学，回故乡研究侏罗纪化石。1847年去北美，后又几次去美国随J. L. R. 阿加西斯工作。1855～1859年任瑞士苏黎世工业大学地质学和古生物学教授。1861年到美国哈佛大学比较动物学博物馆执教。

在考察古生物地层及编制地质图方面有所贡献。1853年出版《美国地质图》和《北美不列颠省地质图》。1862年和1875年两次在欧洲出版《世界地质图》。对进化论持反对意见，认为自然历史的发展依赖于新的事实而不是假设和理论。另出版有《北美地质学》（1858年）、《美国地质分类法和系统命名法》（1888年）、《L. 阿加西斯的生平、通信和著作》（1895年）等。

（冯祖钧）

塞尔温，A. R. C.（Selwyn，Alfred Richard Cecil）　英国人，1824年7月26日生于英国萨默塞特岛，1902年10月19日卒于加拿大温哥华。*矿床学、工程地质学。*

出身英国上层家庭。幼年由家庭教师培养，后来曾在瑞士求学。喜欢自然科学，特别是地质学。21岁时受英国地质调查所聘用，1848年任地质学家，填制16幅地质图。1852～1869年受聘为澳大利亚维多利亚地质调查所所长，主持填制了61幅地质图，目的在寻找金矿。1869年12月继W. 洛根爵士（Sir William Logan）之后当了加拿大地质调查所第二任所长，直至1894年离任。1874年入选英国皇家学会会员。1895～1896年任加拿大皇家学会会长。

任职期间，主持调查了英国澳大利亚、加拿大新斯科舍省等地的金矿和其他矿产。为了修建加拿大太平洋海岸铁路，他曾骑马艰苦地勘测路线。获1876年伦敦地质学会麦奇生奖章，1884年澳大利亚新南威尔士皇家学会克拉克奖章。

（胡　敏）

温切尔，A.（Winchell，Alexander） 美国人，1824 年 12 月 31 日生于美国纽约州达彻斯县，1891 年 2 月 19 日卒于密歇根州安阿伯。*地质学、古生物学。*

地质学家 N. H. 温切尔之兄。1847 年毕业于卫斯理公会大学。后在多所中学任教自然科学。1853 年任密歇根大学物理学和土木工程学教授，1855～1873 年、1879 年至去世，两度任地质学业、动物学和植物学教授。1859 年、1869～1871 年两度任密歇根地质调查所所长。是美国地质学会创始人之一，曾任该学会会长。1867 年获卫斯理公会大学荣誉法学博士学位。

作了许多地层学、古生物学的野外工作，描述过 8 个新属和 304 个新种的化石。对密歇根州的含油层和明尼苏达州的太古界岩石感兴趣。还研究过冰川作用、土壤学、年代学、水文学和沉积学等。主要著作有《密歇根地质思考》（1873 年）、《淀化学说》（1874 年）、《科学和宗教的和解》（1877 年）、《前亚当时代》（1880 年）、《地质学家铁锤敲打出的火花》（1881 年）、《世界生命，或比较地质学》（1883 年）、《地质学入门》（1884 年）和《地质界的漫步和漫谈》（1886 年）等。

（王 植）

德伊韦罗，C. I. I.（de Ibero，Carlos Ibánez Ibáñez） 西班牙人，1825 年 4 月 14 日生于西班牙巴塞罗那，1891 年 1 月 28 日卒于法国尼斯。*大地测量学、度量学、应用数学。*

父亲是军人兼数学家，是一位民族英雄，并且是最早对非欧几里得几何提出设想的数学家之一。受父亲影响从小热爱科学，1839 年考入西班牙的军事工程学院。1853 年参加绘制全国地图的工作。是国际大地测量学会的创始人之一，后来又任该会主席直至去世。他是马德里皇家科学院院士，以及近 10 个国家科学院的外籍院士。

积极推动建立全世界度量体系与十进币制的工作，并对提高大地测量的精度作出了贡献。他得到的测量基准其误差为 $\pm 1/5\,800\,000$，测量精度较前提高近 5 倍。还积极倡导全球大地测量工作，在这次工作中取得了封闭测量三角的误差为 $\pm 1''$ 的精度。1889 年获法国科学院的蓬斯莱奖。

（冯祖钧）

施卢姆贝尔热，C.（Schlumberger，Charles） 法国人，1825 年 9 月 29 日生于法国米卢斯，1905 年 7 月 13 日卒于巴黎。*地层学、微体古生物学。*

1849 年毕业于巴黎综合工科学校。后加入土伦军队。1855 年转业去南锡当采购员，利用职务之便，常进行野外考察，同时结识了 O. 泰尔昆（Olry Terquem），擅长有孔虫的研究，成为微体古生物学家。1879 年去巴黎任总工程师。退休后任巴黎自然博物馆古生物实验室、矿业学校的兼职人员。

1882 年与米尼埃-夏尔玛一起发现粟孔虫的壳口等处共同特征。后独立研究各种有孔虫，撰写许发表多关于圆片有孔虫地层分布的文章。米尼埃-夏尔玛去世后，他对粟孔虫进行了全面总结，解决了微体古生物中的一大难点。

（马玉英）

佩舍尔，O. F.（Peschel，Oscar Ferdinand） 德国人，1826 年 3 月 17 日生于德国德累斯顿，1875 年 8 月 31 日卒于莱比锡。*自然地理学、人类学、地理学史。*

士官学校教官的儿子。1845～1848 年先后在莱比锡大学、海德堡大学学习法学。1849～1854 年任奥格斯堡《普通报》主编助理。1854～1871 年任《外国》杂志主编。1871 年任莱比锡大学地理学教授。

德国自然地理学的奠基者之一，地理学“二元论”的主要代表人物。19 世纪 60 年代开始，倡导运用发生学原理和方法对地表形态特征进行分类和解释，其中研究过高纬度大洋西岸冰蚀峡湾地貌的形成过程，从而确立了自然地理学在地理学中的分支学科地位。他把这种所谓“新地理学”引进了德国大学，反对人文地理学之父 C. 李特尔的人文方向，主张地理学是自然科学，只能是对地球表面形态的研究，人类活动不应在其研究范畴之内，从而产生了地理学的二元论。在人类学领域，他阐明一般人类学和文化的地理分布，并站在社会达尔文主义者的立场，从生物学角度对人种和民族进行解释。此外，他还提出东方贸易在地理发现中起重要作用的观点。作为当时德国大学里最早任地理学教授职的四人之一，莱比锡大学第一个地理学教授，他培养出了一批地理学家，其中最杰出人物是 F. von 李希霍芬，后者继承和发展了他的学说。

主要著作有《发现年代史》（1858 年初版，1877 年再版）、《地理学史》（1865 年初版，1877 年再版）、《比较地理学的新问题》（1870 年初版，1883 年第 4 版）等。身后由他的同事或学生整理出版了数部著述，其中有《人种学》（1975 年初版，1885 年第 6 版）、《人种及其地理分布》（1876 年）、《欧洲各国民族》（1880 年）、《自然地理学》（2 卷，1883～1885 年）等。此外，由其学生整理编辑出版有《自然地理学与人类学论文选》（3 卷，1877～1879 年）。

（李 烨 李啸虎）

索比，H. C.（Sorby，Henry Clifton） 英国人，1826 年 5 月 10 日生于英国设菲尔德附近伍德伯恩，1908 年 3 月 10 日卒于设菲尔德。*地质学、岩石学、显微术、金相学。*

出身刀具制造商家庭。从未上过大学。终身未娶。是英国皇家学会的理事。1874 年任英国皇家显微镜技术协会主席。1876 年任英国矿物学会会长。1878～1880 年任伦敦地质学会会长。还参与设菲尔德大学的创建工作。

重要贡献是将显微镜技术应用于地质学和冶金学的研究。1849 年起，用偏振光显微镜研究岩石薄片的结构，后来就成了岩石学研究的基本方法。起初研究沉积岩，后来又研究板岩的劈理和石灰岩中的有机物。1858年研究自然晶体和人造晶体中的液体包裹体。1863～1864年转向研究金属材料。把待检查的金属先磨光，然后滴上几滴特殊的药剂，再放到反射显微镜下去观察。这是金相学的开始。

先后发表了150余篇论文，另有演讲60多篇。主要著作有《板状节理的成因》（1853年）、《显微镜下晶体结构》（1858年）、《机械力和化学力的直接对比》（1863年）、《显微镜在地质学中的作用》（1877年）、《石灰岩的结构和成因》（1879年）、《研究岩石结构和历史的定量分析法应用》（1908年）等。获1869年伦敦地质学会沃拉斯顿奖章、1872年荷兰皇家科学院奖、1874年英国皇家学会皇家奖章等。（张南海）

梅耶-埃马尔，K.（Mayer-Eymar，Karl） 瑞士人，1826年6月29日生于法国马赛，1907年2月25日卒于瑞士苏黎世。地层学、古生物学、地质学。

商人之子。早年在雷恩和圣盖尔私立学校读书。1846年入苏黎世大学，先后攻读医学、博物学及地质学。毕业后，1851～1854年在巴黎国家自然博物馆工作。1858年任职于苏黎世理工大学地质研究所。1875～1906年任苏黎世大学地层学和古生物学教授。

重点研究第三纪、其次是侏罗纪和白垩纪软体动物的生物地层及古生物学。考察了西欧及地中海国家第三纪台地，对其标本进行了描述，并发表数卷著作。根据岩性及动物群，把西欧第三纪地层划分为若干时期，其中一些命名至今仍被采用。古生物学知识渊博，对阿尔卑斯山南部冰川的时代作了修正，提出其时代要比阿斯蒂山海相沉积更新。代表作有《白垩纪和第三纪化石志》（1887年）等。（马玉英）

朔特，C. A.（Schott，Charles Anthony） 美国人，1826年8月7日生于德国曼海姆，1901年7月31日卒于美国华盛顿。海岸测量学、地磁学、气候学、仪器研制。

德国裔。1847年毕业于德国卡尔斯鲁厄高等工程学院土木建筑系。1848年移居美国，1853年加入美国籍。在美国海岸与大地测量局任职，先在该局总部的计算室工作，1855年起任该室主任，直到1899年退休。是美国国家科学院院士。

在测量理论、技术和数据处理上作出了贡献，保证了美国海岸测量局的测量结果达到很高的水平。还研究地磁学，研制出了测量地磁场的仪器；研究了极光对地磁场的影响和太阳黑子与磁暴的关系。还研究气候学。除了各种论文、报告外，还撰有学术著作，多达150篇（部）。1898年获法国科学院维尔德奖。（张南海）

谢苗诺夫-扬-尚斯基，П. П.（Семёнов-Тян-Шанский，Петр Петрович；Semyonov-Tyan-Shansky，Petr Petrovich） 俄国人，1827年1月14日生于俄国梁赞州，1914年3月11日卒于圣彼得堡。自然地理学、冰川学、统计学。

早年就对植物学、历史学感兴趣。1848年毕业于圣彼得堡大学自然科学部。同年成为俄国地理学会会员。1853～1855年，在柏林大学旁听地理学和地质学，并在欧洲旅行。1864年起任俄国中央统计委员会主席。1860年当选为俄国地理学会自然地理学部主任，1873年起任副会长。1889年任俄国昆虫学会会长。1873年当选为俄国圣彼得堡科学院院士。

1849年受自由经济协会的委托，着手研究俄罗斯欧洲部分的黑土带。1856年到天山进行考察，是最早勘查中亚地质的科学家之一。他证实了洪堡提出的天山存在大量冰川的论点，还编写了天山山脉志。回国后积极从事科学百科全书的编纂工作。是1897年俄国首次人口普查的组织者。编写《俄国地理统计词典》（5卷，1863～1885年），里面集中了他研究俄国经济长达30年的成果。此外主编有《俄国欧洲部分的人口和土地所有权统计》（第2卷1～4分册，1880～1884年）等。1888年他第二次赴中亚细亚考察。还酷爱荷兰绘画，曾收藏16～17世纪荷兰和佛兰芒绘画大师原作700幅。出版过荷兰绘画的著作，被圣彼得堡美术研究会选为名誉会员。（张南海）

戈德里，A. J.（Gaudry，Albert Jean） 法国人，1827年9月15日生于法国圣日耳曼昂莱，1908年11月27日卒于巴黎。地层学、古生物学、生物进化论。

父亲是著名的律师和史学家，爱好收集矿石，结交许多地质学家。他在这种环境下成长，在家乡的斯坦尼斯拉斯学院毕业后，任职于巴黎国家自然博物馆，1872年任该馆古生物学教授。1900年任第9届国际地质学大会（巴黎）主席。同年当选为瑞典皇家科学院外籍院士。

1855～1860年曾两次考察了塞浦路斯和希腊的阿提卡第三纪哺乳动物化石点，修复了数架新种骨骼，其中不少是过渡种，填补了生命系统中的空白。早在C. R. 达尔文的《物种起源》一书之前，他已在生物演化学说中提出了一套新的理论，认为上帝不断地创造、修饰、转换宇宙中的万物引起了生物的进化，直至完美地创造了人类。曾建立哺乳动物谱系树中的5大组合。对早二叠爬行类的研究深具造诣。1859年全面地挖掘了圣阿舍尔点，揭开了第四纪同时代人类及大型哺乳动物绝迹之谜。由于世俗的偏见，他的一些观点曾遭到老一辈自然科学家们的反对。1885年完成数十年夙愿，创办了物种进化展览。他的演化理论的基本见解是人类可组成一个家庭、一个团体，并且随着时间的推移不断进化，然而宇宙间一切事物的发展都是按上帝的旨意前进的。1902年全世界古生物学家曾为他75岁生日举行寿庆，首次确立了古生物学进化论在古生物学科中的地位。

主要著作有《希腊阿提卡地区的地质与动物化石志》（2卷，1862～1867年）、《古生物学教程》（1873年）、《动物界与地质学》（3卷，1878～1890年）、《古

生物学文集》(1896 年)等。 (马玉英)

科基，I.(Cocchi，Igino) 意大利人，1827 年 10 月 27 日生于意大利马萨-卡拉拉省，1913 年 8 月 18 日卒于里窝那。*地质学、古生物学、古人类学。*

1852 年在比萨大学获得学位。留校任教动物学。随后赴巴黎、伦敦深造地质学，1859—1873 年在佛罗伦萨高等研究院（现为佛罗伦萨大学）教授地质学，兼自然博物馆古生物收藏部主任。1867 年任意大利地质委员会第一任主席。是意大利地质学会的创始人，两次担任会长。

他的第一部著作是在国外出版的《托斯卡纳地区的水成岩》(1855 年)，引起地质界的关注。曾从事厄尔巴岛等地区的地质及矿床研究，负责编制全意大利 1∶600 000地质图。同时对古生物学亦有研究，对古人类学兴趣更浓。率先将地质考察与古人类学考察综合在一起，这是他对科学发展的一大贡献。主要著作有《咽颌类鱼化石新科》(1864 年)、《意大利中部的古人类化石》(1867 年)、《厄尔巴岛地质描述》(1871 年)、《圣捷米乃河的源头地理水文研究》(1892 年)等。 (冯祖钧)

埃利斯，W.(Ellis，William) 英国人，1828 年 2 月 20 日生于英国格林尼治，1916 年 12 月 11 日卒于同地。*地磁学、气象学、观测天文学。*

通过父亲引荐，13 岁时入格林尼治皇家天文台当临时计算员。1852 年到达勒姆大学任天文观测员。1857 年 5 月又重返格林尼治天文台任二级助手。当时该台包括皇家天文学家 G. B. 艾里在内一共才 9 名正式工作人员，他是其中的一员。1893 年底退休。是英国皇家天文学会、英国皇家气象学会和英国皇家学会的会员。

他作了 20 年的子午仪天文观测，后来调到磁学和气象观测室工作。后半生主要从事地磁学和气象学的观察研究。1880 年发表论文“1841～1877 年间在格林尼治观测到的地磁偏角与地磁水平分量日变化之间的关系和太阳黑子数的周期”。该文对 E. 萨拜因等人 1852 年提出的地磁场与太阳黑子之间有关系的论点提供了佐证。88 岁高龄时出版了最后一部论著《太阳黑子和地磁学》。 (张南海)

怀特菲尔德，R. P.(Whitfield，Robert Parr) 美国人，1828 年 5 月 27 日生于美国纽约州威洛韦尔，1910 年 4 月 6 日卒于纽约州特洛伊。*地层学、古生物学、生物进化论。*

在英格兰只受过 6 年初等教育，13 岁随父母迁回美国，协助父亲经商。20 岁在乐器公司任职，1849 年任经理。1856 年加入尤蒂卡博物家协会，任 J. 小霍尔助手。1870 年任纽约州立博物馆馆长助理。1872 年在伦斯勒工艺学院任教，1876 年任地质学教授。1877 年任美国国家自然博物馆馆长。1881 年主编《古生物学》丛刊。

对纽约州等地进行野外考察，为撰写出版《纽约古生物学》，搜集腕足动物、海百合、腹足动物等大量资料。主要成就在于古生代双壳类、腕足动物的内部结构、内华达州和犹他州的古生代和中生代古生物等方面。对无脊椎动物化石序列、动物群及其地层关系进行了描述和对比，为了解大西洋沿岸地区古生物提供了证据。提出物种变异和蜕变的观点，即获得性状的遗传和受环境变化的影响，反映了美国新拉马克主义的研究动向。 (马玉英)

富凯，F. A.(Fouqué，Ferdinand André) 法国人，1828 年 6 月 21 日生于法国芒什省莫坦，1904 年 3 月 7 日卒于巴黎。*火山学、矿物学、显微岩相学。*

21 岁入读巴黎高等师范学校，1853 年毕业。后任该校科学收藏馆主任。后研究医学，1858 年获该校医学博士学位。1877 年成为法兰西学院博物学和矿物学教授。1880 年被任命为法国地质调查委员会委员。1881 年入选法国科学院院士，1901 年被选为法国科学院院长。

1861 年伴同化学家德维尔到维苏威观察火山喷发，此后立志终身研究火山。对火山现象的观察及对喷气化学产物的研究，大大丰富了关于火山的知识。与 A. 米歇尔-莱维合作，首次把显微岩相学的方法引进法国；两人合写了《矿物显微图像》(2 卷，1879 年)一书；还合作完成与自然界矿物成分相同的火成岩形成条件的许多模拟实验，证实了冷却速度对结晶程度和颗粒大小有影响。他们的工作奠定了根据火山岩矿物成分、结构和化学成分分类的现代岩石学基础。另有《希腊桑托林岛火山喷发》(1879 年)、《矿物与岩石综论》(1885 年)等专著。1876 年获居维叶奖金。 (刘漱勤)

海登，F. V.(Hayden，Ferdinand Vandiveer) 美国人，1829 年 9 月 7 日生于美国马萨诸塞州威斯菲尔特，1887 年 12 月 22 日卒于宾夕法尼亚州费城。*地层学、地质学。*

童年丧父，随叔父在农村生活。1847 年进奥伯林学院半工半读，1850 年毕业。后又到纽约奥尔巴利医学院学医，1853 年获医学博士学位。后开业行医。1862 年任陆军外科军医。1865～1872 年任宾夕法尼亚大学地质学教授。1873 年当选为美国国家科学院院士。

开业从医期间，多次利用假期在美国西北部各州进行地质调查。曾与古生物学家 F. B. 米克共同为美国西部的白垩系和第三系建立一个详细的地层剖面，其中一些地层建组定名至今仍在沿用。1867～1879 年，参与美国各州的地质和地理调查所工作，对洛矶山中部地质研究作出不少贡献。 (刘 汉)

汤姆孙，C. H. W.（Thomson，Sir Charles Harles Wyville） 英国人，1830 年 3 月 5 日生于英国苏格兰林利斯戈的邦西迪，1882 年 3 月 10 日卒于同地。*海洋生物学、海洋生态学、地理探险。*

东印度公司一位医生的儿子。曾在爱丁堡大学学习医学和博物学。毕业后执教于阿伯丁大学，1850 年任讲师，1851 年任植物学教授。1853 年任女王学院爱尔兰科克校区的博物学教授，一年后任女王学院贝尔法斯特校区地质学与矿物学系主任，1860 年任该校博物学系主任。1868 年任都柏林皇家科学学院植物学教授。1870 年出任爱丁堡大学博物学系主任。是英国皇家学会会员。1877 年被册封为爵士。

早年致力于植物学研究、尤其对海百合类深有造诣。1868 年、1869 年两个夏季，他和博物学家卡彭特（W. B. Carpenter）一起，租借了英国海军的“闪电”号和“豪猪”号两条舰只，对大西洋、太平洋一些深海进行测深、挖泥、捕捞和取样，获得大量资料。发现在深海 1200 米处存在大量无脊椎动物群落，推翻了当时认为海洋深处无生命的流行观念；发现不同海域在同一深度有着相当不同温度，纠正了当时科学界以为海洋同一深度同一温度的猜测，首次揭示了海洋环流的作用；发现深海海床一般都由淤泥构成。这些成果公布于他出版的《海洋深处》（1873 年）一书。

1872 年底，他又主持一支海洋科学探险队，乘英国海军的“挑战者”号再次对大西洋等地区进行巡航考察，历时 3 年半。发现深海海床有着无数几乎是纯净的二氧化锰结核；发现在水深 7300 米处海床上，存在某种放射性淤泥。英国议会通过决议，敦促英国财政部拨款 10 万多英镑专门用于整理、收藏、分析和出版这三年洋底科学考察获得的所有资料。作为初步成果展示，他出版了两卷本《挑战者号大西洋航海记》（1877 年）。

他主持的深海科学考察，揭去了深海的神秘面纱，促进了海洋学、水文地理学、生态学、生物学的发展，并为铺设越洋海底电缆，综合开发海洋资源，保护海洋生态，提供了宝贵的科学依据。获得许多奖励。

（李士土 李啸虎）

奥克森纽斯，C.（Ochsenius，Carl） 德国人，1830 年 3 月 9 日生于德国卡塞尔，1906 年 12 月 9 日卒于马尔堡。*矿床学、岩石学、矿冶工程、地理探险。*

早年在卡塞尔学习采矿工程和地质学。1851 年随菲利皮（R. A. Philippi）教授到智利探险。此后在南美工作 20 年，到各地进行地质调查。1871 年后定居马尔堡，在汉诺威附近创办一钾盐矿。同时开始整理和撰写在南美洲 20 年的考察报告。1874 年授予驻秘鲁和智利名誉领事。1884 年马尔堡大学授予他荣誉博士学位。

撰写出版的《岩盐的形成和含盐母岩》（1877 年）一书最为著名。用自己直接观察的资料，确立岩盐建造的沉积序列，对岩盐成因提出“沙洲说”的新论点，认为岩盐、石膏和其他蒸发岩等深厚沉积物是在沼泽中形成的，沼泽与海洋间则由沙洲隔开。与沙洲说相对立的还有“沙漠说”，两者都为实际资料所证实，但多数地质学家更倾向于沙洲说。另有《智利》（1884 年）一书，是对智利作长期实地考察和研究的最终成果。

（刘 汉）

雷克鲁斯，J. J. É.（Reclus，Jean Jacques Élisée） 一译雷克吕。法国人，1830 年 3 月 15 日生于法国大圣富瓦，1905 年 7 月 4 日卒于比利时图鲁。*地理学、生态学。*

出身新教牧师家庭。1851 年初去德国柏林大学学神学，同时听地理课。1851 年下半年再次出国。1852～1857 年相继游历了不列颠群岛以及美国的路易斯安那州和哥伦比亚特区。1857 年回到巴黎，撰写地理书籍。1872 年因参加巴黎公社被驱逐至瑞士。1892 年任比利时布鲁塞尔新成立的自由大学地理学教授。

出版的《地球》（2 卷，1868～1869 年）是一本综合性地理书，也是他的成名作。在瑞士主编了一部世界地理著作《新世界地理》（19 卷，1876～1894 年）。在比利时执教期间，撰写了最后一部大型地理综合著作《人类与地球》（6 卷，1905～1908 年）。（张南海）

奥顿，J.（Orton，James） 美国人，1830 年 4 月 21 日生于美国纽约州塞内卡福尔斯，1877 年 9 月 24 日卒于玻利维亚的的喀喀湖。*地理学、地理探险。*

生活在淘金热时代。19 岁时编写了《矿工指南与冶金学家辞典》。1855 年从威廉斯学院毕业，取得文学士学位。留校任牧师，在学院院长 M. 霍普金斯（Mark Hopkins）的影响下转攻博物学。

在学院的帮助下，1867 年在安第斯探险队工作，穿过了厄瓜多尔境内的安第斯山，并在秘鲁的佩瓦斯山上找到了海中的古贝壳遗迹。1870 年撰写出版的《安第斯山与亚马孙河》，题辞注明献给达尔文。1873 年领导探险队第二次去安第斯探险。1876 年第三次探险，穿过了安第斯的热带雨林。由于一部分搬运工人与警卫叛乱，探险队处境十分困难。在穿过的的喀喀湖时，因体力耗尽而去世，收集品与笔记在运回纽约时也不幸丢失。

（林德宏）

马卡姆，C. R.（Markham，Clements Robert） 英国人，1830 年 7 月 20 日生于英国约克郡，1916 年 1 月 30 日卒于伦敦。*比较地理学、历史地理学、地理探险。*

曾在威敏斯特学校就读 2 年，尔后加入皇家海军，1851 年退役。服役期间学到了各种机械、航海技术和地理知识。1854 年加入皇家地理学会，1863～1888 年任该会秘书长，1893～1905 年任会长。

毕生致力于地理学教育和研究。在他的协助下牛津大学建立了地理学院。对比较地理学和历史地理学较有研究。强调历史记录对于自然地理研究的价值。在他主持下编纂了 20 卷考察记录。由于他的主持，《地理学》杂志成为“世界各地地理信息的主要陈列

馆”。还精心计划和参与过极地考察。（冯祖钧）

伦纳维尔，E.（Renevier，Eugène） 瑞士人，1831年3月26日生于瑞士洛桑，1906年5月4日卒于同地。地层学、矿物学、古生物学。

出身名门，幼年丧母，在父亲再婚后他才被送往斯图加特受较高的教育。1851～1853年在日内瓦学古生物学。1854年到巴黎大学继续学习。1856年开始在洛桑学院（后改为洛桑大学）教动物学课程，1859年任教授。1882年创建瑞士地质学会并任首届会长，他扩充了洛桑地质博物馆，担任该馆馆长40余年。1878年在巴黎举行的第一届国际地质大会上，被选为新成立的国际地质大会秘书长。曾被选为1894年在苏黎世举行的第6届国际地质大会主席。同年任瑞士地质委员会主席。在1897年于匹兹堡举行的国际地质大会上，当选为国际地层分类委员会主席。长期担任洛桑大学校长，直至去世。

主要从事地层学、古生物学和矿物学研究。1854年与人合作出版《罗讷河两岸化石》一书。1874年出版著名的《沉积层图表》，第2版作了大量修订，1897年以《地质年表》为题，彩图绘制再版。他所做的阿尔卑斯山的构造剖面，以及勘查和详细填图工作，为后来的工作者打下基础。热心于学术团体工作，对国际地质学术机构的建立和发展作出了显著贡献。最大成就在于建立统一的地质术语、分类法和国际图标。很早就提出采用太阳光谱谱线法作为地层的色标，这一建议在第二届国际地质大会上得到采纳。（李嘉曾）

罗尔夫斯，F. G.（Rohlfs，Friedrich Gerhard） 德国人，1831年4月14日生于德国不来梅附近费格扎克，1896年6月2日卒于波恩伦戈斯多夫。地理学、人类学、地理探险。

乡村医师之子。早年从军，19岁以陆军中尉退伍。同年起先后在德国海德堡大学、维尔茨堡大学和格丁根大学学医，未获学位。1855～1860年在阿尔及利亚任法国海外军团医生，多次参加军事远征。通晓阿拉伯语，皈依伊斯兰教。1861年赴任摩洛哥苏丹西迪·穆罕默德四世（Sidi Muhammad IV）的御医，后任首席军医。1865年1月，即10年后首次从国外回德国。同年起，多次率德国探险队去非洲。1870年起，先后任普鲁士政府枢密顾问官，驻突尼斯、阿比西尼亚（今埃塞俄比亚）公使，驻桑给巴尔总领事。1870年任巴伐利亚科学院通讯院士。1871年获耶拿大学荣誉博士学位。

19世纪60年代初，为了寻找欧洲古老传说中的非洲古城丁布各都（Timbuktu），他在摩洛哥进行了为期3年的长途旅行。越过欧洲人未知的阿特拉斯山脉，考察了塔菲拉勒特荒漠地区。在这次旅行中，他受到歹徒的攻击，腿部受了重伤，差点死去。伤愈后，1864年又从塔菲拉勒特绿洲穿越阿尔及利亚的撒哈拉大沙漠，抵达的黎波里。1865年5月，他率领德国探险队由的黎波里穿越撒哈拉大沙漠，渡过乍得湖，沿尼日尔河岸往西南下游方向行进，1867年5月到达几内亚湾的尼日利亚首都拉各斯。1873～1874年，率领德国探险队从埃及达赫莱绿洲出发，第一次穿过西部沙漠到利比亚的库夫拉绿洲，在沙漠里遇到几乎20年一遇的罕见大暴雨。1878～1879年，再次考察了利比亚大沙漠的库夫拉绿洲。由此，在欧洲探险家中，他成了由北往南成功穿越非洲的第一人，也是从地中海到西非海岸的第二人。

主要论文人编《非洲发现与研究论文集（1870～1875年）》（1876年）；主要著作有《摩洛哥旅行记》（1868年）、《非洲乡土人情见闻（1865～1870年）》（1870年）、《从的黎波里到亚历山大》（2卷，1871年）、《首次在摩洛哥侨居和旅行》（1873年）、《摩洛哥历险记及德拉河和塔菲拉勒特绿洲旅行记》（1874年）、《在利比亚沙漠中度过的三个月》（1875年）、《穿越非洲大陆》（2卷，1874～1975年）和《从的黎波里到库夫拉绿洲》（1881年）等。获1865年巴黎地理学会金质奖章，1867年伦敦地理学会奖，1867年普鲁士皇冠三等勋章等。（李啸虎）

休斯，E.（Suess，Eduard） 旧译徐士。奥地利人，1831年8月20日生于英国伦敦，1914年2月26日卒于奥地利布尔根兰州马尔兹。构造地质学、测绘学、古生物学、水利工程。

英国裔。父亲是伦敦的羊毛商，1845年接收了一家坐落在维也纳的皮革制造厂，于是举家迁往奥地利居住；母亲是布拉格银行家的女儿。他小时已能讲英语，后又请一位指导教师教英文，还聘有德语和法语家庭教师。由于受到良好的家庭教育，很早就读完大学预科。去布拉格治疗脚疾时住在外祖父家中，并在布拉格上了大学。学生时代经常去博物馆，还到附近富含化石的地区旅行，采集地质标本，因此对地质学兴趣日浓。1852年就任维也纳劳大博物馆助理。1856年成为维也纳大学编外教授，5年后任该校地质学教授，直到1901年。1860年成为奥地利科学院通讯院士，1867年当选为院士，1893年任科学院副院长，1898年为院长，1911年退休。1869年任州议会议员，1873～1896年任国会议员。1895年当选为瑞典皇家科学院外籍院士。他的儿子F. E. 休斯（Franz Eduard Suess）也是奥地利地质学家，担任过维也纳皇家地质学会会长。

1853年曾赴阿尔卑斯山测绘地质剖面，担任最高部分达赫斯坦的测量制图工作，因此有机会观察阿尔卑斯山的全貌。曾随同许多地质学家赴瑞士、法国、德国、英国及意大利的重要地区考察。

他对古生物研究是从笔石开始的，后又从事腕足类、菊石及第三纪哺乳动物的研究。强调生物界的相互协调性，1875年提出了“生物圈”的概念。研究地层时，把海岸地带与山脉中不同地区的沉积岩系作比较，区分出陆表海与地槽沉积的差异，因而扩大了C.

赖尔研究地层的目标，把地层研究推向构造研究上去。1860～1861 年研究了维也纳山北波希米亚地块边缘第三纪古地中海的滨海沉积、海岸线与阶地的形成，提出了海平面升降的原理，创立了海水震荡的概念，提出海侵海退学说。

1865 年考察了喀尔巴阡山、苏台德山及亚平宁山，并再次到阿尔卑斯山进行观察比较。在 1875 年出版的《阿尔卑斯山的形成》一书中，叙述了阿尔卑斯山的整体构造。当时地质学界流行的看法是阿尔卑斯山中央为垂直隆起带，两侧因中央隆起受到挤压形成褶皱和位移。他反对这种阿尔卑斯山两边对称的看法，认为山脉是由逆冲运动形成的；海岸地区与内陆地区之间的水平运动是单向运动。褶皱曲线及其排列决定于前陆地带的形状与组成前陆物质的抵抗强度，中间的结晶岩带是被动的。通过对阿尔卑斯山与卡拉布里亚山的研究，他认为地震是山脉在运动中的表现，是沿着大断裂产生的，火山与岩浆侵入作用只是次要的伴随现象，经常发生于山脉弧的内侧。

任国会议员期间，领导完成了两项浩大工程，即从山区引水解决维也纳市供水工程，开凿多瑙河运河解决维也纳低凹地带的防洪工程。从此维也纳市不再受饮用井水引起伤寒的困扰，也不再发生大水灾。

1883～1909 年出版 3 卷《地球的面貌》。在该著作中根据自己的观察与比较，总结了前人观察的合理部分，形成对地球面貌的整体观念。以三维空间随着时间变化的观点，把全球面貌变化的历史图案表达出来，区分出 5 个大陆：劳伦西亚、芬诺斯堪的亚、安加拉、冈瓦纳及南极洲。冈瓦纳在中生代时又分裂成非洲、澳大利亚、印度及南美洲；而劳伦西亚后来分裂成为北半球除印度以外的诸大陆。提出在欧亚大陆与印度非洲大陆之间横亘着连绵的山脉是由古地中海形成的，称这个古海洋为特提斯海。这些名词均出自他当时的命名，至今仍为地质学家所引用。他的许多思想为后来的地质学研究开辟了新的领域，是新的全球动力学与活动论的渊源之一。

1903 年获英国皇家学会最高奖科普利奖章。为纪念他，月球和火星上各有一个陨石坑（环形山）以他命名。

（胡　敏　李文达）

马什，O. C.（Marsh, Othniel Charles）　美国人，1831 年 10 月 29 日生于美国纽约州洛克波特，1899 年 3 月 18 日卒于康涅狄格州纽黑文。*地质学、古生物学、生物进化论。*

制鞋匠的长子。是著名银行家、慈善家 G. 皮博迪 (George Peabody) 的外甥。1860 年毕业于耶鲁学院(后易名耶鲁大学)。1862 年毕业于纽黑文的设菲尔德理科学校。后留学 3 年德国柏林、海德尔堡和布雷斯劳等大学，学习解剖学、矿物学业和地质学。回国后终生任耶鲁大学古生物学教授。1882～1892 年在美国地质调查所兼职。1874 年当选为美国国家科学院院士，并任该院院长达 12 年。

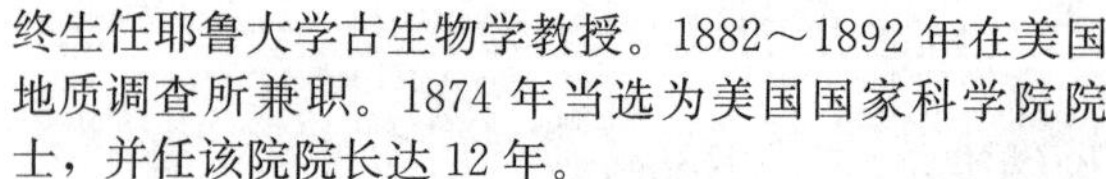

童年时代就对矿物学和无脊椎动物化石有强烈的兴趣，为耶鲁大学皮博迪博物馆收集了大量化石标本。通过对大量已绝灭动物的描述和研究，建立了美国古脊椎动物学这门年幼的学科领域。1870～1873 年曾 4 次带领学生踏遍美国西部各地区。在始新世至更新世系列标本的基础上，建立了北美马的演化，论述了侏罗纪至白垩纪已知最早的哺乳动物；还提出早期灵长目曾在北美大陆生存。扩大了恐龙的分类，描述了大小 80 个新种；对白垩纪带翅爬行动物进行了描述；论述了最早的有齿鸟类，证实爬行动物是它们的祖先。其分类学和已绝灭脊椎动物方面的论著为进化论作出了贡献。主要著作有《答科普教授的辩辞》（1873 年）、《美洲古今脊柱动物生活介绍》（1877 年）、《长牙的鸟类》（1883 年）、《恐角目的巨大哺乳动物》（1885 年）、《北真恐龙》（1896 年）等。获比克斯比奖章和居维叶奖金。

（马玉英）

奥佩尔，C. A.（Oppel, Carl Albert）　德国人，1831 年 12 月 19 日生于德国符腾堡州霍亨海姆，1865 年 12 月 22 日卒于慕尼黑。*地层学、古生物学。*

在斯图加特求学时开始学习地质学和矿物学。1851 年进图宾根大学，成为最有才能的学生之一，1853 年获博士学位。善于采集标本，在学生时期已收藏有第一流的符腾堡侏罗纪古生物标本。随后调查了德国、法国、英国、瑞士等国的侏罗纪地层，访问了国内外侏罗纪地质学者。1858 年到慕尼黑大学工作，1861 年任生物学教授及古生物标本馆馆长，直至去世。35 岁因病英年早逝。

毕生从事西欧侏罗纪地层的研究，主张用动物群而不按岩石特性来划分地层。根据化石的不同，他把侏罗系划分为 33 个化石带，每一化石带都含有若干典型的动物群，大部分是菊石。还以大量的时间和精力收集标本，故他的藏品丰富，闻名于世。

为纪念他，月球上有一处山脊以他命名；另有对虾属化石以他命名。

（刘　汉）

戈塞莱，J.-A.（Gosselet, Jules-Auguste）　法国人，1832 年 4 月 19 日生于法国康布雷，1916 年 3 月 20 日卒于里尔。*地质学、古生物学。*

药剂师的儿子。高中毕业后进巴黎药物学校学习，未获学士学位。后在中学做数学教师。经介绍到索邦大学当一名地质课实验员，工作了 7 年。后来因对原生地层建造的研究取得了博士学位。1860 年到波尔多的公立中学担任理化教师。1864 年任里尔大学普瓦捷理学院博物学教授，后任地质学教授。1913 年当选为法国科学院通讯院士。

主要成就是对法国北部地区（包括比利时和德国的部分地区）的区域性地质研究工作，研究成果后来对解释德国艾费尔高原的形成起了指导作用。代表作有《法国北部及其邻近国家的地质概况》（多卷，1880～

1903年)、《法国北部地下蓄水层》(3卷，1886～1888年)等。 (杨惠成)

诺登许尔德， A. E. (Nordenskiöld，(Nils) Adolf Erik) 瑞典人，1832年11月18日生于芬兰赫尔辛基，1901年8月12日卒于瑞典达尔比奥。*地理学、地质学、矿物学、地理探险。*

芬兰裔。父亲是芬兰著名矿物学家。早年在赫尔辛基大学专攻矿物学和采矿史，1855年获博士学位。因公开反对沙皇对芬兰的奴役，1857年被俄国总督永远驱逐出境。次年迁居瑞典斯德哥尔摩，很快聘任瑞典皇家博物馆教授，并担任该馆矿物部主任直到去世。1860年加入瑞典国籍。1880年瑞典国王册封他为男爵。1893年被选为瑞典皇家科学院院士。

他根据野外考察资料，写过有关动物、植物、地质、矿物、制图、地球物理等方面的文章。1857年第一次参加北极区考察。在以后的15年中，至少4次参加斯匹次卑尔根群岛的考察。1864～1886年，8次率队到其他地方考察。最重要的一次是1878～1879年乘坐“维加”号橡木蒸汽船的考察，开辟了欧亚大陆的北冰洋东北航道。著有《维加号航行记述》(5卷，1811年)、《佩里普拉斯：早期航海图与航海史论述》(1897年)等。 (张南海)

马拉德，F. E. (Mallard，François Ernest) 法国人，1833年2月4日生于法国谢尔河畔新堡，1894年7月6日卒于巴黎。*矿物学、晶体学、采矿工程、爆炸化学。*

出身律师家庭。1853年毕业于巴黎高等矿业学校。留校任教，1872年任该校矿物学教授。1879年任法国矿物学会第一任会长。1890年被选为法国科学院院士。

是法国晶体学史上的重要人物。在晶体学方面发展了布拉维的晶格理论，并用于分析晶体的物理性质，对双晶理论有重要贡献。作为采矿工程师，他研究了在矿井里防止甲烷爆炸的问题，对安全灯设计、燃烧温度、火焰传播速度等方面提出了一系列论文。还首次将硝酸铵用于炸药，此法至今仍在继续使用。代表作有《矿物学教程》(1893年)、《主要矿物种类的晶体学和物理学数据汇编》(1905年)等。 (邱凤昌)

切卡诺夫斯基，A. П. (Чекановский，Александер Пиотр；Czekanowski，Aleksander Piotr) 俄国人，1833年2月12日生于波兰克尔茨米尼(今乌克兰列缅涅茨)，1876年10月18日卒于俄国圣彼得堡。*地质学、地理学。*

1850年进基辅大学学医。1855年转入多尔帕特大学改攻矿物学。因经济困难，2年后辍学，在基辅一电机商行工作5年。在读书和工作期间一直自学自然科学，采集大量古生物和矿物标本，同时结识很多科学家。1863年华沙一月暴动后被捕，翌年被判劳役6年，1865年放逐到伊尔库茨克。经过12年流放，1876年获准离西伯利亚回圣彼得堡，在科学院矿物博物馆任保管员。同年9月去瑞典参观古生物标本，回国后自杀身亡。

1868年开始参与俄国地理学会野外活动，先后在贝加尔湖盆地、伊尔库茨克州及西伯利亚东部高地进行广泛的地理和地质考察。一生最主要著作是1873～1875年间西伯利亚调查时的日记。曾获得俄国地理学会和国际地理学会的金质奖章，许多古生物化石和山脉、山峰均以他的名字命名。 (刘 汉)

李希霍芬，F. von (Richthofen，Ferdinand von) 德国人，1833年5月5日生于西里西亚地区卡尔斯鲁厄(今属波兰)，1905年10月6日卒于德国柏林。*地层学、构造地质学、自然地理学。*

在布雷斯劳受中等教育。1850年进布雷斯劳大学学习地质学。2年后转入柏林大学，1856年毕业。1860年随普鲁士政府使团去东南亚和远东，参加过由陆路从曼谷到孟买的旅行，到过中国的上海、广州等地。1862年前往美国，在加利福尼亚给一家德文报纸当了6年记者，主要报道矿产资源和黄金的发现。1868年之后的4年内，7次到中国作长途旅行，穿越除台湾、甘肃和云南以外的所有中国省区。1870～1872年在上海出版题为《中国信札》的经济资源考察报告。1872年返回德国后，长期就中国问题撰文和讲学，并推动德国各大学的地理学研究。1873年起一直担任柏林地理学会会长。1875年受聘为波恩大学地质学教授，因编写《中国》一书的第一卷和第二卷，推迟4年方接受这一职务。1883年担任莱比锡大学地理学教授。1886年任柏林大学地理学教授；晚年致力于柏林大学博物馆的筹建；1903年任柏林大学校长，2年后暴卒。

学术贡献主要在阿尔卑斯山地层学、对中国的地质学、地理学和地貌学研究以及地理学方法论方面。

1856年大学毕业后参加一个包括著名地质学家在内的科学考察队，前往北蒂罗尔和福拉尔贝格一带的阿尔卑斯山进行地质考察。他对该地区三叠系层序作了出色的阐述，被誉为当时第一流的年轻的阿尔卑斯地质学家。在奥地利地质研究所的援助下，他把研究范围扩大到喀尔巴阡山。在进行了阿尔卑斯山区地质旅行之后撰写的论文中，提出与当时流行的灾变论相反的概念，认为大部分地表形态变化和构造变动起因于缓慢的地壳运动，并认为阿尔卑斯三叠纪石灰岩中白云质团块的形成与缓慢沉降的海底造礁珊瑚有关。

在中国考察的内容，涉及地层、岩石、古生物、地形、地貌、土壤、植被、农作物、风土人情以至于鸦片价格等方面，对山东、河北、山西等省的考察尤为详尽。所编《中国》一书，计5卷，附有中国地形图与地质图，前2卷亲自执笔，后3卷由学生和友人根据他的考察资料编辑而成。书中论述了中国的主要地层和地质构造，提出了关于中国黄土的风成观点。

他认为地理学涉及与地表有关的一切岩层与现象之间的因果关系，可以分为专门地理学和普通地理学两个主要领域，前者是描述性和分析性的，后者侧重于抽象和综合的方法。他主张以形态学、物质性质、动力学或空间联系以及发展（因力和变化原因）等4个方面开展普通地理学研究。他的理论和实践奠定了现代地理学和地貌学的发展基础。（李嘉曾）

贾卡德，A.（Jaccard，Auguste） 瑞士人，1833年7月6日生于瑞士纽沙泰尔州库里埃瑞，1895年1月5日卒于纽沙泰尔州洛克莱。*地质学、古生物学。*

新教徒钟表匠和小农家庭出身。16岁生过肺病，差点死掉。自幼喜欢搜集化石。1885年前曾长期做过钟表匠。受纽沙泰尔学院地质学教授P. J. É. 德索尔影响，1853年后从事地质与古生物的考察和研究，1868年任其助手，1873年任该校地质学教授直至去世。1883年获苏黎世大学荣誉博士学位。

他的地质与古生物研究工作，几乎全集中在瑞士侏罗系地区以及相邻法国地区。地质填图占了他一生工作的很大部分。还作过很多实用地质学方面的工作。对侏罗系地区的水文地质、水文、泉水以及地下水等问题写过很多文章。还是首先提出石油是有机成因的学者之一。（冯祖钧）

邦尼，T. G.（Bonney，Thomas George） 英国人，1833年7月27日生于英国斯塔福德郡鲁吉利，1923年12月10日卒于剑桥。*冰川学、岩石学、显微学。*

早年攻读数学、神学，后兴趣转向地质学。曾任伦敦地质学会会长、英国矿物学会会长。1878年当选为英国皇家学会会员。

是第一个使用显微镜来作岩石薄片分析的地质学家。在充分研究基性和超基性火成岩的基础上，探讨了英国蛇纹岩的性质，批驳了亨特（S. Hunt）提出的沉积成因的观点。重视实验室和野外的实际工作，常到瑞士观察山谷冰川，对冰的侵蚀力作用提出怀疑，对冰斗的形成是由于拔削作用所致也不相信。主要著作有《剑桥郡地质》（1875年）、《我们星球的故事》（1893年）、《查尔斯·赖尔和现代地质学》（1895年）、《冰的运作：过去和当下》（1896年）、《火山》（1899年）等。（王 植）

维尔德，H. von（Wild，Heinrich von） 瑞士人，1833年12月17日生于瑞士苏黎世州乌斯特，1902年9月5日卒于苏黎世。*气象学、地磁学、仪器研制。*

先后在柯尼斯堡大学和海德堡大学学习，1857年获博士学位。1858年11月在伯尔尼大学任物理学教授和观象台台长。1868年应邀到俄国圣彼得堡科学院并任中央天体物理台台长。是好几个国际气象协会及极地委员会等会员。1872年参加筹备1873年召开的维也纳国际气象会议并任会议主席。1876年起，先后在巴甫洛夫斯克、伊尔库茨克创建地磁气象综合观测台，任台长直到1895年，退休后仍在俄国服务。1882～1883年任国防极地委员会主席。1891年当选为瑞典皇家科学院外籍院士。

是一位活跃的气象学家，对19世纪后期气象科学发展做了大量工作。发明了风速计、蒸发仪、气压表、雨量计、自记温度计、各种型式的经纬仪、地磁测量仪、偏振光度计以及极谱仪等。还在瑞士及俄国负责气象观测网的扩展工作。积极参与气象科学的国际合作。用德文与俄文写了大量关于气象仪器及气象观测技术进展的论著。1876年以德文和俄文同时出版《俄国的气温变化》（1882年再版）1890年与他人合作编制了国际气象常用表。另有《论俄国的沉积层》（1888年）等。（曹念祥）

鲍威尔，J. W.（Powell，John Wesley） 美国人，1834年3月24日生于美国纽约州芒特莫里斯，1902年9月23日卒于缅因州黑文。*地质学、人类学、生态地理学、地理探险。*

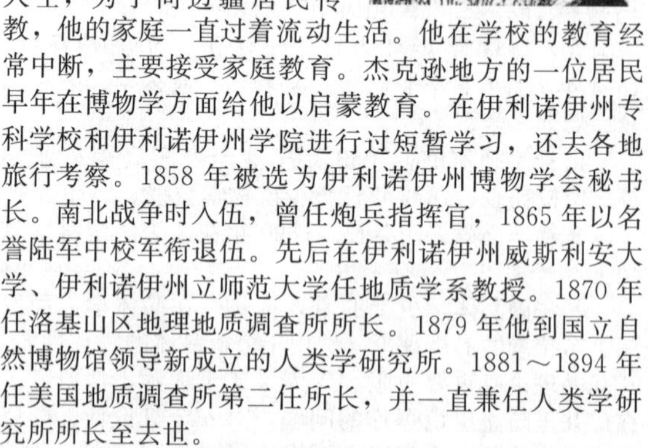

父亲是来自英国的教会人士，为了向边疆居民传教，他的家庭一直过着流动生活。他在学校的教育经常中断，主要接受家庭教育。杰克逊地方的一位居民早年在博物学方面给他以启蒙教育。在伊利诺伊州专科学校和伊利诺伊州学院进行过短暂学习，还去各地旅行考察。1858年被选为伊利诺伊州博物学会秘书长。南北战争时入伍，曾任炮兵指挥官，1865年以名誉陆军中校军衔退伍。先后在伊利诺伊州威斯利安大学、伊利诺伊州立师范大学任地质学系教授。1870年任洛基山区地理地质调查所所长。1879年他到国立自然博物馆领导新成立的人类学研究所。1881～1894年任美国地质调查所第二任所长，并一直兼任人类学研究所所长至去世。

他在领导地质调查所期间，所选用的地质学家都是有才干的人员，其中包括G. K. 吉尔伯特和C. E. 达顿。在与他们共事期间，他在先成河与后成河历史方面，吉尔伯特在河流侵蚀和峭壁后退作用方面，达顿在均衡说和火山作用方面，都分别提出一些基本原理，至今仍是地质学的基本组成部分。他对人类学的研究，尤其对印地安人种族分支和语系的研究，也做出了出色的成绩。1878年他曾提出"关于干旱地区土地的报告"，建议改革行政机构和法律，以保护西部干旱地区自然环境和预防灾害威胁。由于当时得不到支持，他提出的原则直到20世纪30年代才得以实现。

主要著作有《哥伦比亚河主流及其支流探险》（1875年），1895年该书经修订扩充改名为《科罗拉多河及其峡谷探险》。

为纪念他，科罗拉多河流域有以他命名的鲍威尔湖；美国地质勘探局设有鲍威尔奖。（杨惠成）

布兰福德，H. F. （Blanford（Blandford），Henry Francis）　英国人，1834年6月3日生于英国伦敦，1893年1月23日卒于福克斯通。气象学、矿床学、地理学、科学管理。

报刊印刷厂主之子。1851年入读英国南肯辛顿皇家矿业学校。毕业后，在德国弗赖贝格矿业学院、伦敦大学各学习一年。学业完成后，随其兄博物学家W. T. 布兰福德（William Thomas Blanford）到印度求发展，1855～1862年供职于印度加尔各答地质勘探局。1862～1874年供职于孟加拉邦教育部，兼任加尔各答总统学院（今加尔各答大学）自然科学教授，期间1867年任孟加拉邦气象局局长。1875年正式任印度气象总局第一任局长，1888年因病辞职回国。1862年加入英国地质学会。1880年当选为英国皇家学会会员。1864年任孟加拉亚洲学会荣誉秘书长，1884～1885年任会长。

印度近现代气象事业的主要奠基者之一。早年在印度从事地质和矿产勘探工作，主要研究煤矿基岩的地质结构与性质，有所建树。19世纪60年代起开始研究气象学。50年代到达印度不久，便参与首次发现奥里萨邦塔尔奇尔煤田。1864年强烈的暴风雨袭击印度东部，有高达70 000人不幸罹难，加尔各答港口也遭到严重破坏。他合作撰写了相关调查报告，受命主持一个专家委员会建立风暴预警系统以保护加尔各答港。由此，他率先建立和主持近代印度第一个气象观测台；在他的影响和带动下，印度各地也纷纷仿效建立起气象观测台站；他奉命组建印度气象总局并任首任局长，长期统一领导和协调全印度的气象预测预报活动，为印度气象事业奠定了基础。除科学管理外，他在学术上也有不少研究成果，例如，其中包括首次通过观测喜马拉雅山脉积雪与印度其他地区降雨量之间的自然联系，以作为长期气候预报的依据。

除发表一系列矿物学、气象学研究报告和学术论文外，在地理学上出版过两部专著，其中《印度地理学》长期被院校作为通用教材；另一部为《实用印度、锡兰和缅甸气象和气候指南》（1889年），很有影响。此外，还有人物传记《印度气象学家韦达·麦克姆（Vade Mecum）》（1875年）等。（李啸虎）

莫恩，H. （Mohn，Henrik）　挪威人，1835年5月15日生于挪威卑尔根，1916年9月12日卒于克里斯蒂安尼亚（今奥斯陆）。气象学、海洋学、大气物理学、科学管理。

1858年在克里斯蒂安尼亚大学获矿物学硕士学位。稍后写了一篇有关彗星轨道位置的得奖论文，因此留校当上了天文学助理教授。1866年任新成立的挪威气象研究所所长。1866～1913年兼任克里斯蒂安尼亚大学气象学教授。

从1876～1878年连续三个夏天，他参加北大西洋科学考察。主编考察总报告，撰写了气象学和海洋学的章节。发表过多篇气象论文，内容涉及雷暴、浓雾信号等。1876～1880年曾与挪威化学家、数学家C. M. 居尔贝格一起撰写《关于大气运动的研究》；应用科里奥利原理，并考虑到大气层与地表的摩擦，来研究大气层的运动。他们推导出的公式标志着动力气象学的新发展。1872年出版的名著《论风和气候的关系》，被译成7国文字。挪威气象该研究所在他的领导下发展成为国家重要机构，1866年起它在全国下设450个气象台站。（张南海）

波塔宁，Г. Н. （Потанин，Григорий Николаевич；Potanin，Grigory Nikolaevich）　俄国人，1835年10月4日生于俄国谢米亚尔斯基，1920年6月30日卒于托木斯克。自然地理学、人类学、地理探险。

出身哥萨克军官家庭。1846～1852年在鄂木斯克军事学校学习。毕业后在塞米巴拉金斯克的哥萨克骑兵团任下级军官。1859～1862年在圣彼得堡大学学习。1862年加入俄国地理学会。

1862～1864年，参加了俄国地理学会组织的地理考察队开展天文大地测量。与该考察队的领队斯特鲁维（K. В. Струве）合作，发表了介绍斋桑湖和塔尔巴哈台山脉一带的地理和人种的文章。1876～1899年参加了5次穿越亚洲腹地的考察，先后到达蒙古东部、大兴安岭、西藏、不丹等地，搜集到了大量地理、民族和动植物分布的资料。（张南海）

莱曼，B. S. （Lyman，Benjamin Smith）　美国人，1835年12月11日生于美国马萨诸塞州北汉普顿，1920年8月30日卒于宾夕法尼亚州切尔滕纳姆。地质学、矿床学、测绘学。

1855年毕业于哈佛大学法律专业。后随叔父J. P. 莱斯利在宾夕法尼亚州作地质调查。1858年在艾奥瓦地质调查所当J. 小霍尔的助手，后去巴黎和弗赖贝格矿业学院进修。1862年回国后，继续随叔父在宾夕法尼亚州、加利福尼亚州等地质调查所工作。提出用构造等深线法表示地下的地质构造。1870年受印度政府聘请去旁遮普邦调查油田地质。1872年受日本北海道开拓使的邀请去北海道调查煤、石油、硫磺等资源。1876年转到日本工部省，为日本勘探石油。1881年回国。1887～1898年在宾夕法尼亚州地质调查所工作，曾任该所副所长。终身未娶、素食。

著述和研究报告颇丰。主要著作有《地质勘探中的望远镜测量》（1868年）、《日本油田的地质勘测》（1877年）、《地下水的运动》（1900）、《菲律宾》（1907年）等。（王　植）

盖基，A. （Geikie，Sir Archibald）　英国人，1835年12月28日生于英国苏格兰爱丁堡，1924年11

月 10 日卒于英格兰萨里郡黑斯尔米尔。*火山学、构造地质学、文学*。

父亲是爱丁堡的实业家，同时又是一位作曲家和音乐评论家；母亲是一位商船船长的女儿。他在爱丁堡高级中学学习时，接受的主要是古典文学教育。1850～1854 年在银行工作。1854 年 11 月进爱丁堡大学学习古典和现代文学，后因家贫而中途辍学。中学时对地质学就有兴趣。1855 年被当时的地质调查所所长 R. I. 麦奇生爵士任命担任填图工作的助手。在伦敦矿业学校讲过课，曾任伦敦大学主考官。1861 年当选为爱丁堡皇家学会会员。1865 年成为英国皇家学会会员。1867 年任地质调查所苏格兰分所所长。1871 年任爱丁堡大学地质学讲座首席教授。1881 年任伦敦地质调查所所长，全家移居伦敦。1885 年被选为英国皇家学会理事，1889 年任该学会的外事秘书。1890 年任地质学会会长。1891 年被授予爵位。1901 年辞去伦敦地质调查所所长职务，其兴趣转移到了文学方面。1910 年被选为古典文学学会会长。与此同时，他仍然继续从事地质著述、翻译与编辑工作。1907 年，伦敦地质调查所在 100 周年庆典时，再次邀请他主持该所工作。同年受封为巴斯高级勋爵。1908 年当选为英国皇家学会会长。

主要贡献是在火山活动的研究方面。从 1855 年起，在从事地质工作的初期就开始研究火山岩。其后几十年里对这一课题的研究愈来愈深入，如在火山活动历史、裂隙喷发、高原玄武岩等方面都发表了许多论文。1897 年出版了 2 卷巨著《大不列颠的古火山》。该书几乎囊括了当时有关火山活动的全部知识，对火成地质学的基本要点（除深部构造外）作了全面而详尽的论述。除在火山活动方面的研究成就之外，还对老红砂岩、冰川和地貌学进行过研究。

1856 年起开始独立进行地质调查工作，足迹遍及英国各地，还考察过法国、德国、意大利和美洲西部地区。在任伦敦地质调查所所长期间，领导了苏格兰西北边陲高地的勘察工作。该区是解决整个苏格兰地质问题的关键。从 1883 年起，这项勘察工作整整进行了 10 年之久，最后终于查明了该区地质构造的基本状况和特点。

从 1849 年开始著述活动，一直延续了 75 年一生著作很多。重要著作如《苏格兰风光》（1865 年）、《自然地理与地质学》（1873 年）、《地质学教程》（1882 年）和《地质学奠基者》（1897 年）等，都是奠基性著作。还写了一些纯文学性质的作品。文学造诣很深，才思敏捷，文笔优美。他的作品具有引人入胜、发人深省的力量。1881 年获地质学会理事会授予的麦奇生奖章。1895 年获伦敦地质学会最高奖沃拉斯顿奖章。1896 年获英国皇家学会皇家勋章。（杨惠成）

雷诺尔，B.（Renault，Bernard） 法国人，1836 年 3 月 4 日生于法国欧坦，1904 年 10 月 16 日卒于巴黎。*地层学、古生物学、博物学*。

父亲是一个庄园主管家。在家庭支持下，1855 年即在一所私立学校任教。1867 年获巴黎大学理学院古生物学博士学位，1879 年又获该校自然科学博士学位。1876 年任巴黎自然博物馆博物学家，一直工作到去世。1886 年任法国欧坦博物学会会长。1894 年入选比利时皇家科学院外籍院士。1882 年获法国荣誉军团勋位。

早期感兴趣的科学是物理学，1867 年第一篇博士论文论述物理化学方面。在该领域里先后发表了多篇文章，其中一篇被译成德文。后来对石炭纪和二叠纪的化石植物发生了兴趣，其中有些是硅化的，用显微镜进行了仔细的研究。利用业余时间搜集许多新的化石。1869 年发表第一篇关于古植物学的文章。1881 年完成研究硅化种子的著作。1881～1885 年作了许多关于古植物学的演讲，并出版有关化石植物的讲演集。先后发表 200 多篇论文，其中许多是介绍石炭纪和二叠纪的化石植物。在这个领域里积累了大量微观和宏观的资料，对认识煤的形成作出了重要贡献。代表作有《欧坦地区的硅化植物研究》（1876 年）等。

（钟觉民）

波塞尼，F.（Pošepný，Franz） 捷克人，1836 年 3 月 30 日生于波希米亚斯塔肯巴赫，1895 年 3 月 27 日卒于奥地利维也纳附近。*岩石学、矿床学*。

1857～1859 年在波希米亚的普日布拉姆矿业学院攻读采矿地质学。1873 年任维也纳皇家农业部的地质师。1876 年访问美国。1879～1888 年在普日布拉姆矿业学院担任教学工作，期间 1882 年成为矿山地质学与分析化学副教授，1887 年升为教授。

曾考察过欧洲 10 多个国家和地区、以及巴勒斯坦的许多矿区，共发表 100 多篇矿床地质学方面的论文。撰写的《矿床成因》（1895 年）一书曾译成英文在美国出版。他描述的矿区有些至今仍为该类型矿床的著名范例。他的矿床成因观点基本上属于所谓“泛后生成因”，强调风化作用对矿床形成的控制作用。

（杨惠成）

切尔马克，G.（Tschermak，Gustav） 捷克人，1836 年 4 月 19 日生于捷克斯洛伐克奥洛穆茨附近的利陶（今捷克利托韦），1927 年 5 月 4 日卒于奥地利维也纳。*岩石学、矿物学、陨石学*。

1850 年进奥洛穆茨大学预科。1856 年进维也纳大学哲学院学习化学和晶体学。1860 年获德国蒂宾根大学博士学位。1861 年任维也纳大学化学和地质学助教，1868 年任岩石学副教授，1871 年创办刊物《矿物学通报》，1873 年任矿物学和岩相学教授。1883 年任维也纳大学哲学院院长，1893 年任该校校长。1875 年当选为维也纳科学院院士。是奥地利矿物学会的创始人之一，1910 年被选为该学会名誉会长。是许多国家的重要科学学会及博物学会的会员或名誉会员。

18世纪60年代开始系统的岩石研究，曾研究几种花岗岩中的矿物共生，斜长石中的石英含量以及各种类型岩石中橄榄石的作用。利用多色性区分辉石、角闪石及黑云母类，发展了使用显微镜研究岩石的新兴技术。对长石的研究有重要贡献。认为以前所区分的这类矿物的一些变种是来自钾长石、钠长石和钙长石三种化合物，并指出各种钙-钠长石形成了一种从纯钙长石到纯钠长石的均质的类质同象序列。1864年出版《长石类》一书。提出硅酸盐类所显示的化学成分的重大变异，都可用各种简单化合物的类质同像混合物来解释。后来研究了几乎所有重要的造岩硅酸盐类，都证实了这一见解是正确的。1869年出版了有关岩石的另一本重要的专著《奥地利中生代斑岩》。1883年出版矿物学方面的教科书，该书后来多次再版。曾获维也纳科学院奖项。

1870年后还从事陨石的研究，分析陨石的矿物成分及内部结构。还提出了一种陨石成因的假说，即认为它们是太阳系内小天体上的火山活动喷发出来的，进入地球大气未被完全烧毁降落到地面而形成。

（胡　敏　宣焕灿）

罗森布施，H. K. H. F. (Rosenbusch，Harry Karl Heinrich Ferdinand) 德国人，1836年6月24日生于德国艾恩贝克，1914年1月20日卒于海德堡。*岩石学、地质学、显微术*。

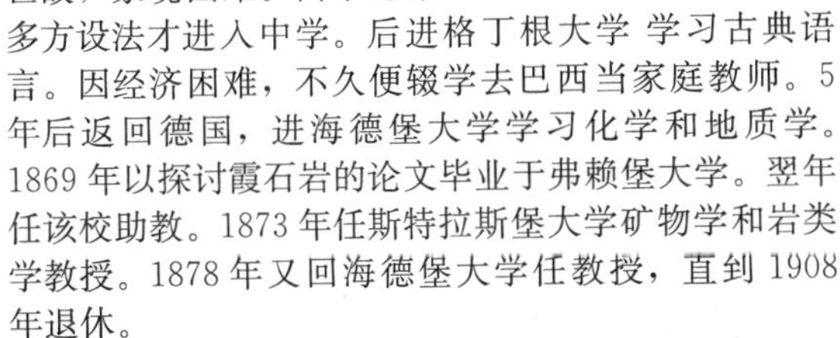

父亲是中学教师，早年亡故，家境困难。由于母亲多方设法才进入中学。后进格丁根大学 学习古典语言。因经济困难，不久便辍学去巴西当家庭教师。5年后返回德国，进海德堡大学学习化学和地质学。1869年以探讨霞石岩的论文毕业于弗赖堡大学。翌年任该校助教。1873年任斯特拉斯堡大学矿物学和岩类学教授。1878年又回海德堡大学任教授，直到1908年退休。

最大贡献是在岩石学领域内建立岩类学，即描述岩石学的新分支。创立以矿物成因和成分为基础的岩石分类，首次强调矿物特征在岩石分类中的重要性。后来发展为根据地质位置、结构以及最终视其矿物和化学成分的火成岩分类体系。曾创立火成岩中矿物结晶顺序的经验法则。

大力提倡利用薄片研究岩类学，奠定了应用偏光显微镜研究岩石的基础。在斯特拉斯堡大学执教期间，出版了一部著名的2卷本教科书。第一卷为《造岩矿物的显微镜研究》(1873年)，第二卷为《块状岩石的显微镜研究》(1877年)。该书后来经过增补出版了4版，成为论述火成岩的标准著作。他的有关岩石渐变性接触变质的论文引起人们的重视。曾详尽描述过板岩中矿物含量的改变，证明除失水外其中并无化学变化发生。虽然研究的是一个特殊类型，由于他的资料令人信服，以致接触变质过程不发生化学变化的观点被认作普遍原理。

还研究过深色脉岩、浅色脉岩同深成母岩体之间的关系。认为大西洋型岩石系列的核心是钠质。而太平洋型岩石系列的核心是钙质。尽管他的解释和结论有时导致错误，但所描述、观察以及汇集的资料却为后人的研究提供了有利条件。另有著作《论火成岩的化学关系》(1890年)、《岩石学原理》(1898年)等出版。

（李嘉曾）

格罗戴克，A. von (Groddeck，Albrecht von) 德国人，1837年8月25日生于德国但泽（现为波兰格但斯克），1887年7月18日卒于克劳斯塔尔。*矿床学、岩石学、矿冶工程*。

叔父是普鲁士某著名矿山的经理，因此他自小就与采矿和冶金工业有接触。1857～1860年在矿冶工业系统工作，随后进柏林大学、布雷斯劳大学学习，后又在克劳斯塔尔矿业学校学习了2个学期。1864年任克劳斯塔尔矿业学校教师，1867年后兼教矿物学、古生物学等课程，并担任该校代理校长，1871年任校长。1872年获“皇家矿业家”称号。

曾参加哈茨山区的详细地质测量工作，主要从事哈茨山区古生物的研究和关于岩性学与成矿地质学之间关系的研究。按照矿床的几何形态和物质组分对矿床的分类，这是首先引进同生与后生概念的开创性的矿床分类。还对围岩蚀变现象进行过考察并作出了解释。代表作有《哈尔茨山地质断层》(2卷，1871～1883年)、《矿床学教程》(1879年)。

（杨惠成）

庞佩利，R. (Pumpelly，Raphael) 美国人，1837年9月8日生于美国纽约州奥韦戈，1923年8月10日卒于罗德岛州纽波特。*矿床学、自然地理学、人类学、考古学*。

1854年随母亲去欧洲，在游历欧洲的过程中对地质学产生了兴趣。1856年，进德国弗赖贝格矿业学院攻读采矿工程和地质学。1860年回到美国，负责开发亚利桑那州圣丽泰银矿，并从事该地区的地质研究。一度任美国地质调查所新英格兰分所负责人。1905年任美国地质学会会长。

1861年受日本政府的委托，赴日本调查矿产资源。翌年又到中国，曾西行到达西藏，并穿过蒙古与西伯利亚，研究过中国的煤矿和黄土，对黄土成因著有“岩石长期风化对黄土、冰积物及岩石盆地的关系”一文。这是在李希霍芬之前研究中国黄土成因的早期著作。1865年返回美国后，主要研究苏必利尔湖周围地区的铜矿与铁矿。强调客观观察，进行了大量第一手调查，应用了当时许多新的技术（如岩石薄片方法）。1879年以后的10多年中，参加了美国各地一系列矿产资源地质调查的组织与领导工作。对美国新英格兰地区的前寒武系进行了研究，特别是查明了格林山脉的地质构造。

1903～1904年，两次去中亚地区进行地质学、考古学和人类学的综合研究。在关于中亚之行的几篇研究报告中，根据地质学研究成果和考古学上的证据，论述了中亚地区自然地理条件的逐步恶化、当地原始人类的被迫迁移及其对人类文明发展的影响。

主要著作有《穿越美洲和亚洲》（1870年）、《密苏里州和密歇根州的铁矿》（1874年）、《土耳其探险》（1905年）等；另有自传《我的回忆》（2卷，1918年）。为纪念他，1925年苏必利尔湖铜矿区发现的一种矿物绿纤石（pumpellite）以他的姓氏命名。

（杨惠成）

赖特，G. F.（Wright，George Frederick） 美国人，1838年1月22日生于美国纽约州怀特霍尔，1921年4月20日卒于俄亥俄州奥伯林。冰川学、考古学、人类学、神学。

1855年进奥伯林大学，1859年毕业后又进该校神学院研究班攻读，1862年获硕士学位。长期任神职。业余爱好地质学，后逐渐由业余爱好发展成为专业工作。1861～1872年在佛蒙特州贝克斯菲尔德任圣职。1872～1881年在马萨诸塞州安多弗任圣职，与哈佛大学几位科学家交往甚密。1881年作为地质师的助理，参加宾夕法尼亚州地质调查所工作。年底应聘为奥伯林大学教授，讲授神学和冰川地质学达27年，1892年成为协调科学与基督教义的教授，并曾协助美国地质调查所工作8年。1907年从奥伯林大学退休，但仍坚持工作。是美国地质学会创始人之一，在许多学术组织中都非常活跃。1907年任俄亥俄州考古和历史学会会长。1887年获布朗大学荣誉神学博士学位。同年又获特鲁里学院荣誉法学博士学位。

他精力充沛，毕生研究冰川，曾在北半球各大洲考察各地更新世冰川作用的结果。其中1861～1872年勘查了格林山的部分地区，成为研究当地冰川的权威。接受达尔文学说，成为基督教徒中达尔文主义神学的最早倡导者。除神学著作外，自然科学和人类学方面著作主要有：《俄亥俄、印第安纳和肯塔基诸州的冰川线》（1884年）、《北美冰川期》（1889年初版，1911年第5版）、《人和冰川期》（1892年）、《格陵兰冰原和北大西洋生物》（1896年）、《俄国的亚洲部分》（1902年）等。

（刘　汉）

齐克尔，F.（Zirkel，Ferdinand） 德国人，1838年5月20日生于德国波恩，1912年6月11日卒于同地。地质学、岩石学、矿物学、显微学。

1855年进波恩大学学习地质学、矿物学和化学。1860年研究撰写冰岛火山岩论文，翌年获博士学位，遂以岩石矿物为专业。访问英格兰时结识H. C. 索比，受益很大。由于在显微岩石学方面的成就，先后应聘为伦贝格大学副教授、教授，基尔大学教授，莱比锡大学教授、校长等职，1909年退休。是萨克森科学院院士，欧洲其他多个国家科学院外籍院士。1907年获英国牛津大学荣誉博士学位。

被认为是显微岩石学的奠基人之一。写有“车轮矿”、“显微镜下岩石与矿物研究”等有影响论文。进一步阐述索比从矿物中发现的液相包体。他的成名，始于1873年出版《显微镜下矿物、岩石的形态》一书；而影响最大的则是他撰写的教科书《岩石学》（1866年初版，1893年第2版）。另有《球颗玄武岩结构》（1875年）等多种著作和论文。

（刘　汉）

阿贝，C.（Abbe，Cleveland） 美国人，1838年12月3日生于美国纽约，1916年10月28日卒于华盛顿。气象学、大气物理学。

在纽约市立大学学习数学、天文学，1857年毕业。后在密歇根大学讲授天文学。1860年到马萨诸塞州坎布里奇海岸勘查局工作。1864年又去俄国学习天文学。1869年任俄亥俄州辛辛那提气象台台长。1884年入选美国文理科学院院士。

根据来自美国各地气象观测站的电报资料，绘制天气图，进行分析并发布全美天气预报和风暴警报。正是在他的推动下，1870年成立了美国气象局并在全美推行每日气象预报活动。使用人工光源成功地探测了云底的高度。他主张将美国分为4个标准时区。创办《天气评论月刊》并任主编。著有《大气力学》、《长期预报的物理基础》（1902年）等著作。1912年获英国皇家气象学会西蒙斯纪念金奖，1916年获美国国家科学院社会公益奖章。

（曹念祥）

加布，W. M.（Gabb，William More） 美国人，1839年1月16日生于美国费城，1878年5月30日卒于同地。地质学、岩石学、古生物学、地理学。

中学时即开始搜集各种矿物和贝壳。1857年毕业于费城中央高等学校，获文学士学位。后跟随J. 小霍尔学习地质学。1862年到加利福尼亚州地质调查所工作。同年兼任加利福尼亚州科学院古生物馆馆长。1876年当选美国国家科学院院士。

1862～1868年擅长野外工作。考察了加利福尼亚州和北起加拿大温哥华岛、南到墨西哥下加利福尼亚州及其周围大部分地区的地质情况。1869～1872年进行圣多明各的地形和地质测量。1873～1876年在哥斯达黎加进行同样的工作。他曾对许多化石作了描述，是美洲大陆白垩系无脊椎动物化石的权威之一。还撰写过加利福尼亚州上古生界和第三系的岩石方面的专著，并对墨西哥下加利福尼亚州和哥斯达黎加的地理有所研究。

（杨惠成）

汉恩，J. F. von（Hann，Julius Ferdinand von） 奥地利人，1839年3月23日生于奥地利林茨附近米尔克瑞斯，1921年10月1日卒于维也纳。气象学、气候学、大气物理学、科学传播。

1865年获维也纳大学理学士学位，1868年获该校理学博士学位。留校任教。1887～1897年任维也纳中央气象台台长。1887～1910年先后兼任格拉茨大学气象学教授、维也纳大学宇宙物理学教授。1866～1885年任奥地利气象学会《气象学》杂志主编。1883～1920年任德奥两国气象学会合办的《气象学》杂志主编。1910年册封为爵士。

被誉为“近现代气象学之父”。19世纪60～70年代，运用热力学原理研究各种空气流。1866年出版《论焚风起源》一书，首次阐明山区特有的焚风（即“火热之风”）形成机制，认为是由气流越过高山出现下沉运动造成的；1867年起，研究湿空气上升过程中的绝热变化，1874年发现大气中水汽含量随高度减少的规律，以及上升气流中温度变化的规律；1879年以等压面抬升原理解释高空气流的运行规律。80～90年代，出版巨著《气候学大全》（1883年），在汇集气候学最新研究成果基础上，构建了较完整的气候学理论与方法体系，为研究和预报全球气候变化提供了第一部指南；1890年首次发现在3～4千米高空存在暖高压；首先指出气旋中存在冷空气。20世纪初，1908年通过制定8个方位的地面风向图，定义了季风的各项指数。主编气象学权威杂志前后长达58年，为学科的交流与发展作出了重要贡献。其他著作还有《大气圈和水圈》（1872年）、《气象学教程》（1901年）、《气候图集》等。1904年获英国皇家气象学会西蒙斯纪念金质奖章。（李啸虎）

普热瓦利斯基，H. M.（Пржевальский，Николай Михайлович；Przhevalsky，Nikolay Mikhaylovich） 俄国人，1839年4月12日生于俄国斯摩棱斯克州，1888年11月1日卒于卡拉科尔（今普热瓦利斯克）。自然地理学、地理探险。

1855年参军当士官生。后在圣彼得堡总参谋部学院学习，1864年毕业获中尉军衔。同年受遣去华沙军校任教。1866年底被派往东西伯利亚。翌年5月奉俄国地理学会派遣去乌苏里江地区科学考察。1870年起先后到蒙古、中国北部、中亚细亚和西藏等地考察多次。1888年外出考察因患斑疹伤寒死于天山脚下的营地里。

对亚洲腹地的山川、气候、植被和动物等作了全面的调查，创立了俄国中亚细亚考察研究学派。曾多次获俄国和其他国家学术机构授予的金质奖章和银质奖章。为了表彰他的科学考察业绩，1891年俄国地理学会设立以他命名的银质奖章；1949年苏联地理学会设立以他命名的金质奖章。（张南海）

杨守敬（Yang Shoujing） 字惺吾，号邻苏。中国清末湖北宜都人，生于清道光十九年四月十五日（1839年5月27日），卒于1915年1月9日。历史地理学、水文学、地图学、地理文献学。

幼习文史，后任黄州府儒学教习。酷爱历史地理，光绪六年至十年（1880～1884年），随何如璋、黎庶昌出使日本，参赞文化事务，致力于国内散佚图籍的收集整理工作。回国后历任黄冈教谕、两湖书院地理教习，勤成、存古两学堂总教长，《湖北通志》编纂等。

对地理学的一大贡献，是和弟子熊会贞以数十年的心血写成一部80卷巨著《水经注疏》。可谓集历代《水经注》研究之大成。把《水经注》研究提高到一个新的水平。因文字多达100多万字不易刊行传世，于是又将书中最关重要的内容写成《要删》及《要删补遗》、《要删续补》、《要删再补》。同时编绘了《水经注图》。对地理学的另一重要贡献是编绘了《历代舆地图》。又经长达数十年的补充修改，共得图71幅，最后定名为《历代舆地沿革险要图》与邓承修合著。经印刷刊行，成为当时第一本最系统全面的中国历史地图集。后又与饶敦秩同撰《增广历代舆地沿革险要图》。

还精通训诂，擅长考证，熟悉金石文字，在历代地理志书的研究中做出了重要贡献。撰写了《隋书地理志考证》、《汉书地理志补校》、《三国郡县表考订补正》、《补校宋书州郡志札记》、《补校魏书地形志札记》、《西魏书地域考补正》、《隋书地理志考证》、《禹贡本义》、《辑古地志》等。使古代地理志中的问题，得到了一定程度的澄清，使中国历史地理研究前进了一步。（翟忠义）

盖基，J.（Geikie，James） 英国人，1839年8月23日生于英国爱丁堡，1915年3月1日卒于同地。冰川学、构造地质学、地图学。

系著名地质学家A. 盖基之弟。高中毕业后在爱丁堡大学学习，同时在印刷所工作。1861年到地质调查所参加填绘苏格兰中部冰川沉积地质图，从此研究冰川沉积成为毕生事业。1882年接替其兄任爱丁堡大学地矿学教授。是1884年苏格兰皇家地理学会创始人之一，1904～1910年任该会会长。1875年被选为英国皇家学会成员，并任爱丁堡皇家学会会长。

英国冰川科学的权威，著有《大冰期》（1874年初版，1894年第3版）一书，提出了整个第四纪冰期被几个间冰期隔断的理论。所著《地质学大纲》（1886年初版，1896年第3版）和《构造地质学与野外地质学》（1905年）都是影响较大的教材，后者到1953年还出了第6版。1889年获伦敦地质学会麦奇生奖章、爱丁堡皇家学会布里斯班奖章。（李冬田）

齐特尔，K. A. von（Zittel，Karl Alfred von） 德国人，1839年9月25日生于德国巴登，1904年1月5日卒于慕尼黑。构造地质学、古生物学、生物进化论。

父亲K. 齐特尔（Karl Zittel）是位主张自由的新教牧师，活跃于政治界。由于受家庭环境的熏陶，从小就酷爱自然科学。进入海德堡大学后，师从地质学家K. C. von伦哈德和古生物学家H. G. 布朗。

1862年来到地质研究中心维也纳，次年任维也纳大学讲师。1863～1866年任卡尔斯鲁厄高等工艺学校矿床学、地球构造学、古生物学教授。1866年任慕尼黑大学古生物学教授，1880年任地质学教授。1869年至去世任《化石学》主编。后任慕尼黑自然博物馆馆长。1899年当选为巴伐利亚科学院院长。是欧洲许多科学团体的名誉会员。

继A. 奥佩尔之后建立了侏罗系上部的提通阶或波特兰阶，并对提通阶的动物群作了描述。特别注重生物的今昔对比。首次从动物学的角度研究海绵，除外表特征外，还细心地研究它们的骨骼，以便区别硅质海绵的石海绵亚目和六射海绵纲，得出这两种海绵的石化过程完全不同。

在达尔文的影响下，他成为古生物学进化论的先驱。作为古生物学家，对地质史、普通地质和区域性地质具较深的了解。1873～1874年考察利比亚沙漠后，认为该沙漠并非起源于第四纪撒哈拉海，而是风侵蚀的产物。在《化石学》（1883年）一书中充分显示了丰富的地质古生物学知识，该书成为19世纪研究欧洲大陆发展史不可缺少的参考文献。此外主编还出版有《古生物学手册》（5卷，1876～1893年）等重要著作。作为主要作者，用20年的时间完成，立论清晰，分类详细全面（从原生动物至哺乳动物），是古生物学宝库中的经典之作。 （马玉英）

蒂洛，A. A.（Тилло，Алексей Андреевич；Tillo，Aleksey Andreevich） 俄国人，1839年11月25日生于俄国基辅（今乌克兰首都），1900年1月11日卒于圣彼得堡。*地理学、大地测量学、地图学*。

工程通信兵团军官的儿子。1849～1859年先后在基辅和圣彼得堡军事学校学习。后去米哈伊洛夫炮兵学院学习，1862年毕业。毕业后去陆军总参谋部学院大地测量训练班学习2年。结业后在普尔科沃天文台从事大地测量和天文观测2年。1866～1871年任奥伦堡军区军事地图测绘局负责人。1871年起在军事指挥部门任职。1894年升为陆军中将。1892年当选为法国科学院外籍通讯院士。1894年当选为圣彼得堡科学院通讯院士。1868年参加俄国地理学会，1884年当选为理事，1889年起任该学会数学地理分会主席。

主要从事俄国的高程测量。1889年编制了俄罗斯欧洲部分高程图，图上采用了51 000多个测点的高程数据。1896年又出版了增订版新图，图上还包括了德国、奥匈帝国和罗马尼亚与俄国接壤的一部分。还研究气象学、河流湖泊的水文学和地磁场。 （张南海）

温切尔，N. H.（Winchell，Newton Horace） 美国人，1839年12月17日生于美国纽约州东北镇，1914年5月2日卒于明尼苏达州明尼阿波利斯。*矿物学、冰川学、科学传播*。

地质学家A. 温切尔的弟弟。1857年进密歇根大学，由于美国内战，1866年才毕业，1867年获该校文科硕士学位。毕业后在密歇根州地方中学任校长4年。后从事地质工作，1872年任明尼苏达州地质和博物调查所所长，长达28年。期间在明尼苏达大学兼教地质的、植物学和动物学。他是明尼苏达州科学院的创始人之一，曾任三届院长。在他的促进下，美国地质学会于1881年开始筹建，1902年曾任该学会会长。1888年和一些地质学者共同创办《美国地质学家》期刊，他任主编达18年之久。1905年该期刊改组为《经济地质学》，发行至今，闻名于国际地质界。有子女5人，其中长子H. V. 温切尔和幼子A. N. 温切尔也是颇有声望的地质学家。

主要贡献见于他的24篇“地质报告”和10期《明尼苏达州地质和博物调查所所报》。他跑遍州内各县，指导绘制各县的地质图，深入考察每个矿区并写出报告。在小儿子A. N. 温切尔的合作下，著有《光性矿物学原理》一书，版本几经修订，至今仍然沿用。通过对密西西比河一个瀑布位置后退速度的测定，他估计最后一次冰期发生在约8 000年以前。（刘 汉）

拉帕朗，A.-A. C. de（Lapparent，Albert-Auguste Cochon de） 法国人，1839年12月30日生于法国布尔日，1908年5月4日卒于巴黎。*矿物学、工程地质学*。

1858年入巴黎综合工科学校学习，后又入高等矿业学校学习。1862年和1863年两次赴德国进修。曾任英法英吉利海峡隧道联合公司的地质师。1877年被选为法国科学院院士。1880年和1900年两次任法国地质学会会长。1885年任法国矿物学会会长。

1863年在蒂罗尔的普雷达佐第一个描述和命名了二长岩。1865～1875年间负责编绘6幅八万分之一的地质图，图上标出了背斜构造、雁列断层等。查明多佛尔海峡两岸的晚白垩世地层相连，厚度达60米，质地致密，且无断裂带，为隧道选址作出了贡献。为此荣获法国荣誉军团勋位。主要著作有《地质学论集》（1882年）、《矿物学教程》（2卷，1883～1884年）、《地质学概要》（1886年）、《矿物学概要》（1906年）等。 （王 植）

施米特，C. A. von（Schmidt，Carl August von） 德国人，1840年1月1日生于德国符腾堡，1929年3月21日卒于斯图加特。*地震学、地球物理学、气象学、太阳物理学、仪器研制*。

起初在蒂宾根大学学新教神学，后学哲学，1863年获哲学博士学位。1864～1868年先后去巴黎大学和斯图加特大学学习化学。1868～1871 年边上大学边教书。1872～1904 年在斯图加特一所中学教化学、物理学和数学。1902～1912 年任斯特拉斯堡大学地震研究中心主任，1906～1912 年兼任康斯坦斯湖气象站站长。1896～1912 年任符腾堡州地震总局局长。

1886 年在符腾堡州作了第一次地震测量。1888 年发表代表作“波动与地震”，在文中阐述了地震波并不是从震源以直折线向外传播的，而是沿曲线向外传播的。还导出了求地震波视速度拐点的公式，这公式现以他的名字命名。设计了两丝（也有人说是三丝）的重力仪。1892 年和马克（K. Mack）一起在霍恩海姆建立了地震台。1894 年指出地震波可以分为纵波和横波两部分。还研究地磁场、地球形状、地极位移、大陆潮和重垂线偏离等。对气象学的贡献主要是应用热力学和气体动力学来研究大气层。还把气压趋势这一概念用来作气象预报，并研究雷暴的形成机制。在太阳物理学方面，对太阳大气层的折射、太阳的自转、太阳能的来源、色球层光谱、耀斑等问题进行了研究。

（张南海）

克列夫，P. T.（Cleve，Per Teodor） 瑞典人，1840 年 2 月 10 日生于瑞典斯德哥尔摩，1905 年 6 月 18 日卒于乌普萨拉。*海洋学、地层学、古生物学、化学。*

1858 年在乌普萨拉大学攻读化学和植物学，1863 年获博士学位。留校任教，期间赴欧洲和北美考察。曾在斯德哥尔摩理工学院讲授化学。曾任乌普萨拉大学助教、主任教授，1874 年任农业化学教授。1871 年当选为瑞典皇家科学院院士。1900～1905 年任瑞典皇家科学院诺贝尔化学奖委员会主席。

19 世纪的后 20 年中，他对瑞典的自然科学研究起了主导作用。对稀土元素的研究作出过卓越贡献。1879 年发现了新元素钬（Ho）、铥（Tm）。在有机化学领域也颇有造诣，曾发现过 10 种可能的二氯萘中的 6 种，还发现过一度称为“克列夫酸”的硫氨酸。在他一生的最后 15 年，又致力于产生硅藻的浮游生物研究，很快成为当时这一领域的专家。根据泥土中的硅藻植物群，确定晚冰川及冰后期层理的沉积年代和次序的方法，具有科学和实用价值。还提出了洋流可以以其输送的浮游生物为特征的假说，从而反过来可根据浮游生物的类型确定洋流的来源。撰写的专著《大西洋浮游生物的季节分布》论述了这方面的问题。

1894 年获英国皇家学会戴维奖章。为纪念他，钇铀矿（cleveite）以他命名。

（冯祖钧）

黑格，A.（Hague，Arnold） 美国人，1840 年 12 月 3 日生于美国马萨诸塞州波士顿，1917 年 5 月 14 日卒于华盛顿。*区域地质学、火山学、岩石学。*

1863 年毕业于耶鲁大学设菲尔德理学院。毕业后曾去德国多所大学进修 3 年。1866 年底返回美国，从事地质勘测工作。1877 年任危地马拉政府的地质师。翌年应中国政府邀请考察研究华北各矿山。1879 年美国地质调查所创建，任地质师。1885 年当选为美国国家科学院院士，后任秘书长。1910 年任美国地质学会会长。曾三次担任国际地质大会副主席获哥伦比亚大学的荣誉科学博士、阿伯丁大学荣誉法学博士学位。

他和金（C. King）、埃蒙斯（S. F. Emmons）两人合作，对美国北纬 40°沿线地区进行长期地质考察。1883～1889 年领导黄石国家公园地区的地质调查，其后又多次考察该地区，足迹遍及 3 000 多平方英里（7 700多平方千米）。由于对该地区温泉和间歇喷泉进行长期观察，从而形成他的黄石公园热水成因理论。在他的推动下，黄石公园成为世界有名的自然保护区。主要著作有《加利福尼亚州、俄勒冈州和华盛顿州区域的火山》（1883 年）、《大盆地火山岩》（1884 年）、《沃什奥河谷火山岩的结晶发展》（1885 年）、《内华达州地质》（1885 年）、《萨尔瓦多火山岩》（1886 年）等。

（刘 汉）

拉尔代，L.（Lartet，Louis） 法国人，1840 年 12 月 18 日生于法国上比利牛斯省，1899 年 8 月 16 日卒于热尔省。*地层学、古生物学、古人类学。*

父亲 E. 拉尔代是古生物学家，任巴黎自然博物馆教授。1862 年他也进该博物馆当实习员。曾去西班牙、约旦等地考察。1869 年通过“关于巴勒斯坦及其邻区的地质”论文获博士学位。1873 年在图卢兹大学理学院任教授，1879 年任地质学教授，后因健康恶化提前退休。1882 年当选为法国科学院院士。

主要贡献是研究克鲁马农沉积层。该层是古人类学最重要的发现地之一。他首次发现欧洲旧石器时代克鲁马农人（古高加索人种）的遗骸。代表作有《古生物学》（1873 年）等。

（王 植）

洛森，K. A.（Lossen，Karl August） 德国人，1841 年 1 月 5 日生于德国克罗伊茨纳赫，1893 年 2 月 24 日卒于柏林。*地质学、岩石学、采矿工程。*

1859 年中学毕业后，先后在威斯特伐利亚的锡格尔兰德菱铁矿、萨尔布吕肯煤矿任采矿工程师。1866 年毕业于哈雷大学。同年任普鲁士国家地质勘测队助理地质学家。1870 年任柏林大学讲师，1886 年升任岩石学教授。

主要工作是在地质条件非常复杂的哈尔茨山区进行地质考察、制图和描述。由于他的努力，该地区成为地质研究的经典地区之一。撰写了有关该地区的泥盆系，特别是下泥盆统，以及下石炭统的重要论文。在显微岩石学方面也作了重要贡献。是首先报道构造运动对变质作用的影响（动力变质）的地质学家之一。在研究变质凝灰岩中创立“残斑岩”等术语。

（应中锷）

福雷尔，F. A.（Forel，François Alphonse） 瑞士人，1841年2月2日生于瑞士莫尔日，1912年8月8日卒于同地。*湖沼学、生物学*。

毕业于日内瓦大学科学系。又赴法国蒙彼利埃大学学医2年。后在维尔茨堡大学获医学博士学位。1870年到洛桑大学医学系任教，讲授普通解剖学和心理学，在那里执教25年。

十分喜爱日内瓦湖，毕生致力于研究该湖泊。起初研究该湖的深部动物，后来又研究湖中的光线、水流、水温、深水有机物和无机物以及湖底淤泥的特征。把这些研究成果加以总结，于1884年写成《瑞士湖泊的深水动物》一书。1869年起开始研究日内瓦湖的湖震现象，1878年发表了研究成果，认为引起湖震的主要原因是风、雨和大气压力的变化。也研究地震、气象和冰川等，认为这些现象是与瑞士湖泊的现象有关联的。1892～1894年出版3卷集《莱蒙湖》，这是对单独一个湖所作的最详尽的研究成果，书的头两卷述及该湖的物理特征，第三卷主要介绍湖中的生物。

（张南海）

夏勒，N. S.（Shaler，Nathaniel Southgate） 美国人，1841年2月20日生于美国肯塔基州纽波特，1906年4月10日卒于马萨诸塞州坎布里奇。*地质学、生态学*。

早年在哈佛大学劳伦斯理学院学习，1862年获理学士学位。1864年任哈佛大学讲师，后升任地质学教授，后任劳伦斯理学院院长。曾多次为美国海岸调查所工作。1873～1880年任肯塔基州地质调查所所长，领导和从事该州第一次系统的地质调查。1895年当选美国地质学会会长。

在地理和生态调查基础上，对美国东部泛滥地区的改造、美国西部干旱地区利用沼泽水灌溉提出了建议。写过许多地质学论著，做了不少地质学普及工作。1898年出版的《地球的面貌》一书，阐述了人类活动对地面环境的影响，提醒人类有必要重视环境，具有先见之明。

（胡　敏）

默里，J.（Murray，Sir John） 英国人，1841年3月3日生于加拿大安大略省科堡，1914年3月16日卒于英国苏格兰柯克利斯顿。*海洋学、海洋地质学、海洋生物学*。

生于加拿大的苏格兰人后裔。1851年回故国定居。1854年入爱丁堡大学学习医学，后师从该校博物学教授C. W. 汤姆孙。未获大学学位，1868年即以外科医生身份，乘捕鲸船在斯匹次卑尔根岛、扬马延岛附近北冰洋海域调查，为时7个月。1872～1876年任考察队长汤姆孙助手，参加英国“挑战者”号考察海洋。1882年汤姆孙去世后，主持挑战者号委员会整理考察成果。1882～1894年领导苏格兰海域海洋生物学考察。1910年参与领导北大西洋调查。是英国皇家学会会员。因车祸去世。

近代海洋地质学奠基者之一。首创“海洋学”一词，并推动成为一门独立学科。分析了“挑战者”号采集的大量底质样品，在海洋学广泛领域都有重要贡献。其中有：测量海洋深度，特别是首次观察到中大西洋海脊和海沟的存在；根据温度和盐度观测资料，努力构建定性的世界洋流理论；首次提出深海沉积物分类法，至今仍有意义；与A. F. 雷纳一起绘制世界大洋海床沉积物分布图，其中首次发现深海底的生物软泥、风蚀尘、火山灰和红黏土，指出洋底地层碳酸盐岩、硅沉积岩和锰结核沉积分布区域；调查和实验大洋底碳酸钙岩层受蚀分解情况，并首次确定碳酸盐岩获得补偿的大洋深度；深入研究珊瑚礁、尤其是环礁和堡礁成因，和美国海洋学家A. 阿加西斯一起提出与达尔文假说不同的独创见解，认为珊瑚礁下沉不是唯一的控制机制；首次研究海洋浮游生物和海洋渔业的关系；首次确认沉积物的岩化作用。

在“挑战者”号长达三年半的环球海洋考察中，他负责仪器装备、测量绘图、海洋生物和海底沉积物取样等工作，为顺利完成考察任务作出重要贡献。回英国后，参与和主持整理出版《1872～1876年挑战者号航行科学成果报告》（50卷，1880～1895年）。1880年汤姆孙主持出版了第一卷。1882年汤姆孙去世后，由默里继任主持整理工作，并争取到哈佛大学A. 阿加西斯等许多国际著名海洋学家通力合作。1883年，他建立爱丁堡海洋实验室（后为苏格兰海洋研究站），系英国首座海洋实验室，挪威、意大利、法国、德国和美国等国纷纷将海洋探险队所获底质标本送至该机构保存和分析。时至1887年，英国财政部10万英镑专款用完，他倾其家财和四处拉赞助，于1895年最终主编完成50卷巨著，这是海洋科学发展史上划时代事件。

主要著作还有：《珊瑚礁和珊瑚岛的结构与成因》（1880年，与A. 阿加西斯合著）、《深海沉积》（1891年，与A. F. 雷纳合著）、《大洋深处》（1912年，与他人合著）、《海洋》（1913年）等；此外，1905年主编出版一套关于苏格兰淡水湖的权威性丛书。获英国皇家学会金质奖章。

（李啸虎　冯祖钧）

埃蒙斯，S. F.（Emmons，Samuel Franklin） 美国人，1841年3月29日生于美国马萨诸塞州波士顿，1911年3月28日卒于华盛顿。*矿床地质学、矿物学、采矿工程*。

父亲是商人，在东印度和中国经商。他童年在私人学校上学，在迪克威尔拉丁学校学习过自然地理和地图绘制课程。17岁进哈佛大学，1861年获文学士学位。同年去欧洲，先在巴黎跟一私人教师学习，后进皇家矿业学校学习了两年。接着又进德国弗赖堡矿业学院，直到1865年仲夏。在访问欧洲许多重要采矿中心后于1866年回波士顿，并获哈佛大学文学硕士学位。1866年下半年起，作为助理地质师随当时主持纬度40°地区地质考察的C. R. 金工作，直到1877年完成地质报告。1879年美国地质调查所成立，C. R. 金是第一任所长，埃蒙斯被任命为该所主管洛基山分部的地质学家，后来又被任命主管经济地质学分部，直到去世。1902年当选为美国国家科学院院士。参与创建美国地质学会（1888年成立），1903年任该学会会长。还是美国文理科学院、美国哲学学会、美国科学促进协会、美国采矿工程师协会的成员，曾任美国采矿工程师协会副会长。还担任过国际地质大会的秘书长和副主席。1909年获哥伦比亚大学、哈佛大学荣誉科学博士学位。

主要成就在矿床地质学，尤其在矿床成因方面。认为矿石是从侵入的火成岩衍生，是从水热溶液沉积在邻近沉积岩中的。这一理论后来曾风靡一时，以致世界许多矿床都归入到接触变质作用结果一类中去。还认为水热溶液来源于大气水，在深处与热的火成岩接触时受热。后来他修改了部分热液成矿理论，把来自岩浆的水也包括在他的成因概念中。他最后形成的关于矿石成因及次生富集概念，对世界地质人员、特别是对当时美国相当一部分经济地质研究人员影响很深。美国后来的矿床学家如W. 林格伦等人都继承并发展了他的理论，直到20世纪60年代后，他的学说才遇到较严峻的挑战。

主要著作有《科罗拉多州莱德维尔地质与采矿工业报告概要》(1882年)、《贵金属的统计学与工艺学》(1885年)、《矿床的构造控制》(1888年)、《洛基山的造山运动》(1890年)、《矿床的次生富集》(1901年)、《矿石沉积理论》(1904年）和《现代矿石沉积学说的发展》(1904年）等。 （李文达）

杜顿，C. E.（Dutton，Clarence Edward） 美国人，1841年5月15日生于美国康涅狄格州瓦林福特，1912年1月4日卒于新泽西州恩格尔伍德。地质学、火山学、地震学。

15岁进耶鲁大学，开始对文学有兴趣。1860年毕业后又进入神学院。南北战争期间辍学从军，后转入兵工厂。1875年任美国地质调查所地质学家，曾负责洛基山地区地理和地质调查。1884年当选为美国国家科学院院士。

他的第一篇科学论文是关于酸性转炉法化学过程方面的。后来兴趣转向地质学。致力于造山运动研究，不仅研究和上升与下降有关的断层和单斜构造，而且还对地壳运动中的火山作用作过研究，曾提出过地壳均衡学说。晚年的主要著作是《从新地震学观点来研究地震》（1904年），书中将火山作用和放射性联系起来。 （冯祖钧）

贝尔，R.（Bell，Robert） 加拿大人，1841年6月3日生于加拿大安大略省多伦多，1917年6月17日卒于马尼托巴省拉斯韦尔。地质学、地理学、湖沼学、地图学。

15岁起就任加拿大地质调查所在加斯佩半岛上一个勘测站助理，每年暑假为调查所工作。1861年在麦吉尔大学毕业，获土木工程师职称。1863年任女王大学化学和博物学教授，4年后辞去教职，全力投入地质调查所工作。1901～1908年任加拿大地质调查所总工程师和代所长。是英国皇家学会、加拿大皇家学会、伦敦地质学会、美国地质学会、加拿大皇家天文学会等学会的会员。获英国剑桥大学和加拿大女王大学的荣誉博士学位。

从1870年起连续进行了30年野外勘测，靠独木舟、马匹等简便交通工具和罗盘等最简单仪器，填绘了加拿大东部和中部大片地区的地质图。是第一个对大奴湖和巴芬岛的阿马朱瓦克等湖泊进行勘测的学者。所作的大量勘察报告和专题研究，为地质学、地理学、动植物学和生态资源学等提供了丰富的资料。对医学也颇有研究。曾获加拿大帝国科学勋章，加拿大皇家地理学会、美国地理学会的两枚金质奖章。 （李冬田）

克雷德纳，H. G.（Credner，Hermann Georg） 德国人，1841年10月1日生于德国哥达，1913年7月21日卒于莱比锡。地质学、古生物学、冰川学。

地质学家之子。先学采矿技术，后改学地质学。1864年以一篇有关古生物学问题的论文获格丁根大学博士学位。曾作为金矿专家在北美洲工作过4年。从美洲返回德国后，曾任莱比锡大学地质学与古生物学教授。

写过许多有关纽约和新不伦瑞克地质情况的文章。研究过萨克森地区两栖类坚头亚纲的古生物。1871年出版的《地质学原理》一书，在此后35年中一直是德国主要的地质学教科书。也是首先认识欧洲冰期序列的科学家之一。 （冯祖钧）

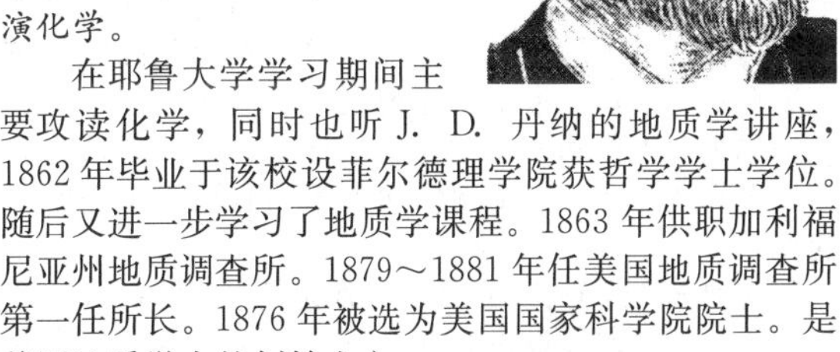

金，C. R.（King，Clarence Rivers） 美国人，1842年1月6日生于美国罗得岛州纽波特，1901年12月24日卒于阿利桑那州菲尼克斯。实验地质学、岩石学、火山学、冰川学、地球演化学。

在耶鲁大学学习期间主要攻读化学，同时也听J. D. 丹纳的地质学讲座，1862年毕业于该校设菲尔德理学院获哲学学士学位。随后又进一步学习了地质学课程。1863年供职加利福尼亚州地质调查所。1879～1881年任美国地质调查所第一任所长。1876年被选为美国国家科学院院士。是美国地质学会的创始人之一。

1867～1877年，主持调查北纬40°沿线一带的北美地形和地质。1880年，他在美国地质调查所建立了卡尔·巴鲁斯实验室，测量岩石的物理常数。1893年根据测得的数据，他以开尔文地球冷却理论为基础，计算了地壳的年龄。1878年把自己的理论加以扩展，去解释火山熔岩的来源问题。认为当非常快速的剥蚀发生时，压力的降低促使壳下产生局部熔融。还同时考虑了由岩浆房内重力分异引起的酸性相、中性相和基性相，从而使李希霍芬火山岩演替定律更加完善。此外，由于持新灾变论的观点，他对达尔文的生物进化论提出了修正：自然选择解释了地质上平静时期的生物变化，但在变动时期，只有灵活的生物群体才能适应剧烈的环境变化并从中生存下来，其他的则趋灭绝。主要著作有《美国的冰川活动》（1871 年）、《系统地质学》（1878 年）、《地球的年龄》（1893 年）等。

（冯祖钧）

艾伯克龙比，R.（Abercromby，Ralph） 英国人，1842 年 2 月 11 日生于英国伦敦，1897 年 6 月 21 日卒于澳大利亚悉尼。*气象学、大气物理学、地理探险。*

出身苏格兰名门望族，家族史上出现多名杰出人物，其中祖父是维多利亚时代海军将领，为英国立下显赫战功；和祖父同名姓，家中最小儿子。因体弱多病，早年被迫从中学辍学，由家庭教师授课。后从军服役，不久入士官学校，再次由于健康原因退学。后任英国皇家海军气象官，3 次乘军舰巡航各大洋。1897 年以海军上尉军衔进行第三次周游世界时，不幸于途中病逝。

以在海军中研究气象学而知名。1865 年发表第一篇关于澳大利亚气象的论文。他在航海考察中，十分注重气压、云形等因素对天气变化趋势的重要指示意义。1878 年，他将气压形势和天气表现结合在一起，结合气压场给出了一个气旋天气图模式。在长期观测基础上，他对云团进行了科学的分类，确认世界各地的云团形状有着基本相似性，因而存在对云形进行全球性分类的可能。19 世纪初叶前后，L. 霍华德（Luke Howard）把云分为卷云、积云、层云和雨云四类。1887 年，他和瑞典的 H. H. 希尔德布兰德森（Hugo Hildebrand Hildebrandsson）一起，共同撰写的“关于云团形成的国际通用术语”一文，按云的外观归纳概括了全球 10 大种类云形，发展了由霍华德所开创的经典命名法，成为现代云团分类的基础，在气象学系统命名法发展史上占有重要地位。1891 年在慕尼黑召开的国际气象学会议上，两人的提案通过审定而获得推广采用。在《多纬度海天气象变化研究漫游记》（1888 年）一书中，详细记录了他在美国华盛顿电信局短期工作和考察的经历，首次向欧洲气象界介绍了电报技术在天气图制作和天气预测预报中的重要应用。

主要著作还有：《云层：民谚和科学解释》、《运用天气图进行气象预报的基本原理》（1885 年）、《大众气象学》（1887 年在伦敦和纽约同时出版；1944 年第 6 版）、《陆海云态观察指南》（1888 年）、《天气序列的流行表示法》（1894 年，德文本）、《关于澳大利亚气象的三篇论文》（1896 年）等。

（李啸虎）

伊塞尔，A.（Issel，Arturo） 意大利人，1842 年 4 月 11 日生于意大利热那亚，1922 年 11 月 27 日卒于同地。*海洋地质学、海洋生物学、古生物学、人类学。*

1863 年从比萨大学获得自然科学学位。1866～1917 年在热那亚大学教授地质学、矿物学、古生物学和地理学。

研究领域广泛。1865 年考察了红海沿岸及其岛屿的大部分地区，采集现代海岸及中生世沉积物中活的软体动物以及软体动物化石的标本，同时进行动物学和古生物学研究，1869 年将成果汇集成书出版。书中联系相邻海域的动物群，描述并讨论了 804 个物种，其中 85 种是先前未知的。对与近期地中海盆地的地质事件有关的问题进行了很多研究。建立了更新世海相层序的一个地质阶段，研究过地壳垂直运动的缓慢振荡现象，并称之为“缓震”。还对非洲人种学及缅甸人口问题作过研究。

（冯祖钧）

沃耶伊科夫，А. И.（Воейков，Александр Иванович；Voeykov，Aleksandr Ivanovich） 一译伏耶可夫。俄国人，1842 年 5 月 20 日生于俄国莫斯科，1916 年 2 月 9 日卒于彼得格勒（今圣彼得堡）。*地理学、气象学、气候学。*

1860 年入圣彼得堡大学物理学和数学系。不久该大学因学潮被沙皇政府封闭，遂去德国柏林大学和格丁根大学攻读气象学，1865 年获格丁根大学博士学位。1866 年返回俄国后成为俄国地理学会会员，此后一直是该学会中的活跃人物。1871 年受学会派遣去西欧考察气象台站网。翌年起周游世界，到过美国、加拿大、南美洲、印度、中国南方和日本等地。1877 年 1 月返回俄国。1884 年起历任圣彼得堡大学讲师、副教授、教授。1891～1916 年任俄国《气象学报》主编。1910 年当选圣彼得堡科学院通讯院士。1915 年任高等地理学校校长。

1884 年出版《全球气候和俄国气候》（1887 年出德文译本）的专著。1885 年起为俄国筹建了 12 个气象观测站，主要为农业生产服务。主要著作还有《全球的风》（1879 年）、《积雪和它对土壤、气候、天气的影响以及其研究方法》（1889 年）、《气象学》（4 卷，1903～1904 年）等。

（张南海）

弗伦策尔，F. A.（Frenzel，Friedrich August） 德国人，1842 年 5 月 24 日生于德国弗赖堡，1902 年 8 月 27 日卒于同地。*矿物学、地质学、矿冶工程。*

出身矿工家庭。从矿业学校毕业后在一矿区当支架工，同时在弗赖贝格矿业学院听课。1868 年到政府矿山任职。1974 年升为矿物化验师。是德国地质学会和美国矿业工程师协会会员。历任皇家矿业学院教员、矿业总局实验室主任、弗赖堡博物学家协会干事等职。

主要贡献是发现了许多新矿物，如钒铋矿、辉砷铜矿、斜方辉铜铅铋矿、红铁矾、褐铁矾、圆柱锡矿、磷砷铅铁矿、水钴矿等。发表矿物学论文 50 多篇。1874 年出版的《萨克森王国矿物学百科辞典》共介绍 723 种矿物特性和化学成分，是一部著名的矿物手册。

（王天运）

雷纳，A. F.（Renard，Alphonse François） 比利时人，1842 年 9 月 26 日生于比利时勒奈（今龙瑟），1903 年 7 月 9 日卒于布鲁塞尔。*地质学、矿物学、海洋地质学。*

早年接受宗教教育，1870 年后在耶稣会教士训练学院接触科学自然，并因当地的火山现象而对地质学感兴趣。1874 年任耶稣会卢万学院化学与地质学教授。1877 年成为牧师。由于他的科学声誉，后被聘为布鲁塞尔皇家自然博物馆馆长。1882 年放弃圣职而致力于馆长职务，2 年后脱离耶稣会。1888 年接受根特大学地质教授职务，直至去世。

主要贡献是对比利时和法国阿登变质岩的矿物学与地层学研究，认为这些地区变质岩系是由原始沉积物经构造形变促使矿物再组合而成。根据“挑战者”号远征所采集岩石样品的研究，与 J. 默里合著的《深海沉积学》一书开创了海洋学的新领域。 （李嘉曾）

克罗波特金，П. А.（Кропоткин，Пётр Алексеевич；Kropotkin，Petr Alekseevich） 苏联人，1842 年 12 月 9 日生于俄国莫斯科，1921 年 2 月 8 日卒于苏联莫斯科州德米特罗夫。*古地理学、冰川学。*

出身贵族家庭，曾在军中任职。主要从事地理考察工作，游历甚广。考察结束后离开军队。1867 年进圣彼得堡大学数学系学习。也是一位政治活动家。因政治活动多次被捕或流亡国外，1917 年返回俄国。

写过好几本关于地理和地貌的著名科学著作，是第四纪古地理学的创始人之一。1866 年率队对西伯利亚东部进行了考察，收集到不少证据说明该地区曾存在古冰川作用，并得出结论：将平原剥蚀成圆顶圆形丘的过程对西伯利亚东部的形成起了重大作用。主要科学工作是确证了古代大陆冰川作用的理论，在这方面作出了卓越贡献。 （冯祖钧）

米尼埃-夏尔玛，E. C. P. A.（Munier-Chalmas，Ernest Charles Philippe Auguste） 法国人，1843 年 4 月 7 日生于法国图尔尼，1903 年 8 月 8 日卒于法国圣西蒙。*地层学、古生物学。*

从未受过中等和高等教育，但却靠他的聪明才智和勤奋好学，成功地自学了地质学。1863 年任巴黎大学索邦学院地质实验室 E. 埃贝尔（Edmond Hébert）的助手，并随其一起进行地质旅行，足迹遍及法国、意大利北部和奥地利、匈牙利等地。1882 年起在巴黎高等师范学校任教，1891 年任该校地质学教授。1903 年被选为法国科学院院士。

一生主要从事腕足纲、头足纲、腹足纲、有孔虫和钙藻的分类及其命名，建立了不少新属，对巴黎盆地的新生代地层的发掘与研究作出了贡献。与他人合写的《论地层沉积的命名法》于 1893 年问世。1887 年与其他学者合写了《贝类学教程》一书。到 1900 年止，共发表论文 60 余篇。 （马玉英）

吉尔伯特，G. K.（Gilbert，Grove Karl） 美国人，1843 年 5 月 6 日生于美国纽约州罗切斯特，1918 年 5 月 1 日卒于密歇根州杰克逊。*构造地质学、地貌学。*

1862 年在罗切斯特大学获文学士学位。后随大学时代的一位老师从事地质标本的搜集和出售工作。1869 年作为志愿助手参加俄亥俄州地质调查。1871～1874 年作为地质助理参加 100 度经线以西地区的地质地理调查。1874 年底参加 J. W. 鲍威尔领导的洛矶山地理地质调查，从此开始了和鲍威尔的长期合作。1879 年几支调查队合并为联邦地质调查所。1889～1892 年任该所首席地质学家。1892 年、1909 年两次任美国地质学会会长。1893 年出任华盛顿哲学会会长。

发展了鲍威尔的陆地侵蚀作用与基准面的学说，强调侧夷平作用。第一个确认侵入体可以使围岩变形。和鲍威尔共同主张把地壳运动分为造山运动和造陆运动。他认为大盆地、大盐湖及其边缘断块山的形成与造陆均衡回弹有关。1893 年，对月球环形山提出了撞击起源假说。获 1900 年英国伦敦地质学会沃拉斯顿奖章、1910 年美国地质学会戴利奖章。为纪念他，月球和火星上有以他命名的陨石坑。 （李冬田）

格罗特，P. H. von（Groth，Paul Heinrich von） 德国人，1843 年 6 月 23 日生于德国马格德堡，1927 年 12 月 2 日卒于慕尼黑。*矿物学、晶体学、化学。*

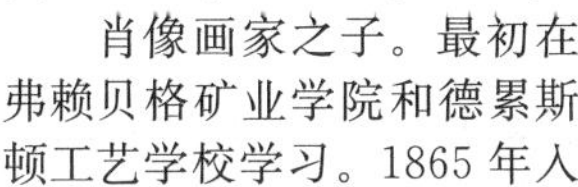

肖像画家之子。最初在弗赖贝格矿业学院和德累斯顿工艺学校学习。1865 年入柏林大学攻读物理学和矿物学，1868 年获博士学位。1870 年任柏林大学讲师。1872～1883 年历任柏林矿业学院、斯特拉斯堡大学、慕尼黑大学等的矿物学和地质学教授。1924 年 4 月退休后，致力科学史的编写。是德国、俄国、奥地利、意大利、英国、美国等科学院和地质学会的成员。获得很多荣誉称号。

在近代物质结构和化学研究中占有重要地位。最重要的贡献是关于晶体结构与化学成分间相互关系的解释，类质同像的定义，变形性和变形力特性。对空间晶格理论及化学结晶方面的发展起过作用。他的点系理论是以后用 X 射线研究晶格结构的理论基础。1877～1920 年间，由他主编出版了《晶体学与矿物学》杂志 55 卷。著有《晶体物理学》（1876 年）及《晶体化学》（1906～1919 年）等书。 （杨惠民）

赫尔默特，F. R.（Helmert，Friedrich Robert） 德国人，1843 年 7 月 31 日生于德国萨克森地区弗赖堡，1917 年 6 月 15 日卒于波茨坦。*大地测量学、地球物理学、数学。*

1863 年获德累斯顿理工学院工程学学士学位。1867 年获莱比锡大学理学博士学位。1869 年任汉堡天文台观测员。1870年起执教于新成立的亚琛理工学院，1872年任教授。1886年起任普鲁士皇家大地测量研究院（波茨坦大地测量研究院前身）教授、代理院长，次年升为院长。1876～1883年兼任《测量学》杂志主编。1888年兼任柏林大学大地测量系教授。1906年当选为普鲁士柏林科学院院士。曾任国际大地测量学协会中央局主席，直至去世。

物理大地测量学奠基人之一。19世纪60～70年代，在博士论文"'合理'测量的概念"中，首次提出测量学中的最佳权分配问题；出版《最小二乘法平差计算》（1872年）一书，首次系统论述最小二乘法平差计算理论与方法，并提出等值观测理论，至今仍是相关观测的理论基础；首次提出欧洲大地测量三角网规划，主张开展大地测量的国际协作，还提出大规模三角网平差的理论和方法；在现代统计学的误差分析和误差统计领域，率先引入分析函数，至今仍有广泛应用。19世纪80年代，1880年首创以面积测量法代替传统的弧度测量法，并成功用于推算地球椭球体，而后如著名的克拉索夫斯基椭球等都采用此法推算；率先提出在天文水平测量中引入重力测量附加项，以顾及各点垂线不平行的影响，并在此基础上提出"水平椭球"的新概念。出版名著《大地测量学的数学与物理学原理》（2卷，1880～1884年），奠定了数理大地测量学理论基础。其中，第一卷专论大地测量学数学基础，对C. F. 高斯首创的"椭球面大地测量学"有重要发展；第二卷专论大地测量学物理基础，提出"物理大地测量学"新概念。

19世纪末与20世纪之交，根据月球黄纬、黄经运动推算出地球扁率值为1∶297. 8±2. 2，1901年又由重力观测导出扁率值为1∶298. 3，相当接近现代精确值；同年推导出正常重力公式；根据可倒摆理论，测出波茨坦大地测量研究所的绝对重力值，该"波茨坦重力系统"被定为国际重力基准，70年间获世界各国普遍采用。

著述甚丰，其中还有《垂线偏差》（1886年）、《可倒摆理论》（1886年）、《重力与地球质量分布》（1910年）等。 （曹念祥）

阿努钦，Д. Н.（Анýчин, Дмитрий Николаевич; Anuchin, Dmitrii Nikolaevich） 苏联人，1843年8月27日生于俄国圣彼得堡，1923年6月4日卒于苏联莫斯科。地理学、地貌学、湖沼学、人类学。

毕业于莫斯科大学物理学与数学系。毕业后留校研究人类学和人种学，发表了几篇有关低等灵长类动物的论文。1876年去欧洲考察。1879年在莫斯科大学参与创办人类学博物馆。1884年任莫斯科大学教授，1885年创建莫斯科大学地理学系，并任系主任。1889年获该校地理学博士学位。1889年发表一篇俄罗斯男子按身高地理分布的论文。莫斯科大学为此授予他地理学博士学位。1890年被选为博物学、人类学和人种学爱好者协会主席。1894年创办《自然地理学》杂志任主编。此外主编过《人种学评论》、《俄国人类学》杂志。由于创建了重要的地理学派，1896年被选为圣彼得堡科学院院士。1917年后任苏联国家计划委员会委员。1922年莫斯科大学建立了阿努钦人类学研究所。

1890年起，他组织去第聂伯河、西第维纳河、伏尔加河等上游和高加索的科学考察活动，开创了俄国湖沼学的研究。1917年起参加了苏联世界地图集的编纂工作。著有《古代欧俄地形概念的发展》（1895年）、《欧俄的地貌》（1895年）、《伏尔加河上游地区的湖泊及西第维纳河上游》（1897年）、《日本地理概论》（1904年）等。为了纪念他并奖掖后人在科学研究上的贡献，莫斯科大学专设阿努钦奖。 （张南海）

钱伯林，T. C.（Chamberlin, Thomas Chrowder） 一译张伯伦。美国人，1843年9月25日生于美国伊利诺伊州马顿，1928年11月15日卒于芝加哥。气候学、冰川学、地质学、太阳系演化学。

1866年在贝洛依特学院获文学士学位。后当了2年中学校长。1868～1869年进密歇根大学当地质学研究生，师从A. 温切尔。1869～1873年任威斯康星州立师范学院自然科学教授。曾任该州地质调查所的主任地质师。1885年任威斯康星大学文理学院院长，1887年任威斯康星大学校长。1891年任芝加哥大学地质学系主任。1895年当选为美国地质学会会长。曾当选为美国科学促进协会主席。是美国国家科学院院士、美国文理科学院院士。获密歇根大学、上洛伊特学院、哥伦比亚大学、威斯康星大学、多伦多大学以及伊利诺伊大学的荣誉博士学位。

学识渊博，著述甚多。起初研究冰川，继而研究冰期气候。在气候变迁问题上强调大气组成，特别是二氧化碳含量变动的重要性。从探讨地球史早期大气的状况开始，进而怀疑当时公认的有关太阳系起源和地球起源的拉普拉斯星云说。1900年完全抛弃了这一假说，并与美国天文学家摩尔顿（F. R. Moulton）合作提出了太阳系起源的星子说。他还将这一学说应用于对地球历史和地质学的研究之中。按照他们的学说的逻辑结论，他写出了两组文章。其一题为"地壳运动与形成过程"，共15篇文章，发表在1913～1920年的《地质学》杂志上。其二题为"地质学基本问题的研究"，发表在1904～1928年的《华盛顿卡内基学院年鉴》上。在任威斯康星大学校长期间，办学有方，大大提高了该校的著名度。在芝加哥大学任地质学系主任期间，创办了后来颇有声望的《地质学》杂志。

获巴黎博览会地质出版物奖章、芝加哥地理学会卡尔弗奖章、费城自然科学院海登奖章、美国经济地质学家协会彭罗斯奖章、美国地质学会彭罗斯奖章等。 （冯祖钧）

埃默森，B. K.（Emerson, Benjamin Kendall）

美国人，1843 年 11 月 20 日生于美国新罕布什尔州，1932 年 4 月 7 日卒于马萨诸塞州。*地质学、地层学、岩石学*。

出身教育世家。1865 年毕业于阿默斯特学院。同年起在柏林大学和格丁根大学学地质学，1870 年获格丁根大学博士学位。1872～1917 年任阿默斯特学院的地质学教授。期间 1890～1920 年兼任美国地质调查所地质学家。是美国地质学会的创建人和最早成员，并且是它的早期领导人之一。也是美国文理科学院、华盛顿科学院、美国地理学会的成员。

在康涅狄格峡谷和中、南部新英格兰边缘高原的地质学考察与研究方面，有突出贡献。撰写的《老罕布什尔县地质》（1898 年）是一部经典著作。另一著作《马萨诸塞州和罗得岛州地质》（1917 年）是野外地质学家的重要参考文献。他在地层、岩石和变质地质方面的许多解释都比早期工作有明显进步，在地质学由 19 世纪向 20 世纪初的发展中起了承上启下的作用。 （冯祖钧）

布坎南，J. Y.（Buchanan，John Young） 英国人，1844 年 2 月 20 日生于英国格拉斯哥，1925 年 10 月 16 日卒于伦敦。*海洋学、地理探险、湖沼学、仪器研制*。

1863 年毕业于格拉斯哥大学。后又到马尔堡、波恩、莱比锡和巴黎等大学学习化学。1872～1876 年参加“挑战者”号海洋考察队，从此开始了研究海洋科学的生涯。返回后在爱丁堡自己的实验室里继续从事海洋科学的研究。后又参加过几次出海考察。

设计并改进海洋探测仪器及观察方法；提出第一张可靠的海洋表面含盐量分布图，分析了海水盐度和温度随空间和季节的分布；研究了海洋中铁锰氧化物结核。还研究湖泊水文学，1886 年提出温带湖泊的温度分层规律和斜温层概念；是第一位定量研究湖泊热量季节变化的科学家。 （张南海）

米歇尔-莱维，A.（Michel-Lévy，Auguste） 法国人，1844 年 8 月 7 日生于法国巴黎，1911 年 9 月 27 日卒于同地。*实验地质学、岩石学、矿物学、显微学*。

父亲是医生、医学科学院院长。他 1862 年进巴黎综合工科学校，后又就读于巴黎高等矿业学校。

与地质学家 F. A. 富凯一起，最早把显微岩相学引进法国。开展长石研究和岩石组成的统计研究，第一个论证了重折射率对岩石研究的重要性。在 1879 年出版的 2 卷集的著作《显微矿物学：法国喷出岩》中，论述了这种方法的效果与作用。书中还利用一种以矿物成分、结构以及化学成分为准则的新的火山岩分类体系。1889 年，他和 A. 拉克鲁瓦在《造岩矿物》一书中，又介绍研究矿物薄片的光学方法与化学方法，以及造岩矿物的镜下特征。1894 年出版关于长石薄片镜下研究的专著。1878～1882 年，与他人合作开展人工合成火成岩的实验研究，以期确定成岩时的特殊条件，从而得到重要的地质结论。他们就此发表了 22 篇文章和一本专著《矿物与岩石的合成》。其中最重要的结论是结晶度很大程度上取决于冷却速率；矿物成分截然不同的岩石可以从相同的岩浆产出，这主要取决于结晶时的条件。 （冯祖钧）

拉采尔，F.（Ratzel，Friedrich） 德国人，1844 年 8 月 30 日生于德国卡尔斯鲁厄，1904 年 8 月 9 日卒于阿默兰。*地理学、人类学*。

巴登大公管家的儿子。15 岁在故乡中学毕业后，去附近村镇一所药房当学徒。6 年后又继续上学。先在卡尔斯鲁厄工程学院学习一段时间，然后去海德堡大学和耶拿大学继续深造，专攻动物学，1868 年获博士学位。后去地中海沿岸诸国旅行，并在法国当过博物学家马丁（C. Martin）的助手。后又去慕尼黑大学，在那里结识了古生物学兼地质学家 K. A. von 齐特尔和慕尼黑人类博物馆馆长瓦格纳（M. Wagner）。1870～1871 年参加普法战争，在战场上负伤。伤愈后去多瑙河沿岸诸国、阿尔卑斯山区和意大利等地漫游。1874～1875 年间赴美国旅行。回国后，他专心从事学术研究，并在慕尼黑高等工程学院教授地理学。1886 年接替 F. von 李希霍芬任莱比锡大学地理学教授。

他是地理环境决定论的主要倡导者。在慕尼黑执教的 11 年里，撰写了《人类地理学》（1882 年）第一卷、《人种学》（1885～1886 年）的头 2 卷，以及 160 篇论文。在莱比锡工作的 18 年里，写了 13 部书和 350 多篇论文。代表作为《人类地理学》，其中心内容是探讨人类文明的空间分布和这些分布与地理环境之间的关系。认为一个社会或一个民族的发展在很大程度上是受其所处的地理环境支配的。另一部重要著作《政治地理学》（1897 年）企图把现实的政治与带有哲理概念的具体的物质联系起来。热衷于提倡“空间意识”这一概念，认为它能左右人们的集体心理。相信生活在优越地理环境中的种族，上帝赋予的权力大而且秉性也高尚。还有一篇很有名的文章，题名是“生存空间”（1901 年），提出国家与社会是生命有机体的论点。这些看法后来为希特勒的日耳曼民族优越论的种族主义所利用。 （张南海）

维达尔·白兰士，P.（Vidal de la Blache，Paul） 一译韦达·白兰士。法国人，1845 年 1 月 22 日生于法国佩泽纳斯，1918 年 4 月 5 日卒于瓦尔省塔马里。*人文地理学、区域地理学*。

中学文科教师的儿子。曾入巴黎高等师范学校攻读历史学和地理学，1867 年毕业获教师资格证书。同年去希腊雅典师范学校专攻希腊考古学三年。1870 年回国，在多所中学和巴黎高等师范学校预科任教。1872 年获巴黎高等师范学校博士学位。同年到纳西大学教历史学和地理学。1875～1896 年执教于巴黎高等师范学校，1877 年任教授。1898～1909 年任巴黎大学教授、地理学系主任。期间，1893 年和 L. 加洛斯 (Lucien Gallois) 合作创办《地理学年鉴》并任主编至去世。

法国近代地理学奠基人，人文地理学派创始人之一。早期研究历史和文学，由于当时欧洲普遍认为 1870～1871 年普法战争中法国失利是因缺乏地理知识造成的，于是他转向研究地理学。年轻時游学于地中海沿岸诸国，考察过希腊、意大利、叙利亚、巴勒斯坦等地的自然环境和风土人情，在思想上深受德国地理学家 C. 李特尔、A. von 洪堡等人的影响，并和欧美地理学界保持着广泛联系。他认为地理学和人类活动密切相关，因而是自然科学和社会科学的交叉学科。白兰士不同意德国地理学家 F. 拉采尔的环境决定论，和学生 J. 白吕纳 (Jean Brunhes) 共同提出了另一派人地关系论（后人称为可能论或或然论）。他认为地理学任务是阐述自然条件与人文条件在空间上的相互关系。自然环境提供一定范围可能性，而人类在创造居住地时按照自己的需要、愿望和能力来选择利用这种可能性；还认为心理因素是人地关系的媒介，心理因素取决于地理环境，人对地的选择不能超越地对人的控制范围，反之，人地关系的变化也以心理因素为转移。他重视区域地理学研究，认为乡土文化（包括历史传统、生活习俗、制度安排、语言交流、饮食情况等等）即人类地区性生存方式对区域自然景观的影响重大。

生前发表 107 篇论文、240 篇报告和评论、17 部著作，但仅少许著述被译成英文。主要著作有《法国历史地图集》(1894 年)、《法国东部地区》(1917 年)、《人文地理学原理》(1922 年，由其学生编辑出版)，其中《法国地理概观》(1903 年) 被置于当时有影响的《法国通史》首卷。1912 年获三等法国荣誉军团勋章，1915 年获美国地理学会戴利金质奖章。（李啸虎）

纳林，A. (Nehring, Alfred) 德国人，1845 年 1 月 29 日生于德国甘德斯海姆，1904 年 9 月 29 日卒于柏林。*历史地理学、古生物学、动物学。*

先后肄业于格丁根大学和哈雷大学，学习动物学。1867 年获哈雷大学博士学位后，在韦瑟尔及沃尔芬比特尔两大学讲授生物学。1881 年因科学上的成就，受聘为柏林农学院动物学教授，后又兼任动物陈列馆馆长，直至去世。1902 年动物陈列馆底层发生气体爆炸事件，不但毁坏了他的部分标本，也严重损害了他晚年的身心健康。

主要研究近代的、冰期后的及更新世的脊椎动物，特别是更新世的小哺乳类动物和家畜。研究它们的形态、分类、种系、生态以及地理分布情况，并和现存的进行对比。其研究成果至今仍是研究更新世哺乳类动物的有用资料。代表作有《史前的寒带冻土和干性草原》(1890 年) 等。（刘 汉）

切尔斯基，Ж. (Черский, Жан; Czerski, Jan) 波兰人，1845 年 5 月 15 日生于俄国维捷布斯克州斯沃尔纳，1892 年 6 月 25 日卒于西伯利亚普罗尔瓦河和科雷马河合流处。*地质学、古生物学、人类学。*

曾就读维尔纳大学。1863 年波兰发生暴动后，离校参加叛军，为俄军俘获，被放逐到西伯利亚陆军劳役团。服役 6 年后释放，但健康严重受损。服役期间努力自学。1871 年移居伊尔库次克，受到切卡诺夫斯基等流放学者的帮助，在俄国地理学会西伯利亚分会任自然标本保管员。1885 年迁居圣彼得堡，在俄国圣彼得堡科学院的地质博物馆工作。1891 年夏偕其妻和幼子开始北极旅行，翌年 6 月因病在旅途中去世。

主要科学成就是对贝加尔地区的地质、西伯利亚第四纪哺乳动物群和人类使用的旧石器的考查，并采集大量有价值的动物、地质及人类学的标本，编绘了从贝加尔到乌拉尔的第一幅综合地质图。多次进行野外地质调查。1872 年开始发表调查结果，20 年内共发表论文约 80 篇。（刘 汉）

诺伊迈尔，M. (Neumayr, Melchior) 德国人，1845 年 10 月 24 日生于德国慕尼黑，1890 年 1 月 29 日卒于奥地利维也纳。*历史地理学、古生物学、地层学、生物进化论。*

在慕尼黑大学读书时，先学法律，不久改读古生物学及地质学，1867 年获海德堡大学博士学位。翌年参加奥地利地质调查所工作。1872 年在海德堡大学讲授古生物学和地层学。1873 年任维也纳大学古生物学教授，直至去世。

科研工作始于德国南部、喀尔巴阡山以及阿尔卑斯山等地的地质调查，对侏罗纪古生物和地层的研究尤为突出，成为侏罗纪的专家。对希腊和爱琴海的研究成果，出版后成为有关东地中海地质史的第一部著作。早在学生时代就崇拜达尔文。1875 年率先用达尔文学说，扼要论证无脊椎动物种属的变异和演化。后来又用达尔文的观点和方法，论述动物学和古生物学的密切关系，从而把过去只是单纯地研究标准化石的古生物学，上升为基础生物科学。代表作有《侏罗纪和白垩纪的气候带》(1883 年)、《地质演化史》(2 卷，1887 年) 等。（刘 汉）

道库恰耶夫，В. В. (Докучаев, Василий Васильевич; Dokuchaev, Vasili Vasilievich) 俄国人，1846 年 2 月 17 日生于斯摩棱斯克州米柳科夫，1903 年 10 月 26 日卒于圣彼得堡。*自然地理学、土壤地理学。*

1871 年圣彼得堡大学毕业，留校任教，1883 年获该校博士学位。1872 年任该校地质馆馆长，后任地理学教授。1892～1895 年任亚历山大农林学院院长。

土壤地理学奠基者、土壤发生学派主要创始人。1883 年出版博士论文《俄国的黑钙土》一书，开发生土壤学之先河。该书从历史发生的观点研究土壤形成，创立了成土因素学说，最早提出土壤是在母岩、气候、生物、地形和时间这五种因素相互作用下，所形成的一种历史自然体。这些因素相互不可代替地参加了土壤的形成过程；成土因素的发展变化制约着土壤的形成和演化，有时发展，有时破坏，有时进化，有时退化。在《俄国土壤制图学》（1879 年）一书中，创立土壤剖面研究法和土壤制图方法，并以之作为土壤分类的判据，并划分出俄国的主要土壤带，建立土壤地带性学说。在“俄国土壤的自然历史分类”（1886 年）一文中，率先提出以发生学原则为指导的土壤分类法。1899 年发表论文“关于自然地带学说”，论证了自然地理现象的地带性规律，把土壤地带性学说发展为自然地带学说，把北半球土壤划分为 5 个水平带（纬度带）：北方极地土壤带或冰沼土带；灰壤带（泰加森林带）；黑钙土草原带；黄土性土壤带（风积土带）；红壤带或砖红壤带，从而奠定了土壤地理学的理论基础，使它成为地理学中一门独立的分支学科。此外，深入讨论了各种农作制度的建制，提出了许多合理化建议，特别在改造草原方面颇有独到之处。20 世纪 20、30 年代以后，苏联和国际地理学界继承和发展了道库恰耶夫土壤发生学理论，进一步指出生物因素在成土过程中的主导作用，以及人类生产活动在土壤形成中的特殊作用。

主要著作还有《欧俄河谷的形成方式》（1878 年）、《俄国草原的过去和现在》（1892 年）、《北半球土壤分类表》（1900 年）等，身后出版有《道库恰耶夫选集》（1954 年）。　（李啸虎）

甘尼特，H.　（Gannett，Henry）　美国人，1846 年 8 月 24 日生于美国缅因州巴思，1914 年 11 月 5 日卒于华盛顿。地理学、地形学、地图学、人口统计学。

1869 年、1870 年先后毕业于哈佛大学的劳伦斯理学院和胡珀矿业学院。1871 年在美国海登勘测大队任地形测量师。1879 年在新成立的美国内政部国土地质与地理勘测局工作，1882 年任首席地理学家。同年为美国地理学会创始会员兼首任秘书长，后任司库、副会长，1909 年任会长。1890 年、1900 年两度任美国人口调查局首席地理学家。1890～1910 年任美国地名委员会首任主席。1897～1909 年任美国统计学会副会长。1904 年为美国地理学家协会创始会员。1902 年任菲律宾人口普查局局长助理。1907～1908 年任古巴人口普查局局长助理。1909 年任地理发现特别委员会主席，核查和仲裁到达北极点优先权争议。

美国地形图的主要奠基者，被誉为“地形图之父”。1871～1879 年作为 F. V. 海登（Ferdinand Vandeveer Hayden）的助手，参与编绘黄石国家公园和美国西部的地形图。1880～1882 年参与指导美国全国人口普查工作，精确地设计和划定 2 000 个调查区域，首次让每一位普查员都能预先知道他所要调查地段精确的四至边界。1884 年出版第一部《海拔高度词典》（1899 年第 3 版），汇集了当时所有已测绘的美国地形高度数据，并注明资料出处来源，并使不同组织（包括铁路系统）所勘测地形数据彼此大致吻合。1885 年又出版力作《美国和若干周边国家版图变更的历史概况》，首次尝试对这一主题作出标准化的历史记述。1896 年开始在测绘工作中运用和推广基准线方法。1899 年参加哈里曼探险队，对阿拉斯加进行了勘测。

其他主要著作还有：《地形学方法指南》（1893 年）、《国家的建设》（1895 年）、《波多黎各地名词典》（1901 年）、《古巴地名词典》（1902 年）、《得克萨斯地名词典》（1902 年）、《美国某些地名的起源》（1902 年）、《美国海拔高度词典》（1906 年）等。为表彰他，1906 年以他命名怀俄明州最高山峰。　（李啸虎）

柯本，W. P.（Köppen，Wladimir Peter）　德国人，1846 年 9 月 25 日生于俄国圣彼得堡，1940 年 6 月 22 日卒于奥地利格拉茨。气象学、气候学、植物学、语言学。

俄国裔。祖父是俄国沙皇宫廷医生；父亲 P. von 柯本（Peter von Kppen）是地理学家、圣彼得堡科学院院士，对少年柯本有很大影响。1864 年入圣彼得堡大学攻读植物学。1867 年转入德国海德堡大学。1870 年获莱比锡大学博士学位。1870～1871 年普法战争时，在野战卫生队服役。战后任俄国中央物理观象台助理。1874 年任德国汉堡海军气象台部门主任，1879 年获气象学家称号，1919 年退休。1924 年移居奥地利格拉茨。

近现代世界著名气候学家之一。长期主管天气发报、风暴警戒系统和研究海洋气象，以创立“柯本气候分类法”、世界气候区划著称于世。他的气候分类法是以标志植物和植物生态为基础的实验分类法。19 世纪 70 年代，建立德国海洋气象预报系统；1876 年研究北半球降雨几率，绘制低气压系统综合路径图；1879 年提出风速日变化理论。80 年代，1880 年提出低气压系统大致按盛行风方向前进的论点；1884 年对只考虑年平均温度的流行分类法作重要改进，用温度 20℃ 和 10℃ 持久时间，划分 5 种温度带，绘制全球温度带分布图；1888 年作气象数据系列频数分析。90 年代，研究云图与天气预报关系，与他人合著《云图》（1890 年）。

20 世纪初年，1900 年以最暖月和最冷月气温、降水量作为划分指标，分出 6 种气候带 24 种气候型；1903 年设立汉堡风筝观测站，开展高空气象观测，1906 年创用术语“高空学”。10～20 年代，1914 年发现大型天气现象存在 11 年周期；1918 年发表论文“依据温度、降水及其年变化的气候分类”；1923 年著书《世界气候》，通过描述世界气候详述分类法，再版易名为《气候学原理》（1931 年），公布世界气候图；出版《气候的地理系统》（1936 年），确定气候分类指标，以月平均温度极端值或温度配合降水为准，将赤道至极地分为 5 个气候带、11 种主要气候型。

其他重要著作有《海洋气候学概论》（1899 年）、《普通气候学》（1906 年）、《史前时代的气候》（1924 年，和 A. L. 魏格纳合著）、《气候学指南》（5 卷 26 册，1930～1940 年，与学生盖格［R. Geiger］合编）。

他非常关心社会公益活动，是汉堡的希姆斯休特勒儿童之家创建人，定期到那里做义工。为推进世界和平事业，他大力提倡世界语，有多种世界语译作。

（李啸虎）

贝克尔，G. F.（Becker，George Ferdinand） 美国人，1847年1月5日生于美国纽约，1919年4月20日卒于华盛顿。*矿山地质学、地球物理学、矿冶工程*。

幼时接触许多科学家，受到他们的熏陶。1868年毕业于哈佛大学。1869年获海德堡大学哲学博士学位。1871年又毕业于柏林皇家矿业学院。1874年任伯克利加利福尼亚大学采矿和冶金学讲师。在那里遇到美国联邦地质调查所第一任所长C. R. 金，1879年参加该调查所工作，后任理化研究部主任。协助建立了华盛顿卡内基研究院地球物理实验室并任第一任主任。

长期致力于科姆斯托克等矿区和海岸山脉、内华达山脉的区域地质研究。他尽力将数学、地球物理和地球化学的成就应用于矿山地质野外工作上。他的几篇理论性论文探讨了包括地球构造在内的地球物理性质如刚性、弹性、应力、应变作用等问题。坚持认为沉降现象根本原因是由于整个地球是固体。主要论著有“加利福尼亚地层评注”（1885年）、“加利福尼亚白垩纪变质岩”（1886年）、“贵金属的统计分析与矿冶工艺”（1885年，与他人合著）、《南阿拉斯加金矿区巡视》（1898年）、《地区性磁扰和石油起源的关系》（1898年）等。还给史密森研究会大笔资助以促进地球物理学发展。

（李冬田）

卡尔宾斯基，А. П.（Карпинский，Александр Петрович；Karpinsky，Alexandr Petrovich） 苏联人，1847年1月7日生于俄国博戈斯洛夫斯克（今卡尔宾斯克），1936年7月15日卒于莫斯科。*岩石学、地质学、古生物学、地层学*。

出身采矿工程师世家。童年在乌拉尔度过。1866年毕业于圣彼得堡矿业学院。1868年开始任教职，1877～1896年任矿业学院教授。每年都在乌拉尔进行野外工作。1885～1903年任俄国中央地质委员会主席。1886年、1916年两度当选为圣彼得堡科学院副院长。自1917年5月直至去世，任苏联科学院院长。曾任第七届国际地质学会议主席。

早期从事岩理学方面的研究工作，研究过乌拉尔的变质岩类、石英细晶岩、滑石菱镁片岩等。曾在第五届国际地质学会议上提出伟晶岩分类方案。引进了云母正长岩、刚玉钙长黑云岩等名字。研究过俄国奥隆涅茨地区、卡宁斯克山、叶尼赛河等处的岩石。率先确定了接触变质成因的绿帘石岩。1900年在巴黎召开的第八届国际地质学会议上，提出岩石分类原则，主张不能单纯根据化学成分而应当更多地注意矿物成分的分类。在圣彼得堡矿业学院讲授岩石学近30年。

他的研究领域不仅限于岩石学，19世纪末其兴趣已扩展到地质学方面。1893年与他人合作共同编制了比例尺为1：2 500 000的欧俄地质图。1894年发表“在欧俄界线内地壳运动总特点”一文，阐明了欧俄界线内地壳各地质历史过程中的变化和地壳运动的性质。所著古地理著作，体现了把构造运动和海陆变迁联系起来的思想。认为俄罗斯地台上隆起和凹陷部分是地壳振荡运动的结果。

对古生物学和地层学的研究也很有造诣。有关阿丁斯克阶菊石的出色研究，曾获得法国科学院居维叶奖。还研究过上古生代的沙鱼化石、泥盆纪的藻类。对俄罗斯地台上的石炭纪地层的精确描述，地台东部三叠纪岩石的年龄确定，以及根据阿丁斯克阶菊石确定的石炭系到二叠系之间的过渡性质，都是基础性的工作。提出的有关地壳沉积建造分类的建议，为1881年第二届国际地质学会议所接受。

研究工作密切联系实际应用。1870年曾发表过在顿涅茨盆地找岩盐的文章，1881年在一篇文章中指出了在乌拉尔东坡煤田研究的重要性，晚年还致力于铂矿床成因的研究。即使某些看来似乎纯理论性研究也总包含实用倾向，许多著作是关于矿床和矿石成因理论研究的。他的工作对俄国工业的发展产生了巨大影响。

（李文达　胡　敏）

威廉斯，H. S.（Williams，Henry Shaler） 美国人，1847年3月6日生于美国纽约州伊萨卡，1918年7月31日卒于古巴哈瓦那。*地层学、古生物学*。

出身伊萨卡一个历史悠久的显贵家庭。从小爱好自然科学。1868年获耶鲁大学设菲尔德理学院学士学位，1871年获耶鲁大学博士学位。后在特兰西瓦尼亚大学任教一年。后跟随父亲在纽约州伊萨卡从事商务。1879年到康奈尔大学地质学院任教。1892年在耶鲁大学任地质学教授。1904年又回康奈尔大学任教直至1912年退休。是美国地质学会创始人之一。

研究纽约中部泥盆纪古生物和地层，后来又研究美国东部古生代中期地层。1895年所著的《地质生物学》一书，为古生物学和地层学作出了杰出的贡献。通过化石记录分析，对主要地质时期相对时限长度的估量同20世纪同位素测出的时限长度相同。（马玉英）

克拉克，F. W.（Clarke，Frank Wigglesworth） 美国人，1847年3月19日生于美国马萨诸塞州波士顿，1931年5月23日卒于马里兰州切维蔡斯。*实验地质学、岩石学、地球化学、分析化学*。

五金商人的儿子。母亲

在他出生后 10 天就去世。1865 年 3 月进哈佛大学劳伦斯理学院攻读化学，1867 年获学士学位。留校任教。1869 年到康奈尔大学任教，接着在波士顿牙医学院执教化学。1873 年任哈佛大学化学和物理学教授。翌年任辛辛那提大学化学和物理学教授。1883 年任美国地质调查所主任化学师和美国国家自然博物馆矿物馆名誉馆长，直至 1924 年底退休。1901 年任美国化学学会会长。是美国国家科学院院士。曾先后接受哥伦比亚、维多利亚、阿伯丁、辛辛那提等大学的荣誉博士学位。

1873 年在哈佛大学期间，曾为史密森研究会测定了许多固体和流体的比重、沸点与熔点，并重新计算了元素的原子量。在美国地质调查所工作 41 年，主要从事矿物、岩石，包括水及空气的样品分析，这是地质科学中积累数据的基础工作。1891 年、1894 年和 1908 年分别发表论文“化学元素相对丰度”、“原子量测定委员会报告”和“地球化学数据”。提出的地壳化学元素平均丰度被称为“克拉克值”，至今仍为地质学界所引用。由于他所测数据的合理性与精确性，使他本人和美国地质调查所公布的数据具有国际权威性。

是 X 光衍射和电子显微镜技术应用到岩矿研究上之前从事矿物化学成分与结构研究的杰出矿物化学家。认为岩石和矿物的化学成分是过去化学反应的记录，可用以说明过去发生的地质事件。要精确说明岩石圈中的化学反应，首先要有精确的矿物与岩石的分析和合成技术，否则也难以应用平衡热动力学来说明自然界的化学反应原理。认为硅是地壳中最重要的元素。首次研究了锂云母，对它的实验合成、蚀变产物及矿物假象等都进行了分析，认为它们反映了矿物的自然历史。1895 年发表“硅酸盐的组成”，通过他的研究，基本结束了用化学成分和化学反应研究硅酸盐的时代。和助手 H. S. 华盛顿一起，分析了 16. 1 千米深地壳岩石的平均成分，并估算了火成岩、页岩、砂岩及石灰岩的比例。

他分析和计算沉积岩的平均成分，并且用所得数据估算了地质历史中所产生的沉积物总量。认为被侵蚀火成岩总量等于所产生的沉积物加上海水中溶解的盐类，得出的沉积总量为 3.874×10^{8} 立方千米。他研究沉积物及海洋无脊椎动物的无机成分，发现许多岩石是由动、植物沉积下来的固体二氧化硅、碳酸钙及磷酸钙组成的。

是美国化学学会的创始人之一。1873 年和他人共同提出在美国科学促进协会中设立化学部。1886 年向美国科学促进协会化学部建议成立全国化学学会。在此之前，1876 年纽约曾成立地方性的化学学会，1889 年纽约化学学会与华盛顿化学学会合并成为全国性美国化学学会。

为纪念他，美国地质化学学会设有克拉克奖项；水钠铀矿（clarkeite）以他命名。（李文达）

贝特朗，M. -A.（Bertrand，Marcel-Alexander）　法国人，1847 年 7 月 2 日生于法国巴黎，1907 年 2 月 13 日卒于同地。大地构造学、地层学。

数学家之子。早年就读于巴黎综合工科学校、巴黎高等矿业学校。毕业后在法国地质调查所工作。1886 年任教于巴黎高等矿业学校。1896 年当选为法国科学院院士。

近现代大地构造学的奠基者之一。毕生关心普通地质学中的重大课题。最早研究山岳构造，发现覆盖在白垩纪建造上孤立的三叠纪沉积乃是巨大倒转褶皱的侵蚀残余。提出超规模倒转褶皱和逆掩断层的概念，把普罗旺斯的地质构造与阿尔卑斯的构造联系起来。提出了一种“造山波”的概念，根据一连串强烈的褶皱和造山运动，把地球史分划成一系列自然期，每一自然期用该时期中形成的代表山脉的名字命名，如加里东、海西及阿尔卑斯等。还提出比较完整的沉积旋回概念。（王　植）

施普隆，A. F. W.（Sprung，Adolf Friedrich Wichard）　德国人，1848 年生于德国佩勒贝格附近克莱若，1909 年 1 月 16 日卒于波茨坦。气象学、大气动力学、仪器研制。

1872 年到莱比锡大学学习数学、物理学和化学，1876 年以研究液体摩擦系数论文获博士学位。受其导师物理学家维尔德曼（G. Wildemann）推荐，到新建立的汉堡气象台工作了 10 年。1886 年任普鲁士柏林气象学院仪器科科长，这段时间内改进并发明许多精密气象测量仪器。1892 年在他的建议下成立波茨坦气象与地磁观测所并任所长，以后该所成为世界上一个权威机构。

是最早应用数学、物理定律来阐述气象变化过程的学者之一。在汉堡气象台工作期间，以静力学及动力学定律来解释大气现象。研究风与气压的变化和大气粒子间的摩擦关系，以及地球自转时的偏斜力对大气环流的影响。他撰写的《气象学教程》（1885 年）是第一部完整的动力气象学著作。1896～1897 年国际云年时，他在波茨坦观测所架设了同时能测量数点的自动测云仪和能测量云运动的反射器进行观测。（曹念祥）

昂戈，C. -A. J.（Angot，Charles-Alfred Jean）法国人，1848 年 7 月 4 日生于法国巴黎，1924 年 3 月 16 日卒于同地。气象学、地球物理学、仪器研制、科学管理。

1868 年毕业于巴黎高等师范学校。1874 年获巴黎大学理学院理学博士学位。1868 年留校任教，1872 年任物理学副教授。1872 年任法兰西学院物理学副教授。1874 年供职于新成立的法国中央气象局。1876～1879 年，先后在三个高级中学任物理学教授。1879 年回法国中央气象局任科学仪器部主管，1907 年任局长至去世。1881 年任法国气象学会秘书长。1916 年当选为瑞典皇家科学院外籍院士。生育 5 个子女，其中 3 个是物理学和气象学教授。

在长达半个世纪里，他一直是法国气象学界领军人物。1879 年开始研究气候学和普通气象学，在理论研究上有建树；着手设计和研制各种气象测量仪器，有诸多重要技术创新；参与在埃菲尔铁塔上设立中央气象台；主持和指导在全法国及其海外属地、以及舰船上普遍建立气象台站网络；核查和发布、出版观测数据，预测预报气象变化趋势。在长期跟踪观测基础上，深入进行理论气象学研究。其中，太阳热辐射在地球表面的分布规律，一直是科学界关注的理论难题。1693 年哈雷最先提出这一问题，以后兰伯特(Lambert)在 1779 年，菲什(Fish)在 1835 年，普拉纳(Planaa)在 1864 年，都作过不同程度探讨，但是他们都假设无大气层条件下加以考察，各自得到的公式又导致相互矛盾的结论，而且同观测实验不一致。1883 年昂戈开始研究这一课题，发现地球表面某一地点所吸收的太阳热辐射量，同该地点的纬度高低、太阳光同地面倾角、以及太阳离地球的距离有关，可用椭圆积分表示。进而计及地球大气层吸收的因素，他获得了数学模型，并制定了不同纬度地表所吸收热量的计算表。

此外，早年研究过天文学。和 C. 安德烈(Charles André)等人一起，作为法国科学考察队成员赴国外观测天象。其中，1874 年去新喀里多尼亚的努美阿观测金星凌日；1877 年赴美国旧金山、1878 年赴美国犹他州奥格登观测水星凌日。还擅长设计研制各种科学仪器。其中 1887～1888 年，主持将地震仪和单摆仪安装在法兰西学院。

著述颇丰。除发表一系列论文外，主要著作有《17 世纪中叶至今欧美天文台和实用天文学》(4 卷，1874 年，与他人合著)、《物理学基础》(1881 年初版，1885 年再版)、《极光》(1895 年)、《气象学导论》(1899 年初版，1944 年第 7 版)、《法国气候研究》(1911 年)；出版多卷《昂戈科学工作笔记》；1873 年起参与主编《法国气象学会年鉴》、《法国中央气象局年鉴》。1887 年和 1895 年两次获法国气象学会嘉奖。为纪念他，南极洲帕默群岛霍西森岛最高峰以他命名。

(李啸虎)

怀特，I. C. (White, Israel Charles) 美国人，1848 年 11 月 1 日生于美国弗吉尼亚州莫农加利县(今属西弗吉尼亚州)，1927 年 11 月 25 日卒于马里兰州巴尔的摩。*煤田地质学、油气地质学。*

1872 年获西弗吉尼亚大学地质学学士学位，1875 年获文科硕士学位。毕业后任宾夕法尼亚州第二地质调查所助理地质学家。1877～1898 年任西弗吉尼亚大学地质学系教授兼系主任。1880 年获阿肯色工业大学哲学博士学位。1921 年获匹兹堡大学荣誉理学博士学位。

在宾夕法尼亚州第二地质调查所和美国联邦地质调查所工作时，普查了宾夕法尼亚、西弗吉尼亚和俄亥俄三州的煤田地质。1897 年创建西弗吉尼亚州地质与经济调查所，任首任所长达 30 年之久。1885 年提出石油和天然气赋存于地层背斜构造顶部，这是他的最大贡献。

(王 植)

艾伯特一世 (Albert Ⅰ, Prince of Monaco) 摩纳哥人，1848 年 11 月 13 日生于法国巴黎，1922 年 6 月 26 日卒于同地。*海洋学、航海学、地理探险、科学传播。*

摩纳哥国王查理三世(Charles Ⅲ)之子，1889 年 9 月 10 日继位。原在西班牙海军中服役。1870 年作为法国海军少校参加了对普鲁士作战，获法国荣誉军团勋位。1873 年他买了一条 200 吨的纵机式帆船，开始了航海科学考察生涯。1910 年创建摩纳哥海洋博物馆，1911 年开办巴黎海洋学院，并为学校创办刊物《海洋学院年鉴》等；还创立摩纳哥人类学博物馆、巴黎人类学与古生物学学院。是法国科学院通讯院士。

近现代海洋学奠基人之一。1885 年以后的近 40 年间，他每年都要出航北大西洋，所到之处都要进行水深测量。在物理海洋学方面，他研究了海流、海水不同深度上的温度变化及海洋气象等，并从海洋测深的角度编制了百万分之一的地图集。他还提取致动物于深度麻醉状态的水母素，对生理学作了有价值的研究。他创造了撒网采集 6035 米深海标本的记录。还是保护水下生物的倡导者。1920 年获美国国家科学院金质奖章。为纪念他，国际海洋物理科学联合会设有艾伯特一世亲王奖。

(陈良瑞)

蒂尔，J. J. H. (Teall, Sir Jethro Justinian Harris) 英国人，1849 年 1 月 5 日生于英国英格兰格洛斯特郡诺思利奇，1924 年 7 月 2 日卒于伦敦。*岩石学、地质学。*

遗腹子。1872 年毕业于剑桥大学圣约翰学院，1876 年获硕士学位。在剑桥大学时听过 A. 塞奇威克的地质学课程。1872～1888 年间相继到英格兰中部、北部和西部以及在伦敦兼职讲学，同时在剑桥大学从事岩相学研究。1888 年到大英地质调查所工作，1901 年任所长。1890 年被选进英国皇家学会。1916 年封爵。曾获都柏林大学、牛津大学荣誉理学博士学位，圣安德鲁斯大学荣誉法学博士学位。

运用 1834 年经福克斯-塔尔博特(W. H. Fox Talbot)发展了的偏光显微镜，把岩相学研究推进到一个新阶段。1888 年出版《不列颠岩相学》重要著作。1901～1902 年分两次刊布了重要论文“岩石学概念的演化”。曾获英国地质学会的毕斯拜奖章和沃拉斯顿奖章(1905 年)，以及法国科学院的德莱斯奖金。为纪念他，叶硫锡铅矿(teallite)以他命名。

(胡 敏)

马卡罗夫，C. O. (Макаров, Степан Осипович; Makarov, Stepan Osipovich) 俄国人，1849 年 3 月 8 日生于俄国尼古拉耶夫，1904 年 4 月 13 日卒于“彼得罗巴夫·洛夫”斯克号战舰上。*海洋学、地理探险、舰船工程。*

父亲是退役下级海军军官；母亲出身贫寒，未受过教育。他 10 岁上尼古拉耶夫斯克海军学校。毕生热爱海洋，常说“在海上如同在家里”。1865 年由海军学校毕业加入海军。1881～1882 年主持了在博斯普鲁斯的水文研究。1897 年起参与破冰船的研究，在英国监造“厄尔马克”号，并于 1899～1901 年完成了首次极地航行。也是一个海军军事专家，1904 年在日俄战争中战死于军舰上。

证明了博斯普鲁斯地区存在着与表面洋流方向相反的深海洋流。他在1894年出版的《"维特瓦兹"号与太平洋》中,解释了在"维特瓦兹"号环球航行期间所做的各种水文观察,编制了第一张北太平洋水温表,从科里奥利力对海洋作用的角度探讨了北太平洋深水的来源、英吉利海峡各个深度具有均一水温与密度的原因、大江河口附近深水上升的原因以及洋流的总模式。该书同时以俄文和法文出版,并获得圣彼得堡科学院与俄国地理学会的奖励,使他成为有名的科学海洋学家。

(冯祖钧)

海姆,A.(Heim,Albert) 瑞士人,1849年4月12日生于瑞士苏黎世,1937年8月31日卒于同地。*构造地质学、测绘学。*

父亲爱好山水,母亲精于绘画,对他终身从事阿尔卑斯山地质构造的研究很有影响。他先就读于苏黎世大学,后转入苏黎世理工学院。1869年毕业后,在德国和意大利境内进行地质调查。1873年任苏黎世理工学院地质学教授。1875年兼任苏黎世大学教授。同年结婚,妻子是瑞士第一个女医师。1882年出任瑞士地质勘查所所长。1911年由于健康原因,辞去教授职务,致力于瑞士国家地质委员会的工作,1926年任该会主席。是国际上很多学会的成员。1905年当选为瑞典皇家科学院外籍院士。伯尔尼大学、牛津大学、苏黎世大学等校曾授予他荣誉博士学位。

1878年出版《造山运动机理》一书,对阿尔卑斯山地质构造和造山运动的动力机理作了精辟论述,该书很快成为权威论著。善于运用素描图、剖面图和地质模型,把复杂的地质构造精确而生动地表达出来。对瑞士全境1∶100 000地质图的完成起到主导作用。还出版名著《瑞士地质》(3卷)。1904年获伦敦地质学会沃拉斯顿奖章。为纪念他,月球上有一山脊以他命名。

(刘 汉)

索拉斯,W. J.(Sollas,William Johnson) 英国人,1849年5月30日生于英国伯明翰,1936年10月20日卒于牛津。*矿物学、古生物学、古人类学。*

就学于伦敦皇家矿业学院学校,后又进剑桥大学圣约翰学院,获地质学一等荣誉学位。1879年在布里斯托尔任教地质学。1883年在都柏林大学三一学院任地质学教授。1897～1936年在牛津大学任地质学教授。1889年当选为英国皇家学会会员。1908～1910年任伦敦地质学会会长。

早期著作是对于化石和现代海绵的研究,以一篇关于四射海绵的论文达最高点。在都柏林期间对爱尔兰花岗岩和矿物作了研究,发表过几篇关于钠闪石和铁锂云母的论文,也研究过晶体内部构造。采用系统切面对化石进行观察,获得了内部构造材料,然后构成骨骼模型。用这样的方法对自志留纪海百合到三叠纪爬行类都作过重要研究。1911年以后越来越多地偏重于古人类学和史前考古方面的研究。发掘了南威尔士的帕维兰洞穴。和布罗伊尔(Breuil)一道,指出了与"红妇人"的骨骼有关的燧石工具属于欧里纳克期(旧石器时代晚期),骨骼本身属于克鲁马农人。曾获多种英国及外国的科学奖项,其中包括1914年英国皇家学会皇家奖章、1907年伦敦地质学会沃拉斯顿奖章。

(应中锷)

伍德沃德,R. S.(Woodward,Robert Simpson) 美国人,1849年7月21日生于美国密歇根州,1924年6月29日卒于华盛顿。*地球物理学、应用数学。*

1872年毕业于密歇根大学,获土木工程学士学位。曾在美国工程团湖泊勘测所、国家地质勘测所、国家海岸和大地测量局等机关工作。1893年在哥伦比亚大学力学和数学物理系任教授。1895年任纯科学学院院长。

把数学应用地地球物理,取得很多成就。考察了热效应对大地坐标基准及其他精密仪器的影响;探测了均匀球冷却和长方体热扩散的规律,用于测定地球年龄十分有效;还批评了凯尔文的地球年代划分方法,认为只有对整个地球作热分析才能得到满意的结论。

(吴茂庆)

拉姆,H.(Lamb,Horace) 英国人,1849年11月29日生于英国英格兰斯托克波特,1934年12月4日卒于曼彻斯特。*地震学、地球物理学、应用数学。*

17岁进入剑桥大学女王学院,23岁任该校三一学院评议员,并获数学与天文学大奖。3年后赴澳大利亚任阿德莱德大学数学教授。1885年回国,任曼彻斯特的欧文学院纯数学和应用数学教授,直至退休。还是英国航空研究会和英国皇家学会会员。1931年被封为爵士。

著名应用数学家和地球物理学家。研究的领域十分广泛,包括电磁学、流体力学、弹性力学、声学、振动、波动理论、地震学、潮汐理论及地磁学等。1904年发表的论文"弹性体面的震动的传播",是理论地震学的基础。著名的论文"弹性球表面的震动"(1882年)分析了弹性球面的一些震动模型。1903年,从分析二维波振动的规律出发,阐明了地震产生余震的原因,在1960年的智利大地震时得到验证。由于在阐述问题时有着非凡的表达能力,被誉为应用数学的艺术大师。撰写的著作《流体力学》从1879年问世以后,曾多次再版,是应用数学著作的典范。还写了许多关于无穷小分析、静力学、动力学及声的动力学理论方面的教科书,其中有些至今仍被采用。

(张镜清)

穆什克托夫,И. В.(Мушкетов,Иван Васильевич; Mushketov,Ivan Vasilievich) 俄国人,1850年1月21日生于俄国沃罗涅日州,1902年1月23日卒于圣彼得堡。*构造地质学、地震学、矿物学。*

家境贫寒。就读于诺瓦切尔卡斯克大学预科。由于在古代语言方面成绩优异，经推荐进入圣彼得堡大学历史与哲学系。后因醉心于自然科学，转入圣彼得堡矿业学院，攻读矿物学与岩相学。1876 年成为圣彼得堡矿物学会和俄国地理学会会员，并获银质奖章。1882 年任俄国地质委员会高级地质师。1896 年以后，任圣彼得堡矿业学院地质学、地球构造学和矿床学教授。

曾发现过几种砷矿物。对中亚、阿赖山脉、天山与帕米尔高原的地质构造和冰川有较深入的研究，因此获俄国地理学会金质奖章和圣彼得堡科学院奖金。1886 年出版《土耳其斯坦》一书的第一卷，书中总结、描述了土耳其斯坦的地质构造，因此获圣彼得堡科学院与圣彼得堡矿物学会奖金。该书多年来一直是研究中亚地质的基本材料来源。以后又从事地震方面的研究。继续前人的工作，扩充并出版了《帝国地震目录》，成为研究俄国地震最有价值的信息来源。经实地考察，认为高加索山脉主段是随着水平压力引起的断错而形成的。在深入观察和研究地质历史的基础上，对中亚地质构造提出了一个模式，该模式表明天山与阿赖-帕米尔是由向北东和北西方向延伸，但受到来自北方的切向压力作用而向南弯曲的褶皱弧组成。信奉康德-拉普拉斯星云假说。认为构造运动和地震现象都是地球冷却收缩的结果。（冯祖钧）

戴维斯，W. M.（Davis，William Morris） 美国人，1850 年 2 月 12 日生于美国宾夕法尼亚州费城，1934 年 2 月 5 日卒于加利福尼亚州帕萨迪纳。*自然地理学、地貌学、火山学、海洋生物学。*

1869 年毕业于哈佛大学，1870 年获该校工程硕士学位。后去阿根廷科尔多瓦从事气象观测 3 年。回美国后，又参加 R. 庞佩利率领的北冰洋探险队。1877 年任哈佛大学地理学教授 N. S. 夏勒的助手，从 1879 年起历任讲师、助理教授等，1890 年升为教授，1911 年退休。1908 年和 1911 年在柏林大学和巴黎大学任客座教授。是美国地理学家协会的创始人，蝉联三届会长。还是美国地质学会的创始人，1911 年任会长。是全世界 30 多个学术团体的名誉会员或通讯会员。

他是美国地貌学派奠基人。应用发生学观点研究和解释地貌的发生和发展，通过对科罗拉多大峡谷、阿巴拉契亚山地与大西洋沿海平原河谷发育学的研究，创立地理旋回说，把地貌演化过程分为青年期、壮年期和老年期等不同阶段，各演化阶段具有不同的地貌特征。这一学说经过多次修改、补充，成为地貌学的重要理论，对于 20 世纪初期的地学发展影响很大。还研究新英格兰和新泽西州的三叠纪盆地，率先阐明了三叠纪火山过程，确立了区分侵入岩和喷出岩的标志。1912 年退休后，还到太平洋西南部和小安第利斯群岛考察珊瑚礁，1928 年出版著作《珊瑚礁问题》。主要著作还有《地理旋回》、《宾夕法尼亚河流和谷地》（1889 年）、《新泽西北部的河流和谷地》（1890 年）、《地貌的描述与解释》、《自然地理学》（1898 年）、《地理学文集》（1909 年）等。曾获国内外学术机构的多种奖金、奖章。（张南海）

沃尔科特，C. D.（Walcott，Charles Doolittle） 美国人，1850 年 3 月 31 日生于美国纽约州纽约米尔斯，1927 年 2 月 9 日卒于华盛顿。*地质学、古生物学。*

没有受过高等教育，靠自学而成才。1879 年到新成立的美国联邦地质调查所工作，1894～1907 年任该所所长。1907～1925 年任史密森研究会秘书长。1917～1923 年选为美国国家科学院院长。他是华盛顿卡内基学院的创始人。

在寒武纪动物群和岩石研究上有杰出的贡献，在联邦政府中也显出非凡的管理才能。在纽约州特伦顿瀑布地区，首次发现了完整的三叶虫化石。由于他的研究，再加上 40 年后其他人的研究，确立了三叶虫在古动物学上的重要地位。撰写出版的《尤利卡地区（内华达州）的古生物》（1884 年）是美国西部化石的标准参考书。19 世纪 80 年代参加了“塔康问题”的讨论，这涉及到纽约州东部边界岩石的年代问题。他找到了新的化石及其所在地层，对以前的资料重作解释，终于解决了长达半个世纪的争论。证实了新不伦瑞克圣约翰区的寒武纪岩石受到了复杂构造的影响。他的工作使北美洲寒武纪化石带与欧洲早先建立起来的化石带相对应。19 世纪 90 年代主要研究水母化石。1907 年起每年都去艾伯塔和不列颠哥伦比亚高山区工作，持续了 20 年。1907 年在该地区发现中寒武纪的伯吉斯页岩，找到一些从未作为化石保存下来的软体生物。1912 年出版《寒武纪腕足类》两卷。这一成就使他成了世界上有声望的古生物学家。另有《中国寒武纪动物志》（1905 年）、《寒武纪地质学和古生物学》（1910 年）等专著。曾获许多学术团体授予的奖章。（王　植）

格鲁滨曼，J. U.（Grubenmann，Johann Ulrich） 瑞士人，1850 年 4 月 15 日生于瑞士阿彭策尔州特罗根，1924 年 5 月 16 日卒于苏黎世。*岩石学、矿物学、地球化学、科学教育。*

家中独子。祖辈尚富有，他出生时家道已中落。后靠奖学金、在校做工和朋友的接济才于 1874 年完成学业，并由联邦瑞士苏黎世理工学院发给自然科学教师证书。同年任弗劳恩费尔德州立学校的化学、采矿和地质学教授，1880～1888 年任该校校长。除担任教学工作外，还在德国黑高和阿尔卑斯多火山地区进行岩石学的野外工作。1886 年发表关于黑高地区玄武岩的论文，获苏黎世大学博士学位。2 年后，先后任苏黎世大学矿物学和岩石学教授、苏黎世理工学院矿物学及岩石学系主任。1896～1898 年任苏黎世大学哲学系主任，1907～1909 年任苏黎世理工学院自然科学部主任，1909～1911 年任理工学院院长。1920 年退休后，仍积极参加科学活动。1921年创办《瑞士矿物和岩石学通报》,自任主编直至去世。他创建瑞士地质技术委员会,主持工作25年。

20世纪初,科学界对于岩石成因大多倾向于由岩浆形成的观点。他竭力研究变质岩,以此认识到物理化学方法对于岩石研究的重要性。受维也纳科学院的委托,和F.贝克、贝文特(F. Berwert)去阿尔卑斯山进行结晶片岩的研究。1903年他们发表一流水平的论文“论矿物及结晶片岩的构造”。出版的《结晶片岩》(2卷,1904～1907年;1910年第2版),该书第3版第一分册改名为《变质岩》,和他的学生、后继者P.尼格里合著,于1924年出版。

他的研究完全建立在对自然观察的基础上。认为已知化学成分的变质岩的矿物组成,必然取决于形成时经常起作用的温度和压力条件。为此提出一种岩石分类法,按压力和温度变化条件系统地研究由化学方法定义的12个组别或序列。美国地质学家C. R.范海斯按压力和温度的不同分布,将地壳岩石划分为浅变质带(低温、低压)和深变质带(高温、高压)。格鲁滨曼在研究了哥特哈尔德地块的岩石后指出,有增加一个中变质带的必要。后来证实这对实际研究工作非常有用。他对所提出的12个序列,一一进行实验,对3个变质带分别限定了标型矿物的组成。他所提出的一套术语为后世所采用。在矿物学方面也有造诣。1899年出版的有关含金红石石英的专著,是他在此领域里的代表作。

也是一位成功的科学教育组织者。他在矿物学与岩石学系中增设化学实验室,进行大量化学分析,使学生受到岩石分析的基本训练,当时在欧洲还是首创。

(戴成勋)

梅尔卡利,G.(Mercalli, Giusepe) 意大利人,1850年5月21日生于意大利米兰,1914年3月19日卒于那不勒斯。*火山学、地震学。*

原是罗马天主教神父。授圣职后不久,任米兰神学院自然科学教授。后因“思想异见”被教会免去教授职位。受意大利政府委任,历任多莫多索拉学院、勒佐卡拉布里亚学院、那不勒斯大学教授。晚年任维苏威火山观测站站长,直至去世。死于十分蹊跷的夜间卧室火灾,警方认定是他杀却至今成悬案。

对维苏威火山、利帕里群岛火山、以及世界各地的著名活火山,进行过考察和比较研究。曾现场目睹了意大利利帕里群岛上斯特龙博利(Stromboli)和武尔卡诺(Vulcano)两座活火山的喷发。他对这两座火山喷发过程生动而准确的描述,一向被全世界的火山学家所津津乐道。根据火山的活动特点,他把火山分为三大类:夏威夷式、斯特龙博利式和武尔卡诺式。

在地震学方面,写过150篇(部)论著,已被译为28种语言版本。其研究成果中,最令人铭记的是制定了度量地震烈度等级的梅尔卡利震级(简称梅氏震级),沿用至今。梅氏烈度表震级原为10级,1904年被意大利物理学家A.坎克涅(Adolfo Cancani)扩展为12级,覆盖了各种可能的后果。它不同于知名的里氏震级,后者是对一场地震的实际能量释放的等级度量,而是一场地震在特定区域造成的破坏效应程度,这使它较难以适合测量人口稀少地区的地震,但对比较各种震颤引起的伤害程度却不失为一种理想选择。

主要著作有《意大利火山和火山现象》(1883年)、《利古里亚地区和皮德蒙特高原的地震》(1897年)、《1907年10月23日卡拉布里亚地震》(1901年初版,1908年再版)、《培雷山区远古火山喷发》(1902年)、《地球上的活火山》(1907年初版,2012年再版)等。

(李啸虎)

纳托斯特,A. G.(Nathorst, Alfred Gabriel) 瑞典人,1850年11月7日生于瑞典南曼兰省尼雪平附近,1921年1月20日卒于斯德哥尔摩。*地质学、古生物学、地理探险。*

先后在隆德大学、乌普萨拉大学就读,1874年获博士学位。1873年在瑞典地质调查所任职。1884年任瑞典自然博物馆植物研究室主任及教授,1917年退休。1885年当选为瑞典皇家科学院院士。

对斯科讷淡水粘土中冰川植物残余的发现及描述,为研究瑞典全新世植物史作出重要贡献。1882～1888年发表的关于日本第三纪植物群、北极地区古生代和中生代植物群等文章,在世界上享有盛名。1871年起参加斯匹次卑尔根群岛考察队;1898年、1899年两次带队考察斯瓦尔巴群岛、格陵兰等地,对北极进行了地理学、地质学及生物学的研究。为纪念他,北极圈内多地,以及植物、动物和真菌新种属以他命名。 (马玉英)

米尔恩,J.(Milne, John) 英国人,1850年12月30日生于英国英格兰利物浦,1913年7月31日卒于英格兰怀特岛郡锡德。*地震学、矿冶工程、仪器研制。*

就学于伦敦国王学院,尔后入皇家矿业学院研究地质学和矿物学。曾在英国和德国任采矿工程师,去过纽芬兰和拉布拉多考察矿物资源,到过埃及、阿拉伯、西伯利亚考察地质。1875年受聘为东京帝国工程学院教授。在日本他转向研究地震学,遂一举闻名于世。1895年从日本返回英国,在怀特岛上继续从事地震研究,直至去世。1887年成为英国皇家学会会员。

1880年2月22日横滨地震后,他发起组织了第一个专门致力于地震与火山研究机构——日本地震学会。通过和日本同行的工作,把地震学从一门定性科学提高到以物理测量为主的定量科学。1892年与同事们一起研制成记录地表运动水平分量的地震仪,使地震学前进了一大步,地震数据开始用于解释地球内部结构。率先利用人工爆炸和其他方法来研究地震的性质,从而获得了相应于现代地震学p波与s波的波群记录。提出了从地震记录确定远震源的方法,并根据离震源的距离推演出与地震波早期传播时间关系的曲线。他说服英国皇家学会在世界各地建立40个地震观测站并提供经费。编辑出版重大地震一览表。1900～1902年主持《锡德地震公报》,摘要报道分布在世界各地地震台站收集的数据;该刊是现在《国际地震中心通报》的前身。与他人合作出版有《地震和其他地球运动》(1898年),是一部经典的教科书。1894年获伦敦地质学会赖尔奖

章,1908 年获英国皇家学会皇家奖章;日本天皇授予他旭日大绶章。（冯祖钧）

尼基京,С.Н.（Никитин,Сергей Николаевич;Nikitin,Sergey Nikolaevich） 俄国人,1851 年 2 月 4 日生于俄国莫斯科,1909 年 11 月 18 日卒于圣彼得堡。*地层学、水文地质学、古生物学*。

在大学预科读书时,便对植物学和地质学发生兴趣。1867 年进莫斯科大学数理学院自然科学系。1871 年大学毕业后在中学教植物学和地理学,同时研究俄罗斯地台的古生代和中生代地层。1878 年因菊石的研究成果获硕士学位。1882 年俄国地质调查所成立,应聘为高级地质师。1902 年被选为圣彼得堡科学院通讯院士。1907～1909 年任俄国水文地质委员会主席。

一生对俄罗斯地台的地层,侏罗系的划分,白垩系、第四纪地质和大冰期等都做了不少研究工作。是一个达尔文主义者,把进化论引进到无脊椎动物学中。还为俄国境内水文地质和水文学的研究奠定基础。对地质文献非常熟悉,曾编著《俄国地质文献目录(1886～1900)》,以及有关俄国地质调查、普通地质学等书。因古生物学成就获 1883 年圣彼得堡科学院赫尔默森奖金。1894 年获俄国地理学会康斯坦丁奖章。（刘 汉）

巴鲁瓦,C.（Barrois,Charles） 法国人,1851 年 4 月 21 日生于法国里尔,1939 年 11 月 5 日卒于巴黎。*地层学、岩石学、古生物学*。

早年在法国里尔大学学习地质学,师从 J. 戈塞莱特(Jules Gosselet)教授,获理学博士学位。1876 年供职于法国地质勘查局。1877 年任里尔大学地质学教授。1904 年当选为法国科学院院士。同年当选为英国皇家学会外籍会员。是许多欧美国家科学院外籍院士,其中 1915 年当选为美国文理科学院外籍院士。获国内外多个大学荣誉博士学位。37 岁获法国荣誉军团初级勋位,1923 年 72 岁又获高级勋位。

一生的工作涵盖了地质学的整个领域,享有国际声望。尤其对法国与比利时盆地的石炭纪地层,法国、英国和爱尔兰的白垩纪地层的研究,深有造诣,颇有建树。在实地勘查基础上,1877 年着手撰写他的第一部综述性力作《英国和爱尔兰高地白垩纪地质研究》,长达 600 多页,部分内容摘录连载于法国北方地质学会会刊《纪事》(1880～1881 年)上,首次披露了英国白垩层和海绿砂上层存在化石区带的详情,很快引起了科学界的关注。后陆续发表和出版考察研究的论著和报告,广泛涉及:法国阿登高原和西班牙奥维多盆地的白垩岩层;法国西部卢瓦尔-大西洋地区埃尔伯讷泥盆纪石灰石岩层;法国西北部布列塔尼半岛和西班牙北部的古生代岩石;布列塔尼半岛的花岗岩和变质岩等等。学术思维缜密,工作态度严谨,基于细致观察。在里尔大学戈塞莱特地质博物馆边上,1907 年又由他创建石炭纪博物馆,保存和展示他长期收集的大量珍贵的岩石和化石标本。

发表论著颇丰。代表作还有《田野考察研究》(1901 年)、《法国诺尔省阿尼什煤层卵石基研究》(1907 年)、《巴黎盆地等处箭石属化石区带研究》(1923 年)等。获伦敦地质学会 1881 年比格斯比奖章、1901 年沃拉斯顿奖章。（李啸虎）

威利斯顿,S. W.（Williston,Samuel Wendell） 美国人,1851 年 7 月 10 日生于美国马萨诸塞州波士顿,1918 年 8 月 30 日卒于芝加哥。*地层学、古生物学、昆虫学*。

铁匠的儿子。1872 年毕业于堪萨斯州立农学院(今堪萨斯州立大学)学习,1874 年获文科硕士学位。同年应耶鲁大学之邀去堪萨斯州西部采集化石标本。1880 年在耶鲁大学获医学博士学位。1885 年任美国西部采集化石考察队队长,1890 年任堪萨斯大学地质学和古生物学教授。1898～1902 年协助建立堪萨斯大学医学院,并任该院第一任院长。1897 年任堪萨斯州科学院院长。1902 年任芝加哥大学古生物学教授。1903 年任美国古脊椎动物学会会长。1913 年获耶鲁大学荣誉理学博士学位。1915 年被选为美国国家科学院院士。

从 1890 年起,开始对古脊椎动物化石进行考察,研究蛇颈龙和翼手龙等。对所发现的新种做了介绍,写成论文在《堪萨斯大学季刊》上发表;著有《过去和现在的水生爬行动物》(1914 年)等。他还是北美著名的昆虫学家,有名著《北美双翅目昆虫手册》(1888 年初版,1908 年第 3 版)面世。（秦安舲）

伯奇,E. A.（Birge,Edward Asahel） 美国人,1851 年 9 月 7 日生于美国纽约州特洛伊,1950 年 6 月 9 日卒于威斯康星州麦迪逊。*湖沼学、动物学*。

1873 年毕业于威廉斯学院。1873 年秋到马萨诸塞州坎布里奇的哈佛大学比较动物学博物馆学习动物学,1873 年 12 月转入哈佛大学研究生院学习。1876 年到威斯康星大学任教博物学,并任该大学教务长。1878 年重返哈佛大学,完成博士论文,获动物学博士学位。1879 年任威斯康星大学教授。1880～1881 年到德国莱比锡大学留学。回国后,历任威斯康星大学动物学系主任、文理学院院长、代校长、校长等职,1925 年退休。后继续从事湖沼学研究。

在威斯康星大学期间,研究门多塔湖中浮游甲壳动物与水藻、光线、水温和水流的关系。独立地发现了湖中的斜温层,并对于不同水深和不同时间条件下湖中分解出来的氧气进行研究,揭示了湖中有机体呼吸作用所需氧的消耗量以及氧气在水面上与二氧化碳之间的相互转化。这使他产生了这样一种看法:该湖就像一个有它自己生理活动的一种超级有机体,它具有呼吸、新陈代谢和与周围环境交换物质和能量的机能。1900 年他与淡水生物学家 C. 朱達一起研究威斯康星州湖泊。他着重研究湖泊的物理因素,特别是湖泊中的热分布和光透射量;朱達专门研究湖泊化学和生物衍殖能力。他们还在威斯康星州多湖泊地区建立特劳特湖泊实验室。两人密切合作,获得不少研究成果。（张南海）

布鲁格尔，W. C. （Brøgger，Waldemar Christopher） 挪威人，1851年11月10日生于挪威克里斯蒂安尼亚（今奥斯陆），1940年2月17日卒于奥斯陆。*地质学、岩石学。*

1869年就读于奥斯陆大学。毕业后，1875年任挪威地质勘查所助理。1876年兼任奥斯陆大学图书馆馆长和研究员。1881年任瑞典斯德哥尔摩大学矿物学与地质学教授。1890～1917年任奥斯陆大学教授。曾任挪威科学院院长。

是挪威科学界领军人物之一。主要贡献是研究奥斯陆地区二叠纪喷发岩。是岩浆分异理论的倡导者之一。单独或与人合作出版多种地质图。 （王 植）

巴沙尼，F. （Bassani，Francesco） 意大利人，1853年10月29日生于意大利维琴察，1916年4月26日卒于卡普里。*地层学、古生物学、动物学、考古学。*

曾在帕多瓦大学翁勃尼（G. Omboni）门下学地质学和矿物学，并开始接触鱼类化石，1875年毕业。1877～1878年先后去巴黎、维也纳、慕尼黑等大学留学。1879～1887年在意大利帕多瓦技术学校等几所中学任教，业余研究鱼类化石。1887年到那不勒斯大学任教地质学直至去世，曾兼任那不勒斯大学地质研究所所长、那不勒斯科学院院士。

除研究鱼类化石外，还对意大利南部各组地层关系和地质时代、火山现象及海洋哺乳动物等做了许多观察研究。早在学生时代，就参加把达尔文《人类和动物的表情》一书译成意大利文的工作。编写的中学《动物学教程》于1885年出版。1910年，他主持发掘了意大利卡普里岛的史前文化遗址，有诸多发现。最主要的成就是对意大利中生代、新生代各时期主要鱼类化石细心的观察和对比，发表了一系列文章，为当时鱼类化石专家中的佼佼者。 （马玉英）

费奥多罗夫，E. C. （Фёдоров，Евграф Степанович；Fedorov，Evgraf Stepanovich） 俄国人，1853年12月22日生于俄国奥伦堡（今契卡洛夫），1919年5月21日卒于彼得格勒（今圣彼得堡）。*矿物学、晶体学、岩石学、应用数学、仪器研制。*

俄国工兵少将之子，母亲对他幼年的音乐和文化素养有影响。少年聪慧。1866年父亲去世，拮据的经济条件迫使他进入公费的军事预备学校。1869年转至圣彼得堡军事工程学校。1872年毕业后到基辅战斗工兵营任少尉，1873年回到圣彼得堡。1874年退役，考入圣彼得堡理工学院，插班二年级专攻物理和化学。1880年进矿业学院三年级，专修晶体学与矿物学。1896年当选为巴伐利亚科学院外籍院士。1901年选为圣彼得堡科学院院士，但由于当局拒绝了他建立矿物研究所的要求，1905年一怒之下退出科学院。十月革命后，1919年被选为俄国科学院院士。

现代结构晶体学和矿物学奠基者之一。主张用数学、物理化学等原理来研究矿物学，并用晶体结构理论分析矿物的形态。他把不同领域的学科有机地结合起来，以数学作为理论工具：论证晶体的结构和对称性，使数学分析与已有的经验性晶体学相结合；将化学与晶体学相结合，促进了晶体化学的发展。善于概括和分析自然现象，求出简单答案，科学结论总采用数学形式。突出的成就是在经典之作《等轴晶系圆形的对称性》中，对230个空间群（即制约结晶物质中周期分布的对称群）的推导；1891年以后又对6个晶体系32点群下了严格的数学定义。它们奠定了现代矿物学用X射线衍射测定矿物原子结构的基础。

1889年公布他创造的双圈测角仪，该仪器一次安装后可测出一个晶体的所有角度。1891年提出制作岩石显微镜上用的旋转台（后来称为费氏台）的设计，在矿物研究方法上引起一场变革。对岩石的化学成分及图示方法很重视，曾引入化学成分符号、岩石术语及岩石分类。对北乌拉尔、斯维尔德洛夫斯克、白海海岸等地区进行了考察研究，是最早指出苏联北部地下存在磷灰石资源的学者之一。

发表论文500多篇，其中包括晶体学、几何学、矿物学、岩石学、地质学、科学史与哲学。1920年出版的《晶体王国》是他及其后继者40余年工作成果的总结。此外有《晶体学教程》（1891年初版，1901年第3版）、《晶体的对称和结构论文精选》（1949年）等。 （屈大壮）

肖，W. N. （Shaw，William Napier） 英国人，1854年3月4日生于英国伯明翰，1945年3月23日卒于伦敦。*气象学、大气物理学。*

先后就读于伯明翰的爱德华王子学校、剑桥大学基督学院，学习数学及自然科学。1876年毕业后在该学院当研究生。1879年到柏林大学，在著名学者亥姆霍茨指导下学习半年。回国后任剑桥大学卡文迪什实验室实验员，1887年成为物理实验的讲师，1898年任实验室副主任。1879年成为气象学会会员，1900年被选为该学会秘书长。1905年被委任为气象局局长，一直到1920年退休。1907年任伦敦大学气象学助理教授。1920～1924年任皇家学会首任气象学教授。1906～1923年当选国际气象委员会主席。1915年被封为爵士。是英国皇家学会会员，国内外多个研究机构的荣誉研究员与会员。

早期发表了大量有关实验物理学的著作，其中还涉及建筑物通风课题的研究。最重要的论著之一《地面气团生命史》（1906年，与人合著），论述了气团的分析方法和锋面概念（后来为挪威学派所发展），指出中纬度风暴的产生是来自各个广阔地区的气流向该地区汇集的结果。这一著作对气象的实践与理论有过重要影响。与英国气象学家丹斯（W. H. Dines）共同使用风筝和气球研究高层大气。首次提出等熵面分析原理，后为罗斯贝及其合作者所发展。退休后，主编4大卷《气象学大全》（1926～1931年）。获1910年西蒙斯奖章，1923年巴洛特奖章，1923 年英国皇家学会皇家奖章。

（曹念祥）

梅里尔，G. P.（Merrill，George Perkins） 美国人，1854 年 5 月 31 日生于美国缅因州奥本，1929 年 8 月 15 日卒于同地。*岩石学、陨石学、博物馆学、地质学史。*

家境贫寒，少年时在农场鞋店做帮工糊口。22 岁进缅因州立农业与机械学院主修化学，1879 年获理学士学位。同年到康涅狄格州米德尔敦的维斯利亚大学任教。1881 年美国国家自然博物馆地质与岩石部管理员，1899 年成为该馆地质部主任，并兼哥伦比亚学院(今乔治·华盛顿大学)地质学与矿物学教授。1906～1907 年任华盛顿地质学会会长。1920 年任美国地质学会会长。1889 年获缅因大学荣誉博士学位。1917 年获华盛顿大学荣誉理学博士学位。1922 年当选为美国国家科学院院士。

他在美国国家自然博物馆创建地质馆，使之成为世界上最大的地质收藏品陈列馆之一。将岩石薄片的显微镜鉴定技术应用于建筑石料，出版《建筑与装潢石料》(1891 年初版，1903 年第 3 版)一书。林肯纪念堂和许多政府建筑物的石料均由他所选。研究了岩石的风化作用，由于具有坚实的化学基础，所写的两本著作《岩石学文集》、《岩石风化与土壤》(1897 年初版，1906 年第 2 版)得到欧美地质学界的称赞。在陨石学方面，正确地鉴定出亚利桑那州代阿布洛峡谷附近的库思比尤为陨星冲击坑。在地质学史方面，撰写出版《美国地质学的第一个 100 年》等 3 部材料详实的著作。1922 年获美国国家科学院史密斯金质奖章。

（冯祖钧）

德佩尔，C. J. J.（Depéret，Charles Jean Julien） 法国人，1854 年 6 月 25 日生于法国佩皮尼昂，1929 年 5 月 18 日卒于里昂。*地质学、地层学、古生物学。*

1877～1888 年任军医，曾在阿尔及利亚等地服役。1888 年任马赛大学讲师。自 1889 年起至去世一直任里昂大学理学院地质学教授，曾任理学院院长。是法国科学院院士。

1893 年与德拉福德(F. Delafound)合写的布雷斯地区第三纪地质学专论发表。他在研究罗讷河流域及西班牙第三纪地层的同时，也研究其古生物学，绘制了详细的地质图。1907 年出版的《动物世界的变化》一书被译成多种文字，从理论上综述了全球第四纪地质学，建立了两个阶，提出第四纪冲积阶地这一概念。生前在法国和中东地区被誉为著名科学家，其理论得到广泛运用。去世后，人们才发现他的理论大都建立在假设之上。在培养古生物学人才及收集标本方面，也作出了贡献。

（马玉英）

克罗斯，C. W.（Cross，Charles Whitman） 美国人，1854 年 9 月 1 日生于美国马萨诸塞州阿默斯特，1949 年 4 月 20 日卒于马里兰州切维蔡斯。*实验地质学、岩石学、矿物学。*

1875 年在阿默斯特学院获学士学位。1880 年在德国莱比锡大学获博士学位。同年回国，供职于美国国家地质调查所，45 年后退休。1908 年当选美国国家科学院院士。1918 年任美国地质学会会长。还是当时许多著名岩石学家组成的“岩石学家俱乐部”的创始人。1925 年阿默斯特学院授予他荣誉理学博士学位。

他是在华盛顿卡内基学院建立高温高压岩石实验室的科学家之一。曾与 J. P. 伊丁斯、皮尔逊(L. V. Pirsson)、H. S. 华盛顿共同提出一套新的火成岩化学-矿物分类命名法，这就是至今仍沿用以他们 4 人姓氏的第一个字母命名的 CIPW 方法。许多重要的岩石学概念就是在他家里率先讨论产生的。

（冯祖钧）

阿梅吉诺，F.（Ameghino，Florentino） 阿根廷人，约 1854 年 9 月 18 日生于阿根廷布宜诺斯艾利斯省卢汉，1911 年 8 月 6 日卒于阿根廷拉普拉塔。*地层学、古生物学、古人类学、动物学、博物馆学。*

父亲是位瓦工和仓库管理员，从意大利移居阿根廷。阿梅吉诺几乎未受过正规教育，但聪慧过人，又得到老师 C. 达斯特(Carlos D′Aste)亲自教导，很快就能胜任教学工作。14 岁就能熟读赖尔的法文版著作，还读了地质学、地理学等方面的著作，深受进化论的影响。15 岁起就从事古人类学、古生物学的研究。在朋友的资助下来到巴黎，3 年中有幸考察研究了欧洲各地剖面和标本，参观了许多博物馆，丰富了古生物学知识。回国后，经营的漂白厂不久倒闭，重开的旧书店后又交给兄弟管理。1884 年在科尔多瓦大学人类学博物馆任职。后任拉普拉塔大学博物馆秘书，1887 年任该校地质学与矿物学教授。正当他著述丰硕、成就辉煌之时，却失去了教授职位，生活陷入困境，被迫以出卖标本度日。1902 年起任布宜诺斯艾利斯自然博物馆馆长。1906 年再次任拉普拉塔大学地质学教授。入选了阿根廷国家科学院。19 岁得糖尿病后一直没有真正康复，最终因此病而去世。

是一位杰出的古生物学家，为地层学和古生物学作出了重要贡献。20 岁时发表重要著作。在梅塞德斯附近弗里亚斯布鲁克及卢汉河的两个重大发现，经赫拜斯(P. Gervais)的帮助，亦汇编成一书。书中阐述了阿根廷的美洲人与已绝灭的南美印第安人渊源于同一时代。后又向阿根廷科协提交了数篇有关人类学的专论，因此结识了许多名流。从事大量化石标本的分类，写下描述哺乳动物 70 多个属科的专著。1884 年与林耐-居维叶学派之间发生激烈争论。1902～1911 年间，为布宜诺斯艾利斯自然博物馆增添了71 000件标本。

不仅划分了石炭纪的 2 个组、三叠纪的 6 个组、第四纪更新世、全新世的冲积层，并把它们划为亚区和淡水期；还利用数理动物学研究胚胎学，通过分类鉴定数千个哺乳动物属种，得出阿根廷是这类动物的起源地。在卢汉和梅塞德斯发现了各种石器、骨器等，在科尔多瓦找到了更新世篝火遗迹、石器和动物遗骨，这些发现大大充实了古生物学宝库。

晚年为高级灵长目建立了四大理论：① 海德堡人和直立猿人是人类系统发生中已消失的侧支；② 中新世早期的原始人是从类人猿演化而来的；③ 非洲的和南方古猿人是同源演变而成的；④ 尼安德特人是由智人侧向演化而来的。但这些见解因证据不足而未被人们所接受。

曾荣获巴黎博览会和芝加哥博览会金质奖章。为纪念他，月球上有一陨石坑以他命名。（马玉英）

巴甫洛夫，А. П.（Павлов，Алексей Петрович；Pavlov，Aleksei Petrovich） 苏联人，1854 年 12 月 11 日生于俄国莫斯科，1929 年 9 月 9 日卒于德国巴特-特尔茨。*地层学、古生物学、冰川学、土壤学*。

1874 年进莫斯科大学数理学院，毕业论文“菊石”获金质奖章。1879 年大学毕业后先任中学教师，后去莫斯科大学任地质矿产馆馆长。1886 年任莫斯科大学教授，直至去世。同时，还在莫斯科的考古学院和矿业学院授课。1905 年当选圣彼得堡科学院通讯院士，1916 年为正式院士。同年任莫斯科大自然探索者协会副会长。

弟子众多，是莫斯科地质学界中的核心成员。科研工作涉及地层学、古生物学、大地构造学、第四纪地质、应用地质学等许多方面。1883～1885 年领导了伏尔加河中下游地区的地质调查，研究侏罗纪、白垩纪和第三纪的地层。对俄国和欧洲的晚侏罗世和早白垩世地层作出全面的划分和对比；研究中生代地层中的菊石和箭石；确定大冰期的分期；划分冰碛物和冰川地形的成因类型；调查研究山坡塌方、解决水文地质方面的实际问题，对俄国的土壤地质学有所贡献；还编著了一些科学史和科普书籍。（刘 汉）

邹代钧（Zou Daijun） 字甄伯，又字沅帆。中国清末湖南新化（今湖南隆回）人，清咸丰四年（1854 年）生，光绪三十四年三月六日（1908 年 4 月 8 日）卒。*地图学、地理学*。

祖父邹汉勋是清代著名的经学家和方志地理学家。在家庭影响下，他自幼喜爱史地之学。对历代疆域沿革、水利田赋、地图测绘，尤为留心。光绪五年（1879 年）补博士弟子，被左宗棠保荐为县丞。光绪十二年（1886 年）刘瑞芬出使英国、法国、沙俄等国，他充任随员，由此得纵览西欧各国形势和地理图籍。公余之暇，致力于舆地之学和地图测绘的研究。回国以后，被召为会典纂修官。光绪二十年（1894 年），兼任湖北译书局世界地理编辑，并和友人陈三立、汪康年、吴德潇等，于 1896 年发起成立舆地学会，研究中国地图和世界地图的编绘，成为中国最早的地理学术团体。

湖广总督张之洞，奏调他到武昌主编《湖北省全省地图》。他建议用新法测绘地图。他认为以地定尺，地有准而尺亦准。米长为地球子午线四千万分之一，遂以 1 米为 3 尺制中国之尺。他按照一定比例尺，编译改绘各国地图。又以胡林翼所编《大清一统舆图》为底本，参考各种新图，编绘本国各地地图。因经费不足，仅印行各省、各国地图 68 幅。这些地图都附有简要的文字说明。

19 世纪末叶，由于外患日迫，他转而研究边疆地理。先后撰写了《中俄界记》3 卷，《日本地记》4 卷，《蒙古地记》2 卷，《五洲疆域汇编》32 卷。其他地理著作还有《西征纪程》、《湖北地记》24 卷，《直隶水道记》2 卷，《中国海岸记》4 卷，《会城道里记》2 卷，《朝鲜地记》2 卷，《安南、缅甸、暹罗、印度、阿富汗、俾路支六国地记》8 卷，《五洲城镇表》2 卷，《西图译略》12 卷，《英国大地志》多卷。（翟忠义）

贝克，F. J. K.（Becke，Friedrich Johann Karl） 奥地利人，1855 年 12 月 31 日生于奥匈帝国布拉格（今属捷克），1931 年 6 月 18 日卒于奥地利维也纳。*矿物学、岩石学*。

1874 年入维也纳大学，决心从事矿物学。1882 年起在波兰切尔诺夫策大学先后任副教授、教授。1890 年到布拉格大学任教授。1898 年到维也纳大学任教授。1911 年任维也纳科学院秘书长。第一次世界大战后任维也纳大学校长。

是奥地利变质岩岩石学研究的先驱。提出在等温条件下，增加压力形成的矿物具有最小分子体积的原则。1893 年后发展了利用折射光原理测定矿物相对折射率的方法，现称贝克氏线法。1903 年提出由于分异作用，岩石可分为大西洋群与太平洋群两类。还把岩石的成分、化学性质和大地构造联系在一起。是变质作用学说的奠基人之一，他和他的许多学生被称为“维也纳学派”。1909 年率先提出退化变质作用的概念，对变质现象做了准确的观察和其他基础性工作。这些结果至今教科书仍在采用。1929 年获伦敦地质学会沃拉斯顿奖章。（邱凤昌）

小藤文次郎（Kotō，Bunjiro） 日本人，1856 年 4 月 8 日生于日本砚国（今岛根县）津和野，1935 年 3 月 8 日卒于东京。*构造地质学、岩石学、地震学*。

1879 年毕业于东京帝国大学理学部，为日本地质专业的第一个学生。后赴德国，先后在莱比锡大学和慕尼黑大学攻读地质学和岩石学，1884 年获莱比锡大学博士学位。1885 年任东京帝国大学教授。

早期主要研究日本的变质岩。后转向研究火山、地震、大地构造。1891 年 10 月 28 日 6 时 38 分，日本岐阜县本巢郡根尾村一带发生大地震，他随后指导地质调查所进行了 2 周的实地考察，研究了断层带，其成果获得国际地质界高度赞赏。为纪念他，一种小藤石（kotaite）以他命名。（冯祖钧）

马古利斯，M.（Margules，Max） 奥地利人，1856

年4月23日生于奥匈帝国加利西亚的布罗迪(今属乌克兰),1920年10月4日卒于奥地利维也纳附近。气象学、大气物理学、物理化学。

早年在维也纳大学学习数学和物理学。1877年毕业到维也纳中央气象台工作。1879～1880年去柏林大学继续深造。回国后,在维也纳大学获电气专业博士学位。留校当不拿固定薪金的编外教授。1882年重返维也纳中央气象台工作,直到1906年退休。退休后从事物理化学研究。终身未娶,最后在第一次世界大战战后饥饿环境中去世。

第二次回中央气象台工作后,利用空余时间悉心研究电动力学、气体物理化学和流体动力学。1890年以后专心搞气象学研究,发表了多篇论文。最重要的贡献是率先对大气层能量转换过程作了当时最全面的理论分析。（张南海）

彼利,R. E. (Peary, Robert Edwin) 美国人,1856年5月6日生于美国宾夕法尼亚州克雷森,1920年2月20日卒于华盛顿。自然地理学、地理探险。

1877年毕业于缅因州鲍登学院土木工程系。后参加美国海军土木工程师部队,1881年起任军官。1884～1888年出任尼加拉瓜运河勘测处总工程师首席助理。1911年以海军少将军衔退役。

美国著名极地探险家,1886～1909年多次考察格陵兰和加拿大北部。在他的妻子约瑟芬(Josephine)的陪伴下,多次赴北极地区作科学考察,先后因伤冻而切除8个脚趾,仍不改初衷,坚韧不拔。他借鉴了纽因特人的极地生存技巧,发明了一套可由狗拉雪撬装载的极地装备"彼利系统"。1886年利用狗拉雪橇开始考察格陵兰。1891年首次考察格陵兰北部,发现和命名独立湾、海军悬崖。在19世纪90年代又进行了两次探险,尝试跨越格陵兰西北部大冰盖到北极点,没有成功。1900年发现格陵兰北端的耶苏普海岬。这数次探险,证明格陵兰是一个大岛。1902年从陆上到达西半球最北端的加拿大爱尔斯米尔岛北部。1905年,他获得5万美元私人赞助,造了一条新船"罗斯福"号,从格陵兰和加拿大爱尔斯米尔岛之间的浮冰海域向北航行,到达北纬83°爱尔斯米尔岛北端,创下当时美国人用船所能到达最北的纪录。1906年离船乘狗拉雪撬从爱尔斯米尔岛北端出发,越过北冰洋向北极点前进,4月21日到达北纬87°06′,因气候险恶和食物匮缺,不得不于5月返回船上。1908年7月6日,在船长R. 巴特利特(Robert Bartlett)掌舵下,彼利和另外23个随行者乘罗斯福号从纽约市启航,同年冬季到达爱尔斯米尔岛谢里丹海岬,上岸从冰原向北跋涉,于1909年2月28日至3月1日,彼利和其他5人陆续到达了北极点。他声称是第一个到达北极点,但至今仍存争议。

撰有多部著作,其中最有名的是《北行在巨冰上》(1898年)、《北极点》(1910年),此外还有《极地旅行的秘密》(1917年)等。曾获美国地理学会、英国皇家地理学会金质奖章等多项奖励。为纪念他,格陵兰最北端命名为彼利高地;在格陵兰约克海岬建有纪念碑;鲍登学院建有彼利-麦克米伦北极博物馆;美国海军多艘舰艇以他的姓氏命名。2000年K. 胡克斯(Kevin Hooks)执导出品的电影《极地悍将》(Glory & Honor),即以他在1909年接近北极点的探险经历为素材。（李啸虎）

诺特,C. G. (Knott, Cargill Gilston) 英国人,1856年6月30日生于英国苏格兰佩尼库克,1922年10月26日卒于爱丁堡。地震学、地磁学、地球物理学、应用数学。

父亲早逝,由叔婶抚养长大。16岁入读爱丁堡大学,毕业后留校任自然哲学系实验员。1879年以研究有关电学和磁学课题而获爱丁堡大学理学博士学位。1883年就任日本帝国大学物理学与工程学教授,以接替另一位回国的英国教授位置。在东京与该校一位英国教授的妹妹结婚。在日本工作近10年后,1892年返回爱丁堡大学任应用数学高级讲师。入选英国皇家学会会员。入选爱丁堡皇家学会会员,1912年至去世任该会总干事。曾任苏格兰气象学会会长。是爱丁堡数学学会主要创始人之一。1922年在办公室因心脏病发作猝死。

现代地震学、地磁学的先驱者和奠基者之一。他到日本东京不久,便参加由英国和日本教授联建的著名地震研究小组,从此开创了现代地震学的研究。后在此研究小组基础上,参与筹建东京日本帝国地震研究所。时至20世纪40年代中期,该所仍是日本地震研究的主要中心。他参与建立全日本的地震监视网,在全国尤其是边远地区设置许多地震站,利用地震检波器自动记录当地地震发生的时间、地点和强度。他将观测记录数据加以整理和分析,主编出版全面而系统的《日本地震志》,测绘了日本全境地震带及其强度分布图。

在日本开始研究地震波如何在海水与海床边界上反射传播的规律。他还组织指挥在全日本开展地磁普查活动,历时三个月完成。在日本地震勘查实践和运用数理科学基础上,1908年他在英国出版《地震现象中的物理学》一书,至今仍是地震学界经典名著之一。在该书中,他用整整两章篇幅介绍如何运用傅立叶分析技术作为研究地震发生周期的新方法;建立诺特方程,进一步定量描述了地震波在不同地质结构间传播的规律;大力倡导利用地震波测量数据研究地球内部地质结构和力学性质。他的学说至今仍是地震学的理论基础之一,也是开发地震探测新工具和勘查新油气田的重要理论依据之一。

此外还发表约100余篇论文;出版《电与磁》(1893年)、《应用数学》(1912年,与他人合著)等5部著作。1891年获日本天皇日升勋章,这是西方人士在日本获得的罕见殊荣。（辜晓进　李啸虎）

绍卡利斯基,Ю. М. (Шокалъский, Юлий Михайлович; Shokalsky, Yuly Mikhaylovich) 苏联人,1856年10月17日生于俄国圣彼得堡,1940年3月26日卒于列宁格勒(今圣彼得堡)。海洋学、自然地理学。

自幼对地理学感兴趣。先后入圣彼得堡海军学校、海军学院学习。1881年任中央物理观察台海洋气象室主任。1883年起在海军学校任教25年，讲授地理和海洋景观。1908年起在海军学院执教，教授自然地理学、气象学和海洋学，后升任海洋学教授。1914年当选为俄国地理学会会长。1929年起在列宁格勒大学教授海洋学。是15个外国地理学会的会员。曾获国内外多个大学和学术组织授予的荣誉学位和称号。

1900～1915年致力于大规模海洋研究计划，参加两艘破冰船赴北冰洋考察的筹备工作。他认为各种海洋现象不是互相孤立的，应该把它们联系起来统一考虑。提出“世界性海洋”这一概念，认为世界上所有的咸水是互相沟通的。主要著作有《海洋学》(1917年)、《物理海洋学》(1933年)等。1919年获苏联科学院奖。1923年获法国科学院奖。 (张南海)

切尔尼谢夫，Ф. Н. (Чернышёв，Феодосий Николаивич；Chernyshev，Feodosii Nikolaevich) 俄国人，1856年11月24日生于俄国基辅(今属乌克兰)，1914年1月15日卒于圣彼得堡。*构造地质学、地层学、古生物学。*

1872年进圣彼得堡海军学院就读。后转学到圣彼得堡矿业学院学习，1880年毕业。同年任教山地学院，1908年任教授兼系主任。1892年任矿物学会秘书长。1897年圣彼得堡国际地质大会期间被选为秘书长。1897年当选为圣彼得堡科学院通讯院士，1909年为院士，曾任科学院地质博物馆馆长。1903年任俄国地质委员会主席，直至去世。还担任过多个学术团体的负责人，获得过多所外国大学的荣誉博士学位。

曾对乌拉尔山脉的地质情况作过大量野外调查，发现了该处的泥盆系地层。对俄国欧洲部分、西伯利亚、西欧和美洲泥盆纪地层的研究，十分有助于阐明地球表面大部地区泥盆纪自然地理条件。对顿涅茨煤盆地的地质构造作过研究，并对顿巴斯煤田作了极为详尽的分析。在1906年的墨西哥国际地质大会上，以“论乌拉尔和季曼的上石炭纪腕足类”专题论文获奖。 (冯祖钧)

伊丁斯，J. P. (Iddings，Joseph Paxson) 美国人，1857年1月21日生于美国马里兰州巴尔的摩，1920年9月8日卒于马里兰州蒙哥马利。*岩石学、晶体学、矿物学、火山学。*

纺织品批发商之子。1877年获耶鲁大学设菲尔德理学院土木工程学士学位。1878～1879年在纽约市哥伦比亚矿业学院学习矿物学、化学和地质学。1879年秋到德国海德堡大学学习岩石学。1880年起先后在纽约美国国家自然博物馆、内华达州矿产部、联邦地质调查所工作。1892年起任芝加哥大学等校地质系岩石学教授，1908年从芝加哥大学退休。1907年当选美国国家科学院院士。同年获耶鲁大学荣誉理学博士学位。1914年任美国国家自然博物馆岩石分馆荣誉馆长。1916年任美国地质学会副会长。1911年当选为美国哲学学会会员。

标准矿物岩石分类法主要创始者之一。长期勘查和研究火成岩及其成因。他在1880年起采用岩石显微术，是第一批将该方法引入美国的少数地质学家之一。1883～1890年在黄石国家公园地区进行野外地质考察。将岩相观测法应用于岩石成因研究，从而发展了岩石学。认为影响岩石结构构造、矿物结构变化的主要因素是地球物理条件，其中岩浆的冷却速率、挥发组分是关键，强调水在岩浆结晶程度中的特殊重要作用，确证同一岩浆活动中形成的岩石有成因联系。这一观点成为以华盛顿卡内基地球物理实验室为中心的伊丁斯学派思想，至今仍有重要影响。1898年他发表两篇重要论文：“论岩石分类法”和“火成岩中的化学和矿物关系”，和C. W. 克罗斯、皮尔森(L. V. Pirsson)、H. S. 华盛顿一起创立了岩石化学标准矿物计算法，即CIPW计算法，建立标准模型以作为岩石分类的依据。这种方法建筑在岩石化学成份分析基础上，通过计算岩石的理论矿物(即标准矿物)，并与实验岩石学成果进行对比研究，判别岩石化学性质和岩石类别，至今仍被国际地质界广泛采用。他还提出了“显斑晶”等一系列新概念以描述岩石形态。

主要著作有《火成岩的定量分类》(1903年)、《造岩矿物》(1906年)、《火成岩》(2卷，1909～1913年)和《火山作用问题》(1914年)等。去世后，家人把他多年收藏的岩石、蝴蝶标本全部捐给了美国史密森学会。为纪念他，地质学界将早期寒武纪一种三叶虫化石命名为“伊丁斯石”。 (李啸虎)

莫霍洛维奇，A. (Mohorovcic，Andrija) 克罗地亚人，1857年1月23日生于奥匈帝国伊斯特拉半岛沃洛斯库(今属克罗地亚)，1936年12月18日卒于南斯拉夫萨格勒布(今属克罗地亚)。*地震学、气象学。*

父亲是造船工，母亲生下他后不久亡故。1875年入布拉格大学数理系。毕业后当过中学教员。1882年在巴卡尔的皇家航海学校讲授气象学、海洋学等，从此与气象学结下了不解之缘。1887年负责筹建巴卡尔气象台。1891年任萨格勒布总技校教授。1892年任萨格勒布气象台台长。1897年获萨格勒布大学博士学位，并受聘任该大学的名誉教授。1900年，他在萨格勒布气象台基础上建立皇家气象学和地球动力学研究中心，1921年改名为地球物理研究所，同年退休。1916年以后视力大为减退，但仍孜孜于研究工作，直到1926年。1898年当选为南斯拉夫科学院院士。1918～1922年任南斯拉夫科学院数理科学部秘书。他的儿子斯切潘(Stjepan)也是一位优秀的地震学家，帮助他做了不少工作。

他的气象论文涉及云层的移动、大气温度随高度的变化、萨格勒布的降水量以及龙卷风等。20世纪初，他的兴趣转向地震学，所作贡献更为突出。1910年出版《1909年10月8日的地震》一书。在研究1909年10月

8日发生在萨格勒布以南约50千米的科尔珀谷一次破坏性地震记录时,发现在地表下一定深度处存在着一层分界面,分界面的上下两层物质的性质不一样,地震波在下层中的传播速度要比在上层中的大,因此当地震波经过这层界面时就会呈现出传播速度不连续。他计算得到上层厚度约为50千米。地震学家们后来证实了这一发现,修正了他的厚度计算值,并且确定地壳和地幔之间的这一不连续界面是全球性的。现在习惯上称这一层界面为"莫霍洛维奇间断面"或简称为"莫霍界面"。

此外通晓多种语言,15岁时就会说克罗地亚语、意大利语、英语和法语,后来又学会说德语、捷克语、拉丁语和古希腊语。

为纪念他,月球上有一陨石坑以他命名;1996年国际编号为8422的小行星以他命名。 (张南海)

乌尔里克,E. O. (Ulrich, Edward Oscar) 美国人,1857年2月1日生于美国肯塔基州卡温顿,1944年2月22日卒于华盛顿。*地层学、古生物学、海洋生物学。*

木匠之子。起初是一个业余古生物标本收集者,后成为一位专业地层古生物学家。19世纪70年代,在两所俄亥俄州的学院中断断续续受了几个学期的正式教育后,重新与父亲一起当木匠,并继续收集上奥陶统地层中的化石。1877年,辛辛那提博物学会赏识他的才能,给他一个低薪管理员职务,后任5年该学会地质博物馆馆长。1885～1897年先后供职俄亥俄州和肯塔基州地质调查所。还当了9年《美国地质学家》杂志的副主编。1901年成为美国联邦地质调查所正式成员。这个职位标志着他的研究工作重点从古生物学转向地层学方面。1914～1932年任美国国家自然博物馆的古生物学助理。

到1884年,他已发表了6篇古生物学论文、一篇美国古生代苔藓虫系统研究成果报告。重大贡献是对12种主要海洋无脊椎动物作了分类。与古生物学家R. S. 巴斯勒密切合作,对苔藓虫、古生代介形虫,以及牙形刺进行研究。后来长期从事地层综合工作。通过上密西西比河流域和阿巴拉契山区的制图工作,1911年出版了一本论述古生界地层方面的专著。20世纪前30年代,他在美国下古生界地层研究方面负有盛名。1930年获美国国家科学院汤普森奖章,1932年获美国地质学会彭罗斯奖章。 (应中锷)

坦菲利耶夫,Г. И. (Танфильев, Гавриил Иванович; Tanfilev, Gavriil Ivanovich) 苏联人,1857年3月6日生于俄国日瓦尔(今爱沙尼亚格林),1928年9月4日卒于敖德萨(今属乌克兰)。*植物地理学、土壤学。*

早在圣彼得堡大学数理学院学习时,就开始研究俄罗斯南部黑钙土大平原上的植物。1883年毕业后,先后到国家土地部农业司、圣彼得堡植物园和自由经济协会土壤委员会工作。1895～1903年在圣彼得堡大学任教。1904～1928年在新罗西斯克大学任教。

19世纪后期曾去俄罗斯南部考察,为了解决那里的森林和水源管理方法。参与俄罗斯欧洲部分土壤图的编制工作,1900年获巴黎世界博览会颁发的大金质奖章。主要著作有《俄罗斯南部边界的森林》、《俄罗斯植被的主要特征》等。 (张南海)

威利斯,B. (Willis, Bailey) 美国人,1857年3月31日生于美国纽约州哈得孙河畔艾德威尔德,1949年2月19日卒于加利福尼亚州帕洛阿尔托。*构造地质学、实验地质学、地震学。*

出版商兼诗人之子。13岁起,4年内在英国和德国受教育。1878年、1879年先后获哥伦比亚大学采矿工程和土木工程学位。1881年任北太平洋铁路公司地质勘查员。1884～1915年在美国地质调查所工作,1900年任区域地质学部主任。期间1895～1902年在约翰斯·霍普金斯大学讲授地质学。1910～1914年,帮助阿根廷政府开展地质调查工作和拟订水利方案。1915年出任斯坦福大学地质学系教授兼系主任。1921～1926年任美国地震学会会长。1920年当选为美国国家科学院院士。获柏林大学荣誉博士学位。

探讨阿巴拉契亚山脉的复杂褶皱现象。在实验室中模拟造山、褶皱等自然现象。1903～1904年在中国华北作地质调查。1907年在卡内基学院出版《中国研究》一书。1949年斯坦福大学出版他的《友谊的中国:在中国行走两千英里》一书。潜心研究地质构造和地震学,发表了70多篇论文;专著还有《地质构造学》(1932年)等,涉及大陆成因、裂谷、断层和地震。1910年获法国地理学会金奖。1944年获美国地质学会彭罗斯奖章。 (王 植)

范海斯,C. R. (Van Hise, Charles Richard) 美国人,1857年5月29日生于美国威斯康星州富尔顿,1918年11月19日卒于威斯康星州密尔沃基。*构造地质学、岩石学、矿床学。*

入读威斯康星大学,1879年获机械工程学士学位,1880年获理学士学位,1882年获理学硕士学位,1892年获该校第一个地质学博士学位。1879年留威斯康星大学地质学系执教,1886年任副教授,1888年任教授,1903年任该校校长。早年作为威斯康星州地质调查所地质师,在苏必利尔湖地区从事野外勘测。1883年兼任美国联邦地质调查所助理地质师,1888年任苏必利尔湖研究室主任,1900年任前寒武系及变质岩地质研究室主任,1909年直至去世任顾问地质师。1916年任美国科学促进协会主席。1905年当选瑞典皇家科学院外籍院士。

早期工作主要是测绘含矿建造图并确定其构造,以利于采矿。在这基础上,发表了有关成矿及前寒武系历史的基础理论。代表作《北美前寒武系地质学原理》

(1896 年)、《论变质作用》(1904 年)是经典的地质学文献。开创用岩石显微镜剖析结晶岩石，开拓用定量方法研究地质现象，并建立了阐明前寒武系岩类复杂性及了解其变质作用过程的普遍法则。在美国联邦地质调查所的支持下，他推动了北美大部分地区开展地质调查和研究工作。此外重视自然资源的勘查、保护和利用，有名作《美国自然资源的保护》(1910 年)。 (胡 敏)

米克卢霍-马克拉伊，M. H. (Миклухо-Маклай, Михаил Николаевич; Miklukho-Maklay, Mikhail Nikolaevich) 苏联人，1857 年生于俄国诺夫哥罗德地区罗日杰斯特文斯基，1927 年 4 月 12 日卒于列宁格勒(今圣彼得堡)。*矿床学、岩石学、地层学*。

1886 年毕业于圣彼得堡矿业学院。后又进法国斯特拉斯堡大学，师承 H. 罗森布施。回俄国后，在矿业学院博物馆工作，并任俄国地质委员会管理人员。

对阿尔泰一个矿山的矿石与岩石进行了显微镜研究，并编制矿床图件。1888～1890 年研究了奥洛涅茨地区的地质构造。1891 年从事片麻岩的显微镜研究，将片麻岩与古老的沉积岩相比。认为凯姆和奥洛涅茨两区的片麻岩是通过岩石在造山运动时期的机械破碎和其后的水化学作用形成的，建议将这些岩石归入“动力-水-变质”的岩石类型。1892 年 3 月向俄国矿物学会报道了凯姆和奥洛涅茨地区冰川沉积的差别。1892 年夏从事阿尔汉格尔与奥涅加几个城镇之间、白海和奥涅加湖之间的分水岭以及伊列克诸盆地的地质研究。认为白海和波罗的海曾相连接的假说是非常可能的，奥洛涅茨地区地层的广泛分布可作该理论的证据。1893 年夏继续研究白海沿岸，肯定了奥涅加湾的海岸线在退缩。1886～1897 年编辑地质著作的索引。1897 年由圣彼得堡去基辅地区，然后又到乌拉尔、曼格什拉克和其他地区旅行，勘查高岭土、锰、金、铁等矿产，直到 1923 年才回到列宁格勒，继续在地质委员会任职并编辑地质著作的书目。 (应中锷)

莫雷尔，J. M. (Maurer, Julius Maximilian) 瑞士人，1857 年 7 月 14 日生于德国布赖斯高地区弗赖堡，1938 年 1 月 21 日卒于瑞士苏黎世。*气象学、气候学、太阳物理学、仪器研制*。

生于德国，但一生在瑞士度过。先在苏黎世联邦理工大学求学，继而在苏黎世大学学天文学。1879 年任苏黎世联邦天文台助理，1882 年获博士学位。1881 年任联邦气象中心研究所(当时与联邦天文台合一，后来分立)助理，1905 年任该所所长，1934 年退休。

主要研究辐射，包括天体辐射和气象学辐射的问题。在太阳总辐射和夜晚辐射热损失方面，使一些问题得到澄清。制作过一些气象仪器，包括气压计和记录太阳辐射的仪器。1909 年与人合写《瑞士的气候》一书，对瑞士气候进行了详细讨论。还发表过冰河变迁、湖水冻结和一般气候学问题方面的论文。 (蒋窈窕)

洛赫斯特，M. J. M. (Lohest, Marie Joseph Maximin) 比利时人，1857 年 9 月 8 日生于比利时列日，1926 年 12 月 6 日卒于同地。*地层学、矿物学、古生物学、古人类学*。

先在列日大学文哲学院学习，后转该校矿业学院学习。毕业留校任教，1897 年起任普通地质学教授。1904 年当选为比利时皇家科学院通讯院士，1910 年升为院士。是比利时国内外许多学术团体的会员。1919 年当选为比利时地质委员会理事。

研究古生代的鱼类，除描述鱼化石外，还研究古鱼类的生活方式及其演化。在加拿大泥盆纪地层中，除鱼头骨化石外，还找到鳍和背脊的骨片。在岩矿研究方面，热衷于研究电气石、吉丁阶的砾石及无烟煤。研究比利时古生代的地层和构造，认为狄南阶局部的白云岩不适于作参考层，指出韦宪阶不同层位的褐色角砾岩是构造作用引起的。1886 年在斯派洞穴的阶地上发现尼安德特人化石，第一次根据洞穴中莫斯特时代的文物证据确定化石的年龄。1908 年获矿物学奖金。 (王 植)

乔利，J. (Joly, John) 爱尔兰人，1857 年 11 月 1 日生于爱尔兰金斯郡霍利伍德(今属奥法利郡)，1933 年 12 月 8 日卒于都柏林。*矿物学、岩石学、地球化学*。

1882 年毕业于都柏林大学三一学院，获地质学和矿物学学位。留校任教，1897 年任地质学教授直至去世。1892 年被选为英国皇家学会会员。

善于把物理和化学的基本原理用于解释新发现的地质的事实。发明蒸汽卡诺计，用于测定矿物的比热，还第一次用来确定一定容积下气体的比热。1899 年用别人提出的方法，根据海洋中钠含量的增加率，估算出地球开始有水以来的年龄为 8 000～9 000 万年。这在当时已比物理学家开尔文勋爵估计的年龄进了一步。1903 年，他注意到了放射性作为地热源的潜在重要性，以及它用作开尔文方法计算地球年龄可能产生的影响。矿物学家早就注意某些造岩矿物如黑云母在显微镜下可见的环状小黑点，称为多色晕。他证明了这些同心晕圈是由位于中心的矿物微粒如锆石发出的放射性发散物形成的，并精确测量了不同地质年龄的岩石中出现的晕圈，结果表明放射性矿物的分解速率在整个地质时间里为一常数，这推动了用放射性方法计算地层年龄的工作。在 1909 年出版的《放射性与地质学》和 1925 年出版的《地球表面的历史》两书中，总结了他对放射性的研究。1910 年获英国皇家学会皇家奖章。1911 年获都柏林皇家学会波义耳奖章。1922 年获伦敦地质学会麦奇生奖章。 (冯祖钧)

戴维，T. W. E. (David, Tannatt William Edgeworth) 澳大利亚人，1858 年 1 月 28 日生于英国威尔士加的夫附近，1934 年 8 月 28 日卒于澳大利亚悉

尼。地质学、矿床学、地理探险。

1880年毕业于牛津大学古典文学系。后来对地质学感兴趣。在伦敦皇家矿业学校学习一段时间后，去澳大利亚从事野外地质工作。1891年任悉尼大学地质学教授，直至1924年退休。曾获英国和澳大利亚多个学术团体的荣誉称号。1900年被选为英国皇家学会会员。

南极洲野外地质工作先驱者之一。1907～1909年任主任地质师参加南极洲的探险工作，领导考察了埃里伯斯火山和南地磁极附近地区。开创了澳大利亚的地质事业。他早期圈定新南威尔士州的含煤地层，后来对亨特河区进行地质调查，有许多发现一直被视为澳大利亚地质工作的经典。他的关于富纳富蒂岛珊瑚礁底下基岩的研究，为达尔文珊瑚礁形成理论提供了证据。退休后还撰写有关澳大利亚地质的论文和著作。

（张南海）

斯科特，W.B.（Scott，William Berryman） 美国人，1858年2月12日生于美国俄亥俄州辛辛那提，1947年3月29日卒于新泽西州普林斯顿。地质学、古生物学。

1877年毕业于新泽西学院（今普林斯顿大学）。同年起赴怀俄明进行野外考察。在英国、德国留学，1880年获德国海德堡大学哲学博士学位。同年回母校任教，1884年任地质学与古生物学教授，10年后任地质学系主任，直至1930年退休。

擅长研究古代的哺乳动物，共发表文章177篇，其内容勘查实例多于理论推测，包括《1896～1899年普林斯顿大学考察巴塔哥尼亚的报告》（8卷，1901～1932年）、数卷《南达科他州怀特河地层渐新世哺乳动物》（1936～1941年），和一本标准的地质学课本《西半球陆生哺乳动物历史》（1913年）等。获1910年伦敦地质学会沃拉斯顿奖章，1939年美国地质学会彭罗斯奖章，美国国家科学院1930年汤普森奖章和1940年埃利奥特奖章。

（马玉英）

迈尔斯，H.A.（Miers，Henry Alexander） 英国人，1858年5月25日生于巴西里约热内卢，1942年12月10日卒于英国伦敦。矿物学、晶体学、仪器研制。

早年在伊顿公学和牛津大学学习古典文学和自然科学。外表文静，但却具有冒险家的性格。早年去加拿大克朗代克、南非和俄国乘气球旅行，险些送了命。曾在大英博物馆工作。1886年在伦敦大学学院教晶体学，最出名的学生是后来成为化学家的W.J.波普。1895年担任牛津大学矿物学教授。1908年任伦敦大学校长。1915年任曼彻斯特大学副校长，并主持晶体学讲座。1896年入选英国皇家学会会员。1912年获爵士称号。接受过多校荣誉博士学位。

早年在弗莱彻（L. Fletcher）的指导下，描述过大量晶体的形状。首先观察到硫铂矿和其他矿物中的结晶缺面像，这使他对天然晶体的对称分类有更全面的认识。研究了磺盐类矿物，其晶体的复杂结构又使他去考查晶体的成长。他装配了一个倒装晶体测角器，以直接观察和测量溶液中晶体的成长过程。改进设备，以全反射来确定折射率，测量出晶体生长表面的溶液浓度。用这一出色的方法观察各种结晶作用的方式：从低过饱和时粗大晶体的缓慢而有规律地生长，到临界高度饱和时像阵雨一样生成的微晶。1902年出版矿物学教科书，1929年再版并译成法文，许多内容为后来达纳（Dana）的名著《矿物学》所引用。获伦敦地质学会沃拉斯顿奖章。

（戴成勋）

沙尔特，H.（Schardt，Hans） 瑞士人，1858年6月18日生于瑞士巴塞尔，1931年2月3日卒于苏黎世。构造地质学、水文地质学、工程地质学。

1883年获瑞士药剂师和工科中专教师两种文凭。翌年获日内瓦大学理学博士学位。1891年任洛桑大学地质学和古生物学教授。1892～1893年进入海德堡大学，跟当时著名地质学家H.罗森布施学习。1897年任纳沙特尔大学教授。1911年到苏黎世任瑞士联邦理工学院教授兼苏黎世大学教授。1928年退休，继续从事野外研究，直到去世前一年。生前是当时许多欧洲国家改进供水问题的顾问。

研究领域包括构造地质、水文地质、地层以及工程地质。最重要的工作是发现了阿尔卑斯山较老的、无根的外来杂岩体覆于年轻岩系之上，提出了阿尔卑斯块体大位移的假说，即著名的推复体理论。另一个重要工作是辛普朗地区的 勘查，为辛普朗隧道的修建提出意见。对喀斯特水文地质及地下出溶特别感兴趣。1879～1891年获4项科学院奖。

（应中锷）

舒切特，C.（Schuchert，Charles） 美国人，1858年7月3日生于美国俄亥俄州辛辛那提，1942年11月20日卒于康涅狄格州纽黑文。地层学、古生物学、地史学。

只受过6年正规教育。作为长子为了家庭生活被迫弃学，跟随父亲做木工营生。辛辛那提位于奥陶纪晚期页岩和石灰岩区，遍地皆是化石，吸引许多业余爱好者蜂拥而至。20岁时一场大火毁了木工谋生之道，从此加入化石标本收集者的行列，对化石发生浓厚兴趣。1884～1887年与E.O.乌尔里克合作，为明尼苏达、伊利诺伊州地质调查所绘图制版，同时大量收集腕足类化石标本。1888～1893年先后在奥尔巴尼、明尼苏达和华盛顿几个州地质调查所工作。1894～1904年任美国国家自然博物馆馆长。1904年起执教于耶鲁大学，1925年退休。

编写了30余篇（本）论著，如1897年的《美国腕足类概论》等。在从事教学的21年中，1915年与皮尔逊（L. V. Pirsson）合编《地质学教程分册（A）》，通过详细剖析各种地层概述了数十亿年间大陆和海洋分布的变化，在地质学中占有重要地位，因此而获盛誉。自1923年起任研究生导师，同时编写教科书、古脊椎动物学家

O.C. 马什的传记和《北美地史学》(1935 年)，成为研究北美地史学的权威。此外有《地球和地球韵律》(1927 年)、《美国东部和中部地层》(1943 年)等。　(马玉英)

奥尔德姆，R.D. (Oldham，Richard Dixon)　英国人，1858 年 7 月 31 日生于爱尔兰都柏林，1936 年 7 月 15 日卒于英国威尔士兰德林多德。地震学、构造地质学。

英国地质学家 T. 奥尔德姆的儿子。1879 年毕业于英格兰皇家矿业学院。同年继承父业，任印度地质调查所副所长，后任所长。1903 年因病离印度回国，但仍继续从事科研工作。1920～1922 年任伦敦地质学会会长。1911 年被选为英国皇家学会会员。

致力于其父未完成的工作，主要是对 1869 年印度加贾尔大地震作全面调查。发表过 40 多篇有关印度地震和印度温泉的论文。1899 年因发表关于 1897 年 6 月印度阿萨姆大地震的研究报告而闻名。这是近代最强烈的地震之一。报告内容详尽，数据确凿。他对地震学的最重要贡献是首次证实数学理论上早已推测出的地震纵波、横波和表面波，对以后地震学的进一步发展起到重要作用。还运用地震学来研究地球内部，1906 年首次确证地球拥有一个核心，并估计其半径为地球半径的 0.4 倍。1908 年获伦敦地质学会赖尔奖章。

(刘　汉)

索里兹伯里，R.D. (Salisbury，Rollin Daniel)　美国人，1858 年 8 月 17 日生于美国威斯康星州斯普林・帕里亚内，1922 年 8 月 15 日卒于芝加哥。地质学、冰川学、自然地理学。

1881 年毕业于贝洛伊特学院。同年供职于美国地质调查所。1882 年回母校任教，3 年后任该校地质学教授。1891 年到威斯康星大学任教。1892 年任芝加哥大学地质学系任地理学和地质学教授，1903 年任地理学系主任，1918 年任地质学系主任。在芝加哥大学工作的 30 年中，还主编《地质学》杂志。1882 年起同时兼职于美国地质调查所。终身未娶。

1914 年，与 T.C. 钱伯林合著出版教科书《地质学导论》，该书对 20 世纪开头 30 多年地质科学的成长影响很深。他的野外考察，特别是在威斯康星州、新泽西州和格陵兰的工作，对当时新兴的冰川学贡献颇大。

(胡　敏)

彭克，A. (Penck，Albrecht)　德国人，1858 年 9 月 25 日生于德国莱比锡附近的罗伊迪茨，1945 年 3 月 7 日卒于捷克斯洛伐克布拉格。冰川学、构造地质学、地貌学、水文学、制图学。

1875 年进莱比锡大学，学习化学、地质学、矿物学、岩石学、植物学等，1878 年获博士学位。同年到德国北部和斯堪的纳维亚南部进行地质考察。1880 年到慕尼黑大学任教古生物学。1885 年任维也纳大学自然地理学教授，工作近 20 年，为发展该校地理学科赢得国际声誉。1906 年继 F. von 李希霍芬担任柏林大学地球物理学院地理学教授。1917～1918 年任柏林大学校长；曾任该校海洋学研究所所长，1926 年退休后继续协助柏林大学地球物理学院的工作。1927 年去美国讲学。1928 年成功主持柏林地理学会 100 周年庆祝大会和海洋学会议。第二次世界大战期间，他因柏林住所被炸，迁居当时的捷克斯洛伐克首都布拉格。

1879 年在地质调查中，他发现斯堪的纳维亚第四纪冰川向南延伸最远的边缘地区冰川沉积物中含有不成层的冰碛粘土和成层的砂土，交迭变化，经过分析研究，确认至少有 3 次主要冰期和 2 次间冰期。节假日常去阿尔卑斯山谷作野外调查，以完善其冰川进退历史年表。20 世纪 20 年代中期，他对海洋学日益感兴趣，扩充和发展了柏林大学的海洋博物馆，组织了南大西洋海域调查队。

撰写的论文和著作 400 多种，题材广泛，内容繁多，主要论著涉及四个方面：第四纪地质和地质年代学，地貌学，水文学，制图学。在第四纪地质方面，他根据地质上的确凿证据，把欧洲大陆上的冰期从过去认为的 2 次改成 4 次，并按验证地点所在谷地的名称，分别命名为贡兹冰期、民德冰期、里斯冰期和武木冰期，一直沿用至今。所著《冰川时期的阿尔卑斯山》(3 卷，1901～1909 年)一书，被认为是研究第四纪地质的里程碑。在地貌学上，代表作为《地球的表面》(2 卷，1894 年)，主要贡献是地形的分类、冰川地形的论述、气候与地形的关系等。他的地形分类，主要根据地形的成因源起，而不强调后期的各种作用，形成德国的分类体系，以区别于美国的戴维斯体系。在水文学方面，著有《多瑙河》、《奥德河》等书，是对中欧河系最早的科学论著之一。在制图工作上，首先倡议在全球绘制百万分之一的统一标准图幅系列。这一意见得到全世界的热烈响应，从 1891 年起曾在国际地理学大会上多次讨论，并作出相应的决议。他去世后不久，全世界陆地上需要测制的约 840 张标准图幅已大部分完成。

(刘　汉)

格尔，G.J. de (Geer，Gerhard Jakob de)　瑞典人，1858 年 10 月 2 日生于瑞典斯德哥尔摩，1943 年 7 月 23 日卒于萨尔特舍巴登。冰川学、地质年代学、制图学。

出身显贵家族，其父、兄都曾担任过瑞典首相。1878 年进瑞典地质调查所任职。1879 年获乌普萨拉大学地质学硕士学位。1897 年成为斯德哥尔摩大学教授，1902～1910 年任校长。1924 年退休后，任该校地质年代学研究所所长。1900～1905 年任瑞典国会议员。

1882 年起，4 次参加和领导了冰川地区的考察工作。他在研究中引进了大地照相制图法，提高了观测精度。揭示了斯堪的纳维亚和其他一些地区海岸抬升的均衡机制及其与冰川的关系，所建立的纹泥年代学也是冰川历史研究的产物。他在这方面的研究成果，后来成为斯堪的纳维亚地质学的经典著作之一。发表论著

200余篇(部);代表作《冰川期后斯堪的纳维亚的地理发展》(1896年)。 (杨惠成)

沃格特,J. H. L.(Vogt, Johan Hermann Lie) 挪威人,1858年10月14日生于挪威特韦德斯特兰,1932年1月3日卒于特隆赫姆。*岩石学、矿床学、物理化学。*

1880年毕业于克里斯蒂安(今奥斯陆)大学。后去瑞典斯德哥尔摩大学深造,攻读地质学和冶金学。1886年任克里斯蒂安大学冶金学教授。1912年到特隆赫姆理工大学任地质学、矿床学和冶金学教授,直到1929年退休。1911年获亚琛大学荣誉博士学位。

是矿床地质学和火成岩岩石学中硅酸盐物理化学基础研究的先驱者。研究了炉渣矿物,把炉渣的结晶作用作为火成岩中硅酸盐结晶作用的模拟。1902年在一篇开创性的论文中,提出不同矿物共结点的依赖关系及二元系共结组分的重要性。1905年在一篇论文中提出正长石-钠长石-钙长石三元长石系的结晶规律,并讨论了花岗岩中石英-正长石-钠长石的共结问题。1908年提出硅酸盐熔浆结晶作用和分异作用的平行性,质疑了C. W. 克罗斯、J. P. 伊丁斯、皮尔逊(L. V. Pirsson)及H. S. 华盛顿等4人姓氏首字母命名的CIPW静态岩石学体系。第一次世界大战期间,他研究了硅酸盐和硫化物的混合体系,强调这类熔浆相互降低溶解度的重要性,日后就成为他的岩浆期硫化物矿床形成原理的基础。后来证明并不是所有的结论都是正确的,但不管怎样,他比同时代的人更早认识到物理化学对天然硅酸盐研究的重要性,因而常被称为现代岩石物理化学之父。

在矿床地质学中关于岩浆矿床概念的确立方面也作出了贡献,最早研究并得出结论:钛铁矿、铬铁矿及镍黄铁矿是岩浆结晶作用系列的早期产物。很重视矿床理论的实用性,曾协助扩展已知矿山和探寻新矿床。

主要著作有《熔融的硅酸盐溶液》(1904年)、《结晶的物理化学和火山岩的岩浆分异》(1921年)等。获美国经济地质学会彭罗斯奖章、伦敦地质学会沃拉斯顿奖章等。 (王 植 李文达)

蒂雷尔,J. B.(Tyrrell, Joseph Burr) 加拿大人,1858年11月1日生于加拿大安大略省韦斯顿,1957年8月26日卒于多伦多。*构造地质学、冰川学、地理探险、采矿工程、博物学。*

在多伦多大学学习时成绩优异,获所在年级唯一的自然科学奖学金,1880年获法学士学位。毕业后鉴于健康原因,在医生建议下从事户外地质工作,翌年在加拿大渥太华地质调查所任野外助理。1898年离开地质调查所,从事采矿事业。重返育空后成了私营公司的地质和采矿顾问,并很快赢得金矿主的信任。在育空度过了7年时间,1895年回到东部,进入英法采矿公司。1898年参与成立克克兰湖金矿公司,任该公司经理,直到去世前几年。

在进行白垩纪煤系的调查过程中,发现了加拿大第一个巨大的食肉恐龙残骸。19世纪90年代,注意力转移到加拿大北部和极区前寒武纪地质,骑马和乘独木舟作了一系列艰辛的地质旅行。1893年和1894年作了两次横穿巴伦兰兹的引人注目的考察,测绘了地图,写出了详尽的研究报告,其中有些部分至今仍是该地区仅有的权威性研究成果。对第四纪冰川地质研究颇有贡献。将加拿大北部和东部的更新世大陆冰川分成三大冰期。后来对经济地质学也作出了贡献。1893年前就注意到埃德蒙顿以北山麓带的渗油现象,敦促进行钻探。直到20世纪50年代,这一油田才得到充分的勘探。还发现了塞达湖的沉积琥珀。1898年被派到正处于克朗代克黄金热潮高峰的育空,他向政府报告了那里的地质情况。他发现了克克兰湖的沉积金矿。毕生对博物学也很有研究,写过有关加拿大哺乳动物目录、美洲驯鹿冬季栖居地描述,以及有关针叶林分布的著作或研究报告。

获伦敦地质学会1918年麦奇生奖章、1947年沃拉斯顿奖章,1933年加拿大皇家学会弗拉维尔奖章等。为纪念他,加拿大皇家学会设立了蒂雷尔奖章。

(应中锷)

哈克,A.(Harker, Alfred) 英国人,1859年2月19日生于英国英格兰赫尔河畔金斯顿,1939年7月28日卒于剑桥。*岩石学、火山学、显微学。*

1878年入剑桥大学圣约翰学院,最初主要研究物理学。1884年任该校塞奇威克博物馆地质解说员,很快就成为英国杰出的岩石学家。为人腼腆,不善辞令,但长于写作。早期在北威尔士和英国湖区进行研究工作。1895～1905年把大学工作和苏格兰野外地质勘查工作结合起来,取得很多成果。

最初研究地质上的板状劈理,其结论至今仍具有权威性。对北威尔士地区的火成岩与沉积岩作了研究,精确描述了岩石学性质和它们间的相互关系,追踪了火山现象与地壳应力及该地区区域劈理之间的联系。和合作者一起研究英国湖区的深成岩和共生岩石,阐明了岩浆变化、分异、侵入形式和共生以及热变质作用。他对内赫布里底群岛的斯凯岛及南部几个小岛上的第三纪火山活动的研究,开创了火成杂岩体研究的新阶段,提出了火山-深成-浅成旋回原理及所谓“混成岩”的性质和起源的理论。在斯凯岛还研究了更新世冰川作用的影响。此外,他把显微镜岩石学引入英国,收藏有各种软性岩石薄片达4万多片。

撰写出版的《火成岩博物学》(1909年)一书,贯穿着他的哲学思想,以数学、物理学及化学的原理来研究整个地质现象,特别注意地理分布和构造环境。另两本著作《变质作用》和《岩石学教程》,是20世纪40～50年代世界各大学地质学系通常采用的课本。在中国,哈克的名字也是因这两本书而为地质学界熟悉的。曾获伦敦地质学会沃拉斯顿奖章、英国皇家学会皇家奖章。

(李文达)

约翰逊，W.D.（Johnson，Willard Drake）　美国人，1859年5月3日生于美国纽约州布鲁克林，1917年2月13日卒于华盛顿。冰川学、地貌学。

毕业于耶鲁大学设菲尔德理学院。1879年进美国地质调查所地形测量处，1883年被任命为终身地形测量员。

曾在美国中西部几个州作过地形测量、水文调查。他对冰川地貌的研究有重要贡献，1904年发表过著名论文“阿尔卑斯山脉冰川侵蚀作用成熟期的剖面”。代表作有《高原及其利用》(1901年)等。　（冯祖钧）

里德，H.F.（Reid，Harry Fielding）　美国人，1859年5月18日生于美国马里兰州巴尔的摩，1944年6月18日卒于同地。地震学、冰川学、地球物理学。

父亲是糖商，母亲是美国第一位总统华盛顿的姐妹的后人。本人幼年在瑞士度过，自小对山峦、冰川感兴趣。自宾夕法尼亚军事学院毕业后，1876年考入约翰斯·霍普金斯大学，1885年获哲学博士学位。后相继任克里夫兰西储大学凯斯应用科学学院、芝加哥大学教授。1894年重返母校，一直执教到1930年退休。

早年从事冰川力学的研究。他对地球物理学的最大贡献，是提出了解释地震成因的“弹性回跳理论”。这种理论认为，地壳内的应力来自地壳内部的力的作用的逐渐积聚，当它超出地壳所能承受的限度时，地壳就会发生断裂，断裂的两侧会互相摩擦，摩擦以弹性波的方式向周围传播出去，这样就形成了地震波。代表作有《冰川力学》(1896年)、《地震力学》(1910年)、《地震回跳理论》(1911年)等。　（张南海）

泰尔米埃，P.M.（Termier，Pierre Marie）　法国人，1859年7月3日生于法国里昂，1930年10月23日卒于格勒诺布尔。岩石学、矿物学、构造地质学、制图学。

1880年进巴黎高等矿业学校攻读矿物学，1885年毕业。后相继任圣艾蒂安矿业学校物理学和电学教授、地质学和矿物学教授。1894年任巴黎高等矿业学校矿物学和岩石学教授。1911年任法国地质图出版社负责人。1909年当选为法国科学院院士。先后当选为法国矿物学会、法国地质学会的会长。曾任法国科学院副院长，去世前被选为院长。获因斯布鲁克大学荣誉博士学位。

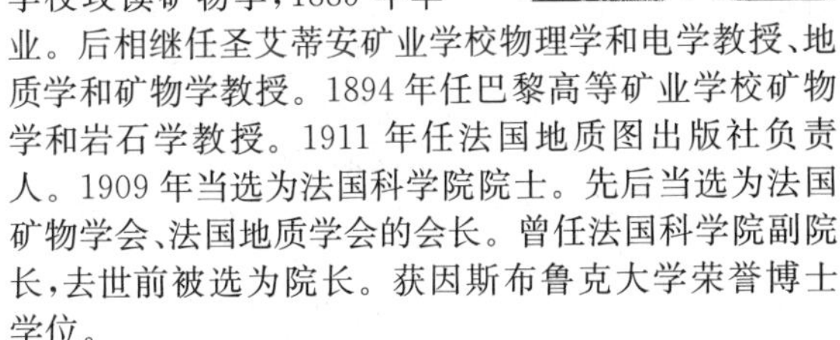

19世纪80年代末，他继承刚去世的洛里(C. Lory)在阿尔卑斯山多年的野外填图工作。1890年与M.-A.贝特朗合作共同勘测瓦努瓦斯地区，完成上瓦努瓦斯1∶80 000的地质图。1891年提出的阿尔卑斯地质的初始报告，是对大范围区域变质作用前进变质阶段的首次调查。1903年发表的有关阿尔卑斯山地质构造的综合性论文，为现代大地构造和动力构造学起了奠基作用。对法国和意大利阿尔卑斯山区域变质作用的原因进行了探讨，发现区域变质作用与在地槽中埋藏的深度有关，但变质作用也不只是由于地质深度引起的，还和岩浆流体以及水汽因素有关。认为区域变质的前进阶段最终必然导致大面积花岗岩的形成。在H. 沙尔特和M. 吕热翁发现瑞士阿尔卑斯山的大范围的推覆体之后，他也发现了法国和意大利境内阿尔卑斯山的推覆体。他虽然不赞成A. L. 魏格纳的大陆漂移说，但坚持认为地壳断块存在着侧向运动。

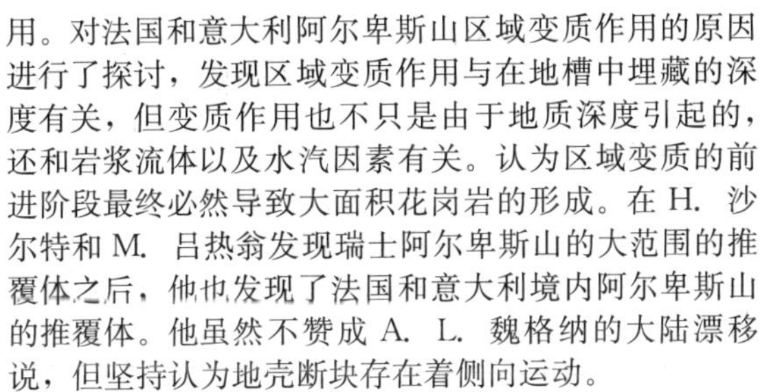

（胡　敏　宣焕灿）

赫特纳，A.（Hettner，Alfred）　德国人，1859年8月6日生于德国德累斯顿，1941年8月31日卒于海德堡。区域地理学、人文地理学、地理学方法论、地理探险。

1877年入读哈雷大学，后转学到波恩大学、斯特拉斯堡大学，1881年获斯特拉斯堡大学博士学位。1890年起在莱比锡大学任教地理学。1895年创办《地理学》杂志，任主编至1935年。1897年在图宾根大学任教。1899～1928年任海德堡大学地理学教授。

近代地理学区域学派奠基人。他强调地理学是空间的科学，应该研究地表现象分布区域及其差异性，即地理学的区域特性。同时，他指出地理学不仅要深入研究个别区域，还要研究地学一般规律，尤其是必须重视地理学方法论的研究。在哲学思想上深受康德著作的影响。他很重视野外考察：1882年、1890年先后两次去南美洲；1897年到俄国；1911年到非洲北部；1913～1914年到亚洲等地，进行广泛的地理探险或旅行。1927年出版代表作《地理学：它的历史、性质和方法》，后多次再版。全书以地理学的区域特性作为主线，系统阐明了地理学理论，在9篇中分别叙述地理学的历史、性质、任务、研究方法、概念和思想的构成、地图和图片、文字表达以及地理学教育等。他并不赞成景观学说，认为S. 帕萨尔格的景观学只是地志学的另一种表达形式，但他还是指出了景观的美学价值与实用价值。

出版著作10余部，其中有《美洲安第斯山旅行记》（1888年初版，1976年第6版）、《波哥大山脉》(1892年)、《欧洲部分的俄国：一种人文地理学研究》(1905年)、《区域地理学基础》（2卷，1907年初版，1932年第12版）、《俄罗斯：对其人民、国家和文化的地理学观察》(1916年)、《人文地理学概论》（1952年初版，1977年第11版）、《陆地的表观特征：地理学的问题与方法》（1972年英文第2版）等。他的著作被译成近10种文字，对20世纪初至40年代的国际地理学界，尤其是在俄国和苏联地理学家中影响很大。　（李啸虎）

亚当斯，F. D.（Adams，Frank Dawson）　加拿大人，1859年9月17日生于加拿大蒙特利尔，1942年12月26日卒于同地。岩石学、地层学、实验地质学、地质学史学。

出身新英格兰著名的亚当斯家族。19岁毕业于麦吉尔大学，又到美国耶鲁大学和德国海德堡大学学习。1880～1889年在加拿大地质调查所工作。1890年到麦吉尔大学任教，1924年退休。是英国皇家学会成员。1913年任加拿大皇家学会会长。1918年被选为美国地质学会会长。得到5所大学的荣誉博士学位。

早年出色地应用岩石显微镜技术，解释魁北克斜长岩和某些前寒武系岩石和结构的成因，奠定了北美洲前寒武系地层划分的基础。1902～1908年每年暑假到南安大略的哈利伯顿和班克罗夫特地区填图，发现前寒武系格仑维尔岩系变质的主要原因是大量侵入岩体定位时的热作用。对霞石正长岩与花岗岩和大理岩相邻接的发现具有重要科学意义，并为后来的工业开发铺平了道路。

是最早为地质目的进行岩石力学试验的学者之一。20世纪初期在麦吉尔大学工程实验室的帮助下，应用了当时强有力的压力机进行了一系列试验，研究岩石在高围压下的变形特性和结构变化。通过实验中得到了片状构造等变质岩构造，发现快速增加负荷使方解石碎裂，而缓慢增加负荷则产生方解石聚片双晶，模拟了花岗岩等坚硬岩石粒化作用的破坏方式，和他人共同提出了岩石强度随围压增加而增加的理论。

1924年退休后，3次到锡兰（今斯里兰卡）旅行和考察。1929年发表了第一份完整的锡兰地质报告和图件。为研究地质学史，访问了许多老的大学以阅读早年的地质学论文，收集保存在私人手中的地质学史上的珍品，1938年出版地质学史方面的经典著作《地质科学的诞生和发展》。1906年和1939年分别获伦敦地质学会的赖尔奖章和沃拉斯顿奖章。1937年获加拿大皇家学会弗拉维尔金质奖章。（李冬田）

林格伦，W.（Lindgren，Waldemar） 美国人，1860年2月14日生于瑞典卡尔马，1939年11月3日卒于美国马萨诸塞州布鲁克莱恩。*矿床学、岩石学、经济地质学、科学传播。*

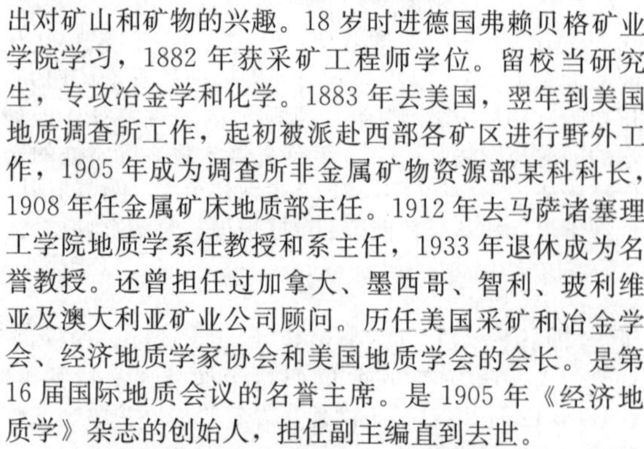

出身瑞典的名门望族，是法官的儿子。幼年就表现出对矿山和矿物的兴趣。18岁时进德国弗赖贝格矿业学院学习，1882年获采矿工程师学位。留校当研究生，专攻冶金学和化学。1883年去美国，翌年到美国地质调查所工作，起初被派赴西部各矿区进行野外工作，1905年成为调查所非金属矿物资源部某科科长，1908年任金属矿床地质部主任。1912年去马萨诸塞理工学院地质学系任教授和系主任，1933年退休成为名誉教授。还曾担任过加拿大、墨西哥、智利、玻利维亚及澳大利亚矿业公司顾问。历任美国采矿和冶金学会、经济地质学家协会和美国地质学会的会长。是第16届国际地质会议的名誉主席。是1905年《经济地质学》杂志的创始人，担任副主编直到去世。

是矿床学岩浆成因学派的主要奠基者之一。强调火成作用在矿石形成中的支配作用。是北美第一个鉴别出接触交代矿体的地质学家，发展了裂隙脉的交代作用过程分类。也是把岩石显微镜用来研究矿石及其组成矿物的先驱者。由于把广大区域中的地质和矿床统一起来研究，使他形成了有关成矿期的重要概念，为金属成矿分区的现代概念建立了基础。他的矿床成因分类至今仍经常为矿床学家们所引用。

1927～1928年他办起了《经济地质学文献注释》，把大量世界经济地质文献做了摘要，嗣后几经续版，至今变成了分洲分册出版，是很受矿床学者们欢迎的著作。出版有《矿床与物理条件的关系》（1906年）、《矿床学》（1933年第4版）、《美国科迪勒拉地区的岩浆分异作用和成矿作用》（1933年）等。曾获美国地质学会彭罗斯奖章，伦敦地质学会沃拉斯顿奖章。

（王　植　李文达）

瓦尔特，J.（Walther，Johannes） 德国人，1860年7月20日生于德国诺伊施塔特，1937年5月4日卒于柏林。*地质学、地貌学、海洋学、古生物学。*

1879年入耶拿大学学习生物学，1882年获哲学博士学位。1882～1883年在莱比锡大学、哈雷大学进修古生物学和地质学。后执教于耶拿大学，1890年任地质学和古生物学教授。1896年任哈雷大学教授，1929年退休。曾当选为柏林科学院院士、院长，是莱比锡科学院院士、苏联科学院外籍院士。

在地质学、古生物学、地貌学、海洋学和人类学方面都有重要贡献。19世纪80年代，在北海、地中海、非洲和印度等地作生物与地质勘查，比较研究古今贝类、珊瑚、鱼类等海生生物和海成沉积；发表一系列有关生物生态和沉积成岩作用的论文；出版《现代岩石成因学说》（2卷，1883～1884年），是一部分析沉积作用的经典之作。90年代，研究沙漠剥蚀及其地质意义；在参加海上考察基础上，出版《普通海洋学》（1893年）；在名著《历史科学：地质学导论》（2卷，1893～1894年）中，着重介绍了他在海生生物生态学和沉积成岩作用方面研究成果，提出了沉积岩的“相对比定律”，认为只有那些目前可观察到彼此毗连的岩相和相区，才能原生的重叠在一起，说明了沉积环境随时间的推移在空间上的变化。古地理学正是以沉积“相对比定律”为理论依据，以沉积相分析及其分布为研究目标而形成的分支学科。20世纪初期，广泛研究了沙漠和干燥气候下的地质作用，出版《现代和古代沙漠形成的规律》（1900年初版，1924年第4版），提出生境对比定律，认为生态体或生态群体总是在某一特定环境中生存和发展，由此推断早古生代缺乏森林植被时的地质作用特征。在地质哲学上，他提倡比较研究法和历史分析法，主张“实体论法”即现实主义原理，对后世有较大影响。其他主要著作还有《地质浅释》（1905年）、《地球和生命的历史》（1908年）和《德国地质》（1910年）、《普通古生物学》（4卷，1919～1927年）等。（李啸虎）

泰勒，F. B.（Taylor，Frank Bursley） 美国

人，1860年11月23日生于美国印第安纳州韦恩堡，1938年6月12日卒于同地。冰川学、天体演化学。

出身富裕家庭。1882年进哈佛大学攻读地质学和天文学，1886年因病退学。1900～1916年任美国地质调查所冰川研究室助理。1908～1909年和1911年为加拿大地质调查所填制安大略省南部冰碛层地质图。1920～1921年获美国科学促进协会资助，去纽约州勘查研究冰碛层。是密歇根科学院院士、美国地质学会和美国科学促进协会会员。

19世纪80年代后期，他一面养病一面在内科医生陪同下在格雷特湖地区旅行，还研究了该地区的威斯康星冰川作用的历史。起初认为格雷特湖乃是冰川消逝后因海水浸没而形成，经过1895年对终碛层序的研究，才确信它是由冰堤造成的。发现威斯康星冰川的后退并不是稳定的，冰盖溶化退缩之后，又会部分前进，反复可达10余次。还坚信格雷特湖的地貌曾控制了冰盖。1915年与F. 莱弗里特（Frank Leverett）合作出版《印第安纳州和密歇根州的第四纪和格雷特湖的历史》一书，书中阐述了上述见解。

1898年提出月球乃是被地球俘获而形成的假说。俘获时对地球产生一种增加其自转速度的潮汐力，并导致地球上大陆自两极向赤道移动。1910年，即在A. L. 魏格纳提出大陆漂移说之前2年，就在一篇讨论第三纪山脉成因及构造的论文中，提出了大陆漂移的见解。这一见解与魏格纳的大陆漂移说是不同的。魏格纳认为由于地壳下地球内部液体趋向平衡的运动才导致大陆漂移，而他的理论乃是大陆沿着刚性地球窄的剪切带滑动。他的理论也不是板块学说的先驱，因为板块学说不需要借助俘获月球或借助别的天文事件来激发地壳运动。（胡 敏 宣焕灿）

布尔，M.（Boule，Marcellin） 法国人，1861年1月1日生于法国康塔尔省蒙萨尔维，1942年7月4日卒于同地。地质学、古生物学、古人类学。

出生在法国南部，是当时发掘古人类遗迹最多的地区之一，使他有条件从事古人类学的研究。1880年被图卢兹大学理学院录用，并先后获得自然科学、物理科学方面的合格证。1887年在巴黎国家自然博物馆取得教学证书，1892年获自然科学博士学位。后任该博物馆的古生物学教授，1936年退休。1914年巴黎古人类学学会成立，他任第一任会长。

早期的兴趣在地质学和岩相学方面，后专门研究古生物学，作出一定贡献，为法国建立了史前考古学和古人类学。不仅是科学家，还是一位卓越的政治家。（秦安舲）

罗奇，A. L.（Rotch，Abbott Lawrence） 美国人，1861年1月6日生于美国马萨诸塞州波士顿，1912年4月7日卒于波士顿郊外大蓝山。气象学、云物理学、航空学、仪器研制。

富家子弟。1884年毕业于马萨诸塞理工学院。1885～1912年任波士顿大蓝山气象台（私立）首任台长。1884～1895年任《美国气象学》杂志副主编。1888～1891年、1902～1906年两度任哈佛大学首位气象学教授。1891年获哈佛大学荣誉硕士学位。死于阑尾炎穿孔。

著名大蓝山气象台创始人。该台在世界上最早利用气球和风筝进行定期气象观测，是美国历史上持续观察天气时间最长的站点，也是世界气象学界的重要场所。少年时就对气象科学深感兴趣。1884年大学毕业不久，自费在波士顿郊外大蓝山建造私人气象台，1885年2月1日开始第一次定期观测。该台位于波士顿南郊大蓝山印第安人居留地国家公园，致高点194米，离大西洋不到16千米。初期，采用三角测量法获取各种云团的高度和移动等基本数据。1894年在世界上第一次采用风筝携带仪器测量上层大气，最高可达5千米，获取大量关于上层气流成风模式、温度、湿度、及其与地面天气模式相关的各种基本信息。在1904年圣路易斯世界博览会上，他开始在美国采用携带记录仪器的探空气球，穿越最高云层到达17千米高空。在他主持下，大蓝山气象台很快就以开创性研究高层大气而闻名国内外。测定云团的高度、方向和速度，对20世纪初年云物理学产生作出了重要贡献。除提出大气循环理论外，对航空气象学也有贡献。在他去世前，该台全部活动经费皆由本人支付。临终前将该台赠予哈佛大学，并捐助5万美元经费。该台运行至1971年搬迁。

与平流层发现者、法国的L. T. 德博尔（Leon Teisserenc de Bort）合作，在热带和亚热带北大西洋船上对上层大气作了大量的风筝测量。此外，1889年乘探空气球升到法国巴黎上空作观测；一生中有6次专程登上欧洲最高峰勃朗峰，其中有3次攀登至最高点；做过无线电报气象通讯实验；是首倡在地区气象局站普遍使用每日天气图以标示天气模式趋势的科学家之一。

一生撰有183篇论文；出版数部著作，其中有《空气之海探通术》（1900年）、《征服大气》（1909年，一年3次重印）、《气球驾驶员和飞行器飞行员专用大气图表》（1911年，与L. T. 德博尔合著）等。（李啸虎）

麦金德，H. J.（Mackinder，Halford John） 英国人，1861年2月15日生于英国林肯郡盖恩斯伯勒，1947年3月6日卒于多塞特郡帕克斯顿。地理学、地缘政治学、地理教育。

曾在牛津大学基督学院学习自然科学。毕业后留校任教，1887年任牛津大学地理学高级讲师。由于牛津大学直至1934年才设地理学教授职位，他于1892年辞职参与建立雷丁大学。1895年参与创办伦敦大学经济学院，1903～1908年任院长，1923年任该院首位地理学教授。1893年参与创建英国地理学家协会，1916～1946年任该会会长。1910～1922年选任英国上议院议员。1920年册封为爵士。

英国地理学界代表人物之一。他的工作在英国铺平了地理学作为独立学科的道路。参与创建并长期主持英国地理学家协会，大力推进英国大学的地理教育。

1899年率领英国“挑战者”探险队赴非洲考察，攀登上了肯尼亚峰。他高度评价地理学的作用与地位，认为它是研究人类与自然环境关系的科学，是自然科学与人文科学、历史科学与现实政治学之间的桥梁。他反对二元论地理学，认为自然地理学和人文地理学应该整合为单一学科。他的《不列颠与不列颠的海洋》（1902年）一书，首次从地形学上全面描述了英国的地理概貌。

1904年在英国皇家地理学会宣读论文“历史的地理学枢纽”，提出“陆心说”（又称“大陆腹地说”），首次以全球战略视野分析世界政治格局，由此闻名于世。他把欧亚大陆和非洲合称为“世界岛”，把世界岛最僻远的地方称为“腹地”。引证大量历史事实，说明来自大陆腹地的征服者对边缘地带扩张和侵略总是朝着三个方向进行：向东南方向季风边缘区和澳大利亚；向东北方向经西伯利亚和阿拉斯加到美洲；向西到欧洲边缘地带和南部腹地。1919年，他把“陆心说”归纳为三句名言：“谁统治了东欧，谁就统治了大陆腹地；谁统治了大陆腹地，谁就统治了世界岛；谁统治了世界岛，谁就统治了世界”，这句话被凡尔赛和约所引用。他的《民主的理想与现实》（1919年）一书进一步阐释了这种思想，认为如果德国和俄国结盟或者德国征服俄国，那么就奠定了征服世界舞台的基础。他的思想在西方实际政治生活中影响很深，并一度被纳粹征服世界的鼓噪所利用。

1944年、1946年先后获美国地理学会、英国皇家地理学会奖章。

（李啸虎）

利文森-莱辛，Ф. Ю.（Левинсон-Лессинг，Франц Юльевич；Levinson-Lessing，Franz Yulevich） 苏联人，1861年3月9日生于俄国圣彼得堡，1939年10月25日卒于列宁格勒（今圣彼得堡）。*火山学、岩石学、地质学史学。*

1883年毕业于圣彼得堡大学。留校任教。1893年到尤列夫大学（今塔尔图大学）任矿物学教授。1902年到圣彼得堡工业大学（后称列宁格勒工业大学）任教，直至1930年。1914年当选圣彼得堡科学院通讯院士，1925年成为苏联科学院院士。第7届国际地质会议上当选为火成岩分类委员会委员。第17届国际地质会议上当选为岩石学、矿物学和地球化学常设委员会主席。

在列宁格勒工业大学工作期间，他建立了俄国第一个实验岩石学试验室，并创立了一个地球化学分室。集中精力分析和研究了地壳深处山脉构造、岩石及其伴随的矿床，发展了岩浆分离分异的思想，认为岩浆是一种和水溶液不同的复杂的硅酸盐溶液，有很大粘度和对冷却的敏感性。还提出存在两种母岩浆即花岗岩和玄武岩岩浆的学说。做过大量区域岩石学的工作，曾在卡累利阿、乌拉尔、高加索、外高加索、克里米亚、希比内山以及东部西伯利亚进行考察和研究，在此基础上发展了理论岩石学。曾去意大利旅行，并考察了维苏威火山。1935年发起建立堪察加火山站，发展了苏联的火山学。还致力于火成岩的分类工作，在多届国际地质学会议上对岩石的分类、命名提出过方案。

也是岩石学史和自然科学史的史学家。在这一领域中先后出版了专著《俄国岩石学的进展》（1923年）《岩浆岩的成因问题及其解决途径》（1934年）和《岩石学史导论》（1936年）。

（李文达）

奥格，G. -É.（Haug，Gustave -Émile） 法国人，1861年6月19日生于法国阿尔萨斯省德吕瑟内姆，1927年8月28日卒于巴黎。*地层学、构造地质学、古生物学。*

早年在斯特拉斯堡大学肄业时，便开始学博物学。1884年获博士学位后，留校担任实验室助理3年。1887年到法国科学院地质实验室工作，受到巴黎大学埃贝尔（E. Hebert）等人的指导，1897年任讲师，1911年升为教授。1888年法国地质调查所的非正式成员。1902年当选为法国地质学会会长。1909年当选彼得堡科学院外籍通讯院士。1917年当选为法国科学院院士。同年当选为法兰西学院矿物学部院士。

他善于综合地质学各个领域的内容，找出事物发展的规律。指出当一个地槽下陷时，其邻近的陆缘地区将发生海退；相反，当地槽因受挤压而产生褶皱时，陆缘区将发生海进。这就阐明了在整个地质历史中，大地构造和沉积作用之间的基本关系。在深入研究菊石和一些头足类动物的形态演化后，对古生代和中生代的一些地层作出精确划分。还研究地层在平面上相的变化及其对古地理的解释，从而阐明罗纳盆地中侏罗系的沉积历史。对“地槽”一词提出了更确切的定义。1900年出版《地槽系和大陆区》一书，代表着利用大地构造结合古地理来解释地质历史的转折点。他曾详细调查过侏罗山的构造，集中精力研究过奥地利北部的石灰岩山脉，成为白云山脉构造模式的创始人之一。他的构造研究还涉及撒哈拉和北非。主要著作还有《地质学教程》（1907年）等。

在地质界的活动范围广泛，成绩显著。教学工作也卓有成效，其弟子如佩万基埃尔（L. Pervinquière）和布萨（J. Boussac），都闻名于地质界。他组建的巴黎大学地质标本馆是第一流的地层、古生物标本库，无疑也是他的不朽巨著《地质学论》（2卷，1907～1911年）的资料来源。这一专著成为当代必不可少的专业参考文献。

（刘　汉）

劳森，A. C.（Lawson，Andrew Cowper） 美国人，1861年7月25日生于英国苏格兰安斯特拉瑟，1952年6月16日卒于美国加利福尼亚州圣莱安德罗。*地层学、构造地质学、地震学。*

1883年在加拿大多伦多大学获学士学位，1885年获硕士学位。1890 年在约翰斯·霍普金斯大学获博士学位。1882～1890 年在加拿大地质调查所工作，1890 年转到伯克利加利福尼亚大学地质系任教授。1927 年任该校美国第一个地震学教授的职位。1926 年任美国地质学会会长。

研究地壳平衡达 30 年之久，认为均衡调节是造山运动的重要因素。还透彻研究了苏必利湖西北部的地质，对北美洲大部分地区的前寒武系地层对比作了修正。系统地研究了美国西海岸地质。1906 年加利福尼亚发生大地震以后，他主持编写国家地震调查委员会的震情报告。创建美国地震学会，筹备出版会报。1911 年在伯克利设立美国地震台。（王 植）

南森，F.（Nansen，Fridtjof） 挪威人，1861 年 10 月 10 日生于挪威克里斯蒂安尼亚（今奥斯陆）附近斯托尔-弗卢恩，1930 年 5 月 13 日卒于奥斯陆附近吕塞克。*海洋学、动物学、地理探险、社会活动。*

律师的儿子。自幼热爱户外运动，善滑雪，曾数次获滑雪比赛奖。1880～1882 年进克里斯蒂安尼亚（今奥斯陆）大学攻读动物学，受到户外工作训练；1888 年以一篇有关中枢神经系统方面的论文获博士学位。留校任教，1897 年任动物学教授，1902 年任海洋研究中心实验室首任主任，1908 年任海洋学教授。1898 年当选为俄国圣彼得堡科学院外籍院士。1925 年出任英国苏格兰圣安德鲁斯大学校长。1905 年后开始参与政治活动，谋求祖国独立。1906～1908 年任挪威第一任驻英国大使。第一次世界大战后，1914～1918 年任国际联盟战俘事务委员。1920 年任国际联盟的挪威代表直到去世。1921 年任国际联盟难民委员会委员、亚美尼亚难民遣返委员会主席。任卑尔根自然博物馆馆长。1888 年兼任克里斯蒂安尼亚大学博物馆馆长。1887 年去德国、意大利访问考察。

1882 年随猎取海豹的船“海盗”号进行为期 4 个半月的海上探险，经过北极地区，直至格陵兰岛东岸，收集了许多资料。1885 年开始发表研究成果，1886 年获弗里尔金质奖章。1888 年 7 月 17 日，与随行人员乘一艘猎取海豹的船去格陵兰岛南部探险，登上该岛近9 000英尺（约2 740米）的高原，冒着冰雪迷雾，从东到西横跨该岛，度过许多艰险的日子。证实该岛完全为冰所覆盖，并得到许多气象资料，对了解影响北欧和美国的天气条件极为有用。

根据在格陵兰岛上观察资料，认为有一个来自西伯利亚的水流，流经北冰洋到达格陵兰岛。为了验证这个看法，于 1893 年 6 月 24 日乘“夫拉姆”号（“前进”号）去北极探险。这船是特制的三桅船，有一个强大发动机和 12 名船员。9 月 22 日船向东行驶至西伯利亚海岸以北的北纬 78°50′处，被冰封住漂浮到北纬 85°55′。1895 年 3 月 14 日，和同行者 F. H. 约翰森（F. Hjalmar Johansen）离船猛冲到北纬 86°14′，创造了当时到达最北的记录。1896 年春得到英国探险队的救护，才于 1896 年 6 月 19 日返回挪威。归来后的“夫拉姆”号，保存在奥斯陆夫拉姆博物馆中。这次探险的最大贡献是发现北冰洋最大深度、陆地和冰块的部位，促进了物理海洋学的发展；发现由于地球转动使冰漂浮方向与风向不一致，推测在格陵兰岛和斯瓦尔巴群岛之间水下有个山脊，即现在所谓的南森脊；设计出用来测定海水盐度的南森采水器等。1900 年又参加北冰洋海流考察队。1902 年组建和主持海洋中心实验室。此后又多次航海从事研究工作。著有《首次横越格陵兰》（1890 年）、《爱斯基摩人》（1891 年）、《在黑夜与冰雪中》（1897 年）、《1893～1896 年挪威的北极探险》（1900～1906 年）、《北方的迷雾》（1911 年）、《穿越高加索到达伏尔加河》（1930 年）等。

由于国际活动成绩显著，1922 年获诺贝尔和平奖。北极区和南极洲的一些地方用南森命名，以志纪念。（蒋虎祥 姚承昌）

安德鲁索夫，Н. И.（Андрусов，Николай Иванович；Andrusov，Nikolai Ivanovich） 苏联人，1861 年 12 月 19 日生于敖德萨（今属乌克兰），1924 年 4 月 27 日卒于捷克斯洛伐克布拉格（今属捷克）。*海洋地质学、地层学、古地理学、古生物学。*

航海家之子。1880 年刻赤大学预科毕业。后入诺沃罗西斯克大学，开始攻读动物学，2 年后转攻地质学和古生物学。1884 年大学毕业后，去维也纳大学和慕尼黑大学深造。1886 年回国，在圣彼得堡大学任职，1890 年通过硕士论文答辩。后任诺沃罗西斯克大学助理教授。1897 年通过博士论文答辩。该论文获科学院授予的罗蒙诺索夫奖金。1905 年任基辅大学教授，创办《地质通报》并任主编。并当选为基辅自然科学家协会主席。1914 年当选为圣彼得堡科学院院士、彼得一世地质博物馆馆长。第一次世界大战中，他负责组建俄国自然资源调查委员会。1918 年当选为乌克兰科学院院士，并任辛菲罗波尔塔夫里谢斯基大学教授。1920 年因健康原因去巴黎疗养，并在巴黎大学任教。几年后迁居布拉格，不久在那里去世。

创立俄国地质学的基辅学派。他是海洋地质学的创始人之一，重点研究海底沉积和基岩露头。发现在黑海海底沉积物中含有里海型晚第三纪动物群，这成为他重建古地理学的基础。对俄罗斯南部晚第三纪地质进行了卓有成效的研究，是俄罗斯南部和邻区上新世沉积地层学的创始人。他制订的上第三系划分方案，为研究新生代的学者们所采用。对化石礁、区域地质、石油成因和泥火山等方面也有所研究。毕生发表论文 120 多篇。（黄家柱）

维歇特，E.（Wiechert，Emil） 一译维舍特。德国人，1861 年 12 月 26 日生于德国蒂尔西特，1928 年 3 月 19 日卒于格丁根。*地震学、地球物理学、构造地质学、物理学、仪器研制。*

1889 年毕业于柯尼斯堡大学物理学系。留校任教。1897 年任格丁根大学教授、地球物理学系首任系主任。1905 年兼任国际地震学会筹建小组成员。

20 世纪地球物理学格丁根学派创始人。早年从事物质的原子结构及其辐射机制研究，1896 年提出 X 射线是以太中波的假设。1897 年创建德国第一个地球物理学系，领导形成了著名的地球物理学格丁根学派。1914 年之前，和他的学生古登堡、L. 盖革等人在《格丁根学报》上发表一系列重要论文，广泛探讨地球内部构造、地震学、测震学等实践与理论问题，产生了深远影响，史称“格丁根学派”，促进了 20 世纪地球物理学发展。1900 年，他研制成功一种新型机械式倒立摆地震仪，迄今仍在某些地震台使用。这种地震仪特点是拥有质量很大的倒立摆（有的重达几吨），改进了当时的地震观测技术。在他指导下，他的学生策普里茨（K. Zöppritz）编制了地震波在地球内部传播的走时表。根据地震波走时表，他和学生黑尔格洛茨（G. Herglotz）共同提出了计算地球内部波速分布的著名公式。第一次世界大战前，他在一些德属殖民地建立了一系列地球物理观测中心，对早期地震学发展有极重要贡献。第一次世纪大战期间，研究了大气电学、声波传播等问题。此外，他是利用地震方法进行地球物理勘探的先驱者之一。

他是最早发现地核存在的学者之一，建立了地球内部结构理论，认为地核是液态物质。在关于地核半径问题上，英国的奥尔德姆（R. D. Oldham）估算约 2 600 千米，维歇特估算约 5 000 千米，策普里茨估算约 2 900 千米。1914 年，他的学生古登堡发展了他们的早期工作，发现深度 2 900 千米处地震纵波传播速度大幅减小，由此推定地核半径为 3 500 千米左右，该数值至今仍然基本正确。（宋玉亭　李啸虎）

戈利岑，Б. Б.（Голицын，Борис Борисович；Golitsyn，Boris Borisovich）　一译伽利津。俄国人，1862 年 3 月 2 日生于俄国圣彼得堡，1916 年 5 月 17 日卒于同地。地震学、地球物理学、热力学、仪器研制。

王室成员。1886 年毕业于圣彼得堡大学海军水文系。1890 年毕业于法国斯特拉斯堡大学物理数学系。1910 年获英国曼彻斯特大学理学博士学位。1890～1893 年先后在莫斯科大学、多帕特大学执教物理学。1893～1913 年任圣彼得堡科学院物理研究室研究员、室主任。1913～1916 年任圣彼得堡中央物理观测台（后称地球物理观测台）台长。1908 年当选为圣彼得堡科学院院士。1911 年当选为国际地震学会会长。1916 年当选为英国皇家学会外籍会员。

俄国地震学创始人，现代地震学和测震学主要奠基人之一。早年主要研究光学、光谱学和分子物理学，1895 年后主要研究地震学和测震学。他根据地震站收集的地震波数据，准确探测到了地震源；研究和解释了不同地震波型在地球不同深度传播速度问题，提出测震学基本原理，奠定了现代测震学科学基础，为制定地震表提供了理论根据；倡议采用人工爆炸法研究地层结构，是最早通过分析地震波研究地球深处结构的学者之一；主持建立了全俄地震观测网站，沿用迄今；研究和改进了多种地震仪；1906 年研制成功第一台电磁式地震仪，应用电磁放大和照相记录式测震，大幅度提高了地震仪灵敏度。电磁式地震仪采用光记录，由垂直向拾震器、水平向拾震器、电流计和记录器四个部分组成，当地震波传来时，拾震器开始工作，通过电流计反射到记录器，记录器上的照相纸将地震波完整记录下来，以供处理和分析。他还在圣彼得堡科学院物理实验室院内建立了一座戈氏地震仪制造厂，这些仪器当时安装在俄国各地，乃至西欧各国的地震台站上，对地震学早期发展和预测地震起到了很大作用。由于他的重要贡献，俄国的测震学在当时居世界领先地位，戈式地震仪成为各国研制现代地震仪的原型。著有《地震学讲稿》（1912 年）等。他十分重视分析地震波以研究地球深处结构，说：“可以把一次地震比作一盏明灯，它点燃的时间虽短，但可照亮地球的内部。”

此外在物理学领域，深入探讨了临界温度问题；1893 年发表论文讨论电介质和辐射能问题，首次引入热辐射温度概念；导出了黑体辐射绝热方程的两种形式，即：内能（U）乘以体积（V）的三次方根等于常数；绝对温度（T）乘以体积（V）的三次方根等于常数。（谈漱梅　李啸虎）

皮耶克尼斯，V. F. K.（Bjerknes，Vilhelm Friman Koren）　挪威人，1862 年 3 月 14 日生于挪威克里斯蒂安尼亚（今奥斯陆），1951 年 4 月 9 日卒于同地。气象学、大气动力学、地球物理学。

1890 年毕业于克里斯蒂安尼亚（今奥斯陆）大学物理学系。同年赴德国波恩大学学习电动力学和流体力学。1893 年任斯德哥尔摩大学应用力学、物理数学教授。1905 年赴美国哥伦比亚大学、华盛顿市讲学，同年起至 1945 年兼任华盛顿卡内基研究院特约研究员。1907 年回国，任克里斯蒂安尼亚大学教授。1912 年任德国莱比锡大学地球物理学教授，组建莱比锡地球物理研究所并任首任所长。1917 年回国，任卑尔根地球物理研究所首任所长，兼任天气分析预报中心主任。1924 年起任奥斯陆大学教授。

现代大气动力学主要奠基人之一，气象学挪威（卑尔根）学派创始人。早年研究电动力学和流体力学，1890 年和赫兹合作研究过电谐振。1897 年首次将流体力学和热力学结合，以数学物理方法研究大尺度大气和海洋动力学，提出著名的环流定理，并使大气动力学逐步成为独立学科。大气中经常有许多作旋转运动的天气系统（如气旋、台风等），而且环流会随时间而变化，因此环流定理迄今是定量分析大气运动的基本理论，对天气预报有重要意义。1904 年首次采用力学方法制订天气预报研究规划。1910 年首次在天气图上绘制流线，分析辐合区和辐散区的成因和机制。1913～1917 年，和学派成员共同发现大气不连续面（即锋面），后概括为冷锋、暖锋和锢囚锋等不同类型，创立了气旋的现代模式；提出了有关气旋生命史的极锋学说，用于指导天气预报。1921 年在观测和预报天气的实践活动基础上，提出著名的大气环流图式。由此形成了挪威（卑尔根）学派，在世界气象学界颇有声望和影响。

主要著作有：《在无摩擦流体中环流运动和涡旋的形成》（1898 年）；主编和撰写《动力气象学和水文学》丛书（3 卷，1910～1933 年），其中第一卷《静力学》（1910 年英文版，1912 年德文版，与他人合著），第二卷《运动学》（1911 年英文版，1913 年德文版，与他人合著），第三卷《物理流体力学及其在动力气象学上应用》（1933 年德文版，1934 年法文版，与他人合著）；《圆形涡旋的动力学及其在大气涡旋和大气波动中的应用》（1921 年）；《线积分理论在地球涡旋和宇宙涡旋流体动力学中的应用》（1937 年）等。1932 年获英国皇家气象学会西蒙斯纪念金质奖章。

（李啸虎）

福斯特，A. F.（Foerste，August Frederick） 美国人，1862 年 5 月 7 日生于美国俄亥俄州代顿，1936 年 4 月 23 日卒于同地。地层学、古生物学、科学传播。

在家乡代顿的中学毕业后，1883～1886 年在一所乡村小学任教。1887 年毕业于丹尼森大学。继而入哈佛大学攻读地层学和岩石学，1890 年获博士学位。此后在德国海德堡大学、法国巴黎大学继续攻读岩石学。1893 年返回代顿，在斯蒂尔高级中学任教，直至 1932 年退休。在此期间，曾在一些州地质调查所、美国国家自然博物馆兼职。是美国地质学会、美国科学促进协会等的会员，俄亥俄州科学院和华盛顿科学院院士。还是美国古生物学会创始人之一，1928 年任该会会长。

在少年时代就爱好收集植物标本，后对古生物学产生浓厚兴趣。在丹尼森大学求学期间，就常与 C. L. 赫里克教授一起到野外搜集标本，两人合编《丹尼森大学科学实验室杂志》，第一期刊有 3 篇文章。他把古生物学及地层学的研究作为毕生事业。最杰出的成就是对前人介绍过的无脊椎化石标本作了修正性的描述及图版说明。

（马玉英）

怀特，C. D.（White，Charles David） 美国人，1862 年 7 月 1 日生于美国纽约州帕尔迈拉附近，1935 年 2 月 7 日卒于华盛顿。地层不、古生物学、地质学。

1886 年获康奈尔大学理学士学位。1889 年到美国联邦地质调查所工作，长达 49 年，期间升任首席地质师。1903 年任史密森学会副会长。是许多学术团体的会员或名誉会员。曾任美国古生物学会、华盛顿科学院、华盛顿地质学会、美国地质学会等组织的会长或院长。

最早研究石炭系的植物化石。1896 年根据古生物学的研究成果进行地层对比，解决了宾夕法尼亚州早石炭世的地层问题。讨论了泥炭、煤和石油的成因，1908 年提出煤和石油是有机物质的沉积产物，由于化学物理作用，经过漫长的时间形成的。还认为煤来源于热带植物，变质作用增加，炭质级别也增加。这些观点对找煤很有价值。代表作有《密苏里州西南部边远石炭纪盆地地层志》（1893 年）、《密苏里较低煤层植物化石志》（1899 年）、《煤的氧化反应》（1909 年）等。还获得多种学术表彰，其中有 1931 年汤普森奖章，1934 年沃尔科特奖章等。

（王 植）

克拉斯诺夫，A. H.（Краснов，Андрей Николаевич；Krasnov，Andrey Nikolaevich） 俄国人，1862 年 11 月 8 日生于俄国圣彼得堡，1915 年 7 月 1 日卒于俄国第比利斯（今属格鲁吉亚）。地理学、植物地理学。

从小就热爱自然，喜欢旅行。1885 年毕业于圣彼得堡大学数理系自然科学专业，1889 年在该校通过关于天山东部南坡植物群演变的硕士论文答辩。1894 年在莫斯科大学获得地理学博士学位。1889～1912 年在哈尔科夫大学任地理学教授。

他用比较地理法研究各种地理现象，发现天山植物群与俄罗斯中部有相似之处，认为现代天山、俄罗斯中部草原以及北极区的植物群是一种古北极植物更新的产物。他将北半球中纬度以上的每个国家的植物用公式 $F=f_1+f_2+f_3$ 表示，式中 F 为现存植物种的总数，f_1 为至今未改变而保存下来的古北极物种，f_2 为在某一给定国家因生长环境改变的影响而发生变化的古北极物种，f_3 为后期迁移到该国的物种，从而将植物群与确定的地理区域相联系，可分出古代的（$F=f_1$）、迁移的（$F=f_3$）以及改造的（$F=f_2$）三种类型。代表作有《哈尔科夫的地貌、植物和土壤》（1893 年）、《地球科学基础》（2 卷 4 分册，1895～1899 年）、《地球科学教程》（1909 年）等。

（冯祖钧）

马尔热里，E. M. P. M. J. de（Margerie，Emmanuel Marie Pierre Martin Jacquin de） 法国人，1862 年 11 月 11 日生于法国巴黎，1953 年 12 月 21 日卒于同地。地质学、自然地理学、地图学、科学传播。

自幼精通英文、德文，并能阅读绝大多数其他欧洲文字的书籍。未受正规大学教育，因勤奋自学而成才。15 岁成为法国地质学会会员。16 岁出席在巴黎召开的第一届国际地质学大会。是全世界 50 多个科学院和学术团体的成员。

一生出版 265 本（篇）科学著作、译作和论文，绝大多数是介绍国外地学界的开创性成果和进展。内容涉及区域地质、大地构造和自然地理以及地理、地质制图。他第一次提出了地表形态与其地质构造和历史发展之间的因果关系。1888 年主编用英、法、德三种文字表示地质学概念的《关于地壳陆地的断层》，该书直至 1948 年国际地质会议上仍获得充分肯定。对北美大陆的地质与地貌亦有较深的研究，并著有专著。对中国西藏的山态学有一定研究。曾任非洲地质图编制计划的负责人，1937年出版第一幅，1952年全部出齐。著有《地层的形成》（1888年，与他人合著）、《地质考证》（4卷，1943～1948年）、《美洲研究》（1952年）等。此外，1897～1918年翻译出版E. 休斯的3卷本《地球的概貌》，并对其增补了许多注释和参考文献，从而扩大为6卷本，对法国地学界有重要影响。得过很多奖章、奖金和荣誉称号，其中有1923年美国国家科学院汤普森奖章。 （冯祖钧）

森普尔，E. C.（Semple，Ellen Churchill） 一译辛普尔。美国人，1863年1月8日生于美国肯塔基州路易斯维尔，1932年5月8日卒于佛罗里达州西棕榈滩。*人类地理学、地理教育*。

五金店主的女儿。从少喜欢阅读有关历史和旅行的书籍，年青时喜欢马术和网球运动。1882年获瓦萨学院历史学学士学位，是该校最年轻的女毕业生。同年回家乡路易斯维尔，在大姐开办的私立中学任教。1887年随母亲去伦敦旅行，途中了解到德国地理学界的一些情况。1891年获瓦萨学院历史学硕士学位。1892年赴德国莱比锡大学留学一年，由于当时德国大学不招女生，获准作为著名地理学家F. 拉采尔的一名旁听生，她只能寄宿在德国居民家中，在500人的大班中另设单独的隔离座位。1895年再次返回莱比锡大学求教于拉采尔。1906～1923年执教于芝加哥大学。1921～1932年任克拉克大学人文地理学教授。

美国人类地理学开创者之一，环境决定论在美国的代表人物之一。在德国求学和研究期间，在德国地理学界渐露头角，但在美国地理学界无人知晓。回国后，她开始研究、写作和在专业期刊上发表大量论文，成了美国地理学界首屈一指的女学者，影响越来越大。其中，她花了整整一年时间，实地调查研究了肯塔基山区人的生活状况和小生态环境，1901年在《地理学》杂志上发表“肯塔基山区的盎格鲁一撒克逊人，一次人类地理学研究”一文，堪称开美国地理学界人类地理学研究之先河。虽然她是德国地理学家拉采尔的学生，但她不同意导师的一些观点。她是环境决定论者，强调地理生态环境在对人类体质、生活方式、思想文化、风俗习惯、经济水平、社会发展和国家历史进程中的决定性作用。她的名著《美国的历史及其地理条件》（1903年初版，1933年再版）一出版便好评如潮，30年后仍然是许多美国大学地理学系学生的必修书籍。主要著作还有《地理环境影响》（1911年）、《地中海地区地理及其与历史的关系》（1931年）等。评论家认为，环境决定论立场使得她的某些结论过于偏颇。 （李啸虎）

汉伯格，A.（Hamberg，Axel） 瑞典人，1863年1月17日生于瑞典斯德哥尔摩，1933年6月28日卒于瑞典于什霍尔姆。*地理学、冰川学、水文学*。

1881年入斯德哥尔摩大学学习。1893年获硕士学位，1901年获博士学位。同年任该大学自然地理学和历史地理学教授。1907年任乌普萨拉大学地理学教授，直至1928年退休。是瑞典皇家科学院院士。1914～1916年以及1927～1930年两次当选为国际冰川学委员会主席。

在斯德哥尔摩大学受过广泛的训练，掌握了化学、物理学、地质学和地理学的知识，后来兴趣又转向水文学和冰川学。1883年参加格陵兰考察。1898年参加斯匹次卑尔根群岛的考察。曾对瑞典北部的拉普兰作了详尽的水文地质测量。 （张南海）

拉克鲁瓦，A.（Lacroix，Alfred） 法国人，1863年2月4日生于法国马孔，1948年3月16日卒于巴黎。*火山学、矿物学、岩石学、科学史学*。

祖父和父亲都是药剂师，祖父还研究矿物学。他为取得药剂师资格，20岁时去巴黎，在巴黎自然博物馆听F. A. 富凯教授等讲授矿物学，并作他的助手，1889年获该博物馆博士学位。1893年起在该博物馆继任矿物学教授、矿物馆馆长。1904年被选为法国科学院院士。

他重视矿物的搜集和研究，用15年时间通过各种关系和途径在世界范围内系统搜集标本。着重致力于区域矿物学和火山学研究。1888年出版《岩石中的矿物》（与他人合著），是研究岩矿光性的最早著作。1890年开始研究火山及火山岩石学。新观察到发光云是火山喷发时现象。还亲自赴马达加斯加岛进行详细的矿物学研究，1922～1923年出版3卷集《马达加斯加的矿物》。1933年在对岩矿关系和矿物成因进行大量调查分析基础上，提出岩石化学分类法，对矿物学从描述过渡到说理、从定性到定量分析起了重要作用。主要著作还有：《法国及其殖民地矿物概览》（5卷，1893～1913年）、《培雷火山及其喷发》（1904年）等。此外，出版法国科学史、科学家传记著作多种。

（戴成勋）

巴瑟，F. A.（Bather，Francis Arthur） 英国人，1863年2月17日生于英国伦敦，1934年3月20日卒于温布尔登。*古生物学、地质学、动物学*。

1886年获牛津大学新学院学士学位，1890年获该校硕士学位，1900年获博士学位。1887年任自然博物馆地质学部助理，1924年晋升为该馆负责人，1928年退休。曾任英国地质学会、博物馆协会会长和英国科学促进会主席。1909年当选为英国皇家学会会员。1928年当选为美国文理科学院外籍院士。

对古生物学特别是棘皮动物的形态学颇有研究。1893年出版《哥得兰岛的海百合》（第一部分）。E. R. 兰开斯特主编的《动物学丛书》（1900年）中，《棘皮类动物》一卷就是他写的，该书被誉为棘皮动物形态学的最佳作品。此外还出版有《海胆》（1900年）等。获伦敦地质学会1897年沃拉斯顿奖金、1911年赖尔奖章，1932年美国国家科学院汤普森奖章。

（马玉英）

耶克尔，O. M. J.（Jaekel，Otto Max Johannes） 德国人，1863年2月21日生于德国奥德河畔

新萨尔茨（今波兰新苏尔），1929 年 3 月 6 日卒于中国北京。*地质学、古生物学*。

1883 年毕业于波兰莱格尼察大学地质学与古生物学专业。后就学于布雷斯劳大学和慕尼黑大学，继续攻读地质古生物学。1886 年获慕尼黑大学哲学博士学位。1887 年任教于斯特拉斯堡大学地质古生物学研究所。1890 年起执教于柏林大学，1894 年后任该校地质古生物研究所所长、博物馆馆长。1903 年任维也纳大学教授。1906 年任格赖夫斯瓦尔德大学古生物学教授。1912 年创建德国古生物学会及其刊物《古生物志》。1928 年退休后，聘任中国中山大学古生物学教授。次年因肺炎卒于北京。

研究内容较广，主要包括：古生代海百合，并建立了海果纲；古生代鱼类，特别是盾皮鱼、板鳃鱼；中生代爬行类，特别是盾齿龙；脊椎动物的起源，牙齿、骨骼的成因和巨型脊椎动物系统发生的相互关系、退化等方面。具有较深的文学修养，著述丰硕，观点新颖。代表作有《脊椎动物的起源与化石》（1901 年）等。 （马玉英）

韦尔纳茨基， В. И.（Вернадский，Владимир Иванович；Vernadsky，Vladimir Ivanovich）苏联人，1863 年 3 月 12 日生于俄国圣彼得堡，1945 年 1 月 6 日卒于苏联莫斯科。*矿物学、晶体学、地球化学*。

父亲是基辅大学和莫斯科大学教授。从小得到良好的家庭教育。1881～1885 年在圣彼得堡大学数理学院自然科学系学习，深受其导师、著名化学家门捷列夫的影响。毕业后留校任矿物陈列室主任。1888～1890 年在意大利、德国、瑞士、奥地利、法国、英国等国考察旅行，并曾在慕尼黑大学晶体学实验室、法兰西学院勒夏特里埃（Le Chatelier）的实验室以及 F. A. 富凯的实验室工作。1891 年获硕士学位。1897 年获博士学位。1898 年任莫斯科大学教授。1912 年当选为圣彼得堡科学院院士。1919 年负责筹建乌克兰科学院并任首任院长。1937 年在莫斯科召开的第 17 届国际地质大会上，他创议成立一个应用放射性方法来确定地质绝对年龄的委员会，被选为该委员会副主席。

毕业后的前 25 年，主要研究矿物学和晶体学。在 1897 年的博士论文“论结晶物质的滑动现象”以及 1904 年发表的论文“晶体学基础”中，发展了晶体形态和物理化学结构关系的研究，强调了动能学在晶体研究中的重要性，开创了矿物学研究的新方向。在 1910 年发表的“地壳化学元素的共生”一文中，论述了化学元素自然类质同像系列的概念，并指出在温度和压力改变的影响下会产生类质同像系列的转换。这一见解是元素和矿物共生理论发展的基础。

1908 年起转向地球化学的研究。20 世纪 20 年代，他求得了 20 千米深度内地壳的化学成分，以及这一深度内地壳各种化学元素的重量百分比，后来被称为“韦氏值”。研究了地壳化学元素的形成史。提出地壳可分为生物圈、沉积岩层圈、变质岩层、花岗岩层及玄武岩层，并认为这些层之间有着成因联系。1924 年出版《地球化学》，从地球化学的角度将门捷列夫元素周期表分为 6 大类——惰性气体、贵金属元素、循环元素、“分散”元素、强放射元素和稀土元素。还很早认识到放射性是巨大的能源，并寻找放射性矿物以便在实验室里进行研究。此后，他奠定了放射性地质学这一新的分支学科的基础。

他被视为是生物地球化学理论的奠基人之一。最后 20 年的科学生涯致力于研究动植物的化学成分，阐明了有机生命在地球上化学元素反应和转化中的作用。证明有机生命作为太阳辐射的聚积者、转化者和运载者来说是非常重要的，是地球化学旋回中的第二大能源。还认为地球大气中的氧、氮和二氧化碳等主要气体是生命物质创造的。生命物质在整个地质时期都有可能存在。主要著作还有《地壳矿物史》（1923～1936 年）、《地球化学概论》（1927 年初版，1934 年再版）等。 （胡 敏 宣焕灿）

洛夫， A. E. H.（Love，Augustus Edward Hough） 英国人，1863 年 4 月 17 日生于英国滨海韦斯顿，1940 年 6 月 5 日卒于牛津。*地球物理学、地震学、弹性力学、应用数学*。

1882 年入剑桥大学圣约翰学院。毕业后留校，1886 年任评议员。1899 年到牛津大学任自然哲学教授直至去世。曾兼任女王学院研究员。1894 年被选为英国皇家学会会员。1895～1910 年任伦敦数学学会秘书长，1912～1913 年任会长。

主要贡献在于把数学用于地球物理学和力学。第一部名著《弹性数学理论》（2 卷，1892～1893 年）被作为弹性力学问题的标准著作达半个世纪之久，被译为多种文字。1911 年出版的《地球动力学的若干问题》获当年亚当斯奖，包括了他在地壳平衡论、地球固态潮汐说、纬度变化、地球收缩效应及可压缩行星振荡论等方面的成就。给出的洛夫数是潮汐理论中的关键参数。还改进前人工作，创立了与地震观察结果相符的新的表面震波理论——洛夫波理论。这些研究成果对地球结构学说产生了深远的影响。获 1909 年英国皇家学会皇家奖章、1937 年西尔威斯特奖章，1926 年伦敦数学会德摩根奖章。 （吴茂庆）

塞代霍姆， J. J.（Sederholm，Jakob Johannes） 芬兰人，1863 年 7 月 20 日生于芬兰赫尔辛基，1934 年 6 月 26 日卒于同地。*地质学、岩石学、制图学*。

1882 年入赫尔辛基大学学哲学，后因健康原因改学地质学，以增加户外活动机会，1885 年获硕士学位。1886～1888 年在瑞典斯德哥尔摩大学学习。1883～1887 年每年夏季都担任地质学家助理，赴野外工作。

1888年被任命为芬兰地质委员会成员。1892年获德国海德堡大学博士学位。1893年任芬兰地质调查所所长直至去世，任期逾40年。是芬兰地理学会创始人，曾五次任该学会会长。两次任芬兰地质学会会长。两次任芬兰经济学会会长。是芬兰地图集编辑部最活跃的成员之一。

1891年在海德堡大学期间，完成了两篇重要论文“论芬兰南部的喷出岩”和“论奥长环斑花岗岩”。前一篇论文指出喷出岩中很多是经过变质的，并可区分出两种变质程度。这种见解后来被F. J. K. 贝克和J. U. 格鲁滨曼发展成变质深度带的理论。后一论文标志着他毕生研究工作的起点。

对芬兰的基础地质和经济地质作了大量工作，通过对芬兰古老基底的研究，把世界结晶基底——前寒武纪地质学的研究提高到新的水平。鉴于芬兰南部变质基底的复杂性，他填制的地质图不仅反映了岩石类型的区别，而且还表现了岩石演化的历史。在填图方法上，提出根据不同层次采用不同比例尺，还使用露头照相与标本素描及显微镜下薄片观察，因而能理出古老基底的火山喷发及沉积变质的时间顺序，并发现许多意想不到的新现象。是芬兰地质学史上混合岩、深熔岩、重熔花岗岩研究的先驱者，也是花岗岩成因的变成论者的早期代表人物。通过对芬兰剥蚀基底的研究，认为花岗岩并非来自“未知深处”的基性岩浆分异结果，而是古老物质原地活化（重熔与再生）的结果，这些活化的花岗岩能上升到地壳中。把芬兰冰川剥蚀基底清楚出露的混合岩、角砾混合岩、云染岩、以及从肠状脉到再生和重熔花岗岩的一系列现象，视作“从前的花岗岩制造厂”。认为花岗岩中的暗色包体是先前侵入到片麻岩或片岩中的基性岩脉。这些研究使得有可能在超变质地区划分事件的年代顺序。

非常注意花岗岩的特殊组构，如眼球状、斑点状和瘤状及环斑状。提出了“介生”矿物的概念，认为两种呈平衡组合的相邻矿物交界面，由于原生矿物能互相作用而产生新矿物。从这种现象可以标明两种或更多代表不同物理化学条件的岩石演化阶段。他所创立的这种不同层次的观察与解释的新方法，有力地推动了20世纪初期岩石学的研究。在1925年出版的《芬兰地质平均成分》一书中，采用加权平均法给出深剥蚀地壳的平均化学组成，这些数据是对硅铝壳地球化学的重要贡献。

随着芬兰共和国在1919年6月建立，他接受了国际联盟的几个重要使命，如解决奥兰群岛归属问题，阿尔巴尼亚独立问题等。曾获许多荣誉称号和奖章，包括1928年美国地质学会彭罗斯奖章、同年伦敦地质学会麦奇生奖章。 （应中锷　李文达）

西沃德，A. C.（Seward，Albert Charles）英国人，1863年10月9日生于英国兰开斯特，1941年4月11日卒于牛津。地质学、古生物学、植物学。

由于听了地质学家马尔（J. Marr）的演讲，对地质学发生兴趣。1885年获剑桥大学地质学及植物学学士学位。经休斯（T. M. Hughs）的劝告，决定从事研究植物化石，并进修了一年古植物学知识，然后在欧洲各国旅游实习。1898年35岁时被选为英国皇家学会会员。1890年任剑桥大学植物学讲师，1906年被聘为教授。1915年任剑桥大学唐宁学院教授兼院长，1924～1926年任大学副校长，1936年退休。1922～1924年任伦敦地质学会会长。1930年任第五届国际植物学大会主席。1931年任国际生物科学联合会主席。1939年任英国科学促进协会主席。1936年封爵。1941年春完成最后一篇论文并答复各地来信后，于当夜去世。

广泛研究了各种各样的植物化石，但主要集中在中生代地质上。从1888年起介绍了大量英国山林植物区系，从而名噪当世。发表了许多植物区系论文，特别注意由植物化石推断古代气候变化所引起的地理上植物分布情况。主要著作有《威尔德植物志》（2卷，1894～1895年）、《化石植物志》（4卷，1898～1919年）、《侏罗纪植物志》（2卷，1900～1904年）、《达尔文和现代科学》（1909年）等。获伦敦地质学会1908年麦奇生奖章、1930年沃拉斯顿奖章。英国皇家学会1925年皇家奖章、1934年达尔文奖章等。 （王荣增）

奥勃鲁契夫，B. A.（Обручев，Вгадимир Афанасьевич；Obruchev，Vladimir Afanasievich）苏联人，1863年10月10日生于俄国特维尔州勒热夫，1956年6月19日卒于苏联莫斯科。地质学、矿床学、自然地理学、地质学史学。

1881年进圣彼得堡矿业学院，1886年毕业。1888年到西伯利亚任伊尔库茨克矿业管理局主任地质师，1892～1895年任中亚考察队队员。1901年应聘到托木斯克工程学院，组建采矿系，讲授普通地质学。1902年创建西伯利亚地质学院，成为该院的名教授。1912年退休后，定居莫斯科，继续撰写著作。1921年出任莫斯科矿业学院应用地质学教授。1928年任全苏地质会议主席。翌年当选苏联科学院院士，领导地质研究所和冻土带委员会。英国、美国、中国、匈牙利、德国等国的地质学会和地理学会接纳他为名誉会员。

西伯利亚地质是他终生主要工作和科研课题。1892～1895年足迹遍及当时中国的外蒙古和西北部，扩大了过去李希霍芬考察的范围，提出了中国黄土风成的学说。由于这次考察成果卓著，俄国地质学会授予他普尔热瓦尔斯基奖金和康斯坦丁大勋章，法国科学院也给与荣誉奖励。1901年出版了他根据这次考察写成的两巨册勘查日记，至今仍为中亚一些地区的主要参考资料。1895年回伊尔库茨克，用3年时间调查贝加尔境内铁路沿线地质，写成《后贝加尔西南部山脉和地质概况》一书，获得圣彼得堡科学院赫尔默森奖。

1914年去俄国阿尔泰山考察，翌年出版《阿尔泰的研究》、《论俄国阿尔泰的大地构造》。他于20世纪20年代在莫斯科矿业学院讲授矿床学和野外地质学，撰写的教材便是后来出版的《野外地质学》和《矿床学》两书的主要蓝本，前者成为俄国最著名的地质工作手册。20年代末，开始编写《西伯利亚地质研究史》的5卷巨著。

曾多次获得苏联荣誉奖章和奖金。在苏联境内，有一些火山、冰川、山峰、草原等以他的名字命名。1941年以他的名字设置奖学金，奖给对西伯利亚地质工作有突出贡献的人员。

（刘　汉）

凯耶，L.（Cayeux，Lucien）　法国人，1864年3月16日生于法国谢穆济，1944年11月1日卒于卢瓦尔河畔莫夫。*矿物学、岩石学、地质学。*

农家子弟。法国杜埃师范学校毕业。进而在法国里尔大学理学院学习，师从地质学家J.戈塞莱特（Jules Gosselet）教授，获自然科学教师证书。后在中学任教。1897年获里尔大学理学院地质学博士学位。1902年任巴黎矿业学院讲师兼地质工作队队长，1904年任地质学副教授，1907年任农业应用地质学教授。1912年任法兰西学院地质学教授。1928年当选为法国科学院院士。是法国农业科学院院士。是比利时皇家文理科学院外籍院士。获国内外多个大学荣誉博士学位。1920年、1934年先后获法国荣誉军团初级、中级勋位。

近现代岩相学研究的先驱者之一，尤以运用偏光显微镜观察研究沉积岩而著称。主要致力于研究沉积岩，包括碳酸钙、硅酸盐、铁矿石、以及磷酸盐等岩石的物质构成和起源，在多个方面具有开创性。他首创多种新颖方法，以测定岩石的各种化学成分，并推断其可能来源。经典之作《沉积岩岩相学研究导论》（2卷，1916年）的问世，伴随着他对白垩土、硅质岩、碳酸钙、火燧石、铁矿石和石灰磷酸盐等矿物的一系列重要记录，奠定了他的学术权威地位。首次在圣洛地区发现寒武纪前地层中的单细胞生物化石。绘制法国和德洛岛的地质图。

除发表一系列论文之外，主要著作还有《法国矿床研究》（1906年）、《法国鲕状铁矿石》（2卷，1909～1922年）、《法国的沉积岩和硅质岩》（1929年）、《法国的沉积石灰岩和磷酸盐矿》（1941年）、《地质学古今谈》（1941年）。1940年获特拉森斯特奖章。

（李啸虎）

道森，C.（Dawson，Charles）　英国人，1864年7月11日生于英国兰开夏郡，1916年8月10日卒于萨塞克斯郡。*地层学、古生物学、古人类学。*

早年继承父业，学法律。1880年从英国皇家律师学院毕业后，曾从事律师业务10年。业余爱好古生物学。对地质学也有浓厚兴趣，作为业余爱好者，21岁时便被接纳为地质学会会员。

20岁时从黑斯廷斯附近的早白垩世韦尔登组中采集到大量古生物标本，其中有不少珍品。在考古学方面也享有盛名。但他所谓1912年发现了“皮尔丹人”（又称“道森曙人”）当时引起了广泛的争论。直到20世纪50年代有了确定化石年代的方法后，才证实所谓皮尔丹人完全是他把上更新世的人类头骨化石和类人猿下颌骨拼凑起来的骗局，成了科学史上的一大丑闻。

（刘　汉）

吕德曼，R.（Ruedemann，Rudolf）　美国人，1864年10月16日生于德国格奥尔根塔尔，1956年6月18日卒于美国纽约州奥尔巴尼。*地层学、区域地质学、古生物学。*

德国裔。虽然家境贫寒，还是设法在德国耶拿大学毕业。1887～1892年又在法国求学于斯特拉斯堡大学。后移居美国。1899年起在奥尔巴尼博物馆任J.M.克拉克（John Mason Clarke）的助手，1925年接任其教授职位，1937年退休。1911年、1916年先后任美国古生物学会副会长、会长。1916年任美国地质学会副会长。1928年当选为美国国家科学院院士。

考察研究了纽约州主要的山谷，基于大量的化石资料，包括双笔石属（新属）完整的生长程序，建立了纽约州奥陶系黑色页岩笔石带。1947年出版的《北美笔石》使他的科研事业达到了顶峰。又以善于研究其他无脊椎动物化石而赢得国际声誉。围绕塔康期岩进行了一系列的研究，认为该变形岩的现状是逆断层向西延伸后形成的，这一观点已被普遍地接受。1910～1942年发表一系列关于北美一些地区及岛屿地层方面的文章。主要著作还有：《纽约的笔石》（1904年）、《纽约发现的内露层类型》（1909年）、《千岛群岛地区地质》（1910年）、《纽约尤里卡和洛林岩层》（2卷，1925年）、《纽约东部奥陶纪燧石》（1936年）等。

（马玉英）

鲍尔，L. A.（Bauer，Louis Agricola）　美国人，1865年1月26日生于美国俄亥俄州辛辛那提，1932年4月12日卒于华盛顿。*地磁学、地球物理学。*

1888年毕业于辛辛那提大学土木工程系。同年供职于美国海岸和大地测量局，主要工作是测算地磁数据。1892～1895年在柏林大学学习，因一篇分析地磁长期变化的论文获哲学博士学位。回美国后，先后在芝加哥大学和辛辛那提大学任教。在辛辛那提大学执教时，同时领导马里兰州地质调查所的地磁研究工作。1899～1906年负责美国海岸和大地测量局的地磁测量工作。1902年成立华盛顿卡内基学院时，他提出了一个研究地球及其大气层电和磁状况的全球性研究项目，1904年任该学院新设立的地磁学系主任。1912年当选为美国方理科学院院士。

对地球磁场做了不少研究工作，包括：大量海面地磁场填图；还积极主张在各地设立地磁观测台；积极从事观测数据的数学分析，推导数学公式；对观测仪器的改进也很重视；对大气层电学性质和地球外部条件（如日食）对地磁场的影响很感兴趣。1896年创办《地磁学》杂志，后改名为《地磁学与大气电性》，一直任主编直至1927年，该杂志现名为《地球物理学研究》。主要著作有《垂直方向的地球大气电流》（1897年）、《1905年美国地磁测量图表》（1908年）、《地磁观测（1905～1910年）》（1913年）等。1910年获比利时皇家文理科学院拉格朗日奖。（张南海）

德吕加尔斯基，E. von（Drygalski, Erich von） 德国人，1865年2月9日生于东普鲁士柯尼斯堡（今俄罗斯加里宁格勒），1949年1月10日卒于德国慕尼黑。*海洋学、冰川学、自然地理学、地理探险。*

曾在波恩大学听过李希霍芬的地理课。1887年在波茨坦大学的大地测量研究所工作，并获该所博士学位。1888～1891年任大地测量研究所助理，兼任柏林国际测绘中央局助理。1899年任柏林大学地理学和地球物理学教授。1906年任慕尼黑大学地理学教授兼地理研究所所长，直至1935年退休。是好几个科学院的院士和许多地理学术团体的名誉会员。

主要研究冰川和海洋。1891年夏和1892～1893年，率领柏林地理学会的考察队到格陵兰西部考察冰川。1894年开始筹备德国第一次南极考察活动，1901～1903年率领“高斯”号考察船队到南极考察。1944年慕尼黑地理学会为了表彰他的业绩和奖掖后人，设立了德吕加尔斯基奖章。月球上有一陨石坑以他命名。（张南海）

海定，S. A.（Hedin, Sven Anders） 瑞典人，1865年2月19日生于瑞典斯德哥尔摩，1952年11月26日卒于同地。*地理学、地质学、考古学、地理探险、文学、美术。*

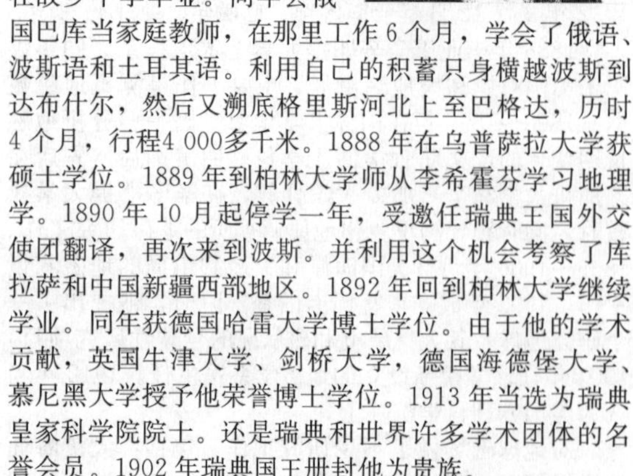

建筑师的儿子。1885年在故乡中学毕业。同年去俄国巴库当家庭教师，在那里工作6个月，学会了俄语、波斯语和土耳其语。利用自己的积蓄只身横越波斯到达布什尔，然后又溯底格里斯河北上至巴格达，历时4个月，行程4 000多千米。1888年在乌普萨拉大学获硕士学位。1889年到柏林大学师从李希霍芬学习地理学。1890年10月起停学一年，受邀任瑞典王国外交使团翻译，再次来到波斯。并利用这个机会考察了库拉萨和中国新疆西部地区。1892年回到柏林大学继续学业。同年获德国哈雷大学博士学位。由于他的学术贡献，英国牛津大学、剑桥大学，德国海德堡大学、慕尼黑大学授予他荣誉博士学位。1913年当选为瑞典皇家科学院院士。还是瑞典和世界许多学术团体的名誉会员。1902年瑞典国王册封他为贵族。

1894～1897年间，他组织第一次中亚考察活动，主要考察中国塔里木盆地以及塔里木河河源地区。重点考察了塔克拉玛干沙漠。最后经过柴达木盆地、青海、内蒙古等地到达北京。1899～1902年间，进行了第二次中亚考察。继续考察塔里木盆地。顺着塔里木河的上游和中游，进行了直线距离长达340千米的详测和水文调查。1900年发现了楼兰古城遗址，把挖掘出来的大量珍贵文物偷运出中国。1906～1908年间，组织了第三次中亚考察活动，勘测了冈底斯山和中国藏南大片地区，绘制了第一张详细的西藏地图，并发现了印度河的发源地。1927年领导和参加由欧洲和中国学术界联合组成的西北科学考察团，再次到中国新疆、甘肃地区进行工作。在中国新疆和西藏地区的考察前后延续了30多年。搜集了上述地区大量有关地质、古生物、考古、动物、气象学等方面的资料和情报。上述地区在地理学、地质学上原来都是空白，通过这些工作有了一个基本的了解。他身体健壮，意志刚强，考察过程中有好几次濒临死亡，最后都以超人的毅力摆脱困境，死里逃生。

主要著作有《中亚科学考察报告》（6卷，1899～1902年）、《南藏》（11卷，1906～1908年）、《西北科学考察报告》（30卷，1927～1935年），共约1 000万字。还写了大量科学游记，如《中亚细亚沙漠》、《亚洲腹地》、《外喜马拉雅山》、《探险生涯》等。不仅是一位卓有成就的地理考察家，还是一个才思横溢的作家。他的著作文笔优美，叙述生动。绘画造诣很高，地理素描有较高科学与艺术价值。曾荣获42枚金质奖章。遵照他的遗愿，去世后其全部财产（其中包括他生前收集的8 000多个岩石标本以及古代文明的遗物），都捐赠给附属于斯德哥尔摩大学人类学博物馆的海定基金会，该基金会由瑞典皇家科学院主持。（张南海）

弗里德尔，G.（Friedel, Georges） 法国人，1865年7月19日生于法国米卢斯，1933年12月11日卒于法国斯特拉斯堡。*矿物学、岩石学、晶体学。*

父亲C. 弗里德尔是化学家，在巴黎大学教矿物学与有机化学，兼任巴黎高等矿业学校矿物陈列馆馆长；外祖父G. 杜弗诺（Georges Duvernoy）是G. 居维叶在法兰西学院的合作者和继承者。他幼年时受他们影响，对矿物学、地质学感兴趣。1885年进巴黎综合工科学校。1887年进国立高等矿业学校，1891年毕业后任采矿工程师。1893年进圣艾蒂安矿业学校教授黑色冶金、矿物学和地质学，1907年任该校校长。第一次世界大战后，受聘为斯特拉斯堡新成立的法兰西大学地质科学系主任，直到1930年退休。

主要贡献是在矿物学与晶体学方面。最早从事矿物人工合成研究，曾确定“沸石水”的填隙性质。用多种流体替换了沸石水，并发现其他化合物中也有沸石水存在。1893年发展了椭圆偏振光恢复为平面偏振光时程差的精确测定方法。在1904年前，晶体学中基于推断的布拉维定律尚未被普遍接受，他以实际测量肯定了它：最常出现也即发育最好的晶面和最高网密度的点阵面相一致。还得出一个经验定律：晶棱 a、b、c 大致与观察到的晶形数绝对值之和 Σh、Σk、Σe 成比例。1912年后，晶体构造点阵的周期性可用X射线衍射法测定，他对这种方法即发生了兴趣。1913年他判明了可以用X射线衍射测定的11种中心对称。

还和同事一起研究液晶，发现在非晶质与晶质间存在两种结构类型：流状液晶和近晶液晶。由于它们是不连续转变就分成了四种结构类型。他对这种介晶相的研究开创了许多新领域；研究过双晶；1924～1927年提出的晶体生长理论解释了负晶和晶体曲面原理；通过金刚石研究提出了同素异形现象。重要著作有《晶体的类群》（1904年）、《布拉维定律研究》（1907年）、《物态》（1922年）等。（李文达 杨惠民）

多诺，C. W. M.（Dorno，Carl Wilhelm Max） 1865年8月3日生于东普鲁士柯尼斯堡（今俄罗斯加里宁格勒），1942年4月22日卒于瑞士达沃斯。气象学、气候学、大气物理学、仪器研制。

出身商业世家。1891年接受父亲的商务。1897年32岁时才上大学，1904年获柯尼斯堡大学化学博士学位。为治疗女儿的结核病，迁居阿尔卑斯山的疗养地达沃斯。为了研究阿尔卑斯山区特殊气候形成原因，自费设立物理气象观测站。获普鲁士政府授予的教授衔，1926年退休为顾问，但仍继续气象及生理方面的研究，直到1930年代中期双目失明后才结束科学生涯。1922年获瑞士巴塞尔大学荣誉医学博士学位。

与人合作，制造日照强度计；测量地球大气层接受的太阳及天体辐射，连续纪录日照强度；使用冷却仪探测大气层对日照的影响；统计各种纬度及高度上的年辐射和日辐射变化；开拓了波长290～320纳米之间的紫外辐射的研究；后人将此段光谱辐射称之为多诺辐射；他推演生物冷却作用的概念成为生物气候学的基础。（曹念祥）

赫伯森，A. J.（Herbertson，Andrew John） 一译侯伯生。英国人，1865年10月11日生于英国塞尔扣克郡（苏格兰原郡名）加拉希尔斯，1915年7月31日卒于牛津附近的钦诺。区域地理学、、地理教育。

中学毕业后，当过爱丁堡一家建筑公司勘测员。1886～1889年在爱丁堡大学进修自然科学，同时在该校当一位教授的研究助手。1891年再次进爱丁堡大学进修自然科学。1898年获德国弗赖堡大学博士学位。1992年作为P. 格迪斯（Patrick Geddes）的助手，去苏格兰东部港市敦提调查植被分布。同年成为英国皇家地理学会会员。1892～1893年任尼维斯一威廉实验室气象员。1894年任曼彻斯特大学欧文学院讲师，讲授政治与商贸地理学。1896年任爱丁堡大学赫里奥特-瓦特学院讲师，讲授工业地理学。1899年协助H. J. 麦金德在牛津大学创建地理学系，1905年接替麦金德任牛津大学地理学系高级讲师，1910年任地理学系系主任。同年当选为英国科学促进会地理学部主任。期间1900～1915年任地理学会秘书长，并担任会刊《地理教师》（后更名《地理学》杂志）的首任主编。1908年成为英国皇家气象学会会员。

一生致力于地理教育，对英国和英联邦地理教学作出了重要贡献。作为麦金德的后继者，开了地理学为自然区划服务的先河。在英国皇家地理学会会刊《地理学》杂志上，发表有他的最著名论文“主要自然区域：有关系统地理学的评论”（1905年），首次提出世界大自然区的划分，依据气候和地形、植被的组合，把全球划分成6大自然区域、12个副区，一反英国地理教学以国家疆域为单元进行区划的传统，引起了地理学界极大关注。他主张地理学着重于综合研究地球表面各种现象的空间联系，这一思想对区域地理学和景观学的发展有深远影响。

一生出版有15部著作，发表学术论文75篇。他和妻子共同主编有多种地理教科书，时至20世纪50年代，其中的中学地理教科书已发行140余万册。此外还与他人合作主编有《气象地图集》（1899年）、《不列颠王国地理概观》（1914年，牛津地理学系列6卷之一）等著作，《人和工作》（1899年初版）直至20世纪60年代仍在再版。（李 烨 李啸虎）

温切尔，H. V.（Winchell，Horace Vaughn） 美国人，1865年11月1日生于美国密歇根州盖尔斯堡，1923年7月28日卒于洛杉矶。矿床学、采矿工程、科学传播。

父亲N. H. 温切尔、伯父A. 温切尔以及弟弟A. N. 温切尔都是地质学家。先后在明尼苏达大学、密歇根大学学习，1889年毕业于密歇根大学。同年供职于明尼苏达州地质调查所。后来在多家采矿公司任职，还曾独自开设采矿咨询公司。是《经济地质学》杂志的创办人之一，曾任该刊主编。还曾任德国《应用地质学》杂志的主编之一。1919年任美国矿业工程师协会主席。

他的第一项地质工作，是受父亲派遣去研究刚发现的铁矿远景区梅萨比岭。他认为含铁建造是前寒武纪海洋中的化学沉淀，这对美国开发富铁矿床起了很大的指导作用。1898年后转向研究采矿，提倡将地质调查与矿床开采结合起来。（王 植）

芬内曼，N. M.（Fenneman，Nevin Melancthon） 美国人，1865年12月26日生于美国俄亥俄州莱马，1945年7月4日卒于俄亥俄州辛辛那提。自然地理学、地质学。

早年在高中任教。1892年到科罗拉多州师范学院工作。后师从T. C. 钱伯林作研究生，获芝加哥大学博士学位。1902年后，相继任科罗拉多大学和威斯康星大学的地质学教授。1907年赴辛辛那提大学，创办地质地理学系，长期任系主任。曾在威斯康星、伊利诺伊、俄亥俄等州地质调查所和美国地质调查所兼职。1918年任美国地理学家协会主席。1935年任美国地质学会会长。

撰写的论文和报告很多。1916年出版的美国自然地理分区图是一项重要成果。还从事海浪和洋流对海岸的影响、湖泊以及油田等问题的研究。代表作有《美国西部自然地理》（1931年）、《美国东部自然地理》（1938年）。1938年获芝加哥地理学会金质奖章。

（冯祖钧）

萨佩尔，K. T.（Sapper，Karl Theodor） 德国人，1866年2月6日生于巴伐利亚公国（今属德国）威蒂斯林根，1945年3月29日卒于德国加米施-帕滕基兴。地理学、火山学、考古学、人类学、地理探险。

铸造厂主之子。1888年获慕尼黑大学地质学学士学位。1889年去哥哥在危地马拉的咖啡种植园任管理员。1893年任墨西哥政府地质学家。1894～1900年在危地马拉和其他中美洲国家从事地质勘探。1902年任蒂宾根大学编外教授，1907年任全职地理学教授。1910年任斯特拉斯堡大学地理学和人类学教授。1919年任维尔茨堡大学教授，兼任美洲研究所所长。1917年任德国海外协会科学顾问委员会成员。是德国利奥波德科学院院士。

德国旅行家、探险家、考古学家和语言学家。以研究20世纪初叶中美洲的自然地理、博物学、文化和语言而著称。1888年起，在危地马拉进行了多次考古挖掘。1908年考察德属新几内亚俾斯麦群岛。他前后陆续用12年以上时间，克服了体质不佳、疟疾攻击、爬山涉水、穿越密林等种种困难险阻，徒步考察了中美洲绝大部分地区。首次对中美洲和墨西哥南部作了大量的地质勘探；在危地马拉的佩滕和墨西哥尤卡坦半岛，发现古代玛雅遗迹；期间出版一系列科学著作，广泛涉及从火山学、中美洲语言、风土人情到描述与绘制玛雅考古遗址地图等各种题材。在半个世纪后，他的各种地图和报告仍然是该地区地学信息的主要来源；而我们至今知道的数种玛雅方言，也是来自他的唯一记录。

在火山学领域，他多次考察拉丁美洲的危地马拉、墨西哥和西印度群岛、以及新几内亚俾斯麦群岛等地火山。1914年日本樱岛火山大爆发，曾专程赴日观察火山变化。

著述颇丰，主要著作有：《中美洲旅行和研究》（1902年）、《中美洲和西印度群岛的火山区域》（1905年）、《火山学》（1914年）、《地质构造和景观》（1917年）、《热带及其附近地区自然环境和生活条件》（1920年）、《一般经济与运输的地理学》（1925年）、《十九世纪中期至今的火山学》（1928年）等。 （李啸虎）

布鲁姆，R.（Broom，Robert） 英国人，1866年11月30日生于英国苏格兰佩斯利，1951年4月6日卒于南非比勒陀利亚。地层学、古生物学、古人类学、生物进化论。

孩提时代因患气管炎去海边休养了一年，在那里获得不少海洋生物学知识。父亲是业余植物爱好者，为满足他的兴趣，帮他结识了许多古生物学界的知名人士。1883年入格拉斯哥大学，在校期间受植物学家鲍尔（F. O. Bower）和解剖学家J. 克莱兰（John Cleland）的影响，阅读许多胚胎学名著，1889年获医学博士学位。1892年去澳大利亚。1897年赴南非。1903～1910年任南非维多利亚学院动物学和地质学教授。后任开普敦南非博物馆古脊椎动物馆馆长。1934年任南非比勒陀利亚的德兰士瓦博物院古生物馆馆长助理。曾获许多科学机构的荣誉博士学位、荣誉会员和奖励。

主要研究哺乳动物的起源及其头盖结构、二叠纪和三叠纪爬行动物的演化史及分类、最早的人类化石等。在动物学、人类学、医学、化学和集邮等方面也发表了不少著述。

一次偶然机会在大英博物馆看到西利（H. G. Seeley）在非洲采集的标本，为寻求哺乳动物的起源远航去非洲。采用切片的方法进一步显示了爬行动物头部构造，在形态学的基础上进行了分类，认为它们是由北美的盘龙演变而来。早在1902年，他发现某些食肉的兽孔类腭部比西利发现的犬齿龙的腭部更发达，建立了兽头附亚纲作为早期的哺乳动物。1905年初，对卡罗地层中不同的化石进行了研究，建立了标准动物群带。这一形态与地层的结合，使他得以成功地总结了非洲和北美二叠纪的动物群。对卡罗的化石和哺乳动物胚胎学的研究，同时为他的哺乳动物起源的许多专论打下了良好基础。

第一次世界大战后开始行医，同时对非洲史前人类发生兴趣，着手研究非洲种族的生理特征，解决许多南非古人类学的疑难问题。当受聘为德兰士瓦博物院古生物馆馆长后，为了发现早期人类的证据，1937年对更新世岩洞沉积中的准人猿化石进行了精心的研究，并作了生动的描述。1928～1934年间，发表3本重要著作：《人类骨骼的起源》（1930年），该书对脊椎动物的演化作了简短的论述，讨论了爬行动物到哺乳动物的过渡过程等，最后一章提及拉马克和达尔文的进化论中不当之处；所著《南非类哺乳动物的爬行动物和哺乳动物的起源》（1932年），附有几百幅自绘复原图，阐述了进化论及其原因；在《人类的降临是偶然之事还是有意创造?》（1933年）一书中，详尽地批评了各种演化理论。反对达尔文主义、拉马克主义及其变异演化，认为在演化的背后一定有超自然的精神力量，因为一切主要的进化都是来自较小的未特化的动物，而现生动物都属特化而不能再产生新型的生命，人类的出现标志着演化的结束。他解决了许多19世纪形态学家未能解决的系统发生问题。获1946年美国国家科学院埃利奥斯奖章。

（马玉英）

华盛顿，H. S.（Washington，Henry Stephens） 美国人，1867 年 1 月 15 日生于美国新泽西州纽瓦克，1934 年 1 月 7 日卒于华盛顿。*岩石学、地质学、地球化学。*

美国首任总统乔治·华盛顿（George Washington）的后裔。1888 年获耶鲁大学物理学专业文学士学位。1893 年获德国莱比锡大学哲学博士学位。还曾在雅典的美国古典学校攻读考古学，1888～1894 年在希腊各地进行考古发掘。1912 年到华盛顿特区卡内基地球物理实验室工作，直至去世。曾在新泽西州洛克斯特自建实验室，研究火成岩的化学特性。当选为美国国家科学院院士，法国科学院外籍院士。曾任美国地质学会副会长，美国地球物理联合会副会长，美国矿物学会会长等职务。

1897 年起，他通过高精度的化学分析鉴定取自挪威的火成岩矿物成分，根据矿物化学成分来进行分类。和同事 C. W. 克罗斯、J. P. 伊丁斯和皮尔逊（L. V. Pirsson）共同提出了一套火成岩分类方法，这一分类方法现以他们四人姓氏的第一字母命名，称 CIPW 分类法，这一分类法至今仍为人们所采用。发表论著 169 篇（部），最有名的著作有为《火成岩化学分析》（1903 年初版，1917 年再版），对 8000 余种不同岩石逐一进行详细分析。另有《岩石化学分析手册》（1904 年）、《地壳化学》（1922 年）等。 （王 植）

菲索，L.-E.（Fichot，Lazare-Eugène） 法国人，1867 年 1 月 18 日生于法国索恩-卢瓦尔省勒克勒佐，1939 年 7 月 17 日卒于吉伦特省。*大地测量学、海洋水文学、地质学。*

1886 年从巴黎综合工科学校毕业后，参加法国海军水文工程兵团。1926 年调到国家海洋水文局，历任主任、局长。1925 年当选为法国科学院院士。1923 年任法国大地测量和地球物理学委员会大地测量部主任。

对水文学和潮汐理论方面有所贡献。曾沿着法国海岸和法国在亚洲和非洲的殖民地作大量的水文、地质和气象上的观测。主要著作是 1923 年出版的《海洋及其工业利用》，在书中把当时已掌握潮汐知识与他在这方面的研究成果结合起来。1912 年获法国科学院比努奖。 （张南海）

张相文（Zhang Xiangwen） 字蔚西，号沌谷。中国江苏省人，1867 年 2 月 3 日生于江苏泗阳，1933 年 1 月 16 日卒于北平（今北京）。*自然地理学、历史地理学、地理教育、科学传播。*

青年时代参加过乡试，以后决心研读地理。一面教学，一面学习日文，积极学习国外近代地理学著作。1899～1903 年在上海南洋公学（国立交通大学前身）讲授地理学。1900 年加入同盟会。1907～1912 年在天津北洋女子高等学校讲授地理，1909 年任校长。1917～1919 年在北京大学任国史馆编纂兼教授，讲授中国地理沿革史。1909 年他参与发起建立中国地学会，并被推选为第一届会长。1919 年往广州护宪。1923 年南走上海，1926 年任辅仁大学董事会董事。1929 年任江苏省通志局编纂。

中国近代地理学的开拓者和奠基人之一。1910 年创刊《地学》杂志，连续出版 28 年，计 180 多期，刊登文章1 600多篇，传播了近代地理学思想，有力地推动了中国近代地理学的发展，同时还开展了世界学术交流。在他以前中国地理学还处于传统的记述地理学的阶段，在他以后中国地理学开始进入了探讨地理事物运动发展规律的新时期。早年研究自然地理，1908 年出版《新撰地文学》一书，内容包括星界、气界、陆界、水界、生物界，是中国最早的普通自然地理学专著。在历史地理学方面，编著两卷 32 章的《中国地理沿革史》（1917 年），是中国高等学校最早使用的有关中国历史沿革地理方面的教材。还发表了大量历史地理论文。在经济地理学方面，十分重视国计民生问题的研究，特别是农田水利问题。因此治黄、治淮、灌溉问题的讨论，在他的书中占了很大的比重。为满足教学工作的需要，在 20 世纪初期编写和出版中国最早的地学教科书《初等地理教科书》（1901 年）、《中等本国地理教科书》（1901 年）、《最新地质学教科书》（4 卷，1909 年）等。"教科书"一词，也是他创立的。此外还有《泗阳县志》（1920 年）、《佛学地理学》（3 卷，1924 年）、《南园丛稿》（24 卷，1935 年）等。

（翟忠义）

帕萨尔格，S.（Passarge，Siegfried） 一译帕萨格。德国人，1867 年 2 月 26 日生于东普鲁士柯尼斯堡（今俄罗斯加里宁格勒），1958 年 7 月 26 日卒于德国不来梅。*地理学、人类学、地貌学、地理探险。*

1886 年入读柏林大学地质系，1888 年转耶拿大学攻读医学，后转学到弗赖堡大学。1891 年获柏林大学地质学博士学位。1892 年获耶拿大学医学博士学位。1905 年任布雷斯劳大学地理学教授。1908～1935 年任汉堡大学地理学教授。1956 年获汉堡大学荣誉博士学位。

德国景观学创始人之一、旅行家，以研究南部非洲而知名。早期曾去赤道非洲、南部和北部非洲，研究非洲的气候、自然地貌和风土人情，1896～1898 年期间，在非洲恩加米兰和卡拉哈里（今博茨瓦纳境内）考察自然地貌、克瓦桑语族和班图语族人社会习俗。1901～1902 年到委内瑞拉等南美洲北部地区考察。1906 年去阿尔及利亚考察，并开始研究景观。20 世纪 30 年代及以后，研究文化地理和文化景观，尤其是系统研究地理民族学；首创了城市景观的概念。他把景观视为一种相关要素的复合体，地理景观是自然界的统一体；认为景观的形成和变异主要受气候因子的影响，划分景观类型的最好指标是植被；认为景观学是一门独立的学科，系统地提出了全球范围内自然景观分类、分级的原理和方法；研究了自然景观与文化景观的相互关系问题。

主要著作有《卡拉哈里沙漠地区》（1904年）、《南部非洲》（1908年）、《自然地貌学》（1912年）、《景观学基础》(3卷，1919～1920年)、《描写景观学》(1929年)、《比较景观学》（4卷，1921～1930年）、《地理民族学》(6卷，1933～1938年)、《景观学指南》(1933年）等。获1953年地球科学会李特尔奖章。

（李啸虎）

伯克兰，K. O. B.（Birkeland，Kristian Olaf Bernhard） 挪威人，1867年12月13日生于挪威的克里斯蒂安尼亚（今奥斯陆)，1917年6月15日卒于日本东京。地磁学、地球物理学、天文学、电化学工程、技术发明。

曾在巴黎大学和日内瓦大学短暂求学；做过德国物理学家H. 赫兹的学生。1890年在克里斯蒂安尼亚(今奥斯陆）大学获相当于硕士的学位。留校任教，1898年任物理学教授。曾开办兵器制造公司，1908年创建挪威海德鲁公司。1913年到埃及观测黄道光，因第一次世界大战爆发而滞留，孤寂中患上忧郁症，靠酗酒和安眠药打发日子。1917年随丹麦领事绕道亚洲回国，半途在日本一家旅馆服大量安眠药自杀。搭载他的遗物回欧洲的船只，后来也在朝鲜近海不幸沉没。

磁层物理奠基人，挪威电化学工业主要开创者。1895年，他从伦琴发现X射线中得到启发，研制真空室以研究磁铁对阴极射线作用，在实验中发现电子束导向磁极现象。1896年，用真空室做模拟日地系统的地球模型实验，发现电子束在被磁化的悬空地球模型磁极上出现环状光，这是首次产生的人造极光。据此，他提出极光理论，认为极光是来自太阳的电子流和地球地磁场在极地直接作用的结果，首次对极光作了合理解释。1899～1900年，率领一支挪威北极探险队，通过测量地磁场第一次确证了极地的地球电磁流图景。为了给极光研究设立基金，1901年他在工程师埃德(Sam Eyde，1920年任驻波兰大使）协助下，共同研制一种电磁固氮工艺，将空气中的氮气和氧气反应产生氧化氮，获得电磁固氮肥专利，1908年创建挪威海德鲁公司（至今仍是挪威最大公司)。他3次在挪威组织北极探险队，建立收集极光和地磁数据的观测网，在北极圈建立4个高山观测台，其中一个位于北纬70°，是当时地球上最北观测台。根据观测资料，他把地球的地磁扰动分为三种“元扰动”：赤道扰动（即磁暴)、极区元磁暴（即磁层亚暴）和环中磁暴（在日照半球发生的磁暴，现归因于太阳耀斑光子)。为了说明地磁扰动机制，提出一种沿地磁场的垂直电流体系模式（现称为伯克兰)。被提名为诺贝尔奖候选人不下7次，但终未如愿。他通过实验室实验和观测提出的极光理论，直至20世纪60年代人造卫星上天取证后才被人们广泛接受。

后期对天文学感兴趣：1913年在埃及观察和研究黄道光，首次预言在太空到处存在等离子，绝对真空并不存在；1916年首次预言太阳风本质是电磁场中的带电粒子（包括负电子和正离子)。此外还获得电磁大炮、改进型助听器、人造黄油等发明专利。（李啸虎）

海福德，J. F.（Hayford，John Fillmore） 美国人，1868年5月19日生于美国纽约，1925年3月10日卒于伊利诺伊州埃文斯顿。大地测量学、构造地质学、地球物理学。

1889年毕业于康奈尔大学土木工程系。后到美国海岸与大地勘测局任职20年之久。期间，1892～1894年在美国-墨西哥国际边界委员会主持天文大地测量工作。1895～1898年在康奈尔大学兼课。1909年到埃文斯顿任西北大学工程学院院长。曾任美国工程学会会长，哥斯达黎加-巴拿马边界仲裁委员会主席。1911年当选为美国国家科学院院士。1918年获华盛顿大学荣誉博士学位。

是最早系统使用观察资料和计算结果来处理地形不规则性，将地壳均衡论与地形外貌联系起来考虑的科学家。引进面积法代替17世纪以来传统的弧度法。他的工作为确立地壳均衡概念提供了最早例证。相信均衡补偿是地壳块体密度引起的高度的横向变化，隆起的大地比其他块体密度要小，而且是飘浮在下层地壳之上的。均衡补偿的均匀分布深度极限为113千米。这和T. C. 钱伯林假定的极限深度为287千米不同。钱伯林及其他学者不能想像在山脉及大陆块形成时垂直运动与侧问运动如何协调而产生均衡补偿。海福德解释在离地面的深处岩石的流动是由于摩擦及化学反应产生的热所致。海福德均衡补偿理论当时在大地重力学的实际应用和计算上有过重要贡献，对大地水平面和地球形状的研究也有特殊成就。有鉴于此，1924年国际大地测量学学会（IAG）采用他的研究成果作为第一个国际椭球，即“海福德椭球”。关于地壳均衡说后来的研究，既保留了海福德的观点，也吸收了钱伯林的意见。

主要论著有：《大地天文学》（1898年)、《美国的精确水平测量》（1899年)、《欧洲与美国重力测量的新联测》（1901年)、《地球形状和地壳均衡》（1909年)、《测量地球》（1913年）和“太平洋上重力观测的重要性”（1916年）等。获1924年英国皇家地理学会维多利亚奖章，1925年美国西部工程师协会夏尼特奖章等。他逝世后，美国地理学联合会在阿拉斯加命名了一座“海福德山”。

（曹念祥）

大森房吉（Omori，Fusakichi） 日本人，1868年10月30日生于日本福井，1923年11月8日卒于东京。地震学、火山学、地球物理学、仪器研制。

1890年毕业于东京帝国大学理学院物理学部。毕业后对刚发展起来的地震学发生兴趣。1892年任日本震灾预防调查会干事。1893年任东京帝国大学讲师。后去意大利、德国深造。归国后，1897年在东京帝国大学任地震学教授，直到去世。

是当时日本最著名的地震学家，也是世界上早期几位最有名望的地震学家之一。发表了许多地震学论文，内容涉及地震学的许多问题，主要有：推导出余震频度公式，研制出多种测震仪，其中有一种水平摆测震仪至今还在使用；发明地倾斜仪；根据地震危险性的大小进行分带；根据地震记录研究地震运动的特点；详细测定地震运动的周期、位移和加速度；根据地震记录求震源位置；根据加速度确定震级；利用砖柱在震动台上的倾倒来进行地震模拟实验；测定震前、震时和震后建筑物、桥梁、烟囱和高塔的震动；编制地震事件目录。对火山也感兴趣，用地震方法来研究火山。还应用他的观点来研究发生在印度、加利福尼亚、西西里和台湾的大地震。

1923年9月1日去澳大利亚出席泛太平洋科学会议。当他正在悉尼参观里弗维尤地震台时，那里的测震仪正记录到了一个很强的远震，那就是发生在日本关东地区的大地震。它夺取了14万人的生命，使东京沦为废墟。回国途中他的健康突然恶化。回国后目睹地震后的惨状深感悲痛，病情加剧，不久便去世了。

（张南海　刘　汉）

谢尔曼，L.-R. K.（Sherman，Le-Roy K.）　美国人，1869年生于美国，1954年1月4日卒于美国加利福尼亚州圣迭戈。水文学、气象学、水力学、水利工程。

1892年毕业于美国马萨诸塞理工学院。1895～1912年相继任芝加哥下水道工程助理工程师、芝加哥卫生特区责任工程师。1934～1943年历任美国大湖流域顾问、美国地球物理学联合会水文部主任、美国水土保持局防洪处顾问、美国土木工程师学会水利政策委员会主席等职。

主要从事水文分析及水利计算，水文学中单位线方法的创始人，主要贡献：在1932年发表的“用单位线方法从雨量推算径流”一文中，首创流域时段单位线的概念和方法，据此可从净雨推算出河流过程线。他把流域降雨径流的汇流现象看作一个线性系统，降雨作为系统的输入，径流量过程作为系统的输出，而流域的单位线就是这个线性系统的响应函数，利用流域的实际降雨和与其相应的出口断面处的流量过程资料分析得出数值。在此基础上，1935年美国的R. E. 霍顿提出地表径流的涨洪段依赖于有效降雨强度，揭示了流域汇流非线性现象；1945年美国的克拉克（C. O. Clark）提出了“瞬时单位线”一词，将面积-流时曲线经过一次调蓄演算后作为瞬时单位线使用，未用数学表达式；20世纪50年代后期，爱尔兰的纳什（J. E. Nash）给出瞬时单位线数学表达式，逐渐形成了一个较完整的体系。单位线方法主要用于由暴雨过程推求流量过程，为现代水文学的径流预报、水文分析计算奠定了基础。从谢尔曼确立单位线法以来，它成了世界各地水文学者推算水坝设计洪水最重要的方法之一，影响很大。为了处理净雨在流域上分布的不均匀性，常把单位线应用于较小流域（1 000平方千米之内），对于净雨强度变化，可作出雨强对单位线的非线性改正。谢尔曼的其他著作有《农业经营对减少径流和洪水的作用》等，还参与主编《水文学》一书。

（李啸虎）

弗莱特，J. S.（Flett，Sir John Smith）　英国人，1869年6月26日生于英国苏格兰奥克尼群岛柯克沃尔，1947年1月26日卒于英格兰埃塞克斯郡阿什顿。地质学、火山学、岩石学、科学史学。

17岁进爱丁堡大学，19岁获文学硕士学位；后攻自然科学，1892年获理学士学位；1894年获医学学士和外科学硕士学位。经短期行医后，回爱丁堡大学成为地质学教授J. 盖基的助教，研究地层学和岩石学。1900年获该校理学博士学位。同年当选为爱丁堡皇家学会会员。1901年供职英国地质调查所。1911年任苏格兰地质调查所副所长。1913年被选为英国皇家学会会员。1921年任英国地质调查所所长。1925年封爵。

因对奥克尼及康沃尔地区沉积岩、变质岩和侵入岩的研究成就，以及参加皇家远征队到圣文森特考查爆发后的苏弗里耶尔火山，使他名闻国内外。和蒂利（C. E. Tilley）对地角花岗岩变质晕圈硅线石-鱼眼石岩的研究，以及和杜威（H. Dewey）对早期地槽有代表性的细碧岩的研究，尤为世人称崇。在科学史方面，出版有《詹姆斯·盖基传》（1917年）、《大英地质调查所的第一个百年（1835～1935年）》（1937年）。1935年获伦敦地质学会沃拉斯顿奖章。　（刘漱勤）

梅里亚姆，J. C.（Merriam，John Campbell）　美国人，1869年10月20日生于美国艾奥瓦州霍普金顿，1945年10月30日卒于加利福尼亚州奥克兰。地质学、古生物学、科学管理。

曾获艾奥瓦州莱诺克斯学院学士学位。1887年随家迁居加利福尼亚州伯克利，入伯克利加利福尼亚州大学攻读植物学与地质学。1893年在慕尼黑大学以古脊椎动物论文获生物学博士学位。次年回母校任教，1912年任古生物学系首任系主任。1917～1938年在美国国家科学院工作，负责科学管理和生态保护工作。1918年参与建立“抢救红杉联盟”。1920年任华盛顿特区卡内基学院院长。

1896～1908年发表关于第三纪软体动物群、海胆、鱼龙等方面的论文。1901年出版关于俄勒冈约翰德盆地方面的重要著作。1905年发表多篇描述洛杉矶兰乔拉布雷沥青矿的第三纪哺乳动物专论。（马玉英）

白吕纳，J.（Brunhes，Jean）　一译布吕纳，法国人，1869年10月25日生于法国图卢兹，1930年8月25日卒于塞纳河畔布洛涅。人文地理学、历史地理学。

父亲和哥哥都是物理学教授。他于1889年进入巴黎高等师范学校学习，1892年毕业获史地学中学教师资格证书。1892～1896年依靠蒂埃尔奖学金继续深造，攻读法律、采矿和农学。1896 年任瑞士弗里堡大学地质学教授。1908 年任瑞士洛桑大学人文地理学教授。1912～1930 年任法兰西学院人文地理学教授。1927 年当选为法国科学院院士。

他是法国著名人文地理学创始者维达尔-白兰士的学生，主要贡献是参与创立人文地理学。他也反对德国学派的环境决定论，认为人对自然环境形成具有选择的可能性，这种思想后人称为人地关系的可能论。他在《人地学原理》（1910 年）一书中系统阐述了这种思想，继承和发展了维达尔-白兰士的人文地理学思想，并把人地关系作为人文地理学的核心。其他主要著作还有《法国人文地理学》（1920 年）、《历史地理学》（1921 年）等。（张南海）

巴雷尔，J.（Barrell，Joseph） 美国人，1869 年 12 月 15 日生于美国新泽西州新普罗维登斯，1919 年 5 月 4 日卒于康涅狄格州纽黑文。*构造地质学、地层学。*

1892 年毕业于利哈伊大学。1893 年和 1897 年继续在该校学习，先后获采矿工程师和理学硕士学位。1900 年获耶鲁大学地质学博士学位。1916 年获利哈伊大学理学博士学位。1908 年任耶鲁大学构造地质学教授。1915 年当选为美国文理科学院院士。

主要贡献是在均衡学说、沉积学和变质作用方面。发展了岩浆顶蚀作用理论。是陆相地层学的先驱。强调气候变化与沉积作用间的因果关系。在关于地壳均衡和陆地动力学方面作了重要的理论工作。假设两个地壳壳层——岩石圈和软流圈，力图用它们相互的动力作用来说明地质现象。代表作有《地壳的强度》（1915 年）等。（李冬田）

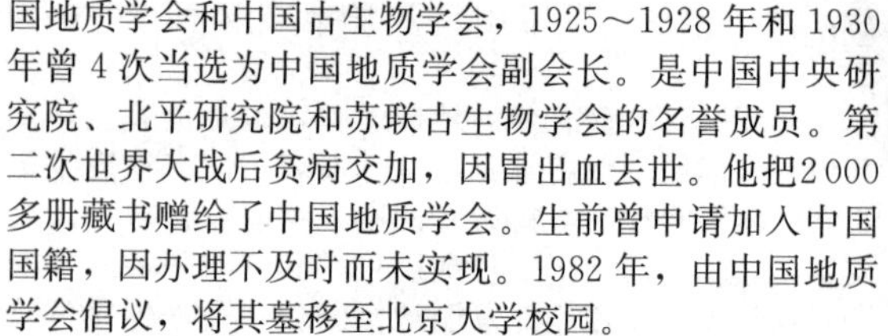

葛利普，A. W.（Grabau，Amadeus William） 美国人，1870 年 1 月 9 日生于美国威斯康星州塞达堡，1946 年 3 月 20 日卒于中国北京。*构造地质学、地层学、古生物学、生态学。*

祖籍德国，父亲是乡村牧师。11 岁时丧父，15 岁当装订工，白天做工，晚上去夜校读书。1891 年考入马萨诸塞理工学院，1896 年获理学士学位。1898 年和 1900 年先后获哈佛大学硕士和博士学位。1901～1919 年在哥伦比亚大学任教，1905 年升任古生物学教授。1910 年去德国、奥地利、法国、俄国、瑞典等国考察。1920 年到中国，在北京大学地质系任教授，兼任中国地质调查所古生物研究室主任，1934 年任北京大学地质系系主任。中国不少知名的地质学家和古生物学家是他的学生。抗日战争初期，他拒绝回日伪办的北大地质系讲课，闭门著书。太平洋战争爆发后被囚于日伪集中营，身心受严重摧残。是美国地质学会会员。1906～1907 年任纽约科学院副院长。参与创建中国地质学会和中国古生物学会，1925～1928 年和 1930 年曾 4 次当选为中国地质学会副会长。是中国中央研究院、北平研究院和苏联古生物学会的名誉成员。第二次世界大战后贫病交加，因胃出血去世。他把2 000 多册藏书赠给了中国地质学会。生前曾申请加入中国国籍，因办理不及时而未实现。1982 年，由中国地质学会倡议，将其墓移至北京大学校园。

学识渊博，治学严谨，毕生发表论文和著作达 291 种，在古生物学和地层学方面贡献尤为卓著。无论在分类、演化方面还是在形态构造方面，他都有许多创新，特别是在珊瑚、腕足类、腹足类的研究上做了大量开创性工作。是最早强调环境对动物区系和岩相的影响的学者之一。1899 年发表的关于海生动物生态与地层关系的长篇论文，成为后来研究古生态学的纲要。1910 年出版的《北美洲标准化石》是北美洲地质的重要文献。1913 年出版的代表作《地层学原理》，给北美洲地层学开辟了一个新时代。1920 年发表的《盐矿沉积原理》是当时盐矿地质的权威著作。到中国后不久，1923～1928 年出版《中国地层学》等著作，对当时中国的地层资料作了初步总结，奠定了中国地层学的基础。还倡议并参加编撰了《中国古生物志》。

他在 20 世纪 30 年代提出了“极控理论”，是早期大陆漂移说的主要代表之一。1934 年后致力于阐发自己提出的“脉动理论”，认为造成地质历史时期海进海退和主要地层分布的原因是大洋盆地周期性的胀缩，每次海洋收缩还导致生物的显著变化。计划就此编撰 13 卷巨著，因战乱只完成 7 卷，仅出版 5 卷。

1936 年获美国国家科学院汤普森奖章。中国地质学会曾设葛利普奖章，并将其首届奖章授予他本人。（李冬田）

今村明恒（Imamura，Akitune） 日本人，1870 年 6 月 14 日生于日本鹿儿岛，1948 年 1 月 1 日卒于东京。*地震学、抗震工程、仪器研制。*

早年入东京帝国大学攻读物理学，毕业后留校工作，1905 年获理学博士学位。1923 年任东京帝国大学教授，兼日本地震调查委员会主席。翌年又在理学院建立后来闻名于世的地震学系。是日本学士院以及日本地震灾害预防协会的创始人之一。1929 年任日本地震学会会长，并兼任京都大学、九州大学教授。

致力于研究地震预报，以及如何减轻其危害。积极倡导和组织在日本各地设置地震观测站。对地震仪和其他仪器的研制也作出过贡献。为了获得临震的线索，曾对倾斜仪的记录作过专门研究。是证明大地倾斜与地震发生之间有系统联系的学者之一。对震灾区作过大量细致的实地调查，对房屋抗震、普及地震知识等方面的也作过很多工作。代表作《地震学》（1905 年）是日本首部系统性的地震专著，书中强调应对关东地区可能发生大地震早作准备，1923 年不幸言中。此外有《地震之国》（1949 年）等。（冯祖钧）

斯潘塞，L. J.（Spencer，Leonard James） 英国人，1870 年 7 月 7 日生于英国英格兰伍斯特，

1959年4月14日卒于伦敦。*矿物学、陨石学、博物馆学、科学传播。*

1886年进爱尔兰都柏林皇家理学院学化学。1889年进剑桥大学西德尼·苏塞克斯学院学地质、矿物和化学。1893年在大英博物馆矿物部任职，1935年退休。1900年任《矿物学》杂志主编，主持编辑工作直到1955年。1925年当选为英国皇家学会会员。1936～1939年任英国矿物学会会长。

在博物馆担任管理期间，致力于对矿石的收集、鉴定和命名以及陨石的收藏。由于他和同事们的努力，大英博物馆的矿物收藏是当时世界上最好最丰富的。他发现过8种新矿物。1900～1955年长期进行矿物学文摘工作，每3年公布一次世界新发现矿物名单，成绩显著。主要著作有《寻找宝石的钥匙》(1947年第2版)、《世界矿藏》等。获得英国、美国、德国等国家的地理学会和矿物学会的许多荣誉。　（杨惠民）

吕热翁，M.（Lugeon，Maurice）　瑞士人，1870年7月10日生于法国巴黎附近的普瓦西，1953年10月23日卒于瑞士洛桑。*构造地质学、地层学。*

小学毕业后在银行当见习生。1891年随瑞士地质学家E. 伦纳维尔到萨瓦山区测绘地图，学到不少地层学知识。1893～1894年在慕尼黑大学古生物学研究中心学习。1906年起任洛桑大学地质学系系主任。

19世纪末，花了7年时间在阿尔卑斯山脉地区作大量的地质调查。1901年发表著名论文“瑞士和沙布莱阿尔卑斯山区巨大的伏卧推覆体”，首次指出阿尔卑斯山脉是一系列大规模伏卧褶皱和逆掩断层所构成。他的工作开创了系统研究阿尔卑斯山脉地质的新时期。　（王　植）

芬纳，C. N.（Fenner，Clarence Norman）　美国人，1870年7月19日生于美国新泽西州克利夫顿附近，1949年12月24日卒于同地。*岩石学、矿物学、火山学、地理探险。*

1892年毕业于哥伦比亚大学矿业学院，获工程师学位。野外工作15年后，重返母校攻读研究生课程，1909年获文科硕士学位，1910年获哲学博士学位。尔后参加华盛顿特区卡内基学院地球物理实验室工作，直至退休。第一次世界大战期间，在纽约州汉堡管理斯宾塞透镜公司所属的一家光学玻璃厂。

对岩石学的主要贡献是：通过实验确定了二氧化硅各种同质多象的热稳定性；1919年参加美国地理学会探险队。对1912年阿拉斯加卡特马伊火山大喷发描述、化学分析以及构造与理论方面的研究，1923年又率领卡内基学院探险队重访该地；发现了一个导致铁富集的玄武岩的结晶作用类型；对岩石溶液和喷气成矿进行物理化学理论研究。反对N. L. 鲍温关于岩浆分异和分馏作用导致富硅、富碱的理论，认为岩浆分异的结果是富铁，产生含铁辉长岩，而不是花岗岩。后来的工作证实，若考虑岩浆结晶对氧的分压，则两人观点都是正确的。它们分别都能解释一些实际现象。代表作有《玄武岩及其沸石共生以及其他次生矿物》(1910年）等。　（冯祖钧）

罗韦雷托，G.（Rovereto，Gaetano）　意大利人，1870年11月15日生于意大利沃尔特里附近的梅莱，1952年11月23日卒于热那亚。*构造地质学、岩石学、地貌学。*

出身贵族家庭。只受过几年中学教育，但很早就对自然科学感兴趣，参加科学讨论会和地理旅行，因能力强而引人注目。后到热那亚大学地质博物馆当助理，1922年起成为该大学地质学、自然地理学和应用地质学教授。曾去阿根廷从事过3年地质勘查工作。

长期研究里古利亚地区蛇纹岩的地质现象，首次在意大利应用推覆理论。探索过亚平宁山和阿尔卑斯山蛇绿岩套的起源和活动。在地貌学方面，出版过论述里古利亚海岸线及河谷、意大利各区地貌学和阿根廷地貌等多篇论文与报告。在河流、岩溶及海洋剥蚀方面，他提出了持续发展理论代替W. M. 戴维斯的重复旋回概念。在应用地质学上也有建树。代表作有《古里利亚地区地质》(1939年）等。　（李嘉曾）

小杰加尔，T. A.（Jaggar，Thomas Augustus，Jr.）　美国人，1871年1月24日生于美国宾夕法尼亚州费城，1953年1月17日卒于夏威夷州檀香山。*地质学、火山学。*

教区主教之子。1893年、1894年和1897年在哈佛大学先后获学士、硕士和地质学专业哲学博士学位。在德国慕尼黑大学和海德堡大学读过2年研究生。1898～1901年在美国地质调查所从事经济资源和前寒武纪花岗岩的地质研究。随后回哈佛大学任助理教授。1906年任马萨诸塞理工学院地质系主任。在此期间作了大量火山考察工作。1911年去夏威夷筹建火山观测所，自任所长直至1940年。退休后，任夏威夷大学地球物理学研究员。1902年当选美国文理科学院院士。

在他的指导与参与下，记录了夏威夷火山活动的全部可测参数（形态、岩流性质、火山喷发中溶岩高度、温度及喷发周期等)，还利用粘滞度对火山进行分类；较早地直接测量了玄武质熔岩的温度；研究了火山的发展；地下水在爆炸型喷发中所起的作用。　（冯祖钧）

罗默，E. M.（Romer，Eugeniusz Mikolaj）　波兰人，1871年2月3日生于波兰利沃夫（今属乌克兰)，1954年1月28日卒于克拉科夫。*地貌学、自然地理学、冰川学、地图学。*

1889～1891年在克拉科夫的贾吉路尼安大学主攻历史学和地理学。1891年去德国哈雷大学学习地理学。回故乡后，在利沃夫大学与地理植物学家雷曼（A. Rehman）一起工作2年。1894年以关于地表热量分布的论文获利沃夫大学博士学位。1895 年到维也纳大学，师从 A. 彭克学习地貌学。翌年去柏林大学，与李希霍芬一起从事地貌学工作。回国后，在利沃夫大学讲授地理学，1911 年任地理学教授。1945 年任克拉科夫贾吉路尼安大学地理学教授。

做了大量地貌勘查工作，认为地貌演变过程乃是一种气候现象。还研究了波兰冰川的特征，推断波兰的冰川演变旋回由 4 个冰川期和 3 个间冰川期组成。他编制和出版了好多种地图册。认为在地图上用等高线表示地形比用蓑线优越。为表彰他同年研究阿拉斯加峡湾的杰出贡献，1913 年美国政府以他的姓氏命名该地区冰河湾的一条冰川。重要著作有《波兰重要统计数据和地理地图集》（1916 年初版，1921 年再版）等。（张南海）

克努森，M. H. C.（Knudsen，Martin Hans Christian） 一译克努曾。丹麦人，1871 年 2 月 15 日生于丹麦菲英岛汉斯马克，1949 年 5 月 27 日卒于哥本哈根。*物理海洋学、海洋生态学、分子运动学、仪器研制。*

1894 年获哥本哈根大学理学士学位，毕业获该校金质奖章；1896 年获该校理学硕士学位。1899 年起在母校任教，1912 年任物理学教授，期间曾任哥本哈根大学校长，1941 年退休后任荣誉教授。1902～1947 年任国际海洋考察协会理事会丹麦代表，1908～1948 年任该会会刊《水文公报》主编，1933～1947 年任该会副主席。1909 年当选为丹麦皇家科学院院士。1909 年起先后任丹麦皇家文理科学院院士、理事。1923～1934 年任国际纯粹与应用物理学联合会主席。1930～1936 年任国际物理海洋学会会长。曾获伦德大学荣誉博士学位。

1895～1896 年参加丹麦“因格拉夫”号进行海洋学综合调查，期间创立海水氯度测定法，后成为国际标准测定法。1900 年前后，组织和主持由欧洲数国联合参与的物理海洋学研究小组，首次确定了海水氯度、海水盐度的定义，揭示了两者之间的相关性，以及和海水密度的定量关系。1901 年发表《水文表》，该表在国际上使用了 70 年之久。1908～1945 年长期负责制备国际标准海水样本。1938 年提出标准海水的永久标准，同时提出了氯度的新定义，一直沿用至今。

在物理学上，1910 年发明现称为“克努森压力计”的流体绝对压力计；用低压气体性质的研究成果改进了真空技术；测定了通过小孔的气流，第一个间接证明了麦克斯韦速度分布律；研究低温下汞蒸汽的压力，发展了分子扩散定律；提出后被称为“克努森数”（Kn）的物理量，其物理意义为流体分子平均自由程长度与特征长度之比；通过研究存在温度梯度的容器内低压气体行为，提出了在低压下“辐射计强度”的定量理论；研究分子平均自由程大于流动场特征尺寸（例如管径）时的气流，现称为克努森流。

此外，他参与发起和负责多个国际性科学组织，对促进国际学术合作与交流作出了重要贡献。曾获丹麦一级勋章、美国国家科学院阿加西斯奖等。（谈漱梅）

戴利，R. A.（Daly，Reginald Aldworth） 加拿大和美国双重国籍，1871 年 3 月 18 日生于加拿大安大略省纳帕尼，1957 年 9 月 19 日卒于美国马萨诸塞州坎布里奇。*地质学、岩石学、地球物理学。*

从加拿大多伦多大学毕业后留校任数学教师。因受地质学教授科尔曼（A. P. Coleman）的影响，对地质学发生兴趣，从而毕生致力于地质事业。1896 年在哈佛大学获博士学位。后去德国海德堡大学和法国巴黎大学继续深造。2 年后回美国，先在马萨诸塞理工学院，1912 年任哈佛大学地质学教授，1942 年退休。1920 年入美国籍。是 20 多个科学组织的会员或通讯会员，多次被授予荣誉博士学位。

重视野外调查，曾在北美洲及世界其他许多地区作了大量考查。在地质理论上产生了深远而具有世界性的影响，其中有：在岩浆侵位问题上发展了岩浆升蚀作用的理论；用岩浆分异说解释多种岩浆的成因；提出地壳均衡论和冰川控制珊瑚礁发展论；他的火成岩分类至今尚为人们引用。主要著作有《火成岩及其起源》（1914 年）、《我们的移动地球》（1926 年）、《地球的结构和强度》（1940 年）等。获 1935 年美国地质学会彭罗斯奖章，1942 年伦敦地质学会沃拉斯顿奖章，1946 年美国地球物理联合会鲍伊奖章，为纪念他，月球和火星上各有一处陨石坑以他命名。（刘　汉）

布鲁克斯，A. H.（Brooks，Alfred Hulse） 美国人，1871 年 7 月 18 日生于美国密歇根州安阿帕，1924 年 11 月 22 日卒于华盛顿。*矿床学、构造地质学。*

曾在德国斯图加特大学和慕尼黑大学学工程学。1891 年入哈佛大学，1894 年获理学士学位。同年加入美国地质调查所考察阿拉斯加。1903～1924 年任美国地质调查所阿拉斯加分所所长。1912 年任阿拉斯加铁路委员会副主任。第一次世界大战期间，在法国从事军事工程的地质工作，任首席地质师。1919 年返回阿拉斯加地质调查分所，一直工作到去世。

毕生致力于阿拉斯加的地质调查工作。1899～1911 年，在极端困难的条件下考察了阿拉斯加几十万平方千米的土地，规模较大的巡逻探察就不下 6 次。发现并命名了“雷尼山口”，还发现含金的大矿囊和砂锡矿。1903～1907 年以及 1919～1923 年，每年去阿拉斯加考察一次，查明了阿拉斯加各处的地质情况。由于在阿拉斯加地质调查上的杰出贡献，曾获美国地理学会戴利奖章、巴黎地理学会马尔特-布隆奖章。为纪念他，落基山脉在阿拉斯加北部的延伸地被命名为“布鲁克斯山脉”；苏厄德半岛最高山峰、阿拉斯加西南部的一条大河，也都以他的姓氏命名。（王　植）

科鲁伯，A. A.（Кръер，Александр Алексан

дрович；Kruber，Aleksandr Aleksandrovich） 苏联人，1871 年 8 月 10 日生于俄国沃斯克利先斯克（今伊斯特拉），1941 年 12 月 15 日卒于莫斯科。*地理学、岩石学*。

就读于莫斯科大学数理学院自然科学专业。毕业后留校。1915 年获地理学硕士学位。1923～1927 年任莫斯科大学地理科学研究所所长。

编写出版教材《普通地理学》以及其他专著，为培养苏联地理人才起了重要作用。是苏联岩溶现象研究的奠基人之一。考虑了自然地理条件与过程的多样性，着重以演化的观点进行研究。指出化学侵蚀（岩石的溶解）是大多数岩溶地貌形成的主要过程，而剥蚀亦具有显著作用。（冯祖钧）

古勃金，И. М.（Губкин，Иван Михайлович；Gubkin，Ivan Mikhaylovich） 苏联人，1871 年 9 月 21 日生于俄国波兹德尼亚科沃（今高尔基州纳瓦希诺区），1939 年 4 月 21 日卒于莫斯科。*矿床学、石油地质学、构造地质学、科学管理*。

1898 年圣彼得堡师范学院毕业后，在中学任教。1903 年入圣彼得堡矿业学院学习，1907 年毕业。1910 年供职于国家地质委员会。曾去美国考察石油地质进展。1918 年回国后，在国家石油委员会担任领导职务。1922～1930 年任莫斯科矿业学院教授、院长。1930 年创立莫斯科石油学院并任首任院长。1930～1936 年任苏联科学院生产力研究委员会主席。1930 年任苏联科学院副院长，兼任科学院可燃矿产研究所所长，次年兼任阿塞拜疆分院院长。还兼任苏联地质学会第四纪委员会主任。1929 年当选为苏联科学院院士。1937 年任第 17 届国际地质大会主席。

苏联石油地质学创建人。长期从事地质构造研究，在石油地质学领域有重要成果，对苏联振兴和发展石油工业作出了重要贡献。20 世纪初，通过测定库尔斯克磁异常，发现储量丰富的铁矿；在高加索、塔曼半岛、阿塞拜疆、达格斯坦等地领导和参与矿物地质勘探，发现了一批大油田。其中，1909～1910 年在北高加索发现了迈科普油田；1913～1917 年在塔曼半岛、格罗兹尼、阿塞拜疆相继发现大油田；最大成就是发现了储量巨大的“第二巴库油田”。1917 年以后，主要规划、领导和参加苏联石油工业重建和发展工作。1932 年出版代表作《石油理论》，总结了他在长期地质构造考察与研究中积累的丰富经验，系统探讨了有关石油起源、运移和储集、油田形成条件等理论，评析了各派学说，提出了动植物残骸混合生油说（即腐泥说）、油田勘探的泥火山学说等。身后出版遗作《乌拉尔-伏尔加含油气区》（1940 年），科学论证乌拉尔-伏尔加石油区工业前景，对该油田开发有重要指导意义。身后出版有多卷本《古勃金选集》（1950～1953 年）。（李啸虎）

约翰森，A.（Johannsen，Albert） 美国人，1871 年 11 月 3 日生于美国艾奥瓦州贝尔普兰，1962 年 1 月 11 日卒于佛罗里达州温特帕克。*岩石学、地质学、文学*。

1894 年获伊利诺伊大学学士学位。1898 年获犹他大学硕士学位。1903 年获约翰斯·霍普金斯大学博士学位。1901～1903 年在马里兰州地质调查所工作。1903～1925 年在美国地质调查所工作，1907～1910 年间任该调查所岩石学研究室主任。1910 年在芝加哥大学任教，8 年后升为地质学教授，1937 年退休。

主要从事岩石学研究。1918 年改进偏光显微镜和矿物的光学分析方法，接着从事火成岩的矿物定量分类研究。他的分类以石英、钾长石、钠长石、钙长石和似长石为端元的“双四面体”为基础。他的 4 大卷巨著《火成岩描述岩石学》（1931～1958 年）中用的就是这一分类法，这是一部非常完整的描述岩石学的经典著作。

最后的 25 年，把精力完全用在另一种追求上：精心搜集 C. 狄更斯（Charles Dickens）的初版著作并予以仔细鉴审。（李文达）

鲍伊，W.（Bowie，William） 美国人，1872 年 5 月 6 日生于美国马里兰州首府安纳波利斯附近格拉斯兰，1940 年 8 月 25 日卒于华盛顿。*大地测量学、构造地质学、地球物理学*。

1893 年、1907 年和 1919 年先后获康涅狄格州三一学院理学士、文科硕士和理学博士学位。1895 年、1922 年先后在利哈伊大学获土木工程师学位和理学博士学位。同年 7 月入美国海岸和大地测量调查所工作，此后 40 余年中，从一个测量队小队长升至该调查所大地测量科主任，1936 年退休。是美国国家科学院院士。美国地理学会、美国地质学会等 40 多个学术团体的会员。曾任国际大地测量学会会长。国际地球物理联学会会长。1919～1922 年，1929～1933 年两度任美国地球物理学会会长。1936 年、1937 年先后获英国爱丁堡大学、美国乔治·华盛顿大学荣誉博士学位。

完成多项国家重点项目。对于三角测量和水准测量提出了不少新技术方法。在他的倡议下，美国、加拿大和墨西哥三国同意建立北美大地测量联合数据系统，并规定堪萨斯州米德斯庄园为三角测量基准台。还发展了地壳均衡理论，1927 年出版主要著作《地壳均衡说》等。获 1923 年法国科学院拉格朗日奖，1937 年美国富兰克林研究院克雷森奖章。（王 植）

德芒戎，A.（Demangeon，Albert） 法国人，1872 年 6 月 13 日生于法国厄尔省加永镇，1940 年 7 月 27 日卒于巴黎。*区域地理学、人文地理学、经济地理学*。

家族世代务农。1895 年毕业于巴黎高等师范学校，获历史学与地理学教师资格。接着在 3 所中学任教。后到母校巴黎高等师范学校任学监4年。1905年聘为里尔大学教授。1911年转任巴黎大学索邦文理学院教授。长期任法国《地理年鉴》主编、巴黎区域研究会会长。

近代法国人文地理学派第二代领军人物之一，继承和发展了维达尔·白兰士的传统。在区域地理学方面，他坚持从人文地理学与自然地理学结合的角度，采用“借古释今”方法。他在该领域出版的第一部著作《皮卡迪及其邻接区域》（1905年），系统研究了法国皮卡迪地区各种自然条件，及其和人口分布和变动、聚落形式，以及经济活动方式等历史演变的密切联系，被著名法国地理学家De马东誉为“区域地理学的典范之作”。

1920年他出版名著《欧洲的衰落》，在欧美产生很大反响，并成了后来欧共体和欧盟产生的主要思想渊源之一。该书指出国家本身并不是一个自主的地缘政治实体，而只是一个更广泛的地缘政治整体中的一部分。他认为，世界上最重要的两大地缘政治实体是北美与远东，当时分别由美国和日本控制，如果欧洲各国能够求同存异，欧洲有可能成为第三个地缘政治实体。这一思想到了欧共体诞生后的20世纪70年代，被新一代地缘政治学家表述为“联合”的概念，以取代德国地缘政治学中的“权力”概念。

他在身后出版的《法国经济地理与人文地理》（1946年），代表了当时该领域最权威的论述。发表了不少立论新颖、引证宏博的人文地理学论文，其中尤以“法国农村住宅”（1920年）、“农村居住形式地理学”（1927年）等文影响最大。后一篇对农居形式进行分类：按村庄位置分为轮作地中央的、邻接田地的和远离田地的三个亚类；按散居形式分为古代原生分散、次生分散、插入分散和近代原生分散四个亚类。对英国地理研究也深有造诣，出版有《大英帝国：殖民地理学研究》（1923年），《英伦三岛》（1927年）。

此外，还出版有《图解地理学词典》（1907年，与他人合编）、《比利时、荷兰和卢森堡》（1927年）、《莱茵河：历史问题与经济》（2卷，1931年初版、1935年再版，与他人合著）、《巴黎：城市与郊区》（1933年）、《从棚屋到摩天大楼的人居》（1937年，与他人合著）、《人文地理学问题》（1942年初版，1952年再版）等著作。

（李啸虎）

阿蒙森，R.（Amundsen，Roald） 挪威人，1872年7月16日生于挪威奥斯陆附近博尔格，1928年6月18日（?）因飞机失事卒于北冰洋。地理探险、自然地理学。

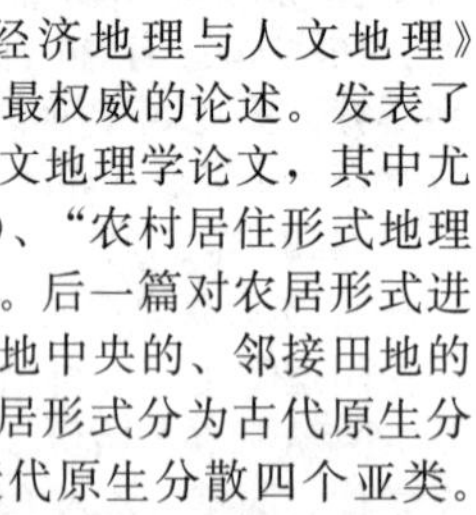

商船主的儿子。15岁时被父亲送去学医，但他从小立志当一名极地探险家。1894年辞去医生职业在挪威海军中服役。1897年在比利时南极考察船上当大副，系第一艘在南极过冬的航船。1901年赴格陵兰考察。1903年起寻找北方新航道。1910～1911年在南极探险。1925～1926年在北极乘飞机探险。1928年因赴北极救人而不幸遇难。

第一个到达南极点、第一批乘飞机飞越北极的探险家和地理学家。1903～1906年，指挥排水量47吨的单桅帆船“佳阿”号，从大西洋西北端由东向西穿过北冰洋到达太平洋，第一次打通了西北黄金水道，同时发现了北磁极的存在。1909年他正在筹备一次横穿北极的漂流考察，听说美国人皮尔里（R. Peary）已在数月前到达北极，遂决定改去南极。其时英国人R. 斯科特（Robert Scott）也准备去南极，于是一场紧张的地理探险国际竞赛悄悄地开始了。阿蒙森听说斯科特采用新式摩托雪撬和小型马，预计这些装备抵抗不了南极的酷寒和风雪，他带的仍是几副常用雪撬和可信赖的极地狗，还有10吨日常给养。经3个月精心准备，他于1910年6月乘“前进”号从挪威南下。1911年1月3日在南极大陆罗斯冰缘附近海湾登陆，后因气候恶劣而受阻多月；10月19日他带了4个同伴和46只狗，乘着雪橇向南极点进发，12月14日终于抵达南极点。他早于斯科特考察队35天到达目的地，经3天考察后返回大本营。阿蒙森一行在南极大陆跋涉共99天，行程3 000千米以上。这是人类有史以来第一次到达南极点，并首次对它作了科学考察。他们回到挪威时已成为英雄，受到万人空巷的热烈欢迎。

1925年，他同美国探险家埃尔斯沃思（L. Ellsworth）乘飞机到达距北极点272千米处。1926年6月18日，他们俩加上意大利航空工程师诺毕尔（U. Nobile）乘着“挪威”号飞艇，从挪威北部斯匹次卑尔根（今斯瓦尔巴）群岛飞越北极上空到达阿拉斯加西岸，实现了人类第一次飞越北极的壮举。1928年6月，阿蒙森闻讯诺毕尔驾驭的飞艇在斯匹次卑尔根附近失事，不顾气候恶劣而飞往营救，不幸罹难。

阿蒙森将探险活动和科学考察相结合，撰有《阿蒙森西北航道》（1908年）、《南极洲》（1913年）、《极地飞行记》（1925年）、《首次横渡北冰洋》（1927年）和自传《我作为一个探险家的生涯》（1927年）等著作。

（李啸虎）

佩里埃，G.（Perrier，Georges） 法国人，1872年10月28日生于法国蒙彼利埃，1946年2月16日卒于巴黎。大地测量学、地球物理学。

将军之子。1894年在巴黎中央综合工科学校毕业后，以炮兵军官身分参加大地测量兵团。是法国大地测量学及大地测量兵团创建人之一。任1919年创立、后来称为国际大地测量学会的秘书长直到去世。他以秘书处作为大地测量学学术活动中心，创立协会会刊，推动许多业务工作。

在半个世纪里，精力都集中在大地测量上。1901～1906年被派去秘鲁和厄瓜多尔测量低纬地区1°子午线的弧长。回国后负责处理所有数据并进行评价，从而再次证明当年牛顿预测地球形状略扁是正确的（赤道

半径略大于极半径)。代表作有《地球的形状》(1908年)等。 (曹念祥)

格兰杰，W. W. (Granger，Walter Willis) 美国人，1872年11月7日生于美国佛蒙特州米德尔敦·斯普林，1941年9月6日卒于怀俄明州勒斯克。地层学、古生物学、地理探险、博士馆学。

幼年时代就对自然界产生浓厚的兴趣。高中毕业2年后就职于美国国家自然博物馆，负责动物标本的剥制和保养工作。1896年到古脊椎动物馆任职，后来升任哺乳动物化石标本室主任。1932年获佛蒙特州米德尔堡学院荣誉博士学位。是许多科学团体成员。1935～1937年任美国探险家俱乐部主席。

1894年去落基山区搜集兽皮及鸟皮。1896～1918年，主要精力倾注在落基山第三纪早期的哺乳动物，搜集了大量保存完好的标本，为分类学及其地层的研究奠定了良好基础。1921年随美国国家自然博物馆中亚考察队来到中国，在蒙古戈壁滩搜集了从侏罗纪至更新世的系列动物群化石，其中最有研究价值的是小原角龙、白垩纪小型哺乳动物的头骨、巨型的俾路支兽和巨型陆生哺乳动物等。1923年随同安德森(Andersson)考察了周口店，敦促中国古生物学家全面地考察该地区，并传授了有关方面的技术，为发现北京人化石起了倡导和促进的作用。1930年后，着手研究蒙古的化石资料，整理中亚的考察报告。

(马玉英)

施吕特尔，O. (Schlüter，Otto) 一译徐律特。德国人，1872年11月12日生于德国威斯特伐利亚的维滕，1959年10月12日卒于哈雷。人文地理学、景观地理学。

曾在哈雷大学学习德语和历史，后转学地理学。1895年起在柏林大学任著名地理学家F. von李希霍芬的助手。1906年到慕尼黑大学任教。1911年任哈雷大学教授、地理学系系主任，1938年退休后任荣誉系主任。

德国地理学景观学派的创始人之一。景观概念具有地表可见景象的综合和某个限定性区域的双重含义。他从自然现象与人文现象的综合外貌角度来理解景观，把文化景观形态学和景观研究作为地理学的中心问题，探索由原始景观变成人类文化景观的过程，最早把人类创造景观的活动提到方法论原理上来考察。他的观点在地理学界产生很大影响。

1899年他在“对聚落地理学的意见”一文中，第一次提出“聚落地理”的概念，运用形态学观点和方法研究聚落的发生、发展，以及其形态和地理环境的关系。他的《人文地理学的形态学》认为城市形态是“人类行为遗留在地表上的痕迹”，提出形态是由土地、聚落、交通线和地表上的建筑物等要素构成。代表作还有《早期中欧聚落区域》(3卷，1952～1958年)等。欧美各国地理学者关于居民点地理(城市地理与聚落地理)的研究，至今仍沿袭施吕特尔。

1906年他在慕尼黑大学的任职演说，同年以“人文地理学的目的”一文发表，首次提出文化景观论，认为探讨人类创造的景观(即文化景观)的变化过程是地理学的主要任务。他论述了文化景观和自然景观的区别，探索由原始景观变成人类文化景观的过程。他把文化景观分为可动的和不可动的两种形态，前者指人以及随人移动的货物等；后者通过文化作用于景观的全部效果来反映，如建筑、道路及其型式等。继施吕特尔之后，美国地理学家C. O. 索尔大力提倡并发展了文化景观论。在第二次世界大战之前，多数德国学者同意施吕特尔的意见，把景观作为地理学的中心目的，但是，景观概念始终不很明确，在地理学界引起争议。 (李啸虎)

马东，E. -L. -E. de (Martonne，Emmanuel-Louis-Eugène de) 法国人，1873年4月1日生于法国沙布里，1955年7月24日卒于索镇。自然地理学、地貌学。

1892年入巴黎高等师范学校，3年后获历史学学士和地理学学士学位。后去柏林大学李希霍芬实验室工作并听课。1899年执教于雷恩大学文学院地理系，并在该校理学院建立了地理实验室。1904年随哈佛大学地质学教授W. M. 戴维斯去美国西部及墨西哥考察，从此转向自然地理方面的研究。1905年到里昂大学艺术学院任教。1909年接替其岳父P. 维达尔·白兰士就任巴黎大学文学院地理系系主任，1927年兼任地理研究所所长，1944年退休。从1949年到去世，任国际地理学联合会主席。1942年当选为法国科学院院士。是10多个外国地理学会的荣誉会员。获英国剑桥大学、罗马尼亚克鲁依大学的荣誉博士学位。

20世纪初中期法国地理学派公认的领袖，也是一个有国际影响的人物。1931～1938年主持召开了国际地理学联合会的一系列会议。

对自然地理学的主要贡献是在山脉冰蚀作用、准平原、水文地理学以及气候地貌学等方面。他对阿尔卑斯谷地的发育与冰蚀作用的观察是最成功的，认为冰蚀谷地的台阶和深切与先前存在的断裂坡地有关，这些坡地断裂是冰川前的第四纪构造抬升引起的。他还把戴维斯的“准平原化”学说和鲍利格(H. Baulig)的“海面变化”理论联系起来。在自然地理方面的建树，直到今天仍具有生命力。 (冯祖钧)

凯，G. F. (Kay，George Frederick) 加拿大与美国双重国籍，1873年9月14日生于加拿大安大略省弗吉尼亚，1943年7月19日卒于美国艾奥瓦州艾奥瓦。矿床学、地层学。

主修矿物学、岩石学和经济地质学，1900年和1901年在多伦多大学先后获学士学位和硕士学位。1914年在芝加哥大学获博士学位。1904年在堪萨斯大学任教。1907～1943 年在艾奥瓦大学任地质学教授，1911～1934 年任地质系系主任，1917～1941 年任该校文学院院长。

1910 年和迪勒（J. S. Diller）一起调查了俄勒冈州的镍、铜及金矿床。研究了更新世沉积物。提出“风化底冰碛土”这一术语，它是北美洲间冰期的产物。利用风化底冰碛土和基于风化速率的时间估计值，将各底积层相互关联起来，并为冰期和间冰期提出了一系列绝对年代。他还就更新世地层术语作过一些工作。（冯祖钧）

沙克勒顿，E. H.（Shackleton，Sir Ernest Henry） 英国与爱尔兰双重国籍，1874 年 2 月 15 日生于爱尔兰阿赛附近基尔开，1922 年 1 月 5 日卒于南极洲南乔治岛格利特维肯。*地理学、地理探险、航海学。*

医师之子，家中 10 个子女中排行第二。13 岁入读德尔威克学院。1890 年毕业后，供职于英国西北航运公司远洋商船队。1894 年通过国家考试获二副资格证书，在威尔士郡航线任货轮第三航务官；两年后升任大副。1898 年供职于英国南安普敦与南非开普敦之间定期航班。1899 年任英军运输船长。1904 年任苏格兰皇家地理学会秘书长。四次赴南极洲探险，最后以身殉职。是英国皇家地理学会荣誉会员。生前获二级维多利亚骑士勋位。

1901～1904 年，第一次参加 R. F. 斯科特（Robert Falcon Scott）的南极远征探险队。在“发现”号上任海军后备役中尉，负责后勤供应和海水分析。1901 年 7 月 31 日从伦敦启航，途经开普敦和新西兰，1902 年 1 月 8 日抵达南极洲海岸。登陆后，沙克尔顿参加了实验气球飞行，测量了罗斯海冰层，首次乘雪橇开拓了从麦克默多海峡到大冰堡的安全通道。1902 年 11 月 2 日随斯科特向南极点进发，最远到达南纬 82° 17′，破了 2 年前别人创下的纪录。随着南极冬季来临，船只被海冰封冻，他着手编辑《南极时刊》，很受队员欢迎。由于健康恶化，他被救护船提前遣送至新西兰，康复后回国。

1907～1909 年，率领探险队乘“猎人”号第二次去南极洲。1908 年 1 月 1 日从新西兰利特尔顿港启航，同月 21 日抵达南极大冰堡湾，发现上百头鲸，于是将该处命名为鲸湾。10 月 19 日，带领 3 位队员南下南极腹地，1909 年 1 月 9 日到达离南极点约 180 千米处（南纬 88°23′、东经 162°），创下南极探险史上新纪录。首次登上埃利布斯山；发现南磁极点大致位置等。这次凯旋归来，英国和爱尔兰都视其为英雄。英王爱德华七世（King Edward VII）立即给予封爵。英国皇家地理学会向他颁发金质奖章，队员人人获得银质极地奖章。

1914～1917 年，率领“耐力”号和“极光”号进行第三次南极探险。1911 年 12 月 14 日，挪威探险家 R. 阿蒙森第一个到达南极点。沙克勒顿另辟蹊径，想创造穿过南极点从海到海横越南极洲的历史纪录。1914 年 8 月 8 日，船只离开英国水域。12 月 5 日，“耐力”号从南美洲南乔治岛驶往威德尔海韦瑟尔湾。但是浮冰越来越多，只能缓慢行驶。1915 年 1 月中旬，船只被海冰冻结，他下令在浮冰上建立过冬营地，静待 9 月南极春天的到来。期间数月，浮冰挟着船只在海上缓慢漂浮。4 月，大浮冰分裂为二。10 月上船，11 月 21 日漏船开始下沉。他下令弃船换乘 3 条救生艇，5 天后抵达象岛（离沉船处约 557 千米）。此行总算结束漫长漂泊，第一回脚踏坚实地面，在孤岛荒坡苦度 497 天。鉴于该岛生态险恶，而且远离航线，1916 年 4 月 24 日，他挑选 5 名队员组成敢死队，乘救生艇“詹姆斯·凯尔德”号划行 1 300 千米，终于到达南乔治岛北岸。在他的吁请下，智利海军解救了象岛被困队员，后又救出在罗斯海埃文斯海角搁浅的“极光”号队员。1917 年 5 月回到英国时，共损失了 3 人，其中一名是海军中校。1921 年，率领“探索”号第四次远征南极洲。在昔日同学 J. Q. 罗韦特（John Quiller Rowett）等人资助下，1921 年 9 月 24 日离开英格兰，1922 年 1 月 4 日抵达南乔治岛。第二天凌晨，沙克勒顿因心脏病猝死岛上，后在该地安葬。他的死，标志着极地探险“英雄时代”的终结。2011 年，“猎人”号船长 F. 怀尔德（Frank Wild）的骨灰也移葬此地，陪伴着孤寂的沙克勒顿。

主要著作有《南极的心脏》（1919 年）、《军舰南航日志》（1919 年）。为了探险，他生前负债累累，却多少壮志未酬。为纪念他，1932 年英国皇家地理学会在伦敦总部大楼前竖起他的塑像。但由于斯科特声誉太盛，沙克勒顿在身后数十年间几乎被人遗忘。直至 20 世纪后期，世人才“重新发现”这个英雄，再一次成为探险家崇拜的偶像。（李啸虎）

温切尔，A. N.（Winchell，Alexander Newton） 美国人，1874 年 3 月 2 日生于明尼苏达州明尼阿波利斯，1958 年 6 月 7 日卒于康涅狄格州纽黑文。*矿物学、岩石学、晶体学。*

地质学家 N. H. 温切尔的小儿子，地质学家 H. V. 温切尔的弟弟。毕业于明尼苏达大学。后去法国深造，1900 年获巴黎大学理学博士学位。曾在威斯康星大学、弗吉尼亚大学、哥伦比亚大学执教。还兼在美国地质调查所、美国氨基氰公司斯坦福实验室工作。曾任美国矿物学会、美国地质学会的副会长、会长等职。

主要著作《光性矿物学基础》3 卷，出版后很快成为各大学的教科书，影响深远。该书第一卷介绍晶体光学的原理和方法；第二卷介绍长石、辉石、黄长石、闪石、云母、绿泥石、沸石和方柱石等主要矿物的物理光学性质；第三卷为鉴定表。该书几经增订，至今仍为各国大学所采用。在岩石学方面，研究基维诺统（晚元古代）火成岩及其与矿床的关系。从事地质教育 40 余年，在地学界威望很高。（王　植）

布罗伊里，F.（Broili，Ferdinand） 德国人，1874 年 4 月 11 日生于德国米尔巴赫，1946 年 4 月 30

日卒于同地。地质学、古生物学。

自幼喜欢化石，对地质学感兴趣。1894年到乌茨堡大学学习自然科学。翌年转学到慕尼黑大学，成为著名古生物学家K. A. von齐特尔的高足，1898年获哲学博士学位。1904年任国立古生物收藏馆的管理员，1909年升为馆长，1908年获教授职称。1930年起任《古生物描述学》杂志主编。

1901年受遣去美国得克萨斯州采集和研究二叠纪两栖类和爬虫类的化石。1904～1913年发表不少调查报告，特别是关于蜥蜴类化石的研究。1919年起，广泛研究松特霍芬地区上麻姆统页状石灰岩层内的化石，以及艾希施泰特地区上弗兰哥尼阶独有的化石。20世纪20～30年代，他积极组织去国外进行地质考察。几次组织去南非研究卡路系。（王 植 张南海）

埃克曼，V. W.（Ekman，Vagn Walfrid） 瑞典人，1874年5月3日生于瑞典斯德哥尔摩，1954年3月9日卒于斯托卡吕德。物理海洋学、应用数学。

父亲是海洋学教授。1902年毕业于乌普萨拉大学。后进奥斯陆国际海洋研究所工作。1910～1939年任瑞典隆德大学力学、数学物理学教授。是好几个学术团体的成员。

受家庭影响，他很早就对海洋学感兴趣。动物学家和海洋学家F. 南森在航行中发现海上的浮冰都系统地飘向风向的右侧。南森建议他用数学方法研究这种现象。1905年发表论文“地球旋转对洋流的影响”，引起了国际学术界的重视。1923年又发表了另一篇重要论文，推导了一个洋盆中风驱环流的数学理论。1928年获阿加西斯奖，1939年获维加奖。是20世纪初斯堪的纳维亚涌现出来的几位著名海洋学家之一，开辟了海洋学中一门新分支学科——物理海洋学。

（张南海）

安特生，J. G.（Andersson，Johan Gunnar） 本姓安德森，中文姓名安特生（An Tesheng）。瑞典人，1874年7月3日生于瑞典克尼斯塔，1960年10月29日卒于斯德哥尔摩。地质学、考古学、古人类学、古生物学。

1902年获瑞典乌普萨拉大学地质学博士学位。留校任教和从事极地研究，长任地质学教授。1906～1914年兼任瑞典地质调查所所长。1914年到中国，长期担任北洋政府农商部矿政顾问，兼任中央地质调查所顾问，直至1925年回国。1926～1939年任瑞典远东古物馆首任馆长。期间，1937年到中国四川等地调查冰川，后去越南北部考古。1939年退休，继续研究和编撰出版有关中国考古的著作。

1901～1903年两次参加瑞典探险队赴南极考察；后又多次参加北极考察。归来后发表一系列极地科学著述，享有国际声誉。在中国期间，协助中央地质调查所所长丁文江组织地质调查，1914～1916年主持完成《中国的铁矿和铁矿工业》和《华北马兰台地》等调查报告；训练了中国第一批地质学者；1937年到中国四川等地勘查冰川。

在华期间，从事新生代地质勘探和古人类考古研究，促成中国考古的几项重大发现。1921年他在河南渑池仰韶村发现精致彩陶碎片，成为中国新石器文化存在的第一个证据；1923年出版《中国远古之文化》，首次提出“仰韶文化”新概念，开创了中国史的文化研究新领域。1923～1924年，与中国学者一起在黄河流域的青海、甘肃等地发掘出大批新石器时代到青铜时代的遗址，将其分为齐家、仰韶（半山）、马厂、辛店、寺洼（卡约）和沙井6期，与西南亚诸文化比较研究结果，推测其绝对年代为公元前3000～前1500年。1921年他调查北京周口店化石地点，根据现场发现的来自别地的石英碎片残迹，预言存在古人类化石。1926年由他宣布在当地发现两颗古人类牙齿，后被命名为“北京直立人”。在他的提示下，1929年果然在那里发掘出第一块完整的中国猿人（北京人）的头盖骨化石。

作为较早从事中国新石器时代研究的学者之一，他也因考古资料的不足和方法论的局限，曾对中国史前文化分期作过误判，又曾主张中国文化西来说。晚年他对自己的观点有所纠正，强调中国在人种和文化上的连续性。有关中国考古学的著作不少，其中有《中华远古之文化》（1923年）、《黄土的儿女》（1934年）、《中国史前史研究》（1943年）等。（李啸虎）

史笃默，F. C. M.（Stϕϕrmer，Fredrik Carl Mülertz） 一译斯特尔梅。挪威人，1874年9月3日生于挪威希恩，1957年8月13日卒于奥斯陆。地磁学、地球物理学、数学、仪器研制。

药剂师的独子。1892年入挪威克里斯蒂安尼亚大学（后为奥斯陆大学）学习数学和自然科学，1898年获理学博士学位，同时获去国外深造5年的奖学金。1898～1900年、1902年先后在法国巴黎大学、德国格丁根大学进修数学。1903～1946年，长期任奥斯陆大学纯数学教授。期间曾任1936年国际数学家大会（奥斯陆）主席。1951年被选为英国皇家学会外籍会员。也是法国科学院外籍院士。获牛津大学、哥本哈根大学、巴黎大学等荣誉博士学位。

著名挪威地球物理学家和数学家，有诸多成果，尤其发展了有关极光现象的数学理论。1895年他证明了方程式$m\tan^{-1}(1/x)+n\tan^{-1}(1/y)=k\pi/4$只有4个非平凡解，其中m、n、k、x和y都是整数。时至1902年，他已发表近20篇涉及级数、函数论和数论的数学论文。尽管以后仍不断发表纯数学论文，但是他对极光现象的观测和理论贡献，其影响远超过数学研究成果。

1896年，K. 伯克兰提出极光成因猜测，认为是太阳发射的电子流与地球磁场相互作用结果，1903年还用电子轰击磁化球体获得类极光效应。作为伯克兰的同事，史笃默对此深感兴趣，从此乐此不疲，继续这项研究长达半个世纪。1909 年，他首次开始了系统的极光观测计划，在两个或多个相距较远地点通过电话联络同时拍照，以精确测定大气中极光的位置和形状。他自制观测仪器，设计观测程序，表现出在纯数学家中罕见的观测实验才能。后来，他在挪威创建了一个常设观测站网，用来研究极光和特种类型的云层，在长期系统观测中记录了关于极光的大量数据。

在理论上，他以法国 H. 庞加来 1896 年提出关于带电粒子在单磁极区运动方程为起点，从伯克兰实验着手进行了深入理论探讨，1904～1950 年间发表了一系列有影响论文，其中发现地球两极磁场中带电粒子的大量运行轨道，并进行了数学分析，他的一篇论文提及这种轨道至少有 48 个。他的理论除了对极光成因作出定量科学解释外，也对研究宇宙射线及其在地球附近效应，以及地球物理其他领域有重要应用。1942～1943 年出版了两部有关著作，而 1955 年出版的《极光》一书则是他的实地观测和理论研究的宝贵总结。1922 年获法国科学院詹森奖章。（卫瑞霞）

沃尔夫，L. F. von（Wolff，Ludwig Ferdinand von） 德国人，1874 年 9 月 13 日生于德国格瓦哥夫（今属波兰），1952 年 4 月 7 日卒于德国哈雷。*火山学、岩石学、矿物学。*

1903 年任柏林大学讲师，1905 年任岩石学编外教授。1907 年任但泽大学矿物学教授。1914～1939 年任哈雷大学地质学教授兼矿物研究所所长。1916 年当选为德国利奥波德科学院院士。

对岩石学、矿物学及其晶体学研究深有造诣，但主要贡献在于火山学领域，是现代火山学的领军人物之一。他实地考察和勘测了世界各地的火山活动，收集大量的标本、数据和资料并进行了分析、比较和综合研究，评析了火山学研究史上已有的全部研究成果，从而提出自己的观点和理论，在国际地学界有较大影响。1922 年首创独特的火成岩化学成分分析图示法。1930 年将热力学理论应用于测算火山爆发前地表所承受的巨大压力。

主要著作有《火山活动》(5 卷，1913～1931 年)、《普通矿物学与晶体学导论》(1922 年)、《系统矿物学导论》(2 卷，1924～1925 年)、《晶体结构鉴定入门》(1928 年)、《火成岩与火山作用》(1930 年初版，1951 年再版）等。（李　烨）

特温霍费尔，W. H.（Twenhofel，William Henry） 美国人，1875 年 4 月 16 日生于美国肯塔基州卡温顿，1957 年 1 月 4 日卒于佐治亚州亚特兰大。*地层学、岩石学、土壤学。*

出身贫困农民家庭。青少年时代便自谋生计，早年在农田耕作，曾在一所学校执教。直至 27 岁才进肯塔基州国立师范大学学习。32 岁进耶鲁大学，1908 年、1910 年和 1912 年相继获该校学士、硕士和博士学位。1910 年在耶鲁大学当研究生时，已就任堪萨斯大学助理教授，开始了地质工作的生涯。1916～1945 年又受聘在威斯康星大学执教，期间 1921 年起任教授。1919～1949 年 30 年中，先后任美国地质学会沉积学研究委员会委员和主席，积极领导和促进了地质分支之一的沉积学的研究。1931 年，R. C. 穆尔创办《沉积岩石学》杂志，他就任副主编，1933～1946 年任主编。

一生的主要工作是研究土壤的形成、侵蚀及保持，动、植物对沉积物形成和改变的作用、沉积物的最终沉积与形成沉积岩的有机成分等问题。1908～1954 年，发表了有关新斯科舍地区志留系剖面、缅因州的志留系、安蒂科斯蒂岛的奥陶-志留系地层、魁北克明根群岛地质、波罗的海地区中古生界岩石、纽芬兰中古生界岩石等课题的重要论文和报告。这些论文揭示了北美东北部的奥陶-志留系的边界具有过渡性质，同时也使他成为奥陶纪和志留纪地层以及古生物研究方面的国际权威。主要著作有《沉积作用》（1926 年）、《沉积作用的原理》（1939 年）、《无脊椎动物的古生物学原理》（1953 年，与他人合著）等。（胡　敏）

霍顿，R. E.（Horton，Robert Elmer） 美国人，1875 年 5 月 18 日生于美国密歇根州帕尔马，1945 年 4 月 22 日卒于纽约州伏尔伊斯维勒。*水文学、气象学、水利学、工程地质学、仪器研制。*

1897 年获阿尔比恩学院理学士学位。1932 年获该校理学博士学位。他的职业生涯一开始就在伯父、著名土木工程师拉夫特（George Rafter）直接指导下进行。先后供职于美国深水航道委员会、美国地质调查局和美国水文调查局。美国地质勘测活动中，1900 年任纽约工务段工程师，1911 年后主要做技术咨询工作。1942～1944 年任田纳西河流域管理局顾问。

对水文学主要贡献有：20 世纪初，参与对连接美国和加拿大的伊利运河疏竣入海道工作，在康奈尔大学水文实验室作堤堰模拟研究，分析其流量和流速等参量，提出咨询意见，并出版了以后成为标准作业的有关著作；研究纽约州河溪的基本水流性质，研究地下水、降雨量、土壤沙石渗透力在河溪流量中所起作用；率先系统而定量研究现在常见的水文学分析要素，如渗透、蒸发、拦截、流散、坡面漫流等等；勘查河流的最大流量，提出发生洪涝灾害的对策。在水文学上，他还创立了径流形成的下渗理论，提出了下渗曲线的经验公式（后称为霍顿公式）；提出坡面漫流和坡面侵蚀模型；定义河流分级的基本概念；发明水位计等水文测量仪器；经 20 年反复修改和精化，在去世前一个月整理出 95 页具有里程碑意义的四条定律，构成作为河网定量分析基础的霍顿定律：河流数量定律、河流长度定律、有限渗透力定律，以及流失-滞留-存储关系定律。此外，在气象学上，他最早提出了“最大可能降雨量”概念及其定量测定方法，估计暴风雨对各地区影响的上限量。

主要论著有：《入渗在水文循环中的作用》、《地表径流现象》、《水与土壤的水文作用》和《河流及流域侵蚀》、《土壤物理学》（2004 年再版，与他人合著）

等。为纪念他，美国气象学会1974年设霍顿讲座；美国地球物理学联合会1976年设霍顿奖章，以嘉奖对水文学有贡献人士。（李啸虎）

阿贝尔，O.（Abel，Othenio） 奥地利人，1875年6月20日生于奥地利维也纳，1946年7月4日卒于蒙德塞的皮希尔。地层学、古生物学。

出身于园艺师家庭，从小就积累了许多植物知识。按父母的意愿，进入维也纳大学攻读法律，只是利用业余时间收集化石资料，撰写有关论文。1898年在维也纳大学地质研究所任职。1900～1907年兼职于维也纳的帝国皇家地质研究所，获得考察比利时鲸化石的机会。在比利时皇家自然博物馆阅读了大量古生物学文献。1901～1917年先后任维也纳大学古生物学副教授、教授、系主任、研究所所长等职。曾任奥地利古生物学会会长、奥地利科学院院士和维也纳大学校长等职。

许多重要著作相继问世，如《脊椎动物的古生物学原理》(1912年)、《史前哺乳动物》(1914年)、《腹足类的古生物学》（1916年）等；后又发表《哺乳动物的起源》、《古生物学教程》（1920年）、《史前动物界生命谱系图》（1922年）和《脊椎动物构造历史及方式》（1925年），大大地丰富了古生物学的文献宝库。先后获伦敦地质学会比克斯比奖章、美国国家科学院埃利奥特奖章、维也纳动植物学学会雷纳奖章。

（马玉英）

贝格，Л. С.（Берг，Лев Семёнович；Berg，Lev Simonovich） 一译贝尔格。苏联人，1876年2月14日生于俄国比萨拉比亚，1950年12月24日卒于列宁格勒（今圣彼得堡）。地理学、气候学、湖沼学、鱼类学。

1894年入莫斯科大学攻读自然科学。毕业后主动要求到中亚细亚和哈萨克斯坦考察河流和湖泊，在那里工作4年。后受俄国农业部的派遣去挪威卑尔根学习海洋学2年。1904年回国，同年任彼得堡科学院动物博物馆鱼类、两栖类、爬虫类室主任。1913年任莫斯科农学院鱼类学教授。1917年任列宁格勒大学地理学教授，直到去世。1934年获动物学博士学位。1946年当选为苏联科学院院士。1940～1950年当选全苏地理学会会长。

早年研究湖泊，主要研究湖水的咸度及其矿物成分，还研究湖泊的形成以及在湖岸栖息的动物。在鱼类学上，杰出成就是研究回游鱼类的排卵期及其回游路线。在地理学上，根据气候、土壤、生物和其他自然因素，把地球表面划分成10条地理带，有的地理带还进一步划分成亚带，逐带进行研究。还研究中国黄土高原的形成、古地理学和古气候学。

主要著作有《气候学原理》（1927年）、《苏联的地理分带》(1931年)、《苏联自然界》(1937年)、《苏联及其邻国的淡水鱼》、《全苏地理学会百年史(1845～1945年)》(1946年)、《俄罗斯地理发现史概述》等。

（张南海）

亨廷顿，E.（Huntington，Ellsworth） 美国人，1876年9月16日生于美国伊利诺伊州盖尔斯堡，1947年10月17日卒于康涅狄格州纽黑文。人文地理学、气候学、人类学、地理探险。

1897年毕业于威斯康星州贝劳特学院。同年到土耳其，在亚美尼亚哈伯特的幼发拉底斯大学任讲师4年。1901年就读于哈佛大学，1902年获文科硕士学位。1903～1906年两次参加地理探险队。1907年任教于耶鲁大学，1909年获该校博士学位，1910年任副教授，1917年任教授，讲授地理学、气候学和经济学，1945年退休。1917年任美国生态学会会长。1923年任美国地理学家协会主席。1934～1938年任美国优生学会会长。

美国著名地理探险家，环境决定论主要代表人物之一。他主要研究气候变化对自然地理、人类活动和文明分布的影响，强调气候和地理是种族优劣、文明高低、国家兴衰、社会进退的决定性因素。在土耳其任教期间，利用假期考察土耳其和周边国家地理，尤其是库尔德地区。为了绘制地图和考察希泰族人遗址，他和美国驻哈伯特领事诺顿（W. H. Norton）成功渡过幼发拉底斯上游充满漂石的急流险滩。为此两次被土耳其当局当作间谍疑犯逮捕。后多次参加或率领美国探险队，1903～1904年考察中亚细亚；1905～1906年考察西南亚，中国新疆天山、塔里木盆地和罗布泊，以及俄国西伯利亚等地；1909年考察中东的巴勒斯坦、叙利亚沙漠等地。在此之后，多次在美国西南部、中美洲考古，尤对古玛雅人生活甚感兴趣。

他是个多产学者，撰有《土耳其斯坦探险记》(1905年)、《亚洲的脉搏》(1907年)、《干旱美洲的气候因素图解》（1914年）、《文明与气候》（1915年初版，1924年、2007年再版)、《红种人的大陆》（1919年)、《地球及其居民的演化》（1919年，与他人合著)、《气候变化》(1922年初版，2007年再版，与他人合著)、《人文地理学原理》(1924年初版，1940年第5版，与库欣〔S. W. Cushing〕合著)、《人类的习惯》(1927年)、《三个世纪之后：一个典型的新英格兰家族》(1935年)、《文明的主要动因》(1945年)、《欧洲》(1949年，与他人合著）等著作。曾获伦敦地理学会吉尔奖、巴黎地理学会奖章等奖励。（李啸虎）

施蒂勒，W. H.（Stille，Wilhelm Hans） 德国人，1876年10月8日生于德国汉诺威，1966年12月26日卒于同地。构造地质学、地球演化学。

在家乡莱布尼茨学校毕业后，1896年进汉诺威高等技术学校学化学，不久转到格丁根大学学习地质学。1899年毕业后，到普鲁士地质调查所工作。1908年回汉诺威执教。1912年任莱比锡大学皇家萨克逊地质调查所地质学教授和所长。此后相继在格丁根大学和柏林大学执教，直至1950年退休。获欧洲多所大学荣誉博士学位。多个国家的科学院、科技机构选他为名誉成员。曾当选为德国地质学会名誉会长。

生前是德国地质学界的领袖人物，以研究全球构造事件的历史而著称。最初研究条顿堡森林地区的晚侏罗纪造山运动。后来将全球划分为4个造山期，即前寒武纪阿森特造山期、加里东造山期、华里西造山期和阿尔卑斯造山期。每一个造山期中还有一些小脉动，他称之为造山幕。他把古生代及以后的造山运动分为50个造山幕，并认为每个造山幕在全球基本上是同时的，它们都导致地壳活动性减少，大陆固化并增大。获得稳定性的固结地壳他称之为克拉通（cratons）。他把欧洲大陆的固化进程分成原欧洲大陆、古生代欧洲大陆、中生代欧洲大陆和新生代欧洲大陆4个阶段。认为地壳可分为：具有大洋边缘的低克拉通（海洋盆地）活动的正地槽带，以及具有大陆高克拉通下降区域的准地槽带。前者又被他分为优地槽带和冒地槽带。其中“优地槽带”这一名词后来得到广泛应用，它有别于冒地槽带，是专指正地槽中有火山活动伴随着碎屑沉积作用，火山活动处于克拉通之外的一种地槽带。他当时误认为低克拉通是不变的，与今天理解的不一样，今天认为它们更富动力学性质。他力图对各种较大地壳构造的性质之间的关系作出解释，是研究大地构造的先驱。

主要著作有：《地壳构造的演化与革命》（1913年）、《造山运动与造陆运动概念》（1919年）、《比较大地构造学的基本问题》（1924年）、《欧洲形成时的萨克逊构造》（1949年）、《喀尔巴阡山的构造演化》（1953年）等。获德国地质学会布赫奖章。为纪念他，德国地质学会设立了施蒂勒奖章。（胡　敏　宣焕灿）

迈因策尔，O. E.（Meinzer，Oscar Edward）　美国人，1876年11月28日生于美国伊利诺伊州戴维斯，1948年6月14日卒于华盛顿。地下水水文学、地质学、地球物理学。

1901年毕业于威斯康星州柏洛伊特学院。1906～1907年成为芝加哥大学地质学研究生，1920年获该校博士学位。1906～1946年长期担任美国地质调查所研究员，期间1913～1946年任该所地下水处处长。曾先后任原华盛顿地质学会、美国经济地质学家协会、美国地球物理学会水文学分会、美国地球物理学会的会长，以及国际地下水委员会主席。1946年获柏洛伊特学院荣誉理学博士学位。

现代地下水水文学的奠基人。1906～1946年，他一直主持和参与对美国西部地下水资源及其流域分布进行勘查研究。1923年发表多篇纲领性论文探讨地下水水文学的理论基础与学科体系，其中有“地下水水文学概要及其定义”、“在美国出现的地下水及其原理探讨”等，第一次明确归纳了地下水定义和基本原理，至今在世界范围内被广泛应用。文中引入了多种最新术语，还严格区分了“空隙率”和“有效空隙率”的不同概念。1928年发表“承压含水层的可压缩性和弹性”一文，首次指出承压含水层是可压缩的、甚至是弹性的。这一发现为1935年美国泰斯（C. V. Theis）提出定流量抽水时的单井非稳定流计算公式（即泰斯公式）奠定了理论基础。1932年发表有关估算地下水补给量和排泄量的论文，提出了26种测定含水层常年产水量的方法。通过现场测定和实验室模拟实验，证明了渗透过多孔介质的层状水流遵从达西渗透定律。

在野外勘查中，他力主发展地球物理学方法，采用最先进仪器，推广以抽水试验等分析试验，以便定量获取地下水各种数据。此外，对咸水与淡水关系，地下水开采、补给、蒸发、蒸腾、水质，以及含水层和河流关系的研究，都有独到之处，促进了地下水水文学发展。

撰写有大量调查报告；发表论文和文章百余篇；主编《地球物理学》丛书（9卷）；主要著作还有《美国地下水储存及其成因研究》（1923年）、《地下水水文学纲要》（1923年）、《美国地下水》（1939年）和《水文学》（1942年，与人合著）等。1943年获美国地球物理学会鲍伊奖章。（秦　嘉）

巴科特，J.（Bacot，Jacques）　法国人，1877年7月4日生于法国圣日尔曼-昂莱，1965年6月25日卒于巴黎。地理学、东方学、人类学、语言学、地理探险。

早年毕业于巴黎大学。留校任教于高级研究与实践学院，后任教授，1936年任该学院西藏学研究中心主任。1908年加入法国亚洲研究会，1945～1954年任会长。1947年当选为法国人文科学院院士。

法国亚洲地理探险家、西藏学研究先驱者，研究藏族传统语法的第一个西方学者。他属于研究古代西藏和敦煌的第一代欧洲学者。除了历史典藉文献，他还常常利用现场采访的口述历史记录。在敦煌文献研究方面，他得到德国东方学学者G. 歇费尔（Gendün Chöphel）的帮助。足迹遍布亚洲各国，其中包括中国东部和西部及其西藏边境地区，以及南亚次大陆、东南亚各国。其著述为研究亚洲国家人文和地理情况作出了重要贡献。

1904年开始环球旅行。1906年首次到西藏远征探险，他从越南东京（今河内）出发，沿着一条佛教徒朝圣之路跋涉，一开始就与西藏宗教生活亲密接触。1907年考察了中国长江流域。1908年返回法国后，同S. 莱维（Sylvain Lévi）一起致力于研究西藏学。1909～1910年到印度支那（东南亚）北部地区考察。1913～1914年和1930～1931年，又两次专程赴喜马拉雅山地区探险。

主要著作有《西藏记行》（1909年）、《摩梭族民族志》（1913年）、《西藏诗人密勒日巴》（1925年）、《古典藏文语法》（1928年）、《藏文语法》（1946年）、《佛教》（1947年）等；参与主编《与西藏历史有关的敦煌文献》（1940年）等。从1912年开始，他把历次探险获得的古代绘画和青铜器等文物都捐献给巴黎吉美亚洲艺术国家博物馆收藏，身后他的私人图书馆和手稿文件等遗物也都捐给博物馆。（李啸虎）

章鸿钊（Zhang Hongzhao）　字演群，号爱存，笔名半粟。中国浙江省人，1877年3月11日生于浙江湖州荻溪，1951年9月6日卒于北京。地质学、矿物学、矿业史学、地学教育。

出身私塾教师家庭。自幼勤奋好学，对自然科学尤感兴趣。1901 年考入上海东洋公学东文学堂。1904 年东渡日本，入京都高等学校理科研学习。1908 年升入东京帝国大学理学院地质学科。1911 年毕业回国，任京师大学堂农科地质学讲师。1912 年出任中华民国南京临时政府实业部矿务司地质科科长。1913 年在北京创办中国第一个培养地质专门人才的高等学府——地质研究所，并任所长兼主讲教师。1916 年地质研究所撤消，成立中国第一个地质调查机构——地质调查所，任地质股股长。同时在北京高等师范学校兼教地质学和矿物学。1918 年北京大学设立地质学系，他执教矿物学。1922 年与地质学界 25 位同人发起创立中国地质学会，并任首任会长；主持创办《地质学会会志》，亲自参加会志编审工作。1936 年被聘为故宫博物馆专门审查委员。翌年受聘为中央研究院地质研究所特约研究员。1937 年芦沟桥事变后，多次拒绝日伪政权的利诱，拒不出任任何职务。1943 年举家迁居上海。抗日战争胜利后移居南京，任国立编译馆编纂。1950 年任中国地质工作计划指导委员会顾问。

1913 年起就致力于培养中国地质专业人才，他的学生中有不少人后来成为中国著名的地质学家。早在旅日留学期间，他就利用假期返国机会，考察了浙江天目山一带的地质情况，撰写了“浙江杭属一带地质”的毕业论文。这是中国地质学家独立完成的第一份地质调查报告。他查阅大量古代典藉，从中搜集有关地质、岩石、矿物、温泉等方面的史料，通过整理研究，撰写出版《石雅》（1921 年）、《古矿录》、《自鉴》（1922 年）、《中国温泉辑要》、《中国地质小史》（1937 年）等著作。其中《古矿录》一书于 1921 年撰成，1954 年才得以出版，它不仅对中国矿业发展史的研究具有重要意义，而且对 20 世纪下半叶中国的找矿工作也起了一定的指导作用。他与丁文江是中国最早学习西方地质科学的两位学者，也是中国近代地质事业的两位开拓者。1946 年获中国地质学会葛利普金质奖章。

（耿志明）

巴罗斯，H. H.（Barrows，Harlan Hiram）　美国人，1877 年 4 月 15 日生于美国密歇根州阿玛特，1960 年 5 月 15 日卒于伊利诺伊州海兰派克。人文地理学、历史地理学、生态学。

1896 年毕业于密歇根州立师范学院。同年在中专母校密歇根州费里斯工业学校任历史学和地理学教师。1903 年获芝加哥大学地质学专业理学士学位。留校任教于新成立的地理学系，1914 年升任教授，1919 年任地理学系系主任，1942 年退休任荣誉教授。1922 年任美国地理学学会会长。长期兼任美国国土资源部专家和顾问，参与该部各委员会如土地与自然计划委员会、水土保持委员会和田纳西河谷工程委员会等处工作。

他主张地理学本质上应该是人文的、生态的和历史的，是社会科学的一个重要分支，应自始至终研究人地关系的正常秩序。从环境保护论者的立场出发，1922 年他提出“地理学即人类生态学”的崭新理念，并用于发展传统意义上的地理学。他把人类选择作为地理学的中心论题，认为真正的地理学不仅仅在于探索自然环境存在与性质、以及描述环境对人影响的更精确效应，而在于着重考察人类选择对环境生态的中心地位与作用。曾为政府部门作过土地类型的调查，主张多目标综合治理和开发河流。他率先在美国大学建立历史地理学课程，阐明了历史地理学思想的一些方法论问题，揭示了历史地理学的某些事实。学识渊博，曾在芝加哥大学开设和讲授 25 门课程。

主要著作有《我们的大世界》（1900 年初版，1961 年第 3 版）、《中部伊利诺伊河谷地理》（1910 年初版，2011 年再版，与他人合著）、《地质学基础》（1911 年，与他人合著）、《远方之地旅行记》（1924 年）、《欧洲和亚洲地理》（1927 年初版，1941 年第 3 版）、《美国和加拿大地理》（1934 年初版，1964 年再版）、《旧大陆》（1954 年）、《美洲大陆》（1954 年初版，1959 年再版）等。

（李啸虎）

谢多夫，Г. Я.（Седов，Георгий Яковлевич；Sedov，Georgy Yakovlevich）　俄国人，1877 年生于俄国亚速海沿岸克里瓦亚科萨，1914 年 3 月 5 日卒于北极考察途中。水文学、地理学、地理探险。

出身渔夫家庭，在教会中学受教育。1894 年在商船上当水手。翌年入顿河上的罗斯托夫海军学校学习。1898 年通过远洋领航员资格考试，到亚速海和黑海航行，历任领航员、船长之职。1899 年通过海军考试，获少尉军衔，并在圣彼得堡海军部水文总局任职。

1902 年参加新地岛考察。1909 年率队考察科雷马河口，探索由海上进入该河口的可能性。1912 年提议乘坐雪橇去北极考察，但当局不支持。是年 10 月他率领 20 多位志愿人员成行，途中遇到了许多困难，他不幸死于途中。

（张南海）

安德森，E. M.（Anderson，Ernest Masson）　英国人，1877 年 8 月 9 日生于英国苏格兰福尔柯克，1960 年 8 月 8 日卒于爱丁堡。构造地质学、动力地质学、矿物学。

1897 年、1898 年先后获爱丁堡大学学士学位和硕士学位。1903 年供职英国地质调查所。1933 年获爱丁堡大学理学博士学位。

1905 年率先对正断层、逆断层和扭断层进行动力学解释，并扩展到研究岩席和岩墙侵入作用、火山口沉陷的动力机制。代表作有《断层和岩墙形成的动力学》（1942 年初版，1951 年再版）一书，根据动力学分析推断了片岩线理构造的成因。与肯尼迪（W. Q. Kennedy）一起对“地球冷缩说”进行质疑，提出基性岩浆起源于深地壳层熔融的理论。还首先对矿物光性的“贝克线”效应做出了全面的解释。获爱丁堡皇家学会、伦敦地质学会和爱丁堡地质学会的奖章。

（黄家柱）

布朗夏尔，R.（Blanchard，Raoul） 法国人，1877年9月4日生于法国奥尔良，1965年3月24日卒于巴黎。区域地理学、地理教育。

1900年毕业于巴黎高等师范学校，获史地教师资格证书。1905年到格勒诺布尔大学任教，后升任地理学教授，1940年任该大学文学院院长，1948年退休。1908年创办《高山地理评论》杂志。期间1922～1936年兼任美国哈佛大学客座教授。

当时地理学还只是一门描述性学科，是附属于历史学的。1906年他在里尔大学宣读了一篇有关佛兰德地区的论文，这是区域地理学中第一篇重要论文，是在实地考察的基础上写就的。由于他的努力，格勒诺布尔大学后来成为法国最活跃的地理学研究中心之一。是法国阿尔卑斯山区地理学的创始人。主要著作是12卷集《阿尔卑斯山西部地区》（1941～1958年）。此外还著有《西亚》（1929年）和《北美：美国、加拿大和阿拉斯加》（1933年）等。

（张南海）

菲尔希纳，W.（Filchner，Wilhelm） 德国人，1877年9月13日生于德国慕尼黑，1957年5月7日卒于瑞士苏黎世。地理学、地磁学、地理探险。

15岁入普鲁士陆军士官学校学习。21岁参加一支德国探险队，赴俄国作为期7周的地理考察。这是他的第一次，从此一发而不可收拾。第二次世界大战中，1940年他被盟军疑为间谍拘留在印度东北部巴特那；查清他的反纳粹政见后，1941年滞留于萨达拉假释难民营；1945年在印度马哈拉施特拉邦浦那定居。

为了填补地理和地磁标记的空白地带，他选择中亚、中国西部和喜马拉雅山麓作为重点考察地域，多处建立地磁观测站，沿途测绘地图。1900年，独自一人骑马翻过中亚的帕米尔山脉，又从阿富汗的瓦罕到了中国新疆的塔什库尔干才回程。1903～1905年，率领探险队从西往东穿越中国西藏。1926～1928年、1934～1938年，再次到中国西部和西藏地区探险。1939～1940年到尼泊尔探险。

到地球两极去探险。1908年率队到挪威的斯匹次卑尔根群岛考察。1911年5月4日，率队乘“德意志”号去南极探险。在J. 威德尔发现80多年后第一次进入威德尔海，首次发现南极大陆东部的路易波特海岸和菲尔希纳-龙尼冰架（菲尔希纳本人最初命名为“德国皇帝威廉二世冰架”）。由于冰川破裂，他们想在冰架上扎营的计划失败，只得在被海冰冻结的船上过冬。直至1912年9月，“德意志”号才开始在威德尔海浮冰中漂移，他设法求证1823年B. 莫雷尔（Bejamin Morrell）船长声称看到的“新南格陵兰海岸线”是否属实，结果没有找到任何踪影，于是断定莫雷尔看到的只是海市蜃楼而已。

著作颇丰，主要有：《驰骋在帕米尔高原》（1903年）、《满洲之谜》（1906年）、《穿越斯匹次卑尔根群岛》（1911年）、《中国》（1925年）、《回回》（1928年）、《常年积雪的中国和亚洲高原》（1930年）、《中国与西藏》（1933～1937年）和《印度国王的囚犯》（1938年）等。由于探险成就，获纳粹德国艺术与科学国家奖。为纪念他，南极洲的山脉、海角、陆架冰川和南乔治岛悬崖等多处以他命名。

（李啸虎）

赖特，F. E.（Wright，Frederick Eugene） 美国人，1877年10月16日生于美国密歇根州马凯特，1953年8月25日卒于加拿大安大略省千岛群岛。岩石学、晶体学、光学、仪器研制。

父亲是密歇根州地质界的先驱。他在德国海德堡大学名教授H. 罗森布施和V. 戈尔德施米特的指导下，学习岩石学和晶体学，1900年获博士学位。返回美国后，在密歇根州矿业学院任讲师。1906年应聘到华盛顿特区卡内基学院地球物理实验室，任岩石学研究员，直至退休。1918～1919年任美国光学学会第二任会长。1923年当选为美国国家科学院院士，兼任内务秘书20年，1927～1931年任副院长。1941年任美国矿物学会会长。是美国文理科学院院士。

在科学上的主要贡献有：岩石显微镜的发展和应用、高级光学玻璃制造技术的改进、野外用高精度扭秤的设计和制造、利用光学方法遥测月球表面物质的性质等。1911年出版的《岩石显微镜研究方法》一书，以及关于消光角、干涉图、光轴角的测定等论文，对晶体光性的定量测定起到很大的促进作用。发表140余篇论文；另出版有《光学玻璃制作和光学系统》（1921年）。1952年获美国矿物学会罗布林奖章。为纪念他，月球有一陨石坑以他命名。

（刘　汉）

矢部长克（Yabe，Hisakatsu） 日本人，1878年2月3日生于日本东京，1969年6月23日卒于同地。构造地质学、地层学、海洋生物学、古生物学。

其父矢部长祯是医师，兄矢部言祯是植物学家。1901年毕业于日本东京帝国大学（今东京大学）地质学系。1907～1912年期间，留学德国、奥地利和美国。1908年回国时在日本东北大学理学部创办地理学科，1911～1939年任地质学教授、兼首任系主任。1925年当选为日本学士院院士。曾任日本地质学会会长、日本古生物学会会长。

日本的地质学、古生物学、海洋生物学的创始人之一。早年研究古生物化石，1903年出版他的第一部专著《北海道白垩纪头足类化石》，奠定了日本古生物学研究基础。20世纪10～20年代，勘查研究日本各地地貌和地质构造，以及古生物化石。1918年，首次发现几乎呈南北向贯穿日本中部的大断层，命名为系鱼川-静冈构造线，并深入研究了这一构造线的现状特征、历史演变和形成机制；在研究大量古生代到全新世动植物化石基础上，1920年率先确立北海道石狩煤田的白垩系和新生界化石层序；勘查研究日本九州岛、仙台和松岛等地地貌和地质构造；1925年，他将日本新生代首次细分为秋津系、高千穗系、瑞穗系和敷岛系。他认为日本列岛早在100万年前的冰河期就已同亚洲大陆分离，引起了强烈反响和争议；这一时期的成果见于《第三纪以来九州岛地史概要》（1925 年）、《日本仙台和松岛地貌和地质构造》（1926 年）、《仙台附近三叠纪生物群化石》（1927 年）等著作。

1930 年以后，致力于珊瑚虫、层孔虫和有孔虫类化石等研究，主要著作还有《在日本海发现的岩礁珊瑚虫》（1932 年，与他人合著）、《日本海岩礁珊瑚虫的地质与地理分布》（1935 年）、《日本和日本托管南太平洋诸岛造礁珊瑚虫近况调查》（2 卷，1936～1941 年）。在《南中华古生物学》一书中，考证中国湖北宜昌等地盛产的宝塔石石板，系奥陶纪笔石化石。

对白垩系和第三系的界线，上新世和更新世的气候变迁和冰河演替，以及海底地形变动等领域，也作过多次探索性论述，发表有“西南日本中央构造线”（1960 年）等论文。晚年对志留系和泥盆系的以往研究结论作了补充修正，发表有“关于西南日本领土变质岩体外翼位置的推断”（1963 年）等论文。

获 1953 年日本文化勋章，1969 年日本一等瑞宝勋章。古生物界和生物界为纪念他的贡献，有多种生物以他命名，其中有矢部虫筳、矢部纺锤虫、晚侏罗世的矢部龙等。（李啸虎）

杰留金，K. M.（Дерюгин，Константин Михайлович；Deryugin，Konstantin Mikhailovich） 苏联人，1878 年 2 月 10 日生于俄国圣彼得堡，1938 年 12 月 27 日卒于莫斯科。*海洋学、海洋生物学、水文地理学、地理探险。*

1900 年毕业于圣彼得堡大学自然科学部。大学期间的 1899 年曾去白海考察，从此对海洋生物及其习性发生了兴趣。1919 年任圣彼得堡大学教授。1920 年任列宁格勒国家水文研究所海洋部副主任。后组织和领导好几个苏联重要海洋研究机构。

主要成就是对许多海洋生物进行分类。还研究不同环境中海洋动物的分布。1915 年出版代表作《科拉湾的动物》，书中第一次详细分析了巴伦支海的分带和生物群系统。1922 年与学生一起再次考察研究白海。1932～1933 年率领苏联考察队在鄂霍次克海、日本海的一部分以及楚科奇海进行科学考察。先后率领和参加在苏联边境 12 个水域进行 50 多次科学考察。（张南海）

杜图瓦，A. L.（Du Toit，Alexander Logie） 南非人，1878 年 3 月 14 日生于南非开普敦附近的龙德博斯区，1948 年 2 月 25 日卒于开普敦。*地质学、地层学、岩石学、地图学。*

南非望族的后裔。毕业于南非学院（今开普敦大学）。后去英国格拉斯哥皇家工学院学习采矿工程 2 年，并进伦敦大学皇家理学院研究地质学。1901 年任格拉斯哥皇家工学院和格拉斯哥大学的讲师。1903 年回到南非，参加好望角地质委员会并从事野外地质工作 7 年。1910 年获格拉斯哥大学博士学位。曾获包括 5 个荣誉博士学位在内的许多奖励和荣誉。先后两次当选为南非地质学会会长。是英国皇家学会外籍会员。

南非最有名的地质学家之一，被誉为“南非地质学之父”。他具有两种非凡的品质：非常细致的观察，从别人疏忽的细节中作出推论；广阔的视野，从宏观中推断各种现象之间的联系。贡献是多方面的，其中包括对寒武纪和卡尔罗的地层学、古植物学、岩石学、水文地质学、地貌学以及对贱金属、非金属和金刚石矿床的经济地质学的研究。曾填制了 100 000 平方英里（合 259 000 平方千米）以上的地质图。1903～1910 年主要在南部开普敦附近及其北部填图，1910～1913 年则在靠近印度洋沿岸地区填图。这些地质图中有的十分详细。1920 年起为南非政府灌溉部门工作，由于免除了连续的野外工作，得以有时间写出一生中的主要论文和著作，它们先后发表于 1920～1926 年，内容涉及卡尔罗辉绿岩、石炭纪冰川作用、非洲与其他大陆过去的连接、南非海岸线以及南非地质学等。

为了证明南美洲南部与非洲南部曾经相连，1923 年去南美洲考察，在巴西、巴拉圭和阿根廷工作 5 个月，1927 年出版《南美与南非的地质对比》一书，概括了两个大陆的相似点。1937 年完成《游动的大陆》一书。这是一部超越他的时代的著作，此书当时并未引起人们多大注意，书中提出的根据他在世界各地实际考察而得出的结论，日益为后来的大陆漂移论者所重视，遂被推崇为名著。他率先认识到南部几块大陆在一个时期曾形成冈瓦纳超大陆，而这个超大陆与北部的劳拉细亚超大陆是不同的。他发展了 A. L. 魏格纳的大陆漂移说，是“活动论”的早期重要代表人物之一。（李文达）

达伊内利，G.（Dainelli，Giotto） 意大利人，1878 年 5 月 19 日生于意大利佛罗伦萨，1968 年 12 月 16 日卒于同地。*构造地质学、自然地理学、地理探险。*

将军之子。从小爱好旅行。1900 年毕业于佛罗伦萨大学高等研究院。后到维也纳大学进修。1903 年任佛罗伦萨大学地质学与自然地理学讲师。1914～1921 年任比萨大学地理学教授。后短期在那不勒斯大学任教。不久回佛罗伦萨大学，1924 年任地质学与古生物学教授。曾任意大利地质学会会长。是意大利科学院院士。1944～1945 年任院长。1953 年退休后定居罗马。

一生中常到国外进行地质考察。在科学上的贡献，大部分与中亚和东非有关。先后两次到喀喇昆仑山、一次到喜马拉雅山考察，主要成果是有关该地区地层、大地构造及古地理再造等方面。对东非洲的考察工作始于 1905 年，曾详尽勘查埃塞俄比亚高原和达纳基勒北部地区。1937 年再次组织勘察队到塔纳湖考察。根据他的考察结果，加上前人积累的资料，编写了《东非地质》一书，于 1943 年出版。发表论文 600 余篇；另有《征服地球：探险史》（1950 年）等著作。1954 年获意大利地理学会金质奖章。（刘 汉）

巴斯勒，R. S.（Bassler，Raymond Smith） 美国人，1878 年 7 月 22 日生于美国宾夕法尼亚州费

城，1961年10月31日卒于华盛顿。地层学、古生物学、博物馆学。

中学生时代就开始采集奥陶纪、志留纪海相化石，放学后常充当古生物学家E. O. 乌尔里克的助手。中学毕业后随乌尔里克去华盛顿，获乔治·华盛顿大学理学硕士、博士学位。后在美国国家自然博物馆任职长达40年。

重要论著有《美国苔藓动物化石简介》（1900年）、《波罗的海地区早期苔藓虫》（1911年）、《美国奥陶纪、志留纪化石文献索引》（1915年）等。还出版了著作《古生代介形类文献索引》（1934年）和《古生代棘皮动物群文献索引》（1943年）。指出地质实验课的目的就是把收集到的各种标本从感性认识上升为理性认识。（马玉英）

辛普森，G. C.（Simpson，Sir George Clarke）英国人，1878年9月2日生于英国英格兰德比，1965年1月1日卒于伦敦。气象学、大气物理学、科技管理、地理探险。

百货店主之子。1897～1903年，先后就读于英国欧文学院和曼彻斯特大学、德国格丁根大学。1905年任曼彻斯特大学气象学讲师，成为英国大学讲授气象学的第一位教师。1906～1917年，作为大英帝国气象学家派驻印度气象总局工作，负责视察印度和缅甸各地的气象站。期间1910～1912年参加南极探险；第一次世界大战中，先后任英国驻美索不达米亚（今伊拉克南部一部分）的远征军气象顾问、英国军需委员会副秘书长。1920年任英国气象总局局长，直至1938年退休。1939年第二次世界大战爆发，他刚退休一年便应召任基尤天文与气象台台长，直至1947年第二次退休。1915年当选为英国皇家学会会员。1935年封爵。1940～1942年任英国皇家气象学会会长。先后获曼彻斯特大学、阿伯丁大学、澳大利亚悉尼大学等校荣誉博士学位。

1902年大学在读期间，他参加英国的北极探险队，到北极圈的拉普兰地区调研北极光等大气电学现象。1910～1912年参加R. F. 斯科特（Robert Falcon Scott）的第二次南极探险，在位于埃文斯海角的大本营建立了南极洲第一个气象站，进行气球实验以测试大气和确定海拔高度对温度的影响，数个月连续观测记录温度和风的变化，取得了大量的第一手宝贵资料。1912年8月斯科特因病在南极洲去世，探险队返回英国。在任英国气象总局局长期间，除了行政管理之外，科研上主要从事大气电学、电离和辐射能、太阳辐射等领域的研究工作，其中研究了大气的电离作用，降水的电荷，雷云的电场，闪电的成因等。1926年建立辛普森风级，这是一种对蒲福风级的改进，成为当今世界流行的标准风级。1929年绘制辐射平衡图。1934年提出由太阳辐射变化而引起的地球气候波动理论。20世纪30年代发表一系列文章，探讨和预测地球大气二氧化碳不断积蓄所触发的反馈温室效应，至今仍有重要意义。1939～1947年继续研究雷暴的电学结构。

代表作有《受扰天气中的天电》（1948年）等。1919年获大英帝国勋章。为纪念他，英国南极调查署设在南极哈雷湾的冰情和气候观测站被称为辛普森台站。（李啸虎）

莫吉安，C. V.（Mauguin，Charles Victor）法国人，1878年9月19日生于法国普罗旺斯，1958年4月25日卒于维勒瑞夫。矿物学、晶体学。

面包师之子。在巴黎高等师范学校学习时，因成绩优秀被推荐入普通化学实验室工作，1910年获博士学位。同年在巴黎大学理学院矿物实验室任瓦尔朗（F. Wallerant）的助手，研究液晶。1913年任南锡大学理学院教授。第一次世界大战中服兵役。1919年回到巴黎大学，1933年接替瓦尔朗的工作，1948年退休。1937年被选为法国科学院院士。

用X射线对矿物晶体进行了深入研究。曾测定辰砂、云母、绿泥石、石墨等的结构变化与晶体化学的关系，以及晶胞的绝对大小。对点群论方面的工作，特别是用简单符号精确描述对称要素方面，为后来的晶体学家普遍采用。在液晶方面，完成了双折射分子在不同排列情况下光学特性的研究，解释了关于液晶透明性改变的问题。（杨惠民）

克拉索夫斯基，Ф. Н.（Красовский，Феодосий Николаевич；Krasovsky，Kheodosy Nikolaevich）苏联人，1878年9月26日生于俄国科斯特罗马州加利奇城，1948年10月1日卒于莫斯科。大地测量学、地球物理学、构造地质学。

1900年毕业于莫斯科大地测量学院。留校任教，1916年任教授，1919年任该院院长。期间，1903年获莫斯科大学物理学副博士（硕士）学位，后在普尔科沃天文台学习与研究天文学。1928年参与创立苏联中央测绘科学研究所，任该所副所长兼科学部主任、科学顾问。1930年任新成立的莫斯科测绘学院大地测量教研室主任。1939年任苏联国家测绘总局委员。同年被选为苏联科学院通讯院士。

1928年提出天文大地勘测网的计划和方案，此后一直成为苏联天文大地测量的指导原则。1936年推导出地球椭球的参数；1941年经进一步验证和修改，又推出地球椭球的新参数，半径为6 356 863米，扁率为1∶298.3；1942年提出用投影法代替平展法整理天文大地网资料；1946年苏联部长会议批准他推出的地球椭球体作为苏联的标准参考椭球，称为“克拉索夫斯基椭球”。在此期间，力主苏联在布置天文大地网时进行全面的重力勘测，推动了苏联的大地重力学实践与理论发展。20世纪40～50年代，负责改组苏联从事大地测量研究的各个学院。晚年在苏联大地测量的长期积累数据基础上，结合现代地球物理学和地质学最新成果，对各种地球内部结构理论进行深入探讨。

发表论文和著作大部分涉及大地测量学各方面，并对苏联天文大地测量网的布设原则、技术规定提出指导性意见，对实践活动和研究成果进行及时整理和总结。主要著作有《大地测量学》（与他人合著）等。1943年获俄罗斯苏维埃联邦共和国功勋科学技术家称号，曾获列宁勋章、劳动红旗勋章等奖励。

（冯祖钧　李啸虎）

约翰逊，D. W.（Johnson，Douglas Wilson）　美国人，1878年11月30日生于美国西弗吉尼亚州帕克斯堡，1944年2月24日卒于佛罗里达州锡布灵。地貌学、海洋地质学。

1903年在哥伦比亚大学获博士学位。尔后到马萨诸塞理工学院任教，并在哈佛大学从事自然地理研究。1912年转到哥伦比亚大学任副教授，1919年升任教授。曾任美国地质学会会长、美国地理学家协会主席。荣获8个荣誉博士学位。

十分崇尚W. M. 戴维斯的科研方法和理论，以致于在后期的教学中固守戴维斯学说。培养了大批的博士研究生。曾对整个美国东部海岸线和西欧的一部分海岸线作过研究，发表了关于海滩发展过程和海平面变化的论文。1919年出版了重要著作《海滩发展过程与海岸线发育》。1939年出版《海底峡谷的起源》一书，提出海底自流泉侵蚀作用的假说。力主地貌学应看作地质学而不是地理学的一部分的观点。在河流地貌与海岸地貌方面的工作最受人称道。获得过很多奖章。

（冯祖钧）

鲍曼，I.（Bowman，Isaiah）　美国人，1878年12月26日生于加拿大安大略省滑铁卢，1950年1月6日卒于美国马里兰州巴尔的摩。自然地理学、生态学、高等教育管理。

早年入哈佛大学学习自然地理学，1905年获理学士学位。同年到耶鲁大学地质系当讲师，1909年获该大学哲学博士学位并升任助理教授。1915年当选美国地理学会会长。1931年任美国地理学家协会主席。1931～1934年当选国际地理学会会长。1933～1935年任美国国家研究委员会主任。1935～1948年任约翰斯·霍布金斯大学校长。

1911年出版《森林自然地理学》，这是第一部涉及美国地形、气候、土壤及植被的综合性著作。1907年、1911年和1913年曾3次参加或率领考察队前往南美洲考察。1916年和1924年出版了根据这3次考察写成的著作《秘鲁南部安第斯山脉》、《阿塔卡马沙漠行踪》。主要著作还有《新世界：政治地理学若干问题》（1921年）、《地理学与社会科学的关系》（1934年）等。一生中还多次参与有关国际事务的政治活动。退休后，约翰斯·霍普金斯大学为了表彰他的治校业绩，特将该大学地理系改名为“鲍曼地理研究所”。

（张南海）

阿尔冈，É.（Argand，Émile）　瑞士人，1879年1月6日生于瑞士日内瓦，1940年9月14日卒于纳沙泰尔。构造地质学、地图学。

从小酷爱登山运动，从而萌发了对地质学的兴趣。早年进家乡的职业学校学习，后以制图员为生。1902年获洛桑大学理学士学位，继续留校在医学院学习两年。1904年到巴黎大学学习解剖学。因爱好地质学不久放弃学医。1911～1940年任瑞士纳沙泰尔大学地质学教授，该校地质研究所首任所长。

是用几何学方法研究阿尔卑斯山脉推覆构造的创始人之一。他的构造元素组合成为构造地质学的一个基本概念。1911年任纳沙泰尔大学教授，组织了《欧亚大陆构造图》的编制工作。1913年此图获得施彭迪亚洛夫奖金。该图及其正文于1924年经他修订后复制，不仅是构造地质学的基本教材，而且是一件艺术珍品。1915年他在三度空间的考虑之外加上时间考虑，以查明阿尔卑斯构造的成因，把这种运动分析和综合的研究，称为新的研究分支——大地构造发生学。1915年魏格纳提出大陆漂移论后，阿尔冈认为它是造山运动的新动力，成为他的欧亚构造新概念的骨架。还提出基底褶皱的新概念。主要著作有《中部阿尔卑斯山脉地质探险》（1909年）、《西部阿尔卑斯山之弧线》（1916年）、《亚洲构造地质学》（1924年）等。

为纪念他，月球上有一山脊以他命名。（黄家柱）

韦利卡诺夫，M. A.（Великанов，Михаил Андреевич；Weilikanuofu，Mikhail Andreevich）　苏联人，1879年1月10日生于俄国喀山，1964年5月1日卒于苏联列宁格勒州泽列诺戈尔斯克。水文学、水流动力学。

1903年毕业于圣彼得堡交通学院。长期供职于俄国交通部所属水文地质勘查大队。1917年起在托木斯克技术学院任教。1920年任莫斯科测量学院教授。1930年任莫斯科水文气象学院陆地水文学教研室主任。1935～1952年任苏联科学院河床演变实验室首任主任。1945年创建莫斯科大学河床演变物理学教研室并任主任。1939年当选为苏联科学院通讯院士。

20世纪初至20年代前，主要从事水资源地质勘查和开发利用研究，前后历时10余年。1903年起先后考察了鄂毕河、叶尼塞河；1913年起先后考察了苏霍纳河、北德维纳河等河流的水文地理。10～20年代，最早在大学开设陆地水文学课程和建立专业；1925年出版《陆地水文学教程》，系统构建了学科理论；率先倡导并在苏联实施建立第一批径流观测站，以观察研究和监控自然地理和人文因素对径流的复杂影响。30～40年代，1931年，他首次提出了等流时线概念，导出了汇流的基本方程，阐明了水流结构和河床形成机制的规律，被授予列宁勋章；在苏联各地指导组建径流观察站网络，并在世界各地得以推广；研究陆地水量平衡、泥沙运动和河床河岸侵蚀规律，出版一系列论著，其中有《冲刷速度的研究》、《陆地水量平衡》（1940年）和《泥沙运动》（1948年）等。50～

60年，对毕生研究成果进行总结，系统构建水文学多个分支学科理论，出版有《河床演变动力学》（1958年）、《陆地水文学》（1964年）和《河床水流动力学》（与他人合著）等专著。（李啸虎）

小拉森，E. S.（Larsen，Esper Signius，Jr.） 美国人，1879年3月14日生于美国俄勒冈州阿斯托里亚，1961年3月8日卒于华盛顿。地质学、岩石学、矿物学、显微学。

1906年和1918年先后获加利福尼亚大学学士学位和博士学位。1907年到华盛顿特区卡内基学院地球物理实验室工作。1909～1923年在美国地质调查所工作，期间1918～1923年任该所岩石学部主任。1924年任哈佛大学岩石学教授，1949年退休。1944年成为美国国家科学院院士。

1909年与岩石学家F. E. 赖特合作，发表了经典性论文“地质温度计石英”。文中提出了以573℃加上压力影响的修正量为花岗伟晶岩的形成温度。这一数值至今仍被公认是正确的。为了使鉴定透明矿物的“油浸法”付诸实用，他曾对600多种矿物进行了显微镜下光学性质的研究，根据测定的数据，于1921年完成了《透明矿物的显微镜鉴定》一书。1934年与伯曼（H. Berman）共同修改出版了该书的第二版，迄今仍是油浸鉴定透明矿物的必备工具书。还曾独立地或同他人合作发现了24种新矿物。1939～1949年根据锆石中的铅铀比创立了确定岩石年龄的方法，后被称为“拉森法”。

在野外工作方面，重点研究过科罗拉多州的近地表火成岩和加利福尼亚州南部的岩基，从矿物学、岩石学和化学方面对它们进行了深入的研究。他认为加利福尼亚岩基是复合的岩体，有20次以上的侵入活动，还认为科罗拉多州圣胡安地区的熔岩是玄武岩浆结晶分异的结果。1956年和克罗斯（W. Cross）出版合著的《科罗拉多西南部圣胡安地区的地质学和岩石学》一书，是一本出色的学术著作。1941年获美国矿物学会罗布林奖章。1953年获美国地质学会彭罗斯奖章。（杨惠成）

雷蒙德，P. E.（Raymond，Percy Edward） 美国人，1879年5月30日生于美国康涅狄格州新迦南，1952年5月17日卒于马萨诸塞州坎布里奇。地层学、古生物学、地质学。

1901年毕业于康奈尔大学。1904年获耶鲁大学博士学位。后任匹兹堡卡内基博物院古无脊椎动物馆馆长助理。1910年在加拿大地质调查所任职。1912年任哈佛大学比较动物学博物馆古生物学助理教授，后升为教授，1945年退休。

在他的许多关于古生物学、地层学和沉积学的文章中，描述了古生代无脊椎动物各主要门类化石，重点研究三叶虫。1920年因出版《三叶虫的附肢、解剖和彼此关系》专著而成名。另一本书《史前时期的生命》（1939年）也深受古生物学家们的赞赏。

（马玉英）

凯尔文，A. de（Quervain，Alfred de） 瑞士人，1879年6月15日生于瑞士图恩，1927年1月13日卒于苏黎世。气象学、冰川学、地震学、地理探险、仪器研制。

1903年获瑞士伯尔尼大学气象学博士学位。1902～1906年，在斯特拉斯堡大学从事博士后研究，期间兼任国际高层大气研究委员会秘书长。1906年至去世，一直在苏黎世中央气象研究所（今瑞士联邦气象与气候总局）工作，长任所长助理，1922年兼任地震署主任。1913年任苏黎世大学、苏黎世联邦理工学院名誉教授。

一生主要研究高空气象学、地震学和冰川学。1900～1901年冬季，当时他还是大学生，已在俄国圣彼得堡和莫斯科两地参与指导研制和升起携带测量仪器的探空气球。1909年和1912年两次参加北极探险，其中1912～1913年率队从西向东首次横越了格陵兰冰原，除其他项目外，还进行了地理定位勘测。1922年起负责监测和研究地震，在瑞士各地建立起数十个地震观测站。他十分重视科学工具的创新研发，其中有：改进了高空气象观测方法，设计了用于探空气球飞行观测的经纬仪（无线电探空仪雏形）等仪器；约1922年前后，在A. 皮卡德（Auguste Piccard）协助下，为瑞士地震署研制了一台重达21吨的新型地震仪，大幅提高了测量的敏感度和精确度。

主要著作有《瑞士阿尔卑斯山大气等温线升高及其与阶梯式边界的关系》（1903年，博士论文）、《1909年格陵兰大冰原探险》（1911年）、《跨越格陵兰冰原（1912～1913年）》（1914年）等。为纪念他，南极半岛格雷厄姆台地凯尔文峰即以他命名。（李啸虎）

罗斯贝，C. —G. A.（Rossby，Carl-Gustaf Arvid） 又译罗斯比。瑞典和美国双重国籍，1898年12月28日生于瑞典斯德哥尔摩，1957年8月19日卒于同地。气象学、海洋学、大气物理学。

结构工程师之子，家中5个孩子中排行老大。1918年获瑞典斯德哥尔摩大学理学士学位。1919年在挪威卑尔根大学地球物理研究所任研究助理。1920年在德国莱比锡大学地球物理研究所学习气象学和海洋学，同时在勃兰登堡林登贝格气象台研究高层大气。1922年回斯德哥尔摩大学深造，1925年获相当于博士的数学物理学位。学习期间兼任瑞典气象水文局气象员，1923年参加赴格陵兰考察队。毕业赴华盛顿，在美国气象总局从事博士后研究。1928年任马萨诸塞理工学院航空工程系副教授，不久该系分立出美国高校第一个气象学系。1931年兼任伍兹霍尔海洋研究院研究员。1939年加入美国籍。1939年任美国气象总局研究发展部助理主管。1941年任芝加哥大学气象学系教授兼系主任、气象研究所所长，1943年当选杰出服务教授。1947年回瑞典任斯德哥尔摩大学气象研究所首任所长，同时在芝加哥大学和伍兹霍尔海洋研究院工作。1927年当选为美国航空气象基金会主席。1954年任联合国教科文组织国际气象研究院首任院长，不久当选国际气象学联合会会长。创办和主编《海洋研究》、《气象学报》和《特勒斯》等权威性杂志。是美国国家科学院院士，美国哲学学会会员，瑞典皇家科学院和工程院双院士，奥地利、芬兰、德国和挪威等国科学院外籍院士。

现代气象学领军人物之一，率先运用流体力学解释大气层的大尺度运动。1919 年，他和比亚克尼斯（V. Bjerknes）合作发表论文“气旋生命史与极锋”，引入大气物理学概念，首次提出根据气团分析天气趋势的新方法，加快了将气象技艺变成气象科学的进程。在 1922 年 12 月发表的论文中，对气象学运用空气动力学基本原理与方法已有初步构想。1925 年起，在美国研究如何将极锋理论应用于气象预测预报，倡导通过测量高空气流的风速、气压、温度、湿度等因素，并进行等熵面的分析，以作为推断天气变化趋势的重要依据，由此促进了美国高空气象观测网的普遍建立；30 年代起，对大气热力学、混合和湍流，以及海洋和大气之间相互作用等重大课题作了深入探讨，推动物理海洋学的研究发展；在大气环流理论研究基础上，主持建立世界上第一个民用航空气象服务作业，并力主气象局向社会提供“五日天气预告”的服务项目。30 年代末开始关注大气大尺度运动规律。二战结束后不久，他和柏林大学 H. 厄特尔（Hans Ertel）教授合作，共同提出著名的罗斯贝波数学公式，即由于地球转动和地球曲率而使大气位涡在深度和纬度上产生改变，导致一种非常缓慢的行星级大尺度振荡波。晚年致力于数值天气预报和大气化学研究，除了动力气象之外，对其他如农业气象、深海环流、气候变迁、大气污染以及全球水汽循环等基本问题，也有诸多发现和建树，为国际学术界所推崇。

代表作还有《根据地区高空气象数据进行气候预测》（1942 年）、《特定西行长波的动力学和静力学属性》（1942 年）、《大气和海洋的边界层问题》（1943 年）、《热力学在气团分析中的应用》（1974 年）等。由于他在气象学上的卓越贡献，获美国航空科学学会 1933 年里德奖（与他人分享）、1946 年洛西奖，1953 年英国皇家气象学会西蒙斯奖章，美国气象学会 1956 年服务奖、1959 年应用气象学奖（追授），1957 年世界气象组织奖金（追授）。美国《时代》周刊将其视为风云人物，肖像荣登 1956 年 12 月 17 日出版的刊物封面。

（李啸虎）

斯托普丝，M. C.（Stopes，Marie Charlotte） 英国人，1880 年 10 月 15 日生于英国苏格兰爱丁堡，1958 年 10 月 2 日卒于萨里郡多金附近诺贝里帕克。煤岩学、古植物学、优生学、文学。

父亲是建筑师；母亲是莎士比亚研究专家、苏格兰第一个女研究生。斯托普丝出生后，全家移居伦敦。12 岁前在家受教育，后在圣乔治学校、北伦敦学院等校学习。1902 年获伦敦大学学院理学士学位。1903 年获德国慕尼黑大学植物学研究所博士学位。1904 年获伦敦大学地质学博士学位。同年任教于曼彻斯特大学，是该校第一个理科女教师。获英国皇家学会赞助，1907～1908 年到日本做古植物学和煤岩考察研究。1913～1920 年在伦敦大学学院教授古植物学。1921 年在伦敦成立“母亲门诊部”，这是英国首家指导节育的门诊部。有过两次失败的婚姻，生有一子，晚景孤寂。

现代煤岩学奠基人。早年研究被子植物历史，后结合古植物学研究煤的成份与成因，促进了煤岩学发展。1919 年出版《论条带状烟煤的四种可见组分》一书，对用肉眼可辨的烟煤 4 种成分，即镜煤、亮煤、暗煤和丝煤进行特征描述。这种煤岩分类法，后称为煤的宏观煤岩类型。1935 年在《论条带状烟煤的岩石学》中，又提出“煤的显微组分”概念，指谓那些在显微镜下才可识别的煤的有机成分，分析了构成每种煤岩类型的显微组分，把煤的肉眼可见征状、显微结构和所含成分统一起来，根据岩石学原则把煤作为化石组合来看待，是一个很大进展。她创设的煤岩术语随后形成“斯托普丝-赫尔冷体系”，广泛用于应用煤岩学。其他著作有：《古代植物》（1910 年）、《煤的构成》（1918 年初版、1922 年再版）、《煤的自燃》（1923 年）、《煤研究中的术语》（1923 年）等。

她同时又是一位兼职优生学家和作家。出版过《婚姻之爱》（1918 年）等书讨论爱情、婚姻和性爱。《明智的亲子关系》（1918 年）指导节育措施，这在当时被视为相当前卫的举动。此外还有《给工作母亲的一封信》（1919 年）、《光彩照人的为母之道》（1920 年）和《持续的激情》（1928 年）。为回答天主教会的责难，写了《罗马天主教会的节育方法》（1933 年）。晚年出版了 3 部爱情诗集。

（李啸虎）

魏格纳，A. L.（Wegener，Alfred Lothar） 一译韦格纳。德国人，1880 年 11 月 1 日生于德国柏林，1930 年 11 月 1 日卒于格陵兰。构造地质学、气象学、地球物理学、地理探险。

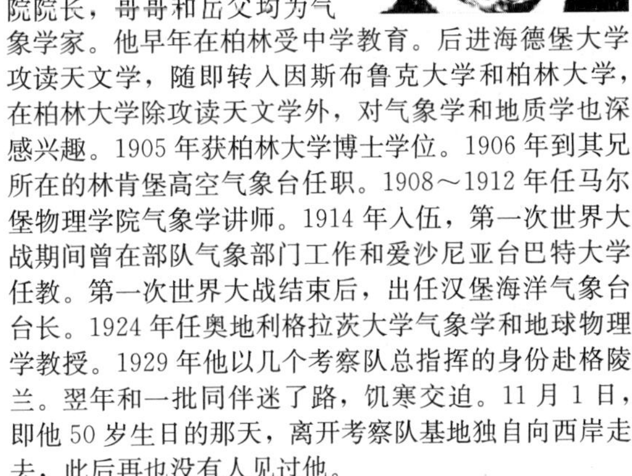

父亲是科学博士、孤儿院院长，哥哥和岳父均为气象学家。他早年在柏林受中学教育。后进海德堡大学攻读天文学，随即转入因斯布鲁克大学和柏林大学，在柏林大学除攻读天文学外，对气象学和地质学也深感兴趣。1905 年获柏林大学博士学位。1906 年到其兄所在的林肯堡高空气象台任职。1908～1912 年任马尔堡物理学院气象学讲师。1914 年入伍，第一次世界大战期间曾在部队气象部门工作和爱沙尼亚台巴特大学任教。第一次世界大战结束后，出任汉堡海洋气象台台长。1924 年任奥地利格拉茨大学气象学和地球物理学教授。1929 年他以几个考察队总指挥的身份赴格陵兰。翌年和一批同伴迷了路，饥寒交迫。11 月 1 日，即他 50 岁生日的那天，离开考察队基地独自向西岸走去，此后再也没有人见过他。

1906 年 4 月 5～7 日，和其兄同乘气球收集高空气象资料，这是气象学史上的创举。为获得极地气团的第一手资料，同年底参加一个丹麦考察队到格陵兰东北考察3年。1911年出版《大气热力学》一书，书内提出降水理论。这一理论在1935年经伯杰龙进一步阐述，后人称为魏格纳-伯杰龙降水理论。1912～1913年，又与丹麦人合作第二次率队赴格陵兰考察，重点是冰川学和气候学。1915年发表名著《海陆的起源》，提出“大陆漂移说”。1917年出版《欧洲的风暴与龙卷风》一书。

他因提出大陆漂移说闻名于世。最早于1910年，注意到世界地图所绘大西洋东、西海岸线明显拟合，特别是南美洲与非洲的两岸更为显著。翌年得知大西洋两岸的古生物也有一致性，更坚定了自己的想法。1912年在法兰克福的一次讲演中公布大陆漂移学说，引起地质学界的重视。第一次世界大战后，从古气候学的角度致力于大陆漂移的研究。认为距今约2亿年前的二叠纪末，地球上存在一个泛大陆，后分裂漂移：美洲从欧亚大陆及非洲分出向西移动，中间形成了大西洋，接着印度大陆又与非洲分裂往北漂移，澳洲则由南极洲分出移向赤道。还以大气现象作对比，提出地壳均衡理论。大约在16世纪末，大西洋两岸形状的拟合性就已引起人们的注意，1858年斯奈德-佩利格里尼（A. Snider-Pelligrini）、1908年贝克（H. B. Baker）、1910年F. B. 泰勒等人都有过相似的思想，但都没有他的论证阐述得那样详尽。1937年，即他去世后7年，A. L. 杜图瓦提出修正，以北半球的劳亚细亚超大陆和南半球的冈瓦纳超大陆代替韦格纳的泛大陆的说法，从而把大陆漂移理论向前推进了一步。接着，地球内部对流说的兴起，大陆漂移说中的动力来源问题得到新的解释。60年代兴起的海底扩张学说，又使人们对这一理论的原理有了新的认识。

（曹念祥　李文达）

泰勒，T. G.（Taylor，Thomas Griffith）　澳大利亚人，1880年12月1日生于英国英格兰的沃森斯道，1963年11月5日卒于澳大利亚悉尼。地理学、人类学、冰川学、地理探险。

化学家兼冶金学家之子。少年时已在报刊发表有关地理学小文章并获奖。1893年全家移居澳大利亚新南威尔士。1904年获悉尼大学理学士学位，1905年获该校工学士学位。留校任地质示教员，从事野外勘查，1907年正式在悉尼大学开讲地理课。同年底到英国留学，1910年获剑桥大学文学士学位。同年参加英联邦远征队考察南极。1912年回国后，在澳大利亚联邦气象服务局供职。1916年获悉尼大学理学博士学位。1920～1928年任教于悉尼大学，1921年任地理系首任系主任、副教授。同年作为气象界代表任澳大利亚国家研究委员会创始委员。1927年出任新南威尔士地理学会首任会长，创刊《澳大利亚地理学家》。1929～1935年任美国芝加哥大学地理系教授，同时兼任多伦多大学、克拉克大学客座教授。1936～1951年任多伦多大学教授、地理系首任系主任。退休后返回澳大利亚。1939年、1940年先后出任美国地理学家协会副会长、会长（此职第一个非美国人）。1951年任加拿大地理学家协会名誉会长。1954年当选为澳大利亚科学院院士。1959年任澳大利亚地理学家协会首任会长。1961年获悉尼大学荣誉博士学位。

澳大利亚和加拿大地理学奠基人之一。毕生从事地理教学与研究，积极参与和主持野外地理考察，行踪遍及五大洲。20世纪初年至20年代，考察澳大利亚、新西兰、斐济、夏威夷等地，1908年到阿尔卑斯山，1910年到南极洲，1926年主持英联邦在菲律宾、中国、日本和朝鲜半岛的地理考察。30年代，主持在北欧、西欧和中欧的地理考察。是澳大利亚、加拿大高等学校第一个地理系的创立者。他还研究冰川学，去世当年发表他生前最后一篇论文“南极洲很可能会瓦解”。他坚持地理学的统一性，强调自然环境对人类的影响。

主要著作有《澳大利亚地理》（1914年）、《大地银装》（1916年，与他人合著）、《澳大利亚环境，降水图与等高图》（1918年）、《环境与人种》（1927年）、《环境与人种地图集》（1933年）、《环境与国家：欧洲文化与政治史中的地理因素》（1936年）、《环境、人种和移民》（1937年）、《我们进化中的文明》（1946年）、《加拿大：寒冷大陆环境及其对英法殖民地的影响》（1947年）、《城市地理学》（1949年）、《20世纪地理学》（1950年）等。此外出版有自传《行者泰勒》（1958年）。获1917年澳大利亚皇家地理学会托马斯金质奖章，1923年美国地理学会利文斯顿百年纪念奖，1961年新南威尔士皇家学会奖章等。（李啸虎）

扎姆勃尼尼，F.　（Zambonini，Ferruccio）　意大利人，1880年12月17日生于意大利罗马，1932年1月12日卒于那不勒斯。火山学、矿物学、晶体学、化学。

1903年毕业于罗马大学。后任都灵工学院助教。1909年后相继任萨萨里大学教授与那不勒斯大学教授、副校长等职。当选那不勒斯皇家数理科学院院士、都灵科学院院士和意大利地质学会会长。

是当时意大利第一流的矿物学家，对许多矿物研究作出重要贡献。1910年出版重要著作《维苏威火山矿物》，其中公布了从维苏威和蒙特索玛两地采集的250多种地质样本资料，因此获那不勒斯皇家科学院颁发的年度奖。还探讨了由于离子半径相近而导致的类质同晶现象的规律性，因此在意大利被命名为扎姆勃尼尼规律；主持对绿帘石-斜黝帘面系混合晶体的开拓性研究；在稀土元素化学研究中作出了贡献；首创用分析矿石的含铅量及含铀量来确定岩石年代的方法。获法国地质学会世界奖。

（池贵法）

库什曼，J. A.（Cushman，Joseph Augustine）　美国人，1881年1月31日生于美国马萨诸塞州布里奇沃特，1949年4月16日卒于马萨诸塞州沙伦。地层学、微体古生物学。

1903年毕业于哈佛大学。后任波士顿博物学会的博物馆馆长。曾供职马尔兰石油公司，从事含有孔虫地层的对比工作。

1904年起开始进行有孔虫目方面的研究。1927年第一次提出包括45个族的有孔虫目分类提纲。翌年出版专著《有孔虫目的分类和经济利用》。20世纪40年代，就认识到浮游生物作为地层学分带工具的潜在意义。在将近50年中，发表550篇以上的文章。由于得到他的馈赠，美国国家自然博物馆成为世界上最大的有孔虫化石收藏场所。（冯祖钧）

萨瓦连斯基，Ф. П.（Саваренский，Фёдор Петрович；Savarenski，Fiodor Petrovich）

苏联人，1881年2月11日生于俄国戈罗维茨，1946年10月8日卒于莫斯科。*工程地质学、水文学*。

1909年毕业于莫斯科大学数理学院自然科学系。曾任莫斯科地质勘探学院教授。1935年起任苏联科学院地质研究所萨瓦连斯基水文地质问题研究室主任。1939年当选为苏联科学院通讯院士，1943年当选为院士。

苏联工程地质学派的创始人之一。最早强调水在土壤形成中的重要作用。曾主持苏联外高加索地区水文地质勘查和研究，初步查明了该地区干旱、半干旱沙漠、半沙漠地域的水资源状态；将气候、地貌、土壤、植被和地质构造有机结合，系统解释半沙漠地区的水文地质特征，为规划干旱地区灌溉、用水系统提供了新的水文地质依据。在第聂伯河、伏尔加河、顿河等流域的大型水电工程建设中，参与主持水文地质勘查。在长期科学考察实践中，倡导以自然历史观点研究和发展工程地质学，强调在使用土力学方法时，必须充分考虑工程地区自然条件，尤其是水文地质环境。在岩土力学研究中，开拓了冻土学发展新方向，发展了工程地质学新领域。主编《苏联地下水资源概略》（1933年），这是苏联第一份地下水文志。主要著作还有《水文地质学》（1933年）、《工程地质学》（1937年）和《萨瓦连斯基选集》（1950年）等。（李 烨）

德夏丹，P. T.（de Chardin，Pierre Teilhard）

一译德日进。法国人，1881年5月1日生于法国多姆山省，1955年4月10日卒于美国纽约。*构造地质学、古生物学、古人类学、生物进化论*。

出身于萨塞纳的贵族家庭。17岁时加入耶稣教会。1905～1908年间就学于埃及开罗教会学校，攻读物理学和化学。1908～1912年在英格兰的黑斯廷斯研究神学及古脊椎动物。1912年回国，在巴黎自然博物馆从事地质学及古生物学的研究。1920～1923年执教于巴黎天主教学院。由于常抨击神学，于1926年被流放到中国。1929年任中国地质调查所科学顾问。1934年起任中国中央地质调查所所长，抗日战争结束后回到巴黎。由于各方面都受到教会限制，不得不再次远渡重洋去美国纽约。1951～1955年任职于温纳格林基金会，从事古人类学的研究。

1908～1912年，在黑斯廷斯结识了进化论学者H. 柏格森，对他的世界观形成起了很大的影响。但当他来中国时，他的观点却明显地反对柏格森主义的哲学思想。在中国的开始几年里，与利森特（Licent）合作研究第三纪和第四纪的哺乳动物。1928年研究中国的旧石器，为中国和欧洲哺乳动物的对比作出了贡献。当时裴文中已在周口店发现了中国猿人的头颅，德夏丹作为考察队的成员及解剖者之一，对其作了详细的描述，后被证明与爪哇的直立猿人关系甚密。

另一成就是综合了亚洲大陆的地质学。1929～1932年在亚洲中部等地区进行了一系列的地质考察，考察中国南北方中生代、第三纪、第四纪地质构造，并对印度次大陆和中国的地质进行了全面研究。写了一系列论述亚洲地质学和古生物学的文章。1938年后，随着两次非洲之行结束了野外工作。抗日战争期间，写下了数篇论述中国古人类及哺乳动物的重要论文，同时完成了巨作《人类的现象》的第一章。文章中常含有神秘、诗意色彩的哲学观点。提出宇宙中“意识复杂性”是历史的发展规律，即演化过程中各阶段都经过结构复杂性递进——意识递进这一过程，人类的形成经过非生物——生物、简单——复杂的过程。引用海森伯的不确定原理，论证人类是自然界的中心这一理论；运用热力学第二定律解释宇宙的复杂性。就演化过程而论，倾向于新拉马克主义的直向演化理论。到了晚年逐渐倾向于达尔文的综合理论。

20世纪50年代，两次考察南非的南方古猿，科学地综合了古人类学，提出人类的进化方向具两极性，亚洲支系的发育不全，而非洲支系导向智人，强调人类起源与地质学之间的关系。1955年发表《人类现象》一书，他的进化思想得以广泛传播，20世纪60年代达到高潮，70年代波及整个西方天主教文化。1957年宗教法庭下令各天主教学院书店禁卖此类书籍。（马玉英）

休伊特，D. F.（Hewett，Donnel Foster）

美国人，1881年6月24日生于美国宾夕法尼亚州欧文，1971年2月5日卒于加利福尼亚州。*矿床学、矿物学、地球化学*。

1902年获利哈伊大学冶金学学士学位。1924年获耶鲁大学地质学博士学位。1911年入美国地质调查所工作，1935～1944年任该所金属矿部主任。1931年任经济地质学家协会副会长、1936年任会长。1935年、1945年两度任美国地质学会副会长。1937年当选美国国家科学院院士。是美国文理科学院院士。

主要成就是关于锰矿床成因的研究。通过大量野外调查和室内研究，论证了大多数过去认为由陆地风化搬运形成的层状锰矿床属热液沉积成因，并揭示了不同的矿物组合与矿床形成环境之间的联系：氧化物是浅水沉积物，碳酸盐是较深水的沉积物，复杂氧化物和硅酸盐大多是前两者的变质产物。还研究了不同环境中形成锰矿床的微量元素特征，建立了脉状矿床不同深度上矿物分带的概念，从而为勘探深部矿床和隐蔽矿床提供依据。另外，还首次确定了石灰岩中贱金属矿周围的白云石化蚀变晕圈。他发现世界最大的秘鲁钒矿。还发现了加利福尼亚的稀土矿床。获1956年美国经济地质学家协会彭罗斯金质奖章，1964年美国地质学会彭罗斯奖章等。（杨惠成）

贝利，E. B.（Bailey，Edward Battersby）英国人，1881年7月1日生于英国马登，1965年3月1日卒于伦敦。构造地质学、岩石学、火山学、地质学史学。

医生之子。学生时代受E. 休斯《地球的面貌》一书的激发，决心投身于地质学研究。1902年毕业于剑桥大学，并获地质学和物理学一级奖章。后进英国地质调查所，在苏格兰工作了27年。第一次世界大战时服役，在战争中失去一只眼睛。1929年到格拉斯哥大学任地质学教授。1937年任地质调查所所长和博物馆馆长。是英国皇家学会会员。曾获6个荣誉博士学位。1945年被授爵士封号。

在大地构造、变质作用、岩浆岩、普通地质及地质学史等方面都有显著贡献。对苏格兰达拉第片岩作了大地构造上的重新解释；1929年提出加里东和海西山脉从南威尔士和爱尔兰横渡大西洋到新英格兰，可能是大陆漂移的证明；阐明了阿尔卑斯山的地质术语和构造；还对伊朗、土耳其、普罗旺斯、直布罗陀和利古里亚等地的大地构造作了重新论证。1909～1916年，与克拉夫（C. T. Clough）和莫菲（H. B. Maufe）共同详细描述了格仑-科地区一个泥盆系火山口沉陷；主编有关第三系莫尔火山杂岩的论文和图件；和同事一起发现带枕状熔岩的破火山口、锥状岩席和环状岩墙。在杂岩岩石学研究的基础上，和托马斯（H. H. Thomas）一起提出了"岩浆类型"的概念；和麦卡利安（W. J. McCallien）一起研究了苏格兰、土耳其和亚平宁的枕状熔岩和带放射虫燧石的蛇纹岩，提出了它们的海底成因学说。他对某些砾岩层和漂砾层提出了海底滑坡成因解释，又提出海底滑坡产生序粒层理并可能部分并入到海底泥流中，这是后来高密度海底浊流理论的先导。

在地质学史方面，1935年和1952年分别出版有关世界大地构造研究发展年表和英国地质勘测史方面的著作，还写过有关C. 赖尔和J. 赫顿的传记等。曾获7枚科学奖章。（李冬田）

巴兰斯基，Н. Н.（Баранский，Николай Николаевич；Baransky，Nikolay Nikolaevich）一译巴朗斯基。苏联人，1881年7月27日生于托木斯克，1963年11月29日卒于莫斯科。经济地理学、区域地理学、地理教育。

早年曾从事革命活动。曾就读于托木斯克大学。1914年毕业于莫斯科商业学院。后在莫斯科大学和其他高校任教。1929年参与建立莫斯科大学土壤与地理系，任经济地理学教授、经济地理教研室主任。曾任全苏地理学会莫斯科分会副会长、《地理学问题》杂志主编。1939年当选为苏联科学院通讯院士。是俄罗斯联邦教育科学院院士。

苏联经济地理学区域学派的奠基人之一。1918年起从事经济地理学研究，莫斯科大学地理系创建人之一。一生致力于地理教育、经济地理学基本理论与方法的研究。早年参与主编苏联第一部百科全书，以后参加国家的经济区划工作，曾主持莫斯科州地图集的编制。在苏联经济地理学界，他最先主张用区域的地理综合研究方法取代单纯的部门经济统计描述，提出"地域生产综合体"的思想，重视国家和地区的区划和综合分析、前景设计。坚持经济地理学与自然地理学的结合，强调人地关系在区域上的统一性，主张利用地图方法取得详细的数据，藉以提供区域发展远景。在俄罗斯联邦电气化计划、苏联国民经济发展历次五年计划中，作为经济地理学家为合理生产布局、合理发展地方经济做出了贡献。他创建的国家和区域经济地理描述体系，在国内外有重要影响。

主要著作有《苏联经济地理：国家计划委员会划定的各州区概况》（1926年）、《苏联经济地理》（1927年）、《美国经济地理》（1946年）、《经济地理教学法》（1960年）、《经济地理学：经济地图学》（1960年第2版）等，此外主编有《中学经济地理教学法概论》（1954年）、教材《中等学校经济地理》（1957年）、《高等学校经济地理》（1957年）等。1943年获苏联功勋科学家称号。1952年获苏联国家奖金，1957年获斯大林奖金。此外获3枚列宁勋章、2枚其他勋章、数枚奖章。（李 烨 李啸虎）

吉努，M. -I. -M.（Gignoux，Maurice-Irénée-Marie）一译吉纽。法国人，1881年10月19日生于法国里昂，1955年10月20日卒于格勒诺布尔。地层学、构造地质学、石油地质学、水电工程。

1904年获巴黎大学理学士学位。1913年获格勒诺布尔理学院博士学位。第一次世界大战期间，在法国陆军气象研究所服役。1918年任教于斯特拉斯堡大学。以后曾任格勒诺布尔理学院等校教授。1930年参与创建水文地质工程学院。1946年当选为法国科学院院士。是瑞士科学院外籍院士，也是伦敦、美国、联邦德国、比利时等地质学会外籍会员。

曾主持设计和建造阿尔卑斯山区多个水力发电工程；领导完成尼隆河上的瑞尼西亚大坝工程。通过实地考察，证实伊塞尔河谷有民德、里斯、武木三期冰碛存在，这是在前阿尔卑斯冰川研究中的重要贡献。在地中海变迁研究中，修正过去关于海滨阶地的分层，认为只有西西里和蒂雷宁两层，而把发现有上新世和第四纪间出现冷水动物群的卡拉布里、维拉弗朗期的沉积物划归第四纪。在《陶裴南地质》（1944年）一书中，论述了推覆体现象，即由于地壳运动，下部古老地层覆盖在相对较新地层的上部，认为是板块陆陆碰撞造山作用的产物；发现并描述了当地推覆体地层存在"曳裂弧"现象，据此否定了瑞士地质学家É. 阿尔冈提出的当地推覆体远来成因理论；提出构造推覆体学说，把它作为大陆活动论的组成部分。他对法国、意大利和当时的捷克斯洛伐克等国的石油地质进行了广泛考察，研究成果人编《石油论》一书。重要著作还有《地层地质学》（1926 年初版，1950 年第 4 版）、《堤坝地质学》（1955 年，与他人合著）等。曾获美国地质学会最高荣誉奖彭罗斯奖。（李啸虎）

菲克尔，H. von（Ficker，Heinrich von） 德国和奥地利双重国籍，1881 年 11 月 22 日生于德国慕尼黑，1957 年 4 月 29 日卒于奥地利维也纳。气象学、地理学、大气物理学。

历史学家之子。1885～1919 年间原用姓费尔德豪斯（Heinrich Ritter Ficker von Feldhaus）。1906 年获奥地利因斯布鲁克大学博士学位。留校任教。1911 年任奥地利格拉茨大学气象学教授。第一次世界大战期间应征入伍。1923 年任德国柏林大学教授，兼任普鲁士气象研究所所长至 1934 年。1937 年任维也纳大学教授，兼中央气象学与地球动力学研究所所长，1952 年退休。曾任德国气象学会会长。

1906～1910 年，在奥地利因斯布鲁克大学开始广泛的气象科学研究，其中乘坐气球实地考察了阿尔卑斯山的焚风，并研究其动力学成因。1907 年因发表对阿尔卑斯中部山峦对天气影响的图解分析，获得国际气象学界的共识和好评。曾在中亚细亚进行气象观测，1910～1911 年间相继发表一系列论文并出版专著，报道和研究发生于俄罗斯和亚洲北部的冷锋和热浪等大气现象。1928 年率领德国科学考察队对帕米尔高原的阿莱山区进行了勘查，1932 年和考察队 W. G. R. 里克默斯（Willi Gustav Rickmer Rickmers）博士共同主编出版考察报告集。还研究了季风的循环问题，1936 年发表长篇论文“论逆温信风”。与生物气象学家 B. 德拉德尔（Bernhard de Rudder）合作出版名著《焚风和焚风效应》（1948 年），另独撰有《气候和气候发展》（1942 年）等著作。（李啸虎）

威尔逊，M. E.（Wilson，Morley Evans） 加拿大人，1882 年 2 月 8 日生于加拿大安大略省，1965 年卒于加拿大。岩石学、火山学、矿床学、区域地质学。

1907 年获多伦多大学学士学位。后在威斯康星大学和芝加哥大学当研究生。1912 年获耶鲁大学博士学位。长期在加拿大地质调查所工作，在魁北克等地从事野外地质调查。

对前寒武系地层，尤其是太古代的古老岩石颇有研究。为了确定诺兰达地区古老的层状火山岩的层序是否倒转，他总结出一系列有效的判别标志，如熔岩流顶部通常含有由棱角状岩块组成的薄层砾岩；特有的枕状或面包状构造，其拱起部分指向熔岩流的顶部，它们是海底喷发产物。利用这些顶部标志，查清了这些层状火山岩的原始构造，成功地指导了在该地区高品位金矿和铜矿的找矿工作。撰写出版加拿大区域地质多部；另有《加拿大云母矿藏》（1926 年）、《加拿大萤石矿藏》（199 年）等。由于这些成果，1950 年获美国地质学会彭罗斯奖章。（李嘉曾）

海姆，A. A.（Heim，Albert Arnold） 瑞士人，1882 年 3 月 20 日生于瑞士苏黎世，1965 年 5 月 27 日卒于同地。沉积学、地层学、地质学。

早年从父学习地质学。1905 年在苏黎世大学获博士学位。1908～1911 年和 1924～1928 年两次在母校教书。1929～1931 年到中国广州中山大学任地质学教授，并在广东地质调查所工作。1944～1945 年在布宜诺斯艾利斯阿根廷地质矿业局工作。1950～1952 年在德黑兰伊朗石油公司任总地质师。

最初以研究瑞士阿尔卑斯山地质而闻名。1905 年起通过野外地层考察，研究沉积相变与冲断地层的位置和顺序的关系，为推覆体理论提出重要证据。1909 年在爱丁堡开始研究近代深海沉积，首次提出石灰岩成因理论，指出当温度升高或压力降低时，溶解在深水中的石灰质沉淀海底而形成石灰岩。除有关石油的文章外，发表的其他科学论文约 300 篇。（刘 汉）

莫森，D.（Mawson，Sir Douglas） 澳大利亚人，1882 年 5 月 5 日生于英国英格兰约克郡，1958 年 10 月 14 日卒于澳大利亚阿德莱德。地质学、岩石学、地质教育。

英国裔。1884 年随父母移居澳大利亚。就读于悉尼大学，获工程学学士学位、理学士学位、理学博士学位。1905 年到阿德莱德大学执教，先任矿物学、岩石学讲师，后任地质学教授直至去世。1923 年被选为英国皇家学会会员。

是澳大利亚科学的创始人之一。曾参加过很多地质考察活动。以在阿德莱德大学建立和主持著名的地质系而著称。对澳大利亚南部的前寒武纪地质问题作了广泛的调查和研究工作。多次获得科学奖。

（冯祖钧）

阿博斯，P.（Arbos，Philippe） 法国人，1882 年 7 月 30 日生于法国莫塞，1956 年 10 月 28 日卒于德龙省。区域地理学、人文地理学。

1904 年入法国高等师范学校学习，1907 年通过历史和地理学科的中学教师资格会考，到格勒诺布尔的中学任教。1919 年到克莱蒙费朗大学任讲师，1922～1952 年任教授，期间任地理研究中心首任主任。

在 R. 布朗夏尔（Raoul Blanchard）的指导下，1912 年起撰写以法国阿尔卑斯山区放牧生活为题的博士论文。他用了 10 年的时间，走遍了阿尔卑斯山区的所有山谷和城镇搜集资料。1930 年出版有关克莱蒙费朗城市地理研究的著作，获得广泛的赞誉。有关论述奥弗涅山脉的著作，则是区域地理学的一部经典著作。对法国中央地块的地理极感兴趣，晚年还为拉鲁斯出版社出版的《法国》丛书撰写介绍该地区的长篇文章。

（张南海）

埃斯科拉，P. E.（Eskola，Pentti Elias） 芬

兰人，1883 年 1 月 8 日生于芬兰洪基拉赫蒂，1964 年 12 月 6 日卒于赫尔辛基。*岩石学、矿物学、地质学*。

出身农民家庭。1901 年入赫尔辛基大学，1906 年获化学候补博士（相当于硕士）学位，1914 年获地质学专业哲学博士学位。1920～1921 年在挪威和美国研究榴辉岩。1922 年在芬兰地质调查所工作。1924～1953 年在赫尔辛基大学任教。曾获奥斯陆大学、帕多瓦大学、波恩大学和布拉格大学等校授予的荣誉博士学位。曾被推选为芬兰地质学会名誉会长。是国外许多学会和科学院的名誉会员或外籍院士。

是 20 世纪上半叶研究斯堪的纳维亚复杂结晶杂岩的最有成就的岩石矿物学家，也是研究该地区地质问题的著名专家。早年在化学研究上有一定造诣，1915 年起一直从事岩石矿物相的研究工作。在研究结晶杂岩的岩相、矿物相方面，广泛地运用早年获得的丰富的化学知识。提出在恒温恒压下变质作用过程达到化学平衡，矿物成分只受化学成分控制。对变质分带及固态反应进行了研究，起先把变质岩分为透长石相、角岩相、绿片岩相、角闪岩相和榴辉岩相 5 个岩相。1939 年左右，在所著《岩石成因》一书中，又将这些术语发展成一种二维温度-压力的变质相和岩浆相的进一步分类。通过他和同时代的一些杰出岩石学家的工作，相的平衡界线和稳定场的研究不断深入，1955 年后产生了新的变质相标准。

毕生精力主要集中在研究高级变质相即榴辉岩相问题上。把矿物相的成因解释为交代作用的结果，特别是氧化钙、氧化钠和氧化钾被铁和镁的氧化物的交代作用，而对许多矿石成因论者所支持的同生成因解释似乎从未考虑过。对花岗岩的成因问题也很有研究。1932 年在“花岗岩岩浆起源”一文中，认为花岗岩有不同起源，深熔作用可以形成孔隙岩浆，最后产生混合岩。晚年时更强调这种深熔作用，但不赞成“转化论学派”的极端解释。晚年还出版一本有关地球与生命的宇宙起源的著作。1964 年获维特列森奖金。

（李文达）

瓦迪阿， D. N. （Wadia，Darashaw Nosherwan） 印度人，1883 年 10 月 23 日生于印度古吉拉特邦苏拉特，1969 年 6 月 15 日卒于新德里。*地层学、构造地质学、科学管理*。

帕西族人，火车站长之子，家中 9 个孩子中排行第四。1899 年（16 岁）入巴罗达学院学习地质学、动物学和植物学，1903 年毕业留校任教。1907～1920 年在克什米尔查谟任威尔士亲王学院地质学教授。1921 年供职印度国家地质勘探局。1938 年任锡兰（今斯里兰卡）政府地质学家。1942 年、1943 年两次任印度全国科学大会主席。1945 年任印度政府科学与工业研究委员会矿业顾问。1947 年任印度政府矿业局首任局长。1949 年供职于原子能矿产委员会。1964 年任第 22 届国际地质学大会（新德里）主席。1968 年任印度政府科技部喜马拉雅地质研究所（1976 年以他冠名）所长。1957 年当选为英国皇家学会外籍会员。1958 年参与发起成立印度地质学会，后任会长。

印度地质研究和地质勘探的奠基者之一。从 20 世纪初年起，坚持进行大量艰难而危险的野外勘探和地质填图，考察了边远而崎岖的克什米尔、赫扎拉、楠格-巴尔博特和吉尔吉特等喜马拉雅山西北部；基本查清了喜马拉雅以南坡轴区和山前地带的地层和地质构造；合理解释了西北克什米尔不同年代岩层的异常次序；描述和分析了山脉独特的“缠结”和“屈膝”现象产生的深层地质原因。1919 年撰写出版《印度地质学》巨著，在很长时间内一直是地质专业学生必读的经典之作，1939 年作较大修订，去掉原书名中的“学生专用”，加深和拓广了内容，至 1966 年已出第 6 版。早年对印度地质的勘察和阐述，至今仍然有效。他的诸多重要成果，有助于人们深入理解全球山脉弧特征及其形成的地质演化机制，获得国际地质界认可。其工作延伸为广泛涉及地理学、海洋学、古生物学、土壤科学、经济地质学和工程地质学各种课题。此外，还是印度矿产资源（包括石油和铀矿）勘探和鉴定的一位重要管理者。

主要著作和研究报告还有：《蓬奇邦（克什米尔）和旁遮普邦邻近地区地质报告》（1928 年）、《喜马拉雅山和印度北部地区的地质构造》（1938 年）等。获 1943 年伦敦地质学会莱尔奖章，1958 年印度政府公民荣誉最高奖。1984 年印度颁发他的纪念邮票。

（李啸虎）

费尔斯曼， A. E. （Ферсман，Александр Евгеньевич；Fersman，Aleksandr Evgenievich） 苏联人，1883 年 11 月 8 日生于俄国圣彼得堡，1945 年 5 月 20 日卒于索契。*矿床学、矿物学、晶体学、地球化学*。

从小就对矿物感兴趣，少年时便注意采集各种矿物标本，建立自己的矿物收藏室。1907 年毕业于莫斯科大学。1908 年在德国海德堡大学 V. 戈尔德施米特的实验室工作。1909 年起在莫斯科大学任教。1910 年任沙尼亚夫斯基人民大学教授。1912 年任圣彼得堡科学院地质博物馆矿物室主任，并与他人共同创办《自然》杂志，兼任主编。1919 年任苏联科学院矿物博物馆馆长。同年选为苏联科学院院士，1927～1929 年任副院长。并在圣彼得堡大学开设地球化学课程。1922～1926 年任苏联科学院镭研究所所长。1929～1945 年任苏联科学院主席团成员，期间 1932～1938 年任苏联科学院乌拉尔分院院长。1930～1939 年任罗蒙诺索夫结晶学、矿物学和地质化学研究所所长，1942～1945 年任苏联科学院地质研究所所长。第二次世界大战期间，领导苏联红军中的地质地理服务团，研究军事地质和战略物资的保证问题。被国内外 16 个科学团体和学会选为会员或通讯会员。

在海德堡大学戈尔德施米特的实验室工作期间，

研究晶体学和晶体光学方法，并赴法兰克福、汉诺威和柏林等地考察金刚石。1911 年和戈尔德施米特合写了一部有关金刚石晶体学方面的专著。他还赴厄尔巴岛考察研究伟晶岩，后来多年从事该领域的研究，1932 年出版专著《伟晶岩》。

是现代地球化学的创始人之一。曾给地球化学下了定义，认为它是关于元素在地壳中的历史和它们在自然界各种热力学、物理和化学条件下的行为的科学。1889 年美国地球化学家 F. W. 克拉克在《化学元素的相对丰度》一书中，提出化学元素在地壳岩石中的分布频度的概念。费尔斯曼建议将这一概念定义为“克拉克值”。他在计算了大部分元素的克拉克值后指出，在地球化学中更重要的是原子百分数，命名其为“原子克拉克值”。发现元素丰度同元素在周期表中的位置，以及各种元素在地壳中的富集和贫缺无关，指出地壳中的元素丰度由元素的跃迁效应所决定，而太空中的元素丰度则与原子核的稳定性有关。他开创了区域地球化学的研究，并率先把俄国欧洲部分划分地球化学区，提出了内生作用的分类方案。1933～1939 年在列宁格勒出版 4 卷本专著《地球化学》，这是他在这一领域中的代表作。

他善于把科学研究和国家矿产资源的考察和开发结合起来，率先提出并论证了采用地球化学方法探测矿藏的必要性。1915 年圣彼得堡科学院组织一个研究俄国自然资源的考察队，他任该队秘书，参与考察克里米亚、外贝加尔、乌拉尔、阿尔泰以及俄国欧洲部分的各种矿产资源。1917 年后，他对科拉半岛希宾山的考察研究，导致发现巨大的磷灰石及稀土元素矿床。对中亚细亚的考察研究，否定了原先认为那里资源贫乏的看法，并在卡拉库姆沙漠中发现巨大的硫磺矿床。研究过乌拉尔的伟晶岩、稀土元素、铜、铬以及其他矿物资源，也研究过西伯利亚的矿物资源。

还是一位著名的科普作家，所著《石头回忆录》(1940 年)、《趣味地球化学》(1950 年)、《趣味矿物学》、《宝石的故事》等科普著作，深受广大读者的喜爱。

身后出版有《费尔斯曼选集》(7 卷，1952～1962 年)。获国内外的多种奖金奖章，其中 1929 年获列宁奖金，1942 年获苏联国家奖金。 (李文达 宣焕灿)

德贝纳姆，F. (Debenham，Frank) 澳大利亚和英国双重国籍。1883 年 12 月 26 日生于澳大利亚新南威尔士州鲍勒尔，1965 年 11 月 23 日卒于英国剑桥。*地理学、制图学、地理探险、仪器研制*。

在父亲办的私立学校里接受启蒙教育，后来到新南威尔士州帕拉马塔上皇家学校。1904 年毕业于悉尼大学人文艺术系。当了 3 年中学教员。后来又重返悉尼大学攻读地质学，1910 年毕业获理学博士学位。1910～1913 年参加斯科特 (R. F. Scott) 率领的第二次南极考察活动。他在南极进行地质测量，因其精湛的制图技术而成名。1919 年受聘于牛津大学当讲师，讲授大地测量学和制图学。1925 年任设在牛津大学的斯科特极地研究所第一任所长，1931 年任牛津大学第一任地质学教授，直至 1949 年退休。一生中还设计了一些新的制图器具。 (张南海)

桑德尔，B. H. M. (Sander，Bruno Hermann Max) 奥地利人，1884 年 2 月 23 日生于奥地利因斯布鲁克，1979 年 9 月 5 日卒于同地。*岩石学、地质学*。

1907 年在因斯布鲁克大学获博士学位。1912～1922 年在维也纳大学地质研究所从事地质填图工作。1925 年起长期在因斯布鲁克大学任岩类学和矿物学教授，1956 年退休后任荣誉教授。

对岩石颗粒组构中形态的各向异性特征做过大量研究和统计，为解释各向异性的应力变形提供了基础。作过大量岩石组构的测量，推论岩石组构及地质构造整体对称性的普遍存在是研究地球形成的重要原理。发展了纯粹描述性的地质结构构造术语以代替当时广泛使用的成因术语，使之能客观地广泛应用于构造学、岩石学及地质学的其他领域，作为讨论的客观事实根据，并可用于材料实验和工艺地质等方面。

主要著作有：《岩组学》(1930 年)、《岩组学进展》(1934 年)、《岩组学及其应用》(1939 年)、《论面和轴组构》(1942 年)、《地质体岩组分析导论》(2 卷，1948～1950 年) 等。1957 年获美国地质学会彭罗斯奖章。 (雷秉舜)

德凡特，A. (Defant，Albert) 奥地利人，1884 年 7 月 12 日生于奥地利特里恩特，1974 年 12 月 24 日卒于奥地利因斯布鲁克。*海洋学、气象学、地球物理学、流体动力学*。

曾入读因斯布鲁克大学、柏林大学。1907～1918 年在维也纳中央气象台工作。1919～1926 年任因斯布鲁克大学副教授、教授。1926～1945 年任柏林大学教授、该校海洋研究所所长、兼该校海洋博物馆馆长。第二次世界大战后，曾在美国斯克里普斯海洋研究所从事短期研究。1945～1955 年任因斯布鲁克大学教授、该校气象与地球物理研究所所长。

在海洋科学研究上的主要贡献有：1925～1927 年继任指挥德国“流星”号调查船完成南大西洋考察工作；从大气科学的气团概念中得到启发，1929 年给出海洋科学中的水团定义；长期主持整理科学考察成果，作为两主编之一编辑出版《“流星”号考察报告》(16 卷，1932～1944 年)，奠定了大西洋的海洋与气象研究的基础；从大气科学中获得启发，提出了海洋分层结构论，认为海洋和大气一样也有平流层和对流层；研究大洋潮汐时，考虑到地球自转偏向力的影响，指出由于分层会产生两层间内潮，提出自由内波和强制内波理论；比较研究湖泊静振和海湾潮生振荡现象，提出计算闭合 (或近似闭合) 盆地水体振荡周期的方法；主持勘测和研究赤道逆流、世界大洋环流。

主要著作还有：《海洋力学》(1929 年)、《海洋学》(1949 年)、《地潮、气潮和水潮的涨落和流动》(1958 年)、《物理海洋学》(2 卷，1961 年)、《对流

层》(1981年)、《海洋环流与水层地图集》(1994年)等。 (李啸虎)

格鲁贝尔，O. von(Gruber，Otto von) 德国人，1884年8月9日生于德国萨尔茨堡，1942年5月3日卒于耶拿。*大地测量学、航空摄影测量学、仪器研制。*

1906年毕业于慕尼黑理工大学机械工程系。留校任教，1911年起讲授摄影测量学。后在斯图加特大学执教，1926年任测量学教授。后期任德国蔡司公司摄影测量与测量仪器分部主任，直至去世。

航空摄影测量学的开拓者和奠基者之一，对该学科前期发展有重要贡献。是最早提出解析照相测量法的学者之一；率先提出在立体测图仪上进行相对定向和绝对定向的新概念；由像点坐标和地面坐标的变换公式出发，推导出模型坐标改正的微分公式；首先在相对定向中引进了消除上下视差的条件；创立了利用立体测图仪进行单航线空中三角测量的方法，使摄影测量技术发生重大突破，克服了依据像点坐标进行费时计算的传统做法，开拓了光学机械解法的新阶段；改进了立体测图仪等测量仪器的结构设计，研制了一系列新型测量仪，其中如断面仪、自动调焦纠正仪和辐射三角仪等。此外，他曾为德国蔡司公司举办摄影测量假期训练班、光学距离测量进修班等。出版的《摄影测量学教程》(1930年)，是摄影测量学的经典之作。为纪念他和激励后起之秀，1964年国际摄影测量和遥控学会设立每4年一届的格鲁贝尔奖，以表彰摄影测量、影像判读或遥感领域的杰出青年学者(年龄在40岁以下)。 (李 烨 李啸虎)

松山基范(Matuyama，Motonori) 日本人，1884年10月25日生于日本上田(今宇佐)，1958年1月27日卒于山口。*地震学、地磁学、构造地质学、地球物理学。*

是禅宗大寺院住持的儿子，入赘松山家故姓松山。先后在广岛师范学院(今广岛大学)、京都帝国大学就读，1911年毕业，尔后当研究生、讲师、助理教授，1918年获博士学位。1919年去美国芝加哥大学研究地球物理学，2年后回国，相继任京都帝国大学理论地质学教授、理学院院长，山口大学校长。1950年入选日本学士院院士。

在博士论文中第一个建议通过地球重力场的测定来展现地质结构。该建议是日本用扭秤法找矿的理论基础。研究的主要课题是用摆来测定重力，测定范围从日本本土到朝鲜、中国东北、加罗林群岛和马里亚纳群岛及围绕日本海沟的水面，发现了地震与大数值的地壳均衡异常之间的关系。还研究岩石的剩磁，对取自日本、朝鲜、中国东北的不同地点的36种玄武岩的样品进行测试，发现从大约上新世的晚期到更新世的中期，地球磁场的方向与现在的方向相反。

(谈漱梅)

祖博夫，H. H.(Зубов，Николай Николаёвич; Zubov，Nikolay Nikolaevich) 苏联人，1885年5月23日生于俄国伊兹梅尔(今属乌克兰)，1960年11月11日卒于莫斯科。*海洋学、海洋动力学。*

军官的儿子。子承父业，考入海军士官团，1904年毕业。接着又进海军学院，对水文学发生兴趣。1910年毕业后到鱼雷艇上当航海员、艇长。1914年被选送去挪威卑尔根地球物理学院继续深造。第一次世界大战期间回海军服役，战后留海军总部工作。第二次世界大战爆发后，他被派往阿尔汉格尔斯克，负责浮冰预测，保证北方航运畅通，1945年晋升海军少将工程师。1949～1960年任莫斯科大学地理系海洋学教授。

参加过多次海洋考察活动。1912年参加“巴康”号巴伦支海科学考察活动。在两次世界大战期间，发表一系列论文，述及海水垂向混和、洋流和海洋浮冰这三方面专题。一生发表200余篇论文；有多种重要著作，如《海水和海冰》(1938年)、《海洋动力学》(1947年)、《关于海峡学说的原理》(1956年)、《海洋学常用表》等。 (张南海)

霍尔特达尔，O.(Holtedahl，Olaf) 挪威人，1885年6月24日生于挪威奥斯陆，1975年8月25日卒于同地。*极地地质学、地理学。*

早年就读于奥斯陆大学，1913年获博士学位。留校任教，1914年任讲师，1920年升为教授，1955年退休。曾任挪威地质学会会长、挪威地理学会会长，以及挪威文理科学院院长。是英国皇家学会和其他多个国家学术团体的成员。

最主要的学术成就是在挪威地史及极地地质研究方面。曾对挪威的许多地区，包括斯匹次卑尔根群岛和熊岛，作了大量的地质调查和研究工作。在地层、构造、岩浆活动以及古代和现代冰川、挪威沿岸海底地形和构造方面，都作出了贡献。他最早提出斯堪的纳维亚喀里多尼亚造山带的观点。组织和领导了对苏联乌拉尔以北的新地岛的考察工作，完成了关于该岛的地质学、植物学和动物学等各学科的综合考察报告。在极地地质研究方面，完成了历史上第一幅北极地区地质图；对南极洲西部地区及其附近的某些岛屿进行地质与地貌调查。曾获伦敦地质学会沃拉斯顿奖章、德国地质学会布赫奖章和其他奖励。 (杨惠成)

梅夏采夫，И. И.(Месяцев，Иван Илларионович; Mesyatsev，Ivan Illarionovich) 苏联人，1885年7月2日生于克拉斯诺达尔地区，1940年5月7日卒于莫斯科。*海洋学、鱼类学。*

1908年进莫斯科大学数理学院自然科学系，1912年毕业。留校任教，1921年参与建立苏联第一个海洋学研究所，1928年任所长。1929年任国家海洋研究所所长。1933年任全俄海洋渔业经济及海洋学科研所的海军实验室主任。1934年任里海渔类资源测定委员会主席。

早期工作的领域是胚胎学、组织学、原生动物学，后转向研究海洋鱼类学及其对渔业的应用。以从事研究苏联北部海洋尤其是巴伦支海著称，他亲自带领探险队开展考察活动。当时他研究出一种专门估计渔类资源的方法。1937～1939 年对鱼群习性作了深入研究，并在鱼类学中引入了分群的明确定义。（冯祖钧）

克洛斯，N. H.（Cloos，Nachlass Hans） 德国人，1885 年 11 月 8 日生于德国马格德堡，1951 年 9 月 26 日卒于波恩。*构造地质学、岩石学。*

建筑师之子。读完中学后，即进亚琛工业大学攻读建筑学，但很快对地质学发生兴趣。在波恩大学和耶拿大学短期学习后，即转到弗赖堡大学，1907 年获博士学位。1909～1910 年在西南非洲从事地质调查，接着在印度尼西亚从事石油地质工作 3 年。1914 年任马尔堡大学讲师。1919 年任布雷斯劳（今波兰弗罗茨瓦夫）大学地质学和古生物学教授。1926 年赴波恩大学任教。是柏林科学院和格丁根科学院的通讯院士，德国、芬兰、英国、瑞典、美国及秘鲁等国地质学会的名誉会员。

是一位著名的构造地质学家。最初研究巴塞尔以南的侏罗纪褶皱山脉与高原构造关系、西南非洲花岗岩侵入作用的力学问题以及爪哇的活火山及其构造。在布雷斯劳，他致力于花岗岩内部构造的研究。他在西里西亚大花岗岩地块、帕绍附近巴伐利亚森林、挪威及北美的工作中，根据小构造研究岩浆移动变化，建立了深成岩体侵位的动力学，包括正在凝固岩浆的线状或叶片状流动构造、节理与脉系以及花岗岩解理等对流动构造的规律性关系，使花岗岩构造成为一个专门分支学科。

1926 年他由布雷斯劳迁到波恩以后，注意力转到另外一些构造问题上：固体岩石变形的节理和解理的研究、施列佛山古生代岩层的海西褶皱和断层研究、裂谷形成作用的构造实验。他可能是利用湿粘土做构造实验的第一人。他总是把地壳作为一种大型构筑物，把构造考虑放在最前面。认为构造形式及其分析是最重要的，构造形成力学过程的历史发展是次要的。是一个具有艺术家气质的科学家，他的通俗著作《与地球对话》充分表现出这种双重素质。他的关于构造与岩浆关系的研究，给地质学开拓了新的途径。1948 年获美国地质学会彭罗斯奖章。（李文达 刘 汉）

雷克，H.（Reck，Hans） 德国人，1886 年 1 月 24 日生于德国维尔茨堡，1937 年 8 月 4 日卒于莫桑比克洛伦索-马贵斯。*火山学、地貌学、古生物学、古人类学。*

出身官员家庭。在维尔茨堡、伦敦和柏林上大学。1910 年获柏林大学博士学位。后在柏林大学地质与古生物研究所任职，1918 年任该所教授。患有先天性心脏病，于南非考察途中死于心力衰竭。由于对桑托林岛火山的研究成绩卓著，去世前获希腊雅典大学荣誉博士学位。

1912 年起，多次领导柏林大学派往坦桑尼亚、西非和南非的考察队，参加过 L. S. B. 李基领导的东非考察。主要著作涉及德国南部地貌学、非洲及爪哇岛等地的古生物，特别是早更新世的哺乳动物。发现了早更新世的人类骨架。出版 3 卷有关爱琴海等地火山研究专著。他在线状喷发、火山口上升、火山地垒、塌陷火山口以及火山作用与构造关系等方面的研究，扩大了对古火山及现代火山的认识。（李嘉曾）

维 泽，B. Ю.（Визе，Владимир Юльевич；Vize，Vladimir Yulevich） 苏联人，1886 年 3 月 5 日生于俄国皇村（今普希金镇），1954 年 2 月 19 日卒于列宁格勒（今圣彼得堡）。*海洋学、气象学、冰川学、地理探险。*

在圣彼得堡上中学，1904 年毕业后入读圣彼得堡大学。1905～1910 年留学德国格丁根大学和哈雷大学，主攻化学。因读有关北极探险的书籍，立志当一名北极探险者。1910 年回国，在圣彼得堡大学数理学院继续深造。1929～1950 年任苏联科学院北极研究所（苏联科学院南北极科学研究所前身）科学委员会主席。1933 年当选为苏联科学院通讯院士。1945 年起任列宁格勒大学教授。

1910～1911 年还是大学生时，就作了横越俄罗斯西北部洛沃泽罗和希比内冻土带的旅行，了解当地萨米昂人的生活习俗，还发现了几个湖泊。1912～1914 年参加谢多夫率领的北极考察队。20 世纪 20 年代初至 30 年代，参加苏联几次规模较大的北极考察活动，大多由他担任领导。还负责在苏联北极圈内建立许多极区观察台站。研究和应用了一些新的研究方法，特别是研究浮冰预报工作。还热衷于开辟沿苏联北部海岸的海上航道。1932 年，在他的领导下成功打通苏联北方海域由西向东的直通航道。2 年后从东向西的海上直通航道也打通。1936～1937 年领导了高纬度地区的考察研究活动，搜集了大量有关水文学、气象学、冰川学、水文化学和其他海洋学领域的资料。1946 年斯大林资金获得者。（张南海）

耶由，P. A.（Geijer，Per Adolf） 瑞典人，1886 年 5 月 7 日生于瑞典斯德哥尔摩，于 1976 年 4 月 18 日卒同地。*地质学、矿床学、岩石学。*

1910 年获乌普萨拉大学博士学位。1910～1925 年在斯德哥尔摩大学任教。长期在瑞典地质调查所工作，曾任所长职。退休后仍在瑞典自然博物馆从事科研工作。1939 年当选为瑞典皇家科学院院士。

主要成就是对瑞典前寒武纪地质矿产的研究。早年论证瑞典基鲁纳磁铁矿属岩浆成因，认为挥发物对从母浆中析出矿石也起到重要作用。后研究美国、智利的同类矿床，并通过实验室工作加以佐证。他论断瑞典中部铜和黄铁矿矿床与区域性方柱石化有关，而后者又由花岗岩侵入发生交代作用形成；在热液交代作用中，大量的镁常随着硫化物进入围岩中，形成堇青石、直闪石等矿物。为纪念他，氯氧铋铅矿(perite)以他命名。 (刘 汉)

德戈里耶，E. L. (DeGolyer，Everette Lee) 美国人，1886年10月9日生于美国堪萨斯州格林斯堡，1956年12月14日卒于得克萨斯州达拉斯。*石油地质学、地震学、地球物理学。*

曾在俄克拉何马大学学习采矿工程。在美国地质调查所当过地质师。因野外工作出色，1907年改任墨西哥一家石油公司勘探处主任。后来自己建立石油公司。当他在开发油田上声誉日上时，又回俄克拉何马大学继续深造，1911年获该大学文学士学位。从1914年起开业当石油勘探顾问。是美国国家科学院院士。美国经济地质学家协会和美国石油地质学家协会的创始会员。获得7项荣誉博士学位。

他用地球物理的方法圈定盐丘：1924年用扭秤找到了第一个盐丘，1927～1928年，用折射波地震法找到了10来个盐丘。1930年用反射波地震法在俄克拉何马找到了爱德华茨油田。他的工作大大推动了石油勘探事业的发展。1941年和1942年相继获美国采矿和冶金工程师协会的卢卡斯奖和弗里茨奖。1950年获美国石油地质学家协会鲍尔斯纪念奖。 (张南海)

亚当斯，L. H. (Adams，Leason Heberling) 美国人，1887年1月16日生于美国堪萨斯州切里瓦尔，1969年8月20日卒于马里兰州银泉。*岩石学、地质学、地球物理学。*

15岁时入伊里诺伊大学学习，1906年获化学工程学硕士学位。1910年入华盛顿特区卡内基学院地球物理实验室工作，1937年任该实验室主任，1952年退休。1944～1947年任美国地球物理联合会会长。1958～1965年任洛杉矶加利福尼亚大学地球物理学客座教授。1943年当选美国国家科学院院士。

1919年起研究高压测量技术，测量高压环境下岩石的弹性常数。认为岩石在高压下的性质最能代表地球深处岩石的性质。1950年获美国地球物理学联合会鲍伊奖。 (张南海)

丁文江 (Ding Wenjiang) 字在君。中国江苏省人，1887年4月13日生于江苏泰兴，1936年1月5日卒于湖南长沙。*古生物学、地层学、地质学、地理学、地学史学。*

1902年去日本留学。1904年离日本去英国，1906年考入剑桥大学，半年后因学费昂贵辍学。1908考入格拉斯哥大学学习动物学与地质学，1911年回国。翌年任教于上海南洋公学（今上海交通大学）。1913年参与筹办中国第一所培养地质人才的高等学校与地质研究机构——地质研究所，并任该校教师。1916年任刚成立的地质调查所所长。1918年兼任北京高等师范大学教学工作。1922年辞去地质调查所所长之职改任北京煤矿公司总经理。1931年任北京大学地质系教授。1934年任中央研究院总干事。1922年参与发起成立中国地质学会。1929年发起成立中国古生物学会。

1914年、1928年和1929年他数次带队前往西南地区考察地质，建立本区地层层序及调查沿途主要矿产分布情况，为开发西南经济做了开创性工作。1921年，与翁文灏合著《中国矿业纪要》，把历年来的矿产调查汇编成册。20世纪20年代，主编《中国古生物志》，为中国古生物学和地层学科做了奠基性的工作。1928年整理出版《徐霞客游记》，并将其研究成果“徐霞客年谱”附于该书中，还指出了该书在地理学与地质学上的科学价值。1933年在第16届国际地学会上，与长期在中国工作的美国地质学家A. W. 葛利普合作，提出“中国之二叠纪及其在二叠纪地层分类上的意义”一文，为中国断代地层学开了先河。他建立的西南早石炭纪地层“丰宁系”，为后来地质工作者所运用。1934年，与翁文灏、曾世英合编中国第一部根据实测资料、按等高分层设色的现代中国地图集《中华民国新地图》。1947年由黄汲清汇编成《丁文江先生地质调查报告》一书，计近百万字。 (夏树芳)

施奈德赫恩，H. (Schneiderhøhn，Hans) 德国人，1887年6月2日生于德国美因茨，1962年8月5日卒于布赖斯高地区弗赖堡附近舒尔登。*矿床学、岩石学、地质学。*

在美因茨高中毕业后，赴弗赖堡、慕尼黑、吉森等地大学深造；随岩石学家凯泽（E. Kaiser）攻读地质学、矿物学，1909年获吉森大学博士学位。后留校当了几年助教。1913年任西南非洲（今纳米比亚）楚梅布矿的矿物学家。1919年任吉森大学矿物学教授。1924年任亚琛大学教授。1926年任弗赖堡大学矿物学教授，直到1955年退休。

在欧洲、非洲、北美洲研究过许多矿床，其中1914～1918年在西南非洲（今纳米比亚）从事矿相学研究。有丰富的经验和文献知识、很强的记忆力和敏锐的洞察力，提出过不少富有独创性的观点。和P. 尼格里、贝瑞克（M. Berek）等人友谊颇深，常一起进行学术探讨。后两人发表的有些研究课题深受他的影响，其中有些观点往往是他建议的。通过研究，他把曼斯菲尔德的含铜页岩归诸于沉积成因，且和所有黑色页岩有相同的形成机理。提出了“草莓状小球粒是矿化细菌”的观点。认为像P. 尼格里、格拉顿（L. C. Graton）等人那种矿床成因的纯岩浆观点在许多情况下往往站不住脚，在许多情况下所谓“热液”矿床无疑不可能与岩浆作用有什么关系，它们可以从许多较早矿床中由浅表水受热而产生，例如，澳大利亚布罗肯希尔许多较老矿床周围的铅、锌矿脉很可能就是这样生成的。主要著作有《矿床学教程》第1卷《岩浆矿床》（1941年）、《简明矿床学》（1944年）、

《世界矿床》第1卷《早期岩浆矿床》（1958年）和第2卷《伟晶岩》（1962年）等。（胡 敏）

鲍温，N. L.（Bowen，Norman Levi） 一译鲍文。美国人，1887年6月21日生于加拿大安大略省金斯顿，1956年9月11日卒于美国华盛顿。*矿物学、岩石学、实验地质学、物理化学。*

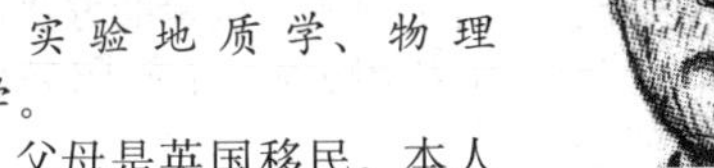

父母是英国移民。本人于1907年获金斯顿女王大学文科硕士学位；后又在应用科学学院攻读矿物学与地质学，1909年获理学士学位。1912年在美国马萨诸塞理工学院获博士学位。长期在华盛顿特区卡内基研究院实验研究室工作，1952年退休。曾两度短期离职，到金斯顿女王大学和芝加哥大学任教。曾被选为美国矿物学会、地质学会会长。是美国国家科学院院士、英国皇家学会外籍会员。

早在大学读书期间，便对用物理化学方法探讨地质问题发生兴趣。进卡内基研究院后，研究硅酸盐的相平衡。1913～1914年，先后发表有关斜长石系、氧化镁-氧化硅（MgO-SiO_2）系、透辉石-镁橄榄石-二氧化硅三相系等临界相图，不久提出“岩浆在冷凝过程中的反应作用”的理论。1921年研究矿液的扩散作用。1922年发表“岩石学中的反应原理”论文，论证岩浆在结晶和分异作用下矿物生成规律，名为“鲍温反应系列”，对阐明岩浆岩中矿物共生规律、岩浆岩成因和多样性具有重要意义。这一反应原理曾作为岩石成因的基本理论，长期为地质学教科书所引用，被认为是20世纪上半叶对岩石学的最大贡献之一，直到20世纪60年代后才有人提出修改意见。

此外，对揭示碳酸岩高温变质形成的矿物组合、亚铁硅酸盐的反应作用、岩浆残余在岩石成因中的重要作用等方面，都有所贡献。他在实验室工作的理论成就和工艺经验，不但对发展陶瓷业起到重要作用，而且在当时地质学界中对克服那种只强调野外地质调查、否定实验室研究工作的片面认识也产生积极影响。著作有《火成岩演化的晚期阶段》（1915年）、《火成岩的演化》（1928年）、《论花岗岩成因》（1958年，与他人合著）等。4次获得英国、美国、加拿大等学术团体的奖章。（刘 汉 王 植）

麦内兹，F. A. V.（Meinesz，Felix Andries Vening） 荷兰人，1887年7月30日生于荷兰斯海弗宁恩，1966年8月10日卒于阿默斯福特。*大地测量学、海洋地质学、地球物理学、仪器研制。*

阿姆斯特丹的一位区长的儿子。1904年入代尔夫特工业大学学土木工程。毕业后参加国内的重力测量工作。1927年出任乌得勒支大学制图学教授，1935年兼任该大学地球物理学教授。1938年起又兼任代尔夫特工业大学大地测量学教授。1945～1951年任德比尔特皇家气象和地球物理研究所所长。1933～1945年任国际大地测量学会会长。1948～1951年任国际大地测量学和地球物理学联合会主席。

早年在国内重力测量工作中就有所发明。由于荷兰表土下有一层泥炭质土，使重力测量工作找不到一片能安置重力仪的稳定台基。他设计了一种多摆重力仪，让装在同一台仪器中的几个摆以不同的相位同时摆动，以此来排除地面不稳定所产生的干扰。当时海洋重力测量工作的困难也是台基一直处于运动之中。经过悉心研究又制成了海洋重力仪。1923～1927年，他将这种重力仪安装在潜艇里，在荷兰和美国的海域里作了测量。地球的形状可根据斯托克斯原理由地球重力值导出。有了海洋重力仪才使得这一原理付诸使用。根据1923年和1926～1927年的两次重力测量，他认为地球上规则分布着隆起和凹陷，因而使地球形状并非完全呈旋转椭球体。1928年根据斯托克斯原理导出重力异常垂向偏差两个分量的表达式。这些公式在大地测量学中很重要，例如可用来解决各大洲重力测量的联网问题。海上重力测量还有助于解决地球物理学问题。

1923～1939年，他在世界各地进行海洋重力测量，获得了大量宝贵数据。其中1923～1930年在菲律宾海域的重力测量，发现了横越整个菲律宾群岛有一条很强的负重力异常带。这一发现证实该地区发生过地槽运动。这种负重力异常现象常被称为“维宁·麦内兹负重力异常”。1962年获维特列森奖。1963年乌得勒支大学新建立的地球物理学和地球化学学院以他的名字命名。（张南海）

戈尔德施米特，V. M.（Goldschmidt，Victor Moritz） 挪威人，1888年1月27日生于瑞士苏黎世，1947年3月20日卒于挪威奥斯陆。*矿物学、晶体学、地球化学、土壤学。*

瑞士裔。父亲H. J. 戈尔德施米特（Heinrich Jacob Goldschmidt）是物理化学家，母亲叫A. 科恩（Amelie Køhne）。他是独子。早年在海德堡读完中学。1905年入奥斯陆大学攻读化学、矿物学及几何学。同年入挪威国籍。在大学时期受著名岩石学家、矿物学家W. C. 布鲁格尔的影响最大。1908年起在慕尼黑大学和维也纳大学学习，1911年获维也纳大学博士学位。在奥斯陆大学任教2年后，1914年任该校矿物学院教授和系主任。1917年后担任挪威政府原料委员会主席兼原料实验室主任，并受国家委托调查矿物资源情况。1929年任格丁根科学院院士，还兼任格丁根大学矿物学院院长。30年代，由于纳粹德国反犹太人而被迫放弃格丁根的职位，返回奥斯陆大学担任同样的职位。在第二次大战中，因他是犹太人而遭受法西斯迫害，坐过几次牢，但从不屈服于纳粹的淫威，曾随身携带一粒氢氰酸胶囊，以便在抗暴的最后关头服用。终身未娶。

他把一生贡献给地球化学，是该学科的先驱者之一。他的科学生涯的第一个阶段，主要研究岩石学的局部变态。1911年的博士论文中，以采自挪威南部的矿样为依据，结合变质岩石中矿物共生的各种因素，从而导出了矿物学的相律。它表明在岩石中，以稳定的平衡态共存的最大晶相数与组分数应该相等。这个时期的研究成果，汇集在1912～1921年间的5份长篇报告中。

他的科学生涯的第二个阶段，主要研究自然界中矿物分布的各种因素。致力于用科学为社会造福，发现了许多原先需要进口的矿物资源。把晶体化学的规律应用于地球化学中，并用光谱和X射线的分析技术，系统地分析了许多稀有元素，结果发现了由75种元素组成的200种化合物的晶体结构，引出了80种以上的离子半径。这些工作为阐明地球化学的分布规律奠定了基础。

20世纪30年代始，对锗、镓、钪、贵金属、硼、碱金属、硒、砷、铬、镍及锌等的各种矿物作地球化学方面的调查。完成了对陨石的分析，在弄清了离子电荷大小及极化性质的基础上，拟定了有关地球各区域中化学元素聚积的地球模型。这时的研究目标是解决工业耐火材料中利用挪威出产的橄榄石的技术问题。

躲过纳粹迫害后，隐藏了一段时间，到过瑞典，又到了英国。余生学术活动主要在马考莱土壤研究院。最后阶段工作是把地球化学有关概念应用于土壤学中。许多手稿由米尔（A. Muir）整理，并于1954年出版。 （陈擎宇）

查普曼，S.（Chapman，Sydney） 英国人，1888年1月29日生于英国兰开夏郡埃克尔斯，1970年6月16日卒于美国科罗拉多州博尔德。*地磁学、地球物理学、分子运动论、日地物理学。*

剑桥大学三一学院理学士毕业。1912年获曼彻斯特大学理学博士学位。同年任格林尼治天文台研究员。1919年起历任曼彻斯特大学、伦敦帝国理工学院、牛津大学教授。1953年赴美国，在阿拉斯加大学地球物理研究所任顾问、所长，兼任美国国家大气研究中心高山天文台高级研究员。曾任国际大地测量学和地球物理学联合会、国际气象学与大气物理学联合会、国际地磁学和高空大气学联合会等学会会长。1953～1959年任国际地球物理年特别委员会主席。1919年被选为英国皇家学会会员。1946年被选为美国国家科学院外籍院士。此外入选印度、挪威、芬兰和德国格丁根等科学院外籍院士。

在地球物理学分析方法和理论方面具有独创建树，在许多分支领域均有重要贡献。1912～1917年研究气体分子运动论，独立发现气体热扩散现象，提出著名的查普曼-恩斯科格气体理论，成为研究分子周围力场的理论工具。长期从事地磁与太阳活动关系研究，著有《地磁学》（2卷，1936～1940年，与他人合著），提出磁暴理论，预言地磁层存在，揭示极光机制，奠定了近代日地物理学的基础。首次以光化学反应原理诠释高空臭氧层的形成与分解，是从事高层大气光化学研究的第一个科学家。提出查普曼学派电离层概念及其形成理论，以及夜光云的激发机制。精心分析世界各地长时积累的大气潮汐和地磁短期变化观测记录，揭示其中的基本规律。提出了分离同位素的方法，应用于原子能开发。此外，在太阳物理、等离子体物理、气象物理等方面也有重要成果。

发表论文460余篇；主要著作还有：《非均匀气体的数学理论》（1939年，与他人合著），《国际地球物理年：科学发现的年代》（1959年）、《热气流与引力》（1970年，与他人合著）、《日地物理学》（1972年，与他人合著）等。获1964年英国皇家学会最高奖科普利奖章，1965年美国史密森研究会霍奇金斯奖章，此外还获英国物理学会、伦敦数学学会、英国皇家天文学会、英国皇家气象学会、国际地球物理学联合会等组织的奖励。 （徐平五）

马瑟，K. F.（Mather，Kirtley Fletcher） 美国人，1888年2月13日生于美国芝加哥，1978年5月7日卒于美国新墨西哥州阿尔布开克。*地貌学、石油地质学、构造地质学、科学管理。*

1909年获丹尼森大学学士学位。1915年获芝加哥大学博士学位。先后于阿肯色大学、安大略金斯顿女王大学、丹尼森大学和哈佛大学讲授地质学，1954年作为荣誉教授退休。曾任俄亥俄州科学院院长、美国科学促进协会会长、美国文理科学院院长。

研究重点是冰川学、地貌学、石油地质学和构造地质学。在美国西部、南部和欧洲的许多地区进行过这些方面的考察，还在阿拉斯加、科罗拉多、加利福尼亚等地研究和勘察油气资源。是一位享誉甚高的地质学家和教育家。1964年出版的著作《我们脚下的地球》获芝加哥地理学会出版奖。先后获芝加哥大学卓越贡献奖章、马萨诸塞州公民自由协会阿尔珀奖、波士顿科学博物院沃斯伯恩奖章。爱迪生基金奖、美国地理学会卡勒姆奖章等。 （刘湫勤）

布赫，W. H.（Bucher，Walter Herman） 美国人，1888年3月12日生于美国俄亥俄州阿克伦，1965年2月17日卒于得克萨斯州休斯敦。*岩石学、古生物学、结构地质学。*

双亲系瑞士裔德国人，在他出生后全家返回德国。1911年获德国海德堡大学地质学与古生物学博士学位。同年返回美国，1913年任俄亥俄州辛辛那提大学讲师，1924年任地质学教授，在该校工作了27年。1940年任哥伦比亚大学结构地质学教授，1956年退休任名誉教授。1935年任俄亥俄科学院院长。1940年兼任美国国家研究委员会地质学与地理学部主席、研制第一颗原子弹的曼哈顿计划顾问。1946年任纽约科学院院长。1950～1953 年任美国地球物理联合会会长。

主要以研究地壳潜在火山熔流和其它地质结构特征而著称。早期研究古生物学和地层学，其中尤对叠层岩、鲕粒岩和波纹状岩感兴趣。20 世纪 40 年代起，开始致力于结构地质学研究。在第二次世界大战中，负责探讨原子弹爆炸对地壳地质可能产生的影响。从 20 年代起，他就一直关注地底深处潜在的火山熔岩，研究其结构和活动规律、可察的地壳变形征兆等。在此基础上，1956 年提出地球表面山脉地理型式及其起源的理论，发展了传统的结构地质学。还研究了沉积物的基本结构等。

主要著作有《地壳变形》（1933 年）、《辛辛那提附近化石和地层简要指南》（1945 年，与他人合著）、《重力在造山运动中的作用》（1956 年）等。获 1938 年俄亥俄州立大学鲍鲁克尔奖章，1955 年美国地球物理联合会鲍伊奖章，1955 年德国地质学会巴赫奖章，1960 年美国地质学会彭罗斯奖章。为表彰他和奖掖后秀，美国地球物理联合会设立布赫奖章；月球褶皱山脊系以他命名。（李啸虎）

沃格特，T.（Vogt，Thorolf） 挪威人，1888 年 6 月 7 日生于挪威海得马克郡，1958 年 12 月 8 日卒于特隆赫姆。*岩石学、矿床学、地球化学、地理探险。*

是岩石及矿床学家 J. H. L. 沃格特之子。早年在瑞典、丹麦、英国和美国学习。1909 年进挪威地质调查所。1915～1923 年任奥斯陆大学副研究员。1929 年继承其父任特隆赫姆的挪威技术大学矿物学和地质学教授。

曾率队去北极区、斯匹次卑尔根群岛和格陵兰东南部等地考察。研究挪威北部区域内的喀里多尼亚地区，对那里的岩类进行了分析。第二次世界大战期间，研究挪威东部勒罗斯硫化矿床与附近大量植物的关系。其著作被认为是地球化学探矿经典文献。（王 植）

尼格里，P.（Niggli，Paul） 瑞士人，1888 年 6 月 26 日生于瑞士措芬根，1953 年 1 月 13 日卒于苏黎世。*岩石学、晶体学、矿物学、地质学、地球化学。*

父亲为措芬根技术专科学校校长。受父亲的熏陶，他热爱自然科学，特别是地质学和矿物学。中学时代参加过测绘工作。19 岁写出第一篇科学论文“措芬根地质图”。1907 年秋入苏黎世联邦高等技术学校的自然科学师范部。在导师 J. U. 格鲁滨曼指导下，选择岩石学作为攻读理科硕士的研究方向，1911 年获教师资格证书。不久进入卡尔斯鲁厄工业大学物理化学系任教。1912 年获苏黎世大学博士学位。1913 年去华盛顿特区卡内基学院地球物理实验室，同 N. L. 鲍温一起从事岩石相图研究。1915～1918 年，任莱比锡大学弗里德里克·林尼学院教授。随后到图宾根大学任教 2 年。1920 年起，先后在苏黎世大学、瑞士联邦理工学院任矿物学和岩石学教授直到去世。期间，1927～1931 年在联邦高等技术学校、1940～1942 年在苏黎世大学任校长。

在苏黎世的 32 年里，显示了他的组织和领导才干，教学上也成绩显著。他的成就包括研究地球化学、岩石学以及晶格理论研究等问题，在应用和纯理论晶体学、矿物学和岩石学等领域里，至今仍有相当影响。

他主编《晶体学》杂志的 20 年间，使该杂志获国际声誉。在他的主张下，1934 年该杂志出版了有关理想晶体和实际晶体的合刊。他还发表过 60 多篇有关晶体结构方面的论文，后来编辑成 2 卷《矿物和晶体化学教程》；在第二次世界大战时第 3 卷晶体化学毁于柏林战火。这 3 卷著作其实是他的《矿物学教程》的第 3 版。具有重要意义的是第 1 卷，其中包括首创统计形态科学基础，所涉及的内容只有在近代才得到应用。晚年还指出即使晶体物理中波动力学的成就，也需要借助形态的概念。还著文阐述对称振动和关于原子集合振动的自由度方面的问题。

在岩类学和岩理学方面，他首次将相平衡理论用于岩浆中的挥发成分和变质岩石学的研究。第一本获奖的书《岩浆中易挥发的成分》在 1920 年出版，成了当时的标准著作。和他的学生做了大量岩石分类和世界岩石化学分析的解释工作。原有的标准矿物计算程序（CIPW）不能满足他们研究的需要，于是他进行修正并提出“分子数值法”，立即为世界所公认，被称为尼格里值，对于快速计算岩石的矿物学成分起很大作用。在岩石和矿物成分方面的主要著作《岩浆及其产物》等多部，在1921～1948 年之间相继出版。还致力于物理化学原理的应用。1913～1914 年在变质岩方面的研究和在 1924 年出版的《变质岩》一书，在他一生工作中占重要地位。1948 年出版的《岩石和矿床》（2 卷）综合了他在该领域的成果。此外出版有《矿物学和结晶化学教程》（1941～1944 年）等专著，还写过多种矿床学方面的小册子。多部著作已被译为英文。

（戴成勋）

布勃诺夫，S. von（Bubnoff，Serge von） 德国人，1888 年 7 月 15 日生于俄国圣彼得堡，1957 年 11 月 16 日卒于德国柏林。*构造地质学、地球化学、地球演化学。*

1906 年随全家人回到德国弗赖堡。1910 年毕业于弗赖堡大学。1912 年获弗赖贝格矿业学院哲学博士学位。后任布雷斯劳大学地质学教授。1929～1950 年，先后任格拉夫斯瓦尔德大学教授、地质古生物研究所所长，柏林洪堡大学教授、地质研究所所长。1935 年当选为哈雷自然科学院院士，1941 年当选为普鲁士科学院院士，1949 年当选为柏林科学院院士。

20 世纪 20～30 年代，1923 年提出地壳最基本组成元素及其化合物的分类法；最早把地台、地槽褶皱带等观点系统用于欧洲地质分析；1926～1936 年陆续出版 4 卷本的《欧洲地质》，对欧洲地质构造研究领域的最新成果进行了全面整理和系统阐述，创造性地把北欧芬诺萨尔马特陆块作为前寒武纪古陆核，在叙述上以此为基点，再按加里东、海西、阿尔卑斯等地槽褶皱区予以逐一展开，体现了他对欧洲大地构造演化的独特思路；在《地质学基本问题》（1931年）一书中，系统讨论了现代地质学的发展历史、基本原理、体系和性质、方法、途径和目标，并和自然科学其他学科进行比较；分析了地质记录、地质时间、地质体系、地球结构和运动等概念，引进了一系列新概念、新分类，如地盾、地台、地槽和大洋盆地的构造划分，地槽褶皱带构造分带，以及周期性全球性旋回等。20世纪40～50年代，主编《地球史导论》丛书（11卷，1941年），明确指出地史学应以全球为对象，不能限于局部地域的典型特征；1948年提出大地构造分类法，一直沿用至今；进一步从生物演化、沉积发育、岩浆和构造等广泛领域论证了全球性旋回周期概念。1953年获原德意志民主共和国国家奖金。（李啸虎）

布赖恩，K.（Bryan，Kirk） 美国人，1888年7月22日生于美国新墨西哥州阿尔布开克，1950年8月21日卒于怀俄明州科迪。*水文地质学、地貌学、水利工程。*

1909年获新墨西哥州大学文学士学位。1910年在耶鲁大学获第二个文学士学位。1920年在该校获哲学博士学位。1912～1926年在美国地质调查所工作，负责解决水源问题，特别是干旱地区的水源问题。发表一系列有关灌溉、水坝和地下水资源的文章。对干旱气候下地形的形成过程进行了探讨。创造了“山前平地”（麓源）这个术语。1932年提出利用孢粉重建北美洲更新世的气候模型。还研究冻土学。1951年美国地质学会设立布赖恩奖金，每年奖励在地貌学及其有关领域内作出过重要贡献的学者。（王 植）

彼得森，H.（Pettersson，Hans） 瑞典人，1888年8月26日生于瑞典布胡斯省马斯特兰德，1966年1月25日卒于哥德堡。*海洋学、海洋地质学、地球物理学。*

父亲是杰出的海洋学家。他在斯德哥尔摩大学入学，在乌普萨拉大学毕业。1913年入选瑞典斯文斯克水文学与生物学委员会委员。1914年任哥德堡大学讲师，1930年升为教授，1939年创立海洋研究所并任首任所长，1956年退休。同年当选为英国皇家学会外籍会员。后在美国夏威夷大学任地球物理学研究教授。

瑞典海洋学和地球物理学领军人物之一。主要业绩在于对瑞典和全球深海的水文与地质勘测，有许多重要发现。1946～1948年，带领12名科学家乘“信天翁”号考察船进行环球深海调查，历时15个月，航程13万千米，开创了深海地球物理学研究的先河。其中，重点勘察了大西洋、太平洋和印度洋的赤道无风带深海，填补了英国“挑战者”号无法在无风带航行观测的空白；观测了南纬20°至北纬20°广大区域内的赤道海流系；利用地层剖面仪调查了大洋沉积物的厚度、成分和放射性；用真空活塞式取芯钻采集深海沉积样品，包括取得长达23米的岩心，其中发现深海沉积层中有第四纪气候变动旋回的详细记录；采用人工地震法研究海底地壳构造；首次探索了深海区域的海洋光学机制，尤其是阳光在海水中的穿透深度；观测了大洋浊流、洋底海水的化学性质；调查了海底地壳热效应、重力场和地磁变化等等。此外，开创了对瑞典深海底地质、水文的系列勘查活动；研究气象要素对海平面变化的影响。1957年，他从远离工业尘粒污染的夏威夷一座山顶上取得清新空气的样品，经测试估计出每年约有500万吨的流星尘落到地球上。著有《乘信天翁号向西远航》（2卷，1953～1954年）等书。为纪念他和表彰海洋学后起之秀，瑞典皇家科学院设有彼得森奖章。（张南海）

彭克，W.（Penck，Walther） 德国人，1888年8月30日生于奥地利维也纳，1923年9月29日卒于德国斯图加特。*地貌学、构造地质学。*

父亲A. 彭克是地质学家。因受父亲的熏陶对地质学发生了兴趣。曾随父亲去过美国，后又到夏威夷、日本、中国和西伯利亚。曾在柏林大学学习。从海德堡大学毕业后，又到维也纳大学继续深造。1912～1915年任阿根廷布宜诺斯艾利斯市矿业总局地质师，负责阿根廷西北部地质调查和地形测绘工作。1915年底应聘为土耳其君士坦丁堡大学矿物学和地质学教授。教学之余，常作野外地质调查，研究大地构造。1918年夏因患疟疾被迫回国，不久发表在土耳其的研究成果。1918年在莱比锡大学任教授，并调查考察德国高地的地质，特别是黑森林地区。1923年因癌症去世，年仅35岁。

1912～1915年在阿根廷时，用不到两年时间，调查测绘4500平方英里（约11650平方千米）面积，并穿越安第斯山，进行踏勘。在此期间形成了有关大地构造运动的构想。通过对南美安第斯山地区上白垩统和第三系沉积岩的研究，推论地壳上升运动是缓慢进行的模式，与W. M. 戴维斯所主张的快速上升然后长期静止的模式截然不同。

他对地形成因发展了最具影响的观点，研究成果都汇集于3本主要著作中，但只有《形态分析的性质和基础》一书在他生前的1920年出版。最重要的《地貌形态分析》和《黑森林南部山麓平原》两书，则由他父亲根据他在莱比锡大学的讲稿和一些零星手稿进行整理，分别于1924年和1925年出版。由于原稿仓促写成，名词术语含糊不清，颇多费解之处。他认为通过外成作用（即侵蚀作用）和一系列内成作用（地壳运动）相互间的比例关系，可以解释各种地形的成因。还认为地壳运动主要有两种形式，可以分别出现，也可以同时出现。一种叫大褶皱，由侧压力形成，产生断裂和逆掩断层；另一种叫区域隆起，由地壳差异上升形成，产生穹丘。若两种运动同时出现，如阿尔卑斯山，便产生更加复杂的地形变化，其中区域隆起总是比大褶皱持续得更久，是形成地貌的主导因素。在他以前出版的地貌学论著，一般都忽视地壳运动对地貌的作用，而他这一富有想象力的论断，是对传统地貌文献中忽略掉的因素的补充。（刘 汉 张南海）

威尔金斯，G. H.（Wilkins，Sir George Hubert） 澳大利亚人，1888 年 10 月 31 日生于澳大利亚芒特-布莱安-伊斯特，1958 年 11 月 30 日卒于美国马萨诸塞州弗雷明汉。地理学、摄影学、飞行技术、地理探险。

英国移民后裔，牧羊农场主的儿子，家中 13 个孩子中最小者。青少年时代曾在澳大利亚港市阿德莱德矿业工业学校学习。后在英国学习飞行和航空摄影，同时供职于一家照相馆。1913～1917 年，在 V. 斯蒂芬森（Vilhjalmur Stefansson）率领的加拿大北极探险队中先后担任摄影师、副队长。1917 年回国，在澳大利亚飞行大队任少尉，到欧洲战场参加第一次世界大战。1918 年任战地摄影师，同年因在战争中营救伤员有功而获军方十字勋章，数月后晋升上校，并担任澳大利亚战争档案处第三分处（主管摄影）的指挥官。1920～1921 年任英国南极探险队副队长。1942 年起任美国海军气象局和陆军军需等部门的顾问。1928 年册封为爵士。1959 年 3 月 17 日，遵照家属意愿，美国海军潜艇把他的骨灰洒在北极点冰层下。

1919 年，他成功地从英国飞往澳大利亚，获得《每日邮报》的五万英镑奖金。1923～1925 年参与率领大英博物馆组织的探险队考察澳大利亚北部和邻近岛屿。1928～1939 年，又多次率领探险队考察南极和北极。其中，在 C. 林德伯格（Charles Lindbergh）飞越大西洋一年以后，1928 年 4 月 22 日，他和另一位飞行员首次从美国阿拉斯加的巴罗角飞到挪威斯匹次卑尔根，20. 5 小时飞行了 2100 英里（约合 3380 公里），被认为是当时自西向东越过北极区最成功一次飞行；同年又首次进行南极洲飞行考察，成为第一位飞越两极地区的飞行员；1931 年夏，首次搭乘“鹦鹉螺”号潜艇至北极点进行冰下考察，但却开拓了潜艇探险的新途径。

他在报刊上发表了大量文章；主要著作有《飞越北极》（1928 年）、《尚未发现的澳大利亚》（1929 年）、《北极之下：威尔金斯-埃尔斯沃思水下考察》（1931 年）、《空间驰想：思想领域的惊人探索》（1942 年，与他人合著）等。为纪念他，南极洲有以他命名的威尔金斯海峡、威尔金斯冰架。（李啸虎）

斯凡德鲁普，H. U.（Sverdrup，Harald Ulrik） 一译斯韦尔德鲁普。挪威人，1888 年 11 月 15 日生于挪威松达尔，1957 年 8 月 21 日卒于奥斯陆。海洋学、气象学、地球物理学、地理探险。

1908 年毕业于挪威军事学院，成为预备军官。1914 年毕业于挪威克里斯蒂安尼亚大学（今奥斯陆大学）。1917 年获德国莱比锡大学理学博士学位。同年回国，出任阿蒙森北极考察队主任科学家。1923～1931 年任卑尔根大学教授、该校地球物理研究所研究员。1928～1939 年任美国华盛顿卡内基研究院研究员。1936～1948 年任加利福尼亚大学海洋学教授、斯克里普斯海洋研究所所长。1948 年回奥斯陆，组建挪威极地研究所并任首任所长。1949 年起兼任奥斯陆大学地球物理学教授、系主任、副校长等职。曾任国际物理海洋学学会（现国际海洋物理科学协会）会长、国际极地气象学会会长、国际海洋考察理事会主席等职。

现代海洋科学奠基人之一。1917～1925 年间，两次参加“莫德”号北冰洋漂流探险考察，收集到北极圈大气对流、地磁场等地球物理、海洋气象极重要观测资料，后主编出版 5 卷本探险报告。1931 年又以科学考察学术主任身份，参加“鹦鹉螺”号潜艇北冰洋潜水探险，1933 年发表考察报告，用大量实证资料解释了北极大气对流、大洋环流及其能量分布总特征。20 世纪 40～50 年代，第二次世界大战期间，结合美国海军战时急需，与他人共同提出海浪预报方法，在水声学、海浪预报、海流图测绘等方面有重要成果；主编出版教科书《海洋：它的物理学、化学和生物学》（1942 年，与他人合著），概括了现代海洋学最新进展，其中包括他在极地考察中第一手资科，是海洋科学经典之作，奠定了现代海洋科学的理论基础；1949 年时年 61 岁，仍出任由挪威、瑞典、英国联合组建的南极探险队队长；在波浪和环流、海水蒸发、涌升流等方面有创造性研究。发表论文 200 多篇；主要著作还有《气象学家的海洋学》（1942 年）等。此外，还培养出一批著名海洋学家，其中包括一些中国海洋学家。（张南海）

普劳德曼，J.（Proudman，Joseph） 英国人，1888 年 12 月 30 日生于英国英格兰兰开夏郡恩斯沃斯，1975 年 6 月 26 日卒于英格兰汉普郡福丁布里奇。海洋学、海洋动力学、应用数学。

农家子弟，家中的长子。1910 年获利物浦大学理学士学位。1912 年获剑桥大学三一学院数学学士学位。1913 年任利物浦大学数学讲师，1919 年晋升该校第一个应用数学教授，同年创建该校潮汐研究所（现称为普劳德曼海洋学实验室），并任首任所长至 1945 年；期间 1933 年转任海洋学教授，1940～1946 年任该校副校长，1954 年退休。期间，1915～1921 年兼任剑桥大学三一学院研究员；1943 年任英国国家测地学与地球物理学委员会主席、英国国家基金会海洋学会主席；1948～1956 年先后任国际物理海洋学联合会副会长、会长。1925 年入选英国皇家学会会员。1946 年入选挪威科学院外籍院士。1956 年获利物浦大学荣誉法学博士学位。1952 年获封最高级巴斯爵士勋位。

主要研究海洋动力学的广泛问题，尤其在潮汐理论领域颇有建树。他的科学生涯几乎涉及海洋动力学所有方面，其中包括研究大尺度海洋潮汐，与小海域有关的大量问题，浪涌传播问题，以及地壳对潮汐弹性影响问题等。他与利物浦大学潮汐研究所秘书杜森

(A. T. Doodson) 合作，对英国各港口的潮汐预报工作作了重要改进，绘制了英国海域的潮流图和浪涌高度变化图；1924 年起至 20 世纪 50 年代，他主持的潮汐研究所对全球三分之二地区的潮汐作出预报，确立了国际权威地位。他把研究拓宽到测量爱尔兰海海面温度和海水盐度变化，以此推测该海域环流主要模式。1953 年，他提出有关当年灾害性大洪水的调研报告，开始对风暴巨浪成因、规律与对策研究，尤其揭示江河入海口潮汐和暴风雨的交互关系。他编撰的教科书《海洋动力学》(1953 年) 是一部学科经典之作，多年无人与之匹敌。他对海洋潮汐的理论研究，不仅运用经典流体力学和分析数学在实际上尝试解决所有悬而未决的潮汐实际问题，而且奠定了具有重大意义的国际性潮汐预报服务的理论基石。1923 年获剑桥大学亚当斯数学奖。1946 年获美国国家科学院阿加西斯奖章。1957 年获英国皇家学会休斯奖章。 (徐平五)

布赫，W. H. (Bucher, Walter Herman) 美国人，1889 年 3 月 12 日生于美国俄亥俄州阿克伦，1965 年 2 月 17 日卒于得克萨斯州休斯顿。*地貌学、构造地质学、地球物理学。*

幼年随双亲迁居德国。1911 年毕业于德国海德堡大学，获地质学博士学位。1913 年返回美国后在辛辛那提大学任教，长达 27 年。1940 年任哥伦比亚大学构造地质学教授，1950 年任该系系主任，1956 年退休后为名誉教授。后在休斯敦一家石油公司当顾问，直至去世。1937 年当选为美国地质地理学会会长。1938 年当选为美国国家科学院院士。1947 年获普林斯顿大学荣誉科学博士学位。1954 年当选为美国地质学会会长。

主要研究地壳变形和造山运动机制。通过地壳冷缩及岩石受压变形等实验，阐明巨大山脉的成因及分布规律，认为地球冷缩和地心引力是产生造山运动的主要原因。主要著作有《地壳变形》(1933 年)、《重力在造山运动中的作用》(1956 年)。获 1954 年美国地球物理学会鲍伊奖章，1955 年德国地质学会布赫奖章，1960 年美国地质学会彭罗斯奖章。

(王 植 刘 汉)

古登堡，B. (Gutenberg, Beno) 美国人，1889 年 6 月 4 日生于德国达姆施塔特，1960 年 1 月 25 日卒于美国加利福尼亚州帕萨迪纳。*地震学、构造地质学、地球物理学。*

德国犹太裔。少年时因对天气预报和气象学有浓厚兴趣，就读于格丁根大学新设立的地球物理系，师从 E. 维歇特教授，1911 年获物理学博士学位。1911～1918 年任斯特拉斯堡的国际地震学会助理。第一次世界大战中，在德国军队中任气象员。1918 年为莱茵河畔法兰克福大学讲师，1926 年升任地球物理学教授。期间几年因经济拮据，不得不经营管理其父留下的肥皂厂。1930 年任美国加利福尼亚理工学院教授。1936 年入美国籍。1947～1958 年任加利福尼亚理工学院地震实验室主任。

早年开始研究的是微地震机制，后来计算了经过地核低速区地震波的传播时间，从地震记录上鉴别出这种波的震相。根据有关测量数据，计算出地核深度为 2 900 千米。地核深度的这一数值至今仍被广泛引用。在地核之上则是地幔，至今还有人称这一地核与地幔界面为“古登堡不连续面”。他与里希特 (C. F. Richter) 一起推导出更精确的地震传播时间曲线。还改进了一种确定震中与震源深度的方法，将里氏震级表扩大到深震上，并与里希特一起求出震级、能量、强度和加速度之间的定量关系。用地震方法证明地下 100～200 千米深度上存在一个低速层。还与里希特一起重新测定了所有大地震的位置，揭示了地震的分布图式和深震的几何关系。主要专著有《地球内部的构造》(1939 年初版、1951 年再版)、《地球的地震活动性》(1949 年)、《地球内部物理学》(1959 年) 等。1952 年获法国科学院拉格朗日奖。 (屈大壮)

翁文灏 (Weng Wenhao) 字詠霓、永年。中国浙江省人，1889 年 7 月 26 日生于浙江鄞县（今属宁波）石塘，1971 年 1 月 27 日卒于北京。*地震学、地貌学、构造地质学、矿床学、地图学、科学管理。*

1902 年 13 岁中秀才。后到上海法国天主教会学校习外文。1908 年赴比利时罗文大学学习地质学，1912 年获地质学理学博士学位，是中国第一个地质学博士。同年回国，任北洋政府工商部矿产股长、地质研究所教授。1916 年到国民政府农矿部地质调查所工作。1918 年任北京大学地质系教授。1922 年当选为国际地质学联合会副会长，并参与筹建中国地质学会，当选为首届会长，负责出版《中国地质学会会志》。1926 年任地质调查所所长。1928 年参与创办清华大学地学系并任首任系主任，后兼任代理校长。1934 年当选为刚成立的中国地理学会会长，同年创办《地理学报》，历任第 1～10 届会长。1932～1949 年间，曾在政府部门任多种重要职务，其中有资源委员会主任、行政院秘书长、经济部长、行政院副院长、行政院院长 (1948 年)、总统府秘书长等要职。1949～1950 年先后居留香港、法国等地。1951 年 3 月回国定居，晚年主要从事翻译和著述工作。是英国伦敦地质学会荣誉会员，美国、德国、加拿大等多所大学授与荣誉博士学位。中国科学院院士翁文波是其堂弟，中国工程院院士翁心植、美国钛合金专家翁心梓是其侄子。

1914 年中国第一部《地质学》讲义的编写者。1920 年发表“中国地史浅说”一文，详细论述了中国的地史，探讨了海岸的变迁、黄河的泛滥与迁徙等问题，并对地史期作了详细划分。这是中国地貌发育史方面的一篇开创性论文。1920 年甘肃发生 8. 5 级地震，他是第一个实地考察研究的中国学者。1923 年发表“中国某些地质构造对地震区分布之影响”，根据中国史书中3 500余次地震地点和灾况，结合地质构造，在中国划分出 16 条地震带及大致频发的次数，还绘制了中国地震区分布图，是中国第一张地震区划图，为后人奠定了中国地震带研究的基础。1930 年，主持在北平（今北京）西栅建立中国第一个现代地震台。

1925 年发表“中国山脉志”一文，提出考察山脉必须以地质构造和内外营力为根据，正确地概括了中国的地势和山脉的成因，是对中国山脉研究的开创性论文。1926 年发表“金属矿床分布若干规律”一文。1927 年出版《中国矿产志略》专著，提出华南花岗岩侵入所形成的接触矿床大致可分为锡带、铅锌铜带、锑带及汞带，这对后来中国矿床区域分带的研究具有重要的意义。1926 年发表“中国东部地壳运动”一文。1928 年在第三次太平洋学术会议上，宣读“中国东部中生代造山运动”一文，提出中国造山运动的分期与欧洲不同，探讨了中国山脉形成的年代、构造期的划分以及与矿产形成的关系，还提出了中国中生代特有的造山运动——燕山运动。这些见解后来得到国际地质界的公认。20 世纪 30 年代，与丁文江、曾世英合编《中华民国新地图》。这是中国第一部根据实测资料，按等高线、运用分层设色法绘制的现代地图集。

20 世纪 50 年代，他翻译出版美国学者施罗克（R. R. Shrock）所著的《层状岩石的层序》（1955 年）和罗马尼亚学者马柯威（G. Maccoway）所著的《石油矿床学》（1956 年）两部巨著。此外，他还研究了人文地理、中苏边界、清初测量地图史、中国人口分布与土地利用等问题。（夏树芳）

纳里夫金，Д. В.（Наливкин，Дмитрий Васильевич；Nalivkin，Dmitriy Vasilyevich）

苏联人，1889 年 8 月 25 日生于俄国圣彼得堡，1982 年 3 月 2 日卒于莫斯科。*地层学、区域地质学、古生物学。*

1915 年圣彼得堡矿业学院地质系毕业。留校任教。1920 年任列宁格勒矿业学院教授。1917～1947 年任苏联科学院地质研究所研究员。1946～1951 年出任苏联科学院土库曼分院院长，兼任湖泊实验室主任。1954 年任苏联科学院地层委员会主席、兼泥盘系分会主席。1933 年当选为苏联科学院通讯院士，1946 年当选为院士。1951 年当选为苏联科学院土库曼分院院士。

苏联泥盆纪地层学的奠基者。毕生从事泥盆纪地层和腕足类古生物化石研究，取得多项重要成果。长期主持和参与俄罗斯乌拉尔、中亚地区等区域地层勘查，有许多重要古地理地质和古生物学发现。

20 世纪 10～20 年代，开始致力于研究泥盆纪动物群，尤其是腕足类化石；在野外勘探基础上，1915 年发表他的第一篇有关论文“费尔干纳盆地中、晚泥盆世腕足动物相”；1927 发现纳里夫金贝属、纳里夫金贝亚属。30～40 年代，出版《岩相学》（1932 年初版，1956 年第 3 版），奠定了岩相学理论基础；总结苏联区域地质考察成果，1937 年参与主编第一张《苏联地质图》；根据古生物学发现，重新划定了蒂曼山脉，俄罗斯地台中泥盆和上泥盆统、下石炭统的界限；提出天山弧构造划分的概念，为以后研究打下基础；详细研究乌拉尔地层和古地理环境，确定了该地区石油、铝土矿地质构造。40～50 年代，关注中亚地层研究，认为该地区广泛分布着乌拉尔晚志留世地层，有丰富油气地质结构；出版《土库曼地质概观》、《土库曼上、中泥盆统的腕足类》；出版《哈萨克斯坦东北部上、中泥盆统和下石炭统的腕足类》。50～60 年代及以后，主持地层委员会工作期间，加强了对苏联地层划分、对比规范的研究与制定，组织出版了大量的地层典志和区域地层调查报告；多次指导编制各种比例尺的苏联地质图；主编出版巨著《苏联地质学》（1962 年）等。获 1946 年苏联国家奖金。（李啸虎）

李四光（Li Siguang）

字仲拱，原名李仲揆。中国湖北省人，1889 年 10 月 26 日生于湖北黄冈县回龙山香炉湾，1971 年 4 月 29 日卒于北京。*地质力学、地震学、地层学、古生物学、冰川学、石油地质学。*

蒙古族。出身乡村教师家庭。1902 年进武昌高等小学堂，改名李四光。1904 年由湖北省官费派往日本留学，先入东京弘文学院，1907 年考入大阪高等工业学校，习造船机械。1910 年回国后，任上海一家兵工厂工程师，后到武昌县花林湖北中等工业学堂任教。1911 年参加辛亥革命，1912 年任湖北军政府实业司司长。1913 年进英国伯明翰大学学习采矿工程，后又改学地质学，1918 年获伯明翰大学硕士学位。1920 年任北京大学地质系教授，不久任系主任。1928 年任中央研究院地质研究所所长。1931 年获伯明翰大学自然科学博士学位。1934 年再次赴英国，先后在伦敦大学、剑桥大学、伯明翰大学等 8 所高等学校讲授《中国地质学》。1936 年赴美国考察，当年回国。抗日战争期间，随中央研究院地质研究所转辗迁移到庐山、桂林、良丰、贵阳，最后到重庆；1945 年抗战胜利后迁回南京。1948 年代表中国地质学会赴英国出席第 18 届国际地质大会，并参加世界科学技术协会活动。1950 年回国，任东北地质学院首任院长。1952～1969 年任国家地质部部长。1958 年直至去世，兼任中国科学院地质力学研究所所长。在此期间，1955 年选聘为中国科学院学部委员（院士），并任中国科学院副院长及全国地质工作计划指导委员会主任委员。还曾任中国科学院地震委员会主任委员、全国石油地质委员会主任委员、中国科学院原子能委员会主任委员及中国科学技术协会主席等职。曾 4 次被选为中国地质学会理事长。1958 年被选为苏联科学院外籍院士，1959年获苏联卡尔宾斯基金质奖章。是伦敦地质学会外籍会员，全苏古生物学会荣誉会员和印度古生物学会外籍会员。

在古生物学、地层学、地质力学、冰川地质学、地震学及矿产资源等方面均有贡献。早期研究古生物，20世纪20年代，先后发表有关蜓科化石的论文多篇，1927年出版专著《中国北部之蜓科》。他在这些论文和著作中，对蜓科的鉴定方法提出了鉴别标准，促使这一门类古生物的鉴定精确化和系统化。他还把蜓科化石应用到地层分层上，解决了中国北方石炭-二叠纪含煤地层的时代问题。30～40年代，他和陈旭一起又对中国南方的蜓科做了大量研究工作，为中国南、北方的石炭-二叠纪地层划分与对比提出了依据。这一成就也使他发现石炭-二叠纪时期海水的南、北进退现象。

20世纪20年代末开始，他先后发表一系列有关地质力学的论文和专著。30年代在英国讲授中国地质学史时，对中国大陆的地质构造提出新的构思。他根据大陆上大规模运动的方向，推论那些运动起源于地球自转的变化，提出了“大陆车阀”自动控制地球自转速度作用的假说。根据对中国和世界各地地质构造形迹之间相互关系的研究和实验室的模拟试验，认为由地球自转速度变化所产生的力，使地壳产生一种地应力，影响着地壳运动而产生各式各样的构造型式和构造体系。在1945年出版的《地质力学的基础与方法》专著中，他正式提出“地质力学”这一新学科分支，创建了构造地质学中的“地质力学派”。

基于地质力学的研究，他对中国地震带的分布和地震预报提出不少重要的指导性意见。认为地震的发生是岩石在一定条件下受了地应力作用，当不断加强的地应力超过岩石抵抗强度时，岩石发生破裂，引起了地震。如果应力由于岩层结构软弱或沿着已有断裂蠕动，或产生大小不同的升降或水平移动，积聚的能量逐渐释放，就有可能避免突发性地震的发生。他强调地应力变化对地震预报的意义。

对中国第四纪冰川遗迹的研究，开始于20世纪20年代初期对太行山麓和大同盆地的考察，当时发现冰川擦痕石及其他冰川遗迹；1922年在英国《地质学》杂志上发表“华北晚近冰川作用遗迹”一文，提出华北同欧美一样曾存在过第四纪冰川的论断。30年代三上庐山，认为庐山在第四纪时期曾存在过两次也可能三次冰期。此后又赴长江流域、黄山、鄂西，以及川东、湘西、桂北及贵州等地考察，发表一系列论文和调查报告，提出了中国第四纪冰川主要为山谷冰川，山麓冰川只存在于山谷冰川特别发育山区的结论；并划分出三个阶段的冰期，即鄱阳冰期、大姑冰期和庐山冰期。1937年完稿、1947年出版的《冰期之庐山》，为中国第四纪冰川研究奠定了基础。对第四纪冰川的这些工作，开创了中国第四纪地质中一个领域的研究。

重视地质科学的实际运用。就任国家地质部部长兼地质普查委员会主任期间，曾明确指出新华夏系第二沉降带的含油远景。1954年在他所作的“从大地构造看中国石油勘探远景”的学术报告中，提出松辽、华北等地区开展找油工作的重要性。

著作还有《中国地质学》（1939年，英文）、《地质力学概论》（1973年）、《地震地质》（1973年）、《旋扭构造》（1974年）、《区域地质构造分布》（1974年）、《中国第四纪冰川》（1975年）、《地质力学方法》（1976年）等。（李文达　耿志明）

里德，H. H.（Read，Herbert Harold）　英国人，1889年12月17日生于英国肯特郡惠特斯特布尔，1970年3月29日卒于美国科罗拉多州博尔德。*岩石学、地质学。*

出身农民家庭。1912年获伦敦帝国理工学院地质系学士学位，1924年获博士学位。1914～1931年在英国地质调查所工作。1931年任利物浦大学地质学教授兼系主任。从1939年起长期任伦敦帝国理工学院地质学教授兼系主任，后任代理院长。曾任第18届国际地质大会主席。1939年被选入英国皇家学会。

研究了变质岩、混合岩、花岗岩的相互关系，对这些深部形成的岩石建立了时间和空间上相互联系的体系。提出的巴肯型区域变质分带，后来在世界其他地区的变质岩中都得到证实。1957年出版《关于花岗岩的争辩》一书，提出了混合岩与花岗岩关系的论证，赞同花岗质物质能在地壳中由变质和交代作用而产生的观点。此外编有《矿物学》、《普通地质学》（1949年）、《地质学概论》（2卷，1968～1975年）等。1963年获英国皇家学会皇家奖章。1967年获美国地质学会彭罗斯奖章。（雷秉舜　宣焕灿）

索尔，C. O.（Sauer，Carl Orwin）　美国人，1889年12月24日生于美国密苏里州沃伦顿，1975年7月18日卒于加利福尼亚州伯克利。*人文地理学、区域地理学、历史地理学、文化生态学。*

1908年获美国中央卫斯理公会学院文学士学位。1909年在美国西北大学继续深造。1910年任伊利诺伊州地质勘探局助理地质学家。1912年任麦克纳利公司地图编辑。1913年任马萨诸塞州立师范学院教师。1915年获芝加哥大学博士学位。同年起在密歇根大学地理系任教，1920年任该系田野课程部主任，1922年任教授。期间1919～1920年兼任美国农业部农场管理署专员，曾创建密歇根州国土经济调查处。1923年起任伯克利加利福尼亚大学地理学系教授兼系主任，1957年退休后任荣誉教授。1940年出任美国地理学家协会主席，1955年任荣誉主席。美国土壤保持局资深顾问。获美国、德国、意大利、英国等国多个大学荣誉博士学位。

人文-环境地理学派的代表人物，文化景观学、文化生态学的倡导者之一。他从研究地理学的早年生涯开始，就极力反对当时流行的环境决定论，继承和发展了德国的文化景观概念。1923年在就职地理系系主任的演说中指出：“人类按照其文化的标准，对其天然环境中的自然和生物现象施加影响，并把它们改变成文化景观。”1925年首次提出“景观形态学”新概念，反对“环境控制”的观点，强调了人的作用。1927年撰写了有影响的论文“文化地理学的新发展”，把文化景观定义为：“附着在自然景观上的人类活动的形态”。他认为地理学应着重研究区域性地理现象及其因果联系，并主张通过文化景观来研究区域地理特征。他采用历史学方法论，从人和自然的互动关系上去理解地理景观，努力实现自然地理学与人文地理学两大学科的统一。他深入分析各种古今案例，强调人对环境的重大影响，主张“仁慈”地利用自然环境。

1941年，发表论文“历史地理学序论”，强调地理学中时间过程研究的重要性，批驳了将地理学仅仅视为空间科学，完全排斥时间因素的错误观点。他学识渊博，不仅研究美国近现代中西部“边疆”地区文化景观的形成与演变，也研究新石器时期、旧石器时代人类活动与气候变化、冰川进退的关系；在历史地理方面，不仅研究美国本土的，也研究中美洲、南美洲和东南亚等地区。在退休以后，他进而把自己倡导的人文-环境地理学派的学说发展为文化生态学。

出版有21部著作，其中最有名的是《农业的起源与扩散》(1952年)和《北方的薄雾》(1966年)等，此外编有《索尔论文选集(1963～1975)》(1981年)。他执教地理学长达半个世纪以上，培养了许多地理学家。获1940年美国地理学会戴利奖章、1958年瑞典人类学与地理学联合会维加奖章、1959年德国柏林地理学会洪堡奖章、1975年英国皇家地理学会维多利亚奖章等。 （李啸虎）

霍姆斯，A. (Holmes，Arthur) 英国人，1890年1月14日生于英国泰因河畔纽卡斯尔附近的希布伦，1965年9月20日卒于伦敦。*构造地质学、岩石学、地球物理学、地质年代学。*

父亲是家具匠，母亲是小学教师。他1907年进伦敦帝国学院学习，1909年获理学士学位，1910年获地质学硕士学位，1917年获理学博士学位。1912～1920年在帝国学院教地质学。第一次世界大战期间，曾在海军参谋部服役。1920～1924年在缅甸从事石油地质勘探工作。1924～1943年在达勒姆大学任教授。1943年任爱丁堡大学地质学和矿物学教授，1956年退休。1942年被选为英国皇家学会会员。

是同位素地质学的奠基人之一。1907年他进伦敦帝国学院学习时，该校物理学教授R. J. 斯特拉特正在进行矿物氦年龄测定的开创性工作。几年后，他得以进入斯特拉特实验室研究放射性物理，为日后从事放射性在地质学中的应用研究奠定了基础。那时开尔文勋爵根据地球均匀冷却的假设，推算出地球年龄只有2 000万～4 000万年。霍姆斯指出，由于放射性热的影响，开尔文所假设的地球均匀冷却难于成立。他在测定各种放射性元素半衰期常数后，把铀与钍在岩石中的数量与它们的衰变子元素铅和氦的数量进行比较，推导出地球的年龄大于16亿年。由于质谱仪的发明，有可能区别铀、钍及铅同位素，地球年龄测定也日趋精确。1946年，他和霍特曼斯(F. G. Houtermans)各自独立地得出地球上铅同位素演化的普遍模式，称为霍姆斯-霍特曼斯模式。他不断修正自己对地球年龄的推算结果，最后提出的地球年龄是45.5亿年，已很接近现代的测算值。

支持并发展了魏格纳的大陆漂移说。荷兰地球物理学家迈尼兹发现爪哇海沟重力负异常后，他去实地进行了考察。1928年第一个提出驱动大陆漂移和洋盆发展的地幔对流机制假说，即所谓“传送带”假说。这个假说弥补了魏格纳大陆漂移说在驱动机制上的致命缺陷。但在当时并没有引起人们的注意，直到20世纪50年代才逐渐被人们接受，成为板块理论的先驱之一。

在岩石学和岩理学方面也有贡献。曾在乌干达火山岩中发现了六方钾霞石，提出碳酸盐岩浆的成因假说。还研究了金刚石岩管中的金伯利岩和榴辉岩，认为它们相当于高压下的玄武岩，这给岩理学和地球物理学之间指出了重要的联系途径。

主要著作有《地球的年龄》(1913年)、《岩石学系统命名法》(1920年)、《岩石学的方法与计算》(1921年)、《物理地质学原理》(1944年等)。1944年、1956年分获伦敦地质学会的默奇森奖、沃拉斯顿奖，1956年获美国地质学会彭罗斯奖，1964年获美国哥伦比亚大学的维特勒森奖。 （李冬田 李文达）

竺可桢 (Zhu Kezhen) 又名绍荣，字藕舫。中国浙江省人，1890年3月7日生于浙江绍兴东关镇(今上虞县)，1974年2月7日卒于北京。*气象学、气候学、地理学、高等教育管理。*

1908年就读于上海复旦公学(复旦大学前身)，一年后转入唐山路矿学堂(唐山铁道学院前身)学习土木工程。1910年考取北京清华第二届留美公费班，同年秋赴美国，入伊利诺伊大学农学院攻读农学。1913年毕业后转入哈佛大学研究院学习气象学，1918年秋获博士学位，同年回到中国，先在武昌高等师范学校(武汉大学前身)任教，讲授地理学和气象学。1920年到南京高等师范学校(后相继改名为东南大学、中央大学、南京大学)讲授地理通论、气象学、地质学。1922年在东南大学创建地学系，任系主任。1925年任上海商务印书馆总编辑，1926年任天津南开大学地理学教授。1928年任中央研究院气象研究所所长。1936～1949年任浙江大学校长。1955年选聘为中国科学院学部委员(院士)。曾任中国科学院副院长兼生物学地学部主任、中国科学院综合考察委员会主任、自然科学史委员会主任、中国科学技术协会副主席、中国气象学会理事长、中国地理学会理事长等职。

毕生发表论文约270余篇。在气象学、气候学、地理学等领域都有不少贡献。

早在20世纪20年代，就对东亚台风的源地、运动途径及转向地点进行了研究，提出东亚台风的新分类方法，并对各类台风的活动特点进行了概括。1924～1925年的论文“远东台风新分类”、“台风源地与转向”被誉为当时东亚台风研究中的权威论文。30年代，开创了东亚大气环流的研究，探讨了东南季风与中国雨量的关系，还按照气候对中国农业的影响划分了中国的气候区。1934年的“中国季风与雨量”被推崇为中国季风气候研究方面的杰出论文，对中国长期天气预报具有重要的指导意义。1930年的“中国气候区域论”和1936年的“中国气候概论”，则被推崇为中国气候区划分的代表性论文。

从20世纪20年代开始，从事中国气候变迁的研究，长期收集整理中国古代有关物候的文献，依据历代物候记载，研究中国长期的气候变迁。1966年发表论文“关于我国近五千年来气候变迁的初步研究”(1972年修订)，系统地阐述了中国5 000年来的温度变化规律，引起了国际学术界的瞩目，英国、美国、日本等国纷纷介绍和转载此文。还开展了农业气候的研究，探讨了太阳辐射能、温度、降水等对农作物生长的影响，论述了中国各地粮食作物发展的可能性和局限性。

在筹建早期的气象观测网、创设高山和边远地区气象站、开展中国高空探测和天气预报业务、筹建中国科学院地理研究所和地区性地理研究所、组建大型自然资源考察队、组织编纂《中华人民共和国自然地图集》等方面工作中，他都作出了重要的贡献。1918年起就从事气象学、地理学的教育工作，数十年中培养了大量气象学、地理学专家人才，其中有不少已成为当代中国气象学界、地理学界有重要贡献的学者。为纪念他和奖掖后人，中国科学院设立了“竺可桢野外科学工作奖”。 （曹念祥）

钱尼，R. W.（Chaney，Ralph Works） 美国人，1890年8月24日生于美国芝加哥，1971年3月3日卒于加利福尼亚州伯克利。*地层学、古生物学、古气候学。*

伊利诺伊州农民拓荒者的后代。曾在芝加哥大学主修动物学、植物学和地质学，1912年获地质学学士学位，1919年获古生物学博士学位。1922年任华盛顿特区卡内基研究院副研究员。1930～1957年任伯克利加利福尼亚大学古生物学教授，第二次世界大战期间任该校辐射实验室助理主任，1957年退休任荣誉教授。1947年入选美国国家科学院院士。1939年任美国古生物学会会长。1940年任美国地质学会副会长。1961～1971年任抢救红杉联盟主席。

曾在美洲和亚洲进行广泛的野外考察研究工作。研究第三纪森林时，鉴于过去的植物与现在活着的植物非常相似，提出了一种动态研究法。把植物化石看作古时植被的代表，而不是作为个别的样品加以研究。没有把现代的种名用于比更新世还早的植物，因为这些古植物的记载并不完全，不能由此假设从第三纪时代以来不存在种的等级变化。坚信分类学应是一种工具而不是一种义务。确立了各地层中的物种，在不同时代的岩石中能测出它们在大小或其他次要特征方面的差异。用类似的方法，倾向于建立由海洋或气候障碍分隔的相似植物的地理种。注意到叶子的大小渐次退化，根据叶子特征的定量评价，为判断第三纪气候提供了根据。从下第三纪到上第三纪叶子特征的变化，表明向现代较凉而较干燥的气候逐渐变化。主要著作有《加利福尼亚州和俄勒冈州向上新世植物志》(1944年，与他人合著)、《俄勒冈的古代森林》(1948年)、《过去的红杉林》(1951年)等。 （施金保）

巴丁顿，A. F.（Buddington，Arthur Francis） 一译波丁顿。美国人，1890年11月29日生于美国特拉华州威尔明顿，1980年12月25日卒于马萨诸塞州奎赛。*岩石学、矿床学。*

在布朗大学获硕士学位。1916年在普林斯顿大学获博士学位。1917年任布朗大学讲师。1912～1920年在华盛顿特区卡内基学院地球物理实验室从事矿物学研究。1920～1959年任教于普林斯顿大学，1922年任助理教授，1926年任副教授，1936～1950年任地质学教授兼地质学系系主任。是美国国家科学院、美国文理科学院院士。获布朗大学、列日大学等多校荣誉博士学位。

曾为美国地质勘探局、纽约国家自然博物馆等部门作过45次夏季野外地质调查。早年研究俄勒冈州火山岩贱金属矿床，发现高温的电气石和低温的石英共生，提出浅成高温矿床新类型，被广为采用。后从事区域调查和岩石学研究，对纽约州阿迪朗达克山脉岩体多次详查，提出岩体不同特性与岩体定位深度有关的论断。发现磁铁矿中二氧化钛（TiO_2）含量多少与形成温度有关，遂提出以共生的含钛磁铁矿和钛铁矿作为地质温度计。这一研究由其学生通过实验加以证实和完善。他曾发现一种含铵的长石矿物新种水铵长石，地质学界称为巴丁顿石。

著有《阿拉斯加东南部地质和矿床》(1929年，与他人合著)、《阿迪龙达克山脉火成岩及其变质作用》(1939年)、《圣劳伦斯县磁铁矿区的区域地质》(1962年，与他人合著)、《铁-钛氧化物矿石》(1964年)、《斜长石的起源》(1969年)等书。曾获美国地质学会和美国矿物学会的奖章。 （刘　汉）

邓巴，C. O.（Dunbar，Carl Owen） 美国人，1891年1月1日生于美国堪萨斯州切罗基县哈洛韦尔，1979年4月7日卒于佛罗里达州达尼丁。*地层学、古生物学、地史学。*

1913年毕业于堪萨斯大学。1917年获耶鲁大学博士学位。长期在耶鲁大学及皮博迪自然博物馆工作，曾任教授及馆长职，1959 年退休。1944 年当选美国国家科学院院士。

是美国研究蜓科古生物的先驱。20 世纪 20 年代初，从内布拉斯加及临近各州晚石炭世各层中采集大量蜓科化石。1927 年发表美国第一篇有关蜓科的专著。后又与人共同研究得克萨斯州和新墨西哥州二叠系、以及伊利诺伊州上石炭统的蜓科化石，建立一些新的属种，论证蜓科生物的演化进程，用以确定地层年代和地层对比。著有《地史学》（1960 年）、《地球》（1966 年）以及与他人合著的《地史学教程》（1940 年）、《地层学原理》等书。曾获费城科学院奖章。

（刘　汉）

加尼宾，É.（Gagnebin，Élie）　比利时人，1891 年 2 月 4 日生于比利时列日，1949 年 7 月 16 日卒于瑞士苏黎世。构造地质学、区域地质学。

新教牧师之子，家中 12 个孩子中最幼者。1892 年随父母移居瑞士。曾在洛桑大学学习，1912 年获理学士学位，并成为 M. 吕热翁的助教。1920 年获洛桑大学数理博士学位。其后相继法国巴黎大学索邦学院 G. E. 奥格、格勒诺布尔大学基利恩（W. Kilian）工作。1928 年起在洛桑大学大学执教，1933 年任副教授，1940 年任教授。

1913 年 22 岁时已发表他的第一篇地质学论文。1925～1933 年受瑞士地质委员会的委托，利用假期进行圣莫里斯地区的地质填图工作。1941 年同吕热翁一起对瑞士前阿尔卑斯地质进行制图和研究。在这一研究中，他们提出了大陆漂移是形成阿尔卑斯山脉原始动力的假说，认为后来由于重力作用造成了大量断层与推覆体的叠积，才滑移到今天的位置。此外，他也研究生物进化论和地球演化史。（杨惠成）

王竹泉（Wang Zhuquan）　中国河北省人，1891 年 4 月 9 日生于河北交河（今泊头），1975 年 7 月 24 日卒于北京。煤田地质学。

1916 年毕业于国民政府农商部地质研究所。同年任农商部地质调查所调查员，后升任技师。1929 年赴美国威斯康星大学地质系深造，1930 年获硕士学位。翌年回国，任实业部地质调查所技正，相继兼任北京师范大学史地系讲师、北京大学地质系讲师。抗日战争胜利后，1946 年受聘为北京大学地质系教授。1949 年后，历任中央燃料工业部顾问、煤矿管理总局地质室主任、国家煤炭工业部地质总局总工程师、煤炭科学研究院地质研究所所长等职。1957 年当选为中国科学院学部委员（院士）。

毕生主要从事煤田地质研究。在多年地质调查的基础上，1921 年发表论文指出，大同煤田不仅发育有前人已指出的侏罗纪含煤地层，而且也发育有前人未发现的石炭-二叠纪含煤地层，从而使人们估测的该煤田储量大大增加。经多年里外调查，1925 年编出中国第一幅山西省地质构造纲要图，并发表“山西地质构造纲要”论文。1928 年出版专著《山西煤矿志》，附有 1∶10 万地质图，文中列述了他对山西划分的 7 大煤区、32 个煤田，并分别阐述了各个煤田的分布范围、含煤地层、煤层、煤质和各煤田不同煤种的储量，该文对后来山西煤田的开采有重要的理论指导意义。20 世纪 50 年代，指出地台型的华北煤田中相同煤种由东向西呈带状分布，其成因并非地槽型煤田中常见的动力变质因素和区域变质因素，而是由于火成岩体的侵入和接触变质作用。这一研究成果为煤田地质勘探时针对性地寻找煤种提供了理论依据。60 年代前期，领导了有关华南找煤问题的专题研究，1964 年撰写了专著《华南晚二叠世煤田形成条件及分布规律》，它对华南地区煤田的地质勘探实践有重要的指导意义，因此获 1978 年全国科学大会奖，1980 年该书正式出版。此外，在矿物学、岩石学、石油地质学、地文学、地貌学和地质学史等方面也有所研究。

（宣焕灿）

伍德林，W. P.（Woodring，Wendell Phillips）　美国人，1891 年 6 月 13 日生于美国宾夕法尼亚州雷丁，1983 年 1 月 29 日卒于加利福尼亚州圣巴巴拉。地层学、古生物学。

1910 年在阿尔布赖特学院获文学士学位。在中学任教 2 年后，到约翰斯·霍普金斯大学主修地质学，1916 年获博士学位。除了在加利福尼亚理工学院执教 3 年外，1912 年起一直在美国地质调查所工作，长达 45 年。1961 年退休后，成为史密森研究会副研究员。1946 年入选美国国家科学院院士。

研究重点是加勒比地区和加利福尼亚州的新生代软体动物群落。描述过在牙买加发现的近 600 种中新世动物化石，有关这方面的出版物具有广泛影响。还研究过巴拿马运河带及其邻近地区的地质情况，发现晚上新世开始上升、早更新世形成的巴拿马陆桥使一个原来既包括西大西洋、又包括东太平洋的第三纪海相动物区遭到分裂。代表作有《牙买加中新世软体动物》（1925 年）等。获美国地质学会彭罗斯奖章、美国古生物学会奖章。

（李嘉曾）

伯杰龙，T. H. P.（Bergeron，Tor Harold Percival）　一译贝吉隆。瑞典人，1891 年 8 月 15 日生于英国伦敦附近戈德斯通，1977 年 6 月 13 日卒于瑞典乌普萨拉。气象学、气候学、大气物理学。

1916 年毕业于瑞典斯德哥尔摩大学。1928 年获挪威奥斯陆大学理学博士学位。1919～1947 年先后在挪威中央气象局、瑞典中央气象局工作。1947～1961 年任瑞典乌普萨拉大学气象系教授兼系主任。曾任国际气象组织天气学委员会主席。入选瑞典科学院院士、挪威科学院外籍院士。是英国气象学会、美国气象学会名誉会员，瑞典地球物理学会、挪威卑尔根地球物理学会名誉会员。获乌普萨拉大学荣誉博士学位。

毕生致力于气象学、气候学、云物理学研究。气旋是大气中水平气流呈逆（顺）时针旋转的大型涡旋，气旋中心气压在同高度上比四周低，常引发剧烈天气变化，是气象界最关心和最早研究的天气系统。1919

年，他将气压场和天气分布有机结合，提出气旋锢囚阶段的新理论，充实和发展了挪威学者 V. F. K. 皮耶克尼斯 1918 年提出的气旋生命史模式。在博士论文“论三维天气分析”（1928 年）中，最早提出气团、锋区、锋生等概念，并对气团进行分类，在气象学界沿用迄今。1930 年将数学物理方法应用于传统以描述为主的气候学，开拓了动力气候学新方向，著有《动力气候学方向》（1930 年）、《物理流体力学及其在动力气象学上的应用》（1933 年，入编皮耶克尼斯主编《动力气象学和水文学》第 3 卷）等书。

1935 年出版《云和降水物理学》一书，研究冷云降水机制，提出冰晶降水学说。早在 1911 年，德国气象学家、地质学家 A. L. 魏格纳在《大气热力学》一书中已提出一种降水理论。伯杰龙的冰晶降水学说是对魏格纳理论的进一步发展。气象界常称该理论为魏格纳-伯杰龙降水理论（或简称伯杰龙降水理论），并将形成降水粒子的冰晶过程称为“伯杰龙过程”，科学解释了降雨机制，并为人工降水提供了理论基础。20 世纪 40～50 年代，研究云物理学领域，着重探讨暴雨机制和人工控制降雨问题，出版有《人工控制全球雨量问题》（1949 年）、《论暴雨的机制》（1950 年）。

对学科研究史进行回顾总结，出版有《云物理学领域概观》（1954 年）、《天气分析和预报的科学方法：简要的历史回顾和展望》（1959 年）等。在国际气象组织中，他长期主持天气现象的分类和有关学术名词的国际统一命名等工作。曾获英国皇家气象学会西蒙斯纪念金质奖章，1966 年获国际气象组织奖。

（李啸虎）

别洛夫，Н. В.（Белов，Николай Васильевич；Belov，Nikolai Vasilyevich） 苏联人，1891 年 12 月 14 日生于波兰留布林省（今属乌克兰）雅诺夫城，1982 年 3 月 6 日卒于苏联莫斯科。*矿物学、晶体学、地球化学、化学工程。*

医生家庭出身。9 岁时举家移居乌克兰奥布鲁奇市。1921 年毕业于彼得格勒理工学院冶金系。1943 年获莫斯科大学博士学位。1922 年从事经济管理，1924～1932 年先后任列宁格勒制革基金会化学实验室助理、主任；期间兼任《自然》杂志副主编。1932 年到苏联科学院罗蒙诺索夫研究所地球化学研究室工作，次年任高级研究员。1934 年起至去世前不久，长任苏联科学院结晶学研究所高级研究员、别洛夫实验室主任。1946 年起兼任高尔基大学教授。1953 年起兼任莫斯科大学教授。1946 年当选为苏联科学院通讯院士，1953 年当选为院士。1966～1969 年任世界结晶学会会长。是波兰科学院外籍院士、多个国家矿物学会荣誉会员。获波兰沃诺科夫大学荣誉博士学位。

矿物晶体结构分析的别洛夫学派创始人。早年研究矿物化学。20 世纪 30 年代初，利用霞石正长岩特性，提出鞣革业新工艺“霞石法”，获国家专利；研究磷灰石，提出稀土元素工业萃取法。在以后 40 多年中，他主持的别洛夫实验室成了世界上矿石结晶分析成果最多的团队。他们测定的矿物和无机化合物晶体，仅复杂结构就有 500 余种，首次阐明了一些多年未决的矿石结晶问题，如电气石、硅灰石、异性石、斜方板晶石、褐硅钠钛矿等等。他在结构矿物学中一大贡献，是对硅酸盐晶体结构的研究。其中首次指出，硅酸盐晶体结构类型不仅仅取决于四面体硅氧骨架，也取决于阳离子类型。他惯用原子（球体）堆积、结构单元（配位多面体）堆积来揭示晶体结构特征。1947 年出版名著《离子晶体和金属相结构》。

与此同时，对晶体结构对称性理论的空间群领域进行研究，并获重要进展：用空间群及其子群关系推导出 230 种空间群；50 年代末，又提出黑白对称新概念，导出所谓“舒布尼柯夫群”的 1 651 个空间群。1974 年与他人共同发现半导体-金属同系列变晶规律。在分析方法上，别洛夫多采用派特逊函数法、支柱结构因子法、配位多面体几何比较法来提出试用模型，侧重矿物晶体结构整体特征而非结构细节。由于别洛夫学派的推动，当时苏联矿物学界都十分重视矿物晶体结构分析。

获 1947 年苏联首届费多洛夫奖，1952 年苏联国家科学一等奖、劳动红旗勋章、十月革命勋章，1969 年苏联科学院罗蒙诺索夫金质奖章，1974 年列宁奖金，以及 3 枚列宁勋章等。

（李啸虎）

卡明斯基，Г. Н.（Каменский，Григорий Николаевич；Kamenski，Grigori Nikolaevich） 苏联人，1892 年 1 月 18 日生于俄国图拉省克列科特卡镇（今梁赞州斯科平区），1959 年 7 月 17 日卒于莫斯科。*水文地质学、地下水动力学、工程地质学。*

1916 年莫斯科农业学院毕业。1941 年获莫斯科地质勘探学院地质矿物学博士学位。曾任莫斯科地质勘探学院教授、渗流实验室主任。1939～1949 年兼任苏联科学院水文地质与工程地质科学研究院研究员，后出任该院水文地质实验室主任。苏联地质学会水文地质分会主席，国际水文地质学家协会副主席等职。1953 年当选为苏联科学院通讯院士。

苏联著名水文地质学家，在广泛领域作出了重要贡献。提出了解决地下水非稳定流问题的有限差分法，被学术界称为卡明斯基有限差分法；将有限差分法广泛应用于地下水动态分析，确定回水、灌溉和水井涌水量，矿山排水条件下的地下水动态预测，水库地下水渗漏计算等领域，解决了不少实际工程中的关键问题；组建和主持了苏联第一个渗流实验室；在苏联率先研究非均质含水层地下水动力学。论文涉及区域地质、水文地质问题，岩石渗透性、地下水形成和动态变化预测，水资源评价问题、工程地质问题，以及水文地质调查方法等许多方面。主要著作有《地下水动力学原理》（2 卷，1933～1935 年）、《地下水状态》（1938 年）和《地下水普查与勘探》（1947 年）等。

（李　烨）

斯托克，C.（Stock，Chester） 美国人，1892 年 1 月 28 日生于美国加利福尼亚州旧金山，1950 年 12

月7日卒于加利福尼亚州帕萨迪纳。古生物学、地层学。

祖籍德国。1910年入伯克利加利福尼亚大学学习，1914年获理学士学位，1917年获博士学位。后留校任教。1926年任加利福尼亚理工学院教授，1947年任该院地球科学系系主任，同时兼职于洛杉矶博物馆。是美国国家科学院院士。曾任美国古生物学会、古脊椎动物学会、地质学会等的会长。

早期研究更新世脊椎动物，尤其是地獭。后考察研究北美大盆地、太平洋沿岸及墨西哥北部等地。在这些地区发现许多哺乳动物化石，为古脊椎动物学提供大量有力证据，特别是渐新世哺乳动物的报道，打破了太平洋沿岸中新世已知的该类化石记录。发表论文175篇，涉及化石的描述、地质年代、分类学等各个方面。代表作有《加利福尼亚州更新世生物记录》(1930年初版，1992年第7版）等。 （马玉英）

穆尔，R. C.（Moore，Raymond Cecil） 美国人，1892年2月20日生于美国华盛顿州罗斯林，1974年4月16日卒于堪萨斯州劳伦斯。地层学、古生物学。

1913年毕业于丹尼森大学。1916年获芝加哥大学哲学博士学位。同年任堪萨斯大学助理教授，兼任堪萨斯州地质学家，1919年任教授，1920年任地质系系主任。1946年创立美国地层学术语委员会，出任第一任主席。1952年被选为国际地层学委员会主席。

主要贡献是阐明了层状沉积矿床的分类原理，及其作为地史研究对象和经济资源途径的有机残余物；研究了北美和欧洲周期性地层柱状剖面，提供浅海对大陆重复海侵的记录；对一些无脊椎动物如珊瑚、苔藓虫等也有研究。1948年开始出版多卷巨著《无脊椎动物古生物学文集》，到1977年共出版24卷。另有《地史学》(1933年)、《地史学导论》(1949年)、《无脊椎动物化石》(1952年）等专著。获1956年度费城科学院海登地质学纪念奖，1963年首届古生物学会奖，1968年地质学会沃拉斯顿奖，1970年美国国家科学院汤普森奖。 （刘濑勤）

阿普顿，E. V.（Appleton，Edward Victor） 英国人，1892年9月6日生于英国约克郡布拉德福德，1965年4月21日卒于苏格兰爱丁堡。大气物理学、地球物理学、无线电工程、仪器研制。

出生于工人家庭。少年时代就显露出超群的才华，16岁被伦敦大学录取。18岁获剑桥大学圣约翰学院奖学金；1913年以优异成绩在物理学系毕业后，当W. H. 布拉格的研究生，开始晶体学研究。第一次世界大战爆发后不久，任皇家工程兵团的信号官员，由此激发了对无线电的兴趣。战后回到剑桥大学，1920年始在卡文迪许实验室与小巴尔撒泽（Van der Pol Jr. Balthazar）一起研究电子真空管。1924年任伦敦大学国王学院物理学系教授。1927年当选为英国皇家学会会员。1936年任剑桥大学物理学杰克逊讲座教授。同年在英国防空部蒂泽尔科学调查委员会负责开发雷达。1939年任命为英国政府科学与工业研究部大臣。1945年起在英国政府原子能委员会任职。1949年起先后任爱丁堡大学副校长、校长，直至去世。期间，1938～1954年兼任国际无线电科学联合会主席。1941年受封为爵士。

1924年和新西兰的巴尼特（M. Barnett）一起进行测量大气电离层高度的实验，证实了在96.6千米(60英里）上空存在肯内利-亥维赛层（或E层）。1926年又发现了比E层高一倍、241千米（150英里）上空的第二层（F层）和E层下面的第三层（D层）。由于对外层大气物理特性的研究，特别是对所谓阿普顿层（指F层和D层）的发现，获得1947年诺贝尔物理学奖。

还和合作者证明了空间电磁波一般总是椭圆偏振的；计算出反射系数和各层电子密度以及它们随昼夜与季节的变化；开发研制雷达技术中的测量仪器。这些成果的历史意义在于它标志了无线电传输和雷达发展的一个里程碑。E层高度第一次就是用无线电进行测量的。与英国雷达先驱者R. A. 沃森-瓦特在大气层等科学研究中密切合作。

他还是地球物理学界多种国际性活动的发起者和组织者，在国际上有较大影响。其中，1932～1933年，参与组织第二届国际地极年；1957～1958年领导组织第一届国际地球物理年；后在爱丁堡大学创立国际性《大气层研究》杂志（被人们誉为《阿普顿杂志》)，并亲自担任主编。

出版有《热离子真空管及其应用》(1931年)、《科学进展》(1936年)、《科学、政府和工业》(1947年)、《基础研究的实际价值》(1948年)、《科学与国家》(1957年）等著作。 （陆伟良 李啸虎）

谭锡畴（Tan Xichou） 字寿田。中国河北省人，1892年12月28日生于河北吴桥。1952年6月4日卒于北京。地层学、煤田地质学、地质教育、矿床学。

1916年毕业于国民政府农商部地质研究所。同年到地质调查所任调查员，后由该所公派美国留学。1926年获美国威斯康星大学理学硕士学位。1927年获约翰斯·霍普金斯大学地质学硕士学位。次年回国，仍供职地质调查所。1931～1936年兼任北平研究院地质研究所研究员。1933～1937年先后在北京师范大学、天津北洋大学、北京大学等校任教授。1937年任湖南资兴煤矿矿长。1938年在昆明任西南联合大学教授。1939～1940年兼任云南省易门铁矿局局长。1945年任昆明师范学院博物系主任，兼任云南大学矿冶系教授。1950年任西南地质调查所第二地质调查队队长。同年出任国家矿产地质勘探局局长。曾兼任中国地质工作计划指导委员会委员等职。

中国现代地质事业的奠基者之一。20世纪10～20年代，参与全面普查北京西山地形地质，其中1∶10万北京西山地质图是中国第一幅详细地质图件；调查河北房山、宣化玉带山等处煤田；协助J. G. 安特生调查直隶、山东等地地质矿产，发表“山东蒙阴、莱芜等县的古生代以后的地层”一文，纠正早年德国、美国地质学家相关误判，为中国白垩纪地层研究奠定了基础；参与调查黑龙江、热河、辽宁等省煤田地质；1924年参与编制北京济南幅地质图，这是中国第一幅1∶100万地质图；参与美国1∶60万区域地质测量和填图；回国后，在黑龙江重点调查布西、嫩江、克山等县煤田地质，发表“黑龙江省嫩江流域之地质”一文，指出松花江流域最有希望找到煤田；参与丁文江主持的西南地质大调查，行程上万里，历时2年多，成为最早进入该地区的中国地质学家，后和李春昱发表论著《西康东部地质矿产志略》、《四川峨嵋山地质》、《四川石油概论》、《四川盐业概论》等多种，至今仍有很大参考价值。30～40年代，从事湖南资兴煤矿地质调查和直接经营管理；兼职主持宣威煤矿勘探开采和经营云南易门铁矿，为缓和战时能源资源作贡献；出版专著《世界工业矿产概论》（1948年）。1949年后，参与新中国地质机构筹建和领导工作。他培养的大批学生，后来大多是中国地质界骨干，其中不乏中国科学院院士。（李啸虎）

克里斯塔勒，W.（Christaller，Walter） 德国人，1893年4月21日生于德国贝尔内克，1969年3月9日卒于哥尼斯坦因。*经济地理学、城市与区域规划、应用数学。*

父亲是教士，母亲是作家。1914年前，他先后在海德堡大学、慕尼黑大学攻读哲学和政治经济学。第一次世界大战中应征参战，升任尉官。战后从事过多种职业。1930年获埃朗根大学硕士学位，1932年获地理学博士学位。留校任教，1938年任讲师。第二次世界大战期间，供职于纳粹德国希姆莱规划与土壤办公室，奉命对东部占领区的捷克斯洛伐克、波兰等国进行城市规划和研究。战后参与重建工作。

“中心地”理论首创者，将数学和统计技术应用于地理学使之定量化的先驱者之一。20世纪30年代开始研究农业地理学，调查分析德国南部的城镇网络地理分布规律。1933年出版博士论文《德国南部中心地原理》一书，系统阐明了“中心地”理论，每一中心地的相对重要性取决于它所提供的商品和服务的数量与等级，补充和发展了J. H. von屠能的农业区位论和A. 韦伯（Alfred Weber）的工业区位论，对人文地理学、经济学、区域规划和城市规划产生重要影响，并促进了理论地理学的发展。他第一次把演绎法引入地理学，使地理学由传统的区域景观描述走向对空间规律和法则的探讨，无疑是地理学研究方法一大突破，被后人誉为“理论地理学之父”。由于中心地理论研究涉及城市等级划分、城市区位、规模和时空分布，城乡区域互动，城市内和城市间的社会与经济空间模型，以及零售业和服务业的区位布局、规模和空间模型等，因而成了城市地理学和商业地理学的理论基础。该理论同时也是区域经济学研究理论基础之一，可用于区域规划，指导合理布局区域的公共服务设施和其他经济和社会职能。虽然该理论从一开始就不断受到批评，主要是认为模型假设不现实，但是他首创了以城市聚落为中心进行市场面与网络分析的理论，因而受到学术界重视。战后研究旅游地理学，并用其中心地理论指导重建城镇和市政。获1964年美国地理学家协会杰出贡献奖，1968年英国皇家地理学会维多利亚奖章。（李　烨　李啸虎）

蒂利，C. E.（Tilley，Cecil Edgar） 英国人，1894年5月14日生于澳大利亚阿德莱德，1973年1月24日卒于英国剑桥。*岩石学、矿物学、实验地质学。*

毕业于阿德莱德大学和悉尼大学。在剑桥大学获博士学位。1928年在剑桥大学任讲师，1931年任矿物学和岩石学教授。1938年当选为英国皇家学会会员。1967年成为美国国家科学院外籍院士。

主要研究变质矿物和变质矿物组合，强调用物理化学数据与原理结合地质知识来解释矿物组合现象。长期研究苏格兰达尔拉底闪长岩的接触变质带，发现新的矿物组合，并用相律原理作了解释和分类。证明了基性似长石（霞石）岩由基性岩浆同碳酸盐沉积物反应而成，中度碱性矿物组合的形成作用，甚至脱硅作用是白云石同花岗岩浆反应的结果。在玄武岩类岩石的成因方面，也做过不少工作。1950年提出拉斑玄武岩可能接近于夏威夷群岛与海洋盆地原始岩浆。同他人合作，用实验方法对天然玄武岩和榴辉岩、玄武岩及其共生的火山岩系列进行了系统研究，为解决上地幔来源的原生玄武岩浆起源和特征等岩石学问题积累了宝贵的资料。获伦敦地质学会的两种奖章、美国矿物学会罗布林奖章。（李嘉曾）

叶良辅（Ye Liangfu） 字左之。中国浙江省人，1894年8月1日生于中国杭州，1949年9月14日卒于同地。*区域地质学、矿床学、岩石学。*

1913年就读于国民政府农商部地质研究所。1916年毕业后在地质调查所工作多年。后被选派赴美国，在哥伦比亚大学进修，1921年获理学硕士学位。回国后，仍供职于地质调查所，期间兼任北京大学地质系教授。1927年任中山大学地质系教授兼系主任。1928年中央研究院地质研究所成立，应聘为研究员。1938～1949年任浙江大学地质学教授，后兼任地理系主任。

1920年出版的《北京西山地质志》，是中国最早发表的区域地质报告。1925年发表论文“长江巫山以下地质构造与地文史”，率先讨论了长江成因和长江流域地貌演变史。1934年发表的“宁镇山脉火成岩发育史”，是当时中国最优秀的火成岩岩石学论文之一，为研究火成岩的原理与方法打下了基础。1936年的论文

“研究浙江平阳矾矿之经过”，对浙江平阳矿业的开发有重要价值。主要著作还有《巫山以下扬子江地质构造和地文史》（1925年）、《浙江平阳之明矾石》（1930年）、《宁镇山脉之火成岩地质史》（1934年，与他人合著）、《地质学小史》（1934年）、《瀚海盆地》（1943年）等。在浙江大学任教期间，写了“科学方法与地质研究”等论著。　（夏树芳）

舒莱金，В. В.（Шулейкин，Василий Владимирович；Shuleikin，Vasili Vladimirovich）　苏联人，1895年1月13日生于俄国莫斯科，1979年4月25日卒于同地。海洋物理学、水文学、气象学。

出生于慈善机构职员家庭。1917年莫斯科高等技术学校水能工程系毕业。留校任教，1923～1930年任教授。1927～1930年先后任莫斯科大学物理数学系、亚罗斯拉夫斯基师范学院教授。1930年任新成立莫斯科水文气象学院教授。1929～1943年先后组建并任苏联科学院黑海水文物理工作站（卡契维利）站长、莫斯科海洋水文物理实验室主任。1942～1947年在海军服役，任苏联海军海道测量部上校，期间1945～1947年任克雷洛夫海军学院海洋水文气象教研室主任。1943～1956年任莫斯科大学物理系海洋物理教研室首任主任。1948～1977年供职于苏联科学院海洋水文物理研究所，1957年前任首任所长，1961～1963年任该所热学实验室主任，1963～1977年任海洋热与电磁现象研究室主任。期间，1947～1950年出任苏联水文气象管理总局局长。1929年当选为苏联科学院通讯院士，1946年当选为院士。

苏联海洋物理学奠基人之一。20世纪20年代，1921年和印度的C. V. 喇曼同时独立对海色成因作出正确解释，并导出海洋光谱曲线与公式；1924年得出海水较大质点（气泡、悬浮体）光散射系数和特征曲线；1926年建立海水蒸发的运动学理论；1928年参加“特拉恩斯巴尔塔”号海洋考察；开始研究鱼类的生物物理学，利用风洞实验研究飞鱼飞翔机制。30年代，提出海洋-大气-陆地相互作用理论；1932年首次提出海洋热量平衡理论，预言科拉海深层存在大西洋暖流分支（1956年被观测证实）；1933年首次建立混浊介质中光多次散射近似理论；1935年建立大陆浅滩波浪折射理论，后成为水工建筑计算方法理论基础；1937年建立季风与温压定振理论，同年发现风吹过岛屿尖角的增速效应。40年代，运用专业知识为战时服务，其中对海冰安全厚度计算为当时被围的列宁格勒铺设了“生命之路”；1943年创建苏联第一个海洋物理学专门研究机构；1947～1950年对苏联水文气象业务与研究作出全国性规划和管理。50年代后，1953年设计建造世界上第一个“风暴水池”实验场；建立风浪理论，出版《海浪理论》（1956年）；实验并提出流体在失重状态下表面形变理论；1957年在南大西洋首次进行大地电流场测量；60年代系统研究海洋热能与电磁现象。

发表论著400余种；重要著作还有《海洋物理学》（先后出了四版，1933～1968年）、《热带风暴及其涌计算》（1978年）等。1942年获苏联国家奖金，1949年和1953年获列宁勋章，以及多枚其他勋章等。　（李啸虎）

英霍夫，E.（Imhof，Eduard）　瑞士人，1895年1月25日生于瑞士希尔斯，1986年4月27日卒于苏黎世。地图制图学、地貌学、自然地理学、美术。

地理学家之子。1902年全家移居瑞士。1919年毕业于苏黎世瑞士联邦理工学院。不久获测量员证书，并留校工作。1925～1965年任苏黎世瑞士联邦理工学院教授、地图制图学研究所首任所长。1959年当选为第一届国际地图制图学协会主席。

现代地图制图学的主要开拓者和奠基者之一。集探险家、测量家、科学家和艺术家为一身。创造性地发展了现代地图表示法，尤擅长山地表示法，通过彩色或素描晕渲和勾划地貌自然环境，三维效果鲜明，表现十分逼真，呈现了科学、技术和艺术的有机统一，有颇高的学术价值、艺术价值和实用价值。注重实地勘测，到过世界上许多名山大川，其中1930～1931年和另一位瑞士地理学家考察了中国川西大雪山主峰贡嘎山，第一次较准确地测得其主峰海拔高度为7 590米（现测得7 556米）。他出版的《四川的高山》一书，记录了当时在贡嘎山区调查测量的报告，其中包括一系列铅笔手绘的贡嘎测量图和贡嘎素描图，把贡嘎山的丰富信息带给了世界地理学界和探险界。

他创办和主持的苏黎世瑞士联邦理工学院地图制图学研究所，是欧洲地图学理论与工艺研究、专业人才培养的主要中心，在国际上也有很高声誉；是国际地图制图学协会的创始人之一，对积极推动国际交流与合作作出了重要贡献。

主编出版过大量精美而精确的地图集和地图挂图，以及介绍地图制图学基本理论、技巧方法的著作。其中，作为国家标准的《瑞士中学地图集》、《瑞士地图集》（多卷，1965～1972年）等，具有国家级权威性。主要著作还有：《地形与地图》（1950年）、《地形的制图学表示法》（1965年）、《专题制图学》（1972年）、《影像与明暗法》（1976年）、《地貌地图画法介绍》（2007年）等；此外主编有《制图法国际年鉴》（第四卷，1965年）等专集。　（李啸虎）

海斯加宁，W. A.（Heiskanen，Weikko Aleksanteri）　芬兰人，1895年7月23日生于芬兰康阿斯兰皮，1971年10月23日卒于赫尔辛基。构造地质学、大地测量学、地球物理学。

出身农家。1917年和1924年相继在赫尔辛基大学获硕士和博士学位。1920～1921年在格丁根大学和柏林大学求学。1929～1949年任芬兰工业大学大地测量学教授。1949～1961年任芬兰大地测量研究所所长。

1950年兼任美国俄亥俄州立大学大地测量学教授。1952年起先后兼任俄亥俄州立大学大地测量研究所、摄影测量学研究所、制图学研究所的所长。

一生从事地壳均衡理论和重力学的研究。1924年发表博士论文，对英国天文学家G. B. 艾里提出的地壳均衡漂浮理论作了修正，计算出地壳均衡改正值表；并与学生们一起，按照他提出的修正理论，计算阿尔卑斯、高加索、挪威、洛基山脉、费尔干纳盆地以及喀尔巴阡山脉的地壳厚度。他在重力学和大地测量学方面的工作更为突出。推导出重力异常和大地水准面高度之间的关系式。1931年起，根据积累的重力数据，包括海上重力测量数据，与学生们开始计算大地水准面的大小和形状。其中，1934年由赫沃纳（R. A. Hirvonen）发表了第一份根据重力计算求得的大地水准面高度值表；在更为丰富资料的基础上，1948年由坦尼（L. Tanni）发表第二份这样的数值表；1956年海斯加宁自己也发表了类似的数值表。1958年与他人合作出版《地球及其重力场》。1967年与莫里茨（H. Moritz）合作出版《物理的大地测量学》。1956年获美国地球物理联合会鲍伊奖章。（张南海）

赖克尔德弗，F. W.（Reichelderfer，Francis Wylton） 美国人，1895年8月6日生于美国印第安纳州哈兰，1983年1月25日卒于华盛顿特区。气象学、科学管理。

1917年毕业于西北大学化工学院。1918年进哈佛大学学习。受过飞行训练，1919年成为合格飞行员，1929年成为气球及飞艇驾驶员。1931年在挪威卑尔根地球物理研究所、联邦政府研究生班学习气象学。1938年以前在海军服役。1938～1963年任美国气象局局长，1963年退休后担任顾问。1939年获西北大学荣誉科学博士学位。1945年当选为美国国家科学院院士。1951年任世界气象组织首任主席。

第一个领导并组织使用飞机来收集气象观测资料；率先倡议装置无线电定向仪来观察风暴中电荷放电现象；强调使用雷达探测强灾害性天气，如飓风、龙卷风的预警工作；注意使用卫星为气象服务。因对国际气象组织做了许多工作，获日本、法国等国有关组织授予的荣誉奖章。（曹念祥）

维诺格拉多夫，А. П.（Виноградов，Александр Павлович；Vinogradov，Aleksandr Pavlovich） 苏联人，1895年8月21日生于俄国圣彼得堡，1975年11月16日卒于苏联莫斯科。岩石学、生态学、生物化学、地球化学、宇宙化学。

农家子弟。早年毕业于军事医学科学院。1924年又毕业于列宁格勒大学化学系。同年到科学院工作，1945年任苏联科学院维尔纳茨基地球化学实验室主任，1947年任苏联科学院维尔纳茨基地球化学与分析化学研究所首任所长。1953年起任莫斯科大学教授、地球化学教研室主任。1943年当选为苏联科学院通讯院士，1953年当选为院士，1967年至去世任苏联科学院副院长兼化学部主任。

生物圈地球化学、宇宙化学的创建人之一，创立苏联同位素地球化学新学派。早年参与创立生物圈地球化学，研究生物体的化学构成及其变化，特别是生物体演化与稀有元素含量的关系；率先提出“生物地球化学省”的科学概念；发展了以生物分布为标志的生物圈地球化学找矿方法；研究一系列地球化学元素的共生现象、区域分布和迁移变化规律；将同位素地球化学理论与方法广泛用于测定和解释岩石成因、矿床成矿、绝对年龄；测定分析地球地壳中主要岩石（特别是东欧平原和俄罗斯地台）的平均组分；鉴定各地土壤微量元素含量，研究它们与动植物生长和人类生活关系；主持编制俄罗斯地台的岩性-古地理图集；逐步形成了以同位素为特征的苏联地球化学新学派。

从20世纪60年代开始，将生物化学、地球化学延伸到宇宙化学领域。致力于研究各类陨石、太阳系各行星的化学组分；提出了行星外壳形成机制假说；研究月球土质化学，首次发现月球表面存在玄武岩；最先确定金星大气的组分等。

参与主编《海洋生物体的化学元素组成》丛书（多卷，1935～1944年），撰写出版《土壤中稀有分散元素地球化学》（1957年）、《地球的化学演化》（1959年）、《海洋地球化学概论》（1967年）和《行星化学》（1969年）等专著。1949年、1975年两次获苏联社会主义劳动英雄称号。获多枚列宁勋章和其他奖章，获多种国家奖金。（李啸虎）

盛谷瀬泽（Sezawa，Katsutada） 日本人，1895年8月21日生于日本山口，1944年4月23日卒于东京。地震学、抗震工程、应用数学。

1921年毕业于东京帝国大学，获造船工程师学位。留校任教，1925年起在该校地震研究所工作，1928年升为教授，1943年任所长。是日本地震学会、航空研究会和飞行评议会的资深会员。1932年访问英国、德国和美国，进一步研究地震理论。第二次世界大战期间，主管海军部的研究计划，是空军武器研究委员会成员。1943年当选为日本帝国学士院院士。

在地震曲面波动理论方面的贡献颇负盛名。用数学分析方法证明了太平洋地壳比欧亚地壳薄；指出了地震曲面波动数学理论的重要发展方向；发展振动理论，研究由于强地震激发的房屋和桥梁的振动问题，为抗震工程设计理论作出了贡献。发表论文140余篇。（卫瑞霞）

沙茨基，Н. С.（Шатский，Николай Сергеевич；Shatsky，Nikolai Sergeyevich） 苏联人，1895年8月28日生于俄国莫斯科，1960年8月1日卒于同地。构造地质学、地史学、区域地质学。

1913年入读莫斯科大学地质专业。1921年在莫斯科矿业学院任教。1930年任莫斯科地质勘探学院教授，兼任莫斯科水文设计院研究员。1934年任苏联科学院地质研究所研究员，1956年任所长。1943年当选为苏联科学院通讯院士，1953 年当选为院士。

苏联大地构造学派创始人。早年从事东欧、西伯利亚、北美等古大陆地壳研究；在对各个古陆台进行比较研究基础上，提出大地构造理论；率先确立地质学研究中的承继性原则；提出了沉积建造分类法及其分类原则；主持编绘出版最早的《欧亚地质图（1：600 万）》、《苏联大地构造图》（1952 年初版、1956 年再版）和《欧洲大地构造图》（1964 年）等地质构造图；引进台向斜、台背斜、台沟、平背边缘拗陷、深大断裂等地质构造概念；划定了贝加尔褶皱带、里菲群等地质特征；提出地槽褶皱带形成过程的演化阶段性；在晚年提出坳拉谷的概念，以概括从大洋壳横切陆壳边缘延伸到克拉通内部很深处的窄狭海槽构造特征。在他的领导下，逐步形成了一个有国际影响的苏联地质构造学派，获得国际地质学界的承认。主要论著有《沙茨基选集》（4 卷，1963～1965 年）等。获 1946 年苏联国家奖金、1958 年列宁奖金等多种奖励。

（李 烨）

孙云铸（Sun Yunzhu） 字铁仙。中国江苏省人，1895 年 10 月 1 日生于江苏高邮，1979 年 1 月 6 日卒于北京。*地层学、古生物学。*

1914 年考入北洋大学学习采矿工程。1918 年转入北京大学地质系。1920 年毕业后留校任教，并兼任地质调查所的研究工作。1926 年赴德国进修，翌年获哈雷大学理学博士学位。回国后，任北京大学地质系教授。1931 年兼清华大学教授。1936～1937 年任中山大学客座教授。抗日战争期间在西南联合大学执教，并兼地质地理气象系系主任。1946 年任北京大学地质系系主任。1948 年当选为国际古生物学会副会长。1952～1959 年先后任国家地质部教育司司长、地质部地质矿产研究所所长等职。1960 年直至去世，任地质部地质科学研究院副院长。1955 年选聘为中国科学院学部委员（院士）。曾任中国古生物学会理事长、中国地质学会理事长、中国海洋湖泊学会理事长等。

在学术上有多方面成就。1923 年发表论文“开平盆地的上寒武统”、“奉天的上寒武统化石”。1924 年出版《中国北部寒武纪动物化石》。嗣后陆续发表许多重要论文，内容广泛涉及三叶虫、笔石、棘皮动物、头足动物、珊瑚等众多门类的化石。同时，对中国古生代地层的分统划界、地壳运动、地层学等论述，也都有独到的见解，为中国古生物学与地层学的研究工作作出了贡献。其中代表作如“中国寒武纪地层划分问题”（1962 年）、“古生代初期华缅大向斜之范围及性质”（1946 年）。1954～1957 年间的多次学术演讲中，分别论述中国古生代动物地理区和各系的界线，涉及到近 20 年来的古生物地层学的发展方向问题。长期担任北京大学地质系系主任，后来又领导各地质院校的教材建设，并亲自参加编写，为发展学科建设和培养中国的地质人才作出了贡献。主要著作还有《就中国古生代地层论划分地史时代之原则》（1943 年）、《海侵的基本概念和问题》（1963 年）等。 （夏树芳）

特林克勒，E.（Trinkler，Emil） 德国人，1896 年 5 月 19 日生于德国不来梅，1931 年 4 月 19 日卒于同地。*自然地理学、人类学、地理探险。*

烟草商人之子。从小爱好钻研地理学问题。后从高级中学辍学，在父亲公司里任推销员。1915～1916 年从军参加第一次世界大战。1917 年通过中学毕业考试。1918 年入慕尼黑大学，师从地理学家冯·德里加尔斯基（Erich von Drygalski），1922 年以研究帕米尔高原和西藏的地形地理论文获博士学位。毕业后供职于不来梅德国-阿富汗运输公司，期间 1923～1924 年派驻阿富汗工作。1928 年探险归来后定居柏林。在从不来梅市区到港口途中，因交通事故不幸去世。

德国著名亚洲探险家。大学时代和毕业后工作期间，已在中亚地区考察地理和民俗。1927～1928 年，带领德国综合科学考察队到亚洲中部探险，主要勘查研究当地的地形地理，以及人类学和考古学课题。他们从青藏高原西部克什米尔越过喀喇昆仑山脉，到达中国西北塔里木盆地、塔克拉玛干沙漠等地。在探险过程中，他对该地区的冰川形成和变化特别感兴趣。返回德国后，在各种报刊杂志上报道探险经历，陆续发表和出版研究报告和各种著作，其中包括大量的旅行日记、照片和手绘水彩画，以及深受大众欢迎的通俗读物《风暴之地》（1930 年）等。

生前出版的主要著作还有《西藏》（1922 年）、《帕米尔高原地理问题》（1923 年）、《从阿富汗到印度旅行记》（1927 年）、《阿富汗》（1928 年）等；身后由他人整理出版的手稿有《中亚西部和喀喇昆仑-喜马拉雅山脉的地理研究》（1932 年）等。他的大量考察报告和著述手稿，信件、照片和写生绘画作品，采集的地质地矿、动植物（主要是蛾类）标本，以及考古文物和民俗资料，现收藏于莱比锡大学区域地理学研究所、不来梅海外人类学博物馆和德国图片图书馆等机构。为纪念他，不来梅市一条街道以他命名。

（李啸虎）

拉塞尔，R. J.（Russell，Richard Joel） 美国人，1895 年 11 月 16 日生于美国加利福尼亚州海沃德，1971 年 9 月 17 日卒于路易斯安那州巴吞鲁日。*水文学、地貌学、湖沼学。*

1920 年毕业于伯克利加利福尼亚大学，1926 年获该校博士学位。1928～1941 年在路易斯安那州立大学任教，后任地理学教授，曾任大学研究生院院长。1959 年被选为美国国家科学院院士。

毕生从事泛滥平原、沼泽、三角洲和海岸的研究。认为阶地和现代泛滥平原的形成与海平面的升降有关，而海平面的升降是由第四纪冰川的变化所引起。根据海平面升降的变化测出第四纪开始于 20 万年前。论证了拉托湖是密西西比河的古河道，河流型三角洲起因于前三角洲的水下天然堤，黄土是崩积而非风成的，海滩岩是潜水面附近形成的胶结岩中的一种。在对密西西比河三角洲的研究报告中，强调了沉积负荷对地形和水系的影响，把沉降作用与海湾沿岸地槽的发展联系起来。还研究过珊瑚礁。代表作有《路易斯安那州溪流模式》(1939年)、《冲积平原和海岸线》(1967年)等。1961年获瑞典皇后授予的维加奖章。1963年获美国地理学会卡勒姆奖章。 (雷秉舜)

斯科兰德，B. F. J. (Schonland, Basil Ferdinand Jamieson) 英国人，1896年2月5日生于南非格雷厄姆斯敦，1972年11月24日卒于英国温切斯特。大气电学、电子工程、仪器研制。

1915年入剑桥大学冈维尔与凯厄斯学院。第一次世界大战时学习中断，1920年才毕业。同年考取该校卡文迪什实验室研究生，1922年获博士学位。1922年在南非开普顿大学执教。1937～1954年在南非威特沃特斯兰德大学教物理。第二次世界大战时，曾任蒙哥马利(Montgomery)元帅的科学顾问。战后回南非，任科学与工业研究委员会主任。1954年回到英国，任英国哈威尔原子能研究所副所长，1958～1960年任所长。1938年被选为英国皇家学会会员。1960年被封为爵士。

早年在卡文迪什实验室研究阴极射线。回到南非转而研究雷暴雨，曾设计雷电放电过程的记录仪，证实了C. T. R. 威尔逊的理论：正离子位于雷电云的顶部。1932年在著作《大气电学》中详细解释了这项工作。 (曹念祥)

巴格诺尔德，R. A. (Bagnold, Ralph Alger) 英国人，1896年4月3日生于英格兰德文郡斯托克，1990年5月28日卒于英格兰布莱克海斯(?)。工程地质学、沙丘物理学、地理探险。

一位皇家工程师的儿子。第一次世界大战中在法国战场服役。1921年在剑桥大学获工程荣誉学位。后继续在军队服役，直至1935年退役。后在伦敦大学帝国学院水力学实验室工作。第二次世界大战中，在东非和北非服役，升任旅长，1944年第二次退役。同年任英格兰切斯特附近的壳牌石油公司研究实验室主任。1958年出任美国地质调查所顾问。1944年入选英国皇家学会会员。

研究颗粒物质被风和水自然输运的物理机理。早年横穿和考察利比亚沙漠中人们未曾到过的区域，因而在1933年获英国皇家地质学会的金质奖章。1935年出版《利比亚沙漠：穿越死亡世界》。同年对地质结构和沙漠中沙丘的规则特征进行研究，自己设计风洞从实验上回答吹沙和沙丘物理学的许多问题，并把这些原理很快成功地运用到怎样在风沙中保护阿拉伯油田。1938年开始注意研究护岸和分水堤发生巨大水泥块破裂的问题。并从实验上提出了怎样减少这类事件发生的概率。

从事沙粒波动运动的实验研究，把流体(空气或水)看作运输机器，依赖于动能供给率和克服摩擦所作的输运功，得出一大块突然跳动颗粒的淹没重量仅正比于直接加到跳跃流体的切应力。1941年出版《流沙和沙丘物理学》(1973年再版)。1958年应L. B. 利奥波德邀请作为美国地质调查所的顾问，访问了华盛顿，这导致他们合作对河流沉积的迁移进行研究。另著有《根据普通物理学研究土沙流送问题》(1966年)等。获1969年美国国家科学院沃伦奖、1970年美国地理学会奖章，以及其他多种奖励。

(欧阳容百 王广厚)

斯利克特，L. B. (Slichter, Louis Byrne) 美国人，1896年5月19日生于美国威斯康星州麦迪逊，1978年3月25日卒于洛杉矶。地球物理学、物理勘探技术。

早年就读于威斯康星大学，1922年获博士学位。1931年在马萨诸塞理工学院任教。1946年在威斯康星大学任教。1947～1962年任洛杉矶加利福尼亚大学教授并任地球物理研究所所长。1944年当选为美国国家科学院院士。1957年成为美国文理科学院院士。

主要研究固体地球，是研究地球物理勘探技术的先驱。研究地球物理解释问题的多解性。研究工作涉及地震学、电阻率法、交流电法和重力测量等各个方面。擅长于各种模型实验。早在1928年，他就做交流电法勘探的模型实验。1949年，开始用拉各斯特-龙伯格重力仪测量地球的固体潮汐。出版有《斯利克特地球物理学论文集》(1963年)等。曾获美国采矿工程师协会杰克林奖、美国地球物理联合会鲍伊奖。

(张南海)

吉卢利，J. (Gilluly, James) 美国人，1896年6月24日生于美国华盛顿州西雅图，1980年12月29日卒于科罗拉多州丹佛。构造地质学、岩石学、矿床学。

德国裔移民后代。1920年毕业于华盛顿大学。1926年在耶鲁大学获博士学位。长期在美国地质调查所工作，曾任普通地质组组长、燃料组组长。1947年被选为美国国家科学院院士。曾任美国国家研究委员会地学部主任。

以研究造山运动、逆掩断层、铜矿床而闻名。反对山脉是在漫长宁静期后经过短期地壳巨大变动而形成的传统观点，认为造山运动虽是不连续的，但却是逐渐缓慢进行的。通过加利福尼亚州一个山岭上升速度和另一地区在1933年地震后上升数值等实测数据，并通过美国白垩纪沉积物的物理性质与该时期造山运动的关系，论证在漫长的地球历史中，地壳的变化是缓慢进行的。著有《地质学原理》(1951年)、《美国西部的火山构造和火成岩》(1965年)等书。获1958年美国地质学会彭罗斯奖章、1969年美国地球物理联合会奖。

(刘 汉)

特里瓦撒，G. T.（Trewartha，Glenn Thomas） 美国人，1896 年 11 月 22 日生于美国威斯康星州黑泽尔格林，1984 年 6 月卒于威斯康星州麦迪逊。*气候学、人口地理学、环境科学。*

1917 年毕业于普拉特维尔公立师范学校。1920 年获威斯康星大学哲学学士学位。1922 年获哈佛大学文科硕士学位。1924 年获威斯康星大学哲学博士学位。1922 年任威斯康星大学地理学与气候学讲师，1926 年任助理教授，1937 年任地理学教授。

一生主要致力于气候异常现象和人口地理学的研究，同时对亚洲区域地理学颇有建树。1937 年出版著名教材《气象学和气候学导论》，尝试解释美国和加拿大边境干旱沙尘暴区域活动正盛的现象，首创“温室效应”术语，对工业排放废气对大气层影响发出全球警告：地球大气层温室气体（二氧化碳等）增加至一定程度，就会变得像温室的“玻璃罩”一样，使得地表温度可观地持续上升。第二次世界大战前后，多次去亚洲各地考察地理与气候，尤对日本的自然、人文和区域的地理学深有造诣。还曾以地理学和气候学观点诠释了美国南北战争的起因问题。

主要著作还有：《日本地理纵览》（1934 年）、《自然地理学和人文地理学基础》（1936 年初版，1942 年再版）、《气候指南》（1943 年初版，1968 年第 4 版）、《日本地理》（1945 年初版，1965 年再版）、《地球的问题气候》（1961 年初版，1981 年再版）、《自然地理学基础》（1961 年）、《地理学基本原理》（1967 年）、《人口地理学的世界图景》（1969 年）、《较少开发地区人口地理》（1972 年）、《较多开发地区人口地理》（1978 年）等。（李啸虎）

谢泼德，F. P.（Shepard，Francis Parker） 美国人，1897 年 5 月 10 日生于美国马萨诸塞州布鲁克莱恩，1985 年 4 月 25 日卒于加利福尼亚州拉乔拉。*地层学、海洋地质学、油气地质学、构造地质学。*

一位轮船公司兼木材公司董事长之子。1919 年获哈佛大学地质学学士学位。1922 年获芝加哥大学地质学博士学位。同年在伊利诺伊大学任教，1939～1946 年任地质学教授。期间1937年兼任斯克里普斯海洋研究院研究员，1942 年兼任加利福尼亚大学战争研究部首席地质学家。1945 年任斯克里普斯海洋研究院海底地质学教授，1966 年退休后任荣誉教授。1958～1963 年任国际沉积地质学家协会主席。是《沉积学》、《海洋地质学》杂志副主编。1968 年、1978 年先后获贝劳依特大学、南加利福尼亚大学荣誉理学博士学位。

美国海洋地质学研究主要开拓者之一，开创了海底峡谷研究的先河。20 世纪 20～30 年代，开始将现代沉降技术应用于研究古老地层，特别是覆盖当今大部分陆地的远古海洋地层遗迹、古代地貌地质环境条件；1933～1934 年勘探加利福尼亚沿海海底峡谷，有许多新的地质发现，揭开了美国太平洋海底地质工作的序幕；根据马萨诸塞州近海海底沉积物取样分析，认为部分海底峡谷形成和最后一次冰期海平面降低期间河流的下切侵蚀有关。40 年代，主要兴趣在于研究美国沿海及其海岸线、大陆架、以及深海地质学；参与主持实施美国海岸与大地测量规划，多次乘载美国科学考察船巡航探测普查，编制第一份美国近海海底地形图；1948 年出版《海底地质学》，是该领域第一本教材，也是最早系统总结海洋地质研究成果重要著作之一。50 年代及后，1951～1957 年主持美国石油组织 API-51 项目，对墨西哥湾作多学科地质学研究，其中包括海岸与水质、沉积物与海底地层构造形成条件和因素等多种课题，取得一系列成果；系统研究海底峡谷顶端的深度变化，分析多种地质因力在塑造海底峡谷中的作用；发展了许多有助于识别古代沉积岩沉积环境的地理标志；采用碳同位素测定法研究晚冰期至今的海平面变迁史。

出版多部专著，其中还有《大海底下的地球》（1959 年）、《海底峡谷》（1966 年，与他人合著）、《我们变化中的海岸线》（1971 年）等。其研究与发现对美国勘探和开发近海大陆架海底石油有重大指导意义。此外，致力于海洋地质学教学，培养了大批专业人才，其中有多位著名海洋地质学家。多次获奖，其中有 1966 年英国地质学会沃拉斯顿奖章，1968 年美国经济古生物学家与矿物学家联合会首届以他的姓氏命名的谢泼德海洋地质杰出奖，1978 年国际沉积地质学家协会首届索布奖，1983 年美国船舶技术学会海洋工程奖等。（雷秉舜）

拜尔利，P.（Byerly，Perry） 美国人，1897 年 5 月 28 日生于美国艾奥瓦州克拉林达，1978 年 9 月 25 日卒于加利福尼亚州奥克兰。*地震学、地层学、地球物理学。*

在伯克利加利福尼亚大学攻读物理学，1921 年、1922 年和 1924 年先后获文学士、文科硕士、博士等学位。1925 年留校工作，负责该大学设在伯克利和芒特哈密尔顿的两个地震站。在州政府表示支持台站工作后，又自告奋勇承担监视该州北部地震活动的任务，1963 年以主任职位退休。曾任美国地震学会会长、国际地球内部地震学和物理学联合会主席。1946 年当选美国国家科学院院士。1960 年入选美国文理科学院院士。

发现 P 波（纵波）传经内华达山脉底部时出现延迟，而且延迟之长短与传播路径有关。后又发现 P 波走时曲线在震中距为 16°至 20°处发生突然折曲。于是认为地幔对于弹性波传播而言不是连续介质而是分层介质。根据地震数据将北美洲的地壳作了分层。还研究 P 波的初相，根据远近地震记录推测震源处初相方向上作用力的性质。由于他的努力，至 1963 年加州的地震站网从 2 个扩展到 16 个。（张南海）

杨钟健（Yang Zhongjian） 字克强。中国陕西省人，1897 年 6 月 1 日生于陕西华县龙潭堡，1979 年 1 月 15 日卒于北京。*地层学、古生物学、古人类学。*

1923 年毕业于北京大学地质系。1924 年赴德国慕尼黑大学学习古脊椎动物学，1927 年获博士学位。

1928年回国，任中央地质调查所新生代研究室副主任、北平分所所长，主持周口店发掘工作。还兼任北京大学、北京师范大学教授。抗日战争期间，先后在昆明任中央地质调查所昆明办事处主任，兼任重庆大学地质系教授。曾任西北大学校长等职。1944年携带云南禄丰的古脊椎动物标本赴美国从事研究工作，1947年回国，后当选为中央研究院院士。1950年任中国科学院编译局局长。1953年任中国科学院古脊椎动物研究室主任。1957年古脊椎动物研究室扩建为古脊椎动物与古人类研究所，他任所长直至去世。1955年选聘为中国科学院学部委员（院士）。1959年起兼任北京自然博物馆馆长。曾任中国地质学会理事长、会志主编，中国古生物学会理事长等职。

研究范围颇广，涉及地层学、古生物学、古人类学，史前考古学等方面，曾发表科普及科学论著，约500余篇（本）。抗日战争前的重要论文中，对古哺乳动物及恐龙方面的论述对国际古生物学界颇有影响。在抗战期间极其困难的环境里，仍完成大量爬行类化石的研究工作。其中有关卞氏兽的论文在英国发表后，修正了以往分类的错误，引起国际古生物学界的重视。他将西北、西南、华北各红层时代修正为侏罗系，给中国中生代陆相地层学打开了新局面。在古脊椎动物与古人类研究所任职期间，提出填补门类、地区、地层三空白以及解决脊椎动物、哺乳动物、人类三大起源问题。前三者已经完成，后三者累积了大量资料。

主要著作有《中国北部之啮齿动物化石》（1927年）、《周口店第一地点偶蹄类》（1932年）、《禄丰蜥龙动物群》（1951年）、《山东莱阳恐龙化石》（1957年）、《中国的假鳄类》（1964年）等。（夏树芳）

皮耶克尼斯，J. A. B.（Bjerknes, Jacob Aall Bonnevie） 美国人，1897年11月2日生于瑞典斯德哥尔摩，1975年7月7日卒于美国洛杉矶。气象学、大气物理学。

瑞典气象学家V. F. K. 皮耶克尼斯的长子。1918年毕业于挪威奥斯陆大学，1924年获博士学位。1918年进挪威卑尔根气象台工作，1931年升为气象学教授。后应邀赴瑞士及英国气象局工作。1937年赴美国，几年后任洛杉矶加利福尼亚大学气象学教授。1946年入美国籍。

长期从事大气环流及大规模海洋-大气相互作用的理论研究。第二次世界大战期间，在高空气象图上发现高层波动与地面上移动的锋面波（长波）有对偶的关系，对此现象他总结出无幅散层的概念，指出此层约位于相当于地面气压一半的高度，在此层内气团服从绝对涡度准守恒定律，因此可以使用平流方法从初始状态近似计算流场的各物理量。这个突破为当代数值预报奠定了理论基础。

与他人合作出版《气旋的生命史以及大气环流的极锋理论》（1922年）、《物理流体力学及其在动力气象学上的应用》（1933年）、《气旋理论》（1944年）等书；还独自出版《移动性气旋的结构》（1919年）、《来自赤道太平洋的大气遥相关》（1969年）等。获1945年美国地球物理学会鲍伊奖，1960年美国气象学会罗斯贝奖，1966年美国国家科学奖。（曹念祥）

俞建章（Yu Jianzhang） 字端甫。中国安徽省人，1898年1月12日生于安徽和县，1980年10月3日卒于吉林长春。地质学、古生物学。

出身塾师兼中医家庭。1924年从北京大学地质系毕业后，任河南开封中州大学助教。1927年回家乡任和县中学校长。1928年到中央研究院地质研究所工作，1933年升任副研究员。同年被派往英国留学，1935年获布里斯托尔大学博士学位。1936年回国，历任中央大学地质系教授、重庆大学地质系主任、中央研究院地质研究所代理所长等职。1947年任中国地质学会理事长。1949～1951年任中国科学院南京古生物研究所所长。1951年后相继任长春东北地质学院教授、地史古生物教研室主任、地勘系主任和副院长等职。1955年选聘为中国科学院学部委员（院士）。

是李四光和美籍古生物学家A. W. 葛利普的学生。在葛利普的指导下，1930年发表论文“中国中部奥陶纪头足类化石”，这是中国古生物学家论述华中和西南地区奥陶纪直角石类动物群的首篇论文，该文为以后研究中国奥陶纪鹦鹉螺类奠定了坚实的基础。20世纪30年代初期，转而从事丰宁系珊瑚和下石炭纪珊瑚的研究，建立了中国下石炭统珊瑚的4个化石带，被后人一直沿用至今。后来在英国攻读博士学位期间，他发现中国湖南的珊瑚标片中，泡沫内沟珊瑚属的隔壁生长同一般皱纹珊瑚不同，在对隔壁和对侧隔壁之间有后生的一级隔壁出现，它可能预示着一种新的珊瑚类型的存在。20世纪60年代，在对中国许多地区实地踏勘收集到丰富标本的基础上，他对泡沫内沟珊瑚属作了系统发育和个体发生的研究，建立了一个新的珊瑚目——中珊瑚目，为探讨皱纹珊瑚与六射珊瑚之间的演化关系提供了重要线索。70年代，率先开展对中国下石炭统异珊瑚类的研究工作。20世纪50年代以后，长期从事地质教学工作，为国家培养了大量地质人才。专著有《石炭纪二叠纪珊瑚》（1983年，与林英锡等合著），该书出版后曾获中国地质矿产部科技成果二等奖。（宣焕灿）

斯坦普，L. D.（Stamp, Laurence Dudley） 英国人，1898年3月9日生于英国伦敦，1966年8月8日卒于墨西哥城。国土规划学、经济地理学、区域地理学。

小店主的儿子。1917年获伦敦国王学院理学士学位。毕业后在法国、比利时参加第一次世界大战。1919年回母校，任地理勘查示范员。1921年获该校文学士、理学博士学位。1923～1926年在缅甸仰光大学执教地学。1926年起在伦敦大学经济学院执教经济地理学，1945年任教授，1958年退休。1942～1955年任英国农业部乡村土地利用首席顾问。1952～1956年任国际地理联合会主席。1954～1956年任英国皇家人文学会副会长。1956年任英国地理学家协会会长。1961～1966年任英国国家地理委员会主席。1963～1966年任英国皇家地理学会会长。1965年任英国国土与自然资源部自然资源咨询委员会主席。被聘为多国政府的国土规划利用顾问。1965年册封为爵士。1963年获爱丁堡大学荣誉法学博士学位。1965年获埃克塞特大学荣誉理学博士学位。在墨西哥参加国际会议时，因心脏病猝发去世。

毕生研究人地关系，发展了土地分类与规划利用思想，探索合理利用土地的有效途径，倡导和实践经济地理学服务于国家经济建设。20世纪30年代，他倡导和负责英国第一次大规模的全国土地利用调查研究，动员了数千志愿者参与，1936～1944年主编出版《英国国土利用调查报告》（9卷）。第二次世界大战后，他积极推动和组织全球性土地利用调查研究的国际协作。出版著作20余部，其中有《普通世界地理学》（1929年）、《不列颠群岛》（1933年）、《自然地理学与地质学》（1946年）、《英国的土地：利用和误用》（1948年初版，1962年第3版）、《经济地理学导论》（1949年，与他人合著）、《为明天准备的土地：不发达世界》（1952年）、《人与地》（1955年）、《应用地理学》（1960年）、《干旱贫瘠地区土地利用史》（1961年）等。在他身后整理出版的有《我们发展中的世界》（1969年）、《英国的自然保护》（1969年）等著作。

获1922年印度矿产与地理学会金质奖章，英国皇家地理学会1920年斐金奖、1949年奠基者奖章，1946年大英帝国司令勋章，1950年美国地理学会戴利奖章，1954年瑞典人类学与地理学会维加奖章，1957年日本地理学会奖章，1964年苏格兰皇家地理学会奖章等。英国皇家学会设有斯坦普纪念基金。（李 烨）

冯景兰（Feng Jinglan） 字淮西、怀西。中国河南省人，1898年3月9日生于河南唐河，1976年9月29日卒于北京。矿床学、地貌学、工程地质学。

出身书香门第，9岁丧父。著名哲学家冯友兰是其兄。1916年考入北京大学预科。1918年考取公费赴美国科罗拉多矿业学院采矿系留学。1921年本科毕业后，又考入哥伦比亚大学研究生院攻读矿床地质学、岩石学和地史学，1923年获硕士学位。回国后，1923年到河南开封的中州大学任教，先后为地质系讲师、教授兼系主任。1927年赴广州任两广地质调查所技正。1929年任北洋工学院教授。1933年任清华大学教授，翌年兼任地质系主任。抗日战争期间随学校内迁，任西南联合大学教授，兼任云南大学工学院院长和采矿系主任。1946年返回北平（今北京），任清华大学教授。1951年任中国地质工作指导委员会委员。1954年任黄河规划委员会地质组组长。1952年起任北京地质学院教授。1954年兼任黄河规划委员会地质组组长。1957年当选为中国科学院学部委员（院士）。

1927年赴粤北地区进行地质调查时，发现该区第三纪红色砂砾岩系广泛分布，其中仁化县之丹霞山发育最完全，因而将之命名为“丹霞层”。该层厚达300～500米，产状平缓，风化剥蚀后，悬崖峭壁，奇峰林立，于是将此特别景观命名为“丹霞地形”。“丹霞层”和“丹霞地形”的命名，现已获得国内外学术界公认。20世纪40年代，参加四川、西康（今属西藏）、云南三省铜矿勘探及滇缅铁路沿线矿产调查。1950年起，相继参加黄河坝址的地质勘查和豫西地区的矿产调查，前者为选定三门峡坝址作出了贡献，后者为正确评价和后来大规模开发平顶山煤矿和巩县铝土矿奠定了基础；参与国家地质工作的全面规划；参与编写“黄河综合利用规划技术调查报告”中的地质部分。20世纪60年代初，从事金、铜等金属矿床成因理论和区域成矿规律的研究，1963年创造性地提出了“封闭成矿”的概念。

毕生发表论文和著作近百篇（部）；主要著作有《豫西地质矿产调查报告》（1950）、《黄河的特点和问题》（1955年）等。1965年与袁见齐教授共同主编出版《矿床学原理》。此外，为国家培养了一代又一代的地质人才。（孙天宇 宣焕灿）

帕尔门，E. H.（Palmén, Erik Herbert） 芬兰人，1898年8月31日生于芬兰瓦萨，1985年3月19日卒于赫尔辛基。气象学、海洋学、大气物理学。

法官之子。1922年毕业于赫尔辛基大学，1927年获哲学博士学位。大学毕业后任职于芬兰海洋研究所，1939～1946年任所长。期间在赫尔辛基大学讲授地球物理学，1947年任气象学教授。1948年为芬兰科学院院士。1946～1948年、1949～1950年两次任美国芝加哥大学客座教授。

在芬兰海洋研究所时，研究了海洋表层与大气的热能交换、大气动力学与热带气团等问题。第二次世界大战后，受邀赴芝加哥大学与C.-G. A.罗斯贝合作进行大气环流的研究，他们发现北半球高空中存在着两支喷射气流，后来称之为高空急流。一支位于北纬30度，称为副热带急流；另一支偏北称为极峰急流。它们的存在影响大气环流中的能量传输及分布。他们继而发现南半球也存在着类似气流。因此立即被公认为一种全球性地球物理现象。他特别重视大气环流中大气热能的收支平衡问题，曾与他人合作对热带及亚热带大气的平均径向气团环流进行详细计算。对其中热辐射提出了可感觉热及潜热的辐射通量等问题，把大气热收支平衡的计算提高到一个新水平。

代表作有：1950年发表的论文“大气中两支喷射气流存在的环流模式”，1953年发表的论文“风暴发展的垂直环流及其热能释放原理”，以及专著《大气环流系统》（1969年，与人合著）等。获1957年英国皇家学会西蒙斯奖，1960年美国气象学会罗斯贝奖，1964年荷兰皇家科学院拜斯-巴罗特奖，1966年瑞典地球物理学会罗斯贝奖、国际气象组织奖等。

（曹念祥）

谢家荣（Xie Jiarong）

字季骅。中国上海市人，1898年9月6日生于上海，1966年8月14日卒于北京。构造地质学、矿床学、油气地质学。

1916年毕业于国民政府农商部地质研究所。同年在刚成立的农商部地质调查所工作。不久获该所资助赴美国威斯康星大学学习，1920年获理学硕士学位。回国后任地质调查所技正、研究室主任等职，还先后兼任中央大学、中山大学、清华大学、北京大学等校的地质学教授。1935年任北京大学地质系主任、地质调查所北平分所所长。1937年赴湖南、云南等地指导探矿工作。抗日战争胜利后任资源委员会矿产勘测处处长。1934和1946年两次出任中国地质学会理事长。1936年创办《地质论评》，并长期担任主编。1948年当选为中央研究院院士。1950年任中国地质工作计划指导委员会副主任委员兼计划处处长。1952年任地质部总工程师。1955年受聘为中国科学院学部委员（院士）。

在矿床地质学领域内研究颇广。在煤田、石油与天然气、各种金属矿床与非金属矿床的成矿理论与找矿方向方面发表了大量论文。既重视理论研究，更重视实用价值与经济效益。首先倡导在中国找矿中使用地球物理、地球化学、分析测试与探矿工程等手段。在他的指导下，发现了淮南八公山煤田、安徽凤台磷矿、福建漳浦三水型铝土矿、南京栖霞山铅锌银矿、甘肃白银厂铜矿、长江中下游城门山铜矿、江西永平铜矿等重要矿床。对华北平原、松辽平原、河西走廊，塔里木盆地及其他许多地区预测的油气田，有不少后来得到证实。

在陨石学、地层学、地震学、煤岩学、矿相学、土壤学、大地构造学、古地理学等领域，写了不少论著，毕生发表的论文和出版的著作合计达400余篇（部）。主要著作有《中国矿产时代及矿产区域》（1936年）、《石油地质论文集》（1957年）、《成矿理论与找矿》（1961年）、《中国大地构造问题》（1961年）等。

（夏树芳）

鲁比，W. W.（Rubey，William Walden）

美国人，1898年12月19日生于美国密苏里州莫伯莱，1974年4月13日卒于加利福尼亚州圣莫尼卡。构造地质学、岩石学、地球物理学、科学管理。

1920年获密苏里大学文学士学位。同年进美国地质调查所工作，同时在约翰斯·霍普金斯大学当在职研究生。1922年在耶鲁大学任教。1924年起一直在美国地质调查所长期从事野外工作。1942～1954年兼任国家研究委员会地质地理部主任。1949～1950年任美国地质学会会长。1951～1954年任美国国家科学院国家研究委员会主席。1960年任国家科学委员会领导成员，同时在洛杉矶加利福尼亚大学任地质学与地球物球学教授。1945年当选美国国家科学院院士。

著述涉及面很广，如沉积岩成因，褶皱山脉的构造史，有关大陆及海洋成因的地球化学、岩石学探讨。提倡将流体力学原理应用于现代沉积过程，推动地质学从描述性科学向定量性科学发展。1963年获美国地质学会彭罗斯奖章。1966年获美国国家科学奖章。为纪念他，月球上有一山脊以他命名。

（雷秉舜）

罗斯贝，C.-G. A.（Rossby，Carl-Gustaf Arvid）

美国人，1898年12月28日生于瑞典斯德哥尔摩，1957年8月19日卒于同地。气象学、海洋学、大气物理学、地球化学。

瑞典裔。建筑工程师之子。1917年进斯德哥尔摩大学学习数学、机械及天文学。1919年到挪威卑尔根地球物理研究所工作。1921年在瑞典气象水文局工作。1925年获斯德哥尔摩大学与博士学位相当的学位。1926年起在美国国家气象局工作。1927年任古根海姆基金会航空气象学委员会主席。1928年任马萨诸塞理工学院气象学副教授。1939年任美国国家气象局研究发展部助理主管。同年加入美国国籍。1943年在波多黎各大学创建热带气象研究所。1944年创立芝加哥大学气象系并任系主任。1950年回瑞典后，在母校斯德哥尔摩大学建立气象研究所。1954年在联合国教科文组织协助下创办国际气象研究所，它后来成为世界气象学术研究的中心。曾当选美国国家科学院院士、美国气象学会会长、国际气象学会会长。1957年因心脏病突发，卒于母校研究所中。

开创了航空气象预报工作。特别是1927年为美国著名飞行家林白（C. A. Lindbergh）首次从美国横越大西洋至巴黎的飞行成功地进行天气预报，从而使他蜚声国际。第二次世界大战期间，他努力建立全球气象和观测预报系统，并任军方气象顾问之职。指导军队气象人员为军事行动作出准确的天气预报，特别是为盟军顺利完成诺曼第登陆提供了准确的气象信息。

20世纪20年代起，开始进行大气湍流和大气压力变化的理论研究。在马萨诸塞理工学院工作期间，继续进行大气和海洋湍流的研究。在T. H. 伯杰龙主持“气团分析”的系统研究课题中，他以热力学的观点提出了有关长波理论方面的一些概念，如混合长度、粗糙参数、风速对数廓线等；还设计了一种图解方法来识别气团和它的形成变化过程，这种方法现称罗斯贝图解。1935年结合一项长期预报的课题，进行大气动力学的研究，提出可以示踪大尺度气流活动的“等熵面分析”技术。他在西风带中层与上层观测中，发现径向长波系统的存在和持续对低层大气状况有支配性的影响，这种长波现称罗斯贝波。还将绝对涡度守恒原理引入长波理论的研究中，推导出一个求解长波传递速度的简单公式，该公式现称罗斯贝方程。1940年提出正压模式，以预测大规模涡动的运行。1946年8月26日在普林斯顿研究所与人共同主持数值预报方面的讨论会，探讨应用电子计算机技术进行数值预报实际作业的可行性，为预报技术的发展开创新方向。晚年回瑞典后，继续从事大气与海洋环流及其相互作用的研究。同时还开展地球化学、大气化学的研究，预言大气化学将是气象学中新的重要分支。还组织建立了大气层内微量元素分布调查的国际站网。

他很重视人才培养和创办学术刊物的工作。20世纪40年代任芝加哥大学气象系主任期间，创办研究所，征聘来自各国的专业人才开展气象学研究工作，形成了气象学的芝加哥学派。在他的创议和努力下，1932年创办《海洋研究》杂志，1944年创办《气象学》杂志，1949年创办《大地》杂志，还亲自担任《大地》杂志主编。

出版著作主要有：《航空运输》（1929年，与他人合著）、《应用于大气和海洋紊流的混合尺度理论的广义化》（1932年）、《气团分析的热力学》（1932年）、《风与洋流的断层影响》（1935年，与他人合著）、《根据流体机制实验研究稳定洋流动力学》（1936年）、《洋面的动量转换》（1936年）、《大气和海洋的边层问题》（1943年）等。1953年获西蒙斯纪念金质奖章。1957年获世界气象组织授予的国际气象组织奖。

（曹念祥）

赵亚曾（Zhao Yaceng）　字予仁。中国河北省人，1899年2月4日生于河北蠡县，1929年11月15日卒于云南昭通。*古生物学、地层学、地质学。*

1917年考取北京大学预科生，1923年毕业于北京大学地质学系。1923～1929年在国民政府农商部地质调查所工作，先后任实习员、调查员、技师、古生物学研究室主任。在云南昭通县闸心场进行野外考察时，在客栈遭土匪抢劫而不幸殉职。

主要成就在古生物学和地层学领域。其中两卷本《中国长身贝科化石》（1928～1929年）、《中国石炭纪及二叠纪石燕化石》（1929年）已成相关专业方向经典之作，在国际上亦有影响。他提出的古生物腕足类分类法，即以贝体轮廓、外表装饰、内部构造三大要素为依据，以内部构造为重点的分类原则，纠正了以单一外表形态特征为主分类的流行做法，是古贝类分类学上一大进步，一直沿用至今。在地层学上，他认为华北主要含煤地层可分两部分，上部为太原系属上石炭统，下部为本溪系属中石炭统。其时，李四光通过蜓科研究也独立得出同样结论，于是两人共同发表了一篇十分重要的论文，确立了华北主要含煤地层为中石炭统－本溪系、上石炭统－太原系，获得中国地学界普遍确认。

在大地构造方面，1929年他在勘查地质独特的峨眉山地区时，发现了二叠纪石灰岩逆掩在侏罗纪含煤地层（后来确认是上三叠统）之上，形成了一系列飞来峰，纠正了国外学者关于峨眉山不存在阿尔卑斯型“飞来峰”构造的误判；指出白水河地区存在一个东北-南西向的大断裂，即控制着华南西界的龙门山深断裂。在区域地质方面，考察研究长江三峡地区地质地层系统，他与黄汲清合著出版《秦岭山及四川之地质研究》（1931年），是中国区域地质研究经典之一；考察研究山东淄博、辽宁本溪、河北开滦等煤田。

短短6年，在大量野外地质调查基础上，一共发表论文和专著18种，计100多万字，给中国地学界留下了宝贵遗产。

（夏树芳）

田奇琇（Tian Qijun）　字秀瑜。中国湖南省人，1899年2月13日生于湖南大庸，1975年9月15日卒于北京。*地质学、古生物学、地层学。*

土家族，出生于书香门第。1923年从北京大学地质系毕业后，到国民政府农商部地质调查所工作。1927～1950年先后在湖南地质调查所任调查主任、技正、代所长和所长等职，期间曾兼任湖南大学矿冶系教授。1950年以后，历任中南地质调查所所长、国家地质部中南地质局副局长兼总工程师、地质部地质矿产司副司长兼总工程师、地质部全国矿产储量委员会副主任兼总工程师等职。1955年被聘为中国科学院学部委员（院士）。

长期在湖南从事区域地质和矿床地质工作，取得丰硕成果。20世纪30年代，在主持和参与湘中六县的区域地质调查工作基础上，主编出版《湖南长沙、湘潭、衡山、衡阳、邵阳、湘乡六县地质志》，其中所附的1∶250 000的地质图是中国早期测制的精度较高的地质图之一。倡议和主持湖南全省铁、锰、钨、锑、铅、锌等重要矿种的矿产志编纂。先后与他人共同出版《湖南铁矿志》（1934年）、《湖南锰矿志》、《湖南钨矿志》（1937年）等论著。

还对古生物学和地层学作出了重要贡献。1923～1924年，他在河北临城、磁县采集到几件保存完整的海百合化石，是当时亚洲的首次发现。1926年出版中国第一部有关海百合化石专著《中国北部太原系海百合化石》。20世纪30年代，他对自己和同事在湖南采集到的大量泥盆纪腕足类化石进行了深入研究，出版专著《湖南泥盆纪之腕足类》（1938年）。这部专著以及他在1938年发表的重要论文“中国之泥盆纪”，奠定了中国南方泥盆纪地层学的基础。

1950年以后，专门从事全国地质科学的组织、管理和领导工作，指导和推动了全国地质矿产的勘查，并对中国矿产储量管理事业作了开创性工作。

（宣焕灿）

巴思，T. F. W.（Barth，Thomas Fredrik Weiby）　挪威人，1899年5月18日生于挪威西部近海博尔索岛，1971年3月7日卒于奥斯陆。*岩石*

学、矿物学、晶体学、地球化学。

土木工程师之子。1919 年入奥斯陆大学学习地质学，师从 V. N. I. 戈尔德施密特等教授学习晶体学和地球化学，1924 年获理学士学位，1927 年获哲学博士学位。期间曾在挪威图因地质博物馆供职。1927 年任德国柏林理工大学助理教授。1928 年任莱比锡大学助理教授。同年任哈佛大学洛克菲勒研究员。1930 年任美国华盛顿卡内基研究院地球物理实验室研究员。1936～1945 年任奥斯陆大学教授兼矿物学院院长。1946 年任美国芝加哥大学地球化学教授。1949 年任奥斯陆大学教授，兼任奥斯陆地质与矿物博物馆馆长。1957～1960 年任国际纯粹与实用化学联合会地球化学委员会主席。1960～1961 年任国际地球化学学会会长。1964～1968 年任国际地质科学联合会会长。当选为挪威皇家科学院院士。是 11 个国家科学院外籍院士。9 个国内外专业学会荣誉会员，获 4 个欧洲大学荣誉博士学位。

1925 年，他率先采用伽玛射线研究钙钛石和钛铌铁钙石，揭示其原子的排列是一种简单的蜂巢型。接着和波森雅克（Posnjak）博士合作，对尖晶石类矿物和相关的人工化合物的结构进行了非常广泛的调研。他们发现，尽管这些矿物中的某些类型具有典型的结构，但是可描述为以无序的方式分布在某种等效位置上。而在他们的工作之前，人们一直不知道由两个或更多个原子或离子构成的纯化合物在这些矿物中的化学原子排列方式。从学生时代起，他花了很多时间测绘挪威和美国的许多地区火成岩和变质岩地质分布图，并研究其岩石成因的关系。对挪威南部克里斯蒂安桑附近的花岗质片麻状岩石进行了长期而广泛的调查，利用在共生的长石中存在的碱的分布率作为温度指标，推断其成岩时的温度。他的一般性结论是：挪威南部前寒武纪花岗岩大多由深层熔岩作用形成。他还研究冰原火山温泉的形成过程。

发表论文 200 余篇；代表作有《奥斯陆地区杂化火成岩研究》（1944 年）、《理论岩石学》（1952 年）、《片麻岩》（1969 年）等。获挪威民众最高奖励皇家圣奥拉夫勋位。此外获得 4 个国家的自然科学学会奖章，其中有 1936 年美国矿物学学会罗布林金质奖章。

（李啸虎）

马廷英（Ma Tingying） 字雪峰。中国辽宁省人，1899 年生于辽宁金县（今大连市金州区），1979 年 9 月 15 日卒于台湾台北。*构造地质学、海洋地质学、油气地质学、海洋生物学、古生物学。*

乡绅家庭出身。1914 年到日本留学，1927 年毕业于日本东京高等师范博物系。1929 年获日本仙台东北帝国大学地质系理学士学位；在著名学者矢部长克指导下，1936 年获理学博士学位。同年回国任中央地质调查所新生代研究室技士，兼任中央大学地质学教授。1938 年兼任东北中学校长，率领师生长途迁徙，经鄂、湘等省而安抵四川。1940～1945 年任中国地理研究所研究员兼海洋组主任。1945 年奉命去台湾接收日本台北帝国大学，新建台湾大学地质系并任系主任。1946 年创建台湾省海洋研究所并任首任所长（直至 1950 年该所被撤）。后任台湾大学地质学教授、兼任《中国海洋志》主编。1970 年任台湾文化大学地质系教授，后任系主任。1957 年当选为台湾省“中国地质学会”监事。

中国海洋地质学重要先驱者之一，“古生物钟”最早发现者。以研究珊瑚生长节律为重点，开创了中国古生态、古气候、古地理研究新局面。20 世纪 30 年代，发表“关于一些古生代珊瑚生长的季节变化”（1933 年）等多篇论文，发现珊瑚有生长线（年层）犹如树木年轮，首次揭示了古今珊瑚生长节律、生长率和气候季节变化关系，受到世界学术界重视；在其基础上，1935 年主持中国东沙群岛造礁珊瑚和珊瑚礁勘查研究工作；1937 年将东沙群岛考察报告和其他成果汇集出版，有两大卷巨著《造礁珊瑚的成长率及其与海水温度的关系》、《古生代四射珊瑚成长上的季候变化与泥盆纪的气候》。40 年代，1942 年奉命考察福建沿海盐场，解决了晒盐生产若干实际问题；研究植物化石群生态意义和大陆冰川、黄土等古地理问题。1956 年提出石油生成理论，指明邻近中国东海、南海有良好贮油层；考察研究台湾海峡地区石油资源，取得很大成绩；根据海相化石资料系统论证大陆漂移说，列出古今各大陆相对位置、漂移程序和速度，进而解释岛弧、火山和海平面变动原因，以及其他各种海洋构造；研究古气候与大陆漂移关系，全面论述亚洲古地理、古气候发展历程（分 6 个阶段，3 次冷暖旋回）；出版《由珊瑚礁年生长值看三大洋发展史》（1959 年）等专著。此外，培养了海峡两岸很多地质学专业人才。

撰有 100 余篇（部）论著；还有《奥陶纪气候及当时欧亚与北美大陆相对位置论》（1943 年，英文）、《志留纪气候及当时诸大陆相对位置论》（1943 年）、《泥盆纪气候及当时诸大陆相对位置论》（1943 年）等 10 余部专著；主编出版《古气候与大陆漂移之研究》（19 卷，1943～1966 年）。

（李啸虎）

雷诺兹，D. L.（Reynolds，Doris Livesey） 英国人，1899 年 7 月 1 日生于英国曼彻斯特，1985 年 10 月 10 日卒于伦敦。*岩石学、地质学。*

纺织品商的女儿。1920 年获伦敦大学贝德福学院理学士学位，1927 年因研究岩石成因获该校理学博士学位。1921～1943 年相继在爱尔兰贝尔法斯特女王大学、贝德福学院、伦敦大学学院、达勒姆大学任教。1939 年成为著名地质学家 A・霍姆斯的第二任妻子。1943～1962 年是爱丁堡大学名誉研究员。1949 年当选爱丁堡皇家学会会员，是第一位女会员。1962 年成为伦敦大学贝德福学院名誉研究员。

她针对 20 世纪初芬兰地质学家 J. J. 塞代霍姆提出的混合岩化与花岗岩化问题，综合野外考察、岩石学、化学等方面的证据，研究了不同类型岩石被交代转化为花岗岩过程中所发生的化学交换和迁移，取得了重要发现：在相当于潜火山位置上，能够通过一个类似于工业上用贯穿气流产生物质流态化的过程，发生化学转换和迁移，使原岩逐渐花岗岩化。并进一步证实，这一过程与剪切运动有内在联系。她首次引入了流态化概念作为广泛应用的地质过程，其中有《物理地质学原理》(1978 年)。1960 年获伦敦地质学会赖尔奖章。 （雷秉舜）

巴特尔斯，J.（Bartels，Julius） 德国人，1899 年 8 月 17 日生于德国马格德堡，1964 年 3 月 6 日卒于格丁根。*地磁学、气象学、地球物理学、应用数学。*

1923 年在格丁根大学获哲学博士学位。后随地磁学家 A. 施密特（Adolph Schmidt）在波茨坦地磁观测台工作 4 年。1928年任埃伯斯瓦尔德学院气象学教授。1936 年任柏林大学全职教授，兼任波茨坦地球物理学院院长。1946 年任格丁根大学地球物理学教授、地球物理学院院长。1955～1964 年任马克斯·普朗克超高层大气物理研究所（今太阳系研究所）所长。1954～1957 年任国际地磁学和高层大气物理学联合会首任主席。1960～1963 年任国际大地测量学与地球物理学联合会副主席。

他把刚刚出现的数理统计理论，用于研究地磁场和太阳黑子所产生的磁场、以及电离层物理学、气象学、太阳和月球物理学等问题。与 S·查普曼合著有影响的著作《地磁学》(2 卷)。在他的倡导和推动下，1957～1958 年启动了“国际地球物理年”全球观测活动。为纪念他的贡献，太阳有规则的 27 天自转周期，被命名为“巴特尔斯自转数”。获英国地球物理学联合会鲍伊奖章。月球上有陨石坑以他命名。欧洲地球科学联合会日地科学部设立巴特尔斯奖章。 （张南海）

乐森璕（Yue Senxun） 字季纯。中国贵州省人，1899 年 9 月 4 日（一说 23 日）生于贵州贵阳，1989 年 2 月 12 日卒于北京。*矿床学、地层学、古生物学。*

祖籍江西吉安。1924 年毕业于北京大学地质系。此后 10 年中，先后在国民政府农商部地质调查所、两广地质调查所工作，后期还在中山大学兼职任教。1934 年赴德国留学，先后在格丁根大学和马尔堡大学当研究生，1936 年获博士学位。同年回国后，在广州中山大学任教。抗日战争爆发后，回贵州筹建贵州矿产测勘团，1940 年出任该团首任主任；后任贵州省地质调查所所长。1950 年任西南军政委员会财政经济委员会地质调查所副所长。1953 年任重庆大学地质系教授。1955 年任北京大学地质地理系教授，1964 年任该系主任。1978 年任北京大学地质系主任。1955 年选聘为中国科学院学部委员（院士）。

1924～1934 年，他对广西、贵州等省的地质和矿产资源作了深入的勘查和研究，发表了 10 多篇论文，为后来进一步勘查和研究奠定了基础。抗日战争期间，领导贵州矿产测勘团对贵州省的煤、铁、铝、汞等矿产的普查勘探，取得了丰硕成果。他长期从事古生物学和地层学研究，是中国珊瑚化石研究的奠基人之一，对四射珊瑚化石完成了大量属种的总结和厘定，提出了分类学与系统演化学方面的重要见解。1932 年与黄汲清合著《扬子江下游栖霞石灰岩之珊瑚化石》，是中国学者第一部相关领域专著，丰富了世界古生物学成果。1964 年与吴望始合著《珊瑚化石（四射珊瑚）》。早期从事区域地质、矿产地质调查中创立的不少地层名称，后来被地层学界沿用至今。20 世纪 30 年代至 70 年代，发表了很多有关中国南部和川西北地区泥盆系地层的研究论文，不少见解已被中外地质学界所肯定。1953 年他在四川西北部龙门山区采集到一种胴甲鱼化石，后经中国古鱼类学家研究被认定为新种，并被命名为“乐氏江油鱼”。长期从事地质学和古生物学教学工作，学生中有的已成为中国科学院院士和地学界的著名学者。 （宣焕灿）

科尔任斯基， Д. С.（Коржинский，Дмитрий Сергеевич；Korzhinskii，Dmitrii Sergeevich） 苏联人，1899 年 9 月 13 日生于俄国圣彼得堡，1985 年 12 月 16 日卒于莫斯科。*岩石学、矿床学、地球化学。*

父亲是植物学家、圣彼得堡科学院院士。本人于 1926 年在列宁格勒矿业学院毕业。1925～1937 年在列宁格勒地质委员会工作。1929 年起同时还在列宁格勒矿业学院任教。1937 年到莫斯科苏联科学院矿床、岩石、矿物及地球化学研究所工作。1938 年获地质学暨矿物学理学博士学位。1940 年成为岩石学教授。1943 年当选苏联科学院通讯院士，1953 年成为院士。1964 年任苏联矿物学会副会长。1969 年任苏联地质学家协会主席。

主要贡献是在接触交代矿床和岩石学的研究方面。研究工作的特点是善于运用物理化学的理论和方法。野外工作都是针对专题研究（矽卡岩和其他矿床、岩石学）进行的。在早年的一次东西伯利亚前寒武系交代型金云母矿床的研究中，发现某些（“全活性”）组分如水（H_2O）、二氧化碳（CO_2）及氧化钾（K_2O）、氧化钠（Na_2O）等的含量是另一些（“惰性”）组分含量的一定的函数。对这种矿物平衡关系做了热力学研究，提出了岩石变质和交代过程中“具全活性组分的开放系统”的概念，并把吉布斯相律应用到该系统中。有人把这一理论称为“科尔任斯基定律”。

在研究矿物共生规律和不同深度上活性组分特性的基础上，1937 年提出“不同深度上变质作用的矿物相”。1945～1946 年提出变质岩与交代岩石的矿物共生与氧化钾、氧化钠的化学能的依赖关系。对矽卡岩形成的物理化学理论有重要贡献，认为大部分矽卡岩是双交代作用的产物，并由元素的活动性和热动力能划分了 10 个矿物组合的平衡阶段，以解释矽卡岩的分带性。后来又把双交代成因的思想发展为“渗透-扩散说”。1952 年发展了在地壳深处上升的透岩浆溶液影响下发生岩浆置换的花岗岩化作用的假说。

1956 年建立“溶液和融浆中酸-碱相互作用原理”，

1963年对它给以热力学推导。对酸渗滤效应的推断，后来被奥夫奇尼科夫（Л. Н. Овчиников）等人的实验所证实。在酸渗滤效应说的基础上，1957年提出岩浆期后热液流中“酸性组分超前波”的假说，阐明了某些矿产组分由围岩中析出沉淀的规律。

主要著作有：《东部西伯利亚太古代岩石中的矿物组合规律》（1945年）、《外贝加尔阿克宾的双交代金云母和青金石矿床》（1947年）、《交代作用概论》（1953年，1965年增补德文版）、《分析矿物共生的物理化学基础》（1957年初版，1959年第2版）、《交代分带的理论》（1969年，1970年英译版）等。获1946年斯大林奖金、1958年列宁奖金，1969年当选苏联社会主义劳动英雄，另获2枚列宁勋章、多枚其他奖章。

（李冬田）

贝尼奥夫，H.（Benioff，Hugo）　美国人，1899年9月14日生于美国洛杉矶，1968年2月29日卒于加利福尼亚州门多西诺。*地震学、地球物理学、仪器研制。*

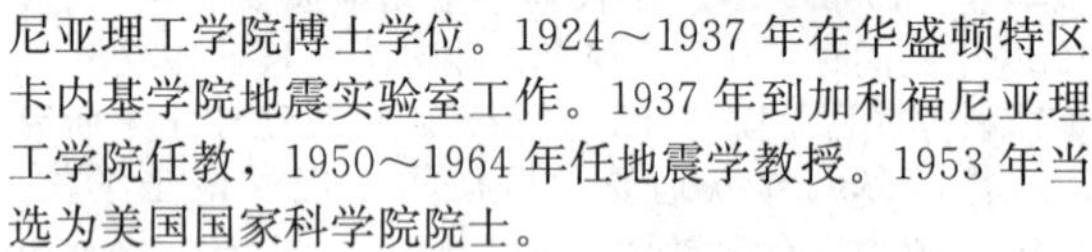

1921年获帕莫拿大学文学士学位。1935年获加利福尼亚理工学院博士学位。1924～1937年在华盛顿特区卡内基学院地震实验室工作。1937年到加利福尼亚理工学院任教，1950～1964年任地震学教授。1953年当选为美国国家科学院院士。

20世纪30年代，研制出了电磁式地震仪和应变地震仪。电磁式地震仪稍作改动后，曾被推荐在世界各标准地震台站广泛使用。应变地震仪可用于监测地幔面波、地球自由振荡和应变的长期变化。

在理论上，首次提出频率响应谱是抗震设计中应该考虑的重要因素。还提出根据余震、震中的地理分布来推测地下断层的活动状况。在H. F. 里德弹性回跳理论的基础上，研究应变能量的蓄积和释放。对震源机制感兴趣，想通过应变-能量的考虑来推断震源的范围。曾在实验室里重现蠕动形变现象，以此来解释余震能量的释放规律。还研究地球的自由振荡。认为地球的自由振荡乃是地幔长周期面波绕地球传播时发生的驻波干扰。1952年堪察加半岛发生地震，他用应变地震仪观测到地球的自由振荡。

1957年获美国地质学会戴氏奖章。1965年获美国地球物理学联合会鲍伊奖章。为了表彰他对地震学的贡献，地壳岩石图有一条倾斜的地震频发带以他的姓氏命名为贝尼奥夫带。

（张南海）

特罗尔，C.（Troll，Carl）　德国人，1899年12月24日生于上巴伐利亚莱茵河畔瓦瑟堡附近的加贝尔塞，1975年7月21日卒于波恩。*自然地理学、生态学、气候学、地理探险。*

1919年入慕尼黑大学攻读植物学，此外还学习生物学、化学、地质学、地理学和物理学，1921年获博士学位。1922～1927年留校在地理学研究所工作，期间1925年任地理学讲师。后参加远征队考察南美洲。1930～1937年在柏林大学讲授殖民地与海外地理学，1936年任经济地理学教授。1937年当选为德国利奥波德科学院院士。1937～1965年任波恩大学教授、地理系主任，期间1946年兼任理学部教务长，1947年创办《地理学》杂志并任首任主编。1960～1964年当选为国际地理联合会主席，1968年当选为国际地理联合会高地地理委员会主席。期间，1948年在瑞士苏黎世大学、1954年在美国威斯康星大学、1958年在英国伦敦大学任客座教授。其弟W. 特罗尔（Wilhelm Troll）是植物学家。

20世纪有影响的自然地理学家之一，景观生态学和山地比较地理学创立者。早期主要研究高山生态学和高山地理学。1926～1929年参加远征队考察南美洲安第斯山脉，足迹遍布智利北部、玻利维亚、秘鲁、厄瓜多尔、哥伦比亚和巴拿马。1933～1934年考察非洲东部和南部高山地区生态环境。1937年率领远征队考察喜马拉雅山脉。1938年考察埃塞俄比亚自然地理。1954年考察墨西哥。1939年在柏林地理学会会刊上发表“空中摄影术与地球的生态研究”一文，倡导利用空中摄影术研究地理学，并首次提出“景观生态学”的概念。他发展了季节气候图表，提出由水文学、生物学和经济学数据构成的三维气候分类法，以及新的植被分类法。主张地理学是人地关系中自然人文和社会科学的交叉中心。他的研究领域十分广泛，此外还研究过冰缘区地貌学、冰河学、微观气象学、土壤结构、植被地貌学等。在政治上，他是一个反纳粹主义者。

主要著作有《殖民地考察记》（1936年）、《与气候、土壤和人有关的热带植被》（1952年）、《格罗瑟·赫德地图集》（1958年）、《热带山地：气候与植物地理的三维地带》（1959年）、《发展中国家的空间差别及其对发展援助的意义》（1966）等；此外出版有《卡尔·特罗尔论文选集》（3卷，1966年）。获1928年柏林地理学会银质奖章，1951年瑞典皇家人类学与地理学学会维加奖章，1959年柏林地理学会里特金质奖章，1962年英国皇家地理学会维多利亚奖章等。

（李啸虎）

孟宪民（Meng Xianmin）　字应鳌。中国江苏省人，1900年2月2日生于江苏武进，1969年2月18日卒于北京。*地质学、矿床学。*

1922年从清华学校毕业后，赴美国留学。1924年毕业于美国科罗拉多矿业学院。1927年在马萨诸塞理工学院获硕士学位。同年回国，1928年受聘为中央研究院地质研究所研究员。1946～1952年任清华大学地质系教授。1952年任国家地质部地质矿产司副司长，1956年任该部矿物原料研究所副所长，后升任所长。1959年任地质科学院副院长。曾任《地质论评》、《地质学报》主编。1955年选聘为中国科学院学部委员（院士）。

1938年被派往云南调查、勘探和开发个旧锡矿，通过几年努力，彻底改变了该矿原先土法采锡的局面。20世纪40年代前期，领导地质调查组对云南东川铜矿的区域地质调查和矿产普查，为该矿后来大规模的勘探、开发准备了条件。1935年与他人合作对湖南香花岭锡矿地质进行了研究；1954年将香花岭地质条件与美国新墨西哥州含铍矽卡岩进行比对，并认为香花岭有可能发现铍矿；1957年他率领地质部地质矿产司的黄蕴慧、杜绍华考察香花岭；在这些工作基础上，同年黄蕴慧、杜绍华在香花岭发现一种含铍新矿石——香花石，这是中国地质学家首次发现的一种新矿物。

他是中国最早运用微化学分析鉴定法鉴定矿物的学者。早在20世纪40年代初，就率先与西南联合大学化学系教授合作开展这项研究，50年代又发表论文提倡和推广这种先进方法。早期受其研究生导师的影响信奉后生岩浆热液成矿理论，但长期的找矿实践使他逐渐转向赞同同生沉积-火山成矿的理论，并成为中国同生成矿学派的代表人物。在找矿思想上，他赞同层控矿床学说，主张沿层找矿，并将之运用于勘探实践，取得了许多成果。 （孙天宇 宣焕灿）

侯德封（Hou Defeng）

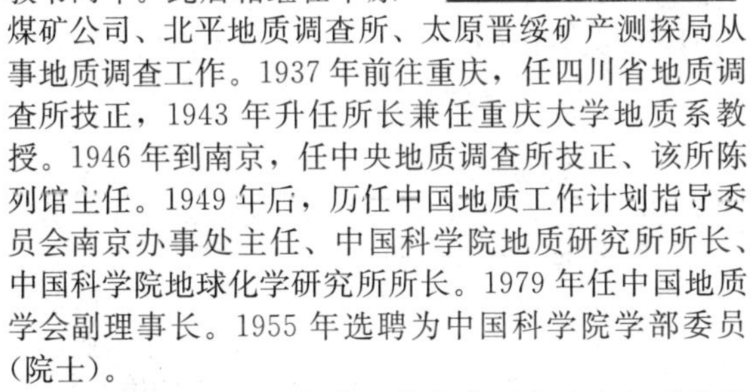

字洛村。中国河北省人，1900年4月8日生于河北高阳，1980年2月24日卒于北京。*矿床学、油气地质学、地球化学。*

1923年毕业于北京大学地质系。后到山东莱阳中学教书两年。此后相继在中原煤矿公司、北平地质调查所、太原晋绥矿产测探局从事地质调查工作。1937年前往重庆，任四川省地质调查所技正，1943年升任所长兼任重庆大学地质系教授。1946年到南京，任中央地质调查所技正、该所陈列馆主任。1949年后，历任中国地质工作计划指导委员会南京办事处主任、中国科学院地质研究所所长、中国科学院地球化学研究所所长。1979年任中国地质学会副理事长。1955年选聘为中国科学院学部委员(院士)。

20世纪20至30年代，他在中国各地参与系统的地质调查，先后在《地质专报》上发表“第三次中国矿业纪要”(1929年)、“第四次中国矿业纪要”(1932年)和“第五次中国矿业纪要”(1935年)等有影响的论文；调查黄河流域的地质和矿产情况，出版《黄河流域地质矿产志》(1930年)。1949年后，国家建设急需锰等黑色金属资源，但当时著名的湖南湘潭锰矿资源告罄，他与叶连俊等人组队前往调查，发现濒临闭竭的只是地表的氧化锰矿，深部还有原生的碳酸锰矿，钻探的结果证实了他们的预见。在此项工作的基础上，他率先应用地球化学原理来解释锰矿的成因，所提出的见解大大丰富了矿床的成矿理论。1955～1957年，组织并领导了中国科学院的西北石油地质调查工作，积极支持当时兰州地质研究所一批年轻科学工作者提出的“陆相生油”理论，并严密论证了“潮湿凹陷带是陆相油田形成的基本条件”，还进一步指出有无石油的关键首先取决于古气候带和构造区，这些见解对中国的找油工作具有重要指导意义。20世纪60年代，他指出地壳演变、元素迁移与富集、成矿过程充分表明元素不断运动的规律。大胆尝试应用各种核过程来探讨这种运动的内在动力，进而创立“核子地质学”的基本理论。毕生发表论文100多篇。为纪念他和奖励后人，中国矿物岩石地球化学学会设立“侯德封矿物岩石地球化学青年科学家奖”。 （孙天宇）

斯特拉霍夫，H. M.（Страхов，Николай Михайлович；Strakhov，Nikolai Mikhailovich） 苏联人，1900年4月15日生于俄国奥尔洛夫，1978年7月13日卒于苏联莫斯科。*岩石学、沉积地质学、地球化学、地史学。*

中学教师之子。1918年中学毕业后，在奥廖尔和雷夫斯克等地红军学校任教。1923年去莫斯科大学数理学院地质-地球物理学系攻读，1928年毕业。后任中学教师。自1934年起在苏联科学院地质研究所工作。1946年当选为苏联科学院通讯院士，1953年当选为院士。

现代沉积学创始人之一，在发展沉积地质学、地球化学领域作出了开拓性贡献。在岩石学方面，提出新的成岩分类法，分析论证四种成岩类型，推测它们在地球地质发展过程中的演化史；发展了微测温技术与理论，创建成岩作用、成盐作用、温湿带成矿作用的各种理论模型；深入研究页岩，盐、铁、锰矿石，以及石灰-白云岩等岩石。在沉积学方面，继承和发展前人的工作，应用比较岩石学方法解释了古老沉积岩的形成途径和机制；在实地考察和分析沉积物取样基础上，发表一系列论文和著作，逐一阐述黑海、里海、内陆湖盆（如咸海、巴尔喀什湖等），以及世界大洋如太平洋、大西洋、印度洋中近现代沉积物的状况及其成因。在地球化学方面，对水成岩的地球化学理论有重要发展，研究铁、锰、磷、钒、其他稀土金属元素在古代水体和现代河流、海洋中的迁移模式、分布规律；查明流域和水体内不同自然地理条件的相互作用，以及对沉积物形成过程中汇集元素分布的影响。

主要著作有：《黑海地质结构及其发展》（1938年，与他人合著）、《地史学原理》（2卷，1948年）、《沉积岩成因理论基础》（3卷，1960～1962年）、《论沉积矿床生成理论及分布的规律性问题》（1954年）、《温湿型晚古生代沉积地球化学概论》（1969年）、《现代海洋沉积岩成因与地球化学问题》（1976年）等。获1948年苏联国家奖金、1961年列宁奖金；另获3枚列宁勋章、2枚其他勋章、多枚奖章，以及1967年卡宾斯基金质奖章。 （李 烨）

里克特，C. F.（Richter，Charles Francis） 美国人，1900年4月26日生于美国俄亥俄州汉密尔

顿附近巴特勒，1985 年 9 月 30 日卒于加利福尼亚州帕萨迪纳。*地震学、抗震工程学、地球物理学*。

从小在农场长大。9 岁时随全家迁居到加利辐尼亚州，中学时代喜爱野外活动。1920 年获斯坦福大学物理学学士学位。后就读于加利福尼亚理工学院研究生院，1928 年获理论物理学博士学位。1927～1936 年在华盛顿特区卡内基研究院地震学实验室任副研究员。1937 年任加利福尼亚理工学院地震学实验室副教授，1952 年晋升地震学教授，1970 年退休后任荣誉教授、地震学实验室顾问。期间 1959～1960 年在日本东京大学任富布赖特学者客座教授。

现代地震学研究的先驱者。20 世纪 20 年代末，他的研究兴趣开始从理论物理学转向地球物理学，探索引起地震的各种因力；由于当时还没有量度地震强度的定量方法，唯一可供参考的标准是以人的感觉为依据的、定性的麦加利震级，30 年代初在卡内基研究院地震学实验室，他和同事 B·古登堡共同制作定量的震级标准；1935 年他出版《一种采用仪器标定的地震震级标度》一书，公布了新的震级标度，并给出计算震级公式，从此里氏震级一直为地学界和传播媒介所采用。麦加利震级只量度记录站所在地的地震强度，而里氏震级量度震中（震源正上方地面）的地震强度，通过标绘出地壳运动至震中的距离的最大值而求得。里氏震级是一种对数尺度，表上从零级（无感觉地震）开始，每增加一整数级代表地震强度上升 10 倍，每差二级强度相差 100 倍；由于后来有了更灵敏的地震仪，可测出当时他们无法测到的弱震，震级便扩展至引入负数来表示。

1937 年他回到加利福尼亚理工学院后，继续同古登堡合作，每年记录了全世界发生的几十万次地震，发现全球较大地震大多集中于 4 个地带，其中最活跃地区是环太平洋地震带，包括了美国加利福尼亚和阿拉斯加。正是在此基础上，最终绘出了美国和世界其他地区的详细地震图。他还研究出一种方法，以减少地震对城市区域造成的破坏。正是在他的努力下，美国洛杉矶市等地的建筑条例作了重新修订，以抵抗地震灾害。此外出版专著还有：《全球地震活动》（1941 年，与古登堡合著）、《全球地震活动性和相关现象》（1949 年，与古登堡合著）、《基础地震学》（1958 年）等。

（李啸虎）

何作霖（He Zuolin）　字雨民。中国河北省人，1900 年 5 月 5 日生于河北蠡县，1967 年 11 月 17 日卒于北京。*岩石学、矿物学、X 射线晶体学、仪器研制*。

祖籍广东东莞。出身中学教师家庭。1926 年毕业于北京大学地质系。同年到保定任教于河北大学。1928 年任中央研究院地质研究所助理研究员。1930 年到农商部北平地质调查所工作，翌年兼任北京大学地质系讲师。1938 年赴奥地利因斯布鲁克大学研究生院攻读地质学，1940 年获博士学位。1941 年回国。1942～1954 年历任北京师范大学教授，北京大学地质系教授，山东大学地质矿物系教授兼系主任、教务长。1955 年后，一直在中国科学院地质研究所任研究员，兼岩石矿物学研究室主任。1955 年选聘为中国科学院学部委员（院士）。

20 世纪 30 年代初在北京大学地质系执教时，编写了大学教材《光性矿物学》（1935 年）。当时他有幸获得一台费多洛夫旋转台，掌握了用它测定矿物许多光性常数的方法，1935 年又创立了一种用这种旋转台对斜长石的快速鉴定方法。他还应用该旋转台进行岩石组构学研究，1940 年完成的博士论文“塔纳尔西部石英质岩石的组构分析”正是与此有关的成果之一。获博士学位后，在德国莱比锡大学矿物研究所短期工作期间，有机会接触 X 射线晶体学的相关仪器设备，他认真钻研它们的结构和使用方法，回国后经三年奋战，研制出世界上首台 X 射线岩组相机，并用它研究玛瑙和千枚岩的组构。1935 年，他研究了白云鄂博的铁矿矿石薄片，发现其中有两种细小矿物，它们能使周围的紫色萤石产生一个个褪色的晕圈。他把这些小矿物分离出来，经检测发现它们是稀土矿物，从而指出白云鄂博铁矿中有丰富的稀土元素。1958 年，担任中苏两国科学院白云鄂博地质矿产联合考察队中方队长，经他与同事的进一步研究，发现白云鄂博矿床中的稀土储量竟达上亿吨之多。赤平极射投影是研究构造地质学、矿物晶体学和岩组学的有力工具。他很早掌握了这种方法，发表过多篇这方面的研究论文。1959 年出版专著《赤平极射投影在地质科学上的应用》，深受中外读者欢迎，1965 年得以再版。此外，出版有专著《岩石制片术》（1954 年）、《结晶体构造学》（1955 年）、《透明矿物薄片鉴定指南》（1973 年）等。

（孙天宇　宣焕灿）

高丁，A. M.（Gaudin，Antoine Marc）　美国人，1900 年 8 月 8 日生于土耳其士麦那，1974 年 8 月 23 日卒于美国波士顿。*矿物学、矿冶工程学*。

土耳其裔。父亲是铁路总经理。1916 年、1917 年先后毕业于巴黎大学、普罗旺斯大学。1917 年随父去美国。第一次世界大战中，短期加入美军。1921 年在美国哥伦比亚大学获矿业工程师学位。1926 年入美国籍。1924 年起，先后任哥伦比亚大学讲师、犹他大学副教授、蒙大拿矿业学院教授，1939 年任马萨诸塞理工学院教授，1966 年退休。1941 年获蒙大拿矿业学院的荣誉理学博士学位。是美国国家工程院创始人之一。

长期研究矿物浮选法，揭示浮选原理，论断影响因素。重视矿石显微结构的研究，发展了选择性虹彩膜法，使表面相似的固体物质易于分离。认为矿石破碎后，颗粒大小数量具有一定规律，发展了均质岩石破碎后颗粒大小比例的通用公式。第二次世界大战及后，带领团队从低劣矿中提炼铀，发明离子交换树脂法提炼纯铀。论文约 150 余篇。著有《浮选法》（1932 年初版，1957 年第 2 版）、《选矿原理》（1939 年）等书。

（刘　汉）

卡列斯尼克，C. B.（Калесник，Станислав Викентьевич；Kalesnik，Stanislav Vikentievich) 苏联人，1901 年 1 月 23 日生于圣彼得堡，1977 年 9 月 13 日卒于列宁格勒（今圣彼得堡）。自然地理学、冰川学、自然景观学。

1929 年毕业于列宁格勒大学（今圣彼得堡大学）。同年任教于列宁格勒矿业学院。1931 年任教于列宁格勒大学，1937 年升任教授，1950 年任地理系自然地理教研室主任。1955～1977 年兼任苏联科学院湖沼科学研究所所长。1953 年当选为苏联科学院通讯院士，1968 年当选为院士。1964～1977 年任苏联地理学会会长。1968～1972 年任国际地理学联合会副主席。先后获波兰的克拉科夫大学、芬兰的图尔库大学荣誉博士学位。

苏联自然地理学、冰川学权威之一。从 1932 年起，考察研究过中部非洲和苏联冻土层地带，以及天山中部和准噶尔的阿拉塔乌山脉的地貌。苏联景观研究有类型学派和区域学派两大学派，他是区域学派代表人物之一，偏重于自然景观研究。他对地理学科的性质采取二元论观点，认为地理学不是一门独立科学，而是一组性质不相同的科学，其中自然地理学属于自然科学，经济地理学属于社会科学，两者既相对独立又相互联系；认为自然地理学的研究对象是地球的景观壳，其范围从地球物理表面（陆面、水面）向上向下各延伸 15～20 千米的层圈，并提出自然地理区划的原则；认为自然地理学应包括普通自然地理学和景观学两部分；提出景观学定义、景观类型和结构；提出地面大气圈、冰川能量等概念。

发表论文 400 余篇；著有《苏联的山冰河地区》（1937 年）、《普通冰川学》（1939 年）、《普通自然地理学原理》（1947 年初版，1955 年再版）、《普通地理学简明教程》（1957 年，1960 年中译本）、《冰川学概论》（1963 年）、《控制地球的一般地理规律》（1970 年）等。

（李 烨）

许杰（Xu Jie） 字新吾。中国安徽省人，1901 年 1 月 29 日生于安徽广德，1989 年 7 月 11 日卒于北京。地层学、古生物学、科学管理。

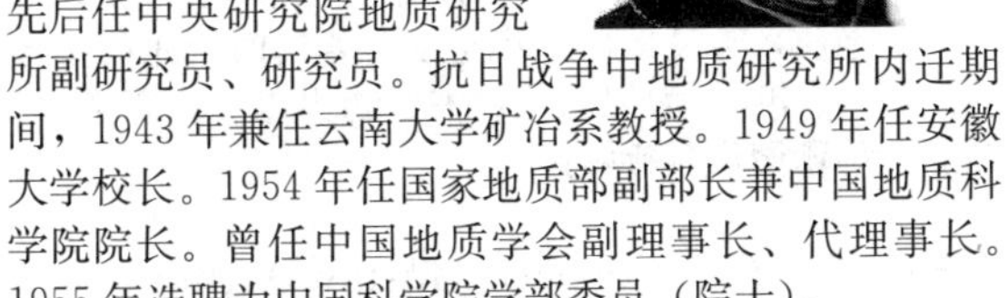

1925 年毕业于北京大学地质学系。同年回安徽广德中学任教。1930 年赴南京，先后任中央研究院地质研究所副研究员、研究员。抗日战争中地质研究所内迁期间，1943 年兼任云南大学矿冶系教授。1949 年任安徽大学校长。1954 年任国家地质部副部长兼中国地质科学院院长。曾任中国地质学会副理事长、代理事长。1955 年选聘为中国科学院学部委员（院士）。

毕生主要从事笔石化石研究，在笔石的系统分类、演化、生态，笔石体的构造以及笔石带的划分和对比方面，为中国笔石学研究作了奠基性工作。

1931～1934 年，在长江下游采集到大量笔石化石并进行了理论研究，出版重要著作《长江下游之笔石化石》（1934 年）。1936 年在安徽太平县谭家桥发现了与英国特马豆克期笔石相当的一种笔石化石。1937 年又在浙江于潜塔山采集到奥陶系上部和下志留统底部的大量笔石化石，这是中国华南区奥陶系和志留系分界的首次重大发现。1947 年通过对皖南、浙西及赣北的宁国页岩中 3 个心笔石的中国新种研究，进一步明确了中国华南区笔石群与澳大利亚笔石群的密切关系。1948 年在扬子地区和他人共同发现刺笔石，并建立了寒武纪、奥陶纪间的宜昌期的三个化石带，出版重要著作《宜昌属及宜昌期动物群》（1948 年）。

1959 年出版《柴达木下奥陶系一个新笔石层》。20 世纪 60 年代，他探讨了笔石演化过程，提出笔石枝的递减是笔石演化系统的主干，笔石体的复杂化则是笔石演化系统的旁枝。80 年代初，他通过对奥陶纪笔石化石的研究，发现了世界太平洋区和大西洋区的两个笔石群之间还有分布广泛的混合过渡型的笔石群。1983 年，将自己对笔石研究的论文汇编成《许杰笔石论文集》出版，该书获 1984 年全国优秀科学技术图书一等奖。50 年代以后任领导工作期间，为组建地质科学院，培养地学科学技术人才，开展国际学术交流，组织和协调重大科学技术项目，发展中国地质事业作出了贡献。1985 年获联邦德国地质学会最高科学奖冯·布赫奖。

（孙天宇）

斯行健（Si Xingjian） 字天石。中国浙江省人，1901 年 3 月 11 日生于浙江诸暨，1964 年 7 月 19 日卒于南京。地层学、古生物学。

1926 年毕业于北京大学地质系。后任中山大学古生物学助教。1928 年秋赴德国柏林大学攻读古生物学，1931 年获博士学位。1932 年到瑞典自然博物馆从事研究工作。1933 年回国后在清华大学执教。翌年任北京大学地质系教授。1937 年任中央研究院地质研究所研究员，1949 年任中国科学院古生物研究所研究员，1951 年任该所所长。1955 年选聘为中国科学院学部委员（院士）。

是中国古植物学的奠基人。自 1930～1962 年的 30 余年间，共发表论著和研究报告 135 部（篇）。1952 年发表的“中国上泥盆纪植物化石”，首次系统地论述了亚洲东部晚泥盆世植物群的面貌和性质，对研究晚泥盆世植物很有价值。1960 年发表“青海奥隆布鲁克的纳缪尔期植物群”，对中国西北地区寻找煤炭资源提供了新的线索。1956 年出版的多卷专著《陕北中生代延长层植物群》，深入细致地描述了 20 余属、60 余种，是中国乃至亚洲东部中生代植物群研究中最有价值的论著之一。1953 年出版的《中国古生代植物图鉴》，对地质找矿很有实用价值和学术意义。1958～1962 年间出版的专著《内蒙清水河地区及山西河曲晚古生代植物群》，对亚洲东部晚古生代植物群的阶段发展和某些属种的系统分类提供了新的佐证。（夏树芳）

图夫，M. A.（Tuve，Merle Antony） 美国人，1901年6月27日生于美国南达科他州坎顿，1982年5月20日卒于马里兰州贝蒂斯达。*地磁学、地球物理学、电子工程学、射电天文学。*

1926年获约翰斯·霍普金斯大学哲学博士学位。1922年在明尼苏达大学任教。1923年在普林斯顿大学任教。1924年在约翰斯·霍普金斯大学任教。1926年转入卡内基学院地磁任教。第二次世界大战期间，任约翰斯·霍普金斯大学应用物理实验室首任主任。1946年当选美国国家科学院院士。同年任卡内基学院地磁系主任。

擅长于电子学的广泛应用。1929年和L. R. 哈夫斯塔德等人一起，因获得能量在万伏以上的β、γ和高速质子而分享美国科学促进协会的奖金。1925年进行了电离层无线电波探测实验，发射一列脉冲测定每个脉冲返回地球所用的时间，从而使脉冲测距成为探测电离层的标准方法，奠定了雷达发展的基础。第二次世界大战中，领导无线电引信研制工作，并研究冲压式喷气发动机、导弹以及其他军械。1946年起，在地球物理方面作了如下工作：测量美国各地区的地壳地磁值；与南美科学家合作观测玻利维亚、智利和秘鲁等高平地的地球物理性质；研发大型望远镜移像管；使用具有大抛物面反射器的射电天文技术，对银河系和河外星系的氢气云进行研究。获1947年富兰克林研究院波茨奖章，美国国家科学院1948年康斯托克奖、1955年巴纳德奖，1963年美国地球物理学会鲍伊奖。

（张玥明）

王恒升（Wang Hengsheng） 字浩秋。中国河北省人，1901年8月4日生于河北定县，2003年9月21日卒于北京。*岩石学、矿床学、地球化学。*

出身农民家庭。1925年北京大学地质系毕业后，到农商部地质调查所工作。1933年公费赴瑞士留学，1936年获苏黎世大学理学博士学位。1937～1949年，先后任经济部中央地质调查所技正、滇缅公路沿线地质调查队队长、西南联合大学地质地理气象系教授、新疆地质调查所所长。1950年后，历任新疆工业厅技术总负责人，西北地质局总工程师，地质部地质矿产研究所（后来称地质矿产部地质研究所）研究员、岩石矿物研究室主任。1980年当选为中国科学院学部委员（院士）。经历坎坷而传奇，然高寿以百余岁院士谢世。

20世纪20年代末在河北宣化，他首次发现中国中生代火山熔岩剖面层序自下而上呈现出由基性到酸性的规律性变化，并指出这是火山喷发中反映火山岩浆房内岩浆分异特征的一种较普遍现象。30年代在瑞士发现，角闪石晶体结构水必须加热到900℃以上才能分解释放，解决了长期困扰岩石化学家的角闪石全分析总重量不足的疑难问题。50年代初负责组织南疆矿产考察，在哈什、乌恰地区找到煤矿，在库什找到石油，在于阗找到金矿；在昆仑山上海拔4 000米处发现中国唯一的现代活火山。60年代初，与同事们共同创立基性岩和超基性岩的岩石化学计算和图解新方法。60年代中期，在新疆主持发现多处有一定工业储量的铬铁矿；预言西藏有丰富的铬铁矿，得到后来普查勘探的证实。70年代，提出岩浆重力分异学说，合理地解释了铬铁矿床的成矿特性。80年代，与他人合作出版专著《中国铬铁矿床及成因》（1983年），这是以他为首的研究集体多年工作的结晶。获1978年全国科学大会重大科学技术成果奖等多种奖励。

（孙天宇）

朱森（Zhu Sen） 中国湖南省人，1902年1月15日生于湖南郴县，1942年7月6日卒于重庆。*区域地质学、地层学、古生物学。*

中产家庭出身。李四光的学生，1928年毕业于北京大学地质系。同年到李四光新建中央研究院地质研究所任助理员，后升任研究员。1934年留学美国，1936年获哥伦比亚大学地质学硕士学位。次年到耶鲁大学学习古生物学。同年参加莫斯科第17届国际地质学大会，游学欧洲多国后回国。1938年任重庆大学地质系教授，次年升任系主任。1940年任中央大学地质系教授，次年升任系主任。两年后因胃溃疡复发救治无效，英年早逝，年仅40岁。

早期从事地层学研究，大学期间作乡土调查，1927年发表“湖南郴县瑶林之古生代地层及动物群”（英文），探讨中国南方晚古生代地层划分；1928～1934年，随李捷考察鄂北、豫南的秦岭东段，又与李四光、李捷等考察南京周边、安徽、湖南、广西南岭等地地质，足迹遍及半个中国；发表重要著述10多篇，创立若干地层单位和地壳运动名称。其中，论文“江苏西南部山脉之研究”（1929年）详细划分下石炭统地层，提出“高骊山砂岩”、“和州石灰岩”等概念；与李四光合作发表“栖霞灰岩及其相关地层”（1930年，英文），细分中、下石炭统地层，提出“金陵石灰岩”、“黄龙石灰岩”等术语；与李四光合著出版《南京龙潭地区地质指南》（1932年，中英文对照），是研究该区地质和区域地质学重要工具书；1932年在广西发现下石炭统燕子组与上泥盆统地层间不整合，创立“柳江运动”新术语；出版专著《金陵石灰岩之珊瑚和腕足类化石》（1933年），记载珊瑚化石3属8新种，腕足动物化石11属23种（其中1新亚属和12个新种）。1937年参加莫斯科第17届国际地质学会议，宣读论文“中国造山运动”，比较研究中国和欧洲造山运动。1938～1942年，自编英文《地层古生物学纲要》、《地史学》讲义，带领学生调查川北龙门山、灌县、南川等地地质，与吴景祯、叶连俊合著《四川龙门山地质》（1942年）。为纪念他，古生物界以“朱森珊瑚”命名一种珊瑚化石新属。

（夏树芳）

库珀，G. A.（Cooper，Gustav Arthur） 美国人，1902年2月9日生于美国纽约州科利奇波因特，2000年10月17日卒于北卡罗来纳州罗利。*地层学、古生物学。*

1924年毕业于科尔加特大学，1926年获该校文科硕士学位。1929年获耶鲁大学博士学位。1930年任美国国家自然博物馆地质古生物助理馆长、无脊椎动物学和古生物学馆馆长，1956 年任该馆地质学部主任，1963 年为古生物学部主任，1967 年为专职高级科学家，1972 年退休。继续留馆任研究员 15 年。曾任美国古生物学会会长。1953 年获科尔加特大学理学博士学位。

在科尔加特大学开始其地质生涯，硕士和博士论文都是关于纽约哈密尔顿群的地层学。对地层学的主要贡献，是制作泥盆纪相关图，以及协助制作奥陶纪和二叠纪的图表。以后更专心于对德国克萨斯格拉斯山二叠纪地层和古生物的研究，再一次强调各种地层的岩相关系。对腕足动物门的研究始于耶鲁，强调应利用全部特征对腕足动物门进行分类，并指出腕瓣结构在分科方面的价值。自 1939 年起，一直在收集西得克萨斯山区的石灰石大岩块，共处理了大约 65 吨石灰石，取得成千上万个化石样品，其中不仅有腕足动物门，还有其他动物，共有 200 多个属，近1 000个种。撰写出版《西得克萨斯二叠纪腕足动物门》(1969 年) 一书，概括了这方面研究的所有成果。退休后仍致力于研究海洋中各种活的腕足动物，还研究印度洋腕足动物等，继续发表多篇著述。获 1958 年美国国家科学院汤普森奖，1964 年美国古生物学会奖。 （施金保）

尹赞勋 (Yin Zanxun) 
字建猷。中国河北省人，1902 年 2 月 23 日生于河北平乡，1984 年 1 月 27 日卒于北京。地层学、区域地质学、古生物学。

1919 年考入北京大学预科，后毕业于该校哲学系。1923 年去法国，1925 年进里昂大学学习地质学，1929 年和 1931 年分别获该校硕士和博士学位。1931 年回国后，任地质调查所调查员。1933～1935 年兼任北京大学和中法大学讲师。1937～1939 年任江西地质调查所所长。1940～1942 年任中央地质调查所研究员、副所长、代所长，后辞去所长职务，但仍留所工作。1950 年任中国地质工作计划指导委员会第一副主任。1952～1956 年任北京地质学院第一副院长兼教务长。1957 年直至去世，任中国科学院地质研究所研究员。1955 年选聘为中国科学院学部委员（院士）兼生物学地学部副主任，后任地学部主任。曾任中国地质学会副理事长、中国古生物学会理事长。

毕生发表论文和著作 168 篇（部），涉及地质学、古生物学等方面。在古生物学方面的著述，包括软体动物、笔石、遗迹化石、珊瑚、腕足类等各分支。1931～1937 年，先后撰写有关遗迹化石、笔石、地层等方面的论文及评论文章 38 篇，《山西大同之第四纪火山》(1933 年)、《中国古生代后期之菊石化石》(1935 年) 等专著 4 部。1937～1949 年，集中研究中国的志留系及其动物群，并讨论古地理问题。1949 年发表的"中国南部志留纪地层之分类与对比"一文，全面论述中国志留系的类型、划分和对比，总结了中国志留系的研究成果，颇有国际影响。

在中国科学院地质研究所任职期间，为中国地层学的发展做出了贡献。主编《中国区域地层表》，又制订《中国地层规范草案及说明书》。20 世纪 60 年代，主编《中国地层典》等基础工具书，撰写出版《中国地层典（七）：石炭系》(1966 年) 等专著。1971 年起，大力倡导板块构造论，发表多篇论文。1976 年发表"从天文观察和生物节律论证古生物钟的可靠性"，将古生物学与天文学结合起来，推动了边缘科学的研究。 （夏树芳）

安德森，C. A. (Anderson, Charles Alfred)
美国人，1902 年 6 月 6 日生于美国加利福尼亚州布卢明顿，1990 年 1 月 9 日卒于加利福尼亚州波莫纳。区域地质学、岩石学、火山学。

1924 年获波莫纳加利福尼亚大学学士学位。1928 年在伯克利加利福尼亚大学获博士学位。留校任教。1942 年参加美国地质调查所工作，曾任矿床室主任、总地质师。1956 年当选为美国文理科学院院士。1957 年当选为美国国家科学院院士。1959 年任美国经济地质学家协会副主席，1968 年任主席。

主要贡献是对火山岩、特别是加利福尼亚州火山岩的调查研究。率先指出玄武熔岩中的石英和流纹黑曜岩中的橄榄石是外来的。强调通过野外调查、绘制地质图以阐明地质历史变化。第二次世界大战后，长期研究亚利桑那州前寒武纪火山岩，成功地恢复变质古火山岩的原来结构构造，确定层位顺序，对矿产勘探起到指导作用。著有《加尼福尼亚州北部的塔斯坎地层》(1933 年)、《加尼福尼亚州梅迪辛湖高地的火山》(1941 年) 等书，及有关内华达州、亚利桑那州、加利福尼亚海湾等地地质专论多篇。 （刘 汉）

库南，P. H. (Kuenen, Philip Henry) 旧译奎年。荷兰人，1902 年 7 月 22 日生于英国苏格兰邓迪，1976 年 12 月 17 日卒于荷兰莱顿。沉积学、海洋地质学、实验地质学。

父亲是长期在英国苏格兰任教的荷兰物理学家。本人在荷兰莱顿大学攻读地质学，1925 年毕业。留校任教，1926 年任副教授。1934 年到格罗宁根大学任教，1946 年升任教授，曾任地质研究所所长，1972 年退休。获都柏林大学、克拉科夫大学和埃克塞特大学荣誉博士学位。

1929～1930 年参加斯内利厄斯 (Snellius) 主持的东南亚巽他群岛及其周围深海调查，发现有利于达尔文关于太平洋环礁形成的许多证据，修正了戴利 (R. A. Daly) 关于环礁上部构造的解释，他强调环礁上部在冰川期的化学削顶作用。对浊流和浊积岩的研究颇有贡献。1936 年提出冰期浊流造成海底峡谷的假说，并用实验方法验证了浅海沙可以被浊流搬运到深海。1950 年和米格利奥里尼 (C. I. Migliorini) 合作发表论文"造成递变层理的浊流"，提出了浊流是大多数递变层理（复理石相）的可能成因。这一理论为解释著名的鲍玛层序提供了基础。还论述浊积岩对古地理研究的重要意义，如浊积岩可指示搬运方向因而也指示了大陆坡和物源地区。此后，他继续对浊流和浊积岩进行深入的研究，取得很多成果。他强调实验手段在地质研究上的应用。除研究浊流和浊积岩外，还对盐丘构造、风蚀砾石、火山锥、地壳褶皱、砂砾磨蚀方式、纹理构造、肠状构造以及其他构造和沉积岩特征等进行了实验研究。

著作甚多，其中最著名的是《海洋地质学》(1950年)。获1961年美国地质学会彭罗斯奖章，1970年伦敦地质学会沃拉斯顿奖章。 （杨惠成）

丘宁，P. H.（Kuenen，Phillip Henry） 荷兰人，1902年7月22日生于英国苏格兰邓迪，1976年12月17日卒于荷兰莱顿。*海洋地质学、沉积学、实验地质学。*

少时跟随父母在苏格兰度过。1922年毕业于莱顿大学地质学专业，1925年获该校哲学博士学位。留校任埃舍尔（B. G. Escher）教授的助手。1934年出任格罗宁根大学地质学讲师兼校地质博物馆馆长，1946年任教授兼地质学研究所所长，1951～1952任理学院院长，1960年任一年校长，1972年退休。因动脉瘤手术去世。生前获都柏林大学、克拉科夫大学和埃克塞特大学荣誉博士学位。弟弟约翰（Donald Johan）是莱顿大学著名动物学家。

早年受K. 马丁（Karl Martin）、B. G. 埃舍尔的影响，研究古生物学和构造地质学。后来主要以研究海洋地质学著称；其它贡献还有关于沉积物和水循环地球化学计算，以及绝对和相对海平面变化、泥沙等沉积物颗粒的迁移和堆积、大陆架斜坡的通常断层作用，尤其是浊积岩和混浊流等勘查与研究。他通过实验和观察岩层地质露头，研究了很多地质学和沉积学课题。1929～1930年，参加斯纳利厄斯（Snellius）率领的荷兰海洋探险队，去荷属东印度（今印度尼西亚）摩鹿加群岛、巽他群岛海域进行深海考察；参与主编整理出版《斯纳利厄斯探险队远征记》系列报告，其中撰写《珊瑚礁地质学》（1933年）和《深海考察成果的地质学解释》(1935年）两卷。

发表和出版论著211篇（部)，其中关于深海浊流的作用写过50篇论文；主要著作还有《荷属东印度深海盆地远征记》（1941年)、《水的循环》（1948年)、《海洋地质学》（1950年)、《水的王国》（1955年)、《沙滩的起源、迁移、冲蚀和积聚》（1959年)；此外参与主编《斯纳利厄斯探险队标本集》(1943年)，为《地球表面》丛书（1948年初版，1951年第6版）撰写导言。获彭罗斯、沃拉斯顿、杜蒙特等地质学奖章6枚。 （李啸虎）

威利特，H. C.（Willett，Hurd Curtis） 美国人，1903年1月1日生于美国罗得岛州普罗维登斯，1992年3月26日卒于马萨诸塞州利特尔顿。*气象学、大气物理学。*

1924年获普林斯顿大学理学士学位。同年在国家气象局汉弗莱斯（W. J. Humphreys）教授指导下工作，获丹尼尔基金会资助去挪威学习极锋理论并考察欧洲航空公司预报组织。1929年回美国，获乔治·华盛顿大学气象学博士学位。时值罗斯贝在马萨诸塞理工学院建立气象系，他受聘于该系从事大气环流的理论研究，后任教授。第二次世界大战中，担任空军技术顾问。战后仍回马萨诸塞理工学院任教，直到1972年退休。退休后在一家公司指导太阳与气候关系的研究工作。是美国文理科学院院士。

1936年开始研究长期天气预报。1945年开始研究太阳与地球气候关系。1961年研究大气臭氧层。1962年研究大气与海洋表层的热交换作用。嗣后一直从事太阳辐射能量，大气层对长波、短波透射率的关系，以及应用于季节性和长期气候预报的研究工作。1944年出版《描写气象学》一书，1959年与桑德斯合作修订后再版，是气象科学流行的教科书之一。由于对长期天气预报的贡献，1951年获美国气象学会罗斯贝奖章。 （曹念祥）

王曰伦（Wang Yuelun） 字叙五。中国山东省人，1903年1月23日生于山东泰安，1981年7月20日卒于天津。*矿床学、地层学、区域地质学。*

出身农家，靠亲友资助才得以到太原山西大学读书，1927年毕业于该校工程科采矿系。1927年任瑞华地质调查所技术员。1930年任北平地质调查所调查员。1935～1941年在贵阳、昆明等地的地质部门工作。1942年先后任甘肃地质矿产调查队队长、兰州地质调查所所长、甘肃省企业厅地质师。1951～1963年先后在北京地质调查所、国家地质部地质矿产研究所工作。1964年以后，相继任国家地质矿产部华北地质科学研究所（后改名天津地质矿产研究所）所长、名誉所长。1980年当选为中国科学院学部委员（院士)。

1929～1930年在云南曲靖、马龙一带，他在丁文江工作的基础上奠定了中国早寒武世地层顺序及其底界。1931～1941年，在中国许多省进行基础地质调查和矿产资源调查，1927年发现山西西马坊镜铁矿；1929年与孙健初共同发现热河滦平的三家子铁矿；1931年和1937年在昆明附近先后发现两处磷矿的线索。1943～1949年任中央地质调查所西北分所所长期间，率同仁进行地质和矿产资源考察，为西北地区填制了数十幅地质图、区域地质图和数十幅矿区图，并发现各种矿床多处。20世纪50～60年代，他转向寒武纪及前寒武纪地层的研究。50年代初，纠正了半个世纪前美国学者B. 威利斯等人关于五台系划分的错误，并重新理顺了五台山区地层的顺序。接着，又与贾兰坡合作，发现了北京猿人和山顶洞人分别处于第四期冰川中的两个不同间冰期，并进而肯定了中国第四期冰川是存在的，1959年他指出，中国地质界以往建立的南北震旦系标准剖面根本不属于同一时代，而是属于古生界和元古界两个前后相继的不同时代。70年代，他提出了一种铁矿资源的海相火山-沉积成矿理论。1988年，他的学生按照他生前论文中阐述的基本观点出版了相关专著。 （孙天宇）

萨顿，O. G.　(Sutton，Sir Oliver Graham)　英国人，1903 年 2 月 4 日生于英国蒙茅斯郡克温坎，1977 年 5 月 26 日卒于斯旺西附近斯凯迪格林。*气象学、大气物理学、环境科学、科技管理、应用数学。*

小学校长之子，家中 4 个孩子中排行第二。1923 年获威尔士大学学院理学士学位。1925 年获牛津大学基督学院理学士学位。毕业后在中学任数学教师。1926 年到威尔士大学学院任数学讲师，1928 年任助理教授。1928 年供职肖伯里内斯地方气象局。1929 年供职波顿地方气象局，1938 年任部门主管。第二次世界大战期间，在英国国防部下属机构工作：1942 年任波顿战时防化项目主管，1943 年任坦克装备研发主管，1945 年任莫尔文雷达研发主管。1947 年任英国皇家军事科学院数学物理学教授，1952 年任该院教务长。1953 年任英国气象总局局长，直至 1965 年退休。1967～1976 年任威尔士大学学院副校长。1950～1955 年任英国大气污染研究委员会主席。1951 年任英国陆军部科学顾问。1953～1955 年任英国皇家气象学会会长。1953～1956 年任世界气象组织常务理事。1960～1966 年任英国大地测量与地球物理学联合会会长。1965～1971 年任英国自然环境研究委员会主席。1949 年当选为英国皇家学会会员。1955 年获爵士勋位。1958 年获牛津大学基督学院名誉评议员称号。获利兹大学、威尔士大学学院等多个大学荣誉博士学位。

大学时代已在英国数学学会会刊（1924 年）上发表论文。1928 年进入气象界，对大气实际问题进行基础科学研究，例如化学物剂在大气中如何扩散等课题。他意识到必须用与以往完全不同的理论方法去研究大气扩散和边界层湍流等问题，而这在研究工业废气对大气的污染时非常重要。通过他自己的理论贡献和科学管理活动，在科学界获得了声誉。第二次世界大战期间，参与武器研发的组织和监管工作。战后重新关注大气污染问题，主持的调研报告有力推动了英国“清洁空气法”的通过和实施，从而大幅降低烟气的污染。

20 世纪 50～60 年代任英国气象总局局长期间，组织和指挥由 3 000 个气象员组成的专业队伍，建立遍布英伦三岛、地中海和海洋船舶的气象台站网络；首次启用英国第一台电子计算机进行气象数据的处理和存储，积极推广崭新方法进行有效的动态气象预测预报；1958～1962 年，更新和配置更强大的气象观测仪器和设备；1959 年设立“高层大气研究”新分支，同新的空间研究接轨，并导致 1964 年开始的气象卫星试验；1955 年开始电话咨询天气预报业务，并通过电台和电视以提供适时服务。在他领导下，英国的气象科学研究和公共服务都有显著发展。

主要著作有《大气湍流》（1949 年初版，1955 年再版）、《飞行科学》（1950 年）、《微气象学》（1953 年）、《行为数学》（1953 年）、《数学和物理学手册》（1957 年）、《认识气候》（1960 年初版，1978 年再版）、《大气层的挑战》（1968 年）等。获多种荣誉和奖励，其中有 1950 年大不列颠帝国勋章，1957 年英国工程师协会金质奖章，1959 年英国皇家气象学会西蒙斯金质奖章，1968 年国际气象组织奖金、国际大气污染控制联合会钱伯斯奖等。　（李啸虎）

甘布尔采夫，Г. А.　(Гамбурцев，Григорий Александрович；Ganbultzaiv，Grigoriy Alexandrovich)　苏联人，1903 年 3 月 23 日生于俄国圣彼得堡，1955 年 6 月 28 日卒于莫斯科。*地震学、地质学、构造地球物理学。*

1926 年莫斯科大学数学物理系毕业。留校任教。1938 年起任苏联科学院地球物理研究所研究员，1948～1955 年任该所所长，兼任地震学委员会主任、莫斯科大学教授。1946 年当选为苏联科学院通讯院士，1953 年当选为院士。

苏联地震勘探创始人之一。20 世纪 20～30 年代，早在 1923 年大学暑假期间，已参加苏联著名的库尔斯克磁异常区的野外调查；提出重力学观测数据解释的图解法；发明计算地质体重力值的力学积分仪；研究重力位理论中一个主要反演问题：如何根据地面观测的重力值确定地质体的坐标位置；对纵波、横波和转换波的应用进行了多次试验；研究通过地震波勘探地球内部结构，提出了一系列地震勘探新方法，出版《地震勘探方法》（1938 年）一书。40～50 年代，发展了高频、低频地震勘探法，扩大了通过地震勘探解决地质任务的范围；研究地壳深部结构、天然地震和预报方法；首创地震折射波对比法，出版《对比折射法》（1952 年）一书；提出和研究地震方位观测法，开拓了分析地震波性质的新途径；倡导并主持研究推广深地震测深方法，在一系列地区获得了几十千米深地壳结构的新信息，在地震学、地质学、地球物理学上有重要意义。他是一位出色的科研组织工作者。在他和一些专家的建议下，苏联各地普遍建立了地球物理观测站。主要论文入编《甘布尔采夫选集》。获 1941 年斯大林奖金，此外获列宁勋章、劳动红旗勋章和多枚奖章。　（李啸虎）

伯格，M. J.　(Buerger，Martin Julian)　美国人，1903 年 4 月 8 日生于美国底特律，1986 年 2 月 26 日卒于马萨诸塞州林肯。*矿物学、晶体学。*

原在马萨诸塞理工学院读采矿工程，进研究生院后改读矿物学，1929 年获博士学位。留校任教，即开始建立 X 射线衍射实验室，研究矿物晶体构造，后任教授。退休后任康涅狄格州大学名誉教授，继续晶体研究。是美国国家科学院院士。获瑞士伯尔尼大学荣誉博士学位。

主要贡献是有关晶体内原子排列理论、鉴定方法及实验器具的革新。发展同期显微共生理论和图像理论，对解决 X 射线晶体学相位问题、识别绝大多数空间群、利用帕特森函数解决晶体构造等起到重要作用。还通过晶体构造，分析结晶规律和习性，发展同质多像和双晶的理论。发表论文 200 余篇；著有《X 射线晶体学》（1958 年）、《基础晶体学》（1963 年）、《晶体构造分析》(1979年)《X射线晶体学旋进法》、《现代晶体学》(1970年)、《晶体几何学入门》(1977年)等书。获美国地质学会1951年戴氏奖章、1958年罗贝林奖章。加拿大伯格湾、一种纤锌矿、一种环硅酸盐(Buergerite),均以他命名。美国晶体学联合会设立伯格奖。

(刘 汉)

赫德伯格,H. D.(Hedberg, Hollis Dow) 美国人,1903年5月29日生于美国堪萨斯州法伦,1988年8月14日卒于新泽西州普林斯顿。*石油地质学、岩石学、海洋地质学、地层学。*

1925年和1926年相继获堪萨斯大学学士学位、康奈尔大学硕士学位。1937年获斯坦福大学博士学位。在委内瑞拉及美国从事石油地质工作40年。期间1959年起兼任普林斯顿大学教授,1972年退休为名誉教授。美国伍兹霍尔海洋研究所授予他名誉研究员称号。曾任美国地质学会会长。任国际地球科学联合会国际地层委员会主席20年。被选为美国文理科学院院士。1950年当选美国国家科学院院士。

主要贡献在沉积岩、地层学、石油地质及海洋地质等方面。研究石油成因、运移和汇集问题;率先提出含蜡高的石油来源于陆相地层;重视地层分类,首创"年代地层"、"岩石地层"、"生物地层"、"延续时限带"、"生物组合带"等新术语。在主持国际地层委员会时,集中40多个国家100多名委员的意见,编成《国际地层指南》一书。热心国际地质合作事业,是国际地球科学联合会的国际地质对比计划创始人之一,并任首任主任。积极参加海洋地质工作,曾负责国际深海钻探计划确定孔位的安全组;参与海洋法的研究。著有论文150多篇,以地层、石油及海洋地质等方面内容为主。获1973年美国国家科学院汤普森奖章,1975年英国伦敦地质学会沃拉斯顿奖章。 (刘 汉)

张伯声(Zhang Bosheng) 中国河南省人,1903年6月23日生于河南荥阳,1994年4月4日卒于陕西西安。*地质学、岩石学、矿床学。*

教师之子。1917年考取开封留学欧美预备学校,同年进北京清华学校学习。1926年毕业后公费留学美国,1928年获芝加哥大学理学士学位。同年考入该校地质学研究部,后又转到斯坦福大学地质学研究部攻读硕士学位。1930年因家事未获学位提前回国。此后近20年,先后在焦作工学院、河南大学、北洋工学院、西北联合大学、西北工学院和西北大学执教。1951～1980年历任西北大学地质系主任、教务长和副校长等职。1980年以后,相继任西安地质学院院长、名誉院长以及该校地质构造研究所名誉所长。曾任中国地质学会副理事长。1980年当选为中国科学院学部委员(院士)。

长期从事教学工作,培养了地质工作者2000多人。在执教期间,还致力于地质科学研究及实践,足迹遍及中国西南、西北和中原大地。抗日战争期间,连续几个暑期带领学生在陕南进行地质学习,发现前人把汉中-西乡一带出露的大片花岗岩定为中生代"花岗岩基"有误,查明其时代应属前震旦纪。1950年在嵩山南麓首次发现太古界杂岩和元古界石英岩之间的不整合接触面,并命名为"嵩山运动",该名称一直被地质学界所沿用。同年夏任豫西地质矿产考察团顾问,与冯景兰等人一起对豫西地区进行了两个多月的考察,发现巩县的铝钒土矿床,预测平顶山地层下可能存在优质煤矿。1956年在参加黄河水利资源调查中,根据黄河流域每个盆区的黄土分布各有一个统一的最高线的现象,提出"黄土线"的概念,它代表古漫淤面,从而为黄土水成说提供了佐证。在地质构造理论方面,20世纪60年代初,提出整个地壳是由一级套一级的地壳块体同构造活动带镶嵌起来的"镶嵌构造学说"。70年代中期,又将该学说发展为"地壳镶嵌构造与波浪运动"的学说,现已被公认为地质构造理论中独立的一派。主要著作有《中国地壳的波浪状镶嵌构造》(1980年)和《张伯声地质文集》(1984年)。

(宣焕灿)

伯奇,A. F.(Birch, Albert Francis) 美国人,1903年8月22日生于美国华盛顿,1992年1月30日卒于马萨诸塞州坎布里奇。*构造地质学、地球物理学。*

1924年毕业于哈佛大学电气工程学系。在纽约电话公司工作2年。后又重返哈佛大学,在布里奇曼高压实验室见习,1929年、1932年先后获文科硕士、物理学哲学博士学位。留校任教,1949年起任哈佛大学地质学教授,1974年退休任荣誉教授。1942年当选为美国文理科学院院士。1950年当选美国国家科学院院士。1963～1964年任美国地质学会会长。

他测量地质样品的弹性、相关系、热性质和热流,探讨地球内部的地质组成。提出评价高压对弹性影响的有限胁强理论,可用来分析地震波传播速度随深度的变化。还曾提出:地核是由铁晶体构成的,而液态外核的主要成分除了铁外,还应该有较轻的合金元素。发表约100篇论文;主编和撰写出版《物理常数手册》(1942年)等著作。曾获英国皇家学会等多个国际学术机构的表彰。

(张南海)

金,P. B.(King, Philip Burke) 美国人,1903年9月24日生于美国印第安纳州切斯特,1987年4月25日卒。*地层学、矿床学、构造地质学。*

心理学和教育学教授的儿子。1924年在艾奥瓦州立大学获文学士学位,1927年获理学硕士学位。曾随一家石油公司到得克萨斯州工作。后来到耶鲁大学学习,1929年获博士学位。1930年始,大部分时间在美国地质调查所工作。曾先后在得克萨斯大学、亚利桑纳大学和洛杉矶加利福尼亚大学兼教。1965年秋在莫斯科大学任客座讲师。1966年被选入美国文理科学院院士。

在大量野外工作的基础上，详细研究了得克萨斯州西部二叠系盆地地层、沉积相和古海盆沉积环境（后来这个盆地成为美国大油田之一）。还研究了沉积作用和造山周期的相互关系。1940～1944年为了寻找战略矿物资源，受美国地质调查所派遣，勘查阿巴拉契亚山脉，对阿巴拉契亚构造的低角度逆掩断层和褶皱的特征，以及地槽弧西侧相应的地层，都作了详细描述。著有《美国大地构造图》（1944年初版，1962年第2版，1989年美国地图集国定版）、《北美的地质演化》（1959年）等书。1965年获美国地质学会彭罗斯奖章。（李冬田）

哈伯特，M. K.（Hubbert，Marion King） 美国人，1903年10月5日生于美国得克萨斯州圣萨巴，1989年10月11日卒于马里兰州贝蒂斯达。实验地质学、构造地质学、油气地质学、地球物理学。

1926年和1928年相继获芝加哥大学理学士和理科硕士学位，1937年获该校博士学位。曾在哥伦比亚大学执教10年。后在得克萨斯州壳牌石油公司工作，长达20年。1963年在美国地质调查所任职，兼在斯坦福大学任教，1976年退休。1954年当选美国文理科学院院士。1955年当选美国国家科学院院士。1962年任美国地质学会会长。

1937年用相似模拟原理解释了坚硬的岩石圈能够发生塑性变形的问题。在实验室里发现：用一米的尺度来模拟成千千米的大地时，模拟材料的强度只需为地球物质强度的百万分之一；地球上花岗岩的表现在实验室中与柔软的泥土相仿。1959年与人合作又成功地解决了推覆运动的机制问题。他认为地下几千米处的孔隙水因受构造变形的作用而获得很大的压力，这个压力可部分地抵消重力的作用而使岩层可以发生缓倾的水平滑动。后来转向研究地下流体的流动问题，导出了地下流体的作用力方程和流动方程，这在提高油气勘探技术上极为重要。还积极研究地球上燃料和矿产资源的开发在人类社会演化中的意义。提出著名的石油峰值理论和曲线以预测油田开采的产值变化。预言世界上的煤在今后的二三百年中将采尽，石油在21世纪初也将用竭。

获1954年美国地质学会戴氏奖、1973年该学会的彭罗斯奖，1971年美国采矿工程师协会石油工程师分会卢卡斯金奖，1978年伦敦地质学会史密斯奖。（张南海）

夏坚白（Xia Jianbai） 中国江苏省人，1903年10月20日生于江苏常熟，1977年10月27日卒于湖北武汉。测绘学、天文大地测量学。

出身农民家庭。1929年清华大学土木工程学系毕业。留校任教。1934年公费赴英国伦敦大学帝国理工学院学习测量学，翌年获大地测量工程师证书。随即又进德国柏林理工大学测量系学习，1937年获特许工程师证书，1939年获该校工学博士学位。同年回国，任内迁昆明的同济大学测量系副教授。1940年赴重庆任中国地理研究所大地测量组副主任。1943年到贵阳任中央测量学校教授。1947年任中央大学土木工程学系教授。1948年任同济大学测量系教授兼该校教务长，同年12月升任同济大学校长。1956年任武汉测量制图学院（后更名为武汉测绘学院，现称武汉测绘科学技术大学）副院长，1958年升任院长。曾任中国测绘学会理事长。1955年选聘为中国科学院学部委员（院士）。

毕生致力于中国测绘教育和研究事业，是中国天文大地测量学的奠基人。1940年在重庆筹建中国地理研究所大地测量组北碚实验区，创办《测量专刊》，这是中国现代测绘事业的一项开创性工作，培养了一批高级测绘人才。20世纪40年代后期至50年代前期，与他人合作先后出版《测量平差法》（1947年）、《航空摄影测量学》（1949年）、《大地测量学》（1951年）和《实用天文学》（1953年）4种大学测绘专业教材。1955年，他和其他几位学者共同向国务院提出筹建高等测绘学校的建议，导致翌年武汉测量制图学院的建立。1956～1957年、1957～1959年，两次参与中国大地测量规范细则和法式的制定，使中国大地测量有了统一的标准。20世纪50年代中期，推动建立中国测绘学会（起初称“中国测量与制图学会”）。60年代，主编教材《大地天文学》（上册，1961年；下册，1963年），出版专著《全能经纬仪 T_4 的检验与应用》（1965年）。还组织和完成国家科学研究项目“天文方位角测定精度研究”，其中1965年他撰写的长篇论文“1963年天文方位角测定精度研究报告”，被公认为该领域中的重要文献。为纪念他和奖掖后人，中国测绘学院设立“夏坚白测绘事业与科技创新奖”。（孙天宇）

日高孝次（Kōji，Hidaka） 日本人，1903年11月4日生于日本宫崎县佐土原市，1984年8月15日卒于东京。物理海洋学、科学管理。

1926年毕业于东京帝国大学（今东京大学）。同年供职于日本中央气象台，从事海洋学研究。1933年获东京帝国大学理学博士学位。曾任神户气象台技师。后任东京帝国大学讲师，1942年起任海洋学教授。1962年创立日本东京大学海洋研究所并任首任所长，1964年退休后任名誉教授。1948～1967年连任日本海洋学会会长。是日本学士院院士，日本海洋学会学术荣誉终身会员，日本-法国海洋学会荣誉会员。

毕生从事物理海洋学研究，主要研究风生海流理论，此外在黑潮系研究、海流动力计算、海潮的振动和海流研究、涌升流的海洋力学研究等方面，都有重要贡献。编撰出版代表作《海洋物理学》（2卷，1978年），是该领域的权威之作。1962年他创立日本东京大学海洋研究所，从事海洋科学基础理论研究。这是目前日本唯一的综合性海洋研究所，主要出版物有《东京大学海洋研究所通报》、《大槌临海研究中心报告》等。该所拥有15个研究室，有“白凤丸”和“淡青丸”两条先进的海洋调查船，并设立“大槌临海研究中心”，从事临海现场的海洋学实验、分析和研究。该所是日本参加海洋科学国际合作的核心机构，参加了黑潮及邻近水域合作研究，以及深海钻探计划等多项国际联合调查研究活动。此外，该所还是国际共同利用的研究所，每年接纳来自世界各国的海洋学者利用该所资源进行合作研究。1971 年，他以私人财产为基金，创设“日高海洋科学振兴财团”，奖励优秀海洋学者。出版专著还有《地学概论》(2 卷，1949 年，与他人合著)、《海洋学 40 年》(1968 年)、《海流》(1955 年)、《海波大阪湾振动》等。曾获 1934 年日本帝国学士院奖、1966 年摩纳哥阿尔贝大公奖、1970 年日本海洋学会奖等。（李啸虎）

裴文中（Pei Wenzhong）

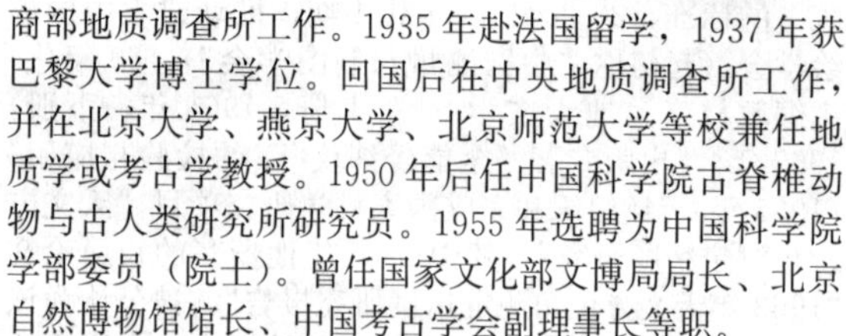

字明华。中国河北省人，1904 年 1 月 19 日生于河北丰润（今丰南），1982 年 9 月 18 日卒于北京。*地质学、考古学、古人类学、古生物学。*

1927 年毕业于北京大学地质系。同年到国民政府农商部地质调查所工作。1935 年赴法国留学，1937 年获巴黎大学博士学位。回国后在中央地质调查所工作，并在北京大学、燕京大学、北京师范大学等校兼任地质学或考古学教授。1950 年后任中国科学院古脊椎动物与古人类研究所研究员。1955 年选聘为中国科学院学部委员（院士）。曾任国家文化部文博局局长、北京自然博物馆馆长、中国考古学会副理事长等职。

1928 年参与北京周口店的洞穴发掘工作，1929 年 12 月 2 日获得第一块中国猿人头盖骨。不久又发现中国猿人的石器，发表论文“周口店成年猿人头盖骨初步研究报告”，震动了当时国际学术界。此后几年中又发表了有关周口店洞穴层的时代、周口店中国猿人沉积层中的石器和骨器等方面的多篇论文，奠定了中国古人类学及旧石器时代考古学的基础。20 世纪 30 年代末至 40 年代，继续从事中国古人类、旧石器及第四纪哺乳动物化石的研究，发表了一系列有关周口店旧石器时代遗址、中国猿人、周口店山顶洞文化、周口店哺乳动物化石等方面的论文。50 年代以后对中国第四纪地质作了深入研究，发表许多论文。毕生发表论文 150 多篇；出版《资阳人》(1957 年)、《中国猿人石器研究》等论著。（夏树芳）

埃尔萨塞尔，W. M.（Elsasser，Walter Maurice） 美国人，1904 年 3 月 20 日生于德国曼海姆，1991 年 10 月 14 日卒于美国马里兰州巴尔的摩。*地磁学、电子工程、地球物理学、理论生物学。*

德国裔。1927 年获格丁根大学物理学博士学位。后在法兰克福大学、巴黎大学任教。1936 年赴加利福尼亚理工学院任教。1940 年入美国籍。第二次世界大战中，先后在美军陆军通讯兵团服役，在美国无线电公司从事研发工作。战后在宾夕法尼亚大学、犹他大学、加州大学等处任教。1962 年任普林斯顿大学教授。1968 年任马里兰大学教授，直至 1974 年退休。1957 年当选美国国家科学院院士。

主要贡献是通过对地核的组成和运动的研究，提出了解释永久地磁场的发电机理论。根据他的理论计算，得到的地磁场长期变化与观察到的结果一致。地磁场的规则部分，也可根据他的理论利用磁流体动力学原理得到解释。此外，主要著作有：《生物学的物理学基础》(1958 年)、《原子和生物体》(1966 年)、《个体在生物学理论中的地位》(1970 年)、《对生物理论的反思：生物学中的整体论》(1998 年）等。曾研究成功一种计算大气层中各种气体红外自发射的图解法。获美国地球物理联合会 1959 年鲍伊奖、1971 年弗莱明奖章，1979 年美国地质学会彭罗斯奖章，1977 年德国高斯奖章，1987 年美国国家科学奖章。（张南海）

黄汲清（Huang Jiqing）

中国四川省人，1904 年 3 月 30 日生于四川仁寿青岗场，1995 年 3 月 22 日卒于北京。*构造地质学、地层学、油气地质学、地图学。*

1921 年中学毕业考入天津北洋大学。1924 年考入北京大学地质系。1928 年毕业后，任北平地质调查所调查员，先后去中国东北和西南地区进行地质调查。1932 年赴瑞士入伯尔尼大学地质系，翌年在瑞士浓霞台大学（即纳沙泰尔大学）攻读构造地质学，1935 年获理学博士学位。1936 年回国，历任中央地质调查所地质室主任、代所长、所长。1942～1945 年率队赴甘肃、青海、新疆进行地质调查。1946 年任北京大学地质系教授。1947 年回中央地质调查所任职。1948 年赴欧美考察，翌年回国。1950～1954 年任西南地质局局长。1954 年调国家地质部，与谢家荣共同主持全国矿产普查工作，1957 年任地质部地质研究所副所长。1958 年任中国地质科学研究院副院长，1982 年任名誉院长。1938 年和 1979 年两度出任中国地质学会理事长。1948 年当选中央研究院院士。1955 年选聘为中国科学院学部委员（院士），后兼任地学部副主任。1980 年获苏黎世瑞士联邦理工学院荣誉理科博士学位。1988 年当选为苏联科学院外籍院士。1994 年当选为俄罗斯科学院外籍院士。

20 世纪 30 年代发表多部专著，特别在《中国南部之二叠纪地层》(1932 年）一书中，将中国二叠系划分为三部分，详细描述其岩性、化石特点等，奠定了研究中国二叠系的坚实基础。1943 年，与杨钟健、程裕淇等人在“新疆油田地质调查报告”一文中提出“陆相生油论”，明确提出陆相地层也可以形成具有重要经济价值的油田，这一理论对中国的石油开采产生了深远的影响。1945 年写出《中国主要地质构造单位》一书，开创了用历史分析法研究中国大地构造的先例，首次划分中国及邻区的构造单元及其特点，提出多旋回构造运动观点，奠定了中国历史大地构造学。1947～1948 年，主编比例尺为 100 万分之一的《中国地质图》(共 14 幅);50 年代初期出版全国第一幅比例尺为 300 万分之一的《中国地质图》;1961～1965 年主编一套全国综合性地质图;1975～1980 年指导编制比例尺为 400 万分之一的《中国大地构造图》,获国家自然科学奖一等奖。 (夏树芳)

福布什,S. E.(Forbush, Scott Ellsworth) 美国人,1904 年 4 月 10 日生于美国俄亥俄州哈得孙,1984 年 4 月 4 日卒于弗吉尼亚州夏洛特斯维尔。*地磁学、地球物理学、宇宙线天文学。*

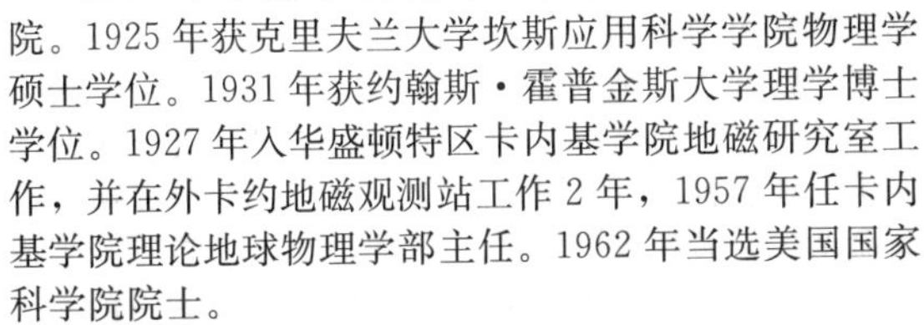

1920 年毕业于西储学院。1925 年获克里夫兰大学坎斯应用科学学院物理学硕士学位。1931 年获约翰斯·霍普金斯大学理学博士学位。1927 年入华盛顿特区卡内基学院地磁研究室工作,并在外卡约地磁观测站工作 2 年,1957 年任卡内基学院理论地球物理学部主任。1962 年当选美国国家科学院院士。

1937 年起开始研究宇宙线强度的变化,当时在世界各地布置的第一批记录宇宙线粒子的电离室刚启用不久,同年他就发现宇宙线强度在磁暴期间呈现减弱的趋势。这一现象现称为“福布什效应”。1946 年发现在太阳色球强烈爆发时,从太阳发射出的质子剧增,在地球上观测到的宇宙线也大大增强。还根据世界上一些电离室的多年记录数据,论证了宇宙线强度变化存在着周期性。在国际地球物理年期间,他还首次对赤道电流系所产生的磁场变化作了全面观测。代表作为《地磁学、宇宙辐射、以及地球物理学家的统计学程序》(1940 年)等。1965 年获美国地球物理联合会弗莱明奖。 (张南海)

拉塞尔,L. S.(Russell, Loris Shano) 加拿大人,1904 年 4 月 21 日生于美国纽约州布鲁克林,1998 年 7 月 6 日卒于加拿大多伦多。*构造地质学、地层学、古生物学。*

1927 年获艾伯塔大学理学士学位。1929 年在普林斯顿大学获文科硕士学位,1930 年获博士学位。后作为古生物学家对加拿大进行地质学考察历时 7 年。1937 年到多伦多大学任古生物学助理教授,兼任皇家安大略古生物学博物馆助理主任,1946 年任馆长。第二次世界大战中,在加拿大皇家通讯兵团服役。1950 年回到渥太华任加拿大国家自然博物馆首席动物学家,1956～1963 年任博物分部主任,1958～1963 年任人类史分馆代理主任。1963 年回多伦多大学任地质系教授,兼任皇家安大略博物馆首席生物学家,1971 年退休。1936 年被选为加拿大皇家学会会员。

在进艾伯塔大学之前,就采集了大量软体动物和脊椎动物化石,发表了几篇论文。博士论文涉及艾伯塔地区由白垩纪到第三纪的过渡,并试图将地层学证据加以综合。对白垩纪与第三纪分界线的推断,白垩纪海自西向东缓慢后移的说明在当时是新奇的,其中最惊人的发现是所谓拉拉米特造山运动:它实际发生在第三纪的古新世时代,标志白垩纪的结束。论述了恐龙的生态学,并根据恐龙是吸热动物的结论,提出一种假设以解释它们的绝灭。认为加拿大平原的高原砂砾的时间始于始新世、渐新世、中新世和上新世,破除了该处第三纪主要沉积发生过一次或两次的旧观念。后期主要研究哺乳动物的古生物学。

发表论文 100 余篇,主要著作有《艾伯塔平原南部的地质》(1940 年)、《艾伯塔中北部斯旺赫尔地区的古生物》(1967 年)、《非同寻常的恐龙》(1971 年)、《古脊椎动物》(1972 年)、《艾伯塔的晚白垩纪和古新世生物地层学与古生物学》(1987 年)等。获 1959 年米勒奖章,1977 年加拿大朱比利奖章。 (施金保)

李春昱(Li Chunyu) 字赓阳。中国河南省人,1904 年 5 月 8 日生于河南汲县,1988 年 8 月 6 日卒于北京。*地质学。*

出身书香世家。1928 年获北京大学地质系学士学位。同年进农商部地质调查所任调查员。1934 年赴德国柏林大学留学,1937 年获博士学位。同年底回国,翌年任四川省地质调查所所长。1942 年调任中央地质调查所所长。1953 年任华北地质局总工程师。1958 年在地质科学研究院地质矿产所工作。1965 年赴西安任全国区域地质测量局技术负责人。1972 年在西安调任西北地质研究所技术负责人。1978 年赴北京任中国地质科学院地质研究所研究员。1980 年当选为中国科学院学部委员(院士)。

1929～1931 年,他与谭锡畴等人在川西高原进行开拓性的地质调查,行程一万多千米。合作完成的《四川、西康地质矿产志》(1935 年出版图册,1959 年出版其文字部分)对后来的地质勘察有很大的参考价值。在这次行程中,他还根据对二叠纪地层和构造的研究,预言了四川中梁山煤矿的存在。1949 年后,此煤矿得到证实并建成投产,成为重庆工业区重要的能源基地。20 世纪 40～60 年代,参与和领导陕西煤田的地质勘探,以及东北鞍山地区、川滇地区、浙闽沿海的矿产勘测和区域地质调查。1972 年到西北地质研究所任技术负责人后,他敏锐地看到国际上板块构造理论对全球性地质构造问题的重要意义,以及中国构造地质的特点,组织该所成立板块构造研究组,并在秦岭等地实地考察。他们首次在中国大陆发现了混杂堆积,从板块构造的观点出发,研究和解释了这些地质现象,重新厘定了地槽的概念,把板块学说和地槽学说很好地结合起来,推动了对中国和亚洲大地构造认识的深化。

在掌握丰富的亚洲大陆地质资料的基础上,主编出版比例尺为 500 万分之一的《亚洲地质图》(1976 年),1982 年获国家自然科学奖一等奖(集体)。同年,他又和别人合作编制出版比例尺为 800 万之一的《亚洲大地构造图》,第一次用板块构造的观点对亚洲大陆显生宙以来的岩石圈板块进行划分,并论述演化过程和特点，该项工作被评为国家地质矿产部科学技术成果二等奖、国家自然科学奖三等奖。此外，出版的专著还有《“康滇地轴”地质构造发展历史的初步研究》(1963 年)、《板块构造基本问题》(1986 年，与他人合著）等。（孙天宇 宣焕灿）

爱因斯坦，H. A.（Einstein，Hans Albert）

美国人，1904 年 5 月 14 日生于瑞士伯尔尼，1973 年 7 月 26 日卒于美国马萨诸塞州伍兹霍尔。河流泥沙学、水动力学、水文地理学。

相对论创始人爱因斯坦的大儿子。1926 年获苏黎世瑞士联邦理工学院土木工程师证书。同年在多特蒙德任钢结构设计师。1936 年获苏黎世瑞士联邦理工学院科学博士学位。1933 年父亲和第二任妻子移居美国，1938 年他也移居美国，1947 年前先后任南卡罗来纳州克莱姆森农业试验站研究员、加利福尼亚理工学院副教授。1947～1971 年任伯克利加利福尼亚大学水文学教授。

美国著名河流泥沙学科学家。首创泥沙学中的床沙质、冲泻质等一系列新概念；比较研究了床沙质和冲泻质的不同直接来源、河床演变和输沙率估算；率先系统研究泥沙运动的阻力问题，指出床面阻力由沙粒阻力、沙波阻力组成；根据河流实测数据，提出确定沙波阻力计算方法，以及沙粒阻力与推移质输沙率关系式；首次将推移质的力学分析和沙流随机运动过程结合起来研究；在实验基础上，发现床沙质、推移质、悬移质三者之间存在不断转化过程；建立床沙质挟沙能力关系式；20 世纪 50 年代，发现近壁层流层因水流紊动而产生的绝对不稳定性，不因周界光滑而消失，已为 70～80 年代发展起来的猝发理论所证实。主要论文有“粗糙边壁上的水动力”、“水流综合阻力”、“河道阻力”、“冲泻质输沙率能用床沙质函数估算吗”、“高度不均匀沙的输送”、“变态模型的相似律”和“光滑边壁上的层流附面层”等。主要专著有《明渠水流的挟沙能力》等。获美国土木工程师学会水力学 1959 年研究奖、1960 年史蒂文斯奖等。（李 烨）

阿克尔，W. J.（Arkell，William Joscelyn）

英国人，1904 年 6 月 9 日生于英国威尔特郡海沃斯，1958 年 4 月 18 日卒于剑桥。地层学、古生物学。

1925 年毕业于牛津大学新学院地质系，1934 年获该校理学博士学位。留院任教，1929 年院讲师，1933～1940 年任高级研究员。1941 年供职于伦敦战时运输部。1947 年被选为英国皇家学会会员。同年任剑桥大学三一学院高级研究员。1956 年后因瘫痪一直卧病在家。

对侏罗系地层划分和侏罗纪菊石的研究颇有贡献。1933 年出版《大不列颠侏罗纪系统》，厚达 681 页，奠定了他在相关领域的权威地位。1956 年出版《世界侏罗纪地质》。1957 年撰写了《无脊椎动物古生物学》中的侏罗纪菊石部分。对侏罗纪的构造以及晚新生代地层也有所研究，著有《英格兰中生代和新生代褶皱构造分析》一书；还参与研究埃及尼罗河谷及红海沿岸上新世与更新世沉积物。获 1944 年美国国家科学院汤普森金质奖章，1949 年伦敦地质学会赖尔奖章，1953 年德国地质学会布赫奖章。（黄家柱）

佩蒂约翰，F. J.（Pettijohn，Francis John）—译裴蒂庄。美国人，1904 年 6 月 20 日生于美国威斯康星州沃特福德，1999 年 4 月 23 日卒于马里兰州格伦厄姆。岩石学、沉积学、区域地质学。

1924 年、1925 年和 1930 年，先后获明尼苏达大学学士、硕士和博士学位。曾在奥柏林学院执教。1929 年赴芝加哥大学任教，1949 年任教授。1952 年到约翰斯·霍普金斯大学执教，曾在该校地质系任 4 年系主任，1973 年退休。曾任芝加哥《地质学》杂志主编、壳牌开发公司顾问和美国地质调查所兼职地质师。1978 年获约翰斯·霍普金斯大学名誉教授称号。1955～1956 年当选美国经济古生物学家和矿物学家协会主席。1960 年当选为美国文理科学院院士。1966 年当选为美国国家科学院院士。

早年对加拿大安大略省西北部的太古界岩石进行研究。运用偏光显微镜，研究了沉积岩的组构和成分，在生物地层学研究之外开辟了沉积岩研究的新途径。1938 年与他人合著《沉积岩石学手册》一书，首次运用岩石物理性质的定量分析和统计学方法研究沉积岩，对以后沉积岩石学的研究途径颇有影响。1941 年起，他在密歇根州对前寒武纪含铁岩层及其伴生岩系进行了为期数年的研究。在这项工作中，提出了沉积作用受大地构造控制的观点。在约翰斯·霍普金斯大学任教期间，带领学生对阿巴拉契亚山脉的沉积岩系开展了一系列的研究活动。工作中运用了沉积学与地层学的原理，结合野外工作（特别是运用了具有创造性的古水流测量方法）与实验室研究，在揭示该区的地质发展史和重建古地理环境方面取得了重要成果。

著作甚丰，其中最著名的是 1949 年的《沉积岩》一书，该书内容丰富，论据充分，被认为是一本较完善的经典性专著。还与他人合著《太古代的沉积作用》(1943 年)、《古水流和盆地分析》(1963 年初版、1977 年再版)、《原生沉积构造图册与术语》（1964 年)、《砂和砂岩》（1972 年）等。获 1974 年美国经济古生物学和矿物学家协会特温霍费尔奖章、伦敦地质学会沃拉斯顿奖章，1975 年美国地质学会彭罗斯奖章。

（杨惠成）

艾斯林，C.（Iselin，Columbus O'Donnell）

美国人，1904 年 9 月 25 日生于美国纽约州新罗谢尔，1971 年 1 月 5 日卒于马萨诸塞州温亚德港。物理海洋学、海洋生态学。

1926 年获哈佛大学文学士学位，1928 年获该校文科硕士学位。1929～1948年任该校比较动物学博物馆海洋学助理。1930年兼任伍兹霍尔海洋研究院总助理及第一艘研究船船长，2年后任该研究院的物理海洋学家。1940～1950年和1956～1958年两度出任该研究院院长。1936年兼任马萨诸塞理工学院讲师，1959年出任该校物理海洋学教授。1944年当选美国文理科学院院士。1950年当选美国哲学学会会员。1951年当选美国国家科学院院士。

他的野外工作和所发表的文章几乎都限于北大西洋的西部，特别是湾流系统。在哈佛大学和马萨诸塞理工学院多年讲授物理海洋学总论课程。第二次世界大战期间，积极从事水下战争的研究。对美国和国际的海洋科学发展起过重要作用。主要著作有《潜艇侦察的海洋学和物理学》（1944年）、《物理海洋学》（1945年）、《北大西洋海面附近海沉的说明与预测》（1965年）、《海洋生态环境》（1967年）、《关于墨西哥湾流运行系统的长周期变化的初步报告》（1974年）等。1943年获美国国家科学院阿加西斯奖章。

（应中锷）

方俊（Fang Jun） 中国江苏省人，1904年10月26日生于广东广州，1998年5月5日卒于湖北武汉。*大地测量学、地图学、地球物理学。*

原籍江苏武进，出身教育世家。1922年考入唐山交通大学土木工程系，一年后因家境窘迫而辍学。1924～1928年在中国华北水利委员会野外测量队当练习生，虽餐风宿露、漂泊无定，仍在帐篷里秉烛夜读，坚持自修完大学大地测量专业所有课程，掌握英语、德语等外语。1930年受聘于北京地质调查所，历任制图员、测量员、技士。1937年获奖学金赴德国耶拿大学地震研究所进修。1938年回国后，历任中央大学地理系、土木系教授，中国地理研究所副研究员、大地测量组主任，同济大学测量系教授。1949年后，先后任中国科学院地理研究所大地测量室主任、中国科学院测量制图研究所所长。1961年后任中国科学院武汉测量与地球物理研究所所长、名誉所长。曾兼任国际固体潮常设委员会委员、中国大地测量与地球物理委员会副主席、中国地球物理学会副理事长、中国测绘学会副理事长等职。1980年当选为中国科学院学部委员（院士）。

20世纪20年代，参加野外测量队辗转于陕西、河北、山东和辽宁等地。30～40年代，和曾世英编纂的《中华民国新地图》（1933年）是中国第一幅用投影学方法绘制、较完整的大型地形图；主编中国最早一份测绘专业期刊《测量》。50～60年代，撰写出版《地图投影学》（2卷，1952年）专著，首次提出模板计算方法，简化和解决了大地测量中的若干难题。主持和组织全国重力测量工作，布设基准点、一等点共百余处，初步建立中国重力基本网和一等网，沿用了30年之久。60～70年代，研究地球引力场不规则性对人造卫星轨道的摄动，为地面跟踪站提供了初步的地面坐标参数；主持全国天文重力水准网布设，提出被誉为“方俊方格模板”的计算方案，精度超过经典方法。70～80年代，主持重力垂线偏差精度估计、青藏高原地区高程异常的测定方案等研究，提出用地形均衡资料内插高程异常、用椭球正交系处理扁率级斯拉克斯问题等新解法，丰富了地球重力学理论；在中国率先开展地球固体潮、自由振荡等研究，奠定了中国动力大地测量学基础。

此外还撰有《重力测量与地球形状学》（上册1965年，下册1975年）、《固体潮》（1984年）等专著，后者获1986年中国科学院科学技术进步奖二等奖。

（杜 峰）

沃特斯，A. C.（Waters，Aaron Clement） 美国人，1905年5月6日生于美国华盛顿州沃特维尔，1991年5月18日卒于华盛顿州塔科马。*岩石学、矿床学、物理地质学。*

1926年毕业于华盛顿大学，翌年获该校理学硕士学位。1930年获耶鲁大学博士学位。先后在耶鲁大学、约翰斯·斯坦福大学、霍普金斯大学和圣巴巴拉加里福尼亚大学任教40余年。期间兼任美国地质调查所调查员。1972年退休后，仍从事火山岩的野外工作，并任兼职教授。1964年入选美国国家科学院院士。1966年入选美国文理科学院院士。

主要成就在火成岩岩石学研究方面。早年研究过花岗岩基侵位、造岩矿物伴生混合物、以及深成岩-火山岩组合发育史等问题。第二次世界大战期间及战后，曾为美国地质调查所寻找汞矿和铀矿，调查过俄勒冈等地的溢流玄武岩与层状火山岩。20世纪60年代中期，参与登月宇航员的训练工作，提出了包括把宇航员带往俄勒冈州本德、纽伯里破火山口、加利福尼亚州梅迪辛莱克湖、亚利桑那州陨石坑和阿拉斯加州万烟谷等地进行地质旅行的训练计划。头三次阿波罗登月计划执行过程中，他在休斯敦空间中心作为“地勤人员”，事后和同事共同开展了两个月岩样品的岩相学与电子显微镜研究。代表作《地质学原理》（1951年初版，1968年第3版），作为物理地质学标准教材流行了20余年。获1982年美国地质学会彭罗斯奖章。

（李嘉曾）

塞克拉，Z.（Sekera，Zdeněk） 美国人，1905年7月3日生于捷克斯洛伐克塔博尔（今属捷克），1973年1月3日卒于美国加利福尼亚州洛杉矶。*大气物理学、气象学、行星物理学。*

1929年在布尔诺的马萨里克大学获数学及物理学硕士学位。同年到布拉格查理士大学攻读气象学、气候学和海洋动力学，1939年获气象学哲学博士学位。期间1936年在挪威奥斯陆大学研究流体力学。留查理士大学任教。1945年积极参与捷克斯洛伐克的气象科学复兴。受美国罗斯贝邀请，1946年在芝加哥大学任教。1948年到洛杉矶加利福尼亚大学气象系任教，

1955 年任教授，1962～1967 年为该系系主任；1970 年任该校地理物理学与行星物理学研究所教授。

在芝加哥大学时，与查尼（J. G. Charney）共同进行大气的非线性动力方程解，他们所推导的在垂直温度梯度及垂直风剪力下大气动力波在液体内的运动方程，以及计算西风急流的动能中对特殊风力作用下的非线性粘性方程的运算，都是大气动力学中的关键性问题。1960 年以大气光学专家身分参与对太阳系行星的探索活动。晚年深入研究了行星大气圈对太阳光的直接反射和漫射，计算了行星大气中顶部与底部的辐射能量，大大丰富了大气光学的内容。代表作有《根据瑞利散射理论解释行星大气的辐射突发》等专著。1966 年获美国气象学会罗斯贝奖。（曹念祥）

格拉西莫夫，И. П.（Герасимов，Иннокентий Петрович；Gerasimov，Innokenti Petrovich） 苏联人，1905 年 12 月 22 日生于俄国卡斯特洛姆，1985 年 3 月 30 日卒于莫斯科。土壤学、自然地理学、地貌学、生态学。

1926 年毕业于列宁格勒大学（今圣彼得堡大学）。1936～1956 年任道库恰耶夫土壤研究所土壤地理与土壤制图部主任。1945 年起在苏联科学院地理研究所工作，1951 年任所长。1946 年当选为苏联科学院通讯院士，1953 年当选为院士。1957 年任苏联地理学家全国委员会主席。1960～1968 年任国际地理学联合会副主席。1963 年任苏联土壤学会会长。1968 年任国际土壤学家协会副主席。1962 年当选为保加利亚科学院外籍院士。1968 年当选为民主德国柏林科学院外籍院士、联邦德国农业科学院外籍院士。

苏联著名土壤学家、自然地理学家。20 世纪 30 年代，他和马尔科夫（K. Markov）率先对苏联国土上的冰期进行系统研究和分析。30～40 年代，参加远征队考察苏联境内的哈萨克斯坦、中亚地区、西部西伯利亚、乌拉尔、远东和其他地区的土壤和自然地理。50 年代，根据地壳的新构造运动学说，研究了地貌分类和地貌发育问题；创立建设地理学，主张地理学研究人与自然或社会与自然的相互作用规律。60 年代，研究苏联的自然改造和自然保护的关系，以及对自然资源的综合利用；积极倡导和组织开展土壤学和自然地理学领域的国际交流与协作。70 年代，主张采用最新方法综合研究地理学，开拓建设地理学新方向，促进地理科学的人文化、社会化、经济化和生态化。80 年代，倡导研究新课题，探索“20 世纪的生物圈转变为 21 世纪的智能圈的途径”。

此外主编《和平时期自然地理地图集》（1964 年），出版有《地理学和生态学论文选（1971～1981）》。曾获 3 枚列宁勋章和其他奖章。1963 年获保加利亚的迪米特罗夫斯卡娅奖章。（李啸虎）

拜尔斯，H. R.（Byers，Horace Robert） 美国人，1906 年 3 月 12 日生于美国华盛顿州西雅图，1998 年 5 月 22 日卒于加利福尼亚州圣巴巴拉。气象学、大气物理学。

1929 年毕业于加利福尼亚大学。旋即到马萨诸塞理工学院，在罗斯贝教授指导下研究气象学，1932 年获硕士学位，1935 年获科学博士学位。同年应聘到美国气象局领导一个天气分析和预报小组。1940 年赴芝加哥大学新创立的气象系任副教授，1944 年任教授，1948 年代替罗斯贝任该系系主任直至 1960 年。1965 年到得克萨斯农业和机械学院任教，1968 年任该校副校长，1974 年退休。1952 年当选美国国家科学院院士。1952～1953 年当选为美国气象学会会长。1960～1963 年当选为国际大气物理及气象学联合会主席。

1935～1940 年，采用新挪威学派的方法进行天气分析和预报；同时根据飞机及无线电探空仪记录的气象资料研究大气上层情况。1945～1949 年，为了对风暴的生命史以及内部结构进行研究，他联合美国气象局、空军、海军、美国国家航空航天局以及芝加哥大学，在他领导下组织了 5 架装甲飞机，装备了多种仪器，在 5 个不同高度穿透暴风雨气旋，并结合地面观测网、雷达、气球等以全面获取第一手资料。他们提出了下降气流重要性的理论。由于水蒸气冷却作用产生的负浮力使下降速度加剧，温度急骤下降，气压急速变化，在下降气流中产生强烈的暴雨、闪电、阵风。通过这次大规模的试验，初步弄清了风暴的结构，丰富了大气物理学和热力学的内容。在他的主持下，芝加哥大学又在对流云的微物理结构上进行研究，后来导致 I. 朗缪尔、V. J. 谢弗等人发现人工造雨的原理。

主要著作有《普通气象学》（1944 年）、《云物理学》（1965 年）等。获 1941 年美国航空航天学院洛西奖，美国气象学会 1960 年布鲁克斯奖、1978 年阿贝奖，1959 年芝加哥梅里特奖。（曹念祥）

迪肯，G. E. R.（Deacon，George Edward Raven） 英国人，1906 年 3 月 21 日生于英国英格兰莱斯特，1984 年 11 月 16 日卒于英格兰南安普敦。海洋学、海流动力学、地理探险。

1926 年在伦敦大学国王学院化学系毕业。1927 年经考试获教师资格证书。同年在一所中专技术学校任化学讲师。同年底，参加南极探险考察团。1937 年获伦敦大学理学博士学位。1939 年参加海军部海洋实验室，1949 年该实验室与探险考察团的生物部分合并，成立英国国家海洋研究院，1949～1971 年任首任院长。1944 年当选为英国皇家学会会员。1965～1970 年任英国皇家地理学会会长。1977 年封爵。

1927 年参加南极探险，乘“发现二号”调查鲸鱼的分布、迁移及数量变化等情况。先后发表南大西洋和南极海的水体报告。认为海水的密度梯度和压力梯度不但受地球自转的制约，还受海流上下混合和表面风力的影响。主张对南极海上下各段海流的流体力学进行精确测定和理论研究，对影响海洋浮游生物分布的海洋紊流也加强研究。第二次世界大战时，研究水下声学及海浪。发表论文 200 余篇；主编《南极冰及水团学术讨论会论文集》（1971 年），出版有《南极海洋学》(1984年)等专著。获1942年英国极地奖章、1962年美国国家科学院阿加西斯奖章、1969年英国皇家学会奖、1971年苏格兰地理学奖等。　　(刘　汉)

尤因，W. M.(Ewing, William Maurice)　美国人，1906年5月12日生于美国得克萨斯州洛克尼，1974年5月4日卒于得克萨斯州加尔维斯顿。*海洋地质学、海洋声学、地球物理学、仪器研制。*

1931年在休斯敦获雷斯学院哲学博士学位，1949年获华盛顿大学理学博士学位。1929年任匹兹堡大学物理学讲师。1930～1940年任莱哈大学物理学讲师、助理教授，1940年任副教授。此后到伍兹霍尔海洋研究院工作。1944年任哥伦比亚大学地质学副教授，1947年任教授，1949年任该校拉蒙特地质观测台台长。1948年当选为美国国家科学院院士。

20世纪20年代，从事地球物理探矿工作。1935年后进行海洋地质学理论研究，把所有主要探测方法用来研究有关地球洋壳及大陆边缘陆壳向洋壳转变的问题。30年代末，在大西洋沿岸上升和下降平原的研究上取得显著进展。重要贡献是提出海洋折射地震法。用多摆海洋重力仪进行测量，发现在大陆边界及其附近沉积岩层很厚，在沉积过程中曾发生过剧烈的垂直运动。

在海洋声学上，第二次世界大战期间，在伍兹霍尔海洋研究院进行声波海中传播和水下摄影研究，这些工作导致开发研制声定位测距仪的声发射系统。1949年后，研究了地震面波的传播，从海洋地震记录中识别出在海水里传播的T相波。

二战后，主要研究浊流、深海平原、大洋中脊和地壳厚度。1947～1948年乘坐"大西洋"号考察船对大西洋中脊进行考察，利用反射地震法、重力测量、海底摄影、钻取沉积岩样和挖取海底泥土等多种手段，获得有关海底的大量信息，海底与地表一样存在各种各样的地貌，有崎岖的山脉，有出露的玄武岩，有平顶高原，还有卵石层。1952年，他发现哈得孙峡谷是海下浊流切割而成。1956年发现了延绵不断的大洋中脊和中央裂谷，从而为海底扩张学说提供了证据。自1960年起，用"凡玛"号和"康拉德"号两艘科学考察船组织了7次环球海洋考察。主要目的是系统地进行海洋沉积盖层的填图，还采集最古老的沉积岩样。在考察过程中研制和改进了许多仪器，如回声测量仪、磁力仪、海水测温仪、海底取样器、水下摄影仪等。

在古气候学上，根据深海沉积层的研究结果提出冰期的周期性是由于大洋环流的变化所致。认为北极冰冠的消融是影响全球气候的主要根源。

主要著作有与沃泽尔(J. L. Worzel)以及C. L. 佩克里斯合著《声音在海洋中的传播》(1948年)、与F. 普雷斯等人合著《层状介质中的弹性波》(1957年)、与希曾(B. C. Heezen)等人合著《洋底(第一卷)：北大西洋》(1959年)。获1949年美国地质学会戴氏奖章，获美国国家科学院1955年阿加西斯奖章、1963年卡蒂奖章，英国皇家天文学会1960年维特列森奖章、1964年金质奖章。　　(张南海)

赫斯，H. H.(Hess, Harry Hammond)　美国人，1906年5月24日生于美国纽约，1969年8月25日卒于马萨诸塞州伍兹霍尔。*海洋地质学、地球物理学、岩石学。*

1923年入耶鲁大学主修电气工程学，两年后改学地质学，1927年获理学士学位。毕业后参加美国地质调查所探险队，勘察非洲罗得西亚(今津巴布韦)两年。1929年入普林斯顿大学继续深造地质学，1932年获理学博士学位。后相继在罗格斯大学、华盛顿特区卡内基学院地球物理实验室工作。1934年在普林斯顿大学任教，1948年升任地质学教授，1950～1966年任地质系主任。期间1941～1945年服役任海军军官。曾任南非开普敦大学、英国剑桥大学客座教授。1951～1958年先后任美国地球物理学联合会测地学分会会长、地壳构造物理学分会会长。1955年任美国矿物学会会长。1963年任美国地质学会会长。1952年当选为美国国家科学院院士。1968年当选为美国文理科学院院士。1969年获耶鲁大学荣誉博士学位。因心脏病去世。

海底扩张说创始人之一。20世纪30年代，乘海军潜艇测量西印度群岛、安得列斯群岛等处的海底重力分布；研究弗吉尼亚橄榄石变质岩。1941～1945年在海军舰艇当尉官，在用声纳探测敌方潜艇的同时，有意识地收集到许多海床地貌第一手资料，其中在乘运输船"约翰逊"号在马里亚纳群岛、菲律宾群岛和硫磺岛登陆途中，首次发现太平洋底存在众多平顶火山，他称为"平顶海山"(guyots)。50～60年代，1957年他和W. 芒克(Walter Munk)共同发起和筹划钻探洋壳以勘查地幔物质的莫霍计划；1961～1966年在墨西哥湾瓜达卢佩岛等海域作试探性钻探，打出深度不超过200米的5口深井；对岛弧造山作用、海沟重力异常、洋壳和蛇绿岩套等勘探和研究成果进行综合；1960年提出海底扩张动力来自地幔热物质对流和循环的假说；在《洋盆的演化》(1960年)一书中，系统构建海底扩张说，认为大洋中脊轴部是地幔物质不断上涌区域，不断形成新洋壳将先成洋壳从洋中脊挤向两侧扩张，由于地幔热流循环，最后在海沟地区俯冲返回地幔，这一学说复活了A. L. 魏格纳大陆漂移说，奠定了现代板块构造说的理论基础；长期任美国航空航天局月岩标本首席调查员，在研究辉长岩成份方面取得重要成果；积极参与倡导启动作为莫霍计划的"深海钻探计划"，1968年美国"格洛玛挑战者"号海洋钻探船下水，对全球海底地质进行大普查，进一步证实了海底扩张说。获1966年美国地质学会彭罗斯奖章等。去世后，1969年美国航空航天局追授杰出公共服务奖。为纪念他和奖掖后人，美国地球物理学联合会设有赫斯奖章。　　(李啸虎)

赵金科(Zhao Jinke)　号子铭。中国河北省人，

1906年6月10日生于河北曲阳，1987年5月18日卒于江苏南京。区域地质学、构造地质学、地层学、古生物学。

出身农家。1932年北京大学地质系毕业。留校任教。1937年公费赴美国哥伦比亚大学深造。1939年回国，在内迁到桂林的中央研究院地质研究所工作，先后任副研究员、研究员。1951年任刚成立的中国科学院古生物研究所研究员兼副所长。1964年任中国科学院南京地质古生物研究所所长，1984年任名誉所长。曾任江苏省古生物学会理事长。1980年当选为中国科学院学部委员(院士)。

在地质学方面：20世纪30年代中期，提出震旦纪地槽呈环状分布于极区泛大陆周围和内部的理论；30年代末，对广西西部开展地质调查，证实地质力学理论阐述的广西山字型构造的位置和形迹；50年代前期，与张文佑合作出版专著《广西地质(一)：地层概要》；后来又与李四光合编比例为200万分之一的广西地质图。

在古生物学研究方面：20世纪40～50年代，研究头足类化石和二叠纪、三叠纪地层；1959年出版专著《广西西部下三叠统菊石》，书中描述了早三叠世菊石23科59属204种，并根据这些菊石化石将广西早三叠世地层划分为4个组和8个菊石带，还与中国其他各省和世界各处早三叠世地层进行对比研究；1962年和其助手们合作，出版专著《中国的三叠系》，为中国的三叠系研究打下了基础；70年代，和学生们合作发表“华南晚二叠世头足类”等重要论文，为世界二叠纪地层的划分、对比以及建立二叠系-三叠系界线层型提供了理论依据，这项工作获中国科学院重大成果奖、国家自然科学奖三等奖；80年代领导并参与华南二叠系-三叠系界线层型的专题研究，为中国这一重要地层界线的研究奠定了坚实基础。 (孙天宇　宣焕灿)

马丁，D.F. (Martyn, David Forbes)　澳大利亚人，1906年6月27日生于英国苏格兰拉纳克郡坎布斯兰格，1970年3月5日卒于澳大利亚新南威尔士的卡姆登。大气物理学、地磁学、射电天文学、电子工程。

1926年毕业于伦敦大学帝国理工学院，1929年获哲学博士学位，1936年获理学博士学位。1927年到澳大利亚无线电研究局工作，1940～1941年任该局无线电物理学主管，1944～1958年任首席科学家。1958～1970年任澳大利亚联邦科学与工业研究组织高层大气与大气层部主管。曾任国际无线电科学联合会无线电天文学委员会主席、电离层委员会主席、联合国和平利用外层空间科技委员会主席。1950年当选为英国皇家学会会员。1954年成为新成立的澳大利亚科学院创始院士，1969年至去世任院长。

20世纪20年代末起，研究过澳大利亚高层大气的特性，指出温度随高度变化的规律；研究了电离层中无线电波的相互作用理论，对强功率的长波信号可载在通过电离层的中波波列上的卢森堡效应作了经典解释；发现在澳大利亚高空电离层中有大范围的半昼夜月振荡现象、电离层的F层具有电子密度峰，并分析了原因；以后在研究每日地磁变化的发电理论中，计算了霍耳电导率和地磁变化的关系；计算过赤道电喷。第二次世界大战中，参与研制过雷达。1946年转入研究太阳射电天文学。从实验上指出，太阳黑子区的辐射具有很大的圆偏振分量；还研究了太阳的米、厘米波长的无线电辐射理论。 (蒋澄华)

布伦，K.E. (Bullen, Keith Edward)　新西兰人，1906年6月29日生于新西兰奥克兰，1976年9月23日卒于同地。地震学、构造地质学、地球物理学、科学管理。

1926年获奥克兰大学文学士学位，1928年获该校文科硕士学位，1930年获该校理学士学位。1931年到英国剑桥大学圣约翰学院留学，师从著名天文学家兼地球物理学家H.杰弗里斯，1937年获博士学位。1946年获剑桥大学理学博士学位。1926～1927年在奥克兰文法学校做中学教师。1928～1931年、1934～1940年任奥克兰大学数学讲师。1940～1945年任澳大利亚墨尔本大学数学高级讲师。1946年任澳大利亚悉尼大学应用数学教授，1971年退休。后相继任日本东京国际地震学与防震工程学院、加拿大英属哥伦比亚大学地球物理学教授。曾任国际地球物理学与测地学联合会副主席、该会地球内部结构委员会主任，国际南极科学研究委员会副主席，国际地球物理年澳大利亚国家委员会主席，澳大利亚南极研究国家委员会主席。1949年当选为英国皇家学会外籍会员。1954年当选为澳大利亚科学院创始院士，1955～1957年任理事。1961年当选为美国国家科学院外藉院士。获奥克兰大学等校荣誉博士学位。

以研究地震规律来探索地球深部地幔和地核的构造而著称。发表论文290余篇；出版有教材《动力学导论》(1948年)、《力学导论》(1949年初版，1971年第8版)等多部著作。获1961年美国地球物理联合会鲍伊奖章，1963年美国地质学会戴阿瑟奖章，1966年维多利亚皇家学会研究奖章，1969年弗林德斯奖章，1974年英国皇家天文学会金质奖章等。 (李啸虎)

谢弗，V.J. (Schaefer, Vincent Joseph)　美国人，1906年7月4日生于美国纽约州斯克内克塔迪，1993年7月25日卒于同地。气象学、大气物理学、人造气象工程。

家境贫寒，16岁时从中学辍学谋生。1926年始，作为机械艺徒受雇于通用电器公司实验室，任化学家I.朗缪尔的助手。1928年毕业于纽约联合学院。后参加纽约州一支考古队发掘遗址。1933～1954年一直在通用电器公司实验室工作。1954年到慕尼托浦基金会任研究主任。1960年到纽约州立大学任教，1964年成为大气科学教授。获多个大学荣誉博士学位。1956年入选美国科学促进协会会员。

1930～1940年从事表面化学工作。在第二次世界大战中，参与该实验室一些战时防御课题如防毒面具用的过滤器等开发，以及大规模人工雾、气候战等与大气有关的研究工作。战后他即转向大气研究，包括如何解决飞机在穿透过冷却云层时机翼上结冰的问题等。

1946年在实验室中偶然发现冷晶云现象,开始致力于人造云的研究;同年,对大气中过冷云层进行干冰催化的首次试验,实现了人工降雪。1954～1958年,参加地形云、夜光云及闪电等研究。20世纪60年代始,10多年中领导研究如北半球臭氧、氮化物含量及其分布情况等课题。获1953年空间科学研究院罗斯奖章,美国气象学会1957年奖章、1976年特别奖。 (曹念祥)

涂长望(Tu Changwang) 中国湖北省人,1906年10月28日生于湖北汉口(今属武汉市),1962年6月9日卒于北京。*气象学、气候学、大气物理学。*

出身于基督教家庭,幼年家贫,而学业优良,校方给予免费就读。在武昌博文中学毕业后,得亲友资助,1925年考入华中大学。1926年转到上海沪江大学科学系,1929年毕业。同年回母校中学任教,1930年公派赴英国伦敦大学攻读气象学及经济地理,1932年毕业获气象学硕士学位。曾去印度工作,1933年进英国利物浦大学攻读地理学博士学位。1934年应中央研究院气象研究所所长竺可桢之邀,中断学业回国任该所研究员。1935年兼任清华大学地学系气象学教授。1937年随气象研究所迁四川重庆地区北碚。1939年任浙江大学教授兼史地研究所副所长。1940年任重庆中央大学地理系教授。1946年参与组建中国科学工作者协会,任常务理事兼总干事。1949年冬直至去世,相继任中央军委气象局、中央气象局局长。兼任中国气象学会副理事长。1955年选聘为中国科学院学部委员(院士)。

1934年在英国发表的论文“中国降水与世界气候”,是中国近代气象学早期重要成果之一,受到当时国际气象学界的重视。此后又发表数十篇有关中国的气团分类、锋面与中国天气变化的关系、大气活动中心、世界大气浪动和海洋环流同中国降水和温度的关系等方面的论文。在竺可桢气候分类的基础上,进一步提出自己的新见解,更细致地划分了中国的气候区域。大多数研究课题涉及中国的长期天气预报问题,以便减少农业生产中旱涝灾害的损失,对中国长期预报的实践及发展影响深远。

在领导中国气象事业的10余年间,对中国气象事业的现代化、培养气象人才方面,作了许多开创性的工作。任中央气象局局长的前7年中,中国的气象台站发展到1150余个,增长了11倍之多。在任期间,中国气象事业的迅速发展引起了国际上的强烈反响。一生中绝大部分著述,身后收入《涂长望文集》(2000年),跨度为1934～1961年,包括气象科学论文、关于气象工作讲话和气象科普著作三大类别。 (曹念祥)

徐克勤(Xu Keqin) 中国安徽省人,1907年3月15日生于安徽巢县,2002年12月19日卒于江苏南京。*矿床学、岩石学、地球化学。*

农民家庭出身。1934年中央大学地质学系毕业。供职于中央地质调查所。1939年赴美国明尼苏达大学地质系学习,1941年、1944年先后获硕士、博士学位。接着在马萨诸塞理工学院做博士后研究。1945年回国,先后任中央地质调查所技正,中央大学地质系教授、系主任。1949年后,续任南京大学地质系主任至1984年,去世前为地球科学系名誉系主任。曾兼任中国地质学会副理事长、中国矿物岩石地球化学学会副理事长等职。1980年当选为中国科学院学部委员(院士)。

20世纪30～40年代,在赣南考察了数十个钨矿区并进行总结;1947年发现湘南瑶岗仙钨铁锰矿矿区有共生矽卡岩型钙钨矿床,为在黑钨矿区寻找白钨矿床提供了范例,使中国已探明白钨矿储量超过黑钨矿,钨矿总储量居世界之首。50～60年代,首次确定攀枝花钒钛磁铁矿矿情,倡导大规模勘探并证实其判断,促使攀枝花成为西南地区钢铁基地;1957年在江西南康和上犹首次发现加里东期花岗岩类;1958年和郭令智等在安徽休宁首次发现雪峰期花岗岩,后获1978年全国科学大会奖。70～80年代,进行华南花岗岩及其成矿规律研究,率先提出同熔型和陆壳改造型两大主因,成果获1982年国家自然科学奖二等奖;1973年起调查了中国南部铁、铜、硫、铅、锌等数十个矿区,提出此类在海西-印支期断裂拗陷带中的矿床大多由沉积、后期热液叠加改造而成,成果获1985年国家教委科学技术进步奖一等奖、1987年国家自然科学奖三等奖。

发表论文百余篇;代表作有《江西南部钨矿地质志》(1943年)、《中国钨矿的类型及分布规律》(1959年)、《矿床学》(1963年,与他人合著)、《华南不同时代花岗岩类及其与成矿关系》(1981年)等。1995年获何梁何利科学与技术进步奖。 (李 纪)

高振西(Gao Zhenxi) 字化白。中国河南省人,1907年7月7日生于河南荥阳,1991年12月9日卒于北京。*区域地质学、地层学、博物馆学。*

1931年毕业于北京大学地质系。留校任教。1937年赴南京中央地质调查所工作,抗日战争初期随该所西迁重庆北碚。1940年任福建省建设厅地质土壤调查所技正兼地质课课长。1943年重返中央地质调查所,1946年随该所由重庆迁回南京。1950年任中国地质工作计划指导委员会地质陈列馆馆长。1952年以后受命筹建中国地质博物馆,1959年任馆长,翌年改任总工程师,1981年以后任名誉馆长。1980年当选为中国科学院学部委员(院士)。

20世纪30～40年代,他多次对广西、福建、湖北和京津地区进行区域地质调查,为奠定这些地区的矿产资源地质基础作出了贡献。在福建调查时,还对福建海岸线升降提出了独到的见解,否定了福建海岸为纯下降型的传统看法,在列出许多福建地区地壳上升的证据后指出,该地区在新生代第三纪后地壳下降,形成今日弯曲多岛的海岸,而第四纪至今则又一致上升。这一见解现已获地学界公认。30年代初,他与同学熊永先、高平共同发现河北省蓟县(现属天津市)以北一个完整的震旦系地层剖面,该剖面比19世纪F. von李希霍芬建立的作为震旦系经典剖面的“南口系”更加完整。在1934年的地质学年会上，他们宣读论文并公布了这一发现，确立了中国北部震旦纪地层的整个分层系统。此后蓟县地区这一地层剖面被地层学界视为震旦系的标准剖面，对地层学作出了一项重要建树。20世纪50年代及后，为筹建中国第一个地质博物馆，开展地质学科学普及工作作出了重要贡献。 （孙天宇 宣焕灿）

克拉克，J. G. D. （Clark，Sir John Grahame Douglas） 英国人，1907年7月28日生于英格兰肯特郡布鲁姆利（今属伦敦），1995年9月12日卒于剑桥。*地层学、古人类学、古生态学、考古学。*

早在童年便爱搜集石器，对史前时代发生兴趣。在剑桥大学先后获哲学博士和理学博士学位。留校任教。第二次世界大战中，在英国皇家空军部队任少校。1950年入选英国研究院院士。1952年起任剑桥大学考古学教授，1956～1961年、1968～1971年二度任考古学及人类学系主任，1973～1980年任剑桥大学彼得豪斯学院院长。1932年在剑桥创立湿地研究会并任首任会长。1958～1962年任英国史前学会会长；是《史前学会会刊》创刊主编。1992年封爵。

他组织和参与野外挖掘，利用孢粉分析和冰期后地层沉积层序来研究石器时代的历史，尤其擅长研究中石器时代北欧的自然生态与人类活动关系。通过孢粉分析，也揭示了生态系统及其变化，从而对史前经济产生兴趣，提倡从生态环境和经济生活两个方面探讨史前社会。多次出国讲学。著有《史前的英国》（1948年）、《史前的欧洲：经济基础》（1952年初版，1953年俄文版）、《考古学与社会》（1957年第3版）、《史前世界概况》（1961年）等书。4次荣获奖章。 （刘 汉）

布拉德，E. C. （Bullard，Sir Edward Crisp） 英国人，1907年9月21日生于英国诺里奇，1980年4月3日卒于美国加利福尼亚州拉乔勒。*地震学、海洋学、地球物理学。*

1929年、1932年在剑桥大学分别获文学士学位、哲学博士学位。留校工作，曾师从E. 卢瑟福在卡文迪什实验室研究慢速电子在气体中的散射，后在剑桥大学转向地球物理测量工作。1941年当选为英国皇家学会会员。当选为美国国家科学院、美国文理科学院外籍院士。第二次世界大战期间，从事扫除水雷的工作。1948～1950年任加拿大多伦多大学教授，期间1949年到斯克里泼斯海洋研究所工作。

早年从事重力测量、爆破地震学。参加英格兰东部古生代基底上部疏松沉积物厚度的填图工作。1937年参加W. M. 尤因的海洋地震勘探工作。第二次世界大战前2年，曾与同事一起在爱尔兰南部大陆架上从事地震勘探。与美国海洋学家马克斯韦尔（A. E. Maxwell）一起研究出一套测量洋底热流的方法。他还对地磁场的起因感兴趣，对地磁场发电机理论作出了贡献。获美国国家科学院阿加西斯奖章、英国皇家学会的维特列森奖金和皇家奖章、英国皇家天文学会金质奖章。

（张南海）

袁见齐 （Yuan Jianqi） 字省衷。中国江苏省人，1907年9月22日生于江苏海门和合镇（今属启东市），1991年10月28日卒于北京。*矿床学、盐矿地质学。*

原名张耕虞，11岁时过继给上海奉贤县袁姓人家为子，遂改名袁见齐。1929年毕业于中央大学地质系，留校任教。1937年抗日战争爆发后，随校西迁重庆。1939年任云南大学地质系讲师。1940年赴贵州任财政部盐务总局盐矿技师。1948年任暂迁上海的唐山工学院（唐山铁道学院前身）教授，翌年随校迁回唐山。1952年到北京地质学院工作，历任系主任、院长助理、教务长、副院长等职。1978年任武汉地质学院北京研究生部主任。1988年任中国地质大学校学位委员会主任。曾任中国地质学会副理事长。1980年当选中国科学院学部委员（院士）。

20世纪40年代初，参加四川、云南、贵州等省盐矿地质调查和云南元永井、一平浪等盐矿的开发。1943年参加黄海化学实业社组织的“西北盐产调查团”，一年多中调查了西北地区盐矿16家、池盐55处、滩盐19处，这是中国第一次应用现代地质学方法系统地对盐矿、盐硝资源的调查。1956年应邀任轻工业部盐业资源勘探队科学顾问，后来在湖南衡阳的盐矿普查中，在他的指导下发现了衡阳红层盆地中第一个石盐矿床。1957年参加由柳大纲任队长的中国科学院盐湖调查队，在柴达木盆地发现了察尔汗盐湖钾盐矿床。1959年完成中国盐类矿床分布规律和成矿远景的预测研究，主编比例尺为400万分之一的第一幅中国盐类矿床预测图。他还对盐矿地质进行了深入的理论研究。在先后三次去柴达木盆地考察察尔汗盐湖钾盐矿床的基础上，1962年总结出陆相盆地的成钾条件和成钾机理，后来被国内外盐矿学界称之为“陆相成钾理论”。1983年，他进一步提出中国内地钾盐矿床成因的“高山深盆成盐模式”。

发表学术论文近百篇，主要论文入编《盐矿地质论文选集》（1989年）；著作有《西北盐产调查实录》（1946年）、《矿床学原理》（1965年，与冯景兰共同主编）、《矿床学》（1980年）等。

（孙天宇）

王钰（Wang Yu） 字勿斋。中国河北省人，1907年10月5日生于河北深泽，1984年4月5日卒于江苏南京。*地层学、古生物学。*

1933年毕业于北京大学地质系。1935年进中央地质调查所，先后任技佐、技士、技正。1944～1946年，在美国国家自然博物馆做访问学者，考察美国、加拿大、墨西哥古生代地层。1950年任中国科学院南京古生物研究所（后为南京地质古生物研究所）研究员，1959年任古无椎脊动物研究室主任。曾兼任《古生物学报》主编，《地层学》副主编和代主编。1980年当选为中国科学院学部委员（院士）。

20世纪30年代起从事地层学和古生物学研究。他对长江三峡一带和川黔地区下古生界的研究成果，为中国南方早古生代地层的划分和对比作了奠基性工作。此后长期从事腕足类动物化石的研究，40年代在中央地质调查所工作期间，1944～1946年被派遣在美国史密森研究会跟随库珀(P. Copper)教授研究腕足类动物化石,所写论文"艾奥瓦州马科基塔镇的腕足动物"深受同行赞誉。60年代与同行金玉玕、方大卫合作,出版专著《中国腕足动物化石》(2卷,1964年)和《腕足动物化石》(1966年),其中前者获1982年国家自然科学奖二等奖。80年代,与他人合撰的"中国志留纪、泥盆纪生物地理"、"晚奥陶世至中泥盆世腕足类群落生态"等论文,获1989年中国科学院科学技术进步奖一等奖;与戎嘉余合著的《广西南宁-六景间泥盆纪郁江期腕足动物》(1986年),获1988年中国科学院科学技术进步奖一等奖。他的这些工作,使中国在腕足动物领域的研究进入了国际学术界前列。他与俞昌民共同主编的《中国的泥盆系》(1962年)获1978年全国科学大会集体奖、中国科学院重大科学技术成果奖。　（孙天宇　宣焕灿）

赵九章（Zhao Jiuzhang）　中国浙江省人,1907年10月15日生于河南荥阳,1968年10月26日卒于北京。气象学、地磁学、地球物理学、空间科学、科学管理。

祖籍浙江吴兴(今湖州)。出身中医世家。幼年寄居于河南开封伯父家中,并在那里上学。1933年毕业于清华大学物理系。翌年通过清华大学公费留学考试。1934～1935年在气象研究所由竺可桢指导进行气象研究工作。1935年夏赴德国柏林大学攻读气象学,1938年获博士学位。同年回国,任当时迁在昆明的清华大学航空研究所研究员,兼该所高空气象台台长。后又兼任西南联合大学教授。1944年任当时在重庆的中央研究院气象研究所代理所长。1945～1946年任美国芝加哥大学客座教授。1946年任当时已迁回南京的中央研究院气象研究所所长,并兼任中央大学气象系教授。1950年任中国科学院地球物理研究所所长。此后还相继兼任清华大学气象系教授、中国科学技术大学地球物理系主任。1966年任中国科学院651设计院(卫星设计院)院长。曾任中国地球物理学会理事长、中国气象学会理事长。1955年选聘为中国科学院学部委员(院士)。

在中国开创了动力气象学、大气环流和云雾物理等气象学分支学科。20世纪40年代,他从理论上推导出大气长波的临界波长,指出由于水平温度梯度的存在,当大气长波大于临界波长时,该波动是不稳定的,于是大气长波能得到发展。这一研究成果发展了C.-G. A. 罗斯贝的大气长波理论。1950年，他推动地球物理研究所与中央气象局联合组建天气预报中心。60年代，对带电粒子和外层空间磁场问题进行了深入研究，发表"地磁扰动期内史笃默捕获区的变化"、"带电粒子穿入地磁场的一种机制"等重要论文。1964年主编出版专著《高层大气物理学》。

20世纪50年代后期至60年代，为配合中国核武器试验和导弹试验，他组织开展高空物理学与空间科学的理论研究工作；为保证中国的人造卫星的正常运行，积极组织筹建空间模拟实验室。1999年被国家追授"两弹一星"功勋奖章。此外，他还推动了无线电气象学、海洋物理学等方面研究工作的开展。

（曹念祥）

戈盖尔，J.（Goguel，Jean）　法国人，1908年1月2日生于法国巴黎，1987年1月5日卒于同地。地质学、地球物理学。

教授之子。1926年就学于巴黎中央综合工科学校。1931年入巴黎矿业学院学习，1937年获理学博士学位。毕生在地质图测绘局工作，后升任局长。1942年在矿区兼任首席工程师，1959年任总工程师。1958年入选美国文理科学院外籍院士。1973年入选美国国家科学院外籍院士。是美国地质学会、伦敦地质学会的外籍名誉会员。

刚入测绘局时，受遣去法国南部阿尔卑斯山沉积地区进行地图测绘，使他接触到包括地层学甚至古生物学的各种地质问题。后来又将类似的测绘工作扩大到法国其他地区。在这些工作的基础上，撰写了有关法国地质的专著。在区域地质工作中，他的兴趣主要在构造学上，注重探讨构造变形的机制问题。对岩石的变形做了种种实验，认识到区分各种岩石演化类型的重要性。还从事勘探地球物理学和理论地球物理学的研究，撰写了有关重力学的文章。发展了地壳均衡学说的一些想法。积极勘探地热源。除科学论著外，还有著名科学普及作品《宇宙中的人类》（1947年）等。获多种嘉奖，其中有法国荣誉军团勋位、法国科学院多次奖励。　（张南海）

缪勒，L.（Müller，Leopold）　奥地利人，1908年1月9日生于奥地利萨尔茨堡，1988年8月1日卒于同地。地质力学、岩体工程学、隧道工程、技术发明。

当过水电站、隧道工程的工人、工长和技师。1933年获维也纳大学工程地质学博士学位。后任隧道工程工程师和总工程师职务。1946年创建岩体力学与工程地质研究所，任首任所长。先后任萨尔茨堡工程局局长、地质与工程顾问，萨尔茨堡国际岩体力学有限公司董事长，卡尔斯鲁厄大学地质力学教授等职。1951年任国际工程地质力学工作组组长。1962年任国际岩体力学学会首任会长。

奥地利地质力学学派创始人之一，发展了岩体力学和岩体工程学。20世纪40～50年代，在岩体力学理论领域，率先指出岩体是由地质不连续面切割而成的多结构、非连续的介质；与拉布舍维奇（L. von Rabcewicz）等人创造了"新奥地利隧道施工新方法"，在岩石隧道工程中得到了广泛的应用；强调工程技术和岩体基础的共同作用，倡导地质学和工程力学有机结合的理论与方法，与施蒂尼（J. Stini）等人创建了著名的奥地利地质力学学派；1951年，共同发起在萨尔茨堡召开第一次国际地质力学讨论会，推动了该学科的国际交流与合作。他在隧道工程技术等方面拥有许多发明专利，其中有岩体挠度计、自动钻孔装置、钻孔照相法、钻孔光学监测仪等。重视施工实践与地质力学理论的紧密结合，提出的许多新概念已经成为现代岩体力学的基本指导思想和方法。

主要著作有《地质力学》（1944 年）、《岩体工程学》（1963 年）和《隧道工程学》（1978 年）等，去世前还完成编写《坝基工程学》一书。（李 烨）

索博列夫，В. С.（Соболев, Владимич Степанович; Sobolev, Vladimir Stepanovich）

苏联人，1908 年 5 月 30 日生于俄国卢甘斯克（今属乌克兰），1982 年 9 月 1 日卒于莫斯科。*岩石学、矿物学、构造地质学。*

1930 年毕业于列宁格勒矿业学院，1938 年获地质学与矿物学理学博士学位。相继在该校、列宁格勒中央地质研究所和里沃夫大学任职。期间 1931～1941 年、1943～1945 年两度在母校兼课，1941～1943 年任伊尔库茨克州大学教授。1951 年被选为乌克兰科学院通讯院士。1958 年当选为苏联科学院院士兼执行委员，并任西伯利亚分院地质和地球物理研究所副所长至 1981 年。1975 年任全苏岩类学委员会主席，1974～1978 年担任国际矿物学会会长。

早年从事西伯利亚二叠纪和三叠纪陆相火山岩（即西伯利亚暗色岩）研究，发现了与鲍温反应系列不同的分异现象，在熔浆的连续演化中并未发生铁镁矿物之间的相互交换，而是出现氧化亚铁与氧化镁（FeO/MgO）比率的迅速增长。还发现一种与金伯利岩紧密共生且有成因联系的特殊碱性玄武玢岩，由此建立了西伯利亚地台与南非地质条件的相似性。后来他进一步提出在西伯利亚地台北部寻找金伯利岩和金刚石矿床的设想，导致大规模金刚石矿床的发现。

作了不少矿物学基础理论问题的研究。发现矿物的所有特性取决于结构特征，随着铝的配位数增大，矿物硬度、比重、折射率和抗酸性均增大；而结构本身则与形成条件有关、降温、增压、强碱浓度的降低，均有利于铝的配位数和阳离子数的增长。1949 年出版《硅酸盐矿物学入门》一书，发展了格里姆-戈尔德施米特等人的理论。20 世纪 50 年代起，致力于矿物形成的物理化学条件研究。测定过压力在形成硬玉、镁铝榴石等具有六价配位的矿物时的作用，指出形成此类矿物需要 10～20 千巴级的压力。还用矿物中玻璃质和气液包裹体均匀化的资料证明，火山岩斑晶的形成温度在1 200～1 300℃，霞石正长岩和花岗岩为 800～1 100℃，绿片岩的最低变质温度为 400℃。这些资料已在 1966 年他与合作者编成的第一份苏联变质相图中列出。此外研究过地幔，发现地幔成分由超基性向基性分异的现象，以及两种类型的莫霍面不连续性，描述过一种地幔岩的新类型——辉榴兰晶岩。

主要著作另有：《西伯利亚台地岩石学》（1936 年）、《非洲、澳洲、波罗洲和北美洲金刚石矿地质学》（1951 年）、《火成岩岩石记述学的物理化学基础》（1961 年，与他人合著）、《外观变质作用》（1970 年），以及 1∶2 500 000 比例尺的《苏联变质岩分布图》（1966 年）和《欧洲变质岩分布图》（1974 年）等。获苏联社会主义劳动英雄称号；获 1950 年斯大林奖金、1976 年列宁奖金；2 枚列宁勋章、多枚其他勋章和奖章。（李嘉曾）

佩克里斯，C. L.（Pekeris, Chaim Leib） 以色列人，1908 年 6 月 15 日生于立陶宛阿雷图斯，1993 年 2 月 24 日卒于以色列。*海洋学、地震学、地球物理学、应用数学、原子物理学。*

1934 年获马萨诸塞理工学院哲学博士学位。曾在哥伦比亚大学和斯顿高等研究所从事研究工作。1952 年被选进美国国家科学院。

成功地解决了两个应用数学中著名的问题：从拉普拉斯潮汐方程确定世界大洋的潮汐；求原子光谱中薛定谔波动方程的解。1962 年春，当他发现锂原子的一条谱线消失时，就预言能找到它的正确位置。同年夏天，人们发现他的预言是正确的。他的第一个理论震波图发表在美国地震学会论文集（1948 年）上。1960 年与别人合作发展了地球自由振动理论。开辟了把计算机技术应用到物理科学的途径。在统计力学与流体动力学方面也作了不少贡献。1966 年获罗思柴尔德数学奖，1974 年获哥伦比亚大学维特莱森奖。

（徐平五）

李连捷（Li Lianjie） 中国河北省人，1908 年 6 月 17 日生于河北玉田，1992 年 1 月 11 日卒于北京。*土壤地理学、土地资源学、农业区划。*

出身农民家庭。1932 年获燕京大学理学院理学士学位。毕业后受聘中央地质调查所调查员、技师。1940～1944 年，先后获美国田纳西大学农学院硕士学位、伊利诺伊大学农学院博士学位；曾在美国联邦地质调查所短期工作。1945 年回国，任中央地质调查所研究员，同年当选为中国土壤学会首任理事长。1947 年起任北京大学农学院教授、土壤系主任。1949 年后，历任北京农学院（今北京农业大学）教授、土壤农化教研组主任、该校遥感研究所名誉所长。曾兼任中国土壤学会副理事长、顾问，《土壤译报》主编等职。1955 年选聘为中国科学院学部委员（院士）。

毕生坚持野外考察，调研过上万个土壤剖面，行程达 30 余万千米，深入进行了中国土壤发生分类、土壤地理分布、土地资源调查，为中国土地资源区划评价、合理开发利用、盐碱地治理等提供了大量第一手资料和建设性意见。20 世纪 30～40 年代，考察渭河流域、太湖流域和长江三角洲土壤成因及地貌，绘制了 10 万分之一的水稻土分布图；首次调查湘赣支流谷地红壤发生和分布；对山西五台山山地、汾河河谷、福建沿海、两广等地进行了土壤调查；提出了红壤、黄壤形成与第四纪地质、水文关系新见解；首次提出新型土壤分类法——自型土纲、水成土纲和复型土纲。

50～60 年代，两次赴西藏考察和指导农牧业发展；多次主持考察北京山区、新疆、青海、东北、西北、黄河后套、海南岛等地。70～80 年代，成功指导河北曲周县盐碱地治理工程，以及湖南省城步苗族自治县南山牧场和山地草场牧草引种，后者获 1982 年农牧渔业部技术改进奖一等奖、1978 年全国科学大会奖；组建中国第一个农业遥感与应用培训中心。出版《西藏农业考察》（1954 年，与他人合著）等多部著作；译著有《土壤地理的微形态特征》等。 （黎同炎）

顾功叙（Gu Gongxu） 中国浙江省人，1908 年 6 月 25 日生于浙江嘉善，1992 年 1 月 14 日卒于北京。*矿床学、油田地质学、地震学、地球物理勘探。*

小学教员的儿子。家境清寒，由亲友资助完成学业。1929 年上海大同大学理学系毕业。后任浙江大学物理系助教。1934 年公费赴美国科罗拉多矿业学院攻读地球物理勘探，1936 年获硕士学位。后在加利福尼亚理工学院从事研究工作。1938 年回国，任当时已内迁昆明的北平研究院物理研究所研究员，1947 年随该所返回北平（今北京）。1949 年后，历任中国科学院地球物理研究所研究员、副所长，国家地质部地质矿产司副司长，地球物理勘探局副局长、总工程师，国家地震局地球物理研究所副所长、名誉所长。参与创建中国地球物理学会和中国地震学会，曾任这两个学会的理事长，以及《地球物理学报》和《地震学报》的主编。1955 年选聘为中国科学院学部委员（院士）。

抗日战争时期，率队用几台简陋仪器在云南、贵州两省铁、铜、铅、锌、煤等许多矿区进行中国最早的物探工作，与同事们合写了 10 多篇勘查报告，在中国开创了用物探方法寻找矿产资源的研究方向。1949 年以后，领导和指导地质部系统的物探工作，特别是全国的石油普查勘探。组织力量综合使用航空磁测、重力测量、大极距电测深及地震法等各种手段，1958 年在东北松辽平原发现了大同镇成油构造，它被命名为大庆长垣构造。1959 年初又参与讨论大庆长垣构造的具体钻井位置，同年 9 月在该位置上打出了一口有工业价值的油流。这项工作为 1960 年的大庆石油会战扫清了障碍。20 世纪 60 年代前期，参与指导华北的黄骅、东营等成油构造的发现，为华北几个油田的建立作出了贡献。80 年代末，总结了自己在物探方面的理论研究和找矿实践，撰写和出版专著《地球物理勘探基础》(1990 年)。1966 年邢台地震以后，他把主要精力转移到地震预报的研究方面，并参与部署加强全国这方面的研究力量。1983 年出版《中国地震目录》。晚年写成的《地震预报》专著初稿，是他在该领域研究成果的总结。 （孙天宇）

杨遵仪（Yang Zunyi） 中国广东省人，1908 年 10 月 7 日生于广东揭阳，2009 年 9 月 17 日卒于北京。*地层学、古生物学。*

1933 年清华大学地学系毕业。留校任教。1936 年公费赴美国留学，1939 年因地层学与古生物学的研究获耶鲁大学博士学位。同年回国，历任中山大学地质系教授、系主任，两广地质调查所所长，清华大学地质系教授，北京地质学院教授，该院水文系、石油系、普查系和地质系主任。1987 年北京地质学院改名中国地质大学（北京）后，他任该校教授。曾兼任中国古生物学会副理事长、中国地质学会地层古生物专业委员会主任、《地质学报》等刊物副主编，国际地质科学联合会地层委员会冈瓦纳分会副主任、国际地质科学联合会地质对比计划 203 项和 272 项负责人。1980 年当选为中国科学院学部委员（院士）。

20 世纪 40～60 年代，他对无脊椎古生物的门类特别是腕足动物、软体动物、棘皮动物进行了深入研究，还率先在中国发现和研究了棘皮动物门中的蛇尾纲化石，填补了中国这方面的研究空白。70 年代末至 90 年代，主持和参与国际项目，开展对古生代与中生代之间的生物绝灭事件的成因，以及二叠与三叠系界线及其上、下地层中生物群演化和变革的研究，选择中国南方 3 个二叠-三叠系界线剖面作为国际候选层型，从而推动了这一研究的深入开展。

与他人合作，出版教材和专著 10 余种，如《古生物学教程》(1957 年初版、1980 年再版)、《贵州中部中、上三叠统腕足类》(1966 年)、《南祁连山的三叠系》(1983 年)、《中国地质》(1986 年，英文版)、《华南二叠-三叠系界线地层及动物群》(1987 年)、《西藏阿里古生物》(1990 年)、《华南二叠-三叠纪过渡期地质事件》(1991 年）等。多次获国家和省部级奖励，如 2002 年国家自然科学奖二等奖等。1994 年获美国耶鲁大学克罗斯奖章。 （孙天宇 宣焕灿）

威尔逊，J. T.（Wilson，John Tuzo） 加拿大人，1908 年 10 月 24 日生于加拿大安大略省渥太华，1993 年 4 月 15 日卒于安大略省多伦多。

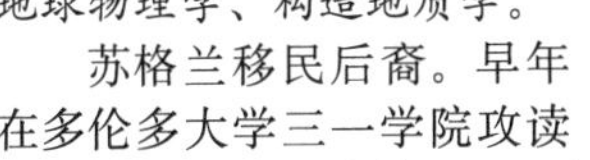

海洋地质学、地球物理学、构造地质学。

苏格兰移民后裔。早年在多伦多大学三一学院攻读物理学，兼学地质学，1930 年成为加拿大第一位地球物理专业毕业生。后在英国剑桥大学圣约翰学院获相关硕士学位。1936 年获美国普林斯顿大学地质学博士学位。后应征入伍，参加了第二次世界大战，战后以上校军衔退伍。1946 年任多伦多大学地球物理学教授，后任该校厄林代尔学院院长。1974～1985 年任安大略科学研究中心主任。1957～1960 年任国际大地测量学和地球物理联合会主席。是加拿大皇家学会会员，英国皇家学会外籍会员、美国国家科学院外籍院士。1975 年封爵位。

最早使用航空摄影照片来帮助地质观测和勘查。与吉尔（J. E. Gill）一起根据航摄资料把加拿大地质划分成年龄和构造不相同的一些省。在此基础上提出了大陆增生学说。1963年着手研究大洋岛屿，第一次提出离不断扩张着的大洋中脊越远的岛屿年龄越老，提出产生大洋岛链的热点理论。后来又提出洋底存在转换断层的概念，为板块构造理论提供了支撑。是第一个使用“板块”这个词的学者。1965年又与瓦因（J. F. Vine）一起解释北美洲西海岸以外的磁异常图象。他认为美国西部由于东太平洋隆起过份剧烈而抬起。提出一种造山旋回：海洋起初是裂谷，逐渐张开，后又闭合，最后收缩，直到它们形成山脉带。

主要著作有《物理学和地质学》（1919年）、《大陆起源与前寒武纪历史》（1949年）、《加拿大地质的一些主要构造》（1949年）、《国际地球物理年》（1961年）、《断层的一种新类型及其在大陆漂移中的作用》（1965年）、《地幔热点与板块运动》（1973年）、《大陆漂移与大陆固定》（1977年）等。获1968年加拿大勋章，1968年美国地质学会彭罗斯奖章、美国地球物理学联合会布克奖，1975年美国国家科学院卡蒂奖，1978年英国伦敦地质学会沃拉斯顿奖等。为纪念他，加拿大一座年轻的海底火山以他命名；加拿大地质联合会设立地球物理学威尔逊奖章。（张南海）

纽厄尔，N. D.（Newell，Norman Dennis）
美国人，1909年1月27日生于美国伊利诺伊州芝加哥，2005年4月18日卒于新泽西州利昂尼亚。*地层学、构造地质学、古生物学、海洋生态学、生物进化论。*

牙科医生之子。1929年获堪萨斯大学理学士学位，1931年获硕士学位，当时还在堪萨斯州地质调查所作见习生。1933年获耶鲁大学博士学位。1934年在堪萨斯大学任教。1937年在威斯康星大学任教。1942年任秘鲁国家石油部地质师。1945年在哥伦比亚大学任地质学教授，兼任美国国家自然博物馆地史学和无脊椎动物古生物馆馆长。

曾在南北美洲、中美洲、南阿尔卑斯、乌拉尔、巴基斯坦西部、印度、日本、南太平洋和北非等许多地区进行大量地质学和古生物方面的考察研究。20世纪40年代，他通过对的的喀喀湖盆地的研究，提出了安第斯山构造的新理论。

1935年起，对现代及古代的双壳纲软体动物进行研究，从中探索生物的演化规律。他关于双壳纲软体生物的分类法，已为国际无脊椎古生物学界所采用。探讨了生物演化的特点及其在地质学上的意义。认为在生物演化史上，确实发生过许多意义深远的事件，其表现就是席卷不同地区的生物同时灭绝的现象和新的生物群“突然”出现的现象。认为发生这些事件的原因是由于环境的变化。生物演化史上的这种突变现象为地层单元的划分提供了基础。曾对许多地区的礁复合体和环形珊瑚礁进行过生态学和地质学方面的研究，从中揭示了现代浅成碳酸盐沉积物的组成特点和形成环境，证实了C. R. 达尔文对礁体的发育史与形成过程的理论。

获1962年美国国家科学院克拉克奖章，1965年费城科学院地质与古生物学海登奖，1966年耶鲁大学维里尔奖章，1978年美国国家自然博物馆特殊科学成就金质奖章，1990年美国地质学会彭罗斯奖章。

（杨惠成）

达比，H. C.（Darby，Sir Henry Clifford）
英国人，1909年2月7日生于英国威尔士西格拉摩根郡雷索尔文，1992年4月14日卒于剑桥。*历史地理学、人文地理学、湖沼学、地图学。*

1931年获剑桥大学博士学位。同年留校任教。次年同时在伦敦大学国王学院兼课。1945年任利物浦大学第一个地理学教授。1949年任伦敦大学学院教授。1966年任剑桥大学地理学教授，1976年退休任荣誉教授。1966～1981年兼任伦敦大学国王学院教授。1961年当选为英国地理学家协会主席。1976年成为英国皇家地理学会荣誉会员。1988年封爵。

现代历史地理学中的英国学派代表，对英国历史地理学发展作出了杰出贡献，并影响了世界现代历史地理学的形成与发展。与此同时，和美国的C. O. 索尔一起开创了“文化-景观”研究路径之先河，促进了文化地理学的发展。达比一生的学术研究工作基本可以分为四个方面：英国东南部沼泽地研究；《清册地理学》研究；英格兰历史地理研究；历史地理学方法论探讨。1936年他主编出版《公元1800年前的英格兰历史地理》，在序文中简明扼要地说明了历史地理学的性质、特点和方法，对后来历史地理学的发展有很大影响。达比强调人类文化与活动对景观形成的重要作用，这正是不同地区形成不同景观的重要原因之一。认为历史地理学任务是重建过去的地理，在复原过去地理的工作中，水平横剖面方法行之有效。通过一系列横剖面的复原来重现某一地区地理景观变化的过程，从而为现代地理景观的特点作出发生学的解释。

主编《英格兰清册地理》（7卷，1952～1977年），其中包括《东南部英格兰清册地理》（1962年）、《东英格兰清册地理》（1971年）、《中部英格兰清册地理》（1971年）等分卷。此外的主要著作还有《中世纪沼泽地》（3卷，1940年）、《大学专用地图集》（1972年，与他人合编）、《英格兰历史地理新编》（1973年）、《清册地名辞典》（1975年，与他人合编）、《剑桥新编近代历史地图集》、《变化中的沼泽地》等。

（李　烨）

裴伟，A. B.（Пейве，Александр Вольдемарович；Peivie，Alexandr Volidemalovich）　一译佩伊韦。
苏联人，1909年2月9日生于托洛佩茨，1985年12月21日卒于莫斯科。*矿床学、构造地质学、地图学。*

1930年毕业于莫斯科地质勘探学院。留校任教。1929年兼任苏联科学院肥料科学研究所研究员。1935年任苏联科学院地质研究所研究员，1960年出任所长。1972年任世界地质图委员会大地构造图分委员会主席。1964 年当选为苏联科学院院士。

20 世纪 30～40 年代，主要致力于地槽构造与成矿机制研究。关注地壳水平构造运动的力学作用，并首次进行分类；1945 年发表“地槽区的深大断裂”论文，在地学界产生影响；倡导根据地槽理论寻找矿产，亲自在北乌拉尔地槽区发现大型铝土矿带，因此于 1946 年获苏联国家奖金。50～60 年代，勘查和研究古代大洋壳地层，探索不同矿产形成的途径和规律；总结自己在地槽学领域长期研究和最新进展。1956 年形成了较完整的深大断裂学说，著文系统阐述深大断裂一般特征、主要类型、空间分布；研究沉积、构造、岩浆活动和成矿之间的关系，出版《岩浆和构造运动》（1966 年）、《地质史中的大洋地壳》（1969 年）等论著，指出在洋壳向大陆俯冲过程中，由于岩浆的构造地质作用，大洋地壳会径由岛弧型过渡壳再改造为大陆壳，并提出地壳构造成熟度概念；因主持完成《1/500万欧亚北部大地构造图》，1969 年再获苏联国家奖金。70～80 年代，建立较为系统的地壳成熟度理论，认为地质史各阶段都有不同成熟度的地壳露出地表，可以作为构造划分的根据；1976 年详细对比研究并公布了欧亚大陆地壳构造成熟度，1980 年出版《欧亚大陆的构造成熟度》说明书；将地壳构造主要分为陆壳、洋壳、次洋壳三大类型，其中陆壳再分为褶皱杂岩区、造山杂岩区和地台杂岩区等三大次级类型；主编《世界大地构造图（1/1600 万）》（1984 年）。

（李啸虎）

周廷儒（Zhou Tingru） 中国浙江省人，1909 年 2 月 15 日生于浙江新登（今富阳），1989 年 7 月 18 日卒于北京。*自然地理学、地貌学、古地理学。*

出身小商人家庭。1935 年毕业于中山大学地理系。留校任教。后在杭州高级中学执教。1937 年独自一人在云南西部大理、宾川一带进行地貌学考察。1938 年到西南联合大学史地系任教。1940 年在重庆任职于中央研究院地理研究所。1946 年公派赴美国伯克利加利福尼亚大学留学，1948 年获硕士学位。1950 年回国，任北京师范大学教授，兼任中国科学院地理研究所研究员、清华大学地学系教授。1952～1983 年任北京师范大学地理系主任，期间 1963 年创建新生代古地理研究室。1980 年当选为中国科学院学部委员（院士）。

1941 年参加嘉陵江考察队，沿江步行 400 千米，绘制了嘉陵江曲流分布图；1942 年参加西北史地考察团，在甘肃、青海进行广泛的考察。1956～1959 年，连续 4 年中每年春季到秋后参加中苏合作新疆综合考察，对新疆的地貌、自然地带分异规律、第三纪以后自然地理的演变进行了深入研究，成果刊于他参与撰写和主编的专著《新疆地貌》（1978 年）中。1963 年提出将中国综合自然地理区域划分为五大地域，即：①东部季风林地域；②中部干草原地域；③西部干荒漠地域；④外部青川藏山原边缘高山地域；⑤内部青藏山原寒荒漠地域。后来又将上述五大地域分成三个大区，除①依然单独列为第一个大区外，②与③合并为第二个大区，④和⑤合并为第三个大区，并进一步从第四纪以来的自然地理演变阐明中国三大区的分异规律。

发表许多有关新疆白垩纪以来自然环境的演变、中国第三纪以来自然地理环境的发展演化过程、中国华北第四纪古地理问题、中国东部季风区第四纪冰期的环境问题等论文；出版《古地理学》（1982 年）、《中国自然地理·古地理（上册）》（1984 年，与他人合著）等著作。

（孙天宇）

雷维尔， R. R. D.（Revelle，Roger Randall Dougan） 美国人，1909 年 3 月 7 日生于美国华盛顿州西雅图，1991 年 7 月 15 日卒于加利福尼亚圣迭戈。*海洋地质学、经济地理学、环境科学、人口学。*

1929 年获波莫纳学院学士学位。1936 年获伯克利加利福尼亚大学海洋学专业博士学位。1931 年进入位于圣迭戈的斯克里普斯海洋研究所。第二次世界大战期间，在美国海军中任海洋学家。1948 年回研究所任海洋学教授，1950～1963 年任所长。1963 年任哈佛大学人口与发展研究中心主任。1976 年任圣迭戈加利福尼亚大学政治科学系科技与公共事务教授。曾担任过内政部长科学顾问。联合国教科文组织美国委员会副主席，1974 年任美国科学促进协会会长。1960 年在联合国海洋研究科学委员会任首届主席，兼任属下海洋与气候变化委员会首届主席。1957 年入选美国国家科学院院士，最后任科学院原子辐射与生物效应研究委员会主席。1965 年成立一所以他的名字命名的学院。

多次领导并参加中太平洋远征队进行深海考察。发现海底沉积层很薄，通常在 200 米以下。他根据地震测量，确定深海底下莫霍面的深度仅为 7 千米；测出深海底平均热流值与大陆大致相同；推断热流来自下伏数百千米岩石柱低浓度放射性物质的衰变，热量通过地幔岩的缓慢对流带出。预言高热流值将出现在洋中脊附近，低热流值可在海沟处发现，为板块构造、海底扩张理论的发展提供了依据。1958 年，他参与发起“国际地球物理年”。1963 年获美国国家科学院阿加西斯奖章。

在内政部当科学顾问期间，曾研究美国人口问题、巴基斯坦土地盐碱化和土地灌溉问题，使巴基斯坦农业增产达 5%，为此受到巴基斯坦总统的嘉奖。他还研究过将来土地和水资源对世界粮食生产影响问题。并专门研究过大气中二氧化碳增加层的“温室效应”，引起世界科学家的注意。

主要著作有：《海洋学中的原子辐射效应》（1957 年）、《自然资源、能源、水和流域开发》（1962 年，与他人合著）、《美国正在变化中的环境》（1970 年）、《生存问题：人、资源和环境》（1971 年）、《人口和社会变化》（1972年）、《海洋学、人力资源和世界》（1949年初版，2010年再版，与他人合著）等。

（雷秉舜）

施托克曼，B. Б.（Штокман，Владимир Борисович；Shtokman，Vladimir Borisovich） 苏联人，1909年3月10日生于俄国莫斯科，1968年6月14日卒于同地。海洋学、地球物理学、应用数学、仪器研制。

机械工程师之子。1929年入莫斯科大学数理学院，专攻地球水圈地球物理学。1931年辍学，到莫斯科海洋学院当实验室助手，1933年升任高级研究员。1934年被派往设在巴库的全苏海洋渔业和海洋科学研究所阿塞拜疆分院，任物理海洋学实验室主任。1939年在莫斯科工作，任全苏海洋渔业和海洋科学研究所水文部主任、苏联科学院理论地球物理学研究所高级研究员。第二次世界大战初，到克拉斯诺亚尔斯克的北极研究所任高级研究员。1943年返回莫斯科，在新成立的苏联科学院海洋学实验室工作了25年，直至去世。1946年该实验室发展成苏联科学院海洋研究所。1944年获莫斯科大学数学与物理学博士学位。1947年任地球物理学教授，曾任该所物理海洋研究室、海洋动力学实验室和理论研究室的主任。

利用概率论和随机函数研究海洋湍流。研制成直接在一连串测点上测量湍流脉动和洋流速度的仪器。研究工作主要是根据海洋测量数据对地转风气流作理论计算。晚年研究岛屿环流。在研讨海洋动力学等方面，发表论著100余篇（部）；最著名专著是《赤道海洋的逆流》（1948年）等。

（张南海）

斯塔尔，V. P.（Starr，Victor Paul） 美国人，1909年3月23日生于美国特拉华州多佛尔，1976年3月15日卒于马萨诸塞州杰梅卡。气象学、大气物理学、应用数学。

1930年毕业于纽约州立大学。后在国家气象局工作，不久参加《天气评论》月刊的编辑出版工作。1936年到马萨诸塞理工学院，在罗斯贝指导下进行大气环流研究，1938年获硕士学位。后回到国家气象局。1940年到芝加哥大学气象研究所，1944～1945年兼任《气象月报》第一任主编，1946年获该校博士学位。1947年到马萨诸塞理工学院任教，1956年升任气象学教授，1974年退休。1956年入选美国文理科学院院士。

20世纪40年代在芝加哥大学期间，曾主持该校大气环流研究小组，对大气环流的能量产生、转换、传输、扩散、收支、凝结潜热、风场周期振荡、重力波等均进行了深入研究。1942年出版著作《天气预报的基本原理》。1945年将准拉格兰坐标运动方程应用到动力气象学，后经引申又应用于数值天气预报。首次在中纬度高空西风带上部发现一种准水平的平直管状极大速度的气流，后来称“喷射气流”，又名“急流”。1946年与罗斯贝一道在普林斯顿大学主持一次气象会议，会上专门讨论了数值预报有关问题，这是全球首次数值预报讨论会。后来，他主持对大规模涡动运动的研究。1968年出版《粘滞性程序物理》一书。还研究了木星和太阳对地球大气环流的影响。退休后仍应用角动量平衡观点研究龙卷风的动力问题。1961年获美国气象学会罗斯贝奖。

（曹念祥）

朱祖佑（Zhu Zuyou） 曾名朱润生。中国浙江省人，1909年5月9日生于浙江海宁，1980年卒于台湾台北。海洋学、地球物理学、科学管理。

1932年山东大学毕业。参与创建青岛观象台水族馆并任技术员，1935年任该台海洋科研究员，继任科长。后去国外留学，毕业于法国巴黎海洋研究所；曾获美国华盛顿大学海洋系博士学位。抗日战争期间，先后在四川省气象所、江西省气象所任职。1948年去台湾，历任台湾省气象所技正兼研究室主任，台湾大学历史系教授，1968年创办台湾大学理学院海洋研究所，任首任所长。兼任台湾师范大学等校教授。曾任美国华盛顿大学海洋系客座研究员。

20世纪30～40年代，参加中国近海海洋调查。50年代后，主要从事中国台湾邻近海域的黑潮研究。期间，参加过印度洋国际考察活动；组织和开展黑潮及邻近水域的合作调查；率领过“九连”号在邻近中国的南海和西太平洋进行调查等。

他是中国最早系统调查研究黑潮的权威学者，仅相关课题论文发表就超过30余篇。黑潮起源于菲律宾东南，是沿北太平洋西部边缘向北流动的北赤道流一分支强海流，因水色深蓝似黑而得名，是世界海洋第二大暖流，相对流经海域，它具有流速强，流量大，流幅狭窄，延伸深邃，高温高盐等特征。他系统深入调查研究了台湾东岸黑潮的水文、流速结构、流量变动和水位变化关系；从海洋动力学、生态系统观点研究台湾附近海域，发现一些冷水团和上升流现象；发现一支终年存在并在夏季最强的黑潮支流；对巴士海峡邻近海域进行海流动力计算，揭示了通过巴士海峡的黑潮水和南中国海海水的交换过程；研究南海海盆中冷水来源。出版有《中国海洋》（1956年）。

此外，他创建和主持的台湾大学海洋研究所，汇集了海洋物理、海洋化学、海洋地质、地球物理、海洋生物和渔业各方面人力，不仅对台湾周边海域作全面调查研究，为了解和保护海洋环境，开发海洋资源，保育海洋生态，善尽学术研究和社会服务之责，而且为中国培育了大量海洋专业人才。

（李啸虎）

莫洛金斯基，M. C.（Молоденский，Михаил Сергеевич；Molodensky，Mikhail Sergeyevich） 苏联人，1909年6月16日生于俄国秋明州塔拉，1991年11月12日卒于莫斯科。大地测量学、地球物理学、应用数学。

1932年毕业于莫斯科大学。长期在苏联中央测绘科学研究院任教授。1946年当选为苏联科学院通讯院士。

长期从事地球形状和地球重力场研究，在大地测量和地球物理学领域有重要贡献。研究地球形状和密度，是地球重力学两项基本任务。1849年，英国的斯托克斯（G. G. Stokes）提出现代地球重力学的经典理论。1945年，莫洛金斯基发表“大地重力学的基本问题”一文，首创天文重力水平方法，对斯托克斯理论作重要发展，被称为莫洛金斯基理论，成为20世纪地球重力学经典理论之一。莫洛金斯基理论有很大实用性，只要采用局部地区的重力测量资料，就可在国家重力控制网中推求相对大地水平面近似差距。与此同时，随着空间大地测量技术迅速发展，地球形状学理论日益完善，莫洛金斯基理论存在的忽略密度不均匀性缺陷，也有力推动了对地球整体密度分布方式的研究。1950～1951年，他提出了确定地球表面形状的纯几何方法，这种三维大地测量方法可用于空间大地测量。1953年后，提出地球弹性构造模型，定量研究地球形变、章动和潮汐等课题，其中地球弹性构造模型、重力潮汐因子等成果，入选国际大地测量参考系统。在总结长期研究成果基础上，1960年出版《地球形状和外部重力场的研究方法》一书，系统阐述如何应用地面数据研究地球形状和外部重力场，被称为大地测量学中的“莫洛金斯基问题”，成为国际地球物理学界重要课题，受到高度重视。获1951年苏联国家奖金、1963年列宁奖金等奖项。（李啸虎）

哈尔布蒂，M. T.（Halbouty, Michel Thomas）美国人，1909年6月21日生于美国得克萨斯州博蒙特，2004年11月6日卒于休斯顿。*矿床学、石油地质学、地造地质学、石油勘探工程。*

黎巴嫩贫穷移民后裔。1930年、1931年先后获美国得克萨斯州农业与机械大学地质学学士、地质学与石油工程硕士学位；1956年获该校地质工程博士学位。大学毕业后在美国得克萨斯州、墨西哥等油田从事地质研究。创办并长期主持哈尔布蒂石油地质研究中心，先后出任哈尔布蒂阿拉斯加石油公司董事长、哈尔布蒂能源公司董事长。先后兼任美国石油工程学会会长、美国石油地质学家协会主席、环太平洋能源和矿产委员会主席等职。获1966年蒙大拿科学技术大学荣誉博士学位，1990年苏联科学院地球科学荣誉博士学位，1993年南京大学地质学荣誉教授称号。长期担任中国石油勘探与开发研究院科学顾问。是美国国家工程院院士。1996年当选为中国工程院外籍院士。

美国著名的石油地质学家，在国际上享有崇高声誉。主持、参与或指导钻探的油、气井已有数千个。20世纪30年代，在著名的得克萨斯油田、墨西哥油田等地从事地质研究，总结了石油、天然气地质分布规律。1959年他发现美国基奈半岛的西霍克气田。最早预测阿拉斯加油气远景，第一个在该地区独立钻探到石油。他是盐丘地质的世界权威，发表了许多有独到见解的论著；第一个全面深入研究了墨西哥湾沿岸沙地盐丘，评估其对油气聚集的控制作用，发现了大量的油气田；最先利用遥感技术勘查盐丘和隐伏构造，论文“遥感在石油和矿床勘探中的应用”（1976年）获美国宇航局和内政部奖励。后期研究全球地质构造，系统总结了全世界600个大型沉积盆地的油气分布规律；对中国松辽盆地、华北盆地、塔里木盆地等大型沉积盆地进行专项分析，作出富含油气地质的肯定结论，积极建议在塔里木盆地中部进行钻探并获良好成果。领导环太平洋矿产和能源委员会编制了大量地质构造图幅，对该地区探矿有重要指导作用。他长期关心中国石油地质学科发展，积极推动美中两国学术合作交流活动。

发表300余篇论文；出版《盐丘的岩相物理特征与产油构造：美国、墨西哥海湾沿岸7个沙地考察》（1967年初版、1979年再版）、《最后的繁荣》（1972初版、1984年再版）等多部专著；主编《太平洋地区的能源》（1982年）、《世界未来的石油省区》（1986年）、《特大型油气田（1978～1988年）》（1992年）等专著与论文集。获美国石油研究院杰出贡献金质奖章；美国石油工程学会，美国石油地质学家协会，美国采矿、冶金与石油工程师协会最高奖；多项国际大奖。（刘　汉）

张文佑（Zhang Wenyou）　中国河北省人，1909年8月31日生于河北唐山，1985年2月11日卒于北京。*矿床学、构造地质学、地图学。*

1934年北京大学地质系毕业。后到李四光领导的中央研究院地质研究所工作，1938年任副研究员，1942年升任研究员。1945～1947年，去美国地质调查所、英国剑桥大学进修。回国后在地质研究所工作，同时兼任中央大学地质系教授。1951年任中国科学院地质研究所副所长兼大地构造室主任，1980年任所长，后任名誉所长、所学术委员会主任。20世50年代后，先后兼任中国地质学会副理事长，中国石油学会副理事长，中国大地构造学会副理事长，国家科委地质矿产组副组长等职；以及北京地质学院、北京大学和中国科学技术大学等校兼职教授。1953年、1960年两次公派苏联考察学习。1955年选聘为中国科学院学部委员（院士）。

具有丰富的地质考察实践经验。1945～1947年被派往欧美留学期间，他不是按照常规去攻读博士学位，而是到世界各地考察典型地质现象，足迹遍及欧洲、北美、苏联、日本、古巴、斯里兰卡等。在长达半个世纪的地质生涯中，他在中国的地质考察足迹更是遍及全国各地。20世50年代中期，率先提出鲁中断裂带（后来称为郯庐断裂带）和该断裂带上有原生金刚石的论断，后来确实发现了这条断裂带，并在其上找到了中国规模最大的原生金刚石矿床。50年代中后期，他提出了中国东部包括冀中、松辽等大型厚层沉积盆地都有生油远景，成为以李四光为首倡导把中国石油勘探地从西部东移的战略决策人之一，导致了大庆和东部其他油田的发现和开发。

为研究控制矿产分布的基本地质发展规律，1953年他开始编制中国大地构造图。1956年与他人合作，完成并出版首幅比例尺为800万分之一的中国大地构造图。1959年，和合作者共同完成并出版比例尺为400万分之一的中国大地构造图。1983年，主编和出版比例尺为500万分之一的中国及邻区海陆大地构造图。20世纪70～80年代，在研究国际上著名的“板块理论”的基础上，提出一个新的地质构造理论——断块大地构造学说。他出版的专著《断块构造导论》(1984年)和《中国及邻区海陆大地构造》(1986年)中，对该学说作了充分的阐述。

毕生发表论文和论著180篇(部)；另有专著《中国大地构造纲要》(1958年)、《构造地质问题》(1963年)、《华北华南中生代新生代地质构造发展特征》(1966年)等。获1978年全国科学大会奖，1982年国家自然科学奖一等奖、二等奖，1984年中国科学院科学技术进步奖一等奖等多种奖励。(孙天宇 宣焕灿)

傅承义(Fu Chengyi)

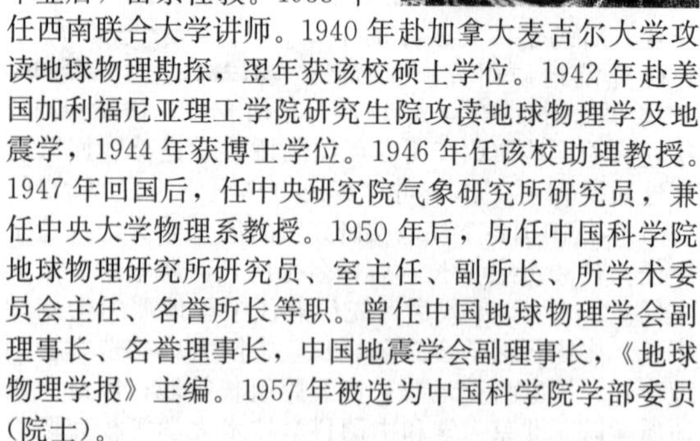

中国福建省人，1909年10月7日生于北京，2000年1月8日卒于同地。地震学、地球物理学、构造地质学。

原籍福建闽侯。中国科学院院士、化学家傅鹰之弟。1933年清华大学物理系毕业后，留系任教。1938年任西南联合大学讲师。1940年赴加拿大麦吉尔大学攻读地球物理勘探，翌年获该校硕士学位。1942年赴美国加利福尼亚理工学院研究生院攻读地球物理学及地震学，1944年获博士学位。1946年任该校助理教授。1947年回国后，任中央研究院气象研究所研究员，兼任中央大学物理系教授。1950年后，历任中国科学院地球物理研究所研究员、室主任、副所长、所学术委员会主任、名誉所长等职。曾任中国地球物理学会副理事长、名誉理事长，中国地震学会副理事长，《地球物理学报》主编。1957年被选为中国科学院学部委员(院士)。

20世纪40年代前期，在美国著名地震学家B. 古登堡指导下攻读博士学位时，对地震波首波的存在进行了严密的数学论证，并从物理上解释了首波与折射地震波的区别。40年代后期，他在美国《地球物理学》杂志上发表的一组研究地震波的论文，后来在1960年该刊创刊25周年时被评为地球物理学的经典论文。50～60年代，相继在北京地质学院创建了地球物理勘探教研室，在北京大学创建普通地球物理教研室，在中国科学技术大学创建地壳物理教研室；领导地球物理研究所第七研究室圆满完成了地下核试验地震核侦察工作。70年代，提出地震成因的“红肿假说”和地震前兆的“孕震区假说”。代表作有《大陆漂移、海底扩张和板块构造》(1972年)、《地球十讲》(1976年)和《地球物理学基础》(1985年，与他人合著)等。

(孙天宇)

王之卓(Wang Zhizhou) 中国河北省人，1909年12月16日生于河北丰润，2002年5月18日卒于湖北武汉。航空摄影测量学、地图学、遥感工程、应用数学。

1932年交通大学土木工程学系毕业。1934年赴英国留学，翌年获伦敦大学帝国学院土木工程系特许工程师文凭。同年进德国柏林工业大学学习大地测量，1939年获工学博士学位。回国后，历任中山大学土木工程系教授，中国地理研究所大地测量组副研究员、陆地测量局技术室主任，上海交通大学教授兼工学院院长，青岛工学院教授。1956年后，一直在武汉测量制图学院(后相继更名为武汉测绘学院、武汉测绘科学技术大学)工作，曾任该校教授、航测系主任、副院长、名誉院长等职。曾任中国测绘学会副理事长、理事长、名誉理事长。1980年成为中国科学院学部委员(院士)。

20世纪30年代末，完成航空摄影测量学的博士论文，深入探讨了比例尺及交向误差对于空中三角测量的系统性影响。40年代，发表“航测垂直摄影光束仿射性变换”等论文，对当时立体测图技术有重要价值。50年代，发现苏联专家的山区相对定向公式的不足之处，推导出精度更高的新解算公式，该公式后来被命名为王之卓公式。60年代初，第一次在中国提出了解析法空中三角测量加密理论与方案，奠定了中国航测发展的基础。70年代中期，参与解决国家测绘总局提出的全国1∶10000航测地形图的技术攻关，所制订的方案应用于中国航测事宜，大幅度缩短了中国航测成图的周期。70年代末，提出了利用电子计算机进行空中三角测量的全数字化自动测图系统研究方案，在他指导下该系统经十年攻关，1988年取得具有世界先进水平的重大成果。他还积极引导开展遥感科学研究和开发遥感技术。

撰写或主编的教材有《平面测量教程》(1952年)、《航空摄影测量学》(2卷，1959～1960年)等；专著有《摄影测量原理》(1979年)、《摄影测量原理续编》(1986年)。多次获省部级和国家级科学技术奖和优秀教材奖。1998年获陈嘉庚地球科学奖。

(孙天宇)

邓纳姆,K. S.(Dunham, Sir Kingsley Charles) 英国人，1910年1月2日生于英国英格兰多塞特郡牛顿，2001年4月5日卒于达勒姆。矿床学、区域地质学、矿冶工程。

1933年在英国邓勒姆大学获哲学博士学位。1935年在美国哈佛大学获理学博士学位。同年在美国新墨西哥州矿务局供职。1935～1945年参加英国地质调查所工作，曾任岩石学部主任。1950～1966年回达勒姆大学地质系任教授兼系主任，1968年为名誉教授。

1967～1975年任伦敦新建的英国地质调查所所长，使该所成为具有国际地位的科研机构。1958～1960年任约克郡地质学会会长。1972年封爵。1972～1975年任英国环境科学工程理事会主席等职。1955年当选为英国皇家学会副会长。曾先后出任采矿冶金学会、伦敦地质学会会长和英国科学促进协会、国际地质科学联合会的主席。他还发起联合国教科文组织下的国际地质科学联合会国际地质对比计划，并担任头4年的主席。

从读研究生起，50年中一直以英格兰矿藏丰富的彭奈恩山地为其主要研究课题。该地矿山已开采250余年。通过详查，他掌握数百个矿体的位置和规模，矿液的源地和通道，构造、地层和地球化学等因素的控矿作用，深入研究矿山地质和矿床成因，取得大量成果。晚年研究全球性的矿产和能源问题。

著有《新墨西哥州奥尔甘山脉地质》（1936年）、《彭奈恩山北部矿田地质》（1948年）、《萤石》（1952年）、《北斯凯岛的地质》（1966年，与他人合著）等书。获1954年英国地质学会比格斯比奖章，1968年美国矿业与冶金研究会金质奖章，1970年英国皇家学会皇家奖章，1976年伦敦地质学会沃拉斯顿奖章等。

（刘　汉）

久野尚志（Kuno，Hisashi）　日本人，1910年1月7日生于日本东京，1969年8月6日卒于同地。*岩石学、火山学、构造地质学。*

1932年毕业于东京帝国大学（今东京大学）地质系。1933年在该校任助教，1939年任副教授，1955年任岩石学和火山学教授。第二次世界大战期间，曾对日本国东北地区的高原玄武岩进行过研究。1951～1952年任美国普林斯顿大学客座研究员。1964年任明尼苏达大学客座教授。1963年被选为美国国家科学院外籍院士。1963～1969年期间，先后任国际火山学学会会长、国际大地测量和地球物理学联合会主席。

最初研究岩浆中辉石的结晶过程，据此他区分出两种不同的岩石系列：易变辉石岩系和紫苏辉石岩系。前者形成于高温贫水岩浆，后者形成于较低温富水岩浆，两者包括了从玄武岩到流纹岩的整个范围。根据压力作用影响相平衡关系的理论，并根据环太平洋火山岩的分布以及对夏威夷玄武岩的研究，提出上地幔物质在不同深度条件下可出现拉斑玄武岩、高铝玄武岩和碱性玄武岩的分带。拉斑玄武岩分布于海洋一侧，碱性玄武岩则靠近大陆一侧。在对玄武岩浆的分异作用的研究方面，提出岩浆中氧分压的高低可影响早期岩浆中磁铁矿的结晶情况，进而影响晚期岩浆中氧化亚铁（FeO）和氧化铁（Fe_2O_3）的富集程度，从而从同一个玄武岩浆可分异出不同成分的两个岩系。他的玄武岩分带理论与地震深源联系起来，后来成为板块构造学说中俯冲带岩浆活动的一个佐证。（杨惠成）

斯米尔诺夫，В. И.（Смирнов，Владимир Иванович；Smirnov，Vladimir Ivanovich）　苏联人，1910年1月31日生于俄国莫斯科，1988年卒于同地。*矿床学、经济地质学、地球化学。*

和另一位著名苏联数学家同名同姓。1934年毕业于莫斯科地质勘探学院。第二次世界大战前，任该学院副教授。战争期间领导中亚汞矿地质工作。1946～1951年任苏联地质部副部长，同时在莫斯科地质勘探学院教应用地质学。1951年任莫斯科国立大学地质系经济地质学教授。1958年被选为苏联科学院通讯院士，1962年成为院士。

他认为地球上矿床分布的不均匀性决定于地壳地质发展历史的特殊性：不连续性——地槽区和地台区不同；旋回性——主要形成矿床的地质事件有5个旋回，贝加尔旋回、加里东旋回、海西旋回、基梅里旋回及阿尔卑斯旋回；阶段性——地槽发展阶段早期与基性岩浆侵入作用有关，形成铬、钛、铜、铁、铂等矿床；中期与花岗岩侵入作用有关，形成铍、锂、锡、钨、钼及其他稀土元素矿床；晚期与地槽火山活动有关，形成铅、锌、金、铀等矿床；构造变异性——导致一定成分岩浆的侵入和有关矿床的形成。根据矿床在地槽区呈带状分布的特点，矿床建造与区域分布的相关统计，作出了苏联第一份成矿规律图，促进了苏联的找矿工作。还提出矿床成因的新理论，把与地槽旋回早期的火山作用有关的铜锌矿床确定为岩浆-沉积复合型矿床。1972年获列宁奖金，1980年获苏联社会主义劳动英雄称号，1986年获国家奖金。（雷秉舜）

孙殿卿（Sun Dianqing）　中国黑龙江省人，1910年3月10日生于黑龙江哈尔滨市郊区，2007年6月10日卒于北京。*第四纪冰川地质学、石油地质学、地质力学。*

出身农民家庭。1935年毕业于北京大学理学院地质系。1936～1949年，先后任山东省民政厅地质探研室技佐，湘南煤矿局地质助理员，中央研究院地质研究所助理研究员、副研究员。1949～1955年，先任李四光的秘书，后又任中国地质工作计划指导委员会委员、计划处副处长。1956年任地质部地质力学研究室副主任。1959年任地质力学研究所副所长。1978年任中国地质科学院副院长兼地质力学研究所所长，1983年直至去世为名誉所长。1980年当选为中国科学院学部委员（院士）。

长期在李四光身边工作，是李四光的得力副手。在第四纪冰川地质学研究方面，他在1939年便跟随李四光研究冰川遗迹。1944年，和徐煜坚共同在广西驾桥岭东坡发现了大量第四纪冰川遗迹；以后又跟随李四光在黔东、赣东、鄂西等地发现第四纪冰川遗迹；1958年又与马胜云共同发现北京西山隆恩寺基岩冰溜面，证实北京西山地区第四纪时期发生过冰川活动。这些都有力地否定了一些外国学者认为中国东部无第四纪冰川的判断。他还进一步阐明中国第四纪曾出现过6次亚冰期、5次间冰期的新认识。

在地质力学研究方面，是应用李四光倡导的该理论寻找中国油田的得力支持者。1955年他带队调查柴达木盆地的储油条件，提出该盆地北部第三纪地层中“S”或反“S”型扭动构造中有利于石油移聚的见解，发现该盆地水鸭子墩反“S”型构造带中的大油苗；1956年经钻探在该地打出第一口喷油井。1960年发表应用地质力学理论预言中国找油方向的著名论文，其见解被后来油气地质普查勘探工作所证实。他还用该理论深入研究地壳运动问题，这种研究是对李四光的地质力学理论的拓展。

代表作有《中国第四纪冰川遗迹纪要》（1957年）、《地质力学与地壳运动》（1982年，与高庆华合著）、《隐伏矿床预测》（1987年，与高庆华合著）等。获1982年国家科学技术进步奖二等奖等多种奖励。

（孙天宇 宣焕灿）

纳米亚斯，J.（Namias，Jerome） 美国人，1910年3月19日生于美国康涅狄格州布里奇波特，1997年2月10日卒于加利福尼亚州圣迭戈。气象学、大气物理学。

验光医师之子。中学毕业后，进蓝山气象台任初级观测员。1936年进马萨诸塞理工学院，在罗斯贝领导下进行研究工作，1941年获该校硕士学位。后在国家气象局预报科工作。第二次世界大战中，负责大西洋和北非盟军舰队护航天气预报工作。1968年到加利福尼亚大学斯克里普斯海洋研究所工作，但仍兼国家气象局预报科科长。4年后专任斯克里普斯海洋研究所气候部主任。是美国文理科学院院士。1972年罗得岛大学、1984年克拉克大学先后授予他荣誉理学博士学位。

1936年参加由罗斯贝领导的马萨诸塞理工学院气象研究所的长期天气预报研究。这以后的5年中，该所从物理学、统计学、天气分析三方面进行研究，取得了一些进展。从那时起美国的天气图上增添了长期预报的业务。他在研究高层气流时，发现上层风分布模式比地面上高低压区尺度大得多，这些大尺度模式对气旋、反气旋及气团生命史有极大影响。20世纪50～60年代，他研究了海洋与大气间的能量交换问题。

发表约150余篇科学论文，大部分汇编在《气候的短期变化》（1975年）论文集中；主要著作有《气团研究及等熵面分析引论》（1963年）、《用大气环流法的长期预报》（1947年）、《30天预报》（1953年）。获1955年洛克菲勒公共服务奖、美国气象学会杰出科学成就奖，1965年商业部金质奖章等。（曹念祥）

徐仁（Xu Ren） 字本仁。中国安徽省人，1910年8月22日生于安徽芜湖，1992年11月18日卒于北京。地层学、古生物学、植物学。

1933年毕业于清华大学生物学系。同年任教北京大学生物学系。1939年任云南大学生物学系讲师，后升任副教授。1944年和1948年两度赴印度：前一次在勒克瑙大学学习和工作，并在1946年获博士学位；后一次先后任萨尼古植物研究所副教授和代理所长。1952年回国后，任中国科学院南京古生物研究所研究员。1954年调至北京，历任国家地质部地矿司孢粉实验室主任，该部地质研究所孢粉古植物研究室主任、地层古生物研究室主任，中国科学院植物研究所研究员，北京自然博物馆副馆长等职。曾兼任中国孢粉学会理事长，中国古植物学会名誉理事长等职。1980年当选为中国科学院学部委员（院士）。

早年研究植物的苗端结构，所发表的论文“中国卷柏苗端解剖和生物”（1937年）、“吊丝球竹苗端的解剖和生长”（1944年），被国外不少植物学教材作为经典文献引用。20世纪40年代以后，转向古植物学和孢粉学的研究。20世纪50年代初期，在中国科学院南京古生物研究所创建中国第一个孢粉学实验室，后又在北京创建两个孢粉学实验室。50～60年代，率先用孢粉研究资料来确定地层时代和推断古环境。70年代，根据青藏高原古植物研究中所获得的证据，论证了青藏高原和喜马拉雅山隆起的时代、原因和过程。1983年发表著名论文“中国和北美晚白垩世和新生代植被的关系”，指出北美与东亚两个相距很远的植物区系现存不少相同的属不是由于迁移而是由于原地有孑遗分子的缘故，解决了一个多世纪以来植物地理学上悬而未决的疑难。应用古植物资料推断出中国古生代至新生代含煤岩系的地理分布规律，为普查找煤提供了理论依据。

所撰的专著《地质时期中国各主要地区植物景观》（1982年，与王秀琴合著）是中国第一部古植物学景观图册。另有《中国新生代植物》（1978年）、《中国晚三叠世宝鼎植物群》（1979年）、《生物史（第二分册）：植物的发展》（1980年）等。（孙天宇 宣焕灿）

周立三（Zhou Lisan） 原名周祖豫。中国浙江省人，1910年9月20日生于浙江杭州，1998年5月27日卒于江苏南京。经济地理学、农业地理学。

1933年中山大学地理系毕业。先后担任陆地测量总局边疆历史地图编纂委员会技士、国立编译馆编译、广西大学文史地科副教授。1940年参与筹建重庆中国地理研究所。1946～1947年在美国威斯康星大学深造。1949年后，参与筹建中国科学院地理研究所，历任该所研究员、副所长，中国科学院南京地理与湖泊研究所副所长、所长，中国科学院新疆综合考察队副队长、队长，中国科学院南京地理与湖泊研究所名誉所长等职。曾兼任全国农业区划委员会科学顾问组副组长、中国地理学会常务理事兼经济地理专业委员会主任、江苏省农业区划委员会副主任、顾问，江苏省农业区划学会名誉理事长。1980年当选为中国科学院学部委员（院士）。

20世纪30～40年代，编写初中教科书《中国地理》和《日本地理大纲》；抗日战争期间，和助手完成了中国第一本分省经济地图集《四川省经济地图集》。50～60年代，1956～1960年他带领新疆综合考察队踏遍天山南北90%以上县市，为编制地区经济发展规划提供第一手实证资料；60年代初参与联名倡议，使农业区划列为全国农业科技规划首项任务，他率先在江苏省进行试点，后获全国农业区划委员会一等奖。70～80年代，再次参加新疆考察，主持编写“关于新疆农业发展的若干建议”研究报告，成果获1979年全国科学大会奖、1986年中国科学院竺可桢野外工作奖；主持编写“中国综合农业区划”报告，成为中央和地方决策生产力布局科学依据，获1985年国家科学技术进步奖一等奖。80～90年代，主持完成“生存与发展”、“开源与节约”、“城市与乡村”和“机遇与挑战”4个国情报告，首次从人口、资源、环境和经济协调发展角度分析中国基本国情，引起中央高层和学术界高度重视；主编《中国国家农业图集》，获1989年中国科学院、国家科学技术进步奖一等奖、二等奖；《中国国情分析》获1997年中国科学院科学技术进步奖一等奖。发表论文近百篇；出版《中国农业区划的理论和实践》等教材、著作20多部。获国家和省部级奖10余项。1997年获何梁何利科学与技术进步奖。

（曾连荪）

迪尔，W. A.（Deer，William Alexander） 英国人，1910年10月26日生于英国曼彻斯特近郊勒斯荷姆，2009年2月8日卒于剑桥。*岩石学、矿物学、地理探险、高等教育管理。*

中学毕业后就学于曼彻斯特大学，后转学剑桥大学圣约翰学院矿物学与岩石学系，1934年获理学士学位，是该专业首届毕业生之一。1937年获曼彻斯特大学博士学位。留校任教。1938年起在剑桥大学圣约翰学院任教，先后任评议员、岩石检验员和讲师。第二次世界大战中，先后在皇家工程师化学战部、作战指挥训练部工作，穿梭于中东、缅甸和北非，以陆军中校军衔退伍。1946年回剑桥大学圣约翰学院任教。1950年任曼彻斯特大学地质学教授。1961年回剑桥大学任矿物学和岩石学教授，1966～1975年任该校三一学院院长，1971～1973年任副校长，1978年退休。1966～1975年任大英博物馆董事。1961年当选为英国皇家学会会员。1967～1970年任英国矿物学会会长。1970～1972年任伦敦地质学会会长。1983年获英国阿伯丁大学荣誉博士学位。

国际著名岩石学家，尤其在火成岩学科上有重要发现。1935年和1936年参加、1953年和1966年率领英国探险队，4次考察格陵兰，有诸多地理、地质新发现。1948年率队勘查加拿大东北部巴芬湾，以确认格陵兰的第三纪火成岩活动是否延伸到巴芬地带，首次在那里发现其他地区尚未发现的火成片麻岩。在两次格陵兰考察的基础上，1939年他和著名探险家、地质学家L. 韦杰（Laurence Wager）合撰出版的《格陵兰东部斯克尔哥尔德地下侵入岩》一书，被誉为20世纪最经典的岩石学专著之一。1962年，他和豪伊（Howie）、祖斯曼（Zussman）合著出版5卷巨著《成矿岩石》，1978年再版时作了较大扩充，直至在他晚年形成规模和内容蔚为壮观的11卷本，被誉为纪念碑式的岩石学和矿物学百科全书。此外，他在战后尽力推进剑桥大学的教学和科研改革，使之在快速变化的世界稳居前列。

主要著作还有《肯哥德鲁格苏亚克碱性侵入矿物和岩石》（1970年）等。获1948年爱丁堡皇家学会布鲁斯奖章，1974年伦敦地质学会默奇森奖章。

（李啸虎）

陈永龄（Chen Yongling） 中国北京市人，1910年11月8日生于北京，2004年8月15日卒于同地。*航空摄影测绘学、天文大地测量学。*

1931年毕业于交通大学。1934年入英国伦敦大学帝国理工学院。后去德国专攻大地测量，1939年获柏林理工大学工学博士学位。回国后，历任清华大学、同济大学、中央大学、中山大学、岭南大学等校教授，中国科学院地理研究所研究员、大地测量组主任，铁路测量总处处长兼总工程师。1949年后，历任岭南大学理工学院院长，华南工学院副院长，武汉测绘学院副院长兼大地测量系主任、一级教授，国家测绘总局总工程师兼测绘科学研究所所长。兼任中国测绘学会副理事长等职。1980年当选为中国科学院学部委员（院士）。

20世纪40年代，致力于大地网布设理论和中国地区地球形状的研究，首次发现从西伯利亚经过中国东部地区一直延伸到缅甸和马来西亚半岛的大地水准面上翘带。1947年首次将航空摄影测量成功用于闽赣和川汉铁路的勘测。60年代起，致力于国家天文大地网整体平差、大地水准面形状以及参考椭球定位等方面的理论研究，使中国大地网的精度大为提高。1965年，领导制定精确测定珠穆朗玛峰高程的实施方案和计算方法，解决了求定观测珠穆朗玛峰时的大气折光和推求该峰海拔高度的技术关键，所测得的珠峰高8 848.1米，为当时世界上最精确之值。70年代起，研究卫星大地测量新技术的应用，1975年提出在中国发展卫星多普勒定位技术的建议，对建立中国的地心大地坐标系，促进大地测量新技术的发展，起了重要作用。由他主编出版的教科书有《测量平差法》、《航空摄影测量学》和《大地测量学》（上卷，第1～2分册）等。

（戴成勋）

谭其骧（Tan Qixiang） 字季龙。中国浙江省人，1911年2月25日生于辽宁沈阳，1992年8月28日卒于上海。*历史地理学、地图学。*

原籍浙江嘉兴。出生时父亲在京奉铁路任站长，2

岁随父母返回原籍地。15岁考入上海大学，后又转入暨南大学历史系。1930年进燕京大学历史系当研究生，1930年毕业后。任北平（今北京）图书馆馆员，翌年兼任燕京大学历史系讲师。1940年赴当时已迁至贵州省的浙江大学任史地系副教授，1946年随校返回杭州。1950年任复旦大学历史系教授，后任系主任和地理研究所所长。兼任国务院学术委员会第一届学科评议组成员，国务院古籍整理出版规划小组成员，国家历史地图集编委会副主任兼总编辑等职。1980年当选为中国科学院学部委员（院士）。

对中国历史地理学的研究作出了重要贡献。1934年，他的老师、历史学家顾颉刚与他共同发起成立禹贡学会，1937年“七七事变”该学会被迫停办。三年多中，该学会对组织和发展中国历史地理学的研究力量起了很大的作用。20世纪50年代中期，他被推荐担任《中国历史地图集》的主编，与数十位专家通力合作，经过近30年的努力，终于在1982～1988年陆续出版了这部8卷本巨著。该书上起原始社会，下迄清代，共有20个图组，300多幅地图。该书绘出了中国历代王朝的统治范围、政区划分，也绘出了不同时代少数民族政权、边疆政权的管辖区域，还画出了中国海陆水体的变迁，其中列出的地名约七万个之多。该书被视为中国社会科学的一项重大成就，也是中国自然科学中历史地理学领域的一项重大成果。他对历史上黄河河道的变迁、洞庭湖和鄱阳湖的变化、海河水系的形成和演变、上海地区的成陆过程等有深入的研究。还与史念海、陈桥驿共同主编《中国自然地理·历史自然地理》（1982年）一书。（孙天宇）

韦克斯勒，H.（Wexler，Harry） 美国人，1911年3月15日生于美国马萨诸塞州福尔里弗，1962年8月11日卒于弗吉尼亚州。气象学、地球物理学、空间科学。

1932年获哈佛大学数学系理学士学位。1939年获马萨诸塞理工学院气象学博士学位。1934～1942年参加美国国家气象局工作，一年后在芝加哥大学兼课。第二次世界大战中，1942～1946年在空军培训气象人员。1946年任美国国家气象局科学服务部主任，1955～1962年任该局研究部主任。1955～1958年兼任美国国际地球物理年南极考察队首席科学家。因心脏病猝死，终年仅51岁。

最大的成就是对大气层中臭氧的作用、分布情况及其对气候影响的研究。还研究“火山灰尘”对世界气候的干扰、上层大气的涡动、气象卫星的各种用途、南极洲冰帽的形成。因在国际上率先力主并组织筹划发展气象卫星，被誉为“气象卫星之父”。去世后，1963年美国气象学会追赠罗斯贝奖。为纪念他，月球上一陨石坑以他命名；1977年威斯康星大学设立韦克斯勒气象学讲座教授职位。（曹念祥）

肖夫，J. M.（Schopf，James Morton） 美国人，1911年6月2日生于美国怀俄明州夏延，1978年9月15日卒于俄亥俄州哥伦布。地层学、煤田地质学、古植物学。

怀俄明大学毕业后，1932年、1937年先后获伊利诺伊大学植物系理学硕士、哲学博士学位。1934年进伊利诺伊州地质调查所，从事煤田地质工作。1943年受美国矿务局委派，从事煤的加工应用研究。1947年以后一直在美国地质调查所工作。长期担任美国植物学会古植物学专业委员会主席。1975年任国际古植物学学会会长。两个儿子也是知名古植物学家。

最大贡献是把分类植物学原理应用到微体化石的研究上。通过煤的浸解，研究孢子和角质层，根据煤球植物确定孢子间的相互关系。通过煤岩样品研究，否定了铀与某种植物有关的推测，确定了含铀量与煤的多孔结构有明确关系。20世纪60年代，研究古南极冈瓦纳地区植物群，提供了许多古植物的新信息。

著述甚丰，其中有《一种新的苏铁亚纲植物及其亲缘关系》（1939年）、《宾夕法尼亚州古植物论文集》（1941年）、《古生代蕨类植物孢子化石评注纲要》（1944年）、《煤层采样和田野描写》（1960年）、《关于南极霍利克山中部煤沉积层截面植物遗迹的初步报告》（1961年）等。获1969年美国植物学会梅里特奖，1973年美国地质学会卡迪奖，1976年美国国家科学院奖章和汤普森奖。（雷秉舜）

夏普，R. P.（Sharp，Robert Phillip） 美国人，1911年6月24日生于美国加利福尼亚州奥克斯纳德，2004年5月25日卒于美国加利福尼亚州圣巴巴拉。冰川学、区域地质学、地貌学、行星科学。

20世纪30年代初，在加利福尼亚理工学院受过地学训练，后来在哈佛大学获地质学博士学位。1938～1943年在伊利诺伊大学任教，1945～1947年在明尼苏达大学任教。从1947年起在加利福尼亚理工学院地质和行星科学部工作，1952～1968年任该部主任，1979年退休。1973年入选美国国家科学院院士。

主要研究地球及其他行星表面地形的形成过程，由于这方面的研究而成为世界一流的地质科学家。研究大陆冰川作用的主要特征及其与高山冰川的区别。调查沙漠地形的形成过程，预言几百年后加利福尼亚东南的阿尔戈多内斯新沙丘的移动将对全美运河构成严重威胁。根据宇宙飞船发回的照片，他运用地球上地形演化的知识，对金星的地形及其表面特征进行了推断。

出版专著有《地质学：南部加州田野考察指南》（1972年初版，1994年再版）、《南加州海岸：田野指南》（1978年）、《活的冰：理解冰川及其作用》（1991年）、《南加州足下的地质学》（1993年）、《死亡谷和欧文谷地质学》（1997年）等。获1964年美国地质学会布赖恩奖，1977年彭罗斯奖章。1978年；加州理工学院设立以他命名的地质学讲座教授职位。（雷秉舜）

特罗菲穆克， A. A.（Трофимук，Андрей Алексеевич；Trofimuk，Andrei Alekseyevich） 俄罗斯人，1911年8月16日生于俄国布列斯特区克维特科维奇，1999年3月24日卒于新西伯利亚市。*矿床学、油气地质学、区域地质学。*

出身劳工家庭。毕业于喀山州立大学，1939年获副博士学位，1949年获博士学位。1950年起，先后担任苏联石油工业部石油天然气勘探总局总地质师，全苏石油矿床勘探开发研究所副所长、所长，苏联科学院西伯利亚分院地质和地球物理研究所所长。1953年当选为苏联科学院通讯院士，1958年成为院士，1962年任主席团成员。

长期从事石油地质工作。对石油地质的理论研究，始于探究乌拉尔山西坡二叠纪含油石灰岩块体的成因。通过地貌学、地层学和岩性学等方面的工作，和合作者们确定了这些石灰岩块体的生物礁成因和形成条件，从而为在当地勘探其他含油气礁体提供了科学依据。后又研究泥盆系含油性，于1944年发现图伊马兹油田。研究裂隙油储，指出其容量比孔隙油储低一个数量级，证明了通过岩心样品残余饱和率测定地层采收率的可能性。研究厚层油源岩石中残余沥青的分布规律，根据色层柱定律，自中心油源向油储方向沥青氧化程度增高的变化规律，创立了用体积成因法来预测油气藏的计算方法。

具有丰富的石油勘探经验，领导勘探并发现了泥盆纪地层中的油田。探索了油储与年生产量之间的合理关系，为在石油工业迅速增长的条件下处理石油储量的方法和速率问题提供了依据。他的研究成果对西伯利亚与远东地区石油天然气的勘探与生产有指导作用。

发表500余篇（部）论著；主要著作有《乌拉尔-伏尔加地区的新石油基地》（1957年）、《苏联的天然气资源》（1959年）、《石油有机来源的若干理论问题与油源层的特征》（1965年），以及与他人合著的《苏联的含油气盆地》（1964年）、《西伯利亚地台区油气含量展望》（1965年）、《西伯利亚西部的油气地质学》（1975年）、《苏联探查油气的战略》（1991年）等。由于在石油地质理论和找矿方面的贡献，获苏联的多种奖章和奖金，其中2次获斯大林奖金，6次获列宁勋章。（李嘉曾）

毕庆昌（Bi Qingchang） 字宙迁。中国江苏省人，1911年8月生于江苏仪征，2001年卒于台湾台北。*构造地质学、区域地质学、地震学。*

1936年毕业于中央大学地质学系。曾任中央地质调查所技正。1946年创立台湾省地质调查所并出任首任所长，1977年该所并入重建的“中央地质调查所”。1946～1972年兼任台湾大学教授、私立中国文化学院教授。

著名中国地质学家、台湾大地构造权威学者。20世纪30～40年代，在湖南、云南、陕西、甘肃和青海等地从事野外地质考察，查明中国西部若干造山带地质构造，撰文认为秦岭，六盘山和祁连山同属一个复活的构造体系。1945年后，主持全面勘查台湾岛地质构造，有许多新发现新见解。他把台湾同喜马拉雅、阿尔卑斯等重要造山带进行比较后率先指出，北自阿留申群岛，经日本、琉球、台湾和菲律宾，南到印度尼西亚的这一条弧线，处于西太平洋与欧亚大陆两大板块相互挤压、摩擦和冲撞的接缝地带，必然引起地震、火山喷发和其他种种地壳活动；以台湾而言，正位于欧亚大陆板块和西太平洋板块菲律宾火山弧的碰撞地带，所以台湾一些纵向大断层都是左行平移断层，西部褶曲和断层等构造大部分由地壳板块俯冲运动而在浅部形成；台东纵谷可能就是这两个地块接壤之处：纵谷以西包括台湾大部分，属于欧亚大陆，纵谷以东海岸山脉，属菲律宾海地块（太平洋地块一部份），这两地块碰撞后又不断互相摩擦，所以台湾东部地震特别多，每年有一两千次。他的这些观点，在台湾震源分析时得以证实。

发表论文200余篇；主要论著有：“十年来之台湾省地质调查所”（1955年）、“台湾的构造格局与含石油的可能性”（1956年）、“新竹新志”（1958年）、“台湾的环太平洋构造”（1960）、“俯冲运动在台湾地体构成中的作用”（1969年）、“刚块构造申论台湾的区域成矿作用”（1974年）和“台湾与阿尔卑斯山之再比较”（1976年）等。（李 烨）

岳希新（Yue Xixin） 中国吉林省人，1911年9月29日生于吉林省吉林市，1994年8月30日卒于北京。*矿床学、地层学、古生物学。*

1937年北京大学地质系毕业。后赴南京中央地质调查所工作，抗日战争中随该所迁至重庆北碚。1947～1949年在中央地质调查所北平分所工作。1950年以后，曾先后任中国地质工作计划指导委员会燃料组组长、地质部地质矿产司总工程师、地质矿产部科学技术高级咨询中心高级顾问等职。1980年当选为中国科学院学部委员（院士）。

在矿床地质学方面。通过对四川中部含油气构造的勘查，1942年指出四川威远的短轴背斜和穹隆构造十分有利于石油、天然气的储藏，后来确实在该地打出了中国内地第一口富含天然气的钻井。20世纪50年代起，对全国矿产普查勘探作了许多领导、管理与参与工作。50年代初，与王水勘查并提出调查报告，确定吉林通化七道沟铁矿为前寒武纪沉积变质型含锰富铁矿，后经开采得到证实；此后，在开展南方缺煤省煤矿地质普查勘探工作中，发现江西丰城二叠系地层有利于形成大型煤田，后被进一步的钻探所证实；通过淮北地区的矿床地质勘查，预测那里有隐伏的大煤矿，后为进一步勘探所证实；60年代指导青年地质人员编制比例尺为300万分之一的《全国煤田预测图》，对全国煤田的普查有一定指导意义；晚年翻译大量国外矿床地质学、沉积学方面的资料，印发给各有关地质队参考。

在地层学和古生物学方面。20 世纪 30 年代末，他在威远发现多件鱼化石和爬行动物化石，著名古生物学家杨钟健依据这些重要发现，纠正了外国学者原先将相关地层误差误判白垩系的错误，而指出它应属于侏罗系；1941 年与许德佑共同发表论文，首次划分并命名鄂西的“巴东系”地层，不久又将“巴东系”时代定为晚三叠世，后来一直为地层学和古生物学界所采用。（孙天宇　宣焕灿）

侯仁之（Hou Renzhi）

中国山东省人。1911 年 12 月 6 日生于河北枣强，2013 年 10 月 22 日卒于北京。*历史地理学、地理学史学*。

祖籍山东恩县（今平原县城镇）。1936 年燕京大学历史系毕业。留校为研究生兼助教，1940 年获文科硕士学位。后任天津工商学院教授兼女子文学院史地系主任。抗日战争胜利后，便赴英国利物浦大学深造，1949 年因历史地理学研究获哲学博士学位。同年回国，先后任燕京大学历史系教授兼清华大学建筑系教授，北京大学副教务长、地质地理系主任、地理系主任；兼任中国地理学会副理事长兼历史地理专业委员会主任及沙漠分会名誉会长、北京市文物古迹保护委员会主任、燕京研究院院长、《地理学报》主编等。1980 年当选为中国科学院学部委员（院士）。1984 年获英国利物浦大学荣誉理学博士学位。

20 世纪 40 年代起，从水系入手对北京城变迁史进行大量实地调查，为制订发展规划提供了科学依据。50 年代，参与主持承德、邯郸、淄博、芜湖等历史名城改建规划；在中国率先系统阐明现代历史地理学研究对象、学科性质与研究方法，强调历史文献研究与野外实地考察相结合。60 年代初和 70 年代末，多次带队考察中国宁夏和内蒙古西部等地沙区，发现了古长城遗址、不同时代古城废墟和古墓群落，首次揭示了人类活动对该地区沙漠化形成的影响规律；为国家科委拟订沙漠历史地理考察十年规划。80 年代及后，指导承德、围场、赤峰等地环境变迁研究；主编多辑《环境变迁研究》；主编新中国第一部《中国古代地理学简史》（1962 年）。

主要撰有《历史地理学的理论与实践》（1979 年初版，1982 年再版）、《北京历史地图集》（第一集 1987 年，第二集 1995 年）等著作近 20 部；主编《地理小丛书》等优秀科普读物多部。1999 年获何梁何利科学与技术进步奖；同年获美国地理学会戴维森奖章。2001 年获美国国家地理学会研究与探险委员会主席奖。（李啸虎）

陈国达（Chen Guoda）　中国广东省人，1912 年 1 月 22 日生于广东新会，2004 年 4 月 8 日卒于湖南长沙。*岩石学、矿床学、构造地质学*。

1934 年中山大学地质系毕业，后进北平研究院地质研究所当研究生。翌年赴两广地质调查所任技士。1942 年回中山大学执教，此后历任该校地质系副教授、教授、系主任，以及两广地质调查所技正。1952 年后，相继任中南矿冶学院（今中南工业大学）教授、地质系主任、副院长，曾兼任中国科学院长沙大地构造研究所所长、名誉所长。曾任湖南省科学技术协会副主席、中国地质学会副理事长、中国地洼学说研究会理事长、国际地球科学联合会矿床大地构造委员会主任、国际地洼构造与成矿学研究中心主任、《大地构造与成矿学》杂志主编。1980 年当选为中国科学院学部委员（院士）。

最大贡献是在大地构造学中创立地洼学说。在他之前，国际上流行了一个世纪的地槽-地台学说从理论上将地壳划分出两种构造单元，即在地壳演化史中发生过剧烈活动、形成坳陷的地槽区和相对稳定的地台区，该学说揭示了地壳演化的部分历程和规律性。按照该学说，中国大部分地区特别是东部地区属于地台区。但陈国达在 20 世纪 50 年代发现，这些地区的地壳在中生代中期以后不再如地台区那样是相对稳定的，而是引起水平运动十分显著的造山作用，断裂、褶皱、逆掩、推复等构造众多，出现了高峻山脉与深浚盆地相间的盆岭格局。他认为，这种地台活化区域是一种与地槽区、地台区相并列的新构造单元——地洼区（源出于该区域内的造山运动形成山脉与盆地相间，其盆地可称“地洼”）。他提出的学说后来逐渐形成为一个独立的地壳演化理论，被称为“地洼学说”。地洼区的特点，后来在世界各大洲中也都有所发现，这表明它具有普遍意义；地洼区在山间盆地中产生了一种新型沉积，其中蕴藏了煤、石油、有色金属等丰富矿床。该学说不仅对进一步认识地壳演化规律，而且对找矿也带来了新思路，因而该学说逐渐在国际地学界引起较大反响。

主要论文汇编成论文集《陈国达地洼学说文选》（1986 年）；著有《地台活化说及其找矿意义》（1960 年）、《中国大地构造概要》（1977 年）、《成矿构造研究法》（1978 年）、《亚洲陆海壳体大地构造》（1998 年）等专著。（孙天宇　宣焕灿）

维尔霍根，J.（Verhoogen，John）　比利时和美国双重国籍，1912 年 2 月 1 日生于比利时布鲁塞尔，1993 年 11 月 8 日卒于美国加利福尼亚州伯克利。*火山学、岩石学、地球物理学*。

1933 年获布鲁塞尔大学矿业工程师学位。1934 年获列日大学地质工程师学位。1936 年获斯坦福大学地质学博士学位。1946 年赴伯克利加利福尼亚大学地质科学系任教，1952 年升任教授，1976 年退休。是美国文理科学院院士。1956 年入选美国国家科学院院士。1951～1954 年任国际火山学与地球内部化学联合会副主席。

早年从事火山研究。1938～1940 年在刚果观测尼亚穆拉吉拉火山的气体喷发量和火焰光谱。后转向研究地球内部物理学。1952年起研究火成岩磁性载体的矿物成分和结构。还研究了低温氧化效应和剩磁极性自倒转特性。1954年提出岩浆在地幔中通过对流上涌形成的机制。1955年根据固体压力、温度效应的研究结果计算下地幔的实际温度。代表作有《火成岩与变质岩》(1951年，与他人合著)、《地球》(1970年，与他人合著)、《火成岩》(1974年)、《地球热力学》(1980年) 等书。1958年获美国地质学会戴氏奖章。

(张南海)

翁文波（Weng Wenbo） 中国浙江省人，1912年2月18日生于浙江鄞县，1994年11月18日卒于北京。*油气地质学、石油勘探工程、预测学、仪器研制。*

著名地质学家翁文灏的堂弟。1934年清华大学物理系毕业。后到北京研究院物理研究所工作。1936年到英国伦敦大学帝国理工学院攻读应用地球物理学，1937年获博士学位。同年回国，在当时已内迁到重庆的中央大学物理系任教授。是年28岁，被人戏称为“娃娃教授”。1941年任甘肃玉门油矿工程师。1946年赴上海任中国石油公司勘探室主任。1950年以后，历任国家石油工业部勘探司总工程师、石油科学研究院副院长、石油勘探开发研究院总工程师。曾任中国地球物理学会理事长。1980年当选为中国科学院学部委员（院士）。

1940年，他辞去刚担任不久的中央大学物理系教授职务，去刚刚开发的玉门油矿从事石油勘探。他用自己在英国设计、研制的一台重力探矿仪、以及在中央大学物理系工作时研制的双磁针不稳定式磁力仪，对油田进行了一系列地球物理勘测，获得了第一批油田的测井数据，并写出论文“甘肃油矿物理探矿报告”。这项工作开创了中国的石油测井技术。1948年发表论文“从定碳比看中国含油远景”，预言中国东北和华北地区含有丰富的油气资源。20世纪50～60年代，他又从探讨世界油气分布规律、地球物理勘探、石油地球化学和放射性方法等多种角度，探讨中国东北和华北地区的含油气远景，曾指出中国东北的松辽盆地区有可能蕴藏着丰富的石油。1982年，他因“大庆油田发现过程中的地球科学工作”，与其他几位科学家共享国家科委颁发的自然科学奖一等奖（集体）。80年代，创立后来被命名为“翁（文波）旋回模型”的油气田预测模型，该模型能够依据油气田以往的实际产量预测出最终的可采储量，甚至预测出不少油田原先未能探明的潜在可采储量，因而得到国内外同行的广泛应用。

还创立了用于预测地震、旱涝自然灾害等突发性灾害事件的信息预测理论。该理论的实质是从大量随机事件的背景上，提取其中非偶然的信息，经数字处理后揭示出其中的某种内在规律性。1984年出版专著《预测学基础》，标志其信息预测理论基础已经形成。

(孙天宇　宣焕灿)

阮维周（RuanWeizhou） 中国安徽省人，1912年5月23日生于安徽滁县（今滁州），1998年7月10日卒于中国台湾台北。*岩石学、矿床学、区域地质学、地球化学。*

1935年毕业于北京大学地质系。1935～1941年任国民政府农商部地质调查所地质师。1941年留学美国芝加哥大学，1945年获博士学位。留校继续从事博士后研究。回国后，1946年任北洋大学教授。1947年任北京大学教授。1949年去台湾。1950年起历任台湾大学地质系教授、系主任，台湾大学理学院院长，1982年退休，同年聘为名誉教授。1962～1964年任中国台北“中央研究院”总干事。1976年当选“中央研究院”院士。曾任多届台湾“中国地质学会”理事长等职。

长期从事地质学、地球化学研究和教学，对地质科学各分支如岩石学、矿物学、矿床学等均有重要贡献，在国际亦享有盛名。在岩石学方面：发表“水成岩之分类——矿物定量之分类法”（1947年）一文，利用端元（end member）模型对砂岩、页岩、石灰岩、砾岩和煤层进行分类；研究复合硅酸盐系岩石；研究台湾东部基性与超基性岩；1971年主持一研究小组参加美国航空航天局月岩分析研究。在矿物学方面：发表《矽灰石-钙黄长石-霞石之相图》（1950年），应用相律原理定出它们的结晶过程，讨论其与碱性岩浆的关系；研究沸石、葡萄石、针钠钙石、软矽钙石、滑石等重要造岩矿物的物理化学性质。在矿床地质学方面：研究东北诸省、山东硅藻土、四川油田、西康煤田与铁矿、贵州铜矿等。在区域地质方面：对皖南海西运动、台湾地质和台湾地文等都有研究和论述。此外，还研究人类演化与东亚大陆第四纪自然环境衍变的关系。

发表论文百余篇；主要著作有《中国矿产资源》(1946年)、《台湾东部岩石区的母岩浆类型》(1960年)、《中国地质科学的发展》(1963年) 和《台湾地质发育史》(1975年) 等。

(李啸虎)

佩克，R. B.（Peck，Ralph Brazelton） 美国人，1912年6月23日生于加拿大马尼托巴省温尼伯，2008年2月18日卒于美国芝加哥。*工程地质学、土力学、土木工程。*

6岁时随家人移居美国。1937年获伦斯勒工学院土木工程学博士学位。翌年受哈佛大学卡萨格兰德（A. Casagrande）的启发转向土力学。1939年参加特扎吉（K. Terzaghi）领导的芝加哥地铁初期工程的建设。1942年起任教于伊利诺伊大学，工作长达32年，1974年退休，后又继续在校工作至2005年。1965年入选美国国家工程院院士。1969～1973年任国际土力学和基础工程学联合会主席。1977年任美国国家隧道技术委员会首席委员。

他把土力学应用于隧道的设计和建设，以解决软质粘土中的支撑问题。还测量地应力和地面的运动。1948年他与K. 特扎吉合写《工程施工中的土力学》，确立了土力学在土木工程中的重要地位。后来从事过许多工程建设的地质基础调查与施工指导，其中有加拿大东部的丘吉尔瀑布水电站坝、詹姆斯湾水电站坝、哥伦比亚河上的迈卡坝、皮斯河上的贝内特坝，芝加哥的奥黑尔机场、纽约的拉瓜迪亚机场，旧金山湾地铁、华盛顿地铁、纽约城地铁等。一生发表200余篇（部）论著；有《基础工程学》（1974年第2版）等著作。1944年获美国土木工程师学会诺曼奖章。1975年获美国国家科学奖章。（张南海）

克劳德，P.（Cloud，Preston） 美国人，1912年9月26日生于美国马萨诸塞州西厄普顿，1991年1月16日卒于加利福尼亚州圣巴巴拉。*生物地质学、古生物学、地层学、地史学。*

1938年毕业于华盛顿大学。1940年获耶鲁大学博士学位。先后在密苏里学校、哈佛大学、明尼苏达大学、加利福尼亚大学任教授。数次参加美国地质调查所的工作，曾任该所古生物学和地层学部主任。当选为美国国家科学院院士。长期参与国家研究委员会工作。

以研究地球早期生物界、大气层和地壳演化间的相互作用，探讨生命、氧气、有核细胞以及后生动物等的起源而著称。从无脊椎古生物学、海洋生态学、古生态学以及海洋沉积作用、地球化学的研究开始，形成研究地质史上生命过程的完整方法，成为创立“生物地质学”的新学科的开拓者。还通过微生物研究，结合地球化学与沉积学，论证早期地球历史的演进，为地质界所接受。著有《志留纪—泥盆纪穿孔贝类（腕足动物）》（1942年）、《资源和人类》（1969年）、《地史中的奇事》（1970年）、《早期微生物及其与远始地球演化的关系》（1971年）、《地壳演化的主要特征》（1976年）、《宇宙、地球、人类》（1978年）等。5次荣获奖章。（刘 汉）

程裕淇（Cheng Yuqi） 中国浙江省人，1912年10月7日生于浙江嘉善，2002年1月2日卒于北京。*岩石学、矿床地质学。*

贫苦塾师家庭出身。1933年毕业于清华大学地学系。1935年进英国利物浦大学地质系深造，1938年获哲学博士学位。同年底回国，先后任中央地质调查所技士、技正，1947年任该所矿物岩石室主任，并兼任中央研究院地质研究所研究员。1950年任中国科学院地质研究所研究员兼副所长。1952年任国家地质部地矿司副司长和技术司总工程师。1957年起先后任地质科学院副院长兼地质研究所所长，国家地质部副部长、地质矿产部总工程师。20世纪80年代，任国际岩石圈委员会中国全国委员会主任兼执行主席。1984年任中国地质学会理事长。1988年获英国利物浦大学荣誉理学博士学位。1955年选聘为中国科学院学部委员（院士）。

20世纪30年代在英国索受兰郡培戴希尔地区考察时，对该地区的变质岩进行了深入研究。首次对英伦三岛变质岩类型应用了芬兰“混合岩”的名词，对其含义加以补充，并对该区6种变质岩类型及由其生成的各类混合岩进行了系统的岩石学描述，对它们经历的混合岩化作用所反映的岩石化学、矿物学等方面的变迁作了综合分析，补充并丰富了混合岩化理论。研究论文“苏格兰索受兰郡北部混合岩地区的一个角闪岩质杂岩”、“索受兰郡培戴希尔附近的混合岩”，被国际地质界公认为研究混合岩方面的代表性论文，为英国、美国出版的专业书和地质教科书所引用。

1939年在化学分析师黄汉秋配合下，发现了有名的云南昆阳大型富磷矿。1950～1951年，他首先提出作为中国变质岩系中最大富铁矿的鞍山弓长岭铁矿详细地质报告，阐明了基本地质特征和矿床成因，指出了进一步寻找和扩大富矿的地段。领导并亲自参与大冶铁矿的勘探。参加和主持过不同比例尺的地质填图和几十种矿产（金属、非金属、燃料、特别是铁矿）的矿床地质工作，并涉足同位素年代、火山岩等其他诸多领域。

1963年，与沈其韩等人合著的《变质岩的一些基本问题和工作方法》一书出版。此书在短短数年内三次印刷，在中国广为流传，对促进和提高中国变质岩地区地质人员的工作能力和理论水平起了重要作用。他领导编制比例尺为300万分之一的“中国寒武纪地质图”，是获1982年国家自然科学奖一等奖项目“中国地质图类及亚洲地质图”的重要组成部分。1982年与他人合作，共同出版专著《山东太古代雁翎关变质火山沉积岩》。发表论文百余篇。1995年获首届李四光科学特别奖，1988年获何梁何利科学与技术进步奖。（耿志明）

阿努钦，В. А.（Анучин，Всеволод Александрович；Anuchin，Vsevolod Alexandrovich） 苏联人，1913年生于俄国梁赞，1984年8月30日卒于莫斯科。*地理方法学、区域地理学、建设地理学。*

1965年获莫斯科大学地理学博士学位。曾任莫斯科大学地理学教授，苏联科学院生产力研究委员会副主任。

20世纪下半叶地理学方法论研究重要人物之一。他既反对地理决定论，也反对绝对的非决定论。他认为地理学研究的对象是地球景观壳，是一个统一的整体。20世纪50年代末60年代初，连续发表4篇论文和一本以博士论文为基础的专著《地理学的理论问题》（1960年），批判了30年代以来苏联地理学界分裂自然地理和经济地理的二元论，驳斥了非人文的自然地理学，也驳斥了非自然的经济地理学，主张两大学科的整合统一。他认为“地理方法在区域的研究上表现最为完美，只有在区域研究中，自然特征、居民、历史、人口和经济才是平衡的。”主张区域研究应谋求自然地理和经济地理之间的联系和平衡。这些基本观点受到了巴兰斯基等人的热情赞赏和支持，虽然仍遇到不少人反对，却在苏联地理界产生了强烈的反响，引起对地理环境、地理环境与社会的相互作用、经济地理学研究对象、经济地理学与经济学科的关系、理论与生产实践结合等问题的大论战，起到了思想解放的作用。自此以后，苏联地理学的面目为之一新，原先的景观科学向着区域科学和空间系统的方向发展，并新兴了一门建设地理学。

主要著作还有《满洲的地理描述》（1948 年）、《苏联外喀尔巴阡地区的地理》（1956 年）、《地理学的区域基础》（1972 年）、《自然资源利用的基本原理》（1978 年第 2 版）、《社会发展的地理因素》（1982 年）、《全球自然资源利用问题》（1983 年）等。 （李 烨）

佩科拉，W. T.（Pecora，William Thomas） 美国人，1913 年 2 月 1 日生于美国新泽西州贝尔维尔，1972 年 7 月 19 日卒于华盛顿。*岩石学、矿物学、矿床地质学*。

意大利人的后裔。1933 年获普林斯顿大学地质学学士学位。1940 年获哈佛大学博士学位。1939 年进美国地质调查所任地质师，后终生在该所工作，1957 年任地球化学和石油分部主任，1965 年任美国地质调查所所长。1964 年任华盛顿地质学会会长。1965 年被选为美国文理科学院、美国国家科学院院士。获 1969 年富兰克林与马歇尔学院荣誉理学博士学位，1970 年科罗拉多矿业学院荣誉工学博士学位。

早年曾对西半球的镍硅酸盐矿床进行过研究，首先认识到暗镍蛇纹石红土的形成受特殊的岩石类型和长期风化作用的双重控制。第二次世界大战期间，主持调查巴西东南部含云母伟晶岩。在这一工作中，他把产状的复杂性与构造控矿的系统分类进行了综合，找到了许多重要的云母矿床，因而被巴西科学院选为外籍院士。

最重要的成就是对美国蒙大拿州中北部碱性岩浆岩方面的研究。从详细填图着手，选择成套标本进行实验室研究，从而对该州碱性岩浆岩地区的地质发展史、岩浆活动史、不同岩浆发展阶段的地球化学亲缘关系，都取得了深刻的认识。查明了该区基性、富钾岩浆到酸性岩浆系列各个阶段矿物相的变化，论证并预测了岩浆中某些稀有元素如锆、稀土元素、铌、钡、锶等的丰度。还提出了离子络合物运移的理论，对岩浆中金属元素富集的原因给出了解释。对碳酸盐岩进行广泛而深入的探讨，提出关于碳酸盐岩分凝作用成因的理论，出版专著《碳酸盐岩》。还与他人合作发现并描述了 9 个矿物新种。主要著作有《蒙大拿州熊爪山霞石-正长石结晶花岗岩》（1939 年）、《巴西的两种磷酸盐——锂磷铁石和重铁天蓝石》（1954 年）等。

有很强的组织领导能力。是组织和协调地质学、矿物学、岩石学和地球化学等多学科协同研究方面的先驱者。获 1968 年美国内政部杰出服务奖，1969 年洛克菲勒公共服务奖，1972 年美国石油地质学家协会公共服务奖。 （杨惠成）

黄秉维（Huang Bing-wei） 中国广东省人，1913 年 2 月 1 日生于广东惠阳（今惠州），2000 年 12 月 8 日卒于北京。*自然地理学、土壤学、经济地理学、自然区划*。

1934 年中山大学地理系毕业。先后供职于北平地质调查所、浙江大学史地系、国民政府资源委员会经济研究所等处。1949～1953 年，先后任南京市生产建设研究委员会副主任、华东工业部工业经济研究所副所长、华东财政经济委员会工矿普查组主任等。1953 年后，历任中国科学院地理研究所研究员、代理所长、所长、名誉所长。曾兼任中国科学院自然区划工作委员会副主任，中国地理学会副理事长、理事长、名誉理事长，《地理学报》和《地理研究》主编等。1955 年入选中国科学院学部委员（院士）。1964 年当选罗马尼亚科学院名誉通讯院士。

20 世纪 30～40 年代，勘查发现山东海岸下沉，修正了 F. von 李希霍芬关于中国长江以北海岸上升的论点；编撰《中国地理》专著，首次正确划分中国综合自然区划雏形；开创中国植物、河流、气候、地貌和土壤等分类区划研究。1953 年首次编制完成中国第一幅 1∶400 万黄河中游土壤侵蚀分区图；1956 年参与制订中国科学发展规划，提出综合物理、化学与生物过程的地表研究方向；先后主持组织了水土保持、中国综合自然区划、地表热量与水分平衡的大规模研究，主编第一部较系统的《中国综合自然区划》（1959 年）；在中国率先论证自然地带分异和周期变化规律。70 年代，组建中国科学院地理研究所农业生态系统试验站、河流地貌实验室和水分平衡实验室。80～90 年代，倡导开展区域可持续发展战略研究；发展了“农业自然生产潜力”的理论和方法；探讨中国东部坡地的利用和改造；研究中国回应全球变暖的农业、林业、牧业和能源利用等对策。多次获奖，其中有 1987 年国家自然科学奖二等奖、1996 年国际地理联合会特别荣誉奖、1997 年度何梁何利科学与技术进步奖等。

（肖 萍）

肯特，P. E.（Kent，Sir Percy Edward；或 Kent，Sir Peter） 英国人，1913 年 3 月 18 日生于英国英格兰诺丁汉郡西布里奇福德，1986 年 7 月 9 日卒于切斯特菲尔德。*油气地质学、区域地质学、地层学、石油勘探工程*。

1934 年获诺丁汉大学地质学理学士学位。1941 年获伦敦大学地质学理学博士学位。本科毕业不久，任李基（L. S. B. Leakey）的助手，参与后者的第 4 次东非古人类考古探险。1935 年回国后，任盎格鲁-伊朗石油公司（英国石油公司前身）助理地质学家。

1941年加入英国皇家空军志愿后备队，任战时敌方能源情报分析员，1945年成为美国国防部对日战略轰炸署唯一非美国人的石油情报分析专家。战后重新回到英国石油公司工作，1973年退休；期间先后任该公司澳大利亚分公司总地质师，阿拉斯加分公司经理，南美和北美地区经理，美国和西半球地区经理，1966～1971年任英国石油公司总地质师。1973～1977年任英国自然环境调查研究理事会主席。1977～1983年任伦敦与苏格兰海洋石油公司董事。1966年当选为英国皇家学会会员。同年任英国石油勘探协会主席。1974～1976年任伦敦地质学会会长。先后获7所大学荣誉博士学位。1973年封为爵士。

主要从事地质和石油勘探方面的研究。20世纪30～40年代，勘测和研究英国南部海岸、林肯郡和约克郡等地地层地质（尤其是石灰岩层），1939年首次在兰开夏郡福姆比地区发现石油渗出的矿苗。第二次世界大战中，在盟军中先后从事对德国、意大利和日本战时煤炭和石油供应及其设施的情报收集与分析。二战后到60年代，先后参与主持英国、中东和伊朗、东非、加拿大、美国阿拉斯加、北海和北欧等地区油气地质勘探，有诸多发现，其中最有名的是阿拉斯加的普拉德霍湾和库珀雷克两大油田。

发表130余篇地质学和石油勘探领域的论文；主要著作有《林肯郡地质》(1949年初版，1976年再版，与他人合著)、《造山运动的时空》（1969年，与他人合著)、《坦桑尼亚沿海的地质与地理》（1971年，与他人合著)、《不列颠区域地质学》（1980年，与他人合著)、《源自海洋环境的矿产》（2卷，1980～1981年）等；主编英国皇家学会地质学讨论集：《20世纪80年代能源展望》(1974年)、《从近期深钻成果看被动大陆边缘的演化》（1980年)。获1946年美国军功勋章，伦敦地质学会1949年莱尔奖章、1953年比格斯比奖章、1969年默奇森奖章、1970年麦克罗伯特奖，1971年英国皇家学会皇家奖章等。（李啸虎）

卢衍豪（Lu Yanhao） 又名卢萍。中国福建省人，1913年4月16日生于福建永定，2000年2月20日卒于江苏南京。*地层学、古生物学、生态学。*

1937年毕业于北京大学地质系。1938年任教西南联合大学地质地理气象系。1942年任重庆中央地质调查所技佐。1945～1946在华盛顿美国联邦地质调查所、壳牌石油公司实验室进修。回国后，任中央地质调查所技正。1949年以后，任中国科学院南京古生物研究所（后更名为南京地质古生物研究所）研究员、副所长，此后一直在该所工作。曾兼任中国古生物学会副理事长、理事长，中国地质学会副理事长。1980年当选为中国科学院学部委员（院士)。

20世纪40年代初，对云南昆明附近早寒武世地层作了确切的划分，它们现已成为中国的标准层型。40年代中后期，他率先连续发表多篇有关轮藻的论文，为中国微体古生物化石研究作了先驱性工作。50年代初，与王钰等人共同研究了辽东太子河流域地层，纠正了日本学者的错误，重新划分了东北南部的寒武纪、奥陶纪地层。此后又对山东等地寒武系进行深入研究，建立10个阶和32个化石带，现已被国际上作为亚洲、大洋洲、南极洲的标准分层和对比的依据。50年代中期至60年代，深入研究了华中-西南奥陶纪三叶虫，并完成92万字的巨著《华中及西南奥陶纪三叶虫动物群》（1975年)。70年代中后期，出版专著《中国寒武纪沉积矿产与生物-环境控制论》(1979年)，提出“生物-环境控制论”的学说，阐明全球古生物群的分布规律，中国寒武纪、奥陶纪生物地理分区的依据和中国寒武纪磷矿分布规律等问题。80年代发表一系列有关寒武—奥陶系界线的论文，并与他人合作出版专著《浙江西部寒武纪三叶虫动物群》（1989年)，为寒武纪地层的国际对比和寒武-奥陶系界线的划分提供了重要依据。多次获国家和省部级奖励。（孙天宇）

艾贝尔森，P. H.（Abelson，Philip Hauge） 美国人，1913年4月27日生于美国华盛顿州塔科马，2004年8月1日卒于马里兰州贝塞斯达。*地球化学、放射化学、核物理学。*

1933年在华盛顿州立大学获理学士学位。1935年获物理学理科硕士学位。1939年在加利福尼亚大学获物理学博士学位。除战时在海军部研究实验室工作外，其余时间均在华盛顿的卡内基学院工作，先后任生物物理部主任、1953年任地理物理实验室主任、1971～1978年任该学院院长。1958年当选为美国文理科学院院士。1959年被选为美国国家科学院院士。1962年任《科学》杂志主编。

对核物理学、放射化学、微生物学、有机地球化学以及生命起源的研究作出了贡献。1940年，核物理学家已在讨论核反应及原子武器，但不能肯定使用天然铀能否建立起链式反应，铀235（^{235}U）的部分富集是链锁反应成功的保证。他发现铀同位素能通过液体热扩散部分分离。从四氟化铀（UF_4）合成六氟化铀（UF_6），生产出最初的100克物质，为制造第一颗原子弹出了力。1940年与美国物理学家E. M. 麦克米伦合作，发现了元素镎（Np)。第二次世界大战后，他领导一个小组制订了建造核动力潜艇可行性的报告。1946年开始从事生物物理这门新学科的研究，主持用放射性示踪元素碳14（^{14}C）研究微生物中氨基酸的生物合成研究。1953年起，参与有机地球化学研究工作，是该项研究的先驱者之一。发现了保存在化石中的有机氨基酸的鉴定方法；从10亿年前的古老岩石中分离出脂肪酸。在生命起源的研究方面，提出证据支持地球原始大气大部分由二氧化碳、氮气和氢气组成的假说，并认为由于太阳的辐射而产生氢氰酸（HCN)，在原始的海洋中聚合成氨基酸。

获1945年杰出非战斗服务人员勋章，1967年现代医学奖，1973年迪金森学院普里斯特利奖、联合国教科文组织卡林加奖，1974年美国医学会科学成就

奖，1987 年美国国家科学奖章，1992 年美国国家科学院最高奖社会公益奖章。（应中锷）

叶连俊（Ye Lianjun）　中国山东省人，1913 年 7 月 19 日生于山东日照，2007 年 12 月 2 日卒于北京。*工程地质学、沉积学、矿床学。*

1937 年北京大学地质系毕业。后受聘于南京中央地质调查所，在野外考察队工作。1945～1947 年，在美国联邦地质调查所进修水文地质学，参与美国垦务局有关长江三峡水坝的国际合作研究。1949 年后，历任中国科学院地质研究所研究员、沉积学研究室主任、该所学术委员会主任，中国科学院地质与地球物理研究所科学指导委员会名誉主任。曾兼任国际沉积协会理事，国际地质对比计划委员会中国委员会副主席，中国矿物岩石地球化学会副理事长，中国沉积学会理事长，《地质科学》主编，《中国科学》、《科学通报》、《地质学报》及《地质论评》副主编等职。1980 年当选为中国科学院学部委员（院士），兼地学部常务副主任。

长期从事沉积学特别是沉积矿床形成及其分布的理论研究。主要贡献有：①野外地质调查。1939～1940 年进行北秦岭地质矿产调查，解决了该地区中泥盆地层某些区段正确层位的争议；所著《甘肃中南部地质志》专著获中国地质学会赵亚曾奖；②沉积碳酸锰矿新发现。1952 年与侯德封一道，勘查评估当时中国最大的湘潭锰矿前景问题，发现地表黑色硬锰矿下存在极丰富的原生沉积碳酸锰矿层，大大延长了矿山寿命，缓解了中国黑色冶金工业对锰的急需，论文“中国锰矿沉积条件”获 1956 年中国科学院自然科学奖三等奖。③沉积成矿及其预测。论证了沉积成矿过程的“事件性”、多因素性和多阶段性，揭示了矿床随沉积相域分带而展布的规律，提出了一系列新见解，例如陆源汲取成矿论，沉积矿床物理富集成矿说，多因素多阶段成矿说，生物—有机质成矿说等，有 7 篇论文获大奖。④矿种研究。对锰、磷、铁、油气、铀和金等矿种做了专题研究。此外，建立了中国第一个沉积学研究室（1953 年）和中国第一个工程地质研究室（1984 年），参与组建中国沉积学会及创办《沉积学报》（1978 年）。

发表论文百余篇；出版中英文专著 10 余部。获国家及省部级奖 10 余项，其中完成“我国重要金矿的成矿模式成矿方向及找矿选矿新技术新方法研究”获中国科学院科学技术进步奖特等奖，“生物有机质成矿作用和成矿背景”获国家自然科学奖三等奖。1998 年获何梁何利科学与技术进步奖。（杜　峰）

任美锷（Ren Meie）　中国浙江省人，1913 年 10 月 7 日生于浙江鄞县（今属宁波），2008 年 11 月 4 日卒于江苏南京。*自然地理学、海洋地质学。*

商人家庭出身。1934 年毕业于中央大学地理系。1936 年赴英国格拉斯哥大学攻读地貌学，1939 年获哲学博士学位。同年回国。1939～1949 年相继任浙江大学史地系副教授、教授，复旦大学教授兼史地系主任，中央大学地理系教授。1950 年至去世任南京大学地理系教授，并长期兼任系主任。曾兼任中国科学院南京地理研究所研究员、所长，中国科学院海洋研究所研究员等。曾当选为中国地理学会、中国海洋学会、中国太平洋历史学会的副理事长、名誉理事长。是国际地质科学联合会海洋地质委员会委员。1980 年当选为中国科学院学部委员（院士）。

20 世纪 30 年代开始地理学研究，介绍欧美新地理学思想，倡导新学科分支建设地理学。1946 年出版专著《建设地理新论》。50 年代以后，致力于中国自然地理学、岩溶学、海洋沉积等方面的研究。在中国自然地理方面，其代表作是 1979 年与他人合作出版的《中国自然地理纲要》一书，书中提出了有关中国自然区划的许多新见解，已被译为英文、日文和西班牙文出版，1988 年获国家教育委员会首届全国高校优秀教材特等奖。在岩溶学方面，70～80 年代，相继发表“中国岩溶发育规律初步研究”、“中国岩溶发育规律的若干问题”、“深部溶洞成因的初步探讨”等论文，对中国岩溶发育规律提出了不少新见解；1981 年发表的论文“北京周口店洞穴发育及其与古人类生活的关系”中，把岩溶学、沉积学、第四纪地质学结合起来研究，受到广泛的好评，在海洋沉积方面，80 年代发表“中国淤泥质潮滩的沉积特征”、“风暴潮对淤泥质海岸的影响”等重要论文；主编专著《中国海岸带的现代沉积》。90 年代，1996～1997 年，不顾 80 余岁高龄，与严东生院士共同主持“长江三角洲可持续发展咨询项目”，行程数万千米实地考察研究，提出系列高质量报告，获得好评。

发表论文 200 余篇；出版专著 10 多种。1986 年获英国皇家地理学会维多利亚奖章。2000 年获何梁何利科学与技术进步奖。（夏树芳）

武衡（Wu Heng）　原名武仁惠。中国江苏省人，1914 年 3 月 18 日生于江苏徐州，1999 年 1 月 15 日卒于北京。*地质学、科学管理。*

1934 年考入清华大学地学系。1936 年参加中华民族解放先锋队。1939 年到延安，历任中共中央青年委员会科长、处长，陕甘宁边区学联主席，延安中山图书馆主任，延安自然科学院地质系教员，《解放日报》副刊《科学园地》主编，黑龙江省工业厅厅长等职。1949 年后，历任东北科学研究所所长，中国科学院东北分院秘书长，中国科学院副秘书长、国务院规划委员会副秘书长，国家科学技术委员会副主任、常务副主任、顾问，中国科学院学部主席团名誉主席、国家南极考察委员会主任、中国专利局首任局长等职。曾兼任全国地层委员会主任、中国科学技术情报学会理事长、中国发明协会会长等职。是《中国大百科全书》总编辑委员会副主任和《当代中国》丛书主编。1955年选聘为中国科学院学部委员（院士）。

新中国科学技术事业的开创者和组织者之一。20世纪40年代，参与筹建延安自然科学院研究会；积极普及科学知识和从事地质专业教学；参与指导陕甘宁边区地质矿产普查。50～60年代，参与主持筹建中国科学院东北地区各研究所，领导开展生产急需的各类研究，为恢复和发展东北经济建设作出重要贡献；1955年后参与筹建和领导中国科学院各学部工作；多次参与组织制订全国科学技术发展远景规划；参与组织1962年全国科学技术工作会议；在国家科委领导岗位上，保证后勤为科学技术服务做了大量工作。70～80年代及后，参与组织召开1978年全国科学大会；主持制订“1978～1985年全国科学技术发展规划纲要(草案)”；主持改革和发展国家科学技术奖励制度；参与起草中国专利法，创建中国专利制度，获世界知识产权组织发明与创造金质奖章；参与创立和主持中国发明协会，在中外产生广泛影响，获发明家协会国际联合会金杯奖；领导和组织国家南极科学考察活动。编写《科技战线五十年》、《延安时代科技史》、《服务与求索》等著作。（李啸虎）

程纯枢（Cheng Chunshu） 中国安徽省人，1914年6月15日生于浙江金华，1997年2月8日卒于北京。*气象学、气候学、农学、科学管理。*

籍贯安徽徽州。1936年毕业于清华大学地学系。先后在上海欧亚航空公司气象站、中央研究院气象研究所、重庆中央气象局任职。1945～1946年在美国芝加哥大学、美国气象局中文气象处留学。回国后，先后任南京中央气象局处长、上海气象台台长。1950年起，历任华东军区气象处副处长，中央气象局气象台、气象研究所、观象台等处工程师、副所长、副台长兼总工程师，国家气象局副局长兼总工程师、顾问，教授级高级工程师。曾兼任北京气象学会理事长等职。1980年当选为中国科学院学部委员（院士）。

早期从事天气预报业务研究工作，研究分析中国一些重要天气过程；以后从事天气学、气候学研究。1949年后，在组织领导气象科学技术队伍和业务建设方面，以及气象站网的开发、建设工作方面做了大量工作，同时致力于大气探测、气候资源和农业气象等方面的研究，带领和指导开拓这方面的业务服务和扩大研究领域。领导组织了中国60年代、80年代两次大规模的全国农业气候资源调查与区划研究，成果获1988年国家科学技术进步奖一等奖。主编出版有《我国气候干湿条件的分布特点》（1986年）、《中国的气候与农业》（1993年）等多部专著。（邓剑琪）

黄绍显（Huang Shaoxian） 原名黄劭显。中国山东省人，1914年7月1日生于山东即墨，1989年8月10日卒于北京。*矿床学。*

出身知识分子家庭。1940年西南联合大学地质地理气象系毕业。相继任云南大学助教，中央地质调查所技士、技正。1949年后，历任西北地质局工程师，国家地质部第二普查办公室工程师，国家第二机械工业部中南309大队副总地质师、第三局副总地质师及处长，中国核工业总公司第三研究所（北京铀地质研究所）副所长、副总地质师、教授级高级工程师。曾兼任中国核学会铀矿地质学会理事长、《铀矿地质》杂志主编等职。1980年当选为中国科学院学部委员（院士）。

20世纪40年代，与许杰、孟宪民等人合作进行云南东川铜矿区及其周边地区地质调查测量，正式出版地区图与勘察报告；率先与王曰伦等人深入祁连山区，3次深入贺兰山区调查地质，因缺乏地形图而采用步测绘制出贺兰山（北段）1：20万地质图；首次发现贺兰山区小松山铬铁矿，填补了中国该矿种空白。50年代，勘探甘肃北部、陕西北部煤田，以及甘肃、青海油页岩并推测新油田；深入调查贺兰山小松山铬铁矿；根据自已多年经验，大力倡导普查宁夏煤矿分布，现已证明宁夏确是中国主要产煤区之一。

是中国铀矿地质事业的创建人之一。1955年起主要负责中国铀矿地质普查勘探和科学研究管理，查明了一系列铀矿及其储藏量；在铀矿成矿机理方面提出了一系列新见解、新理论；为确保中国第一颗原子弹等核武器试验成功提供了优质原料。

发表论文数十篇；出版专著有《甘肃青海二省油页岩概论及新油田之推测》（1946年）、《宁夏小松山铬铁矿之发现》（1946年，与他人合著）、《宁夏小松山铬铁矿及其有关火成杂岩之初步研究》（1948年，与他人合著）等。（李啸虎）

罗杰斯，J.（Rodgers，John） 美国人，1914年7月11日生于美国纽约州奥尔巴尼，2004年3月7日卒于康涅狄格州哈姆登。*地层学、构造地质学、科学传播。*

1936年、1944年先后获耶鲁大学地质学理学士、博士学位。1936年任康奈尔大学地质学讲师。1938年任美国地质调查所野外地质学家。1944～1946年任美国陆军工程兵团顾问。1946年回母校耶鲁大学任教地质学，1947年任助理教授，1952年任副教授，1959年任教授。1952～1960年任国际地质学大会地层学委员会秘书长。1954～1995年任美国《科学》杂志主编。1962年当选为美国文理科学院院士。是美国国家科学院院士。1969年任康涅狄格州文理科学院院长。1970年任美国地质学会会长。1976年当选为苏联科学院外籍院士。

著名当代美国地质学家。以研究像阿巴拉契亚山脉那样的地质褶皱成因而著称，并以其关于山脉形成的思想有力地支持了大陆漂移机制的理论。他的一项重要成果是：实地考察和测绘康涅狄格州基岩地质图，率先对此进行了数十年全面而深入的研究，揭示了历经上亿年错综复杂的岩石效应和板块运动，才形成了该州的地质构造。在1985年美国地质学会年会上，他展示的相关研究成果，获得了与会者广泛赞赏。阿巴拉契亚山脉是古代全球造山运动的一部分，其研究成果也可延伸解释从西北非到西欧部分地区的地质成因。他因此获得“阿巴拉契亚山里人先生”的雅号。他的研究有助于支持20世纪60年代出现的关于大陆漂移机制的理论。他很早就指出，如果发现大西洋两岸有两座山脉的地质构造一样，那肯定是原有地层分离而不断漂洋过海的结果。主要著作有《地层学基本原理》（1957年，与他人合著）、《阿巴拉契亚山脉地质构造》（1970年）等；主编《寒武系研讨会专辑》（3卷，1956～1961年）。

（李啸虎）

谷德振（Gu Dezhen） 中国河南省人，1914年8月13日生于河南密县，1982年6月21日卒于北京。工程地质学、地质力学、水利水电工程。

1942年毕业于西南联合大学地质系。1942年在四川地质调查所工作。1945年调入当时在重庆的中央研究院地质研究所，1946年随该所迁往南京。1949～1957年，历任中国地质工作计划指导委员会工程师、地质部工程师、长江流域规划办公室副总工程师、地质科学研究院水文地质工程地质研究所副所长等职。1957年以后，一直任中国科学院地质研究所研究员兼水文地质工程地质研究室主任。1980年当选中国科学院学部委员（院士）。

20世纪40年代，前期在四川地质调查所跟随侯德封从事矿产资源的调查研究，后期则在中央研究院地质研究所跟随李四光从事地质力学的研究。50年代初以后，他转向国家建设急需的工程地质与水文地质方面的研究。先后负责淮河流域一系列水利水电工程的地质勘测，武汉长江大桥桥址的工程地质勘测；参与长江三峡坝址的地质勘测；西部南水北调工程的地质考察；参与川汉铁路选线调查；襄渝铁路大巴山特长隧道工程的地质勘测；成昆铁路的地质勘测和该铁路建设中地质灾害的处理和总结。70年代，在国际上首创岩体工程地质力学这门分支学科，用地质力学的理论和方法探索岩体结构特性的形成和演变规律，用岩体力学的理论和方法研究裂隙岩体的变形破坏机制，以及岩体稳定性。1979年出版专著《岩体工程地质力学基础》。

（孙天宇 宣焕灿）

贾福海（Jia Fuhai） 中国山西省人，1914年8月23日生于山西崞县（今原平），2004年10月3日卒于北京。水文学、工程地质学。

1941年毕业于西南联合大学地质地理气象学系。1946年前在湖南晃县资源委员会汞业管理处工作，此后任南京资源委员会矿产勘测处副工程师。1951年任国家地质部清水河队队长。1955年任三门峡地质勘探总队副队长兼主任工程师。1959～1982年历任地质部水文工程地质局副总工程师、总工程师。期间1960～1961年被派往越南民主共和国任水文工程地质顾问。兼任国土资源部科学技术高级咨询中心高级顾问。1980年当选为中国科学院学部委员（院士）。

20世纪50年代，参与黄河流域规划，主持三门峡水库工程地质勘测工作，对该地新生代地层的划分提出了独特的分层原则，对中国当时第四系地层的划分有重要指导意义；1959年完成“黄河三门峡水利枢纽工程地质勘察报告”，是中国大型水利水电工程的第一部全面系统的工程地质勘察报告。60年代初援越期间，对越南红河流域的水利规划和北部地层划分提出了科学论断，并根据地貌特征推定越南经历过第四纪冰川；参与主持对上海地面沉降原因与对策研究，发现过量开采地下水是造成地面沉降主因，采取的地下水回灌技术达到世界领先水平。70～80年代，主持现场查勘天津工业用地下水资源及其合理开采，获地质部1985年找矿一等奖；完成济南、徐州、淮北岩溶地区水文地质勘查研究，西安地裂缝工程地质工作的设计审查，以及黄-淮-海平原水资源合理开发利用的综合研究等。80～90年代，积极倡导地表水、地下水的综合利用；主编《中国玄武岩地下水》（1993年）是中国第一部全面系统论述玄武岩区地下水的专著，首次提出“气孔水”概念以别于孔隙水、裂隙水和岩溶水；参与主持编写长江三峡坝址最终报告等重大项目。

（张云伟）

郭晓岚（Kuo，Hsiao-Lan） 华裔美国人，1915年1月7日生于中国河北满城，2006年5月6日卒于美国芝加哥。气象学、大气动力学、应用数学。

1929年考入保定第二师范学校。1932年升入清华大学数学系，次年转入地球物理系气象组，1937年毕业。同年任中央研究院紫金山气象研究所助理研究员。抗日战争开始，随研究所辗转迁移，经汉口、长沙到重庆北碚。1938年去广西主持宜山观测站。1939年考入浙江大学史地研究所，在涂长望指导下研究“大气辐射”，1941年获硕士学位。1942年考取清华大学留美公费生，因战争影响，暂在北碚气象研究所工作，直到1945年赴美国。1946年入芝加哥大学气象系学习，1948年获博士学位。1949年任马萨诸塞理工学院气象系研究员。1957～1958年任芝加哥大学客座副教授。1962年任芝加哥大学气象系教授，兼任博尔德美国国家大气研究中心高级研究员。曾兼任台湾省“中央研究院”院长。1971年被选为美国气象学会荣誉会员。

20世纪40年代后期，随芝加哥大学气象系主任罗斯贝（Rossby）学习大气及海洋动力学，研究“大气及海洋东西风带在地球自转影响下的不稳定条件”等课题，1948年首次求得罗斯贝参数对东西风带稳定程度的影响。1950年深入研究西风垂直切变不稳定度，提出扰动增长率（不稳定带中扰动产生的频率）与垂直切变及波长数值有关。同年创“新扩展法”，求出在高列利系数下对流场的辐合非线性解，与实验及观测方法所得结果颇为相符。1954年研究范围扩及与长期气候有关的平均经圈环流问题，指出大尺度地转风流场的角动量与热量传播是促进产生经圈环流的重要因素。50年代后期，研究台风生长、三维空间非线性地转风纯波及纯对流诸问题。1964～1971年，从事台风与大气中急剧气旋风系动力学问题的研究。提出积云凝结潜热对大气流场影响的参数化方式。70年代初期，研究低纬环流、行星系大气地面层及正压与斜压流场稳定度。70年代后期，致力于大气中突入式对流、正压与斜压普在式流场不稳定性理论、大气中辐射作用计算模式、西藏高原对大气环流影响等问题的研究。他推广了瑞利（Rayleigh）爵士的工作，在数学上导出了大气和海洋中平滑基流转变为不稳定扰动的必要条件，被称为瑞利-郭晓岚原理，在气象界久负盛名。80年代开展数值季风模拟与中小尺度风暴模拟试验。曾两度到中国讲学，经整理出版中文本《大气动力学》（1979年）一书。由于他在大气动力学研究方面的成就，1970年被授于美国气象学会最高荣誉——罗斯贝研究奖。（曹念祥）

郭令智（Guo Lingzhi） 号叔明。中国湖北省人，1915年4月4日生于湖北安陆。*矿床学、构造地质学、区域地质学。*

1938年重庆中央大学地质系毕业。先后在中央大学、云南大学、中国地理研究所、台湾大学、台湾省海洋研究所工作，副研究员。1949～1951年在英国伦敦大学皇家学院做访问学者。1951年起一直在南京大学地质系（现地球科学系）任教授，历任水文地质及工程地质教研室主任、区域地质教研室主任，南京大学副校长、代校长等职。曾兼任国家教育部地学学科评议组组长，中国地质学会副理事长等职。1993年当选为中国科学院学部委员（院士）。

20世纪30～40年代，参加考察青藏高原东部、大巴山、云南省地质和矿产资源；1947年参与中国首次对南沙群岛太平岛等珊瑚礁科学考察。50～60年代，参与三门峡水库、南京长江大桥地质选址勘察；主持开展华南地质考察，用地槽学说指导华南大地构造理论研究和找矿；和徐克勤等人在安徽休宁和许村首次发现华南雪峰期花岗岩。70年代，较早将板块构造理论引进中国，较早研究大陆内部古板块运动机制；提出在大陆上鉴定古板块运动痕迹的8项综合指标；首次在华南鉴定出14～8亿年前中、新元古代的沟-弧-盆体系，重新认识华南地质构造和演化历史，获1978年全国科学大会奖。80～90年代，考察中国华南、秦岭、天山、川西，以及日本列岛等广大地区，有许多新发现；参与主持华南花岗岩地质、地球化学及成矿规律研究，获1982年国家自然科学奖二等奖；研究西太平洋中新生代活动大陆边缘和岛弧构造的形成与演化，阐明中国东南及邻区活动大陆边缘板块构造与成矿关系，获1987年国家自然科学奖三等奖；研究板块构造学说新发展“地体构造理论”。发表论文百余篇；撰有《板块构造基本问题》（1986年）、《华南板块构造》（2001年）等专著9部。（周相荣）

郭文魁（Guo Wenkui） 字尧甫。中国河南省人，1915年6月18日生于河南安阳，1999年9月16日卒于北京。*矿床地质学、矿物学。*

1937年北京大学地质系毕业。留校任教。抗日战争爆发后，随校内迁在西南联合大学地质地理气象系任教。1940～1945年先后在叙（府）-昆（明）铁路沿线探矿工程处、资源委员会西南矿产测勘处工作。1945年赴美国留学，相继在联邦地质调查所金属矿产部、普林斯顿大学、明尼苏达大学等处进修。1947年回国后，到资源委员会矿产测勘处任工程师。1949年后，历任南京地质矿产专科学校教师、中国地质工作计划指导委员会矿产测勘处经济地质科科长，地质部321地质勘探队队长、地质矿产司有色金属处工程师、资源计划司总工程师，中国地质科学院地质研究所研究员、所长、名誉所长。曾任北京大学地质系、长春地质学院兼职教授。1980年当选为中国科学院学部委员（院士），1987年当选为美国纽约科学院外籍院士。

20世纪40年代至50年代初，他相继在云南、四川、湖南、江苏、山东等省进行广泛的地质矿产调查，发现了云南巧家县中奥陶统鲕状赤铁矿层、四川三叠系中的硬石膏层、四川灌县的马豆子铜矿，指出四川平缓背斜及穹隆区的石油远景、广西右江第三纪存在生油层，以及山东招远金矿还存在深部矿体。此后直至70年代，提出金属矿床的综合原生分带与矿化过程中氧、硫分压交替消长的新概念，提出中国主要矿产具有多分期、多阶段、多矿种与多类型的基本特征，以及在构造岩浆活动相对平静期间成矿的新见解；指导编制比例尺为300万分之一的中国有色稀有金属成矿规律略图、比例尺为100万分之一的多幅中国成矿规律图。80年代以后，提出金属成矿的渗浸与注浸作用，以西华山钨矿为例，阐明从岩浆后期粒间浆液渗浸到热水矿脉形成的金属矿化作用进程；论证了锡的终极来源为超镁铁质岩石，以及山金矿化与钾元素密切相关，在氧化还原条件下成矿；1987年主持编绘出版比例尺为400万之一的中国内生金属成矿图，并参与撰写了数十万字的中英文《中国内生金属成矿说明书》，综合讨论了金属成矿的规律性，将中国金属成矿作用从空间上划分为三大成矿域，从时间上总结出三大成矿旋回。著作有《中国内生金属成矿导论》、《郭文魁文集》等。曾获1978年全国科学大会奖、1982年国家自然科学奖一等奖、1987年地质矿产部科学技术成果奖一等奖等。（孙天宇）

宋叔和（Song Shuhe） 字克如。中国河北省人，1915年7月14日生于河北迁安，2008年2月5日卒于北京。*岩石学、矿床地质学。*

1938年毕业于西南联合大学地质地理气象学系。留该系任助教。1943年进中央地质调查所，先后任技士、技正。1949年后，历任西北地质局主任工程师，白银厂地质勘探队队长，甘肃地质局总工程师，地质部地质勘查队长，西北地质研究所研究员、副所长，地质部北京矿床地质研究所副所长，中国地质科学院矿产资源研究所研究员、名誉所长。曾兼任中国地质学会矿床专业委员会主任，《地质学报》副主编，《矿床地质》主编等职。1980年当选为中国科学院学部委员（院士）。

20世纪40年代，在云南和贵州西部地区调查地质矿产；系统调查新疆和甘肃等地西北优地槽褶皱山系，首次明确指出天山八道湾断陷盆地为早、中侏罗世沉积层序，属有利聚煤地质环境。50～60年代，研究区域岩浆岩及其成矿规律；在辽宁东部普查发现铜、铅、锌等矿产；考察发现祁连-秦岭古活动褶皱山系的海相火山岩内存在金属矿化体，较早确定其矿床类型和成因；正确指导和勘查发现了白银厂铜-多金属矿、金川铜镍矿、金堆城钼矿、镜铁山铁矿和花牛山铅锌矿，证实多地存在大型矿床；结合褶皱山系区域地质构造、岩浆演化和成矿作用，提出海相火山岩三分法，即碱性岩、偏碱性岩（细碧岩-石英角斑岩）和钙碱性岩，较早指出海相火山岩型铜多金属矿床与偏碱性幔壳混熔的火山活动密切相关。70～80年代，主要研究沉积岩中层状金属和多金属矿床的成矿的地质特征，中国一些岩浆岩主要类型及其特征，以及中国主要金属矿床的分布。90年代及后，主编《中国矿产资源图及说明书（1∶500万）》（1992年，中、英文）和《中国矿床》（1994年，中文本3卷；1996年，英文本5卷），并与他人合著《火山岩型铜多金属硫化物知识模型》（1994年）。（刘云辉）

哈里逊，J. M.（Harrison，James Merritt）加拿大人，1915年9月20日生于加拿大萨斯喀彻温省里贾纳，1990年7月6日卒于渥太华。*岩石学、矿床地质学、区域地质学、科技管理。*

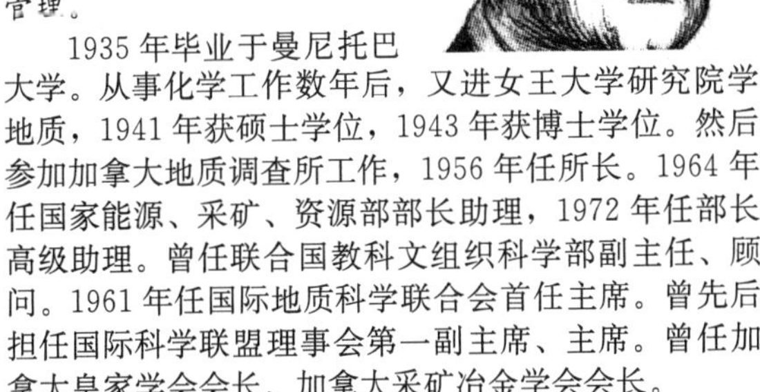

1935年毕业于曼尼托巴大学。从事化学工作数年后，又进女王大学研究院学地质，1941年获硕士学位，1943年获博士学位。然后参加加拿大地质调查所工作，1956年任所长。1964年任国家能源、采矿、资源部部长助理，1972年任部长高级助理。曾任联合国教科文组织科学部副主任、顾问。1961年任国际地质科学联合会首任主席。曾先后担任国际科学联盟理事会第一副主席、主席。曾任加拿大皇家学会会长、加拿大采矿冶金学会会长。

首先研究斜长岩，提出斜长岩可以来源于斜长岩岩浆的新观点。认为这种岩浆因含有挥发成分和氧化钛，熔点可以比单纯的斜长石降低数百度。这就否定了过去认为斜长岩的熔点太高不存在斜长岩岩浆，斜长岩是由辉长岩岩浆结晶沉淀而成的论点。他研究马尼托巴中部的变质岩，提出矿物成分随变质强度大小而改变的观点，据此划分变质程度或变质带。还研究过构造与成矿关系，对铁矿床地质做过调查研究。善于协调不同学科和不同观点的科学家为共同事业奋斗，故有“科学外交家”的美誉。著有《加拿大地质学》（1965年）等著作。曾多次获荣誉学位和奖章。1971年获加拿大勋章。（刘 汉）

席承藩（Xi Chengfan） 中国山西省人，1915年10月1日生于山西文水，2002年4月19日卒于南京。*土壤地理学、农业区划。*

1939年西北联合大学农学院农业化学系毕业。任重庆中央地质调查所土壤研究室调查员、技正。1946年赴美国留学，1949年获俄克拉荷马州立大学农学院硕士学位。1950年回国，在国家地质工作指导委员会地质研究所土壤研究室工作。1953年后，历任中国科学院土壤研究所研究员、土壤详测制图研究室主任，土壤地理研究室主任；曾兼任中国土壤学会土壤地理专业委员会主任、江苏省土壤学会理事长等职。1995年当选中国科学院院士。

主要学术贡献在土壤普查与分类研究方面。20世纪40年代起，多次参与或带队考察黄河、长江中下游等地区土壤地理；50年代后，多次参与主持省级和全国土壤普查验收工作；60～70年代，组建中国第一个土壤大比例尺详测制图和土壤遥感研究组，主持北方平原区和南方丘陵区试点；80年代主持国际性土壤参比分类工作，论文“中国的人为土壤类型”受到国际同行好评；多次参与拟订和修改中国土壤分类系统，首次在红壤土类中分出棕红壤亚类，确立了初育土和均腐殖质土两个新土纲；主编的《中国土壤图集》编制了首幅1∶100万中国土壤图。在黄淮海平原综合治理与农业发展研究方面：50～60年代，提出以流域治理规划为主的土壤综合治理分区规划，进行土壤培肥和盐渍土改良试点；70～80年代，主持“黄淮海平原综合治理与农业发展问题”等国家项目。在亚热带丘陵山区开发治理方面：60年代起，主持南方山区科学考察10余年，先后发表40余项考察报告，其中《南方山区的出路》（1990年）一书入选1990年中国科学院十大科学技术成果；“东部丘陵山区自然资源合理利用与治理”课题，获1991年中国科学院科学技术进步奖一等奖。在长江流域山丘区治理和三峡工程影响对策方面：70年代，倡导并试点农林草（牧）结合治理长江流域山丘区；80～90年代，成功指导了红壤丘陵区千烟洲综合开发治理试验，参与主持“三峡工程对生态与环境影响及其对策”研究。发表论文300余篇；主编《中国自然地理：土壤地理》（1981年）等专著、图集30部。获国家和部委级奖励10余项。（张 强）

利奥波德，L. B.（Leopold，Luna Bergere） 美国人，1915年10月8日生于美国新墨西哥州阿尔伯克基，2006年2月23日卒于加利福尼亚州伯克利。*水文学、地貌学、气象学、生态学。*

1936年获美国威斯康星大学土木工程学士学位。1944年获洛杉矶加利福尼亚大学物理气象理学硕士学位。1950年获哈佛大学地质学博士学位。1937～1940年在新墨西哥州环境保护署任工程师。1940年入伍，在美国陆军天气服务署、陆空部队服役，从列兵晋升上尉。1946年任夏威夷菠萝研究所首席气象员。1950年进美国地质调查所。历任水力工程师、首席水文学家和资源研究水文学家。1972年起任伯克利加利福尼亚大学地质学与地球物理学系教授，园林建筑系教授，1986年退休，后继续在校从事教学和研究直至去世。1972年任美国地质学会会长。

对地质学、植物学、生态学、土壤学及气候学均有研究。20世纪50年代初，他综合多种学科理论，提出了河道尺寸参数与流量、输沙量之间相关的方程式，从而人们称他为研究地貌学的首席水利学工程师。他还把“熵”的概念引入对地形演化的研究之中，并参加过洛杉矶盆地大气污染气象学方面的研究。发表论文百余篇；著作有《环流河》（1972年）、《水》（1981年）、《河流的地貌形成过程》（1995年，与他人合著）、《水、河流和小溪》（1997年）和《河流考察》（2006年）等7部。（李法顺）

戈特芒，J.-I.（Gottmann，Jean-Iona） 一译戈特曼。法国人，1915年10月10日生于俄国哈尔科夫（今属乌克兰），1994年2月28日卒于英国牛津。*人文地理学、经济地理学、城市规划。*

1937年毕业于巴黎大学。留校任教，成为著名地理学家A. 德芒戎的助手。因纳粹德国入侵法国，1941年被迫出走美国，获奖学金入读普林斯顿高级研究院。在第二次世界大战期间，成为位于华盛顿的美国经济战争委员会咨询专家，并在法国学术社团在纽约市创办的流亡大学——社会研究新学院（今新学院大学）任教。1943～1948年任约翰斯·霍普金斯大学地理学教授。1946～1947年作为国际官员在联合国任职。战后致力于在欧洲和美国之间进行地理学交流。1961年任巴黎社会科学高级研究院研究部主任。1968年任英国牛津大学地理学院院长。

主要研究人文地理学二级学科如城市、政治、经济、历史和区域地理学，以首创“大城市集群区”概念而著称。早期主要研究法国和地中海沿岸国家。第二次世界大战后，主要研究美国、以色列和日本，以及经济地理和政治地理的理论问题。20世纪50年代后期起，转向探讨城市增长和区域管理问题。1957年考察美国东北部大西洋沿岸，在论文中首次援用古希腊著名城邦“Megalopolis”即谓“大城市集群区”（又译“大都市带”）概念。1961年出版《大城市集群区：城市化的美国东北海岸》一书，系统探讨高度城市化集群地带经济发展问题。1976年发表论文“世界上的城市集群体系”，提出世界上有六大城市群，以上海为中心的长江三角洲是其中之一。

出版著作10余部，其中有：《人文地理学中的分析方法，地理学编年史》（1947年）、《美洲》（1949年）、《欧洲地理》（1950年初版，1969年再版）、《美国的政治与地理学》（1952年）、《本世纪中叶的弗吉尼亚》（1955年）、《原材料集市》（1957年）、《以色列国家研究》（1958年）、《调整人居空间的试验》（1966年）、《版图的意义》（1973年）、《中心和外围》（1980年）、《势不可挡的城市化》（1983年）、《大城市集群区出现以来》（1990年）等。（李啸虎）

秦馨菱（Qin Xinling） 中国山东省人，1915年10月17日生于山东潍县（今潍坊），2003年12月5日卒于北京。*矿床学、地球物理学、地震学、无线电遥测工程。*

1937～1945年在中央地质调查所从事地震和物理探矿研究。1945～1946年在美国联合地球物理公司、斯朗波吉公司和韦尔斯公司学习地震勘探和石油电法测井。1946年秋回国后，在南京中央地质调查所任技士和技正。1950年以后在中国科学院地球物理研究所工作，先后任副研究员、研究员。1957年兼任北京地质学院石油物探教研室主任。1960年调至地球物理研究所二部任遥控遥测研究室主任，并兼任中国科学技术大学探空技术专业教研室主任。1978年调至国家地震局地球物理研究所从事地震观测研究工作。曾兼任《地震学报》（英文版）和《国际地震动态》名誉主编。1980年当选为中国科学院学部委员（院士）。

参与了中国现代地震学领域的开拓性研究。1937年大学毕业就到李善邦创立的中国现代第一个地震台（鹫峰地震台）工作。不久抗日战争爆发，该台被日军占领，他跟随李善邦辗转到重庆北碚，在极端困难的条件下继续从事地震研究，用他们自制的一台Ⅰ型水平摆式地震仪记录到抗战期间国内外发生的109次地震。跟随李善邦进行中国最早的地球物理探矿工作，发现攀枝花钛铁矿，为攀枝花后来成为钢铁基地做了开拓性的工作。20世纪50年代，参与东北、山东、内蒙、湖北等地的地球物理探矿工作，探测到多处镍矿、黄铁矿、白钨等金属矿床。20世纪60年代起，从事气象火箭应用电子线路研究，为解决高空气象数据的无线电遥测和气象火箭的跟踪定位问题作出了贡献。1978年再度从事地震研究工作，为北京电信传输地震台网的现代化以及地震科学研究人才的培养，做了大量工作。（孙天宇 宣焕灿）

朱显谟（Zhu Xianmo） 中国上海市人，1915年12月4日生于江苏崇明岛（今属上海市）。*土壤地理学、水土保持工程、农学。*

1940年中央大学农学院农业化学系毕业。先后任江西省地质调查所土壤研究室主任、中央地质调查所技士兼农林部调查专员。1949年后，先后任南京地质调查所副研究员，中国科学院南京土壤研究所研究员兼地理室副主任。1959年起，历任中国科学院西北水土保持研究所土壤室主任、副所长、名誉所长等职。曾兼任黄河中游水土保持委员会委员、陕西省土壤学会理事长、《水土保持学报》、《水土保持通报》主编等职。1991年当选为中国科学院学部委员（院士）。

20世纪40年代，认为华南红壤主要是古土壤、古代红色风化壳残留及其冲积物堆积，而不是现代生物地带性土壤，已被证实。50年代，揭示黑龙江土壤特征及其分布规律；参与主持黄河中游水土保持勘探。60～70年代，阐明中国黄土-古土壤系及其生态环境变迁，有力支持了黄土风成说；论证了苏联威廉斯土壤形成说，修正其某些重要论点；纠正前人将黄土高原土壤都划归栗钙土的看法，将黑垆土、䓥土列为独立土类并获公认；揭示黄土区土壤侵蚀规律，建立侵蚀分类系统，获1978年全国科学大会奖。80～90年代及后，阐明黄土-古土壤粘化层生物起源问题；指出黄土高原是2500万年以来西来尘暴和东来湿气相遇沉积产物，阐释了黄土区巨大土壤水库功能；提出黄土区28字土地整治方略，即“全部降水就地入渗拦蓄；米粮下川上塬，林果下沟上岔，草灌上坡下坬”，有重要指导意义。

发表论文200余篇，出版论文集《土壤学与水土保持》（2012年）；编撰出版《托木尔峰综合科学考察》（1979年）、《陕西土地资源及其合理利用》（1981年）、《黄土高原土壤与农业》（1989年）等专著8部，其中《中国土壤图集》（1987年，与他人合著）被评为中国科学院1988年十大成果之一。获国家和省部级奖10余项；1984年获中国科学院首届竺可桢野外工作奖。

（李啸虎）

斯图尔特，F. H.（Stewart, Sir Frederick Henry） 英国人，1916年1月16日生于英国苏格兰阿伯丁，2001年12月9日卒于苏格兰奥班。*构造地质学、岩石学、地球化学。*

1937年于阿伯丁大学获地质学学士学位。1941年在剑桥大学获博士学位。先后在比林厄姆帝国化学工业研究室、达勒姆大学地质系和爱丁堡大学任职，1982年退休。1962年被任命为苏格兰皇家博物馆名誉馆长。1964年成为英国皇家学会会员，曾任理事会成员。

主要研究领域包括火成岩岩石学和蒸发盐岩岩石学两个方面。和别人合作厘清了阿伯丁火成岩和变质岩杂岩系列的5个褶皱期，探讨了当地加里东山链的火成活动、变质作用和构造形变的关系。研究过西部苏格兰第三纪火山的环状杂岩。以英国的二叠系为重点，根据结构研究，确定较早和较晚形成的盐类矿物之间复杂的交代系列，讨论过原生沉积、早期和晚期成岩作用、地热变质及后期近地表作用等因素之间的相关效应。认为完全的矿物转变许多是早期成岩成因的。在对二叠纪原生蒸发盐岩的研究工作及有关著作中，倡导岩石学与地球化学相结合再加上实验手段的崭新工作方法，开辟了一个崭新的领域。获得伦敦地质学会、美国矿物学会的多种奖励。获爱丁堡地质学会和约克郡地质学会的奖章。1970年获赖尔奖章。

（李嘉曾）

叶笃正（Ye Duzheng） 中国安徽省人，1916年2月21日生于天津，2013年10月16日卒于北京。*气象学、气候学、大气物理学。*

原籍安徽安庆。1935年考入清华大学，抗日战争初期随校南迁。1940年毕业于西南联合大学。后到浙江大学史地研究所气象组攻读研究生。1943年毕业后任中央研究院气象研究所助理研究员。1945年初赴美国，进芝加哥大学气象研究所，在罗斯贝教授指导下进行研究工作，1948年获博士学位。1950年回国后，先后在南京大学、清华大学气象系和中国科技大学地球物理系任教。并先后任中国科学院地球物理研究所研究员、大气物理研究所所长、中国科学院副院长等职。曾任中国气象学会理事长、国家科委气象组副组长。1980年当选为中国科学院学部委员（院士）。1981年当选为芬兰科学院外籍院士。

主要研究方向为大气环流和大气各种能量转换的基本理论，以及青藏高原气象学。1949年发表论文“大气中的能量频散”，提出了“上游效应”，至今仍在天气形势预报中起着不小的作用。1950年的论文“1945～1946年冬季中国对流层上部的环流”，首次提出并阐述中国境内南支西风急流。1951年的“论纬圈环流的维持”，论证长波槽脊的结构。1957年的“大气准地转运动的形成”，首次提出地转适应与尺度关系。1958年与李麦村等合写的“北半球6月与9月大气环流的突变”，提出大气环流突变的理论。同年和朱抱真合著《大气环流的若干基本问题》，全面概括大气环流的主要事实，对环流本质及其相互关系进行理论探讨。1983年和两位外国气象学家合撰的论文“雪盖对气候和水文的短期影响”，指出雪盖可影响气候长达五六个月之久。1984年又与他人合写“土壤温度对短期气候和水文变化的影响的一个数值试验”，指出土壤温度可影响气候长达五个月，影响时间长度随纬度的减小而变短。他主持的“东亚大气环流”项目，获1988年国家自然科学奖一等奖。

对青藏高原气象学也很有研究。20世纪50年代，与顾震潮合作，首先开展西藏高原对东西环流影响的研究，获得中国科学院颁发的自然科学奖。70年代，在他的领导下，科学院大气物理所建立了转盘试验室，对西藏高原在大气环流中的影响进行了大量模拟试验，发表了“青藏高原加热作用对夏季东亚大气环流的模拟试验”等一系列论文。

发表近百篇论文；与他人合著《西藏高原气象学》（1960年）、《大气运动中的适应问题》（1965年）、《青藏高原气象学》（1979年）等专著。是2005年度中国国家最高科学技术奖获得者。2010年国际小行星中心批准编号27895小行星永久命名为“叶笃正星”。

（曹念祥）

陈庆宣（Chen Qingxuan） 中国湖北省人，1916年4月4日生于湖北黄陂，2005年10月2日卒于北京。*地层学、矿床学、构造地质学、地质力学。*

1937年考入北京大学化学系，1941年西南联合大学地质地理气象系毕业。先后聘任国民政府资源委员会矿产勘测处公务员、助理工程师，中央研究院地质研究所助理研究员。1949～1961年，历任中国科学院地质研究所副研究员、研究员、构造室主任，中国科学院兰州地质研究室主任。1962年后在中国地质科学院地质力学研究所工作，先后任研究室主任、所学术委员会主任，兼任《地质力学学报》主编等职。1991年当选为中国科学院学部委员（院士）。

20世纪40年代，在李四光教授指导下，在中国首次开展泥料实验构造研究扭裂隙形成条件和过程。50年代，发现安徽铜官山矿区外围延伸的铜矿储量；查明内蒙大青山优质耐火粘土，解决了包头钢铁厂建厂急需耐火材料；与涂光炽一起组队开展祁连山地质调查；发现西康系含三迭纪菊石化石的海相复理石沉积，解决了地层时代问题；发现祁连山震旦系和海相三迭系，为西部区测找矿奠定了基础；重新厘定酒泉盆地第三系地层对比，为该区石油远景评价提供科学依据。60～70年代，初步揭示岩石在低温低压下非弹性变形性能；研究地球自转速度变化引起的地应力分布，讨论了东西向构造带形成机制及其优先纬度；主持西南地区地震地质研究；北京、深圳区域地壳稳定性研究；参与大亚湾核电站等多项重要工程选址论证。80～90年代及后，编译出版李四光著《地质力学概论》（英文版）；主持国际地质对比计划IGCP-250项目“区域地壳稳定性和地质灾害”，取得多项重大成果；主持全球构造格局及其动力学机制研究；进行一系列国际学术交流、地质考查和协作研究；主编《区域地壳稳定性和地质灾害研究国际论文集》（3卷）等。

（李啸虎）

塔特尔，O. F.（Tuttle，Orville Frank） 美国人，1916年6月25日生于美国纽约州奥利安，1983年12月13日卒于加利福尼亚州斯坦福。*实验岩石学、构造地质学、仪器研制。*

1933年中学毕业后，到布拉德福德油田谋生，做过各种杂活。1939年、1940年在宾夕法尼亚大学先后获理学士、理硕士学位。1948年获马萨诸塞理工学院博士学位。曾在华盛顿的卡纳基学院地球物理实验室和海军研究实验室工作。1952年任宾夕法尼亚大学矿业学院地球科学系主任，1959～1960年任矿业学院院长，后因病辞去行政职务。1965年任斯坦福大学教授。1968年入选美国国家科学院院士。

主要贡献在实验岩石学领域。研制出高温高压骤冷设备，使有可能小规模地模拟地壳4千米深处的物理化学条件。用实验证实水蒸气在受压条件下会降低二氧化硅、钠长石和正长石的熔点，从而证实花岗岩是由熔体形成的。发现在低于1 000℃和3 000千克/厘米^{2}压力的条件下，氧化镁-二氧化硅-水（MgO-SiO_2-H_2O）体系不会形成任何成分的液体，所以超铁镁组分只能在固体状态下侵入，不可能存在蛇纹石岩浆。和他人合作，对钠长石-正长石-石英-水体系进行了深入研究，表明晶体和液体的相平衡控制了花岗岩的成分，含钾量高于平均花岗岩的岩浆正常结晶时会形成环斑结构。还发现石英的转换现象，即温度改变1.9℃，石英化学性质就会有变化。同合作者研究过碳酸岩的成因，发现方解石的熔点为1 350℃，当有水存在时可降低至700℃，这一事实支持了碳酸岩起源于岩浆的理论。他最有名的论文是“花岗岩的成因”。获1967年美国地质学会戴氏奖章，1975年美国矿物学会罗布林奖章。

（李嘉曾）

费希尔，W. B.（Fisher，William Bayne） 英国人，1916年9月24日生于英国兰开夏郡达温，1984年卒于达纳姆。*区域地理学、地层学、人类学、历史学。*

先后就读于英国曼彻斯特大学、比利时卢万大学、法国卡昂大学和巴黎大学，1940年获巴黎大学索邦学院地理学博士学位。1940～1946年任英国皇家空军气象员派遣中东服役，参加了第二次世界大战。1946年在曼彻斯特大学任教。1947年任阿伯丁大学地理系讲师。1954～1981年任达纳姆大学地理系主任，1956年任教授；后首任该校乌斯季诺夫学院院长、中东和伊斯兰研究中心主任，1981年退休。期间，1962～1965年在中东伊斯兰大学工作；1978年任比利时卢万大学客座教授。

是英国地学界研究地中海和中东地区的权威专家，尤熟知伊朗。1950年出版代表作《中东：自然、社会和区域地理》，获学界好评，深受读者欢迎，后不断加以补充和修订，时至1978年已出第7个版本。

主要著作还有：《西班牙地理环境》（1958年，与他人合著）、《英国达纳姆中古地层探测》（1959年）、《马尔他》（1961年初版，1968年再版；与他人合著）、《约旦河谷石油勘探》（1966年，与他人合著）、《剑桥伊朗历史》（6卷，1968年）、《中东和北非的人口》（1972年，与他人合著）、《产油国家》（1980年）等。1972年获英国皇家地理学会默奇森奖。 （李啸虎）

哈格斯特朗，T.（Hägerstrand，Torsten） 瑞典人，1916年10月11日生于瑞典克鲁努贝里省莫哈达，2004年5月3日卒于斯科纳省隆德。*人文地理学、理论地理学、应用数学。*

1953年获瑞典隆德大学地理学博士学位。留校任教，1957年起任隆德大学社会与经济地理系教授，出任该校文化地理学研究所所长，兼任《隆德地理研究》B集（人文地理学）主编。1968～1976年任国际地理学联合会副主席。1985年获美国俄亥俄州立大学荣誉理学博士学位。

地理学理论化、定量化的倡导者之一，并以研究人口迁移、文化传播和时空地理学而著称。他在地理学中发展了数学模型和统计技术，促进了地理学科从描述性向数学化的转换；与此同时，他又强调把人文思想引入地理学研究。1942年发表第一篇地理学论文，首次对一个向来是高度描述性的课题进行定量分析。他在博士论文基础上出版的《技术创新传播的空间转移过程》（1953年初版，1967年英译本）一书，系统阐明了新技术的时空扩散过程，证明这一过程的概率分布值呈波尔兹曼正态分布，而频率分布值呈S型逻辑推理曲线。据认为，这一成果是20世纪中叶以来的地理学、社会学和经济学的重要发现之一。20世纪 60 年代起，开始用时空容量与限制数学模型研究个体行为和人口迁移问题。1969 年，他在哥本哈根召开的区域性科学联合会欧洲大会上宣读论文（次年发表），发展了两个重要概念，一是主张研究个体日常行为作为理解大规模社会群体实践的基础，二是主张把空间和时间两大要素有机联系起来考虑，消除将两者分离的传统研究倾向。70 年代起，研究地理学中的时空耦合问题。1971 年发表“区域预测与社会工程”一文，标志着理论地理学进入了动态化研究。这一时期发表的有影响论文还有：“论移民的定义”（1973 年）、“人文地理学的领域”（1973 年）、“运输对生活质量的影响”（1974 年）、“空间、时间和人类环境条件”（1975 年）等。正是在他的带动下，瑞典（尤其是隆德大学）成了文化地理学创新工作的全球主要中心。1968 年获美国地理学家协会杰出成就奖。（李 烨）

王鸿祯（Wang Hongzhen） 中国山东省人，1916 年 11 月 17 日生于山东苍山，2010 年 7 月 17 日卒于北京。地层学、古生物学、构造地质学、地质学史。

1935 年考入北京大学，1939 年获西南联合大学地质地理气象学系理学士学位。留校任教。1945 年赴英国留学，1947 年获剑桥大学博士学位。同年回国，历任北京大学地质系副教授、校秘书长、教授，北京地质学院地质矿产系主任、副院长，武汉地质学院院长，中国地质大学（北京）教授。1995 年起任中国地质博物馆名誉馆长。曾兼任国际地质科学史委员会副主席、中国地质学会副理事长、中国古生物学会理事长、中国地质学史研究会会长、《地球科学》、《现代地质》、《地学前沿》等杂志主编。1980 年当选为中国科学院学部委员（院士）。

在古生物学方面，20 世纪 40 年代发现珊瑚的纤状和层状两类骨骼，指出其分类学意义，直至 80 年代才被国际认可；全面修订和建立四射珊瑚的系统分类和演化阶段，总结其时间和空间分布，由此得出古地理变迁阶段的认识。在地层学方面，提出层序地层的分类级别体系及其与天文周期之间的可能联系。在大地构造方面，80 年代及后，系统提出中国大地构造划分和构造名词体系；系统揭示中国地壳构造发展和古地理演化；提出以泛大陆为准的大陆聚散周期，进行全球古大陆再造研究；提出地球演化中可能曾发生阶段性有限膨胀的设想，形成了全球构造活动论与历史发展阶段论相统一的地球史观，建立全球性构造阶段和构造格局演变理论。在地质学史方面，提出以学科史和学科思想史为主要研究方向，整理中国古代地学，研究近代、现代地学史；主编出版《中国地质科学五十年》。

发表论文 200 余篇；出版《中国古地理图集》（1985 年）、《地质学教程》（1988 年）、《中国古生代珊瑚分类演化及生物古地理》（1989 年）等专著、文集、图集和教材 20 余种。多次获奖，其中有 1982 年国家自然科学奖一等奖（集体）、1987 年和 1991 年自然科学奖二等奖，1988 年国家教委高等学校教材特等奖，1994 年何梁何利科学技术进步奖，1996 年李四光地质科学奖特别奖等。（拾以娟）

加里宁，Г. П.（Калинин，Геннадий Павлович；Kalinin，Gennadi Pavlovich） 苏联人，1916 年 11 月 23 日生于阿塞拜疆的巴库，1975 年 1 月 2 日卒于苏联莫斯科。陆地水文学、水资源学。

1937 年乌克兰哈尔科夫水文气象学院毕业。同年在敖德萨水文气象学院任教。1942～1961 年任苏联水文气象局中央预报研究所预报研究室主任。1961 年任莫斯科大学地理系教授，1963 年任该校陆地水文学教研室主任。多年担任苏联《水资源》杂志主编。1970 年当选为苏联科学院通讯院士。

毕生从事陆地水文学和水资源学研究与教学，取得多项重要成果。率先提出河网总入流概念；率先利用河网蓄水量、三角级数汇流曲线作为河川径流计算与预报的有效方法；提出关于河槽汇流的理论，成为河川径流计算和预报方法的理论基础，丰富和发展了陆地水文学；1957 年，提出特征河长概念及其不稳定流近似计算方法，后广泛应用于预报洪水；分析和总结了全球性和区域性河川径流变化，改进了河川径流量成因方法和概率统计方法；揭示了全球水量交换一般规律，以及地球淡水资源形成的一般过程与规律。

主要著作有《短期水文预报方法原理》（1952 年）、《河道不稳定流近似计算》（1957 年，与他人合著）、《水文预报》（1960 年，与他人合著）和《全球水文学问题》（1968 年）等。（李 烨）

查尼，J. G.（Charney，Jule Gregory） 美国人，1917 年 1 月 1 日生于美国旧金山，1981 年 6 月 16 日卒于波士顿。气象学、沙漠学、大气物理学、应用数学。

1938 年获洛杉矶加利福尼亚大学物理学和数学学士学位，1940 年获该校数学硕士学位。第二次世界大战中，应征参加军队任气象员。1946 年获母校气象学博士学位。同年去挪威奥斯陆大学访问，回国后，在芝加哥大学罗斯贝教授指导下进行动力气象学研究。1948 年到普林斯顿高级研究院研究理论气象，任该院教授兼理论气象科学部主任。1956 年任马萨诸塞理工学院气象学教授，1974～1977 年任该学院气象学系主任。1964 年当选为美国国家科学院院士。是美国文理科学院院士。1965 年当选为瑞典皇家科学院外籍院士。1971 年当选为挪威科学院外籍院士。是印度科学院外籍院士。

在普林斯顿高等研究院，与他人合作总结了当时数值天气预报的不足，主要是原始天气方程过于复杂，但简化后又不能代表天气的实际情况。于是他们从热力学、流体力学等基本理论来阐明天气热力学和动力学过程，以准平衡态为基本出发点，创建了实用的数学模式，经电子计算机进行运算，收到了良好效果。20世纪50年代数值预报问世，是气象学发展史上的一个里程碑。主要著作有《论大气运动的尺度》(1948年)、《沙漠动力学与撒哈拉的干旱》(1975年）等。曾多次获得美国气象学会、英国皇家学会、美国地球物理学会的奖励。（曹念祥）

郭承基(Guo Chengji)　中国山西省人，1917年1月21日生于山西清徐，1997年2月13日卒于贵州贵阳。*矿床学、岩石学、矿物化学、地球化学。*

1943年北京大学地质系毕业。后赴日本留学，先在京都大学地质矿物系进修，1947年转入该校大学院（研究生院）研究稀有元素矿物及稀有元素地球化学，获硕士学位。1952年回国后，历任中国科学院地质研究所副研究员、研究员，中国科学院地球化学研究所研究员、稀有元素地球化学研究室主任、稀土元素地球化学研究室主任。曾兼任中国科学技术大学教授，中国稀土学会副理事长等职。1980年当选为中国科学院学部委员（院士）。

中国稀有元素和稀土元素矿物化学研究的开拓者之一。主要学术贡献：①20世50年代、60年代和80年代，三次主持对内蒙古白云鄂博矿床的综合研究，查明该矿床不仅是巨大铁矿，而且是一个含有丰富的稀土元素和稀有元素的大型综合性矿床，也是稀土储量占全世界总储量很大比例的超大型稀土矿床。他对该矿床成因提出了“成矿物质的多来源、矿化的多阶段以及矿床的多成因”的“三多”成矿理论。②50年代，提出用云母类矿物作为划分花岗伟晶岩类型的分类法，即将花岗伟晶岩分为黑云母型、二云母型和白云母型等三种类型。这种分类法现已受到学术界的广泛赞同。③80年代以后把研究重点转向特殊稀土元素的矿物化学研究方面，认为铕、铽、钬、铥、镥等具有特殊工业应用前景而目前尚未发现独立矿床的稀土元素，与其他稀有元素一样具有明显的时空及属性演化规律，在一定条件下有可能发生大规模矿化和富集，首次从理论上提出稀土和稀有元素“类质同象置换的有限性”及“类质多型演化”的概念。

主要著作有《铀矿化学》(1956年)、《稀有元素矿物化学》、《放射性元素矿物化学》(1959年)、《稀土矿物化学》(1963年)、《稀土地球化学演化》等。曾获1989年国家自然科学奖二等奖等国家和省部级多种奖励。（孙天宇）

高仕功(Kao, Shih-Kung)　华裔美国人，1917年3月9日生于中国福建福州，1981年5月16日卒于美国犹他州。*气象学、大气动力学、环境科学。*

1935年考入清华大学地学系气象组，抗日战争爆发后随校南迁，1939年毕业于西南联合大学。留任清华大学航空研究所助教，后升任讲师。1947年公费去美国留学，就读于加利福尼亚大学气象系。1952年获哲学博士学位。1953～1955年在约翰斯·霍普金斯大学继续进修并参加研究工作。1956～1960年应聘回到加利福尼亚大学任研究员、副教授。1960年起在犹他大学气象系任教授，1961年创办湍流及扩散实验室并兼任主任。1965年加入美国国籍。1971～1981年任犹他大学气象系主任。兼任博尔德大气研究中心高级研究员，美国航天局及能源局的顾问。是美国气象学会、美国地球物理联合会的荣誉会员，又是日本气象学会、英国皇家气象学会的外籍荣誉会员。

国际大气动力学的权威学者之一。20世纪60年代始，参加美国空军在内华达州野外原子武器试验的全球放射性尘埃分布的研究，此项目也是犹他大学全球污染课题研究的一部分。70年代中期研究大气化学、气溶胶等问题。去世前研究过圣海伦斯火山喷发对气候的影响。

发表约80余篇论文，如“中纬度线性准地转新论”、“大气中能量的径向传输”、“非线性方程中转动粘态液体的谐波分析”等，受到世界气象学界重视，在大气动力学、大气湍流及扩散理论方面有较大影响。（曹念祥）

兰伯格，H.（Ramberg, Hans)　挪威人，1917年3月15日生于挪威特隆赫姆，1998年5月卒于瑞典乌普萨拉。*岩石学、矿床学、构造地质学。*

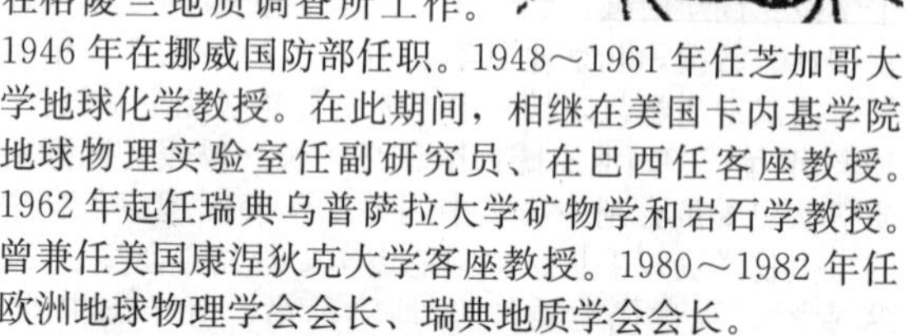

在奥斯陆大学学习地质学，1943年获博士学位。曾在格陵兰地质调查所工作。1946年在挪威国防部任职。1948～1961年任芝加哥大学地球化学教授。在此期间，相继在美国卡内基学院地球物理实验室任副研究员、在巴西任客座教授。1962年起任瑞典乌普萨拉大学矿物学和岩石学教授。曾兼任美国康涅狄克大学客座教授。1980～1982年任欧洲地球物理学会会长、瑞典地质学会会长。

20世纪40～50年代，他运用化学热动力学在交代作用和花岗岩化作用等方面作了许多重要贡献。第一个用物理化学来解释变质岩中最常见的长石与绿帘石的平衡，这对变质矿物组合中的固溶体研究是一个推进，并且改进了P. E. 埃斯科拉的变质岩岩相分类；研究了固溶体热力学和键型的岩石学效应；利用阳离子的离子化电位和阴离子极化能力的概念解释许多矿物中元素共生现象；拥护花岗岩化假说，在地壳物质的迁移方面，清晰描述了没有流体相但有粒间水和二氧化碳的变质模式；研究变质矿物组合的化学平衡，在矿物结晶能方面的工作对矿物中元素组合的研究有重要的影响；提出分泌矿脉发育的理论。

从50年代起，研究方向逐渐转到构造地质学。1955年用简单方法证实石香肠和肠状褶皱的形成。后来用数学分析和实验方法研究褶皱作用，1963年提出了不对称褶皱作用的理论。强调重力在各种构造特别是大型构造形成中的作用。到乌普萨拉大学后，应用相当成熟的实验方法，进行一系列重力驱动和重力控制的动力学模型试验，模拟负荷印模、盐丘、岩基、推覆体直至地幔对流和大陆漂移等一系列不同规模的构造，得到一系列著名的与实际构造相似的试验剖面。这对研究构造形成和造山运动机制有重要意义。

发表论文百余篇；出版有《变质与交代岩石的成因》(1952年)、《重力、变形与地壳》(1967年初版，1981年第2版）等专著，后者集中反映了1962年以来他在构造地质学方面的理论研究和实验成果。获1943年罗伊斯奖章，1968年海丁奖金，1972年沃拉斯顿奖章，1973年瑞典皇家科学院格兰德奖金，1976年美国地质学会戴氏奖章，1983年欧洲地质科学联合会赫德梅斯奖章等。（李冬田）

谢义炳（Xie Yibing） 中国湖南省人，1917年4月3日生于湖南新田，1995年8月24日卒于北京。气象学、大气动力学。

大学教授的儿子。1940年毕业于西南联合大学。翌年进当时已迁至贵州的浙江大学，师从涂长望从事气象学研究，1943年获硕士学位。1945年赴美国芝加哥大学深造，1949年获博士学位。1950年回国，任清华大学气象系副教授。1952年任北京大学物理系气象学教授，1959年任该校地球物理系副主任，1978年升任主任。曾兼任中国气象学会副理事长、《气象学报》主编。1980年当选为中国科学院学部委员（院士)。

很早从事大尺度环流系统研究。对流层中、上层的冷涡是大尺度环流系统中的重要组成部分，1949年他在博士论文“北美冷涡选例研究”中建立了这类冷涡发展的概念模式，现已被国内外大气环流专著和教科书广泛引用。1950～1951年，率先发现东亚锋区与急流的多重结构，查明东亚副热带高空急流的存在，研究它与极峰急流的相互作用，从而深化了人们对东亚大气环流的认识。20世纪80年代，他从实际的流场出发，引进空间不稳定性概念，探索斜压行星波的时间稳定性，从而发展了传统的斜压不稳定理论。

还对严重影响国民经济建设的灾害天气进行了深入研究。20世纪50年代，他对影响中国的降水系统包括冷峰、底涡、暖峰、梅雨和季风等进行了大量分析，提出能同时表征大气热力与水汽状态的假相当位温分析方法。后来全国各气象台站降水业务预报中广泛应用的静力能量的天气学方法，正是在这一基础上发展起来的。70年代，他提出中低纬度天气系统的概念模式，以及湿斜压大气的概念和湿斜压天气动力学的系统理论。在该理论的指导下，人们开发了一系列有关暴雨的天气动力学诊断方法，提高了夏季暴雨预报的准确率。60年代，他发现西太平洋上绝大多数台风发生在赤道辐合带上，并提出该辐合带上切变不稳定理论来解释台风的发生。

发表论文近百篇；主要著作有《天气学基础》(1959年)、《气象学引论》(1959年）等；有译著多部。获1978年全国科学大会奖，1984年国家科学技术进步奖二等奖，1987年国家自然科学奖二等奖等。1988年获芬兰的帕尔门国际奖。（孙天宇 宣焕灿）

李星学（Li Xingxue） 中国湖南省人，1917年4月8日生于湖南郴县，2010年10月31日卒于江苏南京。地层学、古生物学。

1942年重庆大学地质系毕业。历任中央地质调查所练习员、技佐、技士。1949年后，历任中国地质工作指导委员会工程师，中国科学院南京地质古生物研究所研究员、古植物研究室主任、该所学术委员会主任，南京大学地球科学系教授。兼任国际古植物学学会中国地区代表、联合国科教文组织国际地质对比计划321项目科学顾问、中国古生物学会理事长、中国古植物学会理事长、《古生物学报》主编、《华夏古生物志》(英文版）第一副主编、古生物学名词审定委员会主任等职。1980年当选为中国科学院学部委员（院士)。

长期从事地层学和古生物学研究，尤其在古植物学、非海相生物地层学领域深有造诣。早期进行华北石炭-二叠纪地层划分与对比研究；补充和修正瑞典古生物学家哈勒（T. G. Halle）关于华夏植物群的经典著述，提出华夏植物群典型类群分类新观点；创立华北古生代植物组合层序划分方案；第一个发现中国晚白垩世被子植物化石；首先纠正前人鉴定藏南舌羊齿植物群时代的错误；在对中国与东亚晚古生代含煤地层划分、对比和分布的系统研究中获重要进展；对古植物大羽羊齿类的研究享有很高国际声誉；20世纪70年代后，参加松辽油田发现的地球科学工作，获国家自然科学奖二等奖、三等奖；对吉林蛟河杉松早白垩世晚期植物群，北祁连山东段纳缪尔期地层与植物群等研究，受到中外同行广泛引用。

发表论文140余篇，另有《李星学院士文集》(2007年）一部；撰有《华北月门沟群植物化石》(1963年)、《中国晚古生代陆相地层》(1963年）等专著10余部。获1983年国家自然科学奖一等奖等、1993年第二届尹赞勋地层古生物学奖等国家和省部级奖励10多项；1996年获第五届国际古植物学大会授予的国际古植物学会沙尼奖章。（陈 亮）

洛伦茨，E. N.（Lorenz，Edward Norton） 美国人，1917年5月23日生于美国康涅狄格州西哈特福德，2008年4月16日卒于坎布里奇。气象学、大气动力学、混沌学。

1938年获达特茅斯学院数学专业学士学位。1943年获马萨诸塞理工学院理学硕士学位，留校工作，1948年获该校气象学博士学位。在第二次世界大战期间，服役任美国空军气象预报员。1946～1955年任马萨诸塞理工学院研究员，1962年任教授，1981年退休后为荣誉教授。1975年当选为美国国家科学院院士。1981年当选为挪威文理科学院外籍院士。1984年当选为英国皇家气象学会荣誉会员。

理论气象学领军人物之一，混沌学的奠基者之一。20世纪50年代，主要研究大气环流及其规律。1955年发表论文，从“有效位能”角度讨论了大气环流维持机理。60年代，主要研究数值天气预报、“可预报性极限”的理论与实践问题。1963年在《大气科学》上发表论文“确定性非周期流”，率先从确定的洛伦茨方程中用计算机模拟出非周期现象，发现一个地方大气中的小小骚动在一定条件下可能会引起另一地方气候的巨大变化，从而作出不可能用逐步延伸法进行长期天气预报的断言。该文被认为是非线性混沌学研究的第一篇论文。文中提出混沌学中著名的“蝴蝶效应”，即南美密西西比森林中一只小蝴蝶轻轻颤动翅膀，可能会在美国得克萨斯州掀起一场龙卷风，强调了不稳定系统对初始条件涨落的高度敏感性。他的确定性混沌的发现，现在已从大气科学推广应用于从纯数学到物理学、工程学、化学、生物学，乃至人文社会科学的各领域。1967年出版《大气环流的本质和理论》一书，精辟阐述了大气环流研究的历史沿革、现状和展望。1969年发表论文“大气可预测性的三个方法”。70年代，进一步完善他的气候变化不确定性理论。

主要著作还有：《动力学方程的最大简化》（1960年）、《振荡力学》（1963年）、《大气环流的低阶模式》（1980年）、《用大数值模式进行大气可预测性试验》（1983年）等。获美国气象学会1963年迈辛格奖、1969年罗斯贝研究奖章，1973年英国皇家气象学会西蒙斯纪念金质奖章，1983年瑞典皇家科学院克拉福德奖，2004年荷兰文理科学院巴洛特奖章等。（李啸虎）

池际尚（Chi Jishang） 中国湖北省人，1917年6月25日生于湖北安陆，1994年1月1日卒于北京。*岩石学、矿床地质学。*

公务员之女。1941年毕业于西南联合大学地学系。留校任教。1946年赴美国宾夕法尼亚州布伦茂学院地质系攻读研究生，1949年获博士学位。同年到伯克利加利福尼亚大学地质系工作。1950年回国，任清华大学地学系副教授。1952年任北京地质学院专修科主任。1975年任武汉地质学院教授，先后任专修科主任、教研室主任、系副主任、系主任、副院长等职。后任中国地质大学教授。1979～1982年兼任国际地质对比计划执行局委员。1980年当选为中国科学院学部委员（院士）。

1950年，她在美国与别人合作完成高温高压下大理岩变形的实验研究。1958～1960年带领200多名师生参加山东中部和西部的区域地质测量和普查找矿工作，后来出版比例尺为20万分之一的14幅总面积达89 600平方千米的区域地质图。20世纪60年代至80年代，长期从事含金刚石矿的金伯利岩的研究，提出了中国金伯利岩的分类、命名的原则和方案，总结了各类金伯利岩的岩石学特征，率先提出金伯利岩含金刚石的化学成分判别公式，对寻找金刚石原生矿有重要意义。80年代主编反映30多位师生科学研究成果的专著《中国东部新生代玄武岩及上地幔研究（附金伯利岩）》（1988年），1989年获国家地质矿产部科学技术成果奖一等奖。主要论文入编《池际尚论文选集》（1997年）；还与他人合作出版《岩浆岩岩石学》（1962年）、《费多洛夫法》（1983年）、《华北地台金伯利岩及古生代岩石圈地幔特征》（1996年）、《中国原生金刚石成矿地质条件研究》（1996年）等。

（孙天宇 宣焕灿）

董申保（Dong Shenbao） 中国江苏省人。1917年9月17日生于北京，2010年2月19日卒于同地。*岩石学、矿床学、变质地质学。*

1940年西南联合大学地质地理气象学系毕业。后任资源委员会西南矿产勘测处技术员。1944年获西南联合大学硕士学位。留校任教。1948年赴法国巴黎大学进修，后转入克莱蒙菲朗大学攻读博士学位，研究法国中部高原的变质岩系。1951年回国，任北京大学地质学系副教授。1952年因全国高校院系调整，调长春地质学院地质勘探系工作，历任教授、副主任、主任、院长助理和院长。1984年至去世，在北京大学地质学系任教授。1980年当选为中国科学院学部委员（院士）。

主要从事中国变质岩与花岗岩研究。早年研究过云南易门地区昆阳群变质岩，以及昭通、龙陵、镇康等地地质矿产。20世纪50～60年代，在华北、东北等地从事前震旦纪变质岩系及其成矿规律研究，提出“变质建造”、“变质岩石组合”和“混合岩矿床”等假说；70年代，研究辽东半岛前寒武纪混合岩化成矿作用，以及河北前寒武纪沉积变质铁矿地质，考察秦岭地区花岗岩成因类型、四川西部变质岩地质。80年代，致力于变质地质学基本问题研究，例如地壳旋回特征、变质地质构造单元划分、变质作用类型和变质相、变质建造及其原岩建造恢复等；从中国蓝闪石片岩带特征及分布中提出扬子北缘元石化的陆内板块俯冲，引起国际关注；跑遍包括西南和西北地区在内的大半个中国，在野外考察基础上主编《中国变质地质图（1∶400万）及其说明书》和《中国变质作用及其与地壳演化的关系》（1986年），前者获1987年全国优秀图书一等奖、1989年国家自然科学奖二等奖。90年代，主要从事高压变质作用研究。1978年在中国科学大会上被授予科学技术先进工作者称号。1995年获李四光地质科学奖。（刘云辉）

布朗，H. S.（Brown，Harrison Scott） 美国人，1917年9月26日生于美国怀俄明州谢里丹，1986年12月8日卒于新墨西哥州阿尔布开克。*地球化学、宇宙化学、太阳系演化学。*

1938年获加利福尼亚大学化学硕士学位。1941年获约翰斯·霍普金斯大学化学博士学位。1942年在芝加哥大学冶金实验室研究钚的化学。1943年转到田纳西州橡树岭的克林顿实验室任化学助理。1946年起在芝加哥大学原子核研究部工作。

早年志趣是核物理，毕业前就从事质谱分析及气体热扩散法同位素分离。1939年核裂变发现后，他将注意力集中于六氟化铀的扩散性研究。第二次世界大战后，兴趣转向太阳系的起源与演化问题上。1946年开始研究地球化学和宇宙化学。1951年任加利福尼亚理工学院地球化学教授，1967年任科学和管理教授。

1955年被选为美国国家科学院院士。

20世纪60年代，他和学生分离出陨石中保存的无污染的原始铅，推测陨石的年龄与地球相等，计算出地球年龄为45亿年。而在地球上，自地球形成以来由于岩石广泛经受再融化和风化作用，原始铅不可能与铀和钍完全隔离。他和学生又把这一技术第一次用到普通花岗岩年龄测定上。该项技术后来被用于太阳系和地球的年代学的多方面研究之中。后来他还用钾40（^{40}K）和钙40（^{40}Ca）同位素测定沉积物年龄。

（应中锷）

穆恩之（Mu Enzhi） 中国江苏省人，1917年9月30日生于江苏丰县，1987年4月8日卒于南京。*地层学、古生物学*。

早年多次因经济困难而辍学，靠当教师等筹措上学费用，因此直至26岁时才得以在西南联合大学地质地理气象系本科毕业。1945年在重庆北碚中央地质调查所从事古生物学研究，1946年随该所迁至南京。1949年到南京古生物研究所（后改名中国科学院南京地质古生物研究所）工作，先后任副研究员、研究员、副所长等职，一度兼任中国科学院南京分院副院长。曾兼任中国古生物学会副理事长、国际地质对比计划科学委员会委员、国际古生物协会笔石工作组主席。1980年当选为中国科学院学部委员（院士）。

他描述了从寒武纪到石炭纪，特别是奥陶纪、志留纪和早泥盆世的大量笔石，建立了一个新亚目、10多个新科、20多个新属和许多新种，其中中国笔石科和娇笔石科在研究笔石动物的演化上具有重要地位。1950年他创立一套笔石分类系统已在中国统一采用，并被世界上某些国家的专家所采用或部分采用。此后，他又确立中国笔石动物群的基本序列，建立中国寒武纪至早泥盆世的笔石分带。还将中国的笔石划分为两大笔石动物群类型，并与世界上的笔石动物群类型进行了比较。1974年提出生态分异学说，认为笔石动物群类型的不同，是各种笔石以其不同生活方式适应各种生活环境，进行生态分异的结果。在地层学领域，他以笔石地层为标准，提出了奥陶系与志留系的划分对比方案。所著《中国的志留系》（1962年）一书，是对中国志留纪地层的首次系统总结，获1978年中国科学院重大成果奖、全国科学大会奖。与别人合著的英文版专著《中国志留系对比》（1986年），是国际上有关中国志留系的重要文献，获1989年中国科学院自然科学奖一等奖。

（孙天宇 宣焕灿）

陈梦熊（Chen Mengxiong） 中国浙江省人，1917年10月12日生于江苏南京，2012年12月28日卒于北京。*水资源学、水文地质学、工程地质学*。

原籍浙江上虞。1942年西南联合大学地质地理气象系毕业。同年进重庆中央地质调查所，1943年派到兰州西北分所工作，1946年回南京中央地质调查所。1949年后，历任国家地质部（后国土资源部）水文地质与工程地质局副总工程师、教授级高级工程师、高级顾问等职。兼任国际水文科学协会中国国家委员会副主席、中国地质灾害研究会顾问、《水文地质工程地质》、《自然资源学报》副主编等职。1991年当选为中国科学院学部委员（院士）。

20世纪40年代，参与绘制中国第一幅1∶3 000 000中国地质图、20多幅1∶1 000 000分幅图。50年代，参加中国第一条横跨秦岭的铁路新线天成、宝成线建设，完成的宝略段全部地质勘测成为范例；开始负责全国区域水文地质普查的技术领导，组建普查队和制订各种技术规范。60～70年代，组织有关各省编制1∶1 000 000的黄淮海平原、松辽平原水文地质图系，是中国最早按自然单元编制的跨省小比例尺图系，获1978年科学大会奖；创立具有中国特色、符合国际规定的综合水文地质编图方法和统一图例，受到中外学者好评。80～90年代，按计划主持完成全国区域水文地质普查，获1985年国家科学技术进步奖二等奖；提出地下水资源新概念和地下水储量计算新方法；组织各省首次完成全国地下水资源计算与评价；主持完成国际水文计划地下水系统及亚洲实例研究，其中论文“华北黄河平原地下水系统”（与他人合作）被国际上列为全球六大实例研究之一；研究中国水资源开发负效应及其管理对策。

发表论文140余篇；主编《实用水文地质学》（1959年）、《综合水文地质图编图方法与图例》（1979年）、《中国水文地质环境地质问题研究》（1998年）等专著多部。

（李啸虎）

芒克，W. H.（Munk，Walter Heinrich） 一译蒙克。美国人，1917年10月19日生于奥地利维也纳。*物理海洋学、海洋动力学、海洋声学*。

奥地利裔。1932年移居美国。1939年获加利福尼亚理工学院理学硕士学位。1947年获加利福尼亚大学海洋学博士学位。1954年任斯克里普斯海洋研究院地球物理学教授。1959年兼任加利福尼亚大学物理学和星体物理学研究所副所长、拉霍亚实验室主任。1956年入选美国国家科学院院士。1957年入选美国文理科学院院士。1976年当选英国皇家学会外籍会员。

主要研究海洋波浪运动，研究的波谱范围很宽，从几毫米至几千米。1950年提出风驱动的大洋环流理论模型，其研究源于和同事曾在太平洋中观察到一种长周期波浪，经研究认为它起源于印度洋，后沿地球大圆，绕过塔斯曼海进入太平洋。为研究它在整个太平洋里的传播，他们还从澳大利亚至阿拉斯加沿地球大圆设置了6个观察站。此外，他们还在加利福尼亚沿海、南极海域、比斯开湾和百慕大群岛南部海域进行海上潮汐测量。20世纪70年代，与海洋学家C.旺施（Carl Wunsch）合作，开创了海洋声学断层摄影技术，被誉为“海洋声学里程碑”。90余岁高龄仍参与研究和发表论文。获1976年尤因奖、阿加西斯奖，1985年美国国家科学奖等。

（张南海）

刘东生（Liu Dongsheng） 中国天津市人，1917年11月22日生于辽宁沈阳，2008年3月6日卒于北京。*第四纪地质学、构造地质学、古脊椎动物学、环*

境科学。

原籍天津。1942年西南联合大学地质系毕业。后在中央地质调查所工作。1949年中央大学生物学系肄业。中国科学院地质与地球物理研究所研究员，国家环保局环境科学研究院名誉院长。曾兼任国际第四纪研究联合会主席，国务院环境保护委员会科学顾问组组长，中国环境科学学会副理事长，中国青藏高原研究会理事长，中国第四纪研究委员会主任、名誉主任，中国科学探险协会主席，中国科学院环境科学委员会主任，中国科学技术馆馆长，《第四纪研究》、《极地研究》、《环境学报》等杂志主编等职。1980年当选为中国科学院学部委员（院士）。1991年当选为第三世界科学院院士。1996年当选为欧亚科学院院士。

从事地球科学研究60余年，足迹遍及中国大地，亲临地球三极（南极、北极和青藏高原），作出了多项重要贡献。20世纪40年代，从事古脊椎动物研究，尤以鱼化石研究成果著称。50年代，开展三门峡、龙羊峡等水库坝位选址论证；出版《南京附近五通系泥盆纪鱼化石》（1958年）专著；开始黄土-古土壤序列的系列研究，发展了传统的地球四次冰期学说，1958年提出250万年来陆相古气候“多旋回说”，并通过测定古地磁和深海沉积物氧同位素变化加以证实。60年代，与他人合作著述《黄河中游黄土》（1964年）、《中国的黄土堆积》（1965年）和《黄土的物质成份与结构》（1966年）等，把风成作用扩展到物源-搬运-沉积-再变的黄土高原形成全过程；主持青藏高原广大地域、希夏邦马峰、珠穆朗玛峰、托木尔峰、南迦巴瓦峰等地区野外考察，组织编著14卷科学考察报告；把青藏高原研究与黄土高原研究结合、固体岩石圈演化与地球表层圈演化结合，开辟了地球科学新领域。70年代，开展地方病病因环境地质学分析，从事官厅水库水源保护、北京西郊环境质量评价研究；建立了国际公认的洛川坡头黄土标准刻面；主持完成“中国干旱半干旱地区15万年来环境演变和发展趋势”等重大课题。80～90年代，出版专著《黄土与环境》（1985年，中、英文版），使中国黄土、深海沉积和极地冰芯并列为全球环境变化研究三大支柱；与孙鸿烈院士共同主持“青藏高原隆起对自然环境条件与人类活动影响的综合研究”；1991年在南极长城站进行南极晚更新世以来气候与环境演变及现代背景研究；与他人合作出版《黄土第四纪地质全球变化》（3卷，1990～1992年）。

发表论文近300篇；专著20余部。多次获奖，其中有：1978年全国科学大会奖，1985年中国科学院自然科学奖一等奖，1987年中国科学院自然科学特等奖、国家自然科学奖一等奖，1989年陈嘉庚奖，以及竺可桢奖、李四光奖等，2002年世界环境科学最高奖“泰勒环境科学成就奖”，2003年度中国国家最高科学技术奖等。（刘云辉）

关士聪（Guan Shicong）　曾用名关山、陈军。中国广东省人，1918年1月3日生于广东南海，2004年4月5日卒于北京。*矿床学、油气地质学、区域地质学。*

农家子弟。1940年西南联合大学地质地理气象系毕业，获理学士学位。后到中央地质调查所工作。1949年到中国地质工作指导委员会南京地质研究所工作。1952年调至国家地质部参与和主持华北和西北地区中生代煤田普查。1956年后，相继在地质部石油地质局、区域地质调查司、地质矿产司、石油地质海洋地质局任主任工程师、副总工程师、总工程师。20世纪80年代直至去世，任国家地质矿产部科学技术高级咨询中心高级工程师、顾问。曾兼任中国石油学会副理事长、《含油与天然气地质》等6种刊物的主编或副主编，中山大学等多所高校兼职教授，地质矿产部石油地质研究所等多个科研单位兼职研究员。1980年当选中国科学院学部委员（院士）。

1940～1954年，对秦岭地区、新疆、江苏、辽宁、吉林、内蒙古等地进行区域地质普查和煤、铁、有色金属的矿产普查，还曾为天（水）成（都）铁路建设进行水文工程地质调查。1956年以后重点转向石油和天然气的地质普查，从新疆塔里木到东海之滨，从东北松辽平原到海南岛雷琼地区，他跑遍中国各个含油气盆地和含油气地区，指导石油普查勘探队的工作。是1982年国家自然科学奖一等奖“大庆油田开发过程中的地球科学工作”主要获奖者之一。

20世纪60年代，主编《中国石油地质图集》。80年代中期以后，在几位助手协助下，出版《中国海陆变迁、海域沉积相与油气》（1984年）、《中国中、新生代陆相沉积盆地与油气》（1991年）和《中国海域地质与海洋油气》等专著，这是他系统研究中国近40年来油气普查实践的科学总结。发表的主要论文入编《关士聪地质文选》（1988年）出版。（孙天宇）

戈德史密斯，J. R.（Goldsmith，Julian Royce）　美国人，1918年2月26日生于美国芝加哥，1999年卒于同地。*实验岩石学、地球化学。*

本科毕业于芝加哥大学，1947年获该校博士学位。1942～1946年在纽约州柯尔宁玻璃厂任职，从事国防军工开发。1947年任教于芝加哥大学，1958年升任教授，1969年任杰出教授，1960～1971年任该校地球物理科学院副院长，1963～1971年任该校地球物理系主任，1990年退休后继续在实验室从事研究。1963年入选美国文理科学院院士。1965～1966年任美国地球化学会会长。1970～1971年任美国矿物学会会长。1974～1975年任美国地质学会会长。

他是著名实验岩石学家鲍恩（N. L. Bowen）的学生。起初研究温度升高时硅酸盐体系的不均一相平衡问题，进行了斜长石难于产生均一相平衡实验。1955年获美国矿物学会颁发的奖金。还利用天然和人造三方晶系碳酸盐类矿物进行高压实验，以解决温度升高时二氧化碳的释出，保持固体溶液成分的控制问题。他的高温高压实验，还涉及矿物结构的有序与无序问题。曾人工合成一系列长石，并且研究它们同其他元素置换的条件与机理。获1987年美国地球物理联合会赫斯奖章，1988年美国矿物学会罗布林奖章。

（应中锷）

吴传钧（Wu Chuanjun） 别号任之。中国江苏省人，1918年4月2日生于江苏苏州，2009年3月13日卒于北京。*人文地理学、经济地理学、国土资源学。*

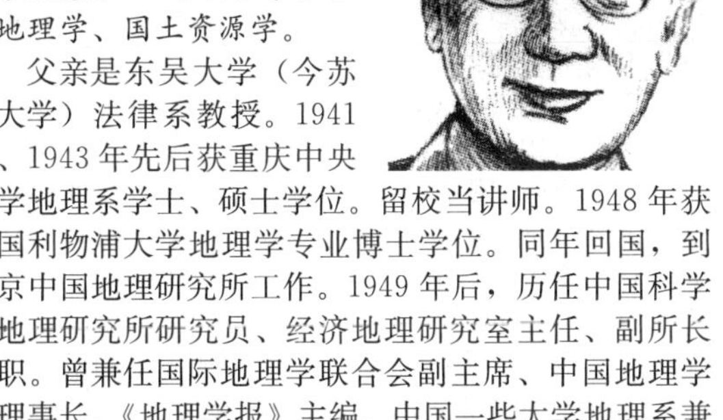

父亲是东吴大学（今苏州大学）法律系教授。1941年、1943年先后获重庆中央大学地理系学士、硕士学位。留校当讲师。1948年获英国利物浦大学地理学专业博士学位。同年回国，到南京中国地理研究所工作。1949年后，历任中国科学院地理研究所研究员、经济地理研究室主任、副所长等职。曾兼任国际地理学联合会副主席、中国地理学会理事长、《地理学报》主编、中国一些大学地理系兼职教授等职。1991年当选为中国科学院学部委员（院士）。

20世纪50年代，参加黄河流域初期规划，黑龙江流域综合考察，东北土地利用和农业区划研究。60年代，负责调查研究华北地理工业布局中的用水问题。70年代，考察大兴安岭地区宜农荒地资源，调查全国十余个省和自治区的农业生产典型；组织编写《中国农业地理丛书》，其中主编《中国农业地理总论》获1987年中国科学院科学技术进步奖一等奖。80～90年代，组织40多个单位300多名专家9年协作，主持出版国土开发整治系列成果，为农业生产和国土规划管理提供了指南，其中《1∶100万中国土地利用图集》获中国科学院科学技术进步奖一等奖，《中国海岸带与海涂资源调查报告》和《中华人民共和国国家农业地图集》分别获国家科学技术进步奖一、二等奖。90年代，着重进行中国各地区持续发展研究，主编《国土开发整治与规划》（1990年）、《中国土地利用》（1994年）获中国科学院科学技术进步奖一等奖；与他人合著《中国经济地理》（1998年）等专著；主编《中国的地理学》被国际上誉为“了解中国不可多得的参考书”。发表论文200余篇；主编专著10余部。

（曾连荪）

业治铮（Ye Zhizheng） 中国江苏省人，1918年4月20日生于江苏南京，2003年1月3日卒于同地。*岩石学、沉积学、海洋地质学。*

出身破落商人家庭。1941年毕业于重庆中央大学地质系。后到云南昭通任西南矿产测勘处实习技术员。1944年回母校地质系任教。1946年赴美国留学，先就读于路易斯安那州立大学，后转至密苏里大学并在1948年获硕士学位，接着又在该校攻读博士学位，1950年未完成学业提前回国。此后历任中国科学院地质研究所副研究员，东北地质学院（1961年更名为长春地质学院）系主任、教务长，地质部南京海洋地质研究所副所长，华东地质科学研究所（今南京地质矿产研究所）所长、名誉所长，青岛海洋地质研究所所长、名誉所长。曾兼任中国海洋地质学会理事长、中国沉积学会副理事长、《海洋地质与第四纪地质》主编、《沉积学报》副主编。1980年当选为中国科学院学部委员（院士）。

20世纪50年代初，为国家急需参加找煤、找金等地质矿产调查，后又从事培养地质人才的教学工作。60年代，与他人共同提出中国第一个基于机械沉积作用的石灰岩分类方案，此后又与他人合作探讨震旦纪藻碳酸岩石的沉积作用，这些研究开创了中国学者对碳酸盐岩石的研究。80年代，对冲绳海槽晚更新世和全新世的沉积物进行合作研究，并推断出该地区晚更新世和全新世的沉积速率。接着，他又多次发表有关西沙群岛岛屿特性与沉积构造的论文，推动中国现代生物礁沉积地质学和生物礁比较沉积学的研究。还提出“海底资源与三角洲沉积”理论，对寻找和开发海底石油有重要指导意义。此外，他为培训海洋地质研究队伍和开创中国海洋地质调查做了大量工作。1998年获何梁何利科学与技术进步奖。为纪念他，国家国土资源部青岛海洋地质研究所以他命名的海洋地质科学考察项目于2005年启动。

（孙天宇）

顾知微（Gu Zhiwei） 中国江苏省人，1918年5月4日生于江苏江宁，2011年3月19日卒于南京。*地层学、古生物学、矿床学、石油地质学。*

1937年考入湖南大学矿冶工程系；就读一年后，又考取西南联合大学地质地理气象学系地质专业。1942年毕业后，先后在云南地质调查所、中央地质调查所任职。1949年后，起初主持煤田地质普查工作，1955年到中国科学院南京古生物研究所（后更名为南京地质古生物研究所）先后任副研究员、研究员。1980年当选为中国科学院学部委员（院士）。

自20世纪30年代末开始，一直从事地层学和地层古生物学研究。40年代中期，在四川大渡河下游铜街子发现三叠纪海相化石，并因对该类古生物地层界限研究而获1948年中国地质学会第四届许德佑纪念奖金。50年代初，主持和参加豫西、冀南和内蒙古阴山石拐子煤田的勘探调查，探明远景储量。50～60年代，在中国率先开展侏罗系和白垩系非海相地层和淡水双壳类化石综合研究，纠正西方学者把许多中国陆相侏罗系地层错划为白垩系地层的错误，使中国地质图大为改观；提出中国和亚洲古陆中生代蚌类化石分布、发展和起源理论，指出亚洲古陆的中国地域是欧亚蚌类的中心之一；经典著作《中国的侏罗系和白垩系》（1962年）一书，奠定该领域中国学派的理论基础。60～70年代，他运用所创立的侏罗系和白垩系划分对比原则，在中生代地层分布区寻找富铁矿和探查石油，论证岩浆活动与印支、燕山两构造旋回及其成矿关系等，均取得成果；尤其对大庆油田探寻过程作出贡献，参加由李四光主持的“松辽油田发现过程中的地球科学工作”，获国家科委自然科学研究奖二、三等奖各1项。80年代起，参加黑龙江东部等地海相白垩系地层古生物研究，1983年获国家科委自然科学研究奖一等奖（集体奖）。90年代，出版《中国黑龙江省东南部龙爪沟群与鸡西群双壳类化石的修正研究》（1994年，英文版）。发表论文、报告等近百篇；主编或独撰《中国的瓣鳃类化石》（1976年）等专著11部。 （李啸虎）

奥布霍夫，A. M.（Обухов，Александр Михайлович；Oboukhov；Alexander Mikhaylovich） 苏联人，1918年5月5日生于苏联伏尔加河沿岸的萨拉托夫，1989年12月3日卒于莫斯科。气象学、大气物理学、流体力学。

1935年入读萨拉托夫大学数学物理系，1939年转学插班莫斯科大学数学力学系，1940年毕业。同年到苏联科学院理论地球物理研究所工作。1941年获莫斯科大学副博士学位。由于战争，不久随研究所撤退到喀什。1947年获莫斯科大学博士学位。1956年出任新建的苏联科学院大气物理研究所终身所长，兼任《苏联科学院通报·大气物理与海洋》主编。1961～1980年兼任莫斯科大学物理系大气物理教研室主任。1963～1967年当选为国际气象与大气物理学会主席。1953年当选为苏联科学院通讯院士，1970年当选为院士。

在大气科学、流体力学领域中有杰出贡献。20世纪40年代，1941年他应用湍流理论证明里查逊（L. F. Richardson）于1926年发现的大气湍流扩散系数与尺度的关系式，该式被称为里查逊-奥布霍夫扩散定律；1943年在研究层结边界层大气中湍流输送特征时，和莫宁（A. Монин）一起引入奥布霍夫-莫宁尺度这一重要概念；1947年他的博士论文“连续场的统计描述”奠定了他的大气湍流理论基础和研究方法论；1949年引进天气尺度的概念；参与创立现代大气小尺度湍流的统计理论，和导师柯尔莫戈罗夫（A. H. Колмогоров）院士共同证明了局地均匀各向同性湍流谱能量密度与湍流谱波数的关系式，即著名的柯尔莫戈罗夫-奥布霍夫三分之五定律，可在空间一点上测量湍流谱，大大简化了对结构常数的测量工作；1948年建立大气温度场起伏理论，即奥布霍夫三分之二定律，该定律于1984年被苏联国家委员会评为国家级科学发现。40～50年代，创建湍流介质中的波传播理论，开拓了利用各种辐射信号的统计特征探测大气湍流的新途径；建立短期天气预报的流体动力学方程。60年代及以后，研究由热流和能量耗散引起的位势涡度发展问题；建立气象场统计正交最优化展开方法；参加对苏联金星-4号宇宙站的观测资料分布；倡导并解读人造卫星对地球海洋的微波遥感信息；研究流体力学型系统理论。

主要著作有《湍流谱中的能量分布》（1941年）、《湍流中的温度场结构》（1949年）、《关于地转风的问题》（1949年）、《湍流与大气动力学》（1988年）等。获1984年苏联科学院弗里德曼奖，此外获十月革命奖章、劳动红旗奖章和多次其他荣誉奖章。 （李 烨）

韩德馨（Han Dexin） 中国江苏省人，1918年9月6日生于江苏如皋，2009年10月17日卒于北京。煤岩学、煤田地质学、矿冶工程。

1942年西南联合大学地质地理气象系毕业。1943～1945年北京大学理科研究所研究生毕业。后赴美国留学，1950年获美国密歇根大学硕士学位。同年回国，历任中国矿业学院煤田地质教研室主任、副系主任、院学术委员会副主任，中国矿业大学（北京校区）教授，国家重点实验室“煤炭资源特性研究”学术带头人。曾兼任国家煤炭部技术委员会委员、中国煤炭学会泥炭与腐植酸专业委员会名誉主任等职。1995年当选为中国工程院院士。

1951年参与领导创建中国第一个煤田地质系；在中国率先运用多学科综合方法研究和评价含煤岩系；组织和指导全国煤田预测，尤其是在江南九省构造控煤及找煤研究中发现了隐伏煤田，获煤炭部科学技术进步奖二等奖；参与全国重要煤矿设计论证、矿井开发和地质灾害防治工程项目论证，提出许多富有价值的建议；主持特殊煤种煤岩学和煤地球化学研究，先后提出中国煤中微量元素五种成因类型及其迁移规律，煤矿瓦斯和煤成烃的多阶性，煤的热液变质、燃烧变质类型等新概念新理论；首次提出中国泥盆纪聚煤模式及聚煤作用演变理论，拓宽了寻找矿产资源的领域。

发表论文百余篇；主编和合撰专著5部，其中参与主编中国第一部《中国煤田地质学》（2卷，1959年初版，1978年新版），获1981年全国优秀科学技术图书奖、1988年国家煤炭部优秀教材一等奖、1989年国家教委高校优秀教材特等奖；主编近百万字《中国煤岩学》（1996年），获1999年国家煤炭工业局科学技术进步奖一等奖。多次获奖，其中1997年获李四光地质科学奖。 （李啸虎）

周明镇（Zhou Mingzhen） 中国上海市人，1918年11月9日生于江苏南汇（今属上海市），1996年1月4日卒于北京。地层学、古脊椎动物学、古生态学。

1943年毕业于重庆大学地质系。后赴美国留学，1948年获美国迈阿密大学地质系硕士学位。1950年获美国宾夕法尼亚州理海大学博士学位。1949～1951年任美国普林斯顿大学研究员，从事博士后研究。1951年回国，任山东大学地质系副教授。1952年参建中国科学院古脊椎动物与古人类研究所，1956年晋升研究员，1980～1983年任所长，兼任北京自然博物馆馆长。曾兼任多所高校名誉教授，美国人类起源研究所名誉研究员，国际古生物学会副会长，中国自然科学博物馆协会理事长，中国兽类学会副理事长，中国古生物学会及古脊椎动物学会理事长，《古生物学报》副主编，《古脊椎动物与古人类学报》、《化石》杂志主编等。1980年当选为中国科学院学部委员（院士）。

被誉为“中国恐龙研究之父”。组织发现和研究一直被认为中国缺失的古新统（距今7 000万～5 500万年）地层和古脊椎动物群，建立不同层位典型剖面和古哺乳动物群组合，对中国早第三纪哺乳动物群和陆相地层的研究取得重要突破。20世纪50年代初，在指导学生野外实习时，首次发现山东莱阳金刚口恐龙和恐龙蛋化石，这是中国科学家的首次发现，对莱阳恐龙化石的进一步发掘促成了新中国恐龙采集史上的第一个高潮。1958年研究新疆发现的中国第一块古新世哺乳动物化石。1959年开始，作为中苏考古队中方队长，在内蒙古伊伦盆地采集到大量鸭嘴龙类和小型兽脚类恐龙化石。此外，他还涉足系统生物学、历史动物地理学、古气候学等领域，为这些分支学科在中国的发展奠下了几块基石。

发表论文百余篇，《周明镇科学文集》（2009年）入编论文141篇；出版专著《中国的象化石》（1974年）、《广东南雄古新世哺乳动物群》、《脊椎动物进化史》（1979年）等多部，组织编译《分支系统学译文集》；参与陕西蓝田古人类考古发掘与研究，其成果获得国家自然科学奖。1993年获美国古脊椎动物学会罗美尔-辛普生奖。（曾连荪）

毛汉礼（Mao Hanli）　中国浙江省人，1919年1月25日生于浙江诸暨，1988年11月22日卒于山东青岛。*物理海洋学、气象学、水文学。*

出身农家，家境贫寒。从中学到大学一直靠奖学金和停学短期工作的收入才得以完成学业。1943年毕业于浙江大学史地系地理专业。1943年在重庆北碚任中央研究院气象研究所助理员。1946年考取公费留学，赴美国加利福尼亚大学斯克里普斯研究所攻读海洋学，1951年获博士学位。后任该所副研究员。1954年回到中国青岛，任中国科学院海洋研究所（当时称海洋生物研究室）副研究员，1962年任研究员，1978年任该所副所长。曾兼任中国海洋学会副理事长。1980年当选为中国科学院学部委员（院士）。

中国物理海洋学的奠基人之一。1957年参与领导中国第一艘专用海洋考察船“金星”号对渤海和北黄海西部的海洋综合调查。在1958～1960年中国的大规模全国海洋调查中，他担任技术指导组组长，领导和参与调查计划实施方案、海洋调查暂行规范的制定、调查仪器的校验、调查资料的审核等一系列技术性工作。20世纪70～80年代，领导和参与几次专题调查中有关物理海洋学部分的工作。

在理论研究方面，他与日本学者吉田耕造（Kozo Yoshida）共同发表的论文“大尺度上升流理论”（1957年）中，提出一种大气上升流的理论模式，迄今仍被广泛采用。20世纪60～80年代，与同事合作，在中国首次提出浅海跃层的研究方法，探讨渤海、黄海和东海的水文特征与水团结构问题，研究由长江冲淡水和杭州湾潮造成的咸淡水混合扩散问题，描绘中国海和邻近大洋的环流模式图，论证了东海北部中尺度冷涡的长期存在。主持中国科学院有关物理海洋学领域的多个重点课题研究，其中有的研究成果获中国科学院1985年重大成果奖一等奖和二等奖。出版有专著《海洋科学》（1956年）等；翻译出版《动力海洋学》、《海洋》、《湾流》、《潮波动力学》等著作。

（孙天宇　宣焕灿）

施雅风（Shi Yafeng）　中国江苏省人，1919年3月21日生于江苏海门，2011年2月13日卒于南京。*冰川学、冻土学、自然地理学、环境科学。*

1942年获浙江大学史地系学士学位，1944年获该校硕士学位。后任中国地理研究所助理研究员。1949年在南京参与创办《地理知识》月刊。1953年后，历任中国科学院地理研究所副研究员，中国科学院兰州分院高山冰雪利用研究队副队长，冰川冻土研究室主任，冰川冻土沙漠研究所副所长，冰川冻土研究所（今寒区旱区环境与工程研究所）研究员、所长、名誉所长，分院副院长等职。1985年至去世，一直任中国科学院南京地理与湖泊研究所研究员。曾兼任中国地理学会理事长、国际冰川学会理事、《冰川冻土》杂志主编。1980年当选为中国科学院学部委员（院士），后任地学部主任。

主要学术贡献：①奠定中国现代冰川学研究基础。主持和参与对祁连山、天山、喜马拉雅山的冰川考察与研究，主编《祁连山现代冰川考察报告》、《珠穆朗玛峰科学考察报告》等著作；80年代，主编《喀喇昆仑山巴托拉冰川及其变化》，受到国际同行赞赏，获1982年国家自然科学奖。②首次提出中国现代冰川类型划分标准。与他人合作发表论文“中国现代冰川的基本特征”（1964年），主张把亚洲中部山地冰川划分为大陆性、海洋性与复合性冰川。③高寒地区重大交通工程的冰雪对策研究。1974～1975年，为修筑中国-巴基斯坦公路，考察研究了巴基斯坦境内巴托拉冰川，提出“波动冰量平衡”等概念与“冰川-气候相关方法”，合理确定中巴公路的线路通过方案；结合野外工作和风洞模拟实验，主持论证新疆天山地区3条国防公路、南疆铁路等线的冰川和雪崩危害问题。④关于中国东部第四纪冰川问题讨论。1980年去庐山短期考察，并通过孢粉鉴定推知第四纪该地有暖性植物，认为李四光先生用冰川成因解释侵蚀和堆积现象缺乏证据，使中国东部第四纪冰川问题的争论出现了新局面。⑤青藏高原综合研究和有关全球变化研究。集体成果“青藏高原隆起及其对自然环境与人类活动的影响”项目，获1987年国家自然科学奖一等奖；“中国气候与海面变化及其趋势和影响”项目，获1999年中国科学院系列成果奖。至2002年，发表论文200多篇；主编专著18种。1997年获何梁何利科学与技术进步奖。

（李啸虎）

杨起（Yang Qi）　中国山东省人，1919年5月17日生于山东蓬莱，2010年11月21日卒于北京。*煤田地质学、煤岩学。*

中国近代著名文学家、教育家杨振声之子。1937年考入燕京大学物理系，1943年毕业于西南联合大学地质地理气象学系。1946年北京大学理科研究所地质学部研究生毕业。留校任教。1952年到北京地质学院（今中国地质大学）任教，曾任教研室主任、研究室主任、系副主任等职。兼任中国地质学会煤田地质专业委员会名誉主任等职。1991年当选为中国科学院学部委员（院士）。

20世纪40年代，参加准噶尔盆地八道湾煤矿区地质勘测。50～60年代，组建中国第一个煤田地质及勘探专业；调查中国煤炭资源赋存，开展缺煤省份的区域性聚煤规律研究，探讨含煤岩系形成发展和煤田分布规律。70～80年代，提出区域岩浆热变质作用、多阶段变质演化与多热源叠加变质理论，回答了中国部分“煤级偏高”的疑难问题；提出以河南禹县为代表的华北晚古生代区域性沉积环境与聚煤模式，阐明中国煤种分带规律，指导了煤田预测；探讨华北石炭二叠纪煤变质特征与地质因素，作出深部煤类煤质预测，已被证实包括主焦煤在内的煤炭储量126亿多吨。90年代及后，深刻论述中国煤变质控制因素及其变化规律，取得多方面重要进展；完成鄂尔多斯盆地侏罗纪煤聚集规律、油气成因联系、含煤岩系生气潜力等重要课题。

出版著作多部获奖，其中参与主编《中国煤田地质学》（2卷，1979～1980年）获1982年全国优秀科学技术图书奖、1987年国家煤炭部高等学校优秀教材一等奖、1988年国家教委全国高等学校优秀教材特等奖；与他人合撰的《中国煤变质作用》（1996年）获1997年国家地质矿产部成果奖一等奖。参与主编《中国煤炭工业百科全书》、《地质大辞典》等工具书多部。

（李啸虎）

马杏垣（Ma Xingyuan） 中国河北省人，1919年5月25日生于吉林长春，2001年1月22日卒于北京。*区域地质学、构造地质学、地震学。*

1942年西南联合大学地质地理气象学系毕业。留校任教。抗日战争胜利后赴英国爱丁堡大学留学，1948年获博士学位。同年回国，先后任北京大学地质系副教授、教授。后历任北京地质学院教研室主任、系副主任、副教务长、院长助理和副院长等职。1978年调国家地震局工作，历任副局长，地质研究所所长、名誉所长。兼任中国地质学会副理事长，中国地震学会副理事长，国际地震危险咨询委员会委员，国际岩石圈计划执行局委员兼喜马拉雅及其邻区分区委员会副主席、主席等职。1980年当选为中国科学院学部委员（院士）。

研究领域广阔，尤其在构造地质学、前寒纪地质学、以及岩石圈动力学和地震地质学方面深有造诣。20世纪50年代，主持完成燕山地区（1：50 000）、五台-太行山区（1：200 000）区域地质测量与调查，撰有专著《五台山区地质构造基本特征》（1957年）和教材《中国区域地质》（1961年）。60～70年代，为了具体弄清前寒武纪地质和变质岩构造与矿产资源关系，十上嵩山，历时22载，终于写出《嵩山构造变形——重力构造、构造解析》（1981年）一书，提出了“解析构造学”中国学派的原则、理论与方法。80～90年代，主要研究大陆岩石圈动力学和地震地质学问题，组织全国30多个单位协作完成中国岩石圈大型图集，主编《中国及邻近海域岩石圈动力学图（1：4 000 000）》及配套专著《中国岩石圈动力学纲要》；积极参与国际性“全球地学断面”计划，主编的专著《江苏响水至内蒙古满都拉地学断面》（1991年）同年分别在美国和中国出版。

在国内外发表论文百余篇；主编或独撰图册、专著和教材10余部；主持参加完成国家级及部委级重大项目多项。多次获国家级和省、部级各种奖励，还荣获李四光地质荣誉奖。

（李啸虎）

张炳熹（Zhang Bingxi） 中国河南省人，1919年6月12日生于北京，2000年7月17日卒于同地。*矿床学、区域地质学。*

1940年西南联合大学地质地理气象系毕业。留校任教。1946年赴美国哈佛大学地质系和矿物系攻读，1948年获硕士学位，1950年获博士学位。同年回国后，历任北京大学地质系副教授，北京地质学院教授、矿床教研室主任、勘探系主任，北京市地质局总工程师，国家地质部矿产司总工程师，国家地质矿产部科学技术司总工程师，地质矿产部高级科学技术咨询中心主任、高级工程师。曾兼任地质矿产部科学技术顾问委员会主任，联合国海底委员会中国代表团顾问，联合国亚洲太平洋地区经济社会自然资源司司长，国际地质科学联合会副主席、《国土资源遥感》杂志主编。1980年当选为中国科学院学部委员（院士），1991年任该院地学部副主任。

20世纪40年代末，研究美国佛蒙特州布里奇沃特-伍德斯托克地区的地质构造和变质作用，并因此获哈佛大学博士学位。50年代，针对当时中国开展大规模的矿产普查和勘探，提出估定矿床的矿石储量的方法；主持并参加“闽、浙、湘、赣四省区域地质构造演化与内生矿床形成关系”的研究，阐明太平洋成矿带外带的中国部分也富含铜、铁等特征。60～70年代，指导并参与中国金属、非金属、放射性元素、稀有金属和特种非金属矿产的勘查工作。80年代及后，主要从事地质矿产部门的管理、科技攻关项目的技术指导和有关科技咨询工作；主编《2000年的中国地质》（1985年）、《当代地质科学动向》（1987年）、《岩石圈研究的现代方法》（1997年）等著作。

（孙天宇　宣焕灿）

陶诗言（Tao Shiyan） 中国浙江省人，1919年8月1日生于浙江嘉兴，2012年12月17日卒于北京。*气象学、大气物理学、卫星气象学。*

1942年获重庆中央大学地理系理学士学位。留校任教。1945年受聘于南京中央研究院气象研究所。1949年后，在中国科学院地球物理研究所工作。1950年起，历任国家联合天气分析预报中心（国家气象中心前身）副主任、副研究员、研究员；中国科学院大气物理研究所副所长、代所长。自80年代起，兼任中国气象学会副理事长、名誉理事长、理事长，国家环境保护局顾问，中国气象科学研究院技术顾问，联合国世界气象组织大气科学委员会中国首席代表（1977～1996 年），中国科学院减灾中心学术委员会主任，《大气科学进展》主编等职。1980 年入选中国科学院学部委员（院士）。

20 世纪 50 年代中期，开始研究东亚大气环流，成果受到国际大气科学界重视。60～70 年代，主持完成中国核试验气象保障任务，荣立一等功和二等功各 1 次，获 1978 年全国科学大会奖；研制卫星云图接收设备；编制《中国气象卫星云图使用手册》（1976 年）；发展了一套识别天气系统方法，特别是预报台风发生发展方法，至今仍被气象台站沿用。70 年代中期至 80 年代，系统研究中国暴雨成因、机制与活动规律，建立暴雨落区预报方法；合作撰写《中国之暴雨》（1980 年）专著。获 1980 年国家科学技术成果推广应用奖，1992 年中国科学院自然科学奖一等奖。长期从事东亚季风研究，揭示了东亚夏季风平均结构、年际变化和季内变化，比较了它和南海季风、印度季风的异同；主持划分了入侵中国的寒潮路径，指出长江流域梅雨与东亚、北半球大气环流的相关性。因东亚天气环流研究和卫星气象学研究，分获 1987 年国家自然科学奖一等奖和三等奖。发表论文近百篇；出版专著 8 本。获 1996 年何梁何利科学与技术进步奖。

（曾连荪）

肯尼迪，G. C.（Kennedy，George Clayton） 美国人，1919 年 9 月 22 日生于美国蒙大拿州狄龙附近，1980 年 3 月 18 日卒于加利福尼亚州洛杉矶。岩石学、实验地质学、地球化学。

在哈佛大学获理学士和文科硕士学位，1947 年在该校获博士学位。1942 年在美国地质调查所任职。1945 年在海军部研究实验室任职。1949 年在哈佛大学任地球化学教授。1953 年到洛杉矶加利福尼亚大学任教授。1960 年入选美国文理科学院院士。

是研究高温高压领域内各种矿物集合体生成物理和化学环境的先驱。在实验室中模拟地壳和上地幔的自然环境，研究在中到高的温度和压力条件下热液的化学变化，确定石英在高温高压水中的可溶性。他的研究表明固体在气体中是可溶的，在一定的温度下，其溶解度与气体的密度（而不是压力）成线性关系。他作出了控制固体在超临界气体中溶解度的总关系。对固体在气体中运移的研究包括二元体系水-氯化钠（H_2O-NaCl）和水-二氧化碳（H_2O-CO_2）以及气体的相平衡。做过压力相当于 150 千米深的地壳中岩石熔体的冷凝实验，研究了控制结晶顺序和熔岩固结分异的化学因素，探讨了高温高压下二氧化硅-水（SiO_2-H_2O）、水-二氧化碳（H_2O-CO_2）、氧化铝-水（Al_2O_3-H_2O）系统中水镁石-方镁石的平衡、钙铝榴石-水钙铝榴石的稳定关系以及硅酸盐和其他造岩矿物的热液合成。还发现了二氧化硅-水（SiO_2-H_2O）体系的上临界点，超过此临界点，硅和水可按任何比例混合。这个发现为认识石英脉和伟晶岩开辟了道路。1956 年获美国矿物学会奖。

（应中锷）

周文德（Chow，Ven Te） 华裔美国人，1919 年 10 月 7 日生于中国杭州，1981 年 7 月 30 日卒于美国伊利诺伊州乌尔巴那。水资源学、水文学、水利工程。

1940 年获交通大学土木工程系学士学位。1948 年获美国宾夕法尼亚大学结构工程硕士学位。1950 年获美国伊利诺伊大学水利学工程博士学位。毕业留校土木工程系任教，1958 年任水力学教授。1955 年出任国际水资源协会首任主席，兼任会刊《水国际》主编。曾任美国地球物理学联合会水文学分会主席。1973 年当选为美国国家工程院院士。1976 年当选为美国文理科学院院士。曾获法国、加拿大、韩国和印度等多国大学荣誉博士学位。

世界著名华裔美国水文学家。研究领域广泛，尤其在水资源系统分析、随机水文学、流域水动力学和都市排水等分支卓有成就，同时也从事河流水力学、结构学和地下水水文学等研究。他发展了实验室流域水文模型，研制可任意改变降雨时空变化过程的人工降雨仿真装置，为分散型水动力模型研究创造了有利条件；研究许多水文随机模型和水资源系统模型；合作研究离散微分动态规划模型，减轻常规动态规划中的“维数灾”，对水资源系统最优化提出了简便实用方法。1955 年发起并创立国际水资源协会，旨在国际、地区和国家范围内提高水资源规划、管理、开发、技术、研究和教育水平，在水和有关资源及环境方面提供多学科论坛和交流相关信息，为全人类共同利益而鼓励和促进国际、区域和国家水资源规划，协会成立半个世纪以来，在国际上有重要作用和影响，他作为创始人功不可没。

发表论文 200 多篇；出版《结构理论》（1946 年）、《洪水观测研究的实践程序》（1951 年）、《明渠水力学》（1959 年）、《应用水文学手册》等著作 10 余部；主编和参撰《水文科学进展》（1961～1981 年）丛书。获有多种荣誉和奖励，其中获 1976 年法国巴斯德奖章，国际灌溉与排水联合会成立 25 周年纪念奖章等。

（李啸虎）

田在艺（Tian Zaiyi） 中国陕西省人，1919 年 12 月 5 日生于陕西渭南。沉积学、油气地质学、构造地质学。

小学教员家庭出身。1945 年重庆中央大学理学院地质系毕业。1949 年后，在石油勘探部门长期任总地质师，历任新疆石油管理局研究所副所长，大庆石油管理局处长，大港、江汉、吉林油田副指挥，中国石油天然气集团公司石油勘探开发研究院副院长、教授级高级工程师。兼任中美地学科学技术合作领导小组成员、《石油知识》杂志主编等。1997 年当选中国科学院院士。

半个多世纪主攻含油气沉积盆地与构造地质研究领域，为勘探开发油田作出了重要贡献。20 世纪 50 年代，完善和发展了陆相生油理论，指出盆地长期下沉、沉积巨厚、封闭深水盆地、还原介质水域、古气候湿润、湖泊相暗色泥岩等特征是陆相生油的沉积条件、构造环境和沉积物质，预测了陆相盆地找油区域。

60～70 年代，结合实例剖析指出成油气地质条件“生、储、盖、运、圈、保”的有机匹配是寻找油气田的地质要素，进一步发展了含油气盆地地质学；“陆相盆地生油与找油经验及松辽盆地油气分布规律”课题，指导和总结了大庆油田的勘探发现，作为主要完成人之一，获 1982 年国家自然科学奖一等奖（集体奖）。80 年代，组织领导中国第一次油气资源评价，系统预测准噶尔、塔里木、鄂尔多斯、松辽等 18 个主要陆相盆地的油气潜力，为国家制定规划提供了科学依据，研究成果获 1989 年国家科学技术进步奖一等奖。90 年代，将含油气盆地分析理论和方法系统化，提出沉积盆地控制油气生成与存储的九大要素和盆地分析 10 项内容。

发表论文逾百篇；主编《石油地质进展丛书》（1988 年），撰写《中国含油气沉积盆地论》（1996 年）、《中国含油气盆地岩相古地理与油气》（1997 年，与他人合著）等著作多部。1989 年获首届李四光地质科学研究奖，2002 年获何梁何利地球科学奖。

（马连伟）

陈述彭（Chen Shupeng） 中国江西省人，1920 年 2 月 14 日生于江西萍乡，2008 年 11 月 25 日卒于北京。自然地理学、地图学、遥感测绘工程。

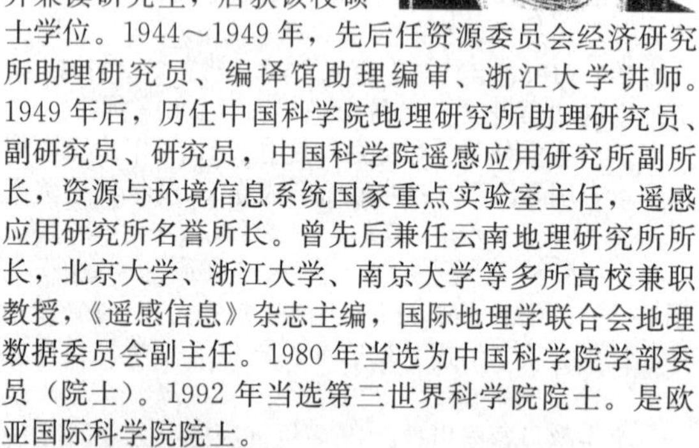

1941 年浙江大学史地系地理专业毕业。留校任教，并兼读研究生，后获该校硕士学位。1944～1949 年，先后任资源委员会经济研究所助理研究员、编译馆助理编审、浙江大学讲师。1949 年后，历任中国科学院地理研究所助理研究员、副研究员、研究员，中国科学院遥感应用研究所副所长，资源与环境信息系统国家重点实验室主任，遥感应用研究所名誉所长。曾先后兼任云南地理研究所所长，北京大学、浙江大学、南京大学等多所高校兼职教授，《遥感信息》杂志主编，国际地理学联合会地理数据委员会副主任。1980 年当选为中国科学院学部委员（院士）。1992 年当选第三世界科学院院士。是欧亚国际科学院院士。

20 世纪 50 年代初，针对当时国内地图研究基本空白，地图资料残缺不全、精度甚低的现状，他决心根本改变这种状况，编绘和出版《中国地形鸟瞰图集》（1956 年），实地勘测和参与编绘《中华人民共和国自然地图集》（1964 年）。60 年代，倡导和推行航空像片系列制图和计算机辅助制图。70 年代后期，随着航空和航天遥感技术的发展，他主持腾冲试验区、津渤地区、二滩—渡口地区等综合性国家重大遥感试验。80～90 年代，主持编制和出版《航空遥感图集（腾冲试验区）》（1981 年）、《陆地卫星影像中国地学分析图集》（1984 年）、《天津市环境质量图集》（1986 年）；与此同时，还为遥感技术的发展做了许多基础性工作，主持编纂《英汉遥感词汇》（1986 年）、《遥感大辞典》（1990 年）等工具书，撰写《遥感地学分析》（1990 年，与赵英时合著）、《资源遥感的方法与实践》（1990 年，与郑感等合著）、《地学的探索》（4 卷）等专著。发表论文 400 多篇。曾获国家科学大会重大成果奖、国家自然科学奖二等奖、国家科学技术进步奖一等奖和二等奖等多种奖励。此外，获 1996 年何梁何利地球科学奖，1998 年美国地理学会米纳地图科学奖，1999 年陈嘉庚地球科学奖。

（孙天宇　宣焕灿）

高由禧（Gao Youxi） 中国福建省人，1920 年 2 月 14 日生于福建福清，2001 年 3 月 3 日卒于甘肃兰州。气象学、气候学、大气动力学、自然地理学。

1944 年重庆中央大学地理系毕业。后进中央研究院气象研究所工作。1962 年任中国科学院兰州地球物理研究所副研究员、副所长。1976 年起，先后任中国科学院兰州高原大气物理所研究员、所长、名誉所长，中山大学教授。曾兼任国际云物理委员会委员、甘肃省气象学会理事长。1980 年当选为中国科学院学部委员（院士）。

长期从事气象科学研究，在台风、季风和青藏高原西北气候研究上多有建树。20 世纪 50 年代初，从天气气候观点出发，论证了海南岛种植橡胶的可能性及其前途。1966 年，他首次发现高原季风，查明季风的海陆作用因素中是陆地起主要作用，阐明季风特点、成因与变化的新事实和新观点。1980 年，发现全球存在 5 种季风，即海陆季风，南北半球季风，行星环流季风，平流层季风和高原季风；提出季风区是维持全球大气运动最重要能源区的观点。在青藏高原气象研究中，指出该地区可能是全球气候变化的中心；1974 年，在学术报告“全球热源变化研究”中提出与传统说法截然不同的观点：夏季孟加拉湾区是全球大气热源最强区；在全球月平均温、压、湿、风场的变化研究中，1976 年得出：全球范围内的东半球变化大，东半球中的亚欧区域变化大，在亚欧区域中的青藏高原及邻近地区变化最大。作为第一完成人的《东亚季风研究》课题，1978 年获全国科学大会优秀成果奖。80 年代，主要青藏高原对东亚气候影响，其中“青藏高原隆起及其对自然环境和人类活动影响的综合研究”课题，获 1986 年中国科学院科学技术进步奖特等奖、1987 年国家自然科学奖一等奖；“青藏高原气象科学试验”，1987 年获国家气象局气象科学奖一等奖、1989 年国家自然科学奖三等奖。1991 年开始研究全球季风季节变化，发现了一些新现象；在世界屋脊进行两次青藏高原气象科学实验，取得大量宝贵的观测资料，得出一些开创性结论。90 年代，“黑河地区地气相互作用野外观测试验”，1995 年获国家自然科学奖一等奖。发表论文百余篇；出版专著 8 部，其中有获奖的《青藏高原气象学》、《中国自然地理》等。

（兰必丰）

涂光炽（Tu Guangzhi） 中国湖北省人，1920 年 2 月 14 日生于北京，2007 年 7 月 31 日卒于同地。岩石学、矿床地质学、地球化学。

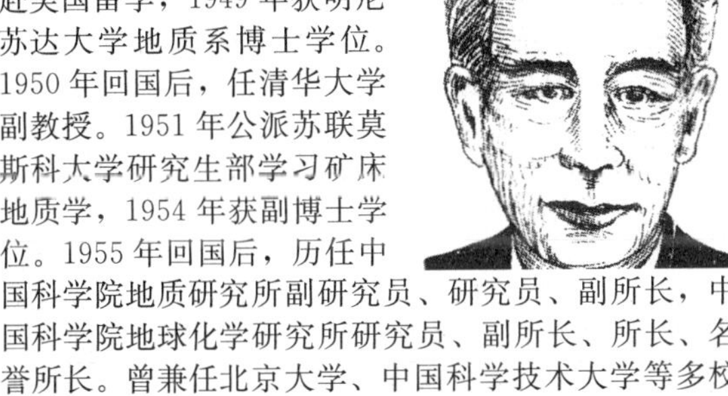

1944年西南联合大学地质地理气象系毕业。1946年赴美国留学，1949年获明尼苏达大学地质系博士学位。1950年回国后，任清华大学副教授。1951年公派苏联莫斯科大学研究生部学习矿床地质学，1954年获副博士学位。1955年回国后，历任中国科学院地质研究所副研究员、研究员、副所长，中国科学院地球化学研究所研究员、副所长、所长、名誉所长。曾兼任北京大学、中国科学技术大学等多校兼职教授，中国矿物岩石地球化学学会理事长、名誉理事长，《中国科学》和《科学通报》副主编，《矿物学报》和《地球化学》主编。1980年当选为中国科学院学部委员（院士），1992年任该院地学部主任。1993年当选为第三世界科学院院士。

20世纪50年代后期，参与领导祁连山综合地质考察，与他人共同主编《祁连山地质志》（1960年）。60年代，领导和参与考察中国各地不同类型铀矿，并对西秦岭铀矿床提出“沉积改造”成矿的新观点。60年代中期，奉命在贵州贵阳筹建中国科学院地球化学研究所。70年代，主持对华南花岗岩进行地球化学研究，提出花岗岩多成因演化观点、“断裂重熔”形成花岗质岩浆的理论、以及富碱侵入岩的新概念，还对花岗岩成矿作用作了更广泛概括，有关理论总结在他主编的专著《华南花岗岩地球化学》（1979年）之中。80年代初，在矿床分类学领域提出“改造型矿床”这一新类型，与沉积矿床、岩浆矿床、变质矿床类型构成矿床四大类型；提出“多成因、多来源与多阶段”的成矿新见解。70～80年代，对层控矿床（受一定地层层位限制的矿床）进行了长期深入的研究。在他主编的专著《中国层控矿床地球化学》（3卷，1984～1988年）中，提出一整套较完整的层控矿床理论。80年代末期以后，主要从事超大型矿床形成机制和低温地球化学方面的研究。他的著作还有《铁的地球化学》（1981年）、《西藏南部花岗岩类地球化学》（1982年）、《中国超大型矿床》（2000年）等。多次获国家和省部级奖励。 （孙天宇 宣焕灿）

孔德拉季耶夫，К. Я.（Кондратьев，Кирилл Яковлевич；Kondratyev Kirill Yakovlevich） 俄罗斯人，1920年6月14日生于苏联雅罗斯拉夫尔州雷宾斯克，2006年5月1日卒于莫斯科。*大气物理学、卫星气象学、湖沼学、环境科学。*

1946年列宁格勒大学（今圣彼得堡大学）物理学系地球物理专业毕业。留校任教，1958年任地球物理学副教授，后任大气物理系教授兼系主任、分管科研的副校长，1964～1970年任校长。1961年起在沃叶科夫地球物理观测总台兼职，1978年任台长。曾任《从太空研究地球》总编辑。1982年任苏联科学院湖沼学研究所所长、实验室主任，1992年退休任首席研究员、所长顾问。1968年当选为苏联科学院通讯院士，1984年当选为院士。1969年当选为国际宇航科学院院士。1991年当选为俄罗斯科学院院士。是德国利奥波德科学院外籍院士、美国文理科学院外籍院士。获希腊雅典大学、匈牙利布达佩斯大学、法国里尔大学等校荣誉理学博士学位。

主要研究大气物理、卫星气象学、大气光学、全球环境和气候变化等领域。1963年主编出版世界第一部《气象卫星》专著。后又相继出版一系列关于大气层和地下潜层的空间遥感、地球辐射平衡、环境卫星的空间探测基本原理、比较行星学等论文和著作。首次指挥宇航员从太空进行环境探测和研究。是“地球大气顶端日常辐射现象的垂直辐射模式”共同发现者，1971年5月19日获得苏联发现优先权国家注册登记。后期指导和参与贝加尔湖及其相关的气象学、地理学、声学和环境科学等多领域研究课题。

发表科学文章1 500余篇，其中论著百余篇（部）；主要著作还有《光化测定学》（1965年）、《大气辐射》（1969年）、《从卫星上对大气进行热力探测》（1970年，与他人合著）、《自然地理学基本原理》（1971年，与他人合著）。获世界气象组织奖、国际宇航联合会奖、英国皇家气象学会西蒙金质奖章；获苏联国家奖金，另获1枚列宁勋章、2枚劳动红旗勋章、数枚奖章；获苏联俄罗斯联邦功勋科学家荣誉称号。

（李啸虎）

道格拉斯，R. J. W.（Douglas，Robert John Wilson） 加拿大人，1920年8月3日生于加拿大安大略省渥太华，1979年卒于同地。*岩石学、矿床学、区域地质学、地层学。*

1942年毕业于加拿大女王大学，获地质学与矿物学专业学士学位。1950年获美国哥伦比亚大学地质学博士学位。第二次世界大战期间，在加拿大皇家空军部队任领航员。1947年到加拿大地质调查所工作，曾任燃料地质组组长、区域地质部主任、主任研究员。1959年当选为加拿大皇家学会会员。

早年研究艾伯塔省南部落基山山麓丘陵的构造，评价其油气远景。曾为石炭纪地层建立标准层序及术语，是碳酸岩岩相和分类的最早几位研究者之一。1957年领导调查和填图麦肯齐褶皱带及西北地区，为26万平方千米人迹罕至的边疆地区建立地质构架。1963年对加拿大最北部几个沉积盆地的石油远景作出评价。在编绘《加拿大地质图》（1969年版）时，他用年代、相、构造及变质等4项因素划分地质区，较之惯常只用年代和岩性分区更具特色。任编绘第五版《加拿大地质和矿产》的科学主编，其内容除文字说明和各类图幅外，还另附4幅大地构造对比图，创造性地把地层和构造活动形象化地表现出来。另著有《加拿大地质学和经济矿产》（1970年）、《加拿大大地构造样式的变迁》（1972年，与他人合著）、《论岩石的年龄和前寒武纪的地质年表》（1980年）等。获1965年加拿大皇家学会米勒奖章，1976年加拿大地质学会洛根奖章。为纪念他和奖励后人，1980年加拿大石油地质学家协会首颁以他命名的奖章。 （刘 汉）

郝诒纯（Hao Yichun） 中国湖北省人，1920年9月1日生于湖北咸宁，2002年6月13日卒于北京。地层学、微体古生物学、海洋地质学。

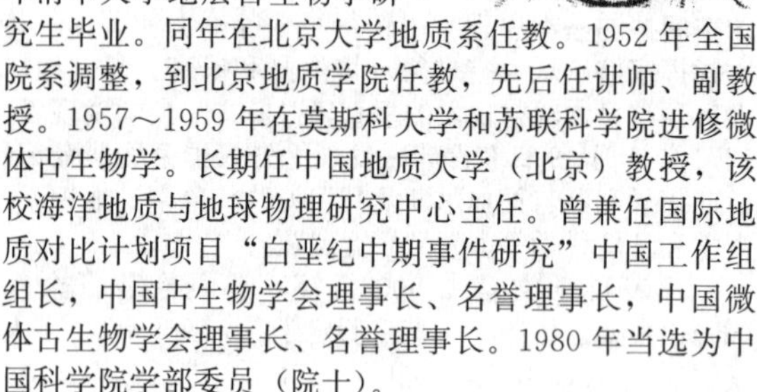

1943年西南联合大学地质地理气象学系毕业。1946年清华大学地层古生物学研究生毕业。同年在北京大学地质系任教。1952年全国院系调整，到北京地质学院任教，先后任讲师、副教授。1957～1959年在莫斯科大学和苏联科学院进修微体古生物学。长期任中国地质大学（北京）教授，该校海洋地质与地球物理研究中心主任。曾兼任国际地质对比计划项目“白垩纪中期事件研究”中国工作组组长，中国古生物学会理事长、名誉理事长，中国微体古生物学会理事长、名誉理事长。1980年当选为中国科学院学部委员（院士）。

毕生从事地层学、微体古生物学、古海洋学研究的著名女专家。主要贡献：①学科基本建设。1978年倡导成立中国微体古生物学会；与他人合作主编中国第一部《古生物学》（1956年）和《古生物学教程》（1980年），后者获国家教育委员会全国高校优秀教材一等奖；主编中国第一部《微体古生物学教程》，该书获国家教育委员会全国高校优秀教材特等奖；20世纪80年代创建中国地质大学（北京）海洋地质与地球物理研究中心；在中国率先开展钙质超微化石研究及其应用，居当时国际领先地位。②白垩-第三纪地层生物学研究。主持完成相关课题并出版《松辽平原白垩-第三纪介形虫》（1974年），获1978年全国科学大会奖；“中国的白垩系研究”获1985年国家地质矿产部科技成果奖一等奖；“我国中、新生代两个含油气盆地微体古生物的研究及沉积环境分析”课题，获1988年全国科学大会奖；参与主持国际地质对比计划项目“白垩纪中期事件研究”。③ 微体古生物鉴定智能化。1987年起，主持设计“微体古生物微机辅助研究系统”，开发出新生代浮游有孔虫智能鉴定软件，大大提高了石油开采行业的鉴定效率，创造了可观的经济效益。④海洋地层生物学研究与探矿。80年代后，多次组织中青年教师参与国际大洋钻探计划活动，主持冲绳海槽、西沙北海槽第四纪微体古生物群及其地质意义研究。获1999年何梁何利科学与技术进步奖、李四光地质科学荣誉奖。 （刘云辉）

朱夏（Zhu Xia） 中国浙江省人，1920年9月10日生于上海，1990年11月25日卒于同地。沉积学、油气地质学、构造地质学。

原籍浙江嘉兴。1940年毕业于中央大学地质系。1940～1946年在中央地质调查所工作。1947年赴瑞士苏黎世理工大学地质研究所深造，1949年获博士学位。同年回国，先后任国家地质部华东地质研究所石油地质室主任、地质部石油局总工程师、石油研究所所长，同济大学教授，1984年任国家地质矿产部上海海洋地质调查局顾问。1980年当选中国科学院学部委员（院士）。

1955年国家地质部开展全国石油普查，他自告奋勇去大西北野外工作，率领新疆石油大队完成准噶尔盆地的石油普查任务，指出该盆地的西北部和东北部均有良好的油气远景。1956年参与指导和率领青海石油大队对柴达木盆地进行全面的油气普查，翌年在冷湖浅钻中喷出油流，不久又钻出了马海与盐湖构造的天然气。1959～1960年，他长期驻松辽盆地参与指挥油田勘探。1960～1962年，又对南方各省的油气地质进行了调查研究。更重要的是，他还对中国含油气盆地进行了系统的理论研究。20世纪60年代，提出中国沉积盆地的“两个世代、两种体制”及其叠加与结合的概念，还以“变格运动”来说明中国中生代、新生代陆相盆地与古生代海相盆地之间运动学与动力学关系，并探讨其与各种类型油藏之间的联系。70年代，他注意吸收现代板块构造理论中的新观点，探讨中国古生代和新生代盆地的原型以及与油气藏的联系。80年代，研究“板块构造与中国石油地质”等课题，并力求对中国油气盆地的地质研究建立起一种理论体系。因在大庆油田发现过程中所作出的贡献，他与别人同获1982年国家自然科学奖一等奖（集体）。

出版主要专著有：《我国中新生界含油气盆地的大地构造特征及有关问题》（1965年）、《论中国油气盆地的构造演化》（1980年）、《中国大陆边缘构造和盆地演化》（1983年）、《论中国含油气盆地构造》（1986年）、《中国沉积盆地》（1989年）等。 （孙天宇）

特里卡尔，J. -L. -F. C.（Tricart，Jean-Leon-Fran Cois） 法国人，1920年9月16日生于法国蒙莫朗西，2003年5月6日卒于斯特拉斯堡。地貌学、自然地理学、经济地理学。

1945年就读于巴黎大学，1948年毕业。1947年任法国地质调查所研究员。1948年任教斯特拉斯堡大学，1955年任教授，1957年任该校应用地理中心主任，1971年任斯特拉斯堡新建的巴斯德大学地理学教授。创办和主编《地貌动力学》杂志。1955年出任国际地理学联合会应用地貌学委员会主席。

气候地貌学的创始人之一。主要研究结构地貌学、气候地貌学、地貌学的应用问题和方法问题等，尤以研究非洲和南美洲许多地区的地貌而闻名。研究过塞内加尔、尼日尔中部、巴西、委内瑞拉等地三角洲的地貌结构。强调气候变迁对地貌发育的重大影响，发现第四纪冰缘现象在地貌形成和地表碎屑沉积中起到重要作用，指出有些河流阶地是由第四纪气候大变迁引起的。认为自然地理学研究的最终目的必须为自然资源开发利用服务。他研究过非洲各国自然资源开发利用、水陆交通规划，以及秘鲁、智利和法国等国的水利资源及其开发利用。主张突破学院派追求学科分类研究的固有传统，逐步建立生态地貌学的综合研究，有效保护和合理利用自然资源，综合整治人与自然环境的关系。通过主编杂志，组织和推动了地貌动力学的研究。

主要著作有《寒冷地带的地貌学》（1963年）、《地貌学原理和方法》（1965年）、《结构地貌学》（1968年初版，1974年英译本）、《地理学大学教程》（1969年英译本）、《寒冷环境的地貌》（1970年）、《潮湿性的热带地形，森林和大草原》（1972年英译本）、《气候地貌学导论》（1972年英译本，与他人合著）、《经济地理学与乡村管理》（1992年英译本，与他人合著）等。

（李啸虎）

施托梅尔，H. M.（Stommel，Henry Melson）　一译斯托梅尔。美国人，1920年9月27日生于美国特拉华州威尔明顿，1992年1月17日卒于波士顿。物理海洋学、气象学。

1942年获耶鲁大学理学士学位。留校任教。战时在海军中执教数学和天体导航知识。1944～1959年任伍兹霍尔海洋研究院研究员。1960年任哈佛大学教授。1963年任马萨诸塞理工学院气象系物理海洋学教授。1978年出任伍兹霍尔海洋研究院院长。1959年当选美国国家科学院院士。1983年当选英国皇家学会外籍会员。曾是苏联科学院、法国科学院外籍院士。获哈佛大学、哥德堡大学、耶鲁大学和芝加哥大学等校荣誉博士学位。

作为著名的物理海洋学家，他主持和参加过许多大型国际海洋调查和试验计划，并在阐明大洋环流的结构和机制上有重要贡献。20世纪40年代，在实测墨西哥湾暖流的基础上，发现地球自转产生的科里奥利力在不同纬度的变化会导致风生洋流西向强化效应，1948年发表论文提出洋流理论，标志着动力海洋学诞生；分析研究了全球大洋的大致温度结构。50年代，揭示不定风对大洋不同水层的作用；研究海洋温度突变层及其相关的温盐循环；研究深海环流，提出有限海盆平稳行星流模式，预言沿着大洋西边界存在着流向赤道的深层边界流，在1957年春季的北大西洋联合调查中得以证实；进一步充实完善自己的洋流理论，发表“洋流理论概观”长篇总结性论文；出版《墨西哥湾流》（1958年）一书。60年代，1960年构建球体的固定行星流模式理论，同年提出大洋海盆环流样式和幅度的一种理想模型；发现和描述了两股稳定性海流的温盐对流，并进一步发现存在垂直面盐度和温度梯度相结合的对流新案例；考察印度洋海流；描述分析了帝汶岛和棉兰老岛、百慕大群岛附近海域小尺度结构的月温度和盐度变化，研究其对海洋生物（如龙虾）的生态影响。70年代，1972年考察地中海，发现冬季深层对流；1973年率领“天蝎座”号海洋探险船作横渡太平洋的水文地理调查，其中研究了黑潮。80年代，1982年再次考察地中海对流，查明了它向外流动的起源；1983年考察北大西洋亚热带涡旋；重新研究了主温跃层形成的通风机制；研究了南极绕极流（从西向东环绕南极洲流动的表面洋流）。

发表论文百余篇；主要专著还有《黑潮》（1972年，与他人合著）、《火山影响天气》（1983年）等。多次获奖，其中有美国国家科学奖章、瑞典皇家科学院克拉福特奖，1964年斯韦尔德鲁普奖、1966年信天翁奖、1979年美国国家科学院阿加西斯奖等。

（应中锷）

顾震潮（Gu Zhenchao）　中国上海市人，1920年9月29日生于上海，1976年3月27日卒于北京。气象学、大气物理学。

1942年毕业于中央大学地理系。同年考取西南联大研究生攻读气象专业，1944年毕业。同年到中央研究院气象研究所工作。1947年公费赴瑞典就读于斯德哥尔摩大学。1950年回国后在中国科学院地球物理所工作，历任副研究员、研究员、气象研究室主任，1971年任大气物理所所长。曾任中国气象学会常务理事、联合国世界气象组织大气科学委员会委员。

研究工作涉及面甚广，在数值预报、天气动力学、云雾物理、雷电物理、大气射电、人工影响天气诸方面均有成就。20世纪50年代初，中国科学院与中央气象局共同组织“天气分析预报中心”，他参与领导该中心的业务工作，培养了大批天气预报业务骨干，为开展中国的气象预报事业作出了贡献。1955年与叶笃正合作，从动力和热力作用两方面研究了青藏高原对东亚大气环流和中国天气系统的形成和发展的影响，两人合著的“西藏高原对东亚大气环流及中国天气之影响”一文，获国家自然科学奖三等奖。和周秀骥等合作，首次提出暖云降水形成的起伏理论，开拓了在中国建立云雾降水物理的研究。对大气电学很重视，继赵九章提倡“无线电气象学”后，提出“射电气象学”。在他的推动下，中国开展了大气射电特征观测、冰滴破碎过程中产生电磁波的模拟试验、单站雷电定位以及人工触发闪电等研究工作。发表论文百余篇；出版著作数部。

（曹念祥）

都城秋穗　（Miyashiro，Akiho）　日本人，1920年10月30日生于日本冈山县笠冈市。岩石学、构造地质学。

1943年东京大学地质学和岩石学专业毕业，1953年获该校理学博士学位。曾在东京大学任教，1958～1967年任岩石学副教授。1967年到纽约哥伦比亚大学拉蒙-多赫蒂地质研究所任客座教授。1970年起，一直任纽约州立大学（奥尔巴尼）地质学教授。是伦敦地质学会、法国地质学会的外籍会员。

对变质岩石学和岩石变质作用领域有重要贡献。1944年在朝鲜中部野外工作时，发现在蓝晶石石英脉的晶洞中有蓝晶石晶簇，开始怀疑当时占统治地位的A. 哈克的变质作用理论，这一理论认为蓝晶石是典型的“应力矿物”，只有在巨大剪应力下才会产生。此后多年致力于日本变质岩区的工作，发现日本的变质岩与哈克建立的“正常”区域变质作用的模式很不相符。他认为当时不被人们重视的P. E. 埃斯科拉的变质作用理论比哈克的更符合物理化学原理，从而致力于沿埃斯科拉理论化学的道路建立变质岩石学。1949年提出了关于蓝晶石和其他硅酸铝同质多像矿物稳定的压力-温度图解，这一图解在15年后为实验所证实。1953年提出关于贫钙石榴石成分的区域变质作用的新分类。和学生一起研究日本各类地区的前进区域变质作用，特别是发现蓝闪石片岩中前进变质带的存在。在上述工作的基础上，1961年从区域变质地区的压力-温度特点出发，把区域变质相系分为三个基本类型：低压型（高地温梯度，以红柱石-矽线石为代表）、中压型（中地温梯度，以蓝晶石-矽线石为代表）和高压型（低地温梯度，以硬玉-蓝闪石为代表）。哈克描述的苏格兰高原的变质作用属中压型，而环太平洋带则并排地展布了低压型和高压型两个带。他进而提出了“双变质带”理论，认为高压型代表地温梯度低的古海沟带，低压型代表具有高热流的岛弧带，从而第一次把变质岩石学与大规模的构造运动联系起来。

1967年到哥伦比亚大学的拉蒙-多赫蒂地质研究所后，与夏多（F. Shido）、W. M. 尤因一起研究洋底火山岩和变质岩。当时板块学说刚刚开始形成，他的研究逐渐转向某些特定大地构造背景的火山岩和蛇绿岩。20世纪70年代，他和上田诚也提出了岩浆岩的“双带”理论。他在亚洲东部太平洋板块消亡方面的论文，对中国中新生代大地构造的研究有重要影响。

主要著作还有《变质作用与变质带》（1905年初版，1973年再版，1979年中译本）、《岩石学》（3卷，1972～1977年；1984年中译本）、《造山运动》（1978年）、《造山作用》（1982年，1986年中译本）等获1958年日本地质学会奖，1977年美国地质学会戴伊奖章，1982年比利时皇家科学院富尔马尼埃奖。

（李冬田）

小约德，H. S.（Yoder，Hatten Schuyler，Jr.） 美国人，1921年3月20日生于美国俄亥俄州克利夫兰，2003年8月2日卒于马里兰州塞斯达贝。地球物理学、岩石学、实验地质学。

高中时因偶读姐姐带回家的科普读物而对地质学产生强烈兴趣。后进芝加哥大学学习地质学，1941年获学士学位。第二次世界大战期间，在海军服役4年，从事气象工作。战后返回芝加哥大学，在N. L. 鲍温指导下继续学习岩石学。后转入马萨诸塞理工学院，1948年在该校获博士学位。毕业后受聘去华盛顿特区的卡内基学院地球物理实验室工作，1971年任该实验室主任，1986年退休。1958年当选美国国家科学院院士。

主要学术成就是在某些常见火成岩和变质岩形成条件的定量研究方面。是在实验室中模拟地壳和上地幔温度、压力条件并加以利用的首批研究者之一。曾合成多种普通造岩矿物。1948年发明了能产生相当于地壳和上地幔条件的1 600℃和10 000大气压条件的实验装置，有效地探索了玄武岩浆起源和变质程度的定量演化问题。和合作者用实验表明，玄武岩浆的分异过程很大程度上取决于产生它们的体系的压力。根据地震观察估计，以熔岩流形式流出地表的岩浆可能起源于80～160千米深度。他们还测量了高温高压下天然与合成的硅酸盐熔融体的粘度，认为它们不会比室温下的甘油更粘稠，因而能在很小的压力差下扩散。1976年在《玄武岩浆的产生》一书中，描述了玄武质岩浆生成、聚集和向地表迁移的物理化学过程。他发现受压条件下水的存在会导致硅酸盐体系熔融温度大大降低，玄武质岩浆在高水压下结晶为闪石岩，低水压下结晶为玄武岩。他还成功合成标志不同变质程度的多种变质矿物和矿物组合，并且确定了它们的稳定范围。获1962年美国地质学会戴氏奖章，1992年美国矿物学会罗布林奖章，1979年英国伦敦地质学会沃拉斯顿奖章。

（李嘉曾）

盛金章（Sheng Jinzhang） 中国江苏省人，1921年5月15日生于江苏靖江，2007年1月7日卒于南京。地层学、古生物学。

出身农民家庭。1946年重庆大学地质系毕业。1946年任中央地质调查所古生物研究室技佐。1949年起至去世，一直在中国科学院南京地质古生物研究所（今中国科学院古生物研究所）工作，1978年任研究员。兼任国际地学联合会地层委员会二迭系分会主席、江苏省古生物学会理事长、《微体古生物学报》主编等职。1991年当选为中国科学院学部委员（院士）。

主要从事蜓类化石、石炭纪与二迭纪的古生物学和地层学研究。20世纪50～60年代，参加辽宁太子河流域地层古生物研究，最早建立中国北方石炭纪蜓类化石带；最早建立中国南方二迭系蜓类化石带，解决了二迭纪炭酸盐岩地层的划分与对比，为石炭系和二迭系的分统建阶打下了基础；建立自己的蜓类分类系统，为中国地质古生物学界所广为采用；应用和发展研究成果，指导和进行全球海相二迭纪地层对比研究，勘查和研究晚二迭纪含煤地层等。80年代起，与赵金科等合作，主持综合研究中国上二迭统“长兴阶”及海相二迭-三迭系界线地层，取得多项重要成果，受到国际学术界重视；在全球界线层型剖面竞选中，争得以中国地名命名的“长兴阶”列入国际年代地层柱。

发表论文近百篇；出版《中国二迭系》（1962年）、《广西、贵州、四川二迭纪蜓类》（1963年）等专著7部。多次获国家和省部级奖励，其中《中国的蜓类》作为《中国各门类化石》丛书之一，获1982年国家自然科学奖二等奖；主持完成的研究课题“全球二迭系-三迭系界线层型研究”获2002年度国家自然科学奖二等奖。

（邓剑琪）

弗里德曼，G. M.（Friedman，Gerald Manfred） 美国人，1921年7月23日生于德国柏林，2011年11月29日卒于美国纽约州布鲁克林。沉积学、岩石学、油气地质学。

德国犹太裔。祖父母是柏林博物馆协会理事，父母经营服装业。他在柏林读完中学后，1938年赴英国入剑桥大学读预科。1942年考入伦敦大学，1945年获化学学士学位。1946年移居美国，供职新泽西州一家药物化学公司。1949年考入哥伦比亚大学地质系，1950年获硕士学位，1952年获博士学位。同年任辛辛那提大学副教授。1954年在加拿大安大略省玛丽亚城任咨询地质师。1956～1964年任阿摩克石油公司地质研究部主任。1964～1984年任纽约州伦萨理工学院教授，期间1979年任应用地质学研究中心主任。1984年起任纽约市立大学伦塞勒理工学院教授、杰出教授，2004年退休。先后任美国地质学会地理学分会会长、美国地球科学编辑协会主席、美国经济古生物学家与矿物学家协会（沉积地质学学会前身）主席、美国石油地质学家协会副主席、美国地球科学学会荣誉会长、国际沉积学家协会主席等职。1977年、1986年先后获伦敦大学、海德堡大学荣誉博士学位。

20世纪50～60年代，研究前寒武纪火成岩、变质岩区矿物和岩石学；首创运用计算机进行沉积学研究，编制第一个处理沉积物粒度数据分析的计算机程序，第一次完成粒度概率累计曲线图，并进行初步的古环境与沉积作用解释；发表著名论文“从结构特征区别海滩砂和河流砂”（1961年），首次提出两类砂的判别图解，即“弗里德曼图解”，至今被地质界广泛用于环境分析；研究来自世界各地的碳酸盐沉积物样品，首次提出“海下高镁方解石胶结物”新概念，并阐明其高能环境的成因意义，打破了流行看法。60～70年代，研究白云岩成因问题，为了解释现代潮坪白云岩与石膏、石盐等互层共生原因，1967年提出了该类白云岩形成的动力机制和成因模式，被广泛接受；70年代中后期，主要研究阿巴拉契亚地槽区油气评价，初步证实推覆体及其底下岩相是很好的油气储集层。

发表论文300余篇；出版著作5种以上，其中与桑德斯（E. Sanders）合作出版有《沉积学原理》（1978年）、《沉积物原理：地层学与沉积学》（1992年）。

（李啸虎）

陈吉余（Chen Jiyu）　中国江苏省人，1921年9月17日生于江苏灌云。*河口海岸学、区域地质学、河口海岸工程。*

1947年浙江大学史地系研究生毕业。留校任教。1952～1978年任华东师范大学讲师、副教授；1978年起，在华东师范大学河口海岸研究所任教授、所长、名誉所长。1996年当选为国际欧亚科学院院士。1999年当选为中国工程院院士。

他发展了以动力、沉积与地貌相结合为特征的中国河口海岸学科体系；创建中国第一个河口海岸研究机构，组建河口海岸动力沉积与动力地貌国家综合重点实验室；积极倡导和指导中国海岸带全面系统调查，为沿海经济、社会、生态环境建设积累了第一手实证资料；提出长江河口发育模式及其自适应和人工控制理论，为长江口深水航道选槽、水资源、滩涂围垦、护岸工程等河口治理奠定了科学基础。他主持和参与许多与河口海岸有关的国家重点项目，其中有：在浦东国际机场筹建的先期论证中，率先建议利用潮滩扩地建设，并主持九段沙生态工程，取得了显著综合效益，使大型工程建设与生态环境得以协调发展；依据涨潮冲刷槽理论提出陈山原油码头选址方案，开创了在杭州湾强潮海湾建港的先例，对支持金山石油化工建设起到重要作用；主持三峡工程对长江河口生态环境影响的前瞻性研究；主持中国主要河口研究国家重大基金项目、“海岸带资源环境利用关键技术”九五攻关项目等多项任务。

发表论文近200篇；撰有《长江河口动力过程和地貌演变》（1988年）、《中国海岸带地质》（1993年）、《中国围海工程》（2000年）等专著多部。获国家和省部级奖励逾20项，其中有国家科学技术进步奖一等奖1项，省部级科学技术进步奖一、二等奖15项。

（丁　丁）

文圣常（Wen Shengchang）　中国河南省人，1921年11月1日生于河南光山。*物理海洋学、海洋气象学、海洋工程。*

1944年武汉大学机械工程系毕业。1946～1947年在美国航空机械学校进修。归国后在中央工业专科学校任教。1949年后，历任西南工业专科学校、湖南大学副教授，广西大学、哈尔滨军事工程学院、山东大学、山东海洋学院教授。1959年后，历任山东海洋学院动力海洋教研室主任、物理海洋与海洋气象系主任、物理海洋研究所所长、副院长、院长，青岛海洋大学物理海洋研究所名誉所长。兼任国际海洋研究科学委员会中国委员会主席，世界大洋环流实验委员会中国委员会副主席，国务院海洋资源开发研究保护专家组组长，中国海洋湖沼学会、中国海洋学会名誉理事长，山东省科学技术协会副主席，《海洋与湖沼学报》、《海洋学报》副主编。1993年入选中国科学院学部委员（院士）。

20世纪50～60年代，提出普遍风浪谱和涌浪谱，被国际学术界誉为“文氏风浪谱”；将能量法和浪谱法结合，提出一种精度较高、使用方便的新计算方法，成果纳入中国海港工程规范，获国家科学技术进步奖二等奖。80～90年代及后，首次导出解析形式的风浪频谱和风浪方向谱，获1991年国家自然科学奖；提出新型混合模式，弥补第三代海浪数值预报模式缺陷，提高了海浪预报准确性和快捷性（计算时间仅为当时国外的1/60），获国家科学技术进步奖二等奖、发明创新科学技术之星奖等；主持研制成功灾害性海浪数值预报系统，获国家八五科学技术攻关重大成果奖；主持近岸带灾害性动力环境的数值模拟技术和优化评估技术研究，取得阶段性成果。

撰有《海湾原理》（1962年）、《海浪理论与计算原理》（1984年）、《海浪学》和《海洋近岸工程》等专著、教材多部。被评为1989年国家七五科学技术攻关突出贡献者。获1999年度何梁何利科学与技术进步奖。

（曾连荪）

沈其韩（Shen Qihan） 中国江苏省人，1922年4月27日生于江苏淮阴。*矿床学、岩石学、构造地质学。*

原籍江苏海门。1946年重庆大学地质系毕业。先后任南京中央地质调查所实习员、技佐。1949年后，历任中国科学院地质研究所技术员，湖北大冶429队、山西垣曲214队工程师。1956年起，一直在国家地质矿产部地质研究所工作，历任高级工程师、研究员、所长、所创新指导委员会主任等职。兼任地质矿产部科学技术高级顾问、中国地质学会岩石专业委员会主任、《岩石矿物学》、《地球学报》杂志主编等职。1991年当选为中国科学院学部委员（院士）。

20世纪40年代，参加南京江宁镇一带中生代火山岩地质图（1∶10000）测制与研究。50年代，参加东北地区、湖北和山西等地铁矿、铜矿详勘，为矿山设计提供可靠依据；参加中国万前寒武纪地质图（1∶300）编制和前寒武系首次总结。60～70年代，致力于早前寒武纪变质地质，同位素年代学和变质岩勘查方法研究；调查青海、陕西、浙江等地铁、铜矿产状况。80年代，主持研究内蒙古中南部地质变质作用和年代学；参与主编中国变质地质图（1∶400）及其总结，获1987年国家地质矿产部科学技术成果奖一等奖、新闻出版署优秀科学技术图书一等奖、国家自然科学奖二等奖等；深入研究华北陆台早前寒武纪重大地质事件，建立太古宙地质年表和太古地层划分方案。90年代起，主持研究小组多次发现最古老陆块；系统研究中国早前寒武纪麻粒岩特征和构造年代，有若干新认识；研究冀西北-密云、华北北部等地区麻粒岩相带地质构造与演化。

发表论文百余篇；研究报告30余册；主编或与他人合撰《中国早前寒武纪麻粒岩》（1992年）、《中朝古大陆太古宇地质特征及构造演化》（1998年）、《山东沂水杂岩组成与地质演化》（2000年）等专著10余部。多次获奖。 （李啸虎）

李德生（Li Desheng） 中国江苏省人，1922年10月17日生于上海。*油气地质学、油气勘探工程。*

原籍江苏苏州。1945年重庆中央大学地质系毕业。早年曾任甘肃玉门油矿地质室工务员、中国石油公司上海总公司助理地质师。1950年后，历任西北石油管理局调查队长，玉门油矿局、川中矿务局、北京石油科学研究院总地质师，大庆油田会战指挥部地质指挥所副指挥，四川盆地开气找油会战指挥部总地质师，渤海湾油区地质综合研究大队顾问地质师。1978年调任北京石油勘探开发科学研究院总地质师，教授级高级工程师。兼任全国矿产储量委员会油气专业委员会副主任、中国石油天然气总公司科学技术委员会副主任、中国海洋石油总公司顾问、南京大学等校兼职教授等职。1991年当选为中国科学院学部委员（院士）。2001年当选为第三世界科学院院士。

从事石油勘探和油气地质研究。20世纪50～60年代，参与负责松辽盆地勘探，发现特大型大庆油田并探明边界和储量，获1982年国家自然科学奖一等奖（集体）；参与负责编制大庆油田第一部开发方案“萨尔图油田146平方千米面积的开发方案报告”，正确指导了油田全面开发，扭转了中国石油工业长期落后状态，其中“注水开发技术”成果获1985年国家科学技术进步奖特等奖。70年代，先后参与指挥渤海湾油区的胜利油田、大港油田、任丘油田、辽河油田和中原油田的石油会战，逐步形成复式油气聚集（区）带的理论，倡导和提出适于断块油田地质特点的“滚动勘探开发”工艺技术，使渤海湾盆地成为中国东部又一重要石油产区，这项成果使他与合作者分享1985年另一项国家科学技术进步奖特等奖。80～90年代，研究渤海、东海、南黄海、珠江口、北部湾和莺歌海等盆地地质，在国际上发表研究论文，引起关注；4次进入塔里木盆地考察研究；进一步提出中国石油、天然气勘探方向和技术措施。

发表论文百余篇，论文集3部；出版《甘肃石油地质》（1960年）、《石油勘探地下地质学》、《中国含油气盆地的构造类型》著作和译著多部。获1994年美国石油地质学家协会石油地质学杰出成就奖章、1997年何梁何利科学与技术进步奖。 （李啸虎）

朗科恩，S. K.（Runcorn，Stanley Keith） 英国人，1922年11月19日生于英国兰开夏郡邵斯波特，1995年12月5日卒于美国加利福尼亚州圣迭戈。*地磁学、月质学、地球物理学、仪器研制。*

1944年、1948年先后获剑桥大学文学士、文硕士学位。1949年获曼彻斯特大学博士学位。1950年任剑桥大学地球物理研究所助理所长。1956～1988年任英国达拉姆大学纽卡斯尔国王学院（纽卡斯尔大学前身）物理学教授和物理系主任。1988年退休后仍从事研究和教学，1989～1995年任阿拉斯加大学物理科学教授。1965年被选为英国皇家学会会员。

早年自行设计无定向磁力仪，在坑道中进行测量，研究地磁场随地面深度的变化。后来又用这台仪器测量了别人从冰岛采集来的第三纪熔岩标本。根据测量结果，认为平均地磁场是一个地心偶极子磁场，偶极子的轴向与地球自转轴一致，而且偶极子的极性每几百万年倒转一次。20世纪50年代，与学生一起根据英国古地磁标本的数据，绘制了自前寒武纪以来的地磁极漂移曲线。他还根据美国大峡谷古地磁标本的数据，论证北美洲自三叠纪以后相对于欧洲向西漂移了一些，这一发现为大陆漂移学说提供了有力证据。70年代以后，又悉心研究月球磁场，测量了阿波罗飞船带回来的月岩样品。根据测量结果，他认为月球原先有一个熔融的月核，那时存在着月球普遍磁场。

主要著作有：《地球的物理学与化学》（1956年）、《大陆漂移》（1962年）、《地球物理学的方法和技术》

(1966 年)、《国际地球物理学辞典》(1967 年)、《地球科学》(1971 年)、《大陆漂移机制和板块构造论》(1980 年，与他人合著)、《行星物理学》(1987 年)等。获英国皇家天文学会金质奖章，美国地球物理联合会弗莱明奖章。（张南海　李啸虎）

谢学锦（Xie Xuejin）　中国上海市人，1923 年 5 月 21 日生于北京。*矿床学、地球化学。*

1947 年重庆大学化学系毕业。1949 年到南京矿产测勘处工作。1952 年调国家地质部化学探矿室，2 年后任研究室主任。1956 年进地质部地球物理探矿研究所（1979 年更名为地球物理地球化学勘查研究所）从事地球化学勘查，1980 年任副所长，1984 年任名誉所长。兼任中国地质学会勘查地球化学专业委员会主任、国际地质对比计划化学填图分析技术委员会主任、国际《地球化学勘查》杂志副主编、长春地质学院兼职教授等职。1980 年当选为中国科学院学部委员（院士）。

20 世纪 50 年代初国际上地球化学探矿方法刚问世不久，他就与徐邦梁共赴安徽省安庆月山进行化学勘查，从而开创了中国首次地球化学探矿和勘查。在这次勘查中，他们发现了铜矿指示植物海州香薷，后来它成为国际上公认的通用铜矿指示植物。此后，他大力推动各省地质局的地球化学用于辅助地质和地球物理方法找矿，并努力将地球化学勘查方法从局部地区转变为大范围内研究全局的战略性方法，成为地质与地球物理探矿方法的先导。70 年代中期和后期，提出“区域化探全国扫面计划”(或称“全国地球化学填图计划”)，并全面阐述了该计划的理论、方法和技术。在国家地质矿产部的领导下，该计划于 70 年末期开始实施，至 90 年代末期，中国地球化学填图已覆盖全国近 500 万平方千米，勾描出 39 种元素的矿藏在全国的分布，发现了数百个工业矿床，从而为中国地质找矿不断取得新成果准备了条件。80 年代末以后，他又强调改善地球化学填图数据在全球范围内的可对比性，推动国际上地球化学填图的标准化。他积极参与国际合作，是用超低密度采样方法绘制全球第一幅地球化学图的主要筹划人之一。90 年代，任国家“攀登”项目“找寻隐伏大矿、富矿基础研究”的首席科学家，提出“地球化学块体”新理论和追踪巨型矿的谱系树方法。发表论文百余篇；出版专著《区域化探》(1979 年）等 3 部。（孙天宇　宣焕灿）

多尔，R. R.（Doell，Richard Rayman）　美国人，1923 年 6 月 28 日生于加利福尼亚州奥克兰。*地磁学、岩石学、地球物理学。*

1940～1942 年在洛杉矶加利福尼亚大学攻读数学。1955 年获伯克利加利福尼亚大学地质学文学士学位，1955 年获该校博士学位。毕业后在多伦多大学、马萨诸塞理工学院任教。1958 年入美国地质调查所任地球物理学家，1959 年任岩石磁学实验室主任，1967 年任理论地球物理学分所所长。1969 年当选美国国家科学院院士。

早年在加利福尼亚州和中东从事石油勘探和地震研究。1959 年起和 A. V. 考克斯一起把古地磁方法用于解决美国的地质问题。为研究熔岩中的剩磁保存古代地磁场强度信息的精度，曾去夏威夷群岛采集古代喷发的熔岩样品。为研究地磁场极性倒转和长期变化，又去加利福尼亚州、新墨西哥州、冰岛和法国等地采样，和考克斯、达尔林普尔（Dalrymple）一起终于证实了地磁场的极性倒转，并编制出地磁场极性年表，这为海底扩张理论以及后来的板块构造学说打下了基础。20 世纪 60 年代末转向研究环境和资源问题。代表著作有《沉积物的剩余地磁》(1955 年）等。1971 年获维特列森奖。（张南海）

梅森，B. J.（Mason，Sir Basil John）　英国人，1923 年 8 月 18 日生于英国诺福克郡道金。*大气物理学、气象学、环境科学、科技管理。*

中学毕业就读于诺丁汉大学，第二次世界大战期间辍学，1944～1946 年在英国皇家空军雷达分队服役。1947 年在诺丁汉大学任研究员。1948 年获伦敦大学学士学位。同年任伦敦大学帝国理工学院气象学系讲师，1961 年任物理系第一位云物理学教授，1965 年离校从事科技管理工作，1974 年兼任该校评议员。期间 1959～1960 年在美国加利福尼亚大学任气象学客座教授。1965～1983 年任英国国家气象局局长。1968～1970 年任英国皇家气象学会会长。1996 年前长任曼彻斯特大学理工学院名誉院长。2004 年任曼彻斯特大学环境循环研究中心首任主任。1965 年当选为英国皇家学会会员，1976～1986 年任该会副会长兼司库。长期兼任英国物理学奥林匹克竞赛委员会主席。获国内外 10 余所大学荣誉理学博士学位。1979 年封爵。

20 世纪 40 年代末起，他组织强有力的研究团队，分工研究大气物理中的云、雨、雹、雪等形成条件及其机制。1957 年独撰出版名著《云物理学》，其中首次提出描述小水滴增大或蒸发的梅森方程；1971 年该书再版时扩充至 670 余页，2010 年入选“牛津经典教材物理科学丛书”。60 年代末提出雷暴电化的定量理论，1972 年获英国皇家学会拉姆福德奖章。60～80 年代，长期领导英国气象服务事业，使之在计算机和人造卫星时代处于世界领军地位。同时他还大力协助世界气象组织实现现代化。1983 年退休后任联合国机构酸雨研究项目主管，组织和指挥 300 余位多学科专家学者，涉及各国 30 余个高等院校、科学院等机构，取得阶段性重要成果，具有广泛而深远的国际影响。

主要著作还有《云、雨及人工降雨》(1962 年)、《地表水的酸化过程》(1990 年)、《酸雨》(1992 年)、《云物理学》(2010 年第二版）等；主编《环境研究论文精选》(2000 年)。多次获奖，其中还有 1965 年英国物理学会克利奖章，1991 年英国皇家学会皇家奖章，1973 年英国三级巴士勋章，1975 年英国皇家气象学会西蒙斯金质奖章等。2006 年英国皇家气象学会设立梅森奖章。（李啸虎）

胡海涛（Hu Haitao）　中国四川省人，1923 年 10

月21日生于四川自贡，1998年10月31日卒于北京。*水文学、工程地质学、环境科学、水利水电工程。*

1946年中央大学地质系毕业。留校任教。1949年后，在国家地质部属下单位负责三峡等工程地质勘察，1966～1986年任中国地质科学院地质力学研究所工程地质研究室主任，1981年晋升研究员。1986年至去世，任国家地质矿产部环境地质所研究员，地质矿产部环境地质中心总工程师。曾兼任中国地质学会工程地质专业委员会委员、三峡工程地质地震专家组副组长等职。1994年选聘为中国工程院院士。

20世纪50年代，负责三峡工程坝区、坝段、比选工程地质勘察，提出“长江三峡水利工程枢纽初步设计要点阶段工程地质勘察报告”，推荐三斗坪坝址为三峡工程设计坝址；参与撰写“长江三峡工程地质地震论证报告”。60年代，进行关中西部黄土塬边滑坡调研，提出引渭上塬渠道沿线滑坡防治方案，被李四光教授誉为应用地质力学解决工程地质问题的典范。70年代，主持青藏铁路选线水文地质、工程地质调研，发现冻土层下水沿构造融区运动的规律，成果获1978年全国科学大会奖；建立“地下水网络”学说，提出不同模式及其富水部位，广泛应用于中国山区找水和岩溶地下水研究。80年代，坚持和发展李四光的“安全岛”思想，建立区域地壳稳定性的理论和方法；负责广东核电站规划选址的区域稳定性分析与评价。90年代，建立区域地壳稳定性专家系统，在大亚湾核电站、黄河大柳树坝址等多次重大工程选址论证中得到广泛应用；论述中国地质灾害类型、发育与分布，提出地质灾害防治与环境保护对策。发表论文近百篇；与他人合撰专著3部。多次获奖。1994年获全国工程勘察设计大师称号。（李啸虎）

於崇文（Yu Chongwen） 中国浙江省人，1924年2月15日生于上海。*矿床学、地球化学、应用数学。*

原籍浙江镇海。1950年北京大学地质系毕业。中国地质大学地球科学学院教授，中国矿物岩石地球化学学会元素地球化学、区域地球化学专业委员会主任，中国地质学会勘查地球化学专业委员会名誉主任等。1995年当选为中国科学院院士。

他把数学地质与系统科学引进地球化学，促进了地质科学定量化系统化，开拓了地学研究新领域新理论新方法。主要贡献：① 地质-地球化学多元分析法。用多元统计分析方法研究多组分系统的数值和几何学特征，并用随机过程和随机场研究地质—地球化学过程。②非线性地球化学动力学与成矿作用动力学。用非线性动力学研究矿床形成机制，从传统的定性、静态研究发展到定量、动态阶段，撰有《数学地质的方法与应用》、《成矿作用动力学》与《热液成矿作用动力学》等专著。③区域地球化学。编著《南岭地区区域地球化学》、《广东一六地区区域地球化学》等书，运用耗散结构理论进行区域地球化学和矿床地球化学研究，研究成岩成矿的不可逆非平衡态热力学过程，开辟了地球化学学科发展新方向。④成矿系统复杂性研究。在中国率先研究成矿作用非线性动力学，认为“成矿动力系统在混沌边缘分形生长”，揭示了成矿驱动力、进行速率和机制、时间演化和空间分布，是矿床成因理论和成矿规律研究上的重要突破，并应用于矿产资源研究，出版《云南个旧锡-多金属成矿区内生成矿作用的动力学体系》。⑤地质系统复杂性研究。早年提出“地质作用与时-空结构是地质现象的本质与核心”观点，后又将复杂性科学应用于地球系统，提出“固体地球系统的复杂性与自组织临界性”新命题，把混沌学和自组织理论应用于地质学，提出“地质系统在混沌边缘分形生长”新理论，并将它应用于中国东部壳—幔系统的复杂性探索取得成果。至2002年，先后获国家及省部级一、二等奖10项，1991年获第二届李四光地质科学奖。（张　强）

李玶（Li Ping） 中国湖北省人，1924年3月20日生于湖北大悟。*地震学、构造地质学、工程地质学。*

1947年中央大学（今南京大学）地质系毕业。留校任教。1954年任哈尔滨军事工程学院主任教员、技术大尉。后工作于中国科学院地质研究所。1978年任国家地震局地质研究所研究室主任、研究员。兼任北京大学、中国科学院研究生院等校兼职教授等职。1999年当选为中国工程院院士。

在理论研究方面，20世纪60年代提出中国新生代断块结构的思想；70年代初提出地体构造的理论；80年代，划分第四纪构造期，指出晚更新世以来强震活动与活断层的依附关系；90年代及后，主要研究强震发生带地点、强度和时间判断，以及活动断层和能动断层的鉴定。在实践应用方面，主持和参加对国家多个工程的区域稳定性、活动构造、地震区划和地震风险等的技术评价，其中有长江三峡、汉水丹江口、雅碧江二滩、锦屏山、大渡河瀑布沟、澜沧江小湾、大朝山等巨型水利枢纽，以及大亚湾核电站站址、京津唐和海南岛琼北等地区，其研究成果均为工程设计所采用。从地震构造的角度，论证三峡三斗坪坝址是一个难得的好坝址；唐山地震前半年，用图象识别方法预测预报了唐山地区有可能发生大于7级地震；发表“台湾海峡地震危险性初析与海峡隧道修建的可行性研究”（2002年）等论文50余篇；撰有《长江三峡坝区区域构造背景及新构造运动发展趋势》（1966年）、《西昌-渡口地区地震危险区划》（1975年，中、英文版）、《鲜水河-小江断裂带》（1993年）等论著。获国家和省部级奖励10余项，其中有全国科学技术大会奖1项、国家科学技术进步奖2项。（沈　昊）

希曾，B. C.（Heezen，Bruce Charles） 美国人，1924年4月11日生于美国艾奥瓦州文顿，1977年6月21日卒于冰岛西南部的雷克雅内斯海底海岭。*海洋地质学、构造地质学、仪器研制。*

火鸡农场主的儿子。1948年从艾奥瓦大学毕业。同年开始他的首次海洋研究航行。1952年获哥伦比亚大学地质学理学硕士学位。1957年在哥伦比亚大学获博士学位。后留校任教，同时兼任美国海军、海底电缆公司、石油公司等单位，以及美国海洋法方面的顾问。曾任“格拉玛挑战者”号深海钻探船副主任地质师，通过海底沉积物研究板块移动方向和变化。1970年起参加美国海军考查洋底计划。1977年在乘核动力科学考察潜艇NR-1考察北大西洋底时，因心脏病突发卒于艇中。生前积极参加国际地质科学联合会海洋地质委员会和国际海洋地球物理学委员会的工作。

早在大学期间便参加海洋调查，遂以海洋地质学为终身事业。1956年和塔普（Marie Tharp）一起完成第一部北大西洋海底地貌图。同年，和尤恩（Maurice Ewing）共同发表论述全球海底中脊系统概念的论文。曾与人合作制成海深记录仪，测量误差仅千分之一，至今仍为海洋研究广泛采用。研究海洋浊流、偏流及其沉积物。在研究大西洋海底电缆破坏原因时，发现洋中脊及其顶部断裂谷绵亘海底，并环布全球海底，遂于1960年指出新的大西洋底以洋中脊为中心向外扩张。后在近赤道海底发现转换断层，为发展板块理论提供事实依据。还利用素描技术编绘大西洋、印度洋及太平洋的海底地貌图。撰有论文300余篇；主要著作有《洋底》（1959年，与尤因等人合著）、《深海面貌》（1971年）等书。多次获得美国学术团体的奖励，其中有比吉洛海洋学奖。（刘 汉）

曾融生（Zeng Rongsheng） 中国福建省人，1924年8月16日生于福建福清。*地震学、地球物理学。*

1946年厦门大学数理系毕业。留校任教。1947年到北平研究院物理研究所任职。1950年到中国科学院南京地球物理研究所工作，1957年任副研究员。1965年到昆明地球物理研究所，先后任地震研究室主任、地壳物理研究室主任。1978年赴北京任国家地震局地球物理研究所研究员，兼地球内部构造研究室主任。兼任中国地球物理学会副理事长，北京大学、中国科学技术大学等校兼职教授。1980年当选为中国科学院学部委员（院士）。

20世纪50年代初，在地球勘探中发现湖北大冶尖林山存在磁异常，从而推动了大冶铁矿的发现和开发。50年代后期，在青海、甘肃首先发现地震记录图中大角度反射地震波，并应用面波相速度来研究地壳的构造，提出了地壳的分区。60年代中期，在分析柴达木盆地及甘肃地区的地震记录中，发现一组速度很大、振幅很强的续至波，发现了该地区地壳的复杂结构。后来又与合作者共同研究华北地区的地震测深资料，发现该地区地幔顶部另有一个界面，它和莫霍界面同为高速薄层。70年代，他通过对1974年云南昭通大地震的研究，发现该地震震源的多重性，主震发生前有多个断裂点，否认了以往认为地震都是一次破裂的旧概念。80年代，根据地震测深资料，发现唐山下面的莫霍界面存在着3～5千米断裂的现象，并据此进而探讨了1976年唐山大地震的成因；出版中国第一部系统论述固体地球物理理论和应用的论著《固体地球物理学导论》（1984年）。90年代，他与美国华裔学者吴大铭等人合作，对青藏高原开展深部探测，提出印度-欧亚大陆碰撞过程以及青藏高原物质向东流动的新模式。多次获国家和省部级奖励。（孙天宇）

裴荣富（Pei Rongfu） 中国山东省人，1924年8月20日生于河北秦皇岛。*矿床地质学、选矿工程。*

1948年清华大学理学院地学系毕业。先后任国家地质部矿物原料研究所主任工程师、地质部援苏丹铬矿勘查地质队总工程师、地质部矿床地质研究所所长、中国地质科学研究院矿产资源研究所研究员等职。兼任国际矿床成因学会会长、中国地质学会矿床专业委员会主任等职。1999年当选为中国工程院院士。

长期从事矿床勘查地质学和成矿学研究。参与主持中国首次开展的大规模矿产勘查和开采工程验证对比，数量达30余处，为制定中国矿产勘查法规、编制矿产资源法提供重要科学论据；主持完成5个大型矿床资源评价和设计施工；提出“双控论”和“合理域”矿产勘查理论模型，有效指导了矿产资源和矿业可持续发展；20世纪80年代及后，提出超大型矿床“成矿偏在性”、“异常成矿”和“等级体制成矿”等新概念，为找矿提供理论基础，促进了成矿学发展；参与主持攻关国家攀登项目南岭矿产，成果显著，获国家科学技术进步奖一等奖、部级科学技术进步奖一等奖等；担任世界地质图类委员会“世界大型-超大型矿床成矿图(1∶25M)”首席科学家，从事中生代大规模成矿、大型矿集区深部精细结构与含矿综合信息研究；担任国际地质对比计划IGCP-354项目首席科学家，组织美国、加拿大、澳大利亚、俄罗斯、日本等国矿床学家研究岩石圈超巨量金属堆积，成果达到国际先进水平。

著有《中国钨矿资源经济评价》（1993年）、《中国矿床模式》（1995年）、《华北到陕北缘及其北侧金属矿床成矿系列与勘查》（1998年）、《深部构造作用与成矿》（1999年）等著作。获国家和部委级奖励多项，其中曾获中国地质地矿界最高奖李四光地质科学奖。（李啸虎）

普雷斯，F.（Press, Frank） 美国人，1924年12月4日生于纽约布鲁克林。*地震学、地球物理学、构造地质学、天文学、仪器研制。*

1944年获纽约市立学院理学士学位。1946年和1949年先后获哥伦比亚大学文科硕士和地质学博士学位。留校任教，1952年任地质学教授。1955年任加利福尼亚理工学院教授，1957年任该学院地震实验室主任。1965年任马萨诸塞理工学院地质学和地球物理学系教授及系主任。1977～1980年任美国联邦科技政策办公室主任和总统科学顾问。1958年当选为美国国家科学院院士，1981～1993年任院长和美国国家研究委员会主席。先后获30个荣誉博士学位。

提出研究地球的自由振荡对于了解地震机制、地震与造山运动，以及大陆漂移的关系极有帮助，并率先用实验方法验证了地球的自由振荡。地球受地震或其他地质事件的触发，会发生持续时间长达几周甚至几月的整体振动。20世纪20年代，英国地球物理学家A. E. H. 洛夫计算得地球自由振荡最低频谐波的周期约为1小时。50年代中期，普雷斯和人合作设计出一种仪器，能够检测到周期长达400秒的地震波。1960年智利发生大地震期间，他们用这种仪器检测到地球的自由振荡，而且观察到的最低频谐波的平均周期为53.95分，与洛夫的计算结果很吻合。自由振荡的波长长，穿透力强，因此能够提供地球内部构造的信息。他的研究结果表明，地幔的弹性Q值随深度的增大而变大，而且在上地幔中似乎还存在低Q值带。他根据在夏威夷记录到的1964年阿拉斯加地震数据，确认地球在震动之后发生了微小的永久形变。

积极研究大洋底下和大陆底下地壳和地幔的厚度。在国际地球物理年期间，他根据萨摩亚地震的记录数据的分析，认为北美大陆这块地壳厚度在36. 8千米和48千米之间。通过分析地震数据，他认为南极洲是一块真正的大陆，不是一个浮在地壳上由冰和碎屑物组成的岛屿。积极研究监测核武器试验的地震技术。1964年阿拉斯加地震以后，任总统科技办公室下属一个专门小组的组长，1965年呈交了一份研究地震检测警报系统的10年规划。

主要著作有：与W. M. 尤因等人合著的《成层介质中的弹性波》(1956年)、《地球和月球》(1972年)、《地球和月球的结构》(1974年)，以及与西弗尔(R. Siever)合著的《地球》(1986年，与他人合著)、《认识地球》(2001年，与他人合著)等。获美国国家科学奖章，万尼瓦尔·布什奖，1971年英国皇家天文学会金质奖章，1993年日本天皇颁发的日本奖，1997年俄罗斯科学院罗蒙诺索夫金质奖章，法国荣誉军团勋章，2007年美国地质学家协会皮克与加维尔奖。

(张南海)

诺波夫，L.（Knopoff，Leon） 美国人，1925年7月1日生于美国加利福尼亚州洛杉矶，2011年1月20日卒于加利福尼亚州谢尔曼奥克斯。*地震学、构造地质学、应用数学。*

1949年获加利福尼亚理工学院物理学博士学位。1957年任洛杉矶加利福尼亚大学地球物理学和物理学教授。1963年入选美国国家科学院院士。1965年入选美国文理科学院院士。2004年获法国斯特拉斯堡大学荣誉博士学位。

求出弹性波波动方程组的通解，以及各种地层模型和震源位置的特解，并将这些特解汇编成册，用于对各个地震作定性分析。为研究地震波在地球内部传播的衰减特性，在实验室里作了弹性波在固体中传播的衰减实验，发现衰减系数与激发频率有关，据此解释了上地幔对于地震面波的衰减作用比地球深部的大。还研究长周期远震面波的相移，藉此来对上地幔构造作区域性研究。发表360余篇（部）论著。获1976年古根海姆基金会奖，1978年德国地球物理学会维歇特奖，1979年英国皇家天文学会金质奖章，1990年美国地震学会奖章。

(张南海)

尤斯特，H. P.（Eugster，Hans Peter） 美国人，1925年11月19日生于瑞士朗德卡特，1987年12月17日卒于美国马里兰州巴尔的摩。*实验岩石学、地球化学。*

1948年毕业于苏黎世瑞士联邦理工学院。后在该校著名岩矿学家P. 尼格里指导下从事研究工作，1951年获理学博士学位。先后在美国马萨诸塞理工学院、华盛顿的卡内基学院地球物理实验室从事研究工作。1958年任约翰斯·霍普金斯大学地质学副教授，1960年任教授。1972年被选为美国国家科学院院士。

从事矿物合成和实验岩石学研究。对地球化学的贡献较多，尤其开发了氧缓冲剂，以控制氧化还原反应；此法还扩展到对碳、氟、氮、硫及酸、碱的反应，从而对地壳和地幔内流体在矿物形成中的作用有了定量的了解。在研究沉积岩中，提出干盐湖模式，对封闭型盆地的地球化学和沉积学做出贡献。代表作有《怀俄明州格林斯类型的沉积环境》(1972年)等。曾两次获得奖章。

(刘　汉)

张宗祜（Zhang Zonghu） 中国河北省人，1926年2月19日生于河北满城，2014年2月19日卒于上海。*地貌学、水文地质学、工程地质学、第四纪地质学。*

1948年北京大学地质系毕业。先后在中国石油公司甘青分公司地质勘探处、国家地质工作计划与指导委员会当技术员。1951年赴苏联留学，1955年获莫斯科地质勘探学院副博士学位。回国后，历任国家地质矿产部（现国土资源部）水文地质工程地质研究所研究员、室主任、所长、名誉所长，中国地质科学院环境工程技术设计研究院名誉院长。兼任国际水文科学协会中国国家委员会副主席，中国地质学会水文地质专业委员会主任、冰川及第四纪专业委员会主任等职。1980年当选为中国科学院学部委员（院士）；三届任地学部副主任。1994年被选聘为中国工程院院士。

长期从事水文地质、工程地质、第四纪地质研究。先后参加石油地质、天然碱湖、包头-银川铁道工程地质、山西非金属矿产、大型引水工程等勘查研究；系统研究中国黄土区域地质特征，其中包括建立黄土高原土壤侵蚀基本模式和类型分类，探明黄土力学变形机理、黄土地层入渗水流运移规律，编制黄土高原地貌类型图（1∶50万）、黄河粗泥沙来源分布图、工程地质图等；系统评价华北地下水资源储量、时空分布规律、地表水与地下水调蓄的可行性，提出缓解水资源供需矛盾的途径、合理开发利用对策。对第四纪地质深有研究，著有《中国第四纪地质》(英文版)、《中华人民共和国及其毗海区第四纪地质图（1∶250万）及其说明书》等。在水文地质方面，主编有《中华人民共和国水文地质图集》、《亚洲水文地质图（1∶800

万))》等。

撰有专著、地质图集10余部。多次获国家及省部级奖励，其中有国家自然科学奖一、二等奖，国家科学技术进步奖二等奖，多项部级科学技术成果奖一、二等奖。此外，获1993年李四光地质科学荣誉奖，1998年中国工程科学技术光华奖，2000年何梁何利科学与技术进步“地球科学奖”。 （李啸虎）

翟光明（Zhai Guangming） 中国安徽省人，1926年10月1日生于湖北宜昌。油气地质学、油气勘探工程、工程管理学。

原籍安徽泾县。1950年北京大学地质学系毕业。历任玉门石油管理局主任地质师、总地质师，胜利油田总地质师，石油工业部地质勘探司总地质师、司长，中国石油天然气集团公司高级工程师、咨询中心勘探部主任、石油勘探开发研究院院长等职。1995年当选为中国工程院能源与矿业工程学部院士，2000年又兼为该院工程管理学部院士。

20世纪50～60年代，参加新中国第一批在大西北开展的石油地质勘查；参与制定大庆油田、胜利油田、大港油田、华北油田、辽河油田和四川等地区的整体勘探部署和组织实施，相继发现一批新油田和扩大已有油气田地质储量。70～80年代，主持完成渤海湾复式油气区地质规律研究及应用，成果获1985年国家科学技术进步奖特等奖。80～90年代，提出含油盆地“三史”结合油气运移和聚集的综合分析理论，板块构造演化与含油气盆地形成等地质理论；主持全国科学探索井的勘探规划，相继发现吐鲁番-哈密盆地油田、陕甘宁中部大气田，获1990年中国石油天然气总公司科学技术进步奖一等奖、国家科学技术进步奖二等奖，以及1995年石油天然气总公司科学技术重大成果奖一等奖；领导石油系统第二次油气资源评价，为中国石油工业长远规划和发展提供了科学依据。主编有《中国石油地质志》（1995年）等专著。多次获奖。1991年获国务院颁发的“对工程技术做出突出贡献”证书。 （李啸虎）

考克斯，A. V.（Cox，Allan Verne） 美国人，1926年12月17日生于美国加利福尼亚州圣安娜，1987年1月27日卒于加利福尼亚州伍德塞德。地磁学、构造地质学、地球物理学。

在第二次世界大战结束时，参加美国商船队。1951～1953年在美国陆军服役。1955年、1957年和1959年，先后获伯克利加利福尼亚大学地质系学士、硕士、博士学位。1959年在美国地质调查所工作，任古磁学实验室主任。1968年任教斯坦福大学，次年任地球物理学教授，1974年任格林讲座教授，后任地球科学系主任。1969年成为美国国家科学院院士。1974年入选美国文理科学院院士。1978年任美国地球物理学联合会会长。因交通事故去世。

主要贡献是对存在于岩石中的磁性记忆（即岩石形成时期所存在的磁场岩石记录）的研究。通过不同时期形成岩石的古地磁分析，可以研究地球磁场在过去长时间内的变化。和R. R. 多尔与达尔林普尔（G. Dalrymple）一起，在美国地质调查所分析了世界不同部分岩石的古磁性和辐射年龄，发现在70万年前，地球磁场南北极的指向与现在相反。1966年，与麦克杜格尔（I. McDougall）一起为澳大利亚建立过去450万年的古地磁极性表，得出极性每百万年平均有5次倒转的结论。而且每两次相邻倒转之间的时间间隔变化是很大的，最短是5万年，最长则超过100万年。1968年他发现极性倒转的时间跨度是无规则的，基本上符合泊松过程。地磁极性倒转的时间标度被海洋地球物理学家用来解释遍及海底的线性磁异常。他和同事还用古磁性分析来测定洋底扩张速度及洋底的年龄。并研究长周期地磁的周期变化、地层对比、沿板块边界的微板块转动以及冰川的起因等。

论著颇丰，专著主要有：《古磁学考察》（1960年，与他人合著）、《板块构造和地磁反向》（1973年）、《板块结构：它的运作方式》（1986年，与他人合著）等。获1969年美国地球物理学联合会弗莱明奖，1975年美国地质学会戴氏奖。

（欧阳容百 王广厚）

沃塞伯格，G. J.（Wasserburg，Gerald Joseph） 美国人，1927年3月25日生于美国新泽西州新不伦瑞克。地质年代学、岩石学、构造地质学、太阳系演化学、仪器研制。

中学时受父母和矿物学教授霍金斯（A. Hawkins）影响，对科学发生兴趣。第二次世界大战爆发后，因服役而从中学辍学。战后在罗杰斯学院和芝加哥大学完成学业，1954年获芝加哥大学博士学位。1955年到加利福尼亚理工学院地质和行星科学系任助理教授，1959年任副教授，1962年任地质学与地球物理学教授，2001年退休。期间1967年进入新成立的美国国家航天与空间管理署（后为航空航天局）顾问组。1967年入选美国文理科学院院士。1971年入选美国国家科学院院士。是挪威文理科学院外籍院士。

应用并发展了同位素年代学方法，准确地测定了地球上各类岩石、月岩和陨石样品的年龄，对地球构造和演化、太阳系的起源与它的历史做了成功的探索。

为发展与完善多种同位素年代学测时法，做了大量工作。早年发表一系列有关钾氩法测定岩石与陨石年龄的论文。20世纪50年代，把热力学和搬运理论与岩石成因联系起来，开设高级岩石学课程。建立实验室，从事前寒武纪火成岩与变质岩研究，发展了地质年代学中扩散现象的模式。对复杂变质岩区的元素放射性衰变的母子体系如钾-氪（K-Ar）、锶-铷（Sr-Rb）、铀-铅（U-Pb）的应用很感兴趣。与人合作，首次将锶铷法用于陨石研究；设计制造新一代计算机控制的质谱仪；测定玄武质无球粒陨石的锶铷年龄和太阳系的初始锶同位素丰度。后来他又把钐钕法（Sm-

Nd）测定年龄的技术用于地球构造和演化研究，这一方法很快被推广并取得成效。

1967年后，在实施阿波罗登月计划的过程中，为月球物质的收集、贮藏和分析作出新的贡献。他所领导的小组几乎能精确测定所有阿波罗飞船携回及苏联提供的各类月岩样品的同位素年龄。月岩和陨石样品的对比研究，使他对太阳系起源与演化史上的某些事件产生新的认识。和合作者们在被命名为阿伦德陨石的包裹体中发现了太阳系中已知最古老的物质，表明陨石中仍有可能保存着外来的原子核，并且导致对现已灭绝的天然放射性原子核同位素铝26（^{26}Al）重新进行研究。他们还鉴别了另一种原子核钯107（^{107}Pd），在阿伦德奇异包裹体中发现两种新物质，其中每一种元素都具有独特的同位素组成。这些迹象表明，形成太阳系的气体和尘埃云曾受到附近超新星爆炸的污染，或者在早期太阳极为活动时受到外部影响。

主要著作有《月球年代学概述》（1977年）、《月球早期演化的同位素影响》（1979年）等。获1970年美国地质学会戴氏奖章、美国航天局1973年、1978年杰出公众服务奖章，1991年英国伦敦地质学会沃拉斯顿奖章，1991年英国皇家天文学会金质奖章，2008年美国地球物理联合会鲍伊奖章，以及美国气象学会伦纳德奖章、美国地球化学学会戈尔德施米特奖章、哥伦比亚大学肯普奖章等。（李嘉曾）

王德滋（Wang Dezi） 中国江苏省人，1927年6月27日生于江苏泰兴。*岩石学、矿床学、构造地质学。*

8年丧母，10岁丧父，由组组带大成人；做过乡村小学教员。1950年南京大学地质系毕业。一直留校任教，南京大学地球科学系教授，曾任南京大学副校长、地球科学学院院长。先后兼任中国地质学会副理事长、中国矿物岩石地球化学学会岩浆岩专业委员会主任、《岩石学报》副主编、《高校地质学报》主编等职。1997年当选为中国科学院院士。

长期从事花岗岩与火山岩研究，成果卓著。早期对华南加里东期与燕山期花岗岩进行了对比综合研究，获重要成果；20世纪80年代初，首次在华南发现罕见的幔源花岗岩，确证属于由玄武岩浆结晶分异形成的蛇绿岩套的浅色成员；率先在中国使用“次火山花岗岩”新概念，按时、空、源一致性原则，确定了判别花岗岩质火山—侵入杂岩的标志；将板块理论运用于火山岩研究，提出并论证了苏、鲁、皖地区存在橄榄安粗岩系，其南北两侧均为高钾钙碱性火山岩系，并认为这种夹心式分布格局是在两大动力体系作用下形成的；先后在华南发现10余处S型火山岩，按其矿物组合和地球化学特征划分为富水、贫水和富氟3种类型，阐明它们与锡、铀等的成矿关系，大大深化了对S型火山岩成因机制的认识。

发表论文200余篇；出版《光性矿物学》（1974年）、《火山岩岩石学》（1982年）、《中国东部中生代火山-侵入杂岩及其成矿关系》（1996年，英文版）等专著、教材、译著13部。获1982年国家自然科学奖二等奖、1990年国家教育委员会科学技术进步奖一等奖、2003年教育部自然科学奖一等奖等多项奖励。（马连伟）

罗兰，F. S.（Rowland, Frank Sherwood） 美国人，1927年6月28日生于美国俄亥俄州特拉华，2012年3月10日卒于加利福尼亚州纽波特比奇。*大气化学、环境科学、应用化学。*

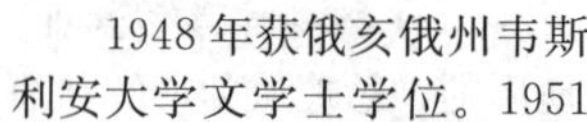

1948年获俄亥俄州韦斯利安大学文学士学位。1951年和1952年在芝加哥大学先后获理科硕士、化学博士学位。1952年在普林斯顿大学任化学讲师。1956年到堪萨斯大学任化学助理教授，1958年任化学副教授，1963年任化学教授。1964年起一直在欧文加利福尼亚大学任化学系首任系主任。1978年当选为美国国家科学院院士。1993年任美国科学促进会会长。

对大气层化学特别是臭氧的形成和分解的研究作出了重要贡献。地球大气的臭氧层是地球上生命的“保护伞”，它使人类和动植物免受太阳辐射的强烈紫外线的伤害。他注意到，臭氧层相当脆弱，人为释放的某些化合物对它有很强的破坏作用。1974年，他与M. J. 莫利纳合作，发表了人为产生的氟氯烃气体（“氟利昂”）对臭氧层破坏作用的著名论文。后来，他与荷兰化学家P. J. 克鲁岑都指出，工业废气中含有的氯和溴可以分解臭氧而破坏臭氧层。1976年，美国国家科学院专门研究小组的调研报告证实了他的预测：地球上空臭氧层减少7%～13%。一年内，美国环境保护局和食品药品管理局联合下令，将在美国终止生产用于非必须喷雾剂和致冷剂的含氯氟烃化学物的生产。1985年，人们发现南极洲上空臭氧层出现孔洞。1986年他发表论文说明南极洲上空臭氧洞形成和扩大的原因。他坚信，继续以氟氯烃烃污染大气会引起一场生态灾难，不仅患皮肤癌的人数会增加，而且改变全球气候的原有模式。他与莫利纳、克鲁岑的研究工作阐明了影响臭氧层厚度的化学机理，为解决可能带来灾难性后果的全球环境问题作出了贡献。因此，他们三人被授予1995年诺贝尔化学奖。在蒙特利尔国际会议上，许多生产含氯氟烃产品的厂家终于达成协议，规定1996年1月1日起全面禁止生产一切含氯氟烃。

除诺贝尔奖外，他还获美国化学会1976年托尔曼奖章、1993年德拜奖，1981年德国洪堡资深科学家奖，1983年南加利福尼亚大学泰勒环境成就奖，1989年日本奖，1994年爱因斯坦世界科学奖，1994年美国地球物理联合会雷维尔奖章。（宣焕灿）

许靖华（Hsü, Kenneth Jinghwa） 华裔瑞士人，1929年7月1日生于江苏仪征。*沉积学、海洋地质学、构造地质学。*

父亲许心武曾任国民政府黄河水利委员会委员长、

河南大学校长。祖籍安徽歙县。1948 年毕业于南京中央大学地质系，获学士学位。同年赴美国俄亥俄州立大学攻读，1950 年获硕士学位。此后又在洛杉矶加利福尼亚大学攻读地球物理和变质岩化学，1953 年获博士学位。翌年进美国国际合资的壳牌石油公司。1963 年起先后任教于纽约州立大学、洛杉矶加利福尼亚大学。1967 年移居瑞士，任教于瑞士苏黎世联邦理工大学地质系，后任该校地球科学学院院长、地质研究所所长。20 世纪 60 年代中期至 80 年代，曾任国际深海钻探计划的地中海钻探委员会和南大西洋深海钻探委员会的主任、古海洋学委员会委员、国际地质科学联合会沉积委员会主席。1978～1982 年任国际沉积学家协会主席。1971～1979 年任国际《沉积学》杂志主编。欧洲地球科学联合会首任会长。2007 年兼任中国河南大学环境与健康工程研究中心主任。是台湾"中央研究院"院士。1986 年当选为美国国家科学院院士。

研究领域广泛，包括大地槽的成因、高温高压下的化学平衡及岩石变形实验、深海地质、板块构造、现代湖泊沉积和第四纪沉积、古代沉积环境及沉积岩成因、石油地质等。特别在深海领域、湖泊和现代沉积领域里，有很高造诣。

曾担任国际深海钻探计划第 3、第 13 和第 73 三个航次的科学领导人。在第 3 航次中，首次用古地磁方法准确地推测了洋壳的年龄，给板块构造学说以有力的证据。在第 13 航次中，发现中新世末期地中海干涸、直布罗陀海峡封闭、非洲和欧洲大陆连成一片，自上新世开始，大西洋海水再次经直布罗陀海峡冲入地中海。这一发现轰动了地质界。在第 73 航次中，他发现白垩纪与第三纪期间生物圈、水圈、大气圈曾发生急剧的变化。据此发表了"白垩纪末的灾变和彗星"的论文，提出"彗星陨落"学说对地球灾变的影响。对地质界流传了 100 多年的赖尔均变论提出了怀疑，为居维叶的灾变论正名提出新的观点。

发表论文 450 余篇，专著及作品 20 多部，其中有《陆地和海底的远古海洋沉积》(1974 年)、《造山运动过程》(1983 年)、《南大洋古海洋学》(1985 年）等。除学术论著外，还出版高级科普读物《地学革命风云录》(1982 年)、《大灭绝》(1986 年)、《古海荒漠》等，这些书被译成多种文字，其中包括中文。获 1984 年伦敦地质学会沃拉斯顿奖章，2001 年美国地质学会彭罗斯奖章等。 (耿志明)

赵柏林 (Zhao Bolin)　中国辽宁省人，1929 年 4 月 16 日生于辽宁辽中。气象学、大气物理学、遥感工程、仪器研制。

10 岁时父母先后去世，成为孤儿。1954 年清华大学气象系毕业。同年起一直在北京大学地球物理系任教，后任教授。1956 年在北京大学通过副博士论文答辩。1957～1959 年在苏联科学院应用地球物理研究所进修。兼任中国大气科学教学指导委员会主任、北京市气象学会副理事长等职。1991 年当选为中国科学院学部委员（院士)。1994 年当选为国际高等学校科学院院士。

20 世纪 50 年代，他在苏联两次乘气球飞至 1 000～3 500 米高空参与测量云中电荷，总行程 2 000 千米，首创人类乘气球入云测量电荷的纪录。70～80 年代，1972 年主持研制成功 5 毫米波段微波辐射计，解决了国际上无气球探测大气技术难题；研制出新一代 5～30 毫米波段、5 个频率微波辐射计系列，实现固态化和小型化，性能先进，得到广泛应用，获 1987 年国家科学技术进步奖一等奖。80～90 年代，在中国首次建立大气遥感站、雷达微波辐射计测雨系统、遥感地物实验室，广泛用于短期天气预报、大气污染监测等环境遥感；提出光学遥感气溶胶、二氧化氮和卫星遥感反演等新方法，建立低空大气遥感系统，其中遥感东亚尘暴流动和大气臭氧在国际上有良好反响；参与世界气候研究计划的西北太平洋云辐射实验的中日国际合作项目，3 次携带自制仪器在日本潮岬、奄美大岛进行海洋大气观测；主持世界气候研究计划的全球能量与水循环试验、热带降雨测量卫星等国际合作项目。发表论文逾 200 篇；主编《大气探测原理》(1987 年）等专著。 (李啸虎)

刘广润 (Liu Guangrun)　中国天津市人，1929 年 4 月 20 日生于天津宝坻，2007 年 6 月 21 日卒于武汉。环境地质学、工程地质学、水利水电工程、地质灾害防治工程。

1952 年南京矿专地质专业毕业。1955～1957 年间，留学苏联水电科学院进修工程地质。湖北省地质矿产勘察开发局教授级高级工程师。曾兼任地质灾害防治与地质环境保护国家专业实验室学术委员会副主任，中国科学院岩土力学重点实验室学术委员会副主任，中国地质科学院客座研究员，华中科学技术大学教授、中国地质大学等校兼职教授。1999 年当选为中国工程院院士。

20 世纪 50～60 年代，负责完成中国成昆（北段)、襄渝两大铁路干线勘察，发现并成功处理众多滑坡、泥石流危害；长期担任长江三峡工程地质勘察的技术负责人，是三斗坪坝址的主要推荐者。80～90 年代，任长江三峡工程地质与地震课题专家组组长，主持完成坝区地壳稳定性、水库岸坡稳定性、水库诱发地震等重大问题研究，取得多项突破性成果，为三峡工程决策和优化设计提供了重要科学依据；在中国三峡坝址选定中起了关键性作用；对长江新滩滑坡作出准确的中期预测和滑后复航的安全判断；指挥和指导完成三峡库区链子崖危岩体、典腊石滑坡等处高危地段的治理和防治；对中国数十处地质灾害防治工程进行了方案审定和技术咨询。2001 年任国土资源部三峡库区地质灾害防治工程可行性论证专家组组长，多次带领专家深入现场，保证了防治工程方案科学性。

发表论文百余篇；主编或独撰《长江三峡工程重

大地质与地震问题研究》、《山区铁路工程地质》、《武汉地区深基坑工程技术指南》、《工程地质与环境地质概论》等专著多部。多次获国家和省部级奖励；是李四光地质科学奖获得者。（王晨晖）

张本仁（Zhang Benren） 中国安徽省人，1929年5月28日生于安徽怀远。*矿床学、区域地质学、地球化学。*

1948年入中央大学地质系，1952年南京大学地质系毕业。1956年北京地质学院（今中国地质大学）矿物学专业研究生毕业。一直留校执教，1983年任教授，后任中国地质大学地球科学与资源学院教授，曾任地质矿产部壳幔体系组成、物质交换及动力学开放研究实验室主任等职。1999年当选为中国科学院院士。

长期致力于地球化学的教学与科研。20世纪50年代，参加中国-苏联科学院合作研究队，从事白云鄂博铁稀土矿床多学科研究，他独立完成部分研究课题。60～70年代，参与创建北京地质学院地球化学专业；开始地球化学与勘查地球化学相结合研究成矿作用。70～80年代，他运用成矿作用分析与区域基岩测量相结合方法，先后通过豫西卢氏-灵宝、陕西柞水-山阳等6个省市7个成矿区带研究，实现将成矿环境条件诸因素引入异常评价系统、扩大找矿信息的目标；主持青海赛什塘日龙沟矿带专题研究，预测锡矿后经钻探证实；在秦岭-巴蜀地区地质研究中，将区域岩石圈研究与区域构造、岩石、矿产研究有机结合，总结出区域地球化学新理论新方法，探明了秦巴岩石圈、构造及其成矿规律。90年代及后，通过壳幔相互作用及其演化研究，探讨秦岭-大别山造山带构造分区与演化，揭示了造山运动的深部过程及其动力学因素，受到学术界高度评价。

发表论文百余篇，主编《地球化学论文集》3部；为首出版《豫西卢氏-灵宝地区区域地球化学研究》、《陕西柞水-山阳成矿带区域地球化学》、《秦巴岩石圈、构造及成矿规律地球化学研究》、《秦岭造山带地球化学》（2001年）等专著4部，主编《地球化学》教材1部。获国家自然科学奖二、三等奖，国家地质矿产部科学技术成果奖二等奖2项、三等奖1项，国家教育部科学技术进步奖一等奖，湖北省优秀教学成果奖一等奖等；1989年获首届李四光地质科学奖。（李啸虎）

麦克唐纳，G. J. F.（MacDonald，Gordon James Fraser） 美国人，1929年7月30日生于墨西哥圣路易斯波托西，2002年5月14日卒于加利福尼亚州洛杉矶。*气候学、构造地质学、地球物理学、环境科学。*

1941年随家迁居美国。入读哈佛大学，1950年获文学士学位，1952年获文科硕士学位，1954年获地球物理学博士学位。同年起先后在马萨诸塞理工学院任地球物理学助理教授、副教授。1958年任洛杉矶加利福尼亚大学地球物理学教授。1965～1969年任总统科学顾问委员会委员。1968年任圣巴巴拉加利福尼亚大学地球物理学教授。1970年任总统行政办公室环境质量委员会成员。1972～1979年任达特茅斯学院教授。1979～1990年供职于官办非营利防备性质的MITRE公司，先后任首席科学家、兼副总裁。后任圣迭戈加利福尼亚大学国际关系教授。1959年入选美国文理科学院院士。1962年32岁成为美国国家科学院院士，1973～1977年任该院自然资源委员会主席。1996～2000年任国际应用系统分析学会会长。

研究地球内部的热结构，认为大陆的根部的延伸要大大超过莫霍洛维奇不连续界面。他结合考虑地球旋转史分析地球的重力值，为地球深部的力学性质提供了证据。求得地幔的平均粘滞度为10^{26}厘米·克·秒制单位。还研究导致地震的热应力发展模型。认为热量的相对分布会在大陆与大洋的交界处产生热应力集中的趋势，热应力过度集中会导致断裂，从而引起地震。研究能量在大气层上层中的传播、二氧化碳在大气层中的分布、声爆等声学现象以及月球的起源问题。代表作有《大气中日增的二氧化碳水平的长期影响》（1982年）、《气候变化》（1992年）等。1965年获美国地球物理联合会麦凯尔温奖。（张南海）

张秋生（Zhang Qiusheng） 中国辽宁省人，1929年8月21日生于辽宁鞍山，1987年12月28日卒于从非洲归国的飞机上。*岩石学、矿床学、区域地质学。*

1953年毕业于东北地质学院。1957年毕业于长春地质学院矿床研究生班。留校任教，先后任讲师、副教授、教授。曾兼任吉林省地质学会理事长，国际地质对比计划第91项目中国工作组组长，第247项目国际工作组联合主席、第一主席等职。1988年，他在埃及参加世界地质大会之后考察非洲大裂谷，遭蚊虫叮咬出现发热症状，就医时恶性疟疾被误诊为感冒，不幸死于归国的飞机上，终年58岁。

长期从事早前寒武纪地质和成矿规律的研究与教学，取得重要成果。20世纪60年代，勘查研究江苏省海州磷矿床成矿的地质规律，出版《中国江苏海州朐山系花岗岩化作用》（1958年）一书；调查辽宁省翁泉沟硼矿床地质的特征和成因，在中国第一次发现铈硼硅石。70年代，在中国东秦岭地区首次发现古生代蛇绿岩套；在野外考察和利用文献基础上，全面而系统地论证中国东秦岭地区的地质演化过程，尤其对变质地质的成矿作用作了规律性探讨，后出版《中国东秦岭变质地质》（1980年）一书，提出了多期变质一变形、强期变质-变形的新观点。80年代，在考察辽东半岛早元古宙铅锌地质结构时，发现中国东北、华北早元古宙起始时间具有非等时性特征，提出对矿床或矿床组合控制的不同类型地壳样式，出版专著《矿源与成矿》（1982年）；深入调查和研究辽宁东部早前寒武纪地质，发现前寒武纪时期的一种特殊的“辽吉岩套”地槽建造，以及其矿床成矿规律，出版专著《中国早前寒武纪地质及成矿作用》（1984年）获1987年国家自然科学奖励。（李啸虎）

刘振兴（Liu Zhenxing） 中国山东省人，1929年9月14日生于山东昌乐。*地球物理学、空间科学、行星学。*

1955年南京大学气象系毕业。1961年获中国科学院地球物理研究所副博士学位。中国科学院空间科学与应用研究中心研究员，该中心学术委员会副主任，中国科学院重点实验室学术委员会常务副主任。兼任国际地磁和高空物理联合会中国委员会主席，中国“星簇计划”数据和研究中心主任，中国地球物理学会地磁和高空物理委员会主任，中国科学技术大学、北京大学等校兼职教授等职。1995年当选为中国科学院院士。

长期从事近地层大气物理、高空大气物理、行星际物理和磁层物理研究，成绩卓著。在地球辐射带理论、太阳风湍流结构、木星磁层磁盘模式、极光区粒子加速、磁层亚暴过程和磁场重联理论等领域，都有一系列重要发现。其中：提出的木星磁层磁盘模式被认为是研究木星磁层磁盘的标准模型；开辟了研究磁场重联的新思路，第一次提出流体涡旋诱发磁场重联概念，建立的涡旋诱发重联（VIR）理论被认为是目前最重要的三个瞬时重联模型之一；在VIR理论基础上，建立了一个“通量传输事件”模型，能解释产生机制和结构特性。此外，在空间物理国际合作中作出了贡献。2001年7月，中国国家航天局与欧洲空间局在巴黎签署地球空间双星（赤道区卫星与极区卫星）探测合作协议，他担纲该项目首席科学家，中国在空间科学方面开展如此大规模国际合作尚属首次。1992年获法国图卢兹市（欧州宇航活动中心所在地）市长授予的勋章；2000年获欧洲空间局星簇计划嘉奖证书。

（周广生）

上田诚也（Uyeda，Seiya） 日本人，1929年11月28日生于东京。*地磁学、海洋地质学、构造地质学。*

1952年获东京大学地球物理学专业学士学位，1958年获该校理学博士学位。先后在英国牛津大学、剑桥大学，美国斯克里普斯海洋研究所、马萨诸塞理工学院、加利福尼亚理工学院工作。先后任东京大学理学部副教授，日本地震研究所教授等职。曾任国际地球动力学计划第一工作组组长。1976年当选为美国国家科学院、法国科学院外籍院士。曾兼任美国斯坦福大学、马萨诸塞理工学院等校客座教授。

20世纪50年代初，在研究岩石学和地磁学时，首次发现某些成岩磁性矿物的热剩磁具有极性自反转现象，猜测地球南、北磁极曾经发生过周期性反转。后来参与对日本岛弧区域的海底热流测量，和金森博雄等人共同提出海沟-弧后区的典型热流模式；与同事一起发现：日本附近太平洋和日本海底岩石样本中，存在磁异常条纹痕迹；进而和他人一起对西太平洋海底山脉进行古地磁勘测和研究。在长期实地地质调查基础上，率先提出太平洋的造山理论，以及关于日本列岛产生的板块构造理论。深入研究板块运动的驱动机制、弧后盆地成因等重大地质构造问题。1975年，提出板块运动主要驱动力在于岩石圈板块向海沟下俯冲产生的拉力，认为日本海作为弧后盆地应以拉力为主。

主要著作有：《日本的地热流》（1964年）、《论太平洋型造山作用及其模式》（1970年）、《新地球观》（1971年初版，1973年中译本）、《岛弧》（1973年）、《固体的流动》（1974年）和《比较俯冲学》（1983年）等。

（张南海）

刘光鼎（Liu Guangding） 中国山东省人，1929年12月29日生于北京。*海洋地质学、地球物理学、油气勘探工程。*

原籍山东蓬莱。大学教授之子。1952年毕业于北京大学物理系。历任北京地质学院地球物理探矿系海洋物探教研室主任，国家地质部海洋地质研究所地球物理研究室主任，海洋地质调查局副总工程师兼综合研究大队长，同济大学海洋地质研究所所长与教授，国家地质矿产部海洋地质司副司长、石油地质海洋地质局副局长，中国科学院地球物理研究所所长；兼任中国地质学会石油地质专业委员会主任、中国地球物理学会理事长、中国海洋学会名誉理事长、国际大地测量学和地球物理学联合会中国委员会主席、《石油天然气地质》和《地球物理学报》主编等职。1980年当选为中国科学院学部委员（院士）。1993年当选为第三世界科学院院士。

长期主持研究中国海洋地质与地球物理领域广泛问题，有力指导了中国大陆架油气勘探。1958年组建中国第一个海洋物探队，开创了中国海洋地质与地球物理事业；1965年完成“渤海地质构造及其油气远景”课题，被国家科委评为当年重大成果之一；20世纪70～80年代，负责开展北部湾、珠江口、南黄海和东海等区域调查，1982年完成“中国海地质构造及含油气研究”，在中国近海大陆架地区发现六大新生代沉积盆地及一系列含油气构造。80～90年代，1986～1993年系统整理30年来中国海洋地质资料，主编《中国海区及邻域地质-地球物理系列图（1∶200万）》及专著《中国海地质地球物理特征》；主持国家七五攻关项目“寻找大油气田的理论与方法技术研究”；主持国家八五重大项目“陆相薄互层油储地球物理研究”；1995年起担任国家科委攀登计划“地球物理预测隐伏金属矿床研究”首席科学家；1997年主持中国科学院重大项目“中国岩石圈结构与演化及其动力学背景”。

发表论文近百篇；出版专著近10部，译著14部。获国家自然科学奖二等奖2次，国家和地矿部科技进步奖多次；并获1992年竺可桢野外工作奖，1993年李四光地质科学荣誉奖，1997年何梁何利科学技术进步奖等。

（金 涛）

章基嘉（Zhang Jijia） 中国安徽省人，1930年1月1日生于安徽绩溪，1995年10月5日卒于北京海淀。*气象学、大气动力学*。

1951年交通大学物理系毕业。同年入伍任气象兵，参加朝鲜战争。1958年获苏联列宁格勒水文气象学院研究生院地学科学副博士学位。历任南京气象学院教授、副院长，国家气象局副局长，北京气象学院院长，中国气象局国家气候中心研究员。曾兼任中国气象学会副理事长兼秘书长、理事长等职。1994年选聘为中国工程院院士。

主要研究天气动力学、大气环流和长期天气预报。证明青藏高原影响中国天气变化的动力和热力作用是通过低频波列向下游频散能量进行；给出海气相互作用图象，清晰阐明厄尔尼诺事件对中国天气异常的影响；建立非绝热热流量和温度的预报模型，形成半年左右的长期预报基础；建立线性和非线性的月、季气温等级预报方程，以及中国夏季旱涝趋势预报的概念模型，在中央气象台投入使用获良好效果；研制成功适用于中央、省和地区气象台相结合的5种长期预报微机业务系统，已在全国推广使用；在中国首次建立厄尔尼诺与南方涛动（ENSO）监测和诊断分析系统，为正式建立中国短期气候监测业务系统奠定了基础；研究太阳、火山和极冰变化活动等非大气因子对季节预报的影响；推进长期数值天气预报研究，主持研制成功全球7层大气环流谱模式。

著有《青藏高原气象学进展》（1988年，与他人合著）、《中长期天气预报基础》（1994年）、《气候变化的证据、原因及其对生态系统的影响》（1995年）等专著多部。多次获奖，其中“青藏高原首次气象科学实验和研究”获国家自然科学奖三等奖，“长期天气预报的理论和方法研究”获中国气象局科学技术进步奖二等奖。 （李啸虎）

翟裕生（Zhai Yusheng） 中国河北省人，1930年2月6日生于河北文安。*岩石学、区域成矿学、构造地质学*。

1952年北京大学地质系毕业。1957年长春地质学院矿床学研究生班毕业。曾任北京地质学院副教授、三系主任，武汉地质学院教授、副院长，地质矿产部北京地质教育中心主任，北京地质管理干部学院院长，中国地质大学（北京）校长，教授。兼任国际矿床成因协会矿田构造组主席、中国地质学会副理事长、中国地质学史研究会副理事长等职。1999年当选为中国科学院院士。

在矿田构造学方面，发现不整合面等内生控矿构造类型；提出成矿接触带构造体系和多种矿床的构造-矿化模式；运用多学科交叉，使传统的侧重几何分析拓广为系统研究构造活动与矿床形成的动态耦合关系；主编中国第一部矿田构造学专著，建立该学科理论框架。在金属矿床学方面，再造河北大庙斜长岩和铁矿的成岩成矿过程，填补了中国岩矿学研究的一项空白；阐明鄂东富铁矿床成因，并发现新的铁矿类型。在区域成矿学方面，长期深入研究长江中下游、南岭等成矿区带，解剖多个典型矿床；总结“构造-成岩-成矿”和“构造-流体-成矿”学术思想，提出矿床成因、系统结构及其演化规律新观点；近年来系统研究大型构造的控矿作用，发展了构造成矿理论。

发表论文百余篇，主编或合撰《矿田构造与成矿》（1981年）、《长江中下游地区铁铜（金）成矿规律》（1992年）、《矿田构造学》（1993年）、《大型构造与超大型矿床》（1997年）等专著、教材10余部。多次获奖，如1978年全国科学大会奖、1982年国家自然科学奖三等奖、1988年国家地质矿产部优秀教材奖一等奖、1997年李四光地质科学奖等。 （李啸虎）

威利，P. J.（Wyllie, Peter John） 美国人，1930年2月8日生于英国伦敦。*实验岩石学、构造地质学、地球物理学*。

英国裔。1952年获英国圣安德鲁斯大学地质学与物理学理学士学位，1955年获地质学理学硕士学位，1958年获博士学位。1952～1954年参加英国北格陵兰探险队。1955～1961年先后在苏格兰圣安德鲁斯大学、美国宾夕法尼亚大学、英国利兹大学等校任教。1965～1983年先后任美国芝加哥大学教授、地球物理系主任、理科学院副院长。1983年起，任美国加利福尼亚理工学院地质与行星科学系教授、系主任（1983～1987年）、该系学术高管（1994～1999年），1999年退休。兼任国际地质科学联合会实验岩石学委员会主席、美国矿物学会会长，国际矿物联合会会长，国际大地测量和地球物理学联合会主席等职。1981年当选为美国国家科学院院士。1984年当选为英国皇家学会外籍会员。是俄罗斯、印度等国科学院外籍院士，欧洲科学院外籍院士。1996年当选为中国科学院外籍院士。

长期以来坚持以全球构造领域重大争论问题为研究方向，把实验岩石学与地质学、地球物理学结合起来，研究成果国际领先。他主持开展高温高压下人工合成系统、自然界岩石系统的实验比较研究；深入探索地球板块构造、地球深部过程与岩浆成因的关系，以及岩浆形成过程与成矿条件；提出一系列新的理论模型，用以诠释地幔热柱形成、地壳与地幔物质相互作用、碳酸岩岩浆形成、地幔交代作用等现象及其机理。十分关注中国地学发展，多次到中国访问讲学、出席会议和开展合作研究。

发表论文300余篇；编撰出版《超铁镁岩石及其有关岩石》（1967年）、《动态地球》（1971年）、《地球运行方式：新地球地质学及其革命性进展》（1976年）等专著、教材多部；获大奖多项，其中有1954年英国极地奖章、1965年美国矿物学会奖、1982年伦敦地质学会沃拉斯顿奖、1987年德国矿物学会梅达利奖、1991年美国矿物学会罗布林奖章等。 （李啸虎）

赵其国（Zhao Qiguo） 中国湖北省人，1930年2月25日生于湖北武汉。土壤地理学、农学、生态学。

1953年华中农学院农学系毕业。一直在中国科学院南京土壤研究所工作，研究员，先后任所长、土壤圈物质循环开放实验室学术委员会主任等职。期间1965～1969年任援助古巴的土壤研究专家。兼任国际土壤学会盐渍土分会会长、土壤环境分会第一副会长，中国土壤学会理事长，中国科学院农业研究委员会主任，南京大学、浙江大学等校兼职教授等职。1991年当选为中国科学院学部委员（院士）。

20世纪50～60年代，参与调查华南橡胶宜林地，并负责主持西双版纳橡胶种植，打破了国际上认为橡胶不适北纬18度以北生长的断言；负责指导古巴全国性土壤普查，出版《古巴土壤及古巴1∶250000万土壤图集》（1970年，西班牙文版）。70年代，参与黑龙江省荒地资源考察，指导建立商品粮基地。80～90年代及后，重点调研华南红壤：首次将中国热带红壤分为古风化和现代红壤化过程；提出红壤相对与绝对年龄范围、红壤元素迁移顺序、红壤化过程仍在进行的依据；提出红壤化过程指标和定量分类标准；建立热带作物开发利用的土壤等级评价体系；提出土壤分区整治、退化土壤改良，以及土壤生态与环境评价的多种规划与开发方案；提出“土壤圈”概念，开拓研究新方向。

发表论文300余篇；出版专著近10部。先后三次获中国科学院自然科学奖二等奖；与他人合著的《中国红壤》（1985年）、《中国土壤及1∶1400万土壤图》（1988年），先后获1986年、1989年中国科学院自然科学奖一等奖，1987年、1991年国家自然科学奖三、二等奖。还荣获中国科学院首届竺可桢野外科学奖、1990年国际土壤学会道库恰也夫奖、1999年日经亚洲大奖、2001年国际山地综合开发中心奖牌等。

（李啸虎）

李钧（Li Jun） 中国湖南省人，1930年3月3日生于湖南邵阳，1994年4月5日卒于出差北京回武汉途中。地球物理学、空间科学、通信工程。

1955年武汉大学物理系毕业；1958年该校研究生毕业。去世前一直在中国科学院武汉物理与数学研究所工作，研究员，曾任电离层研究室副主任、主任，武汉电离层观象台主任等职。曾兼任中国空间学会常务理事、国家南极考察委员会学术委员会委员等职。1991年当选为中国科学院学部委员（院士）。

在中国近地空间环境监测中，长期领导和参与监测研究日地关系中的电离层结构变化与扰动，为配合中国通信与航天事业发展需要作出重要贡献。主持筹建低电离层低频与甚低频、卫星信标、高频群时延等一系列观测站，不断提高多手段综合探测能力；在中国率先开展电离层小不均匀结构与漂移的观测实验和理论分析，使相似衰落法和相关分析法建立在同一数理基础上。在电离层声重波扰动研究方面，即时检测到核试验、陨石和龙卷风引起的效应；发现青藏高原与平流层底残留西风互激是重要地区性扰动源；发现电离层暴发生的重要先兆；建立和发展电波传播广义射线理论，提出监测电离层扰动新方法，将一切传统射线理论都归结为广义射线理论所包容的特例，系统解决了时空缓变、色散、各向异性和耗散介质中射线传播等一系列问题；从1993年开始，开展有关载人飞船穿行60～1000千米电离层时的安全对策论证。

1994年赴京申报相关课题回武汉途中心脏病突发去世后，他的学生继承了他的未竟事业，为“神舟4”号、“神舟5”号飞船做了高精度定位、定轨工作。撰有“电离层不均匀体参量与电离层状态的关系”、“应用统计分析研究电波绕射传播”等论文数十篇。

（李啸虎）

林伍德，A. E.（Ringwood，Alfred Edward） 澳大利亚人，1930年4月19日生于澳大利亚墨尔本郊区，1993年11月12日卒于堪培拉。实验岩石学、地球化学、宇宙化学、天体演化学、仪器研制。

1948～1956年，先后获墨尔本大学理学士、理硕士和哲学博士学位。1957～1958年在美国哈佛大学从事博士后研究。回国后至去世，任教于澳大利亚国立大学，1967年任地球化学教授，1972年参与组建该校地球科学研究院，1978～1983年任院长。1966年当选为澳大利亚科学院院士，1971～1972年任副院长。1975年当选为美国国家科学院外籍院士。

科学贡献主要在两个相关的领域：作为一个地球化学家从事地球内部，特别是地幔组成和结构的研究；作为一个宇宙化学家将地球内部组成的有关知识应用于宇宙方面，特别是对地球、月球及行星起源的研究。发展了一种新的热动力学计算压力的方法。和梅杰（A. Major）一起成功地制造出能经受20万个大气压和1000℃高温的容器。进行高温高压试验，发现90种以上与地幔有关的新的高压相转变，包括长期探索的橄榄石到尖晶石的构造转变，从而证实了伯奇（Birch）的假说：在地幔400～900千米深处发生一系列相转变，以及下地幔矿物由一系列与地面完全不同的高密度高压力同质多像组成，并为整个地幔随深度增加其密度和地震波传播速度发生变化的现象提供了定量解释。还研究月球的组成和月球的起源问题。

发表论文300余篇；代表著作有《地壳的组成和岩石学》（1975年）、《地球和月球的起源》（1979年）等。获美国地球物理联合会鲍伊奖章、1993年赫斯奖章、1974年美国地质学会戴氏奖章，1988年伦敦地质学会沃拉斯顿奖章等。

（应中锷）

巴克斯，G. E.（Backus，George Edward） 美国人，1930年5月24日生于美国伊利诺伊州芝加哥。地磁学、地震学、地球物理学、应用数学。

就学于芝加哥大学，1948年、1950年先后获数学理学士、数学理学硕士学位，1954年、1956年先后获物理学理学硕士、物理学哲学博士学位。1949年留校工作，1951年在该校航空武器研究所从事研究。1957年任普林斯顿大学工程物理项目物理学家。1958年任马萨诸塞理工学院数学助理教授。1960年任圣迭戈加利福尼亚大学斯克里普斯海洋研究所地球物理学副教授，1962年任教授，1994年退休后任研究教授。1983年起兼任地磁场勘测卫星国际工作组副主席。1962年当选为美国文理科学院院士。1969年当选为美国国家科学院院士。1970年当选为英国皇家学会外籍会员。1989年当选为法国科学院外籍院士。

美国当代著名地球物理学家，关于地球磁场起源的电机理论的倡导者之一。20世纪50年代，他探索地磁场产生的原因，1958年出版《自激耗散运动的流体电机》一书，提出著名假说，认为熔融态铁质地核在旋转时会产生相当于电机运行时的效应，是地磁场存在的根本原因，强大的地磁场避免了可怕的太阳风和宇宙射线对地球生命的摧毁，成为生命的“守护神”。60年代，从取自大西洋底脊岭的岩石样品中，发现存留有古代地磁倒置的遗迹，根据这一异常现象推测地磁南极和北极曾发生多次倒置转换，1964年出版专著《洋底脊岭上的地磁异常现象》。在研究方法上，尤以和J. F. 吉尔伯特（J. Freeman Gilbert）共同发展了反演方法而著称，应用于分析处理特别是地震学和地磁学的地球物理数据，取得多方面成果。

主要著作还有：《地球自由振荡的合理离析》（1960年）；《地震各向异性的可能模式》（1962年初版，1970年第3版）、《回转椭球体切线张量场的潜势》（1966年）、《地震标准模型的数据反演》（1966年，与他人合著）、《地磁数据和地核运动》（1967年）、《地球标准振荡模型的数据反演》（1968年初版，1970年第3版，与他人合著）、《由不准确和不充足数据引出的推论》（1971年初版，1972年再版）、《地震源的数学表述》（1976年）、《地磁场结构模型》（1982年）、《地核运动》（1986年）、《地磁学的基本原理》（1996年）等。获多种大奖，其中有1986年英国皇家天文学会金质奖章，1986年美国地球物理学联合会弗莱明奖章等。 （李啸虎）

马在田（Ma Zaitian） 中国辽宁省人，1930年10月4日生于辽宁法库，2011年6月5日卒于上海。*地震学、地球物理学、应用数学。*

祖辈世代务农。1952年在东北工学院（今东北大学）建筑系肄业。1957年毕业于苏联列宁格勒矿业学院地球物理系，获工程师学位（后追授硕士学位）。同年回国，在石油工业部地球物理勘探局计算中心等部门工作。1985年调入同济大学，曾先后任海洋地质与地球物理系教授，该校应用地质与地球物理研究所所长，海洋地质重点实验室主任，兼校图书馆馆长。曾兼任中国科学院地球物理研究所研究员、青岛海洋大学等校兼职教授、上海市科学技术协会第五届副主席、上海市地球物理学会理事长等。1991年当选为中国科学院学部委员（院士）。

是中国运用人工地震方法寻找大油田的著名专家。20世纪50～60年代，提出以“突出地震反射标准层方法”为基础的一系列地震勘探方法；是胜利油田的主要发现者和早期开发者之一。70年代，作为中国最大的地球物理计算中心的方法程序研究室负责人，领导和参与创建中国大型计算机地震勘探数据处理系统的工作。80年代，提出波动方程法地震偏移成像理论、P-R分裂法三维地震偏移方法，被国际同行称为“马氏方法”而被广泛引用。90年代，承担“地震波传播与波场成像”国家重大项目，在深度偏移方法和多分量地震数据处理新理论新技术方面取得新进展。

发表论文近百篇，译文数十篇；撰有《地震成像技术》（1989年）、《计算地球物理学概论》（1997年，与他人合著）等专著3部，译著6部。多次获奖，其中有：1991年国家科学技术进步奖二等奖、陈嘉庚地球科学奖，1992年第六届国家优秀科学技术图书奖一等奖，上海市科学技术进步奖一等奖等。1992年被评为首届上海市科学技术功臣。 （邓剑琪）

李廷栋（Li Tingdong） 中国河北省人，1930年10月7日生于河北栾城。*区域地质学、地层古生物学、构造地质学。*

1953年北京地质学院毕业。历任国家地质部部长秘书、黑龙江流域综合考察队分队长、地质部地质研究所研究室主任、川西地质队队长、中国地质科学院研究员、中国地质科学院院长、国家地质矿产部科学技术司司长兼副总工程师、国土资源部咨询研究中心地质咨询部主任等职。兼任中国地质学会副理事长、中国青藏高原研究会副事长、长春科学技术大学名誉校长、《中国区域地质》主编、《地质学报》常务副主编、吉林大学地学部主任等职。1993年当选为中国科学院学部委员（院士），地学部副主任。

长期从事区域地质调查研究和地质编图，取得重要成果。参与发现大兴安岭北部前震旦系、得尔布干大断裂、热河古动物群，建立该区地层系统和演化轨迹；首次发现四川西部早泥盆世布拉格期单笔石化石，第一次测得“宝兴杂岩”年龄为7亿年，重新确定地层系统及侵入岩分期；20世纪80年代研究喜马拉雅和青藏高原变迁史，证实快速隆升始于第四纪，提出“陆内俯冲-地壳分层加厚-重力均衡调整”隆升模式；主持编制中国地质图集、亚洲地质图、亚欧地质图等图件7种，构思新颖，资料殷实，制作精湛，达到国际先进水平；系统总结中国区域地质、亚洲岩浆岩发育特点，划分3类构造-地质区、5个演化阶段；主持完成南极岩石圈构造与矿产资源潜力研究，有新发现；后期主持中国岩石圈三维结构、中国西部及邻区地质编图等项目。

发表论文百余篇；出版《大兴安岭北部地质》（1963年）、《亚洲地质》（1982年）、《喜马拉雅岩石圈构造演化》（1988年）等专著7部。多次获奖，其中有全国科学大会奖、国家自然科学奖一等奖、国家科学技术成果奖二等奖、地质矿产部科学技术成果奖一

等奖、国家海洋局科技成果奖特等奖、李四光地质科学奖等。（李啸虎）

李庆忠（Li Qingzhong）

中国江苏省人，1930年10月10日生于江苏昆山。*地球物理勘探、地震学、石油地质学。*

1952年清华大学物理系毕业。历任新疆石油局工程师，大庆油田主任工程师，胜利油田副总工程师，中国石油天然气总公司地球物理勘探局副总工程师、教授级高级工程师。1995年当选为中国工程院院士。

长期从事地球物理勘探研究及实践工作。20世纪50～60年代，先后参加大庆、胜利、华北石油会战，为中国石油勘探事业作出了贡献；1966年首次提出三维地震勘探方法及原理。70～80年代，发表“地震波的基本性质——复杂断块区的反射波、异常波和干扰波”（1972年）的21万字长篇论文，发展了波动地震学的基本概念，最早提出了“积分法绕射扫描叠加”偏移归位技术；在胜利油田辛立村地区组织世界上第一片束状三维地震勘探，现已成为陆上三维勘探主要方法，获国家科学技术进步奖三等奖；首创使用“两步法”实现偏移成像的方法，发表时间比国外早5年，效率比当时国际上“一步法”高数百倍，使得三维地震数据在中小型电子计算机上也能实现偏移归位成像；作为“数字地震勘探技术的应用与发展”主要完成者，获1985年国家科学技术进步奖 等奖，主持项目“渤海湾盆地复式油气聚集（区）带勘探理论及实践”，获1985年国家科学技术进步奖特等奖。80年代后，从事陆相地震地层学、高分辨率地震勘探研究；发表专著《走向精确勘探的道路》（1993年），全面评述了高分辨率地震勘探的理论及发展方向。（胡占华）

肖序常（Xiao Xuchang） 中国贵州省人，1930年10月12日生于贵州安顺。*矿床学、岩石学、构造地质学。*

1949年考入北京大学文学专业，次年转入地质系并于1952年毕业。先后在甘肃白银厂矿区、地质部地矿司有色稀有金属处工作。1957年起一直在地质部（地质矿产部前身）地质矿物原料研究所（地质研究所、矿床地质研究所前身）工作；1980～1988年任中国地质科学院地质研究所所长，研究员。兼任国际岩石圈委员会喜马拉雅岩石圈委员会副主席、《地质通报》主编等职。1991年当选为中国科学院学部委员（院士）。

20世纪50～60年代，参与发现和评价白银厂外围小铁山多金属矿床；参与编制完成中国大地构造图（1：3 000 000）；与他人合撰《中国大地构造基本特征》一书，系统划分和论述构造单元及其演化，后获国家自然科学奖二等奖；结合国家建设需要，完成含铬基性、超基性岩地质构造特征研究。70～80年代，首次发现和阐述祁连山蓝片岩高压变质带，较早建立中国完整的蛇绿岩剖面；10余次进藏考察，取得大量第一手地质资料与分析，其中主持中法两国合作的喜马拉雅-西藏高原综合考察，历时4年；提出有关青藏高原构造演化一系列新论点，例如质疑喜马拉雅-青藏高原等造山带曾有“特提斯大洋”的著名假说，认为自晚古生代-中生代起，那里就是规模不等的古陆、海湾、有限洋盆相间的构造格局。80～90年代，先后主持在内蒙、新疆、青藏等区地质勘查，其中包括：国家305项目“天山-西昆仑地学断面”、中美两国合作课题“北疆构造演化”、国际地质对比计划IGCP-283项目“青藏高原岩石圈构造演化及隆升”等；对造山带重要标志蛇绿岩进行动力学分类；将古造山带岩石圈演化划分为7个主要阶段，深化了对造山过程认识。主编或参与撰写《中亚古复合巨型缝合带南缘构造演化》等专著多部。多次获奖，其中获2003年何梁何利科学与技术进步奖。（李啸虎）

张彭熹（Zhang Pengxi） 中国天津市人，1931年2月5日生于天津。*盐湖学、地球化学。*

1956年北京地质学院（今中国地质大学）石油及天然气地质专业毕业。历任中国科学院兰州地质研究所地球化学研究室副主任，中国科学院青海盐湖研究所地球化学研究室主任、副所长，1984～1991年任所长，研究员。1997年当选为中国科学院院士。

早期勘察研究柴达木盆地盐湖，探讨新生代以来柴达木古湖兴衰变迁全过程，进而建立中国内陆盆地盐湖成盐演化成矿模式；总结编绘中国第一份专业水化学图《柴达木盆地1：50万盐湖水化学图》；通过多次组织和参加全国性盐湖资源调查，对中国盐湖的分布、组成、类型、成盐模式、锂硼钾等的成矿及其演化规律提出较系统理论，证实中国盐湖具有多、大、富、全的特色；发现达布逊盐湖大面积沉积光卤石、察尔汗盐湖大型钾盐卤水矿床，其中“察尔汗盐湖首采区卤水动态变化规律及自动观测系统”项目，获中国科学院科学技术进步奖一等奖、国家科学技术进步奖三等奖；主持“七五”青海盐湖提钾与综合利用的攻关项目，获得11项具有国际水平的研究成果，为建设钾肥生产基地和盐湖资源综合开发提供了依据；从事湖泊沉积古环境演变研究，先后建立微量生物碳酸盐稳定同位素、单体生物壳微量元素、盐类矿物流质包裹体稳定同位素等地球化学分析，为高分辨率的古环境研究提供了有效方法。出版《柴达木盆地盐湖》、《中国盐湖自然资源及其开发利用》等专著多部。2001年获李四光地质科学荣誉奖。（陈振毅）

卢耀如（Lu Yaoru） 中国福建省人，1931年5月1日生于福建福州。*水文学、岩溶学、工程地质学、环境科学、水利水电工程。*

出身小职员家庭。1953年北京地质学院（今中国地质大学）毕业。中国地质科学院水文地质环境地质研究所研究员，曾任工程地质研究室、矿床水文地质研究室副主任等职。兼任中国地质学会岩溶专业委员会副主任等职。1997年当选为中国工程院院士。

半个世纪多潜心研究工程地质、水文地质和环境地质，主持、指导和参加水利水电、铁道、矿山和城市建设等一系列工程勘测研究，以在岩溶（喀斯特）研究上的卓越成果被中外同行称誉为“喀斯特卢”。20世纪50年代，参加新安江水库渗漏机理调查，进行梯级开发比较评价；负责查明建国后第一大水库官厅水库大坝渗漏塌陷原因，确保了大坝和京津一带的安全；主持长江南津关坝区勘测研究，为三峡工程选坝提供地质依据；参与建造中国岩溶地区第一高坝乌江渡水电站，在大坝选址、发现和处理坝基渗流中心、评估环境效应和进行最后地质总结等方面，起到了重要作用。60年代及后，创建和主持中国第一个岩溶研究室，建立一套有关岩溶发育规律与工程效应的系统理论；参与指导百余座大中小型水利枢纽工程，涉及长江、黄河、珠江、淮河、海河及其他流域，装机容量达数千万千瓦；研究中国西南岩溶地区地质-生态环境，为石山脱贫和可持续发展起到了指导作用；主编《中国岩溶：景观·类型·规律》、《中国云南地区地质、生态环境图系》等图系，被国际学者视为经典论著；实地指导解决阿尔巴尼亚两大水电站工程地质问题。

发表论文逾百篇；出版专著5部，图系一部，主编《喀斯特地区综合性地质、水文地质测量方法指南》、《岩溶水文地质环境演化及其工程效应研究》等多部专著。多次获国家和省部级奖励；1999年获李四光地质科学奖荣誉奖。（李啸虎）

赵鹏大（Zhao Pengda）

中国辽宁省人，1931年5月25日生于辽宁清源。*数学地质学、矿床学、高等教育管理。*

满族，出身于铁路小职员家庭。1952年毕业于北京大学地质系。1958年莫斯科地质勘探学院研究生毕业，获副博士学位。历任武汉地质学院教授、院长，中国地质大学（北京）校长、中国地质大学（武汉）名誉校长。兼任国际地质数据委员会亚洲地区代表、中国地质学会矿产勘查专业委员会及数学地质专业委员会副主任、《地球科学》主编等。1993年当选为中国科学院学部委员（院士）。是俄罗斯科学院外籍院士。

20世纪50年代，开始研究数学地质及其地质勘探应用。70年代开始，率先提出地质异常、地质体数学特征等一系列新概念和研究方法论，建立中国独特的矿产资源定量预测理论与方法体系，开创矿床统计预测新学科。以新理论、新方法主持完成“1∶20万图幅矿产资源总量预测方法研究”、“宁芜地区铁铜矿床统计预测”、“新疆喀拉通克成矿带铜镍金资源量预测研究”等重要国家项目。以他为首的科研集体应用地质异常理论和矿床统计预测方法，在新疆北山地区发现铜镍硫化物远景成矿带两条，在东准噶尔发现金矿带一条，为国家创造了巨大经济效益。自担任武汉地质学院院长和中国地质大学校长后，锐意改革，将原来单一的地质类学院办成以地质、资源、环境、地学工程技术为主，理工文管相结合的综合性大学。

发表学术论文近百篇，教育论文数十篇；主持撰写大型科学研究报告10余部；与他人合作出版教材、专著多部，其代表作有《矿产统计预测》（地矿部优秀教材）、《地质勘探中的统计分析》、《矿床勘查与评价》、《高等地质教育的理论与实践》等。多次获奖。1992年获国际数学地质学会最高奖克伦宾奖章，是获此殊荣的亚洲第一人。（李啸虎）

兰姆赛，J. G.（Ramsay，John Graham）

英国人，1931年6月17日生于英国伦敦。*岩石学、构造地质学。*

1952年获伦敦大学帝国理工学院地质学理学士学位，1955年获地质学博士学位，1974年获理学博士学位。2年服役。1957年回母校任教。1973年任苏格兰利兹大学教授、地质学系主任。1977年移居瑞士，任瑞士苏黎世联邦理工学院教授、地质研究所所长、地球科学系主任等职，1992年退休。是美国国家科学院外籍院士。

他开创并逐步完善了变形构造几何学，从而使地质构造变形研究实现了定量化。深入系统地研究欧洲阿尔卑斯山脉的造山运动，对那里的迭加褶皱、推覆体等特殊构造作了变形恢复工作，并且定量地绘出了区域应变图。提出应变测量新方法，首先采用等倾斜线标志对褶皱进行分类，首先用矿物生长标志研究变形路径，并提出阿尔卑斯地区第一幅变形路径地质图。所著《岩石的褶皱作用和断裂作用》（1967年初版、2004年再版）一书，是一部近600页的巨著，首次以数学表述形式发展了现代岩石学关于重压与应变的基本理论，并以这一理论用于解决现代构造地质学中的一系列实际问题，在地质界有较大影响。其他重要专著还有《一位地质学家的岩石变形方法》（1967年初版、1969年再版）、《现代构造地质学的技术》（3卷，1984年、1987年、2001年，与他人合著）等。1986年获美国地质学会构造地质学与筑造学分会最佳论文奖和终身成就奖，法国地质学会普雷斯特奖章，伦敦地质学会沃拉斯顿奖章。（李　烨）

常印佛（Chang Yinfo）

中国江苏省人，1931年7月6日生于江苏泰兴。*矿床学、区域地质学、科技管理。*

1952年清华大学地质系毕业。后在国家地质部矿产勘查部门工作。1965～1974年由地质部派往越南、阿尔巴尼亚进行援外地质技术指导工作。1978年起，先后任安徽省地质矿产局、国土资源厅总工程师。2002年任中国科学技术大学地球和空间科学学院院长。兼任安徽理工大学兼职教授。2010年聘任合肥工业大学资源与环境工程学院教授。曾兼任安徽省地质学会理事长、该省科学技术协会副主席。1991年当选为中国科学院学部委员（院士）。1994年选聘为中国工程院院士。

长期致力于矿产地质勘查和研究，先后参加和主持过多项大型勘查和科研项目。20世纪50年代起，发现和探明安徽铜陵近东西向隐蔽基底断裂带一批铜矿产地，不仅为铜陵有色金属熔炼基地扩建提供了资源保证，同时丰富了陆内成矿理论，指导了找矿预测，勘查证明长江中下游成矿带是目前中国已知的最大铜矿带；80年代，提议建立“层控（式）矽卡岩型矿床”新类型，发展了矽卡岩成矿理论，指导找矿实践并形成中国矿床和勘查工作的一个特色，使矽卡岩型铜矿成为中国重要铜矿类型；组织实施中国最早一幅1∶50000地质调查（铜陵幅）；将安徽沿江地区勘探工作划分为三个阶段，提出了第二轮普查和立体填图的建议，1988年起在铜陵和大冶进行立体制图试点，并获一批成果，为中国有色冶炼发展提供了丰富的后备资源。此外，对目前世界上不同成矿环境中的几个主要铜矿类型有深入了解和研究。

出版《长江中下游铁铜成矿带》（1991年）、《安徽沿江地区铜金多金属矿床地质》（1998年，与他人合著）等著作多部。获国家科学技术进步奖特等奖、地质矿产部科学技术成果奖一等奖等多项。在援外技术工作中，先后被所在国授予二等和一等劳动勋章。

（李啸虎）

刘宝珺（Liu Baojun）　中国天津市人，1931年9月13日生于天津。*沉积岩石学、矿床地质学。*

出身中学教师家庭。1950～1952年在清华大学地质系学习，院校调整后入新组建的北京地质学院，1953年本科毕业，1956年研究生班毕业。曾任北京地质学院副教授，成都地质学院教授。1982年后，历任地质矿产部成都地质矿产研究所所长、名誉所长、研究员，成都理工大学名誉校长，山东科学技术大学教授等职。兼任全球沉积地质计划中国委员会主席、中国沉积学家协会副理事长、四川省科学技术协会主席等职。1991年当选为中国科学院学部委员（院士）。

20世纪60年代，在中国首次系统探讨沉积岩研究方法，参与建立中国沉积岩石学，出版多部著作。70年代，多学科交叉研究层控矿床成矿机理；提出“统一地质场”概念，据此解释各种地质现象；把水利工程中的泥沙运动力学原理引入沉积学，建立了沉积学新理论，获1978年全国科学大会奖、冶金工业部重点项目科学技术成果奖。80年代，研究西藏高原中生代地层沉积作用与板块运动的关系；建立起川西狗头金的细菌成矿模式；在中国首次发现世界罕见的碳酸岩风暴岩，并据此提出扬子地台西缘寒武纪磷矿的风暴成因模式。90年代以来，主持完成中国南方震旦纪-三叠纪岩相古地理及沉积、层控矿床远景预测研究；编制迄今最系统的1∶500万中国南方各时代岩相古地理图；主持完成中国西部大型盆地分析，对指导找矿有重要意义。

发表论文百余篇；主编或与他人合著《沉积岩石学》（1980年）、《岩相古地理基础及工作方法》（1985年）、《中国南方古大陆沉积地壳演化与成矿》（1993年）、《盆地分析全球沉积地质学》（1999年）等专著15部；出版100多万字地质学译著。多次获奖，其中1989年获首届李四光地质科学奖，1996年国际地质大会上获斯潘迪亚罗夫奖。

（李啸虎）

丁国瑜（Ding Guoyu）　中国河北省人，1931年9月19日生于河北高阳。*第四纪地质学、地震学、构造地质学。*

1952年北京大学地质系毕业。后执教于北京地质学院。1955年赴苏联留学，1959年获莫斯科地质勘探学院副博士学位。同年回国后，任中国科学院地质研究所第四纪地质研究室副主任、副研究员。1969～1970年任中国专家组组长在坦桑尼亚、赞比亚从事坦-赞铁路沿线地震烈度调查。回国后，历任国家地震局研究员、分析预报室主任、副局长、科学技术委员会主任，2003年出任国家地震局新构造年代学开放实验室主任。兼任中国地质学会副理事长、中国地震学会理事长、国际地质对比计划“全球主要活断层对比研究”项目主任等职。1980年当选中国科学院学部委员（院士），1985年当选第三世界科学院院士。

1966年以前，主要从事第四纪地质学的研究。深入探讨华北平原特别是黄淮海平原第四纪发育历史、地层划分、新构造运动特点，解决了华北平原巨厚的第四纪沉积物的划分与对比问题；领导海南岛第四纪地质、新构造及沿海稀有元素砂矿床的综合调查，发现海南岛全新世火山活动和断裂活动的存在。1966年邢台地震后，主要从事地震活动与新构造运动的研究。提出自第三纪以来新构造波动运动的发展模式，以及这种发展巨大的区域差异性；认为20世纪60～70年代中国华北和西南发生的一系列7级以上强烈地震不是偶然的地壳破裂事件，而是由中国大陆板块内构造活动的必然性引起的；深入研究中国大陆板块内的动力学机制，提出用地壳现代破裂网络理论来探讨中国的地震活动；长期领导和参与实际的地震预报。先后主编《富蕴地震断裂带》（1985年）、《中国活断层图集》（1989年）、《中国岩石圈动力学概论》（1991年）等专著。曾获多种奖励。

（孙天宇）

薛禹群（Xue Yuqun）　中国江苏省人，1931年11月2日生于江苏无锡。*地下水水文学、水资源管理学、应用数学。*

1952年北方交通大学唐山工学院毕业。1957年长春地质学院研究生毕业。一直在南京大学地球科学系（原地质系）工作，1986年起任教授，水文地质研究室主任，兼环境科学研究所地下水资源及其保护研究室主任。期间多次去美国、澳大利亚等国大学讲学和合作研究。兼任中国地质学会水文地质专业委员会副主任等职。1999年当选为中国科学院院士。

长期从事地下水数值模拟、水资源管理等前沿课题研究，不仅推进了交叉学科地下水动学理论与方法的发展，而且在实际应用中取得了良好的社会效益、经济效益和环境效益。他建立了多个“中国第一”或“国际第一”的地下水模型，其中有：针对有些地区为控制地面沉降进行人工回灌而建立中国第一个三维热量运移模型，用于上海储能效果良好；建立国际上第一个潜水条件下的三维海水入侵模型，用于防治山东胶东地区过量抽取地下水引起的海水入侵问题，效果良好；首次建立反映水和岩石之间阳离子交换的三维水-岩作用模型；所建立的对数插值模型不仅比国外同类模型早3年，且能运用于三维非稳定流，性能完善；在中国率先建立近10个多含水层越流系统水量模型和水质模型、咸水或卤水入侵模型等，提供了地下水资源评价和污染预测的先进手段和方法；首创求解这些模型的许多新算法，其中如对数插值法、求解流速法等。

发表论文百余篇；主编有《水文地质学的数值法》、《地下水动力学》(1986年初版，1997年第2版)等专著。多次获国家和省部级科学技术成果奖。

（李 烨）

厄恩斯特，W. G.（Ernst，Wallace Gary） 美国人，1931年12月14日生于美国密苏里州。*岩石学、地球化学、构造地质学。*

1953年获卡莱顿学院文学士学位。1955年获明尼苏达大学理科硕士学位。1959年获约翰斯·霍普金斯大学博士学位。先后在华盛顿的卡内基学院、洛杉矶加利福尼亚大学任地质学及地球物理学的助理教授、副教授、教授职务，1970年任地质系主任，1974年任地球和空间科学系主任。1974年当选为美国国家科学院院士。

研究造岩硅酸盐的稳定性关系、晶体化学及产状、环太平洋及阿尔卑斯造山带中高压变质带的野外地质和板块构造背景、海洋地壳及地幔剖面的岩石成因等问题，并取得不少成果。主要著作有《地球物质》(1969年)、《岩石相平衡》(1976年)等。曾获多种荣誉和奖励。

（应中锷）

许绍燮（Xu Shaoxie） 中国浙江省人，1932年1月1日生于浙江绍兴。*地震学、地震监测工程、仪器研制。*

1951～1956年先后在南京大学、北京大学物理系进修。1958年在中国科学院地球物理研究所完成在职副博士学位课程。中国地震局地球物理研究所研究员，先后任该所学术委员会主任、副所长。兼任国际地震灾害与预报委员会副主席、国际地震预报委员会秘书长、中国地震学会副理事长及地震学专业委员会主任。1999年当选为中国工程院院士。2002年当选为第三世界科学院院士。

长期从事天然地震与核爆地震监测工程技术研究。20世纪50～60年代，创制标准钟用铁木铜补偿摆、机械地震仪弹性铰链连接器、晶体管微震仪等多种仪器；首次提出“水库地震”的观点；参加中国首次核当量测定，主持用地震方法测定的核爆当量精度至今仍属一流水平；负责组建对核试验侦察的速报体系，对苏联核爆侦察成功率在90%以上。70～80年代，创立地层屈曲变形模式以解释地震的分布图象；提出缺震、等间距性、地震发震时刻与日月位置有关等震兆方法，在中国多种震情监测评估中起到重要作用；邢台地震后，与他人合作建成“八条线”北京电信传输台网，首创准实时速报地震系统，可在地震发生后数分钟内发布地震强度（烈度）图，其先进性与规模在当时居世界领先地位；主持编写的地震活动性地震预报方法程式和中国地震震级标准，作为中国地震预测基础工具至今仍被广泛使用。90年代，通过国际合作引入首条数据实时卫星传送国际链路，实现了中国地震核查的国际联网化；代表中国参加日内瓦禁核试验地震核查的国际谈判，提出的识别核爆的筛选方案被纳入国际条约。

发表论文近百篇。获国家科学技术进步奖二等奖3项、三等奖1项，部委级奖及科学技术大会奖多项。1964年荣立全军二等功；1994年被国家地震局授予“有贡献的地震预报专家”称号。

（胡 斌）

孙鸿烈（Sun Honglie）

中国河南省人，1932年1月31日生于河南濮阳。*土壤地理学、土地资源学、农学。*

1954年北京农业大学土壤化学系毕业。1960年中国科学院沈阳林业土壤研究所研究生毕业。历任中国科学院综合考察委员会研究员、副主任、主任，国家自然资源综合考察委员会主任，中国科学院副院长、地理科学与资源研究所研究员等职。兼任国际科学联合会副主席、国际科学技术数据委员会副主席、国际山地学会副会长、中国自然资源研究会理事长、中国青藏高原研究会理事长、中国可持续发展研究会副理事长、中国国土经济研究会副理事长等职。1987年当选为第三世界科学院院士。1991当选为中国科学院学部委员（院士）。

20世纪50～60年代，参加或主持黄河中游、黑龙江流域等宜农荒地资源开发评价研究；主持和参与编制1：2 500 000黑龙江流域及其毗邻地区土壤图、东北地区自然地图集；1961年开始领导青藏高原和川滇黔接壤地区科学考察，着重研究土壤地理，对西藏自然区划、农林牧业发展提出一系列对策思路；将系统论运用于自然资源研究，建立土地资源评价原则与指标体系。70～80年代，以“青藏高原的隆起及其对自然环境和人类活动影响”为中心议题，成功组织领导一系列大规模、多学科综合考察，数十次进入高原无人区，成果获1986年中国科学院科学技术进步奖特等奖、1988年国家自然科学奖一等奖。80年代末以后，研究全国性资源环境与经济发展战略、区域性资源开发方向与对策、典型地区资源利用试验示范；领导建立中国生态系统试验观测研究网络，有力推进中国资源环境研究。

主编《青藏高原科学考察丛书》(34卷)、《资源科学大百科全书》;编撰《青藏高原形成演化》等专著多部。获1984年中国科学院竺可桢野外工作奖、1989年陈嘉庚地球科学奖、1996年何梁何利科学与技术进步奖等。(李啸虎)

孙大中(Sun Dazhong) 中国山东省人,1932年6月20日生于山东威海,1997年5月1日卒于广东广州。矿床学、构造地质学、地球化学。

1951年考入清华大学地质系,1952年院系调整入北京地质学院,1955年毕业。后执教于合肥工业大学,曾任矿物实验室主任。1964年调到地质部东北地质科学研究所,先后任副研究员、研究员,地层构造研究室副主任、前寒武纪地质研究室主任、同位素地质研究室主任。1992年调任中国科学院广州地球化学研究所学术委员会主任,研究员等职。曾兼任中国地质学会前寒武纪专业委员会主任、广东省科学技术协会副主席、广东省可持续发展研究会会长等职。1991年当选为中国科学院学部委员(院士)。

20世纪50年代,大学期间第一次上中条山勘查,发现中型矿床的庙疙瘩铜矿。70～80年代,带队第二次上中条山研究铜矿地质,出版《中条山铜矿地质》获1978年全国科学大会奖;带队勘查冀东太古宙含金岩系,揭示该地构造格架、地层划分、岩石演变和成矿规律,提出花岗质岩浆侵位也可形成麻粒岩的新观点。80～90年代,带队第三次上中条山,应用综合年代学方法建立该地前寒武纪年代构造格架,提出用火成岩年代-地球化学作为岩石圈"探针"的"四维"新方法,剖析构造-热事件和铜矿成矿史,填补了全球24～20亿年期间岩浆活动的空白;研究华北古老地块,认为太古宙地壳以大面积底板垫托作用形成的高级变质区为主,早元古宙地壳为垂直增长的网点位置的底板垫托模式,并指出其地区特殊性;与他人合著《华南深部地壳结构及演化》,提出华南地壳深部存在较大范围古老基底的观点;代表中国参加制定全球前寒武纪时代元古宙、太古宙划分方案。1994年后主要研究可持续发展战略。

发表学术论文百余篇:出版《冀东早前寒武纪地质》(1984年)等专著7部。获国家和省部级奖励7项,其中包括国家自然科学奖二等奖一项。(李啸虎)

彭志忠(Peng Zhizhong) 又名彭尧阶。中国湖北省人,1932年9月14日生于湖北天门,1986年3月31日卒于北京。矿物晶体学、岩石学、通信工程。

1952年毕业于清华大学地质系。留校任教。后全国院系调整,先后任北京地质学院(今中国地质大学[北京])副教授、矿物晶体结构实验室主任,武汉地质学院(今中国地质大学[武汉])及北京研究生部教授兼中心实验室主任。曾兼任中国地质学会矿物晶体学委员会主任、中国新矿物专业委员会副主任、国际晶体学会教育部顾问、中国科学院地质学部评审委员等职。

20世纪50年代,首次合作测定葡萄石晶体结构,1957年发现其中的硅氧骨干是一种架状层过渡类型,这是中国自行测定第一个晶体结构,突破了W. L. 布拉格30年代建立的硅酸盐分类体系。60年代,1960年用简陋仪器在很短时间内测出包头矿复杂晶体结构,比国外同行提前5个月发表成果;出版中国第一部《结晶学教程》(1961年,与他人合著);1962年测出星叶石晶体结构,发现一种新型硅氧骨干;1965年研究中国发现的第一个新矿物香花石形态,指出它是等轴晶系五角三四面体晶类。70年代,1976年完成测定中国首次发现新矿物英蓉铀矿;在世界上最先测定水碳硼石晶体结构。80年代,1985年研究前沿科研课题"五次对称轴"和"准晶态",率先提出"准晶体具有分数维结构"论点,提出准晶体两个构筑原理,成功导出4种准晶格。

1960年建立中国第一个矿物晶体结构实验室。时至80年代初,他领导的实验室共测定50多种矿物晶体结构,占中国内地完成总数70%;合作发现30多种新矿物和新变种,占中国内地发现新矿物总数一半;与他人合作发现10多种有重要科学价值的晶体结构现象。此外,始终坚持教学第一线,形成一支有较高水平研究队伍,培养了一批专业人才。

发表论文80多篇。独撰、主编主要著作有《葡萄石的晶体结构》(1959年)、《星叶石的晶体结构》(1963年)、《X射线分析》(1962年)、《晶体的测量》(1962年)、《铁橄榄石-高铁铁橄榄石晶体结构中缺席的有序-无序现象及其成因探讨》(1979年)、《X射线分析简明教程》(1982年)、《结构矿物学的新成果》(1983～1985年)、《晶体测量学简明教程》(1992年)等。获1978年全国科学大会奖、1982国家自然科学奖三等奖等多种奖励。(李啸虎)

周秀骥(Zhou Xiuji) 中国江苏省人,1932年9月24日生于江苏丹阳。气象学、大气物理学、仪器研制。

1951年以高中毕业学历录取为中国科学院地球物理研究所见习员。1952～1955年被单位选送北京大学物理系进修。1956年破格派送苏联科学院应用地球物理所攻读研究生,1962年获数理科学副博士学位。1964年开始,先后担任中国科学院大气物理研究所副研究员、研究员、研究室主任、大气物理研究所副所长。1984年调入中国气象科学研究院任院长,1993年后任名誉院长、研究员。先后兼任中国气象局科学技术委员会副主任、中国南极研究学术委员会副主任、中国气象学会副理事长、国家自然科学基金地球科学部主任等职。1991年当选为中国科学院学部委员(院士)。

逾半个世纪,先后创建和发展了中国云雾物理、大气电学、大气湍流、大气遥感、中尺度大气物理、中层大气物理和大气化学等分支学科。在《暖云降水微物理机制的研究》(1964年)一书中,运用统计物理和随机过程理论方法,系统建立暖云降水起伏理论;率先领导开展中国大气电学研究;系统开展大气光学、微波遥感实验观测及理论研究，在发展近代大气遥感理论与技术及其大气科学应用方面作出贡献；领导研制成中国第一台气象激光雷达和 UHF 多普勒测风雷达，建成现代化的京津冀灾害性天气监测、超短期预报系统以及强风暴实验室。20 世纪末年起，与顾震潮一起开展雷电物理、雷暴探测、雷电定位等方面研究，在区域气候与环境变化研究中取得了重要成果。至 2002 年，已完成学术论文百余篇；《大气微波辐射及遥感原理》等专著 4 部。获得国家和部委级重大科学成果奖 11 项。1996 年获何梁何利科学与技术进步奖。

（刘云辉）

唐孝炎（Tang Xiaoyan） 中国江苏省人。1932 年 10 月 16 日生于江苏太仓。气象学、大气化学、环境科学。

1952 年燕京大学化学系毕业。1954 年北京大学化学系研究生毕业。同年留校技术物理系任教。1959 年赴苏联科学院地球化学与分析化学研究所进修。1960 年回国，历任北京大学技术物理系放射化学教研室副主任、讲师，环境化学教研室主任、副教授。1985～1986 年，先后在美国布鲁克海文国家实验室、美国国家大气科学研究中心任客座研究员。1985 年起，任北京大学环境科学中心教授兼主任。曾兼任联合国环境署臭氧层损耗环境影响评估组共同主席、中国环境学会副理事长、国家教委高校环境科学教学指导委员会主任等职。1995 年当选为中国工程院院士。

开拓中国大气环境化学研究的女专家。1972 年创建中国最早的环境化学专业，多年来培养了大批学术带头人和骨干；1977 年通过对兰州烟雾的大规模现场研究，首次发现光化学烟雾在中国存在及其成因，制定了防治对策并已见实效；设计建造中国第一个大气光化学反应模拟装置，最早建立化学反应与大气扩散相结合的数学模型，为国家制定大气环境质量标准；1983 年起，作为国家“六五”、“七五”、“八五”攻关项目负责人，对广东、广西、湖南、青岛和峨嵋山等地严重酸雨问题，进行事实、来源、成因、影响及对策研究，获重要进展；受国家环保局委托，1991 年组织专家编写“中国消耗臭氧层物质逐步淘汰国家方案”，后由联合国批准作为国际参考范本之一；全面探索了经济、能源与环境协调发展的理论、方法和途径，其中完成的课题“福建省湄州湾新经济开发区环境规划综合研究”获奖。

发表论文百余篇：出版《大气环境化学》（1990 年）等著作、教材多部。先后获 1985 年、1987 年、1990 年国家科学技术进步奖二等奖，1993 年国家教委科学技术进步奖一等奖，1996 年何梁何利科学与技术进步奖，1998 年国家科学技术进步奖一等奖等。

（吴绩新）

巢纪平（Chao Jiping） 中国江苏省人，1932 年 10 月 19 日生于江苏无锡。气象学、大气动力学。

1954 年毕业于南京大学气象学系。曾相继在中国科学院地球物理研究所、大气物理研究所、地理研究所工作，1964 年任副研究员，1978 年任研究员。1980～1982 年任美国普林斯顿大学访问学者。1984～1990 年任国家海洋环境预报中心主任，国家海洋局科学技术委员会副主任。1992～1993 年在美国夏威夷大学任客座教授。1995 年后，任国家海洋环境预报中心名誉主任、研究员。兼任中国海洋学会常务理事、国际气候学委员会委员、国际气候变化和海洋委员会委员、国际热带海洋和全球大气执行局中国代表、南京大学大气科学系兼职教授、《海洋学报》主编等职。1995 年当选为中国科学院院士。

在中国数值天气预报、长期预值天气预报、中小尺度大气动力学、积云动力学、热带大气动力学、热带海气相互作用、以及海洋环境数值预报等领域，取得创造性成果。1957 年发表中国第一张 48 小时数值天气预报图；20 世纪 60 年代，建立中小尺度大气动力学数学模型。70 年代，首次建立起中国海气耦合的滤波矩平长期天气数字预报模式，成功地进行月季天气预报试验。80 年代，主持国家“七五”科学技术攻关项目“海洋环境数值预报研究”、“中美热带西太平洋海气相互作用研究”。90 年代起，组建中国第一个海洋环境数字预报业务系统；提出大尺度气流罗斯贝波相互作用后可激发出一类向东、西两个方向传播的不稳定波，以及在非线形作用下可激发出 2～3 年恩索（ENSO）型振荡等；建立热带大气和海洋运动的半地转适应和发展理论。

发表论文百余篇；出版《积云动力学》（1964 年，与他人合著）、《厄尔尼诺和南方涛动动力学》（1993 年）等专著多部。多次获国家级科学技术奖和国家海洋局科学技术进步奖。

（张 强）

宁津生（Ning Jinsheng） 中国安徽省人，1932 年 10 月 22 日生于天津。大地测量学、地球物理学、仪器研制。

1956 年同济大学测量系毕业。同年赴武汉测量制图学院任教，后历任武汉测绘科学技术大学测绘科学研究所教授兼所长、校长，2000 年该校并入武汉大学。兼任国际大地测量委员会中国分会委员、国家测绘局科学技术委员会副主任、中国测绘学会副理事长等职。1995 年当选为中国工程院院士。

长期从事物理大地测量的理论和方法研究。主要成果有：20 世纪 50～60 年代，从事天文重力水准等研究与设计，完善了中国的天文重力水准布设方案。70 年代，参加地心坐标和珠穆朗玛峰高程的研究与计算，为确定中国参考椭球定位等提供了科学依据。80 年代，主持国家项目“地球重力场模型研究”，利用现代物理数学方法推求相对大地水准面等，在中国率先建立 180 阶次重力场（局部）模型 WDM-89，达到当时国际先进水平，获国家测绘局科学技术进步奖二等奖。80～90 年代及后，主持国家“八五”重点项目“地球重力场的精细结构和中国大地水准面的精化”，完成精度和分辨率更高的 360 阶次地球重力场模型 WDM-94，达到当时国际先进水平，获 1997 年国家测绘局科学技术进步奖一等奖；研制成功全数字化自动测图系统、微机监测布机系统；建立黄土高原（重点产沙区）信息系统微机地理信息系统；建立中国土地资源调查信息系统；进行摄影测量平差系统可靠性、卫星网与地面网的联合平差等研究；开展西北卫星定位网中的应用研究等。

发表论文百余篇；出版《高等物理大地测量》等译著6部；教材和专著6部，其中专著《地球重力场模型理论》获国家测绘局优秀图书一等奖，《重力和固体潮教程》获国家地震局优秀教材一等奖。（武光明）

任阵海（Ren Zhenhai） 中国河南省人，1932年11月7日生于河北大名。气象学、大气物理学、环境科学、仪器研制。

1955年北京大学物理系毕业。1959～1961年在苏联列宁格勒地球物理观象总台进修。历任中国科学院地球物理研究所助理研究员、大气研究所副研究员，中国环境科学研究院大气研究所研究员、所长、副总工程师，国家环保局气候影响研究中心总工程师兼副主任。1995年当选为中国工程院院士。

长期致力于云雾物理学、大气湍流扩散理论与野外实验研究。20世纪60～70年代，奉命组织军事环境研究，开发了一些探测技术；负责核试验场边界层放射性大气污染测试与研究；在军工基地选址设计中，开展防止环境污染研究；倡导和建立大气环境实验基地；参与主持中国山区环境气象考察和大气扩散试验，提出扩散率概念，发现多层逆温机理，探明山区局部地区污染输送规律。80～90年代，开展中国中尺度范围大气环境质量现状调查、趋势预测和控制规划研究；主持研制成功多普勒声雷达，形成高频多目标污染轨迹探测系统；率先在中国进行沉降速度的铁塔实验，建立大气环境容量理论及其概率函数；揭示中国与跨国大气输送宏观规律；指出在严格质量控制下的中、小、微三种尺度大气环境资源背景场要素及其关系；创造中距离扩散实验同步监测和探测的大气环境研究方法；提出工程治理、依法管理、资源利用相结合的大气污染综合整治对策；主持全球性气候变化对中国环境影响、中国西北地区土地荒漠化与水土资源利用等多项国家重要课题。多次获奖，例如1998年获国家科学技术进步奖一等奖，3次获国家科学技术进步奖二等奖。（李啸虎）

周志炎（Zhou Zhiyan） 中国浙江省人，1933年1月11日生于浙江海宁。地层学、古生物学、地史学。

1954年南京大学地质系毕业。同年到中国科学院古生物研究所任研究实习员。1961年中国科学院南京地质古生物研究所研究生毕业。一直留所工作，后升任研究员。1980～1982年在英国瑞丁大学、伦敦大学和曼彻斯特大学作访问学者。1987～1991年兼任国际古植物协会中国地区副主席。1995年当选为中国科学院院士。

长期从事古植物学和相关地层学研究，对中生代古植物群和裸子植物化石的研究深有造诣。20世纪60～70年代，主持中国东北、中南等地中生代含煤地层与古生物群综合考察研究。70～80年代，参与主编和撰写《中国各纪地层》、《中国各门类化石》等论著，与他人共获1982年国家自然科学奖二等奖；首次系统研究中国南方早侏罗纪植物群化石，论文“湘西南早侏罗世植物化石”获部委级奖。90年代及后，重点开展银杏目及早侏罗纪植物群研究，探索古植物大孢子膜和叶角质层超微结构及其潜在分类意义；参与东亚植物区系中一些重要种类的起源、演化、辐射和分布研究；发现最古老的银杏和罗汉松科植物，并系统研究中国掌鳞杉科化石；主持“中生代银杏目植物研究”，被誉为该领域具有里程碑意义的工作，获1994年中国科学院自然科学奖一等奖；研究南极乔治王岛、菲尔德斯半岛晚白垩纪以及早第三纪真蕨类和松柏类化石，成果获1996年中国科学院自然科学奖二等奖；和昆明植物研究所等部门一起，共同承担国家重点项目“东亚植物区系中主要特征成分和重要类群的形成和发展”、“重大地史时期生物的起源、辐射、火绝和复苏”，以及中国与法国合作研究古植物叶角质层超微结构等重要课题。（周广生）

马宗晋（Ma Zongjin） 中国吉林省人，1933年1月31日生于吉林长春。构造地质学、地震学、地球动力学。

原籍吉林省吉林市。1955年北京地质学院普查系毕业。留校任教。1961年中国科学院地质研究所研究生毕业。留所任构造力学实验组组长、助理研究员。1967年起，先后任国家科委京津地震办公室分析预报组组长、国家地震局分析预报中心副主任、研究员。1988年任国家地震局地质研究所所长，后任名誉所长。兼任全国重大自然灾害综合研究组组长。1991年当选为中国科学院学部委员（院士）。

长期从事地质构造、地震预报、地球动力学方面研究工作。在地质构造研究方面，有关地质节理构造定性分析、“湖北中新生代构造力学分析”等成果，已成为中国地质教学普遍认可的重要内容。在地震学方面，提出的长、中、短临渐进蕴震模式，成为全国预报强地震的主要思路和操作程序；主持和指导海城等地强震的成功预报；提出全面规划震史学、震兆学和震因学基础分工的设想。在地球动力学方面，提出“现今地球动力学”概念，建立全球三大现今构造系统，专著《现今地壳运动问题》（1995年）论证了地球变动的韵律性和非对称性，提出以壳、幔、核细分层角差运动为基础，以地球自转与热、重、流为复合动力模式的理论架构，它逼近于近年观测新资料；对全球构造动力模式进行新概括，为灾害和矿产研究提供新基础；以现今地球动力学新理论为基础，提出针对中国7大类自然灾害的综合减灾系统工程设计。

出版专著多部，其中《1966～1976年中国九大地震》（1982年，与他人合著）获国家科学技术图书一等奖。另有《地球的非对称性》（2007年，与他人合著）、《地震知识问答》（2008年，与他人合著）、《大地震》（2010年）等。多次获奖，其中“中国重大自然灾害及减灾对策研究”获 1997 年度国家科委科学技术进步奖一等奖，1980 年起 5 次获国家地震局一等奖，还荣获首届李四光地质科学奖等。 （邓剑琪）

陈俊勇（Chen Junyong） 中国浙江省人，1933 年 5 月 16 日生于上海。大地测量学、地球物理学、应用数学。

原籍浙江宁波。1960 年武汉测绘学院（今武汉大学测绘学院）本科毕业，1968 年该院研究生毕业。1981 年获奥地利格拉茨理工大学卫星大地测量专业博士学位。历任国家测绘局研究员兼总工程师、局长、科学技术委员会主任、特邀顾问。兼任国际大地测量学会副会长、国际大地测量与地球物理联合会（IUGG）执行局执行委员、中国测绘学会理事长、《测绘学报》主编、武汉大学等校兼职教授等职。1991 年当选为中国科学院学部委员（院士）。

在几何大地测量、卫星大地测量、地球重力场参数计算、地球动力学等领域的贡献显著。推导出大地测量中许多重要公式；首次利用卫星大地测量资料系统研究中国参考椭球定位问题，为后来形成的“1980 年西安坐标系”奠定了基础；1975 年、1992 年两次主持珠穆朗玛峰高程计算工作；主持推算和提供中国首次民用地心坐标转换参数，并在全国推广采用；推导出世界“1980 年大地参考系”全套参数计算公式，1980 年被国际组织 IUGG 通过并采用至今，这是中国人首次为全球测量基准提供数学基础；为建立和完善中国测绘基准作出了重要贡献，其中有三维地心坐标基准、平面基准、高程基准、重力测量基准、经度基准、消除精密水准测量系统误差、航测检定场、长度野外检定基线等；在组织协调和指导制定国家测绘事业战略和规划、完成重大测绘项目、组建测绘队伍、加强国际交流等方面，都做了大量的工作。

发表论文 200 余篇；出版专著 10 部，其中与人合著《现代大地测量理论与技术》（2006 年）、《测绘学概论》（2008 年第 2 版）等。1998 年获何梁何利科学与技术进步奖。 （李啸虎）

秦蕴珊（Qin Yunshan） 中国山东省人，1933 年 6 月 1 日生于辽宁沈阳。海洋地质学、沉积学。

1956 年毕业于北京地质学院。同年起一直在中国科学院海洋研究所工作。曾任中国科学院海洋研究所副所长、所长，研究员。兼任中国海洋与湖沼学会理事长，《海洋与湖沼》、《海洋科学》（英文版）杂志主编。1994 年被授予韩国仁和大学荣誉博士学位。1995 年当选为中国科学院院士。

早期从事陆架沉积作用研究，率先研究中国大陆架海底沉积物成分、类型及其分布，划分出两种不同时期和不同成因的内陆架和外陆架沉积；根据大量收集的第一手调查资料，编绘中国第一幅完整的大陆架沉积类型分布图，建立中国陆架的海底沉积模式，受到国内外高度评价；率先从渤海悬浮体着手研究海水中悬浮体的扩散特征与规律，开展陆架海细颗粒物质的搬运和扩散研究，调查黄河、长江等河流入海物质的扩散范围与影响强度，论证南黄海中、东部软泥沉积的来源；深入分析研究冲绳海槽的火山沉积和浊流沉积，提出这两类不同沉积类型的地理分带；探讨中国大陆架自晚更新世末次冰期以来环境演变的 4 个阶段，即泛大陆、青年期陆架、壮年期陆架和现代陆架阶段，论证海浸和海退的速度差异对陆架演化的影响。20 世纪 90 年代以后，主持对深海大洋区的陆源风成沉积物研究，开拓了中国海洋沉积学研究新领域；开展海底灾害地质的调查研究，为中国海上石油平台选址提供可靠的实证依据。发表学术论文 100 余篇；主要著作有《渤海地质》、《黄海地质》与《东海地质》等。先后获国家和中国科学院一、二、三等奖 6 项。 （张 强）

邱中建（Qiu Zhongjian） 中国四川省人，1933 年 6 月 9 日生于江苏南京。地层学、油气地质学、油气勘探工程。

原籍四川广安。1953 年重庆大学地质系毕业。历任原国家石油部松辽平原综合研究队队长，胜利油田主任地质师、研究室主任，四川气田副总地质师，石油科学院、南海西部油田、中国海洋石油总公司总地质师，石油工业部勘探司司长，总公司勘探局局长，北京石油勘探院院长，中国石油天然气总公司副总经理、塔里木会战总指挥、总公司咨询中心主任、教授级高级工程师。兼任中国石油学会理事长等职。1999 年当选为中国工程院院士。

先后参加大庆油田、胜利油田、四川气田、南海西部油田、塔里木新油田等勘探工作。1957 年进入松辽平原进行综合勘探研究，是大庆油田发现者之一；在开发中国南海石油资源时，组织一批资深专家重新研究区域成油条件，提出“主攻惠州凹陷”的正确决策，使南海石油勘探得到突破；对中国西部天然气东输的可行性进行论证；作为主要参加者完成“渤海湾盆地复式油气集聚（区）带的形成理论与实践研究——以济阳等拗陷复杂断块油田的勘探开发为例”课题，1985 年获国家科学技术进步奖特等奖；80 年代，组织完成“辽东湾海域油气资源评价及油气区的重大发现”课题，获国家科学技术进步奖二等奖；90 年代，组织并参与完成“塔里木盆地油气资源”研究，探明可年产 100 万吨、500 万吨等大油田，成果入选国家八五科学技术攻关“对国民经济贡献巨大”的十大成果之一。

与他人合著出版《中国含油气区的划分及主要油气富集带构造类型》（1984 年，中、英文）等，独著《松辽平原早期地质综合研究工作纪实》（1987 年）等；参与主编《中国油气勘探》（4 卷，1999 年）。 （胡 斌）

傅家谟（Fu Jiamo） 中国湖南省人，1933 年 7 月 14 日生于上海。矿床学、油气地质学、有机地球化学、环境科学。

原籍湖南沅江。1956 年北京地质学院煤田地质专业毕业。1961 年中国科学院地质研究所沉积学专业研究生毕业。留所工作。1966年起历任中国科学院地球化学研究所有机地球化学与沉积学研究室主任、研究所副所长，有机地球化学国家重点实验室主任，广东省环境资源利用与保护重点实验室主任，研究员。兼任广东省科学技术协会副主席等职。1991年当选为中国科学院学部委员（院士）。

20世纪60年代，从事沉积铁矿、铀矿地质勘探与地下核试验地质效应研究；1966年建立中国第一个有机地球化学实验室。70～80年代，提出华南地区“找气为主，找油为辅”勘探方针，总结中国海相碳酸岩油气生成演化理论和方法，有力指导了生产，获1978年全国科学大会奖；在野外考察和模拟实验基础上，建立找油找气10项有机地球化学新指标和一整套新方法，获1985年国家科学技术进步奖二等奖；提出“煤既是天然气源岩，也是油源岩”的观点，建立煤成气成油的成因模式、产气率和资源量计算方法、煤成烃性能评价指标，为中国煤成烃开发奠定了理论基础，获1987年国家科学技术进步奖一等奖；在中国沉积物中发现葡萄藻烷（烯）、含硫化合物等20余种新型生物标志，提出膏盐沉积未熟生油岩生油理论和浅层找油理论，获1989年国家自然科学奖三等奖。80～90年代及后，参与主持塔里木盆地油气等国家项目；主要从事环境地球化学研究，包括污染物迁移转化规律、降解机理和监测技术研究，拓展了中国有机地球化学新领域。

发表论文200余篇；主编或与他人合著《有机地球化学》（1982年）、《碳酸岩有机地球化学》、《煤成烃地球化学》（1990年）等专著6部、译著1部。获国家和省部级奖20余项；2003年获何梁何利科学与技术进步奖。 （李啸虎）

孙枢（Sun Shu） 中国江苏省人，1933年7月23日生于江苏金坛。*矿床学、区域地质学、构造地质学。*

1953年南京大学地质系毕业。同年到中国科学院地质研究所工作，历任研究室副主任、研究所副所长、所长。1987年起，先后任中国科学院资源环境科学局局长、国家自然科学基金会副主任。兼任国际岩石圈计划执行局委员和中国委员会副主席、中国科学技术期刊编辑学会理事长、中国地质学会副理事长、中国矿物岩石地球化学学会副理事长、中国石油学会副理事长、《地质科学》主编、《中国科学》副主编、《科学通报》副主编等职。1991年当选为中国科学院学部委员（院士），先后任地学部副主任、主任。1989年当选第三世界科学院院士。是国际欧亚科学院院士。

在沉积学、区域地质学和大地构造学上有多项重要成果。20世纪50年代，在湘潭参与发现锰矿深部存在巨量原生碳酸锰，迅速拓广钢铁工业急需的锰矿资源；参与主持小兴安岭地区地质勘查，对区域地质构造提出新认识，发现矿点和矿化点数十处；主持完成《中国东北北部地质矿产概况》、《小兴安岭东部、张广才岭和完达山地区地质》（1963年）等项目、专著及图件。60～70年代，研究四川盆地西北缘泥盆系地球化学，探索磷酸盐岩成矿规律，发现一种新类型，“中国磷矿研究”项目获1978年全国科学大会奖；先后主持冀东、许昌富铁矿地质勘查，完成《华北断块区南部前寒武纪地质演化》（1985年）专著，为评价风化淋滤型富铁矿提供重要依据；研究豫陕中晚元古代坳拉槽、中国克拉通区张裂型盆地的形成、演化和特征。80年代起，在中国最早研究古地理构造中的潮汐风暴与硅碎屑沉积关系；出版《1：400万中国大地构造相图》及其说明书。

发表论文百余篇，主编文集3部；撰写专著4部。多次获奖，其中1987年获国家自然科学奖二等奖，1997年获何梁何利科学与技术进步奖。 （李啸虎）

袁道先（Yuan Daoxian） 中国浙江省人，1933年8月24日生于浙江诸暨。*岩溶学、水文学、工程地质学。*

1952年南京地质探矿专科学校毕业。同年到南京地质学校任教。1958年后，历任山东、云南、广西地质局水文地质大队技术负责人，国家地质矿产部（今国土资源部）岩溶地质研究所研究员兼所长。兼任联合国教科文组织多个项目国际工作组主席等职。1991年当选为中国科学院学部委员（院士）。

20世纪50年代，全面主持拉萨第一座水电站建造中的地质调查；勘查雅鲁藏布江、贵州乌江沿线水能资源，以及黄河三门峡坝址工程地质环境。60～70年代，在200千米线路上勘查数百个工作点，探明地质隐患，保证了成昆铁路顺利通车；首次阐明岩溶地下水最基本特征为不均匀性；出版《岩溶地区供水水文地质工作方法》专著，为国家地质总局起草《岩溶地区区域水文地质普查规程》，指导了水文地质普查勘察工作。80～90年代，组建中国第一个岩溶水文地质试验场；主持“岩溶作用与碳循环”国际项目，研究全球岩溶作用及其地球化学机理；通过对中外10多个观测点溶蚀速度的定位，揭示岩溶发育与气候地质条件的定量关系；进行学科交叉研究，提出较完整的岩溶环境学理论；组织人员统一规范岩溶地质术语并由国家标准局颁发，主编《岩溶学词典》、《岩溶地质名词术语》。

编撰出版《岩溶环境学》（1988年）、《中国岩溶学》（1991年英文版，1993年中文版）、《全球岩溶对比》（1998年，英文版）等专著多部。多次获奖，其中获1996年国际水文地质学家协会主席奖。（李啸虎）

高俊（Gao Jun） 中国北京市人，1933年9月生于北京。*测绘学、地图学、地理信息系统。*

1952年毕业于中国人民解放军测绘学院，获学士学位。1980～1982年在荷兰国际空间与地球科学学院从事客座研究工作。现任中国人民解放军信息工程大学测绘学院教授，少将军衔。兼任中国测绘学会地图学与地理信息系统专业委员会主任委员，国际地图学会地图概念委员会委员。1999 年当选为中国科学院院士。

20 世纪 70 年代初，大胆提出地图学新思维，主张从平面地图扩展为三维地图，从静态地图发展为动态地图，从模拟地图转变到数字地图，从实地图进化为虚地图，从而指出了地图学研究的发展方向和广阔前景。80 年代初，在考察和研究欧洲各国地图学新成果新进展基础上，撰写《欧洲的理论制图学研究》学术专论，为发展中国地图学研究拓展新领域新思路。回国后，致力于国防军事数字地图的理论研究和工程实践，很快完成"地图的空间认识与知识地图学"、"进入 21 世纪的地图学"、"数字地图及其在高技术战争中的应用"等一系列在中外地图学界颇具影响的研究成果，为中国数字地图研制开发提供了可靠的理论依据。90 年代起，主持国家 863 重点项目"面向战略、战役指挥决策的地理信息系统"、"虚拟作战地形环境的建立"和"地图设计专家系统"等论证研制工作，这些课题为建设和推广 21 世纪中国数字地图起到了重要作用，为中国国防作战模拟提供高科学技术的地形平台，并已在三峡大坝建设、1998 年抗洪抢险中发挥了很好的社会效益，引起中外同行的广泛关注。多次获奖，其中世界领先水平的"作战环境仿真系统"获全军训练模拟器材优秀成果奖一等奖、全军科学技术进步奖一等奖、国家科学技术进步奖二等奖。

（韩琳娜）

李吉均（Li Jijun） 中国四川省人，1933 年 10 月 9 日生于四川彭县。冰川学、地貌学、构造地质学。

1956 年南京大学地理系肄业。1958 年兰州大学地理学专业研究生肄业。先后在中国科学院高山冰雪利用研究队、青藏高原综合科学考察队工作，曾任冰川组组长等职。1984 年起，历任兰州大学地理科学系教授兼系主任，资源环境学院院长。期间 1984～1985 年在美国华盛顿大学和南加科福尼亚大学工作。1999 年起任南京师范大学地理科学学院教授。兼任国际第四纪联合会亚洲冰川组主任、中国地理学会副理事长、青藏高原研究会副理事长、中国西部资源环境研究中心首席科学家、甘肃省地理学会理事长等职。1991 年当选为中国科学院学部委员（院士）。

探讨青藏高原隆起时代、幅度、形式和效应，在中外学术界有重要影响。认为在 360 万年、240 万年、160 万年前发生强烈运动，第四纪以来整体断块加速上升 3 500～4 000 米；还认为约 240 万年前高原海拔超过 2 000 米时，导致了现代东亚季风，致使黄土开始堆积；指出黄河上游多级阶地是青藏高原间歇隆起的阶段性反映，逐次形成于 170 万年、150 万年、120 万年、60 万年、15 万年前。对庐山冰川成因说提出质疑，首次指证庐山存在大量湿热地貌遗迹、部分寒冻与泥石流地貌系统，质疑"庐山古冰川遗迹"是一种误判。研究兰州附近黄土、古土壤并与南极冰芯氧同位素曲线相比较，重建 15 万年来环境变迁模式；提出"季风三角"概念，阐明第四纪中国北方季风区、西风区两种环境变迁模式。此外，深入论证西部开发和生态环境建设的可行性和途径，为各级政府提供科学决策依据。

发表论文 200 余篇；主编、撰写出版《青藏高原第四纪冰川遗迹分布图》（1991 年，与他人合作）、《横断山冰川》（1996 年）、《世界屋脊之谜》（1997 年）、《中国东部第四纪冰川与环境问题》（与施雅风等人合著）、《高原隆起与第四纪冰川研究》（2004 年）等著作多部。获国家和省部级奖多项，其中有：1984 年竺可桢野外科学工作奖、1986 年中国科学院科学技术进步奖特等奖、1987 年国家自然科学奖一等奖、1995 年国家教委科学技术进步奖一等奖等。（李啸虎）

章申（Zhang Shen） 中国江苏省人，1933 年 10 月 24 日生于江苏常熟虞山镇，2002 年 9 月 3 日卒于北京。景观地球化学、生物地球化学、环境科学。

1956 年获南京农学院土壤农业化学系学士学位。1957～1958 年在南京大学化学系进修研究生课程。1962 年底获莫斯科大学生物-土壤系生物学副博士学位。同年回国至去世，一直在中国科学院地理研究所工作，1986 年任研究员，1995～2002 年任所学术委员会主任。曾兼任中国科学院环境科学委员会副主任、中国环境科学学会副理事长。1991 年当选为欧洲文理科学院院士。1993 年入选中国科学院学部委员（院士）。1996 年入选国际欧亚科学院院士。

长期从事微量元素景观地球化学和生物地球化学研究。20 世纪 60～70 年代，从环境元素含量分布与迁移来研究大骨节病、克山病等地方病成因，提出生命与环境的化学组成相关律，以及防治对策；参与主持官厅水库水污染与治理研究，获 1978 年全国科学大会奖。80～90 年代，合作发表"生物地球化学省和地方病"（1985 年）等论文，界定中国生物地球化学省区划，揭示地方病的地理环境影响因子；主持完成"长江水系环境背景值研究"国家课题，建立严格的质量控制系统，阐明 5 800 余个水、悬浮物、沉积物、生物（鱼）取样中约 30 种微量元素的平均含量、空间分布和形态分配规律，以及近百年来湖泊沉积物的变迁，这是当时世界上规模最大，系统性、综合性最强，测定元素最多的水环境背景值研究。主持湘江等水流污染综合防治研究，对水体中重金属污染物的含量水平、赋存形态、迁移过程、污染物形态转化的环境动力学机理进行系统研究，提出水体污染的防治措施。先后发表论文近 200 篇；著作 4 部。其成果和论文被国内外广泛引用。获 1993 年国家科学技术进步奖三等奖、1992 年中国科学院科学技术进步一等奖等国家和省部级奖近 20 项。

（李啸虎）

莫里茨，H.（Moritz，Helmut） 奥地利人，1933 年 11 月 1 日生于奥地利格拉茨。大地测量学、地球物理学、自然哲学。

1956 年奥地利格拉茨技术大学测量工程系毕业；1959 年获该校博士学位。留校任教，兼任奥地利大地测量署测量员。1962 年起先后任美国俄亥俄州立大学

副研究员、德国汉诺威技术大学副教授。1964年任柏林技术大学物理大地测量学教授。1971年起任奥地利格拉茨技术大学教授，2002年退休。1979～1983年任国际大地测量学会会长。1991～1995年任国际大地测量与地球物理联合会主席。1998～2006年任国际人道主义者联盟主席。兼任中国武汉大学名誉教授。1988年当选为奥地利科学院院士。先后被选为芬兰、意大利、瑞典、波兰等10多个国家科学院的外籍院士。1998年当选为中国科学院外籍院士。1981年获慕尼黑技术大学荣誉工学博士学位，1992年获俄亥俄州立大学荣誉理工博士学位，1994年莫斯科测量与制图学院荣誉博士学位。

主要学术成就：1967年将希尔伯特空间的误差理论和统计学相结合，提出一种包括内插和外插的“最小二乘推估”，并在以后发展为物理大地测量的一种实用有效的推估技术；在解析连续的理论基础上，提出大地测量边值问题的一种级数解，完善和发展了边值理论体系，并使其成为一种简便的大地测量计算技术；1967年证明引力位的二阶梯度中引力和惯性的可区分性，1972年进而提出可以在引力位一阶梯度中区分两个量的方法；在弹性地幔与液核的地球模型基础上提出一种更为统一而自洽的地球自转理论体系，用统一的理论和数学公式描述各种复杂的地球自转运动，较合理地解释了大地动力学中的诸多重要现象；总结和发展了把地球作为平衡体的理论，将有关的各种理论在二次扁率量级上相互协调和统一起来，并应用于对卫星轨道振动的地球物理研究；在新的观测与实验基础上进一步发展了地壳均衡学说。多次访华讲学并培养中国博士研究生。

代表作《物理大地测量》（2005年第2版，与他人合著）等。自然哲学著作有《科学心灵和宇宙》（1995年）、《科学、宗教和宽容》（2005年）等。

（李啸虎）

克鲁岑，P. J.（Crutzen, Paul Josef） 荷兰人，1933年12月3日生于荷兰阿姆斯特丹。大气化学、分析化学、环境科学。

早年大学毕业后在荷兰从事建筑业。1969～1971年在英国牛津大学圣克罗斯学院任访问研究员。后去瑞典任教于斯德哥尔摩大学，1973年获该校气象学博士学位，1974～1980年，在美国科罗拉多大学从事大气化学研究。1980～2000年任德国美因兹马克斯·普朗克化学研究所教授，1982年任大气化学部主任。1986年当选美国文理科学院外籍院士。1988年当选荷兰皇家科学院通讯院士。1991年当选瑞典皇家科学院、皇家医学院外籍双院士。至2002年，已获近20个荣誉博士学位。

致力于大气中臭氧形成和分解的研究。臭氧（O_3）是氧的同素异形体，在低层大气中含量很低，但在离地面15～50千米处有一个十分稀薄的臭氧层。若该层被压缩到相当于海平面上的大气压，则它的厚度不足3毫米，可见地球大气中臭氧的存在量很小。然而，臭氧层能吸收太阳辐射中对生命十分有害的大量紫外线，使之无法到达地面，从而保障了地球上生命的生存环境。1930年，英国地球物理学家S. 查普曼提出大气中臭氧形成和分解的光化学理论，后来发现大气中臭氧含量的实测值远小于该理论的预言值。1970年，克鲁岑出版一部论述氧化氮性能的基础性读物，其中指出，氮的氧化物一氧化氮（NO）和二氧化氮（NO_2）可与臭氧发生催化反应，NO和NO_2本身并不减少，但臭氧含量却会迅速降低，而NO和NO_2是通过地球上微生物的转化作用所生成的一氧化二氮（N_2O）分解出来的，N_2O的多寡影响NO和NO_2的数量并进而影响对大气中臭氧的分解能力。于是，这项研究揭示了土壤微生物与臭氧层厚度之间存在着重要联系，并进而推动了全球性生化循环研究的快速发展。

1974年，美国化学家M. J. 莫利纳和F. S. 罗兰指出了氟氯烃气体（“氟利昂”）对臭氧层的破坏作用。1985年，英国学者J. 法曼（Joseph Farman）等人则发现了南极上空臭氧层的严重消耗即“臭氧洞”的存在。1974～1980年，克鲁岑在美国科罗拉多大学从事化学研究，试验了各种设备对大气的影响。他一方面指出工业废气中氯和溴可与臭氧起化学反应，造成臭氧的分解；另一方面又研究了南极上空臭氧层令人惊讶的消耗速度，指出这不能完全用“氟利昂”以及工业废气中氯和溴的排放来解释，一定存在着加速臭氧分解的新机理。他提出这是南极持续低温所生成的平流层云雾粒子加剧臭氧分解的化学反应才造成的。他和莫利纳、罗兰对臭氧形成和分解方面的卓越研究，导致世界各国在1987年签订有关臭氧层保护的协议，为解决可能带来的灾难性后果的全球环境问题作出了贡献。因此，他们3人被授予1995年的诺贝尔化学奖。

（宣焕灿）

伍荣生（Wu Rongsheng） 中国浙江省人，1934年1月17日生于浙江瑞安。气象学、大气物理学。

1956年南京大学气象系（今大气科学系）毕业。留校任教，后来升任教授，历任大气科学系主任、中尺度灾害性天气国家专业实验室主任等职。兼任国际动力气象委员会中尺度工作组主席，国家教委大气科学指导委员会主任，中国气象学会副理事长、理事长等职。1999年当选为中国科学院院士。

长期致力于天气动力学的教学与研究，尤其对边界层动力学、锋面动力学的发展作出了贡献。早年研究地形对大气环流与大气变化的影响，揭示了地形对大气波动移动与不稳定性的动力学作用，从理论上阐释大地形的扰动效应在北坡总是较南坡不稳定的客观现象；在国际上最早提出非线性波动共振周期与中期天气过程相应关系的新论点，探讨大气中不同波长的波动如何影响一周左右中期天气趋势的问题，1982 年提出“四力平衡”的边界层动力学模型，引起中外气象界关注；利用此模型研究地形、摩擦与锋生之间的相互关系，与合作者一起提出埃克曼（Ekman）动量近似概念；发展了霍斯金斯（Hoskins）的地转量近似理论与锋生理论，取得一系列具有特色的成果。

发表学术论文百余篇；出版《动力气象学》（1983 年，与他人合著）、《大气动力学》（1990 年）、《现代天气学原理》（1999 年，主编）、《大气科学中的近代数学基础》（2000 年，与他人合著）等专著。获 1986 年、1989 年、1994 年国家教委科学技术进步奖二等奖，1980 年、1997 年江苏省科学技术进步奖二等奖等。（李啸虎）

陈联寿（Cheng Lianshou） 中国浙江省人，1934 年 3 月 7 日生于浙江定海。气象学、大气动力学。

1957 年南京大学气象学系毕业。同年分配到中央气象科学研究所、中央气象台工作。1980 年起，先后担任中央气象台研究员、台长，国家气象中心副主任，国家气象局科学技术委员会副主任，中国气象科学研究院第一副院长、院长。1982 年赴美国科罗拉多州立大学大气科学系从事两年半研究工作。兼任中国气象学会副理事长、天气与极地气象学委员会主任，全国台风海洋气象专家工作组组长，国家攀登计划高原气象科学试验项目首席科学家，中日高原大气科学试验协调委员会主席，南京大学兼职教授等。1999 年当选为中国工程院院士。

中国研究热带气旋预报技术和理论的学科带头人。提出了有关台风路径突变机理新观点；主持设计中国电视天气预报动态显示业务系统，首次在中国把计算机制作的图形和卫星遥感图象搬上电视发送天气预报警报；主持天气预报会商室功能设计和实施，使其首次具有数据检索、加工处理、传输分发等功能；担任第二次青藏高原大气科学试验首席科学家，作为四大气象科学试验之一，被国家科技部入选 1998 年全国十大科技新闻。2002 年起主持中国登陆台风灾害的监测及预报技术研究，组织在台风登陆频繁的华南地区进行登陆台风科学试验计划，取得了阶段性研究成果，同时为中国的台风研究与国际上同类计划进行交流合作创造了条件。

发表论文百余篇；合著有《南半球 500 百帕平均高度及距平图集》（1990 年）等中英文 4 部。多次获得国家和省部级科学技术进步奖、研究成果奖。（吴绩新）

滕吉文（Teng Jiwen） 中国河北省人，1934 年 3 月 14 日生于黑龙江哈尔滨。构造地质学、地震学、地球物理学。

原籍河北黄骅。1956 年东北地质学院（今吉林大学地学部）地球物理探矿系毕业。1962 年获苏联科学院大地物理研究所副博士学位。回国后，先后在中国科学院地球物理研究所、中国科学院昆明地球物理研究所、国家地震局地震地质大队、中国科学院地质与地球物理研究所任研究员。兼任中国地球物理学会大陆动力学研究会副理事长，中国地震学会岩石圈深部探测专业委员会副主任，中国科学技术大学、吉林大学等校兼职教授等职。1999 年当选为中国科学院院士。

20 世纪 60 年代，主要研究绕射波场动力学难题，并进行物理模拟；70～80 年代，率先在青藏高原开展深部地震探测和综合地球物理场研究；在中法联合地质考察与研究活动中，深入研究了地壳与上地幔结构和深层过程，第一次得出青藏高原壳-幔介质的层块速度结构。80～90 年代，率先在川滇及攀西裂谷带进行了深部地球物理探测，发现并提出“被动活化”古裂谷理论；提出喜马拉雅陆-陆碰撞双层“楔板”新模型；在渤海湾潜在地幔热柱的深部构造背景，造山带与油气盆地的深层动力过程，大陆伸展与裂谷作用、东亚大陆动力学和地震各向异性等领域，均取得重要进展；21 世纪初以后，致力于弹性各异性介质地震波动理论与检测，岩石圈三维结构、深层过程与动力学等综合研究及应用开发。

发表论文 200 余篇；出版《喜玛拉雅山系北部地壳与上地幔结构》等专著 9 部。多次获奖，其中有 1984 年中国科学院重大成果奖一等奖、1986 年该院科学技术进步奖特等奖、1992 年该院自然科学奖一等奖，1987 年国家自然科学奖一等奖等。（李啸虎）

伯奇费尔，B. C.（Burchfiel，Burrell Clark） 美国人，1934 年 3 月 21 日生于美国加利福尼亚州斯托克敦。大陆动力学、构造地质学。

1957 年、1958 年先后获美国斯坦福大学学士、硕士学位。1961 年获美国耶鲁大学博士学位。1970 年任美国赖斯大学地质系教授。1977 年起任马萨诸塞理工学院地质学教授，地球、大气与行星科学系副主任。2003 年任美国地质学会会长。1985 年当选为美国国家科学院院士、美国文理科学院院士。1997 年当选为中国科学院外籍院士。

在大陆构造学、构造地质学等领域深有造诣，在国际地学界享有盛誉。20 世纪 60 年代起，对地球上重要的非碰撞造山带、碰撞造山带进行了一系列广泛而深入的研究，其中系统考察和分析了纵贯南北美洲的科迪勒拉造山带，以及罗马尼亚造山带等，发展了地球科学对造山带的构造演化和构造形式等的规律性认识。80 年代初起，大力倡导对大陆构造的研究，把研究青藏高原造山带作为自己的地学发展方向，在喜马拉雅正断层研究、青藏高原对中国东部地质影响、全球定位系统监测地壳运动、提供地震预报信息等课题中，取得一系列世界先进水平的成果，发展了大陆动力学，丰富了地球科学的认识。自中国改革开放以来，热心推动中美科学技术合作和交流，与中国地质矿产部、国家地震局等部门开展真诚友好合作，传授国际先进技术，对中国地学工作起了指导作用。1997年获中国政府颁发的“友谊奖”。

他的著述颇丰，其中有《大陆构造学》（1980年）、《科迪勒拉造山带：延伸美国部分》（1992年）等专著多部。多次获美国和国际大奖，其中有1995年美国地质学会职业成就奖。（李啸虎）

胡见义（Hu Jianyi） 中国北京市人，1934年3月25日生于北京。油气地质学、地层学。

1959年莫斯科石油学院石油地质系毕业，获副博士学位。历任大庆油田副主任地质师，大港油田主任地质师，胜利油田副总地质师、总地质师，石油地质研究院院长，中国石油天然气总公司石油勘探开发研究院副院长等职。兼任中国亚洲天然气和管道合作研究中心主任，中国能源研究会副理事长，石油大学、西北大学等校兼职教授等职。1997年当选为中国工程院院士，兼能源与矿业工程学部副主任。

长期致力于系统调查总结中国各石油地质区域实况与规律，建立和完善中国陆相油气藏理论与勘探方法。先后在大庆、胜利、大港、长庆、塔里木等地从事地质结构研究，参与发现一批大型油气田；研究与总结了中国油气藏类型系列；探索与研究海相环境天然气田的形成，为发现鄂尔多斯盆地大气田和国外气田作出了贡献；参与组织完成渤海湾盆地复式油气集聚（区）带的形成理论与实践研究，获1985年国家科学技术进步奖特等奖；主持中国首次石油天然气资源评价研究，亲自完成其中的总报告部分，全部成果获1989年国家科学技术进步奖一等奖；20世纪90年代初，率先建立相对成熟的湖相烃源岩发育及生烃的理论和模式；在积累全国各石油地质区域丰富资料基础上，对中国石油工业发展战略部署提出积极建议。

发表论文逾百篇；出版《非构造油气藏》（1986年）、《中国陆相石油地质理论基础》（1991年，与他人合著）、《非海相石油地质》（1996年，英文）、《中国含油气系统的应用与进展》（1997年，与他人合著）等专著10余部。先后获1978年全国科学大会个人突出贡献奖、李四光地质科学奖等。（朱妙其）

许厚泽（Xu Houze） 中国安徽省人，1934年5月4日生于安徽歙县。天文大地测量学、地球物理学。

1955年同济大学工程测量系毕业。同年到中国科学院南京地理研究所工作。1956年考取中国科学院测量与地球物理研究所研究生。1962年毕业后，留所工作，历任秘书长、副所长、所长，研究员。曾在比利时鲁汶大学短期执教。1993年起任中国科学院武汉分院院长。2011年任华中科技大学教授，地球物理研究所所长。兼任国际大地测量协会地潮委员会主席、国际重力委员会副主席、中国测绘学会副理事长、湖北省科学技术协会副主席、《长江流域资源与环境》杂志主编等职。1991年当选为中国科学院学部委员（院士）。

他发展了近代外部重力场逼近理论，首次建立高逼近级高程异常与垂线偏差统一的模型逼近理论及截断误差估算，同时提出虚拟单层密度表示的算子逼近概念，引起国际同行关注；在中国率先开展空间与航天技术的测绘保障研究，首次为国防科学研究提供高空重力赋值模式、全球重力场模型、以及中国1′×1′平均重力异常估算方案；参与主持设计和处理中国天文重力水准，负责构建完成国家重力基本网工程；在中国率先开拓固体地球潮汐形变观测与研究，指出国际长期沿用的布鲁塞尔基准的系统偏差，建成具有国际先进水平的中国重力潮汐基准；给出各种潮汐改正模型，创立褶积与球函混合的海洋负荷解算方法，顾及地球种种复杂特征，发展更为完整的潮汐理论；主持建立中国地壳运动观测网络等重大课题研究。

发表论文近200篇；主编《长江流域洪涝灾害成因与对策》（1999年）等，与他人合著《青藏高原的大地测量研究》（2001年）等专著。获国家和部委级奖10余项，其中国家科学技术进步奖二等奖1项、中国科学院科学技术进步奖一等奖2项等。（李啸虎）

刘昌明（Liu Changming） 中国湖南省人，1934年5月15日生于湖南湘阴。水文学、水资源工程。

1956年西北大学地理系毕业。1960～1962年在苏联莫斯科大学留学，研究生肄业。1981～1982年在美国亚利桑那州立大学做访问学者。历任中国科学院地理研究所研究实习员、副研究员、研究室主任、研究员。1992年任中国科学院石家庄农业现代化研究所所长。1997～2003年北京师范大学资源与环境学院院长。后任中国科学院水问题联合研究中心主任。兼任中国地理学会副理事长、国际水文科学学会中国国家委员会副主席、国际地理联合会区域水文对气候变化响应研究会主席、国际雨水收集系统协会副主席。1995年当选为中国科学院院士。

他在水循环、产流模式、水文实验、农业水文、森林水文、全球变化环境水文等方面均有建树，在对水文和水资源学的地理方向长期系统研究基础上，建立和发展了地理水文学；将水文学的地球物理、工程建设与农田水利等进行多方向综合研究。20世纪70年代，主持解决了小流域暴雨径流估算难题，获1978年全国科学大会科学技术成果奖；80年代，提出多水转化及其调控概念，深化了传统的水循环理论，其中主持黄淮海平原中低产地区综合治理综合发展研究，获国家科学技术进步奖二等奖，多水转化与农业水文研究获中国科学院科学技术进步奖二等奖；90年代，主持水资源开发利用与国土整治关系研究，以及华北平原节水农业应用基础研究，把对华北水资源研究与黄淮海平原治理有机结合，策划雨水资源化和节水工程开发，作出了重要贡献。

至2002年，发表论文160余篇；主编或著有《中国21世纪水问题方略》（1998年，与他人合著）、《华北平原农业水文与水资源》、《土壤-作物-大气界面水分过程与节水调控》(1999 年，与他人合著)、《中国水资源现状评价和供需发展趋势分析》(2001 年，与他人合著) 等多部。获国家和省部级奖 10 余次；1994 年获竺可桢野外研究工作奖。 (周广生)

丑纪范 (Chou Jifan) 中国湖南省人，1934 年 7 月 23 日生于湖南长沙。*气象学、气候学、大气物理学、应用数学*。

1956 年毕业于北京大学物理系气象专业。后到中央气象科学研究所工作。1957～1958 年相继在日本和苏联学习数值天气预报。1981～1982 年在美国马萨诸塞理工学院做访问学者。是兰州大学大气科学系教授，曾任北京气象学院院长。1993 年当选为中国科学院学部委员 (院士)。

他对大气和海洋动力学、特别是非线性动力学问题做了系统性、开创性研究。20 世纪 50～60 年代，在数值天气预报中首次引入“广义解”新概念，将初-边值问题广义化，使问题更为可解和易于求解，设计了一种使用多时刻资料的短期数值预报模式；首次引入变分法和泛函分析法。70 年代，论证了准地转模式的大气温压场演变与下垫面热状况的等价性，为解决长期数值预报的初值问题奠定了理论基础，进而建立一个动力统计的季节预报模式；提出由历史资料反求大气要素和参数并与长期预报模式相匹配的方法。80 年代起，用新颖的数学方法揭示大气动力学方程组的整体和全局行为，研究大气动力学长期演变的渐进性质，得到在特定情况下大气动力算子向外源的非线性适应特性、以及定常外源作用下大气运动自由度缩减的结果。90 年代中期后，主要研究气候形成演变机理及其预测方法，主持完成国家九五重点项目“我国短期气候预测系统的研究”、“气候动力学和气候预测理论的研究”、“副热带高压带的变异机理”等。发表论文百余篇；出版《长期数值天气预报》、《大气动力学的新进展》、《大气科学中数学方法的应用》等专著、教材 7 部。多次获国家和省部级奖励。 (邓剑琪)

何继善 (He Jishan) 中国湖南省人，1934 年 9 月 11 日生于湖南浏阳。*矿床学、地球物理勘探、工程管理学、仪器研制*。

1960 年长春地质学院物理勘探系毕业。先后任中南矿冶学院 (今中南工业大学)、地质系物探实验室主任、系主任兼矿产地质研究所所长、副校长、校长。兼任中国地球物理学会副理事长、中国有色金属学会副理事长、中国仪器仪表学会地质仪器学会副理事长、湖南省科学技术协会主席等职。1994 年选聘为中国工程院院士，2000 年又兼为该院工程管理学部院士。

长期致力于应用地球物理理论、方法与观测系统研究，创立双频激电法用于寻找矿产和地下水，获显著经济、社会效益。20 世纪 70 年代末后，建立以伪随机多频地电场理论为核心，涉及电流场与金属矿晕理论、小波与地球物理信号处理等领域，形成独创性双频激电理论体系和技术方法，被国际上誉为“应用地球物理界重大事件”。1978 年首创中国第一台找矿用新型激电仪，以后又开发出地电场观测仪器新产品系列，具有轻便、快捷、节约和可靠等优点，性能居国际先进水平。这些先进仪器在中国大陆全面推广应用，不仅找到了金、银、铜、锌、锡、铅、锑、钼和锰等一大批矿产，而且拓展到工程勘察、路基与桥梁选址、高速公路质量检测、地下水资源勘探等工程领域，应用于防洪减灾综合治理工程特别是堤坝管涌渗漏探测技术研究。据 1995 年以前不完全统计，仅湖南、新疆等 7 省区产生的潜在经济价值就超过 150 多亿人民币。

获国家发明专利多项；撰有“电阻率法地形改正”等重要论文；主编有《金属矿电法勘探》(1980 年)、《双频激电法研究》(1990 年)、《电磁波伪脉冲成像及波动理论》(1998 年) 等专著与教材。先后获国家和省部级奖励 20 余项，其中“电阻率法消除干扰异常研究”获 1978 年全国科学大会奖，DZ-79 双频道幅频仪获 1985 年国家发明奖三等奖，F-1 频域激电仪获 1988 年北京国际发明展览会银质奖。获 1993 年李四光地质科学技术奖。 (李啸虎)

汤中立 (Tang Zhongli) 中国安徽省人，1934 年 10 月 5 日生于安徽安庆。*矿床学、构造地质学、矿产勘查工程*。

1956 年北京地质学院 (现中国地质大学) 毕业。同年赴地质矿产部甘肃省地矿局工作至今，历任祁连山地质分队队长、技术负责人，第六地质队工程师、大队技术负责人，区域地质调查队总工程师兼地质矿产局副局长，20 世纪 80 年代初以后任甘肃省地矿局总工程师、高级工程师、顾问。先后兼任甘肃省矿产储量委员会常务副主任，中国地质学会西部开发委员会副主任，中国地质大学等校兼职教授。1995 年当选为中国工程院院士。

20 世纪 50～60 年代，带领地质队发现金川镍矿，提交中国第一个大型镍矿勘探报告；提出金川第二矿区深部找矿设计方案，发现 400 米以下的深部厚大富矿体，使原探知储量翻几番，一跃成为世界第二大镍矿；研究总结金川矿床模式和中国镍矿成矿规律，促进了中国镍矿勘察开展和镍矿工业建立。80 年代起，在黄金勘查方面取得重要突破，使甘肃省变成黄金资源丰富的省份之一；创造性提出岩浆硫化物矿床成矿学说，总结出“金川成矿模式”、“小岩体成大矿”、“深部熔离-分期贯入”等规律，后从事超大型岩浆镍铂矿床成矿预测、不同时期大规模成矿作用等课题。

出版译著数十万字，专著《中国矿床 · 中国镍矿床》(1989 年，与他人合著)、《岩浆硫化物矿床成矿机制》(1998 年，中文、英文版)、《中国古生代成矿作用》(2005 年，与他人合著)、《中国镍铜铂岩浆硫化物矿床与成矿预测》(2006 年，与他人合著) 等多部。多次获国家和省部级奖励，其中有国家科学技术进步奖二等奖等。还先后获李四光地质科学家荣誉奖，甘肃省政府、地质矿产部联合授予的“祖国镍都开拓者”荣誉称号。 (胡占华)

金庆焕（Jin Qinghuan） 中国浙江省人，1934年10月25日生于浙江临海。*矿床学、海洋地质学、古生物地层学、油气地质学。*

农民家庭出身。1953年考取浙江大学土木系，同年又被北京留苏预备部录取。1954年到苏联莫斯科大学地质系石油地质专业留学，1959年本科毕业。同年回国后，又第二次公派赴苏联留学，1963年获莫斯科大学地质系副博士学位。先后任国土资源部广州海洋地质调查局总工程师、教授级高级工程师，中国地质调查局海洋石油天然气地质研究中心学术委员会主任等职。兼任广州地球化学研究所学术顾问、兼职研究员，中山大学兼职教授等职。1997年当选为中国工程院院士。

他连续5次在中国担任大洋调查首席科学家。20世纪50年代，参加中国西部地质调查，参与发现冷湖油田。主持或参与主持南海北部湾、珠江口盆地、台湾海峡及周围区域、南海北部海底等地质构造特征和油气远景评价；作为北部湾油气盆地、珠江口大型油气盆地主要发现者之一，获国家地矿部地质找矿特等奖和一等功。在科学考察基础上主编完成多部专著，对研究南海和太平洋中部海底地质及其演化、海底找矿有重要指导意义，为中国及时向联合国申请矿区提供了充分依据。他率队在南极、南太平洋进行海陆科学考察，取得丰硕成果，获国家地矿部地质勘察成果奖一等奖。1995年主持绘制出中国第一张全覆盖数字海底地形图。主持与联合国开发计划署合作，首次在中国海域开展1∶20万区域海底不稳定性调查研究。

主编《南海地质与油气资源》、《南海北部大陆架第三系》、《南海北部大陆架第三纪古生物图册》和《太平洋中部多金属结核及其形成环境》等专著、译著及论文集5部。多次获奖，其中有国家自然科学奖二等奖、国家科学技术进步奖一等奖、地质矿产部和国土资源部科学技术进步奖一等奖各1项等；1997年获李四光地质科学奖。（武光明）

郑绵平（Zheng Mianping） 中国福建省人，1934年11月17日生于福建漳州。*矿床学、盐湖地质学、地质勘查工程。*

1956年南京大学地质系毕业。后到国家化工部地质矿山局工作，多次参加中国科学院、地矿部、地质科学院等野外综合科学考查队。后任中国地质科学院盐湖中心主任，矿产资源研究所研究员。兼任西藏自治区计经委经济顾问、西藏矿业总公司首席技术顾问等职。1995年当选为中国工程院院士。

半个世纪来，足迹遍及中国大陆各个盐湖区，特别是长期对青藏高原盐湖和盐矿进行了实地勘查、系统分析和开发评价，提出了盐湖地质生态学、“盐湖农业”与盐湖学研究体系，为中国钾、硼、锂、铯盐类资源勘查与开发作出了突出贡献。20世纪50～60年代，先后参加大柴旦湖、马海湖、察尔汗湖的调查，参与发现和评价的察尔汗钾盐矿，现已成为中国最大的钾盐基地；发现大柴旦湖扎仓茶卡镁硼酸盐矿等新类型。1980年主持盐湖队勘查藏北班戈湖和扎布耶湖，首次查明有重要经济意义的新矿物原生碳酸锂（即扎布耶石）、含锂菱镁矿和含锂白云石等，解开了多年来悬而未决的锂沉积赋存状态之谜。2001年率领科学考察团在藏北无人区错尼湖首次发现卤水太阳池效应及其机理，即太阳光进入密度分层的卤水后，会出现水温随水深度和含盐度提高而升高的现象，具有很大开发价值。此外，对中国东部古代盐矿床进行了研究。

发表论文数十篇；出版专著《水热成矿新类型——西藏铯硅华矿床》等5部。获得10余项国家和省部级科学技术奖，其中有全国科学大会奖2项，国家科学技术进步奖一、二等奖和省部级科学技术一等奖各1项；此外获李四光地质科学奖，1995年何梁何利科学与技术进步奖，中国工程科技光华奖。

（朱妙其）

马瑾（Ma Jin） 中国江苏省人，1934年11月27日生于江苏如皋。*地震学、构造地质学。*

1956年北京地质学院普查勘探系毕业。同年任中国科学院地质研究所实习员。1958年赴苏联留学，1962年获苏联科学院大地物理研究所副博士学位。回国后，任中国科学院地质研究所助理研究员、岩石力学实验室负责人等。1978年起，一直在国家地震局地质研究所工作，1981年晋升研究员，历任构造物理开放实验室副主任、主任、该所学术委员会主任等职。1983年在美国地质调查局从事岩石力学合作研究。兼任中国地震学会常务理事及构造物理专业委员会主任，中国岩石力学与工程学会高温高压岩石力学专业委员会主任，中国科学院研究生院、石油大学兼职教授等职。1997年当选为中国科学院院士。

地球科学女科学家，创造性地发展了中国实验地震学和构造地质学。早期致力于褶皱形成机制及应力场研究。1967年起，系统研究构造变形与地震活动的关系，开展一系列有特色的研究工作，其中包括：断层几何与失稳类型及其前兆特征、断层力学性状和失稳条件与变形机制的实验研究等；主持川中威远构造、川南古隆起含油构造研究及模拟实验、新丰江水库地震现场观测与研究等课题，提出的一些新观点在地震预报实践中发挥了重要作用；参与建立中国地震局构造物理开放实验室，研究地壳和上地幔物质物理力学性质、变形过程及其物理响应，在中国相关学科发展中起着主导作用。著有《构造物理学概论》（1987年）、主编《首都圈地震地质环境与地震灾害》（1993年）等多部著作。多次获奖。（马连伟）

金翔龙（Jin Xianglong） 中国江苏省人，1934年11月29日生于江苏南京。*海洋地质学、地球物理学。*

1956年北京地质学院（今中国地质大学）本科毕业。在中国科学院水生生物研究所（今海洋研究所）任职近30年，现为国家海洋局第二海洋研究所研究员，国家海洋局海底科学重点实验室主任，兼任中国海洋地质学会副理事长。1997年当选中国工程院院士。

长期致力于中国边缘浅海海底勘查研究，开辟了学科新方向、新领域。参与创建中国最早的海洋地质研究机构；参与组建中国第一支海洋地震勘探队伍，率先在渤海等海域开展地震勘探找油活动；对渤海、黄海、东海开展地球物理探测；对中国海构造格局、地壳性质与演化提出了重要见解，有关咨询意见多次被勘探、生产部门采纳并见成效；在南海首次取得深海地壳属性重要信息和发现铁锰结壳地带；20 世纪 80 年代初，主持建设“科学一号”海洋调查船，船上首次采用信息化管理的地球物理采集系统；建立一系列陆基实验室和大规模数据处理基地，被国际评为“弥补了中美之间技术差距”；八五期间，主持“大洋多金属结核资源勘探开发”项目，勘探工程达到国际先进水平；1990 年底，代表中国在联合国接受严格技术审查，为国家争得了东太平洋 15 万平方千米理想矿区，一举成为世界上第 5 个国际海底“先驱投资国”，现已获得其中一半矿区开采权，初估可开采 20 年；90 年代初，在系统勘查东海大陆架及冲绳海槽基础上，主编《东海海洋地质》等专著；90 年代末，首次发现东海底部有储量十分可观的天然气水合物“可燃冰”存在，引起了国内外关注。他认为，据不完全统计，太平洋西部富钴结壳矿床资源量达 10 亿吨；“可燃冰”约 1．8 万亿吨，为陆地资源量 100 倍，其总能量是所有煤、石油和天然气总和的 2～3 倍；预测海底金属热液矿等资源，都将成为 21 世纪各国竞相争夺和开发的热点，力主中国必须早作准备。

1980 年起，发表论文近百篇；专著多部，其中主编有《东海海洋地质》（1992 年）、《东太平洋多金属结核矿带海洋地质与矿床特征》（1997 年）等。至 2002 年，获中国科学院科学技术进步奖一、二等奖、自然科学奖二等奖各 1 项，国家海洋局科学技术进步奖一等奖 2 项、科学技术进步奖二等奖 1 项；获国家八五科学技术攻关先进个人称号。（武光明）

陈毓川（Chen Yuchuan）　中国浙江省人，1934 年 12 月 7 日生于浙江平湖。*矿床学、区域地质学、地球化学*。

1952 年考入南京大学地理系。次年选派赴苏联留学，1959 年毕业于苏联乌克兰顿涅茨克理工大学地勘系。同年回国，在国家地质部地质研究所工作。期间在广西大厂锡矿进行长达 5 年的实地调研。历任中国地质科学院地质所研究室主任、矿床研究所所长，地质矿产部地矿司研究员、司长、总工程师、地质调查局局长，1986～1997 年任中国地质科学院院长。后任国家国土资源部研究员、总工程师。兼任中国地质学会常务副理事长，国际矿床成因学会副主席。1997 年当选为中国工程院院士。

长期从事矿床地质、地球化学、区域成矿勘查预测研究。20 世纪 60 年代，参加勘查广西大厂锡矿和江西东乡铜矿等处矿情，扩大探明储量，总结成矿规律；研究江西枫林钨铜矿床，首次揭示了钨在硫化矿床氧化带中的地球化学行为。70 年代，深入勘查桂北、宁芜、南岭、阿尔泰等地区，独创性地提出宁芜玢岩铁矿成矿模式，首次在国际上开拓区域矿床成矿模式研究领域；系统总结华南花岗岩有色、稀有、铀矿床及全国陆相火山铁（铜）矿成矿规律，促进了中国火山岩区及花岗岩区地质找矿工作。70 年代末后，发展了区域成矿理论，与程裕淇等人提出“矿床成矿系列”概念，强调特定地质演化阶段相对独立的成矿系统的最终矿床产物，经 20 多年来在实践中不断丰富完善，“九五”期间更得到深化研究和广泛采用。80 年代后，“六五”起负责地矿部门固体矿产勘查工作，“七五”期间负责全国金矿找矿工作，取得重要收获。

发表论文近百篇；出版《中国矿床成矿模式》（1993 年）、《当代矿产资源勘查评价的理论与方法》（1999 年）等专著 14 部。先后获得国家科技进步奖特等奖 1 项、二等奖 3 项，国家自然科学奖三等奖 1 项，地矿部、新疆自治区科技成果奖一等奖各 1 项；此外，1997 年获李四光地质科学工作者奖，2004 年获中国工程院光华工程科技奖。（武光明）

任纪舜（Ren Jishun）　中国陕西省人，1935 年 2 月 6 日生于陕西华阴。*构造地质学、地层学*。

1955 年西北大学毕业。中国地质科学院地质研究所大地构造研究室研究员，西北大学等校兼职教授。1997 年当选为中国科学院院士。

20 世纪 50～60 年代，他首次确认中国东南部地质构造为加里东褶皱带，认为南海原为一前寒武纪地块“南海地台”，从而划定中国南部的基本构造单元；发现滇西地区属于印支褶皱带，最终确定从青藏高原到马来半岛是世界上规模最大的印支造山带。70 年代，确认印支造山运动是中国地质演化史的重大转折，首次将中国东部原属中朝准地台的淮阳地盾划入秦岭造山带；率先在中国大地构造图上详细标定各时代的板块缝合带。80 年代，发现该区各个陆块在陆-陆碰撞之后经历了长期多旋回缝合才最终焊为一体，提出微陆块、软碰撞多旋回缝合是中国地质构造基本特征，揭示了多旋回造山的本质，将板块构造与多旋回运动相结合，在专著《中国大地构造及其演化》（1980 年）中对此作了全面论述；揭示中国东部地壳-上地幔的立交桥式结构，深入探索它的动力学原因。90 年代起，主持中国大陆构造多学科综合研究，出版《中国东部及邻区大陆岩石圈的构造演化与成矿》（1990 年）；撰写《从全球看中国大地构造》（1999 年），为中国资源环境研究提供了地质构造背景；主编新一代《中国及邻区大地构造图（1∶500 万）》（2000 年），将组成中国复合大陆的小陆块分为亲西伯利亚、亲冈瓦纳和古中华 3 个陆块群；参与主持实施 973 项目有关中国大地构造课题获突破性进展，首次证明含热河生物群和著名中华龙鸟的地层属白垩纪，而不是侏罗纪。

（马连伟）

殷鸿福（Yin Hongfu）　中国浙江省人，1935 年 3 月 15 日生于浙江舟山。*地层学、古生物学、构造地质学*。

1956年北京地质学院地质勘探系毕业，1961年该校地层古生物学研究生毕业。留校任教。1980～1982年赴美国进修和讲学。1988年任中国地质大学（武汉）生物成矿实验室首任主任，后任该校校长，教授。兼任中国古生物学会副理事长、国际二叠-三叠系界线工作委员会主席、国际地质对比规划395项主席、《古生物学报》副主编。1993年当选为中国科学院学部委员（院士）。

主要贡献：①地质演化突变观。在与人合著《地质演化突变观》（1988年）一书中，以大量案例重新评价居维叶、赖尔和达尔文学说，认为古生物演化采取渐变、突变和灾变三种形式；演化过程不单是由低级到高级的进化，还存在由大量绝灭、适应辐射、稳定发展相交替形成的阶段性发展；对中国二叠纪-三叠纪之交生物大绝灭和辐射演化的举证，在中外产生广泛影响。②生态地层学研究。1964年主编中国第一部古生态学教程；在《扬子地台及其周缘东吴-印支期生态地层学》（1995年）专著中，系统提出了生态地层学理论和方法，并运用于扬子区二叠-三叠系盆地演化分析。③二叠-三叠系界线研究。20世纪70年代末，提出二叠-三叠系界线粘土岩火山成因说，引起国内外关注；在1986年提议以微小欣德牙形石作为二叠-三叠系界线标志，获国际广泛响应；在他的推荐和努力下，全球二叠-三叠系界线的全球层型剖面和点位（即"金钉子"）首次得以在中国浙江长兴煤山确立。③地球板块活动研究。主编《中国古生物地理学》（1988年）以12 468个物种为基础，系统提出全球热、温、寒带生物区系地史区别标志，中国各时代古生物地理区划，论证了华南在早古生代前属于冈瓦纳古陆。④三叠系生物地层研究。重建秦岭、松潘地区三叠纪地层系统，重建秦岭晚古生代裂陷史及印支运动史；建立贵州、祁连山区海相三叠系地层系统；发现早三叠世超微化石、中国和东亚拉丁期大海退和华北三叠纪海侵等证据。⑤古生物分类学。对双壳类和腹足类化石作了系统分类鉴定，已发表300余种。

至2002年，发表论文近200篇；出版《生物成矿系统论》（1999年，与他人合著）等专著教材21部。多次获奖，其中包括1987年中国古生物学会首届尹赞勋奖、1992年中国地质学会李四光奖、1999年国家自然科学奖二等奖、何梁何利科学技术进步奖等。

（虞为慈）

戴金星（Dai Jinxing）　中国浙江省人，1935年3月19日生于浙江瑞安。油气地质学、地球化学。

1961年南京大学地质系大地构造专业毕业。同年到国家石油工业部北京石油科学研究院工作。中国石油天然气总公司石油勘探开发研究院教授级高级工程师。曾任该院天然气研究室主任，兼任中国地质学会地质学史研究会副会长，南京大学、浙江大学、西北大学、中国矿业大学等校兼职教授，《地质科学》、《石油学报》、《中国油气》（英文版）等10余个学术杂志副主编和编委。1995年当选为中国科学院院士。

他被誉为"中国天然气权威"。多年从事天然气地质和天然气地球化学研究，在建立和发展中国煤成气理论、评价各种天然气理论、大中型气田形成条件及分布规律、无机成因气及其气藏形成条件、有利天然气区预测、开辟煤成气勘探新领域等方面，均有重要贡献。1962～1972年参加石油大会战，勘探湖北江汉流域石油，一些预测后被证实。发表"成煤作用中形成的天然气和石油"（1979年），是中国首篇煤成气和煤成烃论文，推动了该领域发展。1983年主持"六五"国家重点项目"炼成气的开发研究"，获1987年国家科学技术进步奖一等奖。

至2002年，发表论文近200篇；主编或独撰《中国天然气地质学》（2卷，1992～1996年）、《天然气地质研究新进展》（1997年）和《中国煤成大中型气田地质基础和主控因素》（2000年）等著作近20部。1987年和1997年两次获国家科学技术进步奖一等奖，1986年、1991年和1996年三次获国家科学技术攻关先进个人奖，多次获部级科技进步奖一、二等奖；2001年获何梁何利科学与技术进步奖。（张 强）

曾庆存（Zeng Qingcun）　中国广东省人，1935年5月4日生于广东阳江。气象学、海洋学、地球物理学、遥感工程、应用数学。

1956年毕业于北京大学物理系。1961年获苏联科学院数理科学副博士学位。同年回国，先后在中国科学院地球物理研究所、大气物理研究所任助理研究员、研究员。1984～1993年任大气物理研究所所长，兼任大气科学和地球流体力学数值模拟国家重点实验室主任；后任国际气候和环境科学中心主任、中国科学技术协会副主席、中国气象学会理事长、中国海洋学会名誉理事长、中国工业与应用数学学会理事长。1980年当选为中国科学院学部委员（院士）。1994年被选为俄罗斯科学院外籍院士。1995年当选为第三世界科学院院士。

长期致力于大气科学与地球流体力学研究，在诸多领域有创造性重要成果。最早成功地提出积分原始方程求解法，1961年首创半隐式差分法，创立并深入研究了非线性计算稳定性理论和严格保持能量守恒的差分格式构造，至今广泛应用于数值天气预报预测、大气和海洋环流、河湖沉积、大气污染等数值模拟；创立计算地球流体力学，解决了该学科中的一些基本理论问题；建立严谨描述大气运动的地转适应过程和演变过程理论；发展了波包动力学，解决了有关地球流体力学方程解适定性等基本问题；发展了红外大气遥测原理，提出最佳信息层理论和合理的通道选择方法等；提出自然控制论，对自然环境自控过程及人工调控研究提供统一的理论和方法；主持设计有中国创见的大气环流模式、海洋环流模式和气候系统模式，模拟亚洲季风雨带推移、大洋环流和中国近海环流流系，成功预测中国跨季度旱涝趋势。

发表论文近百篇；出版《太平洋及中国近海海流图集》（与他人合著）、《大气红外遥测原理》（1974年）和《数值天气预报的数学物理基础》（第1卷，1979年）等专著多部。多次获奖，其中包括1978年科学大会奖2项，国家自然科学奖二等、三等奖各1项，中国科学院自然科学奖一等奖3项等。此外，1995年获何梁何利科学与技术进步奖。 （刘云辉）

李泽椿（Li Zechun） 中国江苏省人，1935年6月1日生于江苏南京。气象学、大气动力学、环境科学。

1951年考入中国西南军区部队气象干部训练班，从事基层气象观测工作4年，在陕南秦岭大巴山区任为航空服务的气象站站长。1956年考入北京大学物理系气象专业，1965年北京大学地球物理系研究生毕业。同年到国家气象局中央气象台（后为国家气象中心）任天气预报员，历任预报组长、副科长、副主任，1985～1996年任主任，1987年任研究员。兼任北京气象学会理事长。1995年被选为中国工程院院士。

长期在中国国家气象中心（原中央气象台）第一线从事日常天气预报业务、科研技术开发和预报系统的工程建设。“六五”期间，主持建立中国第一个自动化程度较高的全国短期（1～3天）数值天气预报业务系统，获1985年国家科技进步奖一等奖；“七五”期间，建立中国第一个中期（3～10天）数值天气预报业务系统，使中国在该领域短期内跃入国际先进行列，获1995年国家科学技术进步奖二等奖；“七五”期间，任国家气象中心扩建工程总指挥，主持设计和建立气象专用通信网和计算机网系统，建成当时中国最大的异型机局域网系统；“八五”期间，主持建立台风、暴雨的数值预报系统，获1997年国家科学技术进步奖二等奖；“九五”期间，负责国家重点课题“并行计算在数值预报领域应用”，大大提高了预报水平，项目被评为2000年国家科学技术进步奖二等奖；后期参加和负责中国工程院水资源可持续发展研究中的气象问题研究，国家重点基础研究发展计划（“973”）中有关城市污染中的气象问题研究等课题。获2001年何梁何利科学与技术进步奖。 （李啸虎）

汪集旸（Wan Jici） 中国江苏省人，1935年10月11日生于江苏吴江。地热学、地球物理学。

1956年北京地质学院水文与工程地质系毕业。留校任教。1958～1962年在苏联留学，获莫斯科地质勘探学院地质矿物学副博士学位。回国后，一直在中国科学院地质研究所（1999年后为中国科学院地质与地球物理研究所）工作，研究员，兼该所学术委员会副主任等职。1979～1981年，先后在美国弗吉尼亚理工大学任访问学者，在美国地质调查所任客座高级研究员。兼任国际地热学会主席团成员、国际热流委员会委员等职。1995年当选为中国科学院院士。1996年当选为国际矿产资源科学院院士。2001年当选为国际欧亚科学院院士。

20世纪70年代起，长期从事地热理论和应用研究，在大地热流、深部地热、地热资源以及油田矿山地热等方面均有建树，填补了中国在该领域的一些空白。80年代在攀西地区确定了中国第一个“热流省”；构划出中新生代以来华北盆地地热演化史；提出热流-生热率的线性相关律在中国东南地区不成立的新观点；划分了中国大陆五种岩石圈热结构类型；指出中国地热资源形成分布的构造-热背景；进行矿山地温类型划分，提出矿山热害防治的地质-工程对策，开创了中国矿山地热工程领域；提出中低温对流型地热系统成因模式，撰写出世界上第一部《中低温对流型地热系统》（1993年）专著；总结出中国大中型含油气盆地地热特征，并从地热角度对油气资源潜力作出评价。

发表论文百余篇；撰写出版专著近10部，其中编制出版《中国大陆地区大地热流分布图》、《中国温泉及放热量分布图（1∶600万）》、《中国莫氏面温度分布图》、《中国热岩石图厚度图（1∶1200万）》、《中国地热资源》（1994年）、《地热学在中国 》（1996年）和《神奇的地热》（2001年）等。多次获国家和省部级奖励，其中有：国家煤炭工业部科学技术进步奖一等奖，中国科学院科学技术进步奖一等奖、三等奖，中国科学院自然科学奖一等奖、三等奖等。 （周广生）

欧阳自远（Ouyang Ziyuan） 中国江西省人，1935年11月4日生于江西吉安。地球化学、天体化学、太阳系演化学、月球探测工程。

原籍江西上饶。医生家庭出身。1956年北京地质学院勘探系毕业。1960年中国科学院地质研究所矿床学研究生毕业。留所工作，曾任研究室主任。1966年起，在中国科学院地球化学研究所工作，研究员，历任研究室主任、副所长、所长。1980～1981年、1983～1984年两度任德国马普核物理研究所客座研究员。兼任天津理工大学名誉校长、贵州大学名誉校长、中国矿物岩石地球化学学会名誉理事长、中国空间科学学会副理事长、中国科学院国家天文台高级顾问、《环境科学》主编、贵州省科学技术协会主席等职。1991年当选为中国科学院学部委员（院士）。是第三世界科学院院士。

中国月球探测工程首席科学家。20世纪60～70年代，负责综合研究中国地下核试验地质选场、模拟实验和地质效应，获1978年全国科学大会奖等；在中国率先系统研究各类地外物质（陨石、宇宙尘、月岩）和比较行星学；定量提出地球演化的能量体系，认为核转变能是地球演化主要能源。70～80年代，提出铁陨石成因假说；主持对1976年吉林陨石雨事件进行大规模多学科综合研究，提出其形成演化模式等系列成果，获1986年中国科学院科学技术进步奖一等奖、1987年国家自然科学奖三等奖；首次发现地质体中消融型宇宙尘判据系列；系统测试分析月岩样品和月球陨石，探索月球形成演化史。80年代后期起，提出太阳星云演化、类地行星起源演化等一系列新理论；提出地球原始组成非均一性、演化非均变性观点，论证其对全球构造演化与成矿的控制作用；首次提出并论证新生代以来6次重大的小天体撞击地球事件诱发古气候旋回、环境灾变与生物灭绝、新冰河期形成的假说；率先构筑中国天体化学理论框架；倡导启动中国月球探测工程，参与论证、筹划和主持中国的月球探测工程（“嫦娥工程”）。在他和工程总指挥栾恩杰、总设计师孙家栋的领导下，作为中国月球探测工程的第一个项目“嫦娥1号”绕月卫星，已于2007年10月24日发射成功，中国从此开始了对月球的空间探测。

至2007年，已发表论文420余篇；主编参编著作近20部，独撰专著7部，其中《天体化学》（1989年）获1991年中国科学院自然科学奖一等奖。

（郑永春）

伯纳，R. A.（Berner，Robert Arbuckle） 美国人，1935年11月25日生于美国宾夕法尼亚州伊利。*沉积学、海洋学、地球化学。*

早年在密歇根大学专修地质学，1957年获理学士学位，1958年获理科硕士学位。1962年获哈佛大学地质学博士学位。同年供职于圣迭戈的斯克里普斯海洋研究所。1963～1965年在芝加哥大学地球物理系任助理教授、副教授。1965年到耶鲁大学地质和地球物理系任职，1971年升任教授。1983年任美国地球化学学会会长。是美国国家科学家院士、美国文理科学院院士。

主要科学成就是将物理化学和数学方法应用到沉积物和沉积过程的研究中。由于对沉积物的矿物-地球化学研究的贡献，1971年获美国矿物学会奖。对缺氧沉积物中的硫进行研究，用分子扩散、埋藏及细菌对硫酸盐的还原理论解释了缺氧沉积物中分解的硫酸盐的深度分布。研究现代沉积物中碳酸钙的分布，明确指出大部分海洋中碳酸钙未饱和；在深海沉积物的深处，碳酸钙的消失大多是动力学现象，而不是由于深海碳酸钙不饱和引起的。还研究了铁矿物，指出许多“红层”是在埋藏期间由黄棕色的针铁矿脱水而形成的。这说明“红层”不一定由原来红色物质所形成，因而根据原来红的颜色来确定古气候可能有错误。

主要著作为《化学沉积学原理》（1971年）、《全球水循环》（1986年）、《显生宙地质年代的碳循环》（2004年初版，2012年第2版）等。1993年获加拿大亨茨曼海洋学奖章。

（应中锷）

苏纪兰（Su Jilan） 中国湖南省人，1935年12月31日生于湖南攸县。*物理海洋学、水文学。*

知识分子家庭出身。1949年随父母去台湾。1957年台湾大学土木工程系毕业。1961年获美国弗吉尼亚理工学院工程力学硕士学位。1967年获美国伯克利加利福尼亚大学博士学位。历任纽约州立大学布法罗学院工程科学系副教授，夏威夷地球物理研究所海啸中心研究员，佛罗里达州立大西洋大学海洋工程系终身教授。1979年回国，一直在国家海洋局第二海洋研究所工作，研究员，1994年起任所长、名誉所长。兼任联合国政府间海洋学委员会副主席、主席，《海洋学报》主编等职。1991年当选为中国科学院学部委员（院士），地学部副主任。1994年当选为第三世界科学院院士。1999年当选为俄罗斯科学院外籍院士。

主要成果有：发现偏北风是冬季黄海-渤海暖流形成主要动力；与日本合作开展大规模勘查研究黑潮（北太平洋西边界强流），揭示黑潮影响东海海洋环境的机制，建立黑潮与大陆架水互动、台湾暖流形成的动力学模式等，成果获1994年国家海洋局科学技术进步奖一等奖、1996年国家科学技术进步奖二等奖；论证了“黑潮南海分支”是黑潮诱生环流一个分支，且与周期性中尺度涡流密切相关；率先提出长江冲淡水次级锋面概念，首次发现并成功模拟了潮流不对称对长江口最大混浊带形成的效应；率先获得多港池湾共振频率，提出模拟潮致底质冲淤的有效办法；系统总结中国近海陆架波特性；共同主持完成“渤海生态系统动力学”等国家重大项目。

发表论文百余篇；主编《海洋科学和海洋工程技术》（1998年）、《浙江建设“海洋经济大省”战略研究》（1999年）等专著。获多种国家和省部级奖励和荣誉称号；2003年获何梁何利科学与技术进步奖。

（李啸虎）

张弥曼（Zhang Miman） 中国浙江省人，1936年4月17日生于江苏南京。*古地理学、古生物学、地层学。*

原籍浙江嵊县。教师的女儿。1960年毕业于苏联莫斯科大学地质系。1982年获瑞典斯德哥尔摩大学博士学位。1960年起，一直在中国科学院古脊椎动物与古人类研究所工作，研究员，1983年任所长。1966年起，多次在瑞典等国做访问学者和客座教授。1991年当选为中国科学院学部委员（院士）。1992年当选为国际古生物学会第14任主席，是该学会1933年成立以来第一位中国籍会长，也是该学会第一位女会长。2010年当选瑞典皇家科学院外籍院士。

中国当代古脊椎动物学女专家。长期从事古鱼类学、古地理学、古生态学和生物进化论研究。在对泥盆纪总鳍鱼类、肺鱼化石与陆生脊椎动物起源关系研究中，对流行的权威看法提出了大胆质疑。据国际流行的瑞典学派看法，大约3亿5千万年以前的古代总鳍鱼类，是陆生四足动物最早祖先，因为它们有内鼻孔，可以不用鳃而直接呼吸空气；而且四个鳍内还有一般鱼类缺少的硬骨，有条件变为“四条腿”爬上陆地变成两栖类。1982年，她对中国云南杨氏鱼等古总鳍鱼类化石进行深入研究，在鼻囊分析中发现这种鱼没有内鼻孔，这从根本上动摇了扇鳍鱼类是四足动物祖先的权威理论，在国际上引起很大震动，各国专家纷纷对此作进一步探讨和验证。此外，她还研究了中新生代东亚含油地层的古鱼化石，为探讨东亚真骨鱼类起源、演化和动物地理学提供了实证分析；提出对中国东部油田有关地质时代及古代沉积环境的看法，有重要学术和应用价值。

主编《热河生物群》（2002 年，中、英文）等书，对 20 世纪古生物学最重大发现之一的中国辽宁西部化石系列研究成果作了全面介绍。多次获奖，其中 1985 年、1987 年先后获中国科学院重大科学技术成果奖一等奖、科学技术进步奖二等奖，获中国科学院自然科学奖一等奖、国家自然科学奖二等奖；另获何梁何利科学与技术进步奖。（李啸虎）

郑度（Zheng Du） 中国广东省人，1936 年 8 月 26 日生于广东揭西。自然地理学、区域地理学、生态学。

原籍广东大埔。1958 年中山大学地理系自然地理专业毕业。同年起一直在中国科学院地理研究所工作，研究员，历任研究室主任、地理研究所所长，中国科学院地理科学与资源研究所学术委员会主任等职。期间 1980～1983 年任德国波恩大学访问学者。兼任国际地理学联合会山地生态学与可持续发展委员会副主任、中国青藏高原研究会副理事长、《地理学报》（英文版）主编等职。1999 年当选为中国科学院院士。

国家重点项目“青藏高原形成演化及其环境、资源效应”首席科学家。是中国 20 世纪 70 年代在西藏、80 年代在横断山区综合科学考察的主要组织者和参加者之一；主持喀喇昆仑山及其区域综合科学考察（1987～1992 年）；参与主持“青藏高原形成”课题组（1992～1997 年）。他在实地考察气候、植被与土壤分带相互关系基础上，提出青藏高原自然地域系统及其分布模式，阐明高海拔区域自然地域分异的三维地带性规律，建立适用于山地与高原的自然区划原则和方法；划分青藏高原垂直自然带为季风性和大陆性两类带谱系统；建立横断山区干旱河谷的综合分类系统，首次确认高原寒冷干旱的核心区域，揭示了高海拔区域一系列地理地带性规律。

发表论文 200 余篇；重要论著有《西藏自然地理》（1982 年）、《中国的青藏高原》（1985 年）、《环境地学导论》（2007 年，与他人合著）、《中国生态地理区域系统研究》（2008 年，与他人合著）等多部。多次获奖，其中有 1984 年中国科学院竺可桢野外科学工作奖、中国科学院科学技术成果奖二等奖，“青藏高原隆起及其对自然环境和人类活动影响的综合研究”项目获 1986 年中国科学院科学技术进步奖特等奖、1988 年国家自然科学奖一等奖。（李啸虎）

汪品先（Wang Pinxian） 中国江苏省人，1936 年 11 月 14 日生于江苏苏州。海洋地质学、古生态学。

1960 年莫斯科大学地质系毕业。回国后，任教于华东师范大学。1972 年起在同济大学任教，海洋地质系教授兼系主任，海洋地质教育部重点实验室主任。1981～1982 年获洪堡奖学金在德国基尔大学进行研究。兼任国际海洋研究科学委员会副主席、中国海洋研究委员会主席等职。1991 年当选为中国科学院学部委员（院士）。2001 年当选为第三世界科学院院士。

主要研究中国海区古生态环境演变，对海洋微体化石古生态、古海洋学和古湖泊学进行了开创性研究，推动了中国海洋、石油和第四纪地质研究。发现南海古海洋在冰期与间冰期旋回中存在对环境与沉积变化的放大效应；发现河口有孔虫受潮流搬运和分选作用，运用化石群特征法识别潮汐强度，指出陆架超微化石群与生物群的差异所在；指出研究中国东部及海区新生代地层中海陆过渡相地层的重要性，并确立区分古代海相、咸水湖与淡水相的识别标志；系统分析中国各海区沉积中钙质微体化石分布格局及其成因；揭示西太平洋边缘海对中国陆地环境演变的重大影响。在方法论上，引进多种定量古生态学研究方法，如化石分异度、古生态转换函数等；坚持在研究微体化石时贯彻微体古生物学与沉积学相结合的原则。此外，致力于推动中国的深海研究与海洋地质的国际合作。1999～2002 年，作为中美合作项目“深海大洋钻探研究”的首席科学家，成功主持中国海区首次的深海科学钻探（共 184 航次），取得西太平洋区最佳的晚新生代环境演变纪录，获得学术界很高评价。

发表论文 200 余篇，编有《海洋微体古生物论文集》；出版《海、陆相地层辨认标志》等专著 10 余种。多次获国家和省部级奖励，其中有国家自然科学奖二等奖，国家教委科学技术进步奖一等奖，中国科学院科学技术进步奖一等奖；此外，有何梁何利科学与技术进步奖、亚洲海洋地质奖、欧洲地学联盟米兰科维奇奖章等。（兰必丰）

林学钰（Lin xueyu） 中国福建省人，1937 年 3 月 6 日生于上海。水文地质学、地下水资源管理学、环境地质学。

1957 年长春地质学院水文地质及工程地质系毕业。1980～1982 年在美国爱达荷大学、宾夕法尼亚大学进修。1990 年在澳大利亚科学工业研究院做高级访问学者。历任长春科技大学（原长春地质学院）水文地质及工程地质系主任、应用水文地质研究所所长、副院长、副校长，吉林大学环境与资源学院院长。兼任国际水文科学委员会委员、国际水文地质学家协会国际岩溶委员会理事、中国地质学会水文地质专业委员会副主任、北京师范大学水环境模拟国家重点实验室学术委员会主任等职。1997 年当选为中国科学院院士。

作为水文地质和环境地质的女专家，她长期致力于地下水污染机理和溶质运移理论研究，在区域和城市地下水资源评价、水流模拟、预报研究方面取得多项成果；建立了中国最早一批地下水水质模型、地下水流模拟与预报模型、地下水资源开发与管理模型；率先将系统工程学与计算机技术引入水文地质领域，使中国地下水管理进入系统化、模型化、定量化新阶段；1985 年以来，完成国家和省部级科研生产项目 30 多项，其中石家庄、石羊河流域等地地下水资源管理等研究成果在中国居领先地位，创造了明显的综合效益；1982 年在中国高校首先建立地下水管理学、环境地质学新学科，1994 年建立中国第一个部级“水资源评价与管理系列模型”开放研究实验室；后在地下水污染机理、人工微生物治理地下水氮污染研究方面，取得突破性成果。

发表论文近百篇；出版与他人合著10余部专著，其中有《地下水管理》（1995年）、《城市水资源-环境管理决策支持系统》（1996年）、《基岩裂隙水专家系统》（1997年）、《松嫩盆地地下水资源与可持续发展研究》（2000年）、《现代水文地质学》（2004年）等。获国家和省部级奖励10余项。（陈振毅）

冯士筰（Feng Shizuo） 中国天津市人，1937年3月8日生于中国天津。*物理海洋学、环境科学。*

1962年清华大学工程力学数学系流体力学专业毕业。一直在山东海洋学院（今青岛海洋大学）任教，教授，该校物理海洋研究所所长。兼任世界大洋环流试验中国委员会委员兼专家组副组长、国际海洋物理科学学会中国委员会委员、国务院学位委员会海洋科学评议组组长、中国风暴潮及海啸研究会理事长、山东省力学学会副理事长等职。1997年当选为中国科学院院士。

尤其在浅海动力学方面深有造诣，成果突出。在中国率先探索风暴潮机制，创建超浅海风暴潮模式，发展了浅海动力学研究；将风暴潮动力学和预报方法系统化，其专著《风暴潮导论》是国际上首部系统论述风暴潮理论和预报方法的著作，促进了风暴潮学科发展，获全国优秀科技图书一等奖；深入研究作为当前近海环境海洋学研究焦点的浅海环流，给出了独具特色的拉格朗日余环流和输运方程，物理意义明确，计算模式简便；主持完成国家九五重大项目“渤海生态系统动力学与生物资源持续利用的生态建模”研究。多次获国家和省部级奖励，其中“浅海风暴潮动力机制和预报方法的研究”、“拉格朗日余流和长期输运过程的研究——一种三维空间弱非线理论”分获1982年、1989年国家自然科学奖三等奖。（马连伟）

魏子卿（Wei Ziqing） 中国河南省人，1937年4月15日生于河南睢县。*遥感工程、大地测量学、空间科学、仪器研制。*

1960年中国人民解放军测绘学院毕业。后一直在总参谋部西安测绘研究所工作，任研究员。期间1984～1986年在美国俄亥俄州立大学做访问学者。兼任总参谋部西安科学技术创新工作站进站专家、全军信息工程大学等校兼职教授等职。1995年当选为中国工程院院士。

20世纪60年代，研制测绘专用电子计算机。70年代，承担海上大气折光修正研究，在南海预定海域取得大量数据，建立距离改正数学模型，为中国首次洲际导弹成功发射提供了数据保障；主持研制和测试中国第一台长测程氦氖气体激光测距仪，测程达20千米，性能国内领先。80～90年代，在中国首先开展卫星多普勒网布测和平差计算，组织和参加中国地心坐标系一、二期工程，获1990年国家科学技术进步奖二等奖；在国际上较早开展和完成全球定位系统（GPS）研究，提出单频数据消电离层定位模式，定位精度居国际先进；提出全国GPS大地网布设方案，建立一级整体平差计算，获1996年国家科学技术进步奖二等奖；制定“全国天文大地网和空间网联合平差”总体技术方案，以及广域差分GPS网技术方案；作为总参测绘局首席专家参与“中国地壳运动观测网络工程”专家组，提出并组织实施“新一代军用大地坐标系建立的理论与实践”等课题，为启用新一代军用地心坐标奠定了基础；他还参与论证中国新一代导航卫星系统方案研究项目。

发表论文数十篇；著有《GPS卫星测轨网研究》（1997年）、《GPS相对定位的数学模型》（1998年，与他人合著）等专著。（李啸虎）

谢礼立（Xie Lili） 中国上海市人，1938年3月10日生于上海。*地震学、地震工程、计算机应用。*

1960年天津大学土木工程系毕业。同年到哈尔滨中国科学院土木建筑研究所工作。后历任中国地震局工程力学研究所副所长、所长、名誉所长，该局科学技术委员会副主任；1985年升任研究员。1981～1982年在美国加利福尼亚理工学院、南加利福尼亚大学和美国地质调查局从事合作研究。后任哈尔滨工业大学建筑工程与设计学院院长。兼任联合国科学技术委员会委员、联合国“国际减灾十年”特设专家组专家、国际地震工程协会执行理事、美国科学基金会外籍顾问和外籍评议员、中国灾害防御协会秘书长、中国地震学会地震工程专业委员会副主任、黑龙江省地震学会副理事长、《自然灾害学报》和《地震工程与工程振动》杂志主编等职。1994年选聘为中国工程院院士。

中国强震台网和数据分析学科的主要奠基人，中国防灾工程和安全工程研究的开拓者之一。在理论方面，20世纪60年代在国际上较早指出：结构物存在使地基地振动在幅值及谱分量上不同于自由场地，地基地震动中与结构物自振周期对应的频率分量得到加强；首次采用描述图象几何特征方法对地震动持续时间赋予新定义。在实践方面，1966年在河北邢台主持建立中国第一个流动观测台网，后经十多年努力发展成中国大陆强震观测台网，引进和自主开发各种观测技术；80年代主持建立具有国际水平的强震数据处理和分析实验室，形成中国强震记录处理中心；参与主持建立唐山试验台阵、四川和西南流动观测台阵、北京存放台阵等基地，取得不少宝贵记录，其中唐山三维台阵被推为国际实验台阵；主持编制中国第一套强震数据处理标准计算程序，被国际上评为世界上最好的两种软件之一；90年代，合作研究海水对海底土层地震动参数影响，取得两项研究成果。

发表论文和研究报告百余篇；主编中国强震观测资料共5集7卷，被中外广泛引用；还出版专著《强震观测与分析原理》（1981年）、译著《地震动谱分析入门》（与他人合译）、工具书《英汉地震工程学词汇》等多部。（王向阳）

袁业立（Yuan Yeli） 中国山东省人，1938年3月29日生于山东荣成。*物理海洋学、环境科学、遥感工程。*

1962年复旦大学数学力学专业毕业。1966年中国科学院海洋研究所物理海洋学专业研究生毕业。留所工作。1982年获美国北卡罗莱纳州立大学博士学位。回国后，历任中国科学院海洋研究所副所长、研究员，国家海洋局第一海洋研究所副所长、所长。兼任中国海洋与湖沼学会理事长、中国海洋遥感学会理事长、国家海洋局科学技术委员会副主任、中韩海洋科学共同研究中心主任、《海洋科学进展》主编等职。1995年当选为中国工程院院士。

中国863高科技计划海洋监测首席科学家，在海洋环流理论、海洋波动力学、海洋数值模拟和遥感海洋学诸方面都有较深造诣。采用数学物理方法研究海洋的大中小尺度运动取得开拓性成果；首次在国际上研究处于成长过程的非线性水波，取得非线性水波色散关系、不稳定性分析和非线性平衡等数据资料；最早提出主波前骑行波的条状不稳定性概念，对于解释合成孔径雷达图像和发展海洋遥感传感器技术有重要意义；发展了海洋破碎波模型统计方法，获得破碎能量耗散率、破碎波谱关系和高频谱形式等重要成果；首创解析破碎耗散源函数和波流相互作用源函数，建立风-浪-流联合模式的关键技术；提出封闭的浅海热生环流理论模式，较好解释了黄海冷水团的热结构、环流结构和季节变化特征；在中国最早开拓海洋遥感动力学和微波遥感机理研究新领域；首创海洋遥感资料四维同化技术，发展了中国第三代海浪数值模式和湍流闭合海洋生态动力学数值模式；主持国家973计划中关于中国近海环流形成和变异机理、数值预测方法及对环境影响的研究。发表论文逾百篇。多次获奖，其中国家海洋局科学技术进步奖一等奖两项。

（吴绩新）

张国伟（Zhang Guowei）　中国河南省人，1939年3月16日生于河南南阳。*区域地质学、构造地质学。*

1961年西北大学地质学系毕业。留系任教，后升任教授，相继任地质学系主任、造山带地质研究所所长、大陆动力学教育部重点实验室学术委员会主任等职。兼任陕西省地质学会副理事长等职。1999年当选为中国科学院院士。

主持参加完成河南中部富铁矿研究；系统研究华北地块南部早期地壳的形成与演化，总结出复杂深变质变形小型绿岩系和早期两类构造单元复合演化的独特特征，深化了早前寒武纪地质研究；系统开展秦岭地区早前寒武纪地壳形成演化，提出中国大陆与造山带的多块体中小洋陆板块构造体制与动力学特征，探索大陆动力学，提高深化了造山带理论与方法的研究；提出秦岭地区壳幔非耦合三维结构、三板块二缝合带造山过程及其动力学特征等新观点新假说，成果被广泛引用和应用，其中主持完成“秦岭造山带岩石圈组成、演化及其成矿背景”研究，获1998年教育部科学技术进步奖一等奖，“秦岭造山带结构与演化”研究获1999年国家自然科学奖二等奖；2002年考察发现甘肃麦积山麓北道区麦积乡土桥村处在秦岭、贺兰山和岷山三大山系交汇点上，正是地质学家多年寻找的中央造山系和南北构造系的交汇点，在构造地质史上具有重要意义。

发表论文200余篇；出版《秦岭造山带形成及其演化》（1988年）、《秦岭造山带与大陆动力学》（2001年）等专著5部；主编《秦岭造山带造山过程和岩石圈三维结构图丛》（1996年，与他人合著，中、英文版）等地质和构造图件15幅。

（李啸虎）

姚振兴（Yao Zhenxing）　中国上海市人，1939年4月4日生于上海。*地震学、工程地质学、地球物理学。*

1962年北京大学地球物理系毕业。1966年中国科学院地球物理研究所研究生毕业。现任中国科学院地质与地球物理研究所研究员。曾任中国地球物理学会副秘书长。1999年当选为中国科学院院士。

长期从事地球物理学研究，擅长现场地震观测、资料分析和地震预报，在地震波基础研究和应用研究方面均有重要成果。多次参加青藏高原等地区地球物理野外观测研究工作；先后开展对邢台、思茅等大地震的研究；1978年后，主要从事地震波传播理论研究，从震源、波传播和地面运动的基本模式出发，系统地解决了为宽频带地震波波形研究进行正演模拟的多项难题；引入求解地球物理非线性问题的全局优化反演方法；完成中国大陆不同构造地区的上地幔速度结构研究；发展了利用地震波估计爆炸当量的新方法；提出完整的近场强地动预测的理论地震学方法，并成功应用于秦山核电站和二滩水电站厂等地的地震危险性估计，取得重大经济效益和社会效益；积极推动海峡两岸在地震方面的科学研究合作与交流，1995年12月～1996年5月，受台湾“中央研究院”地球科学研究所邀请，以“特案研究员”身份，参与“台湾地区地震的震源破裂过程和震源区应力场变化的宽谱研究”课题，获得好评；1997～2000年，主持完成国家重要课题“台湾及邻近地区的岩石圈动力学研究”，受到高度评价；此外，对地震震源、地球内部结构及其物理过程、工程地震、石油地震勘探资料解读等方面，均有造诣与成果。

（李啸虎）

叶大年（Ye Danian）　中国广东省人，1939年7月21日生于香港。*岩石学、矿物学、晶体学。*

原籍广东鹤山。出身书香门第，父亲是铁道建筑工程师，母亲是马来西亚归侨。1962年毕业于北京地质学院岩石与矿物专业。1966年中国科学院地质研究所研究生毕业。中国科学院地质与地球物理研究所研究员。1991年当选为中国科学院学部委员（院士）。

长期研究矿物光学性质与晶体结构之间关系，发现了数十条定性和定量的规律，开拓了结构光性矿物学新领域。20世纪60～70年代，从事铸石学研究，提出“适度过冷结晶”理论，以及“余硅指数”配料计算法，微观结构和结晶程度的测定法，1978年获全国科学大会奖；结合矿物材料科学，在中国率先开展玄武岩岩浆在不平衡条件下结晶作用研究，发现假高压效应；擅长X射线矿物鉴定法，解决了斜长石、单斜辉石、石榴石、角闪石等主要造岩矿物鉴定难题，其专著《X-射线粉末法极其在岩石学中的应用》，推动了矿物学和岩石学研究；1976年在河南大别山发现C类榴辉岩和3T型多硅白云母，并论证了它们在中国大地构造中的意义，对后来的超高压变质作用理论产生了深远影响。80年代，著有世界上第一部《结构光性矿物学》专著，1986年获中国科学院自然科学奖二等奖；多年致力于陶瓷矿物学和水泥矿物学应用技术研究，1986年因沸石水泥研究获国家科学技术进步奖三等奖。90年代，开展统计晶体化学研究，发现地球圈层氧离子平均占有体积守恒定律、分子体积可加和性、多级随机堆积常数等等；致力于城市对称分布和城市化趋势预测研究，著有《地理与对称》等。发表论文近200篇；编撰《造岩矿物概论》、《铸石研究》等专著近10部。（邓剑琪）

李德仁（Li Deren） 中国江苏省人，1939年12月31日生于江苏泰县。测绘学、地理信息学、摄影测量与遥感工程。

原籍江苏镇江丹徒。1963年武汉测绘学院（现武汉大学测绘学院）航空摄影测量系毕业。1978年回母校攻读研究生学历。1981年获硕士学位。1985年获联邦德国斯图加特大学博士学位。后任武汉测绘科技大学（现武汉大学测绘学院）信息工程学院教授，曾任该院院长和该校校长。2012年聘任中国矿业大学环测学院院长。曾兼任国际摄影测量与遥感学会第Ⅳ和Ⅵ委员会主席、中国图象形学会副事事长、中国地理信息系统协会常委兼教育委员会主任等职。1991年当选为中国科学院学部委员（院士）。1994年选聘为中国工程院院士。1999年当选国际欧亚科学院院士。

他对高精度摄影测量定位、测量系统可靠性和可区分性理论与方法深有造诣。1982年提出粗差定位验后方差选权迭代法，测量精度超过传统“丹麦法”，被国际测量界称为“李德仁方法”；1985年提出扩展的可靠性理论来处理测量误差，解决了测量学上一个百年未解难题，成果获1988年联邦德国摄影测量与遥感学会最佳论文奖、汉沙航空测量奖。目前，国际上广泛应用李德仁理论矫正航测平差系统。20世纪90年代以来，从事遥感、全球定位系统（GPS）和地理信息系统（GIS）为代表的空间信息科学与技术的研究和教学，在高精度摄影测量定位、空中三角测量、测量系统可靠性卫星图像解析处理、数字形态学及其在测量数据库中的应用、面向对象GIS理论、影象理解及像片自动解译、以及多媒体通信等方面皆有成就。

发表论文200余篇；出版《误差处理和可靠性理论》、《解析摄影测量》等专著6部。获国家及部委级奖励10余项，其中“GPS航空摄影测量技术”获1999年国家科学技术进步奖二等奖。1999年获何梁何利科学与技术进步奖。（李啸虎）

陈运泰（Chen Yuntai） 中国广东省人，1940年8月10日生于福建厦门。地震学、地球物理学。

原籍广东潮阳。1962年北京大学地球物理系毕业。1966年中国科学院地球物理研究所研究生毕业。留所工作。1978年起一直在中国地震局地球物理研究所工作，研究员，先后任所长、名誉所长等职。期间1981～1983年在美国洛杉矶加利福尼亚大学当访问学者。兼任国际地震学与地球内部物理学联合会中国委员会主席、国际大地测量和地球物理学联合会中国委员会副主席、中国地震学会理事长、《地震学报》主编等职。1991年当选为中国科学院学部委员（院士），曾任地学部副主任。1999年当选为第三世界科学院院士。

在国际上最早采用近震源地面重力加速度纪录反演地震矩张量；改进和发展哈斯克尔矩阵法；提出测定中小地震震源参数和介质品质因数的实用方法；在中国最早综合利用地震波、大地测量和重力记录等资料反演邢台、昭通、海城、唐山等大地震震源过程，获1978年全国科学大会奖；提出大震过程“质量迁移”、“震前蠕动”等新概念；与美国L. 诺波夫合作建立地震震源静态、准静态和动态裂纹模型，进行地震序列动力学模拟，为地震学界所瞩目；率先在中国倡导和从事数字地震学研究，主持中国第一支近震源强地面运动观测队，指导的中美合作中国数字地震台网被誉为“有记录以来最值得信赖的地震台网”。

发表论文160余篇；与他人合著《地球物理学基础》（1985年）、《震源理论》（1990年）、《数字地震学》（2000年）等教材、专著。获国家和部委级奖近10项，其中有1978年全国科学大会奖、1987年国家自然科学奖三等奖、1997年中国地震局科学技术进步奖一等奖、1998年国家科学技术进步奖三等奖等。2000年获何梁何利科学与技术进步奖。（李啸虎）

安芷生（An Zhisheng） 中国安徽省人，1941年2月25日生于湖南芷江。气候学、区域地质学、第四纪地质学。

原籍安徽六安。教师家庭出身。1962年南京大学地质学系毕业，1966年贵阳中国科学院地球化学研究所研究生毕业。留所工作。1981～1982年、1987～1988年，先后在澳大利亚国立大学、美国哥伦比亚大学合作研究。1985年起一直在中国科学院西安分院工作，研究员，历任黄土与第四纪地质研究室副主任、主任，国家重点实验室主任，中国科学院西安分院院长，陕西省科学院院长，中国科学院地球环境研究所所长。兼任国际第四纪联合会副主席及国际黄土委员会主席，国际科学联合会国际全球变化科学委员会副主席、中国第四纪研究委员会副主任等职。1991年当选为中国科学院学部委员（院士）。2000年当选为第三世界科学院院士。

他与攻读研究生时的导师刘东生院士一起确立了中国黄土-古土壤序列，并与深海沉积序列进行对比，重建了黄土高原气候历史；首次提出中国黄土是东亚冬季风优势期产物，而古土壤是夏季风优势期产物；在中国率先研究第四纪磁性地层学，最早指出中国240万年前重大地质气候事件，并测定了蓝田猿人和澳洲沙漠化年代；通过追溯不同时段风尘堆积的代用指标序列，系统提出中国古环境变化的东亚古季风控制论，建立近800万年、240万年、13万年和两万年以来中国古环境变化序列图景；在国际合作中对地质生物证据进行分析和计算机数值模拟，首次发现并系统研究距今1 000万～800万年前青藏高原隆升导致亚洲季风出现，距今360万～260万年加速隆升奠定亚洲季风气候基本格局；指出东亚季风环流是解析东亚和全球环境演化关系的关键；将新理论应用于中国西部干旱-半干旱区环境变迁和生态治理研究。

发表论文百余篇；参与主编《黄土第四纪地质全球变化》丛书，合著《黄土与环境》（1996年）等专著。多次获奖，其中国家自然科学奖二等奖1项、中国科学院自然科学奖一等奖3项；另获李四光地质科学奖等。

（李啸虎）

毛河光（Mao，Ho-Kwang）

华裔美国人，1941年6月18日生于中国上海。*地球物理学、实验岩石学、高压物理学、仪器研制。*

祖籍浙江江山。其父毛森是国民党陆军中将。1963年获台湾大学地质学学士学位。1966年、1968年先后获美国纽约罗切斯特大学硕士、博士学位。毕业后一直供职于美国华盛顿特区卡内基学院地球物理实验室高压研究中心，1972年起任高级研究员。兼任中国科学院北京高压科学研究中心名誉主任、吉林大学等校兼职教授。1993年当选为美国国家科学院院士。1994年当选为中国台湾“中央研究院”院士。1996年当选为中国科学院外籍院士。是瑞典皇家科学院外籍院士。

对20世纪超高压实验技术的突破做出了杰出贡献，在高压测量技术和获得最高压力方面长期居世界领先地位。1976年与贝尔（P. M. Bell）合作研制金刚石高压腔，其压力达到100吉帕（1吉帕＝10^4帕）；1978年经改进又提高到173吉帕的压力，相当于地核外核的压力；1986年与徐济安、P. M. 贝尔合作创造550吉帕的世界最高静压力的纪录，已超过地心的压力。在超高压基础理论研究方面，也取得重要成就：确定了氧化镁-氧化亚铁-二氧化硅（MgO-FeO-SiO_2）系统在下地幔的温度压力条件下矿物的相关性；观察到二价铁在高温下的歧化反应，以及铁、镁的强烈分异现象；开展氢的金属化研究并观察到新的重要现象等。

发表学术论文400多篇。多次获大奖，其中包括1979年美国矿物学会奖、1989年国际高压界最高奖布里奇曼金质奖章等。此外，因对中美学术合作交流作出卓著贡献，获2002年度中国政府“友谊奖”。

（李啸虎）

许志琴（Xu Zhiqin）

中国重庆市人，1941年8月14日生于重庆。*构造地质学、固体地球科学、科学钻探工程。*

1964年毕业于北京大学地质地理系。1987年获法国蒙彼利埃大学地质学博士学位。中国地质科学院副院长、地质研究所所长、研究员。兼任国际地科联构造委员会委员等职。1995年当选为中国科学院院士。2007年当选第三世界科学院院士。

中国大陆科学钻探工程首席科学家、著名女地质学家。早期从事裂谷构造研究。20世纪80年代起，以新构造观为指导，致力于青藏高原及其周缘造山带的变形构造、造山作用及造山机制研究。测定了中国50余条大型韧性剪切带，奠定了西部若干造山带变形构造系统，划分造山作用阶段和大陆山链的“构造造型”，提出“特提斯-喜马拉雅造山复合体”、中国西部华力西期以来巨大平移作用的新认识。1987年在大别山岳西县南部某榴辉岩露头中首次发现中国柯石英，一时轰动了国际地学界，因为柯石英是石英通常在地下80千米左右地层中形成的。为揭开具有全球地学意义的大别-苏鲁超高压变质带形成原因，她主持进行多年论证和准备，确定江苏省东海县是目前固体地球科学前沿“超高压变质作用研究”的全世界最好地点，终于使亚洲最深、号称“中国第一井（5 000米）”的中国大陆科学超深钻井工程于2000年8月4日正式启动，顺利开展。她主持开展对该地岩心的全方位、多学科的综合研究。该工程采用现代深部钻探高新技术，从钻孔中获取岩心及液态、气态样品，以及原位测井数据和信息，重塑超高压变质带形成与折返机制，揭示板块边缘的深部物质组成及成矿与流体作用，建立地下长期观测实验站和地壳深布物质研究基地。

发表论文160余篇；已出版《大陆山链变形构造动力学》（1996年，与他人合著）等专著7部。是李四光科技奖获得者。

（周广生）

戎嘉余（Rong Jiayu） 中国浙江省人，1941年12月7日生于中国上海。*地层学、古生物学。*

1962年北京地质学院（今中国地质大学）普查系毕业。1966年中国科学院南京地质古生物研究所研究生毕业。留所工作，后来升任研究员。兼任国际地层委员会志留系分会主席、中国江苏省地质学会副理事长、中国《古生物学报》副主编等职。1997年当选为中国科学院院士。

中国国家重点基础研究发展规划（973）项目“重大地史时期生物的起源、辐射、灭绝与复苏”的首席科学家。长期致力于奥陶纪、志留纪和早泥盆世腕足动物和相关时代地层学的研究。在中国最早开展奥陶-泥盆纪腕足动物系统分类、群落分布和生态环境研究，描述了500余种（其中160余个新种、34个新属、5个新科），建立相关化石组合序列；在研究晚志留世动物群时，首次新建中-澳和蒙古-鄂霍茨克两个动物地理区；参与国际《无脊椎古生物学论丛·腕足动物卷》著述；首次阐明侧展腕螺的起源、腕骨构造演化和早期石燕分布规律；重新确定中国奥陶-志留系的界线，为确立与全球对比、区测填图和古地理研究提供了科学依据；在中国首次探讨华南志留纪海平面升降规律，提出华南晚奥陶世环境模式。

自1979年以来，单独或合作发表论文百余篇；出版专著《广西泥盆纪郁江期腕足动物》（1986年，与他人合著）、译著《国际地层指南》（2000年第2版，与他人合译）等著作多部，其中《东京石燕动物群》获1989年中国科学院自然科学奖一等奖、1990年国家自然科学奖三等奖，《中国志留、泥盆纪地层和群落生态》（与他人合著）获1990年中国科学院自然科学奖一等奖。（陈振毅）

徐冠华（Xu Guanhua） 中国上海市人，1941年12月16日生于上海。森林学、遥感工程、科技管理。

1963年毕业于北京林学院林学专业，进入中国林业科学院工作。历任中国林业科学院资源信息研究所所长，中国科学院遥感应用研究所所长，中国科学院副院长（1994～1995年），国家科委副主任，国家科学技术部副部长、部长（2001～2007年）。期间1979～1981年在瑞典斯德哥尔摩大学研究遥感数字图像处理。1991年当选为中国科学院学部委员（院士）。2001年当选为第三世界科学院院士。

研制成功中国最早的用于资源调查的遥感卫星数字图像计算机处理系统。发展了遥感综合调查和系列制图的理论和方法；领导编制中国第一部再生资源遥感综合调查与系列制图技术规程；在分类系统、制图比例尺、技术流程、专题图种类等方面具有开拓性和创造性。在担任国家科学技术部部长后，确立了今后中国科学技术发展五大思路：调整创新战略指导思想，更加强调原始性创新，力争实现跨越式发展；调整创新理念和管理体制，牢固树立“以人为本”的理念和价值观；调整创新工作方针，下决心做到有所为、有所不为，集中力量办大事；调整创新模式，从注重单项创新转变到更加强调各种技术集成，强调在集成基础上形成有竞争力的产品和产业；调整创新政策对象，从注重科学研究院所转为调动和组织全社会力量。主持多项国家攻关及国际合作项目，获得多项国家及省部级科学技术进步奖励。其中“三北防护林遥感综合调查公共实验区研究”项目，获1989年林业部科学技术进步奖一等奖、1991年国家科学技术进步奖三等奖；“用于森林资源调查的卫星数字图象处理系统”项目，获1988年林业部科技进步奖二等奖、1989年国家科学技术进步奖三等奖。1991年评为国家“七五”科技攻关中有突出贡献的科技人员。（颜华敏）

王水（Wang Shui） 中国江苏省人，1942年4月12日生于江苏南京。地磁学、日地物理学、太阳大气动力学、空间科学。

14岁考入南京大学气象系，1961年毕业。同年执教于中国科学技术大学，曾任地球与空间科学系教授，校学术委员会主任、理学院院长。后调任上海交通大学理学院副院长。期间1986～1987年任美国亚拉巴马大学、阿拉斯加大学客座教授。兼任国际日地物理科学委员会委员、武汉大学等校客座教授、《空间物理》杂志副主编等职。1993年当选为中国科学院学部委员（院士）。

从事地球空间等离子体物理学、太阳大气和行星际介质物理学、磁层物理学等领域的研究，成果被广泛应用。20世纪70年代，在中国率先主持开展有关地球磁场的哨声扰动效应和甚低频发射的观测和研究，用电磁方法检测大气放电产生的等离子体在地球磁力线中传播和返回的电噪声效应，得到了地球低纬导管哨声的观测证据，重新确定了导管哨声的临界截止频率，推动了低纬哨声研究的发展。80年代以来，和合作者共同发展了球坐标中的欧拉全隐式计算格式和多维时变流动的近特征边界条件，系统地进行了太阳大气动力学的研究，取得具有国际先进水平的重要成果；研究等离子物理学中的超阿尔文波速流动电流片的稳定性，解释了ISEE-3飞船在地球远磁尾和彗星等离子体尾中观测到的某些新现象；提出一种日冕物质抛射的新物理模型等。已发表论文160余篇。获1992年中国科学院自然科学奖二等奖、1993年国家自然科学奖二等奖等多项奖励；此外获2000年何梁何利科学与技术进步奖。（邓剑琪）

巴拉德，R. D.（Ballard, Robert Duane） 美国人，1942年6月30日生于美国堪萨斯州威奇托。海洋地质学、深潜探测工程、水下考古学、仪器研制、地理探险。

航空航天工程师的儿子。1965年获圣巴巴拉加利福尼亚大学物理学学士学位。后在夏威夷大学、南加利福尼亚大学主修海洋地质学和海洋学。1967年加入美国海军，成为深海沉没研究项目小组海军代表。1969年至退休，在伍兹霍尔海洋研究院工作，高级研究员。1974年获罗德岛大学海洋地质与地理学博士学位。

1970年起，巴拉德参加美国与法国联合考察大西洋海底地形的“著名工程”，多次乘潜艇探险，获多项重大发现。他观察了大西洋中部海脊渗出的岩浆如何形成新的海底，收集了一些海底岩石并检测其磁极，发现地壳以每年2～3厘米速率漂离海脊裂缝，从而产生移动大陆的巨大推力，为板块构造和大陆漂移学说提供了新证据。1977年，他随“阿尔文”号潜艇潜入厄瓜多尔西部加拉帕戈斯群岛附近深海，探测了海沟附近的活火山口，首次发现滚烫的海水里有成群的粉红色巨型蠕虫，大的约有3米多长，还有其他各种生物存在，其生态系统完全不同于地表生物从太阳光热中获取能量的生活方式。1979年在墨西哥海岸外东太平洋深海高地发现无数奇特的“黑烟囱”，不断喷发浓烟滚滚的熔融金属化合物。他还检测了海底地壳变化对海水循环和生态系统的影响。20世纪80年代，他开发了一种可用于海底和太空探险的“遥视”技术。1985年第一台携带水下照相机的遥控机器人“阿尔戈”问世。同年9月1日拍摄到1912年沉没的“泰坦尼克”号残骸，轰动了世界。他发现和拍摄了许多其他历代沉船，例如1997年在地中海底发现公元前二世纪的8艘沉船。1989年他成立伊阿宋教育基金会，大力发展海洋科学教育事业。

出版有《勘探我们生机盎然的行星》(1983年)、《“泰坦尼克”号的发现》(1987年，与他人合著)、《探测集：我的海底探险与发现》(1995年，与他人合著)、《永恒的黑暗：个人的深海探测史》(2000年，与他人合著)等著作多部。获1976年美国水下学会科学奖、1981年美国科学促进会纽科姆克利夫奖、1988年美国国家地质学会成立百年纪念奖等。 (李啸虎)

黄荣辉(Huang Ronghui) 中国福建省人，1942年8月17日生于福建惠安。气象学、气候学、大气物理学。

雇农家庭出身。1965年北京大学地球物理系气象专业毕业。1968年中国科学院大气物理研究所研究生毕业。一直留所工作，研究员，先后任所学位委员会副主任、副所长等职。期间1983年获日本东京大学理学博士学位。兼任世界气候研究计划中国委员会秘书长、常务副主任，中国科学院学位委员会副主任等职。1991年当选为中国科学院学部委员(院士)。

20世纪60年代末，开始参与研究和建立中国卫星气象学，经10余年努力取得重要进展，获1987年国家自然科学奖三等奖。多年来系统研究地球大气中准定常行星波形成、传播和异常机理，提出它在球面大气中沿两支波导传播的理论，正确论证它的波作用守恒方程，获1986年中国科学院科学技术进步奖一等奖、1991年国家自然科学奖三等奖。80～90年代及后，研究冬季低纬度热源异常对北半球大气环流影响的物理机制；与日本学者同时发现夏季热带西太平洋“暖池”热状态，以及暖池上空对流活动强弱对东亚夏季大气环流异常的重要作用，提出东亚-太平洋型大气环流遥相关理论，获1993年中国科学院自然科学奖二等奖；研究东亚与热带大气低频变化及其气候异常机理，获1997年国家自然科学奖三等奖；主持中国灾害气候预测方法及其应用研究，获1997年中国科学院科学技术进步奖二等奖；后主持多项国家重大项目，是“我国重大气候灾害和天气灾害形成机理的预测理论研究”首席科学家。

发表论文百余篇；与叶笃正等人合撰《长江黄河流域旱涝规律和成因研究》(1996年)等著作。1999年获何梁何利科学与技术进步奖。 (李啸虎)

陈颙(Chen Yong) 中国江苏省人，1942年12月31日生于江苏宿迁。地震学、实验岩石学、地球物理学。

1965年中国科学技术大学地球物理系毕业。同年到中国科学院地球物理研究所工作。1978年到国家地震局工作。1979～1980年应邀作为专家赴美国进行核废料处理专项研究。1982～1986年任国家地震局地球物理研究所所长，1986～1996年任国家地震局副局长、科学技术委员会副主任等职。2004年任中国科学技术大学地球和空间科学学院院长。兼任国际地震预测和灾害委员会主任、国际地震学和地球内部物理学协会地震预报委员会副主席、国际地震中心执行理事、中国地震科学联合基金会副主任、国家烈度评定委员会副主任、中国地震学会副理事长、中国地球物理学会副理事长、《中国地震》(英文版)主编等职。1993年当选为中国科学院学部委员(院士)。2000年当选为第三世界科学院院士。

长期从事地震学和实验岩石物理学研究工作。20世纪60～70年代，在中国邢台地震现场开展地震观测和震源物理理论研究。70～80年代，建立中国第一个岩石物性与破裂实验室，进行高温高压下岩石物性实验研究；发展了测量岩石变形的激光全息技术；研究了应力途径对岩石性质的影响；发现了岩石热开裂现象及其规律并被应用于核电站的安全性监测。90年代起，领导一个国际性联合工作小组，将地震学，工程学和经济学相结合，进行全球地震灾害预测研究，主持编辑并首次发表全球地震灾害损失图和全球地震灾害预测图，已被联合国等国际机构用于减灾规划。

发表论文百余篇；出版《地壳岩石的力学性能：理论基础与实验方法》(1985年)等专著、译著10余部。多次获国家和部委级奖励；1998年获何梁何利科学与技术进步奖。 (颜华敏)

莫利纳，M. J.(Molina, Mario Jose) 美国人，1943年3月19日生于墨西哥国墨西哥城。大气化学、分析化学。

1965年获墨西哥国立自治大学化学工程学位。1965～1967年在德国弗赖堡大学进修，并访问巴黎。1968年回到母校任助理教授。1968年移居美国。1972年在伯克利加利福尼亚大学以生理化学研究获物理化学博士学位。1973年到欧文加利福尼亚大学工作，1975年任该校物理化学助理教授，1979年任副教授，1983年在普罗普尔辛喷气推进实验室任科学家。1989年到马萨诸塞理工学院工作，先后在地球和行星科学系、化学系以及大气科学系任教授。是美国国家科学院院士。

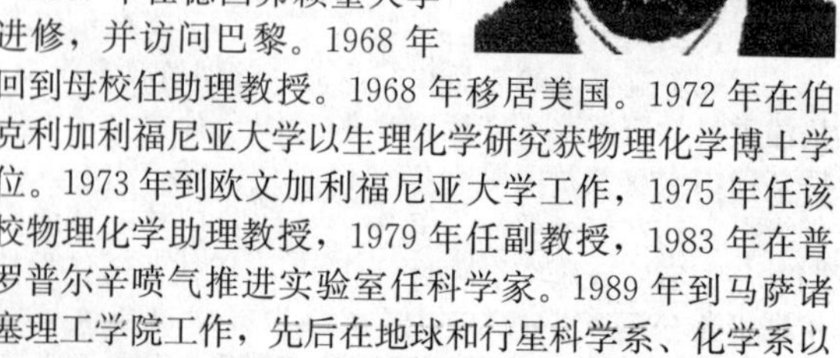

对影响地球大气中臭氧层厚度的化学机理作出了出色的研究。地球上空臭氧层吸收了太阳辐射中的大部分紫外线，对地球上生命的生存有重要保护作用。

1974年，他与美国化学家F. S. 罗兰合作，在《自然》杂志上发表有关氟氯烃气体（“氟利昂”）对臭氧层破坏作用的著名论文。氟氯烃气体广泛存在于喷雾器、致冷剂等的致冷介质和泡沫塑料中，它无毒且有很强的化学惰性，似乎对人类无害，但当它逐渐进入大气高层时会被强烈的紫外线所分解，其中产生的氯原子会对臭氧层起破坏作用。他们指出，若按照目前人类人为造成的氟氯烃气体量持续不变来计算，几十年后臭氧层极大部分将被消耗殆尽。该文引起了广泛的关注。此后，英国学者J. 洛夫洛克（James Lovelock）制成了能测量大气中含量极低的有机气体的高灵敏度仪器——电子捕获检测器，用它进行测量证实氟氯烃气体已扩散到遍及全球的大气中。不少学者还进一步指出它产生的氯原子确实可以催化分解臭氧。1985年，英国学者J. 法曼（Joseph Farman）又发现了南极上空臭氧层的严重消耗即“臭氧洞”的存在，从而引起了各国学者对其形成机理的热烈探讨。这些研究工作还推动了1987年世界各国政府在加拿大蒙特利尔签订有关臭氧层保护的协议。莫利纳、罗兰以及荷兰化学家P. J. 克鲁岑的重要研究，为解决可能带来灾难性后果的全球环境问题作出了贡献，因此他们3人被授予1995年度诺贝尔化学奖。（宣焕灿）

吴国雄（Wu Guoxiong） 中国广东省人，1943年3月20日生于广东潮阳。气象学、大气物理学。

1966年南京气象学院毕业。1983年获英国伦敦大学理学博士学位。中国科学院大气物理研究所研究员，先后任大气科学和地球流体力学数值模拟国家重点实验室主任、学术委员会主任。兼任国际气象和大气科学协会执行委员及中国委员会主席、国际“气候变化和可预报性研究计划”科学指导小组成员、《大气科学进展》杂志主编等职。1997年当选为中国科学院院士。

继承和发展了中国学者关于青藏高原对大气环流和天气气候影响的研究；在国际上首创湿倾斜涡度发展理论，构建全型垂直涡度方程；进而提出全球海-陆-气耦合气候系统模式；运用上述理论，成功地揭示了青藏高原西南涡和夏季江淮流域的暴雨发展机理，说明了副热带高压形成和变异的成因；查明1997～1998年间由于印度洋孟加拉湾海洋对大气的加热，最终导致中国长江流域大范围长时间降水；首次把亚洲季风爆发过程分解为三个阶段；证明中高纬度海-气相互作用特征与热带显著不同的原因在于其强地转性和斜压性；首次用数值模式得出厄尔尼诺影响台风的机制，得到国际上的高度评价。

发表论文百余篇，重要论文入编《吴国雄院士文集》；出版专著1部，《气候物理学》（1995年，与他人合译）等译著3部。1992年获中国科学院科学技术进步奖一等奖等。（陈振毅）

刘经南（Liu Jingnan） 中国湖南省人，1943年7月1日生于湖南长沙。大地测量学、卫星通信工程。

1967年武汉测绘学院天文大地测量专业毕业。1982年武汉测绘学院大地测量系研究生毕业，获硕士学位。历任湘潭矿业学院教师，武汉测绘科学技术大学讲师、副教授、教授、院长，武汉大学副校长。兼任国家卫星定位系统工程技术研究中心执行主任、软件工程国家重点实验室主任、中国全球卫星定位系统（GPS）协会副理事长等职。1995年曾任德国应用大地测量研究所合作研究员。1999年当选为中国工程院院士。

长期致力于大地测量理论、方法、应用软件研制及数据处理等领域研究开发工作。20世纪80年代，主持中国西北三大含油盆地卫星定位网的数据处理，有效指导了石油地质勘探，每年可为国家节约5 000万人民币，该成果先后推广到大庆等油田，取得了巨大经济和社会效益，获1986年国家石油部科学技术进步奖一等奖、1988年国家科学技术进步奖三等奖等。90年代，主持研制出中国第一个GPS网综合数据处理软件包，并实现产业化和市场化，受到中外用户的踊跃采用，获1992年国家测绘局二等奖；“跟踪学科发展前沿，改造和建设大地测量专业的研究与实践”课题，获1997年国家教委教学成果奖一等奖；首次在中国突破GPS应用的瓶颈，主持开发出GPS广域差分、局域系统和终端产品三大关键技术，大幅度提高了接收卫星信息的精度，并出版《广域差分GPS原理和方法》（1998年）专著，2000年获国家科学技术进步奖二等奖。（沈 昊）

程国栋（Cheng Guodong） 中国上海市人，1943年7月11日生于上海。冰川冻土学、水文学、工程地质学、生态学。

1965年北京地质学院（今中国地质大学）水文地质与工程地质系毕业。同年起一直在中国科学院兰州分院工作，研究员，历任冰川冻土沙漠研究所冻土预报与环境室副主任、主任，冰川冻土研究所副所长、所长，冻土工程国家重点实验室主任，寒区旱区环境与工程研究所所长，中国科学院兰州分院院长等职。期间1984～1986年在美国陆军寒区研究与工程实验室进修，获名誉研究员称号。兼任国际雪冰委员会地下冰分会主席，国际冻土学会副会长、会长，世界数据中心冰川冻土分中心主任，中国地理学会冰川冻土分会主任，《冷圈》（英文）杂志主编等职。1993年当选为中国科学院学部委员（院士）。

在理论上，针对近地面厚层地下冰成因这一冻土学难题，率先提出重复分凝机制，合理解释了这类坚冰的分布、组构和性状等特点，被国际上誉为“程氏假说”；提出高海拔多年冻土分布的三向地带性理论，得到国际冻土界高度评价。在应用上，为数项青藏高原重大工程提供地质资料和对策，其中“青藏铁路冻土研究”获1978年全国科学大会重大科学技术成果奖，“青海热水煤矿厚层地下冰地段路堤试验”获1978年中国科学院重大科学技术成果奖，“青藏公路多年冻土区黑色路面修筑技术”获1987年国家科技进步奖一等奖；多次深入甘肃河西、内蒙古等地实地考察，初步探明该地区地下水资源含量；主持完成黑河水资源问题与对策建议，建立黑河流域水-生态-经济系统综合管理试验示范工程；对寒旱区人-地系统机理与区域可持续发展等课题进行了卓有成效研究。发表论文百余篇；出版《冻土路基工程》等专著，获 1990 年全国优秀科学技术图书二等奖。（李啸虎）

许健民（Xu Jianmin） 中国江苏省人，1944 年 8 月 2 日生于中国上海。气象学、卫星遥感与通信工程、空间科学与技术。

原籍江苏无锡。1965 年南京气象学院毕业。先后担任国家卫星气象中心副主任、气象卫星地面应用系统工程师、高级工程师，1986 年后任中心主任、总工程师，中国国家遥感中心气象卫星部主任。兼任世界气象组织卫星专家工作组成员、中国地理学会环境遥感分会副理事长、中国气象学会常务理事、中国宇航学会名誉理事等职。1997 年当选为中国工程院院士。

在主持国家卫星气象中心工作期间，提出并组织实施实时气象数据库，提高了对全球通讯系统收集到的大量气象资料利用率；为中央气象台创建热带天气分析业务；巧用外国气象卫星遥感信息，适时有效地指挥对 1987 年 5 月东北大兴安岭森林大火的监测和救灾；指挥和领导“风云 1 号”极轨试验气象卫星、“风云 2 号”静止试验气象卫星地面应用系统工程建设，带领工程技术人员攻克了一系列技术难题，成功地投入业务化运行，处理出高质量的图象和产品；在中尺度大气风场结构与过程研究中，发展了卫星云导风反演理论，提出快速算法，显著提高工作效率，突破了国际上应用卫星云导风或水汽导风测量技术的局限性，根据该理论所获得的卫星云导风的暴雨预测结果优于其他国家；收集的气象卫星资料在火灾、水灾、旱灾等自然灾害监测评估，农作物长势和植被遥感监测评估，以及生态环境监测等方面发挥了重要作用，取得显著的经济效益、社会效益和环境效益。与他人合作出版《对地观测系统与应用》（2001 年）等专著，主编有《气象卫星应用指南》（2000 年，英文）等工具书。

（李啸虎）